2019 全国住房公积金年度报告汇编

Annual Report for National Housing Provident Funds 2019

（上册）

住房和城乡建设部住房公积金监管司　主编

中国建筑工业出版社

图书在版编目（CIP）数据

2019全国住房公积金年度报告汇编：上、下册/住房和城乡建设部住房公积金监管司主编. — 北京：中国建筑工业出版社，2021.2
ISBN 978-7-112-26075-1

Ⅰ.①2… Ⅱ.①住… Ⅲ.①住房基金-公积金制度-研究报告-汇编-中国-2019 Ⅳ.①F299.233.1

中国版本图书馆CIP数据核字（2021）第068431号

责任编辑：范业庶 万 李
责任校对：张 颖

2019全国住房公积金年度报告汇编

住房和城乡建设部住房公积金监管司 主编

*

中国建筑工业出版社出版、发行（北京海淀三里河路9号）
各地新华书店、建筑书店经销
北京鸿文瀚海文化传媒有限公司制版
河北鹏润印刷有限公司印刷

*

开本：880毫米×1230毫米 1/16 印张：107½ 字数：2844千字
2021年2月第一版 2021年2月第一次印刷
定价：420.00元（上、下册）
ISBN 978-7-112-26075-1
(37154)

版权所有 翻印必究
如有印装质量问题，可寄本社图书出版中心退换

（邮政编码 100037）

《2019 全国住房公积金年度报告汇编》
编 委 会

编委会成员：（按姓氏笔画排序）

于 桐　王 茜　王旭东　王晓阳　乌欣佳
邬秉斌　庄欠华　刘晓庆　刘海波　许起鸿
孙 康　孙开颜　杜凌波　李 娜　李 莹
李洋宇　杨 帆　杨 林　杨佳燕　邹 澜
汪雄峰　沈正超　张作池　陈彩林　林 星
林高宇　郑玉玲　孟 萍　赵 伟　赵 洁
赵劲松　胡忠勇　洪剑英　倪吉信　徐成强
郭 蔚　崔 勇　葛 峰　翟 鹰

前　言

住房问题既是民生问题也是发展问题，关系千家万户切身利益，关系人民安居乐业，关系经济社会发展全局，关系社会和谐稳定。解决好住房问题，实现住有所居目标，必须坚决贯彻落实党中央、国务院决策部署，坚持房子是用来住的、不是用来炒的定位，加快建设多主体供给、多渠道保障、租购并举的住房制度。作为住房制度的重要组成部分，住房公积金制度1991年建立，30年来始终围绕解决城镇居民住房问题的目标，在促进城镇住房建设、推动城镇住房制度改革、扩大城镇居民住房消费、支持保障性住房建设、稳定房地产市场发展等方面发挥了重要作用。

2019年，住房公积金系统坚持以习近平新时代中国特色社会主义思想为指导，牢固树立以人民为中心的发展思想，砥砺奋进，开拓创新，成效显著。全年，缴存单位和职工数量稳步增长，非公有制经济缴存职工占比持续增加；使用群体不断扩大，支持租赁住房消费力度进一步增强；个人住房贷款重点支持基本住房需求，有效减轻职工贷款利息负担；服务水平大幅提升，基本实现"掌上办""最多跑一次"，向缴存职工提供统一便捷的住房公积金查询、贷款数据核验等服务。

2019年，住房公积金系统较好完成各项任务，朝着实现住房城乡建设事业"十三五"规划纲要确立的"建立公开规范的住房公积金制度"目标稳步前进，为开启住房公积金高质量发展新征程，更好服务缴存职工打下坚实基础。展望"十四五"，住房公积金系统将立足新发展阶段，贯彻新发展理念，围绕构建新发展格局，坚持以解决缴存职工住房问题为根本，以促进建立租购并举的住房制度为重点，推进住房公积金管理服务水平再上新台阶。

编委会

2020年12月

目　录

上　册

全国住房公积金 2019 年年度报告 …………………………………………………… 2
北京住房公积金 2019 年年度报告 …………………………………………………… 16
天津市住房公积金 2019 年年度报告 ………………………………………………… 22
河北省住房公积金 2019 年年度报告 ………………………………………………… 28
　石家庄住房公积金 2019 年年度报告 ……………………………………………… 32
　唐山市住房公积金 2019 年年度报告 ……………………………………………… 39
　秦皇岛市住房公积金 2019 年年度报告 …………………………………………… 43
　邯郸市住房公积金 2019 年年度报告 ……………………………………………… 47
　邢台市住房公积金 2019 年年度报告 ……………………………………………… 52
　保定市住房公积金 2019 年年度报告 ……………………………………………… 56
　张家口市住房公积金 2019 年年度报告 …………………………………………… 64
　承德市住房公积金 2019 年年度报告 ……………………………………………… 67
　沧州市住房公积金 2019 年年度报告 ……………………………………………… 72
　廊坊市住房公积金 2019 年年度报告 ……………………………………………… 79
　衡水市住房公积金 2019 年年度报告 ……………………………………………… 83
山西省住房公积金 2019 年年度报告 ………………………………………………… 88
　太原住房公积金 2019 年年度报告 ………………………………………………… 92
　大同市住房公积金 2019 年年度报告 ……………………………………………… 97
　阳泉市住房公积金 2019 年年度报告 ……………………………………………… 102
　长治市住房公积金 2019 年年度报告 ……………………………………………… 107
　晋城市住房公积金 2019 年年度报告 ……………………………………………… 112
　朔州市住房公积金 2019 年年度报告 ……………………………………………… 117
　晋中市住房公积金 2019 年年度报告 ……………………………………………… 122
　运城市住房公积金 2019 年年度报告 ……………………………………………… 126

文档	页码
忻州市住房公积金2019年年度报告	129
临汾市住房公积金2019年年度报告	133
吕梁市住房公积金2019年年度报告	137

内蒙古自治区住房公积金2019年年度报告　　144

文档	页码
呼和浩特住房公积金2019年年度报告	148
包头市住房公积金2019年年度报告	153
乌海市住房公积金2019年年度报告	157
赤峰市住房公积金2019年年度报告	161
通辽市住房公积金2019年年度报告	165
鄂尔多斯市住房公积金2019年年度报告	170
呼伦贝尔市住房公积金2019年年度报告	173
巴彦淖尔市住房公积金2019年年度报告	178
乌兰察布市住房公积金2019年年度报告	183
兴安盟住房公积金2019年年度报告	186
锡林郭勒盟住房公积金2019年年度报告	191
阿拉善盟住房公积金2019年年度报告	196
满洲里市住房公积金2019年年度报告	199

辽宁省住房公积金2019年年度报告　　204

文档	页码
沈阳住房公积金2019年年度报告	207
大连市住房公积金2019年年度报告	217
鞍山市住房公积金2019年年度报告	223
抚顺市住房公积金2019年年度报告	227
本溪市住房公积金2019年年度报告	231
丹东市住房公积金2019年年度报告	235
锦州市住房公积金2019年年度报告	239
营口市住房公积金2019年年度报告	243
阜新市住房公积金2019年年度报告	247
辽阳市住房公积金2019年年度报告	252
盘锦市住房公积金2019年年度报告	255
铁岭市住房公积金2019年年度报告	259
朝阳市住房公积金2019年年度报告	263
葫芦岛市住房公积金2019年年度报告	267

吉林省住房公积金2019年年度报告　　272

长春住房公积金 2019 年年度报告	275
吉林市住房公积金 2019 年年度报告	282
四平市住房公积金 2019 年年度报告	286
辽源市住房公积金 2019 年年度报告	290
通化市住房公积金 2019 年年度报告	293
白山市住房公积金 2019 年年度报告	297
松原市住房公积金 2019 年年度报告	301
白城市住房公积金 2019 年年度报告	304
延边朝鲜族自治州住房公积金 2019 年年度报告	308
黑龙江省住房公积金 2019 年年度报告	**314**
哈尔滨住房公积金 2019 年年度报告	320
齐齐哈尔市住房公积金 2019 年年度报告	326
鸡西市住房公积金 2019 年年度报告	330
鹤岗市住房公积金 2019 年年度报告	335
双鸭山市住房公积金 2019 年年度报告	339
大庆市住房公积金 2019 年年度报告	342
伊春市住房公积金 2019 年年度报告	346
佳木斯市住房公积金 2019 年年度报告	350
七台河市住房公积金 2019 年年度报告	353
牡丹江市住房公积金 2019 年年度报告	356
黑河市住房公积金 2019 年年度报告	360
绥化市住房公积金 2019 年年度报告	363
大兴安岭地区住房公积金 2019 年年度报告	366
上海市住房公积金 2019 年年度报告	**372**
江苏省住房公积金 2019 年年度报告	**382**
南京住房公积金 2019 年年度报告	386
无锡市住房公积金 2019 年年度报告	393
徐州市住房公积金 2019 年年度报告	400
常州市住房公积金 2019 年年度报告	405
苏州市住房公积金 2019 年年度报告	410
南通市住房公积金 2019 年年度报告	417
连云港市住房公积金 2019 年年度报告	422
淮安市住房公积金 2019 年年度报告	426

盐城市住房公积金 2019 年年度报告	429
扬州市住房公积金 2019 年年度报告	434
镇江市住房公积金 2019 年年度报告	438
泰州市住房公积金 2019 年年度报告	445
宿迁市住房公积金 2019 年年度报告	451

浙江省住房公积金 2019 年年度报告 ……458

杭州住房公积金 2019 年年度报告	461
宁波市住房公积金 2019 年年度报告	470
温州市住房公积金 2019 年年度报告	476
嘉兴市住房公积金 2019 年年度报告	481
湖州市住房公积金 2019 年年度报告	488
绍兴市住房公积金 2019 年年度报告	493
金华市住房公积金 2019 年年度报告	498
衢州市住房公积金 2019 年年度报告	503
舟山市住房公积金 2019 年年度报告	508
台州市住房公积金 2019 年年度报告	512
丽水市住房公积金 2019 年年度报告	517

安徽省住房公积金 2019 年年度报告 ……526

合肥住房公积金 2019 年年度报告	529
芜湖市住房公积金 2019 年年度报告	533
蚌埠市住房公积金 2019 年年度报告	538
淮南市住房公积金 2019 年年度报告	542
马鞍山市住房公积金 2019 年年度报告	547
淮北市住房公积金 2019 年年度报告	552
铜陵市住房公积金 2019 年年度报告	557
安庆市住房公积金 2019 年年度报告	561
黄山市住房公积金 2019 年年度报告	564
滁州市住房公积金 2019 年年度报告	569
阜阳市住房公积金 2019 年年度报告	573
宿州市住房公积金 2019 年年度报告	577
六安市住房公积金 2019 年年度报告	581
亳州市住房公积金 2019 年年度报告	585
池州市住房公积金 2019 年年度报告	589

宣城市住房公积金 2019 年年度报告 ······ 594

福建省住房公积金 2019 年年度报告 ······ 602

福州住房公积金 2019 年年度报告 ······ 604

厦门市住房公积金 2019 年年度报告 ······ 609

莆田市住房公积金 2019 年年度报告 ······ 617

三明市住房公积金 2019 年年度报告 ······ 621

泉州市住房公积金 2019 年年度报告 ······ 625

漳州市住房公积金 2019 年年度报告 ······ 629

南平市住房公积金 2019 年年度报告 ······ 633

龙岩市住房公积金 2019 年年度报告 ······ 638

宁德市住房公积金 2019 年年度报告 ······ 642

江西省住房公积金 2019 年年度报告 ······ 648

南昌住房公积金 2019 年年度报告 ······ 651

景德镇市住房公积金 2019 年年度报告 ······ 655

萍乡市住房公积金 2019 年年度报告 ······ 658

九江市住房公积金 2019 年年度报告 ······ 662

新余市住房公积金 2019 年年度报告 ······ 667

鹰潭市住房公积金 2019 年年度报告 ······ 670

赣州市住房公积金 2019 年年度报告 ······ 675

吉安市住房公积金 2019 年年度报告 ······ 679

宜春市住房公积金 2019 年年度报告 ······ 685

抚州市住房公积金 2019 年年度报告 ······ 689

上饶市住房公积金 2019 年年度报告 ······ 693

山东省住房公积金 2019 年年度报告 ······ 700

济南住房公积金 2019 年年度报告 ······ 705

青岛市住房公积金 2019 年年度报告 ······ 709

淄博市住房公积金 2019 年年度报告 ······ 715

枣庄市住房公积金 2019 年年度报告 ······ 719

东营市住房公积金 2019 年年度报告 ······ 725

烟台市住房公积金 2019 年年度报告 ······ 730

潍坊市住房公积金 2019 年年度报告 ······ 734

济宁市住房公积金 2019 年年度报告 ······ 740

泰安市住房公积金 2019 年年度报告 ······ 745

威海市住房公积金 2019 年年度报告	749
日照市住房公积金 2019 年年度报告	753
临沂市住房公积金 2019 年年度报告	757
德州市住房公积金 2019 年年度报告	761
聊城市住房公积金 2019 年年度报告	764
滨州市住房公积金 2019 年年度报告	769
菏泽市住房公积金 2019 年年度报告	773

河南省住房公积金 2019 年年度报告 ········· 780
    郑州住房公积金 2019 年年度报告 ········· 783
    开封市住房公积金 2019 年年度报告 ········· 791
    洛阳市住房公积金 2019 年年度报告 ········· 796
    平顶山市住房公积金 2019 年年度报告 ········· 800
    安阳市住房公积金 2019 年年度报告 ········· 805
    鹤壁市住房公积金 2019 年年度报告 ········· 810
    新乡市住房公积金 2019 年年度报告 ········· 815
    焦作市住房公积金 2019 年年度报告 ········· 822
    濮阳市住房公积金 2019 年年度报告 ········· 826
    许昌市住房公积金 2019 年年度报告 ········· 830
    漯河市住房公积金 2019 年年度报告 ········· 834
    三门峡市住房公积金 2019 年年度报告 ········· 839
    南阳市住房公积金 2019 年年度报告 ········· 843
    商丘市住房公积金 2019 年年度报告 ········· 848
    信阳市住房公积金 2019 年年度报告 ········· 855
    周口市住房公积金 2019 年年度报告 ········· 859
    驻马店市住房公积金 2019 年年度报告 ········· 863
    济源市住房公积金 2019 年年度报告 ········· 866

下　册

湖北省住房公积金 2019 年年度报告 ········· 872
    武汉住房公积金 2019 年年度报告 ········· 875
    黄石市住房公积金 2019 年年度报告 ········· 879
    十堰市住房公积金 2019 年年度报告 ········· 883
    宜昌市住房公积金 2019 年年度报告 ········· 889

襄阳市住房公积金 2019 年年度报告 …………………………………………………………… 894

鄂州市住房公积金 2019 年年度报告 …………………………………………………………… 897

荆门市住房公积金 2019 年年度报告 …………………………………………………………… 902

孝感市住房公积金 2019 年年度报告 …………………………………………………………… 905

荆州市住房公积金 2019 年年度报告 …………………………………………………………… 909

黄冈市住房公积金 2019 年年度报告 …………………………………………………………… 913

咸宁市住房公积金 2019 年年度报告 …………………………………………………………… 919

随州市住房公积金 2019 年年度报告 …………………………………………………………… 923

恩施土家族苗族自治州住房公积金 2019 年年度报告 ……………………………………… 928

仙桃市住房公积金 2019 年年度报告 …………………………………………………………… 932

潜江市住房公积金 2019 年年度报告 …………………………………………………………… 935

天门市住房公积金 2019 年年度报告 …………………………………………………………… 939

神农架林区住房公积金 2019 年年度报告 ……………………………………………………… 942

湖南省住房公积金 2019 年年度报告 ………………………………………………………… 948

长沙住房公积金 2019 年年度报告 ……………………………………………………………… 951

株洲市住房公积金 2019 年年度报告 …………………………………………………………… 956

湘潭市住房公积金 2019 年年度报告 …………………………………………………………… 961

衡阳市住房公积金 2019 年年度报告 …………………………………………………………… 965

邵阳市住房公积金 2019 年年度报告 …………………………………………………………… 969

岳阳市住房公积金 2019 年年度报告 …………………………………………………………… 972

常德市住房公积金 2019 年年度报告 …………………………………………………………… 977

张家界市住房公积金 2019 年年度报告 ………………………………………………………… 981

益阳市住房公积金 2019 年年度报告 …………………………………………………………… 985

郴州市住房公积金 2019 年年度报告 …………………………………………………………… 989

永州市住房公积金 2019 年年度报告 …………………………………………………………… 994

怀化市住房公积金 2019 年年度报告 …………………………………………………………… 998

娄底市住房公积金 2019 年年度报告 …………………………………………………………… 1003

湘西土家族苗族自治州住房公积金 2019 年年度报告 ……………………………………… 1008

广东省住房公积金 2019 年年度报告 ………………………………………………………… 1014

广州住房公积金 2019 年年度报告 ……………………………………………………………… 1018

韶关市住房公积金 2019 年年度报告 …………………………………………………………… 1022

深圳市住房公积金 2019 年年度报告 …………………………………………………………… 1026

珠海市住房公积金 2019 年年度报告 …………………………………………………………… 1032

汕头市住房公积金 2019 年年度报告	1036
佛山市住房公积金 2019 年年度报告	1040
江门市住房公积金 2019 年年度报告	1045
湛江市住房公积金 2019 年年度报告	1049
茂名市住房公积金 2019 年年度报告	1054
肇庆市住房公积金 2019 年年度报告	1057
惠州市住房公积金 2019 年年度报告	1061
梅州市住房公积金 2019 年年度报告	1066
汕尾市住房公积金 2019 年年度报告	1072
河源市住房公积金 2019 年年度报告	1076
阳江市住房公积金 2019 年年度报告	1083
清远市住房公积金 2019 年年度报告	1087
东莞市住房公积金 2019 年年度报告	1091
中山市住房公积金 2019 年年度报告	1096
潮州市住房公积金 2019 年年度报告	1100
揭阳市住房公积金 2019 年年度报告	1105
云浮市住房公积金 2019 年年度报告	1109
广西壮族自治区住房公积金 2019 年年度报告	**1116**
南宁住房公积金 2019 年年度报告	1121
柳州市住房公积金 2019 年年度报告	1131
桂林市住房公积金 2019 年年度报告	1136
梧州市住房公积金 2019 年年度报告	1140
北海市住房公积金 2019 年年度报告	1145
防城港市住房公积金 2019 年年度报告	1149
钦州市住房公积金 2019 年年度报告	1154
贵港市住房公积金 2019 年年度报告	1160
玉林市住房公积金 2019 年年度报告	1165
百色市住房公积金 2019 年年度报告	1170
贺州市住房公积金 2019 年年度报告	1175
河池市住房公积金 2019 年年度报告	1180
来宾市住房公积金 2019 年年度报告	1185
崇左市住房公积金 2019 年年度报告	1189
海南省住房公积金 2019 年年度报告	**1196**

重庆市住房公积金 2019 年年度报告 ·· 1202

四川省住房公积金 2019 年年度报告 ·· 1208

 成都住房公积金 2019 年年度报告 ·· 1211

 自贡市住房公积金 2019 年年度报告 ·· 1216

 攀枝花市住房公积金 2019 年年度报告 ·· 1221

 泸州市住房公积金 2019 年年度报告 ·· 1225

 德阳市住房公积金 2019 年年度报告 ·· 1229

 绵阳市住房公积金 2019 年年度报告 ·· 1233

 广元市住房公积金 2019 年年度报告 ·· 1238

 遂宁市住房公积金 2019 年年度报告 ·· 1241

 内江市住房公积金 2019 年年度报告 ·· 1245

 乐山市住房公积金 2019 年年度报告 ·· 1249

 南充市住房公积金 2019 年年度报告 ·· 1253

 眉山市住房公积金 2019 年年度报告 ·· 1256

 宜宾市住房公积金 2019 年年度报告 ·· 1260

 广安市住房公积金 2019 年年度报告 ·· 1265

 达州市住房公积金 2019 年年度报告 ·· 1269

 雅安市住房公积金 2019 年年度报告 ·· 1272

 巴中市住房公积金 2019 年年度报告 ·· 1276

 资阳市住房公积金 2019 年年度报告 ·· 1280

 阿坝藏族羌族自治州住房公积金 2019 年年度报告 ·· 1284

 甘孜藏族自治州住房公积金 2019 年年度报告 ·· 1288

 凉山彝族自治州住房公积金 2019 年年度报告 ·· 1292

贵州省住房公积金 2019 年年度报告 ·· 1298

 贵阳住房公积金 2019 年年度报告 ·· 1301

 六盘水市住房公积金 2019 年年度报告 ·· 1305

 遵义市住房公积金 2019 年年度报告 ·· 1309

 安顺市住房公积金 2019 年年度报告 ·· 1312

 毕节市住房公积金 2019 年年度报告 ·· 1316

 铜仁市住房公积金 2019 年年度报告 ·· 1320

 黔西南布依族苗族自治州住房公积金 2019 年年度报告 ·· 1323

 黔东南苗族侗族自治州住房公积金 2019 年年度报告 ·· 1327

 黔南布依族苗族自治州住房公积金 2019 年年度报告 ·· 1331

云南省住房公积金 2019 年年度报告 ……… 1338

- 昆明住房公积金 2019 年年度报告 ……… 1342
- 曲靖市住房公积金 2019 年年度报告 ……… 1347
- 玉溪市住房公积金 2019 年年度报告 ……… 1351
- 保山市住房公积金 2019 年年度报告 ……… 1356
- 昭通市住房公积金 2019 年年度报告 ……… 1361
- 丽江市住房公积金 2019 年年度报告 ……… 1366
- 普洱市住房公积金 2019 年年度报告 ……… 1372
- 临沧市住房公积金 2019 年年度报告 ……… 1376
- 楚雄彝族自治州住房公积金 2019 年年度报告 ……… 1381
- 红河哈尼族彝族自治州住房公积金 2019 年年度报告 ……… 1385
- 文山壮族苗族自治州住房公积金 2019 年年度报告 ……… 1389
- 西双版纳傣族自治州住房公积金 2019 年年度报告 ……… 1393
- 大理白族自治州住房公积金 2019 年年度报告 ……… 1396
- 德宏傣族景颇族自治州住房公积金 2019 年年度报告 ……… 1400
- 怒江傈僳族自治州住房公积金 2019 年年度报告 ……… 1404
- 迪庆藏族自治州住房公积金 2019 年年度报告 ……… 1407

西藏自治区住房公积金 2019 年年度报告 ……… 1414

- 拉萨住房公积金 2019 年年度报告 ……… 1417
- 日喀则市住房公积金 2019 年年度报告 ……… 1420
- 昌都市住房公积金 2019 年年度报告 ……… 1423
- 山南市住房公积金 2019 年年度报告 ……… 1425
- 那曲市住房公积金 2019 年年度报告 ……… 1428
- 阿里地区住房公积金 2019 年年度报告 ……… 1431
- 林芝市住房公积金 2019 年年度报告 ……… 1434

甘肃省住房公积金 2019 年年度报告 ……… 1440

- 兰州住房公积金 2019 年年度报告 ……… 1443
- 嘉峪关市住房公积金 2019 年年度报告 ……… 1451
- 金昌市住房公积金 2019 年年度报告 ……… 1456
- 白银市住房公积金 2019 年年度报告 ……… 1460
- 天水市住房公积金 2019 年年度报告 ……… 1464
- 武威市住房公积金 2019 年年度报告 ……… 1469
- 张掖市住房公积金 2019 年年度报告 ……… 1473

平凉市住房公积金 2019 年年度报告	1476
酒泉市住房公积金 2019 年年度报告	1481
庆阳市住房公积金 2019 年年度报告	1485
定西市住房公积金 2019 年年度报告	1489
陇南市住房公积金 2019 年年度报告	1492
临夏回族自治州住房公积金 2019 年年度报告	1496
甘南州住房公积金 2019 年年度报告	1499

陕西省住房公积金 2019 年年度报告 ··· 1506
  西安住房公积金 2019 年年度报告 ··· 1509
  铜川市住房公积金 2019 年年度报告 ··· 1514
  宝鸡市住房公积金 2019 年年度报告 ··· 1517
  咸阳市住房公积金 2019 年年度报告 ··· 1521
  渭南市住房公积金 2019 年年度报告 ··· 1524
  延安市住房公积金 2019 年年度报告 ··· 1529
  汉中市住房公积金 2019 年年度报告 ··· 1533
  榆林市住房公积金 2019 年年度报告 ··· 1537
  安康市住房公积金 2019 年年度报告 ··· 1544
  商洛市住房公积金 2019 年年度报告 ··· 1547

青海省住房公积金 2019 年年度报告 ··· 1552
  西宁住房公积金 2019 年年度报告 ··· 1555
  海东市住房公积金 2019 年年度报告 ··· 1561
  海北藏族自治州住房公积金 2019 年年度报告 ··· 1565
  黄南藏族自治州住房公积金 2019 年年度报告 ··· 1569
  海南藏族自治州住房公积金 2019 年年度报告 ··· 1571
  果洛藏族自治州住房公积金 2019 年年度报告 ··· 1575
  玉树藏族自治州住房公积金 2019 年年度报告 ··· 1578
  海西蒙古族藏族自治州住房公积金 2019 年年度报告 ··· 1582

宁夏回族自治区住房公积金 2019 年年度报告 ··· 1588
  银川住房公积金 2019 年年度报告 ··· 1591
  石嘴山市住房公积金 2019 年年度报告 ··· 1597
  吴忠市住房公积金 2019 年年度报告 ··· 1601
  固原市住房公积金 2019 年年度报告 ··· 1605
  中卫市住房公积金 2019 年年度报告 ··· 1609

新疆维吾尔自治区住房公积金 2019 年年度报告 …… 1614
　乌鲁木齐住房公积金 2019 年年度报告 …… 1618
　克拉玛依市住房公积金 2019 年年度报告 …… 1622
　吐鲁番市住房公积金 2019 年年度报告 …… 1626
　哈密市住房公积金 2019 年年度报告 …… 1629
　昌吉回族自治州住房公积金 2019 年年度报告 …… 1634
　博尔塔拉蒙古自治州住房公积金 2019 年年度报告 …… 1637
　巴音郭楞蒙古自治州住房公积金 2019 年年度报告 …… 1640
　阿克苏地区住房公积金 2019 年年度报告 …… 1644
　克孜勒苏柯尔克孜自治州住房公积金 2019 年年度报告 …… 1647
　喀什地区住房公积金 2019 年年度报告 …… 1651
　和田地区住房公积金 2019 年年度报告 …… 1655
　伊犁哈萨克自治州住房公积金 2019 年年度报告 …… 1659
　塔城地区住房公积金 2019 年年度报告 …… 1663
　阿勒泰地区住房公积金 2019 年年度报告 …… 1666

新疆生产建设兵团住房公积金 2019 年年度报告 …… 1672

索引 …… 1676

2019 全国住房公积金年度报告汇编

全 国

全国住房公积金 2019 年年度报告[1]

2019 年，住房公积金行业坚持以习近平新时代中国特色社会主义思想为指导，深入学习贯彻党的十九大和十九届二中、三中、四中全会精神，坚决贯彻落实党中央、国务院决策部署，牢固树立"四个意识"，坚定"四个自信"，坚决做到"两个维护"，坚持以人民为中心，稳中求进、改革创新、担当作为，以信息化建设促行业发展，以拓展监管手段保运营稳定，不断提升行业管理和服务水平，住房公积金制度运行安全平稳。根据《住房公积金管理条例》和《住房和城乡建设部 财政部 中国人民银行关于健全住房公积金信息披露制度的通知》（建金〔2015〕26 号）有关规定，现将全国住房公积金 2019 年年度报告公布如下。

一、机构概况

（一）根据《住房公积金管理条例》规定，住房和城乡建设部会同财政部、人民银行负责拟定住房公积金政策，并监督执行。住房和城乡建设部设立住房公积金监管司，各省、自治区住房和城乡建设厅设立住房公积金监管处（办），分别负责全国、省（自治区）住房公积金日常监管工作。2019 年末，国家、省两级住房公积金专职监管人员共 137 人。

（二）直辖市和省、自治区人民政府所在地的市以及其他设区的市（地、州、盟）设立住房公积金管理委员会，作为住房公积金管理决策机构，负责在《住房公积金管理条例》框架内审议住房公积金决策事项，制定和调整住房公积金具体管理措施并监督实施。2019 年末，全国共设有住房公积金管理委员会 341 个。

（三）直辖市和省、自治区人民政府所在地的市以及其他设区的市（地、州、盟）设立住房公积金管理中心，负责住房公积金的管理运作。2019 年末，全国共设有住房公积金管理中心 341 个；未纳入设区城市统一管理的分支机构 139 个，其中，省直分支机构 24 个，石油、电力、煤炭等企业分支机构 71 个，区县分支机构 44 个。全国住房公积金服务网点 3350 个。全国住房公积金从业人员 4.42 万人，其中：在编 2.67 万人，非在编 1.75 万人。

（四）按照人民银行的规定，住房公积金贷款、结算等金融业务委托住房公积金管理委员会指定的商业银行办理。受委托商业银行主要为工商银行、农业银行、中国银行、建设银行、交通银行等。

二、业务运行情况

2019 年，住房公积金缴存额 23709.67 亿元，提取额 16281.78 亿元，发放个人住房贷款 12139.06 亿元，购买国债 13.08 亿元。截至 2019 年末，缴存余额 65372.43 亿元，个人住房贷款余额 55883.11 亿元，保障性住房建设试点项目贷款余额 6.96 亿元，国债余额 20.84 亿元，住房公积金结余资金[2] 9461.52 亿元。

（一）**缴存**。2019 年，住房公积金实缴单位 322.40 万个，实缴职工 14881.38 万人，分别比上年增长 10.57% 和 3.08%。新开户单位 53.74 万个，新开户职工 1877.78 万人。

2019 年，住房公积金缴存额 23709.67 亿元，比上年增长 12.61%。

截至2019年末，住房公积金累计缴存总额169607.66亿元，缴存余额65372.43亿元，结余资金9461.52亿元，分别比上年末增长16.25%、12.84%和17.93%。见表1、表2及图1。

2019年分地区住房公积金缴存情况　　　　　　　　　　　　　　　　　　　　　　表1

地区	实缴单位（万个）	实缴职工（万人）	缴存额（亿元）	累计缴存总额（亿元）	缴存余额（亿元）
全国	322.40	14881.38	23709.67	169607.66	65372.43
北京	20.63	798.54	2213.55	15309.92	4844.99
天津	7.04	280.39	526.77	4488.17	1473.89
河北	6.41	494.09	655.17	5102.45	2223.61
山西	4.80	333.80	412.24	3160.70	1268.70
内蒙古	4.32	244.07	393.14	3075.15	1406.11
辽宁	9.63	508.93	781.22	7188.59	2614.86
吉林	4.13	248.12	353.54	2839.28	1217.69
黑龙江	4.04	283.08	428.75	3660.55	1492.28
上海	42.67	882.78	1533.57	11087.60	4721.13
江苏	34.92	1357.12	2039.80	13832.86	4900.31
浙江	26.28	867.67	1599.28	10979.22	3573.87
安徽	6.55	437.35	686.96	5477.88	1800.82
福建	12.43	416.38	667.66	4790.01	1739.31
江西	4.71	268.02	443.27	2807.13	1339.29
山东	16.78	967.45	1307.97	9362.94	3846.75
河南	8.07	637.57	799.12	5361.21	2529.26
湖北	7.73	486.35	853.33	5650.01	2647.14
湖南	7.18	456.02	683.69	4481.44	2146.83
广东	42.57	2008.32	2590.26	17852.71	6023.98
广西	5.59	302.74	475.25	3402.97	1228.95
海南	3.05	108.14	133.20	960.02	433.23
重庆	3.95	267.18	429.50	2912.75	1081.97
四川	12.74	693.09	1102.84	7508.42	3168.69
贵州	4.81	261.09	414.21	2469.33	1141.59
云南	5.43	278.67	546.22	3992.29	1539.32
西藏	0.48	33.04	98.91	598.06	300.83
陕西	6.28	404.55	547.77	3787.94	1590.34
甘肃	3.25	193.46	300.85	2252.78	1051.32
青海	0.97	54.52	117.76	880.73	329.73
宁夏	1.00	65.63	106.79	892.93	326.46
新疆	3.44	217.43	421.40	3145.07	1230.94
新疆兵团	0.51	25.80	45.68	296.54	138.23

2019 年分类型单位住房公积金缴存情况　　　　　　表 2

单位性质	缴存单位（万个）	占比（%）	实缴职工（万人）	占比（%）	新开户职工（万人）	占比（%）
国家机关和事业单位	74.67	23.16	4465.90	30.01	253.92	13.52
国有企业	20.50	6.36	2892.94	19.44	206.82	11.01
城镇集体企业	4.16	1.29	226.20	1.52	28.13	1.50
外商投资企业	10.77	3.34	1194.97	8.03	191.04	10.17
城镇私营企业及其他城镇企业	178.13	55.25	4904.90	32.96	951.97	50.70
民办非企业单位和社会团体	8.09	2.51	257.45	1.73	50.42	2.69
其他类型单位	26.08	8.09	939.02	6.31	195.48	10.41
合计	322.40	100	14881.38	100	1877.78	100

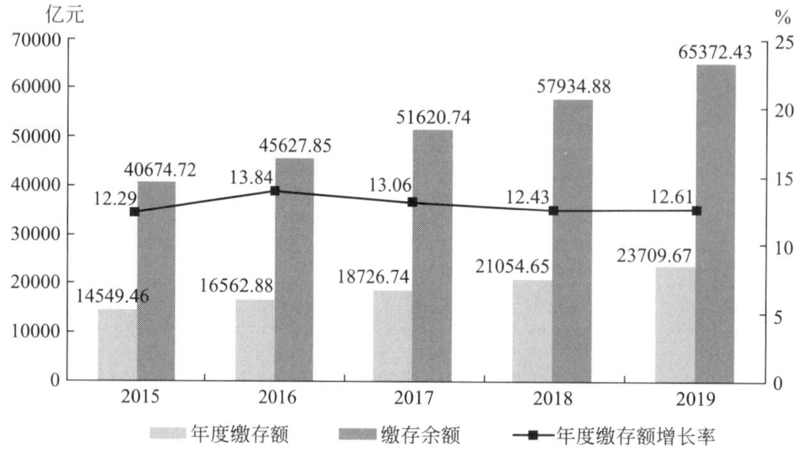

图 1　2015—2019 年住房公积金缴存额及增长速度

（二）提取。2019 年，住房公积金提取人数 5648.56 万人，占实缴职工人数的 37.96%；提取额 16281.78 亿元，比上年增长 10.46%；提取率[3] 68.67%，比上年减少 1.34 个百分点。

截至 2019 年末，住房公积金累计提取总额 104235.23 亿元，占累计缴存总额的 61.46%。见表 3、表 4 及图 2。

2019 年分地区住房公积金提取情况　　　　　　表 3

地区	提取额（亿元）	提取率（%）	住房消费类提取额（亿元）	非住房消费类提取额（亿元）	累计提取总额（亿元）
全国	16281.78	68.67	13297.17	2984.61	104235.23
北京	1612.65	72.85	1443.54	169.11	10464.94
天津	390.66	74.16	309.83	80.83	3014.28
河北	415.97	63.49	291.39	124.58	2878.85
山西	231.99	56.28	177.52	54.47	1892.00
内蒙古	261.30	66.46	187.35	73.95	1669.04
辽宁	590.70	75.61	459.04	131.66	4573.73
吉林	247.09	69.89	175.48	71.61	1621.59
黑龙江	315.65	73.62	225.13	90.52	2168.27

续表

地区	提取额（亿元）	提取率（%）	住房消费类提取额（亿元）	非住房消费类提取额（亿元）	累计提取总额（亿元）
上海	907.07	59.15	760.23	146.84	6366.47
江苏	1480.08	72.56	1246.72	233.36	8932.55
浙江	1201.45	75.12	1026.01	175.44	7405.36
安徽	511.79	74.5	418.09	93.70	3677.06
福建	482.95	72.34	395.01	87.94	3050.69
江西	288.29	65.04	227.20	61.09	1467.84
山东	909.93	69.57	738.59	171.34	5516.19
河南	480.09	60.08	354.08	126.01	2831.95
湖北	513.30	60.15	390.31	122.99	3002.87
湖南	399.49	58.43	294.10	105.39	2334.61
广东	1837.67	70.95	1624.58	213.09	11828.73
广西	358.46	75.42	287.31	71.15	2174.02
海南	89.62	67.28	72.35	17.27	526.80
重庆	322.63	75.12	261.82	60.81	1830.78
四川	688.86	62.46	543.90	144.96	4339.73
贵州	267.45	64.57	216.71	50.74	1327.74
云南	425.05	77.82	358.01	67.04	2452.96
西藏	52.32	52.9	40.81	11.51	297.23
陕西	293.33	53.55	227.75	65.58	2197.59
甘肃	208.39	69.27	159.21	49.18	1201.46
青海	98.64	83.76	76.92	21.72	551.00
宁夏	73.04	68.39	57.73	15.31	566.47
新疆	293.03	69.54	229.93	63.10	1914.12
新疆兵团	32.84	71.89	20.52	12.32	158.31

2019年分类型住房公积金提取情况　　　　表4

提取原因		提取人数（万人）	占比（%）	提取金额（亿元）	占比（%）
住房消费类	购买、建造、翻建、大修自住住房	669.05	11.85	4609.37	28.31
	偿还购房贷款本息	3126.61	55.35	7582.42	46.57
	租赁住房	1013.82	17.95	937.83	5.76
	其他	142.37	2.52	167.70	1.03
非住房消费类	离退休	253.11	4.48	2080.81	12.78
	丧失劳动能力，与单位终止劳动关系	182.78	3.24	294.70	1.81
	出境定居或户口迁移	57.73	1.02	92.81	0.57
	死亡或宣告死亡	11.35	0.20	73.27	0.45
	其他	191.74	3.39	442.86	2.72
合计		5648.56	100	16281.78	100

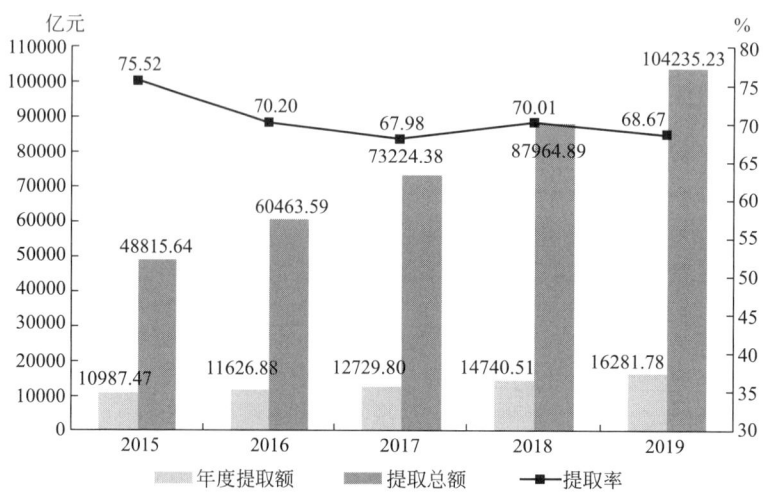

图 2　2015—2019 年住房公积金提取额及提取率

（三）贷款。

1. 个人住房贷款

2019 年，发放住房公积金个人住房贷款 286.04 万笔，比上年增长 13.25%；发放金额 12139.06 亿元，比上年增长 18.79%；回收金额 6101.44 亿元，比上年增长 12.52%。

截至 2019 年末，累计发放住房公积金个人住房贷款 3620.88 万笔、97959.46 亿元，分别比上年末增长 8.58% 和 14.14%；个人住房贷款余额 55883.11 亿元，比上年末增长 12.11%；个人住房贷款率[4] 85.48%，比上年末减少 0.56 个百分点。见表 5、表 6、图 3。

2019 年分地区住房公积金个人住房贷款情况　表 5

地区	放贷笔数（万笔）	贷款发放额（亿元）	累计放贷笔数（万笔）	累计贷款总额（亿元）	贷款余额（亿元）	个人住房贷款率（%）
全国	286.04	12139.06	3620.88	97959.46	55883.11	85.48
北京	7.15	557.56	117.99	6916.21	4292.83	88.60
天津	4.99	228.92	102.32	3198.82	1390.07	94.31
河北	8.76	362.57	108.05	2676.35	1640.24	73.77
山西	6.30	269.78	60.74	1459.61	956.63	75.40
内蒙古	6.84	248.23	110.90	2194.66	1106.21	78.67
辽宁	12.22	399.72	181.09	4170.17	2217.39	84.80
吉林	5.41	196.65	74.21	1723.99	1034.22	84.93
黑龙江	6.02	209.24	92.91	2077.59	1062.68	71.21
上海	14.08	939.18	268.24	8727.96	4450.05	94.26
江苏	28.40	1226.04	331.67	9128.35	4793.93	97.83
浙江	15.74	698.42	192.89	6315.88	3407.92	95.36
安徽	10.81	363.97	136.48	3144.72	1765.07	98.02
福建	6.55	331.50	102.98	2904.48	1626.89	93.54
江西	6.47	231.46	79.11	1938.12	1162.87	86.83
山东	19.49	717.41	220.95	5564.42	3231.19	84.00

续表

地区	放贷笔数（万笔）	贷款发放额（亿元）	累计放贷笔数（万笔）	累计贷款总额（亿元）	贷款余额（亿元）	个人住房贷款率（%）
河南	11.95	416.68	131.08	3080.94	1919.75	75.90
湖北	12.33	520.27	137.42	3541.00	2078.18	78.51
湖南	11.19	421.18	137.53	3060.28	1908.82	88.91
广东	22.68	1173.83	200.31	7216.20	4584.49	76.10
广西	6.09	210.97	72.76	1654.61	1072.71	87.29
海南	1.43	66.81	17.70	516.61	355.55	82.07
重庆	6.07	232.11	60.19	1663.04	1096.71	101.36
四川	14.39	558.44	162.85	4110.85	2567.03	81.01
贵州	7.54	271.31	73.98	1733.18	1111.54	97.37
云南	6.71	262.78	125.21	2562.19	1279.72	83.14
西藏	1.06	65.74	9.16	348.90	209.08	69.50
陕西	8.21	345.44	79.27	1915.13	1278.81	80.41
甘肃	5.47	194.46	78.04	1477.48	814.35	77.46
青海	1.73	70.59	27.21	527.92	247.80	75.15
宁夏	1.74	67.60	28.31	585.16	266.83	81.73
新疆	7.35	250.92	93.28	1708.53	884.50	71.86
新疆兵团	0.84	29.30	6.06	116.12	69.03	49.93

2019年分类型住房公积金个人住房贷款情况 表6

类别		发放笔数（万笔）	占比（%）	金额（亿元）	占比（%）
房屋类型	新房	198.31	69.33	8163.68	67.25
	存量商品住房	84.90	29.68	3868.47	31.87
	建造、翻建、大修自住住房	0.81	0.28	25.94	0.21
	其他	2.02	0.71	80.97	0.67
房屋建筑面积	90平方米(含)以下	75.21	26.29	3386.74	27.90
	90~144平方米(含)	183.89	64.29	7538.67	62.10
	144平方米以上	26.94	9.42	1213.65	10.00
支持购房套数	首套	248.75	86.96	10486.04	86.38
	二套及以上	37.29	13.04	1653.02	13.62
贷款职工	单缴存职工	130.52	45.63	4973.84	40.97
	双缴存职工	154.25	53.93	7111.75	58.59
	三人及以上缴存职工	1.27	0.44	53.47	0.44
贷款职工年龄	30岁(含)以下	94.63	33.08	3942.98	32.48
	30岁~40岁(含)	117.94	41.23	5350.75	44.08
	40岁~50岁(含)	57.58	20.13	2284.56	18.82
	50岁以上	15.89	5.56	560.76	4.62
收入水平[5]	中、低收入	272.92	95.41	11396.36	93.88
	高收入	13.12	4.59	742.70	6.12

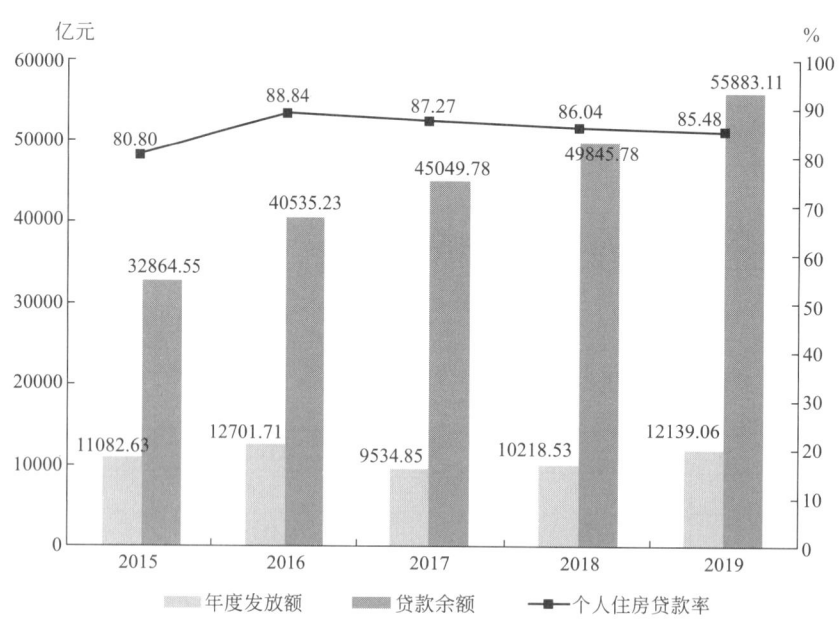

图 3　2015—2019 年个人住房贷款发放额及个人住房贷款率

2. 支持保障性住房建设试点项目贷款

近年来，支持保障性住房建设试点项目贷款工作以贷款回收为主。2019 年，未发放试点项目贷款，回收试点项目贷款 39.15 亿元。

截至 2019 年末，累计向 373 个试点项目发放贷款 872.15 亿元，累计回收试点项目贷款 865.19 亿元，试点项目贷款余额 6.96 亿元。368 个试点项目结清贷款本息，81 个试点城市全部收回贷款本息。

（四）**国债**。2019 年，购买国债 13.08 亿元，兑付、转让、收回国债 11.95 亿元；截至 2019 年末，国债余额 20.84 亿元。

三、业务收支及增值收益情况

（一）**业务收入**。2019 年，住房公积金业务收入 2051.25 亿元，比上年增长 13.05％。其中，存款利息 331.34 亿元，委托贷款利息 1710.20 亿元，国债利息 0.55 亿元，其他 9.16 亿元。

（二）**业务支出**。2019 年，住房公积金业务支出 1075.10 亿元，比上年增长 11.97％。其中，支付缴存职工利息 942.87 亿元，支付受委托银行归集手续费 27.65 亿元、委托贷款手续费 58.39 亿元，公转商贴息、融资成本等其他支出 46.19 亿元。

（三）**增值收益**。2019 年，住房公积金增值收益 976.15 亿元，比上年增长 14.27％；增值收益率[6] 1.58％。

（四）**增值收益分配**。2019 年，提取住房公积金贷款风险准备金 273.63 亿元，提取管理费用 115.78 亿元，提取城市公共租赁住房（廉租住房）建设补充资金 588.7 亿元。见表 7。

截至 2019 年末，累计提取住房公积金贷款风险准备金 2223.21 亿元，累计提取城市公共租赁住房（廉租住房）建设补充资金 3952.73 亿元。

2019年分地区住房公积金增值收益及分配情况　　　　表7

地区	业务收入（亿元）	业务支出（亿元）	增值收益（亿元）	增值收益率（%）	提取贷款风险准备金（亿元）	提取管理费用（亿元）	提取公租房（廉租房）建设补充资金（亿元）
全国	2051.25	1075.10	976.15	1.58	273.63	115.78	588.7
北京	151.39	74.73	76.65	1.68	9.36	5.61	61.68
天津	46.39	25.87	20.52	1.46	2.29	3.57	14.89
河北	67.56	34.62	32.95	1.57	2.29	6.87	24.02
山西	42.00	19.48	22.52	1.92	7.42	2.68	11.48
内蒙古	42.22	20.86	21.36	1.60	11.07	3.11	7.09
辽宁	82.72	41.35	41.37	1.64	11.86	5.43	24.08
吉林	37.77	18.91	18.86	1.62	7.47	3.33	8.06
黑龙江	44.19	26.00	18.19	1.27	1.00	2.58	14.61
上海	159.99	74.81	85.18	1.92	50.22	1.44	33.52
江苏	156.80	90.35	66.45	1.43	29.80	7.22	29.83
浙江	115.92	65.51	50.42	1.49	29.64	3.83	16.95
安徽	59.27	32.14	27.13	1.58	4.60	4.00	18.52
福建	54.95	32.47	22.48	1.37	5.49	1.49	15.50
江西	43.30	21.14	22.16	1.78	3.69	2.55	15.91
山东	119.16	62.13	57.03	1.56	3.60	5.39	48.05
河南	74.10	39.55	34.56	1.46	10.24	4.32	20.03
湖北	84.59	42.32	42.27	1.70	7.58	6.31	29.76
湖南	69.54	35.25	34.29	1.71	4.70	5.66	24.61
广东	188.38	102.52	85.85	1.51	33.97	6.52	45.37
广西	37.72	19.47	18.25	1.56	3.40	4.93	9.92
海南	12.27	6.30	5.96	1.44	3.58	0.68	1.71
重庆	34.28	19.81	14.48	1.41	1.31	2.35	10.82
四川	98.07	48.56	49.52	1.67	12.76	6.79	29.96
贵州	34.09	19.03	15.06	1.40	1.37	2.17	11.53
云南	47.14	23.96	23.19	1.56	0.97	4.63	17.58
西藏	5.84	4.48	1.36	0.49	0.82	0.18	0.36
陕西	48.02	24.26	23.76	1.63	4.91	4.36	14.44
甘肃	32.06	17.96	14.10	1.40	1.41	3.55	9.15
青海	10.39	5.63	4.76	1.47	2.94	0.55	1.18
宁夏	9.53	5.39	4.14	1.33	0.28	0.67	3.19
新疆	36.81	18.11	18.69	1.59	2.92	2.80	13.12
新疆兵团	4.77	2.13	2.64	1.99	0.65	0.22	1.77

（五）管理费用支出。2019年，实际支出管理费用112.50亿元，比上年增长2.3%。其中，人员经费[7] 56.32亿元，公用经费[8] 11.61亿元，专项经费[9] 44.57亿元。

四、资产风险情况

（一）个人住房贷款。截至2019年末，住房公积金个人住房贷款逾期额19.51亿元，逾期率[10]

0.03%；住房公积金个人住房贷款风险准备金余额 2201.62 亿元，与个人住房贷款余额的比率为 3.94%。

2019 年，使用住房公积金个人住房贷款风险准备金核销呆坏账 29.37 万元。

（二）支持保障性住房建设试点项目贷款。2019 年，试点项目贷款未发生逾期。截至 2019 年末，无试点项目贷款逾期；试点项目贷款风险准备金余额 9.77 亿元，相当于试点项目贷款余额的 1.40 倍。

五、社会经济效益

（一）缴存单位和缴存职工持续增加

2019 年，全国净增住房公积金实缴单位 30.81 万个，净增住房公积金实缴职工 444.98 万人，住房公积金制度惠及职工数量持续增长。见图 4。

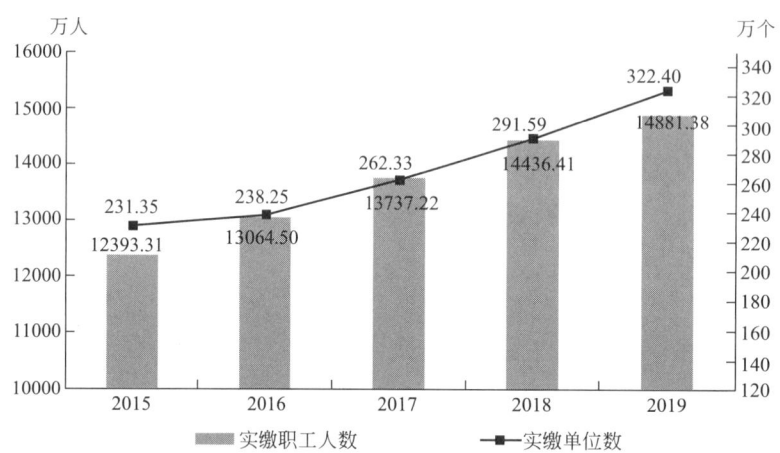

图 4　2015—2019 年实缴单位数和实缴职工人数

缴存职工中，城镇私营企业及其他城镇企业、外商投资企业、民办非企业单位和其他类型单位占 49.04%，比上年增加 1.93 个百分点，非公有制企业职工占比持续增长。见图 5。

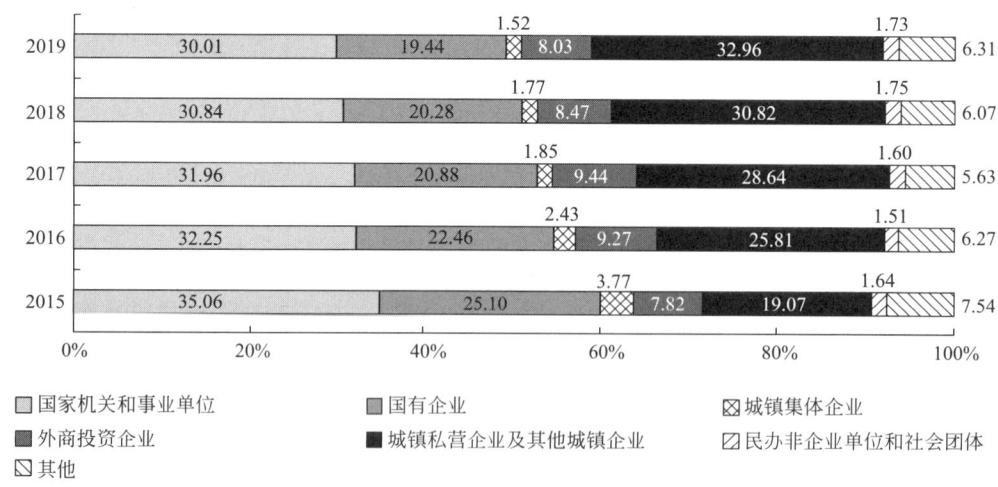

图 5　2015—2019 年按单位性质分缴存职工人数占比变化

新开户职工中，城镇私营企业及其他城镇企业、外商投资企业、民办非企业单位和其他类型单位的职工占比达 73.97%；农业转移人口及新就业大学生等新市民 982.12 万人，占全部新开户职工的 52.30%，住房公积金帮助新市民解决住房问题的作用更加凸显。见图 6。

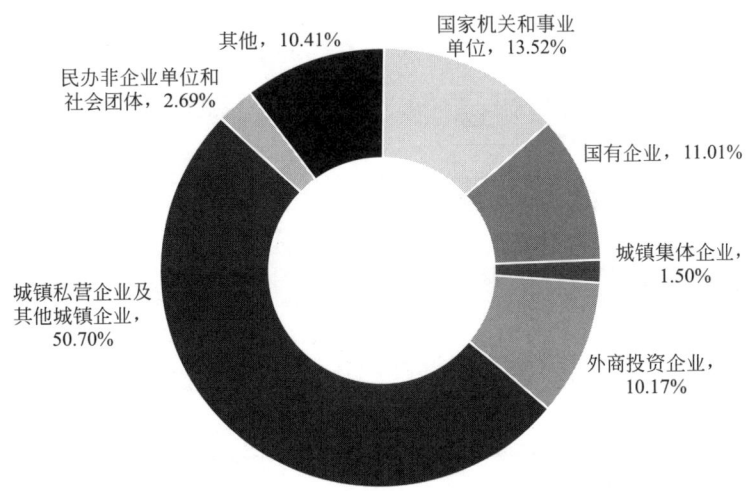

图 6　2019 年按单位性质分新开户职工人数占比

（二）支持缴存职工住房贷款

重点支持中、低收入群体首套普通住房。2019 年发放的个人住房贷款笔数中，中、低收入职工贷款占 95.41%，首套住房贷款占 86.96%，144 平方米（含）以下住房贷款占 90.58%，40 岁（含）以下职工贷款占 74.31%。2019 年末，住房公积金个人住房贷款市场占有率[11] 15.61%。见图 7。

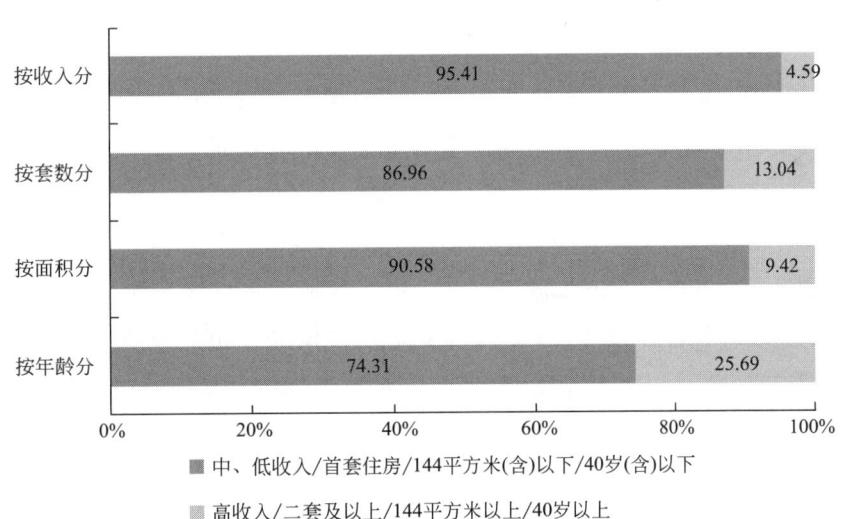

图 7　2019 年按收入、套数、面积、年龄分贷款笔数占比

2019 年，发放异地贷款[12] 17.06 万笔、666.72 亿元；截至 2019 年末，累计发放异地贷款 87.23 万笔、2852.01 亿元，余额 2105.96 亿元。

（三）支持租赁住房消费和保障性住房建设

大力支持租赁住房消费。2019 年，住房租赁提取金额 937.83 亿元，比上年增长 28.40%，占当年提取金额的比例逐年上涨；住房租赁提取人数 1013.82 万人，比上年增长 32.28%。

持续支持保障性住房建设。2019年,提取城市公共租赁住房(廉租住房)建设补充资金占当年分配增值收益的60.77%。2019年末,累计为城市公共租赁住房(廉租住房)建设提供补充资金3958.86亿元。见图8。

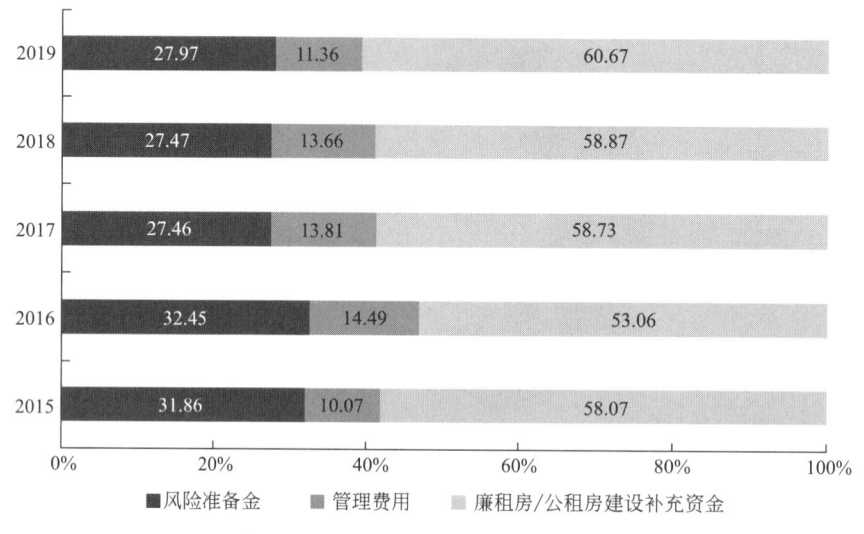

图8 2015—2019年增值收益分配占比

(四)减少职工住房贷款利息支出

住房公积金个人住房贷款利率比同期商业性个人住房贷款基准利率低1.65%~2%,2019年发放的住房公积金个人住房贷款,偿还期内可为贷款职工节约利息[13]支出2617.14亿元,平均每笔贷款可节约利息支出9.13万元。

2019年,发放公转商贴息贷款[14] 6.33万笔、296.76亿元,当年贴息18.68亿元。2019年末,累计发放公转商贴息贷款65.89万笔、2755.50亿元,累计贴息78.56亿元。

六、其他重要事项

(一)业务标准体系不断完善。 发布实施《住房公积金提取业务标准》和《住房公积金资金管理业务标准》,继续完善住房公积金标准规范体系。与中央军委后勤保障部联合印发《关于军队专业技能岗位文职人员住房公积金缴存管理有关问题的通知》。联合公安等部门深入开展治理违规提取住房公积金工作,违规提取行为得到有效遏制。

(二)信息化建设成效显著。 应用区块链技术,全面建成全国住房公积金数据平台。与国家税务总局实现总对总对接,2019年,提供住房公积金贷款数据核验服务1258.77万人次。与国家政务服务平台和国务院客户端实现对接,向缴存职工提供统一高效便捷的查询服务1417.47万人次。与全国组织机构统一社会信用代码数据服务中心实现数据共享,向全国住房公积金管理中心提供缴存单位信息核验服务。

(三)服务能力进一步提升。 利用"互联网+"持续提升服务效能,印发《关于建立健全住房公积金综合服务平台的通知》及工作指引,全国299个设区城市建成住房公积金综合服务平台,缴存单位和职工可依托12329服务热线、网上营业厅、手机APP等多种服务渠道,方便快捷地办理住房公积金业务。326个设区城市实现了与全国转移接续平台的直连,2019年全年,通过转移接续平台办结50.34万笔转移接续业务，转移接续资金 156.15 亿元，进一步满足了职工跨区域流动后"账随人走，钱随账走"的实际需求。全面清理住房公积金业务证明事项，取消不必要的证明材料。

（四）电子稽查工具实现全覆盖。 印发《关于全面开展住房公积金电子稽查工作的通知》及工作指引，对全国设区城市住房公积金管理中心（分中心）实现电子稽查全覆盖，通过线上发现异常数据、线下进行核查和处置，增强住房公积金风险防控能力，提高监管工作针对性和实效性。

（五）精神文明建设深入推进。 2019 年，全行业深入开展精神文明创建活动，共获得地市级以上文明单位（行业、窗口）205 个，青年文明号 110 个，工人先锋号 18 个，五一劳动奖章（劳动模范）16 个，三八红旗手（巾帼文明岗）41 个，先进集体和先进个人 772 个，其他荣誉称号 481 个。广东省湛江市住房公积金管理中心被评为第九届全国"人民满意的公务员集体"。

注释：

[1] 本报告数据取自各省（区、市）披露的住房公积金年度报告、全国住房公积金统计信息系统及各地报送的数据，对各省（区、市）年度报告中的部分数据进行了修正。部分数据因小数取舍，存在与分项合计不等的情况，不作机械调整。指标口径按《住房和城乡建设部　财政部　中国人民银行关于健全住房公积金信息披露制度的通知》（建金〔2015〕26 号）等文件规定注释。

[2] 结余资金指年度末缴存余额扣除个人住房贷款余额、保障性住房建设试点项目贷款余额和国债余额后的金额。

[3] 提取率指当年提取额占当年缴存额的比率。

[4] 个人住房贷款率指年度末个人住房贷款余额占年度末住房公积金缴存余额的比率。

[5] 中、低收入指收入低于上年当地社会平均工资 3 倍，高收入指收入高于上年当地社会平均工资 3 倍（含）。

[6] 增值收益率指增值收益与月均缴存余额的比率。

[7] 人员经费包括住房公积金管理中心工作人员的基本工资、补助工资、职工福利费、社会保障费、住房公积金、助学金等。

[8] 公用经费包括住房公积金管理中心的公务费、业务费、设备购置费、修缮费和其他费用。

[9] 专项经费指经财政部门批准的用于指定项目和用途，并要求单独核算的资金。

[10] 个人住房贷款逾期率指个人住房贷款逾期额占个人住房贷款余额的比率。

[11] 个人住房贷款市场占有率指当年住房公积金个人住房贷款余额占全国商业性和住房公积金个人住房贷款余额总和的比率。

[12] 异地贷款指缴存和购房行为不在同一城市的住房公积金个人住房贷款，包括用本市资金为在本市购房的外地缴存职工发放的贷款以及用本市资金为在外地购房的本市缴存职工发放的贷款。

[13] 可为贷款职工节约利息指当年获得住房公积金个人住房贷款的职工合同期内所需支付贷款利息总额与申请商业性住房贷款利息总额的差额。商业性住房贷款利率按基准利率测算。

[14] 公转商贴息贷款指商业银行向缴存职工发放的个人住房贷款，商业贷款和住房公积金贷款利息之差由住房公积金管理中心承担，所发放的个人住房贷款未计入住房公积金缴存使用情况表。

2019 全国住房公积金年度报告汇编

北 京

北京住房公积金 2019 年年度报告

一、机构概况

（一）住房公积金管理委员会： 北京住房公积金管理委员会有 30 名成员，2019 年召开 1 次会议，审议通过的事项主要包括：2018 年住房公积金归集使用计划执行情况和 2019 年计划，北京住房公积金增值收益 2018 年收支情况和 2019 年收支计划，北京住房公积金 2018 年年度报告，住房公积金缴存比例执行及审批单位降低缴存比例和缓缴申请等有关事项。

（二）住房公积金管理中心： 北京住房公积金管理中心（以下简称管理中心）为北京市政府直属的不以营利为目的的全额拨款事业单位。中心有 3 个分中心：中共中央直属机关分中心（以下简称中直分中心）、中央国家机关分中心（以下简称国管分中心）、北京铁路分中心（以下简称铁路分中心）；内设 11 个处室、机关党委、机关纪委和工会；垂直管理 20 个分支机构（18 个管理部和住房公积金贷款中心、结算中心）；下设 2 个直属事业单位：北京住房公积金客户服务中心、北京市住房贷款担保中心。从业人员 865 人，其中，在编 758 人，非在编 107 人。

二、业务运行情况

（一）缴存： 2019 年，北京地区新开户单位 43904 个，实缴单位 206343 个，净增单位（实缴）23124 个；新开户职工 83.93 万人，实缴职工 798.54 万人，净增职工（实缴）19.66 万人；缴存额 2213.55 亿元，同比增长 11.8%。2019 年末，缴存总额 15309.92 亿元，同比增长 16.9%；缴存余额 4844.99 亿元，同比增长 14.2%。

受管理中心委托办理住房公积金缴存业务的银行 11 家，与上年相比增加 2 家。

（二）提取： 2019 年，缴存人提取住房公积金 1612.64 亿元，同比增长 10.8%。占当年缴存额的 72.9%，同比减少 0.6 个百分点。2019 年末，提取总额 10464.94 亿元，同比增长 18.2%。

（三）委托贷款：

1. 住房公积金个人住房贷款

个人住房贷款最高额度 120 万元，其中，单缴存职工和双缴存职工的最高额度均为 120 万元。

2019 年，北京地区发放住房公积金个人住房贷款 71489 笔、557.56 亿元，同比分别下降 11.5%、32.9%。其中，北京地方发放 53084 笔、392.8 亿元，中直分中心发放 365 笔、2.99 亿元，国管分中心发放 14069 笔、139.18 亿元，铁路分中心发放 3971 笔、22.58 亿元。

2019 年，回收个人住房贷款 301.03 亿元。其中，北京地方回收 246.91 亿元，中直分中心回收 2.04 亿元，国管分中心回收 45.02 亿元；铁路分中心回收 7.06 亿元。

2019 年末，北京地区累计发放个人住房贷款 117.99 万笔、6916.21 亿元，贷款余额 4292.83 亿元，同比分别增长 6.4%、8.8%、6.4%。个人住房贷款余额占缴存余额的 88.6%，比上年同期减少 6.5 个百分点。

受委托办理住房公积金个人住房贷款业务的银行 8 家，与上年相比无变化。

2. 住房公积金支持保障性住房建设项目贷款

2019 年，支持保障性住房建设项目贷款无发放，回收项目贷款 17.02 亿元。2019 年末，累计发放项目贷款 201.09 亿元，项目贷款余额 2.4 亿元。

（四）**购买国债**：2019 年，未发生新购买、兑付、转让、回收国债情况。2019 年末，国债抵债资产 2.27 亿元，国债余额与 2018 年底相比无变化。

（五）**调剂资金**：2019 年，当年无调剂其他住房资金，当年调回调剂资金 160 亿元。2019 年末，调剂总额 250 亿元，调剂资金余额 0 元。

（六）**资金存储**：2019 年末，管理中心住房公积金存款 637.63 亿元。其中，活期 1.79 亿元，1 年以内定期（含）108.25 亿元，1 年以上定期 149 亿元，其他（协定、通知存款）378.59 亿元。

（七）**资金运用率**：2019 年末，住房公积金个人住房贷款余额、项目贷款余额和购买国债余额的总和占缴存余额的 88.7%，比上年同期减少 6.9 个百分点。

三、主要财务数据

（一）**业务收入**：2019 年，住房公积金业务收入共计 1513852.69 万元，同比增加 12.5%。其中，北京地方 1188134.7 万元，中直分中心 8691.74 万元，国管分中心 269878.07 万元，铁路分中心 47148.18 万元；存款（含增值收益存款）利息收入 151177 万元，委托贷款利息收入 1362222.01 万元，无国债利息收入，其他收入 453.68 万元。

（二）**业务支出**：2019 年，住房公积金业务支出共计 747309.11 万元，同比增长 13%。其中，北京地方 588669.6 万元，中直分中心 4641.42 万元，国管分中心 127542.37 万元，铁路分中心 26455.73 万元；住房公积金利息支出 683878.87 万元，归集手续费用支出 4509.34 万元，委托贷款手续费支出 37347.74 万元，其他支出 21573.17 万元。

（三）**增值收益**：2019 年，住房公积金增值收益 766543.58 万元，同比增加 12.1%。其中，北京地方 599465.1 万元，中直分中心 4050.32 万元，国管分中心 142335.7 万元，铁路分中心 20692.45 万元。增值收益率（增值收益与月均缴存余额的比率）1.7%，与上年相比无变化。

（四）**增值收益分配**：2019 年，提取贷款风险准备金 93630.59 万元，提取管理费用 9338.33 万元，提取城市廉租住房（公共租赁住房）建设补充资金 663574.65 万元。

2019 年，上交财政管理费用 61672.01 万元。上缴财政城市廉租住房（公共租赁住房）建设补充资金 492184.88 万元，其中北京地方 492184.88 万元。

2019 年末，贷款风险准备金余额 1069487.57 万元。累计提取城市廉租住房（公共租赁住房）建设补充资金 3786655.95 万元。其中，北京地方提取 3272586.79 万元，中直分中心提取 25731.15 万元，国管分中心 350084.8 万元，铁路分中心 138253.21 万元。

（五）**管理费用支出**：2019 年，管理费用支出 64765.62 万元，同比增长 3.4%。其中，人员经费 25471.34 万元，公用经费 2100.88 万元，专项经费 37193.4 万元。

北京地方管理费用支出 50380.39 万元，其中，人员、公用、专项经费分别为 20546.26 万元、1594.65 万元、28239.47 万元；中直分中心管理费用支出 1156.19 万元，其中，人员、公用、专项经费分别为 383.88 万元、56.47 万元、715.84 万元；国管分中心管理费用支出 8567.6 万元，其中，人员、公用、专项经费分别为 2053.47 万元、303.19 万元、6210.94 万元；铁路分中心管理费用支出 4661.45 万元，其中，人员、公用、专项经费分别为 2487.73 万元、146.58 万元、2027.15 万元。

四、资产风险状况

（一）住房公积金个人住房贷款：2019 年末，逾期住房公积金个人贷款 917.26 万元，住房公积金个人贷款逾期率 0.02‰。其中，国管分中心逾期率 0.1‰。

个人贷款风险准备金按贷款余额的 1% 提取（其中国管分中心按当年可供分配增值收益的 60% 提取）。2019 年，提取个人贷款风险准备金 101638.17 万元，当年无使用住房公积金个人贷款风险准备金核销金额，住房公积金个人贷款风险准备金余额为 1055607.57 万元，住房公积金个人贷款风险准备金余额与住房公积金个人贷款余额的比率为 2.5%，住房公积金个人贷款逾期额与住房公积金个人贷款风险准备金余额的比率为 0.1%。

（二）支持保障性住房建设试点项目贷款：2019 年末，无逾期项目贷款。项目贷款风险准备金提取比例为贷款余额的 4%。2019 年，冲减已计提项目贷款风险准备金 8007.58 万元，当年无使用项目贷款风险准备金核销金额，项目贷款风险准备金余额为 13880 万元，项目贷款风险准备金余额与项目贷款余额的比率为 57.8%。

五、社会经济效益

（一）缴存业务：2019 年，住房公积金实缴单位数、实缴人数和缴存额同比分别增长 12.6%、2.5% 和 11.8%。

缴存单位中，国家机关和事业单位占 5.2%，国有企业占 4%，城镇集体企业占 0.4%，外商投资企业占 4.2%，城镇私营企业及其他城镇企业占 52.2%，民办非企业单位和社会团体占 1.4%，其他占 32.6%。

缴存职工中，国家机关和事业单位职工占 15.8%，国有企业职工占 18.4%，城镇集体企业职工占 0.5%，外商投资企业职工占 9.2%，城镇私营企业及其他城镇企业职工占 40.6%，民办非企业单位和社会团体职工占 0.9%，其他职工占 14.6%；中、低收入群体占 89.1%，高收入群体占 10.9%。

新开户职工中，国家机关和事业单位占 7.6%，国有企业占 14.2%，城镇集体企业占 0.3%，外商投资企业占 6.7%，城镇私营企业及其他城镇企业占 45.9%，民办非企业单位和社会团体占 1.3%，其他占 24%；中、低收入群体占 98.2%，高收入群体占 1.8%。

（二）提取业务：2019 年，391.21 万名缴存职工提取住房公积金 1612.64 亿元。

提取金额中，住房消费提取占 88.6%（购买、建造、翻建、大修自住住房占 61.2%，偿还购房贷款本息占 18.6%，租赁住房占 8.7%，其他占 0.02%）；非住房消费提取占 11.4%（离休和退休提取占 8.4%，完全丧失劳动能力并与单位终止劳动关系提取占 0.01%，户口迁出本市或出境定居占 0.01%，其他占 3%）。

提取职工中，中、低收入群体占 85%，高收入群体占 15%。

(三) 贷款业务：

1. 住房公积金个人住房贷款

2019年，支持职工购房611.23万平方米。年末住房公积金个人住房贷款市场占有率（指2019年末住房公积金个人住房贷款余额占当地商业性和住房公积金个人住房贷款余额总和的比率）为29.2%，比上年同期增加0.3个百分点。通过申请住房公积金个人住房贷款，购房职工减少利息支出约1360196.21万元。

职工贷款笔数中，购房建筑面积90（含）平方米以下占69.4%，90～144（含）平方米占28.1%，144平方米以上占2.5%；购买新房占37.3%（购买保障性住房占24.6%），购买二手房占62.7%。

职工贷款笔数中，单缴存职工申请贷款占52.8%，双缴存职工申请贷款占47.2%。

贷款职工中，30岁（含）以下占26.2%，30岁～40岁（含）占57%，40岁～50岁（含）占13%，50岁以上占3.8%；首次申请贷款占98.5%，二次及以上申请贷款占1.5%；中、低收入群体占81.8%，高收入群体占18.2%。

2. 异地贷款

2019年，发放异地购房贷款345笔、26565万元。2019年末，发放异地购房贷款总额104436.8万元，异地贷款余额97149.46万元。

3. 公转商贴息贷款

2019年，未发放公转商贴息贷款，当年贴息额1027.34万元。2019年末，累计发放公转商贴息贷款13527笔、496253.8万元，累计贴息17035.55万元。

4. 支持保障性住房建设试点项目贷款

2019年末，累计发放项目贷款36个，贷款额度201.09亿元，建筑面积942.65万平方米，可解决90606户中低收入职工家庭的住房问题。35个项目贷款资金已发放并还清贷款本息。

（四）**住房贡献率**：2019年，住房公积金个人住房贷款发放额、公转商贴息贷款发放额、项目贷款发放额、住房消费提取额的总和与当年缴存额的比率为89.7%，比上年减少17.1个百分点。

六、其他重要事项

（一）**持续优化营商环境，提升企业职工办事便利性。** 认真落实"放管服"改革要求和优化营商环境工作部署，减材料、减时限、减跑动，精简业务材料比例达67%，17个事项可网上一次办结；新增13个银行代办网点，进一步扩展"全城通办"覆盖区域；在全市率先实现电子营业执照应用；办件数据汇聚量排名位居全市首位。相应举措提升了政务服务便利度、快捷度和满意度，受到了缴存人的广泛认可。

（二）**全面做好"接诉即办"，解决群众烦心事。** 紧扣"七有""五性"需求，通过组建专班、梳理渠道、明确时限、主动联办等方式，不断提升响应率、解决率和满意率。全年12329热线电话人工接听量约201万次，整体接通率99%。受理12345北京市市民热线转来的咨询约520件，来自首都之窗"政风行风"热线转办的信件114封，回复合格率100%。其他渠道共回复咨询9500余件，有效解决群众的关注和关心。

（三）**大力推进执法检查，维护职工合法权益。** 优化行政执法流程，全面启动执法重心向基层下移，及时解决通过自查、市民热线及信访等渠道发现的公积金执法案件。办案时间压缩60%，通过与市市场监管局、市人力社保局联动，借助企业开户、社保等单位及个人信息共享，加大执法检查工作力度和精准度，全年对629家单位进行主动检查，对发现违法的单位，均已责令改正。全年执法受理案件总数7562件，同比增长76%；办结案件7486件，占全部受理案件的99%，依法维护了职工的合法权益。

（四）**继续执行5%～12%缴存比例，完成年度缴存基数调整。** 2019年，北京地区各类缴存单位为职工缴存住房公积金的比例为5%～12%，月缴存基数上限由25401元上调为27786元，缴存基数下限按年最低工资计算由2120元调整为2200元，领取基本生活费职工的月缴存基数下限为1540元。既体现了住房公积金制度政策的刚性要求，同时又体现了制度落实的灵活性。

（五）**大力推进"互联网＋公积金政务服务"，提升便民服务水平。** 实现在国家政务平台、市政务服务网、市级政务自助服务终端、市移动公共服务平台、北京通、E窗通、市社保网厅七个政务平台办理公积金业务。完成17项减跑动业务功能改造，以及跨年清册、网上证明、离京销户、异地转移等12项业务优化。全年通过网上渠道办理各项业务163万笔次，达到同类事项同期业务总量的86%，极大减少了缴存单位和职工在不同部门间的往返次数和业务办理时间。

2019 全国住房公积金年度报告汇编

天津市

天津市住房公积金 2019 年年度报告

一、机构概况

（一）住房公积金管理委员会：住房公积金管理委员会有 27 名委员，2019 年通过召开全体会议和函审方式审议公积金相关事项 4 次，审议事项主要包括：

（1）天津市 2018 年住房公积金归集使用情况及 2019 年住房公积金归集使用计划；

（2）天津市 2018 年住房公积金增值收益分配意见及 2019 年住房公积金增值收益计划；

（3）2018 年度天津市住房公积金制度执行情况公报；

（4）天津市 2019 年住房公积金管理工作意见；

（5）关于调整 2019 年住房公积金缴存额的通知；

（6）修订《天津市住房公积金归集管理办法》。

（二）住房公积金管理中心：住房公积金管理中心（以下简称"中心"）为直属于天津市政府、不以营利为目的的自收自支事业单位，目前中心内设 23 个部门（含 4 个下设机构）、20 个管理部，从业人员 660 人，全部为在编人员。

二、业务运行情况

（一）缴存：2019 年，新开户单位 14335 家，实缴单位 70401 家，净增单位 10287 家；新开户职工 30.3 万人，实缴职工 280.4 万人，净增职工 15.5 万人；缴存额 526.8 亿元，同比增长 9.8%。截至 2019 年末，缴存总额 4488.2 亿元，同比增加 13.3%；缴存余额 1473.9 亿元，同比增加 10.2%。

受委托办理住房公积金缴存业务的银行 1 家，与上年相同。

（二）提取：2019 年，提取额 390.7 亿元，同比增长 4.2%，占当年缴存额的 74.2%，比上年减少 3.9 个百分点。截至 2019 年末，提取总额 3014.3 亿元，比上年末增加 14.9%。

（三）贷款：

1. 个人住房贷款：个人住房贷款最高额度 60 万元，其中，单缴存职工最高额度 60 万元，双缴存职工最高额度 60 万元。

2019 年，发放个人住房贷款 5.0 万笔、228.9 亿元，同比分别增长 85.2%、81.8%。

2019 年，回收个人住房贷款 170.1 亿元。

2019 年末，累计发放个人住房贷款 102.3 万笔、3198.8 亿元，贷款余额 1390.1 亿元，分别比上年末增加 5.1%、7.7%、4.4%。个人住房贷款余额占缴存余额的 94.3%，比上年末减少 5.2 个百分点。

受委托办理住房公积金个人住房贷款业务的银行 21 家，与上年相同。

2. 住房公积金支持保障性住房建设项目贷款：2019 年，未发生保障性住房建设项目贷款发放和回收业务。2019 年末，累计发放项目贷款 24.8 亿元，项目贷款余额 0 亿元。

（四）购买国债：无。

（五）**融资**：2019年，归还融资80亿元。2019年末，融资总额318亿元，融资余额为0。

（六）**资金存储**：2019年末，住房公积金存款111.9亿元。其中，活期0.1亿元，1年（含）以下定期存款87.1亿元，其他（协定、通知存款等）24.7亿元。

（七）**资金运用率**：2019年末，住房公积金个人住房贷款余额、项目贷款余额和购买国债余额的总和占缴存余额的94.3%，比上年末减少5.2个百分点。

三、主要财务数据

（一）**业务收入**：2019年，业务收入463871万元，同比增长5.7%。存款利息25622万元，委托贷款利息438249万元，国债利息0万元，其他0万元。

（二）**业务支出**：2019年，业务支出258690万元，同比下降0.9%。支付职工住房公积金利息213112万元，归集手续费10535万元，委托贷款手续费21906万元，其他13137万元。

（三）**增值收益**：2019年，增值收益205181万元，同比增长15.3%。增值收益率1.5%，比上年增加0.1个百分点。

（四）**增值收益分配**：2019年，应提取贷款风险准备金22892万元，应提取管理费用35657万元，应提取城市廉租住房（公共租赁住房）建设补充资金146632万元。

2019年，实际上交财政管理费用35657万元。上缴财政城市廉租住房（公共租赁住房）建设补充资金148913万元。其中2019年增值收益资金146632万元，历年待分配增值收益资金2281万元。

2019年末，贷款风险准备金余额320025万元。累计提取城市廉租住房（公共租赁住房）建设补充资金1181001万元。

（五）**管理费用支出**：2019年，管理费用支出35657万元，同比下降1.3%。其中，正常经费25505万元，专项经费10152万元。

四、资产风险状况

（一）**个人住房贷款**：2019年末，个人住房贷款逾期额53万元，逾期率0.0038‰。个人贷款风险准备金按当年新发放贷款额的1%提取。2019年，提取个人贷款风险准备金22892万元，使用个人贷款风险准备金核销呆坏账0万元。2019年末，个人贷款风险准备金余额291215万元，占个人住房贷款余额的2.1%，个人住房贷款逾期额与个人贷款风险准备金余额的比率0.02%。

（二）**支持保障性住房建设试点项目贷款**：截至2019年末，无逾期项目贷款。项目贷款风险准备金提取比例为贷款余额的4%。2019年未提取项目贷款风险准备金，未使用项目贷款风险准备金核销呆坏账，项目贷款风险准备金余额5918万元，项目贷款逾期额与项目贷款风险准备金余额的比率为0%。

五、社会经济效益

（一）**缴存业务**：2019年，实缴单位数、实缴职工人数和缴存额同比分别增长10.5%、2.1%和9.8%。

缴存单位中，国家机关和事业单位占8.9%，国有企业占2.8%，城镇集体企业占0.8%，外商投资企业占1%，城镇私营企业及其他城镇企业占80.6%，民办非企业单位和社会团体占4%，其他占1.9%。

缴存职工中，国家机关和事业单位占18.1%，国有企业占12.6%，城镇集体企业占1.1%，外商投资企业占3.2%，城镇私营企业及其他城镇企业占61.9%，民办非企业单位和社会团体占2.6%，其他占0.5%；中、低收入占98.4%，高收入占1.6%。

新开户职工中，国家机关和事业单位占5.7%，国有企业占4%，城镇集体企业占1%，外商投资企业占2.8%，城镇私营企业及其他城镇企业占81.9%，民办非企业单位和社会团体占3.8%，其他占0.8%；中、低收入占99.6%，高收入占0.4%。

（二）提取业务：2019年，117.1万名缴存职工提取住房公积金390.7亿元。

提取金额中，住房消费提取占79.3%（购买、建造、翻建、大修自住住房占20.2%，偿还购房贷款本息占79.6%，租赁住房占0.2%，其他占0%）；非住房消费提取占20.7%（离休和退休提取占62.3%，完全丧失劳动能力并与单位终止劳动关系提取占0.0009%，户口迁出本市或出境定居占0.02%，其他占37.7%）。

提取职工中，中、低收入占96.9%，高收入占3.1%。

（三）贷款业务：

1. 个人住房贷款：2019年，支持职工购建房473.7万平方米，年末个人住房贷款市场占有率为18.1%，比上年末减少0.8个百分点。通过申请住房公积金个人住房贷款，可节约职工购房利息支出79.8亿元。

职工贷款笔数中，购房建筑面积90（含）平方米以下占45.4%，90～144（含）平方米占51.8%，144平方米以上占2.8%。购买新房占57.6%（其中购买保障性住房占7.8%），购买二手房占42.4%，建造、翻建、大修自住住房占0%，其他占0%。

职工贷款笔数中，单缴存职工申请贷款占91%，双缴存职工申请贷款占9.0%，三人及以上缴存职工共同申请贷款占0%。

贷款职工中，30岁（含）以下占39.6%，30岁～40岁（含）占47.1%，40岁～50岁（含）占11%，50岁以上占2.3%；首次申请贷款占93.1%，二次及以上申请贷款占6.9%；中、低收入占99.6%，高收入占0.4%。

2. 异地贷款：2019年，发放异地贷款7笔、261万元。2019年末，发放异地贷款总额261万元，异地贷款余额258.6万元。

3. 公转商贴息贷款：无。

4. 支持保障性住房建设试点项目贷款：2019年末，累计试点项目7个，贷款额度27.5亿元，建筑面积53万平方米，可解决8440户中低收入职工家庭的住房问题。7个试点项目贷款资金已于2015年全部发放并还清贷款本息。

（四）**住房贡献率**：2019年，个人住房贷款发放额、公转商贴息贷款发放额、项目贷款发放额、住房消费提取额的总和与当年缴存额的比率为102.3%，比上年增加15.2个百分点。

六、其他重要事项

（一）住房公积金政策调整及执行情况。2019年，为促进我市社会经济发展，鼓励大众创业，对《天津市住房公积金归集管理办法》进行修订，明确有雇工的个体工商户可以按照规定自愿缴存住房公积金，

2019年全年自愿缴存住房公积金的个体工商户职工达3778人。同时，为落实住房和城乡建设部关于缴存职工异地使用住房公积金贷款相关要求，出台了外地缴存住房公积金职工在本市购房申请个人住房公积金贷款有关政策，2019年全年发放异地住房公积金贷款261万元，为在津工作生活的外地缴存职工改善居住条件提供有力支持。

（二）住房公积金业务服务改进情况。 2019年，中心认真落实"双万双服"工作，突出服务重点，优化服务手段，加快电子业务布局，年内成功申请国家人口库、天津人口库等8项数据接口服务，中心政务信息共享应用服务能力再上新台阶。"一制三化"改革持续深化，电子业务部署范围继续扩大，市、区两级14个政务服务中心部署自助机具16台，95％住房公积金业务实现了网上办理，按揭贷款还贷提取电子业务系统上线运行，全年按揭还贷提取业务替代率达到88.8％，随着渠道服务管理模式的日趋完善，我市住房公积金服务效率不断提升。

（三）住房公积金信息化建设情况。 2019年，中心认真贯彻落实住房和城乡建设部标准，年内顺利接入住房和城乡建设部结算平台和数据平台，业务运行效率和数据上报质量位居全国前列，数据标准化管理和数据质量管控水平不断提高，数据治理长效机制初步形成。

（四）当年中心职工所获荣誉情况。 2019年，中心全体职工为住房公积金制度发展贡献力量，涌现出一批优秀青年骨干，其中一名同志荣获"全国巾帼建功标兵"荣誉称号，对内树立了良好的学习典范，对外提升了中心服务形象。

（五）当年对违反《住房公积金管理条例》和相关法规行为进行行政处罚和申请人民法院强制执行情况。 2019年全年共申请人民法院强制执行案件290件，发生行政复议案件9件、行政诉讼案件27件。一审结案行政诉讼案件13件均胜诉，行政复议案件均得到维持。同时中心与人民银行、公安、民政等多部门联网，严厉打击不法中介，清除违法提取广告，成效卓著，从根本上杜绝了利用虚假资料套取住房公积金的行为，维护了广大缴存职工切身利益。住房公积金缴存管理水平进一步提高，住房公积金制度更加深入人心。

2019 全国住房公积金年度报告汇编

河北省

石家庄
唐山市
秦皇岛市
邯郸市
邢台市
保定市
张家口市
承德市
沧州市
廊坊市
衡水市

河北省住房公积金2019年年度报告

一、机构概况

（一）住房公积金管理机构。全省共设11个设区城市住房公积金管理中心，9个独立设置的分中心（其中，辛集市和定州市管理中心分别隶属辛集市和定州市两个"省直管县"市政府，河北省省直分中心隶属河北省机关事务管理局，东方物探中心、华北油田中心、管道局中心隶属中石油股份有限公司，邢矿分中心、峰峰分中心隶属冀中能源股份有限公司，开滦分中心隶属开滦（集团）有限责任公司）。从业人员2206人，其中，在编1535人，非在编671人。

（二）住房公积金监管机构。省住房城乡建设厅、省财政厅和人民银行石家庄中心支行负责对本省住房公积金管理运行情况进行监督。省住房城乡建设厅设立住房公积金监管处，负责辖区住房公积金日常监管工作。

二、业务运行情况

（一）缴存：2019年，新开户单位8513家，实缴单位64087家，净增单位4756家；新开户职工43.02万人，实缴职工494.09万人，净增职工5.91万人；缴存额655.17亿元，同比增长10.44%。2019年末，缴存总额5102.45亿元，比上年末增加14.73%；缴存余额2223.61亿元，比上年末增加12.05%。

（二）提取：2019年，提取额415.97亿元，同比增长7.50%；占当年缴存额的63.49%，比上年减少1.74个百分点。2019年末，提取总额2878.85亿元，比上年末增加16.89%。

（三）贷款：

1.个人住房贷款。2019年，发放个人住房贷款8.76万笔、362.57亿元，同比增长30.94%、45.92%。回收个人住房贷款163.19亿元。

2019年末，累计发放个人住房贷款108.05万笔、2676.35亿元，贷款余额1640.24亿元，分别比上年末增加8.82%、15.67%、13.84%。个人住房贷款余额占缴存余额的73.77%，比上年末增加1.16个百分点。

2.住房公积金支持保障性住房建设项目贷款。2019年，发放支持保障性住房建设项目贷款0亿元，回收项目贷款2.31亿元。2019年末，累计发放项目贷款30.4亿元，项目贷款余额0亿元。

（四）购买国债：2019年，购买国债0亿元，兑付国债0亿元。2019年末，国债余额0.75亿元，比上年末减少0亿元。

（五）融资：2019年，融资1亿元，归还7.32亿元。2019年末，融资总额26亿元，融资余额1亿元。

（六）资金存储：2019年末，住房公积金存款617.52亿元。其中，活期6.41亿元，1年（含）以下定期174.57亿元，1年以上定期394.22亿元，其他（协定、通知存款等）42.32亿元。

（七）资金运用率：2019 年末，住房公积金个人住房贷款余额、项目贷款余额和购买国债余额的总和占缴存余额的 73.80%，比上年末增加 1.04 个百分点。

三、主要财务数据

（一）业务收入：2019 年，业务收入 675636.65 万元，同比增长 14.79%。其中，存款利息 178077.84 万元，委托贷款利息 497105.25 万元，国债利息 245.25 万元，其他 208.31 万元。

（二）业务支出：2019 年，业务支出 346181.05 万元，同比增长 13.86%。其中，支付职工住房公积金利息 320945.23 万元，归集手续费 2277.97 万元，委托贷款手续费 16390.06 万元，其他 6567.79 万元。

（三）增值收益：2019 年，增值收益 329455.60 万元，同比增长 15.79%；增值收益率 1.57%，比上年增加 0.06 个百分点。

（四）增值收益分配：2019 年，接收原新兴铸管住房公积金纳入统一管理时其留存收益 2358.97 万元，2019 年全省待分配增值收益共 331814.57 万元，提取贷款风险准备金 22899.73 万元，提取管理费用 68746.46 万元，提取城市廉租住房（公共租赁住房）建设补充资金 240168.38 万元。

2019 年，上交财政管理费用 62004.97 万元，上缴财政城市廉租住房（公共租赁住房）建设补充资金 189955.73 万元。

2019 年末，贷款风险准备金余额 268743.57 万元，累计提取城市廉租住房（公共租赁住房）建设补充资金 1665074.68 万元。

（五）管理费用支出：2019 年，管理费用支出 73963.59 万元，同比增长 44.62%。其中，人员经费 29982.87 万元，公用经费 4406.83 万元，专项经费 39573.89 万元。

四、资产风险状况

（一）个人住房贷款：2019 年末，个人住房贷款逾期额 1925.47 万元，逾期率 0.12‰。

2019 年，提取个人贷款风险准备金 22899.73 万元，使用个人贷款风险准备金核销呆坏账 0 万元。2019 年末，个人贷款风险准备金余额 260099.57 万元，占个人贷款余额的 1.59%，个人贷款逾期额与个人贷款风险准备金余额的比率为 0.74%。

（二）住房公积金支持保障性住房建设项目贷款：2019 年末，逾期项目贷款 0 万元。

2019 年，提取项目贷款风险准备金 0 万元，使用项目贷款风险准备金核销呆坏账 0 万元。2019 年末，项目贷款风险准备金余额 8644 万元。

五、社会经济效益

（一）缴存业务：2019 年，实缴单位数、实缴职工人数和缴存额增长率分别为 8.02%、1.21% 和 10.44%。

缴存单位中，国家机关和事业单位占 50.11%，国有企业占 13.01%，城镇集体企业占 2.22%，外商投资企业占 1.03%，城镇私营企业及其他城镇企业占 19.55%，民办非企业单位和社会团体占 3.17%，其他占 10.91%。

缴存职工中，国家机关和事业单位占 44.83%，国有企业占 25.76%，城镇集体企业占 2.58%，外商

投资企业占 2.21%，城镇私营企业及其他城镇企业占 16.05%，民办非企业单位和社会团体占 1.70%，其他占 6.87%；中、低收入占 97.81%，高收入占 2.19%。

新开户职工中，国家机关和事业单位占 21.36%，国有企业占 16.42%，城镇集体企业占 3.94%，外商投资企业占 3.49%，城镇私营企业及其他城镇企业占 34.99%，民办非企业单位和社会团体占 4.87%，其他占 14.93%；中、低收入占 98.16%，高收入占 1.84%。

（二）提取业务：2019 年，167.45 万名缴存职工提取住房公积金 415.97 亿元。

提取金额中，住房消费提取占 70.05%（购买、建造、翻建、大修自住住房占 26.00%，偿还购房贷款本息占 38.87%，租赁住房占 3.02%，其他占 2.16%）；非住房消费提取占 29.95%（离休和退休提取占 19.16%，完全丧失劳动能力并与单位终止劳动关系提取占 2.77%，出境定居占 0.12%，其他占 7.90%）。

提取职工中，中、低收入占 95.77%，高收入占 4.23%。

（三）贷款业务：

1. 个人住房贷款。 2019 年，支持职工购建房 960.67 万平方米。年末个人住房贷款市场占有率（含公转商贴息贷款）为 11.46%，比上年末减少 0.05 个百分点。通过申请住房公积金个人住房贷款，可节约职工购房利息支出 835927.34 万元。

职工贷款笔数中，购房建筑面积 90（含）平方米以下占 22.17%，90~144（含）平方米占 72.05%，144 平方米以上占 5.78%。购买新房占 74.81%（其中购买保障性住房占 0.14%），购买二手房占 25.18%，建造、翻建、大修自住住房占 0，其他占 0.1%。

职工贷款笔数中，单缴存职工申请贷款占 31.09%，双缴存职工申请贷款占 66.98%，三人及以上缴存职工共同申请贷款占 1.93%。

贷款职工中，30 岁（含）以下占 26.41%，30 岁~40 岁（含）占 44.47%，40 岁~50 岁（含）占 23.88%，50 岁以上占 5.24%；首次申请贷款占 87.24%，二次及以上申请贷款占 12.76%；中、低收入占 95.18%，高收入占 4.82%。

2. 异地贷款。 2019 年，发放异地贷款 2630 笔、112943.2 万元。2019 年末，发放异地贷款总额 1510400.18 万元，异地贷款余额 1000704.66 万元。

3. 公转商贴息贷款。 2019 年，发放公转商贴息贷款 11 笔、218 万元，支持职工购建房面积 0.12 万平方米。当年贴息额 23.56 万元。2019 年末，累计发放公转商贴息贷款 1445 笔、55868.88 万元，累计贴息 238.17 万元。

4. 住房公积金支持保障性住房建设项目贷款。 2019 年末，全省有住房公积金试点城市 3 个，试点项目 20 个，贷款额度 30.4 亿元，建筑面积 238.99 万平方米，可解决 32104 户中低收入职工家庭的住房问题。20 个试点项目贷款资金已发放并还清贷款本息。

（四）**住房贡献率**：2019 年，个人住房贷款发放额、公转商贴息贷款发放额、项目贷款发放额、住房消费提取额的总和与当年缴存额的比率为 99.82%，比上年增加 11.49 个百分点。

六、其他重要事项

（一）**当年住房公积金政策调整情况。**《河北省人民政府关于废止和修改部分省政府规章的决定》（省政府令〔2019〕第 11 号）经 2019 年 12 月 15 日省政府第 73 次常务会议通过，于 2019 年 12 月 28 日公布施行。其中对《河北省住房公积金管理办法》（省政府令〔2008〕第 14 号）进行了修改。一是将第十条第二款修改为：管理委员会的办公室设立在设区的市人民政府办公室，负责管理委员会的会议筹办、决策事项督办等工作。二是将第十九条第一款修改为：单位应当到管理中心办理住房公积金缴存登记，并办理账户设立手续。每个职工只能有一个住房公积金账户。三是将第十九条第二款修改为：城镇个体工商户和自由职业人员缴存住房公积金的，应当持身份证件、居住证明材料，到当地管理中心办理缴存登记、账户设立等手续。四是将第三十条第三款修改为：提取申请人提交的申请材料符合规定且真实齐全的，管理中心应当当场办理，及时办结提取手续。需要对申请材料进行核查的，管理中心应当自受理提取申请之日起 3 个工作日内办结并告知结果，其中需异地核查信息的时间不计算在内。经审核不准提取的，管理中心应当告知申请人，说明原因和理由。

（二）当年开展监督检查情况。一是以政策合规性、业务规范性、资金安全性为重点，全面开展电子稽查，实行管理中心月自查巡检和省级现场抽查相结合，实现住房公积金各项业务和省级实地抽检全覆盖，及时排查和处置业务数据疑点和风险隐患。二是狠抓银行账户精简归并工作，注销银行账户 481 户，总体上完成银行账户清理工作，为 10 月 1 日实施《住房公积金资金管理业务标准》奠定坚实基础。三是把试点审计作为发现问题、解决问题和防控风险的重要手段，将试点审计整改作为改进工作、提高管理水平的重要契机，认真组织开展国家试点审计问题整改，加强过程督导，强化制度执行，提高整改质量。四是深入开展治理违规提取，组织线索问题分析研判，建立省内跨市和与京、鲁、苏跨省市异地信息协查机制，加强与公安、网信等部门协作联动，共清理非法中介组织 4 个，关停发布违规提取信息的网站 2 个、微信 100 条、涉嫌违法电话 5 个，有力净化了社会环境。

（三）当年服务改进情况。一是推进住房公积金贷款"最多跑一次"改革迈出坚实一步。坚持群众所盼我攻关，各市多措并举，积极协调，做了大量工作，着力打通各部门多窗受理、群众跑多次的痛点和堵点，建立各环节紧密衔接的协作机制，实行多部门服务职责集成、群众只进"一扇门"和信息共享，优化业务流程，精简办事环节，职工群众办事效率得到大幅提高。二是加快服务模式转变，全省各市实现住房公积金查询和偿还住房公积金贷款提取、退休提取全流程网上办理。三是加强协调督办，积极与相关部门沟通对接，抓实抓细推进部门信息共享机制这一关键环节。目前，6 个以上的市实现与不动产登记及抵押登记、房屋买卖合同、个人征信报告等信息数据互联共享，极大增强了群众办理住房公积金业务的便利。石家庄市住房公积金服务"一次不跑"被评为 2019 年度河北省大数据应用优秀案例，邯郸市管理中心在全市群众满意度网上评议第一名，沧州市推进部门信息共享、调整优化业务流程，深化便民服务改革取得明显成效。

（四）当年信息化建设情况。集中开展全国住房公积金数据平台接入工作。全省 21 家住房公积金管理中心及分支机构全部实现全国数据平台接入，提前 1 个月完成任务目标，为实施国家有关住房公积金个人住房贷款利息的个人所得税专项附加扣除政策提供了数据支撑。加快推进综合服务信息系统平台建设。组织各地开通 12329 服务热线和短信、网上营业厅、微信公众号、手机 APP 等服务渠道，石家庄市、邯郸市和廊坊市、保定市住房公积金综合服务平台建成达标，并以优异成绩先后通过部、省验收。

石家庄住房公积金 2019 年年度报告

一、机构概况

（一）住房公积金管理委员会

石家庄住房公积金管理委员会有 29 名委员，2019 年召开 2 次会议，审议通过的事项主要包括：《石家庄住房公积金管理中心 2018 年度住房公积金归集使用执行情况及 2019 年度住房公积金归集使用计划的报告》《石家庄住房公积金 2018 年年度报告》《石家庄住房公积金归集提取管理实施细则》《关于授权石家庄住房公积金管理中心审批降低住房公积金缴存比例和缓缴的决定》《关于调整个人住房公积金贷款贴息比例的通知》《关于加强业务管理防范化解风险工作的通知》《关于住房公积金账户注销的相关规定》《石家庄住房公积金贷款业务实施细则》。

辛集市住房公积金管理委员会有 18 名委员，2019 年召开 1 次会议，审议通过的事项主要包括：《2018 年住房公积金归集、使用计划执行情况》《2018 年增值收益分配方案》《2019 年住房公积金归集、使用计划》《辛集市住房公积金归集、提取管理实施细则》《辛集市住房公积金个人住房贷款实施细则》《关于个人住房公积金贷款贷款额度计算方法的说明》《关于人民法院扣划住房公积金账户余额有关问题的请示》。

（二）住房公积金管理中心

（1）石家庄住房公积金管理中心为石家庄市人民政府直属的不以营利为目的独立的正县级事业单位，内设 12 个科室，下设 22 个管理部。从业人员 164 人，其中，在编 155 人，非在编 9 人。

（2）河北省省直住房资金管理中心为河北省机关事务管理局不以营利为目的的自收自支正处级事业单位，设 5 个科。从业人员 36 人，全部在编。

（3）辛集市住房公积金管理中心为辛集市不以营利为目的的自收自支事业单位，设 6 个科。从业人员 22 人，其中，在编 12 人，非在编 10 人。

二、业务运行情况

（一）缴存：2019 年，新开户单位 2295 家，实缴单位 12905 家，净增单位 1534 家；新开户职工 11.06 万人，实缴职工 97.27 万人，净增职工 3.13 万人；缴存额 148.94 亿元，同比增长 10.32％。2019 年末，缴存总额 1083.52 亿元，比上年末增加 15.94％；缴存余额 504.06 亿元，比上年末增加 11.28％。

石家庄住房公积金管理中心受委托办理住房公积金缴存业务的银行 6 家。河北省省直住房资金管理中心受委托办理住房公积金缴存业务的银行 8 家，比上年增加 1 家。辛集市住房公积金管理中心受委托办理住房公积金缴存业务的银行 7 家。

（二）提取：2019 年，提取额 97.86 亿元，同比增长 6.22％；占当年缴存额的 65.70％，比上年减少 2.54 个百分点。2019 年末，提取总额 579.45 亿元，比上年末增加 20.32％。

（三）贷款：

1. 个人住房贷款：个人住房贷款最高额度 60 万元，单缴存职工和双缴存职工最高额度均为 60 万元。

2019 年，发放个人住房贷款 1.49 万笔、65.71 亿元，同比分别增长 37.96%、58.72%。其中，石家庄住房公积金管理中心发放个人住房贷款 1.31 万笔、57.46 亿元，河北省省直住房资金管理中心发放个人住房贷款 0.14 万笔、7.22 亿元，辛集市住房公积金管理中心发放个人住房贷款 0.04 万笔、1.03 亿元。

2019 年，回收个人住房贷款 29.45 亿元。其中，石家庄住房公积金管理中心 25.17 亿元，河北省省直住房资金管理中心 3.82 亿元，辛集市住房公积金管理中心 0.46 亿元。

2019 年末，累计发放个人住房贷款 17.60 万笔、504.16 亿元，贷款余额 313.86 亿元，分别比上年末增加 9.32%、14.99%、13.06%。个人住房贷款余额占缴存余额的 62.27%，比上年末增加 0.99 个百分点。

石家庄住房公积金管理中心受委托办理住房公积金个人住房贷款业务的银行 8 家。河北省省直住房资金管理中心受委托办理住房公积金个人住房贷款业务的银行 6 家，比上年增加 1 家。辛集市住房公积金管理中心受委托办理住房公积金个人住房贷款业务的银行 3 家。

2. 住房公积金支持保障性住房建设项目贷款：2019 年，石家庄住房公积金管理中心回收项目贷款 0.61 亿元。2019 年末，石家庄住房公积金管理中心累计发放项目贷款 8.20 亿元，项目贷款已全部收回。

（四）**资金存储**：2019 年末，住房公积金存款 198.15 亿元。其中，活期 0.59 亿元，1 年（含）以下定期 71.10 亿元，1 年以上定期 114.32 亿元，其他（协定、通知存款等）12.14 亿元。

（五）**资金运用率**：2019 年末，住房公积金个人住房贷款余额占缴存余额的 62.27%，比上年末增加 0.85 个百分点。

三、主要财务数据

（一）**业务收入**：2019 年，业务收入 144975.45 万元，同比增长 14.79%。其中，石家庄住房公积金管理中心 113886.53 万元，河北省省直住房资金管理中心 28392.15 万元，辛集市住房公积金管理中心 2696.77 万元；存款利息 48034.44 万元，委托贷款利息 96924.31 万元，其他 16.70 万元。

（二）**业务支出**：2019 年，业务支出 77506.41 万元，同比增长 13.87%。其中，石家庄住房公积金管理中心 61240.29 万元，河北省省直住房资金管理中心 14980.28 万元，辛集市住房公积金管理中心 1285.84 万元；支付职工住房公积金利息 73421.90 万元，归集手续费 290.10 万元，委托贷款手续费 3640.08 万元，其他 154.33 万元。

（三）**增值收益**：2019 年，增值收益 67469.04 万元，同比增长 15.86%。其中，石家庄住房公积金管理中心 52646.24 万元，河北省省直住房资金管理中心 13411.87 万元，辛集市住房公积金管理中心 1410.93 万元；增值收益率 1.42%，比上年增加 0.07 个百分点。

（四）**增值收益分配**：2019 年，提取贷款风险准备金 3285.78 万元，提取管理费用 7652.57 万元，提取城市廉租住房（公共租赁住房）建设补充资金 56530.69 万元。

2019 年，上交财政管理费用 7952.59 万元。上缴财政城市廉租住房（公共租赁住房）建设补充资金 49755 万元。其中，石家庄住房公积金管理中心上缴 40068.05 万元，河北省省直住房资金管理中心上缴 8987.40 万元，辛集市住房公积金管理中心上缴 699.55 万元。

2019 年末，贷款风险准备金余额 44381.18 万元。累计提取城市廉租住房（公共租赁住房）建设补充资金 381712.09 万元。其中,石家庄住房公积金管理中心提取 299502.72 万元,河北省省直住房资金管理中心提取 79392.35 万元,辛集市住房公积金管理中心提取 2817.02 万元。

(五)管理费用支出:2019 年,管理费用支出 8779.03 万元,同比增长 26.75%。其中,人员经费 5413.63 万元,公用经费 639.29 万元,专项经费 2726.11 万元。

石家庄住房公积金管理中心管理费用支出 6152.60 万元,其中,人员、公用、专项经费分别为 4139.81 万元、355.22 万元、1657.57 万元;河北省省直住房资金管理中心管理费用支出 2231.61 万元,其中,人员、公用、专项经费分别为 1026.12 万元、267.89 万元、937.60 万元;辛集市住房公积金管理中心管理费用支出 394.82 万元,其中,人员、公用、专项经费分别为 247.70 万元、16.18 万元、130.94 万元。

四、资产风险状况

(一)个人住房贷款:2019 年末,个人住房贷款逾期额 493.72 万元,逾期率 0.16‰。其中,石家庄住房公积金管理中心 0.19‰,河北省省直住房资金管理中心 0.001‰,辛集市住房公积金管理中心无逾期。

个人贷款风险准备金按贷款余额的 1% 提取。2019 年,提取个人贷款风险准备金 3285.78 万元。2019 年末,个人贷款风险准备金余额 41645.18 万元,占个人住房贷款余额的 1.33%,个人住房贷款逾期额与个人贷款风险准备金余额的比率为 1.19%。

(二)支持保障性住房建设试点项目贷款:石家庄住房公积金管理中心项目贷款风险准备金按贷款余额的 4% 提取。2019 年,项目贷款风险准备金余额 2736 万元。

五、社会经济效益

(一)缴存业务:2019 年,实缴单位数、实缴职工人数和缴存额同比分别增长 13.49%、3.32% 和 10.32%。

缴存单位中,国家机关和事业单位占 39.94%,国有企业占 16.78%,城镇集体企业占 1.43%,外商投资企业占 0.72%,城镇私营企业及其他城镇企业占 15.50%,民办非企业单位和社会团体占 1.77%,其他占 23.86%。

缴存职工中,国家机关和事业单位占 34.60%,国有企业占 33.61%,城镇集体企业占 0.39%,外商投资企业占 1.45%,城镇私营企业及其他城镇企业占 11.41%,民办非企业单位和社会团体占 1%,其他占 17.54%;中、低收入占 93.93%,高收入占 6.07%。

新开户职工中,国家机关和事业单位占 24.67%,国有企业占 24.70%,城镇集体企业占 0.50%,外商投资企业占 3.54%,城镇私营企业及其他城镇企业占 23.72%,民办非企业单位和社会团体占 1.79%,其他占 21.08%;中、低收入占 99.22%,高收入占 0.78%。

(二)提取业务:2019 年 51.34 万名缴存职工提取住房公积金 97.86 亿元。

提取金额中,住房消费提取占 68.74%(购买、建造、翻建、大修自住住房占 24.86%,偿还购房贷款本息占 32.77%,租赁住房占 3.15%,其他占 7.96%);非住房消费提取占 31.26%(离休和退休提取占 16.58%,完全丧失劳动能力并与单位终止劳动关系提取占 0.04%,其他占 14.64%)。

提取职工中，中、低收入占 89.24%，高收入占 10.76%。

（三）贷款业务：

1. 个人住房贷款： 2019 年，支持职工购建房 158.71 万平方米，年末个人住房贷款市场占有率（含公转商贴息贷款）为 11.02%，比上年末减少 0.39 个百分点。通过申请住房公积金个人住房贷款，可节约职工购房利息支出 156830.95 万元。

职工贷款笔数中，购房建筑面积 90（含）平方米以下占 28.77%，90~144（含）平方米占 66.85%，144 平方米以上占 4.38%。购买新房占 65.71%，购买二手房占 34.29%。

职工贷款笔数中，单缴存职工申请贷款占 25.97%，双缴存职工申请贷款占 74.03%。

贷款职工中，30 岁（含）以下占 27.82%，30 岁~40 岁（含）占 49.13%，40 岁~50 岁（含）占 19.54%，50 岁以上占 3.51%；首次申请贷款占 92.41%，二次及以上申请贷款占 7.59%；中、低收入占 91.28%，高收入占 8.72%。

2. 异地贷款： 2019 年，发放异地贷款 439 笔、19662.30 万元。2019 年末，发放异地贷款总额 510029.10 万元，异地贷款余额 322372.57 万元。

3. 公转商贴息贷款： 2019 年，辛集市住房公积金管理中心发放公转商贴息贷款 11 笔、218 万元，支持职工购建住房面积 0.12 万平方米，当年贴息额 23.56 万元。2019 年末，累计发放公转商贴息贷款 84 笔、1904 万元，累计贴息 24.98 万元。

4. 支持保障性住房建设试点项目贷款： 2019 年末，石家庄住房公积金管理中心累计试点项目 7 个，贷款额度 8.20 亿元，建筑面积 49.86 万平方米，可解决 9959 户中低收入职工家庭的住房问题。7 个试点项目贷款资金已发放并还清贷款本息。

（四）住房贡献率： 2019 年，个人住房贷款发放额、公转商贴息贷款发放额、住房消费提取额的总和与当年缴存额的比率为 89.3%，比上年增加 12.75 个百分点。

六、其他重要事项

（一）当年机构及职能调整情况、受委托办理缴存贷款业务金融机构变更情况。 河北省省直住房资金管理中心增加光大银行办理住房公积金贷款业务；新开立中国工商银行账户，截至 2019 年末尚未开展缴存及贷款业务。

（二）当年住房公积金政策调整及执行情况。

1. 当年缴存基数限额及确定方法、缴存比例

石家庄住房公积金管理中心和河北省省直住房资金管理中心 2019 年度缴存基数最高为石家庄市统计部门公布的 2018 年度职工月平均工资 3 倍，即 18476 元；最低为石家庄市统计部门公布的 2018 年度职工月平均工资的 60%，即 3695 元。

辛集市住房公积金管理中心 2019 缴存基数最高为石家庄市统计部门公布的 2018 年度职工月平均工资 3 倍，即 18476 元；最低为辛集市最低工资标准，即 1590 元。

住房公积金缴存单位可在 5%~12% 的区间内自主确定单位和个人住房公积金缴存比例，单位和个人的缴存比例应一致。

2. 当年缴存、提取政策调整情况

石家庄住房公积金管理中心缴存、提取政策调整如下：

（1）生产经营困难的企业，经职工代表大会或工会讨论通过，可申请降低住房公积金缴存比例或者缓缴。经 2019 年石家庄住房公积金管委会第一次会议审议通过，授权石家庄住房公积金管理中心审批，审批时限不得超过 10 个工作日。

（2）增加未配备电梯的老旧住宅小区自住住房加装电梯的提取类型。

（3）自 2019 年 9 月 30 日起，市内四区租房的提取时不再提供无房证明，以住建系统接口数据反馈结果为准；自 2019 年 10 月 18 日起，市内四区购房的提取时不再提供契税证明或购房发票，以住建系统接口数据反馈结果为准；自 2019 年 12 月 11 日起，突发事件提取时不再提供职工家庭生活严重困难证明，以个人承诺替代。

河北省省直住房资金管理中心缴存、提取政策调整如下：

（1）连续亏损六个月且单位职工平均工资水平低于当地职工上一年度月平均工资的 50％ 的单位，可以向中心申请降低住房公积金缴存比例；单位职工平均工资水平低于当地职工上一年度月平均工资的 30％ 的单位，可以向中心申请缓缴住房公积金。

（2）增加老旧小区增设电梯提取，职工居住在未配备电梯的老旧住宅小区，按国家规定增设电梯，存在个人分摊费用支出提取住房公积金的，可按规定提取住房公积金。

辛集市住房公积金管理中心缴存、提取政策调整如下：

（1）企业连续亏损六个月且单位职工平均工资水平低于当地职工上一年度月平均工资 50％ 的单位，可以申请降低住房公积金缴存比例。

（2）单位职工平均工资水平低于当地职工上一年度月平均工资 30％ 的单位，可以申请缓缴住房公积金。

（3）经依法批准缓缴养老和失业保险金的，可以同时申请降低住房公积金缴存比例或者缓缴住房公积金。

（4）辛集市住房公积金管理委员会授权公积金中心审批单位降低缴存比例或缓交，审批时限不得超过 10 个工作日。

（5）增加老旧小区增设电梯提取，职工居住在未配备电梯的老旧住宅小区，按国家规定增设电梯，存在个人分摊费用支出提取住房公积金的，可按规定提取住房公积金。

（6）增加职工遇有突发事件，造成家庭生活严重困难提取住房公积金的类型等内容。

3. 当年个人住房贷款政策调整情况

石家庄住房公积金管理中心 2019 年个人住房贷款政策调整如下：

（1）自 2019 年 4 月 1 日起，对我市住房公积金贷款贴息比例进行调整，由上一年度住房公积金贷款支付利息的 60％ 调整为 100％。

（2）住房套数的认定，以借款申请人及其配偶在购房所在地和工作所在地不动产登记中心出具的不动产查询证明，结合《个人信用报告》中的购房贷款情况，综合认定实有房屋套数。

（3）2019 年 4 月 1 日起，石家庄市全面暂停发放住房公积金异地贷款。

（4）对离婚一年内的借款申请人实施差别化住房信贷政策。名下无房的，住房公积金贷款按照市区第二套自住住房信贷政策执行；名下有房的，视为是购买家庭第三套及以上住房。

（5）在审查购房人家庭收入、缴存基数等信息时，对缴存基数存疑的借款申请人，可要求其提供工资流水、养老保险证明、个人所得税纳税完税凭证等材料进行佐证，对无法提交相关证明材料的，个贷中心及各县（市、区）管理部可视情况减少贷款额度或不予贷款。

（6）借款申请人及其配偶，在申请住房公积金贷款前 24 个月内的《个人信用报告》中，存在个人贷款、贷记卡、准贷记卡连续 3 期或累计 6 期及以上逾期记录的或按照《河北省住房公积金失信行为惩戒管理办法》，认定失信行为并在惩戒期间内的，不予发放住房公积金贷款；借款申请人及其配偶，在《个人信用报告》中明显存在失信行为的，可视情况减少贷款额度或不予贷款。

（7）自 2019 年 5 月 1 日起，申请住房公积金个人住房贷款，不再将工资收入证明、工资流水、首付款证明、基本养老保险参保证明、个人所得税完税证明作为必审材料。对缴存基数存疑的借款申请人，按照《关于加强业务管理防范化解风险工作的通知》（石公管〔2019〕5 号）文件要求执行。

（8）按照河北省住房和城乡建设厅办公室印发的《关于全省 2019 年一季度住房公积金运行情况的通报》（冀建办函〔2019〕21 号）要求，停止发放三次及以上住房公积金贷款。

（9）自 2019 年 12 月 12 日起，不动产查询证明不再作为办理住房公积金个人住房贷款业务的要件。住房公积金缴存职工申请住房公积金个人住房贷款时，家庭住房套数按《承诺授权书》承诺情况、住建系统接口数据反馈结果（石家庄市行政区域范围内的住房套数）及《个人信用报告》显示住房情况综合确定。

河北省省直住房资金管理中心为简化贷款手续，取消本中心缴存职工提供的缴存证明；停止办理住房公积金贷款置换商业银行个人住房贷款业务；贷款业务实行自主核算；开展贷款网上预申请业务。

辛集市住房公积金管理中心 2019 年个人住房贷款政策调整如下：

（1）增加了不得申请住房公积金贷款的条件：有尚未还清的公积金贷款的；人民银行出具的《个人信用报告》有连续 3 期或累计 6 期逾期行为的；有以欺骗手段提取住房公积金行为，自行为发生之日起未超过 3 年的；有以欺骗手段骗取公积金贷款行为，自行为发生之日起未超过 3 年的。

（2）对离婚后贷款的，离婚时间需满一年方可使用住房公积金贷款购买普通自住住房。

（3）使用住房公积金贷款购房结清后再次使用住房公积金贷款购买普通自住住房的，需自结清之日起一年后方可申请办理住房公积金贷款。

（4）对购买二星级以上新建绿色建筑自住住房或者新建全装修自住住房的，贷款额度在核定的基础上上浮百分之五至百分之二十。

（5）住房公积金贷款办理时限：贷款申请资料齐全，审核时限不超过 4 个工作日；符合放款条件的，做完抵押登记，领取预购商品房抵押权预告登记或他项权证明后，放款时限不超过 3 个工作日。

（6）借款人出现逾期贷款的，公积金中心应按以下方式进行催收：借款人出现连续逾期 2 期以下的，应采取短信或电话方式进行催收；借款人连续出现逾期达到 3 期的，应采取邮寄《逾期催收通知单》方式进行催收；借款人连续出现逾期 4～5 期的，应采取《律师函》的信函方式进行催收；借款人连续违约期数达 6 期（含）以上，应主动上门进行调查、核实情况，如确不能偿还贷款的，及时按照法律程序向人民法院提起法律诉讼，进行抵押物处置等方式依法收贷等内容。

4. 当年住房公积金存、贷款利率执行标准

职工住房公积金账户存款利率按一年期定期存款基准利率1.5%执行。

住房公积金个人贷款利率执行中国人民银行公布的个人住房公积金贷款利率。购买家庭首套住房的个人住房公积金贷款利率为：1～5年期（含）年利率为2.75%，6～30年期年利率为3.25%。购买家庭第二套住房的个人住房公积金贷款利率为同期首套个人住房公积金贷款利率的1.1倍，即1～5年期（含）年利率3.025%；6～30年期年利率3.575%。

（三）当年服务改进情况。 石家庄住房公积金管理中心秉承"让信息多跑路，职工少跑腿"的宗旨，以科技创新为引领，以综合服务平台建设为契机，加快公积金信息化建设，使中心的管理及服务更智能、更安全、更便捷。全面创新服务手段，积极推动跨部门数据共享，再造业务流程，减少审批环节，精简办事要件，取消了群众和企业办事需提供的没有法律法规依据的各类证明，提升服务质量，推行住房公积金缴存、提取、贷款业务网上办、手机办，解决了企业和群众办事难、办事慢、办事繁的问题，打造"互联网＋公积金"。部分提取、归集、贷款等业务实现了业务办理"零"跑路，有效提高了客户满意度。中心综合服务平台以"优秀"等级通过部省联合验收。《石家庄公积金服务"一次不跑"》案例被河北省委网信办评为"2019年河北省大数据应用优秀案例"。

河北省省直住房资金管理中心根据省委、省政府关于"互联网＋政务服务"工作的决策部署和实施要求，2019年11月底中心的七项公共服务事项已经按文件要求，提前一年全部实现网上办理，事项网上可办率达到了100%，在省政府办公厅《全省"互联网＋政务服务"工作情况通报》中获得点名表扬。在省政务"冀时办"APP移动端，省直公积金政务事项已经实现了省直个人住房公积金缴存、提取、贷款等方面的查询和办理功能，大大方便了省直缴存职工，真正实现了足不出户，查询和办理省直住房公积金业务，达到了"一网通办""最多跑一次"的要求。通过公积金业务系统升级，在网厅系统和手机APP端全面实现开通了包括住房公积金购房提取、本中心还贷提取、租房提取、离职未再就业和离退休提取业务，进一步方便职工自主办理住房公积金提取。通过上线使用CA电子签单系统，在单位网厅上实现了公积金业务的网上开户、变更、调基、缴存的网上办理，进一步完善了CA数字身份认证技术在网上业务大厅、微信平台等系统的身份认证及相关应用，为住房公积金业务的网上办、掌上办理提供了技术支撑和安全保障。加快数据共享接口开发，已实现了与公安、民政、房产、人行、石家庄公积金中心等部门数据共享，为网上事项的申请、审批、办结提供数据支持，为全面实现公积金业务网上办理打下坚实的基础。

辛集市住房公积金管理中心在政务服务大厅设立业务窗口，实现与房产交易、不动产登记、税务等部门联合办公，贷款从面签到放款由15个工作日缩短至7个工作日，改变了以往市民办理公积金抵押贷款两头跑现状，让办事群众进"一扇门、跑一次"即可办完所有公积金贷款手续的服务。

（四）当年信息化建设情况。 石家庄住房公积金管理中心严格落实"双贯标"工作，进一步优化系统流程，提升系统运行效率。实现与民政、住建、市场监管等部门信息共享。偿还公积金贷款提取、退休提取、离职未就业提取、购买住房提取等提取业务实现网上大厅、手机客户端办理。

河北省省直住房资金管理中心于2019年7月对"互联网＋政务服务"河北省直住房公积金综合管理业务系统，进行了全面的更新升级，通过综合服务平台系统建设完善了各个服务渠道，为省直缴存职工提供更优良、更便捷的服务，提升公积金"一网通办""最多跑一次"线上办理能力。公积金综合管理业务系统通过与政务服务网的数据对接，实现实体政务大厅与网上政务服务平台融合发展，大大降低大厅业务办理量，减少业务开支，提高了政务公开与公共服务的效率和能力。公积金综合管理业务系统经过升级，提高了业务监管和资金稽查能力，促进了会计流程管理的清晰化和合理化，提高了住房公积金核算水平及经济效益。2019年11月完成了"互联网＋政务服务"河北省直住房公积金综合管理业务系统（其中包括：住房公积金业务管理系统、综合服务平台系统）的信息安全三级等保测评工作。

辛集市住房公积金管理中心利用信息化建设成果转变服务方式，由传统的柜台服务向电子化、网络化服务、移动平台服务转变，目前已形成"12329客服热线"、短信、门户网站、网上营业厅、"手机公积金APP"、微信公众平台、支付宝网上身份认证和公积金查询于一体的服务体系。通过与阿里巴巴签订的活体认证合作协议，在保证缴存职工资金安全的情况下，开通了12项网上业务"零跑腿"办结。

（五）当年住房公积金管理中心及职工所获荣誉情况。石家庄住房公积金管理中心获得2018年度全市法制宣传教育先进单位，中心团支部获得2018年度石家庄市"五四红旗团支部"，《石家庄住房公积金服务"一次不跑"》入选河北省大数据应用优秀案例。1人获得市级优秀团干部荣誉称号、2人获得石家庄市法制宣传教育先进个人荣誉称号。

河北省省直住房资金管理中心被省创建"青年文明号"活动组委会和省"双创双服"活动领导小组办公室授予2018年河北省"双创双服"活动优秀青年集体暨河北省青年文明号集体荣誉称号。2019年度，河北省省直住房资金管理中心共有3人被评为年度优秀共产党员；1人记功奖励；12人绩效考核优秀；5人嘉奖奖励。

（六）当年对违反《住房公积金管理条例》和相关法规行为进行行政处罚和申请人民法院强制执行情况。2019年，石家庄住房公积金管理中心申请人民法院强制执行案件4笔，其中借款合同纠纷案3笔，保证合同纠纷案1笔。

唐山市住房公积金2019年年度报告

一、机构概况

（一）住房公积金管理委员会：住房公积金管理委员会有24名委员，2019年召开2次会议，审议通过的事项主要包括：《唐山市住房公积金缴存管理办法》《唐山市住房公积金个人住房贷款管理办法》《唐山市住房公积金行政执法管理办法》《关于2018年住房公积金增值收益分配方案的报告》《唐山市个人自愿缴存住房公积金管理办法（试行）》。

（二）住房公积金管理中心：住房公积金管理中心为唐山市政府不以营利为目的的正县级事业单位，设11个处室，17个分支机构。市中心从业人员209人，其中，在编179人，非在编30人。开滦分中心从业人员14人，在编14人。

二、业务运行情况

（一）缴存：2019年，新开户单位754家，实缴单位6415家，净增单位138家；新开户职工4.24万人,实缴职工 71.13 万人,净增职工 1.22 万人;缴存额 96.60 亿元,同比增长 10.82%。2019 年末,缴存总额 798.05 亿元,比上年末增加 11.06%;缴存余额 366.18 亿元,比上年末增加 9.85%。

受委托办理住房公积金缴存业务的银行 5 家,与上年同期持平。

(二)提取:2019 年,提取额 62.13 亿元,同比增长 5.25%;占当年缴存额的 64.32%,比上年减少 3.4 个百分点。2019 年末,提取总额 431.87 亿元,比上年末增加 12.09%。

(三)贷款:

1. 个人住房贷款:个人住房贷款最高额度 60 万元,其中,单缴存职工最高额度 60 万元,双缴存职工最高额度 60 万元。

2019 年,发放个人住房贷款 1.65 万笔、68.60 亿元,同比分别增长 0.61%、8.27%。其中,市中心发放个人住房贷款 1.58 万笔、65.95 亿元,开滦分中心发放个人住房贷款 0.07 万笔、2.65 亿元。

2019 年,回收个人住房贷款 33.41 亿元。其中,市中心 31.59 亿元,开滦分中心 1.82 亿元。

2019 年末,累计发放个人住房贷款 21.14 万笔、524.30 亿元,贷款余额 320.29 亿元,分别比上年末增加 8.45%、15.02%、12.28%。个人住房贷款余额占缴存余额的 87.47%,比上年末增加 1.89 个百分点。

受委托办理住房公积金个人住房贷款业务的银行 13 家,比上年增加 1 家。

2. 住房公积金支持保障性住房建设项目贷款:2019 年,发放支持保障性住房建设项目贷款 0 亿元,回收项目贷款 0 亿元。2019 年末,累计发放项目贷款 20.50 亿元,项目贷款余额 0 亿元。

(四)购买国债:2019 年,购买(记账式、凭证式)国债 0 亿元,兑付(转让、收回)国债 0 亿元。2019 年末,国债余额 0.75 亿元,与上年同期持平。

(五)融资:2019 年,融资 0 亿元,归还 7.32 亿元。2019 年末,融资总额 12.92 亿元,融资余额 0 亿元。

(六)资金存储:2019 年末,住房公积金存款 50.20 亿元。其中,活期 0.03 亿元,1 年(含)以下定期 3.29 亿元,1 年以上定期 42.59 亿元,其他(协定、通知存款等)4.29 亿元。

(七)资金运用率:2019 年末,住房公积金个人住房贷款余额、项目贷款余额和购买国债余额的总和占缴存余额的 87.67%,比上年末增加 1.87 个百分点。

三、主要财务数据

(一)业务收入:2019 年,业务收入 116525.76 万元,同比增长 9.42%。其中,市中心 106416.36 万元,开滦分中心 10109.40 万元;存款利息 18675.03 万元,委托贷款利息 97600.83 万元,国债利息 245.25 万元,其他 4.65 万元。

(二)业务支出:2019 年,业务支出 60736.74 万元,同比增长 14.71%。其中,市中心 55715.20 万元,开滦分中心 5021.54 万元;支付职工住房公积金利息 53089.48 万元,归集手续费 0 万元,委托贷款手续费 3009.13 万元,其他 4638.13 万元。

(三)增值收益:2019 年,增值收益 55789.02 万元,同比增长 4.19%。其中,市中心 50701.16 万元,开滦分中心 5087.86 万元;增值收益率 1.59%,比上年减少 0.08 个百分点。

(四)增值收益分配:2019 年,提取贷款风险准备金 3435.45 万元,提取管理费用 2462.03 万元,提取城市廉租住房(公共租赁住房)建设补充资金 49891.54 万元。

2019年，上交财政管理费用3061.32万元。上缴财政城市廉租住房（公共租赁住房）建设补充资金47653.02万元。其中，市中心上缴41492.61万元，开滦分中心上缴（收缴单位）6160.41万元。

2019年末，贷款风险准备金余额49188.59万元。累计提取城市廉租住房（公共租赁住房）建设补充资金354946.30万元。其中，市中心提取310785.89万元，开滦分中心提取44160.41万元。

（五）管理费用支出：2019年，管理费用支出5574.98万元，同比增长13.42%。其中，人员经费3663.76万元，公用经费294.12万元，专项经费1617.10万元。

市中心管理费用支出5153.39万元，其中，人员、公用、专项经费分别为3334.92万元、223.37万元、1595.10万元；开滦分中心管理费用支出421.59万元，其中，人员、公用、专项经费分别为328.84万元、70.75万元、22万元。

四、资产风险状况

（一）个人住房贷款：2019年末，个人住房贷款逾期额0万元，逾期率0。

个人贷款风险准备金按贷款余额的1%提取。2019年，提取个人贷款风险准备金3435.45万元，使用个人贷款风险准备金核销呆坏账0万元。2019年末，个人贷款风险准备金余额43960.59万元，占个人住房贷款余额的1.37%，个人住房贷款逾期额与个人贷款风险准备金余额的比率为0。

（二）支持保障性住房建设试点项目贷款：2019年末，逾期项目贷款0万元，逾期率为0。

项目贷款风险准备金按贷款余额的4%提取。2019年，提取项目贷款风险准备金0万元，使用项目贷款风险准备金核销呆坏账0万元，项目贷款风险准备金余额5228万元，项目贷款逾期额与项目贷款风险准备金余额的比率为0。

五、社会经济效益

（一）缴存业务：2019年，实缴单位数、实缴职工人数和缴存额同比分别增长2.20%、1.75%和10.82%。

缴存单位中，国家机关和事业单位占46.09%，国有企业占13.67%，城镇集体企业占0.80%，外商投资企业占1.11%，城镇私营企业及其他城镇企业占23.43%，民办非企业单位和社会团体占1.38%，其他占13.52%。

缴存职工中，国家机关和事业单位占32.26%，国有企业占37.27%，城镇集体企业占0.34%，外商投资企业占1.20%，城镇私营企业及其他城镇企业占25.97%，民办非企业单位和社会团体占0.49%，其他占2.47%；中、低收入占100%，高收入占0%。

新开户职工中，国家机关和事业单位占5.03%，国有企业占8.43%，城镇集体企业占0.74%，外商投资企业占0.06%，城镇私营企业及其他城镇企业占55.54%，民办非企业单位和社会团体占1.73%，其他占28.47%；中、低收入占100%，高收入占0%。

（二）提取业务：2019年，19.80万名缴存职工提取住房公积金62.13亿元。

提取金额中，住房消费提取占66.34%（购买、建造、翻建、大修自住住房占17.04%，偿还购房贷款本息占48.95%，租赁住房占0.29%，其他占0.06%）；非住房消费提取占33.66%（离休和退休提取占22.97%，完全丧失劳动能力并与单位终止劳动关系提取占0.72%，出境定居占0.02%，其他占9.95%）。

提取职工中,中、低收入占100%,高收入占0%。

(三)贷款业务:

1. 个人住房贷款:2019年,支持职工购建房178.88万平方米,年末个人住房贷款市场占有率(含公转商贴息贷款)为37.72%,比上年末增加(减少)5.04个百分点。通过申请住房公积金个人住房贷款,可节约职工购房利息支出149883.76万元。

职工贷款笔数中,购房建筑面积90(含)平方米以下占25.19%,90～144(含)平方米占68.80%,144平方米以上占6.01%。购买新房占67.86%(其中购买保障性住房占0%),购买二手房占32.14%,建造、翻建、大修自住住房占0%,其他占0%。

职工贷款笔数中,单缴存职工申请贷款占60.24%,双缴存职工申请贷款占39.75%,三人及以上缴存职工共同申请贷款占0.01%。

贷款职工中,30岁(含)以下占29.01%,30岁～40岁(含)占43.92%,40岁～50岁(含)占22.11%,50岁以上占4.96%;首次申请贷款占75.78%,二次及以上申请贷款占24.22%;中、低收入占100%,高收入占0%。

2. 异地贷款:2019年,发放异地贷款0笔0万元。2019年末,发放异地贷款总额78604.50万元,异地贷款余额71047.85万元。

3. 公转商贴息贷款:2019年,未发放公转商贴息贷款。

4. 支持保障性住房建设试点项目贷款:2019年末,累计试点项目10个,贷款额度20.50亿元,建筑面积123.53万平方米,可解决13618户中低收入职工家庭的住房问题。10个试点项目贷款资金已发放并还清贷款本息。

(四)住房贡献率:2019年,个人住房贷款发放额、公转商贴息贷款发放额、项目贷款发放额、住房消费提取额的总和与当年缴存额的比率为113.68%,比上年减少5.37个百分点。

六、其他重要事项

(一)当年住房公积金政策调整及执行情况。

(1)印发了《关于进一步规范住房公积金归集提取有关工作的通知》,对购房提取人的范围进行了进一步的限定与说明,有力地打击了利用伪造证明材料虚构住房消费等手段违规提取住房公积金的行为。

(2)印发了《关于调整2019年度住房公积金缴存基数及缴存比例工作的通知》,规定了2019年度住房公积金缴存基数限额及确定方法,鼓励最低缴存基数按照唐山市统计部门公布的2018年度社平工资的60%,即3595元执行,低于最低缴存基数的应逐步提高。最高缴存基数不超过唐山市统计部门公布的2018年度社平工资5991元的3倍。

住房公积金缴存比例按以下规定执行:

1)机关事业单位按照唐山市人民政府办公室《关于规范全市机关事业单位住房公积金个人缴存比例的通知》(唐政办字〔2018〕78号)执行,单位缴存比例为12%,个人缴存比例为8%。对于县(市)区机关事业单位缴存比例低于上述标准的,原则上应逐年提高,达到市本级同等缴存比例。

2)企业单位的缴存比例可在5%～12%区间内确定,有条件的企业可参照机关事业单位执行,也可提高到单位、个人各12%缴存。

3）同一单位职工的缴存比例应当一致，单位缴存比例和职工缴存比例宜一致。

（3）制定出台了《唐山市个人自愿缴存住房公积金管理办法（试行）》，将有稳定收入且无用工单位的自由职业者、个体工商户雇主及其雇佣人员纳入住房公积金制度的保障范围。

（4）根据上级有关要求，结合我市实际，对住房公积金贷款政策做出了如下调整：

1）对房地产开发项目备案要件和程序进行了精简优化。

2）贷款额度核定为借款申请人可贷款额度不超过借款申请人（及配偶）账户余额的 10 倍，借款人（及配偶）3 年内未提取过公积金的，贷款额度增加 20%。

3）还款能力不超过借款人（及配偶）月收入的 60%。其中月收入＝住房公积金月缴存额÷（单位缴存比例＋个人缴存比例）。

（二）当年服务改进情况。

（1）联合市有关部门，印发了《住房公积金贷款"最多跑一次"改革实施方案》，建立了住房公积金贷款预审、预签制度和委托授权抵押模式，实行一站式及全程领办服务，进一步精简办理要件，再造业务流程，强化信息资源共享，实现了住房公积金贷款"最多跑一次"。

（2）按照住房和城乡建设部和省住房和城乡建设厅的有关要求，圆满完成了银行账户精简归并工作，中心银行账户减少到 14 个，实现了一个受委托银行开设一个账户的目标。

（3）认真贯彻落实住房和城乡建设部和省住房和城乡建设厅关于住房公积金电子稽查工作的有关要求，开展了电子稽查专项行动，全面清理整改历史疑点数据，进一步规范了住房公积金基础数据，增强了风险防控能力，为维护缴存职工利益、提升管理服务水平提供坚实保障。

（三）当年信息化建设情况。

（1）开通了支付宝城市服务、冀时办 APP、河北政务网等服务渠道，可提供住房公积金信息查询、提取及贷款业务服务。

（2）开发上线了"开发商版网上办事大厅"，实现了商品房贷款审批报件端口前移，提高了贷款审批效率。

（3）按照住房和城乡建设部《关于做好全国住房公积金数据接入工作的通知》的有关要求，接入了全国住房公积金数据平台，为职工办理个税抵扣业务提供准确依据。

（四）其他需要披露的情况。 根据河北省住房和城乡建设厅的通知要求，2019 年度，原唐山市住房公积金管理中心冀东油田分中心年度报告信息由华北油田住房公积金管理中心合并统计，并通过沧州市住房公积金管理中心年度报告进行披露，因此，当年唐山市住房公积金管理中心提取额与缴存额比率、增值收益率、个人住房贷款市场占有率和住房贡献率出现波动，同比分别减少了 3.4%、0.08%、5.04%、5.37%。

秦皇岛市住房公积金 2019 年年度报告

一、机构概况

（一）住房公积金管理委员会： 住房公积金管理委员会有 25 名委员，2019 年召开两次会议，审议通过的事项主要包括：审议通过2018年度住房公积金管理工作报告；审议通过2019年度住房公积金归集使用计划的议案；审议通过我市住房公积金政策调整、授权市住房公积金管理中心办理事项、市住房公积金管理中心对部分睡眠账户进行处理的议案。

（二）住房公积金管理中心：住房公积金管理中心为直属于市政府的不以营利为目的的全额拨款事业单位，设8个科室，4个管理部。从业人员84人，其中，在编50人，非在编34人。

二、业务运行情况

（一）缴存：2019年，新开户单位259家，实缴单位3533家，净增单位110家；新开户职工2.30万人，实缴职工29.21万人，净增职工－0.45万人；缴存额35.44亿元，同比增长4.05%。2019年末，缴存总额339.03亿元，比上年末增加11.68%；缴存余额120.87亿元，比上年末增加5.13%。

受委托办理住房公积金缴存业务的银行5家，比上年增加1家。

（二）提取：2019年，提取额29.54亿元，同比增长12.71%；占当年缴存额的83.35%，比上年增加6.40个百分点。2019年末，提取总额218.15亿元，比上年末增加15.66%。

（三）贷款：

个人住房贷款：个人住房贷款最高额度60万元，其中，单缴存职工最高额度40万元，双缴存职工最高额度60万元。

2019年，发放个人住房贷款0.55万笔、21.71亿元，同比分别增长5.77%、18.12%。

2019年，回收个人住房贷款10.16亿元。

2019年末，累计发放个人住房贷款7.23万笔、187.07亿元，贷款余额110.19亿元，分别比上年末增加8.23%、13.14%、11.71%。个人住房贷款余额占缴存余额的91.16%，比上年末增加5.36个百分点。

受委托办理住房公积金个人住房贷款业务的银行5家，比上年增加1家。

（四）资金存储：2019年末，住房公积金存款13.82亿元。其中，活期0.02亿元，1年（含）以下定期10.83亿元，1年以上定期0.98亿元，其他（协定、通知存款等）1.99亿元。

（五）资金运用率：2019年末，住房公积金个人住房贷款余额、项目贷款余额和购买国债余额的总和占缴存余额的91.16%，比上年末增加5.36个百分点。

三、主要财务数据

（一）业务收入：2019年，业务收入36724.67万元，同比增长6.75%。存款利息3640.88万元，委托贷款利息33006.94万元，其他76.85万元。

（二）业务支出：2019年，业务支出20668.84万元，同比增长13.22%。支付职工住房公积金利息18070.47万元，归集手续费1772.24万元，委托贷款手续费825.17万元，其他0.96万元。

（三）增值收益：2019年，增值收益16055.83万元，同比下降－0.56%。增值收益率1.37%，比上年减少0.08个百分点。

（四）增值收益分配：2019年，提取贷款风险准备金1155.21万元，提取管理费用1716.86万元，提取城市廉租住房（公共租赁住房）建设补充资金13183.76万元。

2019年末，贷款风险准备金余额11018.76万元。累计提取城市廉租住房（公共租赁住房）建设补充资金132615.20万元。

（五）管理费用支出：2019年，管理费用支出1826.44万元，同比增长16.62%。其中，人员经费848.19万元，公用经费76.11万元，专项经费902.14万元。

四、资产风险状况

个人住房贷款：2019年末，个人住房贷款逾期额191.15万元，逾期率0.17‰。

个人贷款风险准备金按贷款余额的1%提取。2019年，提取个人贷款风险准备金1155.21万元，使用个人贷款风险准备金核销呆坏账0万元。2019年末，个人贷款风险准备金余额11018.76万元，占个人住房贷款余额的1%，个人住房贷款逾期额与个人贷款风险准备金余额的比率为1.73%。

五、社会经济效益

（一）缴存业务：2019年，实缴单位数、实缴职工人数和缴存额同比分别增长3.21%、－1.52%和4.05%。

缴存单位中，国家机关和事业单位占52.17%，国有企业占14.01%，城镇集体企业占0.34%，外商投资企业占2.32%，城镇私营企业及其他城镇企业占27.68%，民办非企业单位和社会团体占1.19%，其他占2.29%。

缴存职工中，国家机关和事业单位占43.41%，国有企业占24.72%，城镇集体企业占0.21%，外商投资企业占6.00%，城镇私营企业及其他城镇企业占23.73%，民办非企业单位和社会团体占0.37%，其他占1.56%；中、低收入占98.19%，高收入占1.81%。

新开户职工中，国家机关和事业单位占18.82%，国有企业占10.51%，城镇集体企业占0.004%，外商投资企业占7.67%，城镇私营企业及其他城镇企业占57.11%，民办非企业单位和社会团体占1.36%，其他占4.526%；中、低收入占99.56%，高收入占0.44%。

（二）提取业务：2019年，11.92万名缴存职工提取住房公积金29.54亿元。

提取金额中，住房消费提取占73.03%（购买、建造、翻建、大修自住住房占34.92%，偿还购房贷款本息占34.77%，租赁住房占1.58%，其他占1.76%）；非住房消费提取占26.97%（离休和退休提取占14.90%，完全丧失劳动能力并与单位终止劳动关系提取占6.64%，其他占5.43%）。

提取职工中，中、低收入占97.50%，高收入占2.50%。

（三）贷款业务：

1. 个人住房贷款：2019年，支持职工购建房57.23万平方米，年末个人住房贷款市场占有率（含公转商贴息贷款）为14.20%，比上年末减少0.17个百分点。通过申请住房公积金个人住房贷款，可节约职工购房利息支出46650万元。

职工贷款笔数中，购房建筑面积90（含）平方米以下占35.65%，90~144（含）平方米占59.92%，144平方米以上占4.43%。购买新房占55.53%（其中购买保障性住房占0%），购买二手房占44.47%，建造、翻建、大修自住住房占0%，其他占0%。

职工贷款笔数中，单缴存职工申请贷款占30.95%，双缴存职工申请贷款占69.05%，三人及以上缴

存职工共同申请贷款占 0%。

贷款职工中，30 岁（含）以下占 28.36%，30 岁～40 岁（含）占 41.82%，40 岁～50 岁（含）占 24.11%，50 岁以上占 5.71%；首次申请贷款 85.24 占%，二次及以上申请贷款占 14.76%；中、低收入占 98.47%，高收入占 1.53%。

2. 异地贷款：2019 年，发放异地贷款 2 笔 120 万元。2019 年末，发放异地贷款总额 54000.10 万元，异地贷款余额 39476.04 万元。

（四）住房贡献率：2019 年，个人住房贷款发放额、公转商贴息贷款发放额、项目贷款发放额、住房消费提取额的总和与当年缴存额的比率为 122%，比上年增加 12 个百分点。

六、其他重要事项

（一）当年机构及职能调整情况、受委托办理缴存贷款业务金融机构变更情况。

2019 年中心无机构及职能调整情况。

2019 年新增加 1 家办理缴存、贷款业务受托银行。

（二）当年住房公积金政策调整及执行情况。

1. 2019 年缴存基数限额及确定方法、缴存比例等缴存政策调整情况

2019 年，公积金缴存基数应为职工本人上一年度（自然年度）月平均工资。

公积金缴存基数上限为 17829 元，下限为 1900 元。

公积金缴存比例不应高于 12% 且不低于 5%。

2. 当年提取政策调整情况

自 2019 年 4 月 1 日起，取消子女购房提取、物业费提取、全款购买 90 平米以下多次提取三项提取政策。

自 2019 年 11 月 18 日起，调整异地购房及还贷提取政策，职工或其配偶在本市以外的非户籍地或非公积金缴存地购买住房或偿还购房贷款的，不再予以提取公积金；调整第二次公积金贷款首付款提取政策，职工或其配偶第二次使用本市住房公积金贷款购房的，不再办理该套房屋的购房首付款提取业务。

3. 2019 年个人住房贷款最高贷款额度、贷款条件等贷款政策调整情况

自 2019 年 4 月 1 日起，调整我市住房公积金贷款额度测算办法，根据缴存时间、缴存额度及缴存余额确定贷款额度。我市住房公积金个人住房贷款最高贷款额度未调整，仍为 60 万元。

自 2019 年 11 月 18 日起，调整第二次申请本市公积金贷款政策，职工或其配偶第二次申请本市住房公积金贷款之前，已办理该套房屋的购房首付款提取的，不再受理该套房屋的住房公积金贷款；调整单缴职工公积金最高贷款额度，单缴职工贷款额度上限由 60 万元调整为 40 万元；调整存量房（二手房）贷款房龄年限，房龄年限由不超过 20 年延长至不超过 25 年，房龄与贷款年限之和不超过 45 年；对失信人员住房公积金贷款资格进行限制，进一步明确信用不良的具体认定标准。

4. 2019 年住房公积金存贷款利率执行标准

按照中国人民银行、住房和城乡建设部、财政部《关于完善职工住房公积金账户存款利率形成机制的通知》（银发〔2016〕43 号）要求，职工住房公积金账户存款利率统一按一年期定期存款基准利率执行，目前为 1.50%。住房公积金贷款利率按中国人民银行的规定执行，目前五年期以下（含五年）贷款利率为 2.75%，五年期以上贷款利率为 3.25%。

（三）当年服务改进情况。

1. 持续深化"放管服"改革，简化手续优化流程

进一步简化提取要件，2019 年 1 月 1 日起取消单位开具的《提取申请书》，取消单位审核环节，提取业务进一步提速；对贷款流程进行优化再造，实现主城区新房贷款"最多跑一次"；住房公积金缴存开户推行"多证合一、一照一码"登记制度，进一步优化归集办理流程。

2. 充分发挥"互联网＋公积金"服务特色，信息化建设助推效能提升

完成我市住房公积金官方网站改版，整合栏目体系，优化流程界面，缴存单位和职工办事更方便、快捷；持续拓展综合服务平台功能，实现住房公积金单位业务、查询业务及三类提取业务"网上办""指尖办"；完成住房公积金异地转移接续平台升级，缴存职工畅享"账随人走、钱随账走"便利。积极贯彻落实"互联网＋政务服务"要求，与"冀时办"APP、"幸福秦皇岛"APP 妥善对接，拓宽服务渠道。

3. 持续优化服务方式，打造公积金服务品牌

升级完善 12329 客户服务系统，增加了专家座席和三方通话功能，进一步提升 12329 热线的服务水平和接线效率；通过企业微信服务群和 QQ 工作群，专人在线解答缴存业务问题，构筑方便快捷的公积金服务体系；以"不忘初心、牢记使命"主题教育为契机，持续开展文明服务窗口创建工作，在"主动服务、温馨服务、高效服务"上下功夫，全面提升服务效能和群众满意度。

（四）当年信息化建设情况。 2019 年 5 月，接入全国住房公积金数据集中平台。2019 年 10 月，住房公积金异地转移接续平台直连方式上线。2019 年 11 月，按照住房和城乡建设部综合服务平台建设导则要求完成综合服务平台系统升级。2019 年 12 月底，完成住房公积金财务系统银行账户精简。

（五）当年对违反《住房公积金管理条例》和相关法规行为进行行政处罚和申请人民法院强制执行情况。 2019 年本市公积金中心无行政处罚及申请法院强制执行案件。

（六）当年对住房公积金管理人员违规行为的纠正和处理情况等。 2019 年本市住房公积金管理人员无违规行为。

邯郸市住房公积金 2019 年年度报告

一、机构概况

（一）住房公积金管理委员会： 住房公积金管理委员会有 21 名委员，2019 年召开两次会议，审议通过的事项主要包括：2018 年度市住房公积金管理工作报告和年度财务报告（含增值收益分配方案）；修订《邯郸市住房公积金归集管理办法》《邯郸市住房公积金贷款管理办法》《邯郸市住房公积金提取管理办法》；出台《关于进一步维护职工权益规范业务管理的规定》；将有意愿缴存住房公积金的个体纳入缴存范围等议题。

（二）住房公积金管理中心：住房公积金管理中心为直属市政府管理不以营利为目的的自收自支事业单位，设10个处（科），20个管理部和1个贷款服务大厅，1个分中心。从业人员179人（含峰峰集团分中心7人），其中，在编131人（含峰峰集团分中心7人），非在编48人。

二、业务运行情况

（一）**缴存**：2019年，新开户单位962家，实缴单位5537家，净增单位893家；新开户职工5.09万人，实缴职工44.18万人，净增职工2.41万人；缴存额55.66（含当年将新兴铸管公积金纳入统一管理公积金余额4.85亿元），同比增长24.58%。2019年末，缴存总额403.33亿元，比上年末增加16.01%；缴存余额193.04亿元，比上年末增加18.17%。

受委托办理住房公积金缴存业务的银行14家，比上年增加0家。

（二）**提取**：2019年，提取额25.98亿元，同比增长17.56%；占当年缴存额的46.67%，比上年减少2.78个百分点。2019年末，提取总额210.29亿元，比上年末增加14.09%。

（三）**贷款**：

1. 个人住房贷款：个人住房贷款最高额度60万元，其中，单缴存职工最高额度60万元，双缴存职工最高额度60万元。

2019年，发放个人住房贷款0.90万笔、41.57亿元，同比分别增长57.34%、96.24%。其中，市中心发放个人住房贷款0.89万笔、41.2亿元（含接收新兴铸管贷款余额0.76亿元），峰峰集团分中心发放个人住房贷款0.01万笔、0.37亿元。

2019年，回收个人住房贷款13.73亿元。其中，市中心12.99亿元，峰峰集团分中心0.74亿元。

2019年末，累计发放个人住房贷款9.33万笔、233.67亿元，贷款余额154.28亿元，分别比上年末增加10.72%、21.64%、22.02%。个人住房贷款余额占缴存余额的79.92%，比上年末增加2.52个百分点。

受委托办理住房公积金个人住房贷款业务的银行9家，比上年增加2家。

2. 住房公积金支持保障性住房建设项目贷款：2019年，发放支持保障性住房建设项目贷款0亿元，回收项目贷款1.7亿元。2019年末，累计发放项目贷款1.7亿元，项目贷款余额0亿元。

（四）**购买国债**：市中心与峰峰集团分中心均未购买国债。

（五）**融资**：2019年，融资1亿元，归还0亿元。2019年末，融资总额1亿元，融资余额1亿元。

（六）**资金存储**：2019年末，住房公积金存款45.78亿元。其中，活期0亿元，1年（含）以下定期5.21亿元，1年以上定期38.66亿元，其他（协定、通知存款等）1.91亿元。

（七）**资金运用率**：2019年末，住房公积金个人住房贷款余额、项目贷款余额和购买国债余额的总和占缴存余额的79.92%，比上年末增加1.48个百分点。

三、主要财务数据

（一）**业务收入**：2019年，业务收入60657.27万元，同比增长19.23%。其中，市中心56336.89万元，峰峰集团分中心4320.38万元；存款利息15869.75万元，委托贷款利息44787.24万元，国债利息0万元，其他0.28万元。

（二）业务支出：2019年，业务支出30289.63万元，同比增长15.34%。其中，市中心28177.76万元，峰峰集团分中心2111.87万元；支付职工住房公积金利息26867.63万元，归集手续费0万元，委托贷款手续费1720.11万元，其他1701.89万元。

（三）增值收益：2019年，增值收益30367.64万元，同比增长23.39%。其中，市中心28159.13万元，峰峰集团分中心2208.51万元；增值收益率1.70%，比上年增加0.1个百分点。

（四）增值收益分配：2019年，市中心和峰峰集团分中心实现增值收益30367.64万元，市中心接收新兴铸管留存收益2358.97万元，待分配增值收益共计32726.61万元。

提取贷款风险准备金400万元（市中心按照个贷风险准备金充足率需达到个贷余额1%以上的要求，减去接收新兴铸管风险准备金余额1452.65万元，补充提取400万元），峰峰集团分中心提取0万元。提取管理费用6577.73万元，其中，市中心6349.21万元，峰峰集团分中心228.52万元。提取城市廉租住房（公共租赁住房）建设补充资金25748.89万元，其中，市中心23768.89万元，峰峰集团分中心1980万元。

2019年，上交财政管理费用8953.58万元。其中，市中心8715.05万元，峰峰集团分中心238.53万元。上缴财政城市廉租住房（公共租赁住房）建设补充资金12084.95万元。其中，市中心上缴12084.95万元，峰峰集团分中心上缴0万元。

2019年末，贷款风险准备金余额17178.10万元。其中，市中心15587.99万元，峰峰集团分中心1590.11万元。累计提取城市廉租住房（公共租赁住房）建设补充资金145185.85万元。其中，市中心提取129113.43万元，峰峰集团分中心提取16072.42万元。

（五）管理费用支出：2019年，管理费用支出4940.52万元，同比增长11.26%。其中，人员经费1406.86万元，公用经费317.14万元，专项经费3216.52万元。

市中心管理费用支出4710.06万元，其中，人员、公用、专项经费分别为1307.85万元、245.17万元、3157.04万元；峰峰集团分中心管理费用支出230.46万元，其中，人员、公用、专项经费分别为99.01万元、71.97万元、59.48万元。

四、资产风险状况

（一）个人住房贷款：2019年末，个人住房贷款逾期额15.31万元，逾期率0.01‰。其中，市中心0‰，峰峰集团分中心0.29‰。

个人贷款风险准备金按贷款余额的1%提取。2019年，提取个人贷款风险准备金400万元，使用个人贷款风险准备金核销呆坏账0万元。2019年末，个人贷款风险准备金余额16498.10万元，占个人住房贷款余额的1.07%，个人住房贷款逾期额与个人贷款风险准备金余额的比率为0.09‰。

（二）支持保障性住房建设试点项目贷款：2019年末，逾期项目贷款0万元，逾期率0‰。

项目贷款风险准备金按贷款余额的4%提取。2019年，提取项目贷款风险准备金0万元，使用项目贷款风险准备金核销呆坏账0万元，项目贷款风险准备金余额680万元，项目贷款已全部偿还完毕，项目贷款逾期额与项目贷款风险准备金余额的比率为0%。

五、社会经济效益

（一）缴存业务：2019年，实缴单位数、实缴职工人数和缴存额同比分别增长19.23%、5.77%

和 24.58%。

缴存单位中，国家机关和事业单位占 56.67%，国有企业占 7.35%，城镇集体企业占 1.81%，外商投资企业占 0.81%，城镇私营企业及其他城镇企业占 17.54%，民办非企业单位和社会团体占 2.42%，其他占 13.40%。

缴存职工中，国家机关和事业单位占 48.68%，国有企业占 23.73%，城镇集体企业占 4.22%，外商投资企业占 1.51%，城镇私营企业及其他城镇企业占 11.85%，民办非企业单位和社会团体占 0.85%，其他占 9.16%；中、低收入占 98.07%，高收入占 1.93%。

新开户职工中，国家机关和事业单位占 17.89%，国有企业占 29.66%，城镇集体企业占 1.53%，外商投资企业占 3.00%，城镇私营企业及其他城镇企业占 30.70%，民办非企业单位和社会团体占 3.77%，其他占 13.45%；中、低收入占 100%，高收入占 0%。

（二）提取业务：2019 年，11.94 万名缴存职工提取住房公积金 25.98 亿元。

提取金额中，住房消费提取占 62.23%（购买、建造、翻建、大修自住住房占 10.99%，偿还购房贷款本息占 47.54%，租赁住房占 3.70%，其他占 0%）；非住房消费提取占 37.77%（离休和退休提取占 29.49%，完全丧失劳动能力并与单位终止劳动关系提取占 0.58%，出境定居占 1.18%，其他占 6.52%）。

提取职工中，中、低收入占 100%，高收入占 0%。

（三）贷款业务：

1. 个人住房贷款：2019 年，支持职工购建房 102.68 万平方米，年末个人住房贷款市场占有率（含公转商贴息贷款）为 18.33%，比上年末减少 2.85 个百分点。通过申请住房公积金个人住房贷款，可节约职工购房利息支出 89066.88 万元。

职工贷款笔数中，购房建筑面积 90（含）平方米以下占 11.72%，90~144（含）平方米占 82.63%，144 平方米以上占 5.65%。购买新房占 85.31%（其中购买保障性住房占 0.13%），购买二手房占 14.69%，建造、翻建、大修自住住房占 0%，其他占 0%。

职工贷款笔数中，单缴存职工申请贷款占 37.03%，双缴存职工申请贷款占 52.11%，三人及以上缴存职工共同申请贷款占 10.86%。

贷款职工中，30 岁（含）以下占 15.99%，30 岁~40 岁（含）占 49.15%，40 岁~50 岁（含）占 29.31%，50 岁以上占 5.55%；首次申请贷款占 85.80%，二次及以上申请贷款占 14.20%；中、低收入占 99.67%，高收入占 0.33%。

2. 异地贷款：2019 年，发放异地贷款 0 笔、0 万元。2019 年末，发放异地贷款总额 117554.30 万元，异地贷款余额 80803.72 万元。

3. 公转商贴息贷款：市中心及峰峰集团分中心均未开展公转商贴息贷款业务。

4. 支持保障性住房建设试点项目贷款：2019 年末，累计试点项目 3 个，贷款额度 1.7 亿元，建筑面积 65.6 万平方米，可解决 8527 户中低收入职工家庭的住房问题。2 个试点项目贷款资金已还清贷款本息。

（四）住房贡献率：2019 年，个人住房贷款发放额、公转商贴息贷款发放额、项目贷款发放额、住房消费提取额的总和与当年缴存额的比率为 103.72%，比上年增加 26.68 个百分点。

六、其他重要事项

（一）当年机构及职能调整情况、受委托办理缴存贷款业务金融机构变更情况。按照《河北省住房和城乡建设厅〈关于同意将邯郸市域内自主管理住房公积金机构纳入邯郸市统一管理的批复〉》和邯郸市住房公积金管理委员会决议，2019年度，将原由新兴际华集团有限公司邯郸地区企业住房资金管理中心（简称新兴铸管中心）管理的新兴际华集团有限公司驻邯企业职工住房公积金，纳入市中心统一管理。

2019年度，受委托办理缴存贷款业务金融机构没有变更。

（二）当年住房公积金政策调整及执行情况。

1. 当年缴存基数限额及确定方法

职工住房公积金缴存基数最高不得超过市统计部门公布的上一年度全市在岗职工月平均工资总额的三倍。2019年度邯郸市住房公积金最高缴存基数为15675元。

职工住房公积金缴存基数最低不得低于上一年度劳动部门规定的职工月最低工资标准。2019年度，邯郸市丛台区、邯山区、复兴区、峰峰矿区、经济开发区、冀南新区及磁县、武安市职工最低缴存基数为1590元；永年区、肥乡区、成安县、临漳县、曲周县、鸡泽县、邱县、涉县职工最低缴存基数为1480元；魏县、大名县、广平县、馆陶县职工最低缴存基数为1380元。

单位和职工住房公积金缴存比例，均不得低于职工工资的5%，最高可以分别提高到职工工资的12%。同一单位职工的缴存比例应当一致，单位缴存比例和职工缴存比例原则上应当一致。

2. 归集政策调整情况

新型城镇化建设，进一步扩大住房公积金制度覆盖面，《邯郸市个人自愿缴存住房公积金暂行管理办法》2019年10月12日正式印发。自由职业者、城镇个体工商户及其雇用人员等，满足条件的，可按本办法自愿缴存住房公积金，享受住房公积金提取、贷款权益。

3. 提取政策调整情况

未配备电梯的老旧住宅小区自住住房加装电梯的，可提取住房公积金；灵活就业人员个人账户封存半年及以上未继续缴存，且未负有住房公积金贷款的，可提取住房公积金；缴存职工与单位解除、终止劳动关系，个人账户封存满半年（原一年）及以上未继续缴存的，可提取住房公积金。

限制在缴存地、户籍地以外购买住房及办理住房贷款的提取住房公积金；限制30平方米以内或总价在50万元以下的房产，一年内有两次（含）以上买卖行为的提取住房公积金。

4. 贷款政策调整情况

对有骗提骗贷等失信行为的职工，限制其5年内不得提取、公积金贷款资格。

5. 当年住房公积金存贷款利率调整及执行情况

当年存贷款利率没有调整。按照中国人民银行、住房和城乡建设部、财政部《关于完善职工住房公积金账户存款利率形成机制的通知》（银发〔2016〕43号）要求，职工住房公积金账户存款利率统一按一年期定期存款基准利率执行，目前为1.50%。住房公积金贷款利率执行人民银行的规定：五年期以下（含五年）贷款利率2.75%；五年期以上贷款利率3.25%。

（三）当年服务改进情况。2019年度，中心继续深化"放管服"改革，在"一趟受理、七日放款"基础上全力打造升级版"一趟清"，根治群众多窗口排队、资料人工传递、数据重复录入的问题，创新研发了公积金贷款"一网通办"综合平台，实现入驻部门审批服务一体化，公积金贷款最终实现"一窗一码受理、一日一键放款"。

中心新媒体客服系统于2019年5月正式投入运行，职工可通过网厅、微信、手机客户等渠道与中心客服人员在线交流，实现以文字、图片等方式进行交互式对话。

在相继推出公积金还贷、离退休等提取业务网上办之后，又推出购房、租房提取网上办，实现职工足不出户、"零要件"、"无纸化"办理相关提取业务。

（四）当年信息化建设情况。2019年5月，中心综合服务平台以"优秀"等级通过住房和城乡建设部验收，成为河北省首批次顺利通过验收的综合服务平台。

完成与房产、不动产等部门互联互通及数据共享，实现购房、租房提取网上办，贷款业务一网通办、同步核查。

完成个人自愿缴存公积金住房公积金功能的开发、测试及上线工作，实现自业职业者非统一缴存模式、按月扣划、自动入账、自动封存。

完善综合服务平台建设，门户网站、网上服务大厅、手机客户端、微信、12329短信、12329热线、微博、自助终端、"冀时办"APP、支付宝城市服务10个服务渠道均建设完成，实现信息化服务渠道的全面覆盖，使服务更加优质、高效、便捷。

（五）当年住房公积金管理中心及职工所获荣誉情况。2019年度，贷款服务大厅被授予"河北省2017—2018青年文明号"荣誉称号。

邯郸市主城区贷款一趟清改革经过两次跨越升级，最终实现"一窗受理、一日放款"。贷款改革成果先后被评为邯郸市践行网上群众路线十佳单位、河北省践行网上群众路线典型案例。

（六）当年对违反《住房公积金管理条例》和相关法规行为进行行政处罚和申请人民法院强制执行情况。2019年度，中心协助有关部门清除非法中介组织2个，批捕中介组织负责人2名，行政拘留中介组织其他人员6人；关停发布违规提取信息网站2个、微信100条、违法电话4个。惩戒违规提取职工26人，追回骗提资金241.9万元。

邢台市住房公积金2019年年度报告

一、机构概况

（一）**住房公积金管理委员会**：住房公积金管理委员会有18名委员，2019年召开1次会议，审议通过的事项主要包括：邢台市住房公积金管理委员会组成人员调整建议；市住房公积金管理中心《2018年度邢台市住房公积金管理工作报告》等。

（二）**住房公积金管理中心**：住房公积金管理中心为隶属于邢台市人民政府不以营利为目的的自收自支事业单位，设5个科，19个管理部，1个分中心。从业人员179人，其中，在编110人，非在编69人

（市中心在编91人，非在编69人，冀中能源邢矿分中心在编19人）。

二、业务运行情况

（一）**缴存**：2019年，新开户单位460家，实缴单位4426家，净增单位834家；新开户职工0.66万人，实缴职工32.71万人，净增职工2.28万人；缴存额35.68亿元，同比增长9.55%。2019年末，缴存总额270.36亿元，比上年末增加15.20%；缴存余额117.49亿元，比上年末增加12.57%。

（二）**提取**：2019年，提取额22.56亿元，同比增长4.01%；占当年缴存额的63.23%，比上年减少3.37个百分点。2019年末，提取总额152.86亿元，比上年末增加17.31%。

（三）**贷款**：

个人住房贷款：个人住房贷款最高额度60万元，其中，单缴存职工最高额度40万元，双缴存职工最高额度60万元。

2019年，发放个人住房贷款0.68万笔、25.02亿元，同比分别增长28.30%、37.47%。其中，市中心发放个人住房贷款0.67万笔、24.88亿元，冀中能源邢矿分中心发放个人住房贷款0.01万笔、0.14亿元。

2019年，回收个人住房贷款9.50亿元。其中，市中心9.21亿元，冀中能源邢矿分中心0.29亿元。

2019年末，累计发放个人住房贷款6.92万笔、150.86亿元，贷款余额98.73亿元，分别比上年末增加10.72%、19.87%、18.65%。个人住房贷款余额占缴存余额的84.03%，比上年末增加4.30个百分点。

受委托办理住房公积金个人住房贷款业务的银行4家，比上年增加（减少）0家。

（四）**融资**：2019年，融资0亿元，归还0亿元。2019年末，融资总额3.18亿元，融资余额0亿元。

（五）**资金存储**：2019年末，住房公积金存款22.08亿元。其中，活期0.98亿元，1年（含）以下定期13.41亿元，1年以上定期5.33亿元，其他（协定、通知存款等）2.36亿元。

（六）**资金运用率**：2019年末，住房公积金个人住房贷款余额、项目贷款余额和购买国债余额的总和占缴存余额的84.03%，比上年末增加4.30个百分点。

三、主要财务数据

（一）**业务收入**：2019年，业务收入35696.95万元，同比增长12.49%。其中，市中心32796.48万元，冀中能源邢矿分中心2900.47万元；存款利息5730.11万元，委托贷款利息29966.84万元。

（二）**业务支出**：2019年，业务支出18529.72万元，同比增长12.36%。其中，市中心16737.03万元，冀中能源邢矿分中心1792.69万元；支付职工住房公积金利息17040.35万元，委托贷款手续费1488.90万元，其他0.47万元。

（三）**增值收益**：2019年，增值收益17167.23万元，同比增长12.62%。其中，市中心16059.45万元，冀中能源邢矿分中心1107.78万元；增值收益率1.59%，比上年增加0.01个百分点。

（四）**增值收益分配**：2019年，提取贷款风险准备金1567.30万元，提取管理费用7231.83万元，提取城市廉租住房（公共租赁住房）建设补充资金8368.09万元。

2019年，上交财政管理费用5174.07万元。上缴财政城市廉租住房（公共租赁住房）建设补充资金7950万元。

2019年末，贷款风险准备金余额12703.85万元。累计提取城市廉租住房（公共租赁住房）建设补充资金81930.66万元。

（五）管理费用支出： 2019年，管理费用支出5600.25万元，同比增长79.33%。其中，人员经费2668.79万元，公用经费219.25万元，专项经费2712.21万元。

市中心管理费用支出5436.98万元，其中，人员、公用、专项经费分别为2577.22万元、193.00万元、2666.76万元；冀中能源邢矿分中心管理费用支出163.27万元，其中，人员、公用、专项经费分别为91.57万元、26.25万元、45.45万元。

四、资产风险状况

个人住房贷款：2019年末，个人住房贷款逾期额52.58万元，逾期率0.05‰。其中，市中心0.05‰，冀中能源邢矿分中心0‰。

个人贷款风险准备金按贷款余额的1%提取。2019年，提取个人贷款风险准备金1567.30万元，使用个人贷款风险准备金核销呆坏账0万元。2019年末，个人贷款风险准备金余额12703.85万元，占个人住房贷款余额的1.29%，个人住房贷款逾期额与个人贷款风险准备金余额的比率为0.41%。

五、社会经济效益

（一）缴存业务： 2019年，实缴单位数、实缴职工人数和缴存额同比分别增长23.22%、7.53%和9.55%。

缴存单位中，国家机关和事业单位占61.16%，国有企业占10.16%，城镇集体企业占0.43%，外商投资企业占0.16%，城镇私营企业及其他城镇企业占26.10%，民办非企业单位和社会团体占1.58%，其他占0.41%。

缴存职工中，国家机关和事业单位占64.52%，国有企业占22.87%，城镇集体企业占0.03%，外商投资企业占0.45%，城镇私营企业及其他城镇企业占10.13%，民办非企业单位和社会团体占0.23%，其他占1.77%；中、低收入占98.70%，高收入占1.30%。

新开户职工中，国家机关和事业单位占17.90%，国有企业占15.69%，城镇集体企业占0.01%，外商投资企业占0.55%，城镇私营企业及其他城镇企业占40.51%，民办非企业单位和社会团体占0.08%，其他占25.26%；中、低收入占94.13%，高收入占5.87%。

（二）提取业务： 2019年，7.69万名缴存职工提取住房公积金22.56亿元。

提取金额中，住房消费提取占74.79%（购买、建造、翻建、大修自住住房占36.01%，偿还购房贷款本息占35.75%，租赁住房占2.96%，其他占0.07%）；非住房消费提取占25.21%（离休和退休提取占19.57%，完全丧失劳动能力并与单位终止劳动关系提取占0.13%，出境定居占0.03%，其他占5.48%）。

提取职工中，中、低收入占99.00%，高收入占1.00%。

（三）贷款业务：

个人住房贷款：2019年，支持职工购建房84.67万平方米，年末个人住房贷款市场占有率为11.94%，比上年末减少0.53个百分点。通过申请住房公积金个人住房贷款，可节约职工购房利息支出

47259.96 万元。

职工贷款笔数中,购房建筑面积 90(含)平方米以下占 5.50%,90～144(含)平方米占 76.07%,144 平方米以上占 18.43%。购买新房占 92.40%,购买二手房占 7.60%。

职工贷款笔数中,单缴存职工申请贷款占 8.47%,双缴存职工申请贷款占 91.53%。

贷款职工中,30 岁(含)以下占 13.69%,30 岁～40 岁(含)占 48.01%,40 岁～50 岁(含)占 30.15%,50 岁以上占 8.15%;首次申请贷款占 87.08%,二次及以上申请贷款占 12.92%;中、低收入占 98.79%,高收入占 1.21%。

(四)住房贡献率:2019 年,个人住房贷款发放额、公转商贴息贷款发放额、项目贷款发放额、住房消费提取额的总和与当年缴存额的比率为 117.43%,比上年减少 5.04 个百分点。

六、其他重要事项

(一)当年缴存基数限额及确定方法、缴存比例调整情况。中心《关于核定 2020 年度财政统发工资职工住房公积金缴存基数的通知》(〔2019〕35 号)、《关于核定 2019 年度企业职工住房公积金缴存基数的通知》(〔2019〕52 号)规定:

(1)企业职工 2019 年度缴存住房公积金的月工资基数为 2018 年度职工本人月平均工资,核定后的缴存基数自 2019 年 7 月 1 日至 2020 年 6 月 30 日执行,本缴存年度内保持不变;机关公务员、工勤人员、事业单位职工 2020 年度缴存住房公积金的月工资基数为 2019 年度职工本人月平均工资,核定后的缴存基数自 2020 年 1 月 1 日至 2020 年 12 月 31 日执行,本年度内不得变更。

(2)工资总额组成:

1)企业职工:计时工资、计件工资、奖金、津贴和补贴、加班加点工资、特殊情况下支付的工资,即单位支付给职工的劳动报酬总额。

2)机关公务员、工勤人员:2019 年度职工本人月平均工资(含奖金);

3)事业单位职工:2019 年度职工本人月平均工资(含奖励性绩效工资、奖金);

(3)缴存基数上限。职工不超过 2018 年度全市在岗职工月平均工资的 3 倍,经计算为 16060 元;缴存基数下限不低于当地月最低工资标准。

(二)当年住房公积金政策调整及执行情况。2019 年 4 月 28 日印发《关于调整住房公积金提取政策的通知》,自 2019 年 5 月 10 日起,在全市范围内取消未婚子女购房父母提取住房公积金、支付物业费提取住房公积金、全款购买 90m²(含)以下首套自住住房多次提取住房公积金政策;2019 年 9 月 18 日印发《邢台市住房公积金归集管理实施细则》《邢台市住房公积金提取管理实施细则》;2019 年 11 月 27 日印发《邢台市住房公积金归集、提取管理实施细则有关具体操作规定》(〔2019〕50 号),就归集、提取工作中关于灵活就业人员自愿缴存住房公积金、单位和职工缴存比例、在缴存地无自有住房且租赁住房提取、已办理住房公积金贷款职工提取、共同购房及还贷提取、异地购房或偿还异地购房贷款提取、遇有突发事件、造成家庭生活严重困难提取八方面业务内容提出具体操作规程。

(三)当年信息化建设情况。2019 年 5 月中心正式接入住房公积金全国数据平台;9 月基于综合服务平台的 12329 服务热线、12329 短信服务平台、官方微信、微博、官方网站上线运行;10 月支付宝城市服务刷脸查询公积金上线运行;11 月微信刷脸办理公积金还贷提取、离退休提取、按月冲还贷、贷款还款等业务上线运行；12月自助服务终端刷脸查询公积金以及缴存单位通过网上服务大厅直接办理住房公积金缴存业务功能上线运行。

（四）**银行账户精简归并情况。** 2019年5月27日中心印发《开展银行账户精简工作实施方案》（〔2019〕30号），并于8月末完成银行账户精简归并工作，注销县市管理部银行存款账户38个，全市统一使用市本级银行存款账户，会计科目由五级精简为三级。

（五）**当年住房公积金管理中心及职工所获荣誉情况。** 邢台市住房公积金管理中心在2018年度市直创建文明机关（单位）活动中被评为市级"先进单位"称号；中共邢台市委市直机关工作委员会授予"先进基层党组织"称号；"邢台公积金"微信公众号被评为2018年度"邢台市十佳政务新媒体"。

保定市住房公积金2019年年度报告

一、机构概况

（一）**住房公积金管理委员会**：保定中心住房公积金管理委员会有19名委员，分别由有关专家、工会代表和职工代表、单位代表组成。定州住房公积金管理委员会有20名委员，2019年召开1次会议，审议通过的事项主要包括：《定州市2018年住房公积金管理工作报告》《2018年住房公积金财务决算报告》《2019年住房公积金财务收支预算编制说明》。东方物探住房公积金管理委员会有12名委员，2019年召开一次会议，汇报了2018年归集提取、贷款、业务收支及增值收益分配、资金管理、管理经费支出、风险防范年活动开展情况、双贯标工作完成；肯定了住房公积金工作的成绩，审议通过了2019年度住房公积金归集使用计划及管理经费预算计划；对住房公积金"数据平台接入"工作做了说明和安排。

（二）**住房公积金管理中心**：保定市住房公积金管理中心为直属市人民政府不以营利为目的的正县级自收自支事业单位，设11个处室，17个管理部，8个分中心。从业人员204人，其中，在编154人，非在编50人。定州市住房公积金管理中心为定州市人民政府不以营利为目的的财政性资金零补助事业单位，内设6个科室，下设住房公积金服务大厅。从业人员24人，其中在编24人。东方物探住房公积金管理中心为东方地球物理公司不以营利为目的的直属单位，主要负责东方地球物理公司住房公积金的归集、管理、使用和会计核算。设3个科室，从业人员8人。

二、业务运行情况

（一）**缴存**：2019年，新开户单位1041家，实缴单位7137家，净增单位704家；新开户职工6.07万人，实缴职工62.78万人，净增职工2.78万人；缴存额71.9亿元，同比增长11.73%。2019年末，缴存总额524.47亿元，同比增长15.89%；缴存余额234.23亿元，同比增长16.31%。

受委托办理住房公积金缴存业务的银行13家，比上年减少5家。（保定中心受委托办理住房公积金缴存业务的银行 13 家，比上年增加 1 家。定州中心受委托办理住房公积金缴存业务的银行 5 家，与上年相比无增减变化。东方物探中心受委托办理住房公积金缴存业务的银行 1 家，与上年相比无增减变化。）

（二）提取：2019 年，提取额 39.06 亿元，同比减少 4.1%；占当年缴存额的 54.33%，比上年减少 8.86 个百分点。2019 年末，提取总额 290.25 亿元，同比增长 15.55%。

（三）贷款：

1. 个人住房贷款： 个人住房贷款最高额度 60 万元，其中，单缴存职工最高额度 60 万元，双缴存职工最高额度 60 万元。

2019 年，发放个人住房贷款 9044 笔、35.45 亿元，同比分别增长 39.63%、47.22%。其中，保定中心发放个人住房贷款 8726 笔、34.57 亿元，定州中心发放个人住房贷款 308 笔、0.83 亿元，东方物探中心个人住房贷款 10 笔、411 万元。

2019 年，回收个人住房贷款 13.53 亿元。其中，保定中心 12.5 亿元，定州中心 0.94 亿元，东方物探中心 0.0873 亿元。

2019 年末，累计发放个人住房贷款 10.42 万笔、249.22 亿元，贷款余额 162.81 亿元，同比分别增长 9.45%、16.58%、15.57%。个人住房贷款余额占缴存余额的 69.51%，比上年减少 0.45 个百分点。

受委托办理住房公积金个人住房贷款业务的银行 15 家，比上年增加 1 家。（保定中心受委托办理住房公积金个人住房贷款业务的银行 10 家，比上年增加 1 家。定州中心受委托办理住房公积金个人住房贷款业务的银行 4 家，与上年相比无增减变化。东方物探中心受委托办理住房公积金个人住房贷款业务的银行 1 家，与上年相比无增减变化。）

2. 住房公积金支持保障性住房建设项目贷款： 截至 2019 年末，无保障性住房建设项目贷款。

（四）购买国债：2019 年末，当年未购买国债，国债余额为零。

（五）融资：2019 年，当年未融资。截至 2019 年末，融资总额 13 亿元，均已还清，融资余额为零。

（六）资金存储：2019 年末，住房公积金存款 74.37 亿元。其中，活期 1.38 亿元，1 年（含）以下定期 42.85 亿元，1 年以上定期 20.58 亿元，其他（协定、通知存款等）9.56 亿元。

（七）资金运用率：2019 年末，住房公积金个人住房贷款余额、项目贷款余额和购买国债余额的总和占缴存余额的 69.51%，上年减少 0.45 个百分点。

三、主要财务数据

（一）业务收入：2019 年，业务收入 65132.38 万元，同比增长 14.2%。其中，保定中心 58997.22 万元，定州中心 3407.96 万元，东方物探中心 2727.2 万元；存款利息收入 15764.85 万元，委托贷款利息收入 49358.27 万元，其他收入 9.26 万元。

（二）业务支出：2019 年，业务支出 33534.56 万元，同比增长 17.46%。其中，保定中心 30527.34 万元，定州中心 1718.15 万元，东方物探中心 1289.07 万元；支付职工住房公积金利息 32672.58 万元，支付委托贷款手续费 842.93 万元，其他支出 19.05 万元。

（三）增值收益：2019 年，实现增值收益 31597.82 万元，同比增长 10.93%。其中，保定中心 28469.87 万元，定州中心 1689.82 万元，东方物探中心 1438.13 万元；增值收益率为 1.35%，比上年减少 0.16 个百分点。

（四）增值收益分配：2019 年，提取贷款风险准备金 3070.16 万元，提取管理费用 17626.34 万元，提取城市廉租住房（公共租赁住房）建设补充资金 10901.33 万元。

2019 年，上交财政管理费用 12165.05 万元。上缴财政城市廉租住房（公共租赁住房）建设补充资金 5758.53 万元。其中，保定中心上缴财政 5000 万元，定州中心上缴财政 502.10 万元。物探中心上缴财政 256.43 万元。

2019 年末，贷款风险准备金余额 24992.67 万元。累计提取城市廉租住房（公共租赁住房）建设补充资金 122849.71 万元。其中，保定中心提取 114223.76 万元，定州中心提取 5362.22 万元，东方物探中心提取 3263.73 万元。

（五）管理费用支出：2019 年，管理费用支出 22458.36 万元，同比增长 170.35%。其中，人员经费 3253.86 万元，公用经费 287.74 万元，专项经费 18916.76 万元。

保定中心管理费用支出 21277.29 万元，其中，人员、公用、专项经费分别为 2698.78 万元、206.77 万元、18371.74 万元。管理费用与上年相比，增加的主要原因为购置综合服务大厅及办公场所；定州中心管理费用支出 857.45 万元，其中，人员、公用、专项经费分别为 296.86 万元、57.07 万元、503.52 万元；东方物探中心管理费用支出 323.62 万元，其中，人员、公用、专项经费分别为 258.22 万元、23.9 万元、41.5 万元。

四、资产风险状况

（一）个人住房贷款：2019 年末，个人住房贷款逾期额 121.87 万元，逾期率 0.07‰。其中，保定中心 0.07‰，定州中心 0.17‰，东方物探中心 0‰。

个人贷款风险准备金按贷款余额的 1% 提取（东方物探中心个人贷款风险准备金按增值收益的 60% 提取）。2019 年，提取个人贷款风险准备金 3070.16 万元。2019 年末，个人贷款风险准备金余额 24992.67 万元，占个人住房贷款余额的 1.54%，个人住房贷款逾期额与个人贷款风险准备金余额的比率为 0.49%。

（二）支持保障性住房建设试点项目贷款：截至 2019 年末，无支持保障性住房建设试点项目贷款。

五、社会经济效益

（一）缴存业务：2019 年，实缴单位数、实缴职工人数和缴存额同比分别增长 10.94%、4.65% 和 11.73%。

缴存单位中，国家机关和事业单位占 55.71%，国有企业占 8.67%，城镇集体企业占 10.72%，外商投资企业占 1.18%，城镇私营企业及其他城镇企业占 15.96%，民办非企业单位和社会团体占 1.58%，其他占 6.18%。

缴存职工中，国家机关和事业单位占 52.93%，国有企业占 14.9%，城镇集体企业占 12.07%，外商投资企业占 1.17%，城镇私营企业及其他城镇企业占 14.52%，民办非企业单位和社会团体占 1.23%，其他占 3.18%；中、低收入 98.43%，高收入占 1.57%。

新开户职工中，国家机关和事业单位占 30.56%，国有企业占 11.84%，城镇集体企业占 21.51%，外商投资企业占 1.21%，城镇私营企业及其他城镇企业占 24.75%，民办非企业单位和社会团体占 3.03%，其他占 7.1%；中、低收入占 89.82%，高收入占 10.18%。

（二）提取业务：2019年，17.07万名缴存职工提取住房公积金39.06亿元。

提取金额中，住房消费提取占72.63%（购买、建造、翻建、大修自住住房占22.4%，偿还购房贷款本息占44.1%，租赁住房占6.06%，其他占0.07%）；非住房消费提取占27.37%（离休和退休提取占19.07%，完全丧失劳动能力并与单位终止劳动关系提取占5.94%，户口迁出本市或出境定居占0.6%，其他占1.76%）。

提取职工中，中、低收入占94.32%，高收入占5.68%。

（三）贷款业务：

1. 个人住房贷款：2019年，支持职工购建房94.59万平方米，年末个人住房贷款市场占有率为10.4%，比上年增加0.03个百分点。通过申请住房公积金个人住房贷款，可节约职工购房利息支出85148.39万元。

职工贷款笔数中，购房建筑面积90（含）平方米以下占29.81%，90～144（含）平方米占68.11%，144平方米以上占2.08%。购买新房占88.49%（其中购买保障性住房占0%），购买二手房占11.51%，建造、翻建、大修自住住房占0%。

职工贷款笔数中，单缴存职工申请贷款占23.92%，双缴存职工申请贷款占76.05%，三人及以上缴存职工共同申请贷款占0.03%。

贷款职工中，30岁（含）以下占35.02%，30岁～40岁（含）占40.71%，40岁～50岁（含）占20.75%，50岁以上占3.52%；首次申请贷款占92.43%，二次及以上申请贷款占7.57%；中、低收入占99%，高收入占1%。

2. 异地贷款：2019年，发放异地贷款227笔、8918.2万元。2019年末，发放异地贷款总额209616.11万元，异地贷款余额108018.13万元。

（四）**住房贡献率**：2019年，个人住房贷款发放额、住房消费提取额的总和与当年缴存额的比率为88.77%，比上年增加1.75个百分点。

六、其他重要事项

（一）**当年机构及职能调整情况、受委托办理缴存贷款业务金融机构变更情况**。保定中心2019年机构及职能调整情况如下：内设机构归集执法处更名为归集提取处，主要职责调整为：负责住房公积金归集、提取的综合管理工作，对各分支机构进行业务指导和检查；负责归集、提取业务数据统计与分析；负责降低缴存比例和缓缴审核；协助财务会计处对受托银行进行业务指导、监管和考核。内设机构审计稽核处更名为审计法规处，主要职责调整为：负责对经费收支、各项业务收支及有关经济活动的审计、稽核和整改监督；负责对住房公积金管理法规、政策执行情况的监督；对不按规定办理公积金缴存登记的单位予以处罚。其他机构编制事宜维持不变。

保定中心受委托办理住房公积金缴存业务的银行13家，比上年增加1家，受委托办理住房公积金贷款业务的银行10家，比上年增加1家。

定州中心机构和职能未做调整，受委托办理缴存贷款业务的金融机构也未变更。

东方物探中心机构和职能未做调整，受委托办理缴存贷款业务的金融机构也未变更。

(二)当年住房公积金政策调整及执行情况。

1. 缴存基数

保定中心 2019 年职工缴存住房公积金基数上限为 2018 年保定市城镇非私营单位就业人员月平均工资的 3 倍,具体标准为 16637 元;下限为保定市最低工资标准。

定州中心根据《住房公积金管理条例》和省市有关政策规定,市中心印发《关于 2019 年度住房公积金结息对账的通知》,按照统计部门公布的 2018 年在岗职工年平均工资(工资总额)进行调整,缴存基数最高不超过上年度职工月平均工资的三倍,最低不低于上年度职工最低月工资标准。我市 2019 年度住房公积金缴存基数上限为 16785 元,下限为 1790 元,执行时间从 2019 年 7 月 1 日至 2020 年 6 月 30 日。

东方物探中心缴存基数未作调整。

2. 缴存比例

单位和个人缴存比例下限为 5%,上限为 12%,缴存单位可在 5%~12%区间内自主确定。

3. 提取政策

保定中心:(1)职工购房提取所需材料中,由需提供购房票据,修改为需提供购房款发票或契税完税凭证。(2)对职工在农村和城镇建造、翻建自住住房提取住房公积金进行了统一规定:职工建造、翻建自住住房的,需提供规划、建设部门建造、翻建批准文件、支付费用凭证。翻建自住住房的,还应当提供原房屋不动产权证书。

定州中心根据《河北省住房公积金归集提取管理办法》规定,对《定州市住房公积金提取管理暂行办法》进行修改,去掉物业费提取和同户籍直系亲属提取住房公积金的政策,自 2019 年 8 月 20 日开始执行。

东方物探中心 2019 年取消按物业费项目提取;租房提取分租赁公共租赁住房和租赁商品住房提取。最高贷款额度为 60 万元,贷款政策未做调整。首套房 5 年及以下贷款利率为 2.75%,5 年以上为 3.25%;二套房贷款利率上浮 10%。

4. 贷款政策

保定中心 2019 年贷款政策未作调整。贷款最高额度 60 万元,没有变化。关于贷款利率方面:贷款期限 1~5 年:年利率 2.75%;贷款期限 6~30 年:年利率 3.25%。第二套房贷款利率上浮 10%,未作调整。

定州中心、东方物探中心贷款政策未做调整。

(三)当年服务改进情况。

保定中心:

1. 服务网点改进情况

积极谋划市区新增服务网点。按照政府的有关要求,按程序确定了莲池区、竞秀区服务网点工作。

2. 服务手段改进情况

商品房实现贷款"最多跑一次",为贷款职工减负。简化贷款资料,所有资料不再收取复印件。贷款保证金执行扣划模式,为房地产开发企业减负。

3. 综合服务平台建设和其他网络载体建设服务情况

顺利通过综合服务平台验收。严格按照《综合服务平台建设导则》要求,对综合服务平台的渠道功能、管理功能进行持续优化，实现各业务渠道统一平台管理，各渠道业务实时动态监控，各渠道功能灵活配置。12月份通过省住房和城乡建设厅组织的综合服务平台项目验收。

不断推出住房公积金手机APP自助业务功能。本着"成熟一个、推出一个"的原则，不断增加启用住房公积金手机APP自助业务功能，截至2019年底，手机APP已开通各项住房公积金业务15项，缴存职工足不出户即可办理公积金提取、贷款、变更、查询等业务，实现了"让群众少跑腿，数据多跑路"的目的。截至2019年底，手机APP注册用户数已达到17.66万人。

全面推动住房公积金缴存互联网业务。2019年4月，中心开始全面推动住房公积金缴存互联网业务，通过宣传、会议、培训等多种形式推进互联网缴存业务，各缴存单位可通过互联网渠道完成公积金的变更、转移、核定、缴存、查询、打印等多种业务。截至2019年底，部分分中心、管理部互联网缴存办理比例已达到90%以上。

积极推进增加业务渠道种类。在综合服务平台现有8个渠道基础上，积极与智慧城市建设与政务一体化管理部门联系，不断拓宽互联网业务渠道范围，成功接入河北政务平台"冀时办"APP，并可通过APP办理住房公积金业务。积极与各合作商业银行探讨数据共享、业务延伸相关事宜，确定数据共享接口规范，确定业务延伸方式，目前已经完成与部分银行的数据接口开发测试工作，即将实现通过银行自助渠道实现住房公积金查询、提取等业务。

定州中心：按照"放管服"改革要求，为提升服务水平，让广大职工切实享受到便捷高效的公积金服务，中心对综合服务平台及手机公积金APP、网上业务大厅、微信公众号等网上服务渠道进行升级改造。"手机公积金"APP在原有离退休提取、终止劳动关系提取、偿还公积金贷款本息提取等三项提取业务的基础上，新增了购房提取、租房提取两项新业务，中心为全省首家在省政务"冀时办"APP成功开通购房提取和租房提取两项业务功能，实现了90%以上的公积金提取业务"掌上办"，公积金业务办理综合离柜率超50%。

东方物探中心：为贯彻落实住房和城乡建设部及河北省关于加强住房公积金管理工作的通知精神，中心开拓工作思路，积极研究落实新政，提高公积金使用效率，持续提升服务。中心通过门户网站及时发布相关信息，保持公积金政策的有效性，畅通与公积金业务经办人员及广大职工的沟通渠道，准确解答问题咨询。基于东方地球物理公司瑞信达微信平台，发布公积金新政，方便职工查询个人账户余额，向广大职工深入介绍公积金政策。中心对缴存单位的业务回单实现电子化，简化缴存单位票据传递，减少缴存单位往来奔波。

(四) 当年信息化建设情况。

保定中心：

1. 顺利完成全国住房公积金数据平台接入工作

按照住房和城乡建设部关于接入全国住房公积金数据平台工作部署要求，积极联系软件开发单位，制定软件开发计划，组织完成软件开发部署及测试，按照要求对基础数据进行规范，顺利接入全国住房公积金数据平台，并持续正常上报业务数据。

2. 加强网络安全建设，确保住房公积金业务及数据安全

为了保证住房公积金服务效率及服务安全，中心通过替换核心网络设备、增加网络安全设备配置等手段对现有网络进行重新规划整合，对关键网络节点进行安全加固，确保可以为住房公积金业务提供安全可

3. 加强系统维护，不断改进系统功能

在实际业务过程中持续收集分析整理系统中需要进一步完善和改进的功能需求，对系统的功能及服务能力进行升级，一年以来共提出系统改进需求近百个，力争做到最大限度的贴合业务需求、提升使用感受。

定州中心：

今年以来，我市住房公积金大力拓展"互联网+公积金服务"新功能，实现职工办事线上"一网通办"（一网），线下"只进一扇门"（一门），现场办理"最多跑一次"（一次），让数据多跑路，让职工少跑腿。

在公积金系统升级改造方面，按照住房和城乡建设部统一部署，我中心利用现有住房和城乡建设部结算渠道线路接入全国公积金数据平台，保证了数据传输的及时性和完整性；为实现商品房销售合同备案信息和不动产登记信息实时获取，完成中心与市房产交易、不动产管理部门系统数据共享工作；在公积金业务大厅启用了个人信用报告查询终端，实现公积金贷款"最多跑一次"目标；在公积金服务大厅启用了电子手写签字板，逐步取消所有纸质材料，真正实现无纸化办公。

在公积金数据清理方面，市公积金中心在严格贯彻基础数据标准的基础上，结合电子稽查工具，反复梳理历史数据存在问题，在缴存单位和职工的配合下，补录信息5436条，更改、修正错误信息2935条，通过公民信息系统查询清理睡眠账户信息2611条，实现了缴存职工的个人信息全覆盖，提高了数据信息的准确性和完整性。

东方物探中心：

中心在2018年11月公积金"双贯标"验收合格的基础上，始终把优化提升数据质量作为一项长期的工作来做。全年清理一人多户2人，完善个人身份证等信息7条，清理长期封存账户23人，精简银行账户2个。按照省公积金监管处的部署，参加住房和城乡建设部在常州举办的数据平台接入会议，及时编制并上报《东方物探公积金中心全国住房公积金数据平台接入工作实施方案》，成立了领导小组和项目实施小组，召开专题会议，制定项目推进时间表，加强与建行数据平台项目组和业务信息系统开发单位沟通，协调解决存在问题，并于5月23日完成公积金数据平台接入工作。自3月27日至7月10日项目实施期间，中心上报了14期《东方物探住房公积金数据平台接入工作进展情况报告表》。

按照《住房和城乡建设部办公厅〈关于全面开展住房公积金电子化稽查工作的通知〉》（建办金函〔2019〕297号）要求，中心以政策合规性、业务规范性、资金安全性为稽查重点，加快提高"双贯标"数据质量、全面筛查业务明细数据、全面梳理风险疑点，建立健全整改工作机制、严格落实工作推进责任。对报告中的异常数据，中心组织人工核查，梳理核对风险疑点，建立风险隐患台账，明确整改科室和人员，与业务信息系统开发单位一起研究分析。经过不懈努力，中心"月度自查报告"质量逐步好转，疑点数量逐月减少，电子稽查情况得分逐月提高。

为进一步提高缴存单位专管员的政策理论水平，确保建设一支政策水平高、业务能力强、服务意识好的公积金管理队伍，经东方物探公司公积金管委会同意，10月29日举办了业务知识培训班。参加培训的缴存单位有47家，培训人员60人。经过培训，缴存单位及时了解和掌握了国家、地方政府有关公积金的归集、提取和贷款政策，对规范公积金业务、防范资金风险、提高从业人员专业素养和服务管理能力起到积极的作用。

（五）当年住房公积金管理中心及职工所获荣誉情况。

保定中心所获荣誉情况：保定中心工会2019年度获奖情况：被市直机关工委评为2019年度市直机关

工会工作先进单位；两名同志被评为 2019 年度工会工作先进个人；一名同志在 2019 年 8 月参加市直机关象棋比赛活动中荣获个人第八名成绩。

涿州支部被命名为 2019 年市直机关"先进基层党组织"，莲池区归集提取岗被命名为 2019 年市直机关"共产党员先锋岗"，两位同志被评为市直机关表彰的优秀共产党员，一位同志被评为市直机关表彰的优秀党务工作者，荣获市直机关"壮丽 70 年·奋斗新时代"书法美术摄影展优秀组织奖，一名职工获得二等奖，荣获市直机关"书写新时代·增添正能量"主题征文优秀组织奖。

2020 年 2 月妇委会被保定市直属机关妇女工作委员会表彰，被授予 2019 年度"市直机关妇女工作先进集体"称号，一名工作人员被授予 2019 年度"市直机关先进妇女工作者"称号，一名工作人员被授予"市直机关三八红旗手"，一名工作人员家庭被授予"市直机关最美家庭"，一名工作人员被授予市妇联"巾帼志愿者"称号。

2019 年一名同志获得市直机关青年学习标兵。一名同志获得全省扶贫脱贫优秀驻村第一书记。一名同志获得 2018 年度全市扶贫脱贫优秀驻村工作队员。

（六）当年对违反《住房公积金管理条例》和相关法规行为进行行政处罚和申请人民法院强制执行情况。

保定中心：

1. 安泰科技股份有限公司涿州新材料分公司 369 名职工要求维护住房公积金权益案件。2018 年 4 月安泰科技有限公司涿州新材料分公司职工到公积金中心反映问题，要求单位为其补缴住房公积金。2018 年 6 月中心依法向安泰科技股份有限公司涿州新材料分公司送达《住房公积金执法调查通知书》，2018 年 8 月下达了《责令限期办理通知书》。安泰科技股份有限公司不服，随后向保定市人民政府申请行政复议，2018 年 11 月 19 日保定市人民政府行政复议决定书维持中心作出的《责令限期办理通知书》。该公司向法院提起行政诉讼，经高碑店人民法院一审判决和保定市中级人民法院 2019 年 4 月 8 日终审判决，驳回安泰科技股份有限公司诉讼请求。2019 年 8 月中心向安泰科技股份有限公司下发《关于补缴住房公积金有关问题的通知》，要求安泰科技股份有限公司涿州新材料分公司为曾经有事实劳动关系的所有员工补缴住房公积金。由于该案涉及人员多，补缴时间长，工资核算难度大，公司于 2019 年 9 月 24 日补缴首批 329 人（正常新开户 292 人、内部转入 37 人）住房公积金 1202 万元。2019 年 11 月底补缴 115 人（正常新开户 101 人、内部转入 14 人）住房公积金 512 万元。第三批补缴工作也已启动。

2. 河北汇源食品饮料公司职工张荣光要求享受在职期间住房公积金权益案件。2018 年 5 月原河北汇源公司职工张荣光向公积金中心投诉，要求河北汇源公司为其补缴在职期间的住房公积金。中心到该公司调查并下达了责令限期办理通知书。2019 年 5 月，因河北汇源公司未在限期内为其职工张荣光补缴在职期间的住房公积金，中心向顺平县人民法院递交了《强制执行申请书》，要求河北汇源公司支付张荣光应缴未缴的住房公积金共计 17622.00 元。在非诉执行审查阶段，河北汇源公司与张荣光达成和解协议，河北汇源公司主动将上述款项打入了法院账户。顺平县人民法院行政审判庭出具了证明，并通知我单位撤回强制执行申请书及卷宗，张荣光本人也申请撤销关于他本人的公积金执法，表示今后不再就公积金事项申请执法。依据上述情况，中心向顺平县人民法院撤回强制执行申请书及卷宗，做结案处理。

定州中心：借款人付×因涉嫌非法吸收公众存款罪，造成个人住房贷款逾期，经中心多次催收未果，为维护合法权益，特向法院起诉，定州市人民法院依法判决，要求借款人在规定期限内偿还贷款本息；因借款人未及时偿还，中心申请定州市人民法院强制执行，于 2019 年 5 月 20 日收回执行本金 24648.42 元，剩余款项将通过拍卖被执行人名下的房产用于偿还贷款本息，现已进入执行阶段。

张家口市住房公积金 2019 年年度报告

一、机构概况

（一）住房公积金管理委员会：住房公积金管理委员会有 25 名委员，2019 年召开 2 次会议，第一次于 2019 年 1 月 18 日上午召开，审议通过的事项主要包括：审议、审批关于 2018 年度住房公积金归集、使用计划执行情况的报告；审议 2018 年度住房公积金增值收益分配方案；审议、审批 2019 年度住房公积金归集、使用计划；研究讨论《张家口市住房公积金归集管理办法》《张家口市住房公积金提取管理办法》和《张家口市住房公积金个人贷款管理办法》。第二次于 2019 年 9 月 29 日下午召开，审议通过的事项主要包括：讨论研究《张家口市住房公积金归集管理办法》《张家口市住房公积金提取管理办法》《张家口市住房公积金个人住房贷款管理办法》；讨论研究中国民生银行股份有限公司张家口分行拟承办住房公积金金融业务的相关事宜。

（二）住房公积金管理中心：住房公积金管理中心为隶属市政府的不以营利为目的的副处级事业单位，设 13 科，17 个管理部，0 个分中心。从业人员 322 人，其中，在编 184 人，非在编 138 人。

二、业务运行情况

（一）缴存：2019 年，新开户单位 299 家，实缴单位 4824 家，净增单位 160 家；新开户职工 1.97 万人，实缴职工 29.31 万人，净增职工 0.67 万人；缴存额 39.82 亿元，同比增长 10.15%。2019 年末，缴存总额 321.48 亿元，比上年末增加 14.14%；缴存余额 143.16 亿元，比上年末增加 16.91%。

受委托办理住房公积金缴存业务的银行 7 家，比上年增加（减少）0 家。

（二）提取：2019 年，提取额 19.11 亿元，同比增长 10.27%；占当年缴存额的 47.99%，比上年增加 0.05 个百分点。2019 年末，提取总额 178.32 亿元，比上年末增加 12.01%。

（三）贷款：

个人住房贷款：个人住房贷款最高额度 60 万元，其中，单缴存职工最高额度 60 万元，双缴存职工最高额度 60 万元。

2019 年，发放个人住房贷款 0.50 万笔、20.80 亿元，同比分别增长 42.86%、49.21%。

2019 年，回收个人住房贷款 10.45 亿元。

2019 年末，累计发放个人住房贷款 8.96 万笔、176.77 亿元，贷款余额 93.15 亿元，分别比上年末增加 6.04%、13.33%、12.50%。个人住房贷款余额占缴存余额的 65.07%，比上年末减少 2.55 个百分点。

受委托办理住房公积金个人住房贷款业务的银行 7 家，比上年增加（减少）0 家。

（四）融资：2019 年，融资 0 亿元，归还 0 亿元。2019 年末，融资总额 7 亿元，融资余额 0 亿元。

（五）**资金存储**：2019 年末，住房公积金存款 50.97 亿元。其中，活期 0.01 亿元，1 年（含）以下定期 1.45 亿元，1 年以上定期 48.35 亿元，其他（协定、通知存款等）1.16 亿元。

（六）**资金运用率**：2019 年末，住房公积金个人住房贷款余额、项目贷款余额和购买国债余额的总和占缴存余额的 65.07%，比上年末减少 2.55 个百分点。

三、主要财务数据

（一）**业务收入**：2019 年，业务收入 43389.67 万元，同比增长 22.04%。存款利息 14641.51 万元，委托贷款利息 28748.16 万元，国债利息 0 万元，其他 0 万元。

（二）**业务支出**：2019 年，业务支出 20512.04 万元，同比增长 16.33%。支付职工住房公积金利息 19962.40 万元，归集手续费 16.39 万元，委托贷款手续费 533.25 万元，其他 0 万元。

（三）**增值收益**：2019 年，增值收益 22877.63 万元，同比增长 27.67%。增值收益率 1.73%，比上年增加 0.14 个百分点。

（四）**增值收益分配**：2019 年，提取贷款风险准备金 0 万元，提取管理费用 5846.00 万元，提取城市廉租住房（公共租赁住房）建设补充资金 17031.63 万元。

2019 年，上交财政管理费用 5846.00 万元。上缴财政城市廉租住房（公共租赁住房）建设补充资金 12230.30 万元。

2019 年末，贷款风险准备金余额 9386.98 万元。累计提取城市廉租住房（公共租赁住房）建设补充资金 83440.13 万元。

（五）**管理费用支出**：2019 年，管理费用支出 5728.71 万元，同比增长 24.65%。其中，人员经费 2762.26 万元，公用经费 167.99 万元，专项经费 2798.46 万元。

四、资产风险状况

个人住房贷款：2019 年末，个人住房贷款逾期额 743.08 万元，逾期率 0.80‰。

个人贷款风险准备金按贷款余额的 1% 提取。2019 年，提取个人贷款风险准备金 0 万元，使用个人贷款风险准备金核销呆坏账 0 万元。2019 年末，个人贷款风险准备金余额 9386.98 万元，占个人住房贷款余额的 1.01%，个人住房贷款逾期额与个人贷款风险准备金余额的比率为 7.92‰。

五、社会经济效益

（一）**缴存业务**：2019 年，实缴单位数、实缴职工人数和缴存额同比分别增长 3.43%、2.34% 和 10.15%。

缴存单位中，国家机关和事业单位占 62.85%，国有企业占 17.02%，城镇集体企业占 2.24%，外商投资企业占 0.52%，城镇私营企业及其他城镇企业占 14.49%，民办非企业单位和社会团体占 2.59%，其他占 0.29%。

缴存职工中，国家机关和事业单位占 52.40%，国有企业占 30.34%，城镇集体企业占 2.69%，外商投资企业占 0.87%，城镇私营企业及其他城镇企业占 11.65%，民办非企业单位和社会团体占 2.01%，其他占 0.04%；中、低收入占 98.28%，高收入占 1.72%。

新开户职工中，国家机关和事业单位占 25.62%，国有企业占 29.82%，城镇集体企业占 5.18%，外商投资企业占 2.14%，城镇私营企业及其他城镇企业占 33.20%，民办非企业单位和社会团体占 3.97%，其他占 0.07%；中、低收入占 99.60%，高收入占 0.40%。

（二）提取业务：2019 年，5.63 万名缴存职工提取住房公积金 19.11 亿元。

提取金额中，住房消费提取占 64.00%（购买、建造、翻建、大修自住住房占 22.52%，偿还购房贷款本息占 40.56%，租赁住房占 0.92%，其他占 0%）；非住房消费提取占 36.00%（离休和退休提取占 28.05%，完全丧失劳动能力并与单位终止劳动关系提取占 3.95%，出境定居占 0%，其他占 4.00%）。

提取职工中，中、低收入占 98.17%，高收入占 1.83%。

（三）贷款业务：

1. 个人住房贷款：2019 年，支持职工购建房 55.79 万平方米，年末个人住房贷款市场占有率（含公转商贴息贷款）为 13.09%，比上年末增加 0.04 个百分点。通过申请住房公积金个人住房贷款，可节约职工购房利息支出 48545.38 万元。

职工贷款笔数中，购房建筑面积 90（含）平方米以下占 18.89%，90～144（含）平方米占 76.76%，144 平方米以上占 4.34%。购买新房占 77.76%（其中购买保障性住房占 0%），购买二手房占 22.24%，建造、翻建、大修自住住房占 0%，其他占 0%。

职工贷款笔数中，单缴存职工申请贷款占 36.34%，双缴存职工申请贷款占 63.62%，三人及以上缴存职工共同申请贷款占 0.04%。

贷款职工中，30 岁（含）以下占 44.43%，30 岁～40 岁（含）占 36.40%，40 岁～50 岁（含）占 15.05%，50 岁以上占 4.12%；首次申请贷款占 72.50%，二次及以上申请贷款占 27.50%；中、低收入占 98.37%，高收入占 1.63%。

2. 异地贷款：2019 年，发放异地贷款 1155 笔、53822.90 万元。2019 年末，发放异地贷款总额 180000.20 万元，异地贷款余额 158710.41 万元。

3. 公转商贴息贷款：2019 年，发放公转商贴息贷款 0 笔、0 万元，支持职工购建住房面积 0 万平方米，当年贴息额 0 万元。2019 年末，累计发放公转商贴息贷款 0 笔、0 万元，累计贴息 0 万元。

（四）**住房贡献率**：2019 年，个人住房贷款发放额、公转商贴息贷款发放额、项目贷款发放额、住房消费提取额的总和与当年缴存额的比率为 82.94%，比上年减少 3.6 个百分点。

六、其他重要事项

（一）当年机构及职能调整情况、受委托办理缴存贷款业务金融机构变更情况。

机构及职能情况无调整。

受委托办理缴存到贷款业务金融机构无变更。

（二）当年住房公积金政策调整及执行情况。

1. 2019 年度住房公积金缴存基数最高不超过市统计部门公布的上一年度月平均工资的 3 倍。市属以下单位最高缴存基数为 15585 元；中央、省属单位最高缴存工资基数为 16317 元。单位月缴存基数不得低于最低工资标准，市区及郊区（含桥东区、桥西区、经开区、下花园区、宣化区、万全区、崇礼区）执行 1590 元的月最低工资标准，怀来县、涿鹿县执行 1480 元的月最低工资标准，其他县区执行 1380 元的月最低工资标准。

单位和职工住房公积金缴存比例，最低不低于5%，最高不得过12%。缴存单位可以在5%～12%区间内，自主确定住房公积金缴存比例。

提取政策以《河北省住房公积金归集提取管理办法》的规定为准执行。

2. 当年住房公积金存贷款利率执行标准。 职工住房公积金账户存款利率无论是当年缴存资金还是往年累计缴存资金，统一按一年期定期存款基准利率执行；住房公积金贷款无论是存量还是新增首套贷款利率按5年以内（含）2.75%，5年以上为3.25%，二套贷款利率相应上浮10%执行。

（三）**当年服务改进情况。** 2019年市管理中心接入了张家口市政务信息资源交换共享平台，与政务云实现了数据共享；住房公积金综合服务平台也于2019年建设完成并逐步投入使用。

（四）**当年信息化建设情况。** 2019年市管理中心基础数据标准贯彻落实和结算应用系统接入工作全部完成；管理中心接入了全国住房公积金数据平台和河北政务服务的"冀时办"移动应用平台。住房公积金查询可以通过支付宝城市服务、微信小程序国家政务服务平台以及百度手机APP公积金查询等方式进行，为缴存职工查询个人公积金信息提供了便利。另外我中心对官方网站、网上营业大厅、自助查询系统、微信公众号进行了升级改造，以便更好地服务缴存职工。

（五）**当年住房公积金管理中心及职工所获荣誉情况。** 无。

（六）**当年对违反《住房公积金管理条例》和相关法规行为进行行政处罚和申请人民法院强制执行情况。** 无。

（七）**当年对住房公积金管理人员违规行为的纠正和处理情况等。** 无。

（八）**其他需要披露的情况。** 无。

承德市住房公积金2019年年度报告

一、机构概况

（一）**住房公积金管理委员会**：市住房公积金管理委员会有28名委员，2019年召开1次会议，审议通过的事项主要包括：（1）审议通过了2018年增值收益分配方案；（2）审议通过了《承德市住房公积金2018年年度报告》；（3）审议通过中国邮储银行承德市分行申请成为公积金委托银行网点事宜；（4）审议通过工商银行承德分行申请增设公积金委托银行网点事宜；（5）审议通过公积金提取政策调整事宜。

（二）**住房公积金管理中心**：住房公积金管理中心为隶属市政府不以营利为目的的全额事业单位，中心机关参照公务员管理，设9个科，12个管理部。从业人员138人，其中，在编94人，非在编44人，为劳务派遣人员。

二、业务运行情况

（一）**缴存**：2019年，新开户单位338家，实缴单位4004家，净增单位184家；新开户职工1.44万人，实缴职工 22.0298 万人，净增职工 0.3 万人；缴存额 32.28 亿元，同比增长 1.73%。2019 年末，缴存总额 259.23 亿元，比上年末增加 14.22%；缴存余额 115.62 亿元，比上年末增加 12.63%。

受委托办理住房公积金缴存业务的银行 9 家，比上年增加 1 家。

（二）**提取**：2019 年，提取额 19.32 亿元，同比增长 9.90%；占当年缴存额的 60.88%，比上年减少 6.69 个百分点。2019 年末，提取总额 143.61 亿元，比上年末增加 15.54%。

（三）**贷款**：

1. 个人住房贷款：个人住房贷款最高额度 60 万元，其中，单缴存职工最高额度 40 万元，双缴存职工最高额度 60 万元。

2019 年，发放个人住房贷款 0.3551 万笔、13.73 亿元，同比分别增长 11.53%、22.26%。

2019 年，回收个人住房贷款 8.32 亿元。

2019 年末，累计发放个人住房贷款 5.6702 万笔、132.93 亿元，贷款余额 77.54 亿元，分别比上年末增加 6.68%、11.52%、7.5%。个人住房贷款余额占缴存余额的 67.07%，比上年末减少 3.2 个百分点。

受委托办理住房公积金个人住房贷款业务的银行 9 家，比上年增加 1 家。

2. 住房公积金支持保障性住房建设项目贷款：无。

（四）**购买国债**：无。

（五）**融资**：无。

（六）**资金存储**：2019 年末，住房公积金存款 39.73 亿元。其中，活期 3.26 亿元，1 年（含）以下定期 1.04 亿元，1 年以上定期 35.18 亿元，其他（协定、通知存款等）0.25 亿元。

（七）**资金运用率**：2019 年末，住房公积金个人住房贷款余额、项目贷款余额和购买国债余额的总和占缴存余额的 67.06%，比上年末增加 3.2 个百分点。

三、主要财务数据

（一）**业务收入**：2019 年，业务收入 36138 万元，同比增长 91.2%；存款利息 13197.87 万元，委托贷款利息 22940.13 万元。

（二）**业务支出**：2019 年，业务支出 17422.84 万元，同比增长 5.51%。；支付职工住房公积金利息 16548.82 万元，委托贷款手续费 871.32 万元，其他 2.7 万元。

（三）**增值收益**：2019 年，增值收益 18715.16 万元，同比增长 17.08%；增值收益率 1.71%。

（四）**增值收益分配**：2019 年，提取贷款风险准备金 540.94 万元，提取管理费用 2700 万元，提取城市廉租住房（公共租赁住房）建设补充资金 15474.22 万元。

2019 年，上交财政管理费用 2600 万元。上缴财政城市廉租住房（公共租赁住房）建设补充资金 13051.15 万元。其中，市中心上缴 13051.15 万元。

2019 年末，贷款风险准备金余额 7754.38 万元。累计提取城市廉租住房（公共租赁住房）建设补充资金 98098.63 万元。其中，市中心提取 7754.38 万元。

（五）**管理费用支出**：2019 年，管理费用支出 2050.61 万元，同比（下降）17.95%。其中，人员经费 1188.60 万元，公用经费 121.17 万元，专项经费 740.84 万元。

市中心管理费用支出 2050.61 万元，其中，人员、公用、专项经费分别为 1188.6 万元、121.17 万元、740.84万元。

四、资产风险状况

（一）个人住房贷款：2019年末，个人住房贷款逾期额26.09万元，逾期率0.034‰。

个人贷款风险准备金按贷款余额的1%提取。2019年，提取个人贷款风险准备金540.94万元。2019年末，个人贷款风险准备金余额7754.38万元，占个人住房贷款余额的1%，个人住房贷款逾期额与个人贷款风险准备金余额的比率为0.34%。

（二）支持保障性住房建设试点项目贷款：无。

五、社会经济效益

（一）缴存业务：2019年，实缴单位数、实缴职工人数和缴存额同比分别增长7.23%、0.67%和1.73%。

缴存单位中，国家机关和事业单位占50.4%，国有企业占24.18%，城镇集体企业占0.65%，外商投资企业占0.17%，城镇私营企业及其他城镇企业占7.47%，民办非企业单位和社会团体占1.10%，其他占16.03%。

缴存职工中，国家机关和事业单位占59.93%，国有企业占22.05%，城镇集体企业占0.85%，外商投资企业占0.09%，城镇私营企业及其他城镇企业占4.01%，民办非企业单位和社会团体占0.43%，其他占12.63%；中、低收入占99.11%，高收入占0.89%。

新开户职工中，国家机关和事业单位占37.61%，国有企业占10.69%，城镇集体企业占0.98%，外商投资企业占0.19%，城镇私营企业及其他城镇企业占9.31%，民办非企业单位和社会团体占2.03%，其他占39.19%；中、低收入占99.74%，高收入占0.26%。

（二）提取业务：2019年，56479名缴存职工提取住房公积金19.32亿元。

提取金额中，住房消费提取占68.63%（购买、建造、翻建、大修自住住房占25.33%，偿还购房贷款本息占43.08%，租赁住房占0.12%，其他占0.10%）；非住房消费提取占31.37%（离休和退休提取占23.68%，完全丧失劳动能力并与单位终止劳动关系提取占2%，出境定居占0.53%，其他占5.16%）。

提取职工中，中、低收入占99.99%，高收入占0.01%。

（三）贷款业务：

1.个人住房贷款：2019年，支持职工购建房40.42万平方米，年末个人住房贷款市场占有率为14.96%，比上年末增加0.92个百分点。通过申请住房公积金个人住房贷款，可节约职工购房利息支出43969.90万元。

职工贷款笔数中，购房建筑面积90（含）平方米以下占16.81%，90~144（含）平方米占76.34%，144平方米以上占6.85%。购买新房73.70%，购买二手房占26.3%。

职工贷款笔数中，单缴存职工申请贷款占28.47%，双缴存职工申请贷款占71.53%。

贷款职工中，30岁（含）以下占33.06%，30岁~40岁（含）占39.23%，40岁~50岁（含）占22.30%，50岁以上占5.41%；首次申请贷款占73.05%，二次及以上申请贷款占26.95%；中、低收入占99.46%，高收入占0.54%。

2. 异地贷款：2019年，发放异地贷款0笔、0万元。2019年末，发放异地贷款总额66840万元，异地贷款余额57514.04万元。

3. 公转商贴息贷款：无。

4. 支持保障性住房建设试点项目贷款：无。

（四）**住房贡献率**：2019年，个人住房贷款发放额、公转商贴息贷款发放额、项目贷款发放额、住房消费提取额的总和与当年缴存额的比率为83.61%，比上年增加2.77个百分点。

六、其他重要事项

（一）**机构及职能调整情况、受委托办理缴存贷款业务金融机构变更情况**。2019年承德市住房公积金管理中心无机构及职能调整情况；承德市住房公积金管理委员会中增加行政审批局、自然资源局、民政局、医疗保障局4个单位代表和河北旅游职业学院、承德热力集团2个职工代表；中国邮储银行承德市分行申请成为公积金委托银行网点；工行承德分行在平泉市、承德县增设公积金委托银行网点。

（二）住房公积金政策调整及执行情况。

1. 缴存基数限额及确定方法、缴存比例等缴存政策调整情况

2019住房公积金年度（2019年7月1日至2020年6月30日）的月缴存基数上限按照承德市统计局公布的2018年承德市城镇非私营单位从业人员年平均工资（61475元）的300%测算，月缴存基数上限为15368.75元，月缴存额上限为3688.5元。缴存基数下限不低于承德市2019年职工最低工资标准。单位和职工住房公积金缴存比例。单位和个人缴存比例最高分别为职工工资的12%，均不得低于职工工资的5%。

2. 提取政策调整情况

出台《承德市住房公积金管理中心关于调整住房公积金提取政策的通知》，自2019年4月1日起，对我市住房公积金提取政策调整：取消购买、建造、翻建、大修自住住房可提取父母、子女住房公积金政策；取消支付物业费可提取住房公积金政策；取消全款购买90平方米（含）以下首套自住住房可多次提取住房公积金政策；多人共同购买一套住房申请提取住房公积金的，房屋产权人均可按所占比例提取，未明确产权比例的按产权人数平均比例计算，合计提取金额不得超过房款总额；规范偿还购房贷款本息的提取政策。偿还购房贷款本息申请提取住房公积金的，仅限于职工本人及配偶；规范重大疾病提取政策。因职工本人、配偶、父母、子女患病，造成家庭生活严重困难的，依据承德市医疗保险管理部门公布的23类疾病，可每年提取一次住房公积金；规范核实异地购房提取要件、偿还异地购房贷款提取要件的真实性。

3. 个人住房贷款最高贷款额度、贷款条件等贷款政策调整情况

政策调整情况：下发《关于进一步规范住房公积金贷款"三套房"认定的通知》，对住房公积金贷款"三套房"认定标准进一步进行了规范；下发《关于调整个人住房公积金贷款还贷比例政策的通知》，将还贷能力计算贷款额度调整为："借款人月还款额与月收入比不超过50%，家庭月收入扣除家庭其他贷款月还额、能证明的其他月支付额后，余额为月偿还贷款能力，以此测算贷款额度"；下发《关于住房公积金二手房贷款业务变更的通知》，取消二手房评估费用，建立公积金二手房贷款预审机制，由原先的先审批再过户变革为先过户再审批。

贷款额度：借款人单方缴存公积金最高可贷款额度为40万元，双方缴存公积金最高可贷款额度为60万元。住房公积金个人住房贷款额度，不超过借款人夫妻双方法定退休年龄内所缴存住房公积金数额的2

倍与个人住房公积金账户余额2倍之和。

4. 住房公积金存贷款利率执行标准

按照中国人民银行、住房和城乡建设部、财政部《关于完善职工住房公积金账户存款利率形成机制的通知》（银发〔2016〕43号）要求，职工住房公积金账户存款利率统一按一年期定期存款基准利率执行，利率为1.50%。当年住房公积金贷款利率没有调整，1~5年贷款利率2.75%，5年以上贷款利率3.25%。

（三）当年服务改进情况。

1. 中心城区管理部、宽城县管理部迁入新的办公地址。

2. 提高贷款业务审办效率。 优化贷款审批流程，印发《个人住房公积金贷款业务管理权限下放改革方案》，将目前我市个人住房公积金贷款审核业务4级审核模式调整为3级模式，取消市中心审核贷款环节，切实做到贷款业务管理权界清晰，权责一致。压缩审批时限，下发了《关于加强服务便民化变更贷款流程的通知》，贷款审批时限由原来的7个工作日压缩至3个工作日，压缩放款时限。公积金贷款放款时限由原先的3个工作日改为管理部落实抵押和保证金手续后即提即放。规范审批流程。重置业务办理审批流程，建立住房公积金贷款预审、预签机制。提前采集借款人信息，所有面签一次预签完成，保证涉及群众亲自办的事项一次办成事，全面梳理住房公积金贷款、房屋交易、不动产登记所需申请材料，编制本地贷款申请材料目录和办事指南，构建和完善形式直观、易看易懂的审批服务事项办理流程图（表），实现网上可查、电话可询，为群众办事提供清晰指引。

3. 推动实现公积金贷款"最多跑一次"改革。 一是综合受理、协同办理。建立"前台综合受理、后台分部门审批"的模式，组织、协调主城区管理部、受委托银行、不动产登记部门建立住房公积金贷款和抵押登记业务联办机制，设立综合受理窗口，一次性收取相关办理事项所需全部材料，并行办理，各部门分工协作，密切配合，实现"一厅式"串联服务。二是精简业务流程，实现一次受理。建立公积金贷款预审、预签机制，提前采集借款人信息，落实房产的抵押登记备案工作，所有面签一次预签完成，从而保证涉及群众亲自办的事项一次完成，受理信息准确无误，证明材料一次性提交完成，申请人选择自行领取或邮寄贷款合同和放款凭证。7月15日，我市在公积金城区管理部和高新区管理部公积金贷款综合服务大厅正式对外办公，启动了我市主城区公积金贷款"只跑到一次"模式，由群众原来跑办多个部门，改为只进"一扇门"办理公积金贷款手续。

（四）当年信息化建设情况。 一是完成全国住房公积金异地转移接续平台直连建设。按照住房和城乡建设部要求，组织实施完成了与住房和城乡建设部异地转移接续平台直连工作，实现中心业务系统与平台直连。二是严格按照住房和城乡建设部关于会计科目和银行账户有关要求，实现了系统内精简归并银行账户和调整会计科目工作。三是积极推进加入人行征信系统工作。为更好地控制住房公积金贷款风险和服务缴存职工，积极与中国人民银行征信中心承德市分中心对接，向人行提交了《关于加入企业、个人信用信息基础数据库的函》，同时积极与省征信中心联系，获取了相应数据标准，同时按照人行要求制定了相关制度，2020年将根据人行有关要求进行数据上传和接口开发测试工作。四是完成全国住房公积金数据平台接入工作。通过使用住房和城乡建设部标准接口的方式实现了与全国公积金数据平台对接。五是按时完成了与"冀时办"手机APP对接，目前通过"冀时办"手机APP查询公积金，极大程度提高了便民服务效率。六是做好综合服务平台验收的准备工作。梳理中心综合服务平台在电子服务渠道、线上服务规范化、综合管理系统、安全保障机制等方面存在的问题，完成网厅个人版、手机APP升级改造和网信办云平台网络数据对接工作。七是完成了与行政审批大厅网络连接调试工作，届时公积金缴存职工可以在行政审批大厅办理二手房贷款业务，极大地提升了便民服务效率。八是完成中心与市委网信办共享平台的对接，实现了与住建、民政、卫健委、人社、医保、不动产等部门的数据共享，为下一步实现数据植入住房公积金业务系统奠定基础。

（五）当年监督检查情况。实现业务全程监督。以廉政风险点控制为重点，把内部经常化、常态化审计稽查监督落到实处。抓好关键环节风险防控，强化业务系统政策参数控制功能，杜绝人为违规操作的可能；严格落实责任追究制度，增强不敢违规操作的震慑；主动联合相关部门，严厉打击骗提骗贷行为，确保公积金资金安全。以业务管理操作系统为支撑，利用电子化检查软件平台，中心每月按照《开展电子稽查工作实施方案》文件规定，要求各相关科室根据住房公积金风险隐患排查对照表逐条核查，分析原因，确定整改时限，全面深入整改。借力外部机构，扎实做好委托审计。每年落实审计预算，聘请审计事务所对经费财务进行全面审计。为防范骗提套取公积金的现象发生，重点对大病提取、异地购房提取业务进行审计，同时对前台工作人员就如何甄别提供要件进行了重点培训，有效规范业务操作程序、规避业务操作风险。为加强中心内控，防范风险，分清职责，配合委托审计与各职能科室协调，完成内控机制建设工作。引进第三方监督管理机制，每月由第三方监督服务机构到各县区管理部和受托银行承办网点，采用暗访、电话访问、门前拦访等多种方式进行检查，并将监督结果进行总结、整理，对发现的问题要求限期整改。积极配合审计局完成主要领导的经济责任审计。针对在审计中发现的问题，认真梳理，查找问题根本，积极主动向审计部门阐述导致问题的原因，为审计部门正确理解问题的产生及准确定性提供原始基础。本着边审计、边沟通、边整改的工作原则，积极组织，确保整改落实。

（六）当年住房公积金管理中心及职工所获荣誉情况。2019年度中心1名职工荣获省住建系统先进工作者。

（七）当年对违反《住房公积金管理条例》和相关法规行为进行行政处罚和申请人民法院强制执行情况。无。

（八）当年对住房公积金管理人员违规行为的纠正和处理情况等。中心机关一名工作人员于2019年11月1日至2019年12月10日连续旷工27天，不遵守公务员纪律，对其进行批评教育后，仍无转变，中心根据《中华人民共和国公务员法》，对其予以辞退。

（九）其他需要披露的情况。无。

沧州市住房公积金2019年年度报告

一、机构概况

（一）住房公积金管理委员会

（1）沧州市住房公积金管理委员会，有委员25名，2019年召开2次会议，审议通过的事项主要包括：沧州市住房公积金管理中心《2018年度住房公积金归集使用计划执行情况的报告》《2019年度住房公积金归集使用计划》和《沧州市住房公积金 2018 年年度报告》，并对其他重要事项进行决策，主要包括审议通过《沧州市住房公积金归集提取管理实施细则》《2018 年度住房公积金增值收益分配方案》，审议批准了沧州市住房公积金管理中心《关于对住房公积金归集账户进一步清理规范的请示》《关于提请市管委会授权审批单位降低缴存比例、缓缴事项的请示》《关于提请市管委会授权市公积金中心负责沧州市年度住房公积金缴存基数调整公布工作的请示》《关于在民生银行开设住房公积金存款账户的请示》以及《关于降低受托银行委托贷款手续费率的请示》。

（2）中国石油天然气股份有限公司华北油田分公司住房公积金管理委员会，有 24 名委员，2019 年召开 2 次会议，审议通过的事项主要包括：《关于调整华北油田住房公积金管理委员会委员的意见》《2018—2019 年度住房公积金结息及基数调整情况报告》《2019 年上半年住房公积金财务收支情况说明》《2019 年度住房公积金归集、使用计划》等，审议讨论了其他事项。

（二）住房公积金管理中心

（1）沧州市住房公积金管理中心（以下简称市公积金中心）为隶属沧州市人民政府的不以营利为目的的参照公务员管理的事业单位，设 6 个科，9 个管理部，7 个分中心。从业人员 338 人，其中，在编 125 人，非在编 213 人。

（2）中国石油天然气股份有限公司华北油田分公司住房公积金管理中心（以下简称华油公积金中心）为隶属于华北油田公司不以营利为目的的直属单位，设 5 个科室。从业人员 26 人，其中，在编 26 人。

二、业务运行情况

（一）缴存：2019 年，沧州市（含华北油田）新开户单位 737 家，实缴单位 6598 家，净增单位－646 家；新开户职工 3.8425 万人，实缴职工 46.8164 万人，净增职工－3.7416 万人；缴存额 66.37 亿元，同比增长 8%。2019 年末，缴存总额 572.47 亿元，同比增长 13.11%；缴存余额 207 亿元，同比增长 7.77%。

其中 1，市公积金中心 2019 年实缴单位 6480 家，新开户单位 727 家，净增单位－645 家；实缴职工 39.6959 万人，新开户职工 3.8047 万人，净增职工－3.4616 万人；当年缴存额 48.69 亿元，同比增长 7.78%。

截至 2019 年底，沧州市缴存总额 367.65 亿元，缴存余额 158.86 亿元，同比分别增长 15.27%、8.01%。

其中 2，华油公积金中心 2019 年实缴单位 118 家，新开户单位 8 家，净增单位－1 家；实缴职工 7.12 万人，新开户职工 0.04 万人，净增职工－0.28 万人；当年缴存额 17.68 亿元，同比增长 8.6%。

截至 2019 年底，华北油田缴存总额 204.82 亿元，缴存余额 48.14 亿元，同比分别增长 9.44%、6.98%。

沧州市受委托办理住房公积金缴存业务的银行 14 家，比上年增加 2 家。

（二）提取：2019 年，沧州市（含华北油田）提取额 51.45 亿元，同比增长 18.09%；占当年缴存额的 77.52%，比上年增加 6.62 个百分点。2019 年末，提取总额 365.47 亿元，同比增长 16.39%。

其中 1，市公积金中心 2019 年当年提取额 36.91 亿元，同比增长 23.78%；占当年缴存额的比率 75.8%，比上年同期增长 9.8 个百分点。

截至 2019 年底，沧州市提取总额 208.79 亿元，同比增长 21.47%。

其中 2，华油公积金中心 2019 年当年提取额 14.54 亿元，同比增长 5.75%；占当年缴存额的比率 82.24%，比上年同期减少 0.19 个百分点。

截至 2019 年底，华北油田提取总额 156.68 亿元，同比增长 10.24%。

（三）贷款：

1. 个人住房贷款：

市公积金中心个人住房贷款最高额度 60 万元，其中，单缴存职工最高额度 40 万元，双缴存职工最高额度 60 万元。

华油公积金中心个人住房贷款最高额度 80 万元，其中，单缴存职工最高额度 60 万元，双缴存职工最高额度 80 万元。

2019 年，沧州市（含华北油田）发放个人住房贷款 0.8679 万笔、33.5 亿元，同比分别增长 80.81%、104.2%。其中，沧州市发放个人住房贷款 0.7594 万笔、29.53 亿元；华北油田发放个人住房贷款 0.1085 万笔、3.97 亿元。

2019 年，沧州市（含华北油田）回收个人住房贷款 17.23 亿元。其中，沧州市回收 14.01 亿元，华北油田回收 3.22 亿元。

2019 年末，沧州市（含华北油田）累计发放个人住房贷款 10.4082 万笔、252.85 亿元，贷款余额 150.12 亿元，同比分别增长 9.16%、15.27%、12.16%。个人住房贷款余额占缴存余额的 72.52%，比上年增加 2.84 个百分点。

其中 1，市公积金中心累计发放个人住房贷款 8.9098 万笔、212.5 亿元，贷款余额 128.04 亿元，同比分别增长 9.43%、16.14%、13.79%。个人住房贷款余额占缴存余额的 80.6%，比上年同期增加 4.1 个百分点。

市公积金中心受委托办理住房公积金个人住房贷款业务的银行 8 家，比上年增加 0 家。

其中 2，华油公积金中心累计发放个人住房贷款 1.5984 万笔、40.35 亿元，贷款余额 22.08 亿元，同比分别增长 7.65%、10.91%、3.52%。个人住房贷款余额占缴存余额的 45.87%，比上年同期减少 1.53 个百分点。

华油公积金中心受委托办理住房公积金个人住房贷款业务的银行 11 家，比上年增加 0 家。

2. 住房公积金支持保障性住房建设项目贷款： 无。

（四）购买国债：无。

（五）融资：无。

（六）资金存储：2019 年末，沧州市（含华北油田）住房公积金存款 58.79 亿元。其中，活期 0.033 亿元，1 年（含）以下定期 12.94 亿元，1 年以上定期 43.84 亿元，其他（协定、通知存款等）1.98 亿元。

其中 1，市公积金中心住房公积金存款额 33.27 亿元。其中，活期 0.02 亿元，1 年以内定期（含）11.62 亿元，1 年以上定期 19.78 亿元，其他（协议、协定、通知存款等）1.85 亿元。

其中 2，华油公积金中心住房公积金存款额 25.52 亿元。其中，活期 0.01 亿元，1 年以内定期（含）1.32 亿元，1 年以上定期 24.06 亿元，其他（协议、协定、通知存款等）0.13 亿元。

（七）**资金运用率**：2019 年末，沧州市（含华北油田）住房公积金个人住房贷款余额、项目贷款余额和购买国债余额的总和占缴存余额的 72.52%，比上年增加 2.84 个百分点。

其中 1，市公积金中心资金运用率 80.6%，比上年同期增加 4.1 个百分点。

其中 2，华油公积金中心资金运用率 45.87%，比上年同期减少 1.53 个百分点。

三、主要财务数据

（一）**业务收入**：2019 年，沧州市（含华北油田）业务收入 66987.81 万元（其中，市公积金中心 49421.53 万元、华油公积金中心 17566.28 万元），同比增长 11.21%。其中，存款利息收入 21336.22 万元，委托贷款利息收入 45652.02 万元，国债利息收入 0 万元，其他 -0.43 万元。

（二）**业务支出**：2019 年，沧州市（含华北油田）业务支出 32420.49 万元（其中，市公积金中心 24900.31 万元、华油公积金中心 7520.19 万元），同比增长 6.91%。其中，支付职工住房公积金利息 30323.4 万元，支付归集手续费 1.72 万元，支付委托贷款手续费 2072.96 万元，其他 22.41 万元。

（三）**增值收益**：2019 年，沧州市（含华北油田）增值收益 34567.32 万元（其中，市公积金中心 24521.22 万元、华油公积金中心 10046.1 万元），同比增长 15.57%。增值收益率 1.73%，比上年增加 0.15 个百分点。

（四）**增值收益分配**：

其中 1，市公积金中心 2019 年提取贷款风险准备金 1529.4 万元，提取管理费用 6048.36 万元，提取城市廉租住房（公共租赁住房）建设补充资金 16943.46 万元。

2019 年，上交财政管理费用 6048.36 万元。上缴财政城市廉租住房（公共租赁住房）建设补充资金 14417.8 万元。

2019 年末，贷款风险准备金余额 13035 万元。累计提取城市廉租住房（公共租赁住房）建设补充资金 120436.19 万元。

其中 2，华油公积金中心 2019 年，提取贷款风险准备金 6027.66 万元，提取管理费用 3677.61 万元，提取城市廉租住房（公共租赁住房）建设补充资金 340.83 万元。

2019 年，上交管理费用 2772.05 万元。上缴城市廉租住房（公共租赁住房）建设补充资金 716.15 万元。

2019 年末，贷款风险准备金余额 60192.38 万元。累计提取城市廉租住房（公共租赁住房）建设补充资金 16005.17 万元。

（五）**管理费用支出**：2019 年，市公积金中心（含华油公积金中心）管理费用支出 8772.77 万元，同比增长 19.13%。其中，人员经费 4015.71 万元，公用经费 1779.59 万元，专项经费 2977.47 万元。

其中 1，市公积金中心管理费用支出 7117.38 万元，其中，人员、公用、专项经费分别为 3251.17 万元、1563.86 万元、2302.35 万元；

其中 2，华油公积金中心管理费用支出 1655.39 万元，其中，人员、公用、专项经费分别为 764.54 万元、215.73 万元、675.12 万元。

四、资产风险状况

（一）**个人住房贷款**：2019 年末，沧州市（含华北油田）个人住房贷款逾期额 24.82 万元，逾期率

0.0165‰。其中，市中心 0.0194‰，华油中心 0‰。

市公积金中心个人贷款风险准备金按贷款余额的 1% 提取。华油公积金中心个人贷款风险准备金按增值收益的 60% 提取。2019 年，市公积金中心（含华油公积金中心）提取个人贷款风险准备金 7557.06 万元，使用个人贷款风险准备金核销呆坏账 0 万元。2019 年末，个人贷款风险准备金余额 73227.38 万元，占个人住房贷款余额的 4.88%，个人住房贷款逾期额与个人贷款风险准备金余额的比率为 0.03%。

（二）支持保障性住房建设试点项目贷款：无。

（三）历史遗留风险资产：无。

五、社会经济效益

（一）**缴存业务**：2019 年，沧州市（含华北油田）实缴单位数、实缴职工人数和缴存额同比分别增长 -12.32%、-10.8% 和 8%。

缴存单位中，国家机关和事业单位占 49.7%，国有企业占 8.15%，城镇集体企业占 1.64%，外商投资企业占 0.99%，城镇私营企业及其他城镇企业占 33.07%，民办非企业单位和社会团体占 3.21%，其他占 3.24%。

缴存职工中，国家机关和事业单位占 45.75%，国有企业占 23.7%，城镇集体企业占 2.72%，外商投资企业占 1.85%，城镇私营企业及其他城镇企业占 22.84%，民办非企业单位和社会团体占 0.87%，其他占 2.27%；中、低收入占 99.46%，高收入占 0.54%。

新开户职工中，国家机关和事业单位占 26.16%，国有企业占 7.98%，城镇集体企业占 1.88%，外商投资企业占 1.73%，城镇私营企业及其他城镇企业占 54.48%，民办非企业单位和社会团体占 3.86%，其他占 3.91%；中、低收入占 98.6%，高收入占 1.4%。

（二）**提取业务**：2019 年，19.84 万名缴存职工提取住房公积金 51.45 亿元。

提取金额中，住房消费提取占 73.58%（购买、建造、翻建、大修自住住房占 47.83%，偿还购房贷款本息占 23.86%，租赁住房占 1.75%，其他占 0.14%）；非住房消费提取占 26.42%（离休和退休提取占 16.88%，完全丧失劳动能力并与单位终止劳动关系提取占 6.51%，户口迁出本市或出境定居占 1.24%，其他占 1.79%）。

提取职工中，中、低收入占 97.65%，高收入占 2.35%。

（三）**贷款业务**：

1. 个人住房贷款：2019 年，支持职工购建房 97.02 万平方米。职工通过申请住房公积金个人住房贷款，可节约购房利息支出 81722.87 万元。年末公积金个人住房贷款市场占有率为 13.94%，比上年减少 3.13 个百分点。

职工贷款笔数中，购房建筑面积 90（含）平方米以下占 11.45%，90~144（含）平方米占 82.96%，144 平方米以上占 5.59%。购买新房占 79.81%（其中购买保障性住房占 0%），购买存量商品住房占 20.19%，建造、翻建、大修自住住房占 0%，其他占 0%。

职工贷款笔数中，单缴存职工申请贷款占 13.57%，双缴存职工申请贷款占 78.34%，三人及以上缴存职工共同申请贷款占 8.09%。

贷款职工中，30 岁（含）以下占 19.98%，30 岁~40 岁（含）占 39.07%，40 岁~50 岁（含）占

32.05%，50岁以上占8.9%；首次申请贷款占89.12%，二次及以上申请贷款占10.88%；中、低收入占98.76%，高收入占1.24%。

2. 异地贷款： 2019年，发放异地贷款782笔、29353.3万元。2019年末，发放异地贷款总额140814.23万元，异地贷款余额49329.23万元。

3. 公转商贴息贷款： 无。

4. 支持保障性住房建设试点项目贷款： 无。

（四）**住房贡献率：** 2019年，个人住房贷款发放额、住房消费提取额的总和与当年缴存额的比率为107.51%，比上年增加25.16个百分点。

六、其他重要事项

（一）**当年机构及职能调整情况、受委托办理缴存贷款业务金融机构变更情况。** 2019年，市公积金中心削减住房公积金存款账户110个、新增缴存业务银行2家。

（二）**沧州市当年住房公积金政策调整及执行情况。**

1. 缴存基数调整情况： 自2019年7月1日至2020年6月30日，本市住房公积金缴存基数调整为不得低于1590元，原则上不超过18456元。

2. 提取政策调整： 职工与单位解除或终止劳动关系未继续缴存的；经管理部（分中心）核实，因破产或注销等原因已无法取得联系的单位，且职工暂不符合其他提取条件的，封存半年后可办理销户提取。

3. 住房公积金存贷款利率执行标准： 职工住房公积金账户存款利率按一年期定期存款基准利率执行；住房公积金首套贷款年利率5年以内（含）为2.75%、5年以上为3.25%，二套贷款利率上浮10%。

4. 降低贷款手续费比例： 自2019年10月1日起，将贷款手续费率由原不超过贷款利息收入的5%降至不超过贷款利息收入的3%。

（三）**当年服务改进情况。**

1. 市公积金中心：

2019年，市公积金中心党组坚持以人民为中心的思想，不断优化管理与服务，以自己的改变为群众带来方便，增强缴存职工的获得感、幸福感。一是实现贷款业务"一趟办"。深入推进住房公积金贷款"最多跑一次"改革，沧州市区群众办理公积金贷款由进"三扇门"变为只进"一扇门"，由至少跑"六次"变为"一趟清"。二是推动高频业务"网上办"。建成启用综合服务平台，实现与产权交易、不动产登记、婚姻登记信息共享，群众可以通过"冀时办"、沧州公积金手机APP、微信公众号、网厅、咨询热线等渠道在线办理偿还住房公积金贷款提取、离退休提取、购房提取、租房提取等9项提取业务和提前还款、还款账户变更等贷款业务，查询住房公积金政策、办事指南和个人缴存、贷款等详细信息。三是引导单位缴存"自助办"。推出到账通知、委托收款两种缴存方式，缴存单位可直接按协议方式完成缴存，无需再到业务前台现场申请、现场汇缴。四是推出柜台业务"轻松办"。建设启用了电子影像管理系统，精简业务办理资料，取消了提取、贷款申请表，取消了缴存、提取业务资料复印件，实现了"零复印件"办理提取业务。五是实现提取业务"就近办"。在全省率先开启了全市提取通办业务模式，打破地域限制缴存职工可以就近在全市范围内任一公积金服务大厅办理提取业务。六是延伸贷款业务"组合办"。开通公积金＋商业银行住房组合贷款，2019年共办理住房组合贷款1373笔，有效解决购房职工资金困难。"六个办"的推出让群众享受到快捷便利的公积金服务。

2. 华油公积金中心：

一是根据河北省新的住房公积金归集提取管理办法，中心进一步完善缴存、提取政策，制定并实施《华北油田住房公积金归集提取管理办法》，简化办理资料和流程，实现提前还贷零等待，贷款资料"零复印"，更加便民利民。二是按照住房和城乡建设部、河北省住房和城乡建设厅工作要求，在广泛吸收其他中心先进经验的基础上，中心于2019年4月启动建设项目，目前已完成网厅、门户、12329语音、12329短信等七个渠道建设工作并整体上线，2019年12月9日中心向河北省公积金监管处上报了验收申请报告。

（四）当年信息化建设情况。

1. 市公积金中心：

一是完善业务系统功能。开发了法院强制扣划功能；对冲还贷和系统日终结账功能变更为系统自动执行；开发系统打印提取、贷款两个申请表功能；全面启用了根据动账通知收款功能、单位实时托收功能以及个人托收功能；对会计核算账户、科目和业务流程进行了精简和改造。二是提升"网上办"水平。"冀时办"、沧州公积金手机APP、微信公众号、网厅全面上线运行，与产权交易、登记、户籍、婚姻登记信息实现共享，9项提取业务实现网上可办。三是建设启用了电子影像系统，实现业务办理"零复印件"。四是提升中心机房安全等级至国家三级水平，在海兴县管理部建立了备份机房，确保住房公积金数据和网络安全。

2. 华油公积金中心：

一是按照住房和城乡建设部、河北省公积金监管处要求，及时完成传输组件使用申报、平台测试申请、测试环境网络调试、平台上线投产测试报告、平台上线申请、生产环境网络调试等工作，于2019年5月8日正式上线运行。二是2019年6月开始建设，8月份建成异地转移接续平台，10月正式上线运行，实现了"账随人走，钱随账走"。

（五）当年住房公积金管理中心及职工所获荣誉情况。2019年，市公积金中心及职工获得荣誉：国家级1个、省级4个、市级16个。国家级：任丘市分中心获得"2017—2018年度全国青年文明号"。省级：海兴县管理部获得省妇联颁发的"巾帼文明岗"；中心会计核算科获得"河北省会计工作先进集体"；献县管理部和海兴县管理部各1名职工获得"2018年度全省扶贫脱贫优秀驻村工作队员"。市级：任丘市分中心、海兴县管理部获得市委市政府命名"沧州先进集体"；机关办公室、会计核算科分别获得沧州市"2019年文明行政流动红旗"一面；任丘市分中心、盐山县管理部、海兴县管理部获得沧州市"2019年先进基层党组织"；盐山县管理部获得市直工委"百强党支部"；吴桥县管理部获得沧州市"青年文明号"；城区分中心分别获得"2019年度先进党支部"和"2018年度优秀窗口单位"；海兴县管理部1名职工获得"2018年度全市扶贫脱贫优秀驻村工作队员"；城区分中心、渤海新区分中心和南皮县管理部共4名党员分别获得"2019年度优秀党务工作者"和"2019年度优秀共产党员"荣誉称号。

（六）当年对违反《住房公积金管理条例》和相关法规行为进行行政处罚和申请人民法院强制执行情况。2019年，市公积金中心通过申请法院强制执行，对一家拒不为职工缴存公积金的企业收缴罚款5万元、滞纳金5万元。起诉7笔逾期贷款借款人，强制执行共4笔。全年查处骗提公积金46人，涉案金额310.21万元，全部列入公积金黑名单实施惩戒。追回骗提资金222.39万元；对拒不承认骗提或拒不退回骗提资金的 9 人，依照程序立案进行行政处罚，并移交公安部门处理。

（七）当年对住房公积金管理人员违规行为的纠正和处理情况等。无。

（八）其他需要披露的情况。无。

廊坊市住房公积金 2019 年年度报告

一、机构概况

（一）住房公积金管理委员会

（1）廊坊市住房公积金管理委员会有 25 名委员，2019 年召开 1 次会议，审议通过的事项主要包括：《2018 年住房公积金管理工作完成情况及 2019 年工作思路的报告》《廊坊市住房公积金稽核审计工作规则》《廊坊市住房公积金归集提取管理实施细则》《廊坊市住房公积金管理中心关于 2018 年度增值收益分配方案》《廊坊市住房公积金 2018 年年度报告》。

（2）中国石油天然气管道局住房公积金管理委员会有 15 名委员，2019 年召开 1 次会议，审议通过的事项主要包括：《管道局住房公积金 2018 年年度报告》《管道局住房公积金管理中心关于 2018 年度增值收益分配方案》《住房公积金个人住房贷款政策调整方案》。

（二）住房公积金管理中心

（1）廊坊市住房公积金管理中心为不以营利为目的的独立事业机构，主要负责全市住房公积金的归集、管理、使用和会计核算。"中心"设 6 个科室，11 个管理部（其中，对廊坊开发区管理部业务监督指导，开发区管理部人员由开发区管委会管理，管理费用由廊坊开发区财政负担）。从业人员 171 人，其中，在编 108 人，非在编 63 人。

（2）中国石油天然气管道局住房公积金管理中心为中国石油天然气管道局矿区服务公司不以营利为目的的企业附属单位，设 3 个科。从业人员 13 人，其中，在编 13 人，非在编 0 人。

二、业务运行情况

（一）缴存：2019 年，新开户单位 910 家，实缴单位 5063 家，净增单位 694 家；新开户职工 4.53 万人，实缴职工 38.06 万人，净增职工－1.16 万人；缴存额 50 亿元，同比增长 6.75%。2019 年末，缴存总额 376.23 亿元，比上年末增加 15.33%；缴存余额 141.46 亿元，比上年末增加 10.32%。

受委托办理住房公积金缴存业务的银行：廊坊市 5 家，无变化；石油管道局 1 家，无变化。

（二）提取：2019 年，提取额 36.78 亿元，同比增长 11.15%；占当年缴存额的 73.56%，比上年增加 2.92 个百分点。2019 年末，提取总额 234.77 亿元，比上年末增加 18.57%。

（三）贷款：

1. 个人住房贷款：

个人住房贷款最高额度：廊坊市 60 万元；石油管道局 80 万元，其中，单缴存职工最高额度 60 万元，双缴存职工最高额度 80 万元。

2019 年,发放个人住房贷款 0.41 万笔、20.99 亿元,同比分别增长 139.35%、182.88%。

2019 年,回收个人住房贷款 8.03 亿元。

2019 年末,累计发放个人住房贷款 4.88 万笔、153.58 亿元,贷款余额 96.25 亿元,分别比上年末增加 9.16%、15.83%、15.57%。个人住房贷款余额占缴存余额的 68.04%,比上年末增加 3.09 个百分点。

受委托办理住房公积金个人住房贷款业务的银行:廊坊市 5 家,无变化;石油管道局 2 家,无变化。

2. 无住房公积金支持保障性住房建设项目贷款。

(四) **购买国债**:2018 年,未购买国债,国债余额为零,比上年同期无变化。

(五) **融资**:2019 年,融资 0 亿元,归还 0 亿元。2019 年末,融资总额 2.4 亿元,融资余额 0 亿元。

(六) **资金存储**:2019 年末,住房公积金存款 45.15 亿元。其中,活期 0.03 亿元,1 年(含)以下定期 0.5 亿元,1 年以上定期 41.13 亿元,其他 3.49 亿元。

(七) **资金运用率**:2019 年末,住房公积金个人住房贷款余额、项目贷款余额和购买国债余额的总和占缴存余额的 68.04%,比上年末增加 3.09 个百分点。

三、主要财务数据

(一) **业务收入**:2019 年,业务收入 46117.09 万元,同比增长 28.19%。存款利息 16834.35 万元,委托贷款利息 29185.61 万元,国债利息 0 万元,其他 97.13 万元。

(二) **业务支出**:2019 年,业务支出 22803.76 万元,同比增长 19.92%。支付职工住房公积金利息 21657 万元,归集手续费 197.53 万元,委托贷款手续费 922.49 万元,其他 26.74 万元。

(三) **增值收益**:2019 年,增值收益 23313.33 万元,同比增长 37.47%。增值收益率 1.73%,比上年增加 0.33 个百分点。

(四) **增值收益分配**:2019 年,提取贷款风险准备金 1275.84 万元,提取管理费用 3103 万元,提取城市廉租住房(公共租赁住房)建设补充资金 18934.49 万元。

2019 年,上交财政管理费用 3561.26 万元。上缴财政城市廉租住房(公共租赁住房)建设补充资金 21863.24 万元。

2019 年末,贷款风险准备金余额 12607.69 万元。累计提取城市廉租住房(公共租赁住房)建设补充资金 89867.76 万元。

(五) **管理费用支出**:2019 年,管理费用支出 5463.14 万元,同比增长 24.15%。其中,人员经费 2756.53 万元,公用经费 344.65 万元,专项经费 2361.96 万元。

四、资产风险状况

(一) **个人住房贷款**:2019 年末,个人住房贷款逾期额 109.15 万元,逾期率 0.11‰。

个人贷款风险准备金:廊坊市按贷款余额的 1% 提取;石油管道局按增值收益的 60% 提取。2019 年,提取个人贷款风险准备金 1275.84 万元,使用个人贷款风险准备金核销呆坏账 0 万元。2019 年末,个人贷款风险准备金余额 12607.69 万元,占个人住房贷款余额的 1.31%,个人住房贷款逾期额与个人贷款风险准备金余额的比率为 0.87%。

（二）无支持保障性住房建设试点项目贷款。

五、社会经济效益

（一）**缴存业务**：2019年，实缴单位数、实缴职工人数和缴存额同比分别增长15.88%、-2.96%和6.75%。

缴存单位中，国家机关和事业单位占46.45%，国有企业占8.57%，城镇集体企业占0.95%，外商投资企业占3.54%，城镇私营企业及其他城镇企业占26.37%，民办非企业单位和社会团体占2.49%，其他占11.63%。

缴存职工中，国家机关和事业单位占38.17%，国有企业占15.56%，城镇集体企业占0.98%，外商投资企业占11%，城镇私营企业及其他城镇企业占24.24%，民办非企业单位和社会团体占1.5%，其他占8.55%；中、低收入占98.37%，高收入占1.63%。

新开户职工中，国家机关和事业单位占7.25%，国有企业占6.55%，城镇集体企业占0.81%，外商投资企业占12.99%，城镇私营企业及其他城镇企业占55.85%，民办非企业单位和社会团体占3.21%，其他占13.34%；中、低收入占99.71%，高收入占0.29%。

（二）**提取业务**：2019年，13.1万名缴存职工提取住房公积金36.78亿元。

提取金额中，住房消费提取占79.11%（购买、建造、翻建、大修自住住房15.7%，偿还购房贷款本息占52.89%，租赁住房占9.77%，其他占0.75%）；非住房消费提取占20.89%（离休和退休提取占10.99%，完全丧失劳动能力并与单位终止劳动关系提取占5.66%，出境定居占0.01%，其他占4.23%）。

提取职工中，中、低收入占98.26%，高收入占1.74%。

（三）**贷款业务**：

1. 个人住房贷款：2019年，支持职工购建房40.04万平方米，年末个人住房贷款市场占有率（含公转商贴息贷款）为2.79%，比上年末增加0.55个百分点。通过申请住房公积金个人住房贷款，可节约职工购房利息支出55663.3万元。

职工贷款笔数中，购房建筑面积90（含）平方米以下占45.31%，90～144（含）平方米占52.36%，144平方米以上占2.33%。购买新房占48.68%（其中购买保障性住房占1.38%），购买二手房占51.32%，建造、翻建、大修自住住房占0%，其他占0%。

职工贷款笔数中，单缴存职工申请贷款占29.66%，双缴存职工申请贷款占70.34%，三人及以上缴存职工共同申请贷款占0%。

贷款职工中，30岁（含）以下占30.87%，30岁～40岁（含）占48.9%，40岁～50岁（含）占18.03%，50岁以上占2.2%；首次申请贷款占94.55%，二次及以上申请贷款占5.45%；中、低收入占98.79%，高收入占1.21%。

2. 异地贷款：2019年，发放异地贷款25笔、1066.5万元。2019年末，发放异地贷款总额47089.9万元，异地贷款余额35896.14万元。

3. 无公转商贴息贷款。

4. 无支持保障性住房建设试点项目贷款。

（四）**住房贡献率**：2019年，个人住房贷款发放额、公转商贴息贷款发放额、项目贷款发放额、住房

消费提取额的总和与当年缴存额的比率为 100.16%，比上年增加 29.09 个百分点。

六、其他重要事项

（一）当年住房公积金政策调整及执行情况。

廊坊市：

1. 归集缴存政策调整及执行情况：2019 年 7 月至 2020 年 6 月住房公积金基数上限为 21390 元（即廊坊市 2018 年度城镇非私营单位就业人员月平均工资的 3 倍），缴存基数下限为 1650 元（即廊坊市 2018 年度最低工资标准）。缴存基数确定：职工住房公积金的缴存基数是职工本人上一年度月平均工资总额。新录用或新调入职工住房公积金的缴存基数为职工本人当月工资总额。单位可在 5% 至 12% 的区间内自主确定单位和个人住房公积金缴存比例，同一单位职工的缴存比例应当一致，单位缴存比例和职工个人缴存比例宜一致。

政策调整：

（1）明确缴存基数上限和下限。即"住房公积金的月缴存基数不得超过廊坊市统计局公布的上一年度职工月平均工资的 3 倍，最低不得低于廊坊市最低工资标准"。

（2）简化缓缴和降低比例程序。即"廊坊市住房公积金管理委员会授权廊坊市住房公积金管理中心承办廊坊市行政区域内缴存住房公积金的单位，降低缴存比例或者缓缴住房公积金的审批业务。"

2. 提取政策调整：增加老旧住宅小区加装电梯提取，规定：职工提取住房公积金用于对未配备电梯的老旧住宅小区自住住房加装电梯的，提供不动产权证书或者房产证、竣工验收备案文件、加装电梯工程费用发票及分摊方案。

3. 贷款政策调整：2019 年 6 月 10 日起，出台实施《廊坊市住房公积金管理中心关于停止发放三次及以上住房公积金贷款的通知》。

4. 住房公积金存贷款利率执行标准：2019 年住房公积金存贷利率无调整。公积金存款利率统一按一年期定期存款基准利率 1.5% 执行。公积金贷款利率，五年以上年利率为 3.25%，五年及以下年利率为 2.75%。

石油管道局：

贷款政策调整：

（1）将"职工公积金个人贷款到期日不得超过法定退休年限"调整为"职工公积金个人贷款到期日不得超过法定退休年限后 5 年"。

（2）将"职工购买二手房公积金个人贷款，所购房屋房龄原则上不超过 20 年，贷款期限最长 20 年"调整为"职工购买二手房公积金个人贷款，所购房屋房龄加贷款期限不超过 60 年"。

（二）当年服务改进情况。

廊坊市：

（1）2019 年 6 月 28 日，主城区公积金贷款人员整体进驻市行政审批局政务服务中心，与不动产、税务、受托银行等相关部门集中办公，采用集中受理模式，贷款群众只进"一扇门"。优化贷款审批流程，建立住房公积金贷款预审预签机制，市本级实现了信用报告查询、房产信息交易备案查询等工作。

（2）"综合服务平台"于 2019 年 4 月 1 日上线试运行，2019 年 9 月 1 日正式上线运行，2019 年 12 月 20 日顺利通过省住房和城乡建设厅验收。

（3）2019 年 5 月 9 日接入住房和城乡建设部数据平台，系统运行平稳，实现日终自动采集上报。

（4）2019年6月底接入省"冀时办APP"。

（5）2019年3月，经政府采购依规为文安管理部购置服务营业用房440.27平方米；2019年10月、11月经政府采购依规分别启动文安管理部、大城管理部服务营业用房装修工作。

石油管道局：完成住房和城乡建设部数据平台接入工作，于2019年5月20日进行数据首次上报。

（三）当年住房公积金管理中心及职工所获荣誉情况。 荣获廊坊市级文明单位、廊坊市直文明单位、廊坊市2019年度依法行政考核优秀单位、2019年度廊坊市网络安全知识竞赛最佳组织奖、2019年度廊坊市党委市直信息工作先进单位、廊坊市党委党报党刊发行工作先进单位、机关党支部荣获市直先进基层党组织。

（四）其他需要披露的情况。 2019年管道局住房公积金管理中心上交财政管理费用共计888.26万元（含补提2016—2018年公积金中心人员经费580.41万元），管道局住房公积金管理中心作为石油系统公积金管理机构，为中国石油天然气管道局有限公司矿区服务公司附属单位，即作为上级财政部门管理公积金中心管理费用的使用。

衡水市住房公积金2019年年度报告

一、机构概况

（一）住房公积金管理委员会：住房公积金管理委员会有24名委员，2019年召开两次会议，审议通过的事项主要包括：《关于2018年度住房公积金归集使用计划执行情况及2019年度归集使用计划安排的报告》《衡水市2018年度住房公积金增值收益分配方案（草案）》《衡水市住房公积金2018年年度报告》《衡水市住房公积金归集提取实施细则（送审稿）》。

（二）住房公积金管理中心：住房公积金管理中心为衡水市政府不以营利为目的的自收自支事业单位，设7个科（室），12个管理部。从业人员112人，其中，在编104人，非在编8人。

二、业务运行情况

（一）缴存：2019年，新开户单位458家，实缴单位3645家，净增单位313家；新开户职工1.82万人，实缴职工20.60万人，净增职工0.78万人；缴存额22.47亿元，同比增长7.77%。2019年末，缴存总额154.28亿元，同比增长17.04%；缴存余额80.49亿元，同比增长14.64%。

受委托办理住房公积金缴存业务的银行11家。

（二）提取：2019年，提取额12.18亿元，同比增长7.22%；占当年缴存额的54.21%，比上年减少0.27个百分点。2019年末，提取总额73.79亿元，同比增长19.77%。

（三）贷款：

个人住房贷款：个人住房贷款最高额度60万元，其中，单缴存职工最高额度40万元，双缴存职工最

高额度 60 万元。

2019 年，发放个人住房贷款 0.44 万笔、15.49 亿元，同比分别增长 15.79%、18.97%。

2019 年，回收个人住房贷款 9.37 亿元。

2019 年末，累计发放个人住房贷款 5.48 万笔、110.92 亿元，贷款余额 63.03 亿元，同比分别增长 8.73%、16.23%、10.75%。个人住房贷款余额占缴存余额的 78.31%，比上年减少 2.75 个百分点。

受委托办理住房公积金个人住房贷款业务的银行 10 家。

（四）**融资**：2019 年，融资 0 亿元，归还 0 亿元。2019 年末，融资总额 0.50 亿元，融资余额 0 亿元。

（五）**资金存储**：2019 年末，住房公积金存款 18.47 亿元。其中，活期 0.07 亿元，1 年（含）以下定期 11.95 亿元，1 年以上定期 3.25 亿元，其他（协定、通知存款等）3.20 亿元。

（六）**资金运用率**：2019 年末，住房公积金个人住房贷款余额、项目贷款余额和购买国债余额的总和占缴存余额的 78.31%，比上年减少 2.75 个百分点。

三、主要财务数据

（一）**业务收入**：2019 年，业务收入 23291.60 万元，同比增长 19.43%。其中，存款利息 4352.84 万元，委托贷款利息 18934.91 万元，国债利息 0 万元，其他 3.85 万元。

（二）**业务支出**：2019 年，业务支出 11756.02 万元，同比增长 9.97%。其中，支付职工住房公积金利息 11291.20 万元，归集手续费 0 万元，委托贷款手续费 463.73 万元，其他 1.09 万元。

（三）**增值收益**：2019 年，增值收益 11535.58 万元，同比增长 30.92%。增值收益率 1.54%，比上年增加 0.19 个百分点。

（四）**增值收益分配**：2019 年，提取贷款风险准备金 612.00 万元，提取管理费用 4104.13 万元，提取城市廉租住房（公共租赁住房）建设补充资金 6819.45 万元。

2019 年，上交财政管理费用 3870.68 万元。上缴财政城市廉租住房（公共租赁住房）建设补充资金 4475.60 万元。

2019 年末，贷款风险准备金余额 6304.00 万元。累计提取城市廉租住房（公共租赁住房）建设补充资金 37646.28 万元。

（五）**管理费用支出**：2019 年，管理费用支出 2768.78 万元，同比下降 5.45%。其中，人员经费 2004.68 万元，公用经费 159.78 万元，专项经费 604.32 万元。

四、资产风险状况

（一）**个人住房贷款**：2019 年末，个人住房贷款逾期额 147.69 万元，逾期率 0.23‰。

个人贷款风险准备金按（贷款余额或增值收益）的 1% 提取。2019 年，提取个人贷款风险准备金 612.00 万元，使用个人贷款风险准备金核销呆坏账 0 万元。2019 年末，个人贷款风险准备金余额 6304.00 万元，占个人住房贷款余额的 1%，个人住房贷款逾期额与个人贷款风险准备金余额的比率为 2.34%。

（二）**历史遗留风险资产**：2019 年末，历史遗留风险资产余额 0 万元，比上年减少 0 万元，历史遗留风险资产回收率 0%。

五、社会经济效益

（一）**缴存业务**：2019年，实缴单位数、实缴职工人数和缴存额同比分别增长9.39%、3.94%和7.77%。

缴存单位中，国家机关和事业单位占45.54%，国有企业占15.42%，城镇集体企业占0.11%，外商投资企业占0%，城镇私营企业及其他城镇企业占7.27%，民办非企业单位和社会团体占23.29%，其他占8.37%。

缴存职工中，国家机关和事业单位占57.84%，国有企业占13.45%，城镇集体企业占0.02%，外商投资企业占0%，城镇私营企业及其他城镇企业占4.39%，民办非企业单位和社会团体占19.75%，其他占4.55%；中、低收入占99.36%，高收入占0.64%。

新开户职工中，国家机关和事业单位占30.54%，国有企业占3.10%，城镇集体企业占0%，外商投资企业占0%，城镇私营企业及其他城镇企业占1.01%，民办非企业单位和社会团体占55.75%，其他占9.60%；中、低收入占99.81%，高收入占0.19%。

（二）**提取业务**：2019年，3.46万名缴存职工提取住房公积金12.18亿元。

提取金额中，住房消费提取占68.62%（购买、建造、翻建、大修自住住房占12.90%，偿还购房贷款本息占53.55%，租赁住房占1.18%，其他占0.99%）；非住房消费提取占31.38%（离休和退休提取占21.46%，完全丧失劳动能力并与单位终止劳动关系提取占0.24%，户口迁出本市或出境定居占0.67%，其他占9.01%）。

提取职工中，中、低收入占100%，高收入占0%。

（三）**贷款业务**：

1.**个人住房贷款**：2019年，支持职工购建房50.65万平方米，年末个人住房贷款市场占有率为12.39%，比上年减少1.49个百分点。通过申请住房公积金个人住房贷款，可节约职工购房利息支出31185.95万元。

职工贷款笔数中，购房建筑面积90（含）平方米以下占10.45%，90~144（含）平方米占85.25%，144平方米以上占4.30%。购买新房占91.41%（其中购买保障性住房占0.41%），购买二手房占8.54%，建造、翻建、大修自住住房占0%，其他占0.05%。

职工贷款笔数中，单缴存职工申请贷款占8.48%，双缴存职工申请贷款占91.52%，三人及以上缴存职工共同申请贷款占0%。

贷款职工中，30岁（含）以下占15.11%，30岁~40岁（含）占46.70%，40岁~50岁（含）占31.49%，50岁以上占6.70%；首次申请贷款占100%，二次及以上申请贷款占0%；中、低收入占99.32%，高收入占0.68%。

2.**异地贷款**：2019年，发放异地贷款0笔、0万元。2019年末，发放异地贷款总额51351.24万元，异地贷款余额39550.52万元。

（四）**住房贡献率**：2019年，个人住房贷款发放额、公转商贴息贷款发放额、项目贷款发放额、住房消费提取额的总和与当年缴存额的比率为106.14%，比上年增加6.28个百分点。

六、其他重要事项

（一）当年机构及职能调整情况、受委托办理缴存贷款业务金融机构变更情况。2019年，我中心未涉及机构及职能调整，也未涉及受委托办理缴存贷款业务金融机构变更。

（二）当年住房公积金政策调整及执行情况。

1. 缴存基数限额及确定方法执行情况。

（1）住房公积金的月缴存基数最高不得超过市统计部门公布的上一年度职工月平均工资的3倍。2019年7月1日开始，我市住房公积金执行统计局公布的2018年度衡水市城镇非私营单位在岗职工月平均工资为5240元的标准，故2019年我市住房公积金缴存基数最高为15720元。

（2）灵活就业人员的住房公积金月缴存基数按照缴存人上一年度月平均纳税收入或衡水市统计部门公布的衡水市城镇非私营单位在岗职工月平均工资5240元。

2. 缴存比例执行情况。

单位和职工住房公积金缴存比例，均不得低于职工缴存基数的5％，最高不得超过12％。缴存单位可以在5％～12％区间内，自主确定住房公积金缴存比例。同一单位职工的缴存比例必须一致，单位缴存比例和职工缴存比例宜一致。

3. 提取政策调整情况。

（1）取消了物业费提取、未婚子女购房提取父母公积金、90平方米以下全款首套多次提取、大病提取。

（2）未配备电梯的老旧住宅小区自住住房加装电梯的，可以提取核发竣工验收备案文件当月之前（含当月）的住房公积金账户余额，但不得超出加装电梯工程分摊后职工承担的费用总额。

4. 2019年，贷款政策没有调整，当年住房公积金贷款利率执行标准不变。

（三）当年服务改进情况。

（1）接入"冀时办APP"，目前已实现个人公积金信息查询和贷款情况查询、离退休提取和偿还公积金贷款提取功能。

（2）综合服务平台建设已报公共资源交易中心准备招标投标工作。

（四）当年信息化建设情况。

（1）已实现财务多维辅助核算并于2020年1月正式上线，已完成结算应用系统的接入。

（2）基础数据贯标工作中有问题的数据已完成5大项13050条数据的修改工作。

（五）当年住房公积金管理中心及职工所获荣誉情况。2019年，我中心在市直工委组织的"平语近人"知识竞赛中获得优秀组织奖，同时参赛选手分别获得三等奖。

2019 全国住房公积金年度报告汇编

山西省

太原
大同市
阳泉市
长治市
晋城市
朔州市
晋中市
运城市
忻州市
临汾市
吕梁市

山西省住房公积金 2019 年年度报告

一、机构概况

（一）**住房公积金管理机构**：全省共设 11 个设区城市住房公积金管理中心，2 个独立设置的分中心（隶属于太原市），分别是省直分中心、焦煤分中心。从业人员 2138 人，其中，在编 1346 人，非在编 792 人。

（二）**住房公积金监管机构**：省住房城乡建设厅、财政厅和中国人民银行太原中心支行负责对本省住房公积金管理运行情况进行监督。省住房城乡建设厅设立住房公积金监管处，负责辖区住房公积金日常监管工作。

二、业务运行情况

（一）**缴存**：2019 年，新开户单位 4985 家，实缴单位 48027 家，减少缴存单位 453 家；新开户职工 26.13 万人，实缴职工 333.80 万人，减少缴存职工 20.89 万人；缴存额 412.24 亿元，同比增长 7.61%。2019 年末，缴存总额 3160.70 亿元，比上年末增长 15.00%；缴存余额 1268.70 亿元，比上年末增长 16.56%。

（二）**提取**：2019 年，提取额 231.99 亿元，同比增长 12.74%；占当年缴存额的 56.28%，比上年增长 2.56 个百分点。2019 年末，提取总额 1892.00 亿元，比上年末增长 13.98%。

（三）**贷款**：

个人住房贷款：2019 年，发放个人住房贷款 6.30 万笔、269.78 亿元，分别同比增长 10.53%、26.03%。回收个人住房贷款 98.15 亿元。

2019 年末，累计发放个人住房贷款 60.68 万笔、1459.61 亿元，贷款余额 956.63 亿元，分别比上年末增长 11.46%、22.67%、21.86%。个人住房贷款余额占缴存余额的 75.40%，比上年末增长 3.30 个百分点。

（四）**购买国债**：2019 年，未购买、兑付、转让、收回国债。2019 年末，国债余额 0.19 亿元。

（五）**融资**：2019 年，融资 18.58 亿元，归还 3.09 亿元。2019 年末，融资总额 84.28 亿元，融资余额 16.99 亿元。

（六）**资金存储**：2019 年末，住房公积金存款 340.65 亿元。其中，活期 0.37 亿元，1 年（含）以下定期 39.14 亿元，1 年以上定期 290.44 亿元，其他（协定、通知存款等）10.70 亿元。

（七）**资金运用率**：2019 年末，住房公积金个人住房贷款余额、项目贷款余额和购买国债余额的总和占缴存余额的 75.42%，比上年末增长 3.30 个百分点。

三、主要财务数据

（一）**业务收入**：2019 年，业务收入 420026.11 万元，同比增长 18.87%。其中，存款利息 141431.40

万元，委托贷款利息 278264.54 万元，国债利息 146.15 万元，其他 184.02 万元。

（二）**业务支出**：2019 年，业务支出 194842.21 万元，同比增长 20.66%。其中，支付职工住房公积金利息 177318.67 万元，委托贷款手续费 12532.50 万元，其他 4991.04 万元。

（三）**增值收益**：2019 年，增值收益 225183.90 万元，同比增长 17.37%；增值收益率 1.92%，比上年增长 0.01 个百分点。

（四）**增值收益分配**：2019 年，提取贷款风险准备金 74248.51 万元，提取管理费用 26791.13 万元，提取城市廉租住房（公共租赁住房）建设补充资金 114832.85 万元，未分配增值收益 9311.41 万元。

2019 年，上交财政管理费用 28560.45 万元，上缴财政城市廉租住房（公共租赁住房）建设补充资金 101091.35 万元。

2019 年末，贷款风险准备金余额 318798.33 万元，累计提取城市廉租住房（公共租赁住房）建设补充资金 826183.77 万元。

（五）**管理费用支出**：2019 年，管理费用支出 28730.62 万元，同比下降 13.11%。其中，人员经费 17808.59 万元，公用经费 2609.62 万元，专项经费 8312.41 万元。

四、资产风险状况

（一）**个人住房贷款**：2019 年末，个人住房贷款逾期额 13749.07 万元，逾期率 1.4‰。

2019 年，提取个人贷款风险准备金 74248.50 万元，使用个人贷款风险准备金核销呆坏账 0 万元。2019 年末，个人贷款风险准备金余额 318438.13 万元，占个人贷款余额的 3.33%，个人贷款逾期额与个人贷款风险准备金余额的比率为 4.32%。

（二）**住房公积金支持保障性住房建设项目贷款**：2019 年末，项目贷款风险准备金余额 360.20 万元。

五、社会经济效益

（一）**缴存业务**：2019 年，实缴单位数、实缴职工人数增长率分别减少 0.93%、5.89%，缴存额增长率为 7.61%。

缴存单位中，国家机关和事业单位占 62.13%，国有企业占 12.30%，城镇集体企业占 2.26%，外商投资企业占 1.26%，城镇私营企业及其他城镇企业占 16.27%，民办非企业单位和社会团体占 1.58%，个人自愿缴存占 0.14%，其他占 4.06%。

缴存职工中，国家机关和事业单位占 39.51%，国有企业占 41.24%，城镇集体企业占 2.54%，外商投资企业占 2.90%，城镇私营企业及其他城镇企业占 9.44%，民办非企业单位和社会团体占 0.67%，个人自愿缴存占 0.47%，其他占 3.23%；中、低收入占 97.87%，高收入占 2.13%。

新开户职工中，国家机关和事业单位占 20.64%，国有企业占 27.99%，城镇集体企业占 2.59%，外商投资企业占 8.85%，城镇私营企业及其他城镇企业占 30.79%，民办非企业单位和社会团体占 2.07%，个人自愿缴存占 2.48%，其他占 4.59%；中、低收入占 98.21%，高收入占 1.79%。

（二）**提取业务**：2019 年，133.38 万名缴存职工提取住房公积金 231.99 亿元。

提取金额中，住房消费提取占 76.52%（购买、建造、翻建、大修自住住房占 26.17%，偿还购房贷款本息占 25.36%，租赁住房占 20.06%，自住住房物业费占 4.87%，其他占 0.06%）；非住房消费提取占 23.48%（离休和退休提取占 19.55%，完全丧失劳动能力并与单位终止劳动关系提取占 2.05%，出境定居占 0.04%，其他占 1.84%）。

提取职工中，中、低收入占 96.04%，高收入占 3.96%。

（三）**贷款业务**：

1. 个人住房贷款：2019 年，支持职工购建房 776.22 万平方米。年末个人住房贷款市场占有率为 26.73%，比上年末增加 2.26 个百分点。通过申请住房公积金个人住房贷款，可节约职工购房利息支出 896082.22 万元。

职工贷款笔数中，购房建筑面积 90（含）平方米以下占 13.04%，90～144（含）平方米占 73.06%，144 平方米以上占 13.90%。购买新房占 85.80%（其中购买保障性住房占 0.69%），购买二手房占 12.23%，建造、翻建、大修自住住房占 0.11%，其他占 1.86%。

职工贷款笔数中，单缴存职工申请贷款占 45.98%，双缴存职工申请贷款占 53.69%，三人及以上缴存职工共同申请贷款占 0.33%。

贷款职工中，30 岁（含）以下占 29.07%，30 岁～40 岁（含）占 41.12%，40 岁～50 岁（含）占 18.63%，50 岁以上占 11.18%；首次申请贷款占 85.80%，二次及以上申请贷款占 14.20%；中、低收入占 97.02%，高收入占 2.98%。

2. 异地贷款：2019 年，发放异地贷款 11666 笔、437818.70 万元。2019 年末，发放异地贷款总额 1080425.88 万元，异地贷款余额 933403.70 万元。

3. 住房公积金支持保障性住房建设项目贷款：2019 年末，全省有住房公积金试点城市 4 个，试点项目 9 个，贷款额度 10.73 亿元，建筑面积 116.14 万平方米，可解决 9744 户中低收入职工家庭的住房问题。9 个试点项目贷款资金已发放并还清贷款本息。

（四）**住房贡献率**：2019 年，个人住房贷款发放额、住房消费提取额的总和与当年缴存额的比率为 108.51%，比上年增加 11.73 个百分点。

六、其他重要事项

（一）**当年住房公积金政策调整情况**。转发《住房和城乡建设部、中央军委后勤保障部关于军队专业技能岗位文职人员住房公积金缴存管理有关问题的通知》（军后财〔2019〕553 号），明确军队用人单位应向驻地设区城市住房公积金管理中心办理缴存登记，并设立公积金账户。军队文职人员在住房公积金账户设立、缴存和使用等方面的政策，执行军队用人单位所在地人民政府规定的机关事业单位工作人员标准，切实保障军队文职人员享受与地方同等的住房公积金权益。

（二）**当年开展监督检查情况**。

1. 组织全省骗提骗贷案件核查

根据《住房和城乡建设部住房公积金监管司关于协助公安部门做好违规提取住房公积金案件取证工作的通知》（建金正函〔2019〕57 号）的要求，对山东省平阴县公安局侦破的骗提骗贷住房公积金案件中涉及我省的 18 名人员逐一进行核查。追回骗提骗贷的住房公积金，将参与骗提骗贷人员列入黑名单，并要求各市住房公积金管理中心举一反三，组织内部排查，切实加强管理。

2. 切实加强住房公积金廉政风险防控工作

2019年6月24日，对临汾市住房公积金管理中心开立的银行账户的情况进行了检查。下达《山西省住房和城乡建设厅关于督促整改住房公积金银行账户违规开立问题的通知》（晋建金函〔2019〕704号），依据住房和城乡建设部等七部委《关于加强住房公积金廉政风险防控工作的通知》（建金〔2011〕170号）要求，严格要求被检查单位立行立改，对违规开立的银行账户，及时解除委托协议，撤销账户，并以书面形式及时上报整改结果。

3. 全面开展住房公积金电子稽查工作

为增强住房公积金风险防控能力，创新监管方式，我省转发《住房和城乡建设部办公厅关于全面开展住房公积金电子稽查工作的通知》（晋建金函〔2019〕631号），开展电子稽查工具对业务数据、财务数据、资料凭证等信息进行核查比对，对稽查问题区分黑、白名单，建立问题台账和整改台账，定期对稽查结果通报，提高了数据质量，建立了常态化工作机制，为增强住房公积金风险防控能力提供了有力的监管方式。

4. 配合审计署对全省住房公积金进行专项审计

为高质量完成审计署对我省住房公积金专项审计，全省及各市提供历年政策依据和各类财务、统计、年度报告4300余份，组织和完成各类取证120余次，圆满完成全省住房公积金重大政策执行、制度覆盖扩面、自由职业者缴存、业务办理风险、贷款担保、保值增值等方面进行的全面审计。我省设区城市住房公积金中心、分中心根据审计署提出的意见，坚持边审边改。

（三）当年服务改进情况。认真落实山西省委《关于在第二批主题教育中深入开展"三服务"的工作方案的通知》（晋教组发〔2019〕26号），紧紧围绕更好推动便民利民，重点开展全省公积金缴存职工住房公积金业务办理"最多跑一次"等服务行动，上下联动、左右协同，在全省各市开通了住房公积金手机APP；建成共享平台实现了省内偿还住房公积金贷款提取、转移接续、贷款等业务异地办理。

（四）当年信息化建设情况。

1. 推进"多证合一"在住房公积金业务中的应用

印发《关于落实省政府"多证合一"工作部署规范住房公积金缴存登记的通知》（晋建金字〔2019〕188号）、《关于简化事业单位、社会组织住房公积金缴存登记手续的通知》（晋建金函〔2019〕848号），明确企事业单位住房公积金缴存登记事项纳入我省"多证合一"整合范围。各单位在取得统一社会信用代码注册登记后，即完成住房公积金缴存登记，其统一社会信用代码作为单位住房公积金的唯一标识，单位不需要再到所在地住房公积金管理机构办理住房公积金缴存登记。

2. 如期建成山西省住房公积金数据互联共享平台

全省住房公积金数据互联共享平台的建成，完成了我省11个地市住房公积金管理机构之间（含省直分中心）与省公安、民政、自然资源厅、税务、市场监管局及19家商业银行之间的数据共享，打破了部门间的信息壁垒，为推进省内实现跨中心、跨区域业务协作奠定坚实基础，为铲除和治理"骗提骗贷、一人多户、一户多贷"等乱象打造了长效利器。我省住房公积金行业"马上办、网上办、就近办、一次办、7×24小时办"等便民服务改革，得到了住房和城乡建设部"住房公积金信息共享课题研究项目组"认可，为全国提供了可复制推广借鉴的经验。

（五）当年住房公积金机构及从业人员所获荣誉情况。2019年，我省住房公积金管理机构荣获地市级文明单位 5 个；省部级青年文明号 4 个；地市级工人先锋号 1 个；省部级五一劳动奖章 1 个，地市级 1 个；省部级先进集体和个人 2 个，地市级 4 个；其他荣誉国家级 1 个，省部级 4 个，地市级 4 个。

太原住房公积金 2019 年年度报告

一、机构概况

（一）住房公积金管理委员会：太原住房公积金管理委员会有 27 名委员，2019 年召开了两次会议，审议通过的事项主要有：《太原市住房公积金管理中心 2018 年工作情况和 2019 年工作要点报告》《2019 年度住房公积金归集、使用计划》《2018 年度住房公积金增值收益分配方案》《太原市住房公积金 2018 年年度报告》《太原市住房公积金管理中心 2019 年度经费预算》《太原市住房公积金管理中心关于向商业银行申请短期信用借款的报告》。

（二）住房公积金管理中心：太原市住房公积金管理中心为隶属于太原市人民政府不以营利为目的的公益一类事业单位，下设铁路分中心、山西焦煤集团分中心（未移交）、省直机关分中心（未移交）和 14 个处室、12 个分理处。从业人员 335 人，其中，在编 222 人，非在编 113 人。

二、业务运行情况

（一）缴存：2019 年，新开户单位 1753 家，实缴单位 11333 家，建制单位 11993 家，净增单位 1221 家；新开户职工 9.91 万人，实缴职工 90.56 万人，建制职工 132.44 万人，净增职工 4.14 万人；缴存额 134.24 亿元，同比增长 12.47%。2019 年末，缴存总额 1040.29 亿元，比上年末增加 14.82%；缴存余额 424.67 亿元，比上年末增加 14.23%。

受委托办理住房公积金缴存业务的银行 3 家，与上年相比无变化。

（二）提取：2019 年，提取额 81.33 亿元，同比增长 12.85%，占当年缴存额的 60.59%，比上年增加 0.21 个百分点。2019 年末，提取总额 615.62 亿元，比上年末增加 15.22%。

（三）贷款：个人住房贷款最高额度 80 万元，其中，单缴存职工最高额度 50 万元，双缴存职工最高额度 80 万元。贷款额度不得超过购房合同总价的 80%，二套房贷款利率上浮 10%。

2019 年，发放个人住房贷款 2.27 万笔、113.13 亿元，同比分别增长 42.77%、45.80%；回收个人住房贷款 35.49 亿元。2019 年末，累计发放个人住房贷款 15.96 万笔、554.86 亿元，贷款余额 398.31 亿元，分别比上年末增加 16.58%、25.61%、24.21%。个人住房贷款余额占缴存余额的 93.79%，比上年末增加 7.54 个百分点。

受委托办理住房公积金个人住房贷款业务的银行 16 家，比上年增加 1 家，新增中国邮政储蓄银行。

（四）融资：2019 年，融资 17 亿元。2019 年末，融资余额 17 亿元。

（五）资金存储：2019 年末，住房公积金存款 51.55 亿元（含融资 17.00 亿元）。其中，活期 0.14 亿元,1年(含)以下定期2.50亿元,1年以上定期38.85亿元,其他(协定、通知存款等)10.06亿元。

(六)资金运用率:2019年末,住房公积金个人住房贷款余额、项目贷款余额和购买国债余额的总和与缴存余额的比值为93.79%,比上年末增加7.54个百分点。

三、主要财务数据

(一)业务收入:2019年,业务收入136671.69万元,同比增长22.06%。其中,存款利息21019.34万元,委托贷款利息115609.29万元,其他43.06万元。

(二)业务支出:2019年,业务支出70502.97万元,同比增长24.36%。其中,支付职工住房公积金利息60136.37万元,委托贷款手续费5780.46万元,其他4586.14万元。

(三)增值收益:2019年,增值收益66168.72万元,同比增长19.70%;增值收益率1.66%,比上年增加0.08个百分点。

(四)增值收益分配:2019年,提取贷款风险准备金7764.39万元,提取管理费用7092.30万元,提取城市廉租住房(公共租赁住房)建设补充资金51312.02万元。

2019年,上交财政管理费用7092.30万元。上缴财政城市廉租住房(公共租赁住房)建设补充资金51581.25万元。

2019年末,贷款风险准备金余额39831.31万元。累计提取城市廉租住房(公共租赁住房)建设补充资金356880.04万元。

(五)管理费用支出:2019年,管理费用支出7099.38万元(含上年结转),同比下降27.01%。其中,人员经费4135.78万元,公用经费349.98万元,专项经费2613.62万元。

四、资产风险状况

2019年末,个人住房贷款逾期额6819.06万元,逾期率1.71‰。个人贷款风险准备金按贷款余额的1%提取。2019年,提取个人贷款风险准备金7764.39万元,未使用个人贷款风险准备金。2019年末,个人贷款风险准备金余额39831.31万元,占个人住房贷款余额的1%,个人住房贷款逾期额与个人贷款风险准备金余额的比率为17.12%。

五、社会经济效益

(一)缴存业务:2019年,实缴单位数、实缴职工人数和缴存额同比分别增长14.07%、0.50%和12.47%。

缴存单位中,国家机关和事业单位占31.46%,国有企业占15.87%,城镇集体企业占4.61%,外商投资企业占1.53%,城镇私营企业及其他城镇企业占40.01%,民办非企业单位和社会团体占3.09%,其他占3.43%。

缴存职工中,国家机关和事业单位占20.69%,国有企业占48.95%,城镇集体企业占5.11%,外商投资企业占5.29%,城镇私营企业及其他城镇企业占15.89%,民办非企业单位和社会团体占1.74%,其他占2.33%。

新开户职工中,国家机关和事业单位占11.29%,国有企业占22.17%,城镇集体企业占2.81%,外商投资企业占 13.07%，城镇私营企业及其他城镇企业占 40.76%，民办非企业单位和社会团体占 3.75%，其他占 6.15%。

（二）提取业务：2019 年，69.85 万名缴存职工提取住房公积金 81.33 亿元。

提取金额中，住房消费提取占 76.41%（购买、建造、翻建、大修自住住房占 25.75%，偿还购房贷款本息占 33.28%，租赁住房占 17.28%，其他占 0.10%）；非住房消费提取占 23.59%（离休和退休提取占 19.34%，完全丧失劳动能力并与单位终止劳动关系提取占 3.66%，其他占 0.59%）。

（三）贷款业务：

1. 个人住房贷款：2019 年，支持职工购建房 264.19 万平方米，占太原市新建商品住宅销售面积的 32.46%；年末个人住房贷款市场占有率为 20.09%，比上年末增加 1.85 个百分点。通过申请住房公积金个人住房贷款，可节约职工购房利息支出 415481.87 万元。

职工贷款笔数中，购房建筑面积 90（含）平方米以下占 21.77%，90～144（含）平方米占 63.93%，144 平方米以上占 14.30%。购买新房占 84.66%，购买二手房占 15.34%。单缴存职工申请贷款占 49.42%，双缴存职工申请贷款占 50.43%，三人及以上缴存职工共同申请贷款占 0.15%。

贷款职工中，30 岁（含）以下占 25.10%，30 岁～40 岁（含）占 40.19%，40 岁～50 岁（含）占 16.60%，50 岁以上占 18.11%；首次申请贷款占 80.68%，二次及以上申请贷款占 19.32%。

2. 异地贷款：2019 年，发放异地贷款 3357 笔、174882.00 万元。2019 年末，发放异地贷款总额 301175.30 万元，异地贷款余额 273850.81 万元。

（四）住房贡献率：2019 年，个人住房贷款发放额、公转商贴息贷款发放额、项目贷款发放额、住房消费提取额的总和与当年缴存额的比率为 130.57%，比上年增加 19.16 个百分点。

六、其他重要事项

（一）当年住房公积金政策调整及执行情况

1. 调整 2019 年度住房公积金缴存基数和比例

缴存基数：2019 年度（即 2019 年 7 月 1 日至 2020 年 6 月 30 日）缴存基数上限为 20208 元，下限为太原市最低工资标准（小店区、迎泽区、杏花岭区、尖草坪区、万柏林区、晋源区、古交市 1700 元；清徐县 1600 元；阳曲县 1500 元；娄烦县 1400 元）。缴存比例：下限为 5%，上限为 12%，单位可在上下限区间内自主确定，单位和个人应当执行同一缴存比例。

生产经营困难企业，可以按照《太原市单位申请降低住房公积金缴存比例或者缓缴相关事项的规定》（并公积金〔2015〕19 号）申请降低缴存比例或者缓缴。

灵活就业人员应当按照《灵活就业人员住房公积金缴存和使用规定》（并公积金〔2016〕24 号）规定的标准执行。

2. 落实"多证合一、一照一码"在住房公积金业务中的应用

印发《关于落实"多证合一"登记制度改革推进单位住房公积金有关业务办理便捷化的通知》（并公积金〔2019〕32 号），明确统一社会信用代码作为单位办理住房公积金业务的唯一标识。单位自登记成立之日起 20 日内，经办人只需持《太原市住房公积金单位缴存启缴信息表》和《太原市住房公积金职工开户清册》至所在地的分理处/管理部，即可为职工申请设立住房公积金账户。

3. 提高住房公积金制度的覆盖面

印发《关于加强住房公积金催建工作的通知》(并公积金〔2019〕42号)和《关于开展住房公积金制度宣传的通知》(并公积金〔2019〕45号),从催建对象、催建程序、工作措施、催建与行政执法的衔接等方面进行了工作部署。同时,在深入企业、户外电子屏和悬挂标语等传统宣传方式的基础上,积极利用短信、微信、手机APP等新媒体开展点对点宣传,确保催建效果。

4. 进一步明确军队文职人员住房公积金政策

印发《关于落实好军队文职人员住房公积金政策的通知》(并公积金〔2019〕7号),进一步明确了军队文职人员在住房公积金账户设立、缴存和使用等方面的政策,切实保障军队文职人员享受与地方同等的住房公积金权益。

5. 简化省内异地贷款相关手续

印发《关于简化住房公积金异地贷款相关手续的通知》(并公积金〔2019〕38号)和《关于阳泉等城市缴存职工申请异地贷款不再提供〈异地贷款职工住房公积金缴存使用证明〉的通知》(并公积金〔2019〕49号),明确山西省内所有地市的缴存职工在太原市购买住房,申请住房公积金贷款时,不再提供《异地贷款职工住房公积金缴存使用证明》和缴存流水。

6. 着力化解缴存职工申请贷款"担保难"问题

印发《关于扩大第二顺位抵押权担保方式使用范围的通知》(并公积金〔2019〕19号),明确缴存职工申请新购商品房商转公贷款或部分商转公贷款时,所购房屋的不动产权证书已在发放贷款的商业银行办理了对应贷款的不动产登记证明的,在符合中心其他贷款条件的基础上,可通过办理第二顺位抵押权的担保方式申请住房公积金贷款。

印发《关于简化解除部分商转公担保人担保责任的通知》(并公积金〔2019〕39号),明确缴存职工申请部分商转公业务时采用自然人阶段性保证加房产抵押的,所购房屋办理抵押手续或办理本次申请的部分商转公贷款对应的商业贷款的抵押权外的第一抵押权顺位手续后,可以解除保证人的担保责任。

对规模较大、实力较强、有较高行业地位的优质房地产开发企业,免除其为申请公积金贷款的购房职工提供担保时缴纳保证金的义务。在此政策基础上,2019年,共有78家开发企业与中心签署了阶保协议,化解了购房职工的担保难题。

(二)当年服务改进情况

1. 全面开通住房公积金单位网上业务大厅

2019年4月1日起,缴存单位可以通过中心门户网站(http://zfgjj.taiyuan.gov.cn)或者业务网点获取并填写《太原市住房公积金网上业务大厅开通申请表》(无密钥版)申请使用。该大厅开通后,缴存单位可直接通过互联网渠道办理个人账户的设立、封存、启封、汇补缴核定、基数调整、比例调整、单位信息修改、汇缴资金网上支付及相关查询等业务,业务办结后还可同步自助打印相关凭证。

2. 推进省内跨地市住房公积金业务办理便捷化

2019年11月29日,通过率先融入山西省住房公积金数据互联共享平台,我中心实现了对省内异地住房公积金缴存和贷款信息的共享应用。截至2019年末,发起查询异地住房公积金信息2952次,实际办理偿还省内异地住房公积金贷款提取业务1310笔,金额3562.86万元;发起查询省内异地转移接续相关信息1717次,实际办理省内异地转移接续业务57笔,金额159.54万元。切实解决了缴存职工办理省内异地住房公积金业务跨地市"来回跑"的问题。

3. 持续推动相关部门数据共享运用

在2018年开通部分商业银行互联网渠道办理偿还住房类商贷提取业务的基础上，我中心继续推进与各商业银行信贷数据的共享。2019年末，已与19家合作银行实现数据共享，在线办理偿还住房类商贷提取业务20281笔共计4.59亿元。

2019年，中心在推动"三县一市"房产和不动产的数据互联共享上也取得了突破性进展，完成了与清徐县房产和不动产数据的互联共享，清徐县范围内缴存职工可以通过互联网渠道在线申请租赁住房提取住房公积金。

4. 建成个人住房公积金与商业贷款组合贷款服务大厅

2019年，中心与太原市规划和自然资源局、交通银行山西省分行、建设银行山西省分行通力合作，先后建成了"太原市住房公积金贷款交行服务大厅"和"太原市住房公积金贷款建行服务大厅"，实现了办理个人住房组合贷款业务公积金部分与商业贷款部分的审核签约、资金发放、预抵押"一厅式"服务。由于实现了跨部门协同服务，业务受理时间大大缩短，从以前需一周左右压缩到90分钟，有效解决了群众办理组合贷款多头跑、来回跑、办事难、办事慢的问题。同时，缩短了开发企业的销售回款时间，有助于缓解其经营压力，有力促进了我市房地产市场持续健康发展。此外，大厅也可办理纯公积金贷款、商业贷款、预抵押登记、抵押登记等业务。

5. 提升服务效能，畅通服务监督

2019年，中心贯彻落实《太原市效能建设九项制度》。在服务窗口积极推行"服务承诺制、首问责任制、限时办结制、一次性告知制、AB岗工作制、离岗告示制"；全面实行"一站式"服务，推广"预约服务和上门服务"，提升服务水平和服务质量；严格执行工作计划规范管理制度和"13710"工作制度。通过12329服务热线、中心门户网站、主任信箱、各业务大厅服务电话和稽查队服务电话进行业务查询、政策咨询、建言献策以及投诉监督，定期参加行风热线、聚焦行风进行政策宣传、答疑解惑。

2019年7月和11月，中心12329客服热线服务在市政府便民服务热线办结事项市民满意度调查结果中两次排名第一。

（三）当年信息化建设情况

1. 协助省住房和城乡建设厅完成全省住房公积金数据互联共享平台建设

2019年，受省住房和城乡建设厅委托，中心完成了山西省住房公积金数据互联共享平台建设。共享平台实现了全省11个地市中心和省直分中心住房公积金、公安、市场监管、不动产以及19家商业银行数据共享，打通了部门间的信息壁垒，破除了"信息孤岛"，为省内缴存职工异地办理住房公积金业务奠定了坚实的基础。

2. 优化了住房公积金综合服务平台功能，业务综合离柜率达94%

2019年，中心通过标准化建设，完善了1万多个缴存单位信息和90余万缴存职工信息；通过不断优化审批流程，精简办事环节，取消业务审批环节50个、审批要件124个；通过数据共享，打通群众办事信息壁垒，实现与40余家政府部门和单位的数据互联互通。通过一系列的综合改革，缴存职工办事时间大大缩短，工作效能大幅提升，缴存职工的满意率、幸福感不断提升。截至2019年底，中心服务平台注册人数达到76.72万人，通过手机办理公积金汇缴、提取、贷款等业务111.69万笔，网上办理笔数占到业务总笔数 94%。

3. 强化内部管理，提升中心内部管理科学化水平

2019 年，中心以服务单位、服务群众、服务基层为出发点，通过信息化技术手段，建成了集党建管理、行政办公、人事管理为一体的中心办公自动化系统，为全面实现党建工作系统化、OA 办公无纸化和人事管理科学化打下坚实基础。

（四）当年住房公积金管理中心及职工所获荣誉情况

（1）被山西省住房和城乡建设厅评为 2018 年度"住房公积金管理工作优秀单位"的荣誉称号；

（2）被山西省住房和城乡建设厅认定 2018 年度"省级青年文明号"；

（3）被太原市精神文明建设指导委员会认定 2018 年度"文明单位标兵"。

大同市住房公积金 2019 年年度报告

一、机构概况

（一）住房公积金管理委员会：

住房公积金管理委员会有 26 名委员，2019 年召开 1 次会议，审议通过的事项主要包括：（1）大同市住房公积金 2018 年管理工作报告；（2）大同市住房公积金 2018 年年度报告；（3）大同市住房公积金关于 2019 年住房公积金归集使用及增值收益计划建议和 2018 年增值收益分配方案的报告；（4）大同市住房公积金管理中心关于调整个人住房公积金贷款有关政策的议案；（5）大同市住房公积金管理中心关于调整个人住房公积金提取有关政策的议案。

（二）住房公积金管理中心：

住房公积金管理中心为市政府直属不以营利为目的的参公事业单位，设 10 个科室，1 个分中心 4，11 个管理部。从业人员 175 人，其中，在编 104 人，非在编 71 人。

二、业务运行情况

（一）缴存：2019 年，新开户单位 236 家，实缴单位 3474 家，净增单位 33 家；新开户职工 2.32 万人，实缴职工 31.39 万人，净增职工 1.94 万人；缴存额 37.66 亿元，同比增长 12.60%。2019 年末，缴存总额 311.31 亿元，比上年末增加 13.77%；缴存余额 98.51 亿元，比上年末增加 19.95%。

受委托办理住房公积金缴存业务的银行 5 家，本年委托银行没有增加和减少。

（二）提取：2019 年，提取额 21.28 亿元，同比增长 6.41%；占当年缴存额的 56.50%，比上年减少 3.29 个百分点。2019 年末，提取总额 212.80 亿元，比上年末增加 11.12%。

（三）贷款：

个人住房贷款：个人住房贷款最高额度 100 万元，其中，单缴存职工最高额度 100 万元，双缴存职工最高额度 100 万元。

2019 年，发放个人住房贷款 0.65 万笔、30.21 亿元，同比分别增长 0%、20.78%。其中，市中心发放个人住房贷款 0.6 万笔、28.24 亿元，同煤分中心发放个人住房贷款 0.05 万笔、1.97 亿元。

2019 年，回收个人住房贷款 6.4 亿元。其中，市中心 5.6 亿元，同煤分中心 0.8 亿元。

2019 年末，累计发放个人住房贷款 4.04 万笔、117.94 亿元，贷款余额 91.31 亿元，分别比上年末增加 19.07%、34.43%、35.27%。个人住房贷款余额占缴存余额的 92.70%，比上年末增加 10.5 个百分点。

受委托办理住房公积金个人住房贷款业务的银行 5 家，本年委托银行没有增加和减少。

（四）购买国债：2019 年，中心没有购买国债，2019 年末，国债余额为零。

（五）资金存储：2019 年末，住房公积金存款 9.38 亿元。其中，活期 0.16 亿元，1 年（含）以下定期 3.35 亿元，1 年以上定期 4.40 亿元，其他（协定、通知存款等）1.47 亿元。

（六）资金运用率：2019 年末，住房公积金个人住房贷款余额占缴存余额的 92.70%，比上年末增加 10.5 个百分点。

三、主要财务数据

（一）业务收入：2019 年，业务收入 28262.65 万元，同比增长 22.22%。其中，市中心 21754.21 万元，同煤分中心 6508.44 万元；存款利息 3815.10 万元，委托贷款利息 24447.55 万元。

（二）业务支出：2019 年，业务支出 14868.56 万元，同比增长 19.33%。其中，市中心 11119.50 万元，同煤分中心 3749.06 万元；支付职工住房公积金利息 13518.84 万元，委托贷款手续费 1348.02 万元，其他 1.70 万元。

（三）增值收益：2019 年，增值收益 13394.09 万元，同比增长 25.60%。其中，市中心 10634.71 万元，同煤分中心 2759.38 万元；增值收益率 1.50%，比上年增加 0.08 个百分点。

（四）增值收益分配：2019 年，提取贷款风险准备金 517.96 万元，年末未分配增值收益 12876.13 万元，累计未分配增值收益 12876.13 万元。

2019 年，上缴财政城市廉租住房（公共租赁住房）建设补充资金 9125.04 万元。其中，市中心上缴 6818.05 万元，同煤分中心上缴 2306.99 万元。

2019 年末，贷款风险准备金余额 9130.96 万元。累计提取城市廉租住房（公共租赁住房）建设补充资金 82447.54 万元。其中，市中心提取 66140.55 万元，同煤分中心提取 16306.99 万元。

（五）管理费用支出：2019 年，管理费用支出 2288.78 万元，同比增长 15.05%。其中，人员经费 920.21 万元，公用经费 36.96 万元，专项经费 1331.61 万元。

市中心管理费用支出 2008.60 万元，其中，人员、公用、专项经费分别为 650.12 万元、36.96 万元、1321.52 万元；同煤分中心管理费用支出 280.18 万元，其中，人员、专项经费分别为 270.09 万元、10.09 万元。

四、资产风险状况

个人住房贷款：2019 年末，个人住房贷款逾期额 624.63 万元，逾期率 0.68‰。其中，市中心

0.80‰，同煤分中心 0‰。

个人贷款风险准备金按贷款余额的 1% 提取。2019 年，提取个人贷款风险准备金 517.96 万元，未使用个人贷款风险准备金核销呆坏账。2019 年末，个人贷款风险准备金余额 9130.96 万元，占个人住房贷款余额的 1%，个人住房贷款逾期额与个人贷款风险准备金余额的比率为 6.84%。

五、社会经济效益

（一）**缴存业务**：2019 年，实缴单位数、实缴职工人数和缴存额同比分别增长 0.96%、6.58% 和 12.60%。

缴存单位中，国家机关和事业单位占 70.03%，国有企业占 12.32%，城镇集体企业占 0.14%，外商投资企业占 0.69%，城镇私营企业及其他城镇企业占 6.65%，民办非企业单位和社会团体占 1.30%，其他占 8.87%。

缴存职工中，国家机关和事业单位占 38.71%，国有企业占 49.55%，城镇集体企业占 0.37%，外商投资企业占 0.65%，城镇私营企业及其他城镇企业占 4.27%，民办非企业单位和社会团体占 0.17%，其他占 6.28%；中、低收入占 98.68%，高收入占 1.32%。

新开户职工中，国家机关和事业单位占 23.72%，国有企业占 40.41%，城镇集体企业占 0.03%，外商投资企业占 0.63%，城镇私营企业及其他城镇企业占 26.34%，民办非企业单位和社会团体占 0.96%，其他占 7.91%；中、低收入占 99.38%，高收入占 0.62%。

（二）**提取业务**：2019 年，7.91 万名缴存职工提取住房公积金 21.28 亿元。

提取金额中，住房消费提取占 79.72%（购买、建造、翻建、大修自住住房占 34.01%，偿还购房贷款本息占 19.93%，租赁住房占 25.56%，其他占 0.22%）；非住房消费提取占 20.28%（离休和退休提取占 18.37%，完全丧失劳动能力并与单位终止劳动关系提取占 0.45%，出境定居占 0.61%，其他占 0.85%）。

提取职工中，中、低收入占 99.08%，高收入占 0.92%。

（三）**贷款业务**：

1. 个人住房贷款：2019 年，支持职工购建房 78.01 万平方米，年末个人住房贷款市场占有率为 38.69%，比上年末增加 2.97 个百分点。通过申请住房公积金个人住房贷款，可节约职工购房利息支出 104163.56 万元。

职工贷款笔数中，购房建筑面积 90（含）平方米以下占 7.46%，90~144（含）平方米占 80.05%，144 平方米以上占 12.49%。购买新房占 83.85%，购买二手房占 13.00%，建造、翻建、大修自住住房占 0%，其他占 3.15%。

职工贷款笔数中，单缴存职工申请贷款占 68.47%，双缴存职工申请贷款占 31.42%，三人及以上缴存职工共同申请贷款占 0.11%。

贷款职工中，30 岁（含）以下占 31.64%，30 岁~40 岁（含）占 40.14%，40 岁~50 岁（含）占 19.99%，50 岁以上占 8.23%；首次申请贷款占 96.28%，二次及以上申请贷款占 3.72%；中、低收入占 98.24%，高收入占 1.76%。

2. 异地贷款：2019 年，发放异地贷款 2621 笔、43539.30 万元。2019 年末，发放异地贷款总额

204781.80 万元，异地贷款余额 183800.83 万元。

（四）住房贡献率：2019 年，个人住房贷款发放额、住房消费提取额的总和与当年缴存额的比率为 125.25%，比上年增加 3.89 个百分点。

六、其他重要事项

（一）当年机构及职能调整情况。 2019 年中心撤销城区管理部，成立平城区管理部；撤销矿区管理部、南郊区管理部，成立云冈区管理部；撤销大同县管理部，成立云州区管理部。

（二）当年住房公积金政策调整及执行情况。

1. 2019 年住房公积金缴存基数限额及确定方法

按照山西省统计信息网发布的《2018 年山西省城镇非私营单位就业人员年平均工资 65917 元》中指出，大同市 2018 年非私营单位就业人员年平均工资为 62328 元，大同市月平均工资据此核定为 5194 元。根据建金管〔2005〕5 号文件规定，缴存住房公积金的月工资基数，原则上不应超过职工工作所在地设区城市统计部门公布的上一年度职工月平均工资的 2 倍或 3 倍，不低于当地最低工资标准。据此核定大同市住房公积金 2019 年度职工住房公积金月缴存工资基数上限 15582 元，职工住房公积金月缴存工资基数下限为 1400 元。

2. 当年住房公积金缴存比例

缴存单位和个人住房公积金缴存比例最高 12%，最低 5%。

3. 调整住房公积金提取政策

（1）调整租房提取政策：缴存职工租住商品住房的，每年可提取一次，每户提取金额不超过 2 万元。

（2）调整物业费提取政策：每年可提取一次，缴存职工及配偶双方提取金额不超过当年物业费实际支出。

（3）调整购建、建造、翻修、大修自住住房提取政策：缴存职工本人及配偶可提取，同一套房屋可提取一次，提取额不超过购房总额。

（4）调整偿还购房贷款本息提取政策：缴存职工本人及配偶可提取，职工申请住房公积金贷款或商业住房贷款后，每 12 个月可提取一次，夫妻双方提取额合计不超过提取日之前 12 个月还贷款本息合计，累计提取额不超过偿还住房贷款本息合计。

缴存职工偿还住房贷款发生三期及以上逾期情况（12 个月内），当年不能提取本人及配偶住房公积金，正常偿还贷款一年后方可提取本人及配偶公积金，提取额不超过本年还贷款本息合计。

（5）取消房屋装修提取、患有重大疾病造成家庭生活严重困难提取、享受城镇最低生活保障提取及见义勇为造成人身伤害提取。

4. 当年住房公积金存贷款利率执行标准

2019 年住房公积金贷款利率：5 年期以内（含 5 年）执行利率为 2.75%，5 年期以上执行利率为 3.25%。

5. 调整个人住房贷款最高贷款额度及贷款年限

（1）住房公积金贷款最高额度由 100 万元调整为 80 万元。

（2）实行贷款额度与借款人缴存年限挂钩：

连续正常缴存 6 个月以上未满 1 年的（包含 1 年），住房公积金贷款额度不超过 10 万元；

连续正常缴存 1 年以上未满 3 年的（包含 3 年），住房公积金贷款额度不超过 30 万元；

连续正常缴存 3 年以上未满 5 年的（包含 5 年），住房公积金贷款额度不超过 50 万元；

连续正常缴存 5 年以上的，住房公积金贷款额度不超过 80 万元；

（3）单身职工或夫妻双方只有一方连续正常缴存住房公积金满 5 年，贷款额度不超过 60 万元。

（三）当年服务改进情况。

1. 规范业务标准，实现全市公积金业务统一决策、统一制度、统一管理、统一核算的"四统一"管理

完成了同煤分中心、开发区管理的数据移植，规范了住房公积金业务标准和业务流程，同时对缴存单位进行了网上缴存业务的培训。在同煤分中心和开发区管理部设立了综合服务大厅，使同煤和开发区缴存职工享受到同市区缴存职工同等便民服务。

2. 精简业务资料，优化业务流程

简化企业开户流程：认真贯彻落实全省"多证合一"工作要求，各类企业在我市办理住房公积金开户手续，只需向中心提供统一社会代码证号即可办理，节约了企业办事时间和成本，进一步优化我市营商环境。

精简贷款业务资料：以住房公积金系统内的缴存基数作为收入认定依据，取消了住房公积金贷款所需的个人收入证明和收入流水两项业务资料。缴存职工申请贷款时不再需要往返工作单位和银行专门准备收入证明和收入流水手续。

压缩贷款审批时限：通过对贷款承办银行实施精细管理和考核，受托银行审批时间不超过 2 个工作日，贷款发放时间不超过 1 个工作日。

3. "互联网＋大同公积金"，线上业务服务升级

大力推行网办业务。借助综合服务平台，不断提升业务服务效率，推动更多业务逐步实现线上办理。在开通租房、退休和本地公积金还贷提取网上办理的基础上，将省内偿还异地公积金贷款提取、异地转移接续和网上申请公积金贷款办理三项新的功能实现在手机上办理，进一步扩展了中心"最多跑一次"和"一次都不用跑"的业务范围，网办业务占比达到 69.7%。

在全省率先引入征信服务让群众少跑路。在业务大厅设置了个人征信报告自助查询机，群众办理贷款业务时无需再到人行打印征信报告，让群众享受到"一站式"贷款办理服务。

信息化服务更加完善。持续深化政务新媒体宣传作用，充分发挥官方网站、微信公众号在线服务功能，加大 12329 平台和 12345 热线"接诉即办"服务力度，做到事事有着落，件件有回音，电话和网上信访诉求件办结率达到 100%，按时回复率 100%。

4. 协调相关部门，解决破产企业职工提取难

针对我市部分国有破产企业职工因单位早年报送的个人公积金信息不完善而无法提取公积金的问题，建立了国有破产企业统一报送和完善相关信息的工作机制，国有破产企业职工办理公积金提取不再"难"。

5. 开展常态化服务检查，强化作风效能监督，形成常态化监督机制

业务大厅采取每日常规检查和不定时抽查的方式，对窗口工作人员的服务情况进行规范。同时，在大厅醒目位置设立了意见箱，公开了投诉电话，向群众发放征求意见卡，收集各类意见建议，发现问题及时整改，并将解决的问题及时向群众反馈，通过内外监督，进一步提升了大厅服务质量。

（四）当年信息化建设情况。

（1）中心信息系统接入全国住房公积金数据平台，每日日终系统自动报送中心业务数据，实现住房和城乡建设部与税务总局总对总的数据交换，并向缴存职工提供数据查询服务。

（2）首批接入了全省住房公积金数据互联共享平台，实现了与省内11家地市住房公积金中心业务数据、全省19家商业银行商业住房贷款数据互联共享，接入了省市场监督管理局的全省工商企业注册信息。

（3）实现贷款历史档案数字化管理。

大同市住房公积金管理中心完成了住房公积金贷款历史档案数字化加工工作，对共计164.3万页历史贷款档案进行了档案整理和数字化加工，实现了电子档案与业务数据的关联，方便了档案查询、变更担保人、贷款提前结清、逾期催收等业务快捷办理。

（4）完成了住房公积金综合管理业务系统三级等保测评，进一步强化和保障了信息系统及数据的安全。

（5）为全市3025家缴存单位免费使用网厅数字证书，进一步保证了住房公积金业务网上操作的安全性，实现更多的公积金业务网上办、家里办、指尖上办。

（五）当年住房公积金管理中心及职工所获荣誉情况。

2019年被山西省委、省政府评为"山西省模范单位"。

2019年被山西省住房城乡建设厅评为"优秀单位"。

阳泉市住房公积金2019年年度报告

一、机构概况

（一）住房公积金管理委员会： 住房公积金管理委员会有29名委员，2019年召开1次会议，审议通过的事项主要包括：

（1）阳泉市住房公积金2018年年度报告的请示；

（2）阳泉市住房公积金2018年度工作总结、2019年度工作计划；

（3）阳泉市住房公积金管理中心2018年度增值收益分配方案。

（二）住房公积金管理中心： 住房公积金管理中心为隶属于市政府不以营利为目的的参照公务员法管理全额事业单位，设7个处（科），6个管理部，1个分中心。从业人员95人，其中，在编58人，非在编37人。

二、业务运行情况

（一）缴存： 2019年，新开户单位116家，实缴单位1722家，净增单位63家；新开户职工0.48万人，实缴职工17.32万人，净增职工－0.18万人；缴存额16.51亿元，同比增长11.48%。2019年末，缴存总额 150.58 亿元,比上年末增加 12.31%;缴存余额 51.46 亿元,比上年末增加 22.79%。

受委托办理住房公积金缴存业务的银行 6 家,比上年增加 0 家。

(二)提取:2019 年,提取额 6.94 亿元,同比增长 19.04%;占当年缴存额的 47.57%,比上年减少 8.18 个百分点。2019 年末,提取总额 99.11 亿元,比上年末增加 7.53%。

(三)贷款:

1. 个人住房贷款: 个人住房贷款最高额度 80 万元,其中,单缴存职工最高额度 80 万元,双缴存职工最高额度 80 万元。(阳煤分中心参照市中心执行)。

2019 年,发放个人住房贷款 0.1232 万笔、3.82 亿元,同比分别下降 24.23%、22.99%。其中,市中心发放个人住房贷款 0.0939 万笔、3.22 亿元,分中心发放个人住房贷款 0.0293 万笔、0.6 亿元。

2019 年,回收个人住房贷款 2.56 亿元。其中,市中心 2.01 亿元,分中心 0.55 亿元。

2019 年末,累计发放个人住房贷款 2.4 万笔、42.25 亿元,贷款余额 19.6 亿元,分别比上年末增加 5.73%、9.91%、6.93%。个人住房贷款余额占缴存余额的 38.09%,比上年末减少 5.65 个百分点。

受委托办理住房公积金个人住房贷款业务的银行 6 家,无新增受托银行。

2. 住房公积金支持保障性住房建设项目贷款: 无此项业务。

(四)购买国债:无此项业务。

(五)融资:无此项业务。

(六)资金存储:2019 年末,住房公积金存款 32.15 亿元。其中,活期 0.01 亿元,1 年(含)以下定期 6.88 亿元,1 年以上定期 22.19 亿元,其他(协定、通知存款等)3.07 亿元。

(七)资金运用率:2019 年末,住房公积金个人住房贷款余额、项目贷款余额和购买国债余额的总和占缴存余额的 38.09%,比上年末减少 5.65 个百分点。

三、主要财务数据

(一)业务收入:2019 年,业务收入 14480.3 万元,同比增长 12.22%。其中,市中心 10225.15 万元,分中心 4255.15 万元;存款利息 8244.44 万元,委托贷款利息 6229.61 万元,国债利息 0 万元,其他 6.25 万元。

(二)业务支出:2019 年,业务支出 7377.01 万元,同比增长 26.89%。其中,市中心 4994.55 万元,分中心 2382.46 万元;支付职工住房公积金利息 6973.56 万元,归集手续费 0 万元,委托贷款手续费 238.63 万元,其他 164.82 万元。

(三)增值收益:2019 年,增值收益 7103.29 万元,同比增长 0.18%。其中,市中心 5230.6 万元,分中心 1872.69 万元;增值收益率 2.14%,比上年增加 0.24 个百分点。

(四)增值收益分配:2019 年,提取贷款风险准备金 0 万元,提取管理费用 1635 万元,提取城市廉租住房(公共租赁住房)建设补充资金 4387 万元。

2019 年,上交财政管理费用 1635 万元。上缴财政城市廉租住房(公共租赁住房)建设补充资金 5405.16 万元。其中,市中心上缴 3150 万元,分中心上缴阳泉市财政局 2255.16 万元。

2019 年末,贷款风险准备金余额 10166.54 万元。累计提取城市廉租住房(公共租赁住房)建设补充资金 54885.9 万元。其中,市中心提取 24851.83 万元,分中心提取 30034.07 万元。

（五）管理费用支出：2019 年，管理费用支出 1067.02 万元，同比增长 8.59%。其中，人员经费 554.72 万元，公用经费 58.15 万元，专项经费 454.15 万元。

市中心管理费用支出 923.7 万元，其中，人员、公用、专项经费分别为 452.5 万元、51.3 万元、419.9 万元；分中心管理费用支出 143.32 万元，其中，人员、公用、专项经费分别为 102.22 万元、6.85 万元、34.25 万元。

四、资产风险状况

（一）个人住房贷款：2019 年末，个人住房贷款逾期额 1002.29 万元，逾期率 5.11‰。其中，市中心 4.4‰，分中心 10.43‰。

2019 年末，个人贷款风险准备金余额 10166.54 万元，占个人住房贷款余额的 5.19%，个人住房贷款逾期额与个人贷款风险准备金余额的比率为 9.86%。

（二）支持保障性住房建设试点项目贷款：无此项业务。

五、社会经济效益

（一）缴存业务：2019 年，实缴单位数、实缴职工人数和缴存额同比分别增长 3.8%、−1.03% 和 11.48%。

缴存单位中，国家机关和事业单位占 65.1%，国有企业占 24.62%，城镇集体企业占 2.56%，外商投资企业占 0.41%，城镇私营企业及其他城镇企业占 6.45%，民办非企业单位和社会团体占 0.17%，其他占 0.69%。

缴存职工中，国家机关和事业单位占 25.28%，国有企业占 69.64%，城镇集体企业占 2.93%，外商投资企业占 0.3%，城镇私营企业及其他城镇企业占 1.71%，民办非企业单位和社会团体占 0.01%，其他占 0.13%；中、低收入占 98.3%，高收入占 1.7%。

新开户职工中，国家机关和事业单位占 45.43%，国有企业占 26.27%，城镇集体企业占 4.34%，外商投资企业占 0.69%，城镇私营企业及其他城镇企业占 20.08%，民办非企业单位和社会团体占 0.1%，其他占 3.09%；中、低收入占 98.98%，高收入占 1.02%。

（二）提取业务：2019 年，3.04 万名缴存职工提取住房公积金 6.94 亿元。

提取金额中，住房消费提取占 68.92%（购买、建造、翻建、大修自住住房占 20.62%，偿还购房贷款本息占 12.23%，租赁住房占 12.11%，其他占 23.96%）；非住房消费提取占 31.08%（离休和退休提取占 30.87%，完全丧失劳动能力并与单位终止劳动关系提取占 0.01%，出境定居占 0.14%，其他占 0.06%）。

提取职工中，中、低收入占 92.8%，高收入占 7.2%。

（三）贷款业务：

1. 个人住房贷款：2019 年，支持职工购建房 14.58 万平方米，年末个人住房贷款市场占有率（含公转商贴息贷款）为 22.64%，比上年末减少 3.59 个百分点。通过申请住房公积金个人住房贷款，可节约职工购房利息支出 9452.52 万元。

职工贷款笔数中，购房建筑面积 90（含）平方米以下占 10.63%，90～144（含）平方米占 67.69%，

144 平方米以上占 21.68%。购买新房占 79.22%（其中购买保障性住房占 27.52%），购买二手房占 16.40%，建造、翻建、大修自住住房占 0%，其他占 4.38%。

职工贷款笔数中，单缴存职工申请贷款占 18.59%，双缴存职工申请贷款占 81.41%，三人及以上缴存职工共同申请贷款占 0%。

贷款职工中，30 岁（含）以下占 20.3%，30 岁～40 岁（含）占 39.3%，40 岁～50 岁（含）占 18.18%，50 岁以上占 22.22%；首次申请贷款占 93.18%，二次及以上申请贷款占 6.82%；中、低收入占 92.53%，高收入占 7.47%。

2. 异地贷款： 2019 年，发放异地贷款 52 笔、1724.7 万元。2019 年末，发放异地贷款总额 8418.1 万元，异地贷款余额 5373.73 万元。

3. 公转商贴息贷款： 无此项业务。

4. 支持保障性住房建设试点项目贷款： 无此项业务。

（四）**住房贡献率：** 2019 年，个人住房贷款发放额、公转商贴息贷款发放额、项目贷款发放额、住房消费提取额的总和与当年缴存额的比率为 65.17%，比上年减少 7.83 个百分点。

六、其他重要事项

（一）当年机构及职能调整情况、受委托办理缴存贷款业务金融机构变更情况。2019 年，中心机构及职能无调整，未新增存贷款业务委托银行。

（二）当年住房公积金政策调整及执行情况。

1. 缴存基数。

（1）自 2019 年 7 月 1 日起，职工住房公积金的缴存基数由 2017 年职工个人月平均工资总额，调整为 2018 年职工个人月平均工资总额。

2019 年 1 月 1 日后新参加工作的职工，从参加工作的第二个月开始缴存住房公积金，以其参加工作的第二个月工资总额作为住房公积金缴存基数。

2019 年 1 月 1 日后新调入的职工，从调入当月开始缴存住房公积金，以其调入当月工资总额作为住房公积金缴存基数。

（2）职工工资总额按国家统计局《关于工资总额组成的规定》（统制字〔1990〕1 号）计算执行，具体由六个部分组成：计时工资、计件工资、奖金、津贴和补贴、加班加点工资、特殊情况下支付的工资。

（3）缴存基数上下限的确定：

职工住房公积金月缴存基数最高不得超过 15453 元。

职工住房公积金缴存基数不得低于阳泉市上一年度确定的最低工资标准：城区、矿区、郊区、开发区的缴存单位不得低于 1700 元；平定、盂县的缴存单位不得低于 1500 元。

2. 缴存比例。

（1）我市住房公积金缴存比例仍严格执行以下规定，即缴存比例最低不得低于 5%（单位和个人缴存比例均不得低于 5%），最高不得高于 12%（单位和个人缴存比例均不得高于 12%）。

（2）阶段性适当降低企业住房公积金缴存比例政策，继续按照住房和城乡建设部、财政部、人民银行

《关于改进住房公积金缴存机制进一步降低企业成本的通知》(建金〔2018〕45号),延长执行至2020年4月30日。

3. 个体工商户和自由职业者住房公积金月缴存额不得低于289元。

4. 规范住房公积金缴存登记。

严格落实山西省政府"多证合一"工作部署,规范住房公积金缴存登记。(1)新设立企业依法登记并取得统一社会信用代码即完成了住房公积金缴存登记,其统一社会信用代码作为单位住房公积金业务的唯一标识。单位不需再到住房公积金管理机构办理住房公积金缴存登记。(2)对市场监管部门在企业申请营业执照时已统一采集的企业基本信息,中心不再要求企业提供额外的证明材料。(3)企业银行账户、公积金缴存比例、开户人数、经办人信息等非统一采集的缴存信息,由企业在为其职工缴存住房公积金时提供。

5. 住房公积金提取政策调整。

2019年当年住房公积金提取政策没有调整,按照以前的规定执行。

6. 住房公积金贷款政策调整。

2019年当年个人住房贷款最高贷款额度仍为80万元,当年住房公积金贷款政策没有调整,按照阳住管发〔2018〕24号文件《关于规范调整住房公积金提取和贷款政策的通知》的规定执行。主要有以下几个方面:

(1)停止向尚未结清住房公积金贷款的职工家庭,发放住房公积金贷款。首套房和二套房住房公积金贷款最低首付比例目前均为20%;超过最低首付比例的,按实际剩余部分及家庭和个人收入情况等因素确定贷款额。除建造、翻建、大修自住住房外,贷款资金不得直接支付给借款人。

(2)住房公积金异地贷款由缴存地公积金管理部门开具缴存证明,购买地住房公积金中心管理部门受理审核、发放贷款;缴存地公积金中心不再发放本地缴存职工的异地购房贷款。对已使用过两次及以上住房公积金个人住房贷款(含异地贷款)的职工,无论贷款是否结清,缴存地公积金中心不得出具缴存使用证明,购房地城市公积金中心不再受理其异地贷款申请。

(3)住房公积金贷款以所购房屋抵押(含预抵押)为主,凡所购房屋具备预抵押条件的,应进行预抵押登记。暂不能提供房屋抵押或预抵押担保时,无论采取何种阶段性担保方式,最终都要落实到房屋抵押。除建造、翻建、大修自住住房外,不再使用自然人全程联保的担保方式。

(4)不再受理向付清房款的职工家庭发放住房公积金贷款业务和已还清商业银行住房贷款的商转公业务。停止受理自2018年7月30日以后商业银行发放的住房贷款转公积金贷款业务。

(5)取消直系亲属公积金互贷业务,不得向非住房公积金缴存人发放住房公积金贷款。

(6)支持缴存职工首套和改善性购房贷款,取消住房公积金房屋装修贷款业务等。

(三)当年服务改进情况。

(1)单位网厅的推广,实现了单位只要有U盾,缴存单位就可以在单位办公室直接办理缴存业务,目前有765家单位已与中心签约。到目前为止,经过十五期培训,已培训完成456家。中心上线了个人网上营业大厅、微信公众号、手机APP三个线上渠道,采用"两上两下"的方式,核对缴存职工的个人信息。截至目前已有1167家单位、64834名职工信息填报完整,缴存职工足不出户就可以在家办理部分公积金个人业务。

（2）将公积金查询业务嵌入建行网点，是继公积金网厅、手机APP、微信公众号之后服务渠道的一次再延伸，全市1857家缴存单位14万缴存职工均可在建行23个网点、100余台智慧柜员机就近查询公积金业务和个人公积金基本情况。

（3）打通信息"孤岛"，实现信息互联互通。目前，我中心已通过省数据共享平台实现与公安、房产、不动产、工商、银行等数据平台的接口对接，加快了推进"一网通办"的进程。

（四）当年信息化建设情况。

1. 中心公积金业务系统升级。G系统升级，增加了指纹登陆和用户名安全性验证等功能；综合服务平台升级，增加了渠道单位缴存率变更、人脸识别、信息推送等功能；综合服务管理平台升级，增加了渠道操作留痕、平台启停、推送流程控制等功能；影像系统参数配置、测试，8月份成功上线影像管理功能；单位网厅8月成功上线；个人线上渠道（微信、网上营业大厅、手机APP）于11月成功对外开放，添加网站登录入口。

2. 完成与省互联共享平台对接的系统测试上线工作。目前测试完成已经上线的接口有工商部门接口、转移接续查询、异地公积金贷款查询、异地贷款缴存证明回执、异地贷款缴存证明查询、异地贷款回执上报、省不动产接口、公安身份信息接口、省商业贷款接口。

3. 完成与市信息中心数据交换平台对接工作。依托该平台，中心已申请不动产登记证明接口、不动产权证书接口、商品房备案数据接口和商品房网签信息接口。目前已经完成与市信息中心相关接口的开发和测试工作。

（五）当年住房公积金管理中心及职工所获荣誉情况。2019年荣获省住建系统先进单位、市直机关工委文明标兵称号；城区管理部获得省住建系统青年文明号荣誉称号；中心副主任李乃国同志被评为"担当表现突出干部"；2019年11月3日、12月2日、12月26日《阳泉新闻》《阳泉日报》对网上办理、优化服务做了新闻报道。

长治市住房公积金2019年年度报告

一、机构概况

（一）住房公积金管理委员会：住房公积金管理委员会有25名委员，2019年召开2次会议，审议通过的事项主要包括：《关于2018年住房公积金归集使用计划执行情况及2019年计划的报告》《关于对市住房公积金管理中心2018年住房公积金归集使用计划执行情况及2019年计划的审核报告》《长治市住房公积金失信管理办法》《长治市住房公积金按揭贷款管理办法（修订稿）》《长治市住房公积金个人住房贷款业务规程》《关于调整住房公积金有关使用政策的请示》《关于增加住房公积金专户的请示》等。

（二）住房公积金管理中心：长治市住房公积金管理中心为市人民政府直属的不以营利为目的的全额事业单位。目前中心内设1室6科。设1个潞矿分中心、12个管理部，共13个派出机构。下设1个

12329 热线服务中心。从业人员 129 人，其中，在编 114 人、非在编 15 人。

二、业务运行情况

（一）缴存：2019 年，新开户单位 563 家，实缴单位 4678 家，净增单位 300 家；新开户职工 1.73 万人，实缴职工 28.13 万人，净增职工 1.08 万人；缴存额 30.34 亿元，同比增长 21.36%。2019 年末，缴存总额 229.21 亿元，比上年末增加 15.26%；缴存余额 90.90 亿元，比上年末增加 22.74%。

受委托办理住房公积金缴存业务的银行 7 家，无增减。

（二）提取：2019 年，提取额 13.50 亿元，同比下降 10%；占当年缴存额的 44.50%，比上年减少 15.50 个百分点。2019 年末，提取总额 138.31 亿元，比上年末增加 10.82%。

（三）贷款：

1. 个人住房贷款： 个人住房贷款最高额度 60 万元，其中，单缴存职工最高额度 40 万元，双缴存职工最高额度 60 万元。

2019 年，发放个人住房贷款 0.52 万笔、18.18 亿元，同比分别下降 3.70%、5.85%。其中，市中心发放个人住房贷款 0.48 万笔、16.73 亿元，分中心发放个人住房贷款 0.04 万笔、1.45 亿元。

2019 年，回收个人住房贷款 6.82 亿元。其中，市中心 6.16 亿元，分中心 0.66 亿元。

2019 年末，累计发放个人住房贷款 4.27 万笔、101.60 亿元，贷款余额 69.81 亿元，分别比上年末增加 13.87%、21.79%、19.46%。个人住房贷款余额占缴存余额的 76.79%，比上年末减少 2.12 个百分点。

受委托办理住房公积金个人住房贷款业务的银行 6 家，无增减。

2. 住房公积金支持保障性住房建设项目贷款： 无。

（四）购买国债：无。

（五）融资：无。

（六）资金存储：2019 年末，住房公积金存款 23.11 亿元。其中，1 年（含）以下定期 1.75 亿元，1 年以上定期 20.77 亿元，其他（协定、通知存款等）0.59 亿元。

（七）资金运用率：2019 年末，住房公积金个人住房贷款余额、项目贷款余额和购买国债余额的总和占缴存余额的 76.79%，比上年末减少 2.12 个百分点。

三、主要财务数据

（一）业务收入：2019 年，业务收入 27089.23 万元，同比增长 24.26%。其中，市中心 22569.06 万元，分中心 4520.17 万元；存款利息 6367.50 万元，委托贷款利息 20700.37 万元，其他 21.36 万元。

（二）业务支出：2019 年，业务支出 13198.84 万元，同比增长 19.30%。其中，市中心 10344.78 万元，分中心 2854.06 万元；支付职工住房公积金利息 12225.82 万元，委托贷款手续费 968.29 万元，其他 4.73 万元。

（三）增值收益：2019 年，增值收益 13890.39 万元，同比增长 29.36%。其中，市中心 12224.28 万元，分中心 1666.11 万元；增值收益率 1.69%，比上年增加 0.13 个百分点。

（四）增值收益分配：2019 年，提取贷款风险准备金 1098.83 万元，提取管理费用 46.33 万元，提取城市廉租住房（公共租赁住房）建设补充资金13874.33万元。（其中：2019年当年计提廉租住房建设补充资金8622.81万元，实现以前年度的待分配增值收益并在2019年计提为廉租住房建设补充资金5251.52万元）。

当年待分配增值收益5800.54万元。

2019年，上交财政管理费用43.44万元。上缴财政城市廉租住房（公共租赁住房）建设补充资金12114.74万元。其中，市中心上缴8595.73万元，分中心上缴3519.01万元。

2019年末，贷款风险准备金余额11285.34万元。累计提取城市廉租住房（公共租赁住房）建设补充资金103985.83万元。其中，市中心提取79276.45万元，分中心提取24709.38万元。

（五）**管理费用支出**：2019年，管理费用支出1424.87万元，同比增长26.51%。其中，人员经费929.02万元，公用经费121.65万元，专项经费374.20万元。

四、资产风险状况

（一）**个人住房贷款**：2019年末，个人住房贷款逾期额526.60万元，逾期率0.75‰。其中，市中心0.15‰，分中心8.9‰。

个人贷款风险准备金按贷款余额的1%提取。2019年，提取个人贷款风险准备金1098.83万元，使用个人贷款风险准备金核销呆坏账0万元。2019年末，个人贷款风险准备金余额11285.34万元，占个人住房贷款余额的1.62%，个人住房贷款逾期额与个人贷款风险准备金余额的比率为4.67%。

（二）**支持保障性住房建设试点项目贷款**：无。

五、社会经济效益

（一）**缴存业务**：2019年，实缴单位数、实缴职工人数和缴存额同比分别增长6.85%、3.99%和21.36%。

缴存单位中，国家机关和事业单位占68.58%，国有企业占13.17%，城镇集体企业占1.20%，外商投资企业占0.43%，城镇私营企业及其他城镇企业占6.97%，民办非企业单位和社会团体占1.72%，其他占7.93%。

缴存职工中，国家机关和事业单位占38.96%，国有企业占47.77%，城镇集体企业占2.08%，外商投资企业占0.41%，城镇私营企业及其他城镇企业占4.48%，民办非企业单位和社会团体占0.17%，其他占6.13%；中、低收入占99.14%，高收入占0.86%。

新开户职工中，国家机关和事业单位占31.50%，国有企业占25.89%，城镇集体企业占3.34%，外商投资企业占1.86%，城镇私营企业及其他城镇企业占17.80%，民办非企业单位和社会团体占1.52%，其他占18.09%；中、低收入占99.70%，高收入占0.30%。

（二）**提取业务**：2019年，7.68万名缴存职工提取住房公积金13.50亿元。

提取金额中，住房消费提取占73.52%（购买、建造、翻建、大修自住住房占16.43%，偿还购房贷款本息占30.29%，租赁住房占26.80%）；非住房消费提取占26.48%（离休和退休提取占21.67%，完全丧失劳动能力并与单位终止劳动关系提取占0.02%，其他占4.79%）。

提取职工中，中、低收入占99.13%，高收入占0.87%。

（三）贷款业务：

1. 个人住房贷款：2019 年，支持职工购建房 63.15 万平方米，年末个人住房贷款市场占有率（含公转商贴息贷款）为 31.11%，比上年末减少 9.47 个百分点。通过申请住房公积金个人住房贷款，可节约职工购房利息支出 37223.16 万元。

职工贷款笔数中，购房建筑面积 90（含）平方米以下占 8.75%，90～144（含）平方米占 76.27%，144 平方米以上占 14.98%。购买新房占 95.71%（其中购买保障性住房占 1.05%），购买二手房占 4.29%。

职工贷款笔数中，单缴存职工申请贷款占 64.00%，双缴存职工申请贷款占 36.00%。

贷款职工中，30 岁（含）以下占 34.59%，30 岁～40 岁（含）占 41.82%，40 岁～50 岁（含）占 18.04%，50 岁以上占 5.55%；首次申请贷款占 97.56%，二次及以上申请贷款占 2.44%；中、低收入占 98.80%，高收入占 1.20%。

2. 异地贷款：2019 年，发放异地贷款 712 笔、24215.00 万元。2019 年末，发放异地贷款总额 104169.38 万元，异地贷款余额 71123.36 万元。

3. 公转商贴息贷款：无。

4. 支持保障性住房建设试点项目贷款：无。

（四）住房贡献率：2019 年，个人住房贷款发放额、公转商贴息贷款发放额、项目贷款发放额、住房消费提取额的总和与当年缴存额的比率为 92.63%，比上年减少 30.69 个百分点。

六、其他重要事项

（一）当年机构及职能调整情况、受委托办理缴存贷款业务金融机构变更情况。 2019 年市住房公积金管理中心将售房款和住房补贴及其增值收益移交市房产服务中心下属的市住房保障管理中心管理。

（二）当年住房公积金政策调整及执行情况。

住房公积金缴存方面：

（1）年度缴存基数。依据长治市统计局统计信息网统计公告，调整我市 2019 年度月住房公积金缴存基数上限为 15394 元，下限无变动。

（2）开通灵活就业人员缴存住房公积金。根据国务院《推动 1 亿非户籍人口在城市落户方案》（国办发〔2016〕72 号）和《关于做好当前和今后一段时期就业创业工作的意见》（国发〔2017〕28 号）精神，为扩大住房公积金制度覆盖面，将更多职工纳入到住房公积金保障体系，从 9 月 9 日起，我市灵活就业人员可以办理住房公积金缴存，纳入住房公积金保障制度范围。

住房公积金提取方面：

（1）商品房买卖合同提取，由"签订后至不动产权证书登记时间起一年之内提取"，调整为"签订之日起一年内提取"。

（2）单位公房第一次房改、单位公房补足成本价提取，由"房改部门出具批复后至不动产权证书登记时间起一年之内提取"，调整为"房改部门出具批复之日起一年内提取"。

（3）建造、翻建自住住房提取，由"相关部门批文下发后至不动产权证书登记时间起一年之内提取"，调整为"规划部门建房、翻建批准文件或建设工程规划许可证最后一次登记之日起一年内提取"。

（4）拆迁安置提取，由"协议签订后至不动产权证书登记时间起一年之内提取"，调整为"协议签订之日起一年内提取"。

（5）无房租房提取，由"每人每年可提取 15000 元"，调整为"每人每年可提取 8000 元"。

（6）偿还商业银行住房贷款提取额，由"贷款额加已还利息之和"，调整为"已还贷款本息之和，满一年可提取一次"。

（7）对已办理住房公积金贷款的职工，由直接提现调整为仅可办理对冲还贷或提前还本业务。

（8）取消 4 项公积金提取业务。根据中华人民共和国住房和城乡建设部和国家市场监督管理总局联合发布的《住房公积金提取业务标准》，自 9 月 9 日起，我市住房公积金取消"突发事件中重大疾病""物业费""享受最低生活保障"和"自然灾害或者突发事件造成家庭特别困难"4 项提取业务。

（9）开通了偿还异地住房公积金贷款提取和偿还异地商业住房贷款提取业务。

住房公积金贷款方面：

（1）调整住房公积金贷款的最高额度。由"最高 60 万元，不分单双职工"，调整为"贷款申请人夫妻双方均正常缴存了住房公积金的，公积金贷款最高额度为 60 万元；贷款申请人为单方正常缴存公积金的，公积金贷款最高额度为 40 万元"。

实行"最高贷款额度与借款人缴存年限挂钩，住房公积金贷款最高额度不超过借款人缴存年限×10 万元，缴存年限按照缴存月份/12 取整加 1 计算。根据缴存年限测算的最高贷款额度低于 20 万元的，按照 20 万元计算"。

购买二套房提取的，提取了本人及配偶住房公积金账户余额后再以购买同一套住房申请个人住房贷款的，在申请贷款额度中核减相应的提取金额。

（2）调整贷款期限。由原来的"不超过借款人 65 岁"，调整为"不超过借款申请人法定退休时间后 5 年"。

（3）购买新建商品房公积金贷款统一要求办理预购商品房抵押登记，进一步落实担保措施。

（4）调整对冲还贷申请条件，取消对冲还贷申请人必须按月汇缴的限制。

（5）明确转业安置和自主择业的退役军人住房公积金贷款有关问题。包括退役军人新开户、转移接续后缴存时间计算等，充分保障退役军人权益。

（6）修订我市《住房公积金按揭贷款管理办法》。新增公积金按揭贷款发放管理及违约责任管理等内容；变更履约保证金的缴纳比例及按揭楼盘准入流程等内容。

（7）制定《长治市住房公积金个人住房贷款业务规程》。增加组合贷款业务，进一步满足职工购房融资需求。

（三）当年服务改进情况。

（1）制定《长治市住房公积金失信管理办法》，加强行业管理，净化公积金发展环境，提升缴存单位和职工的安全感、获得感。

（2）继续增强"互联网＋公积金"服务能力。手机公积金 APP 年度再增加包括贷款预约、贷款额度试算、签约对冲还贷、提前结清贷款、购房提取、业务办理"一次性告知"、合作楼盘查询等 7 项功能。住房公积金查询、归集、提取、贷款等 31 项业务实现了网上服务，全程网办业务占比达到 65%。

（3）继续优化贷款流程。在签订贷款协议的同时即办理对冲还贷业务。个贷发放由原来的受托银行发放调整为中心直接发放,且可跨行发放;省内其他城市缴存公积金职工向中心申请住房公积金贷款时不需提供《异地贷款职工住房公积金缴存使用证明》和缴存明细,实现联网查询。

(4)开发商阶段性担保占非抵押担保的100%。所有新开发楼盘均实现了阶段性担保,开发商阶段性担保占非抵押担保的100%,所有贷款办理了预抵押登记。年度按揭贷款发放额达到17.30亿元,占个贷总额95.17%。

(四)当年信息化建设情况。

(1)住房公积金数据实现多层级互联共享。5月份,按照市委市政府要求,公积金数据接入市政府信息共享平台。6月,落实住房和城乡建设部部署,完成基础信息采集,接入住房和城乡建设部数据报送平台。7月,按照省厅要求,按时接入了全省住房公积金数据互联共享平台,实现了省内部分行业数据互联共享。

(2)多种措施保障住房公积金数据安全。一是完成公积金综合信息管理系统等保三级备案。二是落实信息化建设导则,建立住房公积金数据安全机制,在本地备份的前提下,建立异地灾备。三是建立网上业务办理安全机制。继续落实各项防控措施,公积金交易类、业务类、查询类业务全部实现了实名认证,包括面部识别、身份证认证登录和支付宝面部识别授权认证等。

(3)年度完成潞矿分中心与市中心系统合并,完成潞矿分中心数据移植工作。

(五)当年干部队伍建设情况。

2019年,长治市住房公积金管理中心深入开展"不忘初心、牢记使命"主题教育和"改革创新、奋发有为"大讨论。始终把党的政治建设放在首位,严肃党的政治纪律和政治规矩,教育引导党员干部按照忠诚、干净、担当要求提升素质,增强"四个意识",坚定"四个自信",做到"两个维护",使思想、行动、能力跟上党中央要求、跟上新时代步伐、跟上住房公积金事业发展需要。

2020年,长治市住房公积金管理中心将认真贯彻党的十九届四中全会和中央、省、市经济工作会议精神,落实"房住不炒""因城施策"要求,继续做好信息化建设、行业管理、风险防控等各方面工作,用心用力,助力我市省域副中心城市建设工作大局。

晋城市住房公积金2019年年度报告

一、机构概况

(一)**住房公积金管理委员会**:住房公积金管理委员会有27名委员,2019年召开一次会议,审议通过的事项主要包括:《晋城市住房公积金2018年年度报告》《关于晋城市2018年住房公积金计划执行情况及财务决算和2019年计划及财务预算的报告》。

(二)**住房公积金管理中心**:住房公积金管理中心为直属于晋城市人民政府不以营利为目的的全额事业单位,设9个科,8个分中心。从业人员138人,其中,在编102人,非在编36人。

二、业务运行情况

（一）**缴存**：2019年，新开户单位266家，实缴单位2712家，净增单位126家；新开户职工1.89万人，实缴职工25.21万人，净增职工0.17万人；缴存额27.76亿元，同比增长8.78%。2019年末，缴存总额228.7亿元，比上年末增加13.82%；缴存余额96.77亿元，比上年末增加18.16%。

受委托办理住房公积金缴存业务的银行9家，与上年无变化。

（二）**提取**：2019年，提取额12.89亿元，同比增长15.71%；占当年缴存额的46.43%，比上年增加2.78个百分点。2019年末，提取总额131.93亿元，比上年末增加10.83%。

（三）**贷款**：

1. 个人住房贷款：个人住房贷款最高额度80万元，其中，单缴存职工最高额80万元，双缴存职工最高额度80万元。

2019年，发放个人住房贷款0.34万笔、11.88亿元，同比分别下降12.82%、0.92%。

2019年，回收个人住房贷款7.21亿元。

2019年末，累计发放个人住房贷款3.99万笔、86.96亿元，贷款余额51.88亿元，分别比上年末增加9.32%、15.82%、9.92%。个人住房贷款余额占缴存余额的53.61%，比上年末减少4.02个百分点。

受委托办理住房公积金个人住房贷款业务的银行7家，与上年无变化。

2. 住房公积金支持保障性住房建设项目贷款：无。

（四）**购买国债**：无。

（五）**融资**：无。

（六）**资金存储**：2019年末，住房公积金存款46.21亿元。其中，活期0.01亿元，1年以上定期43.78亿元，其他（协定、通知存款等）2.42亿元。

（七）**资金运用率**：2019年末，住房公积金个人住房贷款余额、项目贷款余额和购买国债余额的总和占缴存余额的53.61%，比上年末减少4.02个百分点。

三、主要财务数据

（一）**业务收入**：2019年，业务收入32571.94万元，同比增长28.69%。存款利息16462.33万元，委托贷款利息16096.10万元，其他13.51万元。

（二）**业务支出**：2019年，业务支出14046.51万元，同比增长22.25%。支付职工住房公积金利息13388.13万元，委托贷款手续费657.22万元，其他1.16万元。

（三）**增值收益**：2019年，增值收益18525.43万元，同比增长34.05%。增值收益2.09%，比上年增加0.21个百分点。

（四）**增值收益分配**：2019年，提取贷款风险准备金467.24万元，提取管理费用2500万元，提取城市廉租住房（公共租赁住房）建设补充资金15558.19万元。

2019年，上交财政管理费用2600万元。上缴财政城市廉租住房（公共租赁住房）建设补充资金8748.45万元。

2019年末，贷款风险准备金余额10317.60万元。累计提取城市廉租住房（公共租赁住房）建设补充资金 65238.78 万元。

（五）管理费用支出：2019 年，管理费用支出 1865.54 万元，同比下降 53.58%。其中，人员经费 1367.52 万元，公用经费 195.53 万元，专项经费 302.49 万元。

四、资产风险状况

（一）个人住房贷款：2019 年末，个人住房贷款逾期额 335.87 万元，逾期率 0.65‰。

个人贷款风险准备金按当年新增贷款余额的 1% 提取。2019 年，提取个人贷款风险准备金 467.24 万元，使用个人贷款风险准备金核销呆坏账 0 万元。2019 年末，个人贷款风险准备金余额 10317.60 万元，占个人住房贷款余额的 1.99%，个人住房贷款逾期额与个人贷款风险准备金余额的比率为 3.26%。

（二）支持保障性住房建设试点项目贷款：无。

五、社会经济效益

（一）缴存业务：2019 年，实缴单位数、实缴职工人数和缴存额同比分别增长 4.87%、0.68% 和 8.78%。

缴存单位中，国家机关和事业单位占 49.48%，国有企业占 19.8%，城镇集体企业占 10.95%，外商投资企业占 0.52%，城镇私营企业及其他城镇企业占 16.37%，民办非企业单位和社会团体占 1.62%，其他占 1.26%。

缴存职工中，国家机关和事业单位占 24.5%，国有企业占 52.12%，城镇集体企业占 5.04%，外商投资企业占 8.6%，城镇私营企业及其他城镇企业占 6%，民办非企业单位和社会团体占 0.29%，其他占 3.45%；中、低收入占 98.25%，高收入占 1.75%。

新开户职工中，国家机关和事业单位占 8.09%，国有企业占 44.55%，城镇集体企业占 10.35%，外商投资企业占 17.87%，城镇私营企业及其他城镇企业占 13.03%，民办非企业单位和社会团体占 0.86%，其他占 5.25%；中、低收入占 99.22%，高收入占 0.78%。

（二）提取业务：2019 年，4.85 万名缴存职工提取住房公积金 12.89 亿元。

提取金额中，住房消费提取占 75.58%（购买、建造、翻建、大修自住住房占 24.42%，偿还购房贷款本息占 28.22%，租赁住房占 22.78%，其他占 0.16%）；非住房消费提取占 24.42%（离休和退休提取占 18.49%，完全丧失劳动能力并与单位终止劳动关系提取占 4.44%，出境定居占 0.01%，其他占 1.48%）。

提取职工中，中、低收入占 97.95%，高收入占 2.05%。

（三）贷款业务：

1. 个人住房贷款：2019 年，支持职工购建房 41.06 万平方米，年末个人住房贷款市场占有率（含公转商贴息贷款）为 33.71%，比上年末减少 1.91 个百分点。通过申请住房公积金个人住房贷款，可节约职工购房利息支出 29411.42 万元。

职工贷款笔数中，购房建筑面积 90（含）平方米以下占 10.76%，90～144（含）平方米占 77.29%，144 平方米以上占 11.95%。购买新房占 82.56%，购买二手房占 15.65%，建造、翻建、大修自住住房占 0.03%，其他占 1.76%。

职工贷款笔数中，单缴存职工申请贷款占 16.82%，双缴存职工申请贷款占 83.18%。

贷款职工中，30 岁（含）以下占 32.03%，30 岁~40 岁（含）占 41.68%，40 岁~50 岁（含）占 21.86%，50 岁以上占 4.43%；首次申请贷款占 93.23%，二次及以上申请贷款占 6.77%；中、低收入占 97.51%，高收入占 2.49%。

2. 异地贷款：2019 年，发放异地贷款 153 笔、5381 万元。2019 年末，发放异地贷款总额 9523.3 万元，异地贷款余额 6773.65 万元。

3. 公转商贴息贷款：无。

4. 支持保障性住房建设试点项目贷款：无。

（四）**住房贡献率**：2019 年，个人住房贷款发放额、公转商贴息贷款发放额、项目贷款发放额、住房消费提取额的总和与当年缴存额的比率为 77.92%，比上年减少 1 个百分点。

六、其他重要事项

（一）**当年机构及职能调整情况、受委托办理缴存贷款业务金融机构变更情况。** 2019 年经市编办批准，晋城市住房公积金管理中心增设内审科室。受委托办理缴存贷款业务的金融机构严格按照有关规定执行，当年未进行变更。

（二）**当年住房公积金政策调整及执行情况。**

1. 当年缴存政策调整情况

缴存基数限额及确定方法：自 2019 年 7 月 1 日起，职工住房公积金月缴存基数为职工本人 2018 年度月平均工资总额，最高不超过晋城市统计局公布的 2018 年度本市城镇非私营单位就业人员月平均工资的 3 倍，即 16206 元；最低不低于晋城市人力资源和社会保障局公布的 2018 最低工资标准：城区、泽州、高平、阳城为 1700 元，沁水 1600 元、陵川 1500 元。

缴存比例：全市住房公积金缴存比例继续执行最高 12%、最低 5%，缴存单位可在 5%~12% 区间自主确定缴存比例。

2. 当年提取政策调整情况

（1）放宽提取时限，购买、建造、翻建、大修自住住房（含公寓性住房）提取时限由 3 年延长至 5 年。

（2）提高租赁住房提取额度，缴存职工及配偶无自有住房而租赁住房提取的最高额度由 2 万元提高到 3 万元。

（3）新增既有多层住宅加装电梯提取政策。为贯彻落实晋城市人民政府办公室关于印发《晋城市市区既有多层住宅加装电梯工作实施方案（试行）的通知》（晋市政办〔2019〕35 号）精神，响应改善多层住宅居住条件的民生需求，减轻职工家庭加装电梯的经济困难，我市中心出台了《关于晋城市市区既有多层住宅加装电梯支取住房公积金的办法》（晋市公积金函〔2019〕27 号），明确支持缴存职工提取住房公积金用于支付既有多层住宅加装电梯的建设费用。

3. 当年贷款政策调整情况

提高贷款额度，个人和夫妻双方住房公积金贷款额度由 60 万元提高到 80 万元。对新全职引进在我市工作的人才在我市购买首套商品住房并按规定支付完首付后，所余房款可全额享受住房公积金贷款政策。

4. 当年住房公积金存贷款利率执行标准

按照中国人民银行、住房和城乡建设部、财政部《关于完善职工住房公积金账户存款利率形成机制的通知》（银发〔2016〕43号）规定，职工住房公积金账户存款利率统一按一年期定期存款基准利率1.5%执行。个人住房公积金贷款利率执行中国人民银行的规定：五年期以下（含五年）2.75%、五年期以上3.25%。

（三）当年服务改进情况。

（1）优化业务流程，提高服务效率。紧紧围绕影响群众办事的堵点痛点，深化"放管服"改革，在保证资金安全的基础上，进一步优化业务流程，提高服务效率。一是精简审批流程，提取实行一级审批，贷款实行二级审批；二是严格审批时限，提取实现即时即办，联保方式贷款自受理到放款不超过5个工作日，抵押担保贷款自受理到放款不超过10个工作日，按揭担保贷款自受理到放款不超过8个工作日。

（2）完善综合服务平台功能，提升便民服务水平。一是在手机APP上开通了离职提取、退休提取、物业费提取、偿还贷款本息提取、按月委托还贷、提前还本、提前结清、还款卡号变更、贷款进度查询等业务；二是大力推广单位网厅和手机公积金APP，通过培训公积金专管员熟练网厅操作及大力宣传手机公积金APP使用，努力实现相关业务"零跑腿，网上办"。

（3）推进部门信息共享，助推"最多跑一次"改革。2019年，依托省公积金数据共享平台，实现住房公积金业务系统与公安、民政、市场监管等多部门信息互联互享，最大限度减少群众提取、贷款等所需纸质资料的提供，避免了办事群众因要件不全来回奔波。

（四）当年信息化建设情况。

（1）按照《住房和城乡建设部办公厅关于做好全国住房公积金数据平台接入工作的通知》（建办金函〔2019〕36号）要求，于2019年5月底完成了与全国数据平台的接入上报工作。

（2）按照《山西省住房和城乡建设厅关于加快实现全省住房公积金数据互联共享的通知》（晋建金函〔2018〕147号）要求，于2019年6月底完成了与全省数据互联共享平台的接入工作，实现了与全省公积金数据互联互查，方便缴存职工跨市办理公积金贷款、提取等业务。

（3）按照晋城市大数据建设相关要求，2018年将核心业务迁至晋城市政务云平台，2019年又将综合服务平台相关系统迁至晋城市政务云平台，依托晋城市政务云平台，提高了系统运行的稳定性和安全性。

（4）信息系统、网站和移动互联网完成三级等保建设，建立互联网业务办理安全机制，群众在手机APP上办理业务时实行实名认证。

（五）当年住房公积金管理中心及职工所获荣誉情况。 2019年，中心被省住房和城乡建设厅评为"全省住房城乡建设工作先进单位"；被市文明委评为"市级文明单位标兵"；被市直工委评为"先进党组织"。

（六）当年对违反《住房公积金管理条例》和相关法规行为进行行政处罚和申请人民法院强制执行情况。 2019年，中心大力打击骗提、骗贷住房公积金的失信行为，全市共查处骗提公积金26户，金额171.73万元。按照规定对发现的骗提、骗贷住房公积金行为，除责令退回所提款项外，暂停其2年提取和贷款资格。

朔州市住房公积金 2019 年年度报告

一、机构概况

（一）住房公积金管理委员会：住房公积金管理委员会有 25 名委员，2019 年召开 1 次会议，审议通过的事项主要包括：

2018 年住房公积金管理工作及 2019 年工作计划；2019 年朔州市住房公积金归集、使用计划；2018 年朔州市住房公积金增值收益分配方案；朔州市住房公积金 2018 年年度报告；住房公积金相关业务事项。

（二）住房公积金管理中心：朔州市住房公积金管理中心为直属于朔州市人民政府、不以营利为目的的全额事业单位，主要负责全市住房公积金的归集、管理、使用和会计核算。中心经省、市编委批准内设办公室、财务科、征缴科，下设市区管理部、平鲁区管理部、山阴县管理部、怀仁县管理部、应县管理部、右玉县管理部（根据工作需要自行设置运行监管科、政策法规科、科技信息科、项目贷款管理科、监察室、个人贷款中心、提取与贷后管理中心、12329 客户服务中心和平朔经办机构）。为方便职工就近办理业务，加强柜面服务能力，增设建设银行、交通银行、工商银行、晋商银行、农业银行五个服务网点。从业人员 73 人，其中，在编 8 人，非在编 65 人。

二、业务运行情况

（一）缴存：2019 年，新开户单位 115 家，实缴单位 2055 家，净增单位－389 家；新开户职工 0.66 万人，实缴职工 11.48 万人，净增职工 0.06 万人；缴存额 16.63 亿元，同比增长 9.84％。2019 年末，缴存总额 137.20 亿元，同比增长 13.79％；缴存余额 50.23 亿元，同比增长 16.68％。

受委托办理住房公积金缴存业务的银行 2 家。

（二）提取：2019 年，提取额 9.45 亿元，同比增长 11.57％；占当年缴存额的 56.83％，比上年增加 0.89 个百分点。2019 年末，提取总额 86.97 亿元，同比增长 12.19％。

（三）贷款：

个人住房贷款：个人住房贷款最高额度 45 万元，其中，单缴存职工最高额度 45 万元，双缴存职工最高额度 45 万元。

2019 年，发放个人住房贷款 0.19 万笔、5.53 亿元，同比分别下降 20.83％、12.91％。

2019 年，回收个人住房贷款 3.55 亿元。

2019 年末，累计发放个人住房贷款 2.93 万笔、54.64 亿元，贷款余额 29.47 亿元，同比分别增长 0.19％、11.26％、7.2％。个人住房贷款余额占缴存余额的 58.67％，比上年减少 5.19 个百分点。

受委托办理住房公积金个人住房贷款业务的银行 5 家，较去年新增 1 家。

（四）购买国债：2019 年末，国债余额 0.19 亿元。

（五）资金存储：2019 年末，住房公积金存款 21.43 亿元。其中，1 年（含）以下定期 19.06 亿元，1 年以上定期 2 亿元，其他（协定、通知存款等）0.37 亿元。

（六）资金运用率：2019年末，住房公积金个人住房贷款余额、项目贷款余额和购买国债余额的总和占缴存余额的59.05%，比上年减少5.25个百分点。

三、主要财务数据

（一）业务收入：2019年，业务收入15526.24万元，同比增长15.74%。存款利息6131.48万元，委托贷款利息9237.37万元，其他157.39万元。

（二）业务支出：2019年，业务支出7186.03万元，同比增长18.08%。支付职工住房公积金利息6905.97万元，委托贷款手续费279.5万元，其他0.56万元。

（三）增值收益：2019年，增值收益8340.21万元，同比增长13.81%。增值收益率1.82%，比上年减少0.05个百分点。

（四）增值收益分配：2019年，提取贷款风险准备金2946.67万元，提取管理费用1137.27万元，提取城市廉租住房（公共租赁住房）建设补充资金4256.25万元。

2019年，上交财政管理费用1004.76万元。上缴财政城市廉租住房（公共租赁住房）建设补充资金3574.05万元。

2019年末，贷款风险准备金余额14745.14万元。累计提取城市廉租住房（公共租赁住房）建设补充资金37862.26万元。

（五）管理费用支出：2019年，管理费用支出1013.60万元，同比增长19.79%。其中，人员经费556.23万元，公用经费246.19万元，专项经费211.18万元。

四、资产风险状况

（一）个人住房贷款：2019年末，个人住房贷款无逾期。

个人贷款风险准备金按个人住房贷款余额的1%提取。2019年，提取个人贷款风险准备金2946.69万元。2019年末，个人贷款风险准备金余额14706.94万元，占个人住房贷款余额的4.99%。

（二）支持保障性住房建设试点项目贷款：项目贷款风险准备金按项目贷款余额的4%提取。项目贷款风险准备金余额38.2万元。

五、社会经济效益

（一）缴存业务：2019年，实缴单位数和实缴职工人数同比分别减少6.38%、0.95%，缴存额同比增加9.84%。

缴存单位中，国家机关和事业单位占82.34%，国有企业占9.05%，城镇集体企业占0.24%，外商投资企业占0.29%，城镇私营企业及其他城镇企业占6.86%，民办非企业单位和社会团体占0.54%，其他占0.68%。

缴存职工中，国家机关和事业单位占68.32%，国有企业占22.37%，城镇集体企业占0.74%，外商投资企业占0.43%，城镇私营企业及其他城镇企业占7.68%，民办非企业单位和社会团体占0.10%，其他占0.36%；中、低收入占98.18%，高收入占1.82%。

新开户职工中，国家机关和事业单位占43.81%，国有企业占25.20%，城镇集体企业占5.13%，外

商投资企业占 0.56%，城镇私营企业及其他城镇企业占 23.69%，民办非企业单位和社会团体占 0.27%，其他占 1.34%；中、低收入占 97.97%，高收入占 2.03%。

（二）提取业务：2019 年，3.10 万名缴存职工提取住房公积金 9.45 亿元。

提取金额中，住房消费提取占 79.47%（购买、建造、翻建、大修自住住房占 36.81%，偿还购房贷款本息占 23.49%，租赁住房占 19.15%，其他占 0.02%）；非住房消费提取占 20.53%（离休和退休提取占 17.35%，完全丧失劳动能力并与单位终止劳动关系提取占 1.69%，其他占 1.49%）。

提取职工中，中、低收入占 98.17%，高收入占 1.83%。

（三）贷款业务：

1. 个人住房贷款：2019 年，支持职工购建房 240671.71 平方米，年末个人住房贷款市场占有率（含公转商贴息贷款）为 40.73%，比上年末增加 2.51 个百分点。通过申请住房公积金个人住房贷款，可节约职工购房利息支出 14890.22 万元。

职工贷款笔数中，购房建筑面积 90（含）平方米以下占 6.79%，90～144（含）平方米占 78.12%，144 平方米以上占 15.09%。购买新房占 95.49%（其中购买保障性住房占 1.61%），购买二手房占 4.46%，其他占 0.05%。

职工贷款笔数中，单缴存职工申请贷款占 29.24%，双缴存职工申请贷款占 70.66%，三人及以上缴存职工共同申请贷款占 0.10%。

贷款职工中，30 岁（含）以下占 33.34%，30 岁～40 岁（含）占 40.95%，40 岁～50 岁（含）占 17.16%，50 岁以上占 8.55%；首次申请贷款占 92.28%，二次及以上申请贷款占 7.72%；中、低收入占 98.60%，高收入占 1.40%。

2. 异地贷款：2019 年，发放异地贷款 617 笔、18198.10 万元。2019 年末，发放异地贷款总额 71798.50 万元，异地贷款余额 59372.27 万元。

3. 支持保障性住房建设试点项目贷款：2019 年末，累计试点项目 1 个，贷款额度 0.0955 亿元，建筑面积 1.2 万平方米，可解决 144 户中低收入职工家庭的住房问题。1 个试点项目贷款资金已发放并还清贷款本息。

（四）住房贡献率：2019 年，个人住房贷款发放额、公转商贴息贷款发放额、项目贷款发放额、住房消费提取额的总和与当年缴存额的比率为 78.41%，比上年减少 7.59 个百分点。

六、其他重要事项

（一）当年机构及职能调整情况、受委托办理缴存贷款业务金融机构变更情况。

（1）中心结合"不忘初心、牢记使命"主题教育开展，集中整治党组织软弱涣散、党员教育管理宽松软、党建主体责任缺失等问题，选举产生了新的支部书记、支部委员会，完成支部换届工作。

（2）为充分发挥财政资金有效引导和撬动银行信贷投放，加大对地方经济社会发展的支持力度，按照市委、市政府安排部署，在参与竞争性存放公开招标入围的其中 6 家银行中，综合考量各银行对我市住房公积金工作配合情况、贷后管理情况、对我市经济社会发展做出的贡献程度以及利率上浮情况，办理定期存款业务。目前中心结存资金定期存款以一年期为主，存款利率上浮 40%～55%。在协定存款方面，各受托银行开立的住房公积金归集专户均已签订协定存款协议，执行协定存款利率，基础额度为人民币 10

万元。

（二）当年住房公积金政策调整及执行情况。

缴存基数限额及确定方法、缴存比例：

根据《关于2019年全市住房公积金缴存有关问题的通知》（朔住公字〔2019〕8号），2019年朔州市各县（市、区）、市直、驻朔各单位住房公积金缴存基数最高不超过16215元。下限原则上不低于我市统计部门公布的上一年度职工月平均工资的60%（3243元），最低不得低于《山西省人民政府办公厅关于调整我省最低工资标准的通知》（晋政办发〔2017〕120号）规定的最低工资标准，其中：一类地区平鲁区和朔城区不得低于1700元；二类地区山阴县和怀仁市不得低于1600元；三类地区应县和右玉县不得低于1500元。

各县（市、区）、市直、驻朔各单位和其他企事业单位原则上统一执行单位12%、个人10%的缴交比例，最低比例不得低于5%，最高比例不得超过12%。同一缴存单位职工的缴交比例必须一致。

缴存政策调整情况：

为贯彻落实《山西省人民政府办公厅关于加快推进"多证合一"改革的实施意见》（晋政办发〔2017〕103号）精神，推进"多证合一、一证一码"在住房公积金业务中的应用，实现单位住房公积金业务办理的便捷化，各单位在取得统一社会信用代码注册登记后，即完成住房公积金缴存登记，其统一社会信用代码作为单位住房公积金业务的唯一标识。单位不需再到所在地住房公积金管理机构办理住房公积金缴存登记。

提取政策调整情况：

1. 进一步完善职工死亡或被宣告死亡提取办理要件

职工因死亡或被宣告死亡办理住房公积金销户提取业务时，其合法继承人或受遗赠人除按《关于印发〈朔州市住房公积金提取业务管理办法（试行）〉的通知》（朔住公字〔2018〕14号）和《关于印发〈朔州市住房公积金提取业务操作细则〉的通知》（朔住公字〔2018〕15号）中规定提供相关证明材料外，另需提供经公证的继承协议，或公证的遗嘱，或人民法院的调解书（判决书）等裁判文书，或经人民法院确认的人民调解委员会出具的继承调解协议书。

2. 进一步完善委托提取办理要件

对提取受托人受提取申请人委托、为提取人申请代办住房公积金提取手续的，应提供提取申请人和提取受托人身份证明材料、经公证的授权委托书。

3. 进一步调整购房类提取相关办理要件及支付方式

（1）职工在我市购买商品住房且未办理房屋产权证书的，提供登记备案的《商品房买卖合同》、售房单位签章的不少于20%〔144m²（含）以上住房为30%〕的首付款收据，所提住房公积金直接转入职工本人银行卡中。

（2）职工在异地购买商品住房且未办理房屋产权证书的，提供网上签约并在购房地登记备案的《商品房买卖合同》、不少于20%〔144m²（含）以上住房为30%〕的发票，所提住房公积金直接转入职工本人银行卡中。

（3）职工购买保障性住房且未办理产权证书的，提供准购文件、购房合同（协议）、不少于20%〔144m²（含）以上住房为30%〕的首付款收据，所提住房公积金直接转入职工本人银行卡中。

（4）职工购买拆迁安置住房且未办理产权证书的，提供拆迁部门签章的拆迁、补偿安置合同（协议），不少于20%[144m²（含）以上住房为30%]的首付款收据，所提住房公积金直接转入职工本人银行卡中。

（5）职工购买再交易住房，若申请办理个人住房公积金贷款的，可先办理提取，提供卖房人的身份证件、过户前的《房屋所有权证》（或《不动产权证书》）、《存量房买卖合同》、契税发票，所提住房公积金直接转入职工本人银行卡中；不申请办理个人住房公积金贷款的，提供过户后的《不动产权证书》，所提住房公积金直接转入职工本人银行卡中。

住房公积金存款利率执行标准：

根据中国人民银行、住房和城乡建设部、财政部印发《关于完善职工住房公积金账户存款利率形成机制的通知》（银发〔2016〕43号），自2016年2月21日起，执行个人住房公积金存款新利率。将职工住房公积金账户存款利率，由按照归集时间执行活期和三个月存款基准利率，调整为统一按一年期定期存款基准利率执行，职工住房公积金账户存款利率将统一按一年期定期存款基准利率执行，目前为1.50%。

住房公积金贷款利率执行标准：

2019年央行未对公积金贷款利率作调整，执行2015年08月26日调整后的利率，五年期以下（含五年）住房公积金个人住房贷款年利率为2.75%，五年期以上住房公积金个人住房贷款年利率为3.25%。

（三）当年服务改进情况。

（1）依据业务标准重新修订各项规章制度和业务细则、业务流程和操作规程，缩短办理时限，进一步减少了办理环节、简化了办事流程、精简了证明材料。到目前共精简各类证明材料16项，简化办事流程8项，为缴存单位和缴存职工提供了更加便捷的服务。

（2）推进"多证合一、一证一码"在住房公积金业务中的应用。缴存单位在取得统一社会信用代码注册登记后，不需再到住房公积金管理机构办理住房公积金缴存登记，其统一社会信用代码为单位住房公积金业务的唯一标识。

（3）印发各类业务指南和业务流程办事明白卡，并在市政府门户网站、中心门户网站、中心微信公众号、朔州日报等新闻媒体向社会公布，受到社会公众的好评。

（4）通过朔州电视台"大家谈"栏目，进一步对住房公积金各项业务政策和办事流程进行解读，使群众能够全方位、多角度、深层次了解住房公积金相关政策，让住房公积金政策家喻户晓，深入人心，让住房公积金制度惠及更广泛的群体。

（四）当年信息化建设情况。

（1）建设完成全省住房公积金信息共享和异地转移接续直连系统。成功对接省住房和城乡建设厅和10个市住房公积金信息及全省19家商业银行住房贷款信息。省内偿还住房公积金贷款提取业务和全国住房公积金转移业务可直接网办，缴存职工数据异地转移与资金支付实时操作，减少审核及人工操作步骤，缩短了办理周期，实现了"账随人走、钱随账走"。同时实现了对企业信息数据、身份信息识别、房屋登记信息、婚姻登记信息和税务信息的调取和使用，有效解决了业务办理过程中辨识证明材料真伪的难题，遏制了利用虚假材料骗提骗贷公积金等不法行为，为持续推动公积金业务办理信息化、规范化、高效化提供了强有力的数据保障。

（2）推进市级部门数据共享，与市不动产登记中心的数据共享保密协议已经签订，正在进行相关数据接口方案的开发。

（3）我市住房公积金综合服务平台 8 种服务渠道已全部建成。缴存单位可自行在网上办理单位信息变更、缴存核定、人员信息变更、封存启封等业务，缴存职工可在网上业务大厅办理退休提取、对冲还贷等部分业务。2019 年 12 月 18 日以优秀等次通过部、省两级联合验收。

同时开通了手机 APP 客户端各类住房公积金查询业务和支付宝城市服务查询功能，住房公积金服务 24 小时"零距离、不打烊"，由柜面到网上、由人工到智能、由群众跑腿到信息跑路的全方位转变，有效解决了群众办事"多头跑、重复跑"，实现了线上业务"零跑路"，线下业务"最多跑一次"、"一网办理"、"一次办结"。

（五）当年住房公积金管理中心及职工所获荣誉情况。获得全市学习贯彻习近平新时代中国特色社会主义思想"学习强国"知识竞赛优秀组织奖。

晋中市住房公积金 2019 年年度报告

一、机构概况

（一）住房公积金管理委员会：2020 年晋中市住房公积金管理委员会有 17 名委员，经住房公积金管委会审议，同意发布晋中市住房公积金管理中心 2019 年年度报告。

（二）住房公积金管理中心：晋中市住房公积金管理中心为直属晋中市人民政府，不以营利为目的的全额事业单位，内设 10 个科室，下设 12 个管理部、办事处。从业人员 186 人，其中，在编 131 人，非在编 55 人。

二、业务运行情况

（一）缴存：2019 年，新开户单位 310 家，实缴单位 3747 家，单位净减少 100 家；新开户职工 1.73 万人，实缴职工 21.42 万人，职工净增加 0.55 万人；缴存额 21.71 亿元，同比增加 0.46%。截至 2019 年末，缴存总额 157.22 亿元，同比增长 16.02%；缴存余额 73.04 亿元，同比增长 14.72%。

受委托办理住房公积金缴存业务的银行 5 家，比上年减少 1 家。

（二）提取：2019 年，住房公积金提取额 12.33 亿元，同比增长 25.94%，占当年缴存额的 56.82%，比上年增加 25.43 个百分点。截至 2019 年末，提取总额 84.17 亿元，同比增长 17.16%。

（三）贷款：

1. 个人住房贷款： 个人住房贷款最高额度 80 万元，其中：单缴存职工最高额度 80 万元，双缴存职工最高额度 80 万元。

2019 年，发放个人住房贷款 0.52 万笔、23 亿元，同比分别增长 4.98%、29.29%。回收个人住房贷款 6.28 亿元，同比增长 28.95%。

截至 2019 年末，累计发放个人住房贷款 3.99 万笔、97.41 亿元，贷款余额 70.12 亿元，同比分别增长 14.99%、30.93%、31.34%。个人住房贷款余额占缴存余额的 96%，比上年增加 12.14 个百分点。

受委托办理住房公积金个人住房贷款业务的银行 6 家，比上年增加 1 家。

2. 住房公积金支持保障性住房建设项目贷款：2019 年，无发放支持保障性住房建设项目贷款，项目贷款余额 0 亿元。

（四）资金存储：2019 年末，住房公积金存款 6.33 亿元，其中：活期 0.01 亿元，1 年以上定期 5.73 亿元，其他（协定、通知存款等）0.59 亿元。

（五）资金运用率：2019 年末，住房公积金个人住房贷款余额、项目贷款余额和购买国债余额的总和占缴存余额的 96%，比上年增加 12.14 个百分点。

三、主要财务数据

（一）业务收入：2019 年，业务收入 23832.02 万元，同比增加 5.90%。其中：存款利息收入 4095.17 万元，委托贷款利息收入 19735.29 万元，其他收入 1.56 万元。

（二）业务支出：2019 年，业务支出 11797.02 万元，同比增加 32.30%。其中：支付职工住房公积金利息支出 10850.52 万元，委托贷款手续费支出 936.93 万元，其他支出 9.57 万元。

（三）增值收益：2019 年，增值收益 12035.00 万元，同比减少 11.42%。增值收益率 1.76%，比上年减少 0.61 个百分点。

（四）增值收益分配：2019 年末提取贷款风险准备金 10517.86 万元，提取管理费用 2300 万元，提取城市廉租住房（公共租赁住房）建设补充资金 7063.15 万元。未分配增值收益 5055.29 万元。

2019 年，上交财政管理费用 2300 万元。上缴财政城市廉租住房（公共租赁住房）建设补充资金 2906.94 万元。

截至 2019 年末，贷款风险准备金余额 34867.51 万元。累计提取城市廉租住房（公共租赁住房）建设补充资金 21689.51 万元。

（五）管理费用支出：2019 年，管理费用支出 2477.03 万元，其中：人员经费 1670.86 万元，公用经费 256.65 万元，专项经费 549.52 万元。

四、资产风险状况

（一）个人住房贷款：2019 年末个人住房贷款逾期额 12.64 万元，逾期率 0.02‰。

个人贷款风险准备金按贷款余额的 1.50% 提取。2019 年提取个人贷款风险准备金 10517.86 万元，使用个人贷款风险准备金核销呆坏账 0 万元。2019 年末个人贷款风险准备金余额 34545.51 万元，占个人住房贷款余额的 4.93%，个人住房贷款逾期额与个人贷款风险准备金余额的比率为 0.04%。

（二）支持保障性住房建设试点项目贷款：2019 年末，逾期项目贷款 0 万元，逾期率 0‰。

项目贷款风险准备金按贷款余额的 4% 提取。2019 年末，项目贷款风险准备金余额 322 万元。

（三）历史遗留风险资产：2019 年末无历史遗留风险资产。

五、社会经济效益

（一）缴存业务：2019 年，实缴单位数增加 3.48%，实缴职工人数增加 0.75%，缴存额增加 0.46%。

缴存单位中，国家机关和事业单位占81.77%，国有企业占2.16%，城镇集体企业占1.55%，外商投资企业占8.35%，城镇私营企业及其他城镇企业占1.15%，民办非企业单位和社会团体占0.32%，其他占4.70%。

缴存职工中，国家机关和事业单位占74.80%，国有企业占6.00%，城镇集体企业占3.28%，外商投资企业占8.08%，城镇私营企业及其他城镇企业占0.66%，民办非企业单位和社会团体占0.03%，其他占7.15%；中、低收入占99.28%，高收入占0.72%。

新开户职工中，国家机关和事业单位占39.50%，国有企业占7.51%，城镇集体企业占4.05%，外商投资企业占34.89%，城镇私营企业及其他城镇企业占1.52%，民办非企业单位和社会团体占0.10%，其他占12.43%；中、低收入占99.73%，高收入占0.27%。

（二）**提取业务**：2019年，共有5.31万名缴存职工提取住房公积金12.33亿元。

提取金额中，住房消费提取占72.94%（其中：购买、建造、翻建、大修自住住房占34.74%，偿还购房贷款本息占26%，租赁住房占12.19%，其他占0.01%）；非住房消费提取占27.06%（其中：离休和退休提取占21.17%，完全丧失劳动能力并与单位终止劳动关系提取占3.43%，户口迁出本市或出境定居占0.54%，其他占1.92%）。提取职工中，中、低收入占97.56%，高收入占2.44%。

（三）**贷款业务**：

1. 个人住房贷款：2019年，支持职工购建房75.99万平方米，年末个人住房贷款市场占有率为22.37%。通过申请住房公积金个人住房贷款，可节约职工购房利息支出153707.40万元。

职工贷款笔数中，购房建筑面积90（含）平方米以下占8.89%，90～144（含）平方米占76.79%，144平方米以上占14.32%；购买新房占88.52%（其中购买保障性住房占0%），购买存量商品住房占11.48%，建造、翻建、大修自住住房占0%，其他占0%。

职工贷款笔数中，单缴存职工申请贷款占19.43%，双缴存职工申请贷款占78.86%，三人及以上缴存职工共同申请贷款占1.71%。

贷款职工中，30岁（含）以下占27.27%，30岁～40岁（含）占40.57%，40岁～50岁（含）占23.88%，50岁以上占8.28%；首次申请贷款占93.38%，二次及以上申请贷款占6.62%；中、低收入占97.97%，高收入占2.03%。

2. 异地贷款：2019年，发放异地贷款1460笔、70298.50万元。截至2019年末，发放异地贷款总额164107.60万元，发放异地贷款余额150995.81万元。

3. 支持保障性住房建设试点项目贷款：2019年末，累计试点项目4个，贷款额度1.44亿元，建筑面积33.34万平方米，可解决3384户中低收入职工家庭的住房问题。4个试点项目贷款资金已发放并还清贷款本息。

（四）**住房贡献率**：2019年，个人住房贷款发放额、住房消费提取额的总和与当年缴存额的比率为147.42%。比上年增加19.78%。

六、其他重要事项

（一）当年晋中市住房公积金政策调整情况。

1. 缴存政策及缴存基数调整情况

（1）2019年9月中心印发了《晋中市住房公积金缴存实施细则（试行）》的通知。从2019年9月起，新设立缴存单位在取得统一社会信用代码后即视为完成了住房公积金缴存登记，其统一社会信用代码作为企业住房公积金业务的唯一标识，缴存单位不需再办理住房公积金缴存登记业务。

（2）省内异地转移接续实现全程网办，缴存职工无需提供纸质材料。

（3）自 2019 年 7 月 1 日起，本市职工住房公积金的缴存基数由 2017 年月平均工资调整为 2018 年月平均工资。

（4）对 2019 年度晋中市住房公积金缴存上下限执行标准进行调整，统一调整为：月工资上限最高 18721 元，月工资下限最低 1400 元。

2. 提取政策调整情况

2019 年 9 月中心印发了《晋中市住房公积金提取实施细则（试行）的通知》。

（1）职工在 2017 年 1 月 1 日之后购买、建造、翻建、大修晋中市行政区域内自住住房，本人及配偶申请提取公积金账户余额时，夫妻双方合计提取金额不大于备案合同购房金额或建造总价，同一套住房只能提取一次。

（2）职工住房公积金优先用于偿还公积金贷款，有尚未结清公积金贷款的可申请使用公积金账户余额，可办理公积金逐月冲还贷、提前还本或提前结清偿还公积金贷款业务，提前还本金额须为 5000 元的整倍数。

（3）将"工作调离、开除公职、出国定居、考学"等提取统一纳入"与单位终止或者解除劳动关系"范围。

（4）虚构提取条件、提供虚假资料提取的，市住房公积金管理中心责令限期退回所提金额并纳入征信黑名单，取消其五年内的住房公积金提取和贷款资格；对造假的机构和人员，依法移送司法机关处理。

（二）服务改进情况。扎实推进网办业务，提升综合服务平台线上服务效率。中心现已形成了以门户网站和网上服务大厅、手机公积金 APP、短信功能推送、自主终端查询和微信公众号为主要渠道的服务体系。

为实现数据互联共享，彻底解决群众多头跑、重复跑的问题，我中心多措并举创新拓展业务。一是积极与各部门协调沟通，实现数据共享；二是接入全省住房公积金数据共享平台，实现省内行业数据互联共享；三是通过年度等级保护测评工作；四是开展贷款业务网上预约。通过精简前台办理，强化后台支撑，用"数据跑路"代替"群众跑腿"，提升综合服务平台网办业务功能和线上服务效率。

（三）信息化建设改进情况。以深化"放管服效"，优化营商环境为着力点，强力推动公积金贷款"最多跑一次"，利用银行"互联网＋公积金"实现了"足不出户的公积金""指尖上的公积金""家门口的公积金"。

一是开通"网上服务大厅"，实现"足不出户的公积金"。通过信息共享、流程优化再造，网上服务大厅已覆盖全市公积金缴存单位，业务在线自主办理，提高办事效率，大幅提升离柜率。

二是运用手机公积金 APP、微信公众号自助服务终端，实现"指尖上的公积金"。缴存职工拿起手机不仅可以随时了解公积金政策，查询账户余额、缴存明细、贷款额度、还款进度，还可以实时在线自助办理公积金归集、提取业务。

三是延伸服务"窗口"，实现"家门口的公积金"。中心与配套银行开启合作共建、数据共享的合作新模式，在银行设立公积金服务专区，通过窗口前移，服务延伸，让办事群众步行十分钟，开车五分钟就近办理公积金业务,将公积金服务延伸到市民群众家门口。目前已在多家银行开通网点,其中仅建设银行一家开设了36个业务合作网点,150余台智慧柜员机查询终端,辐射晋中全域。

(四)住房公积金管理中心所获荣誉情况。晋中市住房公积金管理中心2019年被山西省住房和城乡建设厅评为优秀单位。

运城市住房公积金2019年年度报告

一、机构概况

(一)住房公积金管理委员会:住房公积金管理委员会有19名委员2019年召开1次会议,会议调整了管委会主任委员、副主任委员及其他委员,审议通过了《关于2018年全市住房公积金工作情况和2019年工作要点的报告》《关于2018年全市住房公积金归集、使用计划执行情况及2019年住房公积金归集、使用计划的报告》《关于2018年全市住房公积金增值收益分配方案和2019年增值收益预算的报告》及《关于提高住房公积金个人住房贷款最高额度的报告》。

(二)住房公积金管理中心:住房公积金管理中心为直属运城市人民政府不以营利为目的的全额事业单位,设7个科(室),16个管理部。从业人员199人,其中,在编167人,非在编32人。

二、业务运行情况

(一)缴存:2019年,新开户单位413家,实缴单位4062家,净减少单位76家;新开户职工2.29万人,实缴职工26.6万人,净增职工1.04万人;缴存额26.45亿元,同比增长0.72%。2019年末,缴存总额186.04亿元,比上年末增加16.57%;缴存余额90.44亿元,比上年末增加17.88%。

受委托办理住房公积金缴存业务的银行7家,较去年无变化。

(二)提取:2019年,提取额12.73亿元,同比增长8.1%;占当年缴存额的48.14%,比上年增加3.28个百分点。2019年末,提取总额95.6亿元,比上年末增加15.36%。

(三)贷款:

1. 个人住房贷款:个人住房贷款最高额度80万元,其中,单、双缴存职工最高额度均为80万元。

2019年,发放个人住房贷款0.53万笔、16.37亿元,同比分别下降5.36%、20.81%。

2019年,回收个人住房贷款9.39亿元。

2019年末,累计发放个人住房贷款9.72万笔、122.94亿元,贷款余额59.65亿元,分别比上年末增加5.77%、15.36%、13.25%。个人住房贷款余额占缴存余额的65.96%,比上年末减少2.69个百分点。

受委托办理住房公积金个人住房贷款业务的银行3家,没有变化。

2. 住房公积金支持保障性住房建设项目贷款:2018年末,累计发放项目贷款4亿元,项目贷款余额0。

（四）资金存储：2019年末，住房公积金存款32.12亿元。其中，活期0.01亿元，1年（含）以下定期0亿元，1年以上定期31.01亿元，其他（协定、通知存款等）1.1亿元。

（五）资金运用率：2019年末，住房公积金个人住房贷款余额、项目贷款余额和购买国债余额的总和占缴存余额的65.95%，比上年末减少2.7个百分点。

三、主要财务数据

（一）业务收入：2019年，业务收入30520.75万元，同比增长20.86%；存款利息12835.59万元，委托贷款利息17666.63万元，其他18.53万元。

（二）业务支出：2019年，业务支出14268.27万元，同比增长29.3%；支付职工住房公积金利息13547.9万元，委托贷款手续费719.61万元，其他0.76万元。

（三）增值收益：2019年，增值收益16252.48万元，同比增长14.31%；增值收益率1.94%，比上年减少0.08个百分点。

（四）增值收益分配：2019年，提取贷款风险准备金7157.65万元，提取管理费用2723.01万元，提取城市廉租住房（公共租赁住房）建设补充资金6371.82万元。

2019年，上交财政管理费用2885.1万元。上缴财政城市廉租住房（公共租赁住房）建设补充资金5012.51万元。

2019年末，贷款风险准备金余额44539.17万元。累计提取城市廉租住房（公共租赁住房）建设补充资金29970.11万元。

（五）管理费用支出：2019年，管理费用支出2776.98万元，同比增长10.8%。其中，人员经费1751.67万元，公用经费549.36万元，专项经费475.95万元。

四、资产风险状况

个人住房贷款：2019年末，个人住房贷款逾期额1574.22万元，逾期率2.64‰。

个人贷款风险准备金按贷款余额的1.2%提取。2019年，提取个人贷款风险准备金7157.65万元，使用个人贷款风险准备金核销呆坏账0万元。2019年末，个人贷款风险准备金余额44539.17万元，占个人住房贷款余额的7.47%，个人住房贷款逾期额与个人贷款风险准备金余额的比率为3.53%。

五、社会经济效益

（一）缴存业务：2019年，实缴单位数、实缴职工人数和缴存额同比分别增长-1.83%、4.04%和0.72%。

缴存单位中，国家机关和事业单位占66.97%，国有企业占8.76%，城镇集体企业占0.3%，外商投资企业占0.2%，城镇私营企业及其他城镇企业占20.29%，民办非企业单位和社会团体占1.3%，其他占2.18%。

缴存职工中，国家机关和事业单位占51.84%，国有企业占17.32%，城镇集体企业占0.79%，外商投资企业占0.2%，城镇私营企业及其他城镇企业占26.65%，民办非企业单位和社会团体占1.05%，其他占2.15%；中、低收入占99.45%，高收入占0.55%。

新开户职工中，国家机关和事业单位占 18.79%，国有企业占 30.36%，城镇集体企业占 0.28%，外商投资企业占 0.6%，城镇私营企业及其他城镇企业占 47.72%，民办非企业单位和社会团体占 2.24%，其他 0.017%；中、低收入占 100%。

（二）提取业务：2019 年，4.89 万名缴存职工提取住房公积金 12.73 亿元。

提取金额中，住房消费提取占 72.54%（购买、建造、翻建、大修自住住房占 26.94%，偿还购房贷款本息占 33.33%，租赁住房占 12.27%）；非住房消费提取占 27.46%（离休和退休提取占 23.28%，完全丧失劳动能力并与单位终止劳动关系提取占 0.83%，出境定居占 0.0012%，其他占 3.35%）。

提取职工中，中、低收入占 99.39%，高收入占 0.61%。

（三）贷款业务：

1. 个人住房贷款：2019 年，支持职工购建房 71.82 万平方米，年末个人住房贷款市场占有率为 26.8%，比上年末减少 19.52 个百分点。通过申请住房公积金个人住房贷款，可节约职工购房利息支出 35020 万元。

职工贷款笔数中，购房建筑面积 90（含）平方米以下占 2.91%，90~144（含）平方米占 81.65%，144 平方米以上占 15.44%。购买新房占 81.8%（其中购买保障性住房占 0.15%），购买二手房占 12.73%，其他占 5.47%。

职工贷款笔数中，单缴存职工申请贷款占 64.21%，双缴存职工申请贷款占 35.79%。

贷款职工中，30 岁（含）以下占 30.06%，30 岁~40 岁（含）占 41.30%，40 岁~50 岁（含）占 21.01%，50 岁以上占 7.63%；首次申请贷款占 88.87%，二次及以上申请贷款占 11.13%；中、低收入占 99.27%，高收入占 0.73%。

2. 异地贷款：2019 年，发放异地贷款 868 笔、28071 万元。2019 年末，发放异地贷款总额 47679 万元，异地贷款余额 45285.85 万元。

3. 支持保障性住房建设试点项目贷款：2019 年末，累计试点项目 1 个，贷款额度 4 亿元，建筑面积 40 万平方米，可解决 1919 户中低收入职工家庭的住房问题。试点项目贷款资金已发放并还清贷款本息。

（四）住房贡献率：2019 年，个人住房贷款发放额和住房消费提取额的总和与当年缴存额的比率为 96.81%，比上年增加 12.23 个百分点。

六、其他重要事项

（一）当年机构及职能调整情况、受委托办理缴存贷款业务金融机构变更情况。2019 年，中心机构职能没有调整，受委托办理缴存贷款业务金融均无变化。

（二）当年住房公积金政策调整及执行情况。

（1）2019 年 7 月调整核定住房公积金月缴存基数及比例，缴存基数上限按不超过运城市 2018 年度职工月平均工资 3 倍的要求确定为 15311 元，缴存基数下限按 2018 年度月最低工资标准 1700 元执行，职工和单位住房公积金的缴存比例上限为 12%，下限为 5%。

（2）2019 年住房公积金个人住房贷款最高贷款额度执行 2019 年 3 月 20 日《关于调整住房公积金个人住房贷款最高额度的通知》（运市住金字〔2019〕10 号）规定的全市住房公积金个人住房贷款最高额度 80 万元。

（3）2019 年 7 月 26 日印发《关于调整住房公积金个人贷款担保方式的通知》（运市住金函〔2019〕5

号),进一步降低贷款风险,确保住房公积金资金安全;2019年2月20日转发《山西省住房和城乡建设厅转发〈住房城乡建设部中央军委后勤保障部关于军队文职人员住房公积金管理有关问题的通知〉的通知》(晋建金函〔2019〕105号),要求各科室、管理部严格执行省住房城乡建设厅明确的公积金相关政策。

(4) 2019年住房公积金存贷款利率执行2016年2月19日根据中国人民银行、住房和城乡建设部、财政部《关于完善职工住房公积金账户存款利率形成机制的通知》(银发〔2016〕43号)印发的《关于调整住房公积金存款利率的通知》(运市住金字〔2016〕5号),自2016年2月21日起,将职工住房公积金账户存款利率由按照归集时间执行活期、三个月存款基准利率,调整为统一按一年期定期存款基准利率执行。

(三) 当年服务改进情况。2019年,中心加快建设住房公积金综合服务平台硬件设施,不断完善综合服务平台软件功能,积极推进部、省数据互联共享,提高网办业务占比,不断提升服务效率和水平。

(四) 当年信息化建设情况。2019年,中心对信息系统进行整体升级,采购了新的网络安全设备,新增并替换了防火墙、入侵防御、防病毒网关、堡垒机、日志审计、虚拟化安全软件等设备软件,进一步提高了中心的网络安全防御能力,进一步保证了中心的信息系统安全。

(五) 当年住房公积金管理中心及职工所获荣誉情况。2019年,中心被省住房城乡建设厅评为"2019年度全省住房城乡建设工作先进单位";被继续认定为"山西省青年文明号";获得"运城市直机关文明单位"和"2018—2019年度运城市文明单位"荣誉称号;中心业务大厅陈婷被运城市考核办评为担当作为表现突出干部;河津管理部谭钧刚被运城市委市政府授予"运城市劳动模范"荣誉。

(六) 当年对住房公积金管理人员违规行为的纠正和处理情况等。2019年,中心原中条山管理部主任杨靖宇因违反中央八项规定精神,违反工作纪律,违反国家法律法规,依据《中国共产党纪律处分条例》《中华人民共和国监察法》和《事业单位工作人员处分暂行规定》等有关规定,给予杨靖宇开除党籍和政务撤职处分。

忻州市住房公积金2019年年度报告

一、机构概况

(一) 住房公积金管理委员会:住房公积金管理委员会有23名委员,2019年召开0次会议,审议通过的事项主要包括:无。

(二) 住房公积金管理中心:住房公积金管理中心为政府直属不以营利为目的的全额事业单位,设7个科,14个管理部。从业人员157人,其中,在编69人,非在编88人。

二、业务运行情况

(一) 缴存:2019年,新开户单位410家,实缴单位4194家,净增单位327家;新开户职工1.01万人,实缴职工16.94万人,净增职工0.18万人;缴存额19.52亿元,同比增长1.93%。2019年末,缴存总额 143.42 亿元，比上年末增加 15.75%；缴存余额 55.35 亿元，比上年末增加 21.81%。

受委托办理住房公积金缴存业务的银行 5 家，比上年减少 2 家。

（二）提取：2019 年，提取额 9.61 亿元，同比增长 32.01%；占当年缴存额的 49.23%，比上年增加 11.21 个百分点。2019 年末，提取总额 88.07 亿元，比上年末增加 12.25%。

（三）贷款：

1. 个人住房贷款：个人住房贷款最高额度 60 万元，其中，单缴存职工最高额度 60 万元，双缴存职工最高额度 60 万元。

2019 年，发放个人住房贷款 0.3 万笔、10.89 亿元，同比分别下降 16.67%、6.84%。

2019 年，回收个人住房贷款 5.4 亿元。

2019 年末，累计发放个人住房贷款 3.54 万笔、71.16 亿元，贷款余额 37.53 亿元，分别比上年末增加 9.26%、18.09%、17.13%。个人住房贷款余额占缴存余额的 67.8%，比上年末减少 2.71 个百分点。

受委托办理住房公积金个人住房贷款业务的银行 5 家，与上年相同。

2. 住房公积金支持保障性住房建设项目贷款：无。

（四）购买国债：无。

（五）融资：2019 年，融资 1.58 亿元，归还 3.09 亿元。2019 年末，融资总额 82.24 亿元，融资余额 0 亿元。

（六）资金存储：2019 年末，住房公积金存款 18.37 亿元。其中，活期 0.01 亿元，无 1 年（含）以下定期，1 年以上定期 15.96 亿元，其他（协定、通知存款等）2.4 亿元。

（七）资金运用率：2019 年末，住房公积金个人住房贷款余额、项目贷款余额和购买国债余额的总和占缴存余额的 67.8%，比上年末减少 2.71 个百分点。

三、主要财务数据

（一）业务收入：2019 年，业务收入 31469.84 万元，同比增长 56.65%；存款利息 20338.15 万元，委托贷款利息 11119.33 万元，无国债利息，其他 12.36 万元。

（二）业务支出：2019 年，业务支出 7836.77 万元，同比下降 20.77%；支付职工住房公积金利息 7351.81 万元，无归集手续费，委托贷款手续费 284.66 万元，其他 200.3 万元。

（三）增值收益：2019 年，增值收益 23633.07 万元，同比增长 131.74%；增值收益率 4.84%，比上年增加 2.19 个百分点。

（四）增值收益分配：2019 年，提取贷款风险准备金 20533.07 万元，提取管理费用 2750 万元，提取城市廉租住房（公共租赁住房）建设补充资金 350 万元。

2019 年，上交财政管理费用 2502 万元。上缴财政城市廉租住房（公共租赁住房）建设补充资金 320 万元。

2019 年末，贷款风险准备金余额 58089.38 万元。累计提取城市廉租住房（公共租赁住房）建设补充资金 9323.37 万元。

（五）管理费用支出：2019 年，管理费用支出 649.92 万元，同比下降 44.33%。其中，无人员经费，无公用经费，专项经费 649.92 万元。

四、资产风险状况

(一)个人住房贷款:2019年末,个人住房贷款逾期额662.64万元,逾期率1.77‰。

个人贷款风险准备金按增值收益的60%提取。2019年,提取个人贷款风险准备金20533.07万元,使用个人贷款风险准备金核销呆坏账0万元。2019年末,个人贷款风险准备金余额58089.38万元,占个人住房贷款余额的15.48%,个人住房贷款逾期额与个人贷款风险准备金余额的比率为1.14%。

(二)支持保障性住房建设试点项目贷款:无。

五、社会经济效益

(一)缴存业务:2019年,实缴单位数、实缴职工人数和缴存额同比分别增长8.46%、1.04%和1.94%。

缴存单位中,国家机关和事业单位占78%,国有企业占10.42%,城镇集体企业占0.67%,外商投资企业占0.24%,城镇私营企业及其他城镇企业占7.96%,民办非企业单位和社会团体占0.95%,其他占1.76%。

缴存职工中,国家机关和事业单位占60.84%,国有企业占28.97%,城镇集体企业占0.48%,外商投资企业占0.23%,城镇私营企业及其他城镇企业占3.16%,民办非企业单位和社会团体占0.44%,其他占5.88%;中、低收入占98.71%,高收入占1.29%。

新开户职工中,国家机关和事业单位占18.88%,国有企业占27.67%,城镇集体企业占0.79%,外商投资企业占0.51%,城镇私营企业及其他城镇企业占38.85%,民办非企业单位和社会团体占3.72%,其他占9.58%;中、低收入占99.69%,高收入占0.31%。

(二)提取业务:2019年,4.2万名缴存职工提取住房公积金9.61亿元。

提取金额中,住房消费提取占77.67%(购买、建造、翻建、大修自住住房占16.8%,偿还购房贷款本息占26.75%,租赁住房占34.12%,其他占0%);非住房消费提取占22.33%(离休和退休提取占19.4%,完全丧失劳动能力并与单位终止劳动关系提取占1.2%,出境定居占0%,其他占1.73%)。

提取职工中,中、低收入占98.23%,高收入占1.77%。

(三)贷款业务:

1.个人住房贷款:2019年,支持职工购建房37.2万平方米,年末个人住房贷款市场占有率(含公转商贴息贷款)为46.38%,比上年末减少0.62个百分点。通过申请住房公积金个人住房贷款,可节约职工购房利息支出34428.78万元。

职工贷款笔数中,购房建筑面积90(含)平方米以下占12.39%,90～144(含)平方米占76.47%,144平方米以上占11.14%。购买新房占81.65%(其中购买保障性住房占0%),购买二手房占18.35%,建造、翻建、大修自住住房占0%,其他占0%。

职工贷款笔数中,单缴存职工申请贷款占70.54%,双缴存职工申请贷款占29.46%,三人及以上缴存职工共同申请贷款占0%。

贷款职工中,30岁(含)以下占27.17%,30岁～40岁(含)占45.96%,40岁～50岁(含)占19.06%,50岁以上占7.81%;首次申请贷款占27.71%,二次及以上申请贷款占72.29%;中、低收入占98.82%,高收入占1.18%。

2. 异地贷款：2019 年，发放异地贷款 634 笔、22588 万元。2019 年末，发放异地贷款总额 63318 万元，异地贷款余额 41561.34 万元。

3. 公转商贴息贷款：无。

4. 支持保障性住房建设试点项目贷款：无。

（四）**住房贡献率**：2019 年，个人住房贷款发放额、公转商贴息贷款发放额、项目贷款发放额、住房消费提取额的总和与当年缴存额的比率为 94.05%，比上年增加 4.33 个百分点。

六、其他重要事项

（一）**当年缴存基数和缴存比例调整情况**。按照国家有关规定，根据忻州市统计局公布的 2018 年职工月平均工资和 2018 年忻州市人力资源和社会保障局规定的职工月最低工资标准测算，当年月缴存基数最高不超过 14280 元、最低不低于 1600 元，缴存比例继续执行最高 12%、最低 5%。

（二）**当年住房公积金存款利率执行情况**。2019 年，继续执行中国人民银行、住房和城乡建设部、财政部《关于完善职工住房公积金账户存款利率形成机制的通知》（银发〔2016〕43 号）文件要求，"自 2016 年 2 月 21 日起，将职工住房公积金账户存款利率，由现行按照归集时间执行活期、三个月存款基准利率，调整为统一按一年期定期存款基准利率执行"，即 1.5%。

（三）**当年服务改进情况**。借助全市营商环境迎评促改之机，从改善硬件环境和改进软性服务两方面入手，全面整治中心工作作风，努力打造政府窗口服务新形象。

一是认真梳理中心所有对外业务，最大限度减少收取要件，简化审批流程，缩短办事时限。制作了业务明白卡，在综合服务平台、大厅内公示办事指南，网上业务大厅开通 18 种业务，充分发挥信息平台作用，力争让群众少跑路或不跑路。

二是服务大厅设立协办导办台，专人负责指导办事群众使用大厅设备，分流引导办事群众，解释业务政策，打印缴存证明或计算贷款额度，适时帮助咨询的群众。

三是窗口安装了服务评价器，定期对办事群众进行回访，对窗口服务满意度进行汇总，分析解决存在的问题。一系列举措有效改进了窗口服务，提升了服务效能，得到办事群众的广泛好评。

（四）**当年信息化建设情况**。

1. 接入全国住房公积金数据平台

根据全国提高个税起征点并实现房贷利息专项扣除的要求，需要以中心提供的住房公积金贷款数据为依据，核对纳税人申报的各项专项附加扣除信息，按照《全国住房公积金数据平台接入技术方案》报送数据要求进行了接口开发，于 2019 年 6 月 3 日完成了新建数据采集、数据上报、数据调整、数据查询、平台管理等共享平台功能，按时完成住房和城乡建设部住房公积金数据平台的上报工作。平台运行以来能及时、准确、完整地按要求上报基础数据。

2. 接入省住房公积金数据共享平台

根据山西省住房和城乡建设厅《关于加快推进共享数据应用的通知》要求，积极与省住房公积金数据共享平台对接，目前已经接入的平台包括异地贷款缴存证明、异地转移接续、工商服务的统一社会信用代码信息、公安的个人身份信息、全省部分商业银行购房贷款信息、其他地市住房公积金贷信息等共享接口。中心正在开发全省不动产信息、民政婚姻信息等共享接口。在与中心核心业务系统融合的基础上打通省内跨地市公积金业务来回跑，反复提交资料等问题，提高业务办理效率，真正实现"信息多跑路，群众少跑路"的业务办理模式。

3. 接入市数据共享平台

我中心接入市数据共享平台的接口有：

（1）2019年11月25日接入忻州市不动产信息查询接口。

（2）按照市政府要求向市政府信息共享平台提供了16个接口的基础数据，实现了与我市其他单位对我中心公积金数据共享的需求功能。

4. 综合服务平台建设情况

（1）完善了线上业务查询、办理的短信验证功能；

（2）完善了网厅电子签章系统和数字证书的登录验证功能；

（3）增加了偿还异地中心贷款提取、偿还商贷提取和异地转移接续；

（4）积极与当地人民银行沟通对接，计划实现纳入第二代人民银行征信系统的报送与查询功能。

（五）当年住房公积金管理中心及职工所获荣誉情况。

（1）2019年6月市中心服务大厅通过了省级青年文明号的考核。

（2）2019年12月我中心被市文明办评为"市级精神文明单位"。

（3）2019年4月我中心张尚富同志被中共山西省委，山西省人民政府授予"山西省劳动模范"荣誉称号。

（4）2019年5月我中心张尚富同志入选"中国好人"榜。

（5）2019年6月我中心张尚富同志被忻州市精神文明建设指导委员会评为"忻州市道德模范"称号。

（六）当年对违反《住房公积金管理条例》和相关法规行为进行行政处罚和申请人民法院强制执行情况。 为维护中心的合法权益，清收逾期贷款，降低住房公积金贷款风险，2019年中心委托法律顾问办理住房公积金逾期贷款案件26个，起诉案件20个，办结20个，追回逾期贷款28.59万元，有效降低了中心贷款逾期率。

（七）当年对住房公积金管理人员违规行为的纠正和处理情况等。 2019年，我中心深入推进全面从严治党和党风廉政建设反腐败斗争，对中心违规办理提取、贷款业务的三名同志进行了党纪、政纪处分，并通过以案为鉴，举一反三，努力改进工作作风，不断完善制度体系，提升信息化水平，防范化解各种风险，实现住房公积金规范化管理，为服务我市经济社会高质量发展贡献力量。

临汾市住房公积金2019年年度报告

一、机构概况

（一）住房公积金管理委员会： 住房公积金管理委员会有25名委员，2019年召开一次会议，审议通过的事项主要包括：临汾市住房公积金管理中心工作报告、2018年度计划执行情况及2019年度计划情况报告、临汾市住房公积金 2018 年年度报告。

（二）**住房公积金管理中心**：住房公积金管理中心为临汾市人民政府不以营利为目的的副县级事业单位，设 9 个科，20 个管理部。从业人员 258 人，其中，在编 167 人，非在编 91 人（主要是侯马、洪洞机构调整未完成，以及公益性岗位人员）。

二、业务运行情况

（一）**缴存**：2019 年，新开户单位 551 家，实缴单位 5820 家，净增单位 192 家；新开户职工 1.78 万人，实缴职工 28.91 万人，净增职工 0.39 万人；缴存额 29.50 亿元，同比下降 4.31%。2019 年末，缴存总额 213.11 亿元，比上年末增加 16.07%；缴存余额 106.75 亿元，比上年末增加 14.49%。

受委托办理住房公积金缴存业务的银行 7 家，比上年减少 2 家。

（二）**提取**：2019 年，提取额 16.00 亿元，同比增长 15.69%；占当年缴存额的 54.22%，比上年增加 9.36 个百分点。2019 年末，提取总额 106.37 亿元，比上年末增加 17.70%。

（三）**贷款**：

个人住房贷款：个人住房贷款最高额度 60 万元，其中，单缴存职工最高额度 60 万元，双缴存职工最高额度 60 万元。

2019 年，发放个人住房贷款 0.54 万笔、21.98 亿元，同比分别增长 10.20%、24.04%。

2019 年，回收个人住房贷款 9.61 亿元。

2019 年末，累计发放个人住房贷款 6.76 万笔、135.80 亿元，贷款余额 82.48 亿元，分别比上年末增加 8.68%、19.31%、17.64%。个人住房贷款余额占缴存余额的 77.26%，比上年末增加 2.07 个百分点。

受委托办理住房公积金个人住房贷款业务的银行 7 家，比上年减少 1 家。

（四）**资金存储**：2019 年末，住房公积金存款 26.93 亿元。其中，活期 0.01 亿元，1 年（含）以下定期 2.80 亿元，1 年以上定期 21.66 亿元，其他（协定、通知存款等）2.46 亿元。

（五）**资金运用率**：2019 年末，住房公积金个人住房贷款余额、项目贷款余额和购买国债余额的总和占缴存余额的 77.26%，比上年末增加 2.07 个百分点。

三、主要财务数据

（一）**业务收入**：2019 年，业务收入 33759.67 万元，同比增长 16.06%。其中，存款利息 9516.10 万元，委托贷款利息 24239.98 万元，其他 3.59 万元。

（二）**业务支出**：2019 年，业务支出 15431.90 万元，同比增长 10.45%。其中，支付职工住房公积金利息 14686.37 万元，委托贷款手续费 741.71 万元，其他 3.82 万元。

（三）**增值收益**：2019 年，增值收益 18327.77 万元，同比增长 21.24%。增值收益率 1.84%，比上年增加 0.08 个百分点。

（四）**增值收益分配**：2019 年，提取贷款风险准备金 13196.04 万元，提取管理费用 1500 万元，提取城市廉租住房（公共租赁住房）建设补充资金 2687.72 万元，年末未分配增值收益 944.01 万元。

2019 年，上交财政管理费用 3846.90 万元。上缴财政城市廉租住房（公共租赁住房）建设补充资金 1004.03 万元。

2019年末，贷款风险准备金余额50428.01万元。累计提取城市廉租住房（公共租赁住房）建设补充资金22635.52万元。

（五）管理费用支出：2019年，管理费用支出3592.21万元，同比下降0.11%。其中，人员经费2641.50万元，公用经费132.39万元，专项经费818.32万元。

四、资产风险状况

个人住房贷款：2019年末，个人住房贷款逾期额634.58万元，逾期率0.77‰。

个人贷款风险准备金按贷款余额的1.6%提取。2019年，提取个人贷款风险准备金13196.04万元，使用个人贷款风险准备金核销呆坏账0万元。2019年末，个人贷款风险准备金余额50428.01万元，占个人住房贷款余额的6.11%，个人住房贷款逾期额与个人贷款风险准备金余额的比率为1.26%。

五、社会经济效益

（一）缴存业务：2019年，实缴单位数、实缴职工人数同比分别增长3.41%、1.37%，缴存额同比下降4.31%。

缴存单位中，国家机关和事业单位占71.94%，国有企业占9.64%，城镇集体企业占0.76%，外商投资企业占0.41%，城镇私营企业及其他城镇企业占11.62%，民办非企业单位和社会团体占1.44%，其他占4.19%。

缴存职工中，国家机关和事业单位占58.93%，国有企业占26.28%，城镇集体企业占0.52%，外商投资企业占1.08%，城镇私营企业及其他城镇企业占10.95%，民办非企业单位和社会团体占0.24%，其他占2%；中、低收入占84.44%，高收入占15.56%。

新开户职工中，国家机关和事业单位占34.66%，国有企业占30.58%，城镇集体企业占0.07%，外商投资企业占0.04%，城镇私营企业及其他城镇企业占31.71%，民办非企业单位和社会团体占0.09%，其他占2.85%；中、低收入占77.86%，高收入占22.14%。

（二）提取业务：2019年，10.92万名缴存职工提取住房公积金16.00亿元。

提取金额中，住房消费提取占72.44%（购买、建造、翻建、大修自住住房占36.04%，偿还购房贷款本息占24.45%，租赁住房占11.92%，其他占0.03%）；非住房消费提取占27.56%（离休和退休提取占23.50%，完全丧失劳动能力并与单位终止劳动关系提取占2.22%，出境定居占0.01%，其他占1.83%）。

提取职工中，中、低收入占90.95%，高收入占9.05%。

（三）贷款业务：

1. 个人住房贷款：2019年，支持职工购建房67.35万平方米，年末个人住房贷款市场占有率为32.32%，比上年末减少0.28个百分点。通过申请住房公积金个人住房贷款，可节约职工购房利息支出42749万元。

职工贷款笔数中，购房建筑面积90（含）平方米以下占6.22%，90～144（含）平方米占83.99%，144平方米以上占9.79%。购买新房占92.82%（其中购买保障性住房占0%），购买二手房占5.96%，建造、翻建、大修自住住房占1.22%，其他占0%。

职工贷款笔数中，单缴存职工申请贷款占 21.99%，双缴存职工申请贷款占 76.66%，三人及以上缴存职工共同申请贷款占 1.35%。

贷款职工中，30 岁（含）以下占 33.77%，30 岁～40 岁（含）占 41.47%，40 岁～50 岁（含）占 18.17%，50 岁以上占 6.59%；首次申请贷款占 90.91%，二次及以上申请贷款占 9.09%；中、低收入占 74.82%，高收入占 25.18%。

2. 异地贷款：2019 年，发放异地贷款 1135 笔、45568.10 万元。2019 年末，发放异地贷款总额 85473.90 万元，异地贷款余额 79274.30 万元。

（四）住房贡献率：2019 年，个人住房贷款发放额、住房消费提取额的总和与当年缴存额的比率为 113.77%，比上年增加 24.17 个百分点。

六、其他重要事项

（一）当年机构及职能调整情况、受委托办理缴存贷款业务金融机构变更情况。侯马、洪洞两个公积金管理机构未完成上划，目前公积金财务账套与市中心财务账套已合并，已实现全系统财务的统一核算。

受委托办理住房公积金缴存业务的金融机构减少 2 个，受委托办理住房公积金贷款业务的金融机构减少 1 个。

（二）当年住房公积金政策调整及执行情况。

1. 缴存方面

创新工作模式，全力推行便民公积金服务。下发并执行《关于开展住房公积金网上业务大厅培训工作的通知》，通过组织网厅培训让缴存单位专管员从网上自行办理业务核定，提高办事效率。下发并执行《关于开展住房公积金综合服务平台培训工作的通知》，认真开展全市住房公积金综合服务平台培训工作，全面提升住房公积金服务水平的基础性工作，满足缴存职工多样化需求，提高离柜率，充分发挥住房公积金制度的重要作用。下发并执行《关于取消企业住房公积金缴存登记环节的通知》，企业在工商管理部门完成注册并取得社会统一信用代码后，即视为完成住房公积金缴存登记，我中心可通过省信息平台根据社会统一信用代码直接调取企业相关数据，企业启缴住房公积金时无须再提供其他证件材料。

2. 提取方面

简化提取业务办事要件，下发并执行《关于优化部分提取业务办理细则的通知》，租赁商品房提取的，提供房地产管理部门出具的本人的无房证明，不再要求提供婚姻状况证明，每次最高提取 1 万元。下发并执行《关于简化"与单位解除或终止劳动关系"提取要件的通知》，与单位解除或终止劳动关系，其个人账户封存满六个月，在办理提取手续时，不再要求职工提供与单位解除或终止劳动关系的证明。

3. 贷款方面

调整和完善住房公积金贷款政策，增加贷款品种，相继开展了商业贷款与住房公积金贷款的组合贷款业务、非委托银行（中信银行）商转公贷款业务、延长了商转公业务办理时限，满足了更多职工的多样化住房需求；下调了售房单位（开发企业）保证金缴纳比例，切实减轻了企业负担；执行了退休职工可用住房公积金冲抵贷款本金的新政，减轻职工还款压力。停止住房公积金质押贷款业务，加大贷后管理力度，建立催收机制，有效防控资金风险。

(三)当年服务改进情况。

1. 践行初心使命,提高服务质量。 结合"不忘初心、牢记使命"主题教育,研究制定《"整治干事创业精气神不够,患得患失,不担当不作为问题"工作方案》,对不担当不作为问题进行了专项整治。坚持"以人民为中心"发展理念,加强业务系统信息化建设,简化办事手续,优化业务流程,更好地服务广大缴存职工。

2. 住房公积金综合服务平台正式启动。 为贯彻落实国家"放管服"改革和省委关于优化营商环境的要求,中心全力打造"指尖上的公积金"。一是陆续开通了微信公众号、网上业务大厅、手机APP、支付宝城市服务、12329短信、12329热线、门户网站、微博八个服务渠道,方便缴存职工随时掌握公积金动态;二是建立安全可靠的实名认证功能,为确保网上用户注册的真实性,我们在多个服务渠道启用了人脸识别、短信验证等多种方式为缴存职工信息安全保驾护航;三是创新单位网厅注册方式,在传统数字认证的基础上增加了扫描二维码登录方式,为单位专管员提供安全便捷的服务;四是优化线上业务办理流程,陆续实现缴存、提取、贷款三大类31项业务全程网上办理。自2019年6月运行上线以来,中心综合业务离柜办理率达到79.59%,实现了线上业务与线下业务的互补,极大地方便了缴存职工办事。

2019年12月2日,我中心住房公积金综合服务平台以全省领先的成绩通过验收,开启了我市住房公积金业务随时办、随地办、马上办、一次办的服务新常态,获得了广大缴存职工的一致好评。

(四)当年信息化建设情况。

1. 接入全国住房公积金数据平台。 根据住房和城乡建设部的《关于做好全国住房公积金数据平台接入工作的通知》要求,通过存量数据清理、网络环境部署、应用程序开发、业务数据采集、数据报送测试及全量数据传输等工作,2019年6月24日成功接入全国住房公积金数据平台,截至2019年12月31日已完成2135万条业务数据上传。

2. 用好全省公积金数据互联共享平台。 在2018年接入山西省住房公积金数据共享平台的基础上,2019年与省内11个市公积金中心、工农中建等商业银行完成信息对接工作,开通了省内异地缴存职工公积金信息核查、异地公积金转移、异地公积金贷款和公积金偿还商业住房贷款等网办服务,实现省内公积金业务办理"零跑腿"。

3. 实现与市房产局数据互联共享。 2019年9月与市房产局达成合作意向,形成了建设方案,并于11月完成了接口开发工作,目前进入接口测试环节,预计2020年初正式上线运行,上线后可实现缴存职工网上办理现购房提取及贷款购房信息审核功能。

(五)当年住房公积金管理中心及职工所获荣誉情况。 2019年,我单位荣获省级青年文明号称号1个,市直文明单位称号1个,市级先进集体称号1个,市级个人荣誉称号1个。

吕梁市住房公积金2019年年度报告

一、机构概况

(一)住房公积金管理委员会: 吕梁住房公积金管理委员会有24名委员,2019年召开1次会议,审议通过的事项主要包括：2018年住房公积金增值收益分配方案、2018年住房公积金归集使用计划执行情况及2019年归集使用计划、吕梁市住房公积金2018年年度报告。

（二）住房公积金管理中心：吕梁市住房公积金管理中心为市政府直属不以营利为目的的副县级全额事业单位，设8个科，13个管理部。从业人员263人，其中，在编97人，非在编166人。

二、业务运行情况

（一）缴存：2019年，新开户单位192家，实缴单位3646家，净增单位215家；新开户职工18782人，实缴职工195279人，净增职工14742人；缴存额27.87亿元，同比增长34.7%。2019年末，缴存总额155.59亿元，比上年末增加21.82%；缴存余额74.9亿元，比上年末增加31.75%。

受委托办理住房公积金缴存业务的银行共5家。与上年相比无增减变化。

（二）提取：2019年，提取额9.83亿元，同比增长36.2%，占当年缴存额的35.24%，比上年增加0.39个百分点。2019年末，提取总额80.69亿元，比上年末增加13.86%。

（三）贷款：个人住房贷款最高额度60万元，其中，单缴存职工最高额度60万元，双缴存职工最高额度60万元。

2019年，发放个人住房贷款1126笔、3.65亿元，同比分别下降21.86%、21.84%。

2019年，回收个人住房贷款3.34亿元。

2019年末，累计发放个人住房贷款20207笔、42.14亿元，贷款余额23.47亿元，分别比上年末增加2.74%、9.48%、1.34%。个人住房贷款余额占缴存余额的31.34%，比上年末减少9.4个百分点。

受委托办理住房公积金个人住房贷款业务的银行5家，比上年增加1家。

（四）资金存储：2019年末，住房公积金存款51.97亿元。其中，活期0.01亿元，1年（含）以下定期0.8亿元，1年以上定期49.88亿元，协定存款1.28亿元。

（五）资金运用率：2019年末，住房公积金个人住房贷款余额占缴存余额的31.34%，比上年末减少9.4个百分点。

三、主要财务数据

（一）业务收入：2019年，业务收入23909.31万元，同比增长115.79%。存款利息16325.12万元，委托贷款利息7539.19万元，其他45万元。

（二）业务支出：2019年，业务支出9174.36万元，同比增长77.89%。支付职工住房公积金利息8775.53万元，委托贷款手续费397.17万元，其他1.66万元。

（三）增值收益：2019年，增值收益14734.95万元，同比增长148.78%。增值收益率2.25%，比上年增加1个百分点。

（四）增值收益分配：2019年，提取贷款风险准备金8840.97万元，提取管理费用1718.4万元，提取城市廉租住房（公共租赁住房）建设补充资金4175.58万元。

2019年，上交财政管理费用1689.51万元。上缴财政城市廉租住房（公共租赁住房）建设补充资金679.63万元。2019年末，贷款风险准备金余额32333.83万元。累计提取城市廉租住房（公共租赁住房）建设补充资金13560.44万元。

(五)管理费用支出：2019年，管理费用支出1718.4万元，同比下降0.35%。其中，人员经费989.51万元，公用经费669.89万元，专项经费59万元。

四、资产风险状况

个人住房贷款：2019年末，个人住房贷款逾期额1515万元，逾期率6.45‰。

个人贷款风险准备金按增值收益的60%提取。2019年，提取个人贷款风险准备金8840.97万元。2019年末，个人贷款风险准备金余额32333.83万元，占个人住房贷款余额的13.77%，个人住房贷款逾期额与个人贷款风险准备金余额的比率为4.69%。

五、社会经济效益

(一)缴存业务：2019年，实缴单位数、实缴职工人数和缴存额同比分别增长6.27%、8.17%和34.7%。

缴存单位中，国家机关和事业单位占78.47%，国有企业占8.1%，城镇集体企业占0.38%，外商投资企业占0.22%，城镇私营企业及其他城镇企业占3.78%，民办非企业单位和社会团体占0.96%，其他占8.09%。

缴存职工中，国家机关和事业单位占65%，国有企业占18.75%，城镇集体企业占0.66%，外商投资企业占0.9%，城镇私营企业及其他城镇企业占4.49%，民办非企业单位和社会团体占0.23%，其他占9.97%；中、低收入占99.93%，高收入占0.07%。

新开户职工中，国家机关和事业单位占19.85%，国有企业占38.31%，城镇集体企业占0.25%，外商投资企业占0.17%，城镇私营企业及其他城镇企业占27.37%，民办非企业单位和社会团体占0.54%，其他占13.51%；中、低收入占99.38%，高收入占0.62%。

(二)提取业务：2019年，44804名缴存职工提取住房公积金9.83亿元。

提取金额中，住房消费提取占68.91%（购买、建造、翻建、大修自住住房占11.23%，偿还购房贷款本息占6.16%，租赁住房占41.39%，其他占0.13%）；非住房消费提取占31.09%（离休和退休提取占24.74%，完全丧失劳动能力并与单位终止劳动关系提取占0.02%，其他占6.33%）。

提取职工中，中、低收入占99.96%，高收入占0.04%。

(三)贷款业务：

1. 个人住房贷款：2019年，支持职工购建房13.91万平方米，年末个人住房贷款市场占有率为21.02%，比上年末减少3.27个百分点。通过申请住房公积金个人住房贷款，可节约职工购房利息支出11758.38万元。

职工贷款笔数中，购房建筑面积90（含）平方米以下占10.84%，90~144（含）平方米占68.29%，144平方米以上占20.87%。购买新房占79.93%，购买二手房占6.66%，其他占13.41%。

职工贷款笔数中，单缴存职工申请贷款占51.15%，双缴存职工申请贷款占48.85%。

贷款职工中，30岁（含）以下占25.04%，30岁~40岁（含）占53.2%，40岁~50岁（含）占16.61%，50岁以上占5.15%；首次申请贷款占96.98%，二次及以上申请贷款占3.02%；中、低收入占100%。

2. 异地贷款：2019 年，发放异地贷款 17 笔、618 万元。2019 年末，发放异地贷款总额 15155 万元，异地贷款余额 12828.11 万元。

（四）住房贡献率：2019 年，个人住房贷款发放额、住房消费提取额的总和与当年缴存额的比率为 37.38%，比上年减少 10.82 个百分点。

六、其他重要事项

（一）**当年受委托办理缴存贷款业务金融机构变更情况。** 2019 年新增中国银行吕梁市分行营业部为我中心受委托办理缴存、贷款业务的金融机构。取消了建行吕梁城建支行为我中心受委托办理住房公积金缴存业务的资格。

（二）**当年住房公积金政策调整及执行情况。**

1. 当年缴存基数限额及确定方法、缴存比例等缴存政策调整情况。 2019 年，我中心缴存基数上限为 16247 元，下限为 1400 元，比例为 5%~12% 之间，由单位自主决定。加大了按月缴存政策的贯彻力度，之前按年、按季缴存的部分单位，我中心通过各种措施，加大规范力度，通过电话、上门等手段与单位协调，获得了极好的效果。系统自动匹配工作也取得较好的成效，市直单位的自动匹配率在年底时已经达到 70% 以上。

2. 当年提取政策调整情况。 根据信息化建设的进度，进一步完善了住房公积金制度，增强住房公积金贷款职工的还贷能力，减轻贷款职工还款负担，方便职工办理业务，我中心开通了贷款职工"公积金逐月冲还贷业务"。

3. 当年个人住房贷款最高贷款额度、贷款条件等贷款政策调整情况。 当年个人住房贷款最高贷款额度提高到单职工最高 60 万元；授权各县（市、区）管理部审批售房单位（开发商）阶段性保证加房产抵押贷款业务；开展了住房公积金贷款工作调研。

4. 当年住房公积金存贷款利率执行标准。 2019 年，个人住房公积金上年结转及当年归集存款利率执行标准为：一年定期利率 1.5%。个人住房公积金贷款利率执行标准为：贷款五年期（含）以下年利率为 2.75%，贷款五年期以上年利率为 3.25%。

（三）**当年服务改进情况。** 一是中心整体进驻吕梁市政务服务中心。市中心于 9 月 26 日正式入驻吕梁市政务服务中心，不仅大大改善了办公环境，而且增加了服务窗口，委托银行全部入驻，进一步提高了服务质量和水平。二是开通吕梁公积金支付宝城市服务。2019 年，吕梁公积金支付宝城市服务上线运行，利用支付宝"人脸识别技术"实现了"刷脸"认证免密登录公积金账户及贷款查询等多项智能便捷服务功能。三是综合服务平台上线试运行。我市住房公积金综合服务平台及住房公积金 APP 于 2019 年 12 月上线试运行，目前，可办理住房公积金查询、离退休提取及按月冲还贷等业务，着力打造吕梁特色的"足不出户的公积金""指尖上的公积金"。

（四）**当年信息化建设情况。** 2019 年，中心先后完成了住房公积金部级数据接入及省级数据互联共享平台接入（一期），我市住房公积金数据互联共享平台投入运行后，可为我市缴存职工及时提供异地公积金信息核查、异地公积金转移、异地公积金贷款等服务，有效解决了缴存职工办理相关业务时，在异地和银行之间来回跑的烦心事、操心事。目前，省级一网通办和一部手机三晋通公积金 APP 项目正在有序推进中。

（五）当年住房公积金管理中心及职工所获荣誉情况。2019年度吕梁市住房公积金管理中心被省住房城乡建设厅评为"全省住房城乡建设先进单位"和"精神文明建设工作优秀单位"；被临县县委、县政府评为"2019年度驻村帮扶先进单位"等。薛林娥2019年获吕梁市直"优秀共产党员"、第二届全国青年运动会"火炬手"。

2019 全国住房公积金年度报告汇编

内蒙古自治区

呼和浩特
包头市
乌海市
赤峰市
通辽市
鄂尔多斯市
呼伦贝尔市
巴彦淖尔市
乌兰察布市
兴安盟
锡林郭勒盟
阿拉善盟
满洲里市

内蒙古自治区住房公积金 2019 年年度报告

一、机构概况

（一）**住房公积金管理机构**：全区共设 13 个设区城市住房公积金管理中心，8 个独立设置的分中心〔其中，内蒙古自治区住房资金管理中心 1 隶属呼和浩特市，内蒙古电力（集团）有限公司住房资金管理中心 2 隶属呼和浩特市，国网内蒙古东部电力有限公司住房公积金管理部 3 隶属呼和浩特市，北方联合电力有限责任公司住房公积金管理部 4 隶属呼和浩特市，内蒙古集通铁路（集团）有限责任公司住房公积金管理部 5 隶属呼和浩特市，包钢住房公积金管理分中心 6 隶属包头市，神华准格尔能源有限责任公司住房公积金管理分中心 7 隶属鄂尔多斯市，二连浩特市住房公积金管理中心 8 隶属锡林郭勒盟〕。从业人员 1740 人，其中，在编 977 人，非在编 763 人。

（二）**住房公积金监管机构**：内蒙古自治区住房和城乡建设厅、财政厅和中国人民银行呼和浩特中心支行负责对本区住房公积金管理运行情况进行监督。自治区住房城乡建设厅设立住房公积金监管处，负责辖区住房公积金日常监管工作。

二、业务运行情况

（一）**缴存**：2019 年，新开户单位 5284 家，实缴单位 43242 家，净增单位 3041 家；新开户职工 27.80 万人，实缴职工 244.07 万人，净增职工 8.08 万人；缴存额 393.14 亿元，同比增长 9.93%。2019 年末，缴存总额 3075.15 亿元，比上年末增加 14.66%；缴存余额 1406.11 亿元，比上年末增加 10.35%。

（二）**提取**：2019 年，提取额 261.30 亿元，同比增长 2.75%；占当年缴存额的 66.46%，比上年减少 4.65 个百分点。2019 年末，提取总额 1669.04 亿元，比上年末增加 18.56%。

（三）**贷款**：

1. 个人住房贷款：2019 年，发放个人住房贷款 6.84 万笔、248.23 亿元，同比下降 11.51%、7.74%。回收个人住房贷款 154.2 亿元。

2019 年末，累计发放个人住房贷款 110.90 万笔、2194.66 亿元，贷款余额 1106.21 亿元，分别比上年末增加 6.57%、12.75%、9.29%。个人住房贷款余额占缴存余额的 78.67%，比上年末减少 0.76 个百分点。

2. 住房公积金支持保障性住房建设项目贷款：2019 年，发放支持保障性住房建设项目贷款 0 亿元，回收项目贷款 0 亿元。2019 年末，累计发放项目贷款 13.22 亿元，项目贷款余额 0 亿元。

（四）**购买国债**：2019 年，购买（记账式、凭证式）国债 0 亿元，兑付（转让、收回）国债 0 亿元。2019 年末，国债余额 0 亿元，比上年末减少 0 亿元。

（五）**融资**：2019 年，融资 3.7 亿元，归还 2.2 亿元。2019 年末，融资总额 8 亿元，融资余额 1.8 亿元。

（六）**资金存储**：2019 年末，住房公积金存款 320.65 亿元。其中，活期 19.68 亿元，1 年（含）以下定期145.80亿元，1年以上定期115.41亿元，其他（协定、通知存款等）39.76亿元。

（七）**资金运用率**：2019年末，住房公积金个人住房贷款余额、项目贷款余额和购买国债余额的总和占缴存余额的78.67%，比上年末减少0.76个百分点。

三、主要财务数据

（一）**业务收入**：2019年，业务收入422246.09万元，同比增长9.06%。其中，存款利息84330.28万元，委托贷款利息337667.48万元，国债利息0万元，其他248.33万元。

（二）**业务支出**：2019年，业务支出208646.99万元，同比增长6.71%。其中，支付职工住房公积金利息202020.86万元，归集手续费63.52万元，委托贷款手续费3981.47万元，其他2581.14万元。

（三）**增值收益**：2019年，增值收益213599.10万元，同比增长11.45%；增值收益率1.6%，比上年增加0.02个百分点。

（四）**增值收益分配**：2019年，提取贷款风险准备金110705.69万元，提取管理费用31072.12万元，提取城市廉租住房（公共租赁住房）建设补充资金70900.42万元。

2019年，上交财政管理费用30262.29万元，上缴财政城市廉租住房（公共租赁住房）建设补充资金49265.56万元。

2019年末，贷款风险准备金余额588655.53万元，累计提取城市廉租住房（公共租赁住房）建设补充资金519564.92万元。

（五）**管理费用支出**：2019年，管理费用支出30439.93万元，同比下降35.95%。其中，人员经费13872.81万元，公用经费4971.10万元，专项经费11596.02万元。

四、资产风险状况

（一）**个人住房贷款**：2019年末，个人住房贷款逾期额12839.81万元，逾期率1.2‰。

2019年，提取个人贷款风险准备金110705.7万元，使用个人贷款风险准备金核销呆坏账0万元。2019年末，个人贷款风险准备金余额588655.53万元，占个人贷款余额的5.32%，个人贷款逾期额与个人贷款风险准备金余额的比率为2.18%。

（二）**住房公积金支持保障性住房建设项目贷款**：2019年末，逾期项目贷款0万元，逾期率为0‰。

2019年，提取项目贷款风险准备金0万元，使用项目贷款风险准备金核销呆坏账0万元。2019年末，项目贷款风险准备金余额0万元，占项目贷款余额的0%，项目贷款逾期额与项目贷款风险准备金余额的比率为0%。

五、社会经济效益

（一）**缴存业务**：2019年，实缴单位数、实缴职工人数和缴存额增长率分别为7.56%、3.42%和9.93%。

缴存单位中，国家机关和事业单位占56.31%，国有企业占9.88%，城镇集体企业占1.1%，外商投资企业占0.42%，城镇私营企业及其他城镇企业占23.29%，民办非企业单位和社会团体占1.49%，其他占 7.51%。

缴存职工中，国家机关和事业单位占 46.38%，国有企业占 27.43%，城镇集体企业占 1.83%，外商投资企业占 1.14%，城镇私营企业及其他城镇企业占 18%，民办非企业单位和社会团体占 0.61%，其他占 4.61%；中、低收入占 98.89%，高收入占 1.11%。

新开户职工中，国家机关和事业单位占 26.47%，国有企业占 18.24%，城镇集体企业占 3.92%，外商投资企业占 1.47%，城镇私营企业及其他城镇企业占 42.63%，民办非企业单位和社会团体占 1.44%，其他占 5.83%；中、低收入占 99.53%，高收入占 0.47%。

（二）提取业务：2019 年，88.06 万名缴存职工提取住房公积金 261.30 亿元。

提取金额中，住房消费提取占 71.7%（购买、建造、翻建、大修自住住房占 49.37%，偿还购房贷款本息占 45.38%，租赁住房占 4.01%，其他占 1.24%）；非住房消费提取占 28.3%（离休和退休提取占 68.68%，完全丧失劳动能力并与单位终止劳动关系提取占 10.28%，出境定居占 0.56%，其他占 20.48%）。

提取职工中，中、低收入占 96.62%，高收入占 3.38%。

（三）贷款业务：

1. 个人住房贷款：2019 年，支持职工购建房 822.55 万平方米。年末个人住房贷款市场占有率（含公转商贴息贷款）为 34.8%，比上年末减少 1.75 个百分点。通过申请住房公积金个人住房贷款，可节约职工购房利息支出 402464.84 万元。

职工贷款笔数中，购房建筑面积 90（含）平方米以下占 16.69%，90～144（含）平方米占 64.03%，144 平方米以上占 19.28%。购买新房占 68.84%（其中购买保障性住房占 2.43%），购买二手房占 28.69%，建造、翻建、大修自住住房占 1.85%，其他占 0.62%。

职工贷款笔数中，单缴存职工申请贷款占 49.74%，双缴存职工申请贷款占 50.09%，三人及以上缴存职工共同申请贷款占 0.17%。

贷款职工中，30 岁（含）以下占 26.95%，30 岁～40 岁（含）占 39.39%，40 岁～50 岁（含）占 23.88%，50 岁以上占 9.78%；首次申请贷款占 79.25%，二次及以上申请贷款占 20.75%；中、低收入占 98.74%，高收入占 1.26%。

2. 异地贷款：2019 年，发放异地贷款 3955 笔、145652.27 万元。2019 年末，发放异地贷款总额 705003.17 万元，异地贷款余额 586752.19 万元。

3. 公转商贴息贷款：2019 年，发放公转商贴息贷款 232 笔、14890.71 万元，支持职工购建房面积 3.90 万平方米。当年贴息额 14.66 万元。2019 年末，累计发放公转商贴息贷款 232 笔、14890.71 万元，累计贴息 14.66 万元。

4. 住房公积金支持保障性住房建设项目贷款：2019 年末，全区有住房公积金试点城市 2 个，试点项目 9 个，贷款额度 13.22 亿元，建筑面积 146.21 万平方米，可解决 12367 户中低收入职工家庭的住房问题。9 个试点项目贷款资金已发放并还清贷款本息。

（四）住房贡献率：2019 年，个人住房贷款发放额、公转商贴息贷款发放额、项目贷款发放额、住房消费提取额的总和与当年缴存额的比率为 111.17%，比上年减少 15.67 个百分点。

六、其他重要事项

（一）推动重点工作。 为进一步落实好住房公积金系统相关工作，向全区印发了《内蒙古自治区住房公积金系统2019年重点工作的通知》（内建金函〔2019〕551号），重点开展以下工作：一是严格执行业务标准；二是加快清理历史数据；三是继续精简归并银行账户；四是健全综合服务平台、监管平台建设；五是全面开展电子化稽查工作；六是强化贷款风险管理；七是加强信息系统管理安全。

（二）加强资金流动性风险监管。 2019年为防范住房公积金中心发生资金流动性风险，对个贷率高的盟市进行动态跟踪，一是要求按季度将资金运行情况汇总上报，分析研判；二是要求政策调整，将个贷率降到风险可控范围，目前全区住房公积金资金流动性在可控范围。

（三）开展行业乱象治理。 为进一步落实住房和城乡建设部扫黑除恶专项斗争工作安排部署，向各盟市住房公积金管理中心下发了《关于在我区住房公积金系统进一步落实扫黑除恶专项斗争具体工作的通知》（内建金函〔2019〕380号），并印发了《内蒙古自治区住房公积金行业专项整治工作方案》的通知。

（四）风险隐患排查。 为防范住房公积金贷款业务风险发生，维护住房公积金缴存职工的合法权益，向全区住房公积金管理中心下发《关于开展住房公积金担保业务风险排查工作的通知》，要求开展贷款担保业务的中心对担保业务公司风险评估、业务风险评估、取消住房公积金个人住房贷款保险、新房评估和强制性机构担保等收费项目，减轻贷款职工负担。

（五）数据平台接入。 完成了全国住房公积金数据平台接入。按照住房和城乡建设部《关于做好全国住房公积金数据平台接入工作的通知》（建办金函〔2019〕36号）要求，全区21家住房公积金管理中心（含企业管理部）按时完成数据平台接入工作。

（六）信息共享建设。 完成了住房公积金监管系统监管功能确认（含信息共享），目前区直、巴盟、锡盟3家中心已完成接入公安、民政厅和我厅房产处的信息（含网签）共享平台并完成监管功能测试。全区13个设区城市中心全部完成全国住房公积金异地转移接续平台直连建设。

（七）2019年住房公积金机构及从业人员所获荣誉情况。 呼和浩特市住房公积金管理中心、通辽市住房公积金管理中心被评为省部级"文明单位"，赤峰市住房公积金管理中心元宝山管理部被评为地市级"文明单位"；兴安盟住房公积金管理中心被评为地市级"工人先锋号"；兴安盟住房公积金管理中心职工王海燕、呼伦贝尔市住房公积金管理中心海拉尔管理部职工卢丽梅被评为地市级"三八红旗手"；内蒙古自治区住房资金管理中心获得地市级先进集体奖3个，职工龚云鹏获优秀党务工作者，职工王慧清获优秀共产党员；兴安盟住房公积金管理中心获得直属机关先进基层党组织荣誉称号，职工韩瑜获得优秀共产党员荣誉称号；赤峰市住房公积金管理中心宁城管理部归集支取科被赤峰市工会授予"五一巾帼标兵岗"荣誉称号，翁牛特旗管理部党支部被赤峰市政府办公室机关党委评为先进基层党组织，赤峰市住房公积金系统中有6名职工荣获赤峰市政府办公室机关党委优秀共产党员和优秀党务工作者称号；乌兰察布市住房公积金管理中心察右中旗管理部获"全市民族团结进步创建示范单位"称号；锡林郭勒盟住房公积金管理中心锡林浩特管理部前台业务员娜仁图雅被评为"全盟巾帼建功标兵"、信息技术管理科科长王旭东同志被授予全盟"敬业奉献模范"荣誉称号。

呼和浩特住房公积金2019年年度报告

一、机构概况

住房公积金管理中心为隶属呼和浩特市住房和城乡建设局的不以营利为目的的公益一类事业单位，设7个处（科），7个管理部，1个分中心。从业人员163人，其中，在编50人，非在编113人。

二、业务运行情况

（一）缴存：2019年，新开户单位1485家，实缴单位7564家，净增单位873家；新开户职工9.17万人，实缴职工56.35万人，净增职工2.05万人；缴存额105.96亿元，同比增长9.57%。2019年末，缴存总额877.30亿元，同比增长13.74%；缴存余额354.29亿元，同比增长10.44%。

受委托办理住房公积金缴存业务的银行7家，比上年减少0家。

（二）提取：2019年，提取额72.48亿元，同比增长9.93%；占当年缴存额的68.40%，比上年增加0.23个百分点。2019年末，提取总额523.01亿元，同比增长16.09%。

（三）贷款：

1. 个人住房贷款：呼和浩特住房公积金管理中心：个人住房贷款最高额度70万元（其中，单缴存职工最高额度40万元，双缴存职工最高额度70万元）；内蒙古住房资金管理中心：个人住房贷款最高额度80万元（其中，单缴存职工最高额度80万元，双缴存职工最高额度80万元）；内蒙古电力管理部：个人住房贷款最高额度100万元（其中，单缴存职工最高额度80万元，双缴存职工最高额度100万元）；东部电力管理部：个人住房贷款最高额度50万元（其中，单缴存职工最高额度50万元，双缴存职工最高额度50万元）；北方电力管理部：个人住房贷款最高额度80万元（其中，单缴存职工最高额度50万元，双缴存职工最高额度80万元）；集通铁路管理部：个人住房贷款最高额度80万元（其中，单缴存职工最高额度80万元，双缴存职工最高额度80万元）。

2019年，发放个人住房贷款1.0140万笔、46.70亿元，同比分别下降24.33%、20.01%。其中，呼和浩特住房公积金管理中心发放个人住房贷款0.4821万笔、18.53亿元，内蒙古住房资金管理中心发放个人住房贷款0.2106万笔、11.27亿元，内蒙古电力管理部发放个人住房贷款0.2199万笔、12.86亿元，东部电力管理部发放个人住房贷款0.0432万笔、1.81亿元，北方电力管理部发放个人住房贷款0.0481万笔、1.84亿元，集通铁路管理部发放个人住房贷款0.0101万笔、0.39亿元。

2019年，回收个人住房贷款25.6620亿元。其中，呼和浩特住房公积金管理中心15.2940亿元，内蒙古住房资金管理中心5.1443亿元，内蒙古电力管理部3.2512亿元，东部电力管理部1.0549亿元，北方电力管理部0.8134亿元，集通铁路管理部0.1042元。

2019年末，累计发放个人住房贷款18.51万笔、428.42亿元，贷款余额252.13亿元，同比分别增长5.77%、12.23%、9.10%。个人住房贷款余额占缴存余额的71.17%，比上年减少0.87个百分点。

受委托办理住房公积金个人住房贷款业务的银行5家，比上年增加（减少）0家。

2. 住房公积金支持保障性住房建设项目贷款： 2019年，发放支持保障性住房建设项目贷款0亿元，回收项目贷款亿元。2019年末，累计发放项目贷款0亿元，项目贷款余额0亿元。

（四）**购买国债：** 2019年，购买（记账式、凭证式）国债0亿元，兑付（转让、收回）国债0亿元。2019年末，国债余额0亿元，比上年减少（增加）0亿元。

（五）**融资：** 2019年，融资0.50亿元，归还0.50亿元。2019年末，融资总额3.50亿元，融资余额0亿元。

（六）**资金存储：** 2019年末，住房公积金存款106.66亿元。其中，活期8.19亿元，1年（含）以下定期11.28亿元，1年以上定期76.49亿元，其他（协定、通知存款等）10.70亿元。

（七）**资金运用率：** 2019年末，住房公积金个人住房贷款余额、项目贷款余额和购买国债余额的总和占缴存余额的71.17%，比上年减少0.87个百分点。

三、主要财务数据

（一）**业务收入：** 2019年，业务收入110312.10万元，同比增长4.93%。其中，呼和浩特住房公积金管理中心59240.37万元，内蒙古住房资金管理中心22770.61万元，内蒙古电力管理部15427.63万元，东部电力管理部3827.43万元，北方电力管理部6031.87万元；集通铁路管理部3014.19万元。存款利息32698.47万元，委托贷款利息77550.78万元，国债利息0万元，其他62.85万元。

（二）**业务支出：** 2019年，业务支出53355.86万元，同比增长0.98%。其中，呼和浩特住房公积金管理中心30169.07万元，内蒙古住房资金管理中心9265.05万元，内蒙古电力管理部7084.60万元，东部电力管理部1883.70万元，北方电力管理部2962.28万元，集通铁路管理部1991.16万元；支付职工住房公积金利息52643.86万元，归集手续费4.00万元，委托贷款手续费603.83万元，其他104.17万元。

（三）**增值收益：** 2019年，增值收益56956.24万元，同比增长8.92%。其中，呼和浩特住房公积金管理中心29071.30万元，内蒙古住房资金管理中心13505.56万元，内蒙古电力管理部8343.04万元，东部电力管理部1943.73万元，北方电力管理部3069.59万元，集通铁路管理部1023.02万元。增值收益率1.70%，比上年减少0.03个百分点。

（四）**增值收益分配：** 2019年，提取贷款风险准备金23931.41万元，提取管理费用4832.85万元，提取城市廉租住房（公共租赁住房）建设补充资金27271.11万元。年末待分配增值收益3761.78万元，其中，北方电力管理部3761.78万元。

2019年，上交财政管理费用3339.54万元。上缴财政城市廉租住房（公共租赁住房）建设补充资金13809.36万元。其中，呼和浩特住房公积金管理中心上缴1808.14万元，内蒙古住房资金管理中心上缴12001.22万元，内蒙古电力管理部上缴0万元，东部电力管理部上缴0万元，北方电力管理部上缴0万元，集通铁路管理部上缴0万元。

2019年末，贷款风险准备金余额163552.86万元。累计提取城市廉租住房公共租赁住房建设补充资金185134.56万元。其中，呼和浩特住房公积金管理中心提取109664.96万元，内蒙古住房资金管理中心提取49160.68万元，内蒙古电力管理部提取17846.47万元，东部电力管理部提取4886.19万元，北方电力管理部提取3496.26万元，集通铁路管理部提取80.00万元。

（五）**管理费用支出：** 2019年，管理费用支出6032.12万元，同比下降10.78%。其中，人员经费

1622.74万元，公用经费1321.81万元，专项经费3087.57万元。

呼和浩特住房公积金管理中心管理费用支出2025.08万元，其中，人员、公用、专项经费分别为558.27万元、41.59万元、1425.22万元；内蒙古住房资金管理中心管理费用支出1751.46万元，其中，人员、公用、专项经费分别为640.12万元、438.01万元、673.33万元；内蒙古电力管理部管理费用支出416.24万元，其中，人员、公用、专项经费分别为0万元、81.66万元、334.58万元；东部电力管理部管理费用支出471.15万元，其中，人员、公用、专项经费分别为0万元、40.29万元、430.86万元，北方电力管理部管理费用支出739.34万元，其中，人员、公用、专项经费分别为0万元、671.46万元、67.88万元；集通铁路管理部管理费用支出628.85万元，其中，人员、公用、专项经费分别为424.35万元、48.80万元、155.70万元。

四、资产风险状况

（一）**个人住房贷款**：2019年末，个人住房贷款逾期额492.70万元，逾期率0.195‰。其中呼和浩特住房公积金管理中心0.138‰，内蒙古住房资金管理中心0.596‰。内蒙古电力管理部0‰，东部电力管理部0‰，北方电力管理部0‰，集通铁路管理部0‰。

个人贷款风险准备金按贷款余额的1%提取。2019年，提取个人贷款风险准备金23931.41万元，使用个人贷款风险准备金核销呆坏账0万元。2019年末，个人贷款风险准备金余额163552.86万元，占个人住房贷款余额的6.49%，个人住房贷款逾期额与个人贷款风险准备金余额的比率为0.30%。

（二）**支持保障性住房建设试点项目贷款**：2019年末，逾期项目贷款0万元，逾期率0‰。

项目贷款风险准备金按贷款余额的0%提取。2019年，提取项目贷款风险准备金0万元，使用项目贷款风险准备金核销呆坏账0万元，项目贷款风险准备金余额0万元，占项目贷款余额的0%，项目贷款逾期额与项目贷款风险准备金余额的比率为0%。

（三）**历史遗留风险资产**：2019年末，历史遗留风险资产余额0万元，比上年减少0万元，历史遗留风险资产回收率0%。

五、社会经济效益

（一）**缴存业务**：2019年，实缴单位数、实缴职工人数和缴存额同比分别增长13.05%、3.78%和9.57%。

缴存单位中，国家机关和事业单位占37.72%，国有企业占11.95%，城镇集体企业占1.04%，外商投资企业占0.28%，城镇私营企业及其他城镇企业占44.63%，民办非企业单位和社会团体占1.81%，其他占2.57%。

缴存职工中，国家机关和事业单位占28.43%，国有企业占40.47%，城镇集体企业占0.85%，外商投资企业占0.29%，城镇私营企业及其他城镇企业占27.63%，民办非企业单位和社会团体占0.41%，其他占1.92%；中、低收入占97.89%，高收入占2.11%。

新开户职工中，国家机关和事业单位占18.96%，国有企业占22.70%，城镇集体企业占0.91%，外商投资企业占0.51%，城镇私营企业及其他城镇企业占51.62%，民办非企业单位和社会团体占0.83%，其他占4.47%；中、低收入占99.09%，高收入占0.91%。

（二）提取业务：2019年，37.49万名缴存职工提取住房公积金72.48亿元。

提取金额中，住房消费类提取占67.01%（购买、建造、翻建、大修自住住房占32.90%，偿还购房贷款本息占31.64%，租赁住房占2.47%，其他占0.00%）；非住房消费提取占32.99%（离休和退休提取占18.70%，完全丧失劳动能力并与单位终止劳动关系提取占3.96%，户口迁出本市或出境定居占0.38%，其他占9.95%）。

提取职工中，中、低收入占98.04%，高收入占1.96%。

（三）贷款业务：

1. 个人住房贷款：2019年，支持职工购建房113.29万平方米，年末个人住房贷款市场占有率为33.67%，比上年增加1.30个百分点。通过申请住房公积金个人住房贷款，可节约职工购房利息支出74939.01万元。

职工贷款笔数中，购房建筑面积90（含）平方米以下占23.61%，90~144（含）平方米占60.46%，144平方米以上占15.93%。购买新房占58.83%（其中购买保障性住房占0.14%），购买存量商品住房占37.83%，建造、翻建、大修自住住房占0%，其他占3.34%。

职工贷款笔数中，单缴存职工申请贷款占59.74%，双缴存职工申请贷款占40.26%，三人及以上缴存职工共同申请贷款占0%。

贷款职工中，30岁（含）以下占34.06%，30岁~40岁（含）占38.69%，40岁~50岁（含）占21.15%，50岁以上占6.10%；首次申请贷款占91.09%，二次及以上申请贷款占8.91%；中、低收入占96.48%，高收入占3.52%。

2. 异地贷款：2019年，发放异地贷款718笔、33362.52万元。2019年末，发放异地贷款总额322800.72万元，异地贷款余额269411.28万元。

3. 公转商贴息贷款：2019年，发放公转商贴息贷款0笔、0万元，支持职工购建住房面积0万平方米，当年贴息额0万元。2019年末，累计发放公转商贴息贷款0笔、0万元，累计贴息0万元。

4. 支持保障性住房建设试点项目贷款：2019年末，累计试点项目0个，贷款额度0亿元，建筑面积0万平方米，可解决0户中低收入职工家庭的住房问题。0个试点项目贷款资金已发放并还清贷款本息。

（四）住房贡献率：2019年，个人住房贷款发放额、公转商贴息贷款发放额、项目贷款发放额、住房消费提取额的总和与当年缴存额的比率为89.91%，比上年减少18.34个百分点。

六、其他重要事项

（一）当年住房公积金政策调整及执行情况。 中心所有住房公积金业务均不收取任何费用。对外公布并承诺住房公积金归集7项、提取17项、贷后9项业务，在材料齐全真实有效情况下，即来即办、立等办结；对2项提取业务（购买回迁房和大病提取）限时外调3个工作日内回复办结；受理公积贷款时，凡属中心审批环节的，由10个工作日压缩至7个工作日内完成。全面推行"就近办"，市中心、5个旗县、2个铁路管理部（包头、乌兰察布）等8个服务大厅，除业务系统限制业务外，其他所有住房公积金业务均可跨区域办理，其中包括90%以上的个人业务。

（二）当年服务改进情况。 包括服务网点、服务设施、服务手段、综合服务平台建设和其他网络载体建设服务情况等。

1. 行业乱象整治工作开展情况。 中心严格按照上级有关工作要求，认真开展扫黑除恶专项斗争和公积金行业乱象整治工作。一是利用中心门户网站、微信公众号等渠道，加大正面宣传力度，向缴存职工和单位宣传住房公积金提取、贷款业务流程、审批要件和办结时限，让广大公积金缴存单位和职工知政知情，自觉按章依规办事，全力挤压行业乱象滋生的空间；二是健全内部人员权力运行的制约和监督机制，加强内控合规管理，坚持依法行政、依法履职，实现事前申请、事中控制、事后跟踪的全过程动态监督，主动接受全社会的监督，预防内部公职人员成为行业乱象的"保护伞"和"关系网"；三是全面提高公积金业务窗口人员的业务素质和风险防控水平，增强法律意识和责任意识，严格审查公积金提取和贷款要件，从日常的业务受理中发现骗取、骗贷线索；四是积极推进社会诚信体系建设，进一步规范住房公积金缴存、提取和使用政策，防范骗提、骗贷行为，惩戒住房公积金失信行为，对存在失信行为的单位和个人，限期追回涉事金额，冻结涉事公积金账户，并视情况开展联合惩戒及失信行为公开。2019年以来，中心共发现和查处违规骗提住房公积金或骗取公积金贷款20起，全部列入失信人员名单冻结其个人账户3年，并在门户网站予以公示惩戒。

2. "一厅式"窗口服务建设情况。 中心始终坚持将"办事服务零投诉、办事流程零障碍、办事质量零差错"的工作目标放在首位，教育和引导全体干部职工牢固树立为民服务的思想，努力实现好、维护好、发展好广大缴存职工的利益，把优质服务聚集在满足职工期盼上；中心在服务大厅安排了咨询引导人员，安放了叫号机、自助查询终端、自助充电设备、自助饮水机、休息座椅、书写台、意见箱、医药箱等一系列便民设备，满足缴存职工多样化服务需求。

3. 综合服务平台建设情况。 中心按照住房和城乡建设部关于综合服务平台建设有关工作部署，积极构建信息化、综合化、多元化的服务平台，陆续开通了中心门户网站、网上办事大厅、微信公众号、12329服务热线及短信、自助服务终端等6种服务渠道，为我市缴存职工提供全方位信息化服务。2019年，12329服务热线总呼叫量为16万次，人工呼叫量15.6万次，顾客满意率为99.5%；12329短信发送量为3.1万条；中心门户网站访问次数累计达到8041万次；微信公众号关注人数累计达到22.6万人，并被中共呼和浩特市委宣传部、中共呼和浩特市委网信办授予"优秀政务微信公众号"称号。"综合服务平台"建设正在筹建之中，预计2020年下半年上线运行，届时将实现"网上直接办理、不见面实时审批、最多跑一次办结"等3种业务服务模式。

（三）当年信息化建设情况。 按照国家、自治区及市委市政府对加强信息共享工作的指示精神，要求各地要去除"部门壁垒"、打破"信息孤岛"，加快推动政务信息系统互联和公共数据共享，中心严格按照相关通知精神，积极主动与人民银行、公安、民政、产权和不动产登记部门沟通协调，努力探索和建立信息共享机制。2019年1月2日，中心与民政和不动产登记部门通过"接口直连"方式完成了信息对接工作，并投入使用；职工在办理住房公积金业务时提供的婚姻登记信息（全区范围）和房屋套数信息（市内四区），由我中心进行实时查询核验；2019年1月7日，中心与中国人民银行呼和浩特中心支行通过"金融城域网"建立了信息共享机制并正式投入使用；所需的"个人信用报告"由本人提供身份证原件在我中心即可查询打印（全国范围）。2019年8月中旬，中心与公安部门和产权交易中心通过"接口直连"方式完成了信息对接工作，并投入使用；可核实自治区范围内的身份证信息和部分户籍信息，可根据个人提供的购房信息核实商品房网签备案信息（市内四区）。

以上5个信息共享机制的建立，确保了公积金业务要件真实准确，方便了缴存职工业务办理，有效提升了柜面服务效能，进一步推动了社会信用体系建设。

（四）当年所获荣誉。 在自治区和市文明委的精心指导下，我中心深入开展创建文明单位活动，实现了住房公积金各项工作和精神文明建设的相互促进、共同提高，取得了良好成效。2019年，被赋予第九届内蒙古自治区文明单位标兵荣誉称号。

（五）其他需要披露的情况。 当前呼和浩特市存在多家住房公积金管理机构，包括呼和浩特住房公积金管理中心、内蒙古自治区住房资金管理中心，内蒙古中心同时对四家行业管理中心（集通铁路、内蒙古电力、北方联合电力、国网内蒙古东部电力）进行业务指导。本次住房公积金年度报告各项披露数据大多为以上管理中心的合并数据，但是由于各机构独立运营，机构情况、业务运行、管理实际不尽相同，因此在2019年年度报告中，第一部分"机构概况"，第六部分"其他重要事项"披露信息与数据仅包括呼和浩特住房公积金管理中心（含呼和浩特住房公积金管理中心铁路分中心）。

包头市住房公积金2019年年度报告

一、机构概况

（一）**住房公积金管理委员会**：住房公积金管理委员会有27名委员，2019年召开1次会议，会议通报了《关于调整住房公积金管理委员会组成人员的通知》，听取并审议了市住房公积金管理中心主任刘少锋所作的《包头市住房公积金2018年归集使用计划执行情况及2019年归集使用计划的报告》《关于调整我市住房公积金使用政策的建议》及《关于开展住房公积金贷款转商业性贴息贷款业务的建议》，听取并审议了市财政局副局长奇跃成所作的《关于对2018年包头市住房公积金决算审查情况的报告》和《关于包头市住房公积金管理中心2019年预算安排情况的报告》。

（二）**住房公积金管理中心**：住房公积金管理中心为隶属于包头市人民政府，是由市住房和城乡建设局代管的不以营利为目的的准处级全额管理事业单位，设14个处（科），7个管理部，1个包钢分中心。从业人员184人，其中，在编95人，非在编89人。

二、业务运行情况

（一）**缴存**：2019年，新开户单位561家，实缴单位3996家，净增单位405家；新开户职工2.44万人，实缴职工29.44万人，净增职工－1.35万人；缴存额44.73亿元，同比增长0.22%。2019年末，缴存总额374.56亿元，比上年末增加13.56%；缴存余额177.01亿元，比上年末增加5.97%。

受委托办理住房公积金缴存业务的银行5家，比上年增加1家。

（二）**提取**：2019年，提取额34.75亿元，同比增长9.35%；占当年缴存额的77.68%，比上年增加6.48个百分点。2019年末，提取总额197.55亿元，比上年末增加21.35%。

（三）贷款：

1. 个人住房贷款：个人住房贷款最高额 60 万元，其中，单缴存职工最高额度 30 万元，双缴存职工最高额度 60 万元。

2019 年，发放个人住房贷款 0.88 万笔、32.51 亿元，同比分别增长 2.33%、-2.49%。其中，市中心发放个人住房贷款 0.68 万笔、24.19 亿元，包钢分中心发放个人住房贷款 0.2 万笔、8.32 亿元。

2019 年，回收个人住房贷款 17.13 亿元。其中，市中心 13.66 亿元，包钢分中心 3.47 亿元。

2019 年末，累计发放个人住房贷款 9.25 万笔、258.45 亿元，贷款余额 160.12 亿元，分别比上年末增加 10.51%、14.39%、10.62%。个人住房贷款余额占缴存余额的 90.46%，比上年末增加 3.8 个百分点。

受委托办理住房公积金个人住房贷款业务的银行 5 家，比上年增加 1 家。

2. 住房公积金支持保障性住房建设项目贷款：2019 年，发放支持保障性住房建设项目贷款 0 亿元，回收项目贷款 0 亿元。2019 年末，累计发放项目贷款 11.72 亿元，项目贷款余额 0 亿元。

（四）资金存储：2019 年末，住房公积金存款 20.57 亿元。其中，活期 0.05 亿元，1 年（含）以下定期 3.7 亿元，1 年以上定期 7.45 亿元，其他（协定、通知存款等）9.37 亿元。

（五）资金运用率：2019 年末，住房公积金个人住房贷款余额、项目贷款余额和购买国债余额的总和占缴存余额的 90.46%，比上年末增加 3.8 个百分点。

三、主要财务数据

（一）业务收入：2019 年，业务收入 56667.75 万元，同比增长 12.05%。其中，市中心 43127.75 万元，包钢分中心 13540 万元；存款利息 7786.5 万元，委托贷款利息 48872.59 万元，国债利息 0 万元，其他 8.66 万元。

（二）业务支出：2019 年，业务支出 28122.28 万元，同比增长 3.5%。其中，市中心 20878.2 万元，包钢分中心 7244.08 万元；支付职工住房公积金利息 25745.99 万元，归集手续费 0 万元，委托贷款手续费 400.84 万元，其他 1975.45 万元。

（三）增值收益：2019 年，增值收益 28545.47 万元，同比增长 21.97%。其中，市中心 22249.54 万元，包钢分中心 6295.93 万元；增值收益率 1.66%，比上年增加 0.21 个百分点。

（四）增值收益分配：2019 年，提取贷款风险准备金 17127.28 万元，提取管理费用 3171.52 万元，提取城市廉租住房（公共租赁住房）建设补充资金 8246.67 万元。

2019 年，上交财政管理费用 4227.75 万元。上缴财政城市廉租住房（公共租赁住房）建设补充资金 4337.12 万元。其中，市中心上缴 4287.12 万元，包钢分中心上缴 50 万元。

2019 年末，贷款风险准备金余额 90599.49 万元。累计提取城市廉租住房（公共租赁住房）建设补充资金 34016.01 万元。其中，市中心提取 30976.67 万元，包钢分中心提取 3039.34 万元。

（五）管理费用支出：2019 年，管理费用支出 3316.33 万元，同比增长 34%。其中，人员经费 1757.04 万元，公用经费 143.35 万元，专项经费 1415.94 万元。

市中心管理费用支出 2690.97 万元，其中，人员、公用、专项经费分别为 1659.2 万元、81.37 万元、950.4 万元；包钢分中心管理费用支出 625.36 万元，其中，人员、公用、专项经费分别为 97.84 万元、

61.98万元、465.54万元。

四、资产风险状况

个人住房贷款：2019年末，个人住房贷款逾期额0万元，逾期率0‰。其中，市中心0‰，包钢分中心0‰。

个人贷款风险准备金按增值收益的60%提取。2019年，提取个人贷款风险准备金17127.28万元，使用个人贷款风险准备金核销呆坏账0万元。2019年末，个人贷款风险准备金余额90599.49万元，占个人住房贷款余额的5.66%，个人住房贷款逾期额与个人贷款风险准备金余额的比率为0%。

五、社会经济效益

（一）**缴存业务**：2019年，实缴单位数、实缴职工人数和缴存额同比分别增长11.28%、－4.39%和0.22%。

缴存单位中，国家机关和事业单位占44.09%，国有企业占13.56%，城镇集体企业占0.43%，外商投资企业占1.48%，城镇私营企业及其他城镇企业占26.4%，民办非企业单位和社会团体占2.3%，其他占11.74%。

缴存职工中，国家机关和事业单位占30.35%，国有企业占45.51%，城镇集体企业占0.33%，外商投资企业占0.97%，城镇私营企业及其他城镇企业占13.87%，民办非企业单位和社会团体占0.46%，其他占8.51%；中、低收入占98.72%，高收入占1.28%。

新开户职工中，国家机关和事业单位占12.6%，国有企业占16.29%，城镇集体企业占1.77%，外商投资企业占2.14%，城镇私营企业及其他城镇企业占45.74%，民办非企业单位和社会团体占1.38%，其他占20.08%；中、低收入占99.82%，高收入占0.18%。

（二）**提取业务**：2019年，9.7万名缴存职工提取住房公积金34.75亿元。

提取金额中，住房消费提取占71.79%（购买、建造、翻建、大修自住住房占38.31%，偿还购房贷款本息占32.27%，租赁住房占1.19%，其他占0.02%）；非住房消费提取占28.21%（离休和退休提取占22.68%，完全丧失劳动能力并与单位终止劳动关系提取占2.06%，出境定居占0%，其他占3.47%）。

提取职工中，中、低收入占98.6%，高收入占1.4%。

（三）**贷款业务**：

1. 个人住房贷款：2019年，支持职工购建房101万平方米，年末个人住房贷款市场占有率（含公转商贴息贷款）为23.39%，比上年末减少1.11个百分点。通过申请住房公积金个人住房贷款，可节约职工购房利息支出52299.84万元。

职工贷款笔数中，购房建筑面积90（含）平方米以下占24.61%，90～144（含）平方米占60.16%，144平方米以上占15.23%。购买新房占75.49%（其中购买保障性住房占12.78%），购买二手房占24.51%，建造、翻建、大修自住住房占0%，其他占0%。

职工贷款笔数中，单缴存职工申请贷款占29.35%，双缴存职工申请贷款占70.65%，三人及以上缴存职工共同申请贷款占0%。

贷款职工中，30岁（含）以下占20.41%，30岁～40岁（含）占39.81%，40岁～50岁（含）占

30.81%，50 岁以上占 8.97%；首次申请贷款占 90.82%，二次及以上申请贷款占 9.18%；中、低收入占 99.49%，高收入占 0.51%。

2. 异地贷款：2019 年，发放异地贷款 260 笔、8817 万元。2019 年末，发放异地贷款总额 69253.2 万元，异地贷款余额 65808.29 万元。

3. 公转商贴息贷款：2019 年，发放公转商贴息贷款 232 笔、14890.71 万元，支持职工购建住房面积 3.9 万平方米，当年贴息额 14.66 万元。2019 年末，累计发放公转商贴息贷款 232 笔、14890.71 万元，累计贴息 14.66 万元。

4. 支持保障性住房建设试点项目贷款：2019 年末，累计试点项目 8 个，贷款额度 11.72 亿元，建筑面积 135.15 万平方米，可解决 11292 户中低收入职工家庭的住房问题。8 个试点项目贷款资金已发放并还清贷款本息。

（四）**住房贡献率：**2019 年，个人住房贷款发放额、公转商贴息贷款发放额、项目贷款发放额、住房消费提取额的总和与当年缴存额的比率为 131.77%，比上年增加 6.92 个百分点。

六、其他重要事项

（一）包钢分中心新增 1 个受委托办理缴存贷款业务金融机构。

（二）中心政策调整及执行情况。一是缴存基数上限按统计部门公布的不超过本市上年度职工社会月平均工资 6115 元的 3 倍即 18345 元执行；缴存基数下限按上年度人社部门公布的最低月工资标准 1760 元执行。最低单位（个人）各缴存比例为 5%，最高单位（个人）缴存比例为 12%。二是以保障职工基本住房需求为导向，及时调整公积金提取和贷款政策，出台"首次贷款提取和贷款额度单人不超过 35 万元，二次贷款首付比例提高至 50%，停止二次贷款贷前提取、对冲还贷款业务，停止持不动产权证申请贷款和还清贷款两年内提取业务"等五项业务新政，形成"全力支持职工购买首套刚性住房需求，有限制支持改善性住房需求"的合理格局；多渠道筹措购房贷款资金，探索开展公积金转商业银行（公转商）贴息贷款业务，与农行签订合作协议，年内发放首批贴息贷款规模 1.49 亿元，切实解决了公积金贷款资金缺口问题，缓解了贷款轮候时间过长的压力。三是根据中国人民银行规定，个人住房公积金存款利率按一年期定期存款基准利率 1.5% 执行；贷款利率五年以下（含五年）贷款年利率为 2.75%，五年期以上贷款年利率为 3.25%。

（三）当年服务改进情况。积极推进互联网＋政务服务，构建"12329 客服热线、短信、门户网站、微信公众号、网上营业厅、手机 APP、自助服务终端"八位一体的综合服务体系；启用网上营业厅（单位版）和手机 APP 客户端，开通单位汇缴业务、职工离退休提取、提前还款业务线上办理，个人公积金账户明细实时手机查询，部分实现职工办事"零跑腿"；改版官方网站，增设场景服务、在线客服、智能机器人功能模块；加强 12329 热线平台建设，开展问题事项会商分析，着力提升热线坐席疑难问题处置能力。

（四）当年信息化建设情况。全面贯彻落实住房和城乡建设部住房公积金基础数据标准和信息技术规范，遵循"整体规划、功能全面、先进可靠"的建设原则，改造升级住房公积金业务软件，重构优化业务流程，经过半年的需求对接、数据优化、开发调试，新系统于 7 月 1 日正式上线，实现信息数据更规范、业务控制更严谨、系统运行更安全，为公积金业务高质量发展奠定了坚实基础。积极推进业务系统互联共享，全区率先接入全国住房公积金数据平台和自治区12329短信服务平台，完成与自治区房产备案系统联网，与市民政局婚姻登记系统正在联网测试中，打破部门间信息壁垒，努力实现"让信息多跑路，让职工少跑腿"。开展国家信息安全三级等保测评，深化与云计算中心网络安全防护合作，持续提升公积金网络安全运行水平。

乌海市住房公积金2019年年度报告

一、机构概况

（一）住房公积金管理委员会：乌海市住房公积金管理委员会有17名委员，2019年召开2次会议，审议通过的事项主要包括：

（1）审议通过市住房公积金管理中心提交的《关于2018年住房公积金归集、使用计划执行情况及2019年归集、使用计划草案的报告》；

（2）审议通过《乌海市住房公积金2018年年度报告》；

（3）审议通过市住房公积金管理中心提交的《2018年公积金增值收益年终分配方案》；

（4）原则同意在原有贷款额度确定方式上同时增加按住房公积金个人账户（包括借款人及其配偶）存储余额的20倍计算发放额度的方案；

（5）原则同意市住房公积金管理中心在金田第一城、万达广场项目开发企业取得《商品房预销售许可证》后，按照相关法律法规和规定程序，为其办理住房公积金贷款审批备案手续；

（6）原则同意启用原海勃湾区管理部办公用房；

（7）原则同意增加邮储银行乌海分行为我市公积金业务受托银行；

（8）原则同意市住房公积金管理中心与市中级人民法院建立协作联动工作机制；

（9）原则同意住房公积金管理中心接收神华乌海能源公司住房公积金；

（10）原则同意调整住房公积金提取政策，从2019年10月11日起取消公积金大病提取业务。

（二）住房公积金管理中心：乌海市住房公积金管理中心隶属于乌海市住房和城乡建设局，是不以营利为目的的公益一类事业单位，设5个科，3个管理部。从业人员49人，其中，在编23人，非在编26人。

二、业务运行情况

（一）缴存：2019年，新开户单位80家，实缴单位903家，净增单位56家；新开户职工0.81万人，实缴职工5.76万人，净增职工0.48万人；缴存额10.13亿元，同比增长32.86%。2019年末，缴存总额69.98亿元，比上年末增加16.93%；缴存余额33.39亿元，比上年末增加16.54%。

受委托办理住房公积金缴存业务的银行3家，比上年增加1家。

（二）提取：2019 年，提取额 5.39 亿元，同比增长 0.19%；占当年缴存额的 53.24%，比上年减少 17.28 个百分点。2019 年末，提取总额 36.59 亿元，比上年末增加 17.28%。

（三）贷款：

1. 个人住房贷款：个人住房贷款最高额度 60 万元，其中，单缴存职工最高额度 50 万元，双缴存职工最高额度 60 万元。

2019 年，发放个人住房贷款 0.14 万笔、4.02 亿元，同比分别增长 27.27%、20%。

2019 年，回收个人住房贷款 3.29 亿元。

2019 年末，累计发放个人住房贷款 2.16 万笔、42.30 亿元，贷款余额 19.04 亿元，分别比上年末增加 6.93%、10.5%、3.99%。个人住房贷款余额占缴存余额的 57.02%，比上年末减少 6.89 个百分点。

受委托办理住房公积金个人住房贷款业务的银行 2 家，比上年增加 1 家。

2. 住房公积金支持保障性住房建设项目贷款：2019 年，发放支持保障性住房建设项目贷款 0 亿元，回收项目贷款 0 亿元。2019 年末，累计发放项目贷款 0 亿元，项目贷款余额 0 亿元。

（四）购买国债：2019 年，购买（记账式、凭证式）国债 0 亿元，兑付（转让、收回）国债 0 亿元。2019 年末，国债余额 0 亿元，比上年末减少（增加）0 亿元。

（五）融资：2019 年，融资 0 亿元，归还 0 亿元。2019 年末，融资总额 0 亿元，融资余额 0 亿元。

（六）资金存储：2019 年末，住房公积金存款 14.59 亿元。其中，活期 0.19 亿元，1 年（含）以下定期 0 亿元，1 年以上定期 14.4 亿元，其他（协定、通知存款等）0 亿元。

（七）资金运用率：2019 年末，住房公积金个人住房贷款余额、项目贷款余额和购买国债余额的总和占缴存余额的 57.02%，比上年末减少 6.89 个百分点。

三、主要财务数据

（一）业务收入：2019 年，业务收入 7800.20 万元，同比增长 8.75%。其中，存款利息 1729.59 万元，委托贷款利息 6067.79 万元，国债利息 0 万元，其他 2.82 万元。

（二）业务支出：2019 年，业务支出 4612.63 万元，同比增长 21.87%。其中支付职工住房公积金利息 4612.02 万元，归集手续费 0 万元，委托贷款手续费 0 万元，其他 0.61 万元。

（三）增值收益：2019 年，增值收益 3187.57 万元，同比下降 5.91%。增值收益率 1.04%，比上年减少 0.2 个百分点。

（四）增值收益分配：2019 年，提取贷款风险准备金 2431.84 万元，提取管理费用 503 万元，提取城市廉租住房（公共租赁住房）建设补充资金 252.73 万元。

2019 年，上交财政管理费用 503 万元。上缴财政城市廉租住房（公共租赁住房）建设补充资金 252.73 万元。

2019 年末，贷款风险准备金余额 14797.33 万元。累计提取城市廉租住房（公共租赁住房）建设补充资金 8176.31 万元。

（五）管理费用支出：2019 年，管理费用支出 839.82 万元，同比增长 8.11%。其中，人员经费 493.51 万元，公用经费 132.56 万元，专项经费 213.75 万元。

四、资产风险状况

(一) 个人住房贷款：2019年末，个人住房贷款逾期额1548.51万元，逾期率8.10‰。个人贷款风险准备金按增值收益的60%提取。2019年，提取个人贷款风险准备金2431.84万元，使用个人贷款风险准备金核销呆坏账0万元。2019年末，个人贷款风险准备金余额14797.33万元，占个人住房贷款余额的7.77%，个人住房贷款逾期额与个人贷款风险准备金余额的比率为10.46%。

(二) 支持保障性住房建设试点项目贷款：2019年末，逾期项目贷款0万元，逾期率0‰。项目贷款风险准备金按贷款余额的0%提取。2019年，提取项目贷款风险准备金0万元，使用项目贷款风险准备金核销呆坏账0万元，项目贷款风险准备金余额0万元，占项目贷款余额的0%，项目贷款逾期额与项目贷款风险准备金余额的比率为0%。

五、社会经济效益

(一) 缴存业务：2019年，实缴单位数、实缴职工人数和缴存额同比分别增长6.61%、9.16%和32.86%。

缴存单位中，国家机关和事业单位占66.11%，国有企业占11.30%，城镇集体企业占0.44%，外商投资企业占0.78%，城镇私营企业及其他城镇企业占18.60%，民办非企业单位和社会团体占1.33%，其他占1.44%。

缴存职工中，国家机关和事业单位占43.60%，国有企业占24.21%，城镇集体企业占0.06%，外商投资企业占0.99%，城镇私营企业及其他城镇企业占29.60%，民办非企业单位和社会团体占0.23%，其他占1.31%；中、低收入占99.4%，高收入占0.6%。

新开户职工中，国家机关和事业单位占15.59%，国有企业占43.25%，城镇集体企业占0.16%，外商投资企业占0.82%，城镇私营企业及其他城镇企业占35.63%，民办非企业单位和社会团体占0.12%，其他占4.43%；中、低收入占99.37%，高收入占0.63%。

(二) 提取业务：2019年，3.40万名缴存职工提取住房公积金5.39亿元。

提取金额中，住房消费提取占69.28%（购买、建造、翻建、大修自住住房占28.03%，偿还购房贷款本息占35.44%，租赁住房占5.81%，其他占0%）；非住房消费提取占30.72%（离休和退休提取占23.09%，完全丧失劳动能力并与单位终止劳动关系提取占4.71%，出境定居占1.64%，其他占1.28%）。提取职工中，中、低收入占98.75%，高收入占1.25%。

(三) 贷款业务：

1. 个人住房贷款：2019年，支持职工购建房15.24万平方米，年末个人住房贷款市场占有率（含公转商贴息贷款）为36.56%，比上年末增加1.08个百分点。通过申请住房公积金个人住房贷款，可节约职工购房利息支出5903.86万元。

职工贷款笔数中，购房建筑面积90（含）平方米以下占19.60%，90~144（含）平方米占65.98%，144平方米以上占14.42%。购买新房占66.42%（其中购买保障性住房占0%），购买二手房占33.58%，建造、翻建、大修自住住房0%，其他占0%。

职工贷款笔数中，单缴存职工申请贷款占75.15%，双缴存职工申请贷款占24.85%，三人及以上缴

存职工共同申请贷款占0%。

贷款职工中，30岁（含）以下占33.95％，30岁～40岁（含）占41.10％，40岁～50岁（含）占18.44％，50岁以上占6.51％；首次申请贷款占86.98％，二次及以上申请贷款占13.02％；中、低收入占99.26％，高收入占0.74％。

2. 异地贷款：2019年，发放异地贷款185笔、5848.10万元。2019年末，发放异地贷款总额16425.3万元，异地贷款余额14461.29万元。

3. 公转商贴息贷款：2019年，发放公转商贴息贷款0笔、0万元，支持职工购建住房面积0万平方米，当年贴息额0万元。年末，累计发放公转商贴息贷款0笔、0万元，累计贴息0万元。

4. 支持保障性住房建设试点项目贷款：2019年末，累计试点项目0个，贷款额度0亿元，建筑面积0万平方米，可解决0户中低收入职工家庭的住房问题。0个试点项目贷款资金已发放并还清贷款本息。

（四）**住房贡献率**：2019年，个人住房贷款发放额、公转商贴息贷款发放额、项目贷款发放额、住房消费提取额的总和与当年缴存额的比率为76.56％，比上年减少16.90个百分点。

六、其他重要事项

（一）**当年机构及职能调整情况、受委托办理缴存贷款业务金融机构变更情况**。2019年机构及职能没有调整；受托办理缴存业务金融机构增加市邮储银行一家；受托办理贷款业务金融机构增加市农业银行一家。

（二）**当年住房公积金政策调整及执行情况**。

1. 公积金缴存基数调整情况

2019年我市职工住房公积金年度缴存基数上限18776元，下限按1760元执行。

2. 提取政策调整情况

从2019年10月11日起取消公积金大病提取业务。

3. 贷款政策调整情况

在原有贷款额度确定方式上同时增加按住房公积金个人账户（包括借款人及其配偶）存储余额的20倍计算发放额度的方案。

4. 当年住房公积金存贷款利率执行标准

职工住房公积金账户存款利率统一按一年期定期存款基准利率1.5％执行；贷款利率统一按五年及以下公积金贷款利率为年利率2.75％执行，五年以上公积金贷款年利率3.25％。

（三）**当年服务改进情况**。根据住房和城乡建设部、自治区住房城乡建设厅"放管服"改革相关要求，制作了公积金服务指南手册及手机APP，实现手机APP线上查询公积金、部分提取等业务。开通了网上营业厅，实现了网上查询公积金、单位人员信息变更、基数变更等业务。先后为三区管理部增装了LED电子屏、人脸识别仪、监控等设施。布置装修了多功能会议室，更新绿植等美化了环境。

（四）**当年信息化建设情况**。先后4次在系统中筛查缴存职工不完善的信息，通过直询和函询等方式补充信息1000余条。6月底完成了接入住房和城乡建设部数据平台建设工作，11月起开通缴存职工异地转移接续平台。与市不动产中心联网数据共享，让"数据多跑路、群众少跑腿"。完成网络安全风险评估。

（五）**当年住房公积金管理中心及职工所获荣誉情况**。无。

（六）当年对违反《住房公积金管理条例》和相关法规行为进行行政处罚和申请人民法院强制执行情况。无。

（七）当年对住房公积金管理人员违规行为的纠正和处理情况等。无。

（八）其他需要披露的情况。无。

赤峰市住房公积金2019年年度报告

一、机构概况

（一）住房公积金管理委员会：赤峰市住房公积金管理委员会有16名委员，2019年召开1次会议，审议通过的事项主要包括：（1）赤峰市住房公积金2018年工作总结及2019年工作计划；（2）2018年住房公积金财务运营公告；（3）2019年住房公积金归集、增值收益及分配预计情况说明；（4）住房和城乡建设部、税务总局数据对接平台建设项目问题，国务院要求全国范围内的490家公积金中心在当年6月30日前完成与税务总局个人贷款数据传输平台的建设；（5）同意赤峰市住房公积金向市财政局申请50万元作为数据平台建设资金，赤峰市住房公积金按住房和城乡建设部要求启动建设，各项手续按照相关部门要求做好审批。

（二）住房公积金管理中心：赤峰市住房公积金管理中心为隶属于赤峰市人民政府办公厅不以营利为目的的全额拨款事业单位，内设10个科室，12个管理部。从业人员260人，其中，在编144人，非在编116人。

二、业务运行情况

（一）缴存：2019年，新开户单位410家，实缴单位4380家，净增单位216家；新开户职工2.35万人，实缴职工29.22万人，净增职工1.86万人；缴存额41.95亿元，同比增长8.01%。2019年末，缴存总额328.58亿元，比上年末增加14.63%；缴存余额162.99亿元，比上年末增加9.98%。

受委托办理住房公积金缴存业务的银行5家，比上年增加（减少）0家。

（二）提取：2019年，提取额27.16亿元，同比增长0.17%；占当年缴存额的64.75%，比上年减少5.07个百分点。2019年末，提取总额165.59亿元，比上年末增加19.62%。

（三）贷款：

1. 个人住房贷款：个人住房贷款最高额度80万元，其中，单缴存职工最高额度80万元，双缴存职工最高额度80万元。

2019年，发放个人住房贷款1.06万笔、37.70亿元，同比分别增长7.09%、8.12%。

2019年，回收个人住房贷款24.17亿元。

2019年末，累计发放个人住房贷款13.50万笔、314.48亿元，贷款余额145.95亿元，分别比上年末增加 8.53%、13.62%、10.22%。个人住房贷款余额占缴存余额的 89.55%，比上年末增加 0.2 个百分点。

受委托办理住房公积金个人住房贷款业务的银行 5 家，比上年增加（减少）0 家。

2. 住房公积金支持保障性住房建设项目贷款：2019 年，发放支持保障性住房建设项目贷款 0 亿元，回收项目贷款 0 亿元。2019 年末，累计发放项目贷款 0 亿元，项目贷款余额 0 亿元。

（四）**购买国债**：2019 年，购买（记账式、凭证式）国债 0 亿元，兑付（转让、收回）国债 0 亿元。2019 年末，国债余额 0 亿元，比上年末减少（增加）0 亿元。

（五）**融资**：2019 年，融资 0 亿元，归还 0 亿元。2019 年末，融资总额 1 亿元，融资余额 0 亿元。

（六）**资金存储**：2019 年末，住房公积金存款 21.25 亿元。其中，活期 0.77 亿元，1 年（含）以下定期 19.5 亿元，1 年以上定期 0 亿元，其他（协定、通知存款等）0.98 亿元。

（七）**资金运用率**：2019 年末，住房公积金个人住房贷款余额、项目贷款余额和购买国债余额的总和占缴存余额的 89.55%，比上年末增加 0.2 个百分点。

三、主要财务数据

（一）**业务收入**：2019 年，业务收入 49360.71 万元，同比增长 14.63%。其中，存款利息 5284.06 万元，委托贷款利息 44026.29 万元，国债利息 0 万元，其他 50.36 万元。

（二）**业务支出**：2019 年，业务支出 24676.24 万元，同比增长 9.96%。其中，支付职工住房公积金利息 23412.14 万元，归集手续费 0 万元，委托贷款手续费 1264.01 万元，其他 0.09 万元。

（三）**增值收益**：2019 年，增值收益 24684.47 万元，同比增长 19.71%。增值收益率 1.59%，比上年增加 0.12 个百分点。

（四）**增值收益分配**：2019 年，提取贷款风险准备金 19675.11 万元，提取管理费用 4009.36 万元，提取城市廉租住房（公共租赁住房）建设补充资金 1000 万元。

2019 年，上交财政管理费用 4009.36 万元。上缴财政城市廉租住房（公共租赁住房）建设补充资金 1000 万元。

2019 年末，贷款风险准备金余额 48797.63 万元。累计提取城市廉租住房（公共租赁住房）建设补充资金 69216.90 万元。

（五）**管理费用支出**：2019 年，管理费用支出 4005.94 万元，同比下降 34.48%。其中，人员经费 2514.43 万元，公用经费 216.22 万元，专项经费 1275.29 万元。

四、资产风险状况

（一）**个人住房贷款**：2019 年末，个人住房贷款逾期额 6815.71 万元，逾期率 4.7‰。

个人贷款风险准备金按贷款余额的 3.34% 提取。2019 年，提取个人贷款风险准备金 19675.11 万元，使用个人贷款风险准备金核销呆坏账 0 万元。2019 年末，个人贷款风险准备金余额 48797.63 万元，占个人住房贷款余额的 3.34%，个人住房贷款逾期额与个人贷款风险准备金余额的比率为 13.97%。

（二）**支持保障性住房建设试点项目贷款**：2019 年末，逾期项目贷款 0 万元，逾期率 0‰。

项目贷款风险准备金按贷款余额的 0% 提取。2019 年，提取项目贷款风险准备金 0 万元，使用项目贷款风险准备金核销呆坏账 0 万元，项目贷款风险准备金余额 0 万元，占项目贷款余额的 0%，项目贷款逾期额与项目贷款风险准备金余额的比率为 0%。

五、社会经济效益

（一）缴存业务：2019 年，实缴单位数、实缴职工人数和缴存额同比分别增长 5.19%、6.8% 和 8.01%。

缴存单位中，国家机关和事业单位占 63.04%，国有企业占 10.32%，城镇集体企业占 0.16%，外商投资企业占 0.32%，城镇私营企业及其他城镇企业占 17.83%，民办非企业单位和社会团体占 2.33%，其他占 6%。

缴存职工中，国家机关和事业单位占 54.61%，国有企业占 24.61%，城镇集体企业占 0.16%，外商投资企业占 1.45%，城镇私营企业及其他城镇企业占 11.79%，民办非企业单位和社会团体占 2.29%，其他占 5.09%；中、低收入占 100%，高收入占 0%。

新开户职工中，国家机关和事业单位占 31.76%，国有企业占 13.45%，城镇集体企业占 0.15%，外商投资企业占 2.93%，城镇私营企业及其他城镇企业占 34.74%，民办非企业单位和社会团体占 7.45%，其他占 9.52%；中、低收入占 100%，高收入占 0%。

（二）提取业务：2019 年，5.52 万名缴存职工提取住房公积金 27.16 亿元。

提取金额中，住房消费提取占 73.49%（购买、建造、翻建、大修自住住房占 41.87%，偿还购房贷款本息占 31.02%，租赁住房占 0.60%，其他占 0%）；非住房消费提取占 26.51%（离休和退休提取占 20.68%，完全丧失劳动能力并与单位终止劳动关系提取占 2.39%，出境定居占 0%，其他占 3.44%）。

提取职工中，中、低收入占 100%，高收入占 0%。

（三）贷款业务：

1. 个人住房贷款：2019 年，支持职工购建房 125.37 万平方米，年末个人住房贷款市场占有率（含公转商贴息贷款）为 24.41%，比上年末减少 2.18 个百分点。通过申请住房公积金个人住房贷款，可节约职工购房利息支出 46631.14 万元。

职工贷款笔数中，购房建筑面积 90（含）平方米以下占 12.72%，90～144（含）平方米占 77.32%，144 平方米以上占 9.96%。购买新房占 79.20%（其中购买保障性住房占 0%），购买二手房占 20.8%，建造、翻建、大修自住住房占 0%，其他占 0%。

职工贷款笔数中，单缴存职工申请贷款占 64.07%，双缴存职工申请贷款占 35.93%，三人及以上缴存职工共同申请贷款占 0%。

贷款职工中，30 岁（含）以下占 26.38%，30 岁～40 岁（含）占 38.25%，40 岁～50 岁（含）占 24.33%，50 岁以上占 11.04%；首次申请贷款占 71.20%，二次及以上申请贷款占 28.80%；中、低收入占 100%，高收入占 0%。

2. 异地贷款：2019 年，发放异地贷款 743 笔、27896.60 万元。2019 年末，发放异地贷款总额 70529.70 万元，异地贷款余额 61344.89 万元。

3. 公转商贴息贷款：2019 年，发放公转商贴息贷款 0 笔、0 万元，支持职工购建住房面积 0 万平方米，当年贴息额 0 万元。2019 年末，累计发放公转商贴息贷款 0 笔、0 万元，累计贴息 0 万元。

4. 支持保障性住房建设试点项目贷款：2019年末，累计试点项目0个，贷款额0亿元，建筑面积0万平方米，可解决0户中低收入职工家庭的住房问题。0个试点项目贷款资金已发放并还清贷款本息。

（四）住房贡献率：2019年，个人住房贷款发放额、公转商贴息贷款发放额、项目贷款发放额、住房消费提取额的总和与当年缴存额的比率为137.48%，比上年减少2.06个百分点。

六、其他重要事项

（一）当年机构及职能调整情况、受委托办理缴存贷款业务金融机构变更情况。 2019年，赤峰市住房公积金管理中心机构及职能均未发生变更，受托银行及金融机构也未进行调整。受委托办理缴存贷款业务的金融机构仍为工行、农行、中行、建行、交行。

（二）当年住房公积金政策调整及执行情况。

1. 2019年缴存基数限额及确定方法、缴存比例等缴存政策调整情况：（1）机关事业单位，单位和职工住房公积金缴存比例下限不得低于5%，上限不得高于12%；企业单位，单位和职工住房公积金缴存比例下限不得低于5%，上限不得高于11%。（2）缴存住房公积金的月工资基数，上限不应超过赤峰市统计部门公布的上一年度城镇职工月平均工资总额的3倍，2019年各机关事业单位职工公积金月缴存额不得高于4238.28元，2019年各企业单位职工公积金月缴存额不得高于3885.1元。

2. 2019年提取政策调整情况：调整购房申请支取时间，购买新建商品房提取住房公积金的申请有效期限为，自首付款支付之日（不动产发票日期）起一年内；购买二手房提取公积金的申请有效期为交易后开具不动产发票之日起一年内。申请办理"先支后贷"的，支取有效时间参照上述规定执行。

3. 2019年个人住房贷款最高贷款额度、贷款条件等贷款政策调整情况：（1）将购房贷款只查次数调整为既查次数又查套数。在住房公积金贷款审核时，既查贷款申请人夫妻双方名下房屋套数，又查贷款申请人夫妻双方公积金使用次数。以家庭为单位，不得向购买第三套及以上住房的缴存职工家庭发放住房公积金个人住房贷款；不得发放三次以上（含三次）住房公积金贷款。（2）调整购房贷款最低首付款比例。使用住房公积金贷款购买首套房和第二套房的最低首付款比例均调整至20%。

4. 2019年住房公积金存贷款利率执行标准未发生变更。

（三）当年服务改进情况。

1. 减材料，精简办事手续。 去除了归集、提取、贷款方面重复的身份证等材料和合同中重复填写等内容，各项业务办理时间大大缩短，办理一笔贷款业务时间由原来的约40分钟缩短为约20分钟，提高了办事时效。

2. 减环节，优化业务流程。 更新了住房公积金归集、提取、贷款业务流程，制作业务指南并在门户网站进行公示，确保办事职工看得见、听得懂、能监督，不跑"冤枉路"、不做"无用功"。同时在服务大厅配置自助查询打印终端，更好地分流窗口业务，有效帮助群众缩短排队等候时间。

（四）当年信息化建设情况。

1. 加快清理历史数据。 在6月份组织进行了数据清洗，还依据电子稽查结果和业务原始档案于6月、8月启动了历史数据集中补录、修订。

2. 精简归并银行账户。 对归集账户、贷款账户、增值收益账户等不同功能的资金账户进行全面摸排梳理，将在5家委托银行的业务账户由120个减少为6个并全部接入银行结算系统，实现了全业务对接、全账户覆盖、全银行联网、全交易测试、全账户签约。

3."开展电子化稽查工作"。成立了电子稽查工作领导小组，按要求逐月进行稽查，未发生漏报情形，还集中组织了16034笔贷款数据补录，改善了合同信息完整性，对稽查结果和实际情况有差别的，已要求软件公司查明原因并进行修改。

4."加强信息系统管理安全"工作开展。建立了信息科技风险防范制度，规范了业务软件需求提交和处理流程，参加了赤峰市委网信安全检查及市公安局组织的网络攻防演习，整改网络安全漏洞9个。同时，大力建设住房公积金综合服务平台，充分发挥网厅、手机APP、微信公众号、热线电话、短信等渠道的作用，着力推进住房公积金服务的移动化、远程化转型，为纵深推进"最多跑一次"改革提供更大的空间。2019年当年网站和微信公众号共发布新闻、公告等信息130余条，访问量分别为60多万次和190多万次，其中微信公众号注册用户数已超过15万人。

（五）当年住房公积金管理中心及职工所获荣誉情况。赤峰市住房公积金管理中心党委下属14个党支部在赤峰市基层党支部标准化验收中全部达标；元宝山管理部被赤峰市委宣传部授予"文明单位"称号，宁城管理部归集支取股被赤峰市工会授予"五一巾帼标兵岗"称号，翁牛特旗管理部党支部被赤峰市政府办公室机关党委评为先进基层党组织；全市住房公积金系统中有6名职工荣获赤峰市政府办公室机关党委优秀共产党员和优秀党务工作者称号。

通辽市住房公积金2019年年度报告

一、机构概况

（一）**住房公积金管理委员会**：住房公积金管理委员会有24名委员，2019年召开2次会议，审议通过的事项主要包括：1.研究住房公积金存款问题。2.研究2018年度廉租住房建设补充资金使用等相关事宜。

（二）**住房公积金管理中心**：住房公积金管理中心为隶属于市住建局不以营利为目的的公益一类全额拨款事业单位，设7个处（科），8个管理部。从业人员147人，其中，在编75人，非在编72人。

二、业务运行情况

（一）**缴存**：2019年，新开户单位329家，实缴单位3591家，净增单位231家；新开户职工2.41万人，实缴职工20.07万人，净增职工1.24万人；缴存额28.92亿元，同比增长11.94％。2019年末，缴存总额220.27亿元，比上年末增加15.12％；缴存余额123.57亿元，比上年末增加8.03％。

受委托办理住房公积金缴存业务的银行5家，比上年增加（减少）0家。

（二）**提取**：2019年，提取额19.74亿元，同比增长5.70％；占当年缴存额的68.24％，比上年减少4.02个百分点。2019年末，提取总额96.70亿元，比上年末增加25.64％。

(三) 贷款:

1. 个人住房贷款: 个人住房贷款最高额度 50 万元, 其中, 单缴存职工最高额度 40 万元, 双缴存职工最高额度 50 万元。

2019 年, 发放个人住房贷款 0.43 万笔、12.89 亿元, 同比分别下降 36.93%、37.95%。

2019 年, 回收个人住房贷款 15.57 亿元。

2019 年末, 累计发放个人住房贷款 14.29 万笔、215.18 亿元, 贷款余额 89.87 亿元, 分别比上年末增加 3.12%、6.37%、−2.91%。个人住房贷款余额占缴存余额的 72.73%, 比上年末减少 8.19 个百分点。

受委托办理住房公积金个人住房贷款业务的银行 5 家, 比上年增加（减少) 0 家。

2. 住房公积金支持保障性住房建设项目贷款: 无。

(四) 购买国债: 无。

(五) 融资: 无。

(六) 资金存储:
2019 年末, 住房公积金存款 34.61 亿元。其中, 活期 0.03 亿元, 1 年（含) 以下定期 27 亿元, 协定 7.58 亿元。

(七) 资金运用率:
2019 年末, 住房公积金个人住房贷款余额、项目贷款余额和购买国债余额的总和占缴存余额的 72.73%, 比上年末减少 8.19 个百分点。

三、主要财务数据

(一) 业务收入: 2019 年, 业务收入 34970.53 万元, 同比增长 10.51%。其中, 存款利息 6024.03 万元, 委托贷款利息 28924.71 万元, 其他 21.79 万元。

(二) 业务支出: 2019 年, 业务支出 17995.15 万元, 同比增长 6.95%。其中, 支付职工住房公积金利息 17956.66 万元, 委托贷款手续费 37.79 万元, 其他 0.7 万元。

(三) 增值收益: 2019 年, 增值收益 16975.38 万元, 同比增长 14.56%。增值收益率 1.43%, 比上年增加 0.09 个百分点。

(四) 增值收益分配: 2019 年, 提取贷款风险准备金 88.08 万元, 提取管理费用 2358.04 万元, 提取城市廉租住房建设补充资金 14529.26 万元。

2019 年, 上交财政管理费用 2358.04 万元。上缴财政城市廉租住房建设补充资金 11806.06 万元。

2019 年末, 贷款风险准备金余额 9556.51 万元。累计提取城市廉租住房建设补充资金 88054.72 万元。

(五) 管理费用支出: 2019 年, 管理费用支出 1978.09 万元, 同比增长 7.62%。其中, 人员经费 978.59 万元, 公用经费 881.50 万元, 专项经费 118.00 万元。

四、资产风险状况

(一) 个人住房贷款: 2019 年末, 个人住房贷款逾期额 425.01 万元, 逾期率 0.5‰。

个人贷款风险准备金按贷款余额的 1% 提取。2019 年, 提取个人贷款风险准备金 88.08 万元, 使用个人贷款风险准备金核销呆坏账 0 万元。2019 年末, 个人贷款风险准备金余额 9556.51 万元, 占个人住房贷款余额的 1.06%, 个人住房贷款逾期额与个人贷款风险准备金余额的比率为 4.45%。

(二) 支持保障性住房建设试点项目贷款: 无。

五、社会经济效益

（一）缴存业务：2019年，实缴单位数、实缴职工人数和缴存额同比分别增长6.88%、6.60%和11.94%。

缴存单位中，国家机关和事业单位占66.33%，国有企业占8.69%，城镇集体企业占1.62%，外商投资企业占0.22%，城镇私营企业及其他城镇企业占21.64%，民办非企业单位和社会团体占1.50%。

缴存职工中，国家机关和事业单位占58.24%，国有企业占19.34%，城镇集体企业占3.39%，外商投资企业占1.80%，城镇私营企业及其他城镇企业占16.90%，民办非企业单位和社会团体占0.33%；中、低收入占98.61%，高收入占1.39%。

新开户职工中，国家机关和事业单位占40.61%，国有企业占7.71%，城镇集体企业占2.15%，外商投资企业占5.39%，城镇私营企业及其他城镇企业占43.66%，民办非企业单位和社会团体占0.48%；中、低收入占99.85%，高收入占0.15%。

（二）提取业务：2019年，4.42万名缴存职工提取住房公积金19.74亿元。

提取金额中，住房消费提取占70.93%（购买、建造、翻建、大修自住住房占31.63%，偿还购房贷款本息占39.01%，租赁住房占0.29%）；非住房消费提取占29.07%（离休和退休提取占20.78%，完全丧失劳动能力并与单位终止劳动关系提取占3.50%，其他占4.79%）。

提取职工中，中、低收入占98.95%，高收入占1.05%。

（三）贷款业务：

1. 个人住房贷款：2019年，支持职工购建房49.64万平方米，年末个人住房贷款市场占有率（含公转商贴息贷款）为35.21%，比上年末减少12.45个百分点。通过申请住房公积金个人住房贷款，可节约职工购房利息支出16771.65万元。职工贷款笔数中，购房建筑面积90（含）平方米以下占19.3%，90～144（含）平方米占68.34%，144平方米以上占12.36%。购买新房占69.24%，购买二手房占30.76%。

职工贷款笔数中，单缴存职工申请贷款占60.50%，双缴存职工申请贷款占39.50%。

贷款职工中，30岁（含）以下占28.06%，30岁～40岁（含）占42.43%，40岁～50岁（含）占21.65%，50岁以上占7.86%；首次申请贷款占66.63%，二次及以上申请贷款占33.37%；中、低收入占99.00%，高收入占1.00%。

2. 异地贷款：2019年，发放异地贷款177笔、5460.00万元。

2019年末，发放异地贷款总额22469.00万元，异地贷款余额18966.38万元。

3. 公转商贴息贷款：无。

4. 支持保障性住房建设试点项目贷款：无。

（四）住房贡献率：2019年，个人住房贷款发放额、公转商贴息贷款发放额、项目贷款发放额、住房消费提取额的总和与当年缴存额的比率为92.95%，比上年减少38.88个百分点。

六、其他重要事项

（一）当年住房公积金政策调整及执行情况。

1. 缴存政策调整情况：职工2019年度住房公积金缴存基数为职工本人2018年度月平均工资总额，

最低不得低于《通辽市人民政府办公厅关于转发〈内蒙古自治区人民政府办公厅关于调整自治区最低工资标准及非全日制工作小时最低工资标准的通知〉的通知》（通政办字〔2017〕241号）规定的各地标准：科尔沁区、开发区、霍林郭勒市1660元/月；开鲁县、扎鲁特旗1560元/月；科左后旗、库伦旗、奈曼旗、科左中旗1460元/月。最高不得超过通辽市统计部门公布的2018年度我市在岗职工月平均工资总额的三倍，即16526元/月。单位和职工个人住房公积金缴存比例应一致，不得低于5%，不得高于12%；2018年6月19日通辽市住房公积金管理委员会下达通知，将2016年出台的《关于降低企业住房公积金缴存比例的通知》（通房公管办字〔2016〕6号）中规定的阶段性降低比例期限到期后，继续延长执行期至2020年4月30日；继续执行企业单位缴存比例可在5%～11%之间，自主确定缴存比例的规定。

2. 提取政策调整情况：简化了租房提取所需手续，职工仅需提供由房屋产权部门出具的本人及其配偶在缴存城市无自有住房证明、相关身份证明材料及银行卡即可办理。

3. 贷款政策调整情况：为合理控制贷款发放率、避免资金风险较大，2019年通辽市住房公积金管理中心将贷款政策调整如下：

（1）继续开展全国范围内异地住房公积金贷款，在通辽市行政区域内购房办理异地贷款的，借款人或配偶至少一方应具有通辽市行政区域内户籍。

（2）依据《住房公积金个人住房贷款业务规范》中"购买自住住房的，借款申请人应为房屋购买主体之一"要求，借款申请人办理住房公积金贷款只限于夫妻双方购买自住住宅，为父母、子女购房不可办理住房公积金贷款。

（3）《个人征信报告》是借款人个人负债情况的唯一认证材料。

（4）《个人征信报告》中征信良好标准需符合以下条件：夫妻双方任意一方征信报告中信用卡、贷款当前不存在逾期或呆账；夫妻双方单笔贷款或信用卡不存在连续逾期3期以上记录或累计逾期6期记录及以上的（含担保人代还）。

（5）符合住房公积金担保条件的行政事业单位正式在编在岗职工或国有企业正式在岗职工，只能为一笔住房公积金贷款作担保。

（6）住房公积金贷款还款连续逾期2个月（含2个月）以上累计超3次（含3次）或连续逾期6个月及以上的，清还贷款后，从没有违约之日起满三年方可再次办理住房公积金贷款。

（7）对女性干部职工身份认证，所在单位不能提供《干部履历表》复印件的，可通过借款人所在单位人事部门出具证明并由所在单位法人签字确认；具有高级职称资格的女性职工申请按60周岁退休办理贷款的，需提供高级职称证或人社部门关于该职工通过高级职称资格的批准文件，同时需提供该职工按60周岁退休其所在单位法人签字认证的证明材料。

（8）对为他人任何贷款提供担保的保证人及其配偶，不予办理住房公积金贷款。

（9）住房公积金贷款额度与职工缴存住房公积金年限及个人账户余额挂钩。借款人缴存住房公积金年限在3年（含3年）以下的，贷款额度不得超过夫妻双方住房公积金账户余额10倍；借款人缴存住房公积金年限在3年以上5年（含5年）以下的，贷款额度不得超过夫妻双方住房公积金账户余额15倍；借款人住房公积金缴存年限在5年以上的，贷款额度不得超过夫妻双方住房公积金账户余额20倍。同时不得超过住房公积金管理委员会确定的单笔贷款的最高贷款限额。

（10）机关事业、国有企业单位合同制职工或私营企业在岗职工办理公积金贷款时，可在以下三种方式中任选其一，为其住房公积金贷款提供担保。

① 两名符合担保条件的行政事业单位正式在编在岗职工提供担保。

② 用房产（自有住房、共有或第三人所有房屋产权的）现值全额抵押担保，抵押值最高不得超过抵押房产现值的50%。如抵押值不足，可另提供一套房产或符合担保条件的行政事业单位正式在编在岗职工提供担保。

③ 担保公司担保。

（11）购买公寓式自住住房办理住房公积金贷款，其土地性质是商业用地的，必须是唯一一套住宅。

（12）借款申请人申请的贷款期限不得高于抵押物剩余使用年限。

（13）同一套房源不允许同时存在两笔住房公积金贷款。

（14）停止向购买现存第三套及以上住房缴存职工家庭发放住房公积金贷款。

（15）夫妻双方离异满12个月后，其中一方申请办理住房公积金贷款时重新计算住房套数；不满12个月的，按离婚前夫妻双方合并计算住房套数。

（16）未建立住房公积金制度的企业，不予办理期房预抵押贷款。

另根据住房和城乡建设部《住房和城乡建设部办公厅关于对住房公积金廉政风险防控抽查情况的通报》（建办金函〔2017〕189号）文件精神，经中心领导班子研究，并请示上级主管部门同意，决定自2019年9月1日起停止向缴存职工家庭发放第三次及以上住房公积金贷款。根据《关于规范住房公积金个人住房贷款政策有关问题的通知》（建金〔2010〕179号）文件精神，我中心自2019年10月1日起严格执行第二套住房公积金个人住房贷款利率不得低于同期首套住房公积金个人住房贷款利率的1.1倍。

（二）当年服务改进情况。5月中旬监管处下发《内蒙古自治区统一监管平台（含短信平台、数据共享）联调方案（征求意见稿）》文件要求，中心于6月底完成自治区12329短信平台上线工作。10月份中心开通了网上业务大厅单位版，并对50余家单位进行现场培训。中心计划2020年开通个人网上业务，准备迎接国家及自治区的综合服务平台验收工作。

现全市已实现住房公积金单位登记开户、单位信息变更、缴存业务全程网上办理。

管理部服务网点变更：我中心扎鲁特旗管理部业务窗口进驻当地政务服务大厅。

（三）当年信息化建设情况。根据《通辽市推进政务服务"一网通办"工作实施方案的通知》要求，中心业务系统需要接入电子政务外网，将中心机房的所有硬件设备托管到本地具有IDC资质的机房。中心根据《住房和城乡建设部办公厅关于做好全国住房公积金数据平台接入工作的通知》文件要求，于2019年5月数据平台正式上线；6月底住房和城乡建设部下发《关于加快推进全国住房公积金转移接续平台直连工作的通知》，要求年底前完成接入转移接续平台，中心依据文件的时间节点，11月份按时保质完成此项工作。

（四）当年住房公积金管理中心及职工所获荣誉情况。自治区文明单位（省部级）二年复审合格通过。

（五）当年对违反《住房公积金管理条例》和相关法规行为进行行政处罚和申请人民法院强制执行情况。截至2019年12月末，起诉26人，金额390.26万元，按照相关法律程序执行中。

鄂尔多斯市住房公积金 2019 年年度报告

一、机构概况

（一）住房公积金管理委员会：住房公积金管理委员会有 30 名委员，2019 年召开 0 次会议（因 2018 年度管委会会议于 2018 年 12 月 6 日召开，会议审议通过的新修订的《鄂尔多斯市住房公积金归集管理实施细则》等三个细则于 2019 年 3 月起执行，故 2019 年度未开会）。

（二）住房公积金管理中心：住房公积金管理中心为直属市住房和城乡建设局不以营利为目的的差额拨款事业单位，设 6 个处（科），8 个管理部，1 个分中心。从业人员 120 人，其中，在编 70 人，非在编 50 人。

二、业务运行情况

（一）缴存：2019 年，新开户单位 1014 家，实缴单位 4969 家，净增单位 774 家；新开户职工 4.27 万人，实缴职工 26.96 万人，净增职工 3.65 万人；缴存额 40.73 亿元，同比增长 23.24%。2019 年末，缴存总额 262.53 亿元，比上年末增加 18.36%；缴存余额 149.36 亿元，比上年末增加 13.12%。

受委托办理住房公积金缴存业务的银行 5 家，比上年增加（减少）0 家。

（二）提取：2019 年，提取额 23.42 亿元，同比增长 6.41%；占当年缴存额的 57.50%，比上减少 9.11 个百分点。2019 年末，提取总额 113.18 亿元，比上年末增加 26.08%。

（三）贷款：

个人住房贷款：个人住房贷款最高额度 80 万元，其中，单缴存职工最高额度 80 万元，双缴存职工最高额度 80 万元。

2019 年，发放个人住房贷款 0.70 万笔、30.79 亿元，同比分别增长（下降）0.40%、54.03%。其中，市中心发放个人住房贷款 0.68 万笔、29.96 亿元，分中心发放个人住房贷款 223 笔、0.83 亿元。

2019 年，回收个人住房贷款 13.55 亿元。其中，市中心 12.77 亿元，分中心 0.78 亿元。

2019 年末，累计发放个人住房贷款 9.45 万笔、183.84 亿元，贷款余额 96.57 亿元，分别比上年末增加 8.12%、20.12%、21.74%。个人住房贷款余额占缴存余额的 64.66%，比上年末增加 4.58 个百分点。

受委托办理住房公积金个人住房贷款业务的银行 5 家，比上年增加（减少）0 家。

（四）资金存储：2019 年末，住房公积金存款 54.51 亿元。其中，活期 4.19 亿元，1 年（含）以下定期 38.20 亿元，1 年以上定期 12.12 亿元，其他（协定、通知存款等）0 亿元。

（五）资金运用率：2019 年末，住房公积金个人住房贷款余额、项目贷款余额和购买国债余额的总和占缴存余额的 64.66%，比上年末增加 4.58 个百分点。

三、主要财务数据

（一）业务收入：2019 年，业务收入 42441.21 万元，同比增长 7.14%。其中，市中心 36756.98 万元，分中心 5684.23 万元，存款利息 14743.14 万元，委托贷款利息 27630.75 万元，国债利息万元，其他

67.32 万元。

（二）**业务支出**：2019 年，业务支出 20114.46 万元，同比增长 9.48%。其中，市中心 17872.04 万元，分中心 2242.42 万元，支付职工住房公积金利息 20074.85 万元，归集手续费 0 万元，委托贷款手续费 0 万元，其他 39.61 万元。

（三）**增值收益**：2019 年，增值收益 22326.75 万元，同比增长 5.12%。其中，市中心 18884.94 万元，分中心 3441.81 万元。增值收益率 1.59%，比上年增加 0.09 个百分点。

（四）**增值收益分配**：2019 年，提取贷款风险准备金 14088.38 万元，提取管理费用 1804.08 万元，提取城市廉租住房（公共租赁住房）建设补充资金 6434.29 万元。

2019 年，上交财政管理费用 900.00 万元。上缴财政城市廉租住房（公共租赁住房）建设补充资金 6460.00 万元。其中，市中心上缴 6460.00 万元，分中心上缴 0 万元。

2019 年末，贷款风险准备金余额 80937.49 万元。累计提取城市廉租住房（公共租赁住房）建设补充资金 28061.26 万元。其中，市中心提取 27581.55 万元，分中心提取 479.71 万元。

（五）**管理费用支出**：2019 年，管理费用支出 1156.73 万元，同比下降 69.37%。其中，人员经费 567.68 万元，公用经费 386.28 万元，专项经费 202.77 万元。

市中心管理费用支出 817.81 万元，其中，人员、公用、专项经费分别为 324.57 万元、290.47 万元、220.77 万元；分中心管理费用支出 338.92 万元，其中，人员、公用、专项经费分别为 243.11 万元、95.81 万元、0 万元。

四、资产风险状况

个人住房贷款：2019 年末，个人住房贷款逾期额 1225.79 万元，逾期率 1.30‰。其中，市中心 1.30‰，分中心 0‰。

个人贷款风险准备金按增值收益的 60% 提取。2019 年，提取个人贷款风险准备金 14088.38 万元，使用个人贷款风险准备金核销呆坏账 0 万元。2019 年末，个人贷款风险准备金余额 80937.49 万元，占个人住房贷款余额的 8.38%，个人住房贷款逾期额与个人贷款风险准备金余额的比率为 1.51%。

五、社会经济效益

（一）**缴存业务**：2019 年，实缴单位数、实缴职工人数和缴存额同比分别增长 18.45%、15.70% 和 23.24%。

缴存单位中，国家机关和事业单位占 44.11%，国有企业占 10.37%，城镇集体企业占 0.57%，外商投资企业占 0.36%，城镇私营企业及其他城镇企业占 29.38%，民办非企业单位和社会团体占 2.03%，其他占 13.18%。

缴存职工中，国家机关和事业单位占 36.39%，国有企业占 19.34%，城镇集体企业占 0.46%，外商投资企业占 3.79%，城镇私营企业及其他城镇企业占 25.84%，民办非企业单位和社会团体占 0.57%，其他占 13.61%；中、低收入占 99.47%，高收入占 0.53%。

新开户职工中，国家机关和事业单位占 23.38%，国有企业占 14.25%，城镇集体企业占 0.75%，外商投资企业占 1.40%，城镇私营企业及其他城镇企业占 51.79%，民办非企业单位和社会团体占 1.73%，

其他占 6.70%；中、低收入占 99.85%，高收入占 0.15%。

（二）提取业务：2019 年，4.31 万名缴存职工提取住房公积金 23.42 亿元。

提取金额中，住房消费提取占 74.40%（购买、建造、翻建、大修自住住房占 58.02%，偿还购房贷款本息占 27.39%，租赁住房占 14.01%，其他占 0.58%）；非住房消费提取占 25.60%（离休和退休提取占 53.20%，完全丧失劳动能力并与单位终止劳动关系提取占 22.67%，出境定居占 0%，其他占 24.13%）。

提取职工中，中、低收入占 99.25%，高收入占 0.75%。

（三）贷款业务：

1. 个人住房贷款： 2019 年，支持职工购建房 98.35 万平方米，年末个人住房贷款市场占有率（含公转商贴息贷款）为 60.63%，比上年末增加 8.73 个百分点。通过申请住房公积金个人住房贷款，可节约职工购房利息支出 52616.87 万元。

职工贷款笔数中，购房建筑面积 90（含）平方米以下占 8.34%，90～144（含）平方米占 52.49%，144 平方米以上占 39.17%。购买新房占 63.23%（其中购买保障性住房占 0%），购买二手房占 36.63%，建造、翻建、大修自住住房占 0.14%，其他占 0%。

职工贷款笔数中，单缴存职工申请贷款占 24.75%，双缴存职工申请贷款占 75.25%，三人及以上缴存职工共同申请贷款占 0%。

贷款职工中，30 岁（含）以下占 27.2%，30 岁～40 岁（含）占 53.66%，40 岁～50 岁（含）占 14.43%，50 岁以上占 4.62%；首次申请贷款占 82.12%，二次及以上申请贷款占 17.88%；中、低收入占 99.52%，高收入占 0.48%。

2. 异地贷款： 2019 年，发放异地贷款 188 笔、8942 万元。2019 年末，发放异地贷款总额 21444 万元，异地贷款余额 17946.37 万元。

（四）住房贡献率：2019 年，个人住房贷款发放额、公转商贴息贷款发放额、项目贷款发放额、住房消费提取额的总和与当年缴存额的比率为 118.36%，比上年增加 12.08 个百分点。

六、其他重要事项

（一）当年机构及职能调整情况、受委托办理缴存贷款业务金融机构变更情况。2019 年 4 月，鄂尔多斯市住房公积金管理中心隶属关系由市人民政府直属调整为市住房和城乡建设局所属。

（二）当年住房公积金政策调整及执行情况。

1. 当年缴存基数限额及确定方法、缴存比例等缴存政策调整情况。 2019 年住房公积金缴存基数原则上不低于 2018 年全市在岗职工月平均工资 7864 元的 60% 即 4718 元，月平均工资不足 4718 元的按 4718 元基数核定，特殊情况需住房公积金管理中心审批；不得高于 2018 年全市在岗职工月平均工资 7864 元的 300% 即 23592 元，月平均工资高于 23592 元的按 23592 元缴存基数核定。单位和职工个人住房公积金缴存比例不得低于 5%，不得高于 12%。根据《鄂尔多斯市住房公积金管理委员会关于降低企业住房公积金缴存比例的通知》（鄂公委发〔2016〕4 号），2017 年 1 月 1 日—2018 年 12 月 31 日，企业住房公积金最高缴存比例不得高于 11%。按照住房和城乡建设部、财政部、人民银行《关于改进住房公积金缴存机制进一步降低企业成本的通知》（建金〔2018〕45 号）要求，2016 年出台的阶段性适当降低企业住房公积金缴存比例政策到期后，继续延长执行期至 2020 年 4 月 30 日。

2.当年提取政策调整情况。一是延长了购房提取的年限要求,由2年内的房购房手续调整为高层4年内,多层3年内。二是放宽了提取金额限制,由最多可提取账户余额的80%调整为账户内留足1000元。三是放宽了退休销户提取的办理条件,退休提取如不能提供退休手续,在满足达到法定退休年龄、无贷款、无担保、无冻结的条件下即可凭借本人身份证办理提取。四是按照住房和城乡建设部、财政部、人民银行、公安部《关于开展治理违规提取住房公积金工作的通知》(建金〔2018〕46号)要求,对离职销户提取进行规范。缴存职工与单位解除或终止劳动关系的,先办理个人账户封存。账户封存期间,在异地开立住房公积金账户并稳定缴存半年以上的,办理异地转移接续手续。未在异地继续缴存的,封存满半年后且在我中心未重新开立账户的,可携带本人身份证原件办理销户提取。

3.当年个人住房贷款最高贷款额度、贷款条件等贷款政策调整情况。一是住房公积金贷款最高额度80万元,没有进行调整。二是规范住房公积金贷款申请条件。住房公积金贷款对象为购买首套自住住房或第二套改善型自住住房的缴存职工,不得向购买第三套及以上住房的缴存职工家庭发放住房公积金个人住房贷款。三是为防范期房预抵押申请贷款的风险,对申请贷款保证人进行调整。夫妻双方均为行政事业单位、用工稳定的国有企业的在岗职工的,以所购住房办理期房抵押预登记的,需找一位保证人,待借款人办妥所购住房的《不动产权证书》并办理抵押登记,将住房公积金管理中心作为抵押权人的《不动产登记证明》等房屋权属证明材料交由住房公积金管理中心收妥后可将保证人撤出。

(三)当年服务改进情况。

1.优化业务流程,缩减业务办理时限。推出住房公积金账户余额按月对冲还贷业务,充分激活职工账户内的存储余额。提取住房公积金业务办理时限由过去的7个工作日缩短至2个工作日,住房公积金贷款办理时限由以往的10个工作日调整为7个工作日(保证人和不动产抵押登记影响审批的除外)。

2.规范窗口服务行为,提供"一站式"服务。2019年5月市中心业务大厅搬入市政务服务中心,方便办事群众一次性办结与公积金业务相关的其他业务,工作人员认真落实首问责任制、一次性告知制、限时办结制,规范窗口服务行为。

(四)当年信息化建设情况。我中心自2013年以来,陆续开展建设综合服务平台如自助查询机、12329热线、短信、网站查询业务,2018年在系统升级改造中又建设了微信、手机APP、支付宝城市服务查询服务,全面方便了缴存职工的查询。2019年6月将公积金转移接续平台直连嵌入系统,为异地缴存职工更方便快捷地办理相关业务提供便利。

(五)当年对违反《住房公积金管理条例》和相关法规行为进行行政处罚和申请人民法院强制执行情况。2019年通过划扣账户余额、法院执行和仲裁等方式清理回收逾期贷款44笔、149.13万元。

呼伦贝尔市住房公积金2019年年度报告

一、机构概况

(一)住房公积金管理委员会:住房公积金管理委员会有25名委员,2019年召开5次会议,审议通过的事项主要包括：研究批准了 2018 年年度报告、2019 年管理经费预算、出租住房公积金业务大厅、申购办公家具、申请接入全国住房公积金数据平台档案标准化建设等办公设备采购资金、失信黑名单管理办法、撤销住房公积金存款专户及账户备案、业务服务大厅增设塑窗、网络数据安全设备及业务系统建设采购资金等有关事宜。

（二）住房公积金管理中心：住房公积金管理中心为隶属呼伦贝尔市住房和城乡建设局，不以营利为目的的全额事业单位，中心设七个科，十二个旗市区管理部。从业人员 151 人，其中，在编 62 人，非在编 89 人。

二、业务运行情况

（一）缴存：2019 年，新开户单位 574 家，实缴单位 5405 家，净增单位 207 家；新开户职工 1.25 万人，实缴职工 20.73 万人，净增职工 -0.02 万人；缴存额 36.08 亿元，同比增长 6.98%。2019 年末，缴存总额 288.55 亿元，比上年末增加 14.29%；缴存余额 112.38 亿元，比上年末增加 14.63%。

受委托办理住房公积金缴存业务的银行四家，与上年保持一致。

（二）提取：2019 年，提取额 21.73 亿元，同比下降 15.74%；占当年缴存额的 60.23%，比上年减少 16.25 个百分点。2019 年末，提取总额 176.17 亿元，比上年末增加 14.08%。

（三）贷款：

1. 个人住房贷款：个人住房贷款最高额度 60 万元，其中，单、双缴存职工最高额度 60 万元。

2019 年，发放个人住房贷款 6345 笔、20.54 亿元，同比分别下降 39.43%、39.61%。

2019 年，回收个人住房贷款 14.29 亿元。

2019 年末，累计发放个人住房贷款 12 万笔、203.28 亿元，贷款余额 98.79 亿元，分别比上年末增加 5.54%、11.24%、6.75%。个人住房贷款余额占缴存余额的 87.90%，比上年末减少 6.49 个百分点。

受委托办理住房公积金个人住房贷款业务的银行四家，与上年保持一致。

2. 住房公积金支持保障性住房建设项目贷款：2019 年，未发放保障性住房建设项目贷款，发放的项目贷款于 2018 年已全部回收。2019 年末，累计发放项目贷款 1.50 亿元，项目贷款余额为零。

（四）资金存储：2019 年末，住房公积金存款 16.55 亿元。其中，活期 0.02 亿元，1 年（含）以下定期 14.42 亿元，其他（协定、通知存款等）2.11 亿元。

（五）资金运用率：2019 年末，住房公积金个人住房贷款余额、项目贷款余额和购买国债余额的总和占缴存余额的 87.90%，比上年末减少 6.49 个百分点。

三、主要财务数据

（一）业务收入：2019 年，业务收入 34618.09 万元，同比增长 14.06%。存款利息 3353.57 万元，委托贷款利息 31264.52 万元。

（二）业务支出：2019 年，业务支出 16581.20 万元，同比增长 12.71%。支付职工住房公积金利息 15914.35 万元，委托贷款手续费 666.20 万元，其他 0.65 万元。

（三）增值收益：2019 年，增值收益 18036.89 万元，同比增长 15.33%。增值收益率 1.72%，比上年增加 0.05 个百分点。

（四）增值收益分配：2019 年，提取贷款风险准备金 10822.20 万元，提取管理费用 4490.00 万元，提取城市廉租住房建设补充资金 2724.69 万元。

2019 年，上交财政管理费用 5324.00 万元。上缴财政城市廉租住房建设补充资金 931.18 万元。

2019 年末，贷款风险准备金余额 64546.80 万元。累计提取城市廉租住房建设补充资金 8562.98 万元。

（五）管理费用支出：2019 年，管理费用支出 3847.83 万元，同比增长 69.39%。其中，人员经费 1411.25 万元，公用经费 556.39 万元，专项经费 1880.19 万元。

四、资产风险状况

（一）个人住房贷款：2019 年末，个人住房贷款逾期额 703.82 万元，逾期率 0.70‰。

个人贷款风险准备金按增值收益的 60% 提取。2019 年，提取个人贷款风险准备金 10822.20 万元，使用个人贷款风险准备金核销呆坏账为零。2019 年末，个人贷款风险准备金余额 64046.80 万元，占个人住房贷款余额的 6.48%，个人住房贷款逾期额与个人贷款风险准备金余额的比率为 1.10%。

（二）支持保障性住房建设试点项目贷款：2019 年末，逾期项目贷款为零，逾期率为零。

项目贷款风险准备金按贷款余额的 4% 提取。2018 年项目贷款本息已全部还清，2019 年未提取项目贷款风险准备金，使用项目贷款风险准备金核销呆坏账为零，项目贷款风险准备金余额 500.00 万元。

五、社会经济效益

（一）缴存业务：2019 年，实缴单位数、实缴职工人数和缴存额同比分别增长 3.98%、－0.09% 和 6.98%。

缴存单位中，国家机关和事业单位占 50.61%，国有企业占 7.51%，城镇集体企业占 0.30%，外商投资企业占 0.35%，城镇私营企业及其他城镇企业占 14.21%，民办非企业单位和社会团体占 0.54%，其他占 26.48%。

缴存职工中，国家机关和事业单位占 69.85%，国有企业占 15.83%，城镇集体企业占 0.59%，外商投资企业占 1.35%，城镇私营企业及其他城镇企业占 11.17%，民办非企业单位和社会团体占 0.12%，其他占 1.09%；中、低收入占 97.59%，高收入占 2.41%。

新开户职工中，国家机关和事业单位占 43.64%，国有企业占 21.80%，城镇集体企业占 0.58%，外商投资企业占 0.66%，城镇私营企业及其他城镇企业占 30.83%，民办非企业单位和社会团体占 0.57%，其他占 1.92%；中、低收入占 98.20%，高收入占 1.80%。

（二）提取业务：2019 年，6.79 万名缴存职工提取住房公积金 21.73 亿元。

提取金额中，住房消费提取占 73.68%（购买、建造、翻建、大修自住住房占 25.20%，偿还购房贷款本息占 43.54%，租赁住房占 4.94%）；非住房消费提取占 26.32%（离休和退休提取占 21.52%，其他占 4.80%）。

提取职工中，中、低收入占 97.14%，高收入占 2.86%。

（三）贷款业务：

1. 个人住房贷款：2019 年，支持职工购建房 73.96 万平方米，年末个人住房贷款市场占有率为

57.27%，比上年末减少2.04个百分点。通过申请住房公积金个人住房贷款，可节约职工购房利息支出58911.92万元。

职工贷款笔数中，购房建筑面积90（含）平方米以下占23.10%，90～144（含）平方米占57.45%，144平方米以上占19.45%。购买新房占59.34%，购买二手房占40.25%，其他占0.41%。

职工贷款笔数中，单缴存职工申请贷款占33.81%，双缴存职工申请贷款占66.19%。

贷款职工中，30岁（含）以下占26.38%，30岁～40岁（含）占33.29%，40岁～50岁（含）占26.62%，50岁以上占13.71%；首次申请贷款占78.91%，二次及以上申请贷款占21.09%；中、低收入占95.79%，高收入占4.21%。

2. 异地贷款： 2019年，发放异地贷款248笔、8521.60万元。2019年末，发放异地贷款总额53772.30万元，异地贷款余额43277.34万元。

3. 支持保障性住房建设试点项目贷款： 2019年末，累计试点项目1个，贷款额度1.50亿元，建筑面积11.06万平方米，可解决1075户中低收入职工家庭的住房问题。1个试点项目贷款资金已发放并还清贷款本息。

（四）住房贡献率： 2019年，个人住房贷款发放额、公转商贴息贷款发放额、项目贷款发放额、住房消费提取额的总和与当年缴存额的比率为101.32%，比上年减少44.07个百分点。

六、其他重要事项

（一）当年机构及职能调整情况、受委托办理缴存贷款业务金融机构变更情况。

我中心当年机构及职能没有调整情况。

受委托办理住房公积金缴存贷款业务的银行四家，与上年一致无变更。

（二）当年住房公积金政策调整及执行情况。

1. 当年缴存基数限额及确定方法、缴存比例等缴存政策调整情况： 2019年度我市住房公积金缴存基数的上限17232.00元，按不高于统计部门公布的上年度社会平均工资的3倍确定；缴存基数的下限1660.00元，按照呼伦贝尔市人力资源和社会保障部门规定的上年度全市职工月最低工资标准确定。

2019年度单位和职工个人住房公积金缴存比例不高于12%且不低于5%。

2. 当年提取、贷款政策调整情况：

（1）提取方面：2019年提取政策未进行调整。

（2）贷款方面：2019年贷款政策未进行调整。

3. 当年住房公积金存贷款利率执行标准情况： 2019年存贷款利率无调整，我中心严格按照人民银行文件规定的利率执行。

（三）当年服务改进情况。

1. 服务网点： 2019年，住房公积金业务进驻呼伦贝尔市政务服务中心，在政务服务中心设有两个服务窗口，方便职工就近办理公积金业务。

2. 服务设施： 为了给办事职工提供更好的服务环境，中心为海拉尔管理部在原有窗户的基础上又增加一层窗户，解决冬季办公区域温度过低问题；中心为额尔古纳市管理部更换暖气、门及粉刷办公室；海拉尔管理部在服务大厅设立咨询服务台；为所有管理部业务大厅重新配备饮水机。

3. 服务手段：一是在服务大厅设置"服务引领"岗，为办事职工做好引领服务工作。二是针对个体工商户，开展使用银行卡委托代扣住房公积金汇缴业务，使参缴职工足不出户即可缴交住房公积金，解决服务职工"最后一公里"问题。三是在符合提取、转移条件的情况下，办理提取及同城转移业务的职工可以选择就近管理部"就近办"。四是2019年3月1日起，开通使用住房公积金工单管理系统，针对12329热线人工受理的非一次性可解答的问题，由相关科室、管理部协同解决。五是开展问卷调查活动，通过问卷调查了解群众自愿缴存公积金、使用公积金购房等意愿，并发放宣传手册向广大群众讲解公积金使用政策。

4. 综合服务平台建设和其他网络载体建设服务情况：2019年上半年，市中心完成综合服务平台升级改造，此举再次全面提升住房公积金服务效率和服务质量，实现"从人工到智能""从线下到线上"的转变，实现部分业务"零"跑腿。

本次综合服务平台升级改造主要功能亮点有：一是改善自助查询功能。各查询渠道界面更加直观，同时增加自助查询渠道，可通过支付宝手机APP中"城市服务"查询本人住房公积金归集、贷款等相关信息。二是增加使用银行卡还贷功能。借款人可使用还款卡在手机APP中自助办理"提前部分还款""正常按月还款"和"提前还清贷款"等业务。三是增加个税申报贷款信息查询功能，借款人可通过手机APP、微信公众号等渠道进行自助查询。四是对登录方式进行便捷性和安全性升级。手机APP、微信公众号、网上办事大厅等各渠道已实现密码统一、同步变更，并对密码复杂度设定要求；手机APP支持个人用户刷脸登录，网上办事大厅支持个人和单位用户刷脸登录。

截至2019年末网厅信息查询6014笔，业务办理7笔；APP客户端信息查询313132笔，业务办理276笔；微信累计关注用户68344人，累计绑定人数36851人，信息查询836964笔，业务办理162笔；核查个体工商户的企业信用公示信息共计75份；12329热线全年累计受理44954人次，其中，人工接听答复15323人次，自助查询业务（包括业务指南、缴存、贷款余额查询等）29631人次；全年累计发送短信1603858条；网站共发布工作动态69条，回复网站问题65条；微信公众号通过信息编辑、图片设计推送信息共4篇，使全市的广大职工对住房公积金的政策调整及一些相关重大事项有了更多更及时、准确、便捷的获取渠道。

（四）当年信息化建设情况。

1. 信息系统升级改造情况：一是经缴存职工授权通过网络接口为各银行提供相关数据资料，配合银行为缴存职工提供多元化金融服务（网络消费贷款业务、"快贷"业务）。二是严格按照住房和城乡建设部统一安排部署，扎实推进国务院个人所得税改革相关数据共享工作，于5月13日顺利接入全国住房公积金数据平台，实现了住房公积金贷款信息共享。三是升级电子档案系统，实现业务系统与档案系统的无缝对接，同时针对文书档案、会计档案、声像档案、科技档案、实物档案等其他类的档案信息做同步优化，使中心档案管理水平全面提升。四是OA自动办公系统上线，将收发文件、办公设备和办公耗材领用、会议通知、差旅费报销、职工请销假等工作流程由原来的纸质版转变为电子化流转方式，真正实现了无纸化办公。五是对现有的稽核系统进行升级改造，增设了参数化控制、扩大了稽核业务覆盖面，完成了由传统的人工稽核到以计算机自动稽核为主、人工稽核为辅的转变，实现了住房公积金内部控制与审计监督的常态化和自动化。六是于8月24日正式启用自治区住房和城乡建设厅12329短信平台，职工办理住房公积金归集、提取、贷款等相关业务的通知短信由12329短信平台统一规范发送。七是全面加强对中心的核心业务系统、资金结算系统、综合服务平台系统三个系统的安全防控工作，9月份通过了专家评审组对三级等保项目建设内容和成果验收评审。八是大力推进"互联网＋政务服务"工作，全面启用、推行住房公积金业务用章电子化管理，在实现业务办理高效便捷的同时确保了签署方的身份可信。九是于11月25日通过住房和城乡建设部审核上线公积金异地转移接续直连业务，实现异地转移业务高效便捷办理。十是按照市政府关于推进政务数据共享交换平台建设的要求，于12月末接入政务信息资源共享平台。中心充分运用大数据优势，同接入的百余家单位协同配合，实现政务信息资源共享，积极履行自身义务，做到"让数据多跑路，让群众少跑腿"。

2. 基础数据标准贯彻落实和结算应用系统接入情况：2018年3月20日，"双贯标"顺利通过了住房和城乡建设部、自治区住房城乡建设厅"双贯标"专家组的验收。实现全账户、全业务、全流程覆盖。中心信息系统实现业务驱动财务，以银行推送的到账通知为依据核对生成财务资金凭证，登记银行存款日记账和会计明细账，实现三账平衡匹配、三账联动。

（五）**当年住房公积金管理中心及职工所获荣誉情况**。海拉尔管理部卢丽梅荣获呼伦贝尔市妇联"三八红旗手标兵"荣誉称号。

（六）**当年对违反《住房公积金管理条例》和相关法规行为进行行政处罚和申请人民法院强制执行情况**。2019年通过申请人民法院强制执行收回逾期贷款15笔，均为借款人连续逾期6期（含）以上且经多次催收仍拒不还款的。

巴彦淖尔市住房公积金2019年年度报告

一、机构概况

（一）**住房公积金管理委员会**：住房公积金管理委员会有18名委员，2019年召开1次会议，审议通过的事项主要包括：（1）《市住房公积金管理中心2018年度全市住房公积金管理工作情况和2019年度全市住房公积金管理工作要点的报告》；（2）《2019年全市住房公积金增值收益预算及分配方案》；（3）调整全市住房公积金部分归集、提取、贷款政策。

（二）**住房公积金管理中心**：住房公积金管理中心为巴彦淖尔市住房和城乡建设局不以营利为目的的全额拨款准处级事业单位，设6个科，7个管理部，0个分中心。从业人员86人，其中，编制数50人，在编在岗42人，非在编35人，其他（政府购买服务）9人。

二、业务运行情况

（一）**缴存**：2019年，新开户单位132家，实缴单位2467家，净增单位36家；新开户职工1.32万人，实缴职工14.58万人，净增职工0.5万人；缴存额20.4亿元（包括年度结息1.04万元），同比增长8.26%。2019年末，缴存总额160.46亿元，同比增长14.56%；缴存余额77.35亿元，同比增长9.93%。

受委托办理住房公积金缴存业务的银行4家,比上年减少0家。

(二)提取:2019年,提取额13.41亿元,同比增长21.18%;占当年缴存额的65.75%,比上年增加7.01个百分点。2019年末,提取总额83.11亿元,同比增长19.24%。

(三)贷款:

1.个人住房贷款:个人住房贷款最高额度50万元,其中,单缴存职工最高额度50万元,双缴存职工最高额度50万元。

2019年,发放个人住房贷款0.45万笔,同比下降6.58%,发放贷款14.93亿元,同比增长0.96%。其中,临河管理部发放个人住房贷款0.31万笔、11.43亿元,五原管理部发放个人住房贷款0.02万笔、0.68亿元,前旗管理部发放个人住房贷款0.02万笔、0.6亿元,中旗管理部发放个人住房贷款0.02万笔、0.41亿元,后旗管理部发放个人住房贷款0.02万笔、0.33亿元,杭后管理部发放个人住房贷款0.05万笔、1.22亿元,磴口管理部发放个人住房贷款0.01万笔、0.26亿元。

2019年,回收个人住房贷款9.65亿元。从住房公积金基础数据贯标及综合服务平台系统上线后,回收个人住房贷款不分旗县管理部,全部由市中心统一核算。

2019年末,累计发放个人住房贷款7.92万笔、137.39亿元,贷款余额65.9亿元,同比分别增长6%、12.19%、8.70%。个人住房贷款余额占缴存余额的85.20%,比上年减少0.96个百分点。

受委托办理住房公积金个人住房贷款业务的银行4家,比上年增加(减少)0家。

2.住房公积金支持保障性住房建设项目贷款:2019年,发放支持保障性住房建设项目贷款0亿元,回收项目贷款0亿元。2019年末,累计发放项目贷款0亿元,项目贷款余额0亿元。

(四)**购买国债**:2019年,购买(记账式、凭证式)国债0亿元,兑付(转让、收回)国债0亿元。2019年末,国债余额0亿元,比上年减少(增加)0亿元。

(五)**融资**:2019年,融资0亿元,归还0亿元。2019年末,融资总额0亿元,融资余额0亿元。

(六)**资金存储**:2019年末,住房公积金存款9.78亿元。其中,活期0.012亿元,1年(含)以下定期6.3亿元,1年以上定期0亿元,其他(协定、通知存款等)3.47亿元。

(七)**资金运用率**:2019年末,住房公积金个人住房贷款余额、项目贷款余额和购买国债余额的总和占缴存余额的85.2%,比上年减少0.96个百分点。

三、主要财务数据

(一)**业务收入**:2019年,业务收入23156.04万元,同比增长1.45%。其中:存款利息2059.98万元,增值收益存款利息收入为873.29万元,委托贷款利息20212.5万元,国债利息0万元,其他(个人贷款逾期罚息收入)10.27万元。

(二)**业务支出**:2019年,业务支出11263.58万元,同比增长10.99%。其中:支付职工住房公积金利息11183.57万元,归集手续费0万元,委托贷款手续费80万元,其他(购支票费用)0.01万元。

(三)**增值收益**:2019年,增值收益11892.46万元,同比减少6.19%。增值收益率1.6%,比上年减少0.3个百分点。

(四)**增值收益分配**:2019年,提取贷款风险准备金7135.48万元,提取管理费用950万元,提取城市廉租住房(公共租赁住房)建设补充资金3806.99万元。

2019年，上交财政管理费用950万元。上缴财政城市廉租住房（公共租赁住房）建设补充资金3806.99万元。全部由市中心统一上缴财政国库。

2019年末，贷款风险准备金余额48514.87万元。累计提取城市廉租住房（公共租赁住房）建设补充资金24373.01万元。全市实行统一核算，全部由市中心上交。

（五）**管理费用支出**：2019年，管理费用支出798.23万元，同比下降0.61%。其中：人员经费201.09万元，公用经费390.36万元，专项经费（包括12329综合服务平台建设及信息系统建设维护费）206.78万元。

四、资产风险状况

（一）**个人住房贷款**：2019年末，个人住房贷款逾期额109.26万元，逾期率0.17‰。

个人贷款风险准备金按增值收益的60%提取。2019年，提取个人贷款风险准备金7135.48万元，使用个人贷款风险准备金核销呆坏账0万元。2019年末，个人贷款风险准备金余额48514.87万元，占个人住房贷款余额的7.36%，个人住房贷款逾期额与个人贷款风险准备金余额的比率为0.23%。

（二）**支持保障性住房建设试点项目贷款**：2019年末，逾期项目贷款0万元，逾期率0‰。

项目贷款风险准备金按贷款余额的0%提取。2019年，提取项目贷款风险准备金0万元，使用项目贷款风险准备金核销呆坏账0万元，项目贷款风险准备金余额0万元，占项目贷款余额的0%，项目贷款逾期额与项目贷款风险准备金余额的比率为0%。

五、社会经济效益

（一）**缴存业务**：2019年，实缴单位数、实缴职工人数和缴存额同比分别增长1.48%、3.58%和8.26%。

缴存单位中，国家机关和事业单位占70.10%，国有企业占13.34%，城镇集体企业占7.71%，外商投资企业占0.08%，城镇私营企业及其他城镇企业占4.41%，民办非企业单位和社会团体占0.39%，个人自愿缴存占3.61%，其他占0.36%。

缴存职工中，国家机关和事业单位占51.05%，国有企业占11.08%，城镇集体企业占14.10%，外商投资企业占0.20%，城镇私营企业及其他城镇企业占11.21%，民办非企业单位和社会团体占0.49%，个人自愿缴存占11.87%，其他占0%；中、低收入占99.73%，高收入占0.27%。

新开户职工中，国家机关和事业单位占16.01%，国有企业占5.21%，城镇集体企业占57.96%，外商投资企业占1.45%，城镇私营企业及其他城镇企业占16.25%，民办非企业单位和社会团体占0.47%，个人自愿缴存占2.65%，其他占0%；中、低收入占99.87%，高收入占0.13%。

（二）**提取业务**：2019年，3.11万名缴存职工提取住房公积金13.41亿元。

提取金额中，住房消费提取占73.10%（购买、建造、翻建、大修自住住房占45%，偿还购房贷款本息占27.5%，租赁住房占0.5%，其他占0.1%）；非住房消费提取占26.9%（离休和退休提取占20.63%，完全丧失劳动能力并与单位终止劳动关系提取占2.55%，户口迁出本市或出境定居占0%，其他占3.72%）。

提取职工中，中、低收入占99.79%，高收入占0.21%。

（三）贷款业务：

1. 个人住房贷款： 2019 年，支持职工购建房 53.96 万平方米，年末个人住房贷款市场占有率为 34.9%，比上年减少 2.2 个百分点。通过申请住房公积金个人住房贷款，可节约职工购房利息支出 22914.75 万元。

职工贷款笔数中，购房建筑面积 90（含）平方米以下占 12.15%，90～144（含）平方米占 79.15%，144 平方米以上占 8.70%。购买新房占 75.96%（其中购买保障性住房占 0%），购买二手房占 24.04%，建造、翻建、大修自住住房占 0%，其他占 0%。

职工贷款笔数中，单缴存职工申请贷款占 67.29%，双缴存职工申请贷款占 32.69%，三人及以上缴存职工共同申请贷款占 0.02%。

贷款职工中，30 岁（含）以下占 22.03%，30 岁～40 岁（含）占 34.66%，40 岁～50 岁（含）占 30.75%，50 岁以上占 12.56%；首次申请贷款占 77.95%，二次及以上申请贷款占 21.54%，三次及以上申请贷款占 0.51%；中、低收入占 99.48%，高收入占 0.52%。

2. 异地贷款： 2019 年，发放异地贷款 106 笔、5254.65 万元。2019 年末，发放异地贷款总额 43605 万元，异地贷款余额 37256.65 万元。

3. 公转商贴息贷款： 2019 年，发放公转商贴息贷款 0 笔、0 万元，支持职工购建住房面积 0 万平方米，当年贴息额 0 万元。2019 年末，累计发放公转商贴息贷款 0 笔、0 万元，累计贴息 0 万元。

4. 支持保障性住房建设试点项目贷款： 2019 年末，累计试点项目 0 个，贷款额度 0 亿元，建筑面积 0 万平方米，可解决 0 户中低收入职工家庭的住房问题。0 个试点项目贷款资金已发放并还清贷款本息。

（四）住房贡献率： 2019 年，个人住房贷款发放额、公转商贴息贷款发放额、项目贷款发放额、住房消费提取额的总和与当年缴存额的比率为 121.24%，比上年增加 2.18 个百分点。

六、其他重要事项

（一）无机构及职能调整情况、无受委托办理缴存贷款业务金融机构变更情况。

（二）2019 住房公积金政策调整及执行情况。

1. 2019 年住房公积金政策调整及执行情况：

归集业务：一是企业单位住房公积金缴存比例单位和个人按照 5%～12% 自行选择；缴交基数上限不得超过当地统计部门公布的上一年度职工月平均工资的 3 倍，下限不得低于 2000 元。二是授权市住房公积金管理中心审批对缴存有困难的单位申请缓缴事宜。提取业务：一是停止办理住房公积金缴存者第三次及以上购房提取业务。二是职工本人及其配偶、子女因重大疾病造成家庭困难的，可办理住房公积金提取业务，时间为 1 年。三是职工购建房（包括二手房）提取时限由多层 3 年、高层 4 年、二手房 2 年，调整为：依据增值税票开具日期一年内可办理提取业务。四是职工办理商业银行住房按揭贷款的，购房发票时间在 1 年以内的，可申请提取住房公积金账户余额，提取额度不得超过首付款金额；超过 1 年的按照偿还商业银行贷款提取。五是缴存人提供虚假证明材料以欺骗手段违规提取住房公积金未形成骗提事实的，三年内不允许其提取住房公积金；对已经形成骗提事实的，责令其在一个月内交回，并取消五年内提取住房公积金的资格。逾期仍未交回的，通过法律诉讼程序追回骗提资金，同时将其骗提行为书面通知所在单位及主管部门，并在中心网站予以通报。贷款方面：一是缴存者申请住房公积金个人贷款必须连续足额缴存住房公积金 6 个月（含）以上，且账户处于正常缴存状态，不得以补缴、趸缴等形式代替连续缴存。住房公积金管理中心不得对已使用过两次及以上住房公积金贷款、购房合同约定一次性付款或者购房资金已经全额支付的借款人家庭发放贷款。二是住房公积金缴存者购买"公寓式住宅"、公积金中心可以为首次申请办理住房公积金贷款的借款人家庭发放贷款；不得对第二次及以上的借款人家庭发放贷款。三是具有巴彦淖尔市行政区域户籍或具有固定工资收入的职工家庭购买自住住房，持异地住房公积金管理中心出具的缴存证明，可申请办理住房公积金个人住房贷款。四是调整住房贷款的申请有效期限，期房自购房网签合同签订之日及首付款交付日起至申请住房公积金贷款之日止，多层、高层和二手房（变更后）申请办理住房公积金贷款有效期限均为 1 年。五是对房地产开发项目已取得《商品房预售许可证》，并且项目建设进度达到多层封顶、高层主体层高达到 70%（含）及以上，予以准入发放住房公积金个人贷款。六是将过去担保人在担保期间内可以办理公积金提取、贷款调整为：担保人在担保期间内不得办理住房公积金提取和贷款业务。

会议同意市住房公积金提出的相关事宜。一是严禁同一套房屋（期房）出现两次及以上住房公积金个人贷款。二是借款申请人存在以弄虚作假、调整缴存基数、挂靠单位缴存住房公积金等违法违规情形的，五年内不予办理住房公积金贷款。三是缴存者购买的住房存在除配偶、父母、子女外的其他权利人的或者父母、配偶、子女之间买卖住房的，一律不予办理公积金贷款。

2. 2019 年缴存基数限额及确定方法、缴存比例调整情况：

根据市统计局公布的数据，2018 年度全市职工月平均工资为 5456 元。据此，2019 年度全市单位和个人月缴存工资基数最高为 16368 元，单位和职工月最高缴存额为 1964 元。缴存比例：单位、个人分别为 12%，企业最低缴存基数为 2000 元。

3. 2019 年无住房公积金存贷款利率调整及执行情况。

4. 2019 年无住房公积金个人住房贷款最高贷款额度调整情况。

5. 2019 年发放异地贷款情况：

2019 年，共开具异地贷款证明 430 户，受理异地贷款 106 户，发放贷款 106 户、5254.65 万元。

（三）当年服务改进情况。综合服务平台建设情况按照《住房和城乡建设部关于加快建设住房公积金综合服务平台的通知》（建金〔2016〕14 号）和《住房公积金综合服务平台建设导则》要求，2019 年综合服务平台已基本建成，包括：微信公众号（微信号：bs12329）、微博、手机 APP、短信自动服务终端网站（http：//gjj.bynr.gov.cn）、网上营业大厅、12329 热线等服务渠道，目前部分住房公积金业务已开始在线上运行。

（四）当年信息化建设情况。

（1）按照《住房和城乡建设部关于印发住房公积金信息化建设导则的通知》（建金〔2016〕124 号），2019 年我中心建设完成云桌面终端信息化项目，实现业务信息网络内外网物理隔离的要求。

（2）按照《住房和城乡建设部关于建立健全住房公积金综合服务平台的通知》（建金〔2019〕57 号），2019 年建设完成业务信息系统的身份认证机制（即数字证书）项目，确保不发生数据外泄和篡改的风险。

（3）基础数据贯标和结算应用系统接入情况按照《住房和城乡建设部办公厅关于贯彻落实住房公积金基础数据标准的通知》（建办金〔2014〕51 号），2017 月 9 月已完成项目的建设要求，并于 2018 年 3 月份通过住房和城乡建设部专家组的验收。

（五）2019年巴彦淖尔市住房公积金管理中心及职工无获得相关荣誉情况。

（六）2019年无对违反《住房公积金管理条例》和相关法规行为进行行政处罚和申请人民法院强制执行情况。

（七）2019年无对住房公积金管理人员违规行为的纠正和处理情况等。

（八）无其他需要披露的情况。

乌兰察布市住房公积金2019年年度报告

一、机构概况

（一）住房公积金管理委员会：住房公积金管理委员会有25名委员，2019年召开1次会议，审议通过的事项主要包括：

听取《乌兰察布市住房公积金管理2018年工作总结及2019年工作计划》；审议了《乌兰察布市住房公积金2018年年度报告》《乌兰察布市住房公积金管理中心2018年度资金使用计划执行情况及2019年度资金使用计划报告》《乌兰察布市住房公积金管理中心2018年度财务报告》《关于2018年增值收益分配方案、决算及2019年财务预算报告》《2019年住房公积金业务委托银行情况》《关于调整我市住房公积金使用政策的请示》《乌兰察布市住房公积金管理中心房地产开发企业贷款楼盘备案登记细则》，并对规范全市住房公积金财政补贴方式及清理财政欠补资金相关工作做了安排部署。

（二）住房公积金管理中心：住房公积金管理中心为隶属于市人民政府的不以营利为目的的财政全额拨款事业单位，设6个科室，10个管理部。从业人员138人，其中，在编92人，非在编46人。

二、业务运行情况

（一）缴存：2019年，新开户单位114家，实缴单位2472家，净增单位37家；新开户职工1.01万人，实缴职工12.33万人，净增职工0.46万人；缴存额15.93亿元，同比增长10.81%。2019年末，缴存总额113.18亿元，比上年末增加16.39%；缴存余额62.89亿元，比上年末增加12.7%。

受委托办理住房公积金缴存业务的银行4家，与上年相比无变化。

（二）提取：2019年，提取额8.85亿元，同比下降5.95%；占当年缴存额的55.51%，比上年减少9.86个百分点。2019年末，提取总额50.29亿元，比上年末增加21.36%。

（三）贷款：

个人住房贷款最高额度70万元，其中，单缴存职工最高额度40万元，双缴存职工最高额度70万元。

2019年，发放个人住房贷款4454笔、15.52亿元，同比分别增长17.21%、45.59%。

2019年，回收个人住房贷款7.40亿元。

2019年末，累计发放个人住房贷款5.58万笔、98.61亿，贷款余额44.95亿元，分别比上年末增加 8.56%、18.69%、22.05%。个人住房贷款余额占缴存余额的 71.47%，比上年末增加 5.47 个百分点。

受委托办理住房公积金个人住房贷款业务的银行 1 家，与上年相比无变化。

（四）资金存储：2019 年末，住房公积金存款 18.28 亿元。其中，活期 0.9 亿元，1 年（含）以下定期 13.58 亿元，1 年以上定期 3.8 亿元，无其他协定、通知存款。

（五）资金运用率：2019 年末，住房公积金个人住房贷款余额、项目贷款余额和购买国债余额的总和占缴存余额的 71.47%，比上年末增加 5.47 个百分点。

三、主要财务数据

（一）业务收入：2019 年，业务收入 17461.29 万元，同比增长 21.59%。存款利息 5107.66 万元，委托贷款利息 12348 万元，其他 5.63 万元。

（二）业务支出：2019 年，业务支出 8658.93 万元，同比增长 13.16%。支付职工住房公积金利息 8640.33 万元，归集手续费 0.66 万元，委托贷款手续费 17.94 万元。

（三）增值收益：2019 年，增值收益 8802.37 万元，同比增长 31.21%。增值收益率 1.53%，比上年增加 0.24 个百分点。

（四）增值收益分配：2019 年，提取贷款风险准备金 5281.42 万元，提取管理费用 2700 万元，提取城市廉租住房（公共租赁住房）建设补充资金 820.95 万元。

2019 年，上交财政管理费用 2300 万元。上缴财政城市廉租住房（公共租赁住房）建设补充资金 383.44 万元。

2019 年末，贷款风险准备金余额 31475.02 万元。累计提取城市廉租住房（公共租赁住房）建设补充资金 3470.55 万元。

（五）管理费用支出：2019 年，管理费用支出 1855.4 万元，同比下降 13.65%。其中，人员经费 1257.11 万元，公用经费 232.28 万元，专项经费 366.01 万元。

四、资产风险状况

个人住房贷款：2019 年末，个人住房贷款逾期额 259.65 万元，逾期率 0.66‰。

个人贷款风险准备金按增值收益的 60% 提取。2019 年，提取个人贷款风险准备金 5281.42 万元，未使用个人贷款风险准备金核销呆坏账。2019 年末，个人贷款风险准备金余额 31475.02 万元，占个人住房贷款余额的 7%，个人住房贷款逾期额与个人贷款风险准备金余额的比率为 0.82%。

五、社会经济效益

（一）缴存业务：2019 年，实缴单位数、实缴职工人数和缴存额同比分别增长 1.52%、3.85% 和 10.81%。

缴存单位中，国家机关和事业单位占 85.28%，国有企业占 5.87%，城镇集体企业占 1.82%，外商投资企业占 0.28%，城镇私营企业及其他城镇企业占 6.23%，民办非企业单位和社会团体占 0.49%，其他占 0.03%。

缴存职工中，国家机关和事业单位占 74.46%，国有企业占 11.89%，城镇集体企业占 4.71%，外商

投资企业占 0.31%，城镇私营企业及其他城镇企业占 8.05%，民办非企业单位和社会团体占 0.58%，其他占 0.01%；中、低收入占 99.47%，高收入占 0.53%。

新开户职工中，国家机关和事业单位占 42.2%，国有企业占 15.35%，城镇集体企业占 7.66%，外商投资企业占 1.5%，城镇私营企业及其他城镇企业占 31.9%，民办非企业单位和社会团体占 1.3%；中、低收入占 99.87%，高收入占 0.13%。

（二）提取业务：2019 年，2.02 万名缴存职工提取住房公积金 8.85 亿元。

提取金额中，住房消费提取占 67.09%（购买、建造、翻建、大修自住住房占 45.22%，偿还购房贷款本息占 47.04%，租赁住房占 7.74%）；非住房消费提取占 32.91%（离休和退休提取占 85.33%，完全丧失劳动能力并与单位终止劳动关系提取占 5.36%，其他占 9.31%）。

提取职工中，中、低收入占 99.38%，高收入占 0.62%。

（三）贷款业务：

1. 个人住房贷款：2019 年，支持职工购建房 46.69 万平方米，年末个人住房贷款市场占有率（含公转商贴息贷款）为 60.92%，比上年末增加 18.77 个百分点。通过申请住房公积金个人住房贷款，可节约职工购房利息支出 14542.22 万元。

职工贷款笔数中，购房建筑面积 90（含）平方米以下占 6.92%，90~144（含）平方米占 67.53%，144 平方米以上占 25.55%。购买新房占 74.8%，购买二手房占 6.04%，建造、翻建、大修自住住房占 19.16%。

职工贷款笔数中，单缴存职工申请贷款占 21.94%，双缴存职工申请贷款占 75.57%，三人及以上缴存职工共同申请贷款占 2.49%。

贷款职工中，30 岁（含）以下占 23.69%，30 岁~40 岁（含）占 33.27%，40 岁~50 岁（含）占 26.58%，50 岁以上占 16.46%；首次申请贷款占 73.13%，二次及以上申请贷款占 26.87%；中、低收入占 99.16%，高收入占 0.84%。

2. 异地贷款：2019 年，发放异地贷款 490 笔、17537 万元。2019 年末，发放异地贷款总额 30955 万元，异地贷款余额 27942 万元。

（四）住房贡献率：2019 年，个人住房贷款发放额、公转商贴息贷款发放额、项目贷款发放额、住房消费提取额的总和与当年缴存额的比率为 134.66%，比上年增加 12.15 个百分点。

六、其他重要事项

（一）机构及职能调整情况、受委托办理缴存贷款业务金融机构变更情况。 2019 年，乌兰察布市住房公积金管理委员会、住房公积金管理中心机构及职能较上年无变化。缴存业务与贷款业务委托银行较上年无变化。

（二）当年住房公积金政策调整及执行情况。

1. 2019 年缴存基数限额及确定方法、缴存比例调整情况。 住房公积金月缴存基数不得低于 2018 年度全市月最低工资标准 1560 元，不得高于全市 2018 年度社平工资的 3 倍 17127 元。

2. 缴存比例不得低于 5%、不得高于 12%。 按照住房和城乡建设部、财政部、人民银行《关于改进住房公积金缴存机制进一步降低企业成本的通知》（建金〔2018〕45 号）文件要求，继续延长阶段性适当降低企业住房公积金缴存比例政策。将企业住房公积金最高缴存比例 12% 下调 1 个百分点，按照 11% 执行。

3. 2019 年住房公积金贷款利率： 贷款期限五年以下（含五年）执行 2.75%，贷款期限五年以上执行 3.25%。

2019 年住房公积金结息利率是根据中国人民银行、住房和城乡建设部、财政部《关于完善职工住房公积金账户存款利率形成机制的通知》（银发〔2016〕43 号），将职工住房公积金账户存款，按一年期定期存款基准利率计息。

4. 2019 我市适时调整住房公积金使用政策具体有：

（1）将全市最高贷款额度提高到 70 万元；

（2）开通装修贷款，贷款额度 2000 元/平方米执行，但需要根据抵押物实际价值确定贷款额度，最高不得超过 2000 元/平方米，最高贷款额度 30 万元；为解决回迁或棚户区改造的职工购房资金缺口，缴存职工需提供以下四种手续的任意一项，即可申请装修贷款。A. 房屋所有权证；B. 不动产权证；C. 可办理期房预抵押登记的购房合同；D. 回迁安置房可办理预告抵押登记或抵押登记的。

（3）开通以父母（子女）购房行为申请公积金贷款、提取业务。

（4）调整办理异地购房提取业务条件，购房行为不得超过一年，购房时间以《不动产销售发票》开具日期为准。

（三）当年服务改进情况。2019 年，我中心在优化营业网点柜面服务的基础上，以推进互联网和移动终端服务为重点，开通的服务有 12329 热线和短信、门户网站、自助查询终端、官方微信、官方微博、手机 APP 7 个渠道方便缴存职工进行查询。其中，对冲还贷签约、还贷业务、部分提取可在手机 APP 上直接办理。

（四）当年信息化建设情况。2019 年，中心业务信息系统及综合服务平台通过等保三级测评；中心数据接入了全国住房公积金数据平台，每日及时向住房和城乡建设部报送公积金数据。

（五）当年住房公积金管理中心及职工所获荣誉情况。2019 年察右中旗管理部获"全市民族团结进步创建示范单位"称号。

兴安盟住房公积金 2019 年年度报告

一、机构概况

（一）**住房公积金管理委员会：** 住房公积金管理委员会有 20 名委员，2019 年召开 1 次会议，审议通过的事项主要包括：(1)《2018 年度兴安盟住房公积金财务运行情况报告》；(2)《2018 年度全盟住房公积金制度执行情况报告》；(3)《兴安盟住房公积金 2018 年年度报告》；(4)《兴安盟住房公积金 2018 年度增值收益分配方案》；(5)《兴安盟住房公积金归集使用、业务收入、业务支出、增值收益的报告》；(6)《兴安盟住房公积金管理中心 2019 年拟调整的住房公积金相关政策》。

（二）住房公积金管理中心：住房公积金管理中心为（隶属于兴安盟行政公署的）不以营利为目的的（自收自支）事业单位，设6个处（科），5个管理部，0个分中心。从业人员92人，其中，在编65人，非在编27人。

二、业务运行情况

（一）缴存：2019年，新开户单位122家，实缴单位2064家，净增单位52家；新开户职工0.64万人，实缴职工9.68万人，净增职工－2.01万人；缴存额16.50亿元，同比增长7.42%。2019年末，缴存总额120.82亿元，比上年末增加15.82%；缴存余额50.11亿元，比上年末增加10.35%。

受委托办理住房公积金缴存业务的银行4家，比上年增加0家。

（二）提取：2019年，提取额11.79亿元，同比下降15.97%；占当年缴存额的71.45%，比上年减少19.89个百分点。2019年末，提取总额70.70亿元，比上年末增加20.01%。

（三）贷款：

1. 个人住房贷款：个人住房贷款最高额度60万元，其中，单缴存职工最高额度60万元，双缴存职工最高额60万元。

2019年，发放个人住房贷款0.39万笔、11.68亿元，同比分别下降30.36%、30.85%。

2019年，回收个人住房贷款10.11亿元。

2019年末，累计发放个人住房贷款7.09万笔、113.52亿元，贷款余额46.22亿元，分别比上年末增加5.82%、11.47%、3.52%。个人住房贷款余额占缴存余额的92.24%，比上年末减少6.08个百分点。

受委托办理住房公积金个人住房贷款业务的银行4家，比上年增加0家。

2. 住房公积金支持保障性住房建设项目贷款：2019年，发放支持保障性住房建设项目贷款0亿元，回收项目贷款0亿元。2019年末，累计发放项目贷款0亿元，项目贷款余额0亿元。

（四）购买国债：2019年，购买（记账式、凭证式）国债0亿元，兑付（转让、收回）国债0亿元。2019年末，国债余额0亿元，比上年末减少0亿元。

（五）融资：2019年，融资0亿元，归还0亿元。2019年末，融资总额0亿元，融资余额0亿元。

（六）资金存储：2019年末，住房公积金存款4.28亿元。其中，活期0亿元，1年（含）以下定期1.5亿元，1年以上定期0亿元，其他（协定、通知存款等）2.78亿元。

（七）资金运用率：2019年末，住房公积金个人住房贷款余额、项目贷款余额和购买国债余额的总和占缴存余额的92.24%，比上年末减少6.08个百分点。

三、主要财务数据

（一）业务收入：2019年，业务收入14938.01万元，同比增长8.44%。存款利息515.83万元，委托贷款利息14417.58万元，国债利息0万元，其他4.60万元。

（二）业务支出：2019年，业务支出7240.28万元，同比增长4.53%。其中，支付职工住房公积金利息7102.17万元，归集手续费0万元，委托贷款手续费136.63万元，其他1.48万元。

（三）增值收益：2019年，增值收益7697.73万元，同比增长12.39%。其中，增值收益率1.64%，比上年增加0.09个百分点。

（四）增值收益分配：2019 年，提取贷款风险准备金 3361.54 万元，提取管理费用 1736.19 万元，提取城市廉租住房（公共租赁住房）建设补充资金 2600 万元。

2019 年，上交财政管理费用 2213.79 万元。上缴财政城市廉租住房（公共租赁住房）建设补充资金 2500 万元。

2019 年末，贷款风险准备金余额 8905.41 万元。累计提取城市廉租住房（公共租赁住房）建设补充资金 29786.25 万元。

（五）管理费用支出：2019 年，管理费用支出 2380.18 万元，同比下降 3.75%。其中，人员经费 949.78 万元，公用经费 557.89 万元，专项经费 872.51 万元。

四、资产风险状况

（一）个人住房贷款：2019 年末，个人住房贷款逾期额 113.35 万元，逾期率 0.25‰。

个人贷款风险准备金按（贷款余额）的 1.93% 提取。2019 年，提取个人贷款风险准备金 3361.54 万元，使用个人贷款风险准备金核销呆坏账 0 万元。2019 年末，个人贷款风险准备金余额 8905.41 万元，占个人住房贷款余额的 1.93%，个人住房贷款逾期额与个人贷款风险准备金余额的比率为 1.27%。

（二）支持保障性住房建设试点项目贷款：2019 年末，逾期项目贷款 0 万元，逾期率 0‰。

项目贷款风险准备金按贷款余额的 0% 提取。2019 年，提取项目贷款风险准备金 0 万元，使用项目贷款风险准备金核销呆坏账 0 万元，项目贷款风险准备金余额 0 万元，占项目贷款余额的 0%，项目贷款逾期额与项目贷款风险准备金余额的比率为 0%。

五、社会经济效益

（一）缴存业务：2019 年，实缴单位数、实缴职工人数和缴存额同比分别增长 2.58%、-17.19% 和 7.42%。

缴存单位中，国家机关和事业单位占 83.82%，国有企业占 8.28%，城镇集体企业占 1.11%，外商投资企业占 0.48%，城镇私营企业及其他城镇企业占 4.89%，民办非企业单位和社会团体占 0.87%，其他占 0.55%。

缴存职工中，国家机关和事业单位占 73.40%，国有企业占 15.28%，城镇集体企业占 2.12%，外商投资企业占 0.93%，城镇私营企业及其他城镇企业占 7.90%，民办非企业单位和社会团体占 0.15%，其他占 0.22%；中、低收入占 99.74%，高收入占 0.26%。

新开户职工中，国家机关和事业单位占 78.42%，国有企业占 8.39%，城镇集体企业占 3.12%，外商投资企业占 0.22%，城镇私营企业及其他城镇企业占 8.94%，民办非企业单位和社会团体占 0.30%，其他占 0.61%；中、低收入占 99.91%，高收入占 0.09%。

（二）提取业务：2019 年，2.70 万名缴存职工提取住房公积金 11.79 亿元。

提取金额中，住房消费提取占 81.90%（购买、建造、翻建、大修自住住房占 37.48%，偿还购房贷款本息占 39.78%，租赁住房占 2.84%，其他占 1.80%）；非住房消费提取占 18.10%（离休和退休提取占 14.65%，完全丧失劳动能力并与单位终止劳动关系提取占 1.28%，出境定居占 0.01%，其他占 2.16%）。

提取职工中，中、低收入占99.72%，高收入占0.28%。

（三）贷款业务：

1. 个人住房贷款： 2019年，支持职工购建房45.87万平方米，年末个人住房贷款市场占有率（含公转商贴息贷款）为42.73%，比上年末减少6.54个百分点。通过申请住房公积金个人住房贷款，可节约职工购房利息支出19891.91万元。

职工贷款笔数中，购房建筑面积90（含）平方米以下占21.70%，90~144（含）平方米占59.57%，144平方米以上占18.73%。购买新房占64.65%（其中购买保障性住房占0.13%），购买二手房占35.27%，建造、翻建、大修自住住房0%，其他占0.08%。

职工贷款笔数中，单缴存职工申请贷款占67.03%，双缴存职工申请贷款占32.97%，三人及以上缴存职工共同申请贷款占0%。

贷款职工中，30岁（含）以下占29.40%，30岁~40岁（含）占34.63%，40岁~50岁（含）占23.68%，50岁以上占12.29%；首次申请贷款占66.88%，二次及以上申请贷款占33.12%；中、低收入占99.82%，高收入占0.18%。

2. 异地贷款： 2019年，发放异地贷款110笔、3252.60万元。2019年末，发放异地贷款总额11179.40万元，异地贷款余额9655.71万元。

3. 公转商贴息贷款： 2019年，发放公转商贴息贷款0笔、0万元，支持职工购建住房面积0万平方米，当年贴息额0万元。2019年末，累计发放公转商贴息贷款0万元，累计贴息0万元。

4. 支持保障性住房建设试点项目贷款： 2019年末，累计试点项目0个，贷款额度0亿元，建筑面积0万平方米，可解决0户中低收入职工家庭的住房问题。0个试点项目贷款资金已发放并还清贷款本息。

（四）住房贡献率： 2019年，个人住房贷款发放额、公转商贴息贷款发放额、项目贷款发放额、住房消费提取额的总和与当年缴存额的比率为129.34%，比上年减少57.79个百分点。

六、其他重要事项

（一）当年机构及职能调整情况、受委托办理缴存贷款业务金融机构变更情况。 当年对兴安盟住房公积金管理委员会成员进行了调整，管委会现有组成人员共20人，成员单位19个，包括：盟行署副盟长刘树成为主任；盟行署副秘书长叶明为副主任、兼任管委会办公室主任；委员有：盟政协副主席、财政局局长刘春元，盟住房城乡规划建设局局长王福顺，盟审计局局长孙兴宇，盟国土资源局局长王占明，盟住房公积金管理中心党组书记、主任张伟，盟直属机关党委书记乔霞，盟工商联副主席刘继红，盟工会主席马玉清，中国人民银行兴安盟中心支行行长王维民，盟教育局工会主席班布拉，乌兰浩特市人民政府副市长吴金德，阿尔山市人民政府副市长赵德权，扎赉特旗人民政府副旗长刘宇，科右前旗人民政府副旗长李建民，突泉县人民政府副旗长李红星，科右中旗人民政府副旗长邹小舟，红云红河烟草集团乌兰浩特卷烟厂工会主席袁庆文，乌兰浩特钢铁有限责任公司人企部部长王佳杰。

（二）当年住房公积金政策调整及执行情况。 当年对住房公积金个人住房贷款发放政策及住房公积金提取政策进行了调整。调整的政策如下：一是将申请住房公积金贷款职工的房屋套数认定标准由原来的只认房屋套数调整为既认房屋套数同时又认住房公积金贷款次数，即缴存职工及其配偶名下合计有两套及以上住房或缴存职工及其配偶名下合计有两笔及以上住房公积金贷款次数的，不得再申请住房公积金贷款。缴存职工及其配偶名下合计办理过一笔住房公积金贷款或双方名下合计已经有一套住房的，再次申请住房公积金贷款时按购买第二套住房贷款利率执行。二是取消父母和子女之间可以互相使用住房公积金的规定（含提取、贷款业务）。三是取消已有自住住房但从未使用过（包括提取和贷款）住房公积金的缴存职工可以提取住房公积金账户余额用于自住住房装修的规定。四是调整住房公积金异地贷款政策。将"在兴安盟行政区域范围以外其他地区缴存住房公积金的职工，在兴安盟行政区域内购买自住住房时，在符合国家相关规定的前提下如能提供本人或配偶或直系亲属（父母或子女）名下房产做抵押，可以向管理中心申请住房公积金个人住房贷款。"调整为"在兴安盟行政区域范围以外其他地区缴存住房公积金的职工，如户籍在兴安盟行政区域范围内且在兴安盟行政区域内购买自住住房时，在符合国家相关规定的前提下如能提供本人或配偶或直系亲属（父母或子女）名下房产做抵押，可以向管理中心申请住房公积金个人住房贷款。"

（三）当年服务改进情况。一是以综合服务平台建设为抓手，完成了住房公积金贷款提前还本、提前结清、退休提取、终止劳动关系提取等业务的线上资金结算和执行情况测试工作。二是以管理中心微信公众号、官方微博、官网为平台，向社会各界广泛征求意见建议，针对性解决了群众堵点问题，提升了便民服务能力。三是委托兴安广播电视台制作播出了以"服务"为主题的宣传片《栉风沐雨砥砺行，春华秋实满庭芳》、以"政策"为主题的宣传片《政策为民情为民，住房梦圆公积金》和以"党建"为主题的宣传片《初心不渝、使命永担》，充分利用主流媒体的宣传作用，进一步加强了广大缴存职工对管理中心服务措施、惠民政策的理解与认知。四是坚持推行了"六项服务"措施、"四个零"服务标准和"准、细、实、笑"的服务准则，前后为因行动不便等特殊情况无法亲自到服务大厅办理各项业务的缴存职工提供了60余次上门服务，大大方便了广大群众。五是完成了阿尔山市管理部业务用房的全部装修装饰工作，待搬迁完毕即可为阿尔山市人民提供更加开放、优质的服务环境。

（四）当年信息化建设情况。一是圆满完成了全国住房公积金数据平台接入工作、12329短信专线调试工作和全国住房公积金异地转移接续直连工作，实现了综合服务平台的八个服务渠道查询功能的全部开通，完成了住房公积金手机APP部分业务网上办理功能的开发测试工作和缴存单位、开发商业务网上办理功能的开发工作。二是对系统历史数据进行了排查清理，完成了对同一缴存职工存在多个公积金账户情况的清理工作，并通过查询贷款档案2159笔，纠正了部分贷款职工姓名不正确、共同借款人身份证号码格式不正确、贷款个人信息录入不准确、贷款合同信息不完整等多项问题。

（五）当年住房公积金管理中心及职工所获荣誉情况。2019年，管理中心妇委会获得了兴安盟妇联先进集体荣誉称号；管理中心支部委员会获得了兴安盟直属机关先进基层党组织荣誉称号；管理中心服务大厅获得了兴安盟工人先锋号荣誉称号；管理中心职工王海燕获得了兴安盟三八红旗手荣誉称号；职工韩瑜获得了兴安盟直属机关优秀共产党员荣誉称号。

（六）当年对违反《住房公积金管理条例》和相关法规行为进行行政处罚和申请人民法院强制执行情况。无。

（七）当年对住房公积金管理人员违规行为的纠正和处理情况等。无。

（八）其他需要披露的情况。无。

锡林郭勒盟住房公积金 2019 年年度报告

一、机构概况

（一）住房公积金管理委员会：住房公积金管理委员会有 31 名委员，2020 年管委会全体会议审议通过的事项主要包括：

(1) 2019 年度全盟住房公积金工作情况；

(2) 2019 年度全盟住房公积金缴存使用计划执行情况及财务决算情况；

(3) 2020 年度全盟住房公积金缴存使用计划及财务预算（草案）。

（二）住房公积金管理中心：住房公积金管理中心为隶属于锡盟行署的不以营利为目的的全额事业单位内设 7 个科室、12 个管理部；从业人员 127 人，其中在编 74 人、非在编 53 人。

二连浩特市住房公积金管理中心为隶属于二连浩特市政府的不以营利为目的的全额拨款事业单位内设 4 个科室，从业人员 19 人，其中在编 12 人、非在编 7 人。

二、业务运行情况

（一）缴存：2019 年，新开户单位 254 家，实缴单位 3106 家，净增单位 119 家。其中，锡盟、二连浩特市中心新开户单位分别为 219 家、35 家，实缴单位分别为 2860 家、246 家，净增单位分别为 83 家、36 家。

2019 年新开户职工 1.64 万人，实缴职工 11.66 万人，净增缴存人 0.82 万人。其中，锡盟、二连浩特市中心新开户职工分别为 1.60 万人、0.04 万人，实缴职工分别为 11 万人、0.66 万人，净增缴存人分别为 0.74 万人、0.08 万人。

2019 年缴存额 18.96 亿元。其中：锡盟、二连浩特市中心分别为 17.06 亿元、1.9 亿元，同比分别增长 13.18%、46.15%。

2019 年末，缴存总额 137.29 亿元，锡盟、二连浩特市中心分别为 126.69 亿元、10.6 亿元，同比分别增长 15.56%、21.76%；缴存余额 58.78 亿元，锡盟、二连浩特市中心分别为 54.51 亿元、4.27 亿元，同比分别增长 10.86%、11.54%。

受委托办理住房公积金缴存业务的银行 5 家，与上年相比无增减变动。

（二）提取：2019 年，提取额 13.17 亿元，锡盟、二连浩特市中心分别提取了 11.72 亿元、1.45 亿元，同比分别增长了 13.11%、46.23%；当年提取额占当年缴存额的 69.50%，比上年增加 0.76 个百分点。2019 年末，提取总额 78.50 亿元，锡盟、二连浩特市中心分别为 72.17 亿元、6.33 亿元，同比分别增长了 19.39%、29.78%。

（三）贷款：

1. 个人住房贷款：锡林浩特市个人住房贷款最高额度 60 万元，盟内其他各旗县市区 50 万元。其中，锡林浩特市、盟内其他旗县区单缴存职工最高额度分别为 40 万元、30 万元，双缴存职工最高额度分别为 60 万元、50 万元。二连浩特个人住房贷款最高额度 50 万元，其中，单缴存职工最高额度 40 万元，双缴存职工最高额度 50 万元。

2019 年，发放个人住房贷款 4453 笔、14.57 亿元，同比分别减少 6.47%、增长 5.78%。其中，锡盟发放个人住房贷款 4185 笔、13.84 亿元，二连浩特市中心发放个人住房贷款 268 笔、0.73 亿元。

2019 年，回收个人住房贷款 8.09 亿元。其中，锡盟、二连浩特市中心分别回收 7.66 亿元、0.43 亿元。

2019 年末，累计发放个人住房贷款 5.87 万笔、112.11 亿元，贷款余额 58.87 亿元，同比分别增长 8.21%、14.94%、12.36%。个人住房贷款余额占缴存余额的 100.15%，比上年末增加 1.3 个百分点。

其中，锡盟、二连浩特市中心累计发放个人住房贷款分别为 5.49 万笔、105.45 亿元，0.38 万笔、6.65 亿元，贷款余额分别为 55.68 亿元、3.20 亿元。

受委托办理住房公积金个人住房贷款业务的银行 5 家，相比上年无增减变动。

2. 全盟无住房公积金支持保障性住房建设项目贷款。

（四）**购买国债**：未购买国债。

（五）**融资**：2019 年，融资 3.2 亿元，归还 1.7 亿元，融资总额 3.5 亿元，融资余额 1.8 亿元。

（六）**资金存储**：2019 年末，住房公积金存款 2.77 亿元，其中，锡盟 1.66 亿元，二连浩特市中心 1.11 亿元。按存款期限分，活期 0.11 亿元，1 年以上定期 1 亿元，协定存款 1.66 亿元。

（七）**资金运用率**：2019 年末，住房公积金个人住房贷款余额、项目贷款余额和购买国债余额的总和占缴存余额的 100.15%，比上年末增加 1.3 个百分点。

三、主要财务数据

（一）**业务收入**：2019 年，业务收入 18249.54 万元，同比增长 8.78%。其中：锡盟 16932.61 万元，二连浩特市中心 1316.93 万元。存款利息收入 695.74 万元，委托贷款利息收入 17548.73 万元，其他收入 5.08 万元。

（二）**业务支出**：2019 年，业务支出 9612.46 万元，同比增长 15%。其中：锡盟 8928.66 万元，二连浩特市中心 683.81 万元。住房公积金利息支出 8447.02 万元，归集手续费用支出 58.87 万元，委托贷款手续费支出 664.69 万元，其他支出 441.88 万元。

（三）**增值收益**：2019 年，增值收益 8637.08 万元，同比增长 2.33%；增值收益率 1.55%，比上年减少 0.11 个百分点。其中：锡盟、二连浩特市中心增值收益分别为 8003.96 万元、633.12 万元。

（四）**增值收益分配**：2019 年，提取贷款风险准备金 4168 万元，提取管理费 2969.08 万元，提取城市廉租住房建设补充资金 1500 万元。其中：锡盟、二连浩特市中心分别提取贷款风险准备金 3689.88 万元、478.12 万元，锡盟、二连浩特市中心分别提取管理费 2814.08 万元、155 万元，锡盟提取城市廉租住房建设补充资金 1500 万元。

2019 年，上交财政管理费用 2673.81 万元。上缴财政城市廉租住房建设补充资金 3000 万元。其中：锡盟、二连浩特市中心分别上缴财政管理费用 2623.81 万元、50 万元，锡盟中心上缴城市廉租住房建设补充资金 3000 万元。

2019 年末，贷款风险准备金余额 17177 万元；累计提取城市廉租住房建设补充资金 25362 万元。其中，锡盟、二连浩特市中心贷款风险准备金余额分别为 15807.85 万元、1369.15 万元；累计提取城市廉租住房建设补充资金分别为 24500 万元、862 万元。

（五）管理费用支出：2019年，管理费用支出2598.67万元，同比减少14%。其中，人员经费1188万元，公用经费68.97万元，专项经费1341.70万元。锡盟、二连浩特市中心管理费用支出分别为2389万元、209.67万元。

四、资产风险状况

（一）个人住房贷款：2019年末，个人住房贷款逾期额368.86万元，逾期率0.63‰。其中，锡盟、二连浩特市中心个人住房贷款逾期额分别为349.41万元、19.45万元，逾期率分别为0.63‰、0.61‰。

个人贷款风险准备金按贷款余额的1%提取。2019年，提取个人贷款风险准备金4168万元。2019年末，个人贷款风险准备金余额17177万元，占个人住房贷款余额的2.92%，个人住房贷款逾期额与个人贷款风险准备金余额的比率为2.15%。

（二）住房公积金支持保障性住房建设项目贷款：无。

五、社会经济效益

（一）缴存业务：2019年，实缴单位数、实缴职工人数和缴存额同比分别增长3.98%、7.61%和15.79%。

缴存单位中，国家机关和事业单位占66.87%，国有企业占10.37%，城镇集体企业占0.06%，外商投资企业占0.10%，城镇私营企业及其他城镇企业占21.70%，民办非企业单位和社会团体占0.10%，其他占0.80%。

缴存职工中，国家机关和事业单位占57.32%，国有企业占22.06%，城镇集体企业占0.09%，外商投资企业占0.02%，城镇私营企业及其他城镇企业占17.5%，民办非企业单位和社会团体占0.08%，其他占2.93%；中、低收入占99.94%，高收入占0.06%。

新开户职工中，国家机关和事业单位占39.66%，国有企业占27.09%，城镇集体企业占0.01%，城镇私营企业及其他城镇企业占28.31%，民办非企业单位和社会团体占0.05%，其他占4.88%；中、低收入占99.97%，高收入占0.03%。

（二）提取业务：2019年，6.6万名缴存职工提取住房公积金13.17亿元。

提取金额中，住房消费提取占75.10%（购买、建造、翻建、大修自住住房占39.36%，偿还购房贷款本息占33.19%，租赁住房占2.06%，其他占0.49%）；非住房消费提取占24.90%（离休和退休提取占15.52%，完全丧失劳动能力并与单位终止劳动关系提取占2.62%，出境定居占1.01%，其他占5.75%）。

提取职工中，中、低收入占99.98%，高收入占0.02%。

（三）贷款业务：

1.个人住房贷款：2019年，支持职工购建房60.79万平方米，年末个人住房贷款市场占有率（含公转商贴息贷款）为60.72%，比上年末减少4.85个百分点。通过申请住房公积金个人住房贷款，可节约职工购房利息支出28928.40万元。

职工贷款笔数中，购房建筑面积90（含）平方米以下占7.95%，90~144（含）平方米占53.94%，144平方米以上占38.11%。购买新房占76.42%，购买二手房占23.40%，建造、翻建、大修自住住房占 0.18%。

职工贷款笔数中，单缴存职工申请贷款占 62.97%，双缴存职工申请贷款占 36.92%，三人及以上缴存职工共同申请贷款占 0.11%。

贷款职工中，30 岁（含）以下占 29.78%，30 岁～40 岁（含）占 39.21%，40 岁～50 岁（含）占 21.33%，50 岁以上占 9.68%；首次申请贷款占 82.44%，二次及以上申请贷款占 17.56%；中、低收入占 99.06%，高收入占 0.94%。

2. 异地贷款：2019 年，发放异地贷款 697 笔、20011.50 万元。年末，发放异地贷款总额 36749.50 万元，异地贷款余额 18719.02 万元。

（四）住房贡献率：2019 年，个人住房贷款发放额、公转商贴息贷款发放额、项目贷款发放额、住房消费提取额的总和与当年缴存额的比率为 129.06%，比上年减少 7.16 个百分点。

六、其他重要事项

（一）扎实推进缴存扩面。 对经营正常并交纳五险的企业分类排队，先易后难进行充分沟通及政策宣传，促主动建缴，推执法建缴。2019 年管委会第一次全体会议后及时召开新闻发布会，在盟内主流媒体对住房公积金政策进行集中宣传。充分利用中心门户网站、手机公积金 APP、12329 短信、微信服务号等平台发布工作动态和政策信息，多方式提高住房公积金制度社会影响力。年内新建缴非公企业 131 家，个体工商户自由职业者 918 人。严格执行控高保低政策，规范日常缴存行为，提高缴存资金到位率。

（二）强化公积金使用管理。 为使住房公积金个贷率尽快回落到合理区间，继续收紧住房公积金使用政策。经盟住房公积金管理委员会批准，暂停盟外缴存职工在我盟购房申请办理住房公积金贷款业务和盟内缴存人购买区外住房提取住房公积金业务。按照住房和城乡建设部、自治区住房城乡建设厅要求，提高非普通住房及二套房首付款比例，提高二套房住房公积金贷款利率，实行存贷挂钩制度。深入贯彻落实自治区住房城乡建设厅《关于在我区住房公积金系统进一步落实扫黑除恶专项斗争具体工作的通知》精神，结合实际，以打击虚假手段骗提骗贷住房公积金行为为重点，对 2016 年以来的区外购房提取住房公积金业务进行回头自查自纠，并发函相关地区住房公积金管理中心协助核查购房行为真实性。将 46 名利用虚假手续骗提骗贷住房公积金职工纳入"住房公积金失信黑名单"，追回骗提资金 245 万元、骗贷资金 39 万元。加大逾期贷款催收力度，确保贷款资金安全。年内，通过法律手段清偿住房公积金贷款 28 笔、366 万元。强化住房公积金保障功能，全力支持缴存人合理住房消费。自 2015 年开办个体工商户自由职业者住房公积金贷款业务以来，共为 424 名缴存人发放住房公积金贷款 1.1 亿元。2019 年，住房公积金贷款在全盟个人住房贷款市场的占有率为 61.53%，继续发挥着主力军作用。

（三）着力提升服务效能。 坚持把服务对象满意作为一切工作的出发点和落脚点，继续深入推进以细化标准让服务岗位亮起来、优化流程让服务效率快起来、强化管理让服务水平高起来、提升效能让办事群众笑起来的"三化一提升"为目标的"业务大厅服务标准化"建设，优化业务大厅布局，规范工作人员服务行为，营造良好政务服务环境。进一步简化办事程序，优化业务流程。只进一门、只对一窗，全面推开综合柜员制，实现了全盟公积金窗口业务品种统一、办事标准统一、工作流程统一。注重改进作风"马上办"，进一步缩短各类业务办结时限，疏通影响缴存人办事堵点，将服务不断向纵深发展。认真落实"放管服"改革工作要求，推进政务信息整合共享，继续向盟大数据中心每日定时同步全盟住房公积金相关业务数据。加快推进以网上服务大厅、手机客户端、微信服务号、短信服务、自助服务终端为主要内容的"互联网+住房公积金"综合服务平台建设，进一步丰富住房公积金信息化服务手段，满足缴存单位、缴存人多元化、个性化需求。今年以来，在手机客户端可以查询个人住房公积金账户信息的基础上，开通了自助办理离退休、解除劳动关系及自由职业者住房公积金销户提取业务，实现了提取资金"秒到账"。上线运行微信服务号，完成与全区"12329短信平台"对接，实现全盟住房公积金个人账户状态及资金变动实时短信推送告知。

（四）大力推进信息化建设。围绕业务架构、技术架构、数据架构、信息安全管理、信息化治理，推动技术与业务深度融合。完成全盟住房公积金数据接入国家住房公积金数据平台工作，实现与税务部门数据实时交换、向缴存人提供实时数据查询服务。继续改进完善全盟住房公积金核心业务系统，不断提高信息系统对业务创新的支持能力，巩固提升信息化引领各项工作的水平。强化信息安全保障，"核心业务管理""综合服务平台"两个系统顺利通过等保测评全方位无漏点检查，达到国家信息安全等级保护三级标准。严格落实盟委行署关于安全生产隐患大排查大整治行动工作部署，开展了信息系统软硬件安全隐患排查及整改防范工作。继续充分发挥信息化手段在规范住房公积金使用管理方面的实时监督作用，按月开展自查自纠并上报电子稽查报告，切实提高住房公积金合规管理、规范管理和风控管理水平。完成业务系统与全国住房公积金转移接续平台直连，通过平台办理异地转入业务707笔、异地转出业务507笔，极大地方便了缴存人。系统管人管事管钱的管理模式，让住房公积金在全盟范围内通存、通提、通贷、通还和汇缴实时处理、提取实时入卡、贷款实时发放、资金实时调拨、账户实时监控、业务实时办结、财务日清日结成为现实。

（五）增强团队综合素养。继续按照"抓管理促发展，以管理防风险，向管理要效益"的主导思想，不断加强员工队伍建设和作风建设，与时俱进提升全体员工敢于担责、善于履责、全力尽责能力及自觉性，"不让政策在自己手里走样，不让业务在自己手里耽搁，不让矛盾在自己手里积压，不让差错在自己手里发生，不让群众在自己这里冷落，不让集体形象因自己受损"已成为全体员工的工作共识和服务追求。积极参加全国住房公积金提取业务标准、服务效能提升等培训，自行举办各类业务培训8批300余人次，为培养一支肯学习、能干事、会服务、保廉洁的员工队伍夯实了基础。注重意识形态工作，强化员工思想政治教育，增强"四个意识"，坚定"四个自信"，做到"两个维护"，传导忠诚干净担当价值理念，树立政府窗口单位良好新形象。

（六）加强廉政风险防控。一是全面落实管党治党政治责任，进行科级干部党风廉政建设集体谈话3次，观看警示教育专题片，听取廉洁从政专题授课4次；召开2019年度党风廉政建设工作会，强化廉洁履职意识和机关纪律作风建设，巩固提升全面从严治党成效；自觉接受财政审计监督，加强内部稽核，坚持有计划地开展内部审计，形成行之有效的监督体系。二是强化党风廉政建设督导，班子成员深入管理部调研，从"一岗双责"角度与管理部主任、副主任、工作人员进行廉洁从政谈话60余次。三是认真贯彻落实党风廉政建设责任制，中心主任与副主任、分管科室、管理部，副主任与分管科室层层签订《党风廉政建设责任书》，在职员工全员签署《党风廉政建设和廉洁从政承诺书》，健全个人廉政档案，夯实党风廉政建设主体责任。四是继续突出风险防控，修订完善中心《2019年廉政风险防控工作方案》，明确了两大类45个风险类型、67个风险点、140项防控措施，并责任到岗到人，构建廉政风险防控长效机制。严格业务系统用户操作权限，对关键业务节点进行参数控制，全面落实有痕管理，防范和减少人为因素导致的廉政风险。

阿拉善盟住房公积金 2019 年年度报告

一、机构概况

（一）**住房公积金管理委员会**：住房公积金管理委员会有 21 名委员，2019 年召开 1 次会议，审议通过的事项主要包括：2019 年度住房公积金归集、使用计划，并对其他重要事项进行决策，主要包括审批《阿拉善盟住房公积金 2018 年年度报告》，审议《阿拉善盟住房公积金 2018 年公积金收支情况和 2019 年收支计划安排》。

（二）**住房公积金管理中心**：住房公积金中心为隶属盟住建局不以营利为目的的公益一类事业单位，设 5 个处（科），6 个管理部，从业人员 31 人，其中，在编 31 人，非在编 0 人。

二、业务运行情况

（一）**缴存**：2019 年，新开户单位 132 家，实缴单位 1442 家，净增单位 2 家；新开户职工 0.4 万人，实缴职工 4.36 万人，净增职工 0.46 万人；缴存额 7.71 亿元，同比增加了 2.94%。2019 年末，缴存总额 75.83 亿元，比上年末增加 11.31%；缴存余额 28.07 亿元，比上年末增加 6.33%。

受委托办理住房公积金缴存业务的银行 5 家，比上年增加 0 家。

（二）**提取**：2019 年，提取额 6.03 亿元，同比下降 25.78%；占当年缴存额的 78.30%，比上年减少 30.18 个百分点。2019 年末，提取总额 47.76 亿元，比上年末增加 14.46%。

（三）**贷款**：

1. 个人住房贷款：个人住房贷款最高额度 50 万元，其中，单缴存职工最高额度 30 万元，双缴存职工最高额度 50 万元。

2019 年，发放个人住房贷款 1547 笔 4.18 亿元，同比分别下降 15.74%、16.92%。

2019 年，回收个人住房贷款 3.38 亿元。

2019 年末，累计发放个人住房贷款 3.26 万笔、56.59 亿元，贷款余额 16.18 亿元，分别比上年末增加 4.98%、7.97%、5.22%。个人住房贷款余额占缴存余额的 57.64%，比上年末减少 0.61 个百分点。

受委托办理住房公积金个人住房贷款业务的银行 1 家。

2. 住房公积金支持保障性住房建设项目贷款：无。

（四）**购买国债**：无。

（五）**融资**：无。

（六）**资金存储**：2019 年末，住房公积金存款 12.38 亿元。其中，活期 5.2 亿元，1 年（含）以下定期 7.18 亿元，1 年以上定期 0 亿元，其他（协定、通知存款等）0 亿元。

（七）**资金运用率**：2019 年末，住房公积金个人住房贷款余额、项目贷款余额和购买国债余额的总和占缴存余额的 57.64%，比上年末下降了 0.61 个百分点。

三、主要财务数据

（一）业务收入：2019年，业务收入7746.47万元，同比增长1.04％。存款利息2639.36万元，委托贷款利息5100.59万元，国债利息0万元，其他6.52万元。

（二）业务支出：2019年，业务支出4037.98万元，同比下降3.11％。支付职工住房公积金利息4021.62万元，归集手续费0万元，委托贷款手续费0万元，其他16.36万元。

（三）增值收益：2019年，增值收益3708.5万元，同比增长5.99％。增值收益率1.36％，比上年减少0.07个百分点。

（四）增值收益分配：2019年，提取贷款风险准备金2434.92万元，提取管理费用943万元，提取城市廉租住房（公共租赁住房）建设补充资金330.58万元。

2019年，上交财政管理费用813万元。上缴财政城市廉租住房（公共租赁住房）建设补充资金186.69万元。2019年末，贷款风险准备金余额7814.06万元。累计提取城市廉租住房（公共租赁住房）建设补充资金8249.7万元。

（五）管理费用支出：2019年，管理费用支出887.22万元，同比增长34.12％。其中，人员经费500.63万元，公用经费38.51万元，专项经费348.08万元。

四、资产风险状况

（一）个人住房贷款：2019年末，个人住房贷款逾期额170.62万元，逾期率1.05‰。

个人贷款风险准备金按（贷款余额或增值收益）的1％提取。2019年，提取个人贷款风险准备金2434.92万元，使用个人贷款风险准备金核销呆坏账0万元。2019年末，个人贷款风险准备金余额7814.06万元，占个人住房贷款余额的4.83％，个人住房贷款逾期额与个人贷款风险准备金余额的比率为2.18％。

（二）支持保障性住房建设试点项目贷款：2019年末，逾期项目贷款0万元，逾期率0‰。

五、社会经济效益

（一）缴存业务：2019年，实缴单位数、实缴职工人数和缴存额同比分别增长0.14％、11.85％和2.83％。

缴存单位中，国家机关和事业单位占59.78％，国有企业占10.68％，城镇集体企业占0.55％，外商投资企业占0.07％，城镇私营企业及其他城镇企业占16.30％，民办非企业单位和社会团体占0.97％，个人自愿缴存占8.81％，其他占2.84％。

缴存职工中，国家机关和事业单位占51.66％，国有企业占31.21％，城镇集体企业占1.03％，外商投资企业占0.02％，城镇私营企业及其他城镇企业占13.17％，民办非企业单位和社会团体占0.19％，个人自愿缴存占0.66％，其他占2.06％；中、低收入占99.44％，高收入占0.56％。

新开户职工中，国家机关和事业单位占25.33％，国有企业占28.95％，城镇集体企业占1.03％，外商投资企业占0.03％，城镇私营企业及其他城镇企业占35.56％，民办非企业单位和社会团体占0.08％，个人自愿缴存占1.06％，其他占7.96％；中、低收入占99.85％，高收入占0.15％。

(二）提取业务： 2019年，为0.83万名缴存职工提取住房公积金6.03亿元。

提取金额中，住房消费提取占80.88%（购买、建造、翻建、大修自住住房占36.16%，偿还购房贷款本息占35.10%，租赁住房占9.62%，其他占0%）；非住房消费提取占19.12%（离休和退休提取占8.09%，完全丧失劳动能力并与单位终止劳动关系提取占0.59%，其他占10.44%）。

提取职工中，中、低收入占99.50%，高收入占0.50%。

(三）贷款业务：

1. 个人住房贷款： 2019年，支持职工购建房17.59万平方米，年末个人住房贷款市场占有率（含公转商贴息贷款）为74.32%，比上年末减少0.12个百分点。通过申请住房公积金个人住房贷款，可节约职工购房利息支出4920.86万元。

职工贷款笔数中，购房建筑面积90（含）平方米以下占6.72%，90~144（含）平方米占75.89%，144平方米以上占17.39%。购买新房53.33%（其中购买保障性住房占0%），购买二手房占17.26%，建造、翻建、大修自住住房占25.73%，其他占3.68%。

职工贷款笔数中，单缴存职工申请贷款占63.54%，双缴存职工申请贷款占36.46%，三人及以上缴存职工共同申请贷款占0%。

贷款职工中，30岁（含）以下占20.10%，30岁~40岁（含）占43.25%，40岁~50岁（含）占23.53%，50岁以上占13.12%；首次申请贷款占54.62%，二次及以上申请贷款占45.38%；中、低收入占99.55%，高收入占0.45%。

2. 异地贷款： 2019年，发放异地贷款6笔、146.7万元。2019年末，发放异地贷款总额457.9万元，异地贷款余额392.04万元。

3. 公转商贴息贷款： 无。

4. 支持保障性住房建设试点项目贷款： 无。

(四）住房贡献率： 2019年，个人住房贷款发放额、公转商贴息贷款发放额、项目贷款发放额、住房消费提取额的总和与当年缴存额的比率为117.65%，比上年减少33.76个百分点。

六、其他重要事项

（一）2019年，中心严格贯彻执行2017年住房公积金管委会决议，在此期间，住房公积金归集、提取、贷款等政策均未做调整。住房公积金缴存基数核定方法仍按2017年及以前规定予以核定，最高不得高于阿盟上一年度在职职工社平工资的3倍（2017年社平工资为6082元），最低不得低于阿盟最低用工标准（最低用工标准为1760元）。住房公积金缴存比例执行国家规定，最高不得高于12%，最低不得低于8%，对困难企业、自愿缴存者可将缴存比例降至5%。

（二）当年信息化建设情况。2019年我中心接入全国公积金数据平台，保障缴存职工享受个税抵扣的优惠政策；中心灾备系统托管移动公司EDC机房，保障住房公积金系统、数据安全。建成12329短信服务，完成异地转移接续直连上线。

（三）当年住房公积金中心及职工所获荣誉情况。2019年史东燕同志荣获盟级"城乡妇女岗位建功先进个人"、胡娟同志荣获额济纳旗"五一劳动奖章"。

满洲里市住房公积金 2019 年年度报告

一、机构概况

（一）**住房公积金管理委员会**：住房公积金管理委员会有 17 名委员，2020 年召开 1 次会议，审议通过的事项主要包括：

(1) 审议通过《重新聘任市住房公积金管理委员会部分委员的说明》；

(2) 审议通过《关于 2018 年住房公积金使用情况及 2019 年住房公积金归集使用计划的报告》；

(3) 审议通过《满洲里市住房公积金管理中心 2018 年年度报告》；

(4) 审议通过《关于 2019 年住房公积金使用情况及 2020 年住房公积金归集使用计划的报告》；

(5) 审议通过《关于〈满洲里市住房公积金管理中心贷款管理办法实施细则〉的修订说明》。

（二）**住房公积金管理中心**：住房公积金管理中心为隶属于人民政府不以营利为目的的自收自支事业单位，设 8 个科，1 个管理部，0 个分中心。从业人员 38 人，其中，在编 30 人，非在编 6 人，借调 2 人。

二、业务运行情况

（一）**缴存**：2019 年，新开户单位 77 家，实缴单位 883 家，净增单位 33 家；新开户职工 0.11 万人，实缴职工 2.93 万人，净增职工－0.08 万人；缴存额 5.15 亿元，同比增长 7.57%。2019 年末，缴存总额 45.80 亿元，比上年末增加 12.67%；缴存余额 15.91 亿元，比上年末增加 12.57%。

受委托办理住房公积金缴存业务的银行 4 家，比上年增加 0 家。

（二）**提取**：2019 年，提取额 3.37 亿元，同比下降 7.27%；占当年缴存额的 65.51%，比上年减少 10.48 个百分点。2019 年末，提取总额 29.89 亿元，比上年末增加 12.72%。

（三）**贷款**：

1. 个人住房贷款：个人住房贷款最高额度 50 万元，其中，单缴存职工最高额度 40 万元，双缴存职工最高额度 50 万元。

2019 年，发放个人住房贷款 0.09 万笔、2.21 亿元，同比分别下降 22.28%、31.38%。

2019 年，回收个人住房贷款 1.89 亿元。

2019 年末，累计发放个人住房贷款 2.03 万笔、30.50 亿元，贷款余额 11.61 亿元，分别比上年末增加 4.83%、7.80%、2.84%。个人住房贷款余额占缴存余额的 72.96%，比上年末减少 6.91 个百分点。

受委托办理住房公积金个人住房贷款业务的银行 3 家，比上年增加 0 家。

2. 住房公积金支持保障性住房建设项目贷款：无。

（四）**购买国债**：无。

（五）**融资**：无。

（六）**资金存储**：2019 年末，住房公积金存款 4.42 亿元。其中，活期 0.01 亿元，1 年（含）以下定期 3.15 亿元，1 年以上定期 0.15 亿元，协定存款 1.11 亿元。

（七）资金运用率：2019年末，住房公积金个人住房贷款余额、项目贷款余额和购买国债余额的总和占缴存余额的72.96%，比上年末减少6.91个百分点。

三、主要财务数据

（一）业务收入：2019年，业务收入4524.14万元，同比增长7.21%。存款利息819.07万元，委托贷款利息3702.63万元，国债利息0万元，其他2.44万元。

（二）业务支出：2019年，业务支出2375.96万元，同比增长10.90%。支付职工住房公积金利息2266.28万元，归集手续费0万元，委托贷款手续费109.53万元，其他0.15万元。

（三）增值收益：2019年，增值收益2148.19万元，同比增长3.41%。增值收益率1.44%，比上年减少0.1个百分点。

（四）增值收益分配：2019年，提取贷款风险准备金160.03万元，提取管理费用605.00万元，提取城市廉租住房（公共租赁住房）建设补充资金1383.16万元。

2019年，上交财政管理费用650.00万元。上缴财政城市廉租住房（公共租赁住房）建设补充资金791.99万元。

2019年末，贷款风险准备金余额1981.06万元。累计提取城市廉租住房（公共租赁住房）建设补充资金7100.67万元。

（五）管理费用支出：2019年，管理费用支出743.37万元，同比增长24.13%。其中，人员经费430.96万元，公用经费44.98万元，专项经费267.43万元。

四、资产风险状况

（一）个人住房贷款：2019年末，个人住房贷款逾期额606.53万元，逾期率5.2‰。

2019年，个人贷款风险准备金按年度贷款余额的5%提取。2019年，提取个人贷款风险准备金160.03万元，使用个人贷款风险准备金核销呆坏账0万元。2019年末，个人贷款风险准备金余额1981.06万元，占个人住房贷款余额的1.71%，个人住房贷款逾期额与个人贷款风险准备金余额的比率为30.62%。

（二）没有支持保障性住房建设试点项目贷款。

（三）没有历史遗留风险资产。

五、社会经济效益

（一）缴存业务：2019年，实缴单位数、实缴职工人数和缴存额同比分别增长3.88%、-2.70%和7.57%。

缴存单位中，国家机关和事业单位占53.68%，国有企业占11.21%，城镇集体企业占0.34%，外商投资企业占0.68%，城镇私营企业及其他城镇企业占30.35%，民办非企业单位和社会团体占1.81%，其他占1.93%。

缴存职工中，国家机关和事业单位占38.71%，国有企业占44.08%，城镇集体企业占0.22%，外商投资企业占1.01%，城镇私营企业及其他城镇企业占15.50%，民办非企业单位和社会团体占0.32%，其他占0.16%；中、低收入占98.76%，高收入占1.24%。

新开户职工中，国家机关和事业单位占28.48%，国有企业占19.14%，城镇集体企业占1.76%，外商投资企业占5.20%，城镇私营企业及其他城镇企业占42.59%，民办非企业单位和社会团体占1.59%，其他占1.24%；中、低收入占98.59%，高收入占1.41%。

（二）提取业务：2019年，1.19万名缴存职工提取住房公积金3.37亿元。

提取金额中，住房消费提取占74.77%（购买、建造、翻建、大修自住住房占31.79%，偿还购房贷款本息占41.93%，租赁住房占0.85%，其他占0.20%）；非住房消费提取占25.23%（离休和退休提取占21.60%，完全丧失劳动能力并与单位终止劳动关系提取占1.62%，出境定居占0%，其他占2.01%）。

提取职工中，中、低收入占99.46%，高收入占0.54%。

（三）贷款业务：

1. 个人住房贷款：2019年，支持职工购建房11.47万平方米，年末个人住房贷款市场占有率为53.33%，比上年末增加4.63个百分点。通过申请住房公积金个人住房贷款，可节约职工购房利息支出3192.41万元。

职工贷款笔数中，购房建筑面积90（含）平方米以下占21.18%，90~144（含）平方米占54.87%，144平方米以上占23.95%。购买新房占49.84%（其中购买保障性住房占0%），购买二手房占50.16%，建造、翻建、大修自住住房占0%，其他占0%。

职工贷款笔数中，单缴存职工申请贷款占71.98%，双缴存职工申请贷款占28.02%，三人及以上缴存职工共同申请贷款占0%。

贷款职工中，30岁（含）以下占31.12%，30岁~40岁（含）占38.72%，40岁~50岁（含）占22.14%，50岁以上占8.02%；首次申请贷款占73.05%，二次及以上申请贷款占26.95%；中、低收入占99.57%，高收入占0.43%。

2. 异地贷款：2019年，发放异地贷款27笔、602.00万元。2019年末，发放异地贷款总额5362.15万元，异地贷款余额1570.93万元。

3. 无公转商贴息贷款。

4. 没有支持保障性住房建设试点项目贷款。

（四）住房贡献率：2019年，个人住房贷款发放额、公转商贴息贷款发放额、项目贷款发放额、住房消费提取额的总和与当年缴存额的比率为91.83%，比上年减少31.73个百分点。

六、其他重要事项

（一）当年机构及职能调整情况、受委托办理缴存贷款业务金融机构变更情况。 没有调整。

（二）当年住房公积金政策调整及执行情况。

当年缴存基数按工资构成计算上限17832元，下限1760元；

当年缴存比例上限12%，下限5%无调整；

当年住房公积金存贷款利率严格按照国家规定进行调整执行；

2019年2月1日起，公积金提取、贷款相关政策做如下调整：

一是取消家庭直系亲属办理住房公积金贷款和提取业务；

二是取消与所购住房同时购买的车库纳入公积金提取和贷款额度的范围；

三是取消新购置住房装修提取和贷款业务；

四是取消重大疾病提取公积金政策和困难家庭子女上大学提取公积金政策；

五是提高单方缴存公积金贷款额度，即每个家庭借款人及配偶均连续缴纳住房公积金的最高贷款额度不得超过 50 万元；借款人及配偶中只有一方连续缴纳住房公积金的贷款额由最高不超过 35 万元提高到 40 万元。

（三）当年服务改进情况。 中心通过政府门户网、报纸、手机 APP 宣传住房公积金相关政策。2019 年 6 月开通 12329 短信平台免费为缴存职工推送个人住房公积金账户变动信息，9 月正式推出了微信公众号实现实时查询功能。住房公积金缴存职工通过手机 APP、微信公众号、支付宝 APP 公积金服务等网上渠道可查询缴存职工个人归集及贷款等公积金信息。

（四）当年信息化建设情况。 2019 年 5 月成功接入全国住房公积金数据平台，实现与税务总局的数据交换，并向缴存职工提供数据查询服务。6 月与自治区 12329 短信平台搭建数据专线，免费为缴存职工推送个人住房公积金账户变动信息。

（五）当年住房公积金管理中心及职工所获荣誉情况。 无。

（六）没有当年对违反《住房公积金管理条例》和相关法规行为进行行政处罚和申请人民法院强制执行情况。

（七）没有当年对住房公积金管理人员违规行为的纠正和处理情况等。

（八）没有其他需要披露的情况。

2019 全国住房公积金年度报告汇编

辽宁省

沈阳
大连市
鞍山市
抚顺市
本溪市
丹东市
锦州市
营口市
阜新市
辽阳市
盘锦市
铁岭市
朝阳市
葫芦岛市

辽宁省住房公积金 2019 年年度报告

一、机构概况

（一）住房公积金管理机构

全省共设 14 个设区城市住房公积金管理中心，1 个省直住房资金管理中心，6 个独立设置的分中心、管理部。从业人员 2124 人，其中，在编 1138 人，非在编 986 人。

（二）住房公积金监管机构

省住房城乡建设厅、财政厅和人民银行沈阳分行负责对本省住房公积金管理运行情况进行监督。省住房和城乡建设厅设立住房公积金监管处，负责辖区住房公积金日常监管工作。

二、业务运行情况

（一）**缴存**：2019 年，新开户单位 15727 家，实缴单位 96335 家，净增单位 5248 家；新开户职工 40.7 万人，实缴职工 508.93 万人，净增职工 19.24 万人；缴存额 781.22 亿元，同比增长 9.16%。2019 年末，缴存总额 7188.59 亿元，同比增长 12.19%；缴存余额 2614.86 亿元，同比增长 8.29%。

（二）**提取**：2019 年，提取额 581.1 亿元，同比增长 3.03%；占当年缴存额的 74.38%，比上年减少 4.42 个百分点。2019 年末，提取总额 4573.73 亿元，同比增长 14.55%。

（三）**贷款**：

1. 个人住房贷款：2019 年，发放个人住房贷款 12.22 万笔，同比持平，发放 399.73 亿元，同比增加 3%。回收个人住房贷款 270.49 亿元。

2019 年末，累计发放个人住房贷款 180.94 万笔、4170.17 亿元，贷款余额 2217.39 亿元，同比分别增长 7.15%、10.6%、6.19%。个人住房贷款余额占缴存余额的 84.8%，比上年减少 1.7 个百分点。

2. 住房公积金支持保障性住房建设项目贷款：2019 年，发放支持保障性住房建设项目贷款 0 亿元，回收项目贷款 10.55 亿元。2019 年末，累计发放项目贷款 31.98 亿元，项目贷款余额 0 亿元。

（四）**购买国债**：2019 年，购买国债 0 亿元，兑付收回国债 0 亿元。2019 年末，国债余额 0 亿元。

（五）**融资**：2019 年，融资 22.90 亿元，归还 37.71 亿元。2019 年末，融资总额 180.47 亿元，融资余额 30.39 亿元。

（六）**资金存储**：2019 年末，住房公积金存款 444.27 亿元。其中，活期 8.09 亿元，1 年（含）以下定期 216.52 亿元，1 年以上定期 171.5 亿元，其他（协定、通知存款等）48.16 亿元。

（七）**资金运用率**：2019 年末，住房公积金个人住房贷款余额、项目贷款余额和购买国债余额的总和占缴存余额的 84.8%，比上年减少 2.11 个百分点。

三、主要财务数据

（一）**业务收入**：2019 年，业务收入 827184.52 万元，同比增长 8.99%。其中，存款利息 130154.57

万元，委托贷款利息 692793.64 万元，国债利息 0 万元，其他 4236.3 万元。

（二）业务支出：2019 年，业务支出 413453.86 万元，同比增长 3.95%。其中，支付职工住房公积金利息 363008.77 万元，归集手续费 8785.8 万元，委托贷款手续费 22905.36 万元，其他 18753.93 万元。

（三）增值收益：2019 年，增值收益 413730.68 万元，同比增长 12.47%；增值收益率 1.64%，比上年增加 0.07 个百分点。

（四）增值收益分配：2019 年，提取贷款风险准备金 118581.93 万元，提取管理费用 54334.9 万元，提取城市廉租住房（公共租赁住房）建设补充资金 240813.85 万元。

2019 年，上交财政管理费用 46641.54 万元，上缴财政城市廉租住房（公共租赁住房）建设补充资金 241193.47 万元。

2019 年末，贷款风险准备金余额 1208225.55 万元，累计提取城市廉租住房（公共租赁住房）建设补充资金 1672133.92 万元。

（五）管理费用支出：2019 年，管理费用支出 48476.61 万元，同比增长 6.1%。其中，人员经费 29248.29 万元，公用经费 5649 万元，专项经费 13579.32 万元。

四、资产风险状况

（一）个人住房贷款：2019 年末，个人住房贷款逾期额 24041.64 万元，逾期率 1.08‰。

2019 年，提取个人贷款风险准备金 118581.93 万元，使用个人贷款风险准备金核销呆坏账 0 万元。2019 年末，个人贷款风险准备金余额 1199741.55 万元，占个人贷款余额的 5.4%，个人贷款逾期额与个人贷款风险准备金余额的比率为 2%。

（二）住房公积金支持保障性住房建设项目贷款：2019 年末，逾期项目贷款 0 万元，逾期率为 0‰。

2019 年，提取项目贷款风险准备金 0 万元，使用项目贷款风险准备金核销呆坏账 0 万元。2019 年末，项目贷款风险准备金余额 8484 万元，项目贷款逾期额与为 0。

（三）历史遗留风险资产：2019 年末，历史遗留风险资产余额 0 万元，比上年减少 0 万元，历史遗留风险资产回收率为 100%。

五、社会经济效益

（一）缴存业务：2019 年，实缴单位数、实缴职工人数和缴存额增长率分别为 5.76%、3.92% 和 9.16%。

缴存单位中，国家机关和事业单位占 24.12%，国有企业占 6.22%，城镇集体企业占 1.13%，外商投资企业占 3.83%，城镇私营企业及其他城镇企业占 57.69%，民办非企业单位和社会团体占 2.22%，其他占 4.7%。

缴存职工中，国家机关和事业单位占 27.77%，国有企业占 25.13%，城镇集体企业占 1.34%，外商投资企业占 6.27%，城镇私营企业及其他城镇企业占 30.08%，民办非企业单位和社会团体占 1.48%，其他占 7.43%；中、低收入占 97.77%，高收入占 2.23%。

新开户职工中，国家机关和事业单位占 11.49%，国有企业占 9.5%，城镇集体企业占 1.65%，外商投资企业占 6.56%，城镇私营企业及其他城镇企业占 56.41%，民办非企业单位和社会团体占 2.86%，其他占 11.52%；中、低收入占 99.3%，高收入占 0.7%。

（二）提取业务：2019 年，211.52 万名缴存职工提取住房公积金 581.1 亿元。

提取金额中，住房消费提取占 77.71%（购买、建造、翻建、大修自住住房占 19.94%，偿还购房贷款本息占 74.55%，租赁住房占 3.31%，其他占 2.2%）；非住房消费提取占 22.29%（离休和退休提取占 82.82%，完全丧失劳动能力并与单位终止劳动关系提取占 4.81%，户口迁出所在市或出境定居占 0.63%，其他占 11.74%）。

提取职工中，中、低收入占 97.82%，高收入占 2.18%。

（三）贷款业务：

1. 个人住房贷款：2019 年，支持职工购建房 1190.93 万平方米。年末个人住房贷款市场占有率为 22.5%，比上年同期减少 1.6 个百分点。通过申请住房公积金个人住房贷款，可节约职工购房利息支出 67.4 亿元。

职工贷款笔数中，购房建筑面积 90（含）平方米以下占 42.1%，90~144（含）平方米占 52.96%，144 平方米以上占 4.94%。购买新房 65.7%，购买二手房占 34.3%。

职工贷款笔数中，单缴存职工申请贷款占 53.3%，双缴存职工申请贷款占 46.5%，三人及以上缴存职工共同申请贷款占 0.2%。

贷款职工中，30 岁（含）以下占 36.4%，30 岁~40 岁（含）占 37.7%，40 岁~50 岁（含）占 19.5%，50 岁以上占 6.5%；首次申请贷款占 87.6%，二次及以上申请贷款占 12.4%；中、低收入占 98.7%，高收入占 1.3%。

2. 异地贷款：2019 年，发放异地贷款 10084 笔、323406.4 万元。2019 年末，发放异地贷款总额 133.33 亿元，异地贷款余额 88.65 亿元。

3. 公转商贴息贷款：2019 年，发放公转商贴息贷款 4 笔、148.7 万元，支持职工购建房面积 545.11 平方米。当年贴息额 5308.88 万元。2019 年末，累计发放公转商贴息贷款 22092 笔、834429.1 万元，累计贴息 17858.64 万元。

4. 住房公积金支持保障性住房建设项目贷款：2019 年末，全省累计有住房公积金试点城市 2 个，试点项目 8 个，贷款额度 31.98 亿元，建筑面积 144.31 万平方米，可解决 22038 户中低收入职工家庭的住房问题。8 个试点项目贷款资金已发放并还清贷款本息。

（四）住房贡献率：2019 年，个人住房贷款发放额、公转商贴息贷款发放额、项目贷款发放额、住房消费提取额的总和与当年缴存额的比率为 109.8%，比上年减少 3.9 个百分点。

六、其他重要事项

（一）强化监管工作，切实保障资金安全。

1. 全面开展电子稽查工作。 各中心建立电子稽查工作机制，每月利用电子稽查工具对 5 个方面 83 项检查指标进行自动比对筛查，对检查结果进行梳理分类，建立疑点台账，采取措施加以整改。省住房和城乡建设厅每季度选择重点地区进行实地指导，对电子稽查工作进行评估。各中心风险管控能力不断提升。

2. 加强个贷风险防控。 重点监控个贷逾期率高的城市，实行个贷逾期情况周报制度。查找逾期原因，研究降低个贷风险措施和办法。对全省个贷逾期清收情况进行通报，个贷逾期率持续下降。

3. 开展风险隐患防控工作督查。 开展全省住房公积金行业风险隐患排查工作。自查阶段，共梳理出 10 个方面 62 条历史遗留问题，建立了全省历史遗留问题台账；督查阶段，共发现了 5 个方面 20 类问题，已对督查情况进行通报，限期整改。通过风险隐患问题整改，进一步完善防控措施，加强制度建设，从源头上管控风险，提高管理中心风险防控能力。

4. 加强网络安全风险防控。 省公安厅网络安全专家为对中心进行了网络安全知识讲座，通过对真实案例和网络安全相关法律法规讲解，普及了网络安全知识，明确了网络安全主体责任，树立了网络安全防控意识。

（二）推进信息化建设，不断提升管理服务水平。

1. 全面完成"双贯标"验收工作。 各地按照"双贯标"要求，升级换代业务管理信息系统，全面完成"双贯标"工作并通过部省级联合验收，提升了服务效率、结算速度、风控手段、标准化水平，规范了资金核算、数据标准、业务流程、账户管理。

2. 积极推进综合服务平台建设。 各地完成综合服务平台建设工作并通过部省级验收，结合当地服务特点，分别建设开通了门户网站、网厅、12329 热线、12329 短信、微信、手机 APP、自助终端、微博等服务渠道，改变服务大厅业务办理传统模式，满足缴存单位和缴存职工的多元化、个性化需求。

3. 异地转移接续平台直连工作年底完成。 各中心积极开展异地转移接续平台直连上线工作，完成直连上线工作。真正实现"账随人走、钱随账走"，满足缴存职工跨地区转移公积金账户和资金的需求。

4. 全国数据平台接入工作顺利完成。 根据国务院关于个人所得税改革信息共享的统一安排，住房和城乡建设部搭建了全国住房公积金数据平台，各地如期完成大数据平台接入工作，并进行了微信小程序和支付宝查询功能测试，缴存职工可以通过手机查询个人信息，维护了缴存职工利益，提供了方便快捷服务。

5. 完成省级住房公积金监管服务平台（12329 短信部分）接续招标工作。 2019 年 6 月，完成了对住房公积金监管服务平台（12329 短信部分）的接续招标工作，降低了短信资费成本，增加新办企业"多证合一"企业信息数据自动分发等功能，为缴存扩面提供企业信息来源。

（三）优化窗口服务，努力提高缴存职工满意度。按照《中共辽宁省住房和城乡建设厅党组"不忘初心、牢记使命"主题教育专项整治方案》要求，在全省范围内开展了规范窗口服务、提升服务效能的专项整治活动。对公积金窗口服务情况开展了督查，对发现的问题进行了通报。各地窗口服务水平进一步提升，缴存职工满意度不断提高。

沈阳住房公积金 2019 年年度报告

一、机构概况

（一）住房公积金管理委员会

沈阳住房公积金管理委员会有 23 名委员，2019 年召开 3 次会议，审议通过的事项主要包括：

(1) 关于调整沈阳住房公积金管理委员会委员的意见；
(2) 沈阳住房公积金管理中心2018年工作总结及2019年工作安排的报告；
(3) 沈阳住房公积金管理中心2018年计划执行情况及2019年计划安排情况的报告；
(4) 关于签署《国网辽宁省电力有限公司电力分中心住房公积金业务接入沈阳住房公积金管理中心业务系统框架协议》的意见；
(5) 关于交通银行辽宁省分行加入沈阳住房公积金归集业务代理银行及开展公积金贷款业务的意见；
(6) 关于处置苏家屯区海棠花园10套抵债资产的意见；
(7) 关于按进度预缴城市廉租住房建设补充资金的意见；
(8) 关于实行职工既有住宅增设电梯提取住房公积金政策的意见。

（二）住房公积金管理中心

1. 沈阳住房公积金管理中心（简称"沈阳中心"）。 沈阳中心为直属沈阳市政府不以营利为目的的正局级事业单位，设13个部室，13个管理部，1个铁路分中心。从业人员382人，其中，在编216人，非在编166人。

2. 辽宁省省直住房资金管理中心（简称"省直中心"）。 省直中心为隶属于辽宁省财政厅不以营利为目的自收自支事业单位，内设7个部。从业人员41人，其中，在编25人，非在编16人。

3. 电力分中心。 电力分中心由沈阳中心授权经营，不以营利为目的非独立法人分支机构。主要负责国家电网公司系统、中国能源建设集团、部分发电企业驻辽单位住房公积金的归集、管理、使用和会计核算。目前中心内设住房公积金管理处和财务管理处。实有从业人员13人，其中在编7人，非在编6人。

4. 东电管理部。 电力分中心东电管理部为国家电网公司东北分部住房制度改革办公室的一个部门，主要负责国家电网公司东北分部直属单位住房公积金的归集、管理、使用和会计核算。目前管理部内设有主任、账户管理、贷款管理、财务核算、出纳5人。

二、业务运行情况

（一）缴存： 2019年，新开户单位5435家，实缴单位27254家，净增单位1283家；新开户职工16万人，实缴职工159.56万人，净增职工20万人；缴存额274.68亿元，同比增长9.66%。2019年末，缴存总额2419.18亿元，同比增长12.81%；缴存余额877.69亿元，同比增长8.51%。其中：

沈阳中心：新开户单位5368家，实缴单位25981家，净增单位1586家；新开户职工14.92万人，实缴职工139.98万人，净增职工19.98万人；缴存额222.54亿元，同比增长8.59%。2019年末，缴存总额1909.89亿元，同比增长13.19%；缴存余额717.20亿元，同比增长8.22%。

省直中心：新开户单位65家，实缴单位1157家，净减单位303家；新开户职工0.93万人，实缴职工12.59万人，净增职工0.02万人；缴存额31.59亿元，同比增长19.72%。2019年末，缴存总额269.26亿元，同比增长13.29%；缴存余额92.97亿元，同比增长8.9%。

电力分中心：新开户单位1家，实缴单位101家，净增单位1家；新开户职工1159人，实缴职工6.74万人，净增职工0人；缴存额19.32亿元，同比增长5.86%。2019年末，缴存总额229.70亿元，比上年末增加9.18%；缴存余额63.89亿元，同比增长11.42%。

东电管理部：新开户单位1家，实缴单位15家，减少单位1家；新开户职工281人，实缴职工2514

人，净增职工147人；缴存额1.23亿元，同比增长35.16%。2019年末，缴存总额10.33亿元，比上年末增加13.52%；缴存余额3.63亿元，同比增长6.14%。

（二）提取：2019年，提取额205.83亿元，同比增长4.59%；占当年缴存额的74.93%，比上年减少3.63个百分点。2019年末，提取总额1541.49亿元，同比增长15.41%。其中：

沈阳中心：提取额168.05亿元，同比增长4.43%；占当年缴存额的75.52%，比上年减少3个百分点。2019年末，提取总额1192.69亿元，同比增长16.40%。

省直中心：提取额23.99亿元，同比增长4.63%；占当年缴存额的75.94%，比上年减少10.95个百分点。2019年末，提取总额176.29亿元，同比增长15.75%。

电力分中心：提取额12.77亿元，同比增长4.76%；占当年缴存额的66.10%，比上年减少0.69个百分点。2019年末，提取总额165.81亿元，同比增长8.34%。

东电管理部：提取额1.02亿元，同比增长36%；占当年缴存额的82.93%，比上年减少0.51个百分点。2019年末，提取总额6.7亿元，同比增长17.96%。

（三）贷款：

1. 个人住房贷款： 个人住房贷款最高额度80万元，其中，单缴存职工最高额度40万元，双缴存职工最高额度60万元，家庭成员三人及以上共同申请贷款的最高额度80万元。

2019年，发放个人住房贷款3.89万笔、127.64亿元，同比分别增长5.99%、4.73%。其中：

沈阳中心：个人住房贷款最高额度80万元，其中，单缴存职工最高额度40万元，双缴存职工最高额度60万元，家庭成员三人及以上共同申请贷款的最高额度80万元。

2019年，发放个人住房贷款3.39万笔、106.05亿元，同比分别增长7.96%、5.27%。

省直中心：个人住房贷款最高额度80万元，其中，单缴存职工最高额度40万元，双缴存职工最高额度60万元，家庭成员三人及以上共同申请贷款的最高额度80万元。

2019年，发放个人住房贷款0.35万笔、12.96亿元，同比分别下降4.64%、0.86%。

电力分中心：个人住房贷款最高额度60万元，其中，单缴存职工最高额度60万元，双缴存职工最高额度60万元。

2019年，发放个人住房贷款0.1524万笔、7.14亿元，同比分别下降7.02%、6.94%。

东电管理部：个人住房贷款最高额度80万元，其中，单缴存职工最高额度60万元，双缴存职工最高额度80万元。

2019年，发放个人住房贷款79笔、0.49亿元，同比分别增长16.18%、22.5%。

2019年，回收个人住房贷款95.69亿元。其中：沈阳中心81.20亿元；省直中心9.74亿元；电力分中心4.61亿元；东电管理部0.14亿元。

2019年末，累计发放个人住房贷款60.75万笔、1476.41亿元，贷款余额768.50亿元，同比分别增长6.84%、9.46%、4.20%。个人住房贷款余额占缴存余额的87.56%，比上年减少3.62个百分点。其中：

沈阳中心：累计发放个人住房贷款53.19万笔、1256.71亿元，贷款余额645.53亿元，同比分别增长6.81%、9.22%、4.00%。个人住房贷款余额占缴存余额的90.01%，比上年减少3.65个百分点。

省直中心：累计发放个人住房贷款5.28万笔、149.55亿元，贷款余额84.25亿元，同比分别增长

7.06%、9.49%、3.98%。个人住房贷款余额占缴存余额的 90.62%,比上年减少 4.29 个百分点。

电力分中心:累计发放个人住房贷款 2.2491 万笔、67.20 亿元,贷款余额 37.22 亿元,分别比上年末增加 7.27%、11.89%、7.26%。个人住房贷款余额占缴存余额的 58.26%,比上年末减少 2.26 个百分点。

东电管理部:累计发放个人住房贷款 396 笔、1.96 亿元,贷款余额 1.5 亿元,分别比上年末增加 24.92%、33.33%、30.43%。个人住房贷款余额占缴存余额的 41.02%,比上年末增加 7.35 个百分点。

2. 住房公积金支持保障性住房建设项目贷款:无。

(四)购买国债:无。

(五)融资:无。

(六)资金存储:2019 年末,住房公积金存款 124.41 亿元。其中,活期 0.033 亿元,1 年(含)以下定期 82.35 亿元,1 年以上定期 22.8 亿元,协定存款 19.225 亿元。其中:

沈阳中心:住房公积金存款 85.82 亿元。其中,活期 0.008 亿元,1 年(含)以下定期 57.5 亿元,1 年以上定期 14 亿元,协定存款 14.31 亿元。

省直中心:住房公积金存款 9.34 亿元。其中,活期 0.01 亿元,1 年(含)以下定期 6.45 亿元,1 年以上定期 0.8 亿元,协定存款 2.08 亿元。

电力分中心:住房公积金存款 27.09 亿元。其中,活期 0.01 亿元,1 年(含)以下定期 18.30 亿元,1 年以上定期 6.00 亿元,协定存款 2.78 亿元。

东电管理部:住房公积金存款 2.16 亿元。其中,活期 0.005 亿元,1 年(含)以下定期 0.1 亿元,1 年以上定期 2 亿元,协定存款 0.055 亿元。

(七)资金运用率:2019 年末,住房公积金个人住房贷款余额、项目贷款余额和购买国债余额的总和占缴存余额的 87.56%,比上年减少 3.62 个百分点。其中:沈阳中心 90.01%,比上年减少 3.65 个百分点;省直中心 90.62%,比上年减少 4.29 个百分点;电力分中心 58.26%,比上年减少 2.26 个百分点;东电管理部 41.02%,比上年增加 7.32 个百分点。

三、主要财务数据

(一)业务收入:2019 年,业务收入 288330.26 万元,同比增长 10.28%。存款利息收入 41787.56 万元,委托贷款利息 242997.14 万元,其他收入 3545.56 万元。其中:

沈阳中心:业务收入 237565.51 万元,同比增长 11.31%。存款利息 29723.60 万元,委托贷款利息 204428.09 万元,其他 3413.82 万元(含拆借资金利息收入 1738.97 万元)。

省直中心:业务收入 31528.61 万元,同比增长 7.09%。存款利息 4775.68 万元,委托贷款利息 26750.83 万元,其他 2.1 万元。

电力分中心:2019 年,业务收入 17947.88 万元,同比增长 1.46%。其中,存款利息 6543.64 万元,委托贷款利息 11389.58 万元,其他 14.66 万元。

东电管理部:2019 年,业务收入 1288.26 万元,同比增加 43.25%。存款利息 744.64 万元,委托贷款利息 428.64 万元,其他 114.98 万元。

(二)业务支出:2019 年,业务支出 153481.66 万元,同比增长 14.25%。支付职工住房公积金利息

127772.19万元，归集手续费6711.73万元，委托贷款手续费11659.79万元，其他7337.95万元。其中：

沈阳中心：业务支出127948.42万元，同比增长15.72%。支付职工住房公积金利息104468.01万元，归集手续费5963.66万元，委托贷款手续费10220.60万元，其他7296.16万元（含贴息贷款利息支出5259.44万元、拆借资金利息支出1738.97万元）。

省直中心：业务支出15170.38万元，同比增长5.59%。支付职工住房公积金利息13529.12万元，归集手续费747.98万元，委托贷款手续费893.28万元。

电力分中心：业务支出9757.91万元，同比增长10.11%。支付职工住房公积金利息9212.27万元，归集手续费0万元，委托贷款手续费545.48万元，其他0.16万元。

东电管理部：业务支出604.94万元，同比增加10.8%。支付职工住房公积金利息562.79万元，归集手续费0.09万元，委托贷款手续费0.43万元，其他41.63万元。

（三）**增值收益**：2019年，增值收益134848.60万元，同比增长6.08%。增值收益率1.59%，比上年减少0.02个百分点。其中：

沈阳中心：增值收益109617.09万元，同比增长6.56%。增值收益率1.58%，比上年减少0.02个百分点。

省直中心：增值收益16358.23万元，同比增长8.52%。增值收益率1.82%，比上年增加0.03个百分点。

电力分中心：增值收益8189.96万元，同比下降7.23%。其中，增值收益率1.32%，比上年减少0.24个百分点。

东电管理部：增值收益683.32万元；增值收益率1.8%，比上年增加0.8个百分点。

（四）**增值收益分配**：2019年，提取贷款风险准备金70638.91万元，提取管理费用13892.64万元，提取城市廉租住房（公共租赁住房）建设补充资金50317.06万元。

2019年，上交财政管理费用13366.14万元。上缴财政城市廉租住房（公共租赁住房）建设补充资金66808.74万元。

2019年末，贷款风险准备金余额609762.04万元。累计提取城市廉租住房（公共租赁住房）建设补充资金365485.30万元。其中：

沈阳中心：提取贷款风险准备金55500万元，提取管理费用11981.34万元，提取城市廉租住房（公共租赁住房）建设补充资金42135.75万元。

上交财政管理费用11981.34万元。上缴财政城市廉租住房（公共租赁住房）建设补充资金62779.33万元。

贷款风险准备金余额463565.9万元。累计提取城市廉租住房（公共租赁住房）建设补充资金289584.58万元。

省直中心：提取贷款风险准备金9814.94万元，提取管理费用1384.8万元，提取城市廉租住房（公共租赁住房）建设补充资金5158.49万元。

上交财政管理费用1384.8万元。上缴财政城市廉租住房（公共租赁住房）建设补充资金4029.41万元。

贷款风险准备金余额92704.67万元。累计提取城市廉租住房（公共租赁住房）建设补充资金

43060.16 万元。

电力分中心：提取贷款风险准备金 4913.98 万元，提取管理费用 400 万元，提取城市廉租住房（公共租赁住房）建设补充资金 2875.99 万元。

贷款风险准备金余额 50792.02 万元。累计提取城市廉租住房（公共租赁住房）建设补充资金 31962.52 万元。

东电管理部：提取贷款风险准备金 409.99 万元，提取管理费用 126.5 万元，提取城市廉租住房（公共租赁住房）建设补充资金 146.83 万元。

贷款风险准备金余额 2699.45 万元。累计提取城市廉租住房（公共租赁住房）建设补充资金 878.04 万元。

（五）管理费用支出：2019 年，管理费用支出 13624.47 万元，同比增长 0.83%。其中，人员经费 8878.60 万元，公用经费 1134.00 万元，专项经费 3611.87 万元。其中：

沈阳中心：管理费用支出 11583.41 万元，同比下降 1.71%。其中，人员经费 8103.64 万元，公用经费 659.8 万元，专项经费 2819.97 万元。

省直中心：管理费用支出 1422.37 万元，同比下降 4.96%。其中，人员经费 749.92 万元，公用经费 38.03 万元，专项经费 634.42 万元。

电力分中心：管理费用支出 432.07 万元，同比增长 186.63%。其中，人员经费 25.04 万元，公用经费 407.03 万元，专项经费 0 万元。

东电管理部：管理费用支出 186.62 万元，同比增长 134.98%。其中，人员经费 0 万元，公用经费 29.14 万元，专项经费 157.48 万元。

四、资产风险状况

2019 年末，个人住房贷款逾期额 1894.03 万元，逾期率 0.246‰。其中：沈阳中心个人住房贷款逾期额 1657.82 万元，逾期率 0.2568‰；省直中心个人住房贷款逾期额 212.41 万元，逾期率 0.25‰；电力分中心个人住房贷款逾期额 23.80 万元，逾期率 0.006‰。

2019 年，提取个人贷款风险准备金 70638.91 万元，使用个人贷款风险准备金核销呆坏账 0 万元。2019 年末，个人贷款风险准备金余额 609762.04 万元，占个人住房贷款余额的 7.93%，个人住房贷款逾期额与个人贷款风险准备金余额的比率为 0.31%。其中：

沈阳中心：个人贷款风险准备金按增值收益的 60% 提取；铁路分中心个人贷款风险准备金按当年贷款余额的 1% 提取。2019 年，提取个人贷款风险准备金 55500.00 万元，使用个人贷款风险准备金核销呆坏账 0 万元。2019 年末，个人贷款风险准备金余额 463565.90 万元，占个人住房贷款余额 7.18%，个人住房贷款逾期额与个人贷款风险准备金余额的比率为 0.36%。

省直中心：个人贷款风险准备金按增值收益的 60% 提取。2019 年，提取个人贷款风险准备金 9814.94 万元，使用个人贷款风险准备金核销呆坏账 0 万元。2019 年末，个人贷款风险准备金余额 92704.67 万元，占个人住房贷款余额的 11%，个人住房贷款逾期额与个人贷款风险准备金余额的比率为 0.23%。

电力分中心：个人贷款风险准备金按增值收益的 60% 提取。2019 年，提取个人贷款风险准备金

4913.98万元，使用个人贷款风险准备金核销呆坏账0万元。2019年末，个人贷款风险准备金余额50792.02万元，占个人住房贷款余额的13.65%，个人住房贷款逾期额与个人贷款风险准备金余额的比率为0.047%。

东电管理部：个人贷款风险准备金按增值收益的60%提取。2019年，提取个人贷款风险准备金409.99万元，使用个人贷款风险准备金核销呆坏账0万元。2019年末，个人贷款风险准备金余额2699.45万元，占个人住房贷款余额的18%，个人住房贷款逾期额与个人贷款风险准备金余额的比率为0%。

五、社会经济效益

(一)缴存业务：

2019年，实缴单位数、实缴职工人数和缴存额同比分别增长4.96%、14.08%和9.66%。其中：

沈阳中心：实缴单位数、实缴职工人数和缴存额同比分别增长6.5%、16.65%和8.59%。

省直中心：实缴单位数、实缴职工人数和缴存额同比分别下降20.75%、增长0.23%、增长19.72%。

电力分中心：实缴单位数、实缴职工人数和缴存额同比分别增长7.45%、降低4.75%和增长5.86%。

东电管理部：实缴单位数、实缴职工人数和缴存额同比分别下降0.625%、增长6.21%和增长35.16%。

缴存单位中，国家机关和事业单位占14.90%，国有企业占5.82%，城镇集体企业占1.58%，外商投资企业占3.25%，城镇私营企业及其他城镇企业占65.33%，民办非企业单位和社会团体占1.14%，其他占7.98%。其中：

沈阳中心：缴存单位中，国家机关和事业单位占13.96%，国有企业占4.11%，城镇集体企业占1.54%，外商投资企业占3.38%，城镇私营企业及其他城镇企业占67.76%，民办非企业单位和社会团体占1.05%，其他占8.20%。

省直中心：缴存单位中，国家机关和事业单位占37.6%，国有企业占35.52%，城镇集体企业占2.59%，外商投资企业占0.61%，城镇私营企业及其他城镇企业占17.29%，民办非企业单位和社会团体占3.37%，其他占3.03%。

电力分中心：国有企业占90.10%，其他占9.90%。

东电管理部：国有企业占100%。

缴存职工中，国家机关和事业单位占20.8%，国有企业占25.24%，城镇集体企业占1.09%，外商投资企业占5.4%，城镇私营企业及其他城镇企业占38.57%，民办非企业单位和社会团体占0.8%，其他占8.1%；中、低收入占97.67%，高收入占2.33%。其中：

沈阳中心：国家机关和事业单位占19.27%，国有企业占21.08%，城镇集体企业占1.17%，外商投资企业占6.13%，城镇私营企业及其他城镇企业占42.39%，民办非企业单位和社会团体占0.86%，其他占9.1%；中、低收入占97.87%，高收入占2.13%。

省直中心：国家机关和事业单位占49.4%，国有企业占30.31%，城镇集体企业占0.77%，外商投资企业占0.29%，城镇私营企业及其他城镇企业占17.46%，民办非企业单位和社会团体占0.64%，其他占1.13%；中、低收入占93.99%，高收入占6.01%。

电力分中心：国有企业占 99.13%，其他占 0.87%；中、低收入占 99.37%，高收入占 0.63%。

东电管理部：国有企业占 100%，中、低收入占 83.73%，高收入占 16.27%。

新开户职工中，国家机关和事业单位占 6.13%，国有企业占 10.53%，城镇集体企业占 1.43%，外商投资企业占 4.79%，城镇私营企业及其他城镇企业占 67.96%，民办非企业单位和社会团体占 1.62%，其他占 7.54%；中、低收入占 99.62%，高收入占 0.38%。其中：

沈阳中心：国家机关和事业单位占 4.98%，国有企业占 8.68%，城镇集体企业占 1.52%，外商投资企业占 5.10%，城镇私营企业及其他城镇企业占 71.07%，民办非企业单位和社会团体占 1.66%，其他占 6.99%；中、低收入占 99.75%，高收入占 0.25%。

省直中心：国家机关和事业单位占 25.33%，国有企业占 26.25%，城镇集体企业占 0.13%，外商投资企业占 0.47%，城镇私营企业及其他城镇企业占 29.04%，民办非企业单位和社会团体占 1.09%，其他占 17.41%；中、低收入占 97.89%，高收入占 2.11%。

电力分中心：国有企业占 100%，中、低收入占 100%，高收入占 0%。

东电管理部：国有企业占 100%，中、低收入占 89.32%，高收入占 10.68%。

（二）提取业务：2019 年，68.06 万名缴存职工提取住房公积金 205.83 亿元。提取金额中，住房消费提取占 77.19%（购买、建造、翻建、大修自住住房占 24.45%，偿还购房贷款本息占 72.67%，租赁住房占 2.54%，其他占 0.34%）；非住房消费提取占 22.81%（离休和退休提取占 84.68%，完全丧失劳动能力并与单位终止劳动关系提取占 1.12%，户口迁出本市或出境定居占 0.16%，其他 14.04%）。提取职工中，中、低收入占 98.64%，高收入占 1.36%。其中：

沈阳中心：59.26 万名缴存职工提取住房公积金 168.05 亿元。提取金额中，住房消费提取占 79.10%（购买、建造、翻建、大修自住住房占 24.00%，偿还购房贷款本息占 72.89%，租赁住房占 2.83%，其他占 0.28%）；非住房消费提取占 20.90%（离休和退休提取占 83.34%，完全丧失劳动能力并与单位终止劳动关系提取占 0.03%，户口迁出本市或出境定居占 0.13%，其他占 16.50%）。提取职工中，中、低收入 99.9938%，高收入占 0.0062%。

省直中心：5.46 万名缴存职工提取住房公积金 23.99 亿元。提取金额中，住房消费提取占 79.83%（购买、建造、翻建、大修自住住房占 19.27%，偿还购房贷款本息占 79.51%，租赁住房占 1.22%，其他占 0%）；非住房消费提取占 20.17%（离休和退休提取占 80.85%，完全丧失劳动能力并与单位终止劳动关系提取占 10.67%，户口迁出本市或出境定居占 0.41%，其他占 8.07%）。提取职工中，中、低收入占 83.76%，高收入占 16.24%。

电力分中心：3.26 万名缴存职工提取住房公积金 12.77 亿元。提取金额中，住房消费提取占 46.47%（购买、建造、翻建、大修自住住房占 50.25%，偿还购房贷款本息占 49.07%，租赁住房占 0.68%，其他占 0%）；非住房消费提取占 53.53%（离休和退休提取占 95.18%，完全丧失劳动能力并与单位终止劳动关系提取占 0%，出境定居占 0%，其他占 4.82%）。提取职工中，中、低收入占 99.49%，高收入占 0.51%。

东电管理部：854 名缴存职工提取住房公积金 1.02 亿元。提取金额中，住房消费提取占 85.6%（购买、建造、翻建、大修自住住房占 30.78%，偿还购房贷款本息占 50.08%，租赁住房占 0%，其他占 19.14%）；非住房消费提取占 14.4%（离休和退休提取占 6.44%，完全丧失劳动能力并与单位终止劳动关系提取占 0%，出境定居占 0%，其他占 7.96%）。提取职工中，中、低收入占 86.42%，高收入占 13.58%。

(三）贷款业务：

1. 个人住房贷款： 2019年，支持职工购建房393.26万平方米，年末个人住房贷款市场占有率19.56%，比上年减少1.24个百分点。通过申请住房公积金个人住房贷款，可节约职工购房利息支出260567.43万元。其中：

沈阳中心：支持职工购建房338.21万平方米，年末个人住房贷款市场占有率为17.14%，比上年减少11.21个百分点。通过申请住房公积金个人住房贷款，可节约职工购房利息支出207695.64万元。

省直中心：支持职工购建房35.55万平方米，年末个人住房贷款市场占有率为2.39%，比上年减少0.41个百分点。通过申请住房公积金个人住房贷款，可节约职工购房利息支出31953.49万元。

电力分中心：支持职工购建房18.56万平方米，年末个人住房贷款市场占有率为0.7%，比上年末减少0.52个百分点。通过申请住房公积金个人住房贷款，可节约职工购房利息支出20367.22万元。

东电管理部：支持职工购建房0.94万平方米，通过申请住房公积金个人住房贷款，可节约职工购房利息支出551.08万元。

职工贷款笔数中，购房建筑面积90（含）平方米以下占46.15%，90~144（含）平方米占50.23%，144平方米以上占3.62%。购买新房81.33%，购买二手房占18.67%。

职工贷款笔数中，单缴存职工申请贷款占55.33%，双缴存职工申请贷款占44.12%，三人及以上缴存职工共同申请贷款占0.55%。

贷款职工中，30岁（含）以下占49.16%，30岁~40岁（含）占32.32%，40岁~50岁（含）占15%，50岁以上占3.52%；首次申请贷款占86.50%，二次及以上申请贷款占13.50%；中、低收入占98.92%，高收入占1.18%。

2. 异地贷款： 2019年，发放异地贷款2722笔、103060.90万元。2019年末，发放异地贷款总额515029.45万元，异地贷款余额260347.99万元。其中：

沈阳中心：发放异地贷款2712笔、102704.90万元。2019年末，发放异地贷款总额513200.45万元，异地贷款余额259218.72万元。

省直中心：发放异地贷款10笔、356万元。2019年末，发放异地贷款总额1829万元，异地贷款余额1129.27万元。

3. 公转商贴息贷款： 2019年，沈阳中心发放公转商贴息贷款0笔、0元，当年贴息额5259.44万元。2019年末，累计发放公转商贴息贷款19211笔、732703.6万元，累计贴息17326.99万元。

4. 住房贡献率： 个人住房贷款发放额、公转商贴息贷款发放额、项目贷款发放额、住房消费提取额的总和与当年缴存额的比率为104.31%，比上年减少23.41个百分点。其中：沈阳中心107.38%，比上年减少20.91个百分点；省直中心101.66%，比上年减少13.87个百分点；电力分中心103%，比上年减少5.82个百分点；东电管理部122.76%，比上年增加22.16个百分点。

六、其他重要事项

（一）当年机构及职能调整情况、受委托办理缴存贷款业务金融机构变更情况。2019年，沈阳中心、省直中心、电力分中心、东电管理部等四个中心机构及职能未调整；受委托办理缴存业务金融机构，受委托办理贷款业务金融机构均未变化。

(二)当年住房公积金政策调整及执行情况。

1. 当年缴存基数限额及确定方法。 沈阳市职工住房公积金缴存基数严格按照国务院《住房公积金管理条例》和《沈阳市住房公积金管理条例》等政策规定执行。2019年缴存基数上限为20516元(即全市城镇非私营单位在岗职工2018年平均工资的3倍);缴存基数下限为本地区社会最低工资标准,全市四个县区缴存基数下限为1350元,其他地区为1620元。

2. 缴存比例等缴存政策调整情况。 2019年,沈阳中心缴存比例未变化。

3. 当年提取政策调整情况。 2019年,沈阳中心围绕"提高使用效率、防范资金风险、改进服务质量"的总体思路,调整住房公积金提取政策:一是放开"活期"提取,将原提取职工住房公积金账户内定期余额的规定,调整为提取职工住房公积金账户内的存储余额,更好支持职工住房消费;二是规范大病、外市地提取政策,明确"因病致困"业务受理标准,加强外市地购房提取核查工作,防范骗提套取风险;三是实行特殊提取业务案例备忘制,明确特殊提取业务事项办理标准,防范提取核查廉政风险;四是优化信息共享机制,接入租赁信息共享平台,优化民政信息查询方式,明确不动产联网核查数据范围,优化提取流程和简化办理要件。

4. 当年贷款政策调整情况。 无。

(三)当年服务改进情况。

1. 全力打造便企利民的"智慧公积金"服务。 沈阳中心推出"沈阳公积金"微信公众号、手机APP等智能服务平台,实现了从传统柜面服务向互联网融合服务的巨大转变,向缴存单位和职工提供网上开户、汇补缴、公积金提取、贷款受理、还款、变更、预约等多种线上服务,提供7×24小时线上服务,91%的公积金业务可在网上办理。截至2019年末,全市已有2.68万户单位开通了住房公积金网厅业务,正常缴存单位开通率接近100%,单位网厅业务使用率为69.81%;有67.91万名职工签约注册了个人住房公积金网厅账号,占正常缴存职工的53.83%,个人网厅业务使用率为30.9%。

2. 实现群众办事"最多跑一次"。 进一步精简公积金贷款、提取业务要件,建立容缺办理机制,实现与房产局、民政局、大数据局、人民法院和9家商业银行的数据联网,推出贷款合同等要件免费邮寄等便民举措,为职工办理公积金业务提供极大便利。

3. 大幅压缩公积金贷款的放款时限。 沈阳中心将商品房贷款、二手房贷款、组合贷款放款时限分别缩短为8个工作日、10个工作日、15个工作日,平均压缩住房公积金贷款办理时限4个工作日,节省了贷款职工的宝贵时间。

4. 实现全市住房公积金业务通存通兑。 住房公积金业务实现了全市范围内的通存通兑,企业、职工办理住房公积金业务,只需到就近的住房公积金管理部即可办理,企业、职工办理业务更方便。

5. 提升民意诉求办理工作质量。 沈阳中心始终把住房公积金民意诉求工作纳入重要议事日程,统筹推进,让缴存单位感受到党和政府的关怀和温暖。2019年,沈阳中心在全市民意诉求考核中按期回复率、办结率均为100%,得分为满分。市政府办公室授予沈阳中心"2018年全市民意诉求办理工作先进单位"称号。

(四)当年信息化建设情况。

1. 顺利通过住房和城乡建设部"双贯标"验收和综合服务平台验收。

沈阳中心严格按照住房和城乡建设部关于"双贯标"工作的相关要求,认真落实数据贯标和结算贯标各项建设内容,实现了新一代系统的标准化建设。打造以优化柜面服务为基础,以"互联网+"为导向,以互联网和移动终端为主要载体,进一步丰富和优化九大服务渠道,全面建成功能完备、使用便捷、服务高效的住房公积金综合服务平台。2019年2月28日、11月19日,沈阳中心接受住房和城乡建设部"双贯标"和"综合服务平台"验收检查,均以优秀成绩(94.55分、90.5分)顺利通过,推进住房公积金系统信息化建设达到新高度。

2. 全力推进"四平台"建设。年初,住房和城乡建设部分别下发了《关于印发住房公积金结算应用系统新版接口标准》《关于加快推进全国住房公积金转移接续平台直连工作的通知》《关于做好全国住房公积金数据平台接入工作的通知》和《关于建立健全住房公积金综合服务平台的通知》,沈阳中心全面部署、压紧压实责任,完成了资金结算平台2.0版本升级工作,确保公积金资金结算业务的线上、线下业务融合;完成了异地转移接续平台直连上线工作,避免了职工在转入地和转出地往返奔波,平台接续成为利民惠民的又一重大举措;完成了公积金数据接入平台开发建设工作,确保住房公积金个人贷款及相关信息准确、及时、完整上报全国住房公积金数据平台;完成了综合服务平台建设工作,实现九大服务渠道的有效整合,形成了类型多样、互为补充的一体化服务体系,极大提升了沈阳中心服务效能和服务质量。

3. 积极拓展便捷服务渠道。沈阳中心积极与市营商办合作,完成盛京好办事、盛京通、商事平台、在线政务服务平台等的对接工作,广大缴存职工可通过上述平台办理现金购买自住房提取、委托还公贷,退休提取审核、贷款预约服务、现金还款服务等40余项公积金业务,极大方便了广大缴存职工多元化、个性化需求。

4. 实现电力分中心业务系统接入。辽宁省电力分中心于2019年6月15日平稳顺利接入沈阳中心核心业务系统,在全省首次实现行业分中心业务系统接入所在城市中心,为彻底实现住房公积金属地化管理,升级为省级管理平台预留充分空间。

(五)当年住房公积金管理中心及职工所获荣誉情况。2019年,沈阳市人民政府办公室授予沈阳中心"2018年全市民意诉求办理工作先进单位"称号;沈阳中心沈河管理部被沈阳地区精神文明建设指导委员会授予"优质文明诚信服务窗口"荣誉;苏家屯管理部获沈阳市团市委授予"青年文明号"先进集体荣誉;新民管理部获沈阳市创建"青年文明号"活动组织委员会授予的2018—2019年度沈阳市"青年文明号标兵";和平管理部、大东管理部获市直机关党委授予"市直机关'四服务'先进典型"荣誉;大东管理部党支部获中共沈阳市直属机关工作委员会授予"模范党支部";沈河管理部党支部被市直机关工委授予"先进党组织"荣誉。

(六)当年对违反《住房公积金管理条例》和相关法规行为进行行政处罚和申请人民法院强制执行情况。2019年,沈阳中心通过法院执行个人逾期贷款36人次、282万元。

大连市住房公积金2019年年度报告

一、机构概况

(一)**住房公积金管理委员会**:大连市住房公积金管理委员会有24名委员,2019年召开1次会议,审议通过的事项主要包括：

（1）关于调整管委会部分委员和秘书处成员的报告；

（2）关于2018年住房公积金管理工作情况及2019年主要工作安排的报告；

（3）关于2018年房改资金财务决算的报告；

（4）关于2019年住房公积金计划编制的报告；

（5）大连市住房公积金2018年年度报告；

（6）关于续租高新园区办事处营业场所的报告；

（7）关于授权市住房公积金管理中心审批住房公积金降低缴存比例和缓缴申请的请示；

（8）关于印发《关于进一步规范住房公积金提取政策的通知》的报告；

（9）关于调整个人住房公积金贷款抵押业务模式的报告。

（二）住房公积金管理中心：大连市住房公积金管理中心为直属市政府不以营利为目的的独立的正局级事业单位，设12个机关处室和11个办事处（14个网点）。从业人员397人，其中，在编252人，非在编145人。

二、业务运行情况

（一）缴存：2019年，新开户单位7035家，实缴单位39904家，净增单位3403家；新开户职工11.07万人，实缴职工133.59万人，净增职工1.58万人；缴存额217.74亿元，同比增长7.10%。2019年末，缴存总额2123.03亿元，比上年末增加11.43%；缴存余额659.37亿元，比上年末增加4.52%。

受委托办理住房公积金缴存业务的银行2家，较上年无变化。

（二）提取：2019年，提取额189.23亿元，同比增长0.29%；占当年缴存额的86.91%，比上年降低5.90个百分点。2019年末，提取总额1463.66亿元，比上年末增加14.85%。

（三）贷款：

1.个人住房贷款：个人住房贷款最高额度70万元，其中，单缴存职工最高额度40万元，双缴存职工最高额度70万元。

2019年，发放个人住房贷款3.29万笔、116.69亿元，同比分别下降5.86%、3.46%；回收个人住房贷款83.71亿元。

2019年末，累计发放个人住房贷款49.75万笔、1306.92亿元，贷款余额687.22亿元，分别比上年末增加7.07%、9.80%、5.04%。个人住房贷款余额占缴存余额的104.22%，比上年末提高0.51个百分点。

受委托办理住房公积金个人住房贷款业务的银行3家，较上年无变化。

2.住房公积金支持保障性住房建设项目贷款：2019年，发放支持保障性住房建设项目贷款0亿元，回收项目贷款10.55亿元。2019年末，累计发放项目贷款31.70亿元，项目贷款余额0亿元。

（四）购买国债：2019年，购买国债0亿元，兑付、转让、收回国债0亿元。2019年末，国债余额0亿元，较上年无变化。

（五）融资：2019年，大连市住房公积金个贷资产收益权融资额0亿元，当年归还0亿元；调度增值收益存款资金及其他住房资金22.90亿元，当年归还34.70亿元。

截至2019年末,个贷资产收益权融资总额5亿元,余额0亿元;累计调度增值收益存款资金及其他住房资金169.52亿元,余额30.39亿元。

(六)**资金存储**:2019年末,住房公积金存款0亿元。其中,活期0亿元,1年(含)以下定期0亿元,1年以上定期0亿元,其他(协定、通知存款等)0亿元。全市增值收益存款额14.60亿元,其中,活期150万元,1年以内定期(含)0亿元,1年以上定期0亿元,协定存款14.58亿元。

(七)**资金运用率**:2019年末,住房公积金个人住房贷款余额、项目贷款余额和购买国债余额的总和占缴存余额的104.22%,比上年末降低1.16个百分点。

三、主要财务数据

(一)**业务收入**:2019年,业务收入220610.63万元,同比增长4.07%。其中存款利息3054.66万元,委托贷款利息217494.71万元,国债利息0万元,其他61.26万元。

(二)**业务支出**:2019年,业务支出109948.30万元,同比增长2.22%。其中,支付职工住房公积金利息98038.60万元,委托贷款手续费5371.62万元,归集手续费支出、为享受城市居民最低生活保障的贷款职工个贷贴息、他项权证登记费、房改资金业务活动费等支出6538.08万元。

(三)**增值收益**:2019年,增值收益110662.33万元,同比增长5.98%。增值收益率1.71%,比上年提高0.03个百分点。

(四)**增值收益分配**:2019年,提取贷款风险准备金12135.61万元,提取管理费用11167.45万元,提取城市廉租住房(公共租赁住房)建设补充资金87359.27万元。

2019年,上交财政管理费用11167.45万元。上缴财政城市廉租住房(公共租赁住房)建设补充资金82275.04万元。

2019年末,贷款风险准备金余额223725.44万元。累计提取城市廉租住房(公共租赁住房)建设补充资金663926.90万元。

(五)**管理费用支出**:2019年,管理费用支出11167.45万元,同比增长59.65%。其中,人员经费9079.19万元,公用经费420.04万元,专项经费1668.22万元。

四、资产风险状况

(一)**个人住房贷款**:2019年末,个人住房贷款逾期额5436.80万元,逾期率0.791‰。

个人贷款风险准备金按当年贷款余额的3%提取。2019年,提取个人贷款风险准备金12135.61万元,使用个人贷款风险准备金核销呆坏账0万元。2019年末,个人贷款风险准备金余额215353.44万元,占个人住房贷款余额的3.13%,个人住房贷款逾期额与个人贷款风险准备金余额的比率为2.52%。

(二)**支持保障性住房建设试点项目贷款**:2019年末,逾期项目贷款0万元,逾期率0‰。

五、社会经济效益

(一)**缴存业务**:2019年,实缴单位数、实缴职工人数和缴存额同比分别增长9.32%、1.20%和7.10%。

缴存单位中,国家机关和事业单位占6.05%,国有企业占2.36%,城镇集体企业占0.75%,外商投资企业占 6.16%，城镇私营企业及其他城镇企业占 80.2%，民办非企业单位和社会团体占 3.20%，其他占 1.28%。

缴存职工中，国家机关和事业单位占 14.98%，国有企业占 9.30%，城镇集体企业占 1.25%，外商投资企业占 16.93%，城镇私营企业及其他城镇企业占 45.08%，民办非企业单位和社会团体占 2.54%，其他占 9.92%；中、低收入占 97.85%，高收入占 2.15%。

新开户职工中，国家机关和事业单位占 4.74%，国有企业占 4.04%，城镇集体企业占 1.77%，外商投资企业占 12.49%，城镇私营企业及其他城镇企业占 58.5%，民办非企业单位和社会团体占 2.98%，其他占 15.48%；中、低收入占 99.61%，高收入占 0.39%。

（二）提取业务：2019 年，60.32 万名缴存职工提取住房公积金 189.23 亿元。

提取金额中，住房消费提取占 84.90%（购买、建造、翻建、大修自住住房占 5.96%，偿还购房贷款本息占 88.98%，租赁住房占 5.06%，其他占 0%）；非住房消费提取占 15.10%（离休和退休提取占 86.83%，完全丧失劳动能力并与单位终止劳动关系提取占 0.07%，出境定居占 0.09%，其他占 13.01%）。

提取职工中，中、低收入占 97.27%，高收入占 2.73%。

（三）贷款业务：

1. 个人住房贷款：2019 年，支持职工购建房 289.48 万平方米，年末个人住房贷款户数、金额市场占有率（含公转商贴息贷款）分别为 26.41% 和 14.61%，户数、金额占比较上年末分别降低 1.42 个百分点和 1.6 个百分点。通过申请住房公积金个人住房贷款，可节约职工购房利息支出 183243.11 万元。

职工贷款笔数中，购房建筑面积 90（含）平方米以下占 60.24%，90～144（含）平方米占 36.80%，144 平方米以上占 2.96%。购买新房占 45.16%（其中购买保障性住房占 0%），购买二手房占 54.84%，建造、翻建、大修自住住房占 0%，其他占 0%。

职工贷款笔数中，单缴存职工申请贷款占 66.79%，双缴存职工申请贷款占 33.21%，三人及以上缴存职工共同申请贷款占 0%。

贷款职工中，30 岁（含）以下占 33.61%，30 岁～40 岁（含）占 41.70%，40 岁～50 岁（含）占 19.24%，50 岁以上占 5.45%；首次申请贷款占 86.47%，二次及以上申请贷款占 13.53%；中、低收入占 99.95%，高收入占 0.05%。

2. 异地贷款：2019 年，发放异地贷款 957 笔、36467.80 万元。2019 年末，发放异地贷款总额 150581.60 万元，异地贷款余额 124356.62 万元。

3. 公转商贴息贷款：2019 年，发放公转商贴息贷款 0 笔、0 万元，支持职工购建住房面积 0 万平方米，当年贴息额 0 万元。2019 年末，累计发放公转商贴息贷款 3 笔、126 万元，累计贴息 0.69 万元。

4. 支持保障性住房建设试点项目贷款：2019 年末，累计试点项目 6 个，贷款额度 31.70 亿元，建筑面积 141.60 万平方米，可解决 21608 户中低收入职工家庭的住房问题。6 个试点项目贷款资金已发放并还清贷款本息。

（四）住房贡献率：2019 年，个人住房贷款发放额、公转商贴息贷款发放额、项目贷款发放额、住房消费提取额的总和与当年缴存额的比率为 127.38%，比上年降低 9.44 个百分点。

六、其他重要事项

（一）当年机构及职能调整情况、受委托办理缴存贷款业务金融机构变更情况。2019年8月，根据《关于调整市住房公积金管理中心机构编制事项的通知》（大编发〔2019〕10号），金州新区（保税区）办事处机构规格调整为正处级，金州新区（保税区）办事处主任职数职务层次由副局级调整为正处级，副主任职数职务层次由正处级调整为副处级。

2019年，大连市住房公积金缴存、贷款业务金融机构未变更。

（二）当年住房公积金政策调整及执行情况。

1. 住房公积金缴存政策调整及执行情况

（1）住房公积金缴存基数政策变化。按照国务院《住房公积金管理条例》和《关于做好2019年大连市住房公积金缴存基数调整工作的通知》（大房金发〔2019〕50号）要求，从2019年7月1日起，职工月缴存基数上限调整为21897元（即全市城镇非私营单位在岗职工2018年平均工资的3倍）；下限为市政府公布的最低工资标准，其中，中山区、西岗区、沙河口区、旅顺口区、长海县和先导区1810元；瓦房店市、普兰店市、庄河市1710元。

（2）住房公积金缴存比例政策变化。无。

2. 住房公积金提取政策变化

2019年5月3日起，按照《关于进一步规范住房公积金提取政策的通知》（大房金管发〔2019〕2号）文件规定，住房公积金提取政策变化如下：

（1）职工以购买国有土地上拥有所有权自住住房或偿还拥有所有权自住住房贷款本息为由申请提取住房公积金的，房屋坐落地应在中华人民共和国境内且在职工或配偶的缴存地或户籍地。房屋坐落地若不在大连市行政区域内，在缴存地的需提供证明个人缴存住房公积金的材料；在户籍地的需提供户口簿或其他有效证明户籍的材料。

（2）职工以购买拥有所有权自住住房为由申请提取住房公积金的，房屋所有权人（或购房人）为2人以上的，应提供结婚证、户口簿等能够证明婚姻和亲属关系的材料，若存在非配偶或非两代以内直系亲属关系的，房屋所有权人（或购房人）应持有该房屋一年以上。经审核存在骗提情形的，各房屋所有权人（或购房人）均不得提取。

（3）职工购买拥有所有权自住住房的，如结婚登记日期在购房消费完成（以全额购房发票或收据明示的日期为准）之后的，配偶不能以购买该房屋为由申请提取住房公积金。

（4）职工偿还拥有所有权自住住房贷款本息的，如结婚登记日期在该笔住房贷款生效（以贷款发放日期为准）之后的，配偶不能以《大连市住房公积金提取管理办法》规定的首次提取为由申请提取公积金，但可以申请提取该笔贷款年应偿还贷款本息额或提前偿还该笔贷款本息额。

（5）职工提前偿还本市商业性个人住房贷款（以下称商业贷款）本息的，需先办理还款，再凭还款证明和大连市住房公积金管理中心通过央行征信系统查询该笔提前还款的结果申请提取，取消提供前次提前偿还本市商业贷款的已还款证明。

3. 个人住房公积金贷款政策调整及执行情况

（1）个人住房贷款条件等贷款政策调整。2019年5月1日起，按照《关于调整个人住房公积金贷款有关政策的通知》（大房金管发〔2019〕3号）规定"借款人申请办理个人住房公积金贷款，由设立个人住房公积金账户须满90天，并自申请个人住房公积金贷款之日起向前推算，按时、足额、连续缴存住房公积金3个月（含）以上调整为借款人设立个人住房公积金账户须满180天，并自申请个人住房公积金贷款之日起向前推算，按时、足额、连续缴存住房公积金6个月（含）以上。"

（2）当年住房公积金贷款利率。五年期以下（含五年）个人住房公积金贷款年利率为2.75％，五年期以上个人住房公积金贷款年利率为3.25％。

（三）当年服务改进情况。

1. 加大科技应用，打造智慧服务品牌。 在完善网站、网厅、12329热线、短信、自助终端、手机APP、微博、微信订阅号等服务渠道的基础上，开通住房公积金微信服务号，将9个方便快捷、优质高效的线上服务渠道，与1个线下窗口服务渠道共同构建成全方位、多元化的"9+1"服务体系，为职工群众提供多渠道、多角度的智慧化、个性化服务。截至2019年底，微信服务号关注人数达26.5万，占全市正常缴存职工人数的22.7％；2019年各线上渠道办理业务16.2万笔，占全年业务总量的41％；12329热线接入电话154.7万次，其中人工接听40.3万次，接听率达86％。

2. 加强政银合作，拓宽职工办事渠道。 深入推进银行端数据交互平台建设，对建行开通单位新开户业务，将住房公积金手机APP功能与建行手机银行实现深度融合，缴存单位及职工可在建行柜台及手机银行办理住房公积金开户登记和密码重置、自助还款等业务，实现公积金业务"就近"办理，服务"触手可及"。

3. 提升服务标准，充实群众满意内涵。 严格落实办事处主任带班制度，推行大厅服务统一化、办事流程标准化、服务礼仪规范化等服务要求；建立覆盖所有办事窗口、网站及客服热线的政务服务评价体系，全方位掌握服务对象意见，精准提升服务效能。各网点全面实现办事等候时间不超过15分钟，各办事渠道反馈群众好评度达99.9％。

（四）当年信息化建设情况。 大连市住房公积金管理中心以科技为引领，以自主创新为工作方向，强化管理、提升服务、防控风险，进一步运用互联网、大数据、人工智能等技术手段加强操作管理和业务创新，大力加强数据共享，推进智慧公积金建设，提升客户满意度，优化营商环境，全面推进信息化建设工作。

一是推进智慧公积金，顺利开通微信服务号，实现同客户的"微"距离接触、"零"距离交流；二是深化业务调优，切实完成2019年综合业务系统新业务模块开发项目；三是强化内控管理，快速落实内控平台资产折旧功能研发项目；四是持续优化营商环境，全面完成"一网通办""好差评"、自助终端页面风格等建设任务；五是助力数字政府建设，积极接入全市一体化在线政务服务平台，对接便民服务APP"辽事通"，对接政务资源共享平台等；六是展示科技水平，积极参与第十七届数交会"数字大连"主题展区项目展示；七是加强数据有序共享，顺利接入"全国住房公积金数据平台"，成为辽宁省首家接入单位；八是探索技术创新，持续拓展银行端数据交互平台业务范围；九是强化信息安全，构建防控风险体系；十是贯彻服务理念，做好设备管理和弱电工程改造服务工作。

在完成了基础数据贯标、结算应用系统上线等工作的基础上，2018年11月，中心顺利通过了省厅及住房和城乡建设部"双贯标"专家组的验收。2019年系统运行平稳。

（五）当年住房公积金管理中心及职工所获荣誉情况。 大连市住房公积金管理中心获评市直机关2018年度"最佳服务成果"；大连市委组织部、大连党建研究会2018年度调研课题优秀成果二等奖；大连市财政局关于 2017 年度资产报告工作通报表扬；2019 年度大连市财贸金融系统职工职业道德建设竞赛优胜集体；2019 年大连市道路交通安全管理绩效考评"先进单位"。大连市住房公积金管理中心团委获评 2018 年度大连市五四红旗团委。大连市住房公积金管理中心中山办事处团委获评 2018 年度大连市五四红旗团支部。金州新区（保税区）办事处团总支荣获 2018—2019 年度大连市"青年文明号"。大连市住房公积金管理中心张俏俏获评 2018 年度大连市优秀共青团干部；梁鑫竹获评 2018 年度大连市优秀共青团员；凌云和薛涛获评 2019 年度大连市财贸金融系统职工职业道德建设竞赛优胜个人；陈文辉获评 2018 年安全保卫工作三等功；刘视未获评 2019 年大连市道路交通安全管理绩效考核"先进个人"。

（六）当年对违反《住房公积金管理条例》和相关法规行为进行行政处罚和申请人民法院强制执行情况。 2019 年，对以欺骗手段提取住房公积金的个人行政处罚 4 起，申请法院强制执行案件 62 件，结案 46 件，执行回款共 3882 万元。

鞍山市住房公积金 2019 年年度报告

一、机构概况

（一）住房公积金管理委员会：住房公积金管理委员会有 24 名委员，2019 年通过 4 次书面审议，审议通过的事项主要包括：

（1）关于对市住房公积金管理中心上报议题审议结果的批复；
（2）关于调整鞍山市住房公积金管理委员会成员的通知；
（3）关于鞍山银行全面开展住房公积金业务的批复；
（4）关于提请市住房公积金管理委员会审议事项的批复。

（二）住房公积金管理中心：住房公积金管理中心为隶属于市政府不以营利为目的的自收自支的事业单位，设 7 个部门，2 个分中心。从业人员 130 人，其中，在编 76 人，非在编 54 人。

二、业务运行情况

（一）缴存：2019 年，新开户单位 302 家，实缴单位 3551 家，净增单位－147 家；新开户职工 1.47 万人，实缴职工 29.50 万人，净增职工 0.38 万人；缴存额 40.02 亿元，同比增长 8.6%。2019 年末，缴存总额 458.40 亿元，比上年末增加 9.57%；缴存余额 147.86 亿元，比上年末增加 7.85%。

受委托办理住房公积金缴存业务的银行 4 家，比上年增加 1 家。

（二）提取：2019 年，提取额 29.27 亿元，同比增长 3.76%；占当年缴存额的 73.14%，比上年减少 3.41 个百分点。2019 年末，提取总额 310.54 亿元，比上年末增加 10.40%。

（三）贷款：

个人住房贷款：个人住房贷款最高额度 80 万元，其中，单缴存职工最高额度 80 万元，双缴存职工最高额度 80 万元。

2019 年，发放个人住房贷款 0.54 万笔、19.47 亿元，同比分别下降 6.90%、增长 1.46%。其中，市中心发放个人住房贷款 0.41 万笔、14.99 亿元，分中心发放个人住房贷款 0.13 万笔、4.48 亿元。

2019 年，回收个人住房贷款 10.65 亿元。其中，市中心 6.72 亿元，分中心 3.93 亿元。

2019 年末，累计发放个人住房贷款 7.91 万笔、173.16 亿元，贷款余额 103.63 亿元，分别比上年末增加 7.33%、12.67%、9.30%。个人住房贷款余额占缴存余额的 70.09%，比上年末增长 0.94 个百分点。

受委托办理住房公积金个人住房贷款业务的银行 4 家，比上年相比没有增减。

（四）资金存储：2019 年末，住房公积金存款 44.53 亿元。其中，活期 1.60 亿元，1 年（含）以下定期 35.22 亿元，1 年以上定期 1 亿元，其他（协定）6.71 亿元。

（五）资金运用率：2019 年末，住房公积金个人住房贷款余额、项目贷款余额和购买国债余额的总和占缴存余额的 70.09%，比上年末增长 0.94 个百分点。

三、主要财务数据

（一）业务收入：2019 年，业务收入 41428.36 万元，同比增长 6.67%。其中：市中心 25277.69 万元，分中心 16150.67 万元；存款利息 9385.77 万元，委托贷款利息 32029.96 万元，国债利息 0 万元，其他 12.63 万元。

（二）业务支出：2019 年，业务支出 21697.55 万元，同比下降 1.27%。其中：市中心 11599.89 万元，分中心 10097.66 万元；支付职工住房公积金利息 20828.49 万元，归集手续费 675.16 万元，委托贷款手续费 190.71 万元，其他 3.19 万元。

（三）增值收益：2019 年，增值收益 19730.81 万元，同比增长 17.02%。其中：市中心 13677.80 万元，分中心 6053.01 万元；增值收益率 1.59%，比上年增加 0.33 个百分点。

（四）增值收益分配：2019 年，提取贷款风险准备金 826.97 万元，提取管理费用 3589.92 万元，提取城市廉租住房（公共租赁住房）建设补充资金 15313.92 万元。

2019 年，上交财政管理费用 2239.93 万元。上缴财政城市廉租住房（公共租赁住房）建设补充资金 10574.77 万元。其中，市中心上缴 8274.77 万元，分中心上缴（收缴单位）2300 万元。

2019 年末，贷款风险准备金余额 51084.92 万元。累计提取城市廉租住房（公共租赁住房）建设补充资金 104101.27 万元。其中：市中心提取 36489.66 万元，分中心提取 67611.61 万元。

（五）管理费用支出：2019 年，管理费用支出 4046.75 万元，同比下降 15.90%。其中：人员经费 1807.64 万元，公用经费 465.20 万元，专项经费 1773.91 万元。

市中心管理费用支出 2418.73 万元，其中：人员、公用、专项经费分别为 1276.22 万元、137.08 万元、1005.43 万元；分中心管理费用支出 1628.02 万元，其中：人员、公用、专项经费分别为 531.42 万元、328.12 万元、768.48 万元。

四、资产风险状况

个人住房贷款：2019 年末，个人住房贷款逾期额 552.02 万元，逾期率 0.53‰。其中：市中心 0.33‰，分中心 1‰。

个人贷款风险准备金按（贷款余额或增值收益）的1％提取。2019年，提取个人贷款风险准备金826.97万元，使用个人贷款风险准备金核销呆坏账0万元。2019年末，个人贷款风险准备金余额51084.92万元，占个人住房贷款余额的4.93％，个人住房贷款逾期额与个人贷款风险准备金余额的比率为1.08％。

五、社会经济效益

（一）缴存业务：2019年，实缴单位数、实缴职工人数和缴存额同比分别下降3.98％、增长1.27％和8.6％。

缴存单位中，国家机关和事业单位占52.21％，国有企业占13.85％，城镇集体企业占3.97％，外商投资企业占0.62％，城镇私营企业及其他城镇企业占24.67％，民办非企业单位和社会团体占1.27％，其他占3.41％。

缴存职工中，国家机关和事业单位占37.06％，国有企业占40.77％，城镇集体企业占3.70％，外商投资企业占0.71％，城镇私营企业及其他城镇企业占14.96％，民办非企业单位和社会团体占1.65％，其他占1.15％；中、低收入占97.70％，高收入占2.30％。

新开户职工中，国家机关和事业单位占17.10％，国有企业占8.18％，城镇集体企业占8.08％，外商投资企业占2.23％，城镇私营企业及其他城镇企业占56.71％，民办非企业单位和社会团体占1.78％，其他占5.92％；中、低收入占89.16％，高收入占10.84％。

（二）提取业务：2019年，25.02万名缴存职工提取住房公积金29.27亿元。

提取金额中，住房消费提取占65.33％（购买、建造、翻建、大修自住住房占68.16％，偿还购房贷款本息占29.42％，租赁住房占2.4％，其他占0.02％）；非住房消费提取占34.67％（离休和退休提取占88.02％，完全丧失劳动能力并与单位终止劳动关系提取占1.46％，其他占10.52％）。

提取职工中，中、低收入占96.16％，高收入占3.84％。

（三）贷款业务：

1.个人住房贷款：2019年，支持职工购建房59.05万平方米，年末个人住房贷款市场占有率（含公转商贴息贷款）为23.73％，比上年末增加2.38个百分点。通过申请住房公积金个人住房贷款，可节约职工购房利息支出41457.67万元。

职工贷款笔数中，购房建筑面积90（含）平方米以下占24.11％，90～144（含）平方米占67.39％，144平方米以上占8.50％。购买新房占73.02％（其中购买保障性住房占73.02％），购买二手房占24.93％，建造、翻建、大修自住住房占0％，其他占2.05％。

职工贷款笔数中，单缴存职工申请贷款占60.16％，双缴存职工申请贷款占39.82％，三人及以上缴存职工共同申请贷款占0.02％。

贷款职工中，30岁（含）以下占26.92％，30岁～40岁（含）占39.65％，40岁～50岁（含）占21.63％，50岁以上占11.80％；首次申请贷款占88.26％，二次及以上申请贷款占11.74％；中、低收入占95.90％，高收入占4.10％。

2.异地贷款：2019年，发放异地贷款584笔、21673.00万元。2019年末，发放异地贷款总额92652.30万元，异地贷款余额70775.19万元。

（四）住房贡献率：2019年，个人住房贷款发放额、公转商贴息贷款发放额、项目贷款发放额、住房

消费提取额的总和与当年缴存额的比率为121.79%，比上年减少6.84个百分点。

六、其他重要事项

（一）当年机构及职能调整情况、受委托办理缴存贷款业务金融机构变更情况。按照中共鞍山市委办公厅关于印发《鞍山市住房公积金管理中心主要职责、内设机构和人员编制规定》的通知，设7个内设的机构（相当于正科级）：党政群工作部、计划财务部、综合服务部、筹资管理部、贷款管理部、稽查审计部、城区综合办事大厅，设2个分支机构（相当于正科级）：县（市）分中心、鞍钢分中心。

（二）当年住房公积金政策调整及执行情况。

（1）缴存公积金的职工工资基数，应当按照职工本人上一年度月平均工资计算，根据鞍山市人力资源和社会保障局公布的2019年我市在岗职工月平均工资为4578.92元，按照上年度城市职工月平均工资的3倍计算，职工住房公积金月缴存工资基数不能超过13737元，缴存额不能超过3296元，缴存基数不应超过上年度城市职工月平均工资的3倍。超出本市上一年度月人均工资3倍以上部分，不计入缴存基数。职工和单位的住房公积金缴存比例不低于职工月平均工资的5%，不得高于职工月平均工资的12%；

（2）个人住房贷款单、双缴存职工最高额度为80万元和职工连续缴存住房公积金6个月以上可以公积金贷款购房；购买二手房的，贷款额度上限70万元，首付比例不低于30%。在办理公积金二手房贷款业务时，取消评估公司出具的二手房评估报告；住房公积金存贷款利率按照国家统一执行五年及以下2.75%，五年以上3.25%的标准计算。

（三）当年服务改进情况。

1. 建立双休日服务制度。 自2019年，城区和县（市）办事大厅服务窗口为市民提供中午不休息延时服务，周六、周日不休息的服务制度。

2. 推进公积金工作集中办理。 公积金中心为了方便客户，已将公积金业务相关科室安排到城区综合办事大厅办公。大厅实行综合柜员制，为客户提供方便快捷的高效服务。

3. 打造综合服务平台，完善服务大厅功能，健全服务渠道。 按"互联网＋公积金"要求，公积金中心开通了公积金门户网站、12329热线服务、手机APP、查询机、支付宝等多媒体服务媒介，方便职工查询公积金。实现资金实时结算，职工支取公积金实时到账。

4. 出台便民措施，改善服务环境。 在办事大厅明显位置设置滚动屏幕、宣传栏、公告栏、宣传手册等予以明示，同时大厅添置饮水机、老花镜，为残障人士提供轮椅，为孕妇提供绿色爱心通道等人性化服务。大厅设有叫号机和评价器，指定专人负责叫号，并负责维护大厅秩序。

5. 进一步减免手续，优化办事流程。 取消要求办业务的群众提供复印件，一律用高拍仪拍摄原件进行电子存档，如果有必须要求留存复印件的业务，由窗口工作人员自行复印。

（四）当年信息化建设情况。

（1）2019年4月初，根据住房和城乡建设部、省住房城乡建设厅文件精神将鞍钢分中心业务系统接入市中心公积金核心业务操作系统，在两家中心业务制度、业务流程诸多不一致的情况下，及时协调软件公司并鞍钢分中心就系统接入后出现的各类冲突及问题对系统进行调整、规避，避免了发生长时间的、重大的系统停机情况，目前两家中心业务运行基本平稳。

（2）接入住房和城乡建设部住房公积金数据区块链。为贯彻落实国务院关于个人所得税改革信息共享工作的部署，确保住房公积金个人贷款及相关信息准确、完整，实现与税务总局的数据交换，并向缴存职工提供数据查询服务。为此，中心高度重视，迅速布置由综合服务部牵头的专项实施方案，规划部署相关配套工作。按照《全国住房公积金数据平台接入工作的通知》要求，经过近两个月系统的开发、测试、网络调试等工作的攻关，于2019年6月末顺利上线。

（3）按省住房城乡建设厅监管处要求时限，经过近两个月的开发于2019年11月末前，完成接入全国公积金异地转移接续平台。目前，公积金异地转移业务办理比较平顺。

（4）开发完善上线综合服务平台功能，并于2019年11月25日通过省厅验收。目前单位网厅处于推广阶段、个人网厅开通上线涉及贷款方面提前还本、提前结清、按月对冲还贷，提取方面涉及退休提取、死亡提取、离职封存提取等功能。

（五）当年住房公积金管理中心及职工所获荣誉情况。2019年，鞍山市住房公积金管理中心城区综合办事处被共青团中央、住房和城乡建设部授予2017—2018年度全国青年文明号称号。

抚顺市住房公积金2019年年度报告

一、机构概况

（一）住房公积金管理委员会。住房公积金管理委员会有25名委员，2019年召开两次会议，审议通过的事项主要包括：《抚顺市住房公积金管理中心工作报告》《抚顺市住房公积金2018年年度报告》《抚顺市住房公积金提取管理办法》《抚顺市住房公积金管理委员会成员调整草案》《抚顺市住房公积金个人购房贷款管理办法》《抚顺市住房公积金期房贷款风险防控管理暂行办法》《关于对住房公积金个人住房贷款担保审计问题整改的建议》。

（二）住房公积金管理中心。住房公积金管理中心为市政府直属不以营利为目的的事业单位，设5个内设机构，5个分支机构（办事处）。从业人员118人，其中：在编36人，非在编82人。

二、业务运行情况

（一）缴存。2019年，新开户单位199家，实缴单位2172家，净增单位120家；新开户职工0.96万人，实缴职工18.04万人，净增职工－0.53万人；缴存额26.22亿元，同比增长4.97%。2019年末，缴存总额275.13亿元，比上年末增加10.53%；缴存余额96.37亿元，比上年末增加5.56%。

受委托办理住房公积金缴存业务的银行7家，与上年相同。

（二）提取。2019年，提取额21.15亿元，同比下降0.85%；占当年缴存额的80.66%，比上年减少4.73个百分点。2019年末，提取总额178.75亿元，比上年末增加13.42%。

（三）贷款。个人住房贷款：个人住房贷款最高额度80万元，其中：单缴存职工最高额度80万元，双缴存职工最高额度80万元。

2019 年,发放个人住房贷款 0.41 万笔、12.58 亿元,同比分别增长 7.89%、20.15%。

2019 年,回收个人住房贷款 10.05 亿元。

2019 年末,累计发放个人住房贷款 6.88 万笔、157.04 亿元,贷款余额 78.09 亿元,分别比上年末增加 6.09%、8.71%、3.35%。个人住房贷款余额占缴存余额的 81.03%,比上年末减少 1.73 个百分点。

受委托办理住房公积金个人住房贷款业务的银行 3 家,与上年相同。

(四)资金存储。2019 年末,住房公积金存款 19.63 亿元。其中:活期 0.05 亿元,1 年(含)以下定期 11.93 亿元,1 年以上定期 4.31 亿元,其他(协定、通知存款等)3.34 亿元。

(五)资金运用率。2019 年末,住房公积金个人住房贷款余额、项目贷款余额和购买国债余额的总和占缴存余额的 81.04%,比上年末减少 1.72 个百分点。

三、主要财务数据

(一)业务收入。2019 年,业务收入 30585.48 万元,同比增长 9.58%。存款利息 5814.68 万元,委托贷款利息 24759.82 万元,其他 10.98 万元。

(二)业务支出。2019 年,业务支出 15490.94 万元,同比增长 5.26%。支付职工住房公积金利息 14221.58 万元,归集手续费 622.16 万元,委托贷款手续费 143.84 万元,其他 503.36 万元。

(三)增值收益。2019 年,增值收益 15094.54 万元,同比增长 14.40%。增值收益率 1.61%,比上年增加 0.13 个百分点。

(四)增值收益分配。2019 年,提取贷款风险准备金 253.48 万元,提取管理费用 1676.45 万元,提取城市廉租住房(公共租赁住房)建设补充资金 13164.61 万元。

2019 年,上交财政管理费用 1676.45 万元。上缴财政城市廉租住房(公共租赁住房)建设补充资金 11090.19 万元。

2019 年末,贷款风险准备金余额 35574.31 万元。累计提取城市廉租住房(公共租赁住房)建设补充资金 94978.70 万元。

(五)管理费用支出。2019 年,管理费用支出 1767.92 万元,同比下降 23.88%。其中:人员经费 595.58 万元,公用经费 442.88 万元,专项经费 729.46 万元。

四、资产风险状况

个人住房贷款:2019 年末,个人住房贷款逾期额 0 万元,逾期率 0‰。

个人贷款风险准备金按贷款余额的 1% 提取。2019 年,提取个人贷款风险准备金 253.48 万元,使用个人贷款风险准备金核销呆坏账 0 万元。2019 年末,个人贷款风险准备金余额 35574.31 万元,占个人住房贷款余额的 4.56%,个人住房贷款逾期额与个人贷款风险准备金余额的比率为 0%。

五、社会经济效益

(一)缴存业务。2019 年,实缴单位数、实缴职工人数和缴存额同比分别增长 5.85%、-2.87% 和 4.97%。

缴存单位中,国家机关和事业单位占 48.43%,国有企业占 20.46%,城镇集体企业占 1.75%,外商投资企业占1.52%，城镇私营企业及其他城镇企业占16.57%，民办非企业单位和社会团体占1.1%，其他占10.17%。

缴存职工中，国家机关和事业单位占32.51%，国有企业占50.84%，城镇集体企业占3.25%，外商投资企业占1.25%，城镇私营企业及其他城镇企业占6.87%，民办非企业单位和社会团体占0.53%，其他占4.75%；中、低收入占99.96%，高收入占0.04%。

新开户职工中，国家机关和事业单位占24.27%，国有企业占27.78%，城镇集体企业占0.43%，外商投资企业占2.85%，城镇私营企业及其他城镇企业占23.07%，民办非企业单位和社会团体占1.43%，其他占20.17%；中、低收入占99.82%，高收入占0.18%。

（二）**提取业务**。2019年，6.72万名缴存职工提取住房公积金21.15亿元。

提取金额中，住房消费提取占66.58%（购买、建造、翻建、大修自住住房占14.55%，偿还购房贷款本息占62.99%，租赁住房占0.89%，其他占21.57%）；非住房消费提取占33.42%（离休和退休提取占86.46%，完全丧失劳动能力并与单位终止劳动关系提取占7.65%，出境定居占0%，其他占5.89%）。

提取职工中，中、低收入占98.8%，高收入占1.2%。

（三）**贷款业务**。个人住房贷款：2019年，支持职工购建房41.91万平方米，年末个人住房贷款市场占有率为48.17%，比上年末减少0.83个百分点。通过申请住房公积金个人住房贷款，可节约职工购房利息支出2679.83万元。

职工贷款笔数中，购房建筑面积90（含）平方米以下占30.18%，90～144（含）平方米占66.67%，144平方米以上占3.15%。购买新房占62%（其中购买保障性住房占0%），购买二手房占38%，建造、翻建、大修自住住房占0%，其他占0%。

职工贷款笔数中，单缴存职工申请贷款占36.77%，双缴存职工申请贷款占63.23%，三人及以上缴存职工共同申请贷款占0%。

贷款职工中，30岁（含）以下占21.42%，30岁～40岁（含）占41.38%，40岁～50岁（含）占23.49%，50岁以上占13.71%；首次申请贷款占88.41%，二次及以上申请贷款占11.59%；中、低收入占99.41%，高收入占0.59%。

异地贷款：2019年，发放异地贷款462笔、14134.30万元。2019年末，发放异地贷款总额54107.30万元，异地贷款余额41728.76万元。

（四）**住房贡献率**。2019年，个人住房贷款发放额、公转商贴息贷款发放额、项目贷款发放额、住房消费提取额的总和与当年缴存额的比率为101.68%，比上年增加5.44个百分点。

六、其他重要事项

（一）**当年机构及职能调整情况**。2019年3月7日，中共抚顺市委办公室下发《抚顺市住房公积金管理中心主要职责、内设机构和人员编制规定》调整中心各部门及分支机构。中心人员编制核定为64人（后调整为63人）。机构主要职责为受相关部门委托，按照《住房公积金管理条例》对所辖县区及企事业单位住房公积金实行统一管理，统一核算；编制、执行住房公积金的归集、使用计划；负责记载职工住房公积金的缴存、提取、使用等情况；负责住房公积金的核算；审批住房公积金的提取、使用；负责住房公积金的保值和归还；编制住房公积金的归集、使用计划执行情况的报告；承办住房公积金管理委员会决定的其他事项；接受行业主管部门的业务指导和监督；承担市委、市政府交办的其他工作。设5个内设机构（正科级）：党政群工作部、财务审计部、信贷管理部、归集提取管理部、信息客服管理部。设5个分支机构（正科级）：抚顺市住房公积金管理中心第一办事处、抚顺市住房公积金管理中心第二办事处、抚顺市住房公积金管理中心第三办事处、抚顺市住房公积金管理中心第四办事处、抚顺市住房公积金管理中心第五办事处。

（二）当年住房公积金政策调整及执行情况。

1. 当年提取政策调整情况。3月28日，新修订的《抚顺市住房公积金提取管理办法》经市住房公积金管理委员会2019年第一次会议审议通过，于2019年4月15日起正式实施。扩大提取范围：（1）缴存人的子女或父母购买具有所有权自住住房，且子女是产权共有人，需支付房款或首付款的；（2）缴存人子女的配偶购买具有所有权自住住房，且子女是产权共有人，需支付房款或首付款的；（3）缴存人家庭成员（本人、配偶、未成年子女或其双方父母）患有重大疾病或者因遇到交通事故、医疗事故、工伤事故等突发事件造成人身伤害，无力支付自费医疗费用或者支出自费医疗费用过高造成家庭生活困难的；（4）法律、法规规定的其他情形，可以提取住房公积金。简化了离休、退休或达到法定退休年龄、租房等提取公积金要件。

2. 当年个人住房贷款最高贷款额度、贷款条件等贷款政策调整情况。借款人购买商品房的，贷款额度上限80万元，套型建筑面积90平方米以下，首付比例不低于20%；套型建筑面积90平方米以上的，首付比例不低于30%；购买二手房的，贷款额度上限40万元，首付比例不低于40%。借款人申请公积金贷款，不再需提供借款人体检证明。因借款人死亡的，合法继承人如继续履行还款义务，重新与中心签订借款补充协议，可变更主借款人的还款卡；主借款人离异的，经民政部门出具的相关证明材料，可变更主借款人的还款卡，方便辅助借款人还款。

借款人及共同借款人在贷款期间内允许两次使用公积金账户内的余额提前部分还款。按照中心与市自然资源事务服务中心签署的《关于抵押权注销登记工作协作备忘录》规定，借款人提前还清贷款后无需本人办理抵押权注销手续，还清贷款后三个工作日抵押权自动注销（开发区、新宾、清原抵押权注销手续维持不变）。根据《住房和城乡建设部关于取消部分部门规章和规范性文件设定的证明事项的决定》要求，为减轻申请贷款职工负担，在办理公积金二手房贷款业务时，取消评估公司出具的二手房评估报告，改为二手房房屋价值依据税务部门的契税征缴评估价格，由担保公司负责核查，信贷业务部门负责审查。

3. 当年缴存基数限额及确定方法、缴存比例调整情况。2019年住房公积金年度（2019年7月1日至2020年6月30日）单位和职工住房公积金缴存比例不变，仍为各12%。住房公积金缴存比例最低不得低于5%；2019年住房公积金年度的缴存基数为2018年职工月平均工资。2019年度住房公积金缴存基数上限为2018年抚顺市职工月均工资的300%，即15789元。职工住房公积金月缴存基数不得低于抚顺市人力资源和社会保障局公布的抚顺市最低工资标准。即市（区）（含沈抚新城）每月最低工资标准为1420元；抚顺县、清原满族自治县、新宾满族自治县，每月最低工资标准为1300元。

4. 当年住房公积金存贷款利率执行标准。按照中国人民银行、住房和城乡建设部、财政部印发《关于完善职工住房公积金账户存款利率形成机制的通知》（银发〔2016〕43号），自2016年2月21日起，职工住房公积金账户存款利率统一按一年期定期存款基准利率执行；按照中国人民银行的规定确定贷款利率，五年及以下2.75%，五年以上3.25%。

（三）**当年服务改进情况。**紧扣落实中央八项规定及市委关于改进工作作风优化营商环境的要求，提升公积金服务质量，着眼于服务理念、服务意识、服务能力、服务水平、服务效率的转变与提升。一是全面开通通存通兑业务。为进一步优化服务质量，拓宽服务渠道，提高服务能力，中心对公积金结算系统进行了升级改造，于6月1日正式开通公积金通存通兑业务。通存通兑业务开通后，公积金缴存职工可持"工、农、中、建、交"五大行及抚顺银行和锦州银行共七家银行中任意一张银行卡，到中心所属的四区、三县业务部、开发区业务部、抚矿业务部任意一家办理公积金提取业务。除公积金提取业务外，公积金贷款柜面还款业务也同时进行了优化，借款人办理柜面还款业务时，同样可持以上七家银行的任意一家银行卡到服务大厅办理还款业务。新业务的开通减少了办理环节，大大方便了群众办事，真正体现了公积金中心以民为本的工作理念。二是进一步完善公积金政策。为贯彻落实"房住不炒"的思想定位，满足缴存职工合理住房需求，有效抵制投机性购房，防控资金风险，提升便民服务质量，按照政策合规性的要求，结合我市实际，对住房公积金提取和贷款办法进行优化调整。3月28日，新修订的《抚顺市住房公积金提取管理办法》经市住房公积金管理委员会2019年第一次会议审议通过，于2019年4月15日起正式实施。《抚顺市住房公积金个人购房贷款管理办法》和《抚顺市住房公积金期房贷款风险防控管理暂行办法》经市住房公积金管理委员会2019年第二次会议审议通过，于2020年1月1日起正式实施。三是优化窗口服务。贯彻落实全市"重强抓""办事难""最多跑一次"工作的总体部署，全面推进各项工作的落实。优化审批流程，实现快速办理。严格实行限时办结制，明确审批时限。业务办理过程中，缴存职工只需取1次号，进1个窗，交1次件，实现"一窗受理，当场办结"。简化审批要件。严格按照"化繁为简，电子留存"的原则，全面梳理业务办理所需的审批材料，废止了一批证明材料，精简了一批审批材料，归档了一批电子材料。优化信息平台，实现网上办理。为充分运用"互联网＋政务服务"，中心全力打造综合信息服务平台，实现网上贷款计算、信息查询、业务咨询等信息化服务功能。强化信息共享，中心建立了与不动产、民政、人民银行等部门的信息互联共享查询机制；强化了与各受托银行的结算数据对接，提供缴存、提取、贷款业务办理一站式服务。

（四）当年信息化建设情况。2019年4月，中心按照中国人民银行要求对二代征信系统完成升级改造；2019年6月末在规定的时间内完成住房和城乡建设部数据上报系统并且正常上线运行；2019年7月中心开始进行住房和城乡建设部异地转移接续平台的系统建设工作以及其他辅助系统的开发，于年底完成并进行了验收；中心于2019年11月进行了综合服务平台建设验收，并且取得了良好的分数；2019年12月中心顺利通过了国家信息系统等级保护三级评测的认定，并且在中心进行了关键基础信息及数据的应急演练。中心基本完成了全年信息化建设的目标任务。

（五）当年住房公积金管理中心及职工所获荣誉情况。2019年，矿区业务部被授予"雷锋号先进集体"荣誉称号。

本溪市住房公积金2019年年度报告

一、机构概况

（一）住房公积金管理委员会：住房公积金管理委员会有15名委员，2019年召开1次会议，审议通

过的事项为本溪市住房公积金管理的相关情况。

（二）住房公积金管理中心：住房公积金管理中心为本溪市政府直属正县级不以营利为目的事业单位，设6个部，3个服务部，1个分中心。从业人员76人，其中，在编46人，非在编30人。

二、业务运行情况

（一）缴存：2019年，新开户单位166家，实缴单位2118家，净增单位47家；新开户职工0.71万人，实缴职工17.51万人，净增职工－1.75万人；缴存额22.14亿元，同比增长22.59%。2019年末，缴存总额211.49亿元，比上年末增加13.33%；缴存余额77.18亿元，比上年末增加17.19%。

受委托办理住房公积金缴存业务的银行5家，比上年无增减。

（二）提取：2019年，提取额12.29亿元，同比下降9.16%；占当年缴存额的55.51%，比上年减少19.41个百分点。2019年末，提取总额134.31亿元，比上年末增加11.22%。

（三）贷款：

1. 个人住房贷款：个人住房贷款最高额度80万元，其中，单缴存职工最高额度80万元，双缴存职工最高额度80万元。

2019年，发放个人住房贷款0.31万笔、8.44亿元，同比分别下降29.55%、24.71%。其中，市中心发放个人住房贷款0.21万笔、6.38亿元，本钢分中心发放个人住房贷款0.1万笔、2.06亿元。

2019年，回收个人住房贷款5.91亿元。其中，市中心4.34亿元，本钢分中心1.57亿元。

2019年末，累计发放个人住房贷款4.39万笔、89.17亿元，贷款余额52.91亿元，分别比上年末增加4.03%、10.47%、5.08%。个人住房贷款余额占缴存余额的68.55%，比上年末减少7.9个百分点。

受委托办理住房公积金个人住房贷款业务的银行3家，比上年无增减。

2. 住房公积金支持保障性住房建设项目贷款：无。

（四）购买国债：无。

（五）融资：无。

（六）资金存储：2019年末，住房公积金存款30.01亿元。其中，活期3.25亿元，1年（含）以下定期16.6亿元，1年以上定期10.15亿元，其他（协定、通知存款等）0.01亿元。

（七）资金运用率：2019年末，住房公积金个人住房贷款余额、项目贷款余额和购买国债余额的总和占缴存余额的68.55%，比上年末减少7.9个百分点。

三、主要财务数据

（一）业务收入：2019年，业务收入19701.53万元，同比下降12.26%。其中，市中心10719.77万元，本钢分中心8981.76万元；存款利息5275.65万元，委托贷款利息14406.11万元，国债利息0万元，其他19.77万元。

（二）业务支出：2019年，业务支出3049.53万元，同比下降48.68%。其中，市中心253.67万元，本钢分中心2795.86万元；支付职工住房公积金利息2355.08万元，归集手续费0万元，委托贷款手续费378.68万元，其他315.77万元。

（三）增值收益：2019年，增值收益16652万元，同比增长0.84%。其中，市中心10466.1万元，本钢分中心 6185.90 万元；增值收益率 2.16%，比上年减少 0.2 个百分点。

（四）**增值收益分配**：2019 年，提取贷款风险准备金 9991.20 万元，提取管理费用 2240 万元，提取城市廉租住房（公共租赁住房）建设补充资金 4420.80 万元。

2019 年，上交财政管理费用 695 万元。上缴财政城市廉租住房（公共租赁住房）建设补充资金 2373.80 万元。其中，市中心上缴 2373.80 万元，本钢分中心上缴 0 万元。

2019 年末，贷款风险准备金余额 60123.23 万元。累计提取城市廉租住房（公共租赁住房）建设补充资金 25555.94 万元。其中，市中心提取 11224.11 万元，本钢分中心提取 14331.83 万元。

（五）**管理费用支出**：2019 年，管理费用支出 1710.67 万元，同比增长 50.36%。其中，人员经费 429.54 万元，公用经费 764.25 万元，专项经费 516.88 万元。

市中心管理费用支出 1333.36 万元，其中，人员、公用、专项经费分别为 370.54 万元、759.89 万元、202.93 万元；本钢分中心管理费用支出 377.31 万元，其中，人员、公用、专项经费分别为 59 万元、4.36 万元、313.95 万元。

四、资产风险状况

（一）**个人住房贷款**：2019 年末，个人住房贷款逾期额 2249.67 万元，逾期率 4.25‰。其中，市中心 5.43‰，本钢分中心 1.19‰。

个人贷款风险准备金按增值收益的 60% 提取。2019 年，提取个人贷款风险准备金 9991.20 万元，使用个人贷款风险准备金核销呆坏账 0 万元。2019 年末，个人贷款风险准备金余额 60123.23 万元，占个人住房贷款余额的 11.36%，个人住房贷款逾期额与个人贷款风险准备金余额的比率为 3.74%。

（二）**支持保障性住房建设试点项目贷款**：无。

五、社会经济效益

（一）**缴存业务**：2019 年，实缴单位数、实缴职工人数和缴存额同比分别增长 2.27%、下降 9.14% 和增长 22.59%。

缴存单位中，国家机关和事业单位占 49.72%，国有企业占 16.38%，城镇集体企业占 0.94%，外商投资企业占 0.85%，城镇私营企业及其他城镇企业占 6.28%，民办非企业单位和社会团体占 1.42%，其他占 24.41%。

缴存职工中，国家机关和事业单位占 27.7%，国有企业占 52.83%，城镇集体企业占 0.19%，外商投资企业占 0.83%，城镇私营企业及其他城镇企业占 2.32%，民办非企业单位和社会团体占 0.19%，其他占 15.94%；中、低收入占 98.72%，高收入占 1.28%。

新开户职工中，国家机关和事业单位占 10.66%，国有企业占 18.73%，城镇集体企业占 0.04%，外商投资企业占 0.7%，城镇私营企业及其他城镇企业占 9.92%，民办非企业单位和社会团体占 1.87%，其他占 58.08%；中、低收入占 100%，高收入占 0%。

（二）**提取业务**：2019 年，9.4 万名缴存职工提取住房公积金 12.29 亿元。

提取金额中，住房消费提取占 59.50%（购买、建造、翻建、大修自住住房占 41.42%，偿还购房贷款本息占 56.18%，租赁住房占 2.39%，其他占 0.01%）；非住房消费提取占 40.50%（离休和退休提取占

67.24%，完全丧失劳动能力并与单位终止劳动关系提取占 3.83%，出境定居占 14.44%，其他占 14.49%）。

提取职工中，中、低收入占 99.32%，高收入占 0.68%。

（三）贷款业务：

1. 个人住房贷款： 2019 年，支持职工购建房 28.78 万平方米，年末个人住房贷款市场占有率（含公转商贴息贷款）为 50.27%，比上年末增加 1.11 个百分点。通过申请住房公积金个人住房贷款，可节约职工购房利息支出 13160.20 万元。

职工贷款笔数中，购房建筑面积 90（含）平方米以下占 45.27%，90～144（含）平方米占 50.23%，144 平方米以上占 4.5%。购买新房占 62.29%（其中购买保障性住房占 0%），购买二手房占 37.71%，建造、翻建、大修自住住房占 0%，其他占 0%。

职工贷款笔数中，单缴存职工申请贷款占 38.26%，双缴存职工申请贷款占 61.74%，三人及以上缴存职工共同申请贷款占 0%。

贷款职工中，30 岁（含）以下占 19.95%，30 岁～40 岁（含）占 43.28%，40 岁～50 岁（含）占 25.23%，50 岁以上占 11.55%；首次申请贷款占 93.53%，二次及以上申请贷款占 6.47%；中、低收入占 98.91%，高收入占 1.09%。

2. 异地贷款： 2019 年，发放异地贷款 688 笔、18902.60 万元。2019 年末，发放异地贷款总额 43741.60 万元，异地贷款余额 31257.11 万元。

3. 公转商贴息贷款： 无。

4. 支持保障性住房建设试点项目贷款： 无。

（四）住房贡献率： 2019 年，个人住房贷款发放额、公转商贴息贷款发放额、项目贷款发放额、住房消费提取额的总和与当年缴存额的比率为 71.13%，比上年减少 65.86 个百分点。

六、其他重要事项

（一）2019 年机构及职能调整情况、受委托办理缴存贷款业务金融机构变更情况。

2019 年本溪市住房公积金管理中心机构及职能未调整。

2019 年受委托办理缴存、贷款业务金融机构未变更。

（二）2019 年住房公积金政策调整及执行情况。

1. 当年缴存基数限额及确定方法： 职工住房公积金缴存基数，应当按照职工本人上一年度月平均工资计算。超出本市上一年度月平均工资三倍以上的部分，不计入缴存基数。根据本溪市人力资源和社会保障局《关于公布 2018 年全市职工平均工资的通知》（本人社发〔2019〕14 号），2018 年全市在岗职工月平均工资为 4728 元，2019 年公积金缴存基数上限 14200 元；本溪市区公积金最低缴存基数为 1700 元；本溪县、桓仁县为 1500 元。

2. 住房公积金缴存比例： 2019 年度，各缴存单位可在 5%～12% 之间自主确定公积金缴存比例，单位和职工个人的缴存比例应相同。生产经营特殊困难，经职工代表大会或工会讨论通过后，可以向中心申请降低缴存比例至 5% 以下或者缓缴。待企业经济效益好转后，再提高比例或恢复缴存，并补缴其缓缴的住房公积金。

3. 提取政策调整情况： 2019 年出台《本溪市住房公积金提取运作暂行办法》（本公积金发〔2019〕8 号）；《本溪市住房公积金提取运作暂行办法相关解释及补充说明》（本公积金发〔2019〕12 号）；《本溪市

住房公积金管理中心关于取消〈住房公积金提取申请书〉的通知》。

4. 贷款政策调整情况：2019年出台《本溪市住房公积金个人住房贷款运作暂行办法》《本溪市住房公积金个人住房贷款运作实施细则》明确贷款相关条件、最高贷款额度、执行利率等政策信息，并进行公告。

（三）2019年服务改进情况。

（1）为贯彻落实国务院提出的"简政放权、放管结合、优化服务"改革要求，进一步简化办事环节及办事要件，提高工作效能及便民利民服务水平，2019年4月1日起，符合住房公积金提取条件的缴存职工可携带相关要件直接办理提取业务。

（2）优化营商环境，建设人民满意的服务型政府，依法推进和保障"最多跑一次"全面提升政务服务便利化水平。中心窗口精简业务程序、减少业务环节、整合业务办理所需材料、缩短办理时限、优化办理流程，实现了同一业务一窗办、随时办、优质办，并在服务大厅内增设了查询机，方便办事单位及职工查询公积金信息。

（3）与本钢公积金分中心实现了数据合并。

（4）12329电话客服、微信公众号、手机APP、本溪公积金门户网站网厅等多渠道综合服务平台正式上线，不仅实现公积金缴存业务、公积金提取部分业务、公积金贷款部分业务网上办理，还完善了公积金相关业务流程，方便了办理公积金业务的单位及职工。

（5）为更便捷、更安全地为广大公积金借款人服务，正在积极准备征信系统上线所需数据，计划尽快上线征信查询系统。

（四）2019年信息化建设情况。

（1）按照中心统一安排，2019年1月综合服务平台系统正式启动，项目建设期间，省住房和城乡建设厅监管处领导多次给予指导和帮助。业务流程方面为了迎合综合服务平台做出了精简优化，服务渠道方面将"互联网＋"类进行整合，提高网络安全水平并实现全业务、全数据云运行模式。至今已经实现官方网站、网上营业大厅、微信公众号、12329短信、自助服务终端、手机APP、12329热线的全面上线使用，并基于综合服务平台统一渠道管理、统一渠道发布、统一渠道统计、统一渠道稽核。

（2）2019年2月为贯彻落实国务院关于个人所得税改革信息共享工作的部署，住房和城乡建设部决定建立全国住房公积金数据平台，实现与国家税务总局总对总的数据交换，于2019年11月正式完成数据结算平台上线。

（五）2019年住房公积金管理中心及职工所获荣誉情况。刘书青同志被评为本溪市"三八"红旗手；高波同志荣获全市2019年8890综合服务平台工作先进个人。

丹东市住房公积金2019年年度报告

一、机构概况

住房公积金服务中心为直属丹东市人民政府的不以营利为目的的财政全额拨款事业单位，内设5个部门。从业人员102人，其中，在编40人，非在编62人。

二、业务运行情况

（一）缴存：2019年，新开户单位416家，实缴单位2932家，净增单位211家；新开户职工1.14万人，实缴职工14.56万人，净增职工0.22万人；缴存额20.08亿元，同比增长16.99%。2019年末，缴存总额157亿元，比上年末增加14.66%；缴存余额66.12亿元，比上年末增加12.75%。

受委托办理住房公积金缴存业务的银行1家，与上年相同。

（二）提取：2019年，提取额12.60亿元，同比下降12.80%；占当年缴存额的62.77%，比上年减少21.45个百分点。2019年末，提取总额90.88亿元，比上年末增加16.10%。

（三）贷款：

个人住房贷款：个人住房贷款最高额度80万元，其中，单缴存职工最高额度50万元，双缴存职工最高额度80万元。

2019年，发放个人住房贷款0.37万笔、12.48亿元，同比分别下降15.60%、10.65%。

2019年，回收个人住房贷款8.53亿元。

2019年末，累计发放个人住房贷款5.11万笔、117.97亿元，贷款余额63.82亿元，分别比上年末增加7.84%、11.83%、6.60%。个人住房贷款余额占缴存余额的96.53%，比上年末减少5.56个百分点。

受委托办理住房公积金个人住房贷款业务的银行9家，与上年相同。

（四）融资：2019年，归还融资3.01亿元。2019年末，融资总额5.95亿元，融资余额0亿元。

（五）资金存储：2019年末，住房公积金存款3.80亿元。其中，活期0.01亿元，1年（含）以下定期1.25亿元，1年以上定期1.87亿元，其他（协定、通知存款等）0.67亿元。

（六）资金运用率：2019年末，住房公积金个人住房贷款余额、项目贷款余额和购买国债余额的总和占缴存余额的96.53%，比上年末减少5.58个百分点。

三、主要财务数据

（一）业务收入：2019年，业务收入21241.35万元，同比增长11.80%。其中，存款利息1110.85万元，委托贷款利息19849.81万元，其他280.69万元。

（二）业务支出：2019年，业务支出11809.87万元，同比增长12.90%。其中，支付职工住房公积金利息9491.68万元，归集手续费0.07万元，委托贷款手续费993.39万元，其他1324.73万元。

（三）增值收益：2019年，增值收益9431.48万元，同比增长10.45%。其中，增值收益率1.50%，比上年增加0.01个百分点。

（四）增值收益分配：2019年，提取贷款风险准备金394.90万元，提取管理费用1472.62万元，提取城市廉租住房（公共租赁住房）建设补充资金7563.96万元。

2019年，上交财政管理费用1472.62万元。上缴财政城市廉租住房（公共租赁住房）建设补充资金6462.14万元。

2019年末，贷款风险准备金余额12528.46万元。累计提取城市廉租住房（公共租赁住房）建设补充资金51107.30万元。

（五）管理费用支出：2019 年，管理费用支出 2271.73 万元，同比增长 1.11%。其中，人员经费 504.08 万元，公用经费 80.11 万元，专项经费 1687.54 万元。

四、资产风险状况

个人住房贷款：2019 年末，个人住房贷款逾期额 154.33 万元，逾期率 0.24‰。

个人贷款风险准备金按贷款余额的 1% 提取。2019 年，提取个人贷款风险准备金 394.90 万元，未使用个人贷款风险准备金核销呆坏账。2019 年末，个人贷款风险准备金余额 12528.46 万元，占个人住房贷款余额的 1.96%，个人住房贷款逾期额与个人贷款风险准备金余额的比率为 1.23%。

五、社会经济效益

（一）缴存业务：2019 年，实缴单位数、实缴职工人数和缴存额同比分别增长 7.75%、1.52% 和 16.99%。

缴存单位中，国家机关和事业单位占 53.99%，国有企业占 8.66%，城镇集体企业占 0.58%，外商投资企业占 1.06%，城镇私营企业及其他城镇企业占 32.03%，民办非企业单位和社会团体占 1.26%，其他占 2.42%。

缴存职工中，国家机关和事业单位占 47.53%，国有企业占 22.73%，城镇集体企业占 0.33%，外商投资企业占 1.90%，城镇私营企业及其他城镇企业占 20.80%，民办非企业单位和社会团体占 0.78%，其他占 5.93%；中、低收入占 98.23%，高收入占 1.77%。

新开户职工中，国家机关和事业单位占 20.06%，国有企业占 11.85%，城镇集体企业占 0.39%，外商投资企业占 8.12%，城镇私营企业及其他城镇企业占 45.96%，民办非企业单位和社会团体占 1.52%，其他占 12.1%；中、低收入占 99.49%，高收入占 0.51%。

（二）提取业务：2019 年，5.21 万名缴存职工提取住房公积金 12.60 亿元。

提取金额中，住房消费提取占 87.70%（购买、建造、翻建、大修自住住房占 3.31%，偿还购房贷款本息占 89.29%，租赁住房占 7.40%）；非住房消费提取占 12.30%（离休和退休提取占 83.35%，完全丧失劳动能力并与单位终止劳动关系提取占 11.02%，出境定居占 0.02%，其他占 5.61%）。

提取职工中，中、低收入占 95.58%，高收入占 4.42%。

（三）贷款业务：

1.个人住房贷款：2019 年，支持职工购建房 38.58 万平方米，年末个人住房贷款市场占有率为 18.88%，比上年末减少 6.64 个百分点。通过申请住房公积金个人住房贷款，可节约职工购房利息支出 21723.50 万元。

职工贷款笔数中，购房建筑面积 90（含）平方米以下占 34.15%，90～144（含）平方米占 59.26%，144 平方米以上占 6.59%。购买新房占 77.31%，购买二手房占 22.69%。

职工贷款笔数中，单缴存职工申请贷款占 31.00%，双缴存职工申请贷款占 67.20%，三人及以上缴存职工共同申请贷款占 1.80%。

贷款职工中，30 岁（含）以下占 22.39%，30 岁～40 岁（含）占 37.57%，40 岁～50 岁（含）占 28.07%，50 岁以上占 11.97%；首次申请贷款占 87.76%，二次及以上申请贷款占 12.24%；中、低收入

占 96.64%，高收入占 3.36%。

2. 异地贷款： 2019 年，发放异地贷款 290 笔、7253.20 万元。2019 年末，发放异地贷款总额 49997.40 万元，异地贷款余额 38180.66 万元。

3. 公转商贴息贷款： 2019 年，发放公转商贴息贷款 4 笔、148.70 万元。2019 年末，累计发放公转商贴息贷款 2878 笔、101599.50 万元，累计贴息 530.96 万元。

（四）住房贡献率： 2019 年，个人住房贷款发放额、公转商贴息贷款发放额、住房消费提取额的总和与当年缴存额的比率为 108.35%，比上年减少 64.37 个百分点。

六、其他重要事项

（一）当年机构及职能调整情况、受委托办理缴存贷款业务金融机构变更情况。2019 年，我中心未涉及机构职能调整或者缴存贷款业务金融机构变更。

（二）当年住房公积金政策调整及执行情况。

1. 当年缴存基数限额及确定方法、缴存比例调整情况。 2019 年，住房公积金月缴存基数为职工本人上一年度月平均工资，上限不超过市统计局公布的丹东市 2018 年在岗职工人均工资的 3 倍，即 11019 元，下限自 2019 年 11 月 12 日起调整为：市区 1610 元，东港市、凤城市、宽甸县 1480 元。住房公积金缴存比例为单位和个人各 12%，凡住房公积金缴存比例高于 12%，一律予以规范调整。

2. 当年住房公积金存贷款利率执行标准。 2019 年，职工住房公积金账户存款利率仍统一按一年期定期存款基准利率执行；个人住房公积金贷款利率未发生变化，五年及以下为 2.75%，五年以上为 3.25%，第二套房个人住房公积金贷款利率按基准利率上浮 1.1 倍。

（三）当年服务改进情况。一是以新理念开创新局面。提出了"双六"服务理念，以"优质服务、群众满意"为目标，全力做到"政策一口清、业务零差错"。通过细化"一个目标、两个办法、三个争当、四个标准、五个措施、六个'零'服务"的服务六理念和"一个号令、两种制度、三个提高、四个要求、五个素养、六个'化'达标"的建设六理念具体措施，完善各项规章制度，进一步转变工作作风，提高服务水平，规范服务行为，为群众提供更优质的服务。二是不断优化服务环境。年初市中心入驻新办公用房后，努力营造内外兼修的服务环境，给予客户高效舒适的现场服务体验。服务大厅外观、内设统一规范，标识清晰，功能分明。等候区叫号系统、滚动电子屏幕、自助查询机、宣传展架、休息座椅等服务设施一应俱全，增设了手机充电站、饮水机、书报架、书写桌、针线盒等贴心设施。三是简化业务办理要件。公积金审批材料不断"瘦身"，业务办理只需带上原件进行扫描，取消复印件，取消部分证明材料，减少群众办事成本。四是开通网上业务办理。设置专门的网上业务办理机构，指定专人负责，发现问题，及时协调解决。

（四）当年信息化建设情况。

（1）利用互联网、大数据、云计算等现代互联网技术加快信息系统软件升级，实现住房公积金管理的科学化、规范化和智能化。

为提升公积金中心服务水平，满足综合服务平台验收要求，实现从线下服务到线上服务的转型，2019 年 3 月中心完成了综合服务管理云平台 3.0 的升级工作，实现了公积金服务从柜台向网上服务的转变。按照住房和城乡建设部接口标准要求，在完成贯彻基础数据标准和结算应用系统接入的基础上组织软件公司开发，协调各结算银行进行 2.0 接口测试，在规定时间内完成接口升级工作，实现异地转移接续平台直连，职工异地调转实现线上办理。

（2）深化放管服改革，推动网上审批和服务，加快实现一网通办，异地可办，"最多跑一次"，完成综合服务平台开发、上线和验收工作。

根据住房和城乡建设部《关于建立健全住房公积金综合服务平台的通知》等文件要求，中心以"互联网+"为导向，严格按照《综合服务平台建设导则》，以信息系统升级为契机，以移动终端为主要载体，对八大服务渠道进行软硬件升级。同时积极与不动产登记中心、人民银行征信等部门沟通实现数据共享，满足网上查询、办理公积金业务的要求，并于 2019 年 11 月 20 日以优异的成绩通过部省级住房综合服务平台验收。

（3）加强信息系统数据库管理，进一步规范信息系统基础数据，实现住房和城乡建设部数据平台接口开发和每日集中报送工作。

根据《住房公积金基础数据标准》，采取多种措施对信息系统数据信息进行规范处理，按照住房和城乡建设部数据集中汇总要求统一上报，采用区块链新技术与住房和城乡建设部数据链对接上链，实现国家统一个税抵扣查询要求。

（4）进一步加强信息系统网络安全管理，防范信息系统运行风险，完成网络信息系统安全等级保护定级备案和测评工作。

为加强网络信息安全，根据国家《信息安全等级保护管理办法》要求，对中心管理信息系统和网站在市公安局网安部门进行了等级保护定级备案，组织专业评测公司对中心系统进行安全评测，生成评测报告。

（五）当年对违反《住房公积金管理条例》和相关法规行为进行行政处罚和申请人民法院强制执行情况。当年，对 20 家单位送达《办理住房公积金开户缴存通知单》，受理投诉举报 6 起。对 3 个违法单位进行立案处理，其中，对 1 家未办理住房公积金缴存登记的违法单位作出行政处罚，合计罚款 1 万元，没有申请人民法院强制执行的情况。

锦州市住房公积金 2019 年年度报告

一、机构概况

（一）**住房公积金管理委员会**：住房公积金管理委员会有 23 名委员，2019 年召开一次会议，审议通过的事项主要包括：（1）关于调整公积金个人住房贷款政策的决定；（2）关于印发《锦州市住房公积金提取管理暂行办法》的通知；（3）关于调整 2019 年住房公积金缴存基数及缴存额度上下限的通知；（4）关于审议《2019 年锦州市住房公积金收支计划》的决定；（5）关于审议《锦州市住房公积金 2018 年年度报告》的决定；（6）关于《关于在锦州银行新增住房公积金定期存款的请示》的批复；（7）关于明确住房公积金个人贷款"套数""次数"的表述方式的批复；(8) 关于调整住房公积金相关政策的批复。

（二）住房公积金管理中心：住房公积金管理中心为隶属于锦州市城市建设服务中心不以营利为目的的内设分支机构，设13个科室，5个办事处。从业人员118人，其中，在编68人，非在编50人。

二、业务运行情况

（一）缴存：2019年，新开户单位330家，实缴单位3413家，减少单位269家；新开户职工1.34万人，实缴职工18.76万人，减少职工1.39万人；缴存额22.80亿元，同比增长8.21%。2019年末，缴存总额198.53亿元，同比增长12.97%；缴存余额94.72亿元，同比增长5.05%。

受委托办理住房公积金缴存业务的银行4家，与上年相比没有变化。

（二）提取：2019年，提取额18.25亿元，同比增长15.29%；占当年缴存额的80.04%，比上年增加4.91个百分点。2019年末，提取总额103.82亿元，同比增长21.33%。

（三）贷款：

个人住房贷款：个人住房贷款最高额度80万元，其中，单缴存职工最高额度80万元，双缴存职工最高额度80万元。

2019年，发放个人住房贷款0.5万笔、18.3亿元，同比分别增长6.38%、14.73%。其中，市中心发放个人住房贷款0.41万笔、16.21亿元，开发区办事处发放个人住房贷款0.01万笔、0.18亿元，北镇办事处发放个人住房贷款0.01万笔、0.36亿元，义县办事处发放个人住房贷款0.02万笔、0.32亿元，凌海办事处发放个人住房贷款0.03万笔、0.72亿元，黑山办事处发放个人住房贷款0.02万笔、0.51亿元。

2019年，回收个人住房贷款7.56亿元。其中，市中心回收个人住房贷款6.30亿元，开发区办事处回收个人住房贷款0.23亿元，北镇办事处回收个人住房贷款0.19亿元，凌海办事处回收个人住房贷款0.28亿元，义县办事处回收个人住房贷款0.23亿元，黑山办事处回收个人住房贷款0.33亿元。

2019年末，累计发放个人住房贷款5.93万笔、128.89亿元，贷款余额77.37亿元，同比分别增长9.21%、16.55%、16.12%。个人住房贷款余额占缴存余额的81.68%，比上年增加7.8个百分点。

受委托办理住房公积金个人住房贷款业务的银行4家，与上年相比没有变化。

（四）资金存储：2019年末，住房公积金存款18.29亿元。其中，活期0.21亿元，1年（含）以下定期6.05亿元，1年以上定期9.65亿元，其他（协定存款等）2.38亿元。

（五）资金运用率：2019年末，住房公积金个人住房贷款余额、项目贷款余额和购买国债余额的总和占缴存余额81.68%，比上年增加7.8个百分点。

三、主要财务数据

（一）业务收入：2019年，业务收入29401.80万元，同比增长9.82%。其中，存款利息6049.10万元，委托贷款利息23341.46万元，其他11.24万元。

（二）业务支出：2019年，业务支出15846.43万元，同比增长4.85%。其中，支付职工住房公积金利息14249.80万元，归集手续费429.24万元，委托贷款手续费1167.34万元，其他0.05万元。

（三）增值收益：2019年，增值收益13555.37万元，同比增长16.25%。其中，增值收益率1.46%，

比上年增加 0.14 个百分点。

（四）增值收益分配：2019 年，提取贷款风险准备金 8133.22 万元，提取管理费用 1569.27 万元，提取城市廉租住房（公共租赁住房）建设补充资金 3852.88 万元。

2019 年，上交财政管理费用 1569.27 万元。上缴财政城市廉租住房（公共租赁住房）建设补充资金 3228.88 万元。

2019 年末，贷款风险准备金余额 61852.88 万元。累计提取城市廉租住房（公共租赁住房）建设补充资金 26596.60 万元。

（五）管理费用支出：2019 年，管理费用支出 1569.27 万元，同比增长 9.35%。其中，人员经费 869.2 万元，公用经费 106.57 万元，专项经费 593.5 万元。

四、资产风险状况

2019 年末，个人住房贷款逾期额 979.63 万元，逾期率 1.27‰。

个人贷款风险准备金按增值收益的 60% 提取。2019 年，提取个人贷款风险准备金 8133.22 万元，未使用个人贷款风险准备金核销呆坏账。2019 年末，个人贷款风险准备金余额 61852.88 万元，占个人住房贷款余额的 7.99%，个人住房贷款逾期额与个人贷款风险准备金余额的比率为 1.58%。

五、社会经济效益

（一）缴存业务：2019 年，实缴单位数、实缴职工人数和缴存额同比分别增长 6.86%、2.01% 和 8.21%。

缴存单位中，国家机关和事业单位占 64.93%，国有企业占 10.64%，外商投资企业占 0.76%，城镇私营企业及其他城镇企业占 23.35%，民办非企业单位和社会团体占 0.32%。

缴存职工中，国家机关和事业单位占 53.72%，国有企业占 23.74%，外商投资企业占 0.55%，城镇私营企业及其他城镇企业占 21.95%，民办非企业单位和社会团体占 0.04%；中、低收入占 88.79%，高收入占 11.21%。

新开户职工中，国家机关和事业单位占 69.59%，国有企业占 4.57%，外商投资企业占 1.28%，城镇私营企业及其他城镇企业占 24.45%，民办非企业单位和社会团体占 0.11%；中、低收入占 98.6%，高收入占 1.4%。

（二）提取业务：2019 年，5.79 万名缴存职工提取住房公积金 18.25 亿元。

提取金额中，住房消费提取占 69.62%（购买、建造、翻建、大修自住住房占 29.21%，偿还购房贷款本息占 45.26%，租赁住房占 0.5%，其他占 25.03%）；非住房消费提取占 30.38%（离休和退休提取占 77.92%，完全丧失劳动能力并与单位终止劳动关系提取占 14.53%，户口迁出本市或出境定居占 3.27%，其他占 4.28%）。

提取职工中，中、低收入占 66.56%，高收入占 33.44%。

（三）贷款业务：

1.个人住房贷款：2019 年，支持职工购建房 53.95 万平方米，年末个人住房贷款市场占有率为 43.39%，比上年增加 10.52 个百分点。通过申请住房公积金个人住房贷款，可节约职工购房利息支出

36363.57万元。

职工贷款笔数中，购房建筑面积90（含）平方米以下占26.63%，90～144（含）平方米占66.54%，144平方米以上占6.83%。购买新房占53.44%，购买二手房占46.56%。

职工贷款笔数中，单缴存职工申请贷款占35.37%，双缴存职工申请贷款占64.61%，三人及以上缴存职工共同申请贷款占0.02%。

贷款职工中，30岁（含）以下占27.21%，30岁～40岁（含）占41.42%，40岁～50岁（含）占24.42%，50岁以上占6.95%；首次申请贷款占87%，二次及以上申请贷款占13%；中、低收入占93.71%，高收入占6.29%。

2. 异地贷款：2019年，发放异地贷款417笔、15990.20万元。2019年末，发放异地贷款总额60244.00万元，异地贷款余额46315.57万元。

（四）住房贡献率：2019年，个人住房贷款发放额和住房消费提取额的总和与当年缴存额的比率为136.01%，比上年增加10.9个百分点。

六、其他重要事项

（一）当年服务改进情况

1. 理顺办事流程，优化服务窗口。 解决群众"办事难"问题，更加突出了人性化设置，整合服务大厅业务窗口，信贷窗口服务面积扩展至原来的三倍；提供了休息场所，解决了办公空间狭小，借款人楼上楼下来回跑，排队拥挤等问题；优化服务窗口，制定了咨询引导等10项大厅服务制度，确保窗口服务质量的提升。

2. 增设便民设施，提高服务质量。 增设自助服务终端查询机6台，增加了服务功能；增设自动打印终端，有效凭证等实现现场自助打印；增设自动排队叫号机、电子显示器，顾客得到及时疏导；增设电子现场评价系统，及时收集记录群众最真实、最直观的办事体验、满意度评价。

3. 改进操作系统，开展"管理瘦身"。 减要件、减流程、减时限。取消复印件，实现电子存档；取消提供劳动合同、医疗、养老保险等要件；缴存业务减少企业对职工个人业务审核职责。

（二）当年信息化建设情况

1. 综合服务平台有效运行。 "中心"着力打造"互联网＋公积金"模式，多形式、全方位开通服务渠道，形成了以门户网站、网上业务大厅（单位网厅、个人网厅）、官方微博、手机APP、官方微信、12329服务热线、12329手机短信、自助终端等多服务渠道的综合服务平台，并于2019年10月30日通过了省级专家组的验收。一年来，"12329"客服热线共接听热线23876条，其中咨询查询类20326条，投诉建议类3550条，满意率99.92%；自助终端用户访问量约5.3万次，个人网厅用户访问量约56万次，网厅开通81家单位涉及3万余人，微信注册7万余人，手机APP注册6千人，短信发送量达约179万条。

2. 信息资源深度互联。 加快政务服务系统升级工作，受托银行进驻公积金服务大厅，实现与公积金同时在线受理业务；引入不动产进公积金服务大厅，实现贷款、发证、抵押一站办理；实现公积金中心直接打印评估报告；实现与工商局"多证合一"信息共享；与公安、民政接口对接，实现数据共享；与建行商贷数据实现了共享，为线上业务办理提供依据和安全保障。

营口市住房公积金2019年年度报告

一、机构概况

（一）**住房公积金管理委员会**：住房公积金管理委员会有22名委员，2019年召开1次会议，审议通过的事项主要包括《2018年工作情况报告和2018年住房公积金管理增值及收益分配情况的报告》《关于调整住房公积金提取管理办法的请示》《关于调整住房公积金缴存基数上限时间范围的请示》。

（二）**社会保障中心（住房公积金管理中心）**：营口市社会保障中心（住房公积金管理中心）为营口市人力资源和社会保障局下属不以营利为目的的财政全额拨款事业单位，设7个科室，6个办事处。从业人员90人，其中，在编44人，非在编46人。

二、业务运行情况

（一）**缴存**：2019年，新开户单位449家，实缴单位2548家，净增单位212家；新开户职工1.84万人，实缴职工17.05万人，净增职工1.02万人；缴存额22.36亿元，同比增长12.56%。2019年末，缴存总额168.85亿元，比上年末增加15.27%；缴存余额84.09亿元，比上年末增加11.36%。

受委托办理住房公积金缴存业务的银行4家，比上年增加（减少）0家。

（二）**提取**：2019年，提取额13.78亿元，同比增长2.35%；占当年缴存额的61.63%，比上年减少6.11个百分点。2019年末，提取总额84.76亿元，比上年末增加19.43%。

（三）**贷款**：

个人住房贷款：个人住房贷款最高额度60万元，其中，单缴存职工最高额度40万元，双缴存职工最高额度60万元。

2019年，发放个人住房贷款0.57万笔、16.92亿元，同比分别增长5.56%、8.94%。其中，市直办事处发放个人住房贷款0.13万笔、3.86亿元，大石桥办事处发放个人住房贷款0.05万笔、1.71亿元，盖州办事处发放个人住房贷款0.03万笔、0.73亿元，鲅鱼圈办事处发放个人住房贷款0.17万笔、4.82亿元，老边办事处发放个人住房贷款0.1万笔、2.98亿元，沿海办事处发放个人住房贷款0.09万笔、2.82亿元。

2019年，回收个人住房贷款8.54亿元。其中，其中，市直办事处3.25亿元，大石桥办事处0.62亿元，盖州办事处0.41亿元，鲅鱼圈办事处2.65亿元，老边办事处1.09亿元，沿海办事处0.52亿元。

2019年末，累计发放个人住房贷款6.53万笔、133.42亿元，贷款余额79.85亿元，分别比上年末增加9.56%、14.52%、11.73%。个人住房贷款余额占缴存余额的94.96%，比上年末增加0.31个百分点。

受委托办理住房公积金个人住房贷款业务的银行7家，比上年增加（减少）0家。

（四）**资金存储**：2019年末，住房公积金存款4.98亿元。其中，活期0.16亿元，1年（含）以下定期2.75亿元，其他（协定、通知存款等）2.07亿元。

（五）**资金运用率**：2019年末，住房公积金个人住房贷款余额、项目贷款余额和购买国债余额的总和占缴存余额的 94.96%，比上年末增加 0.31 个百分点。

三、主要财务数据

（一）业务收入：2019 年，业务收入 24811.87 万元，同比增长 9.4%。其中，市直办事处 9575.02 万元，大石桥办事处 1447.51 万元，盖州办事处 1005.67 万元，鲅鱼圈办事处 6906.02 万元，老边办事处 3782.25 万元，沿海办事处 2095.4 万元，存款利息 715.32 万元，委托贷款利息 24096.55 万元。

（二）业务支出：2019 年，业务支出 12460.65 万元，同比增长 10.50%。市直办事处 6232.21 万元，大石桥办事处 1413.94 万元，盖州办事处 610.24 万元，鲅鱼圈办事处 2409.95 万元，老边办事处 1156.82 万元，沿海办事处 637.49 万元；支付职工住房公积金利息 12085.56 万元，归集手续费 211.09 万元，委托贷款手续费 163.55 万元，其他 0.45 万元。

（三）增值收益：2019 年，增值收益 12351.22 万元，同比增长 8.3%。其中，市直办事处 3342.81 万元，大石桥办事处 33.57 万元，盖州办事处 395.43 万元，鲅鱼圈办事处 4496.07 万元，老边办事处 2625.43 万元，沿海办事处 1457.91 万元；增值收益率 1.55%，比上年减少 0.03 个百分点。

（四）增值收益分配：2019 年，提取贷款风险准备金 838.11 万元，提取管理费用 1112.47 万元，提取城市廉租住房（公共租赁住房）建设补充资金 10400.64 万元。

2019 年，上交财政管理费用 1112.47 万元。上缴财政城市廉租住房（公共租赁住房）建设补充资金 18328.15 万元。

2019 年末，贷款风险准备金余额 11048.56 万元。累计提取城市廉租住房（公共租赁住房）建设补充资金 68757.69 万元。

（五）管理费用支出：2019 年，管理费用支出 1112.47 万元，同比下降 33.73%。其中，人员经费 576.99 万元，公用经费 325.8 万元，专项经费 209.68 万元。

四、资产风险状况

2019 年末，个人住房贷款逾期额 779.59 万元，逾期率 0.98‰。其中，市直办事处 1.24‰，盖州办事处 0.47‰，鲅鱼圈办事处 1.26‰，老边办事处 0.19‰，沿海办事处 0.49‰。

个人贷款风险准备金按贷款余额的 1% 提取。2019 年，提取个人贷款风险准备金 838.11 万元，使用个人贷款风险准备金核销呆坏账 0 万元。2019 年末，个人贷款风险准备金余额 11048.56 万元，占个人住房贷款余额的 1.38%，个人住房贷款逾期额与个人贷款风险准备金余额的比率为 7.06%。

五、社会经济效益

（一）缴存业务：2019 年，实缴单位数、实缴职工人数和缴存额同比分别增长 －2.45%、1.79% 和 12.56%。

缴存单位中，国家机关和事业单位占 46.68%，国有企业占 5.18%，城镇集体企业占 0.27%，外商投资企业占 2.71%，城镇私营企业及其他城镇企业占 42.23%，民办非企业单位和社会团体占 2%，其他占 0.93%。

缴存职工中，国家机关和事业单位占 35.8%，国有企业占 14.66%，城镇集体企业占 0.2%，外商投资企业占6.25%，城镇私营企业及其他城镇企业占38.87%，民办非企业单位和社会团体占2.3%，其他占1.92%；中、低收入占100%，高收入占0%。

新开户职工中，国家机关和事业单位占10.2%，国有企业占2.88%，城镇集体企业占0.01%，外商投资企业占5.54%，城镇私营企业及其他城镇企业占68.49%，民办非企业单位和社会团体占7.94%，其他占4.94%；中、低收入占100%，高收入占0%。

（二）**提取业务**：2019年，5.39万名缴存职工提取住房公积金13.78亿元。

提取金额中，住房消费提取占74.29%（购买、建造、翻建、大修自住住房占20.25%，偿还购房贷款本息占77.86%，租赁住房占1.89%）；非住房消费提取占25.71%（离休和退休提取占70.32%，完全丧失劳动能力并与单位终止劳动关系提取占15.59%，出境定居占10.31%，其他占3.78%）。

提取职工中，中、低收入占100%，高收入占0%。

（三）**贷款业务**：

1. 个人住房贷款：2019年，支持职工购建房62.01万平方米，年末个人住房贷款市场占有率（含公转商贴息贷款）为37.47%，比上年末增加1.69个百分点。通过申请住房公积金个人住房贷款，可节约职工购房利息支出2792.92万元。

职工贷款笔数中，购房建筑面积90（含）平方米以下占23.56%，90～144（含）平方米占67.98%，144平方米以上占8.46%。购买新房占78.2%（其中购买保障性住房占0%），购买二手房占21.8%，建造、翻建、大修自住住房占0%，其他占0%。

职工贷款笔数中，单缴存职工申请贷款占76.16%，双缴存职工申请贷款占23.84%，三人及以上缴存职工共同申请贷款占0%。

贷款职工中，30岁（含）以下占36.59%，30岁～40岁（含）占38.24%，40岁～50岁（含）占19.59%，50岁以上占5.58%；首次申请贷款占86.12%，二次及以上申请贷款占13.88%；中、低收入占99.35%，高收入占0.65%。

2. 异地贷款：2019年，发放异地贷款829笔、24075.8万元。2019年末，发放异地贷款总额106206.2万元，异地贷款余额80360.99万元。

（四）**住房贡献率**：2019年，个人住房贷款发放额、公转商贴息贷款发放额、项目贷款发放额、住房消费提取额的总和与当年缴存额的比率为137.34%，比上年减少8.62个百分点。

六、其他重要事项

（一）当年机构及职能调整情况、受委托办理缴存贷款业务金融机构变更情况。2019年营口市社会保障中心（住房公积金管理中心）变更为营口市人力资源和社会保障局下属事业单位。

（二）当年住房公积金政策调整及执行情况。

（1）根据《营口市住房公积金管理中心缴存和提取管理暂行办法》（营政发〔2007〕15号）"职工住房公积金的缴存基数不得超过我市统计部门公布的上一年度职工月平均工资的3倍。"及《关于公布2018年省市职工平均工资的通知》（营人社〔2019〕26号）"2018年度我市在岗职工月平均工资为4530元。"的规定，我市2019年度住房公积金缴存基数上限调整为13590元。

（2）根据《关于〈关于调整部分住房公积金政策的请示〉的批复》（营公积金委发〔2018〕5号）"住

房公积金缴存基数最低不得低于我市现行最低工资标准。"及《关于我市调整最低工资标准的通知》（营人社〔2019〕39号）的规定，现行住房公积金缴存基数最低标准为1610元。

（3）继续执行《关于改进住房公积金缴存机制进一步降低企业成本的通知》（营公积金发〔2018〕14号）规定：继续执行住房公积金缴存比例标准，严格规范缴存基数标准。单位和个人缴存比例不得高于12%，缴存单位可在5%~12%之间，自主确定住房公积金缴存比例。

（4）根据《关于〈关于调整部分住房公积金政策的请示〉的批复》（营公积金委发〔2019〕5号）"将我市住房公积金缴存年度与自然年度调整一致。"

（5）根据《关于〈关于调整部分住房公积金政策的请示〉的批复》（营公积金委发〔2019〕5号）"停止办理《关于印发〈营口市住房公积金提取管理办法〉的通知》（营公积金委发〔2015〕1号）第五条符合下列条件之一的，职工可以申请提取本人住房公积金账户内的存储余额：第（七）项：'户口迁出本市、非本市户口调离本市，并与所在单位终止劳动关系的；'业务及第（八）项：'职工下岗、失业、买断工龄，住房公积金转入市公积金管理中心指定的账户集中封存，或者在职期间被判处有期徒刑及以上刑罚，并与所在单位终止劳动关系两年以上未再重新就业的；'业务。"的规定，停办离职提取住房公积金业务。

（三）当年服务改进情况。2019年，中心综合服务平台全部建设完成，整合了网站网厅、手机APP、自助查询、微信、短信、123219坐席、微博、支付宝应用等九个服务渠道，并已通过省级验收投入使用。

（四）当年信息化建设情况。一是住房公积金综合服务平台建设取得阶段性成就并顺利通过住房和城乡建设部验收。以"互联网+"为导向，充分利用现有条件，采用先进技术，加快综合服务平台建设，完善服务平台功能，丰富网上业务办理种类。为满足群众需求，我们将门户网站、网上业务大厅、自助终端、手机APP、官方微信和微博、12329服务热线、手机短信全部服务渠道建设完毕。除此之外，新增支付宝城市服务渠道。尤其手机APP和支付宝城市应用通过与蚂蚁金服深度合作，采用"人脸识别"技术登录，安全便捷，为群众带来便利。网上住房公积金缴存也采用CA数字认证技术确保资金安全。目前，个人查询类业务在各个渠道已经运行上线，与核心系统同步。公积金贷款类业务包括还款方式变更、还款账号变更、公积金还款签约和解除、提前部分还款、提前全部还清、缩短贷款期限等，业务办理利用公积金中心自有数据，部分业务实现了后台自动审核对比，实现真正意义的网上办公，可将线下70%以上业务拿到网上办理。

二是接入住房和城乡建设部数据平台。完成了与住房和建设部公积金数据平台接入工作，并定期上报数据，为个人所得税改革提供及时客观准确的信息。

三是与人民银行征信系统联网。实现了与人民银行查询个人信用信息基础数据库（一代系统）对接工作，保证办事职工到公积金各办事处征信查询工作的顺利开展，让群众少跑腿，减轻群众负担。

四是接入住房和城乡建设部公积金异地转移接续系统，实现直连，方便职工办理住房公积金异地转移。

五是扩大免费短信签约范围。职工拿身份证到大厅或者登陆公积金中心网上办事大厅进行短信签约，只要职工账户信息发生变化，公积金中心免费推送短信，增加工作透明度，今年签约人数达到32000人，推送短信140万条。

（五）当年住房公积金管理中心及职工无所获荣誉情况。

（六）当年无对违反《住房公积金管理条例》和相关法规行为进行行政处罚和申请人民法院强制执行情况。

（七）当年无对住房公积金管理人员违规行为的纠正和处理情况等。

（八）无其他需要披露的情况。

阜新市住房公积金 2019 年年度报告

一、机构概况

（一）住房公积金管理委员会：住房公积金管理委员会有 25 名委员，2019 年召开第九次会议，审议通过的事项主要包括：《阜新市住房公积金管理中心工作报告》《阜新市住房公积金 2018 年年度报告》《阜新市住房公积金 2018 年资金运营情况报告》《阜新市住房公积金缴存管理办法》《阜新市住房公积金提取管理办法》《阜新市住房公积金贷款管理办法》《阜新市住房公积金管理中心住房公积金增值收益及其分配管理办法》《阜新市住房公积金逾期贷款核算及催收管理办法》《阜新市住房公积金诚信黑名单管理办法》。

（二）住房公积金管理中心：住房公积金管理中心为直属城市人民政府不以营利为目的的独立的事业单位，设 11 个处（科），0 个管理部，0 个分中心。从业人员 84 人，其中，在编 44 人，非在编 40 人。

二、业务运行情况

（一）缴存：2019 年，新开户单位 301 家，实缴单位 1808 家，净增单位 11 家；新开户职工 0.66 万人，实缴职工 12.03 万人，净增职工－0.18 万人；缴存额 12.97 亿元，同比增长 6.14%。2019 年末，缴存总额 106.47 亿元，同比增长 13.87%；缴存余额 44.75 亿元，同比增长 12.52%。

受委托办理住房公积金缴存业务的银行 8 家，比上年增加 0 家。

（二）提取：2019 年，提取额 7.99 亿元，同比下降 7.84%；占当年缴存额的 61.60%，比上年下降 9.35 个百分点。2019 年末，提取总额 61.72 亿元，同比增长 14.87%。

（三）贷款：

1. 个人住房贷款： 个人住房贷款最高额度 80 万元，其中，单缴存职工最高额度 40 万元，双缴存职工最高额度 80 万元。

2019 年，发放个人住房贷款 0.2156 万笔、5.38 亿元，同比分别下降 24.00%、22.03%。其中，市中心发放个人住房贷款 0.1727 万笔、4.45 亿元，阜蒙办事处发放个人住房贷款 0.0111 万笔、0.22 亿元，彰武办事处发放个人住房贷款 0.0299 万笔、0.69 亿元，清河门办事处发放个人住房贷款 0.0014 万笔、0.01 亿元，新邱办事处发放个人住房贷款 0.0005 万笔、0.01 亿元。

2019 年，回收个人住房贷款 4.57 亿元。其中，市中心 3.64 亿元，阜蒙办事处 0.41 亿元，彰武办事处 0.49 亿元，清河门办事处 0.02 亿元，新邱办事处 0.01 亿元。

2019 年末，累计发放个人住房贷款 4.9309 万笔、69.94 亿元，贷款余额 33.53 亿元，同比分别增长 4.57%、8.33%、2.51%。个人住房贷款余额占缴存余额的 74.93%，比上年减少 7.32 个百分点。

受委托办理住房公积金个人住房贷款业务的银行 3 家，比上年增加 0 家。

2. 住房公积金支持保障性住房建设项目贷款：2019 年，发放支持保障性住房建设项目贷款 0 亿元，回收项目贷款 0 亿元。2019 年末，累计发放项目贷款 0 亿元，项目贷款余额 0 亿元。

（四）**购买国债**：2019 年，购买（记账式、凭证式）国债 0 亿元，兑付（转让、收回）国债 0 亿元。2019 年末，国债余额 0 亿元，比上年增加 0 亿元。

（五）**融资**：2019 年，融资 0 亿元，归还 0 亿元。2019 年末，融资总额 0 亿元，融资余额 0 亿元。

（六）**资金存储**：2019 年末，住房公积金存款 11.79 亿元。其中，活期 0.01 亿元，1 年（含）以下定期 4.31 亿元，1 年以上定期 6.65 亿元，其他（协定、通知存款等）0.82 亿元。

（七）**资金运用率**：2019 年末，住房公积金个人住房贷款余额、项目贷款余额和购买国债余额的总和占缴存余额的 74.93%，比上年减少 7.32 个百分点。

三、主要财务数据

（一）**业务收入**：2019 年，业务收入 12687.00 万元，同比增长 12.26%。其中，市中心 11058.58 万元，阜蒙办事处 669.83 万元，彰武办事处 339.05 万元，清河门办事处 242.76 万元，新邱办事处 376.78 万元；存款利息 2105.92 万元，委托贷款利息 10532.86 万元，国债利息 0 万元，其他 48.22 万元。

（二）**业务支出**：2019 年，业务支出 6706.28 万元，同比增长 9.05%。其中，市中心 4971.10 万元，阜蒙办事处 829.48 万元，彰武办事处 598.02 万元，清河门办事处 170.71 万元，新邱办事处 136.97 万元；支付职工住房公积金利息 6060.02 万元，归集手续费 110.49 万元，委托贷款手续费 522.08 万元，其他 13.69 万元。

（三）**增值收益**：2019 年，增值收益 5980.72 万元，同比增长 16.09%。其中，市中心 6087.47 万元，阜蒙办事处－159.64 万元，彰武办事处－258.97 万元，清河门办事处 72.05 万元，新邱办事处 239.81 万元；增值收益率 1.41%，比上年增加 0.06 个百分点。

（四）**增值收益分配**：2019 年，提取贷款风险准备金 80.15 万元，提取管理费用 1309.57 万元，提取城市廉租住房（公共租赁住房）建设补充资金 4591.00 万元。

2019 年，上交财政管理费用 2109.57 万元。上缴财政城市廉租住房（公共租赁住房）建设补充资金 8428.22 万元。其中，市中心上缴 8428.22 万元。

2019 年末，贷款风险准备金余额 3990.15 万元。累计提取城市廉租住房（公共租赁住房）建设补充资金 34398.04 万元。其中，市中心提取 34398.04 万元。

（五）**管理费用支出**：2019 年，管理费用支出 1173.08 万元，同比增长 3.03%。其中，人员经费 589.21 万元，公用经费 278.03 万元，专项经费 305.84 万元。

四、资产风险状况

个人住房贷款：2019 年末，个人住房贷款逾期额 3344.22 万元，逾期率 9.97‰。

个人贷款风险准备金按贷款余额的1%提取。2019年,提取个人贷款风险准备金80.15万元,使用个人贷款风险准备金核销呆坏账0万元。2019年末,个人贷款风险准备金余额3990.15万元,占个人住房贷款余额的1.19%,个人住房贷款逾期额与个人贷款风险准备金余额的比率为83.81%。

五、社会经济效益

(一)**缴存业务**:2019年,实缴单位数、实缴职工人数和缴存额同比分别增长-3.73%、-4.47%和6.07%。

缴存单位中,国家机关和事业单位占63.44%,国有企业占13.99%,城镇集体企业占1.05%,外商投资企业占0.83%,城镇私营企业及其他城镇企业占9.02%,民办非企业单位和社会团体占1.44%,其他占10.23%。

缴存职工中,国家机关和事业单位占47.06%,国有企业占27.81%,城镇集体企业占0.43%,外商投资企业占0.50%,城镇私营企业及其他城镇企业占5.74%,民办非企业单位和社会团体占1.16%,其他占17.30%;中、低收入占99.41%,高收入占0.59%。

新开户职工中,国家机关和事业单位占38.74%,国有企业占10.75%,城镇集体企业占0.03%,外商投资企业占0.68%,城镇私营企业及其他城镇企业占23.89%,民办非企业单位和社会团体占2.73%,其他占23.18%;中、低收入占99.48%,高收入占0.52%。

(二)**提取业务**:2019年,2.92万名缴存职工提取住房公积金7.99亿元。

提取金额中,住房消费提取占69.11%(购买、建造、翻建、大修自住住房占60.49%,偿还购房贷款本息占35.71%,租赁住房占3.39%,其他占0.41%);非住房消费提取占30.89%(离休和退休提取占80.04%,完全丧失劳动能力并与单位终止劳动关系提取占3.97%,户口迁出本市或出境定居占0%,其他占15.99%)。

提取职工中,中、低收入占99.20%,高收入占0.80%。

(三)**贷款业务**:

1.个人住房贷款:2019年,支持职工购建房23.55万平方米,年末个人住房贷款市场占有率为39.68%,比上年减少0.98个百分点。通过申请住房公积金个人住房贷款,可节约职工购房利息支出12658.34万元。

职工贷款笔数中,购房建筑面积90(含)平方米以下占20.22%,90~144(含)平方米占71.43%,144平方米以上占8.35%。购买新房占59.51%(其中购买保障性住房占0%),购买二手房占40.49%,建造、翻建、大修自住住房占0%,其他占0%。

职工贷款笔数中,单缴存职工申请贷款占31.63%,双缴存职工申请贷款占68.37%,三人及以上缴存职工共同申请贷款占0%。

贷款职工中,30岁(含)以下占26.07%,30岁~40岁(含)占38.36%,40岁~50岁(含)占22.82%,50岁以上占12.75%;首次申请贷款占88.03%,二次及以上申请贷款占11.97%;中、低收入占98.79%,高收入占1.21%。

2.异地贷款:2019年,发放异地贷款250笔、7033.00万元。2019年末,发放异地贷款总额27466.50万元,异地贷款余额22517.7万元。

(四)住房贡献率：2019年，个人住房贷款发放额、公转商贴息贷款发放额、项目贷款发放额、住房消费提取额的总和与当年缴存额的比率为84.09%，比上年减少21.15个百分点。

六、其他重要事项

(一)当年机构及职能调整情况、受委托办理缴存贷款业务金融机构变更情况。

1. 机构及职能调整情况：

2019年机构及职能调整情况无变化。

2. 受委托办理缴存贷款业务金融机构变更情况：

经阜新市住房公积金管理委员会审批受托办理缴存贷款业务的金融机构有8家，分别是：工商银行、建设银行、农业银行、中国银行、交通银行、阜新银行、邮储银行、阜蒙县农村信用合作联社，与2018年相比无变化。

(二)当年住房公积金政策调整及执行情况。

1. 当年缴存基数限额及确定方法、缴存比例等缴存政策调整情况：

严格按照《国务院住房公积金管理条例》，住房和城乡建设部、财政部、人民银行《关于改进住房公积金缴存机制进一步降低企业成本的通知》（建金〔2018〕45号），《住房和城乡建设部、财政部、人民银行关于改进住房公积金缴存机制进一步降低企业成本的通知》（辽住建〔2018〕113号），《关于改进住房公积金缴存机制进一步降低企业成本的通知》（阜公积金发〔2018〕27号），《阜新市住房公积金缴存管理办法》（阜公积金委字〔2019〕6号），《关于调整2019年度住房公积金缴存基数上下限的通知》（阜公积金发〔2019〕25号），《关于调整2019年度住房公积金缴存基数下限的通知》（阜公积金发〔2019〕44号）文件执行。

严格执行住房公积金缴存基数标准，缴存住房公积金的月工资基数，不得高于职工工作地所在设区城市统计部门公布的上一年度月平均工资的3倍，下限不得低于劳动部门公布的最低工资标准。严格执行住房公积金缴存比例不得低于5%，不得高于12%的规定。缴存单位可在5%至12%之间自主确定住房公积金缴存比例。生产经营困难企业，经职工代表大会或工会讨论通过后，可申请降低缴存比例至5%以下或者缓缴。

2. 当年提取政策调整情况：

2019年，按照中华人民共和国住房和城乡建设部《提取业务标准》的规范要求，依据我市现有的《提取管理办法》，制定调整了几项提取政策。

（1）为确保公积金专款专用及我市逾期公积金贷款的回收，针对有未结清的我市住房公积金个人住房贷款的职工，按偿还该贷款办理提取。

（2）对大修自住住房有了行业标准规定，即大修提取的前提是住房构成局部危房或整栋危房，需及时加固或修缮治理。

（3）职工同时具有公贷和商贷的，还贷提取应优先用于偿还公贷。

（4）集中封存满半年以上且未在我市和异地继续缴存住房公积金的职工，男未满50周岁女未满40周岁的，可保留账户提取；男满50周岁女满40周岁的职工，可办理销户提取。

3. 当年贷款政策调整情况：

2019年，根据住房和城乡建设部及省住房公积金监管办相关要求，住房公积金个人抵押贷款政策调整如下：取消二手房贷款评估报告。

4. 当年存贷款利率执行标准：

2019年公积金存款利率执行标准为1.5%。

2019年公积金个人住房抵押贷款利率执行标准为：1~5年期（含5年）公积金个人住房抵押贷款利率为2.75%，5年以上公积金个人住房抵押贷款利率为3.25%。

（三）当年服务改进情况。

2019年服务改进情况：

（1）不断改善五个办事处营业大厅环境，设立叫号机、引导咨询台、评价器，更新了照明设备，新增了空调系统，确保大厅明亮、整洁、温暖，让办事群众感受到了温馨和愉快。同时，在显著位置设置高频事项办理流程，并制作了住房公积金业务办理明白卡，让职工群众对办事流程一目了然。完善各个办事处服务窗口服务制度，各办事处建立"排队叫号、咨询引导、首问负责、容缺受理、否定备案、预约服务、代办服务、便民服务、绿色通道、好差评制度"。缩短窗口办事时间。足量开设人工窗口，高峰期及时加开。推广自助服务，并安排工作人员提供指导帮助。严禁窗口限号、限人数、限定办事日期和时间段。

（2）在全省率先实行柜员制改革，实现"管办分离"，将原来的开户缴存、提取审核、贷款审批发放等20多项审批权一律下放到各办事处大厅，实现前台受理、后台统一审批一体化、资金结算实时化、信息查询智能化、管理服务便民化。

（3）深入开展优化营商环境整治行动，全面完成我中心承担的高频事项"最多跑一次"工作任务，目前所承担的4项高频事项已有2项实现网上办理"跑零次"即"不见面办理"，另外2项也均实现"最多跑一次"。加强窗口服务质量，让数据多跑路，职工少跑腿，提升职工幸福感、获得感。积极与相关部门协调沟通，目前实现了不动产中心、民政、人民银行、工商四项数据外联，实现了职工少跑腿、不跑腿，让职工办理业务更加简便、快捷。

（4）全国住房公积金数据平台建设顺利上线，向全国住房公积金数据平台传送全部住房公积金存量数据约1468万条，上报数据均通过了住房和城乡建设部审核，为税务部门核实缴存职工个税申报情况提供便利，让全市公积金贷款职工尽早享受个税抵扣优惠政策。

（5）高质量完成住房公积金双贯标建设，实现了信息查询、信息发布和互动交流等线上服务及多项业务的网上办理，打造"指尖上的智慧公积金"，以"互联网+公积金"，带给职工更加便捷顺畅的办理体验。

（6）在完成"双贯标"工作基础上，公积金中心启动了综合服务平台建设，这也是公积金中心认真落实《打造营商环境阜新版实施方案》的重要载体和抓手，是推进阜新"一网、一门、一次"改革的重点内容。中心认真落实项目开发、测试、培训、推广等工作任务。2019年11月12日，公积金中心综合服务平台建设以全省第三名的优异成绩通过了省住房和城乡建设厅检查验收。平台共包括公积金门户网站、网上办事大厅、自助查询终端、12329服务热线、手机短信、公积金APP、官方微信、官方微博等八大服务渠道，实现了信息查询、信息发布和互动交流等线上服务及多项业务的网上办理，打造"指尖上的智慧公积金"，以"互联网+公积金"，带给职工更加便捷顺畅的办理体验。

（四）当年信息化建设情况。

（1）阜新公积金中心的信息系统于2018年10月开始进行升级。同时开展"双贯标"工作，结合阜新市政府"重实干强执行抓落实"专项行动，采取各种有力措施，截至2019年2月1日，成功接入全国住房公积金银行结算数据应用系统。在五个月的时间里，中心顺利完成从项目实质启动开发建设到接入住房和城乡建设部测试平台，从接入平台到上线生产两个阶段的工作任务，并于2月26日以优异成绩通过住房和城乡建设部专家组的验收。中心建立规范完整的标准化基础数据库，打造安全高效的资金结算通道，建设功能齐全、运行安全、高效的信息管理系统。

（2）建设全国住房公积金数据平台数据上报系统。全国住房公积金数据平台是住房和城乡建设部为个人所得税改革、信息共享和信息监管工作搭建的公共平台，通过区块链技术，建立各地公积金中心、住房和城乡建设部和税务总局之间的数据通道，可实现总对总的数据交换，平台可进一步向缴存职工提供数据查询服务。为尽快推进该项工作，中心高度重视，迅速规划部署相关配套工作。严格按照要求，扎实开展系统开发部署、网络环境搭建及数据采集上报等各项工作，并于5月21日顺利上线，向全国住房公积金数据平台传送全部住房公积金存量数据约1468万条，上报数据均通过了住房和城乡建设部审核。

全国住房公积金数据平台接入工作的完成，实现了住房公积金与税务总局的数据交换，便于税务部门核实缴存职工个税申报情况，是让全市住房公积金贷款职工尽早享受个税抵扣优惠政策的便民、惠民举措。

（3）基础数据贯标工作情况，采集完善基础数据，夯实数据基础。在系统升级中全面落实《基础数据标准》。

（4）公积金银行结算系统建设情况，全业务对接结算数据应用系统。全公积金银行账户覆盖。全合作银行联网。全交易接口开发测试使用。全银行账户签约。

（五）当年住房公积金管理中心及职工所获荣誉情况。2019年，阜新市住房公积金管理中心获全市公共服务行业和窗口单位文明服务示范窗口称号，牟东莹获文明优质服务标兵称号暨阜新市2019年度"新时代新担当新作为"重大专项工作先进个人称号。

（六）当年对违反《住房公积金管理条例》和相关法规行为进行行政处罚和申请人民法院强制执行情况。无。

（七）当年对住房公积金管理人员违规行为的纠正和处理情况等。无。

（八）其他需要披露的情况。无。

辽阳市住房公积金2019年年度报告

一、机构概况

（一）住房公积金管理委员会：住房公积金管理委员会有18名委员，管委会在2019年审议通过的事项主要包括：《关于披露辽阳市住房公积金2018年年度报告的请示》《关于披露辽阳市住房公积金2018年年度报告解读的请示》《关于支付2018年住房公积金贷款担保费的请示》。

（二）住房公积金管理中心：住房公积金管理中心为市政府直属不以营利为目的的事业单位，设6个科，6个办事处。从业人员87人，其中，在编47人，非在编40人。

二、业务运行情况

（一）**缴存**：2019年，新开户单位223家，实缴单位1888家，净减单位8家；新开户职工1.17万人，实缴职工15.90万人，净增职工0.02万人；缴存额22.46亿元，同比增长10.15%。2019年末，缴存总额186.15亿元，比上年末增加13.72%；缴存余额79.31亿元，比上年末增加12.76%。

受委托办理住房公积金缴存业务的银行8家，比上年增加0家。

（二）**提取**：2019年，提取额13.48亿元，同比增长22.54%；占当年缴存额的60.02%，比上年增加6.07个百分点。2019年末，提取总额106.84亿元，比上年末增加14.44%。

（三）**贷款**：

个人住房贷款：个人住房贷款最高额度80万元，其中，单缴存职工最高额度30万元，双缴存职工最高额度80万元。

2019年，发放个人住房贷款0.42万笔、11.67亿元，同比分别增长76.46%、72.89%。

2019年，回收个人住房贷款6.38亿元。

2019年末，累计发放个人住房贷款3.69万笔、74.31亿元，贷款余额35.57亿元，分别比上年末增加12.79%、18.62%、17.45%。个人住房贷款余额占缴存余额的44.85%，比上年末增加1.8个百分点。

受委托办理住房公积金个人住房贷款业务的银行8家，比上年增加0家。

（四）**资金存储**：2019年末，住房公积金存款43.81亿元。其中，活期0.03亿元，1年（含）以下定期14.35亿元，1年以上定期23.86亿元，其他（协定、通知存款等）5.57亿元。

（五）**资金运用率**：2019年末，住房公积金个人住房贷款余额、项目贷款余额和购买国债余额的总和占缴存余额的44.85%，比上年末增加1.8百分点。

三、主要财务数据

（一）**业务收入**：2019年，业务收入24109.07万元，同比增长20.12%。存款利息13614.91万元，委托贷款利息10436.36万元，国债利息0万元，其他57.80万元。

（二）**业务支出**：2019年，业务支出11998.29万元，同比增长26.27%。支付职工住房公积金利息11476.47万元，归集手续费0万元，委托贷款手续费521.82万元，其他0万元。

（三）**增值收益**：2019年，增值收益12110.78万元，同比增长14.59%。增值收益率1.60%，比上年减少0.01个百分点。

（四）**增值收益分配**：2019年，提取贷款风险准备金3557.48万元，提取管理费用3200.00万元，提取城市廉租住房（公共租赁住房）建设补充资金5353.30万元。

2019年，上缴财政管理费用1100.00万元。上缴财政城市廉租住房（公共租赁住房）建设补充资金4546.08万元。

2019年末，贷款风险准备金余额38365.49万元。累计提取城市廉租住房（公共租赁住房）建设补充资金43741.44万元。

（五）**管理费用支出**：2019年，管理费用支出1359.98万元，同比下降15.93%。其中，人员经费771.69万元，公用经费483.06万元，专项经费105.23万元。

四、资产风险状况

2019 年末,个人住房贷款逾期额 39.69 万元,逾期率 0.112‰。

个人贷款风险准备金按贷款余额的 1%提取。2019 年,提取个人贷款风险准备金 3557.48 万元,使用个人贷款风险准备金核销呆坏账 0 万元。2019 年末,个人贷款风险准备金余额 38365.49 万元,占个人住房贷款余额的 10.79%,个人住房贷款逾期额与个人贷款风险准备金余额的比率为 0.10%。

五、社会经济效益

(一)缴存业务:2019 年,实缴单位数同比下降 0.42%,实缴职工人数和缴存额分别同比增长 0.11%和 10.15%。

缴存单位中,国家机关和事业单位占 68.75%,国有企业占 10.06%,城镇集体企业占 1.22%,外商投资企业占 1.27%,城镇私营企业及其他城镇企业占 14.94%,民办非企业单位和社会团体占 1.59%,其他占 2.17%。

缴存职工中,国家机关和事业单位占 33.82%,国有企业占 29.35%,城镇集体企业占 1.82%,外商投资企业占 1.74%,城镇私营企业及其他城镇企业占 31.57%,民办非企业单位和社会团体占 0.59%,其他占 1.11%;中、低收入占 99.48%,高收入占 0.52%。

新开户职工中,国家机关和事业单位占 6.91%,国有企业占 14.16%,城镇集体企业占 2.79%,外商投资企业占 2.63%,城镇私营企业及其他城镇企业占 69.13%,民办非企业单位和社会团体占 0.67%,其他占 3.71%;中、低收入占 99.82%,高收入占 0.18%。

(二)提取业务:2019 年,4.23 万名缴存职工提取住房公积金 13.48 亿元。

提取金额中,住房消费提取占 70.65%(购买、建造、翻建、大修自住住房占 20.75%,偿还购房贷款本息占 69.94%,租赁住房占 9.31%,其他占 0%);非住房消费提取占 29.35%(离休和退休提取占 78.72%,完全丧失劳动能力并与单位终止劳动关系提取占 14.34%,出境定居占 0%,其他占 6.94%)。

提取职工中,中、低收入占 99.60%,高收入占 0.40%。

(三)贷款业务:

1.个人住房贷款:2019 年,支持职工购建房 41.09 万平方米,2019 年末个人住房贷款市场占有率为 26.28%,比上年末减少 1.5 个百分点。通过申请住房公积金个人住房贷款,可节约职工购房利息支出 16851.85 万元。

职工贷款笔数中,购房建筑面积 90(含)平方米以下占 38.24%,90~144(含)平方米占 58.63%,144 平方米以上占 3.13%。购买新房占 68.15%(其中购买保障性住房占 0%),购买二手房占 28.22%,建造、翻建、大修自住住房占 0%,其他占 3.63%。

职工贷款笔数中,单缴存职工申请贷款占 24.25%,双缴存职工申请贷款占 75.75%,三人及以上缴存职工共同申请贷款占 0%。

贷款职工中,30 岁(含)以下占 34.89%,30 岁~40 岁(含)占 36.73%,40 岁~50 岁(含)占 21.93%,50 岁以上占 6.45%;首次申请贷款占 93.28%,二次及以上申请贷款占 6.72%;中、低收入占 99.67%,高收入占 0.33%。

2. 异地贷款：2019 年，发放异地贷款 204 笔、5357.80 万元。2019 年末，发放异地贷款总额 11193.70 万元，异地贷款余额 9029.77 万元。

(四) 住房贡献率：2019 年，个人住房贷款发放额、公转商贴息贷款发放额、项目贷款发放额、住房消费提取额的总和与当年缴存额的比率为 94.35%，比上年增加 26.88 个百分点。

六、其他重要事项

(一) 当年无机构及职能调整情况、无受委托办理缴存贷款业务金融机构变更情况。

(二) 当年住房公积金政策调整及执行情况。

(1) 缴存基数上限为辽阳市 2018 年在岗职工月平均工资的 3 倍，即 16985 元；缴存基数下限为辽阳市人民政府规定的最低工资标准，即 1420 元。缴存单位可在 5%～12% 之间，自主确定住房公积金缴存比例。生产经营困难的企业，经职工代表大会或者工会讨论通过后，可申请降低住房公积金缴存比例至 5% 以下或者缓缴。

(2) 二手房取消评估报告。当年住房公积金存贷款利率执行标准：存款利率为 1.5%；贷款利率 1～5 年（含）年利率 2.75%，5 年以上年利率 3.25%。

(三) 当年服务改进情况。

1. 改建服务网点，规范服务标准

2019 年公积金管理中心合理划分业务区域，改建了宏伟办事处，面积扩大至 520 平方米。在业务大厅增设一台征信查询机。公积金管理中心组织全面梳理住房公积金业务，优化办事流程、精简办事材料，对办事大厅服务工作进行全面规范。

2. 综合服务平台全面上线，各项功能平稳运行

2019 年 6 月 15 日住房和城乡建设部数据平台上线。

9 月 19 日，公积金管理中心综合服务平台通过住房和城乡建设部验收。其中，门户网站、网上大厅、手机 APP、微信公众号、支付宝、自主终端、服务热线、短信全面实现了公积金业务办理、查询、信息发布及互动交流功能。

10 月 25 日，公积金异地转移接续上线。

盘锦市住房公积金 2019 年年度报告

一、机构概况

(一) 住房公积金管理委员会

住房公积金管理委员会有 24 名委员，2019 年召开 1 次会议，审议通过的事项主要包括：

(1) 盘锦市住房公积金管理委员会成员调整；

（2）《盘锦市住房公积金管理中心 2018 年工作完成情况及 2019 年工作安排的报告》；

（3）《关于住房公积金有关政策调整的报告》。

（二）住房公积金管理中心

住房公积金管理中心为隶属于市政府不以营利为目的的参公管理事业单位，设 2 个科室，5 个管理部，1 个分中心。从业人员 244 人，其中，在编 58 人，非在编 176 人。

二、业务运行情况

（一）缴存：2019 年，新开户单位 241 家，实缴单位 1940 家，净增单位－120 家；新开户职工 1.52 万人，实缴职工 24.15 万人，净增职工 0.92 万人；缴存额 38.56 亿元，同比增长 9.02%。年末，缴存总额 372.59 亿元，同比增长 11.55%；缴存余额 132 亿元，同比增长 17.22%。

受委托办理住房公积金缴存业务的银行 6 家，比上年增加 0 家。

（二）提取：2019 年，提取额 19.18 亿元，同比增长 22.8%；占当年缴存额的 49.74%，比上年增加 5.58 个百分点。2019 年末，提取总额 240.59 亿元，同比增长 8.66%。

（三）贷款：个人住房贷款最高额度 80 万元，其中，单缴存职工最高额度 50 万元，双缴存职工最高额度 80 万元。

2019 年，发放个人住房贷款 0.36 万笔、10.27 亿元，同比分别增长 0%、10.43%。其中，市中心发放个人住房贷款 0.28 万笔、7.72 亿元，油田分中心发放个人住房贷款 0.08 万笔、2.55 亿元。

2019 年，回收个人住房贷款 5.89 亿元。其中，市中心 4.47 亿元，油田分中心 1.42 亿元。

2019 年末，累计发放个人住房贷款 5.46 万笔、103.61 亿元，贷款余额 47.49 亿元，同比分别增长 7.06%、11%、10.19%。个人住房贷款余额占缴存余额的 35.98%，比上年减少 2.29 个百分点。

受委托办理住房公积金个人住房贷款业务的银行 6 家，比上年增加 0 家。

（四）资金存储：2019 年末，住房公积金存款 85.69 亿元。其中，活期 2.68 亿元，1 年（含）以下定期 28.5 亿元，1 年以上定期 52.24 亿元，协定存款 2.26 亿元。

（五）资金运用率：2019 年末，住房公积金个人住房贷款余额、项目贷款余额和购买国债余额的总和占缴存余额的 35.87%，比上年减少 2.41 个百分点。

三、主要财务数据

（一）业务收入：2019 年，业务收入 32047.26 万元，同比增长 16.01%。其中，市中心 14428.30 万元，油田分中心 17618.96 万元；存款利息 17217.18 万元，委托贷款利息 14686.08 万元，其他 144 万元。

（二）业务支出：2019 年，业务支出 18086.24 万元，同比下降 4.56%。其中，市中心 8914.85 万元，油田分中心 9171.39 万元；支付职工住房公积金利息 15199.66 万元，委托贷款手续费 145 万元，其他 2741.58 万元。

（三）增值收益：2019 年，增值收益 13961.02 万元，同比增长 60.97%。其中，市中心 5513.45 万元，油田分中心 8447.57 万元；增值收益率 11.37%，比上年增加 10.54 个百分点。

（四）增值收益分配：2019 年，提取贷款风险准备金 1401.93 万元，提取管理费用 3389.97 万元，提取城市廉租住房（公共租赁住房）建设补充资金 9169.11 万元。

2019 年，上交财政管理费用 898.11 万元。上缴财政城市廉租住房（公共租赁住房）建设补充资金 4304.78 万元。其中，市中心上缴 4304.78 万元。

2019 年末，贷款风险准备金余额 23901.03 万元。累计提取城市廉租住房（公共租赁住房）建设补充资金 55910.15 万元。其中，市中心提取 21229.28 万元，油田分中心提取 34680.87 万元。

（五）管理费用支出：2019 年，管理费用支出 2497.87 万元，同比下降 11.77%。其中，人员经费 1748.44 万元，公用经费 127.21 万元，专项经费 622.22 万元。

市中心管理费用支出 775.61 万元，其中，人员、公用、专项经费分别为 280.46 万元、0 万元、495.15 万元；油田分中心管理费用支出 1722.26 万元，其中，人员、公用、专项经费分别为 1467.98 万元、127.21 万元、127.07 万元。

四、资产风险状况

2019 年末，个人住房贷款逾期额 3536.38 万元，逾期率 7.45‰。其中，市中心 9.67‰，油田分中心 0‰。

个人贷款风险准备金按贷款余额的 1% 提取。2019 年，提取个人贷款风险准备金 1401.93 万元，使用个人贷款风险准备金核销呆坏账 0 万元。2019 年末，个人贷款风险准备金余额 23901.03 万元，占个人住房贷款余额的 5.03%，个人住房贷款逾期额与个人贷款风险准备金余额的比率为 14.80%。

五、社会经济效益

（一）缴存业务：2019 年，实缴单位数、实缴职工人数和缴存额同比分别增长 1.62%、0.84% 和 9.02%。

缴存单位中，国家机关和事业单位占 50.77%，国有企业占 12.22%，城镇集体企业占 0.77%，外商投资企业占 1.29%，城镇私营企业及其他城镇企业占 8.40%，民办非企业单位和社会团体占 7.58%，其他占 18.97%。

缴存职工中，国家机关和事业单位占 28.53%，国有企业占 52.73%，城镇集体企业占 0.58%，外商投资企业占 0.67%，城镇私营企业及其他城镇企业占 4.32%，民办非企业单位和社会团体占 4.24%，其他占 8.93%；中、低收入占 95.48%，高收入占 4.52%。

新开户职工中，国家机关和事业单位占 17.63%，国有企业占 21.81%，城镇集体企业占 2.41%，外商投资企业占 1.22%，城镇私营企业及其他城镇企业占 14.59%，民办非企业单位和社会团体占 16.91%，其他占 25.43%；中、低收入占 99.89%，高收入占 0.11%。

（二）提取业务：2019 年，4.96 万名缴存职工提取住房公积金 19.18 亿元。提取金额中，住房消费提取占 73.15%（购买、建造、翻建、大修自住住房占 55.01%，偿还购房贷款本息占 42.95%，租赁住房占 1.98%，其他占 0.06%）；非住房消费提取占 26.85%（离休和退休提取占 71.22%，完全丧失劳动能力并与单位终止劳动关系提取占 18.12%，死亡或宣告死亡占 3.39%，其他占 7.27%）。

提取职工中，中、低收入占 95.77%，高收入占 4.23%。

（三）贷款业务：

1. 个人住房贷款：2019 年，支持职工购建房 42.01 万平方米，年末个人住房贷款市场占有率为

34.20%，比上年增加 1.5 个百分点。通过申请住房公积金个人住房贷款，可节约职工购房利息支出 17292.92 万元。

职工贷款笔数中，购房建筑面积 90（含）平方米以下占 14.28%，90～144（含）平方米占 74.78%，144 平方米以上占 10.94%。购买新房占 75.43%，购买二手房占 24.57%。

职工贷款笔数中，单缴存职工申请贷款占 67.20%，双缴存职工申请贷款占 32.80%。

贷款职工中，30 岁（含）以下占 39.53%，30 岁～40 岁（含）占 37.49%，40 岁～50 岁（含）占 19.19%，50 岁以上占 3.79%；首次申请贷款占 91.69%，二次及以上申请贷款占 8.31%；中、低收入占 97.46%，高收入占 2.54%。

2. 异地贷款：2019 年，发放异地贷款 215 笔、6062.00 万元。2019 年末，发放异地贷款总额 27901.60 万元，异地贷款余额 21822.62 万元。

（四）住房贡献率：2019 年，个人住房贷款发放额、公转商贴息贷款发放额、项目贷款发放额、住房消费提取额的总和与当年缴存额的比率为 62.92%（其中：市中心 89.62%；油田分中心 43.64%），比上年增加 7.25 个百分点。

六、其他重要事项

（一）2019 年盘锦市住房公积金管理中心机构及职能和受委托办理缴存、贷款业务的金融机构与 2018 年度一致，没有任何变更情况。

（二）2019 年业务政策调整情况。

1. 贷款情况

（1）2019 年 3 月 28 日盘锦市住房公积金管理委员会第十四次会议决定不得向购买第三套及以上住房缴存职工家庭发放住房公积金个人住房贷款。

（2）职工在没有还清原贷款前，不得再次申请住房公积金贷款。

（3）取消原辽东湾地区"零"首付贷款政策，最低首付比例为 20%。

（4）职工连续足额缴存住房公积金 6 个月（含）以上，可申请住房公积金个人住房贷款。

2. 支取情况

（1）取消物业费和采暖费提取。

（2）动迁安置支取调整为自协议签订之日起一年内可一次性提取住房公积金账户余额，提取总额不得超过补差款收据金额，且一套住房只能提取一次。

（3）解除劳动关系支取，缴存职工与单位解除或终止劳动关系的，先办理个人账户封存，封存期间在异地开户连续缴存半年以上的，办理异地转移接续手续，不能办理异地转移的，封存半年后可支取。

3. 缴存基数调整情况

根据盘锦市统计数据，2018 年度我市在岗职工（剔除农工）工资为 73500 元，2019 年度住房公积金缴存额上限为 4410 元；根据《关于全市最低工资标准的通知》（盘人社发〔2018〕1 号），2018 年度全市最低工资标准为每月 1300 元，住房公积金月缴存下限为 130 元。

4. 缴存比例等政策情况

2019 年我市各缴存单位严格执行住房公积金缴存规定，即单位和个人缴存比例各最高不超过 12%，最低不低于5%;经营困难的企业,可根据经营现状申请降低住房公积金缴存比例,待企业经济效益好转后,再提高缴存比例(期限为两年),此政策延长执行至2020年4月30日。

5. 其他情况

2019年,我中心个人住房公积金贷款最高额度为单职工50万元,夫妻双方80万元,贷款利率按国家规定5年期(含)以下为年利率2.75%,5年期以上年利率3.25%,住房公积金存款统一调整为3年期定期,利率最低在银行规定同期利率基础上最低上浮30%。

(三)2019年加强改进服务情况。一是推行政务公开,坚持阳光政务;二是加强对窗口服务、信访工作等前端业务实践中难点问题的梳理、反馈和指导。三是推动落实新闻媒体宣传的常态化工作,让更多的人了解掌握住房公积金政策、法规及服务职能。

(四)信息化建设迈上新台阶。综合服务平台通过住房和城乡建设部验收,我中心作为辽宁省首家住房公积金综合服务平台建设受检中心,于2019年9月17日顺利通过住房和城乡建设部专家组检查验收,标志着我市住房公积金信息化建设工作迈上新台阶。本着"以缴存职工为中心"的原则,先后建立了门户网站、网上业务大厅、手机APP、微信公众号、12329热线、短信平台、自助终端、官方微博八大服务渠道,线上业务办理服务功能和效率持续提升,群众满意度大幅提高。我中心公积金数据于2019年4月25日接入住房和城乡建设部数据平台。积极推进与法院的"执行点对点查控"接口工作、完成了微信、支付宝小程序测试,正在与营商局对接"辽事通"手机APP接口工作。

(五)2019年公积金管理中心及职工获得荣誉情况。

(1)双台子办事处夏智添同志2019年度获得五一劳动奖章。

(2)兴隆台办事处2019年度获得省住房城乡建设系统"2017—2018年度省级青年文明号"。

(3)大洼办事处获得2019年度市级青年文明号。

(六)2019年对违反《条例》和相关法规行为进行行政处罚和申请人民法院强制执行情况。依据《中共盘锦市委办公室、盘锦市人民政府办公室关于印发〈盘锦市城市管理综合行政执法局职能配置、内设机构和人员编制规定〉的通知》(盘委办发〔2018〕134号),我中心已将行政执法权移交盘锦市城市管理综合行政执法局,所以,2019年我中心没有行政处罚和人民法院强制执行情况发生。

(七)2019年对住房公积金管理人员违规行为的纠正和处理情况。2019年,我中心累计发现违规提取职工25人,下发了《违规提取住房公积金处理意见书》,现已追回违规提取13笔,金额113万元。对逾期未全额退回职工列为失信行为,暂停骗提职工办理住房公积金提取和贷款。

铁岭市住房公积金2019年年度报告

一、机构概况

(一)住房公积金管理委员会:住房公积金管理委员会有25名委员,2019年召开1次会议,审议通

过的事项主要包括：

（1）审议住房公积金年度报告；

（2）审议住房公积金增值收益分配方案；

（3）其他几个重要事项。

（二）住房公积金管理中心：住房公积金管理中心为隶属市财政金融审计服务中心不以营利为目的的事业单位，设 5 个科室，7 个办事处。从业人员 69 人，其中，在编 30 人，非在编 39 人。铁煤分中心从业人员 6 人，其中，在编 5 人，非在编 1 人。

二、业务运行情况

（一）缴存：2019 年，新开户单位 267 家，实缴单位 2884 家，净增单位 21 家；新开户职工 0.83 万人，实缴职工 15.57 万人；缴存额 19.79 亿元，同比增长 8.86%。2019 年末，缴存总额 185.47 亿元，同比增长 11.94%；缴存余额 84.47 亿元，同比增长 9.69%。

铁岭市住房公积金管理中心受委托办理住房公积金缴存业务的银行 3 家，铁煤分中心受委托办理住房公积金缴存业务的银行 4 家。

（二）提取：2019 年，提取额 12.33 亿元，占当年缴存额的 62.3%，比上年减少 5.52 个百分点。2019 年末，提取总额 101 亿元，同比增长 13.92%。

（三）贷款：

个人住房贷款：个人住房贷款最高额度 80 万元，其中，单缴存职工最高额度 50 万元，双缴存职工最高额度 80 万元。

2019 年，发放个人住房贷款 0.22 万笔、5.86 亿元，同比分别下降 16.35%、4.25%。其中，市中心发放个人住房贷款 0.22 万笔、5.85 亿元，铁煤分中心发放个人住房贷款 4 笔、81 万元。

2019 年，回收个人住房贷款 5.08 亿元。其中，市中心 5.05 亿元，铁煤分中心 0.03 亿元。

2019 年末，累计发放个人住房贷款 5.93 万笔、78.62 亿元，贷款余额 40.81 亿元，同比分别增长 3.85%、8.05%、1.92%。个人住房贷款余额占缴存余额的 48.31%，比上年减少 3.68 个百分点。

铁岭市住房公积金管理中心受委托办理住房公积金个人住房贷款业务的银行 3 家，铁煤分中心受委托办理住房公积金个人住房贷款业务的银行 1 家。

（四）资金存储：2019 年末，住房公积金存款 41.02 亿元。其中，活期 0.03 亿元，1 年（含）以下定期 3.31 亿元，1 年以上定期 33.53 亿元，协定存款 4.15 亿元。

（五）资金运用率：2019 年末，住房公积金个人住房贷款余额占缴存余额的 48.31%，比上年减少 3.68 个百分点。

三、主要财务数据

（一）业务收入：2019 年，业务收入 30117.8 万元，同比增长 31.61%。其中，市中心 20124.22 万元，铁煤分中心 9993.58 万元；存款利息 17123.36 万元，委托贷款利息 12967.43 万元，其他 27.01 万元。

（二）业务支出：2019 年，业务支出 6638.64 万元，同比降低 41.4%。其中，市中心 8876.56 万元，铁煤分中心-2237.92万元；支付职工住房公积金利息6393.96万元，归集手续费0.21万元，委托贷款手续费244.06万元，其他0.41万元。

（三）**增值收益**：2019年，增值收益23479.16万元，同比增长103.21%。其中，市中心11247.66万元，铁煤分中心12231.5万元；增值收益率2.91%，比上年增加1.35个百分点。

（四）**增值收益分配**：2019年，提取贷款风险准备金8617.94万元，提取管理费用2682万元，提取城市廉租住房（公共租赁住房）建设补充资金12179.23万元。

2019年，上交财政管理费用1792万元。上缴财政城市廉租住房（公共租赁住房）建设补充资金380万元。

2019年末，贷款风险准备金余额47647.85万元。累计提取城市廉租住房（公共租赁住房）建设补充资金29087.34万元。其中，市中心提取2320万元，铁煤分中心提取26767.34万元。

（五）**管理费用支出**：2019年，管理费用支出1868.99万元，同比增加86.52%。其中，人员经费633.86万元，公用经费411.74万元，专项经费823.39万元。

市中心管理费用支出1320万元，其中，人员、公用、专项经费分别为550万元、381万元、389万元；铁煤分中心管理费用支出548.99万元，其中，人员、公用、专项经费分别为83.86万元、30.74万元、434.39万元。

四、资产风险状况

2019年末，个人住房贷款逾期额4778.78万元，逾期率11.76‰。

个人贷款风险准备金按规定不得低于当年增值收益的60%提取，2019年，提取个人贷款风险准备金8617.94万。2019年末，个人贷款风险准备金余额47647.85万元，占个人住房贷款余额的11.66%，个人住房贷款逾期额与个人贷款风险准备金余额的比率为10.03%。

五、社会经济效益

（一）**缴存业务**：2019年，实缴单位数、实缴职工人数和缴存额同比分别增长0.84%、-3.29%和8.86%。

缴存单位中，国家机关和事业单位占72.02%，国有企业占10.99%，城镇集体企业占0.76%，外商投资企业占1.25%，城镇私营企业及其他城镇企业占6.83%，民办非企业单位和社会团体占2.5%，其他占5.65%。

缴存职工中，国家机关和事业单位占53.12%，国有企业占34.88%，城镇集体企业占1.35%，外商投资企业占2.58%，城镇私营企业及其他城镇企业占3.9%，民办非企业单位和社会团体占1.17%，其他占3.01%；中、低收入占100%。

新开户职工中，国家机关和事业单位占30.09%，国有企业占18.08%，城镇集体企业占3.79%，外商投资企业占7%，城镇私营企业及其他城镇企业占27.55%，民办非企业单位和社会团体占3.78%，其他占9.71%；中、低收入占100%。

（二）**提取业务**：2019年，3.89万名缴存职工提取住房公积金12.33亿元。

提取金额中，住房消费提取占59.86%（购买、建造、翻建、大修自住住房占33.09%，偿还购房贷

款本息占 62.38%，租赁住房占 1.85%，其他占 2.68%）；非住房消费提取占 40.14%（离休和退休提取占 84.59%，完全丧失劳动能力并与单位终止劳动关系提取占 9.38%，户口迁出本市或出境定居占 0.04%，其他占 5.99%）。

提取职工中，中、低收入占 100%。

（三）贷款业务：

1. 个人住房贷款： 2019 年，支持职工购建房 24.03 万平方米，年末个人住房贷款市场占有率为 32.14%，比上年增加 0.59 个百分点。通过申请住房公积金个人住房贷款，可节约职工购房利息支出 1426.61 万元。

职工贷款笔数中，购房建筑面积 90（含）平方米以下占 23.88%，90~144（含）平方米占 67.74%，144 平方米以上占 8.38%。购买新房占 79.29%，购买二手房占 20.71%。

职工贷款笔数中，单缴存职工申请贷款占 35.57%，双缴存职工申请贷款占 64.43%。

贷款职工中，30 岁（含）以下占 28.18%，30 岁~40 岁（含）占 38.56%，40 岁~50 岁（含）占 24.24%，50 岁以上占 9.02%；首次申请贷款占 86.04%，二次及以上申请贷款占 13.96%；中、低收入占 99.41%，高收入占 0.59%。

2. 异地贷款： 2019 年，发放异地贷款 223 笔、5794.8 万元。2019 年末，发放异地贷款累计总额 47334.4 万元，异地贷款余额 28773.69 万元。

（四）住房贡献率： 2019 年，个人住房贷款发放额、住房消费提取额的总和与当年缴存额的比率为 66.9%，比上年减少 5.38 个百分点。

六、其他重要事项

铁岭市住房公积金管理中心：

（1）当年机构及职能调整情况、受委托办理缴存贷款业务金融机构变更情况。2018 年，铁岭市住房公积金管理中心归入"铁岭市财政金融审计服务中心"，作为其内设机构，独立法人资格消失。2019 年 5 月，根据中共铁岭市委机构编制委员会《关于保留部分市直事业单位分中心原法人证书的通知》要求，保留铁岭市住房公积金管理中心原法人证书，业务单独归口市财政局管理。我中心受委托办理缴存、贷款业务金融机构未发生变化。

（2）当年住房公积金政策调整及执行情况。

1）当年缴存基数限额确定方法及调整情况。2019 年，住房公积金月缴存基数为职工本人上一年度月平均工资，上限不超过本市 2018 年在岗职工人均工资的 3 倍，即 13539 元；下限为本市最低工资标准 1300 元。

2）当年住房公积金存贷款利率执行标准。2019 年，职工住房公积金账户存款利率仍统一按一年期定期存款基准利率执行；个人住房公积金贷款利率未发生变化，5 年及以下为 2.75%，5 年以上为 3.25%，第二套房个人住房公积金贷款利率按基准利率上浮 1.1 倍。

（3）当年服务改进情况。

1）完善服务制度，改善服务环境。有效完善了首问负责制、一次告知制、限时办结制等服务制度。规范窗口服务行为，在办事大厅配备等候椅、查询机等服务设施，公示业务办理流程和服务指南。

2）优化业务流程，提供创新服务。在确保资金安全的基础上，不断减少办事环节、优化业务流程、简化资料要件、缩短办事时限、提高办事效率。推行双休日预约工作服务机制，缴存职工可通过前台、12329服务热线和手机APP等途径实现公积金预约服务。

（4）当年信息化建设情况。

1）住房公积金综合服务平台系统通过了住房和城乡建设部专家组验收，开通了网站、网厅、微信、微博、APP、短信、自助终端等八大服务渠道，并于2019年同步成功上线运行。中心完善了公积金门户网站内容，大力拓展网上办公和微信公众号、APP业务功能，支持单位和职工办理更多离柜业务。

2）实现了住房公积金账户异地转移接续直连。转移接续业务办理时间短，效率高，更加方便职工在转入地住房公积金管理中心就近办理业务，避免职工在转入地和转出地往返奔波，进一步提升了住房公积金的服务效率。

3）加强风险防控，清除风险隐患。中心运用电子化检查工具全面开展公积金政策执行及风险隐患排查，对检查发现问题进行整改，确保政策合规、运行有序、风险可控、管理规范。

铁煤集团分中心：

（1）2019年7月份缴存基数限额由原来的11904元调整为13539元。缴存基数限额为上一年全市在岗职工月平均工资的3倍。

（2）2019年4月铁煤分中心住房公积金系统进行"双贯标"改造，根据住房和城乡建设部与省监管处指示精神，与铁岭市住房公积金管理中心共同使用同一住房公积金管理系统，统一执行铁岭市住房公积金政策。

（3）2019年11月铁煤分中心由集团财务部划转到铁煤后勤服务保障中心管理，业务受公司财务部指导。

朝阳市住房公积金2019年年度报告

一、机构概况

（一）**住房公积金管理委员会**：住房公积金管理委员会有18名委员，2019年召开1次会议，审议通过的事项主要包括：《朝阳市住房公积金2018年年度报告》《朝阳市住房公积金2018年年度决算和2019年年度预算》《住房公积金归集、提取、贷款管理实施细则的修订》《关于授予市住房公积金管理中心相关业务审批权限的决定》。

（二）**住房公积金管理中心**：住房公积金管理中心为不以营利为目的的事业单位，设9个科，1个营业部，6个办事处。从业人员158人，其中，在编62人，非在编96人。

二、业务运行情况

（一）**缴存**：2019年，新开户单位198家，实缴单位2682家，净增单位107家；新开户职工0.92万人，实缴职工 16.32 万人，减少职工 0.3 万人；缴存额 21.04 亿元，同比增长 13.36%。2019 年末，缴存总额 158.38 亿元，比上年末增加 15.32%；缴存余额 82.88 亿元，比上年末增加 11.29%。

受委托办理住房公积金缴存业务的银行 9 家，比上年增加 1 家。

（二）提取：2019 年，提取额 12.63 亿元，同比增长 4.12%；占当年缴存额的 60.03%，比上年减少 5.33 个百分点。2019 年末，提取总额 75.50 亿元，比上年末增加 20.09%。

（三）贷款：

1. 个人住房贷款：个人住房贷款最高额度 80 万元，其中，单缴存职工最高额度 80 万元，双缴存职工最高额度 80 万元。

2019 年，发放个人住房贷款 0.56 万笔、15.68 亿元，同比分别增长 12%、40.63%。

2019 年，回收个人住房贷款 8.81 亿元。

2019 年末，累计发放个人住房贷款 6.79 万笔、123.20 亿元，贷款余额 67.16 亿元，分别比上年末增加 8.99%、14.58%、11.39%。个人住房贷款余额占缴存余额的 81.03%，比上年末增加 0.07 个百分点。

受委托办理住房公积金个人住房贷款业务的银行 9 家，比上年增加 1 家。

2. 住房公积金支持保障性住房建设项目贷款：2019 年，发放支持保障性住房建设项目贷款 0 亿元，回收项目贷款 0 亿元。2019 年末，累计发放项目贷款 0.28 亿元，项目贷款余额 0 亿元。

（四）资金存储：2019 年末，住房公积金存款 16.31 亿元。其中，活期 0.03 亿元，1 年（含）以下定期 9.90 亿元，1 年以上定期 5.44 亿元，其他（协定、通知存款等）0.94 亿元。

（五）资金运用率：2019 年末，住房公积金个人住房贷款余额、项目贷款余额和购买国债余额的总和占缴存余额的 81.03%，比上年末增加 0.07 个百分点。

三、主要财务数据

（一）业务收入：2019 年，业务收入 24894.74 万元，同比增长 14.37%。其中，存款利息 4806.61 万元，委托贷款利息 20081.18 万元，国债利息 0 万元，其他 6.95 万元。

（二）业务支出：2019 年，业务支出 12051.74 万元，同比增长 8.15%。其中，支付职工住房公积金利息 11905.55 万元，归集手续费 0 万元，委托贷款手续费 146.19 万元，其他 0 万元。

（三）增值收益：2019 年，增值收益 12843.00 万元，同比增长 20.89%。增值收益率 1.63%，比上年增加 0.13 个百分点。

（四）增值收益分配：2019 年，提取贷款风险准备金 687.38 万元，提取管理费用 2187.53 万元，提取城市廉租住房（公共租赁住房）建设补充资金 9968.09 万元。

2019 年，上交财政管理费用 2187.53 万元。上缴财政城市廉租住房（公共租赁住房）建设补充资金 8056.54 万元。

2019 年末，贷款风险准备金余额 7480.09 万元。累计提取城市廉租住房（公共租赁住房）建设补充资金 56249.99 万元。

（五）管理费用支出：2019 年，管理费用支出 2307.39 万元，同比下降 18.78%。其中，人员经费 1525.41 万元，公用经费 479.33 万元，专项经费 302.65 万元。

四、资产风险状况

（一）个人住房贷款：2019 年末，个人住房贷款逾期额 296.50 万元，逾期率 0.44‰。

个人贷款风险准备金按贷款余的 1% 提取。2019 年，提取个人贷款风险准备金 687.38 万元，使用个人贷款风险准备金核销呆坏账 0 万元。2019 年末，个人贷款风险准备金余额 7368.09 万元，占个人住房贷款余额的 1.10%，个人住房贷款逾期额与个人贷款风险准备金余额的比率为 4.02%。

（二）支持保障性住房建设试点项目贷款：2019 年末，逾期项目贷款 0 万元，逾期率 0.0‰。

项目贷款风险准备金按贷款余额的 4% 提取。2019 年，提取项目贷款风险准备金 0 万元，使用项目贷款风险准备金核销呆坏账 0 万元，项目贷款风险准备金余额 112 万元，占项目贷款余额的 0%，项目贷款逾期额与项目贷款风险准备金余额的比率为 0%。

五、社会经济效益

（一）缴存业务：2019 年，实缴单位数、实缴职工人数和缴存额同比分别增长 4.15%、减少 1.81% 和增加 13.36%。

缴存单位中，国家机关和事业单位占 69.99%，国有企业占 6.94%，城镇集体企业占 0.78%，外商投资企业占 0.75%，城镇私营企业及其他城镇企业占 14.99%，民办非企业单位和社会团体占 0.75%，其他占 5.80%。

缴存职工中，国家机关和事业单位占 59.45%，国有企业占 19.76%，城镇集体企业占 1.37%，外商投资企业占 1.12%，城镇私营企业及其他城镇企业占 11.49%，民办非企业单位和社会团体占 0.2%，其他占 6.61%；中、低收入占 99.99%，高收入占 0.01%。

新开户职工中，国家机关和事业单位占 23.98%，国有企业占 12.46%，城镇集体企业占 1.32%，外商投资企业占 8.41%，城镇私营企业及其他城镇企业占 45.82%，民办非企业单位和社会团体占 1.64%，其他占 6.37%；中、低收入占 100%，高收入占 0%。

（二）提取业务：2019 年，5.05 万名缴存职工提取住房公积金 12.63 亿元。

提取金额中，住房消费提取占 71.35%（购买、建造、翻建、大修自住住房占 14.73%，偿还购房贷款本息占 84.23%，租赁住房占 1.04%，其他占 0%）；非住房消费提取占 28.65%（离休和退休提取占 76.96%，完全丧失劳动能力并与单位终止劳动关系提取占 11.83%，出境定居占 0%，其他占 11.21%）。

提取职工中，中、低收入占 98.71%，高收入占 1.29%。

（三）贷款业务：

1. 个人住房贷款：2019 年，支持职工购建房 57.40 万平方米，年末个人住房贷款市场占有率为 38.15%，比上年末增加 1.52 个百分点。通过申请住房公积金个人住房贷款，可节约职工购房利息支出 29302.49 万元。

职工贷款笔数中，购房建筑面积 90（含）平方米以下占 22.04%，90～144（含）平方米占 69.46%，144 平方米以上占 8.50%。购买新房占 71.76%（其中购买保障性住房占 0%），购买二手房占 28.24%，建造、翻建、大修自住住房占 0%，其他占 0%。

职工贷款笔数中,单缴存职工申请贷款占 28.81%,双缴存职工申请贷款占 71.08%,三人及以上缴存职工共同申请贷款占 0.11%。

贷款职工中,30 岁(含)以下占 31.12%,30 岁~40 岁(含)占 37.29%,40 岁~50 岁(含)占 20.66%,50 岁以上占 10.93%;首次申请贷款占 83.88%,二次及以上申请贷款占 16.12%;中、低收入占 98.43%,高收入占 1.57%。

2. 异地贷款:2019 年,发放异地贷款 1433 笔、30854 万元。2019 年末,发放异地贷款总额 63471 万元,异地贷款余额 49775.59 万元。

3. 支持保障性住房建设试点项目贷款:2019 年末,累计试点项目 2 个,贷款额度 0.28 亿元,建筑面积 2.71 万平方米,可解决 430 户中低收入职工家庭的住房问题。2 个试点项目贷款资金已发放并还清贷款本息。

(四)住房贡献率:2019 年,个人住房贷款发放额、公转商贴息贷款发放额、项目贷款发放额、住房消费提取额的总和与当年缴存额的比率为 134.55%,比上年增加 9.1 个百分点。

六、其他重要事项

(1)2019 年朝阳市统计局公布的 2018 年朝阳市城镇非私营单位在岗职工平均工资标准为 59534 元,以此为依据,自 2019 年 7 月 1 日起调整朝阳市 2019 年度住房公积金缴存基数最高限额为 14883 元,住房公积金缴存额最高限额为 3570 元,各缴存单位可按上述标准进行年度缴存基数调整;2019 年 1 月 1 日起新录用或新调入的职工住房公积金缴存基数为职工本人首月工资收入,在年度缴存基数调整时,不再重新核定;缴存比例严格按照个人和单位分别不低于 5%且不高于 12%执行。

(2)综合服务平台工作检查验收顺利完成。2019 年 11 月,省住房城乡建设厅综合服务平台检查验收专家组充分肯定了中心在推进住房公积金综合服务平台建设工作所取得的成效,并一致同意我市住房公积金综合服务平台以"良好"等次通过检查验收。在综合平台建设过程中,中心陆续开通了网站、单位及个人网厅、手机 APP、12329 热线、12329 短信、微信公众号、微博、自助终端八个服务渠道,实现了信息查询、信息发布、互动交流等线上服务,缴存、提取等业务的线上办理,拓展了服务渠道,提高了服务效率。

(3)开展公积金网厅业务培训,取得良好效果。根据中心的统一部署,分别在朝阳市区、北票市、朝阳县、凌源市、建平县、喀左县分别举行了六场公积金网上业务培训会,共 968 家单位 1150 人次参加培训。本次培训通过演示 PPT、现场登录单位网厅操作演示和发放书面材料等方式,图文并茂地对相关业务进行讲解。参训人员认为公积金网厅业务系统不仅版面简洁直观、布局合理,而且操作简单易学、通俗易懂,只要熟悉操作后就不用再跑公积金服务大厅,在办公室点一点鼠标,相关业务就能轻松办理。

(4)为贯彻落实国务院关于个人所得税改革相关信息系统优化和数据共享工作,按照住房和城乡建设部《关于做好全国住房公积金数据接入工作的通知》的精神,我中心在 2019 年 3 月正式接入住房和城乡建设部数据平台,实现与税务部门数据对接,通过数据平台税务部门可以核实缴存职工个税申报情况,让使用公积金贷款的缴存职工尽早享受个税抵扣优惠政策。

(5)2019 年 2 月,我中心荣获 2018 年度脱贫攻坚先进集体。在 2019 年直机关干部职工职业技能四项全能大赛中,我中心荣获优秀组织奖。

葫芦岛市住房公积金 2019 年年度报告

一、机构概况

（一）住房公积金管理委员会：住房公积金管理委员会有 21 名委员，2019 年召开第十九次会议，审议通过的事项主要包括：

（1）关于住房公积金归集、贷款、提取管理办法的请示。

（2）关于 2019 年住房公积金归集使用计划的请示。

（3）关于审议《葫芦岛市住房公积金 2018 年年度报告的请示》。

（4）葫芦岛市住房公积金管理委员会章程。

（二）住房公积金管理中心：2018 年 11 月，根据市委办《关于印发〈葫芦岛市政务服务中心主要职责内设机构和人员编制规定〉的通知》（葫委办发〔2018〕97 号）精神，设立了葫芦岛市政务服务中心，加挂葫芦岛市住房公积金管理中心牌子，机构规格相当于处级，为市政府直属事业单位。住房公积金分中心设 9 个（处）科，从业人员 113 人，其中，在编 72 人，非在编 41 人。

二、业务运行情况

（一）缴存：2019 年，新开户单位 160 家，实缴单位 1241 家，净增单位 86 家；新开户职工 1.1 万人，实缴职工 16.36 万人，净增职工 0.17 万人；缴存额 20.36 亿元，同比增长 6.32%。2019 年末，缴存总额 170.64 亿元，同比增长 13.55%；缴存余额 89.51 亿元，同比增长 8.84%。

受委托办理住房公积金缴存业务的银行 6 家。

（二）提取：2019 年，提取额 13.09 亿元，同比增长 10%；占当年缴存额的 64.29%，比上年增加 2.15 个百分点。2019 年末，提取总额 81.13 亿元，同比增长 19.24%。

（三）贷款：

个人住房贷款：个人住房贷款最高额度 65 万元，其中，单缴存职工最高额度 45 万元，双缴存职工最高额度 65 万元。

2019 年，发放个人住房贷款 0.56 万笔、19.36 亿元，贷款发放笔数与去年持平，贷款发放金额同比增长 3.97%。其中，市中心发放个人住房贷款 0.36 万笔、12.36 亿元，兴城办事处发放个人住房贷款 0.14 万笔、5.22 亿元，绥中办事处发放个人住房贷款 0.04 万笔、1.42 亿元，建昌办事处发放个人住房贷款 0.02 万笔、0.36 亿元。

2019 年末，累计发放个人住房贷款 6.88 万笔、138.49 亿元，贷款余额 81.44 亿元，同比分别增长 8.86%、16.25%、14.38%。个人住房贷款余额占缴存余额的 90.98%，比上年增加 4.41 个百分点。

受委托办理住房公积金个人住房贷款业务的银行 5 家。

（四）资金存储：2019 年末，住房公积金存款 9.57 亿元。其中，活期 2.55 亿元，1 年（含）以下定期 7.02 亿元。

（五）资金运用率：2019年末，住房公积金个人住房贷款余额、项目贷款余额和购买国债余额的总和占缴存余额的90.98%，比上年增加4.41%个百分点。

三、主要财务数据

（一）业务收入：2019年，业务收入27217.36万元，同比增长12.29%。存款利息2093万元，委托贷款利息25114.17万元，其他10.19万元。

（二）业务支出：2019年，业务支出14187.73万元，同比增长11.89%。支付职工住房公积金利息12930.11万元，委托贷款手续费1257.29万元，其他0.33万元。

（三）增值收益：2019年，增值收益13029.63万元，同比增加12.72%。增值收益率1.52%，比上年增加0.05个百分点。

（四）增值收益分配：2019年，提取贷款风险准备金1024.63万元，提取管理费用4845万元，提取城市廉租住房（公共租赁住房）建设补充资金7160万元。

2019年，上交财政管理费用4845万元。上缴财政2018年度提取的城市廉租住房（公共租赁住房）建设补充资金8600万元。

2019年末，贷款风险准备金余额21141.10万元。累计提取城市廉租住房（公共租赁住房）建设补充资金52237.26万元。

（五）管理费用支出：2019年，管理费用支出1998.57万元，同比下降5.69%。其中，人员经费1238.86万元，公用经费130.78万元，专项经费628.93万元。

四、资产风险状况

2019年末，个人住房贷款逾期额为0。个人贷款风险准备金按贷款余额的1%提取。2019年，提取个人贷款风险准备金1024.63万元。2019年末，个人贷款风险准备金余额21141.10万元，占个人住房贷款余额的2.59%。

五、社会经济效益

（一）缴存业务：2019年，实缴单位数、实缴职工人数和缴存额同比分别增长7.45%、1.05%和6.32%。

缴存单位中，国家机关和事业单位占36.16%，国有企业占22.34%，城镇集体企业占2.8%，外商投资企业占2.14%，城镇私营企业及其他城镇企业占30.16%，民办非企业单位和社会团体占5.2%，其他占1.2%。

缴存职工中，国家机关和事业单位占44.81%，国有企业占33.86%，城镇集体企业占4.43%，外商投资企业占0.61%，城镇私营企业及其他城镇企业占13.96%，民办非企业单位和社会团体占1.72%，其他占0.61%；中、低收入占96.65%，高收入占3.35%。

新开户职工中，国家机关和事业单位占16.13%，国有企业占12.4%，城镇集体企业占0.8%，外商投资企业占0.44%，城镇私营企业及其他城镇企业占66.04%，民办非企业单位和社会团体占2.67%，其他占1.52%；中、低收入占99.74%，高收入占0.26%。

(二)提取业务：2019年，4.55万名缴存职工提取住房公积金13.09亿元。

提取金额中，住房消费提取占62.95%（购买、建造、翻建、大修自住住房占13.92%，偿还购房贷款本息占84.26%，租赁住房占1.82%）；非住房消费提取占37.05%（离休和退休提取占71.81%，完全丧失劳动能力并与单位终止劳动关系提取占19.54%，户口迁出本市或出境定居占1%，其他占7.65%）。

提取职工中，中、低收入占96.42%，高收入占3.58%。

(三)贷款业务：

1.个人住房贷款：2019年，支持职工购建房60.8万平方米，年末个人住房贷款市场占有率为33%，比上年增加0.4个百分点。通过申请住房公积金个人住房贷款，可节约职工购房利息支出3.05亿元。

职工贷款笔数中，购房建筑面积90（含）平方米以下占25.91%，90~144（含）平方米占65.33%，144平方米以上占8.76%。购买新房占49.38%，购买二手房占48.48%，其他占2.14%。

职工贷款笔数中，单缴存职工申请贷款占34.99%，双缴存职工申请贷款占65.01%。

贷款职工中，30岁（含）以下占22.83%，30岁~40岁（含）占40.2%，40岁~50岁（含）占26.00%，50岁以上占10.97%；首次申请贷款占96.25%，二次及以上申请贷款占3.75%；中、低收入占98.64%，高收入占1.36%。

2.异地贷款：2019年，发放异地贷款809笔、26668万元。2019年末，发放异地贷款总额83348.3万元，异地贷款余额61215.86万元。

(四)住房贡献率：2019年，个人住房贷款发放额、公转商贴息贷款发放额、项目贷款发放额、住房消费提取额的总和与当年缴存额的比率为135.56%，比上年增加0.42个百分点。

六、其他重要事项

(一)住房公积金政策调整及执行情况。

1.住房公积金缴存政策调整情况

2019年，根据我市统计局公布的城镇非私营单位在岗职工年平均工资，确定我市住房公积金缴存基数上限为14970元；缴存基数下限确定为我市公布的最低工资标准，即1120元/月。

2.住房公积金贷款政策调整情况

（1）调整最大贷款额度由原单缴存职工最高可贷80万元，双缴存职工最高可贷80万元，调整为单缴存职工最高可贷45万元，双缴存职工最高可贷65万元。

（2）增加贷款额度不超过借款申请人家庭公积金账户余额15倍。

（3）调整借款申请人所购房屋套数和次数认定要求：

1）借款人及共同借款人名下未有住房且2016年1月1日后未有公积金贷款记录的申请公积金贷款，享受首套房待遇；

2）借款人及共同借款人名下拥有一套住房或2016年1月1日起申请过一次公积金贷款的，再次申请公积金贷款首付款比例不得低于30%，利率上浮1.1倍；

3）借款人及共同借款人名下拥有两套及以上住房，不予办理公积金贷款；

4）借款人及共同借款人2016年1月1日后申请两次及以上公积金贷款的，不予办理公积金贷款。

(二)服务改进情况。 2019年我市住房公积金信息化建设以提高系统服务技能入手，不断提升服务能力,主要体现在以下几个方面:一是开通了公安、民政数据查询接口;二是完成了公积金数据异地备份和信息系统安全等级保护定级评审及备案工作。

(三)信息化建设情况。2019年我市住房公积金在落实住房和城乡建设部信息化项目建设方面主要完成了以下几项工作:

(1)建成了公积金综合服务平台并通过住房和城乡建设部、省住房城乡建设厅联合专家组验收;

(2)完成了公积金数据平台建设按标准上报数据;

(3)实现了公积金异地转移接续平台系统直连。

2019 全国住房公积金年度报告汇编

吉林省

长春
吉林市
四平市
辽源市
通化市
白山市
松原市
白城市
延边朝鲜族自治州

吉林省住房公积金2019年年度报告

一、机构概况

（一）住房公积金管理机构：全省共设9个设区城市住房公积金管理中心，3个独立设置的分中心（其中，长春省直住房公积金管理分中心隶属吉林省机关事务管理局，长春市住房公积金管理中心电力分中心隶属吉林省电力有限公司，松原市住房公积金管理中心油田分中心隶属中国石油吉林油田分公司）。从业人员1257人，其中，在编693人，非在编564人。

（二）住房公积金监管机构：吉林省住房和城乡建设厅、财政厅和中国人民银行长春中心支行负责对本省住房公积金管理运行情况进行监督。吉林省住房和城乡建设厅设立住房公积金管理办公室，负责辖区住房公积金日常监管工作。

二、业务运行情况

（一）缴存：2019年，新开户单位5117家，实缴单位41318家，净增单位2432家；新开户职工21.71万人，实缴职工248.12万人，净增职工0.8万人；缴存额353.55亿元，同比增长9.7%。2019年末，缴存总额2839.28亿元，同比增长14.22%；缴存余额1217.69亿元，同比增长9.58%。

（二）提取：2019年，提取额247.1亿元，同比增长7.95%；占当年缴存额的69.88%，比上年减少1.13个百分点。2019年末，提取总额1621.58亿元，比上年末增加17.98个百分点。

（三）贷款：

1. 个人住房贷款：2019年，发放个人住房贷款5.41万笔、196.64亿元，同比下降9.01%、3.61%。回收个人住房贷款111.47亿元。

2019年末，累计发放个人住房贷款74.21万笔、1723.99亿元，贷款余额1034.22亿元，同比分别增长7.87%、12.88%、8.97%。个人住房贷款余额占缴存余额的84.93%，比上年减少0.47个百分点。

2. 住房公积金支持保障性住房建设项目贷款：2019年，未发放支持保障性住房建设项目贷款，回收项目贷款0.12亿元。2019年末，累计发放项目贷款15.60亿元，项目贷款余额0亿元。

（四）融资：2019年，新增授信贷款9亿元，归还授信贷款9亿元。2019年末，融资总额11.8亿元，融资余额0亿元。

（五）资金存储：2019年末，住房公积金存款194.76亿元。其中，活期21.95亿元，1年（含）以下定期46.53亿元，1年以上定期101.32亿元，其他（协定、通知存款等）24.96亿元。

（六）资金运用率：2019年末，住房公积金个人住房贷款余额、项目贷款余额和购买国债余额的总和占缴存余额的84.93%，比上年减少0.48个百分点。

三、主要财务数据

（一）业务收入：2019年，业务收入377687.34万元，同比增长10.42%。其中，存款利息56754.21

万元，委托贷款利息 320685.31 万元，其他 247.82 万元。

（二）**业务支出**：2019 年，业务支出 189067.3 万元，同比增长 10.11%。其中，支付职工住房公积金利息 172686.79 万元，归集手续费 831.83 万元，委托贷款手续费 13908.93 万元，其他 1639.75 万元。

（三）**增值收益**：2019 年，增值收益 188620.04 万元，同比增长 10.74%；增值收益率 1.62%，比上年减少 0.01 个百分点。

（四）**增值收益分配**：2019 年，提取贷款风险准备金 74714.59 万元，提取管理费用 33274.35 万元，提取城市廉租住房（公共租赁住房）建设补充资金 80631.1 万元。

2019 年，上交财政管理费用 33080.41 万元，上缴财政城市廉租住房（公共租赁住房）建设补充资金 68792.15 万元。

2019 年末，贷款风险准备金余额 535027.89 万元，累计提取城市廉租住房（公共租赁住房）建设补充资金 536737.61 万元。

（五）**管理费用支出**：2019 年，管理费用支出 25397.35 万元，同比下降 8.4%。其中，人员经费 13489.28 万元，公用经费 3197.37 万元，专项经费 8710.7 万元。

四、资产风险状况

（一）**个人住房贷款**：2019 年末，个人住房贷款逾期额 6822.51 万元，逾期率 0.66‰。

2019 年，提取个人贷款风险准备金 74714.59 万元，未使用个人贷款风险准备金核销呆坏账，收回以前年度使用的个人贷款风险风险准备金 0.55 万元。2019 年末，个人贷款风险准备金余额 532247.89 万元，占个人贷款余额的 5.15%，个人贷款逾期额与个人贷款风险准备金余额的比率为 1.28%。

（二）**住房公积金支持保障性住房建设项目贷款**：2019 年末，无逾期项目贷款，项目贷款逾期率为 0‰。

2019 年，未提取项目贷款风险准备金，未使用项目贷款风险准备金核销呆坏账。2019 年末，项目贷款风险准备金余额 2780 万元，项目贷款余额 0 万元，项目贷款逾期额与项目贷款风险准备金余额的比率为 0%。

五、社会经济效益

（一）**缴存业务**：2019 年，实缴单位数、实缴职工人数和缴存额增长率分别为 6.25%、0.33% 和 9.7%。

缴存单位中，国家机关和事业单位占 44.85%，国有企业占 9.39%，城镇集体企业占 1.92%，外商投资企业占 1.2%，城镇私营企业及其他城镇企业占 35.3%，民办非企业单位和社会团体占 2.15%，其他占 5.19%。

缴存职工中，国家机关和事业单位占 37.84%，国有企业占 28.03%，城镇集体企业占 2.17%，外商投资企业占 2.95%，城镇私营企业及其他城镇企业占 24.06%，民办非企业单位和社会团体占 1.85%，其他占 3.1%；中、低收入占 98.35%，高收入占 1.65%。

新开户职工中，国家机关和事业单位占 19.08%，国有企业占 11.54%，城镇集体企业占 2.35%，外商投资企业占 2.55%，城镇私营企业及其他城镇企业占 52.65%，民办非企业单位和社会团体占 5.02%，

其他占 6.81%；中、低收入占 99.2%，高收入占 0.8%。

（二）**提取业务**：2019 年，74.15 万名缴存职工提取住房公积金 247.1 亿元。

提取金额中，住房消费提取占 71.03%（购买、建造、翻建、大修自住住房占 18.9%，偿还购房贷款本息占 49.34%，租赁住房占 2.78%，其他占 0.01%）；非住房消费提取占 28.97%（离休和退休提取占 20.05%，完全丧失劳动能力并与单位终止劳动关系提取占 5%，户口迁出所在市或出境定居占 0.47%，其他占 3.45%）。

提取职工中，中、低收入占 99.23%，高收入占 0.77%。

（三）**贷款业务**：

1. 个人住房贷款：2019 年，支持职工购建房 587.73 万平方米。年末个人住房贷款市场占有率为 16.13%，比上年同期减少 8.87 个百分点。

职工贷款笔数中，购房建筑面积 90（含）平方米以下占 32.68%，90～144（含）平方米占 61.21%，144 平方米以上占 6.11%。购买新房占 67.72%（其中购买保障性住房占 0%），购买二手房占 30.58%，建造、翻建、大修自住住房占 1.65%，其他占 0.05%。

职工贷款笔数中，单缴存职工申请贷款占 40.23%，双缴存职工申请贷款占 59.62%，三人及以上缴存职工共同申请贷款占 0.15%。

贷款职工中，30 岁（含）以下占 26.58%，30 岁～40 岁（含）占 36.58%，40 岁～50 岁（含）占 27.97%，50 岁以上占 8.87%；首次申请贷款占 90.19%，二次及以上申请贷款占 9.81%；中、低收入占 98.59%，高收入占 1.41%。

2. 异地贷款：2019 年，发放异地贷款 4777 笔、204137.2 万元。2019 年末，发放异地贷款总额 997380.32 万元，异地贷款余额 698275.8 万元。

3. 公转商贴息贷款：2019 年，发放公转商贴息贷款 2466 笔、90493.2 万元，支持职工购建房面积 24.13 万平方米。当年贴息额 1269.02 万元。2019 年末，累计发放公转商贴息贷款 3674 笔、132670.2 万元，累计贴息 2522.57 万元。

4. 住房公积金支持保障性住房建设项目贷款：2019 年末，全省有住房公积金试点城市 4 个，试点项目 11 个，贷款额度 15.60 亿元，建筑面积 147.4 万平方米，可解决 19130 户中低收入职工家庭的住房问题。11 个试点项目贷款资金已发放并还清贷款本息。

（四）**住房贡献率**：2019 年，个人住房贷款发放额、公转商贴息贷款发放额、项目贷款发放额、住房消费提取额的总和与当年缴存额的比率为 107.82%，比上年减少 4.72 个百分点。

六、其他重要事项

（一）**接受审计**。2019 年 9 月至 11 月，审计署长春特派办对我省住房公积金管理中心、分中心 2018 年度和 2019 年 1 月至 9 月住房公积金归集管理使用以及相关政策措施落实情况进行了审计，重点审计了长春市、吉林市。

（二）**开展电子稽查**。按照住房和城乡建设部办公厅《关于全面开展住房公积金电子稽查工作的通知》要求，每月按时向住房公积金监管司上报电子稽查报告。组织各中心 50 余人参加国家电子化稽查工作培训，提升干部队伍素质。

（三）接入国家数据集中平台。 按照住房和城乡建设部《关于做好全国住房公积金数据平台接入工作的通知》要求，组织人员参加全国住房公积金数据平台接入培训。截至2019年6月16日，各市州住房公积金管理中心、分中心全部接入国家数据平台。

（四）完善综合服务平台。 各市州住房公积金管理中心、分中心已建成综合服务平台并启用了部分功能，缴存业务及离退休、解除劳动关系、偿还住房公积金贷款等提取业务可以网上办理。松原市住房公积金综合服务平台通过国家验收，四平市、长春市住房公积金综合服务平台通过省联合验收。除省直分中心外各中心已全部建成12329服务热线，长春、吉林、延边、通化、白城、松原、电力、油田8个中心已接入省12329短信平台。

（五）完成异地转移接续平台直连。 各市州住房公积金管理中心、分中心直连接入全国住房公积金异地转移接续平台。

（六）开展信息系统评测。 延边、四平、通化、白城、辽源、松原、白山、电力8个住房公积金管理中心、分中心对信息系统进行了行业内互检，省直分中心、油田分中心组织了信息系统内部自评。

（七）当年住房公积金机构及从业人员所获荣誉情况。

（1）文明单位（行业、窗口）：省部级2个，地市级1个。

（2）青年文明号：国家级1个。

（3）五一劳动奖章（劳动模范）：地市级1个。

（4）三八红旗手：地市级3个。

（5）先进集体和个人：地市级43个。

（6）其他类：省部级2个，地市级5个。

（八）其他需要披露的情况。

2020年9月在全省继续开展政策宣传月活动。长春市住房公积金管理中心结合时代主旋律，开展了大型民生宣传活动，举办"五险一金"纪念新中国成立70周年助力民生事业发展文艺汇演，组织青年职工在长春市文化广场和欢乐城拍摄演唱"我和我的祖国"快闪活动，同时在活动现场面向群众普及住房公积金惠民政策。吉林市住房公积金管理中心与电台、电视台、报刊三大主流媒体平台紧密合作，做到公积金宣传"报刊有字、电视有影、电台有声"，完善了新闻发言人制度，及时回应社会关注热点、焦点问题。

长春住房公积金2019年年度报告

一、机构概况

（一）住房公积金管理委员会： 长春市住房公积金管理委员会、长春省直住房公积金管理委员会，2019年均未召开管委会议。

（二）住房公积金管理中心： 长春市住房公积金管理中心为直属于长春市人民政府的不以营利为目的

的自收自支事业单位（公益二类），设8个处，8个分中心。从业人员325人，其中，在编170人，非在编155人。

长春省直住房公积金管理分中心为吉林省机关事务管理局下属不以营利为目的的参照公务员法管理的事业单位，设7个科。从业人员63人，其中，在编17人，非在编46人。

长春市住房公积金管理中心电力分中心为国网吉林省电力有限公司下属不以营利为目的的国有性质单位，设2个科。从业人员12人，全部为在编人员。

二、业务运行情况

（一）缴存：2019年，新开户单位3095家，实缴单位17030家，净增单位2087家；新开户职工12.49万人，实缴职工120.88万人，净增职工2.16万人；缴存额183.33亿元，同比增长9.42%。2019年末，缴存总额1514.55亿元，比上年末增加13.77%；缴存余额609.41亿元，比上年末增加8.18%。

受委托办理住房公积金缴存业务的银行4家，与上年相同（长春市中心为中国工商银行、中国建设银行、中国农业银行；省直分中心为中国建设银行；电力分中心为中国农业银行、交通银行）。

（二）提取：2019年，提取额137.26亿元，同比增长11.51%；占当年缴存额的74.87%，比上年增加1.40个百分点。2019年末，提取总额905.14亿元，比上年末增加17.88%。

（三）贷款：

1. 个人住房贷款：个人住房贷款最高额度80万元，其中，单缴存职工最高额度50万元（电力分中心单缴存职工最高额度70万元），双缴存职工最高额度80万元。

2019年，发放个人住房贷款1.99万笔、97.52亿元，同比分别下降4.44%、增长1.37%。其中，市中心发放个人住房贷款1.71万笔、82.97亿元，省直分中心发放个人住房贷款0.23万笔、12.48亿元，电力分中心发放个人住房贷款0.05万笔、2.07亿元。

2019年，回收个人住房贷款53.99亿元。其中，市中心45.02亿元，省直分中心7.46亿元，电力分中心1.51亿元。

2019年末，累计发放个人住房贷款29.09万笔、897.74亿元，贷款余额561.96亿元，分别比上年末增加7.34%、12.19%、8.40%。个人住房贷款余额占缴存余额的92.21%，比上年末增加0.19个百分点。

受委托办理住房公积金个人住房贷款业务的银行12家，与上年相同。

2. 住房公积金支持保障性住房建设项目贷款：2019年，未发生此类业务。2019年末，累计发放项目贷款10亿元，项目贷款余额0元。

（四）购买国债：2019年，无此类业务。

（五）融资：2019年，无此类业务。

（六）资金存储：2019年末，住房公积金存款48.02亿元。其中，活期1.29亿元，1年（含）以下定期24.33亿元，1年以上定期13.08亿元，其他（协定、通知存款等）9.32亿元。

（七）资金运用率：2019年末，住房公积金个人住房贷款余额、项目贷款余额和购买国债余额的总和占缴存余额的92.21%，比上年末增加0.19个百分点。

三、主要财务数据

（一）**业务收入**：2019 年，业务收入 187241.07 万元，同比增长 7.29％。其中，市中心 150180.35 万元，省直分中心 27155.44 万元，电力分中心 9905.28 万元；存款利息 12243.83 万元，委托贷款利息 174992.86 万元，其他 4.38 万元。

（二）**业务支出**：2019 年，业务支出 94914.85 万元，同比增长 8.31％。其中，市中心 75159.00 万元，省直分中心 14382.46 万元，电力分中心 5373.39 万元；支付职工住房公积金利息 86171.89 万元，委托贷款手续费 8719.41 万元，其他 23.55 万元。

（三）**增值收益**：2019 年，增值收益 92326.22 万元，同比增长 6.27％。其中，市中心 75021.36 万元，省直分中心 12772.97 万元，电力分中心 4531.89 万元；增值收益率 1.57％，比上年减少 0.03 个百分点。

（四）**增值收益分配**：2019 年，提取贷款风险准备金 18505.93 万元，提取管理费用 13888.87 万元，提取城市廉租住房（公共租赁住房）建设补充资金 59931.42 万元。同时，电力分中心于 2019 年补提 2018 年度少计提的城市廉租住房（公共租赁住房）建设补充资金 484.19 万元，冲减了贷款风险准备金 484.19 万元。

2019 年，上交财政管理费用 13747.51 万元。上缴财政城市廉租住房（公共租赁住房）建设补充资金 55872.91 万元。其中，市中心上缴 49327.03 万元，省直分中心上缴（吉林省财政厅）5873.41 万元，电力分中心上缴（吉林省财政厅）672.47 万元。

2019 年末，贷款风险准备金余额 186530.20 万元。累计提取城市廉租住房（公共租赁住房）建设补充资金 384931.21 万元。其中，市中心提取 345594.66 万元，省直分中心提取 29919.11 万元，电力分中心提取 9417.44 万元。

（五）**管理费用支出**：2019 年，管理费用支出 12891.32 万元，同比增长 4.64％。其中，人员经费 5413.20 万元，公用经费 1427.26 万元，专项经费 6050.86 万元。

市中心管理费用支出 10784.71 万元，其中，人员、公用、专项经费分别为 5126.26 万元、984.53 万元、4673.92 万元。

省直分中心管理费用支出 1111.89 万元，其中，人员、公用、专项经费分别为 286.94 万元、62.34 万元、762.61 万元。

电力分中心管理费用支出 994.72 万元，其中，人员、公用、专项经费分别为 0 万元、380.39 万元、614.33 万元。

四、资产风险状况

（一）**个人住房贷款**：2019 年末，个人住房贷款逾期额 1653.44 万元，逾期率 0.29‰。其中，市中心 0.33‰，省直分中心 0.11‰，电力分中心 0‰。

个人贷款风险准备金，市中心按当年新增贷款余额的 1％提取（省直分中心和电力分中心按当年增值收益的 60％提取）。2019 年，提取个人贷款风险准备金 18021.74 万元（已扣除电力分中心冲减的贷款风险准备金 484.19 万元），未使用个人贷款风险准备金核销呆坏账。2019 年末，个人贷款风险准备金余额

186530.20 万元，占个人住房贷款余额的 3.32%，个人住房贷款逾期额与个人贷款风险准备金余额的比率为 0.89%。

（二）支持保障性住房建设试点项目贷款：2019 年末，无逾期项目贷款，项目贷款逾期率为零。

五、社会经济效益

（一）缴存业务：2019 年，实缴单位数、实缴职工人数和缴存额同比分别增长 13.97%、1.82% 和 9.42%。

缴存单位中，国家机关和事业单位占 23.36%，国有企业占 7.42%，城镇集体企业占 2.88%，外商投资企业占 1.74%，城镇私营企业及其他城镇企业占 53.52%，民办非企业单位和社会团体占 3.16%，其他占 7.92%。

缴存职工中，国家机关和事业单位占 25.20%，国有企业占 27.56%，城镇集体企业占 3.00%，外商投资企业占 4.68%，城镇私营企业及其他城镇企业占 33.32%，民办非企业单位和社会团体占 2.92%，其他占 3.32%；中、低收入占 97.71%，高收入占 2.29%。

新开户职工中，国家机关和事业单位占 10.05%，国有企业占 9.20%，城镇集体企业占 2.81%，外商投资企业占 2.98%，城镇私营企业及其他城镇企业占 62.28%，民办非企业单位和社会团体占 6.33%，其他占 6.35%；中、低收入占 99.61%，高收入占 0.39%。

（二）提取业务：2019 年，41.16 万名缴存职工提取住房公积金 137.26 亿元。

提取金额中，住房消费提取占 74.55%（购买、建造、翻建、大修自住住房占 15.91%，偿还购房贷款本息占 55.10%，租赁住房占 3.54%，其他占 0%）；非住房消费提取占 25.45%（离休和退休提取占 17.50%，完全丧失劳动能力并与单位终止劳动关系提取占 5.62%，出境定居占 0.72%，其他占 1.61%）。

提取职工中，中、低收入占 99.73%，高收入占 0.27%。

（三）贷款业务：

1. 个人住房贷款：2019 年，支持职工购建房 203.54 万平方米，年末个人住房贷款市场占有率（含公转商贴息贷款）为 19.10%，比上年末减少 2.07 个百分点。通过申请住房公积金个人住房贷款，可节约职工购房利息支出 199455.82 万元。

职工贷款笔数中，购房建筑面积 90（含）平方米以下占 37.66%，90～144（含）平方米占 56.72%，144 平方米以上占 5.62%。购买新房占 74.18%（其中购买保障性住房占 0%），购买二手房占 25.82%，建造、翻建、大修自住住房占 0%，其他占 0%。

职工贷款笔数中，单缴存职工申请贷款占 24.84%，双缴存职工申请贷款占 75.16%，三人及以上缴存职工共同申请贷款占 0%。

贷款职工中，30 岁（含）以下占 25.72%，30 岁～40 岁（含）占 39.52%，40 岁～50 岁（含）占 27.58%，50 岁以上占 7.18%；首次申请贷款占 94.76%，二次及以上申请贷款占 5.24%；中、低收入占 97.22%，高收入占 2.78%。

2. 异地贷款：2019 年，发放异地贷款 2342 笔、127973.70 万元。2019 年末，发放异地贷款总额 649909.10 万元，异地贷款余额 471351.80 万元。

3. 公转商贴息贷款：2019 年，未发生此类贷款。

4. 支持保障性住房建设试点项目贷款： 2019年末，累计试点项目4个，贷款额度10亿元，建筑面积33.60万平方米，可解决5600户中低收入职工家庭的住房问题。4个试点项目贷款资金已发放并还清贷款本息。

（四）住房贡献率： 2019年，个人住房贷款发放额、公转商贴息贷款发放额、项目贷款发放额、住房消费提取额的总和与当年缴存额的比率为109.01%，比上年减少1.56个百分点。

六、其他重要事项

（一）长春市住房公积金管理中心

1. 当年机构及职能调整情况、受委托办理缴存贷款业务金融机构变更情况

上述事项年度无变化。

2. 当年住房公积金政策调整及执行情况

归集方面：2019年，长春市地区住房公积金缴存基数上限为19730元/月，下限为1780元/月；缴存比例上限为单位、个人各缴存12%，下限为单位、个人各缴存5%。

提取方面：无政策性调整。

贷款方面：无政策性调整。

贷款利率执行标准：5年（含五年）以内，年利率2.75%；5年以上至30年，年利率3.25%。

存款利率执行标准：根据银行同期基准利率计算，随受托行利率波动浮动。

3. 当年服务改进情况

中心以"马上办""钉钉子"精神，锲而不舍、驰而不息优化住房公积金营商环境和职工的服务体验。

（1）归集主要业务实现"一次不跑"。继2018年完成公积金业务"最多跑一次"改革后，中心今年继续加强网上业务创新实践，有效解决企业和群众办事"最后一公里"问题。经过一系列系统升级改造，于3月推出归集网上服务大厅自动办结功能，"账户信息变更""账户变更""比例、基数调整""账户转移""查询及证明打印"5大类共计24项即时审核即时办结。单位经办人凭单位账号、密码、和手机验证码即可登录操作，实现了网厅自助办理大提速。自动办结功能既有效减少单位经办人等候时间，又大幅降低窗口人员的经办、审核工作量，使整个归集业务的办理实现高效循环，卡点、堵点问题得到较好解决。

（2）进一步简化公积金提取手续。为积极响应国务院和市政府有关证明事项清理要求，中心自4月1日起取消单位盖章的《住房公积金提取申请表》和《提取人家庭收入及困难情况证明》。对比原有政策，职工省去了到中心领取申请表带回单位盖章的步骤，改为直接在窗口填写申请表、即时办理业务，大量节省人力财力，为职工带来便捷实惠。取消收入及困难情况证明手续后，中心可依据系统内缴存信息进行民生提取，切实缓解困难家庭职工的燃眉之急。

（3）公积金办事大厅服务水平明显提升。在2018年实行服务窗口综合柜员制基础上，2019年中心优化了绩效奖金分配模式，采取按件计酬和综合评定相结合的办法，大幅提升窗口人员办事效率，窗口服务投诉数量降至历史最低水平，办事群众满意度得到有效提升。

（4）综合服务平台建设稳步推进。公积金综合服务平台以"互联网＋"为导向，以互联网和移动终端为主要载体，实现了"多点接入、整体互动、统一服务、线上线下业务同时联动"的公积金管理综合服务功能，2018年新增了微信、微博、手机APP和支付宝城市服务项目，2019年服务渠道由原有的5个拓展到9个，公积金业务办理、信息查询、信息发布、互动交流等实现线上进行，做到"群众少跑腿、数据多跑路"，打造公积金业务办理"不见面、马上办"的服务模式，有效提升了公积金管理和服务水平。

（5）多措并举为职工搭建互通平台。中心充分利用12329公积金客服热线等平台，积极解决民意诉求，各类诉求办结率达到100%。全年12329热线接入电话48万个，其中自助语音服务电话17.8万个，人工语音服务电话23.3万个，通话总时长6870小时，日均接听电936个；受理各类疑难、投诉及建议1727件，热线人工接听满意率达99.59%。新媒体客户端受到广泛关注，微信公众号累计服务量149.3万次，手机客户端累计服务量76.9万次。两大渠道累计会话接入总数量6601条。其中，转人工处理数量5237条，新媒体客服会话转人工率79.3%，满意度100%。中心网站累计发布、更新、维护各类信息201条，回复网站留言2222条，回复主任信箱81条，职工各类诉求都能得到及时回应。

4. 当年住房公积金管理中心及职工所获荣誉情况

集体荣誉：

中心被市精神文明办授予"精神文明先进单位"称号；

绿园分中心、朝阳分中心获得中共长春市直属机关工作委员会授予的"两先一优"典型示范工程"先进党支部"；

综合服务中心获得2018—2020年度市直机关"巾帼文明岗"；

朝阳分中心荣获长春市总工会"五一劳动奖状"；

个人荣誉：

经开分中心张华山被评为2019年第三季度"长春好人"（助人为乐好人）；

绿园分中心张丽获得2018—2020年长春市"三八红旗手"称号；

董畅获得2018—2020年长春市"三八红旗手"称号；

杨岱弘获得2018—2020年长春市"三八红旗手"称号；

冯雯获得市直属机关"两先一优"先进个人；

李姝琴、马循、李尧获得市保密先进个人；

马丹获得市部门决算先进个人；

杨岱弘获得2019年度长春市优秀妇女干部。

5. 当年对违反《住房公积金管理条例》行为处理情况

受理应缴未缴类咨询和投诉举报565件次，受理新华保险、大成实业、汇通驾校等6起群体性集中上访单位欠缴、少缴事件，均得到有效处置解决。

6. 其他需要披露的情况

中心积极落实中央、省、市关于开展"扫黑除恶"专项斗争行动相关会议精神，制定了《扫黑除恶专项斗争督导方案》，于4月份起开展为期一个月的扫黑除恶专项督导工作，深入推进公积金行业乱象治理。按照《扫黑除恶专项斗争工作任务分解表》制定的任务，督导组查阅了2017年以来受理的信访举报、案件查办和日常工作检查线索排查台账，检查了2018年以来违提骗提登记，了解涉黑涉恶线索摸排工作采取的措施和成效。全年共排查出涉黑涉恶线索80条，上报省住房和城乡建设厅违法提取公积金线索58条，移送公安5条，移送长春市扫黑办7条，依法依规查封公积金账户58个，追回骗提公积金31.59万元。其中5名职工利用中介伪造变造相关证明材料进行违规提取，已移交公安部门；18名职工违规骗提、

30名职工为试图违规提取,经前后台联合查验认定为问题件;7名职工隐瞒真实婚姻情况,3名职工与配偶连带查封。

(二)长春省直住房公积金管理中心

1. 当年机构及职能调整情况、受委托办理缴存贷款业务金融机构变更情况

无该情况。

2. 当年住房公积金政策调整及执行情况

当年缴存基数限额及确定方法、缴存比例等缴存政策调整情况:《关于做好2019年省直住房公积金缴存基数调整工作的通知》(吉省直公字〔2018〕14号)规定:职工住房公积金缴存基数应为上一年度(自然年度)月平均工资,计算住房公积金缴存基数的工资,应根据《关于工资总额组成的规定》(国家统计局令第1号)核定。住房公积金缴存基数应符合规定范围,最高不应高于长春市统计部门公布的上一年度职工月平均工资的3倍。最低不应低于长春市公布的最低工资标准。《长春省直住房公积金管理中心关于2019年度住房公积金缴存基数上限调整的通知》规定:2019年度省直住房公积金缴存基数上限调整为19730元。

当年提取政策、个人贷款最高贷款额度、贷款条件等贷款政策调整情况无。

3. 当年服务改进情况

2019年,中心持续完善服务工作,为给缴存职工提供更加良好的办事体验,中心在服务设施方面采用了智能引导分流设备,为办事群众提供叫号服务,该设备自年初投入使用后,运行稳定,在维护服务秩序方面取得成效。

4. 当年信息化建设情况

一是以贯彻落实住房和城乡建设部住房公积金数据接入工作为契机,圆满完成全国数据平台接入工作。期间,在中心各部门和建行项目组人员的通力合作下,经过近一个月的不懈努力,完成存量数据清洗补录、网络环境搭建、应用程序部署、业务数据采集、信息核验及数据上传等各项工作。中心成为全国首家成功接入住房和城乡建设部住房公积金数据平台的公积金中心,为全国住房公积金数据接入工作落地做出了有益尝试。二是充分借助"互联网+公积金"发展优势,利用"建行云"平台提供的云计算、云存储、云备份、云安全等服务,实现了中心住房公积金业务系统、备份系统和综合管理服务系统在建行云平台的成功落地、完美迁移,全面促进中心信息系统的运维管理、安全稳定、高效运行。三是为进一步贯彻落实省政府全面推进群众和企业办事"最多跑一次"改革的部署和要求,中心以办事群众需求为导向,以"数字吉林"建设为引领,经数月矢志奋战,倾情打造了"96899"云客服热线系统。云客服热线系统与网站、微信、手机APP等便民渠道共同构筑了中心"互联网+住房公积金"的矩阵式服务体系,标志着中心管理效率和服务水平向数字化、信息化、网络化快车道又迈进了一步。

5. 当年住房公积金管理中心及职工所获荣誉情况

2019年,中心被共青团中央授予2017—2018年度"全国青年文明号"荣誉称号,被省精神文明建设指导委员会授予2016—2018年"全省文明单位"称号,连续14年荣膺吉林省人民政府政务大厅"优秀进驻单位"称号。荣获2019年度省直机关建功"十三五"主题实践活动突出业绩一等奖,盛淑芬同志被评为2019年度省直机关建功"十三五"主题实践活动突出业绩项目带头人。

6. 当年对违反《住房公积金管理条例》和相关法规行为进行行政处罚和申请人民法院强制执行情况

无该情况。

当年对住房公积金管理人员违规行为的纠正和处理情况等。

无该情况。

其他需要披露的情况。

无其他披露情况。

(三) 长春电力住房公积金管理中心

1. 当年住房公积金政策调整及执行情况

2019年，在总结分析吉、长两市二手房贷款基础上，学习借鉴各地公积金中心做法，我中心在全省范围内开展二手房贷款业务，满足了职工二手房贷款需求，扩大了中心贷款覆盖面。

2. 当年服务改进情况

一是在原有12329人工座席、12329短信和支付宝城市服务3个服务渠道的基础上，又增加了住房公积金手机APP，进一步扩宽了住房公积金政策宣传渠道，增加了广大缴存职工进一步了解公积金政策、用好公积金政策的途径。二是依托中心2018年完成贷款委托转自主的基础上，全面开展住房公积金贷款冲还贷业务。

3. 当年信息化建设情况

一是按照住房和城乡建设部、吉林省住房和城乡建设厅关于做好全国住房公积金数据平台接入工作要求和时间节点，积极沟通建行吉林省行和软件公司，按时、高标准完成全国住房公积金数据平台接入工作，确保了中心住房公积金个人贷款及相关信息准确、完整，实现与税务部门的数据交换，切实维护住房公积金缴存职工合法权益。二是按照住房和城乡建设部关于开展住房公积金异地转移接续平台直连工作的总体要求，我中心积极与省住房城乡建设厅和软件公司沟通，通过升级核心系统克服原有技术壁垒，顺利完成异地转移接续直连工作，并于5月27日正式上线应用，异地转移接续直连上线，方便了缴存职工跨中心转移个人账户，提升了中心住房公积金管理水平。

4. 其他需要披露的情况

我中心现有缴存单位75家，因缴存单位涉及全省9个地区，为方便缴存职工办理提取、贷款业务，由缴存单位经办人员在本单位收集提取、贷款后统一上报至我中心审批，故我中心从业人员除中心在编9人外，还有不在编的兼职人员130人。

吉林市住房公积金2019年年度报告

一、机构概况

(一) 住房公积金管理委员会：住房公积金管理委员会有17名委员，2019年召开1次会议，审议通过的事项主要包括：2018 年吉林市住房公积金管理中心工作报告、2018 年住房公积金归集使用计划执行情况、2018 年增值收益分配情况、2019 年住房公积金归集使用计划、关于调整住房公积金相关使用政策的议案。

（二）住房公积金管理中心：住房公积金管理中心为直属吉林市人民政府不以营利为目的的自收自支事业单位，设 12 个处室，9 个分中心。从业人员 141 人，全部为编办批准的在编人员。

二、业务运行情况

（一）缴存：2019 年，新开户单位 484 家，实缴单位 5528 家，净增单位 145 家；新开户职工 2.44 万人，实缴职工 34.68 万人，净增职工 0.89 万人；缴存额 54.13 亿元，同比增长 12.44%。2019 年末，缴存总额 449.73 亿元，比上年末增长 13.68%；缴存余额 170.52 亿元，比上年末增长 8.62%。

受委托办理住房公积金缴存业务的银行 3 家，与上年持平。

（二）提取：2019 年，提取额 40.59 亿元，同比增长 2.92%；占当年缴存额的 75.00%，比上年减少 6.94 个百分点。2019 年末，提取总额 279.21 亿元，比上年末增长 17.01%。

（三）贷款：

1. 个人住房贷款：个人住房贷款最高额度 60.00 万元，其中，单缴存职工最高额度 40.00 万元，双缴存职工最高额度 60.00 万元。

2019 年，发放个人住房贷款 0.84 万笔、25.22 亿元，同比分别下降 26.49%、25.27%。

2019 年，回收个人住房贷款 19.32 亿元。

2019 年末，累计发放个人住房贷款 12.89 万笔、268.62 亿元，贷款余额 161.00 亿元，分别比上年末增长 6.93%、10.36%、3.81%。个人住房贷款余额占缴存余额的 94.42%，比上年末减少 4.38 个百分点。

受委托办理住房公积金个人住房贷款业务的银行 6 家，与上年持平。

2. 住房公积金支持保障性住房建设项目贷款：回收项目贷款 0.12 亿元。2019 年末，累计发放项目贷款 2.19 亿元，项目贷款余额为零。

（四）融资：2019 年，融资 9.00 亿元，归还 9.00 亿元。2019 年末，融资总额 11.80 亿元，融资余额为零。

（五）资金存储：2019 年末，住房公积金存款 13.54 亿元。其中，活期 0.09 亿元，1 年以上定期 2.00 亿元，其他（协定、通知存款等）11.45 亿元。

（六）资金运用率：2019 年末，住房公积金个人住房贷款余额、项目贷款余额和购买国债余额的总和占缴存余额的 94.42%，比上年末减少 4.45 个百分点。

三、主要财务数据

（一）业务收入：2019 年，业务收入 54912.18 万元，同比增长 8.67%。存款利息 3291.99 万元，委托贷款利息 51620.19 万元。

（二）业务支出：2019 年，业务支出 28700.10 万元，同比增长 9.82%。支付职工住房公积金利息 24572.36 万元，委托贷款手续费 2556.26 万元，其他 1571.48 万元。

（三）增值收益：2019 年，增值收益 26212.08 万元，同比增长 7.44%。增值收益率 1.61%，与上年持平。

（四）**增值收益分配**：2019 年，提取贷款风险准备金 15727.25 万元，提取管理费用 4998.50 万元，提取城市廉租住房（公共租赁住房）建设补充资金 5486.33 万元。

2019 年，上交财政管理费用 6483.40 万元。上缴财政城市廉租住房（公共租赁住房）建设补充资金 2402.80 万元。

2019 年末，贷款风险准备金余额 107354.21 万元。累计提取城市廉租住房（公共租赁住房）建设补充资金 70859.51 万元。

（五）**管理费用支出**：2019 年，管理费用支出 2812.72 万元，同比下降 42.40%。其中，人员经费 2237.10 万元，公用经费 313.63 万元，专项经费 261.99 万元。

四、资产风险状况

（一）**个人住房贷款**：2019 年末，个人住房贷款逾期额 273.44 万元，逾期率 0.17‰。

个人贷款风险准备金按增值收益的 60% 提取。2019 年，提取个人贷款风险准备金 15727.25 万元，未使用个人贷款风险准备金核销呆坏账。2019 年末，个人贷款风险准备金余额 106226.21 万元，占个人住房贷款余额的 6.60%，个人住房贷款逾期额与个人贷款风险准备金余额的比率为 0.26%。

（二）**支持保障性住房建设试点项目贷款**：2019 年末，无逾期项目贷款，逾期率为零。

项目贷款风险准备金按贷款余额的 4% 提取。2019 年，未提取项目贷款风险准备金，未使用项目贷款风险准备金核销呆坏账，项目贷款风险准备金余额 1128.00 万元。截至 2019 年末，项目贷款本息已全部收回。

五、社会经济效益

（一）**缴存业务**：2019 年，实缴单位数、实缴职工人数和缴存额同比分别增长 2.69%、2.62% 和 12.44%。

缴存单位中，国家机关和事业单位占 33.74%，国有企业占 11.78%，城镇集体企业占 1.27%，外商投资企业占 0.65%，城镇私营企业及其他城镇企业占 50.27%，民办非企业单位和社会团体占 2.29%。

缴存职工中，国家机关和事业单位占 37.28%，国有企业占 34.17%，城镇集体企业占 1.49%，外商投资企业占 0.82%，城镇私营企业及其他城镇企业占 25.02%，民办非企业单位和社会团体占 1.22%；中、低收入占 98.88%，高收入占 1.12%。

新开户职工中，国家机关和事业单位占 16.59%，国有企业占 21.90%，城镇集体企业占 0.56%，外商投资企业占 0.75%，城镇私营企业及其他城镇企业占 56.74%，民办非企业单位和社会团体占 3.46%；中、低收入占 99.79%，高收入占 0.21%。

（二）**提取业务**：2019 年，12.51 万名缴存职工提取住房公积金 40.59 亿元。

提取金额中，住房消费提取占 64.63%（购买、建造、翻建、大修自住住房占 13.05%，偿还购房贷款本息占 51.12%，租赁住房占 0.46%）；非住房消费提取占 35.37%（离休和退休提取占 21.34%，完全丧失劳动能力并与单位终止劳动关系提取占 4.35%，其他占 9.68%）。

提取职工中，中、低收入占 98.59%，高收入占 1.41%。

（三）**贷款业务**：

1. 个人住房贷款：2019 年，支持职工购建房 108 万平方米，年末个人住房贷款市场占有率（含公转商贴息贷款）32.59%，比上年末减少 0.11 个百分点。通过申请住房公积金个人住房贷款，可节约职工购房利息支出 67775.56 万元。

职工贷款笔数中，购房建筑面积 90（含）平方米以下占 35.60%，90～144（含）平方米占 59.24%，144 平方米以上占 5.16%。购买新房占 62.59%（其中购买保障性住房占 0%），购买二手房占 37.41%。

职工贷款笔数中，单缴存职工申请贷款占 72.21%，双缴存职工申请贷款占 27.79%，三人及以上缴存职工共同申请贷款占比为零。

贷款职工中，30 岁（含）以下占 27.70%，30 岁～40 岁（含）占 35.08%，40 岁～50 岁（含）占 28.75%，50 岁以上占 8.47%；首次申请贷款占 87.19%，二次及以上申请贷款占 12.81%；中、低收入占 99.62%，高收入占 0.38%。

2. 异地贷款：2019 年，发放异地贷款 222 笔、6524.20 万元。2019 年末，发放异地贷款总额 77051.60 万元，异地贷款余额 47797.29 万元。

3. 公转商贴息贷款：2019 年，发放公转商贴息贷款 2466 笔、90493.20 万元，支持职工购建住房面积 24.13 万平方米，当年贴息额 1269.02 万元。2019 年末，累计发放公转商贴息贷款 3674 笔、132670.20 万元，累计贴息 2522.57 万元。

4. 支持保障性住房建设试点项目贷款：2019 年末，累计试点项目 3 个，贷款额度 2.19 亿元，建筑面积 15.20 万平方米，解决 2299 户中低收入职工家庭的住房问题。3 个试点项目贷款本息已全部归还，无逾期贷款。

（四）住房贡献率：2019 年，个人住房贷款发放额、公转商贴息贷款发放额、项目贷款发放额、住房消费提取额的总和与当年缴存额的比率为 111.79%，比上年减少 12.89 个百分点。

六、其他重要事项

（一）当年住房公积金政策调整及执行情况。

1. 住房公积金提取政策调整

职工购买上市交易的存量产权住房且该住房在一年内发生两次以上房屋权属过户交易的，自第二次交易起，职工以购买该住房为由提取住房公积金的，应与其购房行为发生日间隔一年以上；职工（含配偶）以偿还购房贷款本息为由申请提取住房公积金的，不得提取购房首付款；职工（含配偶）不得以购买非户籍地或非住房公积金缴存地住房为由，提取住房公积金。

2. 住房公积金贷款政策调整

当个贷率超过 85%（含）以上时，暂停住房公积金异地贷款业务。当个贷率低于 85% 时，恢复住房公积金异地贷款业务；缴存职工家庭有未结清住房公积金贷款，如离异后任何一方单独申请住房公积金贷款的，需符合离异满一年的时限要求；恢复住房公积金贷款最长时限至法定离退休年龄，取消住房公积金贷款年限延长至法定离退休年龄后五年政策。

（二）当年服务改进情况。

1. 集成服务助力"最多跑一次"。通过加快服务职能转变，深化"互联网＋政务服务"，全力推进公积金"最多跑一次"改革。按照市政府纳入统一管理，完成"多门"向"一门"转变要求，目前已有 5 个分中心进驻所属政务服务中心，实现了"一窗受理、集成服务"，提高了公积金惠民效率和服务透明度。

2. 创新流程提高办事效率。 创新贷款直放模式，简化贷款发放程序，提高贷款发放效率，贷款资金通过结算平台全部实现直放，职工还款无须前往受托银行，仅需在公积金服务大厅通过结算平台还款即可，实现了高效安全"秒速"到账；创新商业按揭贷款冲还贷业务，免除商贷职工"一年一提"业务办理，实现了由每年"跑一次"到一次"不用跑"的利民便民服务目标。

3. 推进单位业务全程网上办理。 深入贯彻"互联网＋政务服务"改革，促进"最多跑一次"纵深推进，以"数据多跑路，职工少跑腿"为目标，以新版"网上办事大厅"上线为契机，共计开展了12期专管员线上业务培训会，培训单位600家，推进了单位业务向服务"不见面"、办事"零跑路"转变。进一步提升了公积金服务效率和服务质量，实现了公积金服务从"智能型"到"智慧型"的迈进升级。

（三）当年信息化建设情况。

1. 顺利完成住房和城乡建设部数据平台接入工作。 按照住房和城乡建设部《关于做好全国住房公积金数据平台接入工作的通知》要求，精心组织，周密部署，通过差异性分析、存量数据清理、系统开发测试等工作，已于2019年5月正式接入全国住房公积金数据平台，是非建行系统第一家完成数据平台接入的中心，实现了与国家税务总局的数据交换共享，符合条件的公积金贷款职工便能享受个税抵扣的优惠政策，为缴存职工提供了增值服务。

2. 推进系统改造，升级惠民项目。 依托全国统一住房公积金资金结算应用系统，通过需求研讨、开发、测试、培训工作，公积金贷款直接放款业务和商业贷款委托提取公积金业务已正式上线使用并平稳运行，拓展和丰富了职工业务办理的渠道及内容。

3. 成功对接省综合服务平台。 根据省住房城乡建设厅建立健全住房公积金综合服务平台要求，中心网站、网上办事大厅、12329服务热线及短信服务、微信、微博等服务渠道已于2019年7月全部接入省综合服务平台，加快了服务平台建设，完善了服务平台功能，丰富了线上业务办理种类，有效提高了业务办理离柜率，切实提升了住房公积金服务便捷度。

（四）当年住房公积金管理中心及职工所获荣誉情况。中心机关党总支连续三年被评为"市直机关先进党组织标兵；个贷中心被评为"江城青年优质文明服务竞赛示范集体"；1人被评为全市"百名十佳"担当作为先进典型之"十佳窗口服务标兵"，另外还有6个集体和24名个人获得市级以上荣誉。

（五）当年对违反《住房公积金管理条例》和相关法规行为进行行政处罚和申请人民法院强制执行情况。坚持源头治理、行业治理、依法治理原则，以打击住房公积金骗提、骗贷为重点，成立专班负责，深入开展针对中介机构的走访警示教育活动。全年共下达《责令改正通知书》27份，进行行政处罚13件，申请法院强制执行5件。

四平市住房公积金2019年年度报告

一、机构概况

（一）住房公积金管理委员会：四平市住房公积金管理委员会有23名委员，2019年召开一次会议，审议通过的事项主要包括：《关于调整住房公积金管委会组成人员的建议》《四平市住房公积金 2018 年度报告》《关于四平市 2018 年住房公积金归集使用计划执行情况和 2019 年计划草案的报告》《关于修改〈四平市住房公积金归集管理办法〉〈四平市住房公积金提取管理办法〉〈四平市住房公积金贷款管理办法〉的建议》《关于 2018 年绩效奖金的方案》《四平市住房公积金管委会换届会议决议》。

（二）**住房公积金管理中心**：四平市住房公积金管理中心为隶属于四平市人民政府的公益一类自收自支的事业单位，设 9 个科室，4 个管理部。从业人员 131 人，其中，在编 53 人，非在编 78 人。

二、业务运行情况

（一）**缴存**：2019 年，新开户单位 194 家，实缴单位 2828 家，净增单位 25 家；新开户职工 1.25 万人，实缴职工 14.61 万人，减少职工 1.15 万人；缴存额 18.75 亿元，同比增长 22.18%。2019 年末，缴存总额 106.71 亿元，同比增长 21.31%；缴存余额 63.55 亿元，同比增长 19.77%。

受委托办理住房公积金缴存业务的银行 8 家，比上年增加 3 家。

（二）**提取**：2019 年，提取额 8.26 亿元，同比增长 27.47%；占当年缴存额的 44.05%，比上年增加 1.81 个百分点。2019 年末，提取总额 43.16 亿元，同比增长 23.67%。

（三）**贷款**：

个人住房贷款：单笔个人住房贷款最高额度 70 万元，其中，单缴存职工最高额度 70 万元，双缴存职工最高额度 70 万元。

2019 年，发放个人住房贷款 0.58 万笔、17.34 亿元，同比分别增长 18.37%、26.38%。

2019 年，回收个人住房贷款 6.85 亿元。

2019 年末，累计发放个人住房贷款 5.67 万笔、95.81 亿元，贷款余额 55.84 亿元，同比分别增长 11.61%、22.10%、23.13%。个人住房贷款余额占缴存余额的 87.87%，比上年增加 2.4 个百分点。

受委托办理住房公积金个人住房贷款业务的银行 7 家，与上年相同。

（四）**资金存储**：2019 年末，住房公积金存款 10.31 亿元。其中，活期 2.27 亿元，1 年以上定期 8.04 亿元。

（五）**资金运用率**：2019 年末，住房公积金个人住房贷款余额占缴存余额的 87.87%，比上年增加 2.4 个百分点。

三、主要财务数据

（一）**业务收入**：2019 年，业务收入 20592.60 万元，同比增长 23.85%。存款利息 4272.90 万元，委托贷款利息 16287.59 万元，其他 32.11 万元。

（二）**业务支出**：2019 年，业务支出 9147.58 万元，同比增长 17.81%。支付职工住房公积金利息 8852.05 万元，委托贷款手续费 288.16 万元，其他 7.37 万元。

（三）**增值收益**：2019 年，增值收益 11445.02 万元，同比增长 29.14%。增值收益率 1.95%，比上年增加 0.15 个百分点。

（四）**增值收益分配**：2019 年，提取贷款风险准备金 6867.01 万元，提取管理费用 1750.54 万元，提取城市廉租住房（公共租赁住房）建设补充资金 2827.47 万元。

2019年，上交财政管理费用1785.80万元。上缴财政城市廉租住房（公共租赁住房）建设补充资金1263.95万元。

2019年末，贷款风险准备金余额34228.39万元。累计提取城市廉租住房（公共租赁住房）建设补充资金8084.06万元。

（五）**管理费用支出**：2019年，管理费用支出1750.54万元，同比下降23.26%。其中，人员经费1141.18万元，公用经费310.63万元，专项经费298.73万元。

四、资产风险状况

个人住房贷款：2019年末，个人住房贷款逾期额1543.28万元，逾期率2.76‰。

个人贷款风险准备金按增值收益的60%提取。2019年，提取个人贷款风险准备金6867.01万元，未使用个人贷款风险准备金核销呆坏账。2019年末，个人贷款风险准备金余额34228.39万元，占个人住房贷款余额的6.13%，个人住房贷款逾期额与个人贷款风险准备金余额的比率为4.51%。

五、社会经济效益

（一）**缴存业务**：2019年，实缴单位数、实缴职工人数和缴存额同比分别增长0.90%、－7.30%和22.18%。

缴存单位中，国家机关和事业单位占75.25%，国有企业占7.04%，城镇集体企业占0.71%，外商投资企业占0.88%，城镇私营企业及其他城镇企业占10.96%，民办非企业单位和社会团体占1.06%，其他占4.10%。

缴存职工中，国家机关和事业单位占66.83%，国有企业占11.96%，城镇集体企业占0.54%，外商投资企业占1.66%，城镇私营企业及其他城镇企业占12.73%，民办非企业单位和社会团体占1.18%，其他占5.1%；中、低收入占99.16%，高收入占0.84%。

新开户职工中，国家机关和事业单位占29.61%，国有企业占6.09%，城镇集体企业占0.32%，外商投资企业占1.50%，城镇私营企业及其他城镇企业占38.69%，民办非企业单位和社会团体占6.18%，其他占17.61%；中、低收入占92.46%，高收入占7.54%。

（二）**提取业务**：2019年，3.18万名缴存职工提取住房公积金8.26亿元。

提取金额中，住房消费提取占61.19%，（购买、建造、翻建、大修自住住房占14.36%，偿还购房贷款本息占45.61%，租赁住房占1.22%，其他占0%）；非住房消费提取占38.81%（离休和退休提取占27.23%，完全丧失劳动能力并与单位终止劳动关系提取占8.23%，户口迁出本市或出境定居占0%，其他占3.35%）。

提取职工中，中、低收入占98.74%，高收入占1.26%。

（三）**贷款业务**：

1.个人住房贷款：2019年，支持职工购建房60.78万平方米，年末个人住房贷款市场占有率为30.72%，比上年下降0.22个百分点。通过申请住房公积金个人住房贷款，可节约职工购房利息支出26675.01万元。

职工贷款笔数中，购房建筑面积90（含）平方米以下占34.85%，90~144（含）平方米占60.78%，

144平方米以上占4.37%。购买新房占68.49%，购买二手房占31.51%。

职工贷款笔数中，单缴存职工申请贷款占33.66%，双缴存职工申请贷款占66.34%，三人及以上缴存职工共同申请贷款占0%。

贷款职工中，30岁（含）以下占21.99%，30岁～40岁（含）占35.94%，40岁～50岁（含）占28.14%，50岁以上13.93%；首次申请贷款占99.04%，二次及以上申请贷款占0.96%；中、低收入占98.88%，高收入占1.12%。

2. 异地贷款：2019年，发放异地贷款1058笔、33606.30万元；发放异地贷款总额127540.90万元；异地贷款余额70952.37万元。

（四）住房贡献率：2019年，个人住房贷款发放额、住房消费提取额的总和与当年缴存额的比率为119.43%，比上年增加5.7个百分点。

六、其他重要事项

（一）归集方面。 2019年住房公积金缴存基数设置限制—上限为四平市社会平均工资的3倍即14999.4元，下限为四平市最低工资标准即1580元。缴存比例依然执行5%～12%。职工住房公积金账户存款利率按一年期定期存款基准利率1.5%执行。

归集的二十项业务已经全面做到要件精简，流程简洁，并已全面达到了"最多跑一次"的要求，并且向零次跑迈进。截至2019年底，已经对缴存单位进行了七期单位版培训，已经有244家单位能够通过互联网渠道线上办理全部归集业务。

（二）提取方面。 提升政务服务效能，真正实现"最多跑一次"。业务大厅认真梳理证明材料，申请通过部门核验等方式让办事职工少跑路。2019年取消了职工在办理租赁自住住房提取住房公积金中需提供的"房屋登记信息查询证明（无房产证明）"和办理重大疾病提取住房公积金需提供的"亲属关系证明"。改由我中心与相关部门进行核验。

（三）贷款方面。 对部分贷款条件及贷款政策进行调整：一是取消职工贷款时提供的工资收入证明；二是二手房抵押贷款由原来"凭五年内的房屋产权证"调整为"购买二手房的，在产权变更登记12个月内提交申请"；三是取消购买第三套及以上住房公积金贷款；四是第二套住房公积金贷款首付款比例不得低于房款的30%；五是公积金贷款还款期内离异的，需离异满12个月后方能申请贷款。

当年住房公积金贷款利率执行人民银行规定利率，1～5年年利率2.75%，6～30年年利率3.25%。

（四）当年信息化建设情况。 2019年，通过依托高兼容性业务系统相继对微信公众号、手机APP等服务渠道进行了功能提升和完善，开发上线单位移动办公功能模块、微信公众号与手机APP动账通知联动推送、手机APP智能客服系统等重要功能模块；通过深入利用人脸识别技术、大数据分析技术及智能流程推送技术打造无证明业务办理新模式，全年累计通过互联网渠道"不见面"办结业务突破一万笔，实现年均业务离柜率超过20%；提供语音、互联网客户交流共计15万人次；实现各类业务信息推送170万条。于2019年10月25日，顺利通过吉林省住房和城乡建设厅综合服务平台验收，成为省内第二家通过验收的中心。在不断提高信息化服务水平的同时，在信息化建设领域完成了多项数据互联工作，特别是当年9月份，我中心顺利接入住房和城乡建设部住房公积金数据上报平台，同步利用此平台的区块链存储方式开发了数据保障回传系统，在完成上级任务的同时提高了中心数据的整体质量，得到住房和城乡建设部住房公积金监管司专家的一致好评。

（五）当年住房公积金管理中心及职工所获荣誉情况。 徐佳被四平市精神文明办评为 2017—2019 年度四平市精神文明建设先进工作者；咸志峰被四平市"不忘初心、牢记使命"主题教育领导小组办公室评为"最美基层干部"。

辽源市住房公积金 2019 年年度报告

一、机构概况

（一）**住房公积金管理委员会**：住房公积金管理委员会有 29 名委员，2019 年召开 1 次会议，审议通过的事项主要包括：

（1）《关于调整补充本届管委会组成成员的规定》；

（2）《辽源市住房公积金管理中心 2018 年年度报告》；

（3）《关于调整〈辽源市住房公积金提取管理办法〉的决定》；

（4）《关于辽源住房公积金管理中心承担不动产抵押权登记费的规定》；

（5）《辽源市住房公积金管理中心绩效考核方案》。

（二）**住房公积金管理中心**：住房公积金管理中心为辽源市政府不以营利为目的的事业单位，设 7 个科室，2 个分中心。从业人员 80 人，其中，在编 28 人，非在编 52 人。

二、业务运行情况

（一）**缴存**：2019 年，新开户单位 66 家，实缴单位 1283 家，净增单位 41 家；新开户职工 0.35 万人，实缴职工 6.22 万人，净增职工 0.11 万人；缴存额 8.82 亿元，同比增长 18.96%。2019 年末，缴存总额 56.25 亿元，比上年末增加 18.60%；缴存余额 30.90 亿元，比上年末增加 14.95%。

受委托办理住房公积金缴存业务的银行 2 家，与上年相同。

（二）**提取**：2019 年，提取额 4.80 亿元，同比增长 19.02%；占当年缴存额的 54.44%，比上年增加 0.03 个百分点。2019 年末，提取总额 25.35 亿元，比上年末增加 23.35%。

（三）**贷款**：

个人住房贷款：个人住房贷款最高额度 80 万元，其中，单缴存职工最高额度 40 万元，双缴存职工最高额度 80 万元。

2019 年，发放个人住房贷款 0.23 万笔、6.75 亿元，同比分别增长 2.49%、10.03%。

2019 年，回收个人住房贷款 2.55 亿元。

2019 年末，累计发放个人住房贷款 1.97 万笔、39.57 亿元，贷款余额 24.86 亿元，分别比上年末增加 13%、21%、20%。个人住房贷款余额占缴存余额的 80.51%，比上年末增加 3.59 个百分点。

受委托办理住房公积金个人住房贷款业务的银行3家，与上年相同。

（四）资金存储：2019年末，住房公积金存款7.34亿元。其中，活期1.04亿元，1年以上定期6.3亿元。

（五）资金运用率：2019年末，住房公积金个人住房贷款余额、项目贷款余额和购买国债余额的总和占缴存余额的80.51%，比上年末增加3.59个百分点。

三、主要财务数据

（一）业务收入：2019年，业务收入9482.90万元，同比增长14.48%。其中存款利息2183.10万元，委托贷款利息7174.13万元，其他8.98万元。

（二）业务支出：2019年，业务支出4102.66万元，同比增长16.10%。其中支付职工住房公积金利息4102.44万元，其他0.22万元。

（三）增值收益：2019年，增值收益5380.24万元，同比增长13.27%。增值收益率1.71%，比上年减少0.18个百分点。

（四）增值收益分配：2019年，提取贷款风险准备金4277.04万元，提取管理费用1083.20万元，提取城市廉租住房（公共租赁住房）建设补充资金20万元。

2019年，上交财政管理费用1083.20万元。上缴财政城市廉租住房（公共租赁住房）建设补充资金20万元。2019年末，贷款风险准备金余额12735.43万元。累计提取城市廉租住房（公共租赁住房）建设补充资金225万元。其中，市中心提取225万元。

（五）管理费用支出：2019年，管理费用支出1092.75万元，同比下降3.43%。其中，人员经费624.31万元，公用经费468.44万元，专项经费0万元。

市中心管理费用支出1092.75万元，其中，人员、公用、专项经费分别为624.31万元、468.44万元、0万元。

四、资产风险状况

2019年末，个人住房贷款逾期额70.48万元，逾期率0.28‰。

个人贷款风险准备金按增值收益的60%提取。2019年，提取个人贷款风险准备金4277.04万元，使用个人贷款风险准备金核销呆坏账0万元。2019年末，个人贷款风险准备金余额12735.43万元，占个人住房贷款余额的5.19%，个人住房贷款逾期额与个人贷款风险准备金余额的比率为0.54%。

五、社会经济效益

（一）缴存业务：2019年，实缴单位数、实缴职工人数和缴存额同比分别增长3.30%、1.71%和18.96%。

缴存单位中，国家机关和事业单位占75.45%，国有企业占10.21%，城镇集体企业占0.55%，外商投资企业占0.70%，城镇私营企业及其他城镇企业占8.34%，民办非企业单位和社会团体占0.78%，其他占3.97%。

缴存职工中，国家机关和事业单位占62.97%，国有企业占21.57%，城镇集体企业占0.74%，外商

投资企业占 1.44%，城镇私营企业及其他城镇企业占 6.80%，民办非企业单位和社会团体占 0.18%，其他占 6.30%；中、低收入占 95.59%，高收入占 4.41%。

新开户职工中，国家机关和事业单位占 29.45%，国有企业占 16.16%，城镇集体企业占 2.00%，外商投资企业占 3.85%，城镇私营企业及其他城镇企业占 25.15%，民办非企业单位和社会团体占 1.41%，其他占 21.98%；中、低收入占 99.97%，高收入占 0.03%。

（二）提取业务：2019 年，1.66 万名缴存职工提取住房公积金 4.80 亿元。

提取金额中，住房消费提取占 71.82%（购买、建造、翻建、大修自住住房占 32.09%，偿还购房贷款本息占 39.36%，租赁住房占 0.37%，其他占 0%）；非住房消费提取占 28.18%（离休和退休提取占 22.64%，完全丧失劳动能力并与单位终止劳动关系提取占 3.12%，出境定居占 0%，死亡占 1.20%其他占 1.22%）。

提取职工中，中、低收入占 89.84%，高收入占 10.16%。

（三）贷款业务：

1. 个人住房贷款：2019 年，支持职工购建房 25.84 万平方米。

职工贷款笔数中，购房建筑面积 90（含）平方米以下占 25.17%，90～144（含）平方米占 65.19%，144 平方米以上占 9.64%。购买新房占 68.77%，购买二手房占 30.04%，其他占 1.19%。

职工贷款笔数中，单缴存职工申请贷款占 34.90%，双缴存职工申请贷款占 64.80%，三人及以上缴存职工共同申请贷款占 0.30%。

贷款职工中，30 岁（含）以下占 32.20%，30 岁～40 岁（含）占 30.92%，40 岁～50 岁（含）占 27.24%，50 岁以上占 9.64%；首次申请贷款占 82.18%，二次及以上申请贷款占 17.82%；中、低收入占 99.73%，高收入占 0.27%。

2. 异地贷款：2019 年，发放异地贷款 125 笔、3864.80 万元。2019 年末，发放异地贷款总额 13810.92 万元，异地贷款余额 9572.55 万元。

（四）住房贡献率：2019 年，个人住房贷款发放额、公转商贴息贷款发放额、项目贷款发放额、住房消费提取额的总和与当年缴存额的比率为 115.69%，比上年减少 3.37 个百分点。

六、其他重要事项

（1）2019 年 10 月 10 日，公积金综合服务平台云 3.0 版正式上线。本次系统升级实现结算核算自动化、外部接口标准化，贷款速度由原先最快 90 分钟缩短至最快 70 分钟，持续保持贷款速度全国第一，能够真正实现综合柜员制，服务大厅 12 个窗口同时向缴存职工提供缴存、提取、贷款的业务办理，经统计仅 10 日一天就完成业务办理 350 余件，是往日三倍的工作量。新系统的上线标志着中心为落实全面深化"放管服"改革、进一步推进"互联网＋住房公积金服务"做好了准备。

（2）打击骗提公积金工作成果显著。截至 2019 年 9 月末，共向公安机关移交 13 起案件，涉案金额达 40 余万元。中心开除涉案工作人员 3 名，相关部门对黑中介刘某等 7 人依法判刑，对骗提的 10 名人员治安拘留。案件的处理为全省住建领域开展"扫黑除恶"工作做出重要贡献。

（3）贷款逾期清缴工作取得一定成绩。截至 2019 年末，4 期以上逾期 9 人，逾期本金为 70.48 万元，逾期率为 0.28‰，比上年逾期率有所降低。

2020年中心工作要继续按照"用心、用劲、用脑,创新、突破、服务"的工作思路,团结一致,攻坚克难,严格落实民主集中制的组织原则和三重一大的决策制度,牢牢掌握意识形态工作领导权,以解决突出问题和补齐短板为切入点,以打造"全国一流公积金"为奋斗目标,开展公积金各项业务。

通化市住房公积金2019年年度报告

一、机构概况

（一）住房公积金管理委员会：住房公积金管理委员会有29名委员,2019年3月26日召开六届一次会议,审议通过的事项主要包括：《通化市住房公积金管理委员会章程》《通化市住房公积金2018年度工作报告及2019年工作部署》《通化市2018年度住房公积金归集使用计划执行情况及2019年度住房公积金归集使用计划编制情况的报告》《通化市住房公积金归集管理办法》《通化市住房公积金个人住房贷款管理办法》《通化市住房公积金提取管理办法》《通化市住房公积金财务管理办法》《通化市2018年度住房公积金管理费用财务收支决算和2019年度管理费用财务收支预算的报告》《通化市住房公积金2019年度增值收益分配计划》《通化市住房公积金2018年年度报告》。

（二）住房公积金管理中心：住房公积金管理中心为（隶属通化市政府）不以营利为目的的全额拨款事业单位,设11个处（科）,7个管理部。从业人员96人,其中,在编61人,非在编35人。

二、业务运行情况

（一）缴存：2019年,新开户单位346家,实缴单位2996家,净减单位39家；新开户职工1.84万人,实缴职工15.48万人,净减职工0.4万人；缴存额14.86亿元,同比增长5.54%。2019年末,缴存总额112.17亿元,比上年末增加15.27%；缴存余额62.14亿元,比上年末增加12.09%。

受委托办理住房公积金缴存业务的银行2家,与上年持平。

（二）提取：2019年,提取额8.16亿元,同比增长15.58%；占当年缴存额的54.91%,比上年增加4.77个百分点。2019年末,提取总额50.03亿元,比上年末增加19.52%。

（三）贷款：

1.个人住房贷款：个人住房贷款最高额度100万元,其中,单缴存职工最高额度30万元,双缴存职工最高额度60万元,个人自愿缴存者最高贷款额度每人20万元。

2019年,发放个人住房贷款0.38万笔、10.58亿元,同比分别下降32.14%、31.52%。

2019年,回收个人住房贷款6.3亿元。

2019年末,累计发放个人住房贷款5.53万笔、101.22亿元,贷款余额55.98亿元,分别比上年末增加7.38%、11.67%、8.28%。个人住房贷款余额占缴存余额的90.09%,比上年末减少3.16个百分点。

受委托办理住房公积金个人住房贷款业务的银行4家,与上年相同。

2. 住房公积金支持保障性住房建设项目贷款：2019年，没有发放支持保障性住房建设项目贷款，2019年末，累计发放项目贷款3.05亿元，项目贷款余额0亿元。

（四）**资金存储**：2019年末，住房公积金存款6.996亿元。其中，活期0.004亿元，1年（含）以下定期1.5亿元，1年以上定期1.53亿元，其他（协定存款）3.962亿元。

（五）**资金运用率**：2019年末，住房公积金个人住房贷款余额、项目贷款余额和购买国债余额的总和占缴存余额的90.09%，比上年末减少3.16个百分点。

三、主要财务数据

（一）**业务收入**：2019年，业务收入19077.29万元，同比增长14.33%。其中，存款利息1248.31万元，委托贷款利息17823.98万元，国债利息0万元，其他5万元。

（二）**业务支出**：2019年，业务支出9600.1万元，同比增长17.32%。其中，支付职工住房公积金利息8700.82万元，归集手续费0万元，委托贷款手续费864.02万元，其他35.26万元。

（三）**增值收益**：2019年，增值收益9477.19万元，同比增长11.45%。增值收益率1.63%，比上年减少0.04个百分点。

（四）**增值收益分配**：2019年，提取贷款风险准备金5686.31万元，提取管理费用1706.64万元，提取城市廉租住房（公共租赁住房）建设补充资金2084.24万元。

2019年，上交财政管理费用1706.64万元。上缴财政城市廉租住房（公共租赁住房）建设补充资金1634.89万元。

2019年末，贷款风险准备金余额32446.04万元。累计提取城市廉租住房（公共租赁住房）建设补充资金11380.89万元。

（五）**管理费用支出**：2019年，管理费用支出1161.08万元，同比下降5.44%。其中，人员经费860.05万元，公用经费195.77万元，专项经费105.26万元。

四、资产风险状况

（一）**个人住房贷款**：2019年末，个人住房贷款逾期额810.36万元，逾期率1.45‰。

个人贷款风险准备金按增值收益的60%提取。2019年，提取个人贷款风险准备金5686.31万元，使用个人贷款风险准备金核销呆坏账0万元。2019年末，个人贷款风险准备金余额31226.04万元，占个人住房贷款余额的5.58%，个人住房贷款逾期额与个人贷款风险准备金余额的比率为2.6%。

（二）**支持保障性住房建设试点项目贷款**：2019年末，逾期项目贷款0万元，逾期率0‰。

项目贷款风险准备金按发放贷款金额的4%提取。2019年，提取项目贷款风险准备金0万元，使用项目贷款风险准备金核销呆坏账0万元，项目贷款风准备金余额1220万元。

五、社会经济效益

（一）**缴存业务**：2019年，实缴单位数、实缴职工人数和缴存额同比分别增长-1.29%、-2.52%和5.54%。

缴存单位中，国家机关和事业单位占65.62%，国有企业占11.18%，城镇集体企业占1.44%，外商投资企业占1.03%，城镇私营企业及其他城镇企业占16.72%，民办非企业单位和社会团体占1.54%，其他占2.47%。

缴存职工中，国家机关和事业单位占50.56%，国有企业占22.50%，城镇集体企业占3.18%，外商投资企业占1.39%，城镇私营企业及其他城镇企业占17.32%，民办非企业单位和社会团体占0.21%，其他占4.84%；中、低收入占100%，高收入占0%。

新开户职工中，国家机关和事业单位占51.06%，国有企业占11.88%，城镇集体企业占1.95%，外商投资企业占0.76%，城镇私营企业及其他城镇企业占32.94%，民办非企业单位和社会团体占0.36%，其他占1.05%；中、低收入占100%，高收入占0%。

（二）提取业务：2019年，2.67万名缴存职工提取住房公积金8.16亿元。

提取金额中，住房消费提取占58.58%（购买、建造、翻建、大修自住住房占18.02%，偿还购房贷款本息占39.68%，租赁住房占0.71%，其他占0.17%）；非住房消费提取占41.42%（离休和退休提取占28.41%，完全丧失劳动能力并与单位终止劳动关系提取占6.71%，出境定居占0%，其他占6.3%）。

提取职工中，中、低收入占100%，高收入占0%。

（三）贷款业务：

1. 个人住房贷款：2019年，支持职工购建房40.37万平方米，年末个人住房贷款市场占有率（含公转商贴息贷款）为49.46%，比上年末减少6.43个百分点。通过申请住房公积金个人住房贷款，可节约职工购房利息支出5925.39万元。

职工贷款笔数中，购房建筑面积90（含）平方米以下占23.81%，90～144（含）平方米占69.55%，144平方米以上占6.64%。购买新房占79.01%（其中购买保障性住房占0%），购买二手房占20.99%，建造、翻建、大修自住住房占0%，其他占0%。

职工贷款笔数中，单缴存职工申请贷款占31.59%，双缴存职工申请贷款占66.84%，三人及以上缴存职工共同申请贷款占1.57%。

贷款职工中，30岁（含）以下占23.52%，30岁～40岁（含）占35.80%，40岁～50岁（含）占31.38%，50岁以上占9.30%；首次申请贷款占83.48%，二次及以上申请贷款占16.52%；中、低收入占100%，高收入占0%。

2. 异地贷款：2019年，发放异地贷款419笔、12995.4万元。2019年末，发放异地贷款总额47603.3万元，异地贷款余额31275.62万元。

3. 支持保障性住房建设试点项目贷款：2019年末，累计试点项目3个，贷款额度3.05亿元，建筑面积96.1万平方米，可解决10885户中低收入职工家庭的住房问题。3个试点项目贷款资金已发放并还清贷款本息。

（四）住房贡献率：2019年，个人住房贷款发放额、公转商贴息贷款发放额、项目贷款发放额、住房消费提取额的总和与当年缴存额的比率为103.36%，比上年减少33.43个百分点。

六、其他重要事项

（一）当年机构及职能调整情况、受委托办理缴存贷款业务金融机构变更情况。无。

（二）当年住房公积金政策调整及执行情况。2019年结合通化市住房公积金整体运行情况及现状，对住房公积金缴存、提取、贷款政策进行修改并经六届一次管委会批准出台了《通化市住房公积金归集管理办法》《通化市住房公积金个人住房贷款管理办法》《通化市住房公积金提取管理办法》，从政策上规范住房公积金管理运行，保障资金的安全稳定。

缴存方面：职工缴存基数上限调整为14160元/月。

提取方面：取消了物业提取、异地购房提取；租房提取按租住房屋的建筑面积设置提取额度上限，85平方米以下（含），按上一年度通化市月社会平均工资的15%提取，85平方米以上的，按上一年度通化市月社会平均工资的20%提取，低于提取上限的按实际支付租金提取。

贷款方面：（1）由贷款期限确定的借款人最终还贷时间，最高不得超出60周岁。（2）住房公积金贷款支持缴存职工家庭购买首套自住住房或第二套改善居住条件的自住住房，不支持购买第三套及以上住房。（3）单笔最高贷款额度为100万元。个人自愿缴存者最高贷款额度为每人20万元。（4）贷款首付比例根据房屋面积、楼层、使用年限和各借款人逾期情形确定。（5）借款额度根据各借款人所占房屋份额比例计算。（6）取消公积金贷款共用借款额度人和除个人自愿缴存者外缴存职工贷款保证人。（7）个人自愿缴存者申请时需追加一名本市行政事业单位在职职工为其提供还款责任担保。

2019年个人住房公积金贷款利率严格执行国家有关规定，5年以下贷款利率2.75%，5年以上贷款利率3.25%。

为打击住房公积金领域失信行为，保障缴存职工的合法权益经管委会主任办公室审批批准实行《通化市住房公积金失信行为惩戒办法》，结合《失信行为惩戒办法》制定了《通化市住房公积金失信行为黑名单管理制度》。

（三）当年服务改进情况。

（1）通化公积金支付宝城市服务于5月31日正式上线运行，为全市广大住房公积金缴存职工提供了以支付宝平台城市服务应用为载体的住房公积金业务查询服务渠道。

（2）按照省住房城乡建设厅《关于做好12329短信平台接入工作的通知》（吉建金管〔2019〕15号）文件要求，经过2个月的联调与测试，中心原有的公积金短信服务平台于11月11日正式接入吉林省住房公积金12329短信平台。

（四）当年信息化建设情况。

（1）5月30日，中心提前1个月接入全国住房公积金数据平台并成功上传数据，成为全省三家正式上线的公积金中心之一。

（2）贷款自主核算程序部署及贷款数据回收工作。7月1日贷款自主核算程序正式上线，并与工商银行和建设银行正式交接成功扣划公积金贷款，7月中旬完成集安中行和通化县农行的存量贷款数据回收，8月1日中行和农行的存量贷款正式切换为自主核算模式。

（3）"对冲"还贷功能上线。10月初，住房公积金账户余额对冲还贷业务正式上线。对冲还贷有3种方式可供职工选择：①按月对冲还贷；②提前部分还款对冲还贷；③提前全部结清对冲还贷。此项工作的完成标志着通化公积金彻底完成了国家"双贯标"验收整改工作。

（4）业务风险隐患监测整改系统上线。为贯彻落实住房和城乡建设部《关于全面开展住房公积金电子稽查工作的通知》（建办金函〔2019〕297号）文件精神，实现业务运行科学化管理，保障资金安全。中心于10月15日启用了"业务风险隐患监测整改系统"。

（五）当年住房公积金管理中心及职工所获荣誉情况。中心辉南管理部邵雅芳同志于 2019 年 9 月 24 日荣获"庆祝中华人民共和国成立 70 周年通化市巾帼建功·最美女性"荣誉称号。

（六）当年对违反《住房公积金管理条例》和相关法规行为进行行政处罚和申请人民法院强制执行情况。无。

（七）当年对住房公积金管理人员违规行为的纠正和处理情况等。无。

（八）其他需要披露的情况。无。

白山市住房公积金 2019 年年度报告

一、机构概况

（一）住房公积金管理委员会：住房公积金管理委员会有 18 名委员，2019 年召开 1 次会议，审议通过的事项主要包括：《2018 年全市住房公积金归集、使用、计划完成情况及 2019 年计划情况的报告》《白山市住房公积金 2018 年年度报告》《关于修改〈白山市住房公积金缴存管理办法〉〈白山市住房公积金个人缴存管理办法〉和〈白山市住房公积金提取管理办法〉〈白山市个人住房公积金贷款管理办法〉部分条款的情况说明》。

（二）住房公积金管理中心：住房公积金管理中心为市政府直属不以营利为目的自收自支事业单位，设 7 个科室，5 个管理部。从业人员 78 人，其中，在编 35 人，非在编 43 人。

二、业务运行情况

（一）缴存：2019 年，新开户单位 135 家，实缴单位 2020 家，净增单位 47 家；新开户职工 0.51 万人，实缴职工 9.06 万人，同比减少 0.54 万人；缴存额 9.56 亿元，同比下降 2.06%。2019 年末，缴存总额 89.50 亿元，比上年末增加 11.96%；缴存余额 37.90 亿元，比上年末增加 8.25%。

受委托办理住房公积金缴存业务的银行 2 家，与上年持平。

（二）提取：2019 年，提取额 6.67 亿元，同比下降 9.11%；占当年缴存额的 69.77%，比上年减少 5.43 个百分点。2019 年末，提取总额 51.60 亿元，比上年末增加 14.85%。

（三）贷款：

1. 个人住房贷款：个人住房贷款最高额 50 万元，其中，单缴存职工最高额度 30 万元，双缴存职工最高额度 50 万元。

2019 年，发放个人住房贷款 0.15 万笔、2.65 亿元，同比分别增长 17.15%、22.78%。

2019 年，回收个人住房贷款 1.70 亿元。

2019 年末，累计发放个人住房贷款 2.18 万笔、24.34 亿元，贷款余额 9.15 亿元，分别比上年末增加 7.20%、12.22%、11.72%。个人住房贷款余额占缴存余额的 24.14%，比上年末增加 0.74 个百分点。

受委托办理住房公积金个人住房贷款业务的银行5家,与上年持平。

2. 住房公积金支持保障性住房建设项目贷款:2019年,累计发放项目贷款0.36亿元,项目贷款余额为零。

(四)资金存储:2019年末,住房公积金存款28.84亿元。其中,活期1.12亿元,1年以上定期27.72亿元。

(五)资金运用率:2019年末,住房公积金个人住房贷款余额、项目贷款余额和购买国债余额的总和占缴存余额的24.14%,比上年末增加0.74个百分点。

三、主要财务数据

(一)业务收入:2019年,业务收入12711.58万元,同比增长21.78%。存款利息9958.84万元,委托贷款利息2750.92万元,其他1.82万元。

(二)业务支出:2019年,业务支出5584.85万元,同比增长9.01%。支付职工住房公积金利息5455.11万元,归集手续费0万元,委托贷款手续费129.66万元,其他0.08万元。

(三)增值收益:2019年,增值收益7126.73万元,同比增长34.08%。增值收益率1.97%,比上年增加0.38个百分点。

(四)增值收益分配:2019年,提取贷款风险准备金4276.04万元,提取当年管理费用604.54万元,预提2020年管理费用904.81万元提取城市廉租住房(公共租赁住房)建设补充资金1341.34万元。

2019年,上交财政管理费用604.54万元。上缴财政城市廉租住房(公共租赁住房)建设补充资金912.60万元。

2019年末,贷款风险准备金余额23553.70万元。累计提取城市廉租住房(公共租赁住房)建设补充资金8908.07万元。

(五)管理费用支出:2019年,管理费用支出604.54万元,同比下降50.18%。其中,人员经费356.86万元,公用经费124.73万元,专项经费122.95万元。

四、资产风险状况

(一)个人住房贷款:2019年末,个人住房贷款逾期额109.69万元,逾期率1.20‰。

个人贷款风险准备金按增值收益的60%提取。2019年,提取个人贷款风险准备金4276.04万元,未使用个人贷款风险准备金核销呆坏账。2019年末,个人贷款风险准备金余额23121.70万元,占个人住房贷款余额的25.27%,个人住房贷款逾期额与个人贷款风险准备金余额的比率为0.47%。

(二)支持保障性住房建设试点项目贷款:2019年末,支持保障性住房建设试点项目贷款全部回收,无逾期贷款。

2019年,项目贷款风险准备金余额432.00万元,项目贷款逾期额与项目贷款风险准备金余额的比率为零。

五、社会经济效益

(一)缴存业务:2019年,实缴单位数、实缴职工人数和缴存额同比分别增长2.38%、下降5.63%和下降2.06%。

缴存单位中,国家机关和事业单位占69.01%,国有企业占14.11%,城镇集体企业占1.14%,外商投资企业占1.29%，城镇私营企业及其他城镇企业占7.52%，民办非企业单位和社会团体占1.58%，其他占5.35%。

缴存职工中，国家机关和事业单位占58.37%，国有企业占23.42%，城镇集体企业占0.64%，外商投资企业占2.63%，城镇私营企业及其他城镇企业占8.83%，民办非企业单位和社会团体占2.03%，其他占4.08%；中、低收入占99.74%，高收入占0.26%。

新开户职工中，国家机关和事业单位占29.40%，国有企业占17.34%，城镇集体企业占2.17%，外商投资企业占7.19%，城镇私营企业及其他城镇企业占31.63%，民办非企业单位和社会团体占4.18%，其他占8.09%；中、低收入占96.91%，高收入占3.09%。

（二）提取业务：2019年，2.41万名缴存职工提取住房公积金6.67亿元。

提取金额中，住房消费提取占62.54%（购买、建造、翻建、大修自住住房占35.76%，偿还购房贷款本息占14.63%，租赁住房占12.15%，其他占0%）；非住房消费提取占37.46%（离休和退休提取占27.14%，完全丧失劳动能力并与单位终止劳动关系提取占4.97%，出境定居占0%，其他占5.35%）。

提取职工中，中、低收入占99.21%，高收入占0.79%。

（三）贷款业务：

1. 个人住房贷款： 2019年，支持职工购建房14.89万平方米，年末个人住房贷款市场占有率（含公转商贴息贷款）为25.96%，比上年末增加3.48个百分点。通过申请住房公积金个人住房贷款，可节约职工购房利息支出5454.88万元。

职工贷款笔数中，购房建筑面积90（含）平方米以下占39.40%，90~144（含）平方米占52.94%，144平方米以上占7.66%。购买新房占24.01%（其中购买保障性住房占0），购买二手房占14.91%，建造、翻建、大修自住住房占61.08%，其他占0%。

职工贷款笔数中，单缴存职工申请贷款占30.30%，双缴存职工申请贷款占69.70%，三人及以上缴存职工共同申请贷款占0%。

贷款职工中，30岁（含）以下占18.26%，30岁~40岁（含）占31.94%，40岁~50岁（含）占33.79%，50岁以上占16.01%；首次申请贷款占77.02%，二次及以上申请贷款占22.98%；中、低收入占99.59%，高收入占0.41%。

2. 异地贷款： 2019年，发放异地贷款31笔、557.60万元。2019年末，发放异地贷款总额3406.40万元，异地贷款余额1181.60万元。

3. 支持保障性住房建设试点项目贷款： 2019年末，累计试点项目1个，贷款额度0.36亿元，建筑面积2.50万平方米，可解决346户中低收入职工家庭的住房问题。试点项目贷款资金已发放并还清贷款本息。

（四）**住房贡献率：** 2019年，个人住房贷款发放额、公转商贴息贷款发放额、项目贷款发放额、住房消费提取额的总和与当年缴存额的比率为71.38%，比上年增加4.25个百分点。

六、其他重要事项

（一）当年住房公积金政策调整及执行情况。

1. 归集方面

缴存基数限额：缴存基数上限13013.75元/月，未设置基数下限。年缴存基数确定方法：职工月平均工资为上年度本人工资总额除以 12 所得的商。缴存比例：住房公积金缴存比例，下限为 5%、上限为 12%。

取消原《缴存办法》中"缴存人年龄上限为：男 50 周岁，女 45 周岁"的限制；取消原《缴存办法》中缴存基数可不受 3 倍社会平均工资上限的限制；将原《个人缴存办法》中第二章第五条第二款修改为"在本市有相对固定的住所和较稳定的经济收入来源"。

2. 提取方面

规定"与单位终止劳动关系的，应提供与单位终止劳动关系证明且账户封存满半年的"；大病提取添加"无医保的，须提供加盖医院病案室公章的病例首页、治疗费用结算发票、诊断书"；将无房证明有效期调整为 15 天；规定购买、建造、翻建、大修、拆迁安置具有产权的自住住房的"职工本人及共有人可在一年内两次提取住房公积金"；规定"担保人担保责任未撤销前，担保人不得办理住房公积金提取"。

3. 贷款方面

当年住房公积金贷款利率执行标准：1～5 年 2.75%，6～30 年 3.25%。当年个人住房贷款最高贷款额度，购房贷款：最高贷款限额为 50 万元，各管理部最高限额为 40 万元，单身（单收入）人员最高不超过 30 万元。

开放自由职业者公积金贷款。最高额度为本人住房公积金账户内缴存余额的 10 倍；借款人双方缴存公积金的，贷款额度最高不超过 20 万元；借款人单方缴存公积金的，贷款额度最高不超过 15 万元；贷款每月还款额不得大于每月缴存额；贷款年限不超过国家规定的法定退休年龄。

单身（单收入）人员申请贷款，充分考虑借款人及担保人的工作稳定性及还贷能力、首付款比例等确定贷款额度，但最高不超过 30 万元。借款人可办理委托提取还贷，委托提取住房公积金个人账户资金偿还贷款。

（二）当年服务改进情况。住房公积金综合服务平台建设是我中心推进简政放权、优化服务、高政府效能的重要举措，目前已形成集"12329"客服热线、免费短信、门户网站、网上营业厅、微信公众号、手机 APP、微博等于一体的八大服务体系。2019 年"12329"客服热线提供人工服务 10000 余次；短信平台免费发送短信通知 32 万余条；网站访问量 2.5 万余人；微信公众号关注总用户 1.6 万余人，发送推文 30 篇；手机 APP 注册总用户 1.5 万余人，办理业务 1296 笔；网上营业厅签约单位达 358 家。网上业务大厅（单位版）作为白山市"互联网＋公积金"综合服务平台构成之一，是加强信息化建设的重要成果和发挥惠民便民保障作用的有力举措。签约后，缴存单位经办人可通过网上业务大厅（单位版）办理缴存、补缴、缴存人登记、单位汇缴核定、缴存人状态变更等业务。实现了业务办理"零材料、零跑腿"，全面深化了"只跑一次"改革，切实做到以信息化建设为抓手，促进服务能力不断提升。

（三）当年信息化建设情况。2019 年 11 月份我中心计划 2020 年开始对现有信息系统升级改造，已通过白山市政府领导的批准。但 2020 年 1 月 7 日"数字吉林"建设领导小组办公室下发的《关于统筹建设全省公积金综合管理系统的通知》要求：已经建设公积金业务管理系统的地区，暂停升级和改造公积金业务管理系统，待全省公积金综合管理系统建成后，按照全省统一的建设标准和数据规范升级改造现有系统，并做好系统对接和数据归集共享工作。因此，我中心暂停了信息系统升级改造工作。

松原市住房公积金 2019 年年度报告

一、机构概况

（一）**住房公积金管理委员会**：住房公积金管理委员会有 29 名委员，2019 年召开 1 次会议，审议通过的事项主要包括：增加吉林银行松原分行为市住房公积金管理中心受托银行。

（二）**住房公积金管理中心**：住房公积金管理中心为隶属于松原市政府直属的不以营利为目的的财政全额拨款事业单位，设 9 个科室，4 个管理局，2 个分中心。从业人员 89 人，其中，在编 58 人，非在编 31 人。

吉林油田分中心为隶属于中国石油吉林油田公司不以营利为目的的正科级单位，设 1 个科。从业人员 9 人，全部为在编人员。

二、业务运行情况

（一）**缴存**：2019 年，新开户单位 205 家，实缴单位 3269 家，净增单位 54 家；新开户职工 0.73 万人，实缴职工 15.98 万人，减少职工 0.25 万人；缴存额 25.37 亿元，同比增长 5.62%。2019 年末，缴存总额 224.29 亿元，比上年末增加 12.75%；缴存余额 101.79 亿元，比上年末增加 10.30%。

受委托办理住房公积金缴存业务的银行 7 家，比上年增加 1 家。

（二）**提取**：2019 年，提取额 15.87 亿元，同比下降 3.46%；占当年缴存额的 62.54%，比上年减少 5.88 个百分点。2019 年末，提取总额 122.50 亿元，比上年末增加 14.88%。

（三）**贷款**：

1. 个人住房贷款：个人住房贷款最高额度 60 万元，其中，单缴存职工最高额度 60 万元，双缴存职工最高额度 60 万元。

2019 年，发放个人住房贷款 0.41 万笔、11.18 亿元，同比分别下降 3.78%、1.98%。其中，市中心发放个人住房贷款 0.28 万笔、8.23 亿元，油田分中心发放个人住房贷款 0.13 万笔、2.95 亿元。

2019 年，回收个人住房贷款 6.89 亿元。其中，市中心 4.28 亿元，油田分中心 2.62 亿元。

2019 年末，累计发放个人住房贷款 5.20 万笔、95.37 亿元，贷款余额 52.85 亿元，分别比上年末增加 8.44%、13.28%、8.83%。个人住房贷款余额占缴存余额的 51.92%，比上年末减少 0.70 个百分点。

受委托办理住房公积金个人住房贷款业务的银行 7 家，比上年增加 1 家。

2. 住房公积金支持保障性住房建设项目贷款：

我单位无项目贷款。

（四）**购买国债**：我单位未购买国债。

（五）**融资**：我单位未做融资。

（六）**资金存储**：2019 年末，住房公积金存款 48.75 亿元。其中，活期 12.80 亿元，1 年（含）以下定期 15 亿元，1 年以上定期 20.95 亿元，其他（协定、通知存款等）0 亿元。

（七）资金运用率：2019年末，住房公积金个人住房贷款余额、项目贷款余额和购买国债余额的总和占缴存余额的51.92%，比上年末减少0.70个百分点。

三、主要财务数据

（一）业务收入：2019年，业务收入28961.84万元，同比增长11.54%。其中，市中心18338.00万元，油田分中心10623.84万元；存款利息12738.40万元，委托贷款利息16035.56万元，国债利息0万元，其他187.87万元。

（二）业务支出：2019年，业务支出15088.41万元，同比增长12.44%。其中，市中心8200.26万元，油田分中心6888.15万元；支付职工住房公积金利息14694.08万元，归集手续费0万元，委托贷款手续费393.74万元，其他0.58万元。

（三）增值收益：2019年，增值收益13873.43万元，同比增长10.58%。其中，市中心10137.74万元，油田分中心3735.69万元；增值收益率1.42%，比上年增加0.01个百分点。

（四）增值收益分配：2019年，提取贷款风险准备金8324.05万元，提取管理费用3692.32万元，提取城市廉租住房（公共租赁住房）建设补充资金1857.05万元。

2019年，上交财政管理费用2635.59万元。上缴财政城市廉租住房（公共租赁住房）建设补充资金1960.03万元。其中，市中心上缴897.42万元，油田分中心上缴（吉林油田住房建设管理办公室）1062.61万元。

2019年末，贷款风险准备金余额52402.16万元。累计提取城市廉租住房（公共租赁住房）建设补充资金19829.29万元。其中，市中心提取5262.38万元，油田分中心提取14566.91万元。

（五）管理费用支出：2019年，管理费用支出1730.46万元，同比增长50.65%。其中，人员经费725.02万元，公用经费156.17万元，专项经费849.27万元。

市中心管理费用支出1436.56万元，其中，人员、公用、专项经费分别为588.29万元、109.86万元、738.41万元；油田分中心管理费用支出293.9万元，其中，人员、公用、专项经费分别为136.73万元、46.31万元、110.86万元。

四、资产风险状况

（一）个人住房贷款：2019年末，个人住房贷款逾期额2278.18万元，逾期率4.31‰。其中，市中心5.92‰，油田分中心1.62‰。

个人贷款风险准备金按增值收益的60%提取。2019年，提取个人贷款风险准备金8324.05万元，使用个人贷款风险准备金核销呆坏账0万元。2019年末，个人贷款风险准备金余额52402.16万元，占个人住房贷款余额的9.92%，个人住房贷款逾期额与个人贷款风险准备金余额的比率为4.35%。

（二）支持保障性住房建设试点项目贷款：我单位无项目贷款。

五、社会经济效益

（一）缴存业务：2019年，实缴单位数、实缴职工人数和缴存额同比分别增长1.68%、-1.57%和5.62%。

缴存单位中，国家机关和事业单位占 80.18%，国有企业占 10.03%，城镇集体企业占 0.03%，外商投资企业占 0.25%，城镇私营企业及其他城镇企业占 7.86%，民办非企业单位和社会团体占 0.89%，其他占 0.76%。

缴存职工中，国家机关和事业单位占 43.32%，国有企业占 47.77%，城镇集体企业占 0.11%，外商投资企业占 0.21%，城镇私营企业及其他城镇企业占 7.38%，民办非企业单位和社会团体占 0.51%，其他占 0.70%；中、低收入占 98.43%，高收入占 1.57%。

新开户职工中，国家机关和事业单位占 32.35%，国有企业占 19.02%，城镇集体企业占 2.26%，外商投资企业占 1.23%，城镇私营企业及其他城镇企业占 35.50%，民办非企业单位和社会团体占 9.60%，其他占 0.04%；中、低收入占 99.63%，高收入占 0.37%。

（二）提取业务：2019 年，4.51 万名缴存职工提取住房公积金 15.87 亿元。

提取金额中，住房消费提取占 72.53%（购买、建造、翻建、大修自住住房占 32.83%，偿还购房贷款本息占 38.21%，租赁住房占 1.49%，其他占 0%）；非住房消费提取占 27.47%（离休和退休提取占 22.07%，完全丧失劳动能力并与单位终止劳动关系提取占 2.15%，出境定居占 0.67%，其他占 2.58%）。

提取职工中，中、低收入占 97.71%，高收入占 2.29%。

（三）贷款业务：

1. 个人住房贷款：2019 年，支持职工购建房 41.98 万平方米，年末个人住房贷款市场占有率（含公转商贴息贷款）为 21.89%，比上年末减少 1.28 个百分点。通过申请住房公积金个人住房贷款，可节约职工购房利息支出 24815.35 万元。

职工贷款笔数中，购房建筑面积 90（含）平方米以下占 26.58%，90～144（含）平方米占 67.82%，144 平方米以上占 5.60%。购买新房占 63.7%（其中购买保障性住房占 0%），购买二手房占 36.3%，建造、翻建、大修自住住房占 0%，其他占 0%。

职工贷款笔数中，单缴存职工申请贷款占 38.25%，双缴存职工申请贷款占 61.58%，三人及以上缴存职工共同申请贷款占 0.17%。

贷款职工中，30 岁（含）以下占 30.08%，30 岁～40 岁（含）占 35%，40 岁～50 岁（含）占 29.12%，50 岁以上占 5.80%；首次申请贷款占 88.97%，二次及以上申请贷款占 11.03%；中、低收入占 99.46%，高收入占 0.54%。

2. 异地贷款：2019 年，发放异地贷款 277 笔、7985.60 万元。2019 年末，发放异地贷款总额 20158.50 万元，异地贷款余额 18114.85 万元。

3. 公转商贴息贷款：我单位无贴息贷款。

4. 支持保障性住房建设试点项目贷款：我单位无项目贷款。

（四）住房贡献率：2019 年，个人住房贷款发放额、公转商贴息贷款发放额、项目贷款发放额、住房消费提取额的总和与当年缴存额的比率为 89.43%，比上年减少 6.86 个百分点。

六、其他重要事项

（一）当年机构及职能调整情况、受委托办理缴存贷款业务金融机构变更情况。2019 年，我市住房公积金管理机构及职能无调整情况，受委托办理缴存贷款业务金融机构增加 1 家吉林银行松原分行。

（二）当年住房公积金政策调整及执行情况。 2019 年根据住房公积金实际业务需要，住房公积金有关业务做如下调整：（1）购买一手房办理提取业务，需提交商品房买卖合同和房产部门预告登记证明或契税完税证和不动产权证，不再需要提供销售不动产发票（税控发票）。（2）大病提取公积金业务只限缴存职工本人使用（如有特殊情况，需提请分管主任召开专题会议研究决定）。（3）法院强制执行业务，不再实行全市通办，只限在账户冻结的网点办理。（4）二手房抵押价值，不包含装修及附属物，最终价格以实地踏察价格为准。

（三）当年服务改进情况。 2019 年，我中心稳步推进"只跑一次"改革工作。通过对所有服务事项的梳理整合，精简内部运行环节，优化办事程序，梳理出 42 项服务事项，有 38 项实现了"只跑一次"达到即来即办、即时办结的标准，占全部服务事项的 90% 以上。

（四）当年信息化建设情况。 2019 年，松原公积金综合服务平台项目在全省第一个通过了住房和城乡建设部专家验收组验收，并以优良成绩获得专家验收组一致通过，为吉林省树立了标杆。综合服务平台以互联网和移动终端为依托，将门户网站、网上服务大厅、自助终端、12329 热线、手机短信、手机客户端、微信和微博八大服务渠道通过综合管理系统整合为一个规范、安全的公积金服务体系，承载业务查询、业务办理、信息发布和互动交流四大功能，满足了缴存职工多层次、个性化服务需求。按时限要求完成了住房和城乡建设部数据平台搭建项目建设。

（五）当年对违反《住房公积金管理条例》和相关法规行为进行行政处罚和申请人民法院强制执行情况。 2019 年，一是对我市 2 家欠缴单位及时进行了依法归集；二是我中心开展了"防风险降逾期百日会战"活动，强力推进清收逾期贷款工作。截至年底，已有 26 人还清逾期贷款，有 9 人结清贷款，有 27 人制定了还款方案，签订了还款协议；三是我中心从维护缴存职工利益入手，起草了《松原市住房公积金行政执法实施细则》等 3 个行政执法类的规范性文件（征求意见稿），并向我市各级机关、企事业单位下发了征求意见函，获得了一致认可，目前这 3 个文件已报市政府审批，预计 2020 年初正式出台。

（六）当年对住房公积金管理人员违规行为的纠正和处理情况等。 2019 年，我中心管理人员无违法违纪行为发生。

白城市住房公积金 2019 年年度报告

一、机构概况

（一）**住房公积金管理委员会**：住房公积金管理委员会有 25 名委员，2019 年召开一次会议，审议通过的事项主要包括：白城市住房公积金管理中心 2018 年预算执行情况和 2019 年预算草案的报告。

（二）**住房公积金管理中心**：住房公积金管理中心为市政府不以营利为目的的公益性一类事业单位，设 8 个科，4 个管理部，0 个分中心。从业人员 96 人，其中，在编 37 人，非在编 59 人。

二、业务运行情况

（一）**缴存**：2019年，新开户单位210家，实缴单位2459家，净增单位59家；新开户职工0.76万人，实缴职工10.5万人，净增职工0.13万人；缴存额9.59亿元，同比增长4.92%。2019年末，缴存总额69.22亿元，比上年末增加16.08%；缴存余额34.99亿元，比上年末增加14.72%。

受委托办理住房公积金缴存业务的银行4家，比上年增加（减少）0家。

（二）**提取**：2019年，提取额5.09亿元，同比下降17.33%；占当年缴存额的53.12%，比上年减少14.30个百分点。2019年末，提取总额34.22亿元，比上年末增加17.49%。

（三）**贷款**：

1. **个人住房贷款**：个人住房贷款最高额度70万元，其中，单缴存职工最高额度50万元，双缴存职工最高额度70万元。

2019年，发放个人住房贷款0.21万笔、5.73亿元，同比分别下降28.00%、27.56%。其中，市中心发放个人住房贷款0.21万笔、5.73亿元。

2019年，回收个人住房贷款4.05亿元。其中，市中心4.05亿元。

2019年末，累计发放个人住房贷款3.89万笔、56.02亿元，贷款余额29.18亿元，分别比上年末增加5.65%、11.39%、6.07%。个人住房贷款余额占缴存余额的83.40%，比上年末增减少6.82个百分点。

受委托办理住房公积金个人住房贷款业务的银行3家，比上年增加（减少）0家。

（四）**资金存储**：2019年末，住房公积金存款6.77亿元。其中，活期3.27亿元，1年（含）以下定期1.60亿元，1年以上定期1.90亿元，其他（协定、通知存款等）0亿元。

（五）**资金运用率**：2019年末，住房公积金个人住房贷款余额、项目贷款余额和购买国债余额的总和占缴存余额的83.40%，比上年末减少6.82个百分点。

三、主要财务数据

（一）**业务收入**：2019年，业务收入10002.02万元，同比增长10.95%。其中，市中心10002.02万元；存款利息745.97万元，委托贷款利息9256.05万元，国债利息0万元，其他0万元。

（二）**业务支出**：2019年，业务支出5362.72万元，同比增长12.41%。其中，市中心5362.72万元；支付职工住房公积金利息4899.76万元，归集手续费0万元，委托贷款手续费462.80万元，其他0.16万元。

（三）**增值收益**：2019年，增值收益4639.30万元，同比增长9.32%。其中，市中心4639.30万元；增值收益率1.30%，比上年减少0.16个百分点。

（四）**增值收益分配**：2019年，提取贷款风险准备金167.12万元，提取管理费用1316.93万元，提取城市廉租住房（公共租赁住房）建设补充资金3155.25万元。

2019年，上交财政管理费用1433.32万元。上缴财政城市廉租住房（公共租赁住房）建设补充资金2391.97万元。其中，市中心上缴2391.97万元。

2019年末，贷款风险准备金余额3001.26万元。累计提取城市廉租住房（公共租赁住房）建设补充资金15200.58万元。其中，市中心提取15200.58万元。

（五）**管理费用支出**：2019年，管理费用支出949.26万元，同比下降6.16%。其中，人员经费

743.04万元，公用经费146.37万元，专项经费59.85万元。

市中心管理费用支出949.26万元，其中，人员、公用、专项经费分别为743.04万元、146.37万元、59.85万元。

四、资产风险状况

个人住房贷款：2019年末，个人住房贷款逾期额0万元，逾期率0‰。其中，市中心0‰。

个人贷款风险准备金是按年度住房公积贷款余额的1‰提取。2019年，提取个人贷款风险准备金167.12万元，使用个人贷款风险准备金核销呆坏账0万元。2019年末，个人贷款风险准备金余额3001.26万元，占个人住房贷款余额的1.03%，个人住房贷款逾期额与个人贷款风险准备金余额的比率为0%。

五、社会经济效益

（一）缴存业务：2019年，实缴单位数、实缴职工人数和缴存额同比分别增长4.02%、1.28%和4.92%。

缴存单位中，国家机关和事业单位占75.19%，国有企业占11.39%，城镇集体企业占1.63%，外商投资企业占0.73%，城镇私营企业及其他城镇企业占3.17%，民办非企业单位和社会团体占0.98%，其他占6.91%。

缴存职工中，国家机关和事业单位占69.92%，国有企业占17.05%，城镇集体企业占1.26%，外商投资企业占2.43%，城镇私营企业及其他城镇企业占2.35%，民办非企业单位和社会团体占0.50%，其他占6.49%；中、低收入占98.45%，高收入占1.55%。

新开户职工中，国家机关和事业单位占41.74%，国有企业占10.71%，城镇集体企业占3.87%，外商投资企业占4.58%，城镇私营企业及其他城镇企业占15.27%，民办非企业单位和社会团体占1.13%，其他占22.70%；中、低收入占99.71%，高收入占0.29%。

（二）提取业务：2019年，2.32万名缴存职工提取住房公积金5.09亿元。

提取金额中，住房消费提取占62.72%（购买、建造、翻建、大修自住住房占20.24%，偿还购房贷款本息占38.44%，租赁住房占4.04%，其他占0%）；非住房消费提取占37.28%（离休和退休提取占24.94%，完全丧失劳动能力并与单位终止劳动关系提取占3.73%，出境定居占0%，其他占8.61%）。

提取职工中，中、低收入占98.10%，高收入占1.90%。

（三）贷款业务：

1.个人住房贷款：2019年，支持职工购建房23.58万平方米，年末个人住房贷款市场占有率（含公转商贴息贷款）为34.70%，比上年末减少0.51个百分点。通过申请住房公积金个人住房贷款，可节约职工购房利息支出956.00万元。

职工贷款笔数中，购房建筑面积90（含）平方米以下占27.03%，90~144（含）平方米占64.19%，144平方米以上占8.78%。购买新房占40.42%（其中购买保障性住房占0%），购买二手房占59.58%，建造、翻建、大修自住住房占0%，其他占0%。

职工贷款笔数中，单缴存职工申请贷款占35.72%，双缴存职工申请贷款占63.95%，三人及以上缴存职工共同申请贷款占0.33%。

贷款职工中,30岁(含)以下占30.29%,30岁～40岁(含)占32.98%,40岁～50岁(含)占26.41%,50岁以上占10.32%;首次申请贷款占83.73%,二次及以上申请贷款占16.27%;中、低收入占98.85%,高收入占1.15%。

2. 异地贷款:2019年,发放异地贷款7笔、261.90万元。2019年末,发放异地贷款总额14350.30万元,异地贷款余额11720.97万元。

(四)住房贡献率:2019年,个人住房贷款发放额、公转商贴息贷款发放额、项目贷款发放额、住房消费提取额的总和与当年缴存额的比率为88.28%,比上年减少39.12个百分点。

六、其他重要事项

(一)当年机构及职能调整情况、受委托办理缴存贷款业务金融机构无变更情况。

(二)当年住房公积金政策调整及执行情况。根据吉林省统计局发布的吉林省2018年最低工资标准和城镇非私营单位就业人员年平均工资,确定我市2019年住房公积金缴存基数下限1480元,调整缴存公积金基数上限为12495元。

按照深入推进审批服务便民化有关工作安排部署,为巩固和深化住房公积金"最多跑一次"改革成果,方便单位和职工办理住房公积金缴存、提取业务,我市进一步简化住房公积金业务材料和办事要件。住房公积金缴存方面:取消单位开户、职工开户、单位信息变更、职工账户封存、职工账户启封、职工账户转移部分证明材料。住房公积金提取方面:取消购买存量房(二手房)、偿还商业银行贷款、职工大病、职工死亡等部分证明材料。

2019年我市调整住房公积金贷款政策,个人贷款最高贷款额度为:双职工最高贷款额70万元,单职工最高贷款额50万元。贷款额度根据房屋价格、房龄、借款人还款能力、借款人缴存余额等情况综合确定,贷款额度上限不得超过借款人及共同借款人公积金汇缴余额(不包括补缴)合计的20倍。借款人及共同借款人住房公积金汇缴余额(不包括补缴)合计不足5000元的,按5000元计算。缴存职工住房公积金贷款结清后,再次购房申请住房公积金贷款,需间隔满12个月。缴存职工家庭有未结清住房公积金贷款,如离异任何一方单独申请住房公积金贷款的,需离异后满12个月。已经使用过两次住房公积金贷款,不可再次申请住房公积金贷款。贷款利率按照国家标准利率执行。

(三)当年服务改进情况。2019年12月15日综合服务平台已经开发完成,官方网站、网上营业厅、微信公众号、手机APP等渠道上线运行,实现了"足不出户"就能办理公积金业务。

(四)当年信息化建设情况。2019年6月14日全国住房公积金数据上报平台上线,完成公积金数据上报工作,实现与国家税务总局总对总数据交换,并向缴存职工提供数据查询服务。2019年11月30日12329短信平台顺利接入省短信平台,实现12329短号码信息推送规避因短信号码过长(原短信号码:106509708612329)被拦截收不到信息的情况,实现全国统一短信号码12329为缴存职工提供短信提醒服务。2019年12月1日异地转移直连平台上线,实现异地缴存职工账随人走、钱随账走。2019年12月1日全国资金结算平台2.0版升级上线,完善资金结算业务流程,办事效率进一步提高。

(五)当年住房公积金管理中心及职工所获荣誉情况。2019年我中心获得红旗党支部、突出业绩奖(建功十三五)、先进基层党组织三项荣誉。

延边朝鲜族自治州住房公积金 2019 年年度报告

一、机构概况

（一）住房公积金管理委员会：住房公积金管理委员会有 34 名委员，2019 年召开一次会议，审议通过的事项主要包括：

（1）《关于调整延边州住房公积金管理委员会副主任的议案》；

（2）《州住房公积金管理中心关于 2018 年工作完成情况及 2019 年工作打算的报告》；

（3）《延边州财政局关于 2018 年全州住房公积金财务决算报告及 2019 年财务预算草案》；

（4）《关于 2018 年全州住房公积金各项计划指标执行情况说明及 2019 年各项计划指标草案的报告》；

（5）《关于修改〈延边州住房公积金归集提取管理办法〉和〈延边州个人住房公积金贷款管理办法〉的议案》；

（6）《延边州住房公积金 2018 年年度报告》。

（二）住房公积金管理中心：延边州住房公积金管理中心（以下简称"中心"）为直属于延边州人民政府不以营利为目的的独立的事业单位，目前中心设 11 个处室，10 个管理部。从业人员 137 人，其中，在编 72 人，非在编 65 人。

二、业务运行情况

（一）缴存：2019 年，新开户单位 382 家，实缴单位 3905 家，净减单位 36 家；新开户职工 1.34 万人，实缴职工 20.61 万人，净减职工 0.12 万人；缴存额 29.15 亿元，同比增长 8.46％。2019 年末，缴存总额 216.86 亿元，同比增长 15.53％；缴存余额 106.49 亿元，同比增长 8.96％。

受委托办理住房公积金缴存业务的银行 5 家，与上年相同。

（二）提取：2019 年，提取额 20.39 亿元，同比增长 8.14％；占当年缴存额的 69.96％，比上年减少 0.20 个百分点。2019 年末，提取总额 110.37 亿元，同比增长 22.66％。

（三）贷款：

2019 年个人住房贷款最高额度 60 万元，其中，单缴存职工最高额度 50 万元，双缴存职工最高额度 60 万元。发放个人住房贷款 0.64 万笔、19.67 亿元，同比分别上升 3.20％、13.99％。

2019 年回收个人住房贷款 9.81 亿元。

2019 年末，累计发放个人住房贷款 7.79 万笔、145.31 亿元，贷款余额 83.38 亿元，同比分别增长 8.98％、15.66％、13.41％。个人住房贷款余额占缴存余额的 78.30％，比上年增加 3.07 个百分点。

受委托办理住房公积金个人住房贷款业务的银行 9 家，比上年增加 2 家。

（四）购买国债：2019 年未购买国债，国债余额为零。

（五）融资：无此项业务。

（六）资金存储：2019 年末，住房公积金存款 24.19 亿元。其中，活期 0.06 亿元，1 年（含）以下定期 3.4 亿元，1 年以上定期 20.5 亿元，其他（协定、通知存款等）0.23 亿元。

（七）**资金运用率**：2019 年末，住房公积金个人住房贷款余额、项目贷款余额和购买国债余额的总和占缴存余额的 78.30%，比上年增加 3.07 个百分点。

三、主要财务数据

（一）**业务收入**：2019 年，业务收入 34705.85 万元，同比增长 15.77%。其中存款利息收入 9954.18 万元，委托贷款利息收入 24744.00 万元，其他收入 7.67 万元。

（二）**业务支出**：2019 年，业务支出 16566.02 万元，同比增长 9.41%。其中，支付职工住房公积金利息 15238.27 万元，归集手续费 831.83 万元，委托贷款手续费 494.88 万元，其他 1.04 万元。

（三）**增值收益**：2019 年，增值收益 18139.83 万元，同比增长 22.27%。增值收益率 1.77%，比上年增加 0.25 个百分点。

（四）**增值收益分配**：2019 年，提取贷款风险准备金 10883.83 万元，提取管理费用 3328.00 万元，提取城市廉租住房（公共租赁住房）建设补充资金 3928.00 万元。

2019 年，上交财政管理费用 3600.41 万元。上缴财政城市廉租住房（公共租赁住房）建设补充资金 2333.00 万元。

2019 年末，贷款风险准备金余额 82776.50 万元。累计提取城市廉租住房（公共租赁住房）建设补充资金 17319.00 万元。

（五）**管理费用支出**：2019 年，管理费用支出 2404.68 万元，同比下降 5.15%。其中，人员经费 1388.52 万元，公用经费 54.37 万元，专项经费 961.79 万元。

四、资产风险状况

个人住房贷款：2019 年末，个人住房贷款逾期额 83.64 万元，逾期率 0.1‰。

个人贷款风险准备金按增值收益的 60% 提取。2019 年，提取个人贷款风险准备金 10883.83 万元，未使用个人贷款风险准备金核销呆坏账。2019 年末，个人贷款风险准备金余额 82776.50 万元，占个人住房贷款余额的 9.93%，个人住房贷款逾期额与个人贷款风险准备金余额的比率为 0.1‰。

五、社会经济效益

（一）**缴存业务**：2019 年，实缴单位数、实缴职工人数和缴存额同比分别降低 0.91%、0.59% 和增长 8.46%。

缴存单位中，国家机关和事业单位占 45.10%，国有企业占 10.42%，城镇集体企业占 2.48%，外商投资企业 1.18%，城镇私营企业及其他城镇企业占 32.93%，民办非企业单位和社会团体占 1.28%，其他占 6.61%。

缴存职工中，国家机关和事业单位占 45.39%，国有企业占 30.30%，城镇集体企业占 2.00%，外商投资企业占 1.48%，城镇私营企业及其他城镇企业占 17.23%，民办非企业单位和社会团体占 0.54%，其他占 3.06%；中收入占 34.50%，低收入占 65.07%，高收入占 0.43%。

新开户职工中，国家机关和事业单位占 27.34%，国有企业占 12.00%，城镇集体企业占 2.98%，外

商投资企业占 2.61%，城镇私营企业及其他城镇企业占 41.59%，民办非企业单位和社会团体占 1.88%，其他占 11.60%；中收入占 6.82%，低收入占 92.70%，高收入占 0.48%。

（二）提取业务：2019 年，3.74 万名缴存职工提取住房公积金 20.39 亿元。

提取金额中，住房消费提取占 72.40%（购买、建造、翻建、大修自住住房占 33.08%，偿还购房贷款本息占 37.47%，租赁住房占 1.85%）；非住房消费提取占 27.60%（离休和退休提取占 22.71%，完全丧失劳动能力并与单位终止劳动关系提取占 3.26%，户口迁出本市或出境定居占 0.30%，其他占 1.33%）。

提取职工中，中收入占 44.00%，低收入占 53.86%，高收入占 2.14%。

（三）贷款业务：

1. 个人住房贷款：2019 年，支持职工购建房 68.74 万平方米，年末个人住房贷款市场占有率为 33.88%，比上年增加 3.51 个百分点。通过申请住房公积金个人住房贷款，可节约职工购房利息支出 32217.63 万元。

职工贷款笔数中，购房建筑面积 90（含）平方米以下占 23.46%，90~144（含）平方米占 68.55%，144 平方米以上占 7.99%。购买新房占 68.07%，购买存量商品住房占 31.93%。

职工贷款笔数中，单缴存职工申请贷款占 64.19%，双缴存职工申请贷款占 35.81%。

贷款职工中，30 岁（含）以下占 28.24%，30 岁~40 岁（含）占 36.04%，40 岁~50 岁（含）占 24.92%，50 岁以上占 10.80%；首次申请贷款占 84.41%，二次及以上申请贷款占 15.59%；中低收入占 99.16%，高收入占 0.84%。

2. 异地贷款：2019 年，发放异地贷款 296 笔、10367.70 万元。2019 年末，发放异地贷款总额 43230.10 万元，异地贷款余额 36229.78 万元。

（四）住房贡献率：2019 年，个人住房贷款发放额、公转商贴息贷款发放额、项目贷款发放额、住房消费提取额的总和与当年缴存额的比率为 118.14%，比上年增加 4.67 个百分点。

六、其他重要事项

（一）**当年机构及职能调整情况、受委托办理缴存贷款业务金融机构变更情况**。2018 年机构及职能未做调整；缴存业务金融机构未做变更；贷款业务金融机构增加 2 家。

（二）**当年住房公积金政策调整及执行情况**。2019 年单位和个人住房公积金缴存基数上限为 17778 元，基数下限：延吉市、珲春市和长白山为 1580 元，其他县（市）为 1480 元。在不超过缴存上限的前提下，有条件的缴存单位，将奖金、津贴、补贴等收入计入缴存基数，可以将重新核定后的差额部分进行补缴；提取政策上委托逐月提取，借款人和共同还款人其双方公积金账户余额应不少于一年的还款额改为半年的还款额，每次可以申请的年限在原有一年、两年或三年的基础上增加了半年的；贷款政策方面本年住房公积金个人住房贷款最高额度未做调整；进一步严格审查借款人和共同借款人个人征信情况，由原来借款人在我中心或其他金融机构贷款期间出现过连续违约 6 次以上（含 6 次）的，在贷款结清满三年后方可申请公积金贷款调整为借款人及共同借款人个人信用信息中存在单笔贷款（含公积金贷款）或贷记卡连续逾期超过 6 期记录、累计逾期超过 24 期记录、被列入失信人员名单等严重失信行为的不予贷款，在贷款及贷记卡结清、被解除失信人员名单满三年方可申请公积金贷款；取消提前结清贷款和部分还款时间限制，降低部分还款额度，由不低于 5 万元调整为不低于 2 万元；进一步规范更换或撤出部分抵押物条件，借款人在所购房屋已办理不动产登记证或部分还贷时,可更换原抵押物或撤出部分抵押物;2019年住房公积金存款利率没有变化,为1.50%;2019年公积金贷款利率没有变化,五年期以下(含五年)个人住房公积金贷款利率为2.75%;五年期以上个人住房公积金贷款利率为3.25%。

(三)当年服务改进情况。2019年,为进一步贯彻落实全州政务服务改革部署要求,推进审批职能归集,打造"只进一扇门"的政务环境,我中心完成入驻政务大厅工作。入驻工作以打造优质窗口、提升办事体验为目标,按照"内提素质、外树形象"的任务标准,选派业务精、能力强、服务好的工作人员,在州及县市政数局的有力支持和配合下,采取专线接入、系统独立的方式进行,以确保第一时间开展业务,高质量完成窗口外设延伸,为职工办事提供更多便利、优质服务。同时,为进一步提升综合服务平台的服务效能,我中心与蚂蚁金服合作开通了支付宝城市服务,实现了"刷脸"查询;接入省12329短信平台,短信发送号码由长号码变为公积金专属的12329短号码。

(四)当年信息化建设情况。2019年我中心完成了全国住房公积金数据平台接入工作,自系统上线后每日按标准及时、准确地上报数据;完成了直连接入住房公积金异地转移接续平台工作;为进一步提高我中心信息化水平,启动了信息系统升级改造工作。

(五)当年住房公积金管理中心及职工所获荣誉情况。我中心荣获"省级文明单位";在州直机关党工委举办的纪念新中国成立70周年"我和我的祖国"文艺汇演中,荣获"优秀表演奖";

机关第三支部在州直机关庆祝建党98周年表彰中荣获"先进党支部";

友谊路管理部在"文明吉林—擦亮行业窗口行动"活动中,荣获"吉林省文明服务示范窗口";

敦化管理部荣获"全州精神文明建设先进集体";

珲春管理部在珲春市政务大厅工作评比中,荣获"文明服务窗口";

和龙管理部荣获"和龙市先进单位";

张永明在州直机关庆祝建党98周年表彰中荣获"优秀党务工作者";

王占国在州直机关庆祝建党98周年表彰中荣获"优秀共产党员"、在第二届延边州《党员故事》微视频网上观后交流活动中荣获"我最喜爱的《党员故事》";

金相国荣获"省级事业单位脱贫攻坚专项奖励个人嘉奖"、在州直机关庆祝建党98周年表彰中荣获"优秀驻村第一书记";

樊志航荣获"延边州青年岗位能手";

杨清娜荣获"延边州文明服务窗口明星"。

(六)当年对违反《住房公积金管理条例》和相关法规行为进行行政处罚和申请人民法院强制执行情况。本年没有发生违反《住房公积金管理条例》和相关法规行为。

(七)当年对住房公积金管理人员违规行为的纠正和处理情况等。本年我中心管理人员没有发生违规行为。

(八)其他需要披露的情况。本年不存在需要披露而未披露的其他情况。

2019 全国住房公积金年度报告汇编

黑龙江省

哈尔滨
齐齐哈尔市
鸡西市
鹤岗市
双鸭山市
大庆市
伊春市
佳木斯市
七台河市
牡丹江市
黑河市
绥化市
大兴安岭地区

黑龙江省住房公积金 2019 年年度报告

一、机构概况

（一）**住房公积金管理机构**：全省（区）共设 13 个设区城市住房公积金管理中心，1 个县级市公积金中心（绥芬河市住房公积金管理中心），1 个行业公积金中心（黑龙江省森工林区住房公积金管理中心，隶属于中国龙江森林工业集团有限公司），3 个独立设置的分中心（其中，哈尔滨住房公积金管理中心省直分中心隶属黑龙江省机关事务管理局，哈尔滨住房公积金管理中心农垦分中心隶属黑龙江北大荒农垦集团总公司，哈尔滨住房公积金管理中心电力分中心隶属国网黑龙江省电力有限公司）。从业人员 1546 人，其中，在编 932 人，非在编 614 人。

（二）**住房公积金监管机构**：省住房城乡建设厅、财政厅和人民银行哈尔滨中心支行负责对本省住房公积金管理运行情况进行监督。省住房城乡建设厅设立住房保障和公积金处，负责辖区住房公积金日常监管工作。

二、业务运行情况

（一）**缴存**：2019 年，新开户单位 3708 家，实缴单位 40416 家，净增单位 1019 家；新开户职工 16.86 万人，实缴职工 283.08 万人，净减职工 4.29 万人；缴存额 428.75 亿元，同比增加 8.13%。2019 年末，缴存总额 3660.55 亿元，比上年末增加 13.27%；缴存余额 1492.27 亿元，比上年末增加 8.2%。

2019 年各地市缴存职工人数同去年对比情况见图 1。

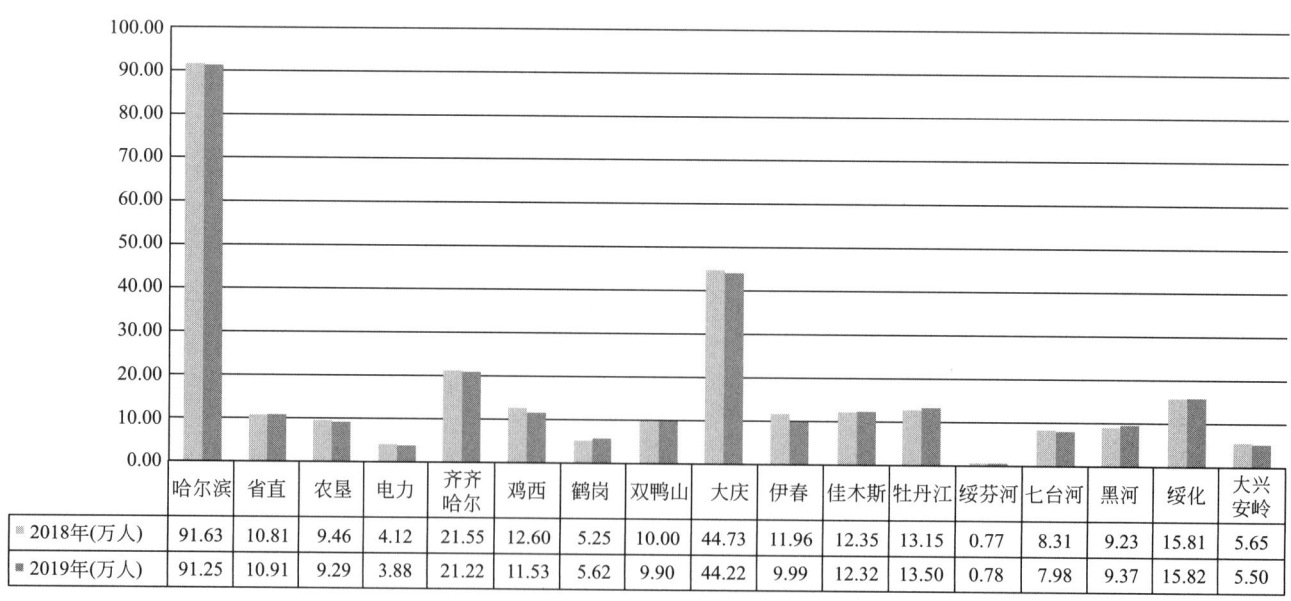

图 1　实缴职工人数统计对比图

（二）**提取**：2019 年，提取额 315.66 亿元，同比增长 4.98%；占当年缴存额的 73.62%，比上年减少

2.22个百分点。2019年末，提取总额2168.27亿元，比上年末增加17.04%。

2019年各地市住房公积金提取额占当年缴存额的比重见图2。

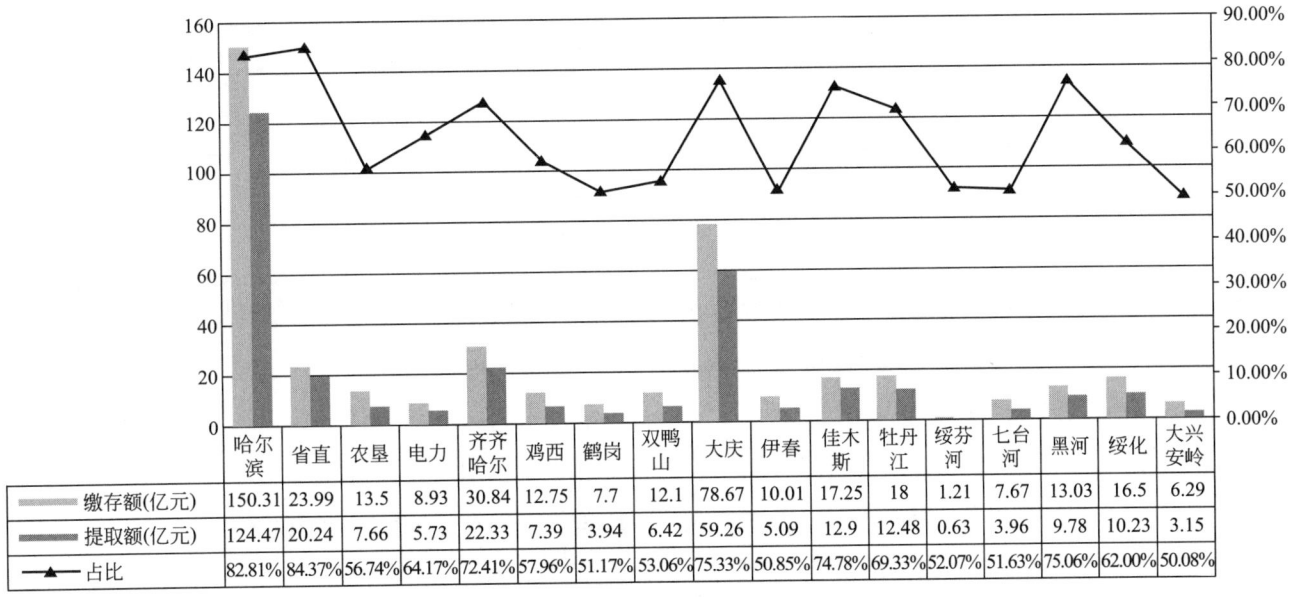

图2 2019年住房公积金提取额占当年缴存额比重表

(三) 贷款：

个人住房贷款：2019年，发放个人住房贷款6.02万笔、209.24亿元，同比下降14.85%、12.18%。回收个人住房贷款139.71亿元。

2019年末，累计发放个人住房贷款92.91万笔、2077.59亿元，贷款余额1062.68亿元，分别比上年末增加6.93%、11.2%、7%。个人住房贷款余额占缴存余额的71.21%，比上年末减少0.8个百分点。

2019年各地市住房公积金个贷率情况见图3。

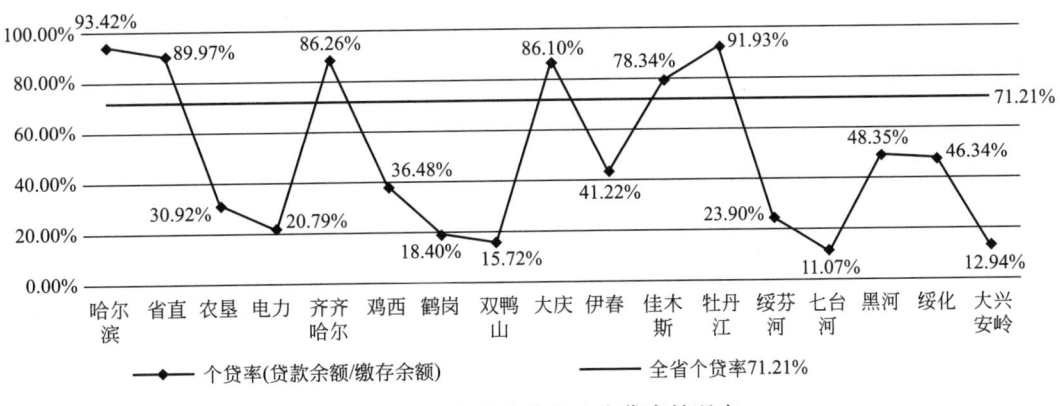

图3 2019年住房公积金个贷率情况表

2019年各地市住房公积金资金使用率情况见图4。

(四) 购买国债： 2019年末，国债余额0.5亿元。

(五) 资金存储： 2019年末，住房公积金存款438.93亿元。其中，活期8.86亿元，1年（含）以下

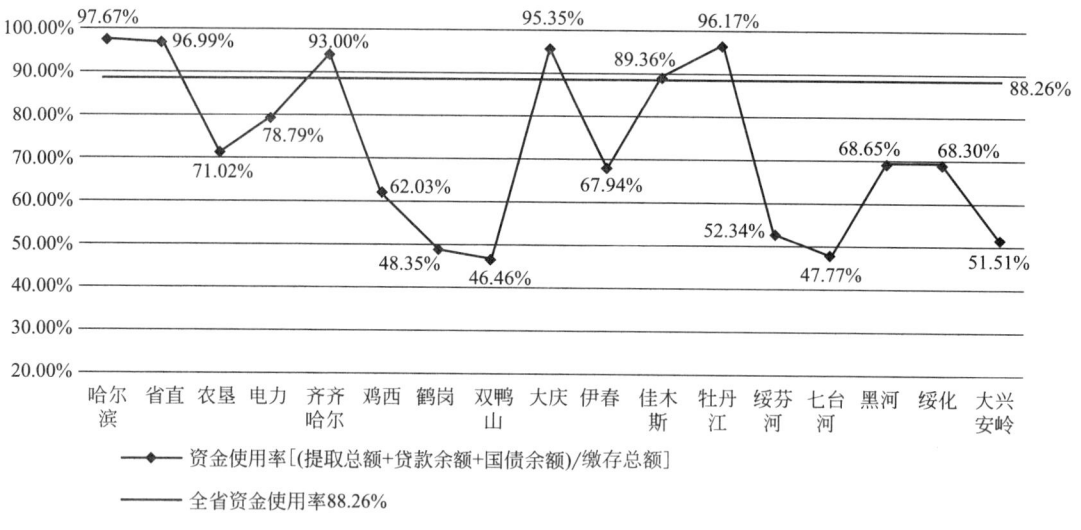

图 4 2019 年住房公积金资金使用率情况表

定期 237.82 亿元，1 年以上定期 173.84 亿元，其他（协定、通知存款等）18.41 亿元。

（六）资金运用率：2019 年末，住房公积金个人住房贷款余额、项目贷款余额和购买国债余额的总和占缴存余额的 71.25％，比上年末减少 0.8 个百分点。

三、主要财务数据

（一）业务收入：2019 年，业务收入 441932.59 万元，同比增长 8.33％。其中，存款利息 109601.27 万元，委托贷款利息 331774.05 万元，国债利息 177.7 万元，其他 379.57 万元。

（二）业务支出：2019 年，业务支出 260014.62 万元，同比增长 22.37％。其中，支付职工住房公积金利息 248158.88 万元，归集手续费 1612.82 万元，委托贷款手续费 10002.94 万元，其他 239.98 万元。

（三）增值收益：2019 年，增值收益 181917.97 万元，同比下降 6.93％；增值收益率 1.25％，比上年减少 0.22 个百分点。

（四）增值收益分配：2019 年，提取贷款风险准备金 10047.62 万元，提取管理费用 25750.05 万元，提取城市廉租住房（公共租赁住房）建设补充资金 146120.29 万元。

2019 年全省增值收益分配情况见图 5。

2019 年，上交财政管理费用 25245.97 万元，上缴财政城市廉租住房（公共租赁住房）建设补充资金 174108.36 万元。

2019 年末，贷款风险准备金余额 340771.62 万元，累计提取城市廉租住房（公共租赁住房）建设补充资金 1064232.90 万元。

（五）管理费用支出：2019 年，管理费用支出 25114.76 万元，同比增长 0.07％。其中，人员经费 14127.68 万元，公用经费 3088.47 万元，专项经费 7898.61 万元。

四、资产风险状况

2019 年末，个人住房贷款逾期额 12090.32 万元，逾期率 1.14‰。

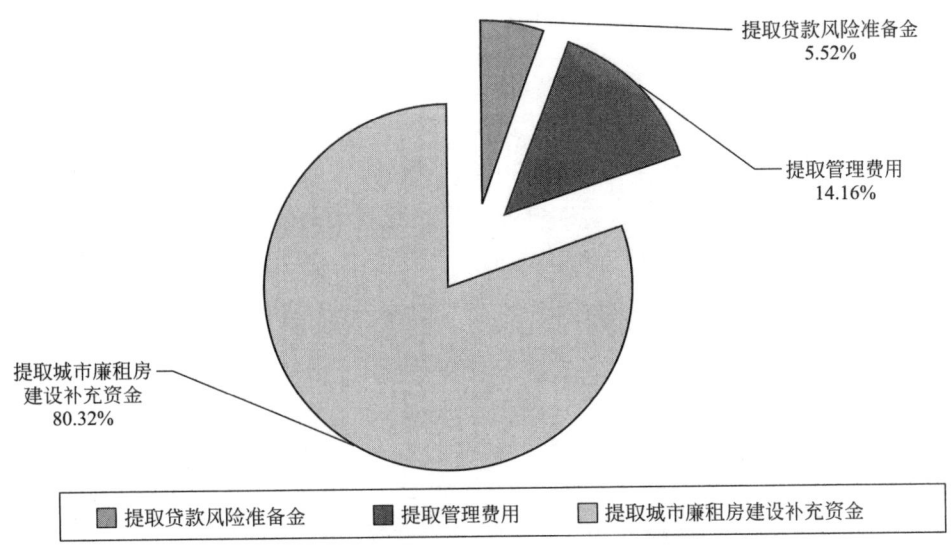

图 5 2019 年全省增值收益分配情况

2019 年，提取个人贷款风险准备金 10047.63 万元，未使用个人贷款风险准备金核销呆坏账。2019 年末，个人贷款风险准备金余额 327139.44 万元，占个人贷款余额的 3.08%，个人贷款逾期额与个人贷款风险准备金余额的比率为 3.70%。

五、社会经济效益

（一）缴存业务：2019 年，实缴单位数、实缴职工人数和缴存额增长率分别为 2.59%、－1.49% 和 8.13%。

缴存单位中，国家机关和事业单位占 53.89%，国有企业占 11.66%，城镇集体企业占 0.85%，外商投资企业占 1.51%，城镇私营企业及其他城镇企业占 23.04%，民办非企业单位和社会团体占 3.36%，其他占 5.69%。

缴存职工中，国家机关和事业单位占 40.19%，国有企业占 29.77%，城镇集体企业占 1.21%，外商投资企业占 1.97%，城镇私营企业及其他城镇企业占 19.57%，民办非企业单位和社会团体占 3.47%，其他占 3.82%；中、低收入占 98.56%，高收入占 1.44%。

新开户职工中，国家机关和事业单位占 32.02%，国有企业占 15.24%，城镇集体企业占 1.59%，外商投资企业占 2.39%，城镇私营企业及其他城镇企业占 36.33%，民办非企业单位和社会团体占 4.27%，其他占 8.16%；中、低收入占 99.4%，高收入占 0.6%。

（二）提取业务：2019 年，102.82 万名缴存职工提取住房公积金 315.66 亿元。

提取金额中，住房消费提取占 71.33%（购买、建造、翻建、大修自住住房占 25.71%，偿还购房贷款本息占 43.02%，租赁住房占 2.57%，其他占 0.03%）；非住房消费提取占 28.67%（离休和退休提取占 22.90%，完全丧失劳动能力并与单位终止劳动关系提取占 2.41%，出境定居占 0.08%，其他占 3.28%）。

提取职工中，中、低收入占 97.66%，高收入占 2.34%。

2019 年全省住房公积金提取用途分类情况见图 6。

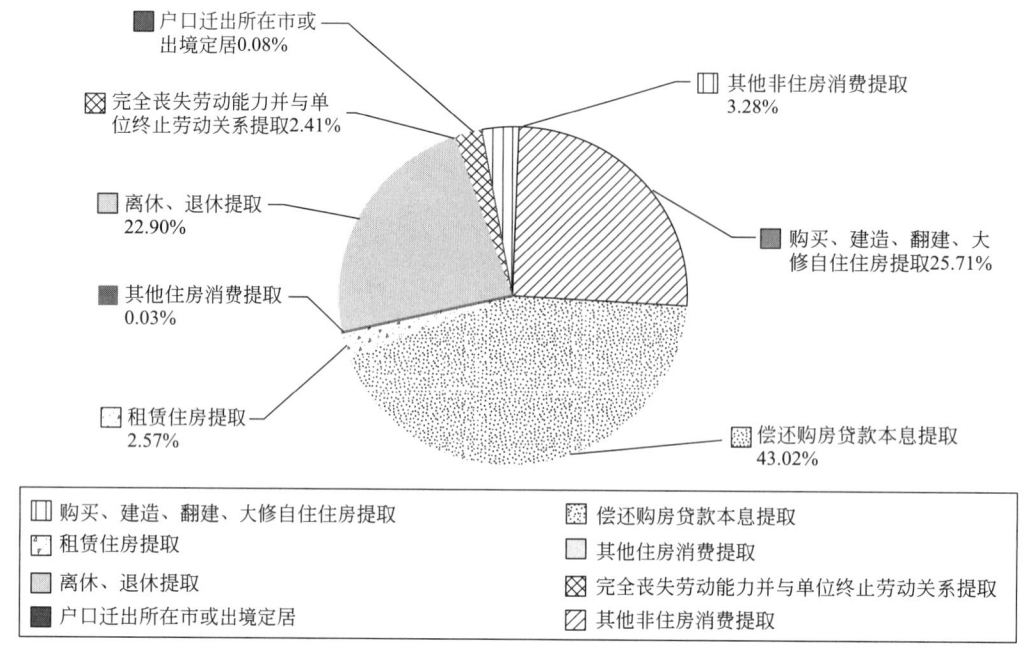

图6　2019年全省住房公积金提取用途分类情况

（三）贷款业务：

1.个人住房贷款： 2019年，支持职工购建房634.64万平方米。年末个人住房贷款市场占有率为9.73%，比上年末减少16.67个百分点。通过申请住房公积金个人住房贷款，可节约职工购房利息支出496941.84万元。

职工贷款笔数中，购房建筑面积90（含）平方米以下占37.35%，90～144（含）平方米占56.43%，144平方米以上占6.22%。购买新房占51.99%，购买二手房占47.24%，建造、翻建、大修自住住房占0.54%，其他占0.23%。

职工贷款笔数中，单缴存职工申请贷款占64.20%，双缴存职工申请贷款占35.75%，三人及以上缴存职工共同申请贷款占0.05%。

贷款职工中，30岁（含）以下占29.59%，30岁～40岁（含）占40.65%，40岁～50岁（含）占22.43%，50岁以上占7.33%；首次申请贷款占86.09%，二次及以上申请贷款占13.91%；中、低收入占98.76%，高收入占1.24%。

2.异地贷款： 2019年，发放异地贷款3338笔、112041.90万元。2019年末，发放异地贷款总额940540.83万元，异地贷款余额626164.29万元。

（四）住房贡献率： 2019年，个人住房贷款发放额、公转商贴息贷款发放额、项目贷款发放额、住房消费提取额的总和与当年缴存额的比率为101.32%，比上年减少12.29个百分点。

六、其他重要事项

（一）政策调整情况。 为进一步规范全省住房公积金提取、贷款管理工作，2019年起草了《黑龙江省住房公积金提取管理办法》和《黑龙江省住房公积金个人住房贷款管理办法》，经征求意见修改完善后，于 2020 年 3 月 27 日印发实施。为贯彻落实党中央、国务院防范化解重大风险的决策部署，黑龙江省住房和城乡建设厅、黑龙江省财政厅、中国人民银行哈尔滨中心支行和中国银行保险监督管理委员会黑龙江监管局联合印发了《关于加强住房公积金个人住房贷款风险管理工作的通知》（黑建住〔2019〕6 号），进一步规范住房公积金个人住房贷款业务行为，防范住房公积金贷款风险，保证资金安全。

（二）监督检查情况。

1. 开展电子稽查工作。按照住房和城乡建设部电子稽查工作要求，通过日常对公积金中心电子稽查报告分析，有效指导地市开展自检和整改工作，完成了对地市公积金中心电子稽查评估工作。

2. 开展个贷逾期清收工作。为化解贷款逾期风险，通过电话询问、约谈、印发整改通知等方式，指导逾期率超国家风险值的公积金中心采取有效措施开展逾期贷款清收工作。

3. 持续开展"扫黑除恶"工作。按照黑龙江省扫黑除恶总体工作部署，全省公积金系统积极发挥职能作用，广泛宣传发动，全面摸排线索，强化担当抓落实，深入开展公积金行业扫黑除恶工作。重点对"黑中介"及违规骗提骗贷行为进行了专项治理，追缴骗提骗贷资金，将有关线索及时移交公安部门。

（三）服务改进情况。

1. 推进住房公积金"办事不求人"工作。为深入贯彻落实《省政府工作报告》"办事不求人"部署要求，印发了《黑龙江省住房和城乡建设厅关于印发〈住房公积金行业办理提取贷款业务不求人工作方案〉的通知》（黑建住〔2019〕2 号）。各地积极落实，通过进一步优化业务流程、简化办理要件，全面推行"马上办、网上办、掌上办、就近办、自助办"等措施，全面提升了信息化服务能力，实现了"办事不求人"工作目标。

2. 对住房公积金"办事不求人"进行跟踪问效。为进一步推动住房公积金"办事不求人"工作向纵深发展，我省对哈尔滨、牡丹江、鸡西等地开展了公积金提贷业务不求人工作调研，及时纠正了发现的问题。新闻媒体报道了全省住房公积金"办事不求人"等工作共计 260 余篇，有效检验了"办事不求人"成果。

（四）信息化建设。

1. 完成了综合服务平台验收工作。按照住房和城乡建设部综合服务平台工作要求，全省 18 个公积金中心全部通过了综合服务平台建设使用情况验收。公积金中心通过开通网上营业大厅、手机 APP、12329 短信等八大服务渠道，有效缓解了公积金中心柜面的工作压力，提升了服务形象和工作效率，满足了缴存单位和缴存职工的多元化、个性化服务需求。

2. 按时完成数据平台接入及手机公积金测试工作。按照《关于印发全国住房公积金数据平台接入技术方案的通知》（建金信函〔2019〕7 号）和全国住房公积金数据平台接入培训会议精神要求，各公积金中心组织软件开发单位增派技术骨干力量，加快接口开发和测试工作，已于 2019 年 6 月底全部完成平台接入，实现数据稳定传输。

3. 配合住房和城乡建设部开展测试工作。各地按照住房和城乡建设部《关于开展全国住房公积金查询服务测试工作的通知》（建金信函〔2019〕81 号）要求开展了测试工作，按时向住房和城乡建设部报送了测试报告。

（五）2019 年所获荣誉情况。

省级青年文明号：

牡丹江市住房公积金管理中心；

黑龙江森工林区住房公积金管理中心。

省级文明单位：

哈尔滨住房公积金管理中心省直分中心。

省级文明窗口标兵：

齐齐哈尔市住房公积金经办中心；

伊春市住房公积金经办中心；

大兴安岭地区住房公积金经办中心。

省级文明窗口：

鹤岗市住房公积金经办中心；

省级巾帼建功先进集体；

牡丹江市住房公积金管理中心。

市级三八红旗手：

大兴安岭地区住房公积金经办中心。

（六）违规行为处理情况。牡丹江市住房公积金管理中心 1 名工作人员因参与赌博被行政拘留并处罚款，给予党内严重警告处分。

（七）其他说明。黑龙江省森工林区住房公积金管理中心未纳入住房和城乡建设部统计信息系统，因此，以上数据不包含该中心，该中心《2019 年年度报告》已于 2020 年 3 月 13 日在中心官方网站对外披露。

哈尔滨住房公积金 2019 年年度报告

一、机构概况

（一）住房公积金管理委员会

住房公积金管理委员会有 22 名委员，2019 年召开一次会议，审议通过的事项主要包括：（1）审议《关于拟调整哈尔滨市住房公积金管理委员会组成人员的通知》；（2）审议 2018 年住房公积金归集使用计划执行情况；（3）审议 2019 年住房公积金归集使用计划及财务收支预算；（4）审议哈尔滨市住房公积金 2018 年年度（信息披露）报告；（5）审议关于调整我市住房公积金租房提取额度事宜；（6）审议关于调整我市住房公积金个人贷款额度计算方式事宜。

（二）住房公积金管理中心

哈尔滨住房公积金管理中心（以下简称"哈尔滨中心"）为直接隶属市政府不以营利为目的的独立事业单位，设十一个处（室），十八个办事处，一个分中心（铁路分中心）。此外，本年度报告中含自主管理独立运作的三个分中心（省直分中心、农垦分中心、电力分中心）数据。从业人员 479 人，其中，在编

293 人,非在编 186 人。

二、业务运行情况

(一)缴存:2019 年,新开户单位 1785 家,实缴单位 14467 家,净增单位 982 家;新开户职工 7.8 万人,实缴职工 115.33 万人,净减职工 0.69 万人;缴存额 196.73 亿元,同比增长 7.87%。2019 年末,缴存总额 1672.87 亿元,比上年末增加 13.33%;缴存余额 578.26 亿元,比上年末增加 7.16%。

受委托办理住房公积金缴存业务的银行 5 家,与上年一致。

(二)提取:2019 年,提取额 158.09 亿元,同比增长 6.16%;占当年缴存额的 80.36%,比上年减少 1.3 个百分点。2019 年末,提取总额 1094.61 亿元,比上年末增加 16.88%。

(三)贷款:

1.个人住房贷款:个人住房贷款最高额度 70 万元,其中,单缴存职工最高额度 50 万元,双缴存职工最高额度 70 万元。

2019 年,发放个人住房贷款 2.24 万笔、97.23 亿元,同比分别下降 11.81%、9.67%。

2019 年末,累计发放个人住房贷款 29.84 万笔、858.9 亿元,贷款余额 484.58 亿元,分别比上年末增加 8.12%、12.77%、9.5%。个人住房贷款余额占缴存余额的 83.8%,比上年末增加 1.79 个百分点。

受委托办理住房公积金个人住房贷款业务的银行 11 家,与上年一致。

单位:万笔、亿元

项目	发放		回收额	余额	个人住房贷款率
	笔数	金额			
哈尔滨中心	1.99	85.82	46.18	407.19	93.42%
省直分中心	0.13	6.55	6.75	55.78	89.98%
农垦分中心	0.1	3.86	1.65	14.95	30.92%
电力分中心	0.02	1	0.58	6.66	20.79%
合计	2.24	97.23	55.16	484.58	83.8%

2.住房公积金支持保障性住房建设项目贷款:2019 年末,累计发放项目贷款 40 亿元,项目贷款余额 0 亿元。

(四)资金存储:2019 年末,住房公积金存款 99.93 亿元。其中,活期 2.63 亿元,1 年(含)以下定期 64.31 亿元,1 年以上定期 25.71 万元,其他(协定、通知存款等)7.28 亿元。

(五)资金运用率:2019 年末,住房公积金个人住房贷款余额、项目贷款余额和购买国债余额的总和占缴存余额的 83.8%,比上年末增加 1.79 个百分点。

三、主要财务数据

(一)业务收入:2019 年,业务收入 175305.19 万元,同比增长 10.36%。存款利息 25557.58 万元,委托贷款利息 149609.54 万元,其他 138.07 万元。

（二）业务支出：2019 年，业务支出 126570.71 万元，同比增长 49.44%。支付职工住房公积金利息 118425.46 万元，归集手续费 1568.24 万元，委托贷款手续费 6344.75 万元，其他 232.26 万元。

（三）增值收益：2019 年，增值收益 48734.48 万元，同比下降 34.28%。增值收益率 0.87%，比上年减少 0.55 个百分点。

单位：万元

项目	业务收入	业务支出	增值收益	当年上缴廉租房建设补充资金	累计提取廉租房建设补充资金
哈尔滨中心	137849.93	101753.51	36096.42	53818.50	267176.82
省直分中心	18763.73	13656.17	5107.56	4702.27	50008.88
农垦分中心	10370.98	6457.55	3913.43	1044.85	14118.43
电力分中心	8320.55	4703.48	3617.07	3404.14	33520.25
合计	175305.19	126570.71	48734.48	62969.76	364824.38

（四）增值收益分配：2019 年，提取贷款风险准备金 1495.04 万元，提取管理费用 9275.13 万元，提取城市廉租住房（公共租赁住房）建设补充资金 37964.31 万元。

2019 年，上交财政管理费用 9387.68 万元。上缴财政城市廉租住房（公共租赁住房）建设补充资金 62969.76 万元。

2019 年末，贷款风险准备金余额 180049.31 万元。累计提取城市廉租住房（公共租赁住房）建设补充资金 364824.38 万元。

（五）管理费用支出：2019 年，管理费用支出 10086.01 万元，同比增长 10.82%。其中，人员经费 4741.74 万元，公用经费 980.24 万元，专项经费 4364.03 万元。

单位：万元

项目	管理费用	人员经费	公用经费	专项经费
哈尔滨中心	7127.25	3862.72	428.66	2835.87
省直分中心	1184.4	268.08	15.58	900.74
农垦分中心	1685.8	610.94	529.84	545.02
电力分中心	88.56	0	6.16	82.4
合计	10086.01	4741.74	980.24	4364.03

四、资产风险状况

2019 年末，个人住房贷款逾期额 584.96 万元，逾期率 0.12‰。其中，市中心 0.09‰，省直分中心 0.188‰，农垦分中心 0.65‰，电力分中心 0‰。

个人贷款风险准备金按贷款余额的 1% 提取。2019 年，提取个人贷款风险准备金 1495.04 万元。2019 年末，个人贷款风险准备金余额 169649.31 万元，占个人住房贷款余额的 3.5%，个人住房贷款逾期额与个人贷款风险准备金余额的比率为 0.34%。

五、社会经济效益

（一）**缴存业务**：2019年，实缴单位数、实缴职工人数和缴存额同比分别增长7.28%、-0.6%和7.87%。

缴存单位中，国家机关和事业单位占36.32%，国有企业占11.5%，城镇集体企业占0.96%，外商投资企业占3.15%，城镇私营企业及其他城镇企业占36.88%，民办非企业单位和社会团体占7.03%，其他占4.16%。

缴存职工中，国家机关和事业单位占30.2%，国有企业占36.39%，城镇集体企业占0.91%，外商投资企业占3.26%，城镇私营企业及其他城镇企业占19.4%，民办非企业单位和社会团体占8.1%，其他占1.74%；中、低收入占97.87%，高收入占2.13%。

新开户职工中，国家机关和事业单位占26.92%，国有企业占15.27%，城镇集体企业占1.82%，外商投资企业占3.35%，城镇私营企业及其他城镇企业占42.28%，民办非企业单位和社会团体占7.78%，其他占2.58%；中、低收入占99.18%，高收入占0.82%。

（二）**提取业务**：2019年，55.32万名缴存职工提取住房公积金158.09亿元。

提取金额中，住房消费提取占76.38%（购买、建造、翻建、大修自住住房占28.03%，偿还购房贷款本息占44.97%，租赁住房占3.37%，其他占0.01%）；非住房消费提取占23.62%（离休和退休提取占18.37%，完全丧失劳动能力并与单位终止劳动关系提取占2.34%，出境定居占0.07%，其他占2.84%）。

提取职工中，中、低收入占96.79%，高收入占3.21%。

（三）**贷款业务**：

1. 个人住房贷款：2019年，支持职工购建房214.38万平方米，年末个人住房贷款市场占有率为17.51%，比上年末减少0.98个百分点。通过申请住房公积金个人住房贷款，可节约职工购房利息支出215340.06万元。

职工贷款笔数中，购房建筑面积90（含）平方米以下占42.69%，90~144（含）平方米占52.42%，144平方米以上占4.89%。购买新房占50.81%，购买二手房占48.98%，建造、翻建、大修自住住房占0.21%。

职工贷款笔数中，单缴存职工申请贷款占78.42%，双缴存职工申请贷款占21.55%，三人及以上缴存职工共同申请贷款占0.03%。

贷款职工中，30岁（含）以下占33.77%，30岁~40岁（含）占41.17%，40岁~50岁（含）占20.5%，50岁以上占4.56%；首次申请贷款占89.61%，二次及以上申请贷款占10.39%；中、低收入占98.22%，高收入占1.78%。

2. 异地贷款：2019年，发放异地贷款225笔、8560.1万元。2019年末，发放异地贷款总额427512.63万元，异地贷款余额274453.2万元。

3. 支持保障性住房建设试点项目贷款：2019年末，累计试点项目2个，贷款额度40亿元，建筑面积348万平方米，可解决3.39万户中低收入职工家庭的住房问题。哈尔滨中心2个试点项目贷款资金已发放并还清贷款本息。

（四）**住房贡献率**：2019年，个人住房贷款发放额、公转商贴息贷款发放额、项目贷款发放额、住房

消费提取额的总和与当年缴存额的比率为110.8%，比上年减少10个百分点。

六、其他重要事项

（一）当年机构及职能调整情况。按照市编委《关于哈尔滨住房公积金管理中心机构改革有关事宜的批复》（哈编发〔2019〕154号）要求，哈尔滨住房公积金管理中心内设处室由十三个处（室）调整为十一个处（室）。

（二）当年住房公积金政策调整及执行情况。

1. 当年缴存政策调整情况。

2019年住房公积金缴存基数上限为17943元，按照2018年全市城镇非私营单位在岗人员月平均工资的3倍确定；缴存基数下限没有调整，仍按照2018年度月最低工资标准确定。月缴存额上限调整为4306元。缴存比例为5%～12%。

2. 当年提取政策调整情况。

2019年4月30日，哈尔滨住房公积金管理中心出台《关于调整我市住房公积金租房提取额度的通知》（哈公积金发〔2019〕4号）。自2019年4月30日开始，市区（包括呼兰、阿城、双城）职工及配偶租住商品住房，提取住房公积金限额由14400元/年，上调至18000元/年；县（市）职工及配偶租住商品住房，提取住房公积金限额由9600元/年，上调至12000元/年。当年及以往年度未提取额度不并入下一年度计算。铁路系统缴存职工租房提取住房公积金，由铁路分中心参照当地住房公积金管理中心相关规定执行。

3. 当年个人住房贷款政策调整情况。

2019年4月1日，哈尔滨住房公积金管理中心出台《关于调整住房公积金个人贷款额度计算方式的通知》（哈公积金规〔2019〕3号）。具体事项包括：（1）自2019年12月1日起，住房公积金个人贷款实行以下两种计算方式并行、取低值确定实际贷款额度的政策。计算公式如下：①月缴存基数（包括借款人及共同还款人）×12月×还贷能力系数（现行系数0.4）×贷款年限；②缴存余额（包括借款人及共同还款人）×25倍。（2）对在政策执行日前已经签订《商品房买卖合同书》或已办理存量房预约评估并已出具《告知书》的贷款申请，按原政策执行。

4. 当年住房公积金存贷款利率执行标准。

按照中国人民银行、住房和城乡建设部、财政部《关于完善职工住房公积金账户存款利率形成机制的通知》（银发〔2016〕43号），职工住房公积金账户存款利率，按一年期定期存款基准利率执行，目前为1.5%。按照中国人民银行《关于下调金融机构人民币贷款和存款基准利率并进一步推进利率市场化改革的通知》（银发〔2015〕265号），现行五年期以下（含五年）贷款利率为2.75%，五年期以上贷款利率为3.25%。

（三）当年服务改进情况。2019年，我们向社会承诺的十项惠民实事全部落实到位。持续开展流程再造，持续推进"一网通办"，持续拓宽服务渠道，持续出台惠民政策，将提取公积金支付房租年提取标准提升25%，全年为3.4万名租房职工提供了3.8亿元资金支持。同时，实现了租房提取网上办理。开通委托按月提取公积金偿还我市商业银行住房贷款和行业分中心公积金贷款业务，实现提取公积金按月自动到账。开办存量房组合贷款业务，累计发放贷款近4000万元，为近百余个家庭减轻购买二手房的资金压力。

采取业务全委托模式与银行深度合作,在哈西、群力新区增设 2 家办事大厅,在幸福路、红旗大街、和兴路设立 3 家银行经办网点,公积金业务实现了"网上办"和"就近办"。一年来,我们相继出台了窗口服务规范化标准,改善了窗口服务设施和环境,打造了"智慧公积金服务体系",推动服务水平全面提档升级。开展综合服务平台建设,开通网上服务大厅、手机 APP、支付宝城市服务和银行智慧柜员机等十大服务渠道,有效提升了服务效能。在公共服务事项全部实现"办事不求人"的前提下,现行 36 项公共服务事项中,33 项实现了"最多跑一次",占比 92%;网上办理事项已增至 33 项,占比 92%。公积金业务已基本实现由"最多跑一次"向"一次都不跑"的根本转变。

(四)当年信息化建设情况。

(1)推进信息互联互通,中心 26 个网络事项全部与市营商局政务网对接,联入全市大数据,实现征信、社保、房产(住建、不动产)、婚姻信息全量查询。

(2)建立公积金信用与金融服务平台,使银行网点同步办理公积金网上业务,现有 9 家委托银行实施了项目建设,其中,4 家银行 328 个银行网点已开办公积金网厅业务,实现了在银行网上自助服务区终端上办理公积金业务。近期,又在银行网点内新增自助机具 599 台,能够办理公积金查询、贷款预约、还贷等业务。

七、指标注释

1. 实缴单位数:指当年实际汇缴、补缴住房公积金的单位数。

2. 实缴职工人数:指当年实际汇缴、补缴住房公积金的职工人数。

3. 新开户单位数:指当年新开立住房公积金账户(不含尚未缴存)的单位数。

4. 新开户人数:指当年新开立住房公积金账户(不含尚未缴存)的职工人数。

5. 个人住房贷款率:指年度末个人住房贷款余额占年度末住房公积金缴存余额的比率。

6. 增值收益率:指增值收益与月均缴存余额的比率。月均缴存余额指当年内各月末住房公积金累计缴存余额之和除以 12。

7. 缴存、提取、贷款职工按收入水平分类:中低收入是指收入低于上年当地社会平均工资 3 倍,高收入是指收入不低于上年当地社会平均工资 3 倍。

8. 个人住房贷款市场占有率:指年度末住房公积金个人住房贷款余额占当地商业性和住房公积金个人住房贷款余额总和的比率。

9. 可节约职工购房利息支出金额:指当年获得住房公积金个人住房贷款的职工在整个贷款期内所需支付贷款利息总额与申请商业性个人住房贷款所需支付贷款利息总额的差额。商业性个人住房贷款利率按基准利率计算。

10. 发放异地贷款金额:指当年对缴存和购房行为不在同一城市的职工所发放的住房公积金个人住房贷款金额,包括用本市资金为在本市购房的外地缴存职工发放的贷款以及为在外地购房的本市缴存职工发放的贷款。

齐齐哈尔市住房公积金2019年年度报告

一、机构概况

（一）住房公积金管理委员会：住房公积金管理委员会有16名委员，2019年召开四次会议，审议通过的事项主要包括：审议通过《关于制定公积金逾期贷款催收管理办法》《关于进一步规范房地产开发企业项目准入补充规定》《关于在受托银行设立住房公积金代办点》《关于为我市人才引进和激励的办法制定优惠政策》。

（二）住房公积金经办中心：住房公积金经办中心隶属市政府，是不以营利为目的的公益一类事业单位，设13个科室。从业人员84人，其中，在编28人，非在编56人。

二、业务运行情况

（一）缴存：2019年，新开户单位384家，实缴单位3877家，净增单位131家；新开户职工1.44万人，实缴职工21.22万人，净增职工－0.33万人；缴存额30.84亿元，同比增长5.47％。2019年末，缴存总额228.53亿元，比上年末增加15.60％；缴存余额116.37亿元，比上年末增加7.88％。

受委托办理住房公积金缴存业务的银行2家。

（二）提取：2019年，提取额22.33亿元，同比增长9.14％；占当年缴存额的72.42％，比上年增加2.45个百分点。2019年末，提取总额112.15亿元，比上年末增加24.86％。

（三）贷款：个人住房贷款最高额度100万元，其中，单缴存职工最高额度100万元，双缴存职工最高额度100万元。

2019年，发放个人住房贷款0.62万笔、22.08亿元，同比分别增长5.08％、6.92％。

2019年，回收个人住房贷款12.53亿元。

2019年末，累计发放个人住房贷款7.03万笔、164.03亿元，贷款余额100.38亿元，分别比上年末增加9.67％、15.55％、10.51％。个人住房贷款余额占缴存余额的86.26％，比上年末增加2.06个百分点。

受委托办理住房公积金个人住房贷款业务的银行6家。比上年增加2家。

（四）资金存储：2019年末，住房公积金存款17.92亿元。其中，活期2.62亿元，1年（含）以下定期10亿元，1年以上定期5.3亿元。

（五）资金运用率：2019年末，住房公积金个人住房贷款余额、项目贷款余额和购买国债余额的总和占缴存余额的86.26％，比上年末增加2.06个百分点。

三、主要财务数据

（一）业务收入：2019年，业务收入35225.08万元，同比增长9.46％。存款利息4240.78万元，委托贷款利息30956.84万元，其他27.46万元。

（二）业务支出：2019年，业务支出17270.15万元，同比增长6.61%。支付职工住房公积金利息17005.23万元，委托贷款手续费264.61万元，其他0.31万元。

（三）增值收益：2019年，增值收益17954.93万元，同比增长12.35%。增值收益率1.60%，比上年增加0.06个百分点。

（四）增值收益分配：2019年，提取贷款风险准备金954.59万元，提取管理费用1567.74万元，提取城市廉租房（公共租赁住房）建设补充资金15432.60万元。

2019年，上交财政管理费用1362.97万元。上缴财政城市廉租房（公共租赁住房）建设补充资金13565.23万元。

2019年末，贷款风险准备金余额14967.05万元。累计提取城市廉租房（公共租赁住房）建设补充资金86313.71万元。

（五）管理费用支出：2019年，管理费用支出1047.51万元，同比下降3.48%。其中：人员经费706.34万元，公用经费148.25万元，专项经费192.92万元。

四、资产风险状况

个人住房贷款：2019年末，个人住房贷款逾期额4215.11万元。逾期率4.20‰。

个人贷款风险准备金按当年新增贷款余额的1%提取。2019年，提取个人贷款风险准备金954.59万元。2019年末，个人贷款风险准备金余额13367.05万元，占个人住房贷款余额的1.33%，个人住房贷款逾期额与个人贷款风险准备金余额的比率为31.53%。

五、社会经济效益

（一）缴存业务：2019年，实缴单位数、实缴职工人数和缴存额同比分别增长3.50%、－1.53%和5.47%。

缴存单位中，国家机关和事业单位占71.86%，国有企业占8.36%，城镇集体企业占0.39%，外商投资企业占1.01%，城镇私营企业及其他城镇企业占15.01%，民办非企业单位和社会团体占1.62%，其他占1.75%。

缴存职工中，国家机关和事业单位占57.46%，国有企业占25.27%，城镇集体企业占2.57%，外商投资企业占2.07%，城镇私营企业及其他城镇企业占11.80%，民办非企业单位和社会团体占0.68%，其他占0.15%；中、低收入占98.76%，高收入占1.24%。

新开户职工中，国家机关和事业单位占43.39%，国有企业占10.27%，城镇集体企业占5.11%，外商投资企业占4.58%，城镇私营企业及其他城镇企业占33.82%，民办非企业单位和社会团体占2.12%，其他占0.71%；中、低收入占100.00%。

（二）提取业务：2019年，7.17万名缴存职工提取住房公积金22.33亿元。

提取的金额中，住房消费提取占62.54%（购买、建造、翻建、大修自住住房占10.44%，偿还购房贷款本息占49.79%，租赁住房占2.31%）；非住房消费提取占37.46%（离休和退休提取占29.14%，完全丧失劳动能力并与单位终止劳动关系提取占6.82%，其他占1.50%）。

提取职工中，中、低收入占100.00%。

(三)贷款业务:

1. 个人住房贷款：2019 年,支持职工购建房 63.30 万平方米,年末个人住房贷款市场占有率为 33.27％,比上年末增加 1.89 个百分点。通过申请住房公积金个人住房贷款,可节约职工购房利息支出 63726.49 万元。

职工贷款笔数中,购房建筑面积 90(含)平方米以下占 33.56％,90～144(含)平方米占 62.71％,144 平方米以上占 3.73％;购买新房占 62.50％,购买二手房占 37.50％。

职工贷款笔数中,单缴存职工申请贷款占 71.98％,双缴存职工申请贷款占 28.02％。

贷款职工中,30 岁(含)以下占 27.03％,30 岁～40 岁(含)占 36.54％,40 岁～50 岁(含)占 24.35％,50 岁以上占 12.08％;首次申请贷款占 90.18％,二次及以上申请贷款占 9.82％;中、低收入占 99.70％,高收入占 0.30％。

2. 异地贷款：2019 年,发放异地贷款 966 笔、39047.10 万元。2019 年末,发放异地贷款总额 130167.60 万元,异地贷款余额 112511.51 万元。

(四)住房贡献率
2019 年,个人住房贷款发放额、住房消费提取额的总和与当年缴存额的比率为 116.89％,比上年增加 7.45 个百分点。

六、其他重要事项

(一)机构职能及办理缴存贷款业务金融机构变更情况。 按照全市机构改革要求,2019 年 3 月,我单位由"齐齐哈尔市住房公积金管理中心"更名为"齐齐哈尔市住房公积金经办中心",单位性质、职能和内设机构不变。

委托办理缴存业务金融机构有 2 家银行,分别是工商银行和建设银行。受托办理贷款业务的金融机构,在原有 4 家银行(工商银行、农业银行、中国银行、建设银行)基础上,新增 2 家银行,分别是龙江银行和农村商业银行。此外,为了提高服务质效,解决缴存职工跨区办问题,方便职工就近办理公积金业务,2019 年加强与金融机构的合作,分别在工商银行昂昂溪支行、工商银行龙华路支行、工商银行卜奎支行;农商银行南市郊支行、农商银行铁东支行、农商银行营业部;中国银行鑫海支行;龙江银行华侨支行;农业银行营业部 9 家金融机构增设公积金银行网点,代办公积金缴、贷、提等各类柜面业务。

(二)政策调整及执行情况。

1. 出台人才激励政策,加强引进人才住房保障。 为了充分发挥公积金政策助推我市经济发展的作用,围绕贯彻落实市委《齐齐哈尔市引进和培养人才激励办法》,在公积金政策制定上大胆创新,出台了《齐齐哈尔市住房公积金经办中心关于我市人才引进和激励的办法》(齐公积金发〔2019〕2 号),对我市引进的特殊人才降低贷款门槛,取消了公积金缴存时间和账户余额的限制,将贷款最高额度提高到 100 万。本年为 20 余位名校优生办理公积金贷款 978 万元。

2. 完善提取和贷款细则,堵塞骗提骗贷漏洞。 对于全款购买本市自住住房未取得《不动产权证书》的,需在购房日期一个月后申请提取住房公积金;对于夫妻一方婚前购房,另一方申请提取的,需在结婚登记满六个月后可以申请。为了杜绝骗贷现象,在贷款细则中增加了缴存时限要求,将缴存人个人账户余额与贷款额度挂钩,不向全款购买住房的职工发放贷款,不允许将贷款资金直接划入借款人账户等限制条款。通过政策的调整,有效堵塞了漏洞,规范了行为。

3. 简化业务办理要件，提高窗口办事效率。 自由职业者、个体工商户自愿缴存住房公积金的，仅凭身份证即可开户；全款购买本市自住住房未取得《不动产权证书》提取公积金的，提供《增值税普通发票》、购买商品房登记备案介绍信即可，简化了购房合同要件；偿还购买自住住房贷款本息提取公积金的，仅首次提取时提供购房款发票、借款合同、还款明细，往后年度提取时仅提供还款明细即可。

4. 缴存基数限额及贷款利率执行情况。 2019年住房公积金缴存基数上限按不超过本市统计部门规定的上一年职工月平均工资的3倍的要求，确定为14742元，缴存基数下限按上一年劳动部门规定的职工月最低工资标准，确定为1450元。缴存比例不低于5%，不高于12%，要求单位与个人缴存比例对等。

职工住房公积金存款利率1.5%，贷款利率：1～5年2.75%；6～30年3.25%。第二次使用公积金贷款，利率在原利率基础上上浮10%。

（三）服务改进情况。 2019年，中心以"为民服务"为己任，深入推进"最多跑一次"服务，开创"群众办事不求人""窗口办事一扇门""网上办事不进门"服务模式，为民服务水平有了质的飞跃。

1. 宣传引导送政策，实现咨询政策不求人。 以12329公积金服务热线、官方网站、手机APP等线上平台为载体，推出政策专栏和线上咨询，做到互动及时，回复细致；在服务大厅设置科长值班岗和客户体验区，对职工问题进行现场解答、一次告知。为满足职工贷款前"问清楚、算明白"的需求，增设两个贷款咨询窗口，专门为职工解答政策、告知流程、预估贷款额度。在人群较为集中的文化宫广场和万达广场开展大型宣传活动，走进齐车、昊华、华安等近20多家大型企事业单位开展送政策上门服务。

2. 优化流程强服务，实现窗口办事不求人。 建立审批中心，实施"前台综合受理，后台随机审批"。审批流程由过去的三级审批，变为前台受理、后台随机审批；审批时限由3个工作日，变为当日受理当日审批。为解决业务高峰期职工排队等待时间长问题，开通工作日预约服务，职工提前拨打12329服务热线进行预约，可"随到随办"；为解决缴存职工工作日不方便请假问题，增开周六预约服务，为缴存职工提供"全流程、一站式、一次办"贷款服务；在楼房开盘等业务高峰时段推出延时服务，确保当日业务当日办结，不让缴存职工再跑第二次；同时还为不能来"中心"窗口办理业务的老弱病残等特殊群体开辟了"上门服务"，提升了缴存职工的"获得感"。

3. 数据代替群众跑，实现业务办理不求人。 依托互联网打造完成了集网站、网上服务大厅、12329热线、短信平台、手机APP、微信公众号、自助终端、支付宝城市服务八大服务功能于一体的"智慧公积金"综合服务平台，为职工提供24小时全天候自助服务，缴存单位或职工通过网厅、手机APP、鹤城在线等渠道注册后即可随时随地查询个人公积金账户信息、了解公积金政策、办理公积金缴存、提取、贷后签约等公积金业务，实现了办理平台、办理时间、办理地点"三不限"，开启了"简便业务自助办、对公业务网上办、个人业务掌上办"的智慧服务新模式。智慧公积金典型经验在全市数字政务成果观摩会上进行了展示；经验材料被市作风办推送到省作风办，通过"东北网"进行了刊登报道。

（四）当年信息化建设情况。 一是完成跨部门接口程序研发，实现部门联网协同办公。中心以"一窗受理、一网办结、一城通办"为目标，打造公积金贷款业务的"一厅式服务"。通过跨部门联网联动，实现与不动产中心协同办理抵押业务，在贷款审批完成后，通过网传抵押材料到不动产中心，对方受理后，将抵押信息与中心交互共享，从而改变了缴存职工办理公积金业务"多部门跑腿，多窗口穿梭"的历史，真正做到了贷款职工"进一门、到一窗、办一次"。

二是应用电子稽核技术,完善基础数据管理。每月启动住房和城乡建设部电子稽核工具,对中心数据库进行全方位稽核,确定核查问题,逐项列出,形成电子稽核检查报告,相关业务科室针对各自问题,逐条落实整改,通过电子稽核,提升数据处理能力,提高业务管理水平。

三是接入数据平台,加强数据监管。接入了住房和城乡建设部数据平台和市政务服务大数据平台,并对住房公积金数据进行监管,确保数据准确、信息真实,为国家及我市各部门应用住房公积金信息,优化营商环境,提供了数据支持。

(五)当年中心及职工所获荣誉情况。 2019 年,在中心党组的坚强领导下,在广大干部职工的共同努力下,中心在党建、服务等各方面工作中都取得了一定的成绩,获得了上级有关部门的肯定,先后被市直机关工委授予"党建工作标兵单位",被市妇联授予"三八红旗集体",被市文明办推荐获得了"省级文明窗口标兵"荣誉称号。与此同时,职工个人也荣获了有分量的荣誉:信贷科胡宇洋同志荣获市第三十三届劳模大会"劳动模范"称号;综合科曹辉同志荣获"优秀共产党员"称号。这些成绩的取得,是鼓励也是鞭策,使中心上下更加坚定了信心和决心,未来我们将以更科学规范的管理,更严谨高效的作风,为缴存单位和职工提供更优质的服务。

(六)加强监管,防控风险,用政策和制度规范住房公积金使用行为。

一是开展行业治乱专项行动。制定《持续推进打击"黑中介"工作实施方案》,成立专项行动工作领导小组,开展了 2 次打击"黑中介"骗提骗贷住房公积金专项行动,集中对 2017 年和 2018 年已办结的提取、贷款业务进行核实,共核查出 90 人涉嫌骗提骗贷住房公积金 583 万元,已追回 51 人公积金 385 万元,其余在持续追缴中。

二是强化贷后清收管理。进一步规范贷款工作流程,加大逾期贷款清收、审核力度,严格执行"谁审批,谁负责",并终身追责;出台《逾期贷款催收管理办法》,将电话催收、上门清收和法律诉讼相结合,对逾期人员登记造册,分类清收。2019 年,通过法律手段起诉 48 人、190 万元,已结案 17 人、57 万元,其余正在审理中。

三是加大开发商准入审查力度。严格按照与开发商签订的合作协议准入项目审查,并执行开发楼盘主体封顶准入制度,实地勘查新楼盘工程进度情况,从源头加强监管,降低贷款风险。

鸡西市住房公积金 2019 年年度报告

一、机构概况

(一)住房公积金管理委员会:住房公积金管理委员会有 27 名委员,2019 年召开 1 次会议,审议通过的事项主要包括:《关于 2018 年度住房公积金归集和使用计划执行情况的报告》《关于 2019 年度住房公积金归集和使用计划编制情况的报告》《关于 2019 年度经费预算和 2018 年度经费决算情况的报告》和《鸡西市住房公积金 2018 年年度报告》。

（二）住房公积金管理中心：住房公积金管理中心为鸡西市人民政府直属不以营利为目的的事业单位，设10个科、4个管理部。从业人员129人，其中，在编73人，非在编56人。

二、业务运行情况

（一）缴存：2019年，新开户单位77家，实缴单位1484家，净增单位12家；新开户职工0.58万人，实缴职工11.53万人，净增职工-1.07万人；缴存额12.75亿元，同比增长11.26%。2019年末，缴存总额91.34亿元，比上年末增加16.24%；缴存余额54.58亿元，比上年末增加10.89%。

受委托办理住房公积金缴存业务的银行5家。

（二）提取：2019年，提取额7.39亿元，同比增长11.46%；占当年缴存额的57.96%，比上年增加0.08个百分点。2019年末，提取总额36.75亿元，比上年末增加25.17%。

（三）贷款：

个人住房贷款：个人住房贷款最高额度50万元，其中，单缴存职工最高额度50万元，双缴存职工最高额度50万元。

2019年，发放个人住房贷款0.17万笔、3.60亿元，同比分别为持平和下降6.74%。

2019年，回收个人住房贷款3.82亿元。

2019年末，累计发放个人住房贷款3.85万笔、52.92亿元，贷款余额19.91亿元，分别比上年末增加4.34%、7.30%、减少1.04%。个人住房贷款余额占缴存余额的36.48%，比上年末减少4.40个百分点。

受委托办理住房公积金个人住房贷款业务的银行4家。

（四）资金存储：2019年末，住房公积金存款34.39亿元。其中，活期0.03亿元，1年以上定期34.09亿元，其他（协定、通知存款等）0.27亿元。

（五）资金运用率：2019年末，住房公积金个人住房贷款余额占缴存余额的36.48%，比上年末减少4.40个百分点。

三、主要财务数据

（一）业务收入：2019年，业务收入18690.39万元，同比下降14.60%。其中，存款利息12188.61万元，委托贷款利息6496.22万元，其他5.56万元。

（二）业务支出：2019年，业务支出7970.79万元，同比下降24.57%。其中，支付职工住房公积金利息7839.98万元，委托贷款手续费130.81万元。

（三）增值收益：2019年，增值收益10719.60万元，同比下降5.30%。增值收益率2.07%，比上年减少0.35个百分点。

（四）增值收益分配：2019年，提取管理费用1350万元，提取城市廉租住房（公共租赁住房）建设补充资金9369.60万元。

2019年，上交财政管理费用1350万元。上缴财政城市廉租住房（公共租赁住房）建设补充资金9900万元。

2019年末，贷款风险准备金余额4969.84万元。累计提取城市廉租住房（公共租赁住房）建设补充资金 34155 万元。

（五）管理费用支出：2019 年，管理费用支出 1312.93 万元，同比下降 18.17%。其中，人员经费 1022.92 万元，公用经费 64.08 万元，专项经费 225.93 万元。

四、资产风险状况

个人住房贷款：2019 年末，个人住房贷款逾期额 357.64 万元，逾期率 1.79‰。

个人贷款风险准备金按不低于年度住房公积金贷款余额的 1% 提取。2019 年末，个人贷款风险准备金余额 4969.84 万元，占个人住房贷款余额的 2.50%，个人住房贷款逾期额与个人贷款风险准备金余额的比率为 7.20%。

五、社会经济效益

（一）缴存业务：2019 年，实缴单位数、实缴职工人数和缴存额同比分别增长 0.82%、-8.49% 和 11.26%。

缴存单位中，国家机关和事业单位占 68.26%，国有企业占 17.32%，城镇集体企业占 1.55%，外商投资企业占 0.34%，城镇私营企业及其他城镇企业占 5.53%，民办非企业单位和社会团体占 4.38%，其他占 2.62%。

缴存职工中，国家机关和事业单位占 53.69%，国有企业占 38.10%，城镇集体企业占 1.85%，外商投资企业占 0.51%，城镇私营企业及其他城镇企业占 3.63%，民办非企业单位和社会团体占 0.71%，其他占 1.51%；中、低收入占 99.65%，高收入占 0.35%。

新开户职工中，国家机关和事业单位占 38.45%，国有企业占 34.33%，城镇集体企业占 1.18%，外商投资企业占 1.07%，城镇私营企业及其他城镇企业占 10.82%，民办非企业单位和社会团体占 0.97%，其他占 13.18%；中、低收入占 99.45%，高收入占 0.55%。

（二）提取业务：2019 年，2.06 万名缴存职工提取住房公积金 7.39 亿元。

提取金额中，住房消费提取占 48.93%（购买、建造、翻建、大修自住住房占 21.91%，偿还购房贷款本息占 24.91%，租赁住房占 2.11%）；非住房消费提取占 51.07%（离休和退休提取占 41.39%，完全丧失劳动能力并与单位终止劳动关系提取占 5.62%，其他占 4.06%）。

提取职工中，中、低收入占 99.6%，高收入占 0.40%。

（三）贷款业务：

1. 个人住房贷款：2019 年，支持职工购建房 16.32 万平方米，年末个人住房贷款市场占有率为 35.12%，比上年减少 1.88 个百分点。通过申请住房公积金个人住房贷款，可节约职工购房利息支出 9912.60 万元。

职工贷款笔数中，购房建筑面积 90（含）平方米以下占 43.34%，90～144（含）平方米占 51.43%，144 平方米以上占 5.23%。购买新房占 48.93%，购买二手房占 51.07%。

职工贷款笔数中，单缴存职工申请贷款占 67.10%，双缴存职工申请贷款占 32.72%，三人及以上缴存职工共同申请贷款占 0.18%。

贷款职工中，30 岁（含）以下占 20.67%，30 岁～40 岁（含）占 43.23%，40 岁～50 岁（含）占

26.84%，50岁以上占9.26%；首次申请贷款占87.35%，二次及以上申请贷款占12.65%；中、低收入占99.52%，高收入占0.48%。

2. 异地贷款：2019年，发放异地贷款111笔、2599.2万元。2019年末，发放异地贷款总额22839.00万元，异地贷款余额8106.71万元。

（四）住房贡献率：2019年，个人住房贷款发放额、住房消费提取额的总和与当年缴存额的比率为56.62%，比上年减少6.75个百分点。

六、其他重要事项

（一）当年机构及职能调整情况、受委托办理缴存贷款业务金融机构变更情况。

（1）在鸡西市机构改革过程中，市住房公积金经办中心恢复名称为市住房公积金管理中心，并于2020年1月19日正式恢复名称。工作职能不变。

（2）受委托办理业务金融机构没有变化，与上年相同。

（二）当年住房公积金政策调整及执行情况。

1. 归集方面政策调整情况

2019年，落实《鸡西市住房公积金管理办法》。抓住国家新颁布实施归集业务标准和修订《住房公积金管理条例》，以及我市新出台《鸡西市住房公积金管理办法》等政策的契机，对归集业务中的部分重点业务进一步予以规范。进一步明确了职工缴存住房公积金的基本要求（在单位工作并由单位支付工资的各类人员）、企业降低住房公积金缴存比例或缓缴的期限及流程，同时按照标准要求，严格执行由管委会制定出台调整基数、调整比例等政策文件，确保归集政策的出台和落实合理合规。鸡西市2019年度住房公积金月缴存基数上限为13956元，月缴存额上限为3350元；月缴存基数下限为1450元，月缴存额下限为146元。2019年7月，已将鸡西市财政供养在职职工住房公积金缴存比例单位和个人部分调整一致，分别为12%。

2. 提取方面政策调整情况

按照住房和城乡建设部公告（2019年第30号），批准《住房公积金提取业务标准》为国家标准，编号为GB/T 51353—2019，自2019年8月1日起实施。《住房公积金提取业务标准》对规范住房公积金提取业务活动，提高服务质量，维护住房公积金缴存职工合法权益做出了规范。为了更好地落实标准要求，2019年7月23日我中心下发了《鸡西市住房公积金管理中心关于贯彻执行〈住房公积金提取业务标准〉的通知》（鸡房金字〔2019〕26号）。我中心提取政策调整如下："《住房公积金提取业务标准》明确了自住住房为职工居住其内且对该房屋拥有所有权或租赁权的住房。请相关部门办理职工购买、建造、翻建、大修自住住房及偿还购房贷款本息时，明确提取人对该房屋拥有所有权。缴存人购买的自住住房为多人共有的，共有人之间关系为同一户籍的父母、子女、配偶的可以提取住房公积金。"

3. 贷款方面政策调整情况

（1）规范个人住房公积金抵押贷款业务。将抵押贷款放款模式调整为借款人用所购房屋抵押，贷款资金打入售房单位或售房人账户。取消商业银行个人住房贷款转住房公积金个人住房贷款业务。

（2）第二套房住房公积金个人住房贷款利率为同期首套住房公积金个人贷款利率的1.1倍。

（3）停止向已申请过二次及以上住房贷款（包括公积金贷款及商业贷款）的职工家庭发放住房公积金

贷款。

（三）当年服务改进情况。

（1）按业务流程设置了政策咨询区、自助服务区和休息等候区等功能区域，安装了电子指示牌，增设了政策咨询台、服务导办台、账户查询机、叫号机、业务评价系统和书写台、眼镜架、医药箱、意见箱、投诉（举报）电话等便民服务设施。

（2）严格执行首问负责、一次告知、限时办结、AB角、责任追究、业务流程公开等窗口服务制度。全年办理延时服务235人次，预约服务489人，容缺服务业务379人，上门服务15人次，12329服务热线自助服务122655人，人工政策解答咨询8637人次，群众满意度达99％。

（3）各窗口设置岗位牌，工作人员佩戴胸牌亮明身份。通过常规检查、暗访、宣传、教育、引导等多种形式，强化服务大厅工作人员劳动纪律、工作纪律和言行举止、衣着体态、服务态度等细节养成，及时纠正解决不规范服务行为和群众反映强烈的热点、难点问题。

（4）每周五下午组织窗口工作人员开展政策理论、业务操作、规章制度、行为规范、服务礼仪等业务知识培训，提升干部职工整体素质和为民服务的本领。

（5）持续深化"放管服"改革、"最多跑一次"改革，做好"多证合一"和"马上办、网上办、就近办、一次办"相关工作。共简化审核流程5项，精简审核要件15个，减少办理环节3个，取消各类无谓证明材料和复印件。三大主要业务做到信息资料共享，基本实现"马上办、网上办、就近办、一次办"。打破"坐等办事""被动服务"的思维定式，精准落实"四零"服务承诺，符合条件的其他业务均可做到即时办结、一次办结或网上办结，实现"最多跑一次"的事项达92.1％。

（6）开通了网络管理平台、政务服务网、网上营业厅、智慧城市"一号通"、手机APP、自助设备、微博、微信公众号、微信城市服务、支付宝城市服务、12329客服热线等服务渠道，全面畅通了政策宣传、业务查询、表单下载、账户变动、办理进度、解疑答难、咨询投诉等网上办事的快捷通道，让"数据多跑路、职工少跑腿"。

（四）当年信息化建设情况。 2019年，在实现"双贯标"的基础上，以综合服务平台建设为核心，开创"互联网＋公积金"新时代。以"综合服务平台"建设为核心，大力开发8大服务渠道，同时按照国家要求建设了全国数据平台接口，积极运作了业务系统上云管理的新型模式。

工作中，积极与各部门沟通，初步形成了与房产、不动产、部分商业银行和征信系统的网络互联及数据共享，通过8大渠道的建设，结束了过去每天通过人工传递票据或U盘方式与各受托银行进行同行资金结算的历史，实现了自主放贷、自主核算、自主归集、网络互联、数据共享和资金秒级到账，打造了业务、财务和银行三账联动的全新管理模式，做到了账户、业务、流程、资金风险全覆盖和账户实时监控，开启了手机移动式审批新局面，开通了单位网厅、手机APP等网上办事平台和二维码扫描功能。新业务系统的投入使用，实现了内部、外部数据共享，突破信息孤岛，基本实现了系统能做的人工不做，网络能做的柜台不做，有效地降低了人工差错率，减少了办事要件，简化了办理流程，提高了办事效率，真正实现了"一次不用跑"和"不见面服务"全新服务理念。以优异的成绩通过省厅"综合服务平台"检查验收。

（五）当年住房公积金管理中心及职工所获荣誉情况。 2019年市中心一名职工获市级"优秀共产党员"称号。

（六）当年对违反《住房公积金管理条例》和相关法规行为进行行政处罚和申请人民法院强制执行情况。根据公安部及省住房和城乡建设厅下发的住房公积金协查通告精神，通过自查、公安部协查通告及群众举报，共发现通过中介伪造不动产证、异地户口、虚开增值税发票等证明材料进行骗提住房公积金工作开展了认真的清查，共查出利用虚假手段骗提住房公积金 5 笔，合计金额 42.3 万元，依法清缴并已全部追回。

全中心 2019 年向法院提起 23 笔诉讼案件，涉案金额 361 万元，营造了健康有序的公积金法制环境。

鹤岗市住房公积金 2019 年年度报告

一、机构概况

（一）住房公积金管理委员会：住房公积金管理委员会有 29 名委员，2019 年召开 1 次会议，审议通过的事项主要包括：（1）2018 年住房公积金增值收益分配方案；（2）2018 年住房公积金归集、使用计划执行情况报告；（3）2019 年住房公积金归集、使用计划；（4）市住房公积金管理中心公开披露 2018 年年度报告；（5）关于修改《鹤岗市住房公积金提取管理办法》部分条款的通知。

（二）住房公积金管理中心：住房公积金管理中心为隶属市人民政府不以营利为目的的参公管理事业单位，设 9 个科室，6 个管理部。从业人员 56 人，其中，在编 46 人，非在编 10 人。

二、业务运行情况

（一）缴存：2019 年，新开户单位 41 家，实缴单位 922 家，净增单位 -3 家；新开户职工 0.24 万人，实缴职工 5.62 万人，净增职工 0.37 万人；缴存额 7.70 亿元，同比增长 17.2%。2019 年末，缴存总额 65.96 亿元，比上年末增加 13.22%；缴存余额 41.75 亿元，比上年末增加 9.93%。

受委托办理住房公积金缴存业务的银行 3 家，比上年增加 1 家。

（二）提取：2019 年，提取额 3.94 亿元，同比下降 5.97%；占当年缴存额的 51.17%，比上年减少 12.6 个百分点。2019 年末，提取总额 24.21 亿元，比上年末增加 19.44%。

（三）贷款：

个人住房贷款：个人住房贷款最高额度 60 万元，其中，单缴存职工最高额度 40 万元，双缴存职工最高额度 60 万元。

2019 年，发放个人住房贷款 0.0395 万笔、0.55 亿元，同比分别下降 38.28%、45%。

2019 年，回收个人住房贷款 2.17 亿元。

2019 年末，累计发放个人住房贷款 3.62 万笔、41.35 亿元，贷款余额 7.68 亿元，分别比上年末增加 1.12%、1.35%、-17.42%。个人住房贷款余额占缴存余额的 18.40%，比上年末减少 6.09 个百分点。

受委托办理住房公积金个人住房贷款业务的银行3家。

（四）**资金存储**：2019年末，住房公积金存款34.08亿元。其中，活期0.58亿元，1年（含）以下定期33.50亿元。

（五）**资金运用率**：2019年末，住房公积金个人住房贷款余额、项目贷款余额和购买国债余额的总和占缴存余额的18.40%，比上年末减少6.09个百分点。

三、主要财务数据

（一）**业务收入**：2019年，业务收入9834.83万元，同比增长7.97%。存款利息7119.26万元，委托贷款利息2703.23万元，其他12.34万元。

（二）**业务支出**：2019年，业务支出6039.73万元，同比增长3.69%。支付职工住房公积金利息5996.50万元，委托贷款手续费43.23万元。

（三）**增值收益**：2019年，增值收益3795.10万元，同比增长15.56%。增值收益率0.95%，比上年增加0.06个百分点。

（四）**增值收益分配**：2019年，提取贷款风险准备金2277.06万元，提取管理费用840.45万元，提取城市廉租住房（公共租赁住房）建设补充资金677.59万元。

2019年，上交财政管理费用840.45万元。上缴财政城市廉租住房（公共租赁住房）建设补充资金677.59万元。

2019年末，贷款风险准备金余额15879.60万元。累计提取城市廉租住房（公共租赁住房）建设补充资金7317.71万元。

（五）**管理费用支出**：2019年，管理费用支出857.28万元，同比增长1.06%。其中，人员经费558.53万元，公用经费122.75万元，专项经费176万元。

四、资产风险状况

个人住房贷款：2019年末，个人住房贷款逾期额189.30万元，逾期率2.5‰。

个人贷款风险准备金按增值收益的60%提取。2019年，提取个人贷款风险准备金2277.06万元，使用个人贷款风险准备金核销呆坏账0万元。2019年末，个人贷款风险准备金余额15879.60万元，占个人住房贷款余额的20.66%，个人住房贷款逾期额与个人贷款风险准备金余额的比率为1.19%。

五、社会经济效益

（一）**缴存业务**：2019年，实缴单位数、实缴职工人数和缴存额同比分别增长－0.32%、7.05%和17.20%。

缴存单位中，国家机关和事业单位占77.77%，国有企业占14%，城镇集体企业占0.11%，外商投资企业占0.22%，城镇私营企业及其他城镇企业占7.27%，民办非企业单位和社会团体占0.33%，其他占0.3%。

缴存职工中，国家机关和事业单位占60.95%，国有企业占34.67%，城镇集体企业占0.01%，外商

投资企业占 0.57%，城镇私营企业及其他城镇企业占 3.77%，民办非企业单位和社会团体占 0.02%，其他占 0.01%；中、低收入占 99.32%，高收入占 0.68%。

新开户职工中，国家机关和事业单位占 59.97%，国有企业占 20.83%，城镇集体企业占 0.08%，外商投资企业占 0.13%，城镇私营企业及其他城镇企业占 18.86%，民办非企业单位和社会团体占 0.04%，其他占 0.09%；中、低收入占 99.92%，高收入占 0.08%。

（二）提取业务： 2019 年，0.99 万名缴存职工提取住房公积金 3.94 亿元。

提取金额中，住房消费提取占 40.90%（购买、建造、翻建、大修自住住房占 27.17%，偿还购房贷款本息占 9.53%，租赁住房占 4.13%，其他占 0.07%）；非住房消费提取占 59.10%（离休和退休提取占 51.84%，完全丧失劳动能力并与单位终止劳动关系提取占 3.84%，其他占 3.42%）。

提取职工中，中、低收入占 99.27%，高收入占 0.73%。

（三）贷款业务：

1. 个人住房贷款： 2019 年，支持职工购建房 4.03 万平方米，年末个人住房贷款市场占有率（含公转商贴息贷款）为 37.59%，比上年末减少 0.51 个百分点。通过申请住房公积金个人住房贷款，可节约职工购房利息支出 1019.67 万元。

职工贷款笔数中，购房建筑面积 90（含）平方米以下占 39.75%，90~144（含）平方米占 51.39%，144 平方米以上占 8.86%。购买新房占 92.15%，购买二手房占 7.85%。

职工贷款笔数中，单缴存职工申请贷款占 33.67%，双缴存职工申请贷款占 66.33%。

贷款职工中，30 岁（含）以下占 30.13%，30 岁~40 岁（含）占 43.29%，40 岁~50 岁（含）占 16.46%，50 岁以上占 10.12%；首次申请贷款占 83.54%，二次及以上申请贷款占 16.46%；中、低收入占 98.23%，高收入占 1.77%。

2. 异地贷款： 2019 年，发放异地贷款 11 笔、173.5 万元。2019 年末，发放异地贷款总额 1386 万元，异地贷款余额 785.66 万元。

（四）住房贡献率： 2019 年，个人住房贷款发放额、公转商贴息贷款发放额、项目贷款发放额、住房消费提取额的总和与当年缴存额的比率为 28.05%，比上年减少 11.34 个百分点。

六、其他重要事项

（一）当年机构及职能调整情况、受委托办理缴存贷款业务金融机构变更情况

机构名称变更：根据《中共鹤岗市委机构编制委员会关于鹤岗市住房公积金管理中心更名的通知》（鹤编发〔2019〕2 号）文件要求，鹤岗市住房公积金管理中心更名为鹤岗市住房公积金经办中心。

受委托办理公积金缴存业务金融机构增加一个——农业银行。公积金贷款业务办理金融机构没有变化。

（二）当年住房公积金政策调整及执行情况

缴存基数限额及确定方法、缴存比例等缴存政策调整情况：《关于调整 2019 年度住房公积金缴存基数的通知》（鹤住发〔2019〕8 号）。

（1）根据建金〔2018〕45 号文件要求，住房公积金缴存基数不得高于本市上年度职工平均工资的 3 倍，不得低于本市上年度最低工资标准。

(2) 2019 年度我市住房公积金月缴存基数为 2018 年职工个人月平均工资总额。最高限额不得超过 11844.25 元，即不超过鹤岗市统计局公布的 2018 年从业人员年平均工资 47377 元的 3 倍。最低限额按照省政府公布的我市月最低工资标准 1450 元执行。

(3) 最高缴存比例为个人月平均工资总额的 12％，最低缴存比例为个人月平均工资总额的 5％。

个人住房贷款政策调整情况：2019 年 11 月 4 日《关于调整住房公积金贷款业务有关政策的通知》（鹤住发〔2019〕7 号）。

(1) 按照《住房和城乡建设部关于取消部分部门规章和规范性文件设定的证明事项的决定》（建法规〔2019〕6 号）文件要求，公积金二手房贷款不需要借款人提供评估报告。

(2) 按照《住房公积金个人住房贷款业务规范》GB/T 51267—2017 中要求，公积金贷款必须用本次贷款所购房产作抵押。

(3) 按照《关于规范住房公积金个人住房贷款政策有关问题的通知》（建金〔2010〕179 号）要求：①购买首套房产贷款按购房额的 70％发放贷款，购买二套房产贷款按购房额的 50％发放贷款。②公积金二套房贷款利率为首套贷款利率的 1.1 倍。

当年住房公积金存贷款利率没有变化。

（三）当年服务改进情况

(1) 全面推行一站办结制，一个"综合业务号"就可以办理所有业务，落实"只进一扇门，能办所有事"服务新理念；

(2) 制定《住房公积金"办事不求人、最多跑一次"事项清单》，对 30 项公积金业务作出"最多跑一次"承诺。完善服务管理制度，严格落实"手续齐全马上办，缺少材料指导办，特殊要求跟踪办、紧急事情加班办"要求，受到缴存单位和职工的一致好评。

(3) 增设窗口服务满意度电子评价系统，开展服务满意度评比活动，强化服务意识，规范服务行为。

(4) 开展"党员亮身份·服务零距离"主题实践活动，设立志愿者服务岗，开设"绿色通道"，提供上门服务、预约服务、延时服务，解决老弱病产孕等特殊群体办事不便问题。

(5) 在双贯标建设的基础上，按照网络安全等级保护三级的标准，搭建了基于互联网及移动互联技术综合服务平台，综合服务平台集成手机 APP、微信公众号、12329 服务热线、12329 短信、网站、网上业务大厅、自助终端机七大渠道，缴存单位及职工可通过各业务渠道办理公积金业务。全市共有 25700 名缴存职工开通了网厅，通过各业务渠道日均访问 1400 余人次。今年对缴存单位分两个批次开展网厅业务培训，现已开通单位网厅缴存用户 708 户，已开办公积金汇缴核定、信息变更、信息查询、资金分配、同城转移、异地转移等业务，截至年底线上业务办理总数 12322 笔。综合服务平台的开通，既规范了住房公积金的缴存流程，也为缴存单位和职工提供了便捷的网上服务。

（四）当年信息化建设情况

(1) 完成了接入住房和城乡建设部数据上报平台工作，实现公积金数据 T+1 天，上传到住房和城乡建设部数据平台。

(2) 对原有业务系统功能进行升级。

1) 建设 12329 呼叫支撑平台，实现由业务系统管理 12329 热线接入工作，采用工单管理进行流程管控，使服务团队更加专业化、精细化，为用户提供方便、及时、准确的住房公积金政策信息。

2）建设移动审批系统，满足公积金业务随时随地审批办公的需求。

3）建设审计稽核系统。针对住房公积金缴存提取业务、个人贷款业务和财务核算业务设置专项审查项目，通过稽核审计自动化执行审查。

双鸭山市住房公积金 2019 年年度报告

一、机构概况

（一）住房公积金管理委员会：住房公积金管理委员会有 20 名委员，2019 年召开 1 次会议，审议通过的事项主要包括：《双鸭山市住房公积金管理中心 2018 年工作总结及 2019 年工作思路》《关于双鸭山市住房公积金管理中心 2018 年预算执行情况和 2019 年预算安排（草案）的报告》《关于暂缓开展新市民住房公积金业务的请示》《关于调整住房公积金提取有关政策的请示》《双鸭山市住房公积金管理中心关于信息化建设有关事宜的请示》《关于调整双鸭山市住房公积金管理委员会部分委员的建议》。

（二）住房公积金管理中心：住房公积金管理中心为市政府不以营利为目的的副处级事业单位，设 11 个处（科），5 个管理部。从业人员 82 人，其中，在编 59 人，非在编 23 人。

二、业务运行情况

（一）缴存：2019 年，新开户单位 64 家，实缴单位 1412 家，净增单位 25 家；新开户职工 0.56 万人，实缴职工 9.9 万人，净增职工 −0.1 万人；缴存额 12.10 亿元，同比增长 15.13％。2019 年末，缴存总额 87.71 亿元，比上年末增加 16.02％；缴存余额 55.71 亿元，比上年末增加 11.35％。

受委托办理住房公积金缴存业务的银行 6 家。

（二）提取：2019 年，提取额 6.42 亿元，同比增长 1.58％；占当年缴存额的 53.06％，比上年减少 7.07 个百分点。2019 年末，提取总额 31.99 亿元，比上年末增加 25.11％。

（三）贷款：

个人住房贷款：个人住房贷款最高额度 50 万元，其中，单缴存职工最高额度 40 万元，双缴存职工最高额度 50 万元。

2019 年，发放个人住房贷款 0.1 万笔、1.37 亿元，同比分别下降 23.08％、18.93％。发放金额比上年下降 0.32 亿元。2019 年，回收个人住房贷款 1.82 亿元。

2019 年末，累计发放个人住房贷款 2.48 万笔、27.84 亿元，贷款余额 8.76 亿元，分别比上年末增加 4.2％、5.22％、−4.78％。个人住房贷款余额占缴存余额的 15.72％，比上年末减少 2.57 个百分点。

受委托办理住房公积金个人住房贷款业务的银行 5 家，比上年增加 2 家。

（四）资金存储：2019 年末，住房公积金存款 46.97 亿元。其中，活期 0.49 亿元，1 年（含）以下定期 37.98 亿元，1 年以上定期 8.50 亿元。

（五）资金运用率：2019 年末，住房公积金个人住房贷款余额、项目贷款余额和购买国债余额的总和占缴存余额的 15.72%，比上年末减少 2.57 个百分点。

三、主要财务数据

（一）业务收入：2019 年，业务收入 12458.09 万元，同比增长 15.79%。其中，存款利息 9593.50 万元，委托贷款利息 2863.29 万元，其他收入 1.30 万元。

（二）业务支出：2019 年，业务支出 8104.37 万元，同比增长 10.46%。其中，支付职工住房公积金利息 8024.84 万元，委托贷款手续费 79.88 万元，其他支出－0.35 万元。

（三）增值收益：2019 年，增值收益 4353.72 万元，同比增长 27.2%。增值收益率 0.82%，比上年增加 0.1 个百分点。

（四）增值收益分配：2019 年，提取管理费用 875.48 万元，提取城市廉租住房（公共租赁住房）建设补充资金 3478.23 万元。2019 年，上交财政管理费用 875.48 万元。上缴财政城市廉租住房（公共租赁住房）建设补充资金 3478.23 万元。2019 年末，贷款风险准备金余额 1637.65 万元。累计提取城市廉租住房（公共租赁住房）建设补充资金 20380.79 万元。

（五）管理费用支出：2019 年，管理费用支出 875.48 万元，同比增长 8.47%。其中，人员经费 571.24 万元，公用经费 91.05 万元，专项经费 213.19 万元。

四、资产风险状况

2019 年末，个人住房贷款逾期额 160.05 万元，逾期率 1.83‰。个人贷款风险准备金按贷款余额的 1% 提取。2019 年末，个人贷款风险准备金余额 1637.65 万元，占个人住房贷款余额的 1.87%，个人住房贷款逾期额与个人贷款风险准备金余额的比率为 9.77‰。

五、社会经济效益

（一）缴存业务：2019 年，实缴单位数、实缴职工人数和缴存额同比分别增长 1.80%、－1% 和 15.13%。

缴存单位中，国家机关和事业单位占 79.53%，国有企业占 12.39%，城镇集体企业占 0.14%，外商投资企业占 0.14%，城镇私营企业及其他城镇企业占 4.61%，民办非企业单位和社会团体占 0.78%，其他占 2.41%。

缴存职工中，国家机关和事业单位占 40.54%，国有企业占 46.64%，城镇集体企业占 0.02%，外商投资企业占 0.05%，城镇私营企业及其他城镇企业占 10.78%，民办非企业单位和社会团体占 0.07%，其他占 1.9%；中、低收入占 99.6%，高收入占 0.4%。

新开户职工中，国家机关和事业单位占 35.7%，国有企业占 27.53%，外商投资企业占 0.16%，城镇私营企业及其他城镇企业占 34.27%，民办非企业单位和社会团体占 0.05%，其他占 2.29%；中、低收入占 99.82%，高收入占 0.18%。

（二）提取业务：2019 年，1.79 万名缴存职工提取住房公积金 6.42 亿元。提取金额中，住房消费提取占 45.61%（购买、建造、翻建、大修自住住房占 26.98%，偿还购房贷款本息占 15.75%，租赁住房 2.88%）；非住房消费提取占 54.39%（离休和退休提取占 42.68%，完全丧失劳动能力并与单位终止劳动关系提取占 3.90%，其他占 7.81%）。提取职工中，中、低收入占 99.38%，高收入占 0.62%。

（三）贷款业务：

1. 个人住房贷款： 2019 年，支持职工购建房 10.41 万平方米，年末个人住房贷款市场占有率（含公转商贴息贷款）为 38.46%，比上年末增加 2.44 个百分点。通过申请住房公积金个人住房贷款，可节约职工购房利息支出 1569.82 万元。

职工贷款笔数中，购房建筑面积 90（含）平方米以下占 38.58%，90~144（含）平方米占 51.53%，144 平方米以上占 9.89%。购买新房占 38.97%，购买二手房占 61.03%，

职工贷款笔数中，单缴存职工申请贷款占 33.04%，双缴存职工申请贷款占 66.96%。

贷款职工中，30 岁（含）以下占 18.99%，30 岁~40 岁（含）占 46.79%，40 岁~50 岁（含）占 23.15%，50 岁以上占 11.07%；首次申请贷款占 86.05%，二次及以上申请贷款占 13.95%；中、低收入占 98.42%，高收入占 1.58%。

2. 异地贷款： 2019 年，发放异地贷款 66 笔、1105 万元。2019 年末，发放异地贷款总额 3659 万元，异地贷款余额 2798.26 万元。

（四）住房贡献率： 2019 年，个人住房贷款发放额、公转商贴息贷款发放额、项目贷款发放额、住房消费提取额的总和与当年缴存额的比率为 35.54%。

六、其他重要事项

（一）当年机构及职能调整情况、受委托办理缴存贷款业务金融机构变更情况。 2019 年，市住房公积金管理中心机构、职能没有调整变化；受委托办理缴存贷款业务金融机构新增 2 家，分别为哈尔滨银行和龙江银行。

（二）当年住房公积金政策调整及执行情况。

1. 当年缴存基数限额及确定方法、缴存比例等缴存政策调整情况

缴存基数上限以双鸭山市统计部门公布的上一年当地社平工资 3 倍为准，下限以双鸭山市人民政府公布的最低用工工资为准，2019 年上限为 13877.5 元/月、下限为 1450 元/月。2019 年缴存比例最高为 12%，最低为 5%。

2. 当年住房公积金提取政策调整情况

经双鸭山市住房公积金管理委员会 2019 年第一次会议审议批准，提取政策作以下调整：

（1）停止下列 3 项住房公积金提取政策：①"缴交物业维修基金和契税税金"可纳入购房支出费用总额合并提取政策。②"父母或子女购房可互提公积金"政策。③缴存职工或其直系亲属患重大疾病（25 种）提取住房公积金用于支付医疗费用的政策。

（2）购买本市行政区域内政府棚改、拆迁住房可提取公积金。为解决职工购买本市行政区域内政府棚改、拆迁项目住房，无法在规定时限（一年内）获得增值税普通发票的困难，进一步放宽提取条件，在 2018 年 12 月 31 日以前购买的，提供拆迁安置补偿协议、搬迁验收单或入户通知单及缴款票据即可提取个人账户内的公积金余额，提取额度不超过购房补差款金额。2019 年 1 月 1 日以后购买此类住房申请提取，要件有效时限仍为一年以内。

3. 当年住房公积金存贷款利率调整及执行情况

当年职工住房公积金账户存款利率未作调整，按一年期定期存款基准利率1.5%执行。

当年住房公积金贷款利率未作调整。目前，贷款1~5年期执行2.75%的年利率，5年期以上执行3.25%的年利率。

（三）当年服务改进情况。一是升级网点服务。"中心"进一步整合资源，成立了住房公积金服务大厅，打造规范的标准化服务窗口。公积金业务入驻了我市行政审批服务中心，提高住房公积金服务整体效率。二是实行"全城通办"。我市缴存职工可自主选择全市任一网点办理住房公积金业务，从定点办理转变为"就近跑"。三是完善服务渠道。以综合服务平台为载体，我市住房公积金服务事项由"最多跑一次"向"零跑路"升级，其中16项业务实现了网上受理，网上受理率达到了50%。网上服务实行24小时不打烊。

（四）当年信息化建设情况。一是我市住房公积金综合服务平台建设通过了省住房和城乡建设厅检查验收。二是我市公积金业务系统和综合服务平台通过了三级等保测评，在公安机关备案。三是我市住房公积金业务系统接入了全国住房公积金数据平台。

大庆市住房公积金2019年年度报告

一、机构概况

（一）住房公积金管理委员会：住房公积金管理委员会有25名委员，2019年召开2次会议，审议通过的事项主要包括：《2018年住房公积金管理工作汇报》《2018年财务预算执行情况及2019年财务预算安排的报告》《大庆市住房公积金黑名单管理暂行办法》。

（二）住房公积金管理中心：住房公积金管理中心为市政府不以营利为目的的公益一类事业单位，设10个科室，6个业务部。从业人员95人，其中，在编59人，非在编36人。

二、业务运行情况

（一）缴存：2019年，新开户单位437家，实缴单位3795家，净增单位127家；新开户职工1.66万人，实缴职工44.22万人，减少职工0.51万人；缴存额78.67亿元，同比增长8.62%。

2019年末，缴存总额847.29亿元，比上年末增加10.24%；缴存余额283.07亿元，比上年末增加7.36%。

受委托办理住房公积金缴存业务的银行2家。

（二）提取：2019年，提取额59.26亿元，同比下降7.29%；占当年缴存额的75.33%，比上年减少12.92个百分点。2019年末，提取总额564.21亿元，比上年末增加11.74%。

（三）贷款：

个人住房贷款：个人住房贷款最高额度60万元，其中，单缴存职工最高额度60万元，双缴存职工最

高额60万元。

2019年，发放个人住房贷款1.17万笔、35.24亿元，同比分别下降36.07%、37.53%。

2019年，回收个人住房贷款32.71亿元。2019年末，累计发放个人住房贷款22.47万笔、546.69亿元，贷款余额243.71亿元，分别比上年末增加5.49%、6.89%、1.04%。个人住房贷款余额占缴存余额的86.10%，比上年末减少5.4个百分点。

受委托办理住房公积金个人住房贷款业务的银行12家，比上年增加2家。

（四）**资金存储**：2019年末，住房公积金存款39.91亿元。其中，活期0.15亿元，1年（含）以下定期8.8亿元，1年以上定期28.4亿元，其他（协定、通知存款等）2.56亿元。

（五）**资金运用率**：2019年末，住房公积金个人住房贷款余额、项目贷款余额和购买国债余额的总和占缴存余额的86.10%，比上年末减少5.4个百分点。

三、主要财务数据

（一）**业务收入**：2019年，业务收入85931.98万元，同比增长0.62%。其中，存款利息7021.97万元，委托贷款利息78868.96万元，其他41.05万元。

（二）**业务支出**：2019年，业务支出42430.67万元，同比增长3.19%。其中，支付职工住房公积金利息40856.05万元，归集手续费44.58万元，委托贷款手续费1530.04万元。

（三）**增值收益**：2019年，增值收益43501.31万元，同比下降1.77%。增值收益率1.59%，比上年减少0.11个百分点。

（四）**增值收益分配**：2019年，提取管理费用2481万元，提取城市廉租住房（公共租赁住房）建设补充资金41020.31万元。

2019年，上交财政管理费用2481万元。上缴财政城市廉租住房（公共租赁住房）建设补充资金50241.73万元。

2019年末，贷款风险准备金余额72787.26万元。累计提取城市廉租住房（公共租赁住房）建设补充资金354922.11万元。

（五）**管理费用支出**：2019年，管理费用支出2782.6万元，同比增长0.23%。其中，人员经费1510.81万元，公用经费674.9万元，专项经费596.89万元。

四、资产风险状况

2019年末，个人住房贷款逾期额88.71万元，逾期率0.036‰。

个人贷款风险准备金按贷款余额的1%提取。2019年末，个人贷款风险准备金余额72787.26万元，占个人住房贷款余额的2.99%，个人住房贷款逾期额与个人贷款风险准备金余额的比率为0.12%。

五、社会经济效益

（一）**缴存业务**：2019年，实缴单位数同比增加3.46%、实缴职工人数同比减少1.14%、缴存额同比增加8.62%。

缴存单位中，国家机关和事业单位占28.06%，国有企业占3.82%，城镇集体企业占0.95%，外商投资企业占 0.58%，城镇私营企业及其他城镇企业占 51.20%，民办非企业单位和社会团体占 1.79%，其他占 13.6%。

缴存职工中，国家机关和事业单位占 20.4%，国有企业占 14.19%，城镇集体企业占 1.78%，外商投资企业占 0.55%，城镇私营企业及其他城镇企业占 55.58%，民办非企业单位和社会团体占 0.2%，其他占 7.3%；中、低收入占 99.07%，高收入占 0.93%。

新开户职工中，国家机关和事业单位占 12.58%，国有企业占 1.45%，城镇集体企业占 0.06%，外商投资企业占 0.89%，城镇私营企业及其他城镇企业占 55.14%，民办非企业单位和社会团体占 1.28%，其他占 28.6%；中、低收入占 98.85%，高收入占 1.15%。

（二）提取业务：2019 年，19.27 万名缴存职工提取住房公积金 59.26 亿元。

提取金额中，住房消费提取占 75.84%（购买、建造、翻建、大修自住住房占 26.07%，偿还购房贷款本息占 48.38%，租赁住房占 1.39%）；非住房消费提取占 24.16%（离休和退休提取占 20.84%，其他占 3.32%）。

提取职工中，中、低收入占 98.53%，高收入占 1.47%。

（三）贷款业务：

1. 个人住房贷款：2019 年，支持职工购建房 120.72 万平方米，年末个人住房贷款市场占有率（含公转商贴息贷款）为 57.82%，比上年末减少 0.1 个百分点。通过申请住房公积金个人住房贷款，可节约职工购房利息支出 102242.58 万元。

职工贷款笔数中，购房建筑面积 90（含）平方米以下占 37.31%，90～144（含）平方米占 53.7%，144 平方米以上占 8.99%。购买新房占 30.5%，购买二手房占 69.5%。

职工贷款笔数中，单缴存职工申请贷款占 66.77%，双缴存职工申请贷款占 33.09%，三人及以上缴存职工共同申请贷款占 0.14%。

贷款职工中，30 岁（含）以下占 30.79%，30 岁～40 岁（含）占 42.8%，40 岁～50 岁（含）占 21.18%，50 岁以上占 5.23%；首次申请贷款占 81.24%，二次及以上申请贷款占 18.76%；中、低收入占 99.23%，高收入占 0.77%。

2. 异地贷款：2019 年，发放异地贷款 606 笔、19535.1 万元。2019 年末，发放异地贷款总额 156116.8 万元，异地贷款余额 102910.23 万元。

（四）住房贡献率：2019 年，个人住房贷款发放额、公转商贴息贷款发放额、项目贷款发放额、住房消费提取额的总和与当年缴存额的比率为 101.92%，比上年减少 44.79 个百分点。

六、其他重要事项

（一）当年机构及职能调整情况、受委托办理缴存贷款业务金融机构变更情况。

（1）按照市委编委庆编发〔2019〕143 号通知，大庆市住房公积金管理中心调整内设机构，将派出机构（办事处）合并为内设机构（业务部），增设档案科。

（2）2019 年新增受委托银行两家。

（二）当年住房公积金政策调整及执行情况。

1. 归集提取方面

（1）按照《关于开展治理违规提取住房公积金工作的通知》（建金〔2018〕46 号）中"重点支持提取

住房公积金在缴存地或户籍地购买首套普通住房和第二套改善型住房，防止提取住房公积金用于炒房投机"的规定。自 2019 年 1 月 1 日起，执行缴存地和户籍地购买首套普通住房和第二套改善型住房可办理住房公积金提取。

（2）按照《关于住房公积金管理若干具体问题的指导意见》（建金管〔2005〕5 号）中"职工购买、建造、翻建、大修自住住房，未申请个人住房公积金贷款的，原则上职工本人及其配偶在购建和的大修住房一年内，可凭有效证明材料，一次或分次提取住房公积金账户内的存储余额"的规定，自 2019 年 4 月 1 日起，执行职工本人及其配偶在购建和的大修住房一年内，可凭有效证明材料，一次提取住房公积金账户内的存储余额。

（3）大庆市住房公积金缴存基数每年调整一次。2019 年 7 月 1 日开始缴存基数调整工作，住房公积金缴存基数上限按照大庆市统计部门公布的上一年度全市城镇非私营单位就业人员平均工资的 3 倍确定，住房公积金缴存基数下限不得低于单位所在地上一年度最低工资标准。2019 年缴存基数上限为 83926 元，缴存基数下限为市区 1680 元、县区 1270 元。

缴存比例按缴存基数 5％～12％之间由缴存单位自主确定。

2. 公积金贷款方面

（1）不再向购买第三套及以上住房的缴存职工家庭发放公积金贷款；

（2）家庭申请第二次公积金贷款的，利率上浮为基准利率的 1.1 倍；

（3）贷款申请日距借款申请人（含共同申请人）法定退休年龄不足 5 年（含）的，不予延长；

（4）公积金贷款额度不得超过借款人及共同借款人账户余额 20 倍；

（5）最高贷款额度为 60 万元（含）；

（6）住房公积金贷款利率 1～5 年为 2.75％，6～30 年为 3.25％。

（三）当年服务改进情况。 2019 年，大庆中心以全面推行住房公积金业务"马上办、网上办、掌上办、就近办、自助办"为重点工作，积极推行"网上办"和"掌上办"，在全市设置服务网点 30 个，基本覆盖了大庆全域；全面实现业务"一窗受理，全城通办"，缴存人可就近选择业务网点办理业务，前台"一窗"综合受理，后台分类审批完成，实现"一次办、就近办"；打造群众"用得上、用得起、用得好"的电子政务服务平台依托网上服务大厅、手机 APP 提供网上办理业务，切实提高网上办理业务量；全面推行"就近办"，充分利用中心服务网点和延伸到银行的服务窗口，实现就近办；创新推行"自助办"，增设自助服务终端设备，方便职工自助办理业务，不断提升自助服务智能化水平，现管理中心绝大部分业务都已具备网办条件，真正实现让信息多跑路，群众"零跑动"，办事不求人目标。

（四）当年信息化建设情况。 信息系统建设取得新成果。进一步完善"智慧公积金"信息系统，2019 年对"智慧公积金"系统进行新一轮的升级，依托数据共享、综合服务平台，更好地为缴存人服务，进一步简化业务要件，从安全、易用的角度提升用户体验。具体升级改进项目包括：

（1）完成中心智慧公积金综合服务平台由 4.0 升级到云 3.0 版本；

（2）完成住房和城乡建设部全国住房公积金数据平台建设，开发数据接口完成数据接入，实现与税务总局总对总的数据交换；

（3）完成数据管控平台建设工作，对中心所有数据接口进行统一管理；

（4）完成与行政服务中心、市住建局、市不动产中心、四县房产处等数据服务流程对接；

（5）手机公积金 APP 与电子抵押数据系统的数据连接，提升离柜率，提高业务办理时效，全力打造"零跑动"智慧公积金服务；

（6）缴存人可以通过支付宝平台获取本人公积金信息、办理公积金业务，享受公积金业务办理"一站式"服务。

伊春市住房公积金 2019 年年度报告

一、机构概况

（一）住房公积金管理委员会：住房公积金管理委员会有 22 名委员，2019 年召开 2 次会议，审议通过的事项主要包括：《伊春市住房公积金 2018 年度报告》《伊春市住房公积金回迁安置房贷款实施细则》《伊春市住房公积金个人住房大（装）修贷款实施细则》《伊春市住房公积金个人住房异地贷款实施细则》《伊春市高层次人才住房公积金优惠政策管理暂行办法》《伊春市住房公积金诚信黑名单管理办法》《伊春市个人自愿缴存使用住房公积金暂行办法》《伊春市在校大学生住房公积金缴存使用暂行办法》《伊春市住房公积金资金管理办法》《伊春市住房公积金商业银行组合贷款管理办法》《伊春市住房公积金楼盘准入办法》《伊春市死亡提取小额住房公积金简易程序》《伊春市住房公积金大病提取办法》《伊春市住房公积金物业费提取暂行办法》和部分县区（镇）开办委托银行办理业务及其他政策调整事宜。

（二）住房公积金经办中心：住房公积金经办中心为隶属于伊春市人民政府不以营利为目的的公益一类事业单位，设 5 个科室，9 个管理部。从业人员 60 人，其中：在编 48 人，非在编 12 人。

二、业务运行情况

（一）缴存：2019 年，新开户单位 48 家，实缴单位 1393 家，减少 709 家；新开户职工 3304 人，实缴职工 9.99 万人，减少 1.97 万人；缴存额 10.01 亿元，同比增长 18.60%。2019 年末，缴存总额 62.00 亿元，比上年末增加 19.25%；缴存余额 34.69 亿元，比上年末增加 16.53%。

受委托办理住房公积金缴存业务的银行 3 家，比上年增加 1 家。

（二）提取：2019 年，提取额 5.09 亿元，同比增长 12.11%，占当年缴存额的 50.85%，比上年减少 2.94 个百分点。2019 年末，提取总额 27.32 亿元，比上年末增加 22.90%。

（三）贷款：

个人住房贷款最高额度 60 万元，其中：单缴存职工最高额度 60 万元，双缴存职工最高额度 60 万元。

2019 年，发放个人住房贷款 1586 笔、2.76 亿元，分别同比增长 7.16%、2.60%。

2019 年，回收个人住房贷款 3.08 亿元。

2019 年末，累计发放个人住房贷款 27134 笔、33.95 亿元，分别比上年末增加 6.21%、8.85%，贷款余额 14.30 亿元，比上年末减少 2.19%。个人住房贷款余额占缴存余额的 41.22%，比上年末减少 7.89 个百分点。

受委托办理住房公积金个人住房贷款业务的银行 2 家,与上年持平。

(四)**购买国债**:2019 年末,国债余额 0.50 亿元,与上年持平。

(五)**资金存储**:2019 年末,住房公积金存款 19.91 亿元,其中:活期 0.02 亿元,1 年(含)以下定期 7.45 亿元,1 年以上定期 12.06 亿元,协定存款 0.38 亿元。

(六)**资金运用率**:2019 年末,住房公积金个人住房贷款余额和购买国债余额的总和占缴存余额的 42.66%,比上年末减少 8.13 个百分点。

三、主要财务数据

(一)**业务收入**:2019 年,业务收入 11302.58 万元,同比增长 56.93%,其中:存款利息 6516.80 万元,委托贷款利息 4580.21 万元,国债利息 177.70 万元,其他 27.87 万元。

(二)**业务支出**:2019 年,业务支出 4498.09 万元,同比增长 13.93%,其中:支付职工住房公积金利息 4497.16 万元,其他支出 0.93 万元。

(三)**增值收益**:2019 年,增值收益 6804.49 万元,同比增长 109.11%。增值收益率 2.12%,比上年增加 0.95 个百分点。

(四)**增值收益分配**:2019 年,提取管理费用 1157.92 万元,提取城市廉租住房(公共租赁住房)建设补充资金 5646.57 万元。

2019 年,上交财政管理费用 1157.92 万元,上缴财政城市廉租住房(公共租赁住房)建设补充资金 5646.57 万元。

2019 年末,贷款风险准备金余额 1648.79 万元。累计提取城市廉租住房(公共租赁住房)建设补充资金 19976.51 万元。

(五)**管理费用支出**:2019 年,管理费用全口径支出 1355.27 万元(财政补助拨款 197.35 万元,增值收益列支 1157.92 万元),同比增长 74.66%。其中,人员经费 684.13 万元,公用经费 71.79 万元,专项经费 599.35 万元。

四、资产风险状况

2019 年末,个人住房贷款逾期额 386.73 万元,逾期率 2.70‰。

2019 年末,个人贷款风险准备金余额 1648.79 万元,占个人住房贷款余额的 1.15%,个人住房贷款逾期额与个人贷款风险准备金余额的比率为 23.46%。

五、社会经济效益

(一)**缴存业务**:2019 年,实缴单位数、实缴职工人数分别同比减少 33.73%、16.47%,缴存额同比增加 18.60%。

缴存单位中,国家机关和事业单位占 73.94%,国有企业占 18.52%,城镇集体企业占 0.43%,外商投资企业占 0.36%,城镇私营企业及其他城镇企业占 3.52%,民办非企业单位和社会团体占 0.29%,其他占 2.94%。

缴存职工中,国家机关和事业单位占 55.34%,国有企业占 34.71%,城镇集体企业占 0.59%,外商投资企业占 0.75%，城镇私营企业及其他城镇企业占 1.35%，民办非企业单位和社会团体占 0.02%，其他占 7.24%；中、低收入占 98.62%，高收入占 1.38%。

新开户职工中，国家机关和事业单位占 37.53%，国有企业占 25.39%，城镇集体企业占 0.28%，外商投资企业占 1.36%，城镇私营企业及其他城镇企业占 8.47%，民办非企业单位和社会团体占 0.34%，其他占 26.63%；中、低收入占 99.52%，高收入占 0.48%。

（二）提取业务：2019 年，1.72 万名缴存职工提取住房公积金 5.09 亿元。

提取金额中，住房消费提取占 62.56%（购买、建造、翻建、大修自住住房占 28.72%，偿还购房贷款本息占 30.27%，租赁住房占 2.08%，其他占 1.49%）；非住房消费提取占 37.44%（离休和退休提取占 32.57%，完全丧失劳动能力并与单位终止劳动关系提取占 0.32%，出境定居占 0.05%，其他占 4.50%）。

提取职工中，中、低收入占 97.54%，高收入占 2.46%。

（三）贷款业务：

1. 个人住房贷款：2019 年，支持职工购建房 15.33 万平方米，年末个人住房贷款市场占有率为 62.56%，比上年末减少 2.74 个百分点。通过申请住房公积金个人住房贷款，可节约职工购房利息支出 5735.07 万元。

职工贷款笔数中，购房建筑面积 90（含）平方米以下占 47.48%，90～144（含）平方米占 45.71%，144 平方米以上占 6.81%；购买新房 36.70%，购买二手房占 39.22%，建造、翻建、大修自住住房 17.59%，其他占 6.49%。

职工贷款笔数中，单缴存职工申请贷款占 63.56%，双缴存职工申请贷款占 36.44%。

贷款职工中，30 岁（含）以下占 19.99%，30 岁～40 岁（含）占 35.31%，40 岁～50 岁（含）占 23.77%，50 岁以上占 20.93%；首次申请贷款占 82.03%，二次及以上申请贷款占 17.97%；中、低收入占 96.60%，高收入占 3.40%。

2. 异地贷款：2019 年，发放异地贷款 106 笔、2336.70 万元。2019 年末，发放异地贷款总额 26090.40 万元，异地贷款余额 2662.87 万元。

（四）住房贡献率：2019 年，个人住房贷款发放额、住房消费提取额的总和与当年缴存额的比率为 59.34%，比上年减少 6.68 个百分点。

六、其他重要事项

（一）当年机构职能调整和受托办理业务机构变更情况。

（1）单位名称由"伊春市住房公积金管理中心"变更为"伊春市住房公积金经办中心"，单位管理和业务职能不变。

（2）增加龙江银行伊春分行为缴存和提取业务资金收付银行。

（二）当年住房公积金政策调整及执行情况。

（1）扩大住房公积金缴存范围，实现应缴尽缴，在校大学生、个体工商户、进城务工人员等自由职业群体均可缴存使用住房公积金。

（2）放宽住房公积金提取条件，开通物业费提取，拓宽大病医疗提取范围，简化死亡职工小额住房公积金继承提取程序。

(3) 增加住房公积金贷款类型，开办回迁安置房贷款、大（装）修住房贷款、异地购房贷款、商业银行组合贷款。

(4) 调整购房贷款比例，将首套房贷款比例由70%上调至80%，二套房贷款比例由60%上调至70%。

(5) 依据建金管〔2005〕5号文件"缴存住房公积金的月工资基数，原则上不超过职工工作所在地市区城市统计部门公布上一年度职工月平均工资的2倍或3倍"的要求，按统计部门公布的2018年伊春市城镇非私营单位从业人员月平均工资为3428元，确定2019年住房公积金缴存基数上限为10284元，按《黑龙江省人民政府关于调整全省最低工资标准的通知》确定2019年住房公积金缴存基数下限为1270元；缴存比例最低5%，最高12%；住房公积金账户余额按一年期定期存款基准利率1.5%计息并记入职工公积金账户内。

（三）当年服务改进情况。

(1) 合并市区内两个服务大厅，在市行政资源中心公积金窗口集中受理业务。

(2) 将人民银行自助查询机搬迁至行政服务大厅，在我中心窗口开通不动产信息系统查询端口，实现办理业务"只进一扇门"。

(3) 取消身份证复印件、无房证明、贷款审批表等20余项办事要件。缩短业务办理时限，提取业务资金"秒到账"，贷款业务办理时限由15个工作日缩短到3个工作日。

(4) 取消贷款职工领取不动产抵押证明和缴纳、核销工本费环节，由"群众办"变成"我帮办"。

(5) 提取和贷款发放业务中涉及资金划转业务的，由原来的限于同行划转调整为可跨行划转。

(6) 增加网上营业厅、手机APP、微信公众号等网络服务渠道，单位信息变更、汇补缴、物业费提取、对冲还贷、个人账户信息查询等20余项业务可全天不限时线上办理。通过12329短信服务平台开通个人公积金账户余额和还款信息提醒服务。

(7) 增设自助查询机和智能办公机器人等智能服务终端，为职工提供查询、叫号、打印、政策咨询等多项便捷服务。

(8) 日常服务推行首问负责制、一次告知制、限时办结制和服务承诺制，开展延时服务和上门服务；工作人员统一着装、立牌上岗。

（四）当年信息化建设情况。

(1) 完成全国住房公积金转移接续平台直连改造，实现住房公积金"全国漫游"，异地互转"账随人走、钱随账走"。

(2) 接入全国住房公积金数据平台，实现与国家税务总局总对总的数据交换，符合条件的公积金贷款职工可享受个税抵扣的优惠政策。

(3) 住房公积金综合服务平台通过省级验收，开通网站、网厅、手机APP、微信、12329短信、12329热线、自助终端"七位一体"服务渠道，实现人脸识别、数字认证、电子印章、人工智能、自助打印等便捷功能，有效满足职工群众的多层次、个性化需求。

(4) 实现不动产信息查询功能，实现中心与不动产中心的数据共享，无需职工群众再到不动产中心开具房产证明。

（五）当年住房公积金中心及职工所获荣誉情况。 在省委宣传部、省文明办、省营商局等单位联合开展的"创服务品牌·优发展环境"主题创建活动中，行政服务大厅管理部被授予"省级文明窗口标兵"。行政服务大厅管理部主任马宁被评为"市级劳动模范"，风险合规科科长于庆娟被授予"人民满意勤务员"称号。

（六）违反相关法律法规事项治理情况。 按照国家四部委《关于开展治理违规提取住房公积金工作的通知》要求，对通过变造、伪造证明材料、隐瞒事实真相等手段骗提、骗贷的行为予以严厉打击。全年共向公安机关移交骗提、骗贷线索45条，已结案2起，行政拘留5人，处分2人，起到了警示和震慑作用。

（七）其他需要披露情况。

（1）会计核算方式由原来的"收付实现制"变更为"权责发生制"，当年到期存款和新增存款全部转存为三年期定期存款，按月预提未到期存款利息。

（2）开展电子数据清理，清理封存账户、睡眠账户，转移合并个人重复账户，逐步完善单位和个人基础信息，以此夯实账户数量、提高数据质量，全年共完善单位账户信息1185条，职工个人账户信息34439条，贷款历史数据24227条。

佳木斯市住房公积金2019年年度报告

一、机构概况

（一）住房公积金管理委员会：住房公积金管理委员会有22名委员，2019年召开一次会议，审议并通过《2018年度工作暨2019年工作安排的报告》《住房公积金2018年年度报告》《2019年年度住房公积金归集使用计划报告》等事项及住房公积金管理政策调整意见。

（二）住房公积金管理中心：住房公积金管理中心为隶属于市政府不以营利为目的的参照公务员管理的事业单位，设14个科室，6个县（市）办事处。从业人员100人，其中，在编66人，非在编34人。

二、业务运行情况

（一）缴存：2019年，新开户单位155家，实缴单位2659家，净增单位58家；新开户职工1.01万人，实缴职工12.32万人，净增职工减少272人；缴存额17.25亿元，同比增长8.08%。2019年末，缴存总额133.55亿元，比上年末增加14.83%；缴存余额65.59亿元，比上年末增加7.1%。

受委托办理住房公积金缴存业务的银行6家，比上一年增加2家。

（二）提取：2019年，提取额12.9亿元，同比增长6.88%；占当年缴存额的74.78%，比上年减少0.85个百分点。2019年末，提取总额67.96亿元，比上年末增加23.43%。

（三）贷款：

个人住房贷款：个人住房贷款最高额度70万元，其中，单缴存职工最高额度60万元，双缴存职工最高额度70万元。

2019年，发放个人住房贷款0.41万笔、12.87亿元，同比分别增长1.21%、17.53%；回收个人住房贷款7.02亿元。2019年末，累计发放个人住房贷款4.89万笔、95.5亿元，贷款余额51.38亿元，分别比上年末增加 9.15%、15.58%、12.85%。个人住房贷款余额占缴存余额的 78.34%，比上年末增加 3.99 个百分点。

受委托办理住房公积金个人住房贷款业务的银行 5 家。

(四) 资金存储：2019 年末，住房公积金存款 14.26 亿元。其中，活期 0.03 亿元，1 年以上定期 13.28 亿元，其他（协定、通知存款等）0.95 亿元。

(五) 资金运用率：2019 年末，住房公积金个人住房贷款余额、项目贷款余额和购买国债余额的总和占缴存余额的 78.34%，比上年末增加 3.99 个百分点。

三、主要财务数据

(一) 业务收入：2019 年，业务收入 20309.36 万元，同比增长 7.87%。存款利息 5259.28 万元，委托贷款利息 15044.32 万元，其他 5.76 万元。

(二) 业务支出：2019 年，业务支出 9772.73 万元，同比增长 6.73%。支付职工住房公积金利息 9578.99 万元，委托贷款手续费 193.5 万元，其他 0.24 万元。

(三) 增值收益：2019 年，增值收益 10536.63 万元，同比增长 8.95%。增值收益率 1.66%，比上年增加 0.03 个百分点。

(四) 增值收益分配：2019 年，提取贷款风险准备金 877.75 万元，提取管理费用 1612.15 万元，提取城市廉租住房（公共租赁住房）建设补充资金 8046.73 万元。

2019 年，上交财政管理费用 1612.15 万元。上缴财政城市廉租住房（公共租赁住房）建设补充资金 7498.81 万元。

2019 年末，贷款风险准备金余额 7707.72 万元。累计提取城市廉租住房（公共租赁住房）建设补充资 54335.45 万元。

(五) 管理费用支出：2019 年，管理费用支出 1330.81 万元，同比下降 33.66%。其中，人员经费 964.76 万元，公用经费 135.35 万元，专项经费 230.7 万元。

四、资产风险状况

个人住房贷款：2019 年末，个人住房贷款逾期额 1202.14 万元，逾期率 2.34‰。

个人贷款风险准备金按贷款余额的 1.5% 提取。2019 年，提取个人贷款风险准备金 877.75 万元。2019 年末，个人贷款风险准备金余额 7707.72 万元，占个人住房贷款余额的 1.5%，个人住房贷款逾期额与个人贷款风险准备金余额的比率为 15.6%。

五、社会经济效益

(一) 缴存业务：2019 年，实缴单位数、实缴职工人数和缴存额同比分别增长 2.23%、下降 0.22% 和增长 8.08%。

缴存单位中，国家机关和事业单位占 70.82%，国有企业占 8.35%，城镇集体企业占 2.82%，外商投资企业占 0.86%，城镇私营企业及其他城镇企业占 13.09%，民办非企业单位和社会团体占 0.86%，其他占 3.2%。

缴存职工中，国家机关和事业单位占 62.92%，国有企业占 17.14%，城镇集体企业占 4.19%，外商

投资企业占 1.37%，城镇私营企业及其他城镇企业占 11.92%，民办非企业单位和社会团体占 0.3%，其他占 2.16%；中、低收入占 99.2%，高收入占 0.8%。

新开户职工中，国家机关和事业单位占 47.77%，国有企业占 11.65%，城镇集体企业占 3.68%，外商投资企业占 1%，城镇私营企业及其他城镇企业占 31.21%，民办非企业单位和社会团体占 2.33%，其他占 2.36%；中、低收入占 99.89%，高收入占 0.11%。

（二）提取业务：2019 年，3.74 万名缴存职工提取住房公积金 12.9 亿元。

提取金额中，住房消费提取占 65.96%（购买、建造、翻建、大修自住住房占 28.83%，偿还购房贷款本息占 36.09%，租赁住房占 1.04%）；非住房消费提取占 34.04%（离休和退休提取占 26.56%，完全丧失劳动能力并与单位终止劳动关系提取占 3.2%，出境定居占 0.23%，其他占 4.05%）。

提取职工中，中、低收入占 99.09%，高收入占 0.91%。

（三）贷款业务：

1. 个人住房贷款：2019 年，支持职工购建房 44.01 万平方米，年末个人住房贷款市场占有率（含公转商贴息贷款）为 48.86%，比上年末增加 1.29 个百分点。通过申请住房公积金个人住房贷款，可节约职工购房利息支出 39421.31 万元。

职工贷款笔数中，购房建筑面积 90（含）平方米以下占 27.68%，90～144（含）平方米占 61.71%，144 平方米以上占 10.61%。购买新房占 68.14%，购买二手房占 31.86%。

职工贷款笔数中，单缴存职工申请贷款占 40.44%，双缴存职工申请贷款占 59.56%。

贷款职工中，30 岁（含）以下占 25.97%，30 岁～40 岁（含）占 41.44%，40 岁～50 岁（含）占 24.11%，50 岁以上占 8.48%；首次申请贷款占 82.05%，二次及以上申请贷款占 17.95%；中、低收入占 98.95%，高收入占 1.05%。

2. 异地贷款：2019 年，发放异地贷款 312 笔、10619.9 万元。2019 年末，发放异地贷款总额 64973.2 万元，异地贷款余额 43236.35 万元。

（四）住房贡献率：2019 年，个人住房贷款发放额、公转商贴息贷款发放额、项目贷款发放额、住房消费提取额的总和与当年缴存额的比率为 123.92%，比上年增加 4.94 个百分点。

六、其他重要事项

（一）当年住房公积金缴存基数调整情况。 2019 年，本地住房公积金缴存基数的上限为我市统计部门公布的在岗职工上一年度月平均工资的 3 倍，上限金额为 14168 元，缴存基数的下限为我市统计部门公布的在岗职工上一年度月平均工资的 60%，下限金额为 2834 元。

2019 年住房公积金贷款利率无调整。

（二）当年住房公积金运营，服务网点、服务设施、服务手段、综合服务平台建设和其他网络载体建设服务及党政廉洁情况。

1. 宣传惠民利民政策，构建完备的服务窗口。 充分发挥住房公积金的保障性、互助性职能，支持职工住房消费。通过各渠道媒介广泛宣传公积金政策优势，为住房公积金制度的发展创造浓厚的舆论氛围和广泛的群众基础，使这项惠民利民政策走进千家万户，贴近百姓生活，让更多的人知道并了解享有缴存公积金的好处。

按照我市《2019 年政府工作报告》提出 10 个方面民生实事，以"改善城乡居民居住条件"为目标，以"着力解决 15 件群众最急最忧最盼实事"为切入点，中心主要领导深入开发企业调研，到各办事处服务窗口直面职工群众，在为民解难题中守初心担使命，同时，要服务于民方便于民，并出台 33 项公积金办事不求人清单，积极协调力促不动产业务专线引入公积金窗口实现联合办公，全部实现"一站式"服务，形成了中心与县（市）办事处协同管理格局。

2. 推进优质服务，开辟"互联网＋公积金"模式。 推进"一网、一门、一次"改革，把线下办理事项全流程迁移到网上，将政务服务大厅和各办事处窗口的办理事项融进一张网，建成市、县两级连通的标准化综合服务平台，实行"一网通办"，全面实现了从单一事项"最多跑一次"向"一件事一次办成"跨越，同时缴存职工可在手机 APP 上自行办理退休提取、购房提取、偿还贷款、对冲还贷等 8 项公积金业务，真正做到了为缴存职工提供零见面、零材料、零跑路、零审批的"四零"服务。升级住房公积金管理系统，操作运用综合服务平台，推广公积金网上业务大厅的使用和普及，为办事单位职工提供便捷服务，实现了业务办理标准化、档案管理电子化、财务管理自动化、互联网服务移动化的"四化"服务理念。

3. 凝心聚力，开创党政廉洁新局面。 深入开展"不忘初心、牢记使命"主题教育活动和作风整顿优化营商环境、解放思想推动高质量发展大讨论，以"支部争星、党员积分"活动为载体，推进公积金党建工作不断取得新进展。自"不忘初心、牢记使命"主题教育开展以来，市公积金中心按照市委统一部署，聚焦"为民服务解难题"，开展"一把手"走流程，并在黑龙江电视台、黑龙江日报和先锋网分别进行报道。领导深入了解群众的所需所盼，对照群众对公积金制度的新期待找差距抓落实，改进服务措施，推进"放管服"改革，不断提升人民群众满意度和获得感。同时中心也始终把脱贫攻坚作为最大的政治责任，最大民生工程，最大发展机遇，以促进农民持续稳定增收为重点，壮大集体经济收入，确保帮扶的贫困村如期脱贫奔小康。

加强党的政治制度建设，认真落实意识形态工作责任制，坚持把意识形态工作作为党的建设的重要内容，纳入重要议事日程，纳入党风廉政建设工作责任制。班子成员以普通党员身份参加党支部活动。今年中心组召开党组扩大会议集中学习 18 次，观看专题片《丰碑》《楷模》等宣传教育片并学习身边先进典型事迹。开展纪念建党 98 周年表彰活动，以支部为单位开展"不忘初心、牢记使命"的联谊主题教育活动，市电视台对中心开展的系列活动进行了专题报道，营造风清气正的良好氛围。紧扣重要时间节点，开展警示教育，对中心干部职工进行廉洁自律提醒，在各科室悬挂廉政教育展板，营造廉政氛围。通过一系列廉政教育活动，广大党员干部的廉洁自律意识显著增强。

新时代赋予公积金新责任，让我们更加紧密地团结在以习近平同志为核心的党中央周围，不忘初心，牢记使命，攻坚克难，以更加坚决的态度、更加坚定的信心、更加坚实的步伐，向着实现新时代公积金事业的美好愿景奋勇前进。

七台河市住房公积金 2019 年年度报告

一、机构概况

（一）住房公积金管理委员会：住房公积金管理委员会有 22 名委员，2019 年召开 1 次会议，审议通过的事项主要包括：《七台河市住房公积金 2018 年年度报告》、《2019 年住房公积金归集、使用计划》、调整 2019 年度职工住房公积金缴存基数等。

（二）住房公积金经办中心：住房公积金经办中心为隶属市政府不以营利为目的的公益一类事业单位，设 8 个科室，2 个管理部。从业人员 60 人，其中，在编 36 人，非在编 24 人。

二、业务运行情况

（一）缴存：2019 年，新开户单位 43 家，实缴单位 872 家，净增单位 15 家；新开户职工 0.45 万人，实缴职工 7.98 万人，净减职工 0.32 万人；缴存额 7.67 亿元，同比下降 3.64%。2019 年末，缴存总额 59.35 亿元，比上年末增加 14.84%；缴存余额 34.86 亿元，比上年末增加 11.87%。

受委托办理住房公积金缴存业务的银行 2 家。

（二）提取：2019 年，提取额 3.96 亿元，同比下降 1.74%；占当年缴存额的 51.63%，比上年增加 0.63 个百分点。2019 年末，提取总额 24.49 亿元，比上年末增加 19.35%。

（三）贷款：

个人住房贷款：个人住房贷款最高额度 60 万元，其中，单缴存职工最高额度 60 万元，双缴存职工最高额度 60 万元。

2019 年，发放个人住房贷款 556 笔，同比下降 8.09%，发放个人住房贷款 1.03 亿元，同比增长 0.8%。

2019 年，回收个人住房贷款 0.72 亿元。

2019 年末，累计发放个人住房贷款 0.78 万笔、9.21 亿元，贷款余额 3.86 亿元，分别比上年末增加 8.33%、12.59%、8.73%。个人住房贷款余额占缴存余额的 11.07%，比上年末增加 0.07 个百分点。

受委托办理住房公积金个人住房贷款业务的银行 2 家。

（四）资金存储：2019 年末，住房公积金存款 31.12 亿元。其中，活期 0.002 亿元，1 年（含）以下定期 11.51 亿元，1 年以上定期 18.72 亿元，其他（协定、通知存款等）0.89 亿元。

（五）资金运用率：2019 年末，住房公积金个人住房贷款余额、项目贷款余额和购买国债余额的总和占缴存余额的 11.07%，比上年末增加 0.07 个百分点。

三、主要财务数据

（一）业务收入：2019 年，业务收入 9420.66 万元，同比增长 32.59%。其中，存款利息 8236.44 万元，委托贷款利息 1181.07 万元，其他 3.15 万元。

（二）业务支出：2019 年，业务支出 4994.18 万元，同比增长 14.7%。其中，支付职工住房公积金利息 4990.10 万元，其他 4.08 万元。

（三）增值收益：2019 年，增值收益 4426.48 万元，同比增长 60.9%。增值收益率 1.34%，比上年增加 0.44 个百分点。

（四）增值收益分配：2019 年，提取贷款风险准备金 2655.89 万元，提取管理费用 1770.59 万元。

2019 年，上交财政管理费用 1100.40 万元。

2019 年末，贷款风险准备金余额 15138.02 万元。累计提取城市廉租住房（公共租赁住房）建设补充资金 4037.9 万元。

（五）管理费用支出：2019 年，管理费用支出 761.31 万元，同比增长 7.11%。其中，人员经费 453.31 万元，公用经费 107 万元，专项经费 201 万元。

四、资产风险状况

个人住房贷款：2019 年末，个人住房贷款逾期额 0.42 万元，逾期率 0.01‰。

个人贷款风险准备金按增值收益的 60% 提取。2019 年，提取个人贷款风险准备金 2655.89 万元。2019 年末，个人贷款风险准备金余额 15138.02 万元，占个人住房贷款余额的 39.19%，个人住房贷款逾期额与个人贷款风险准备金余额的比率为 0.003%。

五、社会经济效益

（一）缴存业务：2019 年，实缴单位数、实缴职工人数和缴存额同比分别增长 1.75%、下降 3.86% 和下降 3.64%。

缴存单位中，国家机关和事业单位占 74.77%，国有企业占 14%，城镇集体企业占 0.8%，外商投资企业占 0.57%，城镇私营企业及其他城镇企业占 6.19%，民办非企业单位和社会团体占 1.15%，其他占 2.52%。

缴存职工中，国家机关和事业单位占 54.4%，国有企业占 37.17%，城镇集体企业占 0.52%，外商投资企业占 0.17%，城镇私营企业及其他城镇企业占 6.36%，民办非企业单位和社会团体占 0.18%，其他占 1.2%；中、低收入占 99.19%，高收入占 0.81%。

新开户职工中，国家机关和事业单位占 39.99%，国有企业占 19.96%，城镇集体企业占 0.18%，外商投资企业占 0.45%，城镇私营企业及其他城镇企业占 36.73%，民办非企业单位和社会团体占 1.32%，其他占 1.37%；中、低收入占 99.82%，高收入占 0.18%。

（二）提取业务：2019 年，1.03 万名缴存职工提取住房公积金 3.96 亿元。

提取金额中，住房消费提取占 50.38%（购买、建造、翻建、大修自住住房占 37.62%，偿还购房贷款本息占 11.97%，租赁住房占 0.79%）；非住房消费提取占 49.62%（离休和退休提取占 37.32%，完全丧失劳动能力并与单位终止劳动关系提取占 7.85%，出境定居占 1.64%，其他占 2.81%）。

提取职工中，中、低收入占 99.42%，高收入占 0.58%。

（三）贷款业务：

1. 个人住房贷款：2019 年，支持职工购建房 5.53 万平方米，年末个人住房贷款市场占有率为 19.77%，比上年末下降了 4 个百分点。通过申请住房公积金个人住房贷款，可节约职工购房利息支出 342 万元。

职工贷款笔数中，购房建筑面积 90（含）平方米以下占 42.63%，90~144（含）平方米占 51.44%，144 平方米以上占 5.93%。购买新房占 42.99%，购买二手房占 57.01%。

职工贷款笔数中，单缴存职工申请贷款占 37.95%，双缴存职工申请贷款占 62.05%。

贷款职工中，30 岁（含）以下占 19.25%，30 岁~40 岁（含）占 46.58%，40 岁~50 岁（含）占 24.46%，50 岁以上占 9.71%；首次申请贷款占 91.91%，二次及以上申请贷款占 8.09%；中、低收入占 98.74%，高收入占 1.26%。

2. 异地贷款：2019年，发放异地贷款37笔、764.2万元。2019年末，发放异地贷款总额3772.3万元，异地贷款余额2965.67万元。

（四）住房贡献率：2019年，个人住房贷款发放额、公转商贴息贷款发放额、项目贷款发放额、住房消费提取额的总和与当年缴存额的比率为40%，比上年增加1.5个百分点。

六、其他重要事项

（1）依据《〈关于七台河市机构改革方案实施意见〉的补充意见的通知》（七发〔2019〕2号），市住房公积金管理中心更名为市住房公积金经办中心，行政职责划归市住房和城乡建设局。

（2）2019年，按我市统计部门公布的2018年全市城镇非私营单位从业人员年平均工资56364.00元计算，单位和职工缴存比例不应低于5%，不高于12%；住房公积金月缴存基数上限为14091.00元，月缴存基数下限为1450.00元。

（3）扎实开展"不忘初心、牢记使命"主题教育，坚持以方便职工为核心，取消提取业务申请书，取消二手房贷款提交评估报告环节。

（4）建立健全综合服务平台渠道功能，开通单位业务网上营业厅，"自掏腰包"为单位提供密钥，先期选定五家单位参加网上营业厅测试。

牡丹江市住房公积金2019年年度报告

一、机构概况

（一）住房公积金管理委员会：住房公积金管理委员会有20名委员，2019年召开1次会议，审议通过的事项主要包括：《关于牡丹江市2018年住房公积金归集使用计划执行情况及2019年住房公积金归集使用计划的报告》《牡丹江市2018年度住房公积金增值收益分配方案》《关于向牡丹江市所属县（市）分配2017年廉租住房建设补充资金的请示》《关于2018年管理费用预算执行情况及2019年管理费用预算的报告》《牡丹江市住房公积金2018年年度报告》《关于购置穆棱办事处业务用房的请示》《关于修改〈牡丹江市住房公积金缴存管理办法〉的建议》《关于修改〈牡丹江市住房公积金提取管理办法〉的建议》《关于修改〈牡丹江市住房公积金个人住房贷款管理办法〉的建议》等议题。

（二）住房公积金管理中心：住房公积金管理中心为隶属于市政府不以营利为目的的公益一类事业单位，设11个科室，9个办事处，另设党总支、工会、团委。从业人员148人，其中，在编80人，非在编68人。

二、业务运行情况

（一）缴存：2019年，新开户单位325家，实缴单位2976家，净增单位239家；新开户职工1.13万人，实缴职工13.5万人，净增职工0.35万人；缴存额18亿元，同比增长4.47%。2019年末，缴存总额

142.67亿元，比上年末增加14.44%；缴存余额67.79亿元，比上年末增加8.86%。

受委托办理住房公积金缴存业务的银行2家。

（二）提取：2019年，提取额12.48亿元，同比增长12.33%；占当年缴存额的69.33%，比上年增加4.85个百分点。2019年末，提取总额74.89亿元，比上年末增加20%。

（三）贷款：

个人住房贷款最高额度60万元。

2019年，发放个人住房贷款0.52万笔、19.02亿元，同比分别增长13.04%、23.35%。

2019年，回收个人住房贷款7.96亿元。

2019年末，累计发放个人住房贷款4.73万笔、101.65亿元，贷款余额62.32亿元，分别比上年末增加12.35%、23.02%、21.58%。个人住房贷款余额占缴存余额的91.93%，比上年末增加9.61个百分点。

受委托办理住房公积金个人住房贷款业务的银行9家。

（四）资金存储：2019年末，住房公积金存款7.17亿元。其中，活期1.09亿元，1年（含）以下定期2亿元，1年以上定期4.08亿元。

（五）资金运用率：2019年末，住房公积金个人住房贷款余额、项目贷款余额和购买国债余额的总和占缴存余额的91.93%，比上年末增加9.61个百分点。

三、主要财务数据

（一）业务收入：2019年，业务收入21121.52万元，同比增长15.14%。其中，存款利息2964.71万元，委托贷款利息18149.28万元，其他7.53万元。

（二）业务支出：2019年，业务支出10138.62万元，同比增长9.13%。其中，支付职工住房公积金利息9411.53万元，委托贷款手续费725.96万元，其他1.13万元。

（三）增值收益：2019年，增值收益10982.90万元，同比增长21.31%。其中，增值收益率1.64%，比上年增加0.11个百分点。

（四）增值收益分配：2019年，提取贷款风险准备金1660万元，提取管理费用2050万元，提取城市廉租住房（公共租赁住房）建设补充资金7273万元。

2019年，上交财政管理费用2350万元。上缴财政城市廉租住房（公共租赁住房）建设补充资金5300万元。

2019年末，贷款风险准备金余额13092万元。累计提取城市廉租住房（公共租赁住房）建设补充资金48903万元。

（五）管理费用支出：2019年，管理费用支出1798.25万元，同比下降33.87%。其中，人员经费1266.11万元，公用经费341.7万元，专项经费190.44万元。

四、资产风险状况

个人住房贷款：2019年末，个人住房贷款逾期额399.79万元，逾期率0.64‰。

个人贷款风险准备金按贷款余额的1.5%提取。2019年，提取个人贷款风险准备金1660万元。2019

年末，个人贷款风险准备金余额 11460 万元，占个人住房贷款余额的 1.84%，个人住房贷款逾期额与个人贷款风险准备金余额的比率为 3.49%。

五、社会经济效益

（一）**缴存业务**：2019 年，实缴单位数、实缴职工人数和缴存额同比分别增长 8.73%、2.66% 和 4.47%。

缴存单位中，国家机关和事业单位占 53.33%，国有企业占 9.81%，城镇集体企业占 0.44%，外商投资企业占 0.81%，城镇私营企业及其他城镇企业占 11.53%，民办非企业单位和社会团体占 1.71%，其他占 22.37%。

缴存职工中，国家机关和事业单位占 52.15%，国有企业占 19.15%，城镇集体企业占 0.46%，外商投资企业占 2.88%，城镇私营企业及其他城镇企业占 6.08%，民办非企业单位和社会团体占 0.43%，其他占 18.85%；中、低收入占 100%。

新开户职工中，国家机关和事业单位占 46.17%，国有企业占 10.06%，城镇集体企业占 0.05%，外商投资企业占 1.66%，城镇私营企业及其他城镇企业占 17.44%，民办非企业单位和社会团体占 0.69%，其他占 23.93%；中、低收入占 100%。

（二）**提取业务**：2019 年，4.13 万名缴存职工提取住房公积金 12.48 亿元。

提取金额中，住房消费提取占 68.67%（购买、建造、翻建、大修自住住房占 10.95%，偿还购房贷款本息占 53.94%，租赁住房占 3.78%）；非住房消费提取占 31.33%（离休和退休提取占 26.13%，完全丧失劳动能力并与单位终止劳动关系提取占 2.76%，其他占 2.44%）。

提取职工中，中、低收入占 100%。

（三）**贷款业务**：

1. 个人住房贷款：2019 年，支持职工购建房 53.07 万平方米，年末个人住房贷款市场占有率（含公转商贴息贷款）为 31.28%，比上年末增加 3.74 个百分点。通过申请住房公积金个人住房贷款，可节约职工购房利息支出 30791.51 万元。

职工贷款笔数中，购房建筑面积 90（含）平方米以下占 32.24%，90～144（含）平方米占 64.27%，144 平方米以上占 3.49%。购买新房占 70.77%，购买二手房占 29.23%。

职工贷款笔数中，单缴存职工申请贷款占 43.83%，双缴存职工申请贷款占 56.15%，三人及以上缴存职工共同申请贷款占 0.02%。

贷款职工中，30 岁（含）以下占 27.9%，30 岁～40 岁（含）占 39.57%，40 岁～50 岁（含）占 24.56%，50 岁以上占 7.97%；首次申请贷款占 89.04%，二次及以上申请贷款占 10.96%；中、低收入占 99.71%，高收入占 0.29%。

2. 异地贷款：2019 年，发放异地贷款 495 笔、16770.70 万元。2019 年末，发放异地贷款总额 41003.8 万元，异地贷款余额 36126.8 万元。

（四）**住房贡献率**：2019 年，个人住房贷款发放额、住房消费提取额的总和与当年缴存额的比率为 153.28%，比上年增加 22.81 个百分点。

六、其他重要事项

（一）当年机构及职能调整情况。 2019 年 12 月，经市委编委同意，增设综合审核科，负责各办事处受理的住房公积金归集、提取、贷款业务的复审；负责网上业务大厅提交的住房公积金归集、提取、贷款业务审核。

（二）当年政策调整及执行情况。

（1）调整本市 2019 年度住房公积金缴存基数。自 2019 年 7 月 1 日起，市本级职工住房公积金的缴存基数上限由 2017 年月平均工资 4980.50 元核定调整为 2018 年月平均工资 5189.75 元，缴存基数上限为 2018 年月平均工资 5189.75 元的 3 倍 15569.25 元。根据国务院《住房公积金管理条例》及住房和城乡建设部、质检总局联合发布的《住房公积金归集业务标准》，统一调整县（市）缴存基数上限为 15569.25 元。

（2）2019 年 4 月 3 日，为加强住房公积金缴存管理，规范住房公积金缴存行为，根据国务院《住房公积金管理条例》和住房和城乡建设部、质检总局联合发布的《住房公积金归集业务标准》，重新制定出台了《牡丹江市住房公积金缴存管理办法》（牡公管委发〔2019〕10 号）。

（3）新增拍卖住房提取业务；精简购买商品自住住房等 11 项住房公积金提取业务的《房产信息查档核实材料》；放开非销户类提取业务的提取金额须留 1000 元的整数倍的限制。

（4）2019 年 4 月 3 日出台《牡丹江市住房公积金个人住房贷款管理办法》（牡公管委发〔2019〕12 号），2019 年 6 月 1 日起施行，市公积金管委会 2018 年 3 月 31 日公布的《牡丹江市住房公积金个人住房贷款管理办法》（牡公管委发〔2018〕12 号）同时废止。

（5）2019 年 4 月 11 日，出台《牡丹江市住房公积金个人住房贷款实施细则》（牡公管规〔2019〕2 号），2019 年 6 月 1 日起施行，市公积金中心 2016 年 7 月 29 日印发的《牡丹江市住房公积金个人住房异地贷款实施细则》（牡公管发〔2016〕46 号）和 2018 年 8 月 20 日印发的《牡丹江市住房公积金个人住房贷款实施细则》（牡公管规〔2018〕4 号）同时废止。

（三）当年服务改进情况。

（1）深化"放管服"改革，贯彻优化营商环境工作，推进落实"办事不求人""一件事"等工作要求，通过优化业务流程，出台便民措施 19 项、简化要件 14 项，"只跑一次"业务达 37 项。

（2）依托网厅、手机 APP、微信和支付宝等渠道，9 项缴存业务、4 项提取业务实现"网上办"和"掌上办"。

（3）江南办事处顺利入驻牡丹江市民生大厦，方便缴存人"一站式"办理业务；增设自助服务终端设备，实现业务"自助办"，为打造缴存人"最满意公积金"奠定基础。

（4）借鉴省内外城市公积金中心先进做法，与住房公积金缴存单位建立联络机制，对我市住房公积金缴存单位账户实行分户管理。

（5）通过接入牡丹江市政务服务网，公积金成为牡丹江市首个提供在线服务的热点应用。

（四）当年信息化建设情况。 推进"互联网＋公积金"工作，完成综合服务平台上线、异地转移接续平台直连、全国公积金数据平台接入等信息化建设工程，加快推进跨部门信息共享，提升核查效率和防范风险能力。开通支付宝公积金查询功能，开发拓展手机 APP 服务渠道，加入"刷脸"登录，为缴存人提供了更便捷的服务体验；通过接入全市政务服务网，公积金成为首个提供在线服务的热点应用。截至 12

月末，综服平台发布信息 241 条，发送手机短信 41 万条，受理 12329 热线 7.81 万人次，受理网络咨询 6426 次，平台访问量突破 220 万次。

（五）当年住房公积金管理中心及职工所获荣誉情况。

（1）荣获省总工会、省妇联颁发的"巾帼建功先进集体"荣誉称号。

（2）荣获团省委颁发的"黑龙江省青年文明号"荣誉称号。

（3）荣获市委宣传部、市委网信办颁发的"最美网络正能量传播者"荣誉称号。

（六）申请人民法院强制执行情况。 2019 年催收个贷逾期，通过司法起诉追回逾期贷款 7.4 万元。

（七）当年对住房公积金管理人员违规行为的纠正和处理情况。 因参与赌博给予行政拘留并处罚款、党内严重警告处分 1 人。

黑河市住房公积金 2019 年年度报告

一、机构概况

（一）**住房公积金管理委员会：** 黑河市住房公积金管理委员会有 21 名委员，2019 年召开 1 次全体会议，审议通过的事项主要包括：修订《黑河市住房公积金缴存管理暂行办法》《黑河市住房公积金提取管理暂行办法》《黑河市住房公积金个人住房贷款管理暂行办法》《黑河市住房公积金个人住房异地贷款管理暂行规定》《黑河市住房公积金个人住房贷款操作规定》；审议通过《关于 2018 年住房公积金归集使用计划执行情况和 2019 年住房公积金归集使用计划的报告》《黑河市住房公积金 2018 年年度报告》。

（二）**住房公积金管理中心：** 黑河市住房公积金管理中心为隶属黑河市人民政府不以营利为目的的公益一类事业单位，设 8 个（科）室，7 个分中心。从业人员 77 人，其中，在编 56 人，非在编 21 人。

二、业务运行情况

（一）**缴存：** 2019 年，新开户单位 128 家，实缴单位 1990 家，净增单位 100 家；新开户职工 0.54 万人，实缴职工 9.37 万人，净增职工 0.14 万人；缴存额 13.03 亿元，同比增长 8.94%。2019 年末，缴存总额 99.58 亿元，比上年末增加 15.05%；缴存余额 60.44 亿元，比上年末增加 5.68%。

受委托办理住房公积金缴存业务的银行 4 家，比上年增加 1 家。

（二）**提取：** 2019 年，提取额 9.78 亿元，同比增长 43.07%；占当年缴存额的 75.08%，比上年增加 17.89 个百分点。2019 年末，提取总额 39.14 亿元，比上年末增加 33.32%。

（三）**贷款：**

个人住房贷款：个人住房贷款最高额度 70 万元，其中，单缴存职工最高额度 55 万元，双缴存职工最高额度 70 万元。

2019 年，发放个人住房贷款 0.29 万笔、7.68 亿元，同比分别增长 7.07%、2.89%。

2019 年，回收个人住房贷款 6.40 亿元。

2019年末，累计发放个人住房贷款5.72万笔、75.27亿元，贷款余额29.22亿元，分别比上年末增加5.29%、11.37%、4.57%。个人住房贷款余额占缴存余额的48.34%，比上年末减少0.51个百分点。

受委托办理住房公积金个人住房贷款业务的银行3家，与上年持平。

（四）**资金存储**：2019年末，住房公积金存款31.59亿元。其中，活期0.53亿元，1年（含）以下定期28.57亿元，其他（协定存款）2.49亿元。

（五）**资金运用率**：2019年末，住房公积金个人住房贷款余额、项目贷款余额和购买国债余额的总和占缴存余额的48.34%，比上年末减少0.51个百分点。

三、主要财务数据

（一）**业务收入**：2019年，业务收入15865.09万元，同比增长6.93%。存款利息6257.70万元，委托贷款利息9574.13万元，其他33.26万元。

（二）**业务支出**：2019年，业务支出9149.71万元，同比增长8.96%。支付职工住房公积金利息8949.93万元，委托贷款手续费199.00万元，其他0.78万元。

（三）**增值收益**：2019年，增值收益6715.38万元，同比增长4.28%。增值收益率1.13%，与上年持平。

（四）**增值收益分配**：2019年，提取贷款风险准备金127.75万元，提取管理费用914.44万元，提取城市廉租住房（公共租赁住房）建设补充资金5673.17万元。

2019年，上交财政管理费用986.96万元。上缴财政城市廉租住房（公共租赁住房）建设补充资金5259.99万元。

2019年末，贷款风险准备金余额3804.31万元。累计提取城市廉租住房（公共租赁住房）建设补充资金30874.63万元。

（五）**管理费用支出**：2019年，管理费用支出959.33万元，同比增长0.20%。其中，人员经费538.03万元，公用经费37.80万元，专项经费383.50万元。

四、资产风险状况

个人住房贷款：2019年末，个人住房贷款逾期额641.17万元，逾期率2.19‰。

个人贷款风险准备金按当年贷款余额的1%提取。2019年，提取个人贷款风险准备金127.75万元，使用个人贷款风险准备金核销呆坏账0万元。2019年末，个人贷款风险准备金余额3804.31万元，占个人住房贷款余额的1.30%，个人住房贷款逾期额与个人贷款风险准备金余额的比率为16.85%。

五、社会经济效益

（一）**缴存业务**：2019年，实缴单位数、实缴职工人数和缴存额同比分别增长5.29%、1.48%和8.94%。

缴存单位中，国家机关和事业单位占70.25%，国有企业占11.16%，城镇集体企业占0.65%，外商投资企业占0.70%，城镇私营企业及其他城镇企业占9.05%，民办非企业单位和社会团体占1.36%，其他占6.83%。

缴存职工中，国家机关和事业单位占 62.35%，国有企业占 20.93%，城镇集体企业占 0.79%，外商投资企业占 1.54%，城镇私营企业及其他城镇企业占 5.08%，民办非企业单位和社会团体占 0.20%，其他占 9.11%；中、低收入占 96.90%，高收入占 3.10%。

新开户职工中，国家机关和事业单位占 39.94%，国有企业占 19.33%，城镇集体企业占 0.28%，外商投资企业占 1.68%，城镇私营企业及其他城镇企业占 16.48%，民办非企业单位和社会团体占 0.19%，其他占 22.10%；中、低收入占 99.13%，高收入占 0.87%。

（二）**提取业务**：2019 年，1.76 万名缴存职工提取住房公积金 9.78 亿元。

提取金额中，住房消费提取占 66.44%（购买、建造、翻建、大修自住住房占 27.68%，偿还购房贷款本息占 38.08%，租赁住房占 0.67%，其他占 0.01%）；非住房消费提取占 33.56%（离休和退休提取占 26.35%，完全丧失劳动能力并与单位终止劳动关系提取占 0.01%，其他占 7.2%）。

提取职工中，中、低收入占职工 96.20%，高收入职工占 3.80%。

（三）**贷款业务**：

1. 个人住房贷款：2019 年，支持职工购建房 62.52 万平方米，年末个人住房贷款市场占有率（含公转商贴息贷款）为 39.86%，比上年末增加 0.59 个百分点。通过申请住房公积金个人住房贷款，可节约职工购房利息支出 12198.45 万元。

职工贷款笔数中，购房建筑面积 90（含）平方米以下占 22.42%，90～144（含）平方米占 70.07%，144 平方米以上占 7.51%。购买新房占 77.96%，购买二手房占 22.04%。

职工贷款笔数中，单缴存职工申请贷款占 33.07%，双缴存职工申请贷款占 66.93%。

贷款职工中，30 岁（含）以下占 24.89%，30 岁～40 岁（含）占 36.36%，40 岁～50 岁（含）占 26.21%，50 岁以上占 12.54%；首次申请贷款占 66.28%，二次及以上申请贷款占 33.72%；中、低收入占 97.25%，高收入占 2.75%。

2. 异地贷款：2019 年，发放异地贷款 124 笔、3176.00 万元。2019 年末，发放异地贷款总额 4710 万元，异地贷款余额 4386.80 万元。

（四）**住房贡献率**：2019 年，个人住房贷款发放额、公转商贴息贷款发放额、项目贷款发放额、住房消费提取额的总和与当年缴存额的比率为 108.84%，比上年增加 15.07 个百分点。

六、其他重要事项

（1）根据《中共黑河市委机构编制委员会关于印发〈黑河市住房公积金管理中心机构改革方案〉的通知》（黑市编发〔2019〕63 号），黑河市住房公积金管理中心（机构名称暂定）为黑河市人民政府直属，公益一类，按正处级事业单位管理。主要职责任务：编制、执行住房公积金的归集、使用计划；承担记载职工住房公积金的缴存、提取、使用等工作；承担住房公积金的核算；审批住房公积金的提取、使用；承担住房公积金的保值和归还工作；编制住房公积金归集、使用计划执行情况的报告；承办住房公积金管理委员会决定的其他事项。内部机构 15 个，分别为办公室、党群办公室、审计综合科、归集结算科、信贷科、财务计划科、信息技术科、档案科、市区分中心、北安分中心、嫩江分中心、五大连池分中心、逊克分中心、孙吴分中心、五大连池风景区分中心，均为正科级。核定事业编制 61 名，其中管理人员 5 名，专业技术人员 56 名。领导职数：主任（正处级）1 职，副主任（副处级）3 职，总会计师（副处级）1

职。内部机构领导职数：科长（正科级）15 职、副科长（副科级）15 职。经费形式为财政全额预算拨款。事业单位不再承担行政职能，原承担的行政职能回归黑河市住房和城乡建设局。

（2）住房公积金缴存比例下限为 5%，上限为 12%。住房公积金月缴存基数下限为 2019 年黑河市最低工资标准 1270 元，缴存基数上限按照上一年度黑河市全市职工月平均工资的 3 倍确定，为 10169.76 元。提取政策按照 2019 年 5 月住房和城乡建设部、国家市场监督管理总局发布的《住房公积金提取业务标准》进行调整并执行。住房公积金个人住房贷款最高额度由 45 万元调整为 55 万元，缴存职工夫妻共同贷款最高额度由 60 万元调整为 70 万元。

（3）按照住房和城乡建设部《关于做好全国住房公积金数据平台接入工作的通知》要求，2019 年 5 月完成平台建设并通过住房和城乡建设部项目组测试合格正式上线运行，实现了与税务系统的数据对接。持续加强住房公积金综合服务平台建设，拓展八大渠道业务功能，2019 年 7 月通过省住房和城乡建设厅组织的检查验收，10 月，代表黑龙江省参加住房和城乡建设部手机 APP 测试。

（4）按照三级等保要求于 10 月实现内外网分设及线路改造，实现业务网络与办公网络彻底分离，使管理中心网络安全防护能力进一步提高。每月使用住房公积金电子稽查工具开展自查，认真查摆问题数据，积极落实整改。

（5）出台自由职业者缴存、使用住房公积金和外国人、港澳台同胞享有住房公积金待遇政策，我市自由职业者（含农民工）和在我市就业的外国人、港澳台同胞均与我市缴存职工同等享有住房公积金缴存、提取、贷款等权利。

（6）结合"扫黑除恶"专项斗争，运用法律手段下大力气开展住房公积金贷款逾期违约催收工作，制定并实施《黑河市住房公积金失信黑名单管理办法》。

（7）扎实开展"不忘初心牢记使命"主题教育活动，深入学习、一线调研、认真自查，对照检查建立整改整治台账，扎实推进主题教育活动开展。推进全面从严治党工作，全年召开党风廉政建设专题会议 2 次。制定《2019 年党建工作要点》，严格落实"三会一课""双重组织生活"制度，全年召开党组扩大会议 12 次，研究党建工作 6 次，党风廉政建设工作 3 次，意识形态工作 5 次，组织学习 15 次，培训 320 人次。

（8）全面推行"马上办、网上办、掌上办"，单位版网上大厅实现缴存业务自助办理，依托手机 APP、网站、微信、自助查询终端等渠道实现个人信息自助查询，最大化实现"办事不求人"。优化前台服务模式，通过一窗受理、综合窗口、套餐服务和一次性告知等提升服务水平。严格执行领导带班制和不能办事项日报制，每天由一名领导到服务窗口带班走流程，实地查看前台服务质量，面对面了解办事职工诉求。

绥化市住房公积金 2019 年年度报告

一、机构概况

（一）住房公积金管理委员会：住房公积金管理委员会有 19 名委员，2019 年召开 7 次会议，审议通过的事项主要包括：《通过 2018 年工作总结和 2019 年工作要点》《2019 年归集使用计划及增值分配计划》

《通过2018年年度工作报告》《批准上缴2019年城市廉租住房补充资金》《申请批准委托评估机构对全市存量房评估费用》等。

（二）住房公积金管理中心：住房公积金管理中心为隶属绥化市政府不以营利为目的的自筹自支事业单位，设6个科，9个管理部。从业人员125人，其中，在编70人，非在编55人。

二、业务运行情况

（一）缴存：2019年，新开户单位137家，实缴单位3023家，净增单位12家；新开户职工0.91万人，实缴职工15.82万人，净增职工0.01万人；缴存额16.5亿元，同比增长7.84%。2019年末，缴存总额116.87亿元，比上年末增加16.44%；缴存余额69.05亿元，比上年末增加9.99%。

受委托办理住房公积金缴存业务的银行2家。

（二）提取：2019年，提取额10.23亿元，同比增长24.6%；占当年缴存额的62%，比上年增加8.34个百分点。2019年末，提取总额47.82亿元，比上年末增加27.21%。

（三）贷款：

个人住房贷款：个人住房贷款最高额度90万元，其中，单缴存职工最高额度60万元，双缴存职工最高额度90万元。

2019年，发放个人住房贷款0.19万笔、5.01亿元，同比分别下降45.71%、42.41%。

2019年，回收个人住房贷款5.4亿元。

2019年末，累计发放个人住房贷款4.02万笔、59.22亿元，贷款余额32亿元，分别比上年末增加4.96%、9.24%、-1.2%。个人住房贷款余额占缴存余额的46.34%，比上年末减少5.25个百分点。

受委托办理住房公积金个人住房贷款业务的银行4家。

（四）资金存储：2019年末，住房公积金存款37.05亿元。其中，活期0.01亿元，1年（含）以下定期33.4亿元，1年以上定期0.8亿元，其他（协定、通知存款等）2.84亿元。

（五）资金运用率：2019年末，住房公积金个人住房贷款余额占缴存余额的46.34%，比上年末减少5.25个百分点。

三、主要财务数据

（一）业务收入：2019年，业务收入16433.97万元，同比增长5.54%。存款利息6091.33万元，委托贷款利息10267.12万元，其他75.52万元。

（二）业务支出：2019年，业务支出8892.51万元，同比增长8.72%。支付职工住房公积金利息8450.04万元，委托贷款手续费442.02万元，其他0.45万元。

（三）增值收益：2019年，增值收益7541.46万元，同比增长2.01%。增值收益率1.15%，比上年减少0.09个百分点。

（四）增值收益分配：2019年，提取管理费用1280.58万元，提取城市廉租住房（公共租赁住房）建设补充资金6260.88万元。

2019年，上交财政管理费用1280.58万元。上缴财政城市廉租住房（公共租赁住房）建设补充资金6260.88万元。

2019年末，贷款风险准备金余额4763.67万元。累计提取城市廉租住房（公共租赁住房）建设补充资金24602.24万元。

（五）管理费用支出：2019年，管理费用支出1280.58万元，同比增长53.17%。其中，人员经费821.35万元，公用经费244.2万元，专项经费215.03万元。

四、资产风险状况

个人住房贷款：2019年末，个人住房贷款逾期额3860.05万元，逾期率12.19‰。

个人贷款风险准备金按贷款余额净增额的2%提取。2019年末，个人贷款风险准备金余额4763.67万元，占个人住房贷款余额的1.49%，个人住房贷款逾期额与个人贷款风险准备金余额的比率为81.03%。

五、社会经济效益

（一）缴存业务：2019年，实缴单位数、实缴职工人数和缴存额同比分别增长0.4%、0.06%和7.84%。

缴存单位中，国家机关和事业单位占77.01%，国有企业占12.4%，城镇集体企业占0.43%，外商投资企业占0.4%，城镇私营企业及其他城镇企业占7.01%，民办非企业单位和社会团体占0.33%，其他占2.42%。

缴存职工中，国家机关和事业单位占66.1%，国有企业占22.65%，城镇集体企业占0.42%，外商投资企业占1.49%，城镇私营企业及其他城镇企业占4.87%，民办非企业单位和社会团体占0.16%，其他占4.31%；中、低收入占98.9%，高收入占1.1%。

新开户职工中，国家机关和事业单位占30.01%，国有企业占24%，城镇集体企业占0.43%，外商投资企业占0.98%，城镇私营企业及其他城镇企业占33.03%，民办非企业单位和社会团体占1.63%，其他占9.92%；中、低收入占100%。

（二）提取业务：2019年，2.85万名缴存职工提取住房公积金10.23亿元。

提取金额中，住房消费提取占63.26%（购买、建造、翻建、大修自住住房占26.64%，偿还购房贷款本息占35.86%，租赁住房占0.76%）；非住房消费提取占36.74%（离休和退休提取占27.21%，完全丧失劳动能力并与单位终止劳动关系提取占4.05%，其他占5.48%）。

提取职工中，中、低收入占99.85%，高收入占0.15%。

（三）贷款业务：

1. 个人住房贷款：2019年，支持职工购建房19.95万平方米，年末个人住房贷款市场占有率（含公转商贴息贷款）为30.72%，比上年末增加7.73个百分点。通过申请住房公积金个人住房贷款，可节约职工购房利息支出13321.88万元。

职工贷款笔数中，购房建筑面积90（含）平方米以下占29.52%，90~144（含）平方米占63.29%，144平方米以上占7.19%。购买新房占67.65%，购买二手房占32.35%。

职工贷款笔数中，单缴存职工申请贷款占42.48%，双缴存职工申请贷款占57.52%。

贷款职工中，30岁（含）以下占24.7%，30岁~40岁（含）占39.59%，40岁~50岁（含）占27.11%，50岁以上占8.6%；首次申请贷款占91.66%，二次及以上申请贷款占8.34%；中、低收入占

99.79%，高收入占 0.21%。

2. 异地贷款：2019 年，发放异地贷款 254 笔、6903.8 万元。2019 年末，发放异地贷款总额 55995.6 万元，异地贷款余额 34150.53 万元。

（四）住房贡献率：2019 年，个人住房贷款发放额、住房消费提取额的总和与当年缴存额的比率为 69.58%，比上年减少 20.81 个百分点。

六、其他重要事项

（1）当年信息化建设情况。

1）综合服务平台建设与系统升级改造情况。

为充分响应国家大数据发展战略，加快公积金大数据部署，深化大数据应用，充分利用"互联网＋"技术，依照住房和城乡建设部颁布的《综合服务平台建设导则》等相关要求，中心投入资金建设完成功能齐全、使用便捷、安全高效的住房公积金综合服务平台，于 2019 年 1 月 10 日正式投入使用，同年 12 月通过住房和城乡建设部专家验收组验收。

2）基础数据标准贯彻落实与结算应用系统接入情况。

中心已经实现基础数据贯标和结算系统贯标。数据贯标，建立了科学、合理、规范、实用的住房公积金业务数据体系，实现数据库描述和业务办理术语的统一，并实现与其他中心的互联互通。结算贯标，提取业务和贷款发放全部做到实时交易，客户申请资金即刻到账。单位缴款实现了自动分配。

（2）当年缴存按照绥金管〔2019〕23 号文件《关于确定 2019 年绥化市住房公积金缴存基数和月缴存额上、下限以及相关要求的通知》执行，根据职工住房公积金缴存基数应为职工本人上一年度（自然年度）月平均工资计算住房公积金缴存基数的工资，2019 年度缴存职工月工资基数上限为 12492 元，职工月缴存公积金额度上限 2998 元，职工个人和单位为职工匹配的公积金月缴存额均不得超过 1499 元，缴存额度下限合计 146 元，职工个人和单位为职工匹配的公积金月缴存额均不得低于 73 元，住房公积金缴存比例不得低于 5%，不超过 12%。

（3）当年个人住房贷款最高贷款额度 90 万元，执行贷款利率 5 年以内（含 5 年）为 2.75%，5 年以上为 3.25%。

大兴安岭地区住房公积金 2019 年年度报告

一、机构概况

（一）住房公积金管理委员会：住房公积金管理委员会有 19 名委员，2019 年召开 1 次会议，审议通过的事项主要包括：

（1）《关于调整地区住房公积金管委会委员的通知》；

（2）《关于 2018 年住房公积金归集使用计划执行情况和 2019 年住房公积金归集使用计划的报告》；

(3)《2018年增值收益分配方案及2019年增值收益分配计划》；

(4)《大兴安岭地区住房公积金2018年年度报告》；

(5)《大兴安岭地区住房公积金归集暂行管理办法》；

(6)《大兴安岭地区住房公积金缴存暂行管理办法》；

(7)《大兴安岭地区住房公积金提取暂行实施细则》；

(8)《大兴安岭地区住房公积金贷款暂行管理办法》；

(9)《大兴安岭地区住房公积金经办中心内部稽核工作暂行规定》；

(10)《大兴安岭地区住房公积金失信黑名单管理暂行办法》；

(11)《关于建立人民法院与住房公积金协作联动机制的若干意见（暂行）》；

(12)《地区住房公积金经办中心与银行数据共享工作实施方案》；

(13)《关于农业银行、农村商业银行建立基本户的申请》；

(14)《关于地区住房公积金经办中心接入全国住房公积金数据平台工作方案》；

(15)《关于完善住房公积金管理体制的建议》。

（二）**住房公积金管理中心**：住房公积金管理中心为大兴安岭地区行署不以营利为目的的参公事业单位，设6个科室，下设7个服务网点。从业人员36人，其中，在编12人，非在编24人。

二、业务运行情况

（一）**缴存**：2019年，新开户单位67家，实缴单位1288家，净增单位35家；新开户职工0.16万人，实缴职工5.50万人，减少职工0.15万人；缴存额6.29亿元，同比增长4.65%。2019年末，缴存总额43亿元，比上年末增加17.13%；缴存余额23.95亿元，比上年末增加15.03%。

受委托办理住房公积金缴存业务的银行4家。

（二）**提取**：2019年，提取额3.15亿元，同比增长8.62%；占当年缴存额的50.07%，比上年增加1.82个百分点。2019年末，提取总额19.05亿元，比上年末增加19.88%。

（三）**贷款**：

个人住房贷款：个人住房贷款最高额度40万元，其中，单缴存职工最高额度30万元，双缴存职工最高额度40万元。

2019年，发放个人住房贷款0.04万笔、0.62亿元，与上年持平。

2019年，回收个人住房贷款0.64亿元。

2019年末，累计发放个人住房贷款0.52万笔、6.76亿元，分别比上年末增加8.33%、10.09%，贷款余额3.10亿元与上年持平。个人住房贷款余额占缴存余额的12.94%，比上年末减少2个百分点。

受委托办理住房公积金个人住房贷款业务的银行2家，为中国工商银行和中国建设银行。

（四）**资金存储**：2019年末，住房公积金存款19.98亿元。其中，活期0.63亿元，1年（含）以下定期0.10亿元，1年以上定期19.25亿元。

（五）**资金运用率**：2019年末，住房公积金个人住房贷款余额占缴存余额的12.94%，比上年末减少2个百分点。

三、主要财务数据

（一）**业务收入**：2019 年，业务收入 8007.11 万元，同比增长 28.33%。存款利息 7024.58 万元，委托贷款利息 981.87 万元，其他 0.66 万元。

（二）**业务支出**：2019 年，业务支出 3334.01 万元，同比增长 25.45%。支付职工住房公积金利息 3284.80 万元，委托贷款手续费 49.16 万元，其他 0.04 万元。

（三）**增值收益**：2019 年，增值收益 4673.11 万元，同比增长 30.49%。增值收益率 2.09%，比上年增加 0.19 个百分点。

（四）**增值收益分配**：2019 年提取管理费用 347.57 万元，提取城市廉租住房（公共租赁住房）建设补充资金 4325.54 万元。

2019 年，上交财政管理费用 265.38 万元。上缴财政城市廉租住房（公共租赁住房）建设补充资金 2634.62 万元。

2019 年末，贷款风险准备金余额 3996.95 万元。累计提取城市廉租住房（公共租赁住房）建设补充资金 9917.91 万元。

（五）**管理费用支出**：2019 年，管理费用支出 453.86 万元，同比减少 18.31%。其中，人员经费 154.39 万元，公用经费 16.84 万元，专项经费 282.63 万元。

四、资产风险状况

个人住房贷款：2019 年末，个人住房贷款逾期额 3.97 万元，逾期率 0.13‰。

个人贷款风险准备金按贷款余额的 2% 提取。2019 年末，个人贷款风险准备金余额 3996.95 万元，占个人住房贷款余额的 12.91%，个人住房贷款逾期额与个人贷款风险准备金余额的比率为 0.10%。

五、社会经济效益

（一）**缴存业务**：2019 年，实缴单位数和缴存额同比分别增长 2.79% 和 4.66%，实缴职工人数减少 2.64%。

缴存单位中，国家机关和事业单位占 60.71%，国有企业占 35.95%，城镇集体企业占 0.08%，外商投资企业占 0.08%，城镇私营企业及其他城镇企业占 2.17%，民办非企业单位和社会团体占 0.31%，其他占 0.70%。

缴存职工中，国家机关和事业单位占 46.50%，国有企业占 51.95%，城镇集体企业占 0.24%，外商投资企业占 0.03%，城镇私营企业及其他城镇企业占 1.08%，民办非企业单位和社会团体占 0.03%，其他占 0.17%；中、低收入占 99.16%，高收入占 0.84%。

新开户职工中，国家机关和事业单位占 46.75%，国有企业占 40.42%，外商投资企业占 0.3%，城镇私营企业及其他城镇企业占 12.41%，民办非企业单位和社会团体占 0.06%，其他占 0.06%；中、低收入占 97.01%，高收入占 2.99%。

（二）**提取业务**：2019 年，0.85 万名缴存职工提取住房公积金 3.15 亿元。

提取金额中，住房消费提取占 57.63%（购买、建造、翻建、大修自住住房占 33.38%，偿还购房贷款本息占 22.44%，租赁住房占 1.81%）；非住房消费提取占 42.37%（离休和退休提取占 36.27%，完全丧失劳动能力并与单位终止劳动关系提取占 0.28%，工作调出本地占 1.25%，死亡占 1.61%，其他占 2.96%）。

提取职工中，中、低收入占 62.13%，高收入占 37.87%。

（三）贷款业务：

1. 个人住房贷款：2019 年，支持职工购建房 3.87 万平方米，年末个人住房贷款市场占有率为 50.57%，比上年末增加 4.96 百分点。通过申请住房公积金个人住房贷款，可节约职工购房利息支出 1005.23 万元。

职工贷款笔数中，购房建筑面积 90（含）平方米以下占 33.96%，90～144（含）平方米占 60.42%，144 平方米以上占 5.62%。购买二手房占 100%。

职工贷款笔数中，单缴存职工申请贷款占 44.65%，双缴存职工申请贷款占 54.55%，三人及以上缴存职工共同申请贷款占 0.80%。

贷款职工中，30 岁（含）以下占 33.15%，30 岁～40 岁（含）占 39.84%，40 岁～50 岁（含）占 18.98%，50 岁以上占 8.03%；首次申请贷款占 91.71%，二次及以上申请贷款占 8.29%；中、低收入占 99.47%，高收入占 0.53%。

2. 异地贷款：2019 年，发放异地贷款 12 笔、217 万元。2019 年末，发放异地贷款总额 1688.50 万元，异地贷款余额 576.85 万元。

（四）住房贡献率：2019 年，个人住房贷款发放额和住房消费提取额的总和与当年缴存额的比率为 38.79%，比上年增加 1.34 个百分点。

六、其他重要事项

（一）当年机构及职能调整情况、受委托办理缴存贷款业务金融机构变更情况。2019 年，根据中心实际工作需要和编办批复，中心新增归集提取科，将法制稽核科更名为审计科，新增编制 8 人，其中：参公编制 5 人，事业编制 3 人，增加副处级职数 2 职，增加科级职数 4 职，其中正科级 1 职，副科级 3 职。根据工作实际需要，通过管委会会议审议通过增加归集行一个，为农业银行。

（二）当年住房公积金政策调整及执行情况。根据《住房公积金管理条例》（国务院令第 350 号）和建设部、财政部、中国人民银行《关于住房公积金管理若干具体问题的指导意见》（建金管〔2005〕5 号）文件规定，按照今年大兴安岭地区行署统计局《2017 年大兴安岭地区国民经济和社会发展统计公报》公布的相关数据，现将我区 2019 年职工住房公积金缴存基数上限作如下调整：2019 年统计局公布，2018 年全区城镇非私营在岗职工平均工资为 53224 元，确定 2019 年住房公积金缴存基数上限为 2018 年末全区城镇非私营在岗职工月平均工资的 3 倍 13306 元（53224 元/年÷12 个月×3 倍）。

为全面贯彻落实省委、地委"深入开展解放思想，推动高质量发展大讨论"和"整顿机关作风，优化营商环境"，建立起"办事不求人机制"的总体部署，秉持"便民、利民、惠民、提效"的原则，中心在充分调研的基础上，召开 9 次专题会议深入研究讨论，在征得省住房和城乡建设厅公积金监管处同意后，对我区原有公积金管理机制、制度、办法进行了修改完善，调整了相关政策。同时，新制定了《大兴安岭地区住房公积金归集暂行管理办法》《大兴安岭地区住房公积金归集实施细则》《大兴安岭地区住房公积金经办中心内部稽核工作暂行管理办法》《大兴安岭地区住房公积金失信黑名单管理办法》和《关于建立人民法院与住房公积金协作联动机制的若干意见（暂行）》等多项管理制度，并于 3 月 29 日，经大兴安岭地区住房公积金管委会审议通过。

（三）结合主题教育活动，综合服务能力得到全面提升。"不忘初心、牢记使命"主题教育开展以来，中心全体职工通力配合，以干事创业敢担当的劲头，勇于直面矛盾，苦干实干、攻坚克难，以钉钉子的精神践行了主题教育"为民服务解难题"的目标，解决了"软件支付功能不够优化""县（市）区经办网点职工办理贷款业务'两头跑'"和"县（市）区局贷款职工结清贷款后需要来地区办理不动产解冻手续"等一批群众所急、所盼的问题，增强了前来窗口办理业务职工的获得感、幸福感、安全感，取得了实实在在的成效。

在工作中，中心充分结合自身业务工作特点深入推进优化营商环境工作，中心秉持"让数据多跑路，让群众少跑腿"的原则，加快数据共享工作步伐，积极为职工解决实际问题。一是与房产部门实现信息共享。为解决不动产抵押两头跑的问题，中心与林区城建部门和不动产登记中心多次协商研究，并围绕业务范围、操作流程、人员培训等方面交换意见并达成共识，于 2019 年 3 月 19 日共同签署了《不动产抵押登记合作协议》，成功开通了中心住房公积金缴存职工的房产信息业务办理系统，办理不动产抵押和解冻手续，实现了中心与房产部门数据信息互通，为更好地服务林区广大缴存职工创造了良好环境。二是实现个人征信直连工作。为了解决职工打印个人征信报告两头跑及三个区和五个纯林业局不能打印征信报告的问题，年初以来，中心积极与大兴安岭地区人民银行展开磋商，争取加快开通中心个人征信报告查询系统共享工作。经过连续报送 6 个月的数据信息和人民银行严格的审核，前期工作已经全部完成。目前权限已得到人民银行批复，正在加紧对县区人员进行人员培训和相关管理规范的制定等工作，有望在 2020 年上半年在全区内开展此项业务，届时将大大节约广大林业职工办事成本。

通过综合服务平台建设，开通了网厅、微信公众号、12329 短信、12329 热线等服务渠道，职工通过上述渠道实现了线上查询公积金，公积金缴存业务不见面办理。

（四）信息化建设不断得到加强。为提高中心的信息化建设，按照住房和城乡建设部的统一部署，中心已经完成双贯标和综合服务平台建设，并顺利通过国家验收。实现实时结算，资金秒到账，根据职工需求对系统又进行不断完善，实现跨行支付；根据档案工作需要又在核心业务系统增加虚拟库房功能，增强现代化管理档案能力。

（五）荣誉及奖惩等情况。2019 年 11 月份中心荣获省级文明窗口标兵，一人次获得地区表彰的"三八红旗手"荣誉称号，一人次获得地区机关工委表彰的优秀女工称号。

全年没有违反《住房公积金管理条例》相关法规行为和行政处罚行为，没有申请人民法院强制执行情况。全年没有违规情况发生。

2019 全国住房公积金年度报告汇编

上海市

上海市住房公积金 2019 年年度报告

一、机构概况

（一）住房公积金管理委员会：上海市住房公积金管理委员会有 20 名委员，2019 年召开 2 次会议，审议并通过了《关于住房公积金 2018 年预算收支执行情况及 2019 年计划安排的报告》《关于上海市住房公积金 2018 年年度报告编制说明的报告》《关于签订新一轮公积金个人贷款委托业务协议的报告》《关于 2019 年度住房公积金归集提取相关业务委托协议方案的报告》《关于推进长三角住房公积金一体化工作情况的报告》《关于本市住房公积金支持租赁发展的报告》《关于调整住房公积金月缴存额上限及加大对重点外贸困难企业住房公积金降比缓缴支持力度有关情况的报告》《关于 2019 年前三季度住房公积金业务指标及重点工作完成情况的报告》《上海市住房公积金管委会 2018 年工作总结及 2019 年工作计划》《关于制定上海市住房公积金管理委员会会议制度的报告》等，通报了《关于上海市住房公积金综合业务服务和管理平台项目进展情况的报告》等。

（二）住房公积金管理中心：上海市公积金管理中心（以下简称"中心"）为直属上海市政府不以营利为目的的独立的事业单位，设 13 个处室，16 个管理部。2019 年末，从业人员 315 人，其中，在编 231 人，非在编 84 人。

二、业务运行情况

（一）缴存：2019 年，新开户单位 5.45 万家，实缴单位 42.67 万家，净增单位 3.36 万家；新开户职工 84.08 万人，实缴职工 882.78 万人，净增职工 21.57 万人；缴存额 1533.57 亿元，同比增长 17.50%。2019 年末，缴存总额 11087.60 亿元，比上年增长 16.05%；缴存余额 4721.13 亿元，比上年增长 15.30%。见图 1。

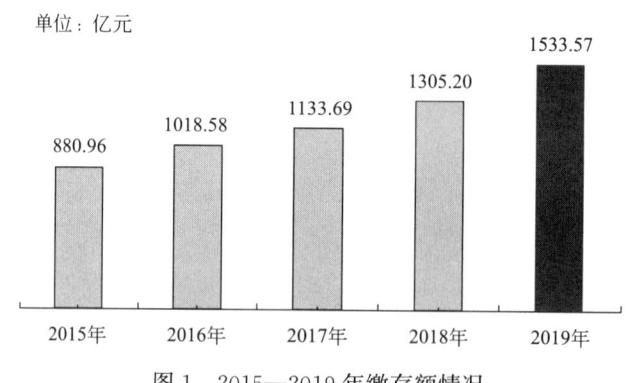

图 1　2015—2019 年缴存额情况

受委托办理住房公积金缴存业务的银行 1 家。

（二）提取：2019 年，提取额 907.06 亿元，同比增长 14.97%；占当年缴存额的 59.15%，比上年减少 1.3 个百分点。2019 年末，提取总额 6366.47 亿元，比上年增长 16.61%。见图 2。

图 2　2015—2019 年提取额情况

(三) 贷款：

1. 个人住房贷款：本市购买首套住房家庭最高贷款额度为 100 万元（个人为 50 万元），缴交补充公积金的最高贷款额度为 120 万元（个人为 60 万元）；本市购买第二套改善型住房家庭最高贷款额度为 80 万元（个人为 40 万元），缴交补充公积金的最高贷款额度为 100 万元（个人为 50 万元）。

2019 年，发放个人住房贷款 14.08 万笔、939.18 亿元（含贴息贷款置换 0.99 万笔、50.36 亿元），同比分别增长 27.19%、28.71%；回收个人住房贷款 411.08 亿元。见图 3。

图 3　2015—2019 年住房公积金个人住房贷款发放额情况

2019 年末，累计发放个人住房贷款 268.24 万笔、8727.96 亿元，贷款余额 4450.05 亿元，分别比上年增长 5.54%、12.06%、13.46%。个人住房贷款余额占缴存余额的 94.26%，比上年末减少 1.52 个百分点。

受委托办理住房公积金个人住房贷款业务的银行 19 家。

2. 住房公积金支持保障性住房建设项目贷款：2019 年，未发放支持保障性住房建设项目贷款，回收项目贷款 4.26 亿元。2019 年末，累计发放项目贷款 97.15 亿元，项目贷款余额为零。

(四) 购买国债：2019 年未购买国债，至年末国债余额为零。

(五) 融资：2019 年未进行融资，无应归还融资额。2019 年末，累计融资 217 亿元，融资余额为零。

(六) 资产证券化：2019 年末，个人住房贷款资产支持证券的未偿付贷款笔数为 9.00 万笔，本金余额为 179.85 亿元。

（七）住房公积金贴息贷款：2019 年末，累计发放住房公积金贴息贷款 5.21 万笔、353.76 亿元，贴息贷款余额 0.59 亿元；当年贴息额 0.48 亿元。

（八）资金存储：2019 年末，住房公积金存款 310.71 亿元，存款类型为其他（协定、通知、智能存款等）。

（九）资金运用率：2019 年末，住房公积金个人住房贷款余额和项目贷款余额的总和占缴存余额的 94.26%，比上年末减少 1.63 个百分点。

三、主要财务数据

（一）业务收入：2019 年，业务收入 159.99 亿元，同比增长 14.82%。其中，存款利息 22.64 亿元，委托贷款利息 135.47 亿元，其他 1.88 亿元。

（二）业务支出：2019 年，业务支出 74.81 亿元，同比增长 11.44%。其中，支付职工住房公积金利息 67.09 亿元，归集手续费 2.91 亿元，委托贷款手续费 3.51 亿元，其他 1.30 亿元（含住房公积金贴息贷款利息支出 0.48 亿元）。

（三）增值收益：2019 年，增值收益 85.18 亿元。其中：

住房公积金增值收益 83.98 亿元，同比增长 18.57%。当年增值收益率 1.90%，比上年增加 0.06 个百分点。

城市廉租住房建设补充资金增值收益 1.20 亿元。

（四）增值收益分配：2019 年，提取贷款风险准备金 50.22 亿元，提取管理费用 1.44 亿元，提取城市廉租住房建设补充资金 33.52 亿元（含当年城市廉租住房建设补充资金增值收益 1.20 亿元）。

2019 年，上交财政管理费用 1.44 亿元。

2019 年末，贷款风险准备金余额 389.79 亿元。累计提取城市廉租住房建设补充资金 245.48 亿元。

（五）管理费用支出：2019 年，管理费用支出 1.44 亿元，同比增长 9.09%。其中，人员经费 0.66 亿元，公用经费 0.25 亿元，专项经费 0.53 亿元。

四、资产风险状况

（一）个人住房贷款：2019 年末，个人住房贷款逾期额 1.17 亿元，逾期率 0.2630‰。

个人贷款风险准备金按住房公积金增值收益的 60% 提取。2019 年，提取个人贷款风险准备金 50.39 亿元，当年未使用个人贷款风险准备金核销逾期贷款。2019 年末，个人贷款风险准备金余额 389.79 亿元，占个人住房贷款余额的 8.76%，个人住房贷款逾期额与个人贷款风险准备金余额的比率为 0.30%。

（二）支持保障性住房建设试点项目贷款：2019 年末，项目贷款已全部回收，无逾期，无核销，项目贷款风险准备金余额为零。

五、社会经济效益

（一）缴存业务：2019 年，实缴单位数、实缴职工人数和缴存额同比分别增长 8.55%、2.50% 和 17.50%。

缴存单位中，国家机关和事业单位占2.32%，国有企业占1.88%，城镇集体企业占0.94%，外商投资企业占5.99%，城镇私营企业及其他城镇企业占87.20%，民办非企业单位和社会团体占0.70%，其他占0.97%。

缴存职工中，国家机关和事业单位占8.41%，国有企业占11.84%，城镇集体企业占1.72%，外商投资企业占16.56%，城镇私营企业及其他城镇企业占56.21%，民办非企业单位和社会团体占1.15%，其他占4.11%；中、低收入占90.97%，高收入占9.03%。见图4。

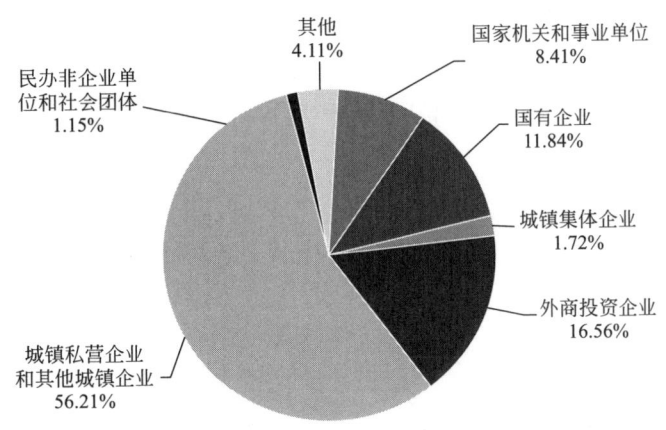

图4　2019年实缴职工按所在单位性质分类

新开户职工中，国家机关和事业单位占2.94%，国有企业占7.62%，城镇集体企业占0.95%，外商投资企业占15.92%，城镇私营企业及其他城镇企业占69.68%，民办非企业单位和社会团体占0.85%，其他占2.04%；中、低收入占98.22%，高收入占1.78%。

（二）提取业务：2019年，301.48万名缴存职工提取住房公积金907.06亿元。

提取金额中，住房消费提取占83.81%（偿还购房贷款本息占66.42%，租赁住房占11.75%，购买、建造、翻建、大修自住住房占5.64%，其他占0.00%）；非住房消费提取占16.19%（离休和退休提取占13.63%，完全丧失劳动能力并与单位终止劳动关系提取占0.01%，出境定居占0.11%，其他占2.44%）。见图5。

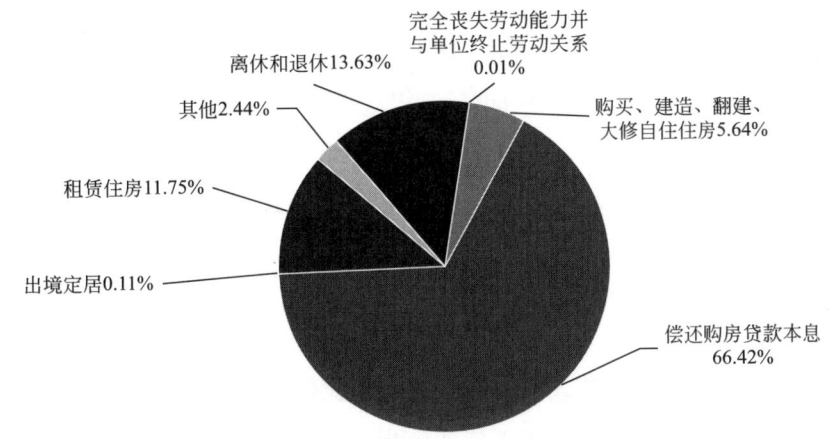

图5　2019年住房公积金提取额按提取原因分类

提取职工中,中、低收入占 84.65%,高收入占 15.35%。

(三)贷款业务:

1. 个人住房贷款:2019 年,支持职工购建房 1192.29 万平方米,年末个人住房贷款市场占有率(含住房公积金贴息贷款)为 23.97%,比上年末增加 0.89 个百分点。通过申请住房公积金个人住房贷款,在贷款合同约定的存续期内可节约职工购房利息支出 197.05 亿元。

职工贷款笔数中,购房建筑面积 90(含)平方米以下占 62.94%,90~144(含)平方米占 32.48%,144 平方米以上占 4.58%。购买新房占 25.84%(其中购买保障性住房占 3.04%),购买二手房占 74.16%。见图 6。

职工贷款笔数中,单缴存职工申请贷款占 29.86%,双缴存职工申请贷款占 69.62%,三人及以上缴存职工共同申请贷款占 0.52%。

贷款职工中,30 岁(含)以下占 28.94%,30 岁~40 岁(含)占 54.61%,40 岁~50 岁(含)占 13.85%,50 岁以上占 2.60%;首次申请贷款占 86.73%,二次及以上申请贷款占 13.27%;中、低收入占 89.03%,高收入占 10.97%。见图 7。

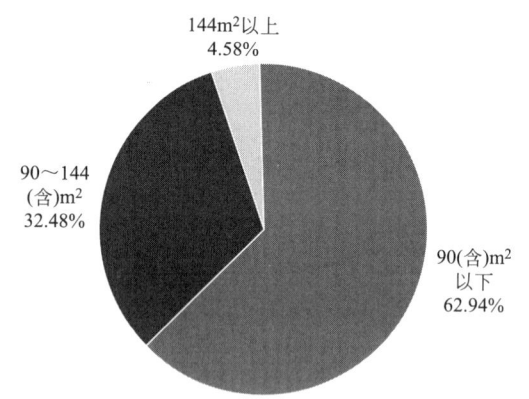

图 6 2019 年个人住房贷款职工贷款笔数按面积分类

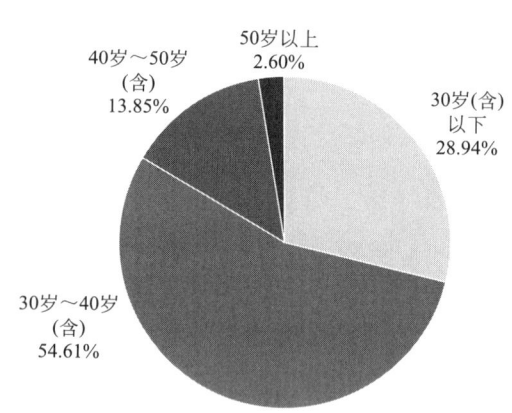

图 7 2019 年个人住房贷款职工按年龄分类

2. 异地贷款:2019 年,发放异地贷款 90 笔、7584.90 万元。2019 年末,发放异地贷款总额 7914.90 万元,异地贷款余额 7741.54 万元。

3. 支持保障性住房建设试点项目贷款:2019 年末,累计试点项目 15 个,贷款额度 119.82 亿元,建筑面积 229.90 万平方米,可解决 28061 户中低收入职工家庭的住房问题。15 个试点项目贷款资金已发放并全部回收贷款本息。

(四)**住房贡献率**:2019 年,个人住房贷款发放额、项目贷款发放额、住房消费提取额的总和与当年缴存额的比率为 110.81%,比上年增加 5.93 个百分点。

六、其他重要事项

(一)**政策调整情况**。为进一步改善营商环境,方便和优化单位办理,2019 年度住房公积金缴存基数调整与社保同步。自 2019 年 4 月 1 日起,职工住房公积金的缴存基数由 2017 年月平均工资调整为 2018 年月平均工资。2019 年度职工本人和单位住房公积金缴存比例为各 5%~7%,由单位自主确定;单位可以自愿参加补充住房公积金制度，补充住房公积金缴存比例为各1%～5%。为有序平稳衔接就业人员平均工资计算口径的调整，自2019年9月1日起再次调整住房公积金月缴存额上限。2019年度本市住房公积金月缴存额上下限见表1。

2019年度本市住房公积金月缴存额上下限　　　　　　　　　　　　　　　　　　表1

类型	单位和个人缴存比例	月缴存额上限	月缴存额下限
住房公积金	各7%	3448元	338元
	各6%	2956元	290元
	各5%	2464元	242元
补充住房公积金	各5%	2464元	242元
	各4%	1970元	194元
	各3%	1478元	146元
	各2%	986元	96元
	各1%	492元	48元

符合规定情形的，单位可以按照《关于印发〈上海市降低住房公积金缴存比例或缓缴住房公积金管理办法〉的通知》（沪公积金管委会〔2018〕7号）的相关规定，申请降低住房公积金缴存比例或缓缴。

（二）长三角一体化推进情况。 一是落实国家发展战略，探索住房公积金领域的长三角一体化发展路径。中心结合实地调研，积极推进三省一市住房和城乡建设部门共同研究制定了《长三角住房公积金一体化战略合作框架协议》，为推动形成长三角区域内住房公积金业务联动、信息联动、服务联动新局面奠定基础。二是长三角住房公积金跨地区信息协查"一网通办"成功试点。2019年10月，住房公积金跨地区信息协查在长三角"一网通办"专窗系统正式上线运行，实现了不动产产权信息、房屋交易合同信息、名下持有产权信息、住房公积金信息异地核查，标志着长三角区域住房公积金跨地区信息协查机制的建立健全，为未来区域内住房公积金一体化发展积累有益经验。

（三）优化营商环境情况。

1. 拓展线上渠道，涉企服务提速

一是新增单位线上开具住房公积金缴存证明、单位线上办理缴存网点变更等单位日常业务，并实现单位开具住房公积金缴存证明接入"一网通办"平台。二是企业在上海市开办企业"一窗通"网上服务平台（http://yct.sh.gov.cn）填报企业设立信息时，同步填写住房公积金缴存相关信息，登记机关核准企业设立的，市公积金中心通过共享数据，为企业同步完成公积金账户设立。该渠道是继管理部、公积金官网外，第三种单位公积金账户设立渠道。

2. 改进业务流程，个人服务提效

一是取消提取业务申请表单填写，减少业务材料留存。自2019年4月1日起，取消申请人填写提取业务申请表单，将材料留存电子影像，不断提高办事效率，逐步减少纸质材料留存。二是持续推进提取业务网上办理，提高服务能级。推进离退休提取、大部分或完全丧失劳动能力提取、自愿缴存期满提取等提取业务网上办理,并接入"一网通办"平台,进一步提高住房公积金服务能级,提升群众办事感受度。

3. 推进标准化建设,服务水平提质。

一是落实"一次告知、首问负责、限时办结、办事规范"的服务标准化管理制度,确保业务办理统一化、标准化,服务同质化、规范化。二是组织开展针对性培训,进一步提高窗口服务质量和服务水平。三是继续开展"同业务竞赛"和"服务明星"评选,营造"比、学、赶、帮、超"的良性竞争氛围,竭力打造公积金服务品牌。

(四)执法推进情况。 2019年,全市共受理登记投诉举报2343件,立案448件,超过80%的投诉举报在30天内协调化解;结案227件。通过执法办案,共为576名职工追回单位不缴、少缴的住房公积金约350万元。全年共发出各类法律文书323件。其中,《责令限期办理缴存登记、账户设立通知书》2份,《责令限期缴存通知书》238份,《行政处罚决定书》1份,《强制执行申请书》82份。

(五)扫黑除恶专项斗争开展情况。 2019年,中心继续加强与公安、财政、房管、城管、网信、通信等多部门的协作,深入开展住房公积金领域扫黑除恶专项斗争,重拳整治违规乱象。一是强化宣传力度,通过互联网平台、线下业务网点播放扫黑除恶斗争相关宣传内容。二是在全市范围内开展集中整治,年内中心共出动执法人员1900余人次,查访地铁站点、主要街道等重点区域950多处,清理、收缴涉及住房公积金的小广告3800余件并移送上级扫黑办。三是组织各管理部对全市19家住房公积金贷款业务受托银行及住房置业担保有限公司开展全面督导。"内外兼修、多方联动"的防控体系得到了进一步的巩固与加强。

(六)风险防范建设情况。 一是开展无房租赁提取核查,逐步建立健全租赁提取业务监管长效机制,确保住房公积金资金安全。二是严格贯彻落实住房和城乡建设部《关于启用住房公积金电子化检查工具的通知》,结合最新要求和业务实际,调整系统建设需求,设计上海特色住房公积金风险防控系统。三是中心根据2019年底审计署对本市住房公积金提出的审计整改意见着手全面整改,主动延伸视角发掘问题,对住房公积金业务及系统开展自查工作,查漏补缺,织牢织密风险防控安全网。

(七)信息化建设情况。 一是新系统一期顺利上线运行,实现了向公积金归集、提取自主核算模式转变。系统实现与住房和城乡建设部结算平台的对接,2019年4月1日正式对外提供服务。系统上线后,总体运行平稳有序,完成了住房和城乡建设部归集、提取基础数据贯标工作,提升了公积金服务能级和资金管理风险防控能力,并同步建立健全自主核算模式下的运维体系。二是中心持续推进以贷款自主核算为重点的新系统二期建设,完成二期建设内容需求分析及主体开发工作,进入以测试为主的系统上线准备阶段。三是中心按照《住房和城乡建设部办公厅关于做好全国住房公积金数据平台接入工作的通知》(建办金函〔2019〕36号)要求,建立工作机制,制定工作方案,做好贷款委托机构数据报送工作部署。自9月1日起正式向住房和城乡建设部报送数据。

(八)荣誉获得情况。 2019年,中心及内设部门共获得省部级以上荣誉7项,分别为:中心荣获"2017—2018年度上海市文明单位"称号,上海住房公积金网站荣获"2017—2018年度上海市文明单位""2019年度中国政务网站领先奖""上海市优秀网站"称号,上海公积金双微获得"2019年度优秀政务新媒体"称号,党委办公室(组织人事处)荣获"上海市巾帼文明岗"称号,贷款管理处飞跃突击队荣获"2018年度上海市青年突击队"称号。

住房和城乡建设部公布的 2020 年住房公积金信息披露的指标解释口径：

1. 实缴单位数：指实际发生过 1 次（含）以上汇缴、补缴住房公积金的单位数。

2. 实缴职工人数：指实际发生过 1 次（含）以上汇缴、补缴住房公积金的职工人数。

3. 缴存额：指当年实际缴存的住房公积金金额（包括实际汇缴、补缴金额和结转利息）。

4. 缴存余额：指截至年末缴存总额（包括应付给职工的住房公积金结转利息）扣除累计提取额后的金额。

5. 新开户单位数：指新开立住房公积金账户（不含尚未缴存）的单位数。

6. 新开户人数：指新开立住房公积金账户（不含尚未缴存）的职工人数。

7. 净增单位数：指当年实际缴存单位数与上年实际缴存单位数的差额。

8. 净增职工人数：指当年实际缴存职工人数与上年实际缴存职工人数的差额。

9. 个人住房贷款市场占有率：指年末住房公积金个人住房贷款余额占当地商业性和住房公积金个人住房贷款余额总和的比率。

10. 个人住房贷款支持职工购建房面积：指利用住房公积金个人住房贷款（含组合贷款）支持职工购买（建造）住房的建筑面积。

11. 融资额：指当年为保证住房公积金资金运行所筹集的非住房公积金的各种资金金额，包括使用风险准备金、当地财政资金、其他住房资金、银行授信融资、个人住房贷款不出表的资产证券化融资、跨城市调剂资金等。

12. 住房贡献率：指当年个人住房贷款发放额、住房公积金贴息贷款发放额、项目贷款发放额、住房消费提取额的总和与当年缴存额的比率。

13. 住房公积金存款额：指年末住房公积金存放在银行的资金额，包括融资资金，不包括开发商保证金等不能用于提取、贷款的资金，不包括增值收益专户存款。

14. 增值收益率：指增值收益与月均缴存余额的比率。月均缴存余额指当年内各月末住房公积金累计缴存余额之和除以 12。

15. 个人住房贷款逾期额：指截至年末借款合同约定到期 3 个月（含）以上、6 个月（不含）以内应还未还贷款本金额与合同约定到期 6 个月（含）以上未归还贷款的本金余额之和。

16. 缴存、提取、贷款职工按收入水平分类：中、低收入是指收入低于上年当地社会平均工资 3 倍，高收入是指收入高于上年当地社会平均工资 3 倍（含）。

17. 发放住房公积金贴息贷款金额：指由商业银行向缴存职工发放的个人住房贷款金额（包括中心以存量的公积金贷款资产出表转为商业贷款的金额），商业贷款和住房公积金贷款利息之差由住房公积金管理中心承担，所发放的个人住房贷款未计入住房公积金缴存使用情况表。

18. 当年贴息额：指为以前年度发放和本年度发放的贴息贷款，在本年度内支付的贴息金额。

2019 全国住房公积金年度报告汇编

江苏省

南京
无锡市
徐州市
常州市
苏州市
南通市
连云港市
淮安市
盐城市
扬州市
镇江市
泰州市
宿迁市

江苏省住房公积金 2019 年年度报告

一、机构概况

（一）住房公积金管理机构

全省共设 13 个设区市住房公积金管理中心、9 个独立设置的分中心（其中：江苏省省级机关住房资金管理中心隶属江苏省机关事务管理局，江苏省监狱系统住房公积金管理部隶属江苏省监狱管理局，中国石化集团华东石油局住房公积金管理部隶属中国石化集团华东石油局，徐州矿务集团住房基金管理中心隶属徐州矿务集团有限公司，中国石化集团管道储运公司住房公积金管理中心隶属中国石化集团管道储运公司，大屯煤电（集团）有限责任公司住房公积金管理中心隶属大屯煤电（集团）有限责任公司，扬州市住房公积金管理中心仪化分中心隶属中国石化仪征化纤有限责任公司，江苏石油勘探局有限公司住房公积金管理中心隶属中国石化集团江苏石油勘探局有限公司，苏州工业园区社会保险基金和公积金管理中心隶属苏州工业园区管委会）。全省从业人员 1999 人（其中：在编 1161 人，非在编 838 人）。

（二）住房公积金监管机构

江苏省住房和城乡建设厅、财政厅和人民银行南京分行负责监督本省住房公积金管理运行情况。江苏省住房和城乡建设厅设立住房公积金监管处，负责本省住房公积金日常监管工作。

二、业务运行情况

（一）**缴存**：2019 年，新开户单位 68651 家，实缴单位 349211 家，净增单位 45045 家；新开户职工 210.66 万人，实缴职工 1357.12 万人，净增职工 35.54 万人；缴存额 2039.80 亿元，同比增长 14.61%。2019 年末，缴存总额 13832.86 亿元，比上年末增加 17.30%；缴存余额 4900.31 亿元，比上年末增加 12.90%。

（二）**提取**：2019 年，提取额 1480.08 亿元，同比增长 14.79%；占当年缴存额的 72.56%，比上年增加 0.11 个百分点。2019 年末，提取总额 8932.55 亿元，比上年末增加 19.86%。

（三）**贷款**：

1. 个人住房贷款。2019 年，发放个人住房贷款 28.40 万笔、1226.04 亿元，同比增长 19.21%、29.33%。回收个人住房贷款 605.60 亿元。

2019 年末，累计发放个人住房贷款 331.67 万笔、9128.35 亿元，贷款余额 4793.93 亿元，分别比上年末增加 9.36%、15.51%、14.87%。个人住房贷款余额占缴存余额的 97.83%，比上年末增加 1.68 个百分点。

2. 住房公积金支持保障性住房建设项目贷款。2019 年，回收项目贷款 1.08 亿元。2019 年末，累计发放项目贷款 10.583 亿元，项目贷款余额 0 亿元。

（四）**购买国债**：2019 年，国债余额 0.58 亿元。

（五）**融资**：2019 年，融资 166.97 亿元，归还 117.78 亿元。2019 年末，融资总额 738.71 亿元，融资余额 234.54 亿元。

（六）资金存储：2019年末，住房公积金存款436.49亿元。其中，活期7.26亿元，1年（含）以下定期138.38亿元，1年以上定期63.36亿元，其他（协定、通知存款等）227.49亿元。

（七）资金运用率：2019年末，住房公积金个人住房贷款余额、项目贷款余额和购买国债余额的总和占缴存余额的97.84%，比上年末增加1.65个百分点。

三、主要财务数据

（一）业务收入：2019年，业务收入1567974万元，同比增长14.33%。其中，存款利息118042万元，委托贷款利息1443678万元，国债利息510万元，其他5744万元。

（二）业务支出：2019年，业务支出903497万元，同比增长14.78%。其中，支付职工住房公积金利息726123万元，归集手续费49556万元，委托贷款手续费47609万元，其他80209万元。

（三）增值收益：2019年，增值收益664477万元，同比增长13.17%；增值收益率1.44%，比上年增加0.01个百分点。

（四）增值收益分配：2019年，提取贷款风险准备金298025万元，提取管理费用72245万元，提取城市廉租住房（公共租赁住房）建设补充资金298262万元。

2019年，上交财政管理费用67891万元，上缴财政城市廉租住房（公共租赁住房）建设补充资金216249万元。

2019年末，贷款风险准备金余额2383961万元，累计提取城市廉租住房（公共租赁住房）建设补充资金2323433万元。

（五）管理费用支出：2019年，管理费用支出63681万元，同比增长10.10%。其中，人员经费33543万元，公用经费5654万元，专项经费24484万元。

四、资产风险状况

（一）个人住房贷款：2019年末，个人住房贷款逾期额3172万元，逾期率0.07‰。

2019年，提取个人贷款风险准备金298025万元，使用个人贷款风险准备金核销呆坏账0万元。2019年末，个人贷款风险准备金余额2383408万元，占个人贷款余额的4.97%，个人贷款逾期额与个人贷款风险准备金余额的比率为0.13%。

（二）住房公积金支持保障性住房建设项目贷款：2019年末，逾期项目贷款0万元。2019年末，项目贷款风险准备金余额553.2万元。

五、社会经济效益

（一）缴存业务：2019年，实缴单位数、实缴职工人数和缴存额增长率分别为14.81%、2.69%和14.61%。

缴存单位中，国家机关和事业单位占11.44%，国有企业占3.30%，城镇集体企业占1.22%，外商投资企业占4.32%，城镇私营企业及其他城镇企业占68.89%，民办非企业单位和社会团体占2.00%，其他占8.83%。

缴存职工中，国家机关和事业单位占18.07%，国有企业占9.55%，城镇集体企业占1.38%，外商投资企业占16.54%，城镇私营企业及其他城镇企业占43.53%，民办非企业单位和社会团体占1.33%，其他占 9.6%；中、低收入占 97.24%，高收入占 2.76%。

新开户职工中，国家机关和事业单位占 6.05%，国有企业占 4.37%，城镇集体企业占 0.83%，外商投资企业占 19.16%，城镇私营企业及其他城镇企业占 56.77%，民办非企业单位和社会团体占 1.53%，其他占 11.29%；中、低收入占 99.44%，高收入占 0.56%。

（二）提取业务：2019 年，604.51 万名缴存职工提取住房公积金 1480.08 亿元。

提取金额中，住房消费提取占 83.48%（购买、建造、翻建、大修自住住房占 25.95%，偿还购房贷款本息占 54.28%，租赁住房占 3.16%，其他占 0.09%）；非住房消费提取占 16.52%（离休和退休提取占 10.19%，完全丧失劳动能力并与单位终止劳动关系提取占 1.49%，出境定居占 0.55%，其他占 4.29%）。

提取职工中，中、低收入占 96.69%，高收入占 3.31%。

（三）贷款业务：

1. 个人住房贷款。2019 年，支持职工购建房 2789.60 万平方米。年末个人住房贷款市场占有率（含公转商贴息贷款）为 13.22%，比上年末增加 0.47 个百分点。通过申请住房公积金个人住房贷款，可节约职工购房利息支出 2059061 万元。

职工贷款笔数中，购房建筑面积 90（含）平方米以下占 30.81%，90～144（含）平方米占 60.74%，144 平方米以上占 8.45%。购买新房占 57.42%（其中购买保障性住房占 0.43%），购买二手房占 42.38%，建造、翻建、大修自住住房占 0.03%，其他占 0.17%。

职工贷款笔数中，单缴存职工申请贷款占 35.27%，双缴存职工申请贷款占 63.22%，三人及以上缴存职工共同申请贷款占 1.51%。

贷款职工中，30 岁（含）以下占 37.87%，30 岁～40 岁（含）占 40.31%，40 岁～50 岁（含）占 18.18%，50 岁以上占 3.64%；首次申请贷款占 84.78%，二次及以上申请贷款占 15.04%；中、低收入占 95.42%，高收入占 4.58%。

2. 异地贷款。2019 年，发放异地贷款 4085 笔、175534 万元。2019 年末，发放异地贷款总额 532624 万元，异地贷款余额 413118 万元。

3. 公转商贴息贷款。2019 年，发放公转商贴息贷款 5438 笔、215568 万元，支持职工购建房面积 55.99 万平方米。当年贴息额 31236 万元。2019 年末，累计发放公转商贴息贷款 167497 笔、5772353 万元，累计贴息 181359 万元。

4. 住房公积金支持保障性住房建设项目贷款。2019 年末，全省有住房公积金试点城市 4 个，实施 4 个试点项目，试点项目可解决 12513 户中低收入职工家庭的住房问题。4 个试点项目贷款资金已发放并还清贷款本息。

（四）**住房贡献率**：2019 年，个人住房贷款发放额、公转商贴息贷款发放额、项目贷款发放额、住房消费提取额的总和与当年缴存额的比率为 121.74%，比上年增加 6.08 个百分点。

六、其他重要事项

（一）当年开展监督检查情况

（1）审计署派出审计组对全省 2018 年度和 2019 年 1 月至 9 月住房公积金归集管理使用以及相关政策

措施落实情况进行了审计,重点审计了南京市、扬州市,对重要事项进行了必要的延伸和追溯。

(2) 全面开展住房公积金电子稽查和评估,有效提升全省住房公积金规范管理、合规管治和风险管控水平,保障资金安全和政策落实。

(二) 当年服务改进情况

1. 积极推进长三角公积金一体化建设。 落实国家发展战略,探索住房公积金领域的长三角一体化发展路径,推进上海、江苏、浙江、安徽三省一市共同研究长三角住房公积金一体化战略合作模式,推动长三角区域内住房公积金开启业务联动、信息联动、服务联动新局面。全省住房公积金管理机构实现在长三角"一网通办"专窗系统开展住房公积金跨地区信息协查,积累了区域内住房公积金一体化发展有益经验。

2. 持续优化营商环境。 深化推进住房公积金缴存登记纳入"多证合一"工作,(实现) 推行住房公积金缴存业务全程网上办、"通缴通取"。

3. 持续提升服务水平。 全省住房公积金中心坚持党建引领服务、服务促进改革、改革惠及民生的原则,紧紧围绕"放管服"改革,通过线上服务、规范服务、公开服务等方式持续提升住房公积金服务水平。无锡市住房公积金管理中心深化"不见面审批服务",着力打造"互联网+公积金"模式,多形式、全方位开通服务渠道,积极推进线下向线上转移,个人网上业务替代率达到94%。连云港市住房公积金管理中心开展新一轮窗口6S规范化服务导入,实施对人规范化、对事流程化、对物规格化管理;常态化开展窗口服务督导检查,督促服务贯标各项要求落地生效。淮安市住房公积金管理中心打通堵点、去除痛点,推出住房公积金业务受理"全域办"等"四办"服务改革;围绕"不见面"服务,组织开发网上服务功能,与"江苏政务网"深度融合,实现单位汇缴8项业务"网厅办"、个人提取9项业务"不见面"。扬州市住房公积金管理中心出台优化公积金营商环境惠企利民18条措施。镇江市住房公积金管理中心严格执行"四制""三公开",即首问负责制、一次性告知制、限时办结制和责任追究制,做到办事流程公开、办事依据公开、办事时限公开,发放资料实现"一手清",回答问题"一口清",办事方式"一次清"。

4. 积极推进淮海经济区住房公积金一体化建设。 徐州市住房公积金管理中心联合连云港、宿迁以及安徽、山东、河南等淮海经济区共十个城市住房公积金管理中心,围绕区域一体化发展目标,共同推进区域内住房公积金缴存信息互享互认、住房公积金贷款异地互认互贷、住房公积金提取联查联防、住房公积金征信信息互通互用、住房公积金数据共享,实现业务协同。

(三) 当年信息化建设情况

(1) 全省住房公积金中心使用区块链技术接入全国住房公积金数据平台,实现住房公积金数据全国集中。

(2) 全面推进"智慧公积金"建设。全省住房公积金中心积极贯彻落实"互联网+政务服务"改革要求,以"智慧公积金"品牌建设为平台,全面促进住房公积金信息化能力建设。南京住房公积金管理中心采用最新技术手段重塑业务流程,建设移动端网上办事大厅;搭建8大公积金服务类型板块,利用共享信息基本实现个人线上业务全覆盖。徐州市住房公积金管理中心利用现代科技手段,全面提升互联网渠道公积金服务水平,将互联网、大数据、云计算、人工智能与公积金业务深度融合;推出微信小程序"手机住房宝"。常州市住房公积金管理中心优化"常州住房公积金"微信公众号和网上服务厅服务功能,拓宽第三方合作平台,合作开通线上住房公积金服务的第三方APP已达6个。苏州市住房公积金管理中心建成业务档案电子化系统;建设集电子化检测结果和内部风险防控一体化的审计稽核平台系统;公积金大数据决策分析系统、推出 APP 电子对账单；接入苏州市基层互联网＋政务服务平台和苏州市政务信息资源共享服务平台。扬州市住房公积金管理中心依托"大数据"和"人工智能"技术，发展"智能公积金"服务业务，扬州智能公积金评为全省信用工作创新项目，扬州公积金 APP 评为市民十佳口碑服务品牌。泰州市住房公积金管理中心打造统一安全保障体系。统一实施安全体系建设和网络安全等级保护工作，实现统一安全认证、统一数据标准、统一服务标准、一站式登录，有效保障各种服务渠道、防控系统及资金风险的安全。宿迁市住房公积金管理中心建成"智慧公积金"信息系统，业务、服务、管理三大平台全面上线运行；所有住房公积金业务实现线上"不见面"办理；开发银行电子回单交换系统，率先实现财务档案电子化；运用信息化手段对 43 个审批要素实施机控，全面防范各类业务风险。

（3）加快推进住房公积金档案电子化工作。按照实现档案工作对住房公积金管理"业务全嵌入、结果全记录、过程全监督、数据大服务"的要求，实施档案存量数字化、增量电子化、归档在线化、利用网络化、管理系统化"五化"举措，以档案信息化推进住房公积金管理规范化。南通市住房公积金管理中心实现综合业务管理系统与电子档案系统的双向交互，促进业务流程再造和精细化管理，提高了档案管理水平，方便了档案的复用、查阅和追溯。

（4）健全住房公积金综合服务平台，南京、盐城市住房公积金综合服务平台通过住房和城乡建设部验收。

（四）当年住房公积金机构及从业人员所获荣誉情况

（1）2019 年，江苏省住房公积金系统再次被评为省文明行业，全省 13 个城市中心全部被评为省文明单位。

（2）全省住房公积金系统获得：1 个国家级、25 个省部级、23 个地市级文明单位（行业、窗口）；2 个国家级、9 个省部级、3 个地市级青年文明号；11 个省部级、49 个地市级先进集体和个人；1 个省部级工人先锋号；1 个省部级、3 个地市级五一劳动奖章（劳动模范）；1 个省部级、1 个地市级三八红旗手；2 个国家级、21 个省部级、67 个地市级其他荣誉。

（五）其他需要披露的情况

（1）全省住房公积金系统积极开展扫黑除恶治理违规提取住房公积金活动。至 2019 年末，发现违规提取业务数量比扫黑除恶治理违规提取住房公积金活动之初下降 92.49％，成效显著。

（2）全省持续推进住房公积金领域信用体系建设。全省住房公积金系统积极加强事中、事后管理，强化"信用管理"建设，健全信用体系，进一步防范了住房公积金管理风险，营造了诚实守信的良好环境。

南京住房公积金 2019 年年度报告

一、机构概况

（一）**住房公积金管理委员会**：住房公积金管理委员会有 22 名委员，2019 年召开 1 次会议。审议通过的事项主要包括：南京住房公积金管理中心关于 2018 年全市住房公积金工作情况和 2019 年工作打算的报告，管委会成员调整增补建议，2018年住房公积金计划执行情况和2019年住房公积金计划安排建议，2018年住房公积金增值收益分配建议，南京住房公积金2018年年度报告，江苏省监狱管理局申请使用住房公积金增值收益资金等事项。

（二）**住房公积金管理中心**：南京住房公积金管理中心系南京市政府直属的不以营利为目的的公益一类事业单位，主要负责全市住房公积金的归集、使用和会计核算。目前，中心内设办公室、归集贷款管理处、资金计划处、信息管理处、财务处、审计处、客户服务处、稽查支队、机关党委（组织人事处）和纪律监督室；下设省级机关住房公积金管理分中心、江苏省监狱管理局住房公积金管理部、中国石化集团华东石油局住房公积金管理部、南京住房公积金管理中心铁路分中心4个行业性分支机构，城中分中心、江宁分中心、江北分中心、浦口分中心、六合分中心、溧水分中心、高淳分中心等7个区域性分支机构。从业人员234人，其中，在编142人，非在编92人。目前，7个区域性分支机构和南京住房公积金管理中心铁路分中心已纳入南京住房公积金管理中心统一管理。

二、业务运行情况

（一）**缴存**：2019年，新开户单位12156家，实缴单位58342家，净增单位10278家；新开户职工33.42万人，实缴职工253.28万人，净增职工15.03万人；缴存额468.73亿元，同比增长15.42%。

其中，南京中心本级实缴单位56187家，实缴职工224.24万人，缴存额371.09亿元；省级机关分中心实缴单位1971家，实缴职工20.73万人，缴存额71.83亿元；铁路分中心实缴单位148家，实缴职工6.62万人，缴存额19.99亿元；江苏省监狱管理局管理部实缴单位13家，实缴职工1.3万人，缴存额4.63亿元；华东石油局管理部实缴单位23家，实缴职工0.39万人，缴存额1.19亿元。

2019年末，缴存总额3221.36亿元，比上年末增加17.03%；缴存余额1218.89亿元，比上年末增加14.40%。

受委托办理住房公积金缴存业务的银行7家，较上年无变化。

（二）**提取**：2019年，提取额315.27亿元，同比增长15.23%；占当年缴存额的67.26%，比上年减少0.11%。2019年末，提取总额2002.47亿元，比上年末增加18.69%。

（三）**贷款**：

1. 个人住房贷款：个人住房贷款最高额度100万元，其中，单缴存职工最高额度50万元，双缴存职工最高额度100万元。

2019年，发放个人住房贷款5.94万笔、326.70亿元，同比分别增长31.71%、51.34%。其中，南京中心本级发放个人住房贷款5.13万笔、279.92亿元，省级机关分中心发放个人住房贷款0.56万笔、34.14亿元，铁路分中心发放个人住房贷款0.21万笔、10.91亿元，江苏省监狱管理局管理部发放个人住房贷款0.03万笔、1.24亿元，华东石油局管理部发放个人住房贷款0.01万笔、0.49亿元。

2019年，回收个人住房贷款130.34亿元。其中，南京中心本级107.78亿元，省级机关分中心15.24亿元，铁路分中心5.76亿元，江苏省监狱管理局管理部1.32亿元，华东石油局管理部0.24亿元。

2019年末，累计发放个人住房贷款71.24万笔、2150.93亿元，贷款余额1158.62亿元，分别比上年末增加9.11%、17.91%、20.40%。个人住房贷款余额占缴存余额的95.06%，比上年末增加 4.74%。

受委托办理住房公积金个人住房贷款业务的银行 21 家，较上年无变化。

2. 住房公积金支持保障性住房建设项目贷款：2019 年，发放支持保障性住房建设项目贷款 0 亿元，回收项目贷款 1.08 亿元。2019 年末，累计发放项目贷款 3 亿元，项目贷款余额 0 亿元。

（四）**购买国债**：2019 年未购买国债，国债余额为 0。

（五）**融资**：2019 年无融资。截至 2019 年末，累计融资总额 99.20 亿元，融资余额为 0。

（六）**资金存储**：2019 年末，住房公积金存款 115.46 亿元。其中，活期 0.11 亿元，1 年（含）以下定期 73.18 亿元，1 年以上定期 21.14 亿元，其他（协定、通知存款等）21.03 亿元。

南京中心本级住房公积金存款额 16.52 亿元（周转性定期存款）。其中，活期 0 亿元，1 年以内定期（含）8.3 亿元，1 年以上定期 0 亿元，其他（协议、协定、通知存款等）8.22 亿元。

省级机关分中心住房公积金存款额 79.56 亿元。其中，活期 0 元，1 年以内定期（含）50.26 亿元，1 年以上定期 19.74 亿元，其他（协议、协定、通知存款等）9.56 亿元。

铁路分中心住房公积金存款额 14.03 亿元。其中，活期 0 亿元，1 年以内定期（含）11.82 亿元，1 年以上定期 0 亿元，其他（协议、协定、通知存款等）2.21 亿元。

江苏省监狱管理局管理部住房公积金存款额 3.24 亿元。其中，活期 0.001 亿元，1 年以内定期（含）2.8 亿元，1 年以上定期 0 亿元，其他（协议、协定、通知存款等）0.44 亿元。

华东石油局管理部住房公积金存款额 2.11 亿元。其中，活期 0.11 亿元，1 年以内定期（含）0 亿元，1 年以上定期 1.4 亿元，其他（协议、协定、通知存款等）0.60 亿元。

（七）**资金运用率**：2019 年末，住房公积金个人住房贷款余额、项目贷款余额和购买国债余额的总和占缴存余额的 95.06%，比上年增加 4.64%。其中，南京中心本级资金运用率 103.02%。

三、主要财务数据

（一）**业务收入**：2019 年，业务收入 388631.08 万元，同比增长 17.89%。其中，南京中心 310576.73 万元，省级机关分中心 56172.03 万元，铁路分中心 17997.60 万元，省监狱系统管理部 2734.58 万元，华东石油局管理部 1150.14 万元。存款利息 46622.40 万元，委托贷款利息 341988.45 万元，国债利息 0.00 万元，其他 20.23 万元。

（二）**业务支出**：2019 年，业务支出 207136.38 万元，同比增长 16.90%。其中，南京中心 165657.57 万元，省级机关分中心 30297.68 万元，铁路分中心 9131.86 万元，省监狱系统管理部 1478.12 万元，华东石油局管理部 571.15 万元。支付职工住房公积金利息 179212.02 万元，归集手续费 14019.17 万元，委托贷款手续费 13905.16 万元，其他 0.03 万元。

（三）**增值收益**：2019 年，增值收益 181494.70 万元，同比增长 19.05%。其中，南京中心 144919.16 万元，省级机关分中心 25874.35 万元，铁路分中心 8865.74 万元，省监狱系统管理部 1256.46 万元，华东石油局管理部 578.99 万元。增值收益率 1.59%，比上年增长 0.06%。

（四）**增值收益分配**：2019 年，提取贷款风险准备金 94615.42 万元，提取管理费用 7793.58 万元，提取城市廉租住房（公共租赁住房）建设补充资金 79085.70 万元。2019 年上交财政 2018 年度管理费用 6734.06 万元。上缴财政城市廉租住房（公共租赁住房）建设补充资金 45131.99 万元，其中，南京中心上缴 43331.99 万元，省级机关分中心上缴 0.00 万元，铁路分中心上缴 0.00 万元，省监狱系统管理部上缴 1800.00 万元，华东石油局管理部上缴 0.00 万元。2019 年末，贷款风险准备金余额 736273.22 万元。累计提取公共租赁住房建设补充资金 624799.52 万元，其中，南京中心提取 418433.38 万元，省级机关分中心提取 179082.79 万元，铁路分中心提取 16190.71 万元，省监狱系统管理部提取 10910.92 万元，华东石油局管理部提取 181.72 万元。

（五）管理费用支出：2019 年，管理费用支出 7520.35 万元，同比减少 1.43%。其中，人员经费 4476.17 万元，公用经费 434.74 万元，专项经费 2609.44 万元。南京中心管理费用支出 5407.74 万元，其中，人员、公用、专项经费分别为 3440.99 万元、291.19 万元、1675.56 万元；省级机关分中心管理费用支出 1069.93 万元，其中，人员、公用、专项经费分别为 509.86 万元、81.87 万元、478.2 万元；铁路分中心管理费用支出 786.83 万元，其中，人员、公用、专项经费分别为 525.32 万元、27.68 万元、233.83 万元；省监狱系统管理部管理费用支出 169.00 万元，其中，人员、公用、专项经费分别为 0.00 万元、34.00 万元、135.00 万元；华东石油局管理部管理费用支出 86.85 万元，其中，人员、公用、专项经费分别为 0.00 万元、0.00 万元、86.85 万元。

四、资产风险状况

（一）个人住房贷款：2019 年末，个人住房贷款逾期额 1476.32 万元，逾期率 0.13‰。其中，南京中心本级 0.12‰，省级机关分中心 0.19‰，铁路分中心 0.056‰，江苏省监狱管理局管理部 0，华东石油局管理部 0。

根据财政部《住房公积金财务管理补充规定的通知》（财综字〔1999〕149 号）要求，按贷款余额的 1% 或增值收益的 60% 提取个人贷款风险准备金。2019 年，提取个人贷款风险准备金 94615.42 万元，未使用个人贷款风险准备金核销呆坏账。2019 年末，个人贷款风险准备金余额 736273.22 万元，占个人住房贷款余额的 6.35%，个人住房贷款逾期额与个人贷款风险准备金余额的比率为 0.2%。

（二）支持保障性住房建设试点项目贷款：2019 年末，无逾期项目贷款，未提取项目贷款风险准备金。

五、社会经济效益

（一）缴存业务：2019 年，实缴单位数、实缴职工人数和缴存额同比分别增长 18.63%、6.3% 和 15.42%。

缴存单位中，国家机关和事业单位占 7.20%，国有企业占 3.96%，城镇集体企业占 1.4%，外商投资企业占 2.56%，城镇私营企业及其他城镇企业占 78.11%，民办非企业单位和社会团体占 1.53%，其他占 5.24%。

缴存职工中，国家机关和事业单位占 15.20%，国有企业占 13.97%，城镇集体企业占 1.1%，外商投资企业占 8.15%，城镇私营企业及其他城镇企业占 55.07%，民办非企业单位和社会团体占 0.94%，其他占 5.57%；中、低收入占 94.6%，高收入占 5.4%。

新开户职工中，国家机关和事业单位占 6.38%，国有企业占 7.61%，城镇集体企业占 0.73%，外商

投资企业占 7.65%，城镇私营企业及其他城镇企业占 69.58%，民办非企业单位和社会团体占 1.74%，其他占 6.31%；中、低收入占 98.91%，高收入占 1.09%。

（二）**提取业务**：2019 年，117.32 万名缴存职工提取住房公积金 315.27 亿元。

提取金额中，住房消费提取占 84.99%（购买、建造、翻建、大修自住住房占 19.39%，偿还购房贷款本息占 53.19%，租赁住房占 12.23%，其他占 0.18%）；非住房消费提取占 15.01%（离休和退休提取占 11.86%，完全丧失劳动能力并与单位终止劳动关系提取占 0.02%，出境定居占 0.29%，其他占 2.84%）。

提取职工中，中、低收入占 94.49%，高收入占 5.51%。

（三）**贷款业务**：

1. 个人住房贷款：2019 年，支持职工购建房 544.92 万平方米，预计未来可节约职工购房利息支出南京中心本级 969906.31 万元，省级机关分中心 5633.01 万元。

职工贷款笔数中，购房建筑面积 90（含）平方米以下占 53.37%，90～144（含）平方米占 43.69%，144 平方米以上占 2.94%。购买新房占 38.91%（其中购买保障性住房占 0.17%），购买二手房占 61.08%，建造、翻建、大修自住住房占 0%，其他占 0.01%。

职工贷款笔数中，单缴存职工申请贷款占 48.26%，双缴存职工申请贷款占 51.74%，三人及以上缴存职工共同申请贷款占 0%。

贷款职工中，30 岁（含）以下占 54.18%，30 岁～40 岁（含）占 34.32%，40 岁～50 岁（含）占 9.61%，50 岁以上占 1.89%；首次申请贷款占 87.79%，第二次申请贷款占 12.21%；中、低收入占 95.79%，高收入占 4.21%。

2. 异地贷款：2019 年，铁路分中心发放异地贷款 36 笔、1979 万元。2019 年末，累计发放异地贷款总额 8618 万元，异地贷款余额 1944 万元。

3. 公转商贴息贷款：2019 年未发放公转商贴息贷款。

4. 支持保障性住房建设试点项目贷款：2019 年末，累计试点项目 1 个，贷款额度 3 亿元，建筑面积 19.61 万平方米，可解决 3534 户中低收入职工家庭的住房问题。1 个试点项目贷款资金已发放并还清贷款本息。

（四）**住房贡献率**：2019 年，个人住房贷款发放额、公转商贴息贷款发放额、住房消费提取额的总和与当年缴存额的比率为 126.86%，比上年增加 18.71 个百分点。

六、其他重要事项

（一）当年机构调整情况。为了"做专管理、做强服务"，实行"管服分离"，进一步提升效能，将原在信息管理处挂牌的客户服务处单独设立，加强对客户服务的管理；成立城中分中心，承担原归集管理处和贷款管理处的业务审批和窗口服务职能；成立归集贷款管理处，承担原归集管理处和贷款管理处的业务管理职能；成立江北分中心，满足江北新区单位和职工住房公积金服务需要。

（二）当年住房公积金政策调整及执行情况。调整了年度缴存基数。2019 年度缴存基数为 2018 年度职工个人月平均工资，最高不超过市统计局公布的南京市 2018 年在岗职工月人均工资的 3 倍（27700 元），最低不低于南京市 2018 年最低工资标准（2020 元）。

（三）当年服务改进情况。

1. 提升服务技能。 对分中心和 42 个承办银行服务窗口开展服务巡查，并督促整改。邀请专家对中心服务窗口工作人员进行 2 场服务规范和服务技能专项培训；组织 7 家归集业务承办银行 140 名柜面人员开展提取审核和业务操作培训；对 500 家缴存单位开展 20 场网上营业厅业务操作培训；联合社保对全市 2500 家单位开展 90 场业务操作培训；组织 21 家公积金贷款业务承办银行开展 8 场贷款政策业务培训。

2. 优化服务流程。 进一步简化业务办理手续，取消了组织机构代码证、基本账户《开户许可证》、上级主管部门批文等办事材料；明确 5%～12% 之间的缴存比例调整缴存单位自主办理，无需中心审批；郊区二手房贷款审批实施无纸化审批；取消二手房有抵押不能申请贷款的限制；签订逐月提取公积金归还商贷协议实现一站式办结；缴存、开销户、缴存比例调整、转移业务已全面实现网上办理。

3. 提供多渠道咨询服务。 优化"12329"服务热线功能，对"12329"公积金服务热线的导航菜单、自助语音内容进行升级；全年"12329"电话接听 51.3 万个，网络回复、互动交流 5.2 万人次；截至 2019 年 12 月底，微信公众号访问量 128.8 万人次，手机 APP 访问量 987.5 万人次，门户网站访问量 153.8 万人次；全年办结"12345"转办工单 7620 件，在南京市机关作风和行业作风建设满意度评议活动中，列第四组 15 个有对应成绩部门（单位）的第 1 位；办结和谐信访系统转办信访件 36 件，建议提案 2 件。

（四）当年信息化建设情况。

1. 推进"智慧公积金"建设，完善综合服务平台。 采用最新技术手段重塑业务流程，建设移动端网上办事大厅。搭建 8 大公积金服务类型板块，包括个人账户查询、提取业务、转移业务、贷款业务、还贷业务、证明材料办理、便民服务和微客服，利用共享信息基本实现个人线上业务全覆盖，进一步与省市政务平台对接。业务办理从"5×8"柜面服务转变为"7×24"全天候服务。综合服务平台顺利通过住房和城乡建设部和江苏省住房和城乡建设厅专家组验收，并在全省率先被评定为"优秀"等次。

2. 推进信息共享平台建设。 实现与房产、不动产、社保、民政、公安、税务、市场监督管理、残联、商业银行等部门的信息共享，实现智能审核，减少业务办理所需材料，公积金提取"全程在线办理、资金一日到账"。

3. 顺利对接住房和城乡建设部全国住房公积金数据平台。 按期对接全国住房公积金数据平台，确保数据及时上传更新，为实现个人公积金信息全国通查、个税抵扣核查提供数据支撑。

4. 提升系统风险防控能力。 健全系统安全管理制度，严格落实《信息系统数据库权限及操作管理规定》，制定《住房公积金信息系统技术外包管理办法》；提升安全管理水平，优化完善系统监控平台，定期开展网络安全巡检和专项检查；加强系统运维审计，规范数据操作和运维管理流程，确保数据安全和操作安全。

（五）当年住房公积金管理中心及职工所获荣誉情况。 南京住房公积金管理中心本级被江苏省精神文明建设指导委员会评为江苏省文明单位；被南京市精神文明建设指导委员会评为南京市文明单位；贷款管理处被江苏省住房和城乡建设厅评为江苏省住建系统优质服务窗口；机关党委被中共南京市委市级机关工作委员会评为市级机关先进基层党组织；陆旋、董登峰 2 名同志被中共南京市委评为市机关作风建设先进个人；吕雪辉、肖昕昕 2 名同志被中共南京市委办公厅评为 12345 政务热线先进个人；王一峰同志被中共南京市委市级机关工作委员会评为市级机关优秀党务工作者；沈波同志被江苏省建设工会工作委员会评为江苏省住建系统优秀工会工作者。

省级机关住房公积金管理分中心被省级机关工委评为"2019年度服务高质量发展标兵党支部";被省政务服务管理办公室评为2019年度省政务服务中心"红旗窗口";被省住房城乡建设厅、共青团江苏省委评为2017—2018年度全省住房城乡建设系统江苏省青年文明号;柏雪、史培岭、孙文静3名同志被省政务服务管理办公室评为2019年度省政务服务中心先进个人。

(六)当年对违反《住房公积金管理条例》和相关法规行为进行行政处罚和申请人民法院强制执行情况。 2019年中心对15家单位不缴或少缴住房公积金违规行为,向南京市玄武区人民法院申请强制执行。

(1)对申请法院强制执行的南京某电子有限公司、南京某医疗用品有限公司、南京某人力资源有限公司(2家)、江苏某人力资源服务有限责任公司5家单位,法院均做出准予执行行政决定裁定,现已执行完毕。

(2)对申请法院强制执行的某(南京)数控磨床有限公司、江苏某职业培训学校、某电气集团有限公司、某区某社区居民之家、江苏某置业顾问有限公司、南京某保健制品厂、南京某人力资源有限公司、南京某人力资源开发服务有限公司、某区区级机关事务管理服务中心、上海某投资管理有限公司南京分公司10家单位,法院仍在执行中。

附件:住房公积金相关指标解释口径。

住房公积金相关指标解释口径

1. 新开户单位数:指新开立住房公积金账户(不含尚未缴存)的单位数。

2. 实缴单位数:指实际发生过1次(含)以上汇缴、补缴住房公积金的单位数。

3. 新开户人数:指新开立住房公积金账户(不含尚未缴存)的职工人数。

4. 实缴职工人数:指实际发生过1次(含)以上汇缴、补缴住房公积金的职工人数。

5. 缴存额:指当年实际缴存的住房公积金金额(包括实际汇缴、补缴金额和结转利息)。

6. 缴存总额:指截至年末住房公积金的累计缴存金额。

7. 缴存余额:指截至年末缴存总额(包括应付给职工的住房公积金结转利息)扣除累计提取额后的金额。

8. 融资总额:指截至年末累计为保证住房公积金资金运行所筹集的非住房公积金的各种资金金额。

9. 管理费用支出:指公积金中心实际支出的管理费用金额,包括人员经费、公用经费和专项经费。

人员经费:包括公积金中心工作人员的基本工资、补助工资、职工福利费、社会保障费、住房公积金、助学金等。

公用经费:包括公积金中心的公务费、业务费、设备购置费、修缮费和其他费用。

专项经费:指经财政部门批准的用于指定项目和用途,并要求单独核算的资金。

10. 个人住房贷款逾期额:指截至年末借款合同约定到期3个月(含)以上、6个月(不含)以内应还未还贷款本金额与合同约定到期6个月(含)以上未归还贷款的本金余额之和。

11. 个人住房贷款逾期率:指个人住房贷款逾期额占个人住房贷款余额的比率。

12. 缴存、提取、贷款职工按收入水平分类:中、低收入是指收入低于上年当地社会平均工资3倍,高收入是指收入高于上年当地社会平均工资3倍(含)。

13. 当年提取人数：对年度内发生过住房公积金提取业务的缴存职工人数。同一职工因相同原因多次提取的，记为一个提取人数，同一职工因不同原因提取的，分别计算人数。

14. 个人住房贷款市场占有率：指年末住房公积金个人住房贷款余额占当地商业性和住房公积金个人住房贷款余额总和的比率。

15. 可节约职工购房利息支出金额：指当年获得住房公积金个人住房贷款的职工在整个贷款期内所需支付贷款利息总额与申请商业性个人住房贷款所需支付贷款利息总额的差额。商业性个人住房贷款利率按基准利率计算。

无锡市住房公积金2019年年度报告

一、机构概况

（一）住房公积金管理委员会：住房公积金管理委员会有25名委员，2019年召开2次会议，审议通过的事项主要包括：《无锡市住房公积金2018年年度报告》《无锡市2018年住房公积金财务收支计划执行情况和2019年住房公积金财务收支计划》《市住房公积金管理中心关于使用银行流动性贷款缓解公积金贷款资金紧张的请示》《关于进一步规范和改进我市住房公积金政策的意见》《关于无锡市住房公积金管理中心融资规模的请示》。

（二）住房公积金管理中心：住房公积金管理中心为直属于无锡市市政府不以营利为目的的独立全民事业单位，内设9个部室，下设5个分支机构。从业人员170人，其中，在编82人，非在编88人。

二、业务运行情况

（一）缴存：2019年，新开户单位16173家，实缴单位65622家，净增单位13191家；新开户职工26.24万人，实缴职工169.53万人，净增职工11.01万人；缴存额225.08亿元，同比增长12.86%。2019年末，缴存总额1569.77亿元，比上年末增加16.74%；缴存余额589.51亿元，比上年末增加10.35%。

受委托办理住房公积金缴存业务的银行8家，与上年相比无增减。

（二）提取：2019年，提取额169.81亿元，同比增长19.91%；占当年缴存额的75.44%，比上年增加4.43个百分点。2019年末，提取总额980.26亿元，比上年末增加20.95%。

（三）贷款：

1. 个人住房贷款：个人住房贷款最高额度60万元，其中，单缴存职工最高额度30万元，双缴存职工最高额度60万元。

2019年，发放个人住房贷款4.67万笔、235.72亿元，同比分别增长25.88%、49.02%。其中，市中心发放个人住房贷款2.8万笔、144.38亿元，江阴分中心发放个人住房贷款0.76万笔、35.54亿元，宜兴分中心发放个人住房贷款0.46万笔、22.26亿元，锡山分中心发放个人住房贷款0.36万笔、19.17

亿元，惠山分中心发放个人住房贷款 0.29 万笔、14.37 亿元。

2019 年，回收个人住房贷款 80.25 亿元。其中，市中心 49.05 亿元，江阴分中心 13.76 亿元，宜兴分中心 6.32 亿元，锡山分中心 5.94 亿元，惠山分中心 5.18 亿元。

2019 年末，累计发放个人住房贷款 39.18 万笔、1253.42 亿元，贷款余额 684.11 亿元，分别比上年末增加 13.53%、23.16%、29.41%。个人住房贷款余额占缴存余额的 116.05%，比上年末增加 17.1 个百分点。

受委托办理住房公积金个人住房贷款业务的银行 14 家，与上年相比无增减。

2. 住房公积金支持保障性住房建设项目贷款：2019 年，未发放支持保障性住房建设项目贷款，回收项目贷款 0 亿元。2019 年末，累计发放项目贷款 3 亿元，项目贷款余额 0 亿元。

（四）**融资**：2019 年，融资 90 亿元，归还 0 亿元。2019 年末，融资总额 90 亿元，融资余额 90 亿元。

（五）**资金存储**：2019 年末，住房公积金存款 37.67 亿元。其中，活期 0.05 亿元，1 年（含）以下定期 1.69 亿元，1 年以上定期 0 亿元，其他（协定、通知存款等）35.93 亿元。

（六）**资金运用率**：2019 年末，住房公积金个人住房贷款余额、项目贷款余额和购买国债余额的总和占缴存余额的 116.05%，比上年末增加 17.1 个百分点。

三、主要财务数据

（一）**业务收入**：2019 年，业务收入 204350.12 万元，同比增长 21.75%。其中，市中心 122905.76 万元，江阴分中心 33470.31 万元，宜兴分中心 18844.48 万元，锡山分中心 16097.30 万元，惠山分中心 13032.27 万元；存款利息 6705.23 万元，委托贷款利息 193197.86 万元，国债利息 0 万元，其他 4447.03 万元。

（二）**业务支出**：2019 年，业务支出 120188.78 万元，同比增长 33.42%。其中，市中心 74183.26 万元，江阴分中心 18335.24 万元，宜兴分中心 10434.98 万元，锡山分中心 9770.23 万元，惠山分中心 7465.07 万元；支付职工住房公积金利息 85380.86 万元，归集手续费 3322.85 万元，委托贷款手续费 6711.66 万元，其他 24773.41 万元。

（三）**增值收益**：2019 年，增值收益 84161.34 万元，同比增长 8.23%。其中，市中心 48722.5 万元，江阴分中心 15135.07 万元，宜兴分中心 8409.5 万元，锡山分中心 6327.07 万元，惠山分中心 5567.2 万元；增值收益率 1.48%，比上年减少 0.04 个百分点。

（四）**增值收益分配**：2019 年，提取贷款风险准备金 50496.8 万元，提取管理费用 6482.56 万元，提取城市廉租住房（公共租赁住房）建设补充资金 27181.98 万元。

2019 年，上交财政管理费用 6482.56 万元。上缴财政城市廉租住房（公共租赁住房）建设补充资金 25450.33 万元。其中，市中心上缴 15050.33 万元，江阴分中心上缴 5017.52 万元，宜兴分中心上缴 2101.54 万元，锡山分中心上缴 1897.76 万元，惠山分中心上缴 1383.18 万元。

2019 年末，贷款风险准备金余额 340409.38 万元。累计提取城市廉租住房（公共租赁住房）建设补充资金 285699.83 万元。其中，市中心提取 181258.61 万元，江阴分中心提取 53904.68 万元，宜兴分中心提取 23387.18 万元，锡山分中心提取 14222.14 万元，惠山分中心提取 12927.22 万元。

（五）**管理费用支出**：2019 年，管理费用支出 6127.33 万元，同比增长 16.87%。其中，人员经费

2970.65万元，公用经费1839.76万元，专项经费1316.92万元。

市中心管理费用支出3649.03万元，其中，人员、公用、专项经费分别为1577.08万元、826.94万元、1245.01万元；江阴分中心管理费用支出702.01万元，其中，人员、公用、专项经费分别为496.36万元、168.42万元、37.23万元；宜兴分中心管理费用支出726.64万元，其中，人员、公用、专项经费分别为423.17万元、281.92万元、21.55万元；锡山分中心管理费用支出518.05万元，其中，人员、公用、专项经费分别为223.26万元、281.66万元、13.13万元；惠山分中心管理费用支出531.6万元，其中，人员、公用、专项经费分别为250.78万元、280.82万元、0万元。

四、资产风险状况

个人住房贷款：2019年末，个人住房贷款逾期额2.93万元，逾期率0.00042‰。其中，营业部0.00018‰，锡山分中心0.00016‰，惠山分中心0.00008‰。

个人贷款风险准备金按增值收益的60%提取。2019年，提取个人贷款风险准备金50496.8万元，使用个人贷款风险准备金核销呆坏账0万元。2019年末，个人贷款风险准备金余额340409.38万元，占个人住房贷款余额的4.98%，个人住房贷款逾期额与个人贷款风险准备金余额的比率为0%。

五、社会经济效益

（一）**缴存业务**：2019年，实缴单位数、实缴职工人数和缴存额同比分别增长25.16%、6.95%和12.86%。

缴存单位中，国家机关和事业单位占3.71%，国有企业占2.03%，城镇集体企业占1.97%，外商投资企业占3.76%，城镇私营企业及其他城镇企业占83.97%，民办非企业单位和社会团体占1.08%，其他占3.48%。

缴存职工中，国家机关和事业单位占10.2%，国有企业占7.96%，城镇集体企业占3.32%，外商投资企业占20.52%，城镇私营企业及其他城镇企业占54.71%，民办非企业单位和社会团体占1.01%，其他占2.28%；中、低收入占97.68%，高收入占2.32%。

新开户职工中，国家机关和事业单位占2.4%，国有企业占4.35%，城镇集体企业占2.52%，外商投资企业占17.13%，城镇私营企业及其他城镇企业占69.06%，民办非企业单位和社会团体占1.28%，其他占3.26%；中、低收入占99.51%，高收入占0.49%。

（二）**提取业务**：2019年，55.39万名缴存职工提取住房公积金169.81亿元。

提取金额中，住房消费提取占86.16%（购买、建造、翻建、大修自住住房占38.25%，偿还购房贷款本息占42.97%，租赁住房占4.94%，其他占0%）；非住房消费提取占13.84%（离休和退休提取占7.65%，完全丧失劳动能力并与单位终止劳动关系提取占5.66%，出境定居占0.23%，其他占0.3%）。

提取职工中，中、低收入占97.43%，高收入占2.57%。

（三）**贷款业务**：

1.个人住房贷款：2019年，支持职工购建房518.37万平方米，年末个人住房贷款市场占有率为21.34%，比上年末增加1.44个百分点。通过申请住房公积金个人住房贷款，可节约职工购房利息支出767385.71万元。

职工贷款笔数中，购房建筑面积 90（含）平方米以下占 33.17%，90～144（含）平方米占 55.96%，144 平方米以上占 10.87%。购买新房占 66.92%（其中购买保障性住房占 1.87%），购买二手房占 33.08%，建造、翻建、大修自住住房占 0%，其他占 0%。

职工贷款笔数中，单缴存职工申请贷款占 19.46%，双缴存职工申请贷款占 80.54%，三人及以上缴存职工共同申请贷款占 0%。

贷款职工中，30 岁（含）以下占 32.75%，30 岁～40 岁（含）占 41.43%，40 岁～50 岁（含）占 21.77%，50 岁以上占 4.05%；首次申请贷款占 80.28%，二次及以上申请贷款占 19.72%；中、低收入占 93.27%，高收入占 6.73%。

2. 异地贷款：2019 年，发放异地贷款 1487 笔、82717.2 万元。2019 年末，发放异地贷款总额 164697.8 万元，异地贷款余额 155725.33 万元。

3. 公转商贴息贷款：2019 年，发放公转商贴息贷款 0 笔、0 万元，支持职工购建住房面积 0 万平方米，当年贴息额 3.63 万元。2019 年末，累计发放公转商贴息贷款 3131 笔、79629.3 万元，累计贴息 1855 万元。

4. 支持保障性住房建设试点项目贷款：2019 年末，累计试点项目 1 个，贷款额度 3 亿元，建筑面积 6.35 万平方米，可解决 3973 户中低收入职工家庭的住房问题。1 个试点项目贷款资金已发放并还清贷款本息。

（四）住房贡献率：2019 年，个人住房贷款发放额、公转商贴息贷款发放额、项目贷款发放额、住房消费提取额的总和与当年缴存额的比率为 169.73%，比上年增加 30.4 个百分点。

六、其他重要事项

（一）当年机构及职能调整情况、受委托办理缴存贷款业务金融机构变更情况。

1. 当年中心内设机构及职能调整情况

2019 年，中心撤销党群工作部（纪检监察室），增设内设机构纪检监察室，纪检监察室主要职责是：监督检查中心各党支部贯彻党的路线、方针、政策和决议以及上级部门各项决策部署的执行情况；监督检查中心各党支部、党员遵守党的纪律、党内法规、法律法规及中央八项规定精神、省市委十项规定精神和中心党总支实施办法情况；根据市纪委有关要求、中心党总支的布置及管理权限，认真查处各党支部、党员违反党章党纪党规及中心全体员工违反本行业规定以及上级部门和中心有关规定的行为；做好纪检监察信访及信件调查、答复及报备工作，办理上级纪委监委交办信件，受理对党员干部违反党纪党规问题的揭发、检举及违纪案件的有关调查处理，受理党员、监察对象不服纪律处分的申诉；监督检查上级和中心党总支、行政各项重大决策部署、重要事项、重点工作贯彻落实情况，对落实重要领域、重要岗位廉政风险防控及有关工作报备制度进行检查；拟订中心党风廉政建设工作计划并组织实施，拟订中心预防治理腐败工作计划及措施，组织开展中心党员干部廉政教育和反腐倡廉宣传工作，检查各党支部的党风廉政建设工作、领导干部廉洁自律工作；负责抓好中心作风效能、行风建设相关工作的落实，督促有关业务部门妥善处理群众反映的热点、难点问题，切实纠正行业不正之风。

办公室增挂组织人事部牌子，不再保留人力资源部牌子，组织人事部主要职责是：督促指导各基层党组织的政治建设、思想建设、组织建设，负责做好党员的教育管理和发展党员工作；负责贯彻落实上级有关组织人事方面的方针、政策，制定工作目标、计划、措施，并组织实施；负责中心人事、编制、工资福利、考勤、教育培训等工作；负责干部职工的培养、考察、交流、年度考核、奖惩及职务任免等工作；负责专业技术人员技术职称的评定、报批及管理工作；负责中心退休人员工作；做好中心工青妇等群团工作。

2. 当年受委托办理缴存贷款业务金融机构变更情况

2019年，本市承办缴存业务金融机构无变化。

（二）当年住房公积金政策调整及执行情况

1. 当年缴存基数限额及确定方法、缴存比例调整情况

根据无锡市住房公积金管理委员会批复意见调整住房公积金缴存基数。2019年7月起，根据上一年度全市城镇非私营单位在岗职工平均工资的3倍确定当年缴存基数上限为23100元，缴存基数下限按上年度最低工资标准2020元执行。

国家机关、各类事业单位，单位与职工缴存比例为各12%；各类企业、民办非企业单位、社会团体及其他单位，单位与职工缴存比例一致，由单位在5%～12%之间自行确定。

上一年度为亏损的企业，经本企业职工代表大会或工会讨论通过，可向住房公积金管理中心申请缓缴住房公积金。缓缴住房公积金的企业，待经济效益好转后，应补缴缓缴部分。企业缓缴住房公积金的期限不得超过一年。超过一年需继续缓缴的，应提前1个月至住房公积金管理中心重新办理申请手续。

2. 当年提取政策调整情况

2019年，中心共调整提取业务政策4项，具体如下：

（1）2019年4月2日起，职工申请办理购买自住住房、偿还购买、建造、大修住房贷款本息提取住房公积金业务时，产权人子女的配偶可参照直系亲属提取住房公积金。

（2）2019年10月1日起，职工在无锡市行政区域（包括江阴、宜兴）以外购买自住住房的，房屋所在地非产权人本人、配偶及其直系亲属户籍地或住房公积金缴存地的，不得办理住房公积金购房提取及还贷提取。

（3）2019年10月1日起，同一套住房办理公积金购房提取后12个月内，如再次发生交易行为的，不得再次办理公积金购房提取。

（4）2019年10月1日起，非配偶、非直系亲属共同购房的，仅限其中一方产权人、配偶及其直系亲属办理公积金购房提取业务。

3. 当年个人住房贷款最高贷款额度、贷款条件等贷款政策调整情况

2019年，中心共调整贷款政策6项，具体如下：

（1）2019年4月2日起，无锡市行政区域以外城市缴存住房公积金的职工，夫妻双方有一方为无锡市户籍，在无锡市购买自住住房时，持缴存地公积金管理中心出具的《异地贷款职工住房公积金缴存使用证明》，可向无锡市住房公积金管理中心申请办理住房公积金贷款。

（2）2019年10月1日起，住房公积金贷款发放对象认定标准由"认贷不认房"调整为"认房又认贷"。购买首套自住住房和第二套自住住房的缴存职工家庭可申请住房公积金贷款，停止向购买第三套及以上住房的缴存职工家庭发放住房公积金贷款。

"首套自住住房"指职工家庭名下无住房公积金贷款记录，且在本市无住房的情况下所购买的自住住房。

"第二套自住住房"指职工家庭在下列三种情形下购买的自住住房：

① 职工家庭名下仅有一笔住房公积金贷款记录，且在本市无住房；

② 职工家庭名下仅有一套住房，且在本市无住房公积金贷款记录；

③ 职工家庭名下仅有一笔住房公积金贷款记录且在本市仅有一套住房，该笔贷款购买的自住住房与本市仅有的一套住房为同一套住房。

"职工家庭"包括借款申请人、配偶及其未成年子女。

（3）2019年10月1日起，职工家庭申请公积金贷款时，借款申请人本人符合公积金贷款条件的，最高贷款额度调整为30万元；借款申请人及配偶均符合公积金贷款条件的，最高贷款额度调整为60万元。

（4）2019年10月1日起，实行贷款额度与借款申请人公积金缴存年限、缴存余额挂钩：

① 职工按时、足额缴存住房公积金累计未满24个月的，贷款额度按缴存余额的5倍计算；

② 职工按时、足额缴存住房公积金累计满24个月但未满36个月的，贷款额度按缴存余额的7倍计算；

③ 职工按时、足额缴存住房公积金累计满36个月的，贷款额度按缴存余额的10倍计算。

借款申请人配偶符合公积金贷款条件并共同申请贷款的，贷款额度为借款申请人及其配偶公积金缴存余额乘以各自缴存公积金年限对应的倍数之和。

符合公积金贷款条件的借款申请人，其配偶为现役军人的，贷款额度放宽至前述借款申请人贷款额度的2倍计算。

低收入家庭购买经济适用房的贷款额度，可不与借款申请人公积金缴存年限、缴存余额关联，但仍应符合其他贷款额度限额标准。

（5）2019年10月1日起，实行贷款额度与借款申请人还款能力挂钩。根据贷款额度、年限计算得出的每月还款额（按等额本息还款法计算的本金和利息）不超过借款申请人及其配偶月收入的60%。月收入按借款申请人及其配偶申请贷款前最近一个月的公积金缴存基数推算。

符合公积金贷款条件的借款申请人，其配偶为现役军人的，月收入可放宽至借款申请人缴存基数的2倍计算。

（6）职工家庭购买建筑面积在90平方米（含）以下首套自住住房且借款申请人缴存住房公积金年限满足下列条件的，贷款额度可不与公积金缴存余额关联，但仍应符合其他贷款额度限额标准。

① 职工按时、足额缴存住房公积金累计未满24个月的，贷款额度可按最高贷款额度的50%计算；

② 职工按时、足额缴存住房公积金累计满24个月但未满36个月的，贷款额度可按最高贷款额度的70%计算；

③ 职工按时、足额缴存住房公积金累计满36个月的，贷款额度可按最高贷款额度计算。

借款申请人配偶符合公积金贷款条件并共同申请贷款的，贷款额度为借款申请人及其配偶公积金最高贷款额度乘以各自公积金缴存年限对应的比例之和。

4. 当年住房公积金存贷款利率调整及执行情况

2019年，职工住房公积金账户存款利率继续按照《中国人民银行　住房和城乡建设部　财政部关于完善职工住房公积金账户存款利率形成机制的通知》（银发〔2016〕43号）规定，按照一年期定期存款基准利率执行。

住房公积金贷款利率继续按照《中国人民银行关于下调金融机构人民币贷款及存款基准利率并进一步推进利率市场化改革的通知》（银发〔2015〕325号）规定执行，五年期以下（含五年）住房公积金个人住房贷款利率为2.75%；五年期以上住房公积金个人住房贷款利率为3.25%。

（三）当年服务改进情况。

1. 综合服务平台有效运行。中心着力打造"互联网＋公积金"模式，多形式、全方位开通服务渠道，目前已形成集"12329"客服热线、免费短信、门户网站、网上营业厅、微信公众号于一体的服务体系。2019年，"12329"客服热线提供人工及自助语音服务66.93万个，满意率99.94%；上半年起，中心将77万缴存职工的免费短信通知切换为微信提醒推送，节约了中心运行成本；中心门户网站发布各类信息457条，受理网上在线咨询3154件，答复及时率100%；网上营业厅签约单位达6.47万家，占应缴单位数的91%，不见面归集率达98%；"无锡公积金"微信公众号关注人数已突破149万，发送推文45次58篇，目前可在线办理退休提取、解除或终止劳动关系提取、租房提取、购房提取、委托还贷签解约，全年微信端办理个人业务33.5万笔，个人网上业务替代率达到94%，进一步深化了"不见面审批服务"改革。

2. 视频监控系统升级改造。中心对5个分支机构营业大厅的音视频系统进行升级改造，提高了视频的清晰度，增强了音频的监控，进一步提高监管力度，规范和提升工作人员服务质量，提升中心服务形象。

3. 信息资源深度互联。一是根据江苏政务服务网建设要求，中心加强与市政务服务中心信息互联，在江苏政务APP上开通退休提取业务。二是完善了与大数据局民政婚姻信息、与房屋交易中心房产交易备案合同信息等的查询接口，将查询省级民政婚姻信息、房产交易备案合同信息等嵌入购房提取和租房提取业务中，完善了婚姻、房产交易等情况的查询功能，进一步提升了提取业务的风控水平。三是强化信息协同业务，全年配合协查江浙沪三地信息242笔，防范骗提骗贷行为；采集上报市信用办数据1.6亿余条，入库率、完整率100%，积极推进我市信用体系建设。四是进一步加强与银行的信息共享，扩大与银行的合作广度，新增平安银行1家银行开展公积金信用贷款业务。

（四）当年信息化建设情况。

2019年8月顺利完成中心公积金贷款新系统上线工作，并通过系统功能检验。该系统的上线，改变了原来公积金贷款委托商业银行结算的情况，对中心贷款业务流程进行精细化改造，有效的提升贷款审批、放贷、收贷的处理效率；通过数据共享，获取其他部门即时数据进行校验，以大数据手段控制业务风险、廉政风险，进一步加强了中心对公积金贷款审批、发放的规范化管理。

2019年中心根据住房和城乡建设部住房公积金资金管理规范的通知要求，对中心财务系统进行升级改造。中心确定了精简财务科目层级，实现财务多维核算的总体改造，实现中心财务管理由账套管理到科目管理的转变，提升了财务管理的规范化、通过层级的精简提高了财务管理的效率。

2019年中心对信息系统进行升级加固，主要包括二台小型机更换、指纹认证系统上线等内容。2019年中心按照等级保护2.0标准对住房公积金管理信息系统、微信公众号系统进行测评。三级公积金管理信息系统测评得分81.20，二级微信公众号系统测评得分82.76。中心连续五年获得无锡市等保办优秀单位称号。

（五）当年住房公积金管理中心及职工所获荣誉情况。

2019年，中心全体员工凝心聚力，立足岗位，砥砺奋进，各项工作得到了广泛认可，收获了一系列荣誉。

中心被评为 2016—2018 年度江苏省文明单位；

中心营业大厅继续确认为全省住房城乡建设系统省级青年文明号；

营业部窗口被评为 2018 年度江苏省住房城乡建设系统窗口单位优质服务竞赛优质服务窗口；

营业部业务一科综合业务岗被评为 2018 年度江苏省巾帼文明岗；

锡山分中心分工会被评为 2018 年度江苏省住房和城乡建设系统模范职工小家；

中心被评为 2018 年度全市政务服务突出贡献单位；

中心被评为 2018 年度无锡市信息安全等级保护工作先进单位；

中心被评为 2018 年度无锡市内部审计工作成绩显著单位。

（六）**当年对违反《住房公积金管理条例》和相关法规行为进行行政处罚和申请人民法院强制执行情况。** 2019 年，中心辖区内有 1 家企业因违反《住房公积金管理条例》而受到中心处罚。当年，中心共有 280 起责令限期缴存住房公积金决定申请人民法院强制执行。

（七）**当年对住房公积金管理人员违规行为的纠正和处理情况等。** 2019 年，无锡市住房公积金管理中心管理人员未发生任何违规行为。

（八）**其他需要披露的情况。** 根据市司法局地方性法规、政府规章和规范性文件梳理工作的通知要求，2019 年，中心再次对现行规范性文件进行了全面清理，清理后保留规范性文件 24 件，废止规范性文件 9 件，宣布失效规范性文件 5 件，清理结果通过中心网站向社会公布。

徐州市住房公积金 2019 年年度报告

一、机构概况

（一）**住房公积金管理委员会**：住房公积金管理委员会有 31 名委员，2019 年召开 1 次会议，审议通过《市公积金中心 2018 年工作报告》《徐州市住房公积金归集管理办法》《徐州市住房公积金提取管理办法》《徐州市住房公积金贷款管理办法》《徐州市 2018 年度住房公积金归集使用计划执行情况及 2019 年度住房公积金归集使用计划》《徐州市住房公积金 2018 年年度报告》。

（二）**住房公积金管理中心**：徐州市住房公积金管理中心为直属徐州市人民政府不以营利为目的的公益一类事业单位，设 13 个处（科），7 个管理部。另设大屯煤电（集团）有限责任公司住房公积金管理中心、徐州矿务集团住房公积金管理中心及中国石化集团管道储运公司住房公积金管理中心 3 个行业性分支机构。从业人员 225 人，其中，在编 147 人，非在编 78 人。

二、业务运行情况

（一）**缴存**：2019 年，新开户单位 839 家，实缴单位 7824 家，净增单位 818 家；新开户职工 6.11 万人，实缴职工 61.41 万人，净增职工 1.28 万人；缴存额 108.26 亿元，同比增长 4.86%。2019 年末，缴存总额 928.08 亿元，比上年末增长 13.21%；缴存余额 358.85 亿元，比上年末增长 6.53%。

受委托办理住房公积金缴存业务的银行 26 家。

（二）**提取**：2019 年，提取额 86.26 亿元，同比增长 4.39%；占当年缴存额的 79.68%，比上年下降 0.36 个百分点。2019 年末，提取总额 569.23 亿元，比上年末增长 17.86%。

（三）**贷款**：

1. 个人住房贷款：个人住房贷款最高额度 50 万元，其中，单缴存职工最高额度 40 万元，双缴存职工最高额度 50 万元。

2019 年，发放个人住房贷款 1.46 万笔，同比减少 2.01%，发放贷款额 50.43 亿元，同比增长 9.32%。其中，市中心发放个人住房贷款 1.37 万笔、47.66 亿元，大屯煤电公司发放个人住房贷款 0.04 万笔、1.23 亿元，徐矿集团发放个人住房贷款 0.05 万笔、1.54 亿元。

2019 年，回收个人住房贷款 39.99 亿元。其中，市中心 37.29 亿元，大屯煤电公司 1.35 亿元，徐矿集团 1.34 亿元，中石化管道公司 0.01 亿元。

2019 年末，累计发放个人住房贷款 22.60 万笔、553.92 亿元，贷款余额 259.59 亿元，分别比上年末增加 6.91%、10.02%、4.19%。个人住房贷款余额占缴存余额的 72.34%，比上年末减少 1.62 个百分点。

受委托办理住房公积金个人住房贷款业务的银行 17 家。

2. 住房公积金支持保障性住房建设项目贷款：2019 年，发放支持保障性住房建设项目贷款 0 亿元，回收项目贷款 0 亿元。2019 年末，累计发放项目贷款 0 亿元，项目贷款余额 0 亿元。

（四）**购买国债**：2019 年，购买（记账式、凭证式）国债 0 亿元，兑付（转让、收回）国债 0 亿元。2019 年末，国债余额 0 亿元，比上年末减少（增加）0 亿元。

（五）**融资**：2019 年，融资 0 亿元，归还 0 亿元。2019 年末，融资总额 0 亿元，融资余额 0 亿元。

（六）**资金存储**：2019 年末，住房公积金存款 108.53 亿元。其中，活期 0.61 亿元，1 年（含）以下定期 31.58 亿元，1 年以上定期 22.05 亿元，其他（协定、通知存款等）54.29 亿元。

（七）**资金运用率**：2019 年末，住房公积金个人住房贷款余额、项目贷款余额和购买国债余额的总和占缴存余额的 72.34%，比上年末减少 1.62 个百分点。

三、主要财务数据

（一）**业务收入**：2019 年，业务收入 101870.66 万元，同比增长 7.80%。其中，市中心 88625.76 万元，大屯煤电公司 4719.17 万元，徐矿集团 6859.57 万元，中石化管道公司 1666.16 万元。存款利息 18547.82 万元，委托贷款利息 83320.40 万元，国债利息 0 万元，其他 2.44 万元。

（二）**业务支出**：2019 年，业务支出 57663.30 万元，同比增长 10.06%。其中，市中心 50998.81 万元，大屯煤电公司 2644.61 万元，徐矿集团 3108.80 万元，中石化管道公司 911.08 万元。支付职工住房公积金利息 53865.01 万元，归集手续费 737.02 万元，委托贷款手续费 1039.11 万元，其他 2022.16 万元。

（三）**增值收益**：2019 年，增值收益 44207.36 万元，同比增长 4.99%。其中，市中心 37626.95 万元，大屯煤电公司 2074.57 万元，徐矿集团 3750.77 万元，中石化管道公司 755.07 万元。增值收益率

1.27％，比上年减少 0.02 个百分点。

（四）**增值收益分配**：2019 年，提取贷款风险准备金 1576.18 万元，提取管理费用 5503.20 万元，提取城市廉租住房（公共租赁住房）建设补充资金 34752.43 万元。

2019 年，上交财政管理费用 4802.41 万元。上缴财政城市廉租住房（公共租赁住房）建设补充资金 34046.71 万元。其中，市中心上缴 29992.25 万元，徐矿集团上缴 4054.46 万元。

2019 年末，贷款风险准备金余额 38638.72 万元。累计提取城市廉租住房（公共租赁住房）建设补充资金 269045.41 万元。其中，市中心提取 214327.98 万元，徐矿集团提取 54717.43 万元。

（五）**管理费用支出**：2019 年，管理费用支出 4745.23 万元，同比下降 2.27％。其中，人员经费 3558.96 万元，公用经费 366.49 万元，专项经费 819.78 万元。

市中心管理费用支出 4339.45 万元，其中，人员、公用、专项经费分别为 3223.96 万元、327.62 万元、787.87 万元；大屯煤电公司管理费用支出 148.59 万元，其中，人员、公用、专项经费分别为 128.42 万元、20.17 万元、0 万元；徐矿集团管理费用支出 246.69 万元，其中，人员、公用、专项经费分别为 206.58 万元、13.20 万元、26.91 万元；中石化管道公司管理费用支出 10.5 万元，其中，人员、公用、专项经费分别为 0 万元、5.5 万元、5 万元。

四、资产风险状况

（一）**个人住房贷款**：2019 年末，个人住房贷款逾期额 69.63 万元，逾期率 0.027‰。其中，市中心 0.004‰，大屯煤电公司 0.986‰，徐矿集团 0.056‰，中石化管道公司 0‰。

个人贷款风险准备金按贷款余额的 1.5％提取。2019 年，提取个人贷款风险准备金 1576.18 万元，使用个人贷款风险准备金核销呆坏账 0 万元。2019 年末，个人贷款风险准备金余额 38638.72 万元，占个人住房贷款余额的 1.49％，个人住房贷款逾期额与个人贷款风险准备金余额的比率为 0.18％。

（二）**支持保障性住房建设试点项目贷款**：2019 年末，逾期项目贷款 0 万元，逾期率 0‰。

项目贷款风险准备金按贷款余额的 0％提取。2019 年，提取项目贷款风险准备金 0 万元，使用项目贷款风险准备金核销呆坏账 0 万元，项目贷款风险准备金余额 0 万元，占项目贷款余额的 0％，项目贷款逾期额与项目贷款风险准备金余额的比率为 0％。

五、社会经济效益

（一）**缴存业务**：2019 年，实缴单位数、实缴职工人数和缴存额同比分别增长 5.50％、2.13％和 4.86％。

缴存单位中，国家机关和事业单位占 41.76％，国有企业占 13.57％，城镇集体企业占 2.15％，外商投资企业占 2.97％，城镇私营企业及其他城镇企业占 30.18％，民办非企业单位和社会团体占 2.39％，其他占 6.98％。

缴存职工中，国家机关和事业单位占 45.55％，国有企业占 24.37％，城镇集体企业占 1.40％，外商投资企业占 3.15％，城镇私营企业及其他城镇企业占 18.06％，民办非企业单位和社会团体占 1.21％，其他占 6.26％；中、低收入占 97.75％，高收入占 2.25％。

新开户职工中，国家机关和事业单位占 18.32％，国有企业占 13.48％，城镇集体企业占 1.75％，外商投资企业占 3.74%，城镇私营企业及其他城镇企业占 46.76%，民办非企业单位和社会团体占 3.37%，其他占 12.58%；中、低收入占 96.76%，高收入占 3.24%。

（二）提取业务：2019 年，26.98 万名缴存职工提取住房公积金 86.26 亿元。

提取金额中，住房消费提取占 72.89%（购买、建造、翻建、大修自住住房占 31.17%，偿还购房贷款本息占 41.66%，租赁住房占 0.02%，其他占 0.04%）；非住房消费提取占 27.11%（离休和退休提取占 17.46%，完全丧失劳动能力并与单位终止劳动关系提取占 8.79%，出境定居占 0%，其他占 0.86%）。

提取职工中，中、低收入占 97.37%，高收入占 2.63%。

（三）贷款业务：

1. 个人住房贷款：2019 年，支持职工购建房 160.17 万平方米，年末个人住房贷款市场占有率（含公转商贴息贷款）为 14.72%，比上年末减少 2.99 个百分点。通过申请住房公积金个人住房贷款，可节约职工购房利息支出 83208.05 万元。

职工贷款笔数中，购房建筑面积 90（含）平方米以下占 15.46%，90～144（含）平方米占 78.93%，144 平方米以上占 5.61%。购买新房占 75.81%（其中购买保障性住房占 0%），购买二手房占 20.83%，建造、翻建、大修自住住房占 0%，其他占 3.36%。

职工贷款笔数中，单缴存职工申请贷款占 24.79%，双缴存职工申请贷款占 74.86%，三人及以上缴存职工共同申请贷款占 0.35%。

贷款职工中，30 岁（含）以下占 25.13%，30 岁～40 岁（含）占 40.09%，40 岁～50 岁（含）占 28.48%，50 岁以上占 6.30%；首次申请贷款占 75.01%，二次及以上申请贷款占 24.99%；中、低收入占 97.02%，高收入占 2.98%。

2. 异地贷款：2019 年，发放异地贷款 263 笔、8944.30 万元。2019 年末，发放异地贷款总额 16317.10 万元，异地贷款余额 1736.48 万元。

3. 公转商贴息贷款：2019 年，发放公转商贴息贷款 0 笔、0 万元，支持职工购建住房面积 0 万平方米，当年贴息额 0 万元。2019 年末，累计发放公转商贴息贷款 10766 笔、350444.80 万元，累计贴息 14773.91 万元。

4. 支持保障性住房建设试点项目贷款：2019 年末，累计试点项目 0 个，贷款额度 0 亿元，建筑面积 0 万平方米，可解决 0 户中低收入职工家庭的住房问题。0 个试点项目贷款资金已发放并还清贷款本息。

（四）住房贡献率：2019 年，个人住房贷款发放额、公转商贴息贷款发放额、项目贷款发放额、住房消费提取额的总和与当年缴存额的比率为 104.66%，比上年增加 3.96 个百分点。

六、其他重要事项

（一）当年机构及职能调整情况、受委托办理缴存贷款业务金融机构变更情况。2019 年中心撤销江苏丰县农村商业银行股份有限公司归集和贷款账户、江苏沛县农村商业银行股份有限公司归集和贷款账户、徐州铜山农村商业银行股份有限公司贷款账户、江苏睢宁农村商业银行股份有限公司贷款账户、江苏邳州农村商业银行股份有限公司公积金贷款账户、江苏新沂农村商业银行股份有限公司公积金贷款账户、徐州彭城农村商业银行股份有限公司贷款账户；增加中信银行股份有限公司徐州分行、浙商银行徐州分行、江苏苏州农村商业银行股份有限公司、广发银行股份有限公司徐州分行作为受委托办理住房公积金金融业务的商业银行，开设归集和贷款专用账户，增加光大银行徐州分行归集专用账户。

（二）当年住房公积金政策调整及执行情况。

1. 归集业务

（1）缴存比例：2019年度行政机关、事业单位职工个人和单位住房公积金缴存比例各为12%，其他性质单位各为5%~12%。职工个人住房公积金缴存比例与单位为职工缴存住房公积金比例保持一致。

（2）缴存基数上下限：2019年度缴存基数上限为17878元，缴存基数下限参照职工养老保险最低缴费基数执行。基数调整期间全市共5572个缴存单位参与基数调整，月缴存总额净增6758万元，达到7.708亿元。

（3）2019年办理降低缴存比例的企业为11家。

2. 提取业务

2019年制订出台《徐州市住房公积金提取管理办法》及《徐州市住房公积金提取业务操作规程》，进一步优化业务流程，精简业务材料，助力我市营商环境建设。

3. 贷款业务

（1）双方贷款最高50万元，单方贷款最高40万。住房公积金存款利率为1.5%；贷款利率为五年以上为3.25%，五年以下（含五年）为2.75%。

（2）为解决刚需职工贷款需求，促进我市住房消费，充实住房公积金贷款品种，中心在2019年出台组合贷款业务，向购买唯一一套住房且首次使用公积金贷款的职工发放组合贷款。截至2019年底已受理组合贷款2201笔、80890.30万元。

（三）当年服务改进情况。

1. "放管服"改革进一步深化。 持续开展"减证便民"行动，取消单身证明、产权备案证明书、存量房评估报告、增值税发票等证明材料，减少职工提取公积金领取提取申请表、回单位盖章、银行签约、由银行操作公积金入卡等办理环节；优化窗口布局，在新城区政务服务中心和徐州经济开发区设立公积金业务办理窗口，网点布局更加完善；以企业和群众办事需求为导向，事项全流程标准化办理，实现购房提取公积金"一件事一次办"的办理模式；以流程优化再造为核心，重新修订完善归集、提取、贷款三项业务管理办法与操作规程，进一步简化了办事环节，缩短了办事时限，提高了办事效率。

2. 公积金营商环境和服务品牌创建实现新提升。 落实"2019营商环境提升年"各项工作部署，深化住房公积金一流营商服务环境建设；以市委营商环境专项巡察作为主题教育期间抓警示、抓整改的重要内容，提高政治站位，以钉钉子精神落实各项整改要求；落实"有求必应、无事不扰"工作机制，深入企业开展现场办公，解决企业提出的问题及采纳合理化建议32项；持续完善服务品牌创建机制，统筹推进全市公积金业务手机移动办、网厅便捷办、柜面贴心办、乡镇自助办，"徐州公积金e网通"以全市第三名的成绩荣获"五星级服务品牌"称号。

3. "3+N"模式推进淮海经济区住房公积金一体化建设。 市住房公积金中心联合淮海经济区各市住房公积金管理中心，围绕区域一体化发展目标，共同推进区域内住房公积金缴存信息互享互认、住房公积金贷款异地互认互贷、住房公积金提取联查联防、住房公积金征信信息互通互用、住房公积金数据共享、业务协同。该项目实施后，大大加速了区域住房公积金事业协同发展，更好发挥住房公积金制度惠民优势，更好地为淮海经济区各城市做大人才集聚、做强经济引力、做稳房地产发展，提升城市吸附效应，共建淮海大家庭做出积极贡献。该项目荣获"2019年度振兴徐州老工业基地创新项目优秀奖",并被评为"2019年徐州营商环境提升年'十个最佳案例'"。

4. 打造便民利企智能服务平台。围绕"两减一提"(减少临柜业务量和后台审批量,提高业务线上办理率),持续优化4.0版业务操作系统和手机公积金APP功能;积极对接市大数据局和各业务合作单位,扎实推进公积金信息共享工作,顺利实现与税务、市场监管、民政等部门的信息直联合作,各管理部与县区不动产登记信息共享;做好单位版网厅与政务服务网、手机公积金APP与政务APP对接工作,全面拓展线上综合服务渠道,实现数据多跑路,群众少跑腿。

(四)当年信息化建设情况。利用现代科技手段,全面提升互联网渠道公积金服务水平,将互联网、大数据、云计算、人工智能与公积金业务深度融合。完成住房和城乡建设部数据集中平台报送程序搭建、接入工作,实现数据实时上传;省内率先推出微信小程序"手机住房宝"。

(五)当年住房公积金管理中心及职工所获荣誉情况。青年文明号荣誉1次,先进集体荣誉1次。

(六)当年对违反《住房公积金管理条例》和相关法规行为进行行政处罚和申请人民法院强制执行情况。2019年共受理职工投诉125起,其中通过"12345政府热线"投诉73起,其他投诉52起。对职工投诉的90家单位进行了电话催建催缴和上门走访调查,对职工反映的21家单位进行协调处理,9家单位的11起案件进行立案处理。申请法院立案15起(含中心2018年立案办理的11起),申请法院强制执行2起,对4家单位6次下达《行政处罚决定书》,罚款总金额22万元。共计新增开户人数75人、新增月缴存金额4.3万元;补缴职工人数为3415人,补缴金额5574.4万元。

常州市住房公积金2019年年度报告

一、机构概况

(一)住房公积金管理委员会:市住房公积金管理委员会有23名委员,2019年召开1次会议,审议通过的事项包括:

(1)市住房公积金管理中心2018年工作总结和2019年工作计划;

(2)常州市住房公积金2018年年度报告;

(3)2018年住房公积金归集使用、财务收支计划执行情况和2019年归集使用、财务收支计划的报告;

(4)关于调整我市住房公积金有关使用政策的意见。

(二)住房公积金管理中心:住房公积金管理中心为隶属于常州市人民政府、不以营利为目的的公益一类事业单位,设8个处室,3个办事处,3个分中心。从业人员179人,其中,在编81人,非在编98人。

二、业务运行情况

(一)缴存:2019年,新开户且已缴存的单位5294家,实缴单位32147家,净增单位4262家;新开户且已缴存的职工14.36万人,其中新开个人缴存户1.39万人;缴存额138.02亿元,同比增长13.49%。2019年末,实缴职工99.35万人,比上年末净增职工6.15万人;缴存总额946.15亿元,比上年末增加17.08%;缴存余额344.29亿元,比上年末增加11.56%。

受委托办理住房公积金缴存业务的银行7家,与上年持平。

(二)提取:2019年提取住房公积金102.35亿元,同比增长17.01%,占当年缴存额的74.16%,比上年增加2.23个百分点。截至2019年末,累计提取住房公积金601.86亿元,比上年末增加20.49%。

(三)贷款:

1. 个人住房贷款:个人住房贷款最高额度60万元,其中,单缴存职工最高额度30万元,双缴存职工最高额度60万元。

2019年,发放个人住房贷款2.08万笔、88.85亿元,同比分别下降11.49%、6.24%。

2019年,回收个人住房贷款49.73亿元。其中,市中心29.17亿元,武进分中心11.17亿元,金坛分中心3.94亿元,溧阳分中心5.45亿元。

截至2019年末,累计发放个人住房贷款26.31万笔、709.76亿元,年末贷款余额361.33亿元,分别比上年末增加8.58%、14.31%、12.14%。个人住房贷款余额占缴存余额的104.95%,比上年末增加0.55个百分点。

受委托办理住房公积金个人住房贷款业务的银行10家,与上年持平。

2. 住房公积金支持保障性住房建设项目贷款:2019年未发放支持保障性住房建设项目贷款。截至2019年末,累计发放支持保障性住房建设项目贷款4.4亿元,回收项目贷款4.4亿元,项目贷款余额为0。

(四)购买国债:2019年未购买国债,无国债余额。

(五)融资:2019年,融资18亿元,归还22亿元。截至2019年末,累计融资39.5亿元,融资余额10亿元。

(六)资金存储:2019年末,住房公积金存款0.64亿元。其中,活期0.01亿元,1年(含)以下定期0亿元,1年以上定期0亿元,其他(协定、通知存款等)0.63亿元。

(七)资金运用率:2019年末,住房公积金个人住房贷款余额、项目贷款余额和购买国债余额的总和占缴存余额的104.95%,比上年末增加0.55个百分点。

三、主要财务数据

(一)业务收入:2019年,业务收入114141.72万元,同比增长16.33%。其中,存款利息收入2180.37万元,委托贷款利息收入111924.35万元,国债利息收入0万元,其他37.00万元。

(二)业务支出:2019年,业务支出73701.03万元,同比增长9.94%。其中,支付职工住房公积金利息49389.51万元,公转商贴息支出10103.67万元,融资利息支出6840.26万元,归集手续费2439.69万元,委托贷款手续费3701.54万元,其他1226.36万元。

(三)增值收益:2019年,增值收益40440.70万元,同比增长30.11%。增值收益率1.24%,比上年增加0.17个百分点。

(四)增值收益分配:2019年,提取贷款风险准备金3911.35万元,提取管理费用6654.28万元(含购置服务用房费用 3563.63 万元），提取城市廉租住房（公共租赁住房）建设补充资金 29875.07 万元。

2019 年，上交财政管理费用 6654.28 万元。上缴财政城市廉租住房（公共租赁住房）建设补充资金 24170.23 万元。其中，市中心上缴 14167.38 万元，武进分中心上缴 5122.67 万元，金坛分中心上缴 2204.11 万元，溧阳分中心上缴 2676.07 万元。

2019 年末，贷款风险准备金余额 79693.26 万元。累计提取城市廉租住房（公共租赁住房）建设补充资金 253874.78 万元。其中，市中心提取 161356.03 万元，武进分中心提取 47647.06 万元，金坛分中心提取 20289.64 万元，溧阳分中心提取 24582.05 万元。

（五）**管理费用支出**：2019 年，管理费用支出 6654.28 万元，其中，人员经费 2397.05 万元，公用经费 199.26 万元，专项经费 4057.97 万元（含购置服务用房费用 3563.63 万元）。

四、资产风险状况

个人住房贷款：2019 年末，个人住房贷款逾期额为 0。

个人贷款风险准备金按新增贷款余额的 1% 提取。2019 年，提取个人贷款风险准备金 3911.34 万元，使用个人贷款风险准备金核销呆坏账 0 万元。2019 年末，个人贷款风险准备金余额 79140.06 万元，占个人住房贷款余额的 2.19%，个人住房贷款逾期额与个人贷款风险准备金余额的比率为 0%。

五、社会经济效益

（一）**缴存业务**：2019 年末，实缴单位数、实缴职工人数同比增长 15.28%、6.6%。2019 年缴存额同比增长 13.49%。

缴存单位中，国家机关和事业单位占 6.22%，国有企业占 0.42%，城镇集体企业占 0.43%，外商投资企业占 1.94%，城镇私营企业及其他城镇企业占 90.44%，民办非企业单位和社会团体占 0.51%，其他占 0.03%。

缴存职工中，国家机关和事业单位占 13.77%，国有企业占 2.11%，城镇集体企业占 0.37%，外商投资企业占 9.94%，城镇私营企业及其他城镇企业占 65.84%，民办非企业单位和社会团体占 0.08%，个人缴存户 7.88%，其他占 0.01%；中、低收入占 98.37%，高收入占 1.63%。

2019 年新开户职工中，国家机关和事业单位占 4.3%，国有企业占 1.27%，城镇集体企业占 0.26%，外商投资企业占 12.5%，城镇私营企业及其他城镇企业占 71.9%，民办非企业单位和社会团体占 0.1%，个人缴存户占 9.67%；中、低收入占 99.51%，高收入占 0.49%。

（二）**提取业务**：2019 年，41.4 万名缴存职工提取住房公积金 102.35 亿元。

提取金额中，住房消费提取占 88.40%（购买、建造、翻建、大修自住住房占 26.52%，偿还购房贷款本息占 46.29%，租赁住房占 6.15%，其他占 9.44%）；非住房消费提取占 11.60%（离休和退休提取占 7.65%，完全丧失劳动能力并与单位终止劳动关系提取占 1.10%，出境定居占 2.45%，其他占 0.40%）。

提取职工中，中、低收入占 97.88%，高收入占 2.12%。

（三）**贷款业务**：

1. 个人住房贷款：2019 年，发放个人住房贷款支持职工购房面积 226.69 万平方米，年末个人住房贷款市场占有率（含公转商贴息贷款）为18.34%，比上年末减少2.22个百分点。通过申请住房公积金个人住房贷款，可节约职工购房贷款利息支出199773.7万元。

职工贷款笔数中，购房建筑面积90（含）平方米以下占29.85%，90～144（含）平方米占62.67%，144平方米以上占7.48%。购买新房占47.68%（其中购买保障性住房占0.01%），购买二手房占52.30%，建造、翻建、大修自住住房占0.02%。

职工贷款笔数中，单缴存职工申请贷款占45.58%，双缴存职工申请贷款占53.67%，三人及以上缴存职工共同申请贷款占0.75%。

贷款职工中，30岁（含）以下占33.01%，30岁～40岁（含）占42.25%，40岁～50岁（含）占21.09%，50岁以上占3.65%；首次申请贷款占85.07%，二次申请贷款占14.93%；中、低收入占97.88%，高收入占2.12%。

2. 异地贷款：2019年，发放异地贷款163笔、6702.50万元。2019年末，累计发放异地贷款6702.50万元，异地贷款余额6663.87万元。

3. 公转商贴息贷款：2019年未发放公转商贴息贷款，截至2019年末，累计发放公转商贴息贷款39032笔、1229456.80万元。

2019年公转商贷款贴息10103.67万元，2019年末累计贴息46265.43万元。

4. 支持保障性住房建设试点项目贷款：截至2019年末，累计试点项目1个，发放项目贷款额度4.4亿元，建筑面积11.02万平方米，解决1751户中低收入职工家庭的住房问题。1个试点项目贷款资金已发放并已收回贷款本息。

（四）住房贡献率：2019年，个人住房贷款发放额、公转商贴息贷款发放额、项目贷款发放额、住房消费提取额的总和与当年缴存额的比率为129.93%，比上年减少28.94个百分点。

六、其他重要事项

（一）当年机构及职能调整情况。根据《市委办公室市政府办公室关于印发〈常州市住房公积金管理中心职能配置、内设机构和人员编制规定〉的通知》（常办发〔2019〕75号）文件相关规定，市住房公积金管理中心共设14个内设机构，其中办事处由原来的5个精简为3个，分别为直属办事处、新北办事处和城中办事处。直属办事处主要负责受理各类住房公积金窗口业务和12329热线咨询服务；新北办事处主要负责新北区范围内住房公积金政策宣传和归集扩面工作；城中办事处主要负责天宁区、钟楼区范围内住房公积金政策宣传和归集扩面工作。

（二）住房公积金政策调整及执行情况。

1. 调整住房公积金缴存基数限额及缴存比例。2019年住房公积金缴存基数上限为22800元，比上年度增长8.67%；常州市区缴存基数下限为2020元，溧阳市和金坛区1850元。全市各类企业的住房公积金缴存比例为单位和职工各5%～12%，符合《关于阶段性适当降低企业住房公积金缴存比例的通知》（常公积金委〔2016〕1号）规定的各类困难企业，可按规定程序申报降低缴存比例或缓缴；全市自由职业者、个体工商户等个人缴存者的住房公积金缴存比例统一为20%。

2. 调整我市住房公积金使用政策。2019年4月7日，我市出台《关于调整我市住房公积金有关使用政策的意见》（常公积金委〔2019〕1号），明确自2019年7月1日起开始实施异地贷款政策，调整住房公积金贷款额度的计算规则，新增提取住房公积金支付既有住宅加装电梯个人分摊费用，提高低收入家庭贷款贴息的额度，最高贴息额度从每户 5000 元/年提高至 6000 元/年等内容。

3. 调整我市住房公积金个人缴存相关管理办法。 2019 年 5 月 14 日，我市出台了《关于修改〈常州市住房公积金个人缴存管理办法〉的通知》（常公积金〔2019〕15 号），进一步明确个人缴存者办理缴存、封存、启封等相关内容，体现了权利义务对等、自愿缴存的原则，加强了住房公积金个人缴存户管理。

（三）当年服务改进情况。

1. 推进"智慧公积金"建设。 优化"常州住房公积金"微信公众号和网上服务厅服务功能，新增贷款预受理、预约窗口服务和个人缴存户基数调整三项个人业务和单位缴存登记、困难企业降比两项单位业务。拓宽第三方合作平台，新增招商银行作为合作银行，与中心合作开通线上住房公积金服务的第三方 APP 已达 6 个。

2. 优化住房公积金服务流程。 调整优化现有的线下窗口提取、贷款、征信查询人工分散审批模式，实行线下提取业务自动复核审批，征信查询、贷款终审集中审批；取消《评估报告》和《作价协议》，优化二手房贷款流程；对接市不动产登记交易中心"融 E 办"服务，实现登记证明材料电子化、抵押权登记和抵押权注销登记网上办理；18 种提取业务实现全市通办。

3. 坚持住房公积金特色服务。 围绕"住房公积金服务惠民生"目标要求，坚持开展中午延时、周六便民、预约上门等特色服务，惠及职工 11036 人次；12329 服务热线全年接听职工咨询 46.91 万人次，网站答复职工咨询 2618 笔，通过手机短信平台向职工发送电子对账单、政策宣传、贷款逾期提醒、满意度调查等服务短信 149.86 万条。

（四）当年信息化建设情况。

1. 强化信息安全管理。 按月开展信息安全巡检工作，处理巡检中发现的问题共计 42 项。在国庆等重要时点对网络关键设备、网厅、微信公众号做全面安全检测。根据市网安部门要求，及时对在用服务器等进行相关漏洞补丁安装工作。

2. 加强软件管理。 进一步对综合服务平台各线上渠道功能进行扩展，合计新增包括归集、贷款、柜面管理三大类 13 个功能模块，完成财务小额支付系统开发、集中审贷及征信前置系统开发；按期完成与住房和城乡建设部数据中心的对接工作，累计报送数据 4870 余万条。

3. 开发移动办公系统。 建成基于中心微信公众号端的移动办公系统，全年提供 20776 次在线服务，有效提升中心办公效率。

（五）当年住房公积金管理中心及职工所获荣誉情况。2019 年，中心荣获 2016—2018 年度江苏省文明单位、江苏省巾帼文明岗、江苏省模范职工之家、全省住房和城乡建设系统窗口单位优质服务窗口，以及 2016—2018 年度常州市文明单位、2016—2018 年度常州市文明窗口、全市政府网站建设管理先进单位等 11 项省、市级荣誉，4 位同志获得省、市表彰。

（六）当年对违反《住房公积金管理条例》和相关法规行为进行行政处罚和申请人民法院强制执行情况。2019 年，中心对 8 家单位不缴或少缴住房公积金的违规行为向人民法院申请责令限期缴存，对 1 家单位申请人民法院强制执行；全年申请强制执行资金 100.10 万元。

（七）当年对住房公积金管理人员违规行为的纠正和处理情况等。原常州市住房公积金管理中心计划财务处副处长陆扬,因违反生活纪律、廉洁纪律和国家法律法规规定,涉嫌挪用公款犯罪,行为性质恶劣,情节严重,现已被开除党籍、开除公职,并已由司法机关追究刑事责任。

苏州市住房公积金 2019 年年度报告

一、机构概况

(一)苏州市住房公积金管理委员会:

住房公积金管理委员会有 17 名委员,2019 年召开 2 次会议:

(1)第四届一次全体会议按照有关法规和章程进行了管委会换届,并审议了《关于苏州市 2018 年住房公积金归集使用计划执行情况和 2019 年住房公积金归集使用计划草案的报告》《关于苏州市 2018 年住房公积金财务收支计划执行情况和 2019 年住房公积金财务收支计划草案的报告》以及《苏州市住房公积金 2018 年年度报告》。同时,书面审阅了《关于 2018 年度住房公积金业务的审计报告》和《关于 2018 年度住房公积金管理费用使用的审计报告》。

(2)第四届二次全体会议听取了苏州市住房公积金管理中心上半年公积金运行情况汇报,审议了《苏州市住房公积金缴存职工租赁住房消费提取管理办法(试行)》和《住房公积金扩面工作督查方案》。

(二)苏州市住房公积金管理中心:

苏州市住房公积金管理中心(下称市中心)为直属苏州市政府不以营利为目的的公益一类事业单位,主要负责全市(不含工业园区)住房公积金的归集、管理、使用和会计核算。中心内设 9 个职能处室,在所辖四个县级市、五个区设置 9 个分中心和 1 个管理部。从业人员 277 人,其中,参公管理人员 117 人,公益性岗位人员 72 人,服务外包人员 88 人。

(三)苏州工业园区相关概况:

(1)苏州工业园区管理委员会负责在工业园区行政区域内组织和推行社会保险(公积金)制度,研究决定园区社会保险(公积金)制度的重大事项和发展规划。

(2)苏州工业园区劳动和社会保障局负责实施工业园区行政区域内的社会保险制度和住房公积金制度。

(3)苏州工业园区社会保险基金和公积金管理中心(下称园区中心)负责工业园区行政区域内社会保险基金和公积金的管理,负责区内住房公积金的缴存、提取、贷款和基金管理,具体承办园区社会保险运行业务,负责社会保险登记、基金征缴、个人权益记录、社会保险待遇支付等工作。

二、业务运行情况

(一)**缴存**:2019 年,新开户单位 23089 家(其中园区中心 5856 家),实缴单位 104381 家(其中园区中心 23365 家),净增单位 15308 家(其中园区中心 3110 家);新开户职工 78.12 万人(其中园区中心 12.09 万人),实缴职工 382.91 万人(其中园区中心 59.08 万人),净增职工 19.38 万人(其中园区中心 2.71 万人);缴存额 518.34 亿元(其中园区中心 99.42 亿元),同比增长 16.65%。2019 年末,缴存总额

3197.99 亿元（其中园区中心 512.37 亿元），比上年末增加 19.34%；缴存余额 993.45 亿元（其中园区中心 160.83 亿元），比上年末增加 16.44%。

受委托办理住房公积金缴存业务的银行 6 家，与上年相比无变化。

（二）提取：2019 年，提取额 378.08 亿元（其中园区中心 71.98 亿元），同比增长 18.26%；占当年缴存额的 72.94%，比上年增加 0.99 个百分点。2019 年末，提取总额 2204.54 亿元（其中园区中心 351.54 亿元），比上年末增加 20.70%。

（三）贷款：

1. 个人住房贷款：职工家庭住房贷款最高额度 70 万元。此外，购买套型建筑面积 90 平方米（含 90 平方米）以内的住房，且住房总价不超过 110 万元的职工，首次使用住房公积金贷款，贷款最高限额可计算至住房总价的 80%。

首次使用住房公积金贷款的，借款申请人及共同借款申请人中有两人（含）以上共同参与计算可贷额度的，最高贷款额度为 70 万元；仅借款申请人参与计算可贷额度的，最高贷款额度为 45 万元。第二次使用住房公积金贷款的，借款申请人及共同借款申请人中有两人（含）以上共同参与计算可贷额度的，最高贷款额度为 50 万元；仅借款申请人参与计算可贷额度的，最高贷款额度为 30 万元。

2019 年，发放个人住房贷款 5.26 万笔、225.09 亿元，同比分别增长 31.17%、22.75%。其中，张家港分中心发放个人住房贷款 0.38 万笔、16.43 亿元，常熟分中心发放个人住房贷款 0.3 万笔、15.26 亿元，昆山分中心发放个人住房贷款 1.06 万笔、38.15 亿元，太仓分中心发放个人住房贷款 0.33 万笔、12.64 亿元，吴江分中心（含盛泽管理部）发放个人住房贷款 0.29 万笔、13.36 亿元，吴中分中心发放个人住房贷款 0.28 万笔、10.99 亿元，相城分中心发放个人住房贷款 0.1 万笔、5.03 亿元，姑苏分中心发放个人住房贷款 1.23 万笔、45.92 亿元，虎丘分中心发放个人住房贷款 0.56 万笔、22.28 亿元，园区中心发放个人住房贷款 0.73 万笔、45.03 亿元。

2019 年，回收个人住房贷款 104.37 亿元。其中，张家港分中心 9.44 亿元，常熟分中心 8.49 亿元，昆山分中心 18.79 亿元，太仓分中心 5.98 亿元，吴江分中心（含盛泽管理部）6.56 亿元，吴中分中心 6.26 亿元，相城分中心 2.47 亿元，姑苏分中心 16.26 亿元，虎丘分中心 10.46 亿元，园区中心 19.66 亿元。

2019 年末，累计发放个人住房贷款 52.88 万笔（其中园区中心 4.37 万笔）、1663.87 亿元（其中园区中心 216.53 亿元），贷款余额 913.89 亿元（其中园区中心 152.63 亿元），分别比上年末增加 11.05%、15.65%、15.22%。个人住房贷款余额占缴存余额的 91.99%，比上年末减少 0.98 个百分点。

受委托办理住房公积金个人住房贷款业务的银行 16 家，与上年相比无增减。

2. 住房公积金支持保障性住房建设项目贷款：2019 年，未发放支持保障性住房建设项目贷款。2019 年末，累计发放项目贷款 3.2 亿元，无项目贷款余额。

（四）购买国债：2019 年，未购买（记账式、凭证式）国债，也未兑付、转让、收回国债。2019 年末，国债余额 0 亿元。

（五）融资：2019 年，融资 7.00 亿元（其中园区中心 7.00 亿元），归还 46.82 亿元（其中园区中心 3.50 亿元）。2019 年末，融资总额 338.36 亿元（其中园区中心 42.16 亿元），融资余额 40.50 亿元（其中园区中心 30.22 亿元）。

（六）资金存储：2019 年末，住房公积金存款 103.54 亿元（其中园区中心 16.10 亿元）。其中，活期 0 亿元，1 年（含）以下定期 3.90 亿元，1 年以上定期 2.00 亿元，其他（协定、通知存款等）97.64 亿元。

（七）资金运用率：2019 年末，住房公积金个人住房贷款余额、项目贷款余额和购买国债余额的总和占缴存余额的 91.99%，比上年末减少 0.98 个百分点。

三、主要财务数据

（一）业务收入：2019 年，业务收入 295467.22 万元，同比增长 15.25%。其中，市中心（含姑苏分中心、虎丘分中心）69925.31 万元，张家港分中心 29478.46 万元，常熟分中心 27988.47 万元，昆山分中心 57730.23 万元，太仓分中心 19041.65 万元，吴江分中心（含盛泽管理部）18204.89 万元，吴中分中心 17873.61 万元，相城分中心 8037.62 万元，园区中心 47186.98 万元；存款利息收入 20423.22 万元（其中园区中心 2503.42 万元），委托贷款利息收入 275044.00 万元（其中园区中心 44683.56 万元）。

（二）业务支出：2019 年，业务支出 185195.61 万元，同比增长 18.52%。其中，市中心（含姑苏分中心、虎丘分中心）40137.86 万元，张家港分中心 18757.50 万元，常熟分中心 17583.98 万元，昆山分中心 38331.93 万元，太仓分中心 13007.01 万元，吴江分中心（含盛泽管理部）11748.13 万元，吴中分中心 11440.14 万元，相城分中心 6024.33 万元，园区中心 28164.73 万元；住房公积金利息支出 142487.11 万元（其中园区中心 20109.42 万元），归集手续费用支出 17121.75 万元，委托贷款手续费支出 11122.15 万元（其中园区中心 2234.18 万元），其他支出 14464.60 万元（其中园区中心 5821.13 万元）。

（三）增值收益：2019 年，增值收益 110271.61 万元，同比增长 10.13%。其中，市中心（含姑苏分中心、虎丘分中心）29787.45 万元，张家港分中心 10720.96 万元，常熟分中心 10404.49 万元，昆山分中心 19398.30 万元，太仓分中心 6034.64 万元，吴江分中心（含盛泽管理部）6456.76 万元，吴中分中心 6433.47 万元，相城分中心 2013.29 万元，园区中心 19022.25 万元；增值收益率 1.19%，比上年同期减少 0.07 个百分点。

（四）增值收益分配：2019 年，提取贷款风险准备金 40016.92 万元（其中园区中心 11413.35 万元），提取管理费用 13143.40 万元，提取城市廉租住房（公共租赁住房）建设补充资金 57111.29 万元（其中园区中心 7608.90 万元）。

2019 年末，贷款风险准备金余额 289157.34 万元（其中园区中心 60780.34 万元）。累计提取城市廉租住房（公共租赁住房）建设补充资金 375215.12 万元。其中，市中心（含姑苏分中心、虎丘分中心）提取 119387.21 万元，张家港分中心提取 49530.41 万元，常熟分中心提取 49140.40 万元，昆山分中心提取 55073.08 万元，太仓分中心提取 17494.30 万元，吴江分中心（含盛泽管理部）提取 21287.66 万元，吴中分中心提取 17962.58 万元，相城分中心提取 4819.25 万元，园区中心提取 40520.23 万元。

此外，根据 2019 年年度预算提取的管理费用 13143.40 万元，已全额上交财政。

2018 年度实现的城市廉租住房（公共租赁住房）建设补充资金 32773.71 万元，已全额上缴财政；其中，市中心（含姑苏分中心和虎丘分中心）上缴财政 5416.70 万元，张家港分中心上缴 4834.99 万元，常熟分中心上缴财政 5247.44 万元，昆山分中心上缴财政 3938.62 万元，太仓分中心上缴财政 1796.32 万元，吴江分中心（含盛泽管理部）上缴财政 1404.38 万元，吴中分中心上缴财政 984.58 万元，相城分中心上缴财政1127.16万元，园区中心上缴财政8023.52万元。

（五）管理费用支出： 2019年，管理费用实际支出13141.59万元，同比增长17.42%。其中，人员经费5484.43万元，公用经费389.61万元，专项经费7267.55万元。

市中心（含姑苏分中心、虎丘分中心）管理费用支出6148.18万元，其中，人员、公用、专项经费分别为2294.90万元、149.27万元、3704.01万元；张家港分中心管理费用支出1084.96万元，其中，人员、公用、专项经费分别为557.67万元、39.56万元、487.73万元；常熟分中心管理费用支出1138.43万元，其中，人员、公用、专项经费分别为494.24万元、38.44万元、605.75万元；昆山分中心管理费用支出1526.21万元，其中，人员、公用、专项经费分别为529.74万元、35.95万元、960.52万元；太仓分中心管理费用支出749.53万元，其中，人员、公用、专项经费分别为405.77万元、32.33万元、311.43万元；吴江分中心（含盛泽管理部）管理费用支出1093.34万元，其中，人员、公用、专项经费分别为515.92万元、40.75万元、536.67万元；吴中分中心管理费用支出881.16万元，其中，人员、公用、专项经费分别为395.25万元、29.68万元、456.23万元；相城分中心管理费用支出519.78万元，其中，人员、公用、专项经费分别为290.94万元、23.63万元、205.21万元。

四、资产风险状况

（一）个人住房贷款： 2019年末，个人住房贷款逾期额3.55万元，逾期率0.0004‰。其中，张家港分中心0‰，常熟分中心0‰，昆山分中心0‰，太仓分中心0.0013‰，吴江分中心（含盛泽管理部）0‰，吴中分中心0.0008‰，相城分中心0‰，姑苏分中心0.0006‰，虎丘分中心0.0016‰，园区中心0‰。

个人贷款风险准备金按贷款余额的3‰提取（其中园区中心按增值收益的60%提取）。2019年，提取个人贷款风险准备金40016.92万元（其中园区中心11413.35万元），使用个人贷款风险准备金核销呆坏账0万元。2019年末，个人贷款风险准备金余额289157.34万元（其中园区中心60780.34万元），占个人住房贷款余额的3.16%，个人住房贷款逾期额与个人贷款风险准备金余额的比率为0.0012%。

（二）支持保障性住房建设试点项目贷款： 2019年末，无逾期项目贷款。未计提项目贷款风险准备金。无项目贷款风险准备金余额。

五、社会经济效益

（一）缴存业务： 2019年，实缴单位数、实缴职工人数和缴存额同比分别增长13.89%、1.23%和16.65%。

缴存单位中，国家机关和事业单位占4.88%，国有企业占1.23%，城镇集体企业占0.84%，外商投资企业占7.93%，城镇私营企业及其他城镇企业占81.01%，民办非企业单位和社会团体占2.22%，其他占1.89%。

缴存职工中，国家机关和事业单位占8.77%，国有企业占3.67%，城镇集体企业占1.04%，外商投资企业占33.93%，城镇私营企业及其他城镇企业占49.27%，民办非企业单位和社会团体占1.25%，其他占2.07%；中、低收入占97.75%，高收入占2.25%。

新开户职工中，国家机关和事业单位占1.99%，国有企业占1.56%，城镇集体企业占0.33%，外商

投资企业占 34.82%，城镇私营企业及其他城镇企业占 59.14%，民办非企业单位和社会团体占 1.00%，其他占 1.16%；中、低收入占 99.71%，高收入占 0.29%。

（二）提取业务：

2019 年，148.38 万名（其中园区中心 32.74 万名）缴存职工提取住房公积金 378.08 亿元（其中园区中心 71.98 亿元）。

提取金额中，住房消费提取占 85.63%（购买、建造、翻建、大修自住住房占 25.14%，偿还购房贷款本息占 60.33%，租赁住房占 0.16%，其他占 0%）；非住房消费提取占 14.37%（离休和退休提取占 6.14%，完全丧失劳动能力并与单位终止劳动关系提取占 0.004%，出境定居占 0.01%，其他占 8.216%）。

提取职工中，中、低收入占 96.12%，高收入占 3.88%。

（三）贷款业务：

1. 个人住房贷款： 2019 年，支持职工购建房 370.89 万平方米（其中园区中心 59.03 万平方米），年末个人住房贷款市场占有率（含公转商贴息贷款）为 9.68%，比上年末增加 0.49 个百分点。通过申请住房公积金个人住房贷款，可节约职工购房利息支出 540514.63 万元（其中园区中心 105735.54 万元）。

职工贷款笔数中，购房建筑面积 90（含）平方米以下占 36.98%，90～144（含）平方米占 56.73%，144 平方米以上占 6.29%。购买新房占 48.76%（其中购买保障性住房占 0.25%），购买二手房占 51.09%，建造、翻建、大修自住住房占 0.15%，其他占 0%。

职工贷款笔数中，单缴存职工申请贷款占 51.73%，双缴存职工申请贷款占 47.56%，三人及以上缴存职工共同申请贷款占 0.71%。

贷款职工中，30 岁（含）以下占 32.59%，30 岁～40 岁（含）占 50.31%，40 岁～50 岁（含）占 15.36%，50 岁以上占 1.74%；首次申请贷款占 91.35%，二次及以上申请贷款占 8.65%；中、低收入占 95.23%，高收入占 4.77%。

2. 异地贷款： 2019 年，未发放异地贷款。

3. 公转商贴息贷款： 2019 年，发放公转商贴息贷款 896 笔、70011.30 万元（其中园区中心发放 896 笔、70011.30 万元），当年贴息额 8033.68 万元（其中园区中心 4328.11 万元）。2019 年末，累计发放公转商贴息贷款 44279 笔、1613559.76 万元（其中园区 8153 笔、421571.31 万元），累计贴息 55506.11 万元（其中园区 14882.45 万元）。

4. 支持保障性住房建设试点项目贷款： 2019 年末，累计试点项目 3 个，贷款额度 20 亿元，建筑面积 62.78 万平方米，可解决 3255 户中低收入职工家庭的住房问题。其中，1 个试点项目贷款资金已发放并还清贷款本息。鉴于其余两个项目进展情况的实际，两项目不再申请发放住房公积金贷款，苏州利用住房公积金贷款支持保障性住房建设试点项目工作告一段落。

（四）住房贡献率： 2019 年，个人住房贷款发放额、公转商贴息贷款发放额、项目贷款发放额、住房消费提取额的总和与当年缴存额的比率为 107.23%，比上年减少 5.99 个百分点。

六、其他重要事项

（一）当年机构及职能调整情况、受委托办理缴存贷款业务金融机构变更情况。2019 年，未涉及机构职能调整或者缴存贷款业务金融机构变更。

（二）当年住房公积金政策调整及执行情况。

（1）当年缴存基数限额及确定方法、缴存比例等缴存政策调整情况。

1）缴存基数限额：2019年度，苏州住房公积金最高缴存基数为23700元，最低不得低于苏州各地人社部门公布的当地最低社保缴费基数，如职工工资基数确实低于当地最低社保缴费基数的，经住房公积金管理机构核准，按实缴存，但最低不得低于苏州市人力资源和社会保障局公布的当年度最低工资，即2020元。

2）确定方法：

最高限额：苏州市统计局公布的上一年度职工月平均工资的3倍；

最低限额：苏州市人力资源和社会保障局公布的当年度最低工资。

3）缴存比例调整：

各级国家机关、各类事业单位、各类企业、民办非企业单位、社会团体及其他单位：单位与职工各8%～12%。

（2）2019年未涉及提取政策、贷款政策（个人住房贷款最高贷款额度、贷款条件等）、住房公积金存贷款利率执行标准的调整情况。

（三）当年服务改进情况。 将"用户思维、客户体验"融入公积金服务全链条，更大力度优化服务供给，更高质量体现"民生温度"，让缴存职工的获得感、幸福感、安全感更加充实。

深入推进"放管服"改革。上线"苏州公积金"手机APP并融入江苏政务服务应用，超过78%的外地职工离职和退休提取业务从柜面转至线上办理，全年线上办理提取22.8万笔、金额19.6亿元。推动与工业园区政策逐步统一、业务深度对接、信息融合共享，实现苏州范围内转移业务链"全闭环"，"只要跑一次"全覆盖，下半年市中心共办理转入园区中心业务2839笔、金额4277.03万元，园区中心共办理市内转出业务1866笔、转出资金2577.35万元。推出"电子对账单"，渠道覆盖APP、网厅、支付宝，方便缴存职工的同时，有效减轻了用人单位的事务性负担。积极探索离职提取、退休提取等部分公积金业务"全市通办"，打破公积金缴存地限制，不断形成"就近能办、异地可办、全域通办"的便捷服务模式。

持续完善综合服务平台。优化完善公积金综合服务平台，打造"网站、微信、12329.云服务平台、手机APP"等多渠道的集中管理系统，统一服务、随时应答，全年线上查询达3280万人次，办理业务147.73万笔。其中，"苏州公积金"微信公众号粉丝达157万人，在线回复咨询近40万条，答复率100%，影响力领先同行。12329热线全年人工接听73万个电话，满意率达99.79%。85%的单位业务通过云服务平台实现全程网上办理。"苏州公积金"手机APP和微信公众号全新加载"网点查询、办事预约、叫号排队"等功能，有效缩短缴存职工和单位的办事等候时间。

巩固提升窗口服务质量。通过民情恳谈会、政风行风直播、服务满意度调查以及线上渠道等，听取缴存职工、行风监督员、银行从业人员等意见建议150条。每季开展惠民杯"流动红旗"评比，发挥先进示范引领作用。通过视频检查、暗访检查、飞行检查、交叉检查等方式进行全方位考核，开展服务质量指导监督，保持公积金服务在群众中的良好口碑，不断优化"公积金·惠万家"特色服务品牌。

（四）当年信息化建设情况。 持续推进苏州公积金综合业务系统建设，开发建设了业务档案电子化系统、缴存稽核管理系统、在线培训考试系统、决策分析系统、内部风险防控稽核审计系统，建成智慧排队叫号系统,整合优化全市排队叫号系统,实现手机端业务预约、在线评价、地图导航等服务功能。

贯彻落实公积金基础数据标准和结算应用系统接入,对照"双贯标"验收报告,进一步梳理标准细节,优化结算应用接口,拓宽使用范围,提升贯标精准度、提高贯标成效。按照住房和城乡建设部要求,为顺应个税改革需要,按时完成全国住房公积金数据平台接入上报工作。

努力推进部门间的数据互联共享,实现与"公安、社保、工商、不动产登记、房产交易、民政、税务"等与公积金业务息息相关的部门数据联网,为进一步拓展"互联网+公积金"应用、深化不见面审批服务奠定了良好的基础。积极落实市政府基层"互联网+政务服务"的体系建设,对接苏州市政务信息资源共享服务平台,开发住房公积金政务服务接口应用,向全市多个部门平台提供共享服务。

(五)当年住房公积金管理中心及职工所获荣誉情况。

1. 集体

(1)市中心及吴江分中心、姑苏分中心成功创建"2016—2018年度江苏省文明单位"。

(2)昆山分中心被共青团中央与住房和城乡建设部联合命名为"2017—2018年度全国青年文明号"。

(3)市中心在2018年度苏州市市级机关绩效管理考核中被评为"优胜单位"。

(4)市中心被苏州市总工会授予"苏州市五一劳动奖状"。

(5)12329热线中心荣获2018年度"苏州市十佳青年文明号"。

(6)市中心团支部在践行新时代苏州共青团奋斗精神系列活动中被评为苏州市"三敢三勇"团组织。

(7)相城分中心被苏州市"巾帼建功"活动领导小组和市"双学双比"竞赛领导小组认定为"苏州市巾帼文明岗"。

(8)市中心在苏州市人民政府2018年度政府门户网站内容保障工作中荣获"先进单位",中心网站被评为"2018年度全市优秀政府网站"。

(9)吴江分中心被江苏省总工会评为"2018年度江苏省工人先锋号"。

(10)吴江分中心被江苏省住房和城乡建设系统职工劳动竞赛活动领导小组评为"2018年度住房城乡建设系统优质服务窗口"。

(11)吴江分中心被江苏省住房和城乡建设厅、共青团江苏省委命名为"2017—2018年度江苏省青年文明号"。

(12)虎丘分中心被授予"江苏省住房和城乡建设系统模范职工小家"称号。

(13)市中心第三党支部被评为"2017—2018年度苏州市市级机关先进基层党组织"。

(14)市中心第四党支部被评为"苏州市市级机关优秀行动支部"。

(15)市中心被苏州市级机关工委评为"2017—2018年度苏州市市级机关学习型党组织示范点"。

(16)市中心被评为"全市扫黑除恶专项斗争知识竞赛先进单位"。

2. 个人

(1)张洁同志被省住房城乡建设厅和团省委联合授予"2017—2018年度江苏省青年岗位能手"称号。

(2)程玲同志被评为"江苏省住房和城乡建设系统窗口服务行业优质服务竞赛优质服务明星"。

(3)范婷同志被评为"2017—2018年度苏州市市级机关优秀党务工作者"。

(4)王明同志被评为"2017—2018年度苏州市市级机关优秀共产党员"。

(5)柳雪琴同志被评为"2018年度苏州市优秀团支部书记""苏州市市级机关优秀团青干部""2018

年度市政府门户网站内容保障工作先进个人",在践行新时代苏州共青团奋斗精神系列活动中,被评为苏州市"一心五同"团干部。

(6) 沈逸平同志被评为"2018年度苏州市优秀团支部书记"。

(7) 在践行新时代苏州共青团奋斗精神系列活动中,郑洁同志被评为苏州市"三新四创"好青年。

(六)当年对违反《住房公积金管理条例》和相关法规行为进行行政处罚和申请人民法院强制执行情况。 2019年,全市无相关行政处罚案件,无申请法院强制执行情况。

(七)当年对住房公积金管理人员违规行为的纠正和处理情况等。 2019年,全市住房公积金管理人员不存在违规行为。

(八)其他需要披露的情况。

(1) 严格执行《关于改进住房公积金缴存机制进一步降低企业成本的通知》(建金〔2018〕45号)及《关于延长阶段性适当降低企业住房公积金缴存比例的实施意见》(苏房金规〔2018〕4号),全市共办理降低缴存比例单位391家,累计为企业减轻负担9000万元。为使用住房公积金单位网上业务的企业承担第三方CA电子证书使用相关费用353万元,进一步减轻企业负担。

(2) 开展2018年度中低收入家庭购买保障性住房的公积金贷款贴息,全市共计办理贷款贴息544笔(其中园区中心238笔)、143.22万元(其中园区中心59.89万元),户均贴息2633元。

(3) 继续对长期未使用住房公积金的缴存职工实施奖励补贴机制,全年累计向6.6万名(其中园区中心2122名)符合条件的职工实施奖励5210.61万元(其中园区中心355.64万元),人均享受补贴789.49元。

南通市住房公积金2019年年度报告

一、机构概况

(一)住房公积金管理委员会:住房公积金管理委员会有25名委员,2019年召开1次会议,审议通过的事项主要包括:

(1) 审议《关于2018年住房公积金归集、使用计划执行情况和2019年住房公积金归集、使用计划的报告》;

(2) 听取市财政局《2018年住房公积金资金审计情况的汇报》,审议《2018年度住房公积金财务报表审计情况说明书》和《2018年度住房公积金管理费用使用审计情况说明书》;

(3) 审议《2018年住房公积金增值收益分配方案》;

(4) 审议《南通市住房公积金管理中心2018年年度报告》;

(5) 审议《关于同意中国邮政储蓄银行南通分行开展住房公积金归集业务的请示》;

(6) 审议《关于同意如东农村商业银行承办住房公积金贷款业务的请示》;

(7) 听取公积金中心《关于改进住房公积金缴存机制进一步降低企业成本的通知》的情况汇报。

(二)住房公积金管理中心:住房公积金管理中心为市政府直属不以营利为目的的自收自支事业单位,

设10个处（科），6个管理部，5个办事处。从业人员124人，其中，在编99人，非在编25人。

二、业务运行情况

（一）**缴存**：2019年，新开户单位2672家，实缴单位20616家，净增单位1591家；新开户职工14.55万人，实缴职工89.52万人，净增职工3.87万人；缴存额140.41亿元，同比增长20.96%。2019年末，缴存总额951.65亿元，同比增长17.31%；缴存余额312.61亿元，同比增长11.11%。

受委托办理住房公积金缴存业务的银行5家，与上年相比无变化。

（二）**提取**：2019年，提取额109.15亿元，同比增长20.59%；占当年缴存额的77.74%，比上年减少0.23个百分点。2019年末，提取总额639.04亿元，同比增长20.60%。

（三）**贷款**：

1. 个人住房贷款：个人住房贷款最高额度40万元，其中，单缴存职工最高额度40万元，双缴存职工最高额度80万元。

2019年，发放个人住房贷款2.20万笔、96.26亿元，同比分别增长21.55%、29.35%。

2019年，回收个人住房贷款43.59亿元。

2019年末，累计发放个人住房贷款27.27万笔、702.42亿元，贷款余额374.75亿元，同比分别增长8.78%、15.88%、16.35%。个人住房贷款余额占缴存余额的119.88%，比上年增加5.4个百分点。

受委托办理住房公积金个人住房贷款业务的银行19家，与上年相比无变化。

2. 住房公积金支持保障性住房建设项目贷款：2019年，发放支持保障性住房建设项目贷款0亿元，回收项目贷款0亿元。

2019年末，累计发放项目贷款0亿元，项目贷款余额0亿元。

（四）**购买国债**：2019年未购买国债，至年底国债余额为0。

（五）**融资**：2019年，融资37.83亿元，归还18.84亿元。2019年末，融资总额96.23亿元，融资余额64.21亿元。

（六）**资金存储**：2019年末，住房公积金存款0亿元。

（七）**资金运用率**：2019年末，住房公积金个人住房贷款余额、项目贷款余额和购买国债余额的总和占缴存余额的119.88%，比上年增加5.4个百分点。

三、主要财务数据

（一）**业务收入**：2019年，业务收入114388.71万元，同比增长14.30%。其中，存款利息1001.18万元，委托贷款利息113387.53万元，国债利息0万元，其他0万元。

（二）**业务支出**：2019年，业务支出67140.68万元，同比增长17.21%。其中，支付职工住房公积金利息45697.18万元，归集手续费3533.30万元，委托贷款手续费3014.91万元，其他14895.29万元。

（三）**增值收益**：2019年，增值收益47248.02万元，同比增长10.40%。增值收益率1.60%，与上年持平。

（四）**增值收益分配**：2019年，提取贷款风险准备金28348.81万元，提取管理费用4217.99万元，提取城市廉租住房（公共租赁住房）建设补充资金14681.21万元。

2019年，上交财政管理费用3128.07万元。上缴财政城市廉租住房（公共租赁住房）建设补充资金13990.37万元。

2019年末，贷款风险准备金余额256299.45万元。累计提取城市廉租住房（公共租赁住房）建设补充资金128231.08万元。

（五）**管理费用支出**：2019年，管理费用支出4217.99万元，同比增长34.84%。其中，人员经费2694.34万元，公用经费289.50万元，专项经费1234.15万元。

四、资产风险状况

（一）**个人住房贷款**：2019年末，个人住房贷款逾期额592.01万元，逾期率0.16‰。

个人贷款风险准备金按增值收益的60%提取。2019年，提取个人贷款风险准备金28348.81万元，使用个人贷款风险准备金核销呆坏账0万元。2019年末，个人贷款风险准备金余额256299.45万元，占个人住房贷款余额的6.84%，个人住房贷款逾期额与个人贷款风险准备金余额的比率为0.23%。

（二）**支持保障性住房建设试点项目贷款**：2019年末，无逾期项目贷款，未计提项目贷款风险准备金，无项目贷款风险准备金余额。

五、社会经济效益

（一）**缴存业务**：2019年，实缴单位数、实缴职工人数和缴存额同比分别增长8.36%、4.52%和20.96%。

缴存单位中，国家机关和事业单位占15.45%，国有企业占1.98%，城镇集体企业占0.69%，外商投资企业占2.85%，城镇私营企业及其他城镇企业占3.99%，民办非企业单位和社会团体占3.93%，其他占71.11%。

缴存职工中，国家机关和事业单位占19.83%，国有企业占6.49%，城镇集体企业占1.42%，外商投资企业占9.95%，城镇私营企业及其他城镇企业占1.77%，民办非企业单位和社会团体占1.59%，其他占58.95%；中、低收入占97.53%，高收入占2.47%。

新开户职工中，国家机关和事业单位占5.47%，国有企业占2.74%，城镇集体企业占0.68%，外商投资企业占6.58%，城镇私营企业及其他城镇企业占1.68%，民办非企业单位和社会团体占1.60%，其他占81.25%；中、低收入占99.59%，高收入占0.41%。

（二）**提取业务**：2019年，29.51万名缴存职工提取住房公积金109.15亿元。

提取金额中，住房消费提取占86.35%（购买、建造、翻建、大修自住住房占45.80%，偿还购房贷款本息占40.48%，租赁住房占0.07%，其他占0%）；非住房消费提取占13.65%（离休和退休提取占9.12%，完全丧失劳动能力并与单位终止劳动关系提取占0.15%，户口迁出本市或出境定居占0.15%，其他占4.23%）。

提取职工中，中、低收入占97.06%，高收入占2.94%。

（三）**贷款业务**：

1.个人住房贷款：2019年，支持职工购建房271.17万平方米，年末个人住房贷款市场占有率为15.96%。通过申请住房公积金个人住房贷款，可节约职工购房利息支出185012.10万元。

职工贷款笔数中，购房建筑面积 90（含）平方米以下占 11.36%，90～144（含）平方米占 74.61%，144 平方米以上占 14.03%。购买新房占 64.20%（其中购买保障性住房占 0%），购买二手房占 35.80%，建造、翻建、大修自住住房占 0%，其他占 0%。

职工贷款笔数中，单缴存职工申请贷款占 14.96%，双缴存职工申请贷款占 80.29%，三人及以上缴存职工共同申请贷款占 4.75%。

贷款职工中，30 岁（含）以下占 34.06%，30 岁～40 岁（含）占 38.39%，40 岁～50 岁（含）占 21.90%，50 岁以上占 5.65%；首次申请贷款占 76.97%，二次及以上申请贷款占 23.03%；中、低收入占 99.90%，高收入占 0.10%。

2. 异地贷款：2019 年，发放异地贷款 993 笔、40153.66 万元。2019 年末，发放异地贷款总额 103714.46 万元，异地贷款余额 91746.51 万元（不含系统升级前数据）。

3. 公转商贴息贷款：2019 年，发放公转商贴息贷款 0 笔、0 万元，支持职工购建住房面积 0 万平方米，当年贴息额 5077.93 万元。2019 年末，累计发放公转商贴息贷款 14387 笔、613597.65 万元，累计贴息 19575.84 万元。

4. 支持保障性住房建设试点项目贷款：2019 年末，累计试点项目 0 个，贷款额度 0 亿元，建筑面积 0 万平方米。

（四）**住房贡献率**：2019 年，个人住房贷款发放额、公转商贴息贷款发放额、项目贷款发放额、住房消费提取额的总和与当年缴存额的比率为 135.67%，比上年增加 9.32 个百分点。

六、其他重要事项

（一）**当年机构及职能调整情况、受委托办理缴存贷款业务金融机构变更情况。**2019 年中心未对内设机构及职能进行调整，承办缴存贷款业务金融机构无变化。

（二）**当年住房公积金政策调整及执行情况。**

1. 当年缴存基数限额及确定方法、缴存比例等缴存政策调整情况

（1）缴存基数限额：2019 年度，最高缴存基数为 22000 元，最低缴存基数为 2020 元。

（2）确定方法：最高不超过南通市统计局公布的市区 2018 年度职工月平均工资的 3 倍，最低不低于南通市劳动和社会保障局公布的最低月工资标准。

（3）缴存比例调整：

各单位缴存比例为：单位与职工各 8%～12%。对新开户企业，最低可按 5% 执行，已建制企业可在 5%～12% 内自主确定缴存比例。

2. 当年提取政策调整情况

《关于调整租房提取住房公积金相关规定的通知》（通金管〔2019〕55 号）：租赁住房的，在租赁期限内每年可以申请提取一次。租住公共租赁住房，按照实际房租支出金额提取。租赁商品住房的，提取额度不得超过实际房租支出金额且最高额度为每人每月 900 元，有效治理了违规提取，维护了广大缴存职工的合法权益。

3. 当年贷款政策调整情况

2019 年，我中心贷款政策未调整。

4. 当年住房公积金存贷款利率执行标准

住房公积金存款利率：职工缴存住房公积金按照 1.5% 付息；住房公积金贷款利率：五年期（含五年）以下为 2.75%，五年期以上为 3.25%。

（三）当年服务改进情况。

（1）继续落实《江苏省住房和城乡建设厅等四部门转发住房城乡建设部等四部门关于维护住房公积金缴存职工购房贷款权益的通知》（苏建金管〔2018〕2 号文）精神，对相关楼盘实施公积金按揭贷款预准入制度，楼盘必须与中心签订《按揭贷款协议》，承诺不得拒绝购房人的住房公积金贷款后，才可领取《商品房预售许可证》，进一步维护了广大公积金缴存职工合法权益。

（2）优化公积金审批流程，合并贷款申请审批表格，将原来的多种表格合并成一张《申请审批表》，并通过公积金信息系统自动生成、打印，方便了借款申请人。修改完善了《南通市住房公积金个人借款合同》文本，新文本于 6 月 1 日起正式使用。

（3）深化"放管服"建设。2019 年是中心全面深化"放管服"改革的关键之年，中心坚持换位思考，减层级、减事项、减材料、减环节，精准发力，陆续上线公积金网上营业厅、手机 APP 等八个服务渠道，真正实现"零跑腿、零见面、零材料"，让缴存职工享受到公积金+互联网带来的便利。

（4）提升政务服务效能。大力推进政务服务标准化，大幅缩短办结时间。根据市政务办关于"一张网"信息维护的工作部署，重新梳理服务事项，精简审批材料，缩短办事时间，减少审批环节，如单位确有困难需要降低缴存比例由原来 10 个工作日缩短到 2 个工作日，租住住房提取住房公积金由 3 个工作日缩短到即时办理，住房公积金贷款由 15 个工作日缩短到 7 个工作日。

（5）加快处理群众诉求，切实维护职工权益。中心共受理"市长信箱"12 起，12345 政府热线转办 301 起，省厅交办 2 起。受理 12329 客服热线、缴存贷款等方面投诉 499 起，网上咨询 3156 条，均给予妥善处理。全年 12329 公积金热线接听电话 472314，其中人工 125727 个，比上年增加了 26.70%。

（6）做好宣传及政务公开工作，全年在《南通日报》、《江海晚报》、电台、电视台发布动态新闻稿 30 多篇，在中心网站发布工作动态 70 条，并及时更新其他政策文件、公告公示、人事信息等 20 多条，及时做好 2018 年度政府信息公开年度报告编制发布工作。发布公众微信 23 条，及时给缴存市民普及公积金政策。

（四）当年信息化建设情况。

（1）继续推进综合服务平台的建设，不断优化程序及流程。

（2）按照住房和城乡建设部"互联网+监管"要求，建设了南通住房公积金风险防控平台，与中心业务系统数据自动比对筛查，精准定位疑点数据。

（3）完成公积金数据平台接入工作，完成了与全国公积金异地转移接续平台自动对接。

（4）上线公积金电子档案管理系统，提高档案管理水平，方便档案的复用和查阅，实现综合业务管理系统与电子档案资料的双向交互，促进业务流程再造和精细化管理。

（五）当年住房公积金管理中心及职工所获荣誉情况。

（1）文明单位地市级 6 个。

（2）三八红旗手省部级 1 个。

（3）先进集体和个人省部级 3 个。

（4）其他省部级 4 个。

（六）当年对违反《住房公积金管理条例》和相关法规行为进行行政处罚和申请人民法院强制执行情况。2019 年，下发行政处罚决定 2 家，责令限期缴存 21 家，完成追缴公积金 6.6 万元。全年共下发督办通知 4 份，敦促各部门加强企业建制、基数调整和催缴挖潜相关工作。

（七）其他需要披露的情况。中心扫黑除恶专项斗争工作取得成效。成立了扫黑除恶专项斗争领导小组，要求各部门高度重视、严格执行，层层落实。一方面从窗口日常工作中排摸整理，通过建立窗口人员工作群对发现的虚假材料进行及时交流和通报，对苗头性的问题及时进行打击，另一方面密切关注群众的来访、来电、来信、12329 热线、12345 市长信箱中的相关信息等开展相关治理工作。全年发现以虚假材料骗取公积金 165 笔，协助公安部查询相关线索 9 笔，协助公安部进行违规提取案件取证工作 9 笔，向公安机关移交线索 17 笔，立案 17 笔，更好地维护缴存职工的合法权益。

连云港市住房公积金 2019 年年度报告

一、机构概况

（一）住房公积金管理委员会：住房公积金管理委员会有 23 名委员，2019 年召开第四届住房公积金管理委员会第二次会议，审议通过的事项主要包括：《连云港市住房公积金 2018 年度决算及 2019 年度预算的报告》《连云港市住房公积金 2018 年年度报告》《连云港市住房公积金资金竞争性存放实施办法》等议案。

（二）住房公积金管理中心：连云港市住房公积金管理中心是直属于市政府的不以营利为目的的自收自支事业单位，设 7 个处室，6 个分中心。从业人员 95 人，其中，在编 63 人，非在编 32 人。

二、业务运行情况

（一）缴存：2019 年，新开户单位 1540 家，实缴单位 8315 家，净增单位 927 家；新开户职工 5.18 万人，实缴职工 38.13 万人，净增职工 1 万人；缴存额 60.18 亿元，同比增长 12.53%。2019 年末，缴存总额 417.77 亿元，比上年末增加 16.83%；缴存余额 163.13 亿元，比上年末增加 12.88%。

受委托办理住房公积金缴存业务的银行 8 家，与上年相同。

（二）提取：2019 年，提取额 41.56 亿元，同比增长 5.67%；占当年缴存额的 69.06%，比上年减少 4.48 个百分点。2019 年末，提取总额 254.64 亿元，比上年末增加 19.5%。

（三）贷款：

个人住房贷款：个人住房贷款最高额度 60 万元，其中，单缴存职工最高额度 30 万元，双缴存职工最高额度 60 万元。

2019 年，发放个人住房贷款 0.75 万笔、26.71 亿元，同比分别增长 38.89%、45.24%。

2019 年，回收个人住房贷款 24.67 亿元。

2019年末，累计发放个人住房贷款12.06万笔、319.31亿元，贷款余额138.42亿元，分别比上年末增加6.63%、9.13%、1.50%。个人住房贷款余额占缴存余额的84.85%，比上年末减少9.52个百分点。

受委托办理住房公积金个人住房贷款业务的银行6家，与上年相同。

（四）**资金存储**：2019年末，住房公积金存款24.7亿元。其中，活期0.11亿元，1年（含）以下定期18.94亿元，其他（协定、通知存款等）5.65亿元。

（五）**资金运用率**：2019年末，住房公积金个人住房贷款余额、项目贷款余额和购买国债余额的总和占缴存余额的84.85%，比上年末减少9.52个百分点。

三、主要财务数据

（一）**业务收入**：2019年，业务收入48254.54万元，同比增长2.95%。存款利息4186.73万元，委托贷款利息44067.8万元，其他0.01万元。

（二）**业务支出**：2019年，业务支出23219.39万元，同比下降5.76%。支付职工住房公积金利息21501.19万元，归集手续费500万元，委托贷款手续费1000万元，其他218.20万元。

（三）**增值收益**：2019年，增值收益25035.15万元，同比增长12.61%。增值收益率1.62%，与上年相同。

（四）**增值收益分配**：2019年，提取贷款风险准备金16106.07万元，提取管理费用3929.08万元，提取城市廉租住房（公共租赁住房）建设补充资金5000万元。

2019年，上交财政管理费用3858.33万元。上缴财政城市廉租住房（公共租赁住房）建设补充资金4800万元。

2019年末，贷款风险准备金余额103245.25万元。累计提取城市廉租住房（公共租赁住房）建设补充资金46755.95万元。

（五）**管理费用支出**：2019年，管理费用支出3406.21万元，同比增长21.37%。其中，人员经费1918.7万元，公用经费90.15万元，专项经费1397.35万元。

四、资产风险状况

个人住房贷款：2019年末，个人住房贷款逾期额47.72万元，逾期率0.03‰。

个人贷款风险准备金按（贷款余额）的1.16%提取。2019年，提取个人贷款风险准备金16106.07万元。2019年末，个人贷款风险准备金余额103245.25万元，占个人住房贷款余额的7.46%，个人住房贷款逾期额与个人贷款风险准备金余额的比率为0.05%。

五、社会经济效益

（一）**缴存业务**：2019年，实缴单位数、实缴职工人数和缴存额同比分别增长12.55%、2.69%和12.53%。

缴存单位中，国家机关和事业单位占24.28%，国有企业占6.9%，城镇集体企业占1.61%，外商投资企业占1.71%，城镇私营企业及其他城镇企业占58.66%，民办非企业单位和社会团体占2.33%，其他占4.51%。

缴存职工中，国家机关和事业单位占29.01%，国有企业占12.01%，城镇集体企业占1.47%，外商投资企业占3.29%，城镇私营企业及其他城镇企业占50.31%，民办非企业单位和社会团体占1.16%，其他占2.75%；中、低收入占97.38%，高收入占2.62%。

新开户职工中，国家机关和事业单位占14%，国有企业占5.64%，城镇集体企业占1.9%，外商投资企业占2.28%，城镇私营企业及其他城镇企业占70.69%，民办非企业单位和社会团体占2.26%，其他占3.23%；中、低收入占99.1%，高收入占0.9%。

（二）提取业务：2019年，13.99万名缴存职工提取住房公积金41.56亿元。

提取金额中，住房消费提取占81.82%（购买、建造、翻建、大修自住住房占14.66%，偿还购房贷款本息占66.41%，租赁住房占0.75%）；非住房消费提取占18.18%（离休和退休提取占12.37%，完全丧失劳动能力并与单位终止劳动关系提取占3.93%，户口迁出本市或出境定居占1.36%，其他占0.52%）。

提取职工中，中、低收入占96.14%，高收入占3.86%。

（三）贷款业务：

1. 个人住房贷款：2019年，支持职工购建房85.07万平方米，年末个人住房贷款市场占有率（含公转商贴息贷款）为11.95%，比上年末下降1.37个百分点。通过申请住房公积金个人住房贷款，可节约职工购房利息支出85739.1万元。

职工贷款笔数中，购房建筑面积90（含）平方米以下占18.72%，90～144（含）平方米占72.84%，144平方米以上占8.44%。购买新房占56.23%（其中购买保障性住房占1.29%），购买二手房占43.77%。

职工贷款笔数中，单缴存职工申请贷款占61.72%，双缴存职工申请贷款占38.28%。

贷款职工中，30岁（含）以下占42.88%，30岁～40岁（含）占39.56%，40岁～50岁（含）占15.19%，50岁以上占2.37%；首次申请贷款占96.93%，二次申请贷款占3.07%；中、低收入占83.24%，高收入占16.76%。

2. 异地贷款：2019年，发放异地贷款418笔、14588.3万元。2019年末，发放异地贷款总额34724.8万元，异地贷款余额22224.99万元。

（四）住房贡献率：2019年，个人住房贷款发放额、公转商贴息贷款发放额、项目贷款发放额、住房消费提取额的总和与当年缴存额的比率为100.88%，比上年增加6.27个百分点。

六、其他重要事项

（一）当年机构及职能调整情况、受委托办理缴存贷款业务金融机构变更情况。 2019年，连云港市住房公积金管理中心未涉及机构及职能调整、受委托办理缴存贷款业务金融机构变更。

（二）当年住房公积金政策调整及执行情况。

1. 当年缴存基数限额及确定方法、缴存比例调整情况：2019年，本市住房公积金月缴存基数上限为19083元，依此设定单位和个人月缴存额上限各为2290元，单位和个人月缴存额上限合计为4580元；本市住房公积金月缴存基数下限为3130元，依此设定单位和个人月缴存额下限各为156.5元，单位和个人月缴存额下限合计为313元。2019年，本市机关事业单位和职工住房公积金缴存比例仍各为12%；各类企业及其他经济组织单位和职工住房公积金缴存比例为5%~12%。

2. 当年缴存政策调整情况： 一是出台《关于贯彻落实〈关于军队文职人员住房公积金管理有关问题的通知〉的通知》（连房公积金〔2019〕4号），对军队文职人员住房公积金纳入地方管理体系的人员范围、缴存基数、缴存比例、贷用管理等作出了明确的要求。二是出台《关于贯彻落实〈关于深化连台经济社会融合发展的若干实施意见〉的通知》（连房公积金〔2019〕23号），进一步深化连台经济文化交流合作，为台湾同胞来连投资、学习、就业、创业、生活提供与连云港居民同等待遇。三是出台《关于进一步规范市级机关事业单位2019年度住房公积金缴存基数的通知》（连房公积金〔2019〕25号），进一步规范市级机关事业单位住房公积金缴存基数。

3. 当年提取政策调整情况： 一是出台《关于调整租房提取住房公积金额度的通知》（连房公积金〔2019〕20号），根据我市住房租赁市场实际情况，适当提高租房提取住房公积金额度，减轻缴存职工租赁住房支付压力，调整后租房提取最高限额为一人户1007元/月、二人户1510元/月、三人及以上户1846元/月。二是出台《关于印发〈继承提取住房公积金实施办法〉的通知》（连房公积金〔2019〕39号），推进住房公积金"减证便民"、满足广大群众对业务办理简化、便捷的需求，同时减少各种可能产生的风险和纠纷。

4. 当年住房公积金存贷款利率调整及执行情况： 存款利率执行上，2019年没有变化，住房公积金存贷款利率均按照国家利率政策规定的基准利率执行，存款利率按一年期定期存款基准利率执行1.5%，五年以下（含五年）个人住房公积金贷款利率执行2.75%，五年以上个人住房公积金贷款利率执行3.25%。

5. 当年贷款政策调整情况： 一是出台《关于调整我市住房公积金贷款政策的通知》（连住公委〔2019〕1号），落实"房子是用来住的，不是用来炒的"定位，支持职工改善型自住住房需求，将"购买首套房首次申请可贷住房公积金贷款"调整为"在我市购买第二套住房及以下的职工家庭可以申请住房公积金贷款"。二是出台《关于调整住房公积金异地个人住房贷款政策的通知》（连住公委〔2019〕2号），取消现行异地贷款政策中"户籍地为本市"的申请条件。三是出台《关于调整存量房提取住房公积金和贷款部分所需材料通知》（连房公积金〔2019〕30号），结合税务机关对契税完税凭证的开具进行调整的实际情况，职工购买存量房申请公积金贷款、公积金提取材料中契税完税凭证调整为购房发票。

6. 当年住房公积金个人住房贷款最高贷款额度调整情况： 2019年未做调整。目前本市个人住房贷款最高额度为60万元，其中，借款人双方正常缴存的最高额度60万元，借款人单方正常缴存的最高额度30万元。

（三）**当年服务改进情况。** 开展新一轮窗口6S规范化服务导入，实施对人规范化、对事流程化、对物规格化管理。按照"简洁、明快、节能"要求，升级改造海州分中心服务大厅，重新设计服务大厅风格，升级照明、空调系统，为群众提供明亮、舒适、温暖的办事环境。协调银行安排工作人员派驻各县区住房公积金分中心服务大厅，充实窗口一线服务队伍。常态化开展窗口服务督导检查，全年出具监督报告12次，督促服务贯标各项要求落地生效。

（四）**当年信息化建设情况。** 成功接入全国住房公积金数据平台，为"互联网+政务服务"和提高行业服务水平提供有力技术支撑。目前中心网厅已开通线上提取、贷款等个人业务23项，全部实现"零跑腿""零材料""即时办结"。2019年全市线上办理公积金业务量为834万笔，占到全部业务办理量的90%。通过"我的连云港"APP访问住房公积金业务量达318万人次，居市级机关第二位。实现线上提取公积金偿还商业银行（全国范围）住房贷款。

（五）当年住房公积金管理中心及职工所获荣誉情况。中心获得2016—2018年度江苏省文明单位、连云港市先进基层党组织、连云港市学习型党组织建设工作先进单位、市级机关党建工作示范单位、脱贫致富奔小康工程帮扶工作先进单位、全市政务信息工作先进单位、全市政务公开工作先进单位、第四届连云港市精神文明建设工作十大品牌等二十余项市级以上表彰；海州分中心荣获2017—2018年度全国青年文明号，赣榆分中心、连云分中心荣获2017—2018年度江苏省青年文明号；高云玲同志荣获江苏省巾帼建功标兵称号。

（六）当年对违反《住房公积金管理条例》和相关法规行为进行行政处罚和申请人民法院强制执行情况。全市未发生违反《住房公积金管理条例》和相关法规行为而受到中心行政处罚和申请人民法院强制执行的情况。中心大力打击骗提、骗贷、套取住房公积金的失信行为，共查处公积金失信案件45件，涉案金额共计369.62万元，涉案人员共计45人。按照规定对发现的骗提、骗贷、套取住房公积金行为，除责令退回所提款项外，暂停其3~5年提取和贷款资格，通报有关单位，同时作为失信信息录入信用信息系统，构成犯罪的，移送司法机关处理。2019年共计36人因违反《住房公积金管理条例》和相关法规行为被计入住房公积金失信名单。

（七）当年对住房公积金管理人员违规行为的纠正和处理情况等。2019年无需要披露事项。

淮安市住房公积金2019年年度报告

一、机构概况

（一）决策机构。根据《住房公积金管理条例》规定，淮安市住房公积金管理委员会作为全市住房公积金管理的决策机构，现有委员30名。主要职责是依据有关法律、法规和政策，制定和调整住房公积金的具体管理措施；拟订住房公积金的具体缴存比例；确定住房公积金个人住房贷款最高贷款额度；审议住房公积金增值收益分配方案；审批住房公积金归集、使用计划及执行情况的报告。

（二）管理机构。根据《住房公积金管理条例》规定，淮安市住房公积金管理中心作为直属市政府的不以营利为目的的事业单位，主要负责全市住房公积金的归集、使用、管理和会计核算。内设6个职能部门：办公室（人事教育处）、监察室、归集执法处、财务计划处、信息技术处、审计稽核处，下设3个服务网点：市区营业部、新区营业部、网上营业部，下设6个分支机构：淮阴、淮安、涟水、洪泽、盱眙、金湖分中心。

（三）承办机构。根据省住房城乡建设厅、省财政厅、人民银行南京分行《关于住房公积金若干具体问题指导意见》的有关规定，本市住房公积金缴存、提取、贷款金融业务分别委托中国建设银行股份有限公司淮安分行、中国工商银行股份有限公司淮安分行、中国银行股份有限公司淮安分行、中国农业银行股份有限公司淮安分行及其分支机构办理。

二、业务运行情况

（一）**缴存**：2019年，全市住房公积金实缴单位6269家、实缴职工44.18万人，缴存63.60亿元、同比增长14.97%；新增住房公积金开户单位727家、新增开户职工7.15万人，净增单位454家、净增职工2.49万人。截至2019年末，全市住房公积金缴存总额420.39亿元、缴存余额138.96亿元。

（二）**提取**：2019年，全市提取住房公积金44.74亿元，占当年住房公积金缴存额的70.35%，比上年同期下降4.74个百分点。截至2019年末，住房公积金提取总额281.43亿元。

（三）**贷款**：2019年，全市发放住房公积金个人住房贷款1.05万笔、34.49亿元，同比分别增长28.05%、31.64%，回收个人住房贷款21.75亿元。截至2019年末，全市累计发放住房公积金个人贷款11.70万笔、260.80亿元、贷款余额127.66亿元。住房公积金个人贷款率为91.87%，比上年同期下降3.81个百分点。

（四）**购买国债**：2019年未购买、兑付国债。年末国债余额979万元为以前年度使用住房公积金购买的国债，依据国家有关规定托管在华泰证券淮安营业部席位。

（五）**资金存储**：截至2019年末，全市住房公积金结余资金存款为17.94亿元。

（六）**资金运用**：截至2019年末，全市住房公积金运用率91.93%，比上年同期下降3.83个百分点。

三、主要财务数据

（一）**业务收入**：2019年，全市住房公积金业务收入42615.54万元，同比增长11.82%。其中：住房公积金利息收入3006.04万元、委托贷款利息收入38995.66万元、国家债券利息收入365.34万元、其他收入248.50万元。

（二）**业务支出**：2019年，全市住房公积金业务支出20791.41万元，同比增长10.91%。其中：缴存职工个人账户余额的利息支出20064.80万元、归集手续费支出618.18万元、委托贷款手续费支出58.59万元、贷款抵押登记费49.84万元。

（三）**增值收益**：2019年，全市住房公积金增值收益21824.13万元，同比增长12.71%；增值收益率1.68%，比上年同期下降0.02个百分点。

（四）**增值收益分配**：2019年，全市上缴财政公积金中心管理费用1992.93万元，上缴财政城市廉租房建设补充资金19831.20万元。截至2019年末，全市提取住房公积金个人贷款风险准备金2.58亿元，累计上缴城市廉租房建设补充资金11.30亿元。

（五）**管理费用**：2019年，全市管理费用支出1992.93万元，同比下降0.008%。其中：人员经费1285.10万元、公用经费166.30万元、专项经费541.53万元。

四、资产风险状况

2019年末，住房公积金个人贷款逾期2.59万元，住房公积金个人贷款逾期率0.002‰。截止2019年末，住房公积金个人贷款风险准备金余额为2.58亿元，住房公积金个人贷款风险准备金余额与住房公积金个人贷款余额的比率为2.02%。

五、社会经济效益

（一）缴存：2019年，住房公积金缴存职工按单位性质，国家机关和事业单位占38.72%、国有企业占14.88%、城镇集体企业占0.94%、外商投资企业占12.69%、城镇私营企业及其他城镇企业占28.89%、民办非企业单位和社会团体占2.30%、其他占1.58%。

（二）提取：2019年，职工提取住房公积金44.74亿元。其中住房消费提取占85.89%（购买、建造、翻建、大修自住住房占21.91%、偿还购房贷款本息占63.92%、租赁住房占0.06%）；账户销户提取占13.49%（退休提取占11.15%、完全丧失劳动能力并与单位终止劳动关系提取占0.44%、不在本市继续工作户口迁出本市和出境定居提取占1.57%、死亡或宣告死亡提取占0.33%）；家庭特困提取占0.62%。

（三）贷款：2019年全市支持职工购买住房122.13万平方米，带动住宅销售81.23亿元；职工通过使用住房公积金个人贷款，与商业性个人住房贷款利率相比节约利息支出2440万元。截止2019年末，全市住房公积金个人贷款余额占全市金融机构商品住房贷款余额的9.87%。

住房公积金个人贷款所购住房中，90（含）m^2以下占16.20%，90～144（含）m^2占74.60%，144m^2以上占9.20%；新房占81.14%，二手房占18.86%。

（四）住房贡献率：2019年，个人住房贷款发放额、住房消费提取额的总和与当年缴存额的比率为114.65%。

六、其他重要事项

（一）住房公积金管理委员会议事情况。 2019年，市住房公积金管理委员会召开四届一次会议，会议选举产生第四届住房公积金管理委员会。会议审议2018年住房公积金财务决算和2019年住房公积金财务预算草案，审议修订住房公积金缴存提取贷款三个管理实施细则，审议关于当前住房公积金贷款政策措施的建议。

（二）住房公积金缴存政策执行情况。

1. 住房公积金缴存基数：2019年，市住房公积金管理委员会依据《住房公积金管理条例》规定，调整了住房公积金缴存基数，住房公积金缴存基数为职工本人2018年工资总额除以12，工资总额按照国家统计局规定列入工资总额统计的项目计算，主要包括：计时工资、计件工资、奖金、津贴补贴、加班加点工资、特殊情况下支付的工资。住房公积金缴存基数最高不超过市统计部门公布的上一年度职工月平均工资的3倍，最低不低于2018年市人社部门规定的职工最低社会保险费缴费基数。

2. 住房公积金缴存比例：2019年，本市国家机关、事业单位住房公积金缴存比例单位和职工个人仍各为12%；为改进住房公积金缴存机制进一步降低企业成本，新建立住房公积金制度的企业可根据自身生产经营状况，在5%～12%之间自主确定住房公积金缴存比例。已建立住房公积金制度、生产经营困难的企业，经本单位职工代表大会或工会讨论通过，可按相关规定申请降低缴存比例或者缓缴住房公积金，降低后的单位和职工住房公积金缴存比例不得低于5%。

（三）住房公积金存贷款利率执行情况。

1. 个人住房公积金账户存款利率：根据中国人民银行、住房和城乡建设部、财政部印发的《关于完善职工住房公积金账户存款利率形成机制的通知》（银发〔2016〕43号）规定，个人住房公积金账户存款上年结转和当年归集均按一年期定期存款1.50%的基准利率执行。

2.住房公积金个人住房贷款利率：职工购买首套房、首次申请住房公积金贷款的，五年期以上个人住房公积金贷款利率为3.25%；五年期以下（含五年）个人住房公积金贷款利率为2.75%。职工购买第二套住房或首次贷款已结清第二次使用住房公积金贷款的，五年期以上个人住房公积金贷款利率为3.575%；五年期以下（含五年）个人住房公积金贷款利率为3.025%。

（四）住房公积金个人贷款额度执行情况。 2019年，全市住房公积金个人贷款额度按照借款人的住房公积金账户存储余额、偿还贷款能力、购建住房价款，依据下列标准计算确定：贷款额度不超过申请贷款时住房公积金账户余额的15倍；对职工首次使用住房公积金贷款已结清，再次申请贷款时个人账户余额不足15倍的，改按贷款还款能力系数的30%计算住房公积金贷款额度。购买首套住房的，贷款额度不超过应付房价款的70%，购买第二套住房或首次贷款已结清第二次使用住房公积金贷款的，不超过应付房价款的50%；贷款额度不超过市住房公积金管理委员规定的最高额度（双方连续、足额缴存住房公积金的为60万元；一方未缴或停缴3个月以上的为30万元）。

（五）住房公积金亲民服务开展情况。 2019年，中心围绕优化营商环境，深刻检视服务缴存单位和职工不到位问题，推出降低企业缴存比例等5项惠企措施，全年为企业降低成本3000余万元。推出抵押登记代办等5项利民举措，推动贷款办理由5个工作日缩至3个工作日；围绕"放管服"改革，打通堵点、去除痛点，推出业务受理"全域办"等"四办"服务改革，受到市委主要领导的批示肯定；围绕"不见面"服务，组织开发网上服务功能，并与"江苏政务网"深度融合，实现单位汇缴8项业务"网厅办"、个人提取9项业务"不见面"，自9月份上线以来，网上受理逾4000笔。中心荣获省级"文明单位"。

盐城市住房公积金2019年年度报告

一、机构概况

（一）住房公积金管理委员会：住房公积金管理委员会有25名委员，2019年召开1次会议，审议通过的事项主要包括：(1) 关于主任委员、副主任委员推举情况；(2) 关于2018年度全市住房公积金归集、使用计划执行情况；(3) 关于2019年工作任务；(4) 关于2019年度全市住房公积金融资计划；(5) 关于2019年度全市住房公积金增值收益分配方案；(6) 关于我市住房公积金有关政策调整问题；(7) 关于当前和今后一段时期我市住房公积金管理工作要求。

（二）住房公积金管理中心：住房公积金管理中心为盐城市市政府不以营利为目的的公益一类事业单位，设8个处（室），10个管理部。从业人员134人，其中，在编96人，非在编38人。

二、业务运行情况

（一）缴存：2019年，新开户单位1309家，实缴单位12920家，净增单位775家；新开户职工6.9万人，实缴职工58.93万人，净增职工3.17万人；缴存额71.47亿元，同比增长6.39%。2019年末，缴存总额 500.05 亿元，比上年末增加 16.68%；缴存余额 156.82 亿元，比上年末增加 10.65%。

受委托办理住房公积金缴存业务的银行 5 家，无变动。

（二）**提取**：2019 年，提取额 56.36 亿元，同比增长 5.86%；占当年缴存额的 78.86%，比上年减少 0.39 个百分点。2019 年末，提取总额 343.23 亿元，比上年末增加 19.65%。

（三）**贷款**：

1. 个人住房贷款：个人住房贷款最高额度 40 万元，其中，单缴存职工最高额度 20 万元，双缴存职工最高额度 40 万元。

2019 年，发放个人住房贷款 9926 笔、25.83 亿元，同比分别增长 17.82%、17.52%。其中，市区（不含大丰区）发放个人住房贷款 5329 笔、13.79 亿元，东台管理部发放个人住房贷款 788 笔、1.96 亿元，大丰管理部发放个人住房贷款 713 笔、1.83 亿元，建湖管理部发放个人住房贷款 534 笔、1.29 亿元，射阳管理部发放个人住房贷款 847 笔、2.22 亿元，滨海管理部发放个人住房贷款 770 笔、2.11 亿元，阜宁管理部发放个人住房贷款 443 笔、1.26 亿元，响水管理部发放个人住房贷款 502 笔、1.37 亿元。

2019 年，回收个人住房贷款 24.88 亿元。其中，市区（不含大丰区）13.74 亿元，东台管理部 2.11 亿元，大丰管理部 2.56 亿元，建湖管理部 1.33 亿元，射阳管理部 1.45 亿元，滨海管理部 1.66 亿元，阜宁管理部 1.1 亿元，响水管理部 0.93 亿元。

2019 年末，累计发放个人住房贷款 16.34 万笔、342.43 亿元，贷款余额 178.29 亿元，分别比上年末增加 6.45%、8.16%、0.53%。个人住房贷款余额占缴存余额的 113.69%，比上年末减少 11.45 个百分点。

受委托办理住房公积金个人住房贷款业务的银行 8 家，无变动。

2. 住房公积金支持保障性住房建设项目贷款：2019 年，本市未发放支持保障性住房建设项目贷款。

（四）**购买国债**：2019 年末，未购买（记账式、凭证式）国债。2019 年末，国债余额 0.49 亿元，与上年同期持平。

（五）**融资**：2019 年，融资 5 亿元，归还 16.9 亿元。2019 年末，融资总额 83.38 亿元，融资余额 17.97 亿元。

（六）**资金存储**：2019 年末，住房公积金存款 8.85 亿元。其中，活期 0.01 亿元，1 年（含）以下定期 5.2 亿元，协定存款 3.64 亿元。

（七）**资金运用率**：2019 年末，住房公积金个人住房贷款余额和购买国债余额的总和占缴存余额的 114%，比上年末减少 11.49 个百分点。

三、主要财务数据

（一）**业务收入**：2019 年，业务收入 54704 万元，同比增长 6.58%。其中，市区（不含大丰区）29221 万元，东台管理部 5132 万元，大丰管理部 5252 万元，建湖管理部 3259 万元，射阳管理部 3416 万元，滨海管理部 3601 万元，阜宁管理部 2458 万元，响水管理部 2365 万元；存款利息 1731 万元，委托贷款利息 52786 万元，国债利息 145 万元，其他 9.35 万元。

（二）**业务支出**：2019 年，业务支出 34313 万元，同比增长 0.71%。其中，市区（不含大丰区）17750 万元，东台管理部 2860 万元，大丰管理部 3112 万元，建湖管理部 2288 万元，射阳管理部 2441 万元，滨海管理部 2076 万元，阜宁管理部 2249 万元，响水管理部 1537 万元；支付职工住房公积金利息 22419 万元，归集手续费 3459 万元，委托贷款手续费 2906 万元，融资利息支出 5423 万元，其他 106 万元。

(三) **增值收益**：2019 年，增值收益 20391 万元，同比增长 18.18%。其中，市区（不含大丰区）11471 万元，东台管理部 2272 万元，大丰管理部 2140 万元，建湖管理部 971 万元，射阳管理部 975 万元，滨海管理部 1525 万元，阜宁管理部 209 万元，响水管理部 828 万元。增值收益率 1.16%，比上年减少 0.13 个百分点。

(四) **增值收益分配**：2019 年，提取贷款风险准备金 7991 万元，提取管理费用 7800 万元，提取城市廉租住房建设补充资金 4600 万元。

2019 年，上交财政管理费用 7800 万元。上缴财政城市廉租住房建设补充资金 5700 万元，其中：市区（不含大丰区）上缴 2850 万元，东台管理部上缴 489 万元，大丰管理部上缴 517 万元，建湖管理部上缴 412 万元，射阳管理部上缴 428 万元，滨海管理部上缴 334 万元，阜宁管理部上缴 403 万元，响水管理部 267 万元。

2019 年末，贷款风险准备金余额 91461 万元。累计提取城市廉租住房建设补充资金 45515 万元，其中：市区（不含大丰区）提取 24010 万元，东台管理部提取 4075 万元，大丰管理部提取 3464 万元，建湖管理部提取 3281 万元，射阳管理部提取 3235 万元，滨海管理部提取 2576 万元，阜宁管理部提取 2950 万元，响水管理部提取 1924 万元。

(五) **管理费用支出**：2019 年，管理费用支出 4316 万元，同比减少 8.83%。其中，人员经费 2733 万元，公用经费 1123 万元，专项经费 460 万元。

市区（不含大丰区）管理费用支出 2918 万元，其中，人员、公用、专项经费分别为 1624 万元、834 万元、460 万元；东台管理部管理费用支出 235 万元，其中，人员、公用分别为 203 万元、32 万元；大丰管理部管理费用支出 205 万元，其中，人员、公用分别为 164 万元、41 万元；建湖管理部管理费用支出 185 万元，其中，人员、公用分别为 151 万元、34 万元；射阳管理部管理费用支出 209 万元，其中，人员、公用分别为 177 万元、32 万元；滨海管理部管理费用支出 216 万元，其中，人员、公用分别为 145 万元、71 万元；阜宁管理部管理费用支出 180 万元，其中，人员、公用分别为 139 万元、41 万元；响水管理部管理费用支出 168 万元，其中，人员、公用分别为 130 万元、38 万元。

四、资产风险状况

(一) **个人住房贷款**：2019 年末，个人住房贷款逾期额 73 万元，逾期率 0.04‰。

个人贷款风险准备金按增值收益 60% 提取。2019 年，提取个人贷款风险准备金 7991 万元。2019 年末，个人贷款风险准备金余额 91461 万元，占个人住房贷款余额的 5.13%，个人住房贷款逾期额与个人贷款风险准备金余额的比率为 0.08%。

(二) **支持保障性住房建设试点项目贷款**：2019 年末，无项目贷款。

五、社会经济效益

(一) **缴存业务**：2019 年，实缴单位数、实缴职工人数和缴存额同比分别增长 6.38%、5.69%

和 6.39%。

缴存单位中，国家机关和事业单位占 41.01%，国有企业占 10.31%，外商投资企业占 1.04%，城镇私营企业及其他城镇企业占 37.31%，民办非企业单位和社会团体占 3.57%，其他占 6.76%。

缴存职工中，国家机关和事业单位占 34.54%，国有企业占 14.45%，外商投资企业占 1.63%，城镇私营企业及其他城镇企业占 38.44%，民办非企业单位和社会团体占 4.08%，其他占 6.86%；中、低收入占 99.07%，高收入占 0.93%。

新开户职工中，国家机关和事业单位占 16.87%，国有企业占 10.23%，外商投资企业占 4.1%，城镇私营企业及其他城镇企业占 57.35%，民办非企业单位和社会团体占 5.29%，其他占 6.16%；中、低收入占 99.51%，高收入占 0.49%。

（二）提取业务：2019 年，22.45 万名缴存职工提取住房公积金 56.36 亿元。

提取金额中，住房消费提取占 84.71%（购买、建造、翻建、大修自住住房占 23.89%，偿还购房贷款本息占 59.77%，租赁住房占 0.37%，其他占 0.68%）；非住房消费提取占 15.29%（离休和退休提取占 9.89%，完全丧失劳动能力并与单位终止劳动关系提取占 0.04%，死亡或宣告死亡占 0.25%，其他占 5.11%）。

提取职工中，中、低收入占 98.69%，高收入占 1.31%。

（三）贷款业务：

1. 个人住房贷款：2019 年，支持职工购建房 117.21 万平方米，年末个人住房贷款市场占有率（含公转商贴息贷款）为 12.97%，比上年末减少 2.23 个百分点。通过申请住房公积金个人住房贷款，可节约职工购房利息支出 4282 万元。

职工贷款笔数中，购房建筑面积 90（含）平方米以下占 11.53%，90~144（含）平方米占 78.24%，144 平方米以上占 10.23%。购买新房占 73.86%，购买二手房占 26.14%。

职工贷款笔数中，单缴存职工申请贷款占 15.55%，双缴存职工申请贷款占 60.59%，三人及以上缴存职工共同申请贷款占 23.86%。

贷款职工中，30 岁（含）以下占 34.61%，30 岁~40 岁（含）占 36.8%，40 岁~50 岁（含）占 21.88%，50 岁以上占 6.71%；首次申请贷款占 100%，无二次及以上申请贷款；中、低收入占 99%，高收入占 1%。

2. 异地贷款：2019 年，发放异地贷款 402 笔、10261 万元。2019 年末，发放异地贷款总额 72820 万元，异地贷款余额 42768 万元。

3. 公转商贴息贷款：2019 年，未发放公转商贴息贷款。当年贴息额 5.84 万元。2019 年末，累计发放公转商贴息贷款 1892 笔、3.72 万元，累计贴息 131.41 万元。

（四）住房贡献率：2019 年，个人住房贷款发放额和住房消费提取额的总和与当年缴存额的比率为 115%，比上年增加 3.03 个百分点。

六、其他重要事项

（一）当年住房公积金政策调整及执行情况。

1. 当年缴存基数限额及确定方法、缴存比例调整情况

自 2019 年 7 月 1 日起，职工实际工资收入低于市政府公布执行的上年度月最低工资标准的，月缴存工资基数应按月最低工资标准执行（其中：市区、东台月最低工资标准为1830元，建湖、射阳、阜宁、滨海、响水最低工资标准为1620元）。职工住房公积金月缴存工资基数上限为18800元。

城镇个体工商户及其雇佣人员、自由职业者的住房公积金月缴存工资基数不低于省政府公布的当年养老保险缴费基数下限3368元且不低于本人上年度的住房公积金缴存基数，不高于全市缴存基数上限18800元。

机关事业单位及其职工缴存比例为12%；企业（含企业化管理的自收自支事业单位）单位及其职工缴存比例仍为5%~12%。城镇个体工商户及其雇佣人员、自由职业者缴存比例仍为20%。

2. 当年住房公积金存贷款利率调整及执行情况

2019年住房公积金存贷款利率未调整，住房公积金存款利率为1.5%；贷款利率为五年（含）以内2.75%，五年以上3.25%。

3. 当年住房公积金个人住房贷款最高贷款额度调整情况

购买非装配式住宅的：2019年住房公积金个人住房贷款最高贷款额度未调整。仅一人符合贷款条件的，贷款额最高不超过20万元；二人或二人以上符合贷款条件的，贷款额最高不超过40万元。

购买装配式住宅的，贷款额按非装配式住宅的贷款额为基础再上浮20%。

4. 当年住房公积金政策调整及执行情况

（1）为进一步规范现行政策，对盐城市住房公积金缴存、提取、贷款三个细则作了修订。

（2）为了减轻企业负担，中心从2019年1月起不再收取按揭贷款保证金，并对历年已收保证金进行清退，2019年共清退保证金5.71亿元。

（3）贯彻落实"放管服"改革要求，优化贷款流程，取消银行盖章，由中心为借款人办理房屋抵押/预抵押手续，让数据多跑路、让群众少跑腿，真正实现公积金贷款只见一次面。

（4）为进一步减证便民，优化服务质量，对与单位终止劳动关系，且账户封存满半年的或男职工年满50周岁、女职工年满40周岁的提取业务，取消与单位终止劳动关系原始材料或《就业失业登记证》（下岗证）。

（二）当年服务改进情况。2019年，综合服务平台通过住房和城乡建设部专家组验收。率先接入"我的盐城"APP，通过"我的盐城"可以办理包括还贷支取、退休提取在内的26项业务，目前，接入工作已通过验收。

2019年全年，综合服务平台累计访问量3400.37万人次，其中，12329客服热线共接入各类电话37.02万人次，转人工8.49万人次，坐席呼入成功率94.05%，网上营业厅访问量1401.33万人次，微信公众号访问量560.81万人次；"我的盐城"公积金业务部分访问量230.38万人次；江苏政务服务网公积金业务部分访问量259.19万人次；盐城公积金短信全年发送369.46万条；盐城公积金微信公众号累计绑定人数13.06万，累计关注人数25.79万；盐城公积金手机APP累计注册人数1.53万人次。全年归集业务32.63万笔次，在线归集4.98万笔次，在线业务占比15.26%；提取业务总量26.85万笔次，在线支取12.42万笔次，在线业务占比46.27%。在线业务比例不断上升，信息化服务渠道得到广泛认可。

（三）当年信息化建设情况。根据国务院个税改革要求，我中心系统已于2019年6月接入全国住房公积金数据平台。接入省住房公积金12329短信平台。完成人民银行征信信息上报接口开发工作，并已成功上报。完成信息系统等保三级测评工作。

根据"一窗一网"相关要求，我中心引入第三方设计单位，形成了《一张网建设方案》。2019年9

月,"一张网"方案顺利通过了专家评审。通过本次项目建设,我中心将实现公积金缴存、提取、贷款207项业务网上办理。目前,"一张网"项目已进入采购流程。

(四)当年住房公积金管理中心及职工所获荣誉情况。盐城市住房公积金管理中心被省文明委表彰为2016—2018年度江苏省文明单位,盐城市住房公积金管理系统被市文明委表彰为2017—2018年度盐城市文明行业。中心机关党委被市级机关工委表彰为市级机关第九个读书月活动先进单位,建湖管理部、滨海管理部、响水管理部被省文明委表彰为2016—2018年度江苏省文明单位,滨海管理部服务大厅被省住房城乡建设厅、共青团江苏省委评为2017—2018年度江苏省青年文明号集体,大丰管理部、建湖管理部、滨海管理部被继续认定为省级青年文明号集体,响水管理部被市级机关工委评为先进基层党组织,东台管理部被东台市文明委员会评为东台市文明标兵单位,东台管理部政务中心窗口被东台市政务服务中心评为红旗窗口,滨海管理部被滨海县文明委评为2018年度滨海县文明单位,东台管理部被江苏省建设工会评为江苏省住建系统优质服务窗口,响水管理部被省建设工会评为省住建系统模范职工小家。大丰、射阳、建湖、阜宁、滨海、响水管理部被市文明委表彰为2017—2018年度盐城市文明单位,建湖管理部被建湖县委县政府授予综合先进奖,阜宁管理部被阜宁县委县政府表彰为综合考核先进。

1名同志被省建设工会表彰为优质服务竞赛先进个人,1名同志被授予盐城市五一劳动奖章,5名同志被授予盐城市五一巾帼标兵,10名同志被授予盐城市五一创新能手,1名同志被表彰为周一大讲堂先进个人,2名同志被表彰为县三八红旗手。

(五)当年对违反《住房公积金管理条例》和相关法规行为进行行政处罚和申请人民法院强制执行情况。2019年,对建湖县、东台市共计4家未按《住房公积金管理条例》规定办理住房公积金缴存登记手续的违法企业送达了行政处罚决定书。

扬州市住房公积金 2019 年年度报告

一、机构概况

(一)住房公积金管理委员会:住房公积金管委会有25名成员。于2020年3月召开会议,审议通过的事项主要包括:2019年度住房公积金归集、使用计划执行情况和2020年住房公积金归集、使用计划报告、2019年财务收支决算情况和2020年财务预算报告、财政审计情况报告、审计整改情况报告、扬州市住房公积金2019年年度报告。

(二)住房公积金管理中心:住房公积金管理中心为市政府不以营利为目的的自收自支事业单位,设7个处室,4个分中心、3个管理部,业务指导江苏油田分中心、仪征化纤分中心。从业人员171人,其中:在编113人(含仪征化纤8人、江苏油田16人),非在编58人。

二、业务运行情况

(一)缴存:2019年,新开户单位1599家,净增单位748家,实缴单位11942家;新开户职工6.2万人，净增职工2.6万人，实缴职工57.4万人；缴存89.5亿元，同比增长16.9%，年度结息2.9亿元。2019年末，缴存总额631.0亿元，同比增长17.2%；缴存余额224.3亿元，同比增长13.0%。

受委托办理住房公积金缴存业务的银行共计13家。

（二）**提取**：2019年，提取额66.7亿元，同比增长9.3%；占当年缴存额的74.6%，比上年下降5.2个百分点。2019年末，提取总额406.7亿元，同比增长19.6%。

（三）**贷款**：

2019年1月1日至2019年10月14日，个人住房贷款最高额度为35万元，其中，单缴存职工最高额度21万元，双缴存职工最高额度35万元；2019年10月15日起，单缴存职工最高额度调整为30万元，双缴存职工最高额度调整为50万元。二次贷款减半发放，禁止发放第三次贷款。

2019年，发放个人住房贷款1.17万笔、28.9亿元，同比下降14.6%、7.7%。其中，市中心发放个人住房贷款1.1万笔、27.3亿元，仪征化纤分中心发放个人住房贷款215笔、6651万元，江苏油田分中心发放个人住房贷款243笔、9381万元。

2019年，回收个人住房贷款29.8亿元。其中，市中心27.8亿元，仪征化纤分中心1.0亿元，江苏油田分中心1.01亿元。

2019年末，累计发放个人住房贷款18.0万笔、400.9亿元，贷款余额194.4亿元，同比增长7.0%、7.8%、－0.4%。个人住房贷款余额占缴存余额的86.7%，比上年同期减少11.6个百分点。

受委托办理住房公积金个人住房贷款业务的银行共计13家。

（四）**资金存储**：2019年末，住房公积金存款49.7亿元。其中，协定12.4亿元，一年（含）以下定期7.5亿元、一年以上定期29.2亿元，其他（活期、通知存款等）6104万元。

（五）**资金运用率**：2019年末，住房公积金个人住房贷款余额、项目贷款余额和购买国债余额的总和占缴存余额的86.7%，比上年减少11.6个百分点，其中项目贷款余额和国债余额为零。

三、主要财务数据

（一）**业务收入**：2019年，业务收入7.3亿元。其中，市中心6.6亿元，仪征化纤分中心2645万元，江苏油田分中心4381万元；存款利息8991万元，委托贷款利息6.3亿元，其他1355万元。

（二）**业务支出**：2019年，业务支出3.8亿元。其中，市中心3.5亿元，仪征化纤分中心1286万元，江苏油田分中心1979万元；支付职工住房公积金利息3.2亿元、归集手续费用2402万元、委托贷款手续费2143万元、"公转商"贷款贴息961万元、其他741万元，各项业务支出均经市住房公积金管委会和财政部门审核批准。

（三）**增值收益**：2019年，增值收益3.5亿元。其中，市中心3.1亿元，仪征化纤分中心1359万元，江苏油田分中心2401万元；增值收益率为1.64%，同比上升0.08个百分点。

（四）**增值收益分配**：2019年，提取贷款风险准备金1.98亿元，提取管理费用4670万元，提取城市廉租住房（公共租赁住房）建设补充资金1.65亿元；其中市中心7836万元、仪征化纤分中心5959万元（含往年未分配收益5327万元）、江苏油田分中心2792万元（含往年未分配收益1102万元）。

2019年，上交财政管理费用4574万元。上缴财政城市廉租住房（公共租赁住房）建设补充资金6266万元；其中，市中心上缴6266万元，仪征化纤分中心上缴0万元，江苏油田分中心上缴0万元。

2019 年末，贷款风险准备金余额 13.9 亿元。累计提取城市廉租住房（公共租赁住房）建设补充资金 8.4 亿元。其中，市中心提取 6.1 亿元，仪征化纤分中心提取 7212 万元，江苏油田分中心提取 1.5 亿元。

（五）管理费用支出：2019 年，管理费用支出 4134 万元。其中，人员经费 2545 万元，公用经费 688 万元，专项经费 901 万元。

市中心管理费用支出 3971 万元，人员、公用、专项经费分别为 2458 万元、612 万元、901 万元；仪征化纤分中心管理费用支出 101 万元，人员、公用、专项经费分别为 87 万元、14 万元、0 万元；江苏油田分中心管理费用支出 62 万元，人员、公用、专项经费分别为 0 万元、62 万元、0 万元。

四、资产风险状况

2019 年末，个人住房贷款逾期额 87.7 万元，逾期率 0.05‰。其中，市中心 0.05‰，仪征化纤分中心为 0，江苏油田分中心为 0。

个人贷款风险准备金：市中心按当年增值收益不低于 60% 提取，各分中心按当年贷款余额不低于 1% 提取。2019 年，提取个人贷款风险准备金 1.98 亿元，使用个人贷款风险准备金核销呆坏账 0 万元。2019 年末，个人贷款风险准备金余额为 13.9 亿元，占个人住房贷款余额的 7.1%，个人住房贷款逾期额与个人贷款风险准备金余额的比率为 0.06%。

五、社会经济效益

（一）缴存业务：2019 年，实缴单位数、实缴职工人数和缴存额同比分别增长 5.3%、－0.3% 和 16.9%。

缴存单位中，国家机关和事业单位占 27.3%，国有企业占 6.8%，城镇集体企业占 0.9%，外商投资企业占 2.6%，民办非企业单位和社会团体占 5.0%，城镇私营企业占 23.7%，个人自愿缴存及其他占 33.4%。

缴存职工中，国家机关和事业单位占 24.0%，国有企业占 12.9%，城镇集体企业占 0.3%，外商投资企业占 8.1%，民办非企业单位和社会团体占 3.2%，城镇私营企业占 21.1%，个人自愿缴存及其他占 30.4%；中、低收入占 98.5%，高收入占 1.5%。

新开户职工中，国家机关和事业单位占 8.9%，国有企业占 5.2%，城镇集体企业占 0.6%，外商投资企业占 10.1%，民办非企业单位和社会团体占 2.7%，城镇私营企业占 34.7%，个人自愿缴存及其他占 37.8%；中、低收入占 99.8%，高收入占 0.2%。

（二）提取业务：2019 年，约 22.0 万名缴存职工提取住房公积金 66.7 亿元。

提取金额中，住房消费提取占 83.6%（购买、建造、翻建、大修自住住房占 29.3%，偿还购房贷款本息占 53.0%，租赁住房占 0.6%，物业费占 0.1%，其他占 0.6%）；非住房消费提取占 16.4%（离休和退休提取占 10.9%，完全丧失劳动能力并与单位终止劳动关系提取占 3.5%，户口迁出本市或出境定居占 0.3%，其他占 1.7%）。

提取职工中，中、低收入占 98.0%，高收入占 2.0%。

（三）贷款业务：2019 年，支持职工购建房约 130 万平方米，年末个人住房贷款市场占有率为 14.1%，比上年同期下降 2 个百分点。通过申请住房公积金个人住房贷款，可节约职工购房利息支出约 5.9 亿元。

职工贷款笔数中，购房建筑面积 90（含）平方米以下占 24.2%，90～144（含）平方米占 68.2%，144 平方米以上占 7.6%。购买新房占 62.8%，购买存量商品住房占 37.1%，其他占 0.1%。

职工贷款笔数中，单缴存职工申请贷款占 25.2%，双缴存职工申请贷款占 74.8%。

贷款职工中，30 岁（含）以下占 35.3%，30 岁～40 岁（含）占 35.5%，40 岁～50 岁（含）占 23.5%，50 岁以上占 5.7%；首次申请贷款占 90.8%，二次申请贷款占 9.2%，三次及以上为 0；中、低收入占 98.9%，高收入占 1.1%。

2019 年末，累计发放公转商贴息贷款 4947 笔、15.98 亿元，累计贴息 5480 万元。

（四）住房贡献率：2019 年，个人住房贷款发放额、住房消费提取额的总和与当年缴存额的比率为 94.7%，比上年同期下降 12.2 个百分点。

六、其他重要事项

（一）全面修订扬州市住房公积金缴存、提取、贷款管理办法。通过内部讨论、部门征求意见、社会公开征求意见以及合法性、风险性、廉洁性审查评估，经住房公积金管委会四届二次会议审议批准自 2019 年 3 月 1 日起实施。

（二）印发实施《关于职工提取住房公积金还贷有关问题的通知》和《扬州市职工偿还商业性个人住房贷款委托逐月提取住房公积金实施办法》，对职工提取还贷业务进行规范和优化。通过出台逐月提取还商贷，不断完善提取还贷措施，持续加强我市公积金制度惠民，及时回应职工诉求。

（三）调整贷款使用政策。今年来，我市公积金资金流动性逐步趋于正常。至 2019 年 9 月底，全市个贷比已回落到 90% 以下，适时请示市政府同意，调整使用政策，恢复贷款最高额度。单缴存职工最高可贷 30 万元，双缴存职工最高可贷 50 万元，有力支撑刚需和改善性住房需求。

（四）接受审计署专项审计。下半年，审计署南京特派办进驻公积金中心，对中心业务、财务、管理等事项进行全面审计，审计结果总体情况比较好，审计组对扬州中心规范化管理评价比较高。

（五）规范期房贷款阶段性保证措施。印发《关于规范住房公积金贷款阶段性保证措施的通知》，停收住房公积金贷款阶段性保证金。对已收应退未退的保证金，及时进行清退。

（六）出台《扬州市住房公积金管理中心进一步落实"放管服"改革要求，优化住房公积金营商环境的实施意见》，深化"放管服"改革，营造有序、高效、便捷的住房公积金营商环境，实现办事效率进一步提高，服务效能进一步提升，工作作风进一步转变。

（七）"智能公积金"上线，制度惠民不断创新。依托"大数据"和"人工智能"技术，发展"智能公积金"服务业务。一是引进"人脸识别"技术，实现在线实名认证、公积金业务的智能化"秒批"模式，最大程度的提高了审批效率。二是深化与市场监督、税务、社保、公安、住建、民政和银行等部门的信息对接，实现信息共享，不断减少职工办理公积金业务所需材料。同时以"互联网+政务服务"为抓手，推动公积金"不见面审批（服务）"，让职工在家也能办理公积金业务，目前已实现全部提取业务网上办理。

（八）管委会组成人员调整。根据审计署专项审计意见以及《住房公积金管理条例》规章，将我市住房公积金管理委员会人员由 28 人调整为 25 人，其中人民政府负责人和建设、财政、人民银行等有关部门负责人，工会代表和职工代表，单位代表各占 1/3。

（九）文明创建硕果累累。公积金中心连续 4 个创建年度获得"扬州市文明行业"称号，同时获评

"2016—2018 年度江苏省文明单位"。市中心服务大厅再次获评"全国青年文明号""江苏省青年文明号";江都分中心荣获"全国巾帼文明岗""江苏省五一劳动奖状"等荣誉。

镇江市住房公积金 2019 年年度报告

一、机构概况

（一）住房公积金管理委员会：住房公积金管理委员会有 25 名委员，2019 年召开 1 次会议，审议通过的事项主要包括：镇江市住房公积金管理中心 2018 年工作报告及 2019 年住房公积金指标计划安排；同意提高提取公积金支付物业管理费标准；对十类公积金业务办理取消、优化相关要件材料；对 2017 年"商转公"贷款贴息到期的职工逐步分批办理商业贷款转公积金贷款；降低无锡红豆物业有限公司镇江分公司、南京师范大学中北学院等 8 家单位住房公积金缴存比例；逐步消化存量授信贷款，确保公积金资金安全；对市公积金中心机关办公场所组织搬迁。

（二）住房公积金管理中心：住房公积金管理中心为直属镇江市人民政府不以营利为目的的依照国家公务员管理的副处级事业单位，设 7 个处室（部门），1 个管理部，3 个分中心。从业人员 155 人，其中，在编 67 人，非在编 88 人。

二、业务运行情况

（一）缴存：2019 年，新开户单位 1554 家，实缴单位 10037 家，净增单位 521 家；新开户职工 4.04 万人，实缴职工 37.39 万人，净增职工 1.09 万人；缴存额 54.82 亿元，同比增长 6.88％。2019 年末，缴存总额 444.76 亿元，比上年末增加 14.06％；缴存余额 142.65 亿元，比上年末增加 9.44％。

（二）提取：2019 年，提取额 42.52 亿元，同比增长 2.33％；占当年缴存额的 77.56％，比上年减少 3.45 个百分点。2019 年末，提取总额 302.11 亿元，比上年末增加 16.38％。

（三）贷款：

个人住房贷款：个人住房贷款最高额度 50 万元，其中，单缴存职工最高额度 30 万元，双缴存职工最高额度 50 万元。

2019 年，发放个人住房贷款 0.67 万笔、22.06 亿元，同比分别下降 8.56％、3.19％。其中，市中心发放个人住房贷款 0.29 万笔、10 亿元，丹阳分中心发放个人住房贷款 0.16 万笔、4.98 亿元，句容分中心发放个人住房贷款 0.09 万笔、3.31 亿元，扬中分中心发放个人住房贷款 0.10 万笔、2.92 亿元，丹徒管理部发放个人住房贷款 252 笔、0.85 亿元。

2019 年，回收个人住房贷款 19.54 亿元。其中，市中心 11.15 亿元，丹阳分中心 3.48 亿元，句容分中心 2.34 亿元，扬中分中心 1.86 亿元，丹徒管理部 0.71 亿元。

2019 年末，累计发放个人住房贷款 15.21 万笔、307.85 亿元，贷款余额 149.34 亿元，分别比上年末增加 4.61％、7.72％、1.71％。个人住房贷款余额占缴存余额的 104.69％，比上年末减少 7.96 个百分点。

住房公积金支持保障性住房建设项目贷款：无。

（四）**购买国债**：2019年，购买国债0亿元，收回国债0亿元。2019年末，国债余额0亿元，与上年相同。

（五）**融资**：2019年，融资7.3亿元，归还13.23亿元。2019年末，融资总额67.85亿元，融资余额10.03亿元。

（六）**资金存储**：2019年末，住房公积金存款15.50亿元。其中，活期0亿元，1年（含）以下定期5.20亿元，1年以上定期0亿元，其他（协定、通知存款等）10.30亿元。

（七）**资金运用率**：2019年末，住房公积金个人住房贷款余额、项目贷款余额和购买国债余额的总和占缴存余额的104.69%，比上年末减少7.96个百分点。

三、主要财务数据

（一）**业务收入**：2019年，业务收入49786.54万元，同比增长2.02%。其中，市中心28758.25万元，丹阳分中心8928.35万元，句容分中心5597.85万元，扬中分中心4558.15万元，丹徒管理部1943.94万元；存款利息1390.88万元，委托贷款利息48386.31万元，国债利息0万元，其他9.35万元。

（二）**业务支出**：2019年，业务支出32183.21万元，同比下降0.15%。其中，市中心19578.04万元，丹阳分中心5009.69万元，句容分中心4313.36万元，扬中分中心2267.92万元，丹徒管理部1014.20万元；支付职工住房公积金利息20341.29万元，归集手续费799.14万元，委托贷款手续费1307.96万元，其他9734.82万元。

（三）**增值收益**：2019年，增值收益17603.33万元，同比增长6.23%。其中，市中心9180.21万元，丹阳分中心3918.66万元，句容分中心1284.49万元，扬中分中心2290.23万元，丹徒管理部929.74万元；增值收益率1.29%，比上年减少0.03个百分点。

（四）**增值收益分配**：2019年，提取贷款风险准备金10319.01万元，提取管理费用4566.36万元，提取城市廉租住房（公共租赁住房）建设补充资金2717.96万元。

2019年，上交财政管理费用3208.28万元。上缴财政城市廉租住房（公共租赁住房）建设补充资金3068.18万元。其中，市中心上缴1200.71万元，丹阳分中心上缴1087.47万元，句容分中心上缴100万元，扬中分中心上缴80万元，丹徒管理部上缴600万元。

2019年末，贷款风险准备金余额99780.82万元。累计提取城市廉租住房（公共租赁住房）建设补充资金43059.82万元。其中，市中心提取27644.59万元，丹阳分中心提取12482.23万元，句容分中心提取1000万元，扬中分中心提取373万元，丹徒管理部提取1560万元。

（五）**管理费用支出**：2019年，管理费用支出3785.78万元，同比增长14.44%。其中，人员经费1801.62万元，公用经费137.79万元，专项经费1846.37万元。

市中心管理费用支出2155.40万元，其中，人员、公用、专项经费分别为820.72万元、63.53万元、1271.15万元；丹阳分中心管理费用支出420.12万元，其中，人员、公用、专项经费分别为254.23万元、27.30万元、138.59万元；句容分中心管理费用支出484.57万元，其中，人员、公用、专项经费分别为200.71万元、25.76万元、258.1万元；扬中分中心管理费用支出391.99万元，其中，人员、公用、专项经费分别为 231.96 万元、13.40 万元、146.63 万元；丹徒管理部管理费用支出 333.70 万元，其中，人员、公用、专项经费分别为 294 万元、7.80 万元、31.90 万元。

四、资产风险状况

（一）个人住房贷款：2019 年末，个人住房贷款逾期额 599 万元，逾期率 0.4‰。其中，市中心 0.58‰，丹阳分中心 0.03‰，句容分中心 0.2‰，扬中分中心 0.16‰，丹徒管理部 0.82‰。

个人贷款风险准备金，市中心和丹阳分中心按增值收益的 60% 提取，句容分中心、扬中分中心和丹徒管理部按不低于贷款余额的 1% 提取。2019 年，提取个人贷款风险准备金 10319.01 万元，使用个人贷款风险准备金核销呆坏账 0 万元。2019 年末，个人贷款风险准备金余额 99780.82 万元，占个人住房贷款余额的 6.68%，个人住房贷款逾期额与个人贷款风险准备金余额的比率为 0.60%。

（二）支持保障性住房建设试点项目贷款：无。

五、社会经济效益

（一）缴存业务：2019 年，实缴单位数、实缴职工人数和缴存额同比分别增长 5.47%、3.00% 和 6.88%。

缴存单位中，国家机关和事业单位占 24.25%，国有企业占 6.58%，城镇集体企业占 1.75%，外商投资企业占 2.43%，城镇私营企业及其他城镇企业占 41.77%，民办非企业单位和社会团体占 0%，其他占 23.22%。

缴存职工中，国家机关和事业单位占 33.07%，国有企业占 20.40%，城镇集体企业占 1.27%，外商投资企业占 6.02%，城镇私营企业及其他城镇企业占 14.56%，民办非企业单位和社会团体占 0%，其他占 24.68%；中、低收入占 98.92%，高收入占 1.08%。

新开户职工中，国家机关和事业单位占 13.93%，国有企业占 5.71%，城镇集体企业占 0.65%，外商投资企业占 6.26%，城镇私营企业及其他城镇企业占 33.14%，民办非企业单位和社会团体占 0%，其他占 40.31%；中、低收入占 99.67%，高收入占 0.33%。

（二）提取业务：2019 年，90.90 万名缴存职工提取住房公积金 42.52 亿元。

提取金额中，住房消费提取占 83.82%（购买、建造、翻建、大修自住住房占 25.12%，偿还购房贷款本息占 53.43%，租赁住房占 4.84%，其他占 0.43%）；非住房消费提取占 16.18%（离休和退休提取占 11.45%，完全丧失劳动能力并与单位终止劳动关系提取占 0.02%，出境定居占 0.01%，其他占 4.70%）。

提取职工中，中、低收入占 98.65%，高收入占 1.35%。

（三）贷款业务：

1. 个人住房贷款：2019 年，支持职工购建房 83 万平方米，年末个人住房贷款市场占有率（含公转商贴息贷款）为 16.62%，比上年末减 1.02 个百分点。通过申请住房公积金个人住房贷款，可节约职工购房利息支出 61863 万元。

职工贷款笔数中，购房建筑面积 90（含）平方米以下占 12.37%，90～144（含）平方米占 70.04%，144 平方米以上占 17.59%。购买新房占 64.16%（其中购买保障性住房占 0%），购买二手房占 35.76%，建造、翻建、大修自住住房占 0.08%，其他占 0%。

职工贷款笔数中，单缴存职工申请贷款占 50.14%，双缴存职工申请贷款占 49.67%，三人及以上缴存职工共同申请贷款占 0.19%。

贷款职工中，30 岁（含）以下占 31.76%，30 岁～40 岁（含）占 40.45%，40 岁～50 岁（含）占 23.21%，50 岁以上占 4.58%；首次申请贷款占 82.74%，二次及以上申请贷款占 17.26%；中、低收入占 99.28%，高收入占 0.72%。

2. 异地贷款：2019 年，发放异地贷款 173 笔、5550.70 万元。2019 年末，发放异地贷款总额 41142.30 万元，异地贷款余额 30229.84 万元。

3. 公转商贴息贷款：2019 年，发放公转商贴息贷款 7563 笔、243308 万元，支持职工购建住房面积 93.05 万平方米，当年贴息额 3049.14 万元。2019 年末，累计发放公转商贴息贷款 14415 笔、454082.99 万元，累计贴息 5548.20 万元。

4. 支持保障性住房建设试点项目贷款：无。

（四）住房贡献率：2019 年，个人住房贷款发放额、公转商贴息贷款发放额、住房消费提取额的总和与当年缴存额的比率为 149.64%，比上年增加 8.67 个百分点。

六、其他重要事项

（一）当年机构及职能调整情况、受委托办理缴存贷款业务金融机构变更情况

机构及职能调整情况：为构建科学规范、运行有效的管理服务体系，2019 年 6 月，经市中心办公会议研究决定，对镇江市住房公积金管理中心下属单位城区客户服务部（以下简称客服部）机构设置进行调整完善，根据客服部服务范围及内容，依托客服部原有机构设置及人员，组建归集资金管理部、贷款业务管理部、网络客户服务部、"12329" 客户服务部、大港客户服务部，实行部门工作责任制，全面定人、定岗、定职，有序开展客服部各项服务工作，提升服务效能。

受委托办理缴存贷款业务金融机构变更情况：2019 年度受委托办理住房公积金缴存业务的银行 5 家，与上年相同；受委托办理住房公积金个人住房贷款业务的银行 16 家，比上年多 1 家。

（二）当年住房公积金政策调整及执行情况

1. 调整提取住房公积金支付物业管理费标准。自 2019 年 1 月 15 日起，提取住房公积金支付本市行政区域内的一套自住房物业管理费的，物业管理费标准按《关于公布市区普通住宅物业服务等级标准及公共服务费指导价标准的通知》（镇价服〔2014〕124 号）相关规定执行，由原来最高 1.40 元/平方米每月调整至最高 1.65 元/平方米每月。

2. 对企业设立住房公积金账户要件材料作出相应调整。自 2019 年 2 月 25 日起，企业设立住房公积金账户不再提供人民银行颁发的银行基本存款账户《开户许可证》，调整为提供"基本存款账户信息"材料。原已取得人民银行颁发的银行基本存款账户《开户许可证》的，设立住房公积金账户时，仍应提供《开户许可证》。

3. 对部分公积金提取、转移、信息变更等业务的业务要件材料作出调整（自 2019 年 3 月 12 日起执行）。

（1）取消"终止解除劳动关系证明"、《失业登记证》或"协保证明"办理要件材料。职工完全丧失劳

动能力或持有残疾证与单位终止劳动关系且未重新就业的,提取公积金时无需提供"终止解除劳动关系证明";职工户口迁出本市或户口不在本市与单位终止劳动关系的,提取公积金时无需提供"终止解除劳动关系证明";男性满50周岁、女性满45周岁,与单位终止劳动关系且未重新就业的,提取公积金时无需提供"终止解除劳动关系证明"、《失业登记证》或"协保证明"。

(2) 取消"归还住房贷款联系函"办理要件材料。归还外市住房公积金贷款、商业贷款的,提供的贷款合同经确认合法有效后,办理提取公积金还贷款时无需提供《镇江市提取住房公积金归还住房贷款联系函》。

(3) 取消"家庭生活困难证明"办理要件材料。享受城市居民最低生活保障或特困职工家庭,夫妻一方或双方及其直系亲属患重病治疗,造成家庭生活严重困难的,提取公积金无需再提供"家庭生活困难证明"。

(4) 取消"离休证、退休证"办理要件材料。达到法定退休年龄的缴存职工,公积金账户处于封存状态的,提取公积金时无需再提供"离休证、退休证"。

(5) 优化职工外市购房户籍证明。缴存职工在异地购买住房,购房所在地与缴存职工本人、共同购房配偶或直系亲属的公积金缴存地或户籍地一致的,可以申请使用公积金。职工身份证显示的住址与购房所在地一致的,无需再提供户籍证明。

(6) 取消"土地使用权证"办理要件材料。职工建造、翻建、大修自住住房的,在提供《不动产权证》或《房屋所有权证》后,提取公积金无需提供《土地使用权证》。

(7) 取消"住房公积金转移通知书"办理要件材料。职工在本市行政区域内办理公积金账户转移的,不需提供原单位或新单位出具的《镇江市住房公积金转移通知书》。

(8) 取消"个人身份信息变更登记表"办理要件材料。职工个人身份信息与公积金账户上的个人信息不同的,职工确认个人身份信息时,只需签字认可,无需填写、提供《镇江市住房公积金个人身份信息变更登记表》。

(9) 取消"商品房预(销)售许可证"办理要件材料。市公积金中心通过住房和城乡建设部门"镇江房地产信息网"查询职工购房情况,职工申请公积金贷款时,无需再提供《商品房预(销)售许可证》。

(10) 取消"二次贴息"办理部分要件材料。"商转公"贷款贴息到期后,对同一住房再次申请贴息,且原申请要件齐全的职工,办理时无需再提供婚姻关系材料、征信报告、购房合同、购房发票、《不动产权证》、商业贷款余额表等材料,只需出具身份证和主申请人原商贷还款银行卡即可。

4. 调整缴存比例和基数。

(1) 自2019年1月1日起,机关事业单位缴存比例仍为个人和单位各12%,缴存基数上限调整为20600元,下限为2020元。

(2) 自2019年7月1日起,企业单位缴存比例为个人和单位各10%,最高不超过12%,缴存基数上限调整为21400元,下限为2020元。按照《关于规范和阶段性适当降低住房公积金缴存比例的通知》(镇公积金〔2016〕40号)要求,对已办理缓缴或阶段性适当降低缴存比例的企业,继续延长其缓缴或降低缴存比例执行期至2020年4月30日。扩大住房公积金缴存比例浮动区间,住房公积金缴存比例下限为5%,上限为12%,新办理缴存登记的企业,可在此区间内自主确定缴存比例。已缴存的企业,生产经营困难的,可在上述区间内申请降低缴存比例或申请缓缴。

5. 对已提取住房公积金申请贷款时额度的扣减进行调整。 2019 年 6 月 20 日起，已提取住房公积金的缴存职工申请公积金贷款的，个人公积金账户应保留一定余额。首次申请住房公积金贷款的公积金账户余额应保留不低于"月缴存额"的 6 倍，第二次申请公积金贷款的应保留不低于公积金"月缴存额"的 12 倍，符合上述条件后已提取的住房公积金不再在公积金贷款额度中扣减。

6. 分批办理商业贷款转公积金贷款。 2019 年 11 月 1 日起，恢复部分符合"商转公"贷款条件且拿到不动产权证满两年的公积金缴存职工办理"商转公"业务，商业贷款转公积金贷款与"商转公"贷款贴息并行，职工若愿意办理"商转公"贷款贴息的，可申请贷款贴息。

7. 住房公积金贷款利率执行情况。 2019 年我市住房公积金贷款利率按照中国人民银行规定的利率标准执行。首次贷款 1～5 年（含）年利率为 2.75%，5 年以上为 3.25%，二次贷款利率上浮 10%。

（三）当年服务改进情况

1. 高质量践行服务便民。 扎实开展"不忘初心、牢记使命"主题教育活动，以"智慧公积金、服务零距离"为目标，推动主题教育走深走实、入脑入心。以创建服务型党支部为出发点，充分发挥党员在窗口的先锋模范作用，建立业务部门负责制，党员责任区、党员示范岗、青年文明服务岗，亮出工作承诺和服务标准，接受社会监督。延伸服务触角，开展"银政党建＋志愿服务"活动，每月进机关、进厂矿、进社区、进楼盘送服务送政策，打通服务最后一公里，增强群众的获得感和幸福感。

2. 高效能践行服务初心。 全面取消终止解除劳动关系证明等业务办理要件十余项，优化职工外市购房审核条件，完善"商转公"二次贴息业务流程，进一步优化规范公积金提取及贷款操作政策，公积金提取业务办理时间缩短了 3～5 分钟，贷款业务办理时间缩短了近 20 分钟，全面打通群众办事痛点难点。扩大市区公积金按揭贷款范围，全市已与近 135 家楼盘签订了合作协议，发放公积金按揭贷款 5.89 亿元。

3. 高定位践行服务使命。 坚持问题导向，广泛深入征求意见建议，做到问政于民、服务于民。开展"亮诺"行动。亮出公积金服务承诺，严格执行"四制""三公开"，即首问负责制、一次性告知制、限时办结制和责任追究制，做到办事流程公开、办事依据公开、办事时限公开，发放资料实现"一手清"，回答问题"一口清"，办事方式"一次清"，不给单位、群众造成"重复跑，两头跑"的情况。开展"问策"行动。通过问卷调查、电话回访、网络征求意见等形式，找准服务工作中的难点、堵点，刀刃向内，找准短板，研究解决方案，推出创新举措。开展"督查"行动。进一步加大对公积金窗口的巡查范围、检查频率，明确督查要求，采用第三方服务检测、中心双随机抽查，以真实视角反映和检验服务效能。

4. 高水平建设智慧网络。 为贯彻落实国务院"放管服"改革、优化营商环境的要求，让信息多跑路，群众少跑腿，中心以创新性思维积极打造住房公积金智慧型综合服务平台，加快推进"互联网＋公积金"服务建设。通过与人社、房产等部门的信息共享，实现线上线下全面融合。一是建成以门户网站、网上大厅、12329 热线、手机客户端为主，微信、微博、短信、自助终端八个载体高度集成的智慧公积金服务体系，网络办理种类涵盖公积金缴存、提取、贷款、信息变更、证明打印等共 8 大类 55 项业务，真正实现"数据多跑路、职工少跑腿"。二是在全市范围内投入 9 部公积金自助业务终端设备，全面部署全市各公积金服务网点和市政务服务中心 24 小时自助超市，为职工提供包括租房、离退休销户、偿还公积金贷款等在内的 3 大类 15 项服务功能，增加职工自主选择，有效分流业务高峰，缓解窗口办事压力。三是推行办事网上约，效能大提升。全面升级我市公积金窗口排队取号系统，开通网上预约服务功能，实现服务网点业务办理时间在线个性定制，实现等候时间省，办理无烦忧。截至 2019 年末，全市单位网厅签约单位已突破 2300 家，互联网渠道签约职工已超过 14 万人，互联网业务办理量已达 11 万笔，涉及金额 8.5 亿元，网络渠道已成为职工办理公积金业务的重要选择，其中租房提取、离市销户等高频业务已超过其业务总量的 50%。

（四）当年信息化建设情况

1. 信息化建设情况。 完成全国住房公积金数据平台接入并上线运行，实现了全量数据、每日增量数据的报送以及公积金专项扣除个人所得税信息的传送。公积金核心业务系统通过国家安全等级三级保护测评，保障缴存职工资金、账户信息安全。加强信息安全防护和日常检查工作，确保公积金信息系统安全稳定运行。

2. 相关信息数据情况。 2019 年共计发送短信 390465 条；"镇江公积金"官方微博发布信息 230 条；"镇江住房公积金"官方微信发布信息 47 期 188 条，订阅量超 15 万人；网站首页点击累计 2374 万人次，累计发布各类信息近 2200 条；利用异地转移接续平台办理转移业务 1535 笔、金额 3378.56 万元。12329 公积金热线全年接听量 6.70 万人次，热线接通率达 93.96%，自助语音平台查询量超 6.20 万人次。全年接收 12345 政府热线转接电话 820 次，转接派单 581 件。开展满意度调查 1 次，问卷综合满意率为 100%，电话回访满意率为 100%。

（五）当年住房公积金管理中心及职工所获荣誉情况

1. 中心荣誉

镇江市住房公积金管理中心 2016—2018 年度江苏省文明单位（苏文明委〔2019〕15 号）；

镇江市住房公积金管理中心城区客户服务部荣获 2017—2018 年度江苏省青年文明号（苏建文明〔2019〕307 号）；

镇江市住房公积金管理中心城区客户服务部荣获 2019 年度市级机关"十佳群众满意窗口"称号（镇效能〔2020〕1 号）；

镇江市住房公积金管理中心荣获 2019 年度镇江市"网络发言人"工作先进集体称号；

镇江市住房公积金管理中心工会荣获江苏省住房公积金行业工会环金山湖挑战赛集体二等奖。

2. 职工个人荣誉

林海、许起鸿、秦云、朱贞、王伟等《扬中市新市民住房问题专题调研分析报告》荣获 2018 年度全市政府系统优秀调研成果三等奖（镇政办函〔2019〕20 号）；

方黎明荣获 2018 年度全市扶贫开发工作先进个人（镇扶〔2019〕1 号）；

朱贞荣获镇江市五一劳动奖章（镇工发〔2019〕19 号）；

吴垠荣获 2019 年度镇江市"网络发言人"工作先进个人；

王文清、许起鸿、吴垠荣获 2018 年度市财政局优秀党员（镇财党委〔2019〕3 号）；

方黎明、于安莉荣获 2018 年度市财政局优秀党务干部（镇财党委〔2019〕4 号）；

龚婷婷、朱贞、居建、徐文静荣获 2018 年度市财政局考核优秀等次，居建、朱贞记三等功一次，史宏昌为局嘉奖人员（镇财人〔2019〕5 号）；

王永红荣获 2019 年度财会工作先进个人（镇建会学〔2019〕5 号）；

司亚萍《完善住房公积金舆情管理促进行业服务能力持续提升》荣获 2018 年度住房城乡建设统计征文三等奖（苏建统〔2019〕1 号、苏建经统〔2019〕1 号）及镇江市建筑会计学会 2019 年度优秀论文三等奖（镇建会学〔2019〕6号）；

童培远、司亚萍《全心全力竭诚服务创新创优加速发展——关于加强公积金工会发展的思考》，李杰、孙媛媛《发挥基层工会作用为公积金高质量发展保驾护航》分别荣获江苏省住房公积金行业工会工作理论研究会第一届五次会议优秀研究论文一等奖、二等奖（苏建金工研〔2019〕3号）。

（六）当年对违反《住房公积金管理条例》和相关法规行为进行行政处罚和申请人民法院强制执行情况

2019年，我中心共对元鼎饰材等24家重点单位开展专项稽查，推进1100余人建缴公积金，送达各类行政法律文书63份，申请法院强制执行40件，行政复议1件，为70多名职工追缴住房公积金166万元。

泰州市住房公积金2019年年度报告

一、机构概况

（一）住房公积金管理委员会：住房公积金管理委员会有30名委员，2019年召开1次会议，审议通过的事项主要包括：2018年泰州市住房公积金工作情况和2019年工作计划、2019年泰州市住房公积金相关政策调整情况、泰州市住房公积金2018年年度报告。

（二）住房公积金管理中心：住房公积金管理中心为泰州市政府直属的不以营利为目的的副处级（自收自支）事业单位，设8个处（科），5个分中心。从业人员101人，其中，在编50人，非在编51人。

二、业务运行情况

（一）缴存：2019年，新开户单位1094家，实缴单位6625家，净增单位596家；新开户职工4.69万人，实缴职工38.54万人，净减职工1.73万人；缴存额59.39亿元，同比增长13.10%。2019年末，缴存总额403.04亿元，比上年末增加17.29%；缴存余额159.29亿元，比上年末增加11.13%。

受委托办理住房公积金缴存业务的银行9家，比上年增加0家。

（二）提取：2019年，提取额43.44亿元，同比增长14.29%；占当年缴存额的73.14%，比上年增加0.75个百分点。2019年末，提取总额243.75亿元，比上年末增加21.69%。

（三）贷款：

1. 个人住房贷款：个人住房贷款最高额度40万元，其中，单缴存职工最高额度25万元，双缴存职工最高额度40万元。

2019年，发放个人住房贷款1.24万笔、35.24亿元，同比分别增长11.71%、下降4.81%。其中，市中心发放个人住房贷款0.4万笔、11.88亿元，高港分中心发放个人住房贷款0.08万笔、2.07亿元，靖江分中心发放个人住房贷款0.28万笔、7.24亿元，泰兴分中心发放个人住房贷款0.21万笔、6.11亿元，兴化分中心发放个人住房贷款0.09万笔、2.58亿元，姜堰分中心发放个人住房贷款0.18万笔、5.36亿元。

2019年，回收个人住房贷款22.55亿元。其中，市中心8.95亿元，高港分中心0.98亿元，靖江分中心3.58亿元，泰兴分中心3.45亿元，兴化分中心2.47亿元，姜堰分中心3.12亿元。

2019年末，累计发放个人住房贷款13.21万笔、309.32亿元，贷款余额155.9亿元，分别比上年末增加10.36%、12.86%、8.85%。个人住房贷款余额占缴存余额的97.87%，比上年末减少2.05个百分点。

受委托办理住房公积金个人住房贷款业务的银行19家，比上年增加0家。

2. 住房公积金支持保障性住房建设项目贷款：2019年，发放支持保障性住房建设项目贷款0亿元，回收项目贷款0亿元。2019年末，累计发放项目贷款0亿元，项目贷款余额0亿元。

（四）**购买国债**：2019年，购买（记账式、凭证式）国债0亿元，兑付国债0亿元。2019年末，国债余额0亿元，比上年末增加0亿元。

（五）**融资**：2019年，融资0亿元，归还0亿元。2019年末，融资总额0亿元，融资余额0亿元。

（六）**资金存储**：2019年末，住房公积金存款19.05亿元。其中，活期0.4亿元，1年（含）以下定期13.8亿元，1年以上定期3亿元，其他（协定、通知存款等）1.85亿元。

（七）**资金运用率**：2019年末，住房公积金个人住房贷款余额、项目贷款余额和购买国债余额的总和占缴存余额的97.87%，比上年末减少2.05个百分点。

三、主要财务数据

（一）**业务收入**：2019年，业务收入50976.44万元，同比增长10.36%。其中，市中心17817.46万元，高港分中心3228.42万元，靖江分中心8825.24万元，泰兴分中心8901.62万元，兴化分中心5556.76万元，姜堰分中心6646.94万元。存款利息2132.39万元，委托贷款利息48703.1万元，国债利息0万元，其他140.95万元。

（二）**业务支出**：2019年，业务支出29652.30万元，同比增长14.96%。其中，市中心10327.6万元，高港分中心1934.56万元，靖江分中心4733.50万元，泰兴分中心5639.19万元，兴化分中心3254.12万元，姜堰分中心3763.33万元。支付职工住房公积金利息23042.45万元，归集手续费567.83万元，委托贷款手续费450.87万元，其他5591.15万元。

（三）**增值收益**：2019年，增值收益21324.14万元，同比下降8.32%。其中，市中心7489.86万元，高港分中心1293.86万元，靖江分中心4091.74万元，泰兴分中心3262.43万元，兴化分中心2302.64万元，姜堰分中心2883.61万元。增值收益率1.41%，比上年减少0.3个百分点。

（四）**增值收益分配**：2019年，提取贷款风险准备金14983.12万元，提取管理费用4041.02万元，提取城市廉租住房（公共租赁住房）建设补充资金2300万元。

2019年，上交财政管理费用4041.02万元。上缴财政城市廉租住房（公共租赁住房）建设补充资金1980元。其中，市中心上缴510万元，靖江分中心上缴440万元，泰兴分中心上缴450万元，兴化分中心上缴280万元，姜堰分中心上缴300万元。

2019年末，贷款风险准备金余额138033.09万元。累计提取城市廉租住房（公共租赁住房）建设补充资金22495.31万元。其中，市中心提取6363.31万元，高港分中心提取161万元，靖江分中心提取4996万元，泰兴分中心提取5104万元，兴化分中心提取2870万元，姜堰分中心提取3001万元。

（五）管理费用支出：2019 年，管理费用支出 3641.80 万元，同比增长 31.14%。其中，人员经费 1187.10 万元，公用经费 92.36 万元，专项经费 2362.34 万元。

市中心管理费用支出 1454.02 万元，其中，人员、公用、专项经费分别为 671.00 万元、48.56 万元、734.46 万元；高港分中心管理费用支出 158.57 万元，其中，人员、公用、专项经费分别为 44.58 万元、5.49 万元、108.5 万元；靖江分中心管理费用支出 330.15 万元，其中，人员、公用、专项经费分别为 161.3 万元、12.26 万元、156.59 万元；泰兴分中心管理费用支出 313.94 万元，其中，人员、公用、专项经费分别为 96.08 万元、8.19 万元、209.67 万元；兴化分中心管理费用支出 1068.08 万元，其中，人员、公用、专项经费分别为 93.00 万元、8.23 万元、966.85 万元；姜堰分中心管理费用支出 317.04 万元，其中，人员、公用、专项经费分别为 121.14 万元、9.63 万元、186.27 万元。

四、资产风险状况

（一）个人住房贷款：2019 年末，个人住房贷款逾期额 134.89 万元，逾期率 0.09‰。其中，市中心 0.10‰，高港分中心 0.24‰，靖江分中心 0.08‰，泰兴分中心 0.13‰，姜堰分中心 0.00‰，兴化分中心 0.00‰。

个人贷款风险准备金按贷款余额的 8.85% 提取。2019 年，提取个人贷款风险准备金 14983.12 万元，使用个人贷款风险准备金核销呆坏账 0 万元。2019 年末，个人贷款风险准备金余额 138033.09 万元，占个人住房贷款余额的 8.85%，个人住房贷款逾期额与个人贷款风险准备金余额的比率为 0.10%。

（二）支持保障性住房建设试点项目贷款：2019 年末，逾期项目贷款 0 万元，逾期率 0‰。

项目贷款风险准备金按贷款余额的 0% 提取。2019 年，提取项目贷款风险准备金 0 万元，使用项目贷款风险准备金核销呆坏账 0 万元，项目贷款风险准备金余额 0 万元，占项目贷款余额的 0%，项目贷款逾期额与项目贷款风险准备金余额的比率为 0%。

五、社会经济效益

（一）缴存业务：2019 年，实缴单位数、实缴职工人数和缴存额同比分别增长 9.89%、减少 4.30 和增长 13.10%。

缴存单位中，国家机关和事业单位占 35.91%，国有企业占 8.51%，城镇集体企业占 3.67%，外商投资企业占 4.75%，城镇私营企业及其他城镇企业占 39.94%，民办非企业单位和社会团体占 5.42%，其他占 1.80%。

缴存职工中，国家机关和事业单位占 32.09%，国有企业占 11.34%，城镇集体企业占 4.82%，外商投资企业占 8.20%，城镇私营企业及其他城镇企业占 38.65%，民办非企业单位和社会团体占 2.68%，其他占 2.22%；中、低收入占 94.82%，高收入占 5.18%。

新开户职工中，国家机关和事业单位占 11.62%，国有企业占 8.19%，城镇集体企业占 2.40%，外商投资企业占 8.14%，城镇私营企业及其他城镇企业占 65.96%，民办非企业单位和社会团体占 3.02%，其他占 0.67%；中、低收入占 99.56%，高收入占 0.44%。

（二）提取业务：2019 年，15.84 万名缴存职工提取住房公积金 43.44 亿元。

提取金额中，住房消费提取占 82.03%（购买、建造、翻建、大修自住住房占 30.88%，偿还购房贷

款本息占 50.27%，租赁住房占 0.65%，其他占 0.23%）；非住房消费提取占 17.97%（离休和退休提取占 11.91%，完全丧失劳动能力并与单位终止劳动关系及死亡或宣告死亡提取占 0.3%，出境定居占 0.01%，其他占 5.75%）。

提取职工中，中、低收入占 80.37%，高收入占 19.63%。

（三）贷款业务：

1. 个人住房贷款：2019 年，支持职工购建房 168.80 万平方米，年末个人住房贷款市场占有率（含公转商贴息贷款）为 12.01%，比上年末增加 1.07 个百分点。通过申请住房公积金个人住房贷款，可节约职工购房利息支出 55068.77 万元。

职工贷款笔数中，购房建筑面积 90（含）平方米以下占 9.87%，90～144（含）平方米占 73.11%，144 平方米以上占 17.02%。购买新房占 72.52%（其中购买保障性住房占 0.11%），购买二手房占 27.47%，建造、翻建、大修自住住房占 0.01%，其他占 0%。

职工贷款笔数中，单缴存职工申请贷款占 19.30%，双缴存职工申请贷款占 78.37%，三人及以上缴存职工共同申请贷款占 2.33%。

贷款职工中，30 岁（含）以下占 38.36%，30 岁～40 岁（含）占 37.52%，40 岁～50 岁（含）占 20.29%，50 岁以上占 3.83%；首次申请贷款占 79.29%，二次及以上申请贷款占 20.71%；中、低收入占 93.44%，高收入占 6.56%。

2. 异地贷款：2019 年，发放异地贷款 0 笔、0 万元。2019 年末，发放异地贷款总额 10425.20 万元，异地贷款余额 5315.79 万元。

3. 公转商贴息贷款：2019 年，发放公转商贴息贷款 916 笔、27927.40 万元，支持职工购建住房面积 11.50 万平方米，当年贴息额 5553.87 万元。2019 年末，累计发放公转商贴息贷款 16652 笔、539142.45 万元，累计贴息 16615.50 万元。

4. 支持保障性住房建设试点项目贷款：2019 年末，累计试点项目 0 个，贷款额度 0 亿元，建筑面积 0 万平方米，可解决 0 户中低收入职工家庭的住房问题。0 个试点项目贷款资金已发放并还清贷款本息。

（四）**住房贡献率**：2019 年，个人住房贷款发放额、公转商贴息贷款发放额、项目贷款发放额、住房消费提取额的总和与当年缴存额的比率为 124.02%，比上年减少 29.06 个百分点。

六、其他重要事项

（一）当年机构及职能调整情况、受委托办理缴存贷款业务金融机构变更情况：2019 年 8 月，中共泰州市委办公室、泰州市政府办公室联合印发《泰州市住房公积金管理中心职能配置、内设机构和人员编制规定》（泰办发〔2019〕58 号），调整泰州市住房公积金管理中心内设机构及职能，成立 8 个处（室）及 5 个分中心。12 月，中共泰州市委印发《关于匡章斌同志任职的通知》（泰委〔2019〕203 号），批准成立中共泰州市住房公积金管理中心党组。2019 年我市缴存业务金融机构无变更，仍为 9 家；新增 0 家贷款业务金融机构，目前我市贷款业务金融机构共有 19 家。

（二）当年住房公积金政策调整及执行情况：

当年缴存基数限额及确定方法、缴存比例等缴存政策调整情况：一是 2019 年 7 月 1 日起，按职工本人 2018 年月平均工资调整职工住房公积金缴存基数，其中机关、事业单位和职工个人缴存比例为 12%；企业单位和职工个人缴存比例上限为 12%，下限为 5%，新开户企业单位缴存比例可在 5%～12%区间内确定，已开户企业单位仍按原缴存比例执行，同一单位必须执行同一缴存比例。2019 年泰州市住房公积金缴存基数上限保持不变，为 18000 元；缴存基数下限保持不变，市区为 2328 元，靖江、泰兴、兴化为 2299 元。二是《泰州市高层次人才分类目录》中认定的 A、B、C、D 类人才，持卡人员及其配偶、子女可不受国籍、户籍限制，在本市缴存住房公积金。

当年提取政策调整情况：《泰州市高层次人才分类目录》中认定的 A、B、C、D 类人才，持卡人员及其配偶、子女离开本市时，按规定办理住房公积金账户余额转移或提取手续；持卡人员及其配偶已办理住房贷款的，在还贷期间可按规定每月提取住房公积金账户余额偿还贷款或按规定办理委托按月还贷手续；持卡人员及其配偶购买住房未贷款的，自购房之日起 3 年内可一次性提取住房公积金账户全部余额，提取金额累计不超过房屋总价；持卡人员及其配偶租赁自住住房的，可每年 2 次提取住房公积金账户余额支付租金，提取额度，按实际应支付房租确定，且单身职工不超过 8000 元/年，已婚职工不超过 16000 元/年。

当年个人住房贷款最高贷款额度、贷款条件等贷款政策调整情况：一是双职工住房公积金贷款最高额度由 50 万元调整为 40 万元，单职工住房公积金贷款最高额度由 30 万元调整为 25 万元。暂停住房公积金异地个人住房贷款业务。二是《泰州市高层次人才分类目录》中认定的 A、B、C、D 类人才，持 A、B 类卡人员及其配偶自缴存住房公积金次月起，即可申请住房公积金贷款；持卡人员可贷额度按本市住房公积金贷款计算口径测算；持 A、B 类卡人员住房公积金贷款最高额度可放宽到本市最高限额的 4 倍；持 C 类卡人员住房公积金贷款最高额度可放宽到本市最高限额的 2.5 倍；持 D 类卡人员住房公积金贷款最高额度可放宽到本市最高限额的 1.5 倍。

当年住房公积金存贷款利率执行标准等：2019 年，泰州市住房公积金管理中心执行的存款利率标准为中国人民银行、住房和城乡建设部、财政部《关于完善职工住房公积金账户存款利率形成机制的通知》（银发〔2016〕43 号）的规定，住房公积金存款上年结转和当年缴存均按一年期定期存款 1.5%的基准利率执行；执行的贷款利率标准为《中国人民银行关于下调金融机构人民币贷款和存款基准利率并进一步推进利率市场化改革的通知》（银发〔2015〕265 号），5 年期以下（含五年）住房公积金贷款年利率为 2.75%，5 年期以上至 30 年（含）的住房公积金贷款年利率为 3.25%。

（三）当年服务改进情况： 一是截至 2019 年底，泰州市公积金业务服务网点（包括承办银行网点）有近 100 个，各项业务和服务项目全面实现信息化，传统柜面业务和线上业务协调统一、互为补充。二是全面建成住房公积金综合服务平台各种服务渠道，实现了单位缴存登记、职工开户、封存、启封、基础信息管理、缴存基数调整、单位汇（补）缴、职工补缴、提取、贷款，各项业务信息、明细账、办事进度和合作楼盘查询、异地转移接续等 40 余项公积金业务网上办理；与泰州市人社局合作开发社会保险及公积金自助服务一体机，并将 2000 余台自助一体机部署到全市所有街道、乡镇、行政村，有力促进了公积金自助服务的推广，实现了公积金中心和政府其他部门更大范围、更高层次的数据及资源共享；贯彻落实个人所得税专项附加扣除政策，接入"全国住房公积金数据平台"，实现与国家税务总局实时数据共享；泰州市住房公积金管理中心网站、12329 住房公积金服务热线和 12329 住房公积金服务短信相结合，实现了公积金业务从事前咨询、事中查询和事后信息推送的"一条龙"服务，极大方便了职工及时了解公积金政策变化、业务办理进程和资金到账情况；"我的泰州"微信公共服务和"江苏政务服务"APP和泰州市住房公积金网上业务大厅相互补充，共同构建了公积金移动业务办理体系。三是综合服务平台通过政务大数据共享，我中心进一步优化业务流程，精简办事材料，先后取消了身份证、户籍证明、婚姻关系证明、离退休证明、离职证明、收入证明、公积金提取书、购房合同复印件、不动产权证、无房证明、单位汇缴变更清册、单位汇补缴书、补缴清册13大类业务证明材料。四是截至2019年底，我中心各种线上渠道业务月均办理5000多笔，月均发送12329住房公积金服务短信超50万条，网站月均访问量超10万人次，微信、APP等移动终端月均访问量超3万人次，月均自助平台服务量约5000人次。

（四）当年信息化建设情况：一是构建标准化数据体系。全面贯彻落实《住房公积金基础数据标准》《住房公积金银行结算应用系统接口标准》和《泰州市政务数据管理规范》，打造标准化公积金数据接口，实现全国住房公积金数据交换共享和资金实时结算。二是打造立体化数据共享体系。依托住房和城乡建设部"全国住房公积金数据平台"，通过"总-总"架构和统一数据标准，在全国公积金行业内部以及各政府部门、各商业银行间实现纵向数据共享、资金实时结算和异地转移接续，落实个人所得税专项附加扣除政策，全面开展电子化稽查，建立公积金监管常态化工作机制，有效提高网络安全、降低资金风险；通过市大数据共享平台和市级政府部门实现横向数据共享，包括：省政务服务实名认证信息，支付宝实名认证信息，公安部门身份证信息、常住人口信息，房管局新房、二手房交易备案信息，不动产登记信息，民政婚姻登记信息，人社社保缴纳信息等。三是打造统一安全保障体系。统一实施安全体系建设和网络安全等级保护工作，实现统一安全认证、统一数据标准、统一服务标准、一站式登录，有效保障各种服务渠道、防控系统及资金风险的安全。按照《网络安全法》要求，加大安全投入，对公积金信息系统实施等级保护工作，有效防止了各种网络攻击和非法入侵，有力保障了资金安全和职工合法权益。

（五）当年住房公积金管理中心及职工所获荣誉情况：2019年，中心先后获得江苏省文明单位、泰州市巾帼志愿服务工作"最具活力奖"；"住房公积金综合服务平台项目"荣获泰州市改革创新项目三等奖及泰州市数据共享开放创新应用大赛政务组案例类三等奖；营业部获得全国巾帼文明岗、泰州市年度"十佳政务服务窗口"；会计核算科荣获泰州市"三八"红旗集体等。中心职工郭宝华撰写的《住房公积金工会工作要在服务广大职工群众中出彩出新》获得江苏省住房公积金行业工会工作理论研究会研究文章评审一等奖；周霞、陆凯撰写的《当好主人翁建功新时代》获得江苏省住房公积金行业工会工作理论研究会研究文章评审二等奖，陈勇华撰写的《以创新优势铸造"聚金为民惠万家"服务品牌》获得省住房公积金行业工会工作理论研究会研究文章评审二等奖；蔡君峰、张敏、邵彦人、侯亚琴、周杰获得江苏省住房公积金系统"综合素质挑战赛"三等奖；顾艳娟、陆凯、姚寅萍、陈勇华获得江苏省住房公积金行业环金山湖挑战赛三等奖；王友彬获得泰州市市长信箱人民来信办理工作先进个人；盛凯获得泰州市信息安全应用先进个人及泰州市数据资源共享工作先进个人；姚寅萍获得"我和我的祖国"泰州市级机关庆祝新中国成立70周年系列活动演讲类三等奖。

（六）当年对违反《住房公积金管理条例》和相关法规行为进行行政处罚和申请人民法院强制执行情况：根据《住房公积金管理条例》规定，依法对我市住房公积金领域内的违法行为进行执法，督促相关单位依法纠正违法行为，维护职工的合法权益。2019年我中心没有作出行政处罚决定；对泰州市海陵区某房地产咨询有限公司欠缴的43343元住房公积金作出强制补缴决定，并依法向泰州市海陵区人民法院申请强制执行。

（七）当年对住房公积金管理人员违规行为的纠正和处理情况等：无。

（八）其他需要披露的情况：无。

宿迁市住房公积金 2019 年年度报告

一、机构概况

（一）**住房公积金管理委员会**：住房公积金管理委员会有 18 名委员，2019 年召开 1 次会议，审议通过的事项主要包括：（1）宿迁市住房公积金 2018 年年度报告；（2）关于 2018 年增值收益分配建议；（3）关于 2018 年度城市廉租住房建设补充资金分配方案；（4）关于《宿迁市住房公积金受托银行业务考核办法（试行）》的修订方案；（5）关于支付受托银行 2018 年手续费的请示；（6）关于本市 2018 年度宿迁市住房公积金归集使用计划执行情况和 2019 年度住房公积金归集使用计划。

（二）**住房公积金管理中心**：住房公积金管理中心为直属市政府不以营利为目的的自收自支事业单位，设 6 个科室，6 个管理部。从业人员 63 人，其中在编 38 人，非在编 25 人。

二、业务运行情况

（一）**缴存**：2019 年，新开户单位 601 家，实缴单位 4171 家，净增单位 508 家；新开户职工 3.65 万人，实缴职工 24.56 万人；缴存额 38.99 亿元，同比增长 30.38%。2019 年末，缴存总额 200.82 亿元，比上年末增加 24.09%；缴存余额 97.52 亿元，比上年末增加 18.51%。

受委托办理住房公积金缴存业务的银行 4 家，比上年减少 2 家。

（二）**提取**：2019 年，提取额 23.75 亿元，同比增长 25.66%，占当年缴存额的 60.91%，比上年减少 2.28 个百分点；2019 年末，提取总额 103.30 亿元，比上年末增加 29.87%。

（三）**贷款**：

1. 个人住房贷款：个人住房贷款最高额度 50 万元，其中，单缴存职工最高额度 25 万元，双缴存职工最高额度 50 万元。

2019 年，发放个人住房贷款 8995 笔、29.73 亿元，同比分别增长 67.69%、69.60%。

2019 年，回收个人住房贷款 14.08 亿元。

2019 年末，累计发放个人住房贷款 5.64 万笔、153.34 亿元，贷款余额 97.63 亿元，分别比上年末增加 18.99%、24.05%、19.08%。个人住房贷款余额占缴存余额的 100.11%，比上年末增加 0.48 个百分点。

受委托办理住房公积金个人住房贷款业务的银行 3 家，与上年持平。

2. 住房公积金支持保障性住房建设项目贷款：我市无保障性住房建设项目贷款。

（四）**购买国债**：2019 年，我市没有使用住房公积金购买国债，国债余额为 0 元。

（五）**融资**：2019 年，我市没有融资，融资余额 0 元。

(六)资金存储:2019年末,住房公积金存款 1.26 亿元。其中,活期 0.01 亿元,协定存款 1.25 亿元。

(七)资金运用率:2019年末,住房公积金个人住房贷款余额、项目贷款余额和购买国债余额的总和占缴存余额的 100.11%,比上年末增加 0.48 个百分点。

三、主要财务数据

(一)业务收入:2019年,业务收入 29659.02 万元,同比增长 15.95%。其中,存款利息 553.05 万元,委托贷款利息 29095.31 万元,其他 10.66 万元。

(二)业务支出:2019年,业务支出 13908.68 万元,同比增长 6.59%。其中,支付职工住房公积金利息 13624.30 万元,归集手续费 35.25 万元,委托贷款手续费 248.72 万元,其他 0.41 万元。

(三)增值收益:2019年,增值收益 15750.34 万元,同比增长 26.40%。增值收益率 1.73%,比上年增加 0.11 个百分点。

(四)增值收益分配:2019年,提取贷款风险准备金 9762.90 万元,提取管理费用 1450 万元,提取城市廉租住房(公共租赁住房)建设补充资金 4537.44 万元。

2019年,上交财政管理费用 1775.52 万元。上缴财政城市廉租住房(公共租赁住房)建设补充资金 2556.02 万元。

2019年末,贷款风险准备金余额 46101.72 万元。累计提取城市廉租住房(公共租赁住房)建设补充资金 26834.35 万元。

(五)管理费用支出:2019年,管理费用支出 1394.24 万元,同比下降 16.17%。其中,人员经费 1019.02 万元,公用经费 93.45 万元,专项经费 281.77 万元。

四、资产风险状况

(一)个人住房贷款:2019年末,个人住房贷款逾期额 83.25 万元,逾期率 0.09‰。

个人贷款风险准备金按贷款余额的 1%提取。2019年,提取个人贷款风险准备金 9762.90 万元,使用个人贷款风险准备金核销呆坏账 0 万元。2019年末,个人贷款风险准备金余额 46101.72 万元,占个人住房贷款余额的 4.71%,个人住房贷款逾期额与个人贷款风险准备金余额的比率为 0.18%。

(二)支持保障性住房建设试点项目贷款:我市住房公积金无保障性住房建设试点项目。

五、社会经济效益

(一)缴存业务:2019年,实缴单位数、缴存额同比分别增长 14.06%、30.38%。

缴存单位中,国家机关和事业单位占 40.49%,国有企业占 7.69%,城镇集体企业占 1.15%,外商投资企业占 0.86%,城镇私营企业及其他城镇企业占 36.46%,民办非企业单位和社会团体占 0.93%,其他占 12.42%。

缴存职工中,国家机关和事业单位占 35.55%,国有企业占 16.98%,城镇集体企业占 1.38%,外商投资企业占 2.22%,城镇私营企业及其他城镇企业占 18.98%,民办非企业单位和社会团体占 0.92%,其他占 23.97%;中、低收入占 100%,高收入占 0%。

新开户职工中，国家机关和事业单位占11.13%，国有企业占8.27%，城镇集体企业占0.95%，外商投资企业占3.89%，城镇私营企业及其他城镇企业占42.25%，民办非企业单位和社会团体占1.80%，其他占31.71%；中、低收入占100%，高收入占0%。

（二）提取业务：2019年，7.96万名缴存职工提取住房公积金23.75亿元。

提取金额中，住房消费提取占84.37%（购买、建造、翻建、大修自住住房占18.73%，偿还购房贷款本息占65.06%，租赁住房占0.58%）；非住房消费提取占15.63%（离休和退休提取占9.76%，完全丧失劳动能力并与单位终止劳动关系提取5.02%，出境定居占0.01%，其他占0.84%）。

提取职工中，中、低收入占100%，高收入占0%。

（三）贷款业务：

1. 个人住房贷款：2019年，支持职工购建房163.04万平方米，年末个人住房贷款市场占有率为8.84%，比上年末增加2.7个百分点。通过申请住房公积金个人住房贷款，可节约职工购房利息支出80928.22万元。

职工贷款笔数中，购房建筑面积90（含）平方米以下占7.76%，90~144（含）平方米占74.25%，144平方米以上占17.99%。购买新房占91.46%，购买二手房占8.54%。

职工贷款笔数中，单缴存职工申请贷款占20.42%，双缴存职工申请贷款占79.58%。

贷款职工中，30岁（含）以下占43.97%，30岁~40岁（含）占35.82%，40岁~50岁（含）占17.44%，50岁以上占2.77%；首次申请贷款占83.70%，二次申请贷款占16.30%；中、低收入占100%，高收入占0%。

2. 异地贷款：2019年，发放异地贷款0笔、0万元。2019年末，发放异地贷款总额68824.00万元，异地贷款余额54693.59万元。

3. 公转商贴息贷款：2019年，发放公转商贴息贷款0笔、0万元，当年贴息额0.45万元。2019年末，累计发放公转商贴息贷款40笔、840.08万元，累计贴息3.77万元。

4. 支持保障性住房建设试点项目贷款：2019年末，我市无保障性住房建设试点项目贷款。

（四）住房贡献率：2019年，个人住房贷款发放额、住房消费提取额的总和与当年缴存额的比率为127.65%，比上年增加16.57个百分点。

六、其他重要事项

（一）当年机构及职能调整情况、受委托办理缴存贷款业务金融机构变更情况：2019年，我市住房公积金管理中心未涉及机构及职能调整。2019年，受委托办理缴存业务金融机构减少两家，受委托办理贷款业务金融机构无变化。

（二）当年住房公积金政策调整及执行情况：

1. 缴存基数限额及确定方法、缴存比例等缴存政策调整情况

2019年度，宿迁市住房公积金缴存基数最高工资限额为16272元，最低限额为不低于市人力资源和社会保障部门公布的最低工资标准，即1620元。

确定方法：

最高限额：宿迁市统计局公布的上年度在职职工月平均工资的3倍；

最低限额：宿迁市人力资源和社会保障局公布的上年度最低工资。

缴存比例：

国家机关、事业单位：单位与职工各12%；

各类企业及其他单位：单位和职工各5%～12%。

为规范缴存业务，我市出台了《关于阶段性降低住房公积金缴存比例进一步降低企业成本的通知》（宿公积金委〔2018〕2号），2019年继续执行。

2. 当年提取政策调整情况

当年提取政策无调整。

3. 当年个人住房贷款最高贷款额度、贷款条件等贷款政策调整情况

2019年度，宿迁市住房公积金管理中心个人住房公积金贷款最高额度没有变化，仍执行原标准，即：单缴存职工最高贷款额度25万元，双缴存职工家庭最高贷款额度50万元。

4. 当年住房公积金存贷款利率执行标准

2019年度，贷款利率没有调整，仍执行原贷款利率，即五年以内（含）贷款2.75%，五年以上贷款利率3.25%。

（三）**当年服务改进情况**：2019年，按照住房和城乡建设部《住房公积金综合服务平台建设导则》要求，建成门户网站、网上业务大厅、官方微信、手机客户端等8大服务渠道和标准管理平台，接入江苏政务服务网和宿迁"智能城市"APP，切实提高业务离柜率和网上办件量，着力提升服务水平。一是全面梳理住房公积金各类服务事项，根据线上服务和自助办理的特点，精简办理环节和要件，除部分存疑需要进一步核实的业务外，全部实现当日审批办结。二是充分利用中心自有数据，尽量实现后台数据自动审核比对，满足在线快速审批、自动审批的要求。目前，我中心主要服务事项均实现在综合服务渠道线上办理。

（四）**当年信息化建设情况**：为了贯彻落实"放管服"改革精神和省、市"不见面审批"工作要求，大力提升宿迁市住房公积金业务、服务和管理水平，2019年，"智慧公积金"信息化项目基本建成，目前住房公积金业务、服务和管理三大平台均已建成上线运行。

建立综合业务平台，全省最高分通过住房和城乡建设部"双贯标"验收。一是认真贯彻住房和城乡建设部标准。按照住房和城乡建设部《住房公积金基础数据标准》等文件要求建立基础数据、结算平台和各种报表，全面满足住房和城乡建设部"双贯标"验收的各项要求，夯实中心信息化建设的基础。二是严格落实行业标准。按照财政部、国家档案局《会计档案管理办法》和《中华人民共和国电子签名法》等法律法规的要求，收集、制作、整理、传递、存储电子回单，形成规范的电子业务档案和会计档案。三是借鉴商业银行经验。参考商业银行的运作模式设计软件架构、功能、流程和界面，为网上业务大厅、官方微信、手机终端、自助终端等服务渠道功能统一化奠定基础。

建立综合服务平台，深化"放管服"改革。一是业务线上可办率达100%。全面梳理住房公积金各类服务事项，根据线上服务和自助办理的特点，精简办理环节和要件，力推"不见面审批"办理。我中心服务事项共4大类110项。其中，信息查询类17项，业务办理类41项，信息发布类49项，互动交流类3项，已全部实现线上办理。二是服务渠道覆盖率达100%。根据住房和城乡建设部综合服务平台建设要求，建成网站、网厅、热线、12329短信、微信、手机终端、自助终端、微博8大服务渠道，实现服务渠道全覆盖。三是业务自动审批率超70%。中心充分利用自有数据，尽量实现后台数据自动审核比对，满足在线快速审批、自动审批的要求。在中心 41 项办理类业务事项中,单位网厅开户、单位汇缴补缴、个人异地转移接续、个人贷款还款等 31 项业务实现自动审批。

建立综合管理平台,推进公积金事业高质量发展。一是实现办公系统自动化。建立协同办公系统,中心工作人员可以通过电脑或手机线上实现办文办会、车辆申请、资产管理等,工作效率显著提高。二是建成决策分析系统。中心依托现有数据资源,多重维度挖掘数据价值,为决策提供数据参考。三是建成绩效考核系统。根据银行考核和部门考核制度,建立绩效考核打分体系。四是实现档案管理电子化。中心积极与各家承办银行协调,建立统一的数据交换标准和接口,实时传输经过数字签名的电子回单作为财务记账凭证的原始附件,不再需要通过人工纸质形式进行传递,实现财务档案电子化。

(五)当年住房公积金管理中心及职工所获荣誉情况: 2019 年,中心获得"江苏省文明单位"称号;泗阳管理部获得"全国巾帼文明岗""省住房公积金工会论文一等奖"等荣誉称号,并连续四个季度被评为"红旗窗口";市直及其他县区管理部多次被评为"红旗窗口""先进窗口""优质服务窗口"等荣誉,以优质服务赢得了社会各界广泛好评,展示了良好的精神风貌。

(六)当年对违反《住房公积金管理条例》和相关法规行为进行行政处罚和申请人民法院强制执行情况: 无。

(七)当年对住房公积金管理人员违规行为的纠正和处理情况等: 无。

(八)其他需要披露的情况: 无。

2019 全国住房公积金年度报告汇编

浙江省

杭州
宁波市
温州市
嘉兴市
湖州市
绍兴市
金华市
衢州市
舟山市
台州市
丽水市

浙江省住房公积金 2019 年年度报告

一、机构概况

(一) 住房公积金管理机构：全省共设 11 个设区城市住房公积金管理中心，另设省直单位住房公积金管理中心，16 个独立设置的分中心（其中，北仑、镇海、象山、宁海、余姚、慈溪、奉化分中心隶属宁波市中心，嘉善、海盐、海宁、平湖、桐乡分中心隶属嘉兴市中心，常山、开化、龙游、江山分中心隶属衢州市中心）。从业人员 1857 人，其中，在编 975 人，非在编 882 人。

(二) 住房公积金监管机构：省住房城乡建设厅、财政厅和人民银行杭州中心支行负责对本省住房公积金管理运行情况进行监督。省住房城乡建设厅设立住房公积金监管处，负责辖区住房公积金日常监管工作。

二、业务运行情况

(一) 缴存：2019 年，新开户单 51438 家，实缴单位 262823 家，净增单位 35146 家；新开户职工 164.2 万人，实缴职工 867.7 万人，净增职工 67.1 万人；缴存额 1599.3 亿元，同比增长 15.2%。2019 年末，缴存总额 10979.2 亿元，比上年末增加 17.1%；缴存余额 3573.9 亿元，比上年末增加 12.5%。

(二) 提取：2019 年，提取额 1201.5 亿元，同比增长（下降）11.3%；占当年缴存额的 75.1%，比上年减少 2.6 个百分点。2019 年末，提取总额 7405.3 亿元，比上年末增加 19.4%。

(三) 贷款：

1. 个人住房贷款：2019 年，发放个人住房贷款 15.7 万笔、698.4 亿元，同比增长 24.6%、24.4%。回收个人住房贷款 414.3 亿元。

2019 年末，累计发放个人住房贷款 192.9 万笔、6315.9 亿元，贷款余额 3407.9 亿元，分别比上年末增加 8.9%、12.4%、9.1%。个人住房贷款余额占缴存余额的 95.4%，比上年末减少 3 个百分点。

2. 住房公积金支持保障性住房建设项目贷款：截至 2019 年底，累计发放项目贷款 14.9 亿元，所有项目贷款本息已经结清。

(四) 购买国债：2019 年，我省无购买国债情况。

(五) 融资：2019 年，融资 41.3 亿元，归还 83.5 亿元。2019 年末，融资总额 494.7 亿元，融资余额 68.5 亿元。

(六) 资金存储：2019 年末，住房公积金存款 272.4 亿元。其中，活期 2.3 亿元，1 年（含）以下定期 88.3 亿元，1 年以上定期 1.5 亿元，其他（协定、通知存款等）180.3 亿元。

(七) 资金运用率：2019 年末，住房公积金个人住房贷款余额、项目贷款余额和购买国债余额的总和占缴存余额的 95.4%，比上年末减少 3 个百分点。

三、主要财务数据

(一) 业务收入：2019 年，业务收入 1159212.8 万元，同比增长 10.2%。其中，存款利息 90509.4 万元，委托贷款利息1064558.3万元，国债利息0万元，其他4145.1万元。

（二）**业务支出**：2019年，业务支出655057.2万元，同比增长7.1%。其中，支付职工住房公积金利息512073.7万元，归集手续费6141.7万元，委托贷款手续费39801.9万元，其他97039.9万元。

（三）**增值收益**：2019年，增值收益504155.6万元，同比增长14.7%；增值收益率1.5%，与上年持平。

（四）**增值收益分配**：2019年，提取贷款风险准备金296361.9万元，提取管理费用38264.2万元，提取城市廉租住房（公共租赁住房）建设补充资金169529.5万元。

2019年，上交财政管理费用39521万元，上缴财政城市廉租住房（公共租赁住房）建设补充资金161226.1万元。

2019年末，贷款风险准备金余额2523457.8万元，累计提取城市廉租住房（公共租赁住房）建设补充资金1517727.9万元。

（五）**管理费用支出**：2019年，管理费用支出54273.2万元，同比下降0.3%。其中，人员经费30835.2万元，公用经费5465.9万元，专项经费17972.1万元。

四、资产风险状况

（一）**个人住房贷款**：2019年末，个人住房贷款逾期额1821.1万元，逾期率0.05‰。

2019年，提取个人贷款风险准备金296361.9万元，使用个人贷款风险准备金核销呆坏账288.9万元。2019年末，个人贷款风险准备金余额2520880万元，占个人贷款余额的7.4%，个人贷款逾期额与个人贷款风险准备金余额的比率为0.07%。

（二）**支持保障性住房建设项目贷款**：2019年末，未发生逾期项目贷款。2019年末，项目贷款风险准备金余额2577.8万元。

五、社会经济效益

（一）**缴存业务**：2019年，实缴单位数、实缴职工人数和缴存额增长率分别为15.4%、8.4%和15.2%。

缴存单位中，国家机关和事业单位占12.5%，国有企业占3.9%，城镇集体企业占1.6%，外商投资企业占1.7%，城镇私营企业及其他城镇企业占70%，民办非企业单位和社会团体占2.6%，其他占7.7%。

缴存职工中，国家机关和事业单位占21.2%，国有企业占10.6%，城镇集体企业占1.2%，外商投资企业占5.3%，城镇私营企业及其他城镇企业占52.5%，民办非企业单位和社会团体占1.8%，其他占7.4%；中、低收入占97.3%，高收入占2.7%。

新开户职工中，国家机关和事业单位占6.9%，国有企业占6%，城镇集体企业占0.8%，外商投资企业占5.3%，城镇私营企业及其他城镇企业占68.8%，民办非企业单位和社会团体占1.8%，其他占10.4%；中、低收入占99.2%，高收入占0.8%。

（二）**提取业务**：2019年，350万名缴存职工提取住房公积金1201.5亿元。

提取金额中，住房消费提取占85.4%（购买、建造、翻建、大修自住住房占25.4%，偿还购房贷款本息占 53.9%，租赁住房占 6.1%）；非住房消费提取占 14.6%（离休和退休提取占 8.3%，完全丧失劳动能力并与单位终止劳动关系提取占 0.8%，出境定居占 1.6%，其他占 3.9%）。

提取职工中，中、低收入占 96.1%，高收入占 3.9%。

（三）贷款业务：

1. 个人住房贷款：2019 年，支持职工购建房 1687.8 万平方米。年末个人住房贷款市场占有率（含公转商贴息贷款）为 14.2%，比上年末增加 0.7 个百分点。通过申请住房公积金个人住房贷款，可节约职工购房利息支出 1534146.5 万元。

职工贷款笔数中，购房建筑面积 90（含）平方米以下占 31.7%，90～144（含）平方米占 58.6%，144 平方米以上占 9.7%。购买新房占 60.5%（其中购买保障性住房占 0.7%），购买二手房占 39.3%，建造、翻建、大修自住住房占 0.1%，其他占 0.1%。

职工贷款笔数中，单缴存职工申请贷款占 47.1%，双缴存职工申请贷款占 52.7%，三人及以上缴存职工共同申请贷款占 0.2%。

贷款职工中，30 岁（含）以下占 36.1%，30 岁～40 岁（含）占 42.4%，40 岁～50 岁（含）占 17.6%，50 岁以上占 3.9%；首次申请贷款占 86.5%，二次及以上申请贷款占 13.5%；中、低收入占 96%，高收入占 4%。

2. 异地贷款：2019 年，发放异地贷款 6875 笔、337890.6 万元。2019 年末，发放异地贷款总额 1253359.8 万元，异地贷款余额 976379.5 万元。

3. 公转商贴息贷款：2019 年，发放公转商贴息贷款 16804 笔、636742.1 万元，支持职工购建房面积 199.9 万平方米。当年贴息额 58111.8 万元。2019 年末，累计发放公转商贴息贷款 130908 笔、6519289.4 万元，累计贴息 208792.5 万元。

4. 支持保障性住房建设项目贷款：2019 年末，全省有住房公积金试点城市 4 个，试点项目 10 个，贷款额度 14.9 亿元，建筑面积 101.7 万平方米，可解决 12415 户中低收入职工家庭的住房问题。所有试点项目贷款资金已发放并还清贷款本息。

（四）**住房贡献率**：2019 年，个人住房贷款发放额、公转商贴息贷款发放额、项目贷款发放额、住房消费提取额的总和与当年缴存额的比率为 112%，比上年增加 3.8 个百分点。

六、其他重要事项

（一）**当年住房公积金政策调整情况**。一是进一步探索自愿缴存机制建设。将个体工商户、灵活就业人员纳入制度覆盖范围，全省个人自愿缴存人数达 6.7 万。二是进一步支持企业发展。对经营暂时处于困境的企业，量身定制缴存方案，协助企业选择合理的缴存比例和基数，允许适当降低住房公积金缴存比例和缓缴。三是进一步支持合理住房消费。落实港澳台同胞和高层次人才缴存使用公积金的各项政策规定，突出支持自住住房消费的政策导向，主要支持城镇中低收入职工的首套自住普通住房的购房需求。

（二）**当年开展监督检查情况**。持续推进全省住房公积金领域的扫黑除恶专项行动，行业骗提乱象得到有效整治。2019 年，全省共查处违规骗提取行为 549 笔，移交公安部门及扫黑办线索 296 件。省住房城乡建设厅会同省财政厅组织开展了 2018 年度住房公积金专项监督检查，对杭州、宁波、温州、嘉兴、金华、舟山 6 个地区实施现场督查。省住房城乡建设厅还对绍兴等部分城市开展了住房公积金电子稽查工作抽查。

（三）当年服务改进情况。将深化"最多跑一次"改革与全面提升住房公积金管理服务水平紧密结合起来。一是深入推进业务规范办理。进一步统一全省政策，切实推进贷款、退休等"一件事"全流程"最多跑一次"。二是深入推进业务在线办理。在浙江政务服务网、浙里办APP开通个人及企业事项办理，实现了适宜网办业务的全纳入和全省全覆盖，所有民生事项实现窗口、网上、掌上三端的"一证通办"。三是深入推进业务就近办理。办理网点向乡镇、街道延伸，将办事事项下放至乡镇、街道的银行网点办理，方便群众跨区域、近距离、无障碍办理业务。全省绝大部分地区已实现提取业务的"全市通办"。

（四）当年信息化建设情况。接入全国住房公积金数据平台，健全完善省市两级住房公积金综合服务平台，基本实现市级业务系统统一、省级业务数据集中，信息化建设水平显著提高。全省各级住房公积金相关单位政务专网按照省、市、县三级架构已并入各级政务外网，并实现整体运行。

（五）当年住房公积金机构及从业人员所获荣誉情况。衢州市中心获得全省"人民满意的公务员集体"称号，温州市中心获得全国"工人先锋号"和全国"巾帼文明岗"称号，丽水市中心及长兴分中心获得全国"青年文明号"，湖州市中心获得省级"三八红旗集体"称号，平阳分中心获得省级"青年文明号"称号。全省各地各级住房公积金管理机构共获得地市级以上先进单位、个人称号及其他荣誉68个。

杭州住房公积金2019年年度报告

一、机构概况

（一）住房公积金管理委员会：住房公积金管理委员会有30名委员，2019年召开1次会议，审议通过2018年住房公积金计划执行情况和2019年计划草案，表决同意调整4家委贷银行，具体为：杭州联合银行吴山支行调整为杭州联合银行；华夏银行杭州高新支行调整为华夏银行杭州分行；邮政储蓄银行杭州市庆春路支行调整为邮政储蓄银行杭州市分行；中国银行杭州庆春支行调整为中国银行杭州市分行。

（二）住房公积金管理中心：住房公积金管理中心为杭州市政府直属的不以营利为目的的参照公务员法管理的事业单位，设7个处、8个分中心、1个省直中心。从业人员314人，其中，在编161人，非在编153人。

二、业务运行情况

（一）缴存：2019年，新开户单位22292家，实缴单位100610家，净增单位15777家；新开户职工60.3万人，实缴职工300.2万人，净增职工21.2万人；缴存额601.0亿元，同比增长15.9%。2019年末，缴存总额3934.7亿元，比上年末增长18.0%；缴存余额1180.7亿元，比上年末增长16.3%。

受委托办理住房公积金缴存业务的银行5家，比上年无增减。

（二）提取：2019年，提取额435.8亿元，同比增长5.4%；占当年缴存额的72.5%，比上年减少7.2个百分点。2019年末，提取总额2754.0亿元，比上年末增长18.8%。

(三)贷款:

1. 个人住房贷款: 个人住房贷款最高额度 100 万元,其中,单缴存职工最高额度 50 万元,双缴存职工最高额度 100 万元。高层次人才在我市购买自住普通商品住房申请公积金贷款额度可按家庭当期最高贷款限额上浮 50%确定。

2019 年,发放个人住房贷款 5.0 万笔、278.9 亿元,同比分别增长 51.5%、54.2%;回收个人住房贷款 134.0 亿元。见表1。

2019 年全市个人住房贷款发放回收情况表　　　　表 1

单位	发放笔数(万笔)	发放金额(亿元)	回收金额(亿元)
市中心	2.1	119.5	41.0
省直中心	0.7	44.0	24.5
萧山分中心	0.6	33.2	19.7
余杭分中心	0.5	31.1	10.3
富阳分中心	0.3	16.8	11.7
临安分中心	0.4	19.1	7.4
建德分中心	0.1	4.7	7.1
桐庐分中心	0.1	3.9	4.0
淳安分中心	0.1	4.4	6.4
铁路分中心	0.1	2.2	1.9
合计	5.0	278.9	134.0

2019 年末,累计发放个人住房贷款 49.1 万笔、1973.1 亿元,贷款余额 1106.7 亿元,比上年末分别增长 11.3%、16.5%、15.1%。个人住房贷款余额占缴存余额的 93.7%,比上年末减少 1.0 个百分点。

受委托办理住房公积金个人住房贷款业务的银行 27 家,比上年无增减。

2. 住房公积金支持保障性住房建设项目贷款: 2019 年,发放及回收支持保障性住房建设项目贷款均为 0。2019 年末,累计发放项目贷款 7.0 亿元,项目贷款余额为 0。

(四)购买国债: 2019 年,国债购买、兑付、转让、收回均为 0。2019 年末,国债余额为 0,比上年无增减。

(五)融资: 2019 年,融资及归还金额为 0。2019 年末,融资总额 5.0 亿元,均为个人住房贷款不出表的资产证券化融资,融资余额为 0。

(六)资金存储: 2019 年末,住房公积金存款 84.9 亿元。其中,活期 0.2 亿元,1 年(含)以下定期 18.0 亿元,1 年以上定期 0 亿元,其他(协定、通知存款等)66.7 亿元。

(七)资金运用率: 2019 年末,住房公积金个人住房贷款余额、项目贷款余额和购买国债余额的总和占缴存余额的 93.7%,比上年末减少 1.0 个百分点。

三、主要财务数据

(一)业务收入: 2019 年,业务收入 361373.6 万元,同比增长 15.1%。其中,存款利息 24412.0 万元,委托贷款利息 336955.7 万元,国债利息 0 万元,其他 5.9 万元。

(二)业务支出:2019 年,业务支出 206448.4 万元,同比增长 14.0%。其中,支付职工住房公积金利息 165165.1 万元,归集手续费 4563.3 万元,委托贷款手续费 16783.4 万元,其他 19936.6 万元。

(三)增值收益:2019 年,增值收益 154925.2 万元,同比增长 16.6%。其中,增值收益率 1.4%,比上年无增减。

(四)增值收益分配:2019 年,提取贷款风险准备金 94081.7 万元,提取管理费用 2858.4 万元,提取城市廉租住房(公共租赁住房)建设补充资金 57985.1 万元。

2019 年,上交财政管理费用 3150.6 万元。上缴财政城市廉租住房(公共租赁住房)建设补充资金 67028.1 万元。

2019 年末,贷款风险准备金余额 673030.5 万元。累计提取城市廉租住房(公共租赁住房)建设补充资金 651996.8 万元。

(五)管理费用支出:2019 年,管理费用支出 10949.3 万元,同比增长 5.9%。其中,人员经费 5030.7 万元,公用经费 1194.7 万元,专项经费 4723.9 万元。见表 2~表 4。

2019 年全市住房公积金资产负债表(单位:万元) 表 2

项目	年初数	年末数	项目	年初数	年末数
资产:			负债:		
住房公积金存款	657232.9	849407.1	住房公积金	10154968.0	11807038.6
增值收益存款	613636.6	717730.1	应付利息	73333.5	85375.8
应收利息	4220.1	6473.1	专项应付款	73601.5	64266.4
其他应收款	14004.1	14002.4	其中:城市廉租住房建设补充资金	70224.6	61181.6
委托贷款	9617567.1	11066770.9	其他应付款	25606.1	24746.1
逾期贷款	86.0	73.8	负债合计	10327509.1	11981426.9
国家债券	0.0	0.0			
			净资产:		
			贷款风险准备	579237.7	673030.5
			待分配增值收益	0.0	0.0
			净资产合计	579237.7	673030.5
资产总计	10906746.8	12654457.4	负债及净资产总计	10906746.8	12654457.4

2019 年全市住房公积金增值收益及其分配表(单位:万元) 表 3

单位	业务收入	业务支出	增值收益	提取贷款风险准备	提取管理费用	城市廉租住房(公共租赁住房)建设补充资金		
						当年提取	当年上缴	累计提取
市中心	168374.6	103534.3	64840.3	39221.4	1443.5	24175.4	33866.2	327070.9
省直中心	93972.6	48325.7	45646.9	26813.0	1042.7	17791.2	23331.8	178376.8
萧山分中心	33995.3	21472.7	12522.6	8772.0	0.0	3750.6	4418.4	48347.9

续表

单位	业务收入	业务支出	增值收益	提取贷款风险准备	提取管理费用	城市廉租住房(公共租赁住房)建设补充资金		
						当年提取	当年上缴	累计提取
余杭分中心	26938.8	15641.4	11297.4	11297.4	0.0	0.0	1503.9	16679.1
富阳分中心	15361.1	9607.7	5753.4	3940.8	0.0	1812.6	2062.3	17701.6
临安分中心	10348.7	6588.8	3759.9	3759.9	0.0	0.0	1797.8	9043.4
建德分中心	9179.0	5589.9	3589.1	−477.1	355.2	3711.0	0.0	16583.1
桐庐分中心	5860.0	3770.0	2090.0	419.5	0.0	1670.5	0.0	7912.2
淳安分中心	6606.8	4507.1	2099.7	196.1	0.0	1903.6	47.7	8695.5
铁路分中心	7337.4	4011.5	3325.9	138.8	17.0	3170.1	0.0	21586.3
合计	361373.6	206448.4	154925.2	94081.7	2858.4	57985.1	67028.1	651996.8

注：全市范围内调剂资金的利息收支及内部收支分摊金额在全市业务收入、业务支出汇总时合并计算。

2019年全市管理费用实际支出情况表（单位：万元） 表4

单位	人员经费	公用经费	专项经费	管理费用合计
市中心	1361.3	271.3	1339.1	2971.7
省直中心	751.2	371.1	2098.5	3220.8
萧山分中心	582.2	278.6	115.6	976.4
余杭分中心	578.5	53.8	523.7	1156.0
富阳分中心	290.2	39.7	151.0	480.9
临安分中心	312.1	41.8	176.7	530.6
建德分中心	233.2	38.3	83.6	355.1
桐庐分中心	278.4	30.0	85.6	394.0
淳安分中心	224.7	12.1	126.2	363.0
铁路分中心	418.9	58.0	23.9	500.8
合计	5030.7	1194.7	4723.9	10949.3

注：当年管理费用不列入增值收益分配的有：市中心及铁路分中心的人员经费和公用经费以及萧山、余杭、富阳、临安、桐庐、淳安分中心的所有管理费用，均由当地财政在预算内安排。

四、资产风险状况

（一）个人住房贷款：2019年末，个人住房贷款逾期额503.8万元，逾期率0.046‰。其中，市中心

0.035‰，省直中心 0.073‰，萧山分中心 0.010‰，余杭分中心 0.001‰，富阳分中心 0.010‰，临安分中心 0.212‰，铁路分中心 0.268‰，建德、桐庐和淳安分中心均为 0。

个人贷款风险准备金按贷款余额的 5％差额提取（其中：省直中心按个人住房贷款余额的 1％提取）。2019 年，提取个人贷款风险准备金 94081.7 万元，未使用个人贷款风险准备金核销。2019 年末，个人贷款风险准备金余额 673030.5 万元，占个人住房贷款余额的 6.1％，个人住房贷款逾期额与个人贷款风险准备金余额的比率为 0.1％。

（二）**支持保障性住房建设试点项目贷款**：2019 年末，未发生项目贷款逾期，未使用项目贷款风险准备金核销，项目贷款、项目贷款逾期额和项目贷款风险准备金余额均为 0。

（三）**历史遗留风险资产**：2019 年末，无历史遗留风险资产。

五、社会经济效益

（一）**缴存业务**：2019 年，实缴单位数、实缴职工人数和缴存额同比分别增长 18.6％、7.6％和 15.9％。

缴存单位中，国家机关和事业单位占 5.5％，国有企业占 1.4％，城镇集体企业占 0.2％，外商投资企业占 1.0％，城镇私营企业及其他城镇企业占 88.4％，民办非企业单位和社会团体占 0.7％，其他占 2.8％。

缴存职工中，国家机关和事业单位占 12.9％，国有企业占 6.3％，城镇集体企业占 0.1％，外商投资企业占 4.1％，城镇私营企业及其他城镇企业占 74.7％，民办非企业单位和社会团体占 0.2％，其他占 1.7％；中、低收入占 96.3％，高收入占 3.7％。

新开户职工中，国家机关和事业单位占 3.8％，国有企业占 4.0％，城镇集体企业占 0.0％，外商投资企业占 3.5％，城镇私营企业及其他城镇企业占 86.4％，民办非企业单位和社会团体占 0.2％，其他占 2.1％；中、低收入占 99.0％，高收入占 1.0％。见表 5。

2019 年全市住房公积金缴存分类情况表　　　表 5

	类别	单位数（家）	占比（%）	缴存职工（万人）	占比（%）	新开户职工（万人）	占比（%）
单位性质	国家机关和事业单位	5511	5.5	38.8	12.9	2.3	3.8
	国有企业	1407	1.4	18.9	6.3	2.4	4.0
	城镇集体企业	208	0.2	0.2	0.1	0.0	0.0
	外商投资企业	1019	1.0	12.5	4.1	2.1	3.5
	城镇私营企业及其他城镇企业	88952	88.4	224.1	74.7	52.1	86.4
	民办非企业单位和社会团体	737	0.7	0.6	0.2	0.1	0.2
	其他	2776	2.8	5.1	1.7	1.3	2.1
	合计	100610	100.0	300.2	100.0	60.3	100.0
收入水平	中、低收入	—	—	289.1	96.3	59.7	99.0
	高收入	—	—	11.1	3.7	0.6	1.0
	合计	—	—	300.2	100.0	60.3	100.0

注：中、低收入为收入低于 2018 年杭州市社会平均工资的 3 倍；高收入为收入高于 2018 年杭州市社会平均工资的 3 倍（含）。

(二)提取业务:2019 年,147.3 万名缴存职工提取住房公积金 435.8 亿元。

提取金额中,住房消费提取占 89.7%(购买、建造、翻建、大修自住住房占 8.8%,偿还购房贷款本息占 69.7%,租赁住房占 11.2%,其他占 0.0%);非住房消费提取占 10.3%(离休和退休提取占 6.8%,完全丧失劳动能力并与单位终止劳动关系提取占 0.1%,出境定居占 2.7%,其他占 0.7%)。

提取职工中,中、低收入占 95.0%,高收入占 5.0%。见表 6。

2019 年全市住房公积金提取分类情况表　　　　表 6

	类别	人数(万人)	占比(%)	金额(亿元)	占比(%)
住房消费提取	购买、建造、翻建、大修自住住房	4.5	3.0	38.5	8.8
	偿还贷款本息	69.7	45.8	303.8	69.7
	租赁住房	67.8	44.6	48.8	11.2
	其他	0.0	0.0	0.0	0.0
	小计	142.0	93.4	391.1	89.7
非住房消费提取	离休和退休	2.8	1.8	29.7	6.8
	完全丧失劳动能力并与单位终止劳动关系	0.0	0.0	0.1	0.1
	出境定居	6.9	4.5	11.7	2.7
	其他	0.5	0.3	3.2	0.7
	小计	10.2	6.6	44.7	10.3
	合计	152.2	100.0	435.8	100.0
收入水平	中、低收入	139.9	95.0	375.8	86.2
	高收入	7.4	5.0	60.0	13.8
	合计	147.3	100.0	435.8	100.0

注:1. 出境定居提取包括非本地户籍职工终止劳动关系后未在本地重新就业。
　　2. 非住房消费提取中的其他提取包括:本地户籍职工终止劳动关系后未重新就业满 5 年或者男性年满 50 周岁、女性年满 45 周岁;享受最低生活保障;死亡或宣告死亡。
　　3. 中、低收入为收入低于 2018 年杭州市社会平均工资的 3 倍;高收入为收入高于 2018 年杭州市社会平均工资的 3 倍(含)。
　　4. 提取人数按提取原因分类中:同一职工不同原因提取的,分别计算提取人数。

(三)贷款业务:

1. 个人住房贷款:2019 年,支持职工购建房 517.7 万平方米,年末个人住房贷款市场占有率为 14.2%(年末个人住房贷款市场占有率=年末住房公积金个人贷款余额÷年末商业性和住房公积金个人贷款余额总和,含公转商贴息贷款),比上年增加 0.3 个百分点。通过申请住房公积金个人住房贷款,可节约职工购房利息支出 845568.5 万元。

职工贷款笔数中,购房建筑面积 90(含)平方米以下占 44.0%,90~140(含)平方米占 50.0%,140 平方米以上占 6.0%。购买新房占 66.0%(其中购买保障性住房占 0.0%),购买二手房占 34.0%,建造、翻建、大修自住住房占 0.0%,其他占 0.0%。

职工贷款笔数中,单缴存职工申请贷款占 56.0%,双缴存职工申请贷款占 44.0%,三人及以上缴存职工共同申请贷款占 0.0%。

贷款职工中,30 岁(含)以下占 46.0%,30 岁~40 岁(含)占 40.0%,40 岁~50 岁(含)占

12.0%，50岁以上占2.0%；首次申请贷款占94.0%，二次及以上申请贷款占6.0%；中、低收入占94.0%，高收入占6.0%。见表7。

2019年全市住房公积金个人住房贷款分类情况表 表7

分类方式	类别	发放笔数（万笔）	占比（%）	金额（亿元）	占比（%）
房屋类型	新房	3.3	66.0	180.1	64.6
	其中：保障性住房	0.0	0.0	1.1	0.4
	二手房	1.7	34.0	98.7	35.4
	建造、翻建、大修自住住房	0.0	0.0	0.0	0.0
	其他	0.0	0.0	0.1	0.0
房屋建筑面积	90平方米（含）以下	2.2	44.0	116.2	41.7
	90~140平方米（含）	2.5	50.0	144.8	51.9
	140平方米以上	0.3	6.0	17.9	6.4
贷款种类	纯公积金贷款	0.8	16.0	51.5	18.5
	组合贷款	4.2	84.0	227.4	81.5
购贷次数	首次	4.7	94.0	255.9	91.8
	二次及以上	0.3	6.0	23.0	8.2
贷款职工	单缴存职工	2.8	56.0	117.5	42.1
	双缴存职工	2.2	44.0	161.4	57.9
	三人及以上缴存职工	0.0	0.0	0.0	0.0
贷款人年龄	30岁（含）以下	2.3	46.0	114.1	40.9
	30岁~40岁（含）	2.0	40.0	117.9	42.3
	40岁~50岁（含）	0.6	12.0	38.7	13.9
	50岁以上	0.1	2.0	8.2	2.9
收入水平	中、低收入	4.7	94.0	254.0	91.1
	高收入	0.3	6.0	24.9	8.9

注：1. 中、低收入为收入低于2018年杭州市社会平均工资的3倍；高收入为收入高于2018年杭州市社会平均工资的3倍（含）。
2. 按房屋类型分类中：保障性住房286笔、其他34笔，因换算进位原因，未在以万笔为单位的表中列出；房屋类型为其他的金额占比，因换算进位原因，占比为0。

2. 异地贷款：2019年，发放异地贷款2468笔、184565.0万元。2019年末，发放异地贷款总额487688.6万元，异地贷款余额414469.0万元。

3. 公转商贴息贷款：2019年，发放公转商贴息贷款（含增量和存量公转商，下同）11138笔、394733.1万元，支持职工购建住房面积130.1万平方米，当年贴息额19358.4万元。2019年末，累计发放公转商贴息贷款（含存量公转商）38299笔、1828531.1万元，累计贴息77353.3万元。

4. 支持保障性住房建设试点项目贷款：2019年末，累计试点项目3个，贷款额度7.0亿元，建筑面积56.9万平方米，可解决6511户中低收入职工家庭的住房问题。3个试点项目贷款资金已发放并还清贷款本息。

（四）住房贡献率：2019年，个人住房贷款发放额、公转商贴息贷款发放额、项目贷款发放额、住房消费提取额的总和与当年缴存额的比率为118.0%，比上年增加12.9个百分点。

六、其他重要事项

（一）当年机构及职能调整情况、受委托办理缴存贷款业务金融机构变更情况。2019年，机构及职能未进行调整，受委托办理住房公积金个人住房贷款业务的银行中，4家银行完成调整，具体为：杭州联合银行吴山支行调整为杭州联合银行；华夏银行杭州高新支行调整为华夏银行杭州分行；邮政储蓄银行杭州市庆春路支行调整为邮政储蓄银行杭州市分行；中国银行杭州庆春支行调整为中国银行杭州市分行。

（二）当年住房公积金政策调整及执行情况。

1. 当年缴存基数限额及确定方法、缴存比例等缴存政策调整情况

本市住房公积金缴存基数为职工本人2018年度月平均工资，职工工资口径、缴存比例及缴存额计算规则未作调整。缴存基数设定上限和下限，实行"控高保低"。缴存基数上限为24311元（按2017年杭州市职工平均工资97243元/12的3倍确定），7月起缴存基数上限调整为25950元（按2018年杭州市职工平均工资103798元/12的3倍确定）。缴存基数下限为2010元（按2018年杭州市最低月工资标准确定），其中：临安分中心缴存基数1800元；建德、桐庐和淳安分中心缴存基数为1660元，四个分中心均按2018年当地最低月工资标准确定。

2. 当年提取政策调整情况

2019年，提取政策未作调整。

3. 当年个人住房贷款最高贷款额度、贷款条件等贷款政策调整情况

2019年，贷款额度、贷款条件等政策未作调整。

4. 当年住房公积金存贷款利率执行标准

2019年，职工住房公积金存款利率按一年期整存整取定期存款基准利率1.50%执行。年度结息日为每年的6月30日。

个人住房公积金贷款利率，贷款5年（含）之内的基准年利率为2.75%，5年以上的基准年利率为3.25%；第二套房贷款利率按基准利率的1.1倍执行。贷款期限在1年（含）以内的，执行合同利率，遇法定利率调整时不作调整；贷款期限在1年以上的，遇法定利率调整时，自调整的次年1月1日起，按调整后的利率执行。

（三）当年服务改进情况。

1. 缴存提取业务改进情况

公积金全部34个办事服务事项中，即办事项比例、跑零次实现率、承诺期限压缩比、网上办实现率、掌上办实现率、材料电子化比例、一证通办实现率均达到100%。通过共享"商事登记"信息和"互联网+可信身份认证"，自动完成单位缴存登记开户，后续单位办事人员可"刷脸认证"登陆公积金网厅办理业务，在省内率先实现新设立单位开户登记"跑零次"。通过个人户籍、房产交易、婚姻登记等十余类信息的互查共享，实现业务办理"零材料"。通过电子档案、电子签名、电子签章等技术，实现业务办理"无纸化"。继续贯彻落实住房和城乡建设部等三部委关于改进住房公积金缴存机制、降低企业成本的要求，截至年末，全市共有911家企业在5%~12%区间范围内自主确定缴存比例，减少企业缴存资金1.79亿元。

2. 贷款业务改进情况

2019年，通过实行贷款网上预审和机审、不动产抵押联网联办、政府部门证照数据共享、信贷影像应用系统建设、可信身份认证、贷款结清抵押注销网办、电子用印等措施，进一步精简申请材料，简化办事流程，实现贷款办理效率再提速50%，从贷款申请到放款全流程办理时效减至10个工作日左右。自6月起，调整商品房住房公积金贷款抵押办证服务费支付方式，由中心在业务支出中列支，不再由贷款职工承担。

3. 长三角一体化情况

2019年，出台长三角区域公积金异地互贷政策，精简贷款申请资料，在上海市、浙江省、江苏省和安徽省范围内缴存职工申请异地贷款的，不需再提供户籍地家庭住房情况证明。同时，试点启动长三角"一网通办"公积金跨地区信息协查，不需再提供公积金缴存使用证明、缴存明细和缴存地家庭住房情况证明材料。

4. 综合服务平台建设情况

办事事项全部实现"网办"和"掌办"，除各网点办事窗口，单位和职工还可通过中心网上办事大厅、浙江政务服务网、浙里办APP、杭州办事APP、杭州办事综合自助机、支付宝城市服务、微信公众号以及包括工行、杭州银行、联合银行的线上APP等多渠道办理公积金业务。公积金业务的办理从窗口、电脑端延伸至移动端。截至年末，全市公积金网上业务办理率达70%以上，其中个人业务移动端办理占总量的95%以上。

（四）当年信息化建设情况。2019年4月，成功接入全国住房公积金数据平台，实现公积金数据共享交换；5月全面对接省统一可信身份认证体系，并在办事窗口推出"刷脸"提取服务；9月顺利完成电子影像系统建设，实现电子档案数据共享、全电子化留存业务单据、电子签名和签章等，进一步优化业务流程和简化办事资料。

通过电子稽查工作，对风险隐患疑点进行排查分类，完善基础数据质量，提高风险防控能力。截至年末，所有归集、委贷银行均接入住房和城乡建设部结算应用系统，实现账户全覆盖、资金结算业务全覆盖。

（五）当年住房公积金管理中心及职工所获荣誉情况。市中心荣获"2019年度省住房城乡建设系统目标责任制考核优秀单位"。

（六）当年对违反《住房公积金管理条例》和相关法规行为进行行政处罚和申请人民法院强制执行情况。2019年，开展"面对面""点对点"式精准宣传，结合企业执法检查和上门调查、行政调解等，进行以案释法现场宣传，提高单位合规建缴意识，共对932家申请开具上市证明企业进行全员建缴合规性审查；组织执法专项检查，向33家投诉案件集中的企业发送自查整改通知，督促企业依法缴存；加强职工投诉维权执法，受理职工投诉立案629起，走访调查企业610家，制发责令整改决定67件，申请法院强制执行15起，共结案540起，为职工追回欠缴公积金707万元，其中通过执法宣传、以案释法促成企业和职工协商解决纠纷473起，占案件总数88%。综合运用信息共享、公积金失信企业信息公示和纳入黑名单管理等措施，积极推进"信用＋公积金"新型监管机制建设。

（七）当年对住房公积金管理人员违规行为的纠正和处理情况。2019年，未发生住房公积金管理人员违规行为。

（八）其他需要披露的情况。

（1）2019年，共实施19期存款竞争性存放招投标，合计资金108.9亿元。

（2）中心组织机构、政策资讯、委托银行、业务流程、办事网点、服务渠道及其他信息公开内容详见机构网站（市中心网址 http：//gjj.hangzhou.gov.cn，省直中心网址：www.zjgjj.com）。特此公报。

宁波市住房公积金2019年年度报告

一、机构概况

（一）**住房公积金管理委员会**：宁波市住房公积金管理委员会有29名委员，2019年召开1次会议，审议通过的事项主要包括：《宁波市住房公积金2018年归集使用计划执行情况和2019年归集使用计划安排的报告》《宁波市个体工商户和自由职业者住房公积金缴存、使用管理办法（试行）》《宁波市开发企业新建楼盘申请住房公积金个人住房贷款合作办法（试行）》和《宁波市租房提取住房公积金管理办法（修订稿）》。通过书面征询委员审议的事项有：《宁波市住房公积金2018年年度报告》。

（二）**住房公积金管理中心**：宁波市住房公积金管理中心为宁波市政府直属，不以营利为目的公益一类事业单位，主要负责全市住房公积金的归集、管理、使用和会计核算。中心设8个部室，7个分中心。从业人员194人，其中，在编121人，非在编73人。

二、业务运行情况

（一）**缴存**：2019年，新开户单位7447家，实缴单位40084家，净增单位4630家；新开户职工34.39万人，实缴职工160.17万人，净增职工12.72万人；缴存额267.47亿元，同比增长14.89%。2019年末，缴存总额1896.94亿元，同比增长16.41%；缴存余额563.87亿元，同比增长10.81%。

受委托办理住房公积金缴存业务的银行3家，与上年无增减。

（二）**提取**：2019年，提取额212.47亿元，同比增长16.70%；占当年缴存额的79.44%，比上年增加1.23个百分点。2019年末，提取总额1333.07亿元，同比增长18.96%。

（三）**贷款**：

1.个人住房贷款：个人住房贷款最高额度60万元，其中，单缴存职工最高额度60万元，双缴存职工最高额度60万元。

2019年，发放个人住房贷款2.58万笔、114.47亿元，同比分别增长13.30%、12.23%。其中，市中心发放个人住房贷款1.18万笔、57.05亿元，镇海分中心发放个人住房贷款0.16万笔、6.89亿元，北仑分中心发放个人住房贷款0.39万笔、16.74亿元，奉化分中心发放个人住房贷款0.12万笔、3.32亿元，余姚分中心发放个人住房贷款0.19万笔、7.49亿元，慈溪分中心发放个人住房贷款0.36万笔、16.21亿元，宁海分中心发放个人住房贷款0.11万笔、3.65亿元，象山分中心发放个人住房贷款0.07万笔、3.12亿元。

2019年，回收个人住房贷款63.64亿元。其中，市中心33.79亿元，镇海分中心5.10亿元，北仑分中心8.48亿元，奉化分中心2.05亿元，余姚分中心4.18亿元，慈溪分中心5.61亿元，宁海分中心2.30亿元，象山分中心2.13亿元。

2019年末，累计发放个人住房贷款28.90万笔、993.14亿元，贷款余额529.53亿元，同比分别增长9.84%、13.03%、10.62%。个人住房贷款余额占缴存余额的93.91%，比上年降低0.16个百分点。

受委托办理住房公积金个人住房贷款业务的银行10家，与上年无增减。

2. 住房公积金支持保障性住房建设项目贷款：2019年，未发生支持保障性住房建设项目的贷款业务。2019年末，累计发放项目贷款6亿元，均已到期收回，项目贷款余额为零。

（四）**购买国债**：2019年，未发生购买、兑付、转让、收回（记账式、凭证式）国债等情况，国债余额为零。

（五）**融资**：2019年，未发生融资、归还等情况。2019年末，累计融资总额14.04亿元，融资余额为零。

（六）**资金存储**：2019年末，住房公积金存款37.20亿元。其中，活期0.31亿元，1年（含）以下定期8.30亿元，其他（协定、通知存款等）28.59亿元。

（七）**资金运用率**：2019年末，住房公积金个人住房贷款余额、项目贷款余额和购买国债余额的总和占缴存余额的93.91%，比上年降低0.16个百分点。

三、主要财务数据

（一）**业务收入**：2019年，业务收入181072.59万元，同比增长11.39%。其中，市中心92873.21万元，镇海分中心14098.28万元，北仑分中心25087.07万元，奉化分中心5427.69万元，余姚分中心11557.35万元，慈溪分中心19208.04万元，宁海分中心6446.64万元，象山分中心6374.31万元；存款利息18100.62万元，委托贷款利息162965.85万元，国债利息为零，其他6.12万元。

（二）**业务支出**：2019年，业务支出109577.10万元，同比增长7.07%。其中，市中心57193.80万元，镇海分中心8533.74万元，北仑分中心15462.66万元，奉化分中心3806.46万元，余姚分中心7198.39万元，慈溪分中心9771.54万元，宁海分中心3745.02万元，象山分中心3865.49万元；支付职工住房公积金利息81384.33万元，归集手续费1519.14万元，委托贷款手续费7336.63万元，其他公转商贷款贴息19337.00万元。

（三）**增值收益**：2019年，增值收益71495.49万元，同比增长18.73%。其中，市中心35679.41万元，镇海分中心5564.54万元，北仑分中心9624.41万元，奉化分中心1621.23万元，余姚分中心4358.96万元，慈溪分中心9436.50万元，宁海分中心2701.62万元，象山分中心2508.82万元；增值收益率1.32%，比上年增加0.07个百分点。

（四）**增值收益分配**：2019年，提取贷款风险准备金42897.29万元，提取管理费用2532.43万元，提取公共租赁住房资金26065.77万元。

2019年，上交财政管理费用2951.30万元。已上缴财政公共租赁住房资金21022.99万元。其中，市中心上缴（宁波市财政局）11503.06万元，镇海分中心上缴（宁波市镇海区财政局）1569.47万元，北仑分中心上缴（宁波市北仑区财政局）3276.84万元，奉化分中心上缴（宁波市奉化区财政局）137.67万元,余姚分中心上缴(余姚市财政局)930.23 万元,慈溪分中心上缴(慈溪市财政局)2534.03 万元,宁海分中心上缴(宁海县财政局)430.31 万元,象山分中心上缴(象山县财政局)641.38 万元。

2019 年末,贷款风险准备金余额 422061.59 万元。累计提取公共租赁住房资金 224344.03 万元。其中,市中心提取 133709.92 万元,镇海分中心提取 19426.74 万元,北仑分中心提取 25675.30 万元,奉化分中心提取 3558.60 万元,余姚分中心提取 11824.67 万元,慈溪分中心提取 18612.59 万元,宁海分中心提取 5516.62 万元,象山分中心提取 6019.59 万元。

(五)**管理费用支出**:2019 年,管理费用支出 7622.22 万元,同比下降 15.23%。其中,人员经费 4754.41 万元,公用经费 503.63 万元,专项经费 2364.17 万元。

市中心管理费用支出 2159.38 万元,其中,人员、公用、专项经费分别为 1421.20 万元、188.83 万元、549.35 万元;镇海分中心管理费用支出 522.02 万元,其中,人员、公用、专项经费分别为 399.18 万元、26.41 万元、96.43 万元;北仑分中心管理费用支出 2158.75 万元,其中,人员、公用、专项经费分别为 807.33 万元、68.66 万元、1282.76 万元;奉化分中心管理费用支出 528.84 万元,其中,人员、公用、专项经费分别为 422.18 万元、45.45 万元、61.21 万元;余姚分中心管理费用支出 472.62 万元,其中,人员、公用、专项经费分别为 390.82 万元、29.07 万元、52.73 万元;慈溪分中心管理费用支出 637.15 万元,其中,人员、公用、专项经费分别为 475.52 万元、81.01 万元、80.62 万元;宁海分中心管理费用支出 489.47 万元,其中,人员、公用、专项经费分别为 366.27 万元、30.40 万元、92.80 万元;象山分中心管理费用支出 653.99 万元,其中,人员、公用、专项经费分别为 471.91 万元、33.80 万元、148.28 万元。

四、资产风险状况

(一)**个人住房贷款**:2019 年末,个人住房贷款逾期额 412.51 万元,逾期率 0.078‰。其中市中心 0.096‰,镇海分中心为 0.248‰,北仑分中心为 0.019‰,奉化分中心为 0.241‰,余姚分中心为零,慈溪分中心为 0.001‰,宁海分中心为零,象山分中心为零。

个人贷款风险准备金按增值收益的 60% 提取。2019 年,提取个人贷款风险准备金 42897.29 万元,使用个人贷款风险准备金核销呆坏账为零。2019 年末,个人贷款风险准备金余额 420043.81 万元,占个人住房贷款余额的 7.93%,个人住房贷款逾期额与个人贷款风险准备金余额的比率为 0.098%。

(二)**支持保障性住房建设试点项目贷款**:2019 年末,逾期项目贷款为零,逾期率为零。

项目贷款风险准备金按贷款余额的 4% 提取。2019 年,使用项目贷款风险准备金核销呆坏账为零,项目贷款风险准备金余额 2017.78 万元。

五、社会经济效益

(一)**缴存业务**:2019 年,实缴单位数、实缴职工人数和缴存额同比分别增长 13.06%、8.63% 和 14.89%。

缴存单位中,国家机关和事业单位占 11.30%,国有企业占 3.73%,城镇集体企业占 0.96%,外商投资企业占 3.40%,城镇私营企业及其他城镇企业占 49.60%,民办非企业单位和社会团体占 4.68%,自愿缴存占 0.02%,其他占 26.31%。

缴存职工中，国家机关和事业单位占 15.93%，国有企业占 10.95%，城镇集体企业占 1.08%，外商投资企业占 8.90%，城镇私营企业及其他城镇企业占 36.66%，民办非企业单位和社会团体占 3.09%，自愿缴存占 0.03%，其他占 23.36%；中、低收入占 98.37%，高收入占 1.63%。

新开户职工中，国家机关和事业单位占 4.37%，国有企业占 4.89%，城镇集体企业占 0.63%，外商投资企业占 7.16%，城镇私营企业及其他城镇企业占 51.08%，民办非企业单位和社会团体占 2.62%，自愿缴存占 0.11%，其他占 29.14%；中、低收入占 99.998%，高收入占 0.002%。

（二）提取业务：2019 年，58.27 万名缴存职工提取住房公积金 212.47 亿元。

提取金额中，住房消费提取占 84.44%（购买、建造、翻建、大修自住住房占 33.79%，偿还购房贷款本息占 49.13%，租赁住房占 1.52%）；非住房消费提取占 15.56%（离休和退休提取占 7.04%，完全丧失劳动能力并与单位终止劳动关系提取占 0.24%，其他占 8.28%（主要为失业满五年、非本市户籍职工离职、死亡或宣告死亡、户口迁出本市及个人账户合并等原因的提取））。

提取职工中，中、低收入占 97.70%，高收入占 2.30%。

（三）贷款业务：

1. 个人住房贷款：2019 年，支持职工购建房 243.40 万平方米，年末个人住房贷款市场占有率（含公转商贴息贷款）为 13.81%，比上年末增加 2.54 个百分点。通过申请住房公积金个人住房贷款，可节约职工购房利息支出 187488.34 万元。

职工贷款笔数中，购房建筑面积 90（含）平方米以下占 30.12%，90～144（含）平方米占 61.43%，144 平方米以上占 8.45%。购买新房占 54.19%（其中购买保障性住房占 3.11%），购买二手房占 45.81%。

职工贷款笔数中，单缴存职工申请贷款占 69.41%，双缴存职工申请贷款占 30.55%，三人及以上缴存职工共同申请贷款占 0.04%。

职工贷款笔数中，贷款职工 30 岁（含）以下占 39.66%，30 岁～40 岁（含）占 44.14%，40 岁～50 岁（含）占 14.15%，50 岁以上占 2.05%；首次申请贷款占 88.16%，二次及以上申请贷款占 11.84%；中、低收入占 99.96%，高收入占 0.04%。

2. 异地贷款：2019 年，发放异地贷款 513 笔、23172.90 万元。2019 年末，累计发放异地贷款总额 107236.14 万元，异地贷款余额 71220.18 万元。

3. 公转商贴息贷款：2019 年，发放公转商贴息贷款 1357 笔、56125.40 万元，支持职工购建住房面积 16.77 万平方米，当年贴息额 19337.00 万元。2019 年末，累计发放公转商贴息贷款 43875 笔、2532243.70 万元，累计贴息 70971.23 万元。

4. 支持保障性住房建设试点项目贷款：2019 年末，累计试点项目 3 个，贷款额度 6 亿元，建筑面积 25.34 万平方米，可解决 3121 户中低收入职工家庭的住房问题。3 个试点项目贷款资金已发放并还清贷款本息。

（四）住房贡献率：2019 年，个人住房贷款发放额、公转商贴息贷款发放额、项目贷款发放额、住房消费提取额的总和与当年缴存额的比率为 111.97%，比上年减少 2.23 个百分点。

六、其他重要事项

（一）当年机构及职能调整情况、受委托办理缴存贷款业务金融机构变更情况。2019 年，根据《关于扩大宁波市住房公积金（提取、贷款）业务承办银行的通知》（甬房公办〔2018〕4号）文件精神，镇海分中心增加中信银行股份有限公司宁波镇海支行为提取、贷款业务承办银行；北仑分中心增加上海浦东发展银行股份有限公司宁波分行开发区支行、中国邮政储蓄银行股份有限公司宁波北仑区支行为提取、贷款业务承办银行；奉化分中心增加中国邮政储蓄银行股份有限公司宁波奉化区支行为提取、贷款业务承办银行；慈溪分中心增加中信银行股份有限公司宁波慈溪分行为提取、贷款业务承办银行。

（二）当年住房公积金政策调整及执行情况。

1. 当年缴存政策调整情况

2019年6月19日，宁波市住房公积金管理委员会出台《关于印发〈宁波市个体工商户和自由职业者住房公积金缴存、使用管理办法（试行）〉的通知》（甬房公委〔2019〕3号），年满18周岁且男性未满60周岁、女性未满50周岁，在本市社保机构正常连续缴纳社会保险满12个月的个体工商户和自由职业者可自愿缴存住房公积金，缴存比例为12%。符合贷款和提取条件的，可申请住房公积金贷款和提取本人账户内的存储金额。

2. 当年缴存基数限额及确定方法、缴存比例等情况

2019年6月11日，宁波市住房公积金管理委员会办公室出台《关于调整宁波市市区2019年度住房公积金缴存基数的通知》（甬房公办〔2019〕4号），明确2019年住房公积金缴存基数上限为宁波市2018年度职工月平均工资的3倍，即27237元；缴存基数下限为2018年度宁波市市区职工最低工资标准，即2010元。单位和个人按职工本人2018年度月平均工资的5%～12%的比例缴存住房公积金（同一单位职工适用同一缴存比例）。住房公积金月缴存额=缴存基数×（单位缴存比例+个人缴存比例）。职工缴存住房公积金的工资基数统一按照国家统计局《关于工资总额组成的规定》计算。

3. 当年提取政策调整情况

2019年6月19日，宁波市住房公积金管理委员会出台《关于印发〈宁波市租房提取住房公积金管理办法（修订稿）〉的通知》（甬房公委〔2019〕2号），职工连续足额缴存住房公积金满3个月，本人及配偶在住房公积金缴存地行政区域（鄞州区、海曙区、江北区、镇海区、北仑区、奉化区视作同一区域）内均无自住住房且租房自住的，可提取本人及配偶的住房公积金用于支付房租。

4. 当年个人住房贷款最高贷款额度、贷款条件等贷款政策调整情况

2019年6月19日，宁波市住房公积金管理委员会出台《关于印发〈宁波市开发企业新建楼盘申请住房公积金个人住房贷款合作办法（试行）〉的通知》（甬房公委〔2019〕4号），自2019年6月19日起，在宁波市行政区域内，房地产开发企业新建楼盘申请住房公积金个人住房贷款合作行为，执行该文件的有关要求。

2019年6月27日，余姚分中心根据《关于调整住房公积金最高贷款额度的通知》（余房金管〔2019〕4号），自2019年7月1日起，连续缴存住房公积金满2年的职工，首次申请住房公积金贷款购买家庭首套房的，最高贷款额度由60万元/户调整为50万元/户，其他最高贷款额度由40万元/户调整为30万元/户。

2019年7月26日，慈溪分中心根据《关于调整慈溪市住房公积金贷款额度的通知》（慈分中心〔2019〕5号），自2019年8月1日起，职工按规定连续缴存住房公积金满2年，首次申请住房公积金贷款购买家庭首套自住住房的，住房公积金最高贷款额度由60万/户调整为50万/户，其他最高贷款额度由40

万/户调整为 30 万/户。

5. 当年住房公积金存贷款利率执行标准

2019 年住房公积金存款利率按照一年期定期存款基准利率 1.5% 执行。年度结息日为 6 月 30 日。

当年住房公积金贷款利率未作调整。首套房贷款，1～5 年（含 5 年）期执行 2.75% 的年利率，5 年（不含 5 年）期以上执行 3.25% 的年利率；拥有 1 套住房且尚未结清商业性贷款，为改善居住条件再次申请住房公积金贷款购买第 2 套住房，贷款利率执行不低于同期首套房住房公积金贷款利率的 1.1 倍。

（三）当年服务改进情况。 市住房公积金管理中心积极践行以人民为中心的发展思想，努力以新的改革成效服务于民、取信于民。开展"减证便民"工作，群众办理业务不需提供身份证等复印件；持续推进"贷款抵押联合办"，做到贷款受理、审批与抵押登记业务"一窗受理、集中办公"；与房产开发企业合作推出"买房贷款同时办"业务，服务从窗口端向客户端延伸、从银行贷款网点向房企签约网点延伸；职工仅需提供家庭无房证明、身份证、银行卡即可"一窗办结"租房提取业务，并实现资金实时到账，或可通过线上快速办理；推出甬樾湾保障房项目专项服务"夜市"，实行预约办理、集中受理、快速审批、及时放款。各分中心结合实际创新推出了一系列便民服务举措。如镇海分中心新增 3 个贷款网点，贷款网点实现了街道全覆盖，职工可以按需就近申办公积金贷款业务；北仑分中心着力打造"一个中心、多点延伸、全域通办"的服务网络，公积金相关业务实现街道全覆盖，并全面实行午休不间断服务，积极响应群众办事需求；奉化分中心运用 OSM 现场管理系统，提升窗口规范化服务水平；余姚分中心实行午休不间断服务，满足群众多样化办事时间需求；慈溪分中心在各乡镇街道配备自助服务终端机，方便群众就近办、快捷办；宁海分中心率先完成全市城市住房专网整合联调测试，为深化推进"最多跑一次"改革提供支持；象山分中心延伸西周、石浦 2 个乡镇服务网点，业务覆盖周边 6 个乡镇。

（四）当年信息化建设情况。 市住房公积金管理中心大力推进数据共享、着力打通信息孤岛，"最多跑一次"改革取得显著成效。中心已经从省、市两级数据平台获取各类数据共享接口 34 个，并全部应用到住房公积金业务；加大数据质量管控力度，规范数据录入要求，强化事项信息同源发布、同步更新，进一步提升服务和管理水平；优化完善浙江政务服务网、浙里办 APP 上的公积金业务办理功能，28 项住房公积金事项已全部实现网上办理、掌上办理，16 项业务已实现"一证通办"；全力推进"自助办"试点工作，中心是全市首批扩面试点单位之一，个体工商户缴存登记、个人提取业务办理等功能已经实现在宁波市政务服务自助终端上线应用；推进跨部门"一件事"全流程工作，"退休一件事"、"招聘一件事"等已实现在浙江政务服务网和"浙里办"APP 端等渠道申请办理；加大"好差评"系统建设应用力度，进一步强化对工作人员服务工作的监督；为落实国务院个人所得税改革相关数据共享工作，中心于 4 月份顺利完成全国住房公积金数据平台接入工作；完成城市住房专网整合工作，实现省厅各项业务割接至 VPN3 网络上运行，提高网络基础设施利用率。

（五）当年住房公积金管理中心及职工所获荣誉情况。 市住房公积金管理中心 2019 年被表彰为全省住房城乡建设系统宣传工作先进集体、全省目标责任制考核优秀单位、省建设建材系统模范职工之家、市委组织部"五星级基层党组织"、市直机关先进基层党组织、市海员建设工会重点工作考核一等奖、市级公共机构节水型单位等荣誉，涌现出了全省住房城乡建设系统宣传工作先进个人林丹姝同志、市行政审批和公共资源交易系统服务标兵郑凤同志和龚佐楚同志等。各分中心广泛开展了文明单位、文明窗口、文明行业等各类创建活动，北仑分中心负责的住房保障工作被宁波市政府表彰为优秀；奉化分中心江财芳同志被评为浙江省优秀农村指导员；宁海分中心获评首批市公共服务窗口文明单位、继续认定为市级青年文明号；象山分中心通过省二级档案达标认定，并成功创建全省"示范化数字档案室"。

（六）当年依法行政情况。 市住房公积金管理中心坚持依法行政，健全完善宣传发动、部门联动、考核带动、执法推动"四个联动"工作机制，不断加大扩面工作力度；开展"住房公积金宣传月"系列活动，扩大制度知晓面；加强与市经信局、市人社局、市统计局、市市场监督管理局等部门的合作，建立信息共享长效机制；严格执行宁波市住房公积金《失信黑名单管理规定》《失信名单管理》等制度，加大诚信体系建设力度；扫黑除恶专项斗争取得一定成效，2名"黑中介"嫌疑人顺利归案；积极妥善处理职工来信来访，办结率为100%，做到件件有回音，事事有着落。

注释：

按住房和城乡建设部规定个人住房贷款逾期额口径为：2019年末借款合同约定到期3个月（含）以上、6个月（不含）以内应还未还贷款本金额与合同约定到期6个月（含）以上未归还贷款的本金余额之和。

温州市住房公积金2019年年度报告

一、机构概况

（一）住房公积金管理委员会： 温州市住房公积金管理委员会有25名委员，13名特邀委员，2019年召开1次会议，审议通过的事项主要包括：《温州市住房公积金管理中心关于住房公积金2018年工作总结和2019年工作安排的汇报》《关于要求审批温州市2018年住房公积金归集及使用计划执行情况和2019年住房公积金归集及使用计划的报告》《关于要求审议温州市2018年住房公积金业务收支、增值收益分配决算和2019年住房公积金业务收支、增值收益分配预算的报告》《关于温州市住房公积金2018年年度报告审议情况的报告》。

（二）住房公积金管理中心： 温州市住房公积金管理中心为温州市人民政府直属不以营利为目的的正处级事业单位，设5个处室，3个管理部，8个分中心。从业人员263人，其中，在编115人，非在编148人。

二、业务运行情况

（一）缴存： 2019年，新开户单位5392家，实缴单位24519家，净增单位3970家；新开户职工13.95万人，实缴职工75.58万人，净增职工9.06万人；缴存额133.23亿元，同比增长14.29%。2019年末，缴存总额986.60亿元，比上年末增加15.61%；缴存余额389.69亿元，比上年末增加6.75%。

受委托办理住房公积金缴存业务的银行3家，比上年增加0家。

（二）提取： 2019年，提取额108.58亿元，同比增长16.65%；占当年缴存额的81.50%，比上年增加 1.65 个百分点。2019 年末，提取总额 596.91 亿元，比上年末增加 22.23%。

（三）贷款：

1. 个人住房贷款：个人住房贷款最高额度 70 万元，其中，单缴存职工最高额度 50 万元，双缴存职工最高额度 70 万元。

2019 年，发放个人住房贷款 1.22 万笔、54.23 亿元，同比分别增长 15.09%、-4.25%。其中，市中心发放个人住房贷款 0.542 万笔、26.29 亿元，乐清分中心发放个人住房贷款 0.093 万笔、4.80 亿元，瑞安分中心发放个人住房贷款 0.128 万笔、6.33 亿元，永嘉分中心发放个人住房贷款 0.088 万笔、3.95 亿元，洞头分中心发放个人住房贷款 0.013 万笔、0.49 亿元，文成分中心发放个人住房贷款 0.029 万笔、1.35 亿元，平阳分中心发放个人住房贷款 0.147 万笔、4.84 亿元，泰顺分中心发放个人住房贷款 0.056 万笔、1.88 亿元，苍南分中心发放个人住房贷款 0.124 万笔、4.30 亿元。

2019 年，回收个人住房贷款 41.17 亿元。其中，市中心 19.60 亿元，乐清分中心 4.14 亿元，瑞安分中心 4.61 亿元，永嘉分中心 2.73 亿元，洞头分中心 0.60 亿元，文成分中心 0.93 亿元，平阳分中心 2.72 亿元，泰顺分中心 2.11 亿元，苍南分中心 3.73 亿元。

2019 年末，累计发放个人住房贷款 20.11 万笔、669.09 亿元，贷款余额 372.95 亿元，分别比上年末增加 6.46%、8.82%、3.63%。个人住房贷款余额占缴存余额的 95.70%，比上年末减少 2.89 个百分点。

受委托办理住房公积金个人住房贷款业务的银行 13 家，比上年增加 0 家。

2. 住房公积金支持保障性住房建设项目贷款：2019 年未发生支持保障性住房建设试点项目贷款。

（四）**购买国债**：2019 年，未购买（记账式、凭证式）、兑付、转让和收回国债。

（五）**融资**：2019 年，未发生融资与归还。

（六）**资金存储**：2019 年末，住房公积金存款 19.54 亿元。其中，活期 0.21 亿元，1 年（含）以下定期 5.10 亿元，1 年以上定期 0 亿元，其他（协定、通知存款等）14.23 亿元。

（七）**资金运用率**：2019 年末，住房公积金个人住房贷款余额、项目贷款余额和购买国债余额的总和占缴存余额的 95.70%，比上年末减少 2.89 个百分点。

三、主要财务数据

（一）**业务收入**：2019 年，业务收入 130085.16 万元（剔除内部调剂资金利息收支后为 128152.20 万元），同比增长 7.05%。其中，市中心 59229.51 万元，乐清分中心 16322.93 万元，瑞安分中心 15596.90 万元，永嘉分中心 9399.41 万元，洞头分中心 1934.01 万元，文成分中心 2998.42 万元，平阳分中心 8517.34 万元，泰顺分中心 3879.16 万元，苍南分中心 12207.48 万元；存款利息 7762.49 万元，委托贷款利息 120350.77 万元，国债利息 0 万元，其他 1971.90 万元（剔除内部调剂资金利息收支后为 38.94 万元）。

（二）**业务支出**：2019 年，业务支出 70767.43 万元（剔除内部调剂资金利息收支后为 68834.47 万元），同比增长 10.57%。其中，市中心 32494.91 万元，乐清分中心 8419.95 万元，瑞安分中心 8294.71 万元，永嘉分中心 5151.71 万元，洞头分中心 1213.10 万元，文成分中心 1556.64 万元，平阳分中心 5272.37 万元，泰顺分中心 1949.71 万元，苍南分中心 6414.33 万元；支付职工住房公积金利息 57390.02 万元，归集手续费 22.85 万元，委托贷款手续费 1287.42 万元，其他 12067.14 万元（剔除内部调剂资金利息收支后为 10134.18 万元）。

（三）增值收益：2019年，增值收益59317.73万元，同比增长3.23%。其中，市中心26734.60万元，乐清分中心7902.98万元，瑞安分中心7302.19万元，永嘉分中心4247.70万元，洞头分中心720.91万元，文成分中心1441.78万元，平阳分中心3244.97万元，泰顺分中心1929.45万元，苍南分中心5793.15万元；增值收益率1.57%，比上年减少0.06个百分点。

（四）增值收益分配：2019年，提取贷款风险准备金26937.08万元，提取管理费用5475.67万元，提取城市廉租住房（公共租赁住房）建设补充资金26904.98万元。

2019年，上交财政管理费用5475.67万元。上缴财政城市廉租住房（公共租赁住房）建设补充资金27704.83万元。其中，市中心上缴15331.35万元，乐清分中心上缴乐清市财政局2730.23万元，瑞安分中心上缴瑞安市财政局2944.17万元，永嘉分中心上缴永嘉县财政局1075.51万元，洞头分中心上缴洞头区财政局80万元，文成分中心上缴文成县财政局1019.71万元，平阳分中心上缴平阳县财政局1581.73万元，泰顺分中心上缴泰顺县财政局189.24万元，苍南分中心上缴苍南县财政局2752.89万元。

2019年末，贷款风险准备金余额253956.88万元。累计提取城市廉租住房（公共租赁住房）建设补充资金237919.84万元。其中，市中心提取138132.20万元，乐清分中心提取24268.03万元，瑞安分中心提取26030.35万元，永嘉分中心提取10599.32万元，洞头分中心提取1474.69万元，文成分中心提取3613.94万元，平阳中心提取10939.43万元，泰顺分中心提取2401.46万元，苍南分中心提取20460.41万元。

（五）管理费用支出：2019年，管理费用支出5698.83万元，同比增长14.58%。其中，人员经费3126.46万元，公用经费715.73万元，专项经费1856.64万元。

市中心管理费用支出2717.52万元，其中，人员、公用、专项经费分别为1434.83万元、238.04万元、1044.65万元；乐清分中心管理费用支出565.72万元，其中，人员、公用、专项经费分别为283.78万元、25.97万元、255.97万元；瑞安分中心管理费用支出487.98万元，其中，人员、公用、专项经费分别为269.67万元、77.04万元、141.27万元；永嘉分中心管理费用支出393.24万元，其中，人员、公用、专项经费分别为237.82万元、27.67万元、127.75万元；洞头分中心管理费用支出191.22万元，其中，人员、公用、专项经费分别为120.24万元、33.67万元、37.31万元；文成分中心管理费用支出261.13万元，其中，人员、公用、专项经费分别为156.30万元、104.83万元、0万元；平阳分中心管理费用支出368.17万元，其中，人员、公用、专项经费分别为201.54万元、98.36万元、68.27万元；泰顺分中心管理费用支出317.43万元，其中，人员、公用、专项经费分别为168.20万元、17.70万元、131.53万元；苍南分中心管理费用支出396.42万元，其中，人员、公用、专项经费分别为254.08万元、92.45万元、49.89万元。

四、资产风险状况

（一）个人住房贷款：2019年末，个人住房贷款逾期额149.91万元，逾期率0.040‰。其中，市中心0.088‰，乐清分中心0.000‰，瑞安分中心0.009‰，永嘉分中心0.000‰，洞头分中心0.000‰，文成分中心0.000‰，平阳分中心0.000‰，泰顺分中心0.000‰，苍南分中心0.001‰。

个人贷款风险准备金按贷款余额的6.81%提取。2019年，提取个人贷款风险准备金26937.08万元，使用个人贷款风险准备金核销呆坏账0万元。年末，个人贷款风险准备金余额253956.87万元，占个人住房贷款余额的 6.81%，个人住房贷款逾期额与个人贷款风险准备金余额的比率为 0.06%。

（二）支持保障性住房建设试点项目贷款：2019 年未发生支持保障性住房建设试点项目贷款。

五、社会经济效益

（一）缴存业务：2019 年，实缴单位数、实缴职工人数和缴存额同比分别增长 19.32%、13.63% 和 14.29%。

缴存单位中，国家机关和事业单位占 17.62%，国有企业占 3.08%，城镇集体企业占 0.71%，外商投资企业占 0.47%，城镇私营企业及其他城镇企业占 69.85%，民办非企业单位和社会团体占 1.04%，其他占 7.23%。

缴存职工中，国家机关和事业单位占 32.52%，国有企业占 9.66%，城镇集体企业占 0.57%，外商投资企业占 1.28%，城镇私营企业及其他城镇企业占 49.15%，民办非企业单位和社会团体占 0.26%，其他占 6.56%；中、低收入占 97.97%，高收入占 2.03%。

新开户职工中，国家机关和事业单位占 8.10%，国有企业占 5.80%，城镇集体企业占 0.16%，外商投资企业占 2.64%，城镇私营企业及其他城镇企业占 72.96%，民办非企业单位和社会团体占 0.24%，其他占 10.10%；中、低收入占 99.79%，高收入占 0.21%。

（二）提取业务：2019 年，32.59 万名缴存职工提取住房公积金 108.58 亿元。

提取金额中，住房消费提取占 80.32%（购买、建造、翻建、大修自住住房占 38.83%，偿还购房贷款本息占 35.00%，租赁住房占 6.48%，其他占 0.01%）；非住房消费提取占 19.68%（离休和退休提取占 9.86%，完全丧失劳动能力并与单位终止劳动关系提取占 0.0023%，出境定居占 0.0043%，其他占 9.82%）。

提取职工中，中、低收入占 97.54%，高收入占 2.46%。

（三）贷款业务：

1. 个人住房贷款：2019 年，支持职工购建房 142.48 万平方米，年末个人住房贷款市场占有率（含公转商贴息贷款）为 21.29%，比上年末增加 4.93 个百分点。通过申请住房公积金个人住房贷款，可节约职工购房利息支出 99630 万元。

职工贷款笔数中，购房建筑面积 90（含）平方米以下占 21.96%，90～144（含）平方米占 64.10%，144 平方米以上占 13.94%。购买新房占 55.57%（其中购买保障性住房占 0.26%），购买二手房占 43.44%，建造、翻建、大修自住住房占 0.07%，其他占 0.92%。

职工贷款笔数中，单缴存职工申请贷款占 45.43%，双缴存职工申请贷款占 54.57%，三人及以上缴存职工共同申请贷款占 0%。

贷款职工中，30 岁（含）以下占 25.18%，30 岁～40 岁（含）占 44.57%，40 岁～50 岁（含）占 26.22%，50 岁以上占 4.03%；首次申请贷款占 86.02%，二次及以上申请贷款占 13.98%；中、低收入占 96.42%，高收入占 3.58%。

2. 异地贷款：2019 年，发放异地贷款 291 笔、11577.6 万元。2019 年末，发放异地贷款总额 40690.40 万元，异地贷款余额 36129.42 万元。

3. 公转商贴息贷款：2019 年，发放公转商贴息贷款 3928 笔、163258.10 万元，支持职工购建住房面积 48.50 万平方米，当年贴息额 10131.26 万元。2019 年末，累计发放公转商贴息贷款 16346 笔、854455.60 万元，累计贴息 23399.75 万元。

4. 支持保障性住房建设试点项目贷款：2019 年未发生支持保障性住房建设试点项目贷款。

（四）住房贡献率：2019 年，个人住房贷款发放额、公转商贴息贷款发放额、项目贷款发放额、住房消费提取额的总和与当年缴存额的比率为 118.42%，比上年减少 13.16 个百分点。

六、其他重要事项

（一）当年机构及职能调整情况、受委托办理缴存贷款业务金融机构变更情况。

1. 当年机构及职能调整情况：温州市住房公积金管理中心单位类别调整为公益一类事业单位。瓯海管理部，整体搬迁至瓯海区行政服务中心 6 号楼一层（瓯海区政务服务三号厅）；乐清分中心窗口，搬迁至乐清市城东街道伯乐东路 888 号行政管理中心三楼；平阳分中心窗口，搬迁至平阳县昆阳镇飞鳌大道 1250 号平阳县政务服务中心四楼；泰顺分中心窗口，搬迁至泰顺县新城大道 123 号政务中心四楼。

2. 受委托办理缴存贷款业务金融机构变更情况：温州市住房公积金受委托办理缴存业务的银行 3 家，办理贷款业务的银行 13 家，没有发生变化。

（二）当年住房公积金政策调整及执行情况。

1. 当年缴存基数限额及确定方法、缴存比例等缴存政策调整情况：2019 年度住房公积金缴存工资基数按职工本人 2018 年月平均工资确定，缴存工资基数不低于 2018 年全市职工月平均工资的 60%，不得超过 2018 年全年职工平均工资的 3 倍。

2019 年度全市住房公积金缴存比例下限为 5%，上限为 12%。机关、事业单位、社会团体缴存比例按 12% 执行。企业、民办非企业缴存单位可在 5% 至 12% 区间内，自主确定住房公积金缴存比例，不再履行报批手续。

2. 当前住房公积金贷款利率执行标准情况：5 年期以下（含 5 年）的个人住房公积金贷款年利率继续执行 2.75%；5 年期以上的个人住房公积金贷款年利率继续执行 3.25%。

（三）当年服务改进情况。进一步深化住房公积金"最多跑一次"改革，全面梳理办事事项、优化办事流程，加大信息共享运用，加强部门联办协办，扩大了一证通办、网上办、掌上办的比重，住房公积金"三服务"活动取得成效。

一是精简办事材料。进一步统一业务执行口径，精简了包括银行开户证、生活困难报告、失业证、建房工程造价预算等 5 个办事材料，推进住房公积金办事便利化。二是推进公积金贷款一件事。以互联网信息技术创新为手段，加强部门联动，创新工作机制，重新构建贷款审批发放和不动产抵押登记业务的在线联办机制，实现住房公积金贷款抵押登记跨部门全程线上联办。三是开展贷款审批发放提速增效。实施住房公积金贷款流程再梳理、标准再明确、时限再压缩，进一步减材料、减环节、减时限，积极实施资金运行管理，全市住房公积金贷款发放基本实现"不轮候"。四是提供"退休一件事"服务。协同市人力社保部门"退休一件事"平台建设，将住房公积金退休销户提取纳入跨部门联办的"一件事"平台，实现职工退休"一件事"全流程"最多跑一次"。五是落实民生事项"就近可办"。实现住房公积金民生事项在全市各乡镇（街道）便民服务中心和各乡镇（街道）所在地的 1 个银行网点就近可办的工作目标。截至年底，全市已开有 488 个网点可为群众提供便民服务。六是开展"公积金＋金融"新服务。以信息共享方式深化与银行合作，陆续推出公积金贷和小微企业信用贷业务，当年签约银行数据共享数 3.41 万户，授信金额 54.91 亿元。鹿城管理部开办 4 家"公积金＋金融"综合服务室，向缴存职工和企业提供"购房筹资咨询、提取、贷款、信用评估、银行融资"等一条龙全方位服务。中心党总支与 8 家合作银行开展"公积金＋金融"文明共建，建立学习、服务、活动三大联盟，共同提高服务群众、履行社会职责的能力。

（四）当年信息化建设情况。一是接入全国数据平台。按照《住房和城乡建设部办公厅关于做好全国住房公积金数据平台接入工作的通知》的要求，全线发力主动完成全国住房公积金数据平台的接入工作，为实现个人信息跨部门交流、多领域使用提供基础数据信息。二是整合我市住房专网。根据《浙江省城市住房专网整合总体建设方案》要求，完成全市住房公积金专网整合，纵向联通住房和城乡建设部、省住房城乡建设厅、市中心、各分支机构、街镇网点，横向联通相关部门的网络体系初步形成，有力推动住房公积金数字化管理的转型升级。三是建立"公积金＋金融"数据共享。通过与我市金融机构合作，建立数据接口，实现住房公积金与银行金融数据共享，利用授权获取缴存数据，共同为缴存职工提供方便快捷的增值服务，使我市住房公积金缴存职工进一步享受到数字经济带来的红利。四是实现系统安全稳定运行。加强日常运维安全风险防范，严格落实巡检制度，做好三级等保测评、风险评估、网络安全演习和风险容灾演练，全面加固信息安全防护，有效防止了黑客攻击、勒索病毒、DDOS 攻击等，保障了"两会"期间、第二届"一带一路"国际合作高峰论坛期间、新中国成立 70 周年期间我市公积金系统的信息网络安全。全年住房公积金信息系统运行稳定无事故。

（五）当年住房公积金管理中心及职工所获荣誉情况。温州市住房公积金管理中心荣获省建设系统"目标责任制考核优秀单位"称号，温州市"2019 年度机关党建工作优秀单位"称号；业务管理处荣获全国总工会授予的"工人先锋号"称号；鹿城管理部荣获全国妇联授予的"巾帼文明岗"称号，市委授予的温州市"先进基层党组织"称号；平阳分中心荣获省级"青年文明号"；瓯海管理部荣获温州市"文明单位"称号；洞头、瑞安、平阳等分中心荣获温州市"工人先锋号"称号；文成分中心荣获温州市"五一巾帼标兵岗"称号；洞头、乐清、瑞安、永嘉、平阳、苍南、文成、泰顺 8 个分中心均获得当地"目标责任制考核优秀单位"称号。

（六）当年资金竞争性存放情况。根据《温州市住房公积金资金竞争性存放实施细则》，2019 年市中心及各分中心实施大额资金竞争性存放，共组织资金竞争性存放 12 批次，存放总金额 32.035 亿元。

嘉兴市住房公积金 2019 年年度报告

一、机构概况

（一）**住房公积金管理委员会：**市住房公积金管理委员会现有 29 名委员，2019 年 3 月召开 1 次全体会议，审议通过的事项主要包括《2018 年度嘉兴市住房公积金决算报告和 2019 年度嘉兴市住房公积金预算草案》《嘉兴市住房公积金 2018 年年度报告》《嘉兴市住房公积金资金竞争性存放实施办法》《嘉兴市住房公积金资金运行管理预警机制实施办法》。

（二）住房公积金管理服务中心：嘉兴市住房公积金管理服务中心（以下简称"市中心"）为市政府直属事业单位，主要负责全市住房公积金的归集、使用、管理和会计核算。市中心内设综合处、稽核财务处、归集信贷处、信息科技处、直属管理处 5 个职能处室，在嘉善县、平湖市、海盐县、海宁市和桐乡市设 5 个分中心，其资金独立核算，实行分账管理。全市从业人员 114 人，其中，在编 80 人，非在编 34 人。

二、业务运行情况

（一）缴存：2019 年，新开户单位 3257 家，实缴单位 21752 家，净增单位 2317 家；新开户职工 10.38 万人，实缴职工 70.01 万人，净增职工 6.03 万人；缴存额 114.92 亿元，同比增长 16.36%。2019 年末，缴存总额 780.34 亿元，同比增长 17.27%，缴存余额 253.93 亿元，同比增长 12.46%。

受委托办理住房公积金缴存业务的银行 7 家，比上年减少 2 家（浙江平湖农村合作银行已更名为浙江平湖农村商业银行股份有限公司，海盐县农村信用合作联社已更名为浙江海盐农村商业银行股份有限公司，这 2 家银行统一统计在农村商业银行股份有限公司下）。

（二）提取：2019 年，提取额 86.78 亿元，同比增长 14.41%；占当年缴存额的 75.51%，比上年减少 1.28 个百分点。2019 年末，提取总额 526.41 亿元，同比增长 19.74%。

（三）贷款：

1. 个人住房贷款： 个人住房贷款最高额度 60 万元，其中，单缴存职工最高额度 30 万元，双缴存职工最高额度 60 万元。

2019 年，发放个人住房贷款 1.22 万笔、41.79 亿元，同比分别增长 56.41%、78.84%。其中，市中心 0.42 万笔、14.42 亿元，嘉善分中心 0.07 万笔、2.53 亿元，平湖分中心 0.24 万笔、7.98 亿元，海盐分中心 0.13 万笔、4.33 亿元，海宁分中心 0.16 万笔、5.64 亿元，桐乡分中心 0.20 万笔、6.89 亿元。

2019 年，回收个人住房贷款 28.63 亿元。其中，市中心 12.34 亿元，嘉善分中心 2.39 亿元，平湖分中心 3.46 亿元，海盐分中心 3.27 亿元，海宁分中心 3.49 亿元，桐乡分中心 3.68 亿元。

2019 年末，累计发放个人住房贷款 18.38 万笔、423.74 亿元，同比分别增长 7.14%、10.94%。贷款余额 206.90 亿元，同比增长 6.80%，个人住房贷款余额占缴存余额的 81.48%，比上年同期减少 4.32 个百分点。

受委托办理住房公积金个人住房贷款业务的银行 14 家，比上年减少 2 家（浙江平湖农村合作银行已更名为浙江平湖农村商业银行股份有限公司，海盐县农村信用合作联社已更名为浙江海盐农村商业银行股份有限公司。这 2 家银行统一统计在农村商业银行股份有限公司下）。

2. 住房公积金支持保障性住房建设项目贷款： 全市未开办此项业务。

（四）购买国债：2019 年未作国债投资，期末国债余额为零。

（五）融资：2019 年融资 0 亿元，归还 0 亿元。2019 年末，融资总额 66.95 亿元，融资余额 0 亿元。

（六）资金存储：2019 年末，住房公积金存款 48.91 亿元。其中，活期 0.34 亿元，1 年以内定期（含）34.15 亿元，1 年以上定期 0 亿元，其他（协定、通知存款等）14.42 亿元。

（七）资金运用率：2019 年末，住房公积金个人住房贷款余额、项目贷款余额和购买国债余额的总和占缴存余额的 81.48%，比上年同期减少 4.32 个百分点。

三、主要财务数据

（一）**业务收入**：2019 年，业务收入 76595.01 万元，同比增长 8.91%。其中，市中心 30300.71 万元，嘉善分中心 6250.63 万元，平湖分中心 10667.41 万元，海盐分中心 8944.65 万元，海宁分中心 10250.37 万元，桐乡分中心 10181.24 万元；存款利息 12563.71 万元，委托贷款利息 64030.04 万元，国债利息 0 万元，其他 1.26 万元。

（二）**业务支出**：2019 年，业务支出 39631.50 万元，同比增长 8.19%。其中，市中心 14994.57 万元，嘉善分中心 3571.06 万元，平湖分中心 5679.06 万元，海盐分中心 4739.08 万元，海宁分中心 5335.16 万元，桐乡分中心 5312.57 万元；支付职工住房公积金利息 36833.49 万元，归集手续费 0 万元，委托贷款手续费 2790.87 万元，其他 7.14 万元。

（三）**增值收益**：2019 年，增值收益 36963.51 万元，同比增长 9.70%。其中，市中心 15306.14 万元，嘉善分中心 2679.57 万元，平湖分中心 4988.35 万元，海盐分中心 4205.57 万元，海宁分中心 4915.21 万元，桐乡分中心 4868.67 万元；增值收益率 1.53%，比上年减少 0.05 个百分点。

（四）**增值收益分配**：2019 年，提取贷款风险准备金 22178.11 万元，提取管理费用 3993.83 万元，提取城市廉租房（公共租赁住房）建设补充资金 10791.57 万元。

2019 年，上交财政管理费用 3993.83 万元。上缴财政城市廉租房（公共租赁住房）建设补充资金 9074.46 万元。其中，市中心上缴 3773.27 万元；各分中心上缴至当地财政部门，嘉善分中心上缴 734.82 万元，平湖分中心上缴 974.17 万元，海盐分中心上缴 1085.16 万元，海宁分中心上缴 1195.51 万元，桐乡分中心上缴 1311.53 万元。

2019 年末，贷款风险准备金余额 200064.34 万元。累计提取城市廉租房（公共租赁住房）建设补充资金 78216.63 万元。其中，市中心提取 29843.91 万元，嘉善分中心提取 6629.04 万元，平湖分中心提取 10677.45 万元，海盐分中心提取 10211.87 万元，海宁分中心提取 9434.47 万元，桐乡分中心提取 11419.89 万元。

（五）**管理费用支出**：2019 年，管理费用支出 4005.53 万元，同比增长 0.52%。其中，人员经费 2753.59 万元，公用经费 588.59 万元，专项经费 663.35 万元。

市中心管理费用支出 1361.32 万元，其中，人员、公用、专项经费分别为 737.51 万元、260.22 万元、363.59 万元；嘉善分中心管理费用支出 380.52 万元，其中，人员、公用、专项经费分别为 277.93 万元、32.59 万元、70.00 万元；平湖分中心管理费用支出 508.06 万元，其中，人员、公用、专项经费分别为 386.53 万元、51.23 万元、70.30 万元；海盐分中心管理费用支出 486.64 万元，其中，人员、公用、专项经费分别为 383.57 万元、47.71 万元、55.36 万元；海宁分中心管理费用支出 729.89 万元，其中，人员、公用、专项经费分别为 594.09 万元、64.70 万元、71.10 万元；桐乡分中心管理费用支出 539.10 万元，其中，人员、公用、专项经费分别为 373.96 万元、132.14 万元、33 万元。

四、资产风险状况

（一）**个人住房贷款**：2019 年末，个人住房贷款逾期额 83.10 万元，逾期率 0.040‰。其中，市中心 0.068‰，嘉善分中心 0.170‰，平湖分中心 0‰，海盐分中心 0‰，海宁分中心 0‰，桐乡分中心 0‰。

个人贷款风险准备金按增值收益的60%提取。2019年，提取个人贷款风险准备金22178.11万元，使用个人贷款风险准备金核销呆坏账0万元。2019年末，个人贷款风险准备金余额为200064.34万元，占个人住房贷款余额的9.67%，个人住房贷款逾期额与个人贷款风险准备金余额的比率为0.04%。

（二）历史遗留风险资产：2019年末，历史遗留风险资产余额为零。

五、社会经济效益

（一）缴存业务：2019年，实缴单位数、实缴职工人数和缴存额同比分别增长11.92%、9.43%和16.36%。

缴存单位中，国家机关和事业单位占13.29%，国有企业占5.15%，城镇集体企业占2.75%，外商投资企业占4.39%，城镇私营企业及其他城镇企业占58.36%，民办非企业单位和社会团体占3.59%，其他占12.47%。

缴存职工中，国家机关和事业单位占19.18%，国有企业占10.90%，城镇集体企业占2.30%，外商投资企业占14.07%，城镇私营企业及其他城镇企业占41.90%，民办非企业单位和社会团体占2.45%，其他占9.20%；中、低收入占98.70%，高收入占1.30%。

新开户职工中，国家机关和事业单位占4.44%，国有企业占5.42%，城镇集体企业占1.02%，外商投资企业占17.93%，城镇私营企业及其他城镇企业占54.62%，民办非企业单位和社会团体占1.84%，其他占14.73%；中、低收入占99.79%，高收入占0.21%。

（二）提取业务：2019年，24.24万名缴存职工提取住房公积金86.78亿元。

提取金额中，住房消费提取占84.80%（购买、建造、翻建、大修自住住房占36.90%，偿还购房贷款本息占43.57%，租赁住房占4.21%，其他占0.12%）；非住房消费提取占15.20%（离休和退休提取占8.03%，完全丧失劳动能力并与单位终止劳动关系、户口迁出本市或出境定居占0.01%，其他占7.16%）。

提取职工中，中、低收入占98.17%，高收入占1.83%。

（三）贷款业务：

1. 个人住房贷款：2019年，支持职工购建房137.86万平方米，年末个人住房贷款市场占有率为8.94%，比上年减少1.51个百分点。通过申请住房公积金个人住房贷款，可节约职工购房利息支出122240.69万元。

职工贷款笔数中，购房建筑面积90（含）平方米以下占27.68%，90~144（含）平方米占62.67%，144平方米以上占9.65%。购买新房占48.25%（其中购买保障性住房占0.12%），购买存量商品住房占51.44%，建造、翻建、大修自住住房占0.31%。

职工贷款笔数中，单缴存职工申请贷款占18.66%，双缴存职工申请贷款占79.51%，三人及以上缴存职工共同申请贷款占1.83%。

贷款职工中，30岁（含）以下占29.07%，30岁~40岁（含）占48.09%，40岁~50岁（含）占19.02%，50岁以上占3.82%；首次申请贷款占81.82%，二次及以上申请贷款占18.18%；中、低收入占99.90%，高收入占0.10%。

2. 异地贷款：2019年，发放异地贷款254笔、8657.10万元。2019年末，发放异地贷款总额

74426.65 万元，异地贷款余额 49275.60 万元。

3. 公转商贴息贷款：全市未开办此项业务。

（四）**住房贡献率**：2019 年，个人住房贷款发放额、公转商贴息贷款发放额、项目贷款发放额、住房消费提取额的总和与当年缴存额的比率为 100.40%，比上年增加 14.47 个百分点。

六、其他重要事项

（一）**机构改革及职能调整情况**。2019 年，因机构改革、人事变动等原因，市住房公积金管委会调整了 7 位委员，并根据公积金管委会章程行使委员职责。根据《嘉兴市住房公积金管理服务中心机构编制方案》（嘉编〔2019〕5 号），市住房公积金管理中心更名为嘉兴市住房公积金管理服务中心，是市政府直属事业单位，为正处级。并重新核定机构职能、内设机构和人员编制。设立市公积金中心嘉善、平湖、海盐、海宁、桐乡 5 个分中心，为市公积金中心的分支机构，正科级。分中心具体机构编制方案由各县（市）委编委另行规定，报市委编办、市公积金中心备案。

（二）**住房公积金政策调整及执行情况**。

1. 基数调整。2019 年度全市职工月缴存基数按照职工本人上一年度月平均工资总额确定，最低不低于市统计部门公布的 2018 年度职工月平均工资的 60%，其中确有困难的单位，必须经职工代表大会或工会讨论通过决议，并经当地住房公积金管理服务机构核准，可按市政府公布的最低工资标准确定；最高原则上不超过市统计部门公布的 2018 年度职工月平均工资的 3 倍。缴存比例为机关事业单位 12%，企业单位 5%～12%。

2. 政策调整。2019 年 6 月 5 日出台《关于住房公积金制度助推中心城市品质提升工作有关事项的通知》（嘉公积金〔2019〕30 号），自发文之日起实施。

2019 年 9 月 2 日出台《关于调整我市住房公积金有关使用政策的通知》（嘉公积金〔2019〕52 号），自 2019 年 9 月 10 日起实施。

2019 年 10 月 15 日出台《嘉兴市住房公积金支持人才安居实施办法》（嘉公积金〔2019〕60 号），自 2019 年 11 月 1 日起实施。

3. 利率执行。2019 年，职工住房公积金存款利率按一年期整存整取定期存款基准利率 1.50% 执行。年度结息日为每年 6 月 30 日。

个人住房公积金贷款利率，贷款 5 年（含）以内的基准年利率为 2.75%，5 年以上的基准年利率为 3.25%；9 月 10 日起，根据《关于调整我市住房公积金有关使用政策的通知》（嘉公积金〔2019〕52 号）文件要求，恢复第二套房贷款利率上浮政策，按基准利率的 1.1 倍执行。

（三）**开展专项监督检查情况**。2019 年，省财政厅、省住房城乡建设厅组织对我市开展了 2018 年度住房公积金专项监督检查，市公积金中心会同市财政局对各分中心开展了 2018 年度行政专项监督检查。监督检查的内容主要包括 2018 年以来贯彻执行住房公积金管理法规和政策情况、履行职责依法接受监督情况和财务管理、会计核算等事项。同时开展年度住房公积金决算审计、公积金业务专项审计等自查工作。突出整改落实，梳理分析检查发现问题，限期进行整改销号。

（四）**深化"最多跑一次"改革情况**。全面细化事项、优化流程、简化材料。将 29 项办事事项细化为 53 项办事情形，形成标准化办事指南。精简取消申请表、户口簿、工资证明等 58 项（次）材料。开展证明事项告知承诺制工作,形成事项保留清单、取消清单和告知承诺清单,12项办事事项适用告知承诺制。全面实现一证通办和网上办、掌上办。17项民生事项"一证通办"比例达到100%;除省厅规定的5项不宜网办事项外,其余事项网上办、掌上办实现率达到100%。网上业务办结率达到70%。网办、掌办业务量达21.8万件。积极推进部门联办"一件事"。对接多部门加速推进公积金贷款、企业开户和注销、员工招聘和职工退休等"一件事"办理。

（五）优化服务惠企便民情况。落实暖企惠民政策举措。深入开展"三服务"活动,组织开展进企业、进社区、进市场、进楼盘等各类政策宣讲培训活动86场次,参加6500人次。聚焦聚力中心大局,先后制定实施了公积金助推中心城市品质提升、支持人才安居和优化使用促进合理住房消费等政策举措,收到良好的社会效果和政策效应。落实降率减负政策,为500家企业减负1.02亿元,助推营商环境优化。着力构建便民服务体系。各级政务服务中心全面开通自助办理公积金租房提取业务。全市设立延伸网点240多个,实现镇（街道）网点、受托银行、个人业务"三个全覆盖",打造"家门口公积金",业务办件量约占总量的30%。建设"智能公积金",实现智能、多元、错位服务。推出按月提取公积金还商业贷款服务,减轻职工还贷压力。

（六）当年度荣誉获得情况。市公积金中心保持省级文明单位称号,获得市级机关部门年度工作目标责任制考核二等奖、市级部门生活垃圾分类工作考核优秀单位、市行政审批服务中心优秀团队称号;平湖分中心获得平湖市民生共享工作先进集体一等奖;桐乡分中心获得嘉兴市巾帼文明岗、桐乡市先进党支部称号。

（七）当年对违反《住房公积金管理条例》和相关法规行为进行行政处罚和申请人民法院强制执行情况。2019年,根据《嘉兴市住房公积金行政执法操作规范（试行）》对54名涉嫌骗提的缴存职工开展调查,追回骗提款86.27万元,并依据《嘉兴市住房公积金失信行为管理办法》（嘉公积金委办〔2019〕9号）对其中1人列入住房公积金严重失信人员名单。

（八）当年对住房公积金管理人员违规行为的纠正和处理情况等。2019年,未发生住房公积金管理人员违规行为。

（九）其他事项。2019年度全市通过公积金资金竞争性存放招投标资金50.97亿元。

七、指标解释

1. **新开户单位数**：指新开立住房公积金账户（不含尚未缴存）的单位数。
2. **实缴单位数**：指实际发生过1次（含）以上汇缴、补缴住房公积金的单位数。
3. **净增单位数**：指当年实际缴存单位数与上年实际缴存单位数的差额。
4. **新开户人数**：指新开立住房公积金账户（不含尚未缴存）的职工人数。
5. **实缴职工人数**：指实际发生过1次（含）以上汇缴、补缴住房公积金的职工人数。
6. **净增职工人数**：指当年实际缴存职工人数与上年实际缴存职工人数的差额。
7. **缴存额**：指当年实际缴存的住房公积金金额（包括实际汇缴、补缴金额和结转利息）。
8. **缴存总额**：指截至年末住房公积金的累计缴存金额。
9. **缴存余额**：指截至年末缴存总额（包括应付给职工的住房公积金结转利息）扣除累计提取额后的金额。

10. **提取额**：指当年职工实际提取的住房公积金金额。

11. **提取总额**：指截至年末职工累计提取的住房公积金金额。

12. **发放个人住房贷款笔数**：指实际发放个人住房贷款的笔数。

13. **发放个人住房贷款金额**：指实际发放的个人住房贷款金额。

14. **回收个人住房贷款金额**：指实际回收的个人住房贷款本金金额。

15. **累计发放个人住房贷款笔数**：指截至年末累计发放个人住房贷款的笔数。

16. **累计发放个人住房贷款金额**：指截至年末累计发放的个人住房贷款金额。

17. **个人住房贷款余额**：指截至年末累计发放且尚未归还的个人住房贷款本金金额。

18. **国债余额**：指截至年末累计购买且尚未兑付或转让的国债金额。

19. **融资额**：指当年为保证住房公积金资金运行所筹集的非住房公积金的各种资金金额，包括使用风险准备金、当地财政资金、其他住房资金、银行授信融资、个人住房贷款不出表的资产证券化融资、跨城市调剂资金等。

20. **融资总额**：指截至年末累计为保证住房公积金资金运行所筹集的非住房公积金的各种资金金额。

21. **融资余额**：指截至年末为保证住房公积金资金运行所筹集的尚未归还的非住房公积金资金金额。

22. **住房公积金存款额**：指年末住房公积金存放在银行的资金额，包括融资资金，不包括开发商保证金等不能用于提取、贷款的资金，不包括增值收益专户存款。

23. **增值收益率**：指增值收益与月均缴存余额的比率。月均缴存余额指当年内各月末住房公积金累计缴存余额之和除以12。

24. **上交管理费用**：指年度内上交财政的公积金中心的管理费用金额，包括人员经费、公用经费和专项经费。

25. **上缴廉租住房（公共租赁住房）建设补充资金**：指年度内实际上缴财政部门的廉租住房（公共租赁住房）建设补充资金金额。

26. **贷款风险准备金余额**：包括个人住房贷款风险准备金余额和项目贷款风险准备金余额。

27. **累计提取城市廉租住房（公共租赁住房）建设补充资金**：指截至年末历年累计提取城市廉租住房（公共租赁住房）建设补充资金金额。

28. **管理费用支出**：指公积金中心实际支出的管理费用金额，包括人员经费、公用经费和专项经费。

人员经费：包括公积金中心工作人员的基本工资、补助工资、职工福利费、社会保障费、住房公积金、助学金等。

公用经费：包括公积金中心的公务费、业务费、设备购置费、修缮费和其他费用。

专项经费：指经财政部门批准的用于指定项目和用途，并要求单独核算的资金。

29. **个人住房贷款逾期额**：指截至年末借款合同约定到期3个月（含）以上、6个月（不含）以内应还未还贷款本金额与合同约定到期6个月（含）以上未归还贷款的本金余额之和。

30. **个人住房贷款逾期率**：指个人住房贷款逾期额占个人住房贷款余额的比率。

31. **个人住房贷款风险准备金余额**：指截至年末个人住房贷款风险准备金总额扣除已按规定核销的个人住房贷款风险准备金后的余额。

32. **历史遗留风险资产**：指年末逾期未能按时回收的住房公积金本金和利息，主要包括挤占挪用、到期未收回的住房建设贷款和到期未收回的国债资金，不包括逾期个人贷款和住房公积金支持保障性住房试点项目贷款。

33. 缴存职工按单位性质分类：对年度内在两家或两家以上单位就业的，以最后就业单位的性质进行分类。

34. 缴存、提取、贷款职工按收入水平分类：中、低收入是指收入低于上年当地社会平均工资 3 倍，高收入是指收入高于上年当地社会平均工资 3 倍（含）。

35. 个人住房贷款支持职工购建房面积：指利用住房公积金个人住房贷款（含组合贷款）支持职工购买（建造）住房的建筑面积。

36. 当年提取人数：指当年发生过住房公积金提取业务的人数，同一职工多次提取的，记为一个提取人数。

37. 个人住房贷款市场占有率：指年末住房公积金个人住房贷款余额占当地商业性和住房公积金个人住房贷款余额总和的比率。

38. 可节约职工购房利息支出金额：指当年获得住房公积金个人住房贷款的职工在整个贷款期内所需支付贷款利息总额与申请商业性个人住房贷款所需支付贷款利息总额的差额。商业性个人住房贷款利率按基准利率计算。

39. 职工贷款按参贷人数分类：指当年发放的个人住房贷款笔数按参与计算贷款额度的借款人个数分类。

40. 贷款职工按借款人年龄分类：指当年发放的个人住房贷款按贷款发放时主借款人的年龄分类。可使用借款人身份证号和贷款发放时间进行推算。

41. 发放异地贷款金额：指当年对缴存和购房行为不在同一城市的职工所发放的住房公积金个人住房贷款金额，包括用本市资金为在本市购房的外地缴存职工发放的贷款以及为在外地购房的本市缴存职工发放的贷款。

42. 发放公转商贴息贷款金额：指由商业银行向缴存职工发放的个人住房贷款金额（包括中心以存量的公积金贷款资产出表转为商业贷款的金额），商业贷款和住房公积金贷款利息之差由住房公积金管理中心承担，所发放的个人住房贷款未计入住房公积金缴存使用情况表。

43. 住房贡献率：指当年个人住房贷款发放额、公转商贴息贷款发放额、项目贷款发放额、住房消费提取额的总和与当年缴存额的比率。

湖州市住房公积金 2019 年年度报告

一、机构概况

（一）**住房公积金管理委员会**：住房公积金管理委员会有 27 名委员，2020 年召开 1 次会议，审议通过的事项主要包括：湖州市 2019 年住房公积金计划执行情况及财务决算和 2020 年计划及财务预算的报告、关于湖州市 2019 年度住房公积金增值收益分配方案、湖州市住房公积金资金竞争性存放实施细则（修订稿）、湖州市住房公积金受托银行招投标实施细则（修订稿）、关于做好既有住宅加装电梯提取住房公积金有关工作的通知、关于进一步规范住房公积金提取政策的通知、关于调整城镇低收入住房公积金贷款家庭贴息政策的通知、湖州市住房公积金 2019 年年度报告。

（二）**住房公积金管理中心**：住房公积金管理中心为市政府直属不以营利为目的的参照公务员法管理事业单位，设 6 个处室，1 个直属业务部、2 个管理部、3 个分中心以及 1 个缴存托管服务中心。从业人员 144 人，其中，在编 63 人，非在编 81 人。

二、业务运行情况

（一）**缴存**：2019 年，新开户单位 2977 家，实缴单位 18612 家，净增单位 2042 家；新开户职工 9.95 万人，实缴职工 48.58 万人，净增职工 5.85 万人；缴存额 65.69 亿元，同比增长 18.64%。2019 年末，缴存总额 465.05 亿元，比上年末增加 16.45%；缴存余额 170.62 亿元，比上年末增加 14.97%。

受委托办理住房公积金缴存业务的银行 9 家，与上年保持一致。

（二）**提取**：2019 年，提取额 43.48 亿元，同比增长 8.46%；占当年缴存额的 66.19%，比上年减少 6.21 个百分点。2019 年末，提取总额 294.43 亿元，比上年末增加 17.33%。

（三）**贷款**：

1. 个人住房贷款：个人住房贷款最高额度 50 万元，其中，单缴存职工最高额度 40 万元，双缴存职工最高额度 50 万元。

2019 年，发放个人住房贷款 9433 笔 34.71 亿元，同比分别增长 39.83%、42.70%。其中，市本级发放个人住房贷款 4824 笔、18.16 亿元，德清县分中心发放个人住房贷款 1407 笔、5.12 亿元，长兴县分中心发放个人住房贷款 2078 笔、7.21 亿元，安吉县分中心发放个人住房贷款 1124 笔、4.22 亿元。

2019 年，回收个人住房贷款 18.81 亿元。其中，市本级 9.59 亿元，德清县分中心 2.68 亿元，长兴县分中心 3.62 亿元，安吉县分中心 2.92 亿元。

2019 年末，累计发放个人住房贷款 120859 笔、334.95 亿元，贷款余额 179.58 亿元，分别比上年末增加 8.47%、11.56%、9.72%。个人住房贷款余额占缴存余额的 105.25%，比上年末减少 5.03 个百分点。表外个人住房贷款率达到 115.50%。

受委托办理住房公积金个人住房贷款业务的银行 12 家，与上年保持一致。

2. 住房公积金支持保障性住房建设项目贷款：2019 年，未发放支持保障性住房建设项目贷款，未回收项目贷款。2019 年末，累计发放项目贷款 1.70 亿元，项目贷款余额 0 亿元。

（四）**购买国债**：2019 年，国债购买、兑付、转让、收回均为 0。2019 年末，国债余额为 0，比上年无增减。

（五）**融资**：2019 年，融资（包括使用风险准备金、当地财政资金、银行授信融资）0.04 亿元，归还 6.11 亿元。2019 年末，融资总额 42.46 亿元，融资余额 10.25 亿元。

（六）**资金存储**：2019 年末，住房公积金存款 6.18 亿元。其中，活期 0.20 亿元，1 年（含）以下定期 0.09 亿元，其他（协定、通知存款等）5.89 亿元。

（七）**资金运用率**：2019 年末，住房公积金个人住房贷款余额、项目贷款余额和购买国债余额的总和占缴存余额的 105.25%，比上年末减少 5.03 个百分点。

三、主要财务数据

（一）**业务收入**：2019 年，业务收入 57157.80 万元，同比增长 6.81%。其中，市本级 29489.66 万元，德清县分中心 8632.48 万元，长兴县分中心 10303.11 万元，安吉县分中心 8732.55 万元。存款利息收入 2160.99 万元，委托贷款利息收入 54992.38 万元，其他收入 4.43 万元。

（二）**业务支出**：2019 年，业务支出 30734.90 万元，同比下降 1.42%。其中，市本级 15698.02 万元，德清县分中心 4126.60 万元，长兴县分中心 5721.80 万元，安吉县分中心 5188.48 万元；支付职工住房公积金利息 24569.30 万元，归集手续费 9.20 万元，委托贷款手续费 1373.81 万元，其他支出 4782.59 万元。

（三）**增值收益**：2019 年，增值收益 26422.90 万元，同比增长 18.29%。其中，市本级 13791.64 万元，德清县分中心 4505.88 万元，长兴县分中心 4581.31 万元，安吉县分中心 3544.07 万元；增值收益率 1.65%，比上年增加 0.06 个百分点。

（四）**增值收益分配**：2019 年，提取贷款风险准备金 15853.74 万元，提取管理费用 3369.00 万元，提取城市廉租住房（公共租赁住房）建设补充资金 7200.16 万元。

2019 年，上交财政管理费用 3371.55 万元。上缴财政 2018 年度城市廉租住房（公共租赁住房）建设补充资金 5462.68 万元。其中，市本级上缴 2636.29 万元，德清县分中心上缴 989.25 万元，长兴县分中心上缴 1163.87 万元，安吉县分中心上缴 673.27 万元。

2019 年末，贷款风险准备金余额 127661.18 万元（包括项目贷款风险准备金 560 万元）。累计提取城市廉租住房（公共租赁住房）建设补充资金 51709.64 万元。其中，市本级提取 24345.24 万元，德清县分中心提取 10525.34 万元，长兴县分中心提取 10207.35 万元，安吉县分中心提取 6631.71 万元。

（五）**管理费用支出**：2019 年，管理费用支出 5385.43 万元，同比下降 1.18%。其中，人员经费 2374.92 万元，公用经费 235.56 万元，专项经费 2774.95 万元。

市本级管理费用支出 3150.30 万元，其中，人员、公用、专项经费分别为 1226.91 万元、155.42 万元、1767.97 万元，专项经费中包含基建支出 1173.63 万元；德清县分中心管理费用支出 1251.12 万元，其中人员、公用、专项经费分别为 457.37 万元、18.13 万元、775.62 万元，专项经费中包含公转商贷款利差财政贴息 602 万元；长兴县分中心管理费用支出 465.64 万元，其中人员、公用、专项经费分别为 381.80 万元、26.47 万元、57.37 万元；安吉县分中心管理费用支出 518.37 万元，其中人员、公用、专项经费分别为 308.84 万元、35.54 万元、173.99 万元。

四、资产风险状况

（一）**个人住房贷款**：2019 年末，个人住房贷款未发生逾期，逾期率为 0。

个人贷款风险准备金按增值收益的 60% 提取。2019 年，提取个人贷款风险准备金 15853.74 万元，未使用个人贷款风险准备金核销呆坏账。2019 年末，个人贷款风险准备金余额 127101.18 万元，占个人住房贷款余额的 7.08%，个人住房贷款逾期额与个人贷款风险准备金余额的比率为 0%。

（二）**支持保障性住房建设试点项目贷款**：2019 年末，逾期项目贷款 0 万元，逾期率 0‰。

五、社会经济效益

（一）缴存业务：2019年，实缴单位数、实缴职工人数和缴存额同比分别增长12.32%、13.68%和18.64%。

缴存单位中，国家机关和事业单位占10.53%，国有企业占5.17%，城镇集体企业占3.82%，外商投资企业占2.70%，城镇私营企业及其他城镇企业占74.18%，民办非企业单位和社会团体占3.56%，其他占0.04%。

缴存职工中，国家机关和事业单位占19.62%，国有企业占13.52%，城镇集体企业占1.94%，外商投资企业占6.66%，城镇私营企业及其他城镇企业占48.09%，民办非企业单位和社会团体占6.55%，其他占3.62%；中、低收入占98.38%，高收入占1.62%。

新开户职工中，国家机关和事业单位占4.20%，国有企业占6.79%，城镇集体企业占0.77%，外商投资企业占8.05%，城镇私营企业及其他城镇企业占67.15%，民办非企业单位和社会团体占5.73%，其他占7.31%；中、低收入占99.79%，高收入占0.21%。

（二）提取业务：2019年，12.01万名缴存职工提取住房公积金43.48亿元。

提取金额中，住房消费提取占82.48%（购买、建造、翻建、大修自住住房占40.45%，偿还购房贷款本息占41.46%，租赁住房占0.41%，其他占0.16%）；非住房消费提取占17.52%（离休和退休提取占12.14%，完全丧失劳动能力并与单位终止劳动关系提取占1.44%，出境定居占2.84%，其他占1.10%）。

提取职工中，中、低收入占97.11%，高收入占2.89%。

（三）贷款业务：

1.个人住房贷款：2019年，支持职工购建房109.48万平方米，年末个人住房贷款市场占有率（含公转商贴息贷款）为17.27%，比上年末减少1.39个百分点。通过申请住房公积金个人住房贷款，职工在整个贷款期内可节约购房利息支出106019.67万元。

职工贷款笔数中，购房建筑面积90（含）平方米以下占21.39%，90～144（含）平方米占67.09%，144平方米以上占11.52%。购买新房占74.22%（其中购买保障性住房占0.04%），购买二手房占25.78%。

职工贷款笔数中，单缴存职工申请贷款占22.29%，双缴存职工申请贷款占77.71%。

贷款职工中，30岁（含）以下占29.19%，30岁～40岁（含）占41.50%，40岁～50岁（含）占23.10%，50岁以上占6.21%；首次申请贷款占79.08%，二次及以上申请贷款占20.92%；中、低收入占97.53%，高收入占2.47%。

2.异地贷款：2019年，发放异地贷款295笔、12865.40万元。2019年末，发放异地贷款总额111221.20万元，异地贷款余额63439.84万元。

3.公转商贴息贷款：2019年，未发放公转商贴息贷款，当年贴息额2212.12万元。2019年末，累计发放公转商贴息贷款10463笔、371069.50万元，累计贴息8125.05万元。

4.支持保障性住房建设试点项目贷款：2019年末，累计试点项目3个，贷款额度1.70亿元。其中，棚户区改造安置用房项目1个0.90亿元，公共租赁住房项目2个0.80亿元。建筑面积11.70万平方米，可解决1476户中低收入职工家庭的住房问题。3个试点项目贷款资金已发放并还清贷款本息。

（四）住房贡献率：2019年，个人住房贷款发放额、公转商贴息贷款发放额、项目贷款发放额、住房消费提取额的总和与当年缴存额的比率为107.43%，比上年增加5.26个百分点。

六、其他重要事项

（一）当年机构及职能调整情况、受委托办理缴存贷款业务金融机构变更情况。 2019年，机构及职能未作调整。全市受委托办理住房公积金缴存贷款业务金融机构未发生变化。

（二）当年住房公积金政策调整及执行情况。

1. 当年缴存基数限额及确定方法、缴存比例等缴存政策调整情况

2019年，湖州市统计局公告：2018年度我市职工月平均工资为6709元。公积金中心确认2019年度全市职工住房公积金月工资基数按4025元（职工平均工资的60%）以上执行，最低不得低于当地最低工资标准。各缴存单位在此基础上进行年度调整，2019年，全市缴存单位调整完成率达到96.61%，全市缴存职工调整完成率达到95.31%。

2. 当年提取政策调整情况

2019年，取消我市使用住房公积金支付首付款政策。缴存职工家庭在本市区域内购买商品房，凭经房管部门备案的商品房买卖合同及规定首付比例的预付款税务发票办理提取业务。

3. 当年个人住房贷款最高贷款额度、贷款条件等贷款政策调整情况

2019年，贷款政策未作调整。

4. 当年住房公积金存贷款利率执行标准

2019年，职工住房公积金存款利率按一年期整存整取定期存款基准利率1.5%执行。年度结息日为每年的6月30日。

个人住房公积金贷款利率，贷款5年（含）之内的基准年利率为2.75%，5年以上的基准年利率为3.25%；第二套贷款利率按基准利率的1.1倍执行。贷款期限在1年（含）以内的，执行合同利率，遇法定利率调整时不作调整；贷款期限在1年以上的，遇法定利率调整时，自调整的次年1月1日起，按调整后的利率执行。

（三）当年服务改进情况。

1. "最多跑一次"改革。 深入践行"以人民为中心"的服务理念，实现了"网上办事率、跑零次实现率、掌上办实现率、民生事项一证通办实现率、材料电子化比例"5个100%。

2. 服务网点建设。 全市49个银行延伸网点实现全业务通办，"一窗受理"平台延伸至全市52个乡镇（街道）便民服务中心。

3. 服务方式优化。 持续推进服务"一口对外"，事项"一窗办理"，诉求"一号响应"，业务"一网通办"，单位开户"全流程网办"，全省首家推出公积金"掌上办"，实现"柜办""网办""掌办"无缝对接。进一步提升审批时效，加强银行沟通协调力度，优化组合贷款流转机制，贷款审批流转时效提升30%。全省率先开通智能语音系统，业务办理回访量达100%。结合"贯标服务"2.0升级版、服务环境整治、网点延伸服务等，打出服务品牌升级"组合拳"。

（四）当年信息化建设情况。 2019年，围绕湖州市加快政府数字化转型打造现代智慧城市的总体要求，中心积极做好信息化服务提升工作。完善了省综合服务平台相关功能，新上线了个人住房公积金贷款浙里办 APP 申报。升级了综合审批平台，实现所有业务集中审批，部分业务自动化审批，有效提高审批时效。推出了全业务智能语音回访功能，提高了工作效率，也提升了服务水平。按照省目标责任制考核要求，按时完成了全国公积金数据平台接入工作和城市公积金专网整合工作。

2019 年，中心严格落实征信信息安全管理制度，征信信息查询符合征信信息安全和合规管理相关规定。

（五）当年住房公积金管理中心所获荣誉情况。

（1）中心获得省级"三八红旗集体"；

（2）2019 年度省建设厅工作目标责任制考核为优秀单位；

（3）南浔区管理部获得市级"巾帼文明岗"；

（4）德清县分中心获得市级"青年文明号"；

（5）长兴县分中心获得全国"青年文明号"；

（6）安吉县分中心获得市级"青年文明号"。

绍兴市住房公积金 2019 年年度报告

一、机构概况

（一）住房公积金管理委员会：住房公积金管理委员会有 21 名委员，2019 年召开 1 次会议，审议通过的事项主要包括：2019 年度住房公积金归集、使用计划，关于住房公积金制度扩面工作的考核办法，关于商业性资金使用情况的报告。

（二）住房公积金管理中心：住房公积金管理中心为直属于绍兴市人民政府不以营利为目的的参照公务员法管理的事业单位，设 6 个处，1 个管理部，5 个分中心。从业人员 136 人，其中，在编 95 人，非在编 41 人。

二、业务运行情况

（一）缴存：2019 年，新开户单位 2298 家，实缴单位 13123 家，净增单位 1552 家；新开户职工 108866 人，实缴职工 545717 人，净增职工 28175 人；缴存额 102.50 亿元，同比增长 18.3%。2019 年末，缴存总额 694.86 亿元，同比增长 17.3%；缴存余额 231.46 亿元，同比增长 10.9%。

受委托办理住房公积金缴存业务的银行 3 家，比上年增加 0 家。

（二）提取：2019 年，提取额 79.82 亿元，同比增长 24.3%；占当年缴存额的 77.9%，比上年增加 3.8 个百分点。2019 年末，提取总额 463.40 亿元，同比增长 20.8%。

（三）贷款：

1. 个人住房贷款：个人住房贷款最高额度 60 万元，其中，单缴存职工最高额度 40 万元，双缴存职工最高额度60万元。

2019年,发放个人住房贷款11635笔、44.52亿元,同比分别增长13.2%、13.3%。其中,市中心发放个人住房贷款2802笔、12.56亿元,柯桥分中心发放个人住房贷款763笔、3.45亿元,上虞分中心发放个人住房贷款2765笔、9.82亿元,诸暨分中心发放个人住房贷款2382笔、9.24亿元,嵊州分中心发放个人住房贷款1731笔、5.44亿元,新昌分中心发放个人住房贷款1192笔、4.01亿元。

2019年,回收个人住房贷款28.21亿元。其中,市中心8.84亿元,柯桥分中心3.71亿元,上虞分中心4.55亿元,诸暨分中心5.46亿元,嵊州分中心2.78亿元,新昌分中心2.87亿元。

2019年末,累计发放个人住房贷款126706笔、398.48亿元,贷款余额216.91亿元,同比分别增长10.1%、12.6%、8.1%。个人住房贷款余额占缴存余额的93.7%,比上年减少2.4个百分点。

受委托办理住房公积金个人住房贷款业务的银行11家,比上年增加0家。

2. 住房公积金支持保障性住房建设项目贷款: 2019年,发放支持保障性住房建设项目贷款0亿元,回收项目贷款0亿元。2019年末,累计发放项目贷款0.20亿元,项目贷款余额0亿元。

(四)购买国债: 2019年,购买国债0亿元,兑付(转让、收回)国债0亿元。2019年末,国债余额0亿元,比上年增加0亿元。

(五)融资: 2019年,融资0亿元,归还1.7亿元。2019年末,融资总额26.9亿元,融资余额0亿元。

(六)资金存储: 2019年末,住房公积金存款16.15亿元。其中,活期0.21亿元,1年(含)以下定期3.80亿元,1年以上定期0亿元,其他(协定、通知存款等)12.14亿元。

(七)资金运用率: 2019年末,住房公积金个人住房贷款余额、项目贷款余额和购买国债余额的总和占缴存余额的93.7%,比上年减少2.4个百分点。

三、主要财务数据

(一)业务收入: 2019年,业务收入74551.46万元,同比增长12.7%。其中,市中心23642.08万元,柯桥分中心11097.33万元,上虞分中心11555.42万元,诸暨分中心14534.40万元,嵊州分中心7080.27万元,新昌分中心6641.96万元;存款利息收入5058.49万元,委托贷款利息收入67911.81万元,国债利息收入0万元,其他收入1581.16万元。

(二)业务支出: 2019年,业务支出40986.69万元,同比增长6.8%。其中,市中心13329.91万元,柯桥分中心5563.00万元,上虞分中心6343.52万元,诸暨分中心8525.59万元,嵊州分中心3867.54万元,新昌分中心3357.13万元;住房公积金利息支出33447.22万元,归集手续费用支出0.52万元,委托贷款手续费支出2722.24万元,其他支出4816.71万元。

(三)增值收益: 2019年,增值收益33564.77万元,同比增长20.8%。其中,市中心10312.17万元,柯桥分中心5534.33万元,上虞分中心5211.90万元,诸暨分中心6008.82万元,嵊州分中心3212.72万元,新昌分中心3284.83万元;增值收益率1.52%,比上年同期增加0.1个百分点。

(四)增值收益分配: 2019年,提取贷款风险准备金20138.86万元,提取管理费用4413.14万元,提取城市廉租住房(公共租赁住房)建设补充资金9012.77万元。

2019年,上缴财政管理费用4413.14万元。上缴财政城市廉租住房(公共租赁住房)建设补充资金6828.04万元,其中,市中心上缴2213.10万元,柯桥分中心上缴1008.83万元,上虞分中心上缴764.17

万元，诸暨分中心上缴1126.06万元，嵊州分中心上缴937.81万元，新昌分中心上缴778.07万元。

2019年末，贷款风险准备金余额171609.37万元。累计提取城市廉租住房（公共租赁住房）建设补充资金62594.85万元。其中，市中心提取20787.42万元，柯桥分中心提取9382.51万元，上虞分中心提取7902.23万元，诸暨分中心提取13109.88万元，嵊州分中心提取6187.15万元，新昌分中心提取5225.66万元。

（五）管理费用支出： 2019年，管理费用支出4572.46万元，同比下降1.9%。其中，人员经费3007.63万元，公用经费294.86万元，专项经费1269.97万元。市中心管理费用支出1253.37万元，其中，人员、公用、专项经费分别为753.90万元、92.58万元、406.89万元；柯桥分中心管理费用支出569.02万元，其中，人员、公用、专项经费分别为484.17万元、31.92万元、52.93万元；上虞分中心管理费用支出1093.64万元，其中，人员、公用、专项经费分别为595.55万元、79.68万元、418.41万元；诸暨分中心管理费用支出560.58万元，其中，人员、公用、专项经费分别为418.54万元、24.64万元、117.40万元；嵊州分中心管理费用支出519.52万元，其中，人员、公用、专项经费分别为331.66万元、27.72万元、160.14万元；新昌分中心管理费用支出576.33万元，其中，人员、公用、专项经费分别为423.81万元、38.32万元、114.20万元。

四、资产风险状况

（一）个人住房贷款： 2019年末，个人住房贷款逾期额340.37万元，逾期率0.16‰。其中，市中心0.25‰，柯桥分中心0.07‰，上虞分中心0‰，诸暨分中心0.21‰，嵊州分中心0.25‰，新昌分中心0‰。

个人贷款风险准备金按增值收益的60%提取。2019年，提取个人贷款风险准备金20138.86万元，使用个人贷款风险准备金核销呆坏账0万元。2019年末，个人贷款风险准备金余额171609.37万元，占个人住房贷款余额的7.9%，个人住房贷款逾期额与个人贷款风险准备金余额的比率为0.2%。

（二）支持保障性住房建设试点项目贷款： 2019年末，逾期项目贷款0万元，逾期率0‰。

项目贷款风险准备金按贷款余额的0%提取。2019年，提取项目贷款风险准备金0万元，使用项目贷款风险准备金核销呆坏账0万元，项目贷款风险准备金余额0万元，占项目贷款余额的0%，项目贷款逾期额与项目贷款风险准备金余额的比率为0%。

（三）历史遗留风险资产： 2019年末，历史遗留风险资产余额0万元，比上年减少0万元，历史遗留风险资产回收率0%。

五、社会经济效益

（一）缴存业务： 2019年，实缴单位数、实缴职工人数和缴存额同比分别增长13.4%、5.4%和18.3%。

缴存单位中，国家机关和事业单位占17.1%，国有企业占6.6%，城镇集体企业占2.4%，外商投资企业占2.0%，城镇私营企业及其他城镇企业占65.8%，民办非企业单位和社会团体占3.4%，其他占2.7%。

缴存职工中，国家机关和事业单位占26.9%，国有企业占15.5%，城镇集体企业占3.3%，外商投资企业占4.1%，城镇私营企业及其他城镇企业占47.0%，民办非企业单位和社会团体占1.8%，其他占

1.4%；中、低收入占 93.0%，高收入占 7.0%。

新开户职工中，国家机关和事业单位占 15.1%，国有企业占 10.4%，城镇集体企业占 2.3%，外商投资企业占 3.6%，城镇私营企业及其他城镇企业占 62.5%，民办非企业单位和社会团体占 2.8%，其他占 3.3%；中、低收入占 96.1%，高收入占 3.9%。

（二）提取业务：2019 年，179906 名缴存职工提取住房公积金 79.82 亿元。

提取金额中，住房消费提取占 84.2%（购买、建造、翻建、大修自住住房占 41.1%，偿还购房贷款本息占 41.1%，租赁住房占 2.0%，其他占 0%）；非住房消费提取占 15.8%（离休和退休提取占 9.7%，完全丧失劳动能力并与单位终止劳动关系提取占 1.0%，户口迁出本市或出境定居占 0.003%，其他占 5.1%）。

提取职工中，中、低收入占 89.0%，高收入占 11.0%。

（三）贷款业务：

1. 个人住房贷款：2019 年，支持职工购建房 142.10 万平方米，年末个人住房贷款市场占有率为 12.72%，比上年减少 2.29 个百分点。通过申请住房公积金个人住房贷款，可节约职工购房利息支出 60232.74 万元。

职工贷款笔数中，购房建筑面积 90（含）平方米以下占 23.4%，90～144（含）平方米占 59.6%，144 平方米以上占 17.0%。购买新房占 57.2%（其中购买保障性住房占 0%），购买二手房占 42.7%，建造、翻建、大修自住住房占 0.1%，其他占 0%。

职工贷款笔数中，单缴存职工申请贷款占 48.1%，双缴存职工申请贷款占 51.6%，三人及以上缴存职工共同申请贷款占 0.3%。

贷款职工中，30 岁（含）以下占 27.0%，30 岁～40 岁（含）占 45.5%，40 岁～50 岁（含）占 22.5%，50 岁以上占 5.0%；首次申请贷款占 83.9%，二次及以上申请贷款占 16.1%；中、低收入占 90.4%，高收入占 9.6%。

2. 异地贷款：2019 年，发放异地贷款 835 笔、28012.35 万元。2019 年末，发放异地贷款总额 116154.40 万元，异地贷款余额 92709.35 元。

3. 公转商贴息贷款：2019 年，发放公转商贴息贷款 0 笔、0 万元，支持职工购建住房面积 0 万平方米，当年贴息额 3009.64 万元。2019 年末，累计发放公转商贴息贷款 8332 笔、358512 万元，累计贴息 12694.64 万元。

4. 支持保障性住房建设试点项目贷款：2019 年末，累计试点项目 1 个，贷款额度 0.20 亿元，建筑面积 7.80 万平方米，可解决 1307 户中低收入职工家庭的住房问题。1 个试点项目贷款资金已发放并还清贷款本息。

（四）住房贡献率：2019 年，个人住房贷款发放额、公转商贴息贷款发放额、项目贷款发放额、住房消费提取额的总和与当年缴存额的比率为 109.0%，比上年增加 3.5 个百分点。

六、其他重要事项

（一）当年机构及职能调整情况、受委托办理缴存贷款业务金融机构变更情况。

（1）绍兴市住房公积金管理中心机构和职能未调整。

(2) 缴存贷款业务金融机构未发生变更。

(二) 当年住房公积金政策调整及执行情况。

（1）根据《住房公积金管理条例》（国务院令第350号）及市住房公积金管理委员会《关于规范住房公积金缴存工资基数的通知》（绍住金管〔2007〕2号）的相关规定，全市职工每月住房公积金单位和个人最高缴存比例各为工资基数的12%，最低缴存比例各为工资基数的5%；其中最低缴存基数按统计部门公布的上一年度职工月平均工资的60%计，单位和个人最低缴存额各为209元；个人托管缴存职工每月住房公积金最高缴存额为5012元，最低为670元。

（2）根据人民银行和住房和城乡建设部相关文件规定，2019年住房公积金存款利率按一年期定期存款利率1.50%计息；贷款利率，五年期以上个人住房公积金贷款利率3.25%，五年期以下（含五年）个人住房公积金贷款利率2.75%。

（3）根据市住房公积金管理委员会办公室《关于规范改进住房公积金提取政策的通知》（绍住金管办〔2019〕1号）规定，自2019年1月8日起，一是缴存职工在非本人或其配偶缴存地、户籍地购房及偿还住房贷款本息，以及职工父母、子女在非缴存地、户籍地购房的，不得提取住房公积金账户余额。二是缴存职工与单位解除或终止劳动关系的，先办理个人账户封存。账户封存期间，在异地开立住房公积金账户并稳定缴存六个月以上的，办理异地转移接续手续；未在异地继续缴存，且在本市连续缴存不足六个月并有异地账户资金转入的，封存满六个月后，方可提取住房公积金账户余额，其他情况按原政策执行。

（4）根据2019年5月31日修订的《绍兴市住房公积金提取业务实施细则》，将完全或者部分丧失劳动能力以及遇到其他突发事件造成家庭生活严重困难提取细分为完全或者部分丧失劳动能力并与单位终止劳动关系提取、完全或者部分丧失劳动能力造成家庭生活严重困难提取、遇到其他突发事件造成家庭生活严重困难提取等三种情况，取消在职期间被判刑提取和职工调动工作由本市到另一设区城市提取等两种情形。

（5）根据2019年5月31日修订的《绍兴市住房公积金贷款业务实施细则》，职工在公积金贷款还满一年、无拖欠本息且还款能力足够的情况下，可以提出缩短贷款期限的变更申请，同一笔贷款允许两次缩短变更。

(三) 当年服务改进情况。

（1）全面清理自建网厅、手机APP等服务渠道，将所有服务事项统一整合到浙江政务服务网与"浙里办"APP，实现线上"一窗受理"。住房公积金29个权力事项全部实现了"网上办""掌上办"；16个民生事项全部实现"一证通办"；个人住房公积金贷款、企业招聘员工以及职工退休等事项按照"一件事情"要求实现线上申请、部门联办。

（2）全面推行"刷脸办"服务，职工可在全市服务窗口"刷脸"办事，多项公积金业务真正实现"零材料"办理。

（3）依托全市13家受托银行，将公积金贷款受理网点扩增到85个。联通市直三区111个乡镇（街道）便民服务点的综合服务机，配置13项公积金个人事项办事应用，方便职工就近办理相关业务。

（4）实现与省"好差评"系统的实时对接，全面接受办事群众评价监督，安排专人负责咨询投诉电话接听、线上业务办理及"差评"事项对接处理，提升缴存职工的办事体验。

（5）将中心办公楼北面的11个停车位让"位"于民，凡驾车来中心窗口办事的职工，可向窗口工作人员申领一张停车券，享受一小时免费停车服务。

（四）当年信息化建设情况。

（1）全省首家完成住房公积金专网割接，实现了与省建设厅政务服务网的"一网"对接。

（2）统一更新全市住房公积金业务窗口和贷款承办银行网点191台云终端设备，大大缩短各业务服务端访问云平台的反应时间，极大提高了服务效率。

（3）完成全国住房公积金数据平台接入工作，为缴存职工办理个税抵扣提供了技术支持。

（五）当年住房公积金管理中心及职工所获荣誉情况。

2019年1月，被浙江省住房和城乡建设厅评为2018年度工作目标责任制考核优秀单位；

2019年2月，获评2018年度市直机关五星级机关基层党组织；

2019年2月，获评2018年度全市政务信息工作优秀单位；

2019年6月，中心信贷归集处获评"共产党员先锋岗"称号。

（六）当年对违反《住房公积金管理条例》和相关法规行为进行行政处罚和申请人民法院强制执行情况。 2019年，中心依据《浙江省住房公积金条例》第三十九条、《绍兴市住房公积金行政执法实施办法》第十三条、《绍兴市住房公积金骗提套取行为处理暂行办法》第十二条的规定，对当事人裘某钧等167人以虚假材料骗提本人住房公积金的违法行为进行了查处，并根据情节轻重给予"冻结违法行为人个人住房公积金账户"一至五年不等的处理。

（七）当年对住房公积金管理人员违规行为的纠正和处理情况等。 2019年我市未出现管理人员违规行为。

（八）其他需要披露的情况。 无。

金华市住房公积金2019年年度报告

一、机构概况

（一）住房公积金管理委员会：住房公积金管理委员会有23名委员，2019年召开一次会议，审议通过的事项主要包括：《关于2018年度全市住房公积金年度预算执行情况的报告》《关于2018年度全市住房公积金增值收益分配方案的报告》《关于2019年度全市住房公积金收支计划的报告》《关于2019年度全市住房公积金管理机构经费收支计划的报告》《关于金华市本级单位住房资金2018年度预算执行情况及2019年度收支计划的报告》和《金华市住房公积金2018年年度报告》。

（二）住房公积金管理中心：住房公积金管理中心为直属市政府不以营利为目的的参照公务员管理的事业单位，设4个处室，2个管理部，6个分中心，义乌市住房公积金管理中心实行独立管理。从业人员189人，其中，在编61人，非在编128人。

二、业务运行情况

（一）缴存：2019年，新开户单位2376家，实缴单位13999家，净增单位944家；新开户职工7.99

万人，实缴职工 49.49 万人，净增职工 3.04 万人；缴存额 89.26 亿元，同比增长 11.56％。2019 年末，缴存总额 639.25 亿元，比上年末增加 16.23％；缴存余额 238.73 亿元，比上年末增加 11.21％。

受委托办理住房公积金缴存业务的银行 5 家，与上年相同。

（二）提取：2019 年，提取额 65.19 亿元，同比增长 10.66％；占当年缴存额的 73.03％，比上年减少 0.6 个百分点。2019 年末，提取总额 400.52 亿元，比上年末增加 19.44％。

（三）贷款：

1. 个人住房贷款：个人住房贷款最高额度 100 万元（义乌市），其中，单缴存职工最高额度 60 万元，双缴存职工最高额度 100 万元。

2019 年，发放个人住房贷款 8531 笔、34.04 亿元，同比分别增长 30.28％、20.84％。其中，市中心发放个人住房贷款 1801 笔、4.84 亿元，婺城管理部发放个人住房贷款 469 笔、1.27 亿元，金东管理部发放个人住房贷款 371 笔、1.02 亿元，兰溪分中心发放个人住房贷款 654 笔、1.6 亿元，东阳中心发放个人住房贷款 1635 笔、6.93 亿元，义乌市中心发放个人住房贷款 1000 笔、9.15 亿元，永康分中心发放个人住房贷款 1154 笔、4.55 亿元，浦江分中心发放个人住房贷款 466 笔、2.05 亿元，武义分中心发放个人住房贷款 515 笔、1.35 亿元，磐安分中心发放个人住房贷款 466 笔、1.28 亿元。

2019 年，回收个人住房贷款 27.74 亿元。其中，市中心 7.72 亿元，婺城管理部 0.76 亿元，金东管理部 0.55 亿元，兰溪分中心 1.92 亿元，东阳分中心 3.02 亿元，义乌市中心 6.71 亿元，永康分中心 3.35 亿元，浦江分中心 1.47 亿元，武义分中心 1.15 亿元，磐安分中心 1.09 亿元。

2019 年末，累计发放个人住房贷款 13.92 万笔、430.46 亿元，贷款余额 219.36 亿元，分别比上年末增加 6.5％、8.59％、2.96％。个人住房贷款余额占缴存余额的 91.89％，比上年末减少 7.36 个百分点。

受委托办理住房公积金个人住房贷款业务的银行 10 家，与上年相同。

2. 住房公积金支持保障性住房建设项目贷款：无保障性住房建设项目贷款。

（四）**购买国债**：2019 年，无国债购买、兑付、转让、收回。2019 年末，无国债余额，与上年比无增减。

（五）**融资**：2019 年，融资 4.5 亿元，归还 11.32 亿元。2019 年末，累计融资总额 68.90 亿元，融资余额 4.5 亿元。

（六）**资金存储**：2019 年末，住房公积金存款 26.34 亿元。其中，活期 0.24 亿元，1 年（含）以下定期 15.84 亿元，1 年以上定期 1.4 亿元，其他（协定、通知存款等）8.86 亿元。

（七）**资金运用率**：2019 年末，住房公积金个人住房贷款余额、项目贷款余额和购买国债余额的总和占缴存余额的 91.89％，比上年末减少 7.36 个百分点。

三、主要财务数据

（一）**业务收入**：2019 年，业务收入 80104.54 万元，同比增长 7.06％。其中，市中心 20932.42 万元，婺城管理部 2123.05 万元，金东管理部 1577.17 万元，兰溪分中心 5440.38 万元，东阳分中心 9878.87 万元，义乌市中心 19217.92 万元，永康分中心 10032.52 万元，浦江分中心 4432.44 万元，武义分中心 3752.44 万元，磐安分中心 2717.33 万元；存款利息 9609.70 万元，委托贷款利息 70493.38 万元，国债利息 0 万元，其他 1.46 万元。

（二）业务支出：2019 年，业务支出 41117.26 万元，同比增长 0.58%。其中，市中心 10351.11 万元，婺城管理部 1106.24 万元，金东管理部 841.49 万元，兰溪分中心 2746.01 万元，东阳分中心 4803.63 万元，义乌市中心 11229.77 万元，永康分中心 4617.49 万元，浦江分中心 2258.84 万元，武义分中心 1800.10 万元，磐安分中心 1362.58 万元；支付职工住房公积金利息 34597.40 万元，归集手续费 0.07 万元，委托贷款手续费 3182.07 万元，其他 3337.72 万元。

（三）增值收益：2019 年，增值收益 38987.28 万元，同比增长 14.85%。其中，市中心 10581.31 万元，婺城管理部 1016.81 万元，金东管理部 735.68 万元，兰溪分中心 2694.37 万元，东阳分中心 5075.24 万元，义乌市中心 7988.15 万元，永康分中心 5415.03 万元，浦江分中心 2173.60 万元，武义分中心 1952.34 万元，磐安分中心 1354.75 万元；增值收益率 1.71%，比上年增加 0.04 个百分点。

（四）增值收益分配：2019 年，提取贷款风险准备金 23392.37 万元，提取管理费用 3855.38 万元，提取城市廉租住房（公共租赁住房）建设补充资金 11739.53 万元。

2019 年，上交财政管理费用 3631.78 万元。上缴财政城市廉租住房（公共租赁住房）建设补充资金 10116.48 万元。其中，市中心上缴金华市财政局 2692.30 万元，婺城管理部上缴婺城区财政局 252.23 万元，金东管理部上缴金东区财政局 132.92 万元，兰溪分中心上缴兰溪市财政局 383.03 万元，东阳分中心上缴东阳市财政局 1502.79 万元，义乌市中心上缴义乌市财政局 2193.22 万元，永康分中心上缴永康市财政局 1717.60 万元，浦江分中心上缴浦江县财政局 613.20 万元，武义分中心上缴武义县财政局 512.61 万元，磐安分中心上缴磐安县财政局 116.58 万元。

2019 年末，贷款风险准备金余额 231066.03 万元。累计提取城市廉租住房（公共租赁住房）建设补充资金 71189.73 万元。其中，市中心提取 24186.15 万元，婺城管理部提取 1311.22 万元，金东管理部提取 1136.53 万元，兰溪分中心提取 5296.33 万元，东阳分中心提取 8301.01 万元，义乌市中心提取 12171.45 万元，永康分中心提取 10000.59 万元，浦江分中心提取 3834.20 万元，武义分中心提取 3312.40 万元，磐安分中心提取 1639.85 万元。

（五）管理费用支出：2019 年，管理费用支出 3393.01 万元，同比增长 7.97%。其中，人员经费 2058.97 万元，公用经费 472.24 万元，专项经费 861.80 万元。

市中心管理费用支出 684.94 万元，其中，人员、公用、专项经费分别为 275.42 万元、181.56 万元、227.96 万元；婺城管理部管理费用支出 168.07 万元，其中，人员、公用、专项经费分别为 78.92 万元、18.47 万元、70.68 万元；金东管理部管理费用支出 163.46 万元，其中，人员、公用、专项经费分别为 123.15 万元、32.87 万元、7.44 万元；兰溪分中心管理费用支出 366.96 万元，其中，人员、公用、专项经费分别为 244.05 万元、11 万元、111.91 万元；东阳分中心管理费用支出 366.16 万元，其中，人员、公用、专项经费分别为 177.50 万元、90.80 万元、97.86 万元；义乌市中心管理费用支出 686.48 万元，其中，人员、公用、专项经费分别为 445.48 万元、27.38 万元、213.62 万元；永康分中心管理费用支出 300.65 万元，其中，人员、公用、专项经费分别为 254.62 万元、23.42 万元、22.61 万元；浦江分中心管理费用支出 289.57 万元，其中，人员、公用、专项经费分别为 164.18 万元、33.70 万元、91.69 万元；武义分中心管理费用支出 183.23 万元，其中，人员、公用、专项经费分别为 151.03 万元、20.30 万元、11.90 万元；磐安分中心管理费用支出 183.49 万元，其中，人员、公用、专项经费分别为 144.62 万元、32.74 万元、6.13 万元。

四、资产风险状况

(一)个人住房贷款：2019年末，个人住房贷款逾期额57.11万元，逾期率0.026‰。其中，义乌市中心0.0976‰，磐安分中心0.0229‰，市中心、婺城管理部、金东管理部、兰溪分中心、东阳分中心、永康分中心、浦江分中心、武义分中心逾期率为0。

个人贷款风险准备金按增值收益的60%提取。2019年，提取个人贷款风险准备金23392.37万元，使用个人贷款风险准备金核销呆坏账0万元。2019年末，个人贷款风险准备金余额231066.03万元，占个人住房贷款余额的10.53%，个人住房贷款逾期额与个人贷款风险准备金余额的比率为0.02%。

(二)支持保障性住房建设试点项目贷款：无保障性住房建设项目贷款。

五、社会经济效益

(一)缴存业务：2019年，实缴单位数、实缴职工人数和缴存额同比分别增长7.23%、6.54%和11.56%。

缴存单位中，国家机关和事业单位占22.11%，国有企业占6.79%，城镇集体企业占10.57%，外商投资企业占1.14%，城镇私营企业及其他城镇企业占53.45%，民办非企业单位和社会团体占5.29%，其他占0.65%。

缴存职工中，国家机关和事业单位占35.23%，国有企业占14.46%，城镇集体企业占3.93%，外商投资企业占2%，城镇私营企业及其他城镇企业占35.77%，民办非企业单位和社会团体占2.86%，其他占5.75%；中、低收入占98.59%，高收入占1.41%。

新开户职工中，国家机关和事业单位占20.44%，国有企业占10.22%，城镇集体企业占4.72%，外商投资企业占1.19%，城镇私营企业及其他城镇企业占51.06%，民办非企业单位和社会团体占4.61%，其他占7.76%；中、低收入占99.76%，高收入占0.24%。

(二)提取业务：2019年，17.41万名缴存职工提取住房公积金65.19亿元。

提取金额中，住房消费提取占81.73%（购买、建造、翻建、大修自住住房占34.28%，偿还购房贷款本息占42.56%，租赁住房占4.89%，其他占0%）；非住房消费提取占18.27%（离休和退休提取占11.17%，完全丧失劳动能力并与单位终止劳动关系提取占3.7%，出境定居占3.14%，其他占0.26%)。

提取职工中，中、低收入占98.03%，高收入占1.97%。

(三)贷款业务：

1. 个人住房贷款：2019年，支持职工购建房102.97万平方米，年末个人住房贷款市场占有率（含公转商贴息贷款）为12.79%，比上年末减少1.69个百分点。通过申请住房公积金个人住房贷款，可节约职工购房利息支出45901.27万元。

职工贷款笔数中，购房建筑面积90（含）平方米以下占28.76%，90~144（含）平方米占59.88%，144平方米以上占11.36%。购买新房占65.82%（其中购买保障性住房占0.05%），购买二手房占32.68%，建造、翻建、大修自住住房占1.5%，其他占0%。

职工贷款笔数中，单缴存职工申请贷款占34.18%，双缴存职工申请贷款占65.82%，三人及以上缴存职工共同申请贷款占0%。

贷款职工中，30 岁（含）以下占 35.29%，30 岁~40 岁（含）占 41.27%，40 岁~50 岁（含）占 18.62%，50 岁以上占 4.82%；首次申请贷款占 85.51%，二次及以上申请贷款占 14.49%；中、低收入占 98.86%，高收入占 1.14%。

2. 异地贷款： 2019 年，发放异地贷款 587 笔、16907.9 万元。2019 年末，发放异地贷款总额 106848.3 万元，异地贷款余额 73471.88 万元。

3. 公转商贴息贷款： 2019 年，发放公转商贴息贷款 188 笔、16230.9 万元，支持职工购建住房面积 2.17 万平方米，当年贴息额 333.88 万元。2019 年末，累计发放公转商贴息贷款 4350 笔、163733.6 万元，累计贴息 1469.81 万元。

4. 支持保障性住房建设试点项目贷款： 无保障性住房建设项目贷款。

（四）**住房贡献率：** 2019 年，个人住房贷款发放额、公转商贴息贷款发放额、项目贷款发放额、住房消费提取额的总和与当年缴存额的比率为 99.64%，比上年增加 6.51 个百分点。

六、其他重要事项

（一）**加强业务管理，不断完善住房公积金政策。**

1. 调整了住房公积金缴存工资基数。 严格控高保低，最高基数不超过上年度当地在职职工工资的 3 倍。印发《关于调整 2019 年金华市区企业单位住房公积金缴存工资基数的通知》，明确从 2019 年 7 月 1 日起，住房公积金缴存工资基数最高不超过 23634 元，最低不低于 1800 元标准。

2. 完善了住房公积金提取和还贷政策。 印发《关于调整购建住房公积金提取办理期限的通知》，因购买、建造住房申请提取公积金，申请人及配偶无住房公积金贷款的，自颁发《不动产权证书》之日起一年内予以办理公积金提取；印发《关于完善住房公积金还贷提取业务的通知》，已办理公积金按月还贷提取的，本人及其配偶当年再申请同一套住房组合商贷或者另一套住房一年一次还贷提取的，予以办理；印发《关于简化直系亲属提取住房公积金条件的通知》，对购买、建造、翻建或大修住房的，按规定提取父母、子女住房公积金，取消购（建）房人缴存住房公积金的前置条件。

3. 细化了高层次人才住房公积金优惠政策。 印发《关于享受公积金优惠政策的高层次人才范围的通知》，对享受公积金优惠政策的高层次人才范围做了明确的规定。

（二）**深化"最多跑一次"改革，大力提高公积金服务水平。**

1. 实施无证明城市改革，提高群众满意度。 公积金办事需要的证明通过信息共享、内部核查、个人承诺等方式取得。目前，已与公安、民政、不动产、人社等部门实现 33 项共享信息和 6 大委办银行个人住房商业贷款信息共享。

2. 改造完善系统，提升系统服务能力。 开发完善网上办、掌上办等办事系统，公积金 30 项服务事项均实现零次跑；开发对接退休一件事和逝者"身后事"联办住房公积金业务系统，收到人社部门和民政部门联办平台数据，即可办理公积金业务，实现"一次不用跑"；打通与银行网点系统网络，将提取业务延伸至乡镇（街道），乡镇缴存职工可以就近选择银行网点办理提取业务，实现"就近跑""家门口办"。

3. 实现个人住房公积金"贷款一件事"联办。 公积金贷款业务，采用"一窗受理、联网审批、抵押登记线上线下联办、线上放款"的流程，实现公积金贷款包括组合贷款业务受理、审批、抵押、放款全程"跑一次"。

4. 全市实现住房公积金"通缴通取"。 在全市范围内，均可办理全市公积金的缴存、变更、提取等业务，扩展"就近办"区域，变"全城通办"为"全市通办"。

（三）**推进信息化建设，助力数据公积金建设。** 积极组织实施金华市住房公积金数据平台接入工作。首批成功接入住房和城乡建设部全国住房公积金数据平台，通过区块链技术和大数据技术，建立各地公积金中心、住房和城乡建设部、税务总局之间的数据通道，实现公积金数据共享交换，为互联网＋政务服务和提高行业服务水平提供有力技术支撑。

（四）**深化创建工作，加强队伍建设。** 金华市中心办事大厅被评为市级"青年文明号"；义乌市中心被评为义乌市"工人先锋号"；东阳分中心通过公积金档案目标管理省二级认定。

衢州市住房公积金 2019 年年度报告

一、机构概况

（一）**住房公积金管理委员会**：住房公积金管理委员会有 30 名委员，2019 年召开 2 次会议，第 1 次于 3 月 28 日召开，审议通过的事项主要包括：(1) 听取《衢州市住房公积金 2018 年工作情况和 2019 年工作安排的报告》；(2) 审议《衢州市住房公积金 2018 年年度报告》；(3) 审议《关于衢州市 2018 年度住房公积金计划执行情况和 2019 年度收支计划的报告（草案）》；(4) 审议《关于做好 2019 年度全市机关、事业单位住房公积金缴存工资基数调整和年度验审工作的通知》和《关于做好 2019 年度全市企业单位住房公积金缴存工资基数调整和年度验审工作的通知》。第 2 次于 12 月 25 日召开，审议通过了住房公积金补贴调整方案。

（二）**住房公积金管理中心**：衢州市住房公积金中心为直属市人民政府不以营利为目的的正县级参公事业单位，设 6 个处（科），3 个管理部，4 个分中心。从业人员 116 人，其中，在编 53 人，非在编 63 人。

二、业务运行情况

（一）**缴存**：2019 年，新开户单位 780 家，实缴单位 5492 家，净增单位 561 家；新开户职工 3.0 万人，实缴职工 22.32 万人，净增职工 1.44 万人；缴存额 49.72 亿元，同比增长 12.57％。2019 年末，缴存总额 349.37 亿元，比上年末增加 16.59％；缴存余额 102.59 亿元，比上年末增加 13.16％。

受委托办理住房公积金缴存业务的银行 5 家，与上年比无变化。

（二）**提取**：2019 年，提取额 37.79 亿元，同比增长 8.62％，占当年缴存额的 76.01％，比上年减少 2.75 个百分点。年末，提取总额 246.78 亿元，比上年末增加 18.08％。

（三）**贷款**：

1. 个人住房贷款：个人住房贷款最高额度 50 万元，其中，单缴存职工最高额度 30 万元，双缴存职工最高额度 50 万元。

2019年，发放个人住房贷款0.51万笔、16.11亿元，同比分别下降28.17%、35.69%。其中，市中心发放个人住房贷款0.26万笔、8.31亿元，龙游分中心发放个人住房贷款0.07万笔、2.29亿元，江山分中心发放个人住房贷款0.07万笔、2.11亿元，常山分中心发放个人住房贷款0.06万笔、1.83亿元，开化分中心发放个人住房贷款0.05万笔、1.57亿元。

2019年，回收个人住房贷款17.74亿元。其中，市中心9.76亿元，龙游分中心2.26亿元，江山分中心2.37亿元，常山分中心1.53亿元，开化分中心1.82亿元。

2019年末，累计发放个人住房贷款9.74万笔、238.15亿元，贷款余额112.9亿元，放贷笔数和金额分别比上年末增加5.64%、7.26%，贷款余额比上年末减少1.42%。个人住房贷款余额占缴存余额的110.04%，比上年末减少16.29个百分点。

受委托办理住房公积金个人住房贷款业务的银行18家，与上年比无变化。

2. 住房公积金支持保障性住房建设项目贷款：2019年，未发生支持保障性住房建设项目的贷款业务，之前年度也未发放过此类贷款。

（四）购买国债：2019年，未发生购买、兑付、转让、收回（记账式、凭证式）国债等情况。2019年末，国债余额为零。

（五）融资：2019年，融资12.5亿元，归还28.49亿元。2019年末，融资总额79.51亿元，融资余额12.5亿元。

（六）资金存储：2019年末，住房公积金存款4.03亿元。其中，活期0.09亿元，1年（含）以下定期0亿元，1年以上定期0亿元，其他（协定、通知存款等）3.94亿元。

（七）资金运用率：2019年末，住房公积金个人住房贷款余额、项目贷款余额和购买国债余额的总和占缴存余额的110.04%，比上年末减少16.29个百分点。

三、主要财务数据

（一）业务收入：2019年，业务收入43261.3万元，同比增长4.28%。其中，市中心24715.06万元，龙游分中心5448.04万元，江山分中心5908.57万元，常山分中心3549.36万元，开化分中心3640.27万元；存款利息2965.23万元，委托贷款利息37976.53万元，国债利息0万元，其他2319.54万元。

（二）业务支出：2019年，业务支出27824.73万元，同比下降7.49%。其中，市中心16522.37万元，龙游分中心3442.81万元，江山分中心3447.88万元，常山分中心2172.11万元，开化分中心2239.56万元；支付职工住房公积金利息14743.67万元，归集手续费0.03万元，委托贷款手续费914.52万元，其他12166.51万元。

（三）增值收益：2019年，增值收益15436.57万元，同比增长35.31%。其中，市中心8192.7万元，龙游分中心2005.23万元，江山分中心2460.68万元，常山分中心1377.25万元，开化分中心1400.71万元；增值收益率1.58%，比上年增加0.26个百分点。

（四）增值收益分配：2019年，提取贷款风险准备金9261.94万元，提取管理费用1696.49万元，提取城市廉租住房（公共租赁住房）建设补充资金4478.14万元。

2019年，上交财政管理费用2276.89万元。上缴财政城市廉租住房（公共租赁住房）建设补充资金1694.49万元。其中，市中心上缴（衢州市财政局）606.96万元，龙游分中心上缴（龙游县财政局）

353.07万元，江山分中心上缴（江山市财政局）456.97万元，常山分中心上缴（常山县财政局）160.96万元，开化分中心上缴（开化县财政局）116.53万元。

2019年末，贷款风险准备金余额86350.33万元。累计提取城市廉租住房（公共租赁住房）建设补充资金26381.77万元。其中，市中心提取15161.4万元，龙游分中心提取2381.88万元，江山分中心提取4381.33万元，常山分中心提取2299.5万元，开化分中心提取2157.66万元。

（五）管理费用支出：2019年，管理费用支出2956.6万元，同比增长2.8%。其中，人员经费1507.38万元，公用经费433.57万元，专项经费1015.65万元。

市中心管理费用支出1616.04万元，其中，人员、公用、专项经费分别为718.94万元、128.32万元、768.78万元；龙游分中心管理费用支出314.5万元，其中，人员、公用、专项经费分别为149.4万元、165.1万元、0万元；江山分中心管理费用支出385.15万元，其中，人员、公用、专项经费分别为188.32万元、49.72万元、147.11万元；常山分中心管理费用支出291.25万元，其中，人员、公用、专项经费分别为188.43万元、13.76万元、89.06万元；开化分中心管理费用支出349.66万元，其中，人员、公用、专项经费分别为262.29万元、76.67万元、10.7万元。

四、资产风险状况

（一）个人住房贷款：2019年末，个人住房贷款逾期额25.97万元，逾期率0.02‰。其中，市中心0.04‰，龙游分中心、江山分中心、常山分中心、开化分中心都为零。

个人贷款风险准备金按增值收益的60%提取。2019年，提取个人贷款风险准备金9261.94万元，使用个人贷款风险准备金核销呆坏账0万元。2019年末，个人贷款风险准备金余额86350.33万元，占个人住房贷款余额的7.65%，个人住房贷款逾期额与个人贷款风险准备金余额的比率为0.03%。

（二）支持保障性住房建设试点项目贷款：2019年无该项贷款业务，之前年度也未发放过此类贷款。

五、社会经济效益

（一）缴存业务：2019年，实缴单位数、实缴职工人数和缴存额同比分别增长11.38%、6.88%和12.57%。

缴存单位中，国家机关和事业单位占28.64%，国有企业占9.71%，城镇集体企业占1.11%，外商投资企业占0.85%，城镇私营企业及其他城镇企业占46.63%，民办非企业单位和社会团体占6.34%，其他占6.72%。

缴存职工中，国家机关和事业单位占34.56%，国有企业占19.26%，城镇集体企业占2.32%，外商投资企业占4.62%，城镇私营企业及其他城镇企业占30.89%，民办非企业单位和社会团体占2.43%，其他占5.92%；中、低收入占98.07%，高收入占1.93%。

新开户职工中，国家机关和事业单位占12.76%，国有企业占9.28%，城镇集体企业占0.77%，外商投资企业占11.28%，城镇私营企业及其他城镇企业占50.3%，民办非企业单位和社会团体占2.78%，其他占12.83%；中、低收入占99.81%，高收入占0.19%。

（二）提取业务：2019年，8.59万名缴存职工提取住房公积金37.79亿元。

提取金额中，住房消费提取占84.55%（购买、建造、翻建、大修自住住房占30.72%，偿还购房贷

款本息占 52.16%，租赁住房占 1.67%，其他占 0%）；非住房消费提取占 15.45%（离休和退休提取占 10.3%，完全丧失劳动能力并与单位终止劳动关系提取占 2.48%，出境定居占 0%，其他占 2.67%）。

提取职工中，中、低收入占 97.6%，高收入占 2.4%。

（三）贷款业务：

1. 个人住房贷款： 2019 年，支持职工购建房 54.83 万平方米，年末个人住房贷款市场占有率（含公转商贴息贷款）为 15.39%，比上年末减少 2.09 个百分点。通过申请住房公积金个人住房贷款，可节约职工购房利息支出 32708 万元。

职工贷款笔数中，购房建筑面积 90（含）平方米以下占 27.49%，90～144（含）平方米占 64.3%，144 平方米以上占 8.21%。购买新房占 43.09%（其中购买保障性住房占 0%），购买二手房占 56.89%，建造、翻建、大修自住住房占 0.02%，其他占 0%。

职工贷款笔数中，单缴存职工申请贷款占 31.25%，双缴存职工申请贷款占 68.75%，三人及以上缴存职工共同申请贷款占 0%。

贷款职工中，30 岁（含）以下占 36.46%，30 岁～40 岁（含）占 35.33%，40 岁～50 岁（含）占 21.7%，50 岁以上占 6.51%；首次申请贷款占 83.34%，二次及以上申请贷款占 16.66%；中、低收入占 98.37%，高收入占 1.63%。

2. 异地贷款： 2019 年，发放异地贷款 552 笔、16421.1 万元。2019 年末，发放异地贷款总额 63562 万元，异地贷款余额 58358.48 万元。

3. 公转商贴息贷款： 2019 年，发放公转商贴息贷款 42 笔、985.6 万元，支持职工购建住房面积 0.4 万平方米，当年贴息额 273.7 万元。2019 年末，累计发放公转商贴息贷 876 笔、27687.27 万元，累计贴息 917.97 万元。

4. 支持保障性住房建设试点项目贷款： 2019 年无该项贷款业务，之前年度也未发放过此类贷款。

（四）住房贡献率： 2019 年，个人住房贷款发放额、公转商贴息贷款发放额、项目贷款发放额、住房消费提取额的总和与当年缴存额的比率为 96.85%，比上年减少 25.86 个百分点。

六、其他重要事项

（一）当年机构及职能调整情况、受委托办理缴存贷款业务金融机构变更情况。

（1）2019 年 1 月，因机构改革衢州市住房公积金管理中心更名为衢州市住房公积金中心，住房公积金行政处罚及与之相关的行政强制、行政监督检查职权划入衢州市综合行政执法局。2019 年 3 月，衢州市住房公积金中心机构规格调整为相当于正县级，设主任 1 名、副主任 4 名。2019 年 11 月，衢州市住房公积金中心内设机构调整为办公室、政策法规科、计划财务科、信贷服务科、内审稽核科、信息安全科，政策法规科不再保留行政执法科牌子。

（2）2019 年受委托办理公积金缴存贷款业务金融机构无变化。

（二）当年住房公积金政策调整及执行情况。

（1）当年缴存政策未作调整。

（2）当年缴存基数限额及确定方法、缴存比例等情况。

2019 年，我市缴存基数上限为 2018 年度市区城镇在岗职工月平均工资的 3 倍，即 27000 元，下限为 2018 年度市区职工最低工资标准，即 1660 元。单位和个人按职工本人 2018 年度月平均工资的 5%～12%的比例缴存住房公积金（同一单位职工适用同一缴存比例）。住房公积金月缴存额＝缴存基数×（单位缴存比例＋个人缴存比例）。职工缴存基数统一按照国家统计局《关于工资总额组成的规定》计算。

(3) 当年提取政策未作调整。

(4) 当年个人住房贷款最高贷款额度、贷款条件等贷款政策未作调整。

(5) 当年住房公积金存贷款利率执行标准。

2019 年住房公积金存款利率按照一年期定期存款基准利率 1.5%执行。年度结息日为 6 月 30 日。

当年住房公积金贷款利率未作调整。首套房贷款，1～5 年（含 5 年）期执行 2.75%的年利率，5 年（不含 5 年）期以上执行 3.25%的年利率；如属第二次及以上申请住房公积金贷款的，贷款利率执行住房公积金贷款基准利率的 1.1 倍。

(三) 当年服务改进情况。

(1) "一证通办"业务实现全覆盖。主动和法院、合作银行对接沟通，实现公积金"一证通办"业务全覆盖。组合贷款受理时间从 3 小时以上压缩到 90 分钟之内，审批时限在 3 天之内。

(2) 全力推进公积金业务"掌上办"。公积金业务"零跑腿"实现率 93.1%。全市公积金"掌上办结率"从 6 月份起均突破 50%。

(3) 开展衢州市政务中台 2.0 试点工作，涉及公积金的 30 个业务事项全部上线运行，实现"网上端、掌上端、pad 端、自助端"四端合一，可通过智能导服在线办结全流程。

(4) 升级并推广运用住房公积金综合服务平台 2.0。

(5) 提供"7×24"小时全天候线上公积金业务受理服务。

(6) 中心营业大厅配备可视化智能自助终端（VTM），向办事群众提供业务查询、业务办理等功能，方便缴存职工自助办理业务，实现柜面业务的转型升级。

(7) 公积金服务全市乡镇全覆盖。将农商银行、邮储银行作为延伸代办网点，设立公积金快捷办的便民窗口，实现公积金业务全市 90 多个乡镇（街道）、1462 个农村代办点的全覆盖。

(8) 一件事联办。作为业务牵头部门，通过流程梳理优化，办事材料精简，实现贷款一件事办理，提升办事效率。配合组织部、编办等相关部门，完成"机关事业人员人事调动一件事联办"、"企业员工招聘一件事联办""退休一件事联办"。

(9) 提供信用增值服务。基于公积金缴存信息，助力合作银行推出个人信用快贷服务。累计发放个人信用贷款 81 亿元；助力市建行上线小微企业全线上、免担保、全信用的"薪金云贷"业务，帮助部分小微企业解决融资担保难问题。

(四) 当年信息化建设情况。

(1) 正式运行"双贯标"新系统，严格贯彻住房公积金基础数据标准。

(2) 根据省办公厅要求启动并完成政务专网整合工作。

(3) 完成住房和城乡建设部要求全国住房公积金数据平台接入工作。

(4) 实现与全省住房公积金互联网+综合服务平台的对接。完成网上业务（包括手机业务）与全省"住房公积金互联网+综合服务平台"的对接，并开通政务服务网线上办理渠道。

（五）当年住房公积金管理中心及职工所获荣誉情况。

（1）2019年2月荣获衢州市"活力新衢州、美丽大花园"建设"改革创新先锋战队"称号；

（2）2019年4月荣获"衢州市劳动模范集体"称号；

（3）2019年9月荣获第四届全省"人民满意的公务员集体"称号；

（4）2019年10月荣获衢州市信用应用场景微视频一等奖；

（5）2019年度荣获省住房城乡建设系统工作目标责任制考核"优秀单位"。

（六）当年无对违反《住房公积金管理条例》和相关法规行为进行行政处罚和申请人民法院强制执行的情况。

（七）当年无对住房公积金管理人员违规行为的纠正和处理的情况。

（八）无其他需要披露的情况。

舟山市住房公积金2019年年度报告

一、机构概况

（一）**住房公积金管理委员会**：住房公积金管理委员会有24名委员，2019年召开3次会议，审议通过的事项主要包括：（1）《关于调整我市住房公积金相关政策的若干建议》，对退役军人实施住房公积金提取和贷款优惠政策（试行）；对职工家庭在市外购房提取住房公积金条件作适当限制；取消提取住房公积金用于支付自住住房物业费。（2）《关于调整我市住房公积金相关政策的若干建议》，调整异地贷款最高额度；修改商业贷款按月冲还贷申请条件。

（二）**住房公积金管理中心**：住房公积金管理中心为市政府直属的参照公务员管理事业单位，设4个处，0个管理部，4个分中心。从业人员81人，其中，在编44人，非在编37人。

二、业务运行情况

（一）**缴存**：2019年，新开户单位475家，实缴单位3782家，净增单位300家；新开户职工1.73万人，实缴职工15.36万人，净增职工0.64万人；缴存额35.60亿元，同比增长17.07%。2019年末，缴存总额252.71亿元，比上年末增加16.40%；缴存余额81.47亿元，比上年末增加12.71%。

受委托办理住房公积金缴存业务的银行10家，比上年增加0家。

（二）**提取**：2019年，提取额26.42亿元，同比增长7.53%；占当年缴存额的74.21%，比上年减少6.59个百分点。2019年末，提取总额171.24亿元，比上年末增加18.24%。

（三）**贷款**：

1. 个人住房贷款：个人住房贷款最高额度60万元，其中，单缴存职工最高额度60万元，双缴存职工最高额度60万元。

2019年，发放个人住房贷款0.38万笔、13.16亿元，同比分别下降28.30%、28.90%。其中，市中心发放个人住房贷款 0.24 万笔、8.32 亿元，定海区分中心发放个人住房贷款 0.03 万笔、0.96 亿元，普陀区分中心发放个人住房贷款 0.06 万笔、1.97 亿元，岱山县分中心发放个人住房贷款 0.04 万笔、1.42 亿元，嵊泗县分中心发放个人住房贷款 0.01 万笔、0.49 亿元。

2019 年，回收个人住房贷款 11.36 亿元。其中，市中心 6.94 亿元，定海区分中心 1.11 亿元，普陀区分中心 1.70 亿元，岱山县分中心 1.00 亿元，嵊泗县分中心 0.59 亿元。

2019 年末，累计发放个人住房贷款 5.98 万笔、169.03 亿元，贷款余额 89.94 亿元，分别比上年末增加 6.79%、8.44%、2.04%。个人住房贷款余额占缴存余额的 110.40%，比上年末减少 11.54 个百分点。受委托办理住房公积金个人住房贷款业务的银行 10 家，比上年增加 0 家。

2. 住房公积金支持保障性住房建设项目贷款： 2019 年，发放支持保障性住房建设项目贷款 0 亿元，回收项目贷款 0 亿元。2019 年末，累计发放项目贷款 0 亿元，项目贷款余额 0 亿元。

（四）购买国债： 2019 年，购买（记账式、凭证式）国债 0 亿元，兑付（转让、收回）国债 0 亿元。2019 年末，国债余额 0 亿元，比上年末减少 0 亿元。

（五）融资： 2019 年，融资 5.15 亿元，归还 5.25 亿元。年末，融资总额 48.12 亿元，融资余额 13.46 亿元。

（六）资金存储： 2019 年末，住房公积金存款 5.69 亿元。其中，活期 0.05 亿元，1 年（含）以下定期 0.75 亿元，1 年以上定期 0.05 亿元，其他（协定、通知存款等）4.84 亿元。

（七）资金运用率： 2019 年末，住房公积金个人住房贷款余额、项目贷款余额和购买国债余额的总和占缴存余额的 110.40%，比上年末减少 11.54 个百分点。

三、主要财务数据

（一）业务收入： 2019 年，业务收入 30784 万元，同比增长 6.53%。其中，市中心 19357 万元，定海区分中心 2877 万元，普陀区分中心 4607 万元，岱山县分中心 2494 万元，嵊泗县分中心 1449 万元；存款利息 2151 万元，委托贷款利息 28603 万元，国债利息 0 万元，其他 30 万元。

（二）业务支出： 2019 年，业务支出 20325 万元，同比减少 3.49%。其中，市中心 14041 万元，定海区分中心 1520 万元，普陀区分中心 2766 万元，岱山县分中心 1249 万元，嵊泗县分中心 749 万元；支付职工住房公积金利息 11583 万元，归集手续费 8 万元，委托贷款手续费 170 万元，其他 8564 万元。

（三）增值收益： 2019 年，增值收益 10458 万元，同比增长 33.43%。其中，市中心 5316 万元，定海区分中心 1357 万元，普陀区分中心 1841 万元，岱山县分中心 1245 万元，嵊泗县分中心 699 万元；增值收益率 1.28%，比上年增加 0.14 个百分点。

（四）增值收益分配： 2019 年，提取贷款风险准备金 6275 万元，提取管理费用 2301 万元，提取城市廉租住房（公共租赁住房）建设补充资金 1883 万元。

2019 年，上交财政管理费用 2231 万元。上缴财政城市廉租住房（公共租赁住房）建设补充资金 904 万元。其中，市中心上缴 365 万元，定海区分中心上缴 271 万元，普陀区分中心上缴 191 万元，岱山县分中心上缴 45 万元，嵊泗县分中心上缴 32 万元。

2019 年末，贷款风险准备金余额 62692 万元。累计提取城市廉租住房（公共租赁住房）建设补充资金 15095 万元。其中，市中心提取 10190 万元，定海区分中心提取 1215 万元，普陀区分中心提取 2961 万元，岱山县分中心提取 433 万元，嵊泗县分中心提取 296 万元。

（五）管理费用支出：2019 年，管理费用支出 2030 万元，同比增长 0.40%。其中，人员经费 1332 万元，公用经费 257 万元，专项经费 441 万元。

市中心管理费用支出 916 万元，其中，人员、公用、专项经费分别为 575 万元、103 万元、238 万元；定海区分中心管理费用支出 247 万元，其中，人员、公用、专项经费分别为 182 万元、13 万元、52 万元；普陀区分中心管理费用支出 373 万元，其中，人员、公用、专项经费分别为 291 万元、56 万元、26 万元；岱山县分中心管理费用支出 314 万元，其中，人员、公用、专项经费分别为 195 万元、35 万元、84 万元；嵊泗县分中心管理费用支出 181 万元，其中，人员、公用、专项经费分别为 115 万元、24 万元、42 万元。

四、资产风险状况

（一）个人住房贷款：2019 年末，个人住房贷款逾期额 15.76 万元，逾期率 0.18‰。其中，市中心 0.19‰，定海区分中心 0‰，普陀区分中心 0.130‰，岱山县分中心 0‰，嵊泗县分中心 0‰。

个人贷款风险准备金按增值收益的 60% 提取。2019 年，提取个人贷款风险准备金 6275 万元，使用个人贷款风险准备金核销呆坏账 0 万元。2019 年末，个人贷款风险准备金余额 62692 万元，占个人住房贷款余额的 6.97%，个人住房贷款逾期额与个人贷款风险准备金余额的比率为 0.0251%。

（二）支持保障性住房建设试点项目贷款：2019 年末，逾期项目贷款 0 万元，逾期率 0‰。

项目贷款风险准备金按贷款余额的 0% 提取。2019 年，提取项目贷款风险准备金 0 万元，使用项目贷款风险准备金核销呆坏账 0 万元，项目贷款风险准备金余额 0 万元，占项目贷款余额的 0%，项目贷款逾期额与项目贷款风险准备金余额的比率为 0%。

五、社会经济效益

（一）缴存业务：2019 年，实缴单位数、实缴职工人数和缴存额同比分别增长 8.62%、4.42% 和 17.07%。

缴存单位中，国家机关和事业单位占 33.90%，国有企业占 9.57%，城镇集体企业占 0.08%，外商投资企业占 0.53%，城镇私营企业及其他城镇企业占 46.62%，民办非企业单位和社会团体占 7.85%，其他占 1.45%。

缴存职工中，国家机关和事业单位占 37.83%，国有企业占 15.72%，城镇集体企业占 0.02%，外商投资企业占 0.98%，城镇私营企业及其他城镇企业占 42.29%，民办非企业单位和社会团体占 2.98%，其他占 0.18%；中、低收入占 99.14%，高收入占 0.86%。

新开户职工中，国家机关和事业单位占 15.09%，国有企业占 9.97%，城镇集体企业占 0.19%，外商投资企业占 2.76%，城镇私营企业及其他城镇企业占 65.75%，民办非企业单位和社会团体占 3.05%，其他占 0%；中、低收入占 99.68%，高收入占 0.32%。

（二）提取业务：2019 年，6.39 万名缴存职工提取住房公积金 26.42 亿元。

提取金额中，住房消费提取占 83.47%（购买、建造、翻建、大修自住住房 24.92%，偿还购房贷款本息占 55.69%，租赁住房占 2.86%，其他占 0%）；非住房消费提取占 16.53%（离休和退休提取占 10.13%，完全丧失劳动能力并与单位终止劳动关系提取占 0.33%，出境定居占 0.49%，其他占 5.58%）。

提取职工中，中、低收入占 94.64%，高收入占 5.36%。

(三) 贷款业务：

1. 个人住房贷款：2019 年，支持职工购建房 14.19 万平方米，年末个人住房贷款市场占有率（含公转商贴息贷款）为 14.93%，比上年末增加 1.06 个百分点。通过申请住房公积金个人住房贷款，可节约职工购房利息支出 13969.06 万元。

职工贷款笔数中，购房建筑面积 90（含）平方米以下占 44.15%，90~144（含）平方米占 51.57%，144 平方米以上占 4.28%。购买新房占 58.64%（其中购买保障性住房占 0%），购买二手房占 40.95%，建造、翻建、大修自住住房占 0.10%，其他占 0.31%。

职工贷款笔数中，单缴存职工申请贷款占 40.01%，双缴存职工申请贷款占 59.68%，三人及以上缴存职工共同申请贷款占 0.31%。

贷款职工中，30 岁（含）以下占 32.32%，30 岁~40 岁（含）占 42.73%，40 岁~50 岁（含）占 18.65%，50 岁以上占 6.30%；首次申请贷款占 84.26%，二次及以上申请贷款占 15.74%；中、低收入占 99.66%，高收入占 0.34%。

2. 异地贷款：2019 年，发放异地贷款 235 笔、8246 万元。年末，发放异地贷款总额 56632 万元，异地贷款余额 42449 万元。

3. 公转商贴息贷款：2019 年，发放公转商贴息贷款 0 笔、0 万元，支持职工购建住房面积 0 万平方米，当年贴息额 1145 万元。2019 年末，累计发放公转商贴息贷款 3018 笔、137152 万元，累计贴息 5348 万元。

4. 支持保障性住房建设试点项目贷款：2019 年末，累计试点项目 0 个，贷款额度 0 亿元，建筑面积 0 万平方米，可解决 0 户中低收入职工家庭的住房问题。0 个试点项目贷款资金已发放并还清贷款本息。

(四) **住房贡献率**：2019 年，个人住房贷款发放额、公转商贴息贷款发放额、项目贷款发放额、住房消费提取额的总和与当年缴存额的比率为 98.90%，比上年减少 26.35 个百分点。

六、其他重要事项

(一) 当年机构及职能调整情况、受委托办理缴存贷款业务金融机构变更情况：无。

(二) 当年住房公积金政策调整及执行情况。

缴存政策：职工住房公积金月缴存工资基数上限为市统计部门公布的 2018 年度全市职工月平均工资（8200 元）的 3 倍；最低缴存基数按 2018 年度养老保险最低缴费基数 3322 元计算。住房公积金缴存比例下限为 5%，上限为 12%。

提取政策调整情况：职工本人或配偶及子女在其户籍所在地或工作所在地购买自住住房，才可提取本人或配偶的住房公积金；取消提取住房公积金用于支付自住住房物业费；职工申请按月提取公积金偿还商业性住房贷款的，申请条件与职工按月提取偿还公积金贷款相同：单方申请提取的，申请人公积金缴存账户中的存储余额为月应还贷款本息总额的 12 倍；夫妻双方共同申请提取的，夫妻双方公积金缴存账户中的存储余额各为月应还贷款本息总额的 6 倍。

贷款政策调整情况：调整异地贷款最高额度为 15 万元。

公积金存贷款利率执行标准：按照当年中国人民银行公布的公积金存贷款利率执行。

（三）当年服务改进情况。

（1）全面升级浙江政务网和浙里办 APP 办事体验，将自建 APP 的所有功能整合到"浙里办"APP，同时增加了 3 项贷款申请和 1 项贷款变更线上办理功能。取消了自建网厅，将单位业务网上办理功能全面转移至浙江政务服务网和浙里办 APP，同时上线了单位缴存开户在线办理功能，实现了公积金业务线上办理全覆盖。

（2）进一步扩大数据共享范围，已与 11 个部门实现了 22 项材料的数据共享，一证通办实现率达到 100%。继续完善共享数据纠错机制，与市大数据管理局建立联动机制，第一时间反馈并处理共享数据质量问题、接口出错问题，共享应用整体稳定，数据出错率大幅下降。依托市数据共享平台，共取消了 44 项证明材料。全省公积金系统内首家成功接入人行金融城域网，客户可在窗口直接授权中心在征信系统中查询征信信息。

（3）全市增设了 13 个公积金延伸服务网点，网点总数达到 61 个，实现了乡镇（街道）全覆盖，群众不出岛可办理的民生事项达到 100%。

（4）进一步提升"最多跑一次"改革惠及范围，通过再造审批流程、深化数据共享、增强部门协作，实现了与市人力社保局的"企业员工招聘一件事"联办、"退休一件事"联办，与市民政局的"身后事"联办等。与市自然资源和规划局的"贷款一件事"从线下联办升级为线上联办。

（四）当年信息化建设情况： 2019 年中心共投入信息化建设费用 160 万元。深入贯彻落实住房和城乡建设部基础数据标准和结算应用系统接入标准，对全市住房公积金核心业务进行升级改造，改进综合服务平台服务功能。

（五）当年住房公积金管理中心及职工所获荣誉情况： 无。

（六）当年对违反《住房公积金管理条例》和相关法规行为进行行政处罚和申请人民法院强制执行情况： 无。

（七）当年对住房公积金管理人员违规行为的纠正和处理情况等： 无。

（八）其他需要披露的情况： 无。

台州市住房公积金 2019 年年度报告

一、机构概况

（一）住房公积金管理委员会： 住房公积金管理委员会有 26 名委员，2019 年召开 1 次会议，审议通过的事项主要包括：《台州市住房公积金 2018 年年度报告》《2018 年住房公积金增值收益及分配情况》《2018 年台州市住房公积金计划执行情况和 2019 年住房公积金归集使用计划》《台州市住房公积金存量公转商贷款实施细则》以及新修改的《台州市住房公积金缴存管理实施细则》《台州市住房公积金提取管理实施细则》《台州市住房公积金个人住房贷款管理实施细则》《台州市住房公积金大额资金管理办法》《台州市自由职业者个人缴存和使用住房公积金管理办法》《台州市住房公积金委托按月提取还贷管理办法》等。

（二）**住房公积金管理中心**：住房公积金管理中心为直属市政府的不以营利为目的的参照管理事业单位，设 4 个处，9 个分中心。从业人员 169 人，其中，在编 104 人，非在编 65 人。

二、业务运行情况

（一）**缴存**：2019 年，新开户单位 3377 家，实缴单位 14349 家，净增单位 2610 家；新开户职工 9.26 万人，实缴职工 50.7 万人，净增职工 3.29 万人；缴存额 96.62 亿元，同比增长 11.96%。2019 年末，缴存总额 654.27 亿元，同比增长 17.33%；缴存余额 248.72 亿元，同比增长 11.95%。

受委托办理住房公积金缴存业务的银行 6 家，与上年一致。

（二）**提取**：2019 年，提取额 70.08 亿元，同比增长 15.14%；占当年缴存额的 72.53%，比上年增加 2.0 个百分点。2019 年末，提取总额 405.55 亿元，同比增长 20.89%。

（三）**贷款**：

1. 个人住房贷款：个人住房贷款最高额度 50 万元，其中，单缴存职工最高额度 30 万元，双缴存职工最高额度 50 万元。

2019 年，发放个人住房贷款 1.29 万笔、46.98 亿元，同比分别增长 14.63%、9.27%。其中，市中心发放个人住房贷款 0.27 万笔、10.23 亿元，椒江分中心发放个人住房贷款 0.21 万笔、7.80 亿元，黄岩分中心发放个人住房贷款 0.11 万笔、3.65 亿元，路桥分中心发放个人住房贷款 0.09 万笔、3.0 亿元，临海分中心发放个人住房贷款 0.13 万笔、4.87 亿元，温岭分中心发放个人住房贷款 0.10 万笔、3.91 亿元，玉环分中心发放个人住房贷款 0.11 万笔、3.96 亿元，天台分中心发放个人住房贷款 0.11 万笔、3.61 亿元，仙居分中心发放个人住房贷款 0.07 万笔、2.91 亿元，三门分中心发放个人住房贷款 0.09 万笔、3.04 亿元。

2019 年，回收个人住房贷款 27.49 亿元。其中，市中心 4.48 亿元，椒江分中心 4.04 亿元，黄岩分中心 2.56 亿元，路桥分中心 2.24 亿元，临海分中心 3.5 亿元，温岭分中心 3.53 亿元，玉环分中心 2.19 亿元，天台分中心 1.88 亿元，仙居分中心 1.31 亿元，三门分中心 1.76 亿元。

2019 年末，累计发放个人住房贷款 14.28 万笔、444.77 亿元，贷款余额 245.96 亿元，同比分别增长 11.81%、8.60%。个人住房贷款余额占缴存余额的 98.89%，比上年减少 3.04 个百分点。

受委托办理住房公积金个人住房贷款业务的银行 6 家，与上年一致。

2. 住房公积金支持保障性住房建设项目贷款：2019 年末，累计发放项目贷款 0 亿元。

（四）**购买国债**：2019 年，无买卖国债业务。2019 年末，国债余额 0 亿元。

（五）**融资**：2019 年，融资 1.42 亿元，归还 5.43 亿元。2019 年末，融资总额 46.57 亿元，融资余额 12.26 亿元。

（六）**资金存储**：2019 年末，住房公积金存款 21.59 亿元。其中，活期 0.27 亿元，1 年（含）以下定期 2.2 亿元，1 年以上定期 0 亿元，其他（协定、通知存款等）19.12 亿元。

（七）**资金运用率**：2019 年末，住房公积金个人住房贷款余额、项目贷款余额和购买国债余额的总和占缴存余额的 98.89%，比上年减少 3.04 个百分点。

三、主要财务数据

（一）**业务收入**：2019年，业务收入82022.75万元，同比增长9.18%。其中，市中心12566.29万元，椒江分中心11040.18万元，黄岩分中心6903.18万元，路桥分中心6796.41万元，临海分中心11019.33万元，温岭分中心11806.77万元，玉环分中心6949.5万元，天台分中心6053.94万元，仙居分中心4654.0万元，三门分中心4233.15万元；存款利息3618.64万元，委托贷款利息78401.30万元，国债利息0万元，其他2.81万元。

（二）**业务支出**：2019年，业务支出43093.31万元，同比增长5.71%。其中，市中心7436.98万元，椒江分中心6252.86万元，黄岩分中心3371.87万元，路桥分中心3329.05万元，临海分中心6105.49万元，温岭分中心5739.76万元，玉环分中心3435.25万元，天台分中心2882.79万元，仙居分中心2280.35万元，三门分中心2258.91万元；支付职工住房公积金利息35739.97万元，归集手续费4.99万元，委托贷款手续费2269.91万元，其他5078.44万元。

（三）**增值收益**：2019年，增值收益38929.44万元，同比增长13.29%。其中，市中心5129.31万元，椒江分中心4787.32万元，黄岩分中心3531.32万元，路桥分中心3467.37万元，临海分中心4913.83万元，温岭分中心6067.01万元，玉环分中心3514.25万元，天台分中心3171.14万元，仙居分中心2373.65万元，三门分中心1974.24万元；增值收益率1.64%，比上年增加0个百分点。

（四）**增值收益分配**：2019年，提取贷款风险准备金24753.15万元，提取管理费用3964.22万元，提取城市廉租住房（公共租赁住房）建设补充资金10212.07万元。

2019年，上交财政管理费用4317.84万元。上缴财政城市廉租住房（公共租赁住房）建设补充资金7957.06万元。其中，市中心上缴台州市财政局1099.12万元，椒江分中心上缴椒江区财政局1002.65万元，黄岩分中心上缴黄岩区财政局627.81万元，路桥分中心上缴路桥区财政局885.55万元，临海分中心上缴临海市财政局1084.79万元，温岭分中心上缴温岭市财政局1829.08万元，玉环分中心上缴玉环市财政局689.52万元，天台分中心上缴天台县财政局648.05万元，仙居分中心上缴仙居县财政局0万元，三门分中心上缴三门县财政局90.49万元。

2019年末，贷款风险准备金余额192787.84万元。累计提取城市廉租住房（公共租赁住房）建设补充资金70790.25万元。其中，市中心提取7962.15万元，椒江分中心提取10835.3万元，黄岩分中心提取6006.71万元，路桥分中心提取5797.64万元，临海分中心提取10626.47万元，温岭分中心提取15683.7万元，玉环分中心提取5993.88万元，天台分中心提取4877.25万元，仙居分中心提取2005.31万元，三门分中心提取1001.84万元。

（五）**管理费用支出**：2019年，管理费用支出4567.54万元，同比下降7.74%。其中，人员经费2833.49万元，公用经费423.61万元，专项经费1310.44万元。

市中心管理费用支出823.0万元，其中，人员、公用、专项经费分别为542.98万元、85.25万元、194.77万元；椒江分中心管理费用支出520.22万元，其中，人员、公用、专项经费分别为262.42万元、38.44万元、219.36万元；黄岩分中心管理费用支出450.83万元，其中，人员、公用、专项经费分别为293.09万元、50.04万元、107.7万元；路桥分中心管理费用支出378.37万元，其中，人员、公用、专项经费分别为215.39万元、54.98万元、108.0万元；临海分中心管理费用支出466.92万元，其中，人员、公用、专项经费分别为315.14万元、37.14万元、114.64万元；温岭分中心管理费用支出429.56万元，其中，人员、公用、专项经费分别为304.65万元、29.29万元、95.62万元；玉环分中心管理费用支出427.88万元，其中，人员、公用、专项经费分别为207.64万元、50.94万元、169.3万元；天台分中心管理费用支出378.05万元，其中，人员、公用、专项经费分别为246.9万元、27.42万元、103.73万元；仙居分中心管理费用支出392.2万元，其中，人员、公用、专项经费分别为241万元、30.6万元、120.6万元；三门分中心管理费用支出300.51万元，其中，人员、公用、专项经费分别为204.28万元、19.51万元、76.72万元。

四、资产风险状况

（一）个人住房贷款：2019年末，个人住房贷款逾期额152.02万元，逾期率0.062‰。其中，市中心0.061‰，椒江分中心0.003‰，黄岩分中心0，路桥分中心0，临海分中心0.163‰，温岭分中心0；玉环分中心0.267‰，天台分中心0，仙居分中心0.131‰，三门分中心0。

个人贷款风险准备金按不低于增值收益的60%提取。2019年，提取个人贷款风险准备金24753.15万元，使用个人贷款风险准备金核销呆坏账0万元。2019年末，个人贷款风险准备金余额192787.84万元，占个人住房贷款余额的7.84%，个人住房贷款逾期额与个人贷款风险准备金余额的比率为0.08%。

（二）支持保障性住房建设试点项目贷款：2019年末，逾期项目贷款0万元，逾期率0。

（三）历史遗留风险资产：2019年末，历史遗留风险资产余额0万元。

五、社会经济效益

（一）缴存业务：2019年，实缴单位数、实缴职工人数和缴存额同比分别增长22.23%、6.93%和11.96%。

缴存单位中，国家机关和事业单位占19.39%，国有企业占7.75%，城镇集体企业占1.54%，外商投资企业占0.86%，城镇私营企业及其他城镇企业占57.21%，民办非企业单位和社会团体占3.60%，其他占9.65%。

缴存职工中，国家机关和事业单位占31.34%，国有企业占15.97%，城镇集体企业占1.09%，外商投资企业占1.78%，城镇私营企业及其他城镇企业占42.07%，民办非企业单位和社会团体占2.62%，其他占5.13%；中、低收入占96.95%，高收入占3.05%。

新开户职工中，国家机关和事业单位占11.85%，国有企业占12.18%，城镇集体企业占2.04%，外商投资企业占2.16%，城镇私营企业及其他城镇企业占63.85%，民办非企业单位和社会团体占3.14%，其他占4.78%；中、低收入占99.27%，高收入占0.73%。

（二）提取业务：2019年，18.84万名缴存职工提取住房公积金70.08亿元。

提取金额中，住房消费提取占80.03%（购买、建造、翻建、大修自住住房占26.98%，偿还购房贷款本息占48.45%，租赁住房占4.35%，其他占0.25%）；非住房消费提取占19.97%（离休和退休提取占9.64%，完全丧失劳动能力并与单位终止劳动关系提取占5.48%，户口迁出本市或出境定居占4.1%，其他占0.75%）。

提取职工中，中、低收入占97.55%，高收入占2.45%。

（三）贷款业务：

1. 个人住房贷款：2019 年，支持职工购建房 162.83 万平方米，年末个人住房贷款市场占有率（含公转商贴息贷款）为 15.59%，比上年增加 0.21 个百分点。通过申请住房公积金个人住房贷款，可节约职工购房利息支出 90100 万元。

职工贷款笔数中，购房建筑面积 90（含）平方米以下占 17.67%，90~144（含）平方米占 63.55%，144 平方米以上占 18.78%。购买新房占 65.16%（其中购买保障性住房占 0%），购买二手房 34.83%，建造、翻建、大修自住住房占 0.01%，其他占 0%。

职工贷款笔数中，单缴存职工申请贷款占 37.38%，双缴存职工申请贷款占 62.62%，三人及以上缴存职工共同申请贷款占 0%。

贷款职工中，30 岁（含）以下占 29.13%，30 岁~40 岁（含）占 47.08%，40 岁~50 岁（含）占 19.07%，50 岁以上占 4.72%；首次申请贷款占 80.32%，二次及以上申请贷款占 19.68%；中、低收入占 96.81%，高收入占 3.19%。

2. 异地贷款：2019 年，发放异地贷款 729 笔、23966.27 万元。2019 年末，发放异地贷款总额 70632.07 万元，异地贷款余额 59680.31 万元。

3. 公转商贴息贷款：2019 年，发放公转商贴息贷款 151 笔、5409 万元，支持职工购建住房面积 1.9 万平方米，当年贴息额 2310.27 万元。2019 年末，累计发放公转商贴息贷款 5004 笔、231306.6 万元，累计贴息 8381.41 万元。

4. 支持保障性住房建设试点项目贷款：2019 年末，累计试点项目 0 个。

（四）**住房贡献率**：2019 年，个人住房贷款发放额、公转商贴息贷款发放额、项目贷款发放额、住房消费提取额的总和与当年缴存额的比率为 107.23%，比上年增长 0.87 个百分点。

六、其他重要事项

（一）当年机构及职能无变化，受委托办理缴存贷款业务金融机构无变化。

（二）**政策调整情况**：调整缴存政策。修订《缴存管理实施细则》《个体工商户缴存和使用住房公积金管理办法》及《自由职业者个人缴存和使用住房公积金管理办法》。

加强提取管理。修订《提取管理实施细则》《按月提取还贷管理办法》《重大疾病提取住房公积金管理办法》及《租房提取住房公积金管理办法》，简化提取要件，缩短审批流程。出台《关于深入开展业务材料精简推进住房公积金"最多跑一次"改革的通知》，进一步提升我市住房公积金审批服务效率，简化业务办理手续。印发《关于优化营商环境提升住房公积金服务水平的通知》，继续精简业务环节，简化提取资料。

（三）**服务改进情况**：按照"最多跑一次"、"让数据多跑路、群众少跑腿"的总体思路，坚守提供优质服务的理念，全面落实"一件事"办理，推出网上公积金贷款联办，变"职工跑"为"干部跑""数据跑"，变"反复跑、多头跑"为"一件事一次办"。配合做好退休一件事、员工招聘一件事、身后一件事、公务员转移一件事的联办。完成"可信身份认证"系统对接，通过与公安部"互联网＋可信身份认证"平台对接，完成个人身份信息的可信认证，秒速获取办事职工的身份信息，实现"无证刷脸"快速办理。大力推进数据互联共享，将公积金数据共享给省大救助、省司法厅等，减少群众跑腿，努力实现职工办理公积金业务"零跑腿",提升群众满意度和获得感。

(四)信息化建设情况:重点围绕"最多跑一次"改革,以"互联网+"为导向,着力推进数据共享,完善服务渠道功能,提高中心办事效率和管理服务水平。具体举措有:推进单位业务全量网办,通过流程改造和系统完善,10月份全市实现缴存业务全程网办、全市域缴存业务通办,持续优化营商环境。按时完成全国公积金数据平台接入工作。积极推进专网整合工作,增设住房专网 CE 防火墙,各中心均通过 CE 防火墙连接住房专网,取消原专网线路,整合基础资源,实现与政务信息资源开放共享。完善渠道功能模块,完成公积金事项掌上办、网上办,完善浙里办提取功能。推进电子影像系统应用,9月正式启用电子影像系统,实现业务档案零距离查询和档案的绿色利用。

(五)执法工作:印发《严厉打击骗提骗贷住房公积金违法行为专项治理工作实施方案》,打击住房公积金领域骗提骗贷等涉黑涉恶行为,规范住房公积金提取使用。出台《住房公积金运行保障中心重大执法决定法制审核事项清单》《住房公积金运行保障中心重大执法决定法制审核流程图》及《住房公积金运行保障中心行政执法音像记录事项清单》,进一步规范行政执法程序。

丽水市住房公积金 2019 年年度报告

一、机构概况

(一)住房公积金管理委员会:丽水市住房公积金管理委员会由 25 名成员组成,2019 年 3 月召开管委会第十四次成员会议,会议听取了市住房公积金管理中心 2018 年度工作情况和 2019 年度工作思路的汇报,审议通过了《丽水市住房公积金管理中心关于调整丽水市住房公积金政策的建议》《2018 年度丽水市住房公积金财务收支决算》《2019 年度丽水市住房公积金财务收支预算》和《丽水市住房公积金 2018 年年度报告》。

(二)住房公积金管理中心:丽水市住房公积金管理中心是直属市政府不以营利为目的参照公务员法管理的事业单位,负责全市住房公积金管理工作,对全市住房公积金实行"统一管理、统一制度、统一核算"。内设综合处(审计稽核处)、归集管理处、使用管理处、计划财务处四个职能处室,下设青田、缙云、遂昌、松阳、云和、庆元、景宁、龙泉八个分中心。从业人员 137 人,其中,在编 78 人,非在编 59 人。

二、业务运行情况

(一)缴存:2019 年,新开户单位 767 家,实缴单位 6501 家,净增单位 443 家;新开户职工 2.36 万人,实缴职工 20.71 万人,净增职工 0.95 万人;缴存额 43.23 亿元,同比增长 10.4%。2019 年末,缴存总额 325.07 亿元,比上年末增加 15.3%;缴存余额 112.08 亿元,比上年末增加 7.9%。

受委托办理住房公积金缴存业务的银行 6 家,包括建行、工行、农行、中行、农商银行和邮政储蓄银行,与上年持平。

（二）提取：2019年，提取额35.02亿元，同比增长10.2%，占当年缴存额的81.0%，比上年减少0.1个百分点。2019年末，提取总额212.99亿元，比上年末增加19.7%。

（三）贷款：

1. 个人住房贷款。 个人住房贷款最高额度80万元。其中，第一至四类高层次人才夫妻双方缴存住房公积金的贷款限额80万元，一方缴存住房公积金的贷款限额50万元；一般职工夫妻双方缴存住房公积金的贷款限额50万元，一方缴存住房公积金的贷款限额25万元。

2019年，发放个人住房贷款0.52万笔、19.45亿元，同比分别增长4.5%，下降4.2%。

2019年，回收个人住房贷款15.52亿元，同比下降22.7%，主要原因为上年数据包括了出表核算的存量公转商贴息贷款5.86亿元，实际增长9.1%。

2019年末，累计发放个人住房贷款7.69万笔、240.92亿元，贷款余额127.22亿元，分别比上年末增长7.3%、8.8%、3.2%。个人住房贷款余额占缴存余额的113.5%，比上年末减少5.2个百分点。见表1。

2019年全市贷款发放回收情况表　　　　　　　　　　　　　　　　　　　　表1

单位	发放笔数(笔)	发放金额(万元)	回收金额(万元)	贷款余额(万元)
市中心	1419	52893	63423	511041
青田分中心	445	15640	14386	131327
缙云分中心	574	21385	15065	132975
遂昌分中心	525	18584	15481	95855
松阳分中心	389	16025	8998	86575
云和分中心	292	11125	8175	55661
庆元分中心	408	16453	8451	80058
景宁分中心	535	18556	8123	74017
龙泉分中心	661	23815	13135	104695
合计	5248	194476	155237	1272204

受委托办理住房公积金个人住房贷款业务的银行10家，比上年增加1家，包括建行、工行、农行、中行、交行、浦发银行、中信银行、农商行、浙商银行和邮政储蓄银行。

2. 住房公积金支持保障性住房建设项目贷款：2019年，发放支持保障性住房建设项目贷款0亿元，回收项目贷款0亿元。2019年末，累计发放项目贷款0亿元，项目贷款余额0亿元。

（四）购买国债：2019年购买国债0亿元，收回国债0亿元，国债余额0亿元。

（五）融资：

1. 外部融资：2019年，融资17.73亿元，归还20.13亿元。2019年末，融资总额96.29亿元，融资余额15.55亿元。

2. 公转商贴息贷款：2018年12月出表核算的存量公转商贴息贷款5.86亿元，2019年归还本金0.95亿元，贷款余额4.91亿元

（六）资金存储：2019年末，住房公积金存款1.87亿元。其中，活期0.21亿元，1年（含）以下定期0亿元，1年以上定期0亿元，其他（协定、通知存款等）1.66亿元。

（七）资金运用率：2019年末，住房公积金个人住房贷款余额、项目贷款余额和购买国债余额的总和占缴存余额的113.5%，比上年末减少5.2个百分点。

三、主要财务数据

（一）业务收入：2019年，业务收入44138万元，同比下降1.7%。其中存款利息收入2107万元，委托贷款利息收入41878万元，其他收入153万元。

（二）业务支出：2019年，业务支出共计26484万元，同比下降2.8%。其中，支付职工住房公积金利息16620万元，归集手续费用13万元，委托贷款手续费971万元，其他8880万元（含银行授信贷款利息支出6874万元，存量公转商贴息贷款利息支出1224万元，调剂资金利息支出及其他782万元）。

（三）增值收益：2019年，增值收益17654万元，比上年略增12万元。增值收益率1.63%，比上年减少0.14个百分点。见表2。

2019年全市增值收益情况表（单位：万元）　　　　　　　表2

机构名称	业务收入	业务支出	其中：职工账户余额利息支出	增值收益
市中心	17838	14108	5291	3730
青田分中心	4756	2172	2052	2584
缙云分中心	4539	2084	1909	2455
遂昌分中心	3253	1525	1395	1728
松阳分中心	3018	1442	1203	1576
云和分中心	2002	936	851	1066
庆元分中心	2642	1291	1133	1351
景宁分中心	2520	1266	1201	1254
龙泉分中心	3570	1660	1585	1910
合计	44138	26484	16620	17654

（四）增值收益分配：2019年，提取贷款风险准备金10592万元，提取管理费用3805万元，提取城市廉租住房（公共租赁住房）建设补充资金3257万元。

2019年，上交财政管理费用3707万元。上缴财政城市廉租住房（公共租赁住房）建设补充资金3433万元。

2019年末，贷款风险准备金余额102178万元。累计提取城市廉租住房（公共租赁住房）建设补充资金27489万元。见表3。

2019 年全市增值收益及分配情况表（单位：万元）　　　　　表 3

机构名称	增值收益额	当年提取管理费用	上缴财政城市廉租房建设补充资金	年末风险准备金余额	累计提取城市廉租房建设补充资金
市中心	3730	937	529	30813	8334
青田分中心	2584	503	624	13076	3295
缙云分中心	2455	491	480	12674	3288
遂昌分中心	1728	298	349	8740	3581
松阳分中心	1576	267	338	7694	2749
云和分中心	1066	305	116	5814	691
庆元分中心	1351	340	300	6742	1800
景宁分中心	1254	297	327	6769	1871
龙泉分中心	1910	367	370	9857	1880
合计	17654	3805	3433	102178	27489

（五）管理费用支出：2019 年，管理费用支出 3092 万元，同比增长 1.3%。其中，人员经费 2055 万元，公用经费 347 万元，专项经费 690 万元。见表 4。

2019 年全市管理费用支出情况表（单位：万元）　　　　　表 4

机构名称	人员经费	公用经费	专项经费	管理费用支出合计
市中心	517	62	331	910
青田分中心	188	77	4	269
缙云分中心	140	13	101	254
遂昌分中心	197	21	64	282
松阳分中心	148	21	67	236
云和分中心	207	23	5	235
庆元分中心	180	20	52	252
景宁分中心	204	80	4	288
龙泉分中心	274	30	62	366
合计	2055	347	690	3092

四、资产风险状况

（一）个人住房贷款：截至 2019 年底，个人住房贷款逾期额 80.6 万元，个人住房贷款逾期率 0.0063%。其中，市中心 0.0076%，青田分中心 0.0011%，遂昌分中心 0.0044%，景宁分中心 0.0448%，缙云分中心 0%，松阳分中心 0%，云和分中心 0%，庆元分中心 0%，龙泉分中心 0%。

个人贷款风险准备金按增值收益的 60% 提取。2019 年，提取个人贷款风险准备金 10592 万元，当年未使用个人住房贷款风险准备金。2019 年末，个人贷款风险准备金余额 102178 万元，占个人住房贷款余额的 8%，个人住房贷款逾期额与个人贷款风险准备金余额的比率为 0.08%。

(二) 支持保障性住房建设试点项目贷款：2019年末，逾期项目贷款0万元，逾期率0%。

五、社会经济效益

(一) 缴存业务：2019年，住房公积金实缴单位数、实缴职工数和缴存额增长率分别为7.3%、4.8%、10.4%。

缴存单位中，国家机关和事业单位占37.2%，国有企业占8.4%，城镇集体企业占1.8%，外商投资企业占0.4%，城镇私营企业及其他城镇企业占43.8%，民办非企业单位和社会团体占4.6%，其他占3.8%。

缴存职工中，国家机关和事业单位占52.0%，国有企业占15.1%，城镇集体企业占2.2%，外商投资企业占0.8%，城镇私营企业及其他城镇企业占23.0%，民办非企业单位和社会团体占1.6%，其他占5.3%；中、低收入占98.8%，高收入占1.2%。

新开户职工中，国家机关和事业单位占20.3%，国有企业占10.0%，城镇集体企业占2.2%，外商投资企业占1.2%，城镇私营企业及其他城镇企业占53.8%，民办非企业单位和社会团体占5.4%，其他占7.1%；中、低收入占99.8%，高收入占0.2%。

(二) 提取业务：2019年，6.31万名缴存职工提取住房公积金35.02亿元。

提取金额中，住房消费提取占80.8%（购买、建造、翻建、大修自住住房提取占32.3%，偿还购房贷款本息提取占46.1%，租赁住房提取占2.2%，其他提取占0.2%）；非住房消费提取占19.2%（离休和退休提取占11.9%，完全丧失劳动能力并与单位终止劳动关系提取占1.4%，户口迁出本市或出境定居提取占2.5%，其他提取占3.4%）。

提取职工中，中、低收入占98.8%，高收入占1.2%。

(三) 贷款业务：

1. 个人住房贷款：2019年，支持职工购建房62.15万平方米，年末个人住房贷款市场占有率为21.3%，比上年末增加0.7个百分点。通过申请住房公积金个人住房贷款，可节约职工购房利息支出41715万元。

职工贷款笔数中，购房建筑面积90（含）平方米以下占19.5%，90～144（含）平方米占71.1%，144平方米以上占9.4%。购买新房占68.9%，购买二手房占31.1%，建造、翻建、大修自住住房占0%。

职工贷款笔数中，单缴存职工申请贷款占38.7%，双缴存职工申请贷款占61.3%，三人及以上缴存职工共同申请贷款占0%。

贷款职工中，30岁（含）以下占21.8%，30岁～40岁（含）占38.8%，40岁～50岁（含）占31.5%，50岁以上占7.9%；首次申请贷款占72.1%，二次及以上申请贷款占27.9%；中、低收入占98.7%，高收入占1.3%。

2. 异地贷款：2019年，发放异地缴存职工贷款116笔、3499万元。2019年末，发放异地缴存职工贷款总额18268万元，异地贷款余额15176万元。

3. 公转商贴息贷款：2019年，本市无公转商贴息贷款，余额为0万元，支持职工购建房面积0万平方米，当年贴息额0万元。2019年末，累计发放公转商贴息贷款345笔、14598万元，累计贴息131万元。

4. 支持保障性住房建设试点项目贷款：2019年末，累计试点项目0个，贷款额度0亿元。

(四)住房贡献率:2019年,个人住房贷款发放额、公转商贴息贷款发放额、项目贷款发放额、住房消费提取额的总和与当年缴存额的比率为110.4%,比上年减少7.4个百分点。

六、其他重要事项

(一)当年机构及职能调整情况、受委托办理缴存贷款业务金融机构变更情况。

1. 当年机构及职能调整情况:2019年机构及职能未进行调整。

2. 受委托办理缴存贷款业务金融机构变更情况:2019年受委托办理住房公积金缴存业务的银行6家,未发生变化;2019年受委托办理住房公积金个人住房贷款业务的银行10家,比上年增加1家。

(二)当年住房公积金政策调整及执行情况。

1. 当年缴存基数限额及确定方法、缴存比例等缴存政策调整情况

控高保低严格:2019年7月开展住房公积金缴存基数调整,住房公积金缴存基数按职工本人上年平均月工资,职工工资按照国家统计局规定的工资总额口径计算,实行"控高保低"政策。缴存额下限按2019年当地最低月工资标准确定为166元,缴存额上限按当地统计局提供的在岗职工2019年月平均工资的3倍为缴存基数,确定为6352元。

缴存比例规范:全市住房公积金缴存比例为单位和个人各5%至12%,如单位经营困难,经职工代表大会或者工会讨论通过,可以申请缓缴或降低缴存比例至5%以下。

2. 当年缴存、提取政策的调整

2019年4月出台了《丽水市住房公积金管委会关于调整丽水市住房公积金政策的通知》,规定缴存职工家庭的住房套数,以职工申报结合查询不动产登记部门信息的结果认定。本市缴存职工家庭住房包括缴存职工、配偶及未成年子女在本市行政区域内实际拥有的住房。异地缴存职工家庭住房还包括所在城市行政区域内实际拥有的住房。职工申请住房公积金贷款,取消工资收入证明材料,工资收入按其缴存住房公积金工资基数确认。

3. 当年个人住房贷款最高贷款额度、贷款条件等贷款政策情况

2019年个人住房贷款最高贷款额度:继续执行2018年调整的贷款政策,缴存职工申请个人住房公积金贷款,实际可贷额度为不超过贷款申请人夫妻双方近12月住房公积金账户月均余额的10倍;夫妻双方缴存住房公积金的,贷款最高限额为50万元,一方缴存住房公积金的,贷款最高限额为25万。在丽水市行政区域内缴存住房公积金的第一至四类高层次人才,夫妻双方缴存住房公积金的,贷款最高限额为80万,高层次人才一方缴存住房公积金的,贷款最高限额为50万;第五类高层次人才,夫妻双方缴存住房公积金的,住房公积金贷款最高限额为60万,高层次人才一方缴存住房公积金的,住房公积金贷款最高限额为40万。

个人住房贷款条件:继续执行丽公积金管委〔2017〕7号调整的贷款政策,职工家庭首次住房公积金贷款结清1年内,不得申请住房公积金贷款;职工家庭二次以上住房公积金贷款结清3年内,不得申请住房公积金贷款。

4. 当年住房公积金存贷款利率执行标准

个人住房公积金存款利率:根据中国人民银行、住房和城乡建设部、财政部2016年2月印发的《关于完善职工住房公积金账户存款利率形成机制的通知》,职工住房公积金账户存款利率,统一按一年期定期存款基准利率1.5%执行,年度结息日为每年的6月30日。

个人住房公积金贷款利率：个人住房公积金贷款 5 年（含）以下的基准年利率为 2.75%，5 年以上的基准年利率为 3.25%；第二套住房个人住房公积金贷款利率按基准利率的 1.1 倍执行。当年发放的贷款，实行合同利率，遇法定利率调整时调整；存量贷款，遇法定利率调整时，于次年 1 月 1 日起，按相应利率档次执行新的利率标准。

（三）当年服务改进情况。

1. 服务网点拓展：为进一步深化"最多跑一次"改革，优化住房公积金服务网点布局，继市本级和缙云分中心在乡镇建立服务网点之后，其他分中心均在 12 月底前，在当地较大的乡镇建立了服务网点，为单位法人和职工群众提供住房公积金缴存、提取、贷款等 29 个事项的服务，方便企事业单位和职工就近办理公积金各项业务，切实解决了服务群众"最后一公里"的问题。

2. 服务水平提升：一是推出"商贷通"便民服务，"商贷通"开通后，在"商贷通"合作银行办理了住房按揭贷款的缴存职工，授权公积金中心成功获取贷款数据后，在办理偿还商贷或公积金组合贷款本息提取时，无需再提供商贷还款流水。二是推出"直提还贷"利民业务，打破了先还贷后提取的既有模式，实现提前还贷、还贷提取两个事项在丽水市任何公积金网点实现一窗办理、只跑一次。三是推出"流程简化"便民服务，全市缴存职工家庭的住房套数，以职工申报结合网上查询不动产登记部门信息的结果认定，取消职工申请住房公积金贷款工资收入证明材料。

3. 综合服务平台建设：加强"互联网＋"住房公积金建设，优化"浙里办"APP 系统模块，100% 服务事项实现"网上办理""掌上办理"，住房公积金自建系统事项 100% 纳入"一窗受理"平台、民生事项 100% 实现"一证通办"，近 70% 的民生事项实现全域"一证通办"，公积金业务 80% 以上事项"全程网办"。加强单位网厅的推广和应用，全市 54% 的缴存单位完成网厅签约。

4. 开展社会服务：为贯彻落实《国务院关于进一步支持小型微型企业健康发展的意见》等文件精神，破解有市场前景、有发展潜力、诚信缴存住房公积金的小微企业融资难、融资贵问题，市公积金中心携手中国建设银行股份有限公司丽水分行，面向缴存住房公积金的小微企业推出"薪金云贷"业务。"薪金云贷"是以住房公积金缴存信息为依据，通过互联网渠道办理的全流程自助信用贷款业务，吸引更多企业自愿缴存住房公积金，让住房公积金政策红利惠及更多缴存职工，助圆安居梦想。做深做实"服务企业、服务群众、服务基层"活动，领导班子成员带队到艾莱依、纳爱斯、锦侨置业等公司上门服务，下沉窗口一线直面群众，向广大非公企业寄送《致企业家的一封信》，积极推动公积金服务。

（四）当年信息化建设情况。

1. 提升住房公积金业务系统：优化住房公积金业务系统，与浙江政务网、浙里办深入融合，实现公积金业务网上办、掌上办，进一步推进住房公积金业务数字化进程；完成住房公积金专网和住房公积金监管专网改造，实现住房公积金网络接入浙江省住建 VPN3 网络。

2. 助力数据共享：支持国家税务总局个税改革公积金中心数据上链，并归集业务数据到住房和城乡建设部，实现部委级之间业务相关行业数据共享；助力信用丽水建设，实现住房公积金系统与市发改委信用平台对接；为提升住房公积金业务评价体系，接入住房公积金好差评系统；住房公积金档案系统实现虚拟化部署，有效避免住房公积金档案硬件系统单点故障；住房公积金档案数据归档到丽水市档案馆，实现住房公积金档案异地备份；完成住房公积系统与合作银行商业贷款还款数据接口对接，实现商贷还款数据及时返还，提高公积金提取业务办理效率。

（五）当年住房公积金管理中心及职工所获荣誉情况。市中心获得全国"青年文明号"荣誉称号，庆元、云和分中心分别获得市级、县级"巾帼文明岗"称号，龙泉、缙云、遂昌、松阳、景宁、云和、庆元分中心服务窗口分别获得五星级窗口、红旗窗口、先进窗口、五星级示范岗、服务明星等荣誉称号，市中心一位同志受到省级政府部门的嘉奖，一位同志记"三等功"，全市 12 位同志受到市级政府部门的各类嘉奖。

（六）当年对违反《住房公积金管理条例》和相关法规行为进行行政处罚和申请人民法院强制执行情况。开展违规提取住房公积金专项治理工作，严厉打击机构和个人通过伪造证明材料、虚构住房消费等手段骗提住房公积金的行为，全年查处骗提案件 7 起，金额 20 万元。对使用虚假材料提取住房公积金的职工，除通报其单位纪检部门，还予以三年内不得提取公积金，五年内不得申请公积金贷款的惩戒。收集非法中介线索，移交公安部门处理。加大对不良贷款处置力度，及时通过法院诉讼及其他法律手段回收贷款本息，全市共催收和处置不良贷款 8 笔、金额 262.51 万元，住房公积金个人贷款逾期率降至近 5 年最低水平。

（七）其他情况。

1. 深化档案达标创建：建立完善档案管理机制，修订住房公积金档案管理制度。当年龙泉、庆元、云和、青田四个分中心顺利通过省一级档案达标验收。2019 年末，市本级和 7 个分中心达到档案管理省一级，占 90%，1 个分中心达到档案管理省二级。

2. 资金阳光管控：规范大额资金管理，将住房公积金银行账户纳入市财政局资金监管系统，对管理中心资金的运行进行实时监控和管理。积极开展住房公积金存量资金竞争性存放工作，2019 年开展资金竞争性存放招标 12 次，涉及资金 7.7 亿。

3. 建立失信行为管理办法。2019 年 12 月出台了《丽水市住房公积金失信行为名单管理办法》，积极推进社会信用体系建设，倡导依法诚信缴存、提取和使用住房公积金，规范对住房公积金失信行为的管理。

2019 全国住房公积金年度报告汇编

安徽省

合肥
芜湖市
蚌埠市
淮南市
马鞍山市
淮北市
铜陵市
安庆市
黄山市
滁州市
阜阳市
宿州市
六安市
亳州市
池州市
宣城市

安徽省住房公积金 2019 年年度报告

一、机构概况

（一）住房公积金管理机构：全省共设 16 个设区城市住房公积金管理中心，5 个独立设置的分中心，从业人员 1298 人，其中，在编 780 人，非在编 518 人。

（二）住房公积金监管机构：安徽省住房和城乡建设厅、财政厅和人民银行合肥中心支行负责对本省住房公积金管理运行情况进行监督。省住房城乡建设厅设立住房公积金监管处，负责全省住房公积金日常监管工作。

二、业务运行情况

（一）缴存：2019 年，新开户单位 8364 家，实缴单位 65531 家，净增单位 5294 家；新开户职工 71.37 万人，实缴职工 437.33 万人，净增职工 8.45 万人；缴存额 686.97 亿元，同比增长 13.80%。2019 年末，缴存总额 5477.88 亿元，比上年末增加 14.34%；缴存余额 1800.82 亿元，比上年末增加 10.78%。

（二）提取：2019 年，提取额 511.81 亿元，同比增长 4.22%；占当年缴存额的 74.50%，比上年减少 6.85 个百分点。2019 年末，提取总额 3677.06 亿元，比上年末增加 16.17%。

（三）贷款：

1. 个人住房贷款：2019 年，发放个人住房贷款 10.82 万笔、363.95 亿元，同比增长 16.22% 和 23.29%。回收个人住房贷款 216.52 亿元。

2019 年末，累计发放个人住房贷款 136.49 万笔、3144.72 亿元，贷款余额 1765.08 亿元，分别比上年末增加 8.61%、13.09% 和 9.12%。个人住房贷款余额占缴存余额的 98.02%，比上年末减少 1.49 个百分点。

2. 住房公积金支持保障性住房建设项目贷款：2019 年，未发放支持保障性住房建设项目贷款，回收项目贷款 1 亿元。2019 年末，累计发放项目贷款 37.94 亿元，项目贷款余额为零，全省已完成项目贷款清收工作，试点项目贷款工作已顺利完成。

（四）购买国债：2019 年，未购买（记账式、凭证式）国债，国债余额为零。

（五）融资：2019 年，融资 23.62 亿元，归还 49.69 亿元。2019 年末，融资总额 422.87 亿元，融资余额 118.99 亿元。

（六）资金存储：2019 年末，住房公积金存款 178.04 亿元。其中，活期 3.54 亿元，1 年（含）以下定期 54.04 亿元，1 年以上定期 31.77 亿元，其他（协定、通知存款等）88.69 亿元。

（七）资金运用率：2019 年末，住房公积金个人住房贷款余额、项目贷款余额和购买国债余额的总和占缴存余额的 98.02%，比上年末减少 1.55 个百分点。

三、主要财务数据

（一）业务收入：2019 年，业务收入 592715.12 万元，同比增长 5.30%。其中，存款利息 44323.5 万元，委托贷款利息 533486.1 万元，国债利息 0 万元，其他 14905.52 万元。

（二）业务支出：2019 年，业务支出 321427.77 万元，同比增长 3.56%。其中，支付职工住房公积金利息 256692.37 万元，归集手续费 3367.18 万元，委托贷款手续费 18906.12 万元，其他 42462.10 万元。

（三）增值收益：2019 年，增值收益 271287.35 万元，同比增长 7.43%；增值收益率 1.58%，比上年减少 0.03 个百分点。

（四）增值收益分配：2019 年，提取贷款风险准备金 46041.44 万元，提取管理费用 40031.63 万元，提取城市廉租住房（公共租赁住房）建设补充资金 185214.28 万元。

2019 年，上交财政管理费用 49961.13 万元，上缴财政城市廉租住房（公共租赁住房）建设补充资金 165082.74 万元。

2019 年末，贷款风险准备金余额 590272.52 万元，累计提取城市廉租住房（公共租赁住房）建设补充资金 1179315.02 万元。

（五）管理费用支出：2019 年，管理费用支出 43713.21 万元，同比下降 3.33%。其中，人员经费 15913.21 万元，公用经费 4180.14 万元，专项经费 23619.86 万元。

四、资产风险状况

（一）个人住房贷款：2019 年末，个人住房贷款逾期额 3120.57 万元，逾期率 0.18‰。

2019 年，提取个人贷款风险准备金 46041.44 万元，使用个人贷款风险准备金核销呆坏账 0 万元。2019 年末，个人贷款风险准备金余额 576700.54 万元，占个人贷款余额的 3.27%，个人贷款逾期额与个人贷款风险准备金余额的比率为 0.54%。

（二）住房公积金支持保障性住房建设项目贷款

2019 年末，无逾期项目贷款。2019 年，未提取项目贷款风险准备金。2019 年末，项目贷款风险准备金余额 13571.98 万元。

五、社会经济效益

（一）缴存业务：2019 年，实缴单位数、实缴职工人数和缴存额增长率分别为 8.79%、1.97% 和 13.80%。

缴存单位中，国家机关和事业单位占 43.01%，国有企业占 13.08%，城镇集体企业占 1.60%，外商投资企业占 2.01%，城镇私营企业及其他城镇企业占 32.43%，民办非企业单位和社会团体占 2.94%，其他占 4.93%。

缴存职工中，国家机关和事业单位占 36.72%，国有企业占 26.50%，城镇集体企业占 1.20%，外商投资企业占 4.24%，城镇私营企业及其他城镇企业占 25.51%，民办非企业单位和社会团体占 1.77%，其他占 4.06%；中、低收入占 97.99%，高收入占 2.01%。

新开户职工中，国家机关和事业单位占 19.94%，国有企业占 14.65%，城镇集体企业占 1.02%，外商投资企业占 5.24%，城镇私营企业及其他城镇企业占 50.31%，民办非企业单位和社会团体占 2.77%，其他占 6.07%；中、低收入占 99.17%，高收入占 0.83%。

（二）提取业务：2019 年，152.57 万名缴存职工提取住房公积金 511.81 亿元。

提取金额中，住房消费提取占 81.69%（购买、建造、翻建、大修自住住房占 30.08%，偿还购房贷款本息占 49.93%，租赁住房占 1.58%，其他占 0.10%）；非住房消费提取占 18.31%（离休和退休提取占 13.71%，完全丧失劳动能力并与单位终止劳动关系提取占 2.05%，出境定居占 0.67%，其他占 1.88%）。

提取职工中，中、低收入占 96.68%，高收入占 3.32%。

（三）贷款业务：

1. 个人住房贷款：2019 年，支持职工购建房 1206.69 万平方米。年末个人住房贷款市场占有率（含公转商贴息贷款）为 12.95%，比上年末减少 0.77 个百分点。通过申请住房公积金个人住房贷款，可节约职工购房利息支出 763872.59 万元。

职工贷款笔数中，购房建筑面积 90（含）平方米以下占 18.46%，90～144（含）平方米占 75.31%，144 平方米以上占 6.23%。购买新房占 71.80%（其中购买保障性住房占 0.06%），购买二手房占 27.91%，建造、翻建、大修自住住房占 0.01%，其他占 0.28%。

职工贷款笔数中，单缴存职工申请贷款占 43.65%，双缴存职工申请贷款占 56.35%。

贷款职工中，30 岁（含）以下占 34.63%，30 岁～40 岁（含）占 35.27%，40 岁～50 岁（含）占 22.62%，50 岁以上占 7.48%；首次申请贷款占 84.65%，二次申请贷款占 15.35%；中、低收入占 97.47%，高收入占 2.53%。

2. 异地贷款：2019 年，发放异地贷款 5060 笔，147466.92 万元。2019 年末，发放异地贷款总额 1459163.2 万元，异地贷款余额 886900.37 万元。

3. 公转商贴息贷款：2019 年，发放公转商贴息贷款 1017 笔、20026.31 万元，支持职工购建房面积 10.75 万平方米。当年贴息额 2409.92 万元。2019 年末，累计发放公转商贴息贷款 12453 笔、310325.65 万元，累计贴息 10720.55 万元。

4. 住房公积金支持保障性住房建设项目贷款：至 2019 年末，全省共有住房公积金支持保障性住房建设项目贷款试点城市 4 个，试点项目 33 个，贷款额度 40.78 亿元，建筑面积 697.26 万平方米，可解决 72763 户中低收入职工家庭的住房问题。32 个试点项目贷款资金已发放并还清贷款本息。

（四）住房贡献率：2019 年，个人住房贷款发放额、公转商贴息贷款发放额、项目贷款发放额、住房消费提取额的总和与当年缴存额的比率为 114.13%，比上年增加 0.79 个百分点。

六、其他重要事项

（一）当年开展监督检查情况。

1. 认真落实住房公积金电子稽查工作。按照住房城乡建设部办公厅关于全面开展住房公积金电子稽查工作的通知要求，以加快提高"双贯标"数据质量为基础，健全电子稽查工作机制，提升住房公积金规范管理和风险管理水平，省级监管部门在各市住房公积金管理中心、分中心月度电子稽查的基础上，每季度选择重点地区进行实地指导，对电子稽查工作进行评估。

2. 开展专项审计试点工作。省级监管部门委托社会中介机构，对 2 个分中心进行住房公积金管理专项委托审计。

3. 开展违规提取住房公积金专项治理。印发《严厉打击骗提骗贷住房公积金违法行为专项工作方案》，将行业治乱与扫黑除恶专项斗争紧密结合,在全行业开展打击非法中介协助缴存职工以虚假手段违规提取住房公积金、骗取住房公积金贷款,收取高额手续费违法行为。

(二)当年服务改进情况。贯彻落实《优化营商环境条例》,印发《关于认真落实复制推广借鉴京沪两地优化营商环境改革举措任务清单的通知》,实现全省住房公积金企业开户一网通办,全程网办业务。

(三)当年信息化建设情况。

1. 按时接入全国住房公积金数据平台。为贯彻国务院关于个人所得税改革信息共享工作部署,落实公积金贷款职工享受个税抵扣的优惠政策,实现全国住房公积金数据与国家税务总局数据总对总数据交换,全省16个城市住房公积金管理中心、5个分中心,按照住房和城乡建设部统一部署的时间节点,于2019年6月底前,全部接入全国住房公积金数据平台,按时完成接入平台的工作任务。

2. 推进住房公积金综合服务平台建设。贯彻《住房和城乡建设部关于建立健全住房公积金综合服务平台的通知》,指导各市稳步推进住房公积金综合服务平台建设。截至2019年底,全省已有马鞍山、淮北、黄山、安庆、池州、宣城6个城市住房公积金管理中心,按照住房城乡建设部《住房公积金综合服务平台建设导则》,完成了住房公积金综合服务平台建设,并通过部、省联合验收。

(四)当年住房公积金机构及从业人员所获荣誉情况。2019年,全省住房公积金行业加强精神文明建设,分别荣获省部级文明单位(行业、窗口)4个、地市级9个;国家级青年文明号2个、省部级1个、地市级3个;地市级五一劳动奖章(劳动模范)1个;国家级三八红旗手(巾帼文明岗)1个;地市级先进集体和个人64个;省部级其他类奖项6个、地市级36个。

合肥住房公积金2019年年度报告

一、机构概况

(一)**住房公积金管理委员会**:住房公积金管理委员会有29名委员,2019年召开一次会议,审议通过2018年度住房公积金归集、使用计划执行情况和2019年计划草案的报告,审议通过2018年住房公积金增值收益分配情况和2019年增值收益计划分配方案的报告。

(二)**住房公积金管理中心**:住房公积金管理中心为直属合肥市人民政府不以营利为目的的公益二类事业单位,主要负责全市住房公积金的归集、管理、使用和会计核算。设9个处室,4个管理部,3个分中心。从业人员198人,其中,在编98人,非在编100人。其中,省直住房公积金管理中心为独立法人,隶属安徽省机关事务管理局,从业人员63人,其中,在编19人,非在编44人。

二、业务运行情况

(一)**缴存**:2019年,新开户单位3339家,实缴单位16537家,净增单位2214家;新开户职工33.01万人,实缴职工137.49万人,净增职工9.92万人;缴存额211.11亿元,同比增长14.68%。2019年末,缴存总额1521.57亿元,比上年末增加16.11%;缴存余额487.93亿元,比上年末增加15.25%。

受委托办理住房公积金缴存业务的银行4家,与上年相同。

(二)提取:2019年,提取额146.54亿元,同比增长7.48%;占当年缴存额的69.41%,比上年减少4.66个百分点。2019年末,提取总额1033.65亿元,比上年末增加16.52%。

(三)贷款:

1. 个人住房贷款: 个人住房贷款最高额度55万元,其中,单缴存职工最高额度45万元,双缴存职工最高额度55万元。

2019年,发放个人住房贷款2.66万笔、120.22亿元,同比分别增长62.20%、66.76%。其中,市中心发放个人住房贷款2.11万笔、95.20亿元,省直分中心发放个人住房贷款0.55万笔、25.02亿元。

2019年,回收个人住房贷款53.33亿元。其中,市中心40.50亿元,省直分中心12.83亿元。

2019年末,累计发放个人住房贷款30.00万笔、855.44亿元,贷款余额492.19亿元,分别比上年末增加9.73%、16.35%、15.73%。个人住房贷款余额占缴存余额的100.87%,比上年末增加0.41个百分点。

受委托办理住房公积金个人住房贷款业务的银行16家,比上年增加1家。

2. 住房公积金支持保障性住房建设项目贷款: 无。

(四)购买国债:2019年未购买国债,国债余额0亿元。

(五)融资:2019年,融资0亿元,归还3.16亿元。2019年末,融资总额172.98亿元,融资余额26.84亿元。其中,市中心融资总额153.53亿元,融资余额26.84亿元;省直分中心融资总额19.45亿元,融资余额0亿元。

(六)资金存储:2019年末,住房公积金存款27.01亿元。其中,活期0.23亿元,1年(含)以下定期12.55亿元,1年以上定期0亿元,其他(协定存款)14.23亿元。

(七)资金运用率:2019年末,住房公积金个人住房贷款余额、项目贷款余额和购买国债余额的总和占缴存余额的100.87%,比上年末增加0.41个百分点。

三、主要财务数据

(一)业务收入:2019年,业务收入146979.13万元,同比增长14.30%。其中,市中心111632.93万元,省直分中心35346.20万元;存款利息7476.25万元,委托贷款利息139477.55万元,国债利息0万元,其他25.33万元。

(二)业务支出:2019年,业务支出80577.13万元,同比增长12.25%。其中,市中心63357.20万元,省直分中心17219.93万元;支付职工住房公积金利息67720.81万元,归集手续费2495.73万元,委托贷款手续费4431.19万元,其他5929.40万元(其中市中心融资借款的利息支出2266.05万元,担保及资产管理费3437万元,省直分中心担保费225.84万元)。

(三)增值收益:2019年,增值收益66402.01万元,同比增长16.90%。其中,市中心48275.74万元,省直分中心18126.27万元;增值收益率1.46%,比上年增加0.04个百分点。

(四)增值收益分配:2019年,提取贷款风险准备金527.12万元,提取管理费用5027.40万元,提取城市廉租住房(公共租赁住房)建设补充资金60847.49万元。

2019年,上交财政管理费用5027.40万元。上缴财政城市廉租住房(公共租赁住房)建设补充资金52116.17万元。其中,市中心上缴36991.64万元,省直分中心上缴15124.53万元。

2019年末，贷款风险准备金余额130223.85万元。累计提取城市廉租住房（公共租赁住房）建设补充资金331746.38万元。其中，市中心提取239888.51万元，省直分中心提取91857.87万元。

（五）管理费用支出：2019年，管理费用支出5654.52万元，同比增长18.75%。其中，人员经费2639.78万元，公用经费701.00万元，专项经费2313.74万元。

市中心管理费用支出4259.56万元，其中，人员、公用、专项经费分别为2102.45万元、520.73万元、1636.38万元；省直分中心管理费用支出1394.96万元，其中，人员、公用、专项经费分别为537.33万元、180.27万元、677.36万元。

四、资产风险状况

（一）个人住房贷款：2019年末，个人住房贷款逾期额和逾期率均为零。个人贷款风险准备金按贷款余额的1%提取。2019年，提取个人贷款风险准备金527.12万元，未使用个人贷款风险准备金核销呆坏账。2019年末，个人贷款风险准备金余额130223.85万元，占个人住房贷款余额的2.65%，个人住房贷款逾期额与个人贷款风险准备金余额的比率为零。

（二）支持保障性住房建设试点项目贷款：无。

五、社会经济效益

（一）缴存业务：2019年，实缴单位数、实缴职工人数和缴存额同比分别增长15.46%、7.78%和14.68%。

缴存单位中，国家机关和事业单位占21.88%，国有企业占12.09%，城镇集体企业占0.61%，外商投资企业占2.49%，城镇私营企业及其他城镇企业占59.96%，民办非企业单位和社会团体占2.89%，其他占0.08%。

缴存职工中，国家机关和事业单位占21.27%，国有企业占24.35%，城镇集体企业占0.29%，外商投资企业占4.95%，城镇私营企业及其他城镇企业占47.31%，民办非企业单位和社会团体占1.80%，其他占0.03%；中、低收入占96.92%，高收入占3.08%。

新开户职工中，国家机关和事业单位占9.87%，国有企业占12.82%，城镇集体企业占0.29%，外商投资企业占5.15%，城镇私营企业及其他城镇企业占69.55%，民办非企业单位和社会团体占1.99%，其他占0.33%；中、低收入占99.13%，高收入占0.87%。

（二）提取业务：2019年，46.50万名缴存职工提取住房公积金146.54亿元。

提取金额中，住房消费提取占85.61%（购买、建造、翻建、大修自住住房占23.30%，偿还购房贷款本息占58.95%，租赁住房占3.36%）；非住房消费提取占14.39%（离休和退休提取占10.73%，完全丧失劳动能力并与单位终止劳动关系提取占0.73%，出境定居占1.19%，其他占1.74%）。

提取职工中，中、低收入占96.30%，高收入占3.70%。

（三）贷款业务：

1. 个人住房贷款：2019年，支持职工购建房273.90万平方米，年末个人住房贷款市场占有率（含公转商贴息贷款）为10.54%，比上年末增加0.46个百分点。通过申请住房公积金个人住房贷款，可节约职工购房利息支出244802.66万元。

职工贷款笔数中，购房建筑面积90（含）平方米以下占29.42%，90～144（含）平方米占66.28%，144平方米以上占4.30%。购买新房占65.85%，购买二手房占34.15%。

职工贷款笔数中，单缴存职工申请贷款占42.16%，双缴存职工申请贷款占57.84%。

贷款职工中，30岁（含）以下占48.27%，30岁～40岁（含）占35.14%，40岁～50岁（含）占13.03%，50岁以上占3.56%；首次申请贷款占87.57%，二次及以上申请贷款占12.43%；中、低收入占97.40%，高收入占2.60%。

2. 异地贷款：2019年，发放异地贷款90笔、3978.50万元（铁路行业）。2019年末，发放异地贷款总额343546.34万元，异地贷款余额168129.41万元。

3. 公转商贴息贷款：无。

4. 支持保障性住房建设试点项目贷款：无。

（四）**住房贡献率**：2019年，个人住房贷款发放额、公转商贴息贷款发放额、项目贷款发放额、住房消费提取额的总和与当年缴存额的比率为116.38%，比上年增加16.22个百分点。

六、其他重要事项

（一）当年住房公积金政策调整及执行情况。

（1）2019年继续贯彻执行规范和阶段性降低缴存比例政策，住房公积金缴存比例保持5%～12%。2019年7月1日至2020年6月30日，职工住房公积金月缴存基数上限为21268元，下限按现行的合肥市市区最低工资标准1550元/月执行。缴存单位在7、8两个月调整缴存基数。

（2）住宅加装电梯可提取公积金。既有自住住宅加装电梯的职工，在本市无未结清个人住房公积金贷款，当年无其他提取事项发生，加装电梯竣工验收使用后可提取本人及配偶账户内的住房公积金。自2019年5月起，有效期3年。

（3）租房提取额度调增。本市无房租住商品住房的，单身职工每年提取住房公积金从8400元调增至12000元，已婚职工夫妻双方每年提取住房公积金支付房租的限额合计从15000元调增至24000元。

（二）当年服务改进情况。

1. 突出公积金住房保障重心。 一是围绕住房保障，推动扩面开源。管理中心通过多种媒介广泛宣传住房公积金政策优势和便民举措，增加覆盖面的广泛性，采用联动式、挖潜式等办法尽可能把更多的非公企业和小微企业纳入缴存范围。二是落实"房住不炒"，充分发挥制度互助性。管理中心紧扣"房子是用来住的，不是用来炒的"定位，全力配合市政府加强房地产市场调控。同时针对部分房地产开发企业限制、拒绝住房公积金贷款的行为，及时督促开发企业纠正销售行为。对推诿、拖延办理的，联合市房产局启动约谈机制，限期整改。三是加大对无房职工的住房保障支持。住房公积金进一步加大对无房职工租赁自住住房的政策支持，落实租购并举住房制度，发布了《关于调增合肥市职工租住商品住房提取住房公积金限额的通知》。

2. 推进服务人性化。 多方位提供"个性服务"。2019年新增住房公积金智能业务分流系统，通过电话预约、微信公众号网上预约，缴存单位和房地产开发企业也可提供重点项目专场预约服务。同时，在各营业网点设立自助服务区等便民智慧行动等项目，增设自助查询机、自助打印机等，提升了政务服务智慧化水平。

3. 坚持以制度促管理。 一是狠抓制度建设，促进规范管理。管理中心根据新形势发展需要及审计、巡察整改要求，先后对《关于进一步加强住房公积金提取管理工作的通知》《住房公积金催缴通知书》等13

项重大事项开展合法性审查,从法律角度防范业务风险。修订完善各项内部管理制度,确保中心各项工作的有序开展。二是强化住房公积金的资金集中管理。以 G 系统为依托,对所有贷款核算主体进行变更,由银行核算模式变更为中心核算模式。实现以管理中心本部为主体的"统一决策、统一管理、统一制度、统一核算"的目标,推进"独立核算、实时记账、管营分离"的快速实现。

4. 抓好党建促发展。 管理中心始终把学习宣传贯彻党的十九大、十九届二中、三中、四中全会精神和习近平新时代中国特色社会主义思想,贯穿于全年住房公积金工作之中,扎实开展"不忘初心、牢记使命"主题教育活动,使党员领导干部和每一位普通党员都能准确把握党的路线方针政策,将思想统一到中央的决策部署上,努力营造奋发向上、实干担当的工作氛围。

(三)当年信息化建设情况。

(1) 高度重视网络安全建设工作,强调日常维护、安全防范和定期自查工作。一是做好门户网站与数据安全的检查工作。按期对中心网站、重要信息系统开展安全检查。在重要系统建设中,广泛使用国产信息技术设备,确保信息系统安全。二是做好住房公积金数据电子化检查工作。根据住房和城乡建设部《关于启用住房公积金电子化检查工具的通知》(建金督函〔2018〕116号)文件要求,完善内部风险防控体系建设,增强风险防控能力。三是做好维保工作。将服务器、核心存储等关键设备进行了原厂维保,从而保证各设备的性能、安全、稳定性都处于最佳状态,确保系统稳定运转。

(2) 积极推进企业"一网通办",优化"互联网+政务"工作。主动与牵头单位对接,经多轮沟通、交流,业务、技术人员密切协作,合肥市住房公积金单位开户事项正式接入企业开办"一网通办"平台,实现了合肥市住房公积金单位开户"秒办"。企业登录"一网通办"平台完成相关注册登记后,即可在同一平台选择申请办理住房公积金单位开户,只需选择录入承办银行和确定缴存比例并进行确认后,即立即开通住房公积金的单位开户,实现了企业开办申请"一次提交、信息共享、同步办理、限时办结"的目标。

管理中心依托"互联网+",不断拓宽服务渠道,力求在用户体验和服务细节上更为人性化。充分借助新版本"安徽省政务网合肥市住房公积金分厅"网上服务功能,全面推进住房公积金网上业务办理。目前,住房公积金网上业务大厅包括单位用户和个人用户两部分,分别面向缴存单位和缴存职工提供住房公积金缴存、提取等政务服务事项。

(四)当年住房公积金管理中心及职工所获荣誉情况。 2019 年管理中心获得安徽省第十二届文明单位、合肥市依法行政先进单位,中心领导班子获得市管领导班子综合考核"优秀"等次,机关党委获得市级"好"党组织,机关第一党支部获得市直机关过硬党支部,省直分中心荣获 2017—2019 年省文明单位、2017—2019 年省直文明单位。

芜湖市住房公积金 2019 年年度报告

一、机构概况

(一)住房公积金管理委员会: 住房公积金管理委员会有 29 名委员,2019 年召开 2 次会议,审议通

过的事项主要包括：

（1）关于调整住房公积金使用政策的建议；

（2）关于 2019 年市住房公积金管理中心对外融资计划的汇报；

（3）芜湖市住房公积金管理委员会委员调整情况的报告。

（4）芜湖市住房公积金管理中心 2018 年工作总结及 2019 年工作安排；

（5）芜湖市住房公积金管理中心 2018 年度财务收支及管理情况审计报告（书面）；

（6）芜湖市住房公积金 2018 年年度报告（书面）；

（7）关于修订《芜湖市住房公积金委托业务考核办法》的汇报；

（8）关于 2019 年各县区、经开区住房公积金扩面工作目标任务安排的汇报。

（二）**住房公积金管理中心**：住房公积金管理中心为直属芜湖市人们政府的不以营利为目的的公益一类事业单位事业单位，设 6 个科，4 个管理部，1 个管理处，2 个办事处。从业人员 100 人，其中，在编 46 人，非在编 54 人。

二、业务运行情况

（一）**缴存**：2019 年，新开户单位 754 家，实缴单位 4677 家，净增单位 579 家；新开户职工 7.44 万人，实缴职工 36.90 万人，净增职工－6.24 万人；缴存额 51.97 亿元，同比增长 7.82％。2019 年末，缴存总额 408.68 亿元，比上年末增加 14.57％；缴存余额 135.04 亿元，比上年末增加 11.40％。

受委托办理住房公积金缴存业务的银行 3 家，与上年持平。

（二）**提取**：2019 年，提取额 38.16 亿元，同比增长 5.07％；占当年缴存额的 73.43％，比上年减少 1.93 个百分点。2019 年末，提取总额 273.64 亿元，比上年末增加 16.20％。

（三）**贷款**：

1. 个人住房贷款：个人住房贷款最高额度 50 万元，其中，单缴存职工最高额度 30 万元，双缴存职工最高额度 50 万元。

2019 年，发放个人住房贷款 0.77 万笔、22.07 亿元，同比分别下降 22.22％、21.65％。

2019 年，回收个人住房贷款 18.30 亿元。

2019 年末，累计发放个人住房贷款 12.46 万笔、259.27 亿元，贷款余额 135.35 亿元，分别比上年末增加 6.59％、9.30％、2.87％。个人住房贷款余额占缴存余额的 100.23％，比上年末减少 8.31 个百分点。

受委托办理住房公积金个人住房贷款业务的银行 16 家，与上年持平。

2. 住房公积金支持保障性住房建设项目贷款：2019 年，发放支持保障性住房建设项目贷款 0 亿元，回收项目贷款 1 亿元。2019 年末，累计发放项目贷款 4.5 亿元，项目贷款余额 0 亿元。

（四）**购买国债**：无。

（五）**融资**：2019 年，融资 4 亿元，归还 13.02 亿元。2019 年末，融资总额 74.72 亿元，融资余额 25.17 亿元。

（六）**资金存储**：2019 年末，住房公积金存款 14.14 亿元。其中，协定存款 13.30 亿元、通知存款 0.84 亿元。

（七）资金运用率：2019 年末，住房公积金个人住房贷款余额、项目贷款余额和购买国债余额的总和占缴存余额的 100.23%，比上年末减少 9.13 个百分点。

三、主要财务数据

（一）业务收入：2019 年，业务收入 55083.43 万元，同比下降 5.84%。其中，存款利息 1821.25 万元，委托贷款利息 43145.75 万元，其他 10116.43 万元（其中主要为财政补贴融资利息收入 10000 万元）。

（二）业务支出：2019 年，业务支出 30063.32 万元，同比下降 6.77%。其中，支付职工住房公积金利息 18230.67 万元，归集手续费 16.32 万元，委托贷款手续费 1979.99 万元，其他 9836.34 万元（其中主要为融资利息支出 9835.60 万元）。

（三）增值收益：2019 年，增值收益 25020.11 万元，同比下降 4.70%。其中，增值收益率 1.95%，比上年减少 0.34 个百分点。

（四）增值收益分配：2019 年，提取贷款风险准备金 0 万元，提取管理费用 11608.33 万元，提取城市廉租住房（公共租赁住房）建设补充资金 13411.78 万元。

2019 年，上交财政管理费用 13754.6 万元。上缴财政城市廉租住房（公共租赁住房）建设补充资金 16754.61 万元。

2019 年末，贷款风险准备金余额 45298.93 万元。累计提取城市廉租住房（公共租赁住房）建设补充资金 86001.03 万元。

（五）管理费用支出：2019 年，管理费用支出 11608.33 万元，同比下降 20.64%。其中，人员经费 837.23 万元，公用经费 664.35 万元，专项经费 10106.75 万元。

四、资产风险状况

（一）个人住房贷款：2019 年末，个人住房贷款逾期额 668.76 万元，逾期率 0.49‰。

个人贷款风险准备金按贷款余额的 1% 提取。2019 年，提取个人贷款风险准备金 0 万元，使用个人贷款风险准备金核销呆坏账 0 万元。2019 年末，个人贷款风险准备金余额 43498.93 万元，占个人住房贷款余额的 3.21%，个人住房贷款逾期额与个人贷款风险准备金余额的比率为 1.54%。

（二）支持保障性住房建设试点项目贷款：2019 年末，逾期项目贷款 0 万元，逾期率 0‰。2019 年末，项目贷款已全部提前结清。

项目贷款风险准备金按贷款余额的 4% 提取。2019 年，提取项目贷款风险准备金 0 万元，使用项目贷款风险准备金核销呆坏账 0 万元，项目贷款风险准备金余额 1800 万元。项目贷款逾期额与项目贷款风险准备金余额的比率为 0。

五、社会经济效益

（一）缴存业务：2019 年，实缴单位数、实缴职工人数和缴存额同比分别增长 14.13%、-14.46% 和 7.82%。

缴存单位中，国家机关和事业单位占 30.83%，国有企业占 11.16%，城镇集体企业占 1.03%，外商投资企业占 6.33%，城镇私营企业及其他城镇企业占 42.40%，民办非企业单位和社会团体占 2.91%，其他占 5.34%。

缴存职工中，国家机关和事业单位占 26.97%，国有企业占 23.93%，城镇集体企业占 0.92%，外商投资企业占 12.36%，城镇私营企业及其他城镇企业占 29.91%，民办非企业单位和社会团体占 1.19%，其他占 4.72%；中、低收入占 98.59%，高收入占 1.41%。

新开户职工中，国家机关和事业单位占 17.29%，国有企业占 16.60%，城镇集体企业占 0.48%，外商投资企业占 5.99%，城镇私营企业及其他城镇企业占 46.53%，民办非企业单位和社会团体占 2.22%，其他占 10.89%；中、低收入占 99.64%，高收入占 0.36%。

（二）提取业务：2019 年，12.90 万名缴存职工提取住房公积金 38.16 亿元。

提取金额中，住房消费提取占 81.55%（购买、建造、翻建、大修自住住房占 26.44%，偿还购房贷款本息占 54.29%，租赁住房占 0.65%，其他占 0.17%）；非住房消费提取占 18.45%（离休和退休提取占 10.02%，完全丧失劳动能力并与单位终止劳动关系提取占 6.21%，出境定居占 0.54%，其他占 1.68%）。

提取职工中，中、低收入占 97.89%，高收入占 2.11%。

（三）贷款业务：

1. 个人住房贷款：2019 年，支持职工购建房 85.75 万平方米，年末个人住房贷款市场占有率（含公转商贴息贷款）为 13.33%，比上年末减少 1.09 个百分点。通过申请住房公积金个人住房贷款，可节约职工购房利息支出 44145.87 万元。

职工贷款笔数中，购房建筑面积 90（含）平方米以下占 22.49%，90～144（含）平方米占 70.88%，144 平方米以上占 6.63%。购买新房 59.48%，购买二手房占 40.48%，其他占 0.04%。

职工贷款笔数中，单缴存职工申请贷款占 26.73%，双缴存职工申请贷款占 73.27%。

贷款职工中，30 岁（含）以下占 34.25%，30 岁～40 岁（含）占 39.99%，40 岁～50 岁（含）占 18.87%，50 岁以上占 6.89%；首次申请贷款占 81.36%，二次申请贷款占 18.64%；中、低收入占 97.08%，高收入占 2.92%。

2. 异地贷款：2019 年，发放异地贷款 6 笔、190 万元。2019 年末，发放异地贷款总额 110752.5 万元，异地贷款余额 65847.37 万元。

3. 公转商贴息贷款：2019 年，未发放公转商贴息贷款，当年贴息额 344.23 万元。2019 年末，累计发放公转商贴息贷款 2165 笔、48100 万元，累计贴息 2669.23 万元。

4. 支持保障性住房建设试点项目贷款：2019 年末，累计试点项目 4 个，贷款额度 4.5 亿元，建筑面积 123.06 万平方米，可解决 18751 户中低收入职工家庭的住房问题。4 个试点项目贷款资金已发放并还清贷款本息。

（四）住房贡献率：2019 年，个人住房贷款发放额、公转商贴息贷款发放额、项目贷款发放额、住房消费提取额的总和与当年缴存额的比率为 102.34%，比上年末减少 16.9 个百分点。

六、其他重要事项

（一）当年机构及职能调整情况。经中共芜湖市委机构编制委员会办公室批准（芜编办〔2019〕62 号《关于市住房公积金管理中心有关机构编制事项的批复》），芜湖市住房公积金管理中心增设服务管理科主要职责是：负责住房公积金窗口服务规范化建设和管理；12329住房公积金热线政策指导；市民心声、市长热线、主任信箱以及业务信访的咨询回复；省政务网芜湖分厅网上业务办理；窗口工作人员和银行派驻人员的培训和指导；对窗口服务质量监督和考评；管理和指导县（区）各服务网点文明创建等工作。

（二）当年住房公积金政策调整及执行情况。

1. 当年缴存基数限额及确定方法、缴存比例等缴存政策调整情况

2019年住房公积金缴存基数是按照2018年（2018年1月1日至2018年12月31日）职工月平均工资确定。

缴存基数不得高于市统计部门公布的2018年度芜湖市城镇非私营单位就业人员月平均工资的3倍，即不超过17448元（2018年度芜湖市城镇非私营单位就业人员月平均工资5816元×3倍）；不得低于2018年芜湖市月最低工资标准1380元。缴存比例为5%～12%。

2. 提取政策

（1）停止执行"直系亲属间互提住房公积金"政策。

购买、建造、翻建、大修自住住房及房屋拆迁安置补差价，产权人可以申请提取本人及配偶的住房公积金账户余额，但不能提取直系亲属（含父母、子女，下同）的住房公积金。

（2）调整二手房住房公积金贷款政策。

购买的二手房使用年限在10年（含）以下的，住房公积金贷款（含住房公积金组合贷款，下同）最高额度不超过房屋总价的80%；使用年限在10年以上、20年（含）以下的，住房公积金贷款最高额度不超过房屋总价的60%；使用年限在20年以上、30年（含）以下的，住房公积金贷款最高额度不超过房屋总价的50%；使用年限在30年以上的二手房，不受理其住房公积金贷款申请。二手房已使用年限与可贷款年限，合计不超过30年。

（3）新增"提取住房公积金支付既有住宅增设电梯个人分摊费用"政策。

芜湖市范围内既有住宅增设电梯，工程竣工交付使用后，房屋所有权人可申请提取本人及配偶住房公积金账户存储余额，用于支付应由本户承担的增设电梯建设费用。

（4）停止执行市住房公积金管理中心《关于进一步规范提取住房公积金支付购房首付款业务流程的通知》（房金中心〔2016〕67号）。符合购买自住住房提取条件的，应当在购房合同备案登记或取得不动产权证书后，申请办理购房提取。

（5）调整租赁住房提取住房公积金政策。

住房公积金缴存人（本人及配偶）已连续足额缴存住房公积金3个月，在我市无自有住房且租赁住房的，每年可提取一次住房公积金支付房租，每次可按月最高限额标准提取12个月租金且不超过申请人住房公积金账户余额。每次提取间隔时间不少于12个月。

（6）简化部分提取、贷款业务资料。

取消个人住房公积金贷款收入证明。

取消离职提取住房公积金离职证明。

（三）当年服务改进情况。 进一步规范完善住房公积金基础数据，清理历史睡眠账户，维护缴存职工合法权益。推进大数据共享，18项业务开通网上办理，今年再减少18项证明材料，实现住房公积金业务"网上办""简便办""快速办"。完善服务大厅轮流值班制度，在服务大厅增设母婴室、爱心座椅、"学雷锋"志愿服务台等,优化服务举措,积极打造文明创建示范窗口和省级文明单位。

(四)当年信息化建设情况。

(1)根据《国务院办公厅关于印发"互联网+政务服务"技术体系建设指南的通知》(国办函〔2016〕108号)、《安徽省人民政府关于印发加快推进"互联网+政务服务"工作方案的通知》(皖政〔2017〕25号)等文件精神,推动网上政务服务平台建设,全面实行"一网通办",进一步简化审批流程加强风险防控。目前该项目已于2019年4月20日完成交付。

(2)根据《住房公积金结算应用系统新版接口标准的通知》(建金信函〔2018〕47号)、《关于做好全国住房公积金数据平台接入工作的通知》(建办金函〔2019〕36号)、《住房和城乡建设部办公厅关于做好全国住房公积金数据平台接入工作的通知》(建金函〔2019〕184号)的要求,我中心于2019年4月底按时完成接入全国住房公积金数据平台接入工作。实现新增接口的开发和原有接口的改造以及全国住房公积金数据平台接入工作。

(3)建立与市场监督管理部门企业一网通办平台的对接工作,企业住房公积金开户登记信息直接转入中心住房公积金管理信息系统,完成住房公积金单位账户自动登记,实现不见面线上住房公积金账户设立。

(五)荣誉情况。 2019年12月5日市住房公积金管理中心"公积金惠万家"被市直机关工委授予2019年度"市直机关优秀党建品牌"。

(六)开展住房公积金领域骗提骗贷涉黑涉恶专项治理,推进诚信芜湖建设。 2019年,共查获住房公积金各类骗提骗贷案件70起,涉及资金366.09万元,惩戒失信行为人70人。

蚌埠市住房公积金2019年年度报告

一、机构概况

(一)住房公积金管理委员会: 住房公积金管理委员会有26名委员,2019年召开2次会议,审议通过的事项主要包括:

第四届第二次会议审议通过两项议题:(1)蚌埠市住房公积金2018年年度报告;(2)2018年度住房公积金增值收益分配意见。

第四届第三次会议审议通过两项议题:(1)关于调整2019年度住房公积金缴存基数及限额的意见;(2)关于市公积金中心信息化建设经费的意见。

(二)住房公积金管理中心: 住房公积金管理中心为市政府直属不以营利为目的的公益二类事业单位,设6个科,3个管理部。从业人员68人,其中,在编28人,非在编40人。

二、业务运行情况

(一)缴存: 2019年,新开户单位370家,实缴单位3049家,净增单位195家;新开户职工3.08万人,实缴职工19.52万人,净增职工0.72万人;缴存额28.22亿元,同比增长17.49%。2019年末,缴存总额 232.52 亿元，比上年末增加 13.81%；缴存余额 80.77 亿元，比上年末增加 10.92%。

受委托办理住房公积金缴存业务的银行 3 家，与上年相同。

（二）提取： 2019 年，提取额 20.27 亿元，同比增长 4.59%；占当年缴存额的 71.82%，比上年减少 8.86 个百分点。2019 年末，提取总额 151.75 亿元，比上年末增加 15.42%。

（三）贷款：

1. 个人住房贷款： 个人住房贷款最高额度 40 万元，其中，单缴存职工最高额度 20 万元，双缴存职工最高额度 40 万元。

2019 年，发放个人住房贷款 0.44 万笔、10.54 亿元，同比分别下降 22.81%、17.59%。

2019 年，回收个人住房贷款 10.29 亿元。

2019 年末，累计发放个人住房贷款 6.97 万笔、142.95 亿元，贷款余额 85.32 亿元，分别比上年末增加 6.74%、7.96%、0.29%。个人住房贷款余额占缴存余额的 105.63%，比上年末减少 11.19 个百分点。

受委托办理住房公积金个人住房贷款业务的银行 8 家，与上年相同。

2. 住房公积金支持保障性住房建设项目贷款： 无。

（四）购买国债： 无。

（五）融资： 2019 年，融资 5.00 亿元，归还 10.02 亿元。2019 年末，融资总额 38.45 亿元，融资余额 12.42 亿元。

（六）资金存储： 2019 年末，住房公积金存款 9.43 亿元。其中，活期 0.15 亿元，其他（协定、通知存款等）9.28 亿元。

（七）资金运用率： 2019 年末，住房公积金个人住房贷款余额、项目贷款余额和购买国债余额的总和占缴存余额的 105.63%，比上年末减少 11.19 个百分点。

三、主要财务数据

（一）业务收入： 2019 年，业务收入 29545.24 万元，同比增长 2.88%。其中，存款利息 1708.84 万元，委托贷款利息 27836.40 万元。

（二）业务支出： 2019 年，业务支出 19687.37 万元，同比下降 8.20%。其中，支付职工住房公积金利息 11580.70 万元，委托贷款手续费 1069.55 万元，其他 7037.12 万元。

（三）增值收益： 2019 年，增值收益 9857.87 万元，同比增长 35.55%。增值收益率 1.29%，比上年增加 0.26 个百分点。

（四）增值收益分配： 2019 年，提取管理费用 1408.87 万元，提取城市廉租住房（公共租赁住房）建设补充资金 8449.00 万元。

2019 年，上交财政管理费用 1690.75 万元。上缴财政城市廉租住房（公共租赁住房）建设补充资金 5976.00 万元。

2019 年末，贷款风险准备金余额 27843.10 万元。累计提取城市廉租住房（公共租赁住房）建设补充资金 47054.00 万元。

（五）管理费用支出： 2019 年，管理费用支出 1408.10 万元，同比下降 43.51%。其中，人员经费 863.00 万元，公用经费 545.10 万元。

四、资产风险状况

（一）个人住房贷款：2019年末，个人住房贷款逾期额297.50万元，逾期率0.35‰。

个人贷款风险准备金按贷款余额的1%提取。2019年，提取个人贷款风险准备金0万元，使用个人贷款风险准备金核销呆坏账0万元。2019年末，个人贷款风险准备金余额27843.10万元，占个人住房贷款余额的3.26%，个人住房贷款逾期额与个人贷款风险准备金余额的比率为1.07%。

（二）支持保障性住房建设试点项目贷款：无。

五、社会经济效益

（一）缴存业务：2019年，实缴单位数、实缴职工人数和缴存额同比分别增长6.83%、3.83%和17.49%。

缴存单位中，国家机关和事业单位占46.54%，国有企业占12.23%，城镇集体企业占1.51%，外商投资企业占1.97%，城镇私营企业及其他城镇企业占13.25%，民办非企业单位和社会团体占3.25%，其他占21.25%。

缴存职工中，国家机关和事业单位占44.45%，国有企业占22.51%，城镇集体企业占2.06%，外商投资企业占3.16%，城镇私营企业及其他城镇企业占7.95%，民办非企业单位和社会团体占1.63%，其他占18.24%；中、低收入占98.97%，高收入占1.03%。

新开户职工中，国家机关和事业单位占27.61%，国有企业占17.38%，城镇集体企业占2.04%，外商投资企业占4.99%，城镇私营企业及其他城镇企业占16.28%，民办非企业单位和社会团体占3.87%，其他占27.83%；中、低收入占99.97%，高收入占0.03%。

（二）提取业务：2019年，6.79万名缴存职工提取住房公积金20.27亿元。

提取金额中，住房消费提取占78.34%（购买、建造、翻建、大修自住住房占23.02%，偿还购房贷款本息占51.67%，租赁住房占3.22%，其他占0.43%）；非住房消费提取占21.66%（离休和退休提取占14.63%，完全丧失劳动能力并与单位终止劳动关系提取占1.99%，出境定居占1.97%，其他占3.07%）。

提取职工中，中、低收入占97.95%，高收入占2.05%。

（三）贷款业务：

1. 个人住房贷款：2019年，支持职工购建房50.22万平方米，年末个人住房贷款市场占有率为11.24%，比上年末减少1.94个百分点。通过申请住房公积金个人住房贷款，可节约职工购房利息支出19235.21万元。

职工贷款笔数中，购房建筑面积90（含）平方米以下占12.91%，90～144（含）平方米占82.01%，144平方米以上占5.08%。购买新房占79.51%，购买二手房占20.49%。

职工贷款笔数中，单缴存职工申请贷款占62.47%，双缴存职工申请贷款占37.53%。

贷款职工中，30岁（含）以下占36.09%，30岁～40岁（含）占36.16%，40岁～50岁（含）占21.90%，50岁以上占5.85%；首次申请贷款占84.82%，二次及以上申请贷款占15.18%；中、低收入占98.76%，高收入占1.24%。

2. 异地贷款：2019 年，发放异地贷款 499 笔、7305.30 万元。2019 年末，发放异地贷款总额 62799.70 万元，异地贷款余额 47270.81 万元。

3. 公转商贴息贷款：无。

4. 支持保障性住房建设试点项目贷款：无。

（四）住房贡献率：2019 年，个人住房贷款发放额、公转商贴息贷款发放额、项目贷款发放额、住房消费提取额的总和与当年缴存额的比率为 93.62%，比上年减少 21.33 个百分点。

六、其他重要事项

（一）当年机构及职能调整情况、受委托办理缴存贷款业务金融机构变更情况。原核算科更名为计划财务科；因事业单位体制改革，市公积金中心行政监督职能划至市住建局。

（二）当年住房公积金政策调整及执行情况。

1. 当年缴存基数限额及确定方法、缴存比例等缴存政策调整情况

根据住房和城乡建设部、财政部、中国人民银行《关于住房公积金管理若干问题的指导意见》（建金管〔2005〕5号）和省住房城乡建设厅、省发展和改革委员会、省财政厅、中国人民银行合肥中心支行《转发住房和城乡建设部 发展改革委 财政部 人民银行关于规范和阶段性适当降低住房公积金缴存比例的通知》（建金〔2016〕95号）等相关规定，经蚌埠市第四届住房公积金管理委员会第三次会议通过，对我市住房公积金缴存基数及限额做出如下调整：

依据蚌埠市统计局公布的 2018 年度统计数据，我市城镇非私营单位就业人员年平均工资为 67694 元。按 3 倍测算 2019 年度我市住房公积金月缴存基数上限为 16924 元，月缴存额上限为单位、个人各 2031 元。月缴存基数下限为我市最低工资标准 1380 元，月缴存额下限为单位、个人各 69 元。

我市所有缴存单位都要严格执行缴存限额标准，按照属地管理的原则，任何单位缴存职工年度月平均缴存额不得突破此限额。

2. 当年提取政策调整情况

为贯彻落实党的十九大报告中"坚持房子是用来住的，不是用来炒的"定位及建立租购并举住房制度的精神，支持缴存人合理住房需求，限制投机性购房，防范化解资金风险，规范住房公积金提取，依法维护缴存人权益，根据住房和城乡建设部、财政部、人民银行、公安部《关于开展治理违规提取住房公积金工作的通知》（建金〔2018〕46号）文件精神，对我市部分提取政策进行调整：

（1）重点支持职工在缴存地或户籍地购买首套普通住房和第二套改善型住房提取住房公积金。职工在非工作地购房及偿还住房贷款本息的；职工在非夫妻、父母、子女户籍地，购房及偿还住房贷款本息的，均不得提取住房公积金。

（2）同一人一年内两次以上（含两次）变更婚姻关系购房，或同一套住房，一年内产权变更两次以上（含两次）的，产权人及配偶均不能申请购房提取住房公积金。

（3）对非配偶或非直系亲属共同购房的不得申请提取住房公积金。

（4）缴存职工与单位解除或终止劳动关系的，先办理个人账户封存。账户封存期间，在异地开立住房公积金账户并稳定缴存半年以上的，办理异地转移接续手续。未在异地继续缴存的，封存半年后方可提取。

(5) 实施住房公积金失信行为联合惩戒。缴存人申请提取住房公积金，应当符合规定条件并提交真实、完整、准确的证明材料。对违规提取住房公积金的缴存人，公积金中心将记载其失信记录并随其个人账户一并转移。对已套取资金的，限期退回套取全额资金，暂停其住房公积金提取资格和贷款资格5年。对逾期仍不退回的，列为严重失信行为，并依法依规向相关管理部门报送其失信信息，实施联合惩戒。机关、事业单位及国有企业缴存人违规提取住房公积金的，向其所在单位通报。对涉嫌伪造和使用虚假材料的组织和个人，向公安等部门移交问题线索，协助对其依法惩治。

3. 2019年度，我市住房公积金贷款最高贷款额度、贷款条件等贷款政策未做调整

当年住房公积金存贷款利率执行国家政策规定。

（三）当年服务改进情况。

（1）2019年度，业务服务中心多次参与与市数据资源局的协调会。积极梳理"智慧政务网办"清单，为我市公积金各项业务网上办理打下了坚实的基础。目前，我市公积金网办业务数量及质量在全省都名列前茅。

（2）在业务服务中心建立"司法办理"专用通道，设立专岗负责司法查询、冻结等各类公积金业务，确保为司法机关提供高效服务。

（3）继续完善综合服务平台功能建设，并积极对接安徽省政务服务平台（含皖事通）、微信、支付宝，丰富了职工查询办理的渠道；充分利用蚌埠市云数据中心基本实现与房产、公安、民政和不动产权登记机构信息共享。在"一网通办"的基础上在全省率先实现了"全程网办"。

（四）当年信息化建设情况。积极升级完善业务系统，继续按照公积金基础数据标准完善各项基础数据；完成全国住房公积金数据平台的上链暨与国税的数据共享工作，积极配合住房和城乡建设部完成了全国公积金信息查询和政务服务平台（含皖事通）软硬件建设工作；通过添置硬件、完善制度和管好人员，继续做好等保三级测评整改工作，并通过了等保二次测评；按照住房公积金结算应用系统2.0标准对结算应用系统进行了升级改造，实现了账号的验证和银行联行号的模糊查询，方便了业务的办理，保障资金的划转。

（五）当年住房公积金管理中心及职工所获荣誉情况。2019年，市公积金中心获第十一届省级文明单位、双拥模范单位荣誉称号；业务服务中心获全国巾帼文明岗荣誉称号；中心党支部获蚌埠市直机关单位先进党支部荣誉称号。

（六）当年对违反《住房公积金管理条例》和相关法规行为进行行政处罚和申请人民法院强制执行情况。当年无对违反《住房公积金管理条例》和相关法规行为进行行政处罚和申请人民法院强制执行情况。

（七）当年对住房公积金管理人员违规行为的纠正和处理情况等。当年住房公积金管理人员无违规行为和受处理情况。

淮南市住房公积金2019年年度报告

一、机构概况

（一）**住房公积金管理委员会**：住房公积金管理委员会有29名委员，2019年召开两次会议，审议通过的事项主要包括：(1) 调整管委会成员；(2)《淮南市 2018 年住房公积金归集、使用计划执行情况及 2019 年工作计划的报告》；(3)《淮南市 2018 年度住房公积金财务报告》；(4)《淮南市 2018 年度住房公积金增值收益分配方案》；(5)《淮南市住房公积金 2019 上半年归集、使用和管理情况报告》；(6)《关于调整住房公积金使用政策的报告》。

（二）住房公积金管理中心：住房公积金管理中心为直属淮南市人民政府不以营利为目的的自收自支事业单位，设 9 个科（室），2 个管理部和 1 个县分中心、1 个矿业集团分中心。从业人员 83 人，其中，在编 64 人，非在编 19 人。

二、业务运行情况

（一）缴存：2019 年，新开户单位 154 家，实缴单位 3471 家，净增单位 50 家；新开户职工 2.06 万人，实缴职工 26.32 万人，净减职工 0.24 万人；缴存额 44.47 亿元，同比增长 13.59％。2019 年末，缴存总额 496.57 亿元，比上年末增加 9.84％；缴存余额 150 亿元，比上年末增加 4.28％。

受委托办理住房公积金缴存业务的银行 5 家，比上年增加 0 家。

（二）提取：2019 年，提取额 38.32 亿元，同比增长 1.32％；占当年缴存额的 86.17％，比上年减少 10.43 个百分点。2019 年末，提取总额 346.57 亿元，比上年末增加 12.43％。

（三）贷款：

1. 个人住房贷款：个人住房贷款最高额度 45 万元，其中，单缴存职工最高额度 35 万元，双缴存职工最高额度 45 万元。

2019 年，发放个人住房贷款 0.99 万笔、32.69 亿元，同比分别增长 45.59％、52.26％。其中，市中心发放个人住房贷款 0.59 万笔、19.98 亿元，矿业集团分中心发放个人住房贷款 0.4 万笔、12.71 亿元。

2019 年，回收个人住房贷款 16.25 亿元。其中，市中心 10.41 亿元，矿业集团分中心 5.84 亿元。

2019 年末，累计发放个人住房贷款 10.81 万笔、246.96 亿元，贷款余额 125.63 亿元，分别比上年末增加 10.09％、15.26％、15.06％。个人住房贷款余额占缴存余额的 83.75％，比上年末增加 7.85 个百分点。

受委托办理住房公积金个人住房贷款业务的银行 8 家，比上年增加 0 家。

2. 住房公积金支持保障性住房建设项目贷款：2019 年，发放支持保障性住房建设项目贷款 0 亿元，回收项目贷款 0 亿元。2019 年末，累计发放项目贷款 26.87 亿元，项目贷款余额 0 亿元。

（四）购买国债：无。

（五）融资：无。

（六）资金存储：2019 年末，住房公积金存款 24.76 亿元。其中，活期 1.44 亿元，1 年（含）以下定期 9 亿元，1 年以上定期 11.35 亿元，其他（协定、通知存款等）2.97 亿元。

（七）资金运用率：2019 年末，住房公积金个人住房贷款余额、项目贷款余额和购买国债余额的总和占缴存余额的 83.75％，比上年末增加 7.85 个百分点。

三、主要财务数据

（一）业务收入：2019 年，业务收入 44724.72 万元，同比增长 3.88％。其中，市中心 28093.67 万元,矿业集团分中心 16631.05 万元;存款利息 6949.37 万元,委托贷款利息 37694.18 万元,其他 81.17 万元。

(二)业务支出:2019 年,业务支出 25876.28 万元,同比增长 4%。其中,市中心 15546.54 万元,矿业集团分中心 10329.74 万元;支付职工住房公积金利息 23729.63 万元,归集手续费-134.89 万元,委托贷款手续费 1286.13 万元,其他 995.41 万元。

(三)增值收益:2019 年,增值收益 18848.44 万元,同比增长 3.71%。其中,市中心 12547.13 万元,矿业集团分中心 6301.31 万元;增值收益率 1.28%,比上年增加 0.01 个百分点。

(四)增值收益分配:2019 年,提取贷款风险准备金 0 万元,提取管理费用 1842.68 万元,提取城市廉租住房(公共租赁住房)建设补充资金 17005.76 万元。

2019 年,上交财政管理费用 3857.62 万元。上缴财政城市廉租住房(公共租赁住房)建设补充资金 15897.22 万元。其中,市中心上缴 11662.95 万元,矿业集团分中心上缴市财政 4234.27 万元。

2019 年末,贷款风险准备金余额 66488.95 万元。累计提取城市廉租住房(公共租赁住房)建设补充资金 141361.72 万元。其中,市中心提取 76043.88 万元,矿业集团分中心提取 65317.84 万元。

(五)管理费用支出:2019 年,管理费用支出 1893.44 万元,同比增长 11.38%。其中,人员经费 1329.04 万元,公用经费 38.03 万元,专项经费 526.37 万元。

市中心管理费用支出 1133.06 万元,其中,人员、公用、专项经费分别为 797.86 万元、28.83 万元、306.37 万元;矿业集团分中心管理费用支出 760.38 万元,其中,人员、公用、专项经费分别为 531.18 万元、9.2 万元、220 万元。

四、资产风险状况

(一)个人住房贷款:2019 年末,个人住房贷款逾期额 0 万元,逾期率 0‰。其中,市中心 0‰,矿业集团分中心 0‰。

个人贷款风险准备金按贷款余额的 1% 提取。2019 年,提取个人贷款风险准备金 0 万元,使用个人贷款风险准备金核销呆坏账 0 万元。2019 年末,个人贷款风险准备金余额 56942.15 万元,占个人住房贷款余额的 4.53%,个人住房贷款逾期额与个人贷款风险准备金余额的比率为 0%。

(二)支持保障性住房建设试点项目贷款:2019 年末,项目贷款已全部回收。项目贷款风险准备金按贷款余额的 4% 提取。项目贷款风险准备金余额 9546.8 万元。

五、社会经济效益

(一)缴存业务:2019 年,实缴单位数、实缴职工人数和缴存额同比分别增长 1.46%、同比降低 0.9% 和同比增长 13.59%。

缴存单位中,国家机关和事业单位占 46.07%,国有企业占 16.31%,城镇集体企业占 4.38%,外商投资企业占 1.27%,城镇私营企业及其他城镇企业占 27%,民办非企业单位和社会团体占 2.62%,其他占 2.35%。

缴存职工中,国家机关和事业单位占 28.79%,国有企业占 52.97%,城镇集体企业占 2.51%,外商投资企业占 0.87%,城镇私营企业及其他城镇企业占 9.34%,民办非企业单位和社会团体占 3.38%,其他占 2.14%；中、低收入占 98.55%，高收入占 1.45%。

新开户职工中，国家机关和事业单位占 20.13%，国有企业占 28.64%，城镇集体企业占 1.22%，外商投资企业占 1.17%，城镇私营企业及其他城镇企业占 22.23%，民办非企业单位和社会团体占 5.12%，其他占 21.49%；中、低收入占 99.73%，高收入占 0.27%。

（二）提取业务： 2019 年，9 万名缴存职工提取住房公积金 38.32 亿元。

提取金额中，住房消费提取占 71.28%（购买、建造、翻建、大修自住住房占 39.94%，偿还购房贷款本息占 30.62%，租赁住房占 0.6%，其他占 0.12%）；非住房消费提取占 28.72%（离休和退休提取占 23.93%，完全丧失劳动能力并与单位终止劳动关系提取占 2.09%，出境定居占 0%，其他占 2.7%）。

提取职工中，中、低收入占 98.7%，高收入占 1.3%。

（三）贷款业务：

1. 个人住房贷款： 2019 年，支持职工购建房 107.96 万平方米，年末个人住房贷款市场占有率（含公转商贴息贷款）为 27.09%，比上年末减少 0.25 个百分点。通过申请住房公积金个人住房贷款，可节约职工购房利息支出 69048.67 万元。

职工贷款笔数中，购房建筑面积 90（含）平方米以下占 20.26%，90～144（含）平方米占 73.41%，144 平方米以上占 6.33%。购买新房占 71.02%（其中购买保障性住房占 0%），购买二手房占 28.98%。

职工贷款笔数中，单缴存职工申请贷款占 69.49%，双缴存职工申请贷款占 30.51%。

贷款职工中，30 岁（含）以下占 25.09%，30 岁～40 岁（含）占 39.38%，40 岁～50 岁（含）占 27.11%，50 岁以上占 8.42%；首次申请贷款占 89.69%，二次及以上申请贷款占 10.31%；中、低收入占 99.86%，高收入占 0.14%。

2. 异地贷款： 2019 年，发放异地贷款 1113 笔、35151.9 万元。2019 年末，发放异地贷款总额 125240.7 万元，异地贷款余额 109904.79 万元。

3. 公转商贴息贷款： 无。

4. 支持保障性住房建设试点项目贷款： 2019 年末，累计试点项目 23 个，贷款额度 27.38 亿元，建筑面积 484.40 万平方米，可解决 46170 户中低收入职工家庭的住房问题。23 个试点项目贷款资金已发放并还清贷款本息。

（四）住房贡献率： 2019 年，个人住房贷款发放额、公转商贴息贷款发放额、项目贷款发放额、住房消费提取额的总和与当年缴存额的比率为 134.95%，比上年增加 12 个百分点。

六、其他重要事项

（一）当年政策调整及执行情况。

（1）从 2019 年 5 月 1 日起，降低公积金贷款楼盘准入条件。由原来的"多层、高层主体结构均封顶"改为"多层楼盘主体结构封顶、高层楼盘主体结构达到 2/3"，即可申请办理楼盘的公积金贷款准入。实行住房公积金贷款额与住房公积金缴存余额挂钩。住房公积金贷款额按"（借款人＋配偶＋共同还款人）住房公积金缴存余额×15 倍"计算。最低可贷 15 万元，最高不超过公积金贷款额上限，即

"夫妻双方正常缴存,最高贷款额 50 万元;单方缴存,最高贷款额 40 万元;低门槛缴存职工,最高贷款额 30 万元"。

(2) 自 2019 年 10 月 1 日起我市住房公积金贷款最高额度由 50 万元下调到 45 万元、暂停期房商业贷款转公积金贷款业务、严格限制住房公积金贷款发放次数。

(3) 按照市统计局公布的 2018 年度在岗职工人均工资标准,确定 2019 年度我市住房公积金缴存基数上限为 19485 元,单位和职工住房公积金缴存额上限各为 2338.2 元/月,从 2019 年 7 月 1 日起执行。

(二)多措并举惠民,优化窗口服务。

(1) 材料大幅"瘦身"、"减证便民"提速。为进一步推进落实住房公积金行业"放管服"改革,按照审批更严,服务更优的总体要求,中心自 10 月 1 日起,在受理住房公积金提取时,不再要求缴存职工提供材料复印件并取消提取表单位盖章。

(2) 进驻市政务服务中心。6 月,按照市政府应驻进驻的统一要求,中心、承办银行和担保公司统一进驻大厅,全面实行公积金"一站式"服务,所有单位业务和个人业务都可选择在市政务服务中心大厅办理。

(3) 取消对公窗口业务,全面推行综合柜员制度。按照"一门引导、一窗受理、一站服务、一次办结"的要求,将公积金缴存、提取、贷款业务等多个业务纳入综合柜员制办理,对人员整合和岗位设置进行了最优化,进一步落实了便民服务举措,加快了窗口办理速度,减少了客户等待时间和窗口闲置。

(三)推进信息化建设,提升服务水平。

(1) 接入全国数据平台,实现了与国家税务部门的数据交换。通过对住房公积金个人贷款及相关信息的数据交换共享,有利于税务部门核实我市缴存职工个税抵扣申报情况,保障缴存职工享受个税抵扣的优惠政策。

(2) 自主核算工作顺利开展。自 2019 年 8 月我市对委托贷款陆续实行自主核算以来,截至 2019 年 12 月底,已完成徽商银行、通商银行、浦发银行、交通银行、农业银行、中国银行 6 家银行的贷款自主核算工作,累计切换了 2 万余户、50 余亿元的公积金贷款数据,并完成自主放贷 324 笔、1.04 亿元。预计 2020 年 3 月末,市中心将对所有委托贷款实行自主发放、自主回收、自主核算。

(3) 全面落实"一网、一门、一户"的改革工作,着力提升住房公积金信息化管理与服务,高质量对接安徽政务服务网,多项业务实现通过微信、支付宝、皖事通 APP 和网上业务大厅等互联网平台直接办理。积极推进网上申报,并实现市中心网上缴存业务全覆盖。持续加强门户网站和政务媒体微信微博建设管理工作,"淮南住房公积金"微信公众号推送消息全年累计阅读量创新高,在淮南政务"双微"排行榜中多期名列前茅。

(四)单位和职工当年获得荣誉情况。市中心在 2019 年,获"2018 年度目标管理绩效考核先进单位""淮南市第十八届文明单位""2018 年度市级部门决算先进单位""2019 年度市级部门预算编制先进单位"和"全市政府网站暨政务新媒体工作先进单位";获安徽省建设法制协会 2019 年法制宣传工作先进单位;定点扶贫工作被评为"好的"等次、"2018 年度市管领导班子和领导干部综合考核"中,中心领导班子被评为"好"等次、中心党组成员、副主任张文军被评为"优秀"等次。郭运涛获"安徽省建设法制协会优秀通讯员"、岳伟伟获"全市保密工作目标考核先进个人"、张丹丹获"全市政务公开先进个人"、李方金获"全市优秀党建工作指导员"。

马鞍山市住房公积金 2019 年年度报告

一、机构概况

（一）**住房公积金管理委员会**：住房公积金管理委员会有 25 名委员，2019 年召开两次全体会议，审议通过的事项主要包括：审议通过了 2018 年年度报告和 2019 年计划安排；审议通过了《关于调整我市住房公积金贷款政策的通知》；会议对管委会进行了换届；会议听取了 2018 年度县区载体单位住房公积金归集扩面考核情况的通报、关于受托银行归集手续费调整情况、关于住房公积金贷款拟选择风险防控机构的情况汇报。

（二）**住房公积金管理中心**：住房公积金管理中心为直属马鞍山市人民政府不以营利为目的的自收自支事业单位，设 7 个科室，3 个管理部，1 个办事处，1 个分中心。从业人员 62 人，其中，在编 48 人，非在编 14 人。

二、业务运行情况

（一）**缴存**：2019 年，新开户单位 420 家，实缴单位 2960 家，净增单位 247 家；新开户职工 2.19 万人，实缴职工 22.24 万人，净增职工 0.71 万人；当年缴存额 46.22 亿元，同比增长 27.82％。2019 年末，缴存总额 364.98 亿元，比上年末增加 14.50％；缴存余额 108.63 亿元，比上年末增加 13.20％。

受委托办理住房公积金缴存业务的银行 12 家，与上年同比增加 2 家。

（二）**提取**：2019 年，提取额 33.55 亿元，同比增长 13.85％；占当年缴存额的 72.59％，比上年减少 8.91 个百分点。2019 年末，提取总额 256.34 亿元，比上年末增加 15.06％。

（三）**贷款**：

1. 个人住房贷款：个人住房贷款最高额度 50 万元，其中，单缴存职工最高额度 35 万元，双缴存职工最高额度 50 万元。

2019 年，发放个人住房贷款 0.64 万笔、18.04 亿元，同比分别增长 4.92％、9.48％。其中，市中心发放个人住房贷款 0.51 万笔、14.30 亿元，马钢分中心发放个人住房贷款 0.13 万笔、3.74 亿元。

2019 年，回收个人住房贷款 15.59 亿元。其中，市中心 11.93 亿元，马钢分中心 3.66 亿元。

2019 年末，累计发放个人住房贷款 10.10 万笔、194.07 亿元，贷款余额 90.13 亿元，分别比上年末增加 6.65％、10.25％、2.81％。个人住房贷款余额占缴存余额的 82.97％，比上年末减少 8.39 个百分点。

受委托办理住房公积金个人住房贷款业务的银行 12 家，与上年同比没有增加。

2. 住房公积金支持保障性住房建设项目贷款：无。

（四）购买国债：无。

（五）融资：2019年，归还1亿元。2019年末，融资总额9.25亿元，融资余额0亿元。

（六）资金存储：2019年末，住房公积金存款20.91亿元。其中，活期0.40亿元，1年（含）以下定期14.16亿元，1年以上定期2.40亿元，其他（协定、通知存款等）3.95亿元。

（七）资金运用率：2019年末，住房公积金个人住房贷款余额、项目贷款余额和购买国债余额的总和占缴存余额的82.97%，比上年末减少8.39个百分点。

三、主要财务数据

（一）业务收入：2019年，业务收入31422.99万元，同比增长5.22%。其中，市中心22669.30万元，马钢分中心8753.69万元；存款利息2763.79万元，委托贷款利息28656.98万元，其他2.22万元。

（二）业务支出：2019年，业务支出17805.72万元，同比增长29.52%。其中，市中心12641.29万元，马钢分中心5164.43万元；支付职工住房公积金利息15796.94万元，归集手续费用449.58万元，委托贷款手续费867.63万元，其他691.57万元。

（三）增值收益：2019年，增值收益13617.27万元，同比下降15.51%。其中，市中心10028.01万元，马钢分中心3589.26万元；增值收益率1.30%，比上年下降0.46个百分点。

（四）增值收益分配：2019年，提取贷款风险准备金542.71万元，提取管理费用1457.45万元，提取城市廉租房（公共租赁住房）建设补充资金11617.11万元。

2019年，上交财政管理费用1787.35万元。上缴财政城市廉租住房（公共租赁住房）建设补充资金9796.75万元。其中，市中心上缴6706.75万元，马钢分中心上缴3090万元。

2019年末，贷款风险准备金余额27032.52万元。累计提取城市廉租住房（公共租赁住房）建设补充资金82882.58万元。其中，市中心提取51558.21万元，马钢分中心提取31324.37万元。

（五）管理费用支出：2019年，管理费用支出1600.39万元，同比下降22.44%。其中，人员经费904.98万元，公用经费355.78万元，专项经费339.63万元。

市中心管理费用支出1150.14万元，其中，人员、公用、专项经费分别为654.45万元、322.38万元、173.31万元；马钢分中心管理费用支出450.25万元，其中，人员、公用、专项经费分别为250.53万元、33.40万元、166.32万元。

四、资产风险状况

（一）个人住房贷款：2019年末，个人住房贷款逾期额17.59万元，逾期率为0.0195‰。其中，市中心逾期率为0.0195‰。

个人住房贷款风险金按贷款余额的3%提取。2019年，提取个人贷款风险准备金542.71万元。使用个人贷款风险准备金核销呆坏账0万元，2019年末，个人贷款风险准备金余额27032.52万元，占个人贷款余额的3%，个人贷款逾期额与个人贷款风险准备金余额的比率为0.651‰。

（二）支持保障性住房建设试点项目贷款：无。

五、社会经济效益

（一）缴存业务：2019年，实缴单位数、实缴职工人数和缴存额同比分别增长9.10%、3.30%

和27.82%。

缴存单位中，国家机关和事业单位占37.36%，国有企业占12.13%，城镇集体企业占1.05%，外商投资企业占2.74%，城镇私营企业及其他城镇企业占23.55%，民办非企业单位和社会团体占3.95%，其他占19.22%。

缴存职工中，国家机关和事业单位占28.30%，国有企业占36.30%，城镇集体企业占2.41%，外商投资企业占4.54%，城镇私营企业及其他城镇企业占8.03%，民办非企业单位和社会团体占1.09%，其他占19.33%；中、低收入占96.33%，高收入占3.67%。

新开户职工中，国家机关和事业单位占13.11%，国有企业占9.25%，城镇集体企业占1.07%，外商投资企业占6.86%，城镇私营企业及其他城镇企业占38.21%，民办非企业单位和社会团体占4.45%，其他占27.05%；中、低收入占95.84%，高收入占4.16%。

（二）提取业务：2019年，6.93万名缴存职工提取住房公积金33.55亿元。

提取的金额中，住房消费提取占77.98%（购买、建造、翻建、大修自住住房占31.08%，偿还购房贷款本息占46.61%，租赁住房占0.29%）；非住房消费提取占22.02%（离退休提取占14.81%，完全丧失劳动能力并与单位终止劳动关系提取占4.36%，出境定居占1.90%，其他占0.94%）。

提取职工中，中、低收入占90.82%，高收入占9.18%。

（三）贷款业务：

1. 个人住房贷款：2019年，支持职工购建房71.58万平方米，年末个人住房贷款市场占有率（含公转商贴息贷款）为20.31%，比上年末减少1.97个百分点。通过申请住房公积金个人住房贷款，可节约职工购房利息支出48649.44万元。

职工贷款笔数中，购房建筑面积90（含）平方米以下占19.47%，90～144（含）平方米占75.30%，144平方米以上占5.23%；购买新房占54.22%，购买二手房占45.78%。

职工贷款笔数中，单缴存职工申请贷款占26.85%，双缴存职工申请贷款占73.15%。

贷款职工中，30岁（含）以下占30.83%，30岁～40岁（含）占34.44%，40岁～50岁（含）占26.13%，50岁以上占8.60%；首次申请贷款占83.13%，二次及以上申请贷款占16.87%；中、低收入占95.45%，高收入占4.55%。

2. 异地贷款：2019年，发放异地贷款465笔、10813.60万元。2019年末，发放异地贷款总额78578.80万元，异地贷款余额71094.40万元。

3. 公转商贴息贷款：无。

4. 支持保障性住房建设试点项目贷款：无。

（四）住房贡献率：2019年，个人住房贷款发放额、公转商贴息贷款发放额、项目贷款发放额、住房消费提取额的总和与当年缴存额的比率为95.64%，比上年减少12.17个百分点。

六、其他重要事项

（一）当年机构及职能调整情况、受委托办理缴存贷款业务金融机构变更情况。

1. 机构及职能调整情况：2019年，中心机构及职能，与去年相比没有变化。

2. 缴存贷款业务金融机构变更情况：受托承办住房公积金贷款业务的银行为十二家，与去年相比没有变化。

(二)当年住房公积金政策调整及执行情况。

1. 缴存基数限额及确定方法、缴存比例调整情况：

2019年，我市职工住房公积金缴存基数没有调整，和2018年执行标准一样，上限按不超过本市统计部门公布的上年城镇非私营单位在岗人员平均工资3倍的要求确定为19087元，单位和个人月缴存额不得高于我市规定最高缴存封顶额（最高缴存封顶额为缴存基数最高限额乘以我市规定的最高缴存比例），缴存基数下限为我市最低工资标准1350元。个体工商户、自由职业等个人缴存者，最高月缴存额为4582元，最低月缴存额136元。住房公积金缴存比例下限5%，上限12%。

2. 住房公积金存贷款利率调整及执行情况： 中心严格按照中国人民银行、住房和城乡建设部、财务部印发的《关于完善职工住房公积金账户存款利率形成机制的通知》（银发〔2016〕43号）规定，对职工住房公积金账户存款利率，不论是上年结转还是当年归集，统一按一年期定期存款利率1.5%计息。

3. 住房公积金个人住房提取政策调整情况： 为提高我市缴存职工住房保障水平，进一步满足缴存职工刚性及改善性住房需求，我市调整了住房公积金贷款政策，具体如下：一是提高住房公积金贷款最高限额。夫妻双方均缴存住房公积金的，最高贷款额度由45万元提高至50万元；单方缴存住房公积金的，最高贷款额度由30万元提高至35万元。二是统一市县住房公积金贷款最高限额。含山、和县、当涂三县夫妻双方均缴存住房公积金的，最高贷款额度由原来40万提高至50万元；单方缴存住房公积金的，最高贷款额度由28万提高至35万元。三是提高住房公积金贷款保底额度。夫妻双方缴存住房公积金的，贷款保底额度由20万元提高至25万元；单方缴存住房公积金的，贷款保底额度由15万元提高至20万元。四是调整住房公积金贷款额度与月缴存额挂钩标准。在最高贷款限额内，可贷额度不超过借款人住房公积金账户余额的10倍。同时调整贷款额度与职工月缴存额挂钩标准。单方缴存的：月缴存额在600元（含）以下，贷款最高额度25万元；月缴存额在600元以上至1200元（含）以下，贷款最高额度30万元；月缴存额在1200元以上，贷款最高额度35万元。双方缴存的：合计月缴存额在1200元（含）以下，贷款最高额度35万元；合计月缴存额在1200元以上至2500元（含）以下，贷款最高额度45万元；合计月缴存额在2500元以上，贷款最高额度50万元。

(三)当年服务改进情况。

1. 公积金服务更加智慧便民。 一是贷款更省事，实现与市担保中心的档案资源共享，从10月份起，我市公积金贷款职工的贷款资料由2套减为1套，进一步方便缴存职工；二是提取更便捷，自11月份开始，缴存职工购买商品房、二手房提取公积金均可使用"皖事通"APP实现在线提取，职工上传购房资料经后台人员审核后即可到账；三是汇缴更智能，今年全面加速了单位网上汇缴的推进步伐，在市中心及三县管理部多次组织住房公积金网上汇缴业务培训会，目前，我市住房公积金所有缴存单位均可足不出户的办理公积金业务；四是权证管理更科学，职工贷款结清领取权证做到一扇门办结，解决了多年来多门办理的问题；五是营商环境持续优化，在保证住房公积金贷款风险防范的前提下，高层商品房工程形象进度达到总楼层的2/3时，对符合条件的开发企业预售楼盘办理预准入并受理、审批公积金贷款及组合贷款，中心在楼盘封顶后及时放款，缩短放款周期近一个月，加速了企业资金回笼，降低了企业经济负担；六是保证金退款更高效，开发商在阶段性保证资金履行连带责任后，只需到公积金中心打印退款明细，经核对无误盖章后即可退款到账；七是郑蒲港办事处职能更齐全，于今年6月开始独立办理住房公积金各项业务并在10月9日成功发放新区内第一笔公积金贷款30万元，极大地方便了新区职工。

2. 成功创建"全国青年文明号"。市中心本级综合业务大厅荣获"2017—2018年度全国青年文明号"，和县管理部荣获"2018年度全市青年文明号"。近年来，中心始终把创先争优作为凝聚青年、团结青年、带领青年建功立业的有效形式。通过每周例会、服务礼仪培训等方式，努力提高服务质效，忠实践行青年文明号"服务一流、管理一流、文化一流、效益一流"的创建目标，实现日常工作与创建工作、员工成长与岗位建功的全面融合与发展。11月开始，在全市公积金服务窗口统一组织开展服务品牌提升行动，进一步巩固创建成果。

（四）当年信息化建设情况。 2019年，中心信息化建设以稳为主线，继续加大对业务系统优化和完善，同时结合电子化稽查工具，对基础数据进行筛查、完善、优化，对存在问题的数据，排查原因，及时整改。认真贯彻落实中央、省、市"放管服"改革精神，在综合服务平台的架构上，加大与安徽省政务网、"皖事通"手机APP的对接力度，拓展网上业务渠道，进一步简化办理流程，实现"零跑路""不见面"审批，提升办事效率。同时，在实现人行征信数据上报的基础上，申请开通了查询用户，并于人行协调，在中心窗口放置征信自助查询打印终端，极大地方便了贷款职工跑趟次数。

按照部、省文件要求，2019年6月底前满足《全国住房公积金数据平台接入技术方案》。中心积极落实资金，协调沟通有关部门，在限定的时间要求内，较好地完成了数据平台接入工作，数据报送质量也达到了合格标准。

在复制和推广江浙沪营商环境方面，积极与市市场监管局沟通协调，实现了与市市场监管局接口对接，实现"一网办理"，企业在市场局开户即可将企业设立信息推送至中心核心系统，由专人审核受理企业公积金账户的设立。

中心自2018年，经专业测评机构测评，将系统定级备案为三级后，严格按照三级等级保护制度，对网络、系统进行加固，定期开展巡检及应急演练，2019年共开展了2次应急演练，并安排专业人员对系统运行环境进行巡检，确保业务系统和综合服务平台安全稳定运行。

（五）当年住房公积金管理中心及职工所获荣誉情况。本年度，我中心业务大厅获得全国青年文明号，并多次获得市政务服务中心季度红旗窗口称号；和县管理部被评为"2018年度全县金融工作先进单位"并荣获"2018年度马鞍山市青年文明号"称号。

（六）当年对违反《住房公积金管理条例》和相关法规行为进行行政处罚和申请人民法院强制执行情况。无。

（七）当年对住房公积金管理人员违规行为的纠正和处理情况等。无。

（八）其他需要披露的事项。

1. 多角度防范化解资金风险。一是狠抓扩面工作，2019年新增440家单位，2.19万人，住房公积金供给得到持续补充，至2019年年底公积金结余资金超过20亿元，流动性良好；二是加强资金研判和调度，年内采取招标方式对6亿结余资金进行了定期转存，化解风险的同时实现增值保值；三是加强内部稽核，严肃开展"扫黑除恶"专项行动，全年共查处骗提公积金案例60人，金额513.45余万元，截至目前，已追回31笔，共计274.77万元，其余仍在追缴中。

2. 有效维护职工合法权益。为进一步提高住房公积金缴存单位及其职工账户管理工作，切实维护缴存职工合法权益，中心自9月起采取多种灵活有效的举措，并连续六次分别在微信公众号、手机APP、企业管理微信群、马鞍山发布公告《关于清理个人住房公积金长期封存账户的公告》，集中开展清理长期封存账户工作。至 2019 年底，共有 7112 名职工领取长期封存在公积金账户的资金 4949.29 万元。

3. 充分发挥住房公积金信息资源利用效应。 为充分发挥住房公积金的社会效应，提高缴存职工购房能力，中心积极开展公积金组合贷款，2019 年，共有 12 家银行开展组合贷款业务，组合贷款中商贷部分发放 2533 户、75748.3 万元，分别占全市住房公积金贷款的 39.86％、41.98％，对本市的房地产市场起到了一定的推动作用。除了大力推行组合贷款外，中心还拓宽住房公积金的服务领域，作为缴存公积金的优质客户，带动点贷、金闪借、网捷贷等多种形式的商业消费贷款业务的发展。我市目前已经有工行、农行、浦发行开展了此类消费贷款业务，全年共发放贷款 1531 人、6769.47 万元。

淮北市住房公积金 2019 年年度报告

一、机构概况

（一）住房公积金管理委员会： 住房公积金管理委员会有 25 名委员，2019 年召开 2 次会议，审议通过的事项主要包括：

（1）第三届住房公积金管理委员会委员的调整。

（2）2018 年度淮北市住房公积金归集、使用执行情况报告（草案）：

1）淮北市住房公积金管理中心 2018 年度归集、使用执行情况报告（草案1）；

2）淮北市住房公积金管理中心淮北矿业集团分中心 2018 年度归集、使用执行情况报告（草案2）；

3）淮北市住房公积金管理中心皖北煤电集团分中心 2018 年度归集、使用执行情况报告（草案3）。

（3）2018 年度淮北市住房公积金增值收益分配方案（草案）：

1）淮北市住房公积金管理中心 2018 年度公积金增值收益分配方案（草案4）；

2）淮北市住房公积金管理中心淮北矿业集团分中心 2018 年度公积金增值收益分配方案（草案5）；

3）淮北市住房公积金管理中心皖北煤电集团分中心 2018 年度公积金增值收益分配方案（草案6）。

（4）2019 年度淮北市住房公积金归集、使用计划（草案）：

1）淮北市住房公积金管理中心 2019 年度归集、使用计划（草案7）；

2）淮北市住房公积金管理中心淮北矿业集团分中心 2019 年度归集、使用计划（草案8）；

3）淮北市住房公积金管理中心皖北煤电集团分中心 2019 年度归集、使用计划（草案9）。

（5）淮北市住房公积金 2018 年年度报告（草案10）。

（6）关于拟调整住房公积金使用政策的报告。

（二）住房公积金管理中心： 淮北市住房公积金管理中心隶属淮北市人民政府，是不以营利为目的的自收自支的事业单位，设 4 个科，1 个管理部，2 个分中心。从业人员 70 人，其中，在编 47 人，非在编 23 人。

二、业务运行情况

（一）缴存：2019年，新开户单位214家，实缴单位1387家，净增单位150家；新开户职工1.24万人，实缴职工19.36万人，净增职工0.05万人；缴存额33.08亿元，同比增长18.1%。2019年末，缴存总额349.39亿元，比上年末增加10.46%；缴存余额108.56亿元，比上年末增加3.4%。

受委托办理住房公积金缴存业务的银行2家，与上年相比无变化。

（二）提取：2019年，提取额29.51亿元，同比增长5.39%；占当年缴存额的89.21%，比上年减少10.75个百分点。2019年末，提取总额240.83亿元，比上年末增加13.96%。

（三）贷款：

1.个人住房贷款：个人住房贷款最高额度50万元，其中，单缴存职工最高额度40万元，双缴存职工最高额度50万元。

2019年，发放个人住房贷款0.64万笔、21.72亿元，同比分别增长36.17%、45.58%。其中，市中心发放个人住房贷款0.29万笔、10.49亿元；淮北矿业分中心发放个人住房贷款0.28万笔、8.99亿元；皖北煤电分中心发放个人住房贷款0.07万笔、2.24亿元。

2019年，回收个人住房贷款11.35亿元。其中，市中心4.71亿元；淮北矿业分中心5.04亿元；皖北煤电分中心1.6亿元。

2019年末，累计发放个人住房贷款7.4万笔、159.24亿元，贷款余额91.37亿元，分别比上年末增加9.47%、15.79%、12.79%。个人住房贷款余额占缴存余额的84.16%，比上年末增加7个百分点。

受委托办理住房公积金个人住房贷款业务的银行9家，与上年相比无变化。

2.住房公积金支持保障性住房建设项目贷款：无。

（四）购买国债：无。

（五）融资：无。

（六）资金存储：2019年末，住房公积金存款18.29亿元。其中，活期0.15亿元，1年（含）以下定期8.59亿元，1年以上定期8.16亿元，其他（协定、通知存款等）1.39亿元。

（七）资金运用率：2019年末，住房公积金个人住房贷款余额、项目贷款余额和购买国债余额的总和占缴存余额的84.16%，比上年末增加7个百分点。

三、主要财务数据

（一）业务收入：2019年，业务收入32685.38万元，同比增长8.01%。其中，市中心14637.53万元，淮北矿业分中心13215.07万元，皖北煤电分中心4832.78万元；存款利息4684.23万元，委托贷款利息27567.57万元，国债利息0万元，其他433.58万元。

（二）业务支出：2019年，业务支出13875.84万元，同比下降17.97%。其中，市中心7217.3万元，淮北矿业分中心3979.87万元，皖北煤电分中心2678.67万元；支付职工住房公积金利息12640.94万元，归集手续费220.89万元，委托贷款手续费1011.83万元，其他2.18万元。

（三）增值收益：2019年，增值收益18809.54万元，同比增长40.96%。其中，市中心7420.23万元，淮北矿业分中心9235.2万元，皖北煤电分中心2154.11万元；增值收益率1.76%，比上年增加0.49

个百分点。

（四）增值收益分配：2019年，提取贷款风险准备金0万元，提取管理费用2753.98万元，提取城市廉租住房（公共租赁住房）建设补充资金16055.56万元。

2019年，上交财政管理费用2840.79万元。上缴财政城市廉租住房（公共租赁住房）建设补充资金10398.28万元。其中，市中心上缴5234.34万元，淮北矿业分中心上缴4000万元，皖北煤电分中心上缴1163.94万元。

2019年末，贷款风险准备金余额20274.46万元。累计提取城市廉租住房（公共租赁住房）建设补充资金90974.58万元。其中，市中心提取37879.4万元，淮北矿业分中心提取44197.96万元，皖北煤电分中心提取8897.22万元。

（五）管理费用支出：2019年，管理费用支出1780.83万元，同比下降14.69%。其中，人员经费650.49万元，公用经费198.6万元，专项经费931.74万元。

市中心管理费用支出1184.3万元，其中，人员、公用、专项经费分别为401.38万元、34.28万元、748.64万元；淮北矿业分中心管理费用支出317.84万元，其中，人员、公用、专项经费分别为39.54万元、128.42万元、149.88万元；皖北煤电分中心管理费用支出278.69万元，其中，人员、公用、专项经费分别为209.57万元、35.9万元、33.22万元。

四、资产风险状况

（一）个人住房贷款：2019年末，个人住房贷款逾期额250.25万元，逾期率0.27‰。其中，市中心0.05‰，淮北矿业分中心0.36‰，皖北煤电分中心0.93‰。

个人贷款风险准备金按贷款余额的1%提取。2019年，提取个人贷款风险准备金0万元，使用个人贷款风险准备金核销呆坏账0万元。2019年末，个人贷款风险准备金余额20274.46万元，占个人住房贷款余额的2.22%，个人住房贷款逾期额与个人贷款风险准备金余额的比率为1.23%。

（二）支持保障性住房建设试点项目贷款：无。

五、社会经济效益

（一）缴存业务：2019年，实缴单位数、实缴职工人数和缴存额同比分别增长12.13%、0.26%和18.1%。

缴存单位中，国家机关和事业单位占37.34%，国有企业占22.57%，城镇集体企业占3.32%，外商投资企业占1.73%，城镇私营企业及其他城镇企业占25.67%，民办非企业单位和社会团体占3.17%，其他占6.2%。

缴存职工中，国家机关和事业单位占22.75%，国有企业占64.72%，城镇集体企业占1.23%，外商投资企业占2.58%，城镇私营企业及其他城镇企业占6.93%，民办非企业单位和社会团体占0.7%，其他占1.09%；中、低收入占98.55%，高收入占1.45%。

新开户职工中，国家机关和事业单位占11.93%，国有企业占39.76%，城镇集体企业占4.29%，外商投资企业占7.18%，城镇私营企业及其他城镇企业占29.44%，民办非企业单位和社会团体占3.6%，其他占3.8%；中、低收入占99.61%，高收入占0.39%。

(二)提取业务：2019年，8.97万名缴存职工提取住房公积金29.51亿元。

提取金额中，住房消费提取占76.99%（购买、建造、翻建、大修自住住房占41.53%，偿还购房贷款本息占35.35%，租赁住房占0.11%，其他占0%）；非住房消费提取占23.01%（离休和退休提取占16.18%，完全丧失劳动能力并与单位终止劳动关系提取占2.8%，出境定居占0%，其他占4.03%）。

提取职工中，中、低收入占98.69%，高收入占1.31%。

(三)贷款业务：

1.个人住房贷款：2019年，支持职工购建房68.63万平方米，年末个人住房贷款市场占有率（含公转商贴息贷款）为32.87%，比上年末减少2.56个百分点。通过申请住房公积金个人住房贷款，可节约职工购房利息支出56049.7万元。

职工贷款笔数中，购房建筑面积90（含）平方米以下占21.46%，90~144（含）平方米占75.17%，144平方米以上占3.37%。购买新房占68.02%（其中购买保障性住房占0%），购买二手房占31.93%，建造、翻建、大修自住住房占0%，其他占0.05%。

职工贷款笔数中，单缴存职工申请贷款占36.66%，双缴存职工申请贷款占63.34%，三人及以上缴存职工共同申请贷款占0%。

贷款职工中，30岁（含）以下占28.87%，30岁~40岁（含）占40.36%，40岁~50岁（含）占26.32%，50岁以上占4.45%；首次申请贷款占86.82%，二次及以上申请贷款占13.18%；中、低收入占97.25%，高收入2.75%。

2.异地贷款：2019年，发放异地贷款1193笔、41687.9万元。年末，发放异地贷款总额296249.9万元，异地贷款余额140311.43万元。

3.公转商贴息贷款：无。

4.支持保障性住房建设试点项目贷款：无。

(四)住房贡献率：2019年，个人住房贷款发放额、公转商贴息贷款发放额、项目贷款发放额、住房消费提取额的总和与当年缴存额的比率为134.31%，比上年增加11.5个百分点。

六、其他重要事项

(一)政策调整情况。

1.住房公积金缴存政策调整

2019年7月，中心依据省统计部门公布的2018年度淮北市在岗职工年平均工资70263元、《安徽省最低工资规定》（省政府令第272号）和省人力资源和社会保障厅公布的我省调整最低工资标准事项等有关规定测算，我市住房公积金月缴存基数上限不得超过17566元；下限不得低于1737元。单位和个人住房公积金月缴存额上限各为2108元，合计不得超过4216元；下限各为87元，合计不得低于174元，计算方法各为四舍五入到元。

2.住房公积金提取政策调整

2019年12月，出台《关于调整住房公积金使用政策的通知》（淮公委〔2019〕3号），调整提取政策如下：

（1）由现执行允许"患重大疾病提取"，调整为患重大疾病不允许提取。

（2）调整租房提取额度。职工租住公共租赁住房的，按照实际房租支出全额提取；租住商品住房的，由原来的每月 600 元调整为每月 800 元。

（3）离休或退休提取的，个人账户封存后，男性满 60 周岁、女性满 55 周岁，持本人身份证原件即可办理销户提取。

（4）职工购买、建造、翻建、大修自住住房的或偿还自住购房贷款本息提取住房公积金的，按产权所占份额提取本人住房公积账户余额，职工本人提取不足时，允许提取配偶住房公积金账户内存储余额，双方提取总额不超过实际购房款支出或偿还贷款本息之和。（父母为未年满 18 周岁的子女购房，可按份额提取父母住房公积金账户余额）。

3. 住房公积金贷款政策调整

2019 年 12 月，出台《关于调整住房公积金使用政策的通知》（淮公委〔2019〕3 号），调整异地贷款政策，实行住房公积金贷款额度与住房公积金缴存余额挂钩，贷款额度按借款人住房公积金缴存余额的 10 倍计算，同时不得超过淮北市住房公积金贷款上限。

（二）信息化建设情况。

（1）2019 年 5 月初，淮北市住房公积金系统顺利完成全国住房公积金数据平台接入工作，并定时自动向全国住房公积金数据平台传送增量数据。中心以此次住房公积金数据平台接入工作为契机，依托全国住房公积金数据平台，逐步实现多部门信息共享，为开展网上业务提供充实的数据支撑，不断提升中心服务水平和效能。

（2）2019 年 7 月 9 日，经住房和城乡建设部、省住房城乡建设厅联合专家组严格核验，我市住房公积金综合服务平台顺利通过验收并获得"优秀"等次。中心在进一步简化业务办理流程的基础上，不断优化服务效能，实现了常规业务的网上办理，真正实现了"数据多跑路，群众少跑路。"

（3）2019 年 10 月 15 日，市中心将住房公积金贷款由原来的委托银行管理模式转换为中心自主核算模式。工、农、中、建、交等 9 家公积金受托银行共 1.9 万名贷款用户的数据全部迁移到中心公积金信息系统，标志着我市住房公积金贷款进入自主核算的新时代，信息数据系统建设迈上新台阶。

（4）2019 年 8 月和 12 月，淮矿和皖北分中心分别启动了核心业务系统升级项目，对应用系统服务需求持续优化，进一步提高了公积金系统的数据处理能力和服务水平。分中心通过对管理系统的升级，提高了公积金业务处理效率，提升了管理系统的稳定性，增强了系统外联的兼容性与安全性，为后续综合服务平台等功能拓展平台的接入打下坚实基础。

（三）"放管服"工作推进情况。

1. 开通网上公积金提取、归集业务系统

2019 年 4 月起，市住房公积金管理中心在安徽政务服务网淮北分厅陆续开通网上公积金提取、归集业务系统，给广大缴存职工和缴存单位提供更加高效便捷的线上服务。

2. 增设自助服务终端

市中心、濉溪县管理部和政务服务中心的大厅均设置了公积金自助查询服务终端。缴存职工可通过自助服务终端查询、打印相关信息和凭证。

3. 拓展公积金业务便民服务点

为更好地满足缴存单位和缴存职工办理公积金业务的需要，2019 年 9 月市住房公积金中心和建行淮北分行本着"共建共管"原则，分别在杜集区、烈山区设立公积金便民服务点，此举延展了公积金服务大厅的职能，扩大了公积金服务的半径，弥补了杜集区、烈山区服务网点的空白，达到了"就近办理、方便群众"的目的，真正实现了"让群众少跑路、让企业更方便"。便民服务点运行以来，已受理近千件咨询和查询业务、提取业务20余笔金额300多万元，受到周边群众的肯定和支持。

（四）**2019年住房公积金管理中心及职工所获荣誉情况**。

（1）淮北市住房公积金管理中心孟磊同志获得全省住房城乡建设系统岗位学雷锋标兵称号。

（2）淮北市住房公积金管理中心付昌彪同志获得淮北市优秀退役军人称号。

（五）**其他需要披露的情况**。2019年9月26日，我市与该区域内的徐州、宿迁、宿州、菏泽、济宁、临沂、连云港、枣庄、商丘共10个城市共同签署了《淮海经济区住房公积金事业一体化发展合作备忘录》和《淮海经济区住房公积金业务异地协查工作协议》，此举标志着淮海经济区住房公积金事业的发展进入了新阶段。

合作将充分聚焦区域内10城住房公积金一体化发展，大力推进"3+N"发展模式，即实现信息共享、异地互贷、优势互补、协同发展的目标，共同推进区域内住房公积金缴存信息互享互认、住房公积金贷款异地互认互贷、住房公积金提取联查联防、住房公积金征信信息互通互用、住房公积金数据共享等业务协同。我市住房公积金将与区域内其他9个城市进一步强化合作交流，更好地发挥住房公积金制度惠民优势，更好地为淮海经济区各市做大人才集聚、做强经济引力、做稳房地产发展，努力为打造"淮海十城，惠民同行"服务品牌、共建"淮海大家庭"做出积极贡献。

铜陵市住房公积金2019年年度报告

一、机构概况

（一）**住房公积金管理委员会**：住房公积金管理委员会有21名委员，2019年召开2次会议，审议通过的事项主要包括：听取并审议《关于铜陵市2018年住房公积金归集使用计划执行情况和2019年住房公积金归集使用计划（草案）的报告》《铜陵市2018年住房公积金增值收益分配方案》《铜陵市住房公积金2018年年度报告》《关于2019年住房公积金提取、贷款计划的调整建议》《关于启动我市住房公积金封存账户清理工作的建议》《关于调整我市公积金贷款政策的建议》等。

（二）**住房公积金管理中心**：铜陵市住房公积金管理中心为直属铜陵市人民政府不以营利为目的的公益一类事业单位。下设6个科室，2个管理部。从业人员39人，其中，在编27人，非在编12人。

二、业务运行情况

（一）**缴存**：2019年，新开户单位210家，实缴单位2820家，净增加单位147家；新开户职工0.9万人，实缴职工14.87万人，净增加职工0.42万人；缴存额22.14亿元，同比增长9.41%。2019年末，缴存总额192.61亿元，比上年末增加12.99%；缴存余额58.02亿元，比上年末增加7.84%。

受委托办理住房公积金缴存业务的银行 5 家。

（二）**提取**：2019 年，提取额 17.93 亿元，同比下降 4.57%；占当年缴存额的 80.98%，比上年减少 11.81 个百分点。2019 年末，提取总额 134.60 亿元，比上年末增加 15.37%。

（三）**贷款**：

个人住房贷款最高额度 40 万元，其中，单缴存职工最高额度 30 万元，双缴存职工最高额度 40 万元。

2019 年，发放个人住房贷款 0.42 万笔，同比下降 2.33%、发放个人住房贷款 11.90 亿元，同比增长 0.43%。

2019 年，回收个人住房贷款 6.69 亿元。

2019 年末，累计发放个人住房贷款 4.46 万笔、95.54 亿元，贷款余额 54.93 亿元，分别比上年末增加 10.40%、14.23%、10.48%。个人住房贷款余额占缴存余额的 94.67%，比上年末增加 2.25 个百分点。

受委托办理住房公积金个人住房贷款业务的银行 5 家。

（四）**资金存储**：2019 年末，住房公积金存款 5.88 亿元。均为协定存款。

（五）**资金运用率**：2019 年末，住房公积金个人住房贷款余额、项目贷款余额和购买国债余额的总和占缴存余额的 94.67%，比上年末增加 2.25 个百分点。

三、主要财务数据

（一）**业务收入**：2019 年，业务收入 18724.53 万元，同比增长 10.17%。存款利息 1294.42 万元，委托贷款利息 17430.09 万元，其他 0.02 万元。

（二）**业务支出**：2019 年，业务支出 9682.59 万元，同比增长 2.28%。支付职工住房公积金利息 8118.99 万元，归集手续费 317.01 万元，委托贷款手续费 142.78 万元，其他 1103.81 万元。

（三）**增值收益**：2019 年，增值收益 9041.95 万元，同比增长 20.1%。增值收益率 1.63%，比上年增加 0.2 个百分点。

（四）**增值收益分配**：2019 年，提取管理费用 826.25 万元，提取城市廉租住房（公共租赁住房）建设补充资金 8215.70 万元。

2019 年，上交财政管理费用 798.87 万元。上缴财政城市廉租住房（公共租赁住房）建设补充资金 6729.59 万元。

2019 年末，贷款风险准备金余额 16387.78 万元。累计提取城市廉租住房（公共租赁住房）建设补充资金 41608.1 万元。

（五）**管理费用支出**：2019 年，管理费用支出 834.5 万元，同比下降 15.27%。其中，人员经费 605.5 万元，公用经费 129.61 万元，专项经费 99.39 万元。

四、资产风险状况

个人住房贷款：2019 年末，个人住房贷款逾期额 17.51 万元，逾期率 0.03‰。

个人贷款风险准备金按贷款余额的 1% 提取，2019 年，未提取个人贷款风险准备金，未使用个人贷款风险准备金核销呆坏账。2019 年末，个人贷款风险准备金余额 16387.78 万元，占个人住房贷款余额的

2.98%，个人住房贷款逾期额与个人贷款风险准备金余额的比率为0.11%。

五、社会经济效益

（一）缴存业务：2019年，实缴单位数、实缴职工人数和缴存额同比分别增长5.5%、2.91%和9.41%。

缴存单位中，国家机关和事业单位占40.32%，国有企业占20.85%，城镇集体企业占2.55%，外商投资企业占0.74%，城镇私营企业及其他城镇企业占33.3%，民办非企业单位和社会团体占1.77%，其他占0.47%。

缴存职工中，国家机关和事业单位占40.46%，国有企业占37.21%，城镇集体企业占0.9%，外商投资企业占1.95%，城镇私营企业及其他城镇企业占17.3%，民办非企业单位和社会团体占0.96%，其他占1.22%；中、低收入占98.47%，高收入占1.53%。

新开户职工中，国家机关和事业单位占38.05%，国有企业占14.6%，城镇集体企业占0.12%，外商投资企业占6.29%，城镇私营企业及其他城镇企业占37.36%，民办非企业单位和社会团体占1.34%，其他占2.24%；中、低收入占99.26%，高收入占0.74%。

（二）提取业务：2019年，5.64万名缴存职工提取住房公积金17.93亿元。

提取金额中，住房消费提取占82.62%（购买、建造、翻建、大修自住住房占32.6%，偿还购房贷款本息占48.41%，租赁住房占1.36%，其他占0.34%）；非住房消费提取占17.38%（离休和退休提取占15.1%，完全丧失劳动能力并与单位终止劳动关系提取占0.91%，出境定居占0.16%，其他占1.21%）。

提取职工中，中、低收入占98.3%，高收入占1.7%。

（三）贷款业务：

1.个人住房贷款：2019年，支持职工购建房44.78万平方米，年末个人住房贷款市场占有率为24.15%，比上年末减少3.74个百分点。通过申请住房公积金个人住房贷款，可节约职工购房利息支出19129.51万元。

职工贷款笔数中，购房建筑面积90（含）平方米以下占24.03%，90～144（含）平方米占73.39%，144平方米以上占2.57%。购买新建商品房占72.31%（其中购买保障性住房占0.43%），购买二手房占27.69%。

职工贷款笔数中，单缴存职工申请贷款占31.47%，双缴存职工申请贷款占68.53%。

贷款职工中，30岁（含）以下占30.84%，30岁～40岁（含）占28.67%，40岁～50岁（含）占28.22%，50岁以上占12.27%；首次申请贷款占75.78%，二次及以上申请贷款占24.22%；中、低收入占98.7%，高收入占1.3%。

2.异地贷款：2019年，发放异地（来铜购房）贷款404笔、11729.7万元。2019年末，发放异地贷款总额33418.1万元，异地贷款余额28662.79万元。

3.公转商贴息贷款：2019年，未新发放公转商贴息贷款，当年贴息额503.79万元。2019年末，累计发放公转商贴息贷款4575笔、108126.56万元，累计贴息4405.12万元。

（四）住房贡献率：2019年，个人住房贷款发放额、公转商贴息贷款发放额、项目贷款发放额、住房消费提取额的总和与当年缴存额的比率为120.64%，比上年减少14.98个百分点。

六、其他重要事项

（一）当年机构及职能调整情况、受委托办理缴存贷款业务金融机构变更情况。根据《中共铜陵市委办公室铜陵市人民政府办公室关于调整铜陵市住房公积金管理中心机构编制事项的通知》（办〔2019〕78号）文件精神，我中心不再承担"住房公积金监督管理和对违反《住房公积金管理条例》的单位实施行政处罚。"的职能。市住房公积金管理委员会三届二次会议明确市住房和城乡建设局承担市住房公积金管理委员会办公室职责，承担对违反《住房公积金管理条例》单位的行政监督管理和处罚职能。

（二）当年住房公积金政策调整及执行情况。包括当年缴存基数限额及确定方法、缴存比例等缴存政策调整情况；当年提取政策调整情况；当年个人住房贷款最高贷款额度、贷款条件等贷款政策调整情况；当年住房公积金存贷款利率执行标准等。

依据住房公积金管理相关规定，职工个人和单位为职工缴存的住房公积金月缴存额，分别为职工本人上一年度月平均工资乘以职工个人和单位的住房公积金缴存比例。缴存住房公积金的月缴存基数上限，不应超过统计部门公布的上一年度职工月平均工资的3倍。我市统计部门公布的2018年城镇非私营单位在岗职工年平均工资为74690元，据此2019年度我市住房公积金缴存基数上限为18672元，按照2018年本市最低工资标准确定本市2019年度住房公积金最低月缴存工资基数为1550元。

（三）当年服务改进情况。一是全面推行"一事一窗"改革。政务中心公积金窗口均实现了"一窗受理、一次办结"的目标，涉及住房公积金管理与服务的30个事项均集中进驻窗口，完成"只进一扇门"的要求。二是按照政务服务改革标准化的要求，进一步优化了业务办理流程、完善了服务功能和实体大厅的服务设施，协同推进了线上线下一体化服务。三是按照减政便民的要求，实现了直联支付、跨行支付等功能，开通了与征信、不动产登记等部门的共享渠道，完成了34个审批要件的线上共享数据接口开发，无房户职工可零材料办理提取。四是加强掌上应用、开展自助办理。成功在"皖事通"、"支付宝"APP上线"动账通知"、"购买商品房提取公积金"等13项热门公积金事项，并在政务服务自助终端开通公积金提取、信息查询及打印服务。

（四）当年信息化建设情况。一是完成住房和城乡建设部公积金数据平台项目开发建设，实现了公积金数据及时报送，为个税改革的顺利推进提供了保障；二是启动并实施了综合服务平台建设。完成了项目方案设计、招标投标并签订了合同，大部分功能已开通完成并组织了测试；三是根据电子稽查发现的问题，开展了数据清理与规范工作；四是继续推进"互联网＋政务服务"工作。完成政务服务事项实施清单要素调整，并配合完成电子证照及电子印章的采集和制作，向市大数据中心提供公积金政务数据共享，目前开通"全程网办"事项达20项。

（五）当年住房公积金管理中心及职工所获荣誉情况。2019年，铜陵市住房公积金管理中心荣获全市双招双引小组二类单位第二名、全市政务服务窗口先进集体称号、2018—2019年度共产党员先锋岗、优秀公文制发单位、铜陵市文明单位、1人荣获双招双引先进个人、5人荣获市政务服务窗口先进个人。

（六）当年对违反《住房公积金管理条例》和相关法规行为进行行政处罚和申请人民法院强制执行情况。无此类情况。

（七）当年对住房公积金管理人员违规行为的纠正和处理情况等。无此类情况。

（八）其他需要披露的情况。无其他需披露的情况。

安庆市住房公积金2019年年度报告

一、机构概况

（一）**住房公积金管理委员会**：住房公积金管理委员会有23名委员，2019年召开3次会议，审议通过的事项主要包括：听取并审议《安庆市住房公积金2018年年度报告》《2018年度住房公积金归集使用计划执行情况和2019年度归集使用计划的报告》《2018年度住房公积金增值收益分配方案》《关于条管单位住房公积金缴存基数上限有关问题的报告》《关于分批赎回公转商贴息贷款的建议》《关于购买担保机构服务防范和化解公积金贷款风险的建议》《安庆市住房公积金管理委员会议事规则》《关于拆迁还房增购面积申办公积金贷款有关问题的建议》《关于取消提取住房公积金支付住房物业管理费的建议》等。

（二）**住房公积金管理中心**：住房公积金管理中心为直属市政府领导的不以营利为目的的公益一类事业单位，设7个科（室），5个管理部，2个分中心。从业人员109人，其中，在编69人，非在编40人。

二、业务运行情况

（一）**缴存**：2019年，新开户单位144家，实缴单位3873家，净增单位184家；新开户职工1.41万人，实缴职工20.93万人，净增职工0.18万人；缴存额40.73亿元，同比增长12.36%。2019年末，缴存总额327.02亿元，比上年末增加14.22%；缴存余额112.78亿元，比上年末增加8.58%。

受委托办理住房公积金缴存业务的银行3家，同上年。

（二）**提取**：2019年，提取额31.81亿元，同比增长7.61%；占当年缴存额的78.1%，比上年减少3.44个百分点。2019年末，提取总额214.24亿元，比上年末增加17.44%。

（三）**贷款**：个人住房贷款最高额度45万元，其中，单缴存职工最高额度35万元，双缴存职工最高额度45万元。

2019年，发放个人住房贷款0.67万笔、21.51亿元，同比分别增长－2.9%、2.33%。

2019年，回收个人住房贷款11.25亿元，剔除赎回公转商贴息贷款4.02亿元影响，实际回收贷款15.27亿元。

2019年末，累计发放个人住房贷款10.73万笔、210.83亿元，贷款余额108.66亿元，分别比上年末增加6.66%、11.36%、10.43%。个人住房贷款余额占缴存余额的96.34%，比上年末增加1.61个百分点。

受委托办理住房公积金个人住房贷款业务的银行8家，同上年。

（四）**融资**：2019年，融资0.75亿元，归还0亿元。2019年末，融资总额4.23亿元，融资余额4.23亿元。

（五）**资金存储**：2019 年末，住房公积金存款 8.46 亿元。其中，活期 0.18 亿元，协定存款 8.28 亿元。

（六）**资金运用率**：2019 年末，住房公积金个人住房贷款余额、项目贷款余额和购买国债余额的总和占缴存余额的 96.34%，比上年末增加 1.61 个百分点。

三、主要财务数据

（一）**业务收入**：2019 年，业务收入 39601.36 万元，同比增长 12.32%。其中，存款利息 5333.02 万元，委托贷款利息 34268.34 万元。

（二）**业务支出**：2019 年，业务支出 21492.48 万元，同比下降 0.65%。其中，支付职工住房公积金利息 19437.1 万元，提取委托贷款手续费 1713.42 万元，其他 341.96 万元。

（三）**增值收益**：2019 年，增值收益 18108.88 万元，同比增长 32.92%。增值收益率 1.67%，比上年增加 0.31 个百分点。

（四）**增值收益分配**：2019 年，提取贷款风险准备金 10865.33 万元，提取管理费用 1952.51 万元，提取城市廉租住房（公共租赁住房）建设补充资金 5291.04 万元。

2019 年，上交财政管理费用 1952.51 万元，上缴财政城市廉租住房（公共租赁住房）建设补充资金 3221.16 万元。

2019 年末，贷款风险准备金余额 63010.8 万元。累计提取城市廉租住房（公共租赁住房）建设补充资金 44206.21 万元。

（五）**管理费用支出**：2019 年，管理费用支出 2092.17 万元，同比下降 1.33%。其中，人员经费 1054.59 万元，公用经费 104.95 万元，专项经费 932.63 万元。

四、资产风险状况

个人住房贷款：2019 年末，个人住房贷款逾期额 96.51 万元，逾期率 0.09‰。

个人贷款风险准备金按增值收益的 60% 提取。2019 年，提取个人贷款风险准备金 10865.33 万元，未使用个人贷款风险准备金核销呆坏账。2019 年末，个人贷款风险准备金余额 63010.8 万元，占个人住房贷款余额的 5.8%，个人住房贷款逾期额与个人贷款风险准备金余额的比率为 0.15%。

五、社会经济效益

（一）**缴存业务**：2019 年，实缴单位数、实缴职工人数和缴存额同比分别增长 4.99%、0.87% 和 12.36%。

缴存单位中，国家机关和事业单位占 63.36%，国有企业占 12.42%，城镇集体企业占 1.14%，外商投资企业占 1.27%，城镇私营企业及其他城镇企业占 9.14%，民办非企业单位和社会团体占 2.22%，其他占 10.45%。

缴存职工中，国家机关和事业单位占 55.96%，国有企业占 22.04%，城镇集体企业占 1.18%，外商投资企业占 1.4%，城镇私营企业及其他城镇企业占 5.11%，民办非企业单位和社会团体占 0.87%，其他占 13.44%；中、低收入占 97.92%，高收入占 2.08%。

新开户职工中，国家机关和事业单位占40.29%，国有企业占14.4%，城镇集体企业占0.74%，外商投资企业占2.11%，城镇私营企业及其他城镇企业占15.96%，民办非企业单位和社会团体占3.72%，其他占22.78%；中、低收入占100%，高收入占0%。

（二）提取业务：2019年，7.92万名缴存职工提取住房公积金31.81亿元。

提取金额中，住房消费提取占82.15%（购买、建造、翻建、大修自住住房占32.02%，偿还购房贷款本息占49.39%，租赁住房占0.63%，其他占0.11%）；非住房消费提取占17.85%（离休和退休提取占14.23%，完全丧失劳动能力并与单位终止劳动关系提取占0.4%，出境定居占0.71%，其他占2.51%）。

提取职工中，中、低收入占97.41%，高收入占2.59%。

（三）贷款业务：

1. 个人住房贷款：2019年，支持职工购建房79.47万平方米，年末个人住房贷款市场占有率（含公转商贴息贷款）为19%，比上年末减少1.61个百分点。通过申请住房公积金个人住房贷款，可节约职工购房利息支出34419.33万元。

职工贷款笔数中，购房建筑面积90（含）平方米以下占11.96%，90~144（含）平方米占80.89%，144平方米以上占7.15%。购买新房占68.2%，购买二手房占31.72%，建造、翻建、大修自住住房占0.07%，其他占0.01%。

职工贷款笔数中，单缴存职工申请贷款占20.45%，双缴存职工申请贷款占79.55%。

贷款职工中，30岁（含）以下占26.61%，30岁~40岁（含）占30.26%，40岁~50岁（含）占30.49%，50岁以上占12.64%；首次申请贷款占75.87%，二次及以上申请贷款占24.13%；中、低收入占98.82%，高收入占1.18%。

2. 异地贷款：2019年，未发放异地贷款。2019年末，发放异地贷款总额36031.4万元，异地贷款余额29619.38万元。

3. 公转商贴息贷款：2019年，未发放公转商贴息贷款，当年贴息额341.52万元。2019年末，累计发放公转商贴息贷款1523笔、49888.77万元，累计贴息1074.38万元。

（四）**住房贡献率**：2019年，个人住房贷款发放额、公转商贴息贷款发放额、项目贷款发放额、住房消费提取额的总和与当年缴存额的比率为116.97%，比上年减少4.13个百分点。

六、其他重要事项

（一）当年机构及职能调整情况、受委托办理缴存贷款业务金融机构变更情况。当年未发生机构及职能调整和受托业务金融机构变更情况。无此类情况。

（二）当年住房公积金政策调整及执行情况。依据住房公积金管理相关规定，职工个人和单位为职工缴存的住房公积金月缴存额，分别为职工本人上一年度月平均工资乘以职工个人和单位的住房公积金缴存比例。缴存住房公积金的月缴存基数上限，不应超过统计部门公布的上一年度职工月平均工资的3倍。我市统计部门公布的2018年城镇非私营单位在岗职工年平均工资为68934元，据此2019年度我市住房公积金缴存基数上限为17234元，缴存基数下限不得低于1280元。国家及省驻安庆垂直管理单位按我市缴存基数限额标准执行。

经管委会审议，当年取消了提取住房公积金支付物业管理费业务，除此未出台其他新的提取和贷款政策。

（三）当年服务改进情况。2019年10月，顺利通过了住房和城乡建设部综合服务平台验收，为提升服务效能奠定了坚实基础。取消二手房评估报告、公积金贷款收入证明等31项资料，23项个人服务事项中19项实现全程网办，全程网办率达到82.6%，实现了各政务服务事项办理时限和办理环节省内最优。归集、提取业务当场办结，资金实时直联支付，营业部贷款业务压缩至8天内放款。10月份，在全省率先接入核查信息系统，迅速开通长三角政务服务专窗，开展异地购房提取住房公积金协查工作，个人异地购房办理事项能够快速办理，基本在1个工作日内办结。10月份以来，我市已顺利发起和接受异地公积金信息协助核查业务15笔，促进了区域城市间信息互联互通，也有效防范和打击套取、骗提公积金行为，维护了公积金管理工作秩序。借鉴京沪两地优化营商环境改革举措，12月份我市正式开通住房公积金开户"一网办理"工作，企业注册登记时可直接填报单位及个人住房公积金缴存比例信息，减少办理环节。开展"通缴通取"。通过开展优化流程、开发信息系统、增设复查岗等工作，12月27日，我市正式开通住房公积金归集、提取业务市内"通缴通取"，单位和个人可就近线下办理公积金业务，减少职工往返跑路，让群众享受多元、便捷的线下办事服务。

（四）当年信息化建设情况。接入全国住房公积金数据平台。根据个税改革需要，按照住房和城乡建设部统一部署，结合数据平台接入规范，对市中心信息系统进行全面升级改造，顺利接入全国住房公积金数据平台，每天上传个人公积金信息数据，为税务部门提供数据查询通道，使广大公积金贷款职工依法享受个税抵扣政策，保障职工合法权益。加强网络安全建设。进一步对网络安全进行加固，内外网之间通过两台网闸实现安全隔离与业务数据交互，配备防火墙、防毒墙和WAF对内外网的核心业务数据、应用及外联接入进行安全防护，通过堡垒机和日志审计设备对全网的设备进行安全管理和日志记录，部署360天擎和终端准入设备，实现对内网终端的安全加固，通过两台备份一体机对核心数据实现本地备份和异地容灾备份，并按照三级等级保护2.0标准，对信息系统进行了等保测评。完成贷款自主核算工作。在前期成功试点的基础上，加快推进公积金贷款自主核算工作，2019年8月底，我市公积金贷款全部实现了自主办理、发放、计息、回收本息等核算工作，极大提高了贷款管理效率。实现系统自动记账。2019年10月，继续加强系统升级改造，对标准化业务实行系统自动记账，实现了日清月结，进一步提升账务核算效率和服务水平。

（五）当年住房公积金管理中心及职工所获荣誉情况。2019年，安庆市住房公积金政务中心窗口先后荣获全省政务服务系统最佳服务窗口、市政务服务中心优秀窗口称号，1名职工获市三八红旗手称号。

（六）当年对违反《住房公积金管理条例》和相关法规行为进行行政处罚和申请人民法院强制执行情况。无此类情况。

（七）当年对住房公积金管理人员违规行为的纠正和处理情况等。无此类情况。

（八）其他需要披露的情况。无其他需披露的情况。

黄山市住房公积金2019年年度报告

一、机构概况

（一）住房公积金管理委员会：住房公积金管理委员会有27名委员，2019年召开2次会议，审议通

过的事项主要包括：

（1）黄山市 2018 年度住房公积金归集、使用、增值收益及分配计划执行情况；黄山市住房公积金 2018 年年度报告；

（2）黄山市 2019 年住房公积金归集、使用、增值收益计划及增值收益分配方案；

（3）各区县政府和市级园区管委会 2019 年住房公积金扩面工作目标任务；

（4）调整黄山市住房公积金最低缴存基数标准；

（5）调整规范住房公积金使用政策，恢复差别化利率政策，调整恢复异地贷款业务，规范租房提取条件、调整二手房贷款有关操作规定；

（6）增加屯溪农商行和徽州农商行为住房公积金贷款受委托银行。

（二）住房公积金管理中心：黄山市住房公积金管理中心为直属市政府不以营利为目的的自收自支事业单位，设 6 个科室，6 个管理部。从业人员 63 人，其中，在编 44 人，非在编 19 人。

二、业务运行情况

（一）缴存：2019 年，新开户单位 259 家，实缴单位 2810 家，净减少单位 171 家；新开户职工 1 万人，实缴职工 9.3 万人，因对长期不动户清理销户，净减少职工 0.84 万人；缴存额 16.9 亿元，同比增长 14.27％。2019 年末，缴存总额 140.47 亿元，比上年末增加 13.68％；缴存余额 42.94 亿元，比上年末增加 11.91％。

受委托办理住房公积金缴存业务的银行 2 家，与上年持平。

（二）提取：2019 年，提取额 12.32 亿元，同比下降 8.27％；占当年缴存额的 72.9％，比上年减少 17.9 个百分点。2019 年末，提取总额 97.53 亿元，比上年末增加 14.46％。

（三）贷款：

1. 个人住房贷款：首次申请住房公积金贷款的单缴存职工最高额度 35 万元，双缴存职工最高额度 45 万元；第二次申请住房公积金贷款的单缴存职工最高额度 25 万元，双缴存职工最高额度 35 万元。

2019 年，发放个人住房贷款 0.25 万笔、6.98 亿元，同比分别下降 7.41％、5.68％。

2019 年，回收个人住房贷款 5.61 亿元。

2019 年末，累计发放个人住房贷款 3.9 万笔、76.49 亿元，贷款余额 39.19 亿元，分别比上年末增加 6.85％、10.04％、3.62％。个人住房贷款余额占缴存余额的 91.27％，比上年末降低 7.3 个百分点。

受委托办理住房公积金个人住房贷款业务的银行 10 家，比上年增加 2 家。

2. 住房公积金支持保障性住房建设项目贷款：无。

（四）购买国债：2019 年，未购买国债。2019 年末，国债余额 0 亿元。

（五）融资：2019 年，融资 0 亿元，归还 0 亿元。2019 年末，融资总额 2.3 亿元，融资余额 0 亿元。

（六）资金存储：2019 年末，住房公积金存款 6.32 亿元。其中，活期 0.04 亿元，1 年以上定期 0.19 亿元，其他协定存款 6.09 亿元。

（七）资金运用率：2019 年末，住房公积金个人住房贷款余额、项目贷款余额和购买国债余额的总和占缴存余额的 91.27％，比上年末减少 7.3 个百分点。

三、主要财务数据

（一）业务收入：2019年，业务收入14465.26万元，同比增长4.09%；其中，存款利息1953.68万元，委托贷款利息12511.58万元，国债利息0万元，其他0万元。

（二）业务支出：2019年，业务支出5384.12万元，同比增长0.94%；其中，支付职工住房公积金利息4332.17万元，归集手续费0万元，委托贷款手续费1050.01万元，其他支出1.94万元。

（三）增值收益：2019年，增值收益9081.14万元，同比增长6.05%，增值收益率2.23%，比上年下降0.05个百分点。

（四）增值收益分配：2019年，提取贷款风险准备金0万元，提取管理费用1890.91万元，提取城市廉租住房（公共租赁住房）建设补充资金7190.23万元。

2019年，上交财政管理费用1890.91万元。上缴财政城市廉租住房（公共租赁住房）建设补充资金6461.27万元。

2019年末，贷款风险准备金余额9876.24万元。累计提取城市廉租住房（公共租赁住房）建设补充资金33667.57万元。

（五）管理费用支出：2019年，管理费用支出1344.91万元，同比下降33.68%。其中，人员经费595.56万元（含基本工资、津贴补贴、绩效工资、社会保障费、住房公积金等），公用经费50.58万元（含办公、水电、邮电、宣传、培训、物业管理、交通费等），专项经费698.77万元（住房公积金业务管理信息系统和综合服务平台更新改造优化升级费用等）。

四、资产风险状况

（一）个人住房贷款：2019年末，个人住房贷款逾期额42.75万元，逾期率0.11‰。

个人贷款风险准备金按贷款余额的1%提取。2019年，未提取个人贷款风险准备金，未使用个人贷款风险准备金核销呆坏账。2019年末，个人贷款风险准备金余额9876.24万元，占个人住房贷款余额的2.52%，个人住房贷款逾期额与个人贷款风险准备金余额的比率为0.43%。

（二）支持保障性住房建设试点项目贷款：无。

五、社会经济效益

（一）缴存业务：2019年，实缴单位数、实缴职工人数和缴存额同比分别下降5.74%、下降8.27%和增长14.27%。

缴存单位中，国家机关和事业单位占52.06%，国有企业占15.55%，城镇集体企业占1.07%，外商投资企业占0.96%，城镇私营企业及其他城镇企业占23.56%，民办非企业单位和社会团体占2.74%，其他占4.06%。

缴存职工中，国家机关和事业单位占55.13%，国有企业占20.48%，城镇集体企业占1.7%，外商投资企业占1.37%，城镇私营企业及其他城镇企业占15.56%，民办非企业单位和社会团体占3.4%，其他占2.36%；中、低收入占98.57%，高收入占1.43%。

新开户职工中，国家机关和事业单位占36.17%，国有企业占15.91%，城镇集体企业占0.57%，外

商投资企业占 2.42%，城镇私营企业及其他城镇企业占 36.15%，民办非企业单位和社会团体占 5.79%，其他占 2.99%；中、低收入占 99.59%，高收入占 0.41%。

（二）提取业务： 2019 年，2.59 万名缴存职工提取住房公积金 12.32 亿元。

提取金额中，住房消费提取占 83.91%（购买、建造、翻建、大修自住住房占 36.51%，偿还购房贷款本息占 45.53%，租赁住房占 1.87%）；非住房消费提取占 16.09%（离休和退休提取占 13.19%，完全丧失劳动能力并与单位终止劳动关系提取占 1.22%，其他占 1.68%）。

提取职工中，中、低收入占 98.18%，高收入占 1.82%。

（三）贷款业务：

1. 个人住房贷款： 2019 年，支持职工购建房 29.18 万平方米，年末个人住房贷款市场占有率为 14.66%，比上年末下降 1.27 个百分点。通过申请住房公积金个人住房贷款，可节约职工购房利息支出 11192.04 万元。

职工贷款笔数中，购房建筑面积 90（含）平方米以下占 16.25%，90~144（含）平方米占 71.71%，144 平方米以上占 12.04%。购买新房占 70.57%，购买二手房占 29.43%。

职工贷款笔数中，单缴存职工申请贷款占 64.16%，双缴存职工申请贷款占 35.84%。

贷款职工中，30 岁（含）以下占 29.59%，30 岁~40 岁（含）占 30.66%，40 岁~50 岁（含）占 26.12%，50 岁以上占 13.63%；首次申请贷款占 79.06%，二次及以上申请贷款占 20.94%；中、低收入占 98.9%，高收入占 1.1%。

2. 异地贷款： 2019 年，发放异地贷款 5 笔、87 万元。2019 年末，发放异地贷款总额 29337.1 万元，异地贷款余额 20180.84 万元。

3. 公转商贴息贷款： 无。

4. 支持保障性住房建设试点项目贷款： 无。

（四）住房贡献率： 2019 年，个人住房贷款发放额、公转商贴息贷款发放额、项目贷款发放额、住房消费提取额的总和与当年缴存额的比率为 102.49%，比上年下降 21.37 个百分点。

六、其他重要事项

（一）当年机构及职能调整情况、受委托办理缴存贷款业务金融机构变更情况。 当年机构未调整，但住房公积金行政管理职能调整到住房城乡建设管理局；经黄山市住房公积金管委会 2019 年第 1 次会议通过，增加屯溪农商行和徽州农商行为住房公积金贷款受委托银行。

（二）当年住房公积金政策调整及执行情况。

1. 缴存基数限额及确定方法、缴存比例调整情况。 目前我市住房公积金单位和职工个人住房公积金的缴存比例可在 5%~12% 区间内选择确定，已开户单位仍可按原缴存比例执行。同一单位职工的缴存比例应一致。缴存基数为职工本人上一年度（自然年度）月平均工资。计算职工住房公积金缴存基数的工资应根据国家统计局关于工资总额组成的规定执行。其中，行政机关、事业单位职工住房公积金的缴存基数按照黄山市财政局等三部门《关于规范市直行政机关、事业单位住房公积金缴存有关事项的通知》（黄财综〔2018〕343 号）范围计算。2019 年 7 月 1 日起至 2020 年 6 月 30 日我市住房公积金缴存基数最高不得高于市统计部门公布的 2018 年黄山市城镇非私营单位在岗职工月平均工资的 3 倍 18408 元；最低不得低于

2018年黄山市中心城区最低工资标准1280元。

2. 当年提取政策调整情况。 取消异地调动并户口迁出本市提取，缴存职工异地工作调动的，先办理个人账户封存，待其在异地开立住房公积金账户后，再办理异地转移接续手续。职工连续足额缴存住房公积金满3个月，本人及配偶在缴存城市无自有住房且租赁住房的，可提取夫妻双方住房公积金支付房租。

3. 当年个人住房贷款最高贷款额度、贷款条件等贷款政策调整情况。 调整提高我市引进人才的住房公积金贷款额，对2016年以来，我市引进的符合"黄山人才10条"政策的高层次人才和机关事业单位招录的985高校全日制硕士研究生，在黄山市内购买住房首次申请住房公积金贷款并符合住房公积金贷款有关规定的，由市公积金中心根据市人才办提供的人才名单，在计算其个人可贷款额度时由住房公积金缴存余额的3倍调高至6倍。调整恢复异地贷款业务，拥有黄山市户籍的市外职工在就业地缴存住房公积金，在黄山市行政区域内购买普通自住住房，符合黄山市住房公积金个人住房贷款其他条件的，可持就业地住房公积金管理中心出具的缴存证明，向黄山市住房公积金管理中心申请住房公积金个人住房贷款。取消购买二手房申请住房公积金贷款时须提供二手房评估报告的规定，改由申请人签署《二手房住房公积金贷款承诺书》，由市住房公积金管理机构核查认定。

4. 住房公积金存贷款利率执行情况。 根据人民银行有关人民币存贷款利率调整的通知规定，当年归集和上年结转的个人住房公积金存款利率统一按一年期存款基准利率1.5%计息；五年期以下（含五年）、五年期以上个人住房公积金贷款利率分别按2.75%、3.25%执行。

（三）当年服务改进情况。 按照住房和城乡建设部有关要求，建成了集住房公积金官网、网上办事大厅、12329服务热线、12329服务短信、自助查询机、皖事通、支付宝等多服务渠道同源的智慧公积金综合服务平台，并将市住房公积金网上办事大厅入口接入"安徽省政务服务网（黄山分厅）"，所有可办理的服务事项已全部接入。通过线上渠道可办理单位住房公积金归集业务，实现单位缴存业务办理"零跑腿""不见面审批"，线上渠道还可办理个人的住房公积金查询、离退休、离职类销户、购房类等住房公积金提取和住房公积金贷款的提前还款业务，为缴存单位和职工提供更加高效便捷的服务。自上线以来，运行安全平稳高效，得到住房和城乡建设部、省住房城乡建设厅及广大缴存单位和职工的充分认可，于2019年7月以"优秀"等次通过住房和城乡建设部联合检查验收组验收。截至2019年底，综合服务平台注册人数为85363人，其中：微信公众号"黄山公积金"关注人数已达6.76万人，占全市缴存职工人数的61.57%，累计发送12329短信103.46万条。2019年，缴存单位线上办理归集业务累计20034笔，其中汇补缴类资金业务5652笔，通过实时结算资金2.52亿元，占全市年度归集额的14.91%。

按照黄山市住房公积金服务"最多跑一次"改革工作方案，落实开展"减证便民"专项行动。对业务办理的各环节通过"12329"短信推送告知，实现业务办理结果"不见面"送达；按照"八个一律"清理标准，切实推进减材料，取消了所有业务身份证复印件和提取业务全部复印件，取消住房公积金提取申请表单位盖章规定，取消了二手房评估报告，不断提高审批效率；加强与区县政府、政务中心及有关部门的对接协调，推动了休宁县、黟县、祁门县3个区县管理部进驻当地政务中心，"一网、一门、一次"改革逐步向区县延伸。

（四）当年信息化建设情况。 利用"互联网+"，持续完善和优化住房公积金综合业务管理信息系统，实现了基础数据标准化、档案管理电子化、资金划拨实时化；组织开展接口需求开发，于2019年5月初接入了全国住房公积金数据平台，实现了与国家税务部门的数据交换，传送我市住房公积金存量数据

294.17万条,并实现了每日定时传送增量数据,保障了有公积金贷款的缴存职工享受个税抵扣优惠政策;积极融杭接沪,学习复制先进经验做法,接入了长三角"一网通办"专窗系统,与长三角城市住房公积金管理部门建立了跨地区相关信息协查机制,实现了长三角城市间有关信息资源的互通共享,协查内容涵盖住房公积金缴存、提取和贷款等业务信息,及相关的不动产产权信息、房屋交易合同信息、名下有无房产信息等;积极开展全国住房公积金异地转移接续平台建设工作,全年为284位缴存职工办理了直转,节省了缴存职工往返两地的时间和费用;协调对接市市场监管局,将住房公积金开户嵌入了企业登记一网通办系统,推动了企业开办业务一日办结,优化了营商环境。

(五)当年住房公积金管理中心及职工所获荣誉情况。

集体荣誉:全国巾帼文明岗、第四批全省住房城乡建设系统学雷锋活动示范点、2018年度市政府目标管理绩效考核优秀单位、2018年度市直机关效能建设考评优秀单位、2018年度全市综治工作(平安建设)目标管理优秀单位、第十三届黄山市文明单位、2018年度全市拥军优属合格单位、2018年度财政局机关党委先进基层党组织、2019年黄山市政务服务中心第一季度最佳服务窗口。

个人荣誉:汪正如同志荣获2018年度市管领导干部综合考核"优秀"等次,毕越同志荣获2018年度市财政局机关党委优秀共产党员,罗杰同志荣获2018年度中共黄山区直机关优秀共产党员,吴慧敏同志荣获2019年市政务服务第一、二季度及年度"最美服务之星",孙湘英同志荣获市政务服务第三季度"最美服务之星",陈亮同志荣获市政务服务第四季度"最美服务之星"。

(六)当年对违反《住房公积金管理条例》和相关法规行为进行行政处罚和申请人民法院强制执行情况。 为贯彻落实中央、省、市关于扫黑除恶专项斗争工作部署,根据安徽省住房和城乡建设厅关于《严厉打击骗提骗贷住房公积金违法行为专项工作方案》的通知精神,我市制定了骗提骗贷住房公积金行为专项治理工作方案,以非法中介协助缴存职工用虚假手段违规提取住房公积金、骗取住房公积金贷款、收取高额手续费为打击重点,在全市住房公积金领域深入开展涉黑涉恶线索摸排,通过切实加大前台的业务审核力度,特别是对异地购房提取材料真实性进行全方位核验,重点对近两年的异地购房提取开展"回头看"排查,共发现10笔疑似骗提住房公积金情形,未发现骗贷情形。经进一步核实,对其中1起已确认为利用假材料骗提住房公积金的情形移送当地公安机关处置,对其中3笔骗提未遂的申请人进行了警示约谈,并在住房公积金信息系统中作了不良信用记录,对今后的提取和贷款进行一定期限的限制。

(七)当年没有对住房公积金管理人员违规行为的纠正和处理情况。

滁州市住房公积金2019年年度报告

一、机构概况

(一)住房公积金管理委员会:住房公积金管理委员会有25名委员,2019年召开1次会议,审议通过的事项主要包括:滁州市住房公积金2018年归集使用计划执行情况和2019年归集使用计划、滁州市住房公积金2018年预算执行情况和2019年收支预算、滁州市住房公积金2018年度增值收益分配方案、调整2019年度滁州市住房公积金最高缴存额和最低缴存额、修订《滁州市住房公积金提取管理细则》等。

（二）住房公积金管理中心：住房公积金管理中心为直属于市人民政府的不以营利为目的的正处级事业单位，设7个科，5个管理部，1个分中心。从业人员81人，其中，在编52人，非在编29人。

二、业务运行情况

（一）缴存：2019年，新开户单位610家，实缴单位4776家，净增单位396家；新开户职工4.49万人，实缴职工26.26万人，净增职工1.97万人；缴存额34.69亿元，同比增长13.22%。2019年末，缴存总额259.81亿元，比上年末增长15.41%；缴存余额79.74亿元，比上年末增长12.99%。

受委托办理住房公积金缴存业务的银行2家，与上年持平。

（二）提取：2019年，提取额25.52亿元，同比下降4.28%；占当年缴存额的73.57%，比上年下降13.44个百分点。2019年末，提取总额180.06亿元，比上年末增长16.51%。

（三）贷款：

1. 个人住房贷款：个人住房贷款最高额度30万元，其中，单缴存职工最高额度20万元，双缴存职工最高额度30万元。

2019年，发放个人住房贷款0.43万笔、9.65亿元，同比分别下降32.81%、51.60%。

2019年，回收个人住房贷款12.21亿元。

2019年末，累计发放个人住房贷款7.08万笔、154.65亿元，贷款余额87.97亿元，分别比上年末增长6.47%、6.66%、-2.83%。个人住房贷款余额占缴存余额的110.32%，比上年末下降17.96个百分点。

受委托办理住房公积金个人住房贷款业务的银行10家，与上年持平。

2. 住房公积金支持保障性住房建设项目贷款：

截至2019年底，累计发放的项目贷款2.57亿元，已全部还清。

（四）融资：2019年，归还融资6.71亿元。2019年末，融资总额30.99亿元，融资余额14.33亿元。

（五）资金存储：2019年末，住房公积金存款10.03亿元。其中，活期0.05亿元，一年（含）以下定期4.40亿元，其他（协定）5.58亿元。

（六）资金运用率：2019年末，住房公积金个人住房贷款余额、项目贷款余额和购买国债余额的总和占缴存余额的110.32%，比上年末下降17.96个百分点。

三、主要财务数据

（一）业务收入：2019年，业务收入34038.69万元，同比增长0.70%。其中，存款利息864.14万元，委托贷款利息29373.26万元，其他3801.29万元。

（二）业务支出：2019年，业务支出23827.40万元，同比增长38.07%。其中，支付职工住房公积金利息14167.54万元，委托贷款手续费1269.94万元，其他8389.92万元。

（三）增值收益：2019年，增值收益10211.29万元，同比下降38.27%。增值收益率1.33%，比上年下降1.11个百分点。

（四）增值收益分配：2019年，提取贷款风险准备金6126.77万元，提取管理费用3684.52万元，提取城市廉租住房（公共租赁住房）建设补充资金 400 万元。

2019 年，上交财政管理费用 5793 万元。上缴财政城市廉租住房（公共租赁住房）建设补充资金 5100 万元。

2019 年末，贷款风险准备金余额 32445.66 万元。累计提取城市廉租住房（公共租赁住房）建设补充资金 28123 万元。

（五）**管理费用支出**：2019 年，管理费用支出 5634.84 万元，同比增长 26.38%。其中，人员经费 1342.09 万元，公用经费 437.75 万元，专项经费 3855 万元（其中含 3800 万融资贴息）。

四、资产风险状况

（一）**个人住房贷款**：2019 年末，个人住房贷款逾期额 92.73 万元，逾期率 0.105‰。

个人贷款风险准备金按增值收益的 60% 提取。2019 年，提取个人贷款风险准备金 6126.77 万元，当年未使用个人贷款风险准备金核销呆坏账。2019 年末，个人贷款风险准备金余额 31544.48 万元，占个人住房贷款余额的 3.58%，个人住房贷款逾期额与个人贷款风险准备金余额的比率为 0.29%。

（二）**支持保障性住房建设试点项目贷款**：2019 年末，无逾期项目贷款。项目贷款风险准备金余额为 901.18 万元，当年未使用项目贷款风险准备金。

五、社会经济效益

（一）**缴存业务**：2019 年，实缴单位数、实缴职工人数和缴存额同比分别增长 9.04%、8.11% 和 13.22%。

缴存单位中，国家机关和事业单位占 43.91%，国有企业占 11.62%，城镇集体企业占 1.28%，外商投资企业占 2.78%，城镇私营企业及其他城镇企业占 31.78%，民办非企业单位和社会团体占 4.84%，其他占 3.79%。

缴存职工中，国家机关和事业单位占 39.94%，国有企业占 16.45%，城镇集体企业占 0.80%，外商投资企业占 9.96%，城镇私营企业及其他城镇企业占 27.90%，民办非企业单位和社会团体占 2.60%，其他占 2.36%；中、低收入占 98.69%，高收入占 1.31%。

新开户职工中，国家机关和事业单位占 14.07%，国有企业占 8.37%，城镇集体企业占 0.52%，外商投资企业占 18.16%，城镇私营企业及其他城镇企业占 54.01%，民办非企业单位和社会团体占 3.11%，其他占 1.76%；中、低收入占 97.91%，高收入占 2.09%。

（二）**提取业务**：2019 年，8.73 万名缴存职工提取住房公积金 25.52 亿元。

提取金额中，住房消费提取占 85.77%（购买、建造、翻建、大修自住住房占 30.08%，偿还购房贷款本息占 53.86%，租赁住房占 1.81%，其他占 0.02%）；非住房消费提取占 14.23%（离休和退休提取占 11.04%，完全丧失劳动能力并与单位终止劳动关系提取占 1.92%，出境定居占 0.44%，其他占 0.83%）。

提取职工中，中、低收入占 88%，高收入占 12%。

（三）**贷款业务**：

1. 个人住房贷款：2019 年，支持职工购建房 51.34 万平方米，年末个人住房贷款市场占有率为

9.15%，比上年末减少 2.47 个百分点。通过申请住房公积金个人住房贷款，可节约职工购房利息支出 14400 万元。

职工贷款笔数中，购房建筑面积 90（含）平方米以下占 8.58%，90～144（含）平方米占 81.17%，144 平方米以上占 10.25%。购买新房占 87.12%，购买二手房占 12.86%，其他占 0.02%。

职工贷款笔数中，单缴存职工申请贷款占 54.55%，双缴存职工申请贷款占 45.45%。

贷款职工中，30 岁（含）以下占 26.66%，30 岁～40 岁（含）占 30.39%，40 岁～50 岁（含）占 30.46%，50 岁以上占 12.49%；首次申请贷款占 86.33%，二次及以上申请贷款占 13.67%；中、低收入占 99.67%，高收入占 0.33%。

2. 异地贷款：2019 年末，发放异地贷款总额 88178 万元，异地贷款余额 58298.70 万元。

3. 支持保障性住房建设试点项目贷款：2019 年末，累计试点项目 2 个，贷款额度 4.90 亿元，建筑面积 20.44 万平方米，可解决 1664 户中低收入职工家庭的住房问题。2 个试点项目贷款资金已发放并还清贷款本息。

（四）**住房贡献率**：2019 年，个人住房贷款发放额、公转商贴息贷款发放额、住房消费提取额的总和与当年缴存额的比率为 90.92%，比上年下降 48.36 个百分点。

六、其他重要事项

（一）当年机构及职能调整情况。根据《中共滁州市委办公室、滁州市人民政府办公室关于调整滁州市住房公积金管理中心职能配置、内设机构和人员编制的通知》（滁办字〔2019〕59 号）精神，市住房公积金管理中心承担的行政职能划入市直相关部门，同时，增设总会计师；中心归集执法科更名为归集提取科，其主要职责相应调整。

（二）当年住房公积金政策调整及执行情况。根据《滁州市住房公积金缴存管理办法》，调整了 2019 年度单位和职工住房公积金最高和最低月缴存额，分别为 2265 元和 85 元。从 2019 年元月 1 日起执行。

根据《住房公积金提取业务标准》等，修订《滁州市住房公积金提取管理细则》，适度调整了提取范围和提取限额，优化了提取程序，精简了提取办件资料等。

（三）当年服务改进情况。

1. 持续推进"减证便民"。取消《住房公积金提取申请表》、二手房住房公积金贷款估价报告两项证明事项，减少同一套房同类型再次提取的申请资料，同时不再要求缴存人所在单位盖章。

2. 服务措施和功能进一步拓展。创新服务举措，推行开展在滁州市域内全网点受理购房提取和贷款业务，实现业务跨区域就近办，解决了交流轮岗干部、异地工作员工、分居两地夫妻等多种人群使用住房公积金的难题。

3. 进一步深化"互联网＋公积金服务"。推进住房公积金服务"一网、一门、一次"改革。大力推广住房公积金单位汇缴业务及个人提取业务网上自助办理。目前，单位汇缴业务及个人大部分提取业务实现了"全程网办"。

（四）当年信息化建设情况。

（1）完成市中心数据接入全国住房公积金数据平台。

（2）积极推进住房公积金综合服务平台建设，严格按《住房公积金综合服务平台建设导则》要求，将各服务渠道整合规范并统一管理，拓展信息化功能。

（3）完成与公安、民政、房产等部门信息数据共享，提高政务服务事项网办率。

（4）实施住房公积金数据市内异地容灾备份，提高住房公积金数据安全性。

（五）当年住房公积金管理中心及职工所获荣誉情况。 2019年，市住房公积金管理中心业务服务科（窗口）被团中央授予"全国青年文明号"、被省住房城乡建设厅授予"全省住房城乡建设系统学雷锋活动示范点"、被市政府及效能办授予"红旗窗口""社会满意窗口"，市政府领导批示办理工作、市长热线和网上留言办理工作、政务服务改革工作、窗口单位领导坐班情况等多次被市效能办通报表扬。

（六）其他需要披露的情况。

（1）市政府继续将住房公积金建制扩面工作纳入县域经济和社会发展目标管理责任制考核，做到目标明确，任务量化。

（2）积极有序推进住房公积金贷款自主核算工作，已完成8家委托银行住房公积金贷款自主核算。

阜阳市住房公积金2019年年度报告

一、机构概况

（一）住房公积金管理委员会： 住房公积金管理委员会有14名委员，2019年召开2次会议，审议通过的事项主要包括：《阜阳市住房公积金2018年归集使用计划执行情况和2019年归集使用计划》、《阜阳市住房公积金2018年度增值收益分配方案》、《阜阳市住房公积金2018年度决算和2019年度预算》、2018年年度报告和2019年前三季度运营情况。

（二）住房公积金管理中心： 住房公积金管理中心为直属于市政府不以营利为目的的独立核算事业单位，设6个科室，5个管理部。从业人员58人，其中，在编48人，非在编10人。

二、业务运行情况

（一）缴存： 2019年，新开户单位334家，实缴单位4322家，净增单位256家；新开户职工2.7万人，实缴职工27.65万人，净增职工0.41万人；缴存额36.03亿元，同比增长8.46%。2019年末，缴存总额267.18亿元，比上年末增加15.59%；缴存余额115.2亿元，比上年末增加8.09%。

受委托办理住房公积金缴存业务的银行4家，比上年增加0家。

（二）提取： 2019年，提取额27.41亿元，同比增长11.74%；占当年缴存额的76.08%，比上年增加2.24个百分点。2019年末，提取总额151.97亿元，比上年末增加22.01%。

（三）贷款：

1. 个人住房贷款： 个人住房贷款最高额度40万元，其中，单缴存职工最高额度30万元，双缴存职工

最高额度40万元。

2019年,发放个人住房贷款0.65万笔、21.27亿元,同比分别增长16.07%、17.32%。

2019年,回收个人住房贷款14.22亿元。

2019年末,累计发放个人住房贷款7.75万笔、208.34亿元,贷款余额139.11亿元,分别比上年末增加9.15%、11.37%、5.34%。个人住房贷款余额占缴存余额的120.76%,比上年末减少3.15个百分点。

受委托办理住房公积金个人住房贷款业务的银行13家,比上年增加1家。

2. 住房公积金支持保障性住房建设项目贷款:2019年,发放支持保障性住房建设项目贷款0元,回收项目贷款0元。2019年末,累计发放项目贷款0元,项目贷款余额0元。

(四)购买国债:2019年,购买(记账式、凭证式)国债0元,兑付(转让、收回)国债0元。2019年末,国债余额0元,比上年末减少(增加)0元。

(五)融资:2019年,融资1.71亿元,归还2.85亿元。2019年末,融资总额39.75亿元,融资余额23.47亿元。

(六)资金存储:2019年末,住房公积金存款1.07亿元,全部以协定存款形式存储。

(七)资金运用率:2019年末,住房公积金个人住房贷款余额、项目贷款余额和购买国债余额的总和占缴存余额的120.76%,比上年末减少3.15个百分点。

三、主要财务数据

(一)业务收入:2019年,业务收入40268.45万元,同比增长7.01%。其中存款利息2235.9万元,委托贷款利息37602.77万元,其他429.78万元。

(二)业务支出:2019年,业务支出23174.51万元,同比增长4.85%。其中,支付职工住房公积金利息19230.52万元,归集手续费2.55万元,委托贷款手续费1346.58万元,其他2594.86万元。

(三)增值收益:2019年,增值收益17093.93万元,同比增长10.08%。增值收益率1.54%,比上年增加0.03个百分点。

(四)增值收益分配:2019年,提取贷款风险准备金10256.36万元,提取管理费用1750万元,提取城市廉租住房(公共租赁住房)建设补充资金5087.57万元。

2019年,上交财政管理费用1460万元。上缴财政城市廉租住房(公共租赁住房)建设补充资金4751.31万元。

2019年末,贷款风险准备金余额37531.31万元。累计提取城市廉租住房(公共租赁住房)建设补充资金65921.22万元。

(五)管理费用支出:2019年,管理费用支出1129.4万元,同比下降18.49%。其中,人员经费817.22万元,公用经费193.88万元,专项经费118.3万元。

四、资产风险状况

个人住房贷款:2019年末,个人住房贷款逾期额359.37万元,逾期率0.26‰。

个人贷款风险准备金按增值收益的60%提取。2019年,提取个人贷款风险准备金10256.36万元,使用个人贷款风险准备金核销呆坏账0万元。2019年末,个人贷款风险准备金余额37531.31万元,占个人住房贷款余额的2.7%,个人住房贷款逾期额与个人贷款风险准备金余额的比率为0.96%。

五、社会经济效益

(一)缴存业务:2019年,实缴单位数、实缴职工人数和缴存额同比分别增长6.3%、1.51%和8.46%。

缴存单位中,国家机关和事业单位占69.57%,国有企业占9.49%,城镇集体企业占2.15%,外商投资企业占0.44%,城镇私营企业及其他城镇企业占14.9%,民办非企业单位和社会团体占0.35%,其他占3.1%。

缴存职工中,国家机关和事业单位占63.06%,国有企业占17.25%,城镇集体企业占1.31%,外商投资企业占0.55%,城镇私营企业及其他城镇企业占14.68%,民办非企业单位和社会团体占0.31%,其他占2.84%;中、低收入占99.05%,高收入占0.95%。

新开户职工中,国家机关和事业单位占41.71%,国有企业占11.4%,城镇集体企业占2.76%,外商投资企业占1.02%,城镇私营企业及其他城镇企业占34.79%,民办非企业单位和社会团体占0.38%,其他占7.94%;中、低收入占99.83%,高收入占0.17%。

(二)提取业务:2019年,9.98万名缴存职工提取住房公积金27.41亿元。

提取金额中,住房消费提取占78.49%(购买、建造、翻建、大修自住住房占32.35%,偿还购房贷款本息占44.65%,租赁住房占1.2%,其他占0.29%);非住房消费提取占21.51%(离休和退休提取占15.49%,完全丧失劳动能力并与单位终止劳动关系提取占2.8%,出境定居占0%,其他占3.22%)。

提取职工中,中、低收入占98.49%,高收入占1.51%。

(三)贷款业务:

1. 个人住房贷款:2019年,支持职工购建房76.75万平方米,年末个人住房贷款市场占有率为12.37%,比上年末减少2.7个百分点。通过申请住房公积金个人住房贷款,可节约职工购房利息支出47685.96万元。

职工贷款笔数中,购房建筑面积90(含)平方米以下占5.87%,90~144(含)平方米占89.35%,144平方米以上占4.78%。购买新房占88.58%(其中购买保障性住房占0%),购买二手房占11.42%,建造、翻建、大修自住住房占0%,其他占0%。

职工贷款笔数中,单缴存职工申请贷款占26.07%,双缴存职工申请贷款占73.93%,三人及以上缴存职工共同申请贷款占0%。

贷款职工中,30岁(含)以下占27.6%,30岁~40岁(含)占36.55%,40岁~50岁(含)占26.64%,50岁以上占9.21%;首次申请贷款占90.14%,二次及以上申请贷款占9.86%;中、低收入占98.52%,高收入占1.48%。

2. 异地贷款:2019年,发放异地贷款0笔、0万元。2019年末,发放异地贷款总额20685.1万元,异地贷款余额15817.01万元。

3. 公转商贴息贷款：2019年，发放公转商贴息贷款0笔、0元，支持职工购建住房面积0平方米，当年贴息额0元。年末，累计发放公转商贴息贷款0笔、0元，累计贴息0元。

4. 支持保障性住房建设试点项目贷款：2019年末，累计试点项目0个，贷款额度0元，建筑面积0平方米，可解决户中低收入职工家庭的住房问题。0个试点项目贷款资金已发放并还清贷款本息。

（四）住房贡献率：2019年，个人住房贷款发放额、公转商贴息贷款发放额、项目贷款发放额、住房消费提取额的总和与当年缴存额的比率为118.76%，比上年增加9.47个百分点。

六、其他重要事

（一）当年机构及职能调整情况、受委托办理缴存贷款业务金融机构变更情况。2019年，中心受委托办理贷款业务的金融机构比上年增加1家。

（二）当年住房公积金政策调整及执行情况。缴存方面，根据阜阳市统计局发布数据，上年度阜阳市城镇非私营单位在岗职工年平均工资为64501元，按照住房公积金月缴存基数不超过月平均工资的3倍计算，当年缴存基数上限为16125元，下限不低于月平均工资的5%，缴存比例为5%～12%，调整后执行时间为2019年7月1日至2020年6月30日。

（三）当年服务改进情况。

1. 优化服务功能

为进一步提高工作效率，方便住房公积金缴存单位及个人办理各项业务，实现让"群众少跑腿，数据多跑路"，我中心积极响应"互联网＋政务服务"新要求，探索建立互联网环境下住房公积金管理工作新机制，致力于做好综合服务，打造网上办事平台。通过进一步优化线上服务流程，不断深入推进以中心官网为基础并涵盖网上大厅、微信、微博、12329热线、短信、自助终端及APP等渠道的综合服务平台建设，提升智慧政务服务水平。

目前，中心所有查询及提取事项进驻支付宝城市服务功能，网站日均访问量1800多人次，微信公众号关注用户17.6万，占缴存职工的76%，12329月均发送短信16万余条。至2019年底，已网上签约的单位用户1126家，缴存职工办理各种提取业务6330笔，服务环境更加方便、快捷、高效、和谐。

2. 创新服务举措

2019年，中心继续大力推进公积金业务培训，通过线上线下多样化的培训形式满足缴存单位的不同需求；强化减证便民服务，提升办事效率，所有业务无需提供复印件，退休等提取业务无需任何要件，且职工可全程网上自助办理，系统自动审核，资金即刻到账；进一步推动互联共享，与本地房产交易、产权产籍、税务、社保、公安、民政等相关部门实现信息共享，下半年接入长三角"一网通办"查询平台；网厅接入安徽政务服务网统一认证管理，个人查询及提取业务接入皖事通APP，微信开通刷脸功能；下半年，为贯彻省政府"四最营商"文件精神，开发并实现了公积金单位开户登记、远程签约全程网办，缴存单位及职工全市范围内通缴通取。

（四）当年信息化建设情况。2019年，我中心公积金业务系统和公积金结算应用系统全年运行良好。进一步加强系统安全建设，通过招标采购，新配置一批防火墙、网闸等相关网络安全设备以及日志审计系统，数据备份一体机，完善了网络安全管理制度，并于4月份通过网络安全三级等保。

（五）当年所获荣誉情况。2019年，我中心太和县管理部被县委县政府授予服务地方经济与社会发展先进单位荣誉称号。

宿州市住房公积金2019年年度报告

一、机构概况

（一）住房公积金管理委员会：住房公积金管理委员会有25名委员，2019年召开1次会议，审议通过了《关于2018年度工作任务完成情况及2019年工作计划安排的报告》《关于2019年商业银行融资的意见》《关于2018年度住房公积金归集、使用计划和增值收益分配方案执行情况的报告》《关于编制2019年度住房公积金归集、使用计划和增值收益分配方案的意见》《宿州市住房公积金2018年年度报告》。

（二）住房公积金管理中心：住房公积金管理中心为市政府直属不以营利为目的的公益类事业单位，设8个科，4个管理部，1个办事处。从业人员129人，其中，在编66人，非在编63人。

二、业务运行情况

（一）缴存：2019年，新开户单位305家，实缴单位3088家，净增单位393家；新开户职工2.66万人，实缴职工16.91万人，净增职工1.17万人；缴存额24.62亿元，同比增长10.06%。2019年末，缴存总额185.48亿元，比上年末增加15.31%；缴存余额75.13亿元，比上年末增加10.26%。

受委托办理住房公积金缴存业务的银行9家，与去年持平。

（二）提取：2019年，提取额17.64亿元，同比增长6.97%；占当年缴存额的71.65%，比上年减少2.06个百分点。2019年末，提取总额110.36亿元，比上年末增加19.03%。

（三）贷款：

1. 个人住房贷款： 个人住房贷款最高额度50万元，其中，单缴存职工最高额度30万元，双缴存职工最高额度50万元。

2019年，发放个人住房贷款0.46万笔、15.63亿元，同比分别增长17.95%、31.57%。

2019年，回收个人住房贷款8.55亿元。

2019年末，累计发放个人住房贷款5.1万笔、116.12亿元，贷款余额74.64亿元，分别比上年末增加9.91%、15.57%、10.5%。个人住房贷款余额占缴存余额的99.35%，比上年末增加0.22个百分点。

受委托办理住房公积金个人住房贷款业务的银行8家，比上年增加1家。

2. 住房公积金支持保障性住房建设性项目贷款： 无。

（四）购买国债：无。

（五）融资：2019年，融资2.39亿元，归还2.66亿元。2019年末，融资总额17.38亿元，融资余额3.21亿元。

（六）资金存储：2019 年末，住房公积金存款 7.66 亿元。其中，活期 0.12 亿元，1 年以上定期 0.19 亿元，其他（协定、通知存款等）7.35 亿元。

（七）资金运用率：2019 年末，住房公积金个人住房贷款余额、项目贷款余额和购买国债余额的总和占缴存余额的 99.35%，比上年末增加 0.22 个百分点。

三、主要财务数据

（一）业务收入：2019 年，业务收入 25739.92 万元，同比下降 9.64%。存款利息 2952.74 万元，委托贷款利息 22774.26 万元，其他 12.92 万元。

（二）业务支出：2019 年，业务支出 9173.17 万元，同比下降 29.18%。支付职工住房公积金利息 7411.98 万元，委托贷款手续费 800.3 万元，其他 960.89 万元。

（三）增值收益：2019 年，增值收益 16566.75 万元，同比增长 6.66%。增值收益率 2.32%，比上年减少 0.07 个百分点。

（四）增值收益分配：2019 年，提取贷款风险准备金 7463.52 万元，提取城市廉租住房（公共租赁住房）建设补充资金 9103.23 万元。

2019 年，上交财政管理费用 2431.47 万元。上缴财政城市廉租住房（公共租赁住房）建设补充资金 6345.87 万元。

2019 年末，贷款风险准备金余额 32072.65 万元。累计提取城市廉租住房（公共租赁住房）建设补充资金 26124.89 万元。

（五）管理费用支出：2019 年，管理费用支出 2447.69 万元，同比下降 1.4%。其中，人员经费 1944.47 万元，公用经费 418.84 万元，专项经费 84.38 万元。

四、资产风险状况

（一）个人住房贷款：2019 年末，个人住房贷款逾期额 427.03 万元，逾期率 0.57‰。

个人贷款风险准备金按年度贷款余额的 1% 提取。2019 年，提取个人贷款风险准备金 7463.52 万元。2019 年末，个人贷款风险准备金余额 32072.65 万元，占个人住房贷款余额的 4.3%，个人住房贷款逾期额与个人贷款风险准备金余额的比率为 1.33%。

（二）支持保障性住房建设试点项目贷款：无。

五、社会经济效益

（一）缴存业务：2019 年，实缴单位数、实缴职工人数和缴存额同比分别增长 14.58%、7.45% 和 10.06%。

缴存单位中，国家机关和事业单位占 57.93%，国有企业占 14.96%，城镇集体企业占 3.82%，外商投资企业占 1%，城镇私营企业及其他城镇企业占 12.28%，民办非企业单位和社会团体占 4.54%，其他占 5.47%。

缴存职工中，国家机关和事业单位占 65.31%，国有企业占 19.77%，城镇集体企业占 1.11%，外商投资企业占 1.2%，城镇私营企业及其他城镇企业占 6.39%，民办非企业单位和社会团体占 2.6%，其他占3.62%；中、低收入占98.45%，高收入占1.55%。

新开户职工中，国家机关和事业单位占31.52%，国有企业占38.83%，城镇集体企业占1.86%，外商投资企业占1.67%，城镇私营企业及其他城镇企业占13.84%，民办非企业单位和社会团体占6.61%，其他占5.67%；中、低收入占98.32%，高收入占1.68%。

（二）提取业务：2019年，4.79万名缴存职工提取住房公积金17.64亿元。

提取金额中，住房消费提取占79.63%（购买、建造、翻建、大修自住住房占35.51%，偿还购房贷款本息占43.61%，租赁住房占0.37%，其他占0.14%）；非住房消费提取占20.37%（离休和退休提取占16.58%，完全丧失劳动能力并与单位终止劳动关系提取占2.52%，其他占1.27%）。

提取职工中，中、低收入占97.82%，高收入占2.18%。

（三）贷款业务：

1. 个人住房贷款：2019年，支持职工购建房55.01万平方米，年末个人住房贷款市场占有率（含公转商贴息贷款）为12.39%，比上年末减少2.1个百分点。通过申请住房公积金个人住房贷款，可节约职工购房利息支出32174.89万元。

职工贷款笔数中，购房建筑面积90（含）平方米以下占10.75%，90～144（含）平方米占79.51%，144平方米以上占9.74%。购买新房占81.71%，购买二手房占11.89%，其他占6.4%。

职工贷款笔数中，单缴存职工申请贷款占55.56%，双缴存职工申请贷款占44.44%。

贷款职工中，30岁（含）以下占26.18%，30岁～40岁（含）占39.17%，40岁～50岁（含）占29.12%，50岁以上占5.53%；首次申请贷款占72.95%，二次及以上申请贷款占27.05%；中、低收入占97.79%，高收入占2.21%。

2. 异地贷款：2019年，发放异地贷款603笔、18460.7万元。2019年末，发放异地贷款总额84849.9万元，异地贷款余额18087.3万元。

3. 公转商贴息贷款：2019年，没有发放公转商贴息贷款，当年贴息额132.33万元。2019年末，累计发放公转商贴息贷款689笔、15016.65万元，累计贴息398.27万元。

4. 支持保障性住房建设试点项目贷款：无。

（四）住房贡献率：2019年，个人住房贷款发放额、公转商贴息贷款发放额、项目贷款发放额、住房消费提取额的总和与当年缴存额的比率为120.53%，比上年增加11.43个百分点。

六、其他重要事项

（一）当年机构及职能无调整。受委托办理缴存业务金融机构无变更，受委托办理住房公积金个人住房贷款业务金融机构增加光大银行一家。

（二）当年住房公积金政策调整及执行情况。（1）当年缴存基数限额及确定方法、缴存比例等缴存政策调整情况。缴存基数最高为15423元（依据宿州市统计部门公布的上一年度我市城镇非私营单位在岗职工月平均工资的3倍测算）、最低为1280元（依据省政府公布2018年度我市最低工资标准）；缴存比例上限为12%、下限为5%，缴存单位可在5%至12%区间内，自主确定缴存比例；保障港澳台同胞在宿州缴存，执行与我市职工同等的缴存政策。（2）当年提取政策调整情况。由原允许"患重大疾病提取"，调整为"患重大疾病不允许提取"；职工购买商品住房提取，由原可持购房收据或发票提取，调整为必须持购房发票提取；无房租赁住房提取，由原附加提供家庭户口簿，调整为不再提供家庭户口簿；离退休销户提取，允许个人账户封存后本人持身份证原件即可办理销户提取（未还清住房公积金贷款的除外）；完全丧失劳动能力并与单位终止劳动关系销户提取的，在个人账户封存后，除持解除劳动关系证明外，还必须提供丧失劳动能力鉴定证明原件。（3）当年个人住房贷款最高贷款额度、贷款条件等贷款政策调整情况。当年个人住房最高贷款额度与上年一致，即单方贷款额度最高30万、夫妻双方贷款最高额度50万；贷款条件新增与借款人月缴存额相挂钩，根据申请借款年限确定最高贷款额度。当年贷款政策调整包括：自住房大修准许申请贷款、担保人在为他人担保期间不允许申请贷款、偿还住房公积金贷款期间允许变更还款方式和借款期限。（4）当年住房公积金存贷款利率执行标准。职工住房公积金账户存款利率，执行中国人民银行、住房和城乡建设部、财政部《关于完善职工住房公积金账户存款利率形成机制的通知》（银发〔2016〕4号），当年缴存的和以前年度结存的住房公积金统一按一年期定期存款基准利率1.5%执行；贷款利率执行标准为，第一次申请住房公积金贷款的五年期以下（含五年）、五年期以上贷款利率分别按2.75%、3.25%执行，用于改善居住条件第二次申请住房公积金贷款的贷款利率上浮10%。

（三）当年服务改进情况。持续深化"放管服"改革，全面实施住房公积金"一网、一门、一次"服务模式，积极推行"互联网＋住房公积金服务"。全市设置5个服务网点（整合优化市本级与埇桥区服务资源，统一进驻宿州市政务服务中心），各网点配备咨询台、取号机、自助查询机、休息椅、饮水机等设施。在服务手段上采取线上与线下办理相结合，大力推行"不见面审批"和"最多跑一次"，开展预约上门服务等，全面落实限时办结制。加快推进综合服务平台建设，进一步完善和拓展线上服务事项，综合服务平台各项服务渠道均已投入运行。

（四）当年信息化建设情况。完成公积金业务系统升级，突出完善业务服务需求、优化系统处理流程，按期实现中心端公积金数据平台的上线计划；开展电子档案系统验收及历史贷款档案数字化加工，推进中心业务档案的数字化管理；积极推动与市区域内数据共享进程，为落实"互联网＋公积金服务"提供有力数据支撑；开展实施"综合服务平台等保项目"，实现对中心网络结构和网络安全防护的优化和升级，为"综合服务平台"提供网络安全保障；在"双贯标"通过验收的基础上，充分运用电子稽查工具，进一步完善和巩固"双贯标"成果。

（五）当年住房公积金管理中心及职工所获荣誉情况。当年市中心荣获"宿州市第十届文明单位""宿州市直单位平安建设（综治工作）优秀单位""宿州市双拥模范优秀单位""市直机关党建工作优秀单位"。砀山县管理部荣获"2018-2019年度省青年文明号标兵集体"。市中心职工孟晨曦荣获宿州市总工会庆祝新中国成立70周年"祖国，我想对您说"全市职工诗歌朗诵比赛二等奖。

（六）当年无对违反《住房公积金管理条例》和相关法规行为进行行政处罚和申请人民法院强制执行情况。

（七）当年无对住房公积金管理人员违规行为的纠正和处理情况等。

（八）其他需要披露的情况。当年12月30日市中心服务大厅与埇桥区服务窗口，推行市区一体化服务模式，通过整合统一进驻宿州市新政务服务中心。

六安市住房公积金2019年年度报告

一、机构概况

（一）**住房公积金管理委员会**：住房公积金管理委员会有39名委员，2019年召开2次会议，审议通过的事项主要包括：

（1）六安市住房公积金2018年年度报告；

（2）关于2018年住房公积金增值收益分配方案；

（3）2019年住房公积金归集和使用计划；

（4）六安市住房公积金贷款担保保证金管理暂行办法；

（5）关于取消住房公积金贷款担保保证金的通知。

（二）**住房公积金管理中心**：住房公积金中心为市政府直属的不以营利为目的的公益二类事业单位，设8个科室，8个管理部。从业人员81人，其中，在编43人，非在编38人。

二、业务运行情况

（一）**缴存**：2019年，新开户单位309家，实缴单位2868家，净增单位6家；新开户职工2.39万人，实缴职工16.96万人，净减少职工3.1万人；缴存额33.45亿元，同比增长15.07%。2019年末，缴存总额235.08亿元，比上年末增加16.59%；缴存余额90.10亿元，比上年末增加12.91%。

受委托办理住房公积金缴存业务的银行5家，与上年持平。

（二）**提取**：2019年，提取额23.15亿元，同比下降7.10%；占当年缴存额的69.21%，比上年减少16.51个百分点。2019年末，提取总额144.98亿元，比上年末增加19.00%。

（三）**贷款**：

1. 个人住房贷款：个人住房贷款最高额度60万元，其中，单缴存职工最高额度40万元，双缴存职工最高额度60万元。

2019年，发放个人住房贷款0.44万笔、14.79亿元，同比分别增长51.72%、54.22%。

2019年，回收个人住房贷款9.73亿元。

2019年末，累计发放个人住房贷款5.69万笔、134.78亿元，贷款余额83.18亿元，分别比上年末增加8.38%、12.33%、6.48%。个人住房贷款余额占缴存余额的92.32%，比上年末减少5.57个百分点。

受委托办理住房公积金个人住房贷款业务的银行8家，与上年持平。

2. 住房公积金支持保障性住房建设项目贷款：2019年，发放支持保障性住房建设项目贷款0亿元，回收项目贷款0亿元。2019年末，累计发放项目贷款4亿元，项目贷款余额0亿元。

（四）**购买国债**：2019年，购买（记账式、凭证式）国债0亿元，兑付（转让、收回）国债0亿元。2019年末，国债余额0亿元，比上年末减少（增加）0亿元。

（五）**融资**：2019年，融资0亿元，归还0亿元。2019年末，融资总额4亿元，融资余额0亿元。

（六）**资金存储**：2019年末，住房公积金存款14.39亿元。其中，活期0.22亿元，1年（含）以下定期 2.94 亿元，1 年以上定期 8.92 亿元，其他（协定、通知存款等）2.31 亿元。

（七）**资金运用率**：2019 年末，住房公积金个人住房贷款余额、项目贷款余额和购买国债余额的总和占缴存余额的 92.32%，比上年末减少 5.57 个百分点。

三、主要财务数据

（一）**业务收入**：2019 年，业务收入 27983.66 万元，同比下降 0.77%。存款利息 1753.76 万元，委托贷款利息 26229.82 万元，国债利息 0 万元，其他 0.08 万元。

（二）**业务支出**：2019 年，业务支出 13995.22 万元，同比增长 4.74%。支付职工住房公积金利息 12531.19 万元，归集手续费 0 万元，委托贷款手续费 886.01 万元，其他 578.02 万元。

（三）**增值收益**：2019 年，增值收益 13988.43 万元，同比下降 5.73%。增值收益率 1.65%，比上年减少 0.24 个百分点。

（四）**增值收益分配**：2019 年，提取贷款风险准备金 8393.06 万元，提取管理费用 3000 万元，提取城市廉租住房（公共租赁住房）建设补充资金 2595.37 万元。

2019 年，上交财政管理费用 4000 万元。上缴财政城市廉租住房（公共租赁住房）建设补充资金 6709.28 万元。

2019 年末，贷款风险准备金余额 45002.51 万元。累计提取城市廉租住房（公共租赁住房）建设补充资金 37077.14 万元。

（五）**管理费用支出**：2019 年，管理费用支出 3635.75 万元，同比增长 105.38%。其中，人员经费 651.02 万元，公用经费 67.03 万元，专项经费 2917.70 万元。

四、资产风险状况

（一）**个人住房贷款**：2019 年末，个人住房贷款逾期额 483.97 万元，逾期率 0.5818‰。

个人贷款风险准备金按（贷款余额或增值收益）的 60% 提取。2019 年，提取个人贷款风险准备金 8393.06 万元，使用个人贷款风险准备金核销呆坏账 0 万元。2019 年末，个人贷款风险准备金余额 43678.51 万元，占个人住房贷款余额的 5.25%，个人住房贷款逾期额与个人贷款风险准备金余额的比率为 1.11%。

（二）**支持保障性住房建设试点项目贷款**：2019 年，提取项目贷款风险准备金 0 万元，使用项目贷款风险准备金核销呆坏账 0 万元，项目贷款风险准备金余额 1324 万元，占项目贷款余额的 0%。

五、社会经济效益

（一）**缴存业务**：2019 年，实缴单位数、实缴职工人数和缴存额同比分别增长 0.21%、减少 15.45%、增长 15.07%。

缴存单位中，国家机关和事业单位占 59.73%，国有企业占 12.45%，城镇集体企业占 2.89%，外商投资企业占 1.43%，城镇私营企业及其他城镇企业占 13.81%，民办非企业单位和社会团体占 3.42%，其他占 6.27%。

缴存职工中，国家机关和事业单位占 61.25%，国有企业占 15.21%，城镇集体企业占 3.46%，外商

投资企业占 1.67%，城镇私营企业及其他城镇企业占 9.22%，民办非企业单位和社会团体占 3.45%，其他占 5.74%；中、低收入占 99.96%，高收入占 0.04%。

新开户职工中，国家机关和事业单位占 40.66%，国有企业占 6.81%，城镇集体企业占 6.40%，外商投资企业占 3.76%，城镇私营企业及其他城镇企业占 25.50%，民办非企业单位和社会团体占 7.39%，其他占 9.48%；中、低收入占 100%，高收入占 0%。

（二）提取业务：2019 年，6.62 万名缴存职工提取住房公积金 23.15 亿元。

提取金额中，住房消费提取占 81.53%（购买、建造、翻建、大修自住住房占 33.15%，偿还购房贷款本息占 46.94%，租赁住房占 1.07%，其他占 0.37%）；非住房消费提取占 18.47%（离休和退休提取占 15.49%，完全丧失劳动能力并与单位终止劳动关系提取占 1.89%，出境定居占 0%，其他占 1.09%）。

提取职工中，中、低收入占 99.96%，高收入占 0.04%。

（三）贷款业务：

1. 个人住房贷款：2019 年，支持职工购建房 52.50 万平方米，年末个人住房贷款市场占有率（含公转商贴息贷款）为 9.12%，比上年末减少 1.15 个百分点。通过申请住房公积金个人住房贷款，可节约职工购房利息支出 37508 万元。

职工贷款笔数中，购房建筑面积 90（含）平方米以下占 9.04%，90～144（含）平方米占 82.31%，144 平方米以上占 8.65%。购买新房占 81.83%（其中购买保障性住房占 0%），购买二手房占 18.17%，建造、翻建、大修自住住房占 0%，其他占 0%。

职工贷款笔数中，单缴存职工申请贷款占 19.88%，双缴存职工申请贷款占 80.12%，三人及以上缴存职工共同申请贷款占 0%。

贷款职工中，30 岁（含）以下占 29.19%，30 岁～40 岁（含）占 31.99%，40 岁～50 岁（含）占 27.41%，50 岁以上占 11.41%；首次申请贷款占 86.81%，二次及以上申请贷款占 13.19%；中、低收入占 99.09%，高收入占 0.91%。

2. 异地贷款：2019 年，发放异地贷款 256 笔、6756.50 万元。2019 年末，发放异地贷款总额 54319.64 万元，异地贷款余额 41433.09 万元。

3. 公转商贴息贷款：2019 年，发放公转商贴息贷款 0 笔、0 万元，支持职工购建住房面积 0 万平方米，当年贴息额 0 万元。2019 年末，累计发放公转商贴息贷款 0 笔、0 万元，累计贴息 0 万元。

4. 支持保障性住房建设试点项目贷款：2019 年末，累计试点项目 3 个，贷款额度 4 亿元，建筑面积 69.36 万平方米，可解决 6178 户中低收入职工家庭的住房问题。3 个试点项目贷款资金已发放并还清贷款本息。

（四）住房贡献率：2019 年，个人住房贷款发放额、公转商贴息贷款发放额、项目贷款发放额、住房消费提取额的总和与当年缴存额的比率为 100.66%，比上年减少 0.6 个百分点。

六、其他重要事项

（一）机构改革情况。根据《中共六安市委办公室六安市人民政府办公室关于调整六安市住房和城乡建设局等单位职能配置、内设机构和人员编制规定的通知》精神，2019 年 2 月 18 日市住房公积金中心举行更名揭牌仪式，原"六安市住房公积金管理中心"更名为"六安市住房公积金中心"，住房公积金监督管理等行政职能划入市住房和城乡建设局。

（二）当年政策调整及服务改进情况。

（1）调整缴存基数根据安徽省统计局公布的六安市城镇非私营单位就业人员年平均工资测算，2019年六安市单位职工住房公积金月缴存基数上限调整为18918元，住房公积金月缴存额上限调整为4540元（单位和个人各为2270元），下限为138元（单位和个人各为69元）。

（2）积极落实督查整改国务院第六督查组9月对六安市住房公积金贷款担保保证金进行了督查，并指出违规收取担保保证金问题。市公积金中心坚决落实整改，争取提前完成清退任务。

（3）加强提取工作出台《关于进一步加强住房公积金提取工作的通知》，一是优化本地购房提取流程。提取业务与贷款业务同步办理，共有材料无需重复提供；二是规范异地购房提取政策。重点支持本地购买首套普通住房和第二套改善型住房提取公积金；三是支持既有住宅加装电梯提取公积金。

（4）精简业务要件印发《关于取消住房公积金业务部分申请材料的通知》，取消了《住房公积金汇（补）缴书》《六安市职工住房公积金提取申请表》《住房公积金个人住房贷款申请表》；印发《关于取消住房公积金贷款业务二手房估价报告的通知》，取消了二手房估价报告，职工购买二手房申请住房公积金贷款时，无需提交房屋价值估价报告。

（5）压缩办事时限印发《六安市住房公积金中心服务事项承诺办结时限》，对涉及公积金汇缴、提取、贷款、合作楼盘签约等33项服务事项，在住房和城乡建设部《归集业务标准》《提取业务标准》《贷款业务规范》等规定时限的基础上，进一步大幅压缩办结时限。

（6）开展规范服务活动在全面总结近年来在提升服务质量方面的基础上，制定了六安市住房公积金服务基本规范，简称"六要六不准"。从环境卫生、仪容仪表、规范服务、爱岗敬业、遵规守纪和廉洁办事等方面进一步进行了明确。

（三）信息化建设情况。

（1）精心准备全面完成贷款自主核算工作。住房公积金个人贷款自主核算是深化住房公积金"双贯标"工作要求，更是提升公积金服务品质，全面贯彻落实国务院"放管服"改革重要举措。中心历时8个月，通过了数据采集、数据比对、差异处理、系统测试等程序，2019年11月中旬公积金贷款自主核算成功运行。

（2）加快数字公积金建设，开通个人网厅。在运行单位网厅的基础上，今年新开通了住房公积金个人网上大厅。缴存职工通过登陆六安市住房公积金中心网站或者扫描六安公积金微信公众号即可办理业务。

（3）提供征信查询服务方便群众办事。市直管理部成功接入中国人民银行个人征信查询系统，满足职工办理公积金业务个人征信查询需求。随着采购完成、设备进场，届时将实现各县区管理部业务大厅提供个人征信自助查询服务。

（4）践行"放管服"改革，一网通办联动。积极参与六安市一网通办工程，全力服务部门联动联办工作机制，开通了六安市企业开户一网通办开设住房公积金账户业务。

（四）所获荣誉情况。

（1）安徽省妇女联合会2019年11月授予市公积金中心服务大厅"巾帼文明岗"荣誉称号；

（2）六安市委、市政府表彰市公积金中心为第九届六安市文明单位；

（3）中共六安市直属工委2019年9月授予市公积金中心庆祝中华人民共和国70周年合唱比赛"优秀

组织奖";

（4）六安市劳动竞赛委员会等五部门2019年12月联合授予刘洋同志为"六安市五一劳动奖章"获得者、授予刘伟伟、刘光胜、刘洋等同志"六安市技术能手"和"六安市青年岗位能手"等荣誉称号；

（5）六安市数据资源管理局2019年12月授予市公积金中心"徽行杯"第五届运动会"优秀组织奖"。

亳州市住房公积金2019年年度报告

一、机构概况

（一）住房公积金管理委员会：住房公积金管理委员会有29名委员，2019年召开2次会议，审议通过的事项主要包括：

（1）审议批准2018年度全市住房公积金归集、使用计划执行情况；
（2）审议批准2018年度全市住房公积金增值收益分配方案；
（3）审议批准2019年全市住房公积金归集、使用计划；
（4）审议批准《亳州市住房公积金2018年年度报告》；
（5）审议批准《关于提高亳州市住房公积金月缴存最高限额的通知》；
（6）审议批准《关于修改亳州市住房公积金贷款管理办法的通知》。

（二）住房公积金管理中心：住房公积金管理中心为隶属于亳州市人民政府不以营利为目的的自收自支事业单位，设6个科室，3个县管理部。从业人员48人，其中，在编31人，非在编17人。

二、业务运行情况

（一）缴存：2019年，新开户单位364家，实缴单位2844家，净增单位269家；新开户职工3.57万人，实缴职工16.12万人，净增职工1.66万人；缴存额24.77亿元，同比增长5.58%。2019年末，缴存总额183亿元，比上年末增加15.65%；缴存余额70.25亿元，比上年末增加9.02%。

受委托办理住房公积金缴存业务的银行8家，与上年一致。

（二）提取：2019年，提取额18.96亿元，同比增长4.81%；占当年缴存额的76.54%，比上年减少0.57个百分点。2019年末，提取总额112.75亿元，比上年末增加20.20%。

（三）贷款：

1.个人住房贷款：个人住房贷款最高额度40万元，其中，单缴存职工最高额度30万元，双缴存职工最高额度40万元。

2019年，发放个人住房贷款0.43万笔、12.76亿元，同比分别增长38.71%、39.30%。

2019年，回收个人住房贷款7.60亿元。

2019年末，累计发放个人住房贷款4.35万笔、102.20亿元，贷款余额63.84亿元，分别比上年末增加11.25%、14.27%、8.46%。个人住房贷款余额占缴存余额的90.88%，比上年末减少0.18个百分点。

受委托办理住房公积金个人住房贷款业务的银行 7 家，与上年一致。

2. 住房公积金支持保障性住房建设项目贷款：无。

（四）**购买国债**：无。

（五）**融资**：无。

（六）**资金存储**：2019 年末，住房公积金存款 7.73 亿元。其中，活期 0.11 亿元，1 年（含）以下定期 2.4 亿元，1 年以上定期 0.5 亿元，其他（协定、通知存款等）4.72 亿元。

（七）**资金运用率**：2019 年末，住房公积金个人住房贷款余额、项目贷款余额和购买国债余额的总和占缴存余额的 90.88%，比上年末减少 0.18 个百分点。

三、主要财务数据

（一）**业务收入**：2019 年，业务收入 21653.35 万元，同比增长 4.32%。存款利息 1546.84 万元，委托贷款利息 20103.81 万元，国债利息 0 万元，其他 2.70 万元。

（二）**业务支出**：2019 年，业务支出 9831.25 万元，同比下降 3.83%。支付职工住房公积金利息 9736.95 万元，归集手续费 0 万元，委托贷款手续费 93.20 万元，其他 1.10 万元。

（三）**增值收益**：2019 年，增值收益 11822.10 万元，同比增长 12.23%。增值收益率 1.75%，比上年增加 0.05 个百分点。

（四）**增值收益分配**：2019 年，提取贷款风险准备金 0 万元，提取管理费用 844.63 万元，提取城市廉租住房（公共租赁住房）建设补充资金 10977.47 万元。

2019 年，上缴财政管理费用 844.63 万元。上缴财政城市廉租住房（公共租赁住房）建设补充资金 9906.11 万元。

2019 年末，贷款风险准备金余额 11390.33 万元。累计提取城市廉租住房（公共租赁住房）建设补充资金 59313.38 万元。

（五）**管理费用支出**：2019 年，管理费用支出 747.15 万元，同比增长 22.19%。其中，人员经费 513.40 万元，公用经费 155.96 万元，专项经费 77.79 万元。

四、资产风险状况

（一）**个人住房贷款**：2019 年末，个人住房贷款逾期额 29.44 万元，逾期率 0.05‰。

个人贷款风险准备金按贷款余额的 1% 提取。2019 年，提取个人贷款风险准备金 0 万元，使用个人贷款风险准备金核销呆坏账 0 万元。2019 年末，个人贷款风险准备金余额 11390.33 万元，占个人住房贷款余额的 1.78%，个人住房贷款逾期额与个人贷款风险准备金余额的比率为 0.26%。

（二）**支持保障性住房建设试点项目贷款**：无。

五、社会经济效益

（一）**缴存业务**：2019 年，实缴单位数、实缴职工人数和缴存额同比分别增长 10.45%、11.48% 和 5.58%。

缴存单位中，国家机关和事业单位占 62.10%，国有企业占 13.61%，城镇集体企业占 2.39%，外商

投资企业占 0.84%,城镇私营企业及其他城镇企业占 10.30%,民办非企业单位和社会团体占 2.32%,其他占 8.44%。

缴存职工中,国家机关和事业单位占 62.47%,国有企业占 21.04%,城镇集体企业占 3.08%,外商投资企业占 0.73%,城镇私营企业及其他城镇企业占 5.74%,民办非企业单位和社会团体占 1.67%,其他占 5.27%;中、低收入占 97.25%,高收入占 2.75%。

新开户职工中,国家机关和事业单位占 59%,国有企业占 14.98%,城镇集体企业占 2.7%,外商投资企业占 0.76%,城镇私营企业及其他城镇企业占 9.68%,民办非企业单位和社会团体占 2.13%,其他占 10.75%;中、低收入占 99.57%,高收入占 0.43%。

(二)提取业务:2019 年,5.32 万名缴存职工提取住房公积金 18.96 亿元。

提取金额中,住房消费提取占 81.84%(购买、建造、翻建、大修自住住房占 33.18%,偿还购房贷款本息占 48.63%,租赁住房 0.03%,其他占 0%);非住房消费提取占 18.16%(离休和退休提取占 15.27%,完全丧失劳动能力并与单位终止劳动关系提取占 1.52%,户口迁出本市或出境定居占 0.05%,其他占 1.32%)。

提取职工中,中、低收入占 95.64%,高收入占 4.36%。

(三)贷款业务:

1. 个人住房贷款:2019 年,支持职工购建房 52.41 万平方米,年末个人住房贷款市场占有率(含公转商贴息贷款)为 10.47%,比上年末减少 2.13 个百分点。通过申请住房公积金个人住房贷款,可节约职工购房利息支出 35071.50 万元。

职工贷款笔数中,购房建筑面积 90(含)平方米以下占 5.36%,90~144(含)平方米占 86.68%,144 平方米以上占 7.96%。购买新房占 95.24%(其中购买保障性住房占 95.24%),购买二手房占 4.76%,建造、翻建、大修自住住房占 0%,其他占 0%。

职工贷款笔数中,单缴存职工申请贷款占 61.14%,双缴存职工申请贷款占 38.86%,三人及以上缴存职工共同申请贷款占 0%。

贷款职工中,30 岁(含)以下占 32.53%,30 岁~40 岁(含)占 38.84%,40 岁~50 岁(含)占 21.47%,50 岁以上占 7.16%;首次申请贷款占 88.32%,二次及以上申请贷款占 11.68%;中、低收入占 87.51%,高收入占 12.49%。

2. 异地贷款:2019 年,发放异地贷款 370 笔、9723 万元。2019 年末,发放异地贷款总额 27260 万元,异地贷款余额 21962.44 万元。

3. 公转商贴息贷款:无。

4. 支持保障性住房建设试点项目贷款:无。

(四)住房贡献率:2019 年,个人住房贷款发放额、公转商贴息贷款发放额、项目贷款发放额、住房消费提取额的总和与当年缴存额的比率为 114.13%,比上年增加 12.98 个百分点。

六、其他重要事项

(一)当年机构及职能调整情况、受委托办理缴存贷款业务金融机构变更情况。

1. 机构和职能调整情况:根据《中共亳州市委亳州市人民政府关于市级机构改革的实施意见》(亳发

〔2019〕3号）及机构和人员转隶工作要求，亳州中心按规定划出行政职能。

2. 受委托办理缴存贷款业务金融机构变更情况：受托办理住房公积缴存业务的银行8家，受托办理住房公积金个人住房贷款业务的银行7家，均与上年保持一致。

（二）当年住房公积金政策调整及执行情况。

（1）缴存基数限额及确定方法、缴存比例等缴存政策调整情况。

根据亳州市统计局公布的2018年度城镇非私营单位职工社会年平均工资61326元测算，2019年亳州市住房公积金个人月缴存最高限额由1600元调整为1800元，职工所在单位以相应金额给予补贴。缴存比例无调整。

（2）提取政策调整情况：2019年提取政策无调整。

（3）个人住房贷款最高贷款额度、贷款条件等贷款政策调整情况：2019年贷款政策无调整。

（4）住房公积金存贷款利率执行情况。

1）存款利率：2019年职工住房公积金存款利率按一年期定期存款利率1.5%执行，年度结息日为每年的6月30日。

2）贷款利率：按照中国人民银行规定利率执行，首次住房公积金贷款的，5年期以下（含五年）住房公积金贷款利率为2.75%，5年期以上住房公积金贷款利率为3.25%；第二次住房公积金贷款的，利率上浮10%。首付比例：首套房不低于20%；二套房和二手房首付不低于50%。

（三）当年服务改进情况。

1. 统筹推进服务升级。贯彻落实群众办事"一门、一网、一次"改革要求，统筹推进"一网通办"和"一窗受理"，多渠道服务广大缴存职工，改造提升服务大厅设施，向市行政服务中心和涡阳县市民中心派驻工作人员办理公积金业务，做到公积金归集、提取、贷款、查询等所有业务线上线下均可以办理。住房公积金账户跨县区合并转移业务实现"全城办""就近办"，解决跨县区账户"合并难"问题。

2. 全面提升服务水平。通过12329住房公积金服务热线、网上服务大厅、门户网站、手机APP、微信公众号、短信平台等通道，方便缴存职工多渠道了解各项公积金政策和本人缴存、提取、贷款等情况，免费为缴存职工提供12329短信通知服务。2019年门户网站累计访问量33.7万次；12329热线服务1.3万次；微信公众号1.9万人关注，发送12329短信服务通知205.6万条。

3. 完善服务评价机制。开通"好差评"评价系统，实现政务服务线上线下全覆盖实时评价。

（四）当年信息化建设情况。

（1）率先在全省通过皖事通APP上线公积金提取专题，缴存职工打开皖事通人脸或者声纹认证成功后可直接办理公积金提取业务。

（2）根据住房和城乡建设部和省住房和城乡建设厅要求，完成了住房公积金数据上报平台上线工作和全国异地转移接续直连工作。

（五）当年住房公积金管理中心及职工所获荣誉情况。2019年，亳州市住房公积金管理中心先后荣获"安徽省三八红旗集体""省住房城乡建设系统学雷锋活动示范点""2018年度市直单位考核优秀单位""亳州市2019年度学习型党组织建设工作示范点"等荣誉称号，被亳州市人民政府办公室机关党委评为"先进党支部"、被亳州市委组织部授予"五星级基层党支部"称号，马飞同志入选"不忘初心、牢记使命"主题教育先进事迹报告团成员，成为亳州市唯一获此殊荣的同志。

（六）当年对违反《住房公积金管理条例》和相关法规行为进行行政处罚和申请人民法院强制执行情况。2019年，亳州市住房公积金管理中心无行政处罚和申请人民法院强制执行情况。

（七）当年对住房公积金管理人员违规行为的纠正和处理情况等。2019年，亳州市住房公积金管理人员无违规行为的纠正和处理情况。

池州市住房公积金2019年年度报告

一、机构概况

（一）住房公积金管理委员会：住房公积金管理委员会有23名委员，2019年召开2次会议，审议通过的事项主要包括：

（1）2018年度住房公积金年度报告；
（2）2018年度住房公积金归集和使用计划执行情况的报告；
（3）2018年度住房公积金决算；
（4）2018年度住房公积金增值收益分配方案；
（5）2019年度住房公积金归集、使用计划；
（6）2019年度住房公积金预算；
（7）关于进一步规范住房公积金使用政策的通知；
（8）关于申请将全国公积金数据平台接入项目专项经费从增值收益列支的报告；
（9）关于终止池州贵池民生村镇银行受委托承办住房公积金贷款业务资格的请示；
（10）关于调整和规范住房公积金个人住房贷款政策的通知；
（11）池州市住房公积金资金竞争性存放实施细则；
（12）池州市2019年度住房公积金资金定期存款竞争性谈判工作方案；
（13）2019年住房公积金资金定期存款竞争性存放项目竞争性谈判文件；
（14）2019年住房公积金增值收益资金定期存款竞争性存放项目竞争性谈判文件。

（二）住房公积金管理中心：住房公积金管理中心为直属池州市人民政府不以营利为目的的参照公务员法管理的事业单位，设6个科室，4个管理部。从业人员45人，其中，在编23人，非在编22人。

二、业务运行情况

（一）缴存：2019年，新开户单位171家，实缴单位1968家，净增单位61家；新开户职工1.07万人，实缴职工8.67万人，净增职工0.51万人；缴存额13.47亿元，同比增长11.32%。2019年末，缴存总额108.47亿元，比上年末增加14.19%；缴存余额33.05亿元，比上年末增加9.04%。

受委托办理住房公积金缴存业务的银行5家，与上年相同。

（二）提取：2019年，提取额10.73亿元，同比增长6.98%；占当年缴存额的79.66%，比上年减少

3.23 个百分点。2019 年末，提取总额 75.42 亿元，比上年末增加 16.59%。

（三）贷款：

个人住房贷款：个人住房贷款最高额度 45 万元，其中，单缴存职工最高额度 35 万元，双缴存职工最高额度 45 万元。

2019 年，发放个人住房贷款 0.26 万笔、7.72 亿元，同比分别增长 23.81%、28.67%。

2019 年，回收个人住房贷款 4.22 亿元。

2019 年末，累计发放个人住房贷款 3.12 万笔、60.38 亿元，贷款余额 31.44 亿元，分别比上年末增加 9.09%、14.66%、12.53%。个人住房贷款余额占缴存余额的 95.13%，比上年末增加 2.95 个百分点。

受委托办理住房公积金个人住房贷款业务的银行 10 家。

（四）融资： 2019 年末，融资总额 2 亿元，融资余额 0 亿元。

（五）资金存储： 2019 年末，住房公积金存款 1.61 亿元。其中，活期 0.19 亿元，1 年以上定期 0.06 亿元，其他（协定、通知存款等）1.36 亿元。

（六）资金运用率： 2019 年末，住房公积金个人住房贷款余额、项目贷款余额和购买国债余额的总和占缴存余额的 95.13%，比上年末增加 2.95 个百分点。

三、主要财务数据

（一）业务收入： 2019 年，业务收入 10474.52 万元，同比下降 2.81%。其中，存款利息 821.86 万元，委托贷款利息 9652.66 万元。

（二）业务支出： 2019 年，业务支出 4717.60 万元，同比下降 14.95%。其中，支付职工住房公积金利息 4347.52 万元，委托贷款手续费 369.98 万元，其他 0.10 万元。

（三）增值收益： 2019 年，增值收益 5756.92 万元，同比增长 10.07%。增值收益率 1.80%，同上年持平。

（四）增值收益分配： 2019 年，提取贷款风险准备金 1866.57 万元，提取管理费用 860.35 万元，提取城市廉租住房（公共租赁住房）建设补充资金 3030.00 万元。

2019 年，上交财政管理费用 707.48 万元（含当年列入政府性投资项目的全国住房公积金数据平台接入项目费用 98.00 万元）。上缴财政城市廉租住房（公共租赁住房）建设补充资金 2870.00 万元。

2019 年末，贷款风险准备金余额 16699.18 万元。累计提取城市廉租住房（公共租赁住房）建设补充资金 14954.19 万元。

（五）管理费用支出： 2019 年，管理费用支出 798.74 万元，同比增长 22.46%。其中，人员经费 515.78 万元，公用经费 88.78 万元，专项经费 194.18 万元。

四、资产风险状况

个人住房贷款：2019 年末，个人住房贷款逾期额 29.45 万元，逾期率 0.09‰。

个人贷款风险准备金按不低于贷款余额的 1% 提取。2019 年，提取个人贷款风险准备金 1866.57 万元，使用个人贷款风险准备金核销呆坏账 0 万元。2019 年末，个人贷款风险准备金余额 16699.18 万元，占个人住房贷款余额的 5.31%，个人住房贷款逾期额与个人贷款风险准备金余额的比率为 0.18%。

五、社会经济效益

(一) **缴存业务**：2019年，实缴单位数、实缴职工人数和缴存额同比分别增长3.20%、6.25%和11.32%。

缴存单位中，国家机关和事业单位占56.25%，国有企业占13.41%，城镇集体企业占1.07%，外商投资企业占0.86%，城镇私营企业及其他城镇企业占24.24%，民办非企业单位和社会团体占1.58%，其他占2.59%。

缴存职工中，国家机关和事业单位占49.72%，国有企业占22.83%，城镇集体企业占1.18%，外商投资企业占1.46%，城镇私营企业及其他城镇企业占23.09%，民办非企业单位和社会团体占0.47%，其他占1.25%；中、低收入占98.93%，高收入占1.07%。

新开户职工中，国家机关和事业单位占36.07%，国有企业占13.33%，城镇集体企业占0.34%，外商投资企业占1.21%，城镇私营企业及其他城镇企业占45.65%，民办非企业单位和社会团体占1.08%，其他占2.32%；中、低收入占99.78%，高收入占0.22%。

(二) **提取业务**：2019年，3.36万名缴存职工提取住房公积金10.73亿元。

提取金额中，住房消费提取占86.21%（购买、建造、翻建、大修自住住房占34.65%，偿还购房贷款本息占51.40%，租赁住房占0.16%）；非住房消费提取占13.79%（离休和退休提取占10.27%，完全丧失劳动能力并与单位终止劳动关系提取占2.66%，户口迁出本市或出境定居占0.01%，其他占0.85%）。

提取职工中，中、低收入占98.80%，高收入占1.20%。

(三) **贷款业务**：

1. 个人住房贷款：2019年，支持职工购建房30.21万平方米，年末个人住房贷款市场占有率为13.05%，比上年末减少0.27个百分点。通过申请住房公积金个人住房贷款，可节约职工购房利息支出14302.99万元。

职工贷款笔数中，购房建筑面积90（含）平方米以下占13.92%，90~144（含）平方米占78.01%，144平方米以上占8.07%。购买新房占70.48%（其中购买保障性住房占1.95%），购买二手房占29.52%。

职工贷款笔数中，单缴存职工申请贷款占64.89%，双缴存职工申请贷款占35.11%。

贷款职工中，30岁（含）以下占31.17%，30岁~40岁（含）占34.84%，40岁~50岁（含）占24.51%，50岁以上占9.48%；首次申请贷款占82.45%，二次及以上申请贷款占17.55%；中、低收入占99.24%，高收入占0.76%。

2. 异地贷款：2019年，发放异地贷款18笔、479.6万元。2019年末，发放异地贷款总额27217.4万元，异地贷款余额19704.81万元。

3. 公转商贴息贷款：2019年，未发放公转商贴息贷款，当年贴息额527.87万元。2019年末，累计发放公转商贴息贷款1852笔、52618.80万元，累计贴息1285.54万元。

(四) **住房贡献率**：2019年，个人住房贷款发放额、公转商贴息贷款发放额、项目贷款发放额、住房消费提取额的总和与当年缴存额的比率为125.96%，比上年增长4.96个百分点。

六、其他重要事项

（一）2019年机构及职能调整、受委托办理缴存贷款业务金融机构变更情况。终止池州贵池民生村镇银行受委托承办住房公积金贷款业务资格，2019年12月26日办理销户。从开户以来，该银行未办理过住房公积金委托贷款业务。

（二）当年住房公积金政策调整及执行情况。

（1）根据国务院《住房公积金管理条例》规定，单位与职工缴存住房公积金的月工资基数，原则上不应超过市统计部门公布的上一年度职工月平均工资的3倍。2019年，池州市住房公积金管理中心依据市统计局《统计年鉴》提供的数据，上一年度池州市职工月平均工资为5702.50元，按最高缴存比例12%测算出本市单位职工缴存住房公积金，单位补贴部分最高金额为每月不超过2053元，并及时公开，予以调整。

（2）缴存职工与单位解除或终止劳动关系后，先办理个人账户封存。账户封存期间，在异地开立住房公积金账户并稳定缴存半年以上的，办理异地转移接续手续。未在本市或异地继续缴存的，账户封存满半年后可办理销户提取。职工申请办理住房公积金异地转入业务时，应在本市连续正常缴存六个月（含）以上。

（3）缴存人离异一年以内暂停住房公积金贷款。

（4）借款申请人应为住房公积金缴存职工，对于存在共同申请人的，共同申请人应为借款申请人配偶。申请贷款前6个月连续缴存公积金，且申请贷款时公积金账户应处于正常缴存状态。缴存职工家庭首次申请住房公积金贷款购买自住住房，夫妻双方正常缴存住房公积金的，贷款最高限额为45万元；一方正常缴存住房公积金的，贷款最高限额为35万元。缴存职工家庭第二次申请住房公积金贷款购买自住住房，夫妻双方正常缴存住房公积金的，贷款最高限额为35万元；一方正常缴存住房公积金的，贷款最高限额为25万元。最低首付比例不低于所购住房总价款的20%，贷款利率按照中国人民银行规定住房公积金贷款利率执行。住房公积金贷款最长年限为30年，且贷款到期日不超过借款申请人（含共同申请人）法定退休时间后5年。

（三）当年服务改进情况。2019年，池州市住房公积金管理中心坚持以习近平新时代中国特色社会主义思想和党的十九大一中、二中、三中、四中全会精神为引领，增强"四个意识"，坚定"四个自信"，做到"两个维护"，坚持以人民为中心的发展思想，切实转变工作作风，规范服务行为，提高服务质量，提升办事效率。

1. 圆满完成综合服务大厅搬迁工作。 根据市政府统一部署安排，利用国庆休假期间，在不影响群众办事的情况下，中心职工加班加点完成了市本级综合服务大厅搬迁至市政务服务大厅工作，10月8日如期投入运营，实现住房公积金业务"一网一门一次"办理。

2. 进一步深化网办业务深度。 持续推进"互联网＋政务服务"，大力发展住房公积金网办业务，积极推广网上汇缴，提高服务办事效率。根据政务服务事项"应上进上、全程在线"的原则，将公积金缴存、提取、贷款3大类31项业务按网办全部上线至政务服务平台办理，7项业务减少审批时限，27项业务减少审批环节，21项业务实现一网通办、全程网办，在符合办理条件的情况下全部能达到实现"最多跑一次"目标。

3. 进一步精简业务办理材料。 在推进线上业务办理的同时，充分利用大数据信息共享技术，进一步精简业务办理材料，不断压缩业务办理的工作时限，先后共精简办事材料共计 14 项，取消各类证明 9 项，累计压缩工作办理时限 35 天。

4. 进一步优化业务流程。 推行业务审批权限前置，将公积金缴存、提取、贷款等业务审批前置到窗口，做到"前台受理、线上审批、即时办结"，实现在公积金服务大厅内"一窗式"办结，资金审批通过直联支付结算系统运行实时到账。

5. 进一步强化作风效能建设。 以进驻政务服务中心为契机，进一步加强窗口服务管理，开展业务知识和文明服务礼仪培训，完善窗口管理服务制度规范，着力提升服务效能。不断推进职工队伍服务理念、服务方式方法的进一步转变，实现服务水平质的飞跃。

(四) 当年信息化建设情况。

1. 全国住房公积金数据平台接入工作。 根据住房和城乡建设部的统一部署，我市于 2019 年 6 月份完成全国住房公积金数据平台接入工作，半年来通过平台向住房和城乡建设部报送数据质量稳定。

2. 综合服务平台建设工作。 10 月 30 日，我市住房公积金综合服务平台建设工作顺利通过住房和城乡建设部和省住房城乡建设厅验收组的检查验收，成为全省第 5 个综合服务平台通过住房和城乡建设部验收的城市。目前，我市住房公积金综合服务平台完成门户网站、网厅、微信、微博、手机 APP、12329 热线、短信和自助终端八大服务渠道的全部建设工作，31 项政务服务事项均可在平台办理。实现住房公积金综服务平台与政务服务平台无阻碍链接，缴存单位和职工通过登录安徽省政务服务网，即可办理各类住房公积金业务。

3. 全面完成住房公积金业务自主核算工作。 2019 年 5 月，我市全面完成公积金汇缴、提取业务自主核算，以及 9 家委托银行贷款核算模式切换工作，实现住房公积金贷款发放、扣款、计息及其核算等与委托银行脱离，成为全省第 4 家全面实现住房公积金业务自主核算城市。

(五) 2019 年住房公积金管理中心及职工所获荣誉情况。

(1) 2019 年 3 月 6 日，安徽省住房和城乡建设厅命名池州市住房公积金管理中心综合服务大厅为第四批"全省住房城乡建设系统学雷锋活动示范点"。

(2) 2019 年 3 月，池州市住房公积金管理中心综合服务大厅被命名为池州市"巾帼文明岗"。

(3) 2019 年 6 月 6 日，市双拥工作领导小组通报表扬市住房公积金管理中心 2018 年度双拥优秀单位。

(4) 2019 年 8 月 9 日，市委办、市政府办通报表扬市住房公积金管理中心窗口为"市直最佳服务窗口"。

(5) 2019 年 8 月 15 日，市政府办党组会议研究，决定对市住房公积金管理中心 2018 年度综合考核评定为"好"等次予以通报表扬。

(6) 2019 年 10 月 18 日，市文明委授予池州市住房公积金管理中心综合服务大厅为池州市"百佳"文明窗口称号。

(7) 2019 年 11 月 1 日，安徽省妇联授予池州市住房公积金管理中心综合服务大厅为 2019 年度安徽省"巾帼文明岗"称号。

(8) 2019 年 12 月 23 日，安徽省创建青年文明号活动组委会授予池州市住房公积金管理中心综合服务大厅为"2018—2019 年度青年文明号集体"称号。

（六）当年对违反《住房公积金管理条例》和相关法规行为进行行政处罚和申请人民法院强制执行情况。2019年池州市住房公积金管理中心无此类情况发生。

（七）当年对住房公积金管理人员违规行为的纠正和处理情况等。2019年池州市住房公积金管理中心无此类情况发生。

（八）其他需要披露的情况。无其他需要披露的事项。

宣城市住房公积金2019年年度报告

一、机构概况

（一）住房公积金管理委员会：住房公积金管理委员会有27名委员，2019年召开2次会议，审议通过的事项主要包括：2月27日，会议审议通过《宣城市2018年度住房公积金归集使用计划执行情况和2019年度住房公积金归集使用计划》《宣城市住房公积金2018年年度报告》《2018年城市廉租住房（公共租赁住房）建设补充资金分配方案》；7月11日，会议听取市住房公积金管理中心《关于上半年工作开展情况的汇报》，审议通过《市住房公积金管理委员会关于调整住房公积金月缴存额上下限的通知》、住房公积金管理中心工作用房部分移交方案。

（二）住房公积金管理中心：住房公积金管理中心为市人民政府直属不以营利为目的的全额拨款事业单位，设5个科、5个管理部，1个分中心。从业人员64人，其中在编46人、非在编18人。

二、业务运行情况

（一）缴存：2019年，新开户单位407家，实缴单位4081家，净增单位318家；新开户职工2.16万人，实缴职工17.83万人，净增职工1.15万人；缴存额25.10亿元，同比增长14.56%。2019年末，缴存总额205.05亿元，比上年末增加13.95%；缴存余额52.68亿元，比上年末增加10.74%。

受委托办理住房公积金缴存业务的银行5家，比上年增加1家。

（二）提取：2019年，提取额19.99亿元，同比下降6.06%；占当年缴存额的79.64%，比上年减少17.48个百分点。2019年末，提取总额152.37亿元，比上年末增加15.1%。

（三）贷款：

1. 个人住房贷款：个人住房贷款最高额度40万元，其中，单缴存职工最高额度40万元，双缴存职工最高额度40万元。

2019年，发放个人住房贷款0.67万笔、16.46亿元，同比分别增长19.64%、15.02%。

2019年，回收个人住房贷款11.33亿元。

2019年末，累计发放个人住房贷款6.57万笔、127.46亿元，贷款余额62.13亿元，分别比上年末增加11.36%、14.83%、8.98%。个人住房贷款余额占缴存余额的117.94%，比上年末减少1.9个百分点。

受委托办理住房公积金个人住房贷款业务的银行14家，比上年增加1家。

2. 住房公积金支持保障性住房建设项目贷款：无。

（四）购买国债：无。

（五）融资：2019年，融资9.77亿元，归还10.27亿元。2019年末，融资总额28.33亿元，融资余额9.34亿元。

（六）资金存储：2019年末，住房公积金存款0.35亿元。其中，活期0.26亿元，其他（协定、通知存款等）0.09亿元。

（七）资金运用率：2019年末，住房公积金个人住房贷款余额、项目贷款余额和购买国债余额的总和占缴存余额117.94%，比上年末减少1.9个百分点。

三、主要财务数据

（一）业务收入：2019年，业务收入19324.48万元，同比增长6.70%。存款利息163.39万元，委托贷款利息19161.09万元。

（二）业务支出：2019年，业务支出12263.75万元，同比增长6.92%。支付职工住房公积金利息7678.73万元，委托贷款手续费587.57万元，其他3997.45万元（其中含银行融资利息3436.12万元、存量"公转商"贷款贴息560.18万元）。

（三）增值收益：2019年，增值收益7060.73万元，同比增长6.31%。增值收益率1.39%，比上年减少0.02个百分点。

（四）增值收益分配：2019年，提取贷款风险准备金0万元，提取管理费用1123.75万元，提取城市廉租住房（公共租赁住房）建设补充资金5936.98万元。

2019年，上交财政管理费用1123.75万元。上缴财政城市廉租住房（公共租赁住房）建设补充资金5649.12万元。

2019年末，贷款风险准备金余额8694.25万元。累计提取城市廉租住房（公共租赁住房）建设补充资金48299.03万元。

（五）管理费用支出：2019年，管理费用支出1102.45万元，同比增长11.26%。其中，人员经费649.06万元，公用经费29.9万元，专项经费423.49万元。

四、资产风险状况

（一）个人住房贷款：2019年末，个人住房贷款逾期额307.71万元，逾期率0.5‰。

个人贷款风险准备金按年末贷款余额的1%提取补足。2019年，提取个人贷款风险准备金0万元，使用个人贷款风险准备金核销呆坏账0万元。2019年末，个人贷款风险准备金余额8694.25万元，占个人住房贷款余额的1.4%，个人住房贷款逾期额与个人贷款风险准备金余额的比率为3.54%。

（二）支持保障性住房建设试点项目贷款：无。

五、社会经济效益

（一）缴存业务：2019年，实缴单位数、实缴职工人数和缴存额同比分别增长8.45%、6.89%和14.56%。

缴存单位中，国家机关和事业单位占 47.76%，国有企业占 12.18%，城镇集体企业占 0.93%，外商投资企业占 0.96%，城镇私营企业及其他城镇企业占 31.73%，民办非企业单位和社会团体占 4.04%，其他占 2.4%。

缴存职工中，国家机关和事业单位占 44.01%，国有企业占 12.41%，城镇集体企业占 0.97%，外商投资企业占 3.41%，城镇私营企业及其他城镇企业占 35.40%，民办非企业单位和社会团体占 2.84%，其他占 0.96%；中、低收入占 99.05%，高收入占 0.95%。

新开户职工中，国家机关和事业单位占 30.28%，国有企业占 5.59%，城镇集体企业占 0.41%，外商投资企业占 2.4%，城镇私营企业及其他城镇企业占 56.59%，民办非企业单位和社会团体占 3.47%，其他占 1.26%；中、低收入占 99.86%，高收入占 0.14%。

（二）提取业务：2019 年，6.53 万名缴存职工提取住房公积金 19.99 亿元。

提取金额中，住房消费提取占 85.43%（购买、建造、翻建、大修自住住房占 30.40%，偿还购房贷款本息占 54.51%，租赁住房占 0.52%，其他占 0%）；非住房消费提取占 14.57%（离休和退休提取占 11.54%，完全丧失劳动能力并与单位终止劳动关系提取占 1.97%，出境定居占 0.41%，其他占 0.65%）。提取职工中，中、低收入占 98.02%，高收入占 1.98%。

（三）贷款业务：

1. 个人住房贷款：2019 年，支持职工购建房 77 万平方米，年末个人住房贷款市场占有率（含公转商贴息贷款）为 11.4%，比上年末减少 0.13 个百分点。通过申请住房公积金个人住房贷款，可节约职工购房利息支出 36056.72 万元。职工贷款笔数中，购房建筑面积 90（含）平方米以下占 11.57%，90~144（含）平方米占 78.59%，144 平方米以上占 9.84%。购买新房占 75.73%（其中购买保障性住房占 0%），购买二手房占 24.23%，建造、翻建、大修自住住房占 0.04%。

职工贷款笔数中，单缴存职工申请贷款占 62.13%，双缴存职工申请贷款占 37.87%，三人及以上缴存职工共同申请贷款占 0%。

贷款职工中，30 岁（含）以下占 39.31%，30 岁~40 岁（含）占 29.67%，40 岁~50 岁（含）占 22.80%，50 岁以上占 8.22%；首次申请贷款占 83.63%，二次及以上申请贷款占 16.37%；中、低收入占 95.38%，高收入占 4.62%。

2. 异地贷款：2019 年，发放异地贷款 37 笔、1068.22 万元。2019 年末，发放异地贷款总额 40698.62 万元，异地贷款余额 30575.80 万元。

3. 公转商贴息贷款：2019 年，发放公转商贴息贷款 1017 笔、20026.31 万元，支持职工购建住房面积 10.75 万平方米，当年贴息额 560.18 万元。2019 年末，累计发放公转商贴息贷款 1649 笔、36574.87 万元，累计贴息 888.01 万元。

4. 支持保障性住房建设试点项目贷款：无。

（四）住房贡献率：2019 年，个人住房贷款发放额、公转商贴息贷款发放额、项目贷款发放额、住房消费提取额的总和与当年缴存额的比率为 141.63%，比上年减少 6.27 个百分点。

六、其他重要事项

（一）当年机构及职能调整情况、受委托办理缴存贷款业务金融机构变更情况。2019 年，受委托办理住房公积金缴存业务的银行5家，比上年增加1家（郎溪农商行）；受委托办理住房公积金个人住房贷款业务的银行14家，分别是：工行、建行、农行、中行、徽行、交行、浦发行、邮储银行、皖南农商行、郎溪农商行、泾县农商行、绩溪农商行、宁国农商行、广德农商行。

（二）当年住房公积金政策调整及执行情况。

1. 住房公积金缴存政策调整

从2019年1月1日起调整我市住房公积金月缴存额上、下限标准。月缴存额上限：根据宣城市统计局公布的数据，2018年度宣城市区城镇非私营单位在岗人员年平均工资为78896元，即月平均工资为6575元。按照月缴存工资基数不高于上一年度月平均工资3倍的规定，我市2019年度职工住房公积金月缴存基数上限为19725元，缴存比例不得高于12％。单位及个人月缴存额均不得高于2367元，月缴存总额上限为4734元；月缴存额下限：职工住房公积金的月缴存工资基数为职工本人上一年月平均工资，最低缴存基数不得低于本年度宣城市区最低工资标准1380元。缴存比例不得低于5％。

2. 住房公积金提取和贷款政策调整

自2019年7月23日起，将相关转移、支取、贷款条件规范如下：（1）本市缴存职工与单位解除或终止劳动关系的，由缴存单位先办理个人账户封存。缴存职工在账户封存期间申请办理异地转移接续手续的，需满足在异地开立住房公积金账户并稳定缴存满半年。未继续缴存住房公积金，申请办理销户提取的，需满足账户封存满半年；（2）我市缴存职工本人（含配偶）在工作地无自有住房且租赁住房，申请提取住房公积金支付房租的，需满足职工连续足额缴存住房公积金满3个月；（3）缴存职工申请住房公积金贷款，需满足连续足额缴存住房公积金满6个月（补缴不视为连续缴存）。

3. 住房公积金存贷款利率执行标准

2019年住房公积金存贷款利率未作调整。目前执行的是，职工住房公积金账户存款利率统一按一年期定期存款基准利率（1.50％）执行；五年期以上个人住房公积金贷款利率为3.25％，五年期以下（含五年）个人住房公积金贷款利率为2.75％。

（三）当年服务改进情况。一是优化办事流程。为进一步提升服务效能，方便缴存职工，8月，我们进一步升级改造业务系统，实行各网点前台受理，负责审核支取资料的真实性、合规性和合法性，中心线上统一审批、统一支付，在全省率先实现市域范围内公积金支取业务的统一在线审批"秒到账"。10月，将公积金贷后冲还贷业务申请提前到贷款受理阶段，贷款发放成功后，系统自动生成冲还贷业务，职工不需再次申请并往返中心。进一步减证便民，精减公积金贷款业务办理要件，各网点严格对个人购房、婚姻状况承诺等材料的真实性审查。办事效率明显提升，绩溪公积金贷款受理审批做到了"零退单"，旌德一笔贷款从受理到付款只用了9天时间。

二是建设综合服务平台。为进一步拓展服务渠道覆盖广度和深度，提升用户体验，我们针对住房公积金的高频业务及实际办理过程中出现的问题，密切联系相关部门，及时沟通协商，强力推进数据共享应用，不断完善"互联网+公积金政务服务"综合服务平台、微信公众号功能，实现所有公积金业务可在网上办理。9月，我们作为全省唯一试点中心，在国家政务服务平台支付宝城市服务做推广，为缴存职工提供住房公积金查询服务。11月1日，我们综合服务平台建设工作以全省最高分，通过了住房和城乡建设部专家组的检查验收。12月10日，我们进驻宣城市企业"一网通办"服务平台，在省内首批实现线上企业注册与公积金账户设立并行办理。我们加大宣传、培训和推广应用网上办理业务，确保网办业务当天提交、当天受理，真正做到"日清日结"。1~12月，我们受理网办业务7.28万笔，办结率100%。

三是完成公积金数据平台接入工作。根据住房和城乡建设部统一部署，我们积极对接合作银行和软件承建商，通过开展软硬件采购、系统开发、网络环境搭建、应用部署测试、业务数据采集、信息核验及数据上传等工作，于5月24日成功报送1107万条全量业务数据至全国住房公积金数据平台，成为省内首批接入的中心，实现了与国家税务总局总对总的数据交换。

四是提供个人征信自助查询。为向公积金贷款职工提供更加方便、高效、快捷的"一站式"服务，我们得到人民银行宣城市中心支行的大力支持，在中心设置了个人征信自助查询机，成为全省首家非金融机构个人信用报告自助查询代理点。自9月16日起，公积金贷款职工可在我们自助查询个人征信，整个流程耗时不到1分钟。

五是畅通民意诉求。为提升缴存职工满意度，我们开通和完善微信公众号、微博、"皖事通"手机APP、网站、安徽政务服务网、"12329"服务热线、短信提醒、自助查询终端等，拓宽畅通民意诉求表达渠道，向缴存职工公开住房公积金个人信息，公布各项业务政策解读及办理流程，解答相关问题，并积极回应"12345"市长热线、政民互动等平台上反映的问题，同时，按月建立台账，汇总分析职工反映的问题，对具有代表性的问题进行系统性解决，有效方便广大缴存职工。1~12月我市"12329"住房公积金服务热线共接听电话5.42万次，其中人工服务3.21万次；发送业务告知短信97.49万条；办理回复"12345"市长热线208条、政民互动34条、市长信箱11条、信访件2条；微信公众号的关注量已超6万人。

（四）当年信息化建设情况。 我们创新财务核算模式。我们对公积金业务系统进一步升级改造，在业务发生的同时，系统同步完成自动匹配，自动记账，实现三账联动。我们实现财务集中核算，中心财务集中管理运作全市资金的拨付，会计凭证制单、审核、记账、装订、报表统计等会计核算工作，实现全中心财务一套账、一本账，提高市中心资金的集中度和使用率，为接下来所有业务及会计核算的日终日清打下基础。通过业务处理、资金结算和会计核算的"无缝集成"，以及业务、资金流水的始终匹配，会计核算的自动完成，做到业务发生、资金变化、会计反映、统计数据的系统全程监控管理，使资金运行全程杜绝人为干预因素，封闭式运行，保障资金和人员的"双安全"。我们省内率先规范管理部（分中心）账户资金的"收支两条线"管理，各管理部（分中心）账户只负责公积金归集资金的进账，公积金支取、贷款的发放及回收等业务统一使用中心专户，全面实现"收支两条线"，日终实现零余额管理。对管理部（分中心）账户实行"零余额"管理使全中心的资金实现统一运作、调剂使用、规避风险、确保安全、提高增值收益率。

（五）当年住房公积金管理中心及职工所获荣誉情况。 中心先后取得全省住房城乡建设系统"学雷锋活动示范点"、市直机关工委"文明单位"、团市委"青年文明号"、市政府办机关党委"先进党支部"，省住建系统"学雷锋标兵"1名、市政府办机关党委"优秀党员"2名、"优秀党务工作者"1名。各窗口均被当地政务服务局作为先进典型推广宣传，营业部窗口荣获"2018年度市政务服务红旗窗口"称号，且2019年连续5次被评为"双月红旗窗口"，泾县管理部获县政府年度目标管理绩效考核"优胜单位"和"五大会战及重点工作考核一等奖"称号，广德分中心、郎溪、宁国管理部获政务服务"优秀窗口""红旗窗口""和谐共进奖"，各管理部（分中心）窗口获得"先进个人""微笑之星""服务之星"、党员示范岗共10名。

（六）当年对违反《住房公积金管理条例》和相关法规行为进行行政处罚和申请人民法院强制执行情况。无。

（七）当年对住房公积金管理人员违规行为的纠正和处理情况等。无。

（八）其他需要披露的情况。

（1）为进一步扩大住房公积金制度覆盖面，我们将2019年定为住房公积金归集扩面攻坚深化年，持续自我加压，成效显著。1~12月全市新增缴存单位407个，新增2.21万人，净增1.51万人。

一是精细分解目标任务。我们将年度归集扩面目标作为业务工作重点任务，分解到各管理部（分中心），并制定月计划，实行月通报。我们要求各部门抓住工作重点，采取有力措施，用好用足政策，调动多方资源，强化目标任务和承诺事项责任落实，督促完成全年目标任务，特别是公积金归集额和新增人数。

二是加大住房公积金政策宣传力度。我们构建多维度宣传体系，创新宣传方式，进行全方位、多层次、针对性地强化宣传，着力营造良好的建制舆论氛围，进一步提升公积金政策知晓度。我们深入实地宣传，先后主动走进全市"春风行动"人才招聘会，对接311地质队、北师大、奋飞学校、台客隆等单位，开展针对性的现场活动，循环播放政策宣传视频、发放宣传资料、解答业务问题，细致了解单位生产经营状况和员工福利待遇，大力宣传住房公积金惠民政策和服务举措，促进住房公积金制度的推广。我们拓宽宣传渠道，多渠道加大信息公开力度，将电视、报刊等传统媒体和官方网站、微信公众号等新媒体的优势有机融合，广泛宣传政策。2019年，中心网站坚持每月更新信息20条以上，点击率576.66万次；微信公众号推送信息320篇；中国建设报登稿4篇、宣城日报12篇；省住房和城乡建设厅网站采用信息6条。我们分类精准宣传，对未建制单位职工，重点宣传住房公积金相关政策和权益，帮助广大职工增强依法维权意识；对未建制单位，重点加强政策法规宣传，不断提高单位参与的主动性和自觉性；对地方政府，重点加强工作成效和对地方经济社会发展贡献的宣传，争取政府对建制和住房公积金管理工作的支持。在全市各级党委、政府的支持下，住房公积金规范缴存面得到进一步拓宽，其中宣州区乡（镇）政府基层特岗、"三支一扶"以及机关事业单位聘用人员应缴尽缴；泾县将公职人员一次性奖励和车贴纳入公积金缴存基数（并补缴前两年）；绩溪中小企业归集扩面有序推进，宁国非公经济建制成效突出；旌德县将机关公职人员缴存基数应纳尽纳提上工作日程。

三是积极建立协调配合机制。我们主动对接人社部门，将缴纳住房公积金列入劳动合同示范文本，争取与人社部门信息共享，将采集的社保缴纳信息和公积金缴存信息进行比对筛选，核查未开户单位和未全员开户单位；对接市场监管部门，将市场主体公积金开户告知与注册同步，将市场主体住房公积金缴存情况纳入"双随机一公开"的检查范围，通过参与对工业企业安全生产情况、学校办学情况、人力资源市场用工情况等部门联合执法检查，推动更多的劳动者纳入住房公积金制度保障范围；对接市（县、区）总工会，支持各级工会组织积极维护广大职工的住房公积金缴存权益；对接招商引资部门，及时了解招商引资重点项目进展情况，主动开展送政策送服务工作。

四是提升依法办事能力。我们不断强化法治思维，着力提升职工运用法治思维和法治方式的能力，切实加大公积金归集执法力度，力推从行政推动向法治促进转变，促进全市住房公积金规范缴存和管理，进一步完善公积金归集扩面机制。我们发挥法律顾问在参与公积金重大事项决策以及重要规范性文件起草中的审查作用，进一步规避法律风险，维护单位合法权益；加强对单位职工的法律知识培训，积极参加全省统一组织的行政执法资格考试，确保执法人员持证上岗，目前我们在编46名职工中，已有34人取得行政执法资格，进一步推动我们执法规范化。我们规范缴存审核，利用公积金缴存年审契机，认真筛查堵漏，着重核对各缴存单位应缴实缴人数。我们针对上年出具分期规范缴存承诺书的单位，逐一敦促按约兑现，同时，重点关注新聘用的职工以及用人单位与用工单位分离的职工，规范了全市上市公司、劳务派遣公司公积金的缴存管理。为有效维护《住房公积金管理条例》的权威性，夯实执法人员的程序规范意识和执法实践能力，3月，我们严格按照《住房公积金管理条例》规定，立案查处一起不为单位职工办理住房公积金账户设立手续的违法行为。该单位在其法律顾问的指导下，及时认识到错误行为并立即予以纠正，于3月底办理了住房公积金账户设立和缴存手续。绩溪管理部为维护实现改制企业职工的住房公积金合法权益成效显著。

（2）2019年，资金管理再上台阶。我们充分发挥职能作用，在促进房地产市场健康发展、改善职工住房条件的同时，主要资金指标呈现持续稳定增长态势，归集额、提取额、个贷发放额、社会效益实现持续增长。在满足贷款资金需求办理2亿元公转商增大融资成本420万元的情况下，整合资金效益，实现增值收益7060万元，比上年增加418.9万元。

一是全力强化内部稽核。我们开拓思路，进一步改进稽核方法，拓宽稽核业务范围，加大稽核监督力度，切实防范资金风险和违规风险。我们做好常规业务稽核，每月抓重点完成公积金贷款、提取业务、公积金账目会计核算等稽核检查，并在月度例会上及时举一反三，总结完善。对照住房和城乡建设部反馈的公积金业务电子化检查结果，扎实开展梳理、整改和规范，督促各业务网点完善业务管理，多角度防范风险，确保资金安全。我们开展专项稽核项目，加强梳理各个业务流程中的潜在风险点，开展针对性稽核。3~4月，对所有业务岗位公积金内网系统岗位权限开展了清理和规范，整理出我们实用的业务经办权限共计212项，清理了各岗位冗余操作权限共计600多项；6月，对2018年6月至2019年5月期间，期房转现房不动产抵押权证落实情况进行了检查。

二是重拳打击失信行为。2019年我们再度联合婚姻登记中心开展"贷款申请婚姻状况真实性回头看"专项检查工作，查处了1起提供虚假婚姻材料的贷款申请，向纪检部门报告了1起公职人员失信行为；支持住房和城乡建设部做好违规提取住房公积金案件取证，我市涉案的3名缴存职工，其中2笔在办理过程中已被我们当场识破驳回，另1笔虚假异地购房支取款项金额追回；4~5月，我们联合住建、公安、民政、人社、自然资源规划、人行、宣城国投以及商业银行等部门在全市范围内持续开展"严厉打击骗提骗贷行为，健康使用住房公积金"宣传月活动，先后在市区万达广场、宝城社区以及6县市进行了8场主题宣传活动，累计近万名群众现场参与签名支持。充分利用电视、报刊、户外电子屏、网站、微信以及市区280辆公交车，城区50多个小区内张贴海报、20个社区悬挂横幅、发放3万余份宣传画册等开展形式多样的宣传。活动得到市县两级党委政府的高度重视和支持，市县两级领导先后到现场指导。

三是及时催收贷后逾期。为防范贷款资金风险，坚持法治引领，采取送达律师催收函、法律诉讼和开发企业连带责任等多项措施，对出现不良"苗头"的贷款户加大催收力度，对"老赖"行为坚决予以法律打击，化解不良贷款风险。2019年，我们按照《商品房贷款合作协议》条款，督促开发企业履行了72.08万元的阶段性担保责任。市区、广德、泾县3个网点的逾期催收成效在全市领先。

2019 全国住房公积金年度报告汇编

福建省

福州
厦门市
莆田市
三明市
泉州市
漳州市
南平市
龙岩市
宁德市

福建省住房公积金 2019 年年度报告

一、机构概况

（一）住房公积金管理机构：全省共设 9 个设区城市住房公积金中心和 1 个平潭综合实验区住房公积金中心，省会城市福州另设有三个住房公积金管理机构（其中福建省直单位住房公积金中心隶属福建省机关事务管理局、福州住房公积金中心铁路分中心隶属中国铁路南昌局集团有限公司、福州住房公积金中心福建省能源集团分中心隶属福建省能源集团有限责任公司）。全省从业人员 934 人，其中，在编 601 人，非在编 333 人。

（二）住房公积金监管机构：福建省住房和城乡建设厅、财政厅和人民银行福州中心支行负责对本省住房公积金管理运行情况进行监督。福建省住房和城乡建设厅设立住房公积金监管处，负责辖区住房公积金日常监管工作。

二、业务运行情况

（一）缴存：2019 年，新开户单位 25503 家，实缴单位 124261 家，净增单位 9094 家；新开户职工 57.29 万人，实缴职工 416.38 万人，净增职工 12.39 万人；缴存额 667.66 亿元，同比增长 12.87%。2019 年末，缴存总额 4790.01 亿元，比上年末增加 16.20%；缴存余额 1739.31 亿元，比上年末增加 11.88%。

（二）提取：2019 年，提取额 482.96 亿元，同比增长 17.23%；占当年缴存额的 72.34%，比上年增加 2.69 个百分点。2019 年末，提取总额 3050.7 亿元，比上年末增加 18.81%。

（三）贷款：

1. 个人住房贷款： 2019 年，发放个人住房贷款 6.55 万笔、331.50 亿元，同比增长 14.86%、23.20%。回收个人住房贷款 186.51 亿元。

2019 年末，累计发放个人住房贷款 102.98 万笔、2904.48 亿元，贷款余额 1626.89 亿元，分别比上年末增加 6.79%、12.88%、9.78%。个人住房贷款余额占缴存余额的 93.54%，比上年末减少 1.78 个百分点。

2. 住房公积金支持保障性住房建设项目贷款： 2019 年未发放支持保障性住房建设项目贷款，无应还贷款本金余额。

（四）购买国债：2019 年，未购买国债。当年未兑付、转让、收回国债，国债余额 0.48 亿元，与上年同期保持不变。

（五）融资：2019 年，融资 22.5 亿元，归还 70.51 亿元。2019 年末，融资总额 263.88 亿元，融资余额 27.29 亿元。

（六）资金存储：2019 年末，住房公积金存款 167.63 亿元。其中，活期 9.48 亿元，1 年（含）以下定期 45.7 亿元，1 年以上定期 23.05 亿元，其他（协定、通知存款等）89.4 亿元。

（七）资金运用率：2019 年末，住房公积金个人住房贷款余额、项目贷款余额和购买国债余额的总和占缴存余额的 93.56%，比上年末减少 1.79 个百分点。

三、主要财务数据

（一）**业务收入**：2019年，业务收入549500.85万元，同比增长11.06%。其中，存款利息40062.91万元，委托贷款利息509184.38万元，国债利息152.4万元，其他101.16万元。

（二）**业务支出**：2019年，业务支出324749.05万元，同比增长11.44%。其中，支付职工住房公积金利息244530.70万元，归集手续费13799.42万元，委托贷款手续费14603.11万元，其他51815.82万元。

（三）**增值收益**：2019年，增值收益224751.81万元，同比增长10.51%；增值收益率1.37%，比上年减少0.02个百分点。

（四）**增值收益分配**：2019年，提取贷款风险准备金54896.28万元，提取管理费用14869.93万元，提取城市廉租住房（公共租赁住房）建设补充资金154985.60万元。

2019年，上交管理费用12170.66万元，上缴城市廉租住房（公共租赁住房）建设补充资金138255.84万元。

2019年末，贷款风险准备金余额664907.46万元，累计提取城市廉租住房（公共租赁住房）建设补充资金1140005.38万元。

（五）**管理费用支出**：2019年，管理费用支出20019.13万元，同比增长1.68%。其中，人员经费11152.93万元，公用经费1301.02万元，专项经费7565.18万元。

四、资产风险状况

（一）**个人住房贷款**：2019年末，个人住房贷款逾期额3489.56万元，逾期率0.214‰。

2019年，提取个人贷款风险准备金54896.28万元，使用个人贷款风险准备金核销呆坏账0万元。2019年末，个人贷款风险准备金余额661847.46万元，占个人贷款余额的4.07%，个人贷款逾期额与个人贷款风险准备金余额的比率为0.53%。

（二）**住房公积金支持保障性住房建设项目贷款**：我省项目贷款于2015年已全部结清，无项目贷款逾期情况，全省项目贷款风险准备金余额为3060万元，其中厦门贷款风险准备金余额1840万元，福州贷款风险准备金余额1220万元。

五、社会经济效益

（一）**缴存业务**：2019年，实缴单位数、实缴职工人数和缴存额增长率分别为7.90%、3.06%和12.87%。

缴存单位中，国家机关和事业单位占17.21%，国有企业占8.52%，城镇集体企业占1.40%，外商投资企业占3.14%，城镇私营企业及其他城镇企业占46.87%，民办非企业单位和社会团体占3.27%，其他占19.59%。

缴存职工中，国家机关和事业单位占26.04%，国有企业占24.00%，城镇集体企业占1.47%，外商投资企业占8.53%，城镇私营企业及其他城镇企业占24.53%，民办非企业单位和社会团体占2.57%，其他占12.86%；中、低收入占96.35%，高收入占3.65%。

新开户职工中，国家机关和事业单位占9.67%，国有企业占17.09%，城镇集体企业1.30%，外商投资企业占 9.74%，城镇私营企业及其他城镇企业占 42.24%，民办非企业单位和社会团体占 2.90%，其他占 17.05%；中、低收入占 99.16%，高收入占 0.84%。

（二）提取业务：2019 年，144.87 万名缴存职工提取住房公积金 482.96 亿元。

提取金额中，住房消费提取占 81.79%（购买、建造、翻建、大修自住住房占 28.84%，偿还购房贷款本息占 50.38%，租赁住房占 2.46%，其他占 0.11%）；非住房消费提取占 18.21%（离休和退休提取 10.30%，完全丧失劳动能力并与单位终止劳动关系提取 4.02%，出境定居占 0.04%，其他占 3.85%）。

提取职工中，中、低收入占 94.17%，高收入占 5.83%。

（三）贷款业务：

1. 个人住房贷款：2019 年，支持职工购建房 726.81 万平方米。年末个人住房贷款市场占有率为 11.85%，比上年末减少 0.43 个百分点的。通过申请住房公积金个人住房贷款，可节约职工购房利息支出 1029233.37 万元。

职工贷款笔数中，购房建筑面积 90（含）平方米以下占 35.78%，90～144（含）平方米占 59.46%，144 平方米以上占 4.76%。购买新房占 68.30%（其中购买保障性住房占 1.23%），购买二手房占 30.93%，建造、翻建、大修自住住房占 0.09%，其他占 0.68%。

职工贷款笔数中，单缴存职工申请贷款占 56.34%，双缴存职工申请贷款占 43.37%，三人及以上缴存职工共同申请贷款占 0.29%。

贷款职工中，30 岁（含）以下占 27.43%，30 岁～40 岁（含）占 43.85%，40 岁～50 岁（含）占 21.58%，50 岁以上占 7.14%；首次申请贷款占 87.48%，二次及以上申请贷款占 12.52%；中、低收入占 94.28%，高收入占 5.72%。

2. 异地贷款：2019 年，发放异地贷 1135 笔、61449.62 万元。2019 年末，发放异地贷款总额 312659.62 万元，异地贷款余额 218148.78 万元。

3. 公转商贴息贷款：2019 年，发放公转商贴息贷款 25967 笔、1493839.39 万元，支持职工购建房面积 286.20 万平方米，年末个人住房贷款市场占有率（含公转商贴息贷款）为 13.86%。当年贴息额 22929.87 万元。2019 年末，累计发放公转商贴息贷款 71331 笔、3606978.97 万元，累计贴息 60634.98 万元。

4. 住房公积金支持保障性住房建设项目贷款：2019 年末，我省未开展住房公积金支持保障性住房建设项目贷款。

（四）住房贡献率：2019 年，个人住房贷款发放额、公转商贴息贷款发放额、项目贷款发放额、住房消费提取额的总和与当年缴存额的比率为 131.19%，比上年增加 23.69 个百分点。

福州住房公积金 2019 年年度报告

一、机构概况

（一）住房公积金管理委员会：第二届福州住房公积金管理委员会有 25 名委员，2019 年共召开 1 次全体成员会议，1次主任委员办公会议，审议通过4项事项，主要包括：（1）《福州住房公积金2018年年度报告》；（2）《关于调整部分管委会委员的报告》；（3）各中心《2018年住房公积金计划执行情况和2019年住房公积金计划（草案）的报告》；（4）《关于调整2019年度福州住房公积金缴存基数的通知》（榕公积管委〔2019〕2号）。

（二）住房公积金中心：

（1）福州住房公积金中心为直属于市政府不以营利为目的的参照公务员法管理的正处级事业单位，主要负责全市住房公积金的归集、管理、使用和会计核算。中心内设8个处，下设9个管理部。从业人员153人，其中，在编88人，非在编65人。

（2）福建省直单位住房公积金中心隶属于福建省机关事务管理局，是不以营利为目的的参照公务员法管理的正处级事业单位，主要负责在榕省属单位和中央驻榕单位住房公积金的归集、管理、使用和会计核算。中心设6个部（室），从业人员48人，其中，在编18人，非在编30人。

（3）福州住房公积金中心铁路分中心为隶属于中国铁路南昌局集团有限公司，是不以营利为目的的正处级国有企业单位，主要负责中国铁路南昌局集团有限公司福建省境内所属各单位、合资铁路公司、铁路集体经济企业以及其他委托单位住房公积金归集、管理、使用和会计核算。分中心设5个科室，从业人员14人，其中，在编14人，非在编0人。

（4）福州住房公积金中心能源分中心隶属于福建省能源集团有限责任公司，是不以营利为目的机构属性单位，主要负责福建省内能源集团公司所属职工住房公积金归集、管理、使用和会计核算。中心设4个处（科），从业人员10人，其中，在编10人，非在编0人。

二、业务运行情况

（一）**缴存**：2019年，新开户单位4924家，实缴单位25231家，净增单位2905家；新开户职工14.93万人，实缴职工104.89万人，净增职工4万人；缴存额197.21亿元，同比增长15.50%。2019年末，缴存总额1387.32亿元，比上年末增加16.57%；缴存余额500.01亿元，比上年末增加12.94%。

受委托办理住房公积金缴存业务的银行6家，分别是建设银行、工商银行、中国银行、农业银行、兴业银行、农村商业银行。

（二）**提取**：2019年，提取额139.93亿元，同比增长22.37%；占当年缴存额的70.95%，比上年增加3.98个百分点。2019年末，提取总额887.32亿元，比上年末增加18.72%。

（三）**贷款**：

1. 个人住房贷款：个人住房贷款最高额度80万元，其中，单缴存职工最高额度50万元，双缴存职工最高额度80万元。

2019年，发放个人住房贷款1.85万笔、96.96亿元，同比分别增长26.54%、47.46%。其中，福州中心发放个人住房贷款1.09万笔、55.95亿元，省直中心发放个人住房贷款0.61万笔、34.65亿元，铁路分中心发放个人住房贷款0.13万笔、5.44亿元，能源分中心发放个人住房贷款0.02万笔、0.92亿元。

2019年，回收个人住房贷款43.61亿元。其中，福州中心21.02亿元，省直中心18.83亿元，铁路分中心2.96亿元，能源分中心0.80亿元。

2019年末，累计发放个人住房贷款20.18万笔、725.65亿元，贷款余额448.03亿元，分别比上年增加 10.09%、15.42%、13.51%。个人住房贷款余额占缴存余额的 89.60%，比上年末增加 0.45 个百分点。

受委托办理住房公积金个人住房贷款业务的银行 7 家，分别是建设银行、工商银行、农业银行、中国银行、交通银行、兴业银行、农村商业银行。

2.住房公积金支持保障性住房建设项目贷款：2019 年，未发放支持保障性住房建设项目贷款，至 2019 年末，累计发放项目贷款 4.15 亿元，已于 2013 年 5 月全部回收。

（四）**购买国债**：2019 年，未购买国债，国债余额 0 元。

（五）**融资**：2019 年，融资 0 亿元，归还 0 亿元。至 2019 年末，累计融资总额 24.95 亿元，融资余额 0 亿元。

（六）**资金存储**：2019 年末，住房公积金存款 61.23 亿元。其中，活期 7.06 亿元，1 年（含）以下定期 24.00 亿元，1 年以上定期 22.85 亿元，其他（协定、通知存款等）7.32 亿元。

（七）**资金运用率**：2019 年末，住房公积金个人住房贷款余额、项目贷款余额和购买国债余额的总和占缴存余额的 89.60%，比上年末增加 0.45 个百分点。

三、主要财务数据

（一）**业务收入**：2019 年，业务收入 154273.96 万元，同比增长 18.38%。其中，福州中心 79906.29 万元，省直中心 61832.02 万元，铁路分中心 10132.40 万元，能源分中心 2403.25 万元；存款利息 17213.55 万元，委托贷款利息 137054.35 万元，国债利息 0 万元，其他 6.06 万元。

（二）**业务支出**：2019 年，业务支出 83108.27 万元，同比增长 13.51%。其中，福州中心 42417.35 万元，省直中心 34501.26 万元，铁路分中心 4902.23 万元，能源分中心 1287.43 万元；支付职工住房公积金利息 71286.21 万元，归集手续费 5653.66 万元，委托贷款手续费 4478.79 万元，其他 1689.61 万元。

（三）**增值收益**：2019 年，增值收益 71165.69 万元，同比增长 24.61%。其中，福州中心 37488.94 万元，省直中心 27330.76 万元，铁路分中心 5230.17 万元，能源分中心 1115.82 万元；增值收益率 1.50%，比上年增加 0.12 个百分点。

（四）**增值收益分配**：2019 年，提取贷款风险准备金 20296.67 万元，提取管理费用 1799.20 万元，提取城市廉租住房（公共租赁住房）建设补充资金 49069.83 万元。2019 年，上交财政管理费用 800 万元。上缴财政城市廉租住房（公共租赁住房）建设补充资金 38494.78 万元。其中，福州中心上缴 21102.33 万元，省直中心上缴 17392.45 万元，铁路分中心上缴 0 万元，能源分中心上缴 0 万元。

2019 年末，贷款风险准备金余额 185421.77 万元。累计提取城市廉租住房（公共租赁住房）建设补充资金 342488.11 万元。其中，福州中心提取 160620.25 万元，省直中心提取 151606.06 万元，铁路分中心提取 24455.69 万元，能源分中心提取 5806.11 万元。

（五）**管理费用支出**：2019 年，管理费用支出 5091.59 万元，同比下降 3.77%。其中，人员经费 2790.96 万元，公用经费 368.92 万元，专项经费 1931.71 万元。

福州中心管理费用支出 3452.46 万元，其中，人员、公用、专项经费分别为 1563.29 万元、182.12 万元、1707.05 万元；省直中心管理费用支出 792.89 万元，其中，人员、公用、专项经费分别为 631.56 万元、74.25 万元、87.08 万元；铁路分中心管理费用支出 529.11 万元，其中，人员、公用、专项经费分别为 411.16 万元、49.42 万元、68.53 万元；能源分中心管理费用支出 317.13 万元，其中，人员、公用、专项经费分别为 184.95 万元、63.13 万元、69.05 万元。

四、资产风险状况

（一）个人住房贷款：2019 年末，个人住房贷款逾期额 725.02 万元，逾期率 0.162‰。其中，福州中心 0.148‰，省直中心 0.134‰，铁路分中心 0.196‰，能源分中心 1.224‰。个人贷款风险准备金按贷款余额的 0.45% 提取。2019 年，提取个人贷款风险准备金 20296.67 万元，使用个人贷款风险准备金核销呆坏账 0 万元。2019 年末，个人贷款风险准备金余额 184201.77 万元，占个人住房贷款余额的 4.11%，个人住房贷款逾期额与个人贷款风险准备金余额的比率为 0.39%。

（二）支持保障性住房建设试点项目贷款：2019 年末，逾期项目贷款 0 万元，逾期率 0‰。

2019 年，提取项目贷款风险准备金 0 万元，使用项目贷款风险准备金核销呆坏账 0 万元，项目贷款风险准备金余额 1220 万元，项目贷款逾期额与项目贷款风险准备金余额的比率为 0%。

五、社会经济效益

（一）缴存业务：2019 年，实缴单位数、实缴职工人数和缴存额同比分别增长 13.01%、3.97% 和 15.50%。

缴存单位中，国家机关和事业单位占 19.59%，国有企业占 8.98%，城镇集体企业占 1.25%，外商投资企业占 2.07%，城镇私营企业及其他城镇企业占 54.40%，民办非企业单位和社会团体占 4.26%，其他占 9.45%。

缴存职工中，国家机关和事业单位占 26.31%，国有企业占 32.24%，城镇集体企业占 0.57%，外商投资企业占 4.86%，城镇私营企业及其他城镇企业占 25.36%，民办非企业单位和社会团体占 2.81%，其他占 7.85%；中、低收入占 96.70%，高收入占 3.30%。

新开户职工中，国家机关和事业单位占 12.68%，国有企业占 24.86%，城镇集体企业占 0.42%，外商投资企业占 5.20%，城镇私营企业及其他城镇企业占 43.15%，民办非企业单位和社会团体占 3.04%，其他占 10.65%；中、低收入占 98.99%，高收入占 1.01%。

（二）提取业务：2019 年，36.31 万名缴存职工提取住房公积金 139.93 亿元。

提取金额中，住房消费提取占 80.08%（购买、建造、翻建、大修自住住房占 29.61%，偿还购房贷款本息占 49.44%，租赁住房占 0.99%，其他占 0.04%）；非住房消费提取占 19.92%（离休和退休提取占 10.46%，完全丧失劳动能力并与单位终止劳动关系提取占 6.23%，出境定居占 0%，其他占 3.23%）。

提取职工中，中、低收入占 95.88%，高收入占 4.12%。

（三）贷款业务：

1. 个人住房贷款：2019 年，支持职工购建房 181.25 万平方米，年末个人住房贷款市场占有率为 11.33%，比上年末增加 0.07 个百分点。通过申请住房公积金个人住房贷款，可节约职工购房利息支出 251843.45 万元。

职工贷款笔数中，购房建筑面积 90（含）平方米以下占 42.87%，90~144（含）平方米占 54.01%，144 平方米以上占 3.12%。购买新房占 74.98%（其中购买保障性住房占 1.06%），购买二手房占

25.02%，建造、翻建、大修自住住房占 0%，其他占 0%。

职工贷款笔数中，单缴存职工申请贷款占 58.49%，双缴存职工申请贷款占 41.46%，三人及以上缴存职工共同申请贷款占 0%。

贷款职工中，30 岁（含）以下占 31.18%，30 岁～40 岁（含）占 43.11%，40 岁～50 岁（含）占 19.38%，50 岁以上占 6.33%；首次申请贷款占 93.15%，二次及以上申请贷款占 6.85%；中、低收入占 96.86%，高收入占 3.14%。

2. 异地贷款：2019 年，发放异地贷款 144 笔、7371.30 万元。2019 年末，发放异地贷款总额 45186.30 万元，异地贷款余额 29250.84 万元。

3. 公转商贴息贷款：2019 年，发放公转商贴息贷款 0 笔、0 万元，支持职工购建住房面积 0 万平方米，当年贴息额 887.44 万元。2019 年末，累计发放公转商贴息贷款 10257 笔、504380.80 万元，累计贴息 9974.04 万元。

4. 支持保障性住房建设试点项目贷款：2019 年末，未发放支持保障性住房建设项目贷款，至 2019 年末，累计发放项目贷款 4.15 亿元，已于 2013 年 5 月全部回收。

（四）**住房贡献率**：2019 年，个人住房贷款发放额、公转商贴息贷款发放额、项目贷款发放额、住房消费提取额的总和与当年缴存额的比率为 105.97%，比上年增加 16.49 个百分点。

六、其他重要事项

（一）**当年住房公积金政策调整情况**。6 月 20 日，福州住房公积金管理管委会印发《关于调整 2019 年度福州住房公积金缴存基数的通知》（榕公积管委〔2019〕2 号），7 月起在福州地区缴存住房公积金的单位及其职工住房公积金最高月缴存基数为 20793 元，最低月缴存基数为 1650 元。

（二）**提升服务管理水平**。全面深化"放管服"改革，围绕"网上办、就近办、马上办、一次办"的要求，全面提升服务管理效能，不断推出多项惠民利民举措。其中，福州中心推动"网上办"业务快速发展，实现与公安、民政、工商、不动产登记等部门的数据共享，全程网办业务 36 项，线上办理业务 20.4 万笔。开展多网点"就近办"便民服务，在全市新增了 30 家公积金承办银行网点，将贴心服务延伸至市民"家门口"。推动业务"马上办"，重新梳理公共服务事项清单，服务事项按最小颗粒化原则将原有 30 项公共服务事项细分成 53 项，精简审批材料 170 项，实现"零复印件"办理业务。推动业务"一次办"，楼盘报备实行一次性办理，100% 在办服务事项实现"最多跑一趟"，45% 对外服务事项实现"一趟不用跑"。福州中心、省直中心公积金提取免填表，实现提取一次办结"秒到账"。省直中心在全省率先推出公积金贷款业务网上预受理，开通了线上申请、线下审核、预约服务、合同预签一体化智慧服务。创新推出省直公积金缴存托管式服务，共有 446 家单位开通托收业务。推进上门服务常态化，开展公积金贷款现场受理签约服务 13 场次、办理金额 4.19 亿元，打通服务"最后一公里"。

（三）**加快推进信息化建设**。全面提升住房公积金管理的信息化和服务的便捷化、网络化水平，福州中心、省直中心住房公积金综合服务平台顺利上线，全面完成了八大服务渠道的功能建设，并以优秀成绩通过了住房和城乡建设部、省住房和城乡建设厅的联合验收。福州中心的住房公积金数据率先将系统数据接入全国住房公积金数据汇聚平台，成为全国首批、全省首家完成接入平台的公积金中心；积极推广"互联网＋公积金"，采用了先进的支付宝人脸识别技术，通过中心网厅、微信公众号、闽政通 APP、e 福州

APP等多渠道，实现住房公积金业务"网上办""掌上办"。省直中心大力推进业务从线下向线上转换，线上实现业务可办率53%，其中单位日常业务全面实现"零跑腿"网上办，全年网上办理单位达90%；线下建设便民自助服务区，配置公积金自助服务终端和ipad自助办理机，引入人行征信、福州不动产和建行智慧终端机，提供"一站式办理"服务，让数据多跑路、职工少跑腿。

（四）当年获得荣誉情况。 福州中心荣获"全省住房城乡建设系统先进集体"称号，城区管理部荣获"全国巾帼文明岗"称号，连江管理部、马尾管理部荣获"市巾帼文明岗"荣誉称号，机关党委荣获"市先进基层党组织"称号，城区管理部被市民（行政）服务中心管委会评为10次标兵窗口；共3人次干部职工被授予"全省住房城乡建设系统先进个人""市优秀共青团干部""市担当尽责、激情创业"好干部先进典型。

省直中心获得"福建省五一先锋号"、"福建省巾帼文明岗"荣誉称号，中心党支部被评为2016-2018年度"省直机关先进基层党组织"，1名同志被评为全省住房城乡建设系统先进个人。

（五）加大行政执法力度。 福州中心加大对住房公积金骗取骗贷行为的惩处力度，对110名骗取骗贷当事人作出处理决定，涉及违法问题的单位行政立案39起，向违规企业作出了28份决定书（含行政处罚5份），共为27名职工补缴住房公积金104.99万元。

厦门市住房公积金2019年年度报告

一、机构概况

（一）**住房公积金管理委员会**：住房公积金管理委员会共有28名委员，2019年召开1次会议，审议通过的事项主要包括：《厦门市住房公积金2018年年度报告》《关于厦门市住房公积金管理运行情况的报告》《关于审议我市2018年度住房公积金决算的请示》《关于审议2018年度住房公积金归集使用计划执行情况的请示》《厦门市2018年度住房公积金增值收益分配方案》《关于审议2019年度住房公积金预算的请示》《关于调整2019年度厦门市住房公积金月缴存额上下限的建议》《关于调整我市住房公积金部分提取贷款政策的建议》《关于批准民生银行厦门分行承办住房公积金贷款业务的建议》和《住房公积金增值收益账户精简归并后账户资金存放银行方案》。

（二）**住房公积金中心**：厦门市住房公积金中心为直属厦门市人民政府不以营利为目的的参照公务员法管理事业单位，内设7个科，1个管理部，从业人员64人，其中在编人员49人，非在编人员15人。

二、业务运行情况

（一）**缴存**：2019年，新开户单位11830家，实缴单位43764家，净增单位7429家；新开户职工18.04万人，实缴职工117.19万人，净增职工2.33万人；缴存额168.75亿元，同比增长12.20%。截至2019年末，缴存总额1151.16亿元，比上年末增加17.18%；缴存余额405.02亿元，比上年末增加14.41%。

受委托办理住房公积金缴存业务的银行 8 家，比上年增加 1 家。

（二）**提取**：2019 年，提取额 117.73 亿元，同比增长 14.57%；占当年缴存额的 69.77%，比上年增加 1.45 个百分点。截至 2019 年末，提取总额 746.14 亿元，比上年末增加 18.73%。

（三）**贷款**：

1. 个人住房贷款

个人住房贷款最高额度 120 万元，其中，单缴存职工最高额度 120 万元，双缴存职工最高额度 120 万元。

2019 年，发放个人住房贷款 0.93 万笔、90.00 亿元，同比分别增长 0.54%、21.46%。

2019 年，回收个人住房贷款 38.40 亿元。

截至 2019 年末，累计发放个人住房贷款 17.36 万笔、662.22 亿元，贷款余额 373.02 亿元，分别比上年末增加 5.66%、15.73%、16.05%。个人住房贷款余额占缴存余额的 92.10%，比上年增加 1.30 个百分点。

受委托办理住房公积金个人住房贷款业务的银行 11 家，比上年增加 2 家。

2. 住房公积金支持保障性住房建设项目贷款

2019 年，未发放支持保障性住房建设项目贷款，无回收项目贷款。截至 2019 年末，累计发放项目贷款 4.6 亿元，已全部收回，无项目贷款余额。

（四）**购买国债**：2019 年，未购买、未兑付国债，期末无国债余额。

（五）**融资**：2019 年，当年未新增融资，归还 11.30 亿元。截至 2019 年末，融资总额 51.30 亿元，融资已全部还清。

（六）**资金存储**：截至 2019 年末，住房公积金存款 37.53 亿元。其中，活期 0.04 亿元，1 年以上定期 0.2 亿元，协定存款 37.29 亿元。

（七）**资金运用率**：截至 2019 年末，住房公积金个人住房贷款余额、项目贷款余额和购买国债余额的总和占缴存余额的 92.10%，比上年末增加了 1.30 个百分点。

三、主要财务数据

（一）**业务收入**：2019 年，业务收入 122934.39 万元，同比增长 15.29%。其中，存款利息 6901.45 万元，委托贷款利息 116029.70 万元，其他 3.24 万元。

（二）**业务支出**：2019 年，业务支出 77593.58 万元，同比增长 28.19%。其中，支付职工住房公积金利息 52536.05 万元，委托归集手续费 2966.38 万元，委托贷款手续费 2820.35 万元，贴息支出 9398.46 万元，融资借款利息支出 610.38 万元，其他支出 9261.96 万元。

（三）**增值收益**：2019 年，增值收益 45340.81 万元，同比减少 1.64%。增值收益率 1.20%，比上年减少 0.20 个百分点。

（四）**增值收益分配**：2019 年，提取贷款风险准备金 20641.28 万元，提取管理费用 2161.25 万元，提取城市廉租住房（公共租赁住房）建设补充资金 22538.28 万元。

2019 年，上交财政管理费用 2263.61 万元。上缴财政城市廉租住房（公共租赁住房）建设补充资金 28492.16 万元。

截至 2019 年末，贷款风险准备金余额 151049.92 万元。累计提取城市廉租住房（公共租赁住房）建设补充资金 270186.29 万元。

（五）管理费用支出：2019 年，管理费用支出 2246.33 万元，同比增长 3.83%。其中，人员经费 1528.87 万元，公用经费 266.03 万元，专项经费 451.43 万元。

四、资产风险状况

（一）个人住房贷款：截至 2019 年末，个人住房贷款逾期额 494.95 万元，逾期率 0.133‰。

2019 年度个人贷款风险准备金按贷款余额的 0.55% 提取。

2019 年，提取个人贷款风险准备金 20641.28 万元，未使用个人贷款风险准备金核销呆坏账。

截至 2019 年末，个人贷款风险准备金余额 149209.92 万元，占个人住房贷款余额的 4%，个人住房贷款逾期额与个人贷款风险准备金余额的比率为 0.33%。

（二）支持保障性住房建设试点项目贷款：截至 2019 年末，项目贷款已全部结清，无项目贷款逾期情况。

当年未计提项目贷款风险准备金，未使用贷款风险准备金核销项目贷款，项目贷款风险准备金余额为 1840 万元。

五、社会经济效益

（一）缴存业务：2019 年，实缴单位数、实缴职工人数和缴存额同比分别增长 20.45%、2.03% 和 12.20%。

缴存单位中，国家机关和事业单位占 3.40%，国有企业占 4.22%，城镇集体企业占 0.47%，外商投资企业占 5.39%，城镇私营企业及其他城镇企业占 51.16%，民办非企业单位和社会团体占 2.34%，其他占 33.02%。

缴存职工中，国家机关和事业单位占 11.93%，国有企业占 17.67%，城镇集体企业占 1.07%，外商投资企业占 18.60%，城镇私营企业及其他城镇企业占 23.62%，民办非企业单位和社会团体占 1.79%，其他占 25.32%；中、低收入占 92.58%，高收入占 7.42%。

新开户职工中，国家机关和事业单位占 4.76%，国有企业占 13.46%，城镇集体企业占 0.65%，外商投资企业占 17.74%，城镇私营企业及其他城镇企业占 30.51%，民办非企业单位和社会团体占 2.18%，其他占 30.70%；中、低收入占 98.48%，高收入占 1.52%。

（二）提取业务：2019 年，41.91 万名缴存职工提取住房公积金 117.73 亿元。

提取金额中，住房消费提取占 85.44%（购买、建造、翻建、大修自住住房占 23.64%，偿还购房贷款本息占 55.14%，租赁住房占 6.55%，其他占 0.11%）；非住房消费提取占 14.56%（离休和退休提取占 6.29%，完全丧失劳动能力并与单位终止劳动关系提取占 0.84%，户口迁出本市或出境定居占 6.26%，其他占 1.17%）。

提取职工中，中、低收入占 86.79%，高收入占 13.21%。

（三）贷款业务：

1. 个人住房贷款：2019 年，支持职工购建房 82.56 万平方米，年末个人住房贷款市场占有率（含公转商贷款）为 14.29%，比上年增加 3.79 个百分点。通过申请住房公积金个人住房贷款，可节约职工购房利息支出 432893.74 万元。

职工贷款笔数中，购房建筑面积 90（含）平方米以下占 57.75％，90～144（含）平方米占 38.88％，144 平方米以上占 3.37％。购买新房占 22.34％（其中购买保障性住房占 0.20％），购买二手房占 73.97％，建造、翻建、大修自住住房占 0.01％，其他占 3.68％。

职工贷款笔数中，单缴存职工申请贷款占 66.05％，双缴存职工申请贷款占 33.95％，不存在三人及以上缴存职工共同申请贷款的情况。

贷款职工中，30 岁（含）以下占 30.35％，30 岁～40 岁（含）占 55.28％，40 岁～50 岁（含）占 12.66％，50 岁以上占 1.71％；首次申请贷款占 85.43％，二次及以上申请贷款占 14.57％；中、低收入占 74.46％，高收入占 25.54％。

2. 异地贷款：2019 年，发放异地贷款 262 笔、26727.00 万元。2019 年末，发放异地贷款总额 85992.90 万元，异地贷款余额 31915.67 万元。

3. 公转商贴息贷款：2019 年，发放公转商贴息贷款 8022 笔、766527.39 万元，支持职工购建住房面积 75.94 万平方米，当年贴息额 9395.98 万元。截至 2019 年末，累计发放公转商贴息贷款 15880 笔、1261953.79 万元，累计贴息 25221.38 万元。

4. 支持保障性住房建设试点项目贷款：截至 2019 年末，累计试点项目 2 个，贷款额度 4.6 亿元，建筑面积 50.6 万平方米，可解决 8602 户中低收入职工家庭的住房问题。2 个试点项目贷款资金已发放并还清贷款本息。

（四）**住房贡献率**：2019 年，个人住房贷款发放额、公转商贴息贷款发放额、项目贷款发放额、住房消费提取额的总和与当年缴存额的比率为 158.30％，比上年增加 53.72 个百分点。

六、其他重要事项

（一）当年机构及职能调整等情况。

当年机构及职能调整情况、受委托办理缴存贷款业务金融机构变更情况：

2019 年，根据厦门市委编办《关于调整厦门市住房公积金管理中心机构编制事项的通知》（厦委编办〔2019〕56 号），中心机构规格调整为相当于副处级。根据厦门市委编办《关于调整规范厦门市住房公积金管理中心名称和主要职责的通知》（厦委编办〔2019〕174 号），自 2019 年 3 月 31 日起，中心更名为"厦门市住房公积金中心"，主要职责调整为：配合市住房保障和房屋管理局承担住房公积金的归集、使用、保值、归还等方面事务性工作。

2019 年 7 月，经市住房公积金管理委员会审议通过，民生银行获得住房公积金贷款业务承办资格。截至 2019 年末，共有 11 家银行已经开办住房公积金贷款业务，另有 4 家银行已获得开办住房公积金贷款业务资格。

（二）当年住房公积金政策调整及执行情况。

1. 缴存政策调整情况

（1）缴存基数。

2019 年住房公积金缴存基数为职工本人上一年度（2018 年 1 月 1 日至 2018 年 12 月 31 日）月平均工资，且不得高于 20958.33 元，不得低于 1700 元。工资总额口径按国家统计局《关于工资总额组成的规定》（国家统计局令〔1990〕第 1 号）规定执行；

2019 年 1 月 1 日（含）后新参加工作的职工，其缴存基数为该职工参加工作第二个月的月工资收入；

2019 年 1 月 1 日（含）后新调入的职工，其缴存基数为该职工调入当月的月工资收入，另有规定的从其规定。

（2）缴存比例上下限。

同一单位中，单位缴存比例和职工缴存比例应保持一致；同一单位只能有一个缴存比例。

缴存单位可在 5%～12% 的区间内自主确定缴存比例。单位申请降低缴存比例的，经本单位职工（代表）大会或工会讨论通过，并经市住房公积金中心审核后予以实施。

（3）月缴存额。

月缴存额＝缴存基数×单位缴存比例＋缴存基数×职工缴存比例。月缴存额上限为 5030 元，下限为 170 元。

2. 提取政策调整情况

6 月，市住房公积金中心发布《关于调整我市住房公积金部分提取贷款政策的通知》，对住房公积金提取政策进行了调整：

（1）6 月 28 日起，职工与单位终止劳动关系，须办理住房公积金账户封存。职工到异地工作，开立住房公积金账户且稳定缴存半年以上的，应办理异地转移接续；非厦门户籍职工未在异地缴存的，封存满半年后可提取。

（2）7 月 1 日起，职工提取住房公积金用于购买、建造、翻建、大修自住住房或偿还自住住房贷款本息，该自住住房所在地须为本人或配偶的户籍地或工作地。

3. 贷款政策调整情况

6 月，市住房公积金中心发布《关于调整我市住房公积金部分提取贷款政策的通知》，对住房公积金贷款政策进行了调整：

（1）住房公积金贷款实行差别化信贷政策。

调整住房公积金贷款资格：符合我市商业性个人住房贷款资格，无未结清住房公积金贷款，无两次及以上住房公积金贷款记录的职工家庭，可申请住房公积金贷款。

调整首付款比例标准：住房公积金贷款首付比例按照我市同期商业银行个人住房贷款首付款比例标准执行，住房贷款记录包含我市住房公积金贷款记录（含公转商贷款）和人民银行个人征信报告体现的住房贷款记录；我市商业银行个人住房贷款首付款比例标准发生变化时，随之相应调整。

住房公积金贷款利率政策不变：职工家庭首次申请住房公积金贷款购房，贷款利率按住房公积金贷款基准利率执行；第二次申请住房公积金贷款购房，贷款利率按住房公积金贷款基准利率的 1.1 倍执行。

（2）完善住房公积金流动性风险防控机制。

流动性调节系数：调整住房公积金贷款额度计算公式中的流动性调节系数对应的使用率区间：①流动性过剩（贷款使用率＜60%）时，系数为 1.2；②流动性正常（60%≤贷款使用率＜85%）时，系数为 1；③流动性不足（85%≤贷款使用率＜90%）时，系数为 0.8；④流动性紧张（贷款使用率≥90%）时，系数为 0.6。

中心每月初向社会公布贷款使用率，当贷款使用率连续两个月达到新区间后，则第三个月向社会公布新的流动性调节系数,并从公布次月起执行。

根据流动性情况暂停或恢复住房公积金异地贷款和商转公贷款业务:流动性不足或流动性紧张(贷款使用率≥85%)、系数低于1时,暂停住房公积金异地贷款业务和商业性住房贷款转住房公积金贷款业务;流动性过剩或流动性正常(贷款使用率<85%)、系数高于(含)1时,恢复住房公积金异地贷款业务和商业性住房贷款转住房公积金贷款业务。

上述贷款政策自2019年7月1日起施行,执行时间以新建商品住房买卖合同网签时间或二手住房在市不动产登记中心收件时间为准。

(三)当年服务改进情况。

1. 深化"互联网＋政务服务"

深化"互联网＋政务服务",打造"网上住房公积金"。2019年,市住房公积金中心积极贯彻"互联网＋政务服务"理念,丰富线上办理渠道。

全面推进住房公积金业务综合服务平台的建设和完善工作,认真做好住房公积金线上服务平台的优化、监测、维护工作,重点针对手机APP、网厅、支付宝、E政务等多个住房公积金业务平台的易用性、便捷性和互动性等方面,优化流程、简化界面、强化审批、完善线上的具体需求改进。目前职工可通过官网、微信公众号、12329服务热线、i厦门、网上办事大厅、手机APP、E政务、支付宝、市民卡等九种渠道查询,其中通过网上办事大厅、手机APP、E政务、支付宝、市民卡等五种渠道可缴存或提取住房公积金。

截至2019年12月底,职工通过综合服务平台累计办理住房公积金提取业务60806笔,网络办结率达43%。其中外地户口离厦业务网络办结占比高达71%,逐步实现了办理住房公积金业务"一趟不用跑"的美好愿景。

2. "马上办、网上办、就近办、一次办"

积极落实政府审批服务"马上办、网上办、就近办、一次办"的具体要求进一步提升缴存职工获得感。2019年,市住房公积金中心实行服务窗口靠前,为购买保障性住房职工提供公积金余额查询、购房提取、住房公积金贷款和自动还贷"一条龙"服务,实现办理住房公积金业务"最多跑一趟""只进一扇门"。

仅针对购买保障性住房职工提取及贷款业务,2019年累计接受咨询4520余人次,受理住房公积金贷款2400余笔,打印住房公积金缴存证明6026份,为3417名职工办理了住房公积金提取业务。

3. 客服机器人,进一步提升服务水平

2019年,市住房公积金中心创新推出住房公积金智能客服"厦小金",为我市住房公积金缴存职工提供住房公积金的各类智能会话咨询服务。

"小金客服"智能会话机器人,可以7×24小时在线,它基于公积金知识库的知识咨询和问答,结合多轮对话配置工具以及阿里云的智能算法,在云端生成AI服务机器人,从以问题为中心的客服升级为以用户为中心的智能助理,实现从人力密集的本地呼叫中心到云上智能＋众包服务的转型。

截至2019年12月底,"厦小金"累计为128805人次职工提供咨询对话服务,有效解决率高达80.23%。

4. 继续推行贷款合同免费邮寄到家

2019年起，市住房公积金中心继续做好为住房公积金贷款职工邮寄借款合同事宜，借款人无须承担任何费用，实现住房公积金贷款"最多跑一趟"。

（四）当年信息化建设情况。

1. 持续优化规范双贯标核心系统

（1）组织实施双贯标系统优化项目。

双贯标系统于2018年9月投产以来，持续收集、整理、评估优化需求，2019年2月21日，中心召开系统优化需求研讨会，2月26日正式立项开发，12月11日召开优化项目测试部署会，按照职责将功能模块分解到各科室，责任到人。

（2）规范双贯标新系统运维管理。

2019年3月，先后制定出台《厦门市住房公积金综合管理信息系统生产数据修改流程规范》《厦门市住房公积金综合管理信息系统版本更新及配置变更规范》，双贯标系统运维管理步入制度化、规范化轨道。11月与建行签订《厦门市住房公积金综合管理信息系统托管协议》。

（3）协助多家受托银行接入生产系统。

精心组织，有序推进，先后协助交行办理缴存业务、中信、农商行、光大银行、国际银行、平安银行办理贷款业务的联调、测试或上线工作。

2. 持续拓展综合服务平台渠道

（1）不断增加、优化服务渠道。

1月6日，完成与e政务的对接工作，在全市e政务自助终端上实现个人账户信息查询、三类证明打印等功能。

1月14日，在厦门公积金客户端、支付宝城市服务公积金查询新增"小金客服"功能。

2月27日，在厦门e政务自助终端新增离退休、外地户口离厦2项公积金提取业务功能。

3月14日，在支付宝城市服务新增离退休、外地户口离厦2项公积金提取业务功能。

5月17日，APP、网厅优化版本上线运行，APP部分功能下线，购房提取、租房提取签约、页面布局等功能优化。

5月17日，网上办事大厅上线本地购房提取、出境定居提取等17项提取功能，与APP保持一致，同时优化单位版注册、社会信用统一代码校验、银行卡校验等功能。

9月上旬，开展全国住房公积金城市服务小程序测试工作，厦门市被住房和城乡建设部确定为首批全国住房公积金城市服务小程序测试城市，配合完成住房和城乡建设部完成测试工作。

9月19日，实现职工可通过i厦门账号认证，登录住房公积金综合服务平台。

9月20日，在市民卡APP客户端新增离退休、外地户口离厦2项公积金提取业务功能。

11月4日，在支付宝小程序新增5项提取业务及小金客服、个人账户信息、贷款能力评估和贷款进度查询等功能。

11月14日，在支付宝城市服务新增上述功能。

11月26日，召开新闻发布会，正式宣布职工可通过e政务或支付宝平台办理本市购房、失业以及租房提取业务。

（2）精心组织迎接检查验收。

成立迎检小组，制定迎接住房和城乡建设部住房公积金综合服务平台验收工作方案。11月12日，召开迎检部署会，全面部署各项迎检准备工作。12月6日，以全省最高分通过住房城乡建设部、省住房城乡建设厅联合工作组验收，成绩为优秀。

3. 不断强化网络信息安全工作

（1）完成网络安全整改工作。

1月份起，对信息化管理制度、网站安全、应用安全等方面进行全面梳理，制定《网络安全管理制度》《机房安全管理制度》和《厦门市住房公积金综合管理信息系统用户权限管理规定》。

（2）组织网络安全培训工作。

10月18日，特邀厦门市公安局网安支队专家开展网络安全知识专题讲座，中心干部职工50余人参加培训。

（3）完成等保评审、测评以及备案工作。

9月5日，邀请专家完成等保评审定级；9月18日，完成中心OA系统、网站系统、办公专网二级等保备案；10月15日，启动核心系统的三级等保预测评；11月15日，完成三级等保备案并取得备案证书。

4. 其他信息化工作开展情况

（1）完成新一代核心业务生产系统硬件升级。

上半年，完成项目采购招标，7月份完成设备上架、加电、调试工作。一是搭建起新一代办公内网服务器虚拟化集群环境；二是搭建起综合服务平台外网服务器虚拟化集群环境；三是搭建起混合模式数据存储资源环境；四是搭建起综合服务平台生产应用负载均衡平台，五是搭建起入网规范管理系统。

（2）首批接入住房和城乡建设部住房公积金数据平台。

3月上旬，参加住房和城乡建设部公积金数据平台常州培训；3月中旬，向住房和城乡建设部申请传输组件并获得同意通过，并向住房和城乡建设部申请测试接入；4月28日，住房和城乡建设部审核通过中心数据上链申请，29日开始采集数据并上报。成为全国首批接入平台的单位。

（3）完成机构改革系列更名工作。

4月15日，完成中心官网新旧域名切换工作（新域名：gjj.xm.gov.cn）；8月26日，完成住房和城乡建设部结算平台节点号名称变更；9月2日，完成所有受委托银行专户单位名称变更。

（4）完成战略共享合作系统对接工作。

完成签约银行开展专线调试、网络对接、数据比对、接口测试等工作。目前已完成工行、农行、中行、建行、交行、招行、兴行、中信、光大、民生、厦门、平安、邮储、浦发、华夏、泉州、渤海银行十七家战略合作签约银行系统对接工作。

（5）推进协调法院协查共享工作。

年内，先后与市中级人民法院执行局在市信息中心进行技术可行性论证、研究确定实施方案。11月22日，中级人民法院联查个人公积金账户信息系统上线，大幅减少跨部门人工核查工作量。

（五）当年住房公积金中心及职工获荣誉情况。

2019年6月，中共厦门市住房公积金中心支部委员会被中共厦门市委市直机关工作委员会评为市直机关先进党组织。

2019年7月，厦门市住房公积金中心信息科被福建省人力资源和社会保障厅、福建省住房和城乡建设厅评为全省住房城乡建设系统先进集体。

2019年7月，厦门市住房公积金中心陈松泉被福建省人力资源和社会保障厅、福建省住房和城乡建设厅评为全省住房城乡建设系统先进个人。

（六）当年违反相关条例和相关法规情况。 当年对违反《住房公积金管理条例》和相关法规行为进行行政处罚和申请人民法院强制执行情况：2019年未发生该情况。

（七）当年对住房公积金管理人员违规行为的纠正和处理情况。 2019年未发生该情况。

（八）其他需要披露的情况。 2019年无其他需要披露的情况。

莆田市住房公积金2019年年度报告

一、机构概况

（一）住房公积金管理委员会：住房公积金管理委员会有23名委员，2019年召开3次全体成员会议，1次主任委员办公会议，审议通过2018年度住房公积金归集使用计划执行情况及2019年度预算，听取2018年工作报告暨2019年工作计划，并对有关重要事项进行决策，主要包括微调住房公积金业务政策并简化办理手续，如对高层次人才出台优惠政策、军转人员或国企转入行政事业的人员公积金缴交基数认定、贷后断缴处理措施等。

（二）住房公积金管理中心：住房公积金管理中心为直属莆田市人民政府不以营利为目的的事业单位，设6个科，4个管理部。从业人员62人，其中，在编42人，非在编20人。

二、业务运行情况

（一）缴存：2019年，新开户单位946家，实缴单位5336家，净增单位466家；新开户职工2.46万人，实缴职工20.63万人，净增职工0.63万人；缴存额28.10亿元，同比增长10.62%。2019年末，缴存总额205.10亿元，比上年末增加15.87%；缴存余额90.50亿元，比上年末增加11.61%。

受委托办理住房公积金缴存业务的银行4家，与上年相同。

（二）提取：2019年，提取额18.68亿元，同比增长33.01%；占当年缴存额的66.49%，比上年增加11.19个百分点。2019年末，提取总额114.60亿元，比上年末增加19.59%。

（三）贷款：

1.个人住房贷款：个人住房贷款最高额度55万元，其中，单缴存职工最高额度45万元，双缴存职工最高额度55万元。

2019年，发放个人住房贷款0.29万笔、11.99亿元，回收个人住房贷款7.10亿元。

2019年末，累计发放个人住房贷款4.25万笔、118.92亿元，贷款余额71.82亿元，分别比上年末增加7.05%、11.22%、7.32%。个人住房贷款余额占缴存余额的79.36%，比上年末减少3.18个百分点。

受委托办理住房公积金个人住房贷款业务的银行 5 家，与上年相同。

2. 住房公积金支持保障性住房建设项目贷款：2019 年，本中心未开展住房公积金支持保障性住房建设项目。

（四）**购买国债**：2019 年，本中心未购买国债，国债余额 0 亿元。

（五）**融资**：2019 年，融资 0 亿元，归还 0 亿元。年末，融资总额 17.5 亿元，融资余额 0 亿元。

（六）**资金存储**：2019 年末，住房公积金存款 20.34 亿元。其中，活期 0.02 亿元，1 年（含）以下定期 15.5 亿元，其他（协定、通知存款等）4.82 亿元。

（七）**资金运用率**：2019 年末，住房公积金个人住房贷款余额、项目贷款余额和购买国债余额的总和占缴存余额的 79.36%，比上年末减少 3.18 个百分点。

三、主要财务数据

（一）**业务收入**：2019 年，业务收入 25878.74 万元，同比增长 5.38%。其中，存款利息 4429.31 万元，委托贷款利息 21448.22 万元，其他 1.21 万元。

（二）**业务支出**：2019 年，业务支出 14619.75 万元，同比增长 1.72%。其中支付职工住房公积金利息 12952.12 万元，归集手续费 464.92 万元，委托贷款手续费 513.44 万元，其他 689.27 万元。

（三）**增值收益**：2019 年，增值收益 11258.99 万元，同比增长 10.55%。其中，增值收益率 1.31%，比上年减少 0.05 个百分点。

（四）**增值收益分配**：2019 年，提取贷款风险准备金 0 万元（原因是已提足），提取管理费用 834.59 万元，提取城市廉租住房（公共租赁住房）建设补充资金 10424.40 万元。

2019 年，上交财政管理费用 1180.28 万元。上缴财政城市廉租住房（公共租赁住房）建设补充资金 9251.28 万元。

2019 年末，贷款风险准备金余额 30142.09 万元。累计提取城市廉租住房（公共租赁住房）建设补充资金 60871.81 万元。

（五）**管理费用支出**：2019 年，管理费用支出 805.75 万元，同比减少 22.47%。其中，人员经费 517.49 万元，公用经费 65.68 万元，专项经费 222.58 万元。

四、资产风险状况

（一）**个人住房贷款**：2019 年末，个人住房贷款逾期额 217.90 万元，逾期率 0.30‰。

到 2019 年末，个人贷款风险准备金已提足未再提取，使用个人贷款风险准备金核销呆坏账 0 万元。2019 年末，个人贷款风险准备金余额 30142.09 万元，占个人住房贷款余额的 4.20%，个人住房贷款逾期额与个人贷款风险准备金余额的比率为 0.72%。

（二）**支持保障性住房建设试点项目贷款**：2019 年末，本中心未开展住房公积金支持保障性住房建设项目贷款。

五、社会经济效益

（一）**缴存业务**：2019 年，实缴单位数、实缴职工人数和缴存额同比分别增长 9.57%、3.14%

和10.62%。

缴存单位中，国家机关和事业单位占31%，国有企业占8.41%，城镇集体企业占1.57%，外商投资企业占2.04%，城镇私营企业及其他城镇企业占39.99%，民办非企业单位和社会团体占2.63%，其他占14.36%。

缴存职工中，国家机关和事业单位占38.46%，国有企业占16.89%，城镇集体企业占2.09%，外商投资企业占10.72%，城镇私营企业及其他城镇企业占21.90%，民办非企业单位和社会团体占0.88%，其他占9.06%；中、低收入占98.32%，高收入占1.68%。

新开户职工中，国家机关和事业单位占13.32%，国有企业占11.95%，城镇集体企业占1.72%，外商投资企业占14.41%，城镇私营企业及其他城镇企业占40.24%，民办非企业单位和社会团体占1.28%，其他占17.08%；中、低收入占99.81%，高收入占0.19%。

（二）提取业务：2019年，5.62万名缴存职工提取住房公积金18.68亿元。

提取金额中，住房消费提取占76.37%（购买、建造、翻建、大修自住住房占19.99%，偿还购房贷款本息占56.07%，租赁住房占0.30%，其他占0.01%）；非住房消费提取占23.63%（离休和退休提取占12.89%，完全丧失劳动能力并与单位终止劳动关系提取占6.37%，出境定居占0.01%，其他占4.36%）。

提取职工中，中、低收入占97.10%，高收入占2.90%。

（三）贷款业务：

1. 个人住房贷款：2019年，支持职工购建房44.45万平方米，年末个人住房贷款市场占有率（含公转商贴息贷款）为13.43%，比上年末增加2.71个百分点。通过申请住房公积金个人住房贷款，可节约职工购房利息支出29687.57万元。

职工贷款笔数中，购房建筑面积90（含）平方米以下占8.71%，90～144（含）平方米占82.97%，144平方米以上占8.32%。购买新房占96.19%（其中购买保障性住房占0%），购买二手房占3.71%，建造、翻建、大修自住住房占0%，其他占0.10%。

职工贷款笔数中，单缴存职工申请贷款占33.51%，双缴存职工申请贷款占66.14%，三人及以上缴存职工共同申请贷款占0.35%。

贷款职工中，30岁（含）以下占19.48%，30岁～40岁（含）占44.77%，40岁～50岁（含）占27.25%，50岁以上占8.50%；首次申请贷款占95.24%，二次及以上申请贷款占4.76%；中、低收入占97.20%，高收入占2.8%。

2. 异地贷款：2019年，本中心未发放异地贷款。

3. 公转商贴息贷款：2019年，发放公转商贴息贷款1078笔、40865.5万元，支持职工购建住房面积10.93万平方米，当年贴息额1378万元。2019年末，累计发放公转商贴息贷款8124笔、361253.60万元，累计贴息5112.52万元。通过申请公转商贴息贷款，可节约职工购房利息支出10114.21万元。

4. 支持保障性住房建设试点项目贷款：2019年末，本中心未开展住房公积金支持保障性住房建设项目贷款。

（四）**住房贡献率**：2019年，个人住房贷款发放额、公转商贴息贷款发放额、项目贷款发放额、住房消费提取额的总和与当年缴存额的比率为108.02%，比上年增加26.35个百分点。

六、其他重要事项

（一）当年机构及职能调整情况、受委托办理缴存贷款业务金融机构变更情况。按照省住房城乡建设厅统一部署，完成了住房公积金财务专户集中，对各管理部住房公积金账套进行整合，原在管理部开设的公积金存款账户予以撤销，所有撤销账户的资金纳入市级委托主办银行，由市中心进行统一管理，做到每家受委托银行只保留一个住房公积金专户，实现了资金专户统一、资金结算统一、会计核算统一，保障了资金安全。

（二）2019年缴存基数限额及确定方法、缴存比例等缴存政策调整情况。一是2019年月缴存工资基数上限：单位及其职工最高月缴存基数为2018年莆田市社平工资5421元的3倍为16263元。月缴存工资基数下限：市本级、城厢区、荔城区、涵江区、秀屿区、湄洲湾北岸、湄洲岛辖区单位及其职工的最低月缴存工资基数为1500元，仙游为1380元。缴存比例为5%~12%。二是行政事业单位新调入人员（含军转人员或国企转入行政事业的人员）当月公积金缴交基数认定统一标准。

（三）2019年住房公积金提取、贷款政策调整情况。一是取消无房的缴存职工租赁公共租赁住房和低收入家庭标准的缴存职工提取公积金用于支付保障性住房的房租业务，统一按无房的缴存职工租赁自住住房业务办理。二是在本市辖区内购买住房，对第一至第四类人才及博士购房公积金贷款给予优惠。三是对贷后断缴12个月及以上的借款职工，其利率按最新的商业贷款利率（含上浮）执行，若借款职工补缴后并继续正常缴交满一年的，可申请恢复公积金贷款利率（恢复利率从批准之日起执行），同笔贷款只能申请恢复一次。四是对贷后失业等原因停缴的借款职工，可在我中心开设个人自主缴存公积金账户进行个人缴存。

（四）2019年住房公积金存贷款利率执行标准及个人住房贷款最高贷款额度为：5年期以下（含）个人住房公积金贷款利率为2.75%，5年期以上个人住房公积金贷款利率为3.25%；个人住房公积金存款利率为1.5%。个人住房公积金贷款最高额度单职工45万元、双职工55万元。

（五）2019年服务改进情况。一是持续在"互联网＋公积金"方面引领创新，综合服务平台以"优秀"等级全省首批通过住房和城乡建设部验收，为业务网上办理打下良好基础。二是推出了全城通办、排队预约、民政婚姻联查、跨中心提取贷款受理查询、电子印章、部分提取业务一证通办、"开卷式"审批7项便民服务方式。三是大力推进高层次人才队伍建设，出台贷款额度最高可达4倍优惠政策，保障人才在我市落户安居。四是自加压力，不断压缩办事时限，楼盘准入审核、贷款审批时限分别压缩至4个和5个工作日，显著提升办事效率。同时新增贷款审批通道，即由受托银行统一受理，公积金中心后台同步审核、审批，减少了公积金中心受理环节。

（六）2019年中心所获荣誉情况。2019年中心被福建省人力资源和社会保障厅、福建省住房和城乡建设厅授予"2014—2017年度全省住房和城乡建设系统先进集体"称号，被中共莆田市委市直机关工委授予"市直机关先进基层党组织"称号，连续三届获得省级文明单位，绩效考评被市委市政府评为优秀等次。

（七）当年对违反《住房公积金管理条例》和相关法规行为进行行政处罚和申请人民法院强制执行情况。一是建立住房公积金贷款逾期台账，多形式多渠道催收，在律师团队的业务指导和直接参与下，共对14名贷款严重逾期人员进行法律诉讼，经过中心、受托银行和法院与当事人沟通协调，有5名逾期借款人已经结清贷款；另外在原来起诉的借款人中，经过房产拍卖或协调，有5名逾期借款人结清了贷款，催收工作取得显著成效。二是针对一个房地产开发企业存在购房合同有争议，不利于购房职工，中心联合市场监管、住建等部门到房地产开发企业现场执法检查，房地产开发企业对存在问题进行了及时整改，6个购房职工重新签订购房合同，职工利益得到保障，取得了良好成效。

三明市住房公积金2019年年度报告

一、机构概况

（一）住房公积金管理委员会：住房公积金管理委员会有24名委员，2019年召开1次会议，审议通过的事项主要包括：《2019年度住房公积金归集、使用预计执行情况和2020年计划》、《2018年三明市住房公积金增值收益分配方案》、《三明市逐月提取住房公积金归还住房公积金贷款暂行规定》、《三明市个人自愿缴存使用住房公积金暂行规定》、《三明市提取住房公积金偿还本市外商业性住房贷款暂行规定》、关于部分调整住房公积金贷款政策的议案、关于新增住房公积金委托贷款业务承办银行的议案；召开2次主任办公会议，审议通过了《三明市住房公积金失信行为惩戒管理办法》《2019年度住房公积金缴存标准》。

（二）住房公积金管理中心：住房公积金管理中心为直属市人民政府不以营利为目的的财政全额拨款副处级事业单位，设5个科室，11个管理部。从业人员92人，其中，在编58人，非在编34人。

二、业务运行情况

（一）缴存：2019年，新开户单位1130家，实缴单位7942家，净增单位702家；新开户职工2.47万人，实缴职工25万人，净增职工0.49万人；缴存额38.21亿元，同比增长11.43%。2019年末，缴存总额307.34亿元，比上年末增长14.20%；缴存余额107.29亿元，比上年末增长7.51%。

受委托办理住房公积金缴存业务的银行4家，与上年持平。

（二）提取：2019年，提取额30.72亿元，同比增长19.95%；占当年缴存额的80.40%，比上年增加5.71个百分点。2019年末，提取总额200.05亿元，比上年末增长18.14%。

（三）贷款：

1. 个人住房贷款：职工家庭第一次申请住房公积金贷款的双职工最高贷款额度55万元，单职工最高贷款额度40万元。职工家庭第二次申请住房公积金贷款的双职工最高贷款额度45万元、单职工最高贷款额度30万元。

2019年，发放个人住房贷款0.16万笔、5.13亿元，同比分别下降11.11%、17.79%。

2019年，回收个人住房贷款15.05亿元。

2019年末，累计发放个人住房贷款10.52万笔、197.61亿元，分别比上年末增长1.54%、2.66%，贷款余额90.15亿元，同比下降9.91%。个人住房贷款余额占缴存余额的84.02%，比上年末减少16.25个百分点。

受委托办理住房公积金个人住房贷款业务的银行6家，比上年增加1家。

2. 住房公积金支持保障性住房建设项目贷款：未开展住房公积金支持保障性住房建设项目贷款业务。

（四）**购买国债**：2019年，未购买国债，未兑付、转让、收回国债，无国债余额。

（五）**融资**：2019年，归还5.1亿元。2019年末，融资总额39.10亿元，融资余额0.3亿元。

（六）**资金存储**：2019年末，住房公积金存款20.86亿元。其中，活期0.02亿元，1年（含）以下定期1.5亿元，其他（协定、通知存款等）19.34亿元。

（七）**资金运用率**：2019年末，住房公积金个人住房贷款余额、项目贷款余额和购买国债余额的总和占缴存余额的84.02%，比上年末减少16.25个百分点。

三、主要财务数据

（一）**业务收入**：2019年，业务收入33831.84万元，同比下降1.18%。存款利息1932.45万元，委托贷款利息31888.10万元，其他收入11.29万元。

（二）**业务支出**：2019年，业务支出18447.73万元，同比下降12.59%。支付职工住房公积金利息15542.33万元，归集手续费644.06万元，委托贷款手续费1059.33万元，其他支出1202.01万元。

（三）**增值收益**：2019年，增值收益15384.11万元，同比增长17.18%。增值收益率1.49%，比上年增加0.11个百分点。

（四）**增值收益分配**：2019年，未提取贷款风险准备金，提取管理费用1395.18万元，提取城市廉租住房（公共租赁住房）建设补充资金13988.93万元。

2019年未上交财政管理费用。上缴财政城市廉租住房（公共租赁住房）建设补充资金9618.73万元。

2019年末，贷款风险准备金余额42910.33万元。累计提取城市廉租住房（公共租赁住房）建设补充资金77409.42万元。

（五）**管理费用支出**：2019年，管理费用支出1315.42万元，同比增长14.16%。其中，人员经费1134.19万元，公用经费117.79万元，专项经费63.44万元。

四、资产风险状况

（一）**个人住房贷款**：2019年末，个人住房贷款逾期额364.80万元，逾期率0.40‰。

2019年，未提取个人贷款风险准备金，无个人贷款风险准备金核销呆坏账。2019年末，个人贷款风险准备金余额42910.33万元，占个人住房贷款余额的4.76%，个人住房贷款逾期额与个人贷款风险准备金余额的比率为0.85%。

（二）**支持保障性住房建设试点项目贷款**：未开展住房公积金支持保障性住房建设项目贷款业务。

五、社会经济效益

（一）**缴存业务**：2019年，实缴单位数、实缴职工人数和缴存额同比分别增长9.70%、2.00%和11.43%。

缴存单位中，国家机关和事业单位占24.02%，国有企业占16.52%，城镇集体企业占1.57%，外商投资企业占0.43%，城镇私营企业及其他城镇企业占27.93%，民办非企业单位和社会团体占3.51%，其他占 26.02%。

缴存职工中，国家机关和事业单位占 29.64%，国有企业占 37.74%，城镇集体企业占 1.36%，外商投资企业占 0.49%，城镇私营企业及其他城镇企业占 13.85%，民办非企业单位和社会团体占 2.15%，其他占 14.77%；中、低收入占 99.22%，高收入占 0.78%。

新开户职工中，国家机关和事业单位占 11.19%，国有企业占 21.70%，城镇集体企业占 2.59%，外商投资企业占 0.73%，城镇私营企业及其他城镇企业占 29.85%，民办非企业单位和社会团体占 3.36%，其他占 30.58%；中、低收入占 99.94%，高收入占 0.06%。

（二）提取业务：2019 年，9.31 万名缴存职工提取住房公积金 30.72 亿元。

提取金额中，住房消费提取占 78.24%（购买、建造、翻建、大修自住住房占 35.10%，偿还购房贷款本息占 42.73%，租赁住房占 0.32%，其他占 0.09%）；非住房消费提取占 21.76%（离休和退休提取占 16.03%，完全丧失劳动能力并与单位终止劳动关系提取占 2.59%，其他占 3.14%）。

提取职工中，中、低收入占 99.21%，高收入占 0.79%。

（三）贷款业务：

1. 个人住房贷款：2019 年，支持职工购建房 93.05 万平方米（含公转商贴息贷款），年末个人住房贷款市场占有率（含公转商贴息贷款）为 29.12%，比上年末增加 5.27 个百分点。通过申请住房公积金个人住房贷款，可节约职工购房利息支出 10362 万元。

职工贷款笔数中，购房建筑面积 90（含）平方米以下占 38.55%，90～144（含）平方米占 53.27%，144 平方米以上占 8.18%。购买新房占 34.78%（其中购买保障性住房占 0%），购买二手房占 59.31%，建造、翻建、大修自住住房占 0.63%，其他占 5.28%。

职工贷款笔数中，单缴存职工申请贷款占 52.39%，双缴存职工申请贷款占 47.11%，三人及以上缴存职工共同申请贷款占 0.50%。

贷款职工中，30 岁（含）以下占 17.23%，30 岁～40 岁（含）占 40.06%，40 岁～50 岁（含）占 29.88%，50 岁以上占 12.83%；首次申请贷款占 82.89%，二次及以上申请贷款占 17.11%；中、低收入占 99.62%，高收入占 0.38%。

2. 异地贷款：2019 年，未发放异地贷款。2019 年末，发放异地贷款总额 15136.2 万元，异地贷款余额 12582.26 万元。

3. 公转商贴息贷款：2019 年，发放公转商贴息贷款 6861 笔、262828.4 万元，支持职工购建住房面积 75.90 万平方米，当年贴息额 3316.87 万元。2019 年末，累计发放公转商贴息贷款 14169 笔、524669.26 万元，累计贴息 5182.93 万元。

4. 支持保障性住房建设试点项目贷款：未开展住房公积金支持保障性住房建设项目贷款业务。

（四）住房贡献率：2019 年，个人住房贷款发放额、公转商贴息贷款发放额、项目贷款发放额、住房消费提取额的总和与当年缴存额的比率为 145.10%，比上年增加 14.84 个百分点。

六、其他重要事项

（一）当年机构及职能调整情况、受委托办理缴存贷款业务金融机构变更情况。

1. 机构及职能调整情况：无。

2. 受托办理缴存贷款业务金融机构变更：经市住房公积金管理委员会审议通过，中国邮政储蓄银行三明分行获得住房公积金委托贷款业务承办资格。

（二）当年住房公积金政策调整及执行情况。

1. 当年缴存基数限额及确定方法、缴存比例等缴存政策调整情况

（1）继续实行"限高保低"政策，最高月缴存工资基数为2018年三明市城镇单位在岗职工月平均工资6600元的3倍（19800元）；最低月缴存工资基数为2018年三明市城镇单位在岗职工月平均工资6600元的0.3倍（1980元）。

（2）出台《三明市个人自愿缴存使用住房公积金暂行规定》（2020年1月1日起执行），自由职业者、个体工商户及其雇佣人员可按不低于最低缴存工资基数缴存住房公积金。

2. 当年提取政策调整情况

（1）新增提取归还本市外商业性住房贷款业务。自2020年1月1日起，本人或配偶在三明市外户籍地、工作地有商业性住房贷款且该住房为夫妻二人合计持有100%产权的本市缴存职工，在三明市无未结清公积金贷款（含公转商贴息贷款）且商业性住房贷款已还款满12个月，可提取公积金偿还贷款本金。

（2）开通逐月冲还贷业务。新签约逐月冲还贷的贷款职工，签约次月由公积金中心每月提取公积金转入还款账户，不受贷款还款须满12个月的限制。

3. 当年个人住房贷款最高贷款额度、贷款条件等贷款政策调整情况

（1）自2020年2月1日起（以借款申请人申请贷款所购房屋交易备案登记时间为准）调整部分贷款政策。一是在维持现有首次公积金贷款政策不变情况，设置流动性调节系数，将第二次贷款最高可贷额度（双职工45万元、单职工30万元）与资金流动性状况挂钩，按宽松、正常、不足、紧张分别设置（1.1、1.0、0.8、0.6）四类调节系数计算；二是调整申请贷款的公积金连续缴存期限，由现行的职工须连续足额缴存6个月以上至今调整为1年以上至今；三是职工结清首次贷款须满2年间隔期才能申请第二次贷款。

（2）个人自愿缴存者自2020年1月1日起正常缴存住房公积金满2年后，可按我市住房公积金贷款政策申请个人住房公积金贷款，贷款发放后，应继续履行缴存义务，且月缴存额不得低于申请贷款时的月缴存额。

4. 当年住房公积金存贷款利率调整及执行情况

2019年未调整住房公积金存贷款利率。个人住房公积金存款利率为一年期定期存款基准利率即1.5%；5年期以下（含）个人住房公积金贷款利率为2.75%，5年期以上个人住房公积金贷款利率为3.25%。

（三）当年服务改进情况。服务环境"修身"，以公积金业务新系统上线为契机，实现提取业务和归集业务一站办结，职工公积金资金"秒"到账；服务形式"变身"，在"e三明"、闽政通、网上办事大厅等多个渠道推行26项在线办理业务，实现"数据多跑路，职工少跑腿"；办事手续"瘦身"，将公积金贷款审批时限在由法定的15个工作日减少为7个工作日的基础上再缩减为4个工作日，简化还贷提取、离退休提取业务办理材料；服务能力"强身"，进一步完善中心网站、"e三明"、12329热线服务、自助查询服务、微信公众号和12329短信服务等综合服务平台，不断提升服务效能。

截至 2019 年底，中心网站累计点击量 2873.87 万人次，答复"e 三明"诉求件 323 件，答复 12329 热线服务 59.47 万人次（人工服务 20.53 万人次，自助服务 38.94 万人次），共 7.18 万人关注微信公众号，累计发送 12329 短信服务 751.10 万条。

（四）当年信息化建设情况，包括信息系统升级改造情况，基础数据标准贯彻落实和结算应用系统接入情况等。1 月，公积金业务新系统上线，推进自主核算体系建设；7 月，"e 三明"APP 开通公积金缴存、贷款查询服务；10 月，全市公积金财务实行集中核算，网上办事大厅部署在"政务云"；12 月，闽政通 APP 开通公积金提取服务。

（五）当年住房公积金管理中心及职工所获荣誉情况。三明市住房公积金管理中心被市委、市政府评为 2019 年度三明市"平安先进单位"，张锦斌被省人社厅、省住房城乡建设厅评为"全省住房城乡建设系统先进个人"。

（六）当年对违反《住房公积金管理条例》和相关法规行为进行行政处罚和申请人民法院强制执行情况：无。

（七）当年对住房公积金管理人员违规行为的纠正和处理情况等：无。

（八）其他需要披露的情况。

出台《三明市住房公积金失信行为惩戒管理办法》，下列情形将列为住房公积金失信行为：

（1）同一人多次（一年内两次及以上）变更婚姻关系购房提取住房公积金且无正当理由的；

（2）多人频繁（五年内三次及以上）买卖同一套住房提取住房公积金且无正当理由的；

（3）提交虚假材料骗提骗贷住房公积金的；

（4）取得住房公积金贷款（含公转商贴息贷款）后连续三个月或累计六个月停缴住房公积金（死亡、离退休或调离本市除外），经催缴在限期内仍未按规定缴存住房公积金的。

泉州市住房公积金 2019 年年度报告

一、机构概况

（一）住房公积金管理委员会：住房公积金管理委员会有 28 名委员，2019 年召开 1 次会议，审议通过的事项主要包括：2018 年度全市住房公积金管理工作和住房公积金决算情况报告、2019 年全市住房公积金计划（预算）、申请增加归集和贷款业务受托银行的建议。

（二）住房公积金管理中心：住房公积金管理中心为直属市政府不以营利为目的的参照公务员法管理事业单位，设 6 个科室，11 个管理部。从业人员 113 人，其中，在编 82 人，非在编 31 人。

二、业务运行情况

（一）缴存：2019 年，新开户单位 3355 家，实缴单位 18065 家，净减单位 4621 家；新开户职工 7.05 万人，实缴职工 51.49 万人，净增职工 2.79 万人；缴存额 87.06 亿元，同比增长 9%。2019 年末，缴存总额 660.17 亿元,比上年末增加 15.19%;缴存余额 237.71 亿元,比上年末增加 10.74%。

受委托办理住房公积金缴存业务的银行 2 家,与去年保持不变。

(二)提取:2019 年,提取额 64.01 亿元,同比增长 13.63%;占当年缴存额的 73.52%,比上年增加 2.99 个百分点。2019 年末,提取总额 422.46 亿元,比上年末增加 17.86%。

(三)贷款:

1. 个人住房贷款:个人住房贷款最高额度 60 万元,其中,单缴存职工最高额度 40 万元,双缴存职工最高额度 60 万元。

2019 年,发放个人住房贷款 0.66 万笔、27.78 亿元,同比分别下降 38.89%、42.40%,发放公转商贴息贷款 5612 笔、25.25 亿元,合计发放贷款 12196 笔、53.03 亿元,贷款笔数同比增长 1.25%,贷款金额同比下降 1.12%。

2019 年,回收个人住房贷款 30.30 亿元。

2019 年末,累计发放个人住房贷款 13.86 万笔、439.8 亿元,分别比上年末增加 4.92%、6.74%;贷款余额 246.64 亿元,比上年末减少 1.01%。个人住房贷款余额占缴存余额的 103.76%,比上年末减少 12.31 个百分点。

受委托办理住房公积金个人住房贷款业务的银行 5 家,与去年保持不变。

2. 住房公积金支持保障性住房建设项目贷款:2019 年,本中心未开展住房公积金支持保障性住房建设项目贷款。

(四)购买国债:2019 年,本中心未购买国债,国债余额为 0 亿元。

(五)融资:2019 年,融资 7.5 亿元,归还 35.53 亿元。2019 年末,融资总额 82.2 亿元,融资余额 14.57 亿元。

(六)资金存储:2019 年末,住房公积金存款 8.13 亿元。其中,活期 1.24 亿元,其他(协定)6.89 亿元。

(七)资金运用率:2019 年末,住房公积金个人住房贷款余额、项目贷款余额和购买国债余额的总和占缴存余额的 103.76%,比上年末减少 12.31 个百分点。

三、主要财务数据

(一)业务收入:2019 年,业务收入 83802.27 万元,同比增长 0.88%。存款利息 2449.33 万元,委托贷款利息 81349.34 万元,其他 3.60 万元。

(二)业务支出:2019 年,业务支出 56188.64 万元,同比下降 2.96%。支付职工住房公积金利息 33996.02 万元,归集手续费 1343.42 万元,委托贷款手续费 2526.74 万元,其他 18322.46 万元。

(三)增值收益:2019 年,增值收益 27613.63 万元,同比增长 9.69%。增值收益率 1.23%,比上年减少 0.02 个百分点。

(四)增值收益分配:2019 年,提取管理费用 2516.61 万元,提取城市廉租住房建设补充资金 25097.02 万元。

2019 年,上交财政管理费用 1795.61 万元。上缴财政城市廉租住房建设补充资金 14935.82 万元。

2019 年末,贷款风险准备金余额 99663.90 万元。累计提取城市廉租住房建设补充资金 134510.99

万元。

（五）管理费用支出：2019 年，管理费用支出 2337.46 万元，同比增长 30%。其中，人员经费 1304.98 万元，公用经费 119.06 万元，专项经费 913.42 万元。

四、资产风险状况

（一）个人住房贷款：2019 年末，个人住房贷款逾期额 516.62 万元，逾期率 0.21‰。

2019 年末，个人贷款风险准备金余额 99663.90 万元，占个人住房贷款余额的 4.04%，个人住房贷款逾期额与个人贷款风险准备金余额的比率为 0.52%。

（二）支持保障性住房建设试点项目贷款：2019 年，本中心未开展住房公积金支持保障性住房建设试点项目贷款。

五、社会经济效益

（一）缴存业务：2019 年，实缴职工人数和缴存额同比分别增长 5.73% 和 9%，实缴单位数同比减少 20.37%。

缴存单位中，国家机关和事业单位占 11.92%，国有企业占 8.57%，城镇集体企业占 3.17%，外商投资企业占 2.49%，城镇私营企业及其他城镇企业占 52.31%，民办非企业单位和社会团体占 3.32%，其他占 18.22%。

缴存职工中，国家机关和事业单位占 23.63%，国有企业占 21.10%，城镇集体企业占 4.44%，外商投资企业占 5.53%，城镇私营企业及其他城镇企业占 26.7%，民办非企业单位和社会团体占 5.06%，其他占 13.54%；中、低收入占 97.78%，高收入占 2.22%。

新开户职工中，国家机关和事业单位占 11.39%，国有企业占 13.09%，城镇集体企业占 3.5%，外商投资企业占 8.22%，城镇私营企业及其他城镇企业占 46.57%，民办非企业单位和社会团体占 4.32%，其他占 12.91%；中、低收入占 99.62%，高收入占 0.38%。

（二）提取业务：2019 年，16.55 万名缴存职工提取住房公积金 64.01 亿元。

提取金额中，住房消费提取占 84.6%（购买、建造、翻建、大修自住住房占 33.85%，偿还购房贷款本息占 50.38%，租赁住房占 0.05%，其他占 0.32%）；非住房消费提取占 15.4%（离休和退休提取占 8.25%，完全丧失劳动能力并与单位终止劳动关系提取占 5.68%，出境定居占 0.22%，其他占 1.47%）。

提取职工中，中、低收入占 96.45%，高收入占 3.55%。

（三）贷款业务：

1. 个人住房贷款：2019 年，支持职工购建房 71.56 万平方米，年末个人住房贷款市场占有率（含公转商贴息贷款）为 13.74%，比上年末减少 1.07 个百分点。通过申请住房公积金个人住房贷款，可节约职工购房利息支出 79835.21 万元。

职工贷款笔数中，购房建筑面积 90（含）平方米以下占 18.48%，90~144（含）平方米占 76.64%，144 平方米以上占 4.88%。购买新房占 84.17%，购买二手房占 15.83%。

职工贷款笔数中，单缴存职工申请贷款占 48.68%，双缴存职工申请贷款占 50.8%，三人及以上缴存职工共同申请贷款占 0.52%。

贷款职工中，30 岁（含）以下占 24.64%，30 岁～40 岁（含）占 47.93%，40 岁～50 岁（含）占 22.8%，50 岁以上占 4.63%；首次申请贷款占 89.98%，二次及以上申请贷款占 10.02%；中、低收入占 96.39%，高收入占 3.61%。

2. 异地贷款：2019 年，发放异地贷款 416 笔、17939.8 万元。2019 年末，发放异地贷款总额 118190.3 万元，异地贷款余额 101520.03 万元。

3. 公转商贴息贷款：2019 年，发放公转商贴息贷款 5612 笔、252545.2 万元，支持职工购建住房面积 68.74 万平方米，当年贴息额 2025.17 万元。2019 年末，累计发放公转商贴息贷款 6808 笔、306570.6 万元，累计贴息 2038.50 万元。

4. 支持保障性住房建设试点项目贷款：2019 年，本中心未开展住房公积金支持保障性住房建设试点项目贷款。

（四）**住房贡献率**：2019 年，个人住房贷款发放额、公转商贴息贷款发放额、项目贷款发放额、住房消费提取额的总和与当年缴存额的比率为 123.12%，比上年减少 2.94 个百分点。

六、其他重要事项

（一）2019 年住房公积金政策调整及执行情况。

1. 2019 年缴存基数限额及确定方法。 根据市统计局统计公布的 2018 年度全市城镇非私营单位在岗职工年平均工资，2019 年我市职工住房公积金最高月缴存工资基数为 16479 元，职工住房公积金月缴存额上限标准为 3954 元。根据省政府关于我省最低工资标准文件精神，2019 年市直、鲤城区、丰泽区、洛江区、泉港区、石狮市、晋江市、南安市、惠安县（含台商投资区）的住房公积金最低月缴存工资基数为其最低月工资标准 1500 元，职工住房公积金月缴存额下限标准为 150 元；2019 年安溪县、永春县、德化县的住房公积金最低月缴存工资基数为其最低月工资标准 1380 元，职工住房公积金月缴存额下限标准为 138 元。

2. 2019 年住房公积金政策调整及执行情况。 一是上线福建省住房公积金财务专户统一核算系统，精简全市住房公积金账户，将全市 39 个存款专户整合为市级 5 个专户。统一全市会计核算和资金结算，进一步加强资金统筹管理，提高资金使用效率。二是与泉州工行、泉州中行签订合作协议，将住房公积金贴息贷款承办银行增加到四家，进一步拓宽贷款资金来源，有效缓解流动性压力，满足更多缴存职工的购房融资需求。三是进一步深化"放管服"改革，对业务流程和材料进行再压缩再简化，简化离退休提取证明材料，取消提取还商贷证明材料时效限制，优化城市既有住宅增设电梯提取业务证明材料，着力提升服务效率。

（二）**2019 年服务改进情况。** 市管理中心于 2019 年 3 月搬迁入驻东海大厦，5 家业务承办银行全部入驻市区管理部服务大厅，市民"只进一扇门"，即可进行"一站式"办理业务。2019 年，市管理中心完成了与市不动产登记中心、房屋交易中心系统数据共享工作，并于全市 14 个网点投放触摸查询机。另外，市管理中心积极拓宽微博、微信、APP 等多种服务渠道，为公积金业务实现"最多跑一趟""一趟不用跑"的目标打下坚实基础。

（三）**2019 年信息化建设情况。** 一是上线新系统。住房公积金新系统于 2019 年 2 月正式上线运行，同时接入住房和城乡建设部银行结算应用平台，全面完成了"双贯标"工作。二是以"互联网＋"为导向，着力打造"智慧公积金"，先后在网厅和手机 APP 上开通单位账户设立、个人账户增减员、补缴核定、年度基数调整、离退休提取、转移接续、单位及个人信息查询、缴存证明打印等高频业务，实现了"掌上办、刷脸提"。三是完成门户网站和办公自动化系统的三级等级测评。

（四）2019 年住房公积金管理中心及职工所获荣誉情况。2019 年，市管理中心荣获"2017—2018 年度全国青年文明号""全省住建系统先进集体""2018 年度市级平安单位"等荣誉称号。吴玉芳同志被省人社厅和省住房城乡建设厅授予"全省住建系统先进个人"，郑杰毅同志被中共泉州市委、市直机关工委分别授予"泉州市优秀党务工作者"和"市直优秀党务工作者"，陈超颖同志被泉州市妇联授予"泉州市三八红旗手"，李君玲同志被县妇联授予"永春县三八红旗手"荣誉称号。

漳州市住房公积金 2019 年年度报告

一、机构概况

（一）**住房公积金管理委员会**：住房公积金管理委员会有 29 名委员，2019 年召开 1 次会议，审议通过的事项主要包括：听取并审议市住房公积金管理中心关于 2018 年工作情况、信息披露报告；听取并审议 2019 年工作思路报告；2018 年漳州市住房公积金收支决算 2019 年住房公积金预算的报告。

（二）**住房公积金管理中心**：住房公积金管理中心为市住建局不以营利为目的的公益一类事业单位，设 8 个科，13 个管理部。从业人员 122 人，其中，在编 67 人，非在编 55 人。

二、业务运行情况

（一）**缴存**：2019 年，新开户单位 1352 家，实缴单位 7505 家，净增单位 895 家；新开户职工 4.44 万人，实缴职工 28.98 万人，净增职工 1.79 万人；缴存额 47.83 亿元，同比增长 16.94%。2019 年末，缴存总额 324.99 亿元，比上年末增加 17.26%；缴存余额 122.62 亿元，比上年末增加 13.52%。

受委托办理住房公积金缴存业务的银行 3 家，与上年持平。

（二）**提取**：2019 年，提取额 33.22 亿元，同比增长 20.58%；占当年缴存额的 69.45%，比上年增加 2.09 个百分点。2019 年末，提取总额 202.37 亿元，比上年末增加 19.64%。

（三）**贷款**：

1. 个人住房贷款：个人住房贷款最高额度 80 万元，其中，单缴存职工最高额度 40 万元，双缴存职工最高额度 80 万元。

2019 年，发放个人住房贷款 0.90 万笔、39.46 亿元，同比分别增长 83.67%、90.63%。

2019 年，回收个人住房贷款 12.87 亿元。

2019 年末，累计发放个人住房贷款 8.79 万笔、202.35 亿元，贷款余额 115.81 亿元，同比分别增长 11.27%、24.22%、29.80%。个人住房贷款余额占缴存余额的 94.45%，比上年末增加 11.85 个百分点。

受委托办理住房公积金个人住房贷款业务的银行 5 家，与上年持平。

2. 住房公积金支持保障性住房建设项目贷款：未开展此项业务。

（四）购买国债：2019年，未购买国债。2019年末，国债余额0.48亿元，与上年持平。

（五）融资：未开展此项业务。

（六）资金存储：2019年末，住房公积金存款7.40亿元。其中，活期0.02亿元，1年（含）以下定期4.10亿元，其他（协定、通知存款等）3.28亿元。

（七）资金运用率：2019年末，住房公积金个人住房贷款余额、项目贷款余额和购买国债余额的总和占缴存余额的94.84%，比上年增加11.8个百分点。

三、主要财务数据

（一）业务收入：2019年，业务收入36475.25万元，同比增长24.3%。其中存款利息2385.88万元，增值收益利息691.86万元，委托贷款利息33243.15万元，国债利息152.40万元，其他1.96万元。

（二）业务支出：2019年，业务支出24041.41万元，同比增长32.25%。其中支付职工住房公积金利息17328.32万元，归集手续费1215.37万元，委托贷款手续费977.80万元，其他4519.92万元。

（三）增值收益：2019年，增值收益12433.84万元，同比增长11.37%。增值收益率1.08%，比上年减少0.02个百分点。

（四）增值收益分配：2019年，提取贷款风险准备金7460.30万元，提取管理费用1911万元，提取城市廉租住房（公共租赁住房）建设补充资金3062.54万元。

2019年，上交财政管理费用1855.66万元。上缴财政城市廉租住房（公共租赁住房）建设补充资金7684.74万元。

2019年末，贷款风险准备金余额43148.09万元。累计提取城市廉租住房（公共租赁住房）建设补充资金57639.86万元。

（五）管理费用支出：2019年，管理费用支出1830.17万元，同比上升2.04%。其中，人员经费1398.07万元，公用经费41.56万元，专项经费390.54万元。

四、资产风险状况

（一）个人住房贷款：2019年末，个人住房贷款逾期额192.79万元，逾期率0.166‰。

个人贷款风险准备金按贷款余额的0.64%提取。2019年，提取个人贷款风险准备金7460.30万元，当年未使用个人贷款风险准备金核销呆坏账。2019年末，个人贷款风险准备金余额43148.09万元，占个人住房贷款余额的3.73%，个人住房贷款逾期额与个人贷款风险准备金余额的比率为0.45%。

（二）支持保障性住房建设试点项目贷款：未开展此项业务。

五、社会经济效益

（一）缴存业务：2019年，实缴单位数、实缴职工人数和缴存额同比分别增长13.54%、增长6.6%和增长16.94%。

缴存单位中，国家机关和事业单位占35.20%，国有企业占11.95%，城镇集体企业占1.63%，外商投资企业占3.18%，城镇私营企业及其他城镇企业占42.35%，民办非企业单位和社会团体占3.94%，其他占1.75%。

缴存职工中，国家机关和事业单位占40%，国有企业占20.8%，城镇集体企业占0.78%，外商投资企业占8.19%，城镇私营企业及其他城镇企业占26.41%，民办非企业单位和社会团体占2.95%，其他占0.87%；中、低收入占99.44%，高收入占0.56%。

新开户职工中，国家机关和事业单位占9.32%，国有企业占15.85%，城镇集体企业占0.9%，外商投资企业占11.22%，城镇私营企业及其他城镇企业占56.79%，民办非企业单位和社会团体占4.05%，其他占1.87%；中、低收入占99.83%，高收入占0.17%。

（二）提取业务：2019年，10.31万名缴存职工提取住房公积金33.22亿元。

提取金额中，住房消费提取占82.05%（购买、建造、翻建、大修自住住房占26.35%，偿还购房贷款本息占53.74%，租赁住房占1.62%，其他占0.34%）；非住房消费提取占17.95%（离休和退休提取占11.63%，完全丧失劳动能力并与单位终止劳动关系提取占4.27%，户口迁出本市或出境定居占0%，其他占2.05%）。

提取职工中，中、低收入占99.39%，高收入占0.61%。

（三）贷款业务：

1. 个人住房贷款：2019年，支持职工购建房137.3万平方米，年末个人住房贷款市场占有率（含公转商贴息贷款）为12.55%，比上年增长4.00个百分点。通过申请住房公积金个人住房贷款，可节约职工购房利息支出97633.97万元。

职工贷款笔数中，购房建筑面积90（含）平方米以下占25.99%，90～144（含）平方米占68.26%，144平方米以上占5.75%。购买新房占81.35%（其中购买保障性住房占0%），购买二手房占18.15%，建造、翻建、大修自住住房占0.33%，其他占0.17%。

职工贷款笔数中，单缴存职工申请贷款占56.4%，双缴存职工申请贷款占43.24%，三人及以上缴存职工共同申请贷款占0.36%。

贷款职工中，30岁（含）以下占31.53%，30岁～40岁（含）占41.34%，40岁～50岁（含）占20.54%，50岁以上占6.59%；首次申请贷款占82.03%，二次及以上申请贷款占17.97%；中、低收入占99.64%，高收入占0.36%。

2. 异地贷款：未开展此项业务。

3. 公转商贴息贷款：2019年，未发放公转商贴息贷款，当年贴息额4519.53万元。2019年末，累计发放公转商贴息贷款11288笔、462878.7万元，累计贴息11513.18万元。

4. 支持保障性住房建设试点项目贷款：未开展此项业务。

（四）住房贡献率：2019年，个人住房贷款发放额、公转商贴息贷款发放额、项目贷款发放额、住房消费提取额的总和与当年缴存额的比率为139.49%，比上年增长13.76个百分点。

六、其他重要事项

（一）当年机构及职能调整情况、受委托办理缴存贷款业务金融机构变更情况。 2019年机构及职能无调整，受委托办理缴存贷款业务金融机构无变更。

(二）当年住房公积金政策调整及执行情况。

1. 当年缴存基数限额及确定方法、缴存比例调整情况

从 2019 年 7 月 1 日起，上限标准：缴存比例为 12％、缴存基数按月平均工资的 3 倍计算为 18645 元（6215×3 倍），月缴存额（包括个人及单位缴存部分）由上年的 3988 元调整为 4474 元；下限标准：缴存比例为 5％，缴存基数芗城区、龙文区、龙海市、漳浦县、长泰县、东山县、招商局漳州开发区 1500 元，月缴存额调整为 150 元，云霄县、诏安县、南靖县、平和县、华安县缴存基数 1380 元，月缴存额调整为 138 元。

2. 当年住房公积金个人住房贷款最高贷款额度调整情况

2019 年住房公积金个人住房贷款最高贷款额度无调整。

3. 当年住房公积金存贷款利率调整及执行情况

2019 年住房公积金存贷款利率未调整。职工住房公积金账户存款利率按一年期定期存款基准利率 1.5％执行；住房公积金贷款年利率为：5 年（含）以下 2.75％，5 年以上 3.25％。

4. 住房公积金政策调整情况

2019 年 12 月 20 日，市住房公积金管委会批复在我市开展住房公积金异地个人住房贷款业务。

（三）当年服务改进情况。 实行一窗办理、全市提取通办。2019 年 1 月，在全省率先开通住房公积金业务全市通办，只要是在我市缴存住房公积金的职工，可在全市任一公积金网点办理住房公积金提取业务。

开展住房公积金报账式冲还贷业务。2019 年 4 月 1 日，在全市范围内开展"住房公积金报账式冲还贷"业务，实现系统按月自动划转，满足了职工使用住房公积金按月还贷的需求。2019 年共办理报账式冲还贷 7722 笔。

深化"互联网＋政务服务"，打造"网上住房公积金"。2019 年，市住房公积金中心积极贯彻"互联网＋政务服务"理念，丰富线上办理渠道。全面推进住房公积金业务综合服务平台的建设和完善工作，认真做好住房公积金线上服务平台的优化、监测、维护工作，重点针对手机 APP、网厅、微信公众号等多个住房公积金业务平台的易用性、便捷性和互动性等方面，优化流程、简化界面、强化审批、完善线上的具体需求改进。目前职工可通过网上办事大厅、微信公众号、12329 服务热线、闽政通、支付宝、漳州通、自助查询机七种渠道查询，其中通过网上办事大厅、闽政通、微信公众号、漳州通、支付宝等五种渠道可提取住房公积金。截至 2019 年 12 月底，职工通过综合服务平台累计办理住房公积金提取业务 1873 笔，省内转移 3939 笔，逐步实现了办理住房公积金业务"一趟不用跑"的美好愿景。

（四）当年信息化建设情况。

2019 年 1 月通过住房和城乡建设部双贯标验收工作。

2019 年 4 月份开始筹备接入住房和城乡建设部住房公积金数据平台，向住房和城乡建设部申请传输组件并获得同意通过，并向住房和城乡建设部申请测试接入；5 月份开始采集数据并上报。

2019 年 7 月完成全市范围内公积金自助查询机采购，并部署到各公积金办事大厅以及行政服务中心，新版自助查询机不仅可以查询公积金归集和贷款信息、公积金政策等，更可以自助打印有盖章的缴存证明及缴存明细。

2019年11月正式完成12329自助语音查询功能，成为全省第一批开通12329自助查询功能的中心。职工通过输入身份证和查询密码，可以方便地查询到自己的缴存和贷款信息，实现7×24小时服务。

南平市住房公积金2019年年度报告

一、机构概况

（一）**住房公积金管理委员会**：住房公积金管理委员会有26名委员，2019年召开1次会议，审议通过的事项主要包括：南平市住房公积金管理中心《关于2018年度住房公积金决算和2019年度预算编制的报告》、市财政局《关于南平市住房公积金2018年度决算情况和2019年度预算（计划）草案的审核意见》、调整南平市住房公积金管理委员会成员、提高租房公积金提取金额上限、暂停住房公积金异地贷款业务、调整住房公积金缴存限额等。

（二）**住房公积金管理中心**：住房公积金管理中心为直属南平市人民政府不以营利为目的的财政核拨事业单位，主要负责全市住房公积金的归集、管理、使用和会计核算。中心设6个科，10个管理部。从业人员81人，其中，在编55人，非在编26人。

二、业务运行情况

（一）**缴存**：2019年，新开户单位364家，实缴单位4630家（不含当年未缴存单位），比上年增加256家；因统计口径调整及2019年度进行一人多账户清理，新开户职工1.63万人，实缴职工18.43万人，比上年减少职工0.82万人；缴存额29.71亿元，同比增长15.07%。2019年末，缴存总额231.79亿元，同比增长14.70%；缴存余额88.84亿元，同比增长7.05%。

受委托办理住房公积金缴存业务的银行4家，与上年一致。

（二）**提取**：2019年，提取额23.86亿元，同比增长23.88%；占当年缴存额的80.31%，比上年增加5.72个百分点。2019年末，提取总额142.95亿元，同比增长20.04%。

（三）**贷款**：

1. 个人住房贷款：个人住房贷款最高额度50万元，其中，单缴存职工最高额度40万元，双缴存职工最高额度50万元。

2019年，发放个人住房贷款0.47万笔、14.89亿元，同比分别下降17.54%、17.14%。2019年，回收个人住房贷款10.31亿元。2019年末，累计发放个人住房贷款7.26万笔、150.84亿元，贷款余额85.13亿元，同比分别增长6.92%、10.95%、5.69%。个人住房贷款余额占缴存余额的95.82%，比上年减少1.24个百分点。

受委托办理住房公积金个人住房贷款业务的银行5家，与上年一致。

2. 住房公积金支持保障性住房建设项目贷款：截至2019年末，本中心未开展住房公积金支持保障性住房建设项目贷款业务。

（四）购买国债：2019年度本中心未购买国债。2019年末无国债余额，与上年持平。

（五）融资：2019年，融资3亿元，归还3.48亿元。2019年末，融资总额5.23亿元，融资余额0.62亿元。

（六）资金存储：2019年末，住房公积金存款6.29亿元。其中，活期0.02亿元，1年（含）以下定期0亿元，1年以上定期0亿元，协定存款6.27亿元。

（七）资金运用率：2019年末，住房公积金个人住房贷款余额、项目贷款余额和购买国债余额的总和占缴存余额的95.82%，比上年下降1.24个百分点。

三、主要财务数据

（一）业务收入：2019年，业务收入28526.52万元，同比增长8.35%。其中，存款利息1500.56万元，委托贷款利息27021.82万元，国债利息0万元，其他4.14万元。

（二）业务支出：2019年，业务支出16563.42万元，同比增长22.93%。其中，支付职工住房公积金利息13770.57万元，归集手续费571.64万元，委托贷款手续费847.16万元，贴息1306.63万元，其他67.42万元。

（三）增值收益：2019年，增值收益11963.10万元，同比下降6.93%。增值收益率1.42%，比上年下降0.21个百分点。

（四）增值收益分配：2019年，提取贷款风险准备1831.62万元，提取管理费用1215.80万元，提取城市廉租住房（公共租赁住房）建设补充资金8915.68万元。

2019年，上交财政管理费用1215.80万元。上缴财政城市廉租住房（公共租赁住房）建设补充资金8226.13万元。

2019年末，贷款风险准备金余额34051.82万元。累计提取城市廉租住房（公共租赁住房）建设补充资金63188.49万元。

（五）管理费用支出：2019年，管理费用支出1209.23万元，同比增长21.17%。其中，人员经费659.75万元，公用经费62.46万元，专项经费487.02万元。

四、资产风险状况

（一）个人住房贷款：2019年末，个人住房贷款逾期额494.12万元，逾期率0.5804‰。

个人贷款风险准备金按年末贷款余额的0.22%提取。2019年，提取个人贷款风险准备金1831.62万元，使用个人贷款风险准备金核销呆坏账0万元。2019年末，个人贷款风险准备金余额34051.82万元，占个人住房贷款余额的4%，个人住房贷款逾期额与个人贷款风险准备金余额的比率为1.45%。

（二）支持保障性住房建设试点项目贷款：截至2019年末，本中心未开展住房公积金支持保障性住房建设试点项目贷款业务。

（三）历史遗留风险资产：截至2019年末，无历史遗留风险资产。

五、社会经济效益

（一）缴存业务：因统计口径调整及2019年度进行一人多账户清理，2019年，实缴单位数、实缴职工人数和缴存额同比分别增长5.85%、下降4.26%和增长15.07%。

缴存单位中，国家机关和事业单位占53.54%，国有企业占13.97%，城镇集体企业占1.56%，外商投资企业占0.50%，城镇私营企业及其他城镇企业占22.74%，民办非企业单位和社会团体占4.30%，其他占3.39%。

缴存职工中，国家机关和事业单位占48.89%，国有企业占22.95%，城镇集体企业占0.67%，外商投资企业占0.49%，城镇私营企业及其他城镇企业占25.28%，民办非企业单位和社会团体占0.80%，其他占0.92%；中、低收入占98.88%，高收入占1.12%。

新开户职工中，国家机关和事业单位占21.16%，国有企业占18.92%，城镇集体企业占1.56%，外商投资企业占0.95%，城镇私营企业及其他城镇企业占51.14%，民办非企业单位和社会团体占1.60%，其他占4.67%；中、低收入占99.94%，高收入占0.06%。

（二）提取业务：2019年，6.74万名缴存职工提取住房公积金23.86亿元。

提取金额中，住房消费提取占75.36%（购买、建造、翻建、大修自住住房占36.27%，偿还购房贷款本息占38.79%，租赁住房占0.30%）；非住房消费提取占24.64%（离休和退休提取占19.00%，完全丧失劳动能力并与单位终止劳动关系提取占2.59%，户口迁出本市或出境定居占0.17%，其他占2.88%）。

提取职工中，中、低收入占98.43%，高收入占1.57%。

（三）贷款业务：

1. 个人住房贷款：2019年，支持职工购建房48.60万平方米，年末个人住房贷款市场占有率为18.62%，比上年增加0.95个百分点。通过申请住房公积金个人住房贷款，可节约职工购房利息支出29210.42万元。

职工贷款笔数中，购房建筑面积90（含）平方米以下占35.09%，90～144（含）平方米占61.73%，144平方米以上占3.18%。购买新房占60.97%（其中购买保障性住房占0%），购买二手房占38.84%，建造、翻建、大修自住住房占0.13%，其他占0.06%。

职工贷款笔数中，单缴存职工申请贷款占62.96%，双缴存职工申请贷款占36.76%，三人及以上缴存职工共同申请贷款占0.28%。

贷款职工中，30岁（含）以下占24.87%，30岁～40岁（含）占36.40%，40岁～50岁（含）占26.56%，50岁以上占12.17%；首次申请贷款占86.35%，二次及以上申请贷款占13.65%；中、低收入占99.26%，高收入占0.74%。

2. 异地贷款：2019年，发放异地贷款135笔、4281.10万元。2019年末，发放异地贷款总额24282.30万元，异地贷款余额21961.65万元。

3. 公转商贴息贷款：2019年，发放公转商贴息贷款4394笔、171072.9万元，支持职工购建住房面积54.69万平方米，当年贴息额1306.63万元。2019年末，累计发放公转商贴息贷款4407笔、171530.9万元，累计贴息1306.63万元。

4. 支持保障性住房建设试点项目贷款：截至2019年末，本中心未开展住房公积金支持保障性住房建设试点项目贷款业务。

（四）住房贡献率：2019年，个人住房贷款发放额、公转商贴息贷款发放额、项目贷款发放额、住房

消费提取额的总和与当年缴存额的比率为 168.23%，比上年增加 47.07 个百分点。

六、其他重要事项

（一）稳步推进归集扩面工作。聚焦年初提出的住房公积金归集增长不低于 10% 的目标，把归集扩面作为龙头工程，加强归集扩面工作力度。一是加大舆论引导和政策宣传。在全市范围内集中开展进单位、进楼盘、进企业上门宣传活动 182 余次，全年在闽北日报、南平电视台、门户网站、微信公众号等媒体平台发布政策工作报道 138 篇，面向全市各缴存单位、职工进行广泛宣传，特别针对非公企业建立住房公积金制度，本着"先归集、后调整、低门槛、广覆盖"的原则，帮助企业逐步建缴住房公积金，当年年末共有 5741 户单位、21.39 万人建缴住房公积金，归集比例同比增长 11.83%，制度覆盖面持续扩大。二是逐步扩大范围和调整基数。通过向市人大、市政府、管委会汇报的方式，将综治平安奖和事业单位其他奖励性绩效工资纳入住房公积金缴存基数范围，全年为全市行政事业职工增加公积金收入约 1.3 亿元。此外，严格按照控高保低政策调整缴存基数最高和最低限额，归集收入逐步增长。

（二）促进业务发展良性循环。适时调整完善政策，规范贷款和支取业务管理，满足广大职工购房和其他生活之需。一是加大租房支持力度，综合考虑南平辖区内的租金成本，合理提高提取住房公积金支付房租的标准，2019 年住房租赁提取 720.78 万元，同比增长 101.77%，在各类住房消费提取中增速最大。全年保障住房消费类提取资金 17.98 亿元，占比从上年的 68.90% 上升到 75.36%，有效减轻了职工购房还款压力，进一步支持了职工住房消费，有力促进租购并举的住房制度体系。二是坚持差别化贷款政策，将贷款最高限额上调 5 万元，应贷尽贷支持职工购买首套刚性基本住房，细化改善型住房使用标准，将第二套住房公积金个人住房贷款利率上浮 10%，量力而行支持缴存职工改善性住房需求。全年支持职工购建房（含贴息贷款）103.29 万平方米，可节约职工购房利息支出 6.36 亿元。职工贷款笔数中（含贴息贷款），购买 140 平方米以内的占比 90.91%、中低收入者占比 89.55%，有效支持刚需和改善型购房群体。

（三）优化服务打造一站式服务。以提升干部职工办事的便利性、满意度和获得感为目标，将服务窗口前移，主动深入市直单位和选房现场为市直干部职工提供业务咨询，强化"上门办"；进驻网签大厅现场受理住房公积金贷款，深化"集中办"；培训单位经办人员分次报批住房公积金提取要件，优化"批量办"；上报管委会调整完善贴息贷款政策，实行"特殊办"，综合办事能力、业务办理效率均有大幅度提升。历时 5 个月高质量为购买云谷小区的市直干部职工提取住房公积金 2.74 亿元，发放贴息贷款 2594 户、10.93 亿元，圆满完成云谷小区一期购房提取、贴息贷款业务，得到了市直干部职工的充分认可。

（四）提升效能推出便民举措。始终坚持把群众需求作为出发点，创新政策业务开展，解决缴存职工最迫切、最直接、最现实的问题。一是推出全市通办提取业务。缴存职工办理提取业务，不再受其缴存区域的限制，可到中心所属的 10 个县（市、区）管理部办理，全年共办理通办提取业务 517 笔、1475.11 万元，真正做到"就近办、马上办"。二是上线"逐月冲还贷"业务，借款者可以用个人住房公积金账户余额直接冲抵公积金贷款本息，在还清贷款之前不再需要前往窗口办理提取，缓解了购房者每月还贷压力。全年共有 3143 户贷款职工签约办理该业务，占全市 3.86 万笔存量贷款户数的 8.14%，打通了便民服务"最后一公里"，受到了办事群众的广泛赞誉。

（五）信息升级实现线上办理。充分运用"互联网＋公积金"服务，优化拓展网上服务功能，推出了业务查询、职工离退休提取、还贷提取、缴存申请、互动交流等 33 项全程网办业务，实现网上认证、网上申请、远程审核、网上办结，使公积金业务办理从线下向线上转移，业务操作更加便捷，客户体验感得到极大提升。当年全市线上渠道总访问量394.08万人次，通过网上渠道办理业务906笔、2982.46万元。

（六）**着力构建综合服务平台。** 搭建集门户网站、微信公众号、12329服务热线、12345政务热线、公积金办事窗口、受托银行业务窗口、12329短信平台、"e政务"便民服务平台、闽政通APP等多元查（咨）询渠道，提高"一网一微二线二窗三平台"服务质量，打造"线上＋线下"多维服务体系，主动公开住房公积金业务政策、办事流程、办理时限、表单资料等服务信息，并实时推送个人账户情况变动、贷款办理进度等群众最关心、最需要的信息，以透明化、全覆盖的信息发布模式切实帮助群众解疑答难。2019年，门户网站总访问量696.21万人次，微信公众号关注人数2.84万、查询总量75.38万人次，12329服务热线接听2.15万人次、12329服务短信发放190.51万条，12345政务热线、主任信箱及网上咨询回复395条，综合服务平台的便捷性和实用性均有大幅度提升，服务群众实现"零距离"。

（七）**完善内控实行财务集中核算。** 进一步完善财务制度，确保资金安全，解决原有分级核算模式资金分散、调拨频繁等问题。按照省住房城乡建设厅的安排部署，今年10月25日起启动我市住房公积金财务集中核算，将原有的财务分级核算模式调整为集中核算模式，共取消各县（市、区）公积金归集、经费账户39个，上划资金4.16亿元。在强化风险防控能力的同时，实时监测资金沉淀情况，根据流动性变化趋势启动或暂停公转商贴息贷款和异地贷款业务，并视情向银行借款，加强偿付能力，提升资金使用效率，确保资金流动性安全。当年全市共办理公转商贴息贷款4407笔、17.15亿元，贴息金额1306.63万元，向银行借款3亿元，归还借款3.48亿元，大额资金调拨1.7亿元。

（八）**精准施策加强风险防控。** 一是严厉整治骗套取行为。在武夷山管理部试点开发住房公积金查控系统，实现与市房地产交易中心数据共享，限制涉嫌套取公积金的房产再次转让交易，全年共限制房产188套，有力遏制"一房多提"违规骗套提现象的扩大蔓延。当年通过行政执法，追回骗提骗贷资金5笔、43.75万元，以扫黑除恶"利刃"向公积金骗提套取"亮剑"。二是强化逾期贷款管理。及时实施上门催收、强制扣划、提起诉讼、法院执行等措施，当年年底逾期贷款数量较同期下降34.69%，信贷风险得以有效控制。2019年，中心强制扣划个人账户还款85人、50.69万元，起诉法院未判决7人、115.97万元，法院判决未执行13人、233.09万元，法院判决已执行9笔、140.11万元。三是加强信息公开。将委托会计师事务所审计和做好年报披露工作相结合，定期面向群众公告各项业务与管理工作情况；将开展受托银行年度考核和评定增值收益户工作相结合，严格考核规范全市30家委托银行网点承办业务；将坚持定期业务考评与不定期内部检查相结合，强化考评结果运用，切实提升业务管理水平。

（九）**勇于担当展示行业新作为。** 一是扎实开展"不忘初心、牢记使命"主题教育。全年共召开组织生活会2次、书记上党课2次、党日活动5次、专题研讨5次、支委会13次、党员大会21次，全方位提升干部素质，广泛收集各方意见建议121条，列出24项问题责任清单，从学习研讨、调查研究、检视问题、整改落实四个方面全力推进实现目标任务，在提高贷款额度、推行便民举措、规范业务管理等工作中体现使命担当，不断满足群众对住房资金需求、对改善住房条件和高效优质服务的新期待。二是深入推进全面从严治党。始终坚持把履行全面从严治党主体责任作为一项重要的政治任务来抓，按照"五抓五看""八个坚定不移"的总体要求，全年共开展组织廉政警示教育23次、主任办公会议21次、专题会议4次、廉政谈话18人次、缴纳党费4812元、推荐提任科级干部2名、完善17名科级干部廉政档案，切实担负起管党治党政治责任。三是主动互动联动，提升脱贫攻坚认可度。围绕市委、市政府中心工作，定点结对帮扶顺昌县大干镇连坊村、武夷山市吴屯乡大浑村，组织24人次到村走访4次，为连坊村争取专项资金10万元用于卫生室改造，走访贫困低保家庭10户，下拨资金3万元，连坊村已于2019年实现整村出列、全户脱贫。四是加强文化建设，干事创业氛围浓厚。全年共组织253人次开展志愿服务活动27次、文体活动11次、义务捐款1.46万元，主动服务、志愿服务、担当作为已成为工作习惯，持续以创建文明窗口、加强文明建设为抓手，着力建立一支忠诚、干净、担当的干部队伍。建阳管理部荣获"福建省住房城乡建设系统先进集体"，邵武管理部荣获"福建省巾帼文明岗"，光泽管理部荣获"福建省三八红旗集体"。

龙岩市住房公积金2019年年度报告

一、机构概况

（一）住房公积金管理委员会：住房公积金管理委员会有24名委员，2019年召开1次会议，审议通过的事项主要包括：龙岩市住房公积金2018年年度报告、2018年度住房公积金归集使用计划执行情况及增值收益分配方案、2019年度住房公积金归集使用计划、调整住房公积金个人贷款和提取相关政策、中信银行和招商银行申办公积金业务等议案。

（二）住房公积金管理中心：住房公积金管理中心为直属于市人民政府不以营利为目的的全额拨款事业单位，设7个科室，6个管理部。从业人员77人，其中，在编45人，非在编32人。

二、业务运行情况

（一）缴存：2019年，新开户单位845家，实缴单位6145家，净增单位510家；新开户职工1.84万人，实缴职工20.83万人，净减职工1.28万人；缴存额34.71亿元，同比增长12.75%。2019年末，缴存总额272亿元，同比增长14.63%；缴存余额86.48亿元，同比增长8.09%。

受委托办理住房公积金缴存业务的银行4家，比上年增加（减少）0家。

（二）提取：2019年，提取额28.24亿元，同比增长4.74%；占当年缴存额的81.35%，比上年减少6.23个百分点。

2019年末，提取总额185.53亿元，同比增长17.95%。

（三）贷款：

1.个人住房贷款：个人住房贷款最高额度45万元，其中，单缴存职工最高额度35万元，双缴存职工最高额度45万元。

2019年，发放个人住房贷款6935笔、23.36亿元，同比分别增长66.19%、66.97%。

2019年，回收个人住房贷款15.33亿元。

2019年末，累计发放个人住房贷款115199笔、207.4亿元，贷款余额98.44亿元，同比分别增长6.41%、12.69%、增长8.88%。个人住房贷款余额占缴存余额的113.83%，比上年增加0.82个百分点。

受委托办理住房公积金个人住房贷款业务的银行5家，比上年增加（减少）0家。

2. 住房公积金支持保障性住房建设项目贷款：未开展保障性住房建设项目贷款。

（四）购买国债：未购买国债。

（五）融资：2019年，融资11亿元，归还14.1亿元。2019年末，累计融资总额41.35亿元，融资余额11.80亿元。

（六）资金存储：2019年末，住房公积金存款8010.42万元。其中，活期250万元，1年（含）以下定期0亿元，1年以上定期0亿元，其他（协定、通知存款等）7760.42万元。

（七）资金运用率：2019年末，住房公积金个人住房贷款余额、项目贷款余额和购买国债余额的总和占缴存余额的113.83%，比上年增加0.82个百分点。

三、主要财务数据

（一）业务收入：2019年，业务收入32270.91万元，同比增长3.42%。存款利息1488.48万元，委托贷款利息30776.13万元，其他6.3万元。

（二）业务支出：2019年，业务支出17639.77万元，同比增长0.06%。支付职工住房公积金利息12227.66万元，归集手续费384.6万元，委托贷款手续费613.58万元，其他4413.93万元（其中融资利息支出4295.13万元）。

（三）增值收益：2019年，增值收益14631.14万元，同比增长7.77%。增值收益率1.75%，比上年增长0.02个百分点。

（四）增值收益分配：2019年，提取贷款风险准备金1305.75万元，提取管理费用1326.86万元，提取城市廉租住房（公共租赁住房）建设补充资金11998.52万元。

2019年，上交财政管理费用1326.86万元。上缴财政城市廉租住房（公共租赁住房）建设补充资金11940.6万元。

2019年末，贷款风险准备金余额39377.29万元。累计提取城市廉租住房（公共租赁住房）建设补充资金71211.05万元。

（五）管理费用支出：2019年，管理费用支出3644.61万元，同比减少9.13%。其中，人员经费736.86万元，公用经费131.52万元，专项经费2776.24万元（含财政返还融资贷款贴息支出2298.09万元）。

四、资产风险状况

（一）个人住房贷款：2019年末，个人住房贷款逾期额387.71万元，逾期率0.39‰。

个人贷款风险准备金按贷款余额的1%提取，累计提取额不超过贷款余额的4%。2019年，提取个人贷款风险准备金1305.75万元，使用个人贷款风险准备金核销呆坏账0万元。2019年末，个人贷款风险准备金余额39377.29万元，占个人住房贷款余额的4%，个人住房贷款逾期额与个人贷款风险准备金余额的比率为0.98%。

（二）支持保障性住房建设试点项目贷款：未开展保障性住房建设试点项目贷款。

（三）历史遗留风险资产：不存在历史遗留风险资产。

五、社会经济效益

（一）缴存业务：2019年，实缴单位数、实缴职工人数和缴存额同比分别增长9.05%、−5.78%

和 12.75%。

缴存单位中，国家机关和事业单位占 29.13%，国有企业占 14.08%，城镇集体企业占 1.89%，外商投资企业占 1.25%，城镇私营企业及其他城镇企业占 33.59%，民办非企业单位和社会团体占 4.18%，其他占 15.88%。

缴存职工中，国家机关和事业单位占 37.63%，国有企业占 29.24%，城镇集体企业占 1.16%，外商投资企业占 2.62%，城镇私营企业及其他城镇企业占 13.04%，民办非企业单位和社会团体占 4.28%，其他占 12.03%；中、低收入占 97.20%，高收入占 2.80%。

新开户职工中，国家机关和事业单位占 13.50%，国有企业占 28.22%，城镇集体企业占 0.59%，外商投资企业占 4.41%，城镇私营企业及其他城镇企业占 30.87%，民办非企业单位和社会团体占 6.32%，其他占 16.09%；中、低收入占 99.85%，高收入占 0.15%。

（二）提取业务：2019 年，8.70 万名缴存职工提取住房公积金 28.24 亿元。

提取金额中，住房消费提取占 85.01%（购买、建造、翻建、大修自住住房占 35.85%，偿还购房贷款本息占 46.09%，租赁住房占 3.04%，其他占 0.03%）；非住房消费提取占 14.99%（离休和退休提取占 10.99%，完全丧失劳动能力并与单位终止劳动关系提取占 2.52%，出境定居占 0%，其他占 1.48%）。

提取职工中，中、低收入占 96.80%，高收入占 3.20%。

（三）贷款业务：

1. 个人住房贷款：2019 年，支持职工购建房 78.42 万平方米，年末个人住房贷款市场占有率为 12.59%，比上年减少 4.95 个百分点。通过申请住房公积金个人住房贷款，可节约职工购房利息支出 50914.3 万元。

职工贷款笔数中，购房建筑面积 90（含）平方米以下占 29.91%，90～144（含）平方米占 62.42%，144 平方米以上占 7.67%。购买新房占 74.13%（其中购买保障性住房占 6%），购买二手房占 25.87%，建造、翻建、大修自住住房占 0%，其他占 0%。

职工贷款笔数中，单缴存职工申请贷款占 51.15%，双缴存职工申请贷款占 47.5%，三人及以上缴存职工共同申请贷款占 1.35%。

贷款职工中，30 岁（含）以下占 19.6%，30 岁～40 岁（含）占 36.65%，40 岁～50 岁（含）占 30.01%，50 岁以上占 13.74%；首次申请贷款占 80.79%，二次及以上申请贷款占 19.21%；中、低收入占 96.05%，高收入占 3.95%。

2. 异地贷款：2019 年，发放异地贷款 0 笔、0 万元。2019 年末，发放异地贷款总额 4143 万元，异地贷款余额 2590.46 万元。

3. 公转商贴息贷款：2019 年，发放公转商贴息贷款 0 笔、0 万元，支持职工购建住房面积 0 万平方米，当年贴息额 22.81 万元。2019 年末，累计发放公转商贴息贷款 103 笔、3500.2 万元，累计贴息 41.87 万元。

4. 支持保障性住房建设试点项目贷款：未开展保障性住房建设试点项目贷款。

（四）住房贡献率：2019 年，个人住房贷款发放额、公转商贴息贷款发放额、项目贷款发放额、住房消费提取额的总和与当年缴存额的比率为 136.46%，比上年增加 18.82 个百分点。

六、其他重要事项

（一）当年机构及职能调整情况、受委托办理缴存贷款业务金融机构变更情况。2019 年，龙岩市住房公积金管理中心未涉及机构及职能调整、受委托办理缴存贷款业务金融机构变更。

(二)当年住房公积金政策调整及执行情况。

1. 当年缴存基数限额及确定方法、缴存比例调整情况：缴存比例为单位和职工各5％～12％，单位可在5％至12％内自主确定缴存比例。2019年，本市住房公积金月缴存基数上限为17524元，依此设定单位和职工月缴存额上限各为2103元，合计为4206元。月缴存基数下限原则上不得低于我市人社部门公布的最低工资标准，市本级、新罗区最低月缴存工资基数1500元，单位和个人月缴存额合计原则上不低于150元；漳平市、永定区、上杭县最低月缴存工资基数1380元，单位和个人月缴存额合计原则上不低于138元；武平县、长汀县、连城县最低月缴存工资基数1280元，单位和个人月缴存额合计原则上不低于128元。

2. 当年提取政策调整情况：2019年4月8日起，规范我市部分住房公积金提取政策：包括严格异地购房提取、禁止购买同一套住房一年内二次提取等。2019年7月1日起，在新罗区范围内试点运行系统委托逐月提取住房公积金支付房租，将每年提取一次优化为系统每月自动冲房租。

3. 当年住房公积金个人住房贷款最高贷款额度调整情况：新罗区、永定区2019年最高贷款额度未做调整，个人住房贷款最高额度为45万元，其中，借款人双方正常缴存的最高额度45万元，借款人单方正常缴存的最高额度35万元。2019年4月8日起，将漳平市、上杭县、连城县、长汀县、武平县5县市最高贷款额度提升5万元，借款人双方正常缴存的最高额度提至40万元，借款人单方正常缴存的最高额度提至30万元。

4. 当年贷款政策调整情况：2019年4月8日起，取消对组合贷款（商业贷款部分）可贷额度的限定、确定收入认定标准、取消一年内个人信用卡负债列入公积金贷款负债测算。

5. 2019年存贷款利率未调整：职工住房公积金账户存款利率按一年期定期存款基准利率1.5％执行；住房公积金贷款年利率为：5年（含）以下2.75％，5年以上3.25％。第二次申请公积金贷款的利率，按同期公积金贷款基准利率的1.1倍执行。

(三)当年服务改进情况。"互联网＋移动端"，全面深化"一次不用跑"改革。

1. 服务渠道多元

中心着力打造"互联网＋移动端"模式，多形式、全方位开通服务渠道，目前已形成集门户网站、"龙岩公积金"微信公众号、12329住房公积金服务热线、12329短信、e龙岩、福建省网上办事大厅、福建省住房公积金网上办事大厅、闽政通APP等8种服务渠道于一体的服务体系。缴存人可根据需要选择相应渠道查询信息、在线咨询、办理业务。其中，提供业务办理服务的渠道主要有5种，包括e龙岩、福建省网上办事大厅、福建省住房公积金网上办事大厅、"龙岩公积金"微信公众号、闽政通APP，通过这5种服务渠道，可足不出户，享受7×24小时全天候、跨地域的业务办理服务。

2. 业务种类丰富

线上可办业务种类丰富。在全省率先推出"缴、提、还、查"30个事项全部"全程网办"，不论是个人用户还是单位用户，都可各取所需，通过电脑或手机客户端线上24小时全程不见面申请办理业务。

3. 数据跑代替群众跑

依托市政务信息共享平台，仅凭居民身份证信息即可在"e龙岩"大数据平台中采集个人所需信息和电子证照，减少缴存人办事需提供的不动产、婚姻、退休、社保、医保等多项证明材料，变"群众跑腿"

为"掌上办事和信息跑路",目前已实现 7 个提取事项"一证通办"。

(四) 当年信息化建设情况。

(1) 对龙岩公积金官网进行了更新和升级。通过市政府网站集约化建设平台构建了新的龙岩公积金官网,纳入市政府网站统一管理,既提高了网站的性能和访问的便利性,也提升了网站的整体信息安全。

(2) 住房公积金信息系统网络安全顺利通过三级等保测评,获得公安部门核发的信息系统安全保护等级证书。

(3) 财务集中核算功能上线运行,实现全市住房公积金财务集中核算管理模式,通过对原有会计科目、账套、账户进行整合优化,全面实现"统一管理、集中核算",使财务数据更加完整、财务处理更加准确,并强化了资金管理,提高了资金使用效率。

(五) 当年住房公积金管理中心及职工所获荣誉情况。

(1) 龙岩市住房公积金管理中心获评龙岩市第十三届市级文明单位荣誉称号。

(2) 业务受理科被省人社厅、省住房和城乡建设厅联合表彰为"全省住房城乡建设系统先进集体"、荣获龙岩市行政服务中心管理委员会"2019 年度红旗窗口"。

(3) 武平管理部被武平县诚信办、县文明办评为"诚信文明示范窗口"。

(4) 漳平管理部荣获漳平市行政服务中心管理委员会"2019 年度红旗窗口",被漳平市总工会、漳平市行政服务中心管委会联合表彰为 2019 年度行政审批服务"五比"竞赛活动窗口服务优胜集体第二名。

(5) 连城管理部荣获连城县行政服务中心管理委员会"2019 年度红旗窗口",2019 年 5 月被连城县总工会、连城县行政服务中心管委会联合表彰为 2018 年度行政审批服务"五比"竞赛活动集体第二名。

(6) 从业人员 1 人获评县市级"优秀共产党员",10 人获评所在县市年度先进工作者、服务标兵等荣誉称号。

(六) 当年对违反《住房公积金管理条例》和相关法规行为进行行政处罚和申请人民法院强制执行情况。2019 年,中心没有进行行政处罚和申请人民法院强制执行情况。

(七) 当年对住房公积金管理人员违规行为的纠正和处理情况等。2019 年,本市住房公积金管理人员无违规行为。

宁德市住房公积金 2019 年年度报告

一、机构概况

(一) 住房公积金管理委员会:住房公积金管理委员会有 28 名委员,2019 年召开 1 次会议,审议通过的事项主要包括:《宁德市住房公积金管理中心 2018 年工作情况及 2019 年工作计划》《宁德市住房公积金 2018 年年度报告》《宁德市住房公积金 2018 年财务收支情况的报告》《宁德市住房公积金 2018 年度增值收益分配方案》《宁德市住房公积金 2019 年度财务收支及增值收益预算》《宁德市住房公积金管理中心关于调整住房公积金贷款和提取等有关规定的请示》《宁德市住房公积金管理中心关于编制 2019 年度住房公积金归集和使用计划的请示》。

（二）住房公积金中心：住房公积金中心为直属宁德市人民政府不以营利为目的的参照公务员法管理的事业单位，内设6个科室，10个办事处（营业部）。从业人员84人，其中，在编68人，非在编16人。

二、业务运行情况

（一）缴存：2019年，新开户单位644家，实缴单位4988家，净增单位467家；新开户职工4.19万人，实缴职工25.52万人，净增职工0.84万人；缴存额31.41亿元，同比增长6.38%。2019年末，缴存总额224.68亿元，同比增长16.25%；缴存余额91.64亿元，同比增长9.93%。

受委托办理住房公积金缴存业务的银行4家。

（二）提取：2019年，提取额23.13亿元，同比增长2.35%；占当年缴存额的73.65%，比上年减少2.90个百分点。2019年末，提取总额133.05亿元，同比增长21.04%。

（三）贷款：

1. 个人住房贷款：个人住房贷款最高额度60万元，其中，单缴存职工最高额度35万元，双缴存职工最高额度60万元。

2019年，发放个人住房贷款0.58万笔、20.79亿元，同比分别上升4.52%、下降1.96%。

2019年，回收个人住房贷款13.02亿元。

2019年末，累计发放个人住房贷款9.01万笔、189.55亿元，贷款余额90.13亿元，同比分别增长6.88%、12.32%、9.44%。个人住房贷款余额占缴存余额的98.36%，比上年下降0.43个百分点。

受委托办理住房公积金个人住房贷款业务的银行4家，与上年一致。

2. 住房公积金支持保障性住房建设项目贷款：我中心未开展保障性住房建设项目贷款业务。

（四）购买国债：2019年，未购买、兑付、转让、收回国债，国债余额0亿元，与上年一致。

（五）融资：我中心未开展融资业务。

（六）资金存储：2019年末，住房公积金存款3.41亿元。其中，活期0.02亿元，1年（含）以下定期0亿元，1年以上定期0亿元，其他（协定、通知存款等）3.39亿元。

（七）资金运用率：2019年末，住房公积金个人住房贷款余额、项目贷款余额和购买国债余额的总和占缴存余额的98.36%，比上年减少0.43个百分点。

三、主要财务数据

（一）业务收入：2019年，业务收入28972.25万元，同比增长8.78%。其中，存款利息899.9万元，委托贷款利息28068.64万元，国债利息0万元，其他3.71万元。

（二）业务支出：2019年，业务支出15022.06万元，同比增长10.4%。其中，支付职工住房公积金利息13609.91万元，归集手续费441.33万元，委托贷款手续费696.77万元，其他274.05万元。

（三）增值收益：2019年，增值收益13950.19万元，同比增长7.09%。其中，增值收益率1.59%，比上年减少0.04个百分点。

（四）增值收益分配：2019年，提取贷款风险准备金3113.96万元，提取管理费用1503.23万元，提取城市廉租住房（公共租赁住房）建设补充资金9333.00万元。

2019年，上交财政管理费用1503.23万元。上缴财政城市廉租住房（公共租赁住房）建设补充资金8929.00万元。

2019年末，贷款风险准备金余额36054.78万元。累计提取城市廉租住房（公共租赁住房）建设补充资金59457.45万元。

（五）**管理费用支出**：2019年，管理费用支出1332.35万元，同比增长9.70%。其中，人员经费985.81万元，公用经费102.14万元，专项经费244.40万元。

四、资产风险状况

（一）**个人住房贷款**：2019年末，个人住房贷款逾期额95.65万元，逾期率0.11‰。

2019年，提取个人贷款风险准备金3113.96万元，使用个人贷款风险准备金核销呆坏账0万元。2019年末，个人贷款风险准备金余额36054.78万元，占个人住房贷款余额的4.00%，个人住房贷款逾期额与个人贷款风险准备金余额的比率为0.27%。

（二）**支持保障性住房建设试点项目贷款**：我中心未开展保障性住房建设项目贷款业务。

（三）**历史遗留风险资产**：我中心无历史遗留风险资产。

五、社会经济效益

（一）**缴存业务**：2019年，实缴单位数、实缴职工人数和缴存额同比分别增加10.33%、3.38%和6.38%。

缴存单位中，国家机关和事业单位占41.32%，国有企业占13.21%，城镇集体企业占2.43%，外商投资企业占0.88%，城镇私营企业及其他城镇企业占37.21%，民办非企业单位和社会团体占3.49%，个人自愿缴存占1.46%。

缴存职工中，国家机关和事业单位占37.43%，国有企业占16.93%，城镇集体企业占2.39%，外商投资企业占1.28%，城镇私营企业及其他城镇企业占40.64%，民办非企业单位和社会团体占1.19%，个人自愿缴存占0.14%；中、低收入占98.90%，高收入占1.10%。

新开户职工中，国家机关和事业单位占8.10%，国有企业占7.78%，城镇集体企业占3.15%，外商投资企业占1.07%，城镇私营企业及其他城镇企业占76.39%，民办非企业单位和社会团体占1.64%，其他占1.87%；中、低收入占99.74%，高收入占0.26%。

（二）**提取业务**：2019年，8.71万名缴存职工提取住房公积金23.13亿元。

提取金额中，住房消费提取占77.25%（购买、建造、翻建、大修自住住房占23.17%，偿还购房贷款本息占49.52%，租赁住房占4.56%，其他占0%）；非住房消费提取占22.75%（离休和退休提取占13.97%，完全丧失劳动能力并与单位终止劳动关系提取占5.45%，死亡或宣告死亡占0.40%，其他占2.93%）。

提取职工中，中、低收入占98.74%，高收入占1.26%。

（三）**贷款业务**：

1. 个人住房贷款：2019年，支持职工购建房62.53万平方米，年末个人住房贷款市场占有率为14.08%，比上年降低0.73个百分点。通过申请住房公积金个人住房贷款，可节约职工购房利息支出

43989.53 万元。

职工贷款笔数中，购房建筑面积 90（含）平方米以下占 32.76%，90~144（含）平方米占 61.90%，144 平方米以上占 5.34%。购买新房占 75.55%（其中购买保障性住房占 3.02%），购买存量商品住房占 24.26%，建造、翻建、大修自住住房占 0.19%，其他占 0%。

职工贷款笔数中，单缴存职工申请贷款占 55.71%，双缴存职工申请贷款占 44.29%，三人及以上缴存职工共同申请贷款占 0%。

贷款职工中，30 岁（含）以下 26.14%，30 岁~40 岁（含）占 42.34%，40 岁~50 岁（含）占 23.67%，50 岁以上占 7.85%；首次申请贷款占 84.43%，二次及以上申请贷款占 15.57%。中、低收入占 98.07%，高收入占 1.93%。

2. 异地贷款：2019 年，发放异地贷款 176 笔、5010.5 万元。2019 年末，发放异地贷款总额 16586.7 万元，异地贷款余额 15406.81 万元。

3. 公转商贴息贷款：我中心未开展公转商贴息贷款业务。

4. 支持保障性住房建设试点项目贷款：我中心未开展保障性住房建设项目贷款业务。

（四）**住房贡献率**：2019 年，个人住房贷款发放额、公转商贴息贷款发放额、项目贷款发放额、住房消费提取额的总和与当年缴存额的比率为 123.10%，比上年减少 4.84 个百分点。

六、其他重要事项

（一）**对中心名称进行变更**。2019 年 12 月 13 日，经宁德市委编办审批同意，市住房公积金管理中心更名为"宁德市住房公积金中心"，其他机构编制事项维持不变。

（二）**当年缴存基数限额及确定方法、缴存比例情况**。2019 年度住房公积金缴存工资基数为职工本人上一年度（2018 年 7 月 1 日至 2019 年 6 月 30 日）的月平均工资。计算住房公积金的工资基数以国家统计局发布的《关于工资总额组成的规定》的内容为准。

2019 年 7 月调整住房公积金缴存基数限额：宁德市所有缴存单位及其职工最高月缴存基数为 18243 元；缴存单位及其职工最低月缴存基数为 1280 元。

2019 年度，缴存单位及其员工的住房公积金缴存比例为各 5%~12%。

（三）**当年住房公积金存贷款利率执行情况**。2019 年住房公积金账户存款利率为 1.50%。

2019 年，住房公积金贷款年利率为：5 年（含）以下 2.75%，5 年以上 3.25%。

（四）**当年住房公积金个人住房贷款最高额度调整情况**。2019 年住房公积金个人贷款最高额度未调整。

（五）**当年住房公积金政策调整情况**。

提取方面：2019 年 3 月 15 日起，为防范套取住房公积金行为，缴存职工在本省（不含宁德市行政区域）购买二手房提取住房公积金的，须持有该房屋产权满半年。职工提供本人（或配偶）购房所在地的户籍证明或正常缴纳 12 个月以上的公积金（或社保）证明的，不受"须持有该房屋产权满半年"限制。

贷款方面：2019 年 3 月 15 日起，对我市公积金贷款政策进行调整，一是调整差别化公积金贷款政策，不再按同一城区认定公积金贷款次数，调整为按全市范围认定公积金贷款次数。职工家庭第一次（不含信用担保贷款，下同）申请使用住房公积金贷款购买第一套住房的，首付比例不低于 30%；职工家庭第二次申请使用住房公积金贷款或购买第二套住房的,首付比例不低于50%。停止向第三次(及以上)使用住房公积金贷款或购买第三套(及以上)住房的职工家庭发放贷款。二是放宽申请公积金贷款条件,取消"贷款申请之日前6个月内未提取使用过公积金账户余额"的规定,实行"即提即贷",即申请公积金贷款不受是否提取过公积金的限制。三是统一公积金贷款额度测算口径,明确调节系数。住房公积金贷款额度=职工夫妻双方贷款申请之日住房公积金账户余额之和×2+职工夫妻双方贷款申请之日至退休之日预计缴存的住房公积金之和×流动性调节系数。流动性调节系数采取分阶段动态调控:当资金使用率连续3个月保持在75%~95%时,流动性调节系数=1;当资金使用率连续3个月未超过75%时,流动性调节系数=1.2;当资金使用率连续3个月超过95%时,流动性调节系数=0.8。四是暂停办理"个人住房商业性贷款转公积金贷款"业务,待全市住房公积金资金使用率连续3个月低于90%时恢复办理。五是暂停办理"住房公积金异地个人住房贷款"业务,待全市住房公积金资金使用率连续3个月低于90%时恢复办理。

(六)当年服务改进情况。

1. 开放"全市通办"功能。 全市缴存职工可按"就近原则"在全市辖区内任一公积金窗口办理提取业务,不再受限于"在哪里缴交公积金,就在哪里提取",变"定点跑"为"就近跑"。

2. 精简业务办理收件。 为提升职工办事的便利度,中心发布一系列政策措施,有效化解群众的痛点、堵点和难点。如:取消离职提取提供解除劳动关系的证明;取消建造、翻建、大修自住住房提取和贷款提供工程预(决)算书;取消法院司法拍卖购房贷款提供房地产评估报告书;取消与开发企业签订《宁德市个人住房公积金贷款业务合作协议书》等。

3. 取消提取业务办理材料复印件。 职工办理住房公积金提取业务,不再提供办理材料复印件,仅需提供办理材料原件,窗口工作人员通过影像采集留存电子档案。

(七)当年信息化建设情况。

1. 单位业务网上办。 网上办事大厅开通了单位业务网上办理功能,单位经办可以在网上办理单位的开户、缴存基数变更、人员封存启封、单位缴存比例调整等22项业务,实现所有单位业务"一趟不用跑"。2019年度,有2043个单位在网厅办理年度基数调整,线上办理率达64%。

2. 个人业务掌上办。 我中心在网上办事大厅、微信公众平台、支付宝和闽政通APP等多个渠道上开放了查询、提取功能,个人用户可以用最便捷的方式进行公积金业务的查询和办理。公积金12329短信提醒功能也得到了完善,2019年全年为客户发送短信216万条,客户在账户变动的第一时间就会了解到自己的账户情况。

(八)当年获得的荣誉。我中心参加2019年全市机关体制机制创新优秀案例征集评选活动,获得三等奖;我中心创作的短视频作品献礼祖国70周年华诞,获得"闽东之光"宁德市首届短视频大赛优秀奖;直属营业部获得全省住房城乡建设系统先进集体荣誉称号和宁德市行政服务中心"先进窗口"称号。

2019 全国住房公积金年度报告汇编

江西省

南昌
景德镇市
萍乡市
九江市
新余市
鹰潭市
赣州市
吉安市
宜春市
抚州市
上饶市

江西省住房公积金 2019 年年度报告

一、机构概况

（一）住房公积金管理机构：全省（区）共设 11 个设区城市住房公积金管理中心，2 个独立设置的分中心（其中，省直分中心隶属江西省住房和城乡建设厅，铁路分中心隶属中国铁路南昌局集团有限公司）。从业人员 1532 人，其中，在编 794 人，非在编 738 人。

（二）住房公积金监管机构：省住房城乡建设厅、省财政厅和人民银行南昌中心支行负责对本省住房公积金管理运行情况进行监督。省住房城乡建设厅设立住房公积金监管处，负责辖区住房公积金日常监管工作。

二、业务运行情况

（一）缴存：2019 年，新开户单位 4295 家，实缴单位 47055 家，净增单位 9 家；新开户职工 30.76 万人，实缴职工 268.02 万人，净增职工 0.04 万人；缴存额 443.97 亿元，同比增长 13.01%。2019 年末，缴存总额 2807.83 亿元，比上年末增加 18.78%；缴存余额 1339.29 亿元，比上年末增加 13.09%。

（二）提取：2019 年，提取额 288.99 亿元，同比增长 17.16%；占当年缴存额的 65.09%，比上年增加 2.22 个百分点。2019 年末，提取总额 1468.53 亿元，比上年末增加 24.5%。

（三）贷款：

1. 个人住房贷款：2019 年，发放个人住房贷款 6.47 万笔、231.46 亿元，同比增长 30.18%、32.93%。回收个人住房贷款 134.65 亿元。

2019 年末，累计发放个人住房贷款 79.11 万笔、1938.12 亿元，贷款余额 1162.87 亿元，分别比上年末增加 8.91%、13.56%、9.08%。个人住房贷款余额占缴存余额的 86.83%，比上年末减少 3.18 个百分点。

2. 住房公积金支持保障性住房建设项目贷款：2019 年，发放支持保障性住房建设项目贷款 0 元，回收项目贷款 0.77 亿元。2019 年末，累计发放项目贷款 6.79 亿元，项目贷款余额 0 元。

（四）购买国债：无。

（五）融资：2019 年，融资 12 亿元，归还 19.96 亿元。2019 年末，融资总额 183.28 亿元，融资余额 8 亿元。

（六）资金存储：2019 年末，住房公积金存款 202.3 亿元。其中，活期 8.02 亿元，1 年（含）以下定期 56.62 亿元，1 年以上定期 97.4 亿元，其他（协定、通知存款等）40.23 亿元。

（七）资金运用率：2019 年末，住房公积金个人住房贷款余额、项目贷款余额和购买国债余额的总和占缴存余额的 86.83%，比上年末减少 3.18 个百分点。

三、主要财务数据

（一）业务收入：2019 年，业务收入 436254.03 万元，同比增长 11.89%。其中，存款利息 61791.74

万元，委托贷款利息 359691.83 万元，国债利息 0 元，其他 14770.46 万元。

（二）**业务支出**：2019 年，业务支出 211426.24 万元，同比增长 5.27%。其中，支付职工住房公积金利息 188635.96 万元，归集手续费 0 元，委托贷款手续费 12577.48 万元，其他 10212.8 万元。

（三）**增值收益**：2019 年，增值收益 221599.57 万元，同比增长 18.93%；增值收益率 1.77%，比上年增加 0.07 个百分点。

（四）**增值收益分配**：2019 年，提取贷款风险准备金 36937.77 万元，提取管理费用 25536.36 万元，提取城市廉租住房（公共租赁住房）建设补充资金 159125.44 万元。

2019 年，上交财政管理费用 25547.63 万元，上缴财政城市廉租住房（公共租赁住房）建设补充资金 132910.7 万元。

2019 年末，贷款风险准备金余额 274241.22 万元，累计提取城市廉租住房（公共租赁住房）建设补充资金 942945.3 万元。

（五）**管理费用支出**：2019 年，管理费用支出 30391.42 万元，同比增长 16.67%。其中，人员经费 18328.98 万元，公用经费 4196.07 万元，专项经费 7866.37 万元。

四、资产风险状况

（一）**个人住房贷款**：2019 年末，个人住房贷款逾期额 3609.8 万元，逾期率 0.3‰。

2019 年，提取个人贷款风险准备金 36937.77 万元，使用个人贷款风险准备金核销呆坏账 0 元。2019 年末，个人贷款风险准备金余额 273681.22 万元，占个人贷款余额的 2.35%，个人贷款逾期额与个人贷款风险准备金余额的比率为 1.32%。

（二）**住房公积金支持保障性住房建设项目贷款**：2019 年末，项目贷款已结清。2019 年，未提取项目贷款风险准备金，未使用项目贷款风险准备金核销呆坏账。2019 年末，项目贷款风险准备金余额 560 万元。

五、社会经济效益

（一）**缴存业务**：2019 年，实缴单位数、实缴职工人数和缴存额增长率分别为 0.019%、0.014% 和 13.01%。

缴存单位中，国家机关和事业单位占 57.72%，国有企业占 12.78%，城镇集体企业占 1.18%，外商投资企业占 1.35%，城镇私营企业及其他城镇企业占 20.72%，民办非企业单位和社会团体占 2.67%，其他占 3.58%。

缴存职工中，国家机关和事业单位占 49.1%，国有企业占 22.43%，城镇集体企业占 0.94%，外商投资企业占 4.77%，城镇私营企业及其他城镇企业占 17.88%，民办非企业单位和社会团体占 1.97%，其他占 2.91%；中、低收入占 95.56%，高收入占 4.44%。

新开户职工中，国家机关和事业单位占 27.16%，国有企业占 14.27%，城镇集体企业占 0.99%，外商投资企业占 7.68%，城镇私营企业及其他城镇企业占 38.31%，民办非企业单位和社会团体占 3.67%，其他占 7.92%；中、低收入占 99.27%，高收入占 0.73%。

（二）**提取业务**：2019 年，92.74 万名缴存职工提取住房公积金 288.99 亿元。

提取金额中，住房消费提取占 78.23%（购买、建造、翻建、大修自住住房占 26.55%，偿还购房贷款本息占 49.93%，租赁住房占 1.7%，其他占 0.05%）；非住房消费提取占 21.77%（离休和退休提取占 16.48%，完全丧失劳动能力并与单位终止劳动关系提取占 2.5%，出境定居占 0.22%，其他占 2.57%）。

提取职工中，中、低收入占 96.41%，高收入占 3.59%。

（三）贷款业务：

1. 个人住房贷款：2019 年，支持职工购建房 727.67 万平方米。年末个人住房贷款市场占有率（含公转商贴息贷款）为 16.84%，比上年末减少 2.58 个百分点。通过申请住房公积金个人住房贷款，可节约职工购房利息支出 420303.62 万元。

职工贷款笔数中，购房建筑面积 90（含）平方米以下占 10.81%，90～144（含）平方米占 80.27%，144 平方米以上占 8.92%。购买新房占 79.79%（其中购买保障性住房占 0.04%），购买二手房占 19.75%，建造、翻建、大修自住住房占 0.11%，其他占 0.35%。

职工贷款笔数中，单缴存职工申请贷款占 50.88%，双缴存职工申请贷款占 49.03%，三人及以上缴存职工共同申请贷款占 0.09%。

贷款职工中，30 岁（含）以下占 32.69%，30 岁～40 岁（含）占 34.21%，40 岁～50 岁（含）占 24.7%，50 岁以上占 8.4%；首次申请贷款占 88.12%，二次及以上申请贷款占 11.88%；中、低收入占 96.28%，高收入占 3.72%。

2. 异地贷款：2019 年，发放异地贷款 1445 笔、40081.83 万元。2019 年末，发放异地贷款总额 403880.33 万元，异地贷款余额 304654.82 万元。

3. 公转商贴息贷款：2019 年，未发放公转商贴息贷款。当年贴息额 2117 万元。2019 年末，累计发放公转商贴息贷款 5931 笔、219844.4 万元，累计贴息 6888.06 万元。

4. 住房公积金支持保障性住房建设项目贷款：2019 年末，全省有住房公积金试点城市 2 个，试点项目 6 个，贷款额度 6.79 亿元，建筑面积 68.18 万平方米，可解决 11652 户中低收入职工家庭的住房问题。6 个试点项目贷款资金已发放并还清贷款本息。

（四）**住房贡献率**：2019 年，个人住房贷款发放额、公转商贴息贷款发放额、项目贷款发放额、住房消费提取额的总和与当年缴存额的比率为 103.06%，比上年增加 12.59 个百分点。

六、其他重要事项

（一）**当年住房公积金政策调整情况**。印发了《关于进一步治理骗提骗贷住房公积金行为的通知》（赣建金〔2019〕9 号）规定：职工以欺骗手段违规提取或贷款住房公积金：一是利用虚假材料试图违规提取或贷款的，限制其 3～5 年（含）内申请住房公积金业务办理资格（退休、死亡、出境定居提取除外）。二是利用虚假材料已办理违规提取或贷款的，责令其退回资金，限制其 5 年（含）内申请办理住房公积金业务资格（退休、死亡、出境定居提取除外）。

（二）**当年开展监督检查情况**。省住房城乡建设厅，每季度至少对 2 个住房公积金管理中心开展业务督导，运用住房公积金电子工具重点围绕业务目标发展、风险防控工作排查与整改、深化行业"放管服"改革、扫黑除恶治理行业乱象等方面开展工作监督。

（三）**当年服务改进情况**。全省陆续开通了住房公积金综合服务平台网上业务大厅、手机 APP、"赣服通"等便捷方式办理住房公积金查询、提取等业务，满足了缴存职工"掌上办""随时办""异地办"的需求，增加了缴存职工业务办理过程中的幸福感与获得感。

（四）当年信息化建设情况。

（1）全省住房公积金贷款数据接入全国住房公积金数据平台。

（2）全省住房公积金贷款和提取的部分业务功能接入"赣服通"平台。

（3）基本完成住房公积金异地转移接续平台与住房和城乡建设部平台的直连。

（4）全省住房公积金综合服务平台基本建成并投入使用。

（5）完善了省内公安、民政、不动产等跨部门间的信息共享渠道。

（五）当年住房公积金机构及从业人员所获荣誉情况。 全省各住房公积金管理中心共获得13项文明单位（行业、窗口），其中国家级1项、省部级4项、地市级8项；1项地市级青年文明号称号；1项地市级三八红旗手称号；5项地市级先进集体和个人。其中：鹰潭获得国家级文明单位；新余、鹰潭、吉安和上饶获得省部级文明单位；南昌、景德镇、鹰潭、抚州、上饶获得地市级文明单位。抚州获得地市级青年文明号。上饶获得地市级三八红旗手称号。新余、宜春和上饶获得地市级先进集体和个人。

（六）当年对住房公积金管理人员违规行为的纠正和处理情况等。 吉安市住房公积金管理中心吉水县办事处工作人员刘顺民利用工作便利非法占有住房公积金，经吉水县监委审查，涉嫌贪污犯罪，于2019年6月移送检察机关审查起诉。根据《行政机关公务员处分条例》第二十三条规定，经中心主任办公会议研究决定，2019年6月给予刘顺民开除处分。

南昌住房公积金2019年年度报告

一、机构概况

（一）住房公积金管理委员会： 住房公积金管理委员会有29名委员，2019年召开1次会议，审议通过南昌住房公积金管理中心2018年度住房公积金归集、使用执行情况和2019年度住房公积金归集、使用计划，审议通过市财政部门关于南昌住房公积金管理中心2018年度会计决算审核报告和关于2019年专项经费预算审核意见的通知，以及市审计部门关于南昌住房公积金管理中心2018年度财务收支情况审计报告。

（二）住房公积金管理中心： 南昌住房公积金管理中心（以下简称"管理中心"）为直属南昌市人民政府不以营利为目的的全额拨款事业单位，主要负责全市住房公积金的归集、管理、使用和会计核算。管理中心设七个科室、五个县（区）办事处及省直、铁路两个分中心。从业人员168人（含分中心），其中，在编94人，非在编74人。

二、业务运行情况

（一）缴存： 2019年，新开户单位1333家，实缴单位10896家，净增单位1039家；新开户职工9.90

万人,实缴职工 80.57 万人,净增职工 4.59 万人;缴存额 154.52 亿元,同比增长 14.84%。2019 年末,缴存总额 1016.31 亿元,比上年末增加 17.93%;缴存余额 396.99 亿元,比上年末增加 11.93%。

受委托办理住房公积金缴存业务的银行 2 家,与上年持平。

(二)提取:2019 年,提取额 112.18 亿元,同比增长 13.23%;占当年缴存额的 72.60%,比上年减少 1.04 个百分点。2019 年末,提取总额 619.32 亿元,比上年末增加 22.12%。

(三)贷款:

个人住房贷款:个人住房贷款最高额度 60 万元,其中,单缴存职工最高额度 50 万元,双缴存职工最高额度 60 万元。

2019 年,发放个人住房贷款 1.71 万笔、62.16 亿元,同比分别增长 196.70%、174.75%。其中,市中心发放个人住房贷款 1.27 万笔、41.72 亿元,省直分中心发放个人住房贷款 0.26 万笔、12.48 亿元,铁路分中心发放个人住房贷款 0.18 万笔、7.96 亿元。

2019 年,回收个人住房贷款 39.94 亿元。其中,市中心 22.47 亿元,省直分中心 12.22 亿元,铁路分中心 5.25 亿元。

2019 年末,累计发放个人住房贷款 20.26 万笔、592.87 亿元、贷款余额 317.62 亿元,同比分别增长 9.22%、11.71%、7.52%。个人住房贷款余额占缴存余额的 80.01%,比上年减少 3.28 个百分点。

受委托办理住房公积金个人住房贷款业务的银行 11 家,比上年增加 1 家。

(四)资金存储:2019 年末,住房公积金存款 81.89 亿元。其中,活期 1.58 亿元,1 年(含)以下定期 33 亿元,1 年以上定期 29.01 亿元,其他(协定、通知存款等)18.30 亿元。

(五)资金运用率:2019 年末,住房公积金个人住房贷款余额、项目贷款余额和购买国债余额的总和占缴存余额的 80.01%,比上年减少 3.28 个百分点。

三、主要财务数据

(一)业务收入:2019 年,业务收入 124718.40 万元,同比增长 6.60%。其中,市中心 71937.61 万元,省直分中心 34993.56 万元,铁路分中心 17787.23 万元;存款利息 22490.74 万元,委托贷款利息 98050.38 万元,其他 4177.28 万元。

(二)业务支出:2019 年,业务支出 62501.43 万元,同比增长 5.85%。其中,市中心 38038.49 万元,省直分中心 16620.65 万元,铁路分中心 7842.29 万元;支付职工住房公积金利息 55365.15 万元,委托贷款手续费 4880.02 万元,其他 2256.26 万元。

(三)增值收益:2019 年,增值收益 62216.97 万元,同比增长 7.36%。其中,市中心 33899.12 万元,省直分中心 18372.91 万元,铁路分中心 9944.94 万元;增值收益率 1.65%,与上年基本持平。

(四)增值收益分配:2019 年,提取贷款风险准备金 4444.24 万元,提取管理费用 5192.93 万元,提取城市廉租住房(公共租赁住房)建设补充资金 52579.80 万元。

2019 年,上交财政管理费用 4259.03 万元。上缴财政城市廉租住房(公共租赁住房)建设补充资金 47107.34 万元。其中,市中心上缴 31704.31 万元,省直分中心上缴江西省财政厅财政专户 15403.03 万元,铁路分中心上缴 0 万元。

2019 年末,贷款风险准备金余额 77065.59 万元。累计提取城市廉租住房(公共租赁住房)建设补充资金 370562.35 万元。其中，市中心提取 200865.24 万元，省直分中心提取 106401.70 万元，铁路分中心提取 63295.41 万元。

（五）管理费用支出：2019 年，管理费用支出 4980.57 万元，同比增长 2.56%。其中，人员经费 3111.89 万元，公用经费 544.51 万元，专项经费 1324.17 万元。

市中心管理费用支出 2025.08 万元，其中，人员、公用、专项经费分别为 1403.06 万元、222.16 万元、399.86 万元；省直分中心管理费用支出 2105.84 万元，其中，人员、公用、专项经费分别为 1201.05 万元、265.33 万元、639.46 万元；铁路分中心管理费用支出 849.65 万元，其中，人员、公用、专项经费分别为 507.78 万元、57.02 万元、284.85 万元。

四、资产风险状况

个人住房贷款：2019 年末，个人住房贷款逾期额 176.72 万元，逾期率 0.06‰。其中，市中心 0.06‰，省直分中心 0.05‰，铁路分中心 0.05‰。

个人贷款风险准备金按新增贷款余额的 2% 提取。2019 年，提取个人贷款风险准备金 4444.24 万元，使用个人贷款风险准备金核销呆坏账 0 万元。2019 年末，个人贷款风险准备金余额 77065.59 万元，占个人住房贷款余额的 2.43%，个人住房贷款逾期额与个人贷款风险准备金余额的比率为 0.23%。

五、社会经济效益

（一）缴存业务：2019 年，实缴单位数、实缴职工人数和缴存额同比分别增长 10.54%、6.05% 和 14.84%。

缴存单位中，国家机关和事业单位占 28.77%，国有企业占 18.92%，城镇集体企业占 2.18%，外商投资企业占 3.04%，城镇私营企业及其他城镇企业占 39.44%，民办非企业单位和社会团体占 5.41%，其他占 2.24%。

缴存职工中，国家机关和事业单位占 30.37%，国有企业占 32.63%，城镇集体企业占 1.30%，外商投资企业占 8.54%，城镇私营企业及其他城镇企业占 21.49%，民办非企业单位和社会团体占 4.58%，其他占 1.09%；中、低收入占 96.61%，高收入占 3.39%。

新开户职工中，国家机关和事业单位占 15.20%，国有企业占 22.03%，城镇集体企业占 1.56%，外商投资企业占 12.43%，城镇私营企业及其他城镇企业占 38.98%，民办非企业单位和社会团体占 7.45%，其他占 2.35%；中、低收入占 99.51%，高收入占 0.49%。

（二）提取业务：2019 年，31.78 万名缴存职工提取住房公积金 112.18 亿元。

提取金额中，住房消费提取占 83.64%（购买、建造、翻建、大修自住住房占 31.27%，偿还购房贷款本息占 49.09%，租赁住房占 3.28%）；非住房消费提取占 16.36%（离休和退休提取占 12.48%，完全丧失劳动能力并与单位终止劳动关系提取占 2.09%，户口迁出本市或出境定居占 0.52%，其他占 1.27%）。

提取职工中，中、低收入占 97.91%，高收入占 2.09%。

（三）贷款业务：

1. 个人住房贷款：2019 年，支持职工购建房 128.14 万平方米，年末个人住房贷款市场占有率为

8.83%，比上年增加 5.56 个百分点。通过申请住房公积金个人住房贷款，可节约职工购房利息支出 124821.90 万元。

职工贷款笔数中，购房建筑面积 90（含）平方米以下占 16.20%，90～144（含）平方米占 79.83%，144 平方米以上占 3.97%。购买新房占 86.90%，购买二手房占 12.68%，其他占 0.42%。

职工贷款笔数中，单缴存职工申请贷款占 70.43%，双缴存职工申请贷款占 29.47%，三人及以上缴存职工共同申请贷款占 0.10%。

贷款职工中，30 岁（含）以下占 35.49%，30 岁～40 岁（含）占 34.57%，40 岁～50 岁（含）占 21.17%，50 岁以上占 8.77%；首次申请贷款占 97.85%，二次及以上申请贷款占 2.15%；中、低收入占 99.05%，高收入占 0.95%。

2. 异地贷款：2019 年，发放异地贷款 41 笔、1946 万元。2019 年末，发放异地贷款总额 14192.50 万元，异地贷款余额 10514.51 万元。

3. 公转商贴息贷款：2019 年，未发放公转商贴息贷款，当年贴息额 2117 万元。2019 年末，累计发放公转商贴息贷款 5931 笔、219844.40 万元，累计贴息 6888.06 万元。

2019 年 7 月起，分批赎回公转商贴息贷款，截至 2019 年 11 月，共计赎回 5931 笔、17.81 亿元。

（四）住房贡献率：2019 年，个人住房贷款发放额、公转商贴息贷款发放额、项目贷款发放额、住房消费提取额的总和与当年缴存额的比率为 100.95%，比上年增加 24.28 个百分点。

六、其他重要事项

（一）按照"控高保低"原则确定缴存政策。 我市 2019 年度住房公积金月缴存额，上限为 4960 元（含单位、个人两部分），下限为 260 元（含单位、个人两部分），缴存比例按单位、个人各 12% 执行，并下发通知督促单位及时办理职工住房公积金缴存额调整。

（二）调整住房公积金提取政策。 一是提高租房提取额度，为减轻职工租房资金压力。自 2019 年 6 月 1 日起，南昌市城区职工租房提取额度由原每月 1000 元调增至 1200 元；南昌县、进贤县、安义县、湾里区统一调增至每月 1000 元。二是放宽患九种重大疾病提取住房公积金的额度。原政策中，患九种重大疾病提取住房公积金的额度不得超过本年度职工医保报销后个人支付金额。政策调整后，职工及其配偶可按年申请提取当前公积金账户余额（提取至百元），申请提取成功后还可每年提取一次公积金账户内余额。

（三）简化县区购房职工贷后业务办理程序。 从 2019 年 2 月 25 日起，住房公积金贷款购房职工可直接到房屋所属地的管理中心驻县区办事处，申请办理包括提前还款在内的 5 项贷后业务。县区购房职工办理贷后业务可由原来的"跑两次"简化为"只跑一次"，进一步节约办事成本，提升了群众获得感。

（四）开通市直财政统发单位网上缴存业务。 经与南昌市财政局国库支付中心协商，自 2019 年 7 月开始，开通市直财政统发单位网上住房公积金缴存业务。市直单位可通过管理中心网上业务系统办理人员新增、补缴、年度基数调整等相关业务，从原来的"纸质审核、单位跑单"模式改为"电子审核、数据共享"模式，进一步提升了业务办理时效，实现了汇缴网上业务审批全覆盖。

（五）缴存开户"只跑一次"。 单位在办理缴存开户业务时，由于单位经办人变动频繁以及对缴存政策理解不透，易造成资料不齐而数次往返。为解决这一"堵点"，管理中心推出网上预审服务，对单位申请办理缴存开户业务资料，采取数据核查等方式进行预先审核，审核通过后单位可持材料原件至管理中心一次性办完开户业务，确保"只跑一次"。

（六）**完成"赣服通"数据接口建设**。根据省、市关于"赣服通"建设的工作要求，管理中心于2019年2月28日完成了9项查询、11项提取业务接口的全部开发任务，并已在省、市数据交换平台上线。目前已上线查询功能以及"公贷提取""完全或者部分丧失劳动能力并与单位终止劳动关系未再就业提取"2项提取功能。

（七）**完成全国住房公积金数据平台接入**。管理中心于2019年6月5日正式接入全国住房公积金数据平台，并上报3000多万条全量公积金历史业务明细数据。完成接入后，通过区块链技术，每天报送增量业务数据，确保数据及时上传更新。管理中心通过接入住房公积金数据平台，实现公积金数据共享交换，为"互联网＋政务服务"和提高行业服务水平提供有力技术支撑。

（八）**与人民银行征信系统和商业银行实施数据互联**。为方便职工办理业务，管理中心接入人民银行征信系统，可在职工授权的情况下查询职工的征信报告。同时，与建设银行、工商银行、中国银行、农业银行、交通银行、招商银行、中信银行、江西银行、北京银行、九江银行、兴业银行11家与管理中心合作的商业银行实现了数据直连，可在职工授权的情况下查询职工的商贷信息及银行卡号校验。

景德镇市住房公积金2019年年度报告

一、机构概况

（一）**住房公积金管理委员会**：住房公积金管理委员会有24名委员，2019年召开1次会议，审议通过的事项主要包括：《关于调整住房公积金月缴存额上下限的请示》。

（二）**住房公积金管理中心**：住房公积金管理中心为（市政府）不以营利为目的的（自收自支）事业单位，设7个科，3个管理部。从业人员111人，其中，在编56人，非在编55人。

二、业务运行情况

（一）**缴存**：2019年，新开户单位120家，实缴单位1618家，净增单位112家；新开户职工1.06万人，实缴职工10.9万人，净增职工0.61万人；缴存额16.66亿元，同比增长14.9%。2019年末，缴存总额102.95亿元，比上年末增加19.31%；缴存余额53.48亿元，比上年末增加16.39%。

受委托办理住房公积金缴存业务的银行5家，比上年减少4家。

（二）**提取**：2019年，提取额9.13亿元，同比增长13.09%；占当年缴存额的54.81%，比上年减少1个百分点。2019年末，提取总额49.47亿元，比上年末增加22.63%。

（三）**贷款**：

个人住房贷款：个人住房贷款最高额度50万元，其中，单缴存职工最高额度35万元，双缴存职工最高额度50万元。

2019年，发放个人住房贷款0.23万笔、8.48亿元，发放笔数同比下降5.87%、发放金额同比增长

1.82%。其中，市中心发放个人住房贷款 0.11 万笔、3.93 亿元，乐平办事处发放个人住房贷款 0.06 万笔、2.31 亿元，浮梁办事处发放个人住房贷款 0.06 万笔、2.24 亿元。

2019 年，回收个人住房贷款 5.28 亿元。其中，市中心 3.2 亿元，乐平办事处 1.21 亿元，浮梁办事处 0.87 亿元。

2019 年末，累计发放个人住房贷款 3.32 万笔、71.53 亿元，贷款余额 42.05 亿元，分别比上年末增加 7.44%、13.45%、8.24%。个人住房贷款余额占缴存余额的 78.62%，比上年末减少 6 个百分点。

受委托办理住房公积金个人住房贷款业务的银行 7 家，与上年持平。

（四）资金存储：2019 年末，住房公积金存款 12.81 亿元。其中，活期 0.0003 亿元，1 年（含）以下定期 2.62 亿元，1 年以上定期 0.25 亿元，其他（协定、通知存款等）9.93 亿元。

（五）资金运用率：2019 年末，住房公积金个人住房贷款余额占缴存余额的 78.62%，比上年末减少 6 个百分点。

三、主要财务数据

（一）业务收入：2019 年，业务收入 15786.84 万元，同比增长 27.57%。其中，存款利息 2151.8 万元，委托贷款利息 12886.21 万元，其他 748.83 万元。

（二）业务支出：2019 年，业务支出 7855.75 万元，同比增长 16.64%。其中，支付职工住房公积金利息 7520.56 万元，委托贷款手续费 147.5 万元，其他 187.69 万元。

（三）增值收益：2019 年，增值收益 7931.09 万元，同比增长 40.61%。增值收益率 1.48%，比上年增加 0.43 个百分点。

（四）增值收益分配：2019 年，提取贷款风险准备金 319.84 万元，提取管理费用 105.88 万元，提取城市廉租住房（公共租赁住房）建设补充资金 7505.37 万元。

2019 年，上交财政管理费用 1300 万元。上缴财政城市廉租住房（公共租赁住房）建设补充资金 4894.6 万元。

2019 年末，贷款风险准备金余额 4204.91 万元。累计提取城市廉租住房（公共租赁住房）建设补充资金 27971.8 万元。

（五）管理费用支出：2019 年，管理费用支出 1775.72 万元，同比增长 14.67%。其中，人员经费 1222.9 万元，公用经费 357.57 万元，专项经费 195.25 万元。

四、资产风险状况

2019 年末，个人住房贷款逾期额 165.68 万元，逾期率 0.39‰。其中，市中心 0.05‰，乐平办事处 1.22‰，浮梁办事处 0.34‰。

个人贷款风险准备金按贷款余额的 1% 提取。2019 年，提取个人贷款风险准备金 319.84 万元。2019 年末，个人贷款风险准备金余额 4204.91 万元，占个人住房贷款余额的 1%，个人住房贷款逾期额与个人贷款风险准备金余额的比率为 3.94%。

五、社会经济效益

（一）缴存业务：2019 年，实缴单位数、实缴职工人数和缴存额同比分别增长 4.32%、2.77%

和 14.9%。

缴存单位中，国家机关和事业单位占 68.23%，国有企业占 9.99%，城镇集体企业占 0.12%，外商投资企业占 0.62%，城镇私营企业及其他城镇企业占 15.45%，民办非企业单位和社会团体占 0.12%，其他占 5.49%。

缴存职工中，国家机关和事业单位占 46.81%，国有企业占 26.99%，城镇集体企业占 0.13%，外商投资企业占 0.53%，城镇私营企业及其他城镇企业占 20.48%，民办非企业单位和社会团体占 0.05%，其他占 5.01%；中、低收入占 99.48%，高收入占 0.52%。

新开户职工中，国家机关和事业单位占 32.53%，国有企业占 22.14%，外商投资企业占 0.76%，城镇私营企业及其他城镇企业占 32.6%，民办非企业单位和社会团体占 0.51%，其他占 11.46%；中、低收入占 99.93%，高收入占 0.07%。

（二）提取业务：2019 年，10.9 万名缴存职工提取住房公积金 9.13 亿元。

提取金额中，住房消费提取占 75.65%（购买、建造、翻建、大修自住住房占 31.4%，偿还购房贷款本息占 43.03%，租赁住房占 1.22%）；非住房消费提取占 24.35%（离休和退休提取占 20.43%，完全丧失劳动能力并与单位终止劳动关系提取占 2.89%，其他占 1.03%）。

提取职工中，中、低收入占 99.59%，高收入占 0.41%。

（三）贷款业务：

1. 个人住房贷款：2019 年，支持职工购建房 27.93 万平方米，年末个人住房贷款市场占有率为 10.33%，比上年末增加 2 个百分点。通过申请住房公积金个人住房贷款，可节约职工购房利息支出约 13063.14 万元。

职工贷款笔数中，购房建筑面积 90（含）平方米以下占 9.38%，90~144（含）平方米占 84.39%，144 平方米以上占 6.23%。购买新房占 82.64%，购买二手房占 17.01%，建造、翻建、大修自住住房占 0.35%。

职工贷款笔数中，单缴存职工申请贷款占 53.73%，双缴存职工申请贷款占 46.14%，三人及以上缴存职工共同申请贷款占 0.13%。

贷款职工中，30 岁（含）以下占 29.66%，30 岁~40 岁（含）占 38.29%，40 岁~50 岁（含）占 25.03%，50 岁以上占 7.02%；首次申请贷款占 80.29%，二次及以上申请贷款占 19.71%；中、低收入占 99.17%，高收入占 0.83%。

2. 异地贷款：2019 年，发放异地贷款 153 笔、5395.4 万元。2019 年末，发放异地贷款总额 30601.1 万元，异地贷款余额 26209.75 万元。

（四）住房贡献率：2019 年，个人住房贷款发放额、住房消费提取额的总和与当年缴存额的比率为 92.56%，比上年减少 4 个百分点。

六、其他重要事项

（一）当年住房公积金政策调整及执行情况。

2019 年 2 月 1 日，开办住房公积金和商业银行组合贷款。

2019 年全市住房公积金月缴存额上下限调整：住房公积金单位和个人月缴存额上限为 3684 元（单位

和个人各 1842 元），单位和个人月缴存额下限为 306 元（单位和个人各 153 元）。

（二）当年服务改进情况。截至 2019 年底，已开通"手机公积金 APP""景德镇市住房公积金管理中心微信公众号""赣服通""支付宝城市服务"等渠道查询个人住房公积金账户信息服务。并且已开通退休提取、终止劳动关系提取、提前结清住房公积金贷款、按月对冲等业务通过"手机公积金 APP""赣服通"线上办理；单位缴存业务通过"网上营业厅"自助办理。

（三）当年信息化建设情况。

2019 年 3 月完成"手机公积金 APP"销户提取、签约对冲、提前结清等在线业务，实现互联网渠道办理业务。

6 月完成数据平台的上线，实现每日定时上报数据。

9 月实现微信查询业务和赣服通查询、提取业务。

12 月完成住房公积金综合服务及管理系统的软硬件招标工作。

2018 年完成基础数据标准贯彻落实和结算应用系统接入，整体运行正常。

（四）当年住房公积金管理中心及职工所获荣誉情况。

2019 年度景德镇市住房公积金管理中心荣获两项荣誉，分别是：

（1）第十六届景德镇市文明单位；

（2）2019 年度公共机构节能工作优秀市直单位。

萍乡市住房公积金 2019 年年度报告

一、机构概况

（一）住房公积金管理委员会：住房公积金管理委员会有 23 名委员，2019 年召开 1 次会议，审议通过的事项主要包括：《萍乡市住房公积金管理中心关于 2018 年住房公积金归集使用情况和 2019 年住房公积金归集使用及增值收益分配计划的报告》《萍乡市住房公积金管理中心关于调整萍乡市职工 2019 年度住房公积金缴存限额的建议》《萍乡市住房公积金管理中心关于〈萍乡市职工个人住房公积金贷款实施办法〉部分条款修改的建议》。

（二）住房公积金管理中心：住房公积金管理中心为（隶属关系）不以营利为目的的（机构属性）事业单位，设 7 个科室，4 个管理部（驻县区办事处），1 个分中心（市本级）。从业人员 82 人，其中，在编 63 人，非在编 19 人。

二、业务运行情况

（一）缴存：2019 年，新开户单位 158 家，实缴单位 1776 家，净增单位 89 家；新开户职工 0.84 万人，实缴职工 10.54 万人，净增职工 0.34 万人；缴存额 18.22 亿元，同比增长 16.79％。2019 年末，缴存总额 104.48 亿元，比上年末增加 21.12％；缴存余额 51.58 亿元，比上年末增加 8.73％。

受委托办理住房公积金缴存业务的银行6家,比上年增加(减少)0家。

(二)**提取**:2019年,提取额14.08亿元,同比增长28.12%;占当年缴存额的77.28%,比上年增加6.83个百分点。2019年末,提取总额52.90亿元,比上年末增加36.31%。

(三)**贷款**:

1.个人住房贷款:个人住房贷款最高额度55万元,其中,单缴存职工最高额度40万元,双缴存职工最高额度55万元。

2019年,发放个人住房贷款0.4839万笔、16.46亿元,同比分别增长11.68%、3.00%。其中,市中心发放个人住房贷款0.4052万笔、13.93亿元,芦溪办事处发放个人住房贷款0.0305万笔、1.01亿元,上栗办事处发放个人住房贷款0.0232万笔、0.73亿元,莲花办事处发放个人住房贷款0.0161万笔、0.56亿元,湘东办事处发放个人住房贷款0.0089万笔、0.23亿元。

2019年,回收个人住房贷款4.69亿元。其中,市中心3.78亿元芦溪办事处0.35亿元,上栗办事处0.22亿元,莲花办事处0.22亿元,湘东办事处0.12亿元。

2019年末,累计发放个人住房贷款3.1961万笔、75.47亿元,贷款余额54.76亿元,分别比上年末增加17.84%、27.89%、27.38%。个人住房贷款余额占缴存余额的106.16%,比上年末增加15.55个百分点。

受委托办理住房公积金个人住房贷款业务的银行8家,比上年增加1家。

2.住房公积金支持保障性住房建设项目贷款:2019年,发放支持保障性住房建设项目贷款0亿元,回收项目贷款0亿元。2019年末,累计发放项目贷款0亿元,项目贷款余额0亿元。

(四)**购买国债**:2019年,购买(记账式、凭证式)国债0亿元,兑付(转让、收回)国债0亿元。2019年末,国债余额0亿元,比上年末减少(增加)0亿元。

(五)**融资**:2019年,融资8亿元,归还2亿元。2019年末,融资总额10亿元,融资余额8亿元。

(六)**资金存储**:2019年末,住房公积金存款7.21亿元。其中,活期0.03亿元,1年(含)以下定期0亿元,1年以上定期1.17亿元,其他(协定、通知存款等)6.01亿元。

(七)**资金运用率**:2019年末,住房公积金个人住房贷款余额、项目贷款余额和购买国债余额的总和占缴存余额的106.16%,比上年末增加15.55个百分点。

三、主要财务数据

(一)**业务收入**:2019年,业务收入18484.26万元,同比增长19.81%。其中,存款利息2915.79万元,委托贷款利息15567.55万元,国债利息0万元,其他0.92万元。

(二)**业务支出**:2019年,业务支出10219.26万元,同比增长30.31%。其中,支付职工住房公积金利息8545.33万元,归集手续费0万元,委托贷款手续费778.25万元,其他895.68万元。

(三)**增值收益**:2019年,增值收益8265万元,同比增长8.95%;增值收益率1.62%,比上年减少0.07个百分点。

(四)**增值收益分配**:2019年,提取贷款风险准备金1693万元,提取管理费用1565万元,提取城市廉租住房(公共租赁住房)建设补充资金5007万元。

2019年,上交财政管理费用1565万元。上缴财政城市廉租住房(公共租赁住房)建设补充资金5093

万元。

2019年末,贷款风险准备金余额4298万元。累计提取城市廉租住房(公共租赁住房)建设补充资金37410.52万元。

(五)**管理费用支出**:2019年,管理费用支出1970.40万元,同比增长30.26%。其中,人员经费1390.48万元,公用经费241.74万元,专项经费338.18万元。

四、资产风险状况

(一)**个人住房贷款**:2019年末,个人住房贷款逾期额63.81万元,逾期率0.12‰。其中,市中心0.14‰,芦溪办事处0‰,上栗办事处0‰,莲花办事处0‰,湘东办事处0‰。

个人贷款风险准备金按(贷款余额或增值收益)的1%提取。2019年,提取个人贷款风险准备金1693万元,使用个人贷款风险准备金核销呆坏账0万元。2019年末,个人贷款风险准备金余额4298万元,占个人住房贷款余额的0.78%,个人住房贷款逾期额与个人贷款风险准备金余额的比率为1.48%。

(二)**支持保障性住房建设试点项目贷款**:2019年末,逾期项目贷款0万元,逾期率0‰。

五、社会经济效益

(一)**缴存业务**:2019年,实缴单位数、实缴职工人数和缴存额同比分别增长1.72%、-9.90%和16.79%。

缴存单位中,国家机关和事业单位占27.70%,国有企业占46.62%,城镇集体企业占1.41%,外商投资企业占1.13%,城镇私营企业及其他城镇企业占9.91%,民办非企业单位和社会团体占2.81%,其他占10.42%。

缴存职工中,国家机关和事业单位占60.24%,国有企业占21.17%,城镇集体企业占0.70%,外商投资企业占1.22%,城镇私营企业及其他城镇企业占7.64%,民办非企业单位和社会团体占1.13%,其他占7.90%;中、低收入占99.96%,高收入占0.04%。

新开户职工中,国家机关和事业单位占36.58%,国有企业占8.59%,城镇集体企业占0.46%,外商投资企业占2.03%,城镇私营企业及其他城镇企业占21.70%,民办非企业单位和社会团体占4.12%,其他占26.52%;中、低收入占99.92%,高收入占0.08%。

(二)**提取业务**:2019年,3.17万名缴存职工提取住房公积金14.08亿元。

提取金额中,住房消费提取占81.73%(购买、建造、翻建、大修自住住房占50.65%,偿还购房贷款本息占31.04%,租赁住房占0.04%,其他占0%);非住房消费提取占18.27%(离休和退休提取占14.25%,完全丧失劳动能力并与单位终止劳动关系提取占2.84%,出境定居占0%,其他占1.18%)。

提取职工中,中、低收入占99.99%,高收入占0.01%。

(三)**贷款业务**:

1.个人住房贷款:2019年,支持职工购建房50.73万平方米,年末个人住房贷款市场占有率(含公转商贴息贷款)26.53%,比上年末减少11.11个百分点。通过申请住房公积金个人住房贷款,可节约职工购房利息支出50488万元。

职工贷款笔数中,购房建筑面积90(含)平方米以下占8.06%,90~144(含)平方米占67.12%,

144 平方米以上占 24.82%。购买新房占 86.46%（其中购买保障性住房占 0%），购买二手房占 10.62%，建造、翻建、大修自住住房占 0.25%，其他占 2.67%。

职工贷款笔数中，单缴存职工申请贷款占 20.77%，双缴存职工申请贷款占 79.11%，三人及以上缴存职工共同申请贷款占 0.12%。

贷款职工中，30 岁（含）以下占 25.38%，30 岁～40 岁（含）占 37.34%，40 岁～50 岁（含）占 28.50%，50 岁以上占 8.78%；首次申请贷款占 89.77%，二次及以上申请贷款占 10.23%；中、低收入占 99.94%，高收入占 0.06%。

2. 异地贷款：2019 年，发放异地贷款 2 笔、87 万元。2019 年末，发放异地贷款总额 13373 万元，异地贷款余额 10612.86 万元。

3. 公转商贴息贷款：2019 年，发放公转商贴息贷款 0 笔、0 万元，支持职工购建住房面积 0 万平方米，当年贴息额 0 万元。2019 年末，累计发放公转商贴息贷款 0 笔、0 万元，累计贴息 0 万元。

4. 支持保障性住房建设试点项目贷款：2019 年末，累计试点项目 0 个，贷款额度 0 亿元，建筑面积 0 万平方米，可解决 0 户中低收入职工家庭的住房问题。0 个试点项目贷款资金已发放并还清贷款本息。

（四）住房贡献率：2019 年，个人住房贷款发放额、公转商贴息贷款发放额、项目贷款发放额、住房消费提取额的总和与当年缴存额的比率为 153.51%，比上年增加 1.59 个百分点。

六、其他重要事项

（一）当年机构及职能调整情况、受委托办理缴存贷款业务金融机构变更情况。受委托办理住房公积金个人住房贷款业务的银行 8 家，比上年增加 1 家。

（二）当年住房公积金政策调整及执行情况。

1. 缴存政策

调整 2019 年度我市住房公积金缴存基数和月缴存额上、下限。

（1）缴存基数不高于本市 2018 年度城镇非私营单位在岗职工月平均工资的 3 倍，即 17909 元/月，缴存基数不低于本市社保最低缴存基数 2842 元/月。

（2）2019 年度单位和职工各自的住房公积金缴存比例不应低于 5%，最高不得超过 12%。2019 年度住房公积金月缴存额上限为 4298 元（含单位、个人两部分），下限 280 元（含单位、个人两部分）。

2. 贷款政策

（1）购买三套（含）以上住房的缴存职工家庭停止发放住房公积金贷款，家庭住房套数以县级以上不动产权登记部门出具的家庭住房登记信息和银行出具的征信报告中个人住房贷款笔数（包括住房公积金贷款信息）为依据。

（2）购买、建造、翻建自住住房，贷款额度最高为 55 万元；职工购买二手房、大修住房，贷款额度最高为 45 万元；单职工缴存住房公积金的，其贷款额度最高为 40 万元。借款申请人如提取住房公积金的，住房公积金最高使用额度（贷款金额加提取金额）不超过上述最高贷款额度。职工所购住房为首套住房且首次申请住房公积金贷款的，住房公积金最高使用额度不超过房款总额的 80%。

（三）当年服务改进情况。

（1）市本级业务大厅启用自助服务大厅，自助服务大厅面积约 30 平方米，设有 8 个自助机位（pc 终端），一个人工咨询台。

（2）推进公积金业务委托（代理）试点工作，进一步拓宽业务受理渠道。

缴存职工可前往业务委托（代理）试点中国建设银行萍乡分行安源支行办理职工住房公积金提取及贷款相关业务；在市行政服务中心中心设立公积金业务临时受理点，方便市直机关干部职工（翠湖花园业主）办理业务

（3）扎实做好了中心核心业务系统正式与全国住房公积金数据平台对接工作，并每日定时向平台传送公积金增量数据并对数据进行校验，确保数据的完整性和准确性。接入全国数据平台后，税务部门可以实时核对缴存职工申报的公积金相关信息，让我市住房公积金借款人依法享受个税抵扣优惠政策。

（4）逐步完善网厅业务，中心陆续通过财政专网、政务外网、互联网渠道开通网上业务大厅（单位版、开发商版、个人版），逐步开通20余项业务办理功能，从"最多跑一次"向"一次都不跑"推进。

（四）当年信息化建设情况。

1. 夯实信息化基础设施，保障住房公积金服务和业务高效运行

为保证中心业务系统安全运行，中心对部分老旧且故障率较高的基础设备进行改造升级，对主机进行虚拟化的同时对操作系统、应用系统进行升级切换。

2. 加强了网络安全工作，确保职工账户资金和信息安全。

2019年对住房公积金综合服务平台系统的信息安全等级保护（三级网络安全）改造，根据网络安全测评机构2018年年底提供的持续改进方案采购了一批网络安全设备，对网络安全防护系统进行改造加固，确保信息系统网络安全、稳定，满足公积金互联网业务需求。

（五）当年住房公积金管理中心及职工所获荣誉情况：无。

（六）当年对违反《住房公积金管理条例》和相关法规行为进行行政处罚和申请人民法院强制执行情况：无。

（七）当年对住房公积金管理人员违规行为的纠正和处理情况等：无。

（八）其他需要披露的情况：无。

九江市住房公积金2019年年度报告

一、机构概况

（一）住房公积金管理委员会：住房公积金管理委员会有25名委员，2019年召开1次会议，审议通过的事项主要包括：选举市住房公积金管委会副主任委员、审议通过《关于调整、规范住房公积金使用政策的建议》。

（二）住房公积金管理中心：九江市住房公积金管理中心为九江市住房和城乡建设局下属的不以营利为目的的自收自支事业单位，中心内设8个科室，14个办事处。从业人员151人，其中，在编89人，非在编62人。

二、业务运行情况

（一）**缴存**：2019年，新开户单位380家，实缴单位4977家，减少533家；新开户职工3.21万人，实缴职工29.01万人，减少2.53万人；缴存额41.18亿元，同比增长17.42%。2019年末，缴存总额259.41亿元，比上年末增加18.87%；缴存余额113.38亿元，比上年末增加10.81%。

受委托办理住房公积金缴存业务的银行4家，比上年增加1家。

（二）**提取**：2019年，提取额30.12亿元，同比增长33.04%；占当年缴存额的73.14%，比上年增加8.58个百分点。2019年末，提取总额146.03亿元，比上年末增加25.99%。

（三）**贷款**：

1. 个人住房贷款：个人住房贷款最高额度35万元，其中，单缴存职工最高额度30万元，双缴存职工最高额度35万元。

2019年，发放个人住房贷款0.94万笔、22.70亿元，同比分别增长40.30%、40.73%。其中，市中心发放个人住房贷款0.46万笔、11.91亿元，浔阳办事处发放个人住房贷款0.06万笔、1.51亿元，修水县办事处发放个人住房贷款0.07万笔、1.55亿元，武宁县办事处发放个人住房贷款0.03万笔、0.61亿元，永修县办事处发放个人住房贷款0.07万笔、1.58亿元，共青城市办事处发放个人住房贷款0.02万笔、0.49亿元，德安县办事处发放个人住房贷款0.04万笔、0.73亿元，庐山市办事处发放个人住房贷款0.02万笔、0.37亿元，柴桑区办事处发放个人住房贷款0.07万笔、1.59亿元，都昌县办事处发放个人住房贷款0.02万笔、0.54亿元，湖口县办事处发放个人住房贷款0.02万笔、0.49亿元，彭泽县办事处发放个人住房贷款0.02万笔、0.46亿元，瑞昌市办事处发放个人住房贷款0.04万笔、0.87亿元。

2019年，回收个人住房贷款15.79亿元。其中，市中心8.45亿元，浔阳办事处1.37亿元，修水县办事处1.09亿元，武宁县办事处0.53亿元，永修县办事处0.62亿元，共青城市办事处0.34亿元，德安县办事处0.32亿元，庐山市办事处0.39亿元，柴桑区办事处0.53亿元，都昌县办事处0.39亿元，湖口县办事处0.75亿元，彭泽县办事处0.32亿元，瑞昌市办事处0.69亿元。

2019年末，累计发放个人住房贷款9.08万笔、188.61亿元，贷款余额94.59亿元，分别比上年末增加11.55%、13.68%、7.89%。个人住房贷款余额占缴存余额的83.43%，比上年末减少2.25个百分点。

受委托办理住房公积金个人住房贷款业务的银行6家，与上年相同。

2. 住房公积金支持保障性住房建设项目贷款：2019年，发放支持保障性住房建设项目贷款0亿元，回收项目贷款0亿元。2019年末，累计发放项目贷款3.79亿元，项目贷款余额0亿元。

（四）**购买国债**：2019年，购买（记账式、凭证式）国债0亿元，兑付（转让、收回）国债0亿元。2019年末，国债余额0亿元，与上年末相同。

（五）**融资**：2019年，融资0亿元，归还0亿元。2019年末，融资总额9.92亿元，融资余额0亿元。

（六）**资金存储**：2019年末，住房公积金存款21.93亿元。其中，活期0.05亿元，1年（含）以下定期5.92亿元，1年以上定期14.97亿元，其他（协定、通知存款等）0.99亿元。

（七）**资金运用率**：2019年末，住房公积金个人住房贷款余额、项目贷款余额和购买国债余额的总和占缴存余额的83.43%，比上年末减少2.25个百分点。

三、主要财务数据

（一）**业务收入**：2019年，业务收入37971.25万元，同比增长12.79%。其中，存款利息6162.51万元，委托贷款利息29222.34万元，国债利息0万元，其他2586.40万元。

（二）**业务支出**：2019年，业务支出19395.58万元，同比增长9.36%。其中，支付职工住房公积金利息17617.70万元，归集手续费0万元，委托贷款手续费1448.19万元，其他329.69万元。

（三）**增值收益**：2019年，增值收益18575.67万元，同比增长16.60%。其中，增值收益率1.71%，比上年增加0.05个百分点。

（四）**增值收益分配**：2019年，提取贷款风险准备金691.42万元，提取管理费用2332.10万元，提取城市廉租住房（公共租赁住房）建设补充资金15552.15万元。

2019年，上交财政管理费用2332.10万元。上缴财政城市廉租住房（公共租赁住房）建设补充资金13805.92万元。全部为市中心上缴。

2019年末，贷款风险准备金余额15115.21万元。累计提取城市廉租住房（公共租赁住房）建设补充资金93898.96万元。全部由市中心提取。

（五）**管理费用支出**：2019年，管理费用支出3712.79万元，同比增长58.77%。其中，人员经费2796.26万元，公用经费452.51万元，专项经费464.02万元。

市中心管理费用支出3511.85万元，其中，人员、公用、专项经费分别为2680.12万元、375.96万元、455.77万元；浔阳区办事处管理费用支出13.22万元，其中，人员、公用、专项经费分别为8.41万元、4.81万元、0万元；修水县办事处管理费用支出28.14万元，其中，人员、公用、专项经费分别为22.83万元、5.31万元、0万元；武宁县办事处管理费用支出15.29万元，其中，人员、公用、专项经费分别为8.1万元、7.19万元、0万元；永修县办事处管理费用支出14.69万元，其中，人员、公用、专项经费分别为8.54万元、6.11万元、0.04万元；共青城办事处管理费用支出11.7万元，其中，人员、公用、专项经费分别为7.86万元、3.84万元、0万元；德安县办事处管理费用支出10.91万元，其中，人员、公用、专项经费分别为7.63万元、3.28万元、0万元；庐山市办事处管理费用支出15.54万元，其中，人员、公用、专项经费分别为7.84万元、7.62万元、0.08万元；柴桑区办事处管理费用支出15.83万元，其中，人员、公用、专项经费分别为5.98万元、9.25万元、0.6万元；都昌县办事处管理费用支出22.35万元，其中，人员、公用、专项经费分别为9.92万元、6.46万元、5.97万元；湖口县办事处管理费用支出17.78万元，其中，人员、公用、专项经费分别为7.26万元、10.52万元、0万元；彭泽县办事处管理费用支出13.95万元，其中，人员、公用、专项经费分别为7.57万元、4.82万元、1.56万元；瑞昌市办事处管理费用支出14.21万元，其中，人员、公用、专项经费分别为8.74万元、5.47万元、0万元；庐山风景名胜区办事处管理费用支出7.33万元，其中，人员、公用、专项经费分别为5.46万元、1.87万元、0万元。

四、资产风险状况

（一）**个人住房贷款**：2019年末，个人住房贷款逾期额82.57万元，逾期率0.1‰。其中，市中心0.1‰，浔阳办事处0.6‰，修水县办事处0‰，武宁县办事处0‰，永修县办事处0‰，共青城市办事处

0‰，德安县办事处 0‰，庐山市办事处 0‰，柴桑区办事处 0.1‰，都昌县办事处 0‰，湖口县办事处 0‰，彭泽县办事处 0‰，瑞昌市办事处 0‰。

个人贷款风险准备金按贷款余额的 1% 提取。2019 年，提取个人贷款风险准备金 691.42 万元，使用个人贷款风险准备金核销呆坏账 0 万元。2019 年末，个人贷款风险准备金余额 15115.21 万元，占个人住房贷款余额的 1.60%，个人住房贷款逾期额与个人贷款风险准备金余额的比率为 0.55%。

（二）支持保障性住房建设试点项目贷款：2019 年末，逾期项目贷款 0 万元，逾期率 0‰。

项目贷款风险准备金按贷款余额的 4% 提取。2019 年，提取项目贷款风险准备金 0 万元，使用项目贷款风险准备金核销呆坏账 0 万元，项目贷款风险准备金余额 0 万元，占项目贷款余额的 0%，项目贷款逾期额与项目贷款风险准备金余额的比率为 0%。

五、社会经济效益

（一）缴存业务：2019 年，实缴单位数、实缴职工人数同比分别减少 9.67%、8.02%，缴存额同比增长 17.42%。

缴存单位中，国家机关和事业单位占 66.06%，国有企业占 14.06%，城镇集体企业占 0.96%，外商投资企业占 1.63%，城镇私营企业及其他城镇企业占 13.12%，民办非企业单位和社会团体占 1.28%，其他占 2.89%。

缴存职工中，国家机关和事业单位占 50.86%，国有企业占 23.90%，城镇集体企业占 0.92%，外商投资企业占 5.05%，城镇私营企业及其他城镇企业占 15.99%，民办非企业单位和社会团体占 0.78%，其他占 2.50%；中、低收入占 98.65%，高收入占 1.35%。

新开户职工中，国家机关和事业单位占 34.26%，国有企业占 13.22%，城镇集体企业占 1.46%，外商投资企业占 9.96%，城镇私营企业及其他城镇企业占 34.33%，民办非企业单位和社会团体占 0.76%，其他占 6.01%；中、低收入占 99.42%，高收入占 0.58%。

（二）提取业务：2019 年，8.87 万名缴存职工提取住房公积金 30.12 亿元。

提取金额中，住房消费提取占 83.16%（购买、建造、翻建、大修自住住房占 27.13%，偿还购房贷款本息占 55.93%，租赁住房占 0.07%，其他占 0.03%）；非住房消费提取占 16.84%（离休和退休提取占 14.54%，完全丧失劳动能力并与单位终止劳动关系提取占 1.56%，出境定居占 0%，其他占 0.74%）。

提取职工中，中、低收入占 98.4%，高收入占 1.6%。

（三）贷款业务：

1. 个人住房贷款：2019 年，支持职工购建房 110.69 万平方米，年末个人住房贷款市场占有率（含公转商贴息贷款）为 11.96%，比上年末增加 2.69 个百分点。通过申请住房公积金个人住房贷款，可节约职工购房利息支出 39207.81 万元。

职工贷款笔数中，购房建筑面积 90（含）平方米以下占 7.96%，90～144（含）平方米占 85.86%，144 平方米以上占 6.18%。购买新房占 81.49%（其中购买保障性住房占 0.27%），购买二手房占 18.51%，建造、翻建、大修自住住房占 0%，其他占 0%。

职工贷款笔数中，单缴存职工申请贷款占 59.08%，双缴存职工申请贷款占 40.92%，三人及以上缴存职工共同申请贷款占 0%。

贷款职工中，30岁（含）以下占31.68%，30岁～40岁（含）占34.34%，40岁～50岁（含）占25.38%，50岁以上占8.6%；首次申请贷款占79.48%，二次及以上申请贷款占20.52%；中、低收入占98.95%，高收入占1.05%。

2. 异地贷款：2019年，发放异地贷款477笔、11039.30万元。2019年末，发放异地贷款总额82000.70万元，异地贷款余额59968.58万元。

3. 公转商贴息贷款：2019年，发放公转商贴息贷款0笔、0万元，支持职工购建住房面积0万平方米，当年贴息额0万元。2019年末，累计发放公转商贴息贷款0笔、0万元，累计贴息0万元。

4. 支持保障性住房建设试点项目贷款：2019年末，累计试点项目3个，贷款额度3.79亿元，建筑面积42.95万平方米，可解决7304户中低收入职工家庭的住房问题。3个试点项目贷款资金已发放并还清贷款本息。

（四）住房贡献率：2019年，个人住房贷款发放额、公转商贴息贷款发放额、项目贷款发放额、住房消费提取额的总和与当年缴存额的比率为115.94%，比上年增加20.91个百分点。

六、其他重要事项

（一）当年住房公积金政策调整及执行情况。

1. 调整缴存限额。 依据2018年度九江市在岗职工月平均工资及九江市最低工资标准计算，2019年度九江市住房公积金缴存额上限为4316元/月（单位和职工合计），缴存额下限为158元/月（单位和职工合计）。

2. 调整和规范住房公积金使用政策。 2019年，经九江市住房公积金管理委员会第13次全体委员会议研究决定，对住房公积金使用政策进行了调整和规范，具体如下：（1）调整柴桑区住房公积金贷款最高额度；（2）明确贷款次数的起算时间；（3）对违规骗提骗贷住房公积金行为实施失信惩戒；（4）授权市住房公积金管理中心审批单位缴存事项；（5）调整住房公积金提取政策；（6）优化住房公积金贷款可贷额度计算方式。

（二）当年服务改进情况。 持续推进"放管服"改革，加快实现"一次不跑"。完善了网上营业厅各项功能，并向全市各县（市、区）全面推广，全市已有超过600家单位开通了网上营业厅。新增交通银行等5家城市服务窗口，还新增购房提取、偿还商贷本息提取、离职提取等多项可办理业务，让更多的公积金业务"就近办"。先后两次对"手机公积金"APP进行升级，新增了10余项业务，并对原有业务功能进行优化。全市"手机公积金"APP下载累计注册量接近10万人次，通过APP办理住房公积金业务量达到30939笔，占全部业务65.7%。从2019年1月1日起，我中心在市直服务大厅及各县区办事处服务大厅实行工作日延时服务和双休日、节假日错时预约服务，进一步优化服务环境，提升服务效能，为广大职工群众提供便利。

（三）当年信息化建设情况。 完善了以12329热线、12329短信、门户网站、自助终端、官方微博微信等为载体的综合服务平台，该项工作得到省住房城乡建设厅的充分认可，2019年12月已顺利通过省住房城乡建设厅的预验收。2019年6月底成功接入全市"赣服通"平台，11月初实现"赣服通"平台办理离退休提取、部分提前还款、公积金贷款提前结清、偿还公积金贷款本息提取4项业务，优化各项查询功能。加快推进业务系统迁移至政府云。2019年11月，中心业务系统整体搬迁至政府云计算大数据中心，进一步提升了系统运行安全性。

（四）开展扫黑除恶专项斗争情况。制定了骗提骗贷行为整治措施，加强同省内外住房公积金管理机构的联系，逐步建立互查协查机制，推动治理骗提套取住房公积金行业乱象工作有序开展。截至 2019 年12 月底，共上报骗提、骗贷行为 44 起，其中骗提 29 起（8 起未成功），骗提金额 176.2 万元，追回 113.62 万元；骗贷 15 起（8 起未成功），骗贷金额 148 万元，追回 110 万元。

新余市住房公积金 2019 年年度报告

一、机构概况

（一）住房公积金管理委员会：住房公积金管理委员会有 20 名委员，2019 年召开 1 次会议，审议通过的事项主要包括：2019 年度公积金归集使用计划、2018 年度公积金增值收益分配方案、公积金贷款政策调整等事项。

（二）住房公积金管理中心：住房公积金管理中心为隶属市政府不以营利为目的的一类公益事业单位，设 6 个科室，1 个办事处。从业人员 32 人，其中，在编 29 人，非在编 3 人。

二、业务运行情况

（一）缴存：2019 年，新开户单位 115 家，实缴单位 1180 家，净增单位 106 家；新开户职工 0.8 万人，实缴职工 8.97 万人，净增职工 0.3 万人；缴存额 14.11 亿元，同比增长 10.4%。2019 年末，缴存总额 94.66 亿元，比上年末增加 17.52%；缴存余额 40.92 亿元，比上年末增加 11.83%。

受委托办理住房公积金缴存业务的银行 2 家，当年无变化。

（二）提取：2019 年，提取额 9.78 亿元，同比增长 39.51%；占当年缴存额的 69.31%，比上年增加 14.46 个百分点。2019 年末，提取总额 53.74 亿元，比上年末增加 22.25%。

（三）贷款：

1. 个人住房贷款：个人住房贷款最高额度 60 万元，其中，单缴存职工最高额度 60 万元，双缴存职工最高额度 60 万元。

2019 年，发放个人住房贷款 0.25 万笔、7.59 亿元，同比分别增长 8.7%、10.48%。回收个人住房贷款 4.25 亿元。

2019 年末，累计发放个人住房贷款 2.57 万笔、54.92 亿元，贷款余额 32.45 亿元，分别比上年末增加 10.78%、16.06%、11.47%。个人住房贷款余额占缴存余额的 79.3%，比上年末减少 0.26 个百分点。

受委托办理住房公积金个人住房贷款业务的银行 9 家，当年无变化。

2. 住房公积金支持保障性住房建设项目贷款：无。

（四）购买国债：无。

（五）融资：无。

（六）资金存储：2019 年末，住房公积金存款 10.13 亿元。其中，活期 1.48 亿元，1 年（含）以下定期 0.3 亿元，1 年以上定期 8.35 亿元。

（七）资金运用率：2019 年末，住房公积金个人住房贷款余额、项目贷款余额和购买国债余额的总和占缴存余额的 79.3%，比上年末减少 0.26 个百分点。

三、主要财务数据

（一）业务收入：2019 年，业务收入 13740.51 万元，同比增长 26.29%。其中，存款利息 3090.49 万元，委托贷款利息 9947.56 万元，其他 702.46 万元。

（二）业务支出：2019 年，业务支出 4457.57 万元，同比下降 8.79%。支付职工住房公积金利息 3961.67 万元，委托贷款手续费 451.04 万元，其他 44.86 万元。

（三）增值收益：2019 年，增值收益 9282.94 万元，同比增长 54.92%。增值收益率 2.36%，比上年增加 0.57 个百分点。

（四）增值收益分配：2019 年，提取贷款风险准备金 668.91 万元，提取管理费用 603.8 万元，提取城市廉租住房（公共租赁住房）建设补充资金 8010.23 万元。

2019 年，上交财政管理费用 603.8 万元。上缴财政城市廉租住房（公共租赁住房）建设补充资金 4793.61 万元。

2019 年末，贷款风险准备金余额 6489.83 万元。累计提取城市廉租住房（公共租赁住房）建设补充资金 37746 万元。

（五）管理费用支出：2019 年，管理费用支出 1075.83 万元，同比增长 21.96%。其中，人员经费 525.47 万元，公用经费 272.74 万元，专项经费 277.62 万元。

四、资产风险状况

（一）个人住房贷款：2019 年末，个人住房贷款逾期额 12.74 万元，逾期率 0.04‰。

个人贷款风险准备金按贷款余额的 2% 提取。2019 年，提取个人贷款风险准备金 668.91 万元，当年无核销呆坏账。2019 年末，个人贷款风险准备金余额 6489.83 万元，占个人住房贷款余额的 2%，个人住房贷款逾期额与个人贷款风险准备金余额的比率为 0.19%。

（二）支持保障性住房建设试点项目贷款：无。

五、社会经济效益

（一）缴存业务：2019 年，实缴单位数、实缴职工人数和缴存额同比分别增长 8.27%、－1.64% 和 10.4%。

缴存单位中，国家机关和事业单位占 55.17%，国有企业占 13.73%，城镇集体企业占 0.59%，外商投资企业占 0.34%，城镇私营企业及其他城镇企业占 29.07%，民办非企业单位和社会团体占 0.76%，其他占 0.34%。

缴存职工中，国家机关和事业单位占 37.8%，国有企业占 14.19%，城镇集体企业占 0.39%，外商投资企业占 0.89%，城镇私营企业及其他城镇企业占 46.6%，民办非企业单位和社会团体占 0.09%，其他占 0.04%；中、低收入占 97.33%，高收入占 2.67%。

新开户职工中，国家机关和事业单位占33.71%，国有企业占15.37%，城镇集体企业占0.84%，外商投资企业占1.09%，城镇私营企业及其他城镇企业占48.36%，民办非企业单位和社会团体占0.28%，其他占0.35%；中、低收入占99.92%，高收入占0.08%。

（二）**提取业务**：2019年，3.02万名缴存职工提取住房公积金9.78亿元。

提取金额中，住房消费提取占77.74%（购买、建造、翻建、大修自住住房占38.06%，偿还购房贷款本息占38.56%，租赁住房占1.12%）；非住房消费提取占22.26%（离休和退休提取占17.11%，完全丧失劳动能力并与单位终止劳动关系提取占2.41%，出境定居占0.49%，其他占2.25%）。

提取职工中，中、低收入占97.34%，高收入占2.66%。

（三）**贷款业务**：

1. 个人住房贷款：2019年，支持职工购建房29.86万平方米，年末个人住房贷款市场占有率为14.86%，比上年末增加0.13个百分点。通过申请住房公积金个人住房贷款，可节约职工购房利息支出17972.3万元。

职工贷款笔数中，购房建筑面积90（含）平方米以下占10.93%，90~144（含）平方米占76.08%，144平方米以上占12.99%。购买新房占62.67%，购买二手房占37.33%。

职工贷款笔数中，单缴存职工申请贷款占61.45%，双缴存职工申请贷款占38.55%。

贷款职工中，30岁（含）以下占24.01%，30岁~40岁（含）占31.23%，40岁~50岁（含）占34.2%，50岁以上占10.56%；首次申请贷款占89.84%，二次及以上申请贷款占10.16%；中、低收入占96.87%，高收入占3.13%。

2. 异地贷款：2019年，发放异地贷款117笔、3569.5万元。2019年末，发放异地贷款总额34863.3万元，异地贷款余额24941.04万元。

3. 公转商贴息贷款：无。

4. 支持保障性住房建设试点项目贷款：无。

（四）**住房贡献率**：2019年，个人住房贷款发放额、公转商贴息贷款发放额、项目贷款发放额、住房消费提取额的总和与当年缴存额的比率为107.65%，比上年增加16.09个百分点。

六、其他重要事项

（一）当年机构及职能调整情况、受委托办理缴存贷款业务金融机构变更情况。当年无调整变更。

（二）当年住房公积金政策调整及执行情况。

1. 缴存基数限额调整情况：2019年我市住房公积金月缴存上限为4226元/月（含单位、个人两部分），月缴存下限为284元/月（含单位、个人两部分）。单位和职工各自的住房公积金缴存比例最高不得超过12%，最低不应低于5%。

2. 贷款政策调整情况：调整公积金贷款最高额度，我市住房公积金贷款最高额度从50万元调整到60万元。调整公积金贷款部分还本方式。对已办理公积金贷款的职工，在每月利用公积金偿还贷款的基础上，公积金账户（含配偶）余额在5万元以上（含5万元）的，每年可使用公积金余额办理一次部分偿还贷款本金业务。

3. 住房公积金存贷款利率执行标准。公积金存款利率：当年归集和上年结转的公积金统一按一年期定期存款基准利率 1.50% 执行。公积金贷款利率：五年期以下为 2.75%，五年期以上为 3.25%。

（三）当年服务改进情况。深化进"放管服"改革，提速服务效率，优化服务举措。推进服务自助化、办事移动化，2019 年 10 月住房公积金综合服务平台成功上线，开通 12329 短信、网上服务大厅、手机 APP、"赣服通"等互联网服务渠道，形成线上线下一体化服务模式，突破窗口柜台办理模式，做到线上业务办理"一次不跑"。公积金信息查询实时在线，公积金缴存全程网办，提取、还贷业务陆续上线，"零材料、零审批、零跑腿"，真正实现让职工足不出户、动动手指即可在线办理住房公积金业务。进一步推进减证便民，通过减材料、减环节、减时间，实现了流程优化和效率提升，延长服务时间，实行午休、双休照常上班制度，提供错时延时服务，周末、假日"不打烊"，极大方便职工办理公积金业务。

（四）当年信息化建设情况。2019 年完成了住房公积金信息管理系统集成建设，整合综合服务平台建设、数据平台接入、"赣服通"等信息化建设任务，推进建设功能齐全、使用便捷、模式创新、服务创新的"互联网＋住房公积金服务"云平台，实现公积金业务管理系统与全国住房公积金结算平台、税务总局平台、"赣服通"等平台深度对接和一网通办，完善了跨部门间信息共享，让信息多"跑路"，让群众少"跑腿"，实现了异地转移直连、提取资金"秒到账"。

（五）当年所获荣誉情况。2019 年市住房公积金管理中心先后获省级文明单位、全市精神文明建设先进单位、全市公共机构节能优秀单位等荣誉称号。

鹰潭市住房公积金 2019 年年度报告

一、机构概况

（一）住房公积金管理委员会：住房公积金管理委员会有 28 名委员，管委会审议通过 2019 年度住房公积金归集、使用计划执行情况，并且对其他重要事项进行决策。

（二）住房公积金管理中心：鹰潭市住房公积金管理中心为市政府直属不以营利为目的的公益一类事业单位，主要负责全市住房公积金的归集、管理、使用和会计核算。目前中心设有 4 个科室，3 个办事处，从业人员 56 人，其中，在编 35 人，非在编 21 人。

二、业务运行情况

（一）缴存：2019 年，新开户单位 128 家，实缴单位 1315 家，净增单位 78 家；新开户职工 5566 人，实缴职工 62611 人；缴存额 11.22 亿元，同比增长 17.57%。2019 年末，缴存总额 76.78 亿元，比上年末增加 17.11%；缴存余额 36.96 亿元，比上年末增加 11.95%。

受委托办理住房公积金缴存业务的银行有 3 家：中国建设银行、中国工商银行和中国银行，与上年相同。

（二）提取：2019 年，提取额 7.27 亿元，同比增长 10.44%；占当年缴存额的 64.81%，比上年减少 4.16 个百分点。2019 年末，提取总额 39.82 亿元，比上年末增加 22.33%。

（三）贷款：

1. 个人住房贷款：个人住房贷款最高额度 70 万元，其中，单缴存职工最高额度 50 万元，双缴存职工最高额度 70 万元。

2019 年，发放个人住房贷款 2041 笔、69547.5 万元，同比分别下降 13.37%、10.21%。其中，市本级发放个人住房贷款 947 笔、33075.9 万元，贵溪办事处发放个人住房贷款 740 笔、23570.5 万元，余江办事处发放个人住房贷款 325 笔、11895.1 万元，龙虎山办事处发放个人住房贷款 29 笔、1006 万元。

2019 年，回收个人住房贷款 39592.37 万元。其中，市本级 22495.44 万元，贵溪办事处 12142.98 万元，余江办事处 4934.43 万元，龙虎山办事处 19.52 万元。

2019 年末，累计发放个人住房贷款 2.18 万笔、53.9 亿元，贷款余额 32.63 亿元，分别比上年末增加 10.33%、14.81%、10.11%。个人住房贷款余额占缴存余额的 88.29%，比上年末减少 1.47 个百分点。

受委托办理住房公积金个人住房贷款业务的银行 7 家：中国建设银行、中国工商银行、中国银行、中国农业银行、中国邮政储蓄银行、江西银行和九江银行，与上年相同。

2. 住房公积金支持保障性住房建设项目贷款：截至 2019 年底，本市无项目贷款。

（四）购买国债：截至 2019 年底，本市没有购买国债。

（五）融资：2019 年，融资 0 亿元，归还 0 亿元。2019 年末，融资总额 0 亿元，融资余额 0 亿元。

（六）资金存储：2019 年末，住房公积金存款 4.7 亿元。其中，活期 0.7 亿元，1 年（含）以下定期 0 亿元，1 年以上定期 4 亿元，其他（协定、通知存款等）0 亿元。

（七）资金运用率：2019 年末，住房公积金个人住房贷款余额、项目贷款余额和购买国债余额的总和占缴存余额的 88.29%，比上年末减少 1.47 个百分点。

三、主要财务数据

（一）业务收入：2019 年，业务收入 12694.44 万元，同比增长 9%。其中，市中心 7339.36 万元，贵溪办事处 3984.86 万元，余江办事处 1370.22 万元；存款利息 1940.01 万元，委托贷款利息 10079.63 万元，国债利息 0 万元，其他 674.8 万元。

（二）业务支出：2019 年，业务支出 6139.3 万元，同比增长 6.8%。其中，市本级 3206.67 万元贵溪办事处 2199.48 万元，余江办事处 733.15 万元；支付职工住房公积金利息 5277.8 万元，归集手续费 0 万元，委托贷款手续费 219.91 万元，其他 641.59 万元。

（三）增值收益：2019 年，增值收益 6555.14 万元，同比增长 11.2%。其中，市本级 4132.68 万元，贵溪办事处 1785.38 万元，余江办事处 637.08 万元；增值收益率 1.87%，与上年相同。

（四）增值收益分配：2019 年，提取贷款风险准备金 299.66 万元，提取管理费用 1880.59 万元，提取城市廉租住房（公共租赁住房）建设补充资金 4374.89 万元。

2019 年，上交财政管理费用 1880.59 万元。上缴财政城市廉租住房（公共租赁住房）建设补充资金 4374.89 万元。

2019 年末，贷款风险准备金余额 3623.19 万元。累计提取城市廉租住房（公共租赁住房）建设补充资金 29754.54 万元。

(五)管理费用支出:2019 年,管理费用支出 1528.29 万元,同比增长 15.64%。其中,人员经费 582.22 万元,公用经费 212.58 万元,专项经费 733.49 万元。

市中心管理费用支出 1272.18 万元,其中,人员、公用、专项经费分别为 400.97 万元、137.72 万元、733.49 万元;贵溪市办事处管理费用支出 125.9 万元,其中,人员、公用、专项经费分别为 83.22 万元、42.68 万元、0 万元;余江区办事处管理费用支出 90.38 万元,其中,人员、公用、专项经费分别为 70.57 万元、19.81 万元、0 万元;龙虎山办事处管理费用支出 39.83 万元,其中,人员、公用、专项经费分别为 27.46 万元、12.37 万元、0 万元。

四、资产风险状况

(一)个人住房贷款:2019 年末,个人住房贷款逾期率为 0。

个人贷款风险准备金按贷款余额的 1% 提取。2019 年,提取个人贷款风险准备金 299.66 万元,使用个人贷款风险准备金核销呆坏账 0 万元。2019 年末,个人贷款风险准备金余额 3263.19 万元,占个人住房贷款余额的 1%,个人住房贷款逾期额与个人贷款风险准备金余额的比率为 0。

(二)支持保障性住房建设试点项目贷款:截至 2019 年底,本市无保障性住房建设项目贷款。

五、社会经济效益

(一)缴存业务:2019 年,实缴单位数、实缴职工人数和缴存额同比分别增长 6.3%、−0.46% 和 17.61%。

缴存单位中,国家机关和事业单位占 65.25%,国有企业占 10.34%,城镇集体企业占 0.76%,外商投资企业占 1.52%,城镇私营企业及其他城镇企业占 13.54%,民办非企业单位和社会团体占 2.43%,其他占 6.16%。

缴存职工中,国家机关和事业单位占 54.17%,国有企业占 27.91%,城镇集体企业占 0.88%,外商投资企业占 1.66%,城镇私营企业及其他城镇企业占 9.5%,民办非企业单位和社会团体占 0.82%,其他占 5.06%;中、低收入占 98.75%,高收入占 1.25%。

新开户职工中,国家机关和事业单位占 34.75%,国有企业占 19.85%,城镇集体企业占 1.06%,外商投资企业占 4.74%,城镇私营企业及其他城镇企业占 26.46%,民办非企业单位和社会团体占 3.47%,其他占 9.67%;中、低收入占 99.28%,高收入占 0.72%。

(二)提取业务:2019 年,17966 名缴存职工提取住房公积金 72689.76 万元。

提取金额中,住房消费提取占 72.69%(购买、建造、翻建、大修自住住房占 31.93%,偿还购房贷款本息占 38.99%,租赁住房占 1.68%,其他占 0.09%);非住房消费提取占 27.31%(离休和退休提取占 21.48%,完全丧失劳动能力并与单位终止劳动关系提取占 3.73%,出境定居占 0%,其他占 2.1%)。

提取职工中,中、低收入占 99.04%,高收入占 0.96%。

(三)贷款业务:

2019 年,支持职工购建房 38.73 万平方米,年末个人住房贷款市场占有率(含公转商贴息贷款)为 20.57%,比上年末减少 3.33 个百分点。通过申请住房公积金个人住房贷款,可节约职工购房利息支出

24445.95万元。

职工贷款笔数中，购房建筑面积90（含）平方米以下占15.68%，90~144（含）平方米占73.35%，144平方米以上占10.97%。购买新房占61.38%，购买二手房占37.62%，其他占1%。

职工贷款笔数中，单缴存职工申请贷款占27.29%，双缴存职工申请贷款占72.71%。

贷款职工中，30岁（含）以下占35.96%，30岁~40岁（含）占32.83%，40岁~50岁（含）占23.62%，50岁以上占7.59%；首次申请贷款占89.76%，二次及以上申请贷款占10.24%；中、低收入占99.56%，高收入占0.44%。

2019年，发放异地贷款113笔、3561万元。2019年末，发放异地贷款总额27963.73万元，异地贷款余额24303.08万元。

(四) 住房贡献率：2019年，个人住房贷款发放额、公转商贴息贷款发放额、项目贷款发放额、住房消费提取额的总和与当年缴存额的比率为126.82%，比上年减少23.33个百分点。

六、其他重要事项

(一) 当年机构及职能调整情况、受委托办理缴存贷款业务金融机构变更情况。

(1) 当年无机构及职能调整情况。

(2) 当年受委托办理缴存贷款业务金融机构无变更情况。

(二) 当年住房公积金政策调整及执行情况。

1. 调整的部分政策

2019年鉴于我市住房公积金资收入不断减少，出现较为严重的资金紧缺情况，按照"收支平衡、略有结余"的资金使用一般规则，为保障我市住房公积金资金可持续健康规范运行，根据当年市政府第四十七次常务会议精神，决定适度调整我市住房公积金政策，具体如下：

(1) 取消"实行父母、子女直系亲属间购房贷款和提取互认"政策。

(2) 取消"异地职工在鹰购房贷款"政策。

(3) 取消"商转公"政策。

(4) 收紧"住房公积金支持我市农民工、农村居民、个体工商户和城市居民购房"政策。即农民工、农村居民、个体工商户和城市居民购房时，需连续足额缴存住房公积金6个月以上方可申请购房贷款，且信贷首付比由40%提高到50%。

(5) 降低我市住房公积金最高贷款额度。住房公积金首次贷款的，最高贷款额度不变，仍为双职工最高70万元，单职工最高50万元。住房公积金二次贷款的，双职工最高贷款额度从70万元下调到50万元，单职工最高贷额度从50万元下调到30万元。

上述调整政策自2019年7月1日起执行。

2. 缴存基数限额及确定方法、缴存比例调整情况

根据国务院《住房公积金管理条例》《关于住房公积金管理若干具体问题的指导意见》《关于改进住房公积金缴存机制进一步降低企业成本的通知》等有关规定，结合本市实际情况，以我市统计局2018年度职工月平均工资数据计算为依据，确定2019年度鹰潭市住房公积金缴存基数、比例和月缴存额上、下限。见表1。

2019年公积金缴存基数、比例和月缴存额情况　　　　表1

指标	上限	下限
缴存基数	17875元	1580元
缴存比例	12%	5%
月缴存额（含单位和个人）	4290元	158元

3. 当年住房公积金存贷款利率调整及执行情况

（1）2019年住房公积金存款利率调整及执行情况。

2019年住房公积金存款利率未调整，执行原利率。即统一按一年期基准利率1.5%。

（2）2019年住房公积金贷款利率调整及执行情况。

2019年住房公积金贷款利率未调整，执行原利率。即5年（含）及以下贷款利率为2.75%，5年以上贷款利率为3.25%。

（三）信息化建设情况。

1. 基础数据标准贯彻落实和结算应用系统接入情况

（1）2018年住房和城乡建设部专家一行对鹰潭市住房公积金管理中心的基础数据标准贯彻落实和结算应用系统接入情况进行了验收，并以高分通过。2019年度"中心"持续规范基础数据标准和优化结算应用系统接入，并依托住房和城乡建设部的公积金电子化检查工具，根据每个月的电子化检查结果，一旦发现风险隐患点及时进行整改，既规范了住房公积金业务管理，防范了资金风险，又提升了服务效能，还切实保障了缴存职工的相关权益。

（2）制定出台《鹰潭市住房公积金业务管理系统后台生产数据修改流程规范》《鹰潭市住房公积金管理中心业务管理系统数据纠错申请表》，双贯标系统运维管理步入制度化、规范化轨道。

2. 持续拓展综合服务平台渠道、丰富渠道办理公积金业务事项

（1）目前鹰潭公积金已有的服务渠道有：热线、短信、移动客户端、微信、微博、网上业务大厅、网站、自助终端、支付宝城市服务、赣服通及柜面服务。

（2）在移动客户端上公开合作楼盘，方便群众查询；与赣服通项目组对接，不仅能查询缴存、提取、贷款信息，还能办理手机号码修改等业务；

（3）精心组织迎接省内综合服务平台预验收，成立迎检小组，制定住房公积金综合服务平台预验收工作方案。

3. 其他信息化开展情况

（1）携手鹰潭市不动产登记中心在全国率先推出住房贷款抵押办理新模式——"数据智联模式"。群众在公积金住房贷款受理时同步完成抵押手续的办理，我中心在贷款审批完成后将贷款及抵押的所有相关数据信息发送给不动产中心，不动产中心接收数据信息后进行抵押的受理及审批，审批通过后及时将出证信息反馈给我中心，我中心在接收到抵押信息后进行公积金的贷款发放。整个贷款流程群众只需在我中心办理后等待放款即可，无需再跑其他部门。

（2）省内首批接入住房和城乡建设部住房公积金数据平台。住房和城乡建设部审核通过中心数据上链申请后，6月8日开始采集数据并上报。

(3) 培训职工业务系统操作技能；建立网上业务大厅微信群，对热点问题进行答疑。

(4) 进行网络安全渗透演练等。

（四）**当年住房公积金管理中心及职工所获荣誉情况。** 2019年，精神文明创建工作方面，继续保留了全国文明单位的荣誉。

赣州市住房公积金2019年年度报告

一、机构概况

（一）**住房公积金管理委员会：** 住房公积金管理委员会有24名委员，2019年召开1次会议，审议通过的事项主要包括：（1）审议住房公积金管理中心《关于公布赣州市住房公积金2018年年度报告的请示》；（2）审议住房公积金管理中心《关于要求审批2019年住房公积金资金运营计划的请示》；（3）审议住房公积金管理中心《关于确定2019年我市住房公积金缴存比例及缴存基数的请示》。

（二）**住房公积金管理中心：** 住房公积金管理中心为市政府、市住房和城乡建设局代管不以营利为目的的副县级自收自支事业单位，设6个处（科），18个管理部。从业人员212人，其中，在编113人，非在编99人。

二、业务运行情况

（一）**缴存：** 2019年，新开户单位881家，实缴单位8158家，净增单位－172家；新开户职工5.41万人，实缴职工40.1万人，净增职工0.33万人；缴存额54.44亿元，同比增长14.85%。2019年末，缴存总额345.66亿元，比上年末增加18.69%；缴存余额195.69亿元，比上年末增加13.19%。

受委托办理住房公积金缴存业务的银行5家，比上年增加（减少）0家。

（二）**提取：** 2019年，提取额31.65亿元，同比增长8.17%；占当年缴存额的58.14%，比上年减少3.59个百分点。2019年末，提取总额149.97亿元，比上年末增加26.75%。

（三）**贷款：**

1. 个人住房贷款： 个人住房贷款最高额度50万元，其中，单缴存职工最高额度50万元，双缴存职工最高额度50万元。

2019年，发放个人住房贷款0.72万笔、28.07亿元，同比分别增长22.03%、27.65%。

2019年，回收个人住房贷款18.07亿元。

2019年末，累计发放个人住房贷款13.56万笔、298.48亿元，贷款余额193.34亿元，分别比上年末增加5.61%、10.38%、5.46%。个人住房贷款余额占缴存余额的98.8%，比上年末减少7.24个百分点。

受委托办理住房公积金个人住房贷款业务的银行6家，比上年增加（减少）0家。

2. 住房公积金支持保障性住房建设项目贷款： 2019年，发放支持保障性住房建设项目贷款0亿元，回收项目贷款0亿元。2019年末，累计发放项目贷款0亿元，项目贷款余额0亿元。

（四）**购买国债**：2019年，购买（记账式、凭证式）国债0亿元，兑付（转让、收回）国债0亿元。2019年末，国债余额0亿元，比上年末减少（增加）0亿元。

（五）**融资**：2019年，融资0亿元，归还11.96亿元。2019年末，融资总额48.4亿元，融资余额0亿元。

（六）**资金存储**：2019年末，住房公积金存款0亿元。其中，活期0亿元，1年（含）以下定期0亿元，1年以上定期0亿元，其他（协定、通知存款等）0亿元。

（七）**资金运用率**：2019年末，住房公积金个人住房贷款余额、项目贷款余额和购买国债余额的总和占缴存余额的98.8%，比上年末减少7.24个百分点。

三、主要财务数据

（一）**业务收入**：2019年，业务收入63727.34万元，同比增长4.98%。其中，存款利息1343.64万元，委托贷款利息61349.29万元，国债利息0万元，其他1034.41万元。

（二）**业务支出**：2019年，业务支出32168.77万元，同比下降17.12%。其中，支付职工住房公积金利息26725.59万元，归集手续费0万元，委托贷款手续费1865.54万元，其他3577.64万元。

（三）**增值收益**：2019年，增值收益31558.56万元，同比增长44.18%；增值收益率1.58%，比上年增加0.42个百分点。

（四）**增值收益分配**：2019年，提取贷款风险准备金902.77万元，提取管理费用3569.31万元，提取城市廉租住房（公共租赁住房）建设补充资金27086.48万元。

2019年，上交财政管理费用3569.31万元。上缴财政城市廉租住房（公共租赁住房）建设补充资金17344.33万元。

2019年末，贷款风险准备金余额19396.06万元。累计提取城市廉租住房（公共租赁住房）建设补充资金116976.62万元。

（五）**管理费用支出**：2019年，管理费用支出4407.67万元，同比增长6.52%。其中，人员经费3129.24万元，公用经费545.46万元，专项经费732.97万元。

四、资产风险状况

（一）**个人住房贷款**：2019年末，个人住房贷款逾期额363.81万元，逾期率0.19‰。

个人贷款风险准备金按贷款余额的1%提取。2019年，提取个人贷款风险准备金902.77万元，使用个人贷款风险准备金核销呆坏账0万元。2019年末，个人贷款风险准备金余额19396.06万元，占个人住房贷款余额的1%，个人住房贷款逾期额与个人贷款风险准备金余额的比率为1.88%。

（二）**支持保障性住房建设试点项目贷款**：2019年末，逾期项目贷款0万元，逾期率0‰。

项目贷款风险准备金按贷款余额的0%提取。2019年，提取项目贷款风险准备金0万元，使用项目贷款风险准备金核销呆坏0万元，项目贷款风险准备金余额0万元，占项目贷款余额的0%，项目贷款逾期额与项目贷款风险准备金余额的比率为0%。

五、社会经济效益

（一）**缴存业务**：2019年，实缴单位数、实缴职工人数人缴存额同比分别增长7.87%、2.77%

和 14.85%。

缴存单位中，国家机关和事业单位占 58.29%，国有企业占 8.1%，城镇集体企业占 0.55%，外商投资企业占 0.75%，城镇私营企业及其他城镇企业占 22.97%，民办非企业单位和社会团体占 2.86%，其他占 6.48%。

缴存职工中，国家机关和事业单位占 58.75%，国有企业占 10.05%，城镇集体企业占 0.52%，外商投资企业占 2.15%，城镇私营企业及其他城镇企业占 20.16%，民办非企业单位和社会团体占 0.89%，其他占 7.48%；中、低收入占 100%，高收入占 0%。

新开户职工中，国家机关和事业单位占 29.95%，国有企业占 4.82%，城镇集体企业占 0.28%，外商投资企业占 2.08%，城镇私营企业及其他城镇企业占 44.32%，民办非企业单位和社会团体占 1.96%，其他占 16.59%；中、低收入占 100%，高收入占 0%。

（二）**提取业务**：2019 年，11.3 万名缴存职工提取住房公积金 31.65 亿元。

提取金额中，住房消费提取占 73.32%（购买、建造、翻建、大修自住住房占 12.48%，偿还购房贷款本息占 59.34%，租赁住房占 1.5%，其他占 0%）；非住房消费提取占 26.68%（离休和退休提取占 20.19%，完全丧失劳动能力并与单位终止劳动关系提取占 4.39%，出境定居占 0.84%，其他占 1.26%）。

提取职工中，中、低收入占 100%，高收入占 0%。

（三）**贷款业务**：

1. 个人住房贷款：2019 年，支持职工购建房 88.92 万平方米，年末个人住房贷款市场占有率（含公转商贴息贷款）为 3.43%，比上年末增加 1.7 个百分点。通过申请住房公积金个人住房贷款，可节约职工购房利息支出 58660.41 万元。

职工贷款笔数中，购房建筑面积 90（含）平方米以下占 12.24%，90~144（含）平方米占 77.95%，144 平方米以上占 9.81%。购买新房占 73.14%（其中购买保障性住房占 0%），购买二手房占 26.49%，建造、翻建、大修自住住房占 0.29%，其他占 0.08%。

职工贷款笔数中，单缴存职工申请贷款占 62.67%，双缴存职工申请贷款占 37.33%，三人及以上缴存职工共同申请贷款占 0%。

贷款职工中，30 岁（含）以下占 40.27%，30 岁~40 岁（含）占 32.8%，40 岁~50 岁（含）占 19.9%，50 岁以上占 7.03%；首次申请贷款占 94.95%，二次及以上申请贷款占 5.05%；中、低收入占 100%，高收入占 0%。

2. 异地贷款：2019 年，发放异地贷款 0 笔、0 万元。2019 年末，发放异地贷款总额 20884.4 万元，异地贷款余额 10178.68 万元。

3. 公转商贴息贷款：2019 年，发放公转商贴息贷款 0 笔、0 万元，支持职工购建住房面积 0 万平方米，当年贴息额 0 万元。2019 年末，累计发放公转商贴息贷款 0 笔、0 万元，累计贴息 0 万元。

4. 支持保障性住房建设试点项目贷款：2019 年末，累计试点项目 0 个，贷款额度 0 亿元，建筑面积 0 万平方米，可解决 0 户中低收入职工家庭的住房问题。0 个试点项目贷款资金已发放并还清贷款本息。

（四）**住房贡献率**：2019 年，个人住房贷款发放额、公转商贴息贷款发放额、项目贷款发放额、住房消费提取额的总和与当年缴存额的比率为 94.18%，比上年增加 3.66 个百分点。

六、其他重要事项

（1）当年机构及职能调整情况、受委托办理缴存贷款业务金融机构变更情况。2019 年，与中国银行、农业银行、工商银行、建设银行和赣州银行签订了《住房公积金贷款及相关业务委托协议书》。

（2）2019 年 3 月，根据《关于确定 2019 年我市住房公积金缴存比例及缴存基数的通知》（赣市公管委字〔2019〕3 号）文件精神，确定 2019 年我市住房公积金缴存比例及缴存基数，我市行政、事业单位住房公积金缴存比例按单位和个人各为 12% 执行，其他单位住房公积金缴存比例可根据单位实际情况按单位和个人各为 5% 至 12% 执行。住房公积金的月缴存基数按上一年度职工月平均工资总额核定（月工资总额按照国家统计部门规定的工资总额计算），但最高不超过本市统计部门公布的上一年度职工月平均工资的 3 倍，最低缴存基数及缴存额下限按上一年度职工月平均工资的 60% 确定的标准执行。我市 2019 年住房公积金月缴存基数上限为 16014 元，下限为 3202 元。月缴存额上限为 3844 元（含单位、个人两部分，下同），下限为 320 元。城镇个体工商户月缴存住房公积金的工资基数，按照缴存人上一年度月平均纳税收入计算。我市辖区内的中央、省属驻市单位住房公积金缴存标准，按我市缴存标准规定执行。

2019 年 10 月，根据赣州市人民政府办公室《关于印发〈赣州市中心城区既有住宅加装电梯暂行办法〉的通知》（赣市府办发〔2019〕6 号）要求，为做好我市中心城区既有住宅加装电梯住房公积金提取工作，中心新增出台了《关于赣州市中心城区既有住宅加装电梯提取住房公积金有关事项的通知》（赣市公积金字〔2019〕46 号）相关文件。

贷款额度依旧参照《关于调整住房公积金贷款政策的通知》（赣市公积金字〔2016〕96 号）文件执行，借款人夫妻双方正常缴存住房公积金在赣州市中心城区范围内购买、建造、翻建、大修自住住房申请住房公积金贷款最高额度由 60 万元调整到 50 万元，单方由 50 万元调整到 40 万元，或按计算公式计算可贷金额；在县（市）城镇范围内购买、建造、翻建、大修自住住房申请住房公积金贷款最高额度由 50 万元调整到 40 万元，单方由 40 万元调整到 30 万元，或按计算公式计算可贷金额。

计算公式：每户可贷金额＝借款人及配偶的缴存基数之和×50%×12×贷款期限（年）＋借款人及配偶的住房公积金缴存余额。

贷款利率执行人民银行规定个人住房公积金贷款：5 年及以内，利率 2.75%；5 年以上，利率 3.25%。

（3）当年服务改进情况。

1）服务网点。

我中心共设有 18 个办事处服务网点。

2）服务设施。

本年度每个服务网点均已增设一台自主触摸查询打印一体机。

3）服务手段。

全面拓展信息化服务手段：①对接"赣服通""赣州通"平台；②建设上线了手机公积金 APP；③"赣州公积金"微信公众号；④政府"一卡通"；⑤12329 全国住房公积金服务热线；⑥12329 短信告知平台；⑦赣州公积金网上服务大厅（个人版、单位版）。

4）综合服务平台建设。

初步通过了省住房城乡建设厅公积金监管处专家组对我中心综合服务平台的预验收工作。

5）其他网络载体建设服务情况。

①接入支付宝城市服务；②省"赣服通"、市"赣州通"、市"政务微信"等平台。

（4）当年信息化建设情况。

1）信息系统升级改造情况。

核心系统升级改造按照《招标文件》要求已如期完成；极个别模块受国家相关部门影响，仍在完善，预计 2020 年一季度有望通过验收。

2）基础数据标准贯彻落实和结算应用系统接入情况。

① 按照住房和城乡建设部规定时间要求，中心很好的完成了"双贯标"建设，并经住房和城乡建设部住房公积金监管司、省住房和城乡建设厅专家组联合检查按期验收通过，总评分 92 分。

② 按时按要求在全省率先完成了全国住房公积金银行结算数据应用系统的建设、接入和开通应用工作。

（5）当年住房公积金管理中心及职工所获荣誉情况。

荣获"江西省第十五届文明单位"、1 人被评为"赣州市优秀职工"称号。

（6）通过开展专题学习、教育培训等活动，组织全体干部职工认真学习贯彻上级出台的相关法律政策文件，确保沿着正确方向深入开展，截至 2019 年底，暂无发现违反《住房公积金管理条例》和相关法规行为进行行政处罚和申请人民法院强制执行的情况。

（7）当年对住房公积金管理人员违规行为的纠正和处理情况等：无。

（8）其他需要披露的情况：无。

吉安市住房公积金 2019 年年度报告

一、机构概况

（一）住房公积金管理委员会。住房公积金管理委员会有 25 名委员，2019 年召开 1 次会议，审议通过（调整）的事项主要包括：2018 年住房公积金增值分配方案、个别管理政策、2019 年住房公积金缴存基数比例、2019 年归集使用计划等。

（二）住房公积金管理中心。住房公积金管理中心为市政府直属不以营利为目的参照公务员法管理的事业单位，设 4 个科室，11 个办事处。从业人员 113 人，其中，在编 66 人，非在编 47 人。

二、业务运行情况

（一）缴存。2019 年，新开户单位 311 家，实缴单位 4960 家；新开户职工 2.39 万人，实缴职工 19.8 万人；缴存额 34.17 亿元，同比增长 16.96％。2019 年末，缴存总额 209.98 亿元，比上年末增加

19.44%；缴存余额114.62亿元，比上年末增加15.65%。见表1。

受委托办理住房公积金缴存业务的银行12家，比上年增加1家。

2019年市本级及各办事处住房公积金缴存情况 表1

办事处名称	全年缴存额（万元）
市本级	102699.49
井冈山市	14832.58
吉安县	29530.44
新干县	18223.14
永丰县	20302.50
峡江县	11319.69
吉水县	26345.26
泰和县	29654.44
万安县	18237.19
遂川县	26208.84
安福县	23288.59
永新县	21085.70
合计	341727.86

（二）提取。2019年，提取额18.66亿元，同比增长17.55%；占当年缴存额的54.61%，比上年增加0.3个百分点。2019年末，提取总额95.36亿元，比上年末增加24.33%。见表2。

2019年市本级及各办事处住房公积金提取情况 表2

办事处名称	全年提取额（万元）
市本级	61525.78
井冈山市	7760.85
吉安县	16153.37
新干县	9422.00
永丰县	11239.14
峡江县	5511.83
吉水县	12648.15
泰和县	16561.92
万安县	9429.39
遂川县	13885.11
安福县	10749.21
永新县	11724.12
合计	186610.87

（三）贷款：

1.个人住房贷款： 个人住房贷款最高额度50万元（单、双缴存职工最高额度均为50万元）。2019年，发放个人住房贷款0.51万笔、共21.7亿元，同比分别增长5.7%、16.55%。

2019年，回收个人住房贷款11.85亿元。见表3。

2019年市本级及各办事处住房公积金个人住房贷款情况　　　　表3

办事处名称	全年贷款发放笔数（笔）	全年贷款发放金额（万元）	全年贷款回收额（万元）
市本级	2038	90815.60	56454.15
井冈山市	157	5572.00	3922.83
吉安县	343	14595.80	6840.48
新干县	201	8631.50	4945.25
永丰县	183	7790.50	4708.54
峡江县	155	5883.50	2994.51
吉水县	240	10214.30	5247.44
泰和县	296	11465.00	10017.00
万安县	232	10504.90	4449.13
遂川县	574	25026.10	7886.07
安福县	396	15988.90	6655.76
永新县	302	10484.40	4350.29
合计	5117	216972.50	118471.45

2019年末，累计发放个人住房贷款7.57万笔、共169.65亿元，贷款余额114.16亿元，分别比上年末增加7.22%、14.66%、9.44%。个人住房贷款余额占缴存余额的99.6%，比上年末减少5.65个百分点。

受委托办理住房公积金个人住房贷款业务的银行9家，比上年增加1家。

2. 住房公积金支持保障性住房建设项目贷款：2019年，未发放支持保障性住房建设项目贷款，无项目贷款余额。

（四）**购买国债**。2019年，未购买国债。2019年末，国债无余额。

（五）**融资**。2019年，新增融资4亿元，归还6亿元。2019年末，融资总额48.07亿元，现已全部归还，融资余额为0。

（六）**资金存储**。2019年末，住房公积金存款7.75亿元。其中，活期0.04亿元，1年以下（含）定期0亿元，1年以上定期5.81亿元，其他（协定、通知存款等）1.9亿元。

（七）**资金运用率**。2019年末，住房公积金个人住房贷款余额、项目贷款余额和购买国债余额的总和占缴存余额的99.6%，比上年末减少5.65个百分点。

三、主要财务数据

（一）**业务收入**。2019年，业务收入39254.88万元，同比增长9.97%。其中，存款利息1007.92万元，委托贷款利息35750.65万元，其他2496.31万元。

（二）**业务支出**。2019年，业务支出19242.27万元，同比增长12.19%。其中，支付职工住房公积金利息16008.42万元，归集手续费0万元，委托贷款手续费825.11万元，其他2408.74万元。

（三）**增值收益**。2019年，增值收益20012.61万元，同比增长7.91%。增值收益率1.88%，比上年增加 0.1 个百分点。

（四）增值收益分配。 2019 年，提取贷款风险准备金 11414.6 万元，提取管理费用 1871.42 万元，提取城市廉租住房（公共租赁住房）建设补充资金 6726.58 万元。

2019 年，上交财政管理费用 1639.25 万元。上缴财政城市廉租住房（公共租赁住房）建设补充资金 6474.78 万元。

2019 年末，贷款风险准备金余额 56091.06 万元。累计提取城市廉租住房（公共租赁住房）建设补充资金 44621.95 万元。

（五）管理费用支出。 2019 年，管理费用支出 1937.06 万元，同比增长 1.19%。其中，人员经费 1500.91 万元，公用经费 394.84 万元，专项经费 41.32 万元。

四、资产风险状况

（一）个人住房贷款。 2019 年末，个人住房贷款逾期额 4.02 万元，逾期率 0.004‰。

个人贷款风险准备金按贷款余额的 1% 提取。2019 年，提取个人贷款风险准备金 11414.6 万元，使用个人贷款风险准备金核销呆坏账 0 万元。2019 年末，个人贷款风险准备金余额 56091.06 万元，占个人住房贷款余额的 4.91%，个人住房贷款逾期额与个人贷款风险准备金余额的比率为 0.01%。

（二）支持保障性住房建设试点项目贷款。 2019 年末，无逾期项目贷款。

五、社会经济效益

（一）缴存业务。 2019 年，实缴单位数、实缴职工人数和缴存额同比分别增长 −19.74%、−7.69% 和 16.96%。

缴存单位中，国家机关和事业单位占 69.09%，国有企业占 10.58%，城镇集体企业占 1.45%，外商投资企业占 0.75%，城镇私营企业及其他城镇企业占 14.5%，民办非企业单位和社会团体占 3.27%，其他占 0.36%。

缴存职工中，国家机关和事业单位占 62.78%，国有企业占 13.8%，城镇集体企业占 1.97%，外商投资企业占 4.02%，城镇私营企业及其他城镇企业占 14.93%，民办非企业单位和社会团体占 2.4%，其他占 0.1%；中、低收入占 96.25%，高收入占 3.75%。

新开户职工中，国家机关和事业单位占 30.78%，国有企业占 5.36%，城镇集体企业占 0.9%，外商投资企业占 6.32%，城镇私营企业及其他城镇企业占 53.44%，民办非企业单位和社会团体占 2.9%，其他占 0.3%；中、低收入占 99.69%，高收入占 0.31%。

（二）提取业务。 2019 年，6 万名缴存职工提取住房公积金 18.66 亿元。

提取金额中，住房消费提取占 74.43%（购买、建造、翻建、大修自住住房占 21.2%，偿还购房贷款本息占 52.27%，租赁住房占 0.4%，其他占 0.56%）；非住房消费提取占 25.57%（离休和退休提取占 20.38%，完全丧失劳动能力并与单位终止劳动关系提取占 2.37%，出境定居占 0%，其他占 2.82%）。

提取职工中，中、低收入占 90.07%，高收入占 9.93%。

（三）贷款业务：

1. 个人住房贷款： 2019 年，支持职工购建房 66.25 万平方米，年末个人住房贷款市场占有率为

4.19%，比上年末减少 3.15 个百分点。通过申请住房公积金个人住房贷款，可节约职工购房利息支出 57063.76 万元。

职工贷款笔数中，购房建筑面积 90 平方米以下（含）占 6.49%，90～144 平方米（含 144）占 81.86%，144 平方米以上占 11.65%。购买新房占 77.56（其中购买保障性住房占 0%），购买二手房占 22.22%，建造、翻建、大修自住住房占 0.21%，其他占 0%。

职工贷款笔数中，单缴存职工申请贷款占 21.73%，双缴存职工申请贷款占 78.27%，三人及以上缴存职工共同申请贷款占 0%。

贷款职工中，30 岁以下（含）占 37.42%，30 岁～40 岁（含 40）占 31.82%，40 岁～50 岁（含 50）占 25.19%，50 岁以上占 5.57%；首次申请贷款占 61.09%，二次及以上申请贷款占 38.91%；中、低收入占 98.12%，高收入占 1.88%。

2. 异地贷款： 2019 年，发放异地贷款 238 笔、共 4701.5 万元。年末，发放异地贷款总额 86621.1 万元，异地贷款余额 64685.22 万元。

3. 公转商贴息贷款： 2019 年，未发放公转商贴息贷款。

4. 支持保障性住房建设试点项目贷款： 2019 年末，无试点项目。

（四）**住房贡献率。** 2019 年，个人住房贷款发放额、公转商贴息贷款发放额、项目贷款发放额、住房消费提取额的总和与当年缴存额的比率为 104.14%，比上年增加 3.15 个百分点。

六、其他重要事项

（一）**当年机构及职能调整情况、受委托办理缴存贷款业务金融机构变更情况。** 当年机构及职能未调整，新增赣州银行为受委托办理缴存业务银行，交通银行为受委托办理贷款业务银行。

（二）**当年住房公积金政策调整及执行情况。**

1. 当年缴存基数限额及确定方法、缴存比例等缴存政策调整情况： 根据吉安市统计局公布的在岗职工平均工资标准，确定我市 2018 年度职工月平均工资为 5053 元。我市 2019 年度职工住房公积金月缴存额上限为 3640 元、下限为 304 元（含单位、个人部分）。

2. 当年提取政策调整情况： 根据我市经济发展状况和公积金资金压力得到有效缓解等形势，对住房公积金个别提取政策作了如下调整：将"缴存人父母、子女在本市（仅限）购建房，征得缴存人同意后，可提取缴存人住房公积金账户内不超过购建房总价款的住房公积金。"调整为"缴存人父母、子女购房（不限地域），征得缴存人同意后，可提取缴存人住房公积金账户内不超过购房总价款的住房公积金。"

3. 当年个人住房贷款最高贷款额度、贷款条件等贷款政策调整情况；当年住房公积金存贷款利率执行标准等。

未调整。

（三）**当年服务改进情况。**

（1）全面梳理住房公积金政务服务事项流程，删繁就简，破旧革新，梳堵除痛，对公积金服务事项流程进行优化再造，所有业务资料"0"复印，极大的方便了公积金缴存职工办理业务实效。

（2）改变以往分业务种类设置柜员的做法，窗口工作人员全部设置综合岗（"一站式服务"），业务申办人可任意选择窗口办理公积金业务,大幅减少了等待时间,提高了办结效率。

(3) 充分利用合作银行网点优势,在吉州区、青原区增设了3个业务网点,让群众能够就近办理公积金业务。

(4) 全面开启延时错时预约服务,工作日中午不"打烊",双休日和节假日照常办理业务,解决了群众"上班没空办事、休息时间没处办事"的困扰,为企业和群众提供了极大便利。

(5) 优化综合服务平台功能,拓宽服务渠道。在门户网站、网上业务大厅、12329热线、12329短信、手机客户端、微信公众号、自助终端7大服务渠道基础上新增"赣服通"、支付宝城市服务、微博服务渠道。在信息发布、信息查询、互动交流功能基础上新增业务办理类功能,实现办理退休、离职提取、提前偿还贷款、变更还款账户等业务"一次不跑"。

(四)当年信息化建设情况。

(1) 拓展"互联网+"公积金服务功能。完成"赣服通"接入、"吉安公积金"APP与网上业务大厅升级工作,实现单位开户,基数调整,退休、离职提取,贷款还款,还款卡号变更,关联银行卡业务全程网办,线上线下功能融合发展。

(2) 按照全国住房公积金数据平台接入工作的要求,于4月底在全省率先完成全国住房公积金数据平台接入工作。

(3) 巩固"双贯标"成果。完成了中心业务系统与国家住房和城乡建设部异地转移接续平台直连工作。

(4) 加强网络与信息安全体系建设和防护。进一步梳理中心网络与信息安全制度,完成业务系统等级保护测评工作。

(五)当年住房公积金管理中心及职工所获荣誉情况。

(1) 江西省文明单位;

(2) 政务服务工作优秀市直单位;

(3) 全市社会治安综合治理目标管理优秀市直单位;

(4) 公共机构节能工作优秀市直单位;

(5) 市直绩效管理良好单位。

(六)当年对违反《住房公积金管理条例》和相关法规行为进行行政处罚和申请人民法院强制执行情况。

2019年共发生了4起违规提取住房公积金行为,中心查处后采取的处理措施如下:

(1) 不良行为登记并向社会公开;

(2) 全额退回违规使用资金;

(3) 通知申请人所在单位和所属纪检监察机关;

(4) 自违规使用行为发生之日起五年内停止办理提取、贷款、转出、异地贷款开具缴存证明等业务(退休、死亡、出境定居提取除外)。

(七)当年对住房公积金管理人员违规行为的纠正和处理情况等。吉水县办事处工作人员刘顺民利用工作便利非法占有政府管理的住房公积金,经吉水县监委审查,涉嫌贪污犯罪,于2019年6月移送检察机关审查起诉。根据《行政机关公务员处分条例》第二十三条规定,经中心主任办公会议研究决定,2019年6月给予刘顺民开除处分。

（八）其他需要披露的情况。无。

宜春市住房公积金 2019 年年度报告

一、机构概况

（一）住房公积金管理委员会：住房公积金管理委员会有 18 名委员，2019 年召开 1 次会议，审议通过的事项主要包括：（1）关于行政、事业单位职工调动工作住房公积金账户合并的问题；（2）关于信贷政策调整的问题；（3）关于住房公积金贷款逾期罚息利率上浮标准的问题；（4）关于取消银行委托贷款手续费的问题；（5）关于住房公积金综合服务平台系统搭建预算的问题；（6）关于请求华为云平台优化管理与服务的问题；（7）关于在政府华为云平台购置安全设备预算的问题；（8）关于住房公积金资金存放银行及银行备付金的有关问题。

（二）住房公积金管理中心：住房公积金管理中心为直属市政府的不以营利为目的的自收自支的事业单位，设 5 个科室，9 个县市办事处。从业人员 89 人，其中，在编 53 人，非在编 36 人。

二、业务运行情况

（一）缴存：2019 年，新开户单位 337 家，实缴单位 3564 家，净减少单位 446 家；新开户职工 2.67 万人，实缴职工 23.39 万人，净减少职工 3.2 万人；缴存额 37.27 亿元，同比增长 5.76%。2019 年末，缴存总额 224.15 亿元，比上年末增加 19.94%；缴存余额 104.44 亿元，比上年末增加 14.95%。

受委托办理住房公积金缴存业务的银行 6 家，与上年数持平。

（二）提取：2019 年，提取额 23.69 亿元，同比增长 12.87%；占当年缴存额的 63.56%，比上年增加 4 个百分点。2019 年末，提取总额 119.72 亿元，比上年末增加 24.68%。

（三）贷款：

个人住房贷款：个人住房贷款最高额度 50 万元，其中，单缴存职工最高额度 50 万元，双缴存职工最高额度 50 万元。

2019 年，发放个人住房贷款 0.45 万笔、18.03 亿元，同比分别下降 13.46%、0.39%。其中，市中心（含袁州区）发放个人住房贷款 0.153 万笔、6.43 亿元，丰城办事处发放个人住房贷款 0.06 万笔、2.13 亿元，高安办事处发放个人住房贷款 0.07 万笔、3.15 亿元，樟树办事处发放个人住房贷款 0.05 万笔、1.86 亿元，上高办事处发放个人住房贷款 0.03 万笔、1.26 亿元，万载办事处发放个人住房贷款 0.02 万笔、0.71 亿元，宜丰办事处发放个人住房贷款 0.02 万笔、0.63 亿元，奉新办事处发放个人住房贷款 0.02 万笔、0.75 亿元，铜鼓办事处发放个人住房贷款 0.01 万笔、0.38 亿元，靖安办事处发放个人住房贷款 0.02 万笔、0.73 亿元。

2019 年，回收个人住房贷款 11.53 亿元。其中，市中心（含袁州区）4.81 亿元，丰城办事处 2.03 亿元，高安办事处 1.39 亿元，樟树办事处 0.90 亿元，上高办事处 0.75 亿元，万载办事处 0.40 亿元，宜丰办事处 0.30 亿元，奉新办事处 0.37 亿元，铜鼓办事处 0.23 亿元，靖安办事处 0.35 亿元。

2019 年末，累计发放个人住房贷款 6.72 万笔、142.54 亿元，贷款余额 88.32 亿元，分别比上年末增加 7.35%、14.48%、7.94%。个人住房贷款余额占缴存余额的 84.56%，比上年末减少 5.50 个百分点。

受委托办理住房公积金个人住房贷款业务的银行 10 家，与上年数持平。

（四）资金存储：2019 年末，住房公积金存款 20.66 亿元。其中，活期 0.60 亿元，1 年（含）以下定期 6.50 亿元，1 年以上定期 10.44 亿元，其他（协定、通知存款等）3.12 亿元。

（五）资金运用率：2019 年末，住房公积金个人住房贷款余额占缴存余额的 84.56%，比上年末减少 5.50 个百分点。

三、主要财务数据

（一）业务收入：2019 年，全市完成业务收入 32468.50 万元（其中：存款利息收入 3943.65 万元，贷款利息收入 27607.70 万元，保证金利息收入 914.84 万元，其他逾期罚息收入 2.31 万元）。

（二）业务支出：2019 年业务支出 14900.34 万元（其中：支付职工利息支出 14798.21 万元，保证金利息支出 101.88 万元，其他银行账户管理费支出 0.25 万元）。

（三）增值收益：2019 年，增值收益 17568.16 万元，同比增长 18.79%。增值收益率 1.79%，比上年增加 0.02 个百分点。

（四）增值收益分配：2019 年，提取贷款风险准备金 8831.56 万元，提取管理费用 1816.78 万元，提取城市廉租住房（公共租赁住房）建设补充资金 6919.82 万元。

2019 年，上交财政管理费用 1800 万元。上缴财政城市廉租住房（公共租赁住房）建设补充资金 4480.35 万元。

2019 年末，贷款风险准备金余额 44747.35 万元。累计提取城市廉租住房（公共租赁住房）建设补充资金 54300.51 万元。

（五）管理费用支出：2019 年，管理费用支出 1816.78 万元，同比减少 14.58%。其中，人员经费 1477.03 万元，公用经费 249.16 万元，专项经费 90.59 万元。

四、资产风险状况

2019 年末，个人住房贷款逾期额 75.89 万元，逾期率 0.09‰。其中，市中心 0.3‰，丰城办事处 0.005‰，樟树办事处 0.005‰。

个人贷款风险准备金按贷款余额的 1% 提取。2019 年，提取个人贷款风险准备金 8831.56 万元，使用个人贷款风险准备金核销呆坏账 0 万元。2019 年末，个人贷款风险准备金余额 44747.35 万元，占个人住房贷款余额的 5.07%，个人住房贷款逾期额与个人贷款风险准备金余额的比率为 0.17%。

五、社会经济效益

（一）缴存业务：2019 年，实缴单位数、实缴职工人数和缴存额同比分别减少 11.12%、减少 12.03% 和增加 5.76%。

缴存单位中，国家机关和事业单位占 65.52%，国有企业占 13.44%，城镇集体企业占 1.71%，外商

投资企业占 1.32%，城镇私营企业及其他城镇企业占 12.21%，民办非企业单位和社会团体占 1.26%，其他占 4.54%。

缴存职工中，国家机关和事业单位占 55.66%，国有企业占 18.02%，城镇集体企业占 0.97%，外商投资企业占 10.05%，城镇私营企业及其他城镇企业占 10.86%，民办非企业单位和社会团体占 0.84%，其他占 3.60%；中、低收入占 98.28%，高收入占 1.72%。

新开户职工中，国家机关和事业单位占 29.61%，国有企业占 13.15%，城镇集体企业占 0.42%，外商投资企业占 17.74%，城镇私营企业及其他城镇企业占 25.32%，民办非企业单位和社会团体占 2.50%，其他占 11.26%；中、低收入占 99.76%，高收入占 0.24%。

（二）**提取业务**：2019 年，6.72 万名缴存职工提取住房公积金 23.69 亿元。

提取金额中，住房消费提取占 75.78%（购买、建造、翻建、大修自住住房占 28.69%，偿还购房贷款本息占 46.49%，租赁住房占 0.60%）；非住房消费提取占 24.22%（离休和退休提取占 18.99%，完全丧失劳动能力并与单位终止劳动关系提取占 2.84%，死亡或宣告死亡提取占 0.60%，其他占 1.79%）。

提取职工中，中、低收入占 94.16%，高收入占 5.84%。

（三）**贷款业务**：

1. 个人住房贷款：2019 年，支持职工购建房 56.25 万平方米，年末个人住房贷款市场占有率为 10.87%，比上年减少 1.21 个百分点。通过申请住房公积金个人住房贷款，可节约职工购房利息支出 74374.82 万元。

职工贷款笔数中，购房建筑面积 90（含）平方米以下占 7.22%，90～144（含）平方米占 83.25%，144 平方米以上占 9.53%。购买新房占 79.83%（其中购买保障性住房占 0.00%），购买二手房占 20.17%，建造、翻建、大修自住住房占 0.00%，其他占 0.00%。

职工贷款笔数中，单缴存职工申请贷款占 25.62%，双缴存职工申请贷款占 74.36%，三人及以上缴存职工共同申请贷款占 0.02%。

贷款职工中，30 岁（含）以下占 31.01%，30 岁～40 岁（含）占 33.25%，40 岁～50 岁（含）占 26.27%，50 岁以上占 9.47%；首次申请贷款占 86.33%，二次及以上申请贷款占 13.67%；中、低收入占 99.23%，高收入占 0.77%。

2. 异地贷款：2019 年，发放异地贷款 0 笔、0 万元。2019 年末，发放异地贷款总额 11401.20 万元，异地贷款余额 8146.46 万元。

（四）**住房贡献率**：2019 年，个人住房贷款发放额、公转商贴息贷款发放额、项目贷款发放额、住房消费提取额的总和与当年缴存额的比率为 96.55%，比上年增加 8.87 个百分点。

六、其他重要事项

（一）**当年缴存基数限额调整情况**。

2019 年，我市住房公积金规定月缴存额上限、下限：驻宜及宜春各单位，县（市、区）各单位职工住房公积金最高月缴存额为 4328 元/月（含单位、个人部分）。驻宜及宜春各单位，县（市、区）各单位职工最低月缴存额为 310 元/月（含单位、个人部分）。

（二）**提高服务质量和水平**。我市住房公积金中心以增强群众满意度和获得感为目标，深入推进"放管服"改革，重点解决群众反映的热点问题，着力打造良好的发展环境。一是改进便民服务举措。2019年，进一步推进办事材料更简、办事效率更快、办事体验更优的"升级版"公积金服务。优化线上和线下服务流程，精简服务环节与要件，缩短办理时限，精准把握缴存职工诉求，及时化解服务工作中的堵点和痛点，提升在线服务效率。服务大厅启用全新住房公积金自助查询机，丰富了市民查询公积金的渠道，提供个人和单位缴存流水自助打印，提升了住房公积金精细化服务水平。市本级和县市办事处服务窗口落实和规范错时延时预约工作制，双休日、节假日业务照常办，为群众办事提供了极大的便利。二是深化住房公积金行业"放管服"改革。积极推动服务审批事项"只跑一次"和马上响应，自新系统上线后，10项提取业务"只跑一次"即可办结，且所有提取业务在全市范围内全城通办、就近能办，即市本级九个县市均可受理所有提取业务，不再受住房公积金归集地制约；贷款业务原来要"跑两次"实现"只跑一次"即可；简化公积金提取手续，实现了无纸化业务办理，并解决了相同材料复印件重复提供的问题，通过电子档案实现了业务资料的有效利用。

（三）推进信息化建设。 不断加强信息化建设，紧跟"互联网＋"发展新形势，按照住房和城乡建设部的统筹部署，重点推进项目有综合服务平台建设、住房公积金数据平台接入和异地接续直联工作。按照省、市政府优化政务服务的要求，积极接入"赣服通"平台。一是推进建设综合服务平台。我市已初步建成住房公积金综合服务平台，加强线上服务，实现了业务多渠道网上自助办理，在对接12345政府服务热线、开通官方微信、微博的基础上，启动12329短信服务，涵盖贷款审批、还款提醒、逾期提醒等10项内容，支付宝"赣服通"已开通缴存信息查询、缴存明细查询、贷款信息查询等11项自助查询服务，为了让企业和群众"多走网路，少走马路"，2019年12月，开通了手机APP、网上自助业务大厅，实现服务提档升级。二是完成业务系统与全国异地接续平台直联。2019年6月，成功接入全国公积金数据平台，顺利与全国异地接续平台直连。该项工作的完成，极大地便利了职工住房公积金跨市转移，避免了职工在转入地和转出地往返奔波，有效规范了住房公积金异地转移接续业务，确保了职工住房公积金账户在异地转移过程中的信息准确和资金安全，切实保障了缴存职工合法权益。三是积极接入"赣服通"平台。按照省、市政府的部署，迅速联动，快速推进，要求接入"赣服通"的31个事项中，已完成20个事项的接口开发工作，其中缴存、提取、贷款、预约查询等10个查询事项正式接入"赣服通"平台，并上线使用。"赣服通"平台极大方便了群众，真正实现了"让数据多跑路、让群众少跑腿"的政务服务便民实效。

（四）加强资金安全管理。 一是健全系统控制资金风险机制。在"双贯标"工作的基础上，进一步加强了住房公积金业务操作系统的风险控制，新系统的全部业务使用系统控制，通过住房公积金电子稽查工具、业务数据分析、业务档案查看、银行资金流水匹对等方式，对缴存、提取、个贷、财务核算业务数据进行校核，有效规避了以往人工审核操作的风险隐患，形成了内部制约机制。二是规范住房公积金使用。对二手房公积金贷款流程、商转公业务、异地缴存职工提取公积金等业务进行了进一步规范。2019年，改变审批模式，由各办事处审批改为全市统一审批业务，有效防范了资金运作风险，促进了我市住房公积金业务健康发展。三是认真贯彻落实扫黑除恶工作。重点打击住房公积金骗提骗贷行为，深入治理住房公积金行业乱象。我中心建立与婚姻系统的联网查询，有效杜绝了提供虚假婚姻材料骗取公积金。通过建立黑名单制度、规范操作岗位、完善管理等措施，全面保障住房公积金资金安全。

（五）中心所获荣誉情况。

2019年，我市住房公积金中心所获荣誉：

市级平安建设（综治工作）先进单位；

市级应急管理综合考核优秀单位；

市级公共机构节能工作考核优秀单位。

抚州市住房公积金2019年年度报告

一、机构概况

（一）住房公积金管理委员会：住房公积金管理委员会有21名委员，2019年召开1次会议，审议通过的事项主要包括：(1)《抚州市住房公积金2018年度归集和使用计划执行情况暨2019年工作计划安排的报告》；(2)《抚州市住房公积金2018年年度报告》；(3)《关于全市住房公积金个贷业务实行自主核算模式的报告》；(4)《关于扩大住房公积金个贷业务委托银行范畴的请示》；(5)《关于要求增设住房公积金服务办事机构的请示》。

（二）住房公积金管理中心：住房公积金管理中心为直属市人民政府不以营利为目的的事业单位，设6个科，11个县区办事处。从业人员120人，其中，在编58人，非在编62人。

二、业务运行情况

（一）缴存：2019年，新开户单位224家，实缴单位3664家，净增单位124家；新开户职工1.51万人，实缴职工15.10万人，净增职工0.88万人；缴存额23.63亿元，同比下降6.49%。2019年末，缴存总额142.23亿元，比上年末增加19.92%；缴存余额88.63亿元，比上年末增加13.32%。

受委托办理住房公积金缴存业务的银行12家，比上年增加0家。

（二）提取：2019年，提取额13.22亿元，同比增长14.06%；占当年缴存额的55.95%，比上年增加9.96个百分点。2019年末，提取总额47.87亿元，比上年末增加18.55%。

（三）贷款：

1. 个人住房贷款：个人住房贷款最高额度50万元，其中，单缴存职工最高额度40万元，双缴存职工最高额度50万元。

2019年，发放个人住房贷款0.38万笔、15.10亿元，同比分别下降22.45%、19.64%。其中，市中心发放个人住房贷款0.09万笔、3.87亿元，临川区办事处发放个人住房贷款0.06万笔、2.24亿元，崇仁县办事处发放个人住房贷款0.03万笔、0.98亿元，乐安县办事处发放个人住房贷款0.03万笔、1.32亿元，宜黄县办事处发放个人住房贷款0.02万笔、0.59亿元，南城县办事处发放个人住房贷款0.02万笔、0.73亿元，南丰县办事处发放个人住房贷款0.02万笔、0.75亿元，广昌县办事处发放个人住房贷款0.02万笔、0.86亿元，黎川县办事处发放个人住房贷款0.01万笔、0.47亿元，资溪县办事处发放个人住房贷款0.01万笔、0.34亿元，金溪县办事处发放个人住房贷款0.03万笔、1.21亿元，东乡区办事处发放个人住房贷款0.04万笔、1.74亿元。

2019年，回收个人住房贷款8.23亿元。其中，市中心2.38亿元，临川区办事处1.49亿元，崇仁县办事处0.32亿元，乐安县办事处0.58亿元，宜黄县办事处0.39亿元，南城县办事处0.61亿元，南丰县办事处0.63亿元，广昌县办事处0.33亿元，黎川县办事处0.30亿元，资溪县办事处0.15亿元，金溪县办事处0.31亿元，东乡区办事处0.74亿元。

2019年末，累计发放个人住房贷款4.74万笔、114.61亿元，贷款余额74.26亿元，分别比上年末增加8.72%、15.17%、10.21%。个人住房贷款余额占缴存余额的83.79%，比上年末减少2.36个百分点。

受委托办理住房公积金个人住房贷款业务的银行5家，比上年增加2家。

2. 住房公积金支持保障性住房建设项目贷款：2019年，发放支持保障性住房建设项目贷款0亿元，回收项目贷款0亿元。2019年末，累计发放项目贷款0亿元，项目贷款余额0亿元。

（四）**购买国债**：2019年，购买（记账式、凭证式）国债0亿元，兑付（转让、收回）国债0亿元。2019年末，国债余额0亿元，比上年末增加0亿元。

（五）**融资**：2019年，融资0亿元，归还0亿元。2019年末，融资总额0亿元，融资余额0亿元。

（六）**资金存储**：2019年末，住房公积金存款15.32亿元。其中，活期2.56亿元，1年（含）以下定期7.97亿元，1年以上定期4.79亿元，其他（协定、通知存款等）0亿元。

（七）**资金运用率**：2019年末，住房公积金个人住房贷款余额、项目贷款余额和购买国债余额的总和占缴存余额的83.79%，比上年末减少2.36个百分点。

三、主要财务数据

（一）**业务收入**：2019年，业务收入29496.88万元，同比增长18.16%。存款利息5409.72万元，委托贷款利息22941.98万元，国债利息0万元，其他1145.18万元。

（二）**业务支出**：2019年，业务支出13790.07万元，同比增长14.70%。支付职工住房公积金利息12646.22万元，归集手续费0万元，委托贷款手续费1139.02万元，其他4.83万元。

（三）**增值收益**：2019年，增值收益15706.81万元，同比增长21.37%。增值收益率1.81%，比上年增加0.18个百分点。

（四）**增值收益分配**：2019年，提取贷款风险准备金6356.75万元，提取管理费用3415.84万元，提取城市廉租住房（公共租赁住房）建设补充资金5934.22万元。

2019年，上交财政管理费用3415.84万元。上缴财政城市廉租住房（公共租赁住房）建设补充资金5444.23万元。

2019年末，贷款风险准备金余额31140.88万元。累计提取城市廉租住房（公共租赁住房）建设补充资金34490.18万元。

（五）**管理费用支出**：2019年，管理费用支出4083万元，同比增长70.67%。其中，人员经费1443.81万元，公用经费411.01万元，专项经费2228.18万元。

市中心管理费用支出4083万元，其中，人员、公用、专项经费分别为1443.81万元、411.01万元、2228.18万元。

四、资产风险状况

（一）**个人住房贷款**：2019年末，个人住房贷款逾期额48.95万元，逾期率0.07‰。

个人贷款风险准备金按贷款余额的1%提取。2019年，提取个人贷款风险准备金6356.25万元，使用个人贷款风险准备金核销呆坏账0万元。2019年末，个人贷款风险准备金余额31140.88万元，占个人住房贷款余额的4.19%，个人住房贷款逾期额与个人贷款风险准备金余额的比率为0.16%。

（二）**支持保障性住房建设试点项目贷款**：2019年末，逾期项目贷款0万元，逾期率0‰。

项目贷款风险准备金按贷款余额的0%提取。2019年，提取项目贷款风险准备金0万元，使用项目贷款风险准备金核销呆坏账0万元，项目贷款风险准备金余额0万元，占项目贷款余额的0%，项目贷款逾期额与项目贷款风险准备金余额的比率为0%。

五、社会经济效益

（一）**缴存业务**：2019年，实缴单位数、实缴职工人数和缴存额同比分别增长4.00%、3.57%和-6.49%。

缴存单位中，国家机关和事业单位占75.57%，国有企业占9.86%，城镇集体企业占0.16%，外商投资企业占0.38%，城镇私营企业及其他城镇企业占8.49%，民办非企业单位和社会团体占3.33%，其他占2.21%。

缴存职工中，国家机关和事业单位占67.99%，国有企业占14.92%，城镇集体企业占0.23%，外商投资企业占0.30%，城镇私营企业及其他城镇企业占13.42%，民办非企业单位和社会团体占1.60%，其他占1.54%；中、低收入占100%，高收入占0%。

新开户职工中，国家机关和事业单位占37.15%，国有企业占8.13%，城镇集体企业占0.17%，外商投资企业占0.24%，城镇私营企业及其他城镇企业占32.98%，民办非企业单位和社会团体占9.26%，其他占12.07%；中、低收入占100%，高收入占0%。

（二）**提取业务**：2019年，12.25万名缴存职工提取住房公积金13.22亿元。

提取金额中，住房消费提取占71.16%（购买、建造、翻建、大修自住住房占11.41%，偿还购房贷款本息占59.55%，租赁住房占0.20%，其他占0%）；非住房消费提取占28.84%（离休和退休提取占24.12%，完全丧失劳动能力并与单位终止劳动关系提取占1.95%，出境定居占0%，其他占2.77%）。

提取职工中，中、低收入占100%，高收入占0%。

（三）**贷款业务**：

1. 个人住房贷款：2019年，支持职工购建房44.48万平方米，年末个人住房贷款市场占有率（含公转商贴息贷款）为12.94%，比上年末减少1.01个百分点。通过申请住房公积金个人住房贷款，可节约职工购房利息支出26328.24万元。

职工贷款笔数中，购房建筑面积90（含）平方米以下占8.84%，90～144（含）平方米占85.16%，144平方米以上占6.00%。购买新房占76.16%（其中购买保障性住房占0%），购买二手房占23.47%，建造、翻建、大修自住住房占0%，其他占0.37%。

职工贷款笔数中，单缴存职工申请贷款占20.36%，双缴存职工申请贷款占78.82%，三人及以上缴

存职工共同申请贷款占 0.82%。

贷款职工中，30 岁（含）以下占 27.82%，30 岁～40 岁（含）占 31.46%，40 岁～50 岁（含）占 30.42%，50 岁以上占 10.30%；首次申请贷款占 88.00%，二次及以上申请贷款占 12.00%；中、低收入占 100%，高收入占 0%。

2. 异地贷款：2019 年，发放异地贷款 17 笔、656.50 万元。2019 年末，发放异地贷款总额 26343.40 万元，异地贷款余额 21211.06 万元。

3. 公转商贴息贷款：2019 年，发放公转商贴息贷款 0 笔、0 万元，支持职工购建住房面积 0 万平方米，当年贴息额 0 万元。2019 年末，累计发放公转商贴息贷款 0 笔、0 万元，累计贴息 0 万元。

4. 支持保障性住房建设试点项目贷款：2019 年末，累计试点项目 0 个，贷款额度 0 亿元，建筑面积 0 万平方米，可解决 0 户中低收入职工家庭的住房问题。0 个试点项目贷款资金已发放并还清贷款本息。

（四）**住房贡献率**：2019 年，个人住房贷款发放额、公转商贴息贷款发放额、项目贷款发放额、住房消费提取额的总和与当年缴存额的比率为 103.72%，比上年增加 2.37 个百分点。

六、其他重要事项

（1）按照党中央和省委、市委的统一部署，作为第二批参加单位，在市委指导组的参与指导下，市中心党组从 9 月初开始，在全中心组织开展了为期三个多月的"不忘初心、牢记使命"主题教育，取得了党员干部理论水平得到有效提升、思想认识受到洗礼、干事创业劲头更足、为民解难本领增强、廉洁表率作用凸显的明显成效。

（2）七月初至九月初，市委第四巡察组入驻市中心，对全市公积金机构党组织的政治思想、组织纪律、作风建设和财务、业务管理进行全面巡察，提出了巡察意见及整改要求。市中心积极配合实施，完成整改任务 21 项，落实整改措施 39 条，建立完善相关制度 11 项，达到预期目的。

（3）根据住房和城乡建设部、质检总局颁布的住房公积金贷款业务国家标准和缴存职工业务办理的需求，经市住房公积金管理委员会全体会议审议批准，全市住房公积金个贷业务实行自主核算模式，并逐步试点扩大委托银行的范畴。经市住房公积金管理委员会授权，依据市统计局提供的数据，公布 2019 年度全市职工住房公积金月缴存额上、下限标准为：上限 3766 元/月（单位和职工合计）；下限二类区域 158 元/月，三类区域 148 元/月。

（4）在深入推进"放管服"改革，建设"五型"政府方面，开展"创新服务年"活动，业务办理化繁为简，简化办事流程 8 项，取消手续资料 17 项；压缩办事时限，实行预约和延时错时服务制，实行业务"全年均办""全市通办""就近能办"；加快推进公积金管理系统综合平台建设，顺利通过省住房城乡建设厅预验收，系统链接"赣服通"抚州分厅，全国异地公积金转移接续平台上线，开通网上服务大厅和微信公众号、手机 APP，缴存职工"网上办""掌上办"业务畅通；拓宽公积金使用渠道和方式，新增按月对冲还贷，重组与商业银行组合贷款，让群众在申办事项中更多获便利，政策支持上更多得实惠。

（5）严格统一规范管理，加强资金风险管控。派员参加住房和城乡建设部国标培训班，全面规范各项业务操作，健全完善 5 项管理制度；严格防控个贷逾期，进行专项排查和个案追踪，全市当年清收逾期贷款 6 笔，金额 131.22 万元，个贷逾期率降至 0.07‰，低于省厅控制目标 0.33‰，创历史最好成绩；大力开展以治理骗提骗贷公积金为中心内容的扫黑除恶专项斗争，全年共查处 18 起骗提案件，追回资金 51.4

万元，全部纳入建立的失信"黑名单"管理，并公开曝光和通告单位，全市资金无事故，保障了安全运行。与此同时，积极配合法院解决执行难的工作，当年协助市、县（区）人民法院冻结当事人公积金个人账户147笔，协助划扣公积金105笔，金额713.71万元。

（6）积极参与开展市委市政府部署的其他中心工作，抽调8名干部职工派驻到6个县区的帮扶村进行脱贫攻坚，投入资金24.11万元，与市、县3个城镇社区挂点扶贫；全过程参与全国卫生城市的创建活动，参与防洪抢险等。

（7）2019年度，市中心被评为市级文明单位、全市绩效管理先进单位、综合治理先进单位、节能减排优秀单位、市直先进基层党组织、团总支被团市委授予"先进青年文明号"；2019年度的工作得到了省住房城乡建设厅充分肯定，在全省住建工作会议上进行先进典型经验交流，被市"五型"政府简报做介绍；市委、市直工委举办的年度好信息、调研报告评选活动，丁林彬和严逢春俩同志文章双双获奖。

上饶市住房公积金2019年年度报告

一、机构概况

（一）**住房公积金管理委员会**：住房公积金管理委员会有28名委员，2019年召开2次会议，审议通过的事项主要包括：推选上饶市住房公积金管理委员会主任委员，审议了《2018年度全市住房公积金决算和2019年度预算报告》《上饶市住房公积金2018年年度报告》《关于确定2019年度上饶市住房公积金缴存上、下限标准的报告》，研究修订了《上饶市住房公积金个人住房贷款管理办法》《上饶市住房公积金管理中心关于固定资产清查情况的报告》《上饶市住房公积金管理中心关于固定资产清查情况的报告》，听取全国住房公积金数据平台和"赣服通"接入等工作进展情况汇报。

（二）**住房公积金管理中心**：住房公积金管理中心为直属上饶市不以营利为目的的参照公务员管理的事业单位，设9个科，13个管理部，1分中心。从业人员161人，其中，在编84人，非在编77人。

二、业务运行情况

（一）**缴存**：2019年，新开户单位308家，实缴单位4947家，净增单位168家；新开户职工2.4万人，实缴职工23.38万人，净增职工1.23万人；缴存额37.84亿元，同比增长14.42%。2019年末，缴存总额230.52亿元，比上年末增加19.58%；缴存余额142.6亿元，比上年末增加15.69%。

受委托办理住房公积金缴存业务的银行16家，与上年相比保持不变。

（二）**提取**：2019年，提取额18.50亿元，同比增长26.97%；占当年缴存额的48.89%，比上年增加4.83个百分点。2019年末，提取总额87.92亿元，比上年末增加26.96%。

（三）**贷款**：

1. 个人住房贷款：个人住房贷款最高额度50万元，不区分单缴存职工和双缴存职工。

2019年，发放个人住房贷款0.59万笔、24.22亿元，同比分别增长20.41%、27.81%。

2019年，回收个人住房贷款11.07亿元。

2019年末，累计发放个人住房贷款6.07万笔、175.51亿元，贷款余额118.69亿元，分别比上年末增加16.01%、10.77%、12.46%。个人住房贷款余额占缴存余额的83.23%，比上年末减少2.41个百分点。

受委托办理住房公积金个人住房贷款业务的银行10家，与上年相比保持不变。

2. 住房公积金支持保障性住房建设项目贷款：2019年，发放支持保障性住房建设项目贷款0亿元，回收项目贷款0.77亿元。2019年末，累计发放项目贷款3亿元，项目贷款余额0亿元。

（四）**购买国债**：2019年，购买（记账式、凭证式）国债0亿元，兑付、转让、收回国债0亿元。2019年末，国债余额0亿元，比上年末减少（增加）0亿元。

（五）**融资**：2019年，融资0亿元，归还0亿元。2019年末，融资总额14.3亿元，融资余额0亿元。

（六）**资金存储**：2019年末，住房公积金存款24.59亿元。其中，活期1.67亿元，1年（含）以下定期0.3亿元，1年以上定期22.62亿元，其他（协定、通知存款等）0亿元。

（七）**资金运用率**：2019年末，住房公积金个人住房贷款余额、项目贷款余额和购买国债余额的总和占缴存余额的83.1%，比上年末减少3.08百分点。

三、主要财务数据

（一）**业务收入**：2019年，业务收入44885.75万元，同比增长10.87%。其中，存款利息6775.96万元，委托贷款利息36288.54万元，国债利息0万元，其他1821.25万元。

（二）**业务支出**：2019年，业务支出20959.12万元，同比增长13.87%。其中，支付职工住房公积金利息20014.49万元，归集手续费0万元，委托贷款手续费875.84万元，其他68.79万元。

（三）**增值收益**：2019年，增值收益23926.63万元，同比增长8.35%。增值收益率1.8%，比上年减少0.13个百分点。

（四）**增值收益分配**：2019年，提取贷款风险准备金1315.02万元，提取管理费用3182.71万元，提取城市廉租住房（公共租赁住房）建设补充资金19428.9万元。

2019年，上交财政管理费用3182.71万元。上缴财政城市廉租住房（公共租赁住房）建设补充资金19428.9万元。

2019年末，贷款风险准备金余额12429.14万元。累计提取城市廉租住房（公共租赁住房）建设补充资金95211.88万元。

（五）**管理费用支出**：2019年，管理费用支出3103.3万元，同比增长2.79%。其中，人员经费1148.76万元，公用经费534.15万元，专项经费1420.39万元。

市中心管理费用支出2847.77万元，其中，人员、公用、专项经费分别为1148.76万元、278.78万元、1420.39万元。

四、资产风险状况

（一）**个人住房贷款**：2019年末，个人住房贷款逾期额2615.62万元，逾期率2.2‰。

个人贷款风险准备金按贷款余额的1%提取。2019年，提取个人贷款风险准备金1315.02万元，使用个人贷款风险准备金核销呆坏账 0 万元。2019 年末，个人贷款风险准备金余额 11869.14 万元，占个人住房贷款余额的 1%，个人住房贷款逾期额与个人贷款风险准备金余额的比率为 22.04%。

（二）支持保障性住房建设试点项目贷款：2019 年末，逾期项目贷款 0 万元，逾期率 0‰。

项目贷款风险准备金按贷款余额的 4% 提取。2019 年，提取项目贷款风险准备金 0 万元，使用项目贷款风险准备金核销呆坏账 0 万元，项目贷款风险准备金余额 560 万元，实现对项目贷款余额的全覆盖，项目贷款逾期额与项目贷款风险准备金余额的比率为 0%。

五、社会经济效益

（一）缴存业务：2019 年，实缴单位数、实缴职工人数和缴存额同比分别增长 3.51%、5.55% 和 14.42%。

缴存单位中，国家机关和事业单位占 74.09%，国有企业占 12.49%，城镇集体企业占 0.81%，外商投资企业占 0.24%，城镇私营企业及其他城镇企业占 10.98%，民办非企业单位和社会团体占 0.65%，其他占 1.35%。

缴存职工中，国家机关和事业单位占 63.49%，国有企业占 23.45%，城镇集体企业占 0.73%，外商投资企业占 0.11%，城镇私营企业及其他城镇企业占 10.88%，民办非企业单位和社会团体占 0.49%，其他占 0.85%；中、低收入占 68.95%，高收入占 31.05%。

新开户职工中，国家机关和事业单位占 38.46%，国有企业占 15.75%，城镇集体企业占 1.58%，外商投资企业占 0.4%，城镇私营企业及其他城镇企业占 37.9%，民办非企业单位和社会团体占 2.54%，其他占 3.37%；中、低收入占 94.29%，高收入占 5.71%。

（二）提取业务：2019 年，5.47 万名缴存职工提取住房公积金 18.50 亿元。

提取金额中，住房消费提取占 67.55%（购买、建造、翻建、大修自住住房占 11.24%，偿还购房贷款本息占 55.29%，租赁住房占 1.02%，其他占 0%）；非住房消费提取占 32.45%（离休和退休提取占 26.55%，完全丧失劳动能力并与单位终止劳动关系提取占 2.87%，出境定居占 0%，其他占 3.03%）。

提取职工中，中、低收入占 63.49%，高收入占 36.51%。

（三）贷款业务：

1. 个人住房贷款：2019 年，支持职工购建房 75.35 万平方米，年末个人住房贷款市场占有率（含公转商贴息贷款）为 14.72%，比上年末减少 1.71 个百分点。通过申请住房公积金个人住房贷款，可节约职工购房利息支出 75929.7 万元。

职工贷款笔数中，购房建筑面积 90（含）平方米以下占 6.85%，90~144（含）平方米占 82.03%，144 平方米以上占 11.12%。购买新房占 75.79%（其中购买保障性住房占 0%），购买二手房占 23.94%，建造、翻建、大修自住住房占 0.27%，其他占 0%。

职工贷款笔数中，单缴存职工申请贷款占 58.29%，双缴存职工申请贷款占 41.69%，三人及以上缴存职工共同申请贷款占 0.02%。

贷款职工中，30 岁（含）以下占 26.86%，30 岁~40 岁（含）占 36.83%，40 岁~50 岁（含）占 27.64%，50 岁以上占 8.67%；首次申请贷款占 90.67%，二次及以上申请贷款占 9.33%；中、低收入占 67.6%，高收入占 32.4%。

2. 异地贷款：2019年，发放异地贷款296笔、10256.4万元。2019年末，发放异地贷款总额55635.90万元，异地贷款余额43883.58万元。

3. 公转商贴息贷款：2019年，发放公转商贴息贷款0笔、0万元，支持职工购建住房面积0万平方米，当年贴息额0万元。2019年末，累计发放公转商贴息贷款0笔、0万元，累计贴息0万元。

4. 支持保障性住房建设试点项目贷款：2019年末，累计试点项目3个，贷款额度3亿元，建筑面积25.22万平方米，可解决4348户中低收入职工家庭的住房问题。3个试点项目贷款资金已发放并还清贷款本息。

（四）住房贡献率：2019年，个人住房贷款发放额、公转商贴息贷款发放额、项目贷款发放额、住房消费提取额的总和与当年缴存额的比率为97.04%，比上年增加13.43个百分点。

六、其他重要事项

（一）**住房公积金政策调整及执行情况**。修订了《上饶市个人住房公积金贷款管理办法》，调整上饶市住房公积金缴存上、下限，调整后，我市职工住房公积金最高月缴存上限为4364元（含单位、个人两部分），我市职工住房公积金月缴存下限为486元（含单位、个人两部分）。继续严格执行了根据住房和城乡建设部、发改委、财政部、人民银行《关于规范和阶段性适当降低住房公积金缴存比例的通知》。印发了《关于上饶市政府驻外办事机构干部职工使用住房公积金有关政策的几点通知》，帮助住房公积金缴存在我市的上饶市政府驻外办事机构干部职工解决住房问题。严格执行了央行《关于完善职工住房公积金存款利率形成机制的通知》，将职工个人账户中的住房公积金存款利率统一调整为一年期定期存款利率计息。

（二）**服务改进和信息化建设情况**。涵盖手机APP、网厅、12329热线、短信平台、微信、微博、自助终端等服务渠道的住房公积金综合服务平台全部开发完成，陆续投入使用，目前，手机APP注册人数达53926人，12329服务热线月均咨询电话达到900个，短信平台月均发送量33万条，住房公积金微信关注人数达到近3万人，单位版网厅已投入使用，全市首批300个单位正在试运行，业务审批效率大幅提速。加快推进"赣服通"政务服务平台接入，在"赣服通"已发布事项9项，在全市市直单位发布量中位居第二；以直连方式接入全国住房公积金异地转移接续平台，实现跨市转移在业务系统直接办理。在实现与不动产登记信息、结婚信息、个人身份信息、工商信息联通的基础上，人行征信系统已经接通，正在试运行；接入了上饶市电子政务共享数据统一交换平台与其他接入单位实现了互联互通；档案规范化和数字化工作基本完成，即将投入实际使用。修订完善了《上饶市住房公积金个人住房贷款管理办法》，编制了《上饶市住房公积金服务指南》，严格落实窗口服务标准制度，全面推行延迟错时、一次性告知和限时办结制度。全省率先实现引进住房公积金贷款不动产抵押登记专窗并全面投入使用，累计办理业务450笔，实现了公积金贷款"一站式"服务，得到了广大客户的赞扬。

（三）**所获荣誉情况**。余干县管理部荣获省级文明单位，广丰区管理部、江西上饶经济技术开发区管理部、万年县管理部、弋阳县管理部荣获市级文明单位，广信区管理部荣获三八红旗示范点。

（四）**"不忘初心，牢记使命"主题教育情况**。成立了上饶市住房公积金管理中心"不忘初心，牢记使命"主题教育领导小组，制定了主题教育整体方案、学习计划、调研方案、整改方案。3次外请专家进行专题辅导授课，每月组织领导班子集中学习3天，召开学习成果交流研讨会2次，"学习强国"全覆盖，平均分数6580分，干部网络学院全部完成了计分；利用本地红色资源，开展了到革命烈士纪念馆实景教学。采取了问卷调查、个别谈话、座谈会、大数据等各种手段，开展调研 180 余人次，开展了调研成果交流会和专题党课。坚持"开门纳谏"和"刀刃向内"，共梳理出问题 21 个。把"改什么、谁来改、怎么改、什么时间改、改得怎么样"等内容，面向群众公开，10 月 14 日在上饶日报"晒整改"专栏晒出了《市住房公积金管理中心深化"放管服"改革》的整改情况。召开了主题教育评估座谈会，好评率达到 100%。按规定召开了专题民主生活会和组织生活会。到目前为止，21 个问题 46 项整改措施中，只有 4 项具体措施正在落实整改中。

2019 全国住房公积金年度报告汇编

山东省

济南　　泰安市
青岛市　威海市
淄博市　日照市
枣庄市　临沂市
东营市　德州市
烟台市　聊城市
潍坊市　滨州市
济宁市　菏泽市

山东省住房公积金 2019 年年度报告

一、机构概况

（一）住房公积金管理机构：全省共设 16 个设区城市住房公积金管理中心，4 个独立设置的分中心（其中，山东电力集团分中心隶属国网山东省电力公司，济南铁路分中心分隶属中国铁路济南局集团有限公司，莱钢分中心分隶属莱芜钢铁集团有限公司，胜利油田分中心隶属中国石化集团胜利石油管理局有限公司）。从业人员 2939 人，其中，在编 1633 人，非在编 1306 人。

（二）住房公积金监管机构：省住房城乡建设厅、省财政厅和人民银行济南分行负责对全省住房公积金管理运行情况进行监督。省住房城乡建设厅设立住房公积金监管处，负责全省住房公积金日常监管工作。

二、业务运行情况

（一）缴存：2019 年，新开户单位 33461 家，实缴单位 167754 家，净增单位 19750 家；新开户职工 109.03 万人，实缴职工 967.45 万人，净增职工 28.69 万人；缴存额 1307.97 亿元，同比增长 9.25%。2019 年末，缴存总额 9362.94 亿元，比上年末增加 16.24%；缴存余额 3846.75 亿元，比上年末增加 11.54%。见图 1。

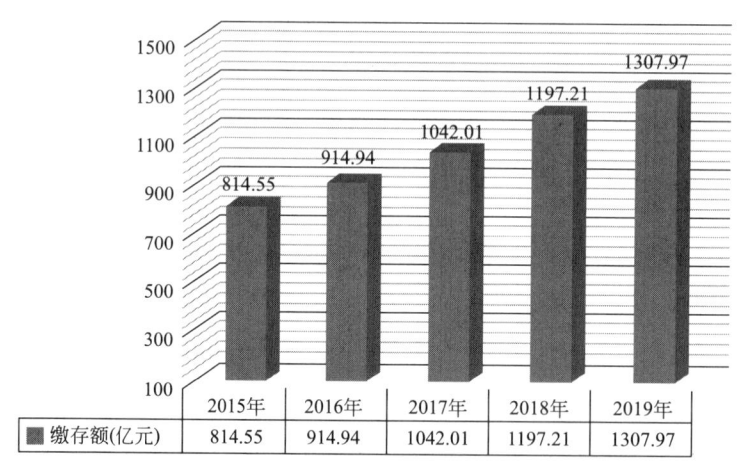

图 1　2015—2019 年全省住房公积金缴存情况图

（二）提取：2019 年，提取额 909.93 亿元，同比增长 7.28%；占当年缴存额的 69.57%，比上年减少 1.27 个百分点。2019 年末，提取总额 5516.19 亿元，比上年末增加 19.75%。见图 2。

（三）贷款：

1. 个人住房贷款：2019 年，发放个人住房贷款 19.49 万笔、717.41 亿元，同比增长 11.50%、16.35%。回收个人住房贷款 361.98 亿元。

2019 年末，累计发放个人住房贷款 220.95 万笔、5564.42 亿元，贷款余额 3231.19 亿元，分别比上

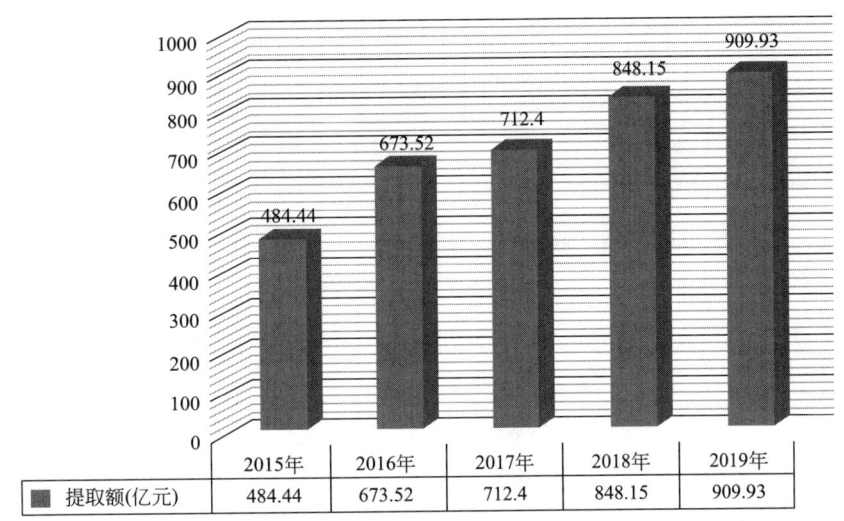

图 2 2015—2019 年全省住房公积金提取情况图

年末增加 9.67％、14.80％、12.36％。个人住房贷款余额占缴存余额的 84％，比上年末增加 0.61 个百分点。见图 3。

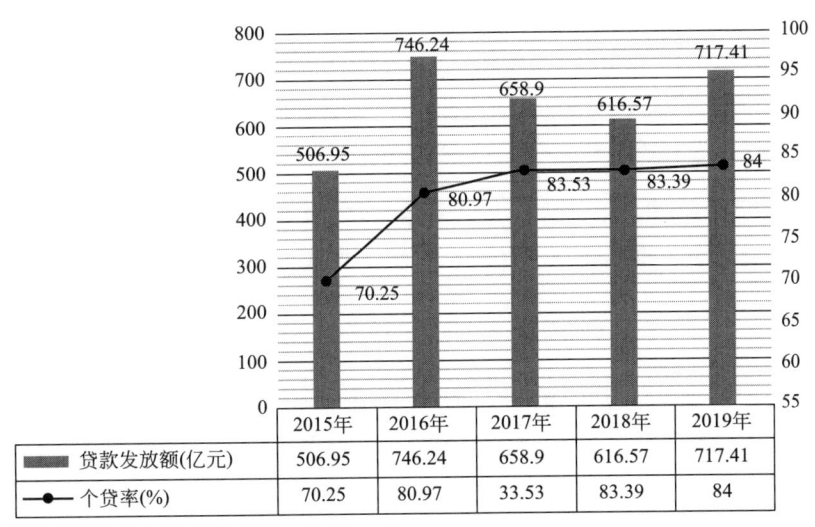

图 3 2015—2019 年全省住房公积金贷款情况图

2. 住房公积金支持保障性住房建设项目贷款：2019 年，未发放支持保障性住房建设项目贷款。2019 年末，累计发放项目贷款 23.20 亿元，已于 2018 年全部结清。

（四）购买国债：2019 年，未购买国债，收回国债 0.34 亿元。2019 年末，国债余额为 0，比上年末减少 0.34 亿元。

（五）融资：2019 年，融资 10 亿元，未归还融资。年末，融资总额 10 亿元，融资余额 10 亿元。

（六）资金存储：2019 年末，住房公积金存款 671.24 亿元。其中，活期 23.4 亿元，1 年（含）以下定期 85.98 亿元，1 年以上定期 309.72 亿元，其他（协定、通知存款等）252.14 亿元。

（七）资金运用率：2019 年末，住房公积金个人住房贷款余额、项目贷款余额和购买国债余额的总和占缴存余额的 84%，比上年末增加 0.6 个百分点。

三、主要财务数据

（一）业务收入：2019 年，业务收入 1191634.67 万元，同比增长 12.52%。其中，存款利息 196496.4 万元，委托贷款利息 992926.5 万元，国债利息冲销 342 万元，其他 2553.77 万元。

（二）业务支出：2019 年，业务支出 621292.32 万元，同比增长 14.02%。其中，支付职工住房公积金利息 556772.59 万元，归集手续费 23463.91 万元，委托贷款手续费 34617.79 万元，其他 6438.03 万元。

（三）增值收益：2019 年，增值收益 570342.35 万元，同比增长 10.93%；增值收益率 1.56%，与上年持平。

（四）增值收益分配：2019 年，提取贷款风险准备金 35950.18 万元，提取管理费用 53879.99 万元，提取城市廉租住房（公共租赁住房）建设补充资金 480512.18 万元。

2019 年，上交财政管理费用 50919.8 万元，上缴财政城市廉租住房（公共租赁住房）建设补充资金 426947.14 万元。

2019 年末，贷款风险准备金余额 612697.15 万元，累计提取城市廉租住房（公共租赁住房）建设补充资金 3029488.17 万元。

（五）管理费用支出：2019 年，管理费用支出 58001.14 万元，同比增长 6.88%。其中，人员经费 25572.08 万元，公用经费 11638.17 万元，专项经费 20790.89 万元。

四、资产风险状况

（一）个人住房贷款：2019 年末，个人住房贷款逾期额 9124.69 万元，逾期率 0.28‰。

2019 年，提取个人贷款风险准备金 35950.18 万元，收回个人贷款风险准备金已核销的呆坏账 1.14 万元。2019 年末，个人贷款风险准备金余额 612697.15 万元，占个人贷款余额的 1.9%，个人贷款逾期额与个人贷款风险准备金余额的比率为 1.49%。

（二）住房公积金支持保障性住房建设项目贷款：2019 年末，无逾期项目贷款。

2019 年，未提取项目贷款风险准备金，未使用项目贷款风险准备金核销呆坏账。2019 年末，项目贷款风险准备金余额为 0。

五、社会经济效益

（一）缴存业务：2019 年，实缴单位数、实缴职工人数和缴存额增长率分别为 13.34%、3.06% 和 9.25%。

缴存单位中，国家机关和事业单位占 23.68%，国有企业占 9.54%，城镇集体企业占 3.27%，外商投资企业占 3.35%，城镇私营企业及其他城镇企业占 47.64%，民办非企业单位和社会团体占 2.86%，其他占 9.66%。见图 4。

缴存职工中，国家机关和事业单位占 31.87%，国有企业占 23.16%，城镇集体企业占 4.27%，外商投资企业占 5.85%，城镇私营企业及其他城镇企业占 26.44%，民办非企业单位和社会团体占 1.68%，其他占 6.73%；中、低收入占 97.49%，高收入占 2.51%。见图 5。

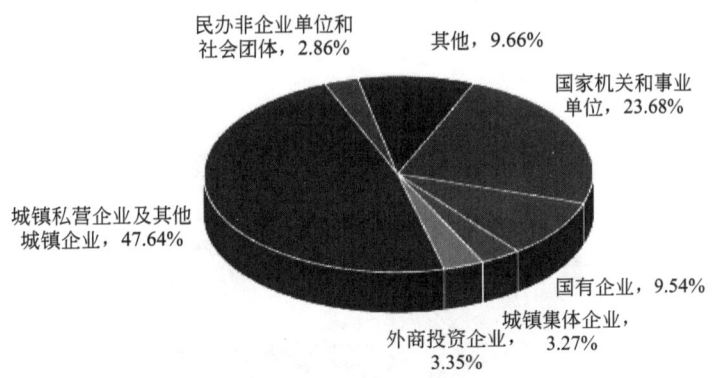

图 4　2019 年缴存单位按单位性质分类占比图

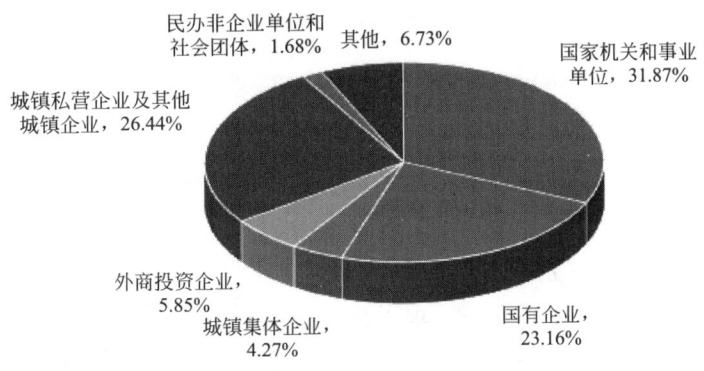

图 5　2019 年实缴职工人数按所在单位性质分类占比图

新开户职工中，国家机关和事业单位占 14.95%，国有企业占 13.75%，城镇集体企业占 6.01%，外商投资企业占 7.03%，城镇私营企业及其他城镇企业占 41.51%，民办非企业单位和社会团体占 3.24%，其他占 13.51%；中、低收入占 99.17%，高收入占 0.83%。见图 6。

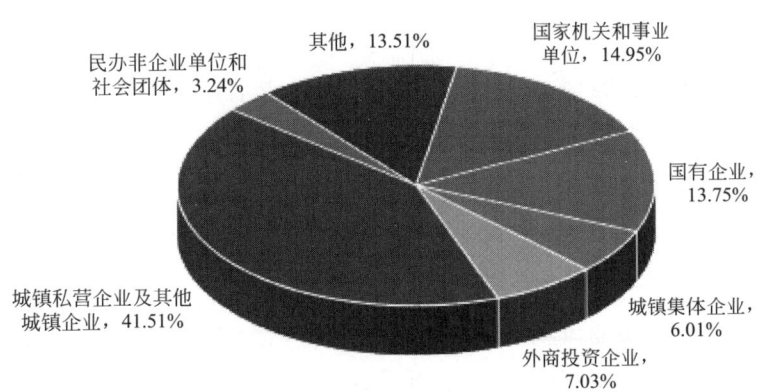

图 6　2019 年新开户职工人数按所在单位性质分类占比图

（二）提取业务：2019 年，338 万名缴存职工提取住房公积金 909.93 亿元。

提取金额中，住房消费提取占 81.17%（购买、建造、翻建、大修自住住房占 27.22%，偿还购房贷款本息占 49.68%，租赁住房占 2.51%，其他占 1.76%）；非住房消费提取占 18.83%（离休和退休提取占 13.60%，完全丧失劳动能力并与单位终止劳动关系提取占 1.96%，出境定居占 0.2%，其他占 3.07%）。见图 7。

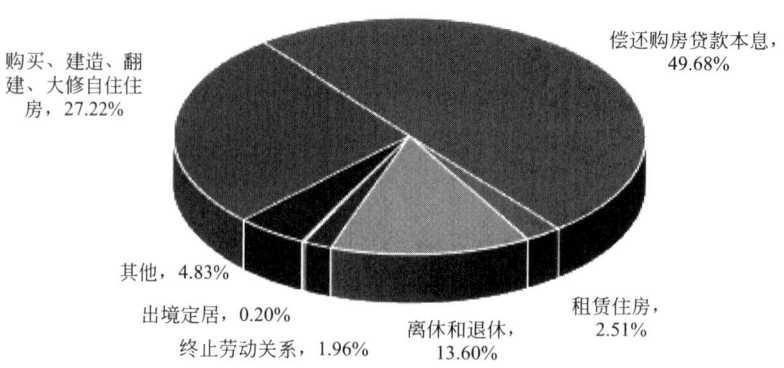

图 7 提取金额按提取原因分类占比图

提取职工中，中、低收入占 95.84%，高收入占 4.16%。

（三）贷款业务：

1. 个人住房贷款：2019 年，支持职工购建房 2461.97 万平方米。年末个人住房贷款市场占有率（含公转商贴息贷款）为 14.63%，比上年末减少 0.89 个百分点。通过申请住房公积金个人住房贷款，可节约职工购房利息支出 1497543.06 万元。

职工贷款笔数中，购房建筑面积 90（含）平方米以下占 15.01%，90～144（含）平方米占 67.66%，144 平方米以上占 17.33%。购买新房占 81.75%（其中购买保障性住房占 0.29%），购买二手房占 17.83%，其他占 0.42%。

职工贷款笔数中，单缴存职工申请贷款占 34.78%，双缴存职工申请贷款占 65.06%，三人及以上缴存职工共同申请贷款占 0.16%。

贷款职工中，30 岁（含）以下占 27.27%，30 岁～40 岁（含）占 41.62%，40 岁～50 岁（含）占 24.23%，50 岁以上占 6.88%；首次申请贷款占 84.11%，二次及以上申请贷款占 15.89%；中、低收入占 96.86%，高收入占 3.14%。

2. 异地贷款：2019 年，发放异地贷款 7901 笔、302586.35 万元。2019 年末，发放异地贷款总额 1372893.76 万元，异地贷款余额 1090101.83 万元。

3. 公转商贴息贷款：2019 年，发放公转商贴息贷款 175 笔、6938 万元，支持职工购建房面积 2.47 万平方米。当年贴息额 7765.89 万元。2019 年末，累计发放公转商贴息贷款 15568 笔、501866.8 万元，累计贴息 17273.5 万元。

4. 住房公积金支持保障性住房建设项目贷款：2019 年末，全省有住房公积金试点城市 4 个，试点项目 22 个，贷款额度 23.2 亿元，建筑面积 172.77 万平方米，可解决 22297 户中低收入职工家庭的住房问题。22 个试点项目贷款资金已发放并还清贷款本息。

（四）住房贡献率：2019 年，个人住房贷款发放额、公转商贴息贷款发放额、项目贷款发放额、住房消费提取额的总和与当年缴存额的比率为 113.7%，比上年增加 5.56 个百分点。

六、其他重要事项

（一）开展监督检查情况。深入开展电子稽查工作，组织各地公积金中心每月使用电子稽查工具进行全面检查，根据电子稽查结果和风险防控工作开展情况，每季度对各地工作开展情况进行抽检，全年共对12个城市公积金中心和4个分中心进行了实地评估和指导。

（二）服务改进情况。疏解群众办事难点堵点，全面取消了单位提取证明、个人收入证明，取消了职工办理业务的全部要件材料复印件，提取实现即时办理，贷款审批时限最低缩减为5个工作日。推进与民政、财政、公安、税务、自然资源、房管、人民银行等部门的信息共享，接入全省政务服务平台和"爱山东"APP，实现住房公积金部分提取业务、贷款业务"一网通办"，缴存业务市级"通缴通取"。

（三）信息化建设情况。全面完成住房公积金基础数据"双贯标"工作，进一步提升信息系统标准化水平。接入全国数据集中平台，每日进行数据更新，为个税专项抵扣提供数据支持。全面完成与全国异地转移接续平台直连，进一步提高业务办理效率。推进综合服务平台建设，强化线上业务功能，实现网厅、微信公众号等线上服务渠道全面开通运行。

（四）开展文明行业创建情况。持续开展文明行业创建"标准建设年"活动，编制全省住房公积金服务事项审批清单，实施全省同一服务事项申请材料、办理环节、流程和时限等要素统一，实现服务事项审批标准化。积极选树先进典型，评选了20个文明服务示范窗口、100名文明服务标兵。各级住房公积金管理机构获得地市级以上文明单位（行业、窗口）27个、青年文明号19.工人先锋号2个、五一劳动奖章1个、三八红旗手1个、先进集体和个人101个，其他荣誉68个。

济南住房公积金2019年年度报告

一、机构概况

（一）住房公积金管理委员会：住房公积金管理委员会有29名委员，2019年召开一次会议，审议通过《住房公积金2018年计划执行情况和2019年计划安排的报告》《济南市住房公积金2018年年度报告》《原莱芜市住房公积金2018年年度报告》等。

（二）住房公积金中心：住房公积金中心为直属济南市政府的不以营利为目的的参公事业单位，主要负责全市住房公积金的管理和运作。中心设9个处，3个分中心。从业人员204人，其中，在编116人，非在编（劳务派遣人员）88人。

二、业务运行情况

（一）缴存：2019年，新开户单位7534家，实缴单位28717家，净增单位4854家；新开户职工21.77万人，实缴职工164.44万人，净增职工11.48万人；缴存额276.93亿元，同比增长13.26%。2019年末，缴存总额2003.99亿元，比上年末增加16.04%；缴存余额793.17亿元，比上年末增加 12.98%。

受委托办理住房公积金缴存业务的银行 5 家，与上年持平。

（二）提取：2019 年，提取额 185.81 亿元，同比增长 4.28%；占当年缴存额的 67.1%，比上年减少 5.77 个百分点。2019 年末，提取总额 1210.82 亿元，比上年末增加 18.13%。

（三）贷款：

1. 个人住房贷款：个人住房贷款最高额度 60 万元，其中，单缴存职工最高额度 30 万元，双缴存职工最高额度 60 万元。

2019 年，发放个人住房贷款 2.94 万笔、114.71 亿元，同比分别增长 34.86%、30.66%。其中，市中心发放个人住房贷款 2.73 万笔、107.08 亿元，电力分中心发放个人住房贷款 0.02 万笔、0.89 亿元，铁路分中心发放个人住房贷款 0.11 万笔、4.02 亿元，莱钢分中心发放个人住房贷款 0.08 万笔、2.72 亿元。

2019 年，回收个人住房贷款 58.26 亿元。其中，市中心 51.93 亿元，电力分中心 1.75 亿元，铁路分中心 3.69 亿元，莱钢分中心 0.89 亿元。

2019 年末，累计发放个人住房贷款 31.95 万笔、996.91 亿元，贷款余额 558.82 亿元，分别比上年末增加 10.13%、13%、11.24%。个人住房贷款余额占缴存余额的 70.45%，比上年末减少 1.11 个百分点。

受委托办理住房公积金个人住房贷款业务的银行 15 家，与上年持平。

2. 住房公积金支持保障性住房建设项目贷款：2019 年，无支持保障性住房建设项目。

（四）购买国债：2019 年，无国债交易及回收行为。

（五）融资：2019 年中心无融资行为。

（六）资金存储：2019 年末，住房公积金存款 234.43 亿元。其中，活期 0.29 亿元，1 年（含）以下定期 20.12 亿元，1 年以上定期 87.82 亿元，其他（协定、通知存款、大额存单等）126.2 亿元。

（七）资金运用率：2019 年末，住房公积金个人住房贷款余额、项目贷款余额和购买国债余额的总和占缴存余额的 70.45%，比上年末减少 1.16 个百分点。

三、主要财务数据

（一）业务收入：2019 年，业务收入 243321.28 万元，同比增长 13.6%。其中，市中心 186076.53 万元，电力分中心 19409.72 万元，铁路分中心 32192.11 万元，莱钢分中心 5642.92 万元；存款利息 70060.04 万元，委托贷款利息 173586.03 万元，国债利息冲销 342 万元，其他 17.21 万元。

（二）业务支出：2019 年，业务支出 127610.09 万元，同比增长 10.46%。其中，市中心 100895.92 万元，电力分中心 9410.3 万元，铁路分中心 15474.21 万元，莱钢分中心 1829.66 万元；支付职工住房公积金利息 111193.33 万元，归集手续费 8869.76 万元，委托贷款手续费 7460.53 万元，其他 86.47 万元。

（三）增值收益：2019 年，增值收益 115711.19 万元，同比增长 17.27%。其中，市中心 85180.6 万元，电力分中心 9999.42 万元，铁路分中心 16717.9 万元，莱钢分中心 3813.27 万元；增值收益率 1.54%，比上年增加 0.03 个百分点。

（四）增值收益分配：2019 年提取管理费用 2629 万元，提取城市廉租住房（公共租赁住房）建设补充资金 113082.19 万元。

2019年，上交财政管理费用2692.06万元。上缴财政城市廉租住房（公共租赁住房）建设补充资金85414.49万元。

2019年末，贷款风险准备金余额101157.57万元。累计提取城市廉租住房（公共租赁住房）建设补充资金682072.18万元。其中，市中心提取478204.35万元，电力分中心提取82449.67万元，铁路分中心提取111735.2万元，莱钢分中心提取9682.96万元。

（五）管理费用支出： 2019年，管理费用支出4388.62万元，同比下降0.47%。其中，人员经费1918.38万元，公用经费257.66万元，专项经费2212.58万元。

市中心管理费用支出3749.99万元，其中，人员、公用、专项经费分别为1599.47万元、194.52万元、1956万元；电力分中心管理费用支出122.89万元，均为专项经费；铁路分中心管理费用支出155.74万元，其中，人员、公用、专项经费分别为130.95万元、21.1万元、3.69万元；莱钢分中心管理费用支出360万元，其中，人员、公用、专项经费分别为187.96万元、42.04万元、130万元。

四、资产风险状况

2019年末，个人住房贷款逾期额1845.18万元，逾期率0.33‰。其中，市中心0.32‰，电力分中心0.57‰，铁路分中心0.34‰，莱钢分中心0.19‰。

个人贷款风险准备金按不低于贷款余额的1%提取。2019年未提取个人贷款风险准备金，收回个人贷款风险准备金已核销的呆坏账1.14万元。2019年末，个人贷款风险准备金余额101157.57万元，占个人住房贷款余额的1.81%，个人住房贷款逾期额与个人贷款风险准备金余额的比率为1.82%。

五、社会经济效益

（一）缴存业务： 2019年，实缴单位数、实缴职工人数和缴存额同比分别增长20.34%、7.51%和13.26%。

缴存单位中，国家机关和事业单位占9.28%，国有企业占6.91%，城镇集体企业占6.09%，外商投资企业占1.4%，城镇私营企业及其他城镇企业占71.55%，民办非企业单位和社会团体占3.41%，其他占1.36%。

缴存职工中，国家机关和事业单位占22.15%，国有企业占28.65%，城镇集体企业占8.81%，外商投资企业占3.26%，城镇私营企业及其他城镇企业占34.9%，民办非企业单位和社会团体占1.92%，其他占0.31%；中、低收入占93.71%，高收入占6.29%。

新开户职工中，国家机关和事业单位占12.72%，国有企业占12.96%，城镇集体企业占10.89%，外商投资企业占2.99%，城镇私营企业及其他城镇企业占56.99%，民办非企业单位和社会团体占2.76%，其他占0.69%；中、低收入占97.68%，高收入占2.32%。

（二）提取业务： 2019年，64.21万名缴存职工提取住房公积金185.81亿元。

提取金额中，住房消费提取占80.73%（购买、建造、翻建、大修自住住房占26.37%，偿还购房贷款本息占50.07%，租赁住房占2.86%，其他占1.43%）；非住房消费提取占19.27%（离休和退休提取占14.71%，完全丧失劳动能力并与单位终止劳动关系提取占0.1%，出境定居占0.36%，其他占4.1%）。

提取职工中，中、低收入占90.18%，高收入占9.82%。

(三)贷款业务:

1. 个人住房贷款:2019年,支持职工购建房337.31万平方米,年末个人住房贷款市场占有率(含公转商贴息贷款)为14.78%,比上年末减少0.48个百分点。通过申请住房公积金个人住房贷款,可节约职工购房利息支出229727.12万元。

职工贷款笔数中,购房建筑面积90(含)平方米以下占15.15%,90~144(含)平方米占75.82%,144平方米以上占9.03%。购买新房占74.53%(其中购买保障性住房占0.68%),购买二手房占25.44%,其他占0.03%。

职工贷款笔数中,单缴存职工申请贷款占57.48%,双缴存职工申请贷款占42.41%,三人及以上缴存职工共同申请贷款占0.11%。

贷款职工中,30岁(含)以下占39.52%,30岁~40岁(含)占40.45%,40岁~50岁(含)占15.79%,50岁以上占4.24%;首次申请贷款占68.59%,二次及以上申请贷款占31.41%;中、低收入占93.55%,高收入占6.45%。

2. 异地贷款:2019年,发放异地贷款2106笔、93831.7万元。2019年末,发放异地贷款总额350224.4万元,异地贷款余额255449.02万元。

3. 公转商贴息贷款:没有开展公转商贴息贷款业务。

4. 支持保障性住房建设试点项目贷款:2019年未发放保障性住房项目贷款。累计试点项目2个,贷款发放额度10亿元,截至2014年已收回贷款本息。

(四)住房贡献率:2019年,个人住房贷款发放额、公转商贴息贷款发放额、项目贷款发放额、住房消费提取额的总和与当年缴存额的比率为95.59%,比上年增加1.14个百分点。

六、其他重要事项

(一)机构调整情况。 按照济莱融合工作要求,2019年莱芜市住房公积金管理中心并入济南住房公积金中心,全市住房公积金业务实现了数据互通、政策统一、业务通办、资金统一管理和综合服务平台全覆盖。

(二)住房公积金政策调整及执行情况。

1. 缴存基数。 2019年度个人所得税税前扣除最高住房公积金月缴存基数为17781元。2019年度最低住房公积金月缴存基数分为两档,单位住所地为历下区、市中区、槐荫区、天桥区、历城区的最低住房公积金月缴存基数为1910元;单位住所地为长清区、章丘区、济阳区、莱芜区、钢城区、平阴县、商河县的最低住房公积金月缴存基数为1730元。

2. 缴存比例。 单位在5%~12%之间自主确定缴存比例。所有缴存单位的缴存比例均不低于5%,不高于12%。

3. 贷款额度。 为保证住房公积金贷款政策的统一,2019年9月1日,对济阳区公积金贷款额度进行了调整,两人及以上缴存住房公积金的职工家庭公积金贷款最高可贷额度由50万元调整为60万元,一人缴存住房公积金的职工家庭公积金贷款最高可贷额度由25万元调整为30万元。

(三)住房公积金服务改进情况。

(1)自2019年4月起,在济南高新区政务服务中心设立住房公积金服务窗口,日均办理业务130笔。

（2）推进住房公积金业务全网办。全年新增17项共计43个服务事项网上办理，其中18个服务事项"秒批秒办"。免费给2.1万个缴存单位邮寄公积金业务数字证书。2019年网上办理业务65万余笔，信息查询1600万余次。

（3）优化流程精简材料。与民政、人社、住建及不动产等部门实时数据共享，实现业务办理要件的联网核查。新增15项业务取消婚姻、户口、购房合同、不动产登记、退休证明等关键材料。

（4）新增华夏银行、平安银行、浦发银行、邮储银行、济南农商银行、渤海银行6家贷款银行办理商贷按月委托提取公积金业务。

（5）取消提取资金只能支付至缴存银行个人账户的限制，住房公积金按月委托提取资金在19家银行跨行支付。

（6）济南住房公积金综合服务平台在全省首家通过验收，评为"优秀"等级，进一步提高住房公积金管理和服务的标准化、规范化、便捷化。

（7）12345市民服务热线在全市首设公积金专家坐席，15人专职接听解答公积金问题。全年市民热线共受理公积金业务59万件，转办2.53万件，其中公积金专家坐席受理13.73万件，热线咨询直办率达95.7%，实现了群众咨询一次办成。

（四）信息化建设情况。

（1）公积金中心在全省首家完成系统上线工作，支撑公积金信息查询及报税信息的全国联网查询。

（2）异地转移接续直连平台上线运行，实现转移函受理、转入、转出、资金结算、自动匹配等功能的全流程办理，提升了业务办理效率。

（3）全面完成"爱山东APP"试点任务，在与省政务网实现统一身份认证基础上，在省内率先在爱山东APP办理提取业务和信息查询。助力"智慧城市"建设进程，公积金在线提取业务在智慧城市一点通爱城市网APP全面上线运行。

（五）住房公积金中心及职工所获荣誉情况。

（1）公积金中心保持省文明单位称号。

（2）公积金服务大厅保持全国青年文明号、省级工人先锋号、市工人先锋号称号。

（3）1人获得市级五一劳动奖章。

（4）归集执法处获得市级巾帼文明岗称号。

（六）行政处罚及申请法院强制执行情况。 2019年做出行政处罚决定11次，共计52万元；申请法院行政强制执行33次，共计申请执行金额2211092.66元，已执行到账金额995186.06元。

青岛市住房公积金2019年年度报告

一、机构概况

（一）住房公积金管理委员会： 青岛市住房公积金管委会有委员24名，当年召开管委会全体会议2

次，审议通过2019年度住房公积金归集、使用计划执行情况，并对其他重要事项进行决策，主要包括审议通过了《关于我市2018年住房公积金工作开展情况和2019年工作要点的汇报》《青岛市住房公积金2018年年度报告》《2018年住房公积金财务报告》《关于调整我市部分住房公积金政策有关情况的汇报》《关于调整我市单位降低住房公积金缴存比例或缓缴住房公积金审核管理规定有关情况的汇报》和《关于调整我市住房公积金提取政策有关情况的汇报》。

（二）住房公积金管理中心：青岛市住房公积金管理中心为直属青岛市人民政府的不以营利为目的的自收自支事业单位，主要负责全市住房公积金的归集、管理、使用和会计核算等工作。内设9个处室，下设10个管理处，分别是：办公室、组织人事处、风险管理与内审处、会计处、贷款处、归集处、科技信息处、法律事务处、服务管理处、市南管理处、市北管理处、李沧管理处、崂山管理处、黄岛管理处、城阳管理处、即墨管理处、胶州管理处、平度管理处、莱西管理处。从业人员328人，其中，在编223人，非在编105人。

二、业务运行情况

（一）**缴存**：2019年，新开户单位10617家，实缴单位51696家，净增单位6344家；新开户职工20.70万人，实缴职工172.31万人，净增职工8.96万人；缴存额234.28亿元，同比增长9.93%。2019年末，缴存总额1854.68亿元，比上年末增加14.46%；缴存余额623.51亿元，比上年末增加9.80%。

受委托办理住房公积金缴存业务的银行8家，比上年增加3家。

（二）**提取**：2019年，提取额178.61亿元，同比增长7.11%；占当年缴存额的76.24%，比上年减少2.01个百分点。2019年末，提取总额1231.18亿元，比上年末增加16.97%。

（三）**贷款**：

1.个人住房贷款。个人住房贷款最高额度60万元，其中，单缴存职工最高额度36万元，双缴存职工最高额度60万元。

2019年，发放个人住房贷款2.04万笔、78.49亿元，同比分别增长85.45%、95.25%。

2019年，回收个人住房贷款47.57亿元。

2019年末，累计发放个人住房贷款33.75万笔、879.82亿元，贷款余额470.12亿元，分别比上年末增加6.43%、9.79%、7.04%。个人住房贷款余额占缴存余额的75.4%，比上年末减少1.95个百分点。

受委托办理住房公积金个人住房贷款业务的银行8家，比上年减少5家。

2.住房公积金支持保障性住房建设项目贷款。2019年未发放支持保障性住房建设项目贷款。2019年末，累计发放项目贷款4.6亿元，已于2014年6月全部回收。

（四）**购买国债**：2019年，未购买国债，期末无国债余额。

（五）**融资**：2019年，未开展融资业务，期末无融资余额。

（六）**资金存储**：2019年末，住房公积金存款158.04亿元。其中，活期0.007亿元，1年（含）以下定期13.60亿元，1年以上定期121.47亿元，其他（协定、通知存款等）22.963亿元。

（七）**资金运用率**：2019年末，住房公积金个人住房贷款余额、项目贷款余额和购买国债余额的总和占缴存余额的 75.40%，比上年末减少 1.95 个百分点。

三、主要财务数据

（一）业务收入：2019 年，业务收入 190940.14 万元，同比增长 10.84%。其中存款利息 45182.56 万元，委托贷款利息 145744.88 万元，其他 12.70 万元。

（二）业务支出：2019 年，业务支出 90564.85 万元，同比增长 9.98%。其中支付职工住房公积金利息 90303.55 万元，归集手续费 125.00 万元，委托贷款手续费 65.00 万元，其他 71.30 万元。

（三）增值收益：2019 年，增值收益 100375.29 万元，同比增长 11.63%。增值收益率 1.67%，比上年增加 0.02 个百分点。

（四）增值收益分配：2019 年，未提取贷款风险准备金，提取管理费用 9275.97 万元，提取城市廉租住房（公共租赁住房）建设补充资金 91099.32 万元。

2019 年，上交财政管理费用 9275.97 万元。上缴财政城市廉租住房（公共租赁住房）建设补充资金 79954.03 万元。

2019 年末，贷款风险准备金余额 88735.43 万元。累计提取城市廉租住房（公共租赁住房）建设补充资金 640258.48 万元。

（五）管理费用支出：2019 年，管理费用支出 9000.54 万元，同比增长 6.94%。其中，人员经费 4140.12 万元，公用经费 4860.42 万元。

四、资产风险状况

（一）个人住房贷款：2019 年末，个人住房贷款逾期额 1249.78 万元，逾期率 0.27‰。

个人贷款风险准备金按不低于贷款余额的 1% 提取。2019 年，未提取个人贷款风险准备金，未发生使用个人贷款风险准备金核销呆坏账情况。2019 年末，个人贷款风险准备金余额 88735.43 万元，占个人住房贷款余额的 1.89%，个人住房贷款逾期额与个人贷款风险准备金余额的比率为 1.41%。

（二）支持保障性住房建设试点项目贷款：保障性住房建设贷款项目已于 2014 年 6 月全部按期收回。

五、社会经济效益

（一）缴存业务：2019 年，实缴单位数、实缴职工人数和缴存额同比分别增长 13.99%、5.49% 和 9.93%。

缴存单位中，国家机关和事业单位占 7.55%，国有企业占 7.15%，城镇集体企业占 1.96%，外商投资企业占 6.37%，城镇私营企业及其他城镇企业占 62.63%，民办非企业单位和社会团体占 2.88%，其他占 11.46%。

缴存职工中，国家机关和事业单位占 18.63%，国有企业占 23.06%，城镇集体企业占 2.98%，外商投资企业占 12.21%，城镇私营企业及其他城镇企业占 30.41%，民办非企业单位和社会团体占 1.95%，其他占 10.76%；中、低收入占 96.71%，高收入占 3.29%。

新开户职工中，国家机关和事业单位占 7.60%，国有企业占 15.10%，城镇集体企业占 2.76%，外商投资企业占 11.85%，城镇私营企业及其他城镇企业占 46.19%，民办非企业单位和社会团体占 3.27%，

其他占 13.23%；中、低收入占 99.32%，高收入占 0.68%。

（二）提取业务：2019 年，57.13 万名缴存职工提取住房公积金 178.61 亿元。

提取金额中，住房消费提取占 82.56%（购买、建造、翻建、大修自住住房占 24.97%，偿还购房贷款本息占 55.85%，租赁住房占 1.74%）；非住房消费提取占 17.44%（离休和退休提取占 11.58%，完全丧失劳动能力并与单位终止劳动关系提取占 0.9%，出境定居占 0.01%，其他占 4.95%）。

提取职工中，中、低收入占 94.17%，高收入占 5.83%。

（三）贷款业务：

1. 个人住房贷款。 2019 年，支持职工购建房 233.53 万平方米，年末个人住房贷款市场占有率为 9.59%，比上年末减少 0.71 个百分点。通过申请住房公积金个人住房贷款，可节约职工购房利息支出 139784.97 万元。

职工贷款笔数中，购房建筑面积 90（含）平方米以下占 55.70%，90～144（含）平方米占 43.68%，144 平方米以上占 0.62%。购买新房占 91.47%（其中购买保障性住房占 1.17%），购买二手房占 8.53%。

职工贷款笔数中，单缴存职工申请贷款占 59.37%，双缴存职工申请贷款占 40.63%。

贷款职工中，30 岁（含）以下占 31.76%，30 岁～40 岁（含）占 40.75%，40 岁～50 岁（含）占 21.26%，50 岁以上占 6.23%；首次申请贷款占 85.14%，二次及以上申请贷款占 14.86%；中、低收入占 93.84%，高收入占 6.16%。

2. 异地贷款。 2019 年，发放异地贷款 445 笔、17178 万元。2019 年末，发放异地贷款总额 48574.5 万元，异地贷款余额 34089.46 万元。

3. 支持保障性住房建设试点项目贷款。 截至 2019 年底，本市累计有住房公积金试点项目 1 个，属经济适用房项目，贷款额度 4.60 亿元，建筑面积 15.44 万平方米，可解决 1843 户中低收入职工家庭的住房问题，该试点项目本息已于 2014 年 6 月全部按期收回。

（四）住房贡献率：2019 年，个人住房贷款发放额、住房消费提取额的总和与当年缴存额的比率为 96.44%，比上年增加 15.03 个百分点。

六、其他重要事项

（一）当年机构及职能调整情况、受委托办理缴存贷款业务金融机构变更情况。2019 年，市住房公积金管理中心机构、职能没有调整变化。当年采取竞争性选择方式，新增光大银行、青岛银行、青岛农商银行 3 家公积金业务承办银行，受委托办理缴存贷款业务银行拓展到 8 家，分别为工商银行、农业银行、中国银行、建设银行、交通银行、光大银行、青岛银行和青岛农商银行。

（二）当年住房公积金政策调整及执行情况。

1. 当年缴存政策调整情况

一是明确用人单位应为签订劳动合同的在职职工缴存公积金，实行全员建制缴存的住房公积金政策。二是调整我市单位降低住房公积金缴存比例或缓缴住房公积金审核管理规定，将困难企业降低缴存比例或缓缴公积金条件放宽为上一年度经营亏损即可申请，最低缴存比例降至 1%，要求企业恢复正常后为职工补缴。

2. 当年缴存基数限额及确定方法

自2019年7月1日起,本市职工住房公积金缴存基数由2017年职工月平均工资调整为2018年职工月平均工资。2019年度住房公积金缴存基数上限为本市2018年城镇非私营单位在岗职工月平均工资的3倍,即22710元。2019年度各(区)市住房公积金缴存基数下限分别按照本市上一年度月平均最低工资标准确定,其中市南区、市北区、黄岛区、崂山区、李沧区、城阳区为1868.33元,即墨区为1797.50元、胶州市、平度市、莱西市为1692.50元。单位和职工住房公积金月缴存额上限,各不得超过2725元。单位和职工住房公积金月缴存额下限,市南区、市北区、黄岛区、崂山区、李沧区、城阳区分别为93元,即墨区分别为90元、胶州市、平度市、莱西市分别为85元。

3. 当年提取政策调整情况

一是规范调整了提取条件。新增"非本市户籍职工与本市单位终止劳动关系,未在异地继续缴存住房公积金,账户封存满半年的"提取条件。二是优化提取业务流程。在保留单位经办人统一为职工办理提取手续的基础上,允许职工本人或委托他人办理提取手续。三是简化了提取业务的办理要件。取消了建造、翻建、大修自住住房需要提供的建筑工程施工合同和工程决算资料和与本市单位终止劳动关系未再就业两年(含两年)以上的提取所需提供的失业证明原件。四是加大违规提取防范和治理力度。针对利用异地"真购房材料假购房行为"骗提住房公积金的情况,新增了限制性条款,明确职工全款购买异地具有产权自住住房,房屋所在地与职工或其配偶户籍地不一致的,应在取得房屋产权证、发票、契税完税凭证其中之一之日起满六个月后,再申请办理提取手续。

4. 当年住房公积金存贷款利率调整及执行情况

当年住房公积金存贷款利率未作调整。

目前,首次贷款1~5年期执行2.75%的年利率,5年期以上执行3.25%的年利率;二次贷款利率按照首次贷款利率的1.1倍执行,分别为:二次贷款1~5年期执行3.025%的年利率,5年期以上执行3.575%的年利率。

5. 当年住房公积金个人住房贷款政策调整情况

一是取消二次公积金申贷年限限制。不再执行住房公积金二次申贷须首次贷款结清满两年的期限限制,首次公积金贷款结清即可再次申贷。二是免除二手房贷款评估报告。办理二手房住房公积金贷款的,不再提供房屋价值评估报告。

(三)当年服务改进情况。

1. 网上服务更快。 全力助推"高效青岛建设"攻势,积极推进同9个部门的40项政务数据互联共享,商贷自助提取合作银行扩至15家,34项公积金业务实现网办,网办率达到79%,新注册企业、外地来青的新市民和无房职工等不同群体,可在网上快捷办理缴存登记、异地转入、租房提取等多种业务,微信客户可体验引导式、智能化、全天候的政策咨询服务,新职工开户通过社保联网验证可实时生效。通过优化流程环节,"秒批"事项达到30项,占公积金服务事项的三分之二,约占青岛市秒批总数的三分之一。

2. 窗口服务更优。 推行"简化办",开展容缺受理,精简7项业务办事材料,取消14项贷款业务所需复印材料。实行"就近办",打破地域限制,实现公积金缴存提取业务同城通办。优化"一次办",推行综合柜员,开展"帮办代办"服务,45项服务事项全部"一次办好"。开展"延时办",提供双休日预约、工作日午间和未结事项延时服务，实施半年来办理各类业务1.61万件。深化"上门办"，使用行业首创的移动办公系统，走进30多个企业、20多个楼盘、10多个广场社区为一万多名职工提供政策咨询、业务办理等上门服务，畅通服务企业群众的"直通车"。

3. 平台服务更广。 搭建公积金综合服务平台，发挥多平台协同优势。加强客服热线平台建设，提升坐席疑难问题处置能力，更新短信模板90余条，全年接听群众来电32.7万个，免费发送服务短信311.4万条，让群众咨询政策、解决问题更快捷。加强自助服务平台建设，部署了具有21项常用业务的公积金自助服务终端，推进与行政审批、商业银行自助终端功能整合，直联接入"青岛政务通"APP，积极推进省市两级政务网"一网通办"，不断延展服务空间。加强信用贷款平台建设，携手建设银行，在省内首推小微企业"薪金云贷"服务，依据企业公积金缴存情况，提供最高300万元无抵押低成本信用贷款，解决企业融资难题，上线一个月为11家小微企业融资618万元。利用公积金大数据资源，与15家银行合作搭建个人信用消费贷款平台，为6万多名缴存职工提供消费贷款100多亿元，在提高市民消费能力、增强市场繁荣活力、促进消费扩容提质方面发挥了积极作用。

（四）当年信息化建设情况。

一是贯彻落实住房和城乡建设部"双贯标"工作要求，开展公积金综合交易系统升级工作，新系统于2019年5月7日顺利上线，并以92.14分的成绩顺利通过专家验收。

二是根据全市信息化建设统一布局，将新一代业务系统部署到全市海信政务云平台，提高青岛市住房公积金信息化水平。

三是贯彻落实国务院关于个人所得税信息共享工作部署，协调海信政务云、建设银行完成数据采集、上报工作，按期接入住房和城乡建设部住房公积金数据平台。

四是积极推进"零跑腿"事项，不断丰富网厅办理功能，陆续新增低保提取、租房提取、自由职业者开户等网办业务，网上业务办理量持续提升。

五是推进青岛"政务通"APP公积金服务接入，以及自助服务终端延伸至银行、社区，电子渠道服务覆盖面不断扩大。

六是搭建惠企利民信用贷款平台。推出"薪金云贷"平台，解决小微企业融资难题；扩大个人消费信用贷款业务银行覆盖面，促进市民消费扩容提质。

（五）当年住房公积金管理中心及职工所获荣誉情况。2019年，青岛市住房公积金管理中心经过复查被山东省精神文明建设委员会授予"省级文明单位"称号；2019年度和2019年第二季度被市行政审批服务局评为"示范窗口单位"。所属李沧管理处被山东省住房和城乡建设厅评为"全省住房公积金行业文明服务示范窗口"。崂山管理处党支部被市直机关工委评为优秀党支部。

本年度青岛市住房公积金管理中心12名职工被山东省住房和城乡建设厅授予"全省住房公积金行业文明服务标兵"称号。2019年度有25名职工被市行政审批服务局评为"服务标兵"；2019年第一季度有9名职工被市行政审批服务局评为"服务标兵"；第二季度有8名职工被市行政审批服务局评为"服务标兵"；第三季度有19名职工被市行政审批服务局评为"服务标兵"；第四季度有25名职工被市行政审批服务局评为"服务标兵"。1名职工被市直机关工委评为优秀共产党员、1名职工被市直机关工委评为优秀党务工作者。

（六）当年对违反《住房公积金管理条例》和相关法规行为进行行政处罚和申请人民法院强制执行情

况。2019年，对违反《住房公积金管理条例》和相关法规的行为进行行政处罚立案71件，申请人民法院强制执行53件。共为866名职工追缴住房公积金460.13万元。

淄博市住房公积金2019年年度报告

一、机构概况

（一）住房公积金管理委员会：住房公积金管理委员会有42名委员，2019年召开一次会议，审议通过的事项主要包括：1.会议审议通过了《淄博市住房公积金2018年筹集使用计划执行情况的报告》、《淄博市住房公积金2018年年度报告》和《淄博市住房公积金2019年度筹集使用计划》。2.会议审议通过了《关于完善调整我市住房公积金使用有关政策的报告》。3.对下一步住房公积金管理工作提出了要求：一是以非公企业为重点，抓好住房公积金制度推广工作；二是以规范稳健为导向，不断提升运营科学化、规范化水平；三是以实现资金安全完整为目标，加大风险防控工作力度；四是以群众满意为目标，持续深化"一次办好"改革。

（二）住房公积金管理中心：住房公积金管理中心为淄博市人民政府直属的不以营利为目的的独立的事业单位，设8个科室，10个管理部，2个分中心。从业人员169人，其中，在编90人，合同用工人员79人。

二、业务运行情况

（一）缴存：2019年，新开户单位1382家，实缴单位6985家，净减单位320家；新开户职工5.24万人，实缴职工50.32万人，净减职工8.76万人；缴存额68.69亿元，同比增长9.54%。2019年末，缴存总额511亿元，同比增长15.53%；缴存余额259.01亿元，同比增长9.58%。

受委托办理住房公积金缴存业务的银行10家，较上年无变化。

（二）提取：2019年，提取额46.05亿元，同比增长6.99%；占当年缴存额的67.04%，比上年下降1.59个百分点。2019年末，提取总额252亿元，同比增长22.36%。

（三）贷款：

1.个人住房贷款： 个人住房贷款最高额度60万元，其中，单缴存职工最高额度60万元，双缴存职工最高额度60万元。

2019年，发放个人住房贷款1.18万笔、50.67亿元，同比分别上升22.92%、37.69%。

2019年，回收个人住房贷款20.9亿元。

2019年末，累计发放个人住房贷款14.52万笔、370.97亿元，贷款余额241.23亿元，同比分别增长8.85%、15.82%、14.08%。个人住房贷款余额占缴存余额的93.14%，比上年增加3.67个百分点。

受委托办理住房公积金个人住房贷款业务的银行10家，较上年无变化。

2.住房公积金支持保障性住房建设项目贷款： 2019年，未发放支持保障性住房建设项目贷款。2019

年末，累计发放项目贷款 5.68 亿元，已全部收回，无项目贷款余额。

（四）购买国债：2019 年，未购买任何国债。2019 年末，无国债余额。

（五）融资：2019 年，未进行融资。2019 年末，无融资余额。

（六）资金存储：2019 年末，住房公积金存款 17.78 亿元。其中，活期 12.83 亿元，1 年（含）以下定期 0.5 亿元，1 年以上定期 4.45 亿元。

（七）资金运用率：2019 年末，住房公积金个人住房贷款余额、项目贷款余额和购买国债余额的总和占缴存余额的 93.14%，比上年增加 3.67 个百分点。

三、主要财务数据

（一）业务收入：2019 年，业务收入 76044.58 万元，同比增长 7.66%。其中：存款利息 2621.54 万元，委托贷款利息 73412.48 万元，其他 10.56 万元。

（二）业务支出：2019 年，业务支出 42039.28 万元，同比增长 5.05%。其中：支付职工住房公积金利息 37873.99 万元，归集手续费 1503.53 万元，委托贷款手续费 2660.11 万元，其他 1.65 万元。

（三）增值收益：2019 年，增值收益 34005.3 万元，同比上升 11.07%。增值收益率 1.37%，比上年增加 0.02 个百分点。

（四）增值收益分配：2019 年，提取个人贷款风险准备金 5953 万元，提取管理费用 4500 万元，提取城市廉租住房（公共租赁住房）建设补充资金 23552.3 万元。

2019 年，上交 2018 年度财政管理费用 4500 万元。上缴 2018 年度财政城市廉租住房（公共租赁住房）建设补充资金 24375.6 万元。

2019 年末，贷款风险准备金余额 48246 万元。累计提取城市廉租住房（公共租赁住房）建设补充资金 186121.42 万元。

（五）管理费用支出：2019 年，管理费用支出 3404.68 万元，同比下降 4.66%。其中，人员经费 1546.04 万元，公用经费 182 万元，专项经费 1676.64 万元（主要包括住房公积金业务信息系统建设维护费，12329 综合服务平台建设、运维费，住房公积金服务大厅房屋租赁费）。

四、资产风险状况

（一）个人住房贷款：2019 年末，个人住房贷款逾期额 412.04 万元，逾期率 0.17‰。

个人贷款风险准备金按不低于贷款余额的 1% 提取。2019 年，提取个人贷款风险准备金 5953 万元，未使用个人贷款风险准备金核销呆坏账。2019 年末，个人贷款风险准备金余额为 48246 万元，占个人住房贷款余额的 2%，个人住房贷款逾期额与个人贷款风险准备金余额的比率为 0.85%。

（二）支持保障性住房建设试点项目贷款：2019 年末，项目贷款已全部结清，无逾期。2019 年，未提取项目贷款风险准备金，未使用项目贷款风险准备金核销呆坏账，项目贷款风险准备金余额为 0。

五、社会经济效益

（一）缴存业务：2019 年，实缴单位数、实缴职工人数同比分别下降 4.38% 和 14.83%，缴存额同比上升 9.54%。

缴存单位中，国家机关和事业单位占 29.51%，国有企业占 9.15%，城镇集体企业占 3.61%，外商投资企业占 1.99%，城镇私营企业及其他城镇企业占 46.5%，民办非企业单位和社会团体占 3.12%，其他占 6.12%。

缴存职工中，国家机关和事业单位占 28%，国有企业占 26.06%，城镇集体企业占 7.95%，外商投资企业占 4.11%，城镇私营企业及其他城镇企业占 29.85%，民办非企业单位和社会团体占 2.11%，其他占 1.92%；中、低收入占 99.24%，高收入占 0.76%。

新开户职工中，国家机关和事业单位占 9.70%，国有企业占 13.81%，城镇集体企业占 9.76%，外商投资企业占 4.4%，城镇私营企业及其他城镇企业占 52.47%，民办非企业单位和社会团体占 3.38%，其他占 6.48%；中、低收入占 99.82%，高收入占 0.18%。

（二）提取业务：2019 年，30.17 万名缴存职工提取住房公积金 46.05 亿元。

提取的金额中，住房消费提取占 69.1%（购买、建造、翻建、大修自住住房占 21.06%，偿还购房贷款本息占 46.07%，租赁住房占 1.78%，其他占 0.19%）；非住房消费提取占 30.9%（离休和退休提取占 21.46%，完全丧失劳动能力并与单位终止劳动关系提取占 7.27%，户口迁出本市或出境定居占 0.64%，其他占 1.53%）。

提取职工中，中、低收入占 98.94%，高收入占 1.06%。

（三）贷款业务：

1. 个人住房贷款：2019 年，支持职工购建房 167.86 万平方米，年末个人住房贷款市场占有率为 26.58%，比上年增加 1.08 个百分点。通过申请住房公积金个人住房贷款，可节约职工购房利息支出 121143.99 万元。

职工贷款笔数中，购房建筑面积 90（含）平方米以下占 12.99%，90~144（含）平方米占 74.18%，144 平方米以上占 12.83%；购买新房占 69.17%（其中购买保障性住房占 0.52%），购买二手房占 30.83%，无建造、翻建、大修自住住房贷款。

职工贷款笔数中，单缴存职工申请贷款占 27.57%，双缴存职工申请贷款占 72.34%，三人及以上缴存职工共同申请贷款占 0.09%。

贷款职工中，30 岁（含）以下占 32.07%，30 岁~40 岁（含）占 42.17%，40 岁~50 岁（含）占 20.49%，50 岁以上占 5.27%；首次申请贷款占 86.79%，二次及以上申请贷款占 13.21%；中、低收入占 99.21%，高收入占 0.79%。

2. 异地贷款：2019 年，发放异地贷款 761 笔、33919.3 万元。2019 年末，发放异地贷款总额 89400.6 万元，异地贷款余额 80280.59 万元。

3. 公转商贴息贷款：2019 年，未发放公转商贴息贷款。

4. 支持保障性住房建设试点项目贷款：2019 年末，累计试点项目 12 个，贷款额度 5.68 亿元，建筑面积 56.38 万平方米，可解决 6777 户中低收入职工家庭的住房问题。12 个试点项目贷款资金已发放并还清贷款本息。

（四）住房贡献率：2019 年，个人住房贷款发放额、公转商贴息贷款发放额、项目贷款发放额、住房消费提取额的总和与当年缴存额的比率为 120.09%，比上年增加 15.01 个百分点。

六、其他重要事项

（一）当年机构及职能调整情况、受委托办理缴存贷款业务金融机构变更情况。

1. 机构及职能调整情况。 机构调整情况：由市政府直属的县级经费自理事业单位调整为市政府直属正处级公益一类事业单位。职能调整情况：将淄博市住房公积金管理中心承担的对违反住房公积金缴存规定的处罚等行政职能划入淄博市住房和城乡建设局。

2. 受委托办理缴存贷款业务金融机构变更情况。 我市受委托办理缴存贷款业务的金融机构无变更，共10家，分别是建设银行、工商银行、农业银行、中国银行、交通银行、齐商银行、青岛银行、邮储银行、中信银行和威海银行。

（二）当年住房公积金政策调整及执行情况如下。

（1）缴存基数调整情况。缴存住房公积金的月工资基数不得超过我市统计部门公布的上一年度职工月平均工资的3倍。凡超过3倍的，一律予以规范调整。2019年我市住房公积金月缴存基数最高不超过18675元（我市统计部门公布的2019年度在岗职工月平均工资为6219元）。最低月缴存基数按各区县最低工资标准确定。根据山东省人民政府公布的全省最低工资标准，张店区、淄川区、临淄区为1910元，博山区、周村区、桓台县为1730元，高青县、沂源县为1550元。任何单位不得等额、定额缴存住房公积金。

（2）缴存比例调整情况。严格执行控高保低政策。住房公积金缴存比例下限为5%，最高不得超过12%。缴存单位可在5%~12%之间自主确定住房公积金缴存比例。生产经营困难的企业，经职工代表大会或工会讨论通过，可申请降低住房公积金缴存比例或者缓缴。

（3）当年缴存、提取政策调整情况。优化租房提取住房公积金额度调整机制，一是将我市有关部门公布市场租金标准以及商品房市场租金水平作为调整租房提取的租金标准；二是我市引进的高层次人才租房面积按照现行标准90m²的2倍，以家庭为单位，作为租房的提取额度。

（4）当年个人住房贷款最高贷款额度、贷款条件政策调整情况。2019年我市住房公积金贷款最高额度政策无调整。2019年我市住房公积金贷款条件政策调整情况：一是完善信用报告中逾期次数的认定，信用报告中贷款或信用卡出现严重不良记录或出现呆账等严重不良标记的、连续逾期三期以上或累计逾期六期以上的，不得准予申请贷款；二是完善工资收入的确认标准，以缴存职工住房公积金缴存基数作为工资收入认定标准，若借款人配偶、共同借款人配偶未缴存住房公积金，无住房公积金缴存基数的，以购房所在区县的最低工资标准（省政府公布）作为其工资收入认定标准。

（5）当年住房公积金贷款利率，执行五年期以下（含五年）个人住房公积金贷款利率2.75%，五年期以上个人住房公积金贷款利率3.25%。所购房屋为第二套住房的住房公积金个人贷款利率不得低于同期首套住房公积金个人住房贷款利率的1.1倍。

（三）当年服务改进情况。 中心大力深化"一次办好"改革，不断落实住房和城乡建设部关于住房公积金信息化工作的要求，努力推行"不见面审批"公共服务事项。一是在全省率先完成"统一身份认证"，线上业务进入山东政务服务网"一网通办"和"爱山东"APP。二是通过市政务信息共享平台，实现了与公安、不动产、房管、社保、民政等信息共享，26项材料得到简化。三是全面推进综合服务平台建设，集中开发网上服务厅、微信公众号线上受理业务，实现70%公共服务事项全程网上办理。四是进一步拓展12329热线、12329短信、支付宝城市服务等服务渠道。五是圆满完成市政府各项督办任务,包括中心机关互联网迁电子政务外网,业务系统迁电子政务外网,业务系统与政务服务中心平台对接、与资源共享平台对接,手机APP与省政务平台对接,淄矿分中心及博山、淄川、周村、桓台、高新区管理部搬至政务服务中心的网络迁移工作。

(四)当年信息化建设情况。大数据共享实现突破性进展,实现公安、社保等8个部门26项数据共享;网厅上线34项业务,微信公众号上线5项业务,网厅优化调整25项功能,包括密码修改、刷脸登录、支付宝城市服务等,极大的方便了职工群众。

(五)当年住房公积金管理中心及职工所获荣誉情况。2019年,集体荣誉上:中心获省级"文明单位";高青管理部获省级"文明服务示范窗口";张店管理部、周村管理部、桓台管理部获省级"青年文明号";7家管理部获市级"青年文明号";8家管理部获市级"十佳窗口""五星级窗口"等荣誉称号;中心机关党委获市级"淄博市先进基层党组织";中心第五党支部获市级"市直机关先进基层党组织"。个人荣誉上:8名同志获省级"文明服务标兵"。

(六)当年对违反《住房公积金管理条例》和相关法规行为进行行政处罚和申请人民法院强制执行情况。2019年行政处罚案件0例,申请人民法院强制执行0例。

(七)当年对住房公积金管理人员违规行为的纠正和处理情况。2019年没有发生对住房公积金管理人员违规行为的纠正和处理情况。

枣庄市住房公积金2019年年度报告

一、机构概况

(一)**住房公积金管理委员会**:住房公积金管理委员会有30名委员,2019年召开1次会议,审议通过的事项主要包括:《关于2018年住房公积金计划执行情况和2019年住房公积金计划编制情况的报告》、《枣庄市住房公积金2018年年度报告》、《枣庄市住房公积金管理委员会第十五次全体会议决议》(草案)。

(二)**住房公积金管理中心**:住房公积金管理中心为直属枣庄市人民政府不以营利为目的的全额事业单位,设5个科室,6个管理部,2个分中心,2个分理处。从业人员108人,其中,在编45人,非在编63人。

二、业务运行情况

(一)**缴存**:2019年,新开户单位754家,实缴单位3814家,净增单位618家;新开户职工2.89万人,实缴职工27.77万人,净增职工0.94万人;缴存额41.87亿元,同比增长11.00%。2019年末,缴存总额298.00亿元,同比增长16.35%;缴存余额125.88亿元,同比增长11.03%。

受委托办理住房公积金缴存业务的银行5家,比上年增加0家。

(二)**提取**:2019年,提取额29.36亿元,同比下降1.34%;占当年缴存额的70.12%,比上年下降

8.78个百分点。2019年末，提取总额172.12亿元，同比增长20.57%。

（三）贷款：

1.个人住房贷款： 个人住房贷款最高额度50万元，其中，单缴存职工最高额度30万元，双缴存职工最高额度50万元。

2019年，发放个人住房贷款0.76万笔、27.40亿元，同比分别增长1.33%、11.75%。

2019年，回收个人住房贷款14.38亿元。

2019年末，累计发放个人住房贷款8.29万笔、194.06亿元，贷款余额113.30亿元，同比分别增长10.09%、16.45%、12.98%。个人住房贷款余额占缴存余额的90.01%，比上年增加1.56个百分点。

受委托办理住房公积金个人住房贷款业务的银行7家，比上年增加2家。

2.住房公积金支持保障性住房建设项目贷款： 无。

（四）购买国债： 未购买国债。

（五）融资： 无。

（六）资金存储： 2019年末，住房公积金存款17.63亿元。其中，活期4.20亿元，1年（含）以下定期0.6亿元，1年以上定期12.83亿元，其他（协定、通知存款等）0亿元。

（七）资金运用率： 2019年末，住房公积金个人住房贷款余额、项目贷款余额和购买国债余额的总和占缴存余额的90.01%，比上年增加1.56个百分点。

三、主要财务数据

（一）业务收入： 2019年，业务收入39409.79万元，同比增长12.75%。存款利息4656.11万元，委托贷款利息34750.84万元，国债利息0万元，其他2.84万元。

（二）业务支出： 2019年，业务支出23859.97万元，同比增长7.22%。支付职工住房公积金利息18087.70万元，归集手续费2009.60万元，委托贷款手续费1734.86万元，其他2027.81万元。

（三）增值收益： 2019年，增值收益15549.82万元，同比增长22.44%。增值收益率1.20%，比上年增加0.04个百分点。

（四）增值收益分配： 2019年，提取贷款风险准备金0万元，提取管理费用1674.76万元，提取城市廉租住房（公共租赁住房）建设补充资金13875.06万元。

2019年，上交财政管理费用1000.00万元。上缴财政城市廉租住房（公共租赁住房）建设补充资金2000.00万元。

2019年末，贷款风险准备金余额20055.58万元。累计提取城市廉租住房（公共租赁住房）建设补充资金102656.20万元。

（五）管理费用支出： 2019年，管理费用支出2257.91万元，同比增长2.37%。其中，人员经费1246.71万元，公用经费350.70万元，专项经费660.50万元。

四、资产风险状况

（一）个人住房贷款： 2019年末，个人住房贷款逾期额78.99万元，逾期率0.07‰。

个人贷款风险准备金按不低于贷款余额的1%提取。2019年，提取个人贷款风险准备金0万元，使用个人贷款风险准备金核销呆坏账 0 万元。2019 年末，个人贷款风险准备金余额 20055.58 万元，占个人住房贷款余额的 1.77%，个人住房贷款逾期额与个人贷款风险准备金余额的比率为 0.39%。

（二）支持保障性住房建设试点项目贷款：无。

（三）历史遗留风险资产：无。

五、社会经济效益

（一）缴存业务：2019 年，实缴单位数、实缴职工人数和缴存额同比分别增长 19.34%、3.53% 和 11.00%。

缴存单位中，国家机关和事业单位占 39.99%，国有企业占 12.35%，城镇集体企业占 2.02%，外商投资企业占 1.15%，城镇私营企业及其他城镇企业占 9.86%，民办非企业单位和社会团体占 3.25%，其他占 31.38%。

缴存职工中，国家机关和事业单位占 41.17%，国有企业占 33.40%，城镇集体企业占 0.81%，外商投资企业占 1.64%，城镇私营企业及其他城镇企业占 6.25%，民办非企业单位和社会团体占 0.77%，其他占 15.96%；中、低收入占 99.46%，高收入占 0.54%。

新开户职工中，国家机关和事业单位占 42.27%，国有企业占 14.47%，城镇集体企业占 1.38%，外商投资企业占 2.16%，城镇私营企业及其他城镇企业占 8.15%，民办非企业单位和社会团体占 4.14%，其他占 27.43%；中、低收入占 99.77%，高收入占 0.23%。

（二）提取业务：2019 年，9.00 万名缴存职工提取住房公积金 29.36 亿元。

提取金额中，住房消费提取占 82.05%（购买、建造、翻建、大修自住住房占 34.63%，偿还购房贷款本息占 45.16%，租赁住房占 0.03%，其他占 2.23%）；非住房消费提取占 17.95%（离休和退休提取占 14.50%，完全丧失劳动能力并与单位终止劳动关系提取占 0.65%，户口迁出本市或出境定居占 0.03%，其他占 2.77%）。

提取职工中，中、低收入占 99.21%，高收入占 0.79%。

（三）贷款业务：

1. 个人住房贷款： 2019 年，支持职工购建房 98.18 万平方米，年末个人住房贷款市场占有率为 22%，比上年减少 2.75 个百分点。通过申请住房公积金个人住房贷款，可节约职工购房利息支出 37388.00 万元。

职工贷款笔数中，购房建筑面积 90（含）平方米以下占 6.32%，90~144（含）平方米占 69.69%，144 平方米以上占 23.99%。购买新房占 85.78%（其中购买保障性住房占 0%），购买二手房占 14.22%，建造、翻建、大修自住住房占 0%，其他占 0%。

职工贷款笔数中，单缴存职工申请贷款占 12.85%，双缴存职工申请贷款占 87.15%，三人及以上缴存职工共同申请贷款占 0%。

贷款职工中，30 岁（含）以下占 13.27%，30 岁~40 岁（含）占 39.82%，40 岁~50 岁（含）占 34.27%，50 岁以上占 12.64%；首次申请贷款占 82.89%，二次及以上申请贷款占 17.11%；中、低收入占 99.08%，高收入占 0.92%。

2. 异地贷款：2019 年，发放异地贷款 1 笔、30 万元。2019 年末，发放异地贷款总额 44251.91 万元，异地贷款余额 31858.94 万元。

3. 公转商贴息贷款：2019 年，发放公转商贴息贷款 175 笔、6938 万元，支持职工购建住房面积 2.47 万平方米，当年贴息额 5004.56 万元。2019 年末，累计发放公转商贴息贷款 5184 笔、167711.80 万元，累计贴息 9991.99 万元。

4. 支持保障性住房建设试点项目贷款：无。

（四）住房贡献率：2019 年，个人住房贷款发放额、公转商贴息贷款发放额、项目贷款发放额、住房消费提取额的总和与当年缴存额的比率为 124.62%，比上年减少 0.94 个百分点。

六、其他重要事项

（一）当年机构及职能调整情况、受委托办理缴存贷款业务金融机构变更情况。2019 年，根据中共枣庄市市委机构编制委员会《关于调整市住房公积金管理中心机构编制事项的通知》（枣编发〔2019〕21 号），剥离枣庄市住房公积金管理中心承担的行政职能，其他均不变。

新增邮储银行枣庄分行、枣庄农商行和滕州农商行作为委托办理住房公积金贷款业务银行。

（二）当年住房公积金政策调整及执行情况。

1. 当年缴存基数限额及确定方法、缴存比例调整情况

（1）按照国务院《住房公积金管理条例》，2019 年 7 月 15 日印发《关于确定我市 2019 年度住房公积金执行控高保低缴存标准的通知》（枣住公〔2019〕36 号），对我市 2019 年度住房积金执行"控高保低"缴存标准予以确定。

（2）当年职工缴存住房公积金的月工资基数：最高是 15853 元/月，最低是 1550 元/月；缴存比例：单位和个人分别是 5%～12%；月缴存额：最高 3804.72 元/月，最低 155 元/月。

2. 当年提取政策调整情况

《山东省人民政府办公厅关于完善公积金管理体制扩大住房消费的指导意见》（鲁政办发〔2015〕34 号）宣布失效，中心依据该文件于 2019 年 10 月 15 日下发了《关于停止执行和取消相关住房公积金政策的通知》（枣住公〔2019〕51 号），支付物业费和专项住宅维修资金提取住房公积金业务停止执行。

3. 当年个人住房贷款最高贷款额度、贷款条件等贷款政策调整情况

住房公积金最高贷款额度：双缴存职工最高额度 50 万元，单缴存职工最高额度 30 万元；正常连续缴存 6 个月，可申请住房公积金贷款，最长贷款年限不超过 30 年。

贷款政策调整：

（1）根据《住房和城乡建设部关于取消部分部门规章和规范性文件设定的证明事项的决定》（建法规〔2019〕6 号）文件精神，中心在 2019 年 10 月 15 日下发了《关于停止执行和取消相关住房公积金政策的通知》（枣住公〔2019〕51 号），取消办理二手房住房公积金贷款的二手房估价报告。取消后，房屋价值认定标准按中心研究确定的办法执行。

（2）按照省政府办公厅《"一次办好"改革和减税降费政策落实情况的跟踪审计调查问题整改落实分工方案》要求，和省发展改革委等 10 部门《关于进一步清理整治违规收费的通知》（鲁发改成本〔2019〕

873号)文件要求,中心在2019年10月15日下发了《关于停止执行和取消相关住房公积金政策的通知》(枣住公〔2019〕51号),文件规定新发放公积金贷款,取消委托银行收取开发企业公积金贷款保证金。中心委托银行已经收取的开发企业公积金贷款保证金,全面进行清退处理。

4. 当年住房公积金存贷款利率执行标准

严格执行中国人民银行、住房和城乡建设部、财政部《关于完善职工住房公积金账户存款利率形成机制的通知》,公积金存款利率统一按照一年期定期存款基准利率即1.5%执行;个人住房公积金贷款利率:5年以下(含5年)是2.75%,5年以上是3.25%。

(三)当年服务改进情况。

1. 积极布局增设服务网点。 年内新启用网点1处,峄城管理部服务大厅顺利搬迁启用;高新区管理部网点新址装修已经完工,具备启用条件;西城分理处整体进驻市民服务中心;薛城管理部整体进驻薛城区市民服务中心;峄城管理部部分进驻峄城区市民服务中心。这些窗口的增设,方便了缴存职工办事"就近跑"。

2. 加强窗口硬件设施建设。 以全省文明行业创建"标准建设年"活动为抓手,按标准加强硬件建设,安装了电子扫描系统,增配了自助扫描设备,取消了公积金缴存、提取和贷款所有业务的材料复印件,极大方便了办事群众。新启用的服务大厅均按标准配备了自助查询机、自助服务终端、叫号机、政策宣传显示屏等硬件设备。按照文明创建要求,修建了无障碍通道,配备了轮椅、雨伞、针线盒等便民服务设施。加强大厅的综合管理,进一步优化美化亮化服务环境,打造了温馨、高效、便捷的"文明服务之家"。

3. 全面推行服务新模式。 全面推行"零跑腿+最多跑一次+就近跑一次+兜底服务"新模式。通过信息共享,推进"网上办",实现"零跑腿";优化流程、简化要件,实现"最多跑一次";积极布局服务网点,实现办事"就近跑";制定实施《业务容缺受理管理办法》和《兜底服务管理办法》,实现服务"兜底"。

4. 丰富综合服务平台服务事项。 主动打破"信息壁垒、数据烟囱",已实现与不动产登记、二手房交易、新建商品房、婚姻、个人社保、养老保险、个体工商户、企业信用代码、社会残疾人信息等10余个部门数据共享,完善了枣庄住房公积金综合服务平台功能,集成管理中心官网网上服务大厅、微信公众号、手机APP、支付宝城市服务、山东枣庄政务服务网、"爱山东·枣庄"手机APP、12329服务热线等多种互联网服务渠道,目前,公积金业务实现网上办理共计28项,其中"秒批秒办"9项,"不见面审批"19项。升级异地转移接续平台,与住房和城乡建设部平台直连,实现了缴存职工数据异地转移与资金支付实时操作,真正实现了让"数据多跑路、群众少跑腿"。

(四)当年信息化建设情况。

(1)加大信息化建设力度,推进政务服务网"一网通办"和"爱山东·枣庄"APP建设,进一步提高网上办理能力。2019年8月,枣庄中心被确定为全市"一网通办"的5家试点单位之一。为确保按时完成接入任务,枣庄中心立即启动系统建设工作,改造住房公积金信息系统,使其与政务服务网互联互通。目前,已有住房公积金月对冲签约、提前结清住房公积金贷款、提前偿还住房公积金贷款本金、开具缴存证明、偿还商业银行按揭贷款提取住房公积金、退休提取、购买本地二手房提取、购买本地新建商品房提取、住房公积金贷款申请、租房提取、解除合同提取、贷款进度查询、贷款信息查询、还款明细查询、缴存提取信息查询 22 项业务率先在政务网实现"一网通办"。

同时，按照枣庄市委市政府要求，作为"政务服务网一网通办"的试点单位，枣庄中心率先完成了个人信息查询、公积金账户信息查询、贷款账户信息查询、贷款进度查询、退休提取等"爱山东·枣庄"APP 接入的建设工作。职工只要下载安装"爱山东·枣庄"APP 并按照提示完成注册和实名认证，就可以通过手机掌上查询住房公积金的各类信息。

（2）升级异地转移接续平台，实现与住房和城乡建设部平台直连，职工异地转移业务更加安全高效。2019 年 7 月，按照住房和城乡建设部、省住房城乡建设厅工作安排，枣庄中心对住房公积金异地转移接续业务平台进行了升级，实现了中心业务系统与住房和城乡建设部结算平台直连。以直连方式接入平台后，实现了缴存职工数据异地转移与资金支付实时操作，减少审核及人工操作步骤，优化办理流程，缩短办理时间，提升服务效率，真正实现了"账随人走、钱随账走"，职工异地转移业务更加安全高效，异地转移接续业务比以前平均缩短 4 个工作日。

异地转移接续业务直连的开办，彻底改变了以往住房公积金异地转移业务办理流程复杂、资金划拨不畅、不能及时入账的状况，有效提升了缴存职工的满意度。

（3）积极推进与人行信息系统对接，推动征信系统开发和报文整改，尽快开通个人征信查询。根据征信业务进度，给枣庄市人行去函《关于接入征信系统，住房公积金数据上报难点问题的报告》，汇报征信工作进展，请示能否提前开通查询。针对存在的难点，积极和人行总行技术人员沟通，出具报送数据历史问题处理的函《关于报送住房公积金征信数据的说明》，积极上报市人行征信数据。邀请省市两级人民银行征信专家到我中心现场指导，解决征信接入面临的难点问题，形成简讯《省市两级人民银行征信专家组来我市指导公积金征信接入工作》，报枣庄市委市政府两办。征信接口程序通过人民银行验收，已获人总行批准，近期即能正式报送个人信贷数据。同时，积极协调枣庄银行和枣庄农商银行向人行申请征信查询机，分别放置在市政务服务中心和薛城区政务服务中心，方便群众就近查个人征信，尽早实现住房公积金"一次办好"。

（五）当年住房公积金管理中心及职工所获荣誉情况。2019 年，中心荣获"2018 年度全市经济社会发展综合考核先进集体""2018 年度全市招商引资工作突出贡献集体""市派第三轮第一书记工作先进单位"荣誉称号，继续保持"省级文明单位"和"市级文明单位"荣誉称号；枣矿分中心被评为"全省住房公积金行业文明服务示范窗口"，峄城管理部、台儿庄管理部分别荣获"2018 年度区（市）经济社会发展综合考核先进集体"荣誉称号；中心机关党支部被评为"枣庄市先进基层党组织"，中心团总支被评为"2018 年度枣庄市五四红旗团总支"。

2019 年，中心 3 人荣获"市经济社会发展综合考核先进个人"荣誉称号，分别为"二等功""三等功"和"嘉奖"；1 人荣获"区（市）经济社会发展综合考核先进个人三等功"荣誉称号，3 人荣获"区（市）经济社会发展综合考核先进个人嘉奖"荣誉称号；5 人被评为"全省住房公积金行业文明服务标兵"，1 人荣获"枣庄市三八红旗手"荣誉称号，1 人荣获"枣庄市城乡妇女岗位建功标兵"荣誉称号，1 人被评为"2018 年度枣庄市优秀共青团干部"；1 人被评为"市直机关纪检监察先进工作者"。

（六）当年对违反《住房公积金管理条例》和相关法规行为进行行政处罚和申请人民法院强制执行情况：无。

（七）当年对住房公积金管理人员违规行为的纠正和处理情况等：无。

（八）其他需要披露的情况：无。

东营市住房公积金 2019 年年度报告

一、机构概况

（一）住房公积金管理委员会：市住房公积金管理委员会有 33 名委员，2019 年召开 1 次会议，审议通过 2018 年度住房公积金归集、使用计划执行情况，并对其他重要事项进行决策，主要包括：（1）审议市住房公积金管理中心（含胜利油田分中心）2018 年度工作报告；（2）审议市住房公积金管理中心（含胜利油田分中心）2018 年计划执行情况和 2019 年计划草案的报告；（3）审议市住房公积金管理中心（含胜利油田分中心）2018 年年度报告。

（二）住房公积金管理中心：市住房公积金管理中心（以下简称市中心）为市政府不以营利为目的的全额事业单位，设 5 个科，7 个管理部，1 个分中心。从业人员 71 人，其中，在编 37 人，非在编 34 人。

胜利油田分中心为中国石化集团胜利石油管理局有限公司不以营利为目的的企业单位，设 3 个科，13 个管理部。从业人员 469 人，其中，在编 191 人，非在编 278 人。

二、业务运行情况

（一）缴存

2019 年，新开户单位 736 家，实缴单位 3687 家，净增单位 428 家；新开户职工 2.76 万人，实缴职工 38.48 万人，净增职工 0.59 万人；缴存额 64.38 亿元，同比增长 12.17%。2019 年末，缴存总额 637.14 亿元，比上年末增加 11.24%；缴存余额 156.39 亿元，比上年末增加 6.58%。其中：

市中心新开户单位 732 家，实缴单位 3565 家，净增单位 436 家；新开户职工 2.70 万人，实缴职工 20.91 万人，净增职工 1.26 万人；缴存额 29.05 亿元，同比增长 10.94%。2019 年末，缴存总额 210.80 亿元，比上年末增加 15.98%；缴存余额 74.87 亿元，比上年末增加 12.09%。受委托办理住房公积金缴存业务的银行 5 家，比上年新增 2 家。

胜利油田分中心新开户单位 4 家，实缴单位 122 家，净减少单位 8 家；新开户职工 0.06 万人，实缴职工 17.57 万人，净减少职工 0.67 万人；缴存额 35.33 亿元，同比增长 13.20%。2019 年末，缴存总额 426.33 亿元，比上年末增加 9.04%；缴存余额 81.52 亿元，比上年末增加 1.98%。受委托办理住房公积金缴存业务的银行 2 家，与上年一致。

（二）提取

2019 年，提取额 54.72 亿元，同比下降 23.67%；占当年缴存额的 85%，比上年减少 39.9 个百分点。2019 年末，提取总额 480.74 亿元，比上年末增加 12.84%。其中：

市中心提取额 20.97 亿元，同比增长 2.93%；占当年缴存额的 72.19%，比上年减少 5.66 个百分点。

2019年末，提取总额135.93亿元，比上年末增加18.25%。

胜利油田分中心提取额33.75亿元，同比下降34.22%；占当年缴存额的95.53%，比上年减少68.87个百分点。2019年末，提取总额344.81亿元，比上年末增加10.85%。

（三）贷款

个人住房贷款：市中心个人住房贷款最高额度40万元，其中，单缴存职工最高额度20万元，双缴存职工最高额度40万元。胜利油田分中心个人住房贷款最高额度50万元，其中，单缴存职工最高额度30万元，双缴存职工最高额度50万元。

2019年，发放个人住房贷款0.55万笔、16.71亿元，同比分别下降33.12%、31.91%。其中，市中心发放个人住房贷款0.31万笔、8.56亿元，同比分别下降25.41%、25.72%；胜利油田分中心发放个人住房贷款0.24万笔、8.15亿元，同比分别下降41%、37.39%。

2019年，回收个人住房贷款15亿元。其中，市中心8.2亿元，胜利油田分中心6.8亿元。

2019年末，累计发放个人住房贷款11万笔、205.71亿元，贷款余额104.07亿元，分别比上年末增加5.29%、8.84%、1.67%。个人住房贷款余额占缴存余额的66.55%，比上年末减少3.21个百分点。其中：

市中心累计发放个人住房贷款6.36万笔、120.76亿元，贷款余额62.45亿元，同比分别增长5.15%、7.63%、0.58%。个人住房贷款余额占缴存余额的83.41%，比上年减少9.54个百分点。受委托办理住房公积金个人住房贷款业务的银行13家，比上年增加6家。

胜利油田分中心累计发放个人住房贷款4.64万笔、84.95亿元，贷款余额41.62亿元，同比分别增长5.49%、10.61%、3.35%。个人住房贷款余额占缴存余额的51.05%，比上年增加0.67个百分点。受委托办理住房公积金个人住房贷款业务的银行7家，与上年一致。

（四）资金存储

2019年末，住房公积金存款54.967亿元。其中，活期0.042亿元，1年（含）以下定期10.20亿元，1年以上定期31.90亿元，其他（协定、通知存款等）12.825亿元。其中：

市中心住房公积金存款14.301亿元。其中，活期0.038亿元，1年（含）以下定期8亿元，其他（协定、通知存款等）6.263亿元。

胜利油田分中心住房公积金存款40.666亿元。其中，活期0.004亿元，1年（含）以下定期2.20亿元，1年以上定期31.90亿元，其他（协定、通知存款等）6.562亿元。

（五）资金运用率

2019年末，住房公积金个人住房贷款余额、项目贷款余额和购买国债余额的总和占缴存余额的66.55%，比上年末减少3.21个百分点。其中：

市中心住房公积金个人住房贷款余额、项目贷款余额和购买国债余额的总和占缴存余额的83.41%，比上年减少9.54个百分点。

胜利油田分中心住房公积金个人住房贷款余额、项目贷款余额和购买国债余额的总和占缴存余额的51.05%，比上年增加0.67个百分点。

三、主要财务数据

（一）业务收入：2019年，业务收入53272.88万元，同比增长0.04%。其中，市中心22764.18万元，胜利油田分中心 30508.70 万元；存款利息 19158.63 万元，委托贷款利息 34082.68 万元，其他 31.57 万元。

（二）业务支出：2019 年，业务支出 25820.52 万元，同比增长 3.58%。其中，市中心 13007.25 万元，胜利油田分中心 12813.27 万元；支付职工住房公积金利息 23062.74 万元，归集手续费 1262.15 万元，委托贷款手续费 1476.97 万元，其他 18.66 万元。

（三）增值收益：2019 年，增值收益 27452.36 万元，同比下降 3.08%。其中，市中心 9756.93 万元，胜利油田分中心 17695.43 万元；增值收益率 1.79%，比上年减少 0.06 个百分点。

（四）增值收益分配：2019 年，提取贷款风险准备金 342.26 万元，提取管理费用 6106.20 万元，提取城市廉租住房（公共租赁住房）建设补充资金 21003.91 万元。

2019 年，上交财政管理费用 1000 万元。上缴财政城市廉租住房（公共租赁住房）建设补充资金 55440.13 万元。其中，市中心上缴 7440.13 万元，胜利油田分中心上缴 48000 万元。

2019 年末，贷款风险准备金余额 20814.43 万元。累计提取城市廉租住房（公共租赁住房）建设补充资金 236562.94 万元。其中，市中心提取 51945.03 万元，胜利油田分中心提取 184617.91 万元。

（五）管理费用支出：2019 年，管理费用支出 4988.62 万元，同比增长 6.38%。其中，人员经费 691.13 万元，公用经费 2898.99 万元，专项经费 1398.50 万元。

市中心管理费用支出 1091.62 万元，其中，人员、公用、专项经费分别为 691.13 万元、45.69 万元、354.80 万元；胜利油田分中心管理费用支出 3897 万元，其中，人员、公用、专项经费分别为 0 万元、2853.30 万元、1043.70 万元。

四、资产风险状况

2019 年末，个人住房贷款逾期额 3.65 万元，逾期率 0.004‰。

个人贷款风险准备金按不低于贷款余额的 1% 提取。2019 年，提取个人贷款风险准备金 342.26 万元，使用个人贷款风险准备金核销呆坏账 0 万元。2019 年末，个人贷款风险准备金余额 20814.43 万元，占个人住房贷款余额的 2%，个人住房贷款逾期额与个人贷款风险准备金余额的比率为 0.02%。

五、社会经济效益

（一）缴存业务：2019 年，实缴单位数、实缴职工人数和缴存额同比分别增长 13.13%、1.55% 和 12.17%。

缴存单位中，国家机关和事业单位占 28.21%，国有企业占 11.28%，城镇集体企业占 0.90%，外商投资企业占 0.95%，城镇私营企业及其他城镇企业占 31.41%，民办非企业单位和社会团体占 2.69%，其他占 24.56%。

缴存职工中，国家机关和事业单位占 19.23%，国有企业占 51.52%，城镇集体企业占 0.38%，外商投资企业占 0.62%，城镇私营企业及其他城镇企业占 15.39%，民办非企业单位和社会团体占 0.76%，其他占 12.1%；中、低收入占 98.49%，高收入占 1.51%。

新开户职工中，国家机关和事业单位占 7.21%，国有企业占 7.27%，城镇集体企业占 0.63%，外商投资企业占 1.36%，城镇私营企业及其他城镇企业占 43.32%，民办非企业单位和社会团体占 3.53%，其他占 36.68%；中、低收入占 99.89%，高收入占 0.11%。

（二）提取业务：2019 年，23.1 万名缴存职工提取住房公积金 54.72 亿元。

提取金额中，住房消费提取占 87.24%（购买、建造、翻建、大修自住住房占 44.82%，偿还购房贷款本息占 28.07%，租赁住房占 5.67%，其他占 8.68%）；非住房消费提取占 12.76%（离休和退休提取占 10.03%，完全丧失劳动能力并与单位终止劳动关系提取占 0.98%，出境定居占 0.35%，其他占 1.4%）。

提取职工中，中、低收入占 97.99%，高收入占 2.01%。

（三）贷款业务：

1. 个人住房贷款

2019 年，支持职工购建房 76.99 万平方米，年末个人住房贷款市场占有率（含公转商贴息贷款）为 15.91%，比上年末减少 0.81 个百分点。通过申请住房公积金个人住房贷款，可节约职工购房利息支出 21347.86 万元。

职工贷款笔数中，购房建筑面积 90（含）平方米以下占 14.23%，90～144（含）平方米占 44.86%，144 平方米以上占 40.91%。购买新房占 68.19%，购买二手房占 31.81%。

职工贷款笔数中，单缴存职工申请贷款占 18.41%，双缴存职工申请贷款占 80.18%，三人及以上缴存职工共同申请贷款占 1.41%。

贷款职工中，30 岁（含）以下占 22.23%，30 岁～40 岁（含）占 41.84%，40 岁～50 岁（含）占 29.53%，50 岁以上占 6.4%；首次申请贷款占 86.78%，二次及以上申请贷款占 13.22%；中、低收入占 98.37%，高收入占 1.63%。

2. 异地贷款

2019 年，发放异地贷款 204 笔 6103.6 万元。2019 年末，发放异地贷款总额 8391.60 万元，异地贷款余额 5361.90 万元。

（四）住房贡献率：2019 年，个人住房贷款发放额、公转商贴息贷款发放额、项目贷款发放额、住房消费提取额的总和与当年缴存额的比率为 100.11%，比上年减少 54.21 个百分点。

六、其他重要事项

市中心：

（一）当年机构及职能调整情况、受委托办理缴存贷款业务金融机构变更情况。根据东营市委机构编制委员会（东编发〔2019〕42 号）文件规定，撤销内设机构稽查科，增设市直管理部。

本年度新增 6 家住房公积金受托银行。

（二）当年住房公积金政策调整及执行情况。

1. 当年缴存政策调整情况：根据相关文件规定，职工住房公积金缴存基数不高于市统计部门公布的全市上一年度职工月平均工资的三倍，最低缴存基数不低于省人民政府公布的我市当年最低工资标准。东营市统计局公布的 2018 年度本市城镇在岗职工年平均工资 89503 元/人（即月平均工资 7459 元/人），确定 2019 住房公积金年度缴存基数上限为 22377 元。根据上一年度东营市最低工资标准确定 2019 住房公积金年度缴存基数下限为 1910 元。

2. 当年提取政策调整情况：出台《关于规范住房公积金提取范围的通知》，取消除住房和城乡建设部提取标准范围之外的提取业务。新的提取范围包含以下七种情形：（1）职工购买、建造、翻建、大修自住住房的；（2）离休、退休的；（3）完全丧失劳动能力，并与单位终止劳动关系的；与单位终止劳动关系且不再继续缴存的；（4）出境定居的；（5）偿还购房贷款本息的；（6）无房职工租房自住的；（7）职工死亡或被宣告死亡的。不再包括大病提取、低保提取、特困提取、遇重大突发事件造成家庭生活困难提取、物业费提取及住宅维修资金提取。

3. 当年贷款政策调整情况：规范异地贷款业务，取消附加担保方式，延长贷款期限至30年。

4. 当年住房公积金存贷款利率执行标准情况：2019年度存贷款利率按中国人民银行公布的利率标准确定。目前执行情况：（1）存款利率：1.5％。（2）贷款利率：首套房5年（含）以内贷款利率2.75％，5年以上贷款利率3.25％；二套房住房公积金贷款利率执行同期首套个人公积金贷款利率的1.1倍。

（三）**当年服务改进情况**。一是出台《关于进一步完善大厅标准化管理的通知》，实行定位、标识、分类管理模式和五统一要求，推行预约、帮办代办、上门服务、非工作日服务等10多项服务制度。推广落实"服务七步曲"、晨会夕会、业务大讲堂等制度，组织开展业务技能大赛，前台服务能力明显提升。深入推进"一次办好"改革，增配自助查询机等便民设施，设置高端人才绿色通道，提升群众办事满意度。二是大力推进网办业务，逐步实现"不见面审批"。在去年推出4项网上业务的基础上，今年新增10项个人网办或自办业务，服务更加方便快捷。三是开通住房公积金官方微博和自助查询终端，全面完成了住房和城乡建设部规定的住房公积金综合服务平台8条渠道建设，实现了线上线下相融合的一体化政务服务，满足了广大缴存职工多样化个性化服务需求。目前网站总访问量达450万次，微信公众号关注人数近8.5万人，个人网厅注册用户14万人，手机公积金APP用户量4.1万人。

（四）**当年信息化建设情况**。12月初住房公积金"云平台"业务信息系统上线，实现了全流程覆盖，业务、结算、记账、监管自动化水平明显提升，新增归还商业住房贷款网上自助提取、异地转移接续、异地贷款和贷款逾期管理等功能，管理更加高效，服务更加智慧。

（五）**当年住房公积金管理中心及职工所获荣誉情况**。2019年中心被市委评为"市直第十九批下派帮扶工作先进单位"，东营区管理部被省住房城乡建设厅评为全省住房公积金行业文明服务示范窗口，开发区管理部被东营经济开发区管委会授予"新旧动能转换工作先进单位"，中心第一党支部被市直机关工委授予"市直机关第二批基层党建示范点"。3名同志被评为全省住房公积金行业文明服务标兵，9名同志被市委组织部和市人社局考核为优秀等次，1名同志被市委评为"市直第十九批联系服务企业工作先进个人"，1名同志被市委组织部、市人社局评为市直第十九批下派帮扶工作"三等功"，1名同志被市妇联评为"东营市巾帼建功标兵"。

胜利油田分中心：

（一）**当年机构及职能调整情况、受委托办理缴存贷款业务金融机构变更情况**。按照油田机关部室职能优化调整要求，分中心机关调整优化为三个室：公积金管理室、资金管理室、稽核督查室（综合室）。

（二）**当年住房公积金政策调整及执行情况**。

1. 缴存提取政策调整执行情况：按照市中心缴存、提取等相关政策执行，缴存基数上限不高于22377元，下限不低于3720元，同步取消了物业费提取、采暖费提取、大病等家庭生活困难提取。

2. 贷款政策调整及执行情况：按市中心统一要求规范贷款政策，继续执行连续缴存六个月可申请个人住房公积金贷款。

3. 当年住房公积金存贷款利率执行标准：与市中心同步按 2019 年人民银行公布利率标准执行。职工住房公积金存款利率按一年期定期存款基准利率执行，为 1.50％；贷款利率：五年期（含）以下 2.75％，五年期以上 3.25％，购买二套商品房申请个人住房公积金贷款的利率为同期首套商品房公积金个人住房贷款利率的 1.1 倍。

（三）当年服务改进情况。改造分中心服务大厅，优化服务环境，实现了公积金、社保、有线电视等业务"一厅办理"。服务窗口增设 2 个，总数达到 14 个，实行双休日业务受理；持续开展特色服务进基层、进家庭共 42 次，方便了就近办理。综合服务平台开通了网上大厅，可办理缴存、租房提取、退休提取、账户转移、信息查询等业务。通过网络、电视、报纸、征文、广场活动等，广泛深入宣传公积金政策、业务指南、服务举措和公积金知识，保证了快捷办理、明白办理。

制订并公布了《一次办好清单》，包含 39 项业务，全面取消"收取职工资料复印件"，职工购房提取住房证明材料优化为两类：权属证明和购房款费用证明。修订了《大厅管理与服务标准》；持续开展了行业文明创建活动、文明示范服务窗口复审，组织举办了"金钥匙"业务竞赛，推进了从业人员综合素质提升，为不断促进服务和管理工作奠定了良好基础。

（四）当年信息化建设情况。对公积金业务系统进行了优化升级，实现了与住房和城乡建设部数据平台对接，为职工公积金贷款抵减个人所得税畅通了渠道。积极推进"互联网＋公积金"的综合服务平台建设，开通了个人网厅和单位网厅，启动电子档案应用系统试运行，努力让数据多跑路、职工少跑腿不跑腿。

（五）当年住房公积金管理中心及职工所获荣誉情况。获得油田机关三八红旗集体。2 人获得省住房公积金行业文明服务标兵；2 人获得胜利油田技术能手；3 人立油田二等功；6 人立油田三等功。

烟台市住房公积金 2019 年年度报告

一、机构概况

（一）住房公积金管理委员会：住房公积金管理委员会有 22 名委员，2019 年召开 1 次会议，审议通过了《烟台市住房公积金 2018 年年度报告（审议稿）》《烟台市住房公积金 2019 年财务收支计划（审议稿）》。

（二）住房公积金管理中心：住房公积金管理中心为市政府直属正处级公益一类财政拨款事业单位，主要负责全市住房公积金的归集、管理、使用和会计核算。中心设 10 个科室，7 个管理部，7 个分中心。从业人员 208 人，其中，在编 157 人，非在编 51 人。

二、业务运行情况

（一）缴存：2019 年，新开户单位 1213 家，实缴单位 10544 家，净增单位 207 家；新开户职工 8.05 万人，实缴职工 83.47 万人，净增职工 0.99 万人；缴存额 103.30 亿元，同比增长 11.27％。截至 2019 年末，缴存总额 709.64 亿元，同比增长 17.04％；缴存余额 292.12 亿元，同比增长 11.06％。

受委托办理住房公积金缴存业务的银行 7 家。

（二）提取：2019 年，提取额 74.20 亿元，同比增长 4.70%；占当年缴存额的 71.83%，比上年减少 4.51 个百分点。截至 2019 年末，提取总额 417.52 亿元，同比增长 21.61%。

（三）贷款：

1. 个人住房贷款：个人住房贷款最高额度 45 万元（装配式住宅 54 万元），其中，双职工家庭最高额度 45 万元（装配式住宅 54 万元），单职工家庭最高额度 45 万元（装配式住宅 54 万元）。

2019 年，发放个人住房贷款 1.26 万笔，同比减少 0.04 万笔，降低 3.08%，发放贷款 46.38 亿元，同比增加 1.17 亿元，增长 2.59%。回收个人住房贷款 22.34 亿元。截至 2019 年末，累计发放个人住房贷款 16.07 万笔、415.52 亿元，贷款余额 276.96 亿元，同比分别增长 8.51%、12.56%、9.50%。个人住房贷款余额占缴存余额的 94.81%，比上年减少 1.35 个百分点。受委托办理住房公积金个人住房贷款业务的银行 7 家。

2. 住房公积金支持保障性住房建设项目贷款：2019 年未办理住房公积金支持保障性住房建设项目贷款。

（四）购买国债：2019 年未购买国债。

（五）融资：2019 年未办理融资业务。

（六）资金存储：截至 2019 年末，住房公积金存款 15.49 亿元。其中，1 年（含）以下定期 7.55 亿元，协定存款 7.94 亿元。

（七）资金运用率：截至 2019 年末，住房公积金个人住房贷款余额、项目贷款余额和购买国债余额的总和占缴存余额的 94.81%，比上年减少 1.35 个百分点。

三、主要财务数据

（一）业务收入：2019 年，业务收入 99639.04 万元，同比增长 15.83%。其中，存款利息 12618.76 万元，委托贷款利息 87020.28 万元。

（二）业务支出：2019 年，业务支出 56837.05 万元，同比增长 22.55%。其中，支付职工住房公积金利息 51880.56 万元，归集手续费 610.50 万元，委托贷款手续费 4345.99 万元。

（三）增值收益：2019 年，增值收益 42801.99 万元，同比增长 7.96%。增值收益率 1.52%，比上年减少 0.02 个百分点。

（四）增值收益分配：2019 年，提取管理费用 1660.17 万元，提取城市廉租住房（公共租赁住房）建设补充资金 41141.82 万元。

2019 年，上交财政管理费用 1660.17 万元。上缴财政城市廉租住房（公共租赁住房）建设补充资金 35923.82 万元。截至 2019 年末，贷款风险准备金余额 50599.13 万元。累计提取城市廉租住房（公共租赁住房）建设补充资金 219779.6 万元。

（五）管理费用支出：2019 年，管理费用支出 3996.33 万元，同比增长 6.07%。其中，人员经费 2848.44 万元，公用经费 593.79 万元，专项经费 554.10 万元。

四、资产风险状况

（一）个人住房贷款：2019 年末，个人住房贷款逾期额 2903.62 万元，逾期率 1.05‰。

个人贷款风险准备金按不低于贷款余额的 1% 提取。2019 年，未提取个人贷款风险准备金，未发生使用个人贷款风险准备金核销呆坏账情况。2019 年末，个人贷款风险准备金余额 50599.13 万元，占个人住房贷款余额的 1.83%，个人住房贷款逾期额与个人贷款风险准备金余额的比率为 5.74%。

（二）支持保障性住房建设试点项目贷款：2019 年未办理支持保障性住房建设试点项目贷款。

五、社会经济效益

（一）**缴存业务**：2019 年，实缴单位数、实缴职工人数和缴存额同比分别增长 2%、1.21% 和 11.27%。

缴存单位中，国家机关和事业单位占 33.01%，国有企业占 32.98%，城镇集体企业占 0.65%，外商投资企业占 7.98%，城镇私营企业及其他城镇企业占 23.62%，民办非企业单位和社会团体占 1.76%。

缴存职工中，国家机关和事业单位占 24.50%，国有企业占 25.95%，城镇集体企业占 0.81%，外商投资企业占 16.65%，城镇私营企业及其他城镇企业占 30.98%，民办非企业单位和社会团体占 1.11%；中、低收入占 98.48%，高收入占 1.52%。

新开户职工中，国家机关和事业单位占 10.52%，国有企业占 37.78%，城镇集体企业占 0.63%，外商投资企业占 26.25%，城镇私营企业及其他城镇企业占 22.89%，民办非企业单位和社会团体占 1.93%；中、低收入占 99.74%，高收入占 0.26%。

（二）**提取业务**：2019 年，27.15 万名缴存职工提取住房公积金 74.20 亿元。

提取金额中，住房消费提取占 85.04%（购买、建造、翻建、大修自住住房占 12.92%，偿还购房贷款本息占 64.81%，自住住房物业费占 4.39%，租赁住房占 2.36%，其他占 0.56%）；非住房消费提取占 14.96%（离休和退休提取占 9.95%，完全丧失劳动能力并与单位终止劳动关系提取占 0.11%，户口迁出本市或出境定居占 0.15%，死亡占 0.44%，其他占 4.31%）。

提取职工中，中、低收入占 98.15%，高收入占 1.85%。

（三）**贷款业务**：

1. 个人住房贷款：2019 年，支持职工购建房 157.03 万平方米，年末个人住房贷款市场占有率为 20.80%，比上年减少 1.12 个百分点。通过申请住房公积金个人住房贷款，可节约职工购房利息支出 108103 万元。

职工贷款笔数中，购房建筑面积 90（含）平方米以下占 16.91%，90~144（含）平方米占 74.45%，144 平方米以上占 8.64%。购买新房占 78.73%，购买二手房占 21.27%。

职工贷款笔数中，单缴存职工申请贷款占 29.77%，双缴存职工申请贷款占 69.10%，三人及以上缴存职工共同申请贷款占 1.13%。

贷款职工中，20 岁（含）以下占 0.08%，20 岁~30 岁（含）占 30.65%，30 岁~40 岁（含）占 37.76%，40 岁~50 岁（含）占 24.34%，50 岁~60 岁（含）占 7.15%，60 岁以上占 0.02%；首次申请贷款占 94.37%，二次及以上申请贷款占 5.63%；中、低收入占 99.85%，高收入占 0.15%。

2. 异地贷款：2019 年，发放异地贷款 483 笔、17911 万元。年末，发放异地贷款总额 116968 万元，异地贷款余额 105029.14 万元。

3. 公转商贴息贷款：2019 年未办理公转商贴息贷款。

4. 支持保障性住房建设试点项目贷款： 2019年未办理支持保障性住房建设试点项目贷款。

（四）住房贡献率： 2019年，个人住房贷款发放额、住房消费提取额的总和与当年缴存额的比率为105.98%，比上年同期减少3.94个百分点。

六、其他重要事项

（一）当年机构调整情况。 当年中心新增一个科室党建办公室。

（二）当年贷款政策调整情况。 贯彻落实山东省发展和改革委员会等十部门《关于进一步清理整治违规收费的通知》要求，当年停止收取项目开发单位的住房公积金贷款保证金，对存量住房公积金贷款保证金，予以清退。

（三）当年缴存基数限额及确定方法、缴存比例调整情况。

1. 2019年1月1日～2019年6月30日： 烟台市行政区域内职工住房公积金最高缴存基数为17255元；最低缴存基数莱阳市、栖霞市、海阳市、长岛县为1730元，市直及其他县市区均为1910元。（《关于开展2019年度住房公积金缴存基数调整工作的通知》烟住征〔2018〕2号）。

2. 2019年7月1日～2019年12月31日： 烟台市行政区域内职工住房公积金最高缴存基数为18663元；最低缴存基数莱阳市、栖霞市、海阳市、长岛县为1730元，市直及其他县市区均为1910元。（《关于确定2019年度住房公积金最高、最低缴存基数的通知》烟住〔2019〕29号）。

3. 现缴存比例执行标准： 单位和职工缴存比例不低于5%，不高于12%。

（四）当年服务改进情况。

1. 拓展为民服务渠道。 经协调协办银行，在芝罘、福山、开发区建设银行开设6个住房公积金业务代办点，办理住房公积金账户信息查询、账户迁移和提取业务。

2. 业务档案电子化取得较好效果。 2019年初，中心在全市窗口柜台全面应用电子档案管理系统，业务办理过程中各类要件档案实时形成电子化档案，全部取消复印件。截至2019年12月底共生成档案446755份，电子文件3018402张，为办事群众节省复印费约75.46万元（备注：每张纸0.25元）。

3. 完成政务信息资源数据共享外部信息资源数据的梳理、分析、申请与落地对接工作。 2019年，作为烟台市政务数据共享应用的第一个试点单位，中心积极、快速推进政务信息资源应用相关工作。拟定了《关于政务信息数据归集与共享应用正式试点单位相关事项的工作方案》《关于落实〈烟台市首批政务数据归集工作实施方案〉试点单位工作推进方案》，制定了"一次办好"的工作目标。按照各类业务通过柜台、网上营业厅、微信公众号、手机APP、自助智能终端等多种渠道实时办理的模式，梳理了业务流程，确定了对外部单位证件、票据等各类数据字段的详细需求。先后向市大数据局申请了10个单位49个数据接口。充分利用现有的政务共享信息资源，实现中心关键业务"网上办""自己办""零跑腿"。实现了省内利用政务信息资源办理公积金业务的历史性突破，该做法受到了住房和城乡建设厅和市政府的肯定，住房和城乡建设厅专门发文在全省推广。中心也在当年省政府、省大数据局推进政务信息共享工作中，成为政务信息资源应用先进单位。

4. 政务信息数据共享推动业务流程改造。 通过政务信息共享数据，中心实现了对外服务渠道和柜台业务的流程改造及业务系统升级。先后向社会推出12项网上办理业务、17项柜台减件业务，实现"网上办""自己办""零跑腿"；必须面审的业务实现"减少要件""一证办理""一次办好"的目标。截至12月底，通过政务信息共享数据办理"零材料""零跑腿"业务14795笔，金额19195万元。

5. 单位业务"网上办"向社会推开。 2019年，完善和推广单位网上营业厅成为中心的业务重点。在推进柜台业务向网上业务办理的战略中，单位业务成为首批转移重点。中心组织专业人员不断优化网上业务功能，多渠道、多方式向广大缴存单位推荐使用网上营业厅办理业务。开通网厅的缴存单位通过UKEY登录本单位网厅，足不出户就可办理网上缴存、基数变更、人员增减、信息维护、单据打印等业务。截至2019年底，单位网厅共完成缴存业务1389915人次，缴存金额145598万元。

（五）当年信息化建设情况。

1. 完善综合服务平台。 2019年是信息化推动柜台业务向网上办理的服务提升年。中心组织专人对公积金缴存、提取、贷款等业务进行重新梳理流程再造，"网上办、掌上办、零跑腿、自己办"实现突破。中心通过多项服务渠道，推出多类业务网上办理，客户通过个人网厅、微信公众号、爱山东APP、烟台一手通、智能终端等服务渠道，在线办理缴存、提取、贷款、变更、查询、打印等各类业务。在服务渠道累计发布自助办理业务12项，柜台业务办理实现"减件"事项17项。该举措为广大缴存人和缴存单位办事提供很多方便，受到群众强烈点赞。

2. 规范异地转移接续流程，接入异地转移接续平台。 为方便群众办理异地转移业务，按照住房和城乡建设部要求，组织梳理并研发异地转移接续流程、信息系统，2019年2月份中心系统顺利接入了住房和城乡建设部异地转移接续平台，属于省内较早接入住房和城乡建设部异地转移接续平台的中心。申请人办理异地转移业务，从此不再需要两地来回跑，既节省时间又节省金钱，业务办结时间由原来的两个周减少为3天，受到了广大用户的好评。

3. 接入住房公积金数据平台。 2019年4月底，为落实住房和城乡建设部接入税务总局数据报送的工作，中心组织专项小组，根据《住房公积金数据平台接入技术方案》，完成了数据上报平台的设计、开发工作。全程用时2个月，现中心每天按时上报业务办理数据。

（六）当年住房公积金管理中心及职工所获荣誉情况。中心荣获2019年度"省级文明单位"；海阳分中心服务大厅被评为"全省住房公积金行业文明服务示范窗口"；吕翔、林萌萌、王秀娟、姜显阳、初双、沈蓉青、迟光平、栾晓蕾、王成被评为"全省住房公积金行业文明服务标兵"；芝罘管理部获得"烟台市文明单位"。

（七）当年对违反《住房公积金管理条例》和相关法规行为进行行政处罚和申请人民法院强制执行情况。2019年对违反《住房公积金管理条例》和相关法规共申请人民法院强制执行10起案件，其中：已判决申请强制执行5起，收回1起，收回金额约20万元，另4起尚在执行中。其他5起在法院审理期间。

潍坊市住房公积金2019年年度报告

一、机构概况

（一）住房公积金管理委员会：住房公积金管理委员会有29名委员，2019年召开1次会议，审议通

过的事项主要包括：《潍坊市住房公积金管理工作报告》《潍坊市住房公积金 2018 年年度报告》《潍坊市住房公积金 2018 年归集使用计划执行情况报告》《潍坊市住房公积金 2018 年增值收益分配方案》《潍坊市住房公积金 2019 年归集使用计划》。

（二）**住房公积金管理中心**：住房公积金管理中心为隶属于潍坊市人民政府不以营利为目的的全额拨款事业单位，设 9 个科，8 个分中心，8 个管理部。从业人员 228 人，其中，在编 163 人，非在编 65 人。

二、业务运行情况

（一）**缴存**：2019 年，新开户单位 1378 家，实缴单位 8418 家，净增单位 959 家；新开户职工 8.15 万人，实缴职工 68.60 万人，净增职工 3.57 万人；缴存额 77.53 亿元，同比增长 11.11%。2019 年末，缴存总额 535.24 亿元，比上年末增加 16.94%；缴存余额 232.14 亿元，比上年末增加 12.70%。

受委托办理住房公积金缴存业务的银行 5 家，与上年一致。

（二）**提取**：2019 年，提取额 51.38 亿元，同比增长 11.16%；占当年缴存额的 66.27%，比上年增加 0.03 个百分点。2019 年末，提取总额 303.11 亿元，比上年末增加 20.42%。

（三）**贷款**：

1. 个人住房贷款：个人住房贷款最高额度 40 万元，其中，单缴存职工最高额度 35 万元，双缴存职工最高额度 40 万元。

2019 年，发放个人住房贷款 1.48 万笔、43.64 亿元，同比分别下降 1.33%、5.50%。

2019 年，回收个人住房贷款 24.52 亿元。

2019 年末，累计发放个人住房贷款 14.19 万笔、328.12 亿元，贷款余额 206.08 亿元，分别比上年末增加 11.56%、15.34%、10.23%。个人住房贷款余额占缴存余额的 88.78%，比上年末减少 1.99 个百分点。

受委托办理住房公积金个人住房贷款业务的银行 17 家，与上年相同。

2. 住房公积金支持保障性住房建设项目贷款：无。

（四）**购买国债**：无。

（五）**融资**：无。

（六）**资金存储**：2019 年末，住房公积金存款 28.92 亿元。其中，活期 0.03 亿元，1 年（含）以下定期 17.63 亿元，1 年以上定期 0 亿元，其他（协定、通知存款等）11.26 亿元。

（七）**资金运用率**：2019 年末，住房公积金个人住房贷款余额、项目贷款余额和购买国债余额的总和占缴存余额的 88.78%，比上年末减少 1.99 个百分点。

三、主要财务数据

（一）**业务收入**：2019 年，业务收入 71527.37 万元，同比增长 18.46%。存款利息 7074.51 万元，委托贷款利息 64446.32 万元，国债利息 0 万元，其他 6.54 万元。

（二）**业务支出**：2019 年，业务支出 34218.25 万元，同比增长 27.34%。支付职工住房公积金利息 32958.07 万元，归集手续费 6.05 万元，委托贷款手续费 1253.32 万元，其他 0.81 万元。

（三）**增值收益**：2019 年，增值收益 37309.11 万元，同比增长 11.34%。增值收益率 1.69%，比上年减少 0.04 个百分点。

（四）增值收益分配：2019 年，未提取贷款风险准备金，提取管理费用 6000.00 万元，提取城市廉租住房（公共租赁住房）建设补充资金 31309.11 万元。

2019 年，上交财政管理费用 5300.00 万元。上缴财政城市廉租住房（公共租赁住房）建设补充资金 23079.69 万元。

2019 年末，贷款风险准备金余额 37392.68 万元。累计提取城市廉租住房（公共租赁住房）建设补充资金 129994.69 万元。

（五）管理费用支出：2019 年，管理费用支出 5281.02 万元，同比增长 2.80%。其中，人员经费 2955.66 万元，公用经费 199.96 万元，专项经费 2125.40 万元。

四、资产风险状况

（一）个人住房贷款：2019 年末，个人住房贷款逾期额 210.63 万元，逾期率 0.10‰。

个人贷款风险准备金按不低于贷款余额的 1% 提取。2019 年，未提取个人贷款风险准备金，2019 年末，个人贷款风险准备金余额 37392.68 万元，占个人住房贷款余额的 1.81%，个人住房贷款逾期额与个人贷款风险准备金余额的比率为 0.56%。

（二）支持保障性住房建设试点项目贷款：无。

五、社会经济效益

（一）缴存业务：2019 年，实缴单位数、实缴职工人数和缴存额同比分别增长 12.86%、5.49% 和 11.11%。

缴存单位中，国家机关和事业单位占 33.32%，国有企业占 8.85%，城镇集体企业占 2.00%，外商投资企业占 2.07%，城镇私营企业及其他城镇企业占 23.97%，民办非企业单位和社会团体占 2.86%，其他占 26.93%。

缴存职工中，国家机关和事业单位占 35.68%，国有企业占 15.64%，城镇集体企业占 1.54%，外商投资企业占 6.37%，城镇私营企业及其他城镇企业占 19.34%，民办非企业单位和社会团体占 2.12%，其他占 19.31%；中、低收入占 98.95%，高收入占 1.05%。

新开户职工中，国家机关和事业单位占 13.78%，国有企业占 10.99%，城镇集体企业占 2.22%，外商投资企业占 9.37%，城镇私营企业及其他城镇企业占 34.19%，民办非企业单位和社会团体占 4.24%，其他占 25.21%；中、低收入占 99.73%，高收入占 0.27%。

（二）提取业务：2019 年，19.45 万名缴存职工提取住房公积金 51.38 亿元。

提取金额中，住房消费提取占 80.17%（购买、建造、翻建、大修自住住房占 29.14%，偿还购房贷款本息占 49.79%，租赁住房占 0.88%，其他占 0.36%）；非住房消费提取占 19.83%（离休和退休提取占 13.58%，完全丧失劳动能力并与单位终止劳动关系提取占 4.82%，出境定居占 0%，其他占 1.43%）。

提取职工中，中、低收入占 98.48%，高收入占 1.52%。

（三）贷款业务：

1.个人住房贷款：2019 年，支持职工购建房 194.62 万平方米，年末个人住房贷款市场占有率（含公转商贴息贷款）为13.66%，比上年末增加0.77个百分点。通过申请住房公积金个人住房贷款，可节约职工购房利息支出6.19亿元。

职工贷款笔数中，购房建筑面积90（含）平方米以下占5.99%，90~144（含）平方米占69.39%，144平方米以上占24.62%。购买新房占82.95%（其中购买保障性住房占0%），购买二手房占17.05%，建造、翻建、大修自住住房占0%，其他占0%。

职工贷款笔数中，单缴存职工申请贷款占16.97%，双缴存职工申请贷款占83.03%，三人及以上缴存职工共同申请贷款占0%。

贷款职工中，30岁（含）以下占21.04%，30岁~40岁（含）占45.62%，40岁~50岁（含）占26.55%，50岁以上占6.79%；首次申请贷款占91.77%，二次及以上申请贷款占8.23%；中、低收入占97.05%，高收入占2.95%。

2. 异地贷款：2019年，发放异地贷款797笔、24698.5万元。2019年末，发放异地贷款2233笔累计发放异地贷款总额70037.2万元，异地贷款余额60857.32万元。

3. 公转商贴息贷款：无。

4. 支持保障性住房建设试点项目贷款：无。

（四）住房贡献率：2019年，个人住房贷款发放额、公转商贴息贷款发放额、项目贷款发放额、住房消费提取额的总和与当年缴存额的比率为109.42%，比上年减少7.88个百分点。

六、其他重要事项

（一）当年机构及职能调整情况、受委托办理缴存贷款业务金融机构变更情况。

（1）2019年4月，由于市住房公积金管理委员会部分组成人员工作变动，为便于工作开展，经委员会成员所在单位同意，对市住房公积金管理委员会组成人员中的8位进行了调整。

（2）受委托办理缴存贷款业务金融机构无变更。

（二）当年住房公积金政策调整及执行情况。

（1）当年缴存基数限额及确定方法、缴存比例、缴存政策调整情况。单位应以职工本人上一年度月平均工资作为缴存基数，并不得超过上限和低于下限。职工本人上一年度平均工资低于下限的以下限为缴存基数，高于上限的以上限为缴存基数。2019年度我市住房公积金月缴存基数上限为17514元，下限为1910元。单位、职工缴存比例，最高不得超过各12%，最低不低于各5%。

（2）当年提取政策调整情况。2019年，在保证公积金提取材料真实有效的前提下，进一步加大力度简化业务办理材料，缩短业务办理时限，切实有效地解决职工业务办理的问题。

一是制定了《关于简化住房公积金业务办理证明材料、优化流程的通知》，取消了《潍坊市住房公积金提取授权委托书》、户籍登记部门证明材料、《借款合同》和上月还款流水凭证等12项证明材料；二是制定了《关于对受理个人住房公积金贷款提前还款业务进行调整的通知》，对公积金提前还款、取消5万元以上大额审批等5项业务流程进行了优化再造，进一步提高住房公积金办事效率；三是加大网上服务厅工作推进力度，完成线上办理退休提取、与单位解除劳动关系提取、自动提取还贷、商业还贷提取功能和企业住房公积金缴存登记全程网办，五种业务类型，进一步提升了工作效能和职工满意度，实现部分提取业务"零材料、零跑腿"。

3.当年个人住房贷款最高贷款额度、贷款条件等贷款政策调整情况；当年住房公积金存贷款利率执行标准等。

2019年明确了实行差别化信贷政策，贷款申请额度依据是否夫妻双方缴存、住房公积金缴存比例、首付款额度、账户缴存余额等条件综合确定，最高申请额度不超过40万元。其中，借款人及配偶双方缴存住房公积金的，最高贷款额度为40万元，借款人单方（含单身）缴存住房公积金的，最高贷款额度为35万元，办理住房公积金贷款业务时，取消了潍坊市行政区域外房屋权属登记查询结果证明。2019年住房贷款利率执行中国人民银行规定的基准利率标准，贷款期内法定利率发生调整的，1年期贷款按合同约定利率计息，1年期以上贷款于次年1月1日起按调整后的相应利率档次计息。二次公积金贷款、第二套房贷款的利率在中国人民银行规定的基准利率标准上上调10%。

（三）当年服务改进情况。

1. 学习先进经验，制定规范化服务标准。 在积极学习外市窗口规范化服务先进经验的基础上，结合我中心实际，制定了《潍坊市住房公积金管理中心优化营商环境窗口规范化服务专班工作方案》《潍坊市住房公积金管理中心窗口规范化服务标准（试行）》《潍坊市住房公积金管理中心窗口规范化服务标准考核办法（试行）》《2019年全市住房公积金窗口规范化服务工作达标活动实施方案》，印发了各分支（办事）机构执行。

2. 配置服务设施，提高窗口服务质量。 我中心对公积金服务大厅进行了升级改造，设置自助服务区，群众可以登录网站了解公积金政策、查询个人账户信息，摆放了办事指南、业务办理流程及住房公积金政策宣传资料，安装了接受监督的意见箱，增设了便民台、母婴室、便民座椅、婴儿座椅、残疾人轮椅等服务设施，配备了WIFI、手机加油站、医药箱、针线盒、雨伞等15项免费服务，为前来办事职工提供一个舒适、方便、有序的服务环境。

3. 精心组织活动，促进窗口服务提升。 一是组织了窗口服务规范化建设"服务礼仪培训班"，起到了服务示范引路作用，达到了培训目的。二是组织完成了"政治理论、业务知识、服务礼仪"比武竞赛活动，有效推动了窗口服务质量的提升。三是通过探索引入第三方"神秘人"对全市16个分中心（管理部）窗口服务态度、服务质量、服务环境等方面进行监督、监测和评价，既检验了公积金服务质效，也推动了公积金窗口服务持续改善和提升。

4. 强化数据归集共享。 2019年度，利用数据共享应用平台，实现政务信息资源数据的归集应用与银行数据共享合作。

（1）政务数据归集应用

截至2019年底，通过市级政务信息资源共享平台，申请了13家单位的31类数据接口。其中省市场监管局的"企业登记备案信息"接口已经应用于网上"企业缴存登记"功能；市资源规划局、市住建局、市人社局、省市场监管局、省民政厅5部门的14类数据接口已经接入业务系统，供业务人员进行办理要件的查证。

2019年7月份实现通过接口和库表两种模式，将公积金数据接入市级政务信息资源共享平台，提供对外服务。

（2）银行数据共享合作

2019年6月，公积金贷款征信数据开始按月上报人民银行。

2019年7月实现利用招商银行APP办理4项公积金业务。

截至2019年底，与工商、农业、中国、中信、浦发、招商、民生等8家商业银行打通数据通道，助力商业银行利用公积金数据开展网络信用贷款业务。

5. 持续完善综合服务平台。

2019年度,我们按照上级有关要求,参照《住房公积金综合服务平台建设导则》,持续完善综合服务平台。

(1) 大力开发线上业务

积极响应市政府"一次办好"有关要求,大力开发线上业务。截至2019年底,实现全部对公业务可以网上办理,个人业务实现：退休提取、与单位终止劳动关系提取、偿还商贷提取、委托自动提取还贷、公积金对冲还贷、单位缴存登记、个人信息修改等七项高频业务可以网上办理。

(2) 实现两种安全身份认证模式

与蚂蚁金服合作,实现利用支付宝扫码刷脸认证身份,已经成功应用于个人网厅登录验证和线上业务申请身份验证。

按照市政府有关要求,实现与省统一身份认证平台的对接,目前已应用于个人网厅登录。

(3) 不断完善综合服务平台知识库

12329客服持续收集、整理各服务渠道职工咨询的问题,不断完善到综合服务平台知识库中。截至2019年底,共整理标准问题14451个。

6. 设备更新升级。

2019年7月,为保障公积金单位线上业务稳定运行,对VPN网关设备进行升级。截至12月底,累计制作分发公积金缴存单位网厅Ukey8433个,保障公积金缴存单位网上业务办理实现全覆盖。

7. 简化贷款抵押流程。

2019年12月,为简化流程手续,缩短审批周期,减少跑腿次数,方便银行办理贷款抵押业务,利用公积金中心与自然资源和规划局专线,通过公积金中心和各商业银行现有互联专线,访问不动产登记金融管理系统,办理贷款抵押业务。

(四) 当年信息化建设情况。2019年5月,潍坊市住房公积金管理信息系统接入全国数据平台并通过测试,自5月31日起开始,每日按照《住房公积金基础数据标准》做好数据整理工作,并通过结算应用系统报送至全国住房公积金数据平台,达到住房和城乡建设部公积金数据定时上报要求。同时按照住房和城乡建设部建设要求,我中心于2019年6月28日将公积金管理信息系统接入全国异地转移接续平台,实现与平台直连,公积金异地转移接续业务信息通过平台进行传递,账户资金通过住房公积金结算平台划转至转入地公积金中心,实现与信息的同步转出。

(五) 当年住房公积金管理中心及职工所获荣誉情况。

(1) 根据鲁建金字〔2019〕2号文件,安丘分中心、寿光分中心服务窗口被表彰为全省住房公积金行业文明服务示范窗口；8名一线工作人员被表彰为全省住房公积金行业文明服务标兵。

(2) 根据鲁建金字〔2019〕7号文件,潍坊市住房公积金窗口规范化服务标准建设工作作为2019年全省住房公积金管理创新典型经验做法之一被表扬推广。

(3) 根据中共潍坊市委、潍坊市人民政府《关于表彰2018年度先进单位、先进个人的决定》,1名同志获年度考核市管干部嘉奖。

(4) 根据潍政字〔2019〕10号文件,潍坊市住房公积金管理中心被评为2018年度全市政务公开工作先进单位；1名同志被评为先进个人。

（5）根据潍政办字〔2019〕20号文件，1名同志被评为2018年度全市政府系统政务信息工作先进个人。

（6）根据潍政办字〔2019〕34号文件，潍坊市住房公积金管理中心《新市民住房问题专题调研报告》被评为2018年度全市政府系统优秀调研成果三等奖。

（7）根据潍选派组发〔2019〕1号文件，1名同志被表彰为市直第四批包村帮扶工作优秀第一书记。

（8）根据潍团发〔2019〕7号文件，潍坊市住房公积金管理中心机关团支部被表彰为2018年度"潍坊市五四红旗团支部"。

（9）根据潍直工发〔2019〕168号文件，寿光分中心1名同志、峡山管理部1名同志被表彰为潍坊市直机关2019年度"岗位建功标兵"。

（10）根据根据潍直工发〔2019〕151号文件，在潍坊市直机关"礼赞新中国奋进新时代"庆祝中华人民共和国成立70周年文艺汇演中，获一等奖并被评为优秀组织单位。

（11）根据潍直工发〔2019〕171号文件，潍坊市住房公积金管理中心《推行窗口服务四措施实现服务效能四提升》被表彰为2019年度市直机关"优质服务项目"。

（12）根据潍审学字〔2019〕9号文件，潍坊市住房公积金中心稽核科被表彰为2019年度全市内部审计工作先进单位。

（13）在潍坊市总工会、潍坊市体育局组织的全市职工庆祝中华人民共和国成立70周年乒乓球比赛中，获优秀组织奖。

（14）在潍坊市委市直机关工委组织的"青春·奋斗·中国梦"演讲比赛中，1名同志荣获优秀奖。

（15）在潍坊市总工会组织的全市职工"庆祝新中国成立70周年"演讲比赛中，1名同志荣获优秀奖。

（六）当年对违反《住房公积金管理条例》和相关法规行为进行行政处罚和申请人民法院强制执行情况。根据住房和城乡建设部、财政部、人民银行、公安部《关于开展治理违规提取住房公积金工作的通知》（建金〔2018〕46号）文件要求，开展治理违规提取住房公积金系列活动，通过对住房公积金提取业务事后专项复核，对接住建局、不动产登记中心、税务局、民政局等有关部门，逐笔核实提取人提取材料的真实性。2019年度已查实63名职工存在使用虚假证明材料违规提取（骗提套取）住房公积金行为，按照住房公积金违规提取（骗提套取）相关规定将该63名职工纳入住房公积金失信黑名单并予以公示，进行严肃处理，严厉打击了违规提取（骗提套取）住房公积金行为，防范资金风险，进一步规范了住房公积金提取管理工作，切实维护了广大缴存职工的合法权益。

（七）当年对住房公积金管理人员违规行为的纠正和处理情况等。无。

（八）其他需要披露的情况。无。

济宁市住房公积金2019年年度报告

一、机构概况

（一）住房公积金管理委员会：住房公积金管理委员会有25名委员，2019年召开2次会议，审议通

过的事项主要包括：

（1）2019年度住房公积金归集、增值收益、贷款逾期率控制计划。

（2）《济宁市住房公积金2018年年度报告》。

（3）2018年度住房公积金增值收益分配方案。

（4）2018年度廉租住房补充资金分配方案。

（5）聘请法律顾问。

（6）开展存量公转商及银行授信融资业务。

（7）调整贷款对象资格认定标准及贷款时间间隔。

（8）调整部分住房公积金使用政策。

（9）成立住房公积金缴存托管中心。

（二）住房公积金管理中心：住房公积金管理中心为直属市政府不以营利为目的的县级全额预算管理事业单位，设9个科，12个管理部，4个分中心。从业人员94人，其中，在编94人，非在编0人。

二、业务运行情况

（一）缴存：2019年，新开户单位1923家，实缴单位9699家，净增单位665家；新开户职工5.68万人，实缴职工58.13万人，净增职工1.13万人；缴存额82.97亿元，同比增长8.32%。2019年末，缴存总额602.66亿元，比上年末增加15.97%；缴存余额249.56亿元，比上年末增加7.71%。

受委托办理住房公积金缴存业务的银行6家，较上年没有变化。

（二）提取：2019年，提取额65.11亿元，同比增长4.54%；占当年缴存额的78.47%，比上年减少2.84个百分点。2019年末，提取总额353.11亿元，比上年末增加22.61%。

（三）贷款：

个人住房贷款：个人住房贷款最高额度40万元，其中，单缴存职工最高额度40万元，双缴存职工最高额度40万元。

2019年，发放个人住房贷款1.74万笔、59.84亿元，同比分别增长8.07%、16.17%。

2019年，回收个人住房贷款34.59亿元。

2019年末，累计发放个人住房贷款17.68万笔、429.98亿元，贷款余额250.18亿元，分别比上年末增加10.92%、16.17%、11.23%。个人住房贷款余额占缴存余额的100.25%，比上年末增加3.17个百分点。

受委托办理住房公积金个人住房贷款业务的银行18家，比上年增加3家。

（四）融资：2019年，融资10亿元，归还0亿元。2019年末，融资总额10亿元，融资余额10亿元。

（五）资金存储：2019年末，住房公积金存款15.34亿元。其中，活期0亿元，1年（含）以下定期0.81亿元，1年以上定期4.19亿元，其他（协定、通知存款等）10.34亿元。

（六）资金运用率：2019年末，住房公积金个人住房贷款余额、项目贷款余额和购买国债余额的总和占缴存余额的100.25%，比上年末增加3.17个百分点。

三、主要财务数据

（一）业务收入：2019年，业务收入82592.50万元，同比增长8.57%。其中，存款利息3768.74万元,委托贷款利息 76475.08 万元,国债利息 0 万元,其他 2348.68 万元。

(二)业务支出:2019 年,业务支出 45399.74 万元,同比增长 9.43%。其中,支付职工住房公积金利息 35535.15 万元,归集手续费 3976.63 万元,委托贷款手续费 3824.43 万元,其他 2063.53 万元。

(三)增值收益:2019 年,增值收益 37192.76 万元,同比增长 7.54%。其中,增值收益率 1.54%,比上年增加 0.02 个百分点。

(四)增值收益分配:2019 年,提取贷款风险准备金 5049.58 万元,提取管理费用 5294.36 万元,提取城市廉租住房(公共租赁住房)建设补充资金 26848.82 万元。

2019 年,上交财政管理费用 5294.36 万元。上缴财政城市廉租住房(公共租赁住房)建设补充资金 26439.92 万元。

2019 年末,贷款风险准备金余额 50035.96 万元。累计提取城市廉租住房(公共租赁住房)建设补充资金 162226.20 万元。

(五)管理费用支出:2019 年,管理费用支出 4201.14 万元,同比下降 15.55%。其中,人员经费 1167.16 万元,公用经费 124.42 万元,专项经费 2909.56 万元。

四、资产风险状况

个人住房贷款:2019 年末,个人住房贷款逾期额 449.41 万元,逾期率 0.18‰。

个人贷款风险准备金按不低于贷款余额的 1% 提取。2019 年,提取个人贷款风险准备金 5049.58 万元,使用个人贷款风险准备金核销呆坏账 0 万元。2019 年末,个人贷款风险准备金余额 50035.96 万元,占个人住房贷款余额的 2%,个人住房贷款逾期额与个人贷款风险准备金余额的比率为 0.90%。

五、社会经济效益

(一)缴存业务:2019 年,实缴单位数、实缴职工人数和缴存额同比分别增长 7.36%、1.98% 和 8.32%。

缴存单位中,国家机关和事业单位占 50.72%,国有企业占 4.46%,城镇集体企业占 3.17%,外商投资企业占 0.51%,城镇私营企业及其他城镇企业占 31.75%,民办非企业单位和社会团体占 2.09%,其他占 7.3%。

缴存职工中,国家机关和事业单位占 62.49%,国有企业占 14.72%,城镇集体企业占 1.73%,外商投资企业占 0.89%,城镇私营企业及其他城镇企业占 15.86%,民办非企业单位和社会团体占 0.94%,其他占 3.37%;中、低收入占 98.44%,高收入占 1.56%。

新开户职工中,国家机关和事业单位占 33.86%,国有企业占 10.59%,城镇集体企业占 4.24%,外商投资企业占 2.21%,城镇私营企业及其他城镇企业占 37.53%,民办非企业单位和社会团体占 3.52%,其他占 8.05%;中、低收入占 99.72%,高收入占 0.28%。

(二)提取业务:2019 年,23.56 万名缴存职工提取住房公积金 65.11 亿元。

提取金额中,住房消费提取占 83.34%(购买、建造、翻建、大修自住住房占 38.59%,偿还购房贷款本息占 41.17%,租赁住房占 3.58%);非住房消费提取占 16.66%(离休和退休提取占 11.86%,完全丧失劳动能力并与单位终止劳动关系提取占 3.77%,出境定居占 0.25%,其他占 0.78%)。

提取职工中，中、低收入占97.85％，高收入占2.15％。

(三) 贷款业务：

1. 个人住房贷款：2019年，支持职工购建房219.77万平方米，年末个人住房贷款市场占有率（含公转商贴息贷款）为25.27％，比上年末减少12.61个百分点。通过申请住房公积金个人住房贷款，可节约职工购房利息支出190900万元。

职工贷款笔数中，购房建筑面积90（含）平方米以下占8.45％，90～144（含）平方米占73.74％，144平方米以上占17.81％。购买新房占80.64％（其中购买保障性住房占0.30％），购买二手房占19.36％。

职工贷款笔数中，单缴存职工申请贷款占16.88％，双缴存职工申请贷款占83.12％。

贷款职工中，30岁（含）以下占23.81％，30岁～40岁（含）占44.36％，40岁～50岁（含）占24.12％，50岁以上占7.71％；首次申请贷款占89.38％，二次及以上申请贷款占10.62％；中、低收入占97.86％，高收入占2.14％。

2. 异地贷款：2019年，发放异地贷款0笔、0万元。2019年末，发放异地贷款总额55761.6万元，异地贷款余额36007.68万元。

3. 公转商贴息贷款：2019年，发放公转商贴息贷款0笔、0万元，支持职工购建住房面积0万平方米，当年贴息额771.83万元。2019年末，累计发放公转商贴息贷款6195笔、183484万元，累计贴息2014.16万元。

(四) **住房贡献率**：2019年，个人住房贷款发放额、公转商贴息贷款发放额、项目贷款发放额、住房消费提取额的总和与当年缴存额的比率为137.52％，比上年增加6.61个百分点。

六、其他重要事项

(一) 当年机构及职能调整情况、受委托办理缴存贷款业务金融机构变更情况。

(1) 根据《中共济宁市委机构编制委员会关于明确济宁市住房公积金管理中心机构编制事项的通知》（济编〔2019〕24号）要求，中心主要职责调整为：①负责编制、执行住房公积金的归集、使用计划。②负责记载职工住房公积金的缴存、提取和使用等情况。③负责住房公积金的核算。④负责住房公积金提取、使用业务办理。⑤负责住房公积金的保值和归还。⑥负责编制住房公积金归集、使用计划执行情况的报告。⑦承办济宁市住房公积金管理委员会决定的其他事项。⑧承办市委、市政府交办的其他事项。

内部机构调整为：综合科、党建科（人事教育科）、计划财务科、归集管理科、信贷管理科、个贷服务科、信息技术科、服务管理科（12329服务中心）、风险防控科，机构规格均为正科级。分支机构设置保持不变，人员编制数无变化。

(2) 依据《济宁市个人住房公积金贷款受托银行准入管理暂行办法》，2019年新增贷款受托银行三家，分别为华夏银行股份有限公司济宁分行、浙商银行股份有限公司济宁分行及渤海银行股份有限公司济宁分行。截至2019年底，受委托办理住房公积金个人住房贷款业务的银行18家。

(二) 当年住房公积金政策调整及执行情况。

(1) 出台《关于调整2019年度住房公积金缴存基数的通知》。2019年度月缴存基数最高不应超过我市统计部门公布的2018年度在职职工月平均工资的3倍，超过的按3倍执行（2018年度济宁市在职职工月平均工资为 5434 元)。月缴存基数最低不得低于市人民政府公布的职工月最低工资标准（现行职工月最低工资标准：任城区、兖州区、邹城市、曲阜市、微山县为 1730 元，济宁高新区、太白湖新区、济宁经济技术开发区参照任城区标准执行，泗水县、鱼台县、金乡县、嘉祥县、汶上县、梁山县为 1550 元）。

（2）根据住房和城乡建设部《住房公积金提取业务标准》等规定，出台《济宁市住房公积金提取管理办法》。此次政策调整，删除了"调动工作并户口迁出济宁行政区域"提取条件，调整了"购买、建造、翻建、大修自住住房""偿还购房贷款本息"提取业务的提取人范围，规范了"无房职工租房自住"提取业务的无房区域要求，增加了"职工购买拍卖住房""已办理住房公积金贴息贷款职工可使用住房公积金账户余额提前偿还贷款本息"业务，设置了"职工在济宁市行政区域外购买自住住房、偿还购房贷款本息"的区域限制、"职工购房提取后账户余额不得低于计算可贷额度时须留存的金额"等要求。同时，按照国家标准要求优化了业务流程，规范了提取材料，调整了提取业务的频次及额度。

（3）根据住房和城乡建设部《住房公积金个人住房贷款业务标准》，修订并出台《济宁市住房公积金管理中心个人住房贷款管理办法》（济住字〔2019〕32 号），规范公积金贷款所需条件、贷款对象、贷款担保方式等内容，进一步明确相关贷款规范，为公积金贷款提供规范性、指导性政策依据。

（4）出台《济宁市住房公积金管理中心关于调整部分贷款政策的通知》（济住字〔2019〕33 号），一是对公积金贷款额度计算公式进行了调整，在原贷款额度计算公式的基础上，新增了与缴存余额及缴存余额挂钩的额度计算公式，二是增加了对贷款对象的限制，三是调整了第二次申请公积金贷款的条件。

（5）继续实行公积金贷款轮候制度，按照每笔贷款担保办结时间进行排序，并且依据每月资金余额确定贷款发放金额。

（三）当年服务改进情况。

（1）推进多点布局。市直及各县市区住房公积金服务网点达到 24 处，实行相同的管理规定、办事流程、服务标准，为职工群众提供了"一站式"服务渠道和多点布局、就近办理的服务条件。

（2）标准化布局服务设施。对服务窗口进行精细化管理，优化窗口配置，为各公积金服务大厅统一配备了便民服务台、轮椅、雨伞、自助查询机、自动叫号机等服务设施，满足了职工群众事务需求。

（3）精简业务要件。实现"简化办"。推进"减证便民"，取消了缴存证明、提取证明、未婚证明、收入证明、关系证明等 10 项证明事项。取消了全部住房公积金业务的材料复印件，实现了业务办理"无纸化"。

（4）不断强化信息建设，实现"网上办""掌上办"。开通了手机 APP、微信公众号、微博、网上业务大厅等多种线上服务渠道，拓宽了住房公积金业务查询办理途径。新增缴存单位自助办理汇补缴、单位开户业务；缴存职工可通过网上渠道办理失业提取、异地转移、职工缴存证明打印、异地贷款缴存证明打印申请业务。依托网上平台，实现 20 余项公积金归集、提取业务"零跑腿"办理。

（5）积极搭乘其他服务载体。山东省政务服务网我中心所有依申请政务服务事项 29 项业务实现"全程网办"。新增爱山东 APP、支付宝城市服务、市审批局一体机、商业银行 APP 等查询渠道，其中爱山东 APP 已经实现了部分提取业务办理。

（四）当年信息化建设情况。

（1）在 2018 年高分通过"双贯标"验收的基础上，2019 年，依据数据贯标的新标准，利用电子化检查工具对系统数据进行查缺补漏，校验补录历史数据，升级优化信息系统，进一步降低了疑似风险点并提高了数据质量、保证了系统安全。

（2）接入全国住房公积金数据平台，打通了住房公积金业务数据的地域壁垒，实现了全国住房公积金数据的联网查询。通过全国住房公积金数据平台，实现了个人所得税的抵扣校验。

（3）依托省、市共享平台，实现与社保（退休）、民政（婚姻、殡葬）、不动产、税务等部门的数据共享。积极对接人民银行，实现了个人征信信息的联网核查。

（五）当年住房公积金管理中心及职工所获荣誉情况。

中心荣获2018年度全市综合考核先进单位、理论教育工作先进单位，通过2018年度省级文明单位、市级文明单位复审；机关党支部被市委授予"济宁市先进基层党组织"称号，城区第一管理部荣获"全国巾帼文明岗"称号，兖矿集团分中心服务大厅、梁山县管理部服务大厅被评为全省住房公积金行业文明服务示范窗口。

刘东升同志荣获2018年度综合考核先进个人嘉奖，王磊、李婷、李军、郝慧慧、亓兴花、黄亚楼、韩雯、臧晓8名同志被评为全省住房公积金行业文明服务标兵，孔儒同志被评为"市直机关优秀共产党员"。高晴同志与山东财经大学教授、博士生导师张晶共同撰写的《中国金融系统压力指数的设计及其应用》被评为山东省第三十三届社会科学优秀成果奖获奖成果三等奖。

（六）当年对违反《住房公积金管理条例》和相关法规行为进行行政处罚和申请人民法院强制执行情况：无。

（七）当年对住房公积金管理人员违规行为的纠正和处理情况等：无。

（八）其他需要披露的情况：无。

泰安市住房公积金2019年年度报告

一、机构概况

（一）住房公积金管理委员会：住房公积金管理委员会有28名委员，2019年召开1次会议，审议通过的事项主要包括：《关于2018年全市住房公积金工作完成情况及2019年工作计划的报告》《关于调整住房公积金部分提取政策的报告》《泰安市住房公积金行政处罚办法》《泰安市住房公积金管理中心关于报送失信主体名单实施联合惩戒暂行办法》《关于启动泰安银行、兴业银行泰安分行开展住房公积金委托贷款业务的报告》。

（二）住房公积金管理中心：住房公积金管理中心为直属泰安市人民政府的不以营利为目的的全额事业单位，设8个科，6个管理部，2个分中心。从业人员140人，其中，在编61人，非在编79人。

二、业务运行情况

（一）缴存：2019年，新开户单位854家，实缴单位5756家，净增单位810家；新开户职工5.41万人，实缴职工 47.91 万人，净增职工 3.15 万人；缴存额 43.33 亿元，同比下降 10.84%。2019 年末，缴存总额 324.31 亿元，比上年末增加 15.42%；缴存余额 130.04 亿元，比上年末增加 10.33%。

受委托办理住房公积金缴存业务的银行 7 家，比上年增加 0 家。

（二）**提取**：2019 年，提取额 31.15 亿元，同比增长 20.55%；占当年缴存额的 71.89%，比上年增加 18.72 个百分点。2019 年末，提取总额 194.27 亿元，比上年末增加 19.10%。

（三）**贷款**：

1. 个人住房贷款：个人住房贷款最高额度 60 万元，其中，单缴存职工最高额度 30 万元，双缴存职工最高额度 60 万元。

2019 年，发放个人住房贷款 0.73 万笔、28.72 亿元，同比分别增长 0%、8.99%。

2019 年，回收个人住房贷款 11.38 亿元。

2019 年末，累计发放个人住房贷款 8.70 万笔、194.68 亿元，贷款余额 113.62 亿元，分别比上年末增加 9.18%、17.31%、18%。个人住房贷款余额占缴存余额的 87.37%，比上年末增加 5.67 个百分点。

受委托办理住房公积金个人住房贷款业务的银行 7 家，比上年增加 2 家。

2. 住房公积金支持保障性住房建设项目贷款：2019 年，发放支持保障性住房建设项目贷款 0 亿元，回收项目贷款 0 亿元。2019 年末，累计发放项目贷款 2.92 亿元，项目贷款余额 0 亿元。

（四）**购买国债**：无。

（五）**融资**：无。

（六）**资金存储**：2019 年末，住房公积金存款 19.044 亿元。其中，活期 0.007 亿元，1 年（含）以下定期 4.685 亿元，1 年以上定期 10.15 亿元，其他（协定存款）4.202 亿元。

（七）**资金运用率**：2019 年末，住房公积金个人住房贷款余额、项目贷款余额和购买国债余额的总和占缴存余额的 87.37%，比上年末增加 5.67 个百分点。

三、主要财务数据

（一）**业务收入**：2019 年，业务收入 41254.66 万元，同比增长 21.66%。存款利息 7044.52 万元，委托贷款利息 34089.60 万元，国债利息 0 万元，其他 120.54 万元。

（二）**业务支出**：2019 年，业务支出 20590.28 万元，同比增长 20.87%。支付职工住房公积金利息 18622.82 万元，归集手续费 0 万元，委托贷款手续费 1849.82 万元，其他 117.64 万元。

（三）**增值收益**：2019 年，增值收益 20664.38 万元，同比增长 22.47%。增值收益率 1.67%，比上年增加 0.04 个百分点。

（四）**增值收益分配**：2019 年，提取贷款风险准备金 3467.11 万元，提取管理费用 2000 万元，提取城市廉租住房建设补充资金 15197.28 万元。

2019 年，上交财政管理费用 2000 万元。上缴财政城市廉租住房建设补充资金 11017.26 万元。2019 年末，贷款风险准备金余额 22724.78 万元。累计提取城市廉租住房建设补充资金 130674.71 万元。

（五）**管理费用支出**：2019 年，管理费用支出 2468.05 万元，同比增长 13.73%。其中，人员经费 1012.29 万元，公用经费 97.98 万元，专项经费 1357.78 万元。

四、资产风险状况

2019 年末,个人住房贷款逾期额 95.60 万元,逾期率 0.08‰。

个人贷款风险准备金按不低于贷款余额的 1% 提取。2019 年,提取个人贷款风险准备金 3467.11 万元,使用个人贷款风险准备金核销呆坏账 0 万元。2019 年末,个人贷款风险准备金余额 22724.78 万元,占个人住房贷款余额的 2%,个人住房贷款逾期额与个人贷款风险准备金余额的比率为 0.42%。

支持保障性住房建设试点项目贷款:无。

五、社会经济效益

(一)**缴存业务**:2019 年,实缴单位数、实缴职工人数和缴存额同比分别增长 16.38%、7.05% 和 −10.84%。

缴存单位中,国家机关和事业单位占 44.51%,国有企业占 6.43%,城镇集体企业占 3.28%,外商投资企业占 0.94%,城镇私营企业及其他城镇企业占 27.38%,民办非企业单位和社会团体占 1.36%,其他占 16.1%。

缴存职工中,国家机关和事业单位占 37.58%,国有企业占 26.86%,城镇集体企业占 3.81%,外商投资企业占 1.38%,城镇私营企业及其他城镇企业占 19.82%,民办非企业单位和社会团体占 0.74%,其他占 9.81%;中、低收入占 95.53%,高收入占 4.47%。

新开户职工中,国家机关和事业单位占 26.25%,国有企业占 7.75%,城镇集体企业占 8.34%,外商投资企业占 0.96%,城镇私营企业及其他城镇企业占 29.28%,民办非企业单位和社会团体占 2.93%,其他占 24.49%;中、低收入占 97.42%,高收入占 2.58%。

(二)**提取业务**:2019 年,20.57 万名缴存职工提取住房公积金 31.15 亿元。

提取金额中,住房消费提取占 78.76%(购买、建造、翻建、大修自住住房占 35.58%,偿还购房贷款本息占 31.88%,租赁住房占 8.31%,其他占 2.99%);非住房消费提取占 21.24%(离休和退休提取占 17.01%,完全丧失劳动能力并与单位终止劳动关系提取占 2.92%,户口迁出本市或出境定居占 0.02%,其他占 1.29%)。

提取职工中,中、低收入占 92.71%,高收入占 7.29%。

(三)**贷款业务**:

1. 个人住房贷款:2019 年,支持职工购建房 85.21 万平方米,年末个人住房贷款市场占有率为 12.86%,比上年末减少 0.44 个百分点。通过申请住房公积金个人住房贷款,可节约职工购房利息支出 8206.74 万元。

职工贷款笔数中,购房建筑面积 90(含)平方米以下占 12.33%,90~144(含)平方米占 79.87%,144 平方米以上占 7.80%。购买新房占 77.37%(其中购买保障性住房占 0%),购买二手房占 22.63%,建造、翻建、大修自住住房占 0%,其他 0%。

职工贷款笔数中,单缴存职工申请贷款占 40.94%,双缴存职工申请贷款占 59.06%,三人及以上缴存职工共同申请贷款占 0%。

贷款职工中,30 岁(含)以下占 26.02%,30 岁~40 岁(含)占 43.19%,40 岁~50 岁(含)占

24.71%，50 岁以上占 6.08%；首次申请贷款占 88.62%，二次及以上申请贷款占 11.38%；中、低收入占 81.93%，高收入占 18.07%。

2. 异地贷款：2019 年，发放异地贷款 710 笔、23850 万元。2019 年末，发放异地贷款总额 72750.40 万元，异地贷款余额 65101.18 万元。

3. 公转商贴息贷款：2019 年，未发放公转商贴息贷款。2019 年末，累计发放公转商贴息贷款 0 万元，累计贴息 0 万元。

4. 支持保障性住房建设试点项目贷款：2019 年末，累计试点项目 7 个，贷款额度 2.92 亿元，建筑面积 20.6 万平方米，可解决 2580 户中低收入职工家庭的住房问题。7 个试点项目贷款资金已发放并还清贷款本息。

（四）住房贡献率：2019 年，个人住房贷款发放额、住房消费提取额的总和与当年缴存额的比率为 122.89%，比上年增加 27.62 个百分点。

六、其他重要事项

（一）当年机构及职能调整情况、受委托办理缴存贷款业务金融机构变更情况。

（1）泰安市住房公积金管理中心内设综合科、征管科、计财科、信贷科、法规审计科、信息技术科、服务管理科、机关党委等职能科室，下设 6 个县市区管理部、2 个矿业集团分中心。市中心对各管理部、分中心实行"四统一"管理，即统一决策、统一管理、统一制度、统一核算。

（2）本年度缴存业务金融机构没有变更，贷款业务金融机构增加两家，分别是泰安市商业银行、泰安市兴业银行。

（二）当年住房公积金政策调整及执行情况。

1. 月缴存工资基数上下限。根据泰安市统计局提供的 2018 年泰安市在岗职工平均工资及《山东省人民政府关于公布全省最低工资标准的通知》（鲁政字〔2018〕80 号），2019 年度泰安行政区内职工住房公积金月缴存工资基数上限为 15378 元，月缴存工资基数下限为：泰山区、新泰市、肥城市 1730 元，岱岳区、宁阳县、东平县 1550 元。

2. 月缴存额上下限。根据《关于调整住房公积金缴存比例的通知》（泰财住房〔2013〕4 号）规定，我市住房公积金单位和个人的缴存比例为各 12%。因此，2019 年度泰安行政区内职工住房公积金最高月缴存额单位和职工分别为 1845 元；最低月缴存额单位和职工分别为：泰山区、新泰市、肥城市 208 元，岱岳区、宁阳县、东平县 186 元。

3. 当年提取政策调整情况：分别出台了《关于完善提取住房公积金偿还商业住房贷款业务的通知》《关于既有住宅加装电梯提取住房公积金的意见》《泰安市住房公积金中心违规提取住房公积金处置办法》。

4. 当年个人住房贷款最高贷款额度、贷款条件等贷款政策调整情况；当年住房公积金存贷款利率执行标准等。

当年最高贷款额度单职工 30 万元，双职工 60 万元。为落实"放管服"改革要求，推出两项住房公积金贷款新政，分别是：《关于取消房地产开发企业住房公积金按揭贷款担保保证金的通知》；《关于终止山东盛鼎融资担保有限公司公积金贷款担保业务的通知》。本年度未调整住房公积金存贷款利率。

（三）当年服务改进情况，包括服务网点、服务设施、服务手段、综合服务平台建设和其他网络载体建设服务情况等。深入推进"放管服"改革，严格落实"一次办好"事项。创新服务方法，探索个性化延伸服务，开展了志愿服务岗、绿色通道服务、高层次人才、预约服务、延时服务、双休日便民服务6项个性化服务。优化业务流程，严格落实减证便民各项措施，将群众反映的热点、难点问题整理成日常"你问我答"解疑手册，编写了通用服务指南并及时更新12345知识库。优化了中心服务大厅服务制度、工作人员行为规范、值班制度等15项内部管理办法和制度。充分利用网上办事大厅、手机公积金APP、12329公积金服务热线、12345政务服务热线等渠道，增强政策宣传的吸引力和实用性。健全12345热线承办诉求机制，在每月市政府政务服务热线考核考评中，综合考核成绩均名列前茅，群众满意率、回复群众率和按期答复率连续居所在类别前3位。

（四）当年信息化建设情况，包括信息系统升级改造情况，基础数据标准贯彻落实和结算应用系统接入情况等。一是推进信息共享，为职工提供了网上营业大厅、门户网站、12329热线、微信公众号、手机短信、手机APP、自助终端等全方位服务。公积金汇补缴、职工月对冲签约及解约、提前还款、偿还公积金贷款提取、提前结清贷款、还款账户变更、离退休提取、出国出境定居提取等业务全部实现网上办理。二是丰富查询渠道，开通了12329短信、网上大厅、手机公积金APP、爱山东APP、微信公众号、支付宝城市服务、"泰好办"自助终端及中心自助终端等8种查询渠道。三是发挥公积金缴存数据信用功能，由合作银行提供网络消费信贷业务，满足职工住房延伸需求，已累计为职工提供消费贷款超过2亿元。四是顺利通过住房和城乡建设部"双贯标"验收，完成全国数据平台接入和异地转移接续直联上线，为个人所得税征收提供了公积金数据支持，累计传送存量数据3000余万条。

（五）当年住房公积金管理中心及职工所获荣誉情况。2019年荣获全国青年文明号荣誉称号；被评为省级文明单位；被评为泰安市直机关党建示范单位；"情系千万家、圆您安居梦"被评为泰安市示范性服务品牌；"金银党建共建、携手共谋发展"被评为泰安市十佳党建品牌；新泰市管理部服务大厅荣获山东省住房公积金行业文明服务示范窗口；市中心服务大厅荣获泰安市直机关示范性服务窗口；肥城市管理部党支部荣获泰安市直机关红旗党支部。

（六）当年对违反《住房公积金管理条例》和相关法规行为进行行政处罚和申请人民法院强制执行情况。本年度没有发生行政处罚和申请人民法院强制执行的情况。

（七）当年对住房公积金管理人员违规行为的纠正和处理情况等。本年度住房公积金管理人员没有发生违规行为。

威海市住房公积金2019年年度报告

一、机构概况

（一）住房公积金管理委员会：市住房公积金管理委员会有25名委员，2019年召开1次会议，审议通过威海市2018年度住房公积金归集使用计划执行情况和2019年度住房公积金归集使用计划，《威海市住房公积金2018年年度报告》（草案）。

（二）住房公积金管理中心：市住房公积金管理中心为直属市政府不以营利为目的的独立的事业单位，设11个科，8个管理部。从业人员151人，其中，在编66人，非在编85人。

二、业务运行情况

（一）缴存：2019年，新开户单位941家，实缴单位6060家，净增单位437家；新开户职工4.18万人，实缴职工37.29万人，净增职工0.85万人；缴存额42.48亿元，同比增长7.65%。2019年末，缴存总额307.09亿元，比上年末增加16.05%；缴存余额148.96亿元，比上年末增加12.35%。

受委托办理住房公积金缴存业务的银行3家，与上年相比无变化。

（二）提取：2019年，提取额26.11亿元，同比增长9.98%；占当年缴存额的61.46%，比上年增加1.30个百分点。2019年末，提取总额158.14亿元，同比增长19.78%。

（三）贷款：

个人住房贷款最高额度50万元，其中，单缴存职工最高额度30万元，双缴存职工最高额度50万元。

2019年，发放个人住房贷款0.41万笔、12.90亿元，同比分别下降46.94%、48.37%。

2019年，回收个人住房贷款13.55亿元。

2019年末，累计发放个人住房贷款8.91万笔、220.95亿元，同比分别增长4.82%、6.21%，贷款余额123.08亿元，同比减少0.53%。个人住房贷款余额占缴存余额的82.63%，比上年减少10.69个百分点。

受委托办理住房公积金个人住房贷款业务的银行8家，比上年增加1家。

（四）资金存储：2019年末，住房公积金存款28.39亿元。其中，活期1.47亿元，协定存款26.92亿元。

（五）资金运用率：2019年末，住房公积金个人住房贷款余额占缴存余额的82.63%，比上年减少10.69个百分点。

三、主要财务数据

（一）业务收入：2019年，业务收入43694.30万元，同比增长7.49%。存款利息2514.39万元，委托贷款利息41179.25万元，其他0.66万元。

（二）业务支出：2019年，业务支出23218.98万元，同比增长6.94%。支付职工住房公积金利息21173.38万元，归集手续费807.33万元，委托贷款手续费1194.90万元，其他43.37万元。

（三）增值收益：2019年，增值收益20475.32万元，同比增长8.13%。增值收益率1.46%，比上年减少0.06个百分点。

（四）增值收益分配：2019年，提取管理费用3279万元，提取城市廉租住房（公共租赁住房）建设补充资金17196.32万元，未提取贷款风险准备金。

2019年，上交财政管理费用2796万元。上缴财政城市廉租住房（公共租赁住房）建设补充资金13695.80万元。

2019年末，贷款风险准备金余额24746.05万元。累计提取城市廉租住房（公共租赁住房）建设补充资金77610.15万元。

（五）管理费用支出：2019 年，管理费用支出 3439.23 万元，同比增长 9.33%。其中，人员经费 1247.98 万元，公用经费 412 万元，专项经费 1779.25 万元。

四、资产风险状况

个人住房贷款：2019 年末，个人住房贷款逾期额 119.14 万元，逾期率 0.10‰。

个人贷款风险准备金按不低于贷款余额的 1% 提取。2019 年，未提取个人贷款风险准备金。2019 年末，个人贷款风险准备金余额 24746.05 万元，占个人住房贷款余额的 2.01%。个人住房贷款逾期额与个人贷款风险准备金余额的比率为 0.48%。

五、社会经济效益

（一）缴存业务：2019 年，实缴单位数、实缴职工人数和缴存额同比分别增长 7.77%、2.33% 和 7.65%。

缴存单位中，国家机关和事业单位占 28.55%，国有企业占 4.34%，城镇集体企业占 2.13%，外商投资企业占 4.46%，城镇私营企业及其他城镇企业占 56.55%，民办非企业单位和社会团体占 0.92%，个人自愿缴存占 0.64%，其他占 2.41%。

缴存职工中，国家机关和事业单位占 24.45%，国有企业占 8.68%，城镇集体企业占 3.49%，外商投资企业占 10.68%，城镇私营企业及其他城镇企业占 51.14%，民办非企业单位和社会团体占 0.39%，个人自愿缴存占 0.03%，其他占 1.14%；中、低收入占 98.92%，高收入占 1.08%。

新开户职工中，国家机关和事业单位占 11.50%，国有企业占 5.13%，城镇集体企业占 2.18%，外商投资企业占 12.68%，城镇私营企业及其他城镇企业占 66.02%，民办非企业单位和社会团体占 0.38%，个人自愿缴存占 0.11%，其他占 2%；中、低收入占 99.72%，高收入占 0.28%。

（二）提取业务：2019 年，11.32 万名缴存职工提取住房公积金 26.11 亿元。

提取金额中，住房消费提取占 74.66%（购买、建造、翻建、大修自住住房占 16.07%，偿还购房贷款本息占 57.92%，租赁住房占 0.67%）；非住房消费提取占 25.34%（离休和退休提取占 17.74%，完全丧失劳动能力并与单位终止劳动关系提取占 0.01%，出境定居占 0.01%，其他占 7.58%）。

提取职工中，中、低收入占 98.14%，高收入占 1.86%。

（三）贷款业务：

1. 个人住房贷款：2019 年，支持职工购建房 44.61 万平方米，年末个人住房贷款市场占有率为 14.86%，比上年减少 1.84 个百分点。通过申请住房公积金个人住房贷款，可节约职工购房利息支出 27418.28 万元。

职工贷款笔数中，购房建筑面积 90（含）平方米以下占 26.23%，90~144（含）平方米占 58.79%，144 平方米以上占 14.98%。购买新房占 66.41%，购买二手房占 33.59%。

职工贷款笔数中，单缴存职工申请贷款占 26.31%，双缴存职工申请贷款占 73.69%，没有三人及以上缴存职工共同申请贷款的。

贷款职工中，30 岁（含）以下占 25.07%，30 岁~40 岁（含）占 41.86%，40 岁~50 岁（含）占 26.36%，50 岁以上占 6.71%；首次申请贷款占 91.68%，二次及以上申请贷款占 8.32%；中、低收入占

99.70%，高收入占 0.30%。

2. 异地贷款： 2019 年未发放异地贷款。2019 年末，发放异地贷款总额 32238.20 万元，异地贷款余额 24734.15 万元。

（四）住房贡献率： 2019 年，个人住房贷款发放额、住房消费提取额的总和与当年缴存额的比率为 76.26%，比上年减少 31.21 个百分点。

六、其他重要事项

（一）当年机构及职能调整情况、受委托办理缴存贷款业务金融机构变更情况。

1. 当年机构及职能调整情况。 按照中共威海市委机构编制委员会 2019 年 2 月 28 日下发的《关于调整承担行政职能事业单位的通知》（威编〔2019〕31 号）要求，市住房公积金管理中心的行政职能划入市住房和城乡建设局。

2. 受委托办理缴存贷款业务金融机构变更情况。 2019 年，受委托办理缴存贷款业务金融机构在原来 7 家的基础上，新增加了中国民生银行威海分行 1 家。

（二）当年住房公积金政策调整及执行情况。

1. 当年缴存基数限额及确定方法、缴存比例等缴存政策调整情况。 2019 年度职工住房公积金缴存基数按照职工本人 2018 年度月平均工资总额核定，下限不低于威海市最低工资标准，上限不高于威海市 2018 年度职工月平均工资的 3 倍。具体执行标准：最高缴存基数 16800 元，最低缴存基数 2010 元。

2019 年度职工和单位分别缴存住房公积金的比例不低于 5%，最高不高于 12%。缴存住房公积金确有困难的单位，经本单位职工代表大会或工会会员代表讨论通过，报市住房公积金管理中心审查后，可申请降低缴存比例或者缓缴，待单位经济效益好转后，再提高缴存比例或者补缴。

2. 当年提取和贷款政策调整情况。 12 月 25 日，市住房公积金管理委员会下发了《关于调整部分住房公积金使用政策的通知》（威住金委发〔2019〕1 号），一是提高贷款额度。夫妻双方均符合贷款条件的贷款额度由最高 50 万元提高到 60 万元。二是对双一流大学生加大信贷支持。双一流大学毕业生申贷条件由连续正常缴存 12 个月放宽到 6 个月，贷款额度不与公积金账户余额挂钩。三是加装电梯可提取公积金。申请人提供经业主共同确认的出资协议及一年内的出资证明，可以提取本人及配偶的住房公积金，提取额不能超过出资的费用。四是恢复执行异地贷款政策。户籍属于威海市辖区范围的职工，在外地就业并缴存公积金，在威海市购买住房可以申请公积金贷款。五是恢复执行商业贷款转公积金贷款政策。缴存职工已办理商业住房贷款不超过三年，且所购房符合现行公积金贷款条件的，可在提前一次性还清商业贷款后一个月内申请公积金贷款，贷款额不超过一次性还清商业贷款的金额。六是取消二次申请公积金贷款年限限制。首次公积金贷款结清后再次申请公积金贷款，不受间隔 3 年的时间限制。七是开展公积金余额抵扣公积金贷款业务。公积金贷款职工可以通过网上服务厅和手机 APP 申请夫妻双方公积金余额抵扣部分贷款本金。

3. 当年住房公积金存贷款利率执行标准。 2019 年，职工住房公积金账户存款利率按照一年期定期存款基准利率执行。住房公积金贷款利率为五年以下 2.75%，五年以上 3.25%。

（三）当年服务改进情况。2019 年，中心下发了《关于深化"一次办好"改革加强和改进住房公积金服务工作的通知》，继续深化"一窗受理、一次办好"改革，不断优化营商环境，努力为广大缴存单位和职工提供更加便捷高效的公积金服务。

(1) 1月份在全省率先实现无纸化审批服务，取消了职工办理业务的全部材料复印件，只需对原件进行拍照存档。

(2) 49项业务全市范围全部实现"一次办好"。提取业务当场办理、即时到账，贷款业务从提交资料到资金发放15个工作日以内即可办结。

(3) 推行综合柜员制，全市8个公积金大厅服务窗口都可以独立办理各类业务，大大提高了服务效率。

(4) 协调各区市政务服务大厅设立了公积金服务窗口，将公积金开户与企业登记设立、税务、社保等环节业务一同纳入政务服务大厅，实现了企业设立"一站式"服务。

(5) 升级公积金APP，借助于支付宝的人脸识别功能，方便缴存职工在不清楚账户密码的情况下，重置密码，查询信息，办理提取和贷款业务。

(6) 对叫号排队系统升级改造，增加了微信和手机APP等线上预约功能。

(四) 当年信息化建设情况。

1. 完成住房和城乡建设部数据上报工作。 4月30日通过区域链的方式完成了所有的贯标数据及新增数据项的上报工作，成为全省第一批完成数据上报的4家中心之一。

2. 完成异地转移接续系统上线工作。 7月底完成了上线工作，由住房和城乡建设部网页版系统切换为接口直连方式，并将异地转移系统和核心业务系统进行融合。

(五) 当年住房公积金管理中心及职工所获荣誉情况。2019年市住房公积金管理中心通过省级文明单位复核；市区管理部通过国家级青年文明号复核；荣成管理部被授予全省住房公积金行业文明服务示范窗口；高区、荣成、文登3个管理部被授予省级青年文明号；市区、高区、荣成3个管理部被授予省级巾帼文明岗；经区、乳山、石岛3个管理部和客户服务中心被授予市级青年文明号；经区、文登、乳山、石岛4个管理部被授予市级巾帼文明岗；5名工作人员被评为全省住房公积金行业文明服务标兵。

日照市住房公积金2019年年度报告

一、机构概况

(一) **住房公积金管理委员会**：住房公积金管委会有32名委员，2019年召开1次会议，审议通过的事项主要包括：日照市2018年住房公积金归集、使用计划执行情况和2019年工作计划的报告、2018年住房公积金预算执行情况的报告、2018年住房公积金增值收益分配建议的报告、日照市住房公积金2018年年度报告、恢复执行省内异地贷款政策的建议。

(二) **住房公积金管理中心**：日照市住房公积金管理中心为市政府直属管理的不以营利为目的全额事业单位，设4个科，6个管理部。从业人员82人，其中，在编50人，非在编32人。

二、业务运行情况

（一）**缴存**：2019年，新开户单位495家，实缴单位3472家，比年初减少133家；新开户职工2.96万人，实缴职工22.78万人，净增职工1.19万人；缴存额37.66亿元，同比增长13.75%。2019年末，缴存总额222.43亿元，同比增长20.38%；缴存余额96.83亿元，同比增长13.61%。

受委托办理住房公积金缴存业务的银行5家，和上年比较没有增减变化。

（二）**提取**：2019年，提取额26.06亿元，同比增长25.21%；占当年缴存额的69.19%，比上年增加6.33个百分点。2019年末，提取总额125.60亿元，同比增长26.17%。

（三）**贷款**：

个人住房贷款：在本市东港区、日照经济技术开发区和山海天旅游度假区范围内购房的，个人住房贷款最高额度为50万元。其中，双职工家庭最高额度50万元，单职工家庭最高额度30万元；在本市其他区县范围内购房的，个人住房贷款最高额度为40万元，其中，双职工家庭最高额度40万元，单职工家庭最高额度25万元。

2019年，发放个人住房贷款0.71万笔、21.5亿元，分别同比增加5.48%、10.16%。

2019年，回收个人住房贷款10.08亿元。

2019年末，累计发放个人住房贷款6.42万笔、140.87亿元，贷款余额89.66亿元，同比分别增长12.43%、18.01%、14.60%。个人住房贷款余额占缴存余额的92.59%，比上年增加0.8个百分点。

受委托办理住房公积金个人住房贷款业务的银行5家，和上年比较没有增减变化。

（四）**资金存储**：2019年末，住房公积金存款额10.70亿元。其中，活期0.03亿元，1年（含）以下定期5.35亿元，1年以上定期1亿元，其他（协定、通知存款等）4.32亿元。

（五）**资金运用率**：2019年末，住房公积金个人住房贷款余额、项目贷款余额和购买国债余额的总和占缴存余额的92.59%，比上年增加0.8个百分点。

三、主要财务数据

（一）**业务收入**：2019年，业务收入28906.99万元，同比增加12.58%。其中，存款利息1446.79万元，委托贷款利息27458.89万元，其他收入1.31万元。

（二）**业务支出**：2019年，业务支出17096.64万元，同比增加13.10%。其中，支付职工住房公积金利息13766.34万元，委托贷款手续费1340.80万元，其他支出1989.50万元。

（三）**增值收益**：2019年增值收益11810.34万元，同比增加11.84%。当年增值收益率为1.30%，比去年降低0.04个百分点。

（四）**增值收益分配**：2019年提取贷款风险准备金2284.90万元，提取管理费用635.89万元，提取城市廉租房（公共租赁住房）建设补充资金8889.55万元。

2019年，上交财政管理费用1200.46万元。上缴财政城市廉租房（公共租赁住房）建设补充资金7100.52万元。

2019年末，贷款风险准备金余额17931.02万元。累计提取城市廉租房（公共租赁住房）建设补充资金51958.71万元。

（五）管理费用支出：2019 年，管理费用支出 1889.16 万元，同比增长 52.80%。其中，人员经费 740.86 万元，公用经费 104.21 万元，专项经费 1044.09 万元。

四、资产风险状况

2019 年末，个人住房贷款逾期额 37.86 万元。个人住房贷款逾期率 0.042‰。

2019 年提取个人贷款风险准备金 2284.90 万元，个人贷款风险准备金按不低于贷款余额 1% 的比例提取。2019 年末，个人贷款风险准备金余额 17931.02 万元，占个人住房贷款余额的 2%，个人贷款逾期额与个人贷款风险准备金余额的比率为 0.21%。

五、社会经济效益

（一）缴存业务：2019 年，实缴单位数、实缴职工人数和缴存额增长率分别为－3.69%、5.51% 和 13.75%。

缴存单位中，国家机关和事业单位占 37.99%，国有企业占 14.29%，城镇集体企业占 2.04%，外商投资企业占 1.15%，城镇私营企业及其他城镇企业占 33.29%，民办非企业单位和社会团体占 8.09%，其他占 3.15%。

缴存职工中，国家机关和事业单位占 33.90%，国有企业占 24.15%，城镇集体企业占 1.13%，外商投资企业占 2.01%，城镇私营企业及其他城镇企业占 29.70%，民办非企业单位和社会团体占 8.34%，其他占 0.77%。中低收入占 98.35%，高收入占 1.65%。

新开户职工中，国家机关和事业单位占 9.19%，国有企业占 11.84%，城镇集体企业占 15.67%，外商投资企业占 0.46%，城镇私营企业及其他城镇企业占 2.95%，民办非企业单位和社会团体占 1.89%，其他占 58.00%。中低收入占 99.79%，高收入占 0.21%。

（二）提取业务：2019 年，8.98 万名缴存职工提取住房公积金 26.06 亿元。

提取金额中，住房消费提取占 87.69%（购买、建造、翻建、大修自住住房占 31.01%，偿还购房贷款本息占 53.33%，租赁住房、缴物业费和住宅专项维修资金等住房消费占 3.35%）；非住房消费提取占 12.31%（离休和退休提取占 8.68%，完全丧失劳动能力并与单位终止劳动关系提取占 2.71%，其他非住房消费提取占 0.92%）。

提取职工中，中、低收入占 97.88%，高收入占 2.12%。

（三）贷款业务：

1. 个人住房贷款：2019 年，支持职工购建房 90.21 万平方米，年末个人住房贷款市场占有率为 14.79%，比上年同期减少 0.96 个百分点。通过申请个人住房贷款，为职工节省购房利息支出 38078.72 万元。

住房公积金贷款所购住房套数中，90（含）m^2 以下占 9.38%，90～144（含）m^2 占 67.45%，144m^2 以上占 23.17%；购买新房占 80.92%，购买存量商品住房占 19.08%。

职工贷款笔数中，单缴存职工申请贷款占 19.07%，双缴存职工申请贷款占 80.93%。

公积金贷款职工中，30 岁（含）以下占 22.59%，30 岁～40 岁（含）占 37.43%，40 岁～50 岁（含）占 30.76%，50 岁以上占 9.22%；首次申请贷款占 86.49%，二次及以上申请贷款占 13.51%；中、低收入占 97.68%,高收入占 2.32%。

2. 异地贷款：2019年共发放异地贷款151笔、4003万元。2019年末，累计发放异地贷款151笔、4003万元。

3. 公转商贴息贷款：2019年无公转商贴息贷款发放。累计发放贴息贷款4189笔、150671万元，累计贴息额5267.35万元。

（四）**住房贡献率**：2019年，个人住房公积金贷款发放额、住房消费提取额的总和与当年缴存额的比率为131.76%，比上年提高4.87个百分点。

六、其他重要事项

（一）当年机构及职能调整情况、受委托办理缴存贷款业务金融机构变更情况。

（1）公积金管理机构及职能变化情况。2019年无变化。

（2）缴存贷款业务金融机构变更情况。缴存业务、贷款业务委托银行为建行、工行、中行、农行、日照银行5家银行，2019年无变化。

（二）当年住房公积金政策调整及执行情况。

（1）将阶段性适当降低企业公积金缴存比例政策延长至2020年4月30日，截至2019年年底已累计为458个缴存单位7.5万人办理降比手续，为企业减负2.9亿元。

（2）调整住房公积金缴存基数上、下限。2018年7月1日至2019年6月30日住房公积金月缴存基数最高限额由上一公积金年度的15855元调整为17886元，最低限额为1730元。

（3）落实个体工商户、自由职业者自主缴存公积金政策，将政策覆盖面扩大到贷后停缴人员，年内共为392人办理了自主缴存公积金手续。

（4）恢复省内异地贷款业务。

（三）当年服务改进情况。

（1）标准化向精细化延伸。收集整理职工反映情况和前台遇到的问题，细化16条提取规定，保证政策覆盖到位，全市通提执行一致；三大主要业务办事指南细分为36项，并形成二维码，手机扫描即可获取对应事项信息，节省了信息检索和获取时间。

（2）实行公积金贷款轮候发放公告制度，借款人可通过微信公众号自主查询贷款轮候发放进度情况，保障贷款轮候发放过程的公开、透明。

（3）将贷款担保相关签字手续前置，公积金贷款受理、审批、抵押、发放全流程实现在公积金大厅申贷时"一次办好"。

（4）实现线上缴存"零跑腿"。先后推出"单位线上缴存""个人线上缴存"，签约缴存户由公积金系统直接划款。

（四）当年信息化建设情况。

1. 拓展共享数据范围。 年内新增省民政等部门共享数据，目前已实现了与9个部门19类数据的输入类共享应用。扩展公积金信息输出共享应用，先后与建行、农行等16家银行合作，由银行发放网络消费贷款3.86亿元，拓展缴存职工筹集消费资金渠道，提高消费能力。

2. 扩展业务办理渠道。 年内新增支付宝、"爱山东"APP、省政务服务、个人网厅等渠道，办理缴存、提取、贷款、证明获取等具体业务的非柜台类渠道达到了 9 条,加上信息获取渠道,对外服务渠道共 13 条。

3. 扩大业务"掌上办"范围。"手机公积金"APP 已开通公积金账户查询、缴存明细查询、贷款进度查询等所有查询类业务,开通了购买商品房提取、退休提取、租赁商品房提取等 10 种提取业务。

4. 扩展业务"网上办"范围。单位网厅具备公积金收支等各类信息查询、个人账户开设、封存启封、基数调整等功能;个人网厅具备各类信息查询、提取申请、贷款线上申请等功能。另外,接入了山东省政务服务网,实现公积金业务省内"一网通办"。

5. 接入全国公积金异地转移接续平台。6月份起跨地市调动人员的公积金,实现在新工作地"就近办理",跨省市转移。

6. 与不动产登记中心等部门联动,开创贷款抵押线上办理模式。

(五)当年住房公积金管理中心及职工所获荣誉情况。连续 5 年保持"省级精神文明单位"称号,荣获全省住房公积金精神文明成果展演三等奖,各科室、管理部年内获得"省级工人先锋号""省级住房公积金行业文明服务示范窗口"等省级荣誉 3 项、市级荣誉 10 项。

(六)当年对住房公积金管理人员违规行为的纠正和处理情况等。2019 年住房公积金管理人员无违规现象。

临沂市住房公积金 2019 年年度报告

一、机构概况

(一)住房公积金管理委员会:住房公积金管理委员会有 33 名委员,2019 年召开一次会议,审议通过的事项主要包括:《2018 年度临沂市住房公积金工作报告》《临沂市住房公积金管理委员会 2019 年第一次全体会议决议(草案)》和 2019 年度住房公积金归集、使用计划。

(二)住房公积金服务中心:住房公积金服务中心为隶属市政府的不以营利为目的的正县级事业单位,设 6 个科室(办公室、计会科、贷款管理科、征管科、稽核科、市直管理科),12 个分中心(兰山区、罗庄区、河东区、郯城县、兰陵县、沂水县、沂南县、平邑县、费县、蒙阴县、莒南县、临沭县分中心)。从业人员 189 人,其中,在编 83 人,非在编 106 人。

二、业务运行情况

(一)缴存:2019 年,新开户单位 1336 家,实缴单位 7425 家,净增单位 1322 家;新开户职工 7.05 万人,实缴职工 58.30 万人,净减职工 2.62 万人;缴存额 78.39 亿元,同比下降 12.32%。2019 年末,缴存总额 491.23 亿元,比上年末增加 18.99%;缴存余额 242.88 亿元,比上年末增加 11.22%。

受委托办理住房公积金缴存业务的银行 6 家,与上年一致。

(二)提取:2019 年,提取额 53.87 亿元,同比增长 47.23%;占当年缴存额的 68.73%,比上年增加

27.80个百分点。2019年末，提取总额248.35亿元，比上年末增加27.70%。

（三）贷款：

1. 个人住房贷款： 个人住房贷款最高额度50万元，其中，单缴存职工最高额度50万元，双缴存职工最高额度50万元。

2019年，发放个人住房贷款1.38万笔、59.68亿元，同比分别下降19.30%、17.95%。

2019年，回收个人住房贷款38.92亿元。

2019年末，累计发放个人住房贷款18.58万笔、453.68亿元，贷款余额205.59亿元，分别比上年末增加8.09%、15.15%、11.23%。个人住房贷款余额占缴存余额的84.65%，比上年末增加0.01个百分点。

受委托办理住房公积金个人住房贷款业务的银行5家，与上年一致。

2. 住房公积金支持保障性住房建设项目贷款： 本中心无项目贷款业务。

（四）资金存储： 2019年末，住房公积金存款41.62亿元。其中，活期0.15亿元，1年（含）以下定期0亿元，1年以上定期23.40亿元，其他（协定、通知存款等）18.07亿元。

（五）资金运用率： 2019年末，住房公积金个人住房贷款余额、项目贷款余额和购买国债余额的总和占缴存余额的84.65%，比上年末增加0.01个百分点。

三、主要财务数据

（一）业务收入： 2019年，业务收入72653.00万元，同比增长11.52%。其中，存款利息9512.52万元，委托贷款利息63140.48万元，国债利息0万元，其他0万元。

（二）业务支出： 2019年，业务支出40279.06万元，同比增长40.93%。其中，支付职工住房公积金利息34874.96万元，归集手续费2304.01万元，委托贷款手续费3099.90万元，其他0.19万元。

（三）增值收益： 2019年，增值收益32373.94万元，同比下降11.46%。增值收益率1.40%，比上年减少0.48个百分点。

（四）增值收益分配： 2019年，提取贷款风险准备金4152.93万元，提取管理费用1931.08万元，提取城市廉租住房（公共租赁住房）建设补充资金26289.93万元。

2019年，上交财政管理费用1931.08万元。上缴财政城市廉租住房（公共租赁住房）建设补充资金27493.12万元。

2019年末，贷款风险准备金余额41118.65万元。累计提取城市廉租住房（公共租赁住房）建设补充资金137543.72万元。

（五）管理费用支出： 2019年，管理费用支出1885.09万元，同比增长0.99%。其中，人员经费1463.26万元，公用经费112.06万元，专项经费309.77万元。

四、资产风险状况

2019年末，个人住房贷款逾期额0万元，逾期率0‰。

个人贷款风险准备金按不低于贷款余额的1%提取。2019年，提取个人贷款风险准备金4152.93万元，使用个人贷款风险准备金核销呆坏账0万元。2019年末，个人贷款风险准备金余额41118.65万元，占个人住房贷款余额的2%，个人住房贷款逾期额与个人贷款风险准备金余额的比率为0%。

五、社会经济效益

（一）**缴存业务**：2019年，实缴单位数、实缴职工人数和缴存额同比分别增长21.66%、下降4.29%和下降12.31%。

缴存单位中，国家机关和事业单位占36.6%，国有企业占9.67%，城镇集体企业占8.19%，外商投资企业占1.16%，城镇私营企业及其他城镇企业占38.05%，民办非企业单位和社会团体占1.71%，其他占4.62%。

缴存职工中，国家机关和事业单位占42.63%，国有企业占16.06%，城镇集体企业占12.67%，外商投资企业占2.18%，城镇私营企业及其他城镇企业占22.47%，民办非企业单位和社会团体占0.87%，其他占3.12%；中、低收入占99.3%，高收入占0.7%。

新开户职工中，国家机关和事业单位占18.7%，国有企业占9.63%，城镇集体企业占14.73%，外商投资企业占2.27%，城镇私营企业及其他城镇企业占47.19%，民办非企业单位和社会团体占2.52%，其他占4.96%；中、低收入占99.91%，高收入占0.09%。

（二）**提取业务**：2019年，13.03万名缴存职工提取住房公积金53.87亿元。

提取金额中，住房消费提取占80.62%（购买、建造、翻建、大修自住住房占26.22%，偿还购房贷款本息占53.34%，租赁住房占0.93%，其他占0.13%）；非住房消费提取占19.38%（离休和退休提取占14.23%，完全丧失劳动能力并与单位终止劳动关系提取占4.01%，出境定居占0%，其他占1.14%）。

提取职工中，中、低收入占97.69%，高收入占2.31%。

（三）**贷款业务**：

1. 个人住房贷款：2019年，支持职工购建房201.34万平方米，年末个人住房贷款市场占有率（含公转商贴息贷款）为9.11%，比上年末减少0.9个百分点。通过申请住房公积金个人住房贷款，可节约职工购房利息支出148301.11万元。

职工贷款笔数中，购房建筑面积90（含）平方米以下占6.30%，90~144（含）平方米占40.86%，144平方米以上占52.84%。购买新房占82.89%（其中购买保障性住房占0.12%），购买二手房占11.29%，建造、翻建、大修自住住房占0.03%，其他占5.79%。

职工贷款笔数中，单缴存职工申请贷款占49.17%，双缴存职工申请贷款占50.83%，三人及以上缴存职工共同申请贷款占0%。

贷款职工中，30岁（含）以下占16.74%，30岁~40岁（含）占40.45%，40岁~50岁（含）占32.23%，50岁以上占10.58%；首次申请贷款占78.91%，二次及以上申请贷款占21.09%；中、低收入占99.09%，高收入占0.91%。

2. 异地贷款：2019年，发放异地贷款51笔、2095万元。年末，发放异地贷款总额116792万元，异地贷款余额88449.49万元。

（四）**住房贡献率**：2019年，个人住房贷款发放额、公转商贴息贷款发放额、项目贷款发放额、住房消费提取额的总和与当年缴存额的比率为131.53%，比上年增加18.15个百分点。

六、其他重要事项

（一）当年机构及职能调整情况、受委托办理缴存贷款业务金融机构变更情况。根据《中共临沂市委、临沂市人民政府关于临沂市市级机构改革的实施意见》（临发〔2019〕2号），市住房公积金管理中心承担的行政职能划入市住房和城乡建设局，市住房公积金管理中心更名为市住房公积金服务中心。根据《市委办公室、市政府办公室关于印发〈临沂市住房公积金服务中心等单位职能配置、内设机构和人员编制规定〉的通知》（办字〔2019〕45号），市住房公积金服务中心设办公室等6个内设机构，兰山区分中心等12个分支机构。

2019年，受委托办理缴存贷款业务的金融机构没有调整变化。

（二）当年住房公积金政策调整及执行情况。

1. 缴存政策调整情况

自2019年7月1日起，临沂市职工住房公积金月缴存基数按照本人2018年度月平均工资总额核定。2019年度住房公积金最高月缴存基数为16920元；最低月缴存基数市辖区为1730元，九县为1550元。单位和职工住房公积金缴存比例不得低于各5%，不得高于各12%。2019年7月5日，印发《关于进一步做好个体工商户、自由职业者缴存住房公积金有关工作的通知》，符合条件的个体工商户和自由职业者，按照自愿的原则可自主申请缴存住房公积金。

2. 提取政策调整情况

2019年10月30日起，印发《关于实行住房公积金提取全市通办的通知》，自2019年10月30日起，住房公积金提取业务实行全市通办。

3. 贷款政策调整情况

自2019年3月31日起，取消业务要件材料复印件。6月19日，取消担保公司担保这一贷款担保方式。自7月8日起，在临沂市开展省内住房公积金缴存职工异地贷款业务。

4. 存贷款利率执行标准情况

当年存贷款利率未作调整。职工住房公积金账户存款利率，按一年期定期存款基准利率1.5%执行。首次贷款的，五年期以下（含五年）执行2.75%的年利率，五年期以上执行3.25%的年利率。二次贷款利率按照首次贷款利率的1.1倍执行。

（三）当年服务改进情况。结合全省住房公积金文明行业创建"标准建设年"活动，全面落实业务管理、服务体系、风险防控和信息化建设等5项标准规范、2项导则指引，进一步梳理服务事项清单，在服务窗口配置高拍仪、扫描仪、自助查询机，摆放服务指南、服务手册，公积金管理服务的标准化、规范化程度更高。

完善住房公积金单位网厅、个人网厅、手机APP、微信公众号等综合服务平台功能，丰富线上业务办理种类。按照对接技术规范标准，做好与山东省政务服务平台等系统对接工作，实现住房公积金提取核准和贷款核准的网上办理，让单位和群众办事更加便利。

（四）当年信息化建设情况。改造升级"爱山东"临沂站住房公积金模块，实现用户的统一身份认证和查询功能。上线住房公积金电子档案系统，实现业务办理和档案管理的一体化，全面推行电子化采集方式，信息化建设取得新成效。

（五）当年住房公积金服务中心及职工所获荣誉情况。市住房公积金服务中心顺利通过省级文明单位复查验收。市直管理科（市直服务大厅）被评为山东省工人先锋号，罗庄区分中心被评为全省住房公积金行业文明服务示范窗口、市直三八红旗集体，兰山区分中心被评为临沂市工人先锋号。市住房公积金服务中心有6人被评为全省住房公积金行业文明服务标兵，4人分别被评为市直机关优秀共产党员、市直三八红旗手、市直优秀共青团干部、市直优秀共青团员。

（六）当年对违反《住房公积金管理条例》和相关法规行为进行行政处罚和申请人民法院强制执行情况。2019年，未实施行政处罚，未申请法院强制执行。

（七）当年对住房公积金管理人员违规行为的纠正和处理情况等。无。

（八）其他需要披露的情况。无。

德州市住房公积金2019年年度报告

一、机构概况

（一）住房公积金管理委员会：住房公积金管理委员会有28名委员，2019年召开两次会议，审议通过的事项主要包括：2018年年度报告、部分贷款政策调整等事项。

（二）住房公积金管理中心：住房公积金管理中心为（市政府直属的）不以营利为目的的事业单位，设5个处（科），12个管理部，0个分中心。从业人员104人，其中，在编67人，非在编37人。

二、业务运行情况

（一）缴存：2019年，新开户单位1327家，实缴单位6658家，净增单位1120家；新开户职工3.81万人，实缴职工39.64万人，净增职工2.04万人；缴存额40.26亿元，同比增长14.34%。2019年末，缴存总额214.28亿元，比上年末增加23.45%；缴存余额116.93亿元，比上年末增加15.92%。

受委托办理住房公积金缴存业务的银行5家，比上年增加0家。

（二）提取：2019年，提取额24.2亿元，同比增长15.13%；占当年缴存额的60.11%，比上年增加0.41个百分点。2019年末，提取总额97.35亿元，比上年末增加33.06%。

（三）贷款：

个人住房贷款：个人住房贷款最高额度40万元，其中，单缴存职工最高额度30万元，双缴存职工最高额度40万元。

2019年，发放个人住房贷款1.13万笔、35.36亿元，同比分别增长19.58%、22.47%。

2019年，回收个人住房贷款15.98亿元。

2019年末，累计发放个人住房贷款6.66万笔、170.95亿元，贷款余额107.27亿元，分别比上年末增加20.25%、26.08%、22.05%。个人住房贷款余额占缴存余额的91.74%，比上年末增加4.6个百分点。

受委托办理住房公积金个人住房贷款业务的银行 11 家，比上年增加 2 家。

（四）**资金存储**：2019 年末，住房公积金存款 13.15 亿元。其中，活期 3.12 亿元，1 年（含）以下定期 3.23 亿元，1 年以上定期 6.8 亿元。

（五）**资金运用率**：2019 年末，住房公积金个人住房贷款余额、项目贷款余额和购买国债余额的总和占缴存余额的 91.74%，比上年末增加个 4.6 个百分点。

三、主要财务数据

（一）**业务收入**：2019 年，业务收入 35741.65 万元，同比增长 21.41%。存款利息 3489.74 万元，委托贷款利息 32251.91 万元，国债利息 0 万元，其他 0 万元。

（二）**业务支出**：2019 年，业务支出 17576.87 万元，同比增长 17.37%。支付职工住房公积金利息 16249.2 万元，归集手续费 0 万元，委托贷款手续费 1312.6 万元，其他 15.07 万元。

（三）**增值收益**：2019 年，增值收益 18164.78 万元，同比增长 25.59%。增值收益率 1.68%，比上年增加 0.14 个百分点。

（四）**增值收益分配**：2019 年，提取贷款风险准备金 3875.67 万元，提取管理费用 1414.5 万元，提取城市廉租住房（公共租赁住房）建设补充资金 12874.6 万元。

2019 年，上交财政管理费用 1741.57 万元。上缴财政城市廉租住房（公共租赁住房）建设补充资金 9544.01 万元。2019 年末，贷款风险准备金余额 21453.89 万元。累计提取城市廉租住房（公共租赁住房）建设补充资金 64316.44 万元。

（五）**管理费用支出**：2019 年，管理费用支出 2082.75 万元，同比增长 24.03%。其中，人员经费 1141.19 万元，公用经费 75.02 万元，专项经费 866.54 万元。

四、资产风险状况

个人住房贷款：2019 年末，个人住房贷款逾期额 763.5 万元，逾期率 0.71‰。

个人贷款风险准备金按不低于贷款余额的 1% 提取。2019 年，提取个人贷款风险准备金 3875.67 万元。2019 年末，个人贷款风险准备金余额 21453.89 万元，占个人住房贷款余额的 2%，个人住房贷款逾期额与个人贷款风险准备金余额的比率为 3.56%。

五、社会经济效益

（一）**缴存业务**：2019 年，实缴单位数、实缴职工人数和缴存额同比分别增长 20.22%、5.41% 和 14.34%。

缴存单位中，国家机关和事业单位占 40.88%，国有企业占 13.58%，城镇集体企业占 3%，外商投资企业占 0.71%，城镇私营企业及其他城镇企业占 32.35%，民办非企业单位和社会团体占 5.56%，其他占 3.92%。

缴存职工中，国家机关和事业单位占 43.16%，国有企业占 24.09%，城镇集体企业占 2.43%，外商投资企业占 1.4%，城镇私营企业及其他城镇企业占 22.81%，民办非企业单位和社会团体占 2.95%，其他占 3.16%；中、低收入占 99.43%，高收入占 0.57%。

新开户职工中，国家机关和事业单位占17.96%，国有企业占17.07%，城镇集体企业占4.32%，外商投资企业占1.63%，城镇私营企业及其他城镇企业占40.92%，民办非企业单位和社会团体占8.16%，其他占9.94%；中、低收入占99.83%，高收入占0.17%。

（二）提取业务：2019年，11.62万名缴存职工提取住房公积金24.2亿元。

提取金额中，住房消费提取占76.52%（购买、建造、翻建、大修自住住房占32.36%，偿还购房贷款本息占40.73%，租赁住房占3.43%，其他占0%）；非住房消费提取占23.48%（离休和退休提取占16.61%，完全丧失劳动能力并与单位终止劳动关系提取占4.34%，出境定居占0.48%，其他占2.05%）。

提取职工中，中、低收入占99.26%，高收入占0.74%。

（三）贷款业务：

1. 个人住房贷款：2019年，支持职工购建房142.19万平方米，2019年末个人住房贷款市场占有率（含公转商贴息贷款）为12.66%，比上年末减少0.17个百分点。通过申请住房公积金个人住房贷款，可节约职工购房利息支出105587万元。

职工贷款笔数中，购房建筑面积90（含）平方米以下占9.06%，90~144（含）平方米占82.03%，144平方米以上占8.91%。购买新房占86.63%，购买二手房占13.37%。

职工贷款笔数中，单缴存职工申请贷款占14.86%，双缴存职工申请贷款占85.14%，三人及以上缴存职工共同申请贷款占0%。

贷款职工中，30岁（含）以下占23.93%，30岁~40岁（含）占42.72%，40岁~50岁（含）占25.96%，50岁以上占7.39%；首次申请贷款占64.21%，二次及以上申请贷款占35.79%；中、低收入占99.17%，高收入占0.83%。

2. 异地贷款：2019年，发放异地贷款374笔、11266万元。2019年末，发放异地贷款总额49746万元，异地贷款余额25339万元。

（四）住房贡献率：2019年，个人住房贷款发放额、公转商贴息贷款发放额、项目贷款发放额、住房消费提取额的总和与当年缴存额的比率为133.83%，比上年增加7.65个百分点。

六、其他重要事项

（一）缴存政策。 2019年度德州市住房公积金最高月缴存基数为18970元，最低月缴存基数为1550元。最高缴存基数根据市统计局提供的我市2018年度全部在岗职工平均工资数据，按月平均工资3倍计算，最低缴存基数按照山东省人民政府公布的我市2018年度月最低工资标准。2019年提取政策未发生变化。

（二）增设服务网点，提升服务效率。 坚持以人民为中心的服务思想，为方便缴存职工就近办理公积金业务，全市增设受托银行服务网点53家，所有网点人员统一培训、统一标准、统一设备配置，全网点人员均可受理公积金缴存、提取、贷款等业务，增加了公积金便民、利民服务渠道，打通了公积金服务群众最后一公里。

（三）加大信息化建设资金投入，为业务发展提供技术支撑。 加大信息化建设资金投入，完成综合服务平台必建项目的建设，相继接入全国住房公积金异地转移接续平台和全国住房公积金数据平台，启用了电子档案系统。通过市大数据局共享交换平台实现了与民政、公安、不动产和房管部门数据共享，加速了互联网＋智慧公积金平台建设，真正实现了让数据多跑路，群众少跑腿，较好地实现了公积金"一次办好"改革目标。

（四）荣誉奖项。 2019年通过省级文明单位复评获省级文明单位称号，1个管理部被评为全省住房公积金行业文明服务示范窗口，5名基层一线同志荣获省文明服务标兵称号。

聊城市住房公积金2019年年度报告

一、机构概况

（一）**住房公积金管理委员会**：住房公积金管理委员会共有27名委员，2019年召开1次会议，审议通过的事项主要包括：《2018年度住房公积金增值收益分配方案》《聊城市住房公积金2018年年度报告》。

（二）**住房公积金管理中心**：聊城市住房公积金管理中心为直接隶属市政府不以营利为目的的正县级公益一类事业单位，设6个处（科），9个管理部。从业人员103人，其中，在编35人，非在编68人。

二、业务运行情况

（一）**缴存**：2019年，新开户单位1296家，实缴单位5534家，净增单位1168家；新开户职工3.28万人，实缴职工40.00万人，净增职工1.39万人；缴存额36.27亿元，同比增长12.67%。2019年末，缴存总额239.22亿元，同比增长17.87%；缴存余额134.77亿元，同比增长10.28%。

受委托办理住房公积金缴存业务的银行4家，无变化。

（二）**提取**：2019年，提取额23.70亿元，同比增长23.57%；占当年缴存额的65.34%，比上年增加5.76个百分点。2019年末，提取总额104.45亿元，同比增长29.35%。

（三）**贷款**：

个人住房贷款：个人住房贷款最高额度50万元，其中，单缴存职工最高额度50万元，双缴存职工最高额度50万元。

2019年，发放个人住房贷款1.11万笔、46.80亿元，同比分别增加38.75%、54.97%。

2019年，回收个人住房贷款14.03亿元。

2019年末，累计发放个人住房贷款12.22万笔、232.38亿元，贷款余额131.66亿元，同比分别增长9.99%、25.22%、33.15%。个人住房贷款余额占缴存余额的97.69%，比上年增加16.78个百分点。

受委托办理住房公积金个人住房贷款业务的银行5家，无变化。

（四）**资金存储**：2019年末，住房公积金存款5.22亿元。其中，活期1.16亿元，1年以上定期4.06亿元。

（五）**资金运用率**：2019年末，住房公积金个人住房贷款余额、项目贷款余额和购买国债余额的总和占缴存余额的97.69%，比上年增加16.78个百分点。

三、主要财务数据

（一）业务收入：2019年，业务收入39941.69万元，同比增长7.62%。其中，存款利息3664.82万元，委托贷款利息36276.81万元，其他0.06万元。

（二）业务支出：2019年，业务支出23052.46万元，同比增长34.43%。支付职工住房公积金利息19252.09万元；归集手续费1984.74万元；委托贷款手续费1813.84万元，其他1.79万元。

（三）增值收益：2019年，增值收益16889.23万元，同比下降15.40%，增值收益率1.31%，比上年减少0.41个百分点。

（四）增值收益分配：2019年，提取当年贷款风险准备金0万元，提取当年管理费用2859.49万元，提取城市廉租住房（公共租赁住房）建设补充资金14029.74万元。

2019年，上交财政2018年公积金管理费用4078.13万元。上缴财政2018年城市廉租住房（公共租赁住房）建设补充资金12373万元。

2019年末，贷款风险准备金余额19776.53万元。累计提取城市廉租住房（公共租赁住房）建设补充资金102823.34万元。

（五）管理费用支出：2019年，管理费用支出3544.87万元，同比增长122.76%。其中，人员经费972.63万元，公用经费424.63万元，专项经费2147.61万元。

四、资产风险状况

个人住房贷款：2019年末，个人住房贷款逾期额835.36万元，逾期率0.63‰。

个人贷款风险准备金按不低于贷款余额的1%提取。2019年，未提取个人贷款风险准备金，未发生使用个人贷款风险准备金核销呆坏账情况。2019年末，个人贷款风险准备金余额19776.53万元，占个人住房贷款余额的1.5%，个人住房贷款逾期额与个人贷款风险准备金余额的比率为4.22%。

五、社会经济效益

（一）缴存业务：2019年，实缴单位数、实缴职工人数和缴存额同比分别增长26.75%、3.6%和12.67%。

缴存单位中，国家机关和事业单位占33.90%，国有企业占7.54%，城镇集体企业占7.17%，外商投资企业占0.76%，城镇私营企业及其他城镇企业占17.20%，民办非企业单位和社会团体占0.94%，其他占32.49%。

缴存职工中，国家机关和事业单位占41.55%，国有企业占14.05%，城镇集体企业占4.37%，外商投资企业占1.25%，城镇私营企业及其他城镇企业占20.34%，民办非企业单位和社会团体占0.59%，其他占17.85%；中、低收入占99.45%，高收入占0.55%。

新开户职工中，国家机关和事业单位占15.72%，国有企业占6.09%，城镇集体企业占6.01%，外商投资企业占1.47%，城镇私营企业及其他城镇企业占15.26%，民办非企业单位和社会团体占2.19%，其他占53.26%；中、低收入占99.88%，高收入占0.12%。

（二）提取业务：2019年，6.11万名缴存职工提取住房公积金23.70亿元。

提取金额中，住房消费提取占78.41%（购买、建造、翻建、大修自住住房占29.98%，偿还购房贷款本息占34.88%，租赁住房占2.02%，其他占11.53%）；非住房消费提取占21.59%（离休和退休提取占16.95%，完全丧失劳动能力并与单位终止劳动关系提取占3.38%，户口迁出本市或出境定居占0.61%，其他占0.65%）。

提取职工中，中、低收入占99.15%，高收入占0.85%。

（三）贷款业务：

1. 个人住房贷款： 2019年，支持职工购建房138.98万平方米，年末个人住房贷款市场占有率为17.95%，比上年末减少6.05个百分点。通过申请住房公积金个人住房贷款，可节约职工购房利息支出87867.11万元。

职工贷款笔数中，购房建筑面积90（含）平方米以下占8.68%，90～144（含）平方米占74.20%，144平方米以上占17.12%。购买新房占82.71%，购买二手房占17.29%。

职工贷款笔数中，单缴存职工申请贷款占18.94%，双缴存职工申请贷款占80.73%，三人及以上缴存职工共同申请贷款占0.33%。

贷款职工中，30岁（含）以下占30.70%，30岁～40岁（含）占42.83%，40岁～50岁（含）占22.25%，50岁以上占4.22%；首次申请贷款占89.93%，二次及以上申请贷款占10.07%；中、低收入占99.41%，高收入占0.59%。

2. 异地贷款： 2019年，发放异地贷款869笔、36662.45万元。2019年末，发放异地贷款总额99824.05万元，异地贷款余额89073.32万元。

（四）住房贡献率： 2019年，个人住房贷款发放额、住房消费提取额的总和与当年缴存额的比率为180.29%，比上年增加43.10个百分点。

六、其他重要事项

（一）当年住房公积金政策调整及执行情况。

1. 当年缴存基数限额及确定方法、缴存比例调整情况

（1）缴存基数

2019年7月1日起，调整并执行住房公积金缴存基数，缴存基数为2018年职工个人月平均工资。调整后的缴存基数不得超过本市统计部门公布的2018年度全市在岗职工月平均工资的3倍，即不超过16359元（2018年度全市在岗职工月平均工资5453元×3倍）。

最低缴存基数暂按2018年4月26日《山东省人民政府关于公布全省最低工资标准的通知》执行。聊城市所辖县（市、区）月最低工资标准，即1550元。月工资额未超过月平均工资3倍的，以实际工资额计算住房公积金月缴存额。

（2）缴存比例

单位和职工的住房公积金缴存比例下限各为5%，上限各为12%。单位可以根据自身实际情况，在规定的缴存比例下限和上限区间内，自行选择合适的缴存比例。

（3）月缴存额

2019年度住房公积金月缴存额上限为3926.16元。计算公式：$5453×3×12\%+5453×3×12\%=$

3926.16元。

2019年度住房公积金月缴存额下限为155元。计算公式：1550×5％＋1550×5％＝155元。

2. 当年提取政策调整情况

根据《住房公积金管理条例》《山东省人民政府办公厅关于完善公积金管理体制扩大住房消费的指导意见》，制定《关于提取住房公积金按年偿还商业性住房贷款的通知》，自2019年4月15日起，扩大还贷提取范围，开展按年提取公积金偿还商业住房贷款。职工使用商业性住房贷款购买自住住房的，可每年一次性提取职工本人及配偶的住房公积金账户余额，提取金额不超过上年度12个月还款本息。

3. 当年个人住房贷款政策调整情况

为满足职工个人住房商业贷款转个人住房公积金贷款的需要，保证购房贷款职工充分享受住房公积金优惠政策，减少利息支出，节约购房成本，聊城住房公积金管理中心根据《住房公积金管理条例》及《聊城市个人住房公积金贷款管理办法》等有关规定，制定《聊城市个人住房商业贷款转个人住房公积金贷款暂行办法》。商转公贷款办理有两种方式，第一种是借款人将个人住房商业贷款提前结清后的一个月内可申请办理住房公积金贷款；第二种是借款人个人住房商业贷款未提前结清的，可在办理住房公积金贷款后再将个人住房商业贷款结清。

由聊城市人力资源和社会保障局审定、经聊城市人才工作领导小组办公室备案的"顶尖人才""高端人才""急需紧缺人才"住房公积金贷款限额为80万元，保证贷款年限提高至20年，抵押贷款年限提高至30年。

（二）当年住房公积金存贷款利率调整及执行情况。目前，5年以下（含5年）住房公积金贷款年利率为2.75％，5年以上住房公积金贷款年利率为3.25％。

根据中国人民银行、住房和城乡建设部、财政部印发的《关于完善职工住房公积金账户存款利率形成机制的通知》（银发〔2016〕43号），自2016年2月21日起，将职工住房公积金账户存款利率，由现行按照归集时间执行活期和三个月存款基准利率，调整为统一按一年期定期存款基准利率1.50％执行。

（三）当年服务改进情况。

1. 创新管理模式，提升业务管理水平

2019年市中心服务大厅进一步提升业务管理水平，深入推进"最多跑一次"改革。从住房公积金建立、归集、提取、个人信贷、档案管理等环节强化信息化系统建设水平。围绕"计划、落实、监督、提升"展开一系列工作，做到工作忙而不乱，有序推进。

（1）加强政策宣传，归集扩面规范有序

一是全面做好缴存单位的清查，做好及时缴存、按月入户。二是实行"先核后缴"的模式，减少挂账，做到资金及时入户。三是及时调整公积金缴存基数，明确公积金缴存上下限，确保"控高保低"政策落实。四是清理历史数据。开展单位挂账和一人多户重复缴存清理，全面完善职工信息。五是广泛开展宣传。通过微信群、进社区加强政策宣传，进一步扩大公积金制度覆盖面。

（2）优化取流程，服务职工高效便捷

深化"一次办好"改革，按照服务职工更便捷、简化流程更高效的原则，对现有的住房公积金提取业务流程逐条逐项细化分析，对操作流程做出全面修订。中心及各管理部做到制度上墙、流程上墙，并在大厅放置业务材料明细、业务办理流程、业务办结时限服务指南，随时接受群众监督。

(3) 强化贷款管理，发挥住房保障功能

加强楼盘项目合作，现场核实新合作楼盘的准入工作，并对房地产开发企业进行业务培训，维护缴存职工的贷款权益。按照"贷前严审、贷中规范、贷后跟进"的贷款风险管理机制，继续强化日常监控，严格落实各项风险防控措施并加强贷后催收工作，安排专门队伍加大逾期贷款的清欠力度，采取电话催缴、发放催缴通知书、法院起诉等方式积极进行催缴工作，由催收人员建立催缴台账记录贷款人的基本情况。

2. 深化"一次办好"改革，服务效能实现新提升

为进一步提升住房公积金服务效能，营造良好的服务环境，公积金管理中心始终坚持问题导向，不等不靠，深化"放管服"改革，全面落实好"一次办好"，梳理总结围绕一系列新举措：

一是管理制度再规范、再精细。根据业务需要对现有规章制度进行梳理、修订和完善，形成良好的运行机制。建立严格的考勤制度、周会晨会制度，同时对工作人员的仪容仪表进行规范化整理，上岗要求做到服饰整洁、仪表端庄、持证上岗、亮牌办事。

二是办理要件实现"大精简""电子化"。积极落实政策及服务制度，缩减办理要件，缩短办理时限，做到一次性告知，在电视屏幕上滚动播送各项业务办理所需材料及各项业务办结时限表，随时接受群众监督。同时大力推进无纸化办公，实行电子档案化。积极响应市中心业务科室下发的取消各项证明材料复印件的通知，做好电子档案化的先期试点工作，努力做到办理环节更省、提交材料更简。

三是现场服务做好"店小二"。全面推行综合岗位制，加强综合柜员的业务培训和工作能力，使每一名综合柜员都具有独立受理提取、贷款业务的能力。设置引导员岗位，为前来办理业务的群众做好引导分流工作，在此基础上开展温馨服务再提升工作，设立"帮办代办"窗口、预约上门服务等，为群众提供"店小二式"服务。同时，完善多种投诉建议渠道，设立吐槽找茬办公室，及时处理群众反映的问题和投诉，全面落实"一次办好""好差评"等制度政策。2019年聊城市住房公积金管理中心冠县管理部被山东省住房和城乡建设厅评为全省住房公积金"文明服务示范窗口"，5人荣获"文明服务标兵"称号。

（四）当年信息化建设情况。按照省市新旧动能转换的要求，紧紧围绕"信息集成、数据共享、平台统一、标准一致"的十六字要求，遵循"机制创新，流程再造"原则，认真整合公积金信息系统，建成技术先进、便捷群众、廉洁高效、阳光透明的住房公积金信息平台。

1. 完善基础数据，做好数据上报工作。根据住房和城乡建设部公积金数据接入平台、人行征信和电子检查工具及省厅对"双贯标"数据的要求，对公积金基础数据库的数据进行全面完善，同时按时做好数据上报工作。

2. 实行了会计统一核算改革。7月份，根据住房和城乡建设部"双贯标"验收标准和深化"一次办好"改革要求，在全市公积金系统实行了会计统一核算，由原来分散到管理部的会计核算变为中心会计科一套大账集中统一核算。全市分散的130多个账户仅保留工农中建交5个账户，全市资金统一划转到市中心账户进行统一核算。大会计核算工作实现了公积金归集、提取、贷款业务"全市通办"。

3. 完善公积金综合服务平台建设。依托互联网，充分利用"互联网＋"技术，建立了住房公积金综合服务平台，通过网上服务大厅、12329短信、自助服务终端、手机客户端、官方微信和微博等8种服务渠道的高度融合，在信息查询、业务办理、信息发布、互动交流中的满足广大缴存职工个性化需求，拓宽了服务的渠道，全面提高了服务水平，切实维护了缴存职工的合法权益。

4. 完成全国住房公积金数据平台接入工作。根据住房和城乡建设部发布的《关于做好全国住房公积金数据平台接入工作的通知》(建办金函〔2019〕36号)要求,5月份提前完成全国住房公积金数据平台接入工作,同时实现向税务总局提供住房公积金专项扣除个人所得税信息。

5. 在全省率先完成异地转移接续平台建设。 4月29日,聊城公积金完成异地转移接续平台建设,职工在办理异地转移接续时,不用再通过住房和城乡建设部的Web方式办理,直接通过业务系统就可办理完毕。异地转移接续平台办理业务速度快、效率高、错误率低,实现住房公积金"账随人走、钱随账走"。

6. 全面启用电子档案管理系统。 在住房公积金信息系统升级改造的基础上,全面推广公积金电子档案系统的应用,实现了前台业务的便捷操作、档案资料的科学保存、档案管理的全面覆盖、办公自动化的有效衔接、档案数据的安全保密,打通了"减证便民"行动的"最后一公里"。

滨州市住房公积金2019年年度报告

一、机构概况

(一)住房公积金管理委员会:住房公积金管理委员会有25名委员,2019年召开1次会议,审议通过的事项主要包括:听取市住房公积金管理中心2018年工作报告、市财政局对2018年度住房公积金监管情况的报告、滨州银保监分局对承办住房公积金金融业务受托银行监管情况的报告;研究审议市住房公积金管理中心提请审议的有关问题。

(二)住房公积金管理中心:住房公积金管理中心为滨州市人民政府不以营利为目的的正县级事业单位,设8个科,9个管理部。从业人员129人,其中,在编60人,非在编69人。

二、业务运行情况

(一)缴存:2019年,新开户单位755家,实缴单位4473家,净增单位554家;新开户职工2.37万人,实缴职工23.44万人,净增职工0.83万人;缴存额32.85亿元,同比增长13.45%。2019年末,缴存总额185.98亿元,比上年末增加21.45%;缴存余额102.00亿元,比上年末增加14.52%。

受委托办理住房公积金缴存业务的银行5家,比上年增加1家。

(二)提取:2019年,提取额19.91亿元,同比增长17.53%;占当年缴存额的60.60%,比上年增加2.09个百分点。2019年末,提取总额83.98亿元,比上年末增加31.10%。

(三)贷款:

个人住房贷款:个人住房贷款最高额度50万元,其中,单缴存职工最高额度30万元,双缴存职工最高额度50万元。

2019年,发放个人住房贷款0.71万笔、29.08亿元,同比分别增长39.22%、35.38%。

2019年,回收个人住房贷款10.25亿元。

2019年末,累计发放个人住房贷款5.97万笔、157.68亿元,贷款余额98.16亿元,分别比上年末增加13.5%、22.61%、23.72%。个人住房贷款余额占缴存余额的96.24%,比上年末增加7.16个百分点。

受委托办理住房公积金个人住房贷款业务的银行 5 家,比上年增加 1 家。

(四)**购买国债**:2019 年,购买国债 0 亿元,兑付(转让、收回)国债 0 亿元。2019 年末,国债余额 0 亿元,与上年持平。

(五)**融资**:2019 年,融资 0 亿元,归还 0 亿元。2019 年末,融资总额 0 亿元,融资余额 0 亿元。

(六)**资金存储**:2019 年末,住房公积金存款 6.28 亿元。其中,活期 0.06 亿元,1 年(含)以下定期 1.70 亿元,1 年以上定期 1.65 亿元,其他(协定、通知存款等)2.87 亿元。

(七)**资金运用率**:2019 年末,住房公积金个人住房贷款余额、项目贷款余额和购买国债余额的总和占缴存余额的 96.24%,比上年末增加 7.16 个百分点。

三、主要财务数据

(一)**业务收入**:2019 年,业务收入 31724.68 万元,同比增长 14.97%;存款利息 2193.48 万元,委托贷款利息 29531.20 万元,国债利息 0 万元,其他 0 万元。

(二)**业务支出**:2019 年,业务支出 14471.81 万元,同比下降 5.11%;支付职工住房公积金利息 14471.64 万元,归集手续费 0 万元,委托贷款手续费 0 万元,其他 0.17 万元。

(三)**增值收益**:2019 年,增值收益 17252.87 万元,同比增长 39.79%;增值收益率 1.80%,比上年增加 0.33 个百分点。

(四)**增值收益分配**:2019 年,提取贷款风险准备金 3765.12 万元,提取管理费用 2100.00 万元,提取城市廉租住房(公共租赁住房)建设补充资金 11387.75 万元。

2019 年,上交财政管理费用 2150.00 万元。上缴财政城市廉租住房(公共租赁住房)建设补充资金 7687.69 万元。

2019 年末,贷款风险准备金余额 19632.43 万元。累计提取城市廉租住房(公共租赁住房)建设补充资金 53308.35 万元。

(五)**管理费用支出**:2019 年,管理费用支出 2570.83 万元,同比增长 33.61%。其中,人员经费 1377.26 万元,公用经费 58.96 万元,专项经费 1134.61 万元。

四、资产风险状况

个人住房贷款:2019 年末,个人住房贷款逾期额 68.57 万元,逾期率 0.07‰。

个人贷款风险准备金按不低于贷款余额的 1% 提取。2019 年,提取个人贷款风险准备金 3765.12 万元,使用个人贷款风险准备金核销呆坏账 0 万元。2019 年末,个人贷款风险准备金余额 19632.43 万元,占个人住房贷款余额的 2.00%,个人住房贷款逾期额与个人贷款风险准备金余额的比率为 0.36%。

五、社会经济效益

(一)**缴存业务**:2019 年,实缴单位数、实缴职工人数和缴存额同比分别增长 14.14%、3.69% 和 13.45%。

缴存单位中,国家机关和事业单位占 42.07%,国有企业占 11.89%,城镇集体企业占 3.22%,外商投资企业占 1.43%,城镇私营企业及其他城镇企业占 23.00%,民办非企业单位和社会团体占 3.35%,其他占15.04%。

缴存职工中，国家机关和事业单位占46.23%，国有企业占16.00%，城镇集体企业占2.16%，外商投资企业占3.17%，城镇私营企业及其他城镇企业占17.10%，民办非企业单位和社会团体占2.49%，其他占12.85%；中、低收入占99.08%，高收入占0.92%。

新开户职工中，国家机关和事业单位占18.78%，国有企业占12.39%，城镇集体企业占3.08%，外商投资企业占4.15%，城镇私营企业及其他城镇企业占36.47%，民办非企业单位和社会团体占7.04%，其他占18.09%；中、低收入占99.84%，高收入占0.16%。

（二）提取业务：2019年，5.03万名缴存职工提取住房公积金19.91亿元。

提取金额中，住房消费提取占81.67%（购买、建造、翻建、大修自住住房占19.92%，偿还购房贷款本息占59.77%，租赁住房占1.97%，其他占0.01%）；非住房消费提取占18.33%（离休和退休提取占13.11%，完全丧失劳动能力并与单位终止劳动关系提取占3.67%，出境定居占0.02%，其他占1.53%）。

提取职工中，中、低收入占98.53%，高收入占1.47%。

（三）贷款业务：

1. 个人住房贷款：2019年，支持职工购建房95.62万平方米，年末个人住房贷款市场占有率（含公转商贴息贷款）为21.07%，比上年末增加0.82个百分点。通过申请住房公积金个人住房贷款，可节约职工购房利息支出95964万元。

职工贷款笔数中，购房建筑面积90（含）平方米以下占3.63%，90～144（含）平方米占67.54%，144平方米以上占28.83%。购买新房占89.56%（其中购买保障性住房占0%），购买二手房占10.44%，建造、翻建、大修自住住房占0%，其他占0%。

职工贷款笔数中，单缴存职工申请贷款占13.94%，双缴存职工申请贷款占86.06%，三人及以上缴存职工共同申请贷款占0%。

贷款职工中，30岁（含）以下占24.22%，30岁～40岁（含）占45.96%，40岁～50岁（含）占23.88%，50岁以上占5.94%；首次申请贷款占88.62%，二次及以上申请贷款占11.38%；中、低收入占98.99%，高收入占1.01%。

2. 异地贷款：2019年，发放异地贷款570笔、22157万元。2019年末，发放异地贷款总额57865万元，异地贷款余额52426万元。

（四）住房贡献率：2019年，个人住房贷款发放额、公转商贴息贷款发放额、项目贷款发放额、住房消费提取额的总和与当年缴存额的比率为138.02%，比上年增加19.68个百分点。

六、其他重要事项

（一）当年机构及职能调整情况、受委托办理缴存贷款业务金融机构变更情况。根据滨州市委机构编制委员会《关于市直承担行政职能事业单位（县级）调整事项的通知》要求，市住房公积金管理中心承担的行政职能剥离；2019年新增1家委托办理缴存贷款业务金融机构。

（二）当年住房公积金政策调整及执行情况。

当年缴存基数限额及确定方法、缴存比例调整情况。

1. 当年缴存基数限额及确定方法

(1) 2019年度职工住房公积金最高缴存基数为市统计部门公布的上年度职工月平均工资的3倍，为17511元。职工月平均工资超过以上限额的，最高按17511元为住房公积金缴存工资基数；月工资未超过17511元的，以实际工资额计算住房公积金缴存工资基数。

(2) 2019年度职工住房公积金最低缴存基数为《山东省人民政府关于公布全省最低工资标准的通知》（鲁政字〔2018〕80号）公布的市直及各县区的最低工资标准。2019年度滨州市惠民县、阳信县、无棣县、沾化区行政区域内职工最低工资缴存基数为1550元，市直、滨城区、开发区、高新区、北海新区、博兴县和邹平县行政区域内职工住房公积金最低缴存工资基数为1730元。职工月工资低于该限额的，以该限额为住房公积金月缴存工资基数；工资高于该限额的，以实际工资额计算住房公积金月缴存工资基数。

联合市财政局发布了《关于调整市直机关事业单位住房公积金计提基数的通知》（滨财综〔2019〕31号）对市直机关事业单位住房公积金工资基数进行了调整。

2. 缴存比例调整情况

根据国务院《住房公积金管理条例》（国务院令第350号）和《山东省人民政府办公厅关于进一步加强住房公积金管理工作的意见》（鲁政办字〔2014〕10号）要求，我市住房公积金缴存单位和职工住房公积金的缴存比例均不低于各5%，不高于各12%。

(1) 2019年度由于各县区经济财力不同代发单位缴存比例也有所不同。其中：市直、滨城区、高新区、经济开发区、惠民县、阳信县、无棣县、北海新区、博兴县、邹平县财政代发单位缴存比例为单位、个人各12%；沾化区财政代发单位缴存比例为单位、个人各8%。

(2) 企业单位缴存比例参照机关事业单位的缴存比例执行。

（三）当年服务改进情况。滨州市住房公积金管理中心积极作为，不断提升服务水平。制定了《滨州市住房公积金管理中心窗口工作人员服务标准》《滨州市住房公积金管理中心窗口工作人员服务监督考核办法》，推进服务标准化建设。各管理部服务大厅实现办公场所规范化，统一配置硬件设施，打造内外兼修的服务环境，同时配备了自助查询机、饮水机、老花镜、母婴用品箱、意见箱等便民服务设施。落实窗口工作人员服务标准、晨会管理、服务礼仪、积分制管理等制度标准；开通绿色通道，推行上门服务、延时服务、容缺受理，并建立了长效机制，切实提高了住房公积金政务服务效能。

（四）当年信息化建设情况。2019年度，我市住房公积金管理中心建设上线了住房公积金电子档案系统，接入了全国数据接入平台，连通了全国异地转移接续平台，完善了综合服务平台建设，大力推行公积金业务网上办理，进一步提升公积金信息化服务水平和服务质效。

（五）当年住房公积金管理中心及职工所获荣誉情况。2019年中心继续保持"省级文明单位"荣誉称号，中心机关党支部被市直机关工委授予"标杆党支部"荣誉称号，阳信管理部、无棣管理部被省住房和城乡建设厅授予"文明示范窗口"荣誉称号。同时阳信管理部荣获"青年文明号""工人先锋号""三八红旗集体"等荣誉称号，无棣管理部荣获"青年文明号"荣誉称号。雷伟、白相瑞、韩晓倩、陈静、邓莎莎被省住房和城乡建设厅授予"文明服务标兵"荣誉称号。

（六）当年对违反《住房公积金管理条例》和相关法规行为进行行政处罚和申请人民法院强制执行情况。本年度未进行行政处罚。申请人民法院强制执行案件3起。

（七）当年无对住房公积金管理人员违规行为的纠正和处理情况等。

（八）无其他需要披露的情况。

菏泽市住房公积金2019年年度报告

一、机构概况

（一）**住房公积金管理委员会**：住房公积金管理委员会有31名委员，2019年召开1次会议，审议通过的事项主要包括：《2018年度住房公积金增值收益分配方案》，清理住房公积金长期封存账户，调整住房公积金缴存基数及租房提取额，恢复住房公积金异地贷款业务，对欠缴住房公积金的借款人实行罚息，调整异地贷款和个体工商、自由职业者住房公积金贷款额度和时限，把兴业、威海、农商银行菏泽分行纳入住房公积金合作银行。

（二）**住房公积金管理中心**：住房公积金管理中心为市政府不以营利为目的的全额事业单位，设9个科，11个管理部。从业人员162人，其中，在编95人，非在编67人。

二、业务运行情况

（一）**缴存**：2019年，新开户单位920家，实缴单位4816家，净增单位717家；新开户职工4.72万人，实缴职工34.55万人，净增职工2.93万人；缴存额46.79亿元，同比增长31.29%。2019年末，缴存总额226.04亿元，比上年末增加26.10%；缴存余额142.57亿元，比上年末增加23.47%。

受委托办理住房公积金缴存业务的银行10家，比上年增加1家。

（二）**提取**：2019年，提取额19.69亿元，同比增长29.20%；占当年缴存额的42.08%，比上年减少0.68个百分点。2019年末，提取总额83.47亿元，比上年末增加30.87%。

（三）**贷款**：

个人住房贷款：个人住房贷款最高额度50万元，其中，单缴存职工最高额度30万元，双缴存职工最高额度50万元。

2019年，发放个人住房贷款1.35万笔、45.52亿元，同比分别增长20.54%、27.61%。

2019年，回收个人住房贷款10.22亿元。

2019年末，累计发放个人住房贷款6.05万笔、172.17亿元，贷款余额141.39亿元，分别比上年末增加29.00%、35.95%、33.27%。个人住房贷款余额占缴存余额的99.17%，比上年末增加7.29个百分点。

受委托办理住房公积金个人住房贷款业务的银行10家，比上年增加1家。

（四）**资金存储**：2019年末，住房公积金存款4.23亿元。其中，协定存款4.23亿元。

（五）**资金运用率**：2019年末，住房公积金个人住房贷款余额、项目贷款余额和购买国债余额的总和占缴存余额的99.17%，比上年末增加7.29个百分点。

三、主要财务数据

（一）业务收入：2019年，业务收入40970.11万元，同比增长29.22%。存款利息1489.26万元，委托贷款利息39479.77万元，其他1.08万元。

（二）业务支出：2019年，业务支出18656.46万元，同比增长22.36%。支付职工住房公积金利息17467.07万元，归集手续费4.61万元，委托贷款手续费1184.72万元，其他0.06万元。

（三）增值收益：2019年，增值收益22313.65万元，同比增长35.58%。增值收益率1.73%，比上年增加0.17个百分点。

（四）增值收益分配：2019年，提取贷款风险准备金7059.62万元，提取管理费用3594.28万元，提取城市廉租住房（公共租赁住房）建设补充资金11659.75万元。

2019年，上交财政管理费用4300万元。上缴财政城市廉租住房（公共租赁住房）建设补充资金5408.06万元。

2019年末，贷款风险准备金余额28277.04万元。累计提取城市廉租住房（公共租赁住房）建设补充资金51581.04万元。

（五）管理费用支出：2019年，管理费用支出2602.35万元，同比下降25.27%。其中，人员经费1103.02万元，公用经费885.37万元，专项经费613.96万元。

四、资产风险状况

个人住房贷款：2019年末，个人住房贷款逾期额51.36万元，逾期率0.04‰。

个人贷款风险准备金按不低于贷款余额的1%提取。2019年，提取个人贷款风险准备金7059.62万元。2019年末，个人贷款风险准备金余额28277.04万元，占个人住房贷款余额的2%，个人住房贷款逾期额与个人贷款风险准备金余额的比率为0.18%。

五、社会经济效益

（一）缴存业务：2019年，实缴单位数、实缴职工人数和缴存额同比分别增长17.49%、9.27%和31.29%。

缴存单位中，国家机关和事业单位占52.33%，国有企业占9.05%，城镇集体企业占1.49%，外商投资企业占0.75%，城镇私营企业及其他城镇企业占31.25%，民办非企业单位和社会团体占3.07%，其他占2.06%。

缴存职工中，国家机关和事业单位占61.85%，国有企业占12.11%，城镇集体企业占1.64%，外商投资企业占1.45%，城镇私营企业及其他城镇企业占15.59%，民办非企业单位和社会团体占0.91%，其他占6.45%；中、低收入占99.29%，高收入占0.71%。

新开户职工中，国家机关和事业单位占21.10%，国有企业占7.59%，城镇集体企业占1.95%，外商投资企业占5.48%，城镇私营企业及其他城镇企业占35.41%，民办非企业单位和社会团体占4.29%，其他占24.18%；中、低收入占99.88%，高收入占0.12%。

（二）提取业务：2019年，7.56万名缴存职工提取住房公积金19.69亿元。

提取金额中，住房消费提取占 77.46%（购买、建造、翻建、大修自住住房占 18.38%，偿还购房贷款本息占 56.92%，租赁住房占 2.14%，其他占 0.02%）；非住房消费提取占 22.54%（离休和退休提取占 17.97%，完全丧失劳动能力并与单位终止劳动关系提取占 3.02%，出境定居占 0.17%，其他占 1.38%）。

提取职工中，中、低收入占 99.97%，高收入占 0.03%。

（三）贷款业务：

1. 个人住房贷款： 2019 年，支持职工购建房 178.53 万平方米，年末个人住房贷款市场占有率（含公转商贴息贷款）为 17.09%，比上年末增加 0.47 个百分点。通过申请住房公积金个人住房贷款，可节约职工购房利息支出 75825.16 万元。

职工贷款笔数中，购房建筑面积 90（含）平方米以下占 2.87%，90~144（含）平方米占 78.88%，144 平方米以上占 18.25%。购买新房占 97.31%，购买二手房占 2.69%。

职工贷款笔数中，单缴存职工申请贷款占 53.90%，双缴存职工申请贷款占 46.10%。

贷款职工中，30 岁（含）以下占 23.76%，30 岁~40 岁（含）占 40.00%，40 岁~50 岁（含）占 27.95%，50 岁以上占 8.29%；首次申请贷款占 97.67%，二次及以上申请贷款占 2.33%；中、低收入占 99.82%，高收入占 0.18%。

2. 异地贷款： 2019 年，发放异地贷款 379 笔、8880.80 万元。2019 年末，发放异地贷款总额 156065.30 万元，异地贷款余额 132764.67 万元。

（四）住房贡献率： 2019 年，个人住房贷款发放额、公转商贴息贷款发放额、项目贷款发放额、住房消费提取额的总和与当年缴存额的比率为 129.88%，比上年减少 0.70 个百分点。

六、其他重要事项

（一）当年机构及职能调整情况、受委托办理缴存贷款业务金融机构变更情况。 经管委会审议通过，中心将兴业银行、农商银行菏泽分行纳入住房公积金合作银行，办理缴存贷款业务。

（二）当年住房公积金政策调整及执行情况。

1. 当年缴存政策调整情况： 本市 2019 年度住房公积金缴存基数限额：按不超过菏泽市统计部门公布的 2018 年度全市在岗职工月平均工资 3 倍标准，确定 2019 年度缴存基数上限为 15132 元，单位和个人最高月缴存额分别为 1816 元。菏泽中心缴存基数下限执行《山东省人民政府关于公布全省最低工资标准的通知》（鲁政字〔2018〕80 号）公布的最低工资标准 1550 元，单位和个人最低月缴存额分别为 78 元。2019 年度住房公积金缴存比例，全市单位和职工住房公积金缴存比例分别不低于 5%，不高于 12%。

2. 当年提取政策调整情况： 适时出台住房公积金提取新政。一是继续加大支持职工租房提取住房公积金支持力度。租赁菏泽城区商品住房的，当年提取额度提高到 15000 元；租赁菏泽县城商品住房的，当年提取额度提高到 12000 元；租住公共租赁住房的，按照实际房租支出全额提取。二是出台《菏泽市住房公积金管理中心关于职工离职提取住房公积金政策调整的通知》，针对职工住房公积金账户封存满半年仍无新就业单位或新就业单位未建制缴存，职工个人无继续缴存意愿的，凭有效居民身份证和银行卡即可申请办理销户提取，不再提供与单位终止劳动关系证明（或离职证明）。

3. 当年住房贷款政策调整情况： 恢复公积金异地贷款业务。异地缴存职工、个体工商户和自由职业者住房公积金最高贷款额度为单职工缴存家庭最高贷款额度 20 万元，双职工缴存家庭最高贷款额度 40 万元。最长贷款年限为异地缴存职工和个体工商户、自由职业者缴存人员的贷款年限计算至法定退休年龄，不再顺延。

（三）当年服务改进情况。

一是精简办事材料。深入推进"放管服"改革，出台《菏泽市住房公积金管理中心关于取消业务办理要件材料复印件和扩大"全市通办"业务范围的通知》，推行"减证便民"政策。精简办理要件，推行电子化采集方式，取消了公积金业务办理材料复印件和职工收入证明等相关材料。

二是优化办事流程。优化业务流程和审批手续，在服务大厅设置综合柜员窗口，实现一窗受理、一次办结。在全市范围内实现了住房公积金提取业务通办，方便群众就近办理。下放审批权限，落实具体措施。优化合作楼盘准入方式，实行容缺受理模式。在企业出具情况说明或不影响正常审批的前提下，可以容缺审批通过，缺少的资料事后补充。

三是实现了与民政、工商部门的信息共享，征信系统接入工作有序推进。加快网上营业大厅建设，使住房公积金归集支取部分业务、公积金贷款额度测算、贷款信息查询、提前还款等业务均可网上办理，方便广大缴存干部职工。

（四）当年信息化建设情况。

1. 接入全国住房公积金数据平台。按照《住房和城乡建设部办公厅关于做好全国住房公积金数据接入工作的通知》（建办金函〔2019〕36 号）文相关要求，经中心与信息系统建设单位、山东省建设银行分行、住房和城乡建设部数据平台项目组的积极推进，我市住房公积金业务管理系统于 2019 年 5 月 1 日首批成功接入住房和城乡建设部数据平台并完成数据报送。

2. 强化网络安全管理。今年以来中心先后增加了堡垒机、审计设备、上网准入设备等硬件设施，加强了信息安全方面的保护措施。采购并使用 360 安全软件，系统安全风险防范能力进一步提升。

3. 推行纸质材料档案电子化。公积金缴存、提取、贷款等相关业务办理过程中，形成的纸质业务档案，通过扫描或拍照等方式上传至业务管理系统，形成业务电子档案。通过规范业务档案电子化管理，实现了业务办理和档案管理的一体化，为住房公积金业务健康开展奠定了坚实基础。

（五）当年住房公积金管理中心及职工所获荣誉情况。

中心所获荣誉情况：一是菏泽市住房公积金管理中心 2019 年省级精神文明单位复查合格。二是菏泽市住房公积金管理中心市直管理部被省住房城乡建设厅评为"全省住房城乡建设系统精神文明创建优胜单位"。三是菏泽市住房公积金管理中心成武管理部服务大厅、菏泽市住房公积金管理中心鄄城管理部服务大厅被省住房和城乡建设厅评为"全省住房公积金行业文明服务示范窗口"。四是 2019 年，菏泽市住房公积金管理中心获得"书香机关"荣誉称号。五是 2019 年 6 月 30 日，菏泽市住房公积金管理中心组织代表队参加"我和我的祖国"庆祝祖国七十华诞大剧院广场爱国音乐会，荣获"二等奖"。六是菏泽市住房公积金管理中心为庆祝中华人民共和国成立 70 周年，参加山东省住房公积金精神文明建设成果展演，获得"优秀奖"。七是 2019 年 10 月 29 日，菏泽市住房公积金管理中心在菏泽市文明礼仪风采大赛中获得"优秀组织奖"，并被评为"菏泽市 2019 年度文明行业"。八是菏泽市住房公积金管理中心成武管理部获得"工人先锋"称号，并在全县职工健步走活动中获得"优秀组织奖"。九是菏泽市住房公积金管理中心鄄城管理部获得"工人先锋"称号。

职工所获荣誉情况：2019年，胡莹莹、李通、刘欢欢、高香、王通五名同志被山东省住房和城乡建设厅评为"全省住房公积金行业文明服务标兵"，庞志伟同志被共青团菏泽市委、菏泽市青年联合会颁发"第五届菏泽青年五四奖章"，侯桃李同志被中共菏泽市委市直机关工作委员会评为"菏泽市直优秀共产党员"，张丽涛同志被中共菏泽市委宣传部评为"书香之家"，刘炳华同志被中共菏泽市委干部理论学习委员会评为菏泽市"学习强国"学习平台优秀组织者，宋国秀同志被民革菏泽市委评为"优秀党员"，李通同志被中共菏泽市委干部理论学习委员会评为学习强国"学习标兵"，冯涛同志被成武县总工会颁发"五一劳动奖章"，胡佩华同志被鄄城县总工会评为"鄄城县优秀工会会员"。

2019 全国住房公积金年度报告汇编

河南省

郑州　　三门峡市
开封市　南阳市
洛阳市　商丘市
平顶山市　信阳市
安阳市　周口市
鹤壁市　驻马店市
新乡市　济源市
焦作市
濮阳市
许昌市
漯河市

河南省住房公积金 2019 年年度报告

一、机构概况

（一）**住房公积金管理机构**：全省共设 18 个省辖市住房公积金管理中心，9 个省直管县（市）住房公积金管理中心，11 个独立设置的行业分中心（其中，河南省省直机关住房资金管理中心隶属河南省机关事务管理局，郑州住房公积金管理中心省电力分中心隶属国网河南省电力公司，郑州住房公积金管理中心铁路分中心隶属中国铁路郑州局集团有限公司，河南省煤炭行业住房资金管理中心隶属河南省工业和信息化厅，郑州住房公积金管理中心黄委会管理部隶属黄河水利委员会机关服务局，洛阳市住房公积金管理中心铁路分中心隶属中国铁路郑州局集团有限公司，焦作煤业（集团）有限责任公司住房公积金管理中心隶属焦作煤业（集团）有限责任公司，中原石油勘探局住房公积金管理中心隶属中原石油勘探局有限公司，三门峡市住房公积金管理中心义煤集团分中心隶属义马煤业集团股份有限公司，南阳市住房公积金管理中心河南油田分中心隶属河南石油勘探局有限公司，永城市住房公积金管理中心永煤分中心隶属永城煤电控股集团有限公司）。从业人员 2221 人，其中，在编 1214 人，非在编 1007 人。

（二）**住房公积金监管机构**：河南省住房和城乡建设厅、河南省财政厅和中国人民银行郑州中心支行负责对本省住房公积金管理运行情况进行监督。河南省住房和城乡建设厅设立住房公积金监督管理处，负责辖区住房公积金日常监管工作。

二、业务运行情况

（一）**缴存**：2019 年，新开户单位 8583 家，实缴单位 80743 家，净增单位 4718 家；新开户职工 68.46 万人，实缴职工 637.57 万人；缴存额 799.12 亿元，同比增长 13.93%。2019 年末，缴存总额 5361.21 亿元，同比增长 17.52%；缴存余额 2529.26 亿元，同比增长 14.43%。

（二）**提取**：2019 年，提取额 480.10 亿元，同比增长 20.35%；占当年缴存额的 60.08%，比上年增加 3.43 个百分点。2019 年末，提取总额 2831.95 亿元，同比增长 20.41%。

（三）**贷款**：

1. 个人住房贷款：2019 年，发放个人住房贷款 11.69 万笔、416.68 亿元，同比增长 17.25%、34.17%。回收个人住房贷款 196.27 亿元。

2019 年末，累计发放个人住房贷款 130.82 万笔、3080.94 亿元，贷款余额 1919.75 亿元，同比分别增长 9.81%、15.64%、12.97%。个人住房贷款余额占缴存余额的 75.90%，比上年减少 0.98 个百分点。

2. 住房公积金支持保障性住房建设项目贷款：2019 年，发放支持保障性住房建设项目贷款 0 亿元，回收项目贷款 0 亿元。2019 年末，累计发放项目贷款 10.58 亿元，项目贷款余额 0 亿元。

（四）**资金运用率**：2019 年末，住房公积金个人住房贷款余额、项目贷款余额和购买国债余额的总和占缴存余额的 75.90%，比上年减少 0.98 个百分点。

三、主要财务数据

（一）**业务收入**：2019 年，业务收入 74.10 亿元，同比增长 15.73%。其中，存款利息 15.33 亿元，委托贷款利息 58.69 亿元，国债利息 0 亿元，其他 0.08 亿元。

（二）**业务支出**：2019 年，业务支出 39.55 亿元，同比增长 9.98％。其中，支付职工住房公积金利息 36.28 亿元，归集手续费 0.82 亿元，委托贷款手续费 1.93 亿元，其他 0.52 亿元。

（三）**增值收益**：2019 年，增值收益 34.55 亿元，同比增长 23.13％；增值收益率 1.46％，比上年增加 0.06 个百分点。

（四）**增值收益分配**：2019 年，扣除年初未弥补损失 0.09 亿元后，可供分配增值收益 34.46 亿元。其中提取贷款风险准备金 10.24 亿元，提取管理费用 4.32 亿元，提取城市廉租住房（公共租赁住房）建设补充资金 20.03 亿元。年末产生未弥补损失 0.13 亿元。

2019 年末，累计提取住房公积金贷款风险准备金 86.64 亿元，累计提取城市廉租住房（公共租赁住房）建设补充资金 114.35 亿元。

（五）**管理费用支出**：2019 年，管理费用支出 3.79 亿元，同比下降 4.53％。其中，人员经费 1.72 亿元，公用经费 0.59 亿元，专项经费 1.48 亿元。

四、资产风险状况

（一）**个人住房贷款**：2019 年末，个人住房贷款逾期额 0.99 亿元，逾期率 0.52‰。

2019 年，提取个人贷款风险准备金 10.24 亿元，使用个人贷款风险准备金核销呆坏账 0 亿元。2019 年末，个人贷款风险准备金余额 86.43 亿元，占个人贷款余额的 4.50％，个人贷款逾期额与个人贷款风险准备金余额的比率为 1.15％。

（二）**住房公积金支持保障性住房建设项目贷款**：2019 年末，逾期项目贷款 0 亿元，逾期率为 0‰。

2019 年，提取项目贷款风险准备金 0 亿元，使用项目贷款风险准备金核销呆坏账 0 亿元。2019 年末，项目贷款风险准备金余额 0.08 亿元，项目贷款逾期额与项目贷款风险准备金余额的比率为 0％。

（三）**历史遗留风险资产**：2019 年末，无历史遗留风险资产。

五、社会经济效益

（一）**缴存业务**：2019 年，实缴单位数、实缴职工人数和缴存额增长率分别为 6.21％、－2.58％和 13.93％。

缴存单位中，国家机关和事业单位占 50.16％，国有企业占 12.95％，城镇集体企业占 1.76％，外商投资企业占 0.97％，城镇私营企业及其他城镇企业占 22.86％，民办非企业单位和社会团体占 2.69％，其他占 8.61％。

缴存职工中，国家机关和事业单位占 43.13％，国有企业占 27.29％，城镇集体企业占 1.73％，外商投资企业占 1.91％，城镇私营企业及其他城镇企业占 15.11％，民办非企业单位和社会团体占 2.10％，其他占 8.73％；中、低收入占 95.95％，高收入占 4.05％。

新开户职工中，国家机关和事业单位占 21.85％，国有企业占 17.17％，城镇集体企业占 1.61％，外商投资企业占 8.03％，城镇私营企业及其他城镇企业占 34.25％，民办非企业单位和社会团体占 2.88％，其他占 14.21％；中、低收入占 98.70％，高收入占 1.30％。

（二）**提取业务**：2019 年，178.49 万名缴存职工提取住房公积金 480.10 亿元。

提取金额中，住房消费提取占 72.74%（购买、建造、翻建、大修自住住房占 51.38%，偿还购房贷款本息占 45.50%，租赁住房占 2.28%，其他占 0.84%）；非住房消费提取占 27.26%（离休和退休提取占 67.27%，完全丧失劳动能力并与单位终止劳动关系提取占 18.20%，户口迁出所在市或出境定居占 2.63%，其他占 11.90%）。

提取职工中，中、低收入占 96.29%，高收入占 3.71%。

（三）贷款业务：

1. 个人住房贷款： 2019 年，支持职工购建房 1538.94 万平方米。年末个人住房贷款市场占有率为 27.77%，比上年同期增加 15.2 个百分点。通过申请住房公积金个人住房贷款，可节约职工购房利息支出 127.01 亿元。

职工贷款笔数中，购房建筑面积 90（含）平方米以下占 14.27%，90~144（含）平方米占 75.81%，144 平方米以上占 9.92%。购买新房占 82.13%（其中购买保障性住房占 0.20%），购买二手房占 16.58%，建造、翻建、大修自住住房占 0.05%，其他占 1.24%。

职工贷款笔数中，单缴存职工申请贷款占 38.25%，双缴存职工申请贷款占 61.46%，三人及以上缴存职工共同申请贷款占 0.29%。

贷款职工中，30 岁（含）以下占 21.60%，30 岁~40 岁（含）占 44.33%，40 岁~50 岁（含）占 27.21%，50 岁以上占 6.86%；首次申请贷款占 89.49%，二次及以上申请贷款占 10.51%；中、低收入占 96.59%，高收入占 3.41%。

2. 异地贷款： 2019 年，发放异地贷款 1.06 万笔、37.25 亿元。2019 年末，发放异地贷款总额 190.04 亿元，异地贷款余额 146.55 亿元。

3. 公转商贴息贷款： 2019 年，发放公转商贴息贷款 7 笔、248 万元，支持职工购建房面积 568.33 平方米。

（四）住房贡献率： 2019 年，个人住房贷款发放额、公转商贴息贷款发放额、项目贷款发放额、住房消费提取额的总和与当年缴存额的比率为 96.00%，比上年增加 11.34 个百分点。

六、其他重要事项

（一）当年住房公积金政策调整情况： 当年未进行政策调整。

（二）当年开展监督检查情况： 一是开展住房公积金行业内审。对三门峡、洛阳、鹤壁三个城市 5 家住房公积金管理机构的住房公积金归集、管理和使用情况进行了内部审计，共发现涉及制度建设、会计财务管理、归集提取、个人住房贷款、信息化建设、服务规范 6 大类 175 个具体问题。针对发现的部分主要问题，分别采取下达整改通知、约谈等措施，督促整改，有效管控风险。二是建立住房公积金电子化巡检长效机制。指导各住房公积金管理机构每月通过电子化检查工具进行巡检，并及时报送月度电子检查报告，建立常态化工作机制。针对检查中发现的问题，认真排查原因，确定整改措施和整改期限，从源头加以改进，严密防控各类风险。三是配合审计署对全省住房公积金开展专项审计。配合审计署驻郑州特派办对我省 2018 年和 2019 年 1 月至 9 月住房公积金归集管理使用以及相关政策措施落实情况开展专项审计。通过大数据筛查，发现问题涉及归集、提取、贷款等 5 大类，共 28 个具体问题。目前全省积极推动整改工作，部分问题已全部整改完毕。

（三）当年服务改进情况： 一是认真落实《河南省人民政府推进政府职能转变和"放管服"改革协调

小组关于印发〈河南省加快推进住房公积金网上办理实施方案〉的通知》（豫"放管服"组〔2018〕5号），实地调研安阳、鹤壁、焦作、平顶山等地住房公积金"放管服"工作情况，探讨解决数据共享、业务模式等问题，提高住房公积金服务事项"一网通办"网上办件比例、"零跑腿"办结率，提高服务水平和办事效率，截至12月底办结率达到66.25%，超过60%的阶段性目标。二是推进全国住房公积金数据平台接入工作。采取组织培训、召开推进会、月度通报等措施，推进住房公积金数据平台接入工作。组织全省住房公积金业务系统承建商、住房公积金管理机构分别参加住房城乡建设部培训，认真落实住房城乡建设部关于做好接入全国住房公积金数据平台实现与税务总局对总数据交换的要求，全省38家住房公积金管理机构已全部接入，可让公积金贷款职工尽早享受个税抵扣优惠政策。

（四）**当年信息化建设情况**：一是推进"双贯标"验收收尾和整改工作。采取建立台账、督促指导、不定期通报等措施，推进"双贯标"验收收尾和整改工作。完成永煤分中心的"双贯标"检查验收工作。督促指导濮阳、邓州、省直、洛铁、河南油田、永煤等6家住房公积金管理机构，根据"双贯标"检查验收意见，研究整改措施，完成整改工作。二是运行全国住房公积金异地转移接续平台。按照"互联网+政务服务"要求，充分利用全国公积金异地转移接续平台接收职工办理异地转移接续业务申请，通过让信息多跑路实现职工少跑腿，切实减轻职工负担，达到"账随人走，钱随账走"的公积金"全国漫游"的目标。1～12月，全省通过平台办理转入业务12711笔，涉及金额3.38亿元；办理转出业务10019笔，涉及金额2.64亿元。三是推进综合服务平台建设。指导各地推进网站、网上业务大厅、自助终端、12329热线、12329短信、微博、手机APP、微信等服务渠道建设，探索实行业务网上办理、业务自助办理，减轻柜面压力，提升客户体验度。12月26日，组织专家对驻马店中心综合服务平台建设进行了验收。截至2019年底，洛阳、平顶山等21个住房公积金管理机构已基本建成平台（主要服务渠道和综合管理系统基本建成），其他管理机构建成了部分服务渠道。其中，建成门户网站的有32家，建成服务热线的有34家，建成自助终端的有28家，建成官方微信的有31家，建成官方微博的有22家，建成手机APP的有24家。

（五）**当年住房公积金机构及从业人员所获荣誉情况**，包括：18个中心获得文明单位（行业、窗口）、6个中心获得青年文明号、1个中心获得工人先锋号、1个中心获得五一劳动奖章（劳动模范）、1个中心获得三八红旗手（巾帼文明岗）等。

郑州住房公积金2019年年度报告

一、机构概况

（一）**住房公积金管理委员会**：郑州住房公积金管理委员会有28名委员。2019年召开两次委员全体会议，会议审议通过了《2018年度郑州住房公积金财务收支决算执行情况及2019年住房公积金归集、使用计划》、《郑州住房公积金2018年年度报告》、《关于调整我市住房公积金个人贷款最高额度的请示》、中国光大银行股份有限公司郑州分行《关于承办住房公积金业务的请示》，并调整补充了管委会部分委员。

（二）**住房公积金管理中心**：郑州住房公积金管理中心（以下简称郑州中心）为直属郑州市政府不以

营利为目的的财政全供事业单位，主要负责全市住房公积金的归集、管理、使用和会计核算。中心设12个处室，7个管理部，2个分中心。从业人员270人，其中，在编108人，非在编162人。

此外，郑州地区还有河南省省直机关住房资金管理中心（以下简称省直机关中心）、郑州住房公积金管理中心铁路分中心（以下简称铁路分中心）、郑州住房公积金管理中心省电力分中心（以下简称省电力分中心）、河南省煤炭行业住房资金管理中心（以下简称省煤炭中心）、郑州住房公积金管理中心黄委会管理部（以下简称黄委会管理部），负责省直及行业系统的住房公积金管理工作。

二、业务运行情况

（一）缴存：2019年，新开户单位3162家，实缴单位19040家，净增单位1666家；新开户职工28.94万人，实缴职工165.36万人。缴存额271.60亿元，同比增长15.8%。2019年末，缴存总额1843.81亿元，同比增长17.27%；缴存余额772.28亿元，同比增长14.14%。见图1、图2。

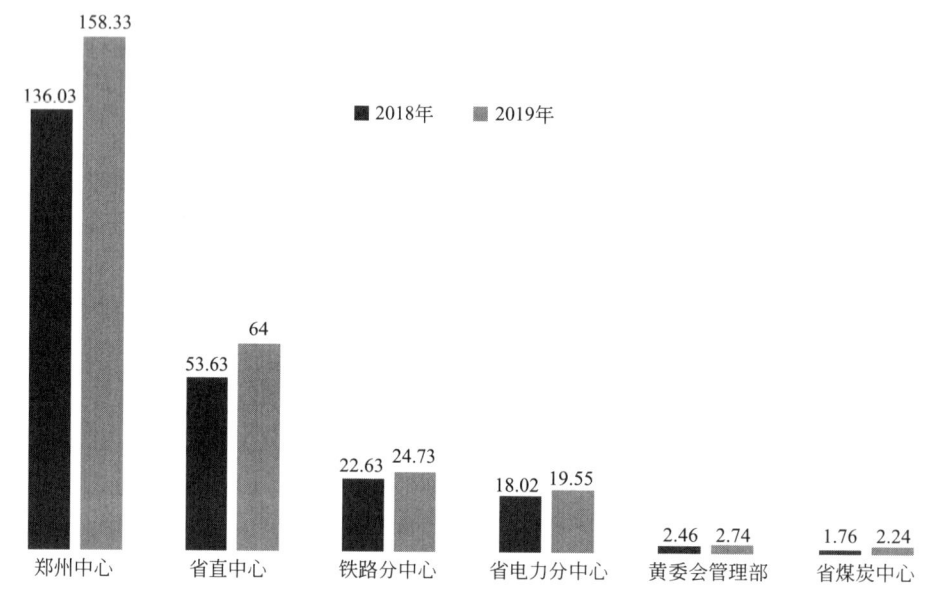

图1 郑州住房公积金缴存额情况（单元：亿元）

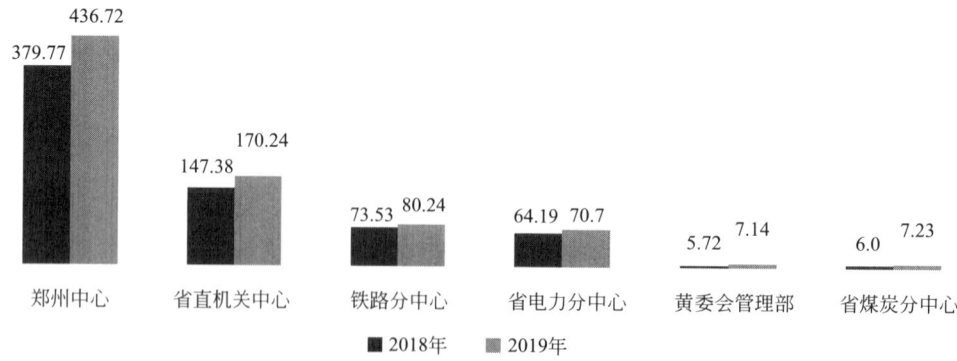

图2 郑州住房公积金缴存余额情况（单元：亿元）

受委托办理住房公积金缴存业务的银行14家，比上年增加3家。

（二）提取：2019 年，提取额 175.91 亿元，同比增长 14.68%；占当年缴存额的 64.77%，比上年减少 0.63 个百分点。2019 年末，提取总额 1071.53 亿元，同比增长 19.64%。见图 3。

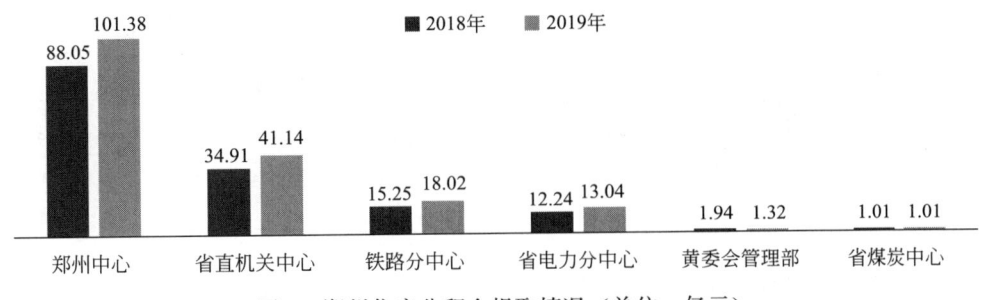

图 3　郑州住房公积金提取情况（单位：亿元）

（三）贷款：个人住房贷款最高额度 80 万元，其中，单缴存职工最高额度 60 万元，双缴存职工最高额度 80 万元。

2019 年，发放个人住房贷款 2.26 万笔、98.05 亿元，同比分别增加 71.64%、92.76%。其中，郑州中心发放个人住房贷款 1.46 万笔、58.57 亿元；省直机关中心发放 0.38 万笔、19.11 亿元；铁路分中心发放 0.23 万笔、11.3 亿元；省电力分中心发放 0.17 万笔、7.85 亿元；省煤炭中心发放 0.01 万笔、0.54 亿元；黄委会管理部发放 0.01 万笔、0.67 亿元。

2019 年，回收个人住房贷款 36.77 亿元。其中，郑州中心 17.96 亿元；省直机关中心 9.28 亿元；铁路分中心 6.27 亿元；省电力分中心 2.83 亿元；省煤炭中心 0.37 亿元；黄委会管理部 0.06 亿元。

截至 2019 年底，累计发放个人住房贷款 32.22 万笔、914.03 亿元，贷款余额 569.95 亿元，同比分别增长 7.56%、12.02%、11.63%。个人住房贷款率为 73.8%，比上年同期减少 1.66 个百分点。见图 4~图 6。

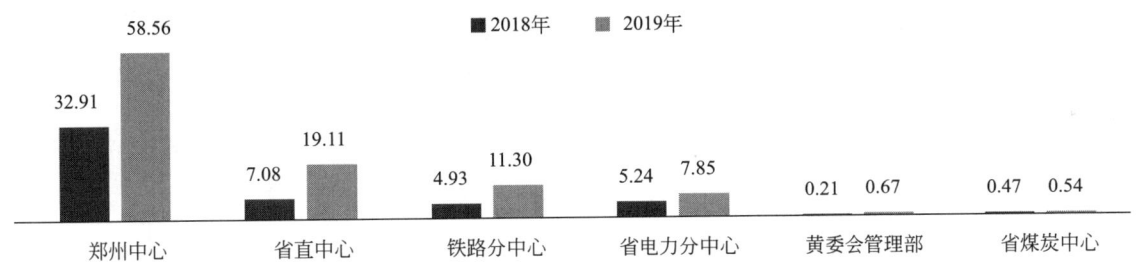

图 4　郑州住房公积金个人住房贷款发放情况（单位：亿元）

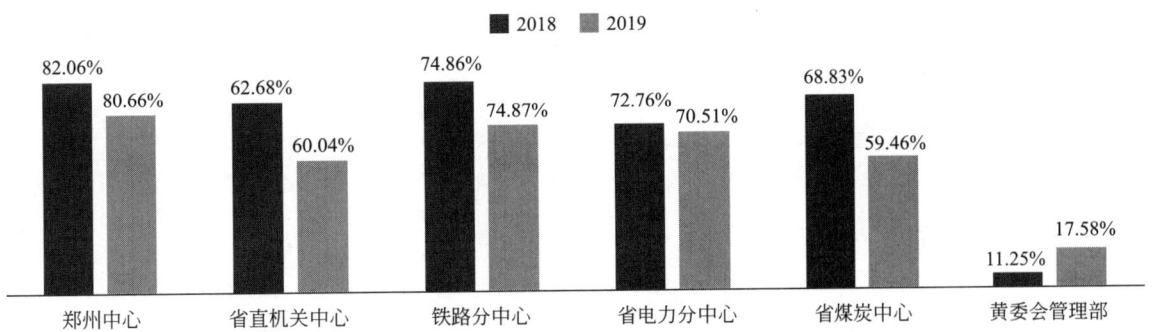

图 5　郑州住房公积金个人住房贷款使用率情况

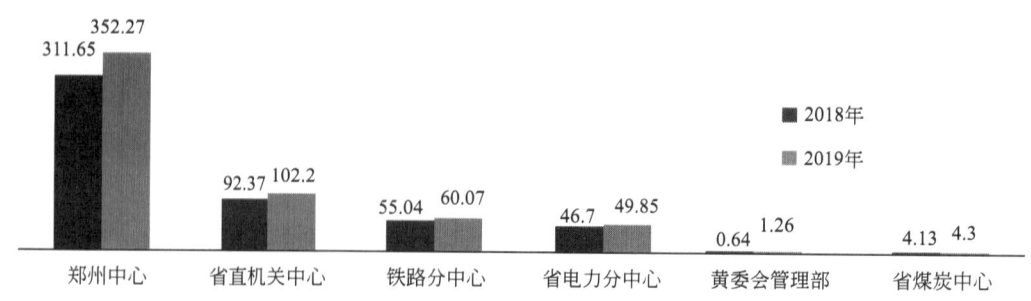

图 6　郑州住房公积金个人住房公积金贷款余额情况（单位：亿元）

受委托办理住房公积金个人住房贷款业务的银行 10 家，与上年无变化。

（四）融资：2019 年未开展融资业务。截至 2019 年末，融资总额 47.92 亿元，其中郑州中心 45.42 亿元（包括流动资金贷款 6 亿元和公转商贷款 39.42 亿元）；省电力分中心 2.50 亿元。截至 2019 年末，已全部结清。

（五）资金存储：2019 年末，住房公积金存款 210.82 亿元。其中，活期 0.16 亿元，1 年（含）以下定期 128.89 亿元，1 年以上定期 58.89 亿元，其他（协定、通知存款等）22.88 亿元。见图 7。

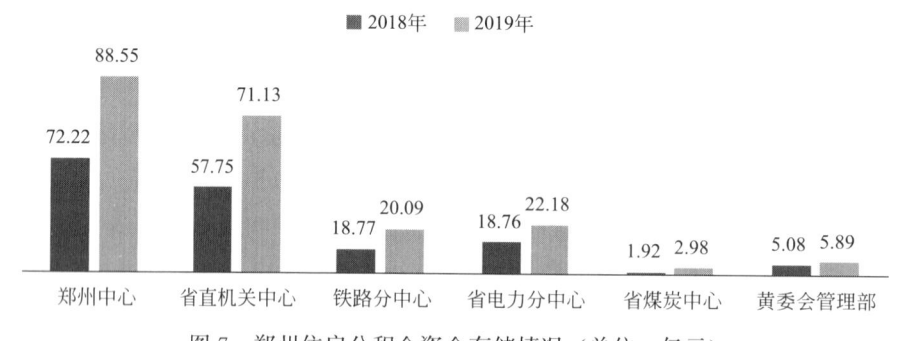

图 7　郑州住房公积金资金存储情况（单位：亿元）

（六）资金运用率：2019 年末，住房公积金个人住房贷款余额、项目贷款余额和购买国债余额的总和占缴存余额的 73.8%，比上年减少 1.66 个百分点。

三、主要财务数据

（一）业务收入：2019 年，业务收入 218878.55 万元，同比增长 13.08%。其中，郑州中心 122947.36 万元；省直机关中心 45370.35 万元；铁路分中心 25371.20 万元；省电力分中心 22028.20 万元；省煤炭中心 1651.44 万元；黄委会管理部 1510 万元。业务收入总额中，存款利息收入 38590.26 万元；委托贷款利息收入 174549.73 万元；增值收益利息收入 5716.06 万元；其他收入 22.5 万元。

（二）业务支出：2019 年，业务支出 123412.52 万元，同比增长 8.09%。其中，郑州中心 71510.81 万元；省直机关中心 26193.03 万元；铁路分中心 12776 万元；省电力分中心 10940.76 万元；省煤炭中心 1076.23 万元；黄委会管理部 915.69 万元。业务支出总额中，住房公积金利息支出 109919.68 万元，归集手续费支出 5706.83 万元，委托贷款手续费支出 5520.50 万元，其他支出 2265.51 万元。

（三）增值收益：2019 年当年实现增值收益 95462.04 万元，同比增长 20.26%。其中，郑州中心

51436.55万元；省直机关中心19177.32万元；铁路分中心12591.19万元；省电力分中心11087.44万元；省煤炭中心575.22万元；黄委会管理部594.32万元；增值收益率1.31%，比上年减少0.28个百分点。见图8。

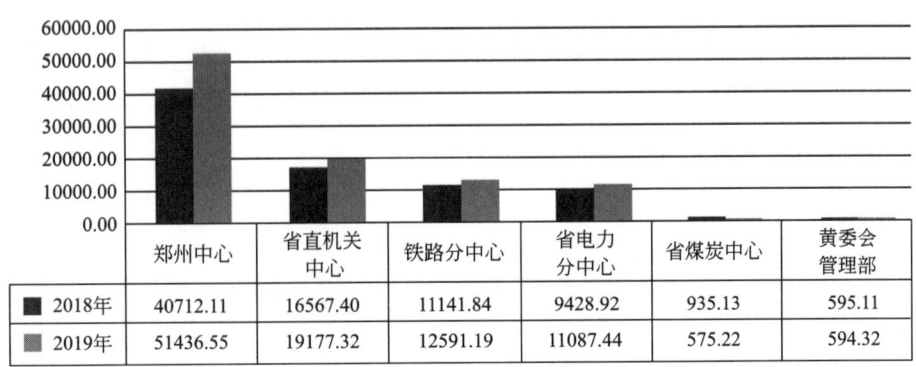

图8 郑州住房公积金增值收益情况（单位：万元）

（四）**增值收益分配**：2019年，待分配增值收益95466.03万元。提取贷款风险准备金23952.02万元，提取管理费用6970.78万元，提取城市廉租住房（公共租赁住房）建设补充资金64543.23万元。

2019年，上缴财政管理费用6506.18万元。其中，郑州中心上缴财政管理费用4483.65万元；省直机关中心上缴财政管理费用1158.8万元；省电力分中心上缴财政管理费用626万元；黄委会管理部上缴财政管理费用237.73万元。

2019年，上缴财政城市廉租住房（公共租赁住房）建设补充资金43945.74万元。郑州中心上缴城市廉租住房建设补充资金34638.95万元；省直机关中心上缴城市廉租住房建设补充资金6171.32万元；省电力分中心上缴城市廉租住房建设补充资金3135.47万元。

2019年末，贷款风险准备金余额222233.17万元。累计提取城市廉租住房（公共租赁住房）建设补充资金459458.25万元。其中，郑州中心提取294465.16万元，省直机关中心提取84459.32万元，铁路分中心提取51640.32万元，电力分中心提取28797.82万元，省煤炭中心提取95.63万元。

（五）**管理费用支出**：2019年，管理费用支出7850.24万元，同比增长3.31%。其中，人员经费3578.64万元，公用经费1382.64万元，专项经费2888.96万元。

郑州中心管理费用支出4633.26万元，其中，人员、公用、专项经费分别为2311.62万元、469.88万元、1851.76万元；省直机关中心管理费用支出1127.94万元，其中，人员、公用、专项经费分别为594.32万元、53.74万元、479.88万元；铁路分中心管理费用支出1174.15万元，其中，人员、公用、专项经费分别为510.48万元、112.52万元、551.15万元；省电力分中心管理费用支出616.26万元，全部为公用经费支出；省煤炭中心管理费用支出129.38万元，其中，人员、公用、专项经费分别为0.63万元、122.59万元、6.16万元；黄委会管理部管理费用支出169.25万元，其中，人员经费支出161.58万元、公用经费支出7.67万元。

四、资产风险状况

（一）**个人住房贷款**：2019年末，个人住房贷款逾期额584.64万元，逾期率0.1‰。其中，郑州中心

0.11‰，省直机关中心 0.05‰，铁路分中心 0.07‰，电力分中心 0.17‰。

个人贷款风险准备金按新增贷款余额的 1% 提取。2019 年，提取个人贷款风险准备金 23952.02 万元。2019 年末，个人贷款风险准备金余额 222233.17 万元，占个人住房贷款余额的 3.9%，个人住房贷款逾期额与个人贷款风险准备金余额的比率为 0.26%。

（二）支持保障性住房建设试点项目贷款：2019 年未开展保障性住房建设试点项目贷款。试点期间郑州中心共发放 1.6 亿元项目贷款，已于 2016 年底全部收回。项目贷款风险准备金按项目贷款余额的 4% 提取，截至 2019 年底，项目贷款风险准备金余额为 520 万元。

五、社会经济效益

（一）缴存业务：2019 年，实缴单位数和缴存额同比分别增长 10.84%、15.8%；实缴职工人数同比减少 14.33%。

缴存单位中，国家机关和事业单位占 21.90%，国有企业占 22.14%，城镇集体企业占 0.87%，外商投资企业占 1.71%，城镇私营企业及其他城镇企业占 44.93%，民办非企业单位和社会团体占 2.44%，其他占 6.01%。

缴存职工中，国家机关和事业单位占 25.31%，国有企业占 35.51%，城镇集体企业占 0.71%，外商投资企业占 3.01%，城镇私营企业及其他城镇企业占 26.31%，民办非企业单位和社会团体占 2.08%，其他占 7.07%；中、低收入占 94%，高收入占 6%。见图 9、图 10。

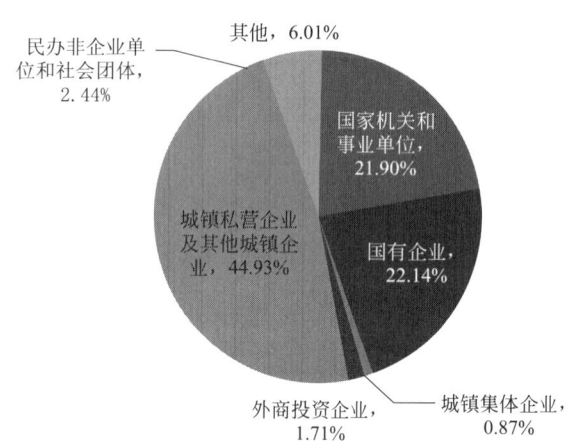

图 9　2019 年缴存单位性质构成情况

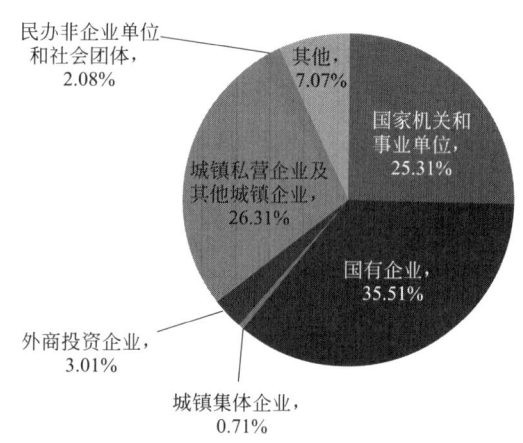

图 10　2019 年缴存职工单位性质构成情况

新开户职工中，国家机关和事业单位占 8.44%，国有企业占 21.48%，城镇集体企业占 0.99%，外商投资企业占 15.16%，城镇私营企业及其他城镇企业占 43.22%，民办非企业单位和社会团体占 2.04%，其他占 8.67%；中、低收入占 98.51%，高收入占 1.49%。见图 11。

（二）提取业务：2019 年，共有 45.86 万名缴存职工提取住房公积金 175.91 亿元。

提取金额中，住房消费提取占 76.8%（购买、建造、翻建、大修自住住房占 50.56%，偿还购房贷款本息占 25.25%，租赁住房占 0.96%，其他占 0.03%）；非住房消费提取占 23.2%（离休和退休提取占 13.92%，完全丧失劳动能力并与单位终止劳动关系提取占 5.66%，户口迁出本市或出境定居占 1.69%，其他占 1.93%）。提取职工中，中、低收入占 92.5%，高收入占 7.5%。见图 12。

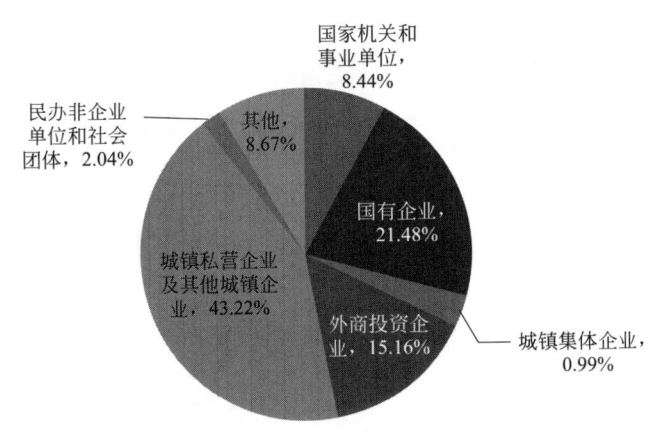
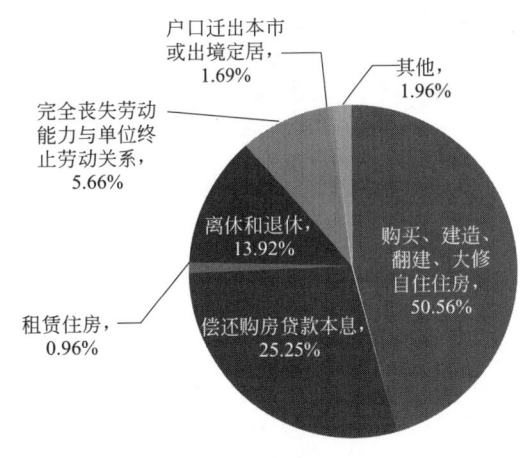

图 11　2019 年新开户缴存职工单位性质构成情况　　　　图 12　2019 年缴存职工提取原因分类情况

（三）贷款业务：

1. 个人住房贷款： 2019 年，支持职工购建房 228.87 万平方米，2019 年末个人住房贷款市场占有率为 16.42%，比上年增加 1.71 个百分点。通过申请住房公积金个人住房贷款，可节约职工购房利息支出 79479.11 万元。

职工贷款笔数中，购房建筑面积 90（含）平方米以下占 29.30%，90~144（含）平方米占 62.01%，144 平方米以上占 8.69%。购买新房占 81.58%（其中购买保障性住房占 1.47%），购买二手房占 18.42%。

职工贷款笔数中，单缴存职工申请贷款占 72.59%，双缴存职工申请贷款占 26.31%，三人及以上占 1.1%。

贷款职工中，30 岁（含）以下占 28.72%；30 岁~40 岁（含）占 45.45%；40 岁~50 岁（含）占 20.92%；50 岁以上占 4.91%。首次申请贷款占 93.79%；二次及以上申请贷款占 6.21%。中、低收入占 91.6%，高收入占 8.4%。见图 13。

2. 异地贷款： 2019 年，发放异地贷款 3086 笔、171222.7 万元。2019 年末，发放异地贷款总额 933549.14 万元，异地贷款余额 685062.69 万元。

3. 公转商贴息贷款： 2019 年，发放公转商贴息贷款 7 笔、248 万元，支持职工购建住房面积 0.06 万平方米，当年贴息额 379.44 万元。2019 年末，累计发放公转商贴息贷款 15893 笔、419796.88 万元，累计贴息 12363.72 万元。

（四）住房贡献率： 2019 年，个人住房贷款发放额、公转商贴息贷款发放额、项目贷款发放额、住房消费提取额的总和与当年缴存额的比率为 85.85%，比上年同期增加 15.47 个百分点。

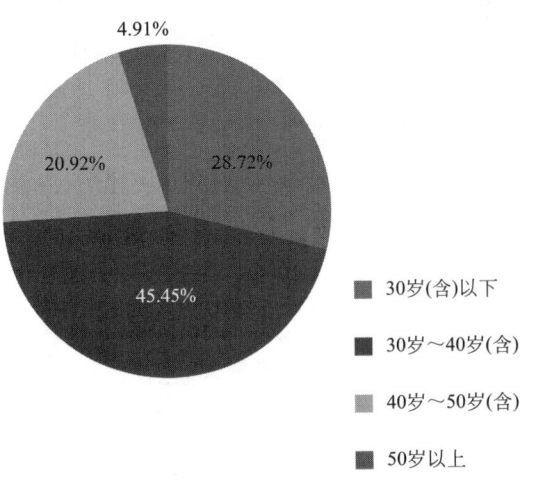

图 13　2019 年公积金个人住房贷款职工年龄分类占比情况

六、其他重要事项

（一）当年机构及职能调整情况、受委托办理缴存贷款业务金融机构变更情况。2019 年郑州中心增加了兴业、民生、华夏 3 家银行为归集业务受托银行；省电力分中心增加了中国银行郑州互助路支行为贷款业务受托网点。

（二）当年住房公积金政策调整及执行情况。

1. 住房公积金缴存基数限额及确定方法、缴存比例情况、当年提取政策调整情况

（1）2019 年度住房公积金缴存基数执行不超过统计部门公布的 2018 年度职工月平均工资的三倍，确定缴存基数上限为 20242 元；缴存基数下限执行郑州市最低工资标准 1900 元。

郑州中心、省直机关中心、省煤炭中心缴存比例均为 5%～12%，其中国家机关、事业单位住房公积金缴存比例为 12%，其他企业及社会团体住房公积金缴存比例可在 5%～12% 之间自主确定；铁路分中心缴存比例为 12%；省电力分中心缴存比例为个人 8%，企业补充 12%；黄委会管理部缴存比例为 10%～12%。

郑州中心 2019 年度灵活就业人员住房公积金缴存比例为 20%。缴存基数执行不超过统计部门公布的 2018 年度城镇私有企业职工月平均工资的三倍，确定缴存基数上限为 12372 元，缴存基数下限 2474 元。

（2）2019 年度郑州中心及其他行业系统管理机构的提取政策均未调整。

2. 住房公积金存、贷款利率执行情况

（1）2019 年职工住房公积金账户存款利率，仍然统一按照一年期定期存款基准利率 1.50% 执行。

（2）2019 年住房公积金个人住房贷款利率未调整，继续执行中国人民银行发布的五年以内 2.75%、五年以上 3.25% 的利率。

3. 住房公积金个人住房贷款最高贷款额度、贷款条件调整情况

郑州中心、省直机关中心、省电力分中心、省煤炭中心单缴存职工最高贷款额度由原来的 40 万元提高至 60 万元，双缴存职工最高贷款额度由原来的 60 万元提高至 80 万元，其中省直机关中心、省煤炭中心支持商业贷款转公积金贷款。黄委会管理部单、双缴存职工最高贷款额度由原来的 60 万元提高至 80 万元。铁路分中心贷款政策未调整。

（三）当年服务改进情况。郑州中心持续深化"放管服"改革，围绕政务营商环境建设，以提升网上办事能力为重点，进一步简化优化办事服务流程，实现"一网通办"。一是增加中原银行代办网点，目前，市区共设办事大厅 5 个、银行代办网点 6 个。二是所有服务事项办理时限减少一个工作日，办理环节由原来的四个环节缩减至三个，其中离职、退休等 7 个事项实现"网上办""零跑趟"。三是实行"967"工作制，推行午间不间断、周末无休以及预约上门等服务。

省直机关中心成功对接大数据局"豫事办"平台，实现了通过此平台查询个人公积金账户信息。

铁路分中心缩短了首次贷款结清与二次贷款之间的间隔，取消了提前还款的次数限制。开通上线了"郑州铁路住房公积金"手机 APP，可通过手机查询个人账户信息及业务政策。

省煤炭中心建设微信小程序，增设刷脸认证功能。

（四）当年信息化建设情况。郑州中心实现了与房管局的数据共享；取得了信息安全三级等保证书。

省直机关中心对接省政务服务网，进入试运行阶段。

（五）当年住房公积金管理中心及职工所获荣誉情况。 郑州中心获2018年度郑州市依法行政工作先进集体、2017—2018年度河南省青年文明号、郑州市2018年度住房租赁工作先进集体、第二届郑州市标兵青年文明号、河南省住房和城乡建设厅2015—2019年青年文明号。

（六）当年对违反《住房公积金管理条例》和相关法规行为进行行政处罚和申请人民法院强制执行情况。 郑州中心依据《住房公积金管理条例》第三十七条有关规定，对河南民航万里运业有限公司未建立住房公积金制度作出行政罚款；依据中华人民共和国《行政强制法》第五十四条有关规定，对河南国控宇飞电子玻璃有限公司欠缴职工住房公积金一案申请人民法院强制执行。

开封市住房公积金2019年年度报告

一、机构概况

（一）住房公积金管理委员会： 开封市住房公积金管理委员会有19名委员，2019年召开1次会议，审议通过的事项主要包括：（1）市财政局对市住房公积金管理中心2017年和2018年住房公积金增值收益分配方案及使用情况的审核意见。（2）调整购房贷款支取住房公积金政策。（3）接入市税务局数据平台。（4）制定购买国债额度和期限的计划。（5）对确有困难的单位降低住房公积金缴存比例或者缓交的审批。（6）开展对住房公积金业务的专项审计。

兰考县住房公积金管理委员会有23名委员，2019年召开2次会议，审议通过的事项主要包括：《关于申请兰考县住房公积金管理中心异地转移接续平台上线的请示》《关于通过全国住房公积金数据平台接入的决议》。

（二）住房公积金管理中心： 住房公积金管理中心为（开封市人民政府）不以营利为目的的（自收自支）事业单位，设12个处（科），12个管理部，0个分中心。从业人员103人，其中，在编95人，非在编8人。其中，市中心设8个处（科），5个管理部，0个分中心。从业人员70人，其中，在编66人，非在编4人；兰考县设4个处（科），0个管理部，0个分中心。从业人员33人，其中，在编29人，非在编4人。

二、业务运行情况

（一）缴存： 2019年，新开户单位212家，实缴单位2565家，净增单位168家；新开户职工1.8058万人，实缴职工22.0197万人，净增职工0.7820万人；缴存额19.34亿元，同比增长10.39%。2019年末，缴存总额116.15亿元，比上年末增加19.98%；缴存余额67.22亿元，比上年末增加15.70%。

受委托办理住房公积金缴存业务的银行7家，比上年增加（减少）0家。

（二）提取： 2019年，提取额10.23亿元，同比增长49.56%；占当年缴存额的52.90%，比上年增加13.86个百分点。2019年末，提取总额48.94亿元，比上年末增加26.46%。

（三）贷款：

1. 个人住房贷款： 个人住房贷款最高额度50万元，其中，单缴存职工最高额度50万元，双缴存职工

最高额度 50 万元。

2019 年，发放个人住房贷款 0.1775 万笔、6.18 亿元，同比分别增长 50.17%、80.7%。其中，市中心发放个人住房贷款 0.1407 万笔、5.14 亿元，兰考发放个人住房贷款 0.0368 万笔、1.04 亿元。

2019 年，回收个人住房贷款 3.79 亿元。其中，市中心 3.26 亿元，兰考 0.53 亿元。

2019 年末，累计发放个人住房贷款 3.1549 万笔、63.80 亿元，贷款余额 40.92 亿元，分别比上年末增加 6.07%、10.73%、6.20%。个人住房贷款余额占缴存余额的 60.87%，比上年末减少 5.44 个百分点。

受委托办理住房公积金个人住房贷款业务的银行 6 家，比上年增加（减少）0 家。

2. 住房公积金支持保障性住房建设项目贷款：2019 年，发放支持保障性住房建设项目贷款 0 亿元，回收项目贷款 0 亿元。2019 年末，累计发放项目贷款 0 亿元，项目贷款余额 0 亿元。

（四）购买国债：2019 年，购买（记账式、凭证式）国债 0 亿元，兑付（转让、收回）国债 0 亿元。2019 年末，国债余额 0 亿元，比上年末减少（增加）0 亿元。

（五）融资：2019 年，融资 0 亿元，归还 0 亿元。2019 年末，融资总额 2.5 亿元，融资余额 0 亿元。

（六）资金存储：2019 年末，住房公积金存款 26.93 亿元。其中，活期 2.13 亿元，1 年（含）以下定期 4.2 亿元，1 年以上定期 20.6 亿元，其他（协定、通知存款等）0 亿元。

（七）资金运用率：2019 年末，住房公积金个人住房贷款余额、项目贷款余额和购买国债余额的总和占缴存余额的 60.87%，比上年末减少 5.44 个百分点。

三、主要财务数据

（一）业务收入：2019 年，业务收入 20178.24 万元，同比增长 26.44%。其中，市中心 18137.09 万元，分中心 1 兰考 2041.15 万元；存款利息 7212.94 万元，委托贷款利息 12953.64 万元，国债利息 0 万元，其他 11.66 万元。

（二）业务支出：2019 年，业务支出 9880.53 万元，同比下降 14.84%。其中，市中心 8797.34 万元，兰考 1083.19 万元；支付职工住房公积金利息 9365.61 万元，归集手续费 0 万元，委托贷款手续费 514.27 万元，其他 0.65 万元。

（三）增值收益：2019 年，增值收益 10297.71 万元，同比增长 136.34%。其中，市中心 9339.75 万元，兰考 957.96 万元；增值收益率 1.64%，比上年增加 0.8 个百分点。

（四）增值收益分配：2019 年，提取贷款风险准备金 4291.55 万元，提取管理费用 2359.53 万元，提取城市廉租住房（公共租赁住房）建设补充资金 3646.63 万元。

2019 年，上交财政管理费用 2576.54 万元。上缴财政城市廉租住房（公共租赁住房）建设补充资金 2.93 万元。其中，市中心上缴 0 万元，兰考上缴（收缴单位）2.93 万元。

2019 年末，贷款风险准备金余额 21904.41 万元。累计提取城市廉租住房（公共租赁住房）建设补充资金 16378.72 万元。其中，市中心提取 15940.58 万元，兰考提取 438.14 万元。

（五）管理费用支出：2019 年，管理费用支出 1779.55 万元，同比增长 13.42%。其中，人员经费 813.01 万元，公用经费 86.32 万元，专项经费 880.22 万元。

市中心管理费用支出 1496.55 万元，其中，人员、公用、专项经费分别为 738.01 万元、28.32 万元、

730.22万元；兰考管理费用支出283万元，其中，人员、公用、专项经费分别为75万元、58万元、150万元。

四、资产风险状况

（一）**个人住房贷款**：2019年末，个人住房贷款逾期额74.5万元，逾期率0.18‰。其中，市中心0.1‰，兰考10.09‰。

个人贷款风险准备金按贷款余额的1‰提取。2019年，提取个人贷款风险准备金4291.55万元，使用个人贷款风险准备金核销呆坏账0万元。2019年末，个人贷款风险准备金余额21904.41万元，占个人住房贷款余额的5.35%，个人住房贷款逾期额与个人贷款风险准备金余额的比率为0.34%。

（二）**支持保障性住房建设试点项目贷款**：2019年末，逾期项目贷款0万元，逾期率0‰。

项目贷款风险准备金按贷款余额的0%提取。2019年，提取项目贷款风险准备金0万元，使用项目贷款风险准备金核销呆坏账0万元，项目贷款风险准备金余额万元，占项目贷款余额的0%，项目贷款逾期额与项目贷款风险准备金余额的比率为0%。

五、社会经济效益

（一）**缴存业务**：2019年，实缴单位数、实缴职工人数和缴存额同比分别增长－11.25%、－0.41%和10.39%。

缴存单位中，国家机关和事业单位占59.77%，国有企业占14.42%，城镇集体企业占8.81%，外商投资企业占0.62%，城镇私营企业及其他城镇企业占12.44%，民办非企业单位和社会团体占2.14%，其他占1.80%。

缴存职工中，国家机关和事业单位占59.25%，国有企业占21.48%，城镇集体企业占6.19%，外商投资企业占3.72%，城镇私营企业及其他城镇企业占7.29%，民办非企业单位和社会团体占1.14%，其他占0.94%；中、低收入占99.88%，高收入占0.12%。

新开户职工中，国家机关和事业单位占36.31%，国有企业占16.85%，城镇集体企业占13.99%，外商投资企业占7.91%，城镇私营企业及其他城镇企业占20.34%，民办非企业单位和社会团体占1.36%，其他占3.25%；中、低收入占99.82%，高收入占0.18%。

（二）**提取业务**：2019年，3.2093万名缴存职工提取住房公积金10.23亿元。

提取金额中，住房消费提取占67.24%（购买、建造、翻建、大修自住住房占12.94%，偿还购房贷款本息占53.37%，租赁住房占0.63%，其他占0.3%）；非住房消费提取占32.76%（离休和退休提取占22.44%，完全丧失劳动能力并与单位终止劳动关系提取占4.64%，出境定居占0.33%，其他占5.35%）。

提取职工中，中、低收入占99.77%，高收入占0.23%。

（三）**贷款业务**：

1.个人住房贷款：2019年，支持职工购建房22.74万平方米，年末个人住房贷款市场占有率（含公转商贴息贷款）为7.22%，比上年末减少0.17个百分点。通过申请住房公积金个人住房贷款，可节约职工购房利息支出30785.06万元。

职工贷款笔数中，购房建筑面积90（含）平方米以下占7.77%，90～144（含）平方米占76.17%，

144平方米以上占16.06%。购买新房占81.69%（其中购买保障性住房占0%），购买二手房占18.20%，建造、翻建、大修自住住房占0%，其他占0.11%。

职工贷款笔数中，单缴存职工申请贷款占17.75%，双缴存职工申请贷款占82.25%，三人及以上缴存职工共同申请贷款占0%。

贷款职工中，30岁（含）以下占17.41%，30岁～40岁（含）占46.37%，40岁～50岁（含）占30.87%，50岁以上占5.35%；首次申请贷款占79.66%，二次及以上申请贷款占20.34%；中、低收入占99.61%，高收入占0.39%。

2. 异地贷款：2019年，发放异地贷款193笔、6522万元。2019年末，发放异地贷款总额8749.2万元，异地贷款余额8237.36万元。

3. 公转商贴息贷款：2019年，发放公转商贴息贷款0笔、0万元，支持职工购建住房面积0万平方米，当年贴息额0万元。2019年末，累计发放公转商贴息贷款0笔、0万元，累计贴息0万元。

4. 支持保障性住房建设试点项目贷款：2019年末，累计试点项目0个，贷款额度0亿元，建筑面积0万平方米，可解决0户中低收入职工家庭的住房问题。0个试点项目贷款资金已发放并还清贷款本息。

（四）住房贡献率：2019年，个人住房贷款发放额、公转商贴息贷款发放额、项目贷款发放额、住房消费提取额的总和与当年缴存额的比率为67.52%，比上年增加22.21个百分点。

六、其他重要事项

（一）持续推进G系统建设，构建"互联网＋公积金"。 按照市委市政府工作部署和市公积金管委会会议相关要求，市公积金中心加强与市建行和软件开发企业的合作，全面推进住房公积金"互联网＋"建设，最大程度提高服务效能。一是按照住房和城乡建设部《关于做好全国住房公积金数据平台接入工作的通知》（建办金函〔2019〕36号）文件要求，市公积金中心积极与相关各方进行沟通对接，不断做好前期各项准备工作，并在省内首家完成了全国住房公积金数据平台接入工作。二是开展G系统优化升级工作。为提升我市住房公积金管理信息化水平，市公积金中心开展了G系统上线运行后的首次优化升级工作，结合前期模拟测试结果，稳步推进系统升级工作，并对升级后的系统进行全面检测，以保障住房公积金业务数据和资金的安全，为下一步综合服务平台建设打下坚实的基础。三是开展影像系统平台建设工作。按照市管委会相关要求，为进一步推进综合服务平台建设，实现"网上办"改革目标，市公积金中心通过借鉴省内其他地市公积金中心先进经验，结合市建行提供的相关影响平台技术参数，并按照政府采购相关规定，完成了G系统配套影像平台软硬件的招标工作，并尽快完成影像系统的安装调试工作。待相关平台建设完成后，将推进住房公积金业务向网络化渠道、银行代表网点等延伸，实现住房公积金业务资料影像的数据化传输，使公积金服务进一步贴近广大缴存单位和职工。四是存量房评估系统建设工作。按照市管委会相关要求，为进一步防范二手房贷款风险，解决缴存职工房屋交易评估难的问题，按照政府采购相关规定，市公积金中心完成了市区存量房评估系统的招标工作。该评估系统正式上线后，减轻了职工贷款难度与办理周期，有效防范二手房住房公积金贷款风险。五是持续推进综合服务平台建设工作。按照市管委会会议相关要求和平台上线工作计划，市公积金中心积极推进综合服务平台建设工作，先后完成了手机APP、微信公众号等功能的试运行，并按照市建行和软件开发企业，提供的综合服务平台相关设备的参数及型号，完成了硬件设备的招标工作，以确保综合服务平台建设工作能够按时顺利完成。六是开展核算模式转换工作。按照住房和城乡建设部"双贯标"工作要求和自主核算模式上线计划，市公积金中心通过借鉴省内周边地市公积金中心经验做法，于10月18日正式由委托银行核算转换为市中心自主核算模式，并集中测试了自主核算模式下，住房公积金贷款全流程业务办理，以进一步加强对住房公积金资金的监控，实现对住房公积金业务办理全流程动态管理，极大的提高住房公积金管理工作的效率。

（二）深化"放管服"改革，优化提升服务效能。市公积金中心按照中央、省市关于"放管服"改革要求，深化落实"三级十同"相关规定，并结合我市实际，对公积金各项业务实施优化调整。一是按照市公积金管委会议会议要求，市公积金中心对我市住房公积金提取政策进行了调整，并新增了还贷满三个月首次支取可冲抵首付款等多项公积金惠民政策，充分体现了住房公积金的互助性和保障性原则，有效缓解了购房职工的资金压力。二是加强业务关联部门信息数据接入。市公积金中心为了加快公积金业务的办理速度与减少申报资料，积极作为，主动与市不动产中心、市社保局、市大数据管理局等部门沟通，与他们建立了专线连接，实现了业务关联部门信息数据的接入，极大地节约了缴存职工的业务办理时限，减少了申报材料，方便了全市缴存单位和职工。三是为让缴存职工能够就近办理住房公积金贷款业务，市公积金中心积极与各业务委托银行开展合作，已组织对各业务委托银行柜台人员的业务培训，并计划于2020年开展业务委托银行代办住房公积金各项业务，缴存职工可以在指定的银行网点，就近查询、办理住房公积金各项业务，以更好地服务于全市缴存单位和职工。四是根据市政府及市民之家相关要求，市公积金中心克服委托银行结算、征信查询等难题，于每周六周日在服务大厅设置"便民服务岗"，方便工作日期间无法办理业务的在职职工，利用周末前往市民之家办理公积金汇缴、支取和贷款业务，开辟业务办理新渠道，以进一步服务于全市缴存职工。

（三）强化制度宣传，推进公积金归集扩面。市公积金中心多措并举加强住房公积金政策宣传工作，提升住房公积金的社会影响力。一是利用新闻媒介，将新政策、新动态、新内容及时地对外公布；二是按照市公积金管委会会议相关要求，市公积金中心结合年初制定的归集扩面目标责任制，加强与各部门的沟通协调，并联合市日报社、市公交总公司等单位，加大对我市住房公积金政策、法规等相关知识的宣传力度，以进一步扩大住房公积金制度的社会覆盖面，使更多职工享受到公积金的惠民政策；三是2019年7月，组织全市非公企业召开了归集扩面会议，宣传住房公积金的法律法规和优惠政策，持续推进我市住房公积金的归集扩面工作，保障在职职工的合法权益；四是通过《开封日报》刊登公告，敦促全市"应建未建、应缴未缴"的各类企事业单位，尽快办理住房公积金缴存登记业务；五是在我市28路公交车体上，喷绘住房公积金政策宣传标语、微信公众号二维码等，让途经及乘车市民能够了解住房公积金政策，提升对住房公积金政策认识，让住房公积金惠民政策惠及更多我市缴存职工；六是按照《住房公积金管理条例》相关规定，及时在市公积金中心官方网站及对外服务窗口，公示、发放2019年度调整基数比例的通知，使全市缴存单位和职工能够及时了解公积金制度，自觉维护自身利益。

（四）严控管理风险，确保资金安全运作。一是根据住房和城乡建设部、财政部、人民银行、公安部联合下发《关于开展治理违规提取住房公积金工作的通知》（建金〔2018〕46号）文件要求，市公积金中心针对在业务办理过程中发现的骗提住房公积金行为，责成专人负责，汇总整理相关证据材料，向公安机关进行报案，追究骗提公积金人员的相关责任，并将该类人员信息计入公积金系统"黑名单"中，不予办理各项公积金业务；二是按照住房和城乡建设部"双贯标"工作要求，市公积金中心借鉴省内其他地市公积金中心经验做法，对我市住房公积金银行专户开展清查核销工作，不断完善资金管理模式，提升资金管理效率，进一步保障资金安全；三是加强业务审核管理，维护正常公积金运行秩序。市中心开展了对全市人力资源公司公积金缴存业务的专项核查工作，对存在问题的人力资源公司，组织工作人员上门进行核查落实，有效防范骗贷行为的发生。

（五）加强信息安全建设，完善政务公开机制。一是为确保我市住房公积金业务数据的安全，市公积金中心邀请市国安局相关专家，对市公积金中心业务数据库及相关硬件设备进行了安全性检测；二是按照省厅公积金监管处相关要求，市公积金中心积极与专业机构对接，开展数据机房三级等保测试，进一步加强我市住房公积金业务数据的安全性；三是按照省厅公积金监管处相关要求，市公积金中心通过容灾备份系统建立与省厅异地备份平台的专线连接，自动将我市住房公积金业务数据备份至省厅灾备平台，以确保我市住房公积金业务数据安全；四是及时更新公积金政策及信息。根据国家、省市相关政策的变化，在公积金中心门户网站及时更新公积金支取、贷款等相关通知，做好异地贷款政策、业务办理流程、房地产楼盘房屋预售许可证公示等信息公开工作；五是完成2018年度住房公积金信息披露工作，切实保障缴存单位和缴存职工的知情权和监督权、增强住房公积金管理工作透明度；六是及时回应群众诉求。安排专人负责回复人民网、市长专线、市中心网站上有关住房公积金的业务咨询、建议投诉的内容，使群众反映的问题得到及时解决。

洛阳市住房公积金2019年年度报告

一、机构概况

（一）住房公积金管理委员会：洛阳市住房公积金管委会现有成员26名。2019年，共召开3次管委会会议。

3月21日召开的管委会二届五次会议，听取了《洛阳市住房公积金管理中心2018年度工作报告》，审议并批准了《洛阳市2018年度住房公积金收支决算和2019年度住房公积金收支预算情况的报告》《洛阳市住房公积金2018年年度报告》，同意了全国住房公积金数据平台接入方案。

5月17日召开的管委会二届六次会议，审议通过了《提高公积金个人住房贷款最高额度的议案》和《调整我市部分住房公积金提取政策的议案》，会议要求两项政策于6月1日正式实施。

10月25日召开的管委会二届七次会议，听取了《洛阳市住房公积金管理中心关于2019年前三季度重要工作开展情况的报告》，审议并批准了《洛阳市住房公积金管理委员会章程（修订稿）》和《关于提请与洛阳农村商业银行股份有限公司开展住房公积金业务合作的意见》，通报了《省住房和城乡建设厅内审专家组对洛阳市住房公积金管理中心内审情况的报告》和《2019年第三季度受托银行承办住房公积金受托业务考核情况的报告》。

（二）住房公积金管理中心：洛阳市住房公积金管理中心为市政府不以营利为目的的参照公务员管理的事业单位，主要负责全市住房公积金的归集、管理、使用和会计核算。中心内设6个科（室）和机关党总支，下设市区营业部，下辖10个县（市）区管理部，1个分中心。从业人员181人，其中，在编76人，非在编 105 人。

二、业务运行情况

（一）**缴存**：2019 年，新开户单位 804 家，实缴单位 7252 家；新开户职工 4.76 万人，实缴职工 57.12 万人，净增职工 1.74 万人。缴存额 74.48 亿元（含年度结息 2.98 亿元），同比增长 11.85%。2019 年末，缴存总额 553.33 亿元，同比增长 15.55%、缴存余额 222.01 亿元，同比增长 9.06%。

受委托办理住房公积金缴存业务的银行 15 家，比上年增加 1 家。

（二）**提取**：2019 年，提取 56.04 亿元，同比增长 16.94%，占当年缴存额比率的 75.24%，比上年同期增加 3.24 个百分点。2019 年末，提取总额 331.32 亿元，同比增长 20.36%。

（三）**贷款**：

1. 个人住房贷款：市中心个人住房贷款单职工最高贷款额度 45 万元、双职工最高贷款额度 55 万元，引进的高层次人才最高贷款额度 60 万元。铁路分中心个人住房贷款最高贷款额度为 60 万元，双缴存职工家庭与单缴存职工家庭最高额度相同。

2019 年，发放个人住房贷款 1.39 万笔、48.28 亿元，同比分别增长 34.95%、63.61%。其中，市中心发放个人住房贷款 1.31 万笔、44.44 亿元，铁路分中心发放个人住房贷款 0.08 万笔、3.83 亿元。

2019 年，回收个人住房贷款 25.65 亿元，其中，市中心 23.52 亿元，铁路分中心 2.13 亿元。

2019 年末，累计发放个人住房贷款 15.02 万笔、353.00 亿元，贷款余额 200.12 亿元，同比分别增长 10.20%、15.84%、12.75%。个人住房贷款余额占缴存余额的 90.14%，比上年增加 2.94 个百分点。

受委托办理住房公积金个人住房贷款业务的银行 6 家，比上年减少 1 家。

2. 住房公积金支持保障性住房建设项目贷款：2019 年，未发放支持保障性住房建设项目贷款。

2019 年末，累计发放项目贷款 8 亿元，项目贷款余额为零。

（四）**融资**：2019 年当年未融资。2019 年末，融资总额 0 亿元，融资余额 0 亿元。

（五）**资金存储**：2019 年末，住房公积金存款 25.35 亿元。其中，活期 0.06 亿元，1 年以内定期（含）12.08 亿元，1 年以上定期 8.03 亿元，其他（协定、通知存款等）5.18 亿元。

（六）**资金运用率**：2019 年末，住房公积金个人住房贷款余额、项目贷款余额和购买国债余额的总和占缴存余额的 90.14%，比上年增加 2.94 个百分点。

三、主要财务数据

（一）**业务收入**：2019 年，业务收入 69921.08 万元，同比增长 9.58%。其中，市中心 62401.96 万元，铁路分中心 7519.13 万元。存款利息收入 5744.59 万元，委托贷款利息收入 60761.26 万元，其他收入 5.78 万元。

（二）**业务支出**：2019 年，业务支出 35397.54 万元，同比增长 9.58%。其中，市中心 31787.35 万元，铁路分中心 3610.19 万元。支付职工住房公积金利息 32074.24 万元，归集手续费用 223.64 万元，委托贷款手续费 1685.63 万元，其他支出 1414.03 万元。

（三）**增值收益**：2019 年，增值收益 34523.54 万元，同比增长 9.58%。其中，市中心 30614.61 万元，铁路分中心 3908.93 万元。增值收益率 1.60%，与上年同期持平。

（四）增值收益分配：2019 年，提取贷款风险准备金 20248.78 万元，提取管理费用 2705.22 万元，提取城市廉租住房（公共租赁住房）建设补充资金 11569.54 万元。

2019 年，市中心上交财政管理费用 2210.38 万元。上缴城市廉租住房（公共租赁住房）建设补充资金 8887.65 万元，其中，市中心上缴市财政 8887.65 万元，铁路分中心上缴中国铁路郑州局集团有限公司 0 万元。

2019 年末，贷款风险准备金余额 159023.18 万元，累计提取城市廉租住房（公共租赁住房）建设补充资金 86075.26 万元。其中，市中心提取 78060.91 万元，铁路分中心提取 8014.35 万元。

（五）管理费用支出：2019 年，管理费用支出 2664.93 万元，同比增长 14.40%。其中，人员经费 1391.77 万元，公用经费 352.83 万元，专项经费 920.33 万元。

市中心管理费用支出 2041.6 万元，其中，人员、公用、专项经费分别为 1136.61 万元、61 万元、843.99 万元；铁路分中心管理费用支出 623.33 万元，其中，人员、公用、专项经费分别为 254.91 万元、101.8 万元、266.62 万元。

四、资产风险状况

（一）个人住房贷款：2019 年末，个人住房贷款逾期贷款余额 2.21 万元，其中，市中心无逾期贷款，铁路分中心逾期贷款余额 2.21 万元。逾期率 0.0‰，其中，市中心 0.0‰，铁路分中心 0.0‰。

个人贷款风险准备金，市中心按增值收益的 60% 提取，铁路分中心按贷款余额的 1% 提取。2019 年，提取个人贷款风险准备金 20248.78 万元，未使用个人贷款风险准备金核销呆坏账。2019 年末，个人贷款风险准备金余额为 159023.18 万元，占个人住房贷款余额的 7.95%，个人住房贷款逾期贷款额与个人贷款风险准备金余额的比率 0.0%。

（二）支持保障性住房建设试点项目贷款：2019 年末，项目贷款无逾期贷款。

项目贷款风险准备金按贷款余额的 4% 提取。项目贷款风险准备金无余额，项目贷款无余额。

（三）历史遗留风险资产：截至 2019 年底，中心无历史遗留风险资产。

五、社会经济效益

（一）缴存业务：2019 年，实缴单位数、实缴职工人数和缴存额同比分别增长 8.53%、3.14% 和 11.85%。

缴存单位中，国家机关与事业单位占比 40.53%，国有企业职工占比 14.01%，城镇集体企业 1.43%，外商投资企业 1.17%，城镇私营企业与其他城镇企业 26.92%，民办非企业单位和社会团体占 3.90%，个人自愿缴存及其他占 12.04%。

缴存职工中，国家机关与事业单位占比 32.92%，国有企业占比 36.08%，城镇集体企业 1.13%，外商投资企业 3.10%，城镇私营企业与其他城镇企业 17.18%，民办非企业单位和社会团体占 1.80%，个人自愿缴存及其他占 7.79%。

新开户职工中，国家机关和事业单位占 17.07%，国有企业占 26.26%，城镇集体企业占 0.64%，外商投资企业占 4.37%，城镇私营企业及其他城镇企业 39.34%，民办非企业单位和社会团体占 4.60%，其他占 5.89%；中、低收入占 99.84%，高收入群体占 0.16%。

(二) 提取业务： 2019 年，19.82 万名缴存职工提取住房公积金 119.95 万笔、56.04 亿元。

提取的金额中，住房消费提取占 75.81%（购买、建造、翻建、大修自住住房占 32.65%，偿还购房贷款本息占 42.45%，租赁住房占 0.71%）；非住房消费提取占 24.19%（离休和退休提取占 15.12%，完全丧失劳动能力并与单位终止劳动关系提取占 6.79%，户口迁出本市或出境定居占 0.04%，其他占 2.24%）。

提取职工中，中、低收入占 98.11%，高收入占 1.89%。

(三) 贷款业务：

1. 个人住房贷款： 2019 年，支持职工购建房 163.92 万平方米，年末个人住房贷款市场占有率为 23.10%，比上年同期增加 2.6 个百分点。通过申请住房公积金个人住房贷款，可节约职工购房利息支出 91937.77 万元。

职工贷款笔数中，购房建筑 90（含）平方米以下占 16.31%，90~144（含）平方米占 72.46%，144 平方米以上占 11.22%；购买新房占 81.88%，（其中购买保障性住房占 0.3%），购买二手房占 18.12%。

职工贷款笔数中，单缴存职工申请贷款占 26.68%，双缴存职工申请贷款占 73.32%，三人及以上缴存职工共同申请贷款占 0%。

贷款职工中，30 岁（含）以下占 22.07%，30 岁~40 岁（含）占 41.78%，40 岁~50 岁（含）占 27.09%，50 岁以上占 9.06%；首次申请贷款占 87.44%，二次及以上申请贷款占 12.56%；中、低收入占 97.64%，高收入占 2.36%。

2. 异地贷款： 2019 年，发放省内异地贷款 714 笔、26089.20 万元。2019 年末，累计发放省内异地贷款总额 108807.25 万元，省内异地贷款余额 71506.96 万元。

3. 支持保障性住房建设试点项目贷款： 2019 年末，累计试点项目 9 个，贷款额度 8.70 亿元。均为经济适用房项目。建筑面积 121.60 万平方米，可解决 13511 户中低收入职工家庭的住房问题。9 个试点项目贷款资金已全部发放完毕，并于 2016 年 7 月全部还清贷款本息。

(四) 住房贡献率： 2019 年，个人住房贷款发放额、项目贷款发放额、住房消费提取额的总和与当年缴存额的比率为 121.87%，比上年同期增加 24.57 个百分点。

六、其他重要事项

(一) 当年机构及职能无调整情况。 受委托办理缴存贷款业务金融机构变更增加 1 家。

(二) 当年住房公积金政策调整及执行情况。

1. 缴存方面。 2019 年度住房公积金月缴存基数最高限额原则上不超过 16224 元，即不超过市统计局公布的 2018 年洛阳市城镇非私营单位从业人员月平均工资 5408 元的 3 倍；灵活就业人员月缴存额为 865 元（5408 元×80%×20%）。比例未做调整。

2. 提取方面。 2019 年 6 月 1 日起，修改购买自住住房提取住房公积金政策、取消"装修提取、物业费提取、身患重大疾病提取"政策。

3. 个贷方面。 自 2019 年 6 月 1 日起，提高我市个人住房公积金贷款最高额度：双职工缴存家庭的个人住房贷款最高额度由 40 万元调整为 55 万元；单职工缴存家庭的个人住房贷款最高额度由 40 万元调整为 45 万元。我市高层次人才贷款额度不受缴存时间和个人账户余额限制，最高不超过 60 万元。

（三）信息化建设情况。 中心深入贯彻"放管服"工作要求，紧盯信息化建设重点，积极推进住房公积金网上办理渠道及内容拓展，先后完成中心业务系统向"国家政务服务平台"办件推送，完成与全国住房公积金数据平台对接及全量数据上传，完成支付宝渠道公积金服务的动账提醒、退休和离职提取业务部署，完成与"豫事办"移动端的住房公积金查询功能对接。充分利用微信公众号、支付宝覆盖群体广，用户知晓度高的特点，将个人如退休提取、离职提取、提前还款、贷款试算、手机号码变更等查询办理型业务向其拓展延伸，丰富便民服务渠道内容。

（四）行政处罚和申请人民法院强制执行情况。 当年积极开展行政执法工作和职工诉求办理，强力推进2起申请法院强制执行案件申诉，取得阶段性成果。

平顶山市住房公积金2019年年度报告

一、机构概况

（一）住房公积金管理委员会： 平顶山市住房公积金管理委员会有29名委员，2019年召开2次会议，审议通过的事项主要包括：《关于同意平顶山市2018年住房公积金归集、使用计划执行情况及2019年住房公积金归集、使用计划报告的决议》（草案）、《关于开展住房公积金"同城互认互贷"业务的决定》（草案）、《平顶山市住房公积金管理工作报告》、《关于进一步规范住房公积金贷款业务的通知》（草案）、《平顶山市住房公积金业务受托银行考核办法》（草案）、《平顶山市住房公积金资金流动性风险预警管理办法》（草案）、《关于将平顶山市住房公积金行政处罚权移交至市城市综合执法局的决议》（草案），推举市住房公积金管委会主任、副主任。

（二）住房公积金管理中心： 住房公积金管理中心为直属平顶山市人民政府的不以营利为目的的独立的事业单位，设6个科，10个管理部，1个分中心。从业人员146人，其中，在编96人，非在编50人。另辖内含汝州市住房公积金管理中心，从业人员33人，其中，在编11人，非在编22人。

二、业务运行情况

（一）缴存： 2019年，新开户单位339家，实缴单位3922家，净增单位280家；新开户职工2.38万人，实缴职工38.42万人，净增职工－0.26万人；缴存额38.83亿元，同比增长6.66%。2019年末，缴存总额338.2亿元，比上年末增加12.97%；缴存余额167.17亿元，比上年末增加7.61%。

平顶山市受委托办理住房公积金缴存业务的银行7家。汝州市受委托办理住房公积金缴存业务的银行9家，比上年增加1家。

（二）提取： 2019年，提取额27亿元，同比增长15.86%；占当年缴存额的69.55%，比上年增加5.52个百分点。2019年末，提取总额171.03亿元，比上年末增加18.75%。

（三）贷款：

1.个人住房贷款： 个人住房贷款最高额度55万元，其中，单缴存职工最高额度55万元，双缴存职工最高额度 55 万元。汝州市个人住房贷款最高额度 40 万元。

2019 年，发放个人住房贷款 1.1 万笔、37.72 亿元，同比分别增长 23.84%、36.04%。其中，市中心发放个人住房贷款 0.67 万笔、23.92 亿元，平煤分中心发放个人住房贷款 0.26 万笔、9.13 亿元，汝州市发放个人住房贷款 0.17 万笔、4.67 亿元。

2019 年，回收个人住房贷款 13.89 亿元。其中，市中心 9.62 亿元，平煤分中心 3.31 亿元，汝州市 0.96 亿元。

2019 年末，累计发放个人住房贷款 9.02 万笔、192.31 亿元，贷款余额 130.96 亿元，分别比上年末增加 13.89%、24.41%、22.26%。个人住房贷款余额占缴存余额的 78.34%，比上年末增加 9.38 个百分点。

平顶山市受委托办理住房公积金个人住房贷款业务的银行 6 家。汝州市受委托办理住房公积金个人住房贷款业务的银行 4 家。

2. 住房公积金支持保障性住房建设项目贷款： 2019 年，中心未发放支持保障性住房建设项目贷款。2019 年末，累计发放项目贷款 0.68 亿元，目前该项目贷款已全额收回本息。

（四）**购买国债**：2019 年未购买国债，无国债兑付、转让、收回，比上年无增减。

（五）**融资**：截至 2019 年末，中心未进行融资。

（六）**资金存储**：2019 年末，住房公积金存款 40.23 亿元。其中，活期 0.08 亿元，1 年（含）以下定期 34.31 亿元，其他（协定、通知存款等）5.84 亿元。

（七）**资金运用率**：2019 年末，住房公积金个人住房贷款余额、项目贷款余额和购买国债余额的总和占缴存余额的 78.34%，比上年末增加 9.38 个百分点。

三、主要财务数据

（一）**业务收入**：2019 年，业务收入 50311.66 万元，同比增长 14.5%。其中，市中心 29938.34 万元，平煤分中心 16453.97 万元，汝州市 3919.35 万元；存款利息 11463.59 万元，委托贷款利息 38831.77 万元，其他 16.3 万元。

（二）**业务支出**：2019 年，业务支出 36793.06 万元，同比增长 66.23%。其中，市中心 21514.03 万元，平煤分中心 13566.48 万元，汝州市 1712.55 万元；支付职工住房公积金利息 34486.17 万元，归集手续费 423.98 万元，委托贷款手续费 1881.1 万元，其他 1.81 万元。

（三）**增值收益**：2019 年，增值收益 13518.6 万元，同比下降 38.01%。其中，市中心 8424.31 万元，平煤分中心 2887.49 万元，汝州市 2206.8 万元；增值收益率 0.85%，比上年下降 0.61 个百分点。

（四）**增值收益分配**：2019 年，提取贷款风险准备金 7156.21 万元，提取管理费用 3437.94 万元，提取城市廉租住房（公共租赁住房）建设补充资金 2924.45 万元。

2019 年，上交财政管理费用 1968.88 万元。上缴财政城市廉租住房（公共租赁住房）建设补充资金 6247.45 万元，其中，市中心上缴 4213.74 万元，平煤分中心上缴 2033.71 万元。

说明：上交财政的管理费用和城市廉租房建设补充资金是 2018 年度的提取额，在 2019 年初上交财政；提取的管理费用和城市廉租房建设补充资金是 2019 年当年提取额，此款项要在 2020 年年初上交财政。

2019年末，贷款风险准备金余额85366.27万元。累计提取城市廉租住房（公共租赁住房）建设补充资金44309.4万元。其中，市中心提取26116.95万元，平煤分中心提取17780.85万元，汝州市提取411.6万元。

（五）管理费用支出：2019年，管理费用支出1747.93万元，同比下降39.8%。其中，人员经费216.11万元，公用经费1122.13万元，专项经费409.69万元。

市中心管理费用支出924.94万元，其中，人员、公用、专项经费分别为94.67万元、710.78万元、119.49万元；平煤分中心管理费用支出519.88万元，其中，人员、公用、专项经费分别为68.25万元、161.43万元、290.2万元。汝州市管理费用支出303.11万元，其中，人员和公用、专项经费分别为53.19万元、249.92万元。

四、资产风险状况

（一）个人住房贷款：2019年末，个人住房贷款逾期额395.28万元，逾期率0.3‰。其中，市中心0.2‰，平煤分中心0.67‰，汝州市0.14‰。

平顶山市个人贷款风险准备金按增值收益的60%提取，汝州市个人贷款风险准备金按贷款余额的1%提取。2019年，提取个人贷款风险准备金7156.21万元。2019年末，个人贷款风险准备金余额85142.27万元，占个人住房贷款余额的6.5%，个人住房贷款逾期额与个人贷款风险准备金余额的比率为0.46%。

（二）支持保障性住房建设试点项目贷款：2019年，项目贷款风险准备金余额224万元。目前我市项目贷款已全额收回本息，余额为零，不再计提项目贷款风险准备金。

（三）历史遗留风险资产：截至2019年底，我市无历史遗留风险资产。

五、社会经济效益

（一）缴存业务：2019年，实缴单位数、实缴职工人数和缴存额同比分别增长7.69%、-0.67%、6.66%。

缴存单位中，国家机关和事业单位占66.42%，国有企业占11.43%，城镇集体企业占0.74%，外商投资企业占1.35%，城镇私营企业及其他城镇企业占15.3%，民办非企业单位和社会团体占0.76%，其他占4%。

缴存职工中，国家机关和事业单位占40.6%，国有企业占45.43%，城镇集体企业占0.78%，外商投资企业占1.39%，城镇私营企业及其他城镇企业占9.34%，民办非企业单位和社会团体占0.15%，其他占2.31%；中、低收入占94.67%，高收入占5.33%。

新开户职工中，国家机关和事业单位占22.84%，国有企业占16.96%，城镇集体企业占0.43%，外商投资企业占1.08%，城镇私营企业及其他城镇企业占26.06%，民办非企业单位和社会团体占1.16%，其他占31.47%；中、低收入占93.11%，高收入占6.89%。

（二）提取业务：2019年，7.11万名缴存职工提取住房公积金27亿元。

提取金额中，住房消费提取占66.71%（购买、建造、翻建、大修自住住房占34.4%，偿还购房贷款本息占27.99%，租赁住房占4.29%，其他占0.03%）；非住房消费提取占33.29%（离休和退休提取占28.94%，完全丧失劳动能力并与单位终止劳动关系提取占0.37%，户口迁出本市或出境定居占1.49%，其他占 2.49%)。

提取职工中,中、低收入占 98.36%,高收入占 1.64%。

(三) 贷款业务:

1. 个人住房贷款:2019 年,支持职工购建房 137.95 万平方米,年末个人住房贷款市场占有率为 30.53%,比上年末减少 0.53 个百分点。通过申请住房公积金个人住房贷款,可节约职工购房利息支出 75073.32 万元。

职工贷款笔数中,购房建筑面积 90 (含) 平方米以下占 12.58%,90~144 (含) 平方米占 77.66%,144 平方米以上占 9.76%。购买新房占 81.85%,购买二手房占 16.29%,建造、翻建、大修自住住房占 0.46%,其他占 1.4%。

职工贷款笔数中,单缴存职工申请贷款占 21.63%,双缴存职工申请贷款占 77.52%,三人及以上缴存职工共同申请贷款占 0.85%。

贷款职工中,30 岁 (含) 以下占 23.29%,30 岁~40 岁 (含) 占 43.17%,40 岁~50 岁 (含) 占 26.18%,50 岁以上占 7.36%;首次申请贷款占 93.82%,二次及以上申请贷款占 6.18%;中、低收入占 95.72%,高收入占 4.28%。

2. 异地贷款:2019 年,发放异地贷款 1079 笔、39304.6 万元。年末,发放异地贷款总额 88020.45 万元,异地贷款余额 82903.38 万元。

3. 公转商贴息贷款:我市目前尚未发放公转商贴息贷款。

4. 支持保障性住房建设试点项目贷款:2019 年末,累计试点项目 1 个,贷款额度 0.68 亿元,建筑面积 22.45 万平方米,可解决 1902 户中低收入职工家庭的住房问题。目前该试点项目贷款资金已发放并还清贷款本息。

(四) **住房贡献率**:2019 年,个人住房贷款发放额、公转商贴息贷款发放额、项目贷款发放额、住房消费提取额的总和与当年缴存额的比率为 143.57%,比上年增加 25.85 个百分点。

六、其他重要事项

(一) 当年住房公积金政策调整及执行情况。

(1) 2019 年度我市住房公积金缴存基数上限为 15267 元,按照平顶山市统计部门公布的 2018 年全市 (不含汝州) 在岗职工月平均工资的 3 倍确定。2019 年度我市住房公积金缴存基数下限分别为 1900 元 (市区、舞钢市)、1700 元 (宝丰县、郏县)、1500 元 (鲁山县、叶县),按照平顶山市 2019 年职工最低工资标准确定。

(2) 当年印发了《关于网上办理住房公积金归集业务的通知》和《关于调整财政统发工资单位住房公积金缴存方式的通知》,开通单位版住房公积金网上业务大厅,缴存单位可在线办理职工开户、封存、启封、缴存基数调整、手机号码变更、个人账户同城转移、汇缴核定、查询打印等归集业务。

(3) 当年印发了《委托按月提取住房公积金归还个人住房公积金贷款实施细则(暂行)》,开展按月冲还贷业务,贷款职工只需办理一次手续,即可实现每月自动冲抵住房公积金还贷,减轻职工来回奔波负担,确保住房公积金资金专款专用。

(4) 当年印发了《关于进一步规范住房公积金贷款业务的通知》,取消存量房住房公积金贷款担保公司阶段性担保方式，存量房住房公积金贷款统一以本次申请贷款的房产做抵押，抵押权证办理由中心按规定承担费用，缴费、出证环节由中心人员代办，实现存量房（二手房）贷款一次办结。

（二）当年服务改进情况。

1. 服务网点提升：在市中心和平煤分中心建设住房公积金自助服务大厅，缴存职工通过自助终端即可自助查询缴存、提取、贷款情况，自助打印缴存证明，自助填写提取申请表和异地转移接续申请表，自助办理离职提取、退休提取和出国定居提取等业务；在郏县、宝丰、鲁山、舞钢、叶县住房公积金服务大厅引入不动产业务办理窗口，实现县（市）缴存职工一站式服务。

2. 业务服务拓展：市中心和平煤分中心业务系统，实现数据共享，开展"同城互贷"业务，实现缴存职工"就近跑一次"的目标；按照"马上办、网上办、就近办、一次办"的工作要求，开通单位版住房公积金网上业务大厅，调整财政供给人员住房公积金缴存方式，加快推进住房公积金业务网上办理，截至2019年底，全市已有922家单位签约住房公积金单位版网上业务大厅，全市住房公积金业务网上办结率达到80.13%，初步实现"一次不用跑"的服务目标。

3. 综合服务提升：对中心服务大厅进行升级改造，重新配备了叫号机、取号机、大屏显示器、智能饮水机等服务设施，服务效率大幅提升；开展文明礼仪知识培训，提升窗口人员服务水平。

4. 风险防控建设：上线住房公积金审计稽核系统和风险隐患防控系统，按照"事前预防，事中监督，事后稽核"的工作要求，建设风险防控中心，进一步提高了风险防控水平。

5. 优化营商环境：将15个"最多跑一次"、31个"就近跑一次"、12个"一次不用跑"、16个"秒级到账"服务事项向社会公开，接受社会监督；举办第二届"职工开放日"活动，邀请20余名人大代表、政协委员、单位代表和职工代表走进公积金，通过实地参观、现场体验，面对面交流，听取职工、群众对住房公积金管理工作的意见和建议。召开房地产开发企业座谈会，广泛征求开发企业意见，针对偏远矿区的实际情况，组织人员上门集中为职工办理住房公积金提取、贷款手续，方便缴存职工。

（三）当年信息化建设情况。

（1）按照"一网通办""一次办妥""一证通办"的要求，积极对接有关数据管理部门，推进信息共享；健全数据安全管理制度，全面实施信息安全等级保护，业务系统通过等保专家组评审，取得三级等保备案证书。

（2）建成住房公积金综合服务平台，缴存职工足不出户，即可通过电脑、手机等终端设备自助办理有关业务；接入全国住房公积金数据平台，实现按日推送业务数据；配合省住房城乡建设厅完成灾备演练工作，做好业务数据异地备份工作。

（3）提升信息化服务水平，先后开通了住房公积金贷款放款短信通知功能、住房公积金网上缴存功能、住房公积金贷款额度自助测算功能、住房公积金业务网上预约功能、住房公积金业务办理进度查询功能和排号动态管理功能，使缴存职工办事更加方便快捷。

（四）当年住房公积金管理中心及职工所获荣誉情况。

1. 国家级荣誉称号：2019年，中心服务大厅被全国妇女联合会授予"巾帼文明岗"荣誉称号。

2. 省部级荣誉称号：2019年，中心荣获"全省住房城乡建设系统先进集体""河南省节约型公共机构示范单位"荣誉称号，5名职工被评为"河南省住房公积金管理工作先进个人"，1人被评为"全省政府系统督查工作先进个人"。

3. 地市级荣誉称号： 2019年，中心荣获"全市经济社会发展目标考评先进单位""平顶山市公文处理工作先进单位""平顶山市政务公开工作先进单位""市级节水型单位""平顶山市公共机构节能减排工作先进单位"荣誉称号。中心团支部被团市委授予"五四红旗团支部"，中心服务窗口多次被市行政审批服务中心授予"优质服务窗口"，并荣获"优秀窗口奖"称号。1名职工被评为"平顶山市优秀共青团干部"，1名职工被授予"平顶山市五一劳动奖章"，1名职工被评为"平顶山市公文处理工作先进个人"。

安阳市住房公积金2019年年度报告

一、机构概况

（一）住房公积金管理委员会：

（1）安阳市住房公积金管理委员会有28名委员，2019年召开1次会议，审议通过的事项主要包括：①安阳市住房公积金2018年归集、使用计划执行情况及2019年住房公积金归集、使用计划；②安阳市住房公积金2018年决算报告及2019年预算报告；③安阳市住房公积金2018年增值收益分配方案；④安阳市住房公积金2018年年度报告；⑤安阳市住房公积金调整个人住房贷款风险准备金计提办法和分期上交历年累计提取个人住房贷款风险准备金方案；⑥安阳市住房公积金资金流动性风险防控预案；⑦安阳市个人住房公积金归集管理办法；⑧安阳市个人住房公积金提取管理办法；⑨安阳市个人住房公积金贷款管理办法；⑩授权安阳市住房公积金管理中心就开办住房公积金和商业银行个人住房贷款组合贷款制定具体操作办法。

（2）滑县住房公积金管理委员会有15名委员，2019年召开一次会议。

（二）住房公积金管理中心：

（1）安阳市住房公积金管理中心为安阳市政府直属的不以营利为目的的事业单位，设11个科，8个管理部。从业人员106人，其中，在编52人，非在编54人。

（2）滑县住房公积金管理中心为隶属于滑县人民政府的不以营利为目的的财政全供事业单位，设7个科室，从业人员16人，其中，在编10人。

二、业务运行情况

（一）缴存： 2019年，新开户单位327家，实缴单位3678家，净增单位262家；新开户职工2.01万人，实缴职工24.64万人，净增职工0.71万人；缴存额34.24亿元，同比增长17.6%。2019年末，缴存总额232.70亿元，比上年末增加17.3%；缴存余额97.63亿元，比上年末增加17.2%。

市中心受委托办理住房公积金缴存业务的银行12家，比上年增加（减少）0家。滑县中心受委托办理住房公积金缴存业务的银行4家，比上年增加1家。

（二）提取： 2019年，提取额19.89亿元，同比增长25.6%；占当年缴存额的58.1%，比上年增加3.7个百分点。2019年末，提取总额135.07亿元，比上年末增加17.3%。

（三）贷款：

1. 个人住房贷款：个人住房贷款最高额度 50 万元，其中，单缴存职工最高额度 40 万元，双缴存职工最高额度 50 万元。（滑县中心贷款最高额度 45 万元，不分单双职工）

2019 年，发放个人住房贷款 0.32 万笔、10.21 亿元，同比分别下降 3.0%、增长 11.8%。其中，市中心发放个人住房贷款 0.24 万笔、7.66 亿元，滑县中心发放个人住房贷款 0.07 万笔、2.55 亿元。

2019 年，回收个人住房贷款 10.13 亿元。其中，市中心 8.83 亿元，滑县中心 1.30 亿元。

2019 年末，累计发放个人住房贷款 6.02 万笔、124.38 亿元，贷款余额 58.36 亿元，分别比上年末增长 5.5%、8.9%、0.1%。个人住房贷款余额占缴存余额的 59.8%，比上年末减少 10.2 个百分点。

市中心受委托办理住房公积金个人住房贷款业务的银行 11 家，比上年增加 1 家。

滑县中心受委托办理住房公积金个人住房贷款业务的银行 4 家，与上年比没有变动。

2. 住房公积金支持保障性住房建设项目贷款：2019 年末，累计发放项目贷款 0.30 亿元，项目贷款余额 0 亿元。

（四）购买国债：无。

（五）融资：2019 年，融资 0 亿元，归还 0 亿元。2019 年末，融资总额 3.34 亿元，融资余额 0 亿元。

（六）资金存储：2019 年末，住房公积金存款 39.98 亿元。其中，活期 0.05 亿元，1 年（含）以下定期 5.80 亿元，1 年以上定期 27.36 亿元，其他（协定、通知存款等）6.77 亿元。

（七）资金运用率：2019 年末，住房公积金个人住房贷款余额、项目贷款余额和购买国债余额的总和占缴存余额的 59.8%，比上年末减少 10.2 个百分点。

三、主要财务数据

（一）业务收入：2019 年，业务收入 29856.42 万元，同比增长 17.2%。其中，市中心 26436.59 万元，滑县中心 3419.83 万元；存款利息 10786.31 万元，委托贷款利息 19068.76 万元，国债利息 0 万元，其他 1.35 万元。

（二）业务支出：2019 年，业务支出 14495.57 万元，同比增长 14.2%。其中，市中心 12990.53 万元，滑县中心 1505.04 万元；支付职工住房公积金利息 13611.59 万元，归集手续费 108.76 万元，委托贷款手续费 759.19 万元，其他 16.03 万元。

（三）增值收益：2019 年，增值收益 15360.85 万元，同比增长 20.1%。其中，市中心 13446.06 万元，滑县中心 1914.79 万元；增值收益率 1.7%，与上年持平。

（四）增值收益分配：2019 年，提取贷款风险准备金 1554.37 万元，提取管理费用 1558.20 万元，提取城市廉租住房（公共租赁住房）建设补充资金 12248.28 万元。

2019 年，上交财政管理费用 1491.66 万元。上缴财政城市廉租住房（公共租赁住房）建设补充资金 10246.70 万元。其中，市中心上缴 9264.43 万元，滑县中心上缴 982.27 万元。

2019 年末，贷款风险准备金余额 49609.57 万元。累计提取城市廉租住房（公共租赁住房）建设补充资金 39353.12 万元。其中，市中心提取 35335.73 万元，滑县中心提取 4017.39 万元。

（五）管理费用支出：2019 年，管理费用支出 1192.51 万元，同比下降 1.4%。其中，人员经费 575.61 万元，公用经费 517.68 万元，专项经费 99.22 万元。

市中心管理费用支出 1025.33 万元，其中，人员、公用、专项经费分别为 538.22 万元、462.64 万元、24.47 万元；滑县中心管理费用支出 167.18 万元，其中，人员、公用、专项经费分别为 37.39 万元、55.04 万元、74.75 万元。

四、资产风险状况

（一）个人住房贷款：2019 年末，个人住房贷款逾期额 262.24 万元，逾期率 0.5‰。其中，市中心 0.5‰，滑县中心 0.01‰。

个人贷款风险准备金按贷款余额的 1% 提取。2019 年，提取个人贷款风险准备金 1554.37 万元，使用个人贷款风险准备金核销呆坏账 0 万元。2019 年末，个人贷款风险准备金余额 49525.97 万元，占个人住房贷款余额的 8.5%。个人住房贷款逾期额与个人贷款风险准备金余额的比率为 0.5%。

（二）支持保障性住房建设试点项目贷款：无。

项目贷款风险准备金按贷款余额的 4‰ 提取。目前项目贷款风险准备金余额 83.60 万元。

五、社会经济效益

（一）缴存业务：2019 年，实缴单位数、实缴职工人数和缴存额同比分别增长 7.7%、3.0% 和 17.6%。

缴存单位中，国家机关和事业单位占 67.9%，国有企业占 9.6%，城镇集体企业占 1.2%，外商投资企业占 0.6%，城镇私营企业及其他城镇企业占 13.5%，民办非企业单位和社会团体占 1.2%，其他占 6.0%。

缴存职工中，国家机关和事业单位占 56.9%，国有企业占 25.8%，城镇集体企业占 1.4%，外商投资企业占 1.1%，城镇私营企业及其他城镇企业占 9.7%，民办非企业单位和社会团体占 0.8%，其他占 4.3%；中、低收入占 98.8%，高收入占 1.2%。

新开户职工中，国家机关和事业单位占 29.9%，国有企业占 11.9%，城镇集体企业占 1.6%，外商投资企业占 1.5%，城镇私营企业及其他城镇企业占 39.5%，民办非企业单位和社会团体占 1.3%，其他占 14.3%；中、低收入占 99.7%，高收入占 0.3%。

（二）提取业务：2019 年，7.06 万名缴存职工提取住房公积金 19.89 亿元。

提取金额中，住房消费提取占 80.9%（购买、建造、翻建、大修自住住房占 29.1%，偿还购房贷款本息占 45.5%，租赁住房占 1.8%，其他占 4.5%）；非住房消费提取占 19.1%（离休和退休提取占 16.4%，完全丧失劳动能力并与单位终止劳动关系提取占 1.8%，其他占 0.9%）。

提取职工中，中、低收入占 98.6%，高收入占 1.4%。

（三）贷款业务：

1.个人住房贷款：2019 年，支持职工购建房 40.52 万平方米，年末个人住房贷款市场占有率为 10.0%，比上年末减少 2.3 个百分点。通过申请住房公积金个人住房贷款，可节约职工购房利息支出 21158.14 万元。

职工贷款笔数中，购房建筑面积 90（含）平方米以下占 6.6%，90～144（含）平方米占 73.5%，144 平方米以上占 19.9%。购买新房占 91.8%（其中购买保障性住房占 0%），购买二手房占 8.2%，建造、翻建、大修自住住房占0%，其他占0%。

职工贷款笔数中，单缴存职工申请贷款占54.8%，双缴存职工申请贷款占45.2%，三人及以上缴存职工共同申请贷款占0%。

贷款职工中，30岁（含）以下占19.2%，30岁～40岁（含）占47%，40岁～50岁（含）占28.9%，50岁以上占4.9%；首次申请贷款占80.7%，二次及以上申请贷款占19.3%；中、低收入占99%，高收入占1.0%。

2. 异地贷款：2019年，发放异地贷款126笔、4058.4万元。2019年末，发放异地贷款总额14795万元，异地贷款余额11887.91万元。

3. 公转商贴息贷款：无。

4. 支持保障性住房建设试点项目贷款：2019年末，累计试点项目1个，贷款额度0.3亿元，建筑面积13.11万平方米，可解决118户中低收入职工家庭的住房问题。试点项目贷款资金已发放并还清贷款本息。

（四）**住房贡献率**：2019年，个人住房贷款发放额、公转商贴息贷款发放额、项目贷款发放额、住房消费提取额的总和与当年缴存额的比率为76.8%，比上年增加3.1个百分点。

六、其他重要事项

（一）当年机构及职能调整情况、受委托办理缴存贷款业务金融机构变更情况。

1. 当年机构及职能调整情况

市中心根据安编办〔2019〕74号文件精神，市住房公积金管理中心主要任务调整为：编制、执行住房公积金的归集、使用计划；负责记载职工住房公积金的缴存、提取、使用等情况；负责住房公积金的统一核算，指导、监督分支机构的内部核算；负责住房公积金的提取、使用的事务性工作；负责住房公积金的保值和归还；编制住房公积金归集、使用计划执行情况的报告；拟定住房公积金增值收益分配方案；负责住房公积金档案管理工作；承办市住房公积金管理委员会决定的其他事项。

滑县中心住房公积金管理中心主要负责全县住房公积金的核算、管理工作，承办全县住房公积金的业务办理等相关服务。

2. 受委托办理缴存贷款业务金融机构变更情况

市中心当年受委托办理缴存业务的金融机构共12家，未有变更（中国工商银行、中国农业银行、中国银行、中国建设银行、交通银行、中原银行、中信银行、招商银行、广发银行、中国邮政储蓄银行、浦发银行、安阳商都农商银行）；受委托办理住房公积金个人贷款业务的金融机构共11家，比上年增加1家（中国工商银行、中国农业银行、中国银行、中国建设银行、交通银行、中原银行、中信银行，招商银行、广发银行和中国邮政储蓄银行、新增安阳商都农商银行）。

滑县中心当年缴存业务金融机构为中国农业银行、中国银行、中国邮政储蓄银行、中信银行；受托办理个人住房公积金贷款业务的金融机构为中国农业银行、中国银行、中国邮政储蓄银行、中信银行。

（二）当年住房公积金政策调整及执行情况。

（1）当年缴存基数限额及确定方法、缴存比例等缴存政策调整情况。

市中心2019年度住房公积金缴存基数为职工本人2018年度月平均工资。根据市统计部门提供的2018

年度相关数据，确定 2019 年度全市住房公积金缴存基数的上限为 14910 元。住房公积金缴存基数下限安阳市区为 1900 元；林州市、安阳县、汤阴县为 1700 元；内黄县为 1500 元。住房公积金月缴存额上限为 3578 元。住房公积金月缴存额下限安阳市区为 190 元；林州市、安阳县、汤阴县为 170 元；内黄县为 150 元。各缴存单位的住房公积金缴存比例在 5% 至 12% 以内。

滑县中心根据统计部门提供的 2018 年度相关数据和 2019 年度河南省最低工资标准确定 2019 年度全县住房公积金缴存基数的上限为 14910 元，下限为 1500 元。自主缴存人员根据我县统计部门数据确定住房公积金缴存基数下限为 3728 元。

当年单位缴存比例最高不超过 12%，最低不低于 5%，自主缴存职工缴存比例为 20%。

（2）市中心当年提取、归集政策调整情况。

1）自 2019 年 12 月 16 日起，停止执行"装修、维护和修缮普通自住住房""支付普通自住住房物业管理费"两项提取业务。

2）自 2019 年 11 月 6 日起，取消以下归集业务有关证明事项：

① 取消单位缴存登记业务提供住房公积金委托代扣缴款协议。

② 取消个人账户设立、个人账户启封、缴存比例、缴存基数调整业务提供职工工资表。

③ 取消个人账户启封业务提供职工身份证。

（3）市中心住房公积金个人住房贷款最高额度调整为夫妻双方均正常足额缴存住房公积金的，住房贷款最高额度为 50 万元；单方或未婚人员正常足额缴存住房公积金的，住房贷款最高额度为 40 万元。

滑县中心上调二手房住房公积金贷款额度，最高可贷至 35 万元（原最高 25 万）；拓宽二手房贷款受理范围，法院拍卖房屋可申请公积金贷款。

（4）住房公积金存贷款利率执行标准。

当年住房公积金存款利率，按照《中国人民银行　住房和城乡建设部　财政部关于完善职工住房公积金账户存款利率形成机制的通知》（银发〔2016〕43 号）文件要求，执行一年期定期存款基准利率 1.5%。住房公积金贷款利率按照《中国人民银行关于下调金融机构人民币贷款和存款基准利率并进一步推进利率市场化改革的通知》（银发〔2015〕265 号）要求，五年以下（含）2.75%，五年以上 3.25%。

（三）当年服务改进情况。

（1）落实"放管服"改革，推出"三减一优"服务举措。按照"减时间、减环节、减材料、优流程"的服务理念，将贷款业务由原 15 个工作日缩减为 10 个工作日内审批完成；取消职工办理提取业务需单位审核盖章环节；取消 12 项需要单位或职工办理业务时提供的证明材料；重新梳理各项业务流程，不断缩减优化，全面推进"互联网＋公积金服务"使得住房公积金业务办理更简便、流程更优化、效率更高。

（2）不断强化服务大厅"三化建设"，紧紧围绕硬件设施人性化，服务礼仪标准化，管理责任具体化的要求持续推进。一是服务大厅增设服务区、等候区、合作银行、自助区等功能区域，增加综合显示屏、海报机、自助电脑智能服务终端、配备饮水机、雨伞、充电器、医药箱、轮椅、报刊、杂志，同时设置了母婴室，配置婴儿床、洗漱台、纸尿布、玩具等母婴用品，努力营造良好服务环境。二是推行服务标准化，提升服务水平。坚持站立服务、微笑服务，文明用语，便民高效。开展预约服务、上门服务、延时服务，对老弱病残职工提供免费导办服务，为特定人员办理业务开通绿色通道等。三是强化管理责任，推行精细化管理。采取"一窗受理、集成服务"模式，实现"前台综合受理、后台分类审批、综合窗口出件"，人员做到业务全面、解答准确、操作高效。

(3) 积极稳步推进"一网通办",有效提升网上业务办理量,全年住房公积金服务事项"一网通办"办结率83.45%,较好地完成了2019年底达到60%的省定责任目标。

(四) 当年信息化建设情况。

1. 完成全国住房公积金数据平台接入工作。 有效提升住房公积金管理规范化、服务便捷化、监管专业化水平。

2. 完成全国住房公积金异地转移接续平台接入工作。 实现中心业务系统与全国住房公积金转移接续平台直连,提升了转移接续业务办理效率,使住房公积金在全国范围内实现了"账随人走,钱随账走",提高了住房公积金服务的便捷性和有效性。

3. 全面接入政务服务平台。 实现统一运营服务、统一服务分析、统一服务管理、统一行业宣传,达到线上业务"零材料、零跑腿"的服务目标。实现多平台的信息交互沟通,为用户提供高效优质、规范透明、电子互动、全方位的移动化服务。

(五) 当年住房公积金管理中心及职工所获荣誉情况。

2019年,安阳市中心获"省级文明单位""河南省住房公积金服务工作先进单位"称号。

2019年滑县中心成功创建省级文明单位,同时中心服务大厅被县工会授予"滑县工人先锋号"的荣誉称号。

(六) 当年对违反《住房公积金管理条例》和相关法规行为进行行政处罚和申请人民法院强制执行情况。 2019年,滑县中心个人住房公积金贷款的借款人卢某某,因连续多次逾期,情节严重,中心按照《住房公积金管理条例》和相关法规,向滑县人民法院申请强制执行,追回逾期贷款本金、利息、滞纳金合计222527.59元。

(七) 当年对住房公积金管理人员违规行为的纠正和处理情况等。 无。

(八) 其他需要披露的情况。 无。

鹤壁市住房公积金2019年年度报告

一、机构概况

(一) **住房公积金管理委员会:** 住房公积金管理委员会有25名委员,2019年召开2次会议,审议通过的事项为:《鹤壁市住房公积金2018年年度报告》《2018年住房公积金增值收益分配方案》《关于调整住房公积金贷款政策的批复》。

(二) **住房公积金管理中心:** 住房公积金管理中心为鹤壁市人民政府不以营利为目的的财政全供事业单位,设6个科室,3个管理部,1个分中心。从业人员80人,其中,在编37人,劳务派遣人员43人。

二、业务运行情况

（一）**缴存**：2019年新开户单位284家，实缴单位2059家，净增单位282家；新开户职工2.01万人，实缴职工12.25万人，净增职工0.3万人；缴存额13.45亿元，同比增长29.06%。2019年末，缴存总额96.32亿元，比上年末增加16.23%；缴存余额40.15亿元，比上年末增加15.01%。

受委托办理住房公积金缴存业务的银行7家，2019年缴存业务的银行没有变化。

（二）**提取**：2019年提取额8.21亿元，同比增长32.41%；占当年缴存额的61.04%，比上年增加1.55个百分点。2019年末，提取总额56.18亿元，比上年末增加17.11%。

（三）**贷款**：首套房单、双缴存职工最高贷款额度50万元。

2019年发放个人住房贷款0.32万笔、11.32亿元，同比分别增长118.98%、186.60%。其中，市中心发放个人住房贷款0.27万笔、9.49亿元，分中心发放个人住房贷款0.05万笔、1.83亿元。

2019年回收个人住房贷款5.23亿元。其中，市中心4.28亿元，分中心0.95亿元。

2019年末累计发放个人住房贷款4.07万笔、68.91亿元，贷款余额34.03亿元，分别比上年末增加8.43%、19.65%、21.79%。个人住房贷款余额占缴存余额的84.76%，比上年增加4.72个百分点。

受委托办理住房公积金个人住房贷款业务的银行4家，2019年贷款业务的银行没有变化。

（四）**资金存储**：2019年末住房公积金存款6.92亿元。其中，活期0.01亿元，1年（含）以下定期2.60亿元，1年以上定期2.38亿元，其他（协定、通知存款等）1.93亿元。

（五）**资金运用率**：2019年末住房公积金个人住房贷款余额占缴存余额的84.76%，比上年增加4.72个百分点。

三、主要财务数据

（一）**业务收入**：2019年业务收入13505.71万元，同比增长18.04%。其中，市中心10012.67万元，分中心3493.04万元；存款利息3110.99万元，委托贷款利息9880.33万元，其他514.39万元。

（二）**业务支出**：2019年业务支出6588.21万元，同比增长8.77%。其中，市中心5066.13万元，分中心1522.09万元；支付职工住房公积金利息5692.54万元，委托贷款手续费388.67万元，其他507万元。

（三）**增值收益**：2019年增值收益6917.50万元，同比增长28.48%。其中，市中心4946.54万元，分中心1970.96万元；增值收益率1.83%，比上年增加0.19个百分点。

（四）**增值收益分配**：2019年提取贷款风险准备金4150.50万元，提取管理费用1589.50万元，提取城市廉租住房（公共租赁住房）建设补充资金1177.50万元。

2019年上交财政管理费用1600万元。上缴财政城市廉租住房（公共租赁住房）建设补充资金553.68万元，其中市中心上缴221.04万元，分中心上缴332.64万元。

2019年末贷款风险准备金余额31004.09万元。累计提取城市廉租住房（公共租赁住房）建设补充资金8065.94万元，其中市中心提取3691.73万元，分中心提取4374.21万元。

（五）**管理费用支出**：2019年管理费用支出1491.55万元，同比增长22.44%。其中，人员经费525.02万元，公用经费49.29万元，专项经费917.24万元。

市中心管理费用支出 1272.11 万元，其中人员、公用、专项经费分别为 376.52 万元、42.09 万元、853.5 万元；分中心管理费用支出 219.44 万元，其中人员、公用、专项经费分别为 148.50 万元、7.20 万元、63.74 万元。

四、资产风险状况

2019 年末，个人住房贷款逾期额 1218.63 万元，逾期率 3.58‰。其中：市中心 2.39‰，分中心 9.13‰。个人贷款风险准备金按增值收益的 60% 提取。2019 年提取个人贷款风险准备金 4150.50 万元。2019 年末个人贷款风险准备金余额 31004.09 万元，占个人住房贷款余额的 9.11%，个人住房贷款逾期额与个人贷款风险准备金余额的比率为 3.93%。

五、社会经济效益

（一）缴存业务：2019 年实缴单位数、实缴职工人数和缴存额同比分别增长 11.90%、2.52% 和 29.06%。

缴存单位中，国家机关和事业单位占 62.75%，国有企业占 12.34%，城镇集体企业占 0.97%，外商投资企业占 0.58%，城镇私营企业及其他城镇企业占 20.45%，民办非企业单位和社会团体占 2.09%，其他占 0.82%。

缴存职工中，国家机关和事业单位占 36.30%，国有企业占 33.79%，城镇集体企业占 0.51%，外商投资企业占 7.24%，城镇私营企业及其他城镇企业占 16.62%，民办非企业单位和社会团体占 1.58%，其他占 3.96%；中、低收入占 99.38%，高收入占 0.62%。

新开户职工中，国家机关和事业单位占 13.89%，国有企业占 8.76%，城镇集体企业占 0.10%，外商投资企业占 15.85%，城镇私营企业及其他城镇企业占 32.74%，民办非企业单位和社会团体占 1.12%，其他占 27.54%；中、低收入占 99.80%，高收入占 0.20%。

（二）提取业务：2019 年 2.80 万名缴存职工提取住房公积金 8.21 亿元。

提取金额中，住房消费提取占 74.10%（购买、建造、翻建、大修自住住房占 32.82%，偿还购房贷款本息占 39.20%，租赁住房占 2.08%）；非住房消费提取占 25.90%（离休和退休提取占 12.87%，完全丧失劳动能力并与单位终止劳动关系提取占 6.01%，其他占 7.02%）。

提取职工中，中、低收入占 98.11%，高收入占 1.89%。

（三）贷款业务：

1. 个人住房贷款：2019 年支持职工购建房 37.04 万平方米，年末个人住房贷款市场占有率为 16.57%，比上年减少 0.25 个百分点。通过申请住房公积金个人住房贷款，可节约职工购房利息支出 23057.60 万元。

职工贷款笔数中，购房建筑面积 90（含）平方米以下占 8.79%，90～144（含）平方米占 84.09%，144 平方米以上占 7.12%。购买新房占 73.37%，购买二手房占 23.97%，其他（商转公贷款）占 2.66%。

职工贷款笔数中，单缴存职工申请贷款占 20.87%，双缴存职工申请贷款占 79.13%。

贷款职工中，30 岁（含）以下占 23.12%，30 岁～40 岁（含）占 44.72%，40 岁～50 岁（含）占 25.33%，50 岁以上占 6.83%（包括两笔 60 周岁以上住房公积金贷款，借款人均属于正厅级干部。申请住房公积金贷款时个人账户属于正常缴存状态，符合我市住房公积金贷款条件）；首次申请贷款占 85.45%，二次申请贷款占 14.55%，无二次以上申请贷款；中、低收入占 98.74%，高收入占 1.26%。

2. 异地贷款：2019 年发放异地贷款 330 笔、11490.40 万元。2019 年末，发放异地贷款总额 22264.10 万元，异地贷款余额 11224.27 万元。

（四）住房贡献率：2019 年个人住房贷款发放额、住房消费提取额的总和与当年缴存额的比率为 129.38%，比上年增加 50 个百分点。我市无公转商贴息贷款发放额。

六、其他重要事项

（一）适时调整政策，住房保障功能更加凸显。

1. 缴存政策调整。2019 年 5 月，出台了《关于调整住房公积金缴存基数的通知》，规定：2019 年 7 月份各缴存单位在核定新的住房公积金缴存基数时，应按 2018 年度职工月平均工资进行核定，最高不得超过市统计局公布的 2018 年度全市职工月平均工资的 3 倍；最低限为《河南省人民政府关于调整河南省最低工资标准的通知》公布的鹤壁市 2018 年度全市最低工资标准，市（区）1900 元，淇县 1700 元，浚县 1500 元，各缴存单位要按标准进行相应调整。职工和单位的住房公积金缴存比例均不得低于职工上一年度月平均工资的 5%，最高不得高于 12%。

2. 提取政策调整。2019 年 11 月，出台了《关于取消交纳自住住房物业费提取的通知》，从 2019 年 11 月 29 日起，取消了交纳自住住房物业费提取。

3. 贷款政策调整。2019 年 4 月，出台了《鹤壁市住房公积金管理中心关于调整住房公积金贷款政策的通知》。

（1）调整贷款申请条件。原规定借款人正常连续缴存住房公积金 12 个月（含）以上方可申请贷款。调整为借款人正常连续足额缴存住房公积金 6 个月（含）以上方可申请贷款。

（2）调整二套房贷款额度。原规定购买二套改善性自住住房单职工正常缴存住房公积金最高贷款额度为 20 万元，双职工正常缴存住房公积金最高贷款额度 45 万元。调整为购买二套改善性住房的，最高贷款额度为 45 万元，贷款金额按照缴存余额乘以 15 倍确定，以 1 万元作为保底账户余额（账户余额不足 1 万元时按照 1 万元认定）。

（3）调整购房提取公积金一年内不能申请贷款政策。原规定夫妻双方购买自住住房提取住房公积金 1 年内不得申请住房公积金贷款。调整为缴存职工购买自住住房提取住房公积金的，提取后仍可申请住房公积金贷款，提取金额与贷款金额之和不得高于所购房屋总价。住房公积金贷款未结清的，提取个人住房公积金只能用于住房公积金提前还款或冲还贷。

（4）调整住房公积金贷款购房时间政策。原规定购房 1 年内可办理住房公积金贷款。调整为预售期内的商品房（期房）可办理住房公积金贷款；二手房（现房）购房 1 年内可办理住房公积金贷款。

4. 存贷款利率执行情况。按照中国人民银行要求，职工住房公积金账户存款利率统一按一年期定期利率 1.50% 执行；住房公积金首套房贷款五年期以上利率为 3.25%，五年期以下利率为 2.75%，二套房贷款利率执行基准利率的 1.1 倍。

根据我市公积金管理运作情况及缴存职工实际需求，适时调整公积金政策，进一步保障了缴存职工的合法权益，为职工购房申请办理住房公积金贷款提供了有力的资金支持。

(二)推行网上办理,不断提高为民服务水平。

1. 线上办理,实时办结,部分业务"零跑腿"。紧紧围绕"让数据多跑路群众少跑腿,公积金业务网上办实时办",开展综合服务平台建设,多渠道、多事项推进互联网服务,不断提高离柜率和办事效率。2019年,不断完善手机公积金APP、单位网厅、个人网厅、微信公众号、支付宝城市服务、12329热线电话、短信提醒、自助查询终端等八大服务渠道,实现了18项业务在线办理。其中单位网厅实现了单位信息变更、基数调整、汇补缴核定、个人开户等9项业务办理,手机公积金APP和个人网厅实现了退休、离职等5项提取业务和提前还款、"月冲还贷"签约等4项贷款业务在线办理。还款、提取业务"零跑腿、秒到账"。截至12月底,手机公积金APP注册3.2万人,微信公众号关注2.54万人,网厅注册单位2233个,网厅注册人数2.27万人,受理网上业务115.75万件,网上业务办结率55%,发送催缴短信5300余条,贷款还款提醒短信1.32万条,推送动账通知11.56万条。

2. 线下办理,"五优"服务,窗口办理更舒心。各服务大厅不断强化宗旨意识,从服务态度、服务技能、服务效率、服务举止和服务环境五个方面,全面提升服务水平,争创一流服务窗口。一是以人为本,增强各服务大厅窗口人员主动服务意识,做到"来有迎声,问有答声,走有送声"。同时,积极探索服务模式,创新开展了"三服务",即延时服务、上门服务和预约服务。二是提升服务理念,优化服务方式,在未完全实现"一网通"的情况下,中心为群众提供帮办代办服务,由工作人员代替贷款申请人定期到房产交易、不动产登记等部门查询房屋套数证明,减少群众跑腿次数,受到群众的高度赞扬。三是打破原有业务办理界限,实行综合柜员制,想群众之所想,急群众之所急,真正让群众减少了等待时间,提高了群众的获得感和幸福感。四是定期开展政治理论、业务知识、文明礼仪等培训,及时发现工作中的疑点难点问题,建立整改台账,举一反三,提升服务质量和业务效能。五是服务大厅实行规范化、标准化、精细化管理,划分物品、资料等摆放区域,避免了物品随意摆放,给办事群众营造了整洁、舒适、安全的办事环境。

3. 贴近群众,贴心服务,打通服务"最后一公里"。一是取消评估。2019年,市住房公积金管理中心出台了《关于取消二手房公积金贷款估价报告的通知》,职工购买二手房申请公积金贷款,不需再办理二手房评估手续,不仅让贷款职工少跑一趟路,而且还省去了评估费用,切实让职工得到了实惠。二是动态提醒。中心积极提升服务水平,向缴存单位和职工提供动账通知和提醒服务。缴存职工注册手机公积金APP、关注微信公众号或使用支付宝城市服务,就可收到动账通知服务;实行手机短信提醒服务,提醒缴存单位按月缴存住房公积金和贷款职工按月足额偿还住房公积金贷款。三是主动答疑。到缴存单位和社区等人口集中地现场指导手机公积金APP的下载及使用;建立缴存单位微信工作群,随时解答缴存单位疑问。

(三)夯实基础工作,信息技术建设成效显著。2019年,市住房公积金管理中心开展信息系统建设升级,促进管理、服务、风险防控能力的全面提高。一是通过信息技术手段,规范档案管理。积极做好电子档案系统的开发、测试、应用等工作。各项业务办理、审批均使用电子档案,实现电子档案的组卷、归档、查阅自动化管理。二是实现全国异地转移接续平台与住房和城乡建设部接口直连,职工办理异地公积金,在转入地就可完成。三是积极推进部门间数据共享,加强互联互通,优化便民服务,开展"一网通办""豫事办""好差评"系统建设,努力提高网上办件量及办结率。四是规范数据管理、接入住房和城乡建设部数据平台。按照住房和城乡建设部要求,建立数据平台,实现了我市住房公积金数据向住房和城乡建设部数据平台的自动检查、上传等工作。五是强化安全管理、保障信息安全。为保障住房公积金管理系统及数据安全，开展信息系统三级等保建设工作，取得了三级等保安全认证。

（四）创新多种举措，扩大公积金制度覆盖面。 归集扩面工作是住房公积金管理的源头，是发挥制度保障职能的前提。一是通过《鹤壁日报》、鹤壁市电视台、《淇河晨报》、微信公众号等媒体，宣传住房公积金各项政策，让群众了解政策，提高公积金在全市群众心中的知晓度。二是组织人员到企业、社区宣传讲解住房公积金的惠民政策，通过宣传发动，进一步扩大住房公积金制度的覆盖面，2019年新增缴存职工2.01万人。三是通过短信提醒、电话咨询、上门催缴等多种催缴方式，了解单位欠缴的原因，针对有缴存能力的单位，专人负责，专人督促其按时足额缴存。2019年完成了欠缴单位补缴金额3778万元。

（五）强化资金监管，风险防控能力全面提高。 中心高度注重风险防控工作，不断强化风险防控机制建设。一是按照上级要求，每月使用电子化检查工具定期对住房公积金业务进行一次全面"体检"，对检测中发现的问题，及时整改，并及时把检查结果上传到上级部门。二是将办理流程和要件"固化"到住房公积金工作软件中，由"人控"到"机控"，为存在问题戴上"紧箍咒"，通过"机控"，杜绝了人情提取、违规贷款的现象。三是提高监督力度，接受外部审计，省专家内审组和市财监局对中心2016—2019年度4年的业务运行及财务进行监督检查，查缺补漏，通过监督、检查、审计规范了各项管理制度。四是加强贷款逾期催收，实行逾期贷款业务档案管理，深入调查了解职工逾期情况，专人跟踪、及时关注，确保催收效果，防范逾期率反弹。

（六）治理行业乱象，扫黑除恶工作取得实效。 加强楼盘准入管理、联合相关部门加大惩戒力度、畅通投诉举报渠道，对房地产开发企业拒绝使用住房公积金贷款的行为进行联合执法，维护广大缴存者的合法权益。同时，大力宣传普及扫黑除恶相关知识，提醒广大缴存者，对街头小广告和非法中介散布的信息，保持高度警惕，有效杜绝了骗提、骗贷现象的发生。

2019年，市住房公积金管理中心在市委市政府的正确领导下，认真学习贯彻习近平新时代中国特色社会主义思想，锐意进取，真抓实干，攻坚克难，担当尽责，相继获得了"市文明服务示范窗口""2019—2020年度市青年文明号"等荣誉称号。

新乡市住房公积金2019年年度报告

一、机构概况

（一）住房公积金管理委员会： 住房公积金管理委员会有23名委员，2019年召开1次会议，审议通过的事项主要包括：《2018年新乡市住房公积金管理中心增值收益分配方案》《新乡市住房公积金2018年年度报告》《新乡市住房公积金管理委员会关于调整住房公积金业务审批事项的通知》。

省直管长垣县住房公积金管理委员会有15名委员，2019年召开0次会议。

（二）住房公积金管理中心： 新乡市住房公积金管中心为隶属新乡市人民政府不以营利为目的的财政全供事业单位，设6个处（科），7个管理部，0个分中心。从业人员70人，其中，在编43人，非在编 27 人。

省直管长垣县住房公积金管理中心为隶属长垣市人民政府不以营利为目的的财政全供事业单位,设 6 个科。从业人员 16 人,其中,在编 6 人,非在编 10 人。

二、业务运行情况

(一)**缴存**:2019 年,新开户单位 414 家,实缴单位 3670 家,净增单位 309 家;新开户职工 3.36 万人,实缴职工 29.29 万人,净增职工 0.52 万人;缴存额 32.17 亿元,同比增长 18.3%。2019 年末,缴存总额 201.40 亿元,比上年末增加 19%;缴存余额 103.15 亿元,比上年末增加 13.3%。

新乡市住房公积金中心受委托办理住房公积金缴存业务的银行 4 家,比上年增加 1 家。

省直管长垣县住房公积金管理中心受委托办理住房公积金缴存业务的银行 7 家,比上年增加(减少)0 家。

(二)**提取**:2019 年,提取额 20.07 亿元,同比增长 43.9%;占当年缴存额的 62.4%,比上年增加 11.4 个百分点。2019 年末,提取总额 98.25 亿元,比上年末增加 25.7%。

(三)**贷款**:

1. 个人住房贷款:新乡市住房公积金中心个人住房贷款最高额度 55 万元,其中,单缴存职工最高额度 30 万元,双缴存职工最高额度 55 万元。

省直管长垣县住房公积金管理中心个人住房贷款最高额度 50 万元。

2019 年,发放个人住房贷款 0.70 万笔、24.18 亿元,同比分别增长 48.2%、60.2%。其中,新乡市住房公积金中心发放个人住房贷款 0.65 万笔、22.31 亿元,省直管长垣县住房公积金管理中心发放个人住房贷款 0.06 万笔、1.87 亿元。

2019 年,回收个人住房贷款 9.66 亿元。其中,新乡市住房公积金中心 9.1 亿元,省直管长垣县住房公积金管理中心 0.56 亿元。

2019 年末,累计发放个人住房贷款 5.19 万笔、130.87 亿元,贷款余额 95.85 亿元,分别比上年末增加 15.6%、22.7%、17.8%。个人住房贷款余额占缴存余额的 92.9%,比上年末增加 3.6 个百分点。

新乡市住房公积金中心受委托办理住房公积金个人住房贷款业务的银行 3 家,比上年增加(减少)0 家。

省直管长垣县住房公积金管理中心受委托办理住房公积金个人住房贷款业务的银行 2 家,比上年增加(减少)0 家。

2. 住房公积金支持保障性住房建设项目贷款:2019 年,发放支持保障性住房建设项目贷款 0 亿元,回收项目贷款 0 亿元。2019 年末,累计发放项目贷款 0 亿元,项目贷款余额 0 亿元。

(四)**购买国债**:2019 年,购买(记账式、凭证式)国债 0 亿元,兑付(转让、收回)国债 0 亿元。2019 年末,国债余额 0 亿元,比上年末减少(增加)0 亿元。

(五)**融资**:2019 年,融资 0 亿元,归还 0 亿元。2019 年末,融资总额 10.9 亿元,融资余额 0 亿元。

(六)**资金存储**:2019 年末,住房公积金存款 9.54 亿元。其中,活期 0.14 亿元,1 年(含)以下定期 7.07 亿元,1 年以上定期 1.42 亿元,其他(协定、通知存款等)0.91 亿元。

(七)**资金运用率**:2019 年末,住房公积金个人住房贷款余额、项目贷款余额和购买国债余额的总和占缴存余额的 92.9%，比上年末增加 3.6 个百分点。

三、主要财务数据

（一）**业务收入**：2019 年，业务收入 31443.95 万元，同比增长 16.1%。其中，新乡市住房公积金中心 29025.36 万元，省直管长垣县住房公积金管理中心 2418.59 万元。存款利息 2372.19 万元，委托贷款利息 29071.04 万元，国债利息 0 万元，其他 0.72 万元。

（二）**业务支出**：2019 年，业务支出 16316.57 万元，同比增长 19%。其中，新乡市住房公积金中心 14865.63 万元，省直管长垣县住房公积金管理中心 1450.94 万元；支付职工住房公积金利息 14947.98 万元，归集手续费 0 万元，委托贷款手续费 1366.57 万元，其他 2.02 万元。

（三）**增值收益**：2019 年，增值收益 15127.38 万元，同比增长 13%。其中，新乡市住房公积金中心 14159.73 万元，省直管长垣县住房公积金管理中心 967.65 万元；增值收益率 1.5%，比上年减少 0.1 个百分点。

（四）**增值收益分配**：2019 年，提取贷款风险准备金万元，提取管理费用 4149.91 万元，提取城市廉租住房（公共租赁住房）建设补充资金 9658.97 万元。

2019 年，上交财政管理费用 1951.03 万元。上缴财政城市廉租住房（公共租赁住房）建设补充资金 9270.68 万元。其中，新乡市住房公积金中心上缴 8881.19 万元，省直管长垣县住房公积金管理中心上缴 389.49 万元。

2019 年末，贷款风险准备金余额 30817.31 万元。累计提取城市廉租住房（公共租赁住房）建设补充资金 63217.36 万元。其中，新乡市住房公积金中心提取 60497.26 万元，省直管长垣县住房公积金管理中心提取 2720.10 万元。

（五）**管理费用支出**：2019 年，管理费用支出 1359.23 万元，同比下降 2.1%。其中，人员经费 766.96 万元，公用经费 71.38 万元，专项经费 520.89 万元。

新乡市住房公积金中心管理费用支出 1218.99 万元，其中，人员、公用、专项经费分别为 713.85 万元、44.25 万元、460.89 万元；省直管长垣县住房公积金管理中心管理费用支出 140.24 万元，其中，人员、公用、专项经费分别为 53.11 万元、27.13 万元、60 万元。

四、资产风险状况

（一）**个人住房贷款**：2019 年末，个人住房贷款逾期额 6.7 万元，逾期率 0.01‰。其中，新乡市住房公积金中心 0‰，省直管长垣县住房公积金管理中心 0.1‰。

新乡市住房公积金中心个人贷款风险准备金按当年放贷额减当年回收的 3% 提取。省直管长垣县住房公积金管理中心按贷款发放额的 1% 提取。2019 年，提取个人贷款风险准备金 4149.91 万元，使用个人贷款风险准备金核销呆坏账 0 万元。2019 年末，个人贷款风险准备金余额 30817.31 万元，占个人住房贷款余额的 3.2%，个人住房贷款逾期额与个人贷款风险准备金余额的比率为 0.02%。

（二）**支持保障性住房建设试点项目贷款**：2019 年末，逾期项目贷款 0 万元，逾期率 0‰。

五、社会经济效益

（一）**缴存业务**：2019 年，实缴单位数、实缴职工人数和缴存额同比分别增长 9.2%、1.8%

和 18.3%。

缴存单位中，国家机关和事业单位占 56%，国有企业占 8.3%，城镇集体企业占 1.7%，外商投资企业占 0.6%，城镇私营企业及其他城镇企业占 11.3%，民办非企业单位和社会团体占 2.6%，其他占 19.5%。

缴存职工中，国家机关和事业单位占 55.3%，国有企业占 10.3%，城镇集体企业占 1.1%，外商投资企业占 0.1%，城镇私营企业及其他城镇企业占 25%，民办非企业单位和社会团体占 2.9%，其他占 5.3%；中、低收入占 98.2%，高收入占 1.8%。

新开户职工中，国家机关和事业单位占 39.4%，国有企业占 10%，城镇集体企业占 1.3%，外商投资企业占 1.5%，城镇私营企业及其他城镇企业占 17.5%，民办非企业单位和社会团体占 5.4%，其他占 24.9%；中、低收入占 99%，高收入占 1%。

（二）提取业务：2019 年，7.18 万名缴存职工提取住房公积金 20.07 亿元。

提取金额中，住房消费提取占 71.8%（购买、建造、翻建、大修自住住房占 22.1%，偿还购房贷款本息占 47.1%，租赁住房占 2.6%，其他占 0%）；非住房消费提取占 28.2%（离休和退休提取占 18.5%，完全丧失劳动能力并与单位终止劳动关系提取占 0.3%，出境定居占 0.1%，其他占 9.3%）。

提取职工中，中、低收入占 97.3%，高收入占 2.7%。

（三）贷款业务：

1. 个人住房贷款：2019 年，支持职工购建房 84.94 万平方米，年末个人住房贷款市场占有率（含公转商贴息贷款）为 11.4%，比上年末减少 0.6 个百分点。通过申请住房公积金个人住房贷款，可节约职工购房利息支出 52752.22 万元。

职工贷款笔数中，购房建筑面积 90（含）平方米以下占 11.8%，90~144（含）平方米占 80.2%，144 平方米以上占 8%。购买新房占 83.7%（其中购买保障性住房占 0%），购买二手房占 16.3%，建造、翻建、大修自住住房占 0%，其他占 0%。

职工贷款笔数中，单缴存职工申请贷款占 25.1%，双缴存职工申请贷款占 74.9%，三人及以上缴存职工共同申请贷款占 0%。

贷款职工中，30 岁（含）以下占 21.3%，30 岁~40 岁（含）占 48.8%，40 岁~50 岁（含）占 24.4%，50 岁以上占 5.5%；首次申请贷款占 91.7%，二次及以上申请贷款占 8.3%；中、低收入占 98.5%，高收入占 1.5%。

2. 异地贷款：2019 年，发放异地贷款 998 笔、32668.3 万元。2019 年末，发放异地贷款总额 99253.60 万元，异地贷款余额 89299.22 万元。

3. 公转商贴息贷款：2019 年，发放公转商贴息贷款 0 笔、0 万元，支持职工购建住房面积 0 万平方米，当年贴息额 0 万元。2019 年末，累计发放公转商贴息贷款 0 笔、0 万元，累计贴息 0 万元。

4. 支持保障性住房建设试点项目贷款：2019 年末，累计试点项目 0 个，贷款额度 0 亿元，建筑面积 0 万平方米，可解决 0 户中低收入职工家庭的住房问题。0 个试点项目贷款资金已发放并还清贷款本息。

（四）住房贡献率：2019 年，个人住房贷款发放额、公转商贴息贷款发放额、项目贷款发放额、住房消费提取额的总和与当年缴存额的比率为 120%，比上年增加 31.5 个百分点。

六、其他重要事项

（一）当年机构及职能调整情况、受委托办理缴存贷款业务金融机构变更情况。 2019 年新乡市住房公积金管理中心更名为新乡市住房公积金中心。委托办理缴存业务金融机构增加邮政储蓄银行，由原来的 3 家变为 4 家。委托办理贷款业务金融机构无变化。

（二）当年住房公积金政策调整及执行情况。

新乡市住房公积金中心调整情况：

1. 缴存基数及比例调整情况

按照《新乡市人民政府办公室关于进一步扩大住房公积金制度受益范围的实施意见》（新政办〔2017〕104 号）规定："全市住房公积金缴存基数不得高于本市上一年度职工平均工资的 3 倍，不得低于本市（县）上年度最低工资标准；最高缴存比例为 12%，最低缴存比例为 5%。"按我市 2018 年在岗职工平均工资 4819 元，确定工资基数申报的全市最高限额为 4819 的 3 倍 14457 元。按新乡市人民政府新政文〔2018〕9 号文公布的 2017 年新乡市最低工资标准，确定工资基数申报的最低限额市本级为 1900 元，辉县市、新乡县为 1700 元，卫辉市、获嘉县、原阳县、封丘县、延津县为 1500 元；控高限低后，2019 年共有 2334 个单位，163855 名职工变更了缴存基数；163 个单位变更了缴存比例，当年缴存基数和比例无一例超标。

2. 缴存政策调整情况

2019 年 5 月开展"委托收款"业务。在我中心开户的企业，付款银行与公积金收款银行为同一行的，可以签订"委托收款"协议。签订后，单位缴纳住房公积金不需打印"缴款登记号"，由中心直接发起扣款。

3. 提取政策调整情况

（1）2019 年 3 月开展"冲还贷"业务。在我中心办理住房公积金贷款的职工，可签订"冲还贷"协议，系统自动扣划个人账户的公积金偿还贷款本息，还贷后账户仍有余额且超万元的，可办理提前部分或全部冲还贷款本息业务。

（2）为贯彻落实《河南省住房和城乡建设厅关于公布规范性文件清理结果的决定》（豫建发〔2019〕345 号）和"四级十同"《省级基本目录》等文件要求，取消"户口迁出本省行政区域"提取业务。

4. 当年个人住房贷款最高贷款额度

夫妻双方按时连续足额缴存住房公积金的，贷款最高额度 55 万元；单方按时连续足额缴存住房公积金的，贷款最高额度 30 万元。

5. 贷款条件等贷款政策调整情况

（1）购买新建商品房的职工，自《商品房买卖合同（预售）》签订生效之日起，超过一年不再受理该套房屋住房公积金贷款（2019 年 5 月 1 日执行）。

（2）职工存在以下情形的，不受理住房公积金个人住房贷款。

① 购买配偶、子女、本人父母或配偶父母住房情形的；

② 离婚两年内，职工与原配偶之间买卖住房情形的（2019 年 5 月 1 日执行）。

（3）申请住房公积金个人住房贷款时，用其他房产抵押的，抵押房产与贷款所购房产应在同一县

（市）区域内（2019年5月1日执行）。

（4）将原依据借款申请人（共同申请人）还款能力核定贷款额度，调整为依据借款申请人（共同申请人）还款能力、住房公积金缴存账户余额、缴存年限综合核定贷款额度。核定贷款职工住房公积金个人住房贷款额度须同时符合以下条件，取其中最低值。

① 单笔最高贷款额度不超过管委会确定的住房金积金个人住房贷款最高贷款额度；

② 月还款额不超过借款申请人及共同申请人缴存住房公积金工资基数之和的50%；

③ 按住房公积金缴存账户余额和缴存时间计算的贷款额度（2019年6月1日执行）。

（5）为贯彻落实《河南省住房和城乡建设厅关于公布规范性文件清理结果的决定》（豫建发〔2019〕345号）和"四级十同"《省级基本目录》等文件要求，取消商业性个人住房贷款转公积金贷款业务（2019年12月30日执行）。

6. 当年住房公积金贷款利率执行标准

目前执行的贷款年利率5年（含）以下2.75%；5年以上3.25%。二套房贷款年利率5年（含）以下3.025%；5年以上3.575%。

省直管长垣县住房公积金管理中心调整情况：

2018年6月13日，按照国务院《住房公积金管理条例》、建设部《关于住房公积金管理若干具体问题的指导意见》（建金管〔2005〕5号）文件精神，依据我市统计部门提供的2018年度全县职工年平均工资标准，缴存基数不得超过2018年度我县在岗职工月平均工资的3倍，不得低于2018年度我县在岗职工月平均工资的50%。（2018年度全县在岗职工月平均工资为4428元）。单方缴存比例最低为5%，最高为12%；自主缴存者缴存比例为16%；垂直管理部门缴存基数可参照新乡市缴存标准执行。并及时下发《关于核定2018年度住房公积金缴存比例和基数的通知》。

全市当年住房公积金存款利率执行情况：

2019年住房公积金存款9.54亿元，其中：一年以下定期存款7.07亿元，平均利率2.1%；协定存款0.91亿元，执行利率1.4%；活期存款0.14亿元，执行利率0.3%。

（三）当年服务改进情况。

新乡市住房公积金中心改进情况：

1. 服务网点、服务设施、服务手段情况

（1）中心秉承"凡事多想一步、行动再快一步、服务更进一步"的服务理念，把群众办事"怎么方便、怎么快捷、怎么安全"作为工作中重要课题。要求中心全体职工统一着装，统一"戴胸牌、摆桌牌、亮身份"，统一礼貌服务用语。窗口工作人员严格执行"十步曲"服务，做到来有迎声，走有送语，以有序、高效、快捷的工作作风和热情周到的服务态度，树立了中心窗口的良好形象。

（2）坚持在"快"上求突破，提升服务效能，充分授权每个柜员办理业务，强化前台受理岗和后台审批、稽核岗协同配合，实现一个窗口受理，后台联审联批，减少办事群众等待时间。在规范住房公积金业务流程、减少证明事项的基础上，中心继续推出"简证便民"新举措，中心与市不动产中心实现了房产查询数据共享，市区和平原新区不动产查询证明在我中心办理业务即可查询，真正实现了让"数据多跑路，群众少跑路"，一站式服务目标。

（3）持续深化"放管服"改革，推进"互联网＋智慧公积金"工作，实现服务事项互联网"应上尽上、全程在线"。部门间的数据共享是"互联网＋智慧公积金"的前提和基础，2020年要继续推进与人行、税务等部门实现信息共享，通过中心数据整合共享工作的逐步推进，最大化的实现缴存职工不提供或少提供佐证资料，不跑路或少跑路而办成事，打通便民服务"最后一公里"。同时中心还将组织力量研究更多个人住房公积金网上可办业务，丰富网上业务办理的种类和方便程度，将业务办理移动至"指尖"，让职工畅享"指尖"上的住房公积金服务。

2. 综合服务平台建设和其他网络载体建设服务情况

（1）开通住房公积金短信服务，向缴存职工推送提取到账、贷款发放、贷款还贷提醒、贷款已还贷信息等，让缴存职工对自己住房公积金情况一目了然。

（2）2019年9月，正式直连全国住房公积金异地转移接续平台，做到了中心核心业务系统与平台无缝对接，职工数据异地转移与资金支付实现"账随人走，钱随账走"，缴存职工办理住房公积金异地转移业务更加便捷，实现了住房公积金全国漫游，优化了办理流程，缩短了办理周期，提升了服务效率。

省直管长垣县住房公积金管理中心改进情况：

实现了异地转移接续直连。我市住房公积金管理中心于3月底实现了与全国住房公积金异地转移接续平台直连，做到了中心核心业务系统与平台无缝对接，实现了住房公积金全国漫游，让缴存职工办理公积金异地转移业务更加便捷。直连全国住房公积金异地转移接续平台后，缴存职工在转入地住房公积金管理中心就可办理业务，实现了"账随人走，钱随账走"，满足了缴存职工跨地区购买住房的资金使用需求。

（四）当年信息化建设情况。

新乡市住房公积金中心建设情况：

（1）2019年已完成"一网通办"接口软件部署，实现了公积金业务管理系统与全省统一的政务服务平台进行对接，开通了对接政务服务平台统一登录统一办理的服务渠道。

（2）个人网厅、单位网厅业务办理功能已全部上线运行。退休提取、离职提取、提前还贷业务在中心网厅、微信、APP上实现了零材料办理，极大方便了缴存职工。

省直管长垣县住房公积金管理中心建设情况：

（1）完成了全国住房公积金数据平台接入工作。按照住房和城乡建设部办公厅《关于做好全国住房公积金数据接入工作的通知》的文件要求，中心高度重视，迅速组织技术力量部署实施，于2019年4月底完成全国住房公积金数据平台接入工作，实现了每日定时自动向数据平台传送增量数据。全国住房公积金数据平台接入后，将有效提升住房公积金的管理规范化、服务便捷化、监管专业化，实现与国家税务总局的总对总数据交换，便于税务部门核实林区缴存职工个税抵扣申报情况。

（2）微信公众号的开通。为了方便缴存职工办公积金业务，中心开通了"长垣公积金"微信公众号。职工可以通过微信公众号查询账户信息、缴存余额、缴存余额、贷款信息、贷款余额、还款明细、可贷额度等信息等。

（五）当年住房公积金管理中心及职工所获荣誉情况。 2019年3月新乡市住房公积金中心市直服务大厅荣获河南省五一巾帼标兵岗；2019年11月新乡市住房公积金管理中心业务大厅荣获河南省青年文明号；2019年2月荣获新乡市市级文明单位称号；2人荣获省住房城乡建设厅先进个人；1人荣获市直工委优秀党员；1人荣获市直工委优秀党员市直工委优秀党小组长；2人荣获新乡市行政审批先进个人；1人荣获共青团新乡市委优秀团干；2人荣获新乡市信用体系办先进个人；1人荣获新乡市信息化工作先进个人。

（六）当年对违反《住房公积金管理条例》和相关法规行为进行行政处罚和申请人民法院强制执行情况。2019年无行政处罚。新乡市住房公积金中心对当年对违反《住房公积金管理条例》的四家欠缴住房公积金单位向人民法院申请强制执行，其中两家单位欠缴的住房公积金已执行到账，剩余两家单位欠缴的住房公积金在人民法院强制执行程序中。

（七）当年对住房公积金管理人员违规行为的纠正和处理情况等。无。

（八）其他需要披露的情况。无。

焦作市住房公积金 2019 年年度报告

一、机构概况

（一）住房公积金管理委员会：住房公积金管理委员会有 25 名委员，2019 年召开 1 次会议，审议通过的事项主要包括：（1）宣读《关于调整焦作市住房公积金管理委员会第三届委员会委员的通知》；（2）听取《市住房公积金管理中心关于住房公积金管理和使用情况的报告》；（3）审议《关于为住房贫困户提供住房公积金优惠政策的通知（征求意见稿）》；（4）审议《关于调整住房公积金有关政策的通知（征求意见稿）》；（5）审议《焦作市住房公积金 2018 年年度报告》；（6）审议《焦作市住房公积金管理中心关于 2018 年度增值收益分配方案的报告》；（7）审议《焦作市住房公积金管理中心关于 2019 年度收支预算草案的报告》。

（二）住房公积金中心：市住房公积金中心为直属市政府领导的不以营利为目的财政全供事业单位，内设 10 个科室，8 个县（市）区管理部，从业人员 101 人，其中，在编 64 人，非在编 37 人；焦煤中心设 3 个科，从业人员 14 人，其中，在编 14 人。

二、业务运行情况

（一）缴存：2019 年，新开户单位 274 家，实缴单位 4076 家，净增单位 232 家；新开户职工 1.95 万人，实缴职工 31.82 万人，净增职工 0.57 万人；缴存额 28.9 亿元，同比增长 13.96%。2019 年末，缴存总额 203.8 亿元，同比增长 16.52%；缴存余额 104.05 亿元，同比增长 14.77%。

受委托办理住房公积金缴存业务的银行 4 家，比上年增加 0 家。

（二）提取：2019 年，提取额 15.51 亿元，同比增长 26.51%；占当年缴存额的 53.67%，比上年增长 5.33 个百分点。2019 年末，提取总额 99.75 亿元，同比增长 18.41%。

（三）贷款：

个人住房贷款：个人住房贷款最高额度 45 万元，其中，单缴存职工最高额度 40 万元，双缴存职工最高额度 45 万元。

2019 年，发放个人住房贷款 0.55 万笔、17.5 亿元，同比分别增长 5.77、12.54%。其中，市中心发放个人住房贷款 0.49 万笔、15.78 亿元，焦煤中心发放个人住房贷款 0.06 万笔、1.72 亿元。

2019年，回收个人住房贷款9.14亿元。其中，市中心8.52亿元，焦煤中心0.62亿元。

2019年末，累计发放个人住房贷款7.62万笔、153.93亿元，贷款余额95.29亿元，同比分别增长7.78%、12.83%、9.62%。个人住房贷款余额占缴存余额的91.58%，比上年减少4.31个百分点。

受委托办理住房公积金个人住房贷款业务的银行8家，比上年增加0家。

（四）资金存储：2019年末，住房公积金存款12.1亿元。其中，活期1.68亿元，1年（含）以下定期5.11亿元，1年以上定期3.05亿元，其他（协定、通知存款等）2.26亿元。

（五）资金运用率：2019年末，住房公积金个人住房贷款余额、项目贷款余额和购买国债余额的总和占缴存余额的91.58%，比上年减少4.31个百分点。

三、主要财务数据

（一）业务收入：2019年，业务收入31670.27万元，同比增长19.81%。其中，市中心29935.98万元，焦煤中心1734.29万元；存款利息1630.58万元，委托贷款利息29997.05万元，国债利息0万元，其他42.64万元。

（二）业务支出：2019年，业务支出16560.85万元，同比增长7.79%。其中，市中心14839.29万元，焦煤中心1721.56万元；支付职工住房公积金利息14618.69万元，归集手续费1195.97万元，委托贷款手续费747.36万元，其他-1.17万元。

（三）增值收益：2019年，增值收益15109.42万元，同比增长36.51%。其中，市中心15096.69万元，焦煤中心12.73万元；增值收益率1.54%，比上年增长0.23个百分点。

（四）增值收益分配：2019年，提取贷款风险准备金2449.23万元，提取管理费用2571.89万元，提取城市廉租住房（公共租赁住房）建设补充资金10469.4万元。

2019年，上交财政管理费用3045.78万元。上缴城市廉租住房（公共租赁住房）建设补充资金6266.55万元。其中，市中心上缴财政城市廉租住房（公共租赁住房）6266.55万元。

2019年末，贷款风险准备金余额28864.62万元。累计提取城市廉租住房（公共租赁住房）建设补充资金47659.67万元。其中，市中心提取45064.46万元，焦煤中心提取2595.21万元。

（五）管理费用支出：2019年，管理费用支出2701.65万元，同比增长8.34%。其中，人员经费1012.24万元，公用经费181.97万元，专项经费1507.44万元。

市中心管理费用支出2264.33万元，其中，人员、公用、专项经费分别为831.92万元、161.92万元、1270.49万元；焦煤中心管理费用支出437.32万元，其中，人员、公用、专项经费分别为180.32万元、20.05万元、236.95万元。

四、资产风险状况

个人住房贷款：2019年末，个人住房贷款逾期额287.8万元，逾期率0.3‰。其中，市中心0.26‰，焦煤中心1.02‰。

个人贷款风险准备金按年度贷款余额的3.22%提取。2019年，提取个人贷款风险准备金2449.23万元，使用个人贷款风险准备金核销呆坏账0万元。2019年末，个人贷款风险准备金余额28864.62万元，占个人住房贷款余额的3.03%，个人住房贷款逾期额与个人贷款风险准备金余额的比率为1%。

五、社会经济效益

（一）缴存业务：2019年，实缴单位数、实缴职工人数和缴存额同比分别增长3.24%、15.92%和13.96%。

缴存单位中，国家机关和事业单位占59.03%，国有企业占9.49%，城镇集体企业占3.29%，外商投资企业占0.56%，城镇私营企业及其他城镇企业占21.52%，民办非企业单位和社会团体占3.05%，其他占3.06%。

缴存职工中，国家机关和事业单位占41.62%，国有企业占24.41%，城镇集体企业占7.87%，外商投资企业占0.92%，城镇私营企业及其他城镇企业占17.63%，民办非企业单位和社会团体占1%，其他占6.55%；中、低收入占99.35%，高收入占0.65%。

新开户职工中，国家机关和事业单位占30.11%，国有企业占12.26%，城镇集体企业占4.25%，外商投资企业占0.86%，城镇私营企业及其他城镇企业占34.31%，民办非企业单位和社会团体占3.77%，其他占14.44%；中、低收入占99.89%，高收入占0.11%。

（二）提取业务：2019年，6.43万名缴存职工提取住房公积金15.51亿元。

提取金额中，住房消费提取占64.68%（购买、建造、翻建、大修自住住房占26.92%，偿还购房贷款本息占37.17%，租赁住房占0.29%，其他占0.3%）；非住房消费提取占35.32%（离休和退休提取占23.96%，完全丧失劳动能力并与单位终止劳动关系提取占10.05%，户口迁出本市或出境定居占0.02%，其他占1.29%）。

提取职工中，中、低收入占98.86%，高收入占1.14%。

（三）贷款业务：

1. 个人住房贷款：2019年，支持职工购建房67.15万平方米，2018年末个人住房贷款市场占有率为27.3%，比上年减少2.5个百分点。2019年，市中心共发放4881笔住房公积金贷款，贷款金额15.78亿元，以贷款5年期以上利率计算住房公积金贷款利率（3.25%）较同期商业性个人住房贷款利率（按商业性个人住房贷款基准利率4.9%为准）低1.65个百分点，通过申请住房公积金个人住房贷款，市中心可节约职工购房利息支出29158.15万元，人均可节约职工购房利息支出5.97万元；焦煤中心可节约职工购房利息支出3683万元。

职工贷款笔数中，购房建筑面积90（含）平方米以下占10.57%，90～144（含）平方米占80.05%，144平方米以上占9.38%。购买新房占86.96%（其中购买保障性住房占0%），购买二手房占13.04%，建造、翻建、大修自住住房占0%，其他占0%。

职工贷款笔数中，单缴存职工申请贷款占43.4%，双缴存职工申请贷款占56.6%，三人及以上缴存职工共同申请贷款占0%。

贷款职工中，30岁（含）以下占13.73%，30岁～40岁（含）占43.47%，40岁～50岁（含）占33.6%，50岁以上占9.2%；首次申请贷款占87.1%，二次及以上申请贷款占12.9%；中、低收入占99.09%，高收入占0.91%。

2. 异地贷款：2019年，发放异地贷款0笔、0万元。2019年末，发放异地贷款总额49003.8万元，异地贷款余额34521.32万元。

（四）住房贡献率：2019 年，个人住房贷款发放额、公转商贴息贷款发放额、项目贷款发放额、住房消费提取额的总和与当年缴存额的比率为 95.27%，比上年增长 2.88 个百分点。

六、其他重要事项

近年来，焦作市住房公积金中心不断创新、探索和实践，致力于发挥公积金制度效用，惠及缴存职工，取得了明显成效，业务指标翻番增长，社会影响力、群众满意度及上级部门的认可度得到日益增强。截至目前，中心先后荣获"全国青年文明号"、全国工人先锋号、全国巾帼文明岗、全国住建系统先进单位、国家公共服务标准化试点单位等 8 项国家级荣誉和 80 余项次省市级荣誉。

（一）缴存基数、缴存比例调整工作。

（1）缴存基数不得超过焦作市统计局公布的 2018 年度城镇非私营单位从业人员月平均工资（4863 元/月）的 3 倍，即 14589 元，比去年增加 1845 元；月缴存额上限为 3502 元，比去年增加 444 元。月缴存基数下限不低于当地 2018 年度最低工资标准，市区、沁阳、孟州为 1900 元，比去年增加 180 元；月缴存额下限为 190 元，比去年增加 18 元。修武、武陟、博爱、温县为 1700 元，比去年增加 130 元；月缴存额下限为 170 元，比去年增加 12 元。

（2）自主缴存者月缴存基数最高为 14589 元，月缴存额上限为 3502 元；月缴存基数最低为 4863 元，比去年增加 615 元；月缴存额下限为 486 元，比去年增加 62 元。

（3）务工农民月缴存基数最高为 14589 元，月缴存上限为 3502 元；月缴存基数最低为 4134 元，比去年增加 523 元；月缴存额下限为 414 元，比去年增加 52 元。

（二）住房公积金提取政策调整。 出台享受城镇最低生活保障提取和住房贫困户提取两项优惠政策。

（三）个人住房贷款政策调整情况。

（1）降低公积金贷款最高贷款额度，由原来的"单方缴存公积金贷款最高可贷总房价的 60%，单笔不超过 50 万元"，调整为单方缴存公积金贷款最高可贷总房价的 60%，单笔不超过 40 万元，"夫妻双方缴存公积金贷款最高可贷总房价的 70%，单笔不超过 50 万元"，调整为"夫妻双方缴存公积金贷款最高可贷总房价的 70%，单笔不超过 45 万元"。

（2）住房公积金贷款利率按照中国人民银行公布的住房公积金贷款利率执行。

（四）综合服务平台及信息化建设情况。

（1）强化综合服务平台建设，开辟互联网＋多渠道服务功能，包括中心门户网站、网上服务大厅、手机 APP、12329 服务热线、微信公众号、短信平台、自助终端等，并建立制度流程，使线上服务也实现了标准化管理。目前 32 项行政审批事项中 13 项业务可以通过网厅、手机 APP 办理，实现"一次不用跑"，占所有审批事项的 41%，27 项实现"最多跑一次"，占所有审批事项的 91%。

（2）创新工作方式，更新上线 12329 热线和电子签字板。实现 12329 与核心系统无缝对接，工单管理、智能录音、更加智能；其次，优化服务流程，在业务大厅和管理部上线电子签字版，由以前的纸质签名环节变为在"签字板"上进行电子签名、按指纹、确认，实现电子化存储，对确需纸质单据的办事职工，也可进行实时打印，有效推进了无纸化进程。

（3）2019 年 1 月对中心核心业务系统进行升级，升级后，目前已实现归集、贷款、支取全业务自主办理、自主核算，同时以"随时办、掌上办"为目标，进一步完善综合服务平台建设，推进线上线下双融合，为办事群众提供业务事项的网上咨询、网上申请、网上办理、网上查询等服务，努力打造"不打烊"的"数字公积金"。

濮阳市住房公积金2019年年度报告

一、机构概况

（一）**住房公积金管理委员会**：住房公积金管理委员会有25名委员，2019年召开1次会议，审议通过的事项主要包括：《关于2018年归集使用计划执行情况及2019年归集使用计划安排的报告》《2018年住房公积金增值收益分配方案》《濮阳市住房公积金2018年年度报告》。

（二）**住房公积金管理中心**：住房公积金管理中心为直属濮阳市人民政府的不以营利为目的的全供事业单位，主要负责全市住房公积金的归集、管理、使用和会计核算。中心设4个科，7个管理部，1个分中心。从业人员98人，其中，在编68人，非在编30人。

二、业务运行情况

（一）**缴存**：2019年，新开户单位170家，实缴单位2573家，净增单位75家；新开户职工1.66万人，实缴职工24.68万人，净增职工1.45万人；缴存额35.14亿元，同比增长12.9%。2019年末，缴存总额286.06亿元，同比增长14.0%；缴存余额100.83亿元，同比增长9.8%。

受委托办理住房公积金缴存业务的银行6家，比上年增加0家。

（二）**提取**：2019年，提取额26.16亿元，同比增长26.6%；占当年缴存额的74.4%，比上年增加8.0个百分点。2019年末，提取总额185.23亿元，同比增长16.4%。

（三）**贷款**：

1. 个人住房贷款：个人住房贷款最高额度45万元，其中，单缴存职工最高额度45万元，双缴存职工最高额度45万元。

2019年，发放个人住房贷款0.70万笔、22.25亿元，同比分别增长-6.8%、-1.1%。其中，市中心发放个人住房贷款0.43万笔、13.46亿元，中原油田分中心发放个人住房贷款0.27万笔、8.79亿元。

2019年，回收个人住房贷款13.75亿元。其中，市中心7.72亿元，中原油田分中心6.03亿元。

2019年末，累计发放个人住房贷款7.43万笔、155.14亿元，贷款余额91.35亿元，同比分别增长10.5%、16.7%、10.3%。个人住房贷款余额占缴存余额的90.6%，比上年增加0.4个百分点。

受委托办理住房公积金个人住房贷款业务的银行6家，比上年增加0家。

2. 住房公积金支持保障性住房建设项目贷款：2019年，发放支持保障性住房建设项目贷款0亿元，回收项目贷款0亿元。2019年末，累计发放项目贷款0亿元，项目贷款余额0亿元。

（四）**购买国债**：2019年，购买（记账式、凭证式）国债0亿元，兑付（转让、收回）国债0亿元。2019年末，国债余额0亿元，比上年增加0亿元。

（五）**融资**：2019年，融资0亿元，归还0亿元。2019年末，融资总额1亿元，融资余额0亿元。

（六）**资金存储**：2019年末，住房公积金存款12.05亿元。其中，活期0.03亿元，1年（含）以下定期1.20亿元，1年以上定期3.81亿元，其他（协定、通知存款等）7.01亿元。

（七）**资金运用率**：2019年末，住房公积金个人住房贷款余额、项目贷款余额和购买国债余额的总和占缴存余额的90.6%，比上年增加0.4个百分点。

三、主要财务数据

（一）**业务收入**：2019年，业务收入30564.72万元，同比增长10.9%。其中，市中心19125.67万元，中原油田分中心11439.05万元；存款利息2585.47万元，委托贷款利息27958.63万元，国债利息0万元，其他20.62万元。

（二）**业务支出**：2019年，业务支出15504.47万元，同比增长10.9%。其中，市中心9191.52万元，中原油田分中心6312.95万元；支付职工住房公积金利息14409.00万元，归集手续费0万元，委托贷款手续费1094.83万元，其他0.64万元。

（三）**增值收益**：2019年，增值收益15060.25万元，同比增长10.9%。其中，市中心9934.15万元，中原油田分中心5126.1万元；增值收益率1.6%，比上年增加0.0个百分点。

（四）**增值收益分配**：2019年，提取贷款风险准备金2576.71万元，提取管理费用2469.58万元，提取城市廉租住房（公共租赁住房）建设补充资金10013.96万元。

2019年，上交财政管理费用14.40万元。上缴财政城市廉租住房（公共租赁住房）建设补充资金3327.51万元。其中，市中心上缴3327.51万元，中原油田分中心上缴0.00万元。

2019年末，贷款风险准备金余额49045.94万元。累计提取城市廉租住房（公共租赁住房）建设补充资金42557.07万元。其中，市中心提取21220.51万元，中原油田分中心提取21336.56万元。

（五）**管理费用支出**：2019年，管理费用支出1876.62万元，同比增长3.9%。其中，人员经费1005.51万元，公用经费138.3万元，专项经费732.81万元。

市中心管理费用支出982.83万元，其中，人员、公用、专项经费分别为451.7万元、13.01万元、518.12万元；中原油田分中心管理费用支出893.79万元，其中，人员、公用、专项经费分别为553.81万元、125.29万元、214.69万元。

四、资产风险状况

（一）**个人住房贷款**：2019年末，个人住房贷款逾期额1085.86万元，逾期率1.2‰。其中，市中心0.9‰，中原油田分中心1.7‰。

个人贷款风险准备金按贷款净余额的3%提取。2019年，提取个人贷款风险准备金2576.71万元，使用个人贷款风险准备金核销呆坏账0万元。2019年末，个人贷款风险准备金余额49045.94万元，占个人住房贷款余额的5.4%，个人住房贷款逾期额与个人贷款风险准备金余额的比率为2.2%。

（二）**支持保障性住房建设试点项目贷款**：2019年末，逾期项目贷款0万元，逾期率0‰。

项目贷款风险准备金按贷款余额的0%提取。2019年，提取项目贷款风险准备金0万元，使用项目贷款风险准备金核销呆坏账0万元，项目贷款风险准备金余额0万元，占项目贷款余额的0%，项目贷款逾期额与项目贷款风险准备金余额的比率为0%。

五、社会经济效益

（一）缴存业务：2019年，实缴单位数、实缴职工人数和缴存额同比分别增长－11.9%、－8.1%和12.9%。

缴存单位中，国家机关和事业单位占59.8%，国有企业占13.6%，城镇集体企业占1.2%，外商投资企业占0.5%，城镇私营企业及其他城镇企业占18.4%，民办非企业单位和社会团体占4.1%，其他占2.4%。

缴存职工中，国家机关和事业单位占42.1%，国有企业占35.1%，城镇集体企业占0.8%，外商投资企业占0.4%，城镇私营企业及其他城镇企业占13.6%，民办非企业单位和社会团体占2.3%，其他占5.7%；中、低收入占99.4%，高收入占0.6%。

新开户职工中，国家机关和事业单位占22.8%，国有企业占21.3%，城镇集体企业占8.8%，外商投资企业占1.2%，城镇私营企业及其他城镇企业占19.1%，民办非企业单位和社会团体占6.6%，其他占20.2%；中、低收入占100%，高收入占0%。

（二）提取业务：2019年，7.40万名缴存职工提取住房公积金26.16亿元。

提取金额中，住房消费提取占82.8%（购买、建造、翻建、大修自住住房47.9%，偿还购房贷款本息占31.6%，租赁住房占0.7%，其他占2.6%）；非住房消费提取占17.2%（离休和退休提取占12.9%，完全丧失劳动能力并与单位终止劳动关系提取占2.4%，户口迁出本市或出境定居占0.2%，其他占1.7%）。

提取职工中，中、低收入占98.1%，高收入占1.9%。

（三）贷款业务：

1. 个人住房贷款：2019年，支持职工购建房80.47万平方米，年末个人住房贷款市场占有率为26.7%，比上年末增加（减少）－1.9个百分点。通过申请住房公积金个人住房贷款，可节约职工购房利息支出38741.11万元。

职工贷款笔数中，购房建筑面积90（含）平方米以下占11.7%，90～144（含）平方米占83.5%，144平方米以上占4.8%。购买新房占65.7%（其中购买保障性住房占0%），购买二手房占17.9%，建造、翻建、大修自住住房占0%，其他占16.4%。

职工贷款笔数中，单缴存职工申请贷款占22.7%，双缴存职工申请贷款占77.3%，三人及以上缴存职工共同申请贷款占0%。

贷款职工中，30岁（含）以下占18.2%，30岁～40岁（含）占39.1%，40岁～50岁（含）占34.2%，50岁以上占8.5%；首次申请贷款占81.7%，二次及以上申请贷款占18.3%；中、低收入占99.2%，高收入占0.8%。

2. 异地贷款：2019年，发放异地贷款172笔、5214.5万元。2019年末，发放异地贷款总额102944.00万元，异地贷款余额60196.18万元。

3. 公转商贴息贷款：2019年，发放公转商贴息贷款0笔、0万元，支持职工购建住房面积0万平方米，当年贴息额0万元。2019末，累计发放公转商贴息贷款0笔、0万元，累计贴息0万元。

4. 支持保障性住房建设试点项目贷款： 2019 年末，累计试点项目 0 个，贷款额度 0 亿元，建筑面积 0 万平方米，可解决 0 户中低收入职工家庭的住房问题。0 个试点项目贷款资金已发放并还清贷款本息。

（四）住房贡献率： 2019 年，个人住房贷款发放额、公转商贴息贷款发放额、项目贷款发放额、住房消费提取额的总和与当年缴存额的比率为 124.9%，比上年增加（减少）0 个百分点。

六、其他重要事项

（一）当年机构及职能调整情况、受委托办理缴存贷款业务金融机构变更情况。 中心机构及职能均无调整；受委托办理缴存贷款业务的金融机构未发生变化。

（二）当年住房公积金政策调整及执行情况。

1. 缴存基数限额及确定方法、缴存比例等缴存政策调整情况

根据国务院《住房公积金管理条例》（国务院令第 350 号）、《河南省住房公积金管理条例》及建设部、财政部、中国人民银行《关于住房公积金管理若干具体问题的指导意见》（建金管〔2005〕5 号）和《濮阳市住房公积金缴存管理办法》（濮政〔2007〕52 号）的有关规定，结合濮阳市实际，于 7 月 1 日—8 月 31 日进行核定。2019 度，单位和个人住房公积金缴存比例最低为 5%，最高均不得高于 12%。住房公积金缴存基数的确定，按照国家统计局《关于工资总额组成的规定》（统制字〔1990〕1 号）执行，以职工个人 2018 年 1 月 1 日—12 月 31 日的月平均工资为基数。按照住房公积金月缴存基数原则上不得超过统计部门公布的上一年度职工平均工资三倍的意见，2018 年全市城镇非私营单位在岗职工年平均工资为 61080 元，平均每月工资收入为 5090 元，确定 2019 年度住房公积金月缴存基数上限为 15270 元，单位和职工个人住房公积金月缴存总额上限为 3664 元；缴存基数的下限按照濮阳市 2018 年度最低工资标准执行，市城区月缴存基数的下限为 1700 元，月缴存总额下限为 170 元，濮阳县、清丰县、南乐县、范县、台前县月缴存基数下限为 1500 元，月缴存总额下限为 150 元。

自主缴存人员缴存住房公积金缴存比例为 20%，根据濮阳市统计部门公布的 2018 年城镇居民家庭每人年收入为 31042 元，确定住房公积金月缴存基数上限为 2585 元，住房公积金月缴存额上限为 517 元，市区下限 340 元，各县下限 300 元。

2. 使用政策调整情况

为应对我市住房公积金资金流动性不足，资金使用率、个贷率长期居高不下的现状，进一步体现住房公积金制度的公平性、互助性以及缴存义务与使用权利的对应关系，经我市住房公积金管理委员会第二十次会议审议通过，我中心对住房公积金部分使用政策进行了阶段性调整。一是自 2019 年 1 月 1 日起，将购房提取年限恢复到《濮阳市住房公积金提取管理办法》所规定的"购买、建造、翻建或者大修自住住房不超过一年的"。二是自 2019 年 1 月 1 日起暂停受理异地缴存人在我市的住房公积金贷款申请，待个贷率降至 85% 以下并能持续 12 个月以上低于 85% 时，再根据届时上级相关规定执行。判断依据以《异地贷款职工住房公积金缴存使用证明》开具日期为准。三是有条件受理全装修住宅的住房公积金贷款申请。自 2019 年 1 月 1 日起，有条件受理全装修住宅的住房公积金贷款申请。对于购房合同中明确约定装修费用具体数额的，受理贷款申请时按照合同中房屋总价款减去装修费用计算"房价总额"；对于购房合同中未明确约定装修费用具体数额的，受理贷款申请时按照合同中房屋总价款的 70% 计算"房价总额"。四是试行开展"组合贷款"业务。为解决缴存年限偏短、缴存额度偏低的缴存人单靠住房公积金贷款无法满足购房需求的问题,以市建行为试点,于2019年1月1日起在市城区范围内试行开展"住房公积金个人住房组合贷款"业务。该业务暂时只针对同时在我中心和市建行备案签约的楼盘和符合市建行个人住房贷款规定的二手房,且申请人首付款不低于房屋总价款的30%。

(三)服务工作改进成绩显著。通过认真梳理办事要件、优化服务流程,简化办理环节,推进"一网通办"前提下的"最多跑一次"要求,将缴存、提取和贷款三种主业务的30个办理事项进行全面梳理规范,住房公积金缴存、提取、贷款十二项政务服务已实现全程网上办理。一般事项"零跑腿",复杂事项"一次办"。实现窗口综合柜员制"一站式办理"。提高缴存单位和市民满意度。

(四)信息化建设又上新台阶。2019年我们成功接入了全国住房公积金数据平台,并建立计算机机房综合远程监控系统。目前,我们通过12329服务热线、12329手机短信、门户网站、网上服务大厅、微信公众号、手机APP客户端、支付宝城市服务等功能的开发和应用,打造了较为成熟的住房公积金综合服务平台。2019年上报全国住房公积金数据平台全量公积金历史业务明细数据500万余条。12329服务热线自主语音查询7万余次,12329手机短信发送20万余条,门户网站访问量55万人次,网上服务大厅注册人数达7.5万人次,微信公众号订阅量达1.2万人次。

(五)当年住房公积金管理中心及职工所获荣誉情况。包括:市中心获"省级文明单位"、职工郭笑翀同志获得省级先进工作者。

许昌市住房公积金2019年年度报告

一、机构概况

(一)住房公积金管理委员会:住房公积金管理委员会有23名委员,2019年召开1次会议,对第二届住房公积金管委会进行换届,并审议通过了2018年度住房公积金归集使用计划执行情况及2019年归集使用计划;增加许昌市农村商业银行为住房公积金业务办理受托银行。

(二)住房公积金中心:许昌市住房公积金中心为直属市政府的事业单位,主要负责全市住房公积金的归集、管理、使用和会计核算。中心内设7个科室,下设7个管理部。从业人员79人,其中,在编42人,非在编37人。

二、业务运行情况

(一)缴存:2019年,新开户单位289家,实缴单位2877家,净增单位225家;新开户职工2.27万人,实缴职工21.88万人,净增职工1.09万人;缴存额28.67亿元,同比增长12.4%。2019年末,缴存总额172.76亿元,比上年末增加19.9%;缴存余额79.86亿元,比上年末增加13.6%。

受委托办理住房公积金缴存业务的银行10家,比上年增加1家。

(二)提取:2019年,提取额19.10亿元,同比增长18.6%;占当年缴存额的66.6%,比上年增加3.4个百分点。2019年末,提取总额92.90亿元,比上年末增加25.9%。

（三）贷款：

个人住房贷款：个人住房贷款最高额度 50 万元，其中，单缴存职工最高额度 50 万元，双缴存职工最高额度 50 万元。

2019 年，发放个人住房贷款 0.53 万笔、16.85 亿元，同比分别增长 39.5%、3.5%。

2019 年，回收个人住房贷款 9.22 亿元。

2019 年末，累计发放个人住房贷款 4.63 万笔、126.11 亿元，贷款余额 76.10 亿元，分别比上年末增加 12.9%、15.4%、11.2%。个人住房贷款余额占缴存余额的 95.3%，比上年减少 2.1 个百分点。

受委托办理住房公积金个人住房贷款业务的银行 10 家，比上年增加 1 家。

（四）融资：2019 年，融资 2 亿元，归还 2 亿元。2019 年末，融资总额 11 亿元，融资余额 0 亿元。

（五）资金存储：2019 年末，住房公积金存款 5.51 亿元。其中，活期 0.07 亿元，协定存款 5.44 亿元。

（六）资金运用率：2019 年末，住房公积金个人住房贷款余额占缴存余额的 95.3%，比上年减少 2.1 个百分点。

三、主要财务数据

（一）业务收入：2019 年，业务收入 24944.19 万元，同比增长 13.4%。存款利息 1272.81 万元，委托贷款利息 23669.69 万元，其他 1.69 万元。

（二）业务支出：2019 年，业务支出 12715.14 万元，同比减少 21.2%。支付职工住房公积金利息 11335.81 万元，委托贷款手续费 911.76 万元，其他 467.57 万元。

（三）增值收益：2019 年，增值收益 12229.05 万元，同比增长 109.1%。增值收益率 1.6%，比上年增长 0.7 个百分点。

（四）增值收益分配：2019 年，提取贷款风险准备金 2289.29 万元，提取管理费用 1218.23 万元，提取城市廉租住房（公共租赁住房）建设补充资金 8721.53 万元。

2019 年，上交财政管理费用 1033.86 万元。上缴财政城市廉租住房（公共租赁住房）建设补充资金 2290.45 万元。

2019 年末，贷款风险准备金余额 27351.37 万元。

累计提取城市廉租住房（公共租赁住房）建设补充资金 39555.70 万元。

（五）管理费用支出：2019 年，管理费用支出 1310.59 万元，同比减少 24.8%。其中，人员经费 721.63 万元，公用经费 30.22 万元，专项经费 558.74 万元。

四、资产风险状况

个人住房贷款：2019 年末，个人住房贷款逾期额 32.13 万元。逾期率 0.04‰。

个人贷款风险准备金按年度贷款余额的 3% 提取。2019 年，提取个人贷款风险准备金 2289.29 万元，使用个人贷款风险准备金核销呆坏账 0 万元。2019 年末，个人贷款风险准备金余额 27351.37 万元，占个人住房贷款余额的 3.6%，个人住房贷款逾期额与个人贷款风险准备金余额的比率 0.1%。

五、社会经济效益

（一）缴存业务：2019 年，实缴单位数、实缴职工和缴存额同比分别增长 8.5%、5.2% 和 12.4%。

缴存单位中，国家机关和事业单位占 60.1%，国有企业占 10.3%，城镇集体企业占 0.9%，外商投资企业占 0.4%，城镇私营企业及其他城镇企业占 26.5%，民办非企业单位和社会团体占 1.2%，其他占 0.6%。

缴存职工中，国家机关和事业单位占 57.3%，国有企业占 18.6%，城镇集体企业占 1.1%，外商投资企业占 0.2%，城镇私营企业及其他城镇企业占 20.4%，民办非企业单位和社会团体占 0.7%，其他占 1.7%；中、低收入占 97.1%，高收入占 2.9%。

新开户职工中，国家机关和事业单位占 37.8%，国有企业占 16%，城镇集体企业占 0.8%，外商投资企业占 0.5%，城镇私营企业及其他城镇企业占 36.1%，民办非企业单位和社会团体占 1.5%，其他占 7.3%；中、低收入占 99.4%，高收入占 0.6%。

（二）提取业务：2019 年，5.93 万名缴存职工提取住房公积金 19.1 亿元。

提取金额中，住房消费提取占 79.8%（购买、建造、翻建、大修自住住房占 35.7%，偿还购房贷款本息占 42.2%，租赁住房占 1.9%）；非住房消费提取占 20.2%（离休和退休提取占 11%，其他占 9.2%）。

提取职工中，中、低收入占 96.2%，高收入占 3.8%。

（三）贷款业务：

1. 个人住房贷款：2019 年，支持职工购建房 66.84 万平方米，年末个人住房贷款市场占有率为 12.6%，比上年减少 2.6 个百分点。通过申请住房公积金个人住房贷款，可节约职工购房利息支出 30268.40 万元。

职工贷款笔数中，购房建筑面积 90（含）平方米以下占 8.9%，90~144（含）平方米占 81.4%，144 平方米以上占 9.7%。购买新房占 92.3%（其中购买保障性住房占 0%），购买二手房占 7.7%，建造、翻建、大修自住住房占 0%，其他占 0%。

职工贷款笔数中，单缴存职工申请贷款占 54.9%，双缴存职工申请贷款占 45.1%，三人及以上缴存职工共同申请贷款占 0%。

贷款职工中，30 岁（含）以下占 9.8%，30 岁~40 岁（含）占 42%，40 岁~50 岁（含）占 36.5%，50 岁以上占 11.7%；首次申请贷款占 88.7%，二次及以上申请贷款占 11.3%；中、低收入占 97.3%，高收入占 2.7%。

2. 异地贷款：2019 年，发放异地贷款 125 笔、1941 万元。2019 年末，发放异地贷款总额 49110.20 万元，异地贷款余额 41309.78 万元。

3. 公转商贴息贷款：2019 年，没有发放公转商贴息贷款。2019 年末，累计发放公转商贴息贷款 2887 笔 86860.27 万元，累计贴息 2234.94 万元。

（四）住房贡献率：2019 年，个人住房贷款发放额、住房消费提取额的总和与当年缴存额的比率为 111.9%，比上年减少 0.1 个百分点。

六、其他重要事项

（一）**当年机构及职能调整情况、受委托办理缴存贷款业务金融机构变更情况。**按照事业单位机构改革有关规定，中心机构名称变更为许昌市住房公积金中心。

新增许昌市农村商业银行作为住房公积金业务办理受托银行。

（二）**当年住房公积金政策调整及执行情况；当年住房公积金存贷款利率执行标准等。**

1. 政策调整情况

一是完善内控制度。修订完善住房公积金缴存、提取、贷款、资金管理办法和操作规范，强化内部控制，规范业务办理。二是放宽使用政策。将既有住宅加装电梯纳入住房公积金提取范围。三是简化办理手续。灵活就业人员缴存登记取消"户口簿"，单位缴存登记取消"近一个月的在职职工工资表"；购买二手自住住房提取住房公积金取消"购房合同"；贷款办理取消"客户面谈记录""二手房交易价格通知书"和对异地缴存职工（配偶）的户籍地限制。四是强化贷款额度动态调控。对我市住房公积金贷款额度核定流动性调节系数进行调整，强化流动性系数对流动性的调节作用，有效管控流动性风险。

2. 缴存基数、限额、比例执行标准

当年住房公积金缴存基数上限为14805元，下限为：市区、魏都区、建安区、长葛市1900元，禹州市、鄢陵县、襄城县1700元。

缴存比例为5%～12%。

3. 贷款额度及存贷款利率执行标准

住房贷款最高额度为50万元。

住房公积金存款利率为1.5%。

住房公积金贷款利率：五年期（含五年）以下为2.75%，五年期以上为3.25%；二套房贷款利率上浮10%。

（三）**当年服务改进情况。**一是优流程简手续。对照省住房城乡建设厅"三级十同"清单目录，梳理我市住房公积金审批服务事项目录清单，完善归集、提取和贷款操作规程及服务指南，业务办理要件数量压减44.7%。二是提升服务效能。积极推进数据共享，与人社、公安等部门数据互联互通。接入全国住房公积金数据平台，实现住房公积金数据全国范围内共享交换及个税专项附加扣除校验核查。完成国家政务平台及"豫事办"APP公积金查询系统上线，业务系统与省政务平台融合对接，推送办件信息占全市总量的99%。中心30个服务事项"最多跑一次"，11个事项"一次不用跑"，5个事项"一证通办"，公积金查询、信息变更、提取、还贷等12个服务事项在"i许昌"APP顺利上线。三是优化营商环境。向近700个单位推广开通网厅，涉及缴存职工约13万人，极大方便企业办事。23家企业申请降低缴存比例或缓缴，累计为企业减负210.98万元，有效降低实体经济成本。

（四）**当年信息化建设情况。**一是完善系统功能。优化完善系统功能，增强内部逻辑控制，提升系统自动化运行效率；增加网上服务渠道隐私控制及业务消息推送功能，堵塞风险隐患；完善综合服务平台功能，推进业务系统与省政务服务平台融合对接，实现集统一认证登录、受理流转、办结反馈于一体的住房公积金政务服务一网通办。二是拓展服务渠道。接入全国住房公积金数据平台，建立住房公积金与税务总局的个税抵扣数据共享接口，为缴存职工提供包括个税抵扣等多种业务查询服务。同时，全国住房公积金查询系统、国家政务服务平台、"豫事办"APP、"i 许昌"APP 顺利接入，惠民服务渠道进一步增加。推出住房公积金增值服务，与浦发银行、建设银行联合开发上线网络贷款接口程序，增强制度吸引力。三是加强安全防护。进一步对信息系统网络、应用、数据安全排查分析，严格网络准入控制，优化应用访问策略，升级系统及中间件补丁，加强数据信息隐私保护，完善数据灾备系统，确保网络及数据安全。

（五）当年住房公积金中心及职工所获荣誉情况。中心省级文明单位到届成功连创，市直管理部被评为许昌市巾帼文明岗。中心两名职工分别被评为河南省青年岗位能手和许昌市优秀共产党员。

（六）当年对违反《住房公积金管理条例》和相关法规行为进行行政处罚和申请人民法院强制执行情况。按照住房和城乡建设部、财政部、人民银行、公安部《关于开展治理违规提取住房公积金工作的通知》（建金〔2018〕46 号）要求，中心积极开展骗提套取住房公积金问题治理工作，当年全市追回骗提套取资金 24.78 万元。

（七）当年对住房公积金管理人员违规行为的纠正和处理情况等。当年没有发生住房公积金管理人员违规行为。

漯河市住房公积金 2019 年年度报告

一、机构概况

（一）住房公积金管理委员会：住房公积金管理委员会有 28 名委员，2019 年召开 1 次会议，审议通过的事项主要包括《漯河市住房公积金中心 2018 年工作报告》《漯河市住房公积金 2018 年年度报告》《漯河市住房公积金中心 2018 年年度决算和 2019 年年度预算方案》《漯河市住房公积金中心关于从业务支出中列支不动产抵押登记费的请示》《漯河市住房公积金中心关于调整我市住房公积金有关使用规定的报告》。

（二）住房公积金中心：住房公积金中心为直属漯河市人民政府管理的不以营利为目的的财政全供事业单位，设 11 个内设机构、2 个分支机构。从业人员 70 人，其中，在编 70 人，非在编 0 人。

二、业务运行情况

（一）缴存：2019 年，新开户单位 265 家，实缴单位 2452 家，净增单位 141 家；新开户职工 1.58 万人，实缴职工 16.65 万人，净增职工 0.13 万人；缴存额 18.1 亿元，同比增长 20.99%。2019 年末，缴存总额 101.25 亿元，比上年末增加 21.77%；缴存余额 61.38 亿元，比上年末增加 16.47%。

受委托办理住房公积金缴存业务的银行网点 24 家，比上年增加 11 家。

（二）提取：2019 年，提取额 9.4 亿元，同比增长 29.12%；占当年缴存额的 51.93%，比上年增加 3.27 个百分点。2019 年末，提取总额 39.87 亿元，比上年末增加 30.94%。

（三）贷款：

1. 个人住房贷款：个人住房贷款最高额度 40 万元，其中，单缴存职工最高额度 30 万元，双缴存职工最高额度 40 万元。

2019 年，发放个人住房贷款 0.39 万笔、10.91 亿元，同比分别减少 40％、30.73％。

2019 年，回收个人住房贷款 6.88 亿元。

2019 年末，累计发放个人住房贷款 4.66 万笔、87.45 亿元，贷款余额 50.06 亿元，分别比上年末增加 9.13％、14.25％、8.76％。个人住房贷款余额占缴存余额的 81.56％，比上年末减少 5.78 个百分点。

受委托办理住房公积金个人住房贷款业务的银行 7 家，比上年增加 1 家，共有 11 家银行网点。

2. 住房公积金支持保障性住房建设项目贷款：截至 2019 年底，漯河市住房公积金中心未发放保障性住房建设项目贷款。

（四）**购买国债**：截至 2019 年底，漯河市住房公积金中心没有国债购买、兑付、转让、收回业务。

（五）**融资**：2019 年，融资 0 亿元，归还 0 亿元。2019 年末，融资总额 5 亿元，融资余额 0 亿元。

（六）**资金存储**：2019 年末，住房公积金存款 12.31 亿元。其中，活期 0.50 亿元，1 年（含）以下定期 11.26 亿元，1 年以上定期 0.2 亿元，其他（协定、通知存款等）0.35 亿元。

（七）**资金运用率**：2019 年末，住房公积金个人住房贷款余额、项目贷款余额和购买国债余额的总和占缴存余额的 81.56％，比上年末减少 5.78 个百分点。

三、主要财务数据

（一）**业务收入**：2019 年，业务收入 17016.62 万元，同比增长 11.88％。存款利息 1529.6 万元，委托贷款利息 15471.44 万元，国债利息 0 万元，其他 15.58 万元。

（二）**业务支出**：2019 年，业务支出 9424.32 万元，同比下降 0.5％。支付职工住房公积金利息 8208.18 万元，归集手续费 469.46 万元，委托贷款手续费 731.8 万元，其他 14.88 万元。

（三）**增值收益**：2019 年，增值收益 7592.3 万元，同比增长 32.38％。增值收益率 1.33％，比上年增加 0.15 个百分点。

（四）**增值收益分配**：2019 年，提取贷款风险准备金 348 万元，提取管理费用 1890 万元，提取城市廉租住房（公共租赁住房）建设补充资金 5354.3 万元。

2019 年，上交财政管理费用 735.2 万元。上缴财政城市廉租住房（公共租赁住房）建设补充资金 4000 万元。

2019 年末，贷款风险准备金余额 5055.39 万元。累计提取城市廉租住房（公共租赁住房）建设补充资金 25402.85 万元。

（五）**管理费用支出**：2019 年，管理费用支出 1469.12 万元，同比下降 44.68％。其中，人员经费 876.43 万元，公用经费 91.65 万元，专项经费 501.04 万元。

四、资产风险状况

（一）**个人住房贷款**：2019 年末，个人住房贷款逾期额 188.99 万元，逾期率 0.38‰。

个人贷款风险准备金按贷款余额的 1％提取。2019 年，提取个人贷款风险准备金 348 万元，使用个人贷款风险准备金核销呆坏账 0 万元。2019 年末，个人贷款风险准备金余额 5055.39 万元，占个人住房贷款余额的 1.02％，个人住房贷款逾期额与个人贷款风险准备金余额的比率为 3.74％。

（二）支持保障性住房建设试点项目贷款：截至 2019 年底，漯河市住房公积金中心未发放保障性住房建设项目贷款。

五、社会经济效益

（一）缴存业务：2019 年，实缴单位数、实缴职工人数和缴存额同比分别增长 6.1%、0.79% 和 20.99%。

缴存单位中，国家机关和事业单位占 52.16%，国有企业占 7.38%，城镇集体企业占 2.08%，外商投资企业占 2.69%，城镇私营企业及其他城镇企业占 14.97%，民办非企业单位和社会团体占 4.93%，其他占 15.79%。

缴存职工中，国家机关和事业单位占 52.93%，国有企业占 10.21%，城镇集体企业占 2.38%，外商投资企业占 6.92%，城镇私营企业及其他城镇企业占 7.87%，民办非企业单位和社会团体占 1.74%，其他占 17.95%；中、低收入占 59.95%，高收入占 40.05%。

新开户职工中，国家机关和事业单位占 36.54%，国有企业占 3.37%，城镇集体企业占 1.8%，外商投资企业占 7.31%，城镇私营企业及其他城镇企业占 13.96%，民办非企业单位和社会团体占 3.87%，其他占 33.15%；中、低收入占 99.46%，高收入占 0.54%。

（二）提取业务：2019 年，3.05 万名缴存职工提取住房公积金 9.4 亿元。

提取金额中，住房消费提取占 73.13%（购买、建造、翻建、大修自住住房占 30.64%，偿还购房贷款本息占 42.39%，租赁住房占 0.1%）；非住房消费提取占 26.87%（离休和退休提取占 17.39%，完全丧失劳动能力并与单位终止劳动关系提取占 7.98%，出境定居占 0.44%，其他占 1.06%）。

提取职工中，中、低收入占 98.3%，高收入占 1.7%。

（三）贷款业务：

1. 个人住房贷款：2019 年，支持职工购建房 45.11 万平方米，年末个人住房贷款市场占有率为 15.7%，比上年末减少 2.71 个百分点。通过申请住房公积金个人住房贷款，可节约职工购房利息支出 1800.15 万元。

职工贷款笔数中，购房建筑面积 90（含）平方米以下占 16.2%，90~144（含）平方米占 78.18%，144 平方米以上占 5.62%。购买新房占 63.84%（其中购买保障性住房占 0%），购买二手房占 33.77%，建造、翻建、大修自住住房占 0%，其他占 2.39%。

职工贷款笔数中，单缴存职工申请贷款占 49.1%，双缴存职工申请贷款占 50.9%，三人及以上缴存职工共同申请贷款占 0%。

贷款职工中，30 岁（含）以下占 21.15%，30 岁~40 岁（含）占 48.06%，40 岁~50 岁（含）占 26.49%，50 岁以上占 4.3%；首次申请贷款占 86.98%，二次及以上申请贷款占 13.02%；中、低收入占 98.17%，高收入占 1.83%。

2. 异地贷款：2019 年，发放异地贷款 389 笔、10161.1 万元。2019 年末，发放异地贷款总额 55273.24 万元，异地贷款余额 45199.93 万元。

3. 公转商贴息贷款：2019 年，未发放公转商贴息贷款。2019 年末，累计发放公转商贴息贷款 2869 笔、70846 万元（已经全部回购且转为住房公积金贷款），累计贴息 1748.04 万元。

（四）住房贡献率：2019 年，个人住房贷款发放额、公转商贴息贷款发放额、项目贷款发放额、住房消费提取额的总和与当年缴存额的比率为 98.34%，比上年减少 40.16 个百分点。

六、其他重要事项

（一）当年机构及职能调整情况、受委托办理缴存贷款业务金融机构变更情况。

1. 机构及职能调整情况：2019 年，按照《漯河市机构编制委员会关于党政机构改革调整事业单位机构编制事项的通知》（漯编〔2019〕63 号）要求，漯河市住房公积金管理中心承担的行政职能划入市住房和城乡建设局相关内设机构，更名为漯河市住房公积金中心。按照《中共漯河市委机构编制委员会关于印发〈漯河市住房公积金中心机构编制方案〉的通知》（漯编〔2019〕148 号）要求，中心内设机构由原来的 10 个内设科室、2 个县管理部调整为 11 个内设机构、2 个分支机构。11 个内设机构分别是：办公室、党建工作部、财务室、档案室、稽核审计室、信息中心、财产保全部、归集部、贷款提取部、综合服务部、业务审核中心。2 个分支机构分别是临颍县住房公积金业务部和舞阳县住房公积金业务部。

2. 缴存贷款业务金融机构变更情况：2019 年受委托办理住房公积金缴存业务的网点有 24 家，比上年增加 11 家，增加网点包括中行漯河源汇支行、中行漯河解放路支行、建行漯河黄河路东段支行、建行漯河铁东开发区支行、建行漯河柳江路支行、召陵区农村信用联社中山信用社、包商村镇银行、中原银行漯河源汇支行源汇区行政服务中心网点、中原银行漯河临颍县人民路支行、中原银行漯河舞阳县为民服务中心支行、舞阳县管理部住房公积金新业务大厅。

2019 年受委托办理住房公积金贷款业务的银行网点有 11 家，比上年增加 1 家即召陵区农村信用联社。

（二）当年住房公积金政策调整及执行情况。

1. 当年缴存基数限额及确定方法、缴存比例等缴存政策调整情况：2019 年度住房公积金月缴存工资基数为职工本人当年月平均工资，职工月平均工资应按照国家统计局规定列入工资总额统计的项目计算。根据住房公积金月缴存基数原则上不得超出统计部门公布的上一年度职工月平均工资 3 倍的规定，2018 年河南省全口径城镇单位就业人员月平均工资 4575 元，确定我市 2019 年度住房公积金月缴存工资基数的上限为 13725 元，根据单位和个人住房公积金缴存比例均不得超过 12% 的规定，住房公积金月缴存额的上限设为 3294 元；参照我市社保部门规定的社保基数，住房公积金缴存基数下限为 2745 元，月缴存额下限为 274.5 元。2019 年度漯河住房公积金缴存比例为单位和职工个人各 5%～12%。

2. 当年提取政策调整情况：（1）取消"解除劳动关系证明"。职工解除劳动关系提取公积金的，账户封存满 6 个月不再提供解除劳动关系证明，可持本人身份证和银行卡到窗口办理或通过网厅、手机 APP 自助办理。（2）取消退休证明。女满 55 周岁、男满 60 周岁，且公积金账户封存的退休职工，办理公积金提取业务时，不再提供退休证，可持本人身份证和银行卡到窗口办理或通过网厅、手机 APP 自助办理。（3）取消房屋租赁合同和租金缴纳证明。职工租赁商品住房提取公积金时，不再提供房屋租赁合同和租金缴纳证明，职工持无房证明、身份证、银行卡到窗口办理，每年提取一次。根据漯公管〔2015〕1 号文规定，未婚职工每年最多可提取 4320 元，已婚职工每年最多可提取 8400 元。（4）偿还商业住房贷款提取住房公积金时，首次提取时提供购房合同、借款合同、发票，再次提取时不再提供，只提供身份证、银行卡、贷款余额表。（5）取消住房公积金提取业务中的材料复印件和婚姻状况证明。（6）从 3 月 14 日起，在异地购买自住住房或偿还自住住房贷款的职工或其配偶可提取住房公积金。

3. 当年个人住房贷款最高贷款额度、贷款条件等贷款政策调整情况：（1）2019年贷款额度无调整，双职工家庭夫妻双方连续足额缴存住房公积金的，最高贷款额度为40万元，单职工家庭一方连续足额缴存住房公积金的，最高贷款额度为30万元；（2）住房公积金贷款取消全程担保业务；（3）停止全款购买商品住房使用住房公积金贷款业务；（4）取消购买二手住房申请住房公积金贷款中的"房产评估报告"，以购房发票、契税发票、房屋买卖合同中的房产价值，综合认定所购二手房屋价值；（5）购商品住房申请住房公积金贷款，贷款资金转至售房人账户；（6）取消住房公积金贷款业务中的材料复印件和婚姻状况证明。

4. 当年住房公积金存贷款利率执行标准： 根据人民银行公布的存贷款基准利率、《人民币利率管理规定》（银发〔1999〕77号）、《关于完善职工住房公积金账户存款利率形成机制的通知》、《住房公积金条例》等相关规定，2019年上年结转和当年缴存住房公积金存款统一按一年期定期存款基准利率（1.5%）计算存款利息。2019年住房公积金贷款首套房执行基准利率，二套房利率上浮10%执行。住房公积金贷款利率，5年以下（含5年）贷款基准利率为2.75%，5年以上30年以下（含30年）贷款基准利率为3.25%。

（三）当年服务改进情况。

漯河市住房公积金中心服务改进情况：（1）提前、超额完成市定新增缴存网点目标任务。2019年，漯河市政府把新增10个以上住房公积金缴存网点作为漯河市2019年的民生实事之一。中心认真抓落实，在调研选址、场地建设、设备购置、人员培训、强化宣传等各项工作的基础上，提前、超额建成11个住房公积金缴存网点，网点的建成使用，极大方便广大居民就近缴存住房公积金。（2）设置窗口服务明星榜，评出季度服务明星、年度服务明星，通过对照明星找差距，树立榜样效应，做到用行动征服"内部人"，用服务温暖"外部人"。（3）加强住房公积金政策宣传，分别从开发企业及贷款职工两方入手，开办住房公积金知识交流课堂，并建立微信联系群。积极通过多种方式进行公积金政策宣传、咨询、贷款催收等各项工作。（4）设置自助服务区，配备专门的引导员和咨询员，接受群众的咨询，指导办事群众在网厅进行相关业务的办理，截至2019年12月，住房公积金贷款提前还本业务网厅办理率已达到67.9%。（5）增加住房公积金贷款业务合作委托银行，方便职工选择自己便利的银行办理。（6）开通单位网厅，实现部分缴存业务可网上办理。（7）开通个人网厅业务和手机APP，缴存人可在网上自助办理住房公积金提取、还贷等业务。（8）实现与民政、市场监督管理局业务审核信息共享，提取、贷款业务取消了婚姻关系证明，缴存业务取消了机构代码证。（9）对提供虚假材料进行公积金骗提骗贷的违法违规行为，列入住房公积金管理"黑名单"，根据《漯河市住房公积金失信行为管理办法》规定的失信程序，限制其对公积金的使用期限。将逾期三个月以上的人员和骗贷人员纳入失信管理，由系统自动识别，分别予以两年或五年的禁提禁贷惩罚措施。

（四）当年信息化建设情况。

漯河市住房公积金中心信息化建设情况：

一是开展了多项提升信息安全的相关工作。首先，开展了中心业务系统等级保护测评工作，完成了中心业务系统等级保护三级测评。其次，为进一步提升中心网络安全防护能力，实施了中心网络安全建设项目，采购了多种网络安全设备，极大的增强了中心网络安全防护能力。并且组织专业公司对中心网络进行了渗透测试，通过测试，中心网络得到进一步优化。

二是重点加强了中心网上服务能力建设工作。为方便群众业务办理，中心与时俱进、大力提升网上服务能力，新增了多个单位和个人网上业务，推出了新的住房公积金缴存单位网上办事大厅，通过单位网厅可办理个人账户启封、封存、单位缴存登记、信息变更、汇（补）缴等多项业务。同时，升级了新的微信公众号程序，实现了住房公积金快速查询和中心信息快速发布，让住房公积金缴存人能第一时间掌握公积金最新动态。

三是大力推进数据共享工作。在全市范围内率先实现了住房公积金数据在数据共享平台落地，并且利用数据共享平台获取了多个部门的数据，为减少缴存、提取、贷款等业务资料要件打下了良好的基础。

四是接入全国住房公积金数据平台。通过区块链技术，建立了中心、住房和城乡建设部、税务总局之间的数据采集、传输、存储、使用等全流程的防篡改、防伪造、防抵赖机制，对核心业务系统进行了改造，接入了全国住房公积金数据平台，贯彻落实了国务院关于个人所得税改革信息共享工作的部署，确保住房公积金个人贷款及相关信息准确、完整，切实维护住房公积金缴存职工权益，为缴存职工提供了更高效便捷的服务。

（五）当年住房公积金中心及职工所获荣誉情况。

漯河市住房公积金中心及职工所获主要荣誉：（1）中心被漯河市委市政府授予2018年度"阳光政务"建设工作先进单位；（2）中心被漯河市精神文明指导委员会授予2018年度漯河市文明单位结对帮扶先进单位；（3）中心被河南省建设工会授予"河南省优秀工会工作先进单位"；（4）单位职工张丽娟、李卫红被授予"河南省优秀工会工作者"荣誉称号；（5）单位职工杨伟民、史晓芳、孙超被漯河市行政服务中心评为"优质服务标兵"、张丽娟被评为"先进工作者"；（6）中心驻市行政服务大厅公窗口获得漯河市行政服务中心优质服务窗口；（7）单位职工齐月梅被河南省总工会授予"河南省五一巾帼标兵"；（8）单位职工杨琦萱被河南省建设工会授予"河南省建设劳动奖章"；（9）单位职工穆丹被漯河市总工会授予"漯河市工会工作者标兵"荣誉称号；（10）单位职工闫海燕被漯河市妇联授予"漯河市三八红旗手标兵"、被漯河市文明委评为2018年度"漯河好人"、被漯河市文明办、总工会评为2019年度"职工职业道德建设文明职工"；（11）单位职工宋晓勇被漯河市驻村选派办授予2019年上半年度"服务之星"。

（六）当年对违反《住房公积金管理条例》和相关法规行为进行行政处罚和申请人民法院强制执行情况。漯河市住房公积金中心2019年未发生。

（七）当年对住房公积金管理人员违规行为的纠正和处理情况。漯河市住房公积金中心2019年未发生。

三门峡市住房公积金2019年年度报告

一、机构概况

（一）**住房公积金管理委员会**：三门峡市住房公积金管理委员会有25名委员，其中主任委员1名，副主任委员 3 名。2019 年，审议通过的主要事项包括《三门峡市住房公积金 2018 年度收支决算及 2019 年度收支预算》《三门峡市住房公积金 2018 年度增值收益分配方案》《三门峡市住房公积金 2018 年年度报告》《三门峡市住房公积金缴存管理办法》《三门峡市住房公积金自由职业者缴存使用暂行办法》《三门峡市住房公积金贷款管理办法》《三门峡市住房公积金提取管理办法》等。

（二）住房公积金管理中心：三门峡市住房公积金管理中心为直属市政府的不以营利为目的的财政全供正县级事业单位。目前中心设 7 个科室，1 个市区营业部，1 个商务区营业部，5 个县（市、区）管理部和 1 个义煤分中心。市中心从业人员 63 人，其中，在编 31 人，非在编 32 人。义煤分中心从业人员 15 人。

二、业务运行情况

（一）缴存：2019 年，新开户单位 165 家，实缴单位 2517 家，净增单位 50 家；新开户职工 1.06 万人，实缴职工 17.71 万人，实缴职工减少 700 人；缴存额 19.96 亿元，同比增长 5.16%。2019 年末，缴存总额 157.93 亿元，比上年末增加 14.48%；缴存余额 71.59 亿元，比上年末增加 11.95%。

受委托办理住房公积金缴存业务的银行 8 家，较上年无变化。

（二）提取：2019 年，提取额 12.33 亿元，同比增长 35.94%；占当年缴存额的 61.77%，比上年增加 13.98 个百分点。2019 年末，提取总额 86.33 亿元，比上年末增加 16.65%。

（三）贷款：

个人住房贷款：个人住房贷款最高额度 40 万元，其中，单缴存职工最高额度 40 万元，双缴存职工最高额度 40 万元。

2019 年，发放个人住房贷款 2814 笔、9.01 亿元，同比分别下降 14.1%、13.86%。其中，市中心发放个人住房贷款 2707 笔、8.71 亿元，义煤分中心发放个人住房贷款 107 笔、0.29 亿元。

2019 年，回收个人住房贷款 4.42 亿元。其中，市中心 3.97 亿元，义煤分中心 0.45 亿元。

2019 年末，累计发放个人住房贷款 2.79 万笔、68.46 亿元，贷款余额 50.18 亿元，分别比上年末增加 11.16%、15.16%、10.04%。个人住房贷款余额占缴存余额的 70.09%，比上年末减少 1.22 个百分点。

受委托办理住房公积金个人住房贷款业务的银行 7 家，较上年无变化。

（四）融资：2019 年，融资 0 亿元，归还 0.8 亿元。2019 年末，融资总额 9.98 亿元，融资余额 0 亿元。

（五）资金存储：2019 年末，住房公积金存款 19.11 亿元。其中，活期 0.09 亿元，1 年（含）以下定期 6.54 亿元，1 年以上定期 8.45 亿元，其他（协定、通知存款等）4.03 亿元。

（六）资金运用率：2019 年末，住房公积金个人住房贷款余额、项目贷款余额和购买国债余额的总和占缴存余额的 70.09%，比上年末减少 1.22 个百分点。

三、主要财务数据

（一）业务收入：2019 年，业务收入 19069.68 万元，同比下降 4.87%。其中，市中心 15373.91 万元，义煤分中心 3695.78 万元；存款利息 3661.43 万元，委托贷款利息 15401.66 万元，其他 6.6 万元。

（二）业务支出：2019 年，业务支出 6837.62 万元，同比下降 44%。其中，市中心 4267.34 万元，义煤分中心 2570.28 万元；支付职工住房公积金利息 6813.04 万元，归集手续费 0 万元，委托贷款手续费 20.8 万元，其他 3.78 万元。

（三）增值收益：2019 年，增值收益 12232.06 万元，同比增长 56.08%。其中，市中心 11106.56 万元，义煤分中心 1125.5 万元；增值收益率 1.8%，比上年增加 0.62 个百分点。

（四）增值收益分配：2019 年，提取贷款风险准备金 7339.24 万元，提取管理费用 1573.09 万元，提取城市廉租住房（公共租赁住房）建设补充资金 3319.73 万元。

2019 年，上交财政管理费用 1200 万元，其中市中心上交 1200 万元。上缴财政城市廉租住房（公共租赁住房）建设补充资金 1411.63 万元，其中市中心上缴 1411.63 万元。

2019 年末，贷款风险准备金余额 26380.06 万元。累计提取城市廉租住房（公共租赁住房）建设补充资金 33009.68 万元。其中，市中心提取 22177.87 万元，义煤分中心提取 10831.81 万元。

（五）管理费用支出：2019 年，管理费用支出 1188.61 万元，同比下降 21.17%。其中，人员经费 512.28 万元，公用经费 57.33 万元，专项经费 619 万元。

市中心管理费用支出 1002.23 万元，其中，人员、公用、专项经费分别为 412.62 万元、25.61 万元、564 万元；义煤分中心管理费用支出 186.38 万元，其中，人员、公用、专项经费分别为 99.66 万元、31.72 万元、55 万元。

四、资产风险状况

个人住房贷款：2019 年末，个人住房贷款逾期额 101.78 万元，逾期率 0.2‰。其中，市中心 0.21‰，义煤分中心 0.06‰。

个人贷款风险准备金按增值收益的 60% 提取。2019 年，提取个人贷款风险准备金 7339.24 万元，使用个人贷款风险准备金核销呆坏账 0 万元。2019 年末，个人贷款风险准备金余额 26380.06 万元，占个人住房贷款余额的 5.26%，个人住房贷款逾期额与个人贷款风险准备金余额的比率为 0.39%。

五、社会经济效益

（一）缴存业务：2019 年，实缴单位数和缴存额同比分别增长 2.03% 和 5.16%，实缴职工人数同比减少 0.39%。

缴存单位中，国家机关和事业单位占 65.04%，国有企业占 17.28%，城镇集体企业占 1.03%，外商投资企业占 0.72%，城镇私营企业及其他城镇企业占 10.33%，民办非企业单位和社会团体占 1.59%，其他占 4.01%。

缴存职工中，国家机关和事业单位占 41.26%，国有企业占 48.7%，城镇集体企业占 0.5%，外商投资企业占 0.52%，城镇私营企业及其他城镇企业占 6.41%，民办非企业单位和社会团体占 1%，其他占 1.61%；中、低收入占 98.63%，高收入占 1.37%。

新开户职工中，国家机关和事业单位占 17.87%，国有企业占 45.36%，城镇集体企业占 0.35%，外商投资企业占 1.01%，城镇私营企业及其他城镇企业占 27.4%，民办非企业单位和社会团体占 2.88%，其他占 5.13%；中、低收入占 99.78%，高收入占 0.22%。

（二）提取业务：2019 年，4.72 万名缴存职工提取住房公积金 12.33 亿元。

提取金额中，住房消费提取占 64.18%（购买、建造、翻建、大修自住住房占 31.97%，偿还购房贷款本息占 26.88%，租赁住房占 5.33%，其他占 0%）；非住房消费提取占 35.82%（离休和退休提取占 18.74%，完全丧失劳动能力并与单位终止劳动关系提取占 6.91%，出境定居占 0%，其他占 10.17%）。

提取职工中，中、低收入占 98.48%，高收入占 1.52%。

（三）贷款业务：

1. 个人住房贷款： 2019 年，支持职工购建房 28.98 万平方米，年末个人住房贷款市场占有率为 44.25%，比上年减少 9.22 个百分点。通过申请住房公积金个人住房贷款，可节约职工购房利息支出 32620.16 万元。

职工贷款笔数中，购房建筑面积 90（含）平方米以下占 4.44%，90~144（含）平方米占 76.37%，144 平方米以上占 19.19%。购买新房占 90.87%（其中购买保障性住房占 0%），购买二手房占 9.13%，建造、翻建、大修自住住房占 0%，其他占 0%。

职工贷款笔数中，单缴存职工申请贷款占 25.23%，双缴存职工申请贷款占 74.73%，三人及以上缴存职工共同申请贷款占 0.04%。

贷款职工中，30 岁（含）以下占 16.88%，30 岁~40 岁（含）占 41.47%，40 岁~50 岁（含）占 31.06%，50 岁以上占 10.59%；首次申请贷款占 89.41%，二次及以上申请贷款占 10.59%；中、低收入占 98.26%，高收入占 1.74%。

2. 异地贷款： 2019 年，发放异地贷款 2 笔、58 万元。2019 年末，发放异地贷款总额 35965.8 万元，异地贷款余额 32490.6 万元。

（四）住房贡献率： 2019 年，个人住房贷款发放额、公转商贴息贷款发放额、项目贷款发放额、住房消费提取额的总和与当年缴存额的比率为 84.77%，比上年减少 18.13 个百分点。

六、其他重要事项

（一）当年机构及职能调整情况、受委托办理缴存贷款业务金融机构变更情况。 2019 年，市住房公积金管理中心经中共三门峡市委机构编制委员会批复，将计划财务和稽核科分设为计划财务科、稽核科，并增设市区营业部。

计划财务科主要职能为：编制和执行单位预决算及财务收支计划；承担住房公积金及其增值收益的会计核算和财务管理工作；承担住房公积金经费使用及其相关工作。

稽核科主要职能为：对住房公积金计划、预算执行情况和资金运用、财务收支、会计核算等资金安全方面进行稽核；开展内部审计工作，稽核住房公积金各项政策法规、业务流程、权限执行的执行情况和贷款审批的合规性。

市区营业部主要职能为：负责归集、支取、贷款等前台业务工作；负责住房公积金相关柜面业务的资料管理、会计凭证的整理和会计核算工作；负责住房公积金相关政策的咨询解答和业务查询工作。

受委托办理住房公积金业务的银行无变化。

（二）当年住房公积金政策调整及执行情况。 2019 年，根据"控高保低"政策规定，职工住房公积金的缴存基数上限为 15816 元，住房公积金月缴存额上限为 3796 元，职工本人和单位住房公积金的月缴存额上限各为 1898 元。职工住房公积金的缴存基数下限为 1900 元，住房公积金月缴存额下限为 190 元，职工本人和单位的月缴存额下限各为 95 元。

三门峡市本级财政供给单位职工本人和单位住房公积金缴存比例为各 12%；市本级差供事业单位、自收自支事业单位可参照上述标准执行；各县（市、区）相同性质单位职工本人和单位住房公积金缴存比例可参照上述标准执行；其他单位职工本人和单位住房公积金缴存比例仍为各 5%~12%。缴存住房公积金确有困难的单位，可申请缓缴住房公积金。

2019 年 11 月 13 日，市住房公积金管委会审批通过了新修订的《三门峡市住房公积金缴存管理办法》《三门峡市住房公积金自由职业者缴存使用暂行办法》《三门峡市住房公积金提取管理办法》《三门峡市住房公积金贷款管理办法》。

根据《中国人民银行 住房和城乡建设部 财政部关于完善职工住房公积金账户存款利率形成机制的通知》（银发〔2016〕43 号）的规定，个人住房公积金存款实行统一利率结息；上年结转和当年缴存的统一按结息日人民银行挂牌公告的一年期定期存款基准利率计算，至 2019 年 12 月 31 日，最新的利率为 1.5%；年度结息日为每年的 6 月 30 日。

（三）当年服务改进情况。一是延伸服务渠道，依托银行网点，在市区范围内设立 4 个住房公积金自助业务办理专区，满足群众就近办理业务的需求。二是向财政部门申请专项经费，对市区营业部服务大厅进行改造提升，大厅面积拓展了近一倍，空间布局更加合理，设施更加齐全，为客户提供了更好的服务体验。三是为全市正常缴存人数在 20 人以上的 1500 个单位（受益职工人数占全市缴存职工总数的 80% 以上）免费发放 CA 证书，方便其通过网上营业厅办理业务。截至 2019 年 12 月底，三门峡市住房公积金业务网上办结率已达 80% 以上，政务服务办件量占河南政务服务网上全三门峡市政务服务办件量的 96% 以上。四是组织干部职工开展服务进社区、进楼盘、进家门的"三进"活动，进一步深化"效能革命"，提高社会满意度。五是联合支付宝对业务系统进行优化升级，方便群众使用支付宝刷脸的方式办理住房公积金查询业务。六是建成集 12329 热线、12329 短信、门户网站、网上业务大厅、手机 APP、官方微信等 8 项服务渠道为一体的综合服务平台。

（四）当年信息化建设情况。一是按照省住房城乡建设厅关于互联互通工作的要求，积极与市政务服务和大数据局对接，已开通与民政部门的婚姻信息、公安部门的个人身份信息、卫健委的死亡信息、编办的机构信息、人社局的退休信息共 5 个接口。二是成功接入全国住房公积金数据平台，为个税申报抵扣、信息共享和信息监管工作提供有力支撑。

（五）当年住房公积金管理中心及职工所获荣誉情况。2019 年，三门峡市住房公积金管理中心被河南省文明办评为"文明服务示范窗口"，获得省级文明单位荣誉称号。

南阳市住房公积金 2019 年年度报告

一、机构概况

（一）住房公积金管理委员会：住房公积金管理委员会有 41 名委员组成，有效行使了管委会职能。

（二）住房公积金管理中心：住房公积金管理中心是直属南阳市政府的不以营利为目的的独立的事业单位，设 8 个科，12 个管理部，1 个分中心。从业人员 137 人，其中，在编 92 人，非在编 45 人。

二、业务运行情况

（一）缴存：2019 年，新开户单位 318 家，实缴单位 5090 家，净增单位 312 家；新开户职工 3.72 万人，实缴职工 47.29 万人，净增职工 4.6 万人；缴存额 43.28 亿元，同比增长 5.87%。2019 年末，缴存总额 286.37 亿元，比上年末增加 17.8%；缴存余额 179.08 亿元，比上年末增加 17.14%。

受委托办理住房公积金缴存业务的银行 24 家，比上年增加 0 家。

（二）提取：2019 年，提取额 17.08 亿元，同比增长 18.69%；占当年缴存额的 39.46%，比上年增加 0.59 个百分点。2019 年末，提取总额 107.29 亿元，比上年末增加 18.93%。

（三）贷款：

1. 个人住房贷款：个人住房贷款最高额度 50 万元，其中，单缴存职工最高额度 40 万元，双缴存职工最高额度 50 万元。

2019 年，发放个人住房贷款 0.78 万笔、25.32 亿元，同比分别增长 11.43%、23.39%。其中，市中心发放个人住房贷款 0.7 万笔、22.89 亿元，油田分中心发放个人住房贷款 0.02 万笔、0.69 亿元，邓州中心发放个人住房贷款 0.06 万笔、1.74 亿元。

2019 年，回收个人住房贷款 11.44 亿元。其中，市中心 9.71 亿元，油田分中心 0.74 亿元，邓州中心 0.99 亿元。

2019 年末，累计发放个人住房贷款 8.48 万笔、171.74 亿元，贷款余额 98.78 亿元，分别比上年末增加 21.49%、30.63%、16.36%。个人住房贷款余额占缴存余额的 55.16%，比上年末增加 1.25 个百分点。

受委托办理住房公积金个人住房贷款业务的银行 13 家，比上年增加 0 家。

2. 住房公积金支持保障性住房建设项目贷款：2019 年，发放支持保障性住房建设项目贷款 0 亿元，回收项目贷款 0 亿元。2019 年末，累计发放项目贷款 0 亿元，项目贷款余额 0 亿元。

（四）购买国债：2019 年，购买（记账式、凭证式）国债 0 亿元，兑付（转让、收回）国债 0 亿元。2019 年末，国债余额 0 亿元，比上年末减少 0 亿元。

（五）融资：2019 年，融资 0 亿元，归还 0 亿元。2019 年末，融资总额 0 亿元，融资余额 0 亿元。

（六）资金存储：2019 年末，住房公积金存款 82.92 亿元。其中，活期 14.89 亿元，1 年（含）以下定期 66.32 亿元，1 年以上定期 0.3 亿元，其他（协定、通知存款等）0.07 亿元。

（七）资金运用率：2019 年末，住房公积金个人住房贷款余额、项目贷款余额和购买国债余额的总和占缴存余额的 55.16%，比上年末减少 0.79 个百分点。

三、主要财务数据

（一）业务收入：2019 年，业务收入 51176.77 万元，同比增长 27.39%。其中，市中心 42929.87 万元，油田分中心 5437.52 万元，邓州中心 2809.38 万元，存款利息 20511.78 万元，委托贷款利息 30635.23 万元，国债利息 0 万元，其他 26.9 万元。

（二）业务支出：2019年，业务支出26019.88万元，同比增长22.51%。其中，市中心21100.09万元，油田分中心3111.12万元，邓州中心1808.67万元，支付职工住房公积金利息24537.49万元，归集手续费0万元，委托贷款手续费1221.6万元，其他12285.79万元。

（三）增值收益：2019年，增值收益25156.89万元，同比增长32.87%。其中，市中心21829.78万元，油田分中心2326.4万元，邓州中心1000.71万元，增值收益率1.53%，比上年增加0.17个百分点。

（四）增值收益分配：2019年，提取贷款风险准备金1392.62万元，提取管理费用2639.88万元，提取城市廉租住房（公共租赁住房）建设补充资金21124.41万元。

2019年，上交财政管理费用3023.88万元。上缴财政城市廉租住房（公共租赁住房）建设补充资金12567.42万元。其中，市中心上缴11992.36万元，油田分中心上缴0万元，邓州中心575.06万元。

2019年末，贷款风险准备金余额18411.2万元。累计提取城市廉租住房（公共租赁住房）建设补充资金85449.65万元。其中，市中心提取72187.94万元，油田分中心提取10526.96万元，邓州中心提取2734.75万元。

（五）管理费用支出：2019年，管理费用支出2832.48万元，同比下降1.7%。其中，人员经费1269.75万元，公用经费275.4万元，专项经费1287.32万元。

市中心管理费用支出1996.21万元，其中，人员、公用、专项经费分别为943.58万元、97.5万元、955.13万元；邓州中心管理费用支出545.2万元，其中，人员、公用、专项经费分别为95.9万元、119.1万元、330.2万元；油田分中心管理费用支出291.07万元，其中，人员、公用、专项经费分别为230.27万元、58.80万元、1.99万元。

四、资产风险状况

（一）个人住房贷款：2019年末，个人住房贷款逾期额4829.53万元，逾期率2.05‰。其中，市中心3.7‰，油田分中心0.7‰，邓州中心22.53‰。

个人贷款风险准备金按（贷款余额或增值收益）的1%提取。2019年，提取个人贷款风险准备金1392.62万元，使用个人贷款风险准备金核销呆坏账0万元。2019年末，个人贷款风险准备金余额18411.2万元，占个人住房贷款余额的1.86%，个人住房贷款逾期额与个人贷款风险准备金余额的比率为26.23%。

（二）支持保障性住房建设试点项目贷款：2019年末，逾期项目贷款0万元，逾期率0‰。

项目贷款风险准备金按贷款余额的0%提取。2019年，提取项目贷款风险准备金0万元，使用项目贷款风险准备金核销呆坏账0万元，项目贷款风险准备金余额0万元，占项目贷款余额的0%，项目贷款逾期额与项目贷款风险准备金余额的比率为0%。

五、社会经济效益

（一）缴存业务：2019年，实缴单位数、实缴职工人数和缴存额同比分别增长1.72%、0.06%和5.87%。

缴存单位中，国家机关和事业单位占74.48%，国有企业占5.64%，城镇集体企业占0.67%，外商投资企业占0.14%，城镇私营企业及其他城镇企业占4.36%，民办非企业单位和社会团体占1.55%，其他占 13.16%。

缴存职工中，国家机关和事业单位占 58.49%，国有企业占 12.52%，城镇集体企业占 0.98%，外商投资企业占 0.05%，城镇私营企业及其他城镇企业占 8.71%，民办非企业单位和社会团体占 1.48%，其他占 17.77%；中、低收入占 99.8%，高收入占 0.20%。

新开户职工中，国家机关和事业单位占 36.96%，国有企业占 7.31%，城镇集体企业占 0.83%，外商投资企业占 0.11%，城镇私营企业及其他城镇企业占 27.7%，民办非企业单位和社会团体占 2.09%，其他占 25%；中、低收入占 99.20%，高收入占 0.80%。

（二）提取业务：2019 年，3.96 万名缴存职工提取住房公积金 17.08 亿元。

提取金额中，住房消费提取占 62.35%（购买、建造、翻建、大修自住住房占 52.58%，偿还购房贷款本息占 31.64%，租赁住房占 11.45%，其他占 4.34%）；非住房消费提取占 37.64%（离休和退休提取占 47.59%，完全丧失劳动能力并与单位终止劳动关系提取占 33.28%，出境定居占 0.23%，其他占 18.70%）。

提取职工中，中、低收入占 98.07%，高收入占 1.93%。

（三）贷款业务：

1. 个人住房贷款：2019 年，支持职工购建房 94.87 万平方米，年末个人住房贷款市场占有率（含公转商贴息贷款）为 33.76%，比上年末增加 13.05 个百分点。通过申请住房公积金个人住房贷款，可节约职工购房利息支出 6659 万元。

职工贷款笔数中，购房建筑面积 90（含）平方米以下占 14.8%，90～144（含）平方米占 74.63%，144 平方米以上占 10.57%。购买新房占 72.89%（其中购买保障性住房占 0%），购买二手房占 27.1%，建造、翻建、大修自住住房占 0.01%，其他占 0%。

职工贷款笔数中，单缴存职工申请贷款占 21.36%，双缴存职工申请贷款占 78.64%，三人及以上缴存职工共同申请贷款占 0%。

贷款职工中，30 岁（含）以下占 32.72%，30 岁～40 岁（含）占 43.53%，40 岁～50 岁（含）占 19.81%，50 岁以上占 3.94%；首次申请贷款占 80.52%，二次及以上申请贷款占 19.48%；中、低收入占 98.76%，高收入占 1.24%。

2. 异地贷款：2019 年，发放异地贷款 1495 笔、44792.2 万元。2019 年末，发放异地贷款总额 92968.8 万元，异地贷款余额 85079.85 万元。

3. 公转商贴息贷款：2019 年，发放公转商贴息贷款 0 笔、0 万元，支持职工购建住房面积 0 万平方米，当年贴息额 0 万元。2019 年末，累计发放公转商贴息贷款 0 笔、0 万元，累计贴息 0 万元。

4. 支持保障性住房建设试点项目贷款：2019 年末，累计试点项目 0 个，贷款额度 0 亿元，建筑面积 0 万平方米，可解决 0 户中低收入职工家庭的住房问题。0 个试点项目贷款资金已发放并还清贷款本息。

（四）住房贡献率：2019 年，个人住房贷款发放额、公转商贴息贷款发放额、项目贷款发放额、住房消费提取额的总和与当年缴存额的比率为 32.53%，比上年减少 52.9 个百分点。

六、其他重要事项

（一）机构及职能调整情况。 在 2019 年南阳市住房公积金管理中心机构调整中，执法室、内审稽核科

2个内设机构的6名人员充实到位，将南阳市机构编制委员会文件精神落实到位。

（二）住房公积金政策调整及执行情况。 按照国务院、河南省两级《住房公积金管理条例》之规定，南阳市2019年住房公积金的月缴存基数上限调整为14363.25元，油田分中心为22914元；月缴存基数下限南阳市城区和油田为1700元，各县为1500元。

根据国家、省、市"放管服"办公室等相关部门下发文件要求，南阳公积金中心取消了个人九种重大疾病提取、装修自住住房提取、缴纳物业费提取以及装修贷款；油田分中心取消新购住房装修、住房维护修缮、支付物业管理费三种提取方式。

个人住房贷款最高贷款额度为50万元；当年住房公积金存贷款利率执行标准为1~5年的公积金贷款年利率2.75%，5~30年的公积金贷款年利率为3.25%。

（三）当年服务改进情况。

一是购置公积金业务自助终端设备17台，分别安装至各综合服务大厅，为方便广大职工业务办理打造了平台；在大厅配备打印机、复印机、轮椅、儿童座椅、雨具等便民服务器具，为广大职工提供人性化服务。

二是认真贯彻落实国家、省、市"放管服"改革精神，为方便群众，实现"四办"要求，对网上办和同城通办进行了有效的探索和实践。按照"四级四同"要求，梳理了公积金3个大项和30个子项，规范了项目设置，明确了项目内容，为实现适时上传统一了标准；按照"五减一优"要求，优化了办事流程，取消了子项目5个，减少材料63项，共涉及27个子项目，审批要件大面积减少；依靠"三个集中统一"管理所创造的条件，认真研究解决"同城通办"遇到的新问题，成功实现了全系统业务的"同城通办"。

三是扎实推进"一网通办"前提下"最多跑一次"，依托公积金中心综合服务大厅，引进建行金城支行和住房贷款机构与公积金合署办公，设置工行、中行、交行、中信、邮储等银行窗口协助办公，联通了房产中心、不动产登记中心的房产信息查询，经授权承办了住房公积金贷款的房产抵押业务，确保了职工进门办事、出门办结。

（四）信息化建设情况。

一是紧紧围绕"放管服"改革要求，聚焦广大缴存单位和职工的所想所求，积极沟通协调，打通路网途径，与省、市网络专家密切配合，联通了河南省政务平台和南阳市政务平台，解决了有关阻隔瓶颈。开通了南阳公积金网上营业厅、支付宝APP、豫事办APP、自助查询终端的咨询、投诉、查询功能，微信公众号、官方微博、12329热线均已上线使用。

二是对公积金账务核算模式进行变革，改变原来一个县市区管理部一套账的核算模式，实行全中心"一套账"，在全市只设一个大账户，各县市区集中在一个账户核算，所有业务数据通过中心一个核算平台统一核算，打通了原有的各自为战的壁垒，达到全市互联互通。

三是完成了与省、市两级数据平台的上传对接和数据共享工作，实现了当天业务数据实时推送至省、市两级政务平台，向政务平台推送办件数据共计4264646件，占全市办件推送总量90%以上，办件共涉及30项政务事项，其中即办件25项，占公积金政务事项83%。

（五）获得荣誉情况。 南阳市住房公积金管理中心及干部职工2019年所获荣誉情况：河南省级文明单位，河南省住房公积金工作先进个人4名，南阳市平安建设先进单位，南阳市放管服改革工作先进单位，南阳市放管服改革工作先进个人2名，南阳市直机关巾帼建功先进个人1名，南阳市直工委表彰先进党支部 1 个、优秀党员及党务工作者 2 名。

（六）人员违规行为的纠正和处理情况。全年处理违纪人员 3 人，其中，记过通报批评 1 人，通报批评 2 人。

商丘市住房公积金 2019 年年度报告

一、机构概况

（一）住房公积金管理委员会：

商丘中心：住房公积金管理委员会有 27 名委员，2019 年召开 1 次会议。审议通过的事项主要包括：（1）《关于 2018 年度增值收益情况及分配报告》；（2）《商丘市住房公积金 2018 年年度报告》；（3）《关于进一步规范住房公积金归集工作的通知》。

永城中心：住房公积金管理委员会有 19 名委员，2019 年召开 1 次会议。审议通过的事项主要包括：（1）《关于调整个人住房公积金贷款有关政策的报告》；（2）《关于增加住房公积金业务委托银行的报告》；（3）《关于做好公积金系统直连异地转移接续平台的报告》《关于做好全国住房公积金数据平台接入工作的报告》《关于做好融资服务平台数据对接的报告》；（4）《关于 2018 年度住房公积金增值收益及分配的报告》；（5）《永城市住房公积金 2018 年年度报告》；（6）《关于核定 2019 年度住房公积金缴存基数、比例及有关事项的报告》；（7）《永城市住房公积金管理中心 2019 年度归集和使用计划》。

永城中心永煤分中心：无。

（二）住房公积金管理中心：

商丘中心：住房公积金管理中心为市政府直属不以营利为目的的公益一类事业单位，设 8 个科，9 个管理部，1 个分中心。从业人员 92 人，其中，在编 49 人，非在编 43 人。

永城中心：住房公积金管理中心为市政府直属不以营利为目的的公益一类事业单位，设 7 个科，1 个管理部，1 个分中心。从业人员 19 人，其中，在编 13 人，非在编 6 人。

永城中心永煤分中心：永城市住房公积金管理中心永煤分中心隶属永城市住房公积金管理中心不以营利为目的的公益一类事业单位，设 3 个科，从业人员 10 人，在编 10 人，没有非在编人员。

二、业务运行情况

（一）缴存：2019 年，新开户单位 310 家，实缴单位 3493 家，净增单位 133 家；新开户职工 2.43 万人，实缴职工 34.27 万人，净增职工 4.18 万人；缴存额 37.16 亿元，同比增长 24.16％。2019 年末，缴存总额 195.29 亿元，同比增长 23.34％；缴存余额 123.18 亿元，同比增长 23.85％。

商丘中心：受委托办理住房公积金缴存业务的银行 6 家，比上年增加 4 家。

永城中心：受委托办理住房公积金缴存业务的银行 8 家，比上年增加 1 家。

永城中心永煤分中心：受委托办理住房公积金缴存业务的银行 1 家，和上年相同。

（二）**提取**：2019年，提取额13.44亿元，同比增长41.03%；占当年缴存额的36.17%，比上年增加4.33个百分点。2019年末，提取总额72.11亿元，同比增长18.64%。

（三）**贷款**：

1. 个人住房贷款。

商丘中心：个人住房贷款最高额度50万元，其中，单缴存职工最高额度30万元，双缴存职工最高额度50万元。

永城中心：个人住房贷款最高额度50万元，其中，单缴存职工最高额度35万元，双缴存职工最高额度50万元。

永城中心永煤分中心：个人住房贷款最高额度50万元，其中，单缴存职工最高额度35万元，双缴存职工最高额度50万元。

2019年，发放个人住房贷款0.55万笔、16.64亿元，同比分别上升27.9%、33.81%。其中，商丘中心发放个人住房贷款0.46万笔、14.32亿元，永城中心发放个人住房贷款0.05万笔、1.4亿元，永城中心永煤分中心发放个人住房贷款0.04万笔、0.92亿元。

2019年，回收个人住房贷款7.97亿元。其中，商丘中心7亿元，永城中心亿0.59亿元，永城中心永煤分中心0.38亿元。

2019年末，累计发放个人住房贷款4.94万笔、107.05亿元，贷款余额75.08亿元，同比分别增长12.53%、18.41%、13.06%。个人住房贷款余额占缴存余额的60.95%，比上年减少5.82个百分点。

商丘中心：受委托办理住房公积金个人住房贷款业务的银行8家，比上年增加5家。

永城中心：受委托办理住房公积金个人住房贷款业务的银行3家，和上年相同。

永城中心永煤分中心：受委托办理住房公积金个人住房贷款业务的银行1家，和上年相同。

2. 住房公积金支持保障性住房建设项目贷款：无。

（四）**购买国债**：无。

（五）**融资**：无。

（六）**资金存储**：2019年末，住房公积金存款48.57亿元。其中，活期0.71亿元，1年（含）以下定期37.66亿元，1年以上定期9.55亿元，协定存款0.65亿元。

商丘中心：2019年末，住房公积金存款33.695亿元。其中，活期0.003亿元，1年（含）以下定期33.04亿元，1年以上定期0亿元，协定存款0.652亿元。

永城中心：2019年末，住房公积金存款4.94亿元。其中，活期0.32亿元，1年（含）以下定期4.62亿元。

永城中心永煤分中心：2019年末，住房公积金存款9.94亿元。其中，活期0.39亿元，1年（含）以下定期0亿元，1年以上定期9.55亿元。

（七）**资金运用率**：2019年末，住房公积金个人住房贷款余额、项目贷款余额和购买国债余额的总和占缴存余额的60.95%，比上年减少5.82个百分点。

三、主要财务数据

（一）**业务收入**：2019年，业务收入33773.5万元，同比增长22.24%。其中，商丘中心26427.09万元，永城中心 2664.59 万元，永城中心永煤分中心 4681.82 万元；存款利息 11056.88 万元，委托贷款利息 22716.2 万元，国债利息 0 万元，其他 0.42 万元。

（二）业务支出：2019 年，业务支出 16664.54 万元，同比增长 18.67%。其中，商丘中心 13602.97 万元，永城中心 1325.48 万元，永城中心永煤分中心 1736 万元；支付职工住房公积金利息 16534.77 万元，归集手续费 0 万元，委托贷款手续费 129.1 万元，其他 0.67 万元。

（三）增值收益：2019 年，增值收益 17108.96 万元，同比增长 25.92%。其中，商丘中心 12824.12 万元，永城中心 1339.11 万元，永城中心永煤分中心 2945.73 万元；增值收益率 1.53%，比上年增加 0.19 个百分点。

（四）增值收益分配：2019 年，提取贷款风险准备金 2788.67 万元，提取管理费用 1603.71 万元，提取城市廉租住房（公共租赁住房）建设补充资金 12716.58 万元。

2019 年，上交财政管理费用 895.4 万元。上缴财政城市廉租住房（公共租赁住房）建设补充资金 12034.49 万元。其中，商丘中心 9444.6 万元，永城中心 500 万元，永城中心永煤分中心 2089.89 万元。

2019 年末，贷款风险准备金余额 17637.5 万元。累计提取城市廉租住房（公共租赁住房）建设补充资金 52414.78 万元。其中，商丘中心提取 46926.8 万元，永城中心提取 2100 万元，永城中心永煤分中心提取 3387.98 万元。

（五）管理费用支出：2019 年，管理费用支出 2409.74 万元，同比上升 34.7%。其中，人员经费 1105.67 万元，公用经费 425.74 万元，专项经费 878.33 万元。

商丘中心管理费用支出 1898.59 万元，其中，人员、公用、专项经费分别为 894.7 万元、373.52 万元、630.37 万元；永城中心管理费用支出 150.88 万元，其中，人员、公用、专项经费分别为 0 万元、44.38 万元、106.5 万元；永城中心永煤分中心管理费用支出 360.27 万元，其中，人员、公用、专项经费分别为 210.97 万元、7.84 万元、141.46 万元。

四、资产风险状况

（一）个人住房贷款：2019 年末，个人住房贷款逾期额 219.17 万元，逾期率 0.29‰。其中，商丘中心 0.21‰，永城中心 1.29‰，永城中心永煤分中心 0‰。

商丘中心个人贷款风险准备金按不低于年度住房公积金贷款余额的 1% 核定。2019 年，提取个人贷款风险准备金 732.12 万元，使用个人贷款风险准备金核销呆坏账 0 万元。2019 年末，个人贷款风险准备金余额 10589.42 万元，占个人住房贷款余额的 1.6%，个人住房贷款逾期额与个人贷款风险准备金余额的比率为 1.34%。

永城中心个人贷款风险准备金按贷款余额的 1% 提取。2019 年，提取个人贷款风险准备金 289.11 万元，使用个人贷款风险准备金核销呆坏账 0 万元。2019 年末，个人贷款风险准备金余额 1000.08 万元，占个人住房贷款余额的 1.66%，个人住房贷款逾期额与个人贷款风险准备金余额的比率为 7.74%。

永城中心永煤分中心个人贷款风险准备金按增值收益的 60% 提取。2019 年，提取个人贷款风险准备金 1767.43 万元，使用个人贷款风险准备金核销呆坏账 0 万元。2019 年末，个人贷款风险准备金余额 6048 万元，占个人住房贷款余额的 22.12%，个人住房贷款逾期额与个人贷款风险准备金余额的比率为 0%。

（二）支持保障性住房建设试点项目贷款：无。

（三）历史遗留风险资产：无。

五、社会经济效益

（一）缴存业务：2019 年，实缴单位数、实缴职工人数和缴存额同比分别增长 3.96%、13.89% 和 24.16%。

缴存单位中，国家机关和事业单位占 67.33%，国有企业占 9.85%，城镇集体企业占 0.49%，外商投资企业占 0.52%，城镇私营企业及其他城镇企业占 17.84%，民办非企业单位和社会团体占 1.03%，其他占 2.94%。

缴存职工中，国家机关和事业单位占 62.72%，国有企业占 22.18%，城镇集体企业占 0.19%，外商投资企业占 0.62%，城镇私营企业及其他城镇企业占 10.63%，民办非企业单位和社会团体占 1.28%，其他占 2.38%；中、低收入占 98.95%，高收入占 1.05%。

新开户职工中，国家机关和事业单位占 44.35%，国有企业占 17.26%，城镇集体企业占 0.16%，外商投资企业占 1.4%，城镇私营企业及其他城镇企业占 25.4%，民办非企业单位和社会团体占 4.98%，其他占 6.45%；中、低收入占 99.99%，高收入占 0.01%。

（二）提取业务：2019 年，4.2 万名缴存职工提取住房公积金 13.44 亿元。

提取金额中，住房消费提取占 63.32%（购买、建造、翻建、大修自住住房占 25.4%，偿还购房贷款本息占 36.53%，租赁住房占 1.39%，其他占 0%）；非住房消费提取占 36.68%（离休和退休提取占 27.06%，完全丧失劳动能力并与单位终止劳动关系提取占 6.78%，户口迁出本市或出境定居占 0.4%，其他占 2.44%）。

提取职工中，中、低收入占 99.32%，高收入 0.68%。

（三）贷款业务：

1. 个人住房贷款：2019 年，支持职工购建房 69.98 万平方米，年末个人住房贷款市场占有率为 10.04%，比上年减少 8.76 个百分点。通过申请住房公积金个人住房贷款，可节约职工购房利息支出 21011.04 万元。

职工贷款笔数中，购房建筑面积 90（含）平方米以下占 4.23%，90～144（含）平方米占 85.94%，144 平方米以上占 9.83%。购买新房占 84.03%（其中购买保障性住房占 0%），购买二手房占 15.97%，建造、翻建、大修自住住房占 0%，其他占 0%。

职工贷款笔数中，单缴存职工申请贷款占 28.52%，双缴存职工申请贷款占 71.48%，三人及以上缴存职工共同申请贷款占 0%。

贷款职工中，30 岁（含）以下占 10.32%，30 岁～40 岁（含）占 45.48%，40 岁～50 岁（含）占 37.31%，50 岁以上占 6.89%；首次申请贷款占 94.1%，二次及以上申请贷款占 5.9%；中、低收入占 98.24%，高收入占 1.76%。

2. 异地贷款：2019 年，发放异地贷款 592 笔、17258.1 万元。2019 年末，发放异地贷款总额 77302.1 万元，异地贷款余额 70038.93 万元。

3. 公转商贴息贷款：无。

4. 支持保障性住房建设试点项目贷款：无。

（四）住房贡献率：2019年，个人住房贷款发放额、公转商贴息贷款发放额、项目贷款发放额、住房消费提取额的总和与当年缴存额的比率为66.44%，比上年增加4.7个百分点。

六、其他重要事项

（一）当年机构及职能调整情况、受委托办理缴存贷款业务金融机构变更情况。

商丘中心：（1）机构及职能调整情况：新增了机关党委和机关纪工委两个科室。（2）受委托办理缴存贷款业务金融机构调整情况：2019年，中心通过公开招标方式调整受托银行，将缴存贷款银行由4家调整为10家，分别承担住房公积金缴存和贷款业务。具体缴存贷款银行为：建设银行、邮政银行、农业银行、中信银行；单一缴存银行为：中国银行、浦发银行；单一贷款银行为：工商银行、交通银行、中原银行、华商银行。

永城中心：增加中信银行永城支行为住房公积金业务委托银行。

永城中心永煤分中心：无。

（二）当年住房公积金政策调整及执行情况。

1. 缴存政策调整情况

商丘中心：根据《商丘市住房公积金管理中心关于做好2019年度住房公积金缴存基数和缴存比例的通知》（商公积金〔2019〕40号）文，2019年度缴存基数和缴存比例做出了如下调整：职工住房公积金月缴存基数上限调整为14340元，自主缴存者住房公积金月缴存基数上限为5736元；职工住房公积金月缴存基数下限调整为1700元，自主缴存者住房公积金月缴存基数下限为3824元；职工住房公积金缴存比例为单位和职工个人各5%～12%，自主缴存者住房公积金缴存比例最低为10%，最高为24%，具体缴存金额由相应基数乘以相应比例。根据《商丘市住房公积金管理委员会关于进一步规范住房公积金归集工作的通知》（商公积金委〔2019〕4号）文，规范住房公积金缴存时间，严格按月汇缴，不得按季度、半年、年度或提前等任何其他方式汇缴；严格实行先核定缴存额再汇缴的流程，规定住房公积金缴存额单位缴存部分和职工缴存部分均实行以元为单位，元以下四舍五入。

永城中心：根据《永城市住房公积金归集管理办法》规定，永城市2019年度缴存比例为5%～12%，不得高于12%。

根据《河南省统计年鉴2018》公布的数字，永城市城镇在岗职工月平均工资为4328元，按照"公积金月缴存基数原则上不超过统计部门公布的上一年度月平均工资3倍"的规定，确定缴存基数上限为12984元，单位和个人月缴上限均为1558元，合计不得超过3116元；根据河南省人民政府《关于调整河南省最低工资标准的通知》（豫政〔2018〕26号）我市最低工资标准为1700元，确定缴存基数下限为1700元，单位和个人月缴存下限均为85元，合计不应低于170元。

由市财政统发工资的行政事业单位（不含乡镇），按照市财政预算基本工资的12%缴存。

2. 提取政策调整情况

商丘中心：根据《商丘市住房公积金管理中心关于开展享受城镇最低生活保障提取住房公积金业务的通知》（商公积金归〔2019〕3号），开展享受城镇最低生活保障提取住房公积金业务；根据《商丘市住房公积金管理中心关于增加和调整住房公积金提取业务的通知》（商公积金归〔2019〕4号），开展购买拆迁安置房提取住房公积金和购买拍卖住房提取住房公积金业务；调整购房提取额度，规定购买自住住房提取住房公积金，累计提取金额不应大于实际支付的购房款。

永城中心：(1) 取消"装修提取、物业费提取"。根据《住房公积金管理条例》和《河南省住房和城乡建设系统省市县三级审批服务事项通用目录》相关规定，《关于修订永城市住房公积金提取管理办法的通知》（永公积金委〔2016〕2号）第二章第六条第三款"维护、修缮自住住房的"和第十一款"支付普通自住住房物业费的"规定的维修、装修提取和物业费提取予以取消。(2) 取消退休提取、公积金贷款提取相关证明材料复印件。(3) 民营、私营企业等单位职工达到法定退休年龄提取的，提供解除劳动关系证明、有效个人身份证明、银行卡；职工个人账户封存满半年提取的，提供解除劳动关系证明、有效个人身份证明、银行卡。(4) 自由职业者无公积金贷款销户提取的，提供有效个人身份证明、银行卡、本人承诺书。

永城中心永煤分中心：无。

3. 贷款政策调整情况

商丘中心：无。

永城中心：住房公积金贷款具体可贷额度依据职工月缴存额、房价、首付款比例及个人信用状况等因素综合确定，住房公积金的最高贷款额为50万元（夫妻双方都缴住房公积金的最高可贷50万元，单方缴存住房公积金的最高可贷35万元）；对于五证齐全的合作房地产开发企业，发放住房公积金贷款，取消开发楼层封顶限制；公积金贷款还贷年龄延长至法定退休年龄后5年。

永城中心永煤分中心：无。

（三）当年服务改进情况。

商丘中心："放管服"改革持续推进，一是依据国务院办公厅政务服务事项国家级基本目录，结合我省行政审批服务事项通用目录，对住房公积金业务项目进行认真梳理，在全市率先完成了国家级行政审批服务事项录机工作。二是编制了《住房公积金业务操作汇编（2019年版）》《住房公积金归集业务操作规范》《住房公积金提取业务操作规范》《住房公积金贷款业务操作规范》，对业务办理要件、办理流程、办理时限等要素进一步优化，促进我市住房公积金业务办理制度化、规范化，实现了30项住房公积金业务中的24项业务全市范围内"就近办""马上办""一次办"。三是增加业务受托银行，中心委托商丘市公共资源交易中心对住房公积金受托银行进行公开招标，将原受托银行由4家调整为10家，利用受托银行网络与网点，更好地服务缴存职工。四是实现业务柜台向缴存单位、向房地产开发企业延伸。开发了单位缴存版网厅，将缴存业务、部分修改信息等业务交由单位经办人在网上全权办理；开发了开发商版网厅，使房地产开发企业可在网上录入住房公积金贷款个人信息资料，有效地减轻了单位经办人、贷款人往返跑路和我中心大厅前台工作压力，真正实现了让群众少跑腿、信息多跑路，同时也提高了工作效率，保证了惠民政策顺利有效实施。五是积极推进网厅、手机APP、微信公众号、河南省政务服务网等渠道办理住房公积金业务，10项业务实现了"网上办结"。

同时，商丘市"放管服"改革成效明显，缴存职工办理偿还住房公积金贷款提取、退休提取、住房公积金提前还贷，缴存单位办理汇缴等10项业务实现了"零材料""零跑腿"。住房公积金开发商版网厅上线运行，缴存职工在售楼部现场就可申请住房公积金贷款。接入省共享数据平台，已实现11个接口的对接工作。省数据共享平台建设，可以实现简化审批流程、减少审批材料，大力推进住房公积金"最多跑一次"改革。

永城中心：根据国务院构建"四级十同"体系要求，进一步对住房公积金业务进行规范调整，简化手续、减少要件、缩短流程、提高效率，坚决做到"应提尽提""应办尽办"，充分发挥住房公积金保障作用。"减证便民"不停步，"一网通办"正当时，中心依托"互联网＋政务服务"，着力构建住房公积金内网和市政务服务网的融合，并充分发挥住房公积金"双贯标""异地转移接续"平台和综合服务平台等作用，搭建中心与缴存职工的互动桥梁，为职工群众提供高效服务，切实做到政务服务事项"一次性办妥""零门槛"，实现"账随人走，钱随账走"，达到让数据多跑路、群众少跑腿目标。积极搭建便民服务渠道，实现了支付宝刷脸查询新形式，同时，充分发挥住房公积金 12329 热线、短信平台、职工住房公积金查询卡、查询机作用，结合住房公积金门户网站、网厅和手机 APP 等，多渠道为职工提供信息查询、政策咨询、业务办理服务，切实提高干部职工对住房公积金服务改革的获得感和认同感。

永城中心永煤分中心：无。

（四）当年信息化建设情况。

商丘中心：一是做好信息项目建设工作。按时接入住房和城乡建设部数据平台，实现了向住房和城乡建设部数据平台实时正常推送和查询。完成了 12329 服务热线系统建设、对原有 12329 系统进行了更换。开发制作了中心工作人员登录业务系统使用 U-Key 认证，确保登录安全。二是积极推进与政务服务平台系统对接和数据推送，全面推进"一网通办"和实现办件数据实时推送。三是做好信息系统安全保障工作。做好信息化硬件设备的安装维护和防护工作，保证管理系统安全运行和网络安全。四是完成了信息系统安全及辅助类软硬件项目招标，建设了应用监控与恢复系统，在服务器和每台电脑终端安装了杀毒软件，确保了信息系统安全。五是根据《住房和城乡建设部办公厅关于做好全国住房公积金数据平台接入工作的通知》（建办金函〔2019〕36 号）要求，中心对接入全国住房公积金数据平台项目进行了招标，逐项完成数据整理、审核、标识等工作，按时接入住房和城乡建设部建立的全国住房公积金数据平台，实现了与税务总局总对总的数据交换，并向缴存职工提供数据查询服务。

永城中心：积极做好住房公积金系统直连异地转移接续平台建设，方便跨省就业职工就近、高效办理住房公积金异地转移接续业务；做好全国住房公积金数据平台接入工作，认真对发放的个人首套住房公积金贷款进行审核、标识，数据整理确认后上报全国住房公积金数据平台，实现与税务总局数据交换；做好融资服务平台数据对接工作，为市中小企业信用体系建设做好服务，及时提供"企业基本信息、最近一次汇缴时间、欠缴日期、欠缴金额"等信息，并"按月更新补充信息"。已完成公积金基础数据标准贯标和接入全国住房公积金结算应用系统"双贯标"建设工作，系统运行正常，工作有序开展。

永城中心永煤分中心：无。

（五）当年住房公积金管理中心及职工所获荣誉情况。

商丘中心：2019 年度省级文明单位、2019 年度市级卫生先进单位、2019 年度全省住房和城乡建设系统工会工作先进单位、李翼桐荣获 2019 年度全省住房和城乡建设系统优秀工会工作者、睢阳区管理部荣获 2019 年度河南省建设五一巾帼标兵岗、市直管理部荣获 2019 年度商丘市巾帼文明岗、户丹丹荣获 2019 年度商丘市巾帼建功标兵。

永城中心：贺琳育荣获市"三八红旗手"，获商丘市级文明单位。

永城中心永煤分中心：无。

（六）当年对违反《住房公积金管理条例》和相关法规行为进行行政处罚和申请人民法院强制执行情况。

商丘中心：无。

永城中心：无。

永城中心永煤分中心：无。

信阳市住房公积金 2019 年年度报告

一、机构概况

（一）住房公积金管理委员会：住房公积金管理委员会有 25 名委员，2019 年召开 1 次会议，审议通过的事项主要包括：

（1）《2018 年度信阳市住房公积金管理中心工作情况的报告》；

（2）《信阳市住房公积金 2018 年年度报告》（信息披露报告）；

（3）审议市住房公积金 2018 年度增值收益分配方案。

（二）住房公积金管理中心：住房公积金管理中心为市人民政府不以营利为目的的直属事业单位，设 7 个科室，10 个管理部。从业人员 89 人，其中，在编 52 人，非在编 37 人。

二、业务运行情况

（一）缴存：2019 年，新开户单位 266 家，实缴单位 5143 家，净增单位 188 家；新开户职工 1.67 万人，实缴职工 25.81 万人，净增职工 0.44 万人；缴存额 33.97 亿元，同比增长 13.88%。2019 年末，缴存总额 178.06 亿元，比上年末增加 23.58%；缴存余额 101.83 亿元，比上年末增加 17.56%。

受委托办理住房公积金缴存业务的银行 7 家，比上年增加（减少）0 家。

（二）提取：2019 年，提取额 18.76 亿元，同比增长 31.28%；占当年缴存额的 55.23%，比上年增加 7.32 个百分点。2019 年末，提取总额 76.24 亿元，比上年末增加 32.64%。

（三）贷款：

1. 个人住房贷款：个人住房贷款最高额度 50 万元，其中，单缴存职工最高额度 40 万元，双缴存职工最高额度 50 万元。

2019 年，发放个人住房贷款 0.42 万笔、15.02 亿元，同比分别增长 35.48%、47.54%。

2019 年，回收个人住房贷款 6.33 亿元。

2019 年末，累计发放个人住房贷款 4.15 万笔、101.89 亿元，贷款余额 70.55 亿元，同比分别增长 10.96%、17.29%、14.03%。个人住房贷款余额占缴存余额的 69.28%，比上年减少 2.15 个百分点。

受委托办理住房公积金个人住房贷款业务的银行 4 家，比上年增加（减少）0 家。

2. 住房公积金支持保障性住房建设项目贷款：2019 年，发放支持保障性住房建设项目贷款 0 亿元，回收项目贷款0亿元。2019年末，累计发放项目贷款0亿元，项目贷款余额0亿元。

（四）**购买国债**：2019年，购买（记账式、凭证式）国债0亿元，兑付（转让、收回）国债0亿元。2019年末，国债余额0亿元，比上年减少（增加）0亿元。

（五）**融资**：2019年，融资0亿元，归还0亿元。2019年末，融资总额1.18亿元，融资余额0亿元。

（六）**资金存储**：2019年末，住房公积金存款31.91亿元。其中，活期0.65亿元，1年（含）以下定期15.87亿元，1年以上定期13.95亿元，其他（协定、通知存款等）1.44亿元。

（七）**资金运用率**：2019年末，住房公积金个人住房贷款余额、项目贷款余额和购买国债余额的总和占缴存余额的69.28%，比上年减少2.15个百分点。

三、主要财务数据

（一）**业务收入**：2019年，业务收入27390.29万元，同比增长24.78%。存款利息5859.91万元，委托贷款利息21507.19万元，国债利息0万元，其他23.19万元。

（二）**业务支出**：2019年，业务支出14317.45万元，同比下降0.22%。支付职工住房公积金利息13571.06万元，归集手续费0万元，委托贷款手续费728.80万元，其他17.59万元。

（三）**增值收益**：2019年，增值收益13072.84万元，同比增长10%。增值收益率1.39%，比上年增加0.43个百分点。

（四）**增值收益分配**：2019年，提取贷款风险准备金1736.73万元，提取管理费用1841.26万元，提取城市廉租住房（公共租赁住房）建设补充资金9494.85万元。

2019年，上交财政管理费用4734.16万元。上缴财政城市廉租住房（公共租赁住房）建设补充资金9993.45万元。

2019年末，贷款风险准备金余额14751.52万元。累计提取城市廉租住房（公共租赁住房）建设补充资金31449.11万元。

（五）**管理费用支出**：2019年，管理费用支出1639.74万元，同比下降28.1%。其中，人员经费1003.31万元，公用经费373.46万元，专项经费262.97万元。

市中心管理费用支出1639.74万元，其中，人员、公用、专项经费分别为1003.31万元、373.46万元、262.97万元。

四、资产风险状况

（一）**个人住房贷款**：2019年末，个人住房贷款逾期额217.94万元，逾期率0.31‰。

个人贷款风险准备金按贷款余额的2%提取。2019年，提取个人贷款风险准备金1736.73万元，使用个人贷款风险准备金核销呆坏账0万元。2019年末，个人贷款风险准备金余额14751.52万元，占个人住房贷款余额的2.09%，个人住房贷款逾期额与个人贷款风险准备金余额的比率为1.48%。

（二）**支持保障性住房建设试点项目贷款**：2019年末，逾期项目贷款0万元，逾期率0‰。

项目贷款风险准备金按贷款余额的0%提取。2019年，提取项目贷款风险准备金0万元，使用项目贷款风险准备金核销呆坏账0万元，项目贷款风险准备金余额0万元，占项目贷款余额的0%，项目贷款逾期额与项目贷款风险准备金余额的比率为0%。

五、社会经济效益

（一）**缴存业务**：2019年，实缴单位数、实缴职工人数和缴存额同比分别增长3.79%、1.73%和13.88%。

缴存单位中，国家机关和事业单位占74.51%，国有企业占9.74%，城镇集体企业占2.21%，外商投资企业占0.36%，城镇私营企业及其他城镇企业占8.24%，民办非企业单位和社会团体占0.53%，其他占4.41%。

缴存职工中，国家机关和事业单位占73.57%，国有企业占14.56%，城镇集体企业占2.78%，外商投资企业占0.44%，城镇私营企业及其他城镇企业占6.37%，民办非企业单位和社会团体占1.01%，其他占1.27%；中、低收入占98.24%，高收入占1.76%。

新开户职工中，国家机关和事业单位占56.31%，国有企业占6.43%，城镇集体企业占7.54%，外商投资企业占1.55%，城镇私营企业及其他城镇企业占21.37%，民办非企业单位和社会团体占1.05%，其他占5.75%；中、低收入占99.17%，高收入占0.83%。

（二）**提取业务**：2019年，5.27万名缴存职工提取住房公积金18.76亿元。

提取金额中，住房消费提取占70.11%（购买、建造、翻建、大修自住住房占21.96%，偿还购房贷款本息占68.02%，租赁住房占10.02%，其他占0%）；非住房消费提取占29.89%（离休和退休提取占78.72%，完全丧失劳动能力并与单位终止劳动关系提取占15.26%，出境定居占0%，其他占6.02%）。

提取职工中，中、低收入占90.16%，高收入占9.84%。

（三）**贷款业务**：

1. 个人住房贷款：2019年，支持职工购建房51.24万平方米，年末个人住房贷款市场占有率为12.00%，比上年减少0.93个百分点。通过申请住房公积金个人住房贷款，可节约职工购房利息支出56389.25万元。

职工贷款笔数中，购房建筑面积90（含）平方米以下占10.77%，90～144（含）平方米占78.69%，144平方米以上占10.54%。购买新房占87.93%（其中购买保障性住房占0%），购买二手房占12.07%，建造、翻建、大修自住住房占0%，其他占0%。

职工贷款笔数中，单缴存职工申请贷款占19.03%，双缴存职工申请贷款占80.97%，三人及以上缴存职工共同申请贷款占0%。

贷款职工中，30岁（含）以下占12.26%，30岁～40岁（含）占41.85%，40岁～50岁（含）占37.28%，50岁以上占8.61%；首次申请贷款占94.71%，二次及以上申请贷款占5.29%；中、低收入占90.67%，高收入占9.33%。

2. 异地贷款：2019年，发放异地贷款160笔、5686.46万元。2019年末，发放异地贷款总额19343.73万元，异地贷款余额18144.46万元。

3. 公转商贴息贷款：2019年，发放公转商贴息贷款0笔、0万元，支持职工购建住房面积0万平方米，当年贴息额0万元。2019年末，累计发放公转商贴息贷款0笔、0万元，累计贴息0万元。

4. 支持保障性住房建设试点项目贷款：2019年末，累计试点项目0个，贷款额度0亿元，建筑面积0万平方米，可解决0户中低收入职工家庭的住房问题。0个试点项目贷款资金已发放并还清贷款本息。

(四)住房贡献率：2019 年，个人住房贷款发放额、公转商贴息贷款发放额、项目贷款发放额、住房消费提取额的总和与当年缴存额的比率为 82.92%，比上年增加 18.83 个百分点。

六、其他重要事项

(一)当年机构及职能调整情况、受委托办理缴存贷款业务金融机构变更情况。"信阳市住房公积金管理中心"更名为"信阳市住房公积金中心"。

(二)当年住房公积金政策调整及执行情况。

(1)根据《关于调整住房公积金缴存基数的通知》(信房金字〔2019〕16 号)文件精神的要求，自 2019 年 7 月起，将全市住房公积金最高缴存基数调整为 14176 元，住房公积金最高月缴存额调整为单位个人各 1701 元；住房公积金最低缴存基数市直(包括浉河、平桥及各管理区)为 1700 元，各县为 1500 元，住房公积金最低月缴存额市直为单位个人各 85 元，各县为单位个人各 75 元。

(2)当年提取、贷款及存贷款利率与上年相比无变化。

(三)当年服务改进情况。

(1)中心系统认真贯彻落实中央八项规定精神，以全市"干部作风提升年活动"为契机，扎实开展"提升工作作风、公积金再行动"活动，建立"三大机制，十一项措施"。实行机关科室和基层管理部"双向测评"，聘请第三方对窗口服务水平进行了暗访。通过暗访反馈、及时整改，窗口服务水平得到显著提升。

(2)信阳市住房公积金管理中心新的业务管理系统上线后，中心开始全面推进综合服务平台的建设工作。目前，我中心综合服务平台网上业务大厅(含单位网厅和个人网厅)、微信公众号、手机 APP、12329 语音、12329 短信、自助终端、门户网站、微博、支付宝九大渠道全面开通运行。

(四)当年信息化建设情况。2019 年 3 月，为满足公积金业务的需要，对新的业务管理系统进行了升级，保障了系统的安全与稳定。2019 年 7 月，为进一步保障系统的安全性，我中心采购了正版的 Oracle 数据库软件。

住房和城乡建设部要求的基础数据及资金结算应用系统的建设工作已于 2018 年 9 月完成，并于同年 11 月份顺利通过了住房和城乡建设部以及省住房城乡建设厅联合验收组"双贯标"验收。

(五)当年住房公积金管理中心及职工所获荣誉情况。

(1)中心系统成功创建新一届省级文明单位。

(2)在市政府目标考核中，公积金中心位列承担服务保障职能的市直单位第 6 位。

(3)市直管理部被评为"河南省建设五一巾帼标兵岗"。

(六)当年对违反《住房公积金管理条例》和相关法规行为进行行政处罚和申请人民法院强制执行情况：无。

(七)当年对住房公积金管理人员违规行为的纠正和处理情况等：无。

(八)其他需要披露的情况。

(1)2019 年中心出台了《关于优化住房公积金提取、贷款流程的通知》进一步规范了我市住房公积金提取和贷款流程。

(2)重新修订了信阳市《关于提高住房公积金合作楼盘备案效率的通知》，进一步加快住房公积金贷款楼盘准入，提高楼盘备案效率。

（3）根据住房和城乡建设部信息安全"三级等保"的要求，我中心已委托市公共资源交易中心对我中心信息安全"三级等保"测评开展招投标工作。目前，"三级等保"测评招投标工作已顺利完成。

周口市住房公积金2019年年度报告

一、机构概况

（一）住房公积金管理委员会：周口市住房公积金管理委员会有34名委员，2019年召开1次会议，审议通过的事项主要包括：《周口市住房公积金2018年年度报告》《2018年住房公积金归集、使用计划执行情况》《2019年住房公积金归集、使用计划》《周口市灵活就业人员自主缴存住房公积金管理办法（修订）》《周口市住房公积金管理中心关于调整住房公积金使用政策的请示》5个事项。

（二）住房公积金管理中心：周口市住房公积金中心为（周口市人民政府）不以营利为目的的（一般）事业单位，设7个处（科），11个管理部。从业人员75人，其中，在编52人，非在编23人。

二、业务运行情况

（一）缴存：2019年，新开户单位299家，实缴单位3816家，净增单位111家；新开户职工3.14万人，实缴职工31.90万人，净增职工1.06万人；缴存额25.33亿元，同比增长14.68%。2019年末，缴存总额134.22亿元，比上年末增加23.27%；缴存余额86.58亿元，比上年末增加27.05%。

受委托办理住房公积金缴存业务的银行8家，比上年增加1家。

（二）提取：2019年，提取额6.90亿元，同比下降1.51%；占当年缴存额的27.25%，比上年减少4.48个百分点。2019年末，提取总额47.65亿元，比上年末增加16.94%。

（三）贷款：

个人住房贷款：个人住房贷款最高额度45万元，其中，单缴存职工最高额度45万元，双缴存职工最高额度45万元。

2019年，发放个人住房贷款0.48万笔、15.90亿元，同比分别下降20.96%、15.56%。其中，市中心发放个人住房贷款0.47万笔、15.42亿元，鹿邑中心发放个人住房贷款0.01万笔、0.48亿元。

2019年，回收个人住房贷款5.14亿元。其中，市中心4.68亿元，鹿邑中心0.46亿元。

2019年末，累计发放个人住房贷款3.42万笔、90.79亿元，贷款余额70.26亿元，分别比上年末增加16.49%、21.23%、18.07%。个人住房贷款余额占缴存余额的81.16%，比上年末减少6.17个百分点。

受委托办理住房公积金个人住房贷款业务的银行5家，比上年增加0家。

（四）资金存储：2019年末，住房公积金存款16.86亿元。其中，活期0.35亿元，协定1.73亿元，1年（含）以下定期13.68亿元，1年以上定期1.10亿元。

（五）资金运用率：2019年末，住房公积金个人住房贷款余额、项目贷款余额和购买国债余额的总和占缴存余额的 81.16％，比上年末减少 6.17 个百分点。

三、主要财务数据

（一）业务收入：2019 年，业务收入 24043.26 万元，同比增长 30.03％。其中，市中心 22686.44 万元，鹿邑中心 1356.82 万元；存款利息 3187.05 万元，委托贷款利息 20832.65 万元，其他 23.56 万元。

（二）业务支出：2019 年，业务支出 12255.59 万元，同比增长 27.25％。其中，市中心 11504.80 万元，鹿邑中心 750.79 万元；支付职工住房公积金利息 11774.61 万元，归集手续费 0.29 万元，委托贷款手续费 469.30 万元，其他 11.39 万元。

（三）增值收益：2019 年，增值收益 11787.67 万元，同比增长 33.07％。其中，市中心 11181.64 万元，鹿邑中心 606.03 万元；增值收益率 1.53％，比上年增加 0.05 个百分点。

（四）增值收益分配：2019 年，提取贷款风险准备金 6997.02 万元，提取管理费用 2268 万元，提取城市廉租住房（公共租赁住房）建设补充资金 2522.65 万元。

2019 年，上交财政管理费用 2268 万元。上缴财政城市廉租住房（公共租赁住房）建设补充资金 1083.96 万元。其中，市中心上缴财政 1033.96 万元，鹿邑中心上缴鹿邑县财政局 50 万元。

2019 年末，贷款风险准备金余额 32652.83 万元。累计提取城市廉租住房（公共租赁住房）建设补充资金 7548.94 万元。其中，市中心提取 7214.34 万元，鹿邑中心提取 334.60 万元。

（五）管理费用支出：2019 年，管理费用支出 1245.90 万元，同比下降 19.69％。其中，人员经费 818.05 万元，公用经费 241.61 万元，专项经费 186.24 万元。

市中心管理费用支出 1144.31 万元，其中，人员、公用、专项经费分别为 776.48 万元、205.39 万元、162.44 万元；鹿邑中心管理费用支出 101.59 万元，其中，人员、公用、专项经费分别为 41.57 万元、36.22 万元、23.80 万元。

四、资产风险状况

个人住房贷款：2019 年末，个人住房贷款逾期额 106.89 万元，逾期率 0.15‰。其中，市中心 0.12‰，鹿邑中心 0.68‰。

个人贷款风险准备金提取市中心按当年收益的 60％提取，鹿邑中心按不低于当年贷款余额的 1％提取。2019 年，提取个人贷款风险准备金 6997.02 万元，使用个人贷款风险准备金核销呆坏账 0.00 万元。2019 年末，个人贷款风险准备金余额 32652.84 万元，占个人住房贷款余额的 4.65％，个人住房贷款逾期额与个人贷款风险准备金余额的比率为 0.33％。

五、社会经济效益

（一）缴存业务：2019 年，实缴单位数、实缴职工人数和缴存额同比分别增长 3.00％、3.45％和 14.68％。

缴存单位中，国家机关和事业单位占 66.80％，国有企业占 9.80％，城镇集体企业占 2.46％，外商投资企业占 0.42％，城镇私营企业及其他城镇企业占 17.61％，民办非企业单位和社会团体占 0.47％，其他占 2.44％。

缴存职工中，国家机关和事业单位占69.21%，国有企业占14.72%，城镇集体企业占1.96%，外商投资企业占0.72%，城镇私营企业及其他城镇企业占10.87%，民办非企业单位和社会团体占0.29%，个人自愿缴存占1.81%，其他占0.42%；中、低收入占98.49%，高收入占1.51%。

新开户职工中，国家机关和事业单位占47.88%，国有企业占8.76%，城镇集体企业占1.52%，外商投资企业占1.85%，城镇私营企业及其他城镇企业占27.39%，民办非企业单位和社会团体占2.60%，个人自愿缴存占8.93%，其他占1.07%；中、低收入占97.95%，高收入占2.05%。

（二）提取业务：2019年，3.53万名缴存职工提取住房公积金6.90亿元。

提取金额中，住房消费提取占52.25%（购买、建造、翻建、大修自住住房占20.07%，偿还购房贷款本息占29.22%，租赁住房占1.03%，自住住房物业费占1.76%，其他占0.17%）；非住房消费提取占47.75%（离休和退休提取占37.65%，完全丧失劳动能力并与单位终止劳动关系提取占4.96%，出境定居占0.90%，死亡或宣告死亡占1.46%，其他占2.78%）。

提取职工中，中、低收入占96.64%，高收入占3.36%。

（三）贷款业务：

1. 个人住房贷款：2019年，支持职工购建房97.71万平方米，年末个人住房贷款市场占有率（含公转商贴息贷款）为17.31%，比上年末减少2.67个百分点。通过申请住房公积金个人住房贷款，可节约职工购房利息支出49160.75万元。

职工贷款笔数中，购房建筑面积90（含）平方米以下占5.82%，90~144（含）平方米占87.94%，144平方米以上占6.24%。购买新房占90.56%（其中购买保障性住房占2.93%），购买二手房占9.36%，建造、翻建、大修自住住房占0.08%。

职工贷款笔数中，单缴存职工申请贷款占22.35%，双缴存职工申请贷款占77.65%。

贷款职工中，30岁（含）以下占22.35%，30岁~40岁（含）占49.24%，40岁~50岁（含）占24.37%，50岁以上占4.04%；首次申请贷款占98.41%，二次及以上申请贷款占1.59%；中、低收入占97.85%，高收入占2.15%。

2. 异地贷款：2019年，发放异地贷款384笔、12400.80万元。2019年末，发放异地贷款总额75391.90万元，异地贷款余额68659.41万元。

（四）**住房贡献率**：2019年，个人住房贷款发放额、公转商贴息贷款发放额、项目贷款发放额、住房消费提取额的总和与当年缴存额的比率为90.01%，比上年减少26.96个百分点。

六、其他重要事项

（一）**机构调整和新开户情况。**一是"周口市住房公积金管理中心"更名为"周口市住房公积金中心"；二是新增一家缴存开户银行，即郑州银行。

（二）**规范缴存基数和缴存比例情况。**按照河南省全口径城镇单位就业人员月平均工资为4575元，根据相关规定，住房公积金月缴存基数最高不应高于职工工作地设区城市上一年度职工月平均工资3倍，最低不应低于职工工作地设区城市上一年度职工月平均工资的60%。2019年周口住房公积金年度月缴存基数上限为13725元，单位和职工个人月缴存总额上限为3294元；住房公积金月缴存基数的下限为2745元，单位和职工个人月缴存总额下限为276元。其中确有困难的单位，经职工代表大会或者工会讨论通过,并经中心核准,可按河南省人民政府豫政〔2018〕26号文周口市最低工资标准(1700元/月)确定。

(三)当年提取政策调整情况。增加原有住宅加装电梯可提取申请使用房屋所有权人及其配偶或子女名下的住房公积金事项;同一套住房短期内多次连续交易,频繁转换产权人的不得提取公积金;非销户类提取住房公积金时,个人公积金账户均需保留本人当前月缴存额的6倍金额;职工购买自住住房时,产权人可一次性提取本人及配偶的住房公积金。

(四)当年个人住房贷款政策调整情况。

(1)住房公积金个人住房贷款单笔最高额度为45万元。

(2)月还款额不超过借款人家庭月收入的50%。

(3)实施贷款额度动态调控,执行贷款额度与缴存余额挂钩的政策:当个贷率低于75%时,可贷额度是职工夫妻双方账户余额的20倍;当个贷率高于90%时,可贷额度为职工夫妻双方余额的10倍;当个贷率在75%~90%之间时,可贷额度为职工夫妻双方余额的15倍。

(4)正常连续缴存6个月以上,公积金账户余额不足1万元的,按1万元标准计算。

(5)异地贷款依据缴存地住房公积金管理中心出具的余额核定。

(五)贷款利率执行情况。当年个贷最高额度为45万元。购买首套住房的,首付款比例不得低于房价总额的20%,贷款利率5年以上3.25%(年利率),5年以下2.75%(年利率);购买二套住房首付款比例不得低于房价总额的30%,且利率上浮10%;三套及以上住房贷款不予受理。

(六)"放管服"情况。周口市住房公积金中心以打造"四办"公积金为抓手,持续深化"放管服"改革,强力推进"一网通办",将传统的服务模式升级为"线上+线下"公积金服务新模式,全面提升公积金智能服务水平,30个服务事项实现了"一网通办",年内"零跑腿"业务办理量724万人次,占业务办理总数的84%。

(七)信息化建设情况。认真贯彻中央、省、市"放管服"改革要求,推进"四级十同"政务服务事项对接,积极运用区块链技术,建立与其他部门间的数据通道,加快实现公积金数据共享交换,为"互联网+政务服务"和提高行业服务水平提供有力技术支撑,以信息共享促进流程优化、要件瘦身。目前已实现与公安人口信息、不动产、税务、社保信息、银行个人征信、民政婚姻登记、残联残疾人证明等信息的数据共享,有效防止骗提骗贷事件的发生。

(八)年内获得荣誉。

(1)市委、市政府授予"综合考评优秀县处级领导班子"。

(2)市综合考评工作领导小组授予"市管领导班子综合考评优秀等次"。

(3)市委、市政府命名"市级文明单位(标兵)"。

(4)市政府表彰"全市经济社会发展突出贡献单位"。

(5)省住房城乡建设厅表彰"住房公积金管理服务工作先进单位"。

(6)市平安建设工作小组评为"平安建设考评优秀单位"。

(7)市委授予"先进党总支部"。

(8)市直工委授予"先进党总支部"。

(9)市直工委授予"共产党员先锋岗"。

(10)市直机关第三届职工运动会组委会颁发"篮球比赛三等奖"。

（11）市文明办、市行政服务中心颁发"不忘初心，牢记使命"演讲比赛优秀组织奖。

无其他需要披露的情况。

驻马店市住房公积金 2019 年年度报告

一、机构概况

（一）住房公积金管理委员会：驻马店市住房公积金管理委员会有 29 名委员，2019 年审议通过了《驻马店市住房公积金 2018 年度归集使用计划执行情况及 2019 年度归集使用计划报告》《驻马店市住房公积金 2018 年度报告》等。

新蔡县住房公积金管理委员会有 32 名委员，2019 年召开 1 次会议，审议通过的事项主要包括：规范调整住房公积金综合服务平台、扩大住房公积金缴存覆盖收益面、规范管理自由职业缴存者、公积金新的贷款及针对自由职业者和异地缴存者的贷款政策、支取政策调整等。

（二）住房公积金管理中心：驻马店市住房公积金中心（以下简称"中心"）为直属驻马店市人民政府的不以营利为目的的全供事业单位，设 8 个科，10 个管理部。从业人员 106 人，其中，在编 56 人，非在编 50 人。

新蔡县住房公积金管理中心为新蔡县政府直管的不以营利为目的的社会公共服务类事业单位，设 5 个股室，从业人员 18 人，其中，在编 9 人，非在编 9 人。

二、业务运行情况

（一）缴存：2019 年，新开户单位 407 家，实缴单位 4453 家，净增单位 270 家；新开户职工 2.79 万人，实缴职工 29.09 万人，净增职工 1.76 万人；缴存额 33.09 亿元，同比增长 10.48%。2019 年末，缴存总额 189.16 亿元，同比增长 20.65%；缴存余额 106.03 亿元，同比增长 17.43%。

受委托办理住房公积金缴存业务的银行 10 家，与上年相比没有变化。

（二）提取：2019 年，提取额 17.28 亿元，同比增长 20.67%；占当年缴存额的 52.22%，比上年增加 4.41 个百分点。2019 年末，提取总额 83.77 亿元，同比增长 25.99%。

（三）贷款：

驻马店市个人住房贷款最高额度 50 万元，其中，单缴存职工最高额度 40 万元，双缴存职工最高额度 50 万元。

2019 年，发放个人住房贷款 0.72 万笔、22.99 亿元，同比分别增长 6.51%、14.55%。

2019 年，回收个人住房贷款 10.81 亿元。

2019 年末，累计发放个人住房贷款 6.20 万笔、133.11 亿元，贷款余额 78.60 亿元，同比分别增长 13.14%、20.89%、18.18%。个人住房贷款余额占缴存余额的 74.13%，比上年增加 0.47 个百分点。

受委托办理住房公积金个人住房贷款业务的银行 9 家，与上年相比没有变化。

（四）**资金存储**：2019 年末，住房公积金存款 28.63 亿元。其中，活期 4.05 亿元，1 年（含）以下定期 0 亿元，1 年以上定期 24.58 亿元，其他（协定、通知存款等）0 亿元。

（五）**资金运用率**：2019 年末，住房公积金个人住房贷款余额、项目贷款余额和购买国债余额的总和占缴存余额的 74.13%，比上年增加 0.47 个百分点。

三、主要财务数据

（一）**业务收入**：2019 年，业务收入 33793.02 万元，同比增长 20.13%。其中，存款利息 10058.55 万元，委托贷款利息 23639.20 万元，国债利息 0 万元，其他 95.27 万元。

（二）**业务支出**：2019 年，业务支出 15221.88 万元，同比增长 18.07%。其中，支付职工住房公积金利息 14394.06 万元，归集手续费 0 万元，委托贷款手续费 606.68 万元，其他 221.14 万元。

（三）**增值收益**：2019 年，增值收益 18571.14 万元，同比增长 21.87%。其中，增值收益率 1.83%，比上年减少 0.03 个百分点。

（四）**增值收益分配**：2019 年，提取贷款风险准备金 7816.22 万元，提取管理费用 3145.60 万元，提取城市廉租住房建设补充资金 7612.29 万元。

2019 年，上交财政管理费用 2086.24 万元。上缴财政城市廉租住房建设补充资金 6515.31 万元。

2019 年末，贷款风险准备金余额 39288.25 万元。累计提取城市廉租住房建设补充资金 33761.23 万元。

（五）**管理费用支出**：2019 年，管理费用支出 2146.65 万元，同比增加 31.17%。其中，人员经费 927.37 万元，公用经费 361.56 万元，专项经费 857.72 万元。

四、资产风险状况

个人住房贷款：2019 年末，个人住房贷款逾期额 6.58 万元，逾期率 0.0089‰。

个人贷款风险准备金按贷款余额的 1% 提取。2019 年，提取个人贷款风险准备金 7816.22 万元，使用个人贷款风险准备金核销呆坏账 0 万元。2019 年末，个人贷款风险准备金余额 39291.22 万元，占个人住房贷款余额的 5.00%，个人住房贷款逾期额与个人贷款风险准备金余额的比率为 0.017%。

五、社会经济效益

（一）**缴存业务**：2019 年，实缴单位数、实缴职工人数和缴存额同比分别增长 9.65%、1.78% 和 10.48%。

缴存单位中，国家机关和事业单位占 69.82%，国有企业占 6.85%，城镇集体企业占 2.02%，外商投资企业占 0.74%，城镇私营企业及其他城镇企业占 14.08%，民办非企业单位和社会团体占 2.69%，其他占 3.80%。

缴存职工中，国家机关和事业单位占 64.49%，国有企业占 13.72%，城镇集体企业占 3.95%，外商投资企业占 1.62%，城镇私营企业及其他城镇企业占 7.73%，民办非企业单位和社会团体占 1.51%，其他占 6.98%；中、低收入占 94.91%，高收入占 5.09%。

新开户职工中，国家机关和事业单位占 40.14%，国有企业占 6.81%，城镇集体企业占 4.66%，外商

投资企业占 2.15%,城镇私营企业及其他城镇企业占 24.37%,民办非企业单位和社会团体占 1.79%,其他占 20.08%;中、低收入占 97.49%,高收入占 2.51%。

(二)**提取业务**:2019 年,19.97 万名缴存职工提取住房公积金 17.28 亿元。

提取金额中,住房消费提取占 75.75%(购买、建造、翻建、大修自住住房占 23.84%,偿还购房贷款本息占 47.63%,租赁住房占 2.08%,其他占 2.20%);非住房消费提取占 24.25%(离休和退休提取占 18.75%,完全丧失劳动能力并与单位终止劳动关系提取占 2.03%,户口迁出本市或出境定居占 0.06%,其他占 3.41%)。

提取职工中,中、低收入占 98.70%,高收入占 1.30%。

(三)**贷款业务**:

1. 个人住房贷款:2019 年,支持职工购建房 92.89 万平方米,年末个人住房贷款市场占有率为 12.83%,比上年减少 1.06 个百分点。通过申请住房公积金个人住房贷款,可节约职工购房利息支出 78902.48 万元。

职工贷款笔数中,购房建筑面积 90(含)平方米以下占 5.42%,90~144(含)平方米占 81.08%,144 平方米以上占 13.50%。购买新房占 92.99%(其中购买保障性住房占 0%),购买二手房占 7.01%,建造、翻建、大修自住住房占 0%,其他占 0%。

职工贷款笔数中,单缴存职工申请贷款占 49.45%,双缴存职工申请贷款占 50.55%,三人及以上缴存职工共同申请贷款占 0%。

贷款职工中,30 岁(含)以下占 14.15%,30 岁~40 岁(含)占 44.76%,40 岁~50 岁(含)占 31.12%,50 岁以上占 9.97%;首次申请贷款占 83.91%,二次及以上申请贷款占 16.09%;中、低收入占 95.12%,高收入占 4.88%。

2. 异地贷款:2019 年,发放异地贷款 521 笔、9681.80 万元。2019 年末,发放异地贷款总额 54622.40 万元,异地贷款余额 40761.20 万元。

(四)**住房贡献率**:2019 年,个人住房贷款发放额、公转商贴息贷款发放额、项目贷款发放额、住房消费提取额的总和与当年缴存额的比率为 109.04%,比上年增加 6.27 个百分点。

六、其他重要事项

(一)**机构及职能调整情况、受委托办理缴存贷款业务金融机构变更情况**。2019 年 4 月 30 日,按照《中共驻马店市机构编制委员会关于部分处级事业单位调整的通知》(驻编〔2019〕23 号)要求,中心名称由"驻马店市住房公积金管理中心"调整为"驻马店市住房公积金中心"。

受委托办理住房公积金缴存业务、贷款业务的银行与上年相比没有变化。

(二)**住房公积金政策调整及执行情况**。2019 年,我市住房公积金政策没有调整。住房公积金缴存基数上限按照不超过本市上年职工月平均工资 3 倍的要求,确定为 14001 元,缴存基数下限按上年度最低工资标准 1500 元执行,缴存比例为 5%~12%。市直、各县区财政供养单位缴存比例为 12%。

(三)**服务改进情况**。按照上级关于深化"放管服"改革要求,不断提升住房公积金网上服务能力。一是加大政策宣传力度,开展住房公积金专管人员的业务培训,组织开展相关知识培训 50 多场 5000 多人。二是通过住房公积金综合服务平台等"网上办"途径开展业务,2019 年底网上办件率达到 85%。三是在部分住房公积金服务大厅投放查询终端设备,进一步方便群众查询。四是围绕"一网通办"推进缴存方式转变,做到缴存业务全程网上办理。

(四)信息化建设情况。 进一步加快信息化建设,一是建成了住房公积金综合服务平台,并于2019年12月26日以"优秀"等级全省首家通过了部、省联合检查验收。二是完成了全国数据平台建设,实现公积金数据与国家税务总局总对总的数据对接。三是综合业务管理系统服务平台和基础网络环境安全通过了公安部门信息系统安全等级保护三级认证。

新蔡县住房公积金管理中心对"双贯标"系统进行了完善升级,12329语音热线、微信平台、手机APP及综合服务平台等便民措施上线运行。

(五)精神文明建设情况。 不断加强文明建设,积极培育文明风尚,省级文明单位通过验收。

济源市住房公积金2019年年度报告

一、机构概况

(一)**住房公积金管理委员会**:住房公积金管理委员会有21名委员,2019年召开2次会议,审议通过的事项主要包括:(1)审议《济源市住房公积金2018年年度报告》;(2)审议《济源市住房公积金2018年度决算及2019年度预算报告》;(3)听取《济源市住房公积金管理中心关于2018年工作总结及2019年工作计划的报告》;(4)听取《济源住房公积金管理中心关于2019年工作情况的报告》。

(二)**住房公积金管理中心**:住房公积金管理中心为济源市人民政府直属的不以营利为目的的财政全供事业单位,下设5个科,0个管理部,0个分中心。从业人员34人,其中,在编13人,非在编21人。

二、业务运行情况

(一)**缴存**:2019年,新开户单位258家,实缴单位1474家,净增单位249家;新开户职工0.64万人,实缴职工10.39万人,净减少职工0.63万人;缴存额7.62亿元,同比增长21.53%。2018年末,缴存总额50.03亿元,同比增长17.97%;缴存余额30.83亿元,同比增长9.95%。

受委托办理住房公积金缴存业务的银行6家,比上年增加0家。

(二)**提取**:2019年,提取额4.83亿元,同比增长40.41%;占当年缴存额的63.39%,比上年增加8.53个百分点。2019年末,提取总额19.20亿元,同比增长33.61%。

(三)**贷款**:

1. 个人住房贷款:个人住房贷款最高额度40万元,其中,单缴存职工最高额度25万元,双缴存职工最高额度40万元。

2019年,发放个人住房贷款0.18万笔、5.15亿元,同比分别下降25%、14.17%。其中,市中心发放个人住房贷款0.18万笔、5.15亿元,2019年,回收个人住房贷款3.29亿元。其中,市中心3.29亿元。

2019年末，累计发放个人住房贷款2.19万笔、40.72亿元，贷款余额23.87亿元，同比分别增长8.96%、14.48%、8.5%。个人住房贷款余额占缴存余额的77.42%，比上年减少1.04个百分点。

受委托办理住房公积金个人住房贷款业务的银行5家，比上年增加0家。

2. 住房公积金支持保障性住房建设项目贷款：2019年，发放支持保障性住房建设项目贷款0亿元，回收项目贷款0亿元。2019年末，累计发放项目贷款0亿元，项目贷款余额0亿元。

（四）**购买国债**：2019年，购买（记账式、凭证式）国债0亿元，兑付（转让、收回）国债0亿元。2018年末，国债余额0亿元，比上年减少0亿元。

（五）**融资**：2019年，融资0亿元，归还0亿元。2019年末，融资总额0亿元，融资余额0亿元。

（六）**资金存储**：2019年末，住房公积金存款7.18亿元。其中，活期0.02亿元，1年（含）以下定期4.30亿元，1年以上定期2.53亿元，其他（协定、通知存款等）0.33亿元。

（七）**资金运用率**：2019年末，住房公积金个人住房贷款余额、项目贷款余额和购买国债余额的总和占缴存余额的77.42%，比上年减少1.04个百分点。

三、主要财务数据

（一）**业务收入**：2019年，业务收入9504.94万元，同比增长15.49%。其中，市中心9504.94万元；存款利息2160.33万元，委托贷款利息7341.03万元，国债利息0万元，其他3.59万元。

（二）**业务支出**：2019年，业务支出5026.09万元，同比下降15.79%。其中，市中心5026.09万元；支付职工住房公积金利息4545.53万元，归集手续费0万元，委托贷款手续费478.80万元，其他1.76万元。

（三）**增值收益**：2019年，增值收益4478.84万元，同比增长98.03%。其中，市中心4478.84万元；增值收益率1.51%，比上年增长0.66个百分点。

（四）**增值收益分配**：2019年，提取贷款风险准备金243.92万元，提取管理费用1782.55万元，提取城市廉租住房（公共租赁住房）建设补充资金2452.37万元。

2019年，上交财政管理费用832.55万元。上缴财政城市廉租住房（公共租赁住房）建设补充资金1367.45万元。其中，市中心上缴1367.45万元。

2019年末，贷款风险准备金余额2386.68万元。累计提取城市廉租住房（公共租赁住房）建设补充资金20481.10万元。其中，市中心提取20481.10万元。

（五）**管理费用支出**：2019年，管理费用支出832.55万元，同比增长29.60%。其中，人员经费189.58万元、公用经费19.68万元、专项经费623.29万元。

四、资产风险状况

（一）**个人住房贷款**：2019年末，个人住房贷款逾期额291.49万元，逾期率1.22‰。其中，市中心1.22‰。

个人贷款风险准备金按贷款余额的1%提取，2019年，提取个人贷款风险准备金243.92万元，使用个人贷款风险准备金核销呆坏账0万元。2019年末，个人贷款风险准备金余额2386.68万元，占个人住房贷款余额的1%，个人住房贷款逾期额与个人贷款风险准备金余额的比率为12.21%。

(二) 支持保障性住房建设试点项目贷款：2019年末，逾期项目贷款0万元，逾期率0‰。

项目贷款风险准备金按贷款余额的0%提取。2019年，提取项目贷款风险准备金0万元，使用项目贷款风险准备金核销呆坏账0万元，项目贷款风险准备金余额0万元，占项目贷款余额的0%，项目贷款逾期额与项目贷款风险准备金余额的比率为0%。

(三) 历史遗留风险资产：2019年末，历史遗留风险资产余额0万元，比上年减少0万元，历史遗留风险资产回收率0%。

五、社会经济效益

(一) 缴存业务：2019年，实缴单位数、实缴职工人数和缴存额同比分别增长19.45%、－6.06%和21.53%。

缴存单位中，国家机关和事业单位占10.58%，国有企业占1.02%，城镇集体企业占6.72%，外商投资企业占0.34%，城镇私营企业及其他城镇企业占20.28%，民办非企业单位和社会团体占26.26%，其他占34.80%。

缴存职工中，国家机关和事业单位占15.95%，国有企业占1.49%，城镇集体企业占4.3%，外商投资企业占0.07%，城镇私营企业及其他城镇企业占9.14%，民办非企业单位和社会团体占41.05%，其他占28%；中、低收入占84.21%，高收入占15.79%。

新开户职工中，国家机关和事业单位占7.40%，国有企业占2.45%，城镇集体企业占7.25%，外商投资企业占0.05%，城镇私营企业及其他城镇企业占25.45%，民办非企业单位和社会团体占21.07%，其他占36.33%；中、低收入占100%，高收入占0%。

(二) 提取业务：2019年，2.97万名缴存职工提取住房公积金4.83亿元。

提取金额中，住房消费提取占58.95%（购买、建造、翻建、大修自住住房占20.40%，偿还购房贷款本息占38.43%，租赁住房占0.12%，其他占0%）；非住房消费提取占41.05%（离休和退休提取占16.36%，完全丧失劳动能力并与单位终止劳动关系提取占18.29%，户口迁出本市或出境定居占0.13%，其他占6.27%）。

提取职工中，中、低收入占100%，高收入占0%。

(三) 贷款业务：

1. 个人住房贷款：2019年，支持职工购建房20.46万平方米，年末个人住房贷款市场占有率为17.55%，比上年减少22.87个百分点。通过申请住房公积金个人住房贷款，可节约职工购房利息支出17001.24万元。

职工贷款笔数中，购房建筑面积90（含）平方米以下占6%，90~144（含）平方米占77.74%，144平方米以上占16.26%。购买新房占78.78%（其中购买保障性住房占0%），购买二手房占21.22%，建造、翻建、大修自住住房占0%，其他占0%。

职工贷款笔数中，单缴存职工申请贷款占18.39%，双缴存职工申请贷款占81.61%，三人及以上缴存职工共同申请贷款占0%。

贷款职工中，30岁（含）以下占21.44%，30岁~40岁（含）占48.61%，40岁~50岁（含）占24.77%，50岁以上占5.18%；首次申请贷款82.43%，二次及以上申请贷款占17.57%；中、低收入占

100%，高收入占0%。

2. 异地贷款：2019年，发放异地贷款137笔、3238.51万元。2019年末，发放异地贷款总额9700.31万元，异地贷款余额6648.49万元。

3. 公转商贴息贷款：2019年，发放公转商贴息贷款0笔、0万元，支持职工购建住房面积0万平方米，当年贴息额0万元。2019年末，累计发放公转商贴息贷款0笔、0万元，累计贴息0万元。

4. 支持保障性住房建设试点项目贷款：2019年末，累计试点项目0个，贷款额度0亿元，建筑面积0万平方米，可解决0户中低收入职工家庭的住房问题。0个试点项目贷款资金已发放并还清贷款本息。

（四）**住房贡献率**：2019年，个人住房贷款发放额、公转商贴息贷款发放额、项目贷款发放额、住房消费提取额的总和与当年缴存额的比率为105.03%，比上年减少22.05个百分点。

六、其他重要事项

（一）**当年机构及职能调整情况、受委托办理缴存贷款业务金融机构变更情况。** 无。

（二）**当年住房公积金政策调整及执行情况。** 2019年3月25日出台了《关于调整住房公积金贷款若干规定的通知》；2019年4月11日出台了《关于印发政务服务事项目录的通知》；2019年4月18日出台了《关于进一步优化住房公积金购房、偿还商贷和公积金贷款等部分提取业务办理流程及条件的通知》；2019年6月18日出台了《关于做好2019年度住房公积金缴存基数和缴存比例调整工作的通知》；2019年6月28日出台了《开发企业楼盘准入管理办法（试行）》；2019年10月18日出台了《关于进一步精简业务办理材料、流程和提升服务效率的通知》。

（三）**当年服务改进情况。** 一是实行综合柜员制。中心打破业务窗口各自为政、条块分割的格局，全面实施归集、信贷、提取业务综合办理，实现总体业务量的均匀分布，减少群众排队等待时间。二是下放贷款审批权。解散由中心班子和业务科室负责人组成的贷款审批小组，取消贷款审批会，将贷款审批权下放至信贷科，实现全天候审批贷款，缩短贷款整体办理时间。三是精简部分提取流程。提前退休、离职提取不再收取退休证、离职单等材料，同时取消复核环节，由受理岗独立办结。四是综合服务平台建设完成，网厅、微信公众号投入使用。

（四）**当年信息化建设情况。** 在实现基础数据标准贯彻落实和结算应用系统接入工作的基础上，完成以下工作：一是接入住房和城乡建设部数据平台，在全省率先实现与税务总局之间公积金贷款利息支出个税抵扣数据传输。二是建立综合服务平台。以PC端和手机端为载体，继续拓宽服务渠道。目前，除单位开户、灵活就业人员开户、降低比例和缓缴业务外，剩余归集业务已经实现网办；离职提取、退休提取业务实现网办；贷款业务中，提前部分还贷业务实现网办，实现了公积金服务从局部到整体、从线下到线上、从人工到智能的转变。三是建设综合服务大厅信息化提升项目。根据《综合服务大厅信息化提升方案》，以实现"一网通办"前提下"最多跑一次"为导向，先后使用经费144.9万元，完成增加自助服务终端、异地转移接续直连、银企直联等工作，保障了公积金资金结算业务更加及时稳定安全。四是推进网络安全加固项目。按照准金融三级等保的建设要求，在信息传输和运营的关键位置，部署防火墙、交换机、堡垒机、网闸等15个防护产品，共使用经费239.71万元，保障了业务系统平台的稳定运行和缴存职工数据安全。五是建设自助服务大厅。利用进驻第二行政区市民之家的契机，中心已经与中原银行签署合作协议，在市民之家办公区域布置查询叫号机、自助一体机、自动填单机等设备以及按照信息化建设要求完成改造装修，建设"线上线下＋前台后台"的一体化自助服务大厅。

（五）当年住房公积金管理中心及职工所获荣誉情况。无。

（六）当年对违反《住房公积金管理条例》和相关法规行为进行行政处罚和申请人民法院强制执行情况。无。

（七）当年对住房公积金管理人员违规行为的纠正和处理情况等。无。

（八）其他需要披露的情况。无。

2019
Annual Report for National Housing Provident Funds 2019

全国住房公积金年度报告

汇编

（下册）

住房和城乡建设部住房公积金监管司　主编

中国建筑工业出版社

目 录

上 册

全国住房公积金 2019 年年度报告	2
北京住房公积金 2019 年年度报告	16
天津市住房公积金 2019 年年度报告	22
河北省住房公积金 2019 年年度报告	28
石家庄住房公积金 2019 年年度报告	32
唐山市住房公积金 2019 年年度报告	39
秦皇岛市住房公积金 2019 年年度报告	43
邯郸市住房公积金 2019 年年度报告	47
邢台市住房公积金 2019 年年度报告	52
保定市住房公积金 2019 年年度报告	56
张家口市住房公积金 2019 年年度报告	64
承德市住房公积金 2019 年年度报告	67
沧州市住房公积金 2019 年年度报告	72
廊坊市住房公积金 2019 年年度报告	79
衡水市住房公积金 2019 年年度报告	83
山西省住房公积金 2019 年年度报告	88
太原住房公积金 2019 年年度报告	92
大同市住房公积金 2019 年年度报告	97
阳泉市住房公积金 2019 年年度报告	102
长治市住房公积金 2019 年年度报告	107
晋城市住房公积金 2019 年年度报告	112
朔州市住房公积金 2019 年年度报告	117
晋中市住房公积金 2019 年年度报告	122
运城市住房公积金 2019 年年度报告	126

忻州市住房公积金 2019 年年度报告	129
临汾市住房公积金 2019 年年度报告	133
吕梁市住房公积金 2019 年年度报告	137

内蒙古自治区住房公积金 2019 年年度报告 …… 144

呼和浩特住房公积金 2019 年年度报告	148
包头市住房公积金 2019 年年度报告	153
乌海市住房公积金 2019 年年度报告	157
赤峰市住房公积金 2019 年年度报告	161
通辽市住房公积金 2019 年年度报告	165
鄂尔多斯市住房公积金 2019 年年度报告	170
呼伦贝尔市住房公积金 2019 年年度报告	173
巴彦淖尔市住房公积金 2019 年年度报告	178
乌兰察布市住房公积金 2019 年年度报告	183
兴安盟住房公积金 2019 年年度报告	186
锡林郭勒盟住房公积金 2019 年年度报告	191
阿拉善盟住房公积金 2019 年年度报告	196
满洲里市住房公积金 2019 年年度报告	199

辽宁省住房公积金 2019 年年度报告 …… 204

沈阳住房公积金 2019 年年度报告	207
大连市住房公积金 2019 年年度报告	217
鞍山市住房公积金 2019 年年度报告	223
抚顺市住房公积金 2019 年年度报告	227
本溪市住房公积金 2019 年年度报告	231
丹东市住房公积金 2019 年年度报告	235
锦州市住房公积金 2019 年年度报告	239
营口市住房公积金 2019 年年度报告	243
阜新市住房公积金 2019 年年度报告	247
辽阳市住房公积金 2019 年年度报告	252
盘锦市住房公积金 2019 年年度报告	255
铁岭市住房公积金 2019 年年度报告	259
朝阳市住房公积金 2019 年年度报告	263
葫芦岛市住房公积金 2019 年年度报告	267

吉林省住房公积金 2019 年年度报告 …… 272

长春住房公积金 2019 年年度报告	275
吉林市住房公积金 2019 年年度报告	282
四平市住房公积金 2019 年年度报告	286
辽源市住房公积金 2019 年年度报告	290
通化市住房公积金 2019 年年度报告	293
白山市住房公积金 2019 年年度报告	297
松原市住房公积金 2019 年年度报告	301
白城市住房公积金 2019 年年度报告	304
延边朝鲜族自治州住房公积金 2019 年年度报告	308
黑龙江省住房公积金 2019 年年度报告	**314**
哈尔滨住房公积金 2019 年年度报告	320
齐齐哈尔市住房公积金 2019 年年度报告	326
鸡西市住房公积金 2019 年年度报告	330
鹤岗市住房公积金 2019 年年度报告	335
双鸭山市住房公积金 2019 年年度报告	339
大庆市住房公积金 2019 年年度报告	342
伊春市住房公积金 2019 年年度报告	346
佳木斯市住房公积金 2019 年年度报告	350
七台河市住房公积金 2019 年年度报告	353
牡丹江市住房公积金 2019 年年度报告	356
黑河市住房公积金 2019 年年度报告	360
绥化市住房公积金 2019 年年度报告	363
大兴安岭地区住房公积金 2019 年年度报告	366
上海市住房公积金 2019 年年度报告	**372**
江苏省住房公积金 2019 年年度报告	**382**
南京住房公积金 2019 年年度报告	386
无锡市住房公积金 2019 年年度报告	393
徐州市住房公积金 2019 年年度报告	400
常州市住房公积金 2019 年年度报告	405
苏州市住房公积金 2019 年年度报告	410
南通市住房公积金 2019 年年度报告	417
连云港市住房公积金 2019 年年度报告	422
淮安市住房公积金 2019 年年度报告	426

盐城市住房公积金 2019 年年度报告	429
扬州市住房公积金 2019 年年度报告	434
镇江市住房公积金 2019 年年度报告	438
泰州市住房公积金 2019 年年度报告	445
宿迁市住房公积金 2019 年年度报告	451
浙江省住房公积金 2019 年年度报告	**458**
杭州住房公积金 2019 年年度报告	461
宁波市住房公积金 2019 年年度报告	470
温州市住房公积金 2019 年年度报告	476
嘉兴市住房公积金 2019 年年度报告	481
湖州市住房公积金 2019 年年度报告	488
绍兴市住房公积金 2019 年年度报告	493
金华市住房公积金 2019 年年度报告	498
衢州市住房公积金 2019 年年度报告	503
舟山市住房公积金 2019 年年度报告	508
台州市住房公积金 2019 年年度报告	512
丽水市住房公积金 2019 年年度报告	517
安徽省住房公积金 2019 年年度报告	**526**
合肥住房公积金 2019 年年度报告	529
芜湖市住房公积金 2019 年年度报告	533
蚌埠市住房公积金 2019 年年度报告	538
淮南市住房公积金 2019 年年度报告	542
马鞍山市住房公积金 2019 年年度报告	547
淮北市住房公积金 2019 年年度报告	552
铜陵市住房公积金 2019 年年度报告	557
安庆市住房公积金 2019 年年度报告	561
黄山市住房公积金 2019 年年度报告	564
滁州市住房公积金 2019 年年度报告	569
阜阳市住房公积金 2019 年年度报告	573
宿州市住房公积金 2019 年年度报告	577
六安市住房公积金 2019 年年度报告	581
亳州市住房公积金 2019 年年度报告	585
池州市住房公积金 2019 年年度报告	589

| 宣城市住房公积金 2019 年年度报告 | 594 |

福建省住房公积金 2019 年年度报告 ... 602

福州住房公积金 2019 年年度报告	604
厦门市住房公积金 2019 年年度报告	609
莆田市住房公积金 2019 年年度报告	617
三明市住房公积金 2019 年年度报告	621
泉州市住房公积金 2019 年年度报告	625
漳州市住房公积金 2019 年年度报告	629
南平市住房公积金 2019 年年度报告	633
龙岩市住房公积金 2019 年年度报告	638
宁德市住房公积金 2019 年年度报告	642

江西省住房公积金 2019 年年度报告 ... 648

南昌住房公积金 2019 年年度报告	651
景德镇市住房公积金 2019 年年度报告	655
萍乡市住房公积金 2019 年年度报告	658
九江市住房公积金 2019 年年度报告	662
新余市住房公积金 2019 年年度报告	667
鹰潭市住房公积金 2019 年年度报告	670
赣州市住房公积金 2019 年年度报告	675
吉安市住房公积金 2019 年年度报告	679
宜春市住房公积金 2019 年年度报告	685
抚州市住房公积金 2019 年年度报告	689
上饶市住房公积金 2019 年年度报告	693

山东省住房公积金 2019 年年度报告 ... 700

济南住房公积金 2019 年年度报告	705
青岛市住房公积金 2019 年年度报告	709
淄博市住房公积金 2019 年年度报告	715
枣庄市住房公积金 2019 年年度报告	719
东营市住房公积金 2019 年年度报告	725
烟台市住房公积金 2019 年年度报告	730
潍坊市住房公积金 2019 年年度报告	734
济宁市住房公积金 2019 年年度报告	740
泰安市住房公积金 2019 年年度报告	745

威海市住房公积金 2019 年年度报告	749
日照市住房公积金 2019 年年度报告	753
临沂市住房公积金 2019 年年度报告	757
德州市住房公积金 2019 年年度报告	761
聊城市住房公积金 2019 年年度报告	764
滨州市住房公积金 2019 年年度报告	769
菏泽市住房公积金 2019 年年度报告	773

河南省住房公积金 2019 年年度报告 ····· 780

郑州住房公积金 2019 年年度报告	783
开封市住房公积金 2019 年年度报告	791
洛阳市住房公积金 2019 年年度报告	796
平顶山市住房公积金 2019 年年度报告	800
安阳市住房公积金 2019 年年度报告	805
鹤壁市住房公积金 2019 年年度报告	810
新乡市住房公积金 2019 年年度报告	815
焦作市住房公积金 2019 年年度报告	822
濮阳市住房公积金 2019 年年度报告	826
许昌市住房公积金 2019 年年度报告	830
漯河市住房公积金 2019 年年度报告	834
三门峡市住房公积金 2019 年年度报告	839
南阳市住房公积金 2019 年年度报告	843
商丘市住房公积金 2019 年年度报告	848
信阳市住房公积金 2019 年年度报告	855
周口市住房公积金 2019 年年度报告	859
驻马店市住房公积金 2019 年年度报告	863
济源市住房公积金 2019 年年度报告	866

下 册

湖北省住房公积金 2019 年年度报告 ····· 872

武汉住房公积金 2019 年年度报告	875
黄石市住房公积金 2019 年年度报告	879
十堰市住房公积金 2019 年年度报告	883
宜昌市住房公积金 2019 年年度报告	889

襄阳市住房公积金 2019 年年度报告	894
鄂州市住房公积金 2019 年年度报告	897
荆门市住房公积金 2019 年年度报告	902
孝感市住房公积金 2019 年年度报告	905
荆州市住房公积金 2019 年年度报告	909
黄冈市住房公积金 2019 年年度报告	913
咸宁市住房公积金 2019 年年度报告	919
随州市住房公积金 2019 年年度报告	923
恩施土家族苗族自治州住房公积金 2019 年年度报告	928
仙桃市住房公积金 2019 年年度报告	932
潜江市住房公积金 2019 年年度报告	935
天门市住房公积金 2019 年年度报告	939
神农架林区住房公积金 2019 年年度报告	942

湖南省住房公积金 2019 年年度报告 948

长沙住房公积金 2019 年年度报告	951
株洲市住房公积金 2019 年年度报告	956
湘潭市住房公积金 2019 年年度报告	961
衡阳市住房公积金 2019 年年度报告	965
邵阳市住房公积金 2019 年年度报告	969
岳阳市住房公积金 2019 年年度报告	972
常德市住房公积金 2019 年年度报告	977
张家界市住房公积金 2019 年年度报告	981
益阳市住房公积金 2019 年年度报告	985
郴州市住房公积金 2019 年年度报告	989
永州市住房公积金 2019 年年度报告	994
怀化市住房公积金 2019 年年度报告	998
娄底市住房公积金 2019 年年度报告	1003
湘西土家族苗族自治州住房公积金 2019 年年度报告	1008

广东省住房公积金 2019 年年度报告 1014

广州住房公积金 2019 年年度报告	1018
韶关市住房公积金 2019 年年度报告	1022
深圳市住房公积金 2019 年年度报告	1026
珠海市住房公积金 2019 年年度报告	1032

汕头市住房公积金 2019 年年度报告	1036
佛山市住房公积金 2019 年年度报告	1040
江门市住房公积金 2019 年年度报告	1045
湛江市住房公积金 2019 年年度报告	1049
茂名市住房公积金 2019 年年度报告	1054
肇庆市住房公积金 2019 年年度报告	1057
惠州市住房公积金 2019 年年度报告	1061
梅州市住房公积金 2019 年年度报告	1066
汕尾市住房公积金 2019 年年度报告	1072
河源市住房公积金 2019 年年度报告	1076
阳江市住房公积金 2019 年年度报告	1083
清远市住房公积金 2019 年年度报告	1087
东莞市住房公积金 2019 年年度报告	1091
中山市住房公积金 2019 年年度报告	1096
潮州市住房公积金 2019 年年度报告	1100
揭阳市住房公积金 2019 年年度报告	1105
云浮市住房公积金 2019 年年度报告	1109
广西壮族自治区住房公积金 2019 年年度报告	**1116**
南宁住房公积金 2019 年年度报告	1121
柳州市住房公积金 2019 年年度报告	1131
桂林市住房公积金 2019 年年度报告	1136
梧州市住房公积金 2019 年年度报告	1140
北海市住房公积金 2019 年年度报告	1145
防城港市住房公积金 2019 年年度报告	1149
钦州市住房公积金 2019 年年度报告	1154
贵港市住房公积金 2019 年年度报告	1160
玉林市住房公积金 2019 年年度报告	1165
百色市住房公积金 2019 年年度报告	1170
贺州市住房公积金 2019 年年度报告	1175
河池市住房公积金 2019 年年度报告	1180
来宾市住房公积金 2019 年年度报告	1185
崇左市住房公积金 2019 年年度报告	1189
海南省住房公积金 2019 年年度报告	**1196**

重庆市住房公积金 2019 年年度报告	1202
四川省住房公积金 2019 年年度报告	1208
成都住房公积金 2019 年年度报告	1211
自贡市住房公积金 2019 年年度报告	1216
攀枝花市住房公积金 2019 年年度报告	1221
泸州市住房公积金 2019 年年度报告	1225
德阳市住房公积金 2019 年年度报告	1229
绵阳市住房公积金 2019 年年度报告	1233
广元市住房公积金 2019 年年度报告	1238
遂宁市住房公积金 2019 年年度报告	1241
内江市住房公积金 2019 年年度报告	1245
乐山市住房公积金 2019 年年度报告	1249
南充市住房公积金 2019 年年度报告	1253
眉山市住房公积金 2019 年年度报告	1256
宜宾市住房公积金 2019 年年度报告	1260
广安市住房公积金 2019 年年度报告	1265
达州市住房公积金 2019 年年度报告	1269
雅安市住房公积金 2019 年年度报告	1272
巴中市住房公积金 2019 年年度报告	1276
资阳市住房公积金 2019 年年度报告	1280
阿坝藏族羌族自治州住房公积金 2019 年年度报告	1284
甘孜藏族自治州住房公积金 2019 年年度报告	1288
凉山彝族自治州住房公积金 2019 年年度报告	1292
贵州省住房公积金 2019 年年度报告	1298
贵阳住房公积金 2019 年年度报告	1301
六盘水市住房公积金 2019 年年度报告	1305
遵义市住房公积金 2019 年年度报告	1309
安顺市住房公积金 2019 年年度报告	1312
毕节市住房公积金 2019 年年度报告	1316
铜仁市住房公积金 2019 年年度报告	1320
黔西南布依族苗族自治州住房公积金 2019 年年度报告	1323
黔东南苗族侗族自治州住房公积金 2019 年年度报告	1327
黔南布依族苗族自治州住房公积金 2019 年年度报告	1331

云南省住房公积金 2019 年年度报告 …… 1338
- 昆明住房公积金 2019 年年度报告 …… 1342
- 曲靖市住房公积金 2019 年年度报告 …… 1347
- 玉溪市住房公积金 2019 年年度报告 …… 1351
- 保山市住房公积金 2019 年年度报告 …… 1356
- 昭通市住房公积金 2019 年年度报告 …… 1361
- 丽江市住房公积金 2019 年年度报告 …… 1366
- 普洱市住房公积金 2019 年年度报告 …… 1372
- 临沧市住房公积金 2019 年年度报告 …… 1376
- 楚雄彝族自治州住房公积金 2019 年年度报告 …… 1381
- 红河哈尼族彝族自治州住房公积金 2019 年年度报告 …… 1385
- 文山壮族苗族自治州住房公积金 2019 年年度报告 …… 1389
- 西双版纳傣族自治州住房公积金 2019 年年度报告 …… 1393
- 大理白族自治州住房公积金 2019 年年度报告 …… 1396
- 德宏傣族景颇族自治州住房公积金 2019 年年度报告 …… 1400
- 怒江傈僳族自治州住房公积金 2019 年年度报告 …… 1404
- 迪庆藏族自治州住房公积金 2019 年年度报告 …… 1407

西藏自治区住房公积金 2019 年年度报告 …… 1414
- 拉萨住房公积金 2019 年年度报告 …… 1417
- 日喀则市住房公积金 2019 年年度报告 …… 1420
- 昌都市住房公积金 2019 年年度报告 …… 1423
- 山南市住房公积金 2019 年年度报告 …… 1425
- 那曲市住房公积金 2019 年年度报告 …… 1428
- 阿里地区住房公积金 2019 年年度报告 …… 1431
- 林芝市住房公积金 2019 年年度报告 …… 1434

甘肃省住房公积金 2019 年年度报告 …… 1440
- 兰州住房公积金 2019 年年度报告 …… 1443
- 嘉峪关市住房公积金 2019 年年度报告 …… 1451
- 金昌市住房公积金 2019 年年度报告 …… 1456
- 白银市住房公积金 2019 年年度报告 …… 1460
- 天水市住房公积金 2019 年年度报告 …… 1464
- 武威市住房公积金 2019 年年度报告 …… 1469
- 张掖市住房公积金 2019 年年度报告 …… 1473

平凉市住房公积金 2019 年年度报告 …… 1476
酒泉市住房公积金 2019 年年度报告 …… 1481
庆阳市住房公积金 2019 年年度报告 …… 1485
定西市住房公积金 2019 年年度报告 …… 1489
陇南市住房公积金 2019 年年度报告 …… 1492
临夏回族自治州住房公积金 2019 年年度报告 …… 1496
甘南州住房公积金 2019 年年度报告 …… 1499

陕西省住房公积金 2019 年年度报告 …… 1506
西安住房公积金 2019 年年度报告 …… 1509
铜川市住房公积金 2019 年年度报告 …… 1514
宝鸡市住房公积金 2019 年年度报告 …… 1517
咸阳市住房公积金 2019 年年度报告 …… 1521
渭南市住房公积金 2019 年年度报告 …… 1524
延安市住房公积金 2019 年年度报告 …… 1529
汉中市住房公积金 2019 年年度报告 …… 1533
榆林市住房公积金 2019 年年度报告 …… 1537
安康市住房公积金 2019 年年度报告 …… 1544
商洛市住房公积金 2019 年年度报告 …… 1547

青海省住房公积金 2019 年年度报告 …… 1552
西宁住房公积金 2019 年年度报告 …… 1555
海东市住房公积金 2019 年年度报告 …… 1561
海北藏族自治州住房公积金 2019 年年度报告 …… 1565
黄南藏族自治州住房公积金 2019 年年度报告 …… 1569
海南藏族自治州住房公积金 2019 年年度报告 …… 1571
果洛藏族自治州住房公积金 2019 年年度报告 …… 1575
玉树藏族自治州住房公积金 2019 年年度报告 …… 1578
海西蒙古族藏族自治州住房公积金 2019 年年度报告 …… 1582

宁夏回族自治区住房公积金 2019 年年度报告 …… 1588
银川住房公积金 2019 年年度报告 …… 1591
石嘴山市住房公积金 2019 年年度报告 …… 1597
吴忠市住房公积金 2019 年年度报告 …… 1601
固原市住房公积金 2019 年年度报告 …… 1605
中卫市住房公积金 2019 年年度报告 …… 1609

新疆维吾尔自治区住房公积金 2019 年年度报告 ······ 1614
 乌鲁木齐住房公积金 2019 年年度报告 ······ 1618
 克拉玛依市住房公积金 2019 年年度报告 ······ 1622
 吐鲁番市住房公积金 2019 年年度报告 ······ 1626
 哈密市住房公积金 2019 年年度报告 ······ 1629
 昌吉回族自治州住房公积金 2019 年年度报告 ······ 1634
 博尔塔拉蒙古自治州住房公积金 2019 年年度报告 ······ 1637
 巴音郭楞蒙古自治州住房公积金 2019 年年度报告 ······ 1640
 阿克苏地区住房公积金 2019 年年度报告 ······ 1644
 克孜勒苏柯尔克孜自治州住房公积金 2019 年年度报告 ······ 1647
 喀什地区住房公积金 2019 年年度报告 ······ 1651
 和田地区住房公积金 2019 年年度报告 ······ 1655
 伊犁哈萨克自治州住房公积金 2019 年年度报告 ······ 1659
 塔城地区住房公积金 2019 年年度报告 ······ 1663
 阿勒泰地区住房公积金 2019 年年度报告 ······ 1666
新疆生产建设兵团住房公积金 2019 年年度报告 ······ 1672
索引 ······ 1676

2019 全国住房公积金年度报告汇编

湖北省

武汉	荆州市
黄石市	黄冈市
十堰市	咸宁市
宜昌市	随州市
襄阳市	恩施土家族苗族自治州
鄂州市	仙桃市
荆门市	潜江市
孝感市	天门市
	神农架林区

湖北省住房公积金 2019 年年度报告

一、机构概况

（一）住房公积金管理机构：全省共设 17 个设区城市住房公积金中心，5 个独立设置的分中心。从业人员 2181 人，其中，在编 1420 人，非在编 761 人。

（二）住房公积金监管机构：湖北省住房和城乡建设厅、财政厅和人民银行武汉分行负责对本省住房公积金管理运行情况进行监督。省住房城乡建设厅设立住房公积金监管处，负责辖区住房公积金日常监管工作。

二、业务运行情况

（一）缴存：2019 年，新开户单位 10270 家，实缴单位 77288 家，净增单位 7036 家；新开户职工 56.82 万人，实缴职工 486.35 万人，净增职工 16.24 万人；缴存额 853.33 亿元，同比增长 11.89%。2019 年末，缴存总额 5650.01 亿元，比上年末增加 17.79%；缴存余额 2647.14 亿元，比上年末增加 14.74%。

（二）提取：2019 年，提取额 513.29 亿元，同比增长 6.86%；占当年缴存额的 60.15%，比上年减少 2.83 个百分点。2019 年末，提取总额 3002.87 亿元，比上年末增加 20.62%。

（三）贷款：

1. 个人住房贷款：2019 年，发放个人住房贷款 12.33 万笔、520.27 亿元，同比分别增长 26.85%、44.35%。回收个人住房贷款 235.45 亿元。

2019 年末，累计发放个人住房贷款 137.42 万笔、3541 亿元，贷款余额 2078.18 亿元，分别比上年末增加 9.86%、17.22%、15.88%。个人住房贷款余额占缴存余额的 78.51%，比上年末增加 0.78 个百分点。

2. 住房公积金支持保障性住房建设项目贷款：2019 年，发放支持保障性住房建设项目贷款 0 亿元，回收项目贷款 0 亿元。2019 年末，累计发放项目贷款 7.3 亿元，项目贷款余额 0 亿元。

（四）购买国债：2019 年，购买（记账式、凭证式）国债 0 亿元，兑付（转让、收回）国债 0 亿元。2019 年末，国债余额 0.25 亿元，与上年末相等。

（五）融资：2019 年，融资 0 亿元，归还 0 亿元。2019 年末，融资总额 171.24 亿元，融资余额 0 亿元。

（六）资金存储：2019 年末，住房公积金存款 644.78 亿元。其中，活期 22.21 亿元，1 年（含）以下定期 92.28 亿元，1 年以上定期 466.55 亿元，其他（协定、通知存款等）63.73 亿元。

（七）资金运用率：2019 年末，住房公积金个人住房贷款余额、项目贷款余额和购买国债余额的总和占缴存余额的 78.52%，比上年末增加 0.78 个百分点。

三、主要财务数据

（一）业务收入：2019 年，业务收入 84.59 亿元，同比增长 18.24%。其中，存款利息 21.33 亿元，委托贷款利息 63.09 亿元，国债利息 63.39 万元，其他 0.16 亿元。

（二）业务支出：2019 年，业务支出 42.32 亿元，同比增长 15.53%。其中，支付职工住房公积金利息 38.86 亿元，归集手续费 1.32 亿元，委托贷款手续费 2.05 亿元，其他 0.09 亿元。

（三）增值收益：2019 年，增值收益 42.27 亿元，同比增长 21.08%；增值收益率 1.7%，比上年增加 0.09 个百分点。

（四）增值收益分配：2019 年，提取贷款风险准备金 7.58 亿元，提取管理费用 6.31 亿元，提取城市廉租住房（公共租赁住房）建设补充资金 29.76 亿元。

2019 年，上缴财政管理费用 6.24 亿元，上缴财政城市廉租住房（公共租赁住房）建设补充资金 26.27 亿元。

2019 年末，贷款风险准备金余额 52.35 亿元，累计提取城市廉租住房（公共租赁住房）建设补充资金 163.44 亿元。

（五）管理费用支出：2019 年，管理费用支出 63884.88 万元，同比下降 1.04%。其中，人员经费 30725.03 万元，公用经费 6500.59 万元，专项经费 26659.26 万元。

四、资产风险状况

（一）个人住房贷款：2019 年末，个人住房贷款逾期额 1 亿元，逾期率 0.5‰。

2019 年，提取个人贷款风险准备金 7.58 亿元，使用个人贷款风险准备金核销呆坏账 0 亿元。2019 年末，个人贷款风险准备金余额 52.27 亿元，占个人贷款余额的 2.51%，个人贷款逾期额与个人贷款风险准备金余额的比率为 1.92%。

（二）住房公积金支持保障性住房建设项目贷款：2019 年末，逾期项目贷款 0 亿元，逾期率为 0‰。

2019 年，提取项目贷款风险准备金 0 亿元，使用项目贷款风险准备金核销呆坏账 0 亿元。2019 年末，项目贷款风险准备金余额 820 万元，占项目贷款余额的 0%，项目贷款逾期额与项目贷款风险准备金余额的比率为 0%。

五、社会经济效益

（一）缴存业务：2019 年，实缴单位数、实缴职工人数和缴存额增长率分别为 10.02%、3.45% 和 11.89%。

缴存单位中，国家机关和事业单位占 42.03%，国有企业占 10.92%，城镇集体企业占 1.55%，外商投资企业占 3.4%，城镇私营企业及其他城镇企业占 32.72%，民办非企业单位和社会团体占 5.54%，其他占 3.84%。

缴存职工中，国家机关和事业单位占 35.64%，国有企业占 25.62%，城镇集体企业占 1.79%，外商投资企业占 8.84%，城镇私营企业及其他城镇企业占 21.53%，民办非企业单位和社会团体占 2.97%，其他占 3.61%；中、低收入占 93.61%，高收入占 6.39%。

新开户职工中，国家机关和事业单位占 17.38%，国有企业占 15.72%，城镇集体企业占 1.74%，外商投资企业占 10.82%，城镇私营企业及其他城镇企业占 42.89%，民办非企业单位和社会团体占 4.77%，其他占 6.68%；中、低收入占 98.72%，高收入占 1.28%。

（二）提取业务：2019 年，138.72 万名缴存职工提取住房公积金 513.29 亿元。

提取金额中，住房消费提取占 76.04%（购买、建造、翻建、大修自住住房占 40.44%，偿还购房贷款本息占 31.79%，租赁住房占 3.1%，其他占 0.71%）；非住房消费提取占 23.96%（离休和退休提取占 18.06%，完全丧失劳动能力并与单位终止劳动关系提取占 2.01%，出境定居占 0.27%，其他占 3.62%）。

提取职工中，中、低收入占 91.61%，高收入占 8.39%。

（三）贷款业务：

1. 个人住房贷款：2019 年，支持职工购建房 1405.17 万平方米。年末个人住房贷款市场占有率（含公转商贴息贷款）为 19.51%，比上年末增加 1.06 个百分点。通过申请住房公积金个人住房贷款，可节约职工购房利息支出 124.41 亿元。

职工贷款笔数中，购房建筑面积 90（含）平方米以下占 17.1%，90～144（含）平方米占 75.01%，144 平方米以上占 7.89%。购买新房占 76.57%（其中购买保障性住房占 0.16%），购买二手房占 22.26%，建造、翻建、大修自住住房占 0.42%，其他占 0.75%。

职工贷款笔数中，单缴存职工申请贷款占 38.92%，双缴存职工申请贷款占 59.85%，三人及以上缴存职工共同申请贷款占 1.23%。

贷款职工中，30 岁（含）以下占 31.77%，30 岁～40 岁（含）占 38.16%，40 岁～50 岁（含）占 22.53%，50 岁以上占 7.54%；首次申请贷款占 81.11%，二次及以上申请贷款占 18.89%；中、低收入占 93.71%，高收入占 6.29%。

2. 异地贷款：2019 年，发放异地贷款 8161 笔、33.93 亿元。2019 年末，发放异地贷款总额 102.26 亿元，异地贷款余额 65.2 亿元。

3. 公转商贴息贷款：2019 年，发放公转商贴息贷款 2 笔 52 万元，支持职工购建房面积 246.83 平方米。当年贴息额 306.28 万元。2019 年末，累计发放公转商贴息贷款 1048 笔、30074.41 万元，累计贴息 471.02 万元。

4. 住房公积金支持保障性住房建设项目贷款：2019 年末，全省有住房公积金试点城市 4 个，试点项目 4 个，贷款额度 7.3 亿元，建筑面积 97.43 万平方米，可解决 12406 户中低收入职工家庭的住房问题。4 个试点项目贷款资金已发放并还清贷款本息。

（四）住房贡献率：2019 年，个人住房贷款发放额、公转商贴息贷款发放额、项目贷款发放额、住房消费提取额的总和与当年缴存额的比率为 106.71%，比上年增加 12.62 个百分点。

六、其他重要事项

（一）开展监督检查情况。进一步梳理了当前住房公积金行业面临的主要风险点，并拟订了相应的防控措施。目前全省住房公积金流动性风险总体可控，贷款逾期率低于预期，骗提骗贷行为得到有效遏制。各地充分运用电子稽查工具进行自查整改，政策执行风险得到较好控制。2019 年 8 月，重点督促有关城市中心按照国家和省文件要求，限期规范缴存基数上限，化解了政策执行中的潜在风险。9 月开始，配合做好住房公积金审计及整改工作。

（二）服务改进情况。积极推进政务服务"一网通办"，网上业务办理量大幅提升，服务水平明显改善，全省已有 21 个中心开通了网厅，其中：武汉、宜昌等地基本能实现单位业务全程网上办理。

（三）信息化建设情况。 2019年重点推进全国数据平台接入、综合服务平台验收和异地转移接续平台直连工作。目前全国数据平台接入工作全面完成，接入率达到100％，按期达到住房和城乡建设部规定要求；综合服务平台建设有序推进，完成黄冈、天门、江汉油田验收工作，已有8个中心通过验收；14个城市实现异地转移接续平台直连。

（四）住房公积金机构及从业人员所获荣誉情况。

1. 获得集体荣誉。 2019年全省共计获得4个文明单位（行业、窗口），其中国家级1个，地市级3个；地市级青年文明号2个。

2. 获得个人荣誉。 地市级五一劳动奖章（劳动模范）1个；地市级三八红旗手（巾帼文明岗）1个；46个地市级先进集体和个人称号；获得其他荣誉12个，其中省部级1个，地市级11个。

武汉住房公积金2019年年度报告

一、机构概况

（一）住房公积金管理委员会： 住房公积金管理委员会有27名委员，2019年召开1次会议，审议通过的事项主要包括：《关于调整武汉住房公积金管理委员会部分委员、副主任委员和主任委员人选的建议》《武汉住房公积金2018年度归集使用计划执行情况及2019年度归集使用计划（草案）》《武汉住房公积金2018年度财务收支预算执行情况及2019年度财务收支预算建议》《市财政局关于2019年武汉住房公积金财务收支及管理费用预算的审核意见》《武汉住房公积金2018年年度报告》。

（二）住房公积金管理中心： 住房公积金管理中心为直属市人民政府的不以营利为目的的正局级事业单位，内设办公室（政策法规处）、信息技术处、计划财务处、归集管理处、贷款管理处、审计保全处、会计核算处、组织人事处等8个处室，下设省直分中心、铁路分中心、汉口分中心、汉阳分中心、武昌分中心、新洲分中心、黄陂分中心、江夏分中心、蔡甸分中心等9个分中心。从业人员276人，其中，在编149人，非在编127人。

二、业务运行情况

（一）缴存： 2019年，新开户单位5802家，实缴单位31583家，净增单位4359家；新开户职工31.70万人，实缴职工231.36万人，净增职工10.89万人；缴存额426.38亿元，同比增长13.61％。2019年末，缴存总额2886.59亿元，同比增长17.33％；缴存余额1283.25亿元，同比增长14.89％。

受委托办理住房公积金缴存业务的银行17家，较上年无变化。

（二）提取： 2019年，提取额260.09亿元，同比增长7.81％；占当年缴存额的61.00％，比上年减少3.28个百分点。2019年末，提取总额1603.34亿元，同比增长19.36％。

（三）贷款：

1. 个人住房贷款： 个人住房贷款最高额度70万元，其中，单缴存职工最高额度70万元，双缴存职工

最高额度 70 万元。

2019 年，发放个人住房贷款 5.40 万笔、273.86 亿元，同比分别增长 76.13%、95.12%。

2019 年，回收个人住房贷款 118.10 亿元。

2019 年末，累计发放个人住房贷款 61.21 万笔、1928.75 亿元，贷款余额 1078.28 亿元，同比分别增长 9.68%、16.55%、16.88%。个人住房贷款余额占缴存余额的 84.00%，比上年末增加 1.41 个百分点。

受委托办理住房公积金个人住房贷款业务的银行 20 家，较上年增加 2 家。

2. 住房公积金支持保障性住房建设项目贷款： 2019 年，未发放。2019 年末，累计发放项目贷款 4 亿元，累计收回 4 亿元，项目贷款余额为零。

（四）**购买国债：** 2019 年未购买国债，未转让国债，年末国债余额 0.25 亿元，与上年持平。

（五）**融资：** 2019 年未融资，归还 2.13 亿元。2019 年末，融资总额 111.16 亿元，融资余额 10.72 亿元。

（六）**资金存储：** 2019 年末，住房公积金存款 258.25 亿元。其中，活期 0.05 亿元，1 年（含）以下定期 34.01 亿元，1 年以上定期 208.76 亿元，其他（协定、通知存款）15.43 亿元。

（七）**资金运用率：** 2019 年末，住房公积金个人住房贷款余额、项目贷款余额和购买国债余额的总和占缴存余额的 84.05%，比上年增加 1.44 个百分点。

三、主要财务数据

（一）**业务收入：** 2019 年，业务收入 407631.40 万元，同比增长 21.21%。存款利息 81931.34 万元，委托贷款利息 325559.30 万元，国债利息 94.30 万元，其他 46.46 万元。

（二）**业务支出：** 2019 年，业务支出 216437.25 万元，同比增长 10.28%。支付职工住房公积金利息 193018.54 万元，归集手续费 11163.90 万元，委托贷款手续费 12254.16 万元，其他 0.65 万元。

（三）**增值收益：** 2019 年，增值收益 191194.15 万元，同比增长 36.53%。增值收益率 1.59%，比上年增加 0.26 个百分点。

（四）**增值收益分配：** 2019 年，可供分配增值收益 204598.94 万元（含上年待分配增值收益 13404.79 万元），提取贷款风险准备金 41078.26 万元，提取管理费用 9006.09 万元，提取城市廉租住房建设补充资金 154514.59 万元。

2019 年，上交财政管理费用 9006.09 万元和压减预算管理费 1257.82 万元。上缴财政城市廉租住房建设补充资金 116750.01 万元。

2019 年末，贷款风险准备金余额 293517.74 万元。累计提取城市廉租住房建设补充资金 879553.65 万元。

（五）**管理费用支出：** 2019 年，管理费用支出 16049.22 万元（含档案库房专项经费 5670.56 万元），同比增长 76.39%。其中，人员经费 4447.68 万元，公用经费 1540.91 万元，专项经费 10060.63 万元。

四、资产风险状况

（一）**个人住房贷款：** 2019 年末，个人住房贷款逾期额 3023.17 万元，逾期率 0.28‰。

2019 年，提取个人贷款风险准备金 41078.26 万元，未使用个人贷款风险准备金核销呆坏账。2019 年末,个人贷款风险准备金余额292917.74万元,占个人住房贷款余额的2.72%,个人住房贷款逾期额与个人贷款风险准备金余额的比率为1.03%。

(二)支持保障性住房建设试点项目贷款:2019年末,逾期项目贷款余额为零,逾期率为零。

2019年,未提取项目贷款风险准备金,未使用项目贷款风险准备金核销呆坏账,年末,项目贷款风险准备金余额600万元,项目贷款逾期额与项目贷款风险准备金余额的比率为零。

五、社会经济效益

(一)缴存业务:2019年,实缴单位数、实缴职工人数和缴存额同比分别增长16.01%、4.94%和13.61%。

缴存单位中,国家机关和事业单位占16.14%,国有企业占10.70%,城镇集体企业占2.01%,外商投资企业占6.70%,城镇私营企业及其他城镇企业占58.10%,民办非企业单位和社会团体占6.25%,其他占0.10%。

缴存职工中,国家机关和事业单位占20.16%,国有企业占28.59%,城镇集体企业占2.69%,外商投资企业占14.72%,城镇私营企业及其他城镇企业占30.57%,民办非企业单位和社会团体占3.20%,其他占0.07%;中、低收入占91.67%,高收入占8.33%。

新开户职工中,国家机关和事业单位占8.32%,国有企业占17.73%,城镇集体企业占2.29%,外商投资企业占14.30%,城镇私营企业及其他城镇企业占52.93%,民办非企业单位和社会团体占4.35%,其他占0.08%;中、低收入占98.80%,高收入占1.20%。

(二)提取业务:2019年,69.69万缴存职工提取住房公积金260.09亿元。

提取金额中,住房消费提取占78.93%(购买、建造、翻建、大修自住住房占17.97%,偿还购房贷款本息占56.29%,租赁住房占4.66%,其他占0.01%);非住房消费提取占21.07%(离休和退休提取占15.82%,完全丧失劳动能力并与单位终止劳动关系提取占4.17%,出境定居占0.49%,其他占0.59%)。

提取职工中,中、低收入占89.30%,高收入占10.70%。

(三)贷款业务:

1.个人住房贷款:2019年,支持职工购建房569.56万平方米,年末个人住房贷款市场占有率为16.04%,比上年末增加0.35个百分点。通过申请住房公积金个人住房贷款,可节约职工购房利息支出974305万元。

职工贷款笔数中,购房建筑面积90(含)平方米以下占25.53%,90~144(含)平方米占69.83%,144平方米以上占4.64%。购买新房占72.21%(其中购买保障性住房占0%),购买二手房占27.79%,建造、翻建、大修自住住房占0%,其他占0%。

职工贷款笔数中,单缴存职工申请贷款占43.62%,双缴存职工申请贷款占56.38%,三人及以上缴存职工共同申请贷款占0%。

贷款职工中,30岁(含)以下占38.8%,30岁~40岁(含)占43.11%,40岁~50岁(含)占14.45%,50岁以上占3.64%;首次申请贷款占74.03%,二次及以上申请贷款占25.97%;中、低收入占93.38%,高收入占6.62%。

2. 异地贷款：2019 年，发放异地贷款 2506 笔、143135.10 万元。2019 年末，发放异地贷款总额 148504.30 万元，异地贷款余额 140751.01 万元。

3. 公转商贴息贷款：无公转商贴息贷款。

4. 支持保障性住房建设试点项目贷款：2019 年末，累计试点项目 1 个，贷款额度 4 亿元，建筑面积 52.87 万平方米，可解决 6600 户中低收入职工家庭的住房问题。试点项目贷款资金已发放并还清贷款本息。

（四）住房贡献率：2019 年，个人住房贷款发放额、公转商贴息贷款发放额、项目贷款发放额、住房消费提取额的总和与当年缴存额的比率为 112.37%，比上年增加 26.01 个百分点。

六、其他重要事项

（一）当年机构及职能调整情况、受委托办理缴存贷款业务金融机构变更情况。根据武汉市委机构编制委员会《关于调整武汉住房公积金管理中心机构编制的批复》（武编〔2019〕48 号），综合处（政策法规处）更名为办公室（政策法规处），贷款管理处不再加挂贷款业务服务部牌子，增设计划财务处、组织人事处。将高校、东湖分中心合并设置为武昌分中心。机关党委按规定设置。

住房公积金个人贷款业务受委托银行增加富邦华一银行武汉分行，同时恢复了平安银行武汉分行的个人贷款业务受托资格。

（二）当年住房公积金政策调整及执行情况。

（1）为支持缴存职工家庭改善居住条件，根据《市人民政府关于既有住宅增设电梯工作的意见》（武政规〔2018〕27 号）文件精神，制发了《武汉市既有住宅增设电梯提取住房公积金实施细则》，武汉市行政区域范围内既有住宅加装电梯的房屋所有权人及其配偶，可提取住房公积金支付电梯建设费用（不含电梯运行维护费用）的个人实际出资部分。

（2）为贯彻落实我市人才强市发展战略，制发了《武汉市高层次和高技能领军人才住房公积金支持政策暂行办法》，规定高层次和高技能领军人才购买首套住房的，可以在我市当年住房公积金最高贷款额度的 1.2 倍内申请公积金贷款。

（3）为推进租购并举的住房制度建设，结合武汉市房屋租金水平，制发了《关于提高租房提取住房公积金额度标准的通知》，租房提取住房公积金的额度标准，单身职工由 12000 元/年提高到 14400 元/年，已婚职工家庭由 24000 元/年提高到 28800 元/年。

（4）根据武汉市统计局公布的 2018 年度职工月平均工资标准，确定 2019 年武汉地区职工住房公积金月缴存基数上限为 22081.75 元，从 2019 年的 7 月 1 日开始执行，各缴存单位一律不得突破上限缴存。2019 年武汉地区最低月缴存基数为：中心城区不得低于 1750 元，新城区不得低于 1500 元。

（三）当年服务改进情况。

1. 简化提取、转移业务办理流程。 为进一步落实"放管服"改革要求，一是取消了住房公积金提取业务（"死亡提取"除外）需单位开具《武汉住房公积金提取凭证》环节，缴存职工可就近选择任意住房公积金业务网点，一站式办结提取审核及提取转账手续；二是职工提取公积金委托扣划归还公积金贷款，实现全环节网上自助办理，更加方便于民；三是职工外地公积金转移至武汉，实现了网上自助办理，更加省时、便捷。

2. 不断拓展服务渠道方式。一是将12项公积金业务接入市政务自助终端服务平台，实现7×24小时自助办理；二是推出智能在线客服和智能语音客服，增加客服系统短信发送功能，进一步增强客户服务体验；三是积极推进接入工作，缴存单位及职工可通过省政务服务"一张网"PC端、"鄂汇办"手机端办理住房公积金业务；四是推出网上预约服务，实现错峰错时办理业务，减少职工排队等候现象。

3. 加强综合服务平台建设。一是不断丰富网上业务功能，新增网上业务功能13项，其中，异地转移业务2项、提取业务9项、委托扣划业务2项。二是建立多渠道在线咨询平台，网站、微信、微博、APP、支付宝等互联网服务渠道的在线咨询服务实现统一响应受理。三是大力推广综合服务平台应用，个人网上业务平台注册用户同比增长34.40%，微信粉丝同比增长31.62%。

4. 强化核心业务系统建设。一是自主研发数据采集报送系统，按时完成住房和城乡建设部数据平台上线接入工作，为个税抵扣提供数据参考。二是适应核心业务系统要求，完成网络架构优化升级。三是全面开展电子化稽查，及时排查风险隐患，不断提升基础数据质量，提高信息系统管理水平。四是建设完成计算机系统监控平台，实施计算机系统三级等保认证工作，为核心业务系统保驾护航。

（四）当年住房公积金管理中心及职工所获荣誉情况。市民之家分中心党支部荣获"示范基层党组织"称号，1人获得武汉市五一劳动奖章，1人获得武汉市最美岗花，23人荣获武汉市优秀工作者称号。

（五）依据《武汉住房公积金行政执法暂行办法》，2019年，下达《行政处理决定书》1份，处罚金额5万元并上缴财政，向法院申请强制执行案件1例并执行完毕。

（六）2019年，住房公积金管理人员无违规行为发生。

（七）无其他需要披露的情况。

黄石市住房公积金2019年年度报告

一、机构概况

（一）**住房公积金管理委员会**：住房公积金管理委员会有23名委员，2019年召开1次会议，审议通过的事项主要包括：《黄石市住房公积金管理工作情况报告》、关于《黄石市住房公积金2018年预算执行情况和2019年预算》的报告、《黄石市住房公积金2018年年度报告》。

（二）**住房公积金管理中心**：住房公积金管理中心为市政府不以营利为目的的公益一类事业单位，设6个科，2个管理部，1个分中心，1个办事处。从业人员78人，其中，在编65人，非在编13人。

二、业务运行情况

（一）**缴存**：2019年，新开户单位488家，实缴单位3461家，净增单位448家；新开户职工2.07万人，实缴职工20.79万人，净增职工0.68万人；缴存额28.43亿元，同比增长11.76%。2019年末，缴存总额207.40亿元，比上年末增加15.89%；缴存余额108.86亿元，比上年末增加10.74%。

受委托办理住房公积金缴存业务的银行7家，比上年增加（减少）0家。

（二）提取：2019 年，提取额 17.87 亿元，同比增长 0.28％；占当年缴存额的 62.85％，比上年减少 7.2 个百分点。2019 年末，提取总额 98.53 亿元，比上年末增加 22.15％。

（三）贷款：

1. 个人住房贷款：个人住房贷款最高额度 60 万元，其中，单缴存职工最高额度 50 万元，双缴存职工最高额度 60 万元。

2019 年，发放个人住房贷款 0.58 万笔、23.1 亿元，同比分别下降 9.38％、7.76％。其中，市中心发放个人住房贷款 0.39 万笔、16.01 亿元，大冶分中心发放个人住房贷款 0.10 万笔、3.54 亿元，阳新办事处发放个人住房贷款 0.09 万笔、3.50 亿元。

2019 年，回收个人住房贷款 10.34 亿元。其中，市中心 7.24 亿元，大冶分中心 1.94 亿元，阳新办事处 1.15 亿元。

2019 年末，累计发放个人住房贷款 6.58 万笔、163.82 亿元，贷款余额 102.92 亿元，分别比上年末增加 9.67％、16.41％、14.15％。个人住房贷款余额占缴存余额的 94.54％，比上年末增加 2.82 个百分点。

受委托办理住房公积金个人住房贷款业务的银行 7 家，比上年增加（减少）0 家。

2. 住房公积金支持保障性住房建设项目贷款：2019 年，发放支持保障性住房建设项目贷款 0 亿元，回收项目贷款 0 亿元。2019 年末，累计发放项目贷款 0 亿元，项目贷款余额 0 亿元。

（四）购买国债：2019 年，购买（记账式、凭证式）国债 0 亿元，兑付（转让、收回）国债 0 亿元。2019 年末，国债余额 0 亿元，比上年末减少（增加）0 亿元。

（五）融资：2019 年，融资 0 亿元，归还 0 亿元。2019 年末，融资总额 1 亿元，融资余额 0 亿元。

（六）资金存储：2019 年末，住房公积金存款 11.61 亿元。其中，活期 0.79 亿元，1 年（含）以下定期 8.32 亿元，1 年以上定期 0 亿元，其他（协定、通知存款等）2.5 亿元。

（七）资金运用率：2019 年末，住房公积金个人住房贷款余额、项目贷款余额和购买国债余额的总和占缴存余额的 94.54％，比上年末增加 2.82 个百分点。

三、主要财务数据

（一）业务收入：2019 年，业务收入 49027.72 万元，同比增长 60.16％。其中，存款利息 17495.10 万元，委托贷款利息 31532.62 万元，国债利息 0 万元，其他 0 万元。

（二）业务支出：2019 年，业务支出 24154.74 万元，同比增长 132.05％。其中，支付职工住房公积金利息 23520.94 万元，归集手续费 0 万元，委托贷款手续费 624.49 万元，其他 9.31 万元。

（三）增值收益：2019 年，增值收益 24872.98 万元，同比增长 23.12％。其中，增值收益率 2.37％，比上年增加 0.26 个百分点。

（四）增值收益分配：2019 年，提取贷款风险准备金 1275.89 万元，提取管理费用 2180 万元，提取城市廉租住房（公共租赁住房）建设补充资金 21417.09 万元。

2019 年，上交财政管理费用 1950 万元。上缴财政城市廉租住房（公共租赁住房）建设补充资金 16693.69 万元。

2019 年末，贷款风险准备金余额 34912.44 万元。累计提取城市廉租住房（公共租赁住房）建设补充资金 87782.03 万元。

（五）管理费用支出：2019 年，管理费用支出 1890.43 万元，同比下降 3.6%。其中，人员经费 1426.5 万元，公用经费 311.89 万元，专项经费 152.04 万元。

四、资产风险状况

（一）个人住房贷款：2019 年末，个人住房贷款逾期额 0 万元，逾期率 0‰。

个人贷款风险准备金按贷款余额的 1%提取。2019 年，提取个人贷款风险准备金 1275.89 万元，使用个人贷款风险准备金核销呆坏账 0 万元。2019 年末，个人贷款风险准备金余额 34912.44 万元，占个人住房贷款余额的 3.39%，个人住房贷款逾期额与个人贷款风险准备金余额的比率为 0%。

（二）支持保障性住房建设试点项目贷款：2019 年末，逾期项目贷款 0 万元，逾期率 0‰。

项目贷款风险准备金按贷款余额的 0%提取。2019 年，提取项目贷款风险准备金 0 万元，使用项目贷款风险准备金核销呆坏账 0 万元，项目贷款风险准备金余额 0 万元，占项目贷款余额的 0%，项目贷款逾期额与项目贷款风险准备金余额的比率为 0%。

五、社会经济效益

（一）缴存业务：2019 年，实缴单位数、实缴职工人数和缴存额同比分别增长 10.33%、1.09%和 11.76%。

缴存单位中，国家机关和事业单位占 47.88%，国有企业占 9.07%，城镇集体企业占 2.22%，外商投资企业占 1.36%，城镇私营企业及其他城镇企业占 27.39%，民办非企业单位和社会团体占 5.81%，其他占 6.27%。

缴存职工中，国家机关和事业单位占 36.1%，国有企业占 23.88%，城镇集体企业占 1.79%，外商投资企业占 13.99%，城镇私营企业及其他城镇企业占 20.6%，民办非企业单位和社会团体占 1.54%，其他占 2.1%；中、低收入占 99.96%，高收入占 0.04%。

新开户职工中，国家机关和事业单位占 20.51%，国有企业占 7.49%，城镇集体企业占 1.54%，外商投资企业占 22.51%，城镇私营企业及其他城镇企业占 35.57%，民办非企业单位和社会团体占 3.68%，其他占 8.71%；中、低收入占 100%，高收入占 0%。

（二）提取业务：2019 年，5.76 万名缴存职工提取住房公积金 17.87 亿元。

提取金额中，住房消费提取占 67.66%（购买、建造、翻建、大修自住住房占 12.17%，偿还购房贷款本息占 54.65%，租赁住房占 0.4%，其他占 0.45%）；非住房消费提取占 32.34%（离休和退休提取占 22.82%，完全丧失劳动能力并与单位终止劳动关系提取占 5.84%，出境定居占 1.32%，其他占 2.36%）。

提取职工中，中、低收入占 99.88%，高收入占 0.12%。

（三）贷款业务：

1. 个人住房贷款：2019 年，支持职工购建房 71.53 万平方米，年末个人住房贷款市场占有率（含公转商贴息贷款）为 27.87%，比上年末增加（减少）1.23 个百分点。通过申请住房公积金个人住房贷款，可节约职工购房利息支出 1745.94 万元。

职工贷款笔数中，购房建筑面积 90（含）平方米以下占 5.22%，90~144（含）平方米占 83.92%，144 平方米以上占 10.86%。购买新房占 88.1%（其中购买保障性住房占 0.07%），购买二手房占 11.9%，建造、翻建、大修自住住房占 0%，其他占 0%。

职工贷款笔数中，单缴存职工申请贷款占 17.6%，双缴存职工申请贷款占 76.5%，三人及以上缴存职工共同申请贷款占 5.91%。

贷款职工中，30 岁（含）以下占 21.83%，30 岁～40 岁（含）占 37.47%，40 岁～50 岁（含）占 30.7%，50 岁以上占 10%；首次申请贷款占 86.18%，二次及以上申请贷款占 13.82%；中、低收入占 100%，高收入占 0%。

2. 异地贷款：2019 年，发放异地贷款 259 笔、9694 万元。2019 年末，发放异地贷款总额 29697 万元，异地贷款余额 27015.69 万元。

3. 公转商贴息贷款：2019 年，发放公转商贴息贷款 0 笔、0 万元，支持职工购建住房面积 0 万平方米，当年贴息额 0 元。2019 年末，累计发放公转商贴息贷款 0 笔、0 万元，累计贴息 0 万元。

4. 支持保障性住房建设试点项目贷款：2019 年末，累计试点项目 1 个，贷款额度 0.4 亿元，建筑面积 16.7 万平方米，可解决 2800 户中、低收入职工家庭的住房问题。1 个试点项目贷款资金已发放并还清贷款本息。

（四）**住房贡献率**：2019 年，个人住房贷款发放额、公转商贴息贷款发放额、项目贷款发放额、住房消费提取额的总和与当年缴存额的比率为 123.76%，比上年减少 22.81 个百分点。

六、其他重要事项

（一）**当年机构及职能调整情况、受委托办理缴存贷款业务金融机构变更情况。** 2019 年 2 月 18 日，根据市委市政府机构改革文件要求，我中心更名为黄石市住房公积金中心，行政执法职能移交至黄石市住建局承担。

（二）**当年住房公积金政策调整及执行情况。**

1. 缴存提取类

（1）规范小面积住房的购房提取行为。为确保缴存职工购房用于自住的真实性，购买小面积二手房（房屋建筑面积在≤60m²）必须持证 6 个月以上（含）才能申请办理公积金住房提取手续。

（2）简化租房提取规定。一是提取金额。提取额按照租房协议的实际价格提取，提取最高额不得超过 15000 元。二是简化提取资料。提供身份证、户口本、婚姻证明（单身的填写未婚声明）、不动产查询证明、租房协议及个人租房承诺，如网上可查询到以上证明材料的，可不提供相应证明。

（3）调整重大疾病提取额。职工本人或家庭成员患重大疾病的，可提取本人及配偶的住房公积金，提取金额调整为：职工本人或家庭成员在治疗重大疾病过程中个人支付的费用，职工每年可凭 2 年以内的诊疗发票提取一次，已办理过提取的诊疗发票不得再次作为提取依据使用。

2. 贷款类

（1）规范住房套数认定标准。家庭成员（借款申请人、配偶及未成年子女）购房所在地、住房公积金缴存地住房套数以及信用报告中未结清的个人住房贷款笔数之和进行认定。

借款申请人或家庭成员为黄石辖区户籍（包括大冶市、阳新县）且在黄石辖区内购房，如其户籍所在辖区与购房所在辖区不同的，还需查询借款申请人及家庭成员户籍所在地住房情况。

如借款人对征信报告中个人住房贷款所购房屋与其所提供的房查证明中住房相同的，则可不重复计入家庭住房套数。

在面谈记录表中增加个人住房情况承诺，如个人承诺拥有其他住房而未在房产查询证明中体现的，视同拥有该住房，计入住房套数。

（2）规范二手房贷款政策。

一是新增受理审批方式。借款申请人在与卖方签订购房协议后，在尚未办理房屋过户手续的情况下，可向我中心申请贷款。借款申请人贷款申请审批通过后，再办理过户、现房抵押及放款手续。

提供资料。申请时提供有效身份证件、婚姻证明、征信报告、购房协议、首付收据、房屋《估价报告》、原房屋权属证明等相关资料；贷款审批后提供《交易申报单》、《契税发票》、过户后的《不动产权证》以及中心、委托银行要求提供的其他资料。

办理流程：借款申请人申请中心审核审批借款申请人办理过户签订《借款合同》《抵押合同》办理抵押手续抵押到位后发放贷款。

二是划款方式。在借款人委托的情况下，也可将贷款资金直接转入卖房人账户，需提供卖方的身份证复印件、收款账户信息及银行卡复印件。

三是调整受理时限。借款申请人在购买二手房并办理过户手续后向我中心申请贷款的最长时限调整为6个月内（含）。

四是二手房房龄的确定。统一按照算头不算尾的方式计算房龄，从不动产权证书上记载的竣工年份开始计算房龄。

（三）当年服务改进情况。2019年10月黄石市市民之家正式对外营业，我中心成立了市民之家营业部，同时撤销明珠营业部和铜花营业部，目前市本级有市民之家营业部和团城山营业部两家营业网点。大冶分中心、阳新办事处窗口分别进驻了当地市民之家。

（四）当年信息化建设情况。2019年11月我中心为进一步提升"互联网＋公积金"服务水平，开始对公积金神玥4.0操作系统进行了更新升级，并于2019年12月27日正式停止使用该系统，同时开启云平台3.0系统测试运行。

（五）当年住房公积金管理中心及职工所获荣誉情况。2019年9月，阳新办事处荣获2019年度阳新县城乡妇女岗位建功活动领导小组"巾帼文明岗"光荣称号。

（六）当年对违反《住房公积金管理条例》和相关法规行为进行行政处罚和申请人民法院强制执行情况。无。

（七）当年对住房公积金管理人员违规行为的纠正和处理情况等。无。

（八）其他需要披露的情况。无。

十堰市住房公积金2019年年度报告

一、机构概况

（一）住房公积金管理委员会： 住房公积金管理委员会有19名委员，2019年召开1次会议，审议通过的事项主要包括：住房公积金年度报告、住房公积金增值收益分配方案、住房公积金归集和使用计划。

（二）住房公积金中心：住房公积金中心为不以营利为目的的参公事业单位，设 6 个处（科），11 个分支机构，1 个分中心。从业人员 208 人，其中，在编 125 人，非在编 83 人。

二、业务运行情况

（一）缴存：2019 年，新开户单位 481 家，实缴单位 4169 家，净增单位 180 家；新开户职工 2.17 万人，实缴职工 24.26 万人，减少职工 0.65 万人；缴存额 44 亿元，同比增长 7.20%。2019 年末，缴存总额 318.02 亿元，比上年末增加 16.06%；缴存余额 159.70 亿元，比上年末增加 15.62%。

受委托办理住房公积金缴存业务的银行 12 家，比上年增加 0 家。

（二）提取：2019 年，提取额 22.42 亿元，同比下降 5.60%；占当年缴存额的 50.95%，比上年减少 6.92 个百分点。2019 年末，提取总额 158.31 亿元，比上年末增加 16.50%。

（三）贷款：

1. 个人住房贷款：个人住房贷款最高额度 70 万元，其中，单缴存职工最高额度 70 万元，双缴存职工最高额度 70 万元。

2019 年，发放个人住房贷款 0.77 万笔、29.34 亿元，同比分别增长 14.93%、24.96%。其中，市中心发放个人住房贷款 0.67 万笔、25.51 亿元，东风分中心发放个人住房贷款 0.10 万笔、3.83 亿元。

2019 年，回收个人住房贷款 9.56 亿元。其中，市中心 8.23 亿元，东风分中心 1.33 亿元。

2019 年末，累计发放个人住房贷款 5.89 万笔、141.00 亿元，贷款余额 95.66 亿元，分别比上年末增加 14.81%、26.28%、26.07%。个人住房贷款余额占缴存余额的 59.90%，比上年末增加 4.97 个百分点。

受委托办理住房公积金个人住房贷款业务的银行 6 家，比上年减少 0 家。

2. 住房公积金支持保障性住房建设项目贷款：2019 年，发放支持保障性住房建设项目贷款 0 亿元，回收项目贷款 0 亿元。2019 年末，累计发放项目贷款 0 亿元，项目贷款余额 0 亿元。

（四）购买国债：2019 年，购买（记账式、凭证式）国债 0 亿元，兑付（转让、收回）国债 0 亿元。2019 年末，国债余额 0 亿元，比上年末增加 0 亿元。

（五）融资：2019 年，融资 0 亿元，归还 0 亿元。2019 年末，融资总额 0 亿元，融资余额 0 亿元。

（六）资金存储：2019 年末，住房公积金存款 67.78 亿元。其中，活期 0.40 亿元，1 年（含）以下定期 9.26 亿元，1 年以上定期 51.02 亿元，其他（协定、通知存款等）7.10 亿元。

（七）资金运用率：2019 年末，住房公积金个人住房贷款余额、项目贷款余额和购买国债余额的总和占缴存余额的 59.90%，比上年末增加 4.97 个百分点。

三、主要财务数据

（一）业务收入：2019 年，业务收入 49975.97 万元，同比增长 15.89%。其中，市中心 37650.34 万元，东风分中心 12325.63 万元；存款利息 22588.61 万元，委托贷款利息 27386.44 万元，国债利息 0 万元，其他 0.92 万元。

（二）业务支出：2019 年，业务支出 25332.27 万元，同比增长 19.79%。其中，市中心 20949.49 万元，东风分中心 4382.78 万元；支付职工住房公积金利息 23942.79 万元，归集手续费 0.02 万元，委托贷款手续费 1388.34 万元，其他 1.12 万元。

（三）增值收益： 2019 年，增值收益 24643.70 万元，同比增加 12.14%。其中，市中心 16700.85 万元，东风分中心 7942.85 万元；增值收益率 1.67%，比上年增加 0.5 个百分点。

（四）增值收益分配： 2019 年，提取贷款风险准备金 1880.27 万元，提取管理费用 3064.37 万元，提取城市廉租住房（公共租赁住房）建设补充资金 19699.06 万元。

2019 年，全市上缴财政管理费用 2738.23 万元。上缴财政城市廉租住房（公共租赁住房）建设补充资金 22695.13 万元；其中，市中心及各分支机构上缴 22695.13 万元，东风分中心上缴 0 万元。

2019 年末，贷款风险准备金余额 16441.09 万元。累计提取城市廉租住房（公共租赁住房）建设补充资金 103353.48 万元。其中，市中心提取 80737.67 万元，东风分中心提取 22613.81 万元。

（五）管理费用支出： 2019 年，管理费用支出 3875.96 万元，同比增长 6.42%。其中，人员经费 2590.40 万元，公用经费 642.49 万元，专项经费 643.07 万元。

市中心管理费用支出 3495.50 万元，其中，人员、公用、专项经费分别为 2384.96 万元、628.96 万元、481.58 万元；东风分中心管理费用支出 380.46 万元，其中，人员、公用、专项经费分别为 205.44 万元、13.53 万元、161.49 万元。

四、资产风险状况

（一）个人住房贷款： 2019 年末，个人住房贷款逾期额 473.32 万元，逾期率 0.6‰。其中，市中心 0.6‰，东风分中心 0‰。

个人贷款风险准备金按（当年新增贷款额）的 1% 提取。2019 年，提取个人贷款风险准备金 1880.27 万元，使用个人贷款风险准备金核销呆坏账 0 万元。2019 年末，个人贷款风险准备金余额 16441.09 万元，占个人住房贷款余额的 1.72%，个人住房贷款逾期额与个人贷款风险准备金余额的比率为 2.88%。

（二）支持保障性住房建设试点项目贷款： 2019 年末，逾期项目贷款 0 万元，逾期率 0‰。

项目贷款风险准备金按贷款余额的 0% 提取。2019 年，提取项目贷款风险准备金 0 万元，使用项目贷款风险准备金核销呆坏账 0 万元，项目贷款风险准备金余额 0 万元，占项目贷款余额的 0%，项目贷款逾期额与项目贷款风险准备金余额的比率为 0%。

五、社会经济效益

（一）缴存业务： 2019 年，实缴单位数、实缴职工人数和缴存额同比分别增长 4.5%、−2.61% 和 7.20%。

缴存单位中，国家机关和事业单位占 68.07%，国有企业占 9.16%，城镇集体企业占 0.86%，外商投资企业占 0.67%，城镇私营企业及其他城镇企业占 5.33%，民办非企业单位和社会团体占 14.58%，其他占 1.32%。

缴存职工中，国家机关和事业单位占 52.94%，国有企业占 26.97%，城镇集体企业占 0.84%，外商投资企业占 0.61%，城镇私营企业及其他城镇企业占 1.33%，民办非企业单位和社会团体占 15.42%，其

他占1.89%；中、低收入占95.78%，高收入占4.22%。

新开户职工中，国家机关和事业单位占44.22%，国有企业占8.95%，城镇集体企业占1.72%，外商投资企业占2.17%，城镇私营企业及其他城镇企业占6.89%，民办非企业单位和社会团体占16.78%，其他占19.26%；中、低收入占99.10%，高收入占0.90%。

（二）提取业务：2019年，4.84万名缴存职工提取住房公积金22.42亿元。

提取金额中，住房消费提取占63.10%（购买、建造、翻建、大修自住住房占21.84%，偿还购房贷款本息占40.75%，租赁住房占0.26%，其他占0.25%）；非住房消费提取占36.90%（离休和退休提取占25.24%，完全丧失劳动能力并与单位终止劳动关系提取占4.08%，出境定居占0.45%，其他占7.14%）。

提取职工中，中、低收入占95.64%，高收入占4.36%。

（三）贷款业务：

1. 个人住房贷款：2019年，支持职工购建房86.80万平方米，年末个人住房贷款市场占有率（含公转商贴息贷款）为30.13%，比上年末增加5.93个百分点。通过申请住房公积金个人住房贷款，可节约职工购房利息支出64591.37万元。

职工贷款笔数中，购房建筑面积90（含）平方米以下占17.95%，90～144（含）平方米占72.49%，144平方米以上占9.56%。购买新房占73.50%（其中购买保障性住房占0%），购买二手房占25.02%，建造、翻建、大修自住住房占0%，其他占1.48%。

职工贷款笔数中，单缴存职工申请贷款占33.58%，双缴存职工申请贷款占65.98%，三人及以上缴存职工共同申请贷款占0.44%。

贷款职工中，30岁（含）以下占32.82%，30岁～40岁（含）占36.82%，40岁～50岁（含）占21.58%，50岁以上占8.78%；首次申请贷款占77.06%，二次及以上申请贷款占22.94%；中、低收入占97.06%，高收入占2.94%。

2. 异地贷款：2019年，发放异地贷款789笔、29614.30万元。2019年末，发放异地贷款总额72359.30万元，异地贷款余额39502.36万元。

3. 公转商贴息贷款：2019年，发放公转商贴息贷款0笔、0万元，支持职工购建住房面积0万平方米，当年贴息额0万元。2019年末，累计发放公转商贴息贷款0笔、0万元，累计贴息0万元。

4. 支持保障性住房建设试点项目贷款：2019年末，累计试点项目0个，贷款额度0亿元，建筑面积0万平方米，可解决0户中低收入职工家庭的住房问题。0个试点项目贷款资金已发放并还清贷款本息。

（四）住房贡献率：2019年，个人住房贷款发放额、公转商贴息贷款发放额、项目贷款发放额、住房消费提取额的总和与当年缴存额的比率为100.61%，比上年增加3.68个百分点。

六、其他重要事项

（一）当年机构及职能调整情况、受委托办理缴存贷款业务金融机构变更情况。2019年2月，按照十堰市委、市政府机构改革统一要求，"十堰住房公积金管理中心"更名为"十堰住房公积金中心"，十堰市住房公积金管理委员会名称不变，原有职能不变。受委托办理缴存贷款业务金融机构无变更。

（二）当年住房公积金政策调整及执行情况。

业务调整方面：为进一步提升全市住房公积金服务质效，充分发挥住房公积金支持房地产市场健康发展的作用，让更多的缴存职工实现现有所居梦想。经十堰市住房公积金管理委员会研究决定，对住房公积金提取贷款业务有关事项进行调整。具体内容如下：

（1）降低二套房最高贷款额度。十堰城区最高贷款额度为35万元，县（市）最高贷款额度为25万元。

（2）偿还贷款本息工资收入标准的认定以缴存职工及配偶的住房公积金缴交基数为准。单位开户缴存的职工以缴存基数为准；个人开户缴存的，以缴交养老保险基数为准。

（3）购买商品房申请贷款金额不高于购房合同内约定的住房公积金贷款金额，贷款资金划入房企。对一次性付清房款的及交易已经结束的，不予受理贷款申请。

（4）对有两次（不含）以上购房提取或使用住房公积金贷款记录的、家庭拥有三套（含）以上住房的不予受理住房公积金提取和贷款业务。

（5）暂停以下业务：包括代际互助提取和贷款业务、十堰市辖区内缴存职工在辖区外购房提取和贷款业务、十堰市辖区外缴存职工在十堰市辖区内购房贷款业务、商业贷款转住房公积金贷款业务。

2019年住房公积金年审情况：

（1）年审对象：在已建立住房公积金制度的国家机关、事业单位、国有企业、城镇集体企业、外商投资企业、城镇私营企业及其他城镇企业、非公有制经济单位、社会团体、各类中介机构中工作、并由单位支付工资的各类在岗人员（包括聘用制、合同制和人事代理人员、劳务派遣人员等）。

（2）缴存比例：住房公积金缴存比例为5%～12%（单位和个人各5%～12%）。国家机关、事业单位和国有企业单位缴存比例为12%（单位和个人各12%）；民办非企业、社会团体等单位缴存比例为8%～12%（单位和个人各8%～12%）；其他企业单位缴存比例为5%～12%（单位和个人各5%～12%）；个人自愿缴存户缴存比例为10%（比照单位缴存方式各10%缴存）。

（3）工资总额：按国家统计局《关于工资总额组成的规定》（统制字〔1990〕1号）文件规定计算职工的年工资总额。

（4）2019年度工资总额计算时间为：2018年7月1日至2019年6月30日。

（5）月缴存基数的计算方式：月缴存基数＝2019年度工资总额÷12；月缴存基数计算后按四舍五入取整到元。

（6）月缴存额的计算方式：月缴存额＝月缴存基数×单位缴存比例＋月缴存基数×职工个人缴存比例。单位填报月缴存基数后，公积金中心系统自动计算月缴存额，计算结果四舍五入到元。

（7）个人自愿缴存户：月缴存基数可根据自己的收入水平确定，但最低不得低于1380元（城区）、1250元（丹江口市、郧阳区、房县、竹山县、竹溪县、郧西县）。月缴存额＝月缴存基数×20%。

（8）以上月缴存基数的计算结果最高不得超过市统计部门公布的2018年度职工月平均工资总额的3倍，即市国家机关企事业等单位不得超过17000元；特殊困难单位职工月缴存基数最低不得低于现行十堰市最低月工资标准（城区1380元，丹江口市、郧阳区、房县、竹山县、竹溪县、郧西县1250元）。

（三）当年服务改进情况。 2019年，十堰住房公积金中心结合自身窗口服务工作特点，以群众满意为导向，出台了一系列便民惠民利民举措，让住房公积金服务更优质、高效、便捷。

一是坚持落实"两会"制度。业务大厅坚持每周一次晨会、夕会查找服务和业务操作过程中不规范、不高效的问题，强调优质服务，进一步提升干部职工为民服务能力，规范各项业务办理流程。

二是实行手机集中保管制度。对业务大厅工作人员手机实行统一规范管理，定时核对手机是否集中存放，要求干部职工在工作时间不携带手机，不使用手机。

三是设立党员示范岗。要求大厅每名党员在服务过程中亮身份、践承诺、勇担当，推动"党员示范岗"成为业务大厅的一个服务品牌，让每名党员成为窗口服务的一面旗帜。

四是利用12329服务热线搜索舆情，做到问政于民、问需于民、问计于民。增强工作的责任心和使命感，耐心解答疑问、帮助协调解决问题，将国务院"放管服"要求落实到实际工作之中，提高群众的获得感、幸福感。

五是开展文明礼仪知识培训，进一步提升了全系统干部职工的服务水平和服务意识。

六是组织全系统干部职工学习新修订的《住房公积金管理条例》，并通过测试的方式检验学习效果，引导干部职工将所思所学所悟运用于日常工作。

七是十堰住房公积金中心武当山办事处积极推进办公用房标准化建设，2019年在武当山特区太极湖新区购置一处440平方米房产作为新办公用房，目前装修工作已进入收尾阶段，力争2020年下半年投入使用。

（四）当年信息化建设情况。 2019年，十堰住房公积金中心加快推进信息化建设工作，不断巩固和运用"双贯标"成果，致力于为群众提供方便、快捷、高效的住房公积金服务。

一是增加机位保畅通，在原有电话席位基础上增加了4个电话席位，扩大了热线接听容量，提高了热线解答效率。重新梳理语音回复系统，确保八小时工作之外打进的电话能够自动准确无误回复，方便缴存职工了解各项业务政策和办理流程。

二是充实力量提质效，为解决热线办公室人员不足的问题，中心抽调两名业务熟练工作人员到12329热线办公室开展工作，确保群众反映的问题第一时间解答、第一时间回复，进一步提升12329热线服务水平和质量。2019年，12329热线共接政策咨询电话23075次，电话回访3064件，回复网络留言1364条，回复率100%。

三是升级设备更便民，全市缴存职工可以足不出户，登录网上营业厅、微信公众号查询账户信息，用"信息跑路""数据跑路"代替"群众跑腿"。

（五）当年住房公积金中心及职工所获荣誉情况。

（1）1月5日，十堰住房公积金中心获得市直机关工委举办的第二十五届迎新春长跑活动三等奖荣誉称号；

（2）1月18日，十堰住房公积金中心荣获十堰市文明委2018年度第四季度网络文明工作情况90分以上优秀成绩；

（3）3月25日，十堰住房公积金中心李梅被评为"2018年度党风政风热线工作先进个人"；

（4）3月26日，十堰市委、市政府授予十堰住房公积金中心综合目标考评合格单位；

（5）3月29日，湖北省住房和城乡建设厅发文表彰十堰住房公积金中心为信息报送优秀单位；武当山办事处、竹山办事处、竹溪办事处、郧西办事处、茅箭管理部、房县办事处被评为信息报送优秀分支机构；彭兵环、孙慧、朱艳芳、郑丽君、熊永超、张梓毅、龚青梅、张赐辰、郭芳芳、王俊、冯亮、刘晓青、任栩被评为优秀信息员；

（6）4月2日，十堰市委、市政府授予中心齐斌成、郑丽君"十堰市五城联创先进个人"荣誉称号；

（7）4月2日，市委、市政府授予十堰住房公积金中心2018年度全市社会治安综合治理考核优秀单位；

（8）4月8日，十堰市委办、市政府办授予十堰住房公积金中心"法治十堰建设绩效考核优秀领导班子"荣誉称号；

（9）4月15日，市普法办授予十堰住房公积金中心"七五"普法中期先进集体荣誉称号；

（10）5月5号，市精神文明办授予十堰住房公积金中心"2018年度网络文明传播工作先进单位"，授予郑丽君优秀志愿者荣誉称号；

（11）5月16日，郑丽君荣获市委宣传部主办的"建功新时代、争创新业绩"职工演讲比赛三等奖；

（12）6月29日，市直机关工委授予十堰住房公积金中心丹江口办事处段来斌"我身边的先进党员"荣誉称号；

（13）6月12日，市公积金中心郭芳芳荣获十堰市纪委监委派出市直属机关纪检监察委举办的"传承优良家风、建设廉洁文明家庭"征文二等奖；郑丽君、王俊、段誉获得三等奖；张钰、杨晓娟、王良梅、龚青梅、柏中玉荣获优秀奖；

（14）10月12日，市档案局授予十堰住房公积金中心2019年度档案工作达标先进单位荣誉称号。

（六）当年对违反《住房公积金管理条例》和相关法规行为进行行政处罚和申请人民法院强制执行情况。 无。

（七）当年对住房公积金管理人员违规行为的纠正和处理情况等。 无。

（八）其他需要披露的情况。 无。

宜昌市住房公积金2019年年度报告

一、机构概况

（一）住房公积金管理委员会：宜昌市住房公积金管理委员会有21名委员，2019年召开1次会议，审议通过的事项主要包括：《关于2018年宜昌市住房公积金归集、使用、效益计划执行情况与2019年计划（草案）的报告》《宜昌住房公积金2018年年度报告》《关于取消住房公积金贷款发放轮候制的请示》和《关于实施"服务窗口形象提升"项目的请示》。

（二）住房公积金中心：宜昌住房公积金中心为市政府直属的不以营利为目的的公益二类事业单位，设12个科室，11个营业部，2个分中心。从业人员238人，其中，在编148人，非在编90人。

二、业务运行情况

（一）缴存：2019年，新开户单位661家，实缴单位5913家，净增单位328家；新开户职工3.67万人,实缴职工 35.19 万人,净增职工 0.84 万人;缴存额 61.94 亿元,同比增长 10.14%。2019 年末,缴存总额 424.11 亿元,比上年末增加 17.1%;缴存余额 174.66 亿元,比上年末增加 15.52%。

受委托办理住房公积金缴存业务的银行 14 家,比上年增加 1 家。

（二）**提取**：2019 年,提取额 38.46 亿元,同比下降 4.83%;占当年缴存额的 62.09%,比上年减少 9.76 个百分点。2019 年末,提取总额 249.45 亿元,比上年末增加 18.23%。

（三）**贷款**：

1. 个人住房贷款：个人住房贷款最高额度 50 万元,其中,单缴存职工最高额度 40 万元,双缴存职工最高额度 50 万元。

2019 年,发放个人住房贷款 5770 笔、20.04 亿元,同比分别增长 2.4%、7.74%。其中,市中心发放个人住房贷款 5116 笔、17.41 亿元,三峡分中心发放个人住房贷款 281 笔、1.12 亿元,葛洲坝分中心发放个人住房贷款 373 笔、1.51 亿元。

2019 年,回收个人住房贷款 15.06 亿元。其中,市中心 13.09 亿元,三峡分中心 0.87 亿元,葛洲坝分中心 1.1 亿元。

2019 年末,累计发放个人住房贷款 9.75 万笔、222.83 亿元,贷款余额 132.38 亿元,分别比上年末增加 6.32%、9.88%、3.91%。个人住房贷款余额占缴存余额的 75.79%,比上年末减少 8.47 个百分点。

受委托办理住房公积金个人住房贷款业务的银行 8 家,较上年无变化。

2. 住房公积金支持保障性住房建设项目贷款：2019 年,未发放支持保障性住房建设项目贷款。2019 年末,累计发放项目贷款 1 亿元,累计回收项目贷款 1 亿元,项目贷款余额为零。

（四）**购买国债**：2019 年,未购买国债。

（五）**融资**：2019 年未融资。2019 年末,融资总额 22.2 亿元,融资余额为零。

（六）**资金存储**：2019 年末,住房公积金存款 46.53 亿元。其中,活期 0.03 亿元,1 年（含）以下定期 9.33 亿元,1 年以上定期 31.49 亿元,其他（协定、通知存款等）5.68 亿元。

（七）**资金运用率**：2019 年末,住房公积金个人住房贷款余额、项目贷款余额和购买国债余额的总和占缴存余额的 75.79%,比上年末减少 8.47 个百分点。

三、主要财务数据

（一）**业务收入**：2019 年,业务收入 54459.71 万元,同比增长 6.53%。其中,市中心 45421.33 万元,三峡分中心 2619.67 万元,葛洲坝分中心 6418.71 万元;存款利息 11964.18 万元,委托贷款利息 42494.32 万元,其他 1.21 万元。

（二）**业务支出**：2019 年,业务支出 26757.44 万元,同比增长 46.81%。其中,市中心 22212.78 万元,三峡分中心 1592.41 万元,葛洲坝分中心 2952.25 万元;支付职工住房公积金利息 24500.66 万元,归集手续费 454.15 万元,委托贷款手续费 1802.63 万元。

（三）**增值收益**：2019 年,增值收益 27702.27 万元,同比下降 15.79%。其中,市中心 23208.55 万元,三峡分中心 1027.26 万元,葛洲坝分中心 3466.46 万元;增值收益率 1.7%,比上年减少 0.59 个百分点。

（四）**增值收益分配**：2019 年,提取贷款风险准备金 431.97 万元,提取管理费用 9850.11 万元,提取城市廉租住房建设补充资金17342.5万元。

2019年，上交财政管理费用10185.68万元。上缴财政城市廉租住房建设补充资金23372.55万元。其中，市中心上缴19327.87万元，三峡分中心上缴中国长江三峡集团有限公司441.66万元，葛洲坝分中心上缴中国葛洲坝集团有限公司宜昌基地管理局3603.02万元。

2019年末，贷款风险准备金余额14125.69万元。累计提取城市廉租住房建设补充资金118547.13万元。其中，市中心提取99882.27万元，三峡分中心提取5583.16万元，葛洲坝分中心提取13081.7万元。

（五）管理费用支出：2019年，管理费用支出8102.08万元，同比下降26.71%。其中，人员经费5155.59万元，公用经费709.17万元，专项经费2237.32万元。

市中心管理费用支出6698.73万元，其中，人员、公用、专项经费分别为3903.4万元、634.18万元、2161.15万元；三峡分中心管理费用支出349.6万元，其中，人员、公用经费分别为315.06万元、34.54万元；葛洲坝分中心管理费用支出1053.75万元，其中，人员、公用、专项经费分别为937.13万元、40.45万元、76.17万元。

四、资产风险状况

（一）个人住房贷款：2019年末，个人住房贷款逾期额210.29万元，逾期率0.16‰。其中，市中心0.17‰，三峡分中心逾期额为零，葛洲坝分中心0.12‰。

个人贷款风险准备金按贷款余额的1%提取。2019年，提取个人贷款风险准备金431.97万元，未使用个人贷款风险准备金核销呆坏账。2019年末，个人贷款风险准备金余额13905.69万元，占个人住房贷款余额的1.05%，个人住房贷款逾期额与个人贷款风险准备金余额的比率为1.51%。

（二）支持保障性住房建设试点项目贷款：2019年末，项目贷款风险准备金余额220万元，项目贷款逾期额与项目贷款风险准备金余额的比率为零。

五、社会经济效益

（一）缴存业务：2019年，实缴单位数、实缴职工人数和缴存额同比分别增长5.87%、2.45%和10.14%。

缴存单位中，国家机关和事业单位占45.56%，国有企业占20.53%，城镇集体企业占0.85%，外商投资企业占1.32%，城镇私营企业及其他城镇企业占11.79%，民办非企业单位和社会团体占5.29%，其他占14.66%。

缴存职工中，国家机关和事业单位占33.46%，国有企业占34.12%，城镇集体企业占0.43%，外商投资企业占2.79%，城镇私营企业及其他城镇企业占7.34%，民办非企业单位和社会团体占1.43%，其他占20.43%；中、低收入占93.78%，高收入占6.22%。

新开户职工中，国家机关和事业单位占12.82%，国有企业占30.1%，城镇集体企业占0.07%，外商投资企业占10.75%，城镇私营企业及其他城镇企业占16.96%，民办非企业单位和社会团体占2.21%，其他占27.09%；中、低收入占97.81%，高收入占2.19%。

（二）提取业务：2019年，13.13万名缴存职工提取住房公积金38.46亿元。

提取金额中，住房消费提取占77.19%（购买、建造、翻建、大修自住住房占23.74%，偿还购房贷

款本息占 49.75%，租赁住房占 3.62%，其他占 0.08%）；非住房消费提取占 22.81%（离休和退休提取占 17.79%，完全丧失劳动能力并与单位终止劳动关系提取占 0.42%，出境定居占 0.96%，其他占 3.64%）。

提取职工中，中、低收入占 92.14%，高收入占 7.86%。

（三）贷款业务：

1. 个人住房贷款： 2019 年，支持职工购建房 67.15 万平方米，年末个人住房贷款市场占有率为 17.86%，比上年末减少 1.8 个百分点。通过申请住房公积金个人住房贷款，可节约职工购房利息支出 50545.21 万元。

职工贷款笔数中，购房建筑面积 90（含）平方米以下占 12.24%，90～144（含）平方米占 82.08%，144 平方米以上占 5.68%。购买新房占 78.49%（其中购买保障性住房占 3.34%），购买二手房占 21.32%，建造、翻建、大修自住住房占 0.19%。

职工贷款笔数中，单缴存职工申请贷款占 36.1%，双缴存职工申请贷款占 62.65%，三人及以上缴存职工共同申请贷款占 1.25%。

贷款职工中，30 岁（含）以下占 41.73%，30 岁～40 岁（含）占 32.55%，40 岁～50 岁（含）占 21.72%，50 岁以上占 4%；首次申请贷款占 69.71%，二次及以上申请贷款占 30.29%；中、低收入占 95.56%，高收入占 4.44%。

2. 异地贷款： 2019 年，发放异地贷款 448 笔、15224.6 万元。2019 年末，发放异地贷款总额 246699.7 万元，异地贷款余额 36949.01 万元。

3. 公转商贴息贷款： 2019 年，未发放公转商贴息贷款。

4. 支持保障性住房建设试点项目贷款： 2019 年，未发放保障性住房建设试点项目贷款。

（四）住房贡献率： 2019 年，个人住房贷款发放额、公转商贴息贷款发放额、项目贷款发放额、住房消费提取额的总和与当年缴存额的比率为 80.28%，比上年减少 7.93 个百分点。

六、其他重要事项

（一）当年机构及职能调整情况、受委托办理缴存贷款业务金融机构变更情况。2019 年，按照宜昌市机构改革相关要求，中心名称变更为"宜昌住房公积金中心"，职能未调整。

市中心共委托 14 家商业银行办理住房公积金缴存业务，比上年增加 1 家。为方便缴存职工办理业务，新增平安银行 1 家商业银行；委托 8 家商业银行办理住房公积金个人住房贷款业务，较上年无变化。委托办理缴存贷款业务金融机构均经宜昌市住房公积金管理委员会审议通过。

（二）当年住房公积金政策调整及执行情况。

1. 调整 2019 年度住房公积金月缴存额上下限。 2019 年全市职工住房公积金月缴存额上限调整为 4000 元，下限为 150 元，缴存比例保持 5%～12%（单边）不变。全市灵活就业人员住房公积金月缴存额上限调整为 3333 元，下限为 400 元，缴存比例为 20%（双边）。

2. 全面取消住房公积金贷款轮候制。 2019 年 2 月 27 日，经市住房公积金管理委员会批准，全面取消住房贷款发放轮候制，缴存职工在全市范围内使用住房公积金贷款将按程序受理及时放款，不再轮候。

3. 放宽大中专毕业生公积金贷款限制。 2019 年 9 月 24 日，中心根据宜昌最新落户政策修订贷款政策：毕业五年内落户宜昌的大中专以上毕业生购买自住住房为首套首贷的，申请住房公积金贷款的计算额度不受账户余额和缴存时间系数的限制。

4. 住房公积金存贷款利率。当年新增的职工住房公积金和上年结转的职工住房公积金存款利率为1.5％。首套房贷款利率五年以下（含五年）为2.75％，五年以上为3.25％，二套房均上浮10％。

（三）当年服务改进情况。

（1）贯彻落实《湖北省深化"互联网＋政务服务"推进"一网、一门、一次"改革工作方案》，编制公积金服务清单，公开12项服务审批事项要素。提高服务事项审批效率，所有服务事项办理时间全部压缩至法定时限一半以内。

（2）开展历史数据专项清理，截至2019年底，"个人身份信息"问题已清理近70％，"一人多户"问题已全部清理完成。

（3）争取市公共资源交易中心将不动产登记管理平台延伸至营业部，由中心代办不动产抵押登记，实现公积金贷款和抵押业务一站式办理。

（4）出台关于降低企业住房公积金缴存比例文件，明确生产经营困难的民营企业，经职工代表大会或工会讨论通过后，可申请降低住房公积金缴存比例或缓缴，也可按宜昌城区最低工资标准为缴存基数。2019年共批准14家民营企业降低缴存比例，185家民营企业按最低缴存比例开户。

（5）针对利用虚假材料建立偿还商业贷款提取档案骗提套取住房公积金行为，与17家合作银行建立协查机制，堵塞骗提漏洞。

（6）继续开发完善综合服务平台，当年网上新增单位开户、缓缴、降低缴存比例等5项单位业务，实现单位业务上网率100％。截至2019年底，全市5571家单位开通单位网厅，开通率97.96％，业务网办率达76.07％。当年网上新增购房提取、贷款申请等17项个人业务。截至2019年底，除死亡提取、还款账号变更、贷款合同签约业务外，其余个人业务均实现网上办理，个人网办事项达25种，其中提取业务15项，业务上网率92.3％，贷款业务9项，业务上网率75％，异地转移业务1项，业务上网率100％。全市近15万缴存人开通网上业务，全年共在网上直接办理业务51405笔，网办率64.43％。

（四）当年信息化建设情况。完成公积金信息系统财务子系统、稽核子系统、行政执法子系统升级改造工程。申请配置新的服务器环境，在住房和城乡建设部规定时限内开发并接入全国住房公积金数据平台，每天定时将中心数据上传住房和城乡建设部数据集中平台。完成公积金基础数据标准和结算应用系统标准的贯标工作。实现了业务系统与全国异地转移接续平台直连，并开发网上异地转移申请业务功能，缴存人无需再往返转出地及转入地办理转移手续，可直接通过线上申请，零跑腿办理异地转移业务。

（五）当年住房公积金中心及职工所获荣誉情况。2019年，宜昌住房公积金中心被中共宜昌市委评为2018年度市直机关党建工作先进单位，被宜昌市委政法委员会评为2018年度综治工作（平安建设）优胜单位，被市委直属机关工委等5部门联合表彰为2018年度宜昌市慈善扶贫突出贡献单位，被市文明办、宜昌市慈善总会表彰为2018年度援建贫困地区"乡村书屋"先进单位。

兴山营业部干部蔡萍被兴山县委县政府表彰为2019年度先进个人；枝江营业部干部谢小青被枝江市委市政府评为2018年度高质量发展突出贡献个人。

（六）当年对违反《住房公积金管理条例》和相关法规行为进行行政处罚和申请人民法院强制执行情

况。2019 年共对 23 笔贷款逾期提起诉讼,法院判决 9 笔,其中已向法院申请强制执行 4 笔。

(七)无其他需要披露的情况。

襄阳市住房公积金 2019 年年度报告

一、机构概况

(一)住房公积金管理委员会:住房公积金管理委员会有 24 名委员,2019 年召开第十五次会议,审议了《关于 2018 年工作情况和 2019 年工作计划安排的报告》《关于 2018 年住房公积金增值收益分配的议案》《关于修订〈襄阳市一级交易市场个人住房公积金贷款管理办法〉的议案》《关于修订〈襄阳市二级交易市场个人住房公积金贷款管理办法〉的议案》《关于〈襄阳市个人住房商业性贷款转住房公积金贷款管理暂行办法〉的议案》《关于襄阳市住房公积金提取管理办法的议案》《关于确定无房职工因租住商品房提取住房公积金额度的议案》《关于授权襄阳市住房公积金中心审批单位降低缴存比例和缓缴住房公积金的议案》。

(二)住房公积金中心:襄阳市住房公积金中心是直属襄阳市人民政府领导不以营利为目的的正县级事业单位,中心内设七个科室,下设两个管理部和七个办事处。从业人员 192 人,其中,在编 115 人,非在编 77 人。

二、业务运行情况

(一)缴存:2019 年,新开户单位 370 家,实缴单位 5062 家,净增单位 264 家;新开户职工 35385 人,实缴职工 315994 人,净增职工 3467 人;缴存额 49.22 亿元,同比增长 11.56%。2019 年末,缴存总额 309.98 亿元,比上年末增加 18.88%;缴存余额 152.37 亿元,比上年末增加 15.70%。

受委托办理住房公积金缴存业务的银行 15 家,与上年持平。

(二)提取:2019 年,提取额 28.55 亿元,同比增长 18.42%;占当年缴存额的 58%,比上年增加 3.35 个百分点。2019 年末,提取总额 157.61 亿元,比上年末增加 22.12%。

(三)贷款:

个人住房贷款:个人住房贷款最高额度 60 万元,其中,单缴存职工最高额度 60 万元,双缴存职工最高额度 60 万元。

2019 年,发放个人住房贷款 6934 笔、28.10 亿元,同比分别增长 35.80%、54.57%。

2019 年,回收个人住房贷款 11.87 亿元。

2019 年末,累计发放个人住房贷款 64664 笔、170.79 亿元,贷款余额 116.15 亿元,分别比上年末增加 12.01%、19.69%、16.24%。个人住房贷款余额占缴存余额的 76.23%,比上年末增加 0.35 个百分点。

受委托办理住房公积金个人住房贷款业务的银行 6 家,比上年增加 2 家。

(四)购买国债:无国债。

（五）**融资**：2019 年，无融资。截至 2019 年末，融资总额 29.77 亿元，融资余额为零。

（六）**资金存储**：2019 年末，住房公积金存款 46.06 亿元。其中，活期 0.08 亿元，1 年（含）以下定期 1 亿元，1 年以上定期 32.54 亿元，协定存款 12.44 亿元。

（七）**资金运用率**：2019 年末，住房公积金个人住房贷款余额、项目贷款余额和购买国债余额的总和占缴存余额的 76.23％，比上年末增加 0.35 个百分点。

三、主要财务数据

（一）**业务收入**：2019 年，业务收入 45612.34 万元，同比增长 18.87％。存款利息 10731.69 万元，委托贷款利息 34871.28 万元，其他 9.37 万元。

（二）**业务支出**：2019 年，业务支出 21972.03 万元，同比增长 11.59％。支付职工住房公积金利息 20783.38 万元，归集手续费 0.47 万元，委托贷款手续费 1180.54 万元，其他 7.64 万元。

（三）**增值收益**：2019 年，增值收益 23640.31 万元，同比增长 26.55％。增值收益率 1.66％，比上年增加 0.12 个百分点。

（四）**增值收益分配**：2019 年，提取贷款风险准备金 6623.68 万元，提取管理费用 1543.35 万元，提取城市廉租住房（公共租赁住房）建设补充资金 15473.28 万元。

2019 年，上交财政管理费用 4659 万元。上缴财政城市廉租住房（公共租赁住房）建设补充资金 13310 万元。

2019 年末，贷款风险准备金余额 16615.44 万元。累计提取城市廉租住房（公共租赁住房）建设补充资金 99966.28 万元。

（五）**管理费用支出**：2019 年，管理费用支出 4883.10 万元，同比下降 46.63％。其中，人员经费 2410.82 万元，公用经费 140.31 万元，专项经费 2331.97 万元。专项经费中，公积金业务发展费 1446.05 万元，信息系统建设及维护费 61.27 万元，襄城、樊城服务大厅购置项目 739.98 万元，枣阳服务大厅购置项目 84.67 万元。

四、资产风险状况

2019 年末，个人住房贷款逾期额 429 万元，逾期率 0.37‰。

个人贷款风险准备金按贷款余额的 1.43％提取。2019 年，提取个人贷款风险准备金 6623.68 万元，使用个人贷款风险准备金核销呆坏账 0 万元。2019 年末，个人贷款风险准备金余额 16615.44 万元，占个人住房贷款余额的 1.43％，个人住房贷款逾期额与个人贷款风险准备金余额的比率为 2.58％。

五、社会经济效益

（一）**缴存业务**：2019 年，实缴单位数、实缴职工人数和缴存额同比分别增长 5.50％、1.11％和 11.56％。

缴存单位中，国家机关和事业单位占 63.08％，国有企业占 10.01％，城镇集体企业占 1.07％，外商投资企业占 1.92％，城镇私营企业及其他城镇企业占 10.83％，民办非企业单位和社会团体占 3.04％，其他占 10.05％。

缴存职工中，国家机关和事业单位占 48.13%，国有企业占 24.12%，城镇集体企业占 0.57%，外商投资企业占 4.48%，城镇私营企业及其他城镇企业占 11.22%，民办非企业单位和社会团体占 2.01%，其他占 9.47%；中、低收入占 89.46%，高收入占 10.54%。

新开户职工中，国家机关和事业单位占 33.98%，国有企业占 14.18%，城镇集体企业占 0.98%，外商投资企业占 3.48%，城镇私营企业及其他城镇企业占 23.32%，民办非企业单位和社会团体占 6.32%，其他占 17.74%；中、低收入占 95.39%，高收入占 4.61%。

（二）提取业务：2019 年，76734 名缴存职工提取住房公积金 28.55 亿元。

提取金额中，住房消费提取占 74.28%（购买、建造、翻建、大修自住住房占 30.60%，偿还购房贷款本息占 41.48%，租赁住房占 1.41%，其他占 0.79%）；非住房消费提取占 25.72%（离休和退休提取占 19.22%，完全丧失劳动能力并与单位终止劳动关系提取占 5.16%，出境定居占 0.26%，其他占 1.08%）。

提取职工中，中、低收入占 83.33%，高收入占 16.67%。

（三）贷款业务：

1. 个人住房贷款：2019 年，支持职工购建房 93.04 万平方米，年末个人住房贷款市场占有率（含公转商贴息贷款）为 21.05%，比上年末增加 0.81 个百分点。通过申请住房公积金个人住房贷款，可节约职工购房利息支出 53594 万元。

职工贷款笔数中，购房建筑面积 90（含）平方米以下占 10.99%，90～144（含）平方米占 82.61%，144 平方米以上占 6.40%。购买新房占 77.56%，购买二手房占 22.44%。

职工贷款笔数中，单缴存职工申请贷款占 21%，双缴存职工申请贷款占 78.94%，三人及以上缴存职工共同申请贷款占 0.06%。

贷款职工中，30 岁（含）以下占 18.85%，30 岁～40 岁（含）占 36.98%，40 岁～50 岁（含）占 32.85%，50 岁以上占 11.32%；首次申请贷款占 93.35%，二次及以上申请贷款占 6.65%；中、低收入占 85.71%，高收入占 14.29%。

2. 异地贷款：2019 年，发放异地贷款 908 笔、34923 万元。2019 年末，发放异地贷款总额 81620 万元，异地贷款余额 74017 万元。

（四）住房贡献率：2019 年，个人住房贷款发放额、公转商贴息贷款发放额、项目贷款发放额、住房消费提取额的总和与当年缴存额的比率为 100.17%，比上年增加 18.85 个百分点。

六、其他重要事项

（1）为充分发挥住房公积金惠民作用，切实减轻缴存职工购房贷款偿还压力，自 2019 年 9 月 1 日起，正式恢复商转公贷款业务。中心加强与市不动产局、各委贷银行的沟通协调，取消了中介机构提供担保的中间环节，实行商转公贷款二次顺位抵押，实现商转公贷款零费用。全年发放商转公贷款 195 笔 6201.5 万元。

（2）为进一步降低职工还贷成本，提高职工的住房公积金使用效率，2019 年 10 月，中心出台了住房公积金贷款缩期业务，增加贷款等额本金还款方式。

（3）为切实把互联网的优势功能在对住房公积金的服务工作中运用好、发挥好，2019 年 6 月 5 日中心对全市缴存单位发出《关于全面推广住房公积金缴存业务在互联网上办理的通知》，要求各缴存单位在 9 月 30 日前办理网厅开通，10 月 1 日起，原则上不在柜面受理已开通网上的业务。加大业务培训力度，设置网上缴存体验区，加强业务联系，引导缴存单位加快实现从柜面缴存到网上缴存的转变。截至目前全市开通住房公积金网厅单位 4684 家，正常缴存单位覆盖率已达 87%。2019 年以来，共办理网上缴存住房公积金 1.7 万多笔，缴存金额 15.79 亿元。

（4）推进住房公积金综合服务平台建设，优化程序，开通住房公积金网上营业厅、手机 APP 客户端偿还住房公积金贷款本息提取、房租提取、离退休提取等 5 类提取业务，住房公积金贷款提前还本等 4 类贷款业务。2019 年以来，共办理网上提取住房公积金 1777 笔，提取金额 4224 万元。

（5）为维护住房公积金安全，有效打击骗提、骗贷住房公积金行为，中心采取有力措施扎实开展扫黑除恶工作，截至目前共识别并拒绝虚假提取超过 15 例，向省厅报送 10 例，向公安部门移交案件 5 起，涉及总金额超百万，有效遏制了制售虚假资料等非法行为的蔓延，确保了我市住房公积金的健康有序运行。对利用非法手段，以非正常方式提取住房公积金的职工，分别给予记入公积金服务黑名单、登记社会信用不良记录等方式进行惩处。

（6）2019 年中心坚决落实政务服务"一张网"要求，认真组织实施业务大厅搬迁的各项工作，将住房公积金业务全面进驻新的市民中心，进驻工作人员 28 人，进驻服务事项 33 项，12 月 30 日位于新市民服务中心二楼的住房公积金业务大厅准时对外正式办公。

鄂州市住房公积金 2019 年年度报告

一、机构概况

（一）住房公积金管理委员会：住房公积金管理委员会有 23 名委员，2019 年召开一次会议，审议通过的事项主要包括：《鄂州市 2018 年住房公积金管理工作报告》《鄂州市 2018 年度住房公积金制度执行情况报告》《鄂州市住房公积金个人住房组合贷款管理暂行办法（审议稿）》《鄂州市住房公积金个人住房组合贷款管理暂行办法（审议稿）起草说明及增加湖北银行为我市住房公积金受委托合作银行的情况说明》。

（二）住房公积金中心：鄂州市住房公积金中心为直属鄂州市政府不以营利为目的的全额拨款参公管理事业单位，设 4 个处（科），从业人员 22 人（在编 12 人，非在编 10 人）。未设管理部和分中心。

二、业务运行情况

（一）缴存：2019 年，新开户单位 145 家，实缴单位 1021 家，净增单位 126 家；新开户职工 0.67 万人，实缴职工 7.11 万人，净增职工 0.09 万人；缴存额 11.67 亿元，同比增长 12.85%。2019 年末，缴存总额 81.28 亿元，同比增长 16.77%；缴存余额 35.91 亿元，同比增长 11.34%。

受委托办理住房公积金缴存业务的银行 9 家，比上年增加 1 家。

（二）提取：2019 年，提取额 8.01 亿元，同比增长 8.94%；占当年缴存额的 68.67%，比上年减少

2.41 个百分点。2019 年末，提取总额 45.37 亿元，同比增长 21.45%。

（三）贷款：

1. 个人住房贷款：个人住房贷款最高额度 50 万元，其中，单缴存职工最高额度 50 万元，双缴存职工最高额度 50 万元。

2019 年，发放个人住房贷款 0.26 万笔、9.56 亿元，同比分别上涨 36.63%、57.14%。2019 年，回收个人住房贷款 4.05 亿元。

2019 年末，累计发放个人住房贷款 2.96 万笔、60.81 亿元，贷款余额 28.44 亿元，同比分别增长 9.78%、18.66%、24.07%。个人住房贷款余额占缴存余额的 79.19%，比上年增加 8.13 个百分点。

受委托办理住房公积金个人住房贷款业务的银行 5 家，与上年无变化。

2. 住房公积金支持保障性住房建设项目贷款：2019 年，发放支持保障性住房建设项目贷款 0 亿元，回收项目贷款 0 亿元。2019 年末，累计发放项目贷款 0 亿元，项目贷款余额 0 亿元。

（四）**购买国债**：2019 年，购买（记账式、凭证式）国债 0 亿元，兑付（转让、收回）国债 0 亿元。2019 年末，国债余额 0 亿元，比上年减少（增加）0 亿元。

（五）**融资**：2019 年，融资 0 亿元，归还 0 亿元。2019 年末，融资总额 0 亿元，融资余额 0 亿元。

（六）**资金存储**：2019 年末，住房公积金存款 10.14 亿元，其中活期 0.36 亿元，1 年（含）以下定期 0 亿元，1 年以上定期 8.16 亿元，其他（协定、通知存款等）1.62 亿元。

（七）**资金运用率**：2019 年末，住房公积金个人住房贷款余额、项目贷款余额和购买国债余额的总和占缴存余额的 79.19%，比上年增加 8.13 个百分点。

三、主要财务数据

（一）**业务收入**：2019 年，业务收入 13110.50 万元，同比增长 8.68%。其中存款利息 5041.44 万元，委托贷款利息 8023.83 万元，国债利息 0 万元，其他 45.23 万元。

（二）**业务支出**：2019 年，业务支出 5412.27 万元，同比上涨 15.68%。其中支付职工住房公积金利息 5005.39 万元，归集手续费 5 万元，委托贷款手续费 401.74 万元，其他 0.14 万元。

（三）**增值收益**：2019 年，增值收益 7698.24 万元，同比增长 6.96%。增值收益率 2.29%，比上年减少了 0.05 个百分点。

（四）**增值收益分配**：2019 年，提取贷款风险准备金 4619.24 万元，提取管理费用 935.33 万元，提取城市廉租住房（公共租赁住房）建设补充资金 2143.67 万元。

2019 年，上交财政管理费用 1059.49 万元，上缴财政城市廉租住房（公共租赁住房）建设补充资金 1819.51 万元。

2019 年末，贷款风险准备金余额 30419.82 万元。累计提取城市廉租住房（公共租赁住房）建设补充资金 10425.9 万元。

（五）**管理费用支出**：2019 年，管理费用支出 900.41 万元，同比减少了 40.98%。其中人员经费 377.75 万元，公用经费 56.37 万元，专项经费 466.29 万元。

市中心管理费用支出 900.41 万元，其中，人员、公用、专项经费分别为 377.75 万元、56.37 万元、466.29 万元。

四、资产风险状况

(一) 个人住房贷款：2019年末，个人住房贷款逾期额154.29万元，逾期率0.54‰。

个人贷款风险准备金按增值收益的60%提取。2019年，提取个人贷款风险准备金4619.24万元，使用个人贷款风险准备金核销呆坏账0万元。2019年末，个人贷款风险准备金余额30419.82万元，占个人住房贷款余额的10.70%，个人住房贷款逾期额与个人贷款风险准备金余额的比率为0.51%。

(二) 支持保障性住房建设试点项目贷款：2019年末，逾期项目贷款0万元，逾期率0‰。

项目贷款风险准备金按贷款余额的0%提取。2019年，提取项目贷款风险准备金0万元，使用项目贷款风险准备金核销呆坏账0万元，项目贷款风险准备金余额0万元，占项目贷款余额的0%，项目贷款逾期额与项目贷款风险准备金余额的比率为0%。

(三) 历史遗留风险资产：2019年末，历史遗留风险资产余额0万元，比上年减少0万元，历史遗留风险资产回收率0%。

五、社会经济效益

(一) 缴存业务：2019年，实缴单位数、实缴职工人数和缴存额同比分别增长14.08%、1.34%和12.85%。

缴存单位中，国家机关和事业单位占49.65%，国有企业占13.22%，城镇集体企业占0.2%，外商投资企业占1.18%，城镇私营企业及其他城镇企业占28.11%，民办非企业单位和社会团体占2.84%，其他占4.8%。

缴存职工中，国家机关和事业单位占38.41%，国有企业占30.59%，城镇集体企业占0.01%，外商投资企业占7.37%，城镇私营企业及其他城镇企业占21.2%，民办非企业单位和社会团体占0.7%，其他占1.72%；中、低收入占99.29%，高收入占0.71%。

新开户职工中，国家机关和事业单位占36.34%，国有企业占5.5%，城镇集体企业占0.06%，外商投资企业占4.62%，城镇私营企业及其他城镇企业占46.31%，民办非企业单位和社会团体占4.32%，其他占2.85%；中、低收入占99.9%，高收入占0.01%。

(二) 提取业务：2019年，2.17万名缴存职工提取住房公积金8.01亿元。

提取金额中，住房消费提取占74.12%（购买、建造、翻建、大修自住住房占32.95%，偿还购房贷款本息占39.96%，租赁住房占1.17%，其他占0.04%）；非住房消费提取占25.88%（离休和退休提取占18.01%，完全丧失劳动能力并与单位终止劳动关系提取占0.1%，户口迁出本市或出境定居占0.17%，死亡或宣告死亡0.69%，其他占7%）。

提取职工中，中、低收入占98.28%，高收入占1.72%。

(三) 贷款业务：

1. 个人住房贷款：2019年，支持职工购建房29.17万平方米，年末个人住房贷款市场占有率为10.72%，比上年减少0.3个百分点。通过申请住房公积金个人住房贷款，可节约职工购房利息支出19562.19万元。

职工贷款笔数中，购房建筑面积90（含）平方米以下占18.73%，90~144（含）平方米占76.07%，

144 平方米以上占 5.2%。购买新房占 76.07%（其中购买保障性住房占 0%），购买二手房占 23.93%，建造、翻建、大修自住住房占 0%，其他占 0%。

职工贷款笔数中，单缴存职工申请贷款占 28.18%，双缴存职工申请贷款占 71.06%，三人及以上缴存职工共同申请贷款占 0.76%。

贷款职工中，30 岁（含）以下占 25.22%，30 岁～40 岁（含）占 33.83%，40 岁～50 岁（含）占 32.95%，50 岁以上占 8%；首次申请贷款占 77.89%，二次及以上申请贷款占 22.11%；中、低收入占 97.16%，高收入占 2.84%。

2. 异地贷款：2019 年，发放异地贷款 689 笔、26381 万元。2019 年末，发放异地贷款总额 41678 万元，异地贷款余额 38298.06 万元。

3. 公转商贴息贷款：2019 年，发放公转商贴息贷款 0 笔、0 万元，支持职工购建住房面积 0 万平方米，当年贴息额 0 万元。2019 年末，累计发放公转商贴息贷款 0 笔、0 万元，累计贴息 0 万元。

4. 支持保障性住房建设试点项目贷款：2019 年末，累计试点项目 0 个，贷款额度 0 亿元，建筑面积 0 万平方米，可解决 0 户中低收入职工家庭的住房问题。0 个试点项目贷款资金已发放并还清贷款本息。

（四）**住房贡献率**：2019 年，个人住房贷款发放额、公转商贴息贷款发放额、项目贷款发放额、住房消费提取额的总和与当年缴存额的比率为 132.85%，比上年增加 21.99 个百分点。

六、其他重要事项

（一）**当年机构及职能调整、受委托办理缴存贷款业务金融机构变更情况**。2019 年 3 月市机构改革，中心更名为鄂州市住房公积金中心，12 月中心法人由刘亦平同志变更为吴力胜同志。

根据业务发展需要，按照相应职能将内设机构由综合科、计划财务科、科技信息科、政策法规科、综合服务大厅五个科室变更为综合科、计划财务科、政策信息科、营业部四个科室。受委托办理缴存业务银行增加了湖北银行鄂州分行，贷款业务金融机构无变更情况。

（二）**当年住房公积金政策调整及执行情况**。

2019 年住房公积金缴存基数方法：以职工上年度月平均工资作为月缴存基数，月缴存基数原则上不得高于上年度我市城镇非私营单位就业人员平均工资的三倍（以统计部门公布的数据为准）。2019 年鄂州地区在岗职工的住房公积金最低月缴基数不得低于 1380 元。月缴存比例执行政策为：职工和单位的住房公积金缴存比例均不得低于 5%；有条件的单位可以根据各自的实际情况提高缴存比例，但最高比例均不得超过 12%。根据国务院《住房公积金管理条例》，住房和城乡建设部、财政部、人民银行《关于改进住房公积金缴存机制进一步降低企业成本的通知》（建金〔2018〕45 号）及《鄂州市住房公积金缴存管理暂行办法》等有关文件规定，申请降低住房公积金缴存比例的缴存单位需满足以下申请条件：（1）开户正常缴存满一年；（2）上年度会计年报报表或者审计报告显示该缴存单位为生产经营严重亏损；（3）缴存单位降低缴存比例申请经本单位职工代表大会或工会讨论通过；（4）缴存单位申请降低缴存比例在 5%～12%范围内的，调低后的比例不得低于缴存单位现行缴存比例的三个百分点；（5）降低缴存比例的期限为一年，期满后仍需降低缴存比例的，应当在期满之日前 30 日内重新办理申请。

住房公积金提取政策略有修改：将《服务指南》第 13 项"购买异地自住住房（期房）提取公积金"、第 14 项"购买异地自住住房（现房）提取公积金"以及第 15 项"购买异地自住住房（二手房）提取公积金"这三项业务提取要件里的第三点"购房人近1个年度的购房所在地社保缴费流水或购房所在地户口簿"取消。

住房公积金贷款政策变动：鄂州市住房公积金管理委员会2019年四届四次会议通过了《鄂州市住房公积金个人住房组合贷款管理暂行办法》，新增住房公积金＋受委托银行贷款的组合贷款方式。《鄂州市住房公积金缴存管理暂行办法》第三章第八条规定："职工和单位住房公积金的缴存比例均不得低于8％。调整为"职工和单位住房公积金的缴存比例均不得低于5％"。

住房公积金存贷款利率执行情况：2019年缴存人住房公积金销户提取，中心按提取当日人民银行挂牌一年期定期存款利率进行结算。6月30日结息，当年新增和上年结转的公积金存款利率均按结息日当天人民银行挂牌一年期存款利率1.5％执行。2019年国家未对公积金贷款利率进行调整，中心对贷款五年期以下（含五年）客户利率仍按人行挂牌年息2.75％执行，五年以上按人行挂牌年息3.25％执行。

（三）当年服务改进情况。 以"马上办、一次办、网上办、满意办"为目标，围绕政务营商环境建设，持续深化"放管服"改革。严格执行首问负责制、一次性告知制、限时办结制，在服务高效上抓实抓细，完善创新。推进公积金业务线上线下深度融合，打造"智慧公积金"全方位服务模式。全年共受理网厅业务2539笔，同比增长197％。办结率达到100％。

（1）不断提升服务质量，营业部综合服务大厅在工作日延时服务、预约服务、上门服务的基础上，推出了"5＋x"双休日顺延、节假日预约服务和中心领导带班制度；

（2）在营业部综合服务大厅设立不动产便民服务窗口，派驻专人办理公积金贷款抵押手续，实现真正意义的"一站式窗口服务"；

（3）着力构建便民服务体系，扩大服务外延，新增银行代办网点1个，延伸远城区公积金业务自助终端网点，将服务送到职工家门口；

（4）全面推进"指尖公积金"服务，优化手机APP、网上业务大厅、支付宝城市服务等九大渠道使用功能，为单位和个人提供种类齐全、平台多样、操作简便的"不见面"服务；实现特殊业务跑一次，常规业务不出门即可办结；

（5）主动与鄂州市大数据中心建立数据互联共享，对接湖北省政务网"鄂汇办"平台，为进一步拓展"互联网＋公积金"应用，提升公积金服务水平奠定良好的基础。

（四）当年信息化建设情况。 中心持续推进公积金综合业务系统建设，进一步优化12329服务热线、12329手机短信、门户网站、网上业务大厅、自助终端、手机客户端、官方微信、官方微博、支付宝城市服务等九大公积金综合服务平台功能，为职工提供7×24小时标准化服务。截至2019年末，缴存单位开通网厅565家、个人开通网厅30187人、个人微信注册30900人、APP注册1512人、全年发送公积金业务短信209万余条。

（1）对照"双贯标"验收报告，进一步梳理标准细节，提高贯标成效，完成了档案电子化系统的开发应用、公积金异地转移接续平台直连、公积金信息系统数据异地灾备工作；

（2）按住房和城乡建设部要求，成功接入全国住房公积金数据平台并完成数据报送，实现公积金数据信息共享互换；

（3）加强多部门协作，打通与民政局婚姻信息、房产交易备案查询接口，进一步提升了业务风控水平；

（4）强化数据安保工作，中心信息系统三级等保已进行初评。

（五）当年住房公积金中心及职工所获荣誉情况。

2019年度中心获评"湖北省档案管理特级单位""鄂州市文明单位""鄂州市综合治理先进单位""鄂州市党建先进单位"四项省市级光荣称号；二人评为市级先进个人。

中心服务大厅荣获2019年度全国妇联"巾帼文明岗"和市委宣传部"鄂州市学雷锋活动示范点"的光荣称号。

2019年3月中心在市妇联举办的"诵读家风家训"活动获得了二等奖、9月在鄂州市市委宣传部组织的"中秋诗会"朗诵活动获得了"优秀奖"、11月参加鄂州市机关工委组织的"职工运动会"获得"组织奖"。

（六）中心执法部门对职工投诉的违反《住房公积金管理条例》欠缴未缴单位实施行政执法，维护职工的合法权益。全年采取上门送达催缴通知书的方式，督促10余家未缴欠缴单位规范缴存。

（七）2019年中心无对违反《住房公积金管理条例》和相关法规行为进行行政处罚和申请人民法院强制执行情况。

（八）2019年当年住房公积金从业人员无违规行为发生。

荆门市住房公积金2019年年度报告

一、机构概况

（一）住房公积金管理委员会：住房公积金管理委员会有19名委员，2019年召开1次会议，审议通过的事项主要包括：2018年度住房公积金归集使用计划执行情况及2019年度住房公积金归集使用计划，荆门市住房公积金2018年年度报告。

（二）住房公积金中心：荆门住房公积金中心为直属市人民政府、不以营利为目的的公益二类事业单位，设7个科室，4个办事处，2个管理部，1个分中心。从业人员169人，其中，在编97人，非在编72人。

二、业务运行情况

（一）缴存：2019年，新开户单位470家，实缴单位3638家，净增单位247家；新开户职工1.89万人，实缴职工17.87万人，净增职工0.59万人；缴存额29.75亿元，同比增长11.10%。2019年末，缴存总额200.61亿元，同比增长17.41%；缴存余额100.50亿元，同比增长16.01%。

受委托办理住房公积金缴存业务的银行6家，与上年持平。

（二）提取：2019年，提取额15.88亿元，同比下降7.35%；占当年缴存额的53.38%，同比减少10.63个百分点。2019年末，提取总额100.11亿元，同比增长18.85%。

（三）贷款：

个人住房贷款最高额度50万元，其中，单缴存职工最高额度30万元，双缴存职工最高额度50万元。

2019年，发放个人住房贷款5492笔、17.70亿元，同比分别下降12.65%、2.42%。其中，市中心发放个人住房贷款5296笔、17.16亿元，沙洋监狱分中心发放个人住房贷款196笔、0.54亿元。

2019年，回收个人住房贷款10.08亿元。其中，市中心8.35亿元，沙洋监狱分中心1.73亿元。

2019年末，累计发放个人住房贷款74867笔、130.71亿元，贷款余额78.77亿元，同比分别增加7.92%、15.67%、10.72%。个人住房贷款余额占缴存余额的78.38%，同比减少3.74个百分点。

受委托办理住房公积金个人住房贷款业务的银行6家，比上年增加2家。

(四) 资金存储：2019年末，住房公积金存款27.78亿元。其中，活期0.14亿元，1年（含）以下定期6.38亿元，1年以上定期15.63亿元，其他（协定、通知存款等）5.63亿元。

(五) 资金运用率：2019年末，住房公积金个人住房贷款余额、项目贷款余额和购买国债余额的总和占缴存余额的78.38%，同比减少3.74个百分点。

三、主要财务数据

(一) 业务收入：2019年，业务收入31456.22万元。其中，市中心29413.28万元，沙洋监狱分中心2042.94万元；存款利息6206.35万元，委托贷款利息25248.57万元，其他1.3万元。

(二) 业务支出：2019年，业务支出11866.21万元。其中，市中心10833.76万元，沙洋监狱分中心1032.45万元；支付职工住房公积金利息10612.98万元，手续费和其他支出1253.23万元。

(三) 增值收益：2019年，增值收益19590.01万元。其中，市中心18579.52万元，沙洋监狱分中心1010.49万元；增值收益率2.09%，同比增加0.19个百分点。

(四) 增值收益分配：2019年，提取贷款风险准备金2188.51万元，提取管理费用4950.11万元，提取城市廉租住房（公共租赁住房）建设补充资金3447.61万元。

2019年，上交财政管理费用4950.11万元。上缴财政城市廉租住房（公共租赁住房）建设补充资金8808.67万元。其中，市中心上缴4131.98万元，沙洋监狱分中心上缴4676.69万元。

2019年末，贷款风险准备金余额15032.83万元。累计提取城市廉租住房（公共租赁住房）建设补充资金40080.12万元。其中，市中心提取32616.43万元，沙洋监狱分中心提取7463.69万元。

(五) 管理费用支出：2019年，管理费用支出5242.88万元，同比下降18.95%。其中，人员经费2932.06万元，公用经费391.44万元，专项经费1919.38万元。

市中心管理费用支出5142.60万元，其中，人员、公用、专项经费分别为2916.02万元、381.11万元、1845.47万元；沙洋监狱分中心管理费用支出100.28万元，其中，人员、公用、专项经费分别为16.04万元、10.33万元、73.91万元；。

四、资产风险状况

2019年末，个人住房贷款逾期额1040.35万元，逾期率1.32‰。其中，市中心1.37‰，沙洋监狱分中心0‰。

2019年，提取个人贷款风险准备金2188.50万元，使用个人贷款风险准备金核销呆账0万元。2019年末，个人贷款风险准备金余额15032.83万元，占个人住房贷款余额的1.91%，个人住房贷款逾期额与个人贷款风险准备金余额的比率为6.92%。

五、社会经济效益

(一) 缴存业务：2019 年，实缴单位数、实缴职工人数和缴存额同比分别增长 7.28%、3.39% 和 11.10%。

缴存单位中，国家机关和事业单位占 55.72%，国有企业占 10.31%，城镇集体企业占 0.91%，外商投资企业占 0.30%，城镇私营企业及其他城镇企业占 25.59%，民办非企业单位和社会团体占 4.34%，其他占 2.83%。

缴存职工中，国家机关和事业单位占 44.86%，国有企业占 21.06%，城镇集体企业占 1.16%，外商投资企业占 0.41%，城镇私营企业及其他城镇企业占 30.59%，民办非企业单位和社会团体占 1.48%，其他占 0.44%；中、低收入占 98.90%，高收入占 1.10%。

新开户职工中，国家机关和事业单位占 16.14%，国有企业占 9.98%，城镇集体企业占 0.59%，外商投资企业占 0.98%，城镇私营企业及其他城镇企业占 66.52%，民办非企业单位和社会团体占 3.39%，其他占 2.40%；中、低收入占 99.86%，高收入占 0.14%。

(二) 提取业务：2019 年，4.52 万名缴存职工提取住房公积金 15.88 亿元。

提取金额中，住房消费提取占 70.27%（购买、建造、翻建、大修自住住房占 26.63%，偿还购房贷款本息占 41.72%，租赁住房占 1.86%，其他占 0.06%）；非住房消费提取占 29.73%（离休和退休提取占 22.75%，完全丧失劳动能力并与单位终止劳动关系提取占 4.91%，出境定居占 0.06%，其他占 2.01%）。

提取职工中，中、低收入占 98.73%，高收入占 1.27%。

(三) 贷款业务：

1. 个人住房贷款：2019 年，支持职工购建房 65.17 万平方米，年末个人住房贷款市场占有率（含公转商贴息贷款）为 16.63%，比上年末减少 13.42 个百分点。通过申请住房公积金个人住房贷款，可节约职工购房利息支出 26211 万元。

职工贷款笔数中，购房建筑面积 90（含）平方米以下占 8.08%，90～144（含）平方米占 87.66%，144 平方米以上占 4.26%。购买新房占 93.97%，购买二手房占 2.84%，建造、翻建、大修自住住房占 0%，其他占 3.19%。

职工贷款笔数中，单缴存职工申请贷款占 55.48%，双缴存职工申请贷款占 40.55%，三人及以上缴存职工共同申请贷款占 3.97%。

贷款职工中，30 岁（含）以下占 36.89%，30 岁～40 岁（含）占 31.39%，40 岁～50 岁（含）占 23.63%，50 岁以上占 8.09%；首次申请贷款占 92.77%，二次及以上申请贷款占 7.23%；中、低收入占 99.16%，高收入占 0.84%。

2. 异地贷款：2019 年，发放异地贷款 235 笔、8365 万元。2019 年末，发放异地贷款总额 72221.50 万元，异地贷款余额 58618.89 万元。

(四) 住房贡献率：2019 年，个人住房贷款发放额、公转商贴息贷款发放额、项目贷款发放额、住房消费提取额的总和与当年缴存额的比率为 97.02%，比上年减少 16.05 个百分点。

六、其他重要事项

（一）**机构调整情况**。2019年2月12日，中共荆门市委、荆门市人民政府印发《荆门市市级机构改革实施方案》，荆门住房公积金管理中心更名为荆门住房公积金中心，职能无调整。

（二）**受委托办理贷款业务金融机构变更情况**。受委托办理贷款业务金融机构增加湖北荆门农村商业银行和邮政储蓄银行。

（三）**政策调整情况**。2019年4月8日起，缴存职工购建自住住房的，夫妻双方提取和贷款只能任选其一办理；首次发生购建住房提取的，提取额度不超过个人缴存余额的90%；二次发生购建住房提取的，提取额度不超过个人缴存余额的50%；暂停受理三次及以上提取；暂停异地缴存职工住房公积金贷款业务；暂停受理商业银行贷款转住房公积金个人贷款。

（四）**服务改进情况**。推行"规范化、标准化、精细化"管理，"简流程、减要件"，所有业务"最多跑一次""零收费"；深化"放管服"改革，推进"互联网＋政务服务"建设，实现公积金政务服务网上申请，全平台服务评价实时化、在线化、省级汇集评析；升级完善住房公积金12329短信平台，为单位和职工提供全面、优质、及时的短信通知服务；完善住房公积金综合服务平台建设，实现网站、微信公众服务平台、网上营业厅、自助查询终端、12329服务热线、短信平台等渠道统一平台管理。

（五）**信息化建设情况**。制定《荆门住房公积金中心接入全国住房公积金数据平台建设方案》，接入全国住房公积金数据平台；与湖北政务服务事项库1.0、全省政务服务办件库及"好差评"系统、省住房公积金综合服务平台12329短信系统对接，实施与湖北政务服务事项库3.0版本深度对接开发测试。

（六）**所获荣誉情况**。中心获招商引资先进单位、综治目标管理考评先进单位、履职尽责综合考评优秀等次、市直机关"优秀机关党建品牌"；城区办事处获市直机关优质服务窗口表彰和市级青年文明号称号，石化管理部获市级青年文明号称号；城区办事处皮道涵获市直机关优秀服务标兵表彰。

孝感市住房公积金2019年年度报告

一、机构概况

（一）**住房公积金管理委员会**：住房公积金管理委员会有20名委员，2019年召开一次会议，审议通过的事项主要包括《孝感住房公积金2018年年度报告》《孝感住房公积金管理中心关于2018年度住房公积金归集使用计划执行情况和2019年度归集使用计划的报告》《孝感住房公积金管理中心2018年住房公积金增值收益分配方案》《孝感住房公积金管理中心关于2018年度财务收支决算与2019年度财务收支预算的报告》《孝感市住房公积金管理委员会章程》等报告。审议批准了《孝感市住房公积金管理委员会关于部分调整我市住房公积金使用政策的通知》。

（二）**住房公积金中心**：住房公积金中心为不以营利为目的的事业单位，设6个科室，7个办事处。从业人员191人。其中，在编153人，非在编38人。

二、业务运行情况

（一）**缴存**：2019年，新开户单位336家，实缴单位3544家，净增单位297家；新开户职工1.84万人，实缴职工19.11万人，净增职工0.74万人；缴存额30.35亿元，同比增长6%。2019年末，缴存总额189.96亿元，同比增长19%；缴存余额100.66亿元，同比增长14%。

受委托办理住房公积金缴存业务的银行11家，与上年相同。

（二）**提取**：2019年，提取额18.01亿元，同比增长22%。占当年缴存额59%，比上年增加7个百分点。2019年末，提取总额89.3亿元，同比增长25%。

（三）**贷款**：

1. 个人住房贷款：个人住房贷款最高额度50万元，其中，单缴存职工最高额度50万元，双缴存职工最高额度50万元。

2019年，发放个人住房贷款3838笔、12.85亿元，同比分别增长15%、22%。其中，市本级发放个人住房贷款1301笔、4.54亿元。

2019年，回收个人住房贷款7.83亿元。其中，市本级回收2.59亿元。

2019年末，累计发放个人住房贷款48467笔、102.06亿元，贷款余额64.39亿元，同比分别增长8%、14%、8%。个人住房贷款余额占缴存余额的64%，比上年减少3个百分点。

受委托办理住房公积金个人住房贷款业务的银行9家，与上年相同。

2. 住房公积金支持保障性住房建设项目贷款：孝感无支持保障性住房建设项目贷款。

（四）**购买国债**：孝感无购买国债。

（五）**融资**：2019年未发生融资。2019年末，融资总额10.178亿元，融资余额0亿元。

（六）**资金存储**：2019年末，住房公积金存款36.73亿元。其中，活期1.7亿元，1年（含）以下定期2.14亿元，1年以上定期24.64亿元，其他（协定、通知存款等）8.25亿元。

（七）**资金运用率**：2019年末，住房公积金个人住房贷款余额、项目贷款余额和购买国债余额的总和占缴存余额的64%，比上年减少3个百分点。

三、主要财务数据

（一）**业务收入**：2019年，业务收入30101.07万元，同比增长18%（其中，市本级业务收入9947.42万元）；存款利息9274.26万元，委托贷款利息20794.52万元，其他32.29万元。

（二）**业务支出**：2019年，业务支出13699.92万元，同比增长6%（其中，市本级4435.82万元）；支付职工住房公积金利息13680.62万元，其他19.3万元。

（三）**增值收益**：2019年，增值收益16401.15万元，同比增长30%。其中，市本级5511.6万元；增值收益率1.76%，比上年提高0.21个百分点。

（四）**增值收益分配**：2019年的增值收益，提取贷款风险准备金424.38万元，提取管理费用3577.56万元，提取城市廉租住房（公共租赁住房）建设补充资金12399.21万元。

2019年，上交财政管理费用3867.16万元。上缴财政城市廉租住房（公共租赁住房）建设补充资金7916.44万元。其中，市本级上缴3933.8万元。

2019 年末，贷款风险准备金余额 10497.79 万元。累计提取城市廉租住房（公共租赁住房）建设补充资金 52940.17 万元。其中，市本级提取 30069 万元。

（五）管理费用支出：2019 年，管理费用支出 3960 万元，同比上升 36%（其中汉川办事处 2019 年营业大厅装修 443 万元，占总增长量的 42%）。其中，人员经费 2327 万元，公用经费 251 万元，专项经费 1382 万元。

市本级管理费用支出 831 万元，其中，人员、公用、专项经费分别为 374 万元、66 万元、391 万元。

四、资产风险状况

（一）个人住房贷款：2019 年末，个人住房贷款逾期额 952.88 万元，逾期率 1.48‰。其中，市中心 0.88‰。

个人贷款风险准备金按贷款余额的 1% 提取。2019 年，提取个人贷款风险准备金 424.38 万元，使用个人贷款风险准备金核销呆坏账 0 万元。2019 年末，个人贷款风险准备金余额 10497.79 万元，占个人住房贷款余额 1.63%，个人住房贷款逾期额与个人贷款风险准备金余额的比率为 9%。

（二）支持保障性住房建设试点项目贷款：无支持保障性住房建设试点项目贷款。

（三）历史遗留风险资产：无历史遗留风险资产。

五、社会经济效益

（一）缴存业务：2019 年，实缴单位数、实缴职工人数和缴存额同比分别增长 6.7%、5.8% 和 6.4%。

缴存单位中，国家机关和事业单位占 69%，国有企业占 9.6%，城镇集体企业占 0.9%，外商投资企业占 2%，城镇私营企业及其他城镇企业占 7.3%，民办非企业单位和社会团体占 1.9%，其他占 9.3%。

缴存职工中，国家机关和事业单位占 57%，国有企业占 20.7%，城镇集体企业占 1%，外商投资企业占 4.9%，城镇私营企业及其他城镇企业占 8.6%，民办非企业单位和社会团体占 0.3%，其他占 7.5%；中、低收入占 99.9%，高收入占 0.1%。

新开户职工中，国家机关和事业单位占 27%，国有企业占 13.3%，城镇集体企业占 0.9%，外商投资企业占 11.9%，城镇私营企业及其他城镇企业占 25.9%，民办非企业单位和社会团体占 1.1%，其他占 19.9%；中、低收入占 99.9%，高收入占 0.1%。

（二）提取业务：2019 年，5.06 万名缴存职工提取住房公积金 18.01 亿元。

提取金额中，住房消费提取占 72.7%（购买、建造、翻建、大修自住住房占 32.7%，偿还购房贷款本息占 39.5%，租赁住房占 0.5%）；非住房消费提取占 27.3%（离休和退休提取 21.6%，完全丧失劳动能力并与单位终止劳动关系提取占 2.9%，户口迁出本市或出境定居占 0.7%，其他占 2.1%）。

提取职工中，中、低收入占 99.76%，高收入占 0.24%。

（三）贷款业务：

1. 个人住房贷款：2019 年，支持职工购建房 45.86 万平方米，年末个人住房贷款市场占有率为 15.6%，比上年下降 0.8 个百分点。通过申请住房公积金个人住房贷款，可节约职工购房利息支出 1.92 亿元。

职工贷款笔数中,购房建筑面积 90(含)平方米以下占 10.7%,90~144(含)平方米占 83%,144 平方米以上占 6.3%。购买新房占 75.77%,购买存量商品住房占 24.21%,其他占 0.02%。

职工贷款笔数中,单缴存职工申请贷款占 59.4%,双缴存职工申请贷款占 40.6%。

贷款职工中,30 岁(含)以下占 21.8%,30 岁~40 岁(含)占 32.3%,40 岁~50 岁(含)占 36%,50 岁以上占 9.9%;首次申请贷款占 94.2%,二次及以上申请贷款占 5.8%;中、低收入占 99.9%,高收入占 0.1%。

2. 异地贷款:2019 年,发放异地贷款 176 笔、5095.8 万元。2019 年末,发放异地贷款总额 27049 万元,异地贷款余额 21861 万元。

3. 公转商贴息贷款:2019 年,孝感未发放公转商贴息贷款。

4. 住房公积金支持保障性住房建设项目贷款:截至 2019 年底,孝感无住房公积金支持保障性住房建设项目贷款。

(四)住房贡献率:2019 年,个人住房贷款发放额、公转商贴息贷款发放额、项目贷款发放额、住房消费提取额的总和与当年缴存额的比率为 85.5%,比上年增长 15.5 个百分点。

六、其他重要事项

(一)当年机构及职能调整情况。2019 年,孝感住房公积金管理中心更名为孝感住房公积金中心,行政执法职能剥离划转。

(二)当年缴存基数限额及确定方法、缴存比例调整情况。

1. 缴存基数限额及确定方法

《关于调整 2019 年度住房公积金缴存额度的通知》(孝公管委发〔2019〕3 号)规定:2019 年度职工住房公积金月缴存基数应按 2018 年度职工本人月平均工资(即职工 2018 年度工资总额÷12)核定。职工工资总额计算口径应按《国家统计局关于认真贯彻执行〈关于工资总额组成的规定〉的通知》(统制字〔1990〕1 号)执行。

根据湖北省人民政府《关于调整全省最低工资标准的通知》(鄂政发〔2017〕44 号)规定,2019 年度孝感城区(孝南)、应城、汉川、在岗职工的住房公积金最低月缴存基数不得低于 1380 元,安陆、云梦、大悟、孝昌不低于 1250 元。

孝感市统计部门提供的 2018 年度孝感市城镇非私营单位在岗职工年人均工资为 59687 元。根据建金〔2018〕45 号文件规定:"缴存住房公积金的月工资基数,不得高于职工工作地所在社区城市统计部门公布的上一年度职工月平均工资的 3 倍",计算 2019 年度全市在岗职工住房公积金月缴存基数不得高于 14921 元。

《孝感市住房公积金管理委员会关于基数调整的补充通知》(孝公管委发〔2019〕3 号)补充通知:根据统计部门提供的相关数据,核定孝感城区(含孝南区)缴存单位月缴存基数上限不得高于 19322 元,月缴存额上限为 4638 元。

2. 缴存比例调整情况

《关于调整 2019 年度住房公积金缴存额度的通知》(孝公管委发〔2019〕3 号)规定 2019 年全市职工和单位住房公积金缴存比例均不得低于 5%,有条件的单位可以根据各自实际情况提高缴存比例,但最高比例均不得超过12%。新市民缴存人员缴存比例为10%，缴存基数不得超出当年中心公布的上下限标准。

（三）**当年住房公积金政策调整及执行情况。**2019年孝感住房公积金中心先后印发《孝感市住房公积金管理委员会关于部分调整我市住房公积金使用政策的通知》《关于公积金使用政策中有关问题的认定标准》《孝感住房公积金中心关于公积金业务有关问题解释的通知》《孝感市中级人民法院孝感住房公积金中心关于依法执行住房公积金若干问题的意见》等文件，对我市住房公积金使用政策进行调整。政策调整体现在坚持房住不炒的定位，支持首套和改善性购房，增加缴存职工公积金还贷的方式，加强对借款人征信的管理，加大对违规使用公积金的惩戒，同孝感市中级人民法院建立了住房公积金执行协作联动机制。

（四）**当年服务改进情况。**2019年，中心继续在优化营商环境、提升服务质效上不懈努力。一是除中心本级在市民之家设立营业网点外，汉川、安陆等公积金办事处也陆续在各自市民之家设立办事柜台，着力优化营商环境，解决群众办事难、多头跑的问题。二是解决"群众办事最后一公里"。坚持延时服务、上门服务、预约服务，推出快递服务、免复印件服务，通过内部流程优化、部门衔接、工作人员跑腿，不断化解群众"办事难"，把群众办事难题变成中心自己的课题。三是公积金综合服务平台建设，取得实效。中心始终坚持电子政务与综合平台融合建设，推进包括电子政务一张网对接、鄂汇办对接、个税数据对接、网厅、微信、支付宝、数据共享等18个子系统的建设。2019年12月，全市线上办理缴交业务1430笔，金额1.9亿元，占12月业务总数的45%。

（五）**当年信息化建设情况。**2019年，中心在完成基础数据标准和结算应用系统"双贯标"的基础上，持续进行整改和信息系统优化。按要求落实银行账户的精简；建立工作机制，每月进行基础数据电子化检查，专人负责数据分析、数据派发、整改汇总、建立台账和销账；多次、各层级进行审计，针对审计提出的问题，及时发现制度、业务、系统中漏洞，及时采取措施进行改进，为防范业务风险点和公积金业务转型打下坚实的基础。

（六）**当年住房公积金中心及职工所获荣誉情况。**2019年中心职工万里鸿获得市优秀共产党员称号，陈三宝荣立脱贫攻坚工作三等功。

（七）**当年对违反《住房公积金管理条例》和相关法规行为进行行政处罚和申请人民法院强制执行情况。**加强违规提取住房公积金的法律风险和责任的宣传，依法依规追回违规提取金额31.5万元。申请法院强制执行清收贷款21人，强制执行结案7人，共收回贷款285万元。

荆州市住房公积金2019年年度报告

一、机构概况

（一）**住房公积金管理委员会**：住房公积金管理委员会有21名委员，2020年召开一次会议，审议通过本报告。

（二）**住房公积金管理中心**：荆州住房公积金中心为荆州市政府直属不以营利为目的的公益一类事业单位，设8个科室，9个县市机构。从业人员164人，其中，在编109人，非在编55人。

二、业务运行情况

(一)缴存:2019 年,新开户单位 340 家,实缴单位 4160 家,净增单位 284 家;新开户职工 2.17 万人,实缴职工 23.08 万人,净增职工 1.01 万人;缴存额 36.77 亿元,同比增长 7.39%。2019 年末,缴存总额 238.45 亿元,比上年末增长 18.23%;缴存余额 112.91 亿元,比上年末增长 13.56%。

受委托办理住房公积金缴存业务的银行 7 家,比上年增加 0 家。

(二)提取:2019 年,提取额 23.29 亿元,同比增长 8.00%;占当年缴存额的 63.34%,比上年增加 0.34 个百分点。2019 年末,提取总额 125.54 亿元,比上年末增长 22.75%。

(三)贷款:

1. 个人住房贷款:个人住房贷款最高额度 45 万元,其中,单缴存职工最高额度 40 万元,双缴存职工最高额度 45 万元。

2019 年,发放个人住房贷款 6050 笔、20.47 亿元,同比分别增长 8.87%、16.43%。其中,中心发放个人住房贷款 2491 笔、8.985 亿元,江陵县发放个人住房贷款 293 笔、0.898 亿元,监利县发放个人住房贷款 718 笔、2.386 亿元,洪湖市发放个人住房贷款 787 笔、2.39 亿元,公安县发放个人住房贷款 551 笔、1.898 亿元,松滋市发放个人住房贷款 641 笔、1.987 亿元,石首市发放个人住房贷款 527 笔、1.766 亿元,江北监狱发放个人住房贷款 42 笔、0.16 亿元。

2019 年,回收个人住房贷款 9.40 亿元。其中,中心 4.72 亿元,江陵县 0.50 亿元,监利县 0.84 亿元,洪湖市 0.86 亿元,公安县 0.91 亿元,松滋市 0.80 亿元,石首市 0.66 亿元,江北监狱 0.11 亿元。

2019 年末,累计发放个人住房贷款 6.4057 万笔、135.24 亿元,贷款余额 83.36 亿元,分别比上年末增长 9.26%、17.83%、14.66%。个人住房贷款余额占缴存余额的 73.82%,比上年末增长 1.12 个百分点。

受委托办理住房公积金个人住房贷款业务的银行 6 家,与上年比没有增加。

2. 住房公积金支持保障性住房建设项目贷款:2019 年,发放支持保障性住房建设项目贷款 0 亿元,回收项目贷款 0 亿元。2019 年末,累计发放项目贷款 0 亿元,项目贷款余额 0 亿元。

(四)购买国债:2019 年,购买国债 0 亿元,兑付(转让、收回)国债 0 亿元。2019 年末,国债余额 0 亿元,比上年末减少 0 亿元。

(五)融资:2019 年,融资 0 亿元,归还 0 亿元。2019 年末,融资总额 0 亿元,融资余额 0 亿元。

(六)资金存储:2019 年末,住房公积金存款 33.53 亿元。其中,活期 1.95 亿元,1 年(含)以下定期 6.72 亿元,1 年以上定期 21.01 亿元,协定存款 3.85 亿元。

(七)资金运用率:2019 年末,住房公积金个人住房贷款余额、项目贷款余额和购买国债余额的总和占缴存余额的 73.82%,比上年末增加 1.12 个百分点。

三、主要财务数据

(一)业务收入:2019 年,业务收入 34782.43 万元,同比增长 14.49%,其中中心本级业务收入 13500.55 万元,各县市机构业务收入 21281.88 万元。全市业务收入中,存款利息 9437.39 万元,委托贷款利息 25335.57 万元,国债利息 0 万元,其他 9.47 万元。

（二）业务支出：2019 年，业务支出 16858.49 万元，同比增长 12.58%，其中中心本级业务支出 6912.87 万元，各县市机构业务支出 9945.62 万元。全市业务支出中，支付职工住房公积金利息 16005.16 万元，归集手续费 363.79 万元，委托贷款手续费 489.55 万元。

（三）增值收益：2019 年，增值收益 17923.94 万元，同比增长 16.33%，其中中心本级 6587.68 万元，各县市机构 11336.26 万元；增值收益率 1.69%，比上年增加 0.04 个百分点。

（四）增值收益分配：2019 年，全市将 2018 年实现的增值收益 15407.21 万元进行分配及上缴，具体为提取贷款风险准备金 783.67 万元，提取管理费用 2755.24 万元，提取并上缴城市廉租住房（公共租赁住房）建设补充资金 11868.30 万元。

2019 年，实际上交财政管理费用 2755.24 万元。上缴财政城市廉租住房（公共租赁住房）建设补充资金 11868.30 万元。其中，中心本级上缴 4958.96 万元，各县市机构上缴 6909.34 万元。

2019 年末，贷款风险准备金余额 7306.46 万元。累计提取城市廉租住房（公共租赁住房）建设补充资金 7.04 亿元。其中，中心本级提取 3.59 亿元，各县市机构提取 3.45 亿元。

（五）管理费用支出：2019 年，管理费用支出 2751.53 万元，同比下降 21.85%。其中，人员经费 1614.77 万元，公用经费 238.08 万元，专项经费 898.68 万元。管理费用同比下降主要原因是专项经费支出大幅下降，上年有服务场所新建支出（监利县），本年没有。

中心管理费用支出 1193 万元，其中，人员、公用、专项经费分别为 673.99 万元、94.22 万元、424.79 万元；各县市机构费用支出 1558.53 万元，其中，人员、公用、专项经费分别为 940.78 万元、143.86 万元、473.89 万元。

四、资产风险状况

（一）个人住房贷款：2019 年末，个人住房贷款逾期额 1082.39 万元，逾期率 1.30‰。其中中心本级逾期率 1.21‰。

个人贷款风险准备金按贷款余额的 1‰ 提取。2019 年，实际提取个人贷款风险准备金 783.67 万元，使用个人贷款风险准备金核销呆坏账 0 万元。2019 年末，个人贷款风险准备金余额 7306.46 万元，占个人住房贷款余额的 0.88%，个人住房贷款逾期额与个人贷款风险准备金余额的比率为 14.81%。

（二）支持保障性住房建设试点项目贷款：2019 年末，逾期项目贷款 0 万元，荆州住房公积金中心不涉及支持保障性住房建设试点项目贷款业务。

五、社会经济效益

（一）缴存业务：2019 年，实缴单位数、实缴职工人数和缴存额同比分别增长 4.70%、1.53% 和 7.39%。

缴存单位中，国家机关和事业单位占 64.78%，国有企业占 9.14%，城镇集体企业占 0.79%，外商投资企业占 1.27%，城镇私营企业及其他城镇企业占 17.79%，民办非企业单位和社会团体占 1.13%，其他占 5.1%。

缴存职工中，国家机关和事业单位占 55.84%，国有企业占 13.22%，城镇集体企业占 0.69%，外商投资企业占 4.65%，城镇私营企业及其他城镇企业占 21.30%，民办非企业单位和社会团体占 0.31%，其

他占 3.99%；中、低收入占 96.35%，高收入占 3.65%。

新开户职工中，国家机关和事业单位占 30.83%，国有企业占 7.50%，城镇集体企业占 0.58%，外商投资企业占 5.15%，城镇私营企业及其他城镇企业占 41.78%，民办非企业单位和社会团体占 0.56%，其他占 13.60%；中、低收入占 99.86%，高收入占 0.14%。

（二）提取业务：2019 年，64323 名缴存职工提取住房公积金 23.29 亿元。

提取金额中，住房消费提取占 75.16%（购买、建造、翻建、大修自住住房占 30.92%，偿还购房贷款本息占 41.04%，租赁住房占 2.72%，其他占 0.48%）；非住房消费提取占 24.84%（离休和退休提取占 21.02%，完全丧失劳动能力并与单位终止劳动关系提取占 1.60%，出境定居占 0.62%，其他占 0.89%）。

提取职工中，中、低收入占 90.09%，高收入占 9.91%。

（三）贷款业务：

1. 个人住房贷款：2019 年，支持职工购建房 71.02 万平方米，年末个人住房贷款市场占有率（含公转商贴息贷款）为 19.31%，比上年末增加 3.21 个百分点。通过申请住房公积金个人住房贷款，可节约职工购房利息支出 6.21 亿元。

职工贷款笔数中，购房建筑面积 90（含）平方米以下占 15.29%，90～144（含）平方米占 73.19%，144 平方米以上占 11.52%。购买新房占 78.54%（其中购买保障性住房占 0%），购买二手房占 16.48%，建造、翻建、大修自住住房占 0.07%，其他占 4.91%。

职工贷款笔数中，单缴存职工申请贷款占 29.55%，双缴存职工申请贷款占 70.43%，三人及以上缴存职工共同申请贷款占 0.02%。

贷款职工中，30 岁（含）以下占 29.16%，30 岁～40 岁（含）占 33.67%，40 岁～50 岁（含）占 29.01%，50 岁以上占 8.16%；首次申请贷款占 87.79%，二次及以上申请贷款占 12.21%；中、低收入占 91.26%，高收入占 8.74%。

2. 异地贷款：2019 年，发放异地贷款 10 笔、393.20 万元。2019 年末，累计发放异地贷款总额 23631.10 万元，异地贷款余额 21156.70 万元。

3. 公转商贴息贷款：2019 年，发放公转商贴息贷款 0 笔、0 万元，支持职工购建住房面 0 万平方米，当年贴息额 0 万元。2019 年末，累计发放公转商贴息贷款 0 笔、0 万元，累计贴息 0 万元。

4. 支持保障性住房建设试点项目贷款：2019 年末，累计试点项目 0 个，贷款额度 0 亿元，建筑面积 0 万平方米，可解决 0 户中低收入职工家庭的住房问题。无试点项目贷款资金已发放并还清贷款本息。

（四）**住房贡献率**：2019 年，个人住房贷款发放额、公转商贴息贷款发放额、项目贷款发放额、住房消费提取额的总和与当年缴存额的比率为 103.26%，比上年减少 11.05 个百分点。

六、其他重要事项

（1）2019 年 3 月 6 日，荆编办〔2019〕7 号文，荆州住房公积金管理中心承担的行政职能划入市住房城乡建设局，并更名为荆州住房公积金中心。

（2）在 2015.2016 两年的年度报告中，将荆州住房公积金中心荆州区办事处提取的城市廉租住房（公共租赁住房）建设补充资金 217.36 万元、848.29 万元纳入荆州住房公积金中心本级统计。2019 年报告中修正该数据，修正后，2019 年末中心本级累计提取廉租房补充资金 3.59 亿元，各县市机构累计提取 3.45 亿元。

（3）中心本级与荆州市不动产登记中心合作建设了不动产延伸柜台，实现个人贷款申请、抵押、发放一站式服务；引进了不动产自助查询终端。

黄冈市住房公积金 2019 年年度报告

一、机构概况

（一）**住房公积金管理委员会**：住房公积金管理委员会有 15 名委员，2019 年召开一次会议，审议通过的事项主要包括：《2018 年度工作情况及 2019 年工作计划的报告》《2018 年度财务决算和 2019 年度预算的报告》《黄冈住房公积金提取暂行办法（2019 版）》《黄冈住房公积金委托贷款暂行办法（2019 版）》《2019 年度黄冈市住房公积金缴存"限高保低"标准》及《黄冈住房公积金 2018 年年度报告》。

（二）**住房公积金管理中心**：住房公积金管理中心为直属黄冈市人民政府的不以营利为目的的参照公务员管理事业单位，设 20 个内设机构，从业人员 215 人，其中，在编 146 人，非在编 69 人。

二、业务运行情况

（一）**缴存**：2019 年，新开户单位 443 家，实缴单位 4589 家，净增单位 40 家；新开户职工 21379 人，实缴职工 221779 人，净增职工 4841 人；缴存额 41.71 亿元，同比增长 10.4%。2019 年末，缴存总额 241.39 亿元，比上年末增加 20.88%；缴存余额 131.93 亿元，比上年末增加 16.89%。

受委托办理住房公积金缴存业务的银行 7 家，比上年增加（减少）0 家。

（二）**提取**：2019 年，提取额 22.65 亿元，同比增长 13.36%；占当年缴存额的 54.3%，比上年增加 1.42 个百分点。2019 年末，提取总额 109.46 亿元，比上年末增加 26.08%。

（三）**贷款**：

1. 个人住房贷款：个人住房贷款最高额度 40 万元，其中，单缴存职工最高额度 40 万元，双缴存职工最高额度 40 万元。

2019 年，发放个人住房贷款 6871 笔、22.43 亿元，同比分别（下降）11.96%、4.47%。其中，市中心发放个人住房贷款 1437 笔、5.03 亿元，黄州办事处发放个人住房贷款 259 笔、0.86 亿元，团风办事处发放个人住房贷款 302 笔、1 亿元，红安办事处发放个人住房贷款 577 笔、1.97 亿元，麻城办事处发放个人住房贷款 760 笔、2.29 亿元，英山办事处发放个人住房贷款 403 笔、1.26 亿元，罗田办事处发放个人住房贷款 606 笔、1.8 亿元，浠水办事处发放个人住房贷款 618 笔、2.02 亿元，蕲春办事处发放个人住房贷款 576 笔、1.96 亿元，武穴办事处发放个人住房贷款 762 笔、2.5 亿元，黄梅办事处发放个人住房贷款 571 笔、1.74 亿元。

2019 年，回收个人住房贷款 12.48 亿元。其中，市中心 1.7 亿元，黄州办事处 0.6 亿元，团风办事处

0.5 亿元，红安办事处 0.99 亿元，麻城办事处 1.83 亿元，英山办事处 0.93 亿元，罗田办事处 0.99 亿元，浠水办事处 1.22 亿元，蕲春办事处 1.14 亿元，武穴办事处 1.51 亿元，黄梅办事处 1.07 亿元。

2019 年末，累计发放个人住房贷款 69442 笔 141.5 亿元，贷款余额 91.14 亿元，分别比上年末增加 11.73%、18.84%、12.24%。个人住房贷款余额占缴存余额的 69.08%，比上年末增加（减少）2.86 个百分点。

受委托办理住房公积金个人住房贷款业务的银行 6 家，比上年增加（减少）0 家。

2. 住房公积金支持保障性住房建设项目贷款：2019 年，发放支持保障性住房建设项目贷款 0 亿元，回收项目贷款 0 亿元。2019 年末，累计发放项目贷款 0 亿元，项目贷款余额 0 亿元。

（四）**购买国债**：2019 年，购买（记账式、凭证式）国债 0 亿元，兑付（转让、收回）国债 0 亿元。2019 年末，国债余额 0 亿元，比上年末减少（增加）0 亿元。

（五）**融资**：2019 年，融资 0 亿元，归还 0 亿元。2019 年末，融资总额 0 亿元，融资余额 0 亿元。

（六）**资金存储**：2019 年末，住房公积金存款 46.39 亿元。其中，活期 4.91 亿元，1 年（含）以下定期 8.98 亿元，1 年以上定期 32.51 亿元，其他（协定、通知存款等）0 亿元。

（七）**资金运用率**：2019 年末，住房公积金个人住房贷款余额、项目贷款余额和购买国债余额的总和占缴存余额的 69.08%，比上年末（减少）2.86 个百分点。

三、主要财务数据

（一）**业务收入**：2019 年，业务收入 39912.99 万元，同比增长 8.68%。其中，市中心 6276.06 万元，黄州办事处 2019.52 万元，团风办事处 1692.82 万元，红安办事处 4437.25 万元，麻城办事处 5894.54 万元，英山办事处 2506.46 万元，罗田办事处 2250.64 万元，浠水办事处 3183.74 万元，蕲春办事处 3262.25 万元，武穴办事处 4535.96 万元，黄梅办事处 3853.75 万元；存款利息 11461.59 万元，委托贷款利息 28451.41 万元，国债利息 0 万元，其他 0 万元。

（二）**业务支出**：2019 年，业务支出 18757.95 万元，同比增长 35.2%。其中，市中心 3157.76 万元，黄州办事处 952.05 万元，团风办事处 772.32 万元，红安办事处 1778.15 万元，麻城办事处 2363.56 万元，英山办事处 1267.93 万元，罗田办事处 732.53 万元，浠水办事处 1360.14 万元，蕲春办事处 1750.15 万元，武穴办事处 2809.96 万元，黄梅办事处 1813.41 万元；支付职工住房公积金利息 17789.79 万元，归集手续费 125.86 万元，委托贷款手续费 821.43 万元，其他 20.87 万元。

（三）**增值收益**：2019 年，增值收益 21155.04 万元，同比（下降）7.42%。其中，市中心 3118.31 万元，黄州办事处 1067.47 万元，团风办事处 920.5 万元，红安办事处 2659.09 万元，麻城办事处 3530.99 万元，英山办事处 1238.52 万元，罗田办事处 1518.11 万元，浠水办事处 1823.6 万元，蕲春办事处 1512.1 万元，武穴办事处 1726 万元，黄梅办事处 2040.35 万元；增值收益率 1.72%，比上年同期减少 0.47 个百分点。

（四）**增值收益分配**：2019 年，提取贷款风险准备金 7391.11 万元，提取管理费用 5790.25 万元，提取城市廉租住房（公共租赁住房）建设补充资金 7973.68 万元。

2019 年，上交财政管理费用 7728.06 万元（含补缴 2018 年部分）。上缴财政城市廉租住房（公共租赁住房）建设补充资金 5798.01 万元。其中，市中心上缴 1190 万元，黄州办事处上缴 222.24 万元，团风办事处上缴38万元，红安办事处上缴1227.48万元，麻城办事处上缴29.17万元，英山办事处上缴451.11万元，罗田办事处上缴265万元，浠水办事处上缴1430万元，蕲春办事处上缴130万元，武穴办事处735万元，黄梅办事处上缴80万元。

2019年末，贷款风险准备金余额37793.09万元。累计提取城市廉租住房（公共租赁住房）建设补充资金23284.59万元。其中，市中心提取5574万元，黄州办事处提取1775.45万元，团风办事处提取113.6万元，红安办事处提取1739.88万元，麻城办事处提取2863.76万元，英山办事处提取1075.99万元，罗田办事处提取552万元，浠水办事处提取4947.91万元，蕲春办事处提取671万元，武穴办事处提取3615万元，黄梅办事处提取356万元。

（五）**管理费用支出**：2019年，管理费用支出5191.01万元，同比增长22.38%。其中，人员经费2930.84万元，公用经费983.01万元，专项经费1277.16万元。

市中心管理费用支出793.82万元，其中，人员、公用、专项经费分别为351.86万元、42.87万元、399.09万元；黄州办事处管理费用支出404.35万元，其中，人员、公用、专项经费分别为223.23万元、24.39万元、156.73万元；团风办事处管理费用支出235万元，其中，人员、公用、专项经费分别为196万元、26万元、13万元；红安办事处管理费用支出323.92万元，其中，人员、公用、专项经费分别为214.8万元、77.42万元、31.7万；麻城办事处管理费用支出435.75万元，其中，人员、公用、专项经费分别为287.68万元、135.3万元、12.77万元；英山办事处管理费用支出389.7万元，其中，人员、公用、专项经费分别为242.1万元、141.6万元、6万元；罗田办事处管理费用支出729.35万元，其中，人员、公用、专项经费分别为213.81万元、178.38万元、337.16万元；浠水办事处管理费用支出385.63万元，其中，人员、公用、专项经费分别为259.46万元、55.45万元、70.72万元；蕲春办事处管理费用支出475.49万元，其中，人员、公用、专项经费分别为221.9万元、72.6万元、180.99万元；武穴办事处管理费用支出606万元，其中，人员、公用、专项经费分别为469万元、94万元、43万元；黄梅办事处管理费用支出412万元，其中，人员、公用、专项经费分别为251万元、135万元、26万元。

四、资产风险状况

（一）**个人住房贷款**：2019年末，个人住房贷款逾期额1130.51万元，逾期率1.24‰。

个人贷款风险准备金按（贷款余额或增值收益）的1%提取。2019年，提取个人贷款风险准备金7391.11万元，使用个人贷款风险准备金核销呆坏账0万元。2019年末，个人贷款风险准备金余额37793.09万元，占个人住房贷款余额的4.15%，个人住房贷款逾期额与个人贷款风险准备金余额的比率为2.99%。

（二）**支持保障性住房建设试点项目贷款**：2019年末，逾期项目贷款0万元，逾期率0‰。

项目贷款风险准备金按贷款余额的0%提取。2019年，提取项目贷款风险准备金0万元，使用项目贷款风险准备金核销呆坏账0万元，项目贷款风险准备金余额0万元，占项目贷款余额的0%，项目贷款逾期额与项目贷款风险准备金余额的比率为0%。

五、社会经济效益

（一）**缴存业务**：2019年，实缴单位数、实缴职工人数和缴存额同比分别增长0.88%、2.23%

和 10.4%。

缴存单位中，国家机关和事业单位占 70.95%，国有企业占 8.72%，城镇集体企业占 1.68%，外商投资企业占 0.44%，城镇私营企业及其他城镇企业占 11.57%，民办非企业单位和社会团体占 3.92%，其他占 2.72%。

缴存职工中，国家机关和事业单位占 68.76%，国有企业占 13.4%，城镇集体企业占 2.05%，外商投资企业占 1.48%，城镇私营企业及其他城镇企业占 12.27%，民办非企业单位和社会团体占 1.08%，其他占 0.96%；中、低收入占 88.36%，高收入占 11.64%。

新开户职工中，国家机关和事业单位占 38.47%，国有企业占 10.37%，城镇集体企业占 2.67%，外商投资企业占 2.36%，城镇私营企业及其他城镇企业占 37.71%，民办非企业单位和社会团体占 3.06%，其他占 5.36%；中、低收入占 97.86%，高收入占 2.14%。

（二）提取业务：2019 年，48577 万名缴存职工提取住房公积金 22.65 亿元。

提取金额中，住房消费提取占 70.93%（购买、建造、翻建、大修自住住房占 29.22%，偿还购房贷款本息占 39.01%，租赁住房占 1.18%，其他占 1.52%）；非住房消费提取占 29.07%（离休和退休提取占 21.54%，完全丧失劳动能力并与单位终止劳动关系提取占 2.47%，出境定居占 0.76%，其他占 4.3%）。

提取职工中，中、低收入占 84.2%，高收入占 15.8%。

（三）贷款业务：

1. 个人住房贷款：2019 年，支持职工购建房 95.14 万平方米，年末个人住房贷款市场占有率（含公转商贴息贷款）为 17.84%，比上年末（减少）2.99 个百分点。通过申请住房公积金个人住房贷款，可节约职工购房利息支出 37736.22 万元。

职工贷款笔数中，购房建筑面积 90（含）平方米以下占 7.71%，90~144（含）平方米占 72.93%，144 平方米以上占 19.36%。购买新房占 78.45%（其中购买保障性住房占 0.07%），购买二手房占 16.05%，建造、翻建、大修自住住房占 5.5%，其他占 0%。

职工贷款笔数中，单缴存职工申请贷款占 40.98%，双缴存职工申请贷款占 50.74%，三人及以上缴存职工共同申请贷款占 8.28%。

贷款职工中，30 岁（含）以下占 19.23%，30 岁~40 岁（含）占 29.4%，40 岁~50 岁（含）占 33.02%，50 岁以上占 18.35%；首次申请贷款占 87.43%，二次及以上申请贷款占 12.57%；中、低收入占 78.05%，高收入占 21.95%。

2. 异地贷款：2019 年，发放异地贷款 133 笔、2585.7 万元。2019 年末，发放异地贷款总额 43799.20 万元，异地贷款余额 25436.31 万元。

3. 公转商贴息贷款：2019 年，发放公转商贴息贷款 0 笔、0 万元，支持职工购建住房面积 0 万平方米，当年贴息额 0 万元。2019 年末，累计发放公转商贴息贷款 0 笔、0 万元，累计贴息 0 万元。

4. 支持保障性住房建设试点项目贷款：2019 年末，累计试点项目 0 个，贷款额度 0 亿元，建筑面积 0 万平方米，可解决 0 户中低收入职工家庭的住房问题。0 个试点项目贷款资金已发放并还清贷款本息。

（四）住房贡献率：2019 年，个人住房贷款发放额、公转商贴息贷款发放额、项目贷款发放额、住房消费提取额的总和与当年缴存额的比率为 88.97%，比上年（减少）8.32 个百分点。

六、其他重要事项

（一）当年机构及职能调整情况、受委托办理缴存贷款业务金融机构变更情况。

（1）关于机构编制调整。

将黄冈住房公积金中心县市区办事处调整为黄冈住房公积金管理中心内设机构。核定黄冈住房公积金事业编制175名（其中140名从各县（市、区）上划），设主任1名，副主任4名，总会计师1名，内设机构20个，正科级职数20名，副科级职数37名。

（2）关于职责调整。

将"负责市直住房公积金的核算、保值和归还"调整为"负责住房公积金的核算、保值和归还"。

将"组织建立全市住房公积金业务管理信息系统，并接入全国住房公积金大数据平台"调整为"负责按住房和城乡建设部'双贯标'工作要求，加强住房公积金信息系统建设、验收、运维和安全管理"。

将"负责各分支机构增值收益分配方案的备案审批，并对各分支机构工作进行考核和监督检查"调整为"负责核拨各县（市、区）办事处所在地城镇廉租房建设补充资金"。

（3）受委托办理住房公积金缴存业务的银行为工、农、中、建、交、农商、邮储7家银行，无变更；受委托办理住房公积金贷款业务的银行为工、农、中、建、交、农商6家银行，无变更。

（二）当年住房公积金政策调整及执行情况。

1. 当年缴存基数限额及确定方法、缴存比例等缴存政策调整情况： 2019年度黄冈市单位对职工住房公积金每月缴存补贴上限为2015元，下限为180元（进城务工人员、个体工商户、自由职业者可参照执行）；我市住房公积金缴存比例为5％～12％之间。

2. 当年提取政策调整情况：

（1）取消装修提取。

（2）进一步明确购房地范围和大病提取范围。将购房地范围由"全省范围"调整为"公积金缴存地（即黄冈行政区域内）或户籍地，其中父母为子女购房的可在全国范围内"；大病提取范围由"职工本人或家庭成员"调整为"职工本人或直属亲属，且提取金额不超过当年医保报销后的差额部分。"

（3）进一步规范提取限额、提取条件和农村建房资料。将购建房的提取额度"以不超过房屋总价为限"调整为"以不超过房屋总价的70％为限"；对解除劳动关系提取的进行账户封存半年的限制；农村建房的提取材料调整为"农村建房的，需提供农村集体土地使用证明、准建证明，必要时提供现场勘查的相关照片"；购房提取资料增加"如在黄冈以外购房，暂时无法开具发票的，可以提供收款收据、银行转账（付款）凭证"。

（4）增加了联合惩戒措施。将骗提公积金的行为上报社会信用体系平台与有关部门实施联合惩戒，并在一定期限内限制其提取使用公积金。

（5）精简提取办理程序。取消职工填报《住房公积金提取（转移）申请表》；取消单位盖章确认的规定；退休支取的无须审批；其他支取按照"前台受理、后台审批、实时结算"的模式，资料齐全的随到随办，资金秒级到账。

3. 当年个人住房贷款最高贷款额度、贷款条件等贷款政策调整情况：

（1）进一步明确购房地范围。将购房地范围明确为借款申请人及配偶的公积金缴存地（即黄冈行政区域内）或户籍地，其中父母为子女购房符合代际互助条件的可在全国范围内。

（2）进一步规范贷款要件资料。对于购房贷款暂时无法开具购房发票的，可以提供开发商出具的收款收据作为购房付款凭证；对于建房贷款，区分城镇和乡村的实际来确定贷款资料，并在《公积金业务操作指南（试行）》中进行明确。

（3）建立健全贷款失信惩戒机制。对不按期履行还款义务，造成严重逾期的借款人列入失信名单，三年内限制提取和使用公积金，同时纳入人民银行征信系统，防范资金风险。

（4）取消装修贷款、商转公贷款，以及"三类人员"、异地贷款须提供担保人的规定。

（5）取消了公积金按揭贷款担保保证金。

4. 当年住房公积金存贷款利率执行标准：2019年，职工住房公积金账户存款利率统一为1.50%；公积金贷款利率为：五年以上公积金贷款年利率3.25%，五年及以下公积金贷款年利率2.75%。

（三）当年服务改进情况。

1. 服务网点：2019年，市中心、黄州办事处、红安办事处、麻城办事处、英山办事处、罗田办事处、武穴办事处、黄梅办事处搬迁业务服务窗口到当地政务服务中心。2019年2月，市中心服务大厅按照"全要素、全业务、全平台"统一进驻市政务服务中心，实现了"一门、一站、一网"通办。

2. 服务设施：2019年，罗田办事处和蕲春办事处搬迁至新的办公地点。11个办事处服务大厅全面实行综合柜员制，按照"管办分离、前台受理、后台审批"的原则，采取"定岗位、定人员、定职责、定流程"的步骤，实现综合柜员制模式。综合柜员席位配置高清拍摄仪、多功能键盘等设备，统一负责公积金业务受理，实现了业务办理综合化、受理审批一体化。

3. "放管服"改革：2019年，按照国家、省市"放管服"改革要求，对缴存、提取、贷款、财务和监管稽核等8大类23项公积金业务逐项研究，修订完善《住房公积金业务操作指南（2019版）》，精简优化业务流程25项，下放审批权限7项，减少证明事项9项，公积金支取由三级审批减少为一级审批，其中退休支取无需审批，公积金贷款由四级审批减少为二级审批，实现了业务输"最多跑一次"。

4. 综合服务平台建设：2019年4月起，市中心陆续开通了单位网上缴存和个人网厅业务，共开通单位申请业务11项，个人申请业务21项，查询业务37项；截至12月底，全市开通网上缴存的单位有96家，业务办理量415笔，网上提取677笔，网上申贷160笔。积极推动数据信息共享，完成与民政、工商、国税、人行、人社、房产、不动产、公安八家单位信息共享衔接工作。10月16日，省厅公积金综合服务平台检查验收组来我中心，对黄冈住房公积金综合服务平台门户网站、网上服务大厅、手机APP、微信公众号、官方微博、12329热线、12329短信和自助服务终端八种服务渠道开通和功能实现情况、综合管理系统和安全保障体系建设情况、运行绩效和服务成效等方面，逐项进行检查验收，我市住房公积金综合服务平台以"优秀"等次高分通过国家住房和城乡建设部检查验收。

5. 政务"一张网"服务建设：2019年5月，完成公积金数据共享对接工作，全市住房公积金单位信息、个人信息、贷款信息等数据每天定期通过政务外网上报到省共享交换平台；8月底，根据省住房城乡建设厅发布的服务事项内容，结合黄冈实际，在省政务服务网上梳理发布了11个服务事项，包括10个在线办理事项和1个不可网办事项；12月份，加快接入市政务服务终端，完成了项目采购和数据对接工作。

（四）当年信息化建设情况。2019年，我中心成功接入全国住房公积金数据平台生产环境，成功上传2382.77万条2.29G大小的公积金业务明细数据；11月初，我市缴存职工可登陆微信小程序国家政务服务平台查询个人公积金缴存和贷款信息；4月18日起，中心陆续开通运行全市网厅单位缴存和个人网厅业务；8月份，通过市政务数据共享平台，实现了与民政、房产、市场监管、人社部门的信息共享；10月份，完成黄冈住房公积金综合服务平台项目建设并以"优秀"等次通过省厅专家组检查验收评审；11~12月份，完成了业务系统备用专线采购和实施安装调试工作。

（五）当年住房公积金管理中心及职工所获荣誉情况。市中心获得档案工作目标管理省特级、市级文明单位；黄州办事处获得年度党建工作达标单位；团风办事处获得县级文明单位、平安先进单位、党建工作先进单位、政府责任先进目标单位、档案工作目标管理省一级，张敬兰同志荣获全市精准扶贫先进个人；罗田办事处获得省文明单位、县党建工作先进单位、平安先进单位、目标责任考核优胜单位、档案工作目标管理省一级；黄梅办事处获得县党建工作先进单位、目标考核双管单位类"先进单位"。社会治安综合治理优胜单位、档案工作通过省一级复查；蕲春办事处获得党建工作目标责任考核达标单位（四星级党支部）、年度政府目标责任考核优胜单位、年度领导班子年度目标考核优胜单位、平安建设（综治）工作考核优胜单位、年度档案工作目标管理先进单位、2019年度县级文明单位，吴锦珍同志荣获2019年黄冈市第五届运动会承办工作优秀个人；英山办事处获得县直单位党建工作优胜单位、综治（平安建设）工作县直政府类优胜单位、档案工作目标管理达省一级标准单位、县直单位"三创"目标责任考核达标单位、英山县政务服务中心2019年度"红旗窗口"单位。匡胜男同志荣获英山县政务服务中心2019年度"服务标兵"；红安办事处获得2018年度综合实绩考核优胜单位、2018年县党建工作优胜单位、2018年度社会治安综合治理工作优胜单位，霍方骥同志、宋伟同志获2018年度考核"优秀"，陈继学同志荣获2018年度全市驻村帮扶工作优秀工作队员。

（六）当年对违反《住房公积金管理条例》和相关法规行为进行行政处罚和申请人民法院强制执行情况。英山办事处：朱丹（贷款逾期已向法院申请了财产保全）。

（七）当年对住房公积金管理人员违规行为的纠正和处理情况等。无。

（八）其他需要披露的情况。无。

咸宁市住房公积金2019年年度报告

一、机构概况

（一）**住房公积金管理委员会**：住房公积金管理委员会有20名委员，2019年召开1次会议，审议通过的事项主要包括：

（1）关于《咸宁市住房公积金中心2018年度财务收支报告》《咸宁市住房公积金中心（市直）增值收益、管理费用2018年度决算和2019年度预算报告》。

会议原则同意市公积金中心提交的财务收支报告和增值收益、管理费用预决算报告，具体由市财政局负责审定。

（2）关于住房公积金缴存基数调整。

会议原则同意市县两级执行不同的缴存基数上限标准，市直最高缴存基数按上一年度市直国有单位在岗职工年平均工资测算，县（市、区）按上一年度县（市、区）国有单位在岗职工年平均工资测算；中央、省在咸企事业单位缴存基数参照我市缴存政策标准执行的同时，经省级批准，也可参照其省级标准执行。2019年度全市住房公积金"限高保低"标准待统计部门公布相关数据后按照新口径制定。

（3）关于延长《咸宁市灵活就业人员缴存使用住房公积金缴存、使用管理办法（试行）》有效期。

会议指出，《咸宁市灵活就业人员缴存使用住房公积金缴存、使用管理办法（试行）》（咸公积金管〔2018〕1号）自2018年6月25日起实施以来，为推进我市住房公积金制度实施，扩大住房公积金制度覆盖面，完善新市民住房保障制度，促进新型城镇化建设做出了积极贡献。会议明确，该办法在原有一年试用期的基础上，再延长使用一年。

（二）住房公积金中心：住房公积金管理中心为咸宁市人民政府不以营利为目的的参照公务员法管理的事业单位，设3个科，6个管理部，0个分中心。从业人员130人，其中，在编79人，非在编51人。

二、业务运行情况

（一）缴存：2019年，新开户单位289家，实缴单位2419家，净增单位76家；新开户职工1.49万人，实缴职工15.04万人，净增职工0.13万人；缴存额21.71亿元，同比增长6.84%。2019年末，缴存总额126.27亿元，同比增长20.76%；缴存余额70.07亿元，同比增长11.49%。

受委托办理住房公积金缴存业务的银行16家，比上年增加（减少）0家。

（二）提取：2019年，提取额14.49亿元，同比增长21.26%；占当年缴存额的66.74%，比上年增加7.93个百分点。2019年末，提取总额56.20亿元，同比增长34.74%。

（三）贷款：

1. 个人住房贷款：个人住房贷款最高额度40.00万元，其中，单缴存职工最高额度30.00万元，双缴存职工最高额度40.00万元。

2019年，发放个人住房贷款0.53万笔、15.15亿元，同比分别增长20.45%、30.38%。其中，市中心发放个人住房贷款0.19万笔、5.68亿元。

2019年，回收个人住房贷款7.37亿元。其中，市中心2.67亿元。

2019年末，累计发放个人住房贷款5.13万笔、82.41亿元，贷款余额44.77亿元，同比分别增长11.52%、22.52%、21.03%。个人住房贷款余额占缴存余额的63.89%，比上年增加5.04个百分点。

受委托办理住房公积金个人住房贷款业务的银行8家，比上年增加（减少）0家。

2. 住房公积金支持保障性住房建设项目贷款：2019年，发放支持保障性住房建设项目贷款0亿元，回收项目贷款0亿元。2019年末，累计发放项目贷款0亿元，项目贷款余额0亿元。

（四）购买国债：2019年，购买（记账式、凭证式）国债0亿元，兑付（转让、收回）国债0亿元。2019年末，国债余额0亿元，比上年减少0亿元。

（五）融资：2019年，融资0亿元，归还0亿元。2019年末，累计融资总额3.90亿元，融资余额0亿元。

（六）资金存储：2019年末，住房公积金存款27.77亿元。其中，活期3.57亿元，1年（含）以下定期5.09亿元，1年以上定期19.11亿元，其他（协定、通知存款等）0亿元。

（七）资金运用率：2019年末，住房公积金个人住房贷款余额、项目贷款余额和购买国债余额的总和占缴存余额的 63.89%，比上年增加 5.04 个百分点。

三、主要财务数据

（一）业务收入：2019 年，业务收入 23374.00 万元，同比增长 4.90%。其中，市中心 6698.20 万元；全市存款利息 9953.75 万元，委托贷款利息 13103.84 万元，国债利息 0 万元，其他 316.41 万元。

（二）业务支出：2019 年，业务支出 11244.53 万元，同比增长 14.81%。其中，市中心 3826.28 万元；全市支付职工住房公积金利息 9338.96 万元，归集手续费用 885.71 万元，委托贷款手续费 613.10 万元，其他 406.76 万元。

（三）增值收益：2019 年，增值收益 12129.47 万元，同比增长－2.87%。其中，市中心 2871.92 万元；全市增值收益率 1.83%，比上年同期减少 0.3 个百分点。

（四）增值收益分配：2019 年，提取贷款风险准备金 3008.07 万元，提取管理费用 9315.14 万元，提取城市廉租住房（公共租赁住房）建设补充资金 9630.07 万元。

2019 年，上交财政管理费用 4501.92 万元。上缴财政的城市廉租房（公共租赁住房）建设补充资金 4698.90 万元。其中，市中心上缴管理费 2100.50 万元，上缴城市廉租房（公共租赁住房）建设补充资金 1000.00 万元。

2019 年末，贷款风险准备金余额 11433.21 万元。累计提取城市廉租房（公共租赁住房）建设补充资金 23958.58 万元，其中，市中心累计提取 4609.44 万元。

（五）管理费用支出：2019 年，管理费用支出 2977.94 万元，同比增长 6.68%。其中，人员经费 1173.00 万元，公用经费 529.29 万元，专项经费 1275.65 万元。

其中市中心本级管理费用支出 1416.44 万元，其中，人员、公用、专项经费分别为 258.48 万元、227.18 万元、930.78 万元。

四、资产风险状况

（一）个人住房贷款：2019 年末，个人住房贷款逾期额 284.41 万元。逾期率 0.64‰。其中，市中心 0.31‰。

个人贷款风险准备金按（贷款余额）的 1% 提取。2019 年，提取个人贷款风险准备金 3008.07 万元，使用个人贷款风险准备金核销呆坏账 0 万元，2019 年末，个人贷款风险准备金余额 11433.21 万元，占个人住房贷款余额的 2.55%，个人住房贷款逾期额与个人贷款风险准备金余额的比率为 2.49%。

（二）支持保障性住房建设试点项目贷款：2019 年末，逾期项目贷款 0 万元，逾期率 0‰。

项目贷款风险准备金按贷款余额的 0% 提取。2019 年，提取项目贷款风险准备金 0 万元，使用项目贷款风险准备金核销呆坏账 0 万元，项目贷款风险准备金余额 0 万元，占项目贷款余额的 0%，项目贷款逾期额与项目贷款风险准备金余额的比率为 0%。

（三）历史遗留风险资产：2019 年末，历史遗留风险资产余额 0 万元，比上年减少 0 万元，历史遗留风险资产回收率 0%。

五、社会经济效益

（一）缴存业务：2019 年，实缴单位数、实缴职工人数和缴存额同比分别增长 3.24%、0.87%

和6.84%。

缴存单位中，国家机关和事业单位占60.19%，国有企业占10.91%，城镇集体企业占0.74%，外商投资企业占0.41%，城镇私营企业及其他城镇企业占12.28%，民办非企业单位和社会团体占1.86%，其他占13.61%。

缴存职工中，国家机关和事业单位占49.87%，国有企业占15.32%，城镇集体企业占0.79%，外商投资企业占0.89%，城镇私营企业及其他城镇企业占14.93%，民办非企业单位和社会团体占1.05%，其他占17.15%；中、低收入占96.65%，高收入占3.35%。

新开户职工中，国家机关和事业单位占29.12%，国有企业占7.77%，城镇集体企业占1.15%，外商投资企业占0.76%，城镇私营企业及其他城镇企业占29.62%，民办非企业单位和社会团体占3.93%，其他占27.65%；中、低收入占99.74%，高收入占0.26%。

（二）提取业务：2019年，3.24万名缴存职工提取住房公积金14.49亿元。

提取金额中，住房消费提取占71.50%（购买、建造、翻建、大修自住住房占35.40%，偿还购房贷款本息占34.80%，租赁住房占1.30%，其他占0.00%）；非住房消费提取占28.50%（离休和退休提取占20.32%，完全丧失劳动能力并与单位终止劳动关系提取占3.40%，户口迁出本市或出境定居占0.00%，其他占4.78%）。

提取职工中，中、低收入占90.90%，高收入占9.10%。

（三）贷款业务：

1. 个人住房贷款：2019年，支持职工购建房36.24万平方米，年末个人住房贷款市场占有率为24.16%，比上年下降6.61个百分点。通过申请住房公积金个人住房贷款，可节约职工购房利息支出约2575.50万元。

职工贷款笔数中，购房建筑面积90（含）平方米以下占8.71%，90～144（含）平方米占81.38%，144平方米以上占9.91%。购买新房占75.31%（其中购买保障性住房占0.00%），购买二手房占24.69%，建造、翻建、大修自住住房占0.00%，其他占0.00%。

职工贷款笔数中，单缴存职工申请贷款占27.71%，双缴存职工申请贷款占71.10%，三人及以上缴存职工共同申请贷款占1.19%。

贷款职工中，30岁（含）以下占25.30%，30岁～40岁（含）占39.64%，40岁～50岁（含）占24.46%，50岁以上占10.60%；首次申请贷款占82.29%，二次及以上申请贷款占17.71%；中、低收入占96.91%，高收入占3.09%。

2. 异地贷款：2019年，发放异地贷款876笔、24293.70万元。2019年末，发放异地贷款总额76483.70万元，异地贷款余额49512.78万元。

3. 公转商贴息贷款：2019年，发放公转商贴息贷款0笔、0万元，支持职工购建房面积0万平方米。当年贴息额0万元。2017年末，累计发放公转商贴息贷款0笔、0万元，累计贴息0万元。

4. 支持保障性住房建设试点项目贷款：2019年末，累计试点项目0个，贷款额度0亿元，建筑面积共0万平方米，可解决0户中低收入职工家庭的住房问题。0个试点项目贷款资金已发放并还清贷款本息。

（四）住房贡献率：2019年，个人住房贷款发放额、公转商贴息贷款发放额、项目贷款发放额、住房

消费提取额的总和与当年缴存额的比率为 117.50%，比上年增加 18.54 个百分点。

六、其他重要事项

（一）当年机构及职能调整情况、受委托办理缴存贷款业务金融机构变更情况。无。

（二）当年住房公积金政策调整及执行情况：

（1）咸公积金发〔2019〕9 号文件，根据湖北省最低工资标准确定，2019 年度我市住房公积金的月缴存基数不得低于 1380.00 元。根据咸宁市统计局公布上一年度职工月平均工资 3 倍标准确定 2018 年度我市住房公积金的月最高缴存额为 4388.00 元（单位、个人各半）。缴存比例为 10%，同时允许有条件单位在此比例上提高 1~2 个百分点，有困难的单位可下调 1~5 个百分点。

当年住房公积金存贷款利率及最高贷款额度等未进行调整，住房公积金贷款利率仍然按五年以上公积金贷款利率 3.25%、五年及以下公积金贷款利率为年利率 2.75%；个人住房贷款最高贷款额度仍然按双职工家庭最高额度 40.00 万元，单职工家庭最高额度 30.00 万元。

（2）咸公积金发〔2019〕15 号文件，关于进一步规范灵活就业人员住房公积金缴存、使用的通知。

（3）关于咸宁市"大学生引进计划"住房公积金贷款实施方案。

（三）当年服务改进情况。2018 年嘉鱼办事处购建了独立产权办公与服务场所，工程建设已经完工。目前在咸缴存职工可通过微信公众号、12329 热线、云上咸宁、支付宝小程序、自助终端、网上服务大厅、咸宁公积金官方网站七大手段查询公积金信息。市中心及各县市区中心结合新的公积金管理业务系统需要更新了部分电脑、打印机、高拍仪等办公设备。

（四）当年信息化建设情况。

实施情况如下：

（1）信息安全等级保护 3 级第二阶段评测整改投入 170.20 万元，项目已完工验收。

（2）公积金信息系统维保费投入 85.71 万元、网络接口开发建设费 39.4 万元。

（3）综合信息化建设投入 128.81 万元，项目已完工验收。

（五）当年住房公积金管理中心及职工所获荣誉情况：无。

（六）当年对违反《住房公积金管理条例》和相关法规行为进行行政处罚和申请人民法院强制执行情况：无。

（七）当年对住房公积金管理人员违规行为的纠正和处理情况等：无。

（八）其他需要披露的情况：无。

随州市住房公积金 2019 年年度报告

一、机构概况

（一）**住房公积金管理委员会**：住房公积金管理委员会有 19 名委员，2019 年召开会议，审议通过的事项主要包括：（1）原则同意市住房公积金中心工作报告；（2）原则同意市住房公积金中心《2018 年度归集使用计划执行情况及 2019 年度归集使用计划报告》；（3）原则同意市住房公积金中心提请决议的《随州市住房公积金流动性风险防控暂行办法》，2019 年 1 月 2 日印发《随州市住房公积金管理委员会关于 2019 年度住房公积金缴存有关事项的通知》（随公管委〔2019〕1 号），2019 年 6 月 26 日印发《关于调整随州市住房公积金管理委员会组成人员的通知》（随公管委〔2019〕2 号），2019 年 7 月 17 日印发《关于印发《随州市住房公积金流动性风险防控暂行办法》的通知》（随公管委〔2019〕3 号）。

（二）住房公积金管理中心：住房公积金管理中心为直属随州市人民政府不以营利为目的的公益二类事业单位，设 6 个科室，1 个直属营业部，2 个办事处。从业人员 40 人，其中，在编 21 人，非在编 19 人。

二、业务运行情况

（一）缴存：2019 年，新开户单位 188 家，实缴单位 2088 家，净增单位 126 家；新开户职工 0.85 万人，实缴职工 8.39 万人，净增职工 0.30 万人；缴存额 12.07 亿元，同比增长 13.12%。2019 年末，缴存总额 66.25 亿元，同比增长 22.30%；缴存余额 36.83 亿元，同比增长 17.67%。

受委托办理住房公积金缴存业务的银行 9 家，比上年增加 1 家。

（二）提取：2019 年，提取额 6.54 亿元，同比增长 1.08%；占当年缴存额的 54.18%，比上年减少 6.46 个百分点。2019 年末，提取总额 29.41 亿元，同比增长 28.54%。

（三）贷款：

1. 个人住房贷款：个人住房贷款最高额度 45 万元，其中，单缴存职工最高额度 45 万元，双缴存职工最高额度 45 万元。

2019 年，发放个人住房贷款 0.30 万笔、10.21 亿元，同比分别持平、增长 19.14%。

2019 年，回收个人住房贷款 4.28 亿元。

2019 年末，累计发放个人住房贷款 1.98 万笔、49.57 亿元，贷款余额 34.13 亿元，同比分别增长 17.86%、25.94%、21.07%。个人住房贷款余额占缴存余额的 92.67%，比上年增加 2.61 个百分点。

受委托办理住房公积金个人住房贷款业务的银行 5 家，与上年相比没有变化。

2. 住房公积金支持保障性住房建设项目贷款：尚未列入试点城市。

（四）购买国债：尚未购买国债。

（五）融资：尚未融资。

（六）资金存储：2019 年末，住房公积金存款 4.10 亿元。其中，活期 0.09 亿元，1 年以下定期 2.65 亿元，协定存款 1.36 亿元。

（七）资金运用率：2019 年末，住房公积金个人住房贷款余额、项目贷款余额和购买国债余额的总和占缴存余额的 92.67%，比上年增加 2.61 个百分点。

三、主要财务数据

（一）业务收入：2019 年，业务收入 11092.32 万元，同比增长 20.74%。存款利息 738.39 万元，委托贷款利息 10353.93 万元。

（二）**业务支出**：2019 年，业务支出 5084.45 万元，同比增长 18.62%。支付职工住房公积金利息 5083.66 万元，其他 0.79 万元。

（三）**增值收益**：2019 年，增值收益 6007.87 万元，同比增长 22.60%。增值收益率 1.78%，比上年增长 0.08 个百分点。

（四）**增值收益分配**：2019 年，提取贷款风险准备金 3412.65 万元，提取管理费用 884 万元，提取城市廉租住房（公共租赁住房）建设补充资金 1410 万元。

2019 年，上交财政管理费用 1120 万元。上缴财政城市廉租住房（公共租赁住房）建设补充资金 500 万元。

2019 年末，贷款风险准备金余额 13600.33 万元。累计提取城市廉租住房（公共租赁住房）建设补充资金 8306.95 万元。

（五）**管理费用支出**：2019 年，管理费用支出 1115.29 万元，同比增长 2.72%。其中，人员经费 571.55 万元，公用经费 55.66 万元，专项经费 488.08 万元。

四、资产风险状况

（一）**个人住房贷款**：2019 年末，个人住房贷款逾期额 61.73 万元，逾期率 0.18‰。

个人贷款风险准备金按贷款余额的 1% 提取。2019 年，提取个人贷款风险准备金 3412.65 万元，使用个人贷款风险准备金核销呆坏账 0 万元。2019 年末，个人贷款风险准备金余额 13600.33 万元，占个人住房贷款余额的 3.99%，个人住房贷款逾期额与个人贷款风险准备金余额的比率为 0.45%。

（二）**支持保障性住房建设试点项目贷款**：尚未列入试点城市。

（三）**历史遗留风险资产**：无历史遗留风险资产。

五、社会经济效益

（一）**缴存业务**：2019 年，实缴单位数、实缴职工人数和缴存额同比分别增长 6.42%、3.71% 和 13.12%。

缴存单位中，国家机关和事业单位占 63.07%，国有企业占 8.00%，城镇集体企业占 0.53%，外商投资企业占 1.29%，城镇私营企业及其他城镇企业占 19.54%，民办非企业单位和社会团体占 7.23%，其他占 0.34%。

缴存职工中，国家机关和事业单位占 54.56%，国有企业占 16.58%，城镇集体企业占 0.40%，外商投资企业占 3.46%，城镇私营企业及其他城镇企业占 19.52%，民办非企业单位和社会团体占 1.80%，其他占 3.68%；中、低收入占 99.39%，高收入占 0.61%。

新开户职工中，国家机关和事业单位占 20.88%，国有企业占 8.26%，城镇集体企业占 0.07%，外商投资企业占 4.75%，城镇私营企业及其他城镇企业占 41.79%，民办非企业单位和社会团体占 5.26%，其他占 18.99%；中、低收入占 99.26%，高收入占 0.74%。

（二）**提取业务**：2019 年，2.39 万名缴存职工提取住房公积金 6.54 亿元。

提取金额中，住房消费提取占 75.10%（购买、建造、翻建、大修自住住房占 19.97%，偿还购房贷

款本息占 54.49%，租赁住房占 0.60%，其他占 0.04%）；非住房消费提取占 24.90%（离休和退休提取占 19.24%，完全丧失劳动能力并与单位终止劳动关系提取占 3.18%，户口迁出本市或出境定居占 1.03%，其他占 1.45%）。

提取职工中，中、低收入占 97.52%，高收入占 2.48%。

（三）贷款业务：

1. 个人住房贷款：2019 年，支持职工购建房 38.22 万平方米，年末个人住房贷款市场占有率为 17.78%。比上年增加 4.78 个百分点。通过申请住房公积金个人住房贷款，可节约职工购房利息支出 17640 万元。

职工贷款笔数中，购房建筑面积 90（含）平方米以下占 5.56%，90～144（含）平方米占 83.43%，144 平方米以上占 11.01%。购买新房占 65.77%（其中购买保障性住房占 0%），购买二手房占 31.87%，建造、翻建、大修自住住房占 0%，其他占 2.36%。

职工贷款笔数中，单缴存职工申请贷款占 70.46%，双缴存职工申请贷款占 29.44%，三人及以上缴存职工共同申请贷款占 0.10%。

贷款职工中，30 岁（含）以下占 23.95%，30 岁～40 岁（含）占 36.66%，40 岁～50 岁（含）占 27.01%，50 岁以上占 12.38%；首次申请贷款占 95.09%，二次及以上申请贷款占 5.00%；中、低收入占 96.90%，高收入占 3.10%。

2. 异地贷款：2019 年，发放异地贷款 607 笔、20886.96 万元。2019 年末，发放异地贷款总额 83330.84 万元，异地贷款余额 63827.86 万元。

3. 公转商贴息贷款：2019 年，发放公转商贴息贷款 2 笔、52 万元，支持职工购建住房面积 0.02 万平方米，当年贴息额 306.28 万元。2019 年末，累计发放公转商贴息贷款 1048 笔、30074.41 万元，累计贴息 471.02 万元。

4. 支持保障性住房建设试点项目贷款：尚未列入试点城市。

（四）**住房贡献率**：2019 年，个人住房贷款发放额、公转商贴息贷款发放额、项目贷款发放额、住房消费提取额的总和与当年缴存额的比率为 125.31%，比上年减少 0.58 个百分点。

六、其他重要事项

（一）当年机构及职能调整情况、受委托办理缴存贷款业务金融机构变更情况。当年住房公积金管理机构及职能无调整；受委托办理缴存业务的金融机构增加了汉口银行随州支行营业部；受委托办理贷款金融机构不变。

（二）当年住房公积金政策调整及执行情况。

（1）住房公积金缴存基数及比例。住房公积金缴存基数原则上不得低于省政府明确的当地上年度职工最低月工资标准，不得超过我市统计部门公布的上年度职工月平均工资的 3 倍。缴存比例不得低于单位和个人各 5%，不得高于单位和个人各 12%。

（2）住房公积金缴存基数的计算口径。缴存单位 2019 年度职工住房公积金的月缴存基数为 2018 年度年工资总额除以 12。

（3）住房公积金月缴存额上下限。住房公积金月缴存额等于月缴存基数乘以缴存比例。2019 年度我市住房公积金月缴存额上限暂明确为4890元（单位和个人缴存数合计）。省及以上垂管单位住房公积金月缴存额上限可参照上级主管部门有关规定执行。月缴存额下限定为：市城区140元（单位和个人缴存数合计），随县、广水市130元（单位和个人缴存数合计）。城镇个体工商户、灵活就业人员、农民工等个人缴存者的住房公积金缴存参照上述月缴存额上下限执行。

对2018年度未达到月缴存额上限的单位职工，可执行补充住房公积金制度。国家、省委、省政府、市委、市政府批准的各项政策性奖金可以作为补缴住房公积金的缴存基数，按12%的比例补缴单位缴存的住房公积金。

（4）最高贷款额度首套房45万元，二套房30万元。可贷额度按照不超过职工本人及配偶公积金账户余额20倍计算。

（5）最长贷款期限30年。

（6）建立流动性风险防范机制，实施三级响应。当个贷率连续3个月满足风险等级条件，通过综合研判，启动相应响应措施。

一级响应（个贷率在85%～90%之间）：①暂停办理商业银行个人住房贷款转住房公积金贷款业务。②暂停办理个人缴存者住房公积金贷款业务。③暂停办理异地缴存职工家庭在本地购房申请住房公积金贷款业务。④必要时可采取贷款轮候发放措施。

二级响应（个贷率在90%～95%之间）：在继续实施一级响应相关措施的基础上，暂停"又提又贷"政策，即职工家庭购房时办理住房公积金提取或申请住房公积金贷款，只能选择其中一项。

三级响应（个贷率在95%以上）：在实施二级响应相关措施的基础上，持续监控资金流动性情况。①暂停家庭代际间互助购房提取、贷款业务，即父母购房，子女不能提取住房公积金和申请公积金贷款；子女购房，父母不能提取住房公积金和申请住房公积金贷款。②暂停本地缴存职工家庭在异地购房提取住房公积金和申请住房公积金贷款业务。③必要时，开展住房公积金贷款转商业性个人住房贴息贷款业务或申请政府财政性资金短期有偿注入。

（7）住房公积金存贷款利率。存款年利率1.5%。贷款利率：五年以内（含五年）年利率2.75%，五年以上年利率3.25%。

（三）当年服务改进情况。

1. 高水平推进信息化建设。以"全省领先、全国一流"的信息管理模式为目标，以最新的服务理念推进"放管服"改革，强力推进"智慧公积金"建设，初步实现了公积金贷款"一趟清"、资金"秒到账"、服务"不见面"。涵盖缴存、提取、贷款3大类51项业务实现网上申请全覆盖，90%的缴存、还贷业务均在线上办理，极大节约办理群众时间成本和精力消耗。年底，完成了省政务服务平台、鄂汇办APP、"好差评"系统数据接口开发工作。

2. 高质量推行简证便民。精简证明材料，在全省第一家实行业务办理材料"零复印件"，只需提供身份证等主要材料原件即可办理16类提取、9类贷款业务，简化业务办理要件，取消农民工等新市民3类项开户缴存证明手续，优化业务流程。为群众推出免费文印、免费停车、免费供应茶水"三免"服务及EMS免费寄送贷款资料服务，不断消除老百姓办事的痛点、堵点。

3. 高效率推动网点建设。2019年5月20日，市住房公积金中心在市政务服务大厅增设业务网点正式营业。随县办事处按照随县政府统一安排，随后也整体进驻随县政务服务大厅，提高了我市住房公积金服务的整体效率。

（四）信息化建设情况。

（1）新版网上营业厅上线、微信公众号自助办理"公转商"贷款按年提取业务。

（2）开通公积金异地转移接续直连业务，通过中心公积金业务系统直连方式使异地转移业务更加高效安全。

（3）稳定接入全国住房公积金数据平台。

（4）首批接入市政务信息共享平台。

（五） 当年住房公积金管理中心及职工所获荣誉情况未定。

（六） 当年没有对缴存单位进行行政处罚。

（七） 当年住房公积金管理人员无违规行为发生。

（八） 无其他需要披露的情况。

恩施土家族苗族自治州住房公积金 2019 年年度报告

一、机构概况

（一）住房公积金管理委员会： 住房公积金管理委员会有 23 名委员，2019 年召开 1 次会议，审议通过的事项主要包括：（1）同意《州住房公积金管理委员会六届三次全会工作报告》；（2）同意《恩施州 2019 年住房公积金归集使用及增值收益计划（草案）》《恩施州 2018 年度住房公积金归集使用、资产负债及增值收益计划执行情况的报告（草案）》；（3）同意《关于对我州住房公积金个人贷款、提取相关政策进行调整的请示》事项；（4）同意《关于调整住房公积金缴存限高保低计算基数口径的请示》事项；（5）同意《关于对恩施州住房公积金归集业务银行进行招标的请示》事项。由州住房公积金中心委托具有专业资质的中介机构负责实施，在恩施州行政区域内通过招标确定不超过 4 家归集业务承办银行；（6）同意《关于住房公积金缴存维权信访投诉情况处理意见的请示》事项；（7）同意《恩施州住房公积金归集提取业务操作规程（草案）》；（8）同意《恩施州住房公积金贷款业务操作规程（草案）》。

（二）住房公积金中心： 住房公积金中心为直属恩施州人民政府不以营利为目的的正县级事业单位，设 8 个科室，1 个直属营业部，8 个县市办事处。从业人员 127 人，其中，在编 66 人，非在编 61 人。

二、业务运行情况

（一）缴存： 2019 年，新开户单位 234 家，实缴单位 3071 家，净增单位 152 家；新开户职工 1.11 万人，实缴职工 14.33 万人，净增职工 0.51 万人；缴存额 32.52 亿元，同比增长 8.91%。2019 年末，缴存总额 181.79 亿元，比上年末增加 21.79%；缴存余额 93.92 亿元，比上年末增加 15.59%。

受委托办理住房公积金缴存业务的银行 7 家，比上年增加（减少）0 家。

(二)提取：2019年，提取额19.85亿元，同比增长4.97%；占当年缴存额的61.05%，比上年减少2.28个百分点。2019年末，提取总额87.88亿元，比上年末增加29.2%。

(三)贷款：

1. 个人住房贷款：个人住房贷款最高额度50万元，其中，单缴存职工最高额度40万元，双缴存职工最高额度50万元。

2019年，发放个人住房贷款0.56万笔、22.4亿元，同比分别下降21%、20%。

2019年，回收个人住房贷款9.19亿元。

2019年末，累计发放个人住房贷7.87万笔、140.07亿元，贷款余额82.71亿元，分别比上年末增加7.66%、19.04%、19.01%。个人住房贷款余额占缴存余额的88.07%，比上年末增加2.53个百分点。

受委托办理住房公积金个人住房贷款业务的银行5家，比上年增加（减少）0家。

2. 住房公积金支持保障性住房建设项目贷款：2019年，发放支持保障性住房建设项目贷款0亿元，回收项目贷款0亿元。2019年末，累计发放项目贷款0亿元，项目贷款余额0亿元。

(四)购买国债：2019年，购买（记账式、凭证式）国债0亿元，兑付（转让、收回）国债0亿元。2019年末，国债余额0亿元，比上年末减少（增加）0亿元。

(五)融资：2019年，融资0亿元，归还0亿元。2019年末，融资总额2亿元，融资余额0亿元。

(六)资金存储：2019年末，住房公积金存款12.85亿元。其中，活期6.97亿元，1年（含）以下定期0亿元，1年以上定期5.88亿元，其他（协定、通知存款等）0亿元。

(七)资金运用率：2019年末，住房公积金个人住房贷款余额、项目贷款余额和购买国债余额的总和占缴存余额的88.07%，比上年末增加2.53个百分点。

三、主要财务数据

(一)业务收入：2019年，业务收入27957.25万元，同比增长22.18%。存款利息3112.79万元，委托贷款利息24797.63万元，国债利息0万元，其他46.83万元。

(二)业务支出：2019年，业务支出13210.75万元，同比增长15.85%。支付职工住房公积金利息13210.55万元，归集手续费0万元，委托贷款手续费0万元，其他0.2万元。

(三)增值收益：2019年，增值收益14746.50万元，同比增长28.47%。增值收益率1.68%，比上年增加0.15个百分点。

(四)增值收益分配：2019年，提取贷款风险准备金1320.92万元，提取管理费用5000万元，提取城市廉租住房（公共租赁住房）建设补充资金8425.58万元。

2019年，上交财政管理费用5200万元。上缴财政城市廉租住房（公共租赁住房）建设补充资金4388万元。

2019年末，贷款风险准备金余额8270.73万元。累计提取城市廉租住房（公共租赁住房）建设补充资金33551.18万元。

(五)管理费用支出：2019年，管理费用支出4162.93万元，同比下降4.47%。其中，人员经费1464.56万元，公用经费301.91万元，专项经费2396.46万元。

四、资产风险状况

(一)个人住房贷款:2019年末,个人住房贷款逾期额209.87万元,逾期率0.25‰。

个人贷款风险准备金按贷款余额的1%提取。2019年,提取个人贷款风险准备金1320.92万元,使用个人贷款风险准备金核销呆坏账0万元。2019年末,个人贷款风险准备金余额8270.73万元,占个人住房贷款余额的1%,个人住房贷款逾期额与个人贷款风险准备金余额的比率为2.54%。

(二)支持保障性住房建设试点项目贷款:2019年末,逾期项目贷款0万元,逾期率0‰。

项目贷款风险准备金按贷款余额的0%提取。2019年,提取项目贷款风险准备金0万元,使用项目贷款风险准备金核销呆坏账0万元,项目贷款风险准备金余额0万元,占项目贷款余额的0%,项目贷款逾期额与项目贷款风险准备金余额的比率为0%。

五、社会经济效益

(一)缴存业务:2019年,实缴单位数、实缴职工人数和缴存额同比分别增长2.33%、0%和8.9%。

缴存单位中,国家机关和事业单位占59.69%,国有企业占9.02%,城镇集体企业占0.72%,外商投资企业占0.36%,城镇私营企业及其他城镇企业占20.58%,民办非企业单位和社会团体占7.16%,其他占2.47%。

缴存职工中,国家机关和事业单位占66.85%,国有企业占15.38%,城镇集体企业占0.49%,外商投资企业占0.17%,城镇私营企业及其他城镇企业占10.64%,民办非企业单位和社会团体占2.98%,其他占3.5%;中、低收入占99.26%,高收入占0.74%。

新开户职工中,国家机关和事业单位占43.1%,国有企业占8.92%,城镇集体企业占1.05%,外商投资企业占0.68%,城镇私营企业及其他城镇企业占24.22%,民办非企业单位和社会团体占11.6%,其他占10.42%;中、低收入占99.86%,高收入占0.14%。

(二)提取业务:2019年,4.78万名缴存职工提取住房公积金19.85亿元。

提取金额中,住房消费提取占80.52%(购买、建造、翻建、大修自住住房占30.93%,偿还购房贷款本息占47.8%,租赁住房占0.85%,其他占0.94%);非住房消费提取占19.48%(离休和退休提取占15.32%,完全丧失劳动能力并与单位终止劳动关系提取占1.87%,出境定居占0.02%,其他占2.27%)。

提取职工中,中、低收入占99.08%,高收入占0.92%。

(三)贷款业务:

1.个人住房贷款:2019年,支持职工购建房79.13万平方米,年末个人住房贷款市场占有率(含公转商贴息贷款)为23.90%,比上年末减少1.92个百分点。通过申请住房公积金个人住房贷款,可节约职工购房利息支出82845.85万元。

职工贷款笔数中,购房建筑面积90(含)平方米以下占4.92%,90~144(含)平方米占73.46%,144平方米以上占21.62%。购买新房占88.94%(其中购买保障性住房占0.07%),购买二手房占9.55%,建造、翻建、大修自住住房占1.47%,其他占0.04%。

职工贷款笔数中,单缴存职工申请贷款占16.55%,双缴存职工申请贷款占80.67%,三人及以上缴存职工共同申请贷款占 2.78%。

贷款职工中，30 岁（含）以下占 16.23%，30 岁～40 岁（含）占 31%，40 岁～50 岁（含）占 35.6%，50 岁以上占 17.17%；首次申请贷款占 97.16%，二次及以上申请贷款占 2.84%；中、低收入占 99.25%，高收入占 0.75%。

2. 异地贷款：2019 年，发放异地贷款 137 笔、5782.20 万元。2019 年末，发放异地贷款总额 24046 万元，异地贷款余额 21652.64 万元。

3. 公转商贴息贷款：2019 年，发放公转商贴息贷款 0 笔、0 万元，支持职工购建住房面积 0 万平方米，当年贴息额 0 万元。2019 年末，累计发放公转商贴息贷款 0 笔、0 万元，累计贴息 0 万元。

4. 支持保障性住房建设试点项目贷款：2019 年末，累计试点项目 0 个，贷款额度 0 亿元，建筑面积 0 万平方米，可解决 0 户中低收入职工家庭的住房问题。0 个试点项目贷款资金已发放并还清贷款本息。

（四）住房贡献率：2019 年，个人住房贷款发放额、公转商贴息贷款发放额、项目贷款发放额、住房消费提取额的总和与当年缴存额的比率为 118.04%，比上年减少 28.23 个百分点。

六、其他重要事项

（1）2019 年 2 月，根据《中共恩施州委、恩施州人民政府关于恩施州州级机构改革实施意见》（恩施州发〔2019〕4 号），"恩施土家族苗族自治州住房公积金管理中心"更名为"恩施土家族苗族自治州住房公积金中心"，其他职能不变。

（2）归集、提取：当年住房公积金政策调整及执行情况。

当年提取政策调整情况：1.暂停本人或家庭成员（夫妻、父母、子女）患重大疾病、发生不可预见重特大事故提取住房公积金。2."购买、建造、翻建、大修自住住房提取住房公积金"调整为"在恩施州境内或户籍地购买、建造、翻建、大修自住住房提取住房公积金"。3."偿还购买自住住房贷款本息提取住房公积金"调整为"偿还购买恩施州境内或户籍地自住住房贷款本息提取住房公积金"。4.增加条款：房屋买卖合同、商业银行借款合同或不动产登记证为夫妻一人单独所有的，其配偶不得提取住房公积金。5.增加条款：缴存职工存在伪造虚假资料骗取套取住房公积金行为的，纳入黑名单管理。在限期内主动退回的，5 年内不得提取住房公积金；通过其他途径追回或未退回的，10 年内不得提取住房公积金。情节严重的，移交公安机关或纪检监察部门；构成犯罪的，依法追究法律责任。缴存职工有法院强制执行住房公积金账户余额记录的，5 年内不得提取住房公积金。

个贷：一是建立提取黑名单制度；二是进一步规范贷款对象；三是修改二套房认定标准；四是优化还款方式；五是明确信用状况审核标准；六是提高按揭合作项目准入的形象进度要求。

住房公积金存贷款利率执行国家标准，一套房贷款执行基准利率，二套房贷款利率上浮 10%。

（3）2019 年，恩施州住房公积金中心直属营业部和 8 个县市办事处全部上线自助终端查询机、开通"手机公积金"APP、"单位网上服务大厅"、"开发商网上服务大厅"、"12329 语音平台"，多渠道为缴存单位、缴存职工、开发商提供便捷服务。2019 年中心投入 552 万为建始县办事处购置营业大厅用房。

（4）2019 年，中心投入 187 万，用于 12329 综合服务平台建设、运维、信息系统建设维护等。

（5）恩施州住房公积金管理中心直属营业部获得"2017—2018年度全国青年文明号"称号。

（6）当年对违反《住房公积金管理条例》和相关法规行为进行行政处罚和申请人民法院强制执行情况。无。

（7）当年对住房公积金管理人员违规行为的纠正和处理情况等。无。

（8）其他需要披露的情况。无。

仙桃市住房公积金2019年年度报告

一、机构概况

（一）住房公积金管理委员会：仙桃市住房公积金管理委员会有20名委员，2019年召开1次会议，审议通过的事项主要包括：《仙桃住房公积金管理中心2018年年度报告》《2018年度住房公积金归集、使用计划执行情况及2019年住房公积金归集、使用计划报告》《关于2018年度住房公积金增值收益分配的报告》《关于调整仙桃市住房公积金缴存实施细则的请示》《关于调整仙桃市住房公积金提取实施细则的请示》《关于调整仙桃市住房公积金个人住房贷款实施细则的请示》。

（二）住房公积金管理中心：仙桃住房公积金管理中心为直属仙桃市政府管理不以营利为目的的事业单位，设5个科，1个管理部，0个分中心。从业人员40人，其中，在编34人，非在编6人。

二、业务运行情况

（一）缴存：2019年，新开户单位102家，实缴单位823家，净增单位45家；新开户职工0.60万人，实缴职工4.87万人，净增职工0.09万人；缴存额6.59亿元，同比增长21.81%。2019年末，缴存总额37.77亿元，比上年末增加21.13%；缴存余额18.22亿元，比上年末增加16.50%。

受委托办理住房公积金缴存业务的银行8家，比上年增加0家。

（二）提取：2019年，提取额4.01亿元，同比增长5.80%；占当年缴存额的60.85%，比上年减少9.21个百分点。2019年末，提取总额19.55亿元，比上年末增加25.80%。

（三）贷款：

1. 个人住房贷款：个人住房贷款最高额度50万元，其中，单缴存职工最高额度50万元，双缴存职工最高额度50万元。

2019年，发放个人住房贷款0.13万笔、4.57亿元，同比分别增长44.44%、54.91%。2019年，回收个人住房贷款1.08亿元。

2019年末，累计发放个人住房贷款0.95万笔、16.13亿元，贷款余额10.57亿元，分别比上年末增加14.46%、39.53%、49.08%。个人住房贷款余额占缴存余额的58.01%，比上年末增加12.68个百分点。

受委托办理住房公积金个人住房贷款业务的银行6家，比上年增加2家。

2. 住房公积金支持保障性住房建设项目贷款：2019 年，发放支持保障性住房建设项目贷款 0 亿元，回收项目贷款 0 亿元。2019 年末，累计发放项目贷款 0 亿元，项目贷款余额 0 亿元。

（四）**购买国债**：2019 年，购买（记账式、凭证式）国债 0 亿元，兑付（转让、收回）国债 0 亿元。2019 年末，国债余额 0 亿元，比上年末减少（增加）0 亿元。

（五）**融资**：2019 年，融资 0 亿元，归还 0 亿元。2019 年末，融资总额 0 亿元，融资余额 0 亿元。

（六）**资金存储**：2019 年末，住房公积金存款 7.66 亿元。其中，活期 0.05 亿元，1 年（含）以下定期 0 亿元，1 年以上定期 7.15 亿元，其他（协定、通知存款等）0.46 亿元。

（七）**资金运用率**：2019 年末，住房公积金个人住房贷款余额、项目贷款余额和购买国债余额的总和占缴存余额的 58.01%，比上年末增加 12.68 个百分点。

三、主要财务数据

（一）**业务收入**：2019 年，业务收入 5813.26 万元，同比增长 13.92%。存款利息 2906.33 万元，委托贷款利息 2906.93 万元，国债利息 0 万元，其他 0 万元。

（二）**业务支出**：2019 年，业务支出 2619.58 万元，同比增长 15.43%。支付职工住房公积金利息 2569.16 万元，归集手续费 3.08 万元，委托贷款手续费 47.23 万元，其他 0.11 万元。

（三）**增值收益**：2019 年，增值收益 3193.68 万元，同比增长 12.70%。增值收益率 1.74%，比上年减少 0.07 个百分点。

（四）**增值收益分配**：2019 年，提取贷款风险准备金 1057.44 万元，提取管理费用 724.85 万元，提取城市廉租住房（公共租赁住房）建设补充资金 1411.39 万元。

2019 年，上交财政管理费用 408.73 万元。上缴财政城市廉租住房（公共租赁住房）建设补充资金 1716.22 万元。

2019 年末，贷款风险准备金余额 4293.55 万元。累计提取城市廉租住房（公共租赁住房）建设补充资金 12645.63 万元。

（五）**管理费用支出**：2019 年，管理费用支出 700.40 万元，同比增长 0.90%。其中，人员经费 339.12 万元，公用经费 105.84 万元，专项经费 255.44 万元。

四、资产风险状况

2019 年末，个人住房贷款逾期额 0.68 万元，逾期率 0.01‰。

个人贷款风险准备金按（贷款余额）的 1% 提取。2019 年，提取个人贷款风险准备金 1057.44 万元，使用个人贷款风险准备金核销呆坏账 0 万元。2019 年末，个人贷款风险准备金余额 4293.55 万元，占个人住房贷款余额的 3.95%，个人住房贷款逾期额与个人贷款风险准备金余额的比率为 0.02%。

五、社会经济效益

（一）**缴存业务**：2019 年，实缴单位数、实缴职工人数和缴存额同比分别增长 5.78%、1.88% 和 21.81%。

缴存单位中，国家机关和事业单位占 55.28%，国有企业占 7.90%，城镇集体企业占 0.48%，外商投资企业占 3.16%，城镇私营企业及其他城镇企业占 26.49%，民办非企业单位和社会团体占 2.19%，其他占 4.50%。

缴存职工中，国家机关和事业单位占 60.90%，国有企业占 10.70%，城镇集体企业占 0.11%，外商投资企业占 6.65%，城镇私营企业及其他城镇企业占 16.78%，民办非企业单位和社会团体占 2.29%，其他占 2.57%；中、低收入占 93.79%，高收入占 6.21%。

新开户职工中，国家机关和事业单位占 34.60%，国有企业占 6.36%，城镇集体企业占 0.03%，外商投资企业占 12.17%，城镇私营企业及其他城镇企业占 33.93%，民办非企业单位和社会团体占 6.72%，其他占 6.19%；中、低收入占 81.45%，高收入占 18.55%。

（二）提取业务：2019 年，1.09 万名缴存职工提取住房公积金 4.01 亿元。

提取金额中，住房消费提取占 77.81%（购买、建造、翻建、大修自住住房占 39.40%，偿还购房贷款本息占 37.66%，租赁住房占 0.75%，其他占 0%）；非住房消费提取占 22.19%（离休和退休提取占 16.40%，完全丧失劳动能力并与单位终止劳动关系提取占 2.81%，出境定居占 1.13%，其他占 1.85%）。

提取职工中，中、低收入占 84.54%，高收入占 15.46%。

（三）贷款业务：

1. 个人住房贷款：2019 年，支持职工购建房 15.06 万平方米，年末个人住房贷款市场占有率（含公转商贴息贷款）为 6.36%。通过申请住房公积金个人住房贷款，可节约职工购房利息支出 6584 万元。

职工贷款笔数中，购房建筑面积 90（含）平方米以下占 10.71%，90~144（含）平方米占 84.25%，144 平方米以上占 5.04%。购买新房占 87.01%（其中购买保障性住房占 0%），购买二手房占 12.75%，建造、翻建、大修自住住房占 0.08%，其他占 0.16%。

职工贷款笔数中，单缴存职工申请贷款占 18.82%，双缴存职工申请贷款占 78.74%，三人及以上缴存职工共同申请贷款占 2.44%。

贷款职工中，30 岁（含）以下占 17.48%，30 岁~40 岁（含）占 39.92%，40 岁~50 岁（含）占 33.78%，50 岁以上占 8.82%；首次申请贷款占 91.26%，二次及以上申请贷款占 8.74%；中、低收入占 99.92%，高收入占 0.08%。

2. 异地贷款：2019 年，发放异地贷款 54 笔、1026.90 万元。2019 年末，发放异地贷款总额 11781.10 万元，异地贷款余额 10069.45 万元。

3. 公转商贴息贷款：2019 年，发放公转商贴息贷款 0 笔、0 万元，支持职工购建住房面积 0 万平方米，当年贴息额 0 万元。2019 年末，累计发放公转商贴息贷款 0 笔、0 万元，累计贴息 0 万元。

4. 支持保障性住房建设试点项目贷款：2019 年末，累计试点项目 0 个，贷款额度 0 亿元，建筑面积 0 万平方米，可解决 0 户中低收入职工家庭的住房问题。0 个试点项目贷款资金已发放并还清贷款本息。

（四）住房贡献率：2019 年，个人住房贷款发放额、公转商贴息贷款发放额、项目贷款发放额、住房消费提取额的总和与当年缴存额的比率为 116.69%，比上年增加 9.11 个百分点。

六、其他重要事项

（1）2019 年住房公积金缴存基数下限为 1380 元，缴存金额下限为 138 元；缴存基数上限为 12233 元，缴存金额上限为 2936 元。

（2）取消装修提取住房公积金政策。

（3）住房公积金贷款既认房屋套数，又认贷款次数。

（4）申请代际间互助贷款的缴存职工，代际间家庭成员名下已有 2 套住房的不予受理。

（5）住房公积金贷款额度计算倍数调整为 15 倍。

潜江市住房公积金 2019 年年度报告

一、机构概况

（一）住房公积金管理委员会：住房公积金管理委员会有 9 名委员，2019 年召开 1 次会议，审议通过的事项主要包括：《市住房公积金中心 2018 年工作报告》《市住房公积金中心 2018 年住房公积金归集使用计划执行情况的报告》《2019 年住房公积金归集和使用计划的报告》《2018 年住房公积金增值收益分配方案》《市住房公积金中心 2019 年管理费用预算方案》《潜江市住房公积金 2018 年年度报告》，并听取了市住房公积金中心 2019 年工作情况汇报。

（二）住房公积金管理中心：住房公积金管理中心为市政府直属不以营利为目的的事业单位，设 3 个科，0 个管理部，1 个分中心。从业人员 49 人，其中，在编 34 人，非在编 15 人。

二、业务运行情况

（一）缴存：2019 年，新开户单位 87 家，实缴单位 836 家，净增单位 82 家；新开户职工 0.4275 万人，实缴职工 7.1146 万人，净增职工－0.0035 万人；缴存额 12.33 亿元，同比增长 15.88%。2019 年末，缴存总额 98.08 亿元，同比增长 14.38%；缴存余额 43.67 亿元，同比增长 9.61%。

受委托办理住房公积金缴存业务的银行 7 家，与上年持平。

（二）提取：2019 年，提取额 8.5 亿元，同比增长 7.32%；占当年缴存额的 68.9%，比上年减少 5.54 个百分点。2019 年末，提取总额 54.41 亿元，同比增长 18.51%。

（三）贷款：

1. 个人住房贷款：个人住房贷款最高额度 70 万元，其中，单缴存职工最高额度 70 万元，双缴存职工最高额度 70 万元。

2019 年，发放个人住房贷款 0.1394 万笔、5.4 亿元，同比分别增长 49.89%、117.74%。其中，市中心发放个人住房贷款 0.0988 万笔、3.38 亿元，分中心 1 发放个人住房贷款 0.0406 万笔、2.02 亿元。

2019 年，回收个人住房贷款 2.19 亿元。其中，市中心 0.87 亿元，分中心 11.32 亿元。

2019 年末，累计发放个人住房贷款 1.7162 万笔、30.84 亿元，贷款余额 18.14 亿元，同比分别增长 8.84%、21.23%、21.5%。个人住房贷款余额占缴存余额的 41.54%，比上年增加 4.06 个百分点。

受委托办理住房公积金个人住房贷款业务的银行 7 家，与上年持平。

2. 住房公积金支持保障性住房建设项目贷款：2019年，发放支持保障性住房建设项目贷款0亿元，回收项目贷款0亿元。2019年末，累计发放项目贷款0亿元，项目贷款余额0亿元。

（四）**购买国债**：2019年，购买（记账式、凭证式）国债0亿元，兑付（转让、收回）国债0亿元。2019年末，国债余额0亿元，比上年减少（增加）0亿元。

（五）**融资**：2019年，融资0亿元，归还0亿元。2019年末，融资总额0亿元，融资余额0亿元。

（六）**资金存储**：2019年末，住房公积金存款29亿元。其中，活期0.04亿元，1年（含）以下定期0.2亿元，1年以上定期26.32亿元，其他（协定、通知存款等）2.44亿元。

（七）**资金运用率**：2019年末，住房公积金个人住房贷款余额、项目贷款余额和购买国债余额的总和占缴存余额的41.54%，比上年增加4.06个百分点。

三、主要财务数据

（一）**业务收入**：2019年，业务收入15050.89万元，同比增长16%。其中，市中心5906.33万元，分中心9144.56万元；存款利息9762.71万元，委托贷款利息5288.18万元，国债利息0万元，其他0万元。

（二）**业务支出**：2019年，业务支出6303.6万元，同比增长7.4%。其中，市中心2565.12万元，分中心3738.48万元；支付职工住房公积金利息6115.6万元，归集手续费187.33万元，委托贷款手续费0万元，其他0.67万元。

（三）**增值收益**：2019年，增值收益8747.29万元，同比增长23.1%。其中，市中心3341.22万元，分中心5406.07万元；增值收益率2.09%，比上年增加0.24个百分点。

（四）**增值收益分配**：2019年，提取贷款风险准备金0万元，提取管理费用1217.12万元，提取城市廉租住房（公共租赁住房）建设补充资金7530.17万元。

2019年，上交财政管理费用336.58万元。上缴财政城市廉租住房（公共租赁住房）建设补充资金5816.48万元。其中，市中心上缴1047.4万元，分中心1上缴4769.08万元。

2019年末，贷款风险准备金余额6536.03万元。累计提取城市廉租住房（公共租赁住房）建设补充资金44553.38万元。其中，市中心提取6182.16万元，分中心1提取38371.22万元。

（五）**管理费用支出**：2019年，管理费用支出1166.95万元，同比下降5.15%。其中，人员经费624.82万元，公用经费152.89万元，专项经费389.24万元。

市中心管理费用支出609.16万元，其中，人员、公用、专项经费分别为341.99万元、40.69万元、226.48万元；分中心1管理费用支出557.79万元，其中，人员、公用、专项经费分别为282.83万元、112.2万元、162.76万元。

四、资产风险状况

（一）**个人住房贷款**：2019年末，个人住房贷款逾期额252.47万元，逾期率1.4‰。其中，市中心0.7‰，分中心11.8‰。

个人贷款风险准备金按贷款余额的1%提取。2019年，提取个人贷款风险准备金0万元，使用个人贷款风险准备金核销呆坏账0万元。2019年末，个人贷款风险准备金余额6536.03万元，占个人住房贷款余额的 3.6%，个人住房贷款逾期额与个人贷款风险准备金余额的比率为 3.86%。

（二）支持保障性住房建设试点项目贷款：2019 年末，逾期项目贷款 0 万元，逾期率 0‰。

项目贷款风险准备金按贷款余额的 0% 提取。2019 年，提取项目贷款风险准备金 0 万元，使用项目贷款风险准备金核销呆坏账 0 万元，项目贷款风险准备金余额 0 万元，占项目贷款余额的 0%，项目贷款逾期额与项目贷款风险准备金余额的比率为 0%。

（三）历史遗留风险资产：2019 年末，历史遗留风险资产余额 0 万元，比上年减少 0 万元，历史遗留风险资产回收率 0%。

五、社会经济效益

（一）缴存业务：2019 年，实缴单位数、实缴职工人数和缴存额同比分别增长 10.88%、下降 0.05% 和增长 15.88%。

缴存单位中，国家机关和事业单位占 52.99%，国有企业占 15.43%，城镇集体企业占 9.81%，外商投资企业占 0.84%，城镇私营企业及其他城镇企业占 11.84%，民办非企业单位和社会团体占 8.85%，其他占 0.24%。

缴存职工中，国家机关和事业单位占 30.84%，国有企业占 55.95%，城镇集体企业占 4.49%，外商投资企业占 0.8%，城镇私营企业及其他城镇企业占 7.25%，民办非企业单位和社会团体占 0.6%，其他占 0.07%；中、低收入占 97.68%，高收入占 2.32%。

新开户职工中，国家机关和事业单位占 31.46%，国有企业占 27.91%，城镇集体企业占 5.59%，外商投资企业占 1.47%，城镇私营企业及其他城镇企业占 26.6%，民办非企业单位和社会团体占 4.05%，其他占 2.92%；中、低收入占 99.25%，高收入占 0.75%。

（二）提取业务：2019 年，2.0892 万名缴存职工提取住房公积金 8.5 亿元。

提取金额中，住房消费提取占 74.85%（购买、建造、翻建、大修自住住房占 55.03%，偿还购房贷款本息占 19.19%，租赁住房占 0.2%，其他占 0.43%）；非住房消费提取占 25.15%（离休和退休提取占 20.95%，完全丧失劳动能力并与单位终止劳动关系提取占 1.89%，户口迁出本市或出境定居占 0.56%，其他占 1.75%）。

提取职工中，中、低收入占 97.55%，高收入占 2.45%。

（三）贷款业务：

1. 个人住房贷款：2019 年，支持职工购建房 14.69 万平方米，年末个人住房贷款市场占有率为 22.52%，比上年增加 1.94 个百分点。通过申请住房公积金个人住房贷款，可节约职工购房利息支出 1238.5 万元。

职工贷款笔数中，购房建筑面积 90（含）平方米以下占 9.97%，90～144（含）平方米占 77.76%，144 平方米以上占 12.27%。购买新房占 76.54%（其中购买保障性住房占 0%），购买二手房占 10.26%，建造、翻建、大修自住住房占 0.14%，其他占 13.06%。

职工贷款笔数中，单缴存职工申请贷款占 62.63%，双缴存职工申请贷款占 37.37%，三人及以上缴存职工共同申请贷款占 0%。

贷款职工中，30 岁（含）以下占 24.18%，30 岁～40 岁（含）占 33.57%，40 岁～50 岁（含）占

34.29%，50 岁以上占 7.96%；首次申请贷款占 85.58%，二次及以上申请贷款占 14.42%；中、低收入占 94.84%，高收入占 5.16%。

2. 异地贷款：2019 年，发放异地贷款 55 笔、2289 万元。2019 年末，发放异地贷款总额 2289 万元，异地贷款余额 2247.77 万元。

3. 公转商贴息贷款：2019 年，发放公转商贴息贷款 0 笔、0 万元，支持职工购建住房面积 0 万平方米，当年贴息额 0 万元。2019 年末，累计发放公转商贴息贷款 0 笔、0 万元，累计贴息 0 万元。

4. 支持保障性住房建设试点项目贷款：2019 年末，累计试点项目 0 个，贷款额度 0 亿元，建筑面积 0 万平方米，可解决 0 户中低收入职工家庭的住房问题。0 个试点项目贷款资金已发放并还清贷款本息。

（四）**住房贡献率**：2019 年，个人住房贷款发放额、公转商贴息贷款发放额、项目贷款发放额、住房消费提取额的总和与当年缴存额的比率为 90.75%，比上年增加 15.8 个百分点。

六、其他重要事项

（一）**当年机构及职能调整情况、受委托办理缴存贷款业务金融机构变更情况**。2019 年 4 月，中心因机构改革更名为潜江市住房公积金中心，行政职能划转到潜江市住房和城乡建设局。

（二）**当年住房公积金政策调整及执行情况**。2019 年，按照"缴存住房公积金的月工资基数最高不得超过市统计部门公布的上一年度职工月平均工资的 3 倍，最低不得低于市人社部门规定的上一年度职工最低月工资标准"的要求，我市 2019 年度住房公积金缴存基数最高上限为 3050 元，最低下限为 138 元。缴存比例为 5%～12%。

2019 年，我市对住房公积金个贷、提取有关政策进行了调整：①暂停办理装修贷款业务；②取消了装修提取和物业管理费提取；③出台了潜江市住房公积金中心异地贷款实施细则。

2019 年，中心严格按照中国人民银行有关住房公积金存贷款利率规定执行。

（三）**当年服务改进情况**。2019 年综合服务平台 8 大渠道如网上服务大厅、微信、12329 热线、12329 短信、服务终端、微博已上线运行，网站、手机 APP 正在建设中，同时，正在对网上服务大厅、微信进行升级改造。

（四）**当年信息化建设情况**。2019 年 1 月，支付宝公积金城市服务平台上线运行；2019 年 5 月，中心正式接入全国住房公积金数据平台，实现了与税务总局的数据交换；2019 年 6 月，接入全国住房公积金异地转移接续平台，实现了"账随人走，钱随账走"。

（五）**当年住房公积金管理中心及职工所获荣誉情况**。

2019 年 5 月，中心荣获湖北省七五普法中期先进单位光荣称号，2019 年 9 月，中心原创作品《公积金那些事儿—趣解〈住房公积金管理条例〉》荣获湖北省第三届法治动漫微电影大赛漫画类优秀奖。

2019 年，李淑沁获潜江市"树清廉家风，创最美家庭"演讲比赛优秀奖及全省住建系统"与祖国同行，担住建使命"演讲比赛三等奖荣誉；夏庆芸获"青年岗位能手"称号。

（六）**当年对违反〈住房公积金管理条例〉和相关法规行为进行行政处罚和申请人民法院强制执行情况**。2019 年，中心没有进行行政处罚和申请人民法院强制执行情况。

（七）当年对住房公积金管理人员违规行为的纠正和处理情况等。2019年，中心工作人员没有违规行为。

（八）其他需要披露的情况。无。

天门市住房公积金2019年年度报告

一、机构概况

（一）**住房公积金管理委员会**：住房公积金管理委员会有18名委员，2019年召开1次会议，审议通过的事项主要有《关于调整2019年度住房公积金缴存标准的请示》《2018年度公积金增值收益分配方案》等。

（二）**住房保障服务中心**：住房保障服务中心直属市政府，是不以营利为目的参照公务员法管理的事业单位，内设7个科室，1个直属分中心。从业人员45人，其中，在编33人，非在编12人。

二、业务运行情况

（一）**缴存**：2019年，新开户单位80家，实缴单位641家，净增单位21家；新开户职工3972人，实缴职工32510人，净增职工1435人；缴存额5.89亿元，同比增长16.63％。2019年末，缴存总额32.58亿元；缴存余额18.09亿元，同比增长15.22％。

受委托办理住房公积金缴存业务的银行7家，与往年持平。

（二）**提取**：2019年，提取额3.49亿元，同比增长27.37％；占当年缴存额的59.25％，比上年增加2.87个百分点。2019年末，提取总额14.48亿元，同比增长25.15％。

（三）**贷款**：

1. 个人住房贷款。个人住房贷款最高额度40万元，其中，单缴存职工最高额度40万元，双缴存职工最高额度40万元。

2019年，发放个人住房贷款1288笔、4.31亿元，同比分别下降13.84％、10.95％。

2019年，回收个人住房贷款本金1.83亿元。

2019年末，累计发放个人住房贷款0.9万笔、19.56亿元，贷款余额13.89亿元，同比分别增长13.92％、28.26％、21.73％。个人住房贷款余额占缴存余额的76.78％，比上年增加4.1个百分点。

受委托办理住房公积金个人住房贷款业务的银行7家，与上年持平。

2. 住房公积金支持保障性住房建设项目贷款。2019年，中心无保障性住房建设项目。

（四）**购买国债**：2019年，中心未购买国债。

（五）**融资**：2019年，中心未进行融资。

（六）**资金存储**：2019年末，住房公积金存款4.49亿元。其中，活期371.77万元，1年（含）以下定期500万元，1年以上定期39890万元，其他（协定、通知存款等）4154.7万元。

（七）资金运用率：2019 年末，住房公积金个人住房贷款余额占缴存余额的 76.78%，比上年增加 4.1 个百分点。

三、主要财务数据

（一）业务收入：2019 年，业务收入 5377.5 万元，同比增长 11.44%。其中，存款利息 1367.55 万元，委托贷款利息 4009.95 万元。

（二）业务支出：2019 年，业务支出 2621.6 万元，同比增长 17.86%。其中，支付职工住房公积金利息 2555.31 万元，委托贷款手续费 66.29 万元。

（三）增值收益：2019 年，增值收益 2755.90 万元，同比增长 5.95%。增值收益率 1.48%，比上年减少 0.14 个百分点。

（四）增值收益分配：2019 年，提取贷款风险准备金 58.96 万元，提取管理费用 1910.03 万元，提取城市廉租住房（公共租赁住房）建设补充资金 786.91 万元。

2019 年，上交财政管理费用 1525.72 万元。上缴财政城市廉租住房（公共租赁住房）建设补允资金 1075.21 万元。

2019 年末，贷款风险准备金余额 1389.72 万元。累计提取城市廉租住房（公共租赁住房）建设补充资金 5652.78 万元。

（五）管理费用支出：2019 年，管理费用支出 743.18 万元，同比增加 6.42%。其中，人员经费 305.53 万元，公用经费 47.09 万元，专项经费 389.74 万元。

四、资产风险状况

（一）个人住房贷款：2019 年末，个人住房贷款逾期额 253.29 万元，逾期率 1.8‰。

个人贷款风险准备金按贷款余额的 1% 提取。2019 年，提取个人贷款风险准备金 58.96 万元，使用个人贷款风险准备金核销呆坏账 0 万元。2019 年末，个人贷款风险准备金余额 1389.72 万元，占个人住房贷款余额的 1%，个人住房贷款逾期额与个人贷款风险准备金余额的比率为 48.02%。

（二）支持保障性住房建设试点项目贷款：截止 2019 年末，中心无支持保障性住房建设试点项目贷款。

（三）历史遗留风险资产：截止 2019 年末，中心无历史遗留风险资产。

五、社会经济效益

（一）缴存业务：2019 年，实缴单位数、实缴职工人数和缴存额同比分别增长 3.38%、3.62% 和 16.63%。

缴存单位中，国家机关和事业单位占 66.45%，国有企业占 7.02%，城镇集体企业占 1.24%，外商投资企业占 2.18%，城镇私营企业及其他城镇企业占 15.91%，民办非企业单位和社会团体占 6.08%，其他占 1.12%。

缴存职工中，国家机关和事业单位占 69.23%，国有企业占 13.79%，城镇集体企业占 0.2%，外商投资企业占 2.11%，城镇私营企业及其他城镇企业占 7.38%，民办非企业单位和社会团体占 6.73%，其他占 0.56%。

新开户职工中，国家机关和事业单位占 44.23%，国有企业占 4.65%，城镇集体企业占 0.25%，外商投资企业占 2.79%，城镇私营企业及其他城镇企业占 21.92%，民办非企业单位和社会团体占 25.7%，其他占 0.46%。

（二）**提取业务**：2019 年，7721 名缴存职工提取住房公积金 3.49 亿元。

提取人数中，住房消费提取占 74.60%（购买、建造、翻建、大修自住住房占 15.61%，偿还购房贷款本息占 57.22%，租赁住房占 1.76%，其他占 0.01%）；非住房消费提取占 25.4%（离休和退休提取占 15.63%，完全丧失劳动能力并与单位终止劳动关系提取占 0.53%，户口迁出本市或出境定居占 8.10%，其他占 1.14%）。

（三）**贷款业务**：

1. 个人住房贷款。 2019 年，支持职工购建房 15.23 万平方米，年末个人住房贷款市场占有率为 13.29%，比上年增加 3.5 个百分点。通过申请住房公积金个人住房贷款，可节约职工购房利息支出 7452.19 万元。

职工贷款笔数中，购房建筑面积 90（含）平方米以下占 8.54%，90～144（含）平方米占 83.69%，144 平方米以上占 7.77%。购买新房占 86.87%，购买二手房占 7.06%，建造、翻建、大修自住住房占 0.38%，其他占 5.69%。

职工贷款笔数中，单缴存职工申请贷款占 69.72%，双缴存职工申请贷款占 30.28%。

贷款职工中，30 岁（含）以下占 38.50%，30 岁～40 岁（含）占 30.27%，40 岁～50 岁（含）占 22.82%，50 岁以上占 8.41%；首次申请贷款占 94.95%，二次及以上申请贷款占 5.05%。

2. 异地贷款。 2019 年，发放异地贷款 279 笔、9619.30 万元。2019 年末，发放异地贷款总额 21217.1 万元，异地贷款余额 21095.1 万元。

3. 公转商贴息贷款。 2019 年，中心未发放公转商贴息贷款。

4. 支持保障性住房建设试点项目贷款。 截至 2019 年末，中心无支持保障性住房建设试点项目贷款。

（四）**住房贡献率**：2019 年，个人住房贷款发放额、公转商贴息贷款发放额、项目贷款发放额、提取额的总和与当年缴存额的比率为 132.42%，比上年减少 23.55 个百分点。

六、其他重要事项

（一）**当年机构及职能调整情况、受委托办理缴存贷款业务金融机构变更情况**。2019 年，根据天门市市委、市政府印发《天门市住房保障服务中心职能配置、内设机构和人员编制规定》的通知要求，市住房公积金管理中心成建制划转到市住房保障服务中心管理，新中心继续负责全市住房公积金的管理运作。

（二）**当年住房公积金政策调整及执行情况**。2019 年，中心持续按照深化供给侧结构性改革的要求，出台了《关于调整 2019 年度住房公积金缴存标准的通知》等文件，住房公积金制度覆盖延伸到了民企、社会团体职工、个体工商户、自由职业者、灵活就业人员、城市居住证持有人、在中心城区就读高职高专年满 18 周岁学生、进城务工农民工、农业转移人口等新市民群体，并通过降低缴存门槛、细化缴存流程、开设新市民缴存专户，使政策落地落细。

为厚实公积金缴存使用规模，中心积极开展缴存扩面行动，结合实际开展了"面对面、听期盼"大走访、招商亲商大出访、建缴服务大拜访、新市民调研大面访活动（即"四合一"大联访），深入企业，深入楼盘，深入基层，开展大走访、大调研、大服务。通过上门服务、靠前指导，积极宣传住房公积金政策，切实做到了宣传前移、缴存前移、服务前移，群众满意度明显提升。

（三）当年服务改进情况。2019年，中心完善了公积金直属分中心建设，网上综合服务平台上线成功，改善了服务环境；制定了营业部工作人员管理考核办法，规范工作人员服务标准，按照"人员向大厅集中、审批向大厅集中、职能向大厅集中、权限向大厅集中"的原则，加快公积金审批制度改革，简化审批流程，精简审批要件，实行限时办结，初步实现了群众办理业务"只进一扇门，最多跑一次"。同时，积极开展创建"青年文明号""优质服务窗口"和创建全市"十优满意单位"活动，树立品牌标杆意识，服务质效得到明显提升。

（四）当年信息化建设情况。基础贯标工作成效彰显。按照省厅部署和要求，中心加快信息化建设，着力推进智能服务，完成了公积金基础数据标准化、银行结算数据应用系统与公积金中心接口标准化（"双贯标"）建设，并顺利通过住房和城乡建设部检查验收。住房公积金管理初步实现了财务自主核算、账户统一监管、银行数据直连、资金秒级到账、平台充分共享、运转安全稳定。公积金业务初步实现了由柜台办理向平台办理转变、由群众跑腿向数据跑路转变、由纸质档案向电子档案转变。

综合服务平台建设和异地转移接续平台顺利完成。现已完成网上办事大厅、短信、12329热线、微信、微博、手机APP、门户网站、自助查询终端等基本建设，已正式通过验收上线运行。平台的建设完成，进一步提高了办理时效性和便捷度。

（五）当年住房公积金管理中心及职工所获荣誉情况。天门市住房公积金营业部荣获"2019年度天门市三八红旗集体"称号。

（六）当年对违反《住房公积金管理条例》和相关法规行为进行行政处罚和申请人民法院强制执行情况。将公积金失信信息纳入公积金管理系统、社会诚信系统，在制定了《单位和个人公积金贷款失信行为管理办法》之后，又建立了公共信用信息黑名单制度，从源头防范化解了潜在风险。开展了"两清"（清理逾期贷款、清理个人征信），切实加强每一笔贷款的贷前审查、贷中审核、贷后监管；对每一笔逾期贷款严格实行包案清收、专班清收、电话催收、短信催收、信函催收、律师催收、依法划扣等措施，有效保证了资金回收。

（七）当年对住房公积金管理人员违规行为的纠正和处理情况等。无。

（八）其他需要披露的情况。无。

神农架林区住房公积金2019年年度报告

一、机构概况

（一）住房公积金管理委员会：住房公积金管理委员会有9名委员，2019年召开2次会议，审议通过的事项主要包括：《神农架林区住房公积金2018年年度报告》《神农架林区2018年住房公积金计划执行和工作开展情况的报告》《神农架林区住房公积金 2019 年归集、使用计划及增值收益分配方案》《神农架林区住房公积金归集管理实施细则》《神农架林区住房公积金提取管理实施细则》《神农架林区住房公积金贷款管理实施细则》等。

（二）住房公积金管理中心：林区住房公积金中心为直属林区人民政府不以营利为目的的公益一类事业单位，设 4 个科室。从业人员 10 人，其中，在编 7 人，非在编 3 人。

二、业务运行情况

（一）缴存：2019 年，新开户单位 28 家，实缴单位 270 家，净增单位 12 家；新开户职工 795 人，实缴职工 0.8 万人，增加职工 1019 人；缴存额 2 亿元，同比增长 16.96%。2019 年末，缴存总额 9.36 亿元，同比增长 25.47%；缴存余额 5.56 亿元，同比增长 17.05%。

受委托办理住房公积金缴存业务的银行 7 家。

（二）提取：2019 年，提取额 1.18 亿元，同比增长 18%；占当年缴存额的 59%，比上年增加 0.5 个百分点。2019 年末，提取总额 3.8 亿元，同比增长 40.22%。

（三）贷款：

1. 个人住房贷款：个人住房贷款最高额度 40 万元，其中，单缴存职工最高额度 40 万元，双缴存职工最高额度 40 万元。

2019 年，发放个人住房贷款 270 笔、7663 万元，同比分别下降 7.53%、4.1%。2019 年，回收个人住房贷款 8279.67 万元。

2019 年末，累计发放个人住房贷款 2560 笔、4.88 亿元，贷款余额 2.46 亿元，同比分别增长 10.54%、19.02%、0.82%。个人住房贷款余额占缴存余额的 44.24%，比上年减少 7.12 个百分点。

受委托办理住房公积金个人住房贷款业务的银行 1 家。

2. 住房公积金支持保障性住房建设项目贷款：截至 2019 年末，神农架林区无住房公积金支持保障房住房建设项目贷款。

（四）资金存储：2019 年末，住房公积金存款 3.24 亿元。其中，活期 0.26 亿元，1 年（含）以下定期 1.19 亿元，1 年以上定期 1.79 亿元。

（五）资金运用率：2019 年末，住房公积金个人住房贷款余额、项目贷款余额和购买国债余额的总和占缴存余额的 44.24%，比上年减少 7.12 个百分点。

三、主要财务数据

（一）业务收入：2019 年，业务收入 1146.53 万元，同比下降 18.26%。存款利息 381.97 万元，委托贷款利息 763.95 万元，其他 0.61 万元。

（二）业务支出：2019 年，业务支出 867.31 万元，同比下降 25.52%。支付职工住房公积金利息 867.14 万元，其他 0.17 万元。

（三）增值收益：2019 年，增值收益 279.22 万元，同比增加 17.24%。增值收益率 0.54%，比上年减少 2.16 个百分点。

（四）增值收益分配：2019 年，提取贷款风险准备金 15 万元，提取管理费用 250 万元，提取城市廉租住房建设补充资金 14.22 万元。

2019 年,上交财政管理费用 250 万元。上缴财政城市廉租住房建设补充资金 14.22 万元。

2019 年末,贷款风险准备金余额 262.59 万元。累计提取城市廉租住房建设补充资金 153.7 万元。

(五)管理费用支出:2019 年,管理费用支出 172.71 万元,同比增加 40.08%。其中,人员经费 33.29 万元,公用经费 39.87 万元,专项经费 99.55 万元。

四、资产风险状况

(一)个人住房贷款:2019 年末,逾期个人住房贷款 13.89 万元。个人贷款风险准备金按贷款余额的 1%提取。2019 年,提取个人贷款风险准备金 15 万元。2019 年末,个人贷款风险准备金余额 262.59 万元,占个人住房贷款余额的 1.07%,个人住房贷款逾期额与个人贷款风险准备金余额的比率为 5.29%。

(二)支持保障性住房建设试点项目贷款:截至 2019 年末,神农架林区无支持保障性住房建设试点项目。

(三)历史遗留风险资产:截至 2019 年末,神农架林区无历史遗留风险资产。

五、社会经济效益

(一)缴存业务:2019 年,实缴单位数同比增长 4.65%、实缴存额同比增长 16.96%。

缴存单位中,国家机关和事业单位占 55.19%,国有企业占 23.33%,城镇集体企业占 7.41%,城镇私营企业及其他城镇企业占 6.67%,民办非企业单位和社会团体占 1.48%,其他占 5.92%。

缴存职工中,国家机关和事业单位占 59.76%,国有企业占 24.49%,城镇集体企业占 5.05%,城镇私营企业及其他城镇企业占 6.08%,民办非企业单位和社会团体占 0.2%,其他占 4.42%;高收入占 7.36%,中、低收入占 92.64%。

新开户职工中,国家机关和事业单位占 31.51%,国有企业占 20.79%,城镇集体企业占 6.25%,城镇私营企业及其他城镇企业占 30.36%,民办非企业单位和社会团体占 0.89%,其他占 10.2%;高收入占 1.51%,中、低收入占 98.49%。

(二)提取业务:2019 年,1921 名缴存职工提取住房公积金 1.18 亿元。

提取金额中,住房消费提取占 82.51%(购买、建造、翻建、大修自住住房占 33.43%,偿还购房贷款本息占 61.92%,租赁住房占 0.08%,其他占 4.57%);非住房消费提取占 17.49%(离休和退休提取占 81.36%,完全丧失劳动能力并与单位终止劳动关系提取占 8.35%,户口迁出本区或出境定居占 1.68%,其他占 8.61%)。

提取职工中,高收入占 10.21,中、低收入占 89.79%。

(三)贷款业务:

1. 个人住房贷款:2019 年,支持职工购建房 2.04 万平方米,年末个人住房贷款市场占有率为 41.53%,比上年减少 0.47 个百分点。通过申请住房公积金个人住房贷款,可节约职工购房利息支出 675.96 万元。

职工贷款笔数中,购房建筑面积 90(含)平方米以下占 17.78%,90~144(含)平方米占 70.37%,144 平方米以上占 11.85%。购买新房占 80.74%,购买二手房占 7.4%,建造、翻建、大修自住住房占 11.86%。

职工贷款笔数中，单缴存职工申请贷款占 27.04%，双缴存职工申请贷款占 72.96%。

贷款职工中，30 岁（含）以下占 20.74%，30 岁～40 岁（含）占 29.26%，40 岁～50 岁（含）占 38.15%，50 岁以上占 11.85%；首次申请贷款占 82.6%，二次及以上申请贷款占 17.4%；高收入占 10%，中、低收入占 90%。

2. 公转商贴息贷款：截至 2019 年末，神农架林区无公转商贴息贷款。

3. 支持保障性住房建设试点项目贷款：截至 2019 年末，神农架林区无支持保障性住房建设试点项目。

（四）住房贡献率：2019 年，个人住房贷款发放额、公转商贴息贷款发放额、项目贷款发放额、住房消费提取额的总和与当年缴存额的比率为 86.86%，比上年减少 2.14 个百分点。

六、其他重要事项

（一）2019 年受委托办理缴存贷款业务金融机构变更情况。神农架林区缴存业务金融机构为林区建行、林区工行、林区农行、林区中行、林区农商银行、林区邮政储蓄银行、林区楚农商村镇银行；贷款业务金融机构为林区农行。

（二）2019 年住房公积金政策调整及执行情况。

（1）2019 年缴存基数限额及确定方法、缴存比例调整情况。依照林区统计局发布的 2018 年全区在岗职工年平均工资 3 倍计算，2019 年度全区缴存职工月缴存额上限为 3396 元；根据省人民政府《关于调整全省最低工资标准的通知》（鄂政发〔2017〕44 号）文件精神，2019 年度全区缴存职工月缴存额下限为 130 元；林区住房公积金缴存比例按在职职工上一年月平均工资总额的 5%～12% 执行。

（2）2019 年住房公积金存贷款利率调整及执行情况。根据中国人民银行、住房和城乡建设部、财政部印发《关于完善职工住房公积金账户存款利率形成机制的通知》（银发〔2016〕43 号）要求，2019 年神农架林区职工住房公积金账户存款利率统一按一年期定期存款基准利率 1.50% 执行。

2019 年住房公积金贷款利率未作调整。首套房仍按五年期以上个人住房公积金贷款利率 3.25%，五年期以下（含五年）个人住房公积金贷款利率 2.75% 执行。

（3）2019 年住房公积金个人住房贷款最高贷款额度调整情况。神农架林区住房公积金最高贷款额度为 40 万元。

（三）2019 年信息化建设情况。

1. 建设核心业务系统，充分满足业务发展需要。 一是严格按照《住房公积金基础数据标准》，建设了科学、合理、规范、实用的核心业务系统，全面提升住房公积金归集、提取、贷款、财务和结算业务的智能化管理水平。二是接入全国统一的住房公积金结算数据应用系统，实现与工、农、建、中、农商银行、邮储银行、楚农商村镇银行七家银行数据直联，实时获取银行结算数据，实现资金、业务和财务信息的自动平衡匹配，实现缴存、提取、贷款业务的通存、通兑、通贷，实现资金实时统一调拨，逐步减少柜台业务，实现住房公积金业务全过程规范化、流程化、标准化管理。三是建设综合服务平台，全面提升互联网政务服务水平。以《住房公积金综合服务平台建设导则》为依据，充分利用互联网和移动通讯技术，实现互联网与公积金政务服务深度融合。目前，已完成门户网站、网上业务大厅、短信平台、官方微信、移动 APP、自助终端建设并投入使用，实现了网上业务办理、信息查询、预约服务、信息发布和互动交流等服务功能。

2. 推进"一张网"建设，实现数据共享。 2019年以来，中心积极响应省委省政府、林区党委政府的决策部署，按照林区政务办的要求，推进林区住房公积金融入省政务服务网。一是接入省"鄂汇办"APP，实现林区住房公积金个人信息、缴费明细、个人贷款信息、贷款还款明细的在线实时查询；二是接入省"统一身份认证平台"，实现了林区住房公积金信息平台与省统一身份认证平台身份认证信息共享，避免多次注册；三是接入"湖北省政务信息共享平台"，实现了神农架林区住房公积金缴存单位信息、个人客户信息、缴存单位账户业务明细信息、个人住房贷款业务明细信息、公积金缴存人账户信息、公积金个人账户业务明细信息的共享；四是接入"湖北省行政职权和服务事项管理系统"，实现了住房公积金业务一网通办。

2019 全国住房公积金年度报告汇编

湖南省

长沙
株洲市
湘潭市
衡阳市
邵阳市
岳阳市
常德市
张家界市
益阳市
郴州市
永州市
怀化市
娄底市
湘西土家族苗族自治州

湖南省住房公积金 2019 年年度报告

一、机构概况

（一）住房公积金管理机构：全省共设 14 个设区城市住房公积金管理中心，2 个独立设置的分中心（其中，湖南省直单位住房公积金管理分中心隶属湖南省机关事务管理局，长沙住房公积金管理中心铁路分中心隶属长沙住房公积金管理中心）。从业人员 1990 人，其中，在编 1195 人，非在编 795 人。

（二）住房公积金监管机构：湖南省住房和城乡建设厅、财政厅和人民银行长沙中心支行负责对本省住房公积金管理运行情况进行监督。省住房城乡建设厅设立住房公积金监督管理处，负责辖区住房公积金日常监管工作。

二、业务运行情况

（一）缴存：2019 年，新开户单位 8940 家，实缴单位 71774 家，净增单位 3956 家；新开户职工 57.63 万人，实缴职工 456.02 万人，净增职工 21.58 万人；缴存额 683.69 亿元，同比增长 13.33%。2019 年末，缴存总额 4481.44 亿元，比上年末增加 18%；缴存余额 2146.83 亿元，比上年末增加 15.26%。

（二）提取：2019 年，提取额 399.49 亿元，同比增长 10.29%；占当年缴存额的 58.43%，比上年减少 1.61 个百分点。2019 年末，提取总额 2334.61 亿元，比上年末增加 20.64%。

（三）贷款：

1. 个人住房贷款：2019 年，发放个人住房贷款 11.19 万笔、421.18 亿元，同比下降 4.44%、1.39%。回收个人住房贷款 185.18 亿元。

2019 年末，累计发放个人住房贷款 137.53 万笔、3060.28 亿元，贷款余额 1908.82 亿元，分别比上年末增加 8.86%、15.96%、14.11%。个人住房贷款余额占缴存余额的 88.91%，比上年末减少 0.9 个百分点。

2. 住房公积金支持保障性住房建设项目贷款：2019 年，发放支持保障性住房建设项目贷款 0 亿元，回收项目贷款 0 亿元。2019 年末，累计发放项目贷款 26.74 亿元，项目贷款余额 0 亿元。

（四）购买国债：2019 年，购买（凭证式）国债 0.3 亿元，兑付国债 0.1 亿元。2019 年末，国债余额 0.2 亿元，比上年末增加 0.2 亿元。

（五）融资：2019 年，融资 40.96 亿元，归还 48.08 亿元。2019 年末，融资总额 144.21 亿元，融资余额 26.39 亿元。

（六）资金存储：2019 年末，住房公积金存款 315.97 亿元。其中，活期 17.12 亿元，1 年（含）以下定期 25.53 亿元，1 年以上定期 207.5 亿元，其他（协定、通知存款等）65.82 亿元。

（七）资金运用率：2019 年末，住房公积金个人住房贷款余额、项目贷款余额和购买国债余额的总和占缴存余额的 88.92%，比上年末减少 0.89 个百分点。

三、主要财务数据

（一）**业务收入**：2019 年，业务收入 695417.98 万元，同比增长 19.46%。其中，存款利息 101315.80 万元，委托贷款利息 592554.62 万元，国债利息 12.74 万元，其他 1534.82 万元。

（二）**业务支出**：2019 年，业务支出 352503.43 万元，同比增长 21.09%。其中，支付职工住房公积金利息 305511.51 万元，归集手续费 5642.95 万元，委托贷款手续费 13135.26 万元，其他 28213.71 万元。

（三）**增值收益**：2019 年，增值收益 342914.55 万元，同比增长 17.83%；增值收益率 1.71%，比上年增加 0.04 个百分点。

（四）**增值收益分配**：2019 年，提取贷款风险准备金 46995.98 万元，提取管理费用 56582.11 万元，提取城市廉租住房（公共租赁住房）建设补充资金 246135.91 万元。

2019 年，上交财政管理费用 52579.01 万元，上缴财政城市廉租住房（公共租赁住房）建设补充资金 202362.78 万元。

2019 年末，贷款风险准备金余额 392558.16 万元，累计提取城市廉租住房（公共租赁住房）建设补充资金 1408902.47 万元。

（五）**管理费用支出**：2019 年，管理费用支出 55621.28 万元，同比增长 0.01%。其中，人员经费 30216.93 万元，公用经费 8601.33 万元，专项经费 16803.02 万元。

四、资产风险状况

（一）**个人住房贷款**：2019 年末，个人住房贷款逾期额 1742.28 万元，逾期率 0.091‰。

2019 年，提取个人贷款风险准备金 46995.98 万元，使用个人贷款风险准备金核销呆坏账-9.7 万元。2019 年末，个人贷款风险准备金余额 392558.16 万元，占个人贷款余额的 2.06%，个人贷款逾期额与个人贷款风险准备金余额的比率为 0.44%。

（二）**住房公积金支持保障性住房建设项目贷款**：

2019 年末，逾期项目贷款 0 万元，逾期率为 0‰。

2019 年，提取项目贷款风险准备金 0 万元，使用项目贷款风险准备金核销呆坏账 0 万元。2019 年末，项目贷款风险准备金余额 0 万元，占项目贷款余额的 0%，项目贷款逾期额与项目贷款风险准备金余额的比率为 0%。

五、社会经济效益

（一）**缴存业务**：2019 年，实缴单位数、实缴职工人数和缴存额增长率分别为 5.83%、4.97% 和 13.33%。

缴存单位中，国家机关和事业单位占 46.42%，国有企业占 9.12%，城镇集体企业占 0.89%，外商投资企业占 0.99%，城镇私营企业及其他城镇企业占 28.73%，民办非企业单位和社会团体占 4.87%，其他占 8.98%。

缴存职工中，国家机关和事业单位占 43.88%，国有企业占 21.45%，城镇集体企业占 0.72%，外商

投资企业占 3.24%，城镇私营企业及其他城镇企业占 21.53%，民办非企业单位和社会团体占 2.48%，其他占 6.70%；中、低收入占 98.77%，高收入占 1.23%。

新开户职工中，国家机关和事业单位占 17.83%，国有企业占 11.73%，城镇集体企业占 0.59%，外商投资企业占 4.84%，城镇私营企业及其他城镇企业占 43.39%，民办非企业单位和社会团体占 5.35%，其他占 16.27%；中、低收入占 99.76%，高收入占 0.24%。

（二）提取业务：2019 年，168.90 万名缴存职工提取住房公积金 399.49 亿元。

提取金额中，住房消费提取占 73.79%（购买、建造、翻建、大修自住住房占 24.07%，偿还购房贷款本息占 48.72%，租赁住房占 0.89%，其他占 0.1%）；非住房消费提取占 26.21%（离休和退休提取占 17.12%，完全丧失劳动能力并与单位终止劳动关系提取占 5.52%，出境定居占 0.49%，其他占 3.09%）。

提取职工中，中、低收入占 98.98%，高收入占 1.02%。

（三）贷款业务：

1. 个人住房贷款：2019 年，支持职工购建房 1428.80 万平方米。年末个人住房贷款市场占有率（含公转商贴息贷款）为 13.33%，比上年末减少 0.1 个百分点。通过申请住房公积金个人住房贷款，可节约职工购房利息支出 811351.22 万元。

职工贷款笔数中，购房建筑面积 90（含）平方米以下占 11.08%，90~144（含）平方米占 74.84%，144 平方米以上占 14.08%。购买新房占 86.24%（其中购买保障性住房占 0.01%），购买二手房占 11.23%，建造、翻建、大修自住住房占 0.41%，其他占 2.12%。

职工贷款笔数中，单缴存职工申请贷款占 45.40%，双缴存职工申请贷款占 54.49%，三人及以上缴存职工共同申请贷款占 0.11%。

贷款职工中，30 岁（含）以下占 38.34%，30 岁~40 岁（含）占 37.20%，40 岁~50 岁（含）占 20.15%，50 岁以上占 4.31%；首次申请贷款占 89.21%，二次及以上申请贷款占 10.79%；中、低收入占 98.38%，高收入占 1.62%。

2. 异地贷款：2019 年，发放异地贷款 8070 笔、282456.44 万元。2019 年末，发放异地贷款总额 1358470.40 万元，异地贷款余额 957741.94 万元。

3. 公转商贴息贷款：2019 年，发放公转商贴息贷款 2128 笔、58843.17 万元，支持职工购建房面积 11.77 万平方米。当年贴息额 1980.28 万元。2019 年末，累计发放公转商贴息贷款 7005 笔、182780.91 万元，累计贴息 4532.34 万元。

4. 住房公积金支持保障性住房建设项目贷款：2019 年末，全省有住房公积金试点城市 3 个，试点项目 16 个，贷款额度 26.74 亿元，建筑面积 267.75 万平方米，可解决 23323 户中低收入职工家庭的住房问题。16 个试点项目贷款资金已发放并还清贷款本息。

（四）住房贡献率：2019 年，个人住房贷款发放额、公转商贴息贷款发放额、项目贷款发放额、住房消费提取额的总和与当年缴存额的比率为 105.48%，比上年减少 9.29 个百分点。

六、其他重要事项

（一）当年住房公积金政策调整情况。2019 年 2 月，湖南省住房和城乡建设厅印发《关于改进住房公积金缴存机制进一步降低企业成本的通知》（湘建金〔2019〕27 号）和《关于规范全省住房公积金贷款担保业务的通知》（湘建金〔2019〕28号）的规定。

（二）当年开展监督检查情况。 2019年，利用电子稽查工具对全省15个住房公积金管理中心（分中心）开展4次政策执行情况检查和风险隐患排查。

（三）当年服务改进情况。 一是在12329住房公积金服务热线的基础上，建成了全省住房公积金综合服务平台，于12月通过部、省联合验收；二是授权湘潭市住房公积金管理中心建立与公安、民政等部门的信息共享平台，并在全省推广应用；三是推动住房公积金异地转移接续平台直联工作，以上三大平台建成，完善了住房公积金网上办理业务功能，增加了服务渠道，提高了办事效率和服务水平。

（四）当年信息化建设情况。 一是全省15个公积金管理中心（分中心）接入住房和城乡建设部全国住房公积金数据基础平台。二是全省13家市州住房公积金管理中心先后取得网络信息系统安全等级保护三级证书，配置相应软硬件安全设备，堵塞网络安全漏洞，防止缴存单位和个人信息数据泄露。

（五）当年住房公积金机构及从业人员所获荣誉情况。 文明单位6个，其中国家级0个，省部级1个，地市级5个；青年文明号1个，其中省部级0个，地市级1个；省部级三八红旗手（巾帼文明岗）0个；先进集体和个人24个，其中省部级0个，地市级24个；其他荣誉称号33个，其中国家级0个，省部级3个，地市级30个。

（六）当年对住房公积金管理人员违规行为的纠正和处理情况。 2019年8月，常德市鼎城区住房公积金管理部员工郝一翔违纪违法，被开除公职，开除党籍处分。2019年10月，怀化市公积金管理中心工作人员何容西内外勾结骗提骗贷的违法违纪行为，已向市纪检监察委派驻市政府办纪检监察组和公安部门报案。

（七）其他需要被披露的情况。 2019年9月11日至11月20日，审计署驻长特派办对全省住房公积金归集管理使用以及相关政策措施落实情况进行了专项审计。

长沙住房公积金2019年年度报告

一、机构概况

（一）住房公积金管理委员会： 住房公积金管理委员会有27名委员，2019年召开2次会议，审议通过的事项主要包括：《长沙市住房公积金2018年年度报告》《2018年度长沙住房公积金财务执行情况报告》《关于调整住房公积金业务政策的通知》《关于将全市住房公积金最低缴存比例降低至5％的报告》《关于调整灵活就业人员最高缴存额度的通知》《关于湖南境内铁路工作人员的住房公积金最高缴存基数比照广州市的最高缴存基数的报告》《长沙住房公积金个人住房组合贷款管理办法》《长沙住房公积金骗提骗贷违规行为处理办法》等。

（二）住房公积金管理中心： 住房公积金管理中心为直属长沙市人民政府不以营利为目的的正县级事业单位，设11个处（科），9个管理部，1个省直分中心，1个铁路分中心。从业人员265人，其中，在编160人，非在编105人。

二、业务运行情况

（一）缴存：2019年，新开户单位4859家，实缴单位22872家，净增单位3607家；新开户职工31.7万人，实缴职工166.04万人，净增职工11.84万人；缴存额242.64亿元，同比增长18.82%。2019年末，缴存总额1515.42亿元，比上年末增加19.06%；缴存余额737.29亿元，比上年末增加16.91%。

受委托办理住房公积金缴存业务的银行6家，与上年无变化。

（二）提取：2019年，提取额136亿元，同比增长13.63%；占当年缴存额的56.05%，比上年减少2.56个百分点。2019年末，提取总额778.14亿元，比上年末增加21.18%。

（三）贷款：

1. 个人住房贷款：个人住房贷款最高额度60万元，其中，单缴存职工最高额度60万元，双缴存职工最高额度60万元。

2019年，发放个人住房贷款3.03万笔，同比下降0.33%，发放个人住房贷款139.55亿元，同比增长0.52%。其中，市中心发放个人住房贷款2万笔、87.69亿元，省直分中心发放个人住房贷款1.03万笔、51.86亿元。

2019年，回收个人住房贷款49.86亿元。其中，市中心32.23亿元，省直分中心17.63亿元。

2019年末，累计发放个人住房贷款32.35万笔、959.06亿元，贷款余额644.45亿元，分别比上年末增加10.37%、17.03%、16.17%。个人住房贷款余额占缴存余额的87.41%，比上年末减少0.55个百分点。

受委托办理住房公积金个人住房贷款业务的银行11家，与上年无变化。

2. 住房公积金支持保障性住房建设项目贷款：2019年末，累计发放项目贷款21.08亿元，项目贷款余额0亿元。

（四）融资：2019年，融资8.4亿元，归还8.4亿元。2019年末，融资总额8.4亿元，融资余额0亿元。

（五）资金存储：2019年末，住房公积金存款104.72亿元。其中，活期2.85亿元，1年（含）以下定期6.61亿元，1年以上定期66.58亿元，其他（协定、通知存款等）28.68亿元。

（六）资金运用率：2019年末，住房公积金个人住房贷款余额、项目贷款余额和购买国债余额的总和占缴存余额的87.41%，比上年末减少0.55个百分点。

三、主要财务数据

（一）业务收入：2019年，业务收入225686.66万元，同比增长19.48%。其中，市中心141482.26万元，省直分中心84204.4万元；存款利息27921.39万元，委托贷款利息197765.26万元。

（二）业务支出：2019年，业务支出115648.34万元，同比增长15.54%。其中，市中心71679.61万元，省直分中心43968.73万元；支付职工住房公积金利息103627.07万元，归集手续费1921.36万元，委托贷款手续费6514.41万元，其他3585.51万元。

（三）增值收益：2019年，增值收益110038.32万元，同比增长23.91%。其中，市中心69802.65万元,省直分中心40235.67万元;增值收益率1.6%,比上年增加0.1个百分点。

(四)**增值收益分配**:2019年,提取贷款风险准备金17937.95万元,提取管理费用8818.01万元,提取城市廉租住房(公共租赁住房)建设补充资金83282.36万元。

2019年,上交财政管理费用5000万元。上缴财政城市廉租住房(公共租赁住房)建设补充资金79340.14万元。其中,市中心上缴38057.69万元,省直分中心上缴41282.45万元。

2019年末,贷款风险准备金余额128889.08万元。累计提取城市廉租住房(公共租赁住房)建设补充资金523332.98万元。其中,市中心提取321574.6万元,省直分中心提取201758.38万元。

(五)**管理费用支出**:2019年,管理费用支出9105.05万元,同比下降17.44%。其中,人员经费5131.25万元,公用经费433.79万元,专项经费3540.01万元。

市中心管理费用支出5458.28万元。其中,人员、公用、专项经费分别为3873.28万元、114.06万元、1470.94万元;省直分中心管理费用支出3646.77万元。其中,人员、公用、专项经费分别为1257.97万元、319.73万元、2069.07万元。

四、资产风险状况

2019年末,个人住房贷款逾期额0万元,逾期率0‰。

个人贷款风险准备金按贷款余额的2%提取。2019年,提取个人贷款风险准备金17937.95万元,未使用个人贷款风险准备金核销呆坏账。2019年末,个人贷款风险准备金余额128889.08万元,占个人住房贷款余额的2%,个人住房贷款逾期额与个人贷款风险准备金余额的比率为0%。

五、社会经济效益

(一)**缴存业务**:2019年,实缴单位数、实缴职工人数和缴存额同比分别增长18.72%、7.69%和18.82%。

缴存单位中,国家机关和事业单位占17.23%,国有企业占7.79%,城镇集体企业占0.17%,外商投资企业占1.43%,城镇私营企业及其他城镇企业占52.51%,民办非企业单位和社会团体占5.5%,其他占15.37%。

缴存职工中,国家机关和事业单位占20.26%,国有企业占24.12%,城镇集体企业占0.1%,外商投资企业占4.91%,城镇私营企业及其他城镇企业占37%,民办非企业单位和社会团体占3.36%,其他占10.25%;中、低收入占98.74%,高收入占1.26%。

新开户职工中,国家机关和事业单位占6.85%,国有企业占12.74%,城镇集体企业占0.07%,外商投资企业占4.36%,城镇私营企业及其他城镇企业占53.8%,民办非企业单位和社会团体占5.83%,其他占16.35%;中、低收入占99.81%,高收入占0.19%。

(二)**提取业务**:2019年,47.29万名缴存职工提取住房公积金136亿元。

提取金额中,住房消费提取占74.02%(购买、建造、翻建、大修自住住房占17.58%,偿还购房贷款本息占55.5%,租赁住房占0.89%,其他占0.05%);非住房消费提取占25.98%(离休和退休提取占14.76%,完全丧失劳动能力并与单位终止劳动关系提取占9.41%,其他占1.81%)。

提取职工中,中、低收入占95.47%,高收入占4.53%。

（三）贷款业务：

1. 个人住房贷款： 2019 年，支持职工购建房 340.65 万平方米，年末个人住房贷款市场占有率为 14.32%，比上年末增加 0.38 个百分点。通过申请住房公积金个人住房贷款，可节约职工购房利息支出 407587.99 万元。

职工贷款笔数中，购房建筑面积 90（含）平方米以下占 17.31%，90~144（含）平方米占 75.85%，144 平方米以上占 6.84%。购买新房占 85.17%（其中购买保障性住房占 0），购买二手房占 7.65%，其他占 7.18%。

职工贷款笔数中，单缴存职工申请贷款占 48.29%，双缴存职工申请贷款占 51.5%，三人及以上缴存职工共同申请贷款占 0.21%。

贷款职工中，30 岁（含）以下占 54.85%，30 岁~40 岁（含）占 36.32%，40 岁~50 岁（含）占 7.71%，50 岁以上占 1.12%；首次申请贷款占 97.45%，二次及以上申请贷款占 2.55%；中、低收入占 99.25%，高收入占 0.75%。

2. 异地贷款： 2019 年，发放异地贷款 662 笔、33385.1 万元。2019 年末，发放异地贷款总额 457217 万元，异地贷款余额 248309.09 万元。

（四）住房贡献率

2019 年，个人住房贷款发放额、住房消费提取额的总和与当年缴存额的比率为 99%，比上年减少 15.36 个百分点。

六、其他重要事项

（一）**当年机构及职能调整情况、受委托办理缴存贷款业务金融机构变更情况。** 当年机构及职能无调整。受委托办理缴存业务金融机构无变更，市中心受委托办理贷款业务金融机构增加中信银行。

（二）**当年住房公积金政策调整及执行情况。**

1. 缴存基数与缴存比例调整情况

2019 年，长沙市单位和职工住房公积金月缴存基数为职工本人上一年度月平均工资，即上年度全年税前总收入（包括工资、奖金、年终绩效奖励和各种津补贴）除以 12 之金额。职工住房公积金缴存基数最高不得超过长沙市统计局公布的上一年度职工月平均工资的 3 倍。月缴存基数不得低于我市人力资源和社会保障部门发布的 2018 年度最低月工资标准（最低月工资标准 1580 元/月）。根据长沙市统计局公布的"2018 年长沙市城镇在岗职工年平均工资为 93293 元"计算，2018 年度长沙市城镇职工月平均工资为 7774.4 元。因此，2019 年职工住房公积金月最高缴存基数为 23323 元。灵活就业人员月缴存额最高不超过 1200 元，最低不得低于我市每年公布的住房公积金最低月缴存额。湖南省内铁路职工的住房公积金缴存基数上限参照广州市铁路职工缴存基数上限进行缴存（广州市铁路职工缴存基数上限以每年广州住房公积金管理中心公布的年审文件为准）。

2019 年，长沙市单位和职工住房公积金最低缴存比例为 5%，最高缴存比例为 12%。凡住房公积金缴存比例高于 12% 的，一律予以规范调整，不得超过 12%。

2. 政策调整情况

2 月 1 日起，中心优化住房公积金贷款可贷额度计算方式，按照借款人夫妻双方住房公积金账户余额的倍数计算，倍数与个贷率挂钩。2019 年，借款人可贷额度为账户余额的 12 倍。同时，将职工申请住房公积金贷款时住房公积金正常缴存时限由"6个月以上"调整为"12个月以上",并严格审查借款申请人及其配偶个人征信情况。

5月20日,发布《关于调整灵活就业人员最高缴存额度的通知》,规定我市灵活就业人员住房公积金月缴存额最高不超过1200元,最低不得低于每年我市住房公积金年审文件公布的月最低缴存额。

为进一步优化营商环境,降低企业成本,7月26日,发布《关于调整住房公积金政策优化营商环境的通知》,住房公积金最低缴存比例由8%降低至5%,开通住房公积金托收业务,取消纳税凭证等证明资料。

3. 利率调整情况

存款利率:职工住房公积金账户存款利率,按一年期定期存款基准利率执行。

贷款利率:1～5年(含)以下2.75%,5年以上3.25%。

(三)当年服务改进情况。

1. 推出服务新举措。试点开通了住房公积金托收业务,方便企业开户缴存住房公积金;为企业开辟绿色通道、集中上门办理,延伸住房公积金服务触角。

2. 推广综合服务平台。全年12329热线总呼叫量近61万人次,人工接入量30万人次,投诉率0.12%,满意率99.73%;微信公众号累计关注人数62.83万,占正常缴存职工的一半;网上业务大厅个人版注册人数21.1万;网上业务大厅单位版CA签约注册13802家。2019年,中心回复各类信件留言1876条,微信公众号智能机器人客服接待职工咨询43620人次,中心营销QQ回复缴存单位和网厅个人用户咨询24904条。

3. 推进业务线上办理。偿还本中心贷款提取、离职提取、退休提取、低保提取、出境定居提取、租房提取等提取业务可通过网上业务大厅、微信公众号等在线办结;单位汇缴、补缴业务、单位职工开户业务、封存业务、调基业务、调比业务、职工基本信息维护业务可通过网上业务大厅单位版在线办结。2019年,通过网上业务大厅、微信公众号受理在线提取61308笔,审批通过54126笔,审批总金额5.79亿元。协调、跟踪处理全国住房公积金异地转移接续平台转移业务12196笔(转出业务2661笔、办结2032笔;转入业务9535笔,办结8277笔);处理市政府"互联网+政府服务"平台住房公积金相关业务3117笔。

(四)当年信息化建设情况。

(1)通过区块链技术接入住房和城乡建设部全国住房公积金数据集中平台,推进了数据的实时共享,确保了数据上报的安全、高效、可靠。

(2)根据市政府统一工作安排,积极配合完成市政府"互联网+政务服务"一体化平台、政务云等相关系统接入工作。

(3)通过完善网厅在线客服平台,上线电子档案复用、微信"刷脸提取"及全程机审功能、住房公积金异地转移接续直连平台,以及新增"支付宝城市生活"、"我的长沙"APP等在线业务受理渠道等举措,进一步提升服务水平和服务质量,实现办事群众少跑腿、零跑腿;试点上线单位缴存自动托收功能,让缴存单位少跑腿,进一步优化营商运营环境。

(4)通过对接住房公积金数据共享平台,实现婚姻状况在线查询,为防范骗提骗贷、保障资金安全提供了辅助手段。

(五)当年住房公积金管理中心及职工所获荣誉情况。天心区管理部获得"长沙市青年文明号""长沙市模范职工小家"荣誉称号;省直分中心获得"湖南省直单位工会工作先进单位"荣誉称号。

（六）当年对违反《住房公积金管理条例》和相关法规行为进行行政处罚和申请人民法院强制执行情况。出台《长沙住房公积金骗提骗贷违规行为处理办法》，对骗提骗贷行为的认定、调查处理和资金追回等进行了详细规定。与市公安机关联动有效打击骗提套取公积金行为，2019 年 6 月，市公安机关成功捣毁黑中介，抓获犯罪嫌疑人 6 名，刑事拘留 2 人，收缴虚假公章、虚假不动产权证、虚假购房合同、虚假发票、虚假婚姻证明等若干。

全年共处理 12329、12345、主任信箱、市长信箱等执法类投诉 700 余起；下发各类执法文书 156 份，其中催缴、催建通知书 55 份，责令改正通知书 68 份，行政处理意见告知书 18 份，行政处理决定书 15 份；申请法院强制执行 2 起。全年打击骗提骗贷行为 89 起，阻止及追回骗提骗贷金额 940 余万元。

株洲市住房公积金 2019 年年度报告

一、机构概况

（一）**住房公积金管理委员会**：住房公积金管理委员会有 23 名委员，2019 年召开 1 次会议，审议通过的事项主要包括：

审议株洲市住房公积金管理中心 2018 年度工作计划执行情况暨 2019 年度工作计划报告；

审议株洲市住房公积金 2018 年年度报告；

审议株洲市住房公积金 2018 年度财务情况公告；

审议 2018 年度株洲市住房公积金增值收益分配方案；

听取株洲市住房公积金管理中心关于对四届一次管委会会议监管意见整改情况的报告；

听取株洲市财政局关于 2018 年度住房公积金监管情况的报告；

听取株洲市审计局关于株洲市 2018 年度住房公积金归集、管理、使用审计情况的报告；

听取中国人民银行株洲市中心支行关于对 2018 年度株洲市住房公积金账户监督情况的报告；

听取中国银保监会株洲监管分局关于对 2018 年度株洲市住房公积金受托银行监管情况的报告；

审议关于购置住房公积金石峰管理部业务用房的议案；

审议株洲市城区既有住宅加装电梯工作提取住房公积金的议案。

（二）**住房公积金管理中心**：住房公积金管理中心为直属于市人民政府的不以营利为目的的正处级公益一类事业单位，设 9 个科室，8 个管理部。从业人员 122 人，其中，在编 80 人，非在编 42 人。

二、业务运行情况

（一）**缴存**：2019 年，新开户单位 478 家，实缴单位 3792 家，净增单位 302 家；新开户职工 2.81 万人，实缴职工 28.16 万人，净增职工 0.89 万人；缴存额 47.84 亿元，同比增长 12.64%。2019 年末，缴存总额 348.12 亿元，比上年末增加 15.93%；缴存余额 159.33 亿元，比上年末增加 18.02%。

受委托办理住房公积金缴存业务的银行6家,与上年相比无变化。

（二）**提取**：2019年,提取额23.51亿元,同比下降4.99%;占当年缴存额的49.14%,比上年减少9.12个百分点。2019年末,提取总额188.79亿元,比上年末增加14.22%。

（三）**贷款**：个人住房贷款最高额度60万元,其中,单缴存职工最高额度40万元,双缴存职工最高额度60万元。

2019年,发放个人住房贷款0.6650万笔、26.08亿元,同比分别下降3.58%、增长3.05%。

2019年,回收个人住房贷款11.67亿元。

2019年末,累计发放个人住房贷款9.71万笔、231.07亿元,贷款余额132.27亿元,分别比上年末增加7.35%、12.72%、12.23%。个人住房贷款余额占缴存余额的83.01%,比上年末减少4.29个百分点。

受委托办理住房公积金个人住房贷款业务的银行6家,比上年相比无变化。

（四）**资金存储**：2019年末,住房公积金存款28.94亿元。其中,活期0.02亿元,1年（含）以下定期0.3亿元,1年以上定期26.55亿元,其他（协定、通知存款等）2.07亿元。

（五）**资金运用率**：2019年末,住房公积金个人住房贷款余额、项目贷款余额和购买国债余额的总和占缴存余额的83.01%,比上年末减少4.29个百分点。

三、主要财务数据

（一）**业务收入**：2019年,业务收入49860.98万元,同比增长18.08%;存款利息9345.08万元,委托贷款利息40306.35万元,国债利息0万元,其他209.56万元。

（二）**业务支出**：2019年,业务支出23240.26万元,同比增长16.85%;其中,支付职工住房公积金利息22142.08万元,归集手续费0万元,委托贷款手续费156.44万元,其他941.73万元。

（三）**增值收益**：2019年,增值收益26620.72万元,同比增长19.18%。其中,增值收益率1.80%,比上年增加0.02个百分点。

（四）**增值收益分配**：2019年,提取贷款风险准备金2882.63万元,提取管理费用4716.19万元,提取城市廉租住房（公共租赁住房）建设补充资金19021.9万元。

2019年,上交财政管理费用4716.19万元。上缴财政城市廉租住房（公共租赁住房）建设补充资金19021.9万元。

2019年末,贷款风险准备金余额26453.24万元。累计提取城市廉租住房（公共租赁住房）建设补充资金128823.97万元。

（五）**管理费用支出**：2019年,管理费用支出3684.39万元,同比增长15.09%。其中,人员经费2023.72万元,公用经费830.77万元,专项经费829.90万元。

四、资产风险状况

2019年末,个人住房贷款逾期额0万元,逾期率0‰。

个人贷款风险准备金按（贷款余额或增值收益）的2%提取。2019年,提取个人贷款风险准备金2882.63万元,使用个人贷款风险准备金核销呆坏账0万元。2019年末,个人贷款风险准备金余额

26453.24 万元，占个人住房贷款余额的 2%，个人住房贷款逾期额与个人贷款风险准备金余额的比率为 0%。

五、社会经济效益

（一）**缴存业务**：2019 年，实缴单位数、实缴职工人数和缴存额同比分别增长 8.65%、3.25% 和 12.64%。

缴存单位中，国家机关和事业单位占 40.72%，国有企业占 14.37%，城镇集体企业占 1.05%，外商投资企业占 1.05%，城镇私营企业及其他城镇企业占 37.72%，民办非企业单位和社会团体占 3.69%，其他占 1.4%。

缴存职工中，国家机关和事业单位占 39.19%，国有企业占 33.03%，城镇集体企业占 0.58%，外商投资企业占 1.24%，城镇私营企业及其他城镇企业占 24.52%，民办非企业单位和社会团体占 1.26%，其他占 0.18%；中、低收入占 95.93%，高收入占 4.07%。

新开户职工中，国家机关和事业单位占 18.86%，国有企业占 19.20%，城镇集体企业占 0.55%，外商投资企业占 1.08%，城镇私营企业及其他城镇企业占 56.77%，民办非企业单位和社会团体占 2.59%，其他占 0.95%；中、低收入占 99.89%，高收入占 0.11%。

（二）**提取业务**：2019 年，9.82 万名缴存职工提取住房公积金 23.51 亿元。

提取金额中，住房消费提取占 62.36%（购买、建造、翻建、大修自住住房 9.06%，偿还购房贷款本息占 52.54%，租赁住房占 0.76%，其他占 0%）；非住房消费提取占 37.64%（离休和退休提取占 23.65%，完全丧失劳动能力并与单位终止劳动关系提取占 0%，出境定居占 0%，其他占 13.99%）。

提取职工中，中、低收入占 98.26%，高收入占 1.74%。

（三）**贷款业务**：

1. 个人住房贷款：2019 年，支持职工购建房 82.59 万平方米，年末个人住房贷款市场占有率（含公转商贴息贷款）为 16.71%，比上年末减少 1.28 个百分点。通过申请住房公积金个人住房贷款，可节约职工购房利息支出 75654.97 万元。

职工贷款笔数中，购房建筑面积 90（含）平方米以下占 10.53%，90～144（含）平方米占 70.99%，144 平方米以上占 18.48%。购买新房占 87.20%（其中购买保障性住房占 0%），购买二手房占 12.66%，建造、翻建、大修自住住房占 0.14%，其他占 0%。

职工贷款笔数中，单缴存职工申请贷款占 62.26%，双缴存职工申请贷款占 37.70%，三人及以上缴存职工共同申请贷款占 0.05%。

贷款职工中，30 岁（含）以下占 42.75%，30 岁～40 岁（含）占 36.96%，40 岁～50 岁（含）占 18.20%，50 岁以上占 2.09%；首次申请贷款占 85.35%，二次及以上申请贷款占 14.65%；中、低收入占 98.99%，高收入占 1.01%。

2. 异地贷款：2019 年，发放异地贷款 630 笔、21364.20 万元。2019 年末，发放异地贷款总额 93090.20 万元，异地贷款余额 75030.96 万元。

（四）**住房贡献率**：2019 年，个人住房贷款发放额、公转商贴息贷款发放额、项目贷款发放额、住房消费提取额的总和与当年缴存额的比率为 85.18%，比上年增加减少 14.54 个百分点。

六、其他重要事项

(一) 当年住房公积金政策调整及执行情况。

1. 当年缴存基数限额及确定方法、缴存比例等缴存政策调整情况

中心根据国务院《住房公积金管理条例》和三部委《关于住房公积金管理若干具体问题的指导意见》，以上年度本市职工社会平均工资为当年住房公积金缴存基数，最高缴存基数不超过市统计局公布的上年度全市在岗职工人均月工资的3倍。

2019年3~4月、7~8月，本市进行住房公积金年审工作，根据测算，规定月缴存额上限为4616元（单位和职工个人缴交合计），下限为240元（单位和职工个人缴交合计），缴存基数上限为19234元，下限为1580元。缴存比例为5%~12%，允许经营困难的企业在5%~12%的范围内，申请适当降低缴存比例。

年内，中心按程序同意10家企业降低缴存比例，共少缴386.48万元。

2. 当年提取政策调整情况

一是调整离职提取为销户提取。账户封存期间，在异地开立住房公积金账户并稳定缴存半年以上的，办理异地转移接续手续。未继续缴存的，封存满半年后可申请办理销户提取。

二是加大租房提取支持力度。职工连续足额缴存住房公积金满3个月、本人及配偶在缴存城市无自有住房且租赁住房的，可按规定额度提取住房公积金支付房租。

三是支持老旧小区改造。出台新政，明确株洲市城区既有住宅加装电梯的，缴存职工可按规定提取住房公积金。

3. 当年个人住房贷款政策调整情况

一是降低首贷首付比例。缴存职工家庭第一次使用住房公积金贷款购房，最低首付比例由30%调整为20%。

二是恢复"商转公"业务。在符合住房公积金贷款政策的情形下，结清商业银行住房贷款6个月以内，可以将同套住房的商业银行住房贷款转为住房公积金贷款。

三是出台组合贷款政策。缴存人在市区范围内购买普通商品住房时，住房公积金的可贷金额不能满足其购房资金需求的，在申请住房公积金贷款的同时可为同一套住房申请商业银行住房贷款。住房公积金贷款部分按照住房公积金贷款政策执行，商业银行贷款部分按照商业银行的相关规定办理。

4. 当年住房公积金存贷款利率执行标准

5年以内：一贷2.75%；二贷3.025%；

5年以上：一贷3.25%；二贷3.575%。

(二) 当年服务改进情况。 一是改革任务全面完成，实现业务"一次办"。中心对3大业务涵盖的36个事项进行了流程精简，压缩资料118类，把高效便民做到了极致。我们在城区所有业务实现一次性办结的基础上，今年又将"最多跑一次"改革延伸到县（市）管理部，炎陵、茶陵和渌口管理部引入了不动产登记窗口，醴陵、攸县管理部进驻政务中心，实现了所有业务"一件事一次办"。并且，所有管理部统一收件标准、统一办事时限，真正做到了"五趟变一趟，资金秒到账，网上办业务，基本无纸张"。贷款只跑一趟，不仅在全省一枝独秀，而且在全国也处于明显领先的地位。

二是全力开展"呆滞"账户清理工作,实现"贴心办"。2019年,中心结合"不忘初心,牢记使命"主题教育,将因企业破产、改制、撤销、解散半年以上及行政事业单位其他原因形成的长期封存、无身份证信息的个人"呆滞"账户进行集中清理,办理销户提取手续,解决历史遗留问题。截至12月底,全市已有10291人办理"呆滞"账户销户提取,提取总金额达3775.79万元。

三是完善服务网点建设,实现"就近办"。中心启动了芦淞、石峰管理部建设工程,芦淞管理部预计2020年上半年可完成装修工程,正式对外服务;将醴陵管理部整体迁入醴陵市民中心,实现了与其他政务服务部门的集成服务。中心所有服务大厅设施齐全、即到即办,让群众得到了更好的服务体验。2019年前三季度,住房公积金服务窗口在市民中心34家窗口单位月度考核中6次排名第一,成为全市最优窗口单位之一。

(三)当年信息化建设情况。

一是接入全国住房公积金大数据平台。中心按照部省相关文件要求,于2019年5月对接全国公积金数据平台,为职工申报个人所得税提供数据共享查询服务。

二是完善综合服务平台功能。中心对照《住房公积金综合服务平台建设导则》进一步完善综合服务管理系统,拓展服务渠道功能。依托综合服务平台,形成了集柜面服务、"12329"公积金服务热线、网上办事大厅、微信、手机APP、自助终端、短信、微博等渠道于一体的服务体系。2019年人工接听12329服务热线人工答疑4.23万次;截至2019年底,中心门户网站访问量25万余次;微信、手机客户端访问量351.9万次;自助终端访问达6.9万次;共向缴存职工发送服务类短信144.68万条。12月24日,中心以"优秀"等次通过住房和城乡建设部住房公积金综合服务平台验收,成为全省首家接受并通过验收的住房公积金管理中心。

三是不断提高网上办事能力。中心致力于不断提高"网上办"业务能力。截至2019年底,全市已有3093家缴存单位开通了住房公积金单位网厅,缴存类业务网上业务办理率达到70%;已有141家开发商开通开发商网厅,2019年网上贷款受理4280笔,贷款业务网上办理率达到63%。2019年12月14日,住房公积金个人网上服务大厅正式上线,目前注册用户3.5万人。除了贷款结清手续及大修提取、大病提取、建房提取等一些特殊类型业务外,90%的住房公积金个人业务可以直接在网上办结。

四是推进信息共享平台建设。中心积极推进与房产、不动产、银行、公安、民政等共享信息对接工作。截至2019年底,已实现民政婚姻、不动产登记、银行住房贷款等信息共享,并与株洲市政务平台对接,实现公积金信息及业务办理信息共享。

(四)当年住房公积金管理中心及职工所获荣誉情况。 2019年,株洲市住房公积金管理中心获评株洲市文明标兵单位称号、株洲市书香机关称号。天元管理部评为全市"五化"建设示范支部、全省公积金管理工作突出单位。

(五)当年对违反《住房公积金管理条例》和相关法规行为进行行政处罚和申请人民法院强制执行情况。 2019年,株洲市住房公积金管理中心申请法院强制执行1例:因攸县明阳学校欠缴职工住房公积金64万余元,2019年6月中心向株洲市攸县人民法院申请强制执行。8月攸县法院裁定准予执行,目前已经执行回款20万元。

(六)当年对住房公积金管理人员违规行为的纠正和处理情况等。 2019年,为规范管理,株洲市住房公积金管理中心对上级文件、业务政策和内部管理制度进行了一次全面彻底的清查,修订包括《内部稽核管理办法》在内的各类制度 30 余项，整理归纳相关法规文件 120 余项，并强化政策执行。中心全年稽核的各项业务中，发现各类差错 43 笔，均属于操作性差错，无政策性违规行为。中心在发现问题的同时要求各管理部及时整改到位，并对相关部门和个人按绩效管理办法和稽核管理办法执行相关规定。

湘潭市住房公积金 2019 年年度报告

一、机构概况

（一）住房公积金管理委员会：住房公积金管理委员会有 21 名委员，2019 年召开三次会议，审议通过的事项主要包括：《2018 年工作总结及 2019 年度工作计划的汇报》《2018 年度住房公积金增值收益及其分配方案》《关于 2019 年住房公积金归集、使用计划》《关于规范我市住房公积金贷款担保业务的请示》《湘潭市住房公积金管理委员会办公室关于调整市住房公积金管委会成员单位的建议》《湘潭市住房公积金资金运行（预警）管理办法》《湘潭市住房公积金 2018 年度报告》《2019 年上半年工作总结和下半年工作计划的汇报》《关于确定 2019 年度湘潭市住房公积金最高和最低月缴存金额的请示》《湘潭市既有多层住宅增设电梯提取住房公积金暂行规定》《湘潭市住房公积金管理中心协助职能部门查询、冻结（解冻）、扣划住房公积金工作管理办法（审议稿）》《湘潭市住房公积金行政执法实施细则》。

（二）住房公积金管理中心：住房公积金管理中心为湘潭市人民政府不以营利为目的的公益一类事业单位，设 10 个处（科），4 个管理部，无分中心。从业人员 74 人，其中，在编 42 人，非在编 32 人。

二、业务运行情况

（一）缴存：2019 年，新开户单位 211 家，实缴单位 2292 家，净增单位 150 家；新开户职工 1.62 万人，实缴职工 18.63 万人，净增职工 1.54 万人；缴存额 30.28 亿元，同比增长 12.02%。2019 年末，缴存总额 233.69 亿元，比上年末增加 14.89%；缴存余额 78.79 亿元，比上年末增加 13.68%。

受委托办理住房公积金缴存业务的银行 4 家，与上年相比没有增加。

（二）提取：2019 年，提取额 20.81 亿元，同比下降 5.15%；占当年缴存额的 68.73%，比上年减少 12.44 个百分点。2019 年末，提取总额 154.9 亿元，比上年末增加 15.52%。

（三）贷款：

1. 个人住房贷款：个人住房贷款最高额度 50 万元，其中，单缴存职工最高额度 40 万元，双缴存职工最高额度 50 万元。

2019 年，发放个人住房贷款 0.58 万笔、19.97 亿元，同比分别下降 32.56%、29.71%。

2019 年，回收个人住房贷款 10.54 亿元（包括出让"公转商"融资贷款）。

2019 年末，累计发放个人住房贷款 8.22 万笔、154.27 亿元，贷款余额 88.02 亿元，分别比上年末增加 7.59%、14.87%、12%。个人住房贷款余额占缴存余额的 111.72%，比上年末减少 1.66 个百分点。

受委托办理住房公积金个人住房贷款业务的银行 4 家，与上年没有增加。

2. 住房公积金支持保障性住房建设项目贷款：2019 年，未发放支持保障性住房建设项目贷款，回收项目贷款 0 亿元。2019 年末，累计发放项目贷款 1.1 亿元，项目贷款余额为 0。

（四）购买国债：2019 年，购买国债 0 亿元，兑付（转让、收回）国债 0 亿元。2019 年末，国债余额 0 亿元，比上年末减少 0 亿元。

（五）融资：2019 年，融资 12.85 亿元，归还 16.26 亿元。2019 年末，融资总额 42.45 亿元，融资余额 10.67 亿元。

（六）资金存储：2019 年末，住房公积金存款 2.11 亿元。其中，活期 0.04 亿元，1 年（含）以下定期 0 亿元，1 年以上定期 0 亿元，其他（协定、通知存款等）2.07 亿元。

（七）资金运用率：2019 年末，住房公积金个人住房贷款余额、项目贷款余额和购买国债余额的总和占缴存余额的 111.72%，比上年末减少 1.66 个百分点。

三、主要财务数据

（一）业务收入：2019 年，业务收入 30499.26 万元，同比增长 25.8%，存款利息 377.96 万元，委托贷款利息 30119.15 万元，国债利息 0 万元，其他 2.15 万元。

（二）业务支出：2019 年，业务支出 19883 万元，同比增长 38.09%，支付职工住房公积金利息 11095.06 万元，归集手续费 0 万元，委托贷款手续费 76.61 万元，其他 8711.33 万元（其中筹资利息 7119.43 万元）。

（三）增值收益：2019 年，增值收益 10616.26 万元，同比增长 7.82%，增值收益率 1.44%，比上年减少 0.04 个百分点。

（四）增值收益分配：2019 年，提取贷款风险准备金 2036.45 万元，提取管理费用 1917.94 万元，提取城市廉租住房（公共租赁住房）建设补充资金 6661.87 万元。

2019 年，上交财政管理费用 1917.94 万元。上缴财政城市廉租住房（公共租赁住房）建设补充资金 6661.87 万元。

2019 年末，贷款风险准备金余额 18844.33 万元。累计提取城市廉租住房（公共租赁住房）建设补充资金 67455.67 万元。

（五）管理费用支出：2019 年，管理费用支出 1902.03 万元，同比下降 29.74%。其中，人员经费 646.26 万元，公用经费 620.53 万元，专项经费 635.24 万元。

四、资产风险状况

（一）个人住房贷款：2019 年末，个人住房贷款逾期额 0 万元，逾期率 0‰。

个人贷款风险准备金按贷款余额的 2% 提取。2019 年，提取个人贷款风险准备金 2036.45 万元，使用个人贷款风险准备金核销呆坏账 0 万元。2019 年末，个人贷款风险准备金余额 18844.33 万元，占个人住房贷款余额的 2%，个人住房贷款逾期额与个人贷款风险准备金余额的比率为 0%。

（二）支持保障性住房建设试点项目贷款：2019 年末，逾期项目贷款 0 万元，逾期率 0‰。

五、社会经济效益

（一）缴存业务：2019 年，实缴单位数、实缴职工人数和缴存额同比分别增长 7%、9.01%

和 12.02%。

缴存单位中，国家机关和事业单位占 50.83%，国有企业占 13.7%，城镇集体企业占 1.13%，外商投资企业占 2.27%，城镇私营企业及其他城镇企业占 26.92%，民办非企业单位和社会团体占 4.28%，其他占 0.87%。

缴存职工中，国家机关和事业单位占 43.76%，国有企业占 33.02%，城镇集体企业占 0.37%，外商投资企业占 4.32%，城镇私营企业及其他城镇企业占 16.58%，民办非企业单位和社会团体占 1.77%，其他占 0.18%；中、低收入占 98.87%，高收入占 1.13%。

新开户职工中，国家机关和事业单位占 19.26%，国有企业占 11.66%，城镇集体企业占 0.17%，外商投资企业占 9%，城镇私营企业及其他城镇企业占 47.92%，民办非企业单位和社会团体占 4.74%，其他占 7.25%。

中、低收入占 99.37%，高收入占 0.63%。

(二) 提取业务：2019 年，8.12 万名缴存职工提取住房公积金 20.81 亿元。

提取金额中，住房消费提取占 79.61%（购买、建造、翻建、大修自住住房占 22.78%，偿还购房贷款本息占 56.12%，租赁住房占 0.71%，其他占 0%）；非住房消费提取占 20.39%（离休和退休提取占 13.95%，完全丧失劳动能力，与单位终止劳动关系提取占 4.7%，出境定居占 0%，其他占 1.74%）。

提取职工中，中、低收入占 98.82%，高收入占 1.18%。

(三) 贷款业务：

1. 个人住房贷款：2019 年，支持职工购建房 73.17 万平方米，年末个人住房贷款市场占有率（含公转商贴息贷款）为 21.85%，比上年末减少 1.87 个百分点。通过申请住房公积金个人住房贷款，可节约职工购房利息支出 3295.06 万元。

职工贷款笔数中，购房建筑面积 90（含）平方米以下占 8.56%，90～144（含）平方米占 75.94%，144 平方米以上占 15.5%。购买新房占 99.64%（其中购买保障性住房占 0%），购买二手房占 0.09%，建造、翻建、大修自住住房占 0.02%，其他占 0.25%。

职工贷款笔数中，单缴存职工申请贷款占 27.33%，双缴存职工申请贷款占 71.99%，三人及以上缴存职工共同申请贷款占 0.68%。

贷款职工中，30 岁（含）以下占 33.39%，30 岁～40 岁（含）占 39.12%，40 岁～50 岁（含）占 22.82%，50 岁以上占 4.67%；首次申请贷款占 87.23%，二次及以上申请贷款占 12.77%；中、低收入占 90.06%，高收入占 9.94%。

2. 异地贷款：2019 年，发放异地贷款 850 笔、25020.78 万元。2019 年末，发放异地贷款总额 95694.9 万元，异地贷款余额 39773.62 万元。

3. 公转商贴息贷款：2019 年，发放公转商贴息贷款 0 笔、0 万元，支持职工购建住房面积 0 万平方米，当年贴息额 0 万元。2019 年末，累计发放公转商贴息贷款 0 笔、0 万元，累计贴息 0 万元。

4. 支持保障性住房建设试点项目贷款：2019 年末，累计试点项目 1 个，贷款额度 1.1 亿元，建筑面积 4.25 万平方米，可解决 386 户中低收入职工家庭的住房问题。1 个试点项目贷款资金已发放并还清贷款本息。

(四) 住房贡献率：2019 年，个人住房贷款发放额、公转商贴息贷款发放额、项目贷款发放额、住房消费提取额的总和与当年缴存额的比率为120.65%，比上年减少65.62个百分点。

六、其他重要事项

（一）当年机构及职能调整情况、受委托办理缴存贷款业务金融机构变更情况。2019年机构改革，湘潭市住房公积金管理中心调整为市人民政府直属事业单位，增加人事科、经开区管理部、机关党委、机关纪委4个科室，人员编制调整为47人。

受委托办理缴存贷款业务金融机构没有变更。

（二）当年住房公积金政策调整及执行情况。

1. 缴存额调整情况。 2019年我市单位和职工个人住房公积金最高月缴存额分别为2006元，合计最高月缴存额为4012元；单位和职工个人住房公积金最低月缴存额分别为100元，合计最低月缴存额为200元，与2018年持平。

2. 提取政策调整情况。 2019年湘潭市住房公积金管委会第三次会议审议并通过了《湘潭市既有多层住宅增设电梯提取住房公积金暂行规定》，文件规定既有多层住宅增设电梯可以提取住房公积金。

3. 贷款政策调整情况。

个人住房贷款最高额度50万元，其中，单缴存职工最高额度40万元，双缴存职工最高额度50万元。

颁布实施《湘潭市住房公积金资金运行（预警）管理暂行办法》《湘潭市住房公积金个人住房贷款转商业贴息贷款试行办法》，处于三级预警状态，推行贴息贷款，共有市建行、市工行、市农行三家贴息贷款承办银行。

调整首付比例：职工家庭购买首套住房且首次申请办理住房公积金贷款、套型建筑面积在90平方米（含）以下的，贷款首付款比例不得低于20%；套型建筑面积在90平方米以上的，贷款首付款比例不得低于30%；购买第二套住房或第二次申请住房公积金贷款，首付比例不得低于50%。购买第二套住房且第二次申请住房公积金贷款，首付比例不得低于60%。

（三）当年服务改进情况。通过公开招标方式，采购了住房公积金综合服务系统，目前已经上线核心系统、12329语音、12329热线、网上服务大厅（单位版）、手机公积金APP，已经测试通过的网上服务大厅（开发商版）计划于2020年上线。数据共享平台共享数据范围继续扩大，2019年上半年全省建行购房商贷数据纳入数据共享平台；继2018年全省民政与公积金系统数据共享中心设立在我中心后，2019年全省公安与公积金系统数据共享中心在我中心设立，通过共享平台共享全省7000万户籍数据。出台《关于优化住房公积金业务办理的通知》，对3项缴存业务、12项提取业务、12项贷款业务所需资料进一步精简。

（四）当年信息化建设情况。2019年顺利将公积金数据接入全国税务共享平台；继续对信息系统进行等保三级检测，采用外包服务的方式将安全运维及机房硬件维保委托专业的第三方公司。

（五）2019年住房公积金管理中心及职工所获荣誉情况。

2019年获得：湖南省网络安全等级保护管理工作"先进单位"；湖南省首届"住建人防杯"篮球赛"体育道德风尚奖"；机关第一支部荣获市直机关"先进党组织"；岳塘区建设路街道2018年度平安创建工作"先进单位"；全市2018年度脱贫攻坚工作考核综合评价为"好"；湘潭市市直机关"五四红旗团组织"；湘潭市职工工间操大赛"三等奖"；湘潭市市直机关太极拳比赛"二等奖"。

（六）2019年没有发生因违反《住房公积金管理条例》和相关法规行为而进行行政处罚和申请人民法院强制执行情况。

（七）2019年住房公积金管理人员没有发生违规行为。

（八）无其他需要披露的情况。

衡阳市住房公积金2019年年度报告

一、机构概况

（一）住房公积金管理委员会：住房公积金管理委员会有29名委员，2019年召开1次会议，审议通过的事项主要包括：《关于2018年度衡阳市住房公积金归集、使用执行情况及2019年归集、使用计划安排情况的报告》《衡阳市住房公积金管理委员会关于2018年衡阳市住房公积金增值收益分配方案（草案）》《衡阳市住房公积金管理委员会关于调整衡阳市2019年度住房公积金缴存限额的方案（草案）》。

（二）住房公积金管理中心：住房公积金管理中心为衡阳市人民政府不以营利为目的的正处级事业单位，设10个科室，10个管理部。从业人员147人，其中，在编110人，非在编37人。

二、业务运行情况

（一）缴存：2019年，新开户单位318家，实缴单位4179家，净增单位190家；新开户职工3.23万人，实缴职工32.80万人，净增职工1.64万人；缴存额46.56亿元，同比增长8.31%。2019年末，缴存总额293.98亿元，比上年末增加18.82%；缴存余额138.11亿元，比上年末增加21.72%。

受委托办理住房公积金缴存业务的银行8家，与上年相比无变化。

（二）提取：2019年，提取额21.92亿元，同比下降12.99%；占当年缴存额的47.07%，比上年减少11.52个百分点。2019年末，提取总额155.87亿元，比上年末增加16.36%。

（三）贷款：

个人住房贷款：个人住房贷款最高额度50万元，其中，单缴存职工最高额度50万元，双缴存职工最高额度50万元。

2019年，发放个人住房贷款0.54万笔、18.23亿元，同比分别下降36.70%、38.16%。

2019年，回收个人住房贷款12.29亿元。

2019年末，累计发放个人住房贷款8.72万笔、183.85亿元，贷款余额108.71亿元，分别比上年末增加6.59%、11.01%、5.78%。个人住房贷款余额占缴存余额的78.71%，比上年末减少11.87个百分点。

受委托办理住房公积金个人住房贷款业务的银行7家，与上年相比无变化。

（四）融资：2019年，融资0亿元，归还0亿元。2019年末，融资总额7.5亿元，融资余额0亿元。

（五）资金存储：2019年末，住房公积金存款34.14亿元。其中，活期2.93亿元，1年（含）以下定期 6.04 亿元，1 年以上定期 25.17 亿元。

（六）**资金运用率**：2019 年末，住房公积金个人住房贷款余额、项目贷款余额和购买国债余额的总和占缴存余额的 78.71%，比上年末减少 11.87 个百分点。

三、主要财务数据

（一）**业务收入**：2019 年，业务收入 44075.54 万元，同比增长 21.02%。存款利息 8893.80 万元，委托贷款利息 34955.17 万元，其他 226.57 万元。

（二）**业务支出**：2019 年，业务支出 19551.62 万元，同比增长 18.76%。支付职工住房公积金利息 18980.49 万元，委托贷款手续费 469.90 万元，其他 101.23 万元。

（三）**增值收益**：2019 年，增值收益 24523.92 万元，同比增长 22.89%。增值收益率 1.95%，比上年增加 0.04 个百分点。

（四）**增值收益分配**：2019 年，提取贷款风险准备金 1188.06 万元，提取管理费用 3006.49 万元，提取城市廉租住房（公共租赁住房）建设补充资金 27128.82 万元。

2019 年，上交财政管理费用 3006.49 万元。上缴财政城市廉租住房（公共租赁住房）建设补充资金 23534.85 万元。

2019 年末，贷款风险准备金余额 21742.76 万元。累计提取城市廉租住房（公共租赁住房）建设补充资金 112228.24 万元。

（五）**管理费用支出**：2019 年，管理费用支出 3549.10 万元，同比增长 7.10%。其中，人员经费 2241.14 万元，公用经费 346.24 万元，专项经费 961.72 万元。

四、资产风险状况

个人住房贷款：2019 年末，个人住房贷款逾期额 321.02 万元，逾期率 0.295‰。

个人贷款风险准备金按贷款余额的 2% 提取。2019 年，提取个人贷款风险准备金 1188.06 万元，使用个人贷款风险准备金核销呆坏账 0 万元。2019 年末，个人贷款风险准备金余额 21742.76 万元，占个人住房贷款余额的 2%，个人住房贷款逾期额与个人贷款风险准备金余额的比率为 1.48%。

五、社会经济效益

（一）**缴存业务**：2019 年，实缴单位数、实缴职工人数和缴存额同比分别增长 4.76%、5.27% 和 8.31%。

缴存单位中，国家机关和事业单位占 65.57%，国有企业占 9.64%，城镇集体企业占 0.55%，外商投资企业占 1.00%，城镇私营企业及其他城镇企业占 14.02%，民办非企业单位和社会团体占 5.89%，其他占 3.33%。

缴存职工中，国家机关和事业单位占 56.37%，国有企业占 18.65%，城镇集体企业占 0.35%，外商投资企业占 3.85%，城镇私营企业及其他城镇企业占 8.59%，民办非企业单位和社会团体占 3.53%，其他占 8.66%；中、低收入占 99.85%，高收入占 0.15%。

新开户职工中，国家机关和事业单位占 23.25%，国有企业占 7.50%，城镇集体企业占 0.21%，外商

投资企业占 13.48%，城镇私营企业及其他城镇企业占 15.64%，民办非企业单位和社会团体占 7.49%，其他占 32.43%；中、低收入占 99.98%，高收入占 0.02%。

（二）提取业务：2019 年，8.38 万名缴存职工提取住房公积金 21.92 亿元。

提取金额中，住房消费提取占 70.38%（购买、建造、翻建、大修自住住房占 17.80%，偿还购房贷款本息占 49.03%，租赁住房占 3.55%）；非住房消费提取占 29.62%（离休和退休提取占 22.13%，完全丧失劳动能力并与单位终止劳动关系提取占 2.07%，其他占 5.42%）。

提取职工中，中、低收入占 99.30%，高收入占 0.70%。

（三）贷款业务：

1. 个人住房贷款：2019 年，支持职工购建房 66.91 万平方米，年末个人住房贷款市场占有率（含公转商贴息贷款）为 15.03%，比上年末减少 6.44 个百分点。通过申请住房公积金个人住房贷款，可节约职工购房利息支出 27183.27 万元。

职工贷款笔数中，购房建筑面积 90（含）平方米以下占 9.82%，90～144（含）平方米占 77.91%，144 平方米以上占 12.27%。购买新房占 98.55%（其中购买保障性住房占 0%），购买二手房占 1.24%，建造、翻建、大修自住住房占 0.21%，其他占 0%。

职工贷款笔数中，单缴存职工申请贷款占 27.99%，双缴存职工申请贷款占 72.01%，三人及以上缴存职工共同申请贷款占 0%。

贷款职工中，30 岁（含）以下占 35.47%，30 岁～40 岁（含）占 38.53%，40 岁～50 岁（含）占 22.96%，50 岁以上占 3.04%；首次申请贷款占 93.39%，二次及以上申请贷款占 6.61%；中、低收入占 99.78%，高收入占 0.22%。

2. 异地贷款：2019 年，发放异地贷款 169 笔、5216.50 万元。2019 年末，发放异地贷款总额 38267.50 万元，异地贷款余额 31327.39 万元。

（四）**住房贡献率**：2019 年，个人住房贷款发放额、公转商贴息贷款发放额、项目贷款发放额、住房消费提取额的总和与当年缴存额的比率为 72.27%，比上年减少 40.08 个百分点。

六、其他重要事项

（一）当年缴存基数限额及确定方法、缴存比例调整情况。缴存单位其单位和职工住房公积金缴存比例各为 5%～12% 之间，即单位和职工月缴存比例最低不得低于各 5%，最高不得高于各 12%。其单位和职工住房公积金最高月缴存额之和不得超过 4386 元/月，最低月缴存额之和不得低于 154 元/月。

（二）当年住房公积金政策调整及执行情况

（1）2019 年 1 月 21 日发布《关于对〈调整住房公积金相关政策暂行规定的实施细则〉的补充规定》（衡金管字〔2019〕9 号），对贷款政策进行了调整，2019 年 2 月 1 日起执行：

职工个人或夫妻双方均正常缴存住房公积金需申请使用住房公积金贷款的，最高贷款限额为 50 万元。贷款额度与借款申请人住房公积金的缴存年限和上年度实际月平均缴存额（新参加工作的按当年月平均缴存额）挂钩，实行差别化政策，具体规定：

1）缴存时间未满两年的，贷款额度按 10 万＋上年度实际月平均缴存额×100 计算，最高贷款额度为 20 万元；

2) 缴存时间未满三年的，贷款额度按 20 万＋上年度实际月平均缴存额×100 计算，最高贷款额度为 30 万元。

3) 缴存时间三年以上（含三年）的，贷款额度按 30 万＋上年度实际月平均缴存额×100 计算，最高贷款额度为 50 万元。

上述月平均缴存额不计补交部分（财政代扣单位除外）。借款申请人为已婚的，核算贷款额度以夫妻双方中任意一方计算。

异地贷款须以所购住房作抵押，同时具有本市户籍且正常缴纳住房公积金的自然人作为保证人。

(2) 2019 年 7 月 29 日发布《衡阳市住房公积金管理中心关于〈对调整住房公积金相关政策暂行规定的实施细则〉的补充调整规定》（衡金管字〔2019〕63 号）对贷款政策进行了调整，自 2019 年 8 月 1 日起执行，2019 年 1 月 21 日发布的《补充规定》（衡金管字〔2019〕9 号）废止：

职工个人或夫妻双方均正常缴存住房公积金需申请使用住房公积金贷款的，最高贷款限额为 50 万元。贷款额度与单位建立住房公积金制度及借款申请人住房公积金的缴存年限和上年度实际月平均缴存额（新参加工作的按当年月平均缴存额）挂钩，实行差别化政策，具体规定：

1) 所在单位建立住房公积金制度，开设住房公积金缴存账户并正常汇缴满 5 年，且职工本人符合住房公积金贷款条件的，最高贷款限额为 50 万元。

2) 所在单位建立住房公积金制度，开设住房公积金缴存账户并正常汇缴未满 5 年的，按以下规定办理：

个人缴存时间未满两年的，贷款额度按 20 万＋上年度实际月平均缴存额×100 计算，最高贷款额度为 35 万元。

个人缴存时间未满三年的，贷款额度按 20 万＋上年度实际月平均缴存额×100 计算，最高贷款额度为 40 万元。

个人缴存时间三年以上（含三年）的，贷款额度按 30 万＋上年度实际月平均缴存额×100 计算，最高贷款额度为 50 万元。

上述月平均缴存额不计补交部分（财政代扣单位除外）。借款人夫妻双方缴存公积金的，在计算贷款额度时，可按夫妻双方上年度月缴存额之和×100 进行计算。

（三）当年服务改进情况。

（1）2019 年不断推进中心综合服务平台建设，创新业务服务渠道，全面完成门户网站、网上服务大厅、自助终端、微信、微博、手机客户端、短信、12329 服务热线 8 大服务平台建设，我中心手机公积金的下载量已达 4 万人，通过支付宝刷脸注册的公积金客户已达到九万多人。全市缴存职工可在网上实时查询本人公积金缴存和贷款还款情况，可足不出户网上办理按月对冲、提前还款、提前结清、退休提取、离职提取等业务，真正实现了申请人"零材料、零跑腿"。

（2）在全市范围内推广住房公积金单位网上业务。

（3）2019 年 5 月，中心实现了与不动产登记中心的联网，实现了数据共享。

（4）将雁峰管理部作为我市公积金"一件事一次办"试点窗口，不断探索优质、高效、便捷的服务模式，对要件、流程、时限进行"瘦身"，做到现房贷款"一件事一次办"。

（四）当年信息化建设情况。 认真完成住房和城乡建设部工作任务部署。2019 年 5 月 24 日，中心正式接入了全国住房公积金数据平台。2019 年 12 月 23 日，我中心异地转移接续直连成功上线。

（五）当年住房公积金管理中心及职工所获荣誉情况。中心顺利通过全国文明单位复评。

邵阳市住房公积金2019年年度报告

一、机构概况

（一）住房公积金管理委员会：住房公积金管理委员会有27名委员，2019年召开两次会议，审议通过的事项主要包括：审议通过市住房公积金2018年度公报；审议通过市住房公积金2019年度归集、使用计划；原则通过市住房公积金管理中心2019年度经费预算；审议通过调整住房公积金部分提取政策；审议通过与不动产登记中心开展业务合作所需经费的报告；审议通过双清管理部营运前期经费；原则同意将公务出行交通补贴纳入预算。

（二）住房公积金管理中心：住房公积金管理中心为直属于市人民政府的不以营利为目的的自收自支事业单位，设10个科，11个管理部，0个分中心。从业人员163人，其中，在编131人，非在编32人。

二、业务运行情况

（一）缴存：2019年，新开户单位342家，实缴单位4236家，净增单位-67家（新增342家）；新开户职工2.44万人，实缴职工23.8万人，净增职工2.49万人；缴存额37.2亿元，同比增长9%。2019年末，缴存总额227.81亿元，比上年末增加20%；缴存余额129.76亿元，比上年末增加13%。

受委托办理住房公积金缴存业务的银行12家，比上年增加（减少）0家。

（二）提取：2019年，提取额22.1亿元，同比增长19%；占当年缴存额的59%，比上年增加4个百分点。2019年末，提取总额98.05亿元，比上年末增加29%。

（三）贷款：

1.个人住房贷款：个人住房贷款最高额度50万元，其中，单缴存职工最高额度50万元，双缴存职工最高额度50万元。

2019年，发放个人住房贷款0.7万笔、25.12亿元，同比分别增长1%、9%。

2019年，回收个人住房贷款12.27亿元。

2019年末，累计发放个人住房贷款8.68万笔、181.93亿元，贷款余额111.71亿元，分别比上年末增加9%、16%、13%。个人住房贷款余额占缴存余额的86%，比上年末增加0个百分点。

受委托办理住房公积金个人住房贷款业务的银行6家，比上年增加0家。

2.住房公积金支持保障性住房建设项目贷款：无。

（四）购买国债：2019年，无购买国债，无兑付（转让、收回）国债。2019年末，国债余额0亿元，比上年末减少（增加）0亿元。

（五）融资：2019年，无融资。2019年末，融资总额1.5亿元，融资余额0亿元。

（六）资金存储：2019年末，住房公积金存款19.7亿元。其中，活期0.37亿元，1年（含）以下定期 0 亿元，1 年以上定期 14.03 亿元，其他（协定、通知存款等）5.3 亿元。

（七）资金运用率：2019 年末，住房公积金个人住房贷款余额、项目贷款余额和购买国债余额的总和占缴存余额的 86%，比上年末增加 0 个百分点。

三、主要财务数据

（一）业务收入：2019 年，业务收入 41143.52 万元，同比增长 15%。其中，存款利息 5982.1 万元，委托贷款利息 34716.89 万元，国债利息 0 万元，其他 444.53 万元。

（二）业务支出：2019 年，业务支出 18856.99 万元，同比增长 16%。其中，支付职工住房公积金利息 18103.98 万元，归集手续费 0 万元，委托贷款手续费 694.34 万元，其他 58.67 万元。

（三）增值收益：2019 年，增值收益 22286.53 万元，同比增长 14%。增值收益率 1.83%，比上年增加 0.03 个百分点。

（四）增值收益分配：2019 年，提取贷款风险准备金 2571.13 万元，提取管理费用 4337.4 万元，提取城市廉租住房（公共租赁住房）建设补充资金 15378 万元。

2019 年，上交财政管理费用 4337.4 万元。上缴财政城市廉租住房（公共租赁住房）建设补充资金 11486 万元。

2019 年末，贷款风险准备金余额 22343.38 万元。累计提取城市廉租住房（公共租赁住房）建设补充资金 73280 万元。

（五）管理费用支出：2019 年，管理费用支出 4344.67 万元，同比下降 23%。其中，人员经费 2913.59 万元，公用经费 893.45 万元，专项经费 537.63 万元。

四、资产风险状况

（一）个人住房贷款：2019 年末，个人住房贷款逾期额 51.9 万元，逾期率 0.005%。

个人贷款风险准备金按（贷款余额或增值收益）的 2% 提取。2019 年，提取个人贷款风险准备金 2571.13 万元，使用个人贷款风险准备金核销呆坏账 0 万元。2019 年末，个人贷款风险准备金余额 22343.38 元，占个人住房贷款余额的 2%，个人住房贷款逾期额与个人贷款风险准备金余额的比率为 0.23%。

（二）支持保障性住房建设试点项目贷款：无。

五、社会经济效益

（一）缴存业务：2019 年，实缴单位数、实缴职工人数和缴存额同比分别增长-0.16%、12%和 9%。

缴存单位中，国家机关和事业单位占 72.26%，国有企业占 10.74%，城镇集体企业占 1.63%，外商投资企业占 0.54%，城镇私营企业及其他城镇企业占 11.52%，民办非企业单位和社会团体占 2.2%，其他占 1.11%。

缴存职工中，国家机关和事业单位占 72.31%，国有企业占 15.83%，城镇集体企业占 0.5%，外商投资企业占 3.94%，城镇私营企业及其他城镇企业占 5.33%，民办非企业单位和社会团体占 1.79%，其他占 0.3%；中、低收入占 98.79%，高收入占 1.21%。

新开户职工中，国家机关和事业单位占 53.45%，国有企业占 7.36%，城镇集体企业占 3.36%，外商投资企业占 9.74%，城镇私营企业及其他城镇企业占 18.3%，民办非企业单位和社会团体占 5.67%，其他占 2.12%；中、低收入占 99.41%，高收入占 0.59%。

（二）提取业务：2019 年，6.11 万名缴存职工提取住房公积金 22.1 亿元。

提取金额中，住房消费提取占 77.26%（购买、建造、翻建、大修自住住房占 30.12%，偿还购房贷款本息占 47.12%，租赁住房占 0.02%，其他占 0%）；非住房消费提取占 22.74%（离休和退休提取占 16.83%，完全丧失劳动能力并与单位终止劳动关系提取占 1.47%，出境定居占 0.65%，其他占 3.79%）。

提取职工中，中、低收入占 98.27%，高收入占 1.73%。

（三）贷款业务：

1. 个人住房贷款：2019 年，支持职工购建房 84.38 万平方米，年末个人住房贷款市场占有率（含公转商贴息贷款）为 26.37%，比上年末减少 11.83 个百分点。通过申请住房公积金个人住房贷款，可节约职工购房利息支出 44604 万元。

职工贷款笔数中，购房建筑面积 90（含）平方米以下占 4.34%，90～144（含）平方米占 60.15%，144 平方米以上占 35.51%。购买新房占 87.22%（其中购买保障性住房占 0.06%），购买二手房占 9.2%，建造、翻建、大修自住住房占 3.58%，其他占 0%。

职工贷款笔数中，单缴存职工申请贷款占 23.82%，双缴存职工申请贷款占 76.18%，三人及以上缴存职工共同申请贷款占 0%。

贷款职工中，30 岁（含）以下占 22.57%，30 岁～40 岁（含）占 41.11%，40 岁～50 岁（含）占 27.42%，50 岁以上占 8.9%；首次申请贷款占 83.33%，二次及以上申请贷款占 16.67%；中、低收入占 98.36%，高收入占 1.64%。

2. 异地贷款：2019 年，发放异地贷款 490 笔 15696 万元。2019 年末，发放异地贷款总额 32908 万元，异地贷款余额 31363 万元。

3. 公转商贴息贷款：无。

4. 支持保障性住房建设试点项目贷款：无。

（四）住房贡献率：2019 年，个人住房贷款发放额、住房消费提取额的总和与当年缴存额的比率为 113%，比上年增加 4 个百分点。

六、其他重要事项

（一）当年机构及职能无调整，受委托办理缴存贷款业务金融机构无变更。

（二）当年住房公积金政策调整及执行情况。

缴存政策。住房公积金缴存比例不得低于 5%高于 12%。按照市统计局公布的邵阳市 2018 年度全市在岗职工工资标准（年平均工资 63871 元，月平均工资 5323 元），从 2019 年 1 月 1 日起，我市 2019 年度个人住房公积金月最高缴存基数为 15969 元，最高月缴存额为 1916 元，单位配套补贴最高每月为 1916 元，职工月缴存总额（包括单位部分和个人部分）不得超过 3832 元；最低单位和个人月缴存额均为 64 元，职工月缴存总额不得低于 128 元。

提取政策。经市住房公积金管理委员会 2019 年第二次会议审议通过，自 2020 年 1 月 1 日起，停止办理职工购建房时提取使用直系亲属个人住房公积金业务；停止办理职工受灾时提取使用直系亲属个人住房公积金业务。

贷款政策。我市住房公积金贷款最高额度为 50 万元。2019 年，将开发企业申请按揭贷款合作的资格放宽调整为预售楼盘主体结构达到三分之一以上，取得商品房预售许可证的即可合作。出台了《邵阳市住房公积金个人住房贷款实施细则》，制定了可贷额度的计算公式，取消了家庭户一方缴存住房公积金的职工贷款额度原则上不超过 35 万元的限制，增加了等额本金还款方式。

当年住房公积金存贷款利率执行标准。职工住房公积金账户存款利率统一按一年期定期存款基准利率执行，目前为 1.50%。当前执行的住房公积金贷款利率，1～5 年（含 5 年）为 2.75%；5～30 年（含 30 年）为 3.25%。

（三）当年服务改进情况。积极推进"一件事一次办"改革中整合"我要办公积金贷款"事项工作；进一步放宽住房公积金贷款按揭楼盘准入条件，有效缩短购房职工申请公积金贷款周期；加强部门协作，将抵押登记业务办理时间压缩至 5 个工作日内；为方便群众就近办事，双清管理管理部于 11 月试运行，北塔管理部的装修工作正在紧锣密鼓地推进。

（四）当年信息化建设。完成了住房和城乡建设部全国住房公积金数据平台接入工作，完成了住房和城乡建设部全国住房公积金异地转移接续平台直联接入工作，完成了湖南省人民银行信贷数据上报项目工作。

（五）当年住房公积金管理中心及职工所获荣誉情况。中心荣获全省住房公积金管理工作优秀单位、市直机关党建工作优秀单位、市绩效考核优秀单位、全市综合治理先进单位、全市综合治理平安单位、市级社会主义核心价值观示范点和市第二届社会主义核心价值观"双十最美"单位、2019 年度宣传思想工作先进单位；邵阳县管理部被评为县党风廉政建设先进单位；新邵、邵阳县、隆回、邵东管理部连续四年获得县绩效考核先进单位；新邵管理部连续两年获得"新邵县扶贫工作"先进单位；邵东管理部连续两年获得"全县脱贫攻坚综合绩效考评优秀单位"，并获"2018 年度县优化经济发展环境先进单位"和"2018 年度邵东县全县宣传思想工作先进单位"；新宁管理部连续两年获得综合治理先进单位；绥宁管理部被评为县综合治理先进单位。办公室胡亚男同志获得市 2019 年度社会主义核心价值观实践标兵，行政科黄梽同志连续两年荣获全市综治工作先进个人，财务科王俪桦获得 2018 年度市直非税收入征管工作先进个人，绥宁县管理部黄世清被评为绥宁县脱贫攻坚"优秀结对帮扶干部"，邵东管理部王富平同志连续三年荣记"三等功"，邵东管理部佘凤英连续两年被县扶贫办评为优秀工作者。

（六）当年无违反《住房公积金管理条例》和相关法规行为进行行政处罚和申请人民法院强制执行情况。

（七）当年无对住房公积金管理人员违规行为的纠正和处理情况等。

岳阳市住房公积金 2019 年年度报告

一、机构概况

（一）住房公积金管理委员会：住房公积金管理委员会有 29 名委员，2019 年召开了 1 次会议，审议通过的事项主要包括：

(1)《岳阳市 2018 年度住房公积金归集、使用计划执行情况的报告》；

(2)《2018 年岳阳市住房公积金增值收益分配方案》；

(3)《岳阳市住房公积金 2018 年年度报告》；

(4)《岳阳市 2019 年度住房公积金归集、使用计划》。

（二）住房公积金管理中心：住房公积金管理中心为市人民政府直属正处级公益一类经费自理事业单位，设 14 个科室，11 个管理部。从业人员 201 人，其中，在编 124 人，非在编 77 人。

二、业务运行情况

（一）缴存：2019 年，新开户单位 602 家，实缴单位 4757 家，净增单位 182 家；新开户职工 2.56 万人，实缴职工 26.73 万人，净增职工－0.11 万人；缴存额 41.08 亿元，同比增长 11.18%。2019 年末，缴存总额 289.57 亿元，同比增长 16.53%；缴存余额 153.03 亿元，同比增长 15.66%。

受委托办理住房公积金缴存业务的银行 14 家，比上年增加 0 家。

（二）提取：2019 年，提取额 20.36 亿元，同比增长 12.05%；占当年缴存额的 49.56%，比上年增长 0.39 个百分点。2019 年末，提取总额 136.54 亿元，同比增长 17.52%。

（三）贷款：

1. 个人住房贷款： 个人住房贷款最高额度 60 万元，其中，单缴存职工最高额度 60 万元，双缴存职工最高额度 60 万元。

2019 年，发放个人住房贷款 0.6 万笔、24.23 亿元，同比分别下降 6.25%、3.35%。

2019 年，回收个人住房贷款 12.20 亿元。

2019 年末，累计发放个人住房贷款 8.32 万笔、191.73 亿元，贷款余额 125.09 亿元，同比分别增长 7.77%、14.47%、10.63%。个人住房贷款余额占缴存余额的 81.74%，比上年减少 3.72 个百分点。

受委托办理住房公积金个人住房贷款业务的银行 7 家，比上年增加 0 家。

2. 住房公积金支持保障性住房建设项目贷款： 2019 年，发放支持保障性住房建设项目贷款 0 亿元，回收项目贷款 0 亿元。2019 年末，累计发放项目贷款 4.56 亿元，项目贷款余额 0 亿元。

（四）购买国债：2019 年，购买（记账式、凭证式）国债 0 亿元，兑付（转让、收回）国债 0 亿元。2019 年末，国债余额 0 亿元，比上年减少（增加）0 亿元。

（五）融资：2019 年，融资 0 亿元，归还 0 亿元。2019 年末，融资总额 18.1 亿元，融资余额 0 亿元。

（六）资金存储：2019 年末，住房公积金存款 30.39 亿元。其中，活期 0.05 亿元，1 年（含）以下定期 0 亿元，1 年以上定期 27.42 亿元，其他（协定、通知存款等）2.92 亿元。

（七）资金运用率：2019 年末，住房公积金个人住房贷款余额、项目贷款余额和购买国债余额的总和占缴存余额的 81.74%，比上年减少 3.72 个百分点。

三、主要财务数据

（一）业务收入：2019 年，业务收入 49339.93 万元，同比增长 13.01%。存款利息 9405.63 万元，委托贷款利息 39927.10 万元，国债利息 0 万元，其他 7.2 万元。

（二）业务支出：2019 年，业务支出 21339.93 万元，同比增长 12.55%。其中，支付职工住房公积金利息 21312.54 万元，归集手续费 0 万元，委托贷款手续费 0 万元，其他 27.39 万元。

（三）增值收益：2019 年，增值收益 28000 万元，同比增长 13.36%。增值收益率 1.96%，比上年减少 0.04 个百分点。

（四）增值收益分配：2019 年，提取贷款风险准备金 2402 万元，提取管理费用 4757.96 万元，提取城市廉租住房（公共租赁住房）建设补充资金 20840.04 万元。

2019 年，上交财政管理费用 4572.86 万元。上缴财政城市廉租住房（公共租赁住房）建设补充资金 18353.14 万元。

2019 年末，贷款风险准备金余额 25016.01 万元。累计提取城市廉租住房（公共租赁住房）建设补充资金 111450.57 万元。

（五）管理费用支出：2019 年，管理费用支出 4343.54 万元，同比增长 23.46%。其中，人员经费 2119.62 万元，公用经费 1387.86 万元，专项经费 836.06 万元。

四、资产风险状况

（一）个人住房贷款：2019 年末，个人住房贷款逾期额 164.36 万元，逾期率 0.13‰。

个人贷款风险准备金按贷款余额的 2% 提取。2019 年，提取个人贷款风险准备金 2402 万元，使用个人贷款风险准备金核销呆坏账 0 万元。2019 年末，个人贷款风险准备金余额 25016.01 万元，占个人住房贷款余额的 2%，个人住房贷款逾期额与个人贷款风险准备金余额的比率为 0.66%。

（二）支持保障性住房建设试点项目贷款：2019 年末，逾期项目贷款 0 万元，逾期率 0‰。

项目贷款风险准备金按贷款余额的 0% 提取。2019 年，提取项目贷款风险准备金 0 万元，使用项目贷款风险准备金核销呆坏账 0 万元，项目贷款风险准备金余额 0 万元，占项目贷款余额的 0%，项目贷款逾期额与项目贷款风险准备金余额的比率为 0%。

五、社会经济效益

（一）缴存业务：2019 年，实缴单位数、实缴职工人数和缴存额同比分别增长 3.98%、－0.41% 和 11.18%。

缴存单位中，国家机关和事业单位占 55.62%，国有企业占 8.1%，城镇集体企业占 1.74%，外商投资企业占 0.97%，城镇私营企业及其他城镇企业占 17.91%，民办非企业单位和社会团体占 3.97%，其他占 11.69%。

缴存职工中，国家机关和事业单位占 55.64%，国有企业占 20.2%，城镇集体企业占 2.1%，外商投资企业占 1.33%，城镇私营企业及其他城镇企业占 11.86%，民办非企业单位和社会团体占 1.19%，其他占 7.68%；中、低收入占 100%，高收入占 0%。

新开户职工中，国家机关和事业单位占 32.96%，国有企业占 7.51%，城镇集体企业占 1.65%，外商投资企业占 1.66%，城镇私营企业及其他城镇企业占 2.11%，民办非企业单位和社会团体占 2.7%，其他占 51.41%；中、低收入占 100%，高收入占 0%。

（二）提取业务：2019 年，6.63 万名缴存职工提取住房公积金 20.36 亿元。

提取金额中，住房消费提取占 65.59%（购买、建造、翻建、大修自住住房占 19.11%，偿还购房贷款本息占 43.93%，租赁住房占 2.55%，其他占 0%）；非住房消费提取占 34.41%（离休和退休提取占 27.56%，完全丧失劳动能力并与单位终止劳动关系提取占 4.49%，户口迁出本市或出境定居占 0.83%，其他占 1.53%）。

提取职工中，中、低收入占 99.77%，高收入占 0.23%。

（三）贷款业务：

1. 个人住房贷款：2019 年，支持职工购建房 74.77 万平方米，年末个人住房贷款市场占有率为 23.32%，比上年减少 3.4 个百分点。通过申请住房公积金个人住房贷款，可节约职工购房利息支出 40383 万元。

职工贷款笔数中，购房建筑面积 90（含）平方米以下占 8.24%，90～144（含）平方米占 81.21%，144 平方米以上占 10.55%。购买新房占 84.83%（其中购买保障性住房占 0%），购买存量商品住房占 15.17%，建造、翻建、大修自住住房占 0%，其他占 0%。

职工贷款笔数中，单缴存职工申请贷款占 64.43%，双缴存职工申请贷款占 35.57%，三人及以上缴存职工共同申请贷款占 0%。

贷款职工中，30 岁（含）以下占 35.22%，30 岁～40 岁（含）占 38.86%，40 岁～50 岁（含）占 22.83%，50 岁以上占 3.09%；首次申请贷款占 71%，二次及以上申请贷款占 29%；中、低收入占 100%，高收入占 0%。

2. 异地贷款：2019 年，发放异地贷款 270 笔、11564 万元。2019 年末，发放异地贷款总额 105175 万元，异地贷款余额 84296.89 万元。

3. 公转商贴息贷款：2019 年，发放公转商贴息贷款 0 笔、0 万元，支持职工购建住房面积 0 万平方米，当年贴息额 0 万元。2019 年末，累计发放公转商贴息贷款 0 笔、0 万元，累计贴息 0 万元。

4. 支持保障性住房建设试点项目贷款：2019 年末，累计试点项目 5 个，贷款额度 4.56 亿元，建筑面积 65.97 万平方米，可解决 5231 户中低收入职工家庭的住房问题。5 个试点项目贷款资金已发放并还清贷款本息。

（四）**住房贡献率**：2019 年，个人住房贷款发放额、公转商贴息贷款发放额、项目贷款发放额、住房消费提取额的总和与当年缴存额的比率为 91.47%，比上年减少 8.15 个百分点。

六、其他重要事项

（一）当年机构及职能调整情况、受委托办理缴存贷款业务金融机构变更情况。

2019 年岳阳市住房公积金管理中心调整为市人民政府直属正处级公益一类经费自理事业单位，内设综合科、客户服务科、资金结算科、会计核算科、归集提取科、贷款管理科、风险防控科（内部审计科）、政策法规科、信息管理科、行政保卫科、财务管理科、人事教育科、机关党委（机关纪委）和离退休人员管理服务科共 14 个科室，中心下辖市直、平江县、岳阳县、华容县、湘阴县、临湘市、汨罗市、岳阳楼区、云溪区、君山区、屈原区等 11 个住房公积金管理部。

2019 年受托办理缴存业务的金融机构未发生变化。

2019 年办理住房公积金贷款个人扣款的金融机构未发生变化。

（二）当年住房公积金政策调整及执行情况。

当年缴存政策调整情况：

根据《关于发布 2019 年度岳阳市住房公积金缴存标准的通知》岳住委〔2019〕3 号文件我市执行 2019 年最新缴存标准缴存。

2019 年我市缴存标准为：根据管委会批复执行，最低不低于 458 元，最高不超过 3550 元。另根据《关于规范和阶段性适当降低住房公积金缴存比例的通知》文件精神，缴存困难企业可向管理中心申请降低缴存标准和比例，但最低缴存标准不得低于 276 元。确定最高标准是不超过 2018 年度岳阳市职工月平均工资的三倍乘以 12% 缴存比例。

当年提取政策调整情况：

我中心根据住房和城乡建设部、财政部、公安部《关于开展治理违规提取住房公积金工作的通知》（建金〔2018〕46 号）要求，结合岳阳实际对租房提取政策进行了调整，缴存人家庭（含配偶及未成年子女）在本市行政区域内均无自有住房且租房居住的，连续缴存满 6 个月后可选择按 600 元/月的标准或提取额度不超过实际已支付的租金且最高不超过 1200 元/月申请提取住房公积金用于支付房租。

当年贷款政策调整情况：

主要调整内容：（1）当年个人住房公积金贷款最高贷款额度无变化。

（2）当年个人住房公积金贷款利率无变化。

（3）经市住房公积金管理委员会研究同意，决定对我市住房公积金部分贷款政策调整，暂停住房公积金异地贷款。

（三）当年服务改进情况。

（1）网上营业厅已实现查询功能，业务办理功能（单位汇补缴）正处于测试阶段。

（2）微信公众号网上营业厅已于 7 月 1 日正式开通业务办理功能，目前主要办理个人离退休支取、按年对冲还贷、异地转移接续三类网上业务。从 7 月 1 日开通网办至今办理业务超过 2 万笔，单日最高 802 笔。

（3）开发商版网上营业厅于 5 月部署完毕，现正处于测试阶段。

（四）当年信息化建设情况。

（1）2017 年底完成了业务系统的升级改造和基础数据"双贯标"验收，并顺利接入了结算应用系统，今年的主要工作是完善新业务系统的各项功能，按照上级文件要求进一步完善、规范数据以及业务操作流程。

（2）按照《住房和城乡建设部办公厅关于做好全国住房公积金数据平台接入工作的通知》（建办金函〔2019〕36 号）要求，于五月底完成了数据平台的接入上报工作。

（3）完成了人民银行的贷款征信数据标准化统计工作。

（4）利用电子化检查软件全面开展电子稽查，对稽查出的异常数据和风险进行整改和防控，确保管理安全合规，将风险隐患降到最低。

（五）当年住房公积金管理中心及职工所获荣誉情况。

2019 年度省级文明标兵单位复查合格，保牌成功；

2018 年度扶贫驻村帮扶工作先进单位；

2019年度岳阳市"文明劝导我先行"志愿服务活动"先进单位";

我中心驻政务中心窗口在"五星十佳"主题实践活动中被评为"2018年度十佳示范窗口"。

(六)当年对违反《住房公积金管理条例》和相关法规行为进行行政处罚和申请人民法院强制执行情况。

(1)推动逾期贷款进入司法程序和打击骗提骗贷行为。2019年,全中心共有三个管理部共十二笔逾期贷款进入司法程序,此外市直有4笔逾期贷款进入强制执行程序。

(2)2019年我们重点打击骗提行为,全年累计追回已拨付的骗提5笔,追回骗提金额42.56万元,各管理部还通过查验及时发现了数十笔骗提行为,并对存在骗提行为的职工进行了批评教育,部分依法依规冻结了住房公积金账户。

(七)当年对住房公积金管理人员违规行为的纠正和处理情况等。 无。

(八)其他需要披露的情况。 无。

常德市住房公积金2019年年度报告

一、机构概况

(一)市住房公积金管理委员会:我市住房公积金管理委员会有36名委员。

2019年3月市住房公积金管理委员会召开了三届五次全体会议,审议通过的事项主要包括:《常德市住房公积金2018年年度报告及2019年住房公积金运作计划》《关于将华夏银行常德分行纳入住房公积金归集业务办理银行的建议》。

(二)市住房公积金管理中心:市住房公积金管理中心为直属常德市人民政府不以营利为目的的公益一类事业单位,设9个科室,13个管理部。从业人员177人,其中,在编104人,非在编73人。

二、业务运行情况

(一)缴存:2019年,新开户单位344家,实缴单位4941家,净增单位171家;新开户职工2.6万人,实缴职工29.94万人,净增职工1.45万人;缴存额43.68亿元,同比增长11.74%。2019年末,缴存总额303.72亿元,同比增长16.8%;缴存余额128.71亿元,同比增长7.95%。

受委托办理住房公积金缴存业务的银行14家,比上年增加1家。

(二)提取:2019年,提取额34.2亿元,同比增长26.34%;占当年缴存额的78.3%,比上年增加9.03个百分点。2019年末,提取总额175.01亿元,同比增长24.29%。

(三)贷款:

1. 个人住房贷款:个人住房贷款最高额度50万元,其中,单缴存职工最高额度40万元,双缴存职工最高额度50万元。

2019年,发放个人住房贷款0.7189万笔、24.03亿元,同比分别减少23.18%、24.81%。

2019年，回收个人住房贷款12.61亿元。

2019年末，累计发放个人住房贷款8.8576万笔、204.92亿元，贷款余额129.21亿元，同比分别增长8.83%、13.28%、9.69%。个人住房贷款余额占缴存余额的100.4%，比上年增加1.6个百分点。

受委托办理住房公积金个人住房贷款业务的银行4家，和上年比没有变化。

2. 中心未开展住房公积金支持保障性住房建设项目贷款。

（四）**中心无购买国债行为。**

（五）**融资**：2019年，融资16.25亿元，归还19.9亿元。2019年末，融资总额56.125亿元，融资余额12.25亿元。

（六）**资金存储**：2019年末，住房公积金存款16.25亿元。其中，活期0.023亿元，1年（含）以下定期0亿元，1年以上定期11.385亿元，其他（协定、通知存款等）4.84亿元。

（七）**资金运用率**：2019年末，住房公积金个人住房贷款余额、项目贷款余额和购买国债余额的总和占缴存余额的100.4%，比上年增加1.6个百分点。

三、主要财务数据

（一）**业务收入**：2019年，业务收入55105.11万元，同比增长36.36%。其中，存款利息14931.84万元，委托贷款利息40165.59万元，国债利息0万元，其他7.68万元。业务收入增长原因在于2014年存入的5年期定期存款于2019年全部到期，因此存款利息收入增长了9000万元。

（二）**业务支出**：2019年，业务支出36576.48万元，同比增长64.02%。其中，支付职工住房公积金利息18655.82万元，归集手续费3800万元，委托贷款手续费3491.75万元，其他10628.91万元。业务支出增长原因在于：1.根据规定补提了住房公积金归集、委托贷款手续费；2.其他支出增长额主要在于银行短期借款利息支出增长。

（三）**增值收益**：2019年，增值收益18528.63万元，同比增长2.3%。增值收益率1.5%。

（四）**增值收益分配**：2019年，提取贷款风险准备金2283.73万元，提取管理费用5733.49万元，提取城市廉租住房（公共租赁住房）建设补充资金10511.41万元。

2019年，上交财政管理费用5733.49万元。上缴财政城市廉租住房（公共租赁住房）建设补充资金10511.41万元。

2019年末，贷款风险准备金余额25843.87万元。累计提取城市廉租住房（公共租赁住房）建设补充资金35206.19万元。

（五）**管理费用支出**：2019年，管理费用支出5733.49万元，同比增长67.29%。其中，人员经费1815.29万元，公用经费1015.11万元，专项经费2903.09万元，基本建设和信息化建设支出2654.42万元。

四、资产风险状况

（一）**个人住房贷款**：2019年末，个人住房贷款逾期额0万元，逾期率0‰。

个人贷款风险准备金按贷款余额的2%提取。2019年，提取个人贷款风险准备金2283.73万元，使用个人贷款风险准备金核销呆坏账 0 万元。2019 年末，个人贷款风险准备金余额 25843.87 万元，占个人住房贷款余额的 2%，个人住房贷款逾期额与个人贷款风险准备金余额的比率为 0%。

（二）中心未开展住房公积金支持保障性住房建设试点项目贷款。

（三）无历史遗留风险资产。

五、社会经济效益

（一）缴存业务：2019 年，实缴单位数、实缴职工人数和缴存额同比分别增长 3.58%、5.09% 和 11.74%。

缴存单位中，国家机关和事业单位占 45.11%，国有企业占 9.17%，城镇集体企业占 0.65%，外商投资企业占 0.89%，城镇私营企业及其他城镇企业占 18.17%，民办非企业单位和社会团体占 6.66%，其他占 19.35%。

缴存职工中，国家机关和事业单位占 50.95%，国有企业占 17.21%，城镇集体企业占 0.68%，外商投资企业占 2.89%，城镇私营企业及其他城镇企业占 18.18%，民办非企业单位和社会团体占 2.26%，其他占 7.83%；中、低收入占 99.89%，高收入占 0.11%。

新开户职工中，国家机关和事业单位占 24.55%，国有企业占 14.41%，城镇集体企业占 0.26%，外商投资企业占 4.74%，城镇私营企业及其他城镇企业占 41.28%，民办非企业单位和社会团体占 5.08%，其他占 9.68%；中、低收入占 99.94%，高收入占 0.06%。

（二）提取业务：2019 年，8.48 万名缴存职工提取住房公积金 34.2 亿元。

提取金额中，住房消费提取占 80.37%（购买、建造、翻建、大修自住住房占 56.3%，偿还购房贷款本息占 42.77%，租赁住房占 0.62%，其他占 0.31%）；非住房消费提取占 19.63%（离休和退休提取占 75.61%，完全丧失劳动能力并与单位终止劳动关系提取占 8.2%，户口迁出本市或出境定居占 0.01%，其他占 16.18%）。

提取职工中，中、低收入占 99.82%，高收入占 0.18%。

（三）贷款业务：

1. 个人住房贷款：2019 年，支持职工购建房 155.67 万平方米，年末个人住房贷款市场占有率为 18.91%，比上年减少 2.59 个百分点。通过申请住房公积金个人住房贷款，可节约职工购房利息支出 2390.55 万元。

职工贷款笔数中，购房建筑面积 90（含）平方米以下占 10.7%，90～144（含）平方米占 74.78%，144 平方米以上占 14.52%。购买新房占 87.65%（其中购买保障性住房占 0%），购买二手房占 11.89%，建造、翻建、大修自住住房占 0.07%，其他占 0.39%。

职工贷款笔数中，单缴存职工申请贷款占 26.29%，双缴存职工申请贷款占 73.71%，三人及以上缴存职工共同申请贷款占 0%。

贷款职工中，30 岁（含）以下占 29.63%，30 岁～40 岁（含）占 32.69%，40 岁～50 岁（含）占 30.87%，50 岁以上占 6.81%；首次申请贷款占 87.3%，二次及以上申请贷款占 12.7%；中、低收入占 99.85%，高收入占 0.15%。

2. 异地贷款：2019 年，发放异地贷款 156 笔、5546 万元。2019 年末，异地贷款余额 48580.48 万元。

3. 没有发放公转商贴息贷款。

4. 未开展住房公积金支持保障性住房建设试点项目贷款。

（四）住房贡献率：2019年，个人住房贷款发放额、公转商贴息贷款发放额、项目贷款发放额、住房消费提取额的总和与当年缴存额的比率为117.95%，比上年减少13个百分点。

六、其他重要事项

（一）机构及职能调整情况、受委托办理缴存贷款业务金融机构变更情况。

1. 机构及职能调整情况：根据常编发〔2019〕66号关于印发《常德市住房公积金管理中心职能配置、内设机构和人员编制规定》的通知，中心2019年新增3个内设机构：远程服务部、西湖管理部、西洞庭管理部；行政执法职能划出，归集提取部不再加挂行政执法大队牌子。

2. 受委托办理缴存贷款业务金融机构变更情况：委托银行原有13家：工商银行、建设银行、中国银行、农业银行、交通银行、长沙银行、邮储银行、农村商业银行、华融湘江银行、兴业银行、渤海银行、广发银行、民生银行，2019年住房公积金管委会〔2019〕1号文规定新增1家委托银行：华夏银行。

（二）住房公积金政策调整及执行情况。

1. 缴存基数限额及确定方法、缴存比例等缴存政策调整情况：2019年7月12日出台的常房金管〔2019〕25号文《常德市住房公积金管理委员会关于调整我市2019年度住房公积金缴存基数的通知》限定我市住房公积金月缴存额最高不超过4976元，最低不低于200元。缴存比例仍为5%～12%之间。

2. 提取政策调整情况：根据《常德市既有住宅增设电梯管理办法》（常规发〔2018〕6号）文件精神，于2019年3月12日颁布既有住宅增设电梯提取住房公积金业务操作的具体办法。

3. 个人住房贷款最高贷款额度、贷款条件等贷款政策调整情况：2019年，住房公积金存贷款利率无调整。

4. 住房公积金存贷款利率执行标准：职工住房公积金账户存款利率按一年定期存款基准利率执行。贷款利率：5年以下（含5年）的年利率为2.75%，5年以上的年利率为3.25%。

（三）服务改进情况。

1. 服务网点改进情况：管理部服务大厅环境全面改善，加大了便民设施建设力度，不断优化服务细节，提升客户满意度。利用数据共享成果，进一步严审批少流程，精简业务留存资料，真正实现"群众少跑路，数据多跑路"，群众办事"最多跑一次""一件事一次办"。

2. 信息化服务情况：中心搭建了综合服务管理平台，通过门户网站、网上业务大厅、服务热线、手机客户端、微信公众号、智慧党建等多种服务渠道实现查询、缴存和部分提取业务线上自助办理，着力打造"智慧公积金"。中心还参加了市政府互联网＋政务服务一体化建设。专门成立远程服务部，旨在为线上办理业务的客户提供更加方便快捷的服务。

（四）信息化建设情况。

（1）接入全国住房公积金数据平台，使贷款职工及时享受到个税抵扣优惠政策。2019年，中心根据住房和城乡建设部的要求，按时完成了全国公积金数据平台接入建设，常德市住房公积金数据平台自

2019年7月份试运行以来,每天自动报送当日增量业务数据2万多条,已累计上报公积金业务数据5100多万条,为税务部门核实公积金缴存职工个税抵扣情况提供了数据基础,让常德市住房公积金贷款职工及时享受到个税抵扣优惠政策。

(2)完成了智慧党建平台对接工作,实现公积金离退休提取全流程网上自助进行,一次也不用跑。

(3)完成了银行互联平台建设,实现委托银行与公积金信息相互共享利用。银行互联平台的建设,增加了银行卡校验的功能,可在源头上杜绝资金转账问题的发生;同时,还有商贷查询核验功能,以及为银行平台开通公积金数据查询,为银行开展快捷、便民、惠民的纯信用无抵押贷款提供数据支撑。

4.完成了2019年度信息安全等保三级测评,参加了全省网络安全攻防演练,成功拦截省网信办组织的网络攻击2000多次,顺利通过省网信办攻防演练检测,保障了中心信息安全。

(五)住房公积金管理中心及职工所获荣誉情况。市中心获得"省级文明单位""2018年度综治工作优秀单位""2018年度档案工作优秀单位""2018年优化经济发展环境工作优秀单位""2017—2018年内部审计工作先进单位""智慧常德建设工作优秀单位"直属管理部获得"优化经济发展环境满意科室(办理服务类)";武陵管理部获得"2018年度综治工作市驻区优秀单位""2018年度武陵区绩效评估优秀单位";鼎城管理部获得"2018年度鼎城区绩效评估良好单位";汉寿管理部获得"2018年度汉寿县绩效评估良好单位""省级青年文明号";桃源管理部获得"2018年度桃源县绩效评估良好单位";临澧管理部获得"2018年度临澧县绩效评估优秀单位";石门管理部获得"2018年度石门县绩效评估良好单位""2018年平安创建工作优秀单位""2018年意识形态工作先进单位""2018年'五好'领导班子""国家级巾帼文明岗"石门管理部党支部获得"2018年石门县先进基层党支部";津市管理部获得"2018年度津市绩效评估良好单位";经开区管理部获得"2018年综治工作先进单位";彭帅芳个人获得"省住房公积金系统道德模范"。

(六)对住房公积金管理人员违规行为的纠正和处理情况等。2019年8月,鼎城管理部员工郝一翔因违纪违法,受到开除公职,开除党籍处分。

张家界市住房公积金2019年年度报告

一、机构概况

(一)住房公积金管理委员会:住房公积金管理委员会有21名委员,2019年召开2次会议,审议通过的事项主要包括:《审议2018年度住房公积金归集使用计划执行情况的报告和2019年度住房公积金归集使用计划》《张家界市住房公积金2018年年度报告》《关于同意长沙银行开立政务客户银行结算账户的请示报告》《关于增加中国邮政储蓄银行张家界市分行为市住房公积金管理中心业务承办银行的问题》《调整市住房公积金管理委员会成员》《关于调整住房公积金缴存、提取、贷款相关政策》等。

（二）住房公积金管理中心：住房公积金管理中心为直属张家界市人民政府不以营利为目的的正处级事业单位，内设6个部室，下辖5个管理部。从业人员50人，其中，在编28人，非在编22人。

二、业务运行情况

（一）缴存：2019年，新开户单位133家，实缴单位2309家，净增单位120家；新开户职工0.65万人，实缴职工7万人，净增职工-0.1万人；缴存额15.13亿元，同比增长27.86%。2019年末，缴存总额85.8亿元，比上年末增加21.41%；缴存余额35.51亿元，比上年末增加21.28%。

受委托办理住房公积金缴存业务的银行9家，比上年增加1家。

（二）提取：2019年，提取额8.89亿元，同比增长36.99%；占当年缴存额的59%，比上年增加4个百分点。2019年末，提取总额50.29亿元，比上年末增加21.5%。

（三）贷款：

个人住房贷款：个人住房贷款最高额度50万元，其中，单缴存职工最高额度30万元，双缴存职工最高额度50万元。

2019年，发放个人住房贷款0.19万笔、6.95亿元，同比分别增长2.7%、12.16%。

2019年，回收个人住房贷款2.88亿元。

2019年末，累计发放个人住房贷款2.25万笔、44.36亿元，贷款余额28.2亿元，分别比上年末增加9.22%、18.58%、16.82%。个人住房贷款余额占缴存余额的79%，比上年末减少3个百分点。

受委托办理住房公积金个人住房贷款业务的银行5家，与上年相同。

（四）资金存储：2019年末，住房公积金存款8.88亿元。其中，活期1.31亿元，1年（含）以下定期3.4亿元，1年以上定期3.86亿元，协定存款0.31亿元。

（五）资金运用率：2019年末，住房公积金个人住房贷款余额、项目贷款余额和购买国债余额的总和占缴存余额的79%，比上年末减少3个百分点。

三、主要财务数据

（一）业务收入：2019年，业务收入11046.13万元，同比增长27.79%。其中存款利息2235.45万元，委托贷款利息8798.56万元，其他收入12.12万元。

（二）业务支出：2019年，业务支出4851.02万元，同比增长22.46%。其中支付职工住房公积金利息4850.64万元，其他0.38万元。

（三）增值收益：2019年，增值收益6195.11万元，同比增长32.3%。增值收益率1.9%，比上年增加0.2个百分点。

（四）增值收益分配：2019年，提取贷款风险准备金956.37万元，提取管理费用1046万元，提取城市廉租住房（公共租赁住房）建设补充资金4192.74万元。

2019年，上交财政管理费用1046万元。上缴财政城市廉租住房（公共租赁住房）建设补充资金3023.66万元。

2019年末，贷款风险准备金余额5693.88万元。累计提取城市廉租住房（公共租赁住房）建设补充资金20405.61万元。

（五）管理费用支出：2019 年，管理费用支出 1178.21 万元，同比下降 9.58%。其中，人员经费 687.56 万元，公用经费 401.13 万元，专项经费 89.52 万元。

四、资产风险状况

个人住房贷款：2019 年末，个人住房贷款逾期额 58.9 万元，逾期率 0.209‰。

个人贷款风险准备金按贷款余额的 2% 提取。2019 年，提取个人贷款风险准备金 956.37 万元，未使用个人贷款风险准备金核销呆坏账。2019 年末，个人贷款风险准备金余额 5693.88 万元，占个人住房贷款余额的 2%，个人住房贷款逾期额与个人贷款风险准备金余额的比率为 1.03%。

五、社会经济效益

（一）缴存业务：2019 年，实缴单位数、实缴职工人数和缴存额同比分别增长 5.48%、-1.42% 和 27.9%。

缴存单位中，国家机关和事业单位占 74.14%，国有企业占 8.58%，城镇集体企业占 3.72%，外商投资企业占 0.26%，城镇私营企业及其他城镇企业占 8.23%，民办非企业单位和社会团体占 2.43%，其他占 2.64%。

缴存职工中，国家机关和事业单位占 67.65%，国有企业占 19.22%，城镇集体企业占 4.57%，外商投资企业占 0.54%，城镇私营企业及其他城镇企业占 6.42%，民办非企业单位和社会团体占 0.88%，其他占 0.72%；中、低收入占 95.2%，高收入占 4.8%。

新开户职工中，国家机关和事业单位占 36.19%，国有企业占 13.57%，城镇集体企业占 10.24%，外商投资企业占 5.03%，城镇私营企业及其他城镇企业占 29.93%，民办非企业单位和社会团体占 1.67%，其他占 3.37%；中、低收入占 99.41%，高收入占 0.59%。

（二）提取业务：2019 年，2.14 万名缴存职工提取住房公积金 8.89 亿元。

提取金额中，住房消费提取占 63.4%（购买、建造、翻建、大修自住住房占 37.45%，偿还购房贷款本息占 24.94%，租赁住房占 1.01%）；非住房消费提取占 36.6%（离休和退休提取占 11.98%，完全丧失劳动能力并与单位终止劳动关系提取占 2.39%，出境定居占 13.14%，其他占 9.09%）。

提取职工中，中、低收入占 95.21%，高收入占 4.79%。

（三）贷款业务：

1. 个人住房贷款：2019 年，支持职工购建房 24.83 万平方米，年末个人住房贷款市场占有率（含公转商贴息贷款）为 19.35%，比上年末减少 1.03 个百分点。通过申请住房公积金个人住房贷款，可节约职工购房利息支出 11589.06 万元。

职工贷款笔数中，购房建筑面积 90（含）平方米以下占 6.95%，90～144（含）平方米占 80.22%，144 平方米以上占 12.83%。购买新房占 80.38%，购买二手房占 15.31%，建造、翻建、大修自住住房占 2.74%，其他占 1.57%。

职工贷款笔数中，单缴存职工申请贷款占 26.99%，双缴存职工申请贷款占 73.01%。

贷款职工中，30 岁（含）以下占 20.2%，30 岁～40 岁（含）占 32.98%，40 岁～50 岁（含）占 34.67%，50 岁以上占 12.15%；首次申请贷款占 72.17%，二次及以上申请贷款占 27.83%；中、低收入

占 96.53%，高收入占 3.47%。

2. 异地贷款：2019 年，发放异地贷款 63 笔 2091.7 万元。2019 年末，发放异地贷款总额 11826.6 万元，异地贷款余额 9465.88 万元。

（四）住房贡献率：2019 年，个人住房贷款发放额、公转商贴息贷款发放额、项目贷款发放额、住房消费提取额的总和与当年缴存额的比率为 83.18%，比上年减少 9.14 个百分点。

六、其他重要事项

（一）当年机构及职能调整情况、受委托办理缴存贷款业务金融机构变更情况：

（1）2019 年 2 月份机构升格为正处级，班子成员一正三副；增设科技信息部、内审稽核部（法制部）两个部室。

（2）增加长沙银行股份有限公司张家界分行和中国邮政储蓄银行张家界市分行为公积金业务承办银行。

（二）当年住房公积金政策调整及执行情况：

1. 当年缴存基数限额及确定方法、缴存比例等缴存政策调整情况：

（1）当年缴存基数限额及确定方法、缴存比例：住房公积金缴存基数按职工本人上一年度月平均工资收入核定，其中最高限额为不超过张家界市统计局公布的在岗职工当年月平均工资 5886 元的 3 倍计算，单位和个人合计最高缴存额不超过 4238 元，最低缴存额不低于 200 元，缴存比例为 5%～12%。

（2）缴存政策调整：新调入、新提拔职工的缴存标准按照调入单位同类职工上一年度月平均工资乘以该单位缴存比例执行；交通补贴可纳入职工住房公积金缴存基数计算范畴。

2. 当年提取政策调整：遭受重大疾病或重大灾害可提取；多层住宅增设电梯可提取；因子女上大学或出国留学而家庭生活确有困难的，可提取。

3. 当年个人住房贷款最高贷款额度、贷款条件等贷款政策调整情况：贷款最高额为 50 万元。恢复省外异地贷款业务；贷款条件中由连续缴存住房公积金 12 个月以上调整为 6 个月以上（含 6 个月）。

4. 当年住房公积金存贷款利率执行标准：

（1）住房公积金存款利率。严格执行中国人民银行的相关规定，当年归集的个人住房公积金存款和上年结转的个人住房公积金存款利率统一按一年期定期存款基准利率执行，目前为 1.50%。

（2）住房公积金贷款利率。个人住房公积金贷款 5 年（含）之内的基准年利率为 2.75%，5 年以上的基准年利率为 3.25%，遇法定利率调整时调整。存量贷款遇法定利率调整时，于次年 1 月 1 日起，按相应利率档次执行新的利率标准。

（三）当年服务改进情况：快速推进"一件事一次办""我要贷款""我要提取公积金"改革，中心实行管运分离，成立了市直管理部。中心与市不动产登记中心协商，最终达成一致意见，市不动产登记中心正式授权我中心代管贷款人的不动产登记证，成功疏通工作堵点。我市住房公积金归集、提取、贷款所有审批事项全部实现"最多跑一次"，群众满意率达到 99% 以上。

（四）当年信息化建设情况：成立了科技信息部，进一步完善住房公积金系统升级，贷款业务实现自主核算，全面实现按月对冲还贷业务；对中心门户网站、微信公众号进行提质升级，推进"互联网＋"服务。

（五）当年住房公积金管理中心及职工所获荣誉情况：荣获全省住建系统 2019 年度工作突出单位（排第一）、2019 年度市级综治工作先进单位，通过了省级文明单位复核。

益阳市住房公积金 2019 年年度报告

一、机构概况

（一）住房公积金管理委员会：住房公积金管理委员会有 44 名委员，2019 年召开 1 次会议，审议通过的事项主要包括：《2018 年度住房公积金预算执行、决算审核、增值收益分配情况和 2019 年住房公积金年度预算方案》和《2019—2020 年度住房公积金缴存标准》。住房公积金管理委员会下设住房公积金监督管理委员会，负责审议市公积金中心在管理委员会闭会期间提交的有关事项。2019 年，住房公积金监督管理委员会有 8 名委员，召开 3 次会议，审议 15 个提请事项。

（二）住房公积金管理中心：住房公积金管理中心为直属益阳市人民政府的不以营利为目的的正处级公益一类事业单位，设 4 个管理科室，9 个管理部（营业部），1 个办事处。从业人员 99 人，其中，在编 35 人，非在编 64 人。

二、业务运行情况

（一）缴存：2019 年，新开户单位 268 家，实缴单位 2841 家，净增单位 127 家；新开户职工 2.50 万人，实缴职工 21.61 万人，净增职工 0.87 万人；缴存额 31.02 亿元，同比增长 7.41%。2019 年末，缴存总额 204.33 亿元，比上年末增加 17.90%；缴存余额 88.26 亿元，比上年末增加 11.33%。

受委托办理住房公积金缴存业务（仅办理住房公积金存款业务）的银行 9 家，比上年增加 0 家。

（二）提取：2019 年，提取额 22.04 亿元，同比增长 11.93%；占当年缴存额的 71.05%，比上年增加 2.87 个百分点。2019 年末，提取总额 116.07 亿元，比上年末增加 23.44%。

（三）贷款：

1. 个人住房贷款： 个人住房贷款最高额度 35 万元，其中，单缴存职工最高额度 35 万元，双缴存职工最高额度 35 万元。

2019 年，发放个人住房贷款 1.09 万笔、26.10 亿元，同比分别增长 13.54%、8.61%。2019 年，回收个人住房贷款 15.48 亿元。2019 年末，累计发放个人住房贷款 9.88 万笔、171.08 亿元，贷款余额 96.50 亿元，分别比上年末增加 12.40%、17.99%、12.35%。个人住房贷款余额占缴存余额的 109.33%，比上年末增加 1 个百分点。

受委托办理住房公积金个人住房贷款业务的银行 2 家，比上年增加 0 家。

2. 住房公积金支持保障性住房建设项目贷款： 无。

（四）购买国债：无。

（五）融资：2019 年，融资 3.46 亿元，归还 3.52 亿元。2019 年末，融资总额 8.54 亿元，融资余额

3.47 亿元。

（六）**资金存储**：2019 年末，住房公积金存款 3.44 亿元。其中，活期 0.09 亿元，1 年（含）以下定期 0.65 亿元，其他（协定、通知存款等）2.70 亿元。

（七）**资金运用率**：2019 年末，住房公积金个人住房贷款余额、项目贷款余额和购买国债余额的总和占缴存余额的 109.33%，比上年末增加 1 个百分点。

三、主要财务数据

（一）**业务收入**：2019 年，业务收入 29885.26 万元，同比增长 14.32%。住房公积金利息收入 335 万元，增值收益利息收入 0.04 万元，委托贷款利息 29543.88 万元，其他收入 6.34 万元。

（二）**业务支出**：2019 年，业务支出 15927.72 万元，同比增长 13.64%。支付职工住房公积金利息 12609.54 万元，归集手续费 192.09 万元，委托贷款手续费 645.37 万元，其他 2480.72 万元。

（三）**增值收益**：2019 年，增值收益 13957.54 万元，同比增长 15.11%。增值收益率 1.67%，比上年增加 0.04 个百分点。

（四）**增值收益分配**：2019 年，提取贷款风险准备金 2227.67 万元，提取管理费用 4200 万元，提取城市廉租住房（公共租赁住房）建设补充资金 7529.87 万元。

2019 年，上交财政管理费用 4200 万元。上缴财政城市廉租住房（公共租赁住房）建设补充资金 5001.09 万元。2019 年末，贷款风险准备金余额 20264.49 万元。累计提取城市廉租住房（公共租赁住房）建设补充资金 56237.49 万元。

（五）**管理费用支出**：2019 年，管理费用支出 3838.45 万元，同比下降 12.81%。其中，人员经费 1719.29 万元，公用经费 305.36 万元，专项经费 1813.80 万元。

四、资产风险状况

（一）**个人住房贷款**：2019 年末，个人住房贷款逾期额 69.32 万元，逾期率 0.07‰。

个人贷款风险准备金按（贷款余额或增值收益）的 2.1% 提取。2019 年，提取个人贷款风险准备金 2227.67 万元，使用个人贷款风险准备金核销呆坏账 0 万元。2019 年末，个人贷款风险准备金余额 20264.49 万元，占个人住房贷款余额的 2.10%，个人住房贷款逾期额与个人贷款风险准备金余额的比率为 0.34%。

（二）**支持保障性住房建设试点项目贷款**：无。

五、社会经济效益

（一）**缴存业务**：2019 年，实缴单位数、实缴职工人数和缴存额同比分别增长 4.68%、4.19% 和 7.41%。

缴存单位中，国家机关和事业单位占 45.79%，国有企业占 9.54%，城镇集体企业占 1.51%，外商投资企业占 1.02%，城镇私营企业及其他城镇企业占 26.36%，民办非企业单位和社会团体占 12.92%，其他占 2.85%（其中自由职业者为 0.7%）。

缴存职工中，国家机关和事业单位占 51.87%，国有企业占 10.85%，城镇集体企业占 2.04%，外商

投资企业占 0.82%，城镇私营企业及其他城镇企业占 19.69%，民办非企业单位和社会团体占 2.20%，其他占 12.53%（其中自由职业者为 11.88%）；中、低收入占 99.39%，高收入占 0.61%。

新开户职工中，国家机关和事业单位占 27.13%，国有企业占 4.46%，城镇集体企业占 1.39%，外商投资企业占 1.15%，城镇私营企业及其他城镇企业占 44.54%，民办非企业单位和社会团体占 3.77%，其他占 17.56%（其中自由职业者为 15.65%）；中、低收入占 98.92%，高收入占 1.08%。

（二）**提取业务**：2019 年，9.64 万名缴存职工提取住房公积金 22.04 亿元。

提取金额中，住房消费提取占 77.32%（购买、建造、翻建、大修自住住房占 22.05%，偿还购房贷款本息占 54.84%，租赁住房占 0.43%）；非住房消费提取占 22.68%（离休和退休提取占 14.46%，完全丧失劳动能力并与单位终止劳动关系提取占 3.03%，死亡或宣告死亡提取占 0.54%；其他占 4.65%）。

提取职工中，中、低收入占 99.06%，高收入占 0.94%。

（三）**贷款业务**：

1. 个人住房贷款：2019 年，支持职工购建房 134.40 万平方米，2019 年末个人住房贷款市场占有率（含公转商贴息贷款）为 28.96%，比上年末减少 5.86 个百分点。通过申请住房公积金个人住房贷款，可节约职工购房利息支出 54260.65 万元。

职工贷款笔数中，购房建筑面积 90（含）平方米以下占 7.93%，90～144（含）平方米占 79.63%，144 平方米以上占 12.44%。购买新房占 87.88%，购买二手房占 12.12%。

职工贷款笔数中，单缴存职工申请贷款占 68.24%，双缴存职工申请贷款占 31.76%。

贷款职工中，30 岁（含）以下占 36.92%，30 岁～40 岁（含）占 35.93%，40 岁～50 岁（含）占 20.68%，50 岁以上占 6.47%；首次申请贷款占 88.75%，二次及以上申请贷款占 11.25%；中、低收入占 99.33%，高收入占 0.67%。

2. 异地贷款：2019 年，发放异地贷款 1397 笔、34820.5 万元。2019 年末，发放异地贷款总额 89428.9 万元，异地贷款余额 80908 万元。

3. 公转商贴息贷款：2019 年，发放公转商贴息贷款 2128 笔、58843.17 万元，支持职工购建住房面积 11.77 万平方米，当年贴息额 1108.78 万元。2019 年末，累计发放公转商贴息贷款 4686 笔、113108.91 万元，累计贴息 2158.83 万元。

4. 支持保障性住房建设试点项目贷款：无。

（四）**住房贡献率**：2019 年，个人住房贷款发放额、公转商贴息贷款发放额、项目贷款发放额、住房消费提取额的总和与当年缴存额的比率为 158.02%，比上年增加 8.69 个百分点。

六、其他重要事项

（一）**机构、职能及业务银行调整情况**：2019 年，益阳市住房公积金管理中心升格为直属益阳市人民政府的正处级公益一类事业单位，职能未作调整，受委托办理缴存贷款业务银行未发生变化。

（二）**住房公积金政策调整及执行情况**：

1. 缴存基数限额。上限 16869 元，下限 3374 元。

2. 确定方法。缴存基数上、下限原则上不超过和不低于益阳统计部门公布的上一年度职工月平均工资（5623 元）的 3 倍和 60%。

3. 缴存比例。 与 2018 年度一致，仍为 5%～12%。

4. 当年提取政策调整情况。 连续足额缴存住房公积金满 3 个月的职工可办理租房提取，改变提取额度计算方式，租住商品房的，提取额度从按面积计算调整为每次夫妻双方提取额合计不超过 6000 元，每半年办理一次。

5. 当年个人住房贷款最高贷款额度、贷款条件等贷款政策调整情况。 最高贷款额度与 2018 年一致，仍为 35 万元。贷款政策根据国家相关文件精神以及益阳实际情况进行了调整。严格限制住房公积金异地贷款条件，将住房公积金贷款次数限定范围从益阳市行政区域内扩展到益阳市行政区域外，同时增加贷款申请人或配偶应在益阳市行政区域内的户籍或社保缴纳的条件。

6. 当年住房公积金存贷款利率执行标准。 职工住房公积金账户存款利率按一年期定期存款基准利率（1.5%）执行。住房公积金个人住房贷款 5 年期内（含）贷款年利率为 2.75%，5 年期以上贷款年利率为 3.25%。第二次住房公积金贷款利率上浮 10%。

（三）服务改进情况：

（1）率先在湖南省开展住房公积金服务下沉至乡镇（街道、经开区）改革，在全市 6 个县（市）区 12 个乡镇（赫山区沧水铺镇、赫山区岳家桥镇、资阳区长春镇、资阳区茈湖口镇、桃江县灰山港镇、桃江县马迹塘镇、沅江市草尾镇、南县茅草街镇、南县明山头镇、安化县梅城镇、安化县冷市镇、安化县平口镇）试点设立了住房公积金服务站，有效打通了服务乡镇群众的最后一公里。

（2）稳步推进进驻县（市）区政府政务服务大厅工作，在资阳区、沅江市、大通湖区的政务服务大厅陆续设立住房公积金服务窗口，办事群众就近办理住房公积金业务更便捷。

（3）原有的单位网厅和开发商网厅功能得到优化，新开发的银行网厅和个人网厅投入使用。99% 的缴存单位通过单位网厅实现了住房公积金自助缴存，所有签约楼盘通过开发商网厅进行住房公积金（含组合）贷款的线上申请，所有合作银行通过银行网厅完成住房公积金组合贷款的线上审批，所有缴存职工可任意选择个人网厅、微信公众号或手机公积金 APP，足不出户办理公积金查询、退休提取、提前偿还公积金贷款本息、个人手机号码和还贷账号变更等多类业务。

（四）当年信息化建设情况：完成新版公积金信息管理系统上线工作，新系统提高了住房公积金业务办理效率，更好地为广大住房公积金缴存单位和职工提供优质、方便、快捷的服务。根据《住房和城乡建设部办公厅关于做好全国住房公积金数据平台接入工作的通知》，完成了本地数据报送平台建设，实现了与全国住房公积金数据平台的数据传输与管理功能。

（五）住房公积金管理中心及职工所获荣誉情况：

1. 单位所获荣誉情况

继续保持"全国文明单位"荣誉称号，荣获"益阳市文明行业"荣誉称号，被评为"益阳市平安建设先进单位""益阳市统计工作先进单位""益阳市法治政府建设优秀单位""益阳市档案工作检查优秀单位"。

在参加的庆祝新中国成立 70 周年"欢乐潇湘"湖南省群众文艺汇演活动中，获评"优秀文艺团队"，参演节目情景音诗画《点赞中国》（由益阳市住房公积金管理中心 33 名全日制硕士研究生排演）获评"优秀节目二等奖"（益阳市一等奖）。

2. 职工所获荣誉情况

肖伟："欢乐潇湘"湖南省群众文艺汇演组织先进个人。

张云：益阳市优秀工会积极分子。

龚命强：湘商大会（益阳）筹备组织工作先进个人。

曾爱玉：南县政务服务"服务标兵"。

杨畅：沅江市"互联网＋政务服务"工作先进个人。

（六）对违反《住房公积金管理条例》和相关法规行为进行行政处罚和申请人民法院强制执行情况： 2019年，没有进行行政处罚，没有申请人民法院强制执行。

（七）当年对住房公积金管理人员违规行为的纠正和处理情况等： 2019年，住房公积金管理人员未发生相关违规行为。

郴州市住房公积金2019年年度报告

一、机构概况

（一）住房公积金管理委员会：住房公积金管理委员会有23名委员，2019年召开1次会议，审议通过的事项主要包括：审议并表决通过了《关于郴州市住房公积金管理委员会2019年度委员调整情况的报告》《关于〈郴州市住房公积金管理中心2019年度住房资金财务收支计划〉审核意见的说明》《郴州市住房公积金2018年年度报告》《2019年郴州市住房公积金管理工作要点》和《郴州市住房公积金管理中心提请管委会解决的事项》。

（二）住房公积金管理中心：住房公积金管理中心为隶属市政府不以营利为目的的公益一类事业单位，设8个科室，12个管理部。从业人员171人，其中，在编89人，非在编82人。

二、业务运行情况

（一）缴存：2019年，新开户单位311家，实缴单位4441家，净增单位270家；新开户职工1.61万人，实缴职工22.14万人，净增职工－0.32万人；缴存额37.18亿元，同比增长11.29%。2019年末，缴存总额248.87亿元，比上年末增加17.57%；缴存余额124.13亿元，比上年末增加12.55%。

受委托办理住房公积金缴存业务的银行13家，比上年减少1家。

（二）提取：2019年，提取额23.35亿元，同比增长10.94%；占当年缴存额的62.79%，比上年减少0.19个百分点。2019年末，提取总额124.74亿元，比上年末增加23.03%。

（三）贷款：

1.个人住房贷款： 个人住房贷款最高额度60万元，其中，单缴存职工最高额度50万元，双缴存职工最高额度60万元。

2019年，发放个人住房贷款0.81万笔、31.72亿元，同比分别增长20.90%、38.76%。其中，市直管理部发放个人住房贷款0.23万笔、10.02亿元，北湖区管理部发放个人住房贷款0.10万笔、4.26亿元，苏仙区管理部发放个人住房贷款0.08万笔、3.19亿元，资兴市管理部发放个人住房贷款0.05万笔、

1.91 亿元，桂阳县管理部发放个人住房贷款 0.06 万笔、2.13 亿元，宜章县管理部发放个人住房贷款 0.06 万笔、2.30 亿元，永兴县管理部发放个人住房贷款 0.06 万笔、2.00 亿元，嘉禾县管理部发放个人住房贷款 0.04 万笔、1.29 亿元，临武县管理部发放个人住房贷款 0.05 万笔、1.59 亿元，汝城县管理部发放个人住房贷款 0.03 万笔、1.21 亿元，桂东县管理部发放个人住房贷款 0.01 万笔、0.50 亿元，安仁县管理部发放个人住房贷款 0.04 万笔、1.32 亿元。

2019 年，回收个人住房贷款 9.79 亿元。其中，市直管理部 2.89 亿元，北湖区管理部 0.92 亿元，苏仙区管理部 0.88 亿元，资兴市管理部 0.68 亿元，桂阳县管理部 0.91 亿元，宜章县管理部 0.85 亿元，永兴县管理部 0.61 亿元，嘉禾县管理部 0.44 亿元，临武县管理部 0.40 亿元，汝城县管理部 0.62 亿元，桂东县管理部 0.26 亿元，安仁县管理部 0.33 亿元。

2019 年末，累计发放个人住房贷款 8.78 万笔、174.69 亿元，贷款余额 110.25 亿元，分别比上年末增加 10.16％、22.20％、24.84％。个人住房贷款余额占缴存余额的 88.82％，比上年末增加 8.75 个百分点。

受委托办理住房公积金个人住房贷款业务的银行 5 家，与上年一致。

2. 住房公积金支持保障性住房建设项目贷款：中心无保障性住房项目贷款。

（四）**购买国债**：2019 年未购买国债，也未收回或兑付国债。年末国债余额为零，与上年一致。

（五）**融资**：2019 年未融资。年末融资总额 1.6 亿元，融资余额为零。

（六）**资金存储**：2019 年末，住房公积金存款 16.40 亿元。其中，活期 0.02 亿元，1 年（含）以下定期 5.60 亿元，1 年以上定期 3.64 亿元，其他（协定、通知存款等）7.14 亿元。

（七）**资金运用率**：2019 年末，住房公积金个人住房贷款余额、项目贷款余额和购买国债余额的总和占缴存余额的 88.82％，比上年末增加 8.75 个百分点。

三、主要财务数据

（一）**业务收入**：2019 年，业务收入 37907.97 万元，同比增长 15.19％。其中，市中心 3732.39 万元，市直管理部 10453.83 万元，北湖区管理部 3894.93 万元，苏仙区管理部 3171.89 万元，资兴市管理部 2286.04 万元，桂阳县管理部 2933.37 万元，宜章县管理部 3080.36 万元，永兴县管理部 1721.20 万元，嘉禾县管理部 1359.39 万元，临武县管理部 1429.31 万元，汝城县管理部 1667.15 万元，桂东县管理部 875.22 万元，安仁县管理部 1302.89 万元；存款利息 5734.51 万元，委托贷款利息 32114.63 万元，无国债利息，其他 58.83 万元。

（二）**业务支出**：2019 年，业务支出 18674.49 万元，同比增长 13.38％。其中，市中心 1179.89 万元，市直管理部 5192.19 万元，北湖区管理部 1132.73 万元，苏仙区管理部 1076.27 万元，资兴市管理部 1741.02 万元，桂阳县管理部 1931.83 万元，宜章县管理部 1386.64 万元，永兴县管理部 1155.55 万元，嘉禾县管理部 816.39 万元，临武县管理部 871.20 万元，汝城县管理部 839.26 万元，桂东县管理部 511.20 万元，安仁县管理部 840.32 万元；支付职工住房公积金利息 17456.61 万元，归集手续费－442.76 万元（冲销原计提的归集手续费挂账余额），委托贷款手续费 622.11 万元，其他 1038.53 万元。

（三）**增值收益**：2019 年，增值收益 19233.48 万元，同比增长 17.00％。其中，市中心 2552.50 万元，市直管理部 5261.64 万元，北湖区管理部 2762.20 万元，苏仙区管理部 2095.62 万元，资兴市管理部 545.02 万元，桂阳县管理部 1001.54 万元，宜章县管理部 1693.72 万元，永兴县管理部 565.65 万元，嘉禾县管理部 543.00 万元，临武县管理部 558.11 万元，汝城县管理部 827.89 万元，桂东县管理部 364.02 万元，安仁县管理部 462.57 万元；增值收益率 1.66%，比上年增加 0.07 个百分点。

（四）**增值收益分配**：2019 年，提取贷款风险准备金 4387.31 万元，提取管理费用 4497.55 万元，提取城市廉租住房（公共租赁住房）建设补充资金 10348.62 万元。

2019 年，上交财政管理费用 4497.55 万元。上缴财政城市廉租住房（公共租赁住房）建设补充资金 8542.02 万元。全部由市本级统一核算并上缴。

2019 年末，贷款风险准备金余额 22049.94 万元。累计提取城市廉租住房（公共租赁住房）建设补充资金 84918.02 万元。贷款风险准备金和城市廉租住房建设补充资金由市本级统一提取，不需各管理部自行提取。

（五）**管理费用支出**：2019 年，实际管理费用支出 4300.10 万元，同比增长 31%。其中，人员经费 2897.87 万元，公用经费 169.4 万元，专项经费 1232.83 万元。

中心管理费用实行统一核算，管理部公用、专项经费实行报账制度。2019 年，市本级管理费用支出 3268.67 万元，其中，人员、公用、专项经费分别为 2897.87 万元、77.56 万元、293.24 万元；12 个管理部管理费用支出 1031.43 万元，其中，人员经费由中心统一列支，公用、专项经费分别为 91.84 万元、939.59 万元。

四、资产风险状况

（一）**个人住房贷款**：2019 年末，个人住房贷款逾期额 158.69 万元，逾期率 0.14‰。其中，市直管理部 0.37‰，嘉禾县管理部 0.09‰，汝城县管理部 0.46‰，其他管理部逾期率均为零。

个人贷款风险准备金按贷款余额的 2% 提取。2019 年，提取个人贷款风险准备金 4387.31 万元，未使用个人贷款风险准备金核销呆坏账。2019 年末，个人贷款风险准备金余额 22049.94 万元，占个人住房贷款余额的 2%，个人住房贷款逾期额与个人贷款风险准备金余额的比率为 0.72%。

（二）**支持保障性住房建设试点项目贷款**：中心无保障性住房建设试点项目。

五、社会经济效益

（一）**缴存业务**：2019 年，实缴单位数、实缴职工人数和缴存额同比分别增长 6.47%、－1.42% 和 11.29%。

缴存单位中，国家机关和事业单位占 65.62%，国有企业占 10.79%，城镇集体企业占 0.99%，外商投资企业占 0.65%，城镇私营企业及其他城镇企业占 14.12%，民办非企业单位和社会团体占 4.12%，其他占 3.71%。

缴存职工中，国家机关和事业单位占 61.84%，国有企业占 24.29%，城镇集体企业占 0.73%，外商投资企业占 0.75%，城镇私营企业及其他城镇企业占 8.77%，民办非企业单位和社会团体占 1.14%，其他占 2.48%；中、低收入占 99.26%，高收入占 0.74%。

新开户职工中，国家机关和事业单位占 33.72%，国有企业占 13.48%，城镇集体企业占 0.74%，外

商投资企业占 2.09%，城镇私营企业及其他城镇企业占 31.90%，民办非企业单位和社会团体占 5.15%，其他占 12.92%；中、低收入占 99.72%，高收入占 0.28%。

（二）提取业务：2019 年，6.26 万名缴存职工提取住房公积金 23.35 亿元。

提取金额中，住房消费提取占 68.39%（购买、建造、翻建、大修自住住房占 28.42%，偿还购房贷款本息占 39.67%，租赁住房占 0.30%，其他占 0.00%）；非住房消费提取占 31.61%（离休和退休提取占 19.19%，完全丧失劳动能力并与单位终止劳动关系提取占 2.51%，出境定居占 1.51%，其他占 8.40%）。

提取职工中，中、低收入占 98.45%，高收入占 1.55%。

（三）贷款业务：

1. 个人住房贷款：2019 年，支持职工购建房 101.64 万平方米，年末个人住房贷款市场占有率（含公转商贴息贷款）为 27.58%，比上年末增加 0.38 个百分点。通过申请住房公积金个人住房贷款，可节约职工购房利息支出 66961.72 万元。

职工贷款笔数中，购房建筑面积 90（含）平方米以下占 9.73%，90~144（含）平方米占 77.63%，144 平方米以上占 12.64%。购买新房占 80.95%（其中购买保障性住房占 0%），购买二手房占 18.95%，建造、翻建、大修自住住房占 0.1%，其他占 0.00%。

职工贷款笔数中，单缴存职工申请贷款占 30.74%，双缴存职工申请贷款占 69.26%，三人及以上缴存职工共同申请贷款占 0.00%。

贷款职工中，30 岁（含）以下占 35.30%，30 岁～40 岁（含）占 36.93%，40 岁～50 岁（含）占 23.65%，50 岁以上占 4.12%；首次申请贷款占 90.69%，二次及以上申请贷款占 9.31%；中、低收入占 98.70%，高收入占 1.30%。

2. 异地贷款：2019 年，发放异地贷款 1348 笔 52782 万元。2019 年末，发放异地贷款总额 103857 万元，异地贷款余额 99696.73 万元。

3. 公转商贴息贷款：中心无公转商贴息贷款。

4. 支持保障性住房建设试点项目贷款：中心无保障性住房建设试点项目贷款。

（四）住房贡献率：2019 年，个人住房贷款发放额、公转商贴息贷款发放额、项目贷款发放额、住房消费提取额的总和与当年缴存额的比率为 128.26%，比上年减少 3.15 个百分点。

六、其他重要事项

（一）当年机构及职能调整情况、受委托办理缴存贷款业务金融机构变更情况：

（1）根据《中共郴州市委办公室郴州市人民政府办公室印发〈关于郴州市住房公积金管理中心机构编制调整〉的通知》（郴办发〔2019〕48 号）文件要求，将我中心调整为市政府直属正处级公益一类事业单位，核定自收自支事业编制 110 名。

调整后，我中心内设机构 8 个，分支机构 12 个，均为正科级。其中 4 个内设机构更名，分别是：综合科更名为办公室、政工科更名为人事科、法规稽核科更名为核查科、信息管理科更名为信息科，同时撤销财务核算科，设立财务科、资金核算科，并将市直管理部由内设机构调整为分支机构。

（2）注销了宜章长行村镇银行和永兴沪农商银行的住房公积金专户，停止宜章长行村镇银行和永兴沪农商银行的缴存款业务。重新开设华夏银行住房公积金专户办理住房公积金缴存款业务。

(二) 当年住房公积金政策调整及执行情况：

1. 当年缴存基数限额及确定方法、缴存比例等缴存政策调整情况。 2019年我市行政事业单位和职工个人住房公积金缴存比例统一为12%。其他单位和个人住房公积金缴存比例为5%~12%，具体比例由各单位根据实际情况确定。职工本人2018年全年税前总收入金额（包括工资、奖金、年终绩效奖和各种津补贴）除以12为住房公积金月缴存基数。灵活就业人员按《郴州市灵活就业人员缴存和使用住房公积金管理办法》（郴公积金委办发〔2018〕3号）执行。根据住房公积金缴存基数相关规定和郴州市统计局公布的2018年度全市在岗职工月平均工资5447元/月测算，2019年度我市单位和职工个人住房公积金月缴存基数不超过16341元，月缴存额上限各为1961元，即两者合计不得超过3922元。为维护低收入职工的合法权益，严格执行"控高保低"政策。根据郴州市人力资源和社会保障局公布的现行最低工资标准1280元/月测算，2019年我市住房公积金月缴存基数不低于1280元，月缴存额下限为128元，即单位和职工个人月缴存额分别不低于64元。

2. 当年提取政策调整情况。 对本人及配偶在郴州市以外非户籍地购房的，暂停办理住房公积金提取业务；制定了《关于提取住房公积金支付既有住宅增设电梯费用的规定》；从2019年7月1日起，取消缴存职工提取公积金支持父母或子女购买住房和偿还父母或子女住房贷款（包括商业银行住房贷款和住房公积金贷款）本息的政策。

3. 当年个人住房贷款最高贷款额度、贷款条件等贷款政策调整情况。 住房公积金贷款最高额度为双缴职工60万元，单缴职工50万元。经2019年3月25日第四届第三次全体委员会议审议通过，决定自从2019年7月1日起，取消缴存职工提取公积金支持父母或子女购买住房和偿还父母或子女住房贷款（包括商业银行住房贷款和住房公积金贷款）本息的政策，取消缴存职工申请公积金贷款支持父母或子女购买住房，同时暂停支持我市缴存职工在外地（职工户籍地除外）购房申请住房公积金贷款。

4. 当年住房公积金贷款利率执行标准。 贷款年利率5年以上3.25%，五年以下（含五年）2.75%。

(三) **当年服务改进情况：** 深入推进"一件事一次办"及"一次办结"改革，公积金贷款业务打破不动产所在地区域限制，实现在缴存所在管理部窗口通办。改善管理部窗口硬件设施，北湖、桂阳、安仁、临武管理部相继搬入新装修的业务大厅。优化调整缴存、提取等业务表格14份。全面开展对冲还贷提取业务，每月安排还贷资金3600余万元，减轻职工还贷压力。开展"大走访、大调研"活动，对我市民营企业职工住房公积金缴存现状进行专题调研，形成了高质量调研报告。

(四) **当年信息化建设情况：** 2019年，郴州公积金业务管理系统（G系统）通过系统升级顺利完成数据结转、余额校验、新账套数据初始化等工作，为全市住房公积金财务集中核算改革提供支撑和保障，有力地提升了综合管理、服务水平和工作效率。开通微信、支付宝刷脸查询功能。上线网上业务大厅，开通偿还贷款、离退休提取等业务。积极对接全国住房公积金数据平台，成为全省首家与税务总局建立贷款利息个税抵扣数据通道的中心。先后接入民政和户籍查询接口，率先在全市范围内实现省内婚姻、户籍信息网上查询功能。全面上线电子档案系统，加强在线业务监控，实施痕迹化管理。

(五) **当年住房公积金管理中心及职工所获荣誉情况：** 获评2019年度市级平安单位、文明标兵单位。市直管理部成功创建全市巾帼建功先进集体，在全市深化窗口行业文明服务大提升行动中荣获"最佳服务窗口"。汝城管理部获评2019年度全省住房公积金管理先进单位。嘉禾管理部荣获2019年度嘉禾县综合创建工作先进集体。

（六）当年对违反《住房公积金管理条例》和相关法规行为进行行政处罚和申请人民法院强制执行情况：2019 年中心无对违反《住房公积金管理条例》和相关法规行为进行行政处罚和申请人民法院强制执行的情况。

（七）当年对住房公积金管理人员违规行为的纠正和处理情况等：2019 年中心未发生管理人员违规情况。

（八）其他需要披露的情况：2019 年中心开始实施财务集中核算改革，截至 12 月末共注销下辖管理部 86 个住房公积金专户（包括冻结封存 8 个住房公积金专户，待对应的定期存款到期资金上划后再予以核销）。目前中心只在 13 家受托银行各保留一个住房公积金专户，分别为工商银行、农业银行、中国银行、建设银行、交通银行、邮储银行、光大银行、浦发银行、华夏银行、华融湘江银行、长沙银行、郴州农商银行和桂阳沪农商村镇银行（桂阳沪农商银行住房公积金专户因定期存款尚未到期暂未注销）。

永州市住房公积金 2019 年年度报告

一、机构概况

（一）住房公积金管理委员会：永州市住房公积金管理委员会现有委员 32 名。2019 年共召开一次管理委员会委员会议，审议通过的事项主要包括：2018 年度住房公积金归集、使用计划执行情况和 2019 年度住房公积金归集、使用计划；市住房公积金 2018 年预算执行情况和 2019 年预算草案。通过了《永州市个人自愿缴存使用住房公积金管理暂行办法》和《关于适当调整住房公积金使用政策的通知》。并对提请审议决策的其他有关事项进行了审议，同意开办住房公积金按月对冲还贷业务、调整市住房公积金管理中心劳务派遣人员薪资、实施住房公积金电子档案系统等信息化二期项目建设等。

（二）住房公积金管理中心：2019 年 1 月永州市住房公积金管理中心机构改革为直属于市政府的公益类事业单位，主要负责全市住房公积金的归集、提取、贷款发放与回收，以及资金核算与保值等工作。中心内设综合部、资金归集部、资金营运部、稽查部、财务部、信息管理部、资金结算部、人力资源部、资产管理部、电子业务部等 10 个部室，下设 1 个直属营业部和冷水滩管理部、零陵管理部、祁阳管理部、东安管理部、双牌管理部、道县管理部、江永管理部、江华管理部、宁远管理部、新田管理部、蓝山管理部等 11 个县区管理部。从业人员 170 人，其中，在编 93 人，非在编 77 人。

二、业务运行情况

（一）缴存：2019 年，新开户单位 377 家，实缴单位 4816 家，净减单位 42 家；新开户职工 1.95 万人，实缴职工 26.18 万人，增加职工 1.14 万人；缴存额 32.68 亿元，同比增长 5.15%。2019 年末，缴存总额 214.73 亿元，同比增长 17.95%；缴存余额 113.7 亿元，同比增长 12.63%。

受委托办理住房公积金缴存业务的银行 9 家。

（二）**提取**：2019年，提取额19.92亿元，同比增长11.47%；占当年缴存额的60.95%，比上年增加3.46个百分点。2019年末，提取总额101.03亿元，同比增长24.55%。

（三）**贷款**：

1. 个人住房贷款：个人住房贷款最高额度45万元，其中，单缴存职工最高额度45万元，双缴存职工最高额度45万元。2019年，发放个人住房贷款0.71万笔、27.33亿元，同比分别增长1.23%、7.95%。2019年，回收个人住房贷款10.61亿元。2019年末，累计发放个人住房贷款9.18万笔、172.45亿元，贷款余额108.69亿元，同比分别增长8.36%、18.83%、18.18%。个人住房贷款余额占缴存余额的95.6%，比上年增加4.49个百分点。

受委托办理住房公积金个人住房贷款业务的银行9家。

2. 住房公积金支持保障性住房建设项目贷款：无。

（四）**购买国债**：无。

（五）**融资**：无。

（六）**资金存储**：2019年末，住房公积金存款13.28亿元（含开发商保证金3.36亿元）。其中，活期0.03亿元，1年（含）以下定期0.13亿元，1年以上定期2.1亿元，其他（协定、通知存款、开发商保证金等）11.02亿元。

（七）**资金运用率**：2019年末，住房公积金个人住房贷款余额、项目贷款余额和购买国债余额的总和占缴存余额的95.59%，比上年增加4.49个百分点。

三、主要财务数据

（一）**业务收入**：2019年，业务收入36818.06万元，同比增长23.41%。其中，存款利息3155.31万元，委托贷款利息33620.13万元，国债利息0万元，其他42.62万元。

（二）**业务支出**：2019年，业务支出20644.64万元，同比增长36.06%。其中，支付职工住房公积金利息19793.45万元，归集手续费120.12万元，委托贷款手续费168.10万元，其他562.97万元。

（三）**增值收益**：2019年，增值收益16173.42万元，同比增长10.32%。其中，增值收益率1.51%，比上年减少0.05个百分点。

（四）**增值收益分配**：2019年，提取贷款风险准备金3374.38万元，提取管理费用3228.5万元，提取城市廉租住房（公共租赁住房）建设补充资金9570.54万元。

2019年，上交财政管理费用3228.5万元。上缴财政城市廉租住房（公共租赁住房）建设补充资金11231.50万元。

2019年末，贷款风险准备金余额21738.89万元。累计提取城市廉租住房（公共租赁住房）建设补充资金43165.17万元。

（五）**管理费用支出**：2019年，管理费用支出3225.08万元，同比增长6.83%。其中，人员经费2240.7万元，公用经费570.23万元，专项经费414.15万元。

四、资产风险状况

（一）**个人住房贷款**：2019年末，个人住房贷款逾期额303.22万元，逾期率0.28‰。

个人贷款风险准备金按贷款余额的2%提取。2019年,提取个人贷款风险准备金3374.38万元,使用个人贷款风险准备金核销呆坏账0万元。2019年末,个人贷款风险准备金余额21738.89万元,占个人住房贷款余额的2%,个人住房贷款逾期额与个人贷款风险准备金余额的比率为1.39%。

(二)支持保障性住房建设试点项目贷款:我市非试点城市。

(三)历史遗留风险资产:2019年末,历史遗留风险资产余额0万元,比上年减少0万元,历史遗留风险资产回收率0%。

五、社会经济效益

(一)缴存业务:2019年,实缴单位数同比减少0.87%,实缴职工人数和缴存额同比分别增长4.5%和5.15%。

缴存单位中,国家机关和事业单位占62.06%,国有企业占7.72%,城镇集体企业占1.08%,外商投资企业占0.79%,城镇私营企业及其他城镇企业占19.21%,民办非企业单位和社会团体占4.42%,其他占4.72%。

缴存职工中,国家机关和事业单位占63.99%,国有企业占13.72%,城镇集体企业占0.66%,外商投资企业占5.19%,城镇私营企业及其他城镇企业占11.29%,民办非企业单位和社会团体占2.64%,其他占2.51%;中、低收入占99.89%,高收入占0.11%。

新开户职工中,国家机关和事业单位占37.95%,国有企业占6.54%,城镇集体企业占0.31%,外商投资企业占11.67%,城镇私营企业及其他城镇企业占31.6%,民办非企业单位和社会团体占5.7%,其他占6.22%;中、低收入占99.97%,高收入占0.03%。

(二)提取业务:2019年,5.84万名缴存职工提取住房公积金19.92亿元。

提取金额中,住房消费提取占75.67%(购买、建造、翻建、大修自住住房占32.93%,偿还购房贷款本息占42.31%,租赁住房占0.43%,其他占0%);非住房消费提取占24.33%(离休和退休提取占20.18%,完全丧失劳动能力并与单位终止劳动关系提取占2.25%,户口迁出本市或出境定居占0.01%,其他占1.89%)。

提取职工中,中、低收入占99.95%,高收入占0.05%。

(三)贷款业务:

1. 个人住房贷款:2019年,支持职工购建房93.96万平方米,年末个人住房贷款市场占有率为21.02%,比上年减少7.52个百分点。通过申请住房公积金个人住房贷款,可节约职工购房利息支出4509万元。

职工贷款笔数中,购房建筑面积90(含)平方米以下占5.99%,90~144(含)平方米占74.62%,144平方米以上占19.39%。购买新房占91.79%(其中购买保障性住房占0%),购买二手房7.14%,建造、翻建、大修自住住房占0.86%,其他占0.21%。

职工贷款笔数中,单缴存职工申请贷款占65.58%,双缴存职工申请贷款占34.42%,三人及以上缴存职工共同申请贷款占0%。

贷款职工中,30岁(含)以下占33.84%,30岁~40岁(含)占38.33%,40岁~50岁(含)占22.19%,50岁以上占5.64%;首次申请贷款占87.6%,二次申请贷款占12.4%;中、低收入占

96.07%，高收入占 3.93%。

2. 异地贷款： 2019 年，发放异地贷款 1194 笔、45873 万元。2019 年末，发放异地贷款总额 135859 万元，异地贷款余额 122547.88 万元。

3. 公转商贴息贷款： 2019 年，发放公转商贴息贷款 0 笔、0 万元，支持职工购建住房面积 0 万平方米，当年贴息额 504.9 万元。2019 年末，累计发放公转商贴息贷款 1059 笔、35807.4 万元，累计贴息 1699.04 万元。

4. 支持保障性住房建设试点项目贷款： 我市非试点城市。

（四）**住房贡献率：** 2019 年，个人住房贷款发放额、公转商贴息贷款发放额、项目贷款发放额、住房消费提取额的总和与当年缴存额的比率为 129.75%，比上年增加 6.55 个百分点。

六、其他重要事项

（一）**当年机构及职能调整情况、受委托办理缴存贷款业务金融机构变更情况：** 2019 年 1 月，永州市住房公积金管理中心机构改革升格为直属于市政府的公益类事业单位，职能未做调整；2019 年受委托办理住房公积金业务的金融机构没有变更调整。

（二）**当年住房公积金政策调整及执行情况：**

1. 当年缴存基数限额及确定方法、缴存比例等缴存政策调整情况。

最高、最低缴存额：2019 年 1~6 月，市住房公积金月缴存额为单位和个人最高均不得高于 1686 元/月，最低均不得低于 64 元/月；2019 年 7~12 月，市住房公积金月缴存额为单位和个人最高均不得高于 1894 元/月，最低均不得低于 64 元/月。

缴存比例：2019 年度住房公积金缴存比例单位和个人最低均不得低于 5%，最高均不得高于 12%。生产经营困难企业可按有关规定申请办理住房公积金缓缴或经企业职工大会同意降低缴交比例。

2. 当年提取政策调整情况。 无。

3. 当年个人住房贷款最高贷款额度、贷款条件等贷款政策调整情况。 无。

4. 当年住房公积金存贷款利率执行标准等。

（1）当年住房公积金存款利率执行情况：

根据中国人民银行、住房和城乡建设部、财政部印发《关于完善职工住房公积金账户存款利率形成机制的通知》（银发〔2018〕43 号）的规定，2019 年住房公积金存款利率统一执行 1.50%。

（2）当年住房公积金贷款利率执行情况：根据《中国人民银行关于下调金融机构人民币贷款和存款基准利率并进一步推进利率市场化改革的通知》（银发〔2015〕325 号）的规定，2019 年住房公积金贷款利率执行 5 年以下（含 5 年）2.75%，5 年以上 3.25%；二次住房公积金贷款，贷款利率按基准利率的 1.1 倍执行。

（三）**当年服务改进情况：** 便民服务上实现了大提速。简化流程要件，全面梳理、精简住房公积金业务办理流程、手续、资料，全面取消和减少不必要的签字、按手印，实现了归集、提取业务一次办理、即时到账，大部分贷款业务一次受理、当场审批、限时放款。推出主题套餐，2019 年 2 月，联合市不动产登记中心推出了"公积金+不动产"主题套餐，实现了住房公积金贷款业务"只进一扇门、只跑一次"目标。进驻政务中心，为方便职工群众办事，中心所属直属营业部、江永管理部、宁远管理部、蓝山管理部、道县管理部、祁阳管理部等业务窗口陆续进驻了政务中心，实现了住房公积金业务在政务中心一窗受理、一窗通办。推行特色服务，结合群众需求，主动作为、大胆创新，相继推行了系列群众青睐、叫好的特色服务，如在原直属营业部便民服务场地持续推行周六上午照常服务，全面推行上门服务，引入邮政速递邮寄服务，在道县推出教师职工周转房提取住房公积金不计入使用次数，等等，回应了群众关切，让群众更有获得感、幸福感。

（四）当年信息化建设情况：上线运行住房公积金新业务操作系统，顺利通过验收，积极推进"互联网＋政务服务"，住房公积金归集、提取业务接入市政务服务一体化平台。全面推出住房公积金综合服务平台，开通了网上营业大厅和手机 APP 网上业务办理功能，实现住房公积金业务"网上办""掌上办""就近办""一次办"，大幅提高了住房公积金业务离柜率。

（五）当年住房公积金管理中心及职工所获荣誉情况：中心荣获市 2019 年度绩效考核良好等次，获评 2018 年度优化经济环境"精准测评"先进单位，名列公共服务类单位第一名。中心所属东安管理部获省五四红旗团支部和县巾帼文明岗，道县管理部获市"五四红旗团支部"，零陵管理部获区政务服务"好差评"现场测试第三名、区综治维稳先进单位，双牌管理部获县绩效考核先进单位，新田县管理部获县重点工作综合绩效评估优秀单位、县"三八红旗集体"，江华县管理部获县综治维稳先进单位。罗志豪获省 2019 年"百名最美扶贫人物"，雷思琪、谭玮、罗卿获市 2019 年度青年岗位能手，罗卿获县十佳优秀共青团干部，张晶获县青年岗位能手、2018 年度县政府嘉奖人员，刘建华获县综治维稳先进个人，等等。

（六）当年对违反《住房公积金管理条例》和相关法规行为进行行政处罚和申请人民法院强制执行情况：2019 年没有开展行政处罚和申请人民法院强制执行情况。

（七）当年对住房公积金管理人员违规行为的纠正和处理情况等：2019 年度，中心不断加大和创新业务稽核方式、手段和覆盖面，每月定期运用电子化检测工具开展电子稽查，发现问题立即交办整改。全年共开展提取业务网上稽核 58000 余笔，对 10 个管理部进行了现场稽核，对 80 余册提取档案和 550 余册贷款档案进行了送审稽核，发布了 5 个业务稽核通报。对发现的问题及时进行了交办和督促整改，对相关责任人进行了处罚，对极个别管理部还进行了业务整顿和中心主任约谈。

（八）其他需要披露的情况：无。

怀化市住房公积金 2019 年年度报告

一、机构概况

（一）住房公积金管理委员会：怀化市住房公积金管理委员会（以下简称管委会）有 27 名委员，2019 年召开了一次全体委员会议和一次主任委员办公会议。3 月 12 日召开的四届五次会议审议通过的事项主要包括：《关于 2018 年住房公积金管理工作情况和 2019 年工作设想汇报》《关于 2018 年住房公积金归集使用与增值收益计划执行情况及 2019 年计划预算的审核意见》《关于受托银行办理的住房公积金金融业务监管情况的通报》和《怀化市住房公积金 2018 年年度报告》四项报告内容，同意中心在工、农、中、建、交通、长沙、华融湘江等7家住房公积金业务委托银行各开设1个保证金账户；12月9日召开的管委会主任委员办公会议审议通过的事项主要包括：《关于2019年度预算调整和2020年专项资金预算项目立项审核意见》。

（二）住房公积金管理中心：住房公积金管理中心为怀化市人民政府的不以营利为目的的自收自支事业单位，内设7个部，下辖13个管理部。从业人员123人，其中，在编84人，非在编39人。

二、业务运行情况

（一）缴存：2019年，新开户单位244家，实缴单位4474家，净减单位1199家；新开户职工17662人，实缴职工211877人，净减职工6463人；缴存额30.05亿元，同比增长11.29%。2019年末，缴存总额200.88亿元，比上年末增加17.58%；缴存余额100.73亿元，比上年末增加11.60%。

受委托办理住房公积金缴存业务的银行8家，与上年一样。

（二）提取：2019年，提取额19.58亿元，同比增长13.64%；占当年缴存额的65.15%，比上年增加1.31个百分点。年末，提取总额100.15亿元，比上年末增加24.28%。

（三）贷款：

个人住房贷款：个人住房贷款最高额度50万元，其中，单缴存职工最高额度50万元，双缴存职工最高额度50万元。

2019年，发放个人住房贷款0.5875万笔、21.07亿元，同比分别增长0.58%、9.30%。

2019年，回收个人住房贷款10.23亿元。

2019年末，累计发放个人住房贷款8.3452万笔、156.78亿元，贷款余额94.73亿元，分别比上年末增加7.57%、15.52%、12.95%。个人住房贷款余额占缴存余额的94.05%，比上年末增加1.11个百分点。

受委托办理住房公积金个人住房贷款业务的银行7家，比上年增加（减少）0家。

（四）资金存储：2019年末，住房公积金存款8.25亿元。其中，活期6.65亿元，1年（含）以下定期1.60亿元。

（五）资金运用率：2019年末，住房公积金个人住房贷款余额、项目贷款余额和购买国债余额的总和占缴存余额的94.05%，比上年末增加1.11个百分点。

三、主要财务数据

（一）业务收入：2019年，业务收入33001.70万元，同比增长12.61%。其中，存款利息2714.81万元，委托贷款利息30283.82万元，其他3.07万元。

（二）业务支出：2019年，业务支出14189.47万元，同比增长7.85%。其中，支付职工住房公积金利息14171.65万元，其他17.82万元。

（三）增值收益：2019年，增值收益18812.23万元，同比增长16.50%。增值收益率2%，比上年增加0.08个百分点。

（四）增值收益分配：2019年，提取贷款风险准备金2168.65万元，提取管理费用2823.26万元，提取城市廉租住房（公共租赁住房）建设补充资金13820.32万元。

2019年，上交财政管理费用2700万元。上缴财政城市廉租住房（公共租赁住房）建设补充资金11216.61万元。

2019年末，贷款风险准备金余额18946.54万元。累计提取城市廉租住房（公共租赁住房）建设补充资金72410.58万元。

（五）**管理费用支出**：2019年，管理费用支出3831.18万元，同比增长18.68%。其中，人员经费1981.42万元，公用经费820.30万元，专项经费1029.46万元。

四、资产风险状况

2019年末，个人住房贷款逾期额202.61万元，逾期率0.214‰。

个人贷款风险准备金按（贷款余额或增值收益）的2%提取。2019年，提取个人贷款风险准备金2168.65万元，使用个人贷款风险准备金核销呆坏账0万元。2019年末，个人贷款风险准备金余额18946.54万元，占个人住房贷款余额的2%，个人住房贷款逾期额与个人贷款风险准备金余额的比率为1.07%。

五、社会经济效益

（一）**缴存业务**：2019年，实缴单位数、实缴职工人数和缴存额同比分别增长－21.13%、－2.96%和11.29%。

缴存单位中，国家机关和事业单位占73.63%，国有企业占8.47%，城镇集体企业占0.58%，外商投资企业占0.27%，城镇私营企业及其他城镇企业占8.31%，民办非企业单位和社会团体占7.60%，其他占1.14%。

缴存职工中，国家机关和事业单位占70.55%，国有企业占15.35%，城镇集体企业占0.21%，外商投资企业占0.5%，城镇私营企业及其他城镇企业占5.89%，民办非企业单位和社会团体占6.88%，其他占0.62%；中、低收入占98.92%，高收入占1.08%。

新开户职工中，国家机关和事业单位占43.83%，国有企业占14.1%，城镇集体企业占0.55%，外商投资企业占1.38%，城镇私营企业及其他城镇企业占21.18%，民办非企业单位和社会团体占5.87%，其他占13.08%；中、低收入占99.82%，高收入占0.18%。

（二）**提取业务**：2019年，6.25万名缴存职工提取住房公积金19.57亿元。

提取金额中，住房消费提取占73.48%（购买、建造、翻建、大修自住住房占26.36%，偿还购房贷款本息占46.79%，租赁住房占0.33%）；非住房消费提取占26.52%（离休和退休提取占17.86%，完全丧失劳动能力并与单位终止劳动关系提取占7.77%，出境定居占0.02%，其他占0.87%）。

提取职工中，中、低收入占99.68%，高收入占0.32%。

（三）**贷款业务**：

1. 个人住房贷款：2019年，支持职工购建房73.89万平方米，年末个人住房贷款市场占有率（含公转商贴息贷款）为18.81%，比上年末减少2.54个百分点。通过申请住房公积金个人住房贷款，可节约职工购房利息支出38163.28万元。

职工贷款笔数中，购房建筑面积90（含）平方米以下占8.22%，90～144（含）平方米占80.34%，

144 平方米以上占 11.44%。购买新房占 89.06%（其中购买保障性住房占 0%），购买二手房占 10.84%，建造、翻建、大修自住住房占 0.1%。

职工贷款笔数中，单缴存职工申请贷款占 34.74%，双缴存职工申请贷款占 64.95%，三人及以上缴存职工共同申请贷款占 0.32%。

贷款职工中，30 岁（含）以下占 37.79%，30 岁～40 岁（含）占 32.52%，40 岁～50 岁（含）占 25.41%，50 岁以上占 4.27%；首次申请贷款占 85.53%，二次及以上申请贷款占 14.47%；中、低收入占 99.39%，高收入占 0.61%。

2. 异地贷款：2019 年，发放异地贷款 111 笔、4114.86 万元。2019 年末，发放异地贷款总额 20155.36 万元，异地贷款余额 13381.14 万元。

（四）住房贡献率：2019 年，个人住房贷款发放额、公转商贴息贷款发放额、项目贷款发放额、住房消费提取额的总和与当年缴存额的比率为 118.01%，比上年减少 0.97 个百分点。

六、其他重要事项

（一）当年机构及职能调整情况、受委托办理缴存贷款业务金融机构变更情况：

1. 当年机构及职能调整情况。根据市编委《关于印发〈怀化市住房公积金管理中心职能配置、内设机构和人员编制规定〉的通知》（怀编〔2019〕81 号）规定，我中心是直属市人民政府的副处级公益一类事业单位，主要承担全市住房公积金归集、使用、管理和资金保值增值职责，内设综合部、财务部、稽核部、资金核算部、业务指导部、科技信息部、市直管理部 7 个部门，下辖 13 个县（市、区）管理部。

2. 受委托办理缴存贷款业务金融机构变更情况。2019 年此项工作无调整变动。

（二）当年住房公积金政策调整及执行情况：

1. 缴存基数限额调整情况及确定方法。

（1）缴存基数限额。经怀化市住房公积金管理委员会批准，2019 年全市住房公积金缴存比例浮动区间为 5%～12%，缴存单位可在此区间内自主确定住房公积金缴存比例；2019 年度怀化市在岗职工住房公积金最高月缴存额为 3978 元；市直、鹤城区、中方县在岗职工住房公积金最低月缴存额为 128 元；沅陵县、辰溪县、溆浦县、麻阳县、新晃县、芷江县、洪江市、洪江区、会同县、靖州县、通道县等 11 个县市区在岗职工住房公积金最低月缴存额为 114 元。

（2）缴存基数确定方法。我市职工住房公积金缴存基数由市住房公积金管理中心每年核准调整一次。职工月缴存基数按照职工本人上年度全年税前总收入额（包括工资、奖金、年终绩效奖励和各种津补贴）除以 12 个月的方式核算确定，但目前我市暂未将奖金纳入缴存基数核算。个体工商户、自由职业者等新市民住房公积金缴存基数为其上一年度月平均收入，且不得低于上年度怀化市统计部门公布的在岗职工月平均工资额、不得高于上年度怀化市统计部门公布的在岗职工月平均工资额的 3 倍。缴存比例按 10%～24% 申报。

2. 缴存比例调整情况。2019 年度怀化市单位和职工住房公积金缴存比例执行 5%～12% 的标准；2019 年，全市共有 2 个县调整了缴存比例，即沅陵将财政供养人员缴存比例由 7% 提高至 10%，通道由 10% 提高至 12%。

3. 当年提取政策调整情况。（1）正常提取，主要依据 2018 年 3 月 14 日在《怀化日报》面向社会公开发布的《怀化市住房公积金管理中心关于印发〈怀化市住房公积金缴存管理办法〉等管理办法的通知》（怀市公积金发〔2018〕7 号）；（2）租房提取，主要依据 2019 年 9 月 6 日印发的《怀化市住房公积金管理中心关于进一步规范租房提取住房公积金业务的通知》（怀市公积金发〔2019〕17 号），该通知对无房缴存职工租赁自住提取标准、额度、范围、条件、资料要件做了进一步规范；（3）调整部分购房提取政策，中心于 2019 年 10 月 12 日适时出台《关于调整购房提取住房公积金业务政策的通知》（怀市公积金发〔2019〕18 号），对怀化市缴存职工配偶的户籍和工作地点在异地城市的、缴存职工或其配偶在原住房公积金缴存地已办理住房公积金贷款，工作调动后在我市建缴住房公积金的两种异地购房提取业务进行了明确；对同一套住房，在 12 个月内发生两次及以上产权变更（以不动产变更日期为准），且产权变更过程中使用过住房公积金的情形进一步明确，对此类缴存职工及配偶购买该套住房不再办理提取。

4. 当年个人住房贷款最高贷款额度、贷款条件等贷款政策调整情况。 自 2017 年 1 月，中心将最高可贷额度上调至 50 万元，2019 年最高贷款额度保持不变；贷款条件主要依据 2018 年 3 月 14 日在《怀化日报》公布的《怀化市住房公积金管理中心关于印发〈怀化市住房公积金缴存管理办法〉等管理办法的通知》（怀市公积金发〔2018〕7 号）、《怀化市住房公积金管理中心关于加强住房公积金期房贷款管理的通知》（怀市公积金发〔2019〕12 号）、《怀化市住房公积金管理中心关于停办异地缴存职工住房公积金贷款业务的通知》和《关于进一步规范非公企业职工、个体工商户和自由职业者住房公积金缴存和贷款管理的通知》（怀市公积金发〔2019〕16 号）。

5. 当年住房公积金存贷款利率调整及执行情况。 住房公积金存款利率严格执行中国人民银行、住房和城乡建设部、财政部印发《关于完善职工住房公积金账户存款利率形成机制的通知》（银发〔2016〕43 号）规定，统一按一年期定期存款基准利率 1.5% 执行。个人住房公积金住房贷款利率严格按国家规定执行，即贷款期限 5 年以下（含 5 年）的按年利率 2.75% 执行，5 年以上的按年利率 3.25% 执行；二套房贷在基准利率基础上上浮 10%。

（三）当年服务改进情况： 一是持续完善服务网点环境。中心全面改善了服务网点办公服务环境，各管理部服务窗口硬件设施严格按照住房和城乡建设部、发改委（建标 162-2012）文件规定标准建设。2019 年麻阳县、洪江市管理部完成装修并搬迁进驻，至此中心机关及 13 个管理部办公楼全部按照规定的建设标准要求完成建设，全部按照住房和城乡建设部相关要求配备标准化机房及相关软硬件设施，统了一标识，全面实行了标准化建设、规范化管理，服务环境得到全面改善，文明服务实现了全域提质。二是线下业务办理便捷高效。中心围绕精益现场、精益流程、精益礼仪、精益服务"四个精益"目标，全面督查落实"8S"现场管理（即整顿、整理、清洁、素养、安全、节约、规范、服务），突出人、事、物、环境"四位一体"，真正实现了管理服务全域提质，全程提速，全员提升，全面提效；各服务大厅全部按"最多跑一次"和"一件事一次办"要求进行标准化建设，缴存、贷款、提取等业务均实行"一窗口受理"、"一条龙操作"、"一站式审批"，贷款、提取业务资金划转实现实时支付，现场办结时限仅需几分钟；调入、调出我市的缴存职工办理个人住房公积金转移只需在新的工作地发起转移申请即可办妥；同时配备自助终端查询，为办事群众提供了便捷、高效的业务服务。三是文明创建凝心聚力、有声有色。坚持以深入学习贯彻习近平新时代中国特色社会主义思想为主线，以培育和践行社会主义核心价值观为目标，强化全员思想政治教育和职业道德教育；精心开展了"不忘初心、牢记使命"主题教育活动，创新开展各类党建活动，充分发挥了党建引领作用，强化党员教育管理，锤炼党性修养，引导职工党员立足岗位建功立业；开展了丰富多彩、喜闻乐见的群众性精神文明创建活动，增活力、聚人心、促发展。2019年，中心在全市市直单位及中央、省在怀单位的综治民意调查中排名前列，并继续保持了"全国文明单位"荣誉，有6个管理部继续保持了"市级文明窗口"荣誉，2个管理部开展了"省级文明窗口"创建工作，得到了社会广泛认可，不断提高了群众的获得感和满意度。

（四）当年信息化建设情况：按照建金〔2016〕14号文件要求，中心围绕"全力提升现代智能支撑和打造综合服务平台"精准发力，线上智能服务渠道不断增加。2019年以来，中心全力推进了"互联网＋住房公积金"建设，加大与各政务服务平台接口的开发和改造，实现了与住房和城乡建设部银行结算平台、全国住房公积金数据接入平台和异地转移接续平台、12329综合服务平台、"智慧怀化"大数据平台的互联互通，进一步完善了微信公众号、手机公积金APP等服务渠道，大力推行缴存单位版、房地产开发企业版"网厅业务"，让"数据多跑路，群众少跑腿"，为办事群众提供了多样化的智能服务，努力打造"智慧公积金"。当年自助综合服务平台注册用户已达到76873户，线上办理业务9475笔。

（五）当年住房公积金管理中心及职工所获荣誉情况：2019年，中心继续保持了"全国文明单位"荣誉称号，沅陵县管理部继续保持了"省青年文明号"荣誉称号。

（六）当年对违反《住房公积金管理条例》和相关法规行为进行行政处罚和申请人民法院强制执行情况：全市当年共追回骗提骗贷资金264.88万元；逾期贷款起诉7起，申请执行7起，提起执行异议申请14起，提起执行异议复议申请11起，行政复议1起，应诉案件2起，积极主动协助法院办理符合提取条件扣划及查询案件。

（七）当年对住房公积金管理人员违规行为的纠正和处理情况等：全年中心对1名轻微违规24分制积分达到12分的人员进行了提醒谈话和诫勉谈话；对下辖13个管理部和相关业务科室开展了1次日常业务全面稽核，1次专案稽核，对稽核发现的问题严格按照《怀化市住房公积金管理中心过错责任追究暂行办法》进行纠错问责，切实做到了防微杜渐；下发稽核报告14份，下达整改意见30条，纠正5类违规行为，问责处罚了8人次，对19人次违反作风建设规定的现象给予了内部通报批评，对1人次内外勾结骗提骗贷违法行为进行严厉处罚，并及时向市纪检监察委派驻市政府办纪检监察组和公安部门报案。

娄底市住房公积金2019年年度报告

一、机构概况

（一）住房公积金管理委员会：住房公积金管理委员会有29名委员，2019年召开1次会议，审议通过的事项主要包括：

1. 明确2019年的主要工作任务和措施

（1）2019年要完成的经济指标；

（2）2019年要做好的五个方面重点工作：要更加注重资金安全和风险防控能力；要在构建管委会相应的管理、监督机制上下功夫；要在资金归集、扩面提量上持续发力；要在强化便民服务上持续发力；要进一步把内控、外审机制做实做出成效。

2. 市住房公积金管理中心提请研究的三个问题的处理意见

（1）提交的10笔逾期贷款呆账核销事项不予通过；

（2）原则同意实行住房公积金贷款自主核算；

（3）原则同意市住房公积金管理中心在2019年加大信息化建设力度，进行信息化提质升级。

（二）住房公积金管理中心：住房公积金管理中心为直属娄底市人民政府的不以营利为目的的自收自支事业单位，设8个部室，7个管理部。从业人员127人，其中，在编60人，非在编67人。

二、业务运行情况

（一）缴存：2019年，新开户单位230家，实缴单位2711家，净增单位24家；新开户职工1.21万人，实缴职工18.89万人，净增职工0.55万人；缴存额26.81亿元，同比增长9.98%。2019年末，缴存总额181.02亿元，比上年末增加17.39%缴存余额88.95亿元，比上年末增加17.20%。

受委托办理住房公积金缴存业务的银行10家，比上年增加3家。

（二）提取：2019年，提取额13.76亿元，同比增长5.40%；占当年缴存额的53.31%，比上年减少0.23个百分点。2019年末，提取总额92.06亿元，比上年末增加17.56%。

（三）贷款：

1. 个人住房贷款：个人住房贷款最高额度50万元，其中，单缴存职工最高额度50万元，双缴存职工最高额度50万元。

2019年，发放个人住房贷款0.48万笔、16.62亿元，同比分别下降6.31%、增长2.23%。其中，市中心发放个人住房贷款0.48万笔、16.62亿元。

2019年，回收个人住房贷款7.99亿元。其中，市中心7.99亿元。

2019年末，累计发放个人住房贷款8.30万笔、132.84亿元，贷款余额72.03亿元，分别比上年末增加6.00%、14.30%、13.62%。个人住房贷款余额占缴存余额的80.97%，比上年末减少2.55个百分点。

受委托办理住房公积金个人住房贷款业务的银行7家，与上年持平。

2. 住房公积金支持保障性住房建设项目贷款：截至2019年底，本市住房公积金未开展支持保障性住房建设项目贷款业务。

（四）购买国债：2019年，未购买国债。2019年末，国债余额为零。

（五）融资：截至2019年底，本市住房公积金未开展融资业务。

（六）资金存储：2019年末，住房公积金存款21.35亿元。其中，活期0.01亿元，1年以上定期20.70亿元，协定存款0.64亿元。

（七）资金运用率：2019年末，住房公积金个人住房贷款余额、项目贷款余额和购买国债余额的总和占缴存余额的80.97%，比上年末减少2.55个百分点。

三、主要财务数据

（一）业务收入：2019年，业务收入28395.29万元，同比增长22.14%。其中，市中心28395.29万元；存款利息6187.67万元，委托贷款利息22217.62万元，其他－10万元。

（二）**业务支出**：2019年，业务支出13111.89万元，同比增长24.14%。其中，市中心13111.89万元；支付职工住房公积金利息12712.74万元，归集手续费51.04万元，委托贷款手续费293.80万元，其他54.31万元。

（三）**增值收益**：2019年，增值收益15283.40万元，同比增长20.48%。其中，市中心15283.40万元；增值收益率1.84%，比上年增加0.03个百分点。

（四）**增值收益分配**：2019年，提取贷款风险准备金2579.65万元，提取管理费用4687.18万元，提取城市廉租住房（公共租赁住房）建设补充资金8016.57万元。

2019年，上交财政管理费用4687.18万元。上缴财政城市廉租住房（公共租赁住房）建设补充资金8016.57万元。其中，市中心上缴8016.57万元。

2019年末，贷款风险准备金余额21607.55万元。累计提取城市廉租住房（公共租赁住房）建设补充资金53931.37万元。其中，市中心提取53931.37万元。

（五）**管理费用支出**：2019年，管理费用支出3392.32万元，同比增长12.54%。其中，人员经费2143.42万元，公用经费515.34万元，专项经费733.56万元。

市中心管理费用支出3392.32万元，其中，人员、公用、专项经费分别为2143.42万元、515.34万元、733.56万元。

四、资产风险状况

（一）**个人住房贷款**：2019年末，个人住房贷款逾期额295.48万元，逾期率0.4‰。其中，市中心0.4‰。

个人贷款风险准备金按贷款余额的3%提取。2019年，提取个人贷款风险准备金2579.65万元，使用个人贷款风险准备金核销呆坏账－9.7万元。2019年末，个人贷款风险准备金余额21607.55万元，个人贷款风险准备金总额21949.68万元，占个人住房贷款余额的3%，个人住房贷款逾期额与个人贷款风险准备金余额的比率为1.37%。

（二）**支持保障性住房建设试点项目贷款**：本市未开展住房公积金支持保障性住房建设项目贷款。

五、社会经济效益

（一）**缴存业务**：2019年，实缴单位数、实缴职工人数和缴存额同比分别增长0.89%、3.01%和9.98%。

缴存单位中，国家机关和事业单位占60.31%，国有企业占8.34%，城镇集体企业占2.25%，外商投资企业占0.52%，城镇私营企业及其他城镇企业占12.18%，民办非企业单位和社会团体占2.91%，其他占13.49%。

缴存职工中，国家机关和事业单位占57.14%，国有企业占20.92%，城镇集体企业占3.55%，外商投资企业占1.00%，城镇私营企业及其他城镇企业占10.68%，民办非企业单位和社会团体占0.87%，其他占5.84%；中、低收入占97.11%，高收入占2.89%。

新开户职工中，国家机关和事业单位占24.68%，国有企业占7.41%，城镇集体企业占2.30%，外商

投资企业占 2.71%，城镇私营企业及其他城镇企业占 29.11%，民办非企业单位和社会团体占 4.29%，其他占 29.50%；中、低收入占 99.22%，高收入占 0.78%。

（二）提取业务：2019 年，4.27 万名缴存职工提取住房公积金 13.76 亿元。

提取金额中，住房消费提取占 74.70%（购买、建造、翻建、大修自住住房占 35.45%，偿还购房贷款本息占 38.47%，租赁住房占 0.78%）；非住房消费提取占 25.30%（离休和退休提取占 21.05%，完全丧失劳动能力并与单位终止劳动关系提取占 2.21%，出境定居占 0.91%，其他占 1.13%）。

提取职工中，中、低收入占 95.84%，高收入占 4.16%。

（三）贷款业务：

1. 个人住房贷款：2019 年，支持职工购建房 61.04 万平方米，年末个人住房贷款市场占有率（含公转商贴息贷款）为 27.70%，比上年末减少 2.09 个百分点。通过申请住房公积金个人住房贷款，可节约职工购房利息支出 14600 万元。

职工贷款笔数中，购房建筑面积 90（含）平方米以下占 6.75%，90～144（含）平方米占 63.06%，144 平方米以上占 30.19%。购买新房占 73.72%（其中购买保障性住房占 0.04%），购买二手房占 23.03%，建造、翻建、大修自住住房占 1.20%，其他占 2.06%。

职工贷款笔数中，单缴存职工申请贷款占 22.43%，双缴存职工申请贷款占 77.57%。

贷款职工中，30 岁（含）以下占 24.54%，30 岁～40 岁（含）占 39.77%，40 岁～50 岁（含）占 29.44%，50 岁以上占 6.25%；首次申请贷款占 87.58%，二次及以上申请贷款占 12.42%；中、低收入占 96.43%，高收入占 3.57%。

2. 异地贷款：2019 年，发放异地贷款 490 笔、17856 万元。年末，发放异地贷款总额 87046 万元，异地贷款余额 58368.36 万元。

3. 公转商贴息贷款：截至 2019 年底，本市住房公积金未开展公转商贴息贷款业务。

4. 支持保障性住房建设试点项目贷款：截至 2019 年底，本市住房公积金未开展保障性住房建设试点项目贷款业务。

（四）住房贡献率：2019 年，个人住房贷款发放额、公转商贴息贷款发放额、项目贷款发放额、住房消费提取额的总和与当年缴存额的比率为 100.32%，比上年减少 4.68 个百分点。

六、其他重要事项

（一）当年机构及职能调整情况。根据《娄底市住房公积金管理中心职能配置、内设机构和人员编制规定》（娄委编〔2019〕17 号），市住房公积金管理中心升格为娄底市政府直属正处级公益一类事业单位，内设 8 个部室，7 个管理部，核定自收自支事业编制 67 名。

（二）当年缴存基数限额及确定方法、缴存比例调整情况。

（1）缴存基数。2019 年度职工住房公积金缴存基数调整为职工本人 2018 年（自然年度）月平均工资，即职工 2018 年度个人工资总额（包括工资、奖金、年终绩效奖励和各种津补贴）除以 12 个月的金额。按娄底市统计局公布的 2018 年职工月平均工资计算，2019 年度娄底市住房公积金月缴存基数，不得高于 2018 年娄底市城镇非私营单位在岗职工月平均工资的三倍（即 15857 元），不得低于 2018 年度娄底市最低工资标准1130元。凡超过三倍的，一律予以规范调整，在上下限范围内的据实计算；低于娄底市最低工资标准的按最低工资标准计算。

（2）缴存比例。根据住房和城乡建设部、财政部、人民银行《关于改进住房公积金缴存机制进一步降低企业成本的通知》（建金〔2018〕45号）要求，单位和职工住房公积金缴存比例下限分别为5%，上限分别最高不得超过12%。单位和职工的住房公积金缴存比例应当相同，同一单位的职工住房公积金缴存比例应当相同。

（3）月缴存额。住房公积金月缴存额＝月缴存基数×单位缴存比例＋月缴存基数×职工缴存比例。住房公积金月缴存额单位和个人部分均以元为单位，元以下四舍五入。

（4）2019年度娄底市职工住房公积金月最高缴存额为3806元，即单位和个人月缴存额均不得超过1903元，最低合计不得低于114元。

（三）调整部分贷款政策。

（1）取消延长贷款期限业务，已使用过两次及以上住房公积金个人住房贷款的职工，中心不再出具异地贷款缴存使用证明，也不受理该类职工的异地贷款申请。

（2）明确可贷额初测计算公式为：（夫妻住房公积金月缴存额×12个月×贷款年限＋住房公积金余额）×1.4，最高可贷款额为50万，最终可贷额根据初测、个人征信及其他相关情况综合确定。

（四）当年服务改进情况。 2019年综合服务管理平台基本建成，陆续开通了门户网站、网上服务大厅、12329服务热线、12329手机短信、官方微信等服务渠道。

通过与房产、不动产、人民银行、省住房公积金数据共享平台、人民银行等部门或平台联网，在一线柜台即可查询房产交易、产权产籍、婚姻登记、户籍、个人信用报告等信息，为缴存职工业务办理少跑路、不跑路提供了前提条件。

（五）当年信息化建设情况。 在基础数据和资金结算平台"双贯标"验收的基础上，持续对信息系统进行优化和完善，先后完成了与全国住房公积金异地转移接续平台直连、住房公积金贷款自主核算系统改造与上线、全国住房公积金数据平台接入、与娄底市"互联网＋政务一体化"一体化数据平台对接等工作。

（六）当年住房公积金管理中心及职工所获荣誉情况。

（1）在湖南省住房城乡建设系统2019年度单项工作表彰通报中，娄底市住房公积金管理中心住房公积金管理工作突出受到通报表彰。

（2）娄底市住房公积金管理中心组队参加湖南省人防住建杯篮球赛并获得团体冠军。

（3）冷水江市管理部通过复查保留"湖南省文明窗口单位"称号。

（4）新化县管理部副主任伍丽琴获得2019年娄底市芙蓉百岗明星称号。

（七）当年对违反《住房公积金管理条例》和相关法规行为进行行政处罚和申请人民法院强制执行情况。 2019年，娄底市住房公积金缴存执法案件立案16件，送达各类法律文书24份，其中向17家单位送达了《责令限期办理住房公积金缴存登记手续通知书》，申请人民法院强制执行1件，通过行政执法新增9家单位建立（建缴）住房公积金制度，新增汇缴（补缴）人数525人，缴存（补缴）金额32.70万元。切实维护了娄底市住房公积金缴存职工的合法权益。

湘西土家族苗族自治州住房公积金 2019 年年度报告

一、机构概况

(一) 住房公积金管理委员会：住房公积金管理委员会有 27 名委员，2019 年召开 2 次会议，审议通过的事项主要包括：《关于 2019 年州住房公积金管委会委员变动调整的建议》《州住房公积金管理中心工作报告》《州住房公积金中心 2018 年预算执行情况和 2019 年预算草案报告》《州住房公积金 2018 年年度报告》《州住房公积金中心关于授权购买短期附息国债的报告》《关于州住房公积金中心 2018 年预算执行情况与 2019 年预算草案的审查报告》《关于修改住房公积金提取和贷款管理办法的说明》《关于州住房公积金相关工作的建议》《湘西自治州人民政府关于清理调整州人民政府各类议事协调机构的通知》《1~10 月份工作情况的汇报》（列出住房公积金管理委员会通过的主要议案名称）。

(二) 住房公积金管理中心：住房公积金管理中心为（隶属关系）州人民政府直属不以营利为目的的（机构属性）正处级公益一类差额拨款事业单位，设 9 个处（科），10 个管理部，0 个分中心。从业人员 101 人，其中，在编 64 人，非在编 37 人。

二、业务运行情况

(一) 缴存：2019 年，新开户单位 223 家，实缴单位 3113 家，净增单位 121 家；新开户职工 0.99 万人，实缴职工 12.92 万人，净增职工 0.34 万人；缴存额 21.52 亿元，同比增长 7.49%。2019 年末，缴存总额 133.48 亿元，比上年末增加 19.22%；缴存余额 70.51 亿元，比上年末增加 13.64%。

受委托办理住房公积金缴存业务的银行 10 家，比上年增加 2 家。

(二) 提取：2019 年，提取额 13.06 亿元，同比增长 14.16%；占当年缴存额的 60.69%，比上年增加 3.55 个百分点。2019 年末，提取总额 62.98 亿元，比上年末增加 26.16%。

(三) 贷款：

1. 个人住房贷款：个人住房贷款最高额度 35 万元，其中，单缴存职工最高额度 35 万元，双缴存职工最高额度 35 万元。

2019 年，发放个人住房贷款 4865 笔、14.18 亿元，同比分别增长 23.73%、27.76%。其中，吉首地区发放个人住房贷款 2758 笔、8.18 亿元，龙山县发放个人住房贷款 267 笔、0.83 亿元，永顺县发放个人住房贷款 361 笔、1 亿元，保靖县发放个人住房贷款 350 笔、0.98 亿元，花垣县发放个人住房贷款 369 笔、1.07 亿元，凤凰县发放个人住房贷款 379 笔、1.05 亿元，泸溪县发放个人住房贷款 213 笔、0.64 亿元，古丈县发放个人住房贷款 168 笔、0.43 亿元。

2019 年，回收个人住房贷款 6.77 亿元。其中吉首地区 3.8 亿元，龙山县 0.53 亿元，永顺县 0.55 亿元，保靖县 0.38 亿元，花垣县 0.36 亿元，凤凰县 0.49 亿元，泸溪县 0.39 亿元，古丈县 0.27 亿元……

2019 年末，累计发放个人住房贷款 5.93 万笔、101.26 亿元，贷款余额 58.94 亿元，分别比上年末增加 1.54%、16.28%、14.38%。个人住房贷款余额占缴存余额的 83.59%，比上年末减少 0.54 个百分点。

受委托办理住房公积金个人住房贷款业务的银行 3 家，比上年增加（减少）5 家。

2. 住房公积金支持保障性住房建设项目贷款：2019年，发放支持保障性住房建设项目贷款0亿元，回收项目贷款0亿元。2019年末，累计发放项目贷款0亿元，项目贷款余额0亿元。

（四）**购买国债**：2019年，购买（凭证式）国债0.3亿元，兑付国债0.1亿元。2019年末，国债余额0.2亿元，比上年末增加0.2亿元。

（五）**融资**：2019年，融资0亿元，归还0亿元。2019年末，融资总额0亿元，融资余额0亿元。

（六）**资金存储**：2019年末，住房公积金存款12.41亿元。其中，活期0.03亿元，1年（含）以下定期1.2亿元，1年以上定期6.95亿元，其他（协定、通知存款等）4.23亿元。

（七）**资金运用率**：2019年末，住房公积金个人住房贷款余额、项目贷款余额和购买国债余额的总和占缴存余额的83.87%，比上年末增加0.82个百分点。

三、主要财务数据

（一）**业务收入**：2019年，业务收入22652.57万元，同比增长11.24%。其中，存款利息4095.21万元，委托贷款利息18020.48万元，国债利息12.74万元，其他524.14万元。

（二）**业务支出**：2019年，业务支出10007.58万元，同比增长7.11%。其中，支付职工住房公积金利息9999.84万元，归集手续费1.09万元，委托贷款手续费2.43万元，其他4.22万元。

（三）**增值收益**：2019年，增值收益12644.99万元，同比增长14.74%。增值收益率1.91%，比上年增加（减少）0个百分点。

（四）**增值收益分配**：2019年，提取贷款风险准备金0万元，提取管理费用2812.14万元，提取城市廉租住房（公共租赁住房）建设补充资金9832.85万元。

2019年，上交财政管理费用2812.14万元。上缴财政城市廉租住房（公共租赁住房）建设补充资金3808万元。

2019年末，贷款风险准备金余额13124.22万元。累计提取城市廉租住房（公共租赁住房）建设补充资金26056.61万元。

（五）**管理费用支出**：2019年，管理费用支出3193.68万元，同比下降28.86%。其中，人员经费1655.81万元，公用经费291.82万元，专项经费1246.05万元。

四、资产风险状况

（一）**个人住房贷款**：2019年末，个人住房贷款逾期额116.77万元，逾期率0.198‰。其中，吉首区0.099‰，龙山县0.000‰，永顺县0.023‰，保靖县0.012‰，花垣县0.050‰，凤凰0.014‰，泸溪县0.000‰，古丈县0.00‰。

个人贷款风险准备金按贷款余额的2%提取。2019年，提取个人贷款风险准备金0万元，使用个人贷款风险准备金核销呆坏账0万元。2019年末，个人贷款风险准备金余额13124.22万元，占个人住房贷款余额的2.22%，个人住房贷款逾期额与个人贷款风险准备金余额的比率为0.89%。

（二）**支持保障性住房建设试点项目贷款**：2019年末，逾期项目贷款0万元，逾期率0‰。

项目贷款风险准备金按贷款余额的0%提取。2019年，提取项目贷款风险准备金0万元，使用项目贷款风险准备金核销呆坏账0万元，项目贷款风险准备金余额万元，占项目贷款余额的0%，项目贷款逾期额与项目贷款风险准备金余额的比率为0%。

五、社会经济效益

（一）缴存业务：2019年，实缴单位数、实缴职工人数和缴存额同比分别增长4.04%、2.74%和7.49%。

缴存单位中，国家机关和事业单位占69.03%，国有企业占9.16%，城镇集体企业占0.51%，外商投资企业占0.29%，城镇私营企业及其他城镇企业占17.57%，民办非企业单位和社会团体占2.25%，其他占1.19%。

缴存职工中，国家机关和事业单位占72.25%，国有企业占15.54%，城镇集体企业占0.51%，外商投资企业占0.31%，城镇私营企业及其他城镇企业占9.07%，民办非企业单位和社会团体占1.39%，其他占0.93%；中、低收入占97.06%，高收入占2.94%。

新开户职工中，国家机关和事业单位占45.92%，国有企业占12.2%，城镇集体企业占0.69%，外商投资企业占1.18%，城镇私营企业及其他城镇企业占34.03%，民办非企业单位和社会团体占4.8%，其他占1.18%；中、低收入占99.86%，高收入占0.14%。

（二）提取业务：2019年，39.97万名缴存职工提取住房公积金13.06亿元。

提取金额中，住房消费提取占79.26%（购买、建造、翻建、大修自住住房占29.24%，偿还购房贷款本息占49.68%，租赁住房占0.34%，其他占0%）；非住房消费提取占20.74%（离休和退休提取占14.45%，完全丧失劳动能力并与单位终止劳动关系提取占1.70%，出境定居占0.01%，其他占4.58%）。

提取职工中，中、低收入占88.07%，高收入占11.93%。

（三）贷款业务：

1. 个人住房贷款：2019年，支持职工购建房58.79万平方米，年末个人住房贷款市场占有率（含公转商贴息贷款）为26.59%，比上年末减少9.27个百分点。通过申请住房公积金个人住房贷款，可节约职工购房利息支出20168.67万元。

职工贷款笔数中，购房建筑面积90（含）平方米以下占17.29%，90～144（含）平方米占70.15%，144平方米以上占12.56%。购买新房占68.57%（其中购买保障性住房占0%），购买二手房占31.43%，建造、翻建、大修自住住房占0%，其他占0%。

职工贷款笔数中，单缴存职工申请贷款占67.32%，双缴存职工申请贷款占32.62%，三人及以上缴存职工共同申请贷款占0.06%。

贷款职工中，30岁（含）以下占26.43%，30岁～40岁（含）占41.95%，40岁～50岁（含）占25.69%，50岁以上占5.92%；首次申请贷款占%，二次及以上申请贷款占%；中、低收入占97.84%，高收入占2.16%。

2. 异地贷款：2019年，发放异地贷款240笔、7125.8万元。2019年末，发放异地贷款总额17872万元，异地贷款余额14692.52万元。

3. 公转商贴息贷款：2019年，发放公转商贴息贷款0笔、0万元，支持职工购建住房面积0万平方米，当年贴息额366.6万元。2019年末，累计发放公转商贴息贷款1260笔、33864.6万元，累计贴息674.47万元。

4. 支持保障性住房建设试点项目贷款： 2019 年末，累计试点项目 0 个，贷款额度 0 亿元，建筑面积 0 万平方米，可解决 0 户中低收入职工家庭的住房问题。0 个试点项目贷款资金已发放并还清贷款本息。

（四）住房贡献率： 2019 年，个人住房贷款发放额、公转商贴息贷款发放额、项目贷款发放额、住房消费提取额的总和与当年缴存额的比率为 113.99%，比上年增加 14.49 个百分点。

六、其他重要事项

（一）当年机构及职能调整情况、受委托办理缴存贷款业务金融机构变更情况：

（1）2019 年 12 月《湘西土家族苗族自治州住房公积金管理中心职能配置、内设机构和人员编制规定》（州编发〔2019〕14 号）核准州公积金管理中心为州人民政府直属正处级公益一类差额拨款事业单位，内设机构为：办公室、人事科、计划财务科、政策法规科、归集扩面科、贷款审批科、内部审计科、资金管理科、科技信息科。

（2）办理住房公积金归集相关业务的受托金融机构 10 家，比上年增加 2 家，分别为：中国建设银行湘西分行、中国工商银行湘西分行、中国农业银行湘西分行、中国银行湘西分行、交通银行湘西分行、湖南吉首农村商业银行、华融湘江银行湘西分行、长行村镇银行湘西分行、中国邮政储蓄银行湘西分行和中国光大银行湘西分行。

（3）办理住房公积金委托贷款相关业务的受托金融机构 3 家，比上年减少 5 家，分别为：中国建行股份有限公司湘西土家族苗族自治州分行、中国工商银行股份有限公司湘西分行、中国农业银行股份有限公司湘西分行。

（二）当年住房公积金政策调整及执行情况：

（1）汇缴政策：住房公积金最高月缴存额由最高缴存基数和最高缴存比例确定。最高缴存基数为上一年度全州在岗职工月平均工资的 3 倍，最高缴存比例为 12%。上年度，全州在岗职工月平均工资为 5769 元，其 3 倍为 17307 元，故 2019 年住房公积金单位和职工最高月缴额之和为 4152 元。个体工商户和自由职业者最低月缴存额仍为 966 元，最高月缴存额与全州机关、事业、国有企业单位职工相同，即 4152 元。中心仍保留 200 元作为最低月缴存额。

（2）提取政策：取消了缴存人子女购房、重大疾病和突发事件 3 种情形提取。

（3）贷款政策：最高贷款额度保持 35 万元不变。（机关、企事业单位职工）贷款期限延至借款人法定退休年龄后 5 年。

（4）住房公积金按人民银行一年期定期存款基准利率为职工计息，2019 年为 1.5% 不变；住房公积金贷款利率 5 年期以内（含）按照 2.75% 计息，5 年期以上按照 3.25% 计息，第二次贷款按同档利率上浮 10% 计息不变。

（三）当年服务改进情况：

（1）州直、吉首、永顺、花垣等地区住房公积金业务全面入驻当地政务服务中心，实现"一站式"办结服务。同时，推出了"网厅业务"，实现全州住房公积金业务线上线下"双轨"同步并行。与开发商合作首创推出贷款业务"柜台前移"，即：贷款前期资料收集、录入等交由楼盘的公积金专管员完成，避免缴存人因贷款资料来回传递受折腾，真正做到"不跑路，不进门，只上一张网"。

（2）各县市管理部 9 个服务大厅设置住房公积金业务查询打印一体机，建立自助服务区，投入多功能证件感应识别仪、指纹识别器、电子签名仪、三维高拍仪、实现查询个人住房公积金汇缴、支取和贷款详细情况并打印生成相关业务流水账单。

（四）当年信息化建设情况：

（1）2019年8月9日，中心三级等保达到国家质量技术标准，顺利通过国家信息网络安全中心终验，8月到公安部进行备案并取得三级等保证书。

（2）为贯彻落实住房和城乡建设部《住房和城乡建设部办公厅关于做好全国住房公积金数据平台接入工作的通知》，2019年4月底完成数据平台测试并于2019年5月初正式上线。

（五）当年住房公积金管理中心及职工所获荣誉情况：中心被评为2018年度州级文明标兵单位。

（六）当年对违反《住房公积金管理条例》和相关法规行为进行行政处罚和申请人民法院强制执行情况：中心与借款人梁正松、杨静夫妻金融借款合同纠纷一案经凤凰县人民法院审理于2019年6月15日作出的（2019）湘3123民初341号民事判决书，该判决书内容为：杨静、梁正松于判决生效后十五日内偿还申请人借款本金270460.82元及利息和罚息；因借款人未能按时归还借款本息，我中心于2019年7月19日向凤凰县人民法院申请强制执行拍卖梁正松位于凤凰县星城1~1045号房产，申请人有权就拍卖所得价款优先受偿。

（七）当年对住房公积金管理人员违规行为的纠正和处理情况等。

（八）其他需要披露的情况。

2019 全国住房公积金年度报告汇编

广东省

广州	梅州市
韶关市	汕尾市
深圳市	河源市
珠海市	阳江市
汕头市	清远市
佛山市	东莞市
江门市	中山市
湛江市	潮州市
茂名市	揭阳市
肇庆市	云浮市
惠州市	

广东省住房公积金 2019 年年度报告

一、机构概况

（一）住房公积金管理机构：全省共设 21 个设区城市住房公积金管理中心，7 个独立设置的分中心（其中，广州铁路分中心隶属广州住房公积金管理中心，河源源城区分中心、紫金县分中心、龙川县分中心、连平县分中心、和平县分中心、东源县分中心隶属河源市住房公积金管理中心）。从业人员 2280 人，其中，在编 1119 人，非在编 1161 人。

（二）住房公积金监管机构：省住房城乡建设厅、财政厅和人民银行广州分行负责对本省住房公积金管理运行情况进行监督。省住房城乡建设厅设立住房公积金监管处，负责辖区住房公积金日常监管工作。

二、业务运行情况

（一）缴存：2019 年，新开户单位 81878 家，实缴单位 425747 家，净增单位 51188 家；新开户职工 339.56 万人，实缴职工 2008.32 万人，净增职工 97.49 万人；缴存额 2590.26 亿元，同比增长 13.01%。2019 年末，缴存总额 17852.71 亿元，比上年末增加 16.97%；缴存余额 6023.97 亿元，比上年末增加 14.28%。

（二）提取：2019 年，提取额 1837.67 亿元，同比增加 8.96%；占当年缴存额的 70.95%，比上年减少 2.63 个百分点。2019 年末，提取总额 11828.73 亿元，比上年末增加 18.39%。

（三）贷款：

1. 个人住房贷款：2019 年，发放个人住房贷款 22.69 万笔、1173.83 亿元，同比增长 43.69%、56.34%。回收个人住房贷款 414.91 亿元。

2019 年末，累计发放个人住房贷款 200.30 万笔、7216.20 亿元，贷款余额 4584.49 亿元，分别比上年末增加 12.78%、19.43%、19.84%。个人住房贷款余额占缴存余额的 76.10%，比上年末增加 3.53 个百分点。

2. 住房公积金支持保障性住房建设项目贷款：2019 年末，累计发放项目贷款 3.55 亿元。

（四）购买国债：2019 年，购买（记账式、凭证式）国债 10.00 亿元，兑付（转让、收回）国债 7.00 亿元。2019 年末，国债余额 13.39 亿元，比上年末增加 3.00 亿元。

（五）融资：2019 年，归还 0.31 亿元。2019 年末，融资总额 34.71 亿元，融资余额 9.08 亿元。

（六）资金存储：2019 年末，住房公积金存款 1490.93 亿元。其中，活期 3.39 亿元，1 年（含）以下定期 150.95 亿元，1 年以上定期 1160.87 亿元，其他（协定、通知存款等）175.72 亿元。

（七）资金运用率：2019 年末，住房公积金个人住房贷款余额、项目贷款余额和购买国债余额的总和占缴存余额的 76.33%，比上年末增加 3.56 百分点。

三、主要财务数据

（一）业务收入：2019 年，业务收入 1883764.70 万元，同比增长 14.98%。其中，存款利息

512598.63 万元，委托贷款利息 1366346.13 万元，国债利息 3530.73 万元，其他 1289.21 万元。

（二）业务支出：2019 年，业务支出 1025217.00 万元，同比增长 15.69%。其中，支付职工住房公积金利息 889595.70 万元，归集手续费 53555.78 万元，委托贷款手续费 66112.62 万元，其他 15952.90 万元。

（三）增值收益：2019 年，增值收益 858547.70 万元，同比增长 14.14%；增值收益率 1.51%，与上年一致。

（四）增值收益分配：2019 年，提取贷款风险准备金 339688.73 万元，提取管理费用 65189.60 万元，提取城市廉租住房（公共租赁住房）建设补充资金 453669.37 万元。

2019 年，上交财政管理费用 61074.68 万元，上缴财政城市廉租住房（公共租赁住房）建设补充资金 504213.20 万元（根据各地公积金管理中心上报数汇总）。

2019 年末，贷款风险准备金余额 1732641.23 万元，累计提取城市廉租住房（公共租赁住房）建设补充资金 3767858.95 万元。

（五）管理费用支出：2019 年，管理费用支出 70978.04 万元，同比增长 3.72%。其中，人员经费 32121.83 万元，公用经费 3502.39 万元，专项经费 35353.82 万元。

四、资产风险状况

2019 年末，个人住房贷款逾期额 14962.28 万元，逾期率 0.33‰。

2019 年，提取个人贷款风险准备金 339688.73 万元，使用个人贷款风险准备金核销呆坏账 0.00 万元。2019 年末，个人贷款风险准备金余额 1732641.23 万元，占个人贷款余额的 3.78%，个人贷款逾期额与个人贷款风险准备金余额的比率为 0.86%。

五、社会经济效益

（一）缴存业务：2019 年，实缴单位数、实缴职工人数和缴存额增长率分别为 13.67%、5.10% 和 13.01%。

缴存单位中，国家机关和事业单位占 9.71%，国有企业占 2.91%，城镇集体企业占 0.74%，外商投资企业占 5.85%，城镇私营企业及其他城镇企业占 67.46%，民办非企业单位和社会团体占 3.48%，其他占 9.85%。

缴存职工中，国家机关和事业单位占 16.93%，国有企业占 9.35%，城镇集体企业占 0.89%，外商投资企业占 16.81%，城镇私营企业及其他城镇企业占 45.91%，民办非企业单位和社会团体占 2.27%，其他占 7.84%；中、低收入占 94.07%，高收入占 5.93%。

新开户职工中，国家机关和事业单位占 5.76%，国有企业占 5.68%，城镇集体企业占 0.69%，外商投资企业占 19.06%，城镇私营企业及其他城镇企业占 54.92%，民办非企业单位和社会团体占 3.11%，其他占 10.78%；中、低收入占 99.25%，高收入占 0.75%。

（二）提取业务：2019 年，874.71 万名缴存职工提取住房公积金 1837.67 亿元。

提取金额中，住房消费提取占 88.41%（购买、建造、翻建、大修自住住房 13.51%，偿还购房贷款本息占 54.31%，租赁住房占 16.15%，其他占 4.44%）；非住房消费提取占 11.59%（离休和退休提取占 7.62%，完全丧失劳动能力并与单位终止劳动关系提取占 0.33%，出境定居占 1.05%，其他占 2.59%）。

提取职工中，中、低收入占 89.17%，高收入占 10.83%。

（三）贷款业务：

1. 个人住房贷款： 2019 年，支持职工购建房 2739.75 万平方米。年末个人住房贷款市场占有率（含公转商贴息贷款）为 9.67%，比上年末增加 0.55 个百分点。通过申请住房公积金个人住房贷款，可节约职工购房利息支出 2786983.20 万元。

职工贷款笔数中，购房建筑面积 90（含）平方米以下占 35.70%，90～144（含）平方米占 56.35%，144 平方米以上占 7.95%。购买新房占 66.48%（其中购买保障性住房占 1.41%），购买二手房占 31.29%，其他占 2.23%。

职工贷款笔数中，单缴存职工申请贷款占 50.72%，双缴存职工申请贷款占 49.07%，三人及以上缴存职工共同申请贷款占 0.21%。

贷款职工中，30 岁（含）以下占 32.11%，30 岁～40 岁（含）占 46.50%，40 岁～50 岁（含）占 17.98%，50 岁以上占 3.41%；首次申请贷款占 84.67%，二次及以上申请贷款占 15.33%；中、低收入占 94.46%，高收入占 5.54%。

2. 异地贷款： 2019 年，发放异地贷款 16218 笔、685707.45 万元。2019 年末，发放异地贷款总额 2159035.18 万元，异地贷款余额 1670017.43 万元。

3. 公转商贴息贷款： 2019 年，发放公转商贴息贷款 1624 笔、73922.50 万元，支持职工购建房面积 23.91 万平方米。当年贴息额 13483.63 万元。2019 年末，累计发放公转商贴息贷款 37240 笔、1573827.90 万元，累计贴息 43596.08 万元。

（四）住房贡献率： 2019 年，个人住房贷款发放额、公转商贴息贷款发放额、项目贷款发放额、住房消费提取额的总和与当年缴存额的比率为 108.32%，比上年增加 12.17 个百分点。

六、其他重要事项

（一）当年住房公积金政策调整情况（下发文件名称、文号）

（1）《广东省住房和城乡建设厅办公室转发住房城乡建设部办公厅关于做好全国住房公积金数据平台接入工作的通知》（粤建办金函〔2019〕6 号）。

（2）《广东省住房和城乡建设厅转发住房城乡建设部关于建立健全住房公积金综合服务平台的通知》（粤建金〔2019〕111 号）。

（二）当年开展监督检查情况

1. 加强对全省住房公积金资金运行情况的监管

2019 年，省住房城乡建设厅，按照《广东省住房公积金资金流动性风险预警和管理的指导意见》，定期对全省情况汇总、分析研判：一是对个贷率超过 85% 的 13 个地市进行动态跟踪；二是对超 100% 的城市进行督促整改。全省资金流动性在可控范围。

2. 开展了政策执行情况检查及风险隐患排查

2019 年，省住房城乡建设厅为贯彻落实《住房和城乡建设部办公厅关于全面开展住房公积金电子稽查工作的通知》（建办金函〔2019〕297号），利用国家住房公积金电子稽查工具，在全省部署了电子稽查工作，建立重要疑点问题统计分析制度，对排查发现问题和风险隐患，及时落实整改，消除风险隐患。

3. 配合审计署专项审计

2019年，省住房城乡建设厅按照《审计署关于审计广东省住房公积金和住宅专项维修基金的通知》（审社通〔2019〕68号）要求，组织全省各地配合审计署广州特派办、深圳特派办做好对全省住房公积金专项审计，针对审计发现的问题，认真落实整改，强化住房公积金管理。

（三）当年服务改进情况

1. 全面开展"堵点痛点"疏解工作

2019年，省住房城乡建设厅为贯彻落实《广东省人民政府发布关于印发"百项疏堵行动"工作方案的通知》（粤府函〔2019〕194号）要求，督导各地梳理住房公积金业务"堵点痛点"：一是通过网厅、热线电话、服务微信号、厅长信箱、回复文件等方式，积极回应群众诉求，解决缴存职工办理公积金业务遇到的问题；二是开展住房公积金事项标准化工作，落实优化措施，优化办事流程，减证便民，疏解"难点痛点"。

2. 推动全面接入了"粤省事"小程序

2019年，省住房城乡建设厅根据省政府"数字政府"建设工作部署，组织全省各地住房公积金全部接入"粤省事"政务服务平台，实现查询业务功能全省覆盖。除个别城市外，大部分城市已与"粤省事"对接业务功能，可在"粤省事"小程序在线办理住房公积金业务，全年占"粤省事"小程序业务办理总量的40%。

（四）当年信息化建设情况

1. 加快推进"双贯标"工作

2019年，省住房城乡建设厅狠抓贯彻基础数据标准和银行结算应用系统与公积金管理中心接口标准（简称"双贯标"）工作，集中对工作未完成的10个城市进行特别督导，其"双贯标"工作全部通过部省联合验收。至此，全省"双贯标"工作的全面完成，为全省接入全国住房公积金数据平台、上线"粤省事"小程序、建设粤港澳大湾区住房公积金信息共享平台打下了坚实的基础。

2. 积极开展综合服务平台建设

2019年，省住房城乡建设厅为贯彻落实《住房和城乡建设部关于建立健全住房公积金综合服务平台的通知》（建金〔2019〕57号）要求，组织各地结合本地实际情况，搭建住房公积金综合服务平台，特别是建立线上服务渠道，开通线上线下共10多个服务渠道，网上办事大厅、手机APP、微信公众号、支付宝城市便捷服务、"刷脸认证"技术等线上服务方式广泛运用，线上办理率达95%以上。全省综合服务平台全部通过验收。

3. 如期完成全国住房公积金数据平台接入工作

2019年，省住房城乡建设厅为贯彻落实《住房和城乡建设部关于做好全国住房公积金数据平台接入工作的通知》（建办金函〔2019〕36号）要求，采用全省统一适配建设、统一接入平台的方式，顺利于4月底全面完成接入任务，广东成为全国首个接入数据平台的省份。

4. 开展粤港澳大湾区住房公积金信息共享平台建设

2019年，省住房城乡建设厅为贯彻落实省政府"百项疏堵"行动计划，助力粤港澳大湾区建设，年末，建成了粤港澳大湾区住房公积金信息共享平台，以大湾区为起点，全省21个城市全部接入应用，实现城市间的数据互联共享。通过平台办理了住房公积金异地转移接续、异地贷款、异地提取等跨区域业务，多项业务无需职工在两个城市间跑动，大大减少了办事要件，压减了审批时长，解决了住房公积金业务存在的职工办理业务两地跑，出具证明、发函查验、查询审核等流程多时间长等痛点堵点问题。

广州住房公积金2019年年度报告

一、机构概况

（一）住房公积金管理委员会：住房公积金管理委员会有30名委员，2019年召开3次会议，审议通过的事项主要包括：《关于调整市住房公积金管理委员会委员的意见》《广州住房公积金2018年年度报告》《2018年度住房公积金业务收支情况和增值收益安排及2019年度业务收支计划》《广州住房公积金管理中心关于调整2019年度住房公积金贷款额度的意见》等。

（二）住房公积金管理中心：广州住房公积金管理中心为直属广州市人民政府不以营利为目的的副局级事业单位，设10个部（室），1个分中心，4个办事处，8个管理部。从业人员544人，其中，在编210人，非在编334人。

二、业务运行情况

（一）缴存：2019年，新开户单位21920家，实缴单位105172家，净增单位14787家；新开户职工74.74万人，实缴职工479.72万人，净增职工18.19万人；缴存额851.06亿元，同比增长11.48％。2019年末，缴存总额6780.30亿元，比上年末增加14.35％；缴存余额1846.11亿元，比上年末增加13.71％。

受委托办理住房公积金缴存业务的银行15家，比上年增加1家。

（二）提取：2019年，提取额628.49亿元，同比增长2.39％；占当年缴存额的73.85％，比上年减少6.56个百分点。2019年末，提取总额4934.18亿元，比上年末增加14.60％。

（三）贷款：

个人住房贷款：个人住房贷款最高额度100万元，其中，单缴存职工最高额度60万元，双缴存职工最高额度100万元。

2019年，发放个人住房贷4.05万笔、266.06亿元，同比分别增长62.05％、增长69.76％。

2019年，回收个人住房贷款136.43亿元。

2019年末，累计发放个人住房贷款56.24万笔、2473.69亿元，贷款余额1340.13亿元，分别比上年末增加7.76％、12.05％、10.71％。个人住房贷款余额占缴存余额的72.59％，比上年末减少1.97个百分点。

受委托办理住房公积金个人住房贷款业务的银行17家，与上年持平。

（四）购买国债：2019年，购买记账式国债10亿元，兑付国债7亿元。2019年末，国债余额12亿元，比上年末增加3亿元。

（五）资金存储：2019年末，住房公积金存款501.48亿元。其中，活期0.02亿元，1年（含）以下定期55.7亿元，1年以上定期414.55亿元，其他（协定、通知存款等）31.21亿元。

（六）资金运用率：2019年末，住房公积金个人住房贷款余额、项目贷款余额和购买国债余额的总和占缴存余额的73.24%，比上年末减少1.87个百分点。

三、主要财务数据

（一）业务收入：2019年，业务收入573984.28万元，同比增长13.58%。存款利息156347.35万元，委托贷款利息414446.20万元，国债利息3057.53万元，其他133.20万元。

（二）业务支出：2019年，业务支出299645.40万元，同比增长11.86%。支付职工住房公积金利息260130.29万元，归集手续费10575.34万元，委托贷款手续费20426.25万元，其他8513.52万元。

（三）增值收益：2019年，增值收益274338.88万元，同比增长15.51%。增值收益率1.58%，比上年增加0.05个百分点。

（四）增值收益分配：2019年，提取贷款风险准备金105896.07万元，提取管理费用14658.11万元，提取城市廉租住房（公共租赁住房）建设补充资金153784.70万元。

2019年，上交财政管理费用14029.09万元。上缴财政城市廉租住房（公共租赁住房）建设补充资金215101.91万元。

2019年末，贷款风险准备金余额469046.55万元。累计提取城市廉租住房（公共租赁住房）建设补充资金1759489.46万元。

（五）管理费用支出：2019年，管理费用支出21449.77万元，同比增长6.53%。其中，人员经费7751.91万元，公用经费499.73万元，专项经费13198.13万元。

市中心管理费用支出18400.65万元，其中，人员、公用、专项经费分别为5687.62万元、354.03万元、12359.00万元；广铁分中心管理费用支出911.03万元，其中，人员、公用、专项经费分别为646.82万元、30.38万元、233.83万元；从化办事处管理费用支出365.22万元，其中，人员、公用、专项经费分别为261.40万元、29.99万元、73.83万元；增城办事处管理费用支出496.13万元，其中，人员、公用、专项经费分别为357.42万元、23.82万元、114.89万元；番禺办事处管理费用支出647.70万元，其中，人员、公用、专项经费分别为433.65万元、30.36万元、183.69万元；花都办事处管理费用支出629.04万元，其中，人员、公用、专项经费分别为365.00万元、31.17万元、232.87万元。

四、资产风险状况

个人住房贷款：2019年末，个人住房贷款逾期额6487.09万元，逾期率0.48‰。

个人贷款风险准备金按贷款余额的3.5%提取。2019年，提取个人贷款风险准备金105896.07万元，未使用个人贷款风险准备金核销呆坏账。2019年末，个人贷款风险准备金余额469046.55万元，占个人住房贷款余额的3.5%，个人住房贷款逾期额与个人贷款风险准备金余额的比率为1.38%。

五、社会经济效益

（一）缴存业务：2019年，实缴单位数、实缴职工人数和缴存额同比分别增长16.36%、3.94%和11.48%。

缴存单位中，国家机关和事业单位占7.03%，国有企业占1.20%，城镇集体企业占0.27%，外商投资企业占3.75%，城镇私营企业及其他城镇企业占69.55%，民办非企业单位和社会团体占3.16%，其他占15.04%。

缴存职工中，国家机关和事业单位占16.88%，国有企业占6.20%，城镇集体企业占0.49%，外商投资企业占11.50%，城镇私营企业及其他城镇企业占57.24%，民办非企业单位和社会团体占2.34%，其他占5.35%；中、低收入占87.30%，高收入占12.70%，住房公积金制度覆盖范围大部分为中低收入缴存职工。

新开户职工中，国家机关和事业单位占5.38%，国有企业占3.24%，城镇集体企业占0.20%，外商投资企业占11.68%，城镇私营企业及其他城镇企业占57.48%，民办非企业单位和社会团体占2.27%，其他占19.75%；中、低收入占98.66%，高收入占1.34%，中低收入职工开户缴存住房公积金的意愿增大，城镇私营企业及其他城镇企业职工新增开户总量最大。

（二）提取业务：2019年，284.38万名缴存职工提取住房公积金628.49亿元。

提取金额中，住房消费提取占90.31%（购买、建造、翻建、大修自住住房占10.36%，偿还购房贷款本息占68.57%，租赁住房占11.36%，其他占0.02%）；非住房消费提取占9.69%（离休和退休提取占7.74%，完全丧失劳动能力并与单位终止劳动关系提取占0.003%，非本市户口职工与单位终止劳动关系占1.23%，出境定居占0.05%，其他占0.67%）。

提取职工中，中、低收入占80.75%，高收入占19.25%，住房公积金使用政策大力支持中低收入缴存职工购租房，改善居住条件。

（三）贷款业务：

1.个人住房贷款：2019年，支持职工购建房371.81万平方米，年末个人住房贷款市场占有率（含公转商贴息贷款）为14.62%，比上年末增加0.32个百分点。通过申请住房公积金个人住房贷款，可节约职工购房利息支出581641.38万元。

职工贷款笔数中，购房建筑面积90（含）平方米以下占46.44%，90~144（含）平方米占52.63%，144平方米以上占0.93%。由以上数据可知，我市住房公积金贷款主要支持职工购买普通自住住房，支持职工解决刚需和改善型住房需求。购买新房占55.49%（其中购买保障性住房占0.03%），购买二手房占44.51%。

职工贷款笔数中，单缴存职工申请贷款69.49%，双缴存职工申请贷款占30.50%，三人及以上缴存职工共同申请贷款占0.01%。

贷款职工中，30岁（含）以下占37.27%，30岁~40岁（含）占46.96%，40岁~50岁（含）占13.48%，50岁以上占2.29%；首次申请贷款占59.95%，二次及以上申请贷款占40.05%；中、低收入占96.69%，高收入占3.31%。由以上数据可知，我市住房公积金贷款主要发放对象为中低收入者，有力的发挥了支持住房刚需和改善型需求的功能。

2. 异地贷款：2019 年，发放异地贷款 379 笔、24795.5 万元。2019 年末，发放异地贷款总额 86001.3 万元，异地贷款余额 67895.75 万元。

3. 公转商贴息贷款：2019 年，发放公转商贴息贷款 18 笔、1258 万元，支持职工购建住房面积 0.164792 万平方米，当年贴息额 8272.14 万元。2019 年末，累计发放公转商贴息贷款 14952 笔、960085.5 万元，累计贴息 25137.45 万元。

（四）住房贡献率：2019 年，个人住房贷款发放额、公转商贴息贷款发放额、项目贷款发放额、住房消费提取额的总和与当年缴存额的比率为 97.97%，比上年增加 6.69 个百分点。

六、其他重要事项

（一）当年受委托办理缴存贷款业务金融机构变更情况：2019 年，我中心增加中国邮政储蓄银行广州分行为归集业务承办银行。

（二）当年住房公积金政策调整及执行情况：我中心于 2019 年 6 月 17 日印发《广州住房公积金管理中心关于 2019—2020 年度住房公积金缴存调整有关问题的通知》（穗公积金中心〔2019〕51 号），规定自 2019 年 7 月 1 日起开展新年度缴存基数调整工作。《通知》规定 2019—2020 年度职工缴存基数不低于本市现行最低工资标准 2100 元，不高于本市 2018 年城镇非私营单位在岗职工月平均工资的 3 倍，即 27960 元；单位及个人的住房公积金缴存比例下限各为 5%，上限各为 12%。

我中心于 2019 年 8 月 28 日发布《广州住房公积金管理中心关于调整贷款业务流程有关问题的通知》（穗公积金中心〔2019〕74 号），规定自 2019 年 8 月 31 日起，购买一手现房申请住房公积金贷款，贷款期限不得超过 30 年，贷款期限和楼龄之和不得超过 40 年。

（三）当年服务改进情况：2019 年，我中心围绕市政府相关文件要求，积极配合市政务服务数据管理局，成立"数字政府"改革建设工作领导小组，认真落实"数字政府"相关工作任务。大力推进政府信息化建设，全面推行"马上办、网上办、就近办、一次办"建设，通过完成新一代住房公积金核心系统上线，优化、拓展网上业务大厅、微信、手机 APP 服务功能，推行业务网上或微信预约办理，实现 7×24 小时网上业务办理，建立智慧化的便民服务体系，推动大部分业务向线上转移，着力提高"零跑腿"办理业务比重。积极推进"好差评"工作，完成静态二维码、动态二维码和服务评价器的系统对接工作。

（1）推出新版门户网站和网上办事大厅，提升网站便捷性、流畅性和稳定性，优化网厅在线服务功能和使用体验，进一步提高中心网上信息发布管理水平和网上业务服务效率。

（2）做好与外单位数据对接和共享工作，实现新业务系统与公安、房产、社保、民政等相关单位数据联通，积极响应和落实"数据多跑路、群众少跑腿"政策号召。

（四）当年信息化建设情况：

（1）完成中心新一代业务系统的建设和上线运行工作，顺利通过住房和城乡建设部、省住房城乡建设厅两级的"双贯标"验收，实现中心业务数据大集中管理、业务网办最大化、业务办理无纸化、与外单位实时共享数据、系统操作留痕等目标，大大提高中心服务管理水平。

（2）按照省住房城乡建设厅部署要求，牵头完成粤港澳大湾区住房公积金信息共享平台建设，打通各中心之间、各中心与相关政务部门之间的信息壁垒，实现异地业务数据交换的标准统一、实时高效、安全可控，助力提升公积金行业整体管理服务水平。

（3）完成云平台迁移建设，将核心业务系统和数据整体迁移到广州沙溪云计算数据中心，显著提升业务数据集约化水平、系统支撑效能和安全防护能力。

（五）当年住房公积金管理中心及职工所获荣誉情况：番禺办事处党支部获得"广州市先进党组织"称号、花都办事处党支部被评为"广州市直属机关先进党组织"、中心团委获得2018—2019年度"广州市五四红旗团委"、天河管理部被评为2018年度"广州市青年文明号"标兵、越秀管理部被评为"广州市三八红旗集体"、2018年度"广州市青年文明号"、白云管理部被评为2018年度"广州市青年文明号"。杜雯瑶被评为2018—2019年度"广州市优秀共青团员"、陈秋萍被评为2018年度广州市"政务窗口服务标兵"。

（六）当年对违反《住房公积金管理条例》和相关法规行为进行行政处罚和申请人民法院强制执行情况：

2019年，全年就单位未依法设立住房公积金账户共立案督缴537宗，比上年下降77.82%，对11个单位进行行政处罚，申请法院强制执行37宗。

2019年，全年就职工投诉单位未依法缴存住房公积金案件立案25791宗，比上年增长5%，向单位发出《责令限期办理决定书》21174份，追缴未依法缴存的住房公积金2.6亿元，申请法院强制执行6068宗。

（七）当年对住房公积金管理人员违规行为的纠正和处理情况等：2019年，本市住房公积金管理人员没有发生违规行为。

韶关市住房公积金2019年年度报告

一、机构概况

（一）住房公积金管理委员会：住房公积金管理委员会有29名委员，2019年召开1次会议，审议通过的事项主要包括：表决韶关市住房公积金管理委员会委员的组成名单；审议《市财政局2019年度市住房公积金财务收支预算的审核意见》；审议《韶关市2018年度住房公积金年度报告》。

（二）住房公积金管理中心：住房公积金管理中心为市政府直属（住管局代管）不以营利为目的的参照公务员法管理公益一类事业单位，设4个科，8个办事处。从业人员93人，其中，在编46人，非在编47人。

二、业务运行情况

（一）缴存：2019年，新开户单位569家，实缴单位4810家，净增单位348家；新开户职工2.59万人，实缴职工23.44万人，净增职工1.02万人；缴存额38.35亿元，同比增长7.03%。2019年末，缴存总额322.93亿元，比上年末增加13.48%；缴存余额92.98亿元，比上年末增加8.87%。

受委托办理住房公积金缴存业务的银行 7 家。

（二）提取：2019 年，提取额 30.77 亿元，同比增加 4.90%；占当年缴存额的 80.24%，比上年减少 1.63 个百分点。2019 年末，提取总额 229.95 亿元，同比增加 15.45%。

（三）贷款：

个人住房贷款：个人住房贷款最高额度 40 万元，其中，单缴存职工最高额度 25 万元，双缴存职工最高额度 40 万元。

2019 年，发放个人住房贷款 0.55 万笔、14.34 亿元，同比分别增加 0.05%、减少 10.76%。

2019 年，回收个人住房贷款 7.73 亿元。

2019 年末，累计发放个人住房贷款 7.05 万笔、134.75 亿元，贷款余额 87.67 亿元，分别比上年末增加 8.47%、增加 11.91%、增加 8.15%。个人住房贷款余额占缴存余额的 94.28%，比上年减少 0.63 个百分点。

受委托办理住房公积金个人住房贷款业务的银行 9 家。

（四）资金存储：2019 年末，住房公积金存款 7.33 亿元。其中，活期 0.01 亿元，1 年以上定期 6.28 亿元，其他（协定、通知存款等）1.04 亿元。

（五）资金运用率：2019 年末，住房公积金个人住房贷款余额、项目贷款余额和购买国债余额的总和占缴存余额的 94.28%，比上年末减少 0.63 个百分点。

三、主要财务数据

（一）业务收入：2019 年，业务收入 30500.33 万元，同比增加 8.80%。存款利息 2673.54 万元，委托贷款利息 27818.59 万元，其他 8.20 万元。

（二）业务支出：2019 年，业务支出 14933.30 万元，同比增长 8.32%。支付职工住房公积金利息 13580.88 万元，委托贷款手续费 1351.23 万元，其他 1.20 万元。

（三）增值收益：2019 年，增值收益 15567.03 万元，同比增加 9.25%。增值收益率 1.73%，比上年增加 0.02 个百分点。

（四）增值收益分配：2019 年，提取贷款风险准备金 660.88 万元，提取管理费用 1676.46 万元，提取城市廉租住房（公共租赁住房）建设补充资金 13229.68 万元。

2019 年，上交财政管理费用 1676.46 万元。上缴财政城市廉租住房（公共租赁住房）建设补充资金 11471.67 万元。

2019 年末，贷款风险准备金余额 8766.82 万元。累计提取城市廉租住房（公共租赁住房）建设补充资金 106511.57 万元。

（五）管理费用支出：2019 年，管理费用支出 1858.96 万元，同比增加 8.02%。其中，人员经费 1103.29 万元，公用经费 132.76 万元，专项经费 622.91 万元。

四、资产风险状况

个人住房贷款：2019 年末，个人住房贷款逾期额 280 万元，逾期率 0.3194‰。

个人贷款风险准备金按贷款余额的 1% 提取。2019 年，提取个人贷款风险准备金 660.88 万元。2019

年末，个人贷款风险准备金余额8766.82万元，占个人住房贷款余额的1%，个人住房贷款逾期额与个人贷款风险准备金余额的比率为3.19%。

五、社会经济效益

（一）缴存业务：2019年，实缴单位数、实缴职工人数和缴存额同比分别增加7.8%、增加4.55%和增加7.03%。

缴存单位中，国家机关和事业单位占39.52%，国有企业占10.59%，城镇集体企业占1.62%，外商投资企业占1.85%，城镇私营企业及其他城镇企业占34.28%，民办非企业单位和社会团体占3.01%，其他占9.13%。

缴存职工中，国家机关和事业单位占43.67%，国有企业占25.88%，城镇集体企业占0.49%，外商投资企业占3.28%，城镇私营企业及其他城镇企业占16.80%，民办非企业单位和社会团体占0.96%，其他占8.92%；中、低收入占97.50%，高收入占2.50%。

新开户职工中，国家机关和事业单位占24.11%，国有企业占13.01%，城镇集体企业占0.97%，外商投资企业占7.25%，城镇私营企业及其他城镇企业占34.34%，民办非企业单位和社会团体占1.96%，其他占18.36%；中、低收入占99.76%，高收入占0.24%。

（二）提取业务：2019年，10.17万名缴存职工提取住房公积金30.77亿元。

提取金额中，住房消费提取占83.62%（购买、建造、翻建、大修自住住房占23.09%，偿还购房贷款本息占59.33%，租赁住房占0.56%，其他占0.64%）；非住房消费提取占16.38%（离休和退休提取占14.07%，出境定居占0.53%，其他占1.78%）。

提取职工中，中、低收入占96.77%，高收入占3.23%。

（三）贷款业务：

1. 个人住房贷款：2019年，支持职工购建房72.90万平方米，年末个人住房贷款市场占有率（含公转商贴息贷款）为16.91%，比上年末减少1.53个百分点。通过申请住房公积金个人住房贷款，可节约职工购房利息支出30446.50万元。

职工贷款笔数中，购房建筑面积90（含）平方米以下占4.00%，90～144（含）平方米占73.57%，144平方米以上占22.43%。购买新房占90.55%，购买二手房占9.45%。

职工贷款笔数中，单缴存职工申请贷款占59.71%，双缴存职工申请贷款占39.96%，三人及以上缴存职工共同申请贷款占0.33%。

贷款职工中，30岁（含）以下占32.83%，30岁～40岁（含）占31.28%，40岁～50岁（含）占28.41%，50岁以上占7.48%；首次申请贷款占89.63%，二次及以上申请贷款占10.37%；中、低收入占99.42%，高收入占0.58%。

2. 异地贷款：2019年，发放异地贷款103笔、3103.10万元。2019年末，发放异地贷款总额12629.47万元，异地贷款余额12005.55万元。

（四）住房贡献率：2019年，个人住房贷款发放额、公转商贴息贷款发放额、项目贷款发放额、住房消费提取额的总和与当年缴存额的比率为104.49%，比上年减少6.89个百分点。

六、其他重要事项

（一）当年住房公积金政策调整及执行情况：

1. 缴存基数调整情况。根据韶关市住房公积金管理委员会《关于 2019 年度住房公积金缴存调整工作的通知》，住房公积金缴存基数为职工本人 2018 年度月平均工资，不高于本市 2018 年城镇非私营单位在岗职工月平均工资 6294 元的 3 倍，不低于本市最低工资标准 1410 元。2019 年 7 月 1 日至 2020 年 6 月 30 日，本市住房公积金缴存基数上限为 18882 元，下限为 1410 元。最高缴存比例为 12%，最低缴存比例为 5%。

2. 贷款政策调整情况。在最高贷款限额内，增加了住房公积金可贷额度不高于借款人和共同借款人住房公积金账户余额之和一定倍数的计算标准。

3. 当年利率执行标准。归集的个人住房公积金存款利率为 1.5%，上年结转的个人住房公积金存款利率为 1.5%。五年期以上个人住房公积金贷款利率为 3.25%，五年期以下（含五年）个人住房公积金贷款利率为 2.75%。

（二）当年服务改进情况：

1. 增设服务网点，让群众少跑路。新增市行政服务中心、始兴行政服务中心、翁源行政服务中心及曲江大宝山代办点四个服务网点，方便群众办理公积金业务。

2. 突破地域限制，公积金提取"就近办"。实现住房公积金提取全城通办。改变原来"缴存地受理、缴存地审核"的模式，缴存职工可以不受辖区限制，任意选择到就近网点办理住房公积金提取业务。

3. 引进公积金 VTM 智慧柜员机，提高办事效率。缴存职工无需排队等候即可自助办理公积金提取、信息查询、凭证打印等业务。

4. 建成"网上办事大厅"，打造线上服务渠道。缴存职工可在线办理缴存基数调整、公积金提取、提前还款等 18 项单位业务和 21 项个人业务。

5. 建设住房公积金综合服务平台，提升服务水平。打通网上业务大厅、门户网站、官方微信、自助服务终端等八大服务渠道，推出手机客户端，构建系统信息、业务办理、渠道管理一体的服务平台。

（三）当年信息化建设情况：

（1）接入"粤省事"平台，加快政务服务改革，提升公共服务水平，推进"数字政府"建设。我中心是全市第一批接入"粤省事"并提供服务的单位，缴存职工可通过"粤省事"小程序实时查询公积金缴存信息及明细。

（2）接入全国住房公积金数据平台，实现与国家税务总局数据交换，为自然人的税收管理的共建共治共管提供支持。

（3）接入粤港澳大湾区数据共享平台，实现全省住房公积金的数据共享，提高风险防控能力，简化职工办事材料。

（4）持续完善灾备体系建设，通过数据存储设备双活冗余配置，公积金核心系统和数据库实现了双机双活存储，大大降低了数据丢失风险；实现与省统一备份中心对接，建成以"异地备份""同城异地备份""本地备份"为框架的灾备机制，进一步提高了数据安全性。

（四）当年所获荣誉情况：2019 年 3 月市中心被授予广东省"巾帼文明岗"，仁化办事处被授予仁化县"三八红旗集体";10月市中心被授予韶关市"青年文明号"。

（五）**当年行政执法情况**：根据《中共韶关市委机构编制委员会关于调整市住房和城乡建设管理局所属事业单位机构编制事项的通知》（韶机编发〔2019〕11号），自2019年3月起我中心不具有对违反《住房公积金管理条例》有关违法行为的处罚等行政职能。2019年度，我中心协助韶关市住房和城乡建设管理局受理完成职工投诉41宗，为职工依法补缴住房公积金2212456元。向未建缴住房公积金的单位发放催缴函2303份。

深圳市住房公积金2019年年度报告

一、机构概况

（一）**深圳市住房公积金管理委员会**：深圳市住房公积金管理委员会为深圳市住房公积金管理的决策机构，由市政府分管市领导担任管委会主任，现有委员21名，主要由职工代表、单位代表和政府职能部门负责人及有关专家组成。

住房公积金管理委员会主要职责为依据有关法律、法规和政策，制定和调整住房公积金的具体管理措施，并监督实施；拟订住房公积金的具体缴存比例；审批住房公积金年度归集、使用计划及计划执行情况的报告；审批住房公积金年度财务收支预算、决算；审批住房公积金增值收益分配方案；审批住房公积金呆坏账核销申请；审议住房公积金年度公报以及需要决策的其他事项等。

2019年召开1次会议，审议通过《关于我市住房公积金制度实施情况的报告》《深圳市住房公积金2018年运行情况及2019年归集使用和财务收支计划》《深圳市住房公积金提取管理规定（送审稿）》《关于进一步规范住房公积金贷款业务有关事项的通知（送审稿）》等议题。

（二）**深圳市住房公积金管理中心**：深圳市住房公积金管理中心（以下简称中心）为市政府直属、由市住房和建设局代管、不以营利为目的的经费自理事业单位，为深圳市法定机构试点单位，主要负责全市住房公积金的归集、管理、使用和会计核算；内设综合管理部、人力资源部、政策法规部、计划财务部、归集管理部、贷款管理部、审计稽核部、互联网应用发展部、信息管理部和事务受理部10个部门，下设福田管理部、宝安管理部和龙岗管理部3个管理部，从业人员239人。

二、业务运行情况

（一）**缴存**：2019年，新开户单位（不含尚未缴存）32826家，实缴单位178273家，净增单位22476家；新开户职工（不含尚未缴存，下同）115.83万人，实缴职工665.15万人，净增职工16.29万人；缴存额717.88亿元，同比增长12.73%。见图1。

截至2019年末，累计缴存总额3830.12亿元，比上年末增长23.07%；缴存余额1855.26亿元，比上年末增长16.05%。

受委托办理住房公积金缴存业务的银行7家，与上年持平。

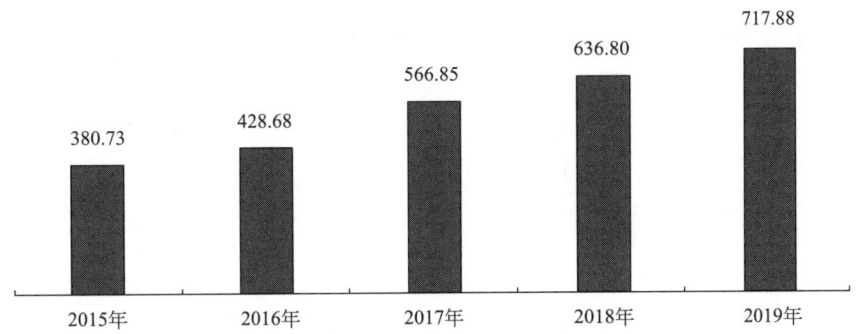

图 1　2015—2019 年缴存额情况（单位：亿元）

（二）提取：

2019 年，提取额 461.28 亿元，同比增长 13.90％；占当年缴存额的 64.26％，比上年增加 0.66 个百分点。见图 2。

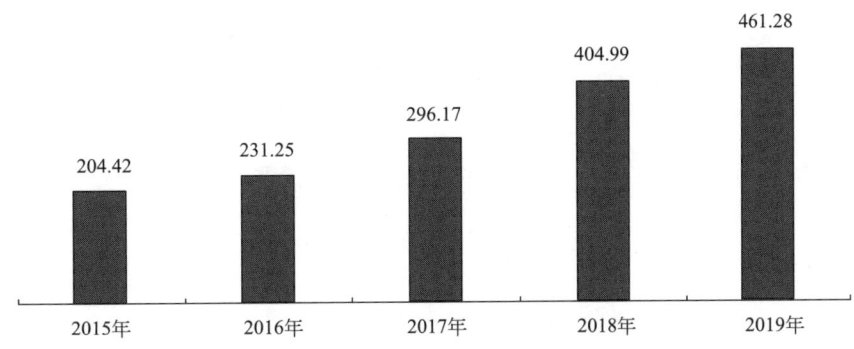

图 2　2015—2019 年提取额情况（单位：亿元）

截至 2019 年末，累计提取总额 1974.86 亿元，比上年末增长 30.48％。

（三）贷款：

个人住房贷款：个人住房贷款最高额度 90 万元，其中，单缴存职工最高额度 50 万元，双缴存职工最高额度 90 万元。

2019 年，发放个人住房贷款 5.14 万笔、343.39 亿元，同比分别增长 34.65％、35.41％。见图 3。

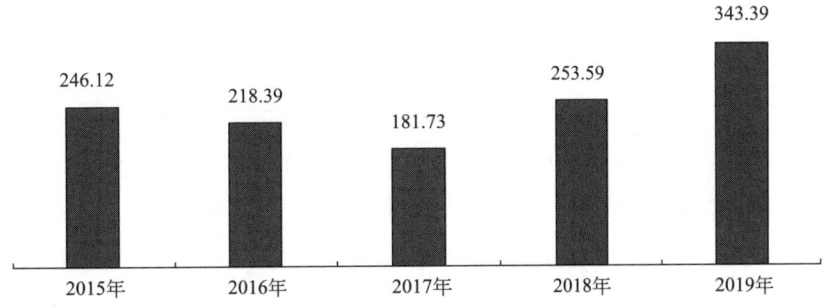

图 3　2015—2019 年住房公积金个人住房贷款发放情况（单元：亿元）

2019年,回收个人住房贷款88.16亿元。

截至2019年末,累计发放个人住房贷款24.81万笔、1512.92亿元,贷款余额1211.61亿元,分别比上年末增长26.11%、29.36%、26.69%。个人住房贷款余额占缴存余额的65.31%,比上年增加5.49个百分点。

受委托办理住房公积金个人住房贷款业务的银行10家,与上年相同。

(四) 资金存储：2019年末,住房公积金存款648.9亿元。其中,活期存款43.29亿元(普通活期存款0.01亿元,协定存款43.28亿元),1年以上定期605.61亿元。

(五) 资金运用率：2019年末,住房公积金个人住房贷款余额占缴存余额的65.31%,比上年末增加5.49个百分点。

三、主要财务数据

(一) 业务收入：2019年,业务收入617227.55万元,同比增长19.65%。其中,存款利息264197.91万元,委托贷款利息353029.09万元,其他收入0.55万元。

(二) 业务支出：2019年,业务支出296165.5万元,同比增长19.18%。其中,支付职工住房公积金利息263349.66万元,归集手续费14628.68万元,委托贷款手续费18048.52万元,其他支出138.64万元。

(三) 增值收益：2019年,增值收益321062.04万元,同比增长20.08%。增值收益率1.85%,比上年增加0.05个百分点。

(四) 增值收益分配：2019年,计提贷款风险准备金192637.23万元,计提管理费用11985.75万元,计提公共租赁住房等保障性住房建设资金116439.06万元。

2019年,上交财政管理费用11985.75万元。上缴财政2018年度公共租赁住房等保障性住房建设资金96876.53万元。

截至2019年末,贷款风险准备金余额905892.52万元。累计提取公共租赁住房等保障性住房建设资金512716.05万元。

(五) 管理费用支出：2019年,管理费用支出11099.29万元,同比增长11.13%。其中,人员工资、社会保险、住房公积金、年金等人员经费4992.27万元,公用经费248.73万元,办公场所租金、物业管理费、电费、业务开展经费以及行政执法经费等专项经费5858.29万元。

四、资产风险状况

个人住房贷款：2019年末,个人住房贷款逾期额561.61万元,逾期率0.05‰。

个人贷款风险准备金按增值收益的60%提取。2019年,提取个人贷款风险准备金192637.23万元,使用个人贷款风险准备金核销呆坏账0万元。2019年末,个人贷款风险准备金余额905892.52万元,占个人住房贷款余额的7.48%,个人住房贷款逾期额与个人贷款风险准备金余额的比率为0.06%。

五、社会经济效益

(一) 缴存业务：2019年,实缴单位数、实缴职工人数和缴存额同比分别增长14.43%、2.51%

和12.73%。

缴存单位中，国家机关和事业单位占1.40%，国有企业占2.34%，城镇集体企业占0.46%，外商投资企业占6.80%，城镇私营企业及其他城镇企业占77.47%，民办非企业单位和社会团体占3.15%，其他占8.38%。

缴存职工中，国家机关和事业单位占3.86%，国有企业占12.01%，城镇集体企业占1.09%，外商投资企业占21.51%，城镇私营企业及其他城镇企业占49.23%，民办非企业单位和社会团体占2.27%，其他占10.03%。

新开户职工中，国家机关和事业单位占1.57%，国有企业占7.65%，城镇集体企业占0.84%，外商投资企业占23.74%，城镇私营企业及其他城镇企业占57.00%，民办非企业单位和社会团体占2.63%，其他占6.57%。

（二）提取业务：2019年，256.88万名缴存职工提取住房公积金461.28亿元。

提取金额中，住房消费提取占89.31%（购买、建造、翻建、大修自住住房占12.05%，偿还购房贷款本息占26.83%，租赁住房占36.41%，其他住房消费占14.02%）；非住房消费提取占10.69%（离休和退休提取占4.96%，完全丧失劳动能力并与单位终止劳动关系提取占0.03%，户口迁出本市或出境定居占0.16%，其他非住房消费占5.54%）。

（三）贷款业务：

1. 个人住房贷款：2019年，支持职工购建房413.71万平方米，年末个人住房贷款市场占有率为8.43%，比上年末增加1.05个百分点。通过申请住房公积金个人住房贷款，可节约职工购房利息支出1058343万元。

职工贷款笔数中，购房建筑面积90（含）平方米以下占78.76%，90～144（含）平方米占19.45%，144平方米以上占1.79%。

职工贷款笔数中，商业贷款转住房公积金贷款占52.27%，存量商品房贷款占26.74%，新建商品房贷款占15.52%，保障性住房贷款占5.47%。

职工贷款笔数中，单缴存职工申请贷款占48.28%，双缴存职工申请贷款占51.61%，三人及以上缴存职工共同申请贷款占0.11%。

贷款职工中，30岁（含）以下占28.86%，30岁～40岁（含）占57.12%，40岁～50岁（含）占12.52%，50岁以上占1.50%；首次申请贷款占94.53%，二次及以上申请贷款占5.47%。

2. 异地贷款：2019年，发放异地贷款425笔、30280万元。截至2019年末，发放异地贷款总额67408.3万元，异地贷款余额65847.12万元。

（四）住房贡献率：2019年，个人住房贷款发放额、住房消费提取额的总和与当年缴存额的比率为105.22%，比上年增加8.92个百分点。

六、其他重要事项

（一）当年归集银行变更情况：2018年末，我市完成新一轮归集银行的公开招标工作，并于2019年1月正式进入新一轮合作期。7家归集银行分别是中国工商银行股份有限公司深圳市分行、中国银行股份有限公司深圳市分行、中国建设银行股份有限公司深圳市分行、交通银行股份有限公司深圳分行、招商银行股份有限公司深圳分行、平安银行股份有限公司深圳分行、中信银行股份有限公司深圳分行。其中，平安银行股份有限公司深圳分行为新增归集银行，兴业银行股份有限公司深圳分行不再担任我市住房公积金归集银行。

（二）当年住房公积金政策调整及执行情况：

1. 提取政策调整情况

2019年11月1日，经深圳市住房公积金管理委员会批准，新版《深圳市住房公积金提取管理规定》正式实施。新规对住房公积金提取部分申请条件和材料等事项进行调整：将购房提取的住房消费情形发生时间与职工申请提取时间间隔由两年以内改为三年以内；明确商品住房（住宅类）的范围；调整了在国外或者我国港、澳、台地区定居销户提取的材料。

2. 贷款政策调整情况

2019年11月1日，经深圳市住房公积金管理委员会批准，《关于进一步规范住房公积金贷款业务有关事项的通知》正式实施。新规对贷款部分事项进行明确：部分限制交易类住房可申请住房公积金贷款；明确规定对于住房公积金贷款尚未清偿，因城市更新、棚户区改造等原因需要拆迁抵押住房并注销抵押权的，公积金中心在抵押人或第三人重新提供足额担保的前提下应当予以协助。此外，对于因城市更新和棚户区改造等涉及回迁住房新购面积的，职工在按新要求提供足额担保的前提下，可申请住房公积金贷款。

（三）当年服务优化情况：

1. "互联网＋公积金服务"再度全面升级

一是综合服务管理平台新接入工商银行自助终端、支付宝城市服务两个重要渠道。通过与工商银行深圳市分行合作，首次在全市推出了STM机跨行自助办理住房公积金业务功能，职工凭身份证，即可在工商银行深圳市分行STM机上签订自助办理服务协议、关联联名卡、办理租房提取等4类提取业务、查询住房公积金账户信息等，使用其他银行住房公积金联名卡的职工亦可办理；在支付宝城市服务新增租房、退休销户等4项自助提取业务功能，并对支付宝刷脸认证后查询职工个人住房公积金信息、联名卡关联以及修改密码等服务功能进行优化升级。二是持续增强综合服务管理平台服务能力，通过简化业务流程，打通数据共享，实现更多业务的首次线上办理。在"粤省事"微信平台新增零额销户、对冲还贷等7项业务自助办理功能，并优化登录方式，实现非居民身份证开户人员的密码登录；在"i深圳"APP新增4项提取、5项贷后变更等业务功能，实现9项"无感申办"服务。

2. 全面提升政务服务能力

开展省统一身份认证平台迁云单点登录改造，实现省统一身份认证平台与中心网站在线办理入口信息关联绑定、交互跳转等功能，提升"一网通办"能力；完成中心首批渠道（柜面、热线、i深圳、粤省事）接入深圳政务服务"好差评"系统工作，推动形成与职工的良性监督、互动机制；落实"红黑名单"信息查询接口改造工作，促进服务质量提升。

3. 坚持推进放管服改革，不断优化住房公积金服务水平

一是精简业务办理材料。通过全省婚姻数据信息共享，可联网获取广东省婚姻信息以及本市户口信息，取消了省内结婚证和本市户口簿等证明材料。此外，优化全市跨行商业贷款转住房公积金贷款的业务流程，取消了职工办理存量房住房公积金贷款业务需提交的二手房评估报告、户口本等证明资料，进一步提升业务办理效率。二是缩短业务办理时限。对降低缴存比例、缓缴两项业务办理流程进行优化，办理时限由8个工作日缩减为1个工作日，助力困难企业渡过难关。三是拓宽业务受理渠道。全国住房公积金异地转移接续直连版上线后，异地转移业务由仅限管理部办理扩展为可预约到全市所有的住房公积金业务银行网点办理，进一步提升了服务便利性。

（四）当年信息化建设情况：2019年，中心强化信息安全管理，保障住房公积金系统安全平稳运行，同时推进"双贯标"、全国异地转移接续平台直连、全国住房公积金数据平台接入等项目建设，持续推动业务创新。

1."双贯标"通过验收，住房公积金管理进一步科学化、规范化

按照住房和城乡建设部关于建设"双贯标"工作的要求，中心扎实开展贯彻住房公积金基础数据标准和接入全国住房公积金结算应用系统工作，实现了中心数据标准与行业标准的对标和统一，资金结算通过全国统一结算平台进行，达到"实时结算，秒级到账"，并顺利通过部省联合验收。

2. 加强数据和信息共享，提升住房公积金业务办理效率

按照住房和城乡建设部要求，按期接入全国住房公积金数据平台，完成业务系统与全国异地转移接续平台的直连，通过数据共享和交换，实现全国数据集中和中心有关业务的系统自动化处理。此外，根据省住房城乡建设厅工作要求，接入粤港澳大湾区信息共享平台，实现全省住房公积金数据共享查询，为后续中心简化业务办理流程，完善风险防控措施奠定基础。

3. 全面强化信息安全管理，保障住房公积金系统正常服务

做好业务系统的日常生产运行维护工作，加强信息安全管理，中心住房公积金业务系统已连续4年通过三级等级保护测评。

（五）当年对违反《住房公积金管理条例》和相关法规行为进行行政处罚和申请人民法院强制执行情况：2019年本市住房公积金缴存执法案件立案28545件，结案12388件，为12000多名投诉职工追缴了住房公积金；申请强制执行案件5742件，切实维护了我市住房公积金缴存职工的合法权益。

（六）当年所获荣誉情况：

（1）2019年5月，中心团支部被授予2018年度深圳市住房和建设系统"五四红旗团支部"称号。

（2）2019年11月，中心编著的《深圳住房公积金创新与实践》一书，在由中共深圳市委宣传部、深圳市社会科学联合会共同承办的深圳市第九届哲学社会科学优秀成果评奖活动中荣获优秀学术著作三等奖。

（3）2019年12月，在由市网信办、市政务服务数据管理局、深圳报业集团指导，由市互联网行业联合会、网络媒体协会、自媒体协会主办，深圳舆情研究院、深圳新闻网承办的"'圳能量'2019网络盛典"活动中，中心荣获"深圳年度公共服务口碑奖"之"最受群众欢迎奖"；中心微信公众号荣获"深圳年度优秀政务·服务新媒体"。

（4）2019年12月，在由南方都市报社主办的"'民生幸福深圳标杆'第七届南都街坊口碑榜点赞礼"活动中，中心"五位一体自助办理，住房公积金办理更便民"民生实事案例，荣获第七届南都街坊口碑榜点赞礼"民生实事十大金奖"。

珠海市住房公积金 2019 年年度报告

一、机构概况

（一）**住房公积金管理委员会**：市住房公积金管理委员会有 23 名委员，2019 年召开了 1 次会议，会议审议通过了 2018 年住房公积金归集使用计划执行情况报告、增值收益分配方案和 2019 年住房公积金归集使用计划。

（二）**住房公积金管理中心**：市住房公积金管理中心为珠海市政府直属管理不以营利为目的的公益一类事业单位，内设 5 个科室，5 个管理部。2019 年，住房公积金管理中心共有从业人员 89 人，其中：在编人员 24 人，非在编人员 65 人。

二、业务运行情况

（一）**缴存**：2019 年，我市住房公积金新开户单位 1911 家，实缴单位 8003 家，净增单位 1194 家；新开户职工 14.36 万人，实缴职工 69.79 万人，净增缴存职工 1.81 万人；全年缴存额 82.60 亿元，同比增长 9.18%。2019 年末，累计缴存总额 659.00 亿元，比上年末增加 14.33%；累计缴存余额 121.22 亿元，比上年末增加 11.54%。

全市受委托办理住房公积金缴存业务银行 6 家，比上年增加 1 家。

（二）**提取**：2019 年，全市提取住房公积金 70.06 亿元，同比增加 6.95%；占当年缴存额的 84.82%，比上年减少 1.77 个百分点。2019 年末，累计提取住房公积金 537.78 亿元，比上年末增加 14.98%。

（三）**贷款**：2019 年，我市个人住房贷款最高额度 50.00 万元，其中：单缴存职工最高额度 30.00 万元，双缴存职工最高额度 50.00 万元。

2019 年，全市发放个人住房公积金贷款 1.00 万笔、共计 39.24 亿元，与 2018 年相比，贷款笔数增长 57.80%、贷款发放额增长 159.93%。

2019 年，全年回收个人住房贷款 9.77 亿元。

2019 年末，累计发放个人住房贷款 9.01 万笔、共计 192.76 亿元，贷款余额 109.15 亿元，分别比上年末增加 12.46%、增加 25.56%、增加 36.98%。全市个人住房公积金贷款余额占缴存余额的 90.05%，比上年末增加 16.73 个百分点。

2019 年，我市受委托办理住房公积金个人住房贷款业务的银行 15 家，与上年持平。

（四）**购买国债**：2019 年，我市没有购买记账式、凭证式国债，没有兑付（转让、收回）国债。2019 年末，我市住房公积金国债余额 1.00 亿元，与上年持平。

（五）**资金存储**：2019 年末，住房公积金存款 21.77 亿元。其中，活期 0.02 亿元，1 年（含）以下定期 6.70 亿元，1 年以上定期 5.60 亿元，其他（协定、通知存款等）9.45 亿元。

（六）**资金运用率**：2019 年末，住房公积金个人住房贷款余额、项目贷款余额和购买国债余额的总和占缴存余额的 90.87%，比上年末增加 16.63 个百分点。

三、主要财务数据

（一）**业务收入**：2019 年，住房公积金业务收入 36879.63 万元，同比增长 13.96%。其中，存款利息 6843.77 万元，委托贷款利息 29736.42 万元，国债利息 297.93 万元，其他 1.51 万元。

（二）**业务支出**：2019 年，住房公积金业务支出 19612.79 万元，同比下降 25.73%。其中：支付职工住房公积金利息 17352.35 万元，归集手续费 1281.97 万元，委托贷款手续费 978.21 万元，其他 0.26 万元。

（三）**增值收益**：2019 年，住房公积金增值收益 17266.84 万元，同比增长 190.13%。增值收益率 1.50%，比上年增加 0.92 个百分点。

（四）**增值收益分配**：2019 年，提取住房公积金贷款风险准备金 2946.69 万元，提取管理费用 2850.00 万元，提取城市廉租住房（公共租赁住房）建设补充资金 11470.15 万元。

2019 年，向市财政上缴管理费用 1300.00 万元，上缴城市廉租住房（公共租赁住房）建设补充资金 783.00 万元。

2019 年末，住房公积金贷款风险准备金余额 82244.46 万元。累计提取城市廉租住房（公共租赁住房）建设补充资金 26855.09 万元。

（五）**管理费用支出**：2019 年，住房公积金管理费支出 3371.20 万元，同比增长 13.03%。其中：人员经费 1370.64 万元，公用经费 183.59 万元，专项经费 1816.97 万元。

四、资产风险状况

2019 年末，我市住房公积金个人住房贷款逾期额 454.33 万元，逾期率为 0.4162‰。

2019 年，我市住房公积金个人贷款风险准备金按当年新增个人贷款余额的 1.00% 提取，提取住房公积金个人贷款风险准备金 2946.69 万元。2019 年末，住房公积金个人贷款风险准备金余额 82244.46 万元，占个人住房贷款余额的 7.53%，住房公积金个人住房贷款逾期额与个人贷款风险准备金余额的比率为 0.55%。

五、社会经济效益

（一）**缴存业务**：2019 年，我市住房公积金实缴单位数、实缴职工人数、缴存金额同 2018 年比，分别增长 17.54%、2.65% 及 9.18%。

我市住房公积金缴存单位中，国家机关和事业单位占比 7.87%，国有企业占比 8.89%，城镇集体企业占比 1.22%，外商投资企业占比 8.00%，城镇私营企业及其他城镇企业占比 66.64%，民办非企业单位和社会团体占比 3.69%，其他占比 3.69%。

我市住房公积金缴存职工中，国家机关和事业单位占比 7.51%，国有企业占比 14.95%，城镇集体企业占比 0.44%，外商投资企业占比 15.07%，城镇私营企业及其他城镇企业占比 55.42%，民办非企业单位和社会团体占比 1.66%，其他占比 4.95%；中、低收入占比 93.46%，高收入占比 6.54%。

我市住房公积金新开户职工中，国家机关和事业单位占比 4.75%，国有企业占比 11.82%，城镇集体企业占比 0.35%，外商投资企业占比 11.72%，城镇私营企业及其他城镇企业占比 62.28%，民办非企业单位和社会团体占比2.24%，其他占比6.84%；中、低收入占比99.31%，高收入占比0.69%。

（二）提取业务：2019年，全市共有37.85万名缴存职工提取住房公积金70.06亿元。

住房公积金提取金额中，住房消费提取占比91.11%（其中：购买、建造、翻建、大修自住住房占比17.50%，偿还购房贷款本息占比55.42%，租赁住房占比18.19%）；非住房消费提取占比8.89%（离休和退休提取占比4.84%，完全丧失劳动能力及与单位终止劳动关系提取占比1.56%，其他占比2.49%）。

住房公积金提取职工中，中、低收入职工占比91.09%，高收入职工占比8.91%。

（三）贷款业务：

1. 个人住房贷款：2019年，我市住房公积金支持职工购建房97.23万平方米，年末个人住房贷款市场占有率（含"公转商"贴息贷款）为6.10%，比上年末增加1.57个百分点。通过申请住房公积金个人住房贷款，可节约职工购房利息支出62302.80万元。

全市职工住房公积金贷款笔数中，购房建筑面积90（含）平方米以下占比38.29%，90～144（含）平方米占比59.28%，144平方米以上占比2.43%。购买新房占比64.25%，购买二手房占比35.75%。

全市职工住房公积金贷款笔数中，单缴存职工申请贷款占比40.50%，双缴存职工申请贷款占比59.07%，三人及以上缴存职工共同申请贷款占比0.43%。

全市住房公积金贷款职工中，30岁（含）以下占比34.71%，30岁～40岁（含）占比46.82%，40岁～50岁（含）占比15.97%，50岁以上占比2.50%；首次申请贷款占比92.47%，二次及以上申请贷款占比7.53%；中、低收入职工占比89.54%，高收入职工占比10.46%。

2. 住房公积金异地贷款：2019年，我市发放异地贷款1508.00笔、22066.00万元。2019年末，发放异地贷款总额114939.00万元，异地贷款余额64877.39万元。

3. 公转商贴息贷款：2019年，我市没有发放"公转商"贴息贷款，当年贴息支出2782.01万元。2019年末，累计发放"公转商"贴息贷款16028.00笔，贷款金额385506.00万元，累计贴息支出12680.52万元。

（四）住房贡献率：2019年，我市个人住房贷款发放额、"公转商"贴息贷款发放额、项目贷款发放额、住房消费提取额的总和与当年缴存额的比率为124.79%，比上年增加50.99个百分点。

六、其他重要事项

（一）当年机构及职能调整情况、受委托办理缴存贷款业务金融机构变更情况：

2019年，珠海市住房公积金管理中心的单位性质、隶属关系及机构设置按原定不变。

2019年6月1日，我市住房公积金归集业务承办银行在原有中、农、工、建、交5家银行的基础上，新增了招商银行。

2019年受委托办理住房公积金贷款业务银行维持原有的15家不变。

（二）当年住房公积金政策调整及执行情况：

1. 缴存基数限额及确定方法、缴存比例调整情况

2019年7月1日至2020年6月30日，我市职工住房公积金月缴存基数上限为市统计部门公布的2018年度全市职工月平均工资的3倍，即22155元，月缴存基数下限为我市2019年度职工最低工资标准1720元，单位及个人的住房公积金缴存比例上限均为12%，下限均为5%。

2. 缴存政策调整情况

2019年12月31日，我市出台了《珠海市灵活就业人员自愿缴存使用住房公积金办法》（珠房金字〔2019〕75号），积极鼓励自由职业者缴存住房公积金。

3. 提取政策调整情况

2019珠海市住房公积金的各项提取政策无调整。

4. 贷款政策调整情况

根据《关于调整住房公积金个人住房贷款政策有关问题的通知》（珠房金函〔2019〕210号）规定，自2019年10月1日起，对家庭购买第二套住房申请住房公积金贷款实行差别化利率贷款政策，对家庭购买第三套（含）以上住房或已有两次住房公积金贷款记录的，不予申请住房公积金贷款。其他规定未作调整。

5. 住房公积金存贷款利率调整及执行情况

根据《关于调整住房公积金个人住房贷款政策有关问题的通知》（珠房金函〔2019〕210号）规定，自2019年10月1日起，家庭购买首套住房的公积金贷款利率，五年期（含五年）以下为2.75%，五年以上为3.25%。家庭购买第二套房或第二次申请住房公积金贷款的利率，五年期（含五年）以下为3.025%，五年期以上为3.575%。

（三）当年服务改进情况：

1. 推动信息共享，提高服务质效

中心的住房公积金信息系统分别接入全省一体化在线政务服务平台"广东政务服务网"、集成移动政务服务微信小程序"粤省事"和粤港澳大湾区住房公积金信息共享平台，缴存职工在线办理业务和办理省内异地业务更加便捷高效。

2. 完善信息系统，拓展服务功能

优化并丰富了住房公积金个人网上服务大厅、微信公众号、支付宝办事渠道的功能，增加了提取申请记录查询、签约提取状态查询、提取解约、贷款进度查询、贷款基本信息查询、还款明细查询、还款计划查询、逾期明细查询、贷款签约公积金对冲还贷、提前部分还本、提前结清等贷款业务和异地缴存账户转入业务，并为缴存职工提供个人证明类业务的申请和打印等功能。

3. 搭建单位版网厅，方便缴存单位

缴存单位办事实现了"线上办"，足不出户可以办理单位开户、汇补缴、个人账户封存与启封、缴存基数和比例调整等十余项服务。

4. 拓展办事渠道，立体服务网络

完成了涵盖线上线下八大服务渠道的珠海市住房公积金综合服务平台建设，并以优秀等次通过省住房城乡建设厅检查验收。

（四）当年信息化建设情况：

（1）完成珠海市住房公积金信息系统项目建设并通过市政数局组织的专家组验收评审。

（2）完成珠海市住房公积金综合服务平台建设并通过省住房城乡建设厅验收。

（3）完成单位版网上服务大厅的建设。

（4）完成住房公积金本地容灾项目建设。

（五）当年住房公积金管理中心及职工所获荣誉情况：

（1）在市机关工委组织的服务窗口星级评定活动中，住房公积金管理中心2个党员志愿服务岗获评"七星级"，1个获评"六星级"。

（2）斗门管理部结合"不忘初心、牢记使命"主题教育活动，积极发挥党员先锋模范作用，深入企业，上门服务，竭力为企业和职工排忧解难，该管理部《打通公积金服务"最后一公里"——企业职工实现"一次不用跑"心愿》为民服务案例，荣获珠海市"青年文明号"为民服务行动一等奖。

（六）当年对违反《住房公积金管理条例》和相关法规行为进行行政处罚和申请人民法院强制执行情况：2019年，市住房公积金管理中心不断加大住房公积金政策宣传力度，积极协调解决职工诉求，对违反《住房公积金管理条例》和相关法规的企业，及时上门协调沟通，妥善处理，没有通过行政处罚和申请人民法院强制执行的情况。

（七）当年对住房公积金管理人员违规行为的纠正和处理情况等：2019年，市住房公积金管理中心无违规人员。

（八）其他需要披露的情况：其他需要了解的信息请登录珠海市住房公积金管理中心网站（http：//gjj.zhuhai.gov.cn/）政府信息公开栏目查询。

汕头市住房公积金2019年年度报告

一、机构概况

（一）住房公积金管理委员会：住房公积金管理委员会有25名委员，2019年召开1次会议，审议通过的事项主要包括：《2018年度汕头市住房公积金管理工作报告》；《汕头市2018年度住房公积金决算》；《汕头市2018年度住房公积金增值收益分配方案》；《汕头市2019年度住房公积金归集、使用计划》；增补汕头市住房公积金管委会委员；增加汕头市住房公积金个贷业务承办银行。

（二）住房公积金管理中心：住房公积金管理中心为市政府直属不以营利为目的的公益一类事业单位，设6个副科级内设机构，4个管理部。从业人员47人，其中，在编47人。

二、业务运行情况

（一）缴存：2019年，新开户单位407家，实缴单位4670家，净增单位139家；新开户职工2.85万人，实缴职工27.27万人，净增职工－0.47万人；缴存额44.32亿元，同比增长9.86%。2019年末，缴存总额351.90亿元，比上年末增加14.41%；缴存余额128.27亿元，比上年末增加15.61%。

受委托办理住房公积金缴存业务的银行5家，与上年相同。

（二）提取：2019年，提取额27.00亿元，同比下降11.08%；占当年缴存额的60.93%，比上年减少14.35个百分点。2019年末，提取总额223.63亿元，比上年末增加13.73%。

（三）贷款：

个人住房贷款：个人住房贷款最高额度 70 万元，其中，单缴存职工最高额度 40 万元，双缴存职工最高额度 70 万元。

2019 年，发放个人住房贷款 0.65 万笔、29.96 亿元，同比分别增长 71.05％、82.46％。

2019 年，回收个人住房贷款 11.07 亿元。

2019 年末，累计发放个人住房贷款 4.29 万笔、162.98 亿元，贷款余额 115.94 亿元，分别比上年末增加 17.74％、22.52％、19.47％。个人住房贷款余额占缴存余额的 90.39％，比上年末增加 2.93 个百分点。

受委托办理住房公积金个人住房贷款业务的银行 11 家，比上年增加 1 家。

（四）购买国债： 2019 年，未购买国债，期末无国债余额。

（五）融资： 2019 年，当年未新增融资。2019 年末融资余额为零。

（六）资金存储： 2019 年末，住房公积金存款 13.19 亿元。其中，活期 0.01 亿元，1 年（含）以下定期 5.8 亿元，1 年以上定期 1 亿元，其他（协定、通知存款等）6.38 亿元。

（七）资金运用率： 2019 年末，住房公积金个人住房贷款余额、项目贷款余额和购买国债余额的总和占缴存余额的 90.39％，比上年末增加 2.93 个百分点。

三、主要财务数据

（一）业务收入： 2019 年，业务收入 37755.21 万元，同比下降 8.85％。其中，存款利息 3401.54 万元，委托贷款利息 34351.87 万元，其他 1.80 万元。

（二）业务支出： 2019 年，业务支出 20841.57 万元，同比增加 15.70％。其中，支付职工住房公积金利息 16913.27 万元（当年提取的职工住房公积金利息 26060.64 万元，其中计提后未支付的职工 2019 年度 7-12 月份住房公积金利息 9147.37 万元），归集手续费 933.08 万元，委托贷款手续费 1553.90 万元，贴息支出 1441.23 万元，其他 0.09 万元。

（三）增值收益： 2019 年，增值收益 7766.27 万元，同比下降 66.82％。增值收益率 0.65％，比上年减少 1.57 个百分点。

（四）增值收益分配： 2019 年，提取贷款风险准备金 1889.43 万元，提取管理费用 448.74 万元，提取城市廉租住房（公共租赁住房）建设补充资金 5428.10 万元。

2019 年，上交财政管理费用 920.10 万元。上缴财政城市廉租住房（公共租赁住房）建设补充资金 21779.90 万元。

截止 2019 年末，贷款风险准备金余额 11593.76 万元。累计提取城市廉租住房（公共租赁住房）建设补充资金 118419.65 万元。

（五）管理费用支出： 2019 年，管理费用支出 1309.08 万元，同比下降 5.20％。其中，人员经费 910.43 万元，公用经费 27.31 万元，专项经费 371.34 万元。

四、资产风险状况

（一）个人住房贷款： 2019 年末，个人住房贷款逾期额 91.25 万元，逾期率 0.0787‰。

个人贷款风险准备金按贷款余额的1%提取。2019年，提取个人贷款风险准备金1889.43万元，本年未使用个人贷款风险准备金核销呆坏账。2019年末，个人贷款风险准备金余额11593.76万元，占个人住房贷款余额的1.00%，个人住房贷款逾期额与个人贷款风险准备金余额的比率为0.79%。

（二）支持保障性住房建设试点项目贷款：无此类情况。

五、社会经济效益

（一）缴存业务：2019年，实缴单位数、实缴职工人数和缴存额同比分别增长3.07%、减少1.69%和增长9.86%。

缴存单位中，国家机关和事业单位占34.03%，国有企业占10.05%，城镇集体企业占0.41%，外商投资企业占1.91%，城镇私营企业及其他城镇企业占52.06%，民办非企业单位和社会团体占1.54%，其他占0%。

缴存职工中，国家机关和事业单位占45.93%，国有企业占20.01%，城镇集体企业占0.12%，外商投资企业占5.64%，城镇私营企业及其他城镇企业占27.59%，民办非企业单位和社会团体占0.71%，其他占0%；中、低收入占99.34%，高收入占0.66%。

新开户职工中，国家机关和事业单位占14.98%，国有企业占16.56%，城镇集体企业占0.18%，外商投资企业占10.37%，城镇私营企业及其他城镇企业占56.51%，民办非企业单位和社会团体占1.40%，其他占0%；中、低收入占99.34%，高收入占0.66%。

（二）提取业务：2019年，10.23万名缴存职工提取住房公积金27.00亿元。

提取金额中，住房消费提取占78.79%（购买、建造、翻建、大修自住住房占22.19%，偿还购房贷款本息占52.03%，租赁住房占4.57%，其他占0%）；非住房消费提取占21.21%（离休和退休提取占16.48%，与单位终止劳动关系提取占0.50%，出境定居占0.15%，其他占4.08%）。

提取职工中，中、低收入占95.66%，高收入占4.34%。

（三）贷款业务：

1.个人住房贷款：2019年，支持职工购建房77.50万平方米，年末个人住房贷款市场占有率（含公转商贴息贷款）为21.86%，比上年末增加1.98个百分点。通过申请住房公积金个人住房贷款，可节约职工购房利息支出44719.64万元。

职工贷款笔数中，购房建筑面积90（含）平方米以下占11.86%，90～144（含）平方米占66.87%，144平方米以上占21.27%。购买新房占94.38%（无购买保障性住房情况），购买二手房占5.62%，建造、翻建、大修自住住房占0%，其他占0%。

职工贷款笔数中，单缴存职工申请贷款占68.24%，双缴存职工申请贷款占31.76%，三人及以上缴存职工共同申请贷款占0%。

贷款职工中，30岁（含）以下占16.98%，30岁～40岁（含）占40.09%，40岁～50岁（含）占34.51%，50岁以上占8.42%；首次申请贷款占96.35%，二次及以上申请贷款占3.65%；中、低收入占97.72%，高收入占2.28%。

2.异地贷款：2019年，发放异地贷款386笔、12260万元。2019年末，发放异地贷款总额69323万元，异地贷款余额59531.42万元。

3. 公转商贴息贷款：2019 年，发放公转商贴息贷款 1599 笔、72427 万元，支持职工购建住房面积 23.68 万平方米，当年贴息额 1093.22 万元。2019 年末，累计发放公转商贴息贷款 2339 笔、105898 万元，累计贴息 1194.13 万元。

4. 支持保障性住房建设试点项目贷款：无此类情况。

（四）住房贡献率：2019 年，个人住房贷款发放额、公转商贴息贷款发放额、项目贷款发放额、住房消费提取额的总和与当年缴存额的比率为 131.95％，比上年增加 23.52 个百分点。

六、其他重要事项

（一）2019 年汕头市住房公积金管理中心没有机构及职能调整情况：2019 年度受委托办理贷款业务金融机构增加兴业银行股份有限公司汕头分行，其他没有变化。

（二）当年住房公积金政策调整及执行等情况：

（1）当年缴存基数限额及确定方法、缴存比例调整情况。

根据国家三部委《关于改进住房公积金缴存机制进一步降低企业成本的通知》（建金〔2018〕45 号）及汕头市住房公积金管委会关于印发《汕头市住房公积金管理委员会关于汕头市住房公积金归集管理办法》的通知（汕房金管〔2018〕3 号）的规定，按照市统计局提供的 2018 年度我市（含区县）在岗职工月平均工资 5742.00 元的数据，中心发布了《关于调整二〇一九年度汕头市职工住房公积金最高缴存额有关问题的通知》（汕房金通〔2019〕25 号），确定我市（含区县）2019 年度（2019 年 7 月 1 日至 2020 年 6 月 30 日）职工最高缴存基数为 17226.00 元（我市上一年在岗职工月平均工资的 3 倍，即 5742.00 元×3），职工个人缴存和单位为职工缴存的住房公积金月最高缴存额各为 2067.12 元（最高缴存基数×最高缴存比例，即 17226.00 元×12％）。

（2）当年提取政策没有调整；当年个人住房贷款最高额度、贷款条件等贷款政策没有调整；当年住房公积金存贷款利率执行标准不变。

（3）加大力度促进个人住房公积金贴息贷款业务。为促进我市房地产市场的健康发展，满足公积金缴存职工购房需求，缓解住房公积金贷款资金压力，我中心加大力度推进个人住房公积金贴息贷款业务，从 2019 年 6 月 1 日起，为进一步增加贴息贷款可贷额度，对贴息贷款最高个人贷款额度公式中的缴存调节系数由 1.3 提高到 1.5，公积金贷款调节系数仍为 1.0 不变。

（4）2019 年，我中心着力推进住房公积金归集扩面、"公转商"贴息贷款等工作，努力改善房地产市场的金融环境，多方筹措资金发放住房公积金贷款，至 2019 年 10 月止，我中心全面完成放款轮候表上住房公积金贷款业务件的贷款资金发放工作，自 2019 年 10 月 9 日起，我中心取消放款轮候的临时措施。同时，鉴于我中心已取消放款轮候的临时措施，资金流动性不足情况逐步好转，我中心自 2019 年 11 月 1 日起停止受理住房公积金"公转商"贴息贷款业务。

（三）当年服务改进情况：

（1）根据市委市政府作风建设工作的要求，结合我市打造"法治化、国际化、便利化营商环境"三年行动计划部署，通过对标先进、学习借鉴省内其他公积金中心经验做法，我中心进一步在作风建设上下功夫，打造优良营商环境，提升为民服务质量；积极推进住房公积金业务进驻市政务服务中心的工作，通过业务信息系统与市政务服务系统对接，在市政务服务平台实现业务受理。2019 年 8 月起，我中心实现住房公积金归集提取等业务事项的进驻，进一步推进了我市政务服务集中办理工作，为我市职工提供了便捷服务。

（2）结合汕头市新一代住房公积金管理系统上线，进一步简化办事流程，目前，除单位缴存登记、缓缴、降低缴存比例（5%以下）外，其他业务均为只跑一次。我中心将个贷业务窗口受理环节全面委托银行办理，将部分归集、提取业务下放各银行窗口办理，既激发银行的工作积极性，又方便缴存单位职工办理业务。

（3）积极开展综合服务平台建设并通过验收。在省住房城乡建设厅的高度重视和大力支持下，我中心强化作为民生服务窗口单位的责任担当，积极开展综合服务平台建设工作，通过加强信息化建设，不断规范流程、优化服务，紧跟"互联网＋公积金"发展新形势，深化"数据多跑路""职工少跑腿"，大力提升综合管理、服务水平和工作效率，便民利民，为缴存单位和职工提供更优质服务。

（4）大力推进市住房公积金有关事项接入"粤省事"平台事项。按照市政府高频政务服务事项接入"粤省事"平台有关通知要求，我中心进一步深化"放管服"改革，加快"数字政府"建设，构建现代化、全方位的智慧公积金信息体系，完成"缴存信息""缴存明细""提取明细查询""贷款信息""贷款进度查询""贷款还款明细"6项接口的正式上线，同时，主动加强宣传推广，对进驻"粤省事"事项通过"橄榄台-住建频道"、公积金微信公众号等宣传渠道进行宣传，提高群众对"粤省事"平台的知晓度和使用率。

（四）当年信息化建设情况：根据住房和城乡建设部、省住房城乡建设厅关于"双贯标"推进工作要求，我中心积极推进落实住房和城乡建设部关于基础数据标准与结算应用系统对接改造工作，按"双贯标"工作要求对信息系统进行重新建设。2019年3月29日，汕头市新一代住房公积金管理系统通过住房和城乡建设部"双贯标"验收并正式启动运行，标志着我市住房公积金中心信息化建设迈上一个新台阶，对提升我市住房公积金管理和服务能力具有重要的意义。市住房公积金新信息系统建成后，我市住房公积金管理模式由委托银行模式变为自主归集模式，住房公积金资金账业务账银行账达到三账统一，进一步提升我市住房公积金管理和服务能力。

2019年4月16日，按住房和城乡建设部有关文件要求，在省住房城乡建设厅住房公积金监管处指导下，经过我中心与信息系统建设单位积极推进，汕头市住房公积金业务管理系统成功接入住房和城乡建设部数据平台并完成数据报送，汕头市成为广东省第一批接入住房和城乡建设部数据平台的城市。此次成功上线不仅标志着汕头市公积金数据接入国务院个税改革数据共享工作取得了突破性进展，也是汕头建设智慧住房公积金信息体系迈出的坚实一步。

（五）当年没有发现违反《住房公积金管理条例》和相关法规行为而进行行政处罚和申请人民法院强制执行情况。

（六）当年没有住房公积金管理人员违规行为情况。

佛山市住房公积金 2019 年年度报告

一、机构概况

（一）**住房公积金管理委员会**：住房公积金管理委员会有 24 名委员，2020 年召开第 21 次会议，审议通过的事项主要包括：

(1) 审议《2019 年度住房公积金财务和管理情况报告》；

(2) 审议《2019 年度住房公积金增值收益分配预案》；

(3) 审议《关于 2020 年度住房公积金归集和使用计划的提议》；

(4) 审议《关于继续实施给予结转的职工住房公积金补贴的提议》；

(5) 审议《关于维持租房和无房提取住房公积金标准的提议》；

(6) 审议《关于调整我市住房公积金贷款政策的提议》；

(7) 审议《关于确认承办住房公积金贷款业务提供相应金融服务银行的提议》。

(二) 住房公积金管理中心：住房公积金管理中心为直属于佛山市人民政府不以营利为目的的"依公管理"事业单位，设 6 个科，4 个管理部。从业人员 90 人，其中，在编 60 人，非在编 30 人。

二、业务运行情况

(一) 缴存：2019 年，新开户单位 6090 家，实缴单位 16699 家，净增单位 3341 家；新开户职工 22.74 万人，实缴职工（保有量）172.70 万人，净增职工 20.88 万人；缴存额 155.09 亿元，同比增长 13.33％。2019 年末，缴存总额 1089.63 亿元，比上年末增加 16.59％；缴存余额 320.72 亿元，比上年末增加 14.77％。

受委托办理住房公积金业务的银行与上年不变。

(二) 提取：2019 年，提取额 113.82 亿元，同比增长 11.13％；占当年缴存额的 73.39％，比上年减少 1.45 个百分点。2019 年末，提取总额 768.91 亿元，比上年末增加 17.37％。

(三) 贷款：个人住房贷款最高额度 100 万元，其中，单缴存职工最高额度 50 万元，双缴存职工最高额度 100 万元。

2019 年，发放个人住房贷款 1.73 万笔、88.10 亿元，同比分别增长 89.80％、115.84％。

2019 年，回收个人住房贷款 24.86 亿元。

2019 年末，累计发放个人住房贷款 15.59 万笔、484.87 亿元，贷款余额 309.27 亿元，分别比上年末增加 12.50％、22.20％、25.70％。个人住房贷款余额占缴存余额的 96.43％，比上年末增加 8.39 个百分点。

受委托办理住房公积金个人住房贷款的银行与上年不变。

(四) 购买国债：无购买国债。

(五) 融资：无融资。

(六) 资金存储：2019 年末，住房公积金存款 16.09 亿元。其中，活期 2.09 亿元，通知存款 14.00 亿元。

(七) 资金运用率：2019 年末，住房公积金个人住房贷款余额、项目贷款余额和购买国债余额的总和占缴存余额的 96.43％，比上年末增加 8.39 个百分点。

三、主要财务数据

(一) 业务收入：2019 年，业务收入 95284.67 万元，同比增长 19.04％。其中，存款利息 4197.22 万元，委托贷款利息 91084.33 万元，其他 3.12 万元。

（二）**业务支出**：2019 年，业务支出 75511.56 万元，同比增长 22.72%。其中，支付职工住房公积金利息 41248.69 万元，支付职工年结转后住房公积金存款补贴 29332.41 万元，归集手续费 613.11 万元，委托贷款手续费 4317.35 万元。

（三）**增值收益**：2019 年，增值收益 19773.11 万元，同比增长 6.81%，增值收益率 0.66%。

（四）**增值收益分配**：2019 年，提取贷款风险准备金 6300 万元整，提取管理费用 3400 万元整，提取城市廉租住房（公共租赁住房）建设补充资金 10073.11 万元。

2019 年末，贷款风险准备金余额 31000 万元整。累计提取城市廉租住房（公共租赁住房）建设补充资金 172768.89 万元。

（五）**管理费用支出**：2019 年，管理费用支出 3548.79 万元，同比增长 14.91%。其中，人员经费 1469.19 万元，公用经费 297.49 万元，专项经费 1782.11 万元。

四、资产风险状况

2019 年末，个人住房贷款逾期额 947.87 万元，逾期率 0.306‰。

个人贷款风险准备金按贷款余额的 1% 提取。2019 年，年结后提取个人贷款风险准备金 6300 万元，使用个人贷款风险准备金核销呆坏账 0 元。2019 年末，个人贷款风险准备金余额 31000 万元，占个人住房贷款余额的 1%，个人住房贷款逾期额与个人贷款风险准备金余额的比率为 3.06%。

五、社会经济效益

（一）**缴存业务**：2019 年，实缴单位数、实缴职工人数和缴存额同比分别增长 25.01%、13.75% 和 13.33%。

缴存单位中，国家机关和事业单位占 11.74%，国有企业占 0.83%，城镇集体企业占 0.83%，外商投资企业占 5.01%，城镇私营企业及其他城镇企业占 65.93%，民办非企业单位和社会团体占 6.53%，其他占 9.13%。

缴存职工中，国家机关和事业单位占 19.24%，国有企业占 1.02%，城镇集体企业占 0.59%，外商投资企业占 16.20%，城镇私营企业及其他城镇企业占 42.12%，民办非企业单位和社会团体占 3.05%，其他占 17.78%；根据单位申报，全部为中、低收入。

新开户职工中，国家机关和事业单位占 7.63%，国有企业占 0.51%，城镇集体企业占 0.33%，外商投资企业占 12.12%，城镇私营企业及其他城镇企业占 48.91%，民办非企业单位和社会团体占 7.26%，其他占 23.24%；根据单位申报，全部为中、低收入。

（二）**提取业务**：2019 年，职工提取住房公积金购建住房新增 3.94 万套、面积 458.08 万平方米；至 2019 年末，职工提取住房公积金购建住房累计 41.85 万套、面积共 4781.40 万平方米。

2019 年，63.12 万名缴存职工提取住房公积金 113.82 亿元。

提取金额中，住房消费提取占 92.32%（购买、建造、翻建、大修自住住房占 20.72%，偿还购房贷款本息占 62.50%，租赁住房占 9.10%，其他 0%）；非住房消费提取占 7.68%（离休和退休提取占 6.60%，完全丧失劳动能力并与单位终止劳动关系提取占 0.01%，出境定居占 0.04%，转出市外占

1.03%，其他占 0.00%）。

提取职工中，全部为中、低收入职工。

（三）贷款业务：

1. 个人住房贷款： 2019 年，支持职工购建房 184.09 万平方米；历年累计公积金抵押贷款购建房面积 1619.74 万平方米。

年末个人住房贷款市场占有率为 6.90%，比上年末增加 0.47 个百分点。通过申请住房公积金个人住房贷款，可节约职工购房利息支出 233799.93 万元。

职工贷款笔数中，购房建筑面积 90（含）平方米以下占 22.95%，90~144（含）平方米占 77.05%。购买新房占 76.05%，购买二手房占 23.95%，建造、翻建、大修自住住房占 0%，其他占 0%。

职工贷款笔数中，单缴存职工申请贷款占 67.33%，双缴存职工申请贷款占 32.67%，三人及以上缴存职工共同申请贷款占 0%。

贷款职工中，30 岁（含）以下占 41.29%，30 岁~40 岁（含）占 41.87%，40 岁~50 岁（含）占 14.33%，50 岁以上占 2.51%；首次申请贷款占 77.74%，二次及以上申请贷款占 22.26%；贷款职工均为中、低收入者。

2. 异地贷款： 2019 年，发放异地贷款 1339 笔、75853.10 万元。2019 年末，发放异地贷款总额 395770.23 万元，异地贷款余额 264191.43 万元。

（四）住房贡献率： 2019 年，个人住房贷款发放额、住房消费提取额的总和与当年缴存额的比率为 124.56%，比上年增加（减少）26.89 个百分点。

六、其他重要事项

（一）适时调整我市住房公积金抵押贷款政策。 根据市住房公积金管理委员会第十八次会议决议，对我市住房公积金抵押贷款政策作出调整，并于 2019 年 5 月实施。

（1）最高可贷额增设一个档次：累计缴存住房公积金满三年的最高可贷 50 万元/人。

（2）根据上级对普通住宅面积认定为 144 平方米以下（套内面积 120 平方米以内）的规定，对超出上述面积的部分不给予贷款。

（3）确定每一位缴存职工申请住房公积金贷款的次数，不得超过 2 次。

（二）继续实施给予年结转后的职工住房公积金存款补贴。 2019 年，补贴率为 1.2%/年。当年，除根据国家和央行规定向个人住房公积金存款给予一年定期利率（1.5%/年）计息 41248.69 万元外，支付年结转后的职工住房公积金存款补贴 29332.41 万元。截至 2019 年底，累计给予职工补贴 95748.39 万元。

（三）坚持国家租售并举政策导向，提取政策继续向租赁住房倾斜。 随着 2018、2019 两年我市住房公积金提取政策向租赁住房倾斜，职工租赁提取人数从 2017 年的 4.64 万名增至 2018 年的 13.99 万名，2019 年再增至 19.78 万名、增长率 41.39%；提取金额也从 2017 年的 1.99 亿元增至 2018 年的 7.49 亿元，2019 年再增至 10.36 亿元、增长率 38.32%。住房公积金的普惠性进一步扩展。

（四）着力落实国家供给侧结构性改革工作，开展为企业减负工作。 2019 年，执行国家政策累计为企业减负 6.39 亿元。

（1）根据《关于改进住房公积金缴存机制、进一步降低企业成本的通知》（建金〔2018〕45 号）文件要求,规范计缴基数,为单位减负 3.22 亿元。

(2)根据《住房公积金管理条例》第二十条规定,经单位职代会审议通过,管委会审议同意降低缴存比例的企业 46 家,涉及职工人数 56653 名。按同口径测算,共为企业减负 3.17 亿元。

(五)加强住房公积金行政执法力度,维护职工合法权益,推动住房公积金制度"扩面"。 根据职工实名申告或群众来信提供的有效证据,2019 执法情况如下:

行政强制:立案 2420 宗,对仍不自觉遵守法规为职工缴存住房公积金的单位,作出行政处理决定 310 宗,申请法院强制执行 7 宗。

行政处罚:责令不建立住房公积金制度的单位,作出行政处罚决定 16 宗,处罚金额共 21 万元,申请法院强制执行 4 宗。

单位或职工不服管理中心行政处理决定或行政处罚决定,提起行政复议的 2 宗,提起行政诉讼的一审 55 宗、二审 23 宗。行政复议、行政诉讼均为管理中心胜诉。

(六)开通多渠道业务受理功能,提高网上业务办结率:

2019 年,办结各项业务 248.04 万宗。历年办结业务量情况见表 1。

历年办结业务量情况　　　　　　　　　　　　　　　　　　　　　　表 1

年度	2007 年	2008 年	2009 年	2010 年	2011 年	2012 年	2013 年
万宗	69.30	62.20	53	60.20	76.44	86.29	117.00
同比		−10.3%	−14.8%	13.6%	27%	12.9%	35.6%
年度	2014 年	2015 年	2016 年	2017 年	2018 年	2019 年	
万宗	138.10	151.40	184.73	186.06	266.29	248.04	
同比	18%	9.6%	22.02%	0.72%	43.12%	−6.85%	

2019 年办结的业务,其中通过网上(包括管理中心的网上办事大厅、管理中心微信公众号、微信粤省事、省政府政务网等)受理办结的占办结总量的 63.11%。见表 2。

网上受理办结比例　　　　　　　　　　　　　　　　　　　　　　表 2

项目	合计	开户	调整	封存	转移	提取	贷款	其他
全部业务	2480414	228109	900292	337637	163610	773629	21626	55511
网上业务	1565411	167592	377492	225140	95792	699395	0	0
占总业务量	63.11%	73.47%	41.93%	66.68%	58.55%	90.40%	0.00%	0.00%

(七)委托业务服务考核情况。 为市住房公积金业务提供金融服务的委托银行 5 家,分别是建设银行佛山市分行、工商银行佛山分行、中国银行佛山分行、农业银行佛山分行、交通银行佛山分行,与上年没有变化。经市住房公积金管理委员会审议决定后,市住房公积金管理中心与委托银行签订委托服务协议,按照《佛山市住房公积金业务承办银行准入标准和退出制度》等要求,对其服务情况进行考核登记。考核内容按服务质量、管理质量和网络管理质量三类 15 项指标,对应"出错响应"条件的宗数与相应项目业务量之比率,反映服务质量。

2019 年的考核情况按次序如下:中国银行佛山分行 0.00%、建设银行佛山市分行 0.00%、工商银行佛山分行 0.03%、交通银行佛山分行 0.11%、农业银行佛山分行 0.52%,年度总"出错率"3.07%。总

"出错率"相对高的原因,集中在被退出承办之列的银行,在收回原委托发放的贷款本息的历史遗留账款的事项上。

(八)实施住房公积金贷款放款轮候制度。根据相关部门意见,为防范流动性风险,2019 年 10 月起实施住房公积金抵押贷款放款轮候放款制度。

江门市住房公积金 2019 年年度报告

一、机构概况

(一)住房公积金管理委员会:住房公积金管理委员会有 24 名委员,2019 年召开 1 次会议,审议通过的事项主要包括:江门市 2018 年度住房公积金归集、使用指导计划执行情况报告,江门市 2018 年度住房公积金增值收益分配方案,江门市住房公积金 2018 年年度报告,江门市 2019 年度住房公积金归集、使用指导计划,修订《江门市住房公积金个人住房贷款置换暂行办法》。

(二)住房公积金管理中心:住房公积金管理中心为直属市政府,由市住房城乡建设局代管的不以营利为目的的参公事业单位,设 5 个部,5 个管理部。从业人员 84 人,其中,在编 43 人,非在编 41 人。

二、业务运行情况

(一)缴存:2019 年,新开户单位 728 家,实缴单位 5892 家,同比减少 1122 家;新开户职工 6.14 万人,实缴职工 40.11 万人,净增职工 2.46 万人;缴存额 53.61 亿元,同比增长 8.49%。2019 年末,缴存总额 469.73 亿元,比上年末增加 12.88%;缴存余额 120.8 亿元,比上年末增加 7.02%。

受委托办理住房公积金缴存业务的银行 7 家,与上年持平。

(二)提取:2019 年,提取额 45.69 亿元,同比增长 6.83%;占当年缴存额的 85.22%,比上年减少 1.32 个百分点。2019 年末,提取总额 348.93 亿元,比上年末增加 15.07%。

(三)贷款:

1.个人住房贷款:个人住房贷款最高额度 50 万元,其中,单缴存职工最高额度 25 万元,双(多)缴存职工最高额度 50 万元。购买全装修新建商品住房的,单缴存职工最高额度增加 3 万元,双(多)缴存职工最高额度增加 6 万元;棚户区改造居民购买新建商品住房作为安置房的,单缴存职工最高额度增加 5 万元,双(多)缴存职工最高额度增加 10 万元。

2019 年,发放个人住房贷款 0.53 万笔、16.18 亿元,同比分别增长 26.79%、21.57%。其中,市中心发放个人住房贷款 0.22 万笔、7.08 亿元,新会管理部发放个人住房贷款 0.12 万笔、3.55 亿元,台山管理部发放个人住房贷款 0.04 万笔、1.02 亿元,开平管理部发放个人住房贷款 0.05 万笔、1.6 亿元,鹤山管理部发放个人住房贷款 0.05 万笔、1.43 亿元,恩平管理部发放个人住房贷款 0.05 万笔、1.50 亿元。

2019 年,回收个人住房贷款 12.68 亿元。其中,市中心 4.81 亿元,新会管理部 3.07 亿元,台山管理部 1.47 亿元,开平管理部 1.63 亿元,鹤山管理部 1.01 亿元,恩平管理部 0.69 亿元。

2019 年末，累计发放个人住房贷款 8.7 万笔、195.94 亿元，贷款余额 108.29 亿元，分别比上年末增加 6.43%、9%、3.34%。个人住房贷款余额占缴存余额的 89.65%，比上年末减少 3.19 个百分点。

受委托办理住房公积金个人住房贷款业务的银行 14 家，比上年增加 1 家。

2. 住房公积金支持保障性住房建设项目贷款： 2019 年，没有发放、回收支持保障性住房建设项目贷款。2019 年末，累计发放项目贷款 3.3 亿元，项目贷款余额 0 亿元。

（四）**购买国债：** 2019 年，没有购买、兑付、转让、收回（记账式、凭证式）国债。2019 年末，国债余额 0 亿元，与上年末持平。

（五）**融资：** 2019 年，没有融资。2019 年末，融资总额 1.39 亿元，融资余额 0 亿元。

（六）**资金存储：** 2019 年末，住房公积金存款 15.55 亿元。其中，活期 0.05 亿元，1 年（含）以下定期 8.01 亿元，1 年以上定期 1.26 亿元，其他（协定、通知存款等）6.23 亿元。

（七）**资金运用率：** 2019 年末，住房公积金个人住房贷款余额、项目贷款余额和购买国债余额的总和占缴存余额的 89.65%，比上年末减少 3.19 个百分点。

三、主要财务数据

（一）**业务收入：** 2019 年，业务收入 37153.19 万元，同比增长 5.43%。其中，市中心 15047.26 万元，新会管理部 8407.53 万元，台山管理部 4170.64 万元，开平管理部 4532.66 万元，鹤山管理部 2766.78 万元，恩平管理部 2228.32 万元；存款利息 2494.84 万元，委托贷款利息 34658.35 万元。

（二）**业务支出：** 2019 年，业务支出 21648.84 万元，同比增长 6.08%。其中，市中心 8796.23 万元，新会管理部 4875.77 万元，台山管理部 2446.06 万元，开平管理部 2554.69 万元，鹤山管理部 1655.26 万元，恩平管理部 1320.83 万元；支付职工住房公积金利息 17780.84 万元，归集手续费 1928.04 万元，委托贷款手续费 1722.11 万元，其他 217.85 万元。

（三）**增值收益：** 2019 年，增值收益 15504.36 万元，同比增长 4.54%。其中，市中心 6251.04 万元，新会管理部 3531.76 万元，台山管理部 1724.58 万元，开平管理部 1977.97 万元，鹤山管理部 1111.52 万元，恩平管理部 907.49 万元；增值收益率 1.32%，比上年减少 0.04 个百分点。

（四）**增值收益分配：** 2019 年，提取贷款风险准备金 349.82 万元，提取管理费用 1726.47 万元，提取城市廉租住房（公共租赁住房）建设补充资金 13428.07 万元。

2019 年，上交财政管理费用 1760.77 万元。上缴财政城市廉租住房（公共租赁住房）建设补充资金 12992.85 万元。其中，市中心上缴市财政局 4781.29 万元，新会管理部上缴新会区财政局 3210.7 万元，台山管理部上缴台山市财政局 1606.65 万元，开平管理部上缴开平市财政局 1830.08 万元，鹤山管理部上缴鹤山市财政局 865.52 万元，恩平管理部上缴恩平市财政局 698.61 万元。

2019 年末，贷款风险准备金余额 10829.33 万元。累计提取城市廉租住房（公共租赁住房）建设补充资金 116701.21 万元。其中，市中心提取 40743.56 万元，新会管理部提取 26831.97 万元，台山管理部提取 14458.8 万元，开平管理部提取 17665.15 万元，鹤山管理部提取 10642 万元，恩平管理部提取 6359.73 万元。

（五）**管理费用支出：** 2019 年，管理费用支出 1728.34 万元，同比增长 2.5%。其中，人员经费 935.69 万元，公用经费 76.01 万元，专项经费 716.64 万元。

市中心管理费用支出996.38万元，其中，人员、公用、专项经费分别为394.64万元、31.13万元、570.61万元；新会管理部管理费用支出196.47万元，其中，人员、公用、专项经费分别为124.6万元、6.7万元、65.17万元；台山管理部管理费用支出171.25万元，其中，人员、公用、专项经费分别为128.78万元、6.13万元、36.34万元；开平管理部管理费用支出138.74万元，其中，人员、公用、专项经费分别为100.94万元、8.87万元、28.93万元；鹤山管理部管理费用支出146.28万元，其中，人员、公用、专项经费分别为136.33万元、8.79万元、1.16万元；恩平管理部管理费用支出79.22万元，其中，人员、公用、专项经费分别为50.4万元、14.39万元、14.43万元。

四、资产风险状况

（一）个人住房贷款：2019年末，个人住房贷款逾期额388.71万元，逾期率0.36‰。其中，市中心0.26‰，新会管理部0.52‰，台山管理部0.3‰，开平管理部0.82‰，鹤山管理部0.01‰，恩平管理部0‰。

个人贷款风险准备金按贷款余额的1%提取。2019年，提取个人贷款风险准备金349.82万元，没有使用个人贷款风险准备金核销呆坏账。2019年末，个人贷款风险准备金余额10829.33万元，占个人住房贷款余额的1%，个人住房贷款逾期额与个人贷款风险准备金余额的比率为3.59%。

（二）支持保障性住房建设试点项目贷款：2019年末，逾期项目贷款0万元，逾期率0‰。

五、社会经济效益

（一）缴存业务：2019年，实缴单位数、实缴职工人数和缴存额同比分别减少16%、增长6.52%和8.49%。

缴存单位中，国家机关和事业单位占31.53%，国有企业占9.32%，城镇集体企业占5.91%，外商投资企业占7.91%，城镇私营企业及其他城镇企业占37.68%，民办非企业单位和社会团体占6.53%，其他占1.12%。

缴存职工中，国家机关和事业单位占32.37%，国有企业占13.15%，城镇集体企业占2.47%，外商投资企业占20.7%，城镇私营企业及其他城镇企业占28.75%，民办非企业单位和社会团体占2.21%，其他占0.35%；中、低收入占95.13%，高收入占4.87%。

新开户职工中，国家机关和事业单位占14.24%，国有企业占6.89%，城镇集体企业占3.02%，外商投资企业占23.3%，城镇私营企业及其他城镇企业占46.46%，民办非企业单位和社会团体占5.72%，其他占0.37%；中、低收入占99.28%，高收入占0.72%。

（二）提取业务：2019年，15.16万名缴存职工提取住房公积金45.69亿元。

提取金额中，住房消费提取占84.79%（购买、建造、翻建、大修自住住房占5.05%，偿还购房贷款本息占78.48%，租赁住房占1.17%，其他占0.09%）；非住房消费提取占15.21%（离休和退休提取占10.2%，出境定居占0.29%，其他占4.72%）。

提取职工中，中、低收入占91.2%，高收入占8.8%。

（三）贷款业务：

1. 个人住房贷款：2019年，支持职工购建房53.26万平方米，年末个人住房贷款市场占有率（含公转商贴息贷款）为8.26%，比上年末减少0.99个百分点。通过申请住房公积金个人住房贷款，可节约职工购房利息支出 30347.99 万元。

职工贷款笔数中，购房建筑面积 90（含）平方米以下占 15.18%，90～144（含）平方米占 79.21%，144 平方米以上占 5.61%。购买新房占 86.9%，购买二手房占 13.1%。

职工贷款笔数中，单缴存职工申请贷款占 43.44%，双缴存职工申请贷款占 56.07%，三人及以上缴存职工共同申请贷款占 0.49%。

贷款职工中，30 岁（含）以下占 31.95%，30 岁～40 岁（含）占 42.26%，40 岁～50 岁（含）占 22.06%，50 岁以上占 3.73%；首次申请贷款占 84.37%，二次及以上申请贷款占 15.63%；中、低收入占 85.72%，高收入占 14.28%。

2. 异地贷款：2019 年，发放异地贷款 706 笔、20778.6 万元。2019 年末，发放异地贷款总额 113754.8 万元，异地贷款余额 69361.31 万元。

3. 公转商贴息贷款：2019 年，发放公转商贴息贷款 7 笔、237.5 万元，支持职工购建住房面积 0.07 万平方米，当年贴息额 216.51 万元。2019 年末，累计发放公转商贴息贷款 675 笔、22715.7 万元，累计贴息 516.42 万元。

4. 支持保障性住房建设试点项目贷款：2019 年末，累计试点项目 3 个，贷款额度 3.3 亿元，建筑面积 18.32 万平方米，可解决 2320 户中低收入职工家庭的住房问题。3 个试点项目贷款资金已发放并还清贷款本息。

（四）**住房贡献率**：2019 年，个人住房贷款发放额、公转商贴息贷款发放额、项目贷款发放额、住房消费提取额的总和与当年缴存额的比率为 102.48%，比上年增加 1.94 个百分点。

六、其他重要事项

（一）当年受委托办理贷款业务金融机构变更情况：新增中国光大银行股份有限公司江门分行为住房公积金贷款业务银行。

（二）当年住房公积金政策调整及执行情况：

1. 当年缴存政策调整情况

2019 年 6 月 19 日，印发了《关于 2019 年度住房公积金缴存调整有关问题的通知》（江房金字〔2019〕37 号），从 2019 年 7 月 1 日起，开展 2019 年度住房公积金缴存调整工作。2019 年度我市住房公积金缴存基数为 2018 年度职工本人月平均工资，且不能超过规定的限额。住房公积金缴存基数下限为 1550 元，上限为 19413.24 元。职工 2018 年月平均工资在上下限之间的，按实计缴，高于缴存基数上限的按缴存基数上限计缴。

2. 当年贷款政策调整情况

2019 年，修订了《江门市住房公积金个人住房贷款置换暂行办法》。2019 年 4 月 11 日发布修订后的办法，6 月 1 日正式执行。

2019 年 7 月 10 日，蓬江区、高新区（江海区）开办商业性个人住房贷款转住房公积金个人住房贷款业务。

3. 当年住房公积金存贷款利率执行标准

2019 年，我市住房公积金存款利率没有调整，按一年期定期存款基准利率（1.5%）执行。

2019年，我市住房公积金个人住房贷款利率没有调整，5年期（含）以下贷款年利率为2.75%，5年期以上至30年（含）贷款年利率为3.25%。首套房贷款利率按照中国人民银行公布的基准利率执行，第二套房贷款利率按照同期首套房贷款利率上浮10%执行。

（三）当年服务改进情况：

1. 接入粤港澳大湾区公积金信息共享平台。 2019年11月，我市接入粤港澳大湾区公积金信息共享平台，全省住房公积金数据实现互联互通。截至2019年末，我市通过粤港澳大湾区公积金信息共享平台辅助办理业务135笔。

2. 增加服务网点。 截至2019年末，全市共有91个银行服务网点受理公积金缴存和提取业务，比年初增加了26个；267个银行服务网点受理公积金贷款业务，比年初增加了3个。

3. 推出"秒批"服务。 2019年11月，推出退休提取公积金等5项智慧公积金服务，职工在我市建设银行229台智慧柜员机自助办理业务，系统智能化"秒批"，无需人工干预。截至2019年末，通过智慧柜员机为职工办理退休提取71笔，出具个人缴存证明572份，信息修改336笔。

4. 上线自助打印服务。 2019年9月，在"侨都之窗"自助服务终端推出个人缴存证明自助打印服务，全市467台侨都之窗自助服务终端提供7×24小时服务。截至2019年末，通过自助服务终端为职工出具证明3025份。

5. 增加查询渠道。 在支付宝城市服务和建行智慧柜员机推出"刷脸"查询住房公积金的功能，查询渠道扩展到7个。

（四）当年信息化建设情况：

（1）接入全国住房公积金数据平台，接受住房和城乡建设部的业务监督。

（2）与全国住房公积金异地转移接续平台实现直连，为简化职工住房公积金异地转移接续业务流程奠定基础。

（3）江门市住房公积金双贯标系统通过国家安全等级三级保护测评，资金和账户信息安全得到保障。

（五）当年对违反《住房公积金管理条例》和相关法规行为进行行政处罚和申请人民法院强制执行情况：2019年，受理职工投诉案件279宗，结案9宗；发出《责令限期缴存通知书》256份；向法院提出强制执行案件4宗。

（六）其他需要披露的情况：无。

湛江市住房公积金2019年年度报告

一、机构概况

（一）**住房公积金管理委员会**：市住房公积金管理委员会有25名委员，2019年召开1次会议，审议通过的事项主要包括：（1）听取市住房公积金管理工作报告；（2）审议《2019年湛江市住房公积金归集使用计划》；（3）审议《关于住房公积金增值收益分配及城市廉租住房建设补充资金安排的请示》；（4）审议《关于调整 2019 年度住房公积金缴存基数的通知》；（5）审议《湛江市住房公积金缴存管理办法（修订稿）》；（6）审议《湛江市住房公积金个人住房抵押贷款实施办法（修订稿）》；（7）关于《湛江市住房公积金 2018 年年度报告》的情况说明。

（二）住房公积金管理中心：市住房公积金管理中心为市政府直属的不以营利为目的的参公事业单位，主要负责全市住房公积金的归集、管理、使用和会计核算等。中心内设综合科、财务科、筹集科、贷款科 4 个科室以及雷州、廉江、吴川、徐闻、遂溪 5 个办事处，办事处为市住房公积金管理中心派出机构，分别负责各县（市）住房公积金管理工作。从业人员 102 人，其中，在编 56 人，非在编 43 人，借用银行人员 3 人。

二、业务运行情况

（一）缴存：2019 年，新开户单位 1164 家，实缴单位 7692 家，净增单位减少 367 家；新开户职工 3.13 万人，实缴职工 38.66 万人，净增职工 3.3 万人；缴存额 62.11 亿元，同比增长 11.18%。2019 年末，缴存总额 473.99 亿元，同比增长 15.08%；缴存余额 168.61 亿元，同比增长 9.10%。

受委托办理住房公积金缴存业务的银行 7 家，比上年增加 1 家。

（二）提取：2019 年，提取额 48.05 亿元，同比增加 22.58%；占当年缴存额的 77.35%，比上年增加 7.19 个百分点。2019 年末，提取总额 305.38 亿元，同比增长 18.67%。

（三）贷款：

个人住房贷款：个人住房贷款最高额度 40.00 万元（精装房 45 万元），其中，单缴存职工最高额度 20.00 万元（精装房 23 万元），双缴存职工最高额度 40.00 万元（精装房 45 万元）。

2019 年，发放个人住房贷款 0.63 万笔、17.44 亿元，同比分别减少 22.03%、20.87%。

2019 年，回收个人住房贷款 17.08 亿元。

2019 年末，累计发放个人住房贷款 9.13 万笔、234.56 亿元，贷款余额 137.05 亿元，同比分别增长 7.45%、8.03% 和 0.26%。个人住房贷款余额占缴存余额的 81.28%，比上年减少 7.17 个百分点。

受委托办理住房公积金个人住房贷款业务的银行 9 家，对比上年没有变化。

（四）资金存储：2019 年末，住房公积金存款 34.17 亿元。其中，活期 0.02 亿元，1 年（含）以下定期 14.60 亿元，1 年以上定期 16.00 亿元，协定存款 3.55 亿元。

（五）资金运用率：2019 年末，我市住房公积金资金运用率为 81.28%，比上年减少 7.17 个百分点。

三、主要财务数据

（一）业务收入：2019 年，业务收入 51247.41 万元，同比增长 11.45%。其中，存款利息 6748.34 万元，委托贷款利息 44496.40 万元，其他 2.67 万元。

（二）业务支出：2019 年，业务支出 29332.68 万元，同比增长 9.30%。其中，支付职工住房公积金利息 24135.34 万元，归集手续费 2972.28 万元，委托贷款手续费 2225.01 万元，其他 0.05 万元。

（三）增值收益：2019 年，增值收益 21914.73 万元，同比增长 14.48%。增值收益率 1.35%，比上年减少 0.03 个百分点。

（四）增值收益分配：2019 年，提取贷款风险准备金 35.42 万元，提取管理费用 2900.93 万元，提取城市廉租住房（公共租赁住房）建设补充资金18978.38万元。

2019年，上交财政管理费用2900.93万元。上缴财政城市廉租住房（公共租赁住房）建设补充资金15918.24万元。

2019年末，贷款风险准备金余额13705.27万元。累计提取城市廉租住房（公共租赁住房）建设补充资金130493.04万元。

（五）管理费用支出：2019年，管理费用支出2701.47万元，同比增长5.53%。其中，人员经费1115.07万元，公用经费65.28万元，专项经费1521.12万元，主要用于新一代住房公积金信息化建设。

四、资产风险状况

2019年末，个人住房贷款逾期额266.55万元，逾期率0.1945‰。

个人贷款风险准备金按贷款余额的1.00%提取。2019年，提取个人贷款风险准备金35.42万元。2019年末，个人贷款风险准备金余额13705.27万元，占个人住房贷款余额的1.00%，个人住房贷款逾期额与个人贷款风险准备金余额的比率为1.94%。

五、社会经济效益

（一）缴存业务：2019年，实缴单位数、实缴职工人数和缴存额同比分别减少4.55%、增加9.34%和11.18%。

缴存单位中，国家机关和事业单位占34.62%，国有企业占10.96%，城镇集体企业占0.10%，外商投资企业占0.03%，城镇私营企业及其他城镇企业占48.84%，民办非企业单位和社会团体占3.88%，其他占1.57%。

缴存职工中，国家机关和事业单位占48.30%，国有企业占24.59%，城镇集体企业占0.02%，外商投资企业占0.04%，城镇私营企业及其他城镇企业占24.49%，民办非企业单位和社会团体占2.38%，其他占0.18%；中、低收入占92.17%，高收入占7.83%。

新开户职工中，国家机关和事业单位占19.15%，国有企业占14.24%，城镇集体企业占0.25%，外商投资企业占0.30%，城镇私营企业及其他城镇企业占59.83%，民办非企业单位和社会团体占5.65%，其他占0.58%；中、低收入占99.45%，高收入占0.55%。

（二）提取业务：2019年，15.91万名缴存职工提取住房公积金48.05亿元。

提取金额中，住房消费提取占81.33%（购买、建造、翻建、大修自住住房占32.00%，偿还购房贷款本息占49.31%，租赁住房占0.02%，其他占0.00%）；非住房消费提取占18.67%（离休和退休提取占15.20%，户口迁出本市或出境定居占0.90%，其他占2.57%）。

提取职工中，中、低收入占94.11%，高收入占5.89%。

（三）贷款业务：

1.个人住房贷款：2019年，支持职工购建房72.67万平方米，年末个人住房贷款市场占有率为16.76%，比上年减少3.86个百分点。通过申请住房公积金个人住房贷款，可节约职工购房利息支出54230.22万元。

职工贷款笔数中，购房建筑面积90（含）平方米以下占14.13%，90~144（含）平方米占78.87%，

144 平方米以上占 7.00%。购买新房占 86.39%，购买存量商品住房占 13.61%。

职工贷款笔数中，单缴存职工申请贷款占 48.34%，双缴存职工申请贷款占 51.66%。

贷款职工中，30 岁（含）以下占 33.09%，30 岁～40 岁（含）占 30.37%，40 岁～50 岁（含）占 28.26%，50 岁以上占 8.28%；首次申请贷款占 91.36%，二次及以上申请贷款占 8.64%；中、低收入占 94.34%，高收入占 5.66%。

2. 异地贷款：2019 年，发放异地贷款 30 笔、916.00 万元。2019 年末，发放异地贷款总额 101548.60 万元，异地贷款余额 60004.18 万元。

（四）住房贡献率：2019 年，个人住房贷款发放额、住房消费提取额的总和与当年缴存额的比率为 90.99%，比上年减少 1.01 个百分点。

六、其他重要事项

（一）当年机构及职能调整情况、受委托办理缴存贷款业务金融机构变更情况：2019 年，本市受委托办理住房公积金缴存业务的银行共计七家，比上年增加一家；受委托办理住房公积金贷款业务的银行共计九家。

（二）当年住房公积金政策调整及执行情况：

1. 住房公积金缴存基数限额及确定方法

本缴存年度（2019 年 7 月 1 日至 2020 年 6 月 30 日）的月缴存工资基数不得低于本市的最低月工资标准 1410 元，不得高于工作地所在城市统计部门公布的上一年度职工月平均工资的 3 倍，即月缴存工资基数的上限分别为：湛江市区 20613 元；廉江市 18216 元；雷州市 11283 元；吴川市 13896 元；遂溪县 15102 元；徐闻县 14127 元。工资总额按国家统计局《关于工资总额组成的规定》（统制字〔1990〕1 号）计算。

2. 住房公积金存贷款利率执行标准

市住房公积金中心存贷款利率按中国人民银行规定执行。住房公积金个人住房贷款期限为 1 至 5 年（含 5 年）的，贷款年利率为 2.75%；贷款期限为 5 年以上的，贷款年利率为 3.25%。

（三）当年服务改进情况：

1. 中心服务网点及途径

市住房公积金中心及其办事处服务网点、时间及电话：

序号	网点名称	地点	服务时间	咨询电话
1	市中心	湛江市赤坎区海滨大道北 193 号	上午：8:30-12:00 下午：2:30-6:00	3365773
2	雷州办事处	雷州市群众大道 008 号建行二、四楼	上午：8:30-12:00 下午：2:30-6:00	8813745
3	廉江办事处	廉江市南市北路 33 号建行二楼	上午：8:00-11:30 下午：2:30-5:30	6662366
4	吴川办事处	吴川市人民东路建行大厦三楼	上午：8:30-12:00 下午：2:30-5:30	5579131

续表

序号	网点名称	地点	服务时间	咨询电话
5	遂溪办事处	遂溪县遂城镇府前路45号	上午：8：30-12：00 下午：2：30-5：30	7770663
6	徐闻办事处	徐闻县徐城镇红旗二路228号建行二楼	上午：8：30-12：00 下午：2：30-5：30	4865222

中心网站：https：//www.zhanjiang.gov.cn/zfgjj。

服务热线：12329。

网上服务：门户网站、业务网厅、短信、手机APP、微信公众号、微博、自助终端、粤省事等。

2. 住房公积金业务及服务创新情况

（1）多管齐下，深入推进政策普惠。修订出台缴存管理办法，自由职业人员可自愿申请缴存住房公积金，进一步扩大住房公积金的缴存范围；精简提取业务手续，取消农业缴存户口在户籍所在地建房的建房证明等，方便群众办理业务；完善贷款管理办法，规范业务办理流程；进一步简化贷款业务办理流程，取消住房公积金贷款业务二手房评估报告，精简办事资料。

（2）便民为民，坚持主动服务，积极开展预约服务、延时服务。2019年，到因病卧床、因病行动不便的职工家里、重症病房等办理提取业务11人次；开展预约办件服务4776次，办理提取件6415件；到明润幸福园、玥珑湾等95个楼盘开展住房公积金业务培训，培训工作人员1971人次。同时，加强和规范业务银行承办网点建设，实行编号挂牌管理，统一标识指引，更好地服务群众。

（3）以信息建设为抓手，服务提速增效。2019年，建成新一代住房公积金信息管理系统和综合服务平台，信息化建设迈上新台阶，缴存职工可通过微信公众号、手机APP、个人网厅、粤省事等渠道查询了解和办理各住房公积金业务，实现足不出户可高效便捷办理业务。进一步提升住房公积金服务水平，提升群众获得感、幸福感。

（四）当年信息化建设情况：2019年，中心新一代公积金系统核心业务系统、综合服务平台1月23日上线运行，实现了系统业务办理流程的闭环流转，信息数据的共享共用。同年，2月和12月以优异的成绩通过了省、住房和城乡建设部住房公积金"双贯标"检查验收和省综合服务平台检查验收。

（五）当年住房公积金管理中心所获荣誉情况：2019年，市住房公积金管理中心被评为第九届全国"人民满意的公务员集体"、广东省巾帼文明岗、广东省职工小家、湛江市先进基层党组织、湛江市五四红旗团支部。

（六）当年对违反《住房公积金管理条例》和相关法规行为进行行政处罚和申请人民法院强制执行情况：2019年，市住房公积金管理中心对违反《住房公积金管理条例》规定，拒不办理住房公积金缴存登记的广东半岛集团有限公司处5万元罚款，对不为部分在职职工办理账户开立手续的廉江市广播电视台处3万元罚款，其中对侵害职工权益的广东半岛集团有限公司进行第二次行政处罚。对拒不履行法定缴存义务的湛江交投城市停车服务经营有限公司执行行政强制措施，向人民法院申请执行补缴款7342元，已于2019年9月执行完毕。

主要统计指标解释：

1. 个人住房贷款市场占有率：指年度末住房公积金个人住房贷款余额占当地商业性和住房公积金个人

住房贷款余额总和的比率。

2. 资金运用率：指住房公积金个人住房贷款余额、项目贷款余额和购买国债余额的总和与缴存余额的比率。

3. 住房贡献率：指当年个人住房贷款发放额、公转商贴息贷款发放额、项目贷款发放额、住房消费提取额的总和与当年缴存额的比率。

4. 增值收益率：指增值收益与月均缴存余额的比率。（月均缴存余额指当年内各月末住房公积金累计缴存余额之和除以12。）

5. 住房贷款风险准备金余额：指截至年度末个人住房贷款风险准备金总额扣除已按规定核销的个人住房贷款风险准备金后的余额。

6. 职工按收入水平分类：

（1）低收入：指低于上年当地社会平均工资。

（2）中等收入：指收入介于上年当地社会平均工资1倍（含）~3倍之间。

（3）高收入：指收入高于上年当地社会平均工资3倍（含）。

7. 当年异地贷款发放额：指当年对缴存和购房行为不在同一城市的职工所发放的住房公积金个人住房贷款金额，包括用本市资金为在本市购房的外地缴存职工发放的贷款以及为在外地购房的本市缴存职工发放的贷款。

茂名市住房公积金2019年年度报告

一、机构概况

（一）住房公积金管理委员会：市住房公积金管理委员会有21名委员，2019年，召开了两次全体会议，审议通过《茂名市2018年度住房公积金归集、使用计划执行情况的报告》《茂名市2019年度住房公积金归集和使用计划》《茂名市2018年度住房公积金增值收益分配方案》《茂名市住房公积金2018年年度报告》，听取了茂名市2019年度1至10月住房公积金管理运行情况，同意中信银行茂名分行，交通银行茂名分行，信宜、高州及化州三家农商银行承办公积金业务。

（二）住房公积金管理中心：住房公积金管理中心为直属市人民政府不以营利为目的的参照公务员管理的副处级事业单位，设6个科，5个管理部。从业人员89人，其中，在编48人，非在编41人。

二、业务运行情况

（一）缴存：2019年，新开户单位449家，实缴单位4946家，净增单位340家；新开户职工2.32万人，实缴职工26.29万人，净增职工0.80万人；缴存额44.48亿元，同比增长15.35%。2019年末，缴存总额316.95亿元，同比增长16.32%；缴存余额121.12亿元，同比增长12.44%。

受委托办理住房公积金缴存业务的银行7家，与上年相同。

（二）**提取**：2019年，提取额31.08亿元，同比增长3.11%；占当年缴存额的69.86%，比上年减少8.30个百分点。2019年末，提取总额195.83亿元，同比增长18.86%。

（三）**贷款**：个人住房贷款：个人住房贷款最高额度35万元，其中，单缴存职工最高额度20万元，双缴存职工最高额度35万元。

2019年，发放个人住房贷款0.64万笔、16.54亿元，同比分别下降4.21%、19.80%。2019年，回收个人住房贷款11.30亿元。

2019年末，累计发放个人住房贷款6.72万笔、177.25亿元，贷款余额108.86亿元，同比分别增长10.51%、10.29%、5.05%。个人住房贷款余额占缴存余额的89.88%，比上年减少6.33个百分点。

受委托办理住房公积金个人住房贷款业务的银行7家，与上年相同。

（四）**购买国债**：2019年，没有购买国债，没有兑付国债。2019年末，国债余额0.3亿元，与上年相同。

（五）**融资**：2019年，没有开展融资。2019年末，融资总额2.33亿元，融资余额为0。

（六）**资金存储**：2019年末，住房公积金存款14.68亿元。其中，活期0.02亿元，1年（含）以下定期1.40亿元，1年以上定期3.33亿元，其他（协定、通知存款等）9.93亿元。

（七）**资金运用率**：2019年末，住房公积金个人住房贷款余额和购买国债余额的总和占缴存余额的90.13%，比上年减少6.36个百分点。

三、主要财务数据

（一）**业务收入**：2019年，业务收入37488.96万元，同比增长8.85%。存款利息收入2366.19万元，委托贷款利息收入34982.37万元，国债利息收入140.40万元，无其他收入。

（二）**业务支出**：2019年，业务支出19955.21万元，同比增长11.51%。支付职工住房公积金利息支出17309.27万元，归集手续费支出897.66万元，委托贷款手续费支出1748.28万元，无其他支出。

（三）**增值收益**：2019年，增值收益17533.75万元，同比增长5.97%。增值收益率1.52%，比上年减少0.08个百分点。

（四）**增值收益分配**：2019年，提取贷款风险准备金1046.32万元，提取管理费用1417.50万元，提取城市廉租住房（公共租赁住房）建设补充资金15069.93万元。

2019年，上交财政管理费用1464万元。上缴财政城市廉租住房（公共租赁住房）建设补充资金12949万元。

2019年末，贷款风险准备金余额21772.10万元。累计提取城市廉租住房（公共租赁住房）建设补充资金112464.19万元。

（五）**管理费用支出**：2019年，管理费用支出2013.57万元，同比减少16.94%。其中，人员经费1219.93万元，公用经费163.67万元，专项经费629.97万元。

四、资产风险状况

2019年末，个人住房贷款逾期额195.68万元，逾期率0.18‰。

个人贷款风险准备金按贷款余额的2.00%提取。2019年，提取个人贷款风险准备金1046.32万元，当年未使用个人贷款风险准备金核销。2019年末，个人贷款风险准备金余额21772.10万元，占个人住房贷款余额的2.00%，个人住房贷款逾期额与个人贷款风险准备金余额的比率为0.90%。

五、社会经济效益

（一）**缴存业务**：2019年，实缴单位数、实缴职工人数和缴存额同比分别增长7.38%、3.13%和15.35%。

缴存单位中，国家机关和事业单位占62.53%，国有企业占8.01%，城镇集体企业占1.50%，外商投资企业占3.11%，城镇私营企业及其他城镇企业占15.59%，民办非企业单位和社会团体占1.60%，其他占7.66%。

缴存职工中，国家机关和事业单位占62.50%，国有企业占12.28%，城镇集体企业占1.87%，外商投资企业占3.76%，城镇私营企业及其他城镇企业占10.34%，民办非企业单位和社会团体占0.75%，其他占8.50%；中、低收入占98.93%，高收入占1.07%。

新开户职工中，国家机关和事业单位占37.16%，国有企业占10.95%，城镇集体企业占0.90%，外商投资企业占2.90%，城镇私营企业及其他城镇企业占30.20%，民办非企业单位和社会团体占3.47%，其他占14.42%；中、低收入占99.90%，高收入占0.10%。

（二）**提取业务**：2019年，8.80万名缴存职工提取住房公积金31.08亿元。

提取金额中，住房消费提取占81.37%（购买、建造、翻建、大修自住住房占31.15%，偿还购房贷款本息占49.76%，租赁住房占0.30%，其他占0.16%）；非住房消费提取占18.63%（离休和退休提取占15.45%，完全丧失劳动能力并与单位终止劳动关系提取占1.01%，出境定居占0.01%，其他占2.16%）。

提取职工中，中、低收入占98.47%，高收入占1.53%。

（三）**贷款业务**：

1. 个人住房贷款：2019年，支持职工购建房86.97万平方米，年末个人住房贷款市场占有率为15.09%，比上年减少2.92个百分点。通过申请住房公积金个人住房贷款，可节约职工购房利息支出36811.24万元。

职工贷款笔数中，购房建筑面积90（含）平方米以下占2.27%，90~144（含）平方米占68.79%，144平方米以上占28.94%。购买新房占88.51%，购买二手房占11.49%。

职工贷款笔数中，单缴存职工申请贷款占17.48%，双缴存职工申请贷款占81.46%，三人及以上缴存职工共同申请贷款占1.06%。

贷款职工中，30岁（含）以下占22.47%，30岁~40岁（含）占41.53%，40岁~50岁（含）占30.08%，50岁以上占5.92%；首次申请贷款95.45%，二次及以上申请贷款占4.55%；中、低收入占99.15%，高收入占0.85%。

2. 异地贷款：2019年，发放异地贷款107笔、2512.30万元。2019年末，异地贷款总额66076.20万元，异地贷款余额52486.22万元。

（四）**住房贡献率**：2019年，个人住房贷款发放额、住房消费提取额的总和与当年缴存额的比率为94.03%，比上年减少21.69个百分点。

六、其他重要事项

（一）**当年住房公积金政策调整及执行情况**：调整缴存基数限额。根据《住房公积金管理条例》（国务院令350号）、《广东省人民政府关于调整我省企业职工最低工资标准的通知》（粤府函〔2018〕187号）、《关于印发〈茂名市住房公积金缴存管理办法〉的通知》（茂公积金管委会规〔2018〕2号）等有关规定，按照市统计局提供的2018年度市直及各区、县级市在岗职工月平均工资数据的3倍，确定了2019年度我市市区（含市直、茂南区、电白区，下同）以及各县级市住房公积金缴存基数上限分别为：市区23532元、信宜市15621元、高州市16755元、化州市14838元。全市缴存基数不低于1410元。

（二）**当年服务改进情况**：一是拓宽查询及指尖办理业务渠道。通过"粤省事"微信小程序、支付宝城市服务、手机APP等服务渠道，实现了APP、"粤省事"刷脸登录查询以及面签实名认证自助办理，大大方便了缴存职工。二是完成了中心业务系统与全国住房公积金异地转移接续平台的直联，切实提高了异地转移接续业务的办理效率。三是成功实现缴存业务全程网办及部分提取业务网上办理。其中大部分缴存业务做到"在线申办、系统秒批、业务回单自助打印"全流程网上办理，真正实现了缴存业务"零跑腿"。四是大力推动窗口服务优化升级。在管理部全面实行综合柜员制，打破过去按缴存、提取、贷款业务种类分设服务岗位、专柜办理单一业务的工作模式，做到任何一个窗口均可办理所有业务，极大地方便了缴存职工。

（三）**当年信息化建设情况**：一是进一步建设完善公积金综合信息管理系统。以优化核心业务系统、网上服务窗口、手机APP，建设稽核审计系统、绩效考核系统、行政执法系统、考试系统、蚂蚁金服刷脸认证系统（含城市服务）、电子印章系统等为主要内容的综合信息系统建设项目全面上线运行并通过验收。二是积极推动公积金服务事项进驻"粤省事"移动民生服务平台。截至2019年底，中心已在"粤省事"开通了缴存信息查询、缴存明细查询、贷款信息查询、贷款还款明细查询、贷款进度查询、还款计划查询、提取明细查询、提取进度查询、可贷额度计算、面签—实名认证等10个服务事项，受到了群众普遍好评。三是顺利完成公积金网上服务窗口与省统一身份认证平台的无缝对接。单位及职工只需在省政务服务平台单点登录即可实现"一次认证、全网通行"办理公积金业务。四是及时做好公积金数据平台接入工作。根据住房和城乡建设部关于做好全国数据平台接入以及省住房城乡建设厅关于建立粤港澳大湾区数据共享平台的要求，积极协调系统开发商制定技术方案，做好接口开发，确保了两个平台接口按时完成并顺利上线，推动了公积金数据互联共享的快速发展。

肇庆市住房公积金2019年年度报告

一、机构概况

（一）**住房公积金管理委员会**：住房公积金管理委员会有21名委员，2019年召开2次会议，审议通过的事项主要包括：（1）审议《肇庆市住房公积金2018年年度报告》；（2）审议《关于2018年度住房公积金住房增值收益分配方案》；（3）审议《关于住房公积金缴存基数变更周期的请示》；（4）审议《肇庆市住房公积金资金流动性风险应对方案》；（5）审议《肇庆市住房公积金还款方案》。

（二）住房公积金管理中心：肇庆市住房公积金管理中心为直属肇庆市人民政府的不以营利为目的的参公事业单位，设8个部室，8个管理部。从业人员132人，其中，在编40人，非在编92人。

二、业务运行情况

（一）缴存：2019年，新开户单位521家，实缴单位4299家，净增单位347家；新开户职工3.42万人，实缴职工26.24万人，净增职工1.31万人；缴存额38.07亿元，同比增长9.87%。2019年末，缴存总额259.3亿元，比上年末增加17.21%；缴存余额76.4亿元，比上年末增加9.87%。

受委托办理住房公积金缴存业务的银行15家，银行数量与去年持平。

（二）提取：2019年，提取额31.2亿元，同比增长2.28%；占当年缴存额的81.96%，比上年减少6.09个百分点。2019年末，提取总额182.9亿元，比上年末增加20.57%。

（三）贷款：

1. 个人住房贷款：个人住房贷款最高额度40万元，其中，单缴存职工最高额度20万元，双缴存职工最高额度40万元。

2019年，发放个人住房贷款0.52万笔、14.63亿元，同比分别减少4.78%、1.95%；回收个人住房贷款7.06亿元。2019年末，累计发放个人住房贷款6.06万笔、129.47亿元，贷款余额85.87亿元，同比分别增长9.32%、12.74%、9.66%。个人住房贷款余额占缴存余额的112.39%，比上年减少0.22个百分点。

受委托办理住房公积金个人住房贷款业务的银行14家，比上年增加0家。

2. 住房公积金支持保障性住房建设项目贷款：2019年，市住房公积金中心没有发放支持保障性住房建设项目贷款。

（四）购买国债：2019年市住房公积金中心没有购买国债。

（五）融资：2019年，融资0亿元，归还0.31亿元。2019年末，融资总额9.70亿元，融资余额9.08亿元。

（六）资金存储：2019年末，住房公积金存款1亿元。其中，活期0.05亿元，1年（含）以下定期0亿元，1年以上定期0亿元，其他（协定、通知存款等）0.95亿元。

（七）资金运用率：2019年末，住房公积金个人住房贷款余额、项目贷款余额和购买国债余额的总和占缴存余额的112.39%，比上年末减少0.22个百分点。

三、主要财务数据

（一）业务收入：2019年，业务收入27464.32万元，同比增长8.04%。其中，存款利息381.67万元，委托贷款利息27075.39万元，国债利息0万元，其他7.26万元。

（二）业务支出：2019年，业务支出18492.85万元，同比增长6.41%。其中，支付职工住房公积金利息10939.4万元，归集手续费1845.54万元，委托贷款手续费1353.77万元，其他4354.14万元。

（三）增值收益：2019年，增值收益8971.47万元，同比增长11.56%。其中，增值收益率1.24%，

比上年增加 0.04 个百分点。

（四）**增值收益分配**：2019 年，提取贷款风险准备金 756.27 万元，提取管理费用 2282.99 万元，提取城市廉租住房（公共租赁住房）建设补充资金 5932.21 万元。

2019 年，上交财政管理费用 2282.99 万元。上缴财政城市廉租住房（公共租赁住房）建设补充资金 5554.68 万元。

2019 年末，贷款风险准备金余额 8586.93 万元。累计提取城市廉租住房（公共租赁住房）建设补充资金 53954.25 万元。

（五）**管理费用支出**：2019 年，管理费用支出 2101.15 万元，同比增长 2.27%。其中，人员经费 947.92 万元，公用经费 84.54 万元，专项经费 1068.69 万元。

四、资产风险状况

（一）**个人住房贷款**：2019 年末，个人住房贷款逾期额 1088.82 万元，逾期率 1.2680‰。

个人贷款风险准备金按贷款余额的 1% 提取。2019 年，提取个人贷款风险准备金 756.27 万元，使用个人贷款风险准备金核销呆坏账 0 万元。2019 年末，个人贷款风险准备金余额 8586.93 万元，占个人住房贷款余额的 1%，个人住房贷款逾期额与个人贷款风险准备金余额的比率为 12.68%。

（二）**支持保障性住房建设试点项目贷款**：2019 年，市住房公积金中心没有发放支持保障性住房建设项目贷款。

五、社会经济效益

（一）**缴存业务**：2019 年，实缴单位数、实缴职工人数和缴存额同比分别增长 8.78%、5.27% 和 9.87%。

缴存单位中，国家机关和事业单位占 39.59%，国有企业占 12.21%，城镇集体企业占 2.54%，外商投资企业占 0.74%，城镇私营企业及其他城镇企业占 18.82%，民办非企业单位和社会团体占 2.44%，其他占 23.66%。

缴存职工中，国家机关和事业单位占 44.93%，国有企业占 17.44%，城镇集体企业占 1.43%，外商投资企业占 2.67%，城镇私营企业及其他城镇企业占 19.05%，民办非企业单位和社会团体占 0.25%，其他占 14.23%；中、低收入占 96.92%，高收入占 3.08%。

新开户职工中，国家机关和事业单位占 16.2%，国有企业占 10.21%，城镇集体企业占 0.25%，外商投资企业占 2.37%，城镇私营企业及其他城镇企业占 28.86%，民办非企业单位和社会团体占 0.13%，其他占 41.98%；中、低收入占 99.64%，高收入占 0.36%。

（二）**提取业务**：2019 年，12.29 万名缴存职工提取住房公积金 31.2 亿元。

提取金额中，住房消费提取占 88.1%（购买、建造、翻建、大修自住住房占 12.47%，偿还购房贷款本息占 71.52%，租赁住房占 4.1%，其他占 0.01%）；非住房消费提取占 11.9%（离休和退休提取占 9.86%，完全丧失劳动能力并与单位终止劳动关系提取占 0%，出境定居占 0.65%，其他占 1.39%）。

提取职工中，中、低收入占 95.65%，高收入占 4.35%。

（三）贷款业务：

1. 个人住房贷款： 2019年，支持职工购建房60.21万平方米，年末个人住房贷款市场占有率为9.42%，比上年减少1.47个百分点。通过申请住房公积金个人住房贷款，可节约职工购房利息支出2413.57万元。

职工贷款笔数中，购房建筑面积90（含）平方米以下占9.18%，90~144（含）平方米占82.32%，144平方米以上占8.5%。购买新房占87.71%（其中购买保障性住房占0），购买二手房占12.29%，建造、翻建、大修自住住房占0，其他占0。

职工贷款笔数中，单缴存职工申请贷款占65.77%，双缴存职工申请贷款占33.98%，三人及以上缴存职工共同申请贷款占0.25%。

贷款职工中，30岁（含）以下占26.18%，30岁~40岁（含）占40.27%，40岁~50岁（含）占25.21%，50岁以上占8.34%；首次申请贷款占93.71%，二次及以上申请贷款占6.29%；中、低收入占98.26%，高收入占1.74%。

2. 异地贷款： 2019年，发放异地贷款345笔、8628.5万元。2019年末，发放异地贷款总额74356.4万元，异地贷款余额63006.11万元。

3. 公转商贴息贷款： 2019年，市住房公积金中心没有发放公转商贴息贷款。

4. 支持保障性住房建设试点项目贷款： 2019年末，市住房公积金中心没有发放保障性住房建设项目贷款。

（四）住房贡献率： 2019年，个人住房贷款发放额、公转商贴息贷款发放额、项目贷款发放额、住房消费提取额的总和与当年缴存额的比率为110.64%，比上年减少9.25个百分点。

六、其他重要事项

（一）当年机构及职能调整情况、受委托办理缴存贷款业务金融机构变更情况：2019年，本市受委托办理住房公积金缴存业务的银行共计15家，受委托办理住房公积金贷款业务的银行共计14家，对比上年均没有变化。

（二）当年住房公积金政策调整及执行情况：

1. 当年缴存基数限额及确定方法、缴存比例等缴存政策调整情况

我中心于2019年6月印发《关于做好2019年度住房公积金缴存调整有关工作的通知》（肇公积金通〔2019〕9号），规定2019年度职工个人住房公积金缴存基数调整为2018年职工个人月平均工资。缴存基数不低于本市现行最低工资标准1550元（根据广东省相关规定调整），根据市统计局公布的数据，不高于本市2018年城镇非私营单位在岗职工月平均工资的3倍，即17863元。

2. 当年提取政策调整情况

2019年8月，为控制我市住房公积金资金流动性风险，我市住房公积金管理委员会印发了《关于实施肇庆市住房公积金资金流动性风险应对措施的通知》（肇房委〔2019〕11号），规定职工每次提取住房公积金，须留存本人现存账户内10%的余额资金，销户的可全额提取。

3. 当年个人住房贷款最高贷款额度、贷款条件等贷款政策调整情况

2019年8月，为控制我市住房公积金资金流动性风险，我市住房公积金管理委员会印发了《关于实施肇庆市住房公积金资金流动性风险应对措施的通知》(肇房委〔2019〕11号)。

规定从2019年9月1日起,我市公积金中心下调个人住房公积金贷款限额:(1)市直范围:个人贷款限额:20万/人,40万/家庭(含二人以上);(2)高要区、鼎湖区、高新区、四会市:个人贷款限额:18万/人,36万/家庭(含二人以上);(3)德庆县、怀集县、封开县、广宁县:个人贷款限额:15万/人,30万/家庭(含二人以上);(4)二次公积金贷款最高额度对比首次公积金贷款,每套房单个申请人减少5万元,两个或以上申请人减少10万元。

(三)当年服务改进情况:

(1)我中心完成省住房城乡建设厅粤港澳大湾区共享平台建设工作,实现了全省公积金数据共享,为公积金业务提供在线信息核验服务,减少群众办理材料,为公积金业务线上实现办理提供基础数据支撑,让优质服务普惠全省缴存职工,助力粤港澳大湾区建设。

(2)我中心完成"粤省事"公积金业务上线工作,实现4个高频办理事项(退休提取、租房提取、贷款提前部分还款、贷款提前结清)指尖办理和"零跑动",办事更省事,办理人不需提供任何拍照材料,通过人脸识别录入简单信息即可办理,实现"零纸质流转、不见面审批",为群众提供更便捷的政务服务。

(四)当年信息化建设情况:

(1)为推进政务云建设、实现我市信息化基础设施统一规划建设,我中心积极响应,按照政务云技术要求对公积金业务系统制定了升级改造方案,整体升级业务系统功能,为实现信息共享和联网业务办理打下坚实基础。

(2)我中心业务系统完成适配改造工作,成功接入全国住房公积金数据平台并通过省住房城乡建设厅审核验收,系统运行正常,完成采集数据的检核,保证数据平台系统的平稳运行和日常数据的及时推送。

(五)当年对违反《住房公积金管理条例》和相关法规行为进行行政处罚和申请人民法院强制执行情况:2019年申请法院强制执行1宗。

(六)当年对住房公积金管理人员违规行为的纠正和处理情况等:对业务部一名聘用人员违纪违规行为进行立案调查。

惠州市住房公积金2019年年度报告

一、机构概况

(一)**住房公积金管理委员会**:住房公积金管理委员会有29名委员,2019年召开1次会议,审议通过的事项主要包括:审议住房公积金管理政策;审议住房公积金归集、使用计划;审议住房公积金增值收益分配;住房公积金管理情况汇报;结余资金转存计划、受托银行考核办法、结余资金存放管理办法、管委会议事规则、人才住房公积金优惠政策、个体工商户自由职业者自愿缴存使用办法、提取业务细则和贷款保证金细则、调整贷款有关事项和启用电子认证服务。

(二)**住房公积金管理中心**:住房公积金管理中心为直属市人民政府不以营利为目的的参公管理事业

单位,设4个处(科),6个管理部,0个分中心。从业人员73人,其中,在编50人,非在编23人。

二、业务运行情况

(一)缴存:2019年,新开户单位2390家,实缴单位8285家,净增单位1466家;新开户职工20.13万人,实缴职工67.49万人,净增职工3.89万人;缴存额88.81亿元,同比增加22.34%。2019年末,缴存总额556.65亿元,同比增加18.98%;缴存余额189.59亿元,同比增加14.50%。

受委托办理住房公积金缴存业务的银行10家,比上年增加0家。

(二)提取:2019年,提取额64.80亿元,同比增加22.46%;占当年缴存额的72.97%,比上年增加0.07个百分点。2019年末,提取总额367.06亿元,同比增加21.44%。

(三)贷款:

个人住房贷款:个人住房贷款最高额度60.00万元,其中,单缴存职工最高额度40.00万元,双缴存职工最高额度60.00万元。

2019年,发放个人住房贷款0.96万笔、38.64亿元,同比分别增加38.72%、增加45.29%。

2019年,回收个人住房贷款15.00亿元。

2019年末,累计发放个人住房贷款10.10万笔、238.26亿元,贷款余额145.87亿元,同比分别增加10.56%、增加19.35%、增加19.34%。个人住房贷款余额占缴存余额的76.94%,比上年增加3.12个百分点。

受委托办理住房公积金个人住房贷款业务的银行18家,比上年增加0家。

(四)资金存储:2019年末,住房公积金存款43.72亿元。其中,活期0.18亿元,1年(含)以下定期15.55亿元,1年以上定期25.26亿元,其他(协定、通知存款等)2.73亿元。

(五)资金运用率:2019年末,住房公积金个人住房贷款余额、项目贷款余额和购买国债余额的总和占缴存余额的76.94%,比上年增加3.12个百分点。

三、主要财务数据

(一)业务收入:2019年,业务收入58862.21万元,同比增加22.25%。其中,存款利息14984.21万元,委托贷款利息43878.00万元,国债利息0.00万元,其他0.00万元。

(二)业务支出:2019年,业务支出32338.49万元,同比增加19.48%。其中,支付职工住房公积金利息26969.61万元,归集手续费3011.81万元,委托贷款手续费2193.81万元,其他163.26万元。

(三)增值收益:2019年,增值收益26523.72万元,同比增加25.79%。增值收益率1.48%,比上年增加0.13个百分点。

(四)增值收益分配:2019年,提取贷款风险准备金3623.72万元,提取管理费用2900.00万元,提取城市廉租住房(公共租赁住房)建设补充资金20000.00万元。

2019年,上交财政管理费用2900.00万元。上缴财政城市廉租住房(公共租赁住房)建设补充资金15000.00万元。

2019年末,贷款风险准备金余额30253.07万元。累计提取城市廉租住房(公共租赁住房)建设补充资金120247.00万元。

（五）管理费用支出：2019 年，管理费用支出 2844.00 万元，同比增加 18.64％。其中，人员经费 1497.05 万元，公用经费 143.64 万元，专项经费 1203.31 万元。

四、资产风险状况

（一）个人住房贷款：2019 年末，个人住房贷款逾期额 746.97 万元，逾期率 0.5121‰。

个人贷款风险准备金按贷款余额的 2.07％提取。2019 年，提取个人贷款风险准备金 3623.72 万元，使用个人贷款风险准备金核销呆坏账 0.00 万元。2019 年末，个人贷款风险准备金余额 30253.07 万元，占个人住房贷款余额的 2.07％，个人住房贷款逾期额与个人贷款风险准备金余额的比率为 2.47％。

（二）历史遗留风险资产：无历史遗留风险资产。

五、社会经济效益

（一）缴存业务：2019 年，实缴单位数、实缴职工人数和缴存额同比分别增加 21.50％、增加 6.12％和增加 22.34％。

缴存单位中，国家机关和事业单位占 21.08％，国有企业占 4.92％，城镇集体企业占 1.81％，外商投资企业占 8.17％，城镇私营企业及其他城镇企业占 50.02％，民办非企业单位和社会团体占 7.98％，其他占 6.02％。

缴存职工中，国家机关和事业单位占 18.55％，国有企业占 5.52％，城镇集体企业占 0.50％，外商投资企业占 19.95％，城镇私营企业及其他城镇企业占 48.96％，民办非企业单位和社会团体占 2.81％，其他占 3.71％；中、低收入占 95.18％，高收入占 4.82％。

新开户职工中，国家机关和事业单位占 3.11％，国有企业占 3.27％，城镇集体企业占 0.15％，外商投资企业占 21.72％，城镇私营企业及其他城镇企业占 60.82％，民办非企业单位和社会团体占 3.62％，其他占 7.31％；中、低收入占 99.59％，高收入占 0.41％。

（二）提取业务：2019 年，29.64 万名缴存职工提取住房公积金 64.80 亿元。

提取金额中，住房消费提取占 83.02％（购买、建造、翻建、大修自住住房占 23.79％，偿还购房贷款本息占 51.95％，租赁住房占 3.10％，其他占 4.18％）；非住房消费提取占 16.98％（离休和退休提取占 6.65％，完全丧失劳动能力并与单位终止劳动关系提取占 0.01％，户口迁出本市或出境定居占 8.66％，其他占 1.66％）。

提取职工中，中、低收入占 91.03％，高收入占 8.97％。

（三）贷款业务：

1. 个人住房贷款：2019 年，支持职工购建房 90.32 万平方米，年末个人住房贷款市场占有率为 4.5％，比上年增加 0.10 个百分点。通过申请住房公积金个人住房贷款，可节约职工购房利息支出 122790.00 万元。

职工贷款笔数中，购房建筑面积 90（含）平方米以下占 14.60％，90～144（含）平方米占 75.28％，144 平方米以上占 10.12％。购买新房占 87.82％（其中购买保障性住房占 0.12％），购买存量商品住房占 9.53％，建造、翻建、大修自住住房占 0.00％，其他占 2.65％。

职工贷款笔数中，单缴存职工申请贷款占 62.01%，双缴存职工申请贷款占 37.99%，三人及以上缴存职工共同申请贷款占 0.00%。

贷款职工中，30 岁（含）以下占 36.64%，30 岁~40 岁（含）占 39.39%，40 岁~50 岁（含）占 19.82%，50 岁以上占 4.15%；首次申请贷款占 82.38%，二次及以上申请贷款占 17.62%；中、低收入占 93.99%，高收入占 6.01%。

2. 异地贷款： 2019 年，发放异地贷款 1199.00 笔、48090.10 万元。2019 年末，发放异地贷款总额 130323.10 万元，异地贷款余额 103378.25 万元。

3. 公转商贴息贷款： 无。

4. 支持保障性住房建设试点项目贷款： 无。

（四）**住房贡献率：** 2019 年，个人住房贷款发放额、公转商贴息贷款发放额、项目贷款发放额、住房消费提取额的总和与当年缴存额的比率为 104.08%，比上年增加 8.33 个百分点。

六、其他重要事项

（一）当年机构及职能调整情况、受委托办理缴存贷款业务金融机构变更情况：

1. 机构职能调整情况： 2019 年，我市未调整住房公积金管理机构及职能，住房公积金管理中心内设综合计划、归集督查、支取贷款 3 个科和惠城管理部，下设博罗、惠阳、惠东、龙门、大亚湾、仲恺 6 个县区派出分支机构（管理部）。

2. 缴存贷款业务金融机构变更情况： 2019 年，我市缴存贷款业务金融机构数量无增减，受委托办理住房公积金缴存业务的银行和受委托办理住房公积金个人住房贷款业务的银行分别有 10 家和 18 家，承办住房公积金缴存和贷款业务。

（二）当年住房公积金政策调整及执行情况：

1. 当年缴存基数限额及确定方法、缴存比例等缴存政策调整未调整。

2019 年 7 月至 2020 年 6 月，我市住房公积金最高月缴存基数为 23229 元（即惠州市统计部门公布的 2018 年度市直在岗职工月平均工资 7743 元的 3 倍），住房公积金月缴存最高限额为 5574 元。

2. 2019 年未调整提取政策、个人住房贷款最高贷款额度、贷款条件等贷款政策、住房公积金存贷款利率执行标准等。

（三）当年服务改进情况：

1. 强化服务流程管理，解决贷款审批慢。 坚持以中心为主导，通过对内优化贷款服务流程、简化楼盘备案材料、深化一站式服务，对外加强受委托贷款银行监管考核，内外结合、多措并举持续提升贷款速度。进一步优化住房公积金贷款流程，在防范风险前提下，尝试开办住房公积金的快贷业务，简化楼盘住房公积金贷款备案材料，加快楼盘住房公积金贷款备案速度，住房公积金限制更少、审批更快、使用更灵活，得到了广大企业和缴存职工的高度认可，同时也让我市房地产企业切实感受到住房公积金贷款比商业贷款更快更好的优越性；研究出台《惠州市住房公积金受托银行承办住房公积金业务考核办法（试行）》，对受委托银行办理住房公积金贷款的时限、质量以及服务标准等进行常态化监管考核，要求受委托银行优化内部考核激励机制，引导鼓励一线经办人员优先办理住房公积金贷款业务，在贷款额度上优先保证住房公积金组合贷款需求；召开银行行长工作研讨会，建立受委托贷款银行行长微信群,及时跟踪、解决住房公积金贷款问题,提升组合贷款中商贷部分审批放款速度,推动住房公积金贷款大提速。2019年,我市每月平均发放住房公积金贷款800笔,同比增长37.1%,每月平均放款额3.22亿,同比增长45%。

2. 强化政策监管,解决贷款申请难。 联合市住建局出台《关于印发〈惠州市住房和城乡建设局惠州市住房公积金管理中心关于维护住房公积金缴存职工购房贷款权益的实施细则〉的通知》(惠市公积金〔2019〕36号),巩固深化房企拒贷问题整治成果,持续完善监管机制和多部门联合整治手段,及时约谈拒绝或阻挠购房人选择办理住房公积金贷款的房地产开发企业,责令整改并及时跟进整改情况,我市房地产开发企业拒绝职工使用住房公积金贷款购房问题专项整治工作推进良好。年内,新增161个备案楼盘,绝大部分开发企业都支持住房公积金贷款,按照要求提供了不拒绝购房人使用住房公积金贷款的书面承诺,并在楼盘销售现场予以公示。用人单位和缴存职工的好评度和满意度正逐步回升。

3. 积极推进业务标准化。 结合我市住房公积金实际,对我市住房公积金的归集、支取、贷款等业务流程和相关要求进行系统性、规范化梳理,印制《惠州市住房公积金业务服务指南(2019版)》,发放给政府部门、企事业单位、受委托银行等广大缴存单位,让缴存单位和职工办事更便利,办事人员业务操作水平更高、更有效率,切实提高广大住房公积金工作者业务操作水平;梳理并计划编印《惠州市住房公积金业务操作规范》,涵盖住房公积金归集、提取、贷款、资金管理等相关具体业务,作为全市住房公积金工作人员、服务窗口办理业务的基本准则,确保市住房公积金管理中心本部、各县区管理部和银行办理网点住房公积金业务统一标准化,不断提升工作效能。

4. 加强优惠政策拓展。 研究制订了《惠州市人才住房公积金优惠政策实施办法》,已通过市住房公积金管委会2019年度工作会议审议通过。此项政策的实施,将持续降低人才使用住房公积金的门槛,有效解决大湾区人才在大湾区安居乐业的障碍问题,为全市招才引智作出贡献。同时,研究制订了《惠州市个体工商户、自由职业者自愿缴存使用住房公积金办法(草案)》,并经市住房公积金管委会2019年度工作会议审议通过,将让更多群众享受住房公积金福利。

5. 深入开展受委托银行网点公积金业务专项检查。 有序推进《惠州市住房公积金受托银行承办住房公积金业务考核办法(试行)》,落实受托银行常态化考核监管,开展受委托银行网点公积金业务专项检查,进一步加强和规范我市住房公积金业务受委托银行住房公积金业务办理工作,有效提升了各业务网点服务水平,全面提升了中心惠民便民水平和人民群众满意度和获得感。

6. 开展"减证便民"行动。 根据省、市政府要求,清理证明事项,对可用其他资料替代的低保证明进行删减。2019年,我中心共清理1项证明事项。

(四)当年信息化建设情况: 2019年,中心聚焦群众"跑腿多"难题,以信息化建设为抓手"造平台、减材料、提速度",对接"粤省事"和粤港澳大湾区信息共享平台,着力提升服务水平,提升办事效率,不断增强人民群众对于住房公积金的获得感。

一是"双贯标"核心系统顺利上线。公积金中心完成了50多万职工的基础数据完善和5万多条历史贷款数据的迁移,新系统在2019年1月如期顺利上线,并以93.28的高分通过住房和城乡建设部"双贯标"检查验收,大大提高了资金风险防控能力,提升管理效能和办事效率。

二是综合服务平台通过验收。12月30日,我市综合服务平台以"优秀"等次顺利通过省住房城乡建设厅验收,平台涵盖手机APP、微信公众号、网上办事大厅、支付宝城市便捷等服务渠道,实现多渠道线上业务办理，住房公积金业务办理由"群众跑腿"变为"数据跑腿"，真正让住房公积金综合服务平台"互联网＋公积金"的服务效能惠及广大缴存单位和职工。

三是对接"粤省事"和大湾区信息共享平台。积极对接"粤省事"平台，完成15个高频公积金服务事项的对接上线，占全市对接上线事项的93.75%，位居全省21个地市首位，实现了30%到40%的业务离窗网上办理，极大地减轻了窗口的服务压力，提高了群众办事的便利性；扎实推进粤港澳大湾区住房公积金信息共享平台对接工作，作为大湾区内地九城市之一共同参与签订住房公积金信息共享公约，是全省首个对外开放信息共享平台服务的地市，实现异地转移接续、异地提取、异地贷款等业务数据线上核实即时办理，粤港澳大湾区住房公积金信息共享平台于12月30日在广州正式上线，大大提升了办事效率，增强了人民群众对于住房公积金的获得感。

（五）当年住房公积金管理中心及职工所获荣誉情况：中心服务大厅积极创建市级"青年文明号"，以94.04的高分通过市级"青年文明号"评审，在64个"创号"单位中排名第一，被共青团惠州市委评为"2018-2019年度惠州市青年文明号"。

（六）当年对违反《住房公积金管理条例》和相关法规行为进行行政处罚和申请人民法院强制执行情况：2019年，我市企业职工实名投诉企业未依法缴存住房公积金事件65起，已处理完毕59起，我中心化解企业与职工矛盾工作取得一定成效，各种投诉和问题全部得到了较好处理和解决。共发出责令整改通知11份，行政处罚决定书1份。没有发生因违法或者执法不当引发群体性事件的情形。

（七）当年对住房公积金管理人员违规行为的纠正和处理情况等：2019年，我市无住房公积金管理人员发生违规行为。

（八）其他需要披露的情况：中心组织机构、政策资讯、服务网点、业务指南及其他信息公开内容详见中心网站（http://hzgjj.huizhou.gov.cn/）。

梅州市住房公积金2019年年度报告

一、机构概况

（一）住房公积金管理委员会：住房公积金管理委员会有23名委员，2019年召开1次会议，审议通过的事项主要包括：

（1）审议通过重新修订的《梅州市住房公积金缴存管理规定》《梅州市住房公积金提取管理规定》《梅州市住房公积金贷款管理规定》并印发实施；

（2）审议通过梅州客商银行股份有限公司、兴宁珠江村镇银行2家银行为新承办住房公积金业务银行；

（3）审议通过梅州市住房公积金管理中心2018年度工作报告。

（二）住房公积金管理中心：住房公积金管理中心为梅州市人民政府不以营利为目的的参照公务员管理的事业单位，设3个科室，8个分理处。从业人员113人，其中，在编60人，非在编53人。

二、业务运行情况

（一）**缴存**：2019年，新开户单位417家，实缴单位3523家，净增单位327家；新开户职工3.63万人，实缴职工26.47万人，净增职工2.31万人；缴存额38.24亿元，同比增长23.61%。2019年末，缴存总额228.22亿元，比上年末增加20.13%；缴存余额87.10亿元，比上年末增加15.26%。

受委托办理住房公积金缴存业务的银行10家，比上年增加2家。

（二）**提取**：2019年，提取额26.71亿元，同比增长14.19%；占当年缴存额的69.85%，比上年增加5.96个百分点。2019年末，提取总额141.12亿元，比上年末增加23.35%。

（三）**贷款**：

1. 个人住房贷款：个人住房贷款最高额度30万元，其中，单缴存职工最高额度20万元，双缴存职工最高额度30万元。

2019年，发放个人住房贷款0.6984万笔、17.00亿元，同比分别增长29.48%、26.53%。其中，市中心发放个人住房贷款0.1751万笔、4.03亿元，梅江区发放个人住房贷款0.0299万笔、1.07亿元，梅县区发放个人住房贷款0.1059万笔、2.39亿元，兴宁市发放个人住房贷款0.0554万笔、1.33亿元，大埔县发放个人住房贷款0.0660万笔、1.82亿元，丰顺县发放个人住房贷款0.0568万笔、1.36亿元，五华县发放个人住房贷款0.1236万笔、3.02亿元，蕉岭县发放个人住房贷款0.0472万笔、1.07亿元，平远县发放个人住房贷款0.0385万笔、0.91亿元。

2019年，回收个人住房贷款8.78亿元。其中，市中心2.97亿元，梅江区0.34亿元，梅县区1.09亿元，兴宁市1.00亿元，大埔县0.81亿元，丰顺县0.73亿元，五华县0.73亿元，蕉岭县0.61亿元，平远县0.50亿元。

2019年末，累计发放个人住房贷款6.28万笔、126.09亿元，贷款余额73.20亿元，分别比上年末增加12.51%、15.71%、12.64%。个人住房贷款余额占缴存余额的84.05%，比上年末减少1.95个百分点。

受委托办理住房公积金个人住房贷款业务的银行10家，比上年增加2家。

2. 住房公积金支持保障性住房建设项目贷款：2019年，发放支持保障性住房建设项目贷款0亿元，回收项目贷款0亿元。2019年末，累计发放项目贷款0亿元，项目贷款余额0亿元。

（四）**购买国债**：2019年，购买（记账式、凭证式）国债0亿元，兑付（转让、收回）国债0亿元。2019年末，国债余额0亿元，比上年末减少（增加）0亿元。

（五）**融资**：2019年，融资0亿元，归还0亿元。2019年末，融资总额0亿元，融资余额0亿元。

（六）**资金存储**：2019年末，住房公积金存款15.38亿元。其中，活期0.14亿元，1年（含）以下定期6.42亿元，1年以上定期2.77亿元，其他（协定、通知存款等）6.05亿元。

（七）**资金运用率**：2019年末，住房公积金个人住房贷款余额、项目贷款余额和购买国债余额的总和占缴存余额的84.05%，比上年末减少1.95个百分点。

三、主要财务数据

（一）**业务收入**：2019年，业务收入24639.34万元，同比增长13.49%。其中，市中心8363.08万元，梅江区 1143.31 万元，梅县区 2918.72 万元，兴宁市 2893.69 万元，大埔县 1823.83 万元，丰顺县 2185.74 万元，五华县 2475.26 万元，蕉岭县 1629.3 万元，平远县 1206.41 万元；存款利息 2083.80 万元，委托贷款利息 22555.18 万元，国债利息 0 万元，其他 0.36 万元。

（二）业务支出：2019 年，业务支出 15247.40 万元，同比增长 36.56%。其中，市中心 5413.01 万元，梅江区 792.05 万元，梅县区 1908.2 万元，兴宁市 1654.23 万元，大埔县 1035.78 万元，丰顺县 1262.42 万元，五华县 1548.25 万元，蕉岭县 907.15 万元，平远县 726.31 万元；支付职工住房公积金利息 12346.23 万元，归集手续费 650.22 万元，委托贷款手续费 1131.13 万元，其他 1119.82 万元。

（三）增值收益：2019 年，增值收益 9391.94 万元，同比下降 10.93%。其中，市中心 2950.07 万元，梅江区 351.26 万元，梅县区 1010.53 万元，兴宁市 1239.46 万元，大埔县 788.05 万元，丰顺县 923.31 万元，五华县 927.01 万元，蕉岭县 722.15 万元，平远县 480.1 万元；增值收益率 1.14%，比上年减少 0.21 个百分点。

（四）增值收益分配：2019 年，提取贷款风险准备金 1821.11 万元，提取管理费用 1385.19 万元，提取城市廉租住房（公共租赁住房）建设补充资金 6185.64 万元。

2019 年，上交财政管理费用 1251.83 万元。上缴财政城市廉租住房（公共租赁住房）建设补充资金 7224.52 万元。其中，市中心上缴（梅州市财政局）2721.08 万元，梅江区上缴（梅江区财政局）313.22 万元，梅县区上缴（梅县区财政局）719.25 万元，兴宁市上缴（兴宁市财政局）1329.44 万元，大埔县上缴（大埔县财政局）984.52 万元，丰顺县上缴（丰顺县财政局）125.47 万元，五华县上缴（五华县财政局）154 万元，蕉岭县上缴（蕉岭县财政局）417.46 万元，平远县上缴（平远县财政局）460.08 万元。

2019 年末，贷款风险准备金余额 14446.83 万元。累计提取城市廉租住房（公共租赁住房）建设补充资金 48994.49 万元。其中，市中心提取 26189.49 万元，梅江区提取 1283.31 万元，梅县区提取 6612.28 万元，兴宁市提取 4891.04 万元，大埔县提取 2689.02 万元，丰顺县提取 1757.45 万元，五华县提取 2060.28 万元，蕉岭县提取 2897.36 万元，平远县提取 614.26 万元。

（五）管理费用支出：2019 年，管理费用支出 1100.80 万元，同比下降 7%。其中，人员经费 590.28 万元，公用经费 266.01 万元，专项经费 244.51 万元。

市中心管理费用支出 396.56 万元，其中，人员、公用、专项经费分别为 205.96 万元、55.22 万元、135.39 万元；梅江区管理费用支出 95.58 万元，其中，人员、公用、专项经费分别为 64.78 万元、28.04 万元、2.76 万元；梅县区管理费用支出 46.32 万元，其中，人员、公用、专项经费分别为 33.29 万元、13.03 万元、0 万元；兴宁市管理费用支出 202.05 万元，其中，人员、公用、专项经费分别为 96.37 万元、49.32 万元、56.36 万元；大埔县管理费用支出 115.01 万元，其中，人员、公用、专项经费分别为 67.44 万元、27.57 万元、20 万元；丰顺县管理费用支出 44.94 万元，其中，人员、公用、专项经费分别为 25.83 万元、19.11 万元、0 万元；五华县管理费用支出 64.54 万元，其中，人员、公用、专项经费分别为 13.98 万元、50.56 万元、0 万元；蕉岭县管理费用支出 36.27 万元，其中，人员、公用、专项经费分别为 19.11 万元、17.16 万元、0 万元；平远县管理费用支出 99.52 万元，其中，人员、公用、专项经费分别为 63.52 万元、6 万元、30 万元。

四、资产风险状况

（一）个人住房贷款：2019 年末，个人住房贷款逾期额 91.28 万元，逾期率 0.12‰。其中，市中心

0.10‰，梅江区 0.04‰，梅县区 0.09‰，兴宁市 0.42‰，大埔县 0.20‰，丰顺县 0.01‰，五华县 0.06‰，蕉岭县 0.15‰，平远县 0.02‰。

个人贷款风险准备金按贷款余额的 1% 提取。2019 年，提取个人贷款风险准备金 1821.11 万元，使用个人贷款风险准备金核销呆坏账 0 万元。2019 年末，个人贷款风险准备金余额 14446.83 万元，占个人住房贷款余额的 1.97%，个人住房贷款逾期额与个人贷款风险准备金余额的比率为 0.63%。

（二）支持保障性住房建设试点项目贷款：2019 年末，逾期项目贷款 0 万元，逾期率 0‰。

项目贷款风险准备金按贷款余额的 0% 提取。2019 年，提取项目贷款风险准备金 0 万元，使用项目贷款风险准备金核销呆坏账 0 万元，项目贷款风险准备金余额 0 万元，占项目贷款余额的 0%，项目贷款逾期额与项目贷款风险准备金余额的比率为 0%。

五、社会经济效益

（一）缴存业务：2019 年，实缴单位数、实缴职工人数和缴存额同比分别增长 5.76%、9.57% 和 23.61%。

缴存单位中，国家机关和事业单位占 50.44%，国有企业占 5.59%，城镇集体企业占 6.9%，外商投资企业占 10.64%，城镇私营企业及其他城镇企业占 14.85%，民办非企业单位和社会团体占 1%，其他占 10.58%。

缴存职工中，国家机关和事业单位占 59.46%，国有企业占 9.13%，城镇集体企业占 4.35%，外商投资企业占 13.19%，城镇私营企业及其他城镇企业占 9.1%，民办非企业单位和社会团体占 0.32%，其他占 4.45%；中、低收入占 97.1%，高收入占 2.9%。

新开户职工中，国家机关和事业单位占 45.45%，国有企业占 7.83%，城镇集体企业占 5.14%，外商投资企业占 12.27%，城镇私营企业及其他城镇企业占 18.49%，民办非企业单位和社会团体占 0.87%，其他占 9.95%；中、低收入占 99.69%，高收入占 0.31%。

（二）提取业务：2019 年，7.67 万名缴存职工提取住房公积金 26.71 亿元。

提取金额中，住房消费提取占 84.23%（购买、建造、翻建、大修自住住房占 12.33%，偿还购房贷款本息占 70.57%，租赁住房占 0.54%，其他占 0.79%）；非住房消费提取占 15.77%（离休和退休提取占 5.71%，完全丧失劳动能力并与单位终止劳动关系提取占 7.87%，出境定居占 0.56%，其他占 1.63%）。

提取职工中，中、低收入占 88%，高收入占 12%。

（三）贷款业务：

1. 个人住房贷款：2019 年，支持职工购建房 93.90 万平方米，年末个人住房贷款市场占有率（含公转商贴息贷款）为 13.23%，比上年末增加 3.11 个百分点。通过申请住房公积金个人住房贷款，可节约职工购房利息支出 2713.23 万元。

职工贷款笔数中，购房建筑面积 90（含）平方米以下占 3.28%，90～144（含）平方米占 73.2%，144 平方米以上占 23.52%。购买新房占 91.62%（其中购买保障性住房占 0%），购买二手房占 8.38%，建造、翻建、大修自住住房占 0%，其他占 0%。

职工贷款笔数中，单缴存职工申请贷款占 24.16%，双缴存职工申请贷款占 75.84%，三人及以上缴存职工共同申请贷款占 0%。

贷款职工中，30 岁（含）以下占 23.93%，30 岁～40 岁（含）占 36.97%，40 岁～50 岁（含）占 30.48%，50 岁以上占 8.62%；首次申请贷款占 86.47%，二次及以上申请贷款占 13.53%；中、低收入占 96.92%，高收入占 3.08%。

2. 异地贷款：2019 年，发放异地贷款 984 笔、17913.4 万元。2019 年末，发放异地贷款总额 23393.2 万元，异地贷款余额 22710.21 万元。

3. 公转商贴息贷款：2019 年，发放公转商贴息贷款 0 笔、0 万元，支持职工购建住房面积 0 万平方米，当年贴息额 1119.75 万元。2019 年末，累计发放公转商贴息贷款 3246 笔、99622.7 万元，累计贴息 4067.56 万元。

4. 支持保障性住房建设试点项目贷款：2019 年末，累计试点项目 0 个，贷款额度 0 亿元，建筑面积 0 万平方米，可解决 0 户中低收入职工家庭的住房问题。0 个试点项目贷款资金已发放并还清贷款本息。

（四）**住房贡献率**：2019 年，个人住房贷款发放额、公转商贴息贷款发放额、项目贷款发放额、住房消费提取额的总和与当年缴存额的比率为 44.77%，比上年增加 1.03 个百分点。

六、其他重要事项

（一）**当年机构及职能调整情况、受委托办理缴存贷款业务金融机构变更情况**：2019 年度我中心未对机构及职能进行调整；经市住房公积金管理委员会三届四次研究同意，新增梅州客商银行和兴宁珠江村镇银行为我市受委托办理缴存贷款业务金融机构。

（二）**当年住房公积金政策调整及执行情况**：

1. 2019 年住房公积金缴存基数限额及确定方法、缴存比例等缴存政策调整情况：根据相关规定及市统计局公布的"2018 年梅州市在岗职工（含劳务派遣人员）月平均工资"，我市缴存基数不得高于本市 2018 年梅州市城镇非私营单位在岗职工（含劳务派遣人员）月平均工资的 3 倍（即 18117 元），原则上不得低于省政府公布的现行最低工资标准（1410 元）。缴存比例最低为 5%，最高为 12%。

2. 2019 年提取政策调整情况：一是根据《梅州市住房公积金管理委员会关于印发梅州市住房公积金缴存管理规定、梅州市住房公积金提取管理规定、梅州市住房公积金贷款管理规定》（梅市公积金委〔2019〕03 号）中关于住房公积金提取管理的规定，自 2019 年 5 月 1 日起取消重大疾病可提取住房公积金的政策。二是根据《广东省住房和城乡建设厅、广东省财政厅、广东省公安厅、中国人民银行广州分行转发住房和城乡建设部等四部门关于开展治理违规提取住房公积金工作的通知》（粤建金〔2018〕115 号）要求，结合我市实际，自 2019 年 6 月 25 日起执行以下实施意见：同一人多次变更婚姻关系购房的，不能申请提取住房公积金；多人频繁买卖同一套住房的，产权人及配偶均不能申请购房提取公积金；停止实施非配偶或非直系亲属共同购房等申请提取住房公积金的政策。

3. 2019 年个人住房贷款最高贷款额度、贷款条件等贷款政策调整情况：2019 年，我市住房公积金个人贷款额度和贷款条件没有调整，继续执行全市单方缴存的职工申请住房公积金贷款最高贷款额度 20 万元，夫妻双方缴存的职工申请住房公积金贷款最高贷款额度 30 万元。

4. 2019 年住房公积金存贷款利率执行标准：根据《中国人民银行 住房和城乡建设部 财政部关于完善职工住房公积金账户存款利率形成机制的通知》（银发〔2016〕43 号），职工住房公积金账户存款利率按一年期定期存款基准利率执行。

2019年，我市住房公积金个人住房贷款利率没有调整。5年期（含）以下贷款年利率2.75%，5年期以上至30年（含）的贷款年利率为3.25%；首套房贷款利率按照中国人民银行公布的基准利率执行，第二套房贷款年利率按照同期首套房贷款利率上浮10%执行。

（三）当年服务改进情况： 2019年，梅州市住房公积金管理中心继续深化"放管服"改革，为缴存单位和缴存职工提供更加优质高效的服务。一是进一步增加业务办理网点。新增3个银行网点为住房公积金业务办理网点，目前已经有市直和各县（市、区）分理处9个办事网点和54个银行网点作为住房公积金办事窗口，更加方便缴存单位和缴存职工办理公积金业务。二是做好"粤省事"涉及公积金事项的上线工作。推进省统筹214项高频政务服务事项中涉及公积金领域的13个事项，我中心已完成了12个事项的上线，走在全省前列。三是推进信息化服务平台建设，提升服务水平。我中心以信息化建设为支撑，大力打造网上营业厅和微信公众号，推进部分提取事项全程在线办理。目前，职工在办理"缴存基数调整业务"和"离休、退休提取业务"时，可以在网上全流程办理，真正实现群众"零材料""零距离""零柜面""零跑腿"，有效提升了服务满意度。

（四）当年信息化建设情况： 我中心2018年5月通过转换业务管理模式，成功实现住房和城乡建设部业务系统"双贯标"要求，正式接入住房和城乡建设部全国住房公积金业务数据结算应用系统，实现全业务流程纳入全国住房公积金监管平台，每笔资金有相应业务对应的"业务驱动资金带动财务"的管理模式，进一步简化业务办理流程，为办事群众提供优质高效的服务。2019年，我中心通过多渠道丰富综合服务平台的应用，为公积金缴存单位及广大群众提供便利服务。随着目前"智慧政府"便民服务项目及金融业务信息化推进的趋势，拓展完善已上线的住房公积金管理中心综合服务平台"网上汇缴"渠道以及合作共建商贷数据共享。一是设计开发"B2B住房公积金网上自助缴款"平台。解决缴存单位在线汇缴无法实现跨行签约托收的问题，省去缴存单位经办人员线下转账、跑银行柜台缴款的环节。该平台建成上线后缴费方式可由线下向线上拓展，实现缴存单位支付信息自动登记，节省缴存单位填制支票、制作缴费信息明细纸质材料等手续，同时也节省单位财务人员跑银行的环节；二是建设业务数据共享交互平台，实现商贷数据共享使用；在政务服务大厅、"粤省事"、"政务服务网"三大平台通过提供开户、在线缴款、身份认证等，为广大群众及企业、行政事业单位提供更为快捷、丰富的金融服务，同时，为广大群众提供政务查询、办理等线上线下一体化服务等。

（五）当年住房公积金管理中心及职工所获荣誉情况： 2019年，梅州市住房公积金管理中心及职工没有获得文明单位、先进集体及三八红旗手等荣誉称号。

（六）当年对违反《住房公积金管理条例》和相关法规行为进行行政处罚和申请人民法院强制执行情况： 2019年未发生违反《住房公积金管理条例》和相关法规行为进行行政处罚和申请人民法院强制执行的情况。

（七）当年对住房公积金管理人员违规行为的纠正和处理情况等： 2019年，梅州市住房公积金管理中心未发现管理人员违规行为。

（八）其他需要披露的情况： 没有其他需要披露的情况。

汕尾市住房公积金 2019 年年度报告

一、机构概况

（一）住房公积金管理委员会：住房公积金管理委员会有 21 名委员，2019 年召开 1 次会议，审议通过的事项主要包括：《汕尾市住房公积金管理委员会成员调整方案》《汕尾市受托银行住房公积金业务综合考核办法（试行）》《汕尾市住房公积金资金调拨暂行规定（试行）》《个人贷款额度计算办法》。

（二）住房公积金管理中心：汕尾市住房公积金管理中心是由市住房城乡建设局属下不以营利为目的的参公事业单位，下设 4 个管理部。从业人员 54 人，其中，在编 27 人，非在编 27 人。

二、业务运行情况

（一）缴存：2019 年，新开户单位 223 家，实缴单位 1429 家，净增单位 29 家；新开户职工 2.21 万人，实缴职工 11.36 万人，净增职工 1.50 万人；缴存额 15.66 亿元，同比增长 26.40%。2019 年末，缴存总额 88.65 亿元，比上年末增加 21.45%；缴存余额 33.29 亿元，比上年末增加 27.41%。

受委托办理住房公积金缴存业务的银行 6 家，比上年增加 3 家。

（二）提取：2019 年，提取额 8.49 亿元，同比增加 3.78%；占当年缴存额的 54.26%，比上年减少 11.83 个百分点。2019 年末，提取总额 55.37 亿元，比上年末增加 18.12%。

（三）贷款：

1. 个人住房贷款：个人住房贷款最高额度 50.00 万元，其中，单缴存职工最高额度 30.00 万元，双缴存职工最高额度 50.00 万元。

2019 年，发放个人住房贷款 0.34 万笔、12.58 亿元，同比分别增长 59.47%、增长 149.65%。其中市城区管理部发放个人住房贷款 0.15 万笔、5.49 亿元，海丰县管理部发放个人住房贷款 0.09 万笔、3.35 亿元，陆丰市管理部发放个人住房贷款 0.06 万笔、2.02 亿元，陆河县管理部发放个人住房贷款 0.04 万笔、1.72 亿元。

2019 年，回收个人住房贷款 1.28 亿元。其中市城区管理部 0.33 亿元，海丰县管理部 0.53 亿元，陆丰市管理部 0.30 亿元，陆河县管理部 0.12 亿元。

2019 年末，累计发放个人住房贷款 0.96 万笔、29.94 亿元，贷款余额 26.83 亿元，分别比上年末增加 42.17%、增加 72.45%、增加 72.74%。个人住房贷款余额占缴存余额的 80.61%，比上年末增加 21.15 个百分点。

受委托办理住房公积金个人住房贷款业务的银行 6 家，比上年增加 3 家。

2. 2019 年没有住房公积金支持保障性住房建设项目贷款，项目贷款余额为 0。

（四）购买国债：2019 年没有购买（记账式、凭证式）国债，国债余额为 0。

（五）融资：2019 年没有融资，融资余额为 0。

（六）资金存储：2019 年末，住房公积金存款 7.54 亿元。其中，活期 0.02 亿元，1 年（含）以下定期 0.00 亿元，1 年以上定期 6.32 亿元，其他（协定、通知存款等）1.20 亿元。

（七）资金运用率：2019年末，住房公积金个人住房贷款余额、项目贷款余额和购买国债余额的总和占缴存余额的80.61%，比上年末增加21.15个百分点。

三、主要财务数据

（一）业务收入：2019年，业务收入9714.10万元，同比增长59.12%。

（二）业务支出：2019年，业务支出6307.43万元，同比增长90.16%。支付职工住房公积金利息6268.53万元，归集手续费10.03万元，委托贷款手续费28.74万元，其他0.13万元。

（三）增值收益：2019年，增值收益3406.67万元，同比增长22.19%。增值收益率1.14%，比上年下降0.04个百分点。

（四）增值收益分配：2019年，提取贷款风险准备金2044.00万元，提取管理费用1362.67万元，2019年没有提取城市廉租住房（公共租赁住房）建设补充资金。

2019年，上交财政管理费用1400.00万元。上缴财政城市廉租住房（公共租赁住房）建设补充资金601.67万元。

2019年末，贷款风险准备金余额8552.52万元。累计提取城市廉租住房（公共租赁住房）建设补充资金1511.93万元。

（五）管理费用支出：2019年，管理费用支出1200.69万元，同比增长128.07%。其中，人员经费301.15万元，公用经费132.01万元，专项经费767.53万元。

四、资产风险状况

（一）个人住房贷款：2019年末，个人住房贷款逾期额156.35万元，逾期率0.5827‰。

个人贷款风险准备金按（贷款余额或增值收益）的60.00%提取。2019年，提取个人贷款风险准备金2044.00万元，没有使用个人贷款风险准备金核销呆坏账。2019年末，个人贷款风险准备金余额8552.52万元，占个人住房贷款余额的3.19%，个人住房贷款逾期额与个人贷款风险准备金余额的比率为1.83%。

（二）支持保障性住房建设试点项目贷款：2019年末，没有逾期项目贷款。

五、社会经济效益

（一）缴存业务：2019年，实缴单位数、实缴职工人数和缴存额同比分别增长2.07%、增长15.19%和增长26.40%。

缴存单位中，国家机关和事业单位占67.74%，国有企业占8.39%，城镇集体企业占4.76%，外商投资企业占1.26%，城镇私营企业及其他城镇企业占12.11%，民办非企业单位和社会团体占2.73%，其他占3.01%。

缴存职工中，国家机关和事业单位占61.17%，国有企业占10.57%，城镇集体企业占3.17%，外商投资企业占14.25%，城镇私营企业及其他城镇企业占9.29%，民办非企业单位和社会团体占0.84%，其他占0.71%；中、低收入占97.41%，高收入占2.59%。

新开户职工中，国家机关和事业单位占17.88%，国有企业占4.13%，城镇集体企业占3.89%，外商投资企业占55.25%，城镇私营企业及其他城镇企业占15.91%，民办非企业单位和社会团体占1.56%，

其他占 1.38%；中、低收入占 99.85%，高收入占 0.15%。

（二）**提取业务**：2019 年，2.71 万名缴存职工提取住房公积金 8.49 亿元。

提取金额中，住房消费提取占 82.14%（购买、建造、翻建、大修自住住房占 30.21%，偿还购房贷款本息占 45.15%，租赁住房占 6.78%，其他占 0.00%）；非住房消费提取占 17.86%（离休和退休提取占 13.67%，完全丧失劳动能力并与单位终止劳动关系提取占 2.35%，出境定居占 0.51%，其他占 1.33%）。

提取职工中，中、低收入占 95.35%，高收入占 4.65%。

（三）**贷款业务**：

1. 个人住房贷款：2019 年，支持职工购建房 47.87 万平方米，年末个人住房贷款市场占有率（含公转商贴息贷款）为 9.16%，比上年末增加 2.07 个百分点。通过申请住房公积金个人住房贷款，可节约职工购房利息支出 6642.21 万元。

职工贷款笔数中，购房建筑面积 90（含）平方米以下占 3.26%，90～144（含）平方米占 58.12%，144 平方米以上占 38.62%。购买新房占 67.53%（其中购买保障性住房占 2.82%），购买二手房占 32.47%，建造、翻建、大修自住住房占 0.00%，其他占 0.00%。

职工贷款笔数中，单缴存职工申请贷款占 44.18%，双缴存职工申请贷款占 55.82%，没有三人及以上缴存职工共同申请贷款。

贷款职工中，30 岁（含）以下占 18.44%，30 岁～40 岁（含）占 40.88%，40 岁～50 岁（含）占 32.88%，50 岁以上占 7.80%；首次申请贷款占 99.29%，二次及以上申请贷款占 0.71%；中、低收入占 97.26%，高收入占 2.74%。

2. 异地贷款：2019 年，发放异地贷款 217 笔、5999.70 万元。2019 年末，发放异地贷款总额 10621.80 万元，异地贷款余额 9573.21 万元。

3. 2019 年没有公转商贴息贷款。

4. 2019 年没有支持保障性住房建设试点项目贷款。

（四）**住房贡献率**：2019 年，个人住房贷款发放额、公转商贴息贷款发放额、项目贷款发放额、住房消费提取额的总和与当年缴存额的比率为 124.90%，比上年增加 30.38 个百分点。

六、其他重要事项

（一）**当年机构及职能调整情况、受委托办理缴存贷款业务金融机构变更情况**：根据住房和城乡建设部《关于住房公积金管理机构调整工作实施意见》和汕机编〔2017〕71 号《关于调整汕尾市住房公积金管理体制机构设置和人员编制等事项的通知》精神，2019 年 1 月制定了《汕尾市住房公积金管理机构调整实施方案》，对原有管理机构进行调整合并，撤销各县（市、区）住房公积金管理中心，其住房公积金业务收归市住房公积金中心管理。设立市城区、海丰县、陆丰市、陆河县住房公积金管理部。管理部的人员、资产、资金和各项业务工作，由市公积金中心统一管理，实现"四个统一"，即统一决策、统一管理、统一制度、统一核算。资金账户，由原来的 58 个账户归并为 7 个账户，资金管理实现"三统一"，即账户统一管理、资金统一调拨、财务统一核算。

受委托办理住房公积金缴存贷款业务的银行在原来 3 家（工商银行、建设银行、中国银行）的基础上增加了农业银行、邮储银行、农商银行，目前公积金委托银行共有 6 家。

（二）当年住房公积金政策调整及执行情况：

（1）当年缴存比例和缴存基数的调整情况。根据《住房公积金管理条例》（国务院令第350号），住房和城乡建设部、财政部、人民银行《关于改进住房公积金缴存机制进一步降低企业成本的通知》（建金〔2018〕45号）的规定，我市2019年度调整了住房公积金缴存比例和缴存基数，印发了《关于做好2019年度住房公积金缴存比例和缴存基数调整工作的通知》，规定单位及个人的住房公积金缴存比例下限为5％，上限为12％。住房公积金缴存基数不得高于本市统计部门公布的2018年度在岗职工月平均工资的3倍（最高月缴存基数为16071元），缴存基数不得低于本市现行最低工资标准1410元。对缴存住房公积金确有困难的单位，可按现行政策规定向我中心提出降低缴存比例（低于5％）或者缓缴申请，报市住房公积金管理委员会批准后实施；待单位经济效益好转后，再提高缴存比例或者补缴缓缴的住房公积金。

（2）当年住房公积金政策调整情况。2019年公积金中心进一步完善住房公积金管理规定，建立完善了《汕尾市住房公积金管理暂行办法》《汕尾市住房公积金缴存管理实施细则》《汕尾市住房公积金提取管理实施细则》《汕尾市住房公积金贷款管理办法》《汕尾市住房公积金业务会计核算实施细则》《汕尾市住房公积金稽核管理规定》《汕尾市住房公积金管理中心财务管理规定》等规范性文件，为群众办理公积金业务提高政策指导。

（3）2019年2月21日起，单位缴存可通过签约托收缴款方式，系统向签约账户自动划扣托收；职工办理提取业务，取消提供《住房公积金支取申请表》，不再按汇缴区域申请提取，可就近到市中心办事大厅、管理部办理，实现全城通办。

（4）为进一步推动"放管服"改革的深入开展，精减业务办理环节，优化和提升服务质量，2019年2月21日起，我市住房公积金中心开办公积金对冲还贷业务，即每月从住房公积金贷款的缴存职工个人住房公积金缴存账户（共同借款人缴存账户、住房公积金还贷账户）中扣划资金用于归还住房公积金贷款本息。职工在办理冲还贷业务时，不再需要来回跑，大大节省了时间成本。

（三）当年信息化建设情况： 2019年汕尾公积金中心全力推进信息化建设：第一，推进"双贯标"系统建设。我市住房公积金信息管理系统于2018年12月中旬启动建设，2019年2月顺利上线运行，3月通过省住房城乡建设厅初步验收，5月以高分通过"双贯标"部、省联合检查专家验收组的检查验收，这标志着我市住房公积金基础数据和银行结算数据贯彻了住房和城乡建设部标准。第二，推进综合服务平台建设。2019年10月完成了住房公积金综合平台建设，11月28日我市住房公积金综合服务平台顺利通过省住房城乡建设厅验收。我中心综合服务平台在已有住房公积金信息系统的基础上，建立了以互联网和移动终端为载体，形成了集网站、网上办事大厅、微信公众号、自助查询机、手机短信平台、12329服务热线、手机APP以及微博的服务体系，逐步实现了从"人工"到"智能"、从"线下"到"线上"的转变，从"智能型"到"智慧型"的迈进升级。2020年1月20日到2020年2月15日，网站访问总量1209人次；网厅业务办理量83849笔；手机短信平台发送短信量108128条；微信公众号粉丝关注量28544人，业务办理量32659笔；自助终端访问总量1612人次；手机APP业务量4330笔。第三，推进全国异地转移平台直连建设。汕尾市公积金中心于2019年12月1日直连接入了住房和城乡建设部异地转移接续平台，实现了异地转移接续、异地贷款功能，达到了"让数据多跑路，让群众少跑腿"的目标，极大地方便了职工群众。自2019年12月1日数据接入以来，办结转出业务105笔，办结转入业务58笔。第四，推进住房公积金服务接入"粤省事"小程序，积极配合广东"数字政府"建设。我中心于2019年10月底上线了省政府要求的 13 个服务事项，实现了公积金缴存信息查询，贷款信息查询、离（退）休提取和与单位解除或终止劳动合同关系提取的业务办理。2019 年 12 月底上线了汕尾特色专版 9 个"粤省事"事项，实现了偿还逾期贷款、提前还款、冲还贷协议签约、缴存证明打印等服务事项。第五，推进全国公积金数据平台接入工作。我中心住房公积金业务管理系统于 2019 年 5 月 25 日成功接入国家住房和城乡建设部数据平台并完成数据报送，标志着汕尾市公积金数据接入国务院个税改革数据共享工作取得了突破性进展，也是汕尾住房公积金向国家级平台对接迈出的坚实一步。同时我中心以数据接入平台为契机，完善公积金中心基础数据，提升中心信息化程度，为缴存职工提供更好的服务。第六，推进粤港澳大湾区住房公积金信息共享平台（简称共享平台）建设。我中心业务数据于 2019 年 12 月 31 日正式接入"大湾区"数据平台，依托数据共享平台打通大湾区内住房公积金行业内、部门间信息壁垒，为住房公积金业务办理提供数据依据，实现住房公积金服务线下"最多跑一次"、线上"零跑路、零材料、零审批"实时办结，为住房公积金管理中心提供功能齐全、安全便捷、服务高效、公众满意的信息共享服务。数据自接入以来，截至 2020 年 1 月 20 日，调用外部次数 111 次，被调用次数 14 次。第七，推进商业银行数据共享平台建设。我中心积极推进与各商业银行之间的数据共享，并建立了与市政数局、市人行、各商业银行的共享沟通机制。2019 年 8 月制定了统一数据共享接口标准与各商业银行开展共享对接工作。截至 2019 年 12 月底，已完成与部分商业银行的数据共享建设工作，为我中心接下来丰富线上业务办理种类、有效提高离柜率、切实提高住房公积金服务便捷度奠定了良好的数据基础。

（四）当年服务改进情况： 2019 年公积金中心围绕群众"难点""堵点"，积极推出便民服务举措，不断改进服务：一是推出错时服务，即每逢星期三、五安排窗口人员提前到 1：30 上班，有效解决了干部职工下班时间办不了公积金的难题，实现公积金业务"下班也能办"；二是全力推进"双贯标"系统和综合服务平台建设，实现公积金业务"随时办"、"一次办"、"网上办"和资料"大瘦身"；三是增加业务网点，由原有的 12 个服务网点增加到 35 个，并实现"全辖通办"和"就近办"；四是对各公积金服务网点增配高拍仪、扫描仪、自助终端等服务设备；五是免费向全市所有缴存单位发放网上服务厅电子证书介质（数字证书 CA）终身免费使用，同时还免费举办了 4 场次综合服务平台网上服务大厅（单位版）操作培训；六是规范管理，重树形象。通过完善制度，加强人员教育培训，优化服务环境，重塑了公积金新形象。

（五）2019 年汕尾住房公积金中心及职工均没有获取任何荣誉，也没有出现管理人员违规行为。

（六）2019 年没有对违反《住房公积金管理条例》和相关法规行为进行行政处罚和申请人民法院强制执行的情况。

河源市住房公积金 2019 年年度报告

一、机构概况

（一）住房公积金管理委员会：

河源市住房公积金管理委员会有 25 名委员，2019 年召开 0 次会议，审批通过的事项主要包括：

《2018年住房公积金归集、使用及增值收益使用计划执行情况的报告》《2018年年度报告》《河源市2019年住房公积金归集、使用及增值收益使用计划的报告》。

（二）住房公积金管理中心：

河源市住房公积金管理中心为不以营利为目的的参公管理事业单位，设4个科（处），0个管理部，6个分中心。从业人员99人，其中，在编58人，非在编41人。

二、业务运行情况

（一）缴存：2019年，新开户单位535家，实缴单位2868家，净增单位224家；新开户职工2.48万人，实缴职工17.95万人，净增职工2.90万人；缴存额27.70亿元，同比增长36.07%。2019年末，缴存总额162.48亿元，比上年末增加20.55%；缴存余额51.58亿元，比上年末增加17.01%。

受委托办理住房公积金缴存业务的银行6家，比上年增加1家。

（二）提取：2019年，提取额20.20亿元，同比增加28.10%；占当年缴存额的72.93%，比上年减少4.54个百分点。2019年末，提取总额110.90亿元，比上年末增加22.27%。

（三）贷款：

1. 个人住房贷款：个人住房贷款最高额度40.00万元，其中，单缴存职工最高额度30.00万元，双缴存职工最高额度40.00万元。

2019年，发放个人住房贷款3144笔、9.36亿元，同比分别增长42.20%、增长47.32%。其中，市中心发放个人住房贷款1163笔、3.8亿元，源城区分中心发放个人住房贷款235笔、0.73亿元，东源县分中心发放个人住房贷款179笔、0.52亿元，紫金县分中心发放个人住房贷款247笔、0.62亿元，龙川县分中心发放个人住房贷款621笔、1.74亿元，和平县分中心发放个人住房贷款493笔、1.43亿元，连平县分中心发放个人住房贷款206笔、0.52亿元。

2019年，回收个人住房贷款4.55亿元。其中，市中心1.77亿元，源城区分中心0.27亿元，东源县分中心0.41亿元，紫金县分中心0.51亿元，龙川县分中心0.63亿元，和平县分中心0.52亿元，连平分中心0.44亿元。

2019年末，累计发放个人住房贷款3.78万笔、73.23亿元，贷款余额39.13亿元，分别比上年末增加9.08%、增加14.65%、增加13.99%。个人住房贷款余额占缴存余额的75.85%，比上年末减少2.01个百分点。

受委托办理住房公积金个人住房贷款业务的银行6家，比上年增加1家。

2. 住房公积金支持保障性住房建设项目贷款：2019年，发放支持保障性住房建设项目贷款0.00亿元，回收项目贷款0.00亿元。2019年末，累计发放项目贷款0.00亿元，项目贷款余额0.00亿元。

（四）购买国债：2019年，购买（记账式、凭证式）国债0.00亿元，兑付（转让、收回）国债0.00亿元。2019年末，国债余额0.00亿元，比上年末增加0.00亿元。

（五）融资：2019年，融资0.00亿元，归还0.00亿元。2019年末，融资总额0.00亿元，融资余额0.00亿元。

（六）资金存储：2019年末，住房公积金存款13.32亿元。其中，活期0.45亿元，1年（含）以下定期2.45亿元，1年以上定期9.21亿元，其他（协定、通知存款等）1.21亿元。

(七)资金运用率：2019年末，住房公积金个人住房贷款余额、项目贷款余额和购买国债余额的总和占缴存余额的75.85%，比上年末减少2.01个百分点。

三、主要财务数据

(一)业务收入：2019年，业务收入15290.13万元，同比增长24.87%。其中，市中心5938.71万元，源城分中心1004.42万元，东源分中心1381.28万元，紫金县分中心1465.70万元，龙川县分中心2886.43万元，和平县分中心1460.15万元，连平县分中心1153.44万元；存款利息3774.13万元，委托贷款利息11493.57万元，国债利息0.00万元，其他22.43万元。

(二)业务支出：2019年，业务支出7173.87万元，同比下降2.18%。其中，市中心3129.51万元，源城区分中心535.79万元，东源县分中心515.29万元，紫金县分中心811.94万元，龙川县分中心1000.73万元，和平县分中心611.15万元，连平县分中心569.46万元；支付职工住房公积金利息6192.76万元，归集手续费536.18万元，委托贷款手续费444.89万元，其他0.04万元。

(三)增值收益：2019年，增值收益8116.27万元，同比增长65.27%。其中，市中心2809.20万元，源城区分中心468.62万元，东源县分中心865.99万元，紫金县分中心653.77万元，龙川县分中心1885.70万元，和平县分中心849.01万元，连平县分中心583.98万元；增值收益率1.68%，比上年增加0.51个百分点。

(四)增值收益分配：2019年，提取贷款风险准备金475.00万元，其中：其中，市中心55万元，紫金县分中心420万元；提取管理费用2500.00万元，其中，市中心1153.5万元，源城区分中心326.41万元，东源县分中心243.37万元，紫金县分中心197.24万元，龙川县分中心126.14万元，和平县分中心342.21万元，连平县分中心111.13万元；提取城市廉租住房（公共租赁住房）建设补充资金5141.27万元，其中，市中心1600.70万元，源城区分中心142.21万元，东源县分中心622.63万元，紫金县分中心36.52万元，龙川县分中心1759.56万元，和平县分中心506.79万元，连平县分中心472.86万元。

2019年，上缴财政管理费用1500.00万元，其中：市中心上缴1500万元。上缴财政城市廉租住房（公共租赁住房）建设补充资金162.23万元，其中：龙川分中心上缴162.23万元。

2019年末，贷款风险准备金余额6592.10万元。累计提取城市廉租住房（公共租赁住房）建设补充资金16346.89万元。

(五)管理费用支出：2019年，管理费用支出1340.30万元，同比下降63.73%。其中，人员经费938.03万元，公用经费259.92万元，专项经费142.35万元。

市中心管理费用支出332.25万元，其中，人员、公用、专项经费分别为220.89万元、33万元、78.36万元；源城区分中心管理费用支出220.02万元，其中，人员、公用、专项经费分别为183.97万元、28.05万元、8万元；东源县分中心管理费用支出147.05万元，其中，人员、公用、专项经费分别为96.69万元、7.93万元、42.43万元；紫金县分中心管理费用支出187.16万元，其中，人员、公用、专项经费分别为129.35万元、53.75万元、4.06万元；龙川县分中心管理费用支出128.78万元，其中，人员、公用专项经费分别为40.39万元、88.39万元、0万元；和平县分中心管理费用支出208.30万元，其中，人员、公用、专项经费分别为190万元、8.8万元、9.5万元；连平县分中心管理费用支出116.74万元，其中，人员、公用、专项经费分别为76.74万元、40万元、0万元。

四、资产风险状况

（一）**个人住房贷款**：2019年末，个人住房贷款逾期额1048.03万元，逾期率2.6784‰。其中，市中心0.9927‰，源城分中心0‰，东源分中心0.9204‰，紫金分中心2.2429‰，龙川分中心6.3832‰，和平分中心4.1489‰，连平分中心7.0238‰。

个人贷款风险准备金按（贷款余额或增值收益）的1.00%提取。2019年，提取个人贷款风险准备金475.00万元，使用个人贷款风险准备金核销呆坏账0万元。2019年末，个人贷款风险准备金余额6592.10万元，占个人住房贷款余额的1.68%，个人住房贷款逾期额与个人贷款风险准备金余额的比率为15.90%。

（二）**支持保障性住房建设试点项目贷款**：2019年末，逾期项目贷款0万元，逾期率0‰。

项目贷款风险准备金按贷款余额的0%提取。2019年，提取项目贷款风险准备金0万元，使用项目贷款风险准备金核销呆坏账0万元，项目贷款风险准备金余额0万元，占项目贷款余额的0%，项目贷款逾期额与项目贷款风险准备金余额的比率为0%。

五、社会经济效益

（一）**缴存业务**：2019年，实缴单位数、实缴职工人数和缴存额同比分别增长8.47%、增长19.30%和增长36.07%。

缴存单位中，国家机关和事业单位占49.58%，国有企业占11.12%，城镇集体企业占0.63%，外商投资企业占0.91%，城镇私营企业及其他城镇企业占17.57%，民办非企业单位和社会团体占1.95%，其他占18.24%。

缴存职工中，国家机关和事业单位占41.63%，国有企业占11.68%，城镇集体企业占0.81%，外商投资企业占8.29%，城镇私营企业及其他城镇企业占15.20%，民办非企业单位和社会团体占1.85%，其他占20.54%；中、低收入占97.49%，高收入占2.51%。

新开户职工中，国家机关和事业单位占21.39%，国有企业占14.84%，城镇集体企业占0.82%，外商投资企业占14.72%，城镇私营企业及其他城镇企业占28.64%，民办非企业单位和社会团体占3.72%，其他占15.87%；中、低收入占99.54%，高收入占0.46%。

（二）**提取业务**：2019年，6.19万名缴存职工提取住房公积金20.20亿元。

提取金额中，住房消费提取占69.48%（购买、建造、翻建、大修自住住房占25.30%，偿还购房贷款本息占43.78%，租赁住房占0.40%，其他占0%）；非住房消费提取占30.52%（离休和退休提取占9.86%，完全丧失劳动能力并与单位终止劳动关系提取占3.89%，出境定居占0.57%，其他占16.20%）。

提取职工中，中、低收入占92.03%，高收入占7.97%。

（三）**贷款业务**：

1. 个人住房贷款：2019年，支持职工购建房82.45万平方米，年末个人住房贷款市场占有率（含公转商贴息贷款）为6.42%，比上年末减少0.50个百分点。通过申请住房公积金个人住房贷款，可节约职工购房利息支出 6456.17 万元。

职工贷款笔数中，购房建筑面积 90（含）平方米以下占 2.61%，90～144（含）平方米占 65.22%，144 平方米以上占 32.17%。购买新房占 78.93%（其中购买保障性住房占 0%），购买二手房占 21.07%，建造、翻建、大修自住住房占 0%，其他占 0%。

职工贷款笔数中，单缴存职工申请贷款占 25.99%，双缴存职工申请贷款占 73.10%，三人及以上缴存职工共同申请贷款占 0.91%。

贷款职工中，30 岁（含）以下占 31.66%，30 岁～40 岁（含）占 40.59%，40 岁～50 岁（含）占 24.00%，50 岁以上占 3.75%；首次申请贷款占 85.84%，二次及以上申请贷款占 14.16%；中、低收入占 81.46%，高收入占 18.54%。

2. 异地贷款：2019 年，发放异地贷款 0 笔、0 万元。2019 年末，发放异地贷款总额 1485.00 万元，异地贷款余额 234.56 万元。

3. 公转商贴息贷款：2019 年，发放公转商贴息贷款 0 笔、0 万元，支持职工购建住房面积 0 万平方米，当年贴息额 0 万元。2019 年末，累计发放公转商贴息贷款 0 笔、0 万元，累计贴息 0.00 万元。

4. 支持保障性住房建设试点项目贷款：2019 年末，累计试点项目 0 个，贷款额度 0 亿元，建筑面积 0 万平方米，可解决 0 户中低收入职工家庭的住房问题。0 个试点项目贷款资金已发放并还清贷款本息。

（四）**住房贡献率**：2019 年，个人住房贷款发放额、公转商贴息贷款发放额、项目贷款发放额、住房消费提取额的总和与当年缴存额的比率为 84.45%，比上年减少 9.47 个百分点。

六、其他重要事项

（一）当年机构及职能调整情况、受委托办理缴存贷款业务金融机构变更情况：2019 年无机构和职能调整情况，受委托办理缴存贷款业务的金融机构增加一家。

（二）当年住房公积金政策调整及执行情况：

1. 2019 年缴存政策调整情况。 根据本市统计部门公布的 2018 年城镇非私营单位在岗职工月平均工资情况，印发了《关于做好 2019—2020 年度住房公积金缴存调整有关工作的通知》（河公积〔2019〕38 号），职工住房公积金缴存基数调整为 2018 年度职工个人月平均工资。缴存基数不低于本市最低工资标准 1410 元（缴存标准最低不低于 142 元），不高于本市统计部门公布的 2018 年城镇非私营单位在岗职工月平均工资的 3 倍，即 17235 元（缴存标准最高不超过 4136 元）。单位及个人的住房公积金缴存比例下限各为 5%，上限为 12%。另根据住房和城乡建设部、国家发展改革委、财政部、人民银行四部委《关于规范和阶段性适当降低住房公积金缴存比例的通知》（建金〔2016〕74 号）精神，因生产经营困难导致缴存困难的企业，经本单位职工代表大会或工会讨论通过，可向缴存所在地公积金中心申请降低缴存比例至 5% 以下。

2. 2019 年提取政策调整情况。 2019 年，没有对住房公积金提取政策调整的情况。

3. 2019 年个人住房贷款最高贷款额度、贷款条件等贷款政策调整情况。 2019 年，没有对个人住房贷款最高贷款额度、贷款条件等贷款政策调整的情况。

4. 2019 年住房公积金存贷款利率执行标准。 2019 年，没有对住房公积金存贷款利率执行标准调整的情况。

（三）当年服务改进情况：

1. 进驻政务服务大厅。源城区、东源县、和平县、紫金县、连平县住房公积金管理中心进驻县（区）政务服务大厅集中办理业务。

2. 升级改造业务大厅。龙川县住房公积金管理中心完成业务大厅改造，设置了自助查询终端和自动叫号系统，配备了等候休息座椅、饮水机、书写台和意见箱等服务设施，张贴和放置住房公积金政策规定、业务流程、服务热线等宣传和服务资料，营造整洁美观、秩序良好的服务环境。

3. 开通住房公积金贷款对冲还贷业务。2019年4月1日起，实施住房公积金委托代扣冲还贷款业务政策，职工可以用个人住房公积金直接冲还公积金按揭贷款。

4. 接入国家政务服务平台和支付宝。住房和城乡建设部在全国住房公积金数据平台基础上开发了手机公积金微信小程序，并接入国家政务服务平台和支付宝，我市职工可以通过该渠道查询到缴存和贷款信息。

（四）当年信息化建设情况：

1. 河源市住房公积金信息管理系统在县区上线。2019年2月20日，河源市住房公积金信息管理系统在县区上线运行，全市统一使用一套系统办理业务，全市实现了"统一数据标准、统一结算应用、统一业务管理、统一财务核算"，我市公积金管理进入信息化管理。

2. 住房公积金综合服务平台通过省住房城乡建设厅验收。根据住房和城乡建设部《关于加快建设住房公积金综合服务平台的通知》（建金〔2016〕14号）要求，我市在建设住房公积金信息管理系统时，同步建设了住房公积金综合服务平台，开通了网站、网厅、微信公众号、手机APP、12329住房公积金服务热线、短信、自助查询机7个渠道，并结合渠道特点，开通了相应业务查询、办理功能。2019年2月22日，按照住房和城乡建设部、省住房城乡建设厅关于建设住房公积金综合服务平台标准，我市住房公积金综合服务平台通过了省住房和城乡建设厅住房公积金综合服务平台检查验收组的验收。

3. 住房公积金"双贯标"工作通过住房和城乡建设部验收。按照住房城乡建设部、省住房城乡建设厅关于贯彻住房公积金基础数据标准、接入住房公积金结算应用系统要求，住房和城乡建设部、省住房城乡建设厅组成住房公积金贯标工作联合检查验收组，于2019年2月28日对我市住房公积金"双贯标"工作进行了验收。在听取汇报、现场检查和问询答疑后，检查验收组对该项工作给予充分肯定，认为我市住房公积金系统数据库符合住房和城乡建设部发布的《住房公积金基础数据标准》，业务系统通过住房公积金结算应用系统，与受托银行实现了实时结算，相关功能基本完整，相关文档资料基本齐全，一致同意通过双贯标验收。

4. 完成河源市住房公积金信息系统建设项目验收。2019年4月10日，市政数局组织专家对河源市住房公积金信息系统建设项目进行了验收，验收组一致认为项目已经按照标书和合同要求完成建设，同意通过验收。

5. 接入全国住房公积金数据平台。为贯彻落实国务院关于个人所得税改革信息共享工作部署，住房和城乡建设部建设了全国住房公积金数据平台。2019年4月22日，我市住房公积金管理系统成功接入，每天将公积金缴存、提取、贷款、财务、政策等数据全量上报，可与税务部门进行对接，便于税务部门核实缴存职工个税申报情况，让我市公积金贷款的缴存职工享受到了个税抵扣优惠政策。

6. 接入"市民之窗"服务平台。 按照市政数局要求，公积金系统于 2019 年 4 月底接入了"市民之窗"服务平台，缴存职工可以在"市民之窗"查询公积金缴存、贷款、还款等信息，同时，为进一步服务市民，市中心一楼业务大厅也放置了一台"市民之窗"自助服务终端，市民也可以来市中心办理参保证明打印、完税证明打印、非税业务缴费、个税清单打印、社保清单打印等共 47 个服务功能，特别是房产在市区的职工可以到市中心业务大厅通过扫描身份证和刷脸验证后查询打印房产证明。

7. 完成公积金系统三级等保测评工作。 为确保公积金系统运行安全、稳定，从 2019 年 7 月开始至 9 月底，由系统承建公司委托有专业资质的第三方，对公积金系统开展了三级等保测评工作，对系统存在的安全漏洞进行了修复，进一步加强了公积金系统安全防护。

8. 印发了《河源市住房公积金管理中心信息系统运行安全管理规定》等 17 个信息安全管理制度。 为加强住房公积金网络安全和信息化建设工作，建立健全网络安全和信息化建设体制，进一步加强网络与信息安全保障能力，切实保障中心网络与信息安全，不断提升网络与信息突发事件协调处置能力，2019 年 10 月 31 日，印发了《河源市住房公积金管理中心信息系统运行安全管理规定》等 17 个信息安全管理制度，为我市信息系统管理提供了制度保障。

9. 接入了粤港澳大湾区住房公积金信息共享平台。 为实现广东省住房公积金行业内，以及公积金与其他政务部门数据共享的需求，统一公积金行业数据服务标准和内容，让"马上办、网上办、就近办、一次办"优质服务普惠全省缴存职工，省住房城乡建设厅组织建设了粤港澳大湾区住房公积金信息共享平台。按照省住房城乡建设厅工作的部署和时间要求，我市公积金系统于 2019 年 11 月底接入共享平台，实现了我市与省内各市住房公积金信息共享，避免了职工来回两地跑，大大方便了职工办理业务，提高公积金中心办事效率和服务水平。

10. 直连接入全国住房公积金异地转移接续平台。 根据省住房城乡建设厅《转发住房和城乡建设部住房公积金监管司关于加快推进全国住房公积金转移接续平台直连工作的通知》要求，中心组织建设了全国住房公积金异地转移接续平台直连系统，于 2019 年 12 月 23 日直连接入全国住房公积金异地转移接续平台，我市住房公积金异地转移业务均在公积金系统直接办理，大大提高了办事效率，实现了转入、转出业务的自动审核以及业务信息与资金信息的自动匹配，同时实现数据接收处理和系统对接的自动化，进一步减少人工干预环节，降低操作风险，确保资金安全。

（五）当年住房公积金管理中心及职工所获荣誉情况：2019 年河源市住房公积金管理中心 1 名职工记三等功，9 名职工获嘉奖一次。

（六）当年对违反《住房公积金管理条例》和相关法规行为进行行政处罚和申请人民法院强制执行情况：2019 年没有违反《住房公积金管理条例》和相关法规行为进行行政处罚和申请人民法院强制执行情况。

（七）当年对住房公积金管理人员违规行为的纠正和处理情况等：2019 年没有对住房公积金管理人员违规行为的纠正和处理情况等。

（八）其他需要披露的情况：没有其他需要披露的情况。

阳江市住房公积金 2019 年年度报告

一、机构概况

（一）**住房公积金管理委员会**：住房公积金管理委员会有 28 名委员，2019 年召开 1 次会议，审议通过的事项主要包括：（1）《阳江市住房公积金 2018 年年度报告》；（2）住房公积金缴存基数标准调整为按我市统计局公布的全市在岗就业人员上一年度平均工资中最高区域的社评工资数据计算住房公积金缴存基数；（3）调整住房公积金贷款条件之一：按期足额缴存住房公积金满一年。

（二）**住房公积金管理中心**：住房公积金管理中心为阳江市人民政府不以营利为目的的公益一类事业单位，由阳江市住房和城乡建设局代管，设 5 个内设部门，3 个管理部。从业人员 44 人，其中，在编 27 人，非在编 17 人。

二、业务运行情况

（一）**缴存**：2019 年，新开户单位 212 家，实缴单位 2763 家，净增单位 43 家；新开户职工 1.48 万人，实缴职工 14.32 万人，净增职工 0.42 万人；缴存额 21.26 亿元，同比增长 18.81%。2019 年末，缴存总额 138.50 亿元，比上年末增加 18.13%；缴存余额 51.34 亿元，比上年末增加 13.38%。

受委托办理住房公积金缴存业务的银行 10 家，比上年增加 0 家。

（二）**提取**：2019 年，提取额 15.20 亿元，同比增长 5.18%；占当年缴存额的 71.50%，比上年减少 9.26 个百分点。2019 年末，提取总额 87.16 亿元，比上年末增加 21.13%。

（三）**贷款**：

1. 个人住房贷款：个人住房贷款最高额度 35.00 万元，其中，单缴存职工最高额度 25.00 万元，双缴存职工最高额度 35.00 万元。

2019 年，发放个人住房贷款 0.44 万笔、11.69 亿元，同比分别增加 19.13%、增加 19.65%。

2019 年，回收个人住房贷款 4.17 亿元。

2019 年末，累计发放个人住房贷款 3.10 万笔、75.04 亿元，贷款余额 50.03 亿元，分别比上年末增加 16.51%、增加 18.45%、增加 17.68%。个人住房贷款余额占缴存余额的 97.45%，比上年末增加 3.56 个百分点。

受委托办理住房公积金个人住房贷款业务的银行 10 家，比上年增加 0 家。

2. 住房公积金支持保障性住房建设项目贷款：无此类项目。

（四）**购买国债**：因个贷率较高，未购买国债。

（五）**融资**：无此类项目。

（六）**资金存储**：2019 年末，住房公积金存款 2.39 亿元。其中，活期 0.04 亿元，1 年（含）以下定期 0.70 亿元，1 年以上定期 0.00 亿元，其他（协定、通知存款等）1.65 亿元。

(七)资金运用率:2019年末,住房公积金个人住房贷款余额、项目贷款余额和购买国债余额的总和占缴存余额的97.45%,比上年末增加3.56个百分点。

三、主要财务数据

(一)业务收入:2019年,业务收入15892.44万元,同比增长10.89%。存款利息632.55万元,委托贷款利息15256.98万元,国债利息0万元,其他2.91万元。

(二)业务支出:2019年,业务支出8253.64万元,同比增长8.63%。支付职工住房公积金利息7137.64万元,归集手续费574.17万元,委托贷款手续费541.77万元,其他0.06万元。

(三)增值收益:2019年,增值收益7638.80万元,同比增长13.44%。增值收益率1.58%,比上年增加0.02个百分点。

(四)增值收益分配:2019年,提取贷款风险准备金751.62万元,提取管理费用886.11万元,提取城市廉租住房(公共租赁住房)建设补充资金6001.06万元。

2019年初,上交财政管理费用1317.42万元。上缴财政城市廉租住房(公共租赁住房)建设补充资金4848.31万元。

2019年末,贷款风险准备金余额5003.36万元。累计提取城市廉租住房(公共租赁住房)建设补充资金32855.41万元。

(五)管理费用支出:2019年,管理费用支出1026.79万元,同比增长15.27%。其中,人员经费543.64万元,公用经费144.45万元,专项经费338.71万元。

四、资产风险状况

(一)个人住房贷款:2019年末,个人住房贷款逾期额95.91万元,逾期率0.1917‰。

个人贷款风险准备金按贷款余额的1.00%提取。2019年,提取个人贷款风险准备金751.62万元,使用个人贷款风险准备金核销呆坏账0万元。2019年末,个人贷款风险准备金余额5003.36万元,占个人住房贷款余额的1.00%,个人住房贷款逾期额与个人贷款风险准备金余额的比率为1.92%。

(二)支持保障性住房建设试点项目贷款:无此类项目。

五、社会经济效益

(一)缴存业务:2019年,实缴单位数、实缴职工人数和缴存额同比分别增加1.58%、增加3.01%和增加18.81%。

缴存单位中,国家机关和事业单位占51.28%,国有企业占12.61%,城镇集体企业占1.48%,外商投资企业占1.48%,城镇私营企业及其他城镇企业占16.11%,民办非企业单位和社会团体占2.35%,其他占14.69%。

缴存职工中,国家机关和事业单位占54.16%,国有企业占22.13%,城镇集体企业占0.92%,外商投资企业占2.55%,城镇私营企业及其他城镇企业占15.33%,民办非企业单位和社会团体占0.91%,其他占4.00%;中、低收入占95.13%,高收入占4.87%。

新开户职工中,国家机关和事业单位占21.45%,国有企业占13.70%,城镇集体企业占0.48%,外商投资企业占 4.43%，城镇私营企业及其他城镇企业占 31.83%，民办非企业单位和社会团体占 0.95%，其他占 27.16%；中、低收入占 99.43%，高收入占 0.57%。

（二）提取业务：2019 年，4.91 万名缴存职工提取住房公积金 15.20 亿元。

提取金额中，住房消费提取占 83.78%（购买、建造、翻建、大修自住住房占 31.10%，偿还购房贷款本息占 51.61%，租赁住房占 1.07%，其他占 0%）；非住房消费提取占 16.22%（离休和退休提取占 10.51%，完全丧失劳动能力并与单位终止劳动关系提取占 4.85%，出境定居占 0.46%，其他占 0.40%）。

提取职工中，中、低收入占 91.75%，高收入占 8.25%。

（三）贷款业务：

1. 个人住房贷款： 2019 年，支持职工购建房 54.96 万平方米，年末个人住房贷款市场占有率（含公转商贴息贷款）为 8.14%，比上年末增加 0.22 个百分点。通过申请住房公积金个人住房贷款，可节约职工购房利息支出 42790.64 万元。

职工贷款笔数中，购房建筑面积 90（含）平方米以下占 9.39%，90～144（含）平方米占 70.98%，144 平方米以上占 19.63%。购买新房占 87.47%（其中购买保障性住房占 0%），购买二手房占 12.51%，建造、翻建、大修自住住房占 0.02%，其他占 0%。

职工贷款笔数中，单缴存职工申请贷款占 32.21%，双缴存职工申请贷款占 66.52%，三人及以上缴存职工共同申请贷款占 1.27%。

贷款职工中，30 岁（含）以下占 37.57%，30 岁～40 岁（含）占 37.05%，40 岁～50 岁（含）占 22.13%，50 岁以上占 3.25%；首次申请贷款占 99.16%，二次及以上申请贷款占 0.84%；中、低收入占 96.02%，高收入占 3.98%。

2. 异地贷款： 2019 年，发放异地贷款 685 笔、16840.80 万元。2019 年末，发放异地贷款总额 43213.19 万元，异地贷款余额 41729.62 万元。

3. 公转商贴息贷款： 无此类项目。

4. 支持保障性住房建设试点项目贷款： 无此类项目。

（四）住房贡献率：2019 年，个人住房贷款发放额、住房消费提取额的总和与当年缴存额的比率为 114.87%，比上年增加 6.76 个百分点。

六、其他重要事项

（一）当年机构及职能调整情况、受委托办理缴存贷款业务金融机构变更情况：2019 年我中心机构及职能未发生调整。本市受委托办理住房公积金缴存业务的银行共 10 家；受委托办理住房公积金贷款业务的银行共 10 家，未发生调整。

（二）当年住房公积金政策调整及执行情况：

1. 当年缴存基数限额及确定方法、缴存比例等缴存政策调整情况。 2019 年调整住房公积金缴存基数，缴存基数以职工上年度月平均工资为标准（阳江市统计局公布的 2018 年在岗就业人员上一年度平均工资中最高区域的在岗职工月平均工资 6211 元/月）。职工个人缴存和单位为职工缴存的住房公积金最高缴存额各不得超过 2236 元。困难企业的缴存基数可按广东省公布的三、四类城市最低工资标准 1410 元执行，最低缴存额各不得低于 70.50 元。缴存比例为 5%～12%。

2. 当年个人住房贷款最高贷款额度、贷款条件等贷款政策调整情况。（1）个人贷款最高额度为 25 万元，夫妻双方同时申请贷款最高额度为 35 万元。（2）根据阳江市统计局公布的 2017 年全市在岗职工月平均工资 6211 元/月的标准，凡职工月缴存额低于 621 元（含 621 元）以下的，个人贷款最高额度 20 万元，夫妻双方同时申请贷款最高额度 30 万元。（3）根据广东省 2017 年公布的四类城市最低工资标准 1410 元/月，对职工月缴存额在 141 元（含 141 元）以下的，个人贷款最高额度 15 万元，夫妻双方同时申请贷款最高额度 25 万元。

夫妻双方申请公积金贷款，公积金月缴额不一致的，以最高一方月缴额为标准审批贷款额。

3. 当年住房公积金存贷款利率执行标准情况。 2019 年我市住房公积金个人住房贷款利率没有调整，5 年期（含）以下贷款年利率为 2.75%；6 年期（含）以上贷款年利率为 3.25%。首套房贷款利率按照中国人民银行公布的基准利率执行，第二套房贷款年利率按照同期首套房贷款利率上浮 10% 执行。

（三）当年服务改进情况：

1. 综合服务平台建成通过验收。 根据《住房和城乡建设部关于加快建设住房公积金综合服务平台的通知》（建金〔2016〕14 号）要求，按照省住房城乡建设厅有关文件通知精神，阳江中心从 2018 年 8 月开展项目招标流程，于 2018 年 10 月 19 日完成招标工作，由四川久远银海软件股份有限公司中标开发建设，中标公司与我中心签订好采购合同后于 11 月 19 日进场实施开发公积金综合服务平台系统建设工作，经过 5 个多月的连续奋战，完成了系统测试、模拟演练、压力测试、系统安装和培训等科目。阳江中心的综合服务平台在 2019 年 5 月 1 日正式上线运营，开通的项目有网上办事大厅查询办理、微信公众号公积金业务查询办理、手机 APP 业务查询办理、12329 短信平台、微博、支付宝城市服务公积金查询、官方网站实时查询等功能。该项目于 2019 年 11 月 25 日经省住房城乡建设厅住房公积金综合服务平台检查验收组以 92.20 分通过验收。

2. "一网通办"办理便利化。 自综合服务平台建成后，公积金中心一是将单位住房公积金账户设立纳入一网通办的"一窗通"服务平台，实现一表填报，全程网上办理。二是从 2019 年 4 月 1 日起，将开具单位缴存证明等功能接入一网通办，实现"零见面"线上办，提高单位办理业务的便利性。三是将离职提取、退休提取、提前部分还贷、提前全部还贷等四项业务放到网上办理，缴存职工可通过中心网上办事大厅、微信公众号、公积金 APP 等渠道随时办理业务。2019 年单位公积金账户设立 212 家，个人公积金账户转移 473 人次；单位账户信息变更 3833 次；个人公积金账户封存 2532 人次；个人缴存证明及缴存明细线上打印 5100 人次。

3. 公积金查询多渠道。 线上通过公积金新媒体综合服务平台到网站、微信、公积金 APP、粤省事小程序、广东公积金 APP、大湾区数据共享平台等方式。线下通过从公积金各网点柜面及自助查询机、政务服务中心自助设备等方式，实现个人公积金信息查询全覆盖。目前，公积金中心的微信公众号关注人数 13.52 万人，其中注册人数为 8.39 万人。2019 年线上查询业务就有 585 万笔，令缴存职工感受到更加便捷的查询功能。

4. 简化业务办理要件。 部分业务档案实施数字化管理，简化业务办理要件，一是 2019 年 9 月起，取消提取业务购房资料的复印件资料，二是 2020 年 1 月起取消偿还贷款提取业务的还贷款记录资料，三是从 2020 年 1 月起取消缴存业务的纸质资料等。

5. 办理过程"电子化"。 在办理公积金业务时，全面应用电子签名、电子签章等技术。办事职工对公积金业务办理结果进行电子签名确，中心统一启用业务电子专用账户，取消各业务实物章，累计电子签章数达1.1万次。办事职工可以在线查询、打印相关电子业务凭证，方便了办事职工，强化了风险防控。

（四）当年信息化建设情况：

1. 粤港澳大湾区共享信息平台情况

根据《广东省住房和城乡建设厅关于加快粤港澳大湾区住房公积金信息共享的通知》和相关建设工作方案要求，阳江中心已于2019年12月5日完成与大湾区数据共享平台的接口对接、环境网络测试、适配改造上线、数据调用等共享平台中心系统改造及配置等开发工作。

2. 全国住房公积金基础数据平台情况

根据《住房和城乡建设部办公厅关于做好全国住房公积金数据平台接入工作的通知》（粤办金函〔2019〕36号）和相关建设方案工作要求，阳江中心已于2019年4月21日完成全国住房公积金基础数据平的接口开发、环境网络测试、数据上传等工作，实现与税务总局总对总的数据交换。

（五）其他需要披露的情况： 中心组织机构、政策资讯、服务网点、业务指南及其他信息公开内容详见中心网站（http://www.yjgjj.cn）。

清远市住房公积金2019年年度报告

一、机构概况

（一）住房公积金管理委员会：

住房公积金管理委员会有30名委员，2019年召开1次会议，审议通过的事项主要包括：住房金贷款风险金计提方式及比例、《2018年住房公积金增值收益分配方案》、《清远市住房公积金2018年年度报告》、《住房公积金贷款额度调整方案》、《清远市住房公积金缴存使用管理办法》、《清远市个人自愿缴存使用住房公积金管理办法》以及《清远市住房公积金个人购房贷款管理办法》。

（二）住房公积金管理中心：

住房公积金管理中心为清远市财政局不以营利为目的的参公事业单位，设6个处（科），8个管理部，0个分中心。从业人员87人，其中，在编44人，非在编43人。

二、业务运行情况

（一）缴存： 2019年，新开户单位386家，实缴单位3390家，净增单位269家；新开户职工4.95万人，实缴职工26.81万人，净增职工2.73万人；缴存额44.89亿元，同比增加15.25%。2019年末，缴存总额305.59亿元，同比增加17.22%；缴存余额95.50亿元，同比增加10.22%。

受委托办理住房公积金缴存业务的银行5家，比上年增加0家。

（二）提取： 2019年，提取额36.03亿元，同比增加25.75%；占当年缴存额的80.27%，比上年增加

6.71%。2019年末,提取总额210.09亿元,同比增加20.70%。

（三）**贷款**：个人住房贷款：个人住房贷款最高额度50万元,其中,单缴存职工最高额度40万元,双缴存职工最高额度50万元。

2019年,发放个人住房贷款0.51万笔、16.69亿元,同比分别增加38.75%、增加46.52%。

2019年,回收个人住房贷款8.85亿元。

2019年末,累计发放个人住房贷款5.43万笔、137.28亿元,贷款余额83.58亿元,同比分别增加10.44%、增加13.84%、增加10.34%。个人住房贷款余额占缴存余额的87.52%,比上年增加0.10个百分点。

受委托办理住房公积金个人住房贷款业务的银行10家,比上年增加0家。

（四）**融资**：2019年,融资0亿元,归还0亿元。2019年末,融资总额2.04亿元,融资余额0亿元。

（五）**资金存储**：2019年末,住房公积金存款13.50亿元。其中,活期0.02亿元,1年（含）以下定期2.38亿元,1年以上定期7.27亿元,其他（协定、通知存款等）3.83亿元。

（六）**资金运用率**：2019年末,住房公积金个人住房贷款余额、项目贷款余额和购买国债余额的总和占缴存余额的87.52%,比上年增加0.10个百分点。

三、主要财务数据

（一）**业务收入**：2019年,业务收入31624.01万元,同比增加13.76%。存款利息5642.99万元,委托贷款利息25980.65万元,国债利息0万元,其他0.37万元。

（二）**业务支出**：2019年,业务支出20313.72万元,同比增加18.04%。支付职工住房公积金利息17341.48万元,归集手续费1708.01万元,委托贷款手续费1264.22万元,其他0.01万元。

（三）**增值收益**：2019年,增值收益11310.29万元,同比增加6.80%。增值收益率1.23%,比上年减少0.07个百分点。

（四）**增值收益分配**：2019年,提取贷款风险准备金0万元,提取管理费用2279.80万元,提取城市廉租住房（公共租赁住房）建设补充资金9030.49万元。

2019年,上交财政管理费用1803.65万元。上缴财政城市廉租住房（公共租赁住房）建设补充资金8786.51万元。

2019年末,贷款风险准备金余额42567.06万元。累计提取城市廉租住房（公共租赁住房）建设补充资金32090.50万元。

（五）**管理费用支出**：2019年,管理费用支出2297.98万元,同比增加0.92%。其中,人员经费1293.70万元,公用经费204.58万元,专项经费799.70万元。

四、资产风险状况

2019年末,个人住房贷款逾期额533.46万元,逾期率0.6383‰。

个人贷款风险准备金按个人住房贷款余额的3%提取。2019年,个人贷款风险准备金已达到规定额度,本年不需计提取个人贷款风险准备金。使用个人贷款风险准备金核销呆坏账0万元。2019年末,个人贷款风险准备金余额42567.06万元,占个人住房贷款余额的5.09%,个人住房贷款逾期额与个人贷款风险准备金余额的比率为 1.25%。

五、社会经济效益

（一）**缴存业务**：2019 年，实缴单位数、实缴职工人数和缴存额同比分别增加 8.62%、增加 11.34% 和增加 15.25%。

缴存单位中，国家机关和事业单位占 49.59%，国有企业占 6.02%，城镇集体企业占 0.97%，外商投资企业占 2.54%，城镇私营企业及其他城镇企业占 34.51%，民办非企业单位和社会团体占 6.22%，其他占 0.15%。

缴存职工中，国家机关和事业单位占 42.82%，国有企业占 5.14%，城镇集体企业占 0.89%，外商投资企业占 13.62%，城镇私营企业及其他城镇企业占 34.16%，民办非企业单位和社会团体占 3.19%，其他占 0.18%；中、低收入占 97.06%，高收入占 2.94%。

新开户职工中，国家机关和事业单位占 16.50%，国有企业占 4.14%，城镇集体企业占 2.69%，外商投资企业占 26.33%，城镇私营企业及其他城镇企业占 41.48%，民办非企业单位和社会团体占 8.41%，其他占 0.45%；中、低收入占 99.78%，高收入占 0.22%。

（二）**提取业务**：2019 年，9.02 万名缴存职工提取住房公积金 36.03 亿元。

提取金额中，住房消费提取占 85.20%（购买、建造、翻建、大修自住住房占 5.07%，偿还购房贷款本息占 80.01%，租赁住房占 0.12%，其他占 0%）；非住房消费提取占 14.80%（离休和退休提取占 10.10%，完全丧失劳动能力并与单位终止劳动关系提取占 0%，户口迁出本市或出境定居占 0.02%，其他占 4.68%）。

提取职工中，中、低收入占 94.47%，高收入占 5.53%。

（三）**贷款业务**：

1. 个人住房贷款：2019 年，支持职工购建房 61.27 万平方米，年末个人住房贷款市场占有率为 8.80%，比上年减少 0.65 个百分点。通过申请住房公积金个人住房贷款，可节约职工购房利息支出 23819.45 万元。

职工贷款笔数中，购房建筑面积 90（含）平方米以下占 11.13%，90～144（含）平方米占 81.96%，144 平方米以上占 6.91%。购买新房占 93.29%（其中购买保障性住房占 0%），购买存量商品住房占 6.71%，建造、翻建、大修自住住房占 0%，其他占 0%。

职工贷款笔数中，单缴存职工申请贷款占 69.15%，双缴存职工申请贷款占 30.85%，三人及以上缴存职工共同申请贷款占 0%。

贷款职工中，30 岁（含）以下占 36.86%，30 岁～40 岁（含）占 34.76%，40 岁～50 岁（含）占 22.58%，50 岁以上占 5.80%；首次申请贷款占 98.83%，二次及以上申请贷款占 1.17%；中、低收入占 99.30%，高收入占 0.70%。

2. 异地贷款：2019 年，发放异地贷款 1004 笔、29602.90 万元。2019 年末，发放异地贷款总额 103688.10 万元，异地贷款余额 91367.44 万元。

（四）**住房贡献率**：2019 年，个人住房贷款发放额、公转商贴息贷款发放额、项目贷款发放额、住房消费提取额的总和与当年缴存额的比率为 105.57%，比上年增加 14.07 个百分点。

六、其他重要事项

（一）当年机构调整情况： 为加强住房公积金管理，建立健全住房公积金决策机构，鉴于原住房公积金管理委员会主任委员李新全同志工作变动，重新调整由市委常委、常务副市长吕成蹊同志任我市住房公积金管理委员会主任委员。

受委托办理缴存贷款业务金融机构无变更。

（二）当年住房公积金政策调整及执行情况：

1. 当年缴存政策调整情况。 一是制定出台《清远市个人自愿缴存使用住房公积金管理办法》，全面推开个人自愿缴存业务，首次把清远市行政区域内工作的自由职业者、个体工商户及其雇用人员等灵活就业人员纳入住房公积金缴存范围，将住房公积金制度覆盖面向城镇中低收入家庭扩展，让灵活就业人员也能充分享受住房保障。二是从2019年7月起全市缴存住房公积金的月缴存基数按职工本人2018年度的月平均工资总额核定（实行年薪制的按月均分），月缴存基数不得低于本市现行的最低月工资标准（1410元），不得超过我市统计部门公布的上一年度非私营单位在职职工月平均工资的3倍，即19335元。

2. 当年提取政策调整情况。 一是制订出台《清远市住房公积金缴存提取管理办法》，细化了允许提取住房公积金的具体情形，要求公积金中心应当加强对个人提取住房公积金情况的监督检查，并明确了违规提取的惩戒措施等，为规范公积金提取工作夯实了制度基础。二是缴存职工申请办理按揭购房约定提取业务的，提取周期从每年一次，缩短到至少每半年一次。

3. 当年个人住房贷款政策调整情况。 一是调整最高贷款额度。个人最高贷款额度由30万元提高至40万元，夫妻双方最高贷款额度由40万元提高至50万元。二是调整可贷额度的计算标准，实际可贷款额度按照以下标准计算确定且不得超过最高贷款额度：购买家庭首套住房，累计缴存时间在24个月（不含24个月）以下的，可贷额度不超过公积金账户余额的8倍；累计缴存时间在24个月（含24个月）以上48个月（不含48个月）以下的，可贷额度不超过公积金账户余额的10倍；累计缴存时间在48个月（含48个月）以上的，可贷额度不超过公积金账户余额的12倍。购买家庭第二套住房，可贷额度不超过公积金账户余额的6倍。

（三）当年服务改进情况：

1. 约定提取助力民众"少跑腿"。 2019年，结合我市按揭购房提取业务较多、群众反映便利提取愿望强烈等现状，我中心积极与5家归集银行、首信公司等展开研究，在做好系统开发对接及人员培训的前提下，于7月底推出约定提取业务。

2. 线上提取打开便民"新大门"。 为推动"互联网＋公积金"工作落实，在结合我市住房公积金现有门户网站、网上办事大厅、微信公众号、粤省事等逐步完善的信息化服务基础上，我中心推出离职、退休提取业务线上办理业务，市民办理相关业务无需再到现场办理，节省群众办事时间的同时，也提高了办事大厅的办事效率。

3. 部分提取放开实现"就近办"。 为响应贯彻国家"放管服"改革要求，真正意义上实现业务办理和业务管理相分离，我中心针对本市住房公积金业务现状，在5家市直归集网点开展银行办理部分住房公积金提取业务先行试点。市直缴存住房公积金的群众需非首次按揭购房提取、离职提取、离退休提取、出境定居提取、约定提取登记、约定提取变更6项业务均可前往对应的归集银行网点办理。

（四）当年信息化建设情况：

1. 完成综合业务管理信息系统功能扩建项目建设。 该项目包括约定提取、自由职业者缴存、多证合一等功能，于2019年8月完成并上线运行。现阶段各项功能运行情况稳定，收到良好的成效。特别是约定提取功能，使缴存职工在办理贷款购房"二次提取"时实现"零跑动"提取，获得社会各界及缴存职工的一致好评。

2. 进驻粤省事小程序。 积极配合市政数局开展有关工作，于2019年9月完成公积金各项查询事项的进驻。并创新性地把离职、退休销户提取业务进驻粤省事小程序，于2019年12月上线，实现离职、退休销户提取的"零跑动""网上办"。

3. 接入广东省数据共享平台、进驻广东省公积金微信公众号。 按照省住房城乡建设厅要求，信息技术科按时按质完成数据共享平台的接入工作及业务系统对数据平台接口的兼容性改造；查询事务已按要求进驻广东省公积金微信公众号，并提前做好了"离职、退休销户提取"进驻公众号的准备。

4. 实现异地转移接续平台直连改造。 按照省住房城乡建设厅要求，信息技术科按时按质完成异地转移接续平台直连改造。该项目上线，优化了异地转移接续的工作流程，经办人员不需要再跨平台进行接续操作，为下一步异地转移接续业务的"网上办"奠定了坚实的基础。

5. 积极推进广清公积金一体化信息系统建设项目的各项前期准备工作。 经与广州中心协商，计划以广州公积金业务系统为蓝本，打破系统及技术壁垒，按照"系统共建、功能共用、信息共享"的思路推进广清公积金信息系统一体化建设。目前，该项目已经纳入广清对口帮扶项目，现已初步完成前期调研、需求分析等工作，力争2020年底前上线。

东莞市住房公积金2019年年度报告

一、机构概况

（一）**住房公积金管理委员会**：东莞市住房公积金管理委员会有23名委员，2019年召开2次会议，审议通过的事项主要包括：《东莞市住房公积金2018年年度报告（送审稿）》《东莞市住房公积金2018年执行情况和2019年预算草案的报告（送审稿）》《2019年度住房公积金归集使用计划（送审稿）》《关于优化我市部分住房公积金提取政策的请示（送审稿）》《东莞市住房公积金个人住房贷款管理办法（修订送审稿）》《东莞市住房公积金提取管理办法（修订送审稿）》《关于确定租住本市自住住房申请提取月缴存额规定标准的请示》。

（二）**住房公积金管理中心**：东莞市住房公积金管理中心为直属东莞市政府不以营利为目的的公益一类事业单位，设6个科，5个办事处。从业人员77人，其中，在编64人，非在编13人。

二、业务运行情况

（一）缴存：2019年，新开户单位8310家，实缴单位47559家，净增单位5938家；新开户职工41.96万人，实缴职工183.20万人，净增职工12.07万人；缴存额145.71亿元，同比增长15.01%。2019年末，缴存总额1002.17亿元，比上年末增加17.01%；缴存余额360.00亿元，比上年末增加14.30%。

受委托办理住房公积金缴存业务的银行8家，比上年增加0家。

（二）提取：2019年，提取额100.67亿元，同比增加18.76%；占当年缴存额的69.09%，比上年增加2.19个百分点。2019年末，提取总额642.17亿元，比上年末增加18.59%。

（三）贷款：

1. 个人住房贷款：个人住房贷款最高额度120.00万元，其中，首套房最高额度120.00万元，二套房最高额度80.00万元。

2019年，发放个人住房贷款1.64万笔、126.08亿元，同比分别增长102.02%、增长130.31%。

2019年，回收个人住房贷款22.28亿元。

2019年末，累计发放个人住房贷款10.10万笔、451.62亿元，贷款余额290.34亿元，分别比上年末增加19.39%、增加38.73%、增加55.65%。个人住房贷款余额占缴存余额的80.65%，比上年末增加21.42个百分点。

受委托办理住房公积金个人住房贷款业务的银行18家，比上年增加0家。

2. 住房公积金支持保障性住房建设项目贷款：无。

（四）购买国债：无。

（五）融资：无。

（六）资金存储：2019年末，住房公积金存款75.93亿元。其中，活期0.05亿元，1年（含）以下定期23.45亿元，1年以上定期27.90亿元，其他（协定、通知存款等）24.53亿元。

（七）资金运用率：2019年末，住房公积金个人住房贷款余额、项目贷款余额和购买国债余额的总和占缴存余额的80.65%，比上年末增加21.42个百分点。

三、主要财务数据

（一）业务收入：2019年，业务收入101527.47万元，同比增长17.64%。存款利息24263.21万元，委托贷款利息76163.82万元，国债利息0.00万元，其他1100.44万元。

（二）业务支出：2019年，业务支出62452.99万元，同比增长16.32%。支付职工住房公积金利息51598.96万元，归集手续费7047.44万元，委托贷款手续费3808.74万元，其他－2.15万元。

（三）增值收益：2019年，增值收益39074.48万元，同比增长19.81%。增值收益率1.16%，比上年增加0.05个百分点。

（四）增值收益分配：2019年，提取贷款风险准备金10380.71万元，提取管理费用4375.00万元，提取城市廉租住房（公共租赁住房）建设补充资金24318.77万元。

2019年，上交财政管理费用3945.57万元。上缴财政城市廉租住房（公共租赁住房）建设补充资金

24870.14万元。

2019年末，贷款风险准备金余额29033.98万元。累计提取城市廉租住房（公共租赁住房）建设补充资金239089.22万元。

（五）管理费用支出：2019年，管理费用支出4197.93万元，同比增长10.39%。其中，人员经费2426.34万元，公用经费260.82万元，专项经费1510.77万元。

四、资产风险状况

（一）个人住房贷款：

2019年末，个人住房贷款逾期额197.16万元，逾期率0.0679‰。

个人贷款风险准备金按贷款余额的1.00%提取。2019年，提取个人贷款风险准备金10380.71万元，使用个人贷款风险准备金核销呆坏账0.00万元。2019年末，个人贷款风险准备金余额29033.98万元，占个人住房贷款余额的1.00%，个人住房贷款逾期额与个人贷款风险准备金余额的比率为0.68%。

（二）支持保障性住房建设试点项目贷款：无。

五、社会经济效益

（一）缴存业务：2019年，实缴单位数、实缴职工人数和缴存额同比分别增长14.27%、增长7.06%和增长15.01%。

缴存单位中，国家机关和事业单位占6.09%，国有企业占0.86%，城镇集体企业占1.02%，外商投资企业占8.44%，城镇私营企业及其他城镇企业占72.36%，民办非企业单位和社会团体占4.13%，其他占7.10%。

缴存职工中，国家机关和事业单位占10.96%，国有企业占3.92%，城镇集体企业占1.06%，外商投资企业占26.14%，城镇私营企业及其他城镇企业占50.77%，民办非企业单位和社会团体占3.09%，其他占4.06%；中、低收入占96.09%，高收入占3.91%。

新开户职工中，国家机关和事业单位占3.11%，国有企业占2.76%，城镇集体企业占0.72%，外商投资企业占25.42%，城镇私营企业及其他城镇企业占62.20%，民办非企业单位和社会团体占3.55%，其他占2.24%；中、低收入占98.91%，高收入占1.09%。

（二）提取业务：2019年，69.05万名缴存职工提取住房公积金100.67亿元。

提取金额中，住房消费提取占91.39%（购买、建造、翻建、大修自住住房占1.90%，偿还购房贷款本息占51.94%，租赁住房占24.62%，其他占12.93%）；非住房消费提取占8.61%（离休和退休提取占4.99%，完全丧失劳动能力并与单位终止劳动关系提取占0.15%，出境定居占2.25%，其他占1.22%）。

提取职工中，中、低收入占89.31%，高收入占10.69%。

（三）贷款业务：

1. 个人住房贷款：2019年，支持职工购建房165.13万平方米，年末个人住房贷款市场占有率为7.48%，比上年末增加1.78个百分点。通过使用住房公积金个人住房贷款，可节约职工购房利息支出266380.09万元。

职工贷款笔数中，购房建筑面积 90（含）平方米以下占 28.31%，90～144（含）平方米占 67.50%，144 平方米以上占 4.19%。购买新房占 51.90%（其中购买保障性住房占 0.00%），购买二手房占 26.26%，建造、翻建、大修自住住房占 0.00%，其他占 21.84%。

职工贷款笔数中，单缴存职工申请贷款占 20.59%，双缴存职工申请贷款占 79.41%，三人及以上缴存职工共同申请贷款占 0.00%。

贷款职工中，30 岁（含）以下占 20.61%，30 岁～40 岁（含）占 58.66%，40 岁～50 岁（含）占 18.39%，50 岁以上占 2.34%；首次申请贷款占 94.22%，二次及以上申请贷款占 5.78%；中、低收入占 78.50%，高收入占 21.50%。

2. 异地贷款：2019 年，发放异地贷款 2512 笔、189268.65 万元。2019 年末，发放异地贷款总额 358353.21 万元，异地贷款余额 315001.15 万元。

3. 公转商贴息贷款：无。

4. 支持保障性住房建设试点项目贷款：无。

（四）**住房贡献率**：2019 年，个人住房贷款发放额、公转商贴息贷款发放额、项目贷款发放额、住房消费提取额的总和与当年缴存额的比率为 149.66%，比上年增加 46.28 个百分点。

六、其他重要事项

（一）**当年机构及职能调整情况、受委托办理缴存贷款业务金融机构变更情况**：

2019 年，我中心无发生机构及职能调整。

2019 年，我市归集银行无发生变化。

2019 年，我市商贷信息互通合作银行增至 14 家，新增民生银行股份有限公司东莞分行。

（二）**当年住房公积金政策调整及执行情况**：

（1）2019 年，缴存基数限额及确定方法、缴存比例等未发生调整，缴存比例仍然是 5%～12%。缴存基数上限为 27391 元，缴存基数下限为 1720 元。2019 年 8 月 1 日，新增退役军人住房公积金补缴政策，补缴后在部队缴存的住房公积金已补缴入账的金额以及在部队的缴存时间均纳入可贷额度计算公式计算可贷额度。

（2）2019 年，提取政策发生以下调整：一是新增本市既有住宅增设电梯提取。工程竣工验收后职工本人及配偶可一次性申请提取不超过该户应分摊的费用。二是放宽租住本市住房提取。无房职工租住本市住房提取比例上限从月缴存额的 65% 提高至 70%、额度上限从 1500 元提高至 1800 元。三是取消装修提取，并自 2019 年 7 月 1 日起实施。四是职工与单位解除劳动关系且个人住房公积金账户已封存，符合《东莞市住房公积金提取管理规定》（东公积金委〔2015〕1 号）第十四条（二）规定的情形申请提取 2015 年 3 月 1 日前账户余额的，可通过单位批量代办或线下（银行公积金服务网点、智慧终端）临柜办理，审核时不再收取离职证明、《就业失业登记证》或《就业创业登记证》。五是购买外市住房提取公积金增加复核环节，办结时限为 3 个工作日。

（3）2019 年，贷款政策未发生调整。

（4）2019 年，住房公积金存贷款利率未发生调整。

(三）当年服务改进情况：

1. 推进办事窗口进驻市民服务中心。 落实"一门式一网式"政府服务模式改革部署，经系统升级、流程改造，2019年10月14日南城办事处在市民服务中心正式运营，是省内公积金系统唯一实现系统直连、唯一授权市民服务中心"一窗办结"的公积金中心，授权综合窗"直接审核""一窗办结"还贷提取、逐月划扣等16项业务。5月份塘厦办事处进驻塘厦镇综合服务中心。

2. 综合服务平台建设。 我中心建设网上办事大厅、微信公众号、短信及自助一体机等自助服务渠道，对接市政务一体化平台，延伸连接广东政务服务网、粤省事、建设银行和东莞银行智慧机等重要服务渠道，与人民银行进行征信数据共享，接入了广东省政数局全国人口身份核验接口和东莞市政府数据资源共享平台，整合为一个规范、安全的公积金综合服务平台。2019年，各平台业务量如下：门户网站访问总量73.04万人次；中心网厅业务办理量27.79万笔，其中缴存业务23万笔，提取业务4.79万笔，贷款业务1.39万笔；12329热线接听总量18.39万通；12329短信总量834.49万条，短信业务办理量10.94万笔；微信公众号粉丝关注量123万人，业务办理量74.15万笔；自助终端业务办理量51.98万笔。

（四）当年信息化建设情况：

1. 提升业务网办率。 一是2019年1月14日启用升级版公积金（单位）网上办事大厅。升级版网上办事大厅基本实现单位缴存类业务全覆盖，单位足不出户即可办理缴存业务。二是2019年10月11日启用升级改版后的微信公众号。新版微信公众号引入人脸识别技术进行身份确认，实行绑定快捷登录，原需到现场确认身份信息的事项无需临柜，可直接在微信公众号办理。具体包括：自助服务开通，家庭成员信息变更，手机号码变更，绑定银行卡变更，租房、物业管理费、退休提取等业务。三是2019年9月进驻"粤省事"并上线查询功能。11月，在"粤省事"上线业务办理功能，包括提取申请、明细查询、进度查询、个人信息管理等功能。2019年，我中心归集、提取、贷款业务总量405万笔，通过自助渠道办理的有272万笔，全程网办率达67%，业务类型综合网办率达到了87%；缴存业务托收覆盖率达96%，微信公众号日均访问量20多万，最高峰同时在线人数达6000人。

2. 深化信息互联共享。 高标准接入全国住房公积金数据平台，上传存量业务数据明细近1亿条；省内首批接入粤港澳大湾区住房公积金信息共享平台，实现湾区城市异地提取、贷款和转移接续公积金"最多跑一次"；接入东莞市政务服务一体化平台，实现"一门式一网式"政务服务；完成"粤商通"需求开发和功能上线，实现公积金业务"企业开办全程网上办"；利用公安身份信息数据实现身份联网核查，个人账户开设业务办理时限由原来的3个工作日变更为1个工作日。

3. 推进业务系统信息化升级。 完成转移接续功能优化、贷款业务功能改造，资金系统账户查询功能和贷款呆账核销管理系统开发，第三方交易加签、提取新政对应系统改造、职工个人开户流程改造，以及守法证明、归集业务流程改造等系统优化升级。

（五）当年住房公积金管理中心及职工所获荣誉情况：

（1）2019年全市档案工作优秀单位（综合科）。

（2）2019年全市档案工作优秀工作者（个人）。

（六）当年对违反《住房公积金管理条例》和相关法规行为进行行政处罚和申请人民法院强制执行情况： 2019年，我中心共对0家企业作出行政处罚；申请人民法院强制执行184宗。

（七）当年对住房公积金管理人员违规行为的纠正和处理情况等： 无。

（八）其他需要披露的情况：无。

中山市住房公积金 2019 年年度报告

一、机构概况

（一）住房公积金管理委员会：住房公积金管理委员会有 17 名委员，2019 年召开 1 次会议，审议通过的事项主要包括：《中山市住房公积金 2018 年年度报告（信息披露）》《关于奖励 2018 年度住房公积金扩面达标镇区的请示》《关于审议住房公积金缴存业务受委托银行考核结果的请示》《关于审议住房公积金贷款业务受委托银行考核结果的请示》《关于提请审议浦发银行中山分行 2019 年度住房公积金缴存业务资格的请示》《关于审议增加父母住宅增设电梯子女可提取住房公积金等政策请示》。

（二）住房公积金管理中心：住房公积金管理中心为直属市政府不以营利为目的的公益一类事业单位，设 4 个科室 5 个办事处，0 个管理部，0 个分中心。从业人员 85 人，其中，在编 28 人，非在编 57 人。

二、业务运行情况

（一）缴存：2019 年，新开户单位 2172 家，实缴单位 8663 家，净增单位 1533 家；新开户职工 10.97 万人，实缴职工 51.28 万人，净增职工 4.58 万人；缴存额 57.75 亿元，同比增长 13.77％。2019 年末，缴存总额 382.22 亿元，比上年末增加 17.80％；缴存余额 134.17 亿元，比上年末增加 14.86％。

受委托办理住房公积金缴存业务的银行 8 家，比上年增加 0 家。

（二）提取：2019 年，提取额 40.39 亿元，同比增长 27.78％；占当年缴存额的 69.95％，比上年增加 7.67 个百分点。2019 年末，提取总额 248.05 亿元，比上年末增加 19.45％。

（三）贷款：

1. 个人住房贷款：个人住房贷款最高额度 96 万元，其中，单缴存职工最高额度 40 万元，双缴存职工最高额度 80 万元，其中属于中山市高层次人才或"新三百"计划培育的骨干企业中，属于中委〔2010〕7 号文列入《中山市培养引进人才紧缺适用人才导向目录》，具有大学本科及以上学历的人员；取得中级及以上专业技术职称的人员；获得高级工及以上职业资格证书的人员；具有特殊技能、在我市工作满 1 年（以在我市参加社会保险时间为准）且表现优秀的人员，凭市人力资源和社会保障局开具的《中山市紧缺适用高层次人才证》或《中山市紧缺适用人才证明》，申请首套住房贷款时，最高可上浮 20％的贷款额度。

2019 年，发放个人住房贷款 1.24 万笔、58.96 亿元，同比分别增长 315.97％、346.14％。

2019 年，回收个人住房贷款 10.47 亿元。

2019 年末，累计发放个人住房贷款 5.38 万笔、175.90 亿元，贷款余额 108.95 亿元，分别比上年末增加 29.95％、增加 50.41％、增加 80.20％。个人住房贷款余额占缴存余额的 81.20％，比上年末增加 29.45 个百分点。

受委托办理住房公积金个人住房贷款业务的银行 16 家,比上年增加 0 家。

2. 住房公积金支持保障性住房建设项目贷款:无此类情况。

(四)**购买国债**:无此类情况。

(五)**融资**:无此类情况。

(六)**资金存储**:2019 年末,住房公积金存款 25.25 亿元。其中,活期 0.01 亿元,1 年(含)以下定期 1.20 亿元,1 年以上定期 22.16 亿元,其他(协定、通知存款等)1.88 亿元。

(七)**资金运用率**:2019 年末,住房公积金个人住房贷款余额、项目贷款余额和购买国债余额的总和占缴存余额的 81.20%,比上年末增加 29.45 个百分点。

三、主要财务数据

(一)**业务收入**:2019 年,业务收入 32877.45 万元,同比下降 8.86%。其中,存款利息 5146.55 万元,委托贷款利息 27730.90 万元,国债利息 0.00 万元,其他 0.00 万元。

(二)**业务支出**:2019 年,业务支出 22245.36 万元,同比增长 18.01%。其中,支付职工住房公积金利息 18967.24 万元,归集手续费 2225.81 万元,委托贷款手续费 1052.22 万元,其他 0.09 万元。

(三)**增值收益**:2019 年,增值收益 10632.09 万元,同比下降 38.28%。增值收益率 0.85%,比上年减少 0.75 个百分点。

(四)**增值收益分配**:2019 年,提取贷款风险准备金 4848.88 万元,提取管理费用 2703.49 万元,提取城市廉租住房(公共租赁住房)建设补充资金 3079.73 万元。

2019 年,上交财政管理费用 2385.72 万元。上缴财政城市廉租住房(公共租赁住房)建设补充资金 14324.82 万元。

2019 年末,贷款风险准备金余额 10894.90 万元。累计提取城市廉租住房(公共租赁住房)建设补充资金 79499.26 万元。

(五)**管理费用支出**:2019 年,管理费用支出 2789.44 万元,同比增长 14.56%。其中,人员经费 1249.57 万元,公用经费 222.81 万元,专项经费 1317.06 万元。

四、资产风险状况

(一)**个人住房贷款**:2019 年末,个人住房贷款逾期额 296.95 万元,逾期率 0.2726‰。

个人贷款风险准备金按贷款余额的 1.00% 提取。2019 年,提取个人贷款风险准备金 4848.88 万元,使用个人贷款风险准备金核销呆坏账 0.00 万元。2019 年末,个人贷款风险准备金余额 10894.90 万元,占个人住房贷款余额的 1.00%,个人住房贷款逾期额与个人贷款风险准备金余额的比率为 2.73%。

(二)**支持保障性住房建设试点项目贷款**:无此类情况。

五、社会经济效益

(一)**缴存业务**:2019 年,实缴单位数、实缴职工人数和缴存额同比分别增长 21.50%、9.80% 和 13.77%。

缴存单位中,国家机关和事业单位占 9.50%,国有企业占 3.12%,城镇集体企业占 0.86%,外商投资企业占 9.43%,城镇私营企业及其他城镇企业占 61.02%,民办非企业单位和社会团体占 3.72%,其他占 12.35%。

缴存职工中,国家机关和事业单位占 17.47%,国有企业占 11.17%,城镇集体企业占 0.68%,外商投资企业占 25.89%,城镇私营企业及其他城镇企业占 38.53%,民办非企业单位和社会团体占 2.00%,其他占 4.26%;中、低收入占 94.98%,高收入占 5.02%。

新开户职工中,国家机关和事业单位占 7.10%,国有企业占 5.58%,城镇集体企业占 0.36%,外商投资企业占 27.10%,城镇私营企业及其他城镇企业占 46.29%,民办非企业单位和社会团体占 2.09%,其他占 11.48%;中、低收入占 99.71%,高收入占 0.29%。

(二)提取业务:2019 年,21.19 万名缴存职工提取住房公积金 40.39 亿元。

提取金额中,住房消费提取占 90.31%(购买、建造、翻建、大修自住住房占 6.65%,偿还购房贷款本息占 74.92%,租赁住房占 7.72%,其他占 1.02%);非住房消费提取占 9.69%(离休和退休提取占 7.18%,完全丧失劳动能力并与单位终止劳动关系提取占 0.13%,出境定居占 0.07%,其他占 2.31%)。

提取职工中,中、低收入占 92.35%,高收入占 7.65%。

(三)贷款业务:

1. 个人住房贷款:2019 年,支持职工购建房 133.48 万平方米,年末个人住房贷款市场占有率(含公转商贴息贷款)为 5.11%,比上年末增加 1.56 个百分点。通过申请住房公积金个人住房贷款,可节约职工购房利息支出 116195.21 万元。

职工贷款笔数中,购房建筑面积 90(含)平方米以下占 23.27%,90~144(含)平方米占 69.83%,144 平方米以上占 6.90%。购买新房占 73.10%(其中购买保障性住房占 0.00%),购买二手房占 26.90%,建造、翻建、大修自住住房占 0.00%,其他占 0.00%。

职工贷款笔数中,单缴存职工申请贷款占 64.52%,双缴存职工申请贷款占 35.48%,三人及以上缴存职工共同申请贷款占 0.00%。

贷款职工中,30 岁(含)以下占 41.13%,30 岁~40 岁(含)占 44.57%,40 岁~50 岁(含)占 12.86%,50 岁以上占 1.44%;首次申请贷款占 94.26%,二次及以上申请贷款占 5.74%;中、低收入占 96.30%,高收入占 3.70%。

2. 异地贷款:2019 年,发放异地贷款 2674.00 笔、125936.70 万元。2019 年末,发放异地贷款总额 239039.57 万元,异地贷款余额 194057.19 万元。

3. 公转商贴息贷款:无此类情况。

4. 支持保障性住房建设试点项目贷款:无此类情况。

(四)住房贡献率:2019 年,个人住房贷款发放额、公转商贴息贷款发放额、项目贷款发放额、住房消费提取额的总和与当年缴存额的比率为 165.26%,比上年增加 84.13 个百分点。

六、其他重要事项

(一)当年机构及职能调整情况、受委托办理缴存贷款业务金融机构变更情况:2019 年 9 月,经市委编办批准,我中心内设科室办公室(信息管理科)更名为综合科(信息管理科)、业务监督科(执法科)更名为监督执法科、会计稽核科更名会计核算科。

本年受委托办理缴存贷款业务金融机构无变更情况。

(二)当年住房公积金政策调整及执行情况：根据《中山市个人自愿缴存使用住房公积金办法》，自2019年1月1日起，我市的自由职业者、个体工商户雇主及其雇佣人员以及在本市就业的台港澳人员、外国人可以自愿缴存住房公积金。

根据《关于做好2019年度我市住房公积金缴存基数和缴存额调整工作的通知》，本汇缴年度（2019年7月至2020年6月）计算单位和职工每月缴存住房公积金的缴存基数为职工本人2018年全年工资总额（包括奖金、津贴补贴、加班加点工资等）的月平均数。2019年汇缴年度我市新开户的职工最低住房公积金缴存基数为1720元，住房公积金月缴存最低限额为172元。已经开户缴存的职工，办理年度调整最低住房公积金的缴存基数为上一年度我市最低工资标准的月平均数1615元，住房公积金月缴存最低限额为162元。

2019年汇缴年度我市住房公积金最高月缴存基数为市统计局公布的2018年城镇非私营单位在岗职工月平均工资6207元的3倍即18621元，住房公积金月缴存最高限额为4470元。月均工资（实行年薪制的按月均分）未超过以上限额的，以实际工资额为住房公积金月缴存基数计算月缴存额；月均工资超过以上限额的，以上述最高限额为住房公积金月缴存基数。

根据《关于修改其他住房消费每月提取金额上限政策的通知》，在我市已有房产没有符合购买、建造、翻建、大修住房提取住房公积金情形，需要支付自住住房物业费等其他住房消费的，职工连续正常缴存住房公积金满三个月或以上的（当时状态为正常），可以每30日提取前一个月缴存金额的30%，每月提取金额上限自2019年7月1日起从500元提高至600元。

根据《关于增加父母住宅增设电梯子女及其配偶可提取住房公积金政策的通知》，自2019年7月1日起，我市职工及其配偶在本市行政区域范围内既有的住宅的所有权人需要使用该房屋共有部位增设电梯的，自市市场监督管理部门验收合格之日起一年内，职工及其配偶，以及其子女和配偶可一次性申请提取一次住房公积金，提取人所提取的住房公积金总额不能超过因增设电梯分摊的实际支出费用。

当年个人住房贷款最高贷款额度、贷款条件等贷款政策无调整。

当年住房公积金存贷款利率执行标准无调整，继续按照央行个人住房公积金存贷基准利率执行。

(三)当年服务改进情况：为贯彻落实国务院关于个人所得税改革信息共享工作的部署，2019年4月，我中心完成接入全国住房公积金数据平台工作，确保住房公积金个人贷款及相关信息准确完整服务个税改革。

按照省住房城乡建设厅要求积极推进粤港澳大湾区住房公积金信息共享项目，2019年12月，我中心完成住房公积金信息共享系统的开发，实现大湾区城市住房公积金数据信息互联共享。

根据全市全面推进"一窗通办、集成服务"改革工作部署，中心火炬开发区办事处、小榄办事处和贷款审批综合服务大厅分别于2019年6月、9月、10月进驻镇区行政服务中心和市行政服务中心。

(四)当年信息化建设情况：一方面，加大对"中山公积金"微信公众号的开发利用力度，上线退休提取、冲还贷、缴存开户等功能的网上办理，拓宽刷脸认证服务范围，推动服务"零跑动"。

另一方面，大力推进住房公积金政务服务接入"粤省事"工作，于2019年8月实现高频服务事项接入"粤省事"平台，并继续推动开展"粤省事"全业务互联网化建设项目。

(五)当年住房公积金管理中心及职工所获荣誉情况：无此类情况。

（六）当年对违反《住房公积金管理条例》和相关法规行为进行行政处罚和申请人民法院强制执行情况：当年我中心无对违反《住房公积金管理条例》和相关法规行为进行行政处罚记录，申请人民法院强制执行的案件有559宗。

（七）当年对住房公积金管理人员违规行为的纠正和处理情况等：无此类情况。

（八）其他需要披露的情况：本报告中数据均以元为单位计算占比比例及增长率，且以元为单位四舍五入至万元、亿元，可能存在0.01的差异。

增值收益分配中，提取管理费用金额待市人大审议批准。

潮州市住房公积金2019年年度报告

一、机构概况

（一）住房公积金管理委员会：住房公积金管理委员会有26名委员，2019年召开1次会议，审议通过的事项主要包括：（1）汇报我市2018年住房公积金管理工作情况及2019年工作安排；（2）审议我市住房公积金2018年度增值收益的分配方案；（3）通报2018年度商业银行公积金业务考核情况；（4）审议我市住房公积金住房贷款政策调整方案；（5）审议《潮州市住房公积金缴存和提取管理办法》的修订；（6）审议《潮州市住房公积金业务承办银行考核暂行办法》。

（二）住房公积金管理中心：住房公积金管理中心为潮州市人民政府不以营利为目的的参照公务员法管理事业单位，设4个科，2个管理部。从业人员32人，其中，在编20人，非在编12人。

二、业务运行情况

（一）缴存：2019年，新开户单位206家，实缴单位1543家，净增单位-370家；新开户职工1.00万人，实缴职工9.99万人，净增职工0.33万人；缴存额15.56亿元，同比增长12.10%。2019年末，缴存总额117.18亿元，比上年末增加15.32%；缴存余额41.18亿元，比上年末增加18.88%。

受委托办理住房公积金缴存业务的银行8家，比上年增加2家。

（二）提取：2019年，提取额9.02亿元，同比下降5.55%；占当年缴存额的57.97%，比上年减少10.81个百分点。2019年末，提取总额76.00亿元，比上年末增加13.47%。

（三）贷款：

个人住房贷款：个人住房贷款最高额度60.00万元，其中，单缴存职工最高额度40.00万元，双缴存职工最高额度60.00万元。

2019年，发放个人住房贷款0.20万笔、9.91亿元，同比分别下降25.93%、下降21.41%。

2019年，回收个人住房贷款2.99亿元。

2019年末，累计发放个人住房贷款1.30万笔、50.73亿元，贷款余额39.35亿元，分别比上年末增加18.18%、增加24.28%、增加21.38%。个人住房贷款余额占缴存余额的95.56%，比上年末增加1.96

个百分点。

受委托办理住房公积金个人住房贷款业务的银行 8 家，比上年减少 1 家。

（四）购买国债：2019 年，购买（记账式、凭证式）国债 0 亿元，兑付（转让、收回）国债 0 亿元。2019 年末，国债余额 0.10 亿元，与上年末持平。

（五）资金存储：2019 年末，住房公积金存款 2.17 亿元。其中，活期 0.05 亿元，1 年（含）以下定期 0.40 亿元，其他（协定、通知存款等）1.72 亿元。

（六）资金运用率：2019 年末，住房公积金个人住房贷款余额、项目贷款余额和购买国债余额的总和占缴存余额的 95.80%，比上年末增加 1.93 个百分点。

三、主要财务数据

（一）业务收入：2019 年，业务收入 11989.79 万元，同比增长 24.02%。其中，存款利息 226.24 万元，委托贷款利息 11728.60 万元，国债利息 34.86 万元，其他 0.09 万元。

（二）业务支出：2019 年，业务支出 5526.05 万元，同比增长 35.23%。其中，支付职工住房公积金利息 4429.67 万元，归集手续费 712.36 万元，委托贷款手续费 383.84 万元，其他 0.18 万元。

（三）增值收益：2019 年，增值收益 6463.74 万元，同比增长 15.82%；增值收益率 1.70%，比上年减少 0.02 个百分点。

（四）增值收益分配：2019 年，提取贷款风险准备金 991.33 万元，提取管理费用 526.57 万元，提取城市廉租住房（公共租赁住房）建设补充资金 4945.84 万元。

2019 年，上交财政管理费用 526.57 万元。上缴财政城市廉租住房（公共租赁住房）建设补充资金 3739.70 万元。

2019 年末，贷款风险准备金余额 5061.03 万元。累计提取城市廉租住房（公共租赁住房）建设补充资金 17299.63 万元。

（五）管理费用支出：2019 年，管理费用支出 526.57 万元，同比下降 35.58%。其中，人员经费 376.40 万元，公用经费 27.25 万元，专项经费 122.92 万元。

四、资产风险状况

个人住房贷款：2019 年末，个人住房贷款逾期额 107.80 万元，逾期率 0.2740‰。

个人贷款风险准备金按贷款余额的 1.00% 提取。2019 年，提取个人贷款风险准备金 991.33 万元，使用个人贷款风险准备金核销呆坏账 0 万元。2019 年末，个人贷款风险准备金余额 5061.03 万元，占个人住房贷款余额的 1.29%，个人住房贷款逾期额与个人贷款风险准备金余额的比率为 2.13%。

五、社会经济效益

（一）缴存业务：2019 年，实缴单位数、实缴职工人数和缴存额同比分别减少 19.34%、增加 3.42% 和增加 12.10%。

缴存单位中，国家机关和事业单位占 57.29%，国有企业占 2.14%，城镇集体企业占 0.52%，外商投资企业占 25.47%，城镇私营企业及其他城镇企业占 1.23%，民办非企业单位和社会团体占 0.58%，其他占 12.77%。

缴存职工中，国家机关和事业单位占 62.23%，国有企业占 9.56%，城镇集体企业占 0.88%，外商投资企业占 20.56%，城镇私营企业及其他城镇企业占 0.12%，民办非企业单位和社会团体占 0.19%，其他占 6.46%；中、低收入占 100.00%，高收入占 0.00%。

新开户职工中，国家机关和事业单位占 30.82%，国有企业占 8.47%，城镇集体企业占 1.31%，外商投资企业占 25.78%，城镇私营企业及其他城镇企业占 1.04%，民办非企业单位和社会团体占 1.71%，其他占 30.87%；中、低收入占 100.00%，高收入占 0.00%。

（二）**提取业务**：2019 年，2.40 万名缴存职工提取住房公积金 9.02 亿元。

提取金额中，住房消费提取占 77.93%（购买、建造、翻建、大修自住住房占 19.24%，偿还购房贷款本息占 58.25%，租赁住房占 0.44%，其他占 0%）；非住房消费提取占 22.07%（离休和退休提取占 15.92%，完全丧失劳动能力并与单位终止劳动关系提取占 3.15%，出境定居占 0%，其他占 3.00%）。

提取职工中，中、低收入占 100%，高收入占 0%。

（三）**贷款业务**：

1. 个人住房贷款：2019 年，支持职工购建房 27.79 万平方米，年末个人住房贷款市场占有率为 24.55%，比上年末减少 0.43 个百分点。通过申请住房公积金个人住房贷款，可节约职工购房利息支出 29217.32 万元。

职工贷款笔数中，购房建筑面积 90（含）平方米以下占 2.36%，90～144（含）平方米占 62.59%，144 平方米以上占 35.05%。购买新房占 93.79%（其中购买保障性住房占 0%），购买二手房占 6.21%，建造、翻建、大修自住住房占 0%，其他占 0%。

职工贷款笔数中，单缴存职工申请贷款占 18.63%，双缴存职工申请贷款占 80.22%，三人及以上缴存职工共同申请贷款占 1.15%。

贷款职工中，30 岁（含）以下占 18.82%，30 岁～40 岁（含）占 43.62%，40 岁～50 岁（含）占 31.60%，50 岁以上占 5.96%；首次申请贷款占 99.80%，二次及以上申请贷款占 0.20%；中、低收入占 100.00%，高收入占 0%。

2. 异地贷款：2019 年，发放异地贷款 243 笔、11917.00 万元。2019 年末，发放异地贷款总额 35697.00 万元，异地贷款余额 31966.25 万元。

（四）**住房贡献率**：2019 年，个人住房贷款发放额、公转商贴息贷款发放额、项目贷款发放额、住房消费提取额的总和与当年缴存额的比率为 108.86%，比上年减少 35.58 个百分点。

六、其他重要事项

（1）2019 年无机构及职能调整。新增办理住房公积金委托缴存业务银行 2 个，分别为潮州农村商业银行股份有限公司和广发银行股份有限公司潮州分行。新增办理住房公积金委托贷款业务银行 2 个，分别为潮州农村商业银行股份有限公司和广发银行股份有限公司潮州分行；减少办理住房公积金委托贷款业务银行 3 个，分别为潮州市区农村信用合作联社、潮州市潮安区农村信用合作联社和饶平县农村信用合作联社。

(2) 2019 年住房公积金政策调整及执行情况。

1) 2019 年，我市执行住房公积金月缴存基数不得低于本市最低工资标准 1410 元，不得高于市统计部门公布的 2018 年度城镇非私营单位在岗职工月平均工资的 3 倍，即 16857 元；缴存比例下限为 5%，上限为 12%。

2) 2019 年 1 月 16 日起，单位缴存可通过签约托收缴款方式，系统向签约账户自动划扣托收；职工办理提取业务，取消提供《住房公积金支取申请表》，不再按汇缴区域申请提取，可就近到市中心办事大厅、管理部办理。

3) 为进一步推动"放管服"改革的深入开展，精减业务办理环节，优化和提升服务质量，2019 年 1 月 16 日起，我市住房公积金中心开办公积金对冲还贷业务，即每月从住房公积金贷款的缴存职工个人住房公积金缴存账户（共同借款人缴存账户、住房公积金还贷账户）中扣划资金用于归还住房公积金贷款本息。

4) 2019 年 3 月 22 日起，我市对住房公积金提取政策作出调整：

① 调整职工及其配偶购买自住住房提取住房公积金的范围。

职工及其配偶购买自住住房（包括一次性付款和贷款）提取住房公积金，其所购房产所在地必须在职工本人或其配偶的住房公积金缴存地或户籍所在地。所购房产所在地非职工本人或其配偶的住房公积金缴存地或户籍所在地的，则不能申请提取。

② 调整租房提取额度。

职工及其配偶在潮州市无自有住房且租房的，可提取双方住房公积金支付房租，每年提取一次，以家庭为单位，提取最高额度由原 9600 元/年调整为 4800 元/年。

职工本人或其配偶曾以自建房为条件办理过提取住房公积金的，不得以租房提取住房公积金。

③ 根据《住房公积金管理条例》规定，取消不符合《条例》规定的提取情形：

a. 取消直系亲属购房提取住房公积金；

b. 取消职工或其直系亲属重大疾病提取住房公积金；

c. 取消职工调离本市提取住房公积金，改为先办理个人账户封存，账户封存期间，在异地开立住房公积金账户并稳定缴存半年及以上的，办理异地转移接续手续。

④ 调整申请提取住房公积金相关材料有效期。

职工一次性付款购买自住住房，新建、改建、大修自住住房，既有住宅加装电梯，有关提取证明材料在作出之日起 2 年内可申请提取住房公积金，超过 2 年的，不能作为申请依据。

⑤ 住房公积金贷款年度逾期还贷累计三期（含）以上的，两年内不得申请提取住房公积金。

5) 2019 年 3 月 22 日起，我市对住房公积金贷款政策作出调整：

① 暂停办理个人商业住房贷款转个人住房公积金贷款业务，即"商转公"业务；

② 对尚在公积金贷款还贷期间停止缴存住房公积金的职工加收违约金。

对已经取得公积金住房贷款，尚在还贷期间，停止缴存住房公积金累计达 12 个月（含）以上或连续停缴 6 个月（含）以上的职工，加收违约金。违约金收取标准为每月应付公积金贷款利息的 50%，按月收取，后续职工恢复缴存住房公积金并连续足额缴存 6 个月（含）以上的，停止加收违约金。

6) 2019 年 4 月 10 日起，我市对二手房个人住房公积金抵押贷款政策作出调整：

① 办理二手房住房公积金贷款需在办妥新不动产证后最迟三个月内向公积金中心提出申请；

② 网签合同交易金额与纳税发票计税金额、《评估书》评估金额原则上需一致，如不一致的按孰低原则计算可贷额度；

③ 首期款金额按网签合同交易房价金额计算，并在办妥新不动产权证前通过银行转账付还交易对方。

7) 2019 年 5 月 1 日起，我市对住房公积金贷款政策作出调整：

① 部分个人住房公积金贷款申请条件予以调整

申请个人住房公积金贷款条件由原来连续足额缴存 6 个月，调整为足额缴存 12 个月（含）以上，且最近 6 个月（含）处于连续足额缴存状态。在申请受理时往前推算（不含申请时当月）。

② 调整个人住房公积金贷款额度

以家庭为单位，夫妻双方都有缴存住房公积金的，贷款最高限额为 60 万元，但最高不超过申请贷款时双方缴存余额的 15 倍；夫妻仅一方缴存住房公积金的，贷款最高限额为 40 万元，但最高不超过申请贷款时缴存余额的 15 倍。

已经取得公积金个人住房贷款的职工家庭（认定范围包括借款人和共同借款人及其配偶），在贷款结清后，第二次购房申请公积金个人住房贷款的，最高限额为 40 万元，但最高不超过申请贷款时缴存余额的 15 倍。

对已办理过两次及以上住房公积金贷款的家庭，不允许申请第三次及以上住房公积金贷款。

③ 调整异地贷款申请条件

持全国异地贷款证明到我市购房申请住房公积金贷款的，申请人或其配偶户籍，至少一方必须是我市本地户籍。贷款额度及贷款申请条件与本地缴存相同。

8) 2019 年 10 月 21 日起，我市对离职提取公积金政策作出调整：

根据离职提取住房公积金的客观实际，为简化办事程序，提高办事效率，取消申请人提供离职证明。职工账户封存半年后，由申请人直接在网上服务大厅、微信公众号、手机 APP、"粤省事"小程序或中心、管理部办事大厅申请提取。

（3）我市住房公积金中心目前已实现了门户网站、网上服务大厅、12329 服务热线、微信公众号、手机 APP、短信平台、自助查询机、微博 8 种服务渠道，并于 2019 年 5 月初成功接入"粤省事"小程序，实现"一次都不跑"的服务目标，打通服务群众"最后一公里"。我中心与中国工商银行合作推出公积金网上办事大厅"在线缴款平台"业务，支持各主流银行的网上银行支付，实现"不见面缴款"和"一站式缴款"，为缴存单位提供 7×24 小时不间断缴存服务，打造"永不下班的公积金"服务。缴存单位通过 CA 数字证书认证登陆我中心网上服务大厅，可查询和办理单位业务。缴存职工通过网上服务大厅、微信公众号、手机 APP 等渠道可查询和办理偿还本市纯公积金贷款、离职、离退休三项支取业务。

（4）按照住房和城乡建设部关于贯彻落实住房公积金基础数据标准和统一接入结算应用系统的要求，我市住房公积金中心新一代业务管理系统于 2019 年 1 月 16 日正式上线运行，并以 95.22 分的高分顺利通过住房和城乡建设部"双贯标"验收，实现"一站式受理，一站式服务"，让群众"最多跑一次"。

（5）潮州市住房公积金管理中心荣获"潮州市市级文明单位"荣誉称号。

揭阳市住房公积金 2019 年年度报告

一、机构概况

（一）住房公积金管理委员会：

住房公积金管理委员会有 23 名委员，2019 年召开 1 次会议，审议通过的事项主要包括：

(1) 揭阳市住房公积金 2018 年年度报告；

(2) 2018 年度住房公积金归集、使用计划执行情况及 2019 年住房公积金归集、使用计划的报告；

(3) 2018 年本级部门预算执行情况及 2019 年预算情况的报告；

(4) 2018 年度住房公积金增值收益分配方案的报告；

(5)《揭阳市住房公积金管理委员会议事章程》修订的事项；

(6) 关于调整 2019 年度住房公积金缴存基数及信息采集有关问题；

(7) 关于调整住房公积金贷款政策的事项。

（二）住房公积金管理中心：

住房公积金管理中心为直属市人民政府委托市住房城乡建设局管理的不以营利为目的的参公事业单位，设 3 个部，4 个管理部。从业人员 46 人，其中，在编 30 人，非在编 16 人。

二、业务运行情况

（一）缴存： 2019 年，新开户单位 153 家，实缴单位 1909 家，净增单位 76 家；新开户职工 1.12 万人，实缴职工 15.90 万人，净增职工 0.61 万人；缴存额 24.82 亿元，同比增加 18.24%。2019 年末，缴存总额 170.96 亿元，同比增加 16.98%；缴存余额 76.42 亿元，同比增加 19.54%。

受委托办理住房公积金缴存业务的银行 3 家，比上年增加 0 家。

（二）提取： 2019 年，提取额 12.33 亿元，同比减少 3.85%；占当年缴存额的 49.67%，比上年减少 11.41 个百分点。2019 年末，提取总额 94.53 亿元，同比增加 15.00%。

（三）贷款：

1. 个人住房贷款： 个人住房贷款最高额度 45 万元，其中，单缴存职工最高额度 30 万元，双缴存职工最高额度 45 万元。

2019 年，发放个人住房贷款 0.38 万笔、13.10 亿元，同比分别减少 26.70%、减少 26.45%。

2019 年，回收个人住房贷款 4.61 亿元。

2019 年末，累计发放个人住房贷款 2.71 万笔、81.14 亿元，贷款余额 61.89 亿元，同比分别增加 16.22%、增加 19.24%、增加 15.90%。个人住房贷款余额占缴存余额的 80.98%，比上年减少 2.54 个百分点。

受委托办理住房公积金个人住房贷款业务的银行 8 家，比上年增加 1 家。

2. 无住房公积金支持保障性住房建设项目贷款。

（四） 无购买国债。

（五）无融资。

（六）资金存储：2019年末，住房公积金存款15.46亿元。其中，活期0.08亿元，1年（含）以下定期6.20亿元，1年以上定期6.35亿元，其他（协定、通知存款等）2.83亿元。

（七）资金运用率：2019年末，住房公积金个人住房贷款余额占缴存余额的80.98%，比上年减少2.54个百分点。

三、主要财务数据

（一）业务收入：2019年，业务收入20695.25万元，同比增加15.13%。其中，存款利息2202.39万元，委托贷款利息18491.24万元，其他1.62万元。

（二）业务支出：2019年，业务支出11131.02万元，同比增加18.18%。其中，支付职工住房公积金利息9683.66万元，归集手续费649.04万元，委托贷款手续费797.71万元，其他0.61万元。

（三）增值收益：2019年，增值收益9564.24万元，同比增加11.77%。其中，增值收益率1.37%，比上年增加0.04个百分点。

（四）增值收益分配：2019年，提取贷款风险准备金848.95万元，提取管理费用1191.64万元，提取城市廉租住房（公共租赁住房）建设补充资金7523.65万元。

2019年，上交财政管理费用1191.64万元。上缴财政城市廉租住房（公共租赁住房）建设补充资金6015.14万元。

2019年末，贷款风险准备金余额8829.69万元。累计提取城市廉租住房（公共租赁住房）建设补充资金34011.06万元。

（五）管理费用支出：2019年，管理费用支出937.71万元，同比减少22.91%。其中，人员经费445.46万元，公用经费38.26万元，专项经费453.99万元。

四、资产风险状况

（一）个人住房贷款：2019年末，个人住房贷款逾期额0万元，逾期率0。

个人贷款风险准备金按新增贷款余额的1%提取。2019年，提取个人贷款风险准备金848.95万元，使用个人贷款风险准备金核销呆坏账0万元。2019年末，个人贷款风险准备金余额8829.69万元，占个人住房贷款余额的1.43%，个人住房贷款逾期额与个人贷款风险准备金余额的比率为0.00%。

（二）无保障性住房建设试点项目贷款。

（三）无历史遗留风险资产。

五、社会经济效益

（一）缴存业务：2019年，实缴单位数、实缴职工人数和缴存额同比分别增加4.15%、增加4.00%和增加18.24%。

缴存单位中，国家机关和事业单位占45.10%，国有企业占9.53%，城镇集体企业占0.63%，外商投资企业占1.10%，城镇私营企业及其他城镇企业占7.54%，民办非企业单位和社会团体占1.27%，其他占34.83%。

缴存职工中，国家机关和事业单位占 53.32%，国有企业占 12.91%，城镇集体企业占 0.63%，外商投资企业占 0.86%，城镇私营企业及其他城镇企业占 7.94%，民办非企业单位和社会团体占 0.59%，其他占 23.75%；中、低收入占 95.10%，高收入占 4.90%。

新开户职工中，国家机关和事业单位占 20.52%，国有企业占 12.32%，城镇集体企业占 0.56%，外商投资企业占 4.24%，城镇私营企业及其他城镇企业占 21.90%，民办非企业单位和社会团体占 3.97%，其他占 36.49%；中、低收入占 99.12%，高收入占 0.88%。

（二）提取业务：2019 年，2.13 万名缴存职工提取住房公积金 12.33 亿元。

提取金额中，住房消费提取占 75.82%（购买、建造、翻建、大修自住住房占 21.55%，偿还购房贷款本息占 53.98%，租赁住房占 0.03%，其他占 0.26%）；非住房消费提取占 24.18%（离休和退休提取占 19.57%，完全丧失劳动能力并与单位终止劳动关系提取占 0.21%，户口迁出本市或出境定居占 0.05%，其他占 4.35%）。

提取职工中，中、低收入占 90.60%，高收入占 9.40%。

（三）贷款业务：

1. 个人住房贷款：2019 年，支持职工购建房 422.98 万平方米，年末个人住房贷款市场占有率为 21.33%，比上年减少 0.54 个百分点。通过申请住房公积金个人住房贷款，可节约职工购房利息支出 27359.98 万元。

职工贷款笔数中，购房建筑面积 90（含）平方米以下占 2.33%，90144（含）平方米占 56.82%，144 平方米以上占 40.85%。购买新房占 94.30%（其中购买保障性住房占 0%），购买存量商品住房占 5.70%，建造、翻建、大修自住住房占 0%，其他占 0%。

职工贷款笔数中，单缴存职工申请贷款占 19.76%，双缴存职工申请贷款占 79.50%，三人及以上缴存职工共同申请贷款占 0.74%。

贷款职工中，30 岁（含）以下占 26.44%，30 岁～40 岁（含）占 41.03%，40 岁～50 岁（含）占 26.01%，50 岁以上占 6.52%；首次申请贷款占 97.46%，二次及以上申请贷款占 2.54%；中、低收入占 95.79%，高收入占 4.21%。

2. 异地贷款：2019 年，发放异地贷款 373.00 笔、11491.00 万元。2019 年末，发放异地贷款总额 39853.00 万元，异地贷款余额 36662.24 万元。

3. 无公转商贴息贷款。

4. 无保障性住房建设试点项目贷款。

（四）住房贡献率：2019 年，个人住房贷款发放额和住房消费提取额的总和与当年缴存额的比率为 90.43%，比上年减少 40.90 个百分点。

六、其他重要事项

（一）当年机构职能调整情况、缴存贷款业务金融机构变更情况：

（1）根据《中共揭阳市委机构编制委员会关于调整市住房和城乡建设局所属事业单位有关事项的通知》（揭市机编发〔2019〕26 号）文件，揭阳市住房公积金管理中心不再加挂揭阳市住房制度改革领导小组办公室牌子。

（2）缴存业务金融机构没有变更，贷款业务金融机构新增1家，为广发银行。

（二）当年住房公积金政策调整及执行情况：

1. 缴存基数调整和缴存比例情况

自2019年7月1日起，本市单位和职工缴存住房公积金的月工资基数上限为所在区榕城区平均工资的3倍18627元；下限为本市现行最低工资标准1410元；住房公积金缴存比例上限12%，下限5%。

2. 当年住房公积金个人住房贷款最高贷款额度、贷款条件等贷款政策调整情况

（1）实行贷款额度与借款申请人住房公积金缴存年限和个人公积金余额相挂钩的原则。

缴存职工使用住房公积金贷款购买首套普通自住住房的，一人缴存最高贷款额度30万元，二人缴存最高贷款额度45万元。每笔住房公积金贷款必须同时满足下列条件：一人缴存的，一年可贷5万元，缴存年限不够一整年的，按一整年计算；每缴存多一年增加5万元额度，依此推算，最高限额一人可贷30万元，且申请贷款最高额度不能超过个人公积金账户余额的10倍；二人缴存的，申请贷款额度按各自缴存年限和账户余额计算，最高限额二人可贷45万元。

为改善职工住房条件，再次购买住房且符合我市贷款相关规定的，一人最高可贷20万元，二人最高可贷35万元。

（2）调整二手房贷款年限。对申请购买二手住房申请住房公积金贷款的，房龄（房产建成竣工年份起计）加上贷款年限不超过40年，同时不长于房屋余下的土地使用年期。

（3）供收比核定贷款年限。在保证借款申请人基本生活费用的前提下，月还款额与月收入比上限控制在50%～60%。

（4）其他规定。住房公积金贷款发放后，如果单位或借款人故意停缴或少缴住房公积金的，住房公积金中心和受托银行可以依据借款合同提前收回住房公积金贷款或自借款人故意停缴或少缴住房公积金认定之日起按同期同档次商业住房按揭贷款利率计算，并依法追究单位相关责任。

3. 当年住房公积金存贷款利率及执行情况

按照《关于完善职工住房公积金账户存款利率形成机制的通知》（银发〔2016〕43号）规定，职工住房公积金账户存款利率统一按一年期定期存款基准利率执行。

根据中国人民银行人民币贷款利率的规定，住房公积金贷款利率为：五年以下（含五年）为2.75%，五年以上为3.25%。

（三）当年服务改进情况：

1. 提取住房公积金直接转账存入个人储蓄账户。从2019年2月28日起，职工住房公积金提取业务，需提供职工住房公积金缴存相对应银行的职工本人一类储蓄卡。职工提交资料齐全，符合提取条件的，市公积金管理中心（或管理部）审核通过后转账存入与提取住房公积金账户户名相同的个人一类储蓄卡，实现住房公积金提取"最多跑一次"的便民服务。

2. 精简贷款申请材料。新系统上线后，贷款额度核算延伸到银行端，为减少办事要件，方便职工办理手续，不再要求公积金借款申请人提供公积金缴存明细表作为测算贷款额度依据，由系统录入相关信息后自动测试额度。

3. 开通了住房公积金个人住房贷款冲还贷业务。在揭阳市住房公积金管理中心开立住房公积金账户的借款申请人按照住房公积金个人住房贷款借款合同的约定及相关政策规定偿还贷款时，授权公积金中心以账务处理方式将借款申请人住房公积金账户内的资金偿还贷款。冲还贷业务的推出，意味着改变了过去"先还钱再提钱"的流程，大大减轻了借款人的月还款压力，并且实现了签一次约，便能在还款期内足不出户提取住房公积金的便民服务。

4. "粤省事"揭阳版接入住房公积金服务事项。大力配合，积极协调推进广东省"数字政府"建设项目，协助推进"数字政府"政务云平台建设，做好"粤省事"揭阳版住房公积金服务事项接入和宣传工作。实现了"粤省事"住房公积金缴存、提取、贷款信息查询功能，并开通了线上离退休提取服务功能，离退休人员不用填写纸质申请表，只需刷脸登录"粤省事"小程序，上传离退休证件和银行卡等提取资料，待审批后钱直接到账，实现了"零跑腿"的住房公积金便利提取服务。

5. 建成揭阳市住房公积金管理中心综合服务平台并通过省住房城乡建设厅检查验收组的验收。开通了网上业务大厅、门户网站、12329服务热线、短信、微信公众号、手机APP、微博、查询终端、支付宝城市服务、微信城市服务、粤省事、粤港澳大湾区数据共享平台等服务渠道，汇缴补缴、单位及个人信息变更、封存启封、账户转移、提取、贷款申请可通过线上办理，打通了住房公积金服务的最后一公里，实现业务办理由"群众跑腿"变为"数据跑腿"，让"最多跑一次"变为"一次不用跑"，切实创新服务方式，提高服务效率，提升服务质量，真正让住房公积金综合服务平台"互联网＋公积金"的服务效能惠及广大缴存单位和职工。

（四）当年信息化建设情况：按照住房公积金基础数据规范标准贯彻落实和结算系统接入工作要求，积极推进并完成了住房公积金"双贯标"工作，揭阳新一代市住房公积金信息管理系统于2019年2月28日上线，并于2019年4月份顺利通过住房和城乡建设部、省住房城乡建设厅验收，标志着我市住房公积金信息化建设迈上了一个新的台阶，一是我市住房公积金管理模式由委托银行模式变为自主归集模式，达到住房公积金资金账、业务账、财务账"三账统一"；二是切实为办事群众提供了高效便民的住房公积金服务，进一步提升我市住房公积金管理和服务水平。

云浮市住房公积金2019年年度报告

一、机构概况

（一）住房公积金管理委员会：住房公积金管理委员会有25名委员，2019年召开1次会议，审议通过的事项主要包括：《云浮市2018年度住房公积金归集和使用计划执行情况》《云浮市2018年度城市廉租住房建设补充资金分配方案》《云浮市2018年度住房公积金增值收益分配方案》《云浮市2019年住房公积金归集和使用计划》《云浮市住房公积金业务受托金融机构管理制度》《云浮市住房公积金个人住房贷款管理办法》。

（二）住房公积金管理中心：住房公积金管理中心为云浮市人民政府办公室下属公益一类事业单位，设3个处（科），4个管理部，0个分中心。从业人员64人，其中，在编28人，非在编36人。

二、业务运行情况

（一）**缴存**：2019年，新开户单位289家，实缴单位2712家，净增单位170家；新开户职工1.51万人，实缴职工14.18万人，净增职工0.56万人；缴存额22.30亿元，同比增加15.88%。2019年末，缴存总额146.24亿元，同比增加17.99%；缴存余额52.31亿元，同比增加12.73%。

受委托办理住房公积金缴存业务的银行4家，比上年增加0家。

（二）**提取**：2019年，提取额16.39亿元，同比增加6.88%；占当年缴存额的73.50%，比上年减少6.19个百分点。2019年末，提取总额93.93亿元，同比增加21.14%。

（三）**贷款**：

1. 个人住房贷款：个人住房贷款最高额度30.00万元，其中，单缴存职工最高额度20.00万元，双缴存职工最高额度30.00万元。

2019年，发放个人住房贷款0.53万笔、13.85亿元，同比分别增加96.18%、增加36.41%。

2019年，回收个人住房贷款5.66亿元。

2019年末，累计发放个人住房贷款3.40万笔、77.77亿元，贷款余额51.48亿元，同比分别增加18.65%、增加21.67%、增加18.93%。个人住房贷款余额占缴存余额的98.41%，比上年增加5.13个百分点。

受委托办理住房公积金个人住房贷款业务的银行6家，比上年增加0家。

2. 住房公积金支持保障性住房建设项目贷款：2019年，发放支持保障性住房建设项目贷款0亿元，回收项目贷款0亿元。2019年末，累计发放项目贷款0亿元，项目贷款余额0亿元。

（四）**购买国债**：2019年，购买（记账式、凭证式）国债0亿元，兑付（转让、收回）国债0亿元。2019年末，国债余额0亿元，比上年增加0亿元。

（五）**融资**：2019年，融资0亿元，归还0亿元。2019年末，融资总额0亿元，融资余额0亿元。

（六）**资金存储**：2019年末，住房公积金存款2.12亿元。其中，活期0.02亿元，1年（含）以下定期0亿元，1年以上定期0亿元，其他（协定、通知存款等）2.10亿元。

（七）**资金运用率**：2019年末，住房公积金个人住房贷款余额、项目贷款余额和购买国债余额的总和占缴存余额的98.41%，比上年增加5.13个百分点。

三、主要财务数据

（一）**业务收入**：2019年，业务收入15666.94万元，同比增加13.13%。存款利息770.70万元，委托贷款利息14896.24万元，国债利息0万元，其他0万元。

（二）**业务支出**：2019年，业务支出8939.95万元，同比增加14.42%。支付职工住房公积金利息7440.17万元，归集手续费755.00万元，委托贷款手续费744.71万元，其他0.07万元。

（三）**增值收益**：2019年，增值收益6726.99万元，同比增加11.47%。增值收益率1.36%，比上年增加0.00个百分点。

（四）**增值收益分配**：2019年，提取贷款风险准备金1385.26万元，提取管理费用1732.19万元，提取城市廉租住房（公共租赁住房）建设补充资金3609.54万元。

2019年，上交财政管理费用1732.19万元。上缴财政城市廉租住房（公共租赁住房）建设补充资金3609.54万元。

2019年末，贷款风险准备金余额7968.95万元。累计提取城市廉租住房（公共租赁住房）建设补充资金35540.16万元。

（五）管理费用支出：2019年，管理费用支出1534.20万元，同比增加17.64%。其中，人员经费643.87万元，公用经费23.53万元，专项经费866.80万元。

四、资产风险状况

（一）个人住房贷款：2019年末，个人住房贷款逾期额493.97万元，逾期率0.9596‰。

个人贷款风险准备金按当年贷款发放额的1.00%提取。2019年，提取个人贷款风险准备金1385.26万元，使用个人贷款风险准备金核销呆坏账0万元。2019年末，个人贷款风险准备金余额7968.95万元，占个人住房贷款余额的1.55%，个人住房贷款逾期额与个人贷款风险准备金余额的比率为6.20%。

（二）支持保障性住房建设试点项目贷款：2019年末，逾期项目贷款0万元，逾期率0。

项目贷款风险准备金按贷款余额的0%提取。2019年，提取项目贷款风险准备金0万元，使用项目贷款风险准备金核销呆坏账0万元，项目贷款风险准备金余额0万元，占项目贷款余额的0%，项目贷款逾期额与项目贷款风险准备金余额的比率为0%。

（三）历史遗留风险资产：2019年末，历史遗留风险资产余额0万元，比上年增加0万元，历史遗留风险资产回收率0%。

五、社会经济效益

（一）缴存业务：2019年，实缴单位数、实缴职工人数和缴存额同比分别增加6.69%、增加4.08%和增加15.88%。

缴存单位中，国家机关和事业单位占42.66%，国有企业占10.28%，城镇集体企业占1.33%，外商投资企业占1.81%，城镇私营企业及其他城镇企业占35.21%，民办非企业单位和社会团体占2.99%，其他占5.72%。

缴存职工中，国家机关和事业单位占47.00%，国有企业占13.53%，城镇集体企业占0.34%，外商投资企业占8.41%，城镇私营企业及其他城镇企业占25.67%，民办非企业单位和社会团体占0.73%，其他占4.32%；中、低收入占98.15%，高收入占1.85%。

新开户职工中，国家机关和事业单位占26.50%，国有企业占7.03%，城镇集体企业占0.92%，外商投资企业占17.07%，城镇私营企业及其他城镇企业占38.07%，民办非企业单位和社会团体占3.53%，其他占6.88%；中、低收入占99.70%，高收入占0.30%。

（二）提取业务：2019年，5.03万名缴存职工提取住房公积金16.39亿元。

提取金额中，住房消费提取占87.75%（购买、建造、翻建、大修自住住房占33.32%，偿还购房贷款本息占54.29%，租赁住房占0%，其他占0.14%）；非住房消费提取占12.25%（离休和退休提取占9.58%，完全丧失劳动能力并与单位终止劳动关系提取占0%，户口迁出本市或出境定居占0.04%，其他占2.63%）。

提取职工中，中、低收入占 97.15%，高收入占 2.85%。

(三) 贷款业务：

1. 个人住房贷款：2019 年，支持职工购建房 69.24 万平方米，年末个人住房贷款市场占有率为 14.55%，比上年减少 0.94 个百分点。通过申请住房公积金个人住房贷款，可节约职工购房利息支出 7562.71 万元。

职工贷款笔数中，购房建筑面积 90（含）平方米以下占 3.18%，90144（含）平方米占 79.75%，144 平方米以上占 17.07%。购买新房占 94.25%（其中购买保障性住房占 0%），购买存量商品住房占 5.75%，建造、翻建、大修自住住房占 0%，其他占 0%。

职工贷款笔数中，单缴存职工申请贷款占 27.39%，双缴存职工申请贷款占 70.57%，三人及以上缴存职工共同申请贷款占 2.04%。

贷款职工中，30 岁（含）以下占 37.16%，30 岁~40 岁（含）占 36.63%，40 岁~50 岁（含）占 21.34%，50 岁以上占 4.87%；首次申请贷款占 93.77%，二次及以上申请贷款占 6.23%；中、低收入占 99.48%，高收入占 0.52%。

2. 异地贷款：2019 年，发放异地贷款 999.00 笔、22454.10 万元。2019 年末，发放异地贷款总额 54498.50 万元，异地贷款余额 44130.81 万元。

3. 公转商贴息贷款：2019 年，发放公转商贴息贷款 0 笔、0 万元，支持职工购建住房面积 0 万平方米，当年贴息额 0 万元。2019 年末，累计发放公转商贴息贷款 0 笔、0 万元，累计贴息 0 万元。

4. 支持保障性住房建设试点项目贷款：2019 年末，累计试点项目 0 个，贷款额度 0 亿元，建筑面积 0 万平方米，可解决 0 户中低收入职工家庭的住房问题。0 个试点项目贷款资金已发放并还清贷款本息。

(四) 住房贡献率：2019 年，个人住房贷款发放额、公转商贴息贷款发放额、项目贷款发放额、住房消费提取额的总和与当年缴存额的比率为 126.62%，比上年增加 6.14 个百分点。

六、其他重要事项

(一) 当年机构及职能调整情况、受委托办理缴存贷款业务金融机构变更情况：根据 2019 年 8 月 12 日市委编委会议精神，明确为公益一类事业单位，经费按财政补助一类拨付。

(二) 当年住房公积金政策调整及执行情况：

1. 当年涉及的归集政策：《关于公布 2019 年度云浮市住房公积金月缴最低额、基准额和最高额的通知》（云房金〔2019〕37 号）和《关于做好 2019 年度云浮市住房公积金缴存调整工作的通知》（云房金〔2019〕39 号）。

2. 当年涉及的提取政策：《关于进一步简化住房公积金业务办理的通知》（云房金函〔2019〕32 号）。

3. 当年涉及的贷款政策：《关于调整云浮市住房公积金异地贷款有关政策的通知》（云房金〔2019〕52 号）、《关于进一步简化住房公积金业务办理的通知》（云房金函〔2019〕32 号）和《关于调整云浮市住房公积金个人住房贷款额度的通知》（云房金〔2019〕57 号）。

(三) 当年服务改进情况：

（1）根据《关于进一步简化住房公积金业务办理的通知》（云房金函〔2019〕32 号）文件要求，进一步简化办理约定提取所需的资料和调整住房公积金对冲还款的条件，进一步简化业务办理的流程和手续。

(2) 对市中心和郁南管理部原有较简陋的业务服务大厅进行维修,扩展办事大厅服务场所,为办事群众提供更优质的服务环境。

(3) 完成综合服务平台建设。2019 年省住房城乡建设厅检查验收组对我市住房公积金综合服务平台建设使用情况进行了检查验收,并以优异成绩通过验收。

(四)当年信息化建设情况:

1. 接入全国数据平台。按照住房和城乡建设部贯彻落实国务院关于个人所得税制度改革和减税降费要求,接入全国住房公积金业务数据平台,实现与国家税务总局数据交换。

2. 接入大湾区数据共享平台。按照省住房城乡建设厅的要求,接入了大湾区数据共享平台,实现了与全省住房公积金数据共享和业务互联互通。

3. 完成住房公积金"综合服务平台"建设工作。按照中心综合服务平台工作任务要求,改造和建设了综合服务平台的网上办事大厅、手机客户端、微信公众号、短信、微博等 8 大服务渠道,并通过了省住房和城乡建设厅的综合服务平台验收。

4. 配合粤省事平台完成高频事项的接入工作。根据广东省政务服务的建设工作要求,我中心积极配合,已完成了所有高频查询服务接入粤省事平台。

2019 全国住房公积金年度报告汇编

广西壮族自治区

南宁
柳州市
桂林市
梧州市
北海市
防城港市
钦州市
贵港市
玉林市
百色市
贺州市
河池市
来宾市
崇左市

广西壮族自治区住房公积金 2019 年年度报告

一、机构概况

(一)住房公积金管理机构:全区共设 14 个设区城市住房公积金管理中心,1 个独立设置的分中心(南宁住房公积金管理中心区直分中心,隶属广西壮族自治区机关事务管理局)。从业人员 1365 人,其中,在编 709 人,非在编 656 人。

(二)住房公积金监管机构:广西壮族自治区住房和城乡建设厅、财政厅和人民银行南宁中心支行负责对本自治区住房公积金管理运行情况进行监督。广西壮族自治区住房和城乡建设厅设立住房公积金监管处,负责辖区住房公积金日常监管工作。

二、业务运行情况

(一)缴存:2019 年,全区住房公积金新开户单位 7092 家,实缴单位 55948 家,净增单位 3152 家;新开户职工 36.07 万人,实缴职工 302.74 万人,净增职工 12.55 万人;缴存额 475.25 亿元,同比增长 11.95%。截至 2019 年末,全区缴存总额 3402.97 亿元,比 2018 年末增加 16.23%;缴存余额 1228.95 亿元,比 2018 年末增加 10.5%。

(二)提取:2019 年,全区住房公积金提取额 358.46 亿元,同比增长 16.26%;占当年缴存额的 75.42%,比 2018 年增加 2.8 个百分点。截至 2019 年末,全区累计提取总额 2174.02 亿元,比 2018 年末增加 19.74%。

(三)贷款:

1. 个人住房贷款:2019 年,全区发放住房公积金个人住房贷款 6.09 万笔、210.97 亿元,同比增长 21.72%和 29.27%。回收个人住房贷款 97.51 亿元。

截至 2019 年末,全区累计发放个人住房贷款 72.76 万笔、1654.61 亿元,贷款余额 1072.71 亿元,分别比 2018 年末增加 9.13%、14.61%和 11.83%。个人住房贷款余额占缴存余额的 87.29%,比 2018 年末增加 1.03 个百分点。

2. 住房公积金支持保障性住房建设项目贷款:2019 年全区未发放住房公积金支持保障性住房建设项目贷款。截至 2019 年末,全区累计发放住房公积金支持保障性住房建设项目贷款 2.26 亿元,项目贷款已全部回收。

(四)购买国债:无。

(五)融资:2019 年,全区住房公积金融资 13.26 亿元,归还 5.51 亿元。截至 2019 年末,全区住房公积金融资总额 20.38 亿元,融资余额 11.67 亿元。

(六)资金存储:截至 2019 年末,全区住房公积金存款 197.04 亿元。其中,活期 9.89 亿元,1 年(含)以下定期 49.12 亿元,1 年以上定期 94.64 亿元,其他(协定、通知存款等)43.39 亿元。

(七)资金运用率:截至 2019 年末,全区住房公积金个人住房贷款余额、项目贷款余额和购买国债余额的总和占缴存余额的 87.29%,比 2018 年末增加 1.03 个百分点。

三、主要财务数据

（一）业务收入：2019年，全区住房公积金业务收入37.72亿元，同比增长11.43%。其中，存款利息4.93亿元，委托贷款利息32.78亿元，国债利息0亿元，其他0.01亿元。

（二）业务支出：2019年，全区住房公积金业务支出19.47亿元，同比增长16.93%。其中，支付职工住房公积金利息17.38亿元，归集手续费0.25亿元，委托贷款手续费1.35亿元，其他0.49亿元。

（三）增值收益：2019年，全区住房公积金增值收益18.25亿元，同比增长6.1%；增值收益率[1]1.56%，比2018年减少0.07个百分点。

（四）增值收益分配：2019年，全区提取住房公积金个人住房贷款风险准备金3.4亿元，提取管理费用4.93亿元，提取城市廉租住房（公共租赁住房）建设补充资金9.92亿元。

2019年，全区住房公积金上交财政管理费用2.7亿元，上缴财政城市廉租住房（公共租赁住房）建设补充资金8.98亿元。

2019年末，全区住房公积金个人住房贷款风险准备金余额35.54亿元，累计提取城市廉租住房（公共租赁住房）建设补充资金82.16亿元。

（五）管理费用：支出2019年，全区住房公积金管理费用支出3.01亿元，同比增长4.12%。其中，人员经费1.12亿元，公用经费0.21亿元，专项经费1.68亿元。

四、资产风险状况

（一）个人住房贷款：2019年末，全区住房公积金个人住房贷款逾期额0.93亿元，逾期率[2] 0.9‰。

2019年，全区提取住房公积金个人贷款风险准备金3.4亿元，未使用个人贷款风险准备金核销呆坏账。2019年末，全区个人贷款风险准备金余额35.54亿元，占个人贷款余额的3.31%，个人贷款逾期额与个人贷款风险准备金余额的比率为2.61%。

（二）住房公积金支持保障性住房建设项目贷款：2019年末，项目贷款无逾期，未使用项目贷款风险准备金核销呆坏账。

五、社会经济效益

（一）缴存业务：2019年，全区住房公积金实缴单位数、实缴职工人数和缴存额增长率分别为5.97%、4.33%和11.95%。

缴存单位中，国家机关和事业单位占54.08%，国有企业占11.93%，城镇集体企业占1.37%，外商投资企业占1.26%，城镇私营企业及其他城镇企业占26.63%，民办非企业单位和社会团体占2.1%，其他占2.64%。

缴存职工中，国家机关和事业单位占54.06%，国有企业占23.28%，城镇集体企业占1.1%，外商投资企业占3.36%，城镇私营企业及其他城镇企业占15.56%，民办非企业单位和社会团体占0.82%，其他占1.82%；中、低收入群体[3]占98.59%，高收入群体占1.41%。

新开户职工中，国家机关和事业单位占33.55%，国有企业占18.71%，城镇集体企业占0.74%，外商投资企业占6.1%，城镇私营企业及其他城镇企业占34.44%，民办非企业单位和社会团体占1.89%，

其他占 4.57%；中、低收入群体占 99.1%，高收入群体占 0.9%。

（二）**提取业务**：2019 年，全区共有 123.87 万名缴存职工提取住房公积金 358.46 亿元。

提取金额中，住房消费提取占 80.15%（其中，购买、建造、翻建、大修自住住房提取占 34.82%，偿还购房贷款本息提取占 39.61%，租赁住房提取占 5.57%，其他提取占 0.15%）；非住房消费提取占 19.85%（其中，离休和退休提取占 13.12%，完全丧失劳动能力并与单位终止劳动关系提取占 4.64%，出境定居提取占 0.03%，其他提取占 2.07%）。

提取职工中，中、低收入群体占 97.63%，高收入群体占 2.37%。

（三）**贷款业务**：

1. 个人住房贷款：2019 年，全区住房公积金个人住房贷款共支持职工购建房 755.83 万平方米。年末个人住房贷款市场占有率（含公转商贴息贷款[4]）为 12.6%，比 2018 年末减少 1.13 个百分点。通过申请住房公积金个人住房贷款，可节约职工购房利息支出 53.86 亿元。

职工贷款笔数中，按购房建筑面积分，90（含）平方米以下占 12.78%，90～144（含）平方米占 73.05%，144 平方米以上占 14.17%；按贷款用途分，购买新房占 77.56%（其中购买保障性住房占 5.17%），购买二手房占 20.95%，建造、翻建、大修自住住房占 1.5%。

职工贷款笔数中，单缴存职工申请贷款占 45.47%，双缴存职工申请贷款占 54.07%，三人及以上缴存职工共同申请贷款占 0.46%。

贷款职工中，按主借款人贷款发放时年龄分，30 岁（含）以下占 29.24%，30 岁～40 岁（含）占 41.93%，40 岁～50 岁（含）占 22.49%，50 岁以上占 6.33%；按公积金贷款次数分，首次申请贷款占 90.24%，二次申请贷款占 9.76%；按主借款人收入水平分，中、低收入群体占 98.73%，高收入群体占 1.27%。

2. 异地贷款：2019 年，全区发放住房公积金异地贷款 2197 笔、7.04 亿元。截至 2019 年末，全区共发放异地贷款总额 46.17 亿元，异地贷款余额 39.13 亿元。

3. 公转商贴息贷款：2019 年，全区发放公转商贴息贷款 267 笔、0.5 亿元，支持职工购建房面积 2.94 万平方米。当年贴息额 0.11 亿元。截至 2019 年末，全区累计发放公转商贴息贷款 9414 笔、16.1 亿元，累计贴息 0.69 亿元。

4. 住房公积金支持保障性住房建设项目贷款：截至 2019 年末，全区共有住房公积金支持保障性住房建设项目贷款试点城市 3 个，试点项目 4 个，贷款额度 2.26 亿元，建筑面积 21.3 万平方米，可解决 1993 户中低收入职工家庭的住房问题。所有试点项目贷款已还清贷款本息。

（四）**住房贡献率**：2019 年，全区住房公积金个人住房贷款发放额、公转商贴息贷款发放额、项目贷款发放额、住房消费提取额的总和与当年缴存额的比率为 104.95%，比 2018 年增加 9.34 个百分点。

六、其他重要事项

（一）**当年住房公积金政策调整情况**：

积极推广住房公积金贷款业务联办。2019 年 7 月，自治区住房城乡建设厅会同自治区财政厅、自然资源厅、人民银行南宁中心支行共同印发《广西住房公积金个人住房贷款业务联办工作方案》（桂建金管〔2019〕9 号），在全区全面推广住房公积金贷款业务公积金、银行、不动产中心三部门联办，实现职工办理所有类型住房公积金贷款业务全过程"只进一扇门、只收一套材料、一站式办结,最多跑一次",从贷款受理至抵押办结时限不超过10个工作日。截至2019年底,全区有13个设区市实现住房公积金贷款业务联办工作目标,住房公积金贷款业务办理效率大幅提高。

（二）当年开展监督检查情况：

1. 深入推进电子稽查工作。 2019年,严格按照住房城乡建设部关于开展住房公积金电子稽查工作要求,自治区住房城乡建设厅按月督促各公积金中心用好电子稽查工具对业务系统进行巡检,每季度抽取部分公积金中心进行实地指导；积极组织各地参加全国电子稽查武汉培训班,举办广西住房公积金电子稽查政策讲解和实务应用培训。通过深入推进电子稽查工作的开展,指导各地加快推进历史业务数据清理,补齐基础数据缺漏,进一步完善电子稽查工作机制,加强风险隐患问题整改力度,完善风险防控措施预案,不断提高风险防控水平。截至2019年底,经电子稽查工具检测,全区电子稽查发现疑点总量较2019年1月下降78%。

2. 开展年度监督和考核。 2019年6~9月,自治区住房城乡建设厅通过政府采购,以委托会计师事务所进行审计检查的方式,对全区14个公积金中心和南宁住房公积金管理中心区直分中心2018年度住房公积金内部控制情况开展审计监督。针对审计发现的问题,自治区住房城乡建设厅印发监督检查意见书,提出整改意见。此外,自治区住房城乡建设厅和自治区财政厅完成了对各公积金中心2018年度业务和管理情况的考核,并联合印发考核通报,全面、客观地评价各公积金中心业务发展和管理情况；印发了2019年度考核指标,引导和促进各地进一步加强和规范住房公积金管理。

（三）当年服务改进情况：

1. 住房公积金综合服务平台建设取得显著成效。 2019年,全区各地进一步加快住房公积金综合服务平台建设,全区共有13个公积金中心和南宁住房公积金管理中心区直分中心建成住房公积金综合服务平台,并全部通过住房城乡建设部验收,平台建成验收率达93.3%,处于全国领先水平。综合服务平台的建成和应用,极大地拓展了住房公积金线上业务办理渠道,形成了以门户网站、网上服务大厅、12329热线服务、12329短信服务等为主体,微信、支付宝、自助终端、手机客户端等多种服务渠道相配合的住房公积金综合服务体系,全年共接听12329服务热线82万次,推送12329服务短信2164万条,住房公积金门户网站访问量952万次,网上大厅业务办理888万笔,自助终端使用39万次,手机APP使用195万次,推送官方微信2002万条、官方微博1.04万条,为缴存单位和缴存职工提供了便捷、高效、安全的服务,住房公积金管理和服务水平显著提升。

2. 全面提升住房公积金服务效能。 2019年12月,自治区住房城乡建设厅印发《关于提升住房公积金服务效能的通知》（桂建金管〔2019〕11号）,进一步深化广西住房公积金"一事通办"改革,出台了提供优质建缴服务、精简业务办理要件、提升服务窗口综合服务能力、提高业务办理离柜率等4个方面15条政策措施,具体指导各地充分利用信息共享和政务一体化平台,调整业务流程和精简办理要件,加快推进归集、提取业务网上办理,全面提升住房公积金服务效能。

（四）当年信息化建设情况：

1. 全面实现直连接入全国住房公积金异地转移接续平台。 2019年,按照住房城乡建设部关于加快推进全国住房公积金异地转移接续平台直连接入的工作要求,自治区住房城乡建设厅按照接入时间节点,倒排工期,持续加强对公积金中心的指导,督促各地以直连接口模式接入转移接续平台,截至2019年底,全区所有公积金中心已全面直连接入全国住房公积金异地转移接续平台，实现职工申请后业务系统直接办理转移接续业务，为自治区内外缴存职工提供极大便利，服务效率得到进一步提升。

2. 全面完成全国住房公积金数据平台接入工作。 2019 年，根据住房城乡建设部关于住房公积金数据平台接入工作的统一部署，自治区住房城乡建设厅加强工作指导和协调，督促各地制定实施方案，分解落实工作责任、细化工作安排，建立了全区住房公积金数据平台接入工作的周报机制，及时掌握全区各地接入工作进展情况。截至 2019 年 6 月底，全区所有公积金中心全面完成全国住房公积金数据平台接入工作，行业基础数据共享贯通，信息安全、有效传输。

3. 实现全区住房公积金监管信息系统互联互通。 2019 年，自治区住房城乡建设厅持续推进全区住房公积金监管信息系统建设，督促各公积金中心完善数据抽取接口，加强数据抽查核对，严把数据质量关，确保抽取的数据准确、及时。截至 2019 年 6 月底，全区所有公积金中心全面接入广西住房公积金监管信息系统，实现全区住房公积金业务数据互联互通。

（五）其他重点工作开展情况：

1. 全面开展住房公积金自愿缴存业务。 2019 年，自治区住房城乡建设厅督促各地全面深入落实住房公积金个人自愿缴存政策，指导各地加强政策宣传和建缴服务。各地依托主流媒体和新媒介进行多方位宣传，通过采取建缴服务点前移、在灵活就业密集行业主动开展建缴服务等方式，实现自愿缴存业务全覆盖，鼓励和支持广西各类灵活就业人员、自由职业者、个体工商户等务工人员自愿缴存住房公积金，履行缴存义务，享受优惠贷款权利。截至 2019 年 12 月底，全区参加自愿缴存人员共 8661 人，缴存金额累计 5820.44 万元；累计为符合贷款发放资格的 117 个自愿缴存人员家庭发放住房公积金贷款 3048.6 万元。

2. 持续优化住房公积金营商环境。 2019 年，自治区住房城乡建设厅认真贯彻落实国务院办公厅《关于印发全国深化"放管服"改革优化营商环境电视电话会议重点任务分工方案的通知》精神，积极借鉴外省先进经验，认真开展住房公积金缴存登记开户业务优化工作。2019 年 9 月 30 日，自治区住房城乡建设厅与自治区市场监管局等八部门联合印发了《广西优化营商环境攻坚突破年企业开办指标实施方案》，指导督促各地完善业务系统设置和调整业务流程，通过"多证合一"途径，依托政务网络互联，同步办好新开办企业住房公积金缴存登记开户业务。2019 年底，全区 14 个公积金中心和南宁住房公积金管理中心区直分中心，已全部实现与新设立企业开办登记业务同步办结住房公积金缴存登记开户业务。

（六）年内住房公积金机构及从业人员所获荣誉情况：2019 年，南宁住房公积金管理中心区直分中心获得国家级五一劳动奖章，北海市住房公积金管理中心获得自治区级"青年文明号"，玉林市住房公积金管理中心获得地市级"三八红旗手"称号；共有 32 个集体和个人获得地市级先进集体和个人称号。此外，全区 15 个中心共获得其他荣誉 21 项，其中省部级荣誉 7 项，地市级荣誉 14 项。

注释：

［1］增值收益率是指增值收益与月均缴存余额的比率。

［2］逾期率是指个人住房贷款逾期额占个人住房贷款余额的比率。

［3］中、低收入是指低于 2018 年当地社会平均工资 3 倍，高收入是指高于 2018 年当地社会平均工资 3 倍（含）。

［4］公转商贴息贷款指由商业银行发放的、并由公积金中心承担其与住房公积金贷款利息之差的个人住房贷款。

南宁住房公积金 2019 年年度报告

一、机构概况

（一）住房公积金管理委员会：

1.南宁住房公积金管理委员会： 南宁住房公积金管理委员会有21名委员，2019年召开1次会议，审议通过的事项主要包括：关于调整住房公积金贷款有关政策的问题、审批南宁市2018年度住房公积金制度执行情况报告、审议2018年度住房公积金财务收支决算和2019年度财务收支预算报告、审批2019年住房公积金归集运用计划、关于开展既有住宅加装电梯提取住房公积金工作的问题、关于防范套取住房公积金有关问题、关于商业住房贷款转住房公积金贷款有关政策的问题。

2.南宁住房公积金管理中心区直分中心（以下简称区直分中心）管理委员会： 自治区直属单位住房制度改革委员会承担区直单位住房公积金管理委员会职能，并将我中心纳入其统一管理，现有委员19名。2019年，审议通过住房公积金归集使用计划执行情况报告、增值收益分配方案、年度财务报告、住房公积金年度报告，并对住房公积金归集使用计划、单位降低缴存比例或缓缴申请、住房公积金缴存基数上下限等重要事项进行决策。

（二）住房公积金管理中心：

1.南宁住房公积金管理中心： 南宁住房公积金管理中心为直属南宁市人民政府不以营利为目的的参照公务员管理事业单位，设9个科室，6个营业部，6个管理部，1个分中心（铁路分中心）。从业人员190人，其中，在编110人，非在编80人。

2.区直分中心： 区直分中心隶属自治区机关事务管理局管理，为不以营利为目的的公益二类事业单位，主要负责区直和中直驻邕单位住房公积金的归集、管理、使用和会计核算。中心内设5个科和2个服务部，即综合科、业务科、财务科、稽核科、信息科和政务中心服务部、东葛服务部。从业人员102人，其中，在编人员30人，非在编人员72人。

二、业务运行情况

（一）缴存：

1.南宁住房公积金管理中心缴存： 2019年，新开户单位2106家，实缴单位11644家，净增单位1482家；新开户职工10.00万人，实缴职工68.07万人，净增职工3.32万人；缴存额95.68亿元，同比增长11.81%。2019年末，缴存总额675.26亿元，比上年末增加16.51%；缴存余额245.40亿元，比上年末增加9.56%。

受委托办理住房公积金缴存业务的银行7家，与上年相比无变化。

2.区直分中心缴存： 2019年，新开户单位366家，实缴单位2695家，净增单位188家；新开户职工2.88万人，实缴职工24.74万人，净增职工0.73万人；缴存额60.48亿元，同比增长9.78%。2019年末，缴存总额435.38亿元，同比增长16.13%；缴存余额154.80亿元，同比增长9.15%。受委托办理住房公积金缴存业务的银行9家，与上年相同。

（二）提取：

1. 南宁住房公积金管理中心提取： 2019 年，提取额 74.26 亿元，同比增长 18.38%；占当年缴存额的 77.61%，比上年增加 4.3 个百分点。2019 年末，提取总额 429.86 亿元，比上年末增加 20.88%。

2. 区直分中心提取： 2019 年，提取额 47.50 亿元，同比增长 17.95%；占当年缴存额的 78.54%，比上年增加 5.44 个百分点。2019 年末，提取总额 280.58 亿元，同比增长 20.38%。

（三）贷款：

1. 个人住房贷款。

（1）南宁住房公积金管理中心个人住房贷款：个人住房贷款最高额度 60 万元，其中，单缴存职工最高额度 60 万元，双缴存职工最高额度 60 万元。

2019 年，发放个人住房贷款 0.48 万笔、21.77 亿元，同比分别下降 2.04%、增长 17.61%。其中，市中心发放个人住房贷款 0.34 万笔、15.23 亿元，铁路分中心发放个人住房贷款 0.14 万笔、6.54 亿元。

2019 年，回收个人住房贷款 16.90 亿元。其中，市中心 13.94 亿元，铁路分中心 2.96 亿元。

2019 年末，累计发放个人住房贷款 12.02 万笔、283.67 亿元，贷款余额 175.44 亿元，分别比上年末增加 4.16%、8.31%、2.85%。个人住房贷款余额占缴存余额的 71.49%，比上年末减少 4.67 个百分点。

受委托办理住房公积金个人住房贷款业务的银行 7 家，与上年相比无变化。

（2）区直分中心个人住房贷款：个人住房贷款最高额度 60 万元，其中，单缴存职工最高额度 60 万元，双缴存职工最高额度 60 万元。

2019 年，发放个人住房贷款 0.41 万笔、19.21 亿元，同比分别增长 87.35%、90.46%。回收个人住房贷款 11.14 亿元。累计发放个人住房贷款 6.18 万笔、189.63 亿元，贷款余额 124.10 亿元，同比分别增长 7.17%、11.27%、6.96%。个人住房贷款余额占缴存余额的 80.17%，比上年减少 1.64 个百分点。受委托办理住房公积金个人住房贷款业务的银行 9 家，与上年相同。

2. 住房公积金支持保障性住房建设项目贷款。

（1）南宁住房公积金管理中心住房公积金支持保障性住房建设项目贷款：2019 年，未发放支持保障性住房建设项目贷款，无回收项目贷款。2019 年末，累计发放项目贷款 1.10 亿元，项目贷款余额 0 亿元。

（2）区直分中心住房公积金支持保障性住房建设项目贷款：无。

（四）购买国债：

1. 南宁住房公积金管理中心购买国债： 2019 年，未购买（记账式、凭证式）国债，未发生兑付（转让、收回）国债的情况。2019 年末，国债余额 0 亿元，与上年相比无变化。

2. 区直分中心购买国债： 无。

（五）融资： 2019 年，南宁住房公积金管理中心与区直分中心均未进行融资。2019 年末，融资总额 0 亿元，融资余额 0 亿元。

（六）资金存储：

1. 南宁住房公积金管理中心资金存储： 2019 年末，住房公积金存款 76.59 亿元。其中，活期 1.12 亿元，1 年（含）以下定期 13.25 亿元，1 年以上定期 56.23 亿元，其他（协定、通知存款等）5.99 亿元。

2. 区直分中心资金存储： 2019 年末，住房公积金存款 32.91 亿元。其中，活期 0.009 亿元，1 年

（含）以下定期8.70亿元，1年以上定期16.80亿元，其他（协定、通知存款等）7.40亿元。

（七）资金运用率：

1. 南宁住房公积金管理中心资金运用率： 2019年末，住房公积金个人住房贷款余额、项目贷款余额和购买国债余额的总和占缴存余额的71.49%，比上年末减少4.67个百分点。

2. 区直分中心资金运用率： 2019年末，住房公积金个人住房贷款余额、项目贷款余额和购买国债余额的总和占缴存余额的80.17%，比上年减少1.64个百分点。

三、主要财务数据

（一）业务收入：

1. 南宁住房公积金管理中心业务收入： 2019年，业务收入73154.65万元，同比增长11.34%。其中，市中心59477.01万元，铁路分中心13677.64万元；存款利息17050.75万元，委托贷款利息56102.46万元，国债利息0万元，其他1.44万元。

2. 区直分中心业务收入： 2019年，业务收入45342.83万元，同比增长6.72%。存款利息6986.38万元，委托贷款利息38352.44万元，国债利息0万元，其他4.01万元。

（二）业务支出：

1. 南宁住房公积金管理中心业务支出： 2019年，业务支出35149.12万元，同比增长43.39%。其中，市中心28231.92万元，铁路分中心6917.20万元；支付职工住房公积金利息32312.98万元，归集手续费0万元，委托贷款手续费2804.72万元，其他31.42万元。

2. 区直分中心业务支出： 2019年，业务支出26012.96万元，同比增长10.29%。支付职工住房公积金利息22452.88万元，归集手续费1631.84万元，委托贷款手续费1917.67万元，其他10.57万元。

（三）增值收益：

1. 南宁住房公积金管理中心增值收益： 2019年，增值收益38005.53万元，同比下降7.73%。其中，市中心31245.09万元，铁路分中心6760.44万元；增值收益率1.62%，比上年减少0.32个百分点。

2. 区直分中心增值收益： 2019年，增值收益19329.87万元，同比增长2.28%。增值收益率1.3%，比上年减少0.11个百分点。

（四）增值收益分配：

1. 南宁住房公积金管理中心增值收益分配： 2019年，提取贷款风险准备金618.07万元，提取管理费用4697.66万元，提取城市廉租住房（公共租赁住房）建设补充资金32689.80万元。

2019年，上交财政管理费用3000.00万元。上缴财政城市廉租住房（公共租赁住房）建设补充资金35949.87万元。其中，市中心上缴30405.36万元，铁路分中心上缴南宁铁路局（收缴单位）5544.51万元。

2019年末，贷款风险准备金余额30212.25万元。累计提取城市廉租住房（公共租赁住房）建设补充资金247740.21万元。其中，市中心提取198510.72万元，铁路分中心提取49229.49万元。

2. 区直分中心收益分配： 2019年，提取贷款风险准备金0万元，提取管理费用19329.87万元，提取城市廉租住房（公共租赁住房）建设补充资金0万元。上交财政管理费用3079.21万元。上缴财政城市廉租住房（公共租赁住房）建设补充资金0万元。截至2019年末，贷款风险准备金余额34763.97万元，累计提取城市廉租住房（公共租赁住房）建设补充资金 115051.75 万元。

（五）管理费用支出：

1. 南宁住房公积金管理中心管理费用支出： 2019 年，管理费用支出 4693.25 万元，同比下降 0.78%。其中，人员经费 1664.93 万元，公用经费 313.43 万元，专项经费 2714.89 万元。

市中心管理费用支出 3474.43 万元，其中，人员、公用、专项经费分别为 1280.78 万元、232.81 万元、1960.84 万元；铁路分中心管理费用支出 1218.82 万元，其中，人员、公用、专项经费分别为 384.15 万元、80.62 万元、754.05 万元。

2. 区直分中心管理费用支出： 2019 年，管理费用支出 3027.32 万元，同比增长 7.16%。其中，人员经费 1045.37 万元，公用经费 437.98 万元，专项经费 1543.97 万元。

四、资产风险状况

（一）个人住房贷款：

1. 南宁住房公积金管理中心个人住房贷款： 2019 年末，个人住房贷款逾期额 1723.56 万元，逾期率 1‰。其中，市中心 1‰，铁路分中心 0.7‰。

个人贷款风险准备金按 2019 年度住房公积金个人贷款余额增加部分的 1% 提取。2019 年，提取个人贷款风险准备金 618.07 万元，使用个人贷款风险准备金核销呆坏账 0 万元。2019 年末，个人贷款风险准备金余额 29772.25 万元，占个人住房贷款余额的 1.70%，个人住房贷款逾期额与个人贷款风险准备金余额的比率为 5.79%。

2. 区直分中心个人住房贷款： 2019 年末，个人住房贷款逾期额 1072.89 万元，逾期率 0.865‰。个人贷款风险准备金按贷款余额的 1% 提取。2019 年，提取个人贷款风险准备金 0 万元，使用个人贷款风险准备金核销呆坏账 0 万元。2019 年末，个人贷款风险准备金余额 34763.97 万元，占个人住房贷款余额的 3%，个人住房贷款逾期额与个人贷款风险准备金余额的比率为 3.09%。

（二）支持保障性住房建设试点项目贷款：

1. 南宁住房公积金管理中心支持保障性住房建设试点项目贷款： 2019 年末，逾期项目贷款 0 万元，逾期率 0‰。项目贷款风险准备金按贷款余额的 4% 提取。2019 年，提取项目贷款风险准备金 0 万元，使用项目贷款风险准备金核销呆坏账 0 万元，项目贷款风险准备金余额 440 万元，占项目贷款余额的 0%，项目贷款逾期额与项目贷款风险准备金余额的比率为 0%。

2. 区直分中心支持保障性住房建设试点项目贷款： 无。

五、社会经济效益

（一）缴存业务：

1. 南宁住房公积金管理中心缴存业务： 2019 年，实缴单位数、实缴职工人数和缴存额同比分别增长 14.58%、5.13% 和 11.81%。

缴存单位中，国家机关和事业单位占 37.73%，国有企业占 8.87%，城镇集体企业占 1.14%，外商投资企业占 2.51%，城镇私营企业及其他城镇企业占 47.36%，民办非企业单位和社会团体占 2.01%，其他占 0.38%。

缴存职工中,国家机关和事业单位占45.95%,国有企业占24.50%,城镇集体企业占0.74%,外商投资企业占6.21%,城镇私营企业及其他城镇企业占21.38%,民办非企业单位和社会团体占0.84%,其他占0.38%;中、低收入占98.73%,高收入占1.27%。

新开户职工中,国家机关和事业单位占21.26%,国有企业占13.62%,城镇集体企业占0.49%,外商投资企业占10.43%,城镇私营企业及其他城镇企业占51.71%,民办非企业单位和社会团体占1.82%,其他占0.67%;中、低收入占98.11%,高收入占1.89%。

2. 区直分中心缴存业务：2019年,实缴单位数、实缴职工人数和缴存额同比分别增长7.50%、3.04%和9.78%。

缴存单位中,国家机关和事业单位占25.42%,国有企业占36.22%,城镇集体企业占1.71%,外商投资企业占1.26%,城镇私营企业及其他城镇企业占28.27%,民办非企业单位和社会团体占5.82%,其他占1.30%。

缴存职工中,国家机关和事业单位占41.60%,国有企业占38.94%,城镇集体企业占1.19%,外商投资企业占1.34%,城镇私营企业及其他城镇企业占15.39%,民办非企业单位和社会团体占0.97%,其他占0.56%;中、低收入占92.21%,高收入占7.79%。

新开户职工中,国家机关和事业单位占22.48%,国有企业占44.81%,城镇集体企业占0.96%,外商投资企业占1.33%,城镇私营企业及其他城镇企业占26.31%,民办非企业单位和社会团体占2.06%,其他占2.05%;中、低收入占97.91%,高收入占2.09%。

(二) 提取业务：

1. 南宁住房公积金管理中心提取业务：2019年,31.66万名缴存职工提取住房公积金74.26亿元。

提取金额中,住房消费提取占79.58%(购买、建造、翻建、大修自住住房占29.74%,偿还购房贷款本息占40.68%,租赁住房占9.16%,其他占0%);非住房消费提取占20.42%(离休和退休提取占12.39%,完全丧失劳动能力并与单位终止劳动关系提取占5.97%,出境定居占0%,其他占2.06%)。

提取职工中,中、低收入占98.28%,高收入占1.72%。

2. 区直分中心提取业务：2019年,10.53万名缴存职工提取住房公积金47.50亿元。

提取金额中,住房消费提取占84.03%(购买、建造、翻建、大修自住住房占37.67%,偿还购房贷款本息占43.55%,租赁住房占2.81%);非住房消费提取占15.97%(离休和退休提取占10.25%,完全丧失劳动能力并与单位终止劳动关系提取占3.16%,户口迁出本市或出境定居占0.17%,其他占2.39%)。提取职工中,中、低收入占90.83%,高收入占9.17%。

(三) 贷款业务：

1. 个人住房贷款

(1) 南宁住房公积金管理中心个人住房贷款：2019年,支持职工购建房51.23万平方米,年末个人住房贷款市场占有率(含公转商贴息贷款)为5.29%,比上年末减少0.88个百分点。通过申请住房公积金个人住房贷款,可节约职工购房利息支出78486.49万元。

职工贷款笔数中,购房建筑面积90(含)平方米以下占17.62%,90~144(含)平方米占75.16%,144平方米以上占7.22%。购买新房占77.06%(其中购买保障性住房占5.63%),购买二手房占22.48%,建造、翻建、大修自住住房占0.46%,其他占0%。

职工贷款笔数中，单缴存职工申请贷款占 46.18%，双缴存职工申请贷款占 53.73%，三人及以上缴存职工共同申请贷款占 0.09%。

贷款职工中，30 岁（含）以下占 43.47%，30 岁～40 岁（含）占 38.16%，40 岁～50 岁（含）占 13.14%，50 岁以上占 5.23%；首次申请贷款占 98.76%，二次及以上申请贷款占 1.24%；中、低收入占 99.44%，高收入占 0.56%。

（2）区直分中心个人住房贷款：2019 年，支持职工购建房 47.34 万平方米，年末个人住房贷款市场占有率（含公转商贴息贷款）为 3.74%，比上年减少 0.46 个百分点。通过申请住房公积金个人住房贷款，可节约职工购房利息支出 43779.68 万元。

职工贷款笔数中，购房建筑面积 90（含）平方米以下占 22.38%，90～144（含）平方米占 71.14%，144 平方米以上占 6.48%。购买新房占 69.03%（其中购买保障性住房占 28.33%），购买二手房占 30.95%，建造、翻建、大修自住住房占 0.02%。

职工贷款笔数中，单缴存职工申请贷款占 76.94%，双缴存职工申请贷款占 23.06%。

贷款职工中，30 岁（含）以下占 22.16%，30 岁～40 岁（含）占 52.97%，40 岁～50 岁（含）占 20.03%，50 岁以上占 4.84%；首次申请贷款占 83.62%，二次及以上申请贷款占 16.38%；中、低收入占 98.65%，高收入占 1.35%。

2. 异地贷款

（1）南宁住房公积金管理中心异地贷款：2019 年，发放异地贷款 117 笔、5263.50 万元。2019 年末，发放异地贷款总额 42237.90 万元，异地贷款余额 34978.20 万元。

（2）区直分中心异地贷款：2019 年，发放异地贷款 138 笔、6888.30 万元。2019 年末，累计发放异地贷款总额 25903.20 万元，异地贷款余额 18943.00 万元。

3. 公转商贴息贷款

（1）南宁住房公积金管理中心公转商贴息贷款：2019 年，发放公转商贴息贷款 0 笔、0 万元，支持职工购建住房面积 0 万平方米，当年贴息额 0 万元。2019 年末，累计发放公转商贴息贷款 0 笔、0 万元，累计贴息 0 万元。

（2）区直分中心商贴息贷款：2019 年，发放公转商贴息贷款 1 笔、56.60 万元，支持职工购建住房面积 87.51 平方米，当年贴息额 8.10 万元。2019 年末，累计发放公转商贴息贷款 9 笔、440.50 万元，累计贴息 11.40 万元。

4. 支持保障性住房建设试点项目贷款

（1）南宁住房公积金管理中心支持保障性住房建设试点项目贷款：2019 年末，累计试点项目 1 个，贷款额度 1.10 亿元，建筑面积 12.72 万平方米，可解决 1081 户中低收入职工家庭的住房问题。1 个试点项目贷款资金已发放并还清贷款本息。

（2）区直分中心支持保障性住房建设试点项目贷款：无。

（四）住房贡献率：

1. 南宁住房公积金管理中心住房贡献率：2019 年，个人住房贷款发放额 21.77 亿元、公转商贴息贷款发放额 0 亿元、项目贷款发放额 0 亿元、住房消费提取额 59.10 亿元的总和与当年缴存额 95.68 亿元的比率为 84.52%，比上年增加 6.51 个百分点。

2. 区直分中心住房贡献率： 2019年，个人住房贷款发放额、公转商贴息贷款发放额、项目贷款发放额、住房消费提取额的总和与当年缴存额的比率为97.78%，比上年增加19.53个百分点。

六、其他重要事项

（一）当年机构及职能调整情况、受委托办理缴存贷款业务金融机构变更情况：

（1）2019年南宁住房公积金无职能调整、受委托办理缴存贷款业务金融机构变更情况。

（2）2019年，区直分中心未调整职能，受委托办理住房公积金缴存贷款业务的金融机构共计9家，与上年相同。

（二）当年住房公积金政策调整及执行情况：

1. 南宁住房公积金管理中心当年住房公积金政策调整及执行情况

（1）当年缴存基数限额及确定方法、缴存比例调整及执行情况：2019年住房公积金月缴存工资基数，不应超过职工工作所在设区城市统计部门公布的上一年度职工月平均工资的3倍。据此，以南宁市统计局提供数据，确定2019年度住房公积金月缴存基数最高不得超过20067元。企业可结合自身经济效益状况在5%～12%范围内自主调整确定住房公积金缴存比例。单位和职工个人住房公积金月缴存额上限各为2408元，月缴存额下限各为84元。

（2）当年住房公积金存款利率调整及执行情况：根据中国人民银行、住房和城乡建设部、财政部印发的《关于完善职工住房公积金账户存款利率形成机制的通知》，职工住房公积金账户存款利率统一按一年期定期存款基准利率执行。

（3）2019年3月18日，南宁住房公积金管理委员会印发了《南宁住房公积金提取业务实施细则》（南金管规〔2019〕2号），对住房公积金的提取条件、办理要件、提取时限和额度、提取程序等进行了规范。

（4）2019年3月18日，南宁住房公积金管理委员会印发《关于调整部分住房公积金提取政策的通知》（南金管规〔2019〕1号），明确从2019年4月1日起，租房提取每人每月可提取的住房公积金最高额度调整为720元。

（5）2019年3月20日，南宁住房公积金管理中心印发了《关于推进住房公积金业务"一事通办"改革的通知》（南金规〔2019〕2号），从2019年4月1日起取消了住房公积金缴存登记、退休销户提取、死亡销户提取等8项业务共计15项材料，提取业务中已提交并扫描的材料无需重复提供，将重大疾病提取由三级审批调整为二级审批，取消了异地房还贷提取面签《授权委托书》的环节。

（6）2019年4月11日，南宁住房公积金管理委员会、南宁市外事办公室、南宁市人民政府台湾事务办公室联合印发了《关于在邕就业的港澳台同胞享有住房公积金待遇有关问题的通知》（南金管规〔2019〕3号），明确从2019年5月1日起在邕就业的港澳台同胞可按规定在南宁市缴存住房公积金，与南宁市缴存职工享受同等待遇执行相同政策。

（7）2019年8月14日，南宁住房公积金管理委员会印发《关于防范套取住房公积金有关问题的通知》（南金管规〔2019〕4号），明确从2019年8月14日起职工以购房原因办理住房公积金提取时，所购住房的房屋权属在办理前一年内（12个月）发生两次以上（含两次）变更的，在取得不动产权登记证一年后（12个月）才能就所购房屋申请提取住房公积金。

（8）2019年8月14日，南宁住房公积金管理委员会印发《关于开展既有住宅加装电梯提取住房公积金工作的通知》（南金管规〔2019〕6号），明确从2019年10月1日起南宁市行政区域范围内既有住宅加装电梯的房屋所有权人及其配偶可提取其名下的住房公积金，提取总额不超过其分摊的电梯加装费用总额。

（9）2019年南宁住房公积金管理中心继续执行《南宁住房公积金管理委员会关于阶段性调整住房公积金贷款及提取政策的通知》（南金管〔2017〕2号）的政策，本年度内贷款政策调整为《关于商业住房贷款转住房公积金贷款有关政策的通知》（南金管规〔2019〕5号），个人住房公积金贷款的申请对象均为首套购房及首次申请住房公积金贷款的刚需职工。

2. 区直分中心当年住房公积金政策调整及执行情况

区直分中心缴存基数限额及确定方法、缴存比例调整根据《住房公积金管理条例》（国务院令第350号），《自治区直属单位住房制度改革委员会关于加强住房公积金管理若干具体问题的通知》（区直房委会字〔2005〕4号），住房和城乡建设部、财政部、人民银行《关于改进住房公积金缴存机制进一步降低企业成本的通知》（建金〔2018〕45号）等有关规定执行，职工缴存住房公积金的月工资基数不超过单位所在设区城市统计部门公布的上一年度职工月平均工资的3倍，进一步落实住房公积金降成本政策，优化营商环境，缴存比例最高不超过12%，各单位可结合自身经济效益状况，在5%～12%的范围内自主调整确定住房公积金缴存比例。根据有关规定及南宁市统计局提供的数据，经报区直房委会审批同意，区直分中心确定2019年度缴存基数上限为20067元，缴存基数下限为1680元。

根据《自治区住房城乡建设厅、财政厅、关于印发〈加快推进既有住宅加装电梯工作的指导意见〉的通知》（桂建发〔2018〕18号）精神，为支持合理住房消费，经报区直房委会审批同意，区直分中心开展住宅加装电梯提取业务，加装电梯的房屋所有权人及其配偶可提取其名下的住房公积金，并将租房提取计算标准由按家庭计算调整为按个人计算，每人每月最高提取限额调整为720元。

根据《自治区住房城乡建设厅、财政厅、人民银行南宁中心支行、国土资源厅转发住房和城乡建设部等四部门关于维护住房公积金缴存职工购房贷款权益的通知》（桂建金管〔2018〕4号），经报区直房委会审批同意，区直分中心开展商品房期房住房公积金贷款阶段性担保业务，担保费用由我中心支付，不增加贷款职工负担。区直分中心个人住房公积金贷款最高额度为60万元。住房公积金存贷款利率按中国人民银行挂牌利率执行。职工住房公积金账户存款利率按一年期定期存款基准利率执行，现行利率为1.5%。个人住房公积金贷款利率，五年期（含）以下现行贷款利率为2.75%，五年期以上现行贷款利率为3.25%。

（三）当年服务改进情况：

1. 南宁住房公积金管理中心当年服务改进情况

（1）完善网点设施。一是为方便职工办理公积金业务，我管理中心在各营业大厅配备查询机、叫号机、台式电脑、电视机等服务设施，并在有条件的营业网点提供复印设备，最大程度地方便群众办事。二是统一营业网点标识。我管理中心对17个营业部、管理部统一进行装修，制作标识指引，设置有LED柜台号牌，业务类别办理指引窗口，放置业务办理指南和模板，增加了所需资料对照图片，让职工直观知晓，一目了然。在青秀、江南等业务量较大的营业部和市民中心贷款服务部设置有咨询台和服务引导员。

（2）积极搭建综合服务平台。我管理中心严格贯彻"放管服"改革要求，按照住房和城乡建设部《住房公积金综合服务平台建设导则》（以下简称《导则》），以"互联网＋"为导向，以手机、电脑为用户端，建设了网站、微信、APP等实用且操作性强的八大服务渠道，并通过综合服务管理系统实现渠道、业务、服务和用户的统一管理，打通银行、民政、住建、不动产等部门的数据通道，为缴存单位和职工提供功能齐全、安全便捷、服务高效的互联网服务，实现广大公积金缴存用户"足不出户，业务办结"的服务模式。综合服务平台建设在2019年11月26日通过住房和城乡建设部的联合专家组验收。

（3）提升网厅业务办理功能。2017年底我管理中心对官方网站进行改版，2019年进行了升级，简化了入口路径，只需通过身份注册后，登录进入单位版或个人版，按照引导即可办理业务、查询缴存信息、了解相关政策、下载业务表格等，页面简单明了，操作简便，进一步提升了网厅自助业务办理功能。

（4）开展业务满意度调查及监督，提升服务质量。一是充分利用12329热线开展营业网点满意度调查活动。为提高管理中心服务质量，充分利用12329热线回访功能，由座席每月定期抽查在各营业部及个贷部办理过业务的职工，对我管理中心前台工作人员服务态度、工作效率、业务熟练程度及是否依法办事等方面进行满意度回访调查，促进了前台工作人员及营业网点的工作效率及服务水平的提高。二是2019年10月起对所有营业网点进行服务质量监督检查，采用突击式量化评分检查，从服务制度、环境、方式和能力等方面对各营业网点量化检查，及时发现问题限时整改。

（5）精简材料，优化流程，重点推进"一事通办"改革。为贯彻落实《自治区住房城乡建设厅关于推进住房公积金业务"一事通办"改革的通知》（桂建金管〔2018〕24号）文件精神，公布了《关于推进住房公积金业务一事通办改革的通知》（南金规〔2019〕2号），对贷款业务事项进行了调整，取消住房公积金贷款所需的户口簿、广西区内民政登记婚姻证明要件。优化服务流程，推行贷款业务办理表单缴存人签字确认制度；调整购买一手期房住房公积金贷款的申请时间；缩短个人住房公积金贷款审批时间。

（6）实行贷款申请材料容缺受理。根据《广西壮族自治区人民政府办公厅关于印发广西政务服务容缺受理制度的通知》（桂政办发〔2018〕58号）要求，制定《关于开展个人住房公积金贷款容缺受理业务的通知》（南金规〔2019〕1号），对住房公积金贷款开展容缺受理业务。实现容缺受理的材料包括婚姻情况证明材料、户口簿、户籍证明材料及其他商业贷款合同及还款明细等不影响贷款审核的非关键性材料，实现先受理后补正材料的方式。

（7）全面开展住房公积金贷款业务联办工作。根据《自治区住房城乡建设厅、财政厅、自然资源厅、人民银行南宁中心支行关于印发广西住房公积金个人住房贷款业务联办工作方案的通知》（桂建金管〔2019〕9号）文件精神，整合管理中心、市不动产登记中心、各受托银行的审批资源，印发了《关于印发南宁市住房公积金个人住房贷款业务联办工作实施方案的通知》（南金通〔2019〕58号），实现我市住房公积金缴存职工办理个人住房公积金贷款"只进一扇门、只收一套材料、一站式办结、最多跑一次"，自住房公积金贷款受理至抵押办结不超过7.5个工作日。

（8）扩大住房公积金贷款惠及面，开展商业住房贷款转住房公积金贷款顺位抵押业务。为减轻我市商贷购房缴存职工的还贷压力，发挥住房公积金贷款的低息作用，节约缴存职工贷款利息支出，管理中心提请我市住房公积金管委会审议通过了《关于商业住房贷款转住房公积金贷款有关政策的通知》（南金管规〔2019〕5号），延长商转公贷款申请时间。取消了原先申请商转公贷款只能在取得不动产权证一年以内的限制，贷款申请人取得不动产权证书，即可向管理中心申请商转公贷款。2019年12月推出商业住房贷款转住房公积金贷款顺位抵押业务，首批可受理此业务的委贷银行为中国建设银行及中国农业银行，后续其他委贷银行将经过测试后推出。此业务是对符合公积金贷款条件的借款人，通过办理第二顺位抵押登记手续将公积金贷款资金转入商贷贷款账户用于结清商贷,实现部分委贷银行无需借款人自行结清原商贷,进一步降低商业贷款转住房公积金贷款业务办理门槛。

2. 区直分中心当年服务改进情况

一是加强信息共享,精简办理要件。对住房公积金缴存、提取、贷款各项业务要件信息可通过信息共享获取的,均不需职工再提供要件材料。二是取消材料复印件,降低办事成本。职工只需提供材料原件核验,不需提供材料复印件。三是推行签字确认制,简化表单填写。业务办理时不需要再手工填表,只需口头告知相关申请信息,再核对信息签字确认即可。四是简化贷款前置条件,改进工作作风。取消住房公积金贷款楼盘备案准入,主动收集楼盘信息,积极上门服务,切实优化营商环境。五是扩大缴存比例浮动区间,落实降成本政策。缴存单位可结合自身经济效益状况,在5%~12%的范围内自主调整确定住房公积金缴存比例,单位确实有困难的,还可申请降低缴存比例至5%以下或申请缓缴。六是建设住房公积金综合服务平台,丰富线上服务。推广网上服务大厅,推进手机APP、微信、支付宝、微博等渠道建设,方便单位和职工"足不出户"办理业务。

(四)当年信息化建设情况:

1. 南宁住房公积金管理中心当年信息化建设情况

(1) 严格按照"双贯标"要求做好信息系统开发完善工作。按照"整合资源,信息共享,面向服务"的工作思路,持续开展信息化业务系统的优化改造工作,扩充完善各类业务功能。认真整改"双贯标"验收及电子化检查中发现的问题,不断提升系统效能和稳定性。

(2) 完善住房公积金综合服务平台,拓宽服务渠道。全面开通公积金门户网站、12329服务热线、12329短信、网上业务大厅、查询终端、手机APP、微信公众号、官方微博八大渠道,2019年顺利通过住房和城乡建设部组织的综合服务平台验收。

(3) 加强数据交互共享。认真贯彻"互联网+公积金"精神,积极推进政务服务"一事通办"和"一网、一门、一次"改革专项行动,主动与市民政、人社、住建及自然资源局等部门对接,实现婚姻信息、缴存单位网厅CA登录认证、房产抵押信息、房产五证信息等信息共享,让"数据多跑路,群众少跑路"。

(4) 商业贷款提取网上办理业务正式上线。2019年6月3日起陆续开通建设银行、农业银行、交通银行、北部湾银行商业贷款还贷网上提取住房公积金业务,实现了"零跑腿""零材料""零输入"办理,进一步提高了提取离柜率。

(5) 加强信息系统安全管理工作。2019年顺利通过信息系统三级安全等级保护测评,在广西护网2019网络攻防演习中经受住检验,表现良好。

(6) 加强信息系统的使用操作培训。全力推广网上业务办理,配合业务科室分期分批多次为缴存单位和缴存职工培训单位网厅、个人网厅各类业务软件使用操作培训。

(7) 加强信息化制度建设和内控管理。制定《南宁住房公积金管理中心关于印发〈南宁住房公积金管理中心信息系统风险防控管理办法(试行)〉的通知》(南金通〔2019〕13号)及《南宁住房公积金管理中心关于印发〈南宁住房公积金管理中心信息安全管理制度〉的通知》(南金通〔2019〕35号),为管理中心信息化内控管理营造良好的制度环境。

2. 区直分中心当年信息化建设情况

一是升级住房公积金信息系统,完善信息系统功能,为业务高效协同提供技术支持。二是加快住房公积金综合服务平台建设并通过验收。三是接入全国住房公积金数据平台。四是实现与全国住房公积金异地转移接续平台直连。

（五）当年住房公积金管理中心及职工所获荣誉情况：

1. 南宁住房公积金管理中心获荣誉情况

2019年12月，南宁住房公积金管理中心市本级荣获2018年度市本级部门决算工作先进单位二等奖，南宁住房公积金管理中心铁路分中心荣获2018年度市本级部门决算工作先进单位三等奖。

2. 区直分中心获荣誉情况

2019年，区直分中心获自治区大数据发展局"2018年度政务服务工作先进单位""2018年度群众最满意政务服务窗口""2018年度政务服务信息报送优秀单位"称号，在自治区住房城乡建设厅和财政厅组织的2018年业务管理工作考核被评为优秀等次，获自治区党委宣传部和自治区司法厅评为全区"七五"普法先进集体，获自治区档案局评为自治区直属机关特级档案室，获自治区直属企事业工会委员会评为工会工作目标管理考核一等奖。2019年，1名同志获中华全国总工会授予"全国五一劳动奖章"，5名同志获自治区人民政府办公厅授予"优秀党员"称号，1名同志获大化县人民政府授予"脱贫攻坚先进个人"，1名同志获自治区机关事务管理局担当作为"记功"奖励，8名同志获自治区机关事务管理局担当作为"嘉奖"奖励，多名同志在各种文体比赛中获奖。

（六）当年对违反《住房公积金管理条例》和相关法规行为进行行政处罚和申请人民法院强制执行情况：

（1）2019年南宁住房公积金管理中心作出行政处罚案件1件，申请人民法院强制执行案件22件。通过行政执法促进建缴人数118人，补缴金额14.70万元。

（2）2019年，区直分中心无违反《住房公积金管理条例》和相关法规行为进行行政处罚和申请人民法院强制执行情况。

（七）当年对住房公积金管理人员违规行为的纠正和处理情况等： 2019年，南宁住房公积金管理中心与区直分中心均无住房公积金管理人员违规行为。

（八）其他需要披露的情况： 2019年南宁住房公积金管理中心暂未开展个人自愿缴存业务，因南宁住房公积金管理中心区直分中心已出台个人自愿缴存业务相应政策，为避免出现同一个城市多个住房公积金政策的情况，经管委会同意南宁住房公积金管理中心暂不出台个人自愿缴存业务。

柳州市住房公积金2019年年度报告

一、机构概况

（一）住房公积金管理委员会： 住房公积金管理委员会有27名委员，2019年召开三次会议，审议通过的事项主要包括：《柳州市住房公积金管理中心2018年度住房公积金增值收益分配方案》《柳州市住房公积金管理中心2018年度预算执行情况及2019年度预算情况报告》《关于2019年度住房公积金归集和资金使用计划的请示》《柳州市住房公积金 2018 年年度报告》《关于调整部分住房公积金管理委员会委员的请示》《关于调整异地购房提取住房公积金政策的通知》《柳州市住房公积金失信行为管理办法》《柳州市既有住宅加装电梯住房公积金提取管理办法》《关于流动性不足问题应对预案》。

（二）住房公积金管理中心：住房公积金管理中心为直属柳州市人民政府不以营利为目的的参公事业单位，设 11 个处（科），5 个管理部，0 个分中心。从业人员 145 人，其中，在编 80 人，非在编 65 人。

二、业务运行情况

（一）缴存：2019 年，新开户单位 695 家，实缴单位 4480 家，净增单位 404 家；新开户职工 4.15 万人，实缴职工 34.50 万人，净增职工 1.18 万人；缴存额 56.15 亿元，同比增长 14.29%。2019 年末，缴存总额 451.85 亿元，比上年末增加 14.19%；缴存余额 138.70 亿元，比上年末增加 10.72%。

受委托办理住房公积金缴存业务的银行 9 家，比上年增加（减少）0 家。

（二）提取：2019 年，提取额 42.71 亿元，同比增长 11.95%；占当年缴存额的 76.06%，比上年减少 1.61 个百分点。2019 年末，提取总额 313.15 亿元，比上年末增加 15.79%。

（三）贷款：

1. 个人住房贷款： 个人住房贷款最高额度 60 万元，其中，单缴存职工最高额度 60 万元，双缴存职工最高额度 60 万元。

2019 年，发放个人住房贷款 0.61 万笔、24.42 亿元，同比分别增长 23.52%、25.49%。

2019 年，回收个人住房贷款 9.81 亿元。

2019 年末，累计发放个人住房贷款 8.76 万笔、196.04 亿元，贷款余额 123.26 亿元，分别比上年末增加 7.53%、14.23%、13.44%。个人住房贷款余额占缴存余额的 88.87%，比上年末增加 2.13 个百分点。

受委托办理住房公积金个人住房贷款业务的银行 6 家，比上年增加（减少）0 家。

2. 住房公积金支持保障性住房建设项目贷款： 2019 年，发放支持保障性住房建设项目贷款 0 亿元，回收项目贷款 0 亿元。2019 年末，累计发放项目贷款 1.009 亿元，项目贷款余额 0 亿元。

（四）购买国债：无。

（五）融资：无。

（六）资金存储：2019 年末，住房公积金存款 18.15 亿元。其中，活期 0.01 亿元，1 年（含）以下定期 6.9 亿元，1 年以上定期 4.45 亿元，其他（协定、通知存款等）6.79 亿元。

（七）资金运用率：2019 年末，住房公积金个人住房贷款余额、项目贷款余额和购买国债余额的总和占缴存余额的 88.87%，比上年末增加 2.13 个百分点。

三、主要财务数据

（一）业务收入：2019 年，业务收入 42390.57 万元，同比增长 6.53%。其中，存款利息 5096.16 万元，委托贷款利息 37290.51 万元，国债利息 0 万元，其他 3.9 万元。

（二）业务支出：2019，业务支出 20481.22 万元，同比增长 4.53%。其中，支付职工住房公积金利息 19367.38 万元，归集手续费 0 万元，委托贷款手续费 1113.48 万元，其他 0.36 万元。

（三）**增值收益**：2019年，增值收益21909.35万元，同比增长8.47%。其中，增值收益率1.67%，比上年增加（减少）0个百分点。

（四）**增值收益分配**：2019年，提取贷款风险准备金2442.01万元，提取管理费用3249.53万元，提取城市廉租住房（公共租赁住房）建设补充资金16217.81万元。

2019年，上交财政管理费用3249.53万元。上缴财政城市廉租住房（公共租赁住房）建设补充资金14808.52万元。

2019年末，贷款风险准备金余额26316.43万元。累计提取城市廉租住房（公共租赁住房）建设补充资金132429.95万元。

（五）**管理费用支出**：2019年，管理费用支出2811.38万元，同比下降12.90%。其中，人员经费1205.54万元，公用经费220.94万元，专项经费1384.90万元。

四、资产风险状况

（一）**个人住房贷款**：2019年末，个人住房贷款逾期额1140.79万元，逾期率0.93‰。

个人贷款风险准备金按发放个人贷款额的1%提取。2019年，提取个人贷款风险准备金2442.01万元，使用个人贷款风险准备金核销呆坏账0万元。2019年末，个人贷款风险准备金余额26316.43万元，占个人住房贷款余额的2.14%，个人住房贷款逾期额与个人贷款风险准备金余额的比率为4.33%。

（二）**支持保障性住房建设试点项目贷款**：2019年末，逾期项目贷款0万元，逾期率0‰。

项目贷款风险准备金按贷款余额的4%提取。2019年，提取项目贷款风险准备金0万元，使用项目贷款风险准备金核销呆坏账0万元，项目贷款风险准备金余额0万元，占项目贷款余额的0%，项目贷款逾期额与项目贷款风险准备金余额的比率为0%。

五、社会经济效益

（一）**缴存业务**：2019年，实缴单位数、实缴职工人数和缴存额同比分别增长9.91%、3.55%和14.29%。

缴存单位中，国家机关和事业单位占40.92%，国有企业占21.72%，城镇集体企业占1.03%，外商投资企业占1.58%，城镇私营企业及其他城镇企业占20.54%，民办非企业单位和社会团体占3.86%，其他占10.36%。

缴存职工中，国家机关和事业单位占40.03%，国有企业占37.15%，城镇集体企业占0.51%，外商投资企业占2.50%，城镇私营企业及其他城镇企业占14.06%，民办非企业单位和社会团体占0.68%，其他占5.08%；中、低收入占99.76%，高收入占0.24%。

新开户职工中，国家机关和事业单位占40.75%，国有企业占24.29%，城镇集体企业占0.21%，外商投资企业占2.43%，城镇私营企业及其他城镇企业占22.01%，民办非企业单位和社会团体占1.31%，其他占9%；中、低收入占99.90%，高收入占0.10%。

（二）**提取业务**：2019年，14.11万名缴存职工提取住房公积金42.71亿元。

提取金额中，住房消费提取占77.41%（购买、建造、翻建、大修自住住房占32.83%，偿还购房贷

款本息占 42.22%，租赁住房占 2.35%，其他占 0.01%）；非住房消费提取占 22.59%（离休和退休提取占 12.76%，完全丧失劳动能力并与单位终止劳动关系提取占 8.38%，出境定居占 0%，其他占 1.45%）。

提取职工中，中、低收入占 99.68%，高收入占 0.32%。

（三）**贷款业务：**

1. 个人住房贷款： 2019 年，支持职工购建房 67.16 万平方米，年末个人住房贷款市场占有率（含公转商贴息贷款）为 11.62%，比上年末减少 0.47 个百分点。通过申请住房公积金个人住房贷款，可节约职工购房利息支出 61939.18 万元。

职工贷款笔数中，购房建筑面积 90（含）平方米以下占 24.80%，90~144（含）平方米占 65.83%，144 平方米以上占 9.37%。购买新房占 80.26%（其中购买保障性住房占 10.42%），购买二手房占 19.61%，建造、翻建、大修自住住房占 0.13%，其他占 0%。

职工贷款笔数中，单缴存职工申请贷款占 60.40%，双缴存职工申请贷款占 39.60%，三人及以上缴存职工共同申请贷款占 0%。

贷款职工中，30 岁（含）以下占 30.50%，30 岁~40 岁（含）占 42.06%，40 岁~50 岁（含）占 22.04%，50 岁以上占 5.40%；首次申请贷款占 86.32%，二次及以上申请贷款占 13.68%；中、低收入占 95.26%，高收入占 4.74%。

2. 异地贷款： 2019 年，发放异地贷款 0 笔、0 万元。2019 年末，发放异地贷款总额 38308.20 万元，异地贷款余额 32953.38 万元。

3. 公转商贴息贷款： 无。

4. 支持保障性住房建设试点项目贷款： 2019 年末，累计试点项目 2 个，贷款额度 1.27 亿元，建筑面积 7.17 万平方米，可解决 748 户中低收入职工家庭的住房问题。2 个试点项目贷款资金已发放并还清贷款本息。

（四）**住房贡献率：** 2019 年，个人住房贷款发放额、公转商贴息贷款发放额、项目贷款发放额、住房消费提取额的总和与当年缴存额的比率为 102.38%，比上年增加 1.72 个百分点。

六、其他重要事项

（一）**当年机构及职能调整情况、受委托办理缴存贷款业务金融机构变更情况：** 2019 年，中心部分科室、管理部名称有调整，总数不变，其中，柳江管理部变更为柳江营业部、审批一科变更为河东营业部、审批二科变更为审批管理科、财务科变更为计划财务科、筹资运作科变更为远程服务管理科。受委托办理缴存贷款业务金融机构无变更情况。

（二）**当年住房公积金政策调整及执行情况：**

（1）2019 年度柳州市（含五县）单位和个人住房公积金月缴存额上限由 2018 年的 3898 调整为 4320 元，月缴存额下限为 168 元（市区）、130 元（五县）；2019 年度柳州市（含五县）企业及其职工住房公积金缴存比例为 5%~12%，其他单位及其职工住房公积缴存比例为 8%~12%，具体缴存比例由各单位根据实际情况在上述标准范围内自行确定；灵活就业人员可以自愿的原则参加住房公积金缴存，缴存比例为 10%~24%，缴存上限、下限按全市统一标准执行。

（2）为加强诚信体系建设，褒扬诚信，惩戒失信，结合本市实际，制定了《柳州市住房公积金失信行为管理办法》，明确了失信行为、失信惩戒措施、失信行为处理程序、权益保护、失信信息管理期限等，对缴存单位、合作房企和缴存职工失信行为认定、惩戒、监督等内容进行界定。

（3）为防止提取住房公积金用于炒房投机，对职工在异地购、建自住住房及偿还住房购房贷款提取公积金调整为：职工及其配偶在其中一方住房公积金缴存地或户籍所在地购、建自住住房及偿还住房购房贷款的，可申请提取职工本人住房公积金。

（4）为规范既有住宅加装电梯住房公积金提取管理，加大对我市住房公积金缴存职工家庭既有住宅加装电梯工作的支持力度，对符合柳州市相关规定，出资对在柳州市市区范围内既有住宅加装电梯的房屋所有权人及其配偶，经住建和财政部门审核确认政府补贴资金额度后，可申请提取住房公积金。

（三）当年服务改进情况：

（1）2019年，在原有的门户网站、自助终端、短信基础上，中心陆续推出PC端网厅（个人、单位、开发商）、龙城市民云、微信公众号、手机APP、12329热线人工座席咨询等远程服务，通过人脸识别、电子公章等技术的应用，工商、民政、房产交易登记、不动产登记等外部数据的共享，不断扩大远程服务的范围和数量，到2019年末，市民可通过PC、移动手持终端办理账户查询、业务进度查询、现场预约、提取等业务，其中线上可申办的提取业务种类占提取业务全部种类的80%；缴存单位可以远程办理汇缴变更、缴存、市内转移等业务；开发商能够在线上为客户提交贷款申请，中心在线完成预审并返回结果。各类线上综合服务渠道的上线，极大方便了职工群众、单位，提升了服务效率和体验。

（2）中心在2019年底完成住房公积金个人贷款业务联办工作，实现"只进一扇门、只收一套材料、一站式办结、最多跑一次"，并创新性的统一住房公积金贷款业务的受理窗口为各受托商业银行前台。业务运行后，改变了职工办理贷款反复跑、跑多次的格局，住房公积金个人贷款效率得到明显提升，取得了良好的社会效果。

（3）进一步推进住房公积金各项业务"一事通办"改革，减证为民，根据"八统一"要求，重新梳理业务流程，取消了单位设立批准文件、离、退休证明、户口等十余项缴存、提取、个贷业务所需材料，在扩宽取信手段的基础上，将继承权公证书、结婚证等材料变更为非必需。

（4）协调五菱等大型缴存企业在企业内部设立了住房公积金线上业务办理自助服务区，方便企业职工就地办理线上业务；在河东综合服务楼、中山东路营业部业务大厅增加网上业务办理自助设备，设立线上业务自助服务区；协调各银行增设柳江、柳城、鹿寨等相应县区银行代办点，目前全市银行还贷提取业务代办网点达到23个。

（四）当年信息化建设情况：继2018年完成核心系统改造，2019年，中心信息化工作的重点主要是综合服务平台建设以及对各功能模块的优化、完善，围绕单位、职工的需求、住房和城乡建设部《住房公积金综合服务平台建设导则》以及"一次不用跑"的目标，中心建成了包含网厅、公众号等八个渠道的综合服务平台，在年内陆续推出各项线上服务，并于2019年12月25日以优秀等次通过住房和城乡建设部专家组验收。

（五）当年对违反《住房公积金管理条例》和相关法规行为进行行政处罚和申请人民法院强制执行情况：2019年，无行政处罚和申请人民法院强制执行。

桂林市住房公积金 2019 年年度报告

一、机构概况

（一）住房公积金管理委员会：住房公积金管理委员会有 25 名委员，2019 年召开 3 次会议，审议通过的事项主要包括：《桂林市住房公积金管理中心 2018 年工作总结及 2019 年工作计划》、《桂林市住房公积金管理中心 2018 年住房公积金归集使用计划执行情况报告》、《2019 年住房公积金年度预算表》及编报说明、《桂林市住房公积金管理中心预缴 2018 年增值收益情况报告》、《桂林市住房公积金 2018 年年度报告》、《2018 年度广西住房公积金业务管理工作考核表》、《桂林市住房公积金管理中心关于既有住宅加装电梯提取住房公积金有关事项的通知》、《桂林市第三届住房公积金管理委员会工作总结报告》、《关于开展桂林市第四届住房公积金管理委员会组建工作的实施意见》、《桂林市住房公积金管理委员会章程》修改意见、《桂林市住房公积金贷款委托担保公司催收服务工作方案》（征求意见稿）。

（二）住房公积金管理中心：住房公积金管理中心为直属于桂林市人民政府不以营利为目的的正处级参公事业单位，设 11 个科（部）室，11 个管理部。从业人员 119 人，其中，在编 81 人，非在编 38 人。

二、业务运行情况

（一）缴存：2019 年，新开户单位 649 家，实缴单位 5665 家，净增单位 32 家；新开户职工 3.24 万人，实缴职工 30.93 万人，净增职工 0.97 万人；缴存额 47.08 亿元，同比增长 14.46％。2019 年末，缴存总额 368.85 亿元，比上年末增加 14.63％；缴存余额 136.99 亿元，比上年末增加 9.42％。

受委托办理住房公积金缴存业务的银行 9 家，与上年相同。

（二）提取：2019 年，提取额 35.3 亿元，同比增长 19.51％；占当年缴存额的 74.98％，比上年增加 3.18 个百分点。2019 年末，提取总额 231.86 亿元，比上年末增加 17.96％。

（三）贷款：

1. 个人住房贷款：个人住房贷款最高额度 40 万元，其中，单缴存职工最高额度 40 万元，双缴存职工最高额度 40 万元。

2019 年，发放个人住房贷款 7581 笔 23.69 亿元，同比分别增长 26.56％、32.07％。

2019 年，回收个人住房贷款 14.32 亿元。

2019 年末，累计发放个人住房贷款 10.84 万笔、220.12 亿元，贷款余额 125.8 亿元，分别比上年末增加 7.54％、12.06％、8.05％。个人住房贷款余额占缴存余额的 91.83％，比上年末减少 1.16 个百分点。

受委托办理住房公积金个人住房贷款业务的银行 9 家，与上年相比新增 1 家。

2. 住房公积金支持保障性住房建设项目贷款：无。

（四）购买国债：无。

（五）融资：无。

（六）资金存储：2019 年末，住房公积金存款 14.03 亿元。其中，活期 0.08 亿元，1 年（含）以下定期 8.35 亿元，其他（协定、通知存款等）5.6 亿元。

（七）**资金运用率**：2019 年末，住房公积金个人住房贷款余额、项目贷款余额和购买国债余额的总和占缴存余额的 91.83%，比上年末减少 1.16 个百分点。

三、主要财务数据

（一）**业务收入**：2019 年，业务收入 41846.21 万元，同比增长 8.19%。其中，存款利息 2887.39 万元，委托贷款利息 38952.39 万元，其他 6.43 万元。

（二）**业务支出**：2019 年，业务支出 21877.14 万元，同比增长 3.38%。其中，支付职工住房公积金利息 19822.07 万元，委托贷款手续费 1441.59 万元，其他 613.47 万元。

（三）**增值收益**：2019 年，增值收益 19969.07 万元，同比增长 14.01%。其中，增值收益率 1.52%，比上年增加 0.06 个百分点。

（四）**增值收益分配**：2019 年，提取贷款风险准备金 0 元，提取管理费用 3727.83 万元，提取城市廉租住房（公共租赁住房）建设补充资金 16241.24 万元。

2019 年，上交财政管理费用 1817.58 万元。上缴财政城市廉租住房（公共租赁住房）建设补充资金 15697.85 万元。

2019 年末，贷款风险准备金余额 12969.7 万元。累计提取城市廉租住房（公共租赁住房）建设补充资金 139756.55 万元。

（五）**管理费用支出**：2019 年，管理费用支出 3727.83 万元，同比增长 105.1%。其中，人员经费 1049.07 万元，公用经费 205.7 万元，专项经费 2473.06 万元。

四、资产风险状况

（一）**个人住房贷款**：2019 年末，个人住房贷款逾期额 180.95 万元，逾期率 0.144‰。

个人贷款风险准备金按贷款余额的 1% 提取。2019 年，提取个人贷款风险准备金 0 万元，使用个人贷款风险准备金核销呆坏账 0 万元。2019 年末，个人贷款风险准备金余额 12969.7 万元，占个人住房贷款余额的 1.03%，个人住房贷款逾期额与个人贷款风险准备金余额的比率为 1.4%。

（二）**支持保障性住房建设试点项目贷款**：无。

五、社会经济效益

（一）**缴存业务**：2019 年，实缴单位数、实缴职工人数和缴存额同比分别增长 0.57%、3.24% 和 14.46%。

缴存单位中，国家机关和事业单位占 52.25%，国有企业占 11.1%，城镇集体企业占 2.05%，外商投资企业占 0.92%，城镇私营企业及其他城镇企业占 30.19%，民办非企业单位和社会团体占 1.8%，其他占 1.69%。

缴存职工中，国家机关和事业单位占 52.76%，国有企业占 19.09%，城镇集体企业占 2%，外商投资企业占 2.63%，城镇私营企业及其他城镇企业占 21.09%，民办非企业单位和社会团体占 0.93%，其他占 1.51%；中、低收入占 98.08%，高收入占 1.92%。

新开户职工中，国家机关和事业单位占 29.62%，国有企业占 14.14%，城镇集体企业占 0.94%，外商投资企业占 5.73%，城镇私营企业及其他城镇企业占 44.03%，民办非企业单位和社会团体占 2.93%，其他占 2.62%；中、低收入占 99.53%，高收入占 0.47%。

（二）提取业务：2019年，10.89万名缴存职工提取住房公积金35.3亿元。

提取金额中，住房消费提取占 76.03%（购买、建造、翻建、大修自住住房占 33.29%，偿还购房贷款本息占 42.15%，租赁住房占 0.59%，其他无）；非住房消费提取占 23.97%（离休和退休提取占 16.62%，完全丧失劳动能力并与单位终止劳动关系提取占 5.54%，出境定居无，其他占 1.81%）。

提取职工中，中、低收入占 97.27%，高收入占 2.73%。

（三）贷款业务：

1. 个人住房贷款：2019年，支持职工购建房 90.49 万平方米，年末个人住房贷款市场占有率（含公转商贴息贷款）为 15.53%，比上年末减少 1.88 个百分点。通过申请住房公积金个人住房贷款，可节约职工购房利息支出 64432.25 万元。

职工贷款笔数中，购房建筑面积 90（含）平方米以下占 20.84%，90~144（含）平方米占 62.62%，144 平方米以上占 16.54%。购买新房占 63.04%（其中购买保障性住房无），购买二手房占 36.96%，建造、翻建、大修自住住房无，其他无。

职工贷款笔数中，单缴存职工申请贷款占 27.53%，双缴存职工申请贷款占 71.72%，三人及以上缴存职工共同申请贷款占 0.75%。

贷款职工中，30岁（含）以下占 19.73%，30岁~40岁（含）占 43.86%，40岁~50岁（含）占 27.21%，50岁以上占 9.2%；首次申请贷款占 79.41%，二次及以上申请贷款占 20.59%；中、低收入占 97.96%，高收入占 2.04%。

2. 异地贷款：2019年，未发放异地贷款。2019年末，发放异地贷款总额 6422.1 万元，异地贷款余额 5528.05 万元。

3. 公转商贴息贷款：无。

4. 支持保障性住房建设试点项目贷款：无。

（四）住房贡献率：2019年，个人住房贷款发放额、公转商贴息贷款发放额、项目贷款发放额、住房消费提取额的总和与当年缴存额的比率为 107.31%，比上年增加 11.98 个百分点。

六、其他重要事项

（一）当年机构及职能调整情况、受委托办理缴存贷款业务金融机构变更情况：

1. 当年机构及职能调整情况：2019年3月，根据全市机构改革统一要求，按照"优化、协同、高效"的原则，中心对内部组织框架设置进行了改革完善，新增档案管理科和客户服务部2个科室，并将原来的政策法规科、归集管理科、计划信贷科3个科室职能浓缩、细化，调整为政策法规科、审计稽核科2个科室。经审批，中心内设机构为11个、派出机构（县、市管理部）11个，另设机关党组织，负责中心党建、纪检、群团等工作。

2. 当年受委托办理贷款业务金融机构新增一家：中国民生银行。

（二）当年住房公积金政策调整及执行情况：

1. 当年缴存基数限额及确定方法、缴存比例等缴存政策调整情况：

2019年6月12日中心印发《关于调整2019年度桂林市住房公积金缴存基数及月缴存额上下限的通知》（市公积金〔2019〕16号）文件，对全市缴存单位和自愿缴存个人统一执行。住房公积金缴存基数不得高于本市上一年度职工月平均工资的3倍，根据桂林市2018年城镇非私营单位就业人员年平均工资69299元，确定2019年度我市住房公积金缴存基数上限为17325元。住房公积金缴存基数下限按桂林市现行最低工资标准执行，2019年度我市本市城区住房公积金缴存基数下限为1680元，各县住房公积金缴存基数下限为1300元。住房公积金缴存比例上限为12%，住房公积金缴存比例下限为5%。

2. 当年提取政策调整情况：

（1）2019年3月29日中心印发《桂林市住房公积金管理中心关于既有住宅加装电梯提取住房公积金有关事项的通知》（市公积金〔2019〕9号）文件，实行既有住宅加装电梯可提取住房公积金政策；

（2）2019年6月10日中心印发《桂林市住房公积金管理中心个人住房公积金贷款按月对冲还贷管理试行办法的通知》（市公积金〔2019〕15号）文件，实行个人住房公积金贷款按月对冲还贷政策。

3. 当年个人住房贷款最高贷款额度、贷款条件等贷款政策调整情况：

个人住房贷款最高额度40万元，其中，单缴存职工最高额度40万元，双缴存职工最高额度40万元。最高贷款额度、贷款条件等贷款政策当年无调整。

4. 当年住房公积金存贷款利率执行标准：

申请贷款年限在5年内，贷款利率2.75%，申请贷款年限在5年以上，贷款利率3.25%，当年无调整。

（三）当年服务改进情况：

（1）中心取消了住房公积金缴存登记、提取和贷款原来需要的多项要件，按照"八统一"要求规范审批标准，统一申请材料和表单内容，推行业务办理表单缴存人签字确认制，取消申请表；取消二手房住房公积金贷款评估报告要件；实现通过"多证合一"途径办好新开办企业住房公积金缴存开户登记业务。

（2）我中心业务大厅2019年1月正式入驻临桂金融大厦，现代化的取号设备、滚动显示业务办理流程的大屏幕等硬件设施为职工提供了优质便捷的办事服务。3月25日，中行、农行、工行、建行、交行、桂林银行、漓江农村合作银行、中信银行、民生银行九家受托银行正式进驻我市公积金管理中心业务大厅联合办公，基本实现贷款业务各项手续一次办结。2019年我中心5个县（市）管理部进驻当地政务服务中心，大大促进住房公积金"一事通办"工作，真正让群众少跑路。

（3）3月1日，中心门户网站改建完成并正式上线，个人版网厅开通详细信息查询功能，5月31日，单位版网上业务大厅上线试运行，可网上办理公积金开户、封存、启封、转移、合户、基数变更、查询等业务。

（4）12329住房公积金短信提醒系统上线，可根据中心各项业务，在系统中配置自动短信提醒，业务流程完成后自动发送提醒短信；个人版网厅、微信公众号和桂林公积金APP上线，实现了公积金缴存人"零上门""零材料""零审批""秒到账"办理个人公积金查询、离退休支取、失业半年支取业务、公积金贷款提前还款、对冲还贷签约、还款账户变更等业务。

(四）当年信息化建设情况：

（1）我中心已与市不动产登记机构建立了专线传递电子数据，由中心推送申请抵押资料，不动产登记机构审批返回结果后即放款。目前此项工作已分别成功测通了商品房纯公积金贷款、二手房纯公积金贷款、组合贷款的线上申请、审批业务，并已发放公积金贷款。

（2）我中心已成功接入全国住房公积金数据平台，是区内第一个接入全国住房公积金数据平台的中心。

（3）我中心已接入区民政厅的数据平台、区工商局的数据平台以及区不动产交易中心的数据平台，待数据完善后可以实现系统自动计算支取额度，同时缴存人在办理公积金业务时无需再提供婚姻证明和房产证明等相关文件。

(五）当年住房公积金管理中心及职工所获荣誉情况：

（1）获全区住房公积金杯运动会气排球混合团体比赛三等奖；

（2）获全区住房城乡建设系统庆祝新中国成立70周年"我和我的祖国"职工主题文艺汇演优秀奖；

（3）获市直机关首届趣味运动会团体总分第二名、单项比赛第二名；

（4）获2019年度档案年检优秀单位；

（5）获2018年脱贫攻坚（乡村振兴）选派单位一等、卫承刚同志获第一书记一等；2018—2019年度全市脱贫攻坚先进集体；

（6）邓航军同志2016年、2017年、2018年连续三年年度考核等次优秀，记三等功一次；

（7）肖丹同志荣获2018年度公共机构节能工作先进工作者；

（8）蒋卓蕾同志荣获桂林市行政审批局2019年度第三季度"优秀服务标兵"荣誉。

(六）当年对违反《住房公积金管理条例》和相关法规行为进行行政处罚和申请人民法院强制执行情况： 无。

(七）当年对住房公积金管理人员违规行为的纠正和处理情况等： 无。

(八）其他需要披露的情况： 无。

梧州市住房公积金2019年年度报告

一、机构概况

（一）住房公积金管理委员会： 住房公积金管理委员会有25名委员，2019年召开两次会议，审议通过的事项主要包括：（1）梧州市住房公积金2018年年度报告；（2）梧州市住房公积金2019年度预算；（3）2019年度梧州市住房公积金归集使用计划；（4）2019年度梧州市住房公积金增值收益分配方案；（5）调整我市住房公积金提取业务的请示；（6）梧州市既有住房加装电梯提取住房公积金实施办法；（7）调整梧州市住房公积金贷款政策的请示；（8）关于住房公积金融资方案的请示；（9）业务用房建设资金追加事项。

（二）住房公积金管理中心： 住房公积金管理中心为直属梧州市人民政府不以营利为目的的财政全额拨款公益一类事业单位，设8个科，4个管理部，0个分中心。从业人员78人，其中，在编43人，非在编 35 人。

二、业务运行情况

(一) **缴存**：2019年，新开户单位406家，实缴单位3364家，净增单位224家；新开户职工1.66万人，实缴职工14.16万人，净增职工0.44万人；缴存额19.02亿元，同比增长9.93%。2019年末，缴存总额140.99亿元，比上年末增加15.59%；缴存余额52.94亿元，比上年末增加6%。

受委托办理住房公积金缴存业务的银行9家，比上年增加0家。

(二) **提取**：2019年，提取额16.02亿元，同比增长30.48%；占当年缴存额的84.23%，比上年增加13.25个百分点。2019年末，提取总额88.05亿元，比上年末增加22.24%。

(三) **贷款**：

1. 个人住房贷款：个人住房贷款最高额度32万元，其中，单缴存职工最高额度32万元，双缴存职工最高额度32万元。

2019年，发放个人住房贷款0.59万笔、15.73亿元，同比分别增长91.84%、101.80%。

2019年，回收个人住房贷款4.85亿元。

2019年末，累计发放个人住房贷款4.68万笔、85.69亿元，贷款余额50.59亿元，分别比上年末增加14.36%、22.48%、27.38%。个人住房贷款余额占缴存余额的95.56%，比上年末增加16.04个百分点。

受委托办理住房公积金个人住房贷款业务的银行9家，比上年增加1家。

2. 住房公积金支持保障性住房建设项目贷款：无此类情况。

(四) **购买国债**：无此类情况。

(五) **融资**：2019年，融资4.46亿元，归还0.39亿元。2019年末，融资总额4.46亿元，融资余额4.07亿元。

(六) **资金存储**：2019年末，住房公积金存款7.11亿元。其中，活期0.02亿元，1年（含）以下定期0.96亿元，1年以上定期2.11亿元，其他（协定、通知存款等）4.02亿元。

(七) **资金运用率**：2019年末，住房公积金个人住房贷款余额、项目贷款余额和购买国债余额的总和占缴存余额的95.56%，比上年增加16.04个百分点。

三、主要财务数据

(一) **业务收入**：2019年，业务收入16450.87万元，同比增长16%。其中，存款利息2011.77万元，委托贷款利息14458.33万元，国债利息0万元，其他-19.23万元。（为红字冲正2018年贷款利息收入误记其他收入所致）

(二) **业务支出**：2019年，业务支出9388.02万元，同比增长11.43%。支付职工住房公积金利息7704.24万元，归集手续费216.57万元，委托贷款手续费488.76万元，其他978.45万元。

(三) **增值收益**：2019年，增值收益7062.85万元，同比增长22.69%。增值收益率1.39%，比上年增加0.17个百分点。

(四) **增值收益分配**：2019年，提取贷款风险准备金0万元，提取管理费用1134.72万元，提取城市廉租住房（公共租赁住房）建设补充资金5928.13万元。

2019年，上交财政管理费用1134.72万元。上缴财政城市廉租住房（公共租赁住房）建设补充资金3841.56万元。

2019年末，贷款风险准备金余额9238.03万元。累计提取城市廉租住房（公共租赁住房）建设补充资金27092.92万元。

（五）管理费用支出：2019年，管理费用支出2331.31万元，同比增长18.63%。其中，人员经费405.54万元，公用经费83.26万元，专项经费1842.51万元。

四、资产风险状况

（一）个人住房贷款：2019年末，个人住房贷款逾期额0万元，逾期率0‰。

个人贷款风险准备金按（贷款余额）的1%提取。2019年，提取个人贷款风险准备金0万元，使用个人贷款风险准备金核销呆坏账0万元。2019年末，个人贷款风险准备金余额9238.03万元，占个人住房贷款余额的1.83%，个人住房贷款逾期额与个人贷款风险准备金余额的比率为0%。

（二）支持保障性住房建设试点项目贷款：无此类情况。

五、社会经济效益

（一）缴存业务：2019年，实缴单位数、实缴职工人数和缴存额同比分别增长7.13%、3.21%和9.93%。

缴存单位中，国家机关和事业单位占57.79%，国有企业占9.36%，城镇集体企业占1.13%，外商投资企业占1.13%，城镇私营企业及其他城镇企业占23.69%，民办非企业单位和社会团体占1.31%，其他（含个人自愿缴存）占5.59%。

缴存职工中，国家机关和事业单位占59.01%，国有企业占15.16%，城镇集体企业占1.20%，外商投资企业占3.52%，城镇私营企业及其他城镇企业占17.45%，民办非企业单位和社会团体占0.35%，其他（含个人自愿缴存）占3.31%；中、低收入占99.97%，高收入占0.03%。

新开户职工中，国家机关和事业单位占47.84%，国有企业占9.77%，城镇集体企业占0.51%，外商投资企业占2.15%，城镇私营企业及其他城镇企业占31.48%，民办非企业单位和社会团体占0.94%，其他（含个人自愿缴存）占7.31%；中、低收入占99.99%，高收入占0.01%。

（二）提取业务：2019年，5.63万名缴存职工提取住房公积金16.02亿元。

提取金额中，住房消费提取占80.09%（购买、建造、翻建、大修自住住房占44.01%，偿还购房贷款本息占34.51%，租赁住房占1.57%，其他占0%）；非住房消费提取占19.91%（离休和退休提取占13.23%，完全丧失劳动能力并与单位终止劳动关系提取占4.42%，出境定居占0.01%，其他（包含死亡提取）占2.25%）。

提取职工中，中、低收入占99.93%，高收入占0.07%。

（三）贷款业务：

1. 个人住房贷款：2019年，支持职工购建房73.11万平方米，年末个人住房贷款市场占有率（含公转商贴息贷款）为14.39，比上年末减少0.08个百分点。通过申请住房公积金个人住房贷款，可节约职工购房利息支出 26067.32 万元。

职工贷款笔数中，购房建筑面积 90（含）平方米以下占 10.65％，90~144（含）平方米占 70.95％，144 平方米以上占 18.40％。购买新房占 87.42％（其中购买保障性住房占 0％），购买二手房占 12.21％，建造、翻建、大修自住住房占 0.37％，其他占 0％。

职工贷款笔数中，单缴存职工申请贷款占 27.70％，双缴存职工申请贷款占 69.85％，三人及以上缴存职工共同申请贷款占 2.45％。

贷款职工中，30 岁（含）以下占 25.58％，30 岁~40 岁（含）占 43.78％，40 岁~50 岁（含）占 23.45％，50 岁以上占 7.19％；首次申请贷款占 89.83％，二次及以上申请贷款占 10.17％；中、低收入占 98.32％，高收入占 1.68％。

2. 异地贷款：2019 年，发放异地贷款 883 笔、21487.20 万元。2019 年末，发放异地贷款总额 41494.90 万元，异地贷款余额 38654.31 万元。

3. 公转商贴息贷款：2019 年，发放公转商贴息贷款 266 笔、4980.24 万元，支持职工购建住房面积 2.93 万平方米，当年贴息额 372.69 万元。2019 年末，累计发放公转商贴息贷款 6055 笔、83260.72 万元，累计贴息 3840.77 万元。

4. 支持保障性住房建设试点项目贷款：无此类情况。

（四）住房贡献率：2019 年，个人住房贷款发放额、公转商贴息贷款发放额、项目贷款发放额、住房消费提取额的总和与当年缴存额的比率为 152.78％，比上年增加 53.36 个百分点。

六、其他重要事项

（一）当年住房公积金无机构及职能调整情况、受委托办理缴存业务金融机构无变化，受委托办理贷款业务金融机构从 8 家增加到 9 家。

（二）当年住房公积金政策调整及执行情况：

（1）当年缴存基数限额及确定方法、缴存比例等缴存政策调整情况：

2019 年度梧州市住房公积金最高缴存比例为 12％，职工月缴存基数上限为统计部门公布的上年度梧州市职工月平均工资的 3 倍。根据统计部门提供的数据，设定 2019 年度梧州市全辖区职工月缴存基数上限为 16359 元，单位和个人的住房公积金月缴存额上限各为 1963 元，合计为 3926 元。

2019 年度梧州市住房公积金最低缴存比例为 5％，根据《广西壮族自治区人民政府关于调整全区最低工资标准的通知》（桂政发〔2018〕6 号）规定，设定 2019 年度梧州市全辖区职工最低缴存基数为 1680 元，单位和个人的住房公积金月缴存额下限各为 84 元，合计为 168 元。

（2）当年提取政策调整情况：1）从 2019 年 8 月 1 日起，对于享受住房公积金贷款的职工，贷款发放后首次提取住房公积金，提取后其个人住房公积金账户须保留一年住房公积金缴存额。2）经梧州市住房公积金管理委员会审议同意，我市增加既有住宅加装电梯提取住房公积金情形。

（3）当年住房公积金个人住房贷款最高贷款额度为 32 万元，经市人才办确定的引进人才，住房公积金贷款最高贷款额度为 40 万元。

（4）当年住房公积金个人住房贷款政策调整情况：1）从 2019 年 8 月 1 日起，我市上调贷款最低首付比例。职工个人及家庭首次申请住房公积金贷款购买住房，首付比例由原来的最低 20％调整为不低于

30%；自建住房首付比例由原来的最低20%调整为不低于40%。职工个人及家庭第二次申请住房公积金贷款购买或自建住房，首付比例由原来的最低20%统一调整为不低于40%。2）同时，暂停受理住房公积金异地贷款申请（异地缴存公积金的政府引进人才除外，名单以梧州市人才服务办公室提供为准）。

（5）当年住房公积金存贷款利率无调整。

（三）当年服务改进情况：

1. 不断创新服务模式，提升服务效能。梧州市住房公积金管理中心（以下简称中心）继2018年综合服务平台上线后，2019年不断改进和完善综合服务平台的相关功能，自年初开通包括个人版、单位版和开发商版的网上业务大厅后，陆续开通了微信公众号和手机APP，实现了住房公积金缴存业务、偿还公贷提取、职工离退休提取、离职销户提取、公积金冲还贷、贷款预约、贷款预审、提前还款的网上办理，为单位、职工提供方便快捷的优质服务。2019年8月开通了中心官方微博，主要对住房公积金政策以及中心动态进行宣传。2019年10月中心高分通过住房和城乡建设部综合服务平台验收。

2. 积极调整业务流程，精简业务要件。中心通过接入全国组织机构统一社会信用代码公示查询平台、自治区数据共享交换平台及连接自治区住房公积金监管信息系统等，在归集业务方面，通过"多证合一"途径实现自动为新开办企业进行住房公积金缴存开户登记业务；开通了网上住房公积金缴存登记开户服务。在提取业务方面，取消广西区内民政登记婚姻证明要件；取消广西区内缴存人使用情况证明要件；对职工已经提供过的申请材料，无需职工再重复提交。现中心已与市房地产交易中心实现了数据共享，能查询到的相关信息无需职工提供。在贷款业务方面，精简了结婚证、户口本、异地公积金缴存证明、房屋交易契税、住房维修基金、贷款申请表等贷款审批要件。以上相关政策推行后，单位及职工前来办理相关业务更加方便快捷。

3. 严格实行限时办结，缩短办理时限。中心对住房公积金提取手续齐全的，当场办结。异地购房提取等需核查的，尽量在3个工作日内办结。提取手续办结后，资金当日到账。

4. 贷款业务手段多元化，提速度降风险。2019年，中心全面引入商业银行进驻贷款业务前台，由原来2家增加到了8家，实现了对市民"只跑一次"的承诺。服务手段实现了多元化，公积金贷款可以在网厅预约和预审，通过网络载体实现不见面办理提前还款、还款账号变更等贷款业务。2019年4月，中心引入担保业务，使中心可以后置贷款抵押，前置贷款发放，缩短放款时间。住房公积金贷款基本实现5个工作日审批完毕。同时委托担保公司进行逾期催收，通过扣划催收保证金或债权转让的方式，中心有效降低了贷款逾期率，缩短了逾期贷款的回收周期。中心扣划担保公司的逾期催收保证金已覆盖全部的逾期贷款，实现了逾期率为0，信贷资金安全得到有效保障。

（四）当年信息化建设情况：2019年1月，中心业务系统通过广西住房和城乡建设厅平台成功与广西工商和民政系统对接，实现了区工商民政数据的共享，职工办理业务不再需要提供相关证明材料。2019年5月，完成了公积金全国数据共享平台的开发工作，成功与住房和城乡建设部共享平台对接。2019年12月中心公积金系统异地容灾项目竣工，更有效地保证了系统数据的安全和稳定。为更方便群众办事，简化办事流程，中心在核心业务系统的基础上开发电子档案系统以及电子签章系统，通过电子档案系统，职工办理业务提交的材料大部分改为电子留档，减少纸质材料的留存，通过电子签章系统，实现系统以及网上业务大厅直接打印含业务用章证明材料的功能。

**（五）当年对违反《住房公积金管理条例》和相关法规行为进行行政处罚和申请人民法院强制执行情

况：2019 年中心对全辖区尚未建立住房公积金制度的 33 家企业发出了《办理住房公积金缴存登记建议书》，并对其中 27 家发出了《限期办理通知书》；对已建立住房公积金制度但逾期不缴或者少缴的 98 家企业发出《缴存住房公积金建议书》，并对其中 51 家发出了《限期缴存通知书》。全年共对 79 家企业进行了立案处理。

（六）当年对住房公积金管理人员违规行为的纠正和处理情况等：2019 年，未发生住房公积金管理人员违规行为。

（七）无其他需要披露的情况。

北海市住房公积金 2019 年年度报告

一、机构概况

（一）住房公积金管理委员会：住房公积金管理委员会有 21 名委员，2019 年召开 2 次会议，审议通过的事项主要包括：《关于 2018 年住房公积金归集使用计划执行情况及 2019 年住房公积金归集使用计划的报告》、《关于 2018 年住房公积金增值收益分配方案执行情况及 2019 年增值收益分配计划方案的报告》、《北海市住房公积金 2018 年年度报告》、《北海市住房公积金管理中心 2018 年度住房公积金财务报告》以及调整受托银行委托贷款手续费、调整自愿缴存住房公积金利息补贴、加装电梯提取住房公积金、在合浦县农村信用社开设账户、调整住房公积金贷款政策、在北部湾银行等四大银行申请开户等事项。

（二）住房公积金管理中心：北海市住房公积金管理中心为直属北海市人民政府不以营利为目的的副县（处）级参公管理事业单位，设 5 个科，2 个管理部。从业人员 55 人，其中，在编 38 人，非在编 17 人。

二、业务运行情况

（一）缴存：2019 年，新开户单位 273 家，实缴单位 2287 家，净增单位 210 家；新开户职工 1.68 万人，实缴职工 11.12 万人，净增职工 1.32 万人；缴存额 15.42 亿元，同比增长 19.91％。2019 年末，缴存总额 107.69 亿元，比上年末增加 16.70％；缴存余额 42.06 亿元，比上年末增加 11.42％。

受委托办理住房公积金缴存业务的银行 6 家，比上年增加（减少）0 家。

（二）提取：2019 年，提取额 11.12 亿元，同比增长 24.52％；占当年缴存额的 72.10％，比上年增加 2.66 个百分点。2019 年末，提取总额 65.64 亿元，比上年末增加 20.40％。

（三）贷款：

1. 个人住房贷款：个人住房贷款最高额度 50 万元，其中，单缴存职工最高额度 40 万元，双缴存职工最高额度 50 万元。

2019 年，发放个人住房贷款 2656 笔 9.63 亿元，同比分别增长 52.82％、72.28％。

2019 年，回收个人住房贷款 3.21 亿元。

2019年末，累计发放个人住房贷款2.54万笔、59.47亿元，贷款余额38.52亿元，分别比上年末增加11.68%、19.30%、20%。个人住房贷款余额占缴存余额的91.59%，比上年末增加6.57个百分点。

受委托办理住房公积金个人住房贷款业务的银行5家，比上年增加（减少）0家。

2. 住房公积金支持保障性住房建设项目贷款：2019年，发放支持保障性住房建设项目贷款0亿元，回收项目贷款0亿元。2019年末，累计发放项目贷款0亿元，项目贷款余额0亿元。

（四）**购买国债**：2019年，购买（记账式、凭证式）国债0亿元，兑付（转让、收回）国债0亿元。2019年末，国债余额0亿元，比上年末减少（增加）0亿元。

（五）**融资**：2019年，融资0亿元，归还0亿元。2019年末，融资总额0亿元，融资余额0亿元。

（六）**资金存储**：2019年末，住房公积金存款4.28亿元。其中，活期0.01亿元，1年（含）以下定期0亿元，1年以上定期3.67亿元，其他（协定、通知存款等）0.6亿元。

（七）**资金运用率**：2019年末，住房公积金个人住房贷款余额、项目贷款余额和购买国债余额的总和占缴存余额的91.59%，比上年末增加6.57个百分点。

三、主要财务数据

（一）**业务收入**：2019年，业务收入13814.73万元，同比增长11.62%。其中，存款利息2527.59万元，委托贷款利息11285.28万元，国债利息0万元，其他1.86万元。

（二）**业务支出**：2019年，业务支出6684.82万元，同比增长13.83%。其中，支付职工住房公积金利息5949.99万元，归集手续费0万元，委托贷款手续费451.49万元，其他283.34万元（主要是公转商贷款及批量转让贷款贴息）。

（三）**增值收益**：2019年，增值收益7129.91万元，同比增长9.63%。增值收益率1.77%，比上年减少0.04个百分点。

（四）**增值收益分配**：2019年，提取贷款风险准备金4491.84万元，提取管理费用1363.88万元，提取城市廉租住房（公共租赁住房）建设补充资金1274.19万元。

2019年，上交财政管理费用1371.03万元（含补交2018年7.16万元）。上缴2018年财政城市廉租住房（公共租赁住房）建设补充资金1227.30万元。

2019年末，贷款风险准备金余额31776.76万元。累计提取城市廉租住房（公共租赁住房）建设补充资金5321.88万元。

（五）**管理费用支出**：2019年，管理费用支出1339.59万元，同比下降1.33%。其中，人员经费654.18万元，公用经费90.47万元，专项经费594.94万元。

四、资产风险状况

（一）**个人住房贷款**：2019年末，个人住房贷款逾期额205.03万元，逾期率0.53‰。

个人贷款风险准备金按增值收益的63%提取。2019年，提取个人贷款风险准备金4491.84万元，使用个人贷款风险准备金核销呆坏账0万元。2019年末，个人贷款风险准备金余额31776.76万元，占个人住房贷款余额的8.25%，个人住房贷款逾期额与个人贷款风险准备金余额的比率为0.65%。

（二）**支持保障性住房建设试点项目贷款**：2019年末，逾期项目贷款0万元，逾期率0‰。

项目贷款风险准备金按贷款余额的 0% 提取。2019 年，提取项目贷款风险准备金 0 万元，使用项目贷款风险准备金核销呆坏账 0 万元，项目贷款风险准备金余额 0 万元，占项目贷款余额的 0%，项目贷款逾期额与项目贷款风险准备金余额的比率为 0%。

五、社会经济效益

（一）缴存业务：2019 年，实缴单位数、实缴职工人数和缴存额同比分别增长 10.11%、13.42% 和 19.91%。

缴存单位中，国家机关和事业单位占 53.65%，国有企业占 10.27%，城镇集体企业占 1.36%，外商投资企业占 2.19%，城镇私营企业及其他城镇企业占 27.15%，民办非企业单位和社会团体占 1.14%，其他占 4.24%。

缴存职工中，国家机关和事业单位占 49.61%，国有企业占 20.37%，城镇集体企业占 1.98%，外商投资企业占 5.86%，城镇私营企业及其他城镇企业占 17.85%，民办非企业单位和社会团体占 0.55%，其他占 3.78%；中、低收入占 99.46%，高收入占 0.54%。

新开户职工中，国家机关和事业单位占 29.83%，国有企业占 15.56%，城镇集体企业占 0.71%，外商投资企业占 9.30%，城镇私营企业及其他城镇企业占 38.68%，民办非企业单位和社会团体占 0.56%，其他占 5.36%；中、低收入占 99.92%，高收入占 0.08%。

（二）提取业务：2019 年，4.09 万名缴存职工提取住房公积金 11.12 亿元。

提取金额中，住房消费提取占 78.92%（购买、建造、翻建、大修自住住房占 36.80%，偿还购房贷款本息占 34%，租赁住房占 8.12%，其他占 0%）；非住房消费提取占 21.08%（离休和退休提取占 13.78%，完全丧失劳动能力并与单位终止劳动关系提取占 4.75%，出境定居占 0%，其他占 2.55%）。

提取职工中，中、低收入占 98.54%，高收入占 1.46%。

（三）贷款业务：

1. 个人住房贷款：2019 年，支持职工购建房 32.06 万平方米，年末个人住房贷款市场占有率（含公转商贴息贷款）为 9.33%，比上年末增加 0.4 个百分点。通过申请住房公积金个人住房贷款，可节约职工购房利息支出 34824.25 万元。

职工贷款笔数中，购房建筑面积 90（含）平方米以下占 23.91%，90~144（含）平方米占 65.70%，144 平方米以上占 10.39%。购买新房占 60.39%（其中购买保障性住房占 0%），购买二手房占 35.92%，建造、翻建、大修自住住房占 3.69%，其他占 0%。

职工贷款笔数中，单缴存职工申请贷款占 34.71%，双缴存职工申请贷款占 65.06%，三人及以上缴存职工共同申请贷款占 0.23%。

贷款职工中，30 岁（含）以下占 31.63%，30 岁~40 岁（含）占 43.34%，40 岁~50 岁（含）占 20.29%，50 岁以上占 4.74%；首次申请贷款占 93.26%，二次及以上申请贷款占 6.74%；中、低收入占 99.06%，高收入占 0.94%。

2. 异地贷款：2019 年，发放异地贷款 164 笔、6029.20 万元。2019 年末，发放异地贷款总额 23846.27 万元，异地贷款余额 21255.69 万元。

3. 公转商贴息贷款：2019 年，发放公转商贴息贷款 0 笔、0 万元，支持职工购建住房面积 0 万平方米,当年贴息额 200.98 万元。2019 年末,累计发放公转商贴息贷款 1606 笔、28573.52 万元,累计贴息 1969.73 万元。

4. 支持保障性住房建设试点项目贷款：2019 年末,累计试点项目 0 个,贷款额度 0 亿元,建筑面积 0 万平方米,可解决 0 户中低收入职工家庭的住房问题。0 个试点项目贷款资金已发放并还清贷款本息。

（四）**住房贡献率**：2019 年,个人住房贷款发放额、公转商贴息贷款发放额、项目贷款发放额、住房消费提取额的总和与当年缴存额的比率为 119.33%,比上年增加 24.50 个百分点。

六、其他重要事项

（一）**当年机构及职能调整情况、受委托办理缴存贷款业务金融机构变更情况。** 2019 年,中心机构及职能无调整。经北海市住房公积金管理委员会 2019 年第二次全体会议审议,在确保资金安全和风险保障的前提下,同意广西北部湾银行股份有限公司北海分行、兴业银行北海分行、桂林银行北海分行、中国光大银行股份有限公司北海分行等四家金融机构开立住房公积金存款账户。

（二）**当年住房公积金政策调整及执行情况。**

（1）2019 年,北海市住房公积金缴存基数限额：上限为 17406 元,按统计部门公布的上一年度职工月平均工资的 3 倍来确定；下限为 1680 元,根据《广西壮族自治区人民政府关于调整全区职工最低工资标准的通知》（桂政发〔2018〕6 号）规定,按北海市的最低工资标准来确定。北海市缴存单位及其职工的住房公积金最高缴存比例均为 12%,最低缴存比例均为 5%。

（2）2019 年 4 月 12 日,北海市住房公积金管理中心印发《关于既有住宅加装电梯提取住房公积金的通知》,规定北海市行政区域范围内既有住宅所有权人出资为该住宅加装电梯,并已办理相关规划建设手续的,该既有住宅所有权人及其配偶可以申请提取住房公积金。

（3）2019 年 9 月 29 日,北海市住房公积金管理委员会印发《关于调整住房公积金贷款政策的通知》（北房金委〔2019〕3 号）,一是申请住房公积金贷款的职工必须连续正常缴存住房公积金 12 个月以上；二是个人住房公积金贷款最高额度调整为单身职工 40 万元、已婚职工 50 万元；三是缴存职工家庭购买第二套住房或申请第二次住房公积金贷款的,最低首付款比例为 60%；四是住房公积金可贷额度计算公式确定为：月缴存额×12 个月×距法定退休年限×2 倍。

（4）利率按当年人民银行通知的住房公积金存贷款利率执行。

（三）**当年服务改进情况。** 2019 年 3 月,为深化"放管服"改革,按照合浦县政府统一安排,中心合浦管理部顺利进驻合浦县政务服务中心,将住房公积金业务集中办理,方便群众,进一步改善办公环境,提升服务水平。

另外,中心大力拓展"互联网+公积金"服务,相继开通官方微信公众号、单位版和个人版网上服务大厅、手机 APP 等服务渠道,并于 12 月通过住房和城乡建设部住房公积金综合服务平台验收工作,实现住房公积金业务线上线下深度融合。同时,推出多样化便民服务功能,一是与腾讯公司合作,充分运用人脸识别技术,推行微信网厅"互联网+人脸识别"身份认证模式,为缴存职工免费提供线上身份核验服务；二是启用电子印章功能,简化办理流程,提高业务办理效率,降低住房公积金业务办理成本,让需要盖章材料的办事群众不用再去前台打印盖章,省去"跑腿"的麻烦。目前,我市住房公积金缴存、离职提取、离退休提取、偿还公积金贷款提取、租房提取、贷款预约等业务实现了网上办,满足缴存单位和缴存职工多元化、个性化服务需求。据统计，我市已有1456个单位开通单位版网厅，办理归集业务6785笔，汇缴公积金7430.22万元；个人版网厅注册用户12707人，办结提取业务388笔，累计金额508.89万元；微信公众号关注人数27423人，微信网厅、手机APP分别注册用户15078人、1214人，共办结提取业务2611笔，累计金额2899.99万元；申请贷款预约服务163人。

（四）当年信息化建设情况。2019年，中心继续加大信息化建设。一是完成全国公积金数据平台接入工作，实现与税务总局总对总的数据交换。二是直连接入全国公积金转移接续平台，实现公积金全国范围内"账随人走、钱随账走"，避免职工在转入地和转出地往返奔波。

（五）当年住房公积金管理中心及职工所获荣誉情况。2019年，北海市住房公积金管理中心服务窗口被继续认定为广西壮族自治区级青年文明号。

（六）当年对违反《住房公积金管理条例》和相关法规行为进行行政处罚和申请人民法院强制执行情况。中心严格按照《广西住房公积金业务管理规范》的规定程序受理投诉、举报，及时处理、跟踪落实，着力维护干部职工的合法权益，积极与相关单位沟通，尽力做好协调工作，努力化解社会矛盾。2019年，共接待、处理来访来电50余人次，正式受理投诉举报5件，目前3件办结，2件按规定程序进行处理当中。对不按时缴存或少缴住房公积金的单位及时发出《限期缴存通知书》31份，对尚未建立住房公积金制度的单位发出《限期办理通知书》30份，并对在限期内未前来办理登记手续的单位通过政府门户网站予以公示。2019年度通过行政执法促建单位6个，促建职工人数287人。本年度没有申请人民法院强制执行的案件。

根据《条例》以及住房和城乡建设部、财政部、人民银行、公安部《关于开展治理违规提取住房公积金工作的通知》（建金〔2018〕46号）精神，对部分单位职工使用假结婚证、假购房合同等不正当手段来提取住房公积金的，严格依法依规处理，打击骗提住房公积金违法行为，规范我市住房公积金提取使用。2019年，发现21起骗提住房公积金行为，涉及金额67.22万元，并追回违规骗提金额49.7万元。

（七）当年对住房公积金管理人员违规行为的纠正和处理情况等。无。

（八）其他需要披露的情况。无。

防城港市住房公积金2019年年度报告

一、机构概况

（一）**住房公积金管理委员会**：防城港市住房公积金管理委员会有委员25名，2019年召开会议1次，审议通过的事项主要包括：审议《2018年住房公积金归集、使用计划执行情况报告》、审议《2018年住房公积金增值收益分配方案》、审议《防城港市住房公积金2018年年度报告》、审议《2019年住房公积金归集和使用计划》、听取市财政局关于2018年住房公积金管理中心财政监管情况的通报、听取中国人民银行防城港中心支行关于2018年防城港市受托银行办理的住房公积金金融业务监管情况的通报。

（二）**住房公积金管理中心**：防城港市住房公积金管理中心为防城港市不以营利为目的的参公事业单

位，设 5 个科室，4 个管理部，0 个分中心。从业人员 58 人，其中，在编 20 人，非在编 38 人。

二、业务运行情况

（一）**缴存**：2019 年，新开户单位 281 家，实缴单位 2008 家，净增单位 156 家；新开户职工 1.27 万人，实缴职工 6.61 万人，净增职工 0.53 万人；缴存额 10.32 亿元，同比增长 17.96%。2019 年末，缴存总额 72.15 亿元，比上年末增加 16.68%；缴存余额 23.93 亿元，比上年末增加 15.36%。

受委托办理住房公积金缴存业务的银行 6 家，比上年增加（减少）0 家。

（二）**提取**：2019 年，提取额 7.13 亿元，同比增长 11.3%；占当年缴存额的 69.09%，比上年减少 4.16 个百分点。2019 年末，提取总额 48.22 亿元，比上年末增加 17.35%。

（三）**贷款**：

1. 个人住房贷款：个人住房贷款最高额度 48 万元，其中，单缴存职工最高额度 48 万元，双缴存职工最高额度 48 万元。

2019 年，发放个人住房贷款 0.13 万笔、4.76 亿元，同比分别下降 4.52%、增长 20.77%。

2019 年，回收个人住房贷款 1.73 亿元。2019 年末，累计发放个人住房贷款 1.4 万笔、30.55 亿元，贷款余额 20.4 亿元，分别比上年末增加 10.5%、18.46%、17.44%。个人住房贷款余额占缴存余额的 85.22%，比上年末增加 1.51 个百分点。

受委托办理住房公积金个人住房贷款业务的银行 5 家，比上年增加（减少）0 家。

2. 住房公积金支持保障性住房建设项目贷款：2019 年，发放支持保障性住房建设项目贷款 0 亿元，回收项目贷款 0 亿元。2019 年末，累计发放项目贷款 0 亿元，项目贷款余额 0 亿元。

（四）**购买国债**：2019 年，购买（记账式、凭证式）国债 0 亿元，兑付（转让、收回）国债 0 亿元。2019 年末，国债余额 0 亿元，比上年末减少（增加）0 亿元。

（五）**融资**：2019 年，融资 0 亿元，归还 0 亿元。2019 年末，融资总额 0 亿元，融资余额 0 亿元。

（六）**资金存储**：2019 年末，住房公积金存款 3.99 亿元。其中，活期 0.11 亿元，1 年（含）以下定期 3.28 亿元，1 年以上定期 0 亿元，其他（协定）0.6 亿元。

（七）**资金运用率**：2019 年末，住房公积金个人住房贷款余额、项目贷款余额和购买国债余额的总和占缴存余额的 85.22%，比上年末增加 1.51 个百分点。

三、主要财务数据

（一）**业务收入**：2019 年，业务收入 6959.92 万元，同比增长 15.60%。存款利息 1059.15 万元，委托贷款利息 5881.80 万元，国债利息 0 万元，其他 18.97 万元。

（二）**业务支出**：2019 年，业务支出 3628.48 万元，同比增长 14.95%。支付职工住房公积金利息 3333.55 万元，归集手续费 0 万元，委托贷款手续费 294.25 万元，其他 0.68 万元。

（三）**增值收益**：2019 年，增值收益 3331.44 万元，同比增长 16.32%。增值收益率 1.5%，比上年增加 0.01 个百分点。

（四）**增值收益分配**：2019 年，提取贷款风险准备金 2039.55 万元，提取管理费用 921.99 万元，提取城市廉租住房（公共租赁住房）建设补充资金 369.9 万元。

2019 年，上交财政管理费用 921.99 万元。上缴财政城市廉租住房（公共租赁住房）建设补充资金 311.38 万元。

2019 年末，贷款风险准备金余额 12261.83 万元。累计提取城市廉租住房（公共租赁住房）建设补充资金 4395.72 万元。

（五）管理费用支出： 2019 年，管理费用支出 959.71 万元，同比增长 6.95%。其中，人员经费 311.42 万元，公用经费 89.59 万元，专项经费 558.7 万元。

四、资产风险状况

（一）个人住房贷款：2019 年末，个人住房贷款逾期额 1686.99 万元，逾期率 8.27‰。个人贷款风险准备金按（贷款余额）的 1% 提取。2019 年，提取个人贷款风险准备金 2039.55 万元，使用个人贷款风险准备金核销呆坏账 0 万元。2019 年末，个人贷款风险准备金余额 12261.83 万元，占个人住房贷款余额的 6.01%，个人住房贷款逾期额与个人贷款风险准备金余额的比率为 13.76%。

（二）支持保障性住房建设试点项目贷款：2019 年末，逾期项目贷款 0 万元，逾期率 0‰。

项目贷款风险准备金按贷款余额的 0% 提取。2019 年，提取项目贷款风险准备金 0 万元，使用项目贷款风险准备金核销呆坏账 0 万元，项目贷款风险准备金余额 0 万元，占项目贷款余额的 0%，项目贷款逾期额与项目贷款风险准备金余额的比率为 0%。

五、社会经济效益

（一）缴存业务：2019 年，实缴单位数、实缴职工人数和缴存额同比分别增长 8.42%、8.67% 和 17.96%。

缴存单位中，国家机关和事业单位 62.60%，国有企业占 13.80%，城镇集体企业占 0%，外商投资企业占 0.65%，城镇私营企业及其他城镇企业占 19.17%，民办非企业单位和社会团体占 1.64%，其他占 2.14%。

缴存职工中，国家机关和事业单位占 48.54%，国有企业占 38.26%，城镇集体企业占 0%，外商投资企业占 1.82%，城镇私营企业及其他城镇企业占 9.96%，民办非企业单位和社会团体占 0.3%，其他占 1.12%；中、低收入占 99.96%，高收入占 0.04%。

新开户职工中，国家机关和事业单位占 23.36%，国有企业占 57.43%，城镇集体企业占 0%，外商投资企业占 0.88%，城镇私营企业及其他城镇企业占 15.96%，民办非企业单位和社会团体占 0.38%，其他占 1.99%；中、低收入占 99.99%，高收入占 0.01%。

（二）提取业务：2019 年，2.27 万名缴存职工提取住房公积金 7.13 亿元。

提取金额中，住房消费提取占 83.66%（购买、建造、翻建、大修自住住房占 22.94%，偿还购房贷款本息占 42.27%，租赁住房占 18.43%，其他占 0.02%）；非住房消费提取占 16.34%（离休和退休提取占 11.06%，完全丧失劳动能力并与单位终止劳动关系提取占 3.11%，出境定居占 0%，其他占 2.17%）。

提取职工中，中、低收入占 99.93%，高收入占 0.07%。

（三）贷款业务：

1. 个人住房贷款： 2019 年，支持职工购建房 17.55 万平方米，2019 年末个人住房贷款市场占有率

（含公转商贴息贷款）为 9.96%，比上年末减少 0.07 个百分点。通过申请住房公积金个人住房贷款，可节约职工购房利息支出 12370.25 万元。

职工贷款笔数中，购房建筑面积 90（含）平方米以下占 7.89%，90～144（含）平方米占 70.4%，144 平方米以上占 21.71%。购买新房占 65.37%（其中购买保障性住房占 0%），购买二手房占 33.88%，建造、翻建、大修自住住房占 0.75%，其他占 0%。

职工贷款笔数中，单缴存职工申请贷款占 70.54%，双缴存职工申请贷款占 29.38%，三人及以上缴存职工共同申请贷款占 0.08%。

贷款职工中，30 岁（含）以下占 41.25%，30 岁～40 岁（含）占 41.77%，40 岁～50 岁（含）占 14.13%，50 岁以上占 2.85%；首次申请贷款占 96.77%，二次及以上申请贷款占 3.23%；中、低收入占 99.7%，高收入占 0.3%。

2. 异地贷款： 2019 年，发放异地贷款 90 笔、3492 万元。2019 年末，发放异地贷款总额 20145 万元，异地贷款余额 16917.99 万元。

3. 公转商贴息贷款： 2019 年，发放公转商贴息贷款 0 笔、0 万元，支持职工购建住房面积 0 万平方米，当年贴息额 0 万元。2019 年末，累计发放公转商贴息贷款 0 笔、0 万元，累计贴息 0 万元。

4. 支持保障性住房建设试点项目贷款： 2019 年末，累计试点项目 0 个，贷款额度 0 亿元，建筑面积 0 万平方米，可解决 0 户中低收入职工家庭的住房问题。0 个试点项目贷款资金已发放并还清贷款本息。

（四）**住房贡献率：** 2019 年，个人住房贷款发放额、公转商贴息贷款发放额、项目贷款发放额、住房消费提取额的总和与当年缴存额的比率为 103.98%，比上年减少 1.19 个百分点。

六、其他重要事项

（一）**当年机构及职能调整情况、受委托办理缴存贷款业务金融机构变更情况。** 2019 年，防城港市住房公积金管理中心设下列 9 个内设机构：办公室、财务科、内控法规科、稽核审计科、信息化和档案科、港口管理部、防城管理部、东兴管理部、上思管理部。

2019 年，防城港市住房公积金管理中心未新增受委托办理缴存贷款业务金融机构。

（二）**当年住房公积金政策调整情况。**

1. 缴存政策调整情况

2019 年 4 月 30 日，根据《住房公积金管理条例》（国务院令第 350 号）和《广西住房公积金业务管理规范》规定，为减轻企业负担，增强企业活力，促进增加就业和职工现金收入，经 2019 年 3 月 29 日管委会会议审议通过，我市出台《关于进一步明确企业缓缴、降低缴存比例条件的通知》（防金委办通〔2019〕4 号），就企业办理降低住房公积金缴存比例、缓缴住房公积金业务进行明确。

2019 年 6 月 21 日，根据国务院《住房公积金管理条例》和《广西住房公积金业务管理规范》规定，中心发布《关于设定防城港市 2019 年度住房公积金月缴存额上、下限的通知》，实行控高保低，明确了 2019 年度防城港市的缴存基数确定方法及缴存限额、缴存比例。

2019 年 8 月 29 日，为贯彻落实习近平总书记视察广西时重要讲话精神，根据国务院《住房公积金管理条例》和《广西住房公积金业务管理规范》规定，中心发布《关于开展防城港市机关事业单位建立编外职工住房公积金制度工作的通知》（防金管通〔2019〕34 号），进一步扩大我市住房公积金制度的受益范围，推动我市住房公积金事业健康发展。

2. 提取政策调整情况

2019年4月30日，根据中心2019年第三次业务会议纪要，办理建造、翻建自住住房提取业务时，须提供《建筑工程施工许可证》。

2019年9月10日，鉴于我市农村宅基地建房住房和城乡建设部门没有核发《建筑工程施工许可证》的实际情况，为进一步规范建造、翻建自住住房提取业务的办理，中心下发通知明确：①农村宅基地建房只需提供《乡村建设规划许可证》。②受理时限为取得《乡村建设规划许可证》两年内。

3. 贷款政策调整情况

2019年6月4日，根据《广西住房公积金业务管理规范》规定，为进一步规范贷款办理流程，中心印发《关于明确二手房贷款办理有关事项的通知》（防金管通〔2019〕13号），对缴存职工二手房贷款办理关于贷款金额划入问题、审批贷款额度问题进行明确。

2019年7月12日，中心发布《关于明确缴存职工家庭离婚后重建家庭或单身的公积金贷款次数认定的通知》（防金管通〔2019〕31号），明确缴存职工家庭离婚后重建家庭或单身的公积金贷款次数如何认定的问题，离婚后双方贷款次数认定为：双方离婚协议或法院判决书、民事调解书等法律有效文书明确的，公积金贷款房屋权属和还贷责任归属一方，该笔公积金贷款次数计入拥有权属的一方，不计入另一方。

（三）当年服务优化情况。

2019年1月7日，根据《自治区住房城乡建设厅关于推进住房公积金业务"一事通办"改革的通知》（桂建金管〔2018〕24号）精神，中心发布《防城港市住房公积金管理中心关于推进住房公积金业务"一事通办"改革的通知》（防金管通〔2019〕1号），进一步精简办理要件，优化办理流程，压缩办理时限，提升服务效率。

2019年6月25日，为切实贯彻落实好《自治区住房城乡建设厅、财政厅、人民银行南宁中心支行、国土资源厅转发住房和城乡建设部等四部门关于维护住房公积金缴存职工购房贷款权益的通知》（桂建金管〔2018〕4号）有关精神，在贯彻执行文件的基础上，结合我市实际，中心发布了《防城港市住房公积金管理委员会办公室关于进一步维护住房公积金缴存职工购房贷款权益的通知》（防金委办通〔2019〕3号），就优化住房公积金贷款业务流程，压缩贷款审批时限、加强销售行为管理、督促房地产开发企业落实承诺、提高抵押登记效率、加大联合惩戒力度、畅通投诉举报渠道，定期开展集中整治进行约定和规范。

2019年12月31日，为认真贯彻落实《自治区住房城乡建设厅关于提升住房公积金服务效能的通知》（桂建金管〔2019〕11号）精神，推进我市住房公积金"一事通办"改革，进一步优化营商环境，中心发布《关于进一步优化缴存登记办理流程及精简贷款业务办理要件的通知》，进一步优化缴存登记办理流程、精简贷款业务办理要件。

（四）当年信息化建设情况。

（1）2019年6月综合服务平台通过住房和城乡建设部、自治区住房城乡建设厅联合验收，开通综合服务窗口，实行业务一窗受理。8月开通微信刷脸认证登录功能，10月开通支付宝刷脸认证登录功能，为职工提供更安全、更便捷服务。在网上业务大厅开通了提前还款、手机号码变更、银行卡绑定与解绑、还款卡号变更、个人基本信息变更、缴存比例调整等功能，同时在网上业务大厅启用了电子印章功能，职工可足不出户打印缴存证明等材料，实现"一次不用跑"的便民服务，逐步完善网上服务建设，不断提高公积金办事效率。

（2）2019年6月接入全国住房公积金数据平台，确保住房公积金个人贷款及相关信息准确、完整地报送至全国住房公积金数据平台。11月接入支付宝城市服务，职工可通过支付宝页面端查询公积金信息。12月接入全国转移接续平台直联系统，实现业务一次办理，提升办事效率。

（五）当年住房公积金管理中心及职工所获荣誉情况。

（1）2019年第3季度防城港市住房公积金管理中心政务服务窗口被评为防城港市政务服务"优秀窗口"。

（2）2019年7月，劳一苹同志被广西壮族自治区人民政府办公厅表彰"2018年度全区政务服务工作突出贡献奖"。

（六）当年对违反《住房公积金管理条例》和相关法规行为进行行政处罚和申请人民法院强制执行情况。2019年防城港市住房公积金管理中心向法院申请执行公积金个人住房贷款借款合同纠纷案件16宗。

（七）当年对住房公积金管理人员违规行为的纠正和处理情况等。2019年，防城港市住房公积金管理中心没有出现管理人员因违规行为被处理的情况。

钦州市住房公积金2019年年度报告

一、机构概况

（一）**住房公积金管理委员会**：市住房公积金管理委员会有22名成员，2019年召开1次会议，审议通过了《2018年度住房公积金增值收益计提公共租赁住房补助资金分配方案》。

（二）**住房公积金管理中心**：市住房公积金管理中心为钦州市人民政府直属的、不以营利为目的、参照公务员法管理的事业单位，设5个科室、5个管理部。从业人员64人，其中，在编33人，非在编31人。

二、业务运行情况

（一）**缴存**：2019年新开户单位261家，实缴单位2743家，净增单位213家；新开户职工1.76万人，实缴职工14.09万人，净增职工0.57万人；缴存额19.23亿元，同比增加9.43%。截至2019年末缴存总额123.29亿元，比上年末增加18.48%；缴存余额49.00亿元，比上年末增加10.80%。

受委托办理住房公积金缴存业务的银行8家，比上年增加0家。

（二）**提取**：2019年提取额14.46亿元，同比增长16.90%；占当年缴存额的75.18%，比上年增加4.81个百分点。截至2019年末，提取总额74.29亿元，比上年末增加24.17%。

（三）**贷款**：

1. 个人住房贷款。个人住房贷款最高额度35万元，其中，单缴存职工最高额度28万元，双缴存职工最高额度 35 万元。

2019 年发放个人住房贷款 0.33 万笔、9.27 亿元，同比分别下降 5.38%、0.72%。

2019 年回收个人住房贷款 3.80 亿元。

截至 2019 年末，累计发放个人住房贷款 3.11 万笔、66.44 亿元，贷款余额 48.75 亿元，分别比上年末增加 11.89%、16.21%、12.64%。个人住房贷款余额占缴存余额的 99.50%，比上年末增加 1.63 个百分点。

受委托办理住房公积金个人住房贷款业务的银行 8 家，比上年增加 0 家。

2. 住房公积金支持保障性住房建设项目贷款。2019 年发放支持保障性住房建设项目贷款 0 亿元，回收项目贷款 0 亿元。截至 2019 年末，累计发放项目贷款 0 亿元，项目贷款余额 0 亿元。

（四）**购买国债**：2019 年购买（记账式、凭证式）国债 0 亿元，兑付（转让、收回）国债 0 亿元。截至 2019 年末，国债余额 0 亿元，比上年末减少（增加）0 亿元。

（五）**融资**：2019 年融资 0 亿元，归还 0.30 亿元。截至 2019 年末，融资总额 0.50 亿元，融资余额 0 亿元。

（六）**资金存储**：截至 2019 年末，住房公积金存款余额 2.00 亿元。其中，活期 1.70 亿元，1 年（含）以下定期 0.30 亿元，1 年以上定期 0 亿元，其他（协定、通知存款等）0 亿元。

（七）**资金运用率**：2019 年末，住房公积金个人住房贷款余额、项目贷款余额和购买国债余额的总和占缴存余额的 99.50%，比上年末增加 1.63 个百分点。

三、主要财务数据

（一）**业务收入**：2019 年业务收入 15499.82 万元，同比增长 5.78%。存款利息 609.84 万元，委托贷款利息 14887.28 万元，国债利息 0 万元，其他 2.70 万元。

（二）**业务支出**：2019 年业务支出 8031.80 万元，同比增长 11.77%。支付职工住房公积金利息 7168.70 万元，归集手续费 75.00 万元，委托贷款手续费 744.41 万元，其他 43.69 万元。

（三）**增值收益**：2019 年增值收益 7468.02 万元，同比增长 0.01%。增值收益率 1.58%，比上年降低 0.20 个百分点。

（四）**增值收益分配**：2019 年提取贷款风险准备金 4480.84 万元，提取管理费用 1077.48 万元，提取城市廉租住房（公共租赁住房）建设补充资金 1909.70 万元。

2019 年上交财政管理费用 1018.46 万元。上缴财政城市廉租住房（公共租赁住房）建设补充资金 2120.29 万元。

截至 2019 年末，贷款风险准备金余额 25619.44 万元。累计提取城市廉租住房（公共租赁住房）建设补充资金 16632.94 万元。

（五）**管理费用支出**：2019 年管理费用支出 951.04 万元，同比增长 3.43%。其中，人员经费 517.84 万元，公用经费 71.73 万元，专项经费 361.47 万元。

四、资产风险状况

（一）**个人住房贷款**：2019 年末，个人住房贷款逾期额 87.04 万元，逾期率 0.18‰。

个人贷款风险准备金按不低于年度住房公积金增值收益的60%提取。2019年提取个人贷款风险准备金4480.84万元，冲回往年使用个人贷款风险准备金核销呆坏账2.13万元。截至2019年末，个人贷款风险准备金余额25619.44万元，占个人住房贷款余额的5.25%，个人住房贷款逾期额与个人贷款风险准备金余额的比率为0.34%。

（二）支持保障性住房建设试点项目贷款：截至2019年末，逾期项目贷款0万元，逾期率0‰。

项目贷款风险准备金按贷款余额的0%提取。2019年提取项目贷款风险准备金0万元，使用项目贷款风险准备金核销呆坏账0万元，项目贷款风险准备金余额0万元，占项目贷款余额的0%，项目贷款逾期额与项目贷款风险准备金余额的比率为0%。

五、社会经济效益

（一）缴存业务：2019年实缴单位数、实缴职工人数和缴存额同比分别增长8.41%、4.21%和9.43%。

缴存单位中，国家机关和事业单位占59.50%，国有企业占6.38%，城镇集体企业占3.61%，外商投资企业占0.36%，城镇私营企业及其他城镇企业占25.81%，民办非企业单位和社会团体占2.33%，其他占2.01%。

缴存职工中，国家机关和事业单位占63.35%，国有企业占13.74%，城镇集体企业占3.07%，外商投资企业占1.22%，城镇私营企业及其他城镇企业占17.43%，民办非企业单位和社会团体占0.55%，其他占0.64%；中、低收入占100%，高收入占0%。

新开户职工中，国家机关和事业单位占44.60%，国有企业占10.48%，城镇集体企业占3.09%，外商投资企业占2.01%，城镇私营企业及其他城镇企业占27.24%，民办非企业单位和社会团体占1.09%，其他占11.49%；中、低收入占100%，高收入占0%。

（二）提取业务：2019年共有5.66万名缴存职工提取住房公积金14.46亿元。

提取金额中，住房消费提取占83.62%（购买、建造、翻建、大修自住住房占40.61%，偿还购房贷款本息占37.35%，租赁住房占5.66%，其他占0%）；非住房消费提取占16.38%（离休和退休提取占10.62%，完全丧失劳动能力并与单位终止劳动关系提取占4.12%，出境定居占0.01%，其他占1.64%）。

提取职工中，中、低收入占99.98%，高收入占0.02%。

（三）贷款业务：

1. 个人住房贷款。2019年支持职工购建房41.75万平方米，年末个人住房贷款市场占有率为15.66%，比上年末减少1.46个百分点。通过申请住房公积金个人住房贷款，可节约职工购房利息支出20686.74万元。

职工贷款笔数中，购房建筑面积90（含）平方米以下占6.68%，90～144（含）平方米占85.97%，144平方米以上占7.35%。购买新房占87.48%（其中购买保障性住房占0.82%），购买二手房占12.04%，建造、翻建、大修自住住房占0.48%，其他占0%。

职工贷款笔数中，单缴存职工申请贷款占32.79%，双缴存职工申请贷款占66.36%，三人及以上缴存职工共同申请贷款占0.85%。

贷款职工中，30岁（含）以下占42.62%，30岁～40岁（含）占37.60%，40岁～50岁（含）占

16.91％，50岁以上占2.87％；首次申请贷款占95.10％，二次及以上申请贷款占4.90％；中、低收入占99.55％，高收入占0.45％。

2. 异地贷款。 2019年发放异地贷款0笔、0万元。截至2019年末，发放异地贷款总额13668.45万元，异地贷款余额7129.73万元。

3. 公转商贴息贷款。 2019年发放公转商贴息贷款0笔、0万元，支持职工购建住房面积0万平方米，当年贴息额0万元。截至2019年末，累计发放公转商贴息贷款0笔、0万元，累计贴息0万元。

4. 支持保障性住房建设试点项目贷款。 截至2019年末，累计试点项目0个，贷款额度0亿元，建筑面积0万平方米，可解决0户中低收入职工家庭的住房问题。0个试点项目贷款资金已发放并还清贷款本息。

（四）住房贡献率： 2019年个人住房贷款发放额、公转商贴息贷款发放额、项目贷款发放额、住房消费提取额的总和与当年缴存额的比率为111.06％，比上年增加2.77个百分点。

六、其他重要事项

（一）当年机构及职能调整情况、受委托办理缴存贷款业务金融机构变更情况。

1. 机构及职能调整情况： 无。

2. 受委托办理缴存贷款业务金融机构变更情况： 无。

（二）当年住房公积金政策调整及执行情况。

1. 当年缴存基数限额及确定方法、缴存比例调整情况

2019年6月10日，根据《住房公积金管理条例》《广西住房公积金业务管理规范》和《钦州市个人自愿缴存住房公积金实施办法》的有关规定，印发《关于调整钦州市2019年住房公积金月缴存额上下限的通知》（钦市金管规〔2019〕1号），调整住房公积金缴存基数上限为15416元，缴存基数下限按上年度本市最低工资标准1680元执行，缴存比例为5％～12％。个人自愿缴存按钦州市2018年城镇居民人均可支配收入为2791.00元计算，月缴存额下限为558.00元，缴存比例为20％。

2. 住房公积金个人住房贷款最高贷款额度调整情况

根据钦州市住房公积金管理委员会《关于调整住房公积金政策支持职工住房消费的通知》（钦市金管委字〔2014〕2号），借款人及其配偶双方均正常缴存住房公积金的，最高贷款额度为35万元；单方正常缴存住房公积金的，最高贷款额度为28万元。

3. 住房公积金存贷款利率调整及执行情况

根据《中国人民银行 住房和城乡建设部 财政部关于完善职工住房公积金账户存款利率形成机制的通知》（银发〔2016〕43号），自2016年2月21日起，将职工住房公积金账户存款利率，由按归集时间执行活期、三个月存款基准利率，调整为统一按一年期定期存款基准利率执行。

5年期（含）以下的住房公积金个人贷款年利率为2.75％，5年期以上至30年（含）的贷款年利率为3.25％。

4. 当年住房公积金政策调整情况

（1）2019年6月10日，印发《关于调整钦州市2019年住房公积金月缴存额上下限的通知》（钦市金管规〔2019〕1号）。

（2）为贯彻落实《自治区住房城乡建设厅、财政厅、自然资源厅、人民银行南宁中心支行关于印发广西住房公积金个人住房贷款业务联办工作方案的通知》（桂建金管〔2019〕9号）等文件精神，进一步深化我市住房公积金个人贷款"一事通办"改革，优化营商环境，市住房公积金管理中心会同市自然资源局共同制定《钦州市住房公积金个人贷款业务联办工作实施方案》。

（三）当年服务改进情况。

1. 推进个人自愿缴存工作。 制定个人自愿缴存宣传方案，除5~6月在全市开展住房公积金政策法规集中宣传活动外，灵山县管理部、浦北县管理部通过小分队现场宣传服务等方式，整年持续开展自愿缴存宣传。除了传统方式上门发放宣传册、银行LED大屏滚动播放、集中现场政策解读外，多利用网络媒体如中心官网、微信公众号等方式广泛宣传，引导个人自愿缴存住房公积金。结合开展"不忘初心、牢记使命"主题教育，业务科室还联合农业银行钦州分行围绕个人自愿缴存扩面工作进行专题调研。通过深入县区走访、召开座谈会、发放调查问卷等形式全方位宣传个人自愿缴存政策。据不完全统计，集中宣传期间共发放宣传资料20000份，接受业务咨询300人次。全年共有507人办理了个人自愿缴存住房公积金业务。全市个人自愿缴存住房公积金开户累计736人，正常缴存705人。

2. 加强行政执法催缴催建工作。 通过全市网络媒体、电视新闻、中心官网、公众微信号和公积金手机APP等平台持续宣传公积金惠民政策。通过深入企业、商场、基层送服务上门方式，详细介绍住房公积金政策和惠民措施，全面展示升级优化后的住房公积金缴存、提取和贷款等流程，持续提升住房公积金社会知晓度和群众关注度，扩大社会影响力。将催缴催建与归集扩面工作相结合，促进催缴催建工作规范化、常态化，全年发送88份催缴催建通知书，促使47家单位（企业）为752名职工办理缴存登记或正常缴存。

3. 规范住房公积金使用政策。 紧扣党的十九大报告中"房子是用来住的，不是用来炒的"定位和自治区住房城乡建设厅相关文件精神，全面梳理完善住房公积金使用政策，重点支持职工合理住房消费，促进房地产市场健康发展。为切实提高房企办理个贷业务质量，组织小分队对海慧春天、人和春天、碧桂园三家房地产企业进行网厅个贷业务培训，联合市不动产登记局对全市房地产企业开展住房公积金个人贷款联办业务培训共6期。严格执行"控高保低"缴存政策，及时调整了住房公积金缴存额上下限。严格执行差别化信贷政策，支持中低收入群体持续改善居住水平。

4. 全面提升信息化水平。 持续践行"圆梦百姓安居，服务钦州建设"品牌理念，严格按照住房和城乡建设部"双贯标"建设要求，遵循《智慧钦州总体发展规划》，采用政务云服务方式建成"住房公积金互联网＋"信息系统和综合服务平台，开通了10个服务渠道〔官网、12329热线、12329短信、自助终端、微信公众号、微博、手机APP、网上服务大厅（个人版、单位版、开发商版）、微信的城市服务和支付宝的城市服务〕，全面实现线上办理归集、提取、贷款业务。5月27、28日，全区住房公积金工作会议暨综合服务平台建设现场会在钦州召开，会议对钦州市公积金综合服务平台建设情况作了推介，与会人员现场观摩了钦州市综合服务平台主要功能及业务应用情况演示。截至2019年末，钦州市住房公积金综合服务平台注册人数11.33万人，占全市缴存职工人数（15.61万人）的72.58%；2630个缴存单位开通单位版网上服务大厅授权办理业务，占全市缴存单位（2948个）的89.21%；全市85家销售活跃的房地产企业均已开通开发商版网上服务大厅，线上提交住房公积金个人贷款材料。

5. 推进落实"一事通办"改革。 一是取消住房公积金缴存登记业务所需的相关材料，通过全国组织机构统一社会信用代码公示查询平台和自治区住房公积金监管处企业信息查询平台查询获取。二是取消住房公积金贷款的户口本和区内民政登记婚姻证明要件，通过自治区住房公积金监管信息系统和数据共享交换平台查询获取。三是住房公积金提取业务不再要求群众提供所有证明材料复印件，利用高拍仪、扫描仪等设备留存证明信息，纳入业务档案管理，重复调取利用；取消购买二手房、大修、异地住房公积金贷款还贷、退休、出境和死亡提取所需的部分凭证要件。四是通过自治区住房公积金监管处新开户企业信息平台获取市场监管部门提供的本地区新开办企业信息，同步完成住房公积金缴存登记开户并反馈办理结果，企业的银行账户、缴存比例、个人账户设立、经办人等信息待企业办理首月缴存时再获取录入或调整。五是优化业务办理流程。重新编制"一次性告知""最多跑一次""一次不用跑"3 张事项清单，进一步简化办事程序，压缩办理时限，将归集、提取业务办事时限压缩到 1 个工作日，贷款审批业务缩短至 4 个工作日。

6. 持续提升业务网上办理率。一是住房公积金提取已实现"偿还贷款本息提取""离退休提取""出境定居提取""丧失劳动能力提取""终止劳动关系提取"和"无房支付房租提取"业务线上办理，其中，"偿还贷款本息提取"开通了交行、市区农信社、建行和北部湾银行的商业贷款本息提取，开通"签解约按月对冲还贷"功能。通过手机 APP、微信、个人版网上服务大厅，缴存职工可以随时随地、7×24 小时在线申请办理住房公积金提取，当天办结，资金即时到账，从"最多跑一次"逐渐过渡到"一次不用跑"。2019 年全市线上提取 5.22 万笔，离柜率达 56.51%。二是住房公积金归集业务实现全流程网上办理，实现"一次不用跑"。通过单位版网上服务大厅，缴存单位住房公积金经办人自主办理本单位的所有归集业务，少部分需要审批的业务通过网络推送公积金管理中心信息系统后台进行审批。2019 年全市缴存业务离柜率达 86.23%。三是住房公积金贷款业务实现线上预审和"一站式"服务模式，住房公积金贷款、组合贷款、抵押登记业务一窗受理，公积金中心、受委托银行、不动产登记部门内部流转审批，实现职工"最多跑一次"；同时网上开通"提前结清""提前还本"功能，上线"贷款试算器"和"贷款进度查询"。四是上线电子印章服务，缴存单位和职工可以自行登录网上服务大厅打印各类证明材料，在线生成并自动加盖电子印章，生成序列号通过服务端口链接验证电子证明材料真伪。全年缴存单位和职工打印各类证明材料 7.05 万份。五是 12329 热线提供人工及自助语音服务 3.71 万通，发送 12329 短信 69.41 万条，微信公众号主动推送政策、解读等文章 37 期 40 篇，单篇阅读量最高超 3 万人次。

7. 推进贷款业务联办工作。根据《自治区住房城乡建设厅自然资源厅关于印发〈广西住房公积金个人住房贷款业务联办试点工作方案〉的通知》（桂建金管〔2019〕4 号）精神，积极研究探索住房公积金个人住房贷款联办业务，结合实际制定《钦州市住房公积金个人住房贷款业务联办工作实施方案》，协调不动产登记部门和受托银行开通专线实现数据联网，2019 年 5 月上线抵押登记联办业务，通过银行进驻人员在线向市不动产登记局推送抵押登记申请资料和接收办理结果，实现在市住房公积金管理中心业务大厅办理贷款预告登记和预抵押登记，实现个人住房公积金贷款业务"只进一扇门、一站式办结、最多跑一次"。

8. 进一步优化营商环境。继续执行规范和阶段性降低缴存比例政策，2019 年全市共 273 家企业根据自身经济效益在 5%～12%之间确定企业的缴存比例，按正常缴存比例 12%缴存测算，企业自主选择缴存比例为 5%～12%后，企业少支付的单位部分公积金约 45.74 万元，降低了企业成本。

9. 强化政务信息公开。2019 年通过钦州市政务信息公开平台、住房公积金官网、微信、微博、手机

APP 等途径主动公开政府信息 307 条。

（四）当年信息化建设情况。以"互联网＋"为导向，利用大数据、云计算等信息技术进一步优化钦州市"住房公积金互联网＋"信息系统，完善 10 个服务渠道［官网、12329 热线、12329 短信、自助终端、微信公众号、微博、手机 APP、网上服务大厅（个人版、单位版、开发商版）、微信的城市服务和支付宝的城市服务］的功能，丰富线上业务办理种类，全面实现线上办理归集、提取、贷款业务。6 月 18 日，综合服务平台建设以"优秀"等次通过了住房和城乡建设部、自治区住房城乡建设厅联合检查验收组的验收，成为广西区首个顺利通过检查验收的住房公积金综合服务平台。

（五）当年住房公积金管理中心及职工所获荣誉情况。

（1）钦州市住房公积金管理中心归集管理科荣获 2019 年度全市巾帼文明岗。

（2）黄成新同志荣获市直机关优秀党务工作者。

（六）当年对违反《住房公积金管理条例》和相关法规行为进行行政处罚和申请人民法院强制执行情况。无。

（七）当年对住房公积金管理人员违规行为的纠正和处理情况等。无。

（八）其他需要披露的情况。无。

贵港市住房公积金 2019 年年度报告

一、机构概况

（一）**住房公积金管理委员会**：住房公积金管理委员会有 19 名委员，2019 年召开 2 次会议，审议通过的事项主要包括：

1. 2019 年 3 月 4 日第一次会议审议通过的事项，主要包括：

（1）关于贵港市住房公积金管理中心 2018 年工作总结及 2019 年工作思路（含贵港市 2018 年归集使用计划执行情况报告）；

（2）关于贵港市住房公积金 2018 年年度报告（含 2018 年度财务报告及增值收益分配情况）；

（3）关于贵港市 2019 年住房公积金归集使用计划；

（4）关于贵港市 2019 年度住房公积金月缴存额上下限；

（5）关于贵港公积金中心申请在贵港市区农村信用合作联社、桂平市农村信用合作联社和平南县农村信用合作联社开户并办理公积金业务。

2. 2019 年 8 月 29 日第二次会议审议通过的事项，主要包括：

（1）关于听取贵港市住房公积金管理上半年工作总结和下半年工作安排的议题；

（2）关于市住房公积金管理中心在广西北部湾银行贵港分行、中国邮政储蓄银行贵港分行和柳州银行贵港分行开立住房公积金账户的议题。

（二）**住房公积金管理中心**：住房公积金管理中心为（隶属于市人民政府）不以营利为目的的（参公）

事业单位，设 7 个处（科），4 个管理部，0 个分中心。从业人员 64 人，其中，在编 45 人，非在编 19 人。

（三）住房公积金管理中心：住房公积金管理中心为（隶属于市人民政府）不以营利为目的的（参公）事业单位，设 7 个处（科），4 个管理部，0 个分中心。从业人员 64 人，其中，在编 45 人，非在编 19 人。

二、业务运行情况

（一）缴存：2019 年，新开户单位 239 家，实缴单位 3104 家，净增单位 225 家；新开户职工 1.84 万人，实缴职工 15.32 万人，净增职工 1.03 万人；缴存额 19.71 亿元，同比增长 9.44%。2019 年末，缴存总额 130.58 亿元，比上年末增加 17.78%；缴存余额 48.07 亿元，比上年末增加 8.98%。

受委托办理住房公积金缴存业务的银行 9 家，比上年增加 3 家。

（二）提取：2019 年，提取额 15.75 亿元，同比增长 13.31%；占当年缴存额的 79.91%，比上年增加 2.73 个百分点。2019 年末，提取总额 82.51 亿元，比上年末增加 23.59%。

（三）贷款：

1. 个人住房贷款：个人住房贷款最高额度 40 万元，其中，单缴存职工最高额度 40 万元，双缴存职工最高额度 40 万元。

2019 年，发放个人住房贷款 0.21 万笔、6.92 亿元，同比分别增长 60.75%、65.55%。

2019 年，回收个人住房贷款 3.4 亿元。

2019 年末，累计发放个人住房贷款 2.8011 万笔、59.55 亿元，贷款余额 38.8 亿元，分别比上年末增加 7.92%、13.13%、9.98%。个人住房贷款余额占缴存余额的 80.72%，比上年末增加 0.75 个百分点。

受委托办理住房公积金个人住房贷款业务的银行 6 家，比上年增加 1 家。

2. 住房公积金支持保障性住房建设项目贷款：无。

（四）购买国债：无。

（五）融资：无。

（六）资金存储：2019 年末，住房公积金存款 10.68 亿元。其中，活期 2.28 亿元，1 年（含）以下定期 4.43 亿元，1 年以上定期 3.57 亿元，其他（协定、通知存款等）0.4 亿元。

（七）资金运用率：2019 年末，住房公积金个人住房贷款余额、项目贷款余额和购买国债余额的总和占缴存余额的 80.72%，比上年末增加 0.75 个百分点。

三、主要财务数据

（一）业务收入：2019 年，业务收入 14869.97 万元，同比增长 9.1%。存款利息 3048.88 万元，委托贷款利息 11818.99 万元，国债利息 0 万元，其他 2.1 万元。

（二）业务支出：2019 年，业务支出 8170.17 万元，同比增长 13.26%。支付职工住房公积金利息 6936.87 万元，归集手续费 173.95 万元，委托贷款手续费 536.88 万元，其他（公转商贴息）522.47 万元。

（三）增值收益：2019 年，增值收益 6699.8 万元，同比增长 4.42%。增值收益率 1.548%，比上年增加 0.043 个百分点。

（四）增值收益分配：2019 年，提取贷款风险准备金 682.61 万元，提取管理费用 2586.63 万元，提取城市廉租住房（公共租赁住房）建设补充资金 3430.56 万元。

2019 年，上交财政管理费用 1143 万元。上缴财政城市廉租住房（公共租赁住房）建设补充资金 4861.29 万元（2018 年增值收益 6416.21 万元，其中：计提贷款风险准备金 411.92 万元；管理费用 1143 万元；廉租住房建设补充资金 4861.29 万元）。

2019 年末，贷款风险准备金余额 21886.61 万元。累计提取城市廉租住房（公共租赁住房）建设补充资金 16055.04 万元。

（五）管理费用支出：2019 年，管理费用支出 1143 万元，同比下降 8.4%。其中，人员经费 578.74 万元，公用经费 21.47 万元，专项经费 542.79 万元。

四、资产风险状况

（一）个人住房贷款：2019 年末，个人住房贷款逾期额 1.42 万元，逾期率 0.00365‰。

个人贷款风险准备金按年度贷款余额的 1% 提取。2019 年，提取个人贷款风险准备金 682.61 万元，使用个人贷款风险准备金核销呆坏账 0 万元。2019 年末，个人贷款风险准备金余额 21886.61 万元，占个人住房贷款余额的 5.64%，个人住房贷款逾期额与个人贷款风险准备金余额的比率为 0.006%。

（二）支持保障性住房建设试点项目贷款：2019 年末，逾期项目贷款 0 万元，逾期率 0‰。

项目贷款风险准备金按贷款余额的 0% 提取。2019 年，提取项目贷款风险准备金 0 万元，使用项目贷款风险准备金核销呆坏账 0 万元，项目贷款风险准备金余额 0 万元，占项目贷款余额的 0%，项目贷款逾期额与项目贷款风险准备金余额的比率为 0%。

五、社会经济效益

（一）缴存业务：2019 年，实缴单位数、实缴职工人数和缴存额同比分别增长 7.82%、7.18% 和 9.44%。

缴存单位中，国家机关和事业单位占 68.68%，国有企业占 8.57%，城镇集体企业占 1.8%，外商投资企业占 0.97%，城镇私营企业及其他城镇企业占 16.4%，民办非企业单位和社会团体占 1.9%，其他占 1.68%。

缴存职工中，国家机关和事业单位占 65.63%，国有企业占 12.92%，城镇集体企业占 1.38%，外商投资企业占 5.73%，城镇私营企业及其他城镇企业占 11.34%，民办非企业单位和社会团体占 1.41%，其他占 1.59%；中、低收入占 100%，高收入占 0%。

新开户职工中，国家机关和事业单位占 39.54%，国有企业占 9.07%，城镇集体企业占 1.19%，外商投资企业占 15.77%，城镇私营企业及其他城镇企业占 27.32%，民办非企业单位和社会团体占 3.06%，其他占 4.05%；中、低收入占 100%，高收入占 0%。

（二）提取业务：2019 年，6.26 万名缴存职工提取住房公积金 15.75 亿元。

提取金额中，住房消费提取占 80.99%（购买、建造、翻建、大修自住住房占 30.25%，偿还购房贷款本息占 35.83%，租赁住房占 12%，其他占 2.91%）；非住房消费提取占 19.01%（离休和退休提取占 15.01%，完全丧失劳动能力并与单位终止劳动关系提取占 2.58%，死亡或宣告死亡占 0.9%，其他占 0.52%）。

提取职工中，中、低收入占 100%，高收入占 0%。

(三) 贷款业务：

1. 个人住房贷款：2019 年，支持职工购建房 24.73 万平方米，年末个人住房贷款市场占有率（含公转商贴息贷款）为 7.93%，比上年末减少 1.79 个百分点。通过申请住房公积金个人住房贷款，可节约职工购房利息支出 22214.14 万元。

职工贷款笔数中，购房建筑面积 90（含）平方米以下占 8.17%，90~144（含）平方米占 84.58%，144 平方米以上占 7.25%。购买新房占 79.96%（其中购买保障性住房占 4.67%），购买二手房占 19.94%，建造、翻建、大修自住住房占 0.1%，其他占 0%。

职工贷款笔数中，单缴存职工申请贷款占 30.84%，双缴存职工申请贷款占 68.24%，三人及以上缴存职工共同申请贷款占 0.92%。

贷款职工中，30 岁（含）以下占 42.32%，30 岁~40 岁（含）占 38.91%，40 岁~50 岁（含）占 15.37%，50 岁以上占 3.4%；首次申请贷款占 100%，二次及以上申请贷款占 0%；中、低收入占 99.9%，高收入占 0.1%。

2. 异地贷款：2019 年，发放异地贷款 5 笔、148.9 万元。2019 年末，发放异地贷款总额 17556.5 万元，异地贷款余额 14136.42 万元。

3. 公转商贴息贷款：2019 年，发放公转商贴息贷款 0 笔、0 万元，支持职工购建住房面积 0 万平方米，当年贴息额 521.94 万元。2019 年末，累计发放公转商贴息贷款 1744 笔、48758.4 万元，累计贴息 1032.43 万元。

4. 支持保障性住房建设试点项目贷款：2019 年末，累计试点项目 0 个，贷款额度 0 亿元，建筑面积 0 万平方米，可解决 0 户中低收入职工家庭的住房问题。0 个试点项目贷款资金已发放并还清贷款本息。

(四) **住房贡献率**：2019 年，个人住房贷款发放额、公转商贴息贷款发放额、项目贷款发放额、住房消费提取额的总和与当年缴存额的比率为 99.81%，比上年增加 2.76 个百分点。

六、其他重要事项

(一) 当年受委托办理缴存贷款业务金融机构变更情况。中心增设贵港市区农村信用合作联社、桂平市农村信用合作联社和平南县农村信用合作联社承办公积金业务。

(二) 当年住房公积金政策调整及执行情况。

(1) 当年缴存基数限额及确定方法、缴存比例调整情况。

本市当年公积金缴存基数限额及确定方法，根据《关于设定贵港市 2019 年住房公积金月缴存额上下限的通知》（贵金管字〔2019〕26 号）的规定：一贵港市住房公积金缴存比例最高为 12%，2019 年单位和个人月住房公积金缴存基数上限为 16983 元，2019 年单位和个人月住房公积金缴存额上限各为 2038 元，月缴存额合计上限为 4076 元（职工住房公积金月缴存工资基数上限额度为贵港市统计部门公布的上年度贵港市在岗职工月平均工资的 3 倍，贵港市统计局于 2019 年 6 月 3 日公布的 2018 年度贵港市城镇非私营单位在岗职工年平均工资为 67934 元，计算公式如下：67934 元÷12 个月×3≈16983 元，16983 元×12%≈2038 元，2038 元×2=4076 元）。二是根据《住房公积金管理条例》规定，住房公积金最低缴存比例为 5%。按照《广西壮族自治区人民政府关于调整全区职工最低工资标准的通知》（桂政发〔2018〕6

号)的规定,确定 2019 年度贵港市职工住房公积金缴存基数下限为:贵港市为 1450 元、桂平市和平南县均为 1300 元。

(2) 中心从 2019 年 1 月 1 日起开展住房公积金个人住房组合贷款业务。

(三)当年服务改进情况。

(1) 2019 年 1 月中心进一步精减住房公积金业务办理要件及优化住房公积金业务办理流程,贷款方面:

1) 取消住房公积金贷款所需的户口本要件;

2) 取消二手房住房公积金贷款评估报告要件(组合贷款按银行要求提供)。

3) 已在中心缴存的贷款申请人不再需要提供以前在区外住房公积金管理中心的缴存使用情况证明。

(2) 贵港市住房公积金管理中心通过对住房公积金、不动产登记、商业银行三大部门事项的审批资源进行全面整合,积极开展住房公积金贷款业务联办,将关联性业务整合进入公积金贷款业务窗口单个综合窗口统一受理,精简办事材料,优化流程,压缩时限,贷款受理至抵押办结不超过 8.5 个工作日,实现跨部门、多业务的一窗式集成服务。目前,我市工、农、中、建、交五家商业银行已顺利完成贷款业务联办的试点工作,下辖市、县均已实现贷款的联办。

(3) 5 月份,根据住房和城乡建设部全国住房公积金数据平台接入的要求,完成数据平台的接入上线;

(4) 6 月份,中心住房公积金综合服务平台以"优秀"等级通过住房和城乡建设部、自治区住房城乡建设厅联合验收组的验收;

(5) 11 月份,正式进驻贵港市政务服务中心大厅办理住房公积金提取业务;

(6) 12 月份,完成全国住房公积金转移接续平台直连。

(四)当年信息化建设情况。

(1) 综合服务平台的网站渠道进行了集约化迁移与升级;

(2) 中心系统实现与市数据共享平台的对接;

(3) 系统与市智慧贵港 APP 系统完成了一阶段系统对接;

(4) 系统与智慧城市统一政务平台对接;

(5) 中心系统通过与区监管系统联网,实现全区公积金、婚姻登记、工商登记信息的查询;

(6) 完成了电子签章的项目的建设;

(7) 中心已完成了基础数据标准的贯标和结算应用系统的接入,同时根据最新的基数数据贯标要求,进一步对系统及数据库进行升级改造;

(8) 中心在原有的中、农、工、建、交五大行接入全国结算应用系统的基础上,增加信用社、北部湾银行接入,邮政银行、柳州银行正在测试,进一步了扩大商业银行的接入数量。

(五)当年住房公积金管理中心及职工所获荣誉情况。 2019 年 6 月 21 日,贵港市住房公积金管理中心综合服务平台以"优秀"等级通过住房和城乡建设部、自治区住房城乡建设厅的联合检查验收,成为我区首批通过住房公积金综合服务平台验收的住房公积金管理中心之一;2019 年 9 月 29 日,贵港市住房公积金管理中心顺利通过自治区档案测评组评估,综合档案室晋升"自治区特级档案室";荣获全区"2018 年度住房公积金业务管理优秀单位"和"贵港市 2018 年度绩效考评优秀单位"等称号。

(六)当年对违反《住房公积金管理条例》和相关法规行为进行行政处罚和申请人民法院强制执行情况。 2019 年,我中心积极开展住房公积金行政执法上门宣传检查 30 余次和"双随机"抽查 1 次,没有行政处罚和申请人民法院强制执行情况。

（七）当年对住房公积金管理人员违规行为的纠正和处理情况等。2019年，经排查，对市委巡察组的巡察意见完全拥护、照单全收、诚恳接受、坚决整改。截至3月8日，共完成4个方面12大项26个小项问题整改，完善制度15项、挽回经济损失34380.62元（其中立行立改清退金额7210.28元，自查自纠清退金额27170.34元）。针对巡察整改提出的制度不完善等问题，共修订或新制定了16项规章制度，从源头上封堵制度漏洞，以制度的严格执行确保住房公积金管理服务工作的长效有序开展。同时，共发现和查处职工以虚假材料骗提住房公积金案件15起，全部向市公安机关和自治区住房城乡建设厅进行报备，积极协助公安部门对2起以虚假材料骗提住房公积金行为予以协查。此外，我中心积极与市公安局进行协商，已就住房公积金骗提骗贷行为惩处意见达成一致意见，于8月26日发布《关于开展打击非法中介违规提取住房公积金的特别联合告示》，明确规定以法律手段最大限度形成惩治高压态势，破解骗提骗贷惩处"宽松软"问题。截至目前，我们已出台2个关于住房公积金行业管理服务规范。

玉林市住房公积金2019年年度报告

一、机构概况

（一）住房公积金管理委员会：住房公积金管理委员会有25名委员，2019年召开1次会议，审议通过的事项主要包括：《玉林市住房公积金管理中心关于审议2018年度住房公积金增值收益分配方案和其他住房资金及住房补贴增值收益分配方案的请示》《玉林市住房公积金管理中心关于审议2019年管理费用预算的请示》《玉林市住房公积金管理中心关于编制玉林市住房公积金2019年年度预算的请示》《玉林市住房公积金管理中心关于编制2019年度住房公积金归集使用计划的请示》《玉林市2018年住房公积金制度执行情况报告》《玉林市住房公积金管理中心2018年度财务报告》。

（二）住房公积金管理中心：玉林市住房公积金管理中心为玉林市政府直属不以营利为目的的参公事业单位，设8个科室，7个管理部，无分中心。从业人员103人，其中，在编44人，非在编59人。

二、业务运行情况

（一）缴存：2019年，新开户单位320家，实缴单位3073家，净减单位799家；新开户职工1.93万人，实缴职工20.21万人，净增职工0.39万人；缴存额31.09亿元，同比增长10.67%。2019年末，缴存总额208.70亿元，比上年末增加17.51%；缴存余额89.02亿元，比上年末增加11.86%。

受委托办理住房公积金缴存业务的银行7家，与上年相比无变化。

（二）提取：2019年，提取额21.65亿元，同比增长17.38%；占当年缴存额的69.64%，比上年增加3.97个百分点。2019年末，提取总额119.68亿元，比上年末增加22.09%。

（三）贷款：

1.个人住房贷款：个人住房贷款最高额度40万元，其中，单缴存职工最高额度40万元，双缴存职工最高额度 40 万元。

2019 年，发放个人住房贷款 0.55 万笔、18.07 亿元，同比分别增长 7.60%、5.46%。

2019 年，回收个人住房贷款 6.80 亿元。

2019 年末，累计发放个人住房贷款 4.61 万笔、119.21 亿元，贷款余额 88.24 亿元，分别比上年末增加 13.44%、17.86%、14.63%。个人住房贷款余额占缴存余额的 99.13%，比上年末增加 2.4 个百分点。

受委托办理住房公积金个人住房贷款业务的银行 7 家，比上年增加 1 家。

2. 住房公积金支持保障性住房建设项目贷款：2019 年，发放支持保障性住房建设项目贷款 0 亿元，回收项目贷款 0 亿元。2019 年末，累计发放项目贷款 0 亿元，项目贷款余额 0 亿元。

（四）购买国债：2019 年，未购买国债。

（五）融资：2019 年，融资 0 亿元，归还 0 亿元。2019 年末，融资总额 0 亿元，融资余额 0 亿元。

（六）资金存储：2019 年末，住房公积金存款 4.11 亿元。其中，活期 0.02 亿元，1 年（含）以下定期 0 亿元，1 年以上定期 0 亿元，其他（协定、通知存款等）4.09 亿元。

（七）资金运用率：2019 年末，住房公积金个人住房贷款余额、项目贷款余额和购买国债余额的总和占缴存余额的 99.13%，比上年末增加 2.4 个百分点。

三、主要财务数据

（一）业务收入：2019 年，业务收入 28370.02 万元，同比增长 15.02%。存款利息 1154.02 万元，委托贷款利息 27215.81 万元，国债利息 0 万元，其他 0.19 万元。

（二）业务支出：2019 年，业务支出 15241.69 万元，同比增长 21.14%。支付职工住房公积金利息 13867.78 万元，归集手续费 0 万元，委托贷款手续费 1371.70 万元，其他 2.21 万元。

（三）增值收益：2019 年，增值收益 13128.33 万元，同比增长 8.65%。增值收益率 1.55%，比上年减少 0.06 个百分点。

（四）增值收益分配：2019 年，提取贷款风险准备金 7877 万元，提取管理费用 1669.12 万元，提取城市廉租住房（公共租赁住房）建设补充资金 3582.21 万元。

2019 年，上缴财政管理费用 1669.12 万元。上缴财政城市廉租住房（公共租赁住房）建设补充资金 3067.19 万元。

2019 年末，贷款风险准备金余额 53713.51 万元。累计提取城市廉租住房（公共租赁住房）建设补充资金 26113.27 万元。

（五）管理费用支出：2019 年，管理费用支出 1669.12 万元，同比下降 5.49%。其中，人员经费 882.86 万元，公用经费 135.44 万元，专项经费 650.82 万元。

四、资产风险状况

（一）个人住房贷款：2019 年末，个人住房贷款逾期额 72.62 万元，逾期率 0.082‰。

个人贷款风险准备金按（增值收益）的 60% 提取。2019 年，提取个人贷款风险准备金 7877.00 万元，使用个人贷款风险准备金核销呆坏账 0 万元。2019 年末，个人贷款风险准备金余额 53713.51 万元，占个人住房贷款余额的 6.09%，个人住房贷款逾期额与个人贷款风险准备金余额的比率为 0.14%。

（二）支持保障性住房建设试点项目贷款：截至2019年末，我中心没有住房公积金支持保障性住房建设项目贷款。

五、社会经济效益

（一）缴存业务：2019年，实缴单位数、实缴职工人数和缴存额同比分别增长－20.64%、1.97%和10.67%。

缴存单位中，国家机关和事业单位占65.70%，国有企业占10.61%，城镇集体企业占1.82%，外商投资企业占0.91%，城镇私营企业及其他城镇企业占16.60%，民办非企业单位和社会团体占1.50%，其他占2.86%。

缴存职工中，国家机关和事业单位占68.08%，国有企业占16.63%，城镇集体企业占1.05%，外商投资企业占1.51%，城镇私营企业及其他城镇企业占9.71%，民办非企业单位和社会团体占0.29%，其他占2.73%；中、低收入占99.34%，高收入占0.66%。

新开户职工中，国家机关和事业单位占45.40%，国有企业占15.00%，城镇集体企业占0.53%，外商投资企业占3.35%，城镇私营企业及其他城镇企业占25.33%，民办非企业单位和社会团体占0.89%，其他占9.50%；中、低收入占97.76%，高收入占2.24%。

（二）提取业务：2019年，7.24万名缴存职工提取住房公积金21.65亿元。

提取金额中，住房消费提取占78.90%（购买、建造、翻建、大修自住住房占35.53%，偿还购房贷款本息占40.20%，租赁住房占3.16%，其他占0.01%）；非住房消费提取占21.10%（离休和退休提取占14.68%，完全丧失劳动能力并与单位终止劳动关系提取占4.44%，出境定居占0%，其他占1.98%）。

提取职工中，中、低收入占90.42%，高收入占9.58%。

（三）贷款业务：

1. 个人住房贷款：2019年，支持职工购建房69.87万平方米，年末个人住房贷款市场占有率（含公转商贴息贷款）为14.43%，比上年末减少1.23个百分点。通过申请住房公积金个人住房贷款，可节约职工购房利息支出38200.42万元。

职工贷款笔数中，购房建筑面积90（含）平方米以下占3.99%，90～144（含）平方米占86.88%，144平方米以上占9.13%。购买新房占92.53%（其中购买保障性住房占0%），购买二手房占7.23%，建造、翻建、大修自住住房占0.24%，其他占0%。

职工贷款笔数中，单缴存职工申请贷款占58.88%，双缴存职工申请贷款占41.08%，三人及以上缴存职工共同申请贷款占0.04%。

贷款职工中，30岁（含）以下占24.96%，30岁～40岁（含）占38.41%，40岁～50岁（含）占30.52%，50岁以上占6.11%；首次申请贷款占95.57%，二次及以上申请贷款占4.43%；中、低收入占99.76%，高收入占0.24%。

2. 异地贷款：2019年，发放异地贷款79笔、2945.8万元。2019年末，发放异地贷款总额77476.3万元，异地贷款余额67376.81万元。

3. 公转商贴息贷款：2019年，发放公转商贴息贷款0笔、0万元，支持职工购建住房面积0万平方米，当年贴息额0万元。2019年末，累计发放公转商贴息贷款0笔、0万元，累计贴息0万元。

4. 支持保障性住房建设试点项目贷款：2019年末，累计试点项目0个，贷款额度0亿元，建筑面积0万平方米，可解决0户中低收入职工家庭的住房问题。0个试点项目贷款资金已发放并还清贷款本息。

（四）**住房贡献率**：2019年，个人住房贷款发放额、公转商贴息贷款发放额、项目贷款发放额、住房消费提取额的总和与当年缴存额的比率为113.06%，比上年增加3.55个百分点。

六、其他重要事项

（一）当年机构及职能调整情况、受委托办理缴存贷款业务金融机构变更情况。

1. 当年机构及职能调整情况：无。

2. 当年受托办理缴存贷款业务金融机构情况：无。

（二）当年住房公积金政策调整及执行情况。

（1）2019年住房公积金缴存政策的调整情况。

1）缴存基数。

自2019年7月1日起，本市住房公积金缴存基数由2017年职工本人月平均工资，调整为2018年职工本人月平均工资。工资总额按照国家统计部门规定的列入工资总额的组成项目计算。

2）缴存基数上下限。

① 缴存基数最高不应超过职工工作地所在设区城市统计部门公布的上一年度职工平均工资的3倍。根据玉林市统计局提供的2018年在岗职工年平均工资65810元，计算出2019年度住房公积金缴存基数上限为65810×3÷12≈16453元。

② 2019年度玉林市住房公积金缴存基数不得低于玉林市现行最低工资标准。

3）月缴存额上下限。

① 2019年度单位和个人住房公积金缴存比例各为最高12%。

② 2019年度住房公积金月缴存额=职工本人2018年月平均工资×个人住房公积金缴存比例+职工本人2018年月平均工资×单位住房公积金缴存比例。同一单位职工的缴存比例一致、个人住房公积金缴存比例和单位住房公积金缴存比例一致。

③ 2019年度单位和个人住房公积金月缴存额上限均为16453×12%≈1974元，合计为3948元。

④ 住房公积金缴存比例下限为5%，按照《广西壮族自治区人民政府关于调整全区职工最低工资标准的通知》（桂政发〔2018〕6号）的规定，确定2019年度玉林市职工住房公积金缴存基数下限为1450元。据此计算出单位和个人住房公积金月缴存额下限均为1450×5%≈73元，合计为146元（如最低工资标准调整，住房公积金缴存基数及缴存额下限随之调整）。

（2）2019年提取政策调整情况：无。

（3）2019年个人住房贷款最高贷款额度、贷款条件等贷款政策调整情况；贷款利率执行标准。

2019年个人住房贷款最高贷款额度为40万，贷款条件等贷款政策无调整。

2019年个人住房公积金贷款年利率为五（含）年期以下2.75%，五年期以上3.25%。

（三）当年服务改进情况。

1. 服务第一，树立为民服务新标杆

深入开展"亮身份、亮职责、亮承诺"活动，推动作风再转变，服务再优化、工作再落实，全面提升党员队伍向心力、凝聚力、执行力，使每名党员都成为一面鲜红的旗帜。一是亮身份，展现党员形象。二是亮职责，展现党员担当。三是亮承诺，展示党员精神。积极践行"一个岗位、一面旗帜；一声问候、一份满意；一脸微笑、一片和谐""六个一"的玉林公积金人精神，目前，"六个一"精神已被树为广西公积金人精神，建成了全区第一个住房公积金系统"党群服务中心"。截至2019年底，我市公积金三大业务累计服务群众达80万人次，各项业务指标名列全区前茅，连续三年在全区绩效考评第三方民调中实现零反馈，群众满意度为99.98%，管理中心党支部被评为"五星级基层党组织"，树立了为民服务的新标杆。

2. 效能第一，创成智慧公积金"玉林新模式"

紧紧围绕市委、市政府的决策部署，充分运用"互联网+"技术，创成了住房和城乡建设部高度肯定的、全国一流水平的"网站、网厅、微信、手机APP、触摸屏自助终端、12329热线、12329短信、市民卡一卡通'八位一体'的综合联动服务平台"，实现数据共享，"让数据多跑路，群众少跑腿"，只要网络有信号，有需求的群众可随时在任何地方办理公积金业务，标志着玉林市住房公积金管理综合服务平台建设和服务水平跨入全国先进行列。一是在全国率先真正实现7×24小时全天候不间断的业务办理和移动式的不见面审批。二是提取"秒到账"，群众提取公积金现办现结，实时到账。三是缴存网上"刷脸开户"，群众通过手机刷脸认证，即可开设缴存公积金账户，实现24小时网上实时缴存。四是还贷"直对冲"，公积金贷款的群众可从其账户直接代扣还款，还贷更便利。拓宽了服务渠道，提升了效能，彻底改变了办理住房公积金业务必须前往业务大厅取号排队，人满为患的局面，让玉林人民真正感受"看得到，摸得着"高效便捷的智慧公积金"玉林新模式"。广西电视台把玉林智慧公积金新模式作为优化营商环境先进典型进行了专题宣传报道。

3. 创新第一，拼出商贷提取"玉林速度"

结合"不忘初心、牢记使命"主题教育，坚持改革创新不停步，服务效能再升级，在全区率先实现住房公积金"直对冲"、"秒到账"、"刷脸开户"基础上，紧盯职工群众反映强烈的偿还商业贷款提取住房公积金办理时间周期长问题，创新再发力，在全区首创住房公积金提取偿还商业银行贷款"T+1"模式（T指的是Today今天，加1即为次日），职工商贷公积金还贷由原来每还款满一年提取一次，到现在第二天就可以实时到账，让群众真正享受住房公积金的"玉林速度"，住房公积金管理实现了新跨越，广西日报刊登的我区扎实推进第二批主题教育阶段性工作综述中对此作了肯定性报道。2019年10月25日，在全市主题教育推进会上对此进行了通报表扬。

（四）**当年信息化建设情况**。2019年10月1日正式建成了"网站、网厅、微信、手机APP、触摸屏自助终端、12329热线、12329短信、市民卡一卡通'八位一体'的综合管理联动服务平台"。2019年11月27日，我市"住房公积金综合服务平台"以优秀等次通过住房和城乡建设部专家组的验收。

（五）**当年住房公积金管理中心及职工所获荣誉情况**。我管理中心2019年3月荣获玉林市三八红旗集体；2019年3月荣获"建最美家庭，创文明城市"玉林市第八届妇女运动会优秀组织奖；2019年4月管理中心党支部获玉林市市委组织部评定为"五星级基层党组织"；2019年6月荣获玉林市绩效考核一等奖。

（六）**当年对违反《住房公积金管理条例》和相关法规行为进行行政处罚和申请人民法院强制执行情况**。无。

（七）**当年对住房公积金管理人员违规行为的纠正和处理情况等**。无。

（八）其他需要披露的情况。无。

百色市住房公积金 2019 年年度报告

一、机构概况

（一）住房公积金管理委员会：住房公积金管理委员会有 15 名委员，2019 年召开 3 次会议，审议通过的事项主要包括：审议 2019 年度百色市住房公积金归集、使用计划、审议 2018 年百色市住房公积金增值收益分配方案、审议《百色市住房公积金管理中心 2017 年部门决算》《百色市住房公积金管理中心 2019 年部门预算》《百色市住房公积金管理中心 2018 年年度工作报告》《百色市住房公积金 2018 年年度报告》《百色市住房公积金业务受托银行考核办法》《百色市住房公积金管理委员会关于进一步调整住房公积金政策的通知（送审稿）》《关于要求审议 2019 年度住房公积金缴存上下限额度的请示》《关于开展既有住宅加装电梯提取住房公积金业务的请示》《百色市住房公积金业务受托银行考核办法》《百色市住房公积金管理中心聘用职工提高工资待遇问题》《百色市住房公积金管理中心 2020 年部门预算（草案）》《百色市住房公积金管理中心 2020—2022 年部门中期财政规划（草案）》《百色市住房公积金业务受托银行考核办法（试行）》，研究讨论百色市住房公积金管理中心关于要求增加聘用人员请示、百色市住房公积金管理中心要求放开个人自愿缴存住房公积金业务受托银行问题。

（二）住房公积金管理中心：住房公积金管理中心为直属市人民政府不以营利为目的的独立的参照公务员法管理的事业单位，设 7 个科，13 个管理部。从业人员 105 人，其中，在编 43 人，非在编 62 人。

二、业务运行情况

（一）缴存：2019 年，新开户单位 324 家，实缴单位 3771 家，净增单位 124 家；新开户职工 1.67 万人，实缴职工 17.49 万人，净增职工 0.32 万人；缴存额 31.25 亿元，同比增长 11.33%。2019 年末，缴存总额 210.46 亿元，比上年末增加 17.45%；缴存余额 76.14 亿元，比上年末增加 12.58%。

受委托办理住房公积金缴存业务的银行 8 家，比上年无增加。

（二）提取：2019 年，提取额 22.74 亿元，同比增长 19.34%；占当年缴存额的 72.78%，比上年增加 4.88 个百分点。2019 年末，提取总额 134.32 亿元，比上年末增加 20.38%。

（三）贷款：

1. 个人住房贷款：个人住房贷款最高额度 45 万元，其中，单缴存职工最高额度 45 万元，双缴存职工最高额度 45 万元。

2019 年，发放个人住房贷款 0.44 万笔、14.81 亿元，同比分别增长 25.11%、24.85%。

2019 年，回收个人住房贷款 5.63 亿元。

2019 年末，累计发放个人住房贷款 3.83 万笔、95.66 亿元，贷款余额 69.78 亿元，分别比上年末增加 13.13%、18.32%、15.14%。个人住房贷款余额占缴存余额的 91.65%，比上年末增加 2.04 个百分点。

受委托办理住房公积金个人住房贷款业务的银行 7 家，比上年增加 0 家。

2. 住房公积金支持保障性住房建设项目贷款：2019 年，无发放项目贷款。2019 年末，累计发放项目贷款 0.15 亿元，项目贷款余额 0 亿元。

（四）**购买国债**：无。

（五）**融资**：无。

（六）**资金存储**：2019 年末，住房公积金存款 7.98 亿元。其中，活期 0.28 亿元，1 年（含）以下定期 2.95 亿元，1 年以上定期 0.45 亿元，其他（协定、通知存款等）4.30 亿元。

（七）**资金运用率**：2019 年末，住房公积金个人住房贷款余额、项目贷款余额和购买国债余额的总和占缴存余额的 91.65%，比上年末增加 2.04 个百分点。

三、主要财务数据

（一）**业务收入**：2019 年，业务收入 22279.58 万元，同比增长 17.49%。存款利息 853.84 万元，委托贷款利息 21405.31 万元，国债利息 0 万元，其他 20.43 万元。

（二）**业务支出**：2019 年，业务支出 11458.77 万元，同比增长 14.37%。支付职工住房公积金利息 10843.32 万元，归集手续费 75.65 万元，委托贷款手续费 535.13 万元，其他 4.67 万元。

（三）**增值收益**：2019 年，增值收益 10820.81 万元，同比增长 20.97%。增值收益率 1.49%，比上年增加 0.08 个百分点。

（四）**增值收益分配**：2019 年，提取贷款风险准备金 917.80 万元，提取管理费用 1800 万元，提取城市廉租住房（公共租赁住房）建设补充资金 8103.01 万元。

2019 年，上交财政管理费用 2298.10 万元。上缴财政城市廉租住房（公共租赁住房）建设补充资金 3909.17 万元。

2019 年末，贷款风险准备金余额 6988.94 万元。累计提取城市廉租住房（公共租赁住房）建设补充资金 48679.71 万元。

（五）**管理费用支出**：2019 年，管理费用支出 2502.49 万元，同比增长 30.49%。其中，人员经费 611.11 万元，公用经费 113.38 万元，专项经费 1778 万元。

四、资产风险状况

（一）**个人住房贷款**：2019 年末，个人住房贷款逾期额 1233.28 万元，逾期率 1.77‰。

个人贷款风险准备金按贷款余额的 1% 提取。2019 年，提取个人贷款风险准备金 917.80 万元，使用个人贷款风险准备金核销呆坏账 0 万元。2019 年末，个人贷款风险准备金余额 6977.94 万元，占个人住房贷款余额的 1%，个人住房贷款逾期额与个人贷款风险准备金余额的比率为 17.67%。

（二）**支持保障性住房建设试点项目贷款**：2019 年末，无逾期项目贷款。

项目贷款风险准备金按贷款余额的 1% 提取。2019 年，无提取项目贷款风险准备金，无使用项目贷款风险准备金核销呆坏账，项目贷款风险准备金余额 11 万元，项目贷款逾期额与项目贷款风险准备金余额的比率为 0%。

五、社会经济效益

（一）缴存业务：2019年，实缴单位数、实缴职工人数和缴存额同比分别增长3.40%、1.87%和11.33%。

缴存单位中，国家机关和事业单位占70.22%，国有企业占10.42%，城镇集体企业占1.03%，外商投资企业占0.29%，城镇私营企业及其他城镇企业占13.26%，民办非企业单位和社会团体占1.70%，其他占3.08%。

缴存职工中，国家机关和事业单位占68.91%，国有企业占20.22%，城镇集体企业占0.69%，外商投资企业占0.51%，城镇私营企业及其他城镇企业占6.66%，民办非企业单位和社会团体占1.57%，其他占1.44%；中、低收入占97.58%，高收入占2.42%。

新开户职工中，国家机关和事业单位占51.78%，国有企业占19.81%，城镇集体企业占0.50%，外商投资企业占1.11%，城镇私营企业及其他城镇企业占16.81%，民办非企业单位和社会团体占2.99%，其他占7.00%；中、低收入占99.81%，高收入占0.19%。

（二）提取业务：2019年，7.53万名缴存职工提取住房公积金22.74亿元。

提取金额中，住房消费提取占80.33%（购买、建造、翻建、大修自住住房占45.86%，偿还购房贷款本息占29.75%，租赁住房占4.62%，其他占0.10%）；非住房消费提取占19.67%（离休和退休提取占14.76%，完全丧失劳动能力并与单位终止劳动关系提取占2.32%，出境定居占0%，其他占2.59%）。

提取职工中，中、低收入占96.86%，高收入占3.14%。

（三）贷款业务：

1. 个人住房贷款：2019年，支持职工购建房60.46万平方米，年末个人住房贷款市场占有率（含公转商贴息贷款）为24.98%，比上年末减少1.48个百分点。通过申请住房公积金个人住房贷款，可节约职工购房利息支出28947.68万元。

职工贷款笔数中，购房建筑面积90（含）平方米以下占4.02%，90~144（含）平方米占67.30%，144平方米以上占28.68%。购买新房占85.64%（其中购买保障性住房占0%），购买二手房占6.52%，建造、翻建、大修自住住房占7.84%，其他占0%。

职工贷款笔数中，单缴存职工申请贷款占32.19%，双缴存职工申请贷款占67.81%，三人及以上缴存职工共同申请贷款占0%。

贷款职工中，30岁（含）以下占27.35%，30岁~40岁（含）占40.57%，40岁~50岁（含）占25.40%，50岁以上占6.68%；首次申请贷款占91.21%，二次及以上申请贷款占8.79%；中、低收入占99.08%，高收入占0.92%。

2. 异地贷款：2019年，无发放异地贷款。2019年末，发放异地贷款总额24097.10万元，异地贷款余额19008.69万元。

3. 公转商贴息贷款：无。

4. 支持保障性住房建设试点项目贷款：2019年末，累计试点项目1个，贷款额度0.15亿元，建筑面积1.4万平方米，可解决164户中低收入职工家庭的住房问题。1个试点项目贷款资金已发放并还清贷款本息。

(四)住房贡献率：2019年，个人住房贷款发放额、公转商贴息贷款发放额、项目贷款发放额、住房消费提取额的总和与当年缴存额的比率为105.87%，比上年增加10.36个百分点。

六、其他重要事项

(一)2019年机构及职能调整情况。 2019年5月1日，百色市住房公积金管理中心右江管理部正式独立运转，实现管理与业务正式分离的"管办"分离模式，管理中心科室职能向加强管理部业务指导、监督和探索创新服务手段、加强风险防控等方面转变，打造科学、高效的"决策中枢"。将百色市住房公积金管理中心班子副职纳入市委统筹、市委组织部管理，进一步拓宽发展平台，增强发展潜力。

(二)2019年住房公积金政策调整及执行情况。

1.缴存政策调整情况。 调整缴存基数限额。住房公积金月缴存基数按照职工本人上一年度月平均工资收入(工资总额)核定，最高不高于统计部门公布的上一年度职工月平均工资的3倍，最低不得低于人社部门公布的全省各类地区职工月最低工资标准。根据2018年百色市城镇非私营单位职工月平均工资的3倍及职工月最低工资标准，确定百色市2019年度住房公积金月缴存基数上限为16616元，下限为1450元，职工上一年度月均工资达不到1450元的职工，缴存工资基数最低按1450元扣缴。即：单位和个人月缴存额上限各为1994元、下限各为73元。住房公积金缴存基数每年调整一次，每年7月开始进行调整(当年7月1日至次年6月30日为一个公积金年度)。灵活调整企业缴存比例。为进一步降低企业成本，在2020年4月30日前，百色市企业仍可结合自身经济效益状态，在5%~12%范围内自主调整确定当年住房公积金缴存比例。对于缴存住房公积金存在困难的企业，经职工代表大会或工会讨论通过，可申请按低于5%的比例缴存或者缓缴住房公积金。精简缴存材料。为继续深化"放管服"改革，实现材料和流程有效精简，对《百色市个人自愿缴存住房公积金实施办法(试行)》中第五条所需材料进行调整，原来办理业务需提供材料《个人自愿缴存住房申请表》个人身份证、个人户口簿或居住证的，现取消个人户口簿或居住证，只需提供《个人自愿缴存住房申请表》和个人身份证原件(原件核实后退回)。取消住房公积金缴存登记所需的单位设立批准文件、法人证书副本、营业执照副本、法定代表人及经办人居民身份证职工工资表等要件，相关信息由市公积金管理中心通过全国组织机构统一社会信用代码公示查询平台查询获取。

2.提取政策调整情况。 精简提取材料。为深入推进"一事通办"改革，2019年4月，简化购买二手房提取，建造、翻建自住住房提取，大修自住住房提取，区内异地住房公积金贷款提取，离休、退休提取，与单位解除劳动、人事关系提取，出境定居提取，调离广西提取，缴存人死亡、被宣告死亡或被宣告失踪提取等9类提取业务材料共计13份。调整、取消部分提取政策。2019年6月，调整租住商品住房提取额度，市本级、右江区、靖西市未婚个人提取额度调整为10900元/年，已婚家庭提取额度调整为15100元/年，其他各县未婚个人提取额度调整为7200元/年，已婚家庭提取额度调整为10000元/年；延长自建自住住房、乡镇自建房、翻建自住住房、大修自住住房提取年限，由原来的两年内延长至五年内；取消住宅专项维修基金提取及住宅物业费用提取业务。出台既有住房加装电梯政策；为进一步改进和完善住房公积金使用机制，充分发挥住房公积金保障作用，2019年10月，结合实际情况试行出台百色市既有住宅加装电梯政策。

3.贷款政策调整情况。 取消月供不低于家庭月工资收入20%的规定。住房公积金贷款月供只限高不限低，取消月供不低于家庭月工资收入20%的规定，同时积极鼓励符合条件的职工短贷早还。弹性裁量借款人家庭债务。多方位、综合研判借款人的信用情况和还款能力，对信用状况好、还款来源有保障的借款人，受理贷款时，可弹性裁量借款人家庭债务：①借款人家庭是单职工（即夫妻双方只有一方正常缴存住房公积金）或借款人家庭是双职工但家庭月工资收入低于1万元（含）的，受理贷款申请时，弹性裁量债务为有不高于10万元的短期债务、担保（含五年内短期消费贷款本金、贷记卡、准贷记卡已使用额度，住房类贷款不计入内）；②借款人家庭是双职工（即夫妻双方均正常缴存住房公积金）且家庭月工资收入高于1万元低于1.5万元的，受理贷款申请时，弹性裁量债务为有不高于20万元的短期债务、担保（含五年内短期消费贷款本金、贷记卡、准贷记卡已使用额度，住房类贷款不计入内）；③借款人家庭是双职工（即夫妻双方均正常缴存住房公积金）且家庭月工资收入高于1.5万元（含）的，受理贷款申请时，弹性裁量债务为有不高于30万元的短期债务、担保（含五年内短期消费贷款本金、贷记卡、准贷记卡已使用额度，住房类贷款不计入内）。

4. 住房公积金存贷款利率执行标准。 2019年，百色市住房公积金存贷款利率未有调整。在2019年度结息工作中，住房公积金存款利率按结息当日中国人民银行挂牌的一年期整存整取定期存款基准利率执行，为1.5%。职工个人及家庭首次申请住房公积金贷款，贷款利率按同期中国人民银行公布的住房公积金个人住房贷款利率执行；第二次申请住房公积金贷款，贷款利率为同期住房公积金个人住房贷款利率的1.1倍。

（三）2019年服务改进情况。 一是加强服务网点建设。督促满足进驻条件的管理部尽快进驻当地政务服务中心，对于因进驻条件不满足公积金业务开展的县（市、区），督促该管理部尽快与当地县人民政府沟通，申请同意作为分中心或独立网点办理公积金业务。目前，百色市住房公积金管理中心右江、平果、德保3个管理部已入驻当地政务服务中心，方便群众办理业务。二是配齐服务设施。2019年为各管理部重新采购安装一台可电子签章打印的自助查询终端设备，逐步完善公积金网点软硬件设备，为群众办事提供良好的环境服务。三是创新服务手段。压缩审批环节，提取业务由三级审批调整为二级审批，审批时限由原来3个工作日调整为当天办结到账，最快可在1~2小时内到账，贷款审批时限由8个工作日压缩至5个工作日；精简归集、提取、贷款材料共27份；推进业务"网上办、预约办、电话办"，网厅归集业务基本实现全市覆盖，实现提前还款网上申请审批、贷款网上预约、贷款进度查询等功能，将购房、租房、离退休、公积金还贷等共计14项提取业务放至网厅上办理，线上可办理提取业务事项达到80%，实现微信、12329服务热线业务预约办理，缴存职工可通过网站、微信、微博、12329服务热线咨询业务、投诉建议；宣传推广公积金个人自愿缴存业务，打破过去只能由单位缴存住房公积金的政策限制，把惠民政策惠及广大农村进城务工人员、自由职业者、个体工商户、外卖"小哥"等新市民群体，减轻灵活就业人员的购房负担，加大对新市民群体的支持力度，2019年，全市自愿缴存人数235人，缴存金额169.74万元；全市推广约定提取业务，缴存职工线下或线上申请办理后，每月自动将当月还贷金额划转至职工还贷银行卡，不必再到前台办理；协调不动产登记中心、受托银行试行公积金贷款业务联办，着力解决缴存职工办理公积金贷款多地跑、材料多的问题，确保公积金贷款申请人只进一个窗口、只跑一次。四是升级完善综合服务平台系统功能。完成综合服务平台第一期升级改造任务，大幅增加网厅、微信、手机APP可在线办理业务事项，巩固增强数据安全保障能力，全面提升公积金查询、线上业务办理、实时咨询互动、政策信息发布、短信通知提醒等信息服务水平，全年全市网厅签约单位达到3594个，网厅操作业务达到2.83万笔，线上汇补缴金额达到11.36亿元。2019年12月26日，百色市住房公积金综合服务平台顺利通过住房和城乡建设部、自治区住房城乡建设厅联合验收。

（四）2019年信息化建设情况。 以"互联网＋智能化服务"为导向，创新打造"智慧公积金"。一是提升硬件保障水平。在全区住房公积金行业率先使用华为模块化数据机房技术，搬迁新建达到国家电子计算机房 B 级标准、实现用电节省 30%以上、面积约 160 平方米的数据机房；搬迁新建达到自治区特级标准、面积约 315 平方米的智能化档案库房，为业务系统嵌入档案信息查询提供强有力的支撑，硬件保障和档案管理能力在全区处于领先水平。二是推进住房和城乡建设部重大信息化建设项目。接入全国住房公积金数据平台，打通与住房和城乡建设部数据传输渠道，为下一步实现全国住房公积金业务数据共享夯实基础；直连接入全国住房公积金异地转移接续系统，提高数据传输效率和精准度，解决缴存职工转移接续业务"两地跑"的问题；每月通过住房和城乡建设部电子化检查工具对我市住房公积金基础数据标准贯彻落实情况进行检测，全力整改发现的问题，数据质量不断提升；维护银行数据结算应用系统平稳运行，确保公积金与各商业银行的结算数据实时高效传输。三是着力建设"智慧公积金"。完成业务系统、综合服务平台第一期升级改造任务，全面升级网厅二代安全登录介质，新增预约办理，公积金支付宝、微信城市服务，自治区工商、民政部门数据共享，电子签章自助打印，刷脸认证、防伪二维码序列号认证、业务卡实名认证等功能，推进网厅 B2B 在线支付、归集在线托收、开发商版网厅、智能应答系统、数据安全异地灾备建设，面向不同年龄结构、知识水平、使用习惯的缴存职工提供差异化、个性化信息服务。

（五）2019 年住房公积金管理中心及职工所获荣誉情况。

2019 年，百色市住房公积金管理中心及职工所获荣誉情况如下：（1）荣获 2018.2019 年度百色市市直单位档案工作优秀等次；（2）荣获 2018 年度百色市绩效考评优秀等次；（3）获评百色市 2018 年度绩效管理进步单位；（4）中共百色市住房公积金管理中心市本级机关支部委员会获评百色市直属机关"红旗党支部"；（5）陈康威、黄晓莹、王瑜三位同志获评百色市直属机关"党员先锋岗"；（6）荣获全区住建系统庆祝新中国成立 70 周年"我和我的祖国"职工主题文艺汇演三等奖。

（六）2019 年对违反《住房公积金管理条例》和相关法规行为进行行政处罚和申请人民法院强制执行情况。2019 年，百色市没有缴存单位或缴存职工因违反《住房公积金管理条例》和相关法规行为被行政处罚或人民法院强制执行。

（七）2019 年对住房公积金管理人员违规行为的纠正和处理情况。2019 年，百色市住房公积金管理中心强化党性教育，深入开展党风廉政建设和反腐败工作，坚决贯彻落实中央八项规定、自治区"十个严禁"和百色市委有关规定精神，保持反腐败高压态势，全年全市住房公积金系统没有一位干部职工受到党纪政纪处分。

贺州市住房公积金 2019 年年度报告

一、机构概况

（一）**住房公积金管理委员会**：住房公积金管理委员会有 24 名委员，2019 年召开 2 次全体会议，审议通过的事项主要包括：《贺州市住房公积金 2018 年年度报告》、《2018 年度贺州市住房公积金增值收益分配方案》、《贺州市 2019 年住房公积金主要业务指标计划》（归集使用计划）、《贺州市住房公积金贷款轮候制实施细则》、《贺州市住房公积金个人失信行为管理办法》、《关于进一步规范住房公积金提取业务的事项》、《关于进一步规范住房公积金贷款业务的事项》、《关于审议贺州桂东农村合作银行、桂林银行贺州支行开办住房公积金贷款业务事项的事项》。

（二）住房公积金管理中心：住房公积金管理中心为市人民政府直属的不以营利为目的的参照公务员管理事业单位，设7个科，5个管理部。从业人员61人，其中，在编26人，非在编35人。

二、业务运行情况

（一）缴存：2019年，新开户单位552家，实缴单位2792家，净增单位261家；新开户职工1.15万人，实缴职工9.91万人，净增职工0.90万人；缴存额14.01亿元，同比增长4.79%。2019年末，缴存总额91.52亿元，比上年末增加18.08%；缴存余额38.02亿元，比上年末增加8.32%。

受委托办理住房公积金缴存业务的银行7家，比上年增加0家。

（二）提取：2019年，提取额11.09亿元，同比增长18.10%；占当年缴存额的比率79.16%，比上年增加8.96个百分点。2019年末，提取总额53.50亿元，比上年末增加26.15%。

（三）贷款：

1. 个人住房贷款：个人住房贷款最高额度35万元，其中，单职工家庭最高额度35万元，双职工家庭最高额度35万元。

2019年，发放个人住房贷款0.29万笔、9.14亿元，同比分别下降8.45%、7.21%。

2019年，回收个人住房贷款3.90亿元。

2019年末，累计发放个人住房贷款2.86万笔、57.66亿元，贷款余额37.61亿元，分别比上年末增加11.45%、18.84%、16.19%。个人住房贷款余额占缴存余额的98.92%，比上年末增加6.70个百分点。

受委托办理住房公积金个人住房贷款业务的银行6家，比上年增加2家。

2. 住房公积金支持保障性住房建设项目贷款：2019年，发放支持保障性住房建设项目贷款0亿元，回收项目贷款0亿元。

2019年末，累计发放项目贷款0亿元，项目贷款余额0亿元。

（四）购买国债：2019年，购买（记账式、凭证式）国债0亿元，兑付（转让、收回）国债0亿元，2019年末，国债余额0亿元，比上年末减少（增加）0亿元。

（五）融资：2019年，融资0.90亿元，归还1.22亿元。2019年末，融资总额3.32亿元，融资余额0.60亿元。

（六）资金存储：2019年末，住房公积金存款2.81亿元。其中，活期1.10亿元，1年以内定期（含）0亿元，1年以上定期1.71亿元，其他（协议、协定、通知存款等）0亿元。

（七）资金运用率：2019年末，住房公积金个人住房贷款余额、项目贷款余额和购买国债余额的总和占缴存余额的98.92%，比上年增加6.70个百分点。

三、主要财务数据

（一）业务收入：2019年，业务收入13088.23万元，同比增长17.97%。存款利息收入1812.07万元，委托贷款利息收入11212.21万元，国债利息收入0万元，其他收入63.95万元。

（二）业务支出：2019年，业务支出6583.17万元，同比增长29.75%。其中，支付职工住房公积金利息6003.65万元，归集手续费用0万元，委托贷款手续费89.63万元，其他489.89万元。

（三）增值收益：2019年，增值收益6505.06万元，同比增长8.05%。增值收益率1.79%，比上年减少0.02个百分点。

（四）增值收益分配：2019年，提取贷款风险准备金3903.04万元，提取管理费用981.50万元，提取城市廉租房（公共租赁住房）建设补充资金1620.53万元。

2019年，上交财政管理费用981.50万元。上缴财政的城市廉租房（公共租赁住房）建设补充资金1210.00万元。

2019年末，贷款风险准备金余额24274.90万元。累计提取城市廉租房（公共租赁住房）建设补充资金8646.42万元。

（五）管理费用支出：2019年，管理费用支出964.55万元，同比增长23.43%。其中，人员经费339.14万元，公用经费120.75万元，专项经费504.66万元。

四、资产风险状况

（一）个人住房贷款：2019年末，个人住房贷款逾期额321.97万元，个人住房贷款逾期率0.86‰。

个人贷款风险准备金按增值收益的60%提取。2019年，提取个人贷款风险准备金3903.04万元，使用个人贷款风险准备金核销呆坏账0万元，2019年末，个人贷款风险准备金余额为24274.90万元，占个人住房贷款余额的6.46%，个人贷款逾期额与个人贷款风险准备金余额的比率为1.33%。

（二）支持保障性住房建设试点项目贷款：2019年末，逾期项目贷款0万元，逾期率为0‰。

项目贷款风险准备金按贷款余额的0%提取。2019年，提取项目贷款风险准备金0万元，使用项目贷款风险准备金核销呆坏账0万元，项目贷款风险准备金余额为0万元，占项目贷款余额的0%，项目贷款逾期额与项目贷款风险准备金余额的比率为0%。

五、社会经济效益

（一）缴存业务：2019年，实缴单位数、实缴职工人数和缴存额同比分别增长10.31%、9.99%和4.79%。

缴存单位中，国家机关和事业单位占51.93%，国有企业占10.28%，城镇集体企业占0.50%，外商投资企业占0.86%，城镇私营企业及其他城镇企业占30.80%，民办非企业单位和社会团体占2.87%，个人自愿缴存占0.04%，其他占2.72%。

缴存职工中，国家机关和事业单位占64.48%，国有企业占15.36%，城镇集体企业占0.91%，外商投资企业占2.19%，城镇私营企业及其他城镇企业占13.27%，民办非企业单位和社会团体占2.17%，个人自愿缴存占1.04%，其他占0.58%；中、低收入占99.98%，高收入占0.02%。

新开户职工中，国家机关和事业单位占43.99%，国有企业占10.01%，城镇集体企业占0.31%，外商投资企业占1.93%，城镇私营企业及其他城镇企业占27.17%，民办非企业单位和社会团体占4.51%，个人自愿缴存占9.02%，其他占3.06%；中、低收入占99.90%，高收入占0.10%。

(二)提取业务：2019年，3.55万名缴存职工提取住房公积金11.09亿元。

提取的金额中，住房消费提取占83.89%（购买、建造、翻建、大修自住住房占44.00%，偿还购房贷款本息占33.41%，租赁住房占6.48%，其他0.00%）；非住房消费提取占16.11%（离休和退休提取占12.72%，完全丧失劳动能力并与单位终止劳动关系提取占2.57%，出境定居占0.00%，其他占0.82%）。提取职工中，中、低收入占99.97%，高收入占0.03%。

(三)贷款业务：

1.个人住房贷款：2019年，支持职工购建房39.71万平方米，年末个人住房贷款市场占有率为27.38%，比上年减少5.49个百分点。通过申请住房公积金个人住房贷款，可节约职工购房利息支出23725.65万元。

职工贷款笔数中，购房建筑面积90（含）平方米以下占4.77%，90～144（含）平方米占66.94%，144平方米以上占28.29%。购买新房占82.57%（其中购买保障性住房占0.03%），购买二手房占16.99%，建造、翻建、大修自住住房占0.44%，其他占0%。

职工贷款笔数中，单缴存职工申请贷款占54.38%，双缴存职工申请贷款占45.49%，三人及以上缴存职工共同申请贷款占0.14%。

贷款职工中，30岁（含）以下占24.41%，30岁～40岁（含）占41.03%，40岁～50岁（含）占25.81%，50岁（含）以上占8.75%；首次申请贷款占86.35%，二次及以上申请贷款占13.65%；中、低收入占100%，高收入占0%。

2.异地贷款：2019年，发放异地贷款25笔、860万元。2019年末，发放异地贷款总额29546.90万元，异地贷款余额24251.73万元。

3.公转商贴息贷款：2019年，发放公转商贴息贷款0笔、0万元，支持职工购建房0万平方米。当年贴息额0万元。2019年末，累计发放公转商贴息贷款0笔、0万元，累计贴息0万元。

4.支持保障性住房建设试点项目贷款：2019年末，累计试点项目0个，贷款额度0亿元，建筑面积共0万平方米，可解决0户中低收入职工家庭的住房问题。0个试点项目贷款资金已发放并还清贷款本息。

(四)住房贡献率：2019年，个人住房贷款发放额、公转商贴息贷款发放额、项目贷款发放额、住房消费提取额的总和与当年缴存额的比率为131.62%，比上年增加1.9个百分点。

六、其他重要事项

(一)当年机构及职能调整情况、受委托办理缴存贷款业务金融机构变更情况。

1.机构及职能调整情况。 2019年住房公积金机构及职能没有调整变化。

2.缴存贷款业务金融机构变更情况。 2019年办理贷款业务金融机构增加2家，为贺州桂东农村合作银行、桂林银行贺州支行。

(二)当年住房公积金政策调整及执行情况。

1.当年住房公积金政策调整及执行情况。

（1）印发《关于既有住宅加装电梯提取住房公积金的通知》（贺金管发〔2019〕5号），贺州市行政辖区内既有住宅所有权人出资为该住宅加装电梯的，所有权人及其配偶符合相关提取条件的，可以申请提取住房公积金。

（2）印发《贺州市住房公积金管理中心住房公积金贷款轮候制实施细则》（贺金管规〔2019〕1号），当住房公积金个贷率超过90%时可实行住房公积金贷款轮候制。

（3）印发《关于推进住房公积金业务"一事通办"改革进一步优化营商环境的通知》（贺金管发〔2019〕23号），精简归集、提取、信贷业务办理要件，优化办理流程，缩短办理时限，提高业务网上办理率。

（4）印发《关于进一步规范住房公积金提取业务的通知》（贺金管发〔2019〕36号），从2019年11月11日起，限制频繁买卖同一套住房申请提取住房公积金，限制频繁变更婚姻关系申请提取住房公积金，限制提取住房公积金用于炒房或其他投机行为。

（5）印发《关于进一步规范住房公积金贷款业务的通知》（贺金管发〔2019〕37号），从2019年11月11日起，正在享受住房公积金贷款的家庭户离婚后半年内不能申请住房公积金贷款；对近5年内存在连续6次、累计12次以上逾期记录的缴存人，拒绝受理其住房公积金个人住房贷款申请；居民家庭在贺州市辖区购买第三套住房的，拒绝受理其住房公积金个人住房贷款申请。

2. 当年缴存基数限额及确定方法。按照市统计部门公布的2018年贺州市辖区内城镇非私营单位在岗职工年平均工资为71144元，确定2019年贺州市单位和职工个人住房公积金月缴存额上限各为2134元，合计为4268元。按照贺州市2019年职工最低工资标准1450元，确定贺州市2019年度单位和职工个人住房公积金月缴存额下限各为72.5元，合计为145元。

3. 当年缴存比例调整情况。2019年，我市经批准的住房公积金缴存比例为5%～12%，没有调整。

4. 当年住房公积金存贷款利率调整及执行情况。职工住房公积金账户存款按结息日挂牌公告的1年期定期存款基准利率计息执行。住房公积金贷款基准利率五年以下（含五年）年利率2.75%，五年以上年利率3.25%。

5. 当年住房公积金个人住房贷款最高贷款额度调整情况等。2019年，我市住房公积金个人住房贷款最高贷款额度为35万元，没有调整。

（三）当年服务改进情况。

1. 服务网点改进情况。2019年，市本级归集、提取、贷款和平桂、钟山、富川、昭平管理部的服务网点没有调整变化；2019年12月，八步管理部搬迁至贺州市八步区政务服务中心三楼（八步区建设中路18号）对外办公服务。

2. 服务设施情况。市本级归集、提取、信贷业务窗口统一设置排队叫号机、查询机、政策滚动宣传显示屏；市本级、各管理部窗口配置高拍仪，公布业务办理流程图。

3. 服务手段改进情况。

（1）贷款业务联办。2019年5月，整合住房公积金、不动产登记、商业银行的审批资源，实行贷款业务联办，合作商业银行统一进驻信贷窗口，住房公积金贷款申请和不动产抵押登记同时受理，一次性收取贷款申请和不动产抵押登记申报材料，现场面谈并预签借款合同和抵押合同，住房公积金贷款办理"只进一扇门、只收一套材料、一站式办结、最多跑一次"，5个工作日即可完成审批。

（2）设置综合窗口。2019年11月，在市民服务中心住房公积金服务区设置综合窗口，一窗受理住房公积金归集、提取、信贷业务。

（3）提取业务"就近办"。2019年3月，实现提取业务"就近办"，缴存人可就近在贺州市辖区内的任一住房公积金网点办理提取业务。

（4）缴存开户登记全流程在线申报、缴存业务全程在线办理。新设企业的住房公积金缴存开户登记一律通过"多证合一"途径申请办理，取消所需的单位设立批准文件、法人证书副本、营业执照副本等要件。开通网上业务大厅，借助广西数字政务一体化平台，实现缴存开户登记全流程在线申报、缴存业务全程在线办理。

（5）合作商业银行进驻办理业务。2019年，合作商业银行继续派出17名工作人员进驻市民服务中心公积金服务区和各管理部营业大厅承办信贷、归集业务，全面提高服务效率。

4. 综合服务平台建设情况。 2019年5月完成综合服务平台核心系统建设，正式上线运行，形成以门户网站、网上业务大厅（个人版网厅、单位版网厅、开发商版网厅）、12329服务热线、短信平台、自助服务终端、手机公积金APP、微信公众号、微博等9个服务渠道为核心的服务体系。2019年12月，以优秀等次通过住房和城乡建设部联合验收专家组的验收。

5. 其他网络载体建设服务情况。 2019年，中心网站共发布信息970条，其中：党建新闻316条、中心工作动态119条，业内动态413条，信息公开信息24条，通知公告36条，政策法规9条，法治专栏53条。

（四）当年信息化建设情况。 2019年1月，住房公积金云平台信息管理系统的核心业务系统正式上线运行；完成工行、农行、中行、建行四家合作商业银行贷款数据回收，实现贷款自主核算；完成全国住房公积金数据平台接入项目建设，实现数据自动上报。

（五）当年住房公积金管理中心及职工所获荣誉情况。 2019年，中心党支部被评为2017—2018年市直机关先进基层党组织，夏月花同志被评为2017—2018年市直机关优秀党务工作者，林俊宇同志被评为2017—2018年市直机关优秀共产党员；中心工会被评为2018年度全区住房城乡建设系统模范职工之家，潘睿熙同志评为2018年度全区住房城乡建设系统优秀工会工作者。

（六）当年对违反《住房公积金管理条例》和相关法规行为进行行政处罚和申请人民法院强制执行情况。 2019年，共发出《催建通知书》30份、《催缴通知书》33份；申请法院强制执行数为0。

（七）当年对住房公积金管理人员违规行为的纠正和处理情况等。 2019年，中心没有违法违纪现象，没有违反中央八项规定的事项。

（八）其他需要披露的情况。 无。

河池市住房公积金2019年年度报告

一、机构概况

（一）**住房公积金管理委员会**：河池住房公积金管理委员会有22名委员，2019年召开1次会议，会议听取并审议通过了市住房公积金管理中心所作的《2018年全市住房公积金管理工作情况和2019年工作计划报告》。审议通过《河池市住房公积金2018年度财务预算执行情况和2019年财务预算报告》《河池住房公积金管理中心关于2018年度增值收益分配方案的报告》《河池住房公积金管理中心关于2019年住房公积金归集使用计划的报告》和《河池市住房公积金2018年年度报告》。

（二）住房公积金管理中心：河池住房公积金管理中心为隶属于河池市人民政府不以营利为目的的参照公务员管理事业单位，设7个科室，11个管理部。从业人员93人，其中，在编52人，非在编41人。

二、业务运行情况

（一）缴存：2019年，新开户单位236家，实缴单位3261家，净增单位166家；新开户职工1.22万人，实缴职工15.46万人，净增职工0.36万人；缴存额26.10亿元，同比增长9.16%。2019年末，缴存总额170.73亿元，比上年末增加18.05%；缴存余额62.64亿元，比上年末增加13.89%。

受委托办理住房公积金缴存业务的银行6家，比上年增加0家。

（二）提取：2019年，提取额18.47亿元，同比增长9.10%；占当年缴存额的70.75%，比上年减少0.09个百分点。2019年末，提取总额108.09亿元，比上年末增加20.61%。

（三）贷款：

1. 个人住房贷款。个人住房贷款最高额度50万元，其中，单缴存职工最高额度40万元，双缴存职工最高额度50万元。

2019年，发放个人住房贷款0.4477万笔、14.91亿元，同比分别增长12.23%、14.60%。

2019年，回收个人住房贷款5.64亿元。

2019年末，累计发放个人住房贷款3.7740万笔、85.83亿元，贷款余额58.76亿元，分别比上年末增加13.46%、21.02%、18.76%。个人住房贷款余额占缴存余额的93.80%，比上年增加3.83个百分点。

受委托办理住房公积金个人住房贷款业务的银行4家，比上年增加0家。

2. 住房公积金支持保障性住房建设项目贷款。2019年，发放支持保障性住房建设项目贷款0亿元，回收项目贷款0亿元。2019年末，累计发放项目贷款0亿元，项目贷款余额0亿元。

（四）购买国债：2019年，购买记账式、凭证式国债0亿元，兑付（转让、收回）国债0亿元。2019年末，国债余额0亿元，比上年末增加0亿元。

（五）融资：2019年，融资0亿元，归还0亿元。2019年末，融资总额0亿元，融资余额0亿元。

（六）资金存储：2019年末，住房公积金存款5.39亿元。其中，活期0.06亿元，1年（含）以下定期0亿元，1年以上定期3.25亿元，其他（协定、通知存款等）2.08亿元。

（七）资金运用率：2019年末，住房公积金个人住房贷款余额、项目贷款余额和购买国债余额的总和占缴存余额的93.80%，比上年末增加3.83个百分点。

三、主要财务数据

（一）业务收入：2019年，业务收入20474.72万元，同比增长22.98%。其中，存款利息2400.34万元，委托贷款利息18073.71万元，国债利息0万元，其他0.67万元。

（二）业务支出：2019年，业务支出9388.07万元，同比增长19.16%。其中，支付职工住房公积金利息8338.70万元，委托贷款手续费1046.78万元，其他支出2.59万元。

（三）增值收益：2019年，增值收益11086.65万元，同比增长26.42%。增值收益率1.88%，比上年增加 0.21 个百分点。

（四）增值收益分配：2019 年，提取贷款风险准备金 5875.58 万元，提取管理费用 4168.86 万元，提取城市廉租房（公共租赁住房）建设补充资金 1042.21 万元。

2019 年，上交财政 2018 年度提取的管理费用 3057.11 万元，上缴财政城市廉租住房（公共租赁住房）建设补充资金 764.28 万元。

2019 年末，贷款风险准备金余额 29535.71 万元。累计提取城市廉租住房（公共租赁住房）建设补充资金 7793.61 万元。

（五）管理费用支出：2019 年，中心市本级及 11 个县（区）管理费用支出 1869.83 万元，同比下降 57.05%。其中，人员经费 699.52 万元，公用经费 85.03 万元，专项经费 1085.28 万元。

四、资产风险状况

（一）个人住房贷款：2019 年末，个人住房贷款逾期额 146.06 万元，逾期率 0.2486‰。

个人贷款风险准备金按贷款余额的 1% 提取。2019 年，提取个人贷款风险准备金 5875.58 万元，使用个人贷款风险准备金核销呆坏账 0 万元。2019 年末，个人贷款风险准备金余额 29535.71 万元，占个人住房贷款余额的 5.03%，个人住房贷款逾期额与个人贷款风险准备金余额的比率为 0.49%。

（二）支持保障性住房建设试点项目贷款：截至 2019 年末，我中心没有保障性住房建设试点项目贷款。

五、社会经济效益

（一）缴存业务：2019 年，实缴单位数、实缴职工人数和缴存额同比分别增长 5.36%、2.37% 和 9.16%。

缴存单位中，国家机关和事业单位占 72.37%，国有企业占 8.74%，城镇集体企业占 1.04%，外商投资企业占 0.15%，城镇私营企业及其他城镇企业占 13.46%，民办非企业单位和社会团体占 1.57%，其他占 2.67%。

缴存职工中，国家机关和事业单位占 71.28%，国有企业占 14.78%，城镇集体企业占 0.19%，外商投资企业占 0.24%，城镇私营企业及其他城镇企业占 9.28%，民办非企业单位和社会团体占 0.66%，其他占 3.57%；中、低收入占 99.50%，高收入占 0.50%。

新开户职工中，国家机关和事业单位占 50.46%，国有企业占 9.04%，城镇集体企业占 0.54%，外商投资企业占 0.33%，城镇私营企业及其他城镇企业占 28.23%，民办非企业单位和社会团体占 4.24%，其他占 7.16%；中、低收入占 99.86%，高收入占 0.14%。

（二）提取业务：2019 年，5.92 万名缴存职工提取住房公积金 18.47 亿元。

提取的金额中，住房消费提取占 82.37%（购买、建造、翻建、大修自住住房占 40.24%，偿还购房贷款本息占 34.34%，租赁住房占 7.58%，其他占 0.21%）；非住房消费提取占 17.63%（离休和退休提取占 12.78%，完全丧失劳动能力并与单位终止劳动关系提取占 2.65%，户口迁出本市或出境定居占 0%，其他占 2.20%）。

提取职工中，中、低收入占 99.75%，高收入占 0.25%。

（三）贷款业务：

1. 个人住房贷款。 2019年，支持职工购建房68.39万平方米，年末个人住房贷款市场占有率为31.02%，比上年末增加0.27个百分点。通过申请住房公积金个人住房贷款，可节约职工购房利息支出38417.15万元。

职工贷款笔数中，购房建筑面积90（含）平方米以下占7.04%，90~144（含）平方米占70.43%，144平方米以上占22.53%。购买新房占67.19%（其中购买保障性住房占20.37%），购买二手房占26.13%，建造、翻建、大修自住住房占6.68%，其他占0%。

职工贷款笔数中，单缴存职工申请贷款占54.46%，双缴存职工申请贷款占45.25%，三人及以上缴存职工共同申请贷款占0.29%。

贷款职工中，30岁（含）以下占24.19%，30岁~40岁（含）占42.77%，40岁~50岁（含）占24.32%，50岁以上占8.72%；首次申请贷款占96.67%，二次及以上申请贷款占3.33%；中、低收入占99.75%，高收入占0.25%。

2. 异地贷款。 2019年，发放异地贷款427笔、14088.20万元。2019年末，发放异地贷款总额43338.70万元，异地贷款余额37372.53万元。

3. 公转商贴息贷款。 2019年，发放公转商贴息贷款0笔、0万元，支持职工购建住房面积0万平方米，当年贴息额0万元。2019年末，累计发放公转商贴息贷款0笔、0万元，累计贴息0万元。

4. 支持保障性住房建设试点项目贷款。 截至2019年末，我中心没有支持保障性住房建设试点项目贷款。

（四）住房贡献率： 2019年，个人住房贷款发放额、公转商贴息贷款发放额、项目贷款发放额、住房消费提取额的总和与当年缴存额的比率为115.42%，比上年增加3.15个百分点。

六、其他重要事项

（一）当年机构及职能调整情况、受委托办理缴存贷款业务金融机构变更情况。 2019年，我中心没有机构及职能调整情况、受委托办理缴存贷款业务金融机构变更情况发生。

（二）当年住房公积金政策调整及执行情况。

1. 2019年河池市住房公积金缴存基数上限。 根据广西壮族自治区住房制度改革委员会《关于调整住房公积金缴存政策的通知》（桂房改〔2011〕50号）规定，单位和职工住房公积金缴存基数最高不能超过职工工作所在城市统计部门公布的上一年度职工月均工资的3倍，住房公积金缴存比例最高不能超过12%。2019年全市住房公积金月缴存工资基数上限为17835元，单位和个人的住房公积金月缴存额上限各为2140元，合计不能超过4280元。

2. 2019年河池市住房公积金缴存基数下限。 根据广西壮族自治区人民政府《关于调整全区职工最低工资标准的通知》（桂政发〔2015〕13号）和自治区住房制度改革委员会《关于调整住房公积金缴存政策的通知》（桂房改〔2011〕50号）规定，2019年河池市本级、金城江区和宜州区住房公积金月缴存工资基数下限为1450元，单位和个人的住房公积金月缴存额下限各为73元，合计不能低于146元；其他县为1300元，单位和个人的住房公积金月缴存额下限各为65元，合计不能低于130元。

3. 缴存比例调整情况。 2019年，我市住房公积金缴存比例政策没有调整，单位和职工的住房公积金缴存比例最低为 5%，最高为 12%。

4. 当年提取政策调整情况。 根据《自治区住房城乡建设厅财政厅关于印发〈广西住房公积金内部控制规范（试行）的通知〉》（桂建金管〔2017〕14 号）等文件要求，我中心于 2019 年 11 月 25 日下发了《河池住房公积金管理中心提取业务委托代办风险控制制度》（河金管〔2019〕66 号），自 2019 年 11 月 25 日起，住房公积金提取申请人委托他人代办提取业务的，应当亲自向代办人出具书面授权书，写明与代办人的关系、代办人的姓名和身份证号码、提取理由和金额、申请人和代办人的联系电话（手机）等，并签字确认；提取资金须转入提取申请人在中心业务系统预留的个人银行卡账户。

5. 当年个人住房贷款最高贷款额度、贷款条件等贷款政策调整情况。 2019 年，我市个人住房贷款最高贷款额度、贷款条件等政策没有调整，单缴存职工最高贷款额度 40 万元，双缴存职工最高贷款额度 50 万元，贷款最长期限 30 年，继续沿用上年度的贷款政策无变化。

6. 当年住房公积金存贷款利率执行标准等。 2019 年，国家没有对个人住房公积金存款、贷款利率进行调整，我中心按照中国人员银行最新公布的住房公积金存款、贷款利率执行，其中：个人住房公积金存款年利率为 1.50%；个人住房公积金贷款利率五年以下（含五年）年利率为 2.75%，五年以上年利率为 3.25%。

（三）当年服务改进情况。

1. 服务网点和服务设施建设情况。 为最大限度给前来办事群众提供方便，我中心在各县（区）服务大厅均配备摆放休息椅、复印机、饮水机、报刊栏等人性化服务设施，设立征求意见箱、服务监督台、查询机、叫号机和服务满意评价器等服务设施。设置温馨提示、利用电子视频滚动宣传政策流程、办理时限等便民服务。并按窗口服务行业标准，加强礼仪服务规范化培训，进一步规范工作细节，服务行为。与此同时，为了给前来办事人员提供舒适的环境，2019 年，我中心对罗城、大化管理部的业务用房进行装修，并进驻使用。此外，为贯彻落实政务服务集中统一建设管理，2019 年，金城江、东兰、凤山、巴马、天峨、都安等管理部进驻政务服务中心统一办公，避免办事职工多部门来回跑现象，实现所有事项"一站式"办结。

2. 综合服务平台建设情况。 2019 年，我中心认真对照"放管服""一事通办"改革要求以及住房和城乡建设部关于综合服务平台建设的新标准和要求，进一步完善了各项业务办理和服务功能，实现了公积金业务"随时随地"办理、缴存业务"一次不用跑"、提取业务自动智能审批、贷款业务"最多跑一次"。2019 年 6 月 20 日，我中心的住房公积金综合服务平台以"优秀"等次通过了住房和城乡建设部、自治区住房城乡建设厅的联合检查验收，成为广西区内首批通过综合服务平台验收的城市之一。

（四）当年信息化建设情况。

1. 信息化建设情况

2019 年 5 月，我中心按照《住房和城乡建设部办公厅关于做好全国住房公积金数据平台接入工作的通知》（建办金函〔2019〕36 号）要求进行的信息系统改造和对接接口建设工作顺利完成，正式接入了全国住房公积金数据平台，并在 8 月 29 日被住房和城乡建设部列为全国住房公积金查询服务支付宝小程序试点城市。

2019 年 6 月，我中心通过回收数据和完善信息系统功能，将住房公积金贷款的核算模式由委托银行核算转为中心自主核算，实现了自主报送征信数据和实时掌握贷款回收情况，进一步提高了贷款业务效率和资金风险防控能力。

2019年12月，我中心建设的数据共享平台正式上线，实现了与民政、工商、商业银行等部门的数据共享，为进一步优化业务流程、简化业务程序打下了良好的基础。此外，我中心还在全区公积金管理中心中率先完成了住房公积金信息系统与广西数字政务一体化平台的系统对接工作，通过数据互联互通解决了"二次录入"问题，提高了工作效率和服务效率。

2. 基础数据标准贯彻落实和结算应用系统接入情况

我中心已于2016年4月27日全面完成基础数据标准贯彻落实和结算应用系统接入工作。

（五）**当年住房公积金管理中心及职工所获荣誉情况。**2019年，中心业务管理被自治区住房城乡建设厅、财政厅评为优秀，连续10年被评为全区住房公积金业务管理工作优秀单位；信息化建设成效明显，综合服务平台以"优秀"等级通过住房和城乡建设部验收，并在2019年全区住房公积金工作会议暨综合服务平台建设推进现场会作经验交流发言；精神文明建设迈上新台阶，在2019年全区住房城乡建设系统精神文明建设工作会议上作经验介绍；推行的"同城通办，异地可办，随时办理"服务得到自治区、市委领导的充分肯定；荣获全区住房城乡建设系统庆祝新中国成立70周年文艺汇演一等奖；荣获全区"中国银行·住房公积金杯"运动会气排球团体比赛二等奖，中心定点帮扶村都安县澄江镇旁禾村顺利通过市扶贫开发领导小组整村脱贫摘帽核验。中心副主任唐毓天同志被评为全市脱贫攻坚及"十大百万"扶贫产业工程先进个人攻坚奖，中心政务服务窗口被市大数据发展局评为2019年第二季度、第三季度政务服务工作"红旗窗口"，"服务之星"各一名。

（六）**当年对违反《住房公积金管理条例》和相关法规行为进行行政处罚和申请人民法院强制执行情况。**2019年度我中心没有进行行政处罚和申请人民法院强制执行的情况。

（七）**当年对住房公积金管理人员违规行为的纠正和处理情况等。**2019年度我中心全体干部职工无违规行为。

来宾市住房公积金2019年年度报告

一、机构概况

（一）**住房公积金管理委员会：**来宾市住房公积金管理委员会有21名委员，2019年召开2次会议。2019年7月23日会议审议通过四个事项。(1)关于来宾市住房公积金管理中心2018年度工作报告、来宾市2018年度住房公积金财务报告、2018年度住房公积金归集使用计划执行情况的报告、2018年度住房公积金增值收益分配实施方案的问题。(2)关于来宾市2019年度住房公积金归集使用计划、2019年度财务预算收支计划的问题。(3)经市政府常务会审议通过，我中心印发了三个管理办法：《来宾市住房公积金骗提骗贷行为处理办法》《来宾市个人住房公积金贷款管理暂行办法》《来宾市个人自愿缴存人员使用住房公积金贷款管理办法》。(4)关于来宾市住房公积金管理中心关于租用办公用房的请示。2019年12月26日会议审议通过两个事项：一是关于给与兴宾区财政拨款欠缴单位职工申请住房公积金贷款的问题，二是关于批准金秀瑶族自治县农村信用合作联社办理住房公积金委托贷款业务的问题。

（二）住房公积金管理中心：来宾市住房公积金管理中心为来宾市人民政府直属不以营利为目的的参公副处级事业单位，设6个科，6个管理部。从业人员69人，其中，在编29人，非在编40人。

二、业务运行情况

（一）缴存：2019年，新开户单位195家，实缴单位2358家，净增单位140家；新开户职工0.69万人，实缴职工9.84万人，净增职工0.14万人；缴存额15.59亿元，同比增长15.25%。2019年末，缴存总额115.15亿元，比上年末增加15.67%；缴存余额35.87亿元，比上年末增加15.41%。

受委托办理住房公积金缴存业务的银行6家，与上年相同。

（二）提取：2019年，提取额10.80亿元，同比减少1.24%；占当年缴存额的69.28%，比上年减少11.56个百分点。2019年末，提取总额79.27亿元，比上年末增加15.77%。

（三）贷款：

1. 个人住房贷款：个人住房贷款最高额度40万元，其中，单缴存职工最高额度32万元，双缴存职工最高额度40万元。

2019年，发放个人住房贷款0.24万笔、7.11亿元，同比分别下降12.35%、增长3.71%。

2019年，回收个人住房贷款3.44亿元。

2019年末，累计发放个人住房贷款2.78万笔、49.01亿元，贷款余额31.77亿元，分别比上年末增加增加9.45%、16.97%、13.1%。个人住房贷款余额占缴存余额的88.57%，比上年末减少1.81个百分点。

受委托办理住房公积金个人住房贷款业务的银行5家，与上年相同。

2. 住房公积金支持保障性住房建设项目贷款：2019年，发放支持保障性住房建设项目贷款0亿元，回收项目贷款0亿元。年末，累计发放项目贷款0亿元，项目贷款余额0亿元。

（四）购买国债：2019年，购买（记账式、凭证式）国债0亿元，兑付（转让、收回）国债0亿元。2019年末，国债余额0亿元，比上年末减少（增加）0亿元。

（五）融资：2019年，融资0亿元，归还0亿元。2019年末，融资总额0亿元，融资余额0亿元。

（六）资金存储：2019年末，住房公积金存款4.77亿元。其中，活期0.85亿元，1年以上定期2.40亿元，其他（协定存款）1.52亿元。

（七）资金运用率：2019年末，住房公积金个人住房贷款余额、项目贷款余额和购买国债余额的总和占缴存余额的88.57%，比上年末减少1.81个百分点。

三、主要财务数据

（一）业务收入：2019年，业务收入11252.55万元，同比增长12.42%。存款利息1552.08万元，委托贷款利息9698.12万元，国债利息0万元，其他2.35万元。

（二）业务支出：2019年，业务支出5395.57万元，同比增长8.28%。支付职工住房公积金利息5059.73万元，归集手续费0万元，委托贷款手续费333.55万元，其他2.29万元。

（三）增值收益：2019年，增值收益5856.98万元，同比增长16.51%。增值收益率1.74%，比上年增加 0.03 个百分点。

（四）增值收益分配：2019 年，提取贷款风险准备金 693.61 万元，提取管理费用 1205.44 万元，提取城市廉租住房（公共租赁住房）建设补充资金 3957.93 万元。

2019 年，上交财政管理费用 1300.39 万元。上缴财政城市廉租住房（公共租赁住房）建设补充资金 1140.06 万元。

2019 年末，贷款风险准备金余额 16546.16 万元。累计提取城市廉租住房（公共租赁住房）建设补充资金 16253.48 万元。

（五）管理费用支出：2019 年，管理费用支出 1131.09 万元，同比增长 8.99%。其中，人员经费 638.6 万元，公用经费 65.89 万元，专项经费 426.6 万元。

四、资产风险状况

（一）个人住房贷款：2019 年末，个人住房贷款逾期额 197.16 万元，逾期率 0.621‰。

个人贷款风险准备金按（当年贷款额减去当年放贷回收的本金）的 1% 提取。2019 年，提取个人贷款风险准备金 693.61 万元，使用个人贷款风险准备金核销呆坏账 0 万元。2019 年末，个人贷款风险准备金余额 16546.16 万元，占个人住房贷款余额的 5.21%，个人住房贷款逾期额与个人贷款风险准备金余额的比率为 1.19%。

（二）支持保障性住房建设试点项目贷款：2019 年末，逾期项目贷款 0 万元，逾期率 0‰。

项目贷款风险准备金按贷款余额的 0% 提取。2019 年，提取项目贷款风险准备金 0 万元，使用项目贷款风险准备金核销呆坏账 0 万元，项目贷款风险准备金余额 0 万元，占项目贷款余额的 0%，项目贷款逾期额与项目贷款风险准备金余额的比率为 0%。

五、社会经济效益

（一）缴存业务：2019 年，实缴单位数、实缴职工人数和缴存额同比分别增长 6.31%、1.47% 和 15.25%。

缴存单位中，国家机关和事业单位占 71.71%，国有企业占 10.31%，城镇集体企业占 1.06%，外商投资企业占 0.55%，城镇私营企业及其他城镇企业占 14.50%，民办非企业单位和社会团体占 0.47%，个人自愿缴存占 0.04%，其他占 1.36%。

缴存职工中，国家机关和事业单位占 63.99%，国有企业占 22.84%，城镇集体企业占 0.81%，外商投资企业占 1.39%，城镇私营企业及其他城镇企业占 10.1%，民办非企业单位和社会团体占 0.10%，个人自愿缴存占 0.10%，其他占 0.67%；中、低收入占 99.30%，高收入占 0.70%。

新开户职工中，国家机关和事业单位占 45.49%，国有企业占 19.40%，城镇集体企业占 1.59%，外商投资企业占 2.35%，城镇私营企业及其他城镇企业占 27.44%，民办非企业单位和社会团体占 0.61%，个人自愿缴存占 1.15%，其他占 1.97%；中、低收入占 99.65%，高收入占 0.35%。

（二）提取业务：2019 年，4.60 万名缴存职工提取住房公积金 10.80 亿元。

提取金额中，住房消费提取占 80.66%（购买、建造、翻建、大修自住住房占 23.53%，偿还购房贷款本息占 49.33%，租赁住房占 7.8%，其他占 0%）；非住房消费提取占 19.34%（离休和退休提取占

13.85%，完全丧失劳动能力并与单位终止劳动关系提取占 3.11%，出境定居占 0%，死亡或宣告死亡占 0.70%，其他占 1.68%）。

提取职工中，中、低收入占 99.07%，高收入占 0.93%。

（三）贷款业务：

1. 个人住房贷款：2019 年，支持职工购建房 31.18 万平方米，年末个人住房贷款市场占有率（含公转商贴息贷款）为 21.81%，比上年末减少 2.06 个百分点。通过申请住房公积金个人住房贷款，可节约职工购房利息支出 12836.91 万元。

职工贷款笔数中，购房建筑面积 90（含）平方米以下占 6.16%，90～144（含）平方米占 80.99%，144 平方米以上占 12.85%。购买新房占 73.72%（其中购买保障性住房占 0%），购买二手房占 24.05%，建造、翻建、大修自住住房占 0.58%，其他占 1.65%。

职工贷款笔数中，单缴存职工申请贷款占 60.91%，双缴存职工申请贷款占 38.97%，三人及以上缴存职工共同申请贷款占 0.12%。

贷款职工中，30 岁（含）以下占 34.17%，30 岁～40 岁（含）占 38.68%，40 岁～50 岁（含）占 22.11%，50 岁以上占 5.04%；首次申请贷款占 91.90%，二次及以上申请贷款占 8.10%；中、低收入占 99.34%，高收入占 0.66%。

2. 异地贷款：2019 年，发放异地贷款 3 笔、42.9 万元。2019 年末，发放异地贷款总额 24527.50 万元，异地贷款余额 22570.60 万元。

3. 公转商贴息贷款：2019 年，发放公转商贴息贷款 0 笔、0 万元，支持职工购建住房面积 0 万平方米，当年贴息额 0 万元。2019 年末，累计发放公转商贴息贷款 0 笔、0 万元，累计贴息 0 万元。

4. 支持保障性住房建设试点项目贷款：2019 年末，累计试点项目 0 个，贷款额度 0 亿元，建筑面积 0 万平方米，可解决 0 户中低收入职工家庭的住房问题。0 个试点项目贷款资金已发放并还清贷款本息。

（四）**住房贡献率**：2019 年，个人住房贷款发放额、公转商贴息贷款发放额、项目贷款发放额、住房消费提取额的总和与当年缴存额的比率为 101.50%，比上年减少 14.72 个百分点。

六、其他重要事项

（一）**当年机构及职能调整情况、受委托办理缴存贷款业务金融机构变更情况**。2019 年，我中心职能未调整，与上年相同。受委托办理住房公积金缴存贷款业务的金融机构共计 6 家，与上年相同。

（二）**当年住房公积金政策调整及执行情况**。根据来宾市统计局提供的来宾市职工 2018 年度月平均工资确定 2019 年度的最高缴存基数为 17402 元，最低限为 1450 元，缴存比例为 5%～12%。

我中心个人住房公积金贷款最高额度为 40 万元，其中：单缴存职工最高额度 32 万元，双缴存职工最高额度 40 万元。借款人可申请住房公积金"月对冲还贷"方式偿还贷款本息，只要符合"月对冲还贷"要求，借款人可在办理贷款时同时申请，已发放贷款的可到业务前台或者网上申请办理；提前归还部分本金或结清贷款本金余额，可申请办理"对冲还贷"方式冲还贷款本息。使用"月对冲还贷"或"对冲还贷"还款方式，职工不得再以偿还住房公积金贷款原因申请提取住房公积金。新增的两种还款方式不仅减轻职工还款压力而且均采取签订扣款协议后由系统自动冲还，极大简易流程，方便贷款职工。

个人住房公积金贷款利率，五年期（含）以下现行贷款利率为 2.75%，五年期以上现行贷款利率为3.25%。

（三）当年服务改进情况。积极推进公积金"互联网+"业务发展，优化业务运作模式，住房公积金"秒"到账。

目前我中心已初步建成了门户网站、12329短信、12329热线、自助查询机网上大厅、微信公众号、手机APP公积金等8个服务渠道，并将各类服务渠道要全部接入综合管理系统。综合服务平台建设通过住房和城乡建设部验收。实现了足不出户就可以查询个人账户基本信息、账户明细和公积金管理政策，网上也能办理公积金的归集、提取、贷款三大业务，公积金"秒到账"和信息"秒到位"成为现实，大大提升了群众的获得感和满意度。一是"一证一卡"即办即结。利用高拍仪、扫描仪、智能键盘等电子影像设备留存身份信息，纳入业务管理档案，重复调取利用。职工只需要一张身份证和本人的银行卡就可以办理公积金贷款提取业务，无需填写提取申请表及粘贴身份证复印件，只需在系统打印出来的提取凭证上签字即可；职工办理提取业务只来一次，资金直接划入个人账户，即时办理，资金"秒"到账，同时发送短信提醒。二是贷款只需跑一次。住房公积金个人贷款办理减少了审批环节，同时银行进驻市公积金中心业务大厅实行"一站式"办理，公积金贷款申请面签与借款合同预签同步进行，职工办理贷款只跑一次；实现公积金中心网点办理提前还款业务，不用再往返银行，开展"按月对冲还贷"业务，解决贷款职工因逾期还贷而影响个人信用和往返跑银行存款还贷等问题。

（四）当年信息化建设情况。数据信息共享工作得以进一步推进，现本中心已跟市工商局、市民政局实现数据共享。

（五）当年住房公积金管理中心及职工所获荣誉情况。未获得相关荣誉。

（六）当年对违反《住房公积金管理条例》和相关法规行为进行行政处罚和申请人民法院强制执行情况。2019年，我中心印发执行了《来宾市住房公积金骗提骗贷违规行为处理办法》，发布了《关于严厉打击住房公积金骗提骗贷违规行为的通告》，鼓励有骗提骗贷行为的主动归还。对来宾市不足额、不按时或不缴存住房公积金的单位发出了《限期缴存通知书》，各单位在接到通知书后都能积极进行整改，我中心未申请人民法院强制执行。

（七）当年对住房公积金管理人员违规行为的纠正和处理情况等。2019年度我中心没有发生住房公积金管理人员违规操作的行为。

崇左市住房公积金2019年年度报告

一、机构概况

（一）住房公积金管理委员会：住房公积金管理委员会有27名委员，2019年召开3次会议，审议通过的主要事项有：《崇左市住房公积金2018年年度报告》《崇左市住房公积金2018年财务报告》《崇左市2018年度住房公积金归集、使用计划执行情况》《崇左市住房公积金2018年度增值收益分配方案》《崇左市2019年住房公积金归集、使用计划》《关于向商业银行融资借款解决住房公积金流动性紧张问题的请示》《关于调整我市部分住房公积金政策的请示》《崇左市住房公积金失信行为名单管理办法》《关于异地转移接续系统建设经费的请示》和《关于工商和民政共享数据系统建设经费的请示》

（二）住房公积金管理中心：住房公积金管理中心为直属于市人民政府不以营利为目的的参照公务员管理事业单位，设5个科，6个管理部。从业人员66人，其中，在编35人，非在编31人。

二、业务运行情况

（一）缴存：2019年，新开户单位189家，实缴单位2703家，净增单位126家；新开户职工0.94万人，实缴职工10.28万人，净增职工0.36万人；缴存额14.12亿元，同比增长16.02%。2019年末，缴存总额100.37亿元，比上年末增加16.37%；缴存余额35.38亿元，比上年末增加15.21%。

受委托办理住房公积金缴存业务的银行6家，比上年增加0家。

（二）提取：2019年，提取额9.46亿元，同比增长5.23%；占当年缴存额的67%，比上年减少6.9个百分点。2019年末，提取总额64.99亿元，比上年末增加17.03%。

（三）贷款：

1. 个人住房贷款：个人住房贷款最高额度45万元，其中，单缴存职工最高额度45万元，双缴存职工最高额度45万元。

2019年，发放个人住房贷款0.32万笔、11.53亿元，同比分别增长35.12%、50.52%。

2019年，回收个人住房贷款2.93亿元。

2019年末，累计发放个人住房贷款2.56万笔、56.07亿元，贷款余额40.91亿元，分别比上年末增加14.29%、25.89%、26.62%。个人住房贷款余额占缴存余额的115.63%，比上年末增加10.42个百分点。

受委托办理住房公积金个人住房贷款业务的银行5家，比上年增加0家。

2. 住房公积金支持保障性住房建设项目贷款：2019年，发放支持保障性住房建设项目贷款0亿元，回收项目贷款0亿元。2019年末，累计发放项目贷款0亿元，项目贷款余额0亿元。

（四）购买国债：2019年，购买（记账式、凭证式）国债0亿元，兑付（转让、收回）国债0亿元。2019年末，国债余额0亿元，比上年末减少0亿元。

（五）融资：2019年，融资7.9亿元，归还3.6亿元。2019年末，融资总额11.60亿元，融资余额7亿元。

（六）资金存储：2019年末，住房公积金存款2.23亿元。其中，活期2.23亿元，1年（含）以下定期0亿元，1年以上定期0亿元，其他（协定、通知存款等）0亿元。

（七）资金运用率：2019年末，住房公积金个人住房贷款余额、项目贷款余额和购买国债余额的总和占缴存余额的115.63%，比上年末增加10.42个百分点。

三、主要财务数据

（一）业务收入：2019年，业务收入11426.87万元，同比增长18.67%。其中存款利息267.48万元，委托贷款利息11159.39万元，国债利息0万元，其他0万元。

（二）业务支出：2019年，业务支出7249.57万元，同比增长36.71%。其中支付职工住房公积金利息 4638.46 万元，归集手续费 0 万元，委托贷款手续费 561.83 万元，其他 2049.28 万元。

（三）**增值收益**：2019 年，增值收益 4177.30 万元，同比下降 3.44％。其中，增值收益率 1.27％，比上年减少 0.22 个百分点。

（四）**增值收益分配**：2019 年，提取贷款风险准备金 0 万元，提取管理费用 1350 万元，提取城市廉租住房（公共租赁住房）建设补充资金 2827.30 万元。

2019 年，上交财政管理费用 930.60 万元。上缴财政城市廉租住房（公共租赁住房）建设补充资金 932.54 万元。

2019 年末，贷款风险准备金余额 19761.06 万元。累计提取城市廉租住房（公共租赁住房）建设补充资金 9673.85 万元。

（五）**管理费用支出**：2019 年，管理费用支出 1004.30 万元，同比增长 29.90％。其中：人员经费 576.81 万元，公用经费 84.16 万元，专项经费 343.33 万元。

四、资产风险状况

（一）**个人住房贷款**：2019 年末，个人住房贷款逾期额 1221.58 万元，逾期率 3‰。

个人贷款风险准备金按（贷款余额或增值收益）的 0％提取。2019 年，提取个人贷款风险准备金 0 万元，使用个人贷款风险准备金核销呆坏账 0 万元。2019 年末，个人贷款风险准备金余额 19761.06 万元，占个人住房贷款余额的 4.83％，个人住房贷款逾期额与个人贷款风险准备金余额的比率为 6.18％。

（二）**支持保障性住房建设试点项目贷款**：2019 年末，逾期项目贷款 0 万元，逾期率 0‰。

项目贷款风险准备金按贷款余额的 0％提取。2019 年，提取项目贷款风险准备金 0 万元，使用项目贷款风险准备金核销呆坏账 0 万元，项目贷款风险准备金余额 0 万元，占项目贷款余额的 0％，项目贷款逾期额与项目贷款风险准备金余额的比率为 0％。

五、社会经济效益

（一）**缴存业务**：2019 年，实缴单位数、实缴职工人数和缴存额同比分别增长 4.89％、3.63％ 和 16.02％。

缴存单位中，国家机关和事业单位占 74.88％，国有企业占 9.58％，城镇集体企业占 1.18％，外商投资企业占 1.30％，城镇私营企业及其他城镇企业占 11.80％，民办非企业单位和社会团体占 1.22％，其他占 0.04％。

缴存职工中，国家机关和事业单位占 61.96％，国有企业占 15.92％，城镇集体企业占 1.56％，外商投资企业占 8.04％，城镇私营企业及其他城镇企业占 11.76％，民办非企业单位和社会团体占 0.75％，其他占 0.01％；中、低收入占 99.76％，高收入占 0.24％。

新开户职工中，国家机关和事业单位占 42.78％，国有企业占 15.97％，城镇集体企业占 1.48％，外商投资企业占 19.08％，城镇私营企业及其他城镇企业占 19.39％，民办非企业单位和社会团体占 1.18％，其他占 0.12％；中、低收入占 99.93％，高收入占 0.07％。

（二）**提取业务**：2019 年，3.93 万名缴存职工提取住房公积金 9.46 亿元。

提取金额中，住房消费提取占 78.27％（购买、建造、翻建、大修自住住房占 28.50％，偿还购房贷款本息占42.10%，租赁住房占7.67%，其他占0%）；非住房消费提取占21.73%（离休和退休提取占15.93%，完全丧失劳动能力并与单位终止劳动关系提取占0.97%，出境定居占0.0004%，其他占4.8296%）。

提取职工中，中、低收入占99.49%，高收入占0.51%。

（三）贷款业务：

1. 个人住房贷款： 2019年，支持职工购建房40.80万平方米，年末个人住房贷款市场占有率（含公转商贴息贷款）为21.98%，比上年末减少0.67个百分点。通过申请住房公积金个人住房贷款，可节约职工购房利息支出31708.79万元。

职工贷款笔数中，购房建筑面积90（含）平方米以下占4.61%，90～144（含）平方米占88.78%，144平方米以上占6.61%。购买新房占82.77%（其中购买保障性住房占0%），购买二手房占15.89%，建造、翻建、大修自住住房占1.34%，其他占0%。

职工贷款笔数中，单缴存职工申请贷款占34.38%，双缴存职工申请贷款占65.62%，三人及以上缴存职工共同申请贷款占0%。

贷款职工中，30岁（含）以下占32.32%，30岁～40岁（含）占40.45%，40岁～50岁（含）占20.35%，50岁以上占6.88%；首次申请贷款占86.16%，二次及以上申请贷款占13.84%；中、低收入占99.75%，高收入占0.25%。

2. 异地贷款： 2019年，发放异地贷款268笔、9262.40万元。2019年末，发放异地贷款总额33249.10万元，异地贷款余额30192.40万元。

3. 公转商贴息贷款： 2019年，发放公转商贴息贷款0笔、0万元，支持职工购建住房面积0万平方米，当年贴息额万元。2019年末，累计发放公转商贴息贷款0笔、0万元，累计贴息0万元。

4. 支持保障性住房建设试点项目贷款： 2019年末，累计试点项目0个，贷款额度0亿元，建筑面积0万平方米，可解决0户中低收入职工家庭的住房问题。0个试点项目贷款资金已发放并还清贷款本息。

（四）**住房贡献率：** 2019年，个人住房贷款发放额、公转商贴息贷款发放额、项目贷款发放额、住房消费提取额的总和与当年缴存额的比率为134.04%，比上年增加12.26个百分点。

六、其他重要事项

（一）当年机构及职能调整情况、受委托办理缴存贷款业务金融机构变更情况。2019年我中心无机构和职能调整，受委托办理缴存贷款业务的金融机构和上年一样，无增减情况。

（二）当年住房公积金政策调整及执行情况。

1. 确定缴存上、下限额

缴存上限：根据《广西壮族自治区住房制度改革委员会关于调整住房公积金缴存比例的通知》（桂房改〔2011〕50号）规定，住房公积金缴存比例最高为12%，单位和职工缴存住房公积金以职工本人上一年度月平均工资作为基数，最高不超过职工工作所在设区城市统计部门公布的上一年度职工月平均工资的3倍。最低缴存基数不低于崇左市上年最低工资标准。

缴存上限：崇左市统计部门公布的2018年崇左市城镇单位在岗职工年平均工资为65824元。据此，崇左市2019年度单位和职工住房公积金月缴存基数上限各为16456元；个人月缴存额上限各为1975元

（65824÷12×3×12％＝1975），月最高缴存额合计 3950 元。

缴存下限：根据《广西壮族自治区人民政府关于调整全区职工最低工资标准的通知》（桂政发〔2015〕13 号）和《广西壮族自治区住房制度改革委员会关于调整住房公积金缴存比例的通知》（桂房改〔2011〕50 号）的规定，崇左市（含各县、市）2018 年的月最低工资标准是 1300 元/月，2019 年单位和个人的住房公积金月最低缴存基数则是 1300 元，个人月缴存额下限各为 65 元（1300×5％＝65），月最低缴存额合计 130 元。

2. 政策调整

根据《自治区住房城乡建设厅、财政厅、中国人民银行南宁中心支行关于适时调整住房公积金政策确保房地产市场平稳健康发展的通知》（桂建金管〔2017〕11 号）有关要求：各地要充分结合当地房地产市场形势和住房公积金使用情况，因地制宜、因城施策调整住房公积金政策。房价上涨过快的城市，可适当调整贷款条件、首付比例、贷款额度和利率，实施差别化的住房信贷政策，采取有效措施遏制投资投机性购房贷款需求。并经市住房公积金管理委员会同意，从 2019 年 8 月 20 日起对我市住房公积金政策作出如下调整：（1）暂停异地购房提取业务，即缴存职工在异地购房（除缴存地或户籍地购房外），不能提取住房公积金；（2）调整购买自住住房提取的办理时效期，缴存职工购买自住住房办理提取住房公积金的时效期由原来的两年调整为一年；（3）缴存职工发生住房消费时，其直系亲属不能以同一套住房消费为理由办理提取业务；（4）暂停异地贷款业务，即暂停异地缴存职工在我中心办理购房贷款业务；（5）调整贷款最高额度，现拟将我市的首套贷款最高额度由 45 万元调整为 35 万元，二套贷款的最高贷款额度由 45 万元调整为 25 万元；（6）停组合贷款业务，调整后我中心不再受理与商业银行的组合贷款业务，只受理单纯的住房公积金贷款；（7）调整二套贷款的首付比例和贷款利率，二套贷款的首付款比例由原不低于所购（建）房总价的 30％调整为 50％，利率按同期住房公积金贷款基准利率上浮 10％执行；（8）调整住房公积金贷款办理时效期，住房公积金贷款办理时效期由原来的三年调整为一年。

3. 当年贷款最高额度

2019 年购（建）房的贷款最高额度是 45 万元。

4. 当年住房公积金存贷款利率执行标准

2019 年，应付给职工的住房公积金利率（当年缴存和上年结转）仍是 1.5％；住房公积金 5 年（含）以下贷款年利率 2.75％，5 年以上贷款年利率 3.25％。

（三）当年服务改进情况。 2019 年，我中心以政务公开活动、上门为企业服务方式宣传住房公积金政策，同时通过网站、手机 APP、微信公众号和车载体广告等服务手段进一步扩大宣传公积金信息。并对新办企业的缴存登记实行容缺办理，先批后审；同时市本级进驻政务服务中心服务窗口设置综合窗口，实行"一窗受理，集成服务"。

（四）当年信息化建设情况。 2019 年 4 月与国家税务总局对接的数据平台建设完成，2019 年 6 月电子档案管理系统正式启用，2019 年 11 月正式接入与工商系统、民政系统，2019 年 12 月完成住房公积金异地转移接续平台系统建设。

（五）当年所获荣誉情况。 2019 年 2 月，中心主任李舒同志经中共崇左市委员会批准，获崇左市新时代新担当新作为好干部称号，获 2018 年"两篇大文章、四大攻坚战"先进个人。

（六）当年对违反《住房公积金管理条例》和相关法规行为进行行政处罚和申请人民法院强制执行情况。2019年我中心无行政处罚和申请人民法院强制执行等情况。

（七）当年对住房公积金管理人员违规行为的纠正和处理情况等。2019年我中心无人员违规行为。

（八）其他需要披露的情况。2019年无其他需要披露的情况。

2019 全国住房公积金年度报告汇编

海南省

海南省住房公积金 2019 年年度报告

一、机构概况

（一）住房公积金管理机构：全省设 1 个住房公积金管理局，无独立设置的分中心。从业人员 272 人，其中，在编 231 人，非在编 41 人。

（二）住房公积金监管机构：省住房城乡建设厅、省财政厅、人民银行海口中心支行和中国银保监会海南监管局负责对本省住房公积金管理运行情况进行监督。省住房城乡建设厅设立住房公积金监管处，负责辖区住房公积金日常监管工作。

二、业务运行情况

（一）缴存：2019 年，新开户单位 0.82 万家，实缴单位 3.05 万家，净增单位 0.50 万家；新开户职工 12.82 万人，实缴职工 108.14 万人，净增职工 3.63 万人；缴存额 133.20 亿元，同比增长 9.26%。2019 年末，缴存总额 960.02 亿元，比上年末增加 16.11%；缴存余额 433.23 亿元，比上年末增加 11.18%。

（二）提取：2019 年，提取额 89.62 亿元，同比增长 25.05%；占当年缴存额的 67.28%，比上年增加 8.5 个百分点。2019 年末，提取总额 526.80 亿元，比上年末增加 20.50%。

（三）贷款：

1. 个人住房贷款：2019 年，发放个人住房贷款 1.43 万笔、66.81 亿元，同比增长 24.72%、43.66%。回收个人住房贷款 33.39 亿元。

2019 年末，累计发放个人住房贷款 17.70 万笔、516.61 亿元，贷款余额 355.55 亿元，分别比上年末增加 8.78%、14.85%、10.38%。个人住房贷款余额占缴存余额的 82.07%，比上年末减少 0.60 个百分点。

2. 住房公积金支持保障性住房建设项目贷款：2019 年，未发放支持保障性住房建设项目贷款，未回收项目贷款。2019 年末，累计发放项目贷款 3.74 亿元，无项目贷款余额。

（四）购买国债：2019 年，未购买国债。当年无国债余额。

（五）融资：2019 年，未融资，无当年归还。截至 2019 年底，无融资总额，无融资余额。

（六）资金存储：2019 年末，住房公积金存款 98.40 亿元。其中，活期 0.04 亿元，1 年（含）以下定期 6.94 亿元，1 年以上定期 82.23 亿元，其他（协定、通知存款等）9.19 亿元。

（七）资金运用率：2019 年末，住房公积金个人住房贷款余额、项目贷款余额和购买国债余额的总和占缴存余额的 82.07%，比上年末减少 0.60 个百分点。

三、主要财务数据

（一）业务收入：2019 年，业务收入 12.27 亿元，同比增长 3.67%。其中，存款利息 1.48 亿元，委托贷款利息 10.79 亿元，无国债利息，无其他收入。

（二）业务支出：2019 年，业务支出 6.30 亿元，同比增长 0.18%。其中，支付职工住房公积金利息

5.78亿元，归集手续费0.05亿元，委托贷款手续费0.47亿元，其他支出由于账务调整进行业务冲正，冲正后其他支出为-0.001亿元。

（三）**增值收益**：2019年，增值收益5.96亿元，同比增长7.65%；增值收益率1.44%，比上年下降0.07个百分点。

（四）**增值收益分配**：2019年，提取贷款风险准备金3.58亿元，提取管理费用0.68亿元，提取城市廉租住房建设补充资金1.71亿元。

2019年，上交财政管理费用0.56亿元，上缴财政城市廉租住房建设补充资金1.65亿元。

2019年末，贷款风险准备金余额18.86亿元，自2011年起累计提取城市廉租住房建设补充资金13.45亿元。

（五）**管理费用支出**：2019年，管理费用支出0.58亿元，同比增长3.11%。其中，人员经费0.39亿元，公用经费0.09亿元，专项经费0.10亿元。

四、资产风险状况

（一）**个人住房贷款**：2019年末，个人住房贷款逾期额0.02亿元，逾期率0.045‰。

2019年，提取个人贷款风险准备金3.58亿元，未使用个人贷款风险准备金核销呆坏账。2019年末，个人贷款风险准备金余额18.86亿元，占个人贷款余额5.30%，个人贷款逾期额与个人贷款风险准备金余额的比率0.08%。

（二）**住房公积金支持保障性住房建设项目贷款**：2019年末，无逾期项目贷款。

2019年，未提取项目贷款风险准备金，未使用项目贷款风险准备金核销，2019年末，项目贷款风险准备金余额0.08亿元。

五、社会经济效益

（一）**缴存业务**：2019年，实缴单位数、实缴职工人数和缴存额增长率分别为19.80%、3.46%和9.26%。

缴存单位中，国家机关和事业单位占21.73%，国有企业占5.50%，城镇集体企业占1.46%，外商投资企业占0.83%，城镇私营企业及其他城镇企业占57.98%，民办非企业单位和社会团体占5.27%，其他占7.23%。

缴存职工中，国家机关和事业单位占30.15%，国有企业占14.55%，城镇集体企业占1.60%，外商投资企业2.23%，城镇私营企业及其他城镇企业占43.33%，民办非企业单位和社会团体占4.70%，其他占3.44%；中、低收入占98.41%，高收入占1.59%。

新开户职工中，国家机关和事业单位占14.96%，国有企业占8.92%，城镇集体企业占1.15%，外商投资企业1.78%，城镇私营企业及其他城镇企业占54.42%，民办非企业单位和社会团体占5.61%，其他占13.16%；中、低收入占95.96%，高收入占4.04%。

（二）**提取业务**：2019年，32.56万名缴存职工提取住房公积金89.62亿元。

提取金额中，住房消费提取占80.73%（购买、建造、翻建、大修自住住房占38.22%，偿还购房贷款本息50.32%，租赁住房占11.46%）；非住房消费提取19.27%（离休和退休提取占81.84%，完全丧失劳动能力并与单位终止劳动关系提取占 0.12%，出境定居占 0.06%，其他占 17.98%）。

提取职工中，中、低收入占 96.25%，高收入占 3.75%。

（三）贷款业务：

1. 个人住房贷款： 2019 年，支持职工购建房 140.37 万平方米。年末个人住房贷款市场占有率（含公转商贴息贷款）为 16.87%，比上年末增加 7.74 个百分点。通过申请住房公积金个人住房贷款，可节约职工购房利息支出 16.26 亿元。

职工贷款笔数中，购房建筑面积 90（含）平方米以下占 42.99%，90~144（含）平方米占 53.85%，144 平方米以上占 3.16%。购买新房占 93.54%（其中购买保障性住房占 14.12%），购买二手房占 6.17%，建造、翻建、大修自住住房占 0.29%。

职工贷款笔数中，单缴存职工申请贷款占 32.69%，双缴存职工申请贷款占 66.58%，三人及以上缴存职工共同申请贷款占 0.73%。

贷款职工中，30 岁（含）以下占 37.08%，30 岁~40 岁（含）占 38.72%，40 岁~50 岁（含）占 18.65%，50 岁以上占 5.55%；首次申请贷款占 75.36%，二次及以上申请贷款占 24.64%；中、低收入占 96.88%，高收入占 3.12%。

2. 异地贷款： 2019 年，发放异地贷款 318 笔、1.47 亿元。2019 年末，发放异地贷款总额 4.01 亿元，异地贷款余额 2.80 亿元。

3. 公转商贴息贷款： 2019 年，未发放公转商贴息贷款。2019 年末，无累计发放公转商贴息贷款。

4. 住房公积金支持保障性住房建设项目贷款： 2019 年，全省无住房公积金试点城市，无试点项目。

（四）住房贡献率： 2019 年，个人住房贷款发放额、公转商贴息贷款发放额、项目贷款发放额、住房消费提取额的总和与当年缴存额的比率为 104.48%，比上年增加 7.55 个百分点。

六、其他重要事项

（一）当年住房公积金政策调整情况。

归集业务方面：2019 年 1 月印发《关于明确建造、翻建、大修自住住房提取额度的通知》（琼公积金归〔2019〕4 号），深入推进审批服务便民化，进一步压减自由裁量权；2019 年 5 月印发《关于单位申请住房公积金缓缴、降低缴存比例暂行规定的通知》（琼公积金归〔2019〕36 号），加快缓缴住房公积金和阶段性适当降低住房公积金缴存比例的审批效率，切实为企业办理相关业务提供便利；2019 年 9 月印发《关于调整购建外省住房提取住房公积金材料要件的通知》（便函 235），坚持贯彻中央"房住不炒"的精神，保障职工刚性购房需求，进一步防止提取公积金用于炒房投机；2019 年 9 月印发《关于进一步加强租房提取业务管理的通知》（便函 239），规范职工租房合法行为，进一步遏制职工违规套取的行为。

贷款业务方面：2019 年 3 月，印发《关于重启个人商业性住房按揭贷款转住房公积金贷款业务有关事项的通知》（琼公积金贷〔2019〕26 号），重启受理个人商业性住房按揭贷款转住房公积金贷款业务；2019 年 10 月，印发《关于优化住房公积金贷款还款能力计算标准的通知》，将住房公积金贷款还款能力计算标准进行补充优化；2019 年 12 月，印发《关于调整公积金个人住房贷款有关政策的通知》（琼公积金贷〔2019〕44 号），二手房贷款材料取消房产估价报告减轻职工负担，落实第二套住房和第二次使用住房公积金贷款利率不低于同期首套房贷款利率的 1.10 倍的要求。

（二）当年开展监督检查情况。为切实履行监督职责，进一步加强住房公积金管理，我局根据业务发展需要，修改完善《海南省住房公积金管理局内部管理授权委托书》，完成了全系统20个直属局授权书的重新签订工作，规范内部授权管理；完成《海南省住房公积金管理局直属管理局考核暂行管理办法（修订）》（琼公积金法〔2019〕45号）的修订印发，组织对全系统20个直属管理局开展年度考核工作；完成《海南省住房公积金管理局内部审计办法》（琼公积金法〔2019〕42号）的修订印发，组织开展了省直、三亚、东方、白沙、儋州、澄迈6个直属局的内部审计工作，并通过稽核系统对2019年1至9月份归集、提取、贷款业务进行稽核，核查落实整改情况，确保资金安全管理和业务办理合法合规。

（三）当年服务改进情况。一是打造高效便捷的全时服务。推出住房公积金"7×24"全时服务新模式，形成全时受理、免审办结、实时结算的制度创新成果。二是科学调整"不见面审批"事项。把"不见面审批"服务事项由原来的42项调整为38项，现已实现35项，全年"不见面审批"办件量达204.63万件，历史累计办件量达406.37万件。三是优化业务管理平台。依托信息化和大数据进行业务管理，开发实施系统功能，完成30多项系统功能开发工作，并深化与省住房城乡建设厅、省资规厅、省人社厅等部分数据共享，实现了数据的快速传递和多元共享。四是推进社保卡在住房公积金领域的应用，落实我省社保卡"一卡通"应用要求。与人社部门联网获取职工社保卡信息，提前一年也是第一个完成省政府工作目标的部门，自2019年9月1日起办理的住房公积金提取业务款项全部转账至职工个人社保卡结算，方便持卡职工"一卡多用"。五是维护贷款职工权益，坚持把整治房地产开发商拒贷行为作为长期性工作常抓不懈，维护购房者贷款权益。

（四）当年信息化建设情况。2019年，信息化建设以推进省政务服务一体化、自贸区（港）制度创新为主要目标，努力提升信息服务水平和安全防护能力。一是协调省住房城乡建设厅、省资规厅、省人社厅实现房产信息共享并应用社保一卡通结算业务，同时向各部门共享住房公积金信息；二是落实放管服要求，向缴存职工提供"7×24"小时不见面审批服务，实现不见面审批办件量接近90%；三是完善信息化制度建设和规范内部管理，提高管理水平和管理效率；四是实施信息系统漏洞扫描、弱口令清理等安全防护手段，全面提高住房公积金信息系统风险防范力度，在我省"护网行动"期间取得较好成绩。五是配合住房和城乡建设部做好我省住房公积金数据报送、微信小程序测试上线，确保我省住房公积金业务在住房和城乡建设部稽核、审计等方面取得较好成绩。

（五）当年住房公积金机构及从业人员所获荣誉情况。儋州局、定安局、琼中局被所在市县授予"青年文明号"；洋浦局以第一名的成绩获洋浦政务服务中心2019年度"优秀窗口"单位。

（六）当年无住房公积金管理人员违规行为及处理情况。

（七）无其他需要披露的情况。

2019 全国住房公积金年度报告汇编

重庆市

重庆市住房公积金 2019 年年度报告

一、机构概况

（一）住房公积金管理委员会：市住房公积金管理委员会有 38 名委员，2019 年召开 1 次会议，审议通过了《重庆市住房公积金管委会办公室关于调整住房公积金管委会委员及管委办主任的请示》《2018 年重庆市住房公积金管理工作情况报告》《2018 年度住房公积金缴存使用计划执行情况及 2019 年度缴存使用计划》《重庆市住房公积金 2018 年年度报告》《重庆市住房公积金管理委员会关于进一步规范住房公积金提取的通知》。

（二）住房公积金管理中心：市住房公积金管理中心为隶属于重庆市住房和城乡建设委员会的不以营利为目的的公益性事业单位，设 10 个处室，4 个主城办事处，31 个分中心。从业人员 580 人，其中，在编 339 人，非在编 241 人。

二、业务运行情况

（一）缴存：2019 年，新开户单位 7132 家，实缴单位 39475 家，净增单位 5867 家；新开户职工 31.19 万人，实缴职工 267.18 万人，净增职工 19.35 万人；缴存额 429.50 亿元，同比增长 13.06%。2019 年末，缴存总额 2912.75 亿元，比上年末增加 17.30%；缴存余额 1081.97 亿元，比上年末增加 10.96%。受委托办理住房公积金缴存业务的银行 5 家，相比上年无增减。

（二）提取：2019 年，提取额 322.63 亿元，同比增长 8.29%；占当年缴存额的 75.12%，比上年减少 3.30 个百分点。2019 年末，提取总额 1830.78 亿元，比上年末增加 21.39%。

（三）贷款：

1. 个人住房贷款

个人住房贷款最高额度 60 万元，其中，单缴存职工最高额度 40 万元，双缴存职工最高额度 60 万元。

2019 年，发放个人住房贷款 6.17 万笔、236.12 亿元（其中，自有资金发放个人住房贷款 6.07 万笔、232.11 亿元，利用银行资金发放住房公积金贴息贷款 0.10 万笔、4.01 亿元），同比分别增长 13.21%、21.31%。回收个人住房贷款 102.04 亿元。

2019 年末，累计发放个人住房贷款 65.96 万笔、1863.48 亿元（其中，自有资金累计发放个人住房贷款 60.19 万笔、1663.04 亿元，利用银行资金累计发放住房公积金贴息贷款 5.77 万笔、200.44 亿元），贷款余额 1251.94 亿元（其中，自有资金贷款余额 1096.71 亿元，住房公积金贴息贷款余额 155.23 亿元），同比分别增长 10.32%、14.51%、10.46%。个人住房贷款余额占缴存余额的 101.36%，比上年末增加 2.23 个百分点。受委托办理住房公积金个人住房贷款业务的银行 16 家，相比上年无增减。

2. 住房公积金支持保障性住房建设项目贷款

2019 年，未发放、回收保障性住房建设项目贷款。2019 年末，累计发放项目贷款 30.00 亿元，无项目贷款余额。

（四）购买国债：2019 年，未购买国债。2019 年末，无国债余额。

（五）融资：2019年，融资15.00亿元，当年未归还。2019年末，融资总额48.46亿元，融资余额20.00亿元。

（六）资金存储：2019年末，住房公积金存款5.26亿元。其中，活期存款0.04亿元，协定存款5.22亿元。

（七）资金运用率：2019年末，住房公积金个人住房贷款余额、项目贷款余额和购买国债余额的总和占缴存余额的101.36%，比上年末增加2.23个百分点。

三、主要财务数据

（一）业务收入：2019年，业务收入342825.93万元，同比增长11.10%。其中，存款利息9516.93万元，委托贷款利息333281.22万元，其他27.78万元。

（二）业务支出：2019年，业务支出198065.80万元，同比增长5.18%。其中，支付职工住房公积金利息177329.63万元，归集手续费2319.55万元，委托贷款手续费11453.10万元，其他6963.52万元。

（三）增值收益：2019年，增值收益144760.13万元，同比增长20.39%；增值收益率1.41%，比上年增长0.12个百分点。

（四）增值收益分配：2019年，提取贷款风险准备金13070.46万元，提取管理费用23485.00万元，提取城市廉租住房建设补充资金108204.67万元。

2019年，上交财政管理费用23654.00万元（其中，清缴2018年度增值收益分配的管理费用3654.00万元，预缴2019年增值收益分配的管理费用20000.00万元）。上缴财政城市廉租住房建设补充资金77018.52万元（其中，清缴2018年度增值收益分配的城市廉租住房建设补充资金27018.52万元，预缴2019年增值收益分配的城市廉租住房建设补充资金50000.00万元）。

2019年末，贷款风险准备金余额319781.18万元。累计提取城市廉租住房建设补充资金607030.89万元。

（五）管理费用支出：2019年，管理费用支出20896.55万元，同比下降15.43%。其中，人员经费8509.18万元，公用经费2438.17万元，专项经费9949.20万元。

四、资产风险状况

（一）个人住房贷款：2019年末，个人住房贷款逾期额1022.17万元，逾期率0.09‰。

个人贷款风险准备金按贷款余额的1%提取。2019年，提取个人贷款风险准备金13070.46万元，当年无个人贷款核销。2019年末，个人贷款风险准备金余额319781.18万元，占个人住房贷款余额的2.92%，个人住房贷款逾期额与个人贷款风险准备金余额的比率为0.32%。

（二）支持保障性住房建设试点项目贷款：2019年末，项目贷款已全部回收，无逾期，无核销，无贷款风险准备金。

五、社会经济效益

（一）缴存业务：2019年，实缴单位数、实缴职工人数和缴存额同比分别增长13.28%、3.59%和13.06%。

缴存单位中，国家机关和事业单位占 33.03%，国有企业占 7.13%，城镇集体企业占 1.01%，外商投资企业占 3.01%，城镇私营企业及其他城镇企业占 51.41%，民办非企业单位和社会团体占 1.96%，其他占 2.45%。

缴存职工中，国家机关和事业单位占 29.89%，国有企业占 15.29%，城镇集体企业占 0.49%，外商投资企业占 6.17%，城镇私营企业及其他城镇企业占 38.37%，民办非企业单位和社会团体占 0.85%，其他占 8.94%；中、低收入占 97.99%，高收入占 2.01%。

新开户职工中，国家机关和事业单位占 10.84%，国有企业占 8.19%，城镇集体企业占 0.49%，外商投资企业占 8.75%，城镇私营企业及其他城镇企业占 56.38%，民办非企业单位和社会团体占 1.23%，其他占 14.12%；中、低收入占 99.73%，高收入占 0.27%。

（二）提取业务：2019 年，89.88 万名缴存职工提取住房公积金 322.63 亿元。

提取金额中，住房消费提取占 81.15%（购买、建造、翻建、大修自住住房占 7.30%，偿还购房贷款本息占 72.93%，租赁住房占 0.92%）；非住房消费提取占 18.85%（离休和退休提取占 9.92%，完全丧失劳动能力并与单位终止劳动关系提取占 3.10%，出境定居占 0.001%，其他占 5.83%）。提取职工中，中、低收入占 96.64%，高收入占 3.36%。

（三）贷款业务：

1. 个人住房贷款

2019 年，支持职工购建房 639.91 万平方米（其中，住房公积金自有资金贷款支持职工购建房 628.77 万平方米，贴息贷款支持职工购建房 11.14 万平方米）。年末个人住房贷款市场占有率（含公转商贴息贷款）为 11.57%，比上年末减少 0.63 个百分点。通过申请住房公积金个人住房贷款，可节约职工购房利息支出 60.03 亿元（其中，住房公积金自有资金个贷节约利息支出 58.95 亿元，贴息贷款节约利息支出 1.08 亿元）。

职工贷款笔数中，购房建筑面积 90（含）平方米以下占 24.77%，90～144（含）平方米占 71.87%，144 平方米以上占 3.36%。购买新房占 80.64%（其中，购买保障性住房占 0.03%），购买二手房占 19.36%。

职工贷款笔数中，单缴存职工申请贷款占 86.11%，双缴存职工申请贷款占 13.89%。

贷款职工中，30 岁（含）以下占 51.06%，30 岁～40 岁（含）占 30.20%，40 岁～50 岁（含）占 14.99%，50 岁以上占 3.75%；首次申请贷款占 95.33%，二次及以上申请贷款占 4.67%；中、低收入占 99.82%，高收入占 0.18%。

2. 异地贷款

2019 年，发放异地贷款 3642 笔、98165.15 万元。2019 年末，发放异地贷款总额 404260.40 万元，异地贷款余额 348892.46 万元。

3. 公转商贴息贷款

2019 年，发放公转商贴息贷款 1024 笔、40138.10 万元，支持职工购建住房面积 11.14 万平方米，当年贴息额 22322.70 万元。2019 年末，累计发放公转商贴息贷款 57734 笔、2004375.13 万元，累计贴息 85914.68 万元。

4. 支持保障性住房建设试点项目贷款

2019年末，累计试点项目4个，贷款额度30.00亿元，建筑面积459万平方米，可解决7.4万户中低收入职工家庭的住房问题。2016年末，已全部收回试点项目贷款本息。

（四）住房贡献率： 2019年，个人住房贷款发放额、公转商贴息贷款发放额、项目贷款发放额、住房消费提取额的总和与当年缴存额的比率为115.93%，比上年增加2.86个百分点。

六、其他重要事项

（一）**当年缴存基数限额及确定方法调整情况。** 2019年度月缴存基数上限不超过市统计局2019年公布的2018年度城镇非私营单位在岗职工月平均工资3倍，月缴存基数下限不得低于重庆市人力资源和社会保障局公布的我市现行最低工资标准。

（二）**当年服务改进情况。** 为更好地服务缴存人，持续改进和完善线上线下服务。一是拓展线上服务渠道及内容。服务渠道方面，在原有门户网站、网厅、微信公众号、手机APP、12329热线等10个线上渠道基础上，开通"329重庆公积金"有线电视频道，覆盖重庆市近600万有线家庭用户，成为全国行业范围内首个开通电视端渠道的城市。服务内容方面，新增网点排队查询、在线互动客服、单位联名卡批量管理、个人联名卡变更、通讯信息变更等线上功能，已实现日常缴存业务、主要的提取类业务、个贷申请等在线自助办理。二是提升线下窗口服务质量。出台了《重庆市住房公积金管理中心窗口服务规范化标准（试行）》和《重庆市住房公积金管理中心智能化网点建设指导意见（试行）》，努力构建"环境舒适、服务规范、高效便捷"的住房公积金窗口服务体系，以电话问卷调查、神秘人暗访、服务巡查等为抓手，形成多渠道的窗口考核体系，服务质量不断提升。

（三）**当年信息化建设情况。** 进一步推进信息系统建设，科技管理水平不断提升。一是全面完成新一代信息系统建设工作，综合管理系统各子系统陆续部署上线，并于2019年12月6日通过终验评审，标志着中心第四代信息系统全面上线应用，有效提升了中心综合管理精细化水平。二是扎实做好信息系统管理工作，完善了信息系统管理运维工作机制，制定相关故障应急处置预案，提高了信息系统保障能力。三是积极发挥科技引领和创新作用，完成住房和城乡建设部基于区块链技术的全国住房公积金数据平台接入工作，启动大数据、智能化等新技术在公积金行业应用的研究和实践工作，组织开展了省级架构城市住房公积金综合管理云平台关键技术的研究与应用，研究成果获得2018年度重庆市科学技术奖三等奖。四是切实加强信息安全建设工作，完成了同城数据容灾备份系统建设，开展各分支机构的信息安全检查和整改工作，组织和参与各级网络安全攻防演习，不断完善信息安全防护手段。

（四）**当年住房公积金管理中心及职工所获荣誉情况。** 获国家"巾帼文明岗"3个，获重庆市"巾帼文明岗"5个、"三八红旗集体"1个、"工人先锋号"2个、"五一劳动奖状"1个、"模范职工之家"1个，获区（县）"先进基层党组织"2个、"三八红旗集体"1个、"青年文明号"1个、"卫生红旗单位"1个。

（五）**当年对违反《住房公积金管理条例》和相关法规行为进行行政处罚和申请人民法院强制执行情况。** 共受理违反《住房公积金管理条例》和相关法规行为的案件345件，其中，立案前处理整改266件，立案查处79件。依法申请人民法院强制执行1件。

2019 全国住房公积金年度报告汇编

四川省

成都	眉山市
自贡市	宜宾市
攀枝花市	广安市
泸州市	达州市
德阳市	雅安市
绵阳市	巴中市
广元市	资阳市
遂宁市	阿坝藏族羌族自治州
内江市	甘孜藏族自治州
乐山市	凉山彝族自治州
南充市	

四川省住房公积金 2019 年年度报告

一、机构概况

（一）住房公积金管理机构：全省共设 21 个设区城市住房公积金管理中心，3 个独立设置的分中心（其中，四川省省级住房公积金管理中心隶属四川省机关事务管理局，四川石油管理局住房公积金管理中心隶属四川石油管理局有限公司，中国工程物理研究院住房公积金管理中心隶属中国工程物理研究院）。从业人员 2405 人，其中，在编 1295 人，非在编 1110 人。

（二）住房公积金监管机构：省住房城乡建设厅、财政厅和人民银行成都分行负责对本省住房公积金管理运行情况进行监督。省住房城乡建设厅设立住房公积金监管处，负责辖区住房公积金日常监管工作。

二、业务运行情况

（一）缴存：2019 年，新开户单位 21568 家，实缴单位 127368 家，净增单位 11690 家；新开户职工 94.05 万人，实缴职工 693.09 万人，净增职工 30.49 万人；缴存额 1102.84 亿元，同比增长 11.64%。2019 年末，缴存总额 7508.42 亿元，比上年末增加 17.22%；缴存余额 3168.69 亿元，比上年末增加 15.03%。

（二）提取：2019 年，提取额 688.86 亿元，同比增长 5.07%；占当年缴存额的 62.46%，比上年减少 3.91 个百分点。2019 年末，提取总额 4339.73 亿元，比上年末增加 18.87%。

（三）贷款：

1. 个人住房贷款：2019 年，发放个人住房贷款 14.39 万笔、558.44 亿元，同比增长 10.25%、18.19%。回收个人住房贷款 283.37 亿元。

2019 年末，累计发放个人住房贷款 162.85 万笔、4110.85 亿元，贷款余额 2567.03 亿元，分别比上年末增加 9.69%、15.72%、12.00%。个人住房贷款余额占缴存余额的 81.01%，比上年末增加减少 2.19 个百分点。

2. 住房公积金支持保障性住房建设项目贷款：无。

（四）购买国债：无。

（五）融资：2019 年，融资 17.70 亿元，归还 32.68 亿元。2019 年末，融资总额 152.71 亿元，融资余额 9.70 亿元。

（六）资金存储：2019 年末，住房公积金存款 657.50 亿元。其中，活期 12.68 亿元，1 年（含）以下定期 69.97 亿元，1 年以上定期 446.03 亿元，其他（协定、通知存款等）128.82 亿元。

（七）资金运用率：2019 年末，住房公积金个人住房贷款余额、项目贷款余额和购买国债余额的总和占缴存余额的 81.01%，比上年末减少 2.19 个百分点。

三、主要财务数据

（一）业务收入：2019 年，业务收入 980724.56 万元，同比增长 14.59%。其中，存款利息 187253.08

万元，委托贷款利息792897.27万元，国债利息0万元，其他574.21万元。

（二）**业务支出**：2019年，业务支出485555.22万元，同比增长13.98％。其中，支付职工住房公积金利息441319.04万元，归集手续费422.32万元，委托贷款手续费29145.29万元，其他14668.57万元。

（三）**增值收益**：2019年，增值收益495169.34万元，同比增长15.20％；增值收益率1.67％，与上年持平。

（四）**增值收益分配**：2019年，提取贷款风险准备金127649.78万元，提取管理费用67937.37万元，提取城市廉租住房（公共租赁住房）建设补充资金299582.19万元。

2019年，上交财政管理费用68358.42万元，上缴财政城市廉租住房（公共租赁住房）建设补充资金247719.07万元。

2019年末，贷款风险准备金余额944068.35万元，累计提取城市廉租住房（公共租赁住房）建设补充资金1835247.63万元。

（五）**管理费用支出**：2019年，管理费用支出60911.77万元，同比下降7.69％。其中，人员经费31011.54万元，公用经费5738.48万元，专项经费24161.75万元。

四、资产风险状况

（一）**个人住房贷款**：2019年末，个人住房贷款逾期额6169.25万元，逾期率0.24‰。

2019年，提取个人贷款风险准备金127649.78万元，使用个人贷款风险准备金核销呆坏账0万元。2019年末，个人贷款风险准备金余额939173.95万元，占个人贷款余额的3.66％，个人贷款逾期额与个人贷款风险准备金余额的比率为0.66％。

（二）**住房公积金支持保障性住房建设项目贷款**：2019年末，逾期项目贷款0万元，逾期率为0‰。

2019年，提取项目贷款风险准备金0万元，使用项目贷款风险准备金核销呆坏账0万元。2019年末，项目贷款风险准备金余额4894.40万元，无逾期项目贷款。

五、社会经济效益

（一）**缴存业务**：2019年，实缴单位数、实缴职工人数和缴存额增长率分别为10.11％、4.60％和11.64％。

缴存单位中，国家机关和事业单位占37.20％，国有企业占7.22％，城镇集体企业占0.75％，外商投资企业占1.11％，城镇私营企业及其他城镇企业占46.43％，民办非企业单位和社会团体占2.75％，其他占4.54％。

缴存职工中，国家机关和事业单位占36.26％，国有企业占16.60％，城镇集体企业占1.23％，外商投资企业占4.59％，城镇私营企业及其他城镇企业占35.28％，民办非企业单位和社会团体占1.57％，其他占4.47％；中、低收入占95.90％，高收入占4.10％。

新开户职工中，国家机关和事业单位占21.97％，国有企业占8.65％，城镇集体企业占0.73％，外商投资企业占6.39％，城镇私营企业及其他城镇企业占53.70％，民办非企业单位和社会团体占2.41％，其他占6.15％；中、低收入占98.71％，高收入占1.29％。

（二）**提取业务**：2019年，230.53万名缴存职工提取住房公积金688.86亿元。

提取金额中，住房消费提取占 78.98%（购买、建造、翻建、大修自住住房占 23.38%，偿还购房贷款本息占 53.20%，租赁住房占 2.34%，其他占 0.06%）；非住房消费提取占 21.02%（离休和退休提取占 14.60%，完全丧失劳动能力并与单位终止劳动关系提取占 1.75%，出境定居占 1.31%，其他占 3.36%）。

提取职工中，中、低收入占 93.10%，高收入占 6.90%。

（三）贷款业务：

1. 个人住房贷款：2019 年，支持职工购建房 89.87 万平方米。年末个人住房贷款市场占有率（含公转商贴息贷款）为 16.80%，比上年末减少 1.02 个百分点。

职工贷款笔数中，购房建筑面积 90（含）平方米以下占 25.26%，90～144（含）平方米占 69.96%，144 平方米以上占 4.78%。购买新房占 79.48%（其中购买保障性住房占 0.20%），购买二手房占 18.86%，建造、翻建、大修自住住房占 0.03%，其他占 1.63%。

职工贷款笔数中，单缴存职工申请贷款占 56.80%，双缴存职工申请贷款占 43.16%，三人及以上缴存职工共同申请贷款占 0.04%。

贷款职工中，30 岁（含）以下占 39.76%，30 岁～40 岁（含）占 36.63%，40 岁～50 岁（含）占 19.21%，50 岁以上占 4.40%；首次申请贷款占 89.77%，二次及以上申请贷款占 10.23%；中、低收入占 92.74%，高收入占 7.26%。

2. 异地贷款：2019 年，发放异地贷款 16005 笔、615264.90 万元。2019 年末，发放异地贷款总额 2822347.06 万元，异地贷款余额 2071547.08 万元。

3. 公转商贴息贷款：2019 年，发放公转商贴息贷款 0 笔、0 万元，支持职工购建房面积 0 万平方米。当年贴息额 2279.20 万元。2019 年末，累计发放公转商贴息贷款 5965 笔、185649.49 万元，累计贴息 8973.56 万元。

4. 住房公积金支持保障性住房建设项目贷款：全省（区）有住房公积金试点城市 4 个，试点项目 43 个，贷款额度 32.69 亿元发放贷款已还清本息，建筑面积 284.26 万平方米，可解决 37276 户中低收入职工家庭的住房问题。

（四）**住房贡献率**：2019 年，个人住房贷款发放额、公转商贴息贷款发放额、项目贷款发放额、住房消费提取额的总和与当年缴存额的比率为 99.97%，比上年增加 0.87 个百分点。

六、其他重要事项

（一）**接受国家审计**。2019 年 9 月至 11 月，审计署成都特派办对我省 21 个市（州）24 个公积金中心（含 3 个分中心）2018 年度和 2019 年 1 月至 9 月住房公积金归集管理使用以及相关政策措施落实情况进行了审计，重点审计了成都市、泸州市。

（二）**接入数据平台**。按照住房和城乡建设部《关于做好全国住房公积金数据平台接入工作的通知》要求，组织 3 批人员赴江苏参加全国住房公积金数据平台接入培训，通过开发接口、接入测试、数据传输工作，2019 年 3 月底全省 21 个市（州）24 个公积金中心（含 3 个分中心）按时完成数据平台接入。

（三）**开展电子稽查**。按照住房和城乡建设部办公厅《关于全面开展住房公积金电子稽查工作的通知》要求，通过转发文件、动员部署、业务培训、中心自查、省厅抽查、每月通报、季度评估、重点提示、督促整改等措施办法，进一步提升我省住房公积金监管水平。

（四）**信息实现共享**。在推进成都平原经济区同城化的同时，利用省政府一体化政务服务平台，实现了全省21个市（州）24个公积金中心（含3个分中心）信息互联互通、缴存业务互查、贷款业务通办。

（五）**拓展认证方式**。全省各公积金中心结合业务办理和查询终端特点，增加"居民身份证号码＋动态密码"的身份认证方式，采用人脸、指纹等生物识别技术，拓展了认证功能，提高了业务办理和信息查询的便捷性。

（六）**所获荣誉情况**。2019年全省住房公积金机构及从业人员共获得以下荣誉：文明单位（行业、窗口）省部级2个、地市级9个，青年文明号国家级1个、地市级2个，工人先锋号地市级3个，三八红旗手（巾帼文明岗）省部级2个，先进集体和个人省部级15个、地市级60个，其他类荣誉省部级8个，地市级15个。

（七）**资金流动性**。眉山、雅安、自贡、内江等公积金中心资金流动性较紧张。

成都住房公积金2019年年度报告

一、机构概况

（一）**住房公积金管理委员会**：成都住房公积金管理委员会有31名委员，2019年召开1次会议，审议通过的事项主要包括：《成都住房公积金2018年年度报告》《成都住房公积金管理中心关于2018年住房公积金计划执行及增值收益分配情况和2019年计划及增值收益分配预案》《成都住房公积金提取管理办法》《成都住房公积金管理中心关于调整我市租房提取限额的审议事项》《成都住房公积金管理中心关于调整我市住房公积金缴存基数上限执行标准的审议事项》《成都住房公积金管理中心省级分中心2018年计划执行情况和2019年计划》。

（二）**住房公积金管理中心**：成都住房公积金管理中心（以下简称"市中心"）为成都市政府直属不以营利为目的的正局级公益二类事业单位，设11个内设机构，20个管理部，3个分中心。从业人员498人，其中，在编154人，非在编344人。四川省省级住房公积金管理中心（以下简称"省级分中心"）、四川石油管理局住房公积金管理中心（以下简称"石油分中心"）加挂成都住房公积金管理中心分中心牌子，独立运作。省级分中心设7个科，从业人员48人，其中，在编26人，非在编22人。石油分中心设3个科，从业人员16人，均为在编人员。

二、业务运行情况

（一）**缴存**：2019年，新开户单位15631家，实缴单位64468家，净增单位10951家；新开户职工55.06万人，实缴职工361.78万人，净增职工22.88万人；缴存额514.28亿元，同比增长13.87%。2019年末，缴存总额3471.40亿元，比上年末增加17.39%；缴存余额1375.87亿元，比上年末增加16.63%。

受委托办理住房公积金缴存业务的银行 7 家，与上年相比无变化。

（二）提取：2019 年，提取额 318.10 亿元，同比增长 6.38%；占当年缴存额的 61.85%，比上年减少 4.36 个百分点。2019 年末，提取总额 2095.52 亿元，比上年末增加 17.90%。

（三）贷款：

1. 个人住房贷款：个人住房贷款最高额度 70 万元，其中，单缴存职工最高额度 40 万元，双缴存职工最高额度 70 万元。

2019 年，发放个人住房贷款 5.35 万笔、238.88 亿元，同比分别增长 56.43%、66.36%。其中，市中心发放个人住房贷款 4.77 万笔、211.08 亿元，省级分中心发放个人住房贷款 0.57 万笔、27.41 亿元，石油分中心发放个人住房贷款 95 笔 0.39 亿元。

2019 年，回收个人住房贷款 108.78 亿元。其中，市中心 94.84 亿元，省级分中心 13.82 亿元，石油分中心 0.12 亿元。

2019 年末，累计发放个人住房贷款 55.78 万笔、1695.28 亿元，贷款余额 1062.25 亿元，分别比上年末增加 10.61%、16.40%、13.96%。个人住房贷款余额占缴存余额的 77.21%，比上年末减少 1.81 个百分点。

受委托办理住房公积金个人住房贷款业务的银行 14 家，与上年相比无变化。

2. 住房公积金支持保障性住房建设项目贷款：2019 年，无新增支持保障性住房建设项目贷款，无项目贷款余额。历史累计发放项目贷款 8.98 亿元。

（四）购买国债：2019 年，未购买国债，无国债余额。

（五）融资：2019 年，无新增融资，无融资余额，历史累计融资总额 34.00 亿元。

（六）资金存储：2019 年末，住房公积金存款 333.10 亿元。其中，活期 0.06 亿元，1 年（含）以下定期 28.00 亿元，1 年以上定期 249.46 亿元，其他（协定、通知存款等）55.58 亿元。

（七）资金运用率：2019 年末，住房公积金个人住房贷款余额、项目贷款余额和购买国债余额的总和占缴存余额的 77.21%，比上年末减少 1.81 个百分点。

三、主要财务数据

（一）业务收入：2019 年，业务收入 419189.30 万元，同比增长 18.34%。其中，市中心 355434.90 万元，省级分中心 53230.83 万元，石油分中心 10523.57 万元；存款利息 90881.01 万元，委托贷款利息 328274.97 万元，其他 33.32 万元。

（二）业务支出：2019 年，业务支出 206046.55 万元，同比增长 16.76%。其中，市中心 173569.27 万元，省级分中心 27320.15 万元，石油分中心 5157.13 万元；支付职工住房公积金利息 192776.45 万元，归集手续费 210.39 万元，委托贷款手续费 7676.44 万元，个人贷款担保费 5275.59 万元，公转商贷款贴息 100.76 万元，其他 6.92 万元。

（三）增值收益：2019 年，增值收益 213142.75 万元，同比增长 19.91%。其中，市中心 181865.63 万元，省级分中心 25910.68 万元，石油分中心 5366.44 万元；增值收益率 1.67%，比上年增加 0.06 个百分点。

（四）增值收益分配：2019 年，提取贷款风险准备金 27315.03 万元，提取管理费用 18234.18 万元，提取城市廉租住房（公共租赁住房）建设补充资金 167593.54 万元。

2019 年，上交财政管理费用 18268.41 万元。上缴财政城市廉租住房（公共租赁住房）建设补充资金 140073.73 万元。其中，市中心上缴 132428.92 万元，省级分中心上缴财政 7644.81 万元。

2019 年末，贷款风险准备金余额 232731.03 万元。累计提取城市廉租住房（公共租赁住房）建设补充资金 1001962.21 万元。其中，市中心提取 920397.56 万元，省级分中心提取 66324.80 万元，石油分中心提取 15239.85 万元。

（五）管理费用支出： 2019 年，管理费用支出 18107.28 万元，同比下降 0.70%。其中，人员经费 11617.70 万元，公用经费 2141.74 万元，专项经费 4347.84 万元。

市中心管理费用支出 16423.83 万元，其中，人员、公用、专项经费分别为 10927.65 万元、1933.21 万元、3562.97 万元；省级分中心管理费用支出 1683.45 万元，其中，人员、公用、专项经费分别为 690.05 万元、208.53 万元、784.87 万元；石油分中心管理费用由中国石油西南油气田分公司负担。

四、资产风险状况

（一）个人住房贷款： 2019 年末，个人住房贷款逾期额 888.74 万元，逾期率 0.08‰。其中，市中心 0.08‰，省级分中心 0.09‰，石油分中心 0‰。

个人贷款风险准备金计提：市中心按当年新增个人贷款余额的 1% 提取，省级分中心按增值收益的 60% 提取，石油分中心按年度贷款余额的 1% 提取。2019 年，提取个人贷款风险准备金 27315.03 万元，未使用个人贷款风险准备金核销呆坏账。2019 年末，个人贷款风险准备金余额 229243.03 万元，占个人住房贷款余额的 2.16%，个人住房贷款逾期额与个人贷款风险准备金余额的比率为 0.39%。

（二）支持保障性住房建设试点项目贷款： 2019 年末，试点项目贷款均已还清，未使用项目贷款风险准备金核销呆坏账。2019 年末，项目贷款风险准备金余额 3488.00 万元。

五、社会经济效益

（一）缴存业务： 2019 年，实缴单位数、实缴职工人数和缴存额同比分别增长 20.46%、6.75% 和 13.87%。

缴存单位中，国家机关和事业单位占 9.62%，国有企业占 2.78%，城镇集体企业占 0.32%，外商投资企业占 1.36%，城镇私营企业及其他城镇企业占 77.90%，民办非企业单位和社会团体占 3.10%，其他占 4.92%。

缴存职工中，国家机关和事业单位占 17.01%，国有企业占 11.48%，城镇集体企业占 0.45%，外商投资企业占 7.30%，城镇私营企业及其他城镇企业占 56.78%，民办非企业单位和社会团体占 1.79%，其他占 5.19%；中、低收入占 94.11%，高收入占 5.89%。

新开户职工中，国家机关和事业单位占 6.89%，国有企业占 5.04%，城镇集体企业占 0.10%，外商投资企业占 9.51%，城镇私营企业及其他城镇企业占 71.43%，民办非企业单位和社会团体占 2.00%，其他占 5.03%；中、低收入占 98.74%，高收入占 1.26%。

（二）提取业务： 2019 年，111.76 万名缴存职工提取住房公积金 318.10 亿元。

提取金额中，住房消费提取占 81.17%（购买、建造、翻建、大修自住住房占 24.93%，偿还购房贷

款本息占 53.93%，租赁住房占 2.31%）；非住房消费提取占 18.83%（离休和退休提取占 11.13%，完全丧失劳动能力并与单位终止劳动关系提取占 1.46%，出境定居、户口迁出本市及其他占 6.24%）。

提取职工中，中、低收入占 88.72%，高收入占 11.28%。

（三）贷款业务：

1. 个人住房贷款：2019 年，支持职工购建房 581.12 万平方米，年末个人住房贷款市场占有率（含公转商贴息贷款）为 13.62%，比上年末增加 0.16 个百分点。通过申请住房公积金个人住房贷款，可节约职工购房利息支出 616589.69 万元。

职工贷款笔数中，购房建筑面积 90（含）平方米以下占 26.85%，90~144（含）平方米占 64.87%，144 平方米以上占 8.28%。购买新房占 73.39%（其中购买保障性住房占 0.39%），购买二手房占 26.61%。

职工贷款笔数中，单缴存职工申请贷款占 61.53%，双缴存职工申请贷款占 38.45%，三人及以上缴存职工共同申请贷款占 0.02%。

贷款职工中，30 岁（含）以下占 44.66%，30 岁~40 岁（含）占 40.80%，40 岁~50 岁（含）占 12.37%，50 岁以上占 2.17%；首次申请贷款占 92.40%，二次及以上申请贷款占 7.60%；中、低收入占 89.79%，高收入占 10.21%。

2. 异地贷款：2019 年，发放异地贷款 3752 笔、182926.90 万元。2019 年末，发放异地贷款总额 711029.41 万元，异地贷款余额 484356.86 万元。

3. 公转商贴息贷款：2019 年，未发放公转商贴息贷款，当年贴息额 100.76 万元。2019 年末，累计发放公转商贴息贷款 419 笔、13352.20 万元，累计贴息 306.62 万元。

4. 支持保障性住房建设试点项目贷款：2019 年末，累计试点项目 7 个，贷款额度 8.98 亿元，建筑面积 76.85 万平方米，可解决 12945 户中低收入职工家庭的住房问题。7 个试点项目贷款本息均已全部还清。

（四）住房贡献率：2019 年，个人住房贷款发放额、公转商贴息贷款发放额、项目贷款发放额、住房消费提取额的总和与当年缴存额的比率为 96.65%，比上年增加 12.57 个百分点。

六、其他重要事项

（一）当年机构及职能调整情况、受委托办理缴存贷款业务金融机构变更情况。

市中心机构及职能无调整。省级分中心增设内设机构客户服务科。石油分中心因机构整合增设内设机构信息综合科。

市中心、省级分中心和石油分中心受委托办理缴存贷款业务金融机构无变更。

（二）当年住房公积金政策调整及执行情况。

缴存方面：印发了《关于 2019 年住房公积金缴存比例及缴存基数执行标准的通知》《关于民营企业缓缴降比业务办理具体要求的通知》《关于做好军队文职人员住房公积金缴存提取管理有关工作的通知》。

提取方面：修订了《成都住房公积金提取管理办法》及实施细则、修订了《关于调整职工提取住房公积金支付房屋租赁费用提取限额的通知》，调整了租房提取政策标准，支持"同城化"区域异地购房提取，新增"既有住宅增设电梯"的提取。

贷款方面：修订了《成都住房公积金个人住房贷款实施细则》，印发了《关于"天府英才卡"A卡持卡人办理住房公积金业务相关事项的通知》《关于调整成都住房公积金个人住房贷款实施细则相关规定的通知》《成都住房公积金管理中心关于调整再交易房公积金贷款相关事项的通知》。

（三）当年服务改进情况。

市中心：一是积极推进要件瘦身、流程简化。通过推行审批事项告知承诺、扩大与人社、民政、银行等跨部门数据共享等措施，实现全部21项公积金提取业务审批要件从62项减少到39项，其中11种具体提取情形实现了"零"业务证明材料。全面推行贷款业务自办和集中审批，实现了贷款业务全域、全时通办。二是扩大在线服务项目，实现在线面签、密码重置、公积金联名卡签约或解绑业务以及无备案租房提取和离退休提取等功能上线应用。三是深度融入省市"网办"平台，顺利接入省一体化政务服务平台并首家建成"部门旗舰店"，31项公共服务事项的网上可申请率达到100%；深化与天府市民云平台合作，实现7个新增服务功能上线运行，入驻功能总数达13个。四是持续改善窗口服务环境，完成了城中、双流、龙泉驿、温江、郫都等5个服务大厅标准化改造。通过窗口服务规范化、实时排号引导、增设便民设施等措施，切实增强群众办事体验感。

省级分中心：一是持续巩固提高全省一体化政务服务平台业务成效，率先在平台中实现全省住房公积金信息互查功能和单位用户业务办理功能。二是持续深化"放管服"改革，服务事项"最多跑一次"办理和全程网办比例分别达100%和80%。三是深化大数据创新运用，实现个税抵扣信息查询。四是持续打造"智慧公积金"，多渠道实现"个人住房公积金贷款信息"线上查询，新增网上业务办理人脸识别认证等功能。五是优化服务模式，在实现午间"延时服务"的基础上，进一步开展周六"延时服务"；新增社保卡、银行一类储蓄卡业务办理功能；增设大厅服务评价系统，及时了解群众满意度和合理化意见；及时回复各渠道咨询、意见1500余条。六是积极拓展公积金增值服务，扩大"惠民贷"合作银行范围，并在全省首家实现线上支持合作银行开展"小微企业信用贷"业务，助推普惠金融。七是成立专门的综合服务运营管理部门客户服务科，使服务更具有针对性和实效性。

石油分中心：落实"放管服"改革，简化职工提取办理要件和流程，能通过系统核定的，不再要求职工提供身份证、结婚证等复印件；针对油气田一线职工，组织银行到基层现场开展贷款"一站式"服务；实现单位线上缴存业务办理100%，职工在单位之间调动，线上办理100%。按省住房城乡建设厅要求完成人脸识别和动态密码功能开发及上线使用。

（四）当年信息化建设情况。

市中心：一是接入全国住房公积金数据平台，完成成都中心端接入住房公积金数据平台的整体架构设计以及数据采集程序的开发并上线运行。二是进一步巩固贯标成果，启动了数据治理工作，进行了系统的数据采集优化，完成了部分单位基本信息的更正更新、补录完成了部分缴存职工的基本信息、贷款担保信息等，制定了数据标准。三是优化和完善信息系统功能，完成缴存、既有住宅增设电梯提取、租房提取和贷款业务模式调整功能开发。四是加强信息安全体系建设和防护。完成数据脱敏系统部署，完成中心信息系统三级等级保护备案、信息系统渗透测试、信息安全风险评估和同城灾备数据恢复等安全保障工作。

省级分中心：一是升级核心业务系统，全面打造核心业务系统功能，清理完善历史数据，有效提升业务处理及财务核算能力。二是进一步升级完善综合服务平台，拓展网上办理渠道，扩展网上业务办理覆盖面，提高网上业务办结率。三是加强信息安全建设，通过信息系统安全等级保护三级认证评测，优化硬件运行环境，完成硬件集群部署。

石油分中心：对住房公积金业务系统进行升级改造，将合作银行全部纳入住房和城乡建设部结算应用系统。

（五）当年住房公积金管理中心及职工所获荣誉情况。

市中心：获得"全省接入全国住房公积金数据平台工作先进单位""2018年度四川省五四红旗团委"（川青发〔2019〕3号）、"2019年度全市网络理政工作先进集体"（成办发〔2020〕7号）、"'天府市民云'2019年度十佳市民口碑服务""'蓉城先锋·党员示范行动'示范单位"（成组办〔2019〕51号）、"2019年度成都信用创建先进单位"（成信协〔2019〕21号）。城中服务部获得"2017—2018年度全国青年文明号"（中青联发〔2019〕5号）、"2019年度成都市工人先锋号"（成工办发〔2019〕25号）、"'蓉城先锋·党员示范行动'示范团队"（成组办〔2019〕51号），城西服务部、城南服务部获得"2019年成都市国际化营商环境建设青年文明号"（成青联发〔2019〕9号），都江堰服务部获得"四川省巾帼文明岗"称号（川妇字〔2019〕55号）。4名职工分别获得"2019年度成都建设全面体现新发展理念的城市改革创新先进个人"（成委〔2019〕466号）、"2019年度全市网络理政工作先进个人"（成办发〔2020〕7号）、"'蓉城先锋·党员示范行动'示范标兵"（成组办〔2019〕51号）、"全省政务服务和公共资源交易服务系统'不忘初心、牢记使命'服务明星"。

省级分中心：荣获"省级机关文明单位"、荣获省住房城乡建设厅"2018年度绩效考核一等奖"、荣获省机关事务管理局"2018年度绩效管理先进单位"、荣获省机关事务管理局"2018年度成效奖"、2018年省级部门决算工作受财政厅通报表扬、荣获省直机关工委"2018年度先进职工之家"、荣获省直机关工委"我为治蜀兴川再上新台阶献言献策—金点子征集活动"三等奖。

石油分中心：荣获四川省住房和城乡建设厅"2018年度住房城乡建设目标绩效考核先进单位"。

（六）当年对违反《住房公积金管理条例》和相关法规行为进行行政处罚和申请人民法院强制执行情况。

市中心：2019年，对违反《住房公积金管理条例》行为进行行政处罚11件，申请人民法院强制执行9件。

省级分中心及石油分中心：无。

（七）当年无住房公积金管理人员违规行为。

（八）无其他需要披露的情况。

自贡市住房公积金2019年年度报告

一、机构概况

（一）住房公积金管理委员会：住房公积金管理委员会有18名委员，2019年召开1次会议，审议通过的事项主要包括：《自贡市住房公积金管理中心2018年度住房公积金归集使用计划及财务收支预算执行情况和 2019 年度归集使用计划及财务收支预算》《自贡市住房公积金 2018 年年度报告》《关于调整住房公积金异地缴存职工贷款政策等相关问题》《关于降低住房公积金委托贷款手续费率相关问题》《关于增加住房公积金受委托银行相关问题》。

（二）**住房公积金管理中心**：住房公积金管理中心为市政府直属的、不以营利为目的的公益二类事业单位，设 6 个科（室），5 个管理部。从业人员 82 人，其中，在编 48 人，非在编 34 人。

二、业务运行情况

（一）**缴存**：2019 年，新开户单位 236 家，实缴单位 2565 家，净增单位 40 家；新开户职工 1.21 万人，实缴职工 13.37 万人，净增职工－0.11 万人；缴存额 22.96 亿元，同比增长 3.95％。2019 年末，缴存总额 165.77 亿元，比上年末增加 16.08％；缴存余额 75.34 亿元，比上年末增加 15.11％。

受委托办理住房公积金缴存业务的银行 3 家，比上年增加 1 家。

（二）**提取**：2019 年，提取额 13.08 亿元，同比下降 13.62％；占当年缴存额的 56.94％，比上年减少 11.59 个百分点。2019 年末，提取总额 90.42 亿元，比上年末增加 16.91％。

（三）**贷款**：

1. 个人住房贷款：个人住房贷款最高额度 50 万元，其中，单缴存职工最高额度 40 万元，双缴存职工最高额度 50 万元。

2019 年，发放个人住房贷款 0.41 万笔、14.45 亿元，同比分别下降 6.46％、8.54％。

2019 年，回收个人住房贷款 7.7 亿元。

2019 年末，累计发放个人住房贷款 5.75 万笔、124.31 亿元，贷款余额 73.58 亿元，分别比上年末增加 7.73％、13.15％、10.09％。个人住房贷款余额占缴存余额的 97.66％，比上年末减少 4.45 个百分点。

受委托办理住房公积金个人住房贷款业务的银行 4 家，比上年增加 0 家。

2. 住房公积金支持保障性住房建设项目贷款：无。

（四）**购买国债**：无。

（五）**融资**：2019 年，融资 0 亿元，归还 2.43 亿元。2019 年末，融资总额 6.74 亿元，融资余额 0 亿元。

（六）**资金存储**：2019 年末，住房公积金存款 1.70 亿元。其中，活期 0.01 亿元，1 年（含）以下定期 0.6 亿元，1 年以上定期 0.75 亿元，其他（协定、通知存款等）0.34 亿元。

（七）**资金运用率**：2019 年末，住房公积金个人住房贷款余额、项目贷款余额和购买国债余额的总和占缴存余额的 97.66％，比上年末减少 4.45 个百分点。

三、主要财务数据

（一）**业务收入**：2019 年，业务收入 24451.87 万元，同比增长 11.45％。其中，存款利息 1411.38 万元，委托贷款利息 23033.14 万元，其他 7.35 万元。

（二）**业务支出**：2019 年，业务支出 11045.81 万元，同比增长 2.49％。其中，支付职工住房公积金利息 9742.18 万元，委托贷款手续费 905.24 万元，其他 398.39 万元。

（三）**增值收益**：2019 年，增值收益 13406.06 万元，同比增长 20.1％。其中，增值收益率 1.91％，比上年增加 0.1 个百分点。

（四）增值收益分配：2019 年，提取贷款风险准备金 674.4 万元，提取管理费用 1652.2 万元，提取城市廉租住房（公共租赁住房）建设补充资金 11079.46 万元。

2019 年，上交财政管理费用 1652.2 万元。上缴财政城市廉租住房（公共租赁住房）建设补充资金 8730.5 万元。

2019 年末，贷款风险准备金余额 22268.13 万元。累计提取城市廉租住房（公共租赁住房）建设补充资金 67674.08 万元。

（五）管理费用支出：2019 年，管理费用支出 1649.9 万元，同比增长 5.86%。其中，人员经费 878.76 万元，公用经费 84.72 万元，专项经费 686.42 万元。

四、资产风险状况

（一）个人住房贷款：2019 年末，个人住房贷款逾期额 0.87 万元，逾期率 0.001‰。

个人贷款风险准备金按当年新增贷款余额的 1% 提取。2019 年，提取个人贷款风险准备金 674.4 万元，使用个人贷款风险准备金核销呆坏账 0 万元。2019 年末，个人贷款风险准备金余额 22268.13 万元，占个人住房贷款余额的 3.03%，个人住房贷款逾期额与个人贷款风险准备金余额的比率为 0.004%。

（二）支持保障性住房建设试点项目贷款：无。

五、社会经济效益

（一）缴存业务：2019 年，实缴单位数、实缴职工人数和缴存额同比分别增长 1.58%、－0.79% 和 3.95%。

缴存单位中，国家机关和事业单位占 58.75%，国有企业占 9.32%，城镇集体企业占 1.05%，外商投资企业占 1.09%，城镇私营企业及其他城镇企业占 19.57%，民办非企业单位和社会团体占 2.38%，其他占 7.84%。

缴存职工中，国家机关和事业单位占 57.75%，国有企业占 16.02%，城镇集体企业占 1.15%，外商投资企业占 1.05%，城镇私营企业及其他城镇企业占 14.58%，民办非企业单位和社会团体占 1.05%，其他占 8.4%；中、低收入占 99.61%，高收入占 0.39%。

新开户职工中，国家机关和事业单位占 40.73%，国有企业占 10.95%，城镇集体企业占 0.8%，外商投资企业占 1%，城镇私营企业及其他城镇企业占 33.08%，民办非企业单位和社会团体占 4.18%，其他占 9.26%；中、低收入占 99.98%，高收入占 0.02%。

（二）提取业务：2019 年，4.41 万名缴存职工提取住房公积金 13.08 亿元。

提取金额中，住房消费提取占 72.61%（购买、建造、翻建、大修自住住房占 10.97%，偿还购房贷款本息占 61.29%，租赁住房占 0.35%）；非住房消费提取占 27.39%（离休和退休提取占 22.42%，其他占 4.97%）。

提取职工中，中、低收入占 99.67%，高收入占 0.33%。

（三）贷款业务：

1. 个人住房贷款： 2019年，支持职工购建房41.17万平方米，年末个人住房贷款市场占有率（含公转商贴息贷款）为19.23%，比上年末减少1.13个百分点。通过申请住房公积金个人住房贷款，可节约职工购房利息支出26839.58万元。

职工贷款笔数中，购房建筑面积90（含）平方米以下占29.51%，90~144（含）平方米占69.33%，144平方米以上占1.16%。购买新房占92.68%，购买二手房占7.32%。

职工贷款笔数中，单缴存职工申请贷款占69.13%，双缴存职工申请贷款占30.87%。

贷款职工中，30岁（含）以下占42.51%，30岁~40岁（含）占28.95%，40岁~50岁（含）占21.14%，50岁以上占7.4%；首次申请贷款占87.44%，二次及以上申请贷款占12.56%；中、低收入占100%。

2. 异地贷款： 2019年，发放异地贷款352笔、10673.5万元。2019年末，发放异地贷款总额42245.3万元，异地贷款余额36514.74万元。

3. 公转商贴息贷款： 无。

4. 支持保障性住房建设试点项目贷款： 无。

（四）住房贡献率： 2019年，个人住房贷款发放额、公转商贴息贷款发放额、项目贷款发放额、住房消费提取额的总和与当年缴存额的比率为104.26%，比上年减少15.92个百分点。

六、其他重要事项

（一）当年机构及职能调整情况、受委托办理缴存贷款业务金融机构变更情况。 当年机构及职能无变化，受委托办理缴存业务金融机构新增一家自贡银行。

（二）当年住房公积金政策调整及执行情况。

1. 缴存政策调整情况

按照《自贡市住房公积金缴存管理实施细则》规定，2019年缴存基数限额：上限为23550元；下限为1650元。经自贡市住房公积金管理委员会批准，住房公积金缴存比例浮动范围由7%~12%调整为5%~12%。

2. 提取政策调整情况

（1）非贷款购买自住住房和贷款购买自住住房的，恢复执行从上年度账户余额中提取政策。

（2）新增既有住宅增设电梯提取住房公积金。

（3）明确无产权方不能提取住房公积金。

3. 贷款政策调整情况

（1）取消异地缴存职工贷款需本人或配偶为自贡市户籍限制条件，并将异地缴存职工贷款最高额度由30万元提高到50万元，与本地缴存职工相同。

（2）新增等额本金还款方式。

（3）推动公积金贷款内自同城化。内自两市统一贷款最高额度，简化两地职工相互间异地贷款手续，贷款办理开通绿色通道，实行一窗受理、优先发放、线上查询。

4. 住房公积金存贷款利率执行标准

（1）存款利率。职工住房公积金账户存款利率为一年期定期存款基准利率，目前为1.5%。

（2）贷款利率。2019年个人住房公积金贷款利率年内未调整，即：五年以下（含五年）为2.75%，五年以上为3.25%。

（三）当年服务改进情况。

1. 减要件，实现公积金业务"便捷办"

提取业务取消资料复印件，转移业务不再提供离职、入职及调动文件。减少资料51种，资料减少量超60%。

2. 优流程，实现公积金业务"就近办"

取消住房公积金提取业务只能由经办人办理限制，提取、转移、提前还清公积金贷款业务"全城通办"。

3. 强支撑，实现公积金业务"掌上办"

加大信息科技支撑力度，实现公积金缴存、提取、转移以及房开企业楼盘项目资料申报、普通商品房及再交易房贷款申请、保证金收取和退付、提前还款申请业务"全程网办"。开通省内异地贷款信息网上查询。2019年门户网站访问量35.6万人次；微信公众号关注人数达8.01万人，访问量66.78万人次；自助终端访问量0.45万人次。

4. 重增值，提升综合服务平台"体验感"

一是优化网上业务大厅功能。优化调整了职工开户、缴存基数调整、职工状态变更等业务的功能分区、审核模式，方便了缴存单位和职工，提高了群众满意度。

二是优化登录模块。开发了人脸识别系统和动态密码登录模块，提高了便捷性和安全系数。

三是优化短信推送。优化了短信发送程序、提高短信渠道带宽、调整短信发送时段，并积极探索生日短信等暖心服务。全年发送通知短信177.92万条。

（四）当年信息化建设情况。

1. 建设业务动态实时统计系统

通过三重创新，建设了业务动态实时统计系统，为中心提供有力的决策辅助，提高管理效率。

2. 成功接入全国住房公积金数据平台

在全省率先接入全国住房公积金数据平台，并位居先进单位第一名。

3. 新增合作银行接入结算应用系统

当年新增合作的自贡银行顺利接入住房和城乡建设部结算应用系统，运行平稳。

4. 加强信息系统安全建设

完成了信息系统三级等保整体建设及核心机房搬迁、三级等保测评及整改工作，有效提升了核心业务系统和综合服务平台的安全性和稳定性。

（五）当年住房公积金管理中心及职工所获荣誉情况。1名职工被市直机关工委评为全市优秀驻村干部。

（六）当年对违反《住房公积金管理条例》和相关法规行为进行行政处罚和申请人民法院强制执行情况。2019年，对违反《住房公积金管理条例》进行行政处罚并申请人民法院强制执行的案件共1件。

攀枝花市住房公积金2019年年度报告

一、机构概况

（一）**住房公积金管理委员会**：住房公积金管理委员会有25名委员，2019年召开1次会议，审议通过的事项主要包括：审议通过2018年度住房公积金归集、使用计划执行情况及2019年工作计划，增值收益分配方案。

（二）**住房公积金管理中心**：住房公积金管理中心为直属于攀枝花市人民政府不以营利为目的的全额拨款事业单位，设7个（科）室，5个管理部，0个分中心。从业人员54人，其中，在编44人，非在编10人。

二、业务运行情况

（一）**缴存**：2019年，新开户单位282家，实缴单位1727家，净增单位-68家；新开户职工0.97万人，实缴职工14.40万人，净增职工-0.06万人；缴存额26.37亿元，同比增长13.86%。2019年末，缴存总额225.04亿元，比上年末增加13.27%；缴存余额89.41亿元，比上年末增加12.06%。

受委托办理住房公积金缴存业务的银行7家，与上年相同。

（二）**提取**：2019年，提取额16.75亿元，同比增长7.32%；占当年缴存额的63.52%，比上年减少3.88个百分点。2019年末，提取总额135.63亿元，比上年末增加14.09%。

（三）**贷款**：

1. **个人住房贷款**：个人住房贷款最高额度60万元，其中，单缴存职工最高额度40万元，双缴存职工最高额度60万元。

2019年，发放个人住房贷款0.46万笔、16.98亿元，同比分别增长30.52%、50.31%。

2019年，回收个人住房贷款8.46亿元。

2019年末，累计发放个人住房贷款5.84万笔、116.39亿元，贷款余额64.53亿元，分别比上年末增加8.48%、17.09%、15.22%。个人住房贷款余额占缴存余额的72.17%，比上年末增加1.97个百分点。

受委托办理住房公积金个人住房贷款业务的银行9家，与上年相同。

2. **住房公积金支持保障性住房建设项目贷款**：2019年，发放支持保障性住房建设项目贷款0亿元，回收项目贷款0亿元。2019年末，累计发放项目贷款9.66亿元，项目贷款余额0亿元。

（四）**购买国债**：2019年，购买（记账式、凭证式）国债0亿元，兑付（转让、收回）国债0亿元。2019年末，国债余额0亿元，比上年末减少（增加）0亿元。

（五）**融资**：2019年，融资0亿元，归还0亿元。2019年末，融资总额0亿元，融资余额0亿元。

（六）**资金存储**：2019年末，住房公积金存款25.16亿元。其中，活期0亿元，1年（含）以下定期0亿元，1年以上定期23.60亿元，其他（协定、通知存款等）1.56亿元。

（七）**资金运用率**：2019年末，住房公积金个人住房贷款余额、项目贷款余额和购买国债余额的总和占缴存余额的72.17%，比上年末增加（减少）1.97个百分点。

三、主要财务数据

（一）业务收入：2019年，业务收入31172.83万元，同比增长18.75%。其中，存款利息11942.万元，委托贷款利息19230.13万元，国债利息0万元，其他0.10万元。

（二）业务支出：2019年，业务支出14683.83万元，同比增长14.22%。其中，支付职工住房公积金利息12733.82万元，归集手续费201.49万元，委托贷款手续费705.99万元，其他1042.53万元。

（三）增值收益：2019年，增值收益16489.00万元，同比增长23.10%。增值收益率1.95%，比上年增加0.18个百分点。

（四）增值收益分配：2019年，提取贷款风险准备金9893.40万元，提取管理费用1525.97万元，提取城市廉租住房建设补充资金5069.63万元。

2019年，上交财政管理费用1498.41万元。上缴财政城市廉租住房建设补充资金3859.38万元。

2019年末，贷款风险准备金余额83677.24万元。累计提取城市廉租住房建设补充资金39617.37万元。

（五）管理费用支出：2019年，管理费用支出1606.29万元，同比增长26.87%。其中，人员经费877.80万元，公用经费96.89万元，专项经费631.60万元。

四、资产风险状况

（一）个人住房贷款：2019年末，个人住房贷款逾期额167.19万元，逾期率0.26‰。

个人贷款风险准备金按增值收益的60%提取。2019年，提取个人贷款风险准备金9893.40万元，使用个人贷款风险准备金核销呆坏账0万元。2019年末，个人贷款风险准备金余额82270.84万元，占个人住房贷款余额的12.75%，个人住房贷款逾期额与个人贷款风险准备金余额的比率为0.20%。

（二）支持保障性住房建设试点项目贷款：2019年末，逾期项目贷款0万元，逾期率0‰。项目贷款风险准备金按贷款余额的4%提取。2019年，提取项目贷款风险准备金0万元，使用项目贷款风险准备金核销呆坏账0万元，项目贷款风险准备金余额1406.40万元，占项目贷款余额的0%，项目贷款逾期额与项目贷款风险准备金余额的比率为0%。

五、社会经济效益

（一）缴存业务：2019年，实缴单位数、实缴职工人数和缴存额同比分别增长－3.79%、－0.41%和13.86%。

缴存单位中，国家机关和事业单位占52.64%，国有企业占13.26%，城镇集体企业占0.29%，外商投资企业占0.23%，城镇私营企业及其他城镇企业占18.93%，民办非企业单位和社会团体占2.78%，其他占11.87%。

缴存职工中，国家机关和事业单位占38.24%，国有企业占47.78%，城镇集体企业占0.40%，外商投资企业占0.09%，城镇私营企业及其他城镇企业占7.94%，民办非企业单位和社会团体占0.54%，其他占5.01%；中、低收入占94.36%，高收入占5.64%。

新开户职工中，国家机关和事业单位占36.88%，国有企业占12.92%，城镇集体企业占1.11%，外

商投资企业占 0.25%，城镇私营企业及其他城镇企业占 25.37%，民办非企业单位和社会团体占 1.68%，其他占 21.79%；中、低收入占 99.35%，高收入占 0.65%。

（二）**提取业务**：2019 年，4.28 万名缴存职工提取住房公积金 16.75 亿元。

提取金额中，住房消费提取占 72.63%（购买、建造、翻建、大修自住住房占 37.53%，偿还购房贷款本息占 59.96%，租赁住房占 2.51%，其他占 0%）；非住房消费提取占 27.37%（离休和退休提取占 78.77%，完全丧失劳动能力并与单位终止劳动关系提取占 11.49%，出境定居占 0%，其他占 9.74%）。

提取职工中，中、低收入占 93.06%，高收入占 6.94%。

（三）**贷款业务**：

1. 个人住房贷款：2019 年，支持职工购建房 33.75 万平方米，年末个人住房贷款市场占有率（含公转商贴息贷款）为 55.64%，比上年末减少 3.69 个百分点。通过申请住房公积金个人住房贷款，可节约职工购房利息支出 21378.68 万元。

职工贷款笔数中，购房建筑面积 90（含）平方米以下占 35.41%，90～144（含）平方米占 62.08%，144 平方米以上占 2.52%。购买新房占 79.40%（其中购买保障性住房占 0%），购买二手房占 20.60%，建造、翻建、大修自住住房占 0%，其他占 0%。

职工贷款笔数中，单缴存职工申请贷款占 26.93%，双缴存职工申请贷款占 73.05%，三人及以上缴存职工共同申请贷款占 0.02%。

贷款职工中，30 岁（含）以下占 22.64%，30 岁～40 岁（含）占 33%，40 岁～50 岁（含）占 34.66%，50 岁以上占 9.7%；首次申请贷款占 100%，二次及以上申请贷款占 0%；中、低收入占 92.8%，高收入占 7.2%。

2. 异地贷款：2019 年，发放异地贷款 736 笔、27021 万元。2019 年末，发放异地贷款总额 64031 万元，异地贷款余额 51403.9 万元。

3. 公转商贴息贷款：2019 年，发放公转商贴息贷款 0 笔、0 万元，支持职工购建住房面积 0 万平方米，当年贴息额 0 万元。2019 年末，累计发放公转商贴息贷款 0 笔、0 万元，累计贴息 0 万元。

4. 支持保障性住房建设试点项目贷款：2019 年末，累计试点项目 0 个，贷款额度 0 亿元，建筑面积 0 万平方米，可解决 0 户中低收入职工家庭的住房问题。0 个试点项目贷款资金已发放并还清贷款本息。

（四）**住房贡献率**：2019 年，个人住房贷款发放额、公转商贴息贷款发放额、项目贷款发放额、住房消费提取额的总和与当年缴存额的比率为 110.54%，比上年增加 12.40 个百分点。

六、其他重要事项

（一）2019 年中心机构及职能无调整、受委托办理缴存贷款业务金融机构无变动。

（二）住房公积金政策调整及执行情况。

1. 缴存基数限额及确定方法、缴存比例。依据攀枝花市统计局公布的 2018 年攀枝花市城镇非私营单位就业人员的平均工资为 81400 元，攀枝花市 2019 年住房公积金缴存基数上限为 20350 元/月。根据攀枝花市人力资源和社会保障局 2018 年 8 月 23 日《关于调整攀枝花市最低工资标准的公告》公布的全市月最低工资标准为每月 1650 元，2019 年攀枝花市住房公积金缴存基数下限仍为 1650 元/月。执行缴存单位在 5%～12% 间选择缴存比例。

2. 提取政策调整情况。 2019 年 1 月取消了物业费提取。

3. 个人住房贷款最高贷款额度、贷款条件等贷款政策调整情况。 2019 年个人住房贷款最高额度 60 万元,其中,单缴存职工最高额度 40 万元,双缴存职工最高额度 60 万元。贷款条件无调整。

4. 住房公积金存贷款利率执行标准等。 2019 年,职工住房公积金账户存款按一年期定期基准利率 1.5% 计息;贷款 5 年期以内(含 5 年)利率 2.75%,5 年期以上利率是 3.25%。

(三)服务改进情况。

1. 业务办理实现了最多只跑一次。 2019 年信贷方面的 7 个事项都实现了网上办,其中提前还款、还款账户变更两项可以在网上直接办结实现"零跑路",公积金贷款网上预录贷款资料业务已全面开通,特别是针对外地来攀购房者,开通开发商网厅,外地客户可通过楼盘工作人员线上预录贷款信息,保证客户到现场办理时资料齐全、准确实现"只跑一次"。

2. 深化"放管服"改革。 全面加强归集、提取业务网上办理服务建设,大力宣传推进各项服务项目网上办理,促进办事职工通过微信公众号、网厅等渠道在网上申请办理住房公积金业务;全面梳理各项业务网上办理细节,全面推进所有服务项目网上办理,大力推行网上办结等,完善服务功能,优化服务流程,提升服务效率,实现所有项目的网上服务和绝大部分业务的网上办结。

3. 努力对接相关部门。 为推进联系对接全省一体化政务服务平台建设工作,2019 年与政务中心、市政府办等部门对一体化政务服务平台建设事项进行沟通,按要求完成完善办事指南、实施清单、容缺事项、对标服务事项等前期工作。

4. 扎实开展综合服务平台建设工作。 一是结合用户使用习惯,对门户网站及网厅业务进行大幅调整改进。二是开展查询优化工作。结合中心终端特点,增加了"居民身份证+动态码"的身份认证方式。采用人脸识别技术,在安全可控的前提下,提高信息查询的便捷性,于 9 月底完成了此项查询优化工作。

(四)信息化建设情况。

1. 结合电子化检查工具,完善基础数据。 运用住房和城乡建设部住房公积金监管司研发的电子化检查工具,从 2018 年 7 月开始每月进行一次排查及数据报告生成及上报工作。截至 2019 年 12 月 31 日累计导入包括缴存职工身份信息、电话号码等 16000 余条数据。

2. 切实开展全国住房公积金数据平台接入工作。 于 2019 年 4 月 30 日顺利完成全国住房公积金数据平台接入工作,一是中心每日定时向平台传送公积金增量数据,并对数据进行校验,确保数据的完整性和一致性。二是实现了与税务总局总对总的数据交换。三是向缴存职工及时提供数据查询服务。

3. 推进多部门数据共享。 积极配合全市数据共享交换平台建设工作,明确中心可共享及需要其他部门共享的数据内容,2019 年 7 月完成了阳光攀枝花爱城市网的接入工作,为"最多跑一次"改革提供强有力的支撑。

4. 积极推进政务一体化平台建设。 一是于 2019 年 7 月 29 日完成了省政府一体化政务服务平台新增接口开发和网络调试工作任务,8 月 6 日正式开通了在省政府一体化政务服务平台住房公积金个人信息跨地区查询业务。二是完成了涉及缴存、提取、信贷等的 29 项服务事项的确定、认领、录入,完成了部门旗舰店的建设。2019 年底,实现所有 29 项住房公积金业务均在网上进行预录预审,进一步方便缴存职工了解和办理住房公积金相关业务。

(五)所获荣誉情况。 2019 年中心获得省住房城乡建设厅 2018 年住房城乡建设目标绩效考核先进单位、市委市政府 2018 年度全市信访工作目标优秀、市委市政府 2018 年度完成全市维护社会稳定和社会综合治理工作目标优秀、市委市政府表扬 2016—2018 年度脱贫攻坚工作先进集体。

（六）2019 年无违反《住房公积金管理条例》和相关法规行为进行行政处罚和申请人民法院强制执行情况。

（七）2019 年无住房公积金管理人员违规行为的纠正和处理情况等。

（八）2019 年无其他需要披露的情况。

泸州市住房公积金 2019 年年度报告

一、机构概况

（一）住房公积金管理委员会：住房公积金管理委员会有 20 名委员，2019 年召开 0 次会议。

（二）住房公积金管理中心：住房公积金管理中心为泸州市财政局下属不以营利为目的的全额拨款事业单位，设 7 个部室，6 个管理部，0 个分中心。从业人员 113 人，其中，在编 53 人，非在编 60 人。

二、业务运行情况

（一）缴存：2019 年，新开户单位 392 家，实缴单位 3742 家，净增单位 142 家；新开户职工 4.60 万人，实缴职工 27.04 万人，净增职工 3.48 万人；缴存额 39.10 亿元，同比增长 10.13%。2019 年末，缴存总额 248.95 亿元，同比增长 18.63%；缴存余额 99.77 亿元，同比增长 18.44%。

受委托办理住房公积金缴存业务的银行 10 家，比上年增加 0 家。

（二）提取：2019 年，提取额 23.57 亿元，同比下降 3.56%；占当年缴存额的 60.28%，比上年下降 8.57 个百分点。2019 年末，提取总额 149.18 亿元，同比增长 18.76%。

（三）贷款：

1. 个人住房贷款：个人住房贷款最高额度 40 万元，其中，单缴存职工最高额度 30 万元，双缴存职工最高额度 40 万元。

2019 年，发放个人住房贷款 0.29 万笔、8.60 亿元，同比分别下降 5.94%、8.26%。

2019 年，回收个人住房贷款 8.30 亿元。

2019 年末，累计发放个人住房贷款 4.85 万笔、127.09 亿元，贷款余额 91.14 亿元，同比分别增长 6.46%、7.26%、0.33%。个人住房贷款余额占缴存余额的 91.35%，比上年减少 16.48 个百分点。

受委托办理住房公积金个人住房贷款业务的银行 7 家，比上年增加 0 家。

2. 住房公积金支持保障性住房建设项目贷款：本年未发放支持保障性住房建设项目贷款。

（四）购买国债：2019 年本中心未购买国债。

（五）融资：2019 年，融资 5.60 亿元，归还 18.28 亿元。2019 年末，融资总额 56.58 亿元，融资余额 0.5 亿元。

（六）**资金存储**：2019年末，住房公积金存款10.47亿元。其中，活期0.18亿元，1年（含）以下定期0亿元，1年以上定期0亿元，其他（协定、通知存款等）10.29亿元。

（七）**资金运用率**：2019年末，住房公积金个人住房贷款余额、项目贷款余额和购买国债余额的总和占缴存余额的91.35%，比上年减少16.48个百分点。

三、主要财务数据

（一）**业务收入**：2019年，业务收入33064.58万元，同比增长2.17%。其中，存款利息3005.84万元，委托贷款利息30045.78万元，国债利息0万元，其他12.96万元。

（二）**业务支出**：2019年，业务支出17564.75万元，同比增长43.62%。其中，支付职工住房公积金利息16079.26万元，归集手续费0万元，委托贷款手续费1433.05万元，其他52.44万元。

（三）**增值收益**：2019年，增值收益15499.83万元，同比下降23.01%。增值收益率1.70%，比上年减少0.89个百分点。

（四）**增值收益分配**：2019年，提取贷款风险准备金5162.67万元，提取管理费用9053.37万元（含融资费用6581.05万元），提取城市廉租住房（公共租赁住房）建设补充资金1283.79万元。

2019年，上交财政管理费用9053.37万元（含融资费用6581.05万元）。上缴财政城市廉租住房（公共租赁住房）建设补充资金1283.79万元。

2019年末，贷款风险准备金余额31610.31万元。累计提取城市廉租住房（公共租赁住房）建设补充资金26990.27万元。

（五）**管理费用支出**：2019年，管理费用支出9053.37万元（含融资费用6581.05万元），同比下降30.08%。其中，人员经费771.79万元，公用经费61.13万元，专项经费8220.45万元（含融资费用6581.05万元，其中信用借款利息支出4332.54万元，贴息贷款贴息2248.51万元）。

四、资产风险状况

（一）**个人住房贷款**：2019年末，个人住房贷款逾期额136.32万元，逾期率0.15‰。

个人贷款风险准备金按当年新增贷款发放额的6%提取。2019年，提取个人贷款风险准备金5162.67万元，使用个人贷款风险准备金核销呆坏账0万元。2019年末，个人贷款风险准备金余额31610.31万元，占个人住房贷款余额的3.47%，个人住房贷款逾期额与个人贷款风险准备金余额的比率为0.43%。

（二）**支持保障性住房建设试点项目贷款**：2019年末，逾期项目贷款0万元，逾期率0‰。

项目贷款风险准备金按贷款余额的0%提取。2019年，提取项目贷款风险准备金0万元，使用项目贷款风险准备金核销呆坏账0万元，项目贷款风险准备金余额0万元，占项目贷款余额的0%，项目贷款逾期额与项目贷款风险准备金余额的比率为0%。

（三）**历史遗留风险资产**：2019年末，历史遗留风险资产余额0万元，比上年减少0万元，历史遗留风险资产回收率0%。

五、社会经济效益

（一）**缴存业务**：2019年，实缴单位数、实缴职工人数和缴存额同比分别增长3.94%、14.78%

和 10.13%。

缴存单位中，国家机关和事业单位占 49.04%，国有企业占 16.62%，城镇集体企业占 1.10%，外商投资企业占 0.45%，城镇私营企业及其他城镇企业占 26.06%，民办非企业单位和社会团体占 2.75%，其他占 3.98%。

缴存职工中，国家机关和事业单位占 48.43%，国有企业占 21.31%，城镇集体企业占 2.95%，外商投资企业占 0.34%，城镇私营企业及其他城镇企业占 20.49%，民办非企业单位和社会团体占 1.60%，其他占 4.88%；中、低收入占 95.05%，高收入占 4.95%。

新开户职工中，国家机关和事业单位占 32.90%，国有企业占 10.78%，城镇集体企业占 1.53%，外商投资企业占 0.61%，城镇私营企业及其他城镇企业占 43.81%，民办非企业单位和社会团体占 2.49%，其他占 7.88%；中、低收入占 97.54%，高收入占 2.46%。

（二）提取业务：2019 年，7.90 万名缴存职工提取住房公积金 23.57 亿元。

提取金额中，住房消费提取占 78.89%（购买、建造、翻建、大修自住住房占 20.55%，偿还购房贷款本息占 56.73%，租赁住房占 1.57%，其他占 0.04%）；非住房消费提取占 21.11%（离休和退休提取占 15.22%，完全丧失劳动能力并与单位终止劳动关系提取占 0%，户口迁出本市或出境定居占 0%，其他占 5.89%）。提取职工中，中、低收入占 92.19%，高收入占 7.81%。

（三）贷款业务：

1. 个人住房贷款：2019 年，支持职工购建房 30.86 万平方米，年末个人住房贷款市场占有率为 14.30%，比上年减少 2.91 个百分点。通过申请住房公积金个人住房贷款，可节约职工购房利息支出 14082.77 万元。

职工贷款笔数中，购房建筑面积 90（含）平方米以下占 24.84%，90~144（含）平方米占 73.29%，144 平方米以上占 1.87%。购买新房占 87.67%（其中购买保障性住房占 0%），购买二手房占 12.33%，建造、翻建、大修自住住房占 0%，其他占 0%。

职工贷款笔数中，单缴存职工申请贷款占 62.52%，双缴存职工申请贷款占 37.48%，三人及以上缴存职工共同申请贷款占 0%。

贷款职工中，30 岁（含）以下占 47.23%，30 岁~40 岁（含）占 32.93%，40 岁~50 岁（含）占 15.69%，50 岁以上占 4.15%；首次申请贷款占 95.68%，二次及以上申请贷款占 4.32%；中、低收入占 98.03%，高收入占 1.97%。

2. 异地贷款：2019 年，发放异地贷款 295 笔、7979.10 万元。2019 年末，发放异地贷款总额 97378.10 万元，异地贷款余额 79150.80 万元。

3. 公转商贴息贷款：2019 年，发放公转商贴息贷款 0 笔、0 万元，支持职工购建住房面积 0 万平方米，当年贴息额 1877.06 万元。2019 年末，累计发放公转商贴息贷款 3803 笔、139251.4 万元，累计贴息 7215.72 万元。

4. 支持保障性住房建设试点项目贷款：2019 年末，累计试点项目 0 个，贷款额度 0 亿元，建筑面积 0 万平方米，可解决 0 户中低收入职工家庭的住房问题。0 个试点项目贷款资金已发放并还清贷款本息。

（四）住房贡献率：2019 年，个人住房贷款发放额、公转商贴息贷款发放额、项目贷款发放额、住房消费提取额的总和与当年缴存额的比率为 69.56%，比上年减少 11.85 个百分点。

六、其他重要事项

（一）当年机构及职能调整情况、受委托办理缴存贷款业务金融机构变更情况。当年机构及职能情况未作调整，受委托办理缴存贷款业务金融机构未作变更。

（二）当年住房公积金政策调整及执行情况。

1. 当年缴存基数限额及确定方法：2019年泸州市职工住房公积金月缴存基数上限22170元，缴存基数下限按《泸州市人民政府关于调整全市最低工资标准的通知》（泸市府办发〔2018〕44号）规定执行，即：2019年职工住房公积金月缴存基数下限为1650元。职工住房公积金月缴存基数限额的确定按照《住房公积金归集业务标准》GB/T 51271—2017第4.0.9条规定执行，即住房公积金缴存基数应符合规定范围，最高不应高于职工工作地设区城市上一年度职工月平均工资的3倍，最低不应低于职工工作地设区城市公布的最低工资标准。

2. 当年缴存比例：2019年泸州市单位及职工个人住房公积金缴存比例不得低于5%（困难单位降比缴存的除外），不得高于12%。

3. 当年缴存提取政策调整情况：经泸州市住房公积金管理委员会第十四次会议审议通过印发《泸州市住房公积金管理中心关于调整住房公积金缴存提取政策的通知》（泸市公积〔2019〕9号），调整了部分缴存提取政策，该文件自2019年1月1日起执行。

4. 当年最高贷款额度：借款人夫妻双方均连续、足额缴存住房公积金且贷款购买同一套自住住房，最高贷款额度为40万元；单方连续、足额缴存住房公积金，最高贷款额度为30万元。

单笔贷款额度与缴存月系数挂钩。计算公式为"最高贷款额度×缴存月系数"。缴存月系数认定标准：连续正常缴存时间小于12个月的系数为0.5；连续正常缴存时间在12～24个月的系数为0.8；连续正常缴存时间在24个月以上的系数为1.0。异地贷款缴存时间系数统一为0.5。

5. 当年贷款政策调整情况：经泸州市住房公积金管委会第十四次会议审议通过印发《泸州市住房公积金管理中心关于微调公积金贷款政策的通知》（泸市公积〔2019〕4号），自2019年1月1日起微调我市住房公积金贷款政策。

6. 当年住房公积金存贷款利率执行标准：按国家法定利率执行。首套住房：贷款期限5年（含）以下的年利率2.75%，5年以上的年利率3.25%；改善性住房：在首套房的基础上利率上浮10%。贷款期限5年（含）以下的年利率3.025%，5年以上的年利率3.575%。

（三）当年服务改进情况。2019年泸州公积金中心不断优化和完善中心网站、网上公积金查询、网络问政等服务渠道，为全市缴存职工提供优质高效的服务。全年网站访问112余万人次、网站咨询建议类问题236人次；"泸州新闻网"（即网络问政平台）的网友问政207条，平均满意度99%以上；全年官方微信发布信息88条、累计关注近16.25万人次；官方微博发布信息76条、累计关注258人次；手机客户端注册查询238.58万人次；网上服务大厅注册查询9.38万人次；12329短信发送52.41万条、12329热线电话0.55万人次。完成全省婚姻关系的数据共享，使全省婚姻关系共享数据嵌入公积金业务系统中，极大地方便了业务查询。完成全国住房公积金数据平台接入工作，每日定时向平台传送数据，为全国住房公积金查询系统提供数据，目前此系统正在部分省市试点，不久将向泸州职工开放。

（四）当年信息化建设情况。

1. 信息系统等级改造情况： 一是加强信息系统硬件环境建设，增加信息系统安全防护措施，保障业务系统和综合服务平台安全稳定运行；二是根据政策变化和业务发展需要，不断优化和完善业务系统功能，为缴存职工和单位提供更加高效、优质的服务。

2. 基础数据标准贯彻落实情况： 在2016年度完成基础数据库贯标工作基础上，不断完善、补充历史基础数据信息。

3. 结算应用系统接入情况： 已完成9家业务合作银行接入住房和城乡建设部住房公积金银行结算数据应用系统，实现资金实时结算；逐步开展银行直联接口工作，实现资金结算和其他关联业务，与住房和城乡建设部结算应用系统进行功能互补，已上线3家银行，其他银行正逐步推进中。

（五）当年住房公积金管理中心及职工所获荣誉情况。 泸州市住房公积金管理中心直属业务部2019年被泸州市总工会授予"工人先锋号"荣誉称号，一位同志获得"全省政务服务和公共资源交易服务系统'不忘初心、牢记使命'服务明星"荣誉称号。

（六）当年对违反《住房公积金管理条例》和相关法规行为进行行政处罚和申请人民法院强制执行情况。 2019年度泸州市住房公积金管理中心无违反《住房公积金管理条例》和相关法规行为进行行政处罚和申请人民法院强制执行的情况。

（七）当年对住房公积金管理人员违规行为的纠正和处理情况等。 2019年度泸州市住房公积金管理中心管理人员无违规、违法的行为。

德阳市住房公积金2019年年度报告

一、机构概况

（一）住房公积金管理委员会： 住房公积金管理委员会有21名委员，2019年3月召开四届四次会议，审议通过的事项主要包括：《德阳市2018年度住房公积金财务收支决算和2019年度住房公积金财务收支预算编制情况的报告》《德阳市住房公积金缴存管理办法》《德阳市住房公积金提取管理暂行办法》《德阳市住房公积金个人贷款管理办法》《德阳市城市廉租住房建设补充资金分配管理办法》《德阳市住房公积金管理中心受托银行承办住房公积金业务考核办法（试行）》《德阳市引进高层次人才住房公积金支持政策管理实施办法》《德阳市住房公积金2018年年度报告》《德阳市住房公积金管理中心2018年度城市廉租住房建设补充资金分配方案》《德阳市住房公积金管理中心关于2019年恢复计提个人住房贷款风险准备金的建议》。

（二）住房公积金管理中心： 住房公积金管理中心为市政府直属的不以营利为目的的事业单位，中心设8个科室，6个管理部。从业人员130人，其中，在编74人，非在编56人。

二、业务运行情况

（一）缴存：2019 年，新开户单位 361 家，实缴单位 3586 家，净增单位 254 家；新开户职工 2.10 万人，实缴职工 22.76 万人，净增职工 0.03 万人；缴存额 38.80 亿元，同比增长 11.88%。年末，缴存总额 325.57 亿元，同比增长 13.53%；缴存余额 126.05 亿元，同比增长 13.24%。

受委托办理住房公积金缴存业务的银行 5 家，比上年增加 1 家。

（二）提取：2019 年，提取额 24.07 亿元，同比下降 5.27%；占当年缴存额的 62.04%，比上年减少 11.23 个百分点。2019 年末，提取总额 199.52 亿元，同比增长 13.72%。

（三）贷款：

1. 个人住房贷款：个人住房贷款最高额度 50 万元，其中，单缴存职工最高额度 40 万元，双缴存职工最高额度 50 万元。

2019 年，发放个人住房贷款 0.47 万笔、16.79 亿元，同比分别下降 20.06%、13.45%。

2019 年，回收个人住房贷款 11.99 亿元。

2019 年末，累计发放个人住房贷款 7.16 万笔、160.51 亿元，贷款余额 97.75 亿元，同比较上年末分别增加 6.87%、11.67%、5.15%。个人住房贷款余额占缴存余额的 77.55%，比上年减少 5.96 百分点。

受委托办理住房公积金个人住房贷款业务的银行 6 家，比上年增加 1 家。

2. 住房公积金支持保障性住房建设项目贷款：2019 年，发放支持保障性住房建设项目贷款 0 亿元，回收项目贷款 0 亿元。2019 年末，累计发放项目贷款 9.85 亿元，项目贷款余额 0 亿元。

（四）购买国债：2019 年，未购买国债，兑付国债。2019 年末国债余额 0 亿元。

（五）融资：2019 年，融资 0 亿元，归还 0 亿元。2019 年末，融资总额 3.8 亿元，融资余额 0 亿元。

（六）资金存储：2019 年末，住房公积金存款 28.41 亿元。其中，活期 0.02 亿元，1 年（含）以下定期 6.93 亿元，1 年以上定期 19.11 亿元，协定存款 2.35 亿元。

（七）资金运用率：2019 年末，住房公积金个人住房贷款余额、项目贷款余额和购买国债余额的总和占缴存余额的 77.55%，比上年减少 5.96 个百分点。

三、主要财务数据

（一）业务收入：2019 年，业务收入 38817.47 万元，同比增长 13.27%。其中：存款利息 8262.48 万元，委托贷款利息 30549.33 万元，国债利息 0 万元，其他 5.66 万元。

（二）业务支出：2019 年，业务支出 19372.72 万元，同比增长 10.79%。其中：支付职工住房公积金利息 17801.57 万元，归集手续费 0 万元，委托贷款手续费 1527.47 万元，其他 43.69 万元。

（三）增值收益：2019 年，增值收益 19444.75 万元，同比增长 15.86%。增值收益率 1.65%，比上年增加 0.07 个百分点。

（四）增值收益分配：2019 年，提取贷款风险准备金 2517.99 万元，提取管理费用 2349.12 万元，提取城市廉租住房（公共租赁住房）建设补充资金 14577.64 万元。

2019 年，上交财政管理费用 2349.12 万元。上缴财政城市廉租住房（公共租赁住房）建设补充资金 14384.12 万元。

2019年末，贷款风险准备金余额46069.25万元，累计提取城市廉租住房（公共租赁住房）建设补充资金99199.68万元。

（五）**管理费用支出**：2019年，管理费用支出2066.80万元，同比下降2.41%。其中，人员经费1402.12万元，公用经费131.90万元，专项经费532.78万元。

四、资产风险状况

（一）**个人住房贷款**：2019年末，个人住房贷款逾期额41.22万元，逾期率0.04‰。

个人贷款风险准备金按当年新增贷款的1.5%提取。2019年，提取个人贷款风险准备金2517.99万元，使用个人贷款风险准备金核销呆坏账0万元。2019年末，个人贷款风险准备金余额46069.25万元，占个人住房贷款余额的4.71%，个人住房贷款逾期额与个人贷款风险准备金余额的比率为0.09%。

（二）**支持保障性住房建设试点项目贷款**：2019年末，逾期项目贷款0万元，逾期率0‰。

五、社会经济效益

（一）**缴存业务**：2019年，实缴单位数、实缴职工人数和缴存额同比分别增长7.62%、0.13%和11.88%。

缴存单位中，国家机关和事业单位占53.29%，国有企业占11.94%，城镇集体企业占1.12%，外商投资企业占1.95%，城镇私营企业及其他城镇企业占26.63%，民办非企业单位和社会团体占3.10%，其他占1.97%。

缴存职工中，国家机关和事业单位占42.89%，国有企业占26.26%，城镇集体企业占1.47%，外商投资企业占3.92%，城镇私营企业及其他城镇企业占20.38%，民办非企业单位和社会团体占1.45%，其他占3.63%；中、低收入占98.41%，高收入占1.59%。

新开户职工中，国家机关和事业单位占26.90%，国有企业占14.52%，城镇集体企业占0.60%，外商投资企业占5.70%，城镇私营企业及其他城镇企业占45.62%，民办非企业单位和社会团体占3.49%，其他占3.17%；中、低收入占99.56%，高收入占0.44%。

（二）**提取业务**：2019年，10.17万名缴存职工提取住房公积金24.07亿元。

提取金额中，住房消费提取占73.37%（购买、建造、翻建、大修自住住房占13.38%，偿还购房贷款本息占58.29%，租赁住房占1.70%，其他占0%）；非住房消费提取占26.63%（离休和退休提取占21.55%，完全丧失劳动能力并与单位终止劳动关系提取占0.03%，出境定居占0%，其他占5.05%）。

提取职工中，中、低收入占97.07%，高收入占2.93%。

（三）**贷款业务**：

1.个人住房贷款：2019年，支持职工购建房53.24万平方米，年末个人住房贷款市场占有率为22.72%，比上年降低4.55个百分点。通过申请住房公积金个人住房贷款，可节约职工购房利息支出47482.02万元。

职工贷款笔数中，购房建筑面积90（含）平方米以下占11.07%，90~144（含）平方米占82.16%，144平方米以上占6.77%。购买新房占78.27%（其中购买保障性住房占1.42%），购买二手房占21.73%。

职工贷款笔数中，单缴存职工申请贷款占 69.42%，双缴存职工申请贷款占 30.58%。

贷款职工中，30 岁（含）以下占 32.55%，30 岁～40 岁（含）占 36.70%，40 岁～50 岁（含）占 25.22%，50 岁以上占 5.53%；首次申请贷款占 75.87%，二次及以上申请贷款占 24.13%；中、低收入占 98.35%，高收入占 1.65%。

2. 异地贷款： 2019 年，发放异地贷款 611 笔、19865.10 万元。2019 年末，发放异地贷款总额 124527.80 万元，异地贷款余额 100025.13 万元。

3. 公转商贴息贷款： 2019 年，全市未发放公转商贴息贷款。

4. 支持保障性住房建设试点项目贷款： 2019 年末，累计试点项目 15 个，贷款额度 9.85 亿元，建筑面积 81.56 万平方米，可解决 9262 户中低收入职工家庭的住房问题。截至 2019 年末所有试点项目贷款资金已发放并还清贷款本息。

（四）住房贡献率： 2019 年，个人住房贷款发放额、公转商贴息贷款发放额、项目贷款发放额、住房消费提取额的总和与当年缴存额的比率为 88.77%，比上年减少 19.14 个百分点。

六、其他重要事项

（一）当年受委托办理缴存贷款业务金融机构变更情况。

（1）为进一步深化"放管服"改革工作，更好地为广大住房公积金缴存职工服务，经德阳市财政局批准，中心于 2019 年在中国农业银行德阳分行旌阳支行开立了委托存款专用账户，在满足结算需要的基础上充分利用农业银行的客户群体优势，促进住房公积金增量扩面工作。

（2）根据四川省住房和城乡建设厅、四川省农村信用联社合社印发的《关于搭建信贷平台推进支持农民工进城购房贷款有关事项的通知》（川建房发〔2017〕284 号）精神，经德阳市财政局批准，中心于 2019 年在德阳市农村商业银行股份有限公司营业部开立委托贷款专用账户并签订《住房公积金委托贷款协议》。

（3）中心贯彻落实《四川省住房城乡建设厅关于认真贯彻落实住房公积金改革座谈会精神扎实做好六项工作的通知》（川建金函〔2019〕359 号）精神，以《住房公积金资金管理业务标准》JGJ/T 474—2019 为指导，精简归并银行账户，实现资金集约化管理，有效提高了全市住房公积金资金使用率和收益率。

（二）当年缴存基数限额及确定方法。 根据国务院《住房公积金管理条例》（国务院令第 350 号）、《四川省住房公积金缴存管理办法》（川建发〔2012〕32 号）、《四川省人民政府关于调整德阳市住房公积金缴存比例和基数的批复》（川府函〔2009〕214 号）以及《德阳市统计局关于 2018 年全市城镇全部单位就业人员平均工资的公告》（德统计发〔2019〕10 号）、《德阳市人民政府关于调整全市最低工资标准的通知》（德府发〔2018〕12 号）等文件精神，将 2019 年度全市住房公积金月缴存基数上限调整为 22473 元，下限调整为 1650 元，规定住房公积金缴存比例为 5% 至 12%，单位与职工个人按相同比例缴存。

（三）当年政策调整情况。 2019 年，经管委会审议通过了《德阳市住房公积金个人贷款管理办法》（德公积金管发〔2019〕1 号）、《德阳市住房公积金缴存管理办法》（德公积金管发〔2019〕2 号）、《德阳市住房公积金提取管理暂行办法》（德公积金管发〔2019〕3 号）、《德阳市引进高层次人才住房公积金支持政策管理实施办法》（德公积金发〔2019〕19 号），印发了《德阳市住房公积金管理委员会办公室关于既有住宅电梯增设提取住房公积金有关事项的通知》（德公积金管办发〔2019〕4 号），对部分使用政策进行了调整，规定了高层次人才可享受的住房公积金缴存、提取、贷款优惠政策。

（四）**当年住房公积金存贷款利率执行标准。**根据中国人民银行、住房和城乡建设部、财政部印发的《关于完善职工住房公积金账户存款利率形成机制的通知》（银发〔2016〕43号），我市职工住房公积金账户存款利率，统一按一年期定期存款基准利率1.5%执行。根据人民银行公布的基准利率，住房公积金五年期及以下贷款年利率为2.75%，五年期以上贷款年利率为3.25%。

（五）**当年信息化建设情况。**2019年，中心认真贯彻住房和城乡建设部工作要求，提高信息化水平，积极开展全国住房公积金数据平台接入建设，实现了住房和城乡建设部与国家税务总局间的数据交换，打通公积金贷款利息支出个税抵扣数据传输的管理通道，提升了公积金服务水平。同时，积极推进电子档案系统上线，精简了纸质档案的数量，规范档案管理，方便办事群众，提高业务办理效率。

（六）**住房公积金管理中心及职工所获荣誉情况。**2019年，中心职工黄舒荣获"四川省政务服务明星"称号。

（七）**其他需要披露情况。**经德阳市住房公积金管理委员会四届四次会议审议通过，2019年将已计提的3820万元项目贷款风险准备金全额转入个人住房贷款风险准备金。

绵阳市住房公积金2019年年度报告

一、机构概况

（一）**住房公积金管理委员会**：住房公积金管理委员会有27名委员，2019年召开第十七次会议，审议通过的事项主要包括：《2018年住房公积金执行情况和2019年计划的报告》《绵阳市住房公积金2018年年度报告》《2018年度住房公积金增值收益分配方案的报告》《关于贯彻落实〈住房和城乡建设部、财政部、人民银行关于改进住房公积金缴存机制进一步降低企业成本的通知〉的通知》。

（二）**住房公积金中心**：住房公积金中心为市人民政府直属不以营利为目的的公益一类事业单位，设7个科，10个管理部，1个分中心，从业人员167人。其中，在编97人，非在编70人。

二、业务运行情况

（一）**缴存**：2019年，新开户单位607家，实缴单位5246家，净增单位330家；新开户职工5.04万人，实缴职工31.28万人，净增职工－0.05万人；缴存额54.84亿元，同比增长10.76%。2019年末，缴存总额388.09亿元，比上年末增加16.46%；缴存余额173.56亿元，比上年末增加12.91%。

受委托办理住房公积金缴存业务的银行13家，无变化。

（二）**提取**：2019年，提取额35.00亿元，同比增长7.24%；占当年缴存额的63.81%，比上年减少2.10个百分点。2019年末，提取总额214.53亿元，比上年末增加19.49%。

（三）**贷款**：

1. 个人住房贷款：个人住房贷款最高额度60万元，其中，单缴存职工最高额度40万元，双缴存职工最高额度60万元。

2019 年，发放个人住房贷款 0.77 万笔、30.52 亿元，同比分别下降 18.90%、12.47%。其中，市中心发放个人住房贷款 0.74 万笔、28.49 亿元，第 1 分中心发放个人住房贷款 0.04 万笔、2.03 亿元。

2019 年，回收个人住房贷款 17.42 亿元。其中，市中心 16.99 亿元，第 1 分中心 0.43 亿元。

2019 年末，累计发放个人住房贷款 9.50 万笔、215.32 亿元，贷款余额 127.37 亿元，分别比上年末增加 8.87%、16.52%、11.47%。个人住房贷款余额占缴存余额的 73.39%，比上年末减少 0.95 个百分点。

受委托办理住房公积金个人住房贷款业务的银行 13 家，无变化。

2. 住房公积金支持保障性住房建设项目贷款：无。

（四）**购买国债**：无。

（五）**融资**：无。

（六）**资金存储**：2019 年末，住房公积金存款 47.82 亿元。其中，活期 0.91 亿元，1 年（含）以下定期 4.19 亿元，1 年以上定期 35.45 亿元，其他（协定、通知存款等）7.27 亿元。

（七）**资金运用率**：2019 年末，住房公积金个人住房贷款余额、项目贷款余额和购买国债余额的总和占缴存余额的 73.39%，比上年末减少 0.95 个百分点。

三、主要财务数据

（一）**业务收入**：2019 年，业务收入 52942.67 万元，同比增长 1.96%。其中，市中心 47624.78 万元，第 1 分中心 5317.88 万元；存款利息 13408.98 万元，委托贷款利息 39248.01 万元，其他 285.68 万元。

（二）**业务支出**：2019 年，业务支出 24392.94 万元，同比下降 6.44%。其中，市中心 21648.88 万元，第 1 分中心 2744.06 万元；支付职工住房公积金利息 22221.75 万元，归集手续费 8.75 万元，委托贷款手续费 1962.15 万元，其他 200.29 万元。

（三）**增值收益**：2019 年，增值收益 28549.72 万元，同比增长 10.42%。其中，市中心 25975.90 万元，第 1 分中心 2573.82 万元；增值收益率 1.75%，比上年减少 0.05 个百分点。

（四）**增值收益分配**：2019 年，提取贷款风险准备金 2694.86 万元，提取管理费用 1560.00 万元，提取城市廉租住房（公共租赁住房）建设补充资金 24294.86 万元。

2019 年，上交财政管理费用 5160.00 万元。上缴财政城市廉租住房（公共租赁住房）建设补充资金 16549.25 万元。其中，市中心上缴 16549.25 万元。

2019 年末，贷款风险准备金余额 63205.68 万元。累计提取城市廉租住房（公共租赁住房）建设补充资金 79183.57 万元。其中，市中心提取 70030.27 万元，第 1 分中心提取 9153.30 万元。

（五）**管理费用支出**：2019 年，管理费用支出 3231.35 万元，同比下降 0.50%。其中，人员经费 1744.14 万元，公用经费 142.14 万元，专项经费 1345.07 万元。

市中心管理费用支出 2865.56 万元，其中，人员、公用、专项经费分别为 1438.35 万元、106.77 万元、1320.44 万元；第 1 分中心管理费用支出 365.79 万元，其中，人员、公用、专项经费分别为 305.79 万元、35.37 万元、24.63 万元。

四、资产风险状况

（一）个人住房贷款：2019 年末，个人住房贷款逾期额 646.17 万元，逾期率 0.51‰。其中，市中心 0.53‰，第 1 分中心 0.00‰。

个人贷款风险准备金按新增贷款余额的 1% 提取。2019 年，提取个人贷款风险准备金 2694.86 万元。2019 年末，个人贷款风险准备金余额 63205.68 万元，占个人住房贷款余额的 4.96%，个人住房贷款逾期额与个人贷款风险准备金余额的比率为 1.02%。

（二）支持保障性住房建设试点项目贷款：无。

五、社会经济效益

（一）缴存业务：2019 年，实缴单位数、实缴职工人数和缴存额同比分别增长 6.71%、-0.17% 和 10.76%。

缴存单位中，国家机关和事业单位占 53.36%，国有企业占 10.20%，城镇集体企业占 0.76%，外商投资企业占 0.90%，城镇私营企业及其他城镇企业占 22.78%，民办非企业单位和社会团体占 1.67%，其他占 10.33%。

缴存职工中，国家机关和事业单位占 47.76%，国有企业占 26.00%，城镇集体企业占 0.53%，外商投资企业占 1.96%，城镇私营企业及其他城镇企业占 14.57%，民办非企业单位和社会团体占 1.18%，其他占 8.00%；中、低收入占 98.14%，高收入占 1.86%。

新开户职工中，国家机关和事业单位占 37.46%，国有企业占 12.78%，城镇集体企业占 0.60%，外商投资企业占 1.54%，城镇私营企业及其他城镇企业占 27.78%，民办非企业单位和社会团体占 2.21%，其他占 17.63%；中、低收入占 99.86%，高收入占 0.14%。

（二）提取业务：2019 年，8.59 万名缴存职工提取住房公积金 35.00 亿元。

提取金额中，住房消费提取占 75.35%（购买、建造、翻建、大修自住住房占 24.29%，偿还购房贷款本息占 48.36%，租赁住房占 2.70%）；非住房消费提取占 24.65%（离休和退休提取占 16.62%，完全丧失劳动能力并与单位终止劳动关系提取占 4.39%，出境定居占 2.05%，其他占 1.59%）。

提取职工中，中、低收入占 99.03%，高收入占 0.97%。

（三）贷款业务：

1. 个人住房贷款：2019 年，支持职工购建房 81.22 万平方米，年末个人住房贷款市场占有率（含公转商贴息贷款）为 19.97%，比上年末减少 1.97 个百分点。通过申请住房公积金个人住房贷款，可节约职工购房利息支出 48568.03 万元。

职工贷款笔数中，购房建筑面积 90（含）平方米以下占 19.94%，90~144（含）平方米占 78.81%，144 平方米以上占 1.25%。购买新房占 81.14%，购买二手房占 18.31%，其他占 0.55%。

职工贷款笔数中，单缴存职工申请贷款占 55.59%，双缴存职工申请贷款占 44.41%。

贷款职工中，30 岁（含）以下占 30.89%，30 岁~40 岁（含）占 37.97%，40 岁~50 岁（含）占 25.88%，50 岁以上占 5.26%；首次申请贷款占 88.13%，二次及以上申请贷款占 11.87%；中、低收入占 98.60%，高收入占 1.40%。

2. 异地贷款：2019 年，发放异地贷款 1487 笔、55607.20 万元。2019 年末，发放异地贷款总额 238381.06 万元，异地贷款余额 191870.71 万元。

3. 公转商贴息贷款：无。

4. 支持保障性住房建设试点项目贷款：无。

（四）**住房贡献率**：2019 年，个人住房贷款发放额、公转商贴息贷款发放额、项目贷款发放额、住房消费提取额的总和与当年缴存额的比率为 103.74%，比上年减少 14.78 个百分点。

六、其他重要事项

（一）当年机构及职能调整情况、受委托办理缴存贷款业务金融机构变更情况。根据中共绵阳市委、绵阳市人民政府《关于印发〈绵阳市机构改革方案〉的通知》（绵委发〔2019〕1 号）精神，市住房公积金管理中心的行政职责整合至市住房和城乡建设委员会，并更名为绵阳市住房公积金服务中心；根据中共绵阳市委机构编制委员会《关于调整绵阳市住房公积金服务中心机构编制的通知》（绵编发〔2019〕87 号）精神，核减收回我中心事业编制 6 名，核定事业编制 95 名。2019 年住房公积金委托银行情况无变化。

（二）当年住房公积金政策调整及执行情况。

1. 缴存、提取政策调整情况：经市住房公积金管委会审议通过，出台了《关于贯彻落实〈住房和城乡建设部、财政部、人民银行关于改进住房公积金缴存机制进一步降低企业成本的通知〉的通知》（绵住房公积金管委会〔2019〕2 号）。一是阶段性适当降低企业住房公积金缴存比例，生产经营困难的企业可在 1%～4%范围内申请降低比例缴存住房公积金，同时还可以申请暂缓缴存住房公积金。阶段性降低住房公积金缴存比例政策执行期到 2020 年 4 月 30 日。缓缴住房公积金的企业，待经济效益好转后，按规定恢复缴存并补缴缓缴的住房公积金。二是扩大住房公积金缴存比例浮动区间，企业可根据自身生产经营情况在 5%-12%范围内自主确定住房公积金缴存比例。三是实行差异化配缴住房公积金，企业可根据人才政策，自行确定企业内各类职工实行不同缴存比例缴存住房公积金。根据市住房公积金管委会相关规定，我中心制定出台了《绵阳市住房公积金缴存业务实施细则》（绵住房公积金〔2019〕7 号）、《绵阳市住房公积金提取转移业务实施细则》（绵住房公积金〔2019〕8 号）。规范并精简了住房公积金网上、窗口办理缴存、提取和转移业务的申报资料和业务流程。

2. 缴存基数限额调整情况：2019 年住房公积金缴存基数上限调整为 18881 元，下限调整为 1650 元。

3. 贷款政策调整情况：根据市住房公积金管委会相关规定，我中心制定出台了《绵阳市住房公积金个人住房贷款实施细则》（绵住房公积金〔2019〕9 号）。具体调整如下：（1）公积金贷款最高额度。单缴存职工家庭贷款最高额度调整为不超过 40 万元/户。（2）单笔贷款额度计算公式。贷款额度≤（借款申请人公积金正常缴存余额＋共同申请人公积金正常缴存余额）×10 倍×缴存时间系数×信贷系数－负债。月还款额与月收入比上限由 45%提高到 50%。（3）规范住房公积金贷款次数。对已使用过两次及以上（包括异地贷款）住房公积金贷款职工（含夫妻双方），无论贷款是否结清，均不再受理住房公积金贷款申请。（4）借款人家庭房屋套数认定标准由原来的"认贷不认房"调整为"认贷又认房"。（5）缴存人购买的自住房其共有权人不包括配偶以外的其他权利人。（6）住房公积金贷款重点支持中低收入家庭购买中小套型、中低价位的普通自住房，不受理购买非普通住房的公积金贷款申请。普通住房核定标准以绵阳市住房和城乡建设委员会公布数据为准。（7）贷款利率。首套房：1～5年年利率2.75%；6～30年年利率3.25%；二套房：执行同期首套房利率的1.1倍。

（三）当年服务改进情况。一是推行公积金业务"同城通办、就近能办"。2019年10月在绵阳主城区推行公积金业务"同城通办"。职工办理住房公积金业务不再受缴存地限制，可在市本级、涪城、游仙、高新区等4个公积金服务大厅自主选择办理。职工办理公积金贷款业务可由部分银行网点、开发楼盘延伸受理。职工办理退休、公积金还贷提取业务，仅凭本人身份证，即可在部分银行网点的柜面、自助柜员机上办理。"同城通办"事项为入驻政务中心市级部门最多的单位。二是持续改进便民利民服务措施。缴存业务和部分提取业务实现全程网办，其余业务均可网上预审。全市已有80%的缴存单位开通网厅业务，改变了经办人员每月跑服务大厅的状况，实现了让信息多跑路、群众少跑腿；接入了住房和城乡建设部异地转移接续平台和全省信息互查平台，实现了"账随人走、钱随账走"，以及省内兄弟中心之间的信息互查，改变了工作调动和异地贷款职工在多个城市来回奔跑的状况；实行了综合柜员制，构建了"一窗办、一次办、网上办、就近办"服务新模式。提取业务现场办结、实时到账，所有业务一窗受理；积极响应市委"不为不办找理由、只为办好想办法"的公开承诺，推行容缺受理制度，实现最多跑一次。不断完善门户网站、网厅、自助终端、服务热线、手机短信、手机客户端、微信、微博等多渠道智能化的住房公积金综合服务平台，实现政策发布、办事指南、信息查询、业务办理、互动交流等线上服务；在服务大厅全面落实首问责任制、限时办结制、一次性告知制，推行延时服务、上门服务、绿色通道服务、政策宣讲服务等特色服务。

（四）当年信息化建设情况。一是不断优化完善全市住房公积金信息系统。全年优化升级15次，实现了归集业务全程网办，提取业务"同城通办"，贷款业务延伸服务等便民服务。二是积极推广住房公积金综合服务平台使用。开通了网厅缴存、提取和贷款业务预审，实现了"零资料"业务线上办结，以及其他业务网厅预审，临柜办结。三是顺利接入全国住房公积金数据平台。2019年4月，我中心正式接入全国住房公积金数据平台。四是积极推进政务信息资源共享。2019年7月，实现了全省23个中心公积金缴存职工信息异地互查共享；2019年12月通过市政务服务管理局"一窗平台"实现了住房公积金业务所需的住建、不动产信息共享。

（五）当年住房公积金管理中心及职工所获荣誉情况。2018年度住房城乡建设工作目标绩效考核先进单位、全省2018年度住房公积金缴存扩面工作先进单位、全省2018年度住房公积金统计工作先进单位、全国住房公积金查询服务测试运行工作试点、全市党委系统信息工作先进单位和先进个人、2018年度审计监督工作先进单位、2018年度建设服务型政府和政务服务等工作先进单位、2018年全市政府系统办公室工作绩效评价电子政务与网站建设先进单位、2018年度全市政务信息目标任务完成工作先进单位、市直机关优秀共产党员和优秀党务工作者、市直机关五好党支部。

（六）当年对违反《住房公积金管理条例》和相关法规行为进行行政处罚和申请人民法院强制执行情况。深入开展住房公积金逾期贷款催收专项行动，全年向个人和所在单位寄送《逾期贷款催收函》234次，对个别逾期严重的贷款职工送达律师函共计60封。向人民法院申请起诉并立案人数合计9人、金额合计139.32万元，其中：申请人民法院强制执行收回逾期贷款人数合计5人，金额合计76.68万元。

广元市住房公积金 2019 年年度报告

一、机构概况

(一) 住房公积金管理委员会：住房公积金管理委员会有 26 名委员，2019 年召开 1 次会议，审议通过的事项主要包括：《广元市住房公积金 2018 年年度报告》《2018 年度住房公积金增值收益分配方案》《广元市住房公积金缴存和提取管理办法》《广元市住房公积金贷款管理办法》《关于增加住房公积金业务承办银行的议案》。

(二) 住房公积金管理中心：住房公积金管理中心为市政府直属不以营利为目的的正县级事业单位，设 7 个科室，8 个管理部。从业人员 74 人，其中，在编 52 人，非在编 22 人。

二、业务运行情况

(一) 缴存：2019 年，新开户单位 163 家，实缴单位 2884 家，净增单位 69 家；新开户职工 0.99 万人，实缴职工 13.70 万人，净增职工 0.15 万人；缴存额 21.55 亿元，同比增长 5.10%。2019 年末，缴存总额 144.46 亿元，比上年末增长 17.53%；缴存余额 85.06 亿元，比上年末增长 13.31%。

受委托办理住房公积金缴存业务的银行 9 家，比上年增加 1 家。

(二) 提取：2019 年，提取额 11.56 亿元，同比增长 4.81%；占当年缴存额的 53.64%，比上年减少 0.16 个百分点。2019 年末，提取总额 59.40 亿元，比上年末增长 24.16%。

(三) 贷款：

个人住房贷款：个人住房贷款最高额度 70 万元，其中，单缴存职工最高额度 50 万元，双缴存职工最高额度 70 万元。

2019 年，发放个人住房贷款 0.4 万笔、15.22 亿元，同比分别下降 12.79%、增长 1.20%。

2019 年，回收个人住房贷款 6.81 亿元。

2019 年末，累计发放个人住房贷款 3.49 万笔、87.74 亿元，贷款余额 58.78 亿元，分别比上年末增长 12.94%、20.97%、16.70%。个人住房贷款余额占缴存余额的 69.10%，比上年末增加 2 个百分点。

受委托办理住房公积金个人住房贷款业务的银行 4 家，比上年增加 0 家。

(四) 资金存储：2019 年末，住房公积金存款 29.44 亿元。其中，活期 2.28 亿元，1 年 (含) 以下定期 4.65 亿元，1 年以上定期 22.51 亿元，其他 (协定、通知存款等) 0 亿元。

(五) 资金运用率：2019 年末，住房公积金个人住房贷款余额、项目贷款余额和购买国债余额的总和占缴存余额的 69.10%，比上年末增长 2 个百分点。

三、主要财务数据

(一) 业务收入：2019 年，业务收入 22713.02 万元，同比增长 30.91%。其中，存款利息 5019.87 万元，委托贷款利息 17664.71 万元，国债利息 0 万元，其他 28.44 万元。

(二) 业务支出：2019 年，业务支出 12002.30 万元，同比增长 16.47%。其中，支付职工住房公积金利息 11228.45 万元，归集手续费 0 万元，委托贷款手续费 755.17 万元，其他 18.67 万元。

（三）**增值收益**：2019 年，增值收益 10710.72 万元，同比增长 52.04%。其中，增值收益率 1.33%，比上年增加 0.33 个百分点。

（四）**增值收益分配**：2019 年，提取贷款风险准备金 5877.37 万元，提取管理费用 1290 万元，提取城市廉租住房（公共租赁住房）建设补充资金 3543.35 万元。

2019 年，上交财政管理费用 0 万元。上缴财政城市廉租住房（公共租赁住房）建设补充资金 3007.16 万元。

2019 年末，贷款风险准备金余额 30597.51 万元。累计提取城市廉租住房（公共租赁住房）建设补充资金 26331.13 万元。

（五）**管理费用支出**：2019 年，管理费用支出 1360.97 万元，同比增长 7.58%。其中，人员经费 841.31 万元，公用经费 112.66 万元，专项经费 407 万元。

四、资产风险状况

个人住房贷款：2019 年末，个人住房贷款逾期额 27.12 万元，逾期率 0.05‰。

个人贷款风险准备金按贷款余额 1% 提取。2019 年，提取个人贷款风险准备金 5877.37 万元，使用个人贷款风险准备金核销呆坏账 0 万元。2019 年末，个人贷款风险准备金余额 30597.51 万元，占个人住房贷款余额的 5.21%，个人住房贷款逾期额与个人贷款风险准备金余额的比率为 0.09%。

五、社会经济效益

（一）**缴存业务**：2019 年，实缴单位数、实缴职工人数和缴存额同比分别增长 2.45%、1.12% 和 5.10%。

缴存单位中，国家机关和事业单位占 68.52%，国有企业占 15.46%，城镇集体企业占 1.04%，外商投资企业占 4.37%，城镇私营企业及其他城镇企业占 7.21%，民办非企业单位和社会团体占 1.04%，其他占 2.36%。

缴存职工中，国家机关和事业单位占 60.18%，国有企业占 28.18%，城镇集体企业占 2.23%，外商投资企业占 3.58%，城镇私营企业及其他城镇企业占 4.37%，民办非企业单位和社会团体占 0.21%，其他占 1.25%；中、低收入占 98.46%，高收入占 1.54%。

新开户职工中，国家机关和事业单位占 57.58%，国有企业占 14.86%，城镇集体企业占 0.5%，外商投资企业占 10.08%，城镇私营企业及其他城镇企业占 12.78%，民办非企业单位和社会团体占 0.98%，其他占 3.23%；中、低收入占 99.98%，高收入占 0.02%。

（二）**提取业务**：2019 年，11.13 万名缴存职工提取住房公积金 11.56 亿元。

提取金额中，住房消费提取占 68.43%（购买、建造、翻建、大修自住住房占 13.54%，偿还购房贷款本息占 53.39%，租赁住房占 0.98%，其他占 0.52%）；非住房消费提取占 31.57%（离休和退休提取占 23.80%，完全丧失劳动能力并与单位终止劳动关系提取占 3.68%，出境定居占 0%，其他占 4.09%）。

提取职工中，中、低收入占 98.46%，高收入占 1.54%。

(三)贷款业务:

1. 个人住房贷款: 2019年,支持职工购建房41.58万平方米,年末个人住房贷款市场占有率为31.22%,比上年末减少1.1个百分点。通过申请住房公积金个人住房贷款,可节约职工购房利息支出26544.12万元。

职工贷款笔数中,购房建筑面积90(含)平方米以下占26.55%,90~144(含)平方米占70.78%,144平方米以上占2.67%。购买新房占79.75%(其中购买保障性住房占0%),购买二手房占17.88%,建造、翻建、大修自住住房占0%,其他占2.37%。

职工贷款笔数中,单缴存职工申请贷款占30.91%,双缴存职工申请贷款占69.07%,三人及以上缴存职工共同申请贷款占0.02%。

贷款职工中,30岁(含)以下占39.25%,30岁~40岁(含)占31.56%,40岁~50岁(含)占24.13%,50岁以上占5.06%;首次申请贷款占94.17%,二次及以上申请贷款占5.83%;中、低收入占75.97%,高收入占24.03%。

2. 异地贷款: 2019年,发放异地贷款527笔、16871万元。2019年末,发放异地贷款总额66499万元,异地贷款余额58662.38万元。

(四)住房贡献率

2019年,个人住房贷款发放额、公转商贴息贷款发放额、项目贷款发放额、住房消费提取额的总和与当年缴存额的比率为107.33%,比上年减少0.98个百分点。

六、其他重要事项

(一)当年机构及职能调整情况、受委托办理缴存贷款业务金融机构变更情况。2019年,市住房公积金管理中心机构及职能无调整,受委托办理缴存业务金融机构新增达州银行广元支行,受委托办理贷款业务金融机构无变更。

(二)当年住房公积金政策调整及执行情况。2019年,全市各行政、企事业单位住房公积金缴交工资基数上限不超过上一年度全市城镇全部就业人员月平均工资(以市统计局公布标准)3倍,即为:17043元;缴存基数下限按上一年度最低工资标准执行,即为:1650元;缴存比例为5%~12%,单位和个人为1:1同比例缴存。严格遵照并执行中国人民银行存款利率1.5%,住房公积金贷款利率仍然保持不变,5年期(含)以下贷款年利率为2.75%,5年期以上至30年(含)的贷款利率为3.25%。重新修订了《广元市住房公积金缴存和提取管理办法》《广元市住房公积金款管理办法》及实施细则,取消职工异地购房(不含职工公积金缴存地和户籍所在地)提取公积金;调整购房提取公积金额度(由原来总房款的80%调整为70%,购房首付款由原来的20%调整为30%);调整重大疾病提取公积金额度(由原来的实报实销调整为医保报销后个人所负担的医疗费用);新增了缴存职工与单位解除或终止劳动关系的,先办理个人账户封存。账户封存期间,在异地开立住房公积金账户并连续缴存半年以上的,办理异地转移接续手续,未在异地和本地继续缴存的,封存满半年后方可提取。当年个人住房贷款最高贷款额度双职工70万元,单职工50万元。取消我市职工到异地购房在本市申请贷款和缴存职工为直系亲属购买自住住房使用住房公积金贷款的政策,现房抵押贷款时贷款金额不得超过抵押物评估价值由原来的80%调整为70%。

(三)当年服务改进情况。2019年,公积金服务窗口立足"互联网+",充分运用信息化技术,深化住房公积金领域"放管服"改革。认真落实"马上办、认真办、限时办"工作制度,严格执行首问责任制和限时办结制，公开效能服务承诺，优化办事流程。继续深化"热心、公心、细心、耐心、诚心"的"五心"服务理念，开展好"预约服务"、"上门服务""延时服务"。继续办好中心网络问政"有问必答"栏目，扎实开展好公积金进机关、进单位、进企业、进医院、进社区宣传"五进"活动。优化业务办理流程4项，精简办事手续3项，简化率达25％。开通12329服务热线、短信、网厅、网站、微信、微博、手机APP、自助查询八个服务渠道并运行正常，退休提取、公积金还贷提取、还贷对冲等业务实现手机公积金APP在线办理，实现24小时查询、短信服务等功能，实现服务事项"最多跑一次"达100％、全程网办达72％，切实为办事职工提供高效、快捷、优质的服务，进一步提升了群众满意度。展现我市公积金创新改革，提升服务的工作成效经验《放的合理、管理规范、服务高效》《"网上办"助力山区住房公积金业务提质增效》等14篇文章在《中国建设报》《中国房地产》《住房公积金研究》发表交流。

（四）**当年信息化建设情况。**2019年，管理中心认真落实新发展理念，加强"互联网＋公积金政务服务"建设，全市公积金综合信息系统"云"平台升级全部完成，稽核审计、电子档案、网上政务大厅（开发商版）顺利上线。手机公积金APP业务应用进一步丰富，实现公积金部分日常业务手机在线办理和7×24小时不间断公积金查询等服务。公积金网厅（开发商版）的上线，使我市购房者在开发商处可一次性提交公积金贷款申请资料并实现网络初审。与人行征信系统实现成功连接。市政府大数据平台建设取得明显进展。与不动产、民政部门数据平台对接成功，实现不动产信息共享查询，与公积金业务承办银行直连工作完成，为下一步贷款数据共享打下基础，切实推进了业务办理的高效、快捷、便民。

（五）**当年住房公积金管理中心及职工所获荣誉情况。**继续保持"省级文明单位"称号，荣获四川省三八红旗集体、全省住房城乡建设工作目标绩效考核先进单位，获广元市委表彰优秀领导班子、优秀领导干部2人，广元市脱贫攻坚贡献奖1人等。

（六）**当年对违反《住房公积金管理条例》和相关法规行为进行行政处罚和申请人民法院强制执行情况。**2019年，管理中心向人民法院提起逾期贷款诉讼5笔，经法院执行回收3笔，其他2笔申请了强制执行；查处骗提套取行为4起，共计对9名公积金缴存职工纳入公积金失信黑名单管理，严格实施惩戒，取消其5年内的住房公积金提取和贷款资格。

（七）**当年无住房公积金管理人员违规行为的情况发生。**

遂宁市住房公积金2019年年度报告

一、机构概况

（一）**住房公积金管理委员会：**住房公积金管理委员会有25名委员，2019年召开1次会议，审议通过的事项主要包括：《2018年遂宁市住房公积金归集使用计划执行情况和增值收益分配方案》《2019年遂宁市住房公积金归集使用计划》《2018年遂宁市住房公积金年度报告》及《2018年遂宁市住房公积金年度报告解读》《关于接入住房和城乡建设部住房公积金数据平台的建议》《遂宁市住房公积金缴存管理实施细则》《遂宁市住房公积金提取管理实施细则》《遂宁市住房公积金贷款管理实施细则》。

（二）住房公积金管理中心：住房公积金管理中心为市政府直属、市政府办代管的不以营利为目的的财政全额拨款副县级事业单位，设6个处（科），5个管理部。从业人员42人，其中，在编28人，非在编14人。

二、业务运行情况

（一）缴存：2019年，新开户单位227家，实缴单位2347家，净增单位146家；新开户职工2.35万人，实缴职工13.2万人，净增职工0.79万人；缴存额20.77亿元，同比增长11.21%。2019年末，缴存总额115.11亿元，同比增长22.02%；缴存余额60.84亿元，同比增长18.58%。

受委托办理住房公积金缴存业务的银行6家，比上年增加0家。

（二）提取：2019年，提取额11.24亿元，同比增长2.97%；占当年缴存额的54.1%，比上年减少4.33个百分点。2019年末，提取总额54.27亿元，同比增长26.11%。

（三）贷款：

1. 个人住房贷款：个人住房贷款最高额度40万元，其中，单缴存职工家庭最高额度35万元，双缴存职工家庭最高额度40万元。

2019年，发放个人住房贷款0.32万笔、10.31亿元，同比分别增加2.12%、12.53%。

2019年，回收个人住房贷款7.15亿元。

2019年末，累计发放个人住房贷款3.56万笔、81.44亿元，贷款余额47.63亿元，同比分别增长9.54%、14.49%、7.1%。个人住房贷款余额占缴存余额的78.29%，比上年减少8.39个百分点。

受委托办理住房公积金个人住房贷款业务的银行9家，比上年增加0家。

2. 住房公积金支持保障性住房建设项目贷款：2019年，我中心未开展保障性住房建设项目贷款业务。

（四）购买国债：2019年，我中心未开展购买国债业务。

（五）融资：2019年，我中心无新增融资。2019年末，融资余额0亿元。

（六）资金存储：2019年末，住房公积金存款14.43亿元。其中，活期0.74亿元，1年（含）以下定期2.25亿元，1年以上定期10.61亿元，其他（协定、通知存款等）0.83亿元。

（七）资金运用率：2019年末，住房公积金个人住房贷款余额、项目贷款余额和购买国债余额的总和占缴存余额的78.29%，比上年减少8.39个百分点。

三、主要财务数据

（一）业务收入：2019年，业务收入17785.26万元，同比增长16.09%。存款利息2812.9万元，委托贷款利息14972.36万元，国债利息0万元，其他0万元。

（二）业务支出：2019年，业务支出9783.58万元，同比增长22.16%。支付职工住房公积金利息9031.93万元，归集手续费0万元，委托贷款手续费748.62万元，其他3.03万元。

（三）增值收益：2019年，增值收益8001.68万元，同比增长9.43%。增值收益率1.43%，比上年减少0.14个百分点。

（四）增值收益分配：2019年，提取贷款风险准备金3129.98万元，提取管理费用371.7万元，提取城市廉租住房（公共租赁住房）建设补充资金4500万元。

2019年，上交财政管理费用383.1万元。上缴财政城市廉租住房（公共租赁住房）建设补充资金4000万元。

2019年末，贷款风险准备金余额20422.42万元。累计提取城市廉租住房（公共租赁住房）建设补充资金26050.18万元。

（五）管理费用支出：2019年，管理费用支出383.1万元，同比下降3.89%。其中，人员经费60万元，公用经费192.14万元，专项经费130.96万元。

四、资产风险状况

（一）个人住房贷款：2019年末，个人住房贷款逾期额78.86万元，逾期率0.17‰。

个人贷款风险准备金按贷款余额的0.66%提取。2019年，提取个人贷款风险准备金3129.98万元，使用个人贷款风险准备金核销呆坏账0万元。2019年末，个人贷款风险准备金余额20422.42万元，占个人住房贷款余额的4.29%，个人住房贷款逾期额与个人贷款风险准备金余额的比率为0.39%。

（二）支持保障性住房建设试点项目贷款：2019年末，无保障性住房建设试点项目贷款。

（三）历史遗留风险资产：2019年末，历史遗留风险资产余额0万元，比上年减少0万元，历史遗留风险资产回收率0%。

五、社会经济效益

（一）缴存业务：2019年，实缴单位数、实缴职工人数和缴存额同比分别增长6.63%、6.37%和11.21%。

缴存单位中，国家机关和事业单位占64.17%，国有企业占8.31%，城镇集体企业占3.24%，外商投资企业占0.85%，城镇私营企业及其他城镇企业占16.62%，民办非企业单位和社会团体占3.58%，个人自愿缴存占0.81%，其他占2.42%。

缴存职工中，国家机关和事业单位占57.52%，国有企业占17.12%，城镇集体企业占1.67%，外商投资企业占2.19%，城镇私营企业及其他城镇企业占17.33%，民办非企业单位和社会团体占1.93%，个人自愿缴存占0.22%，其他占2.02%；中、低收入占98.43%，高收入占1.57%。

新开户职工中，国家机关和事业单位占46.98%，国有企业占11.69%，城镇集体企业占3.02%，外商投资企业占2.24%，城镇私营企业及其他城镇企业占30.89%，民办非企业单位和社会团体占2.08%，个人自愿缴存占0.38%，其他占2.72%；中、低收入占99.64%，高收入占0.36%。

（二）提取业务：2019年，2.93万名缴存职工提取住房公积金11.24亿元。

提取金额中，住房消费提取占76.64%（购买、建造、翻建、大修自住住房占17.22%，偿还购房贷款本息占56.36%，租赁住房占3.06%，其他占0%）；非住房消费提取占23.36%（离休和退休提取占16.75%，完全丧失劳动能力并与单位终止劳动关系提取占0.77%，户口迁出本市或出境定居占0.19%，死亡或宣告死亡占0.52%，其他占5.13%）。

提取职工中，中、低收入占97.8%，高收入占2.2%。

（三）贷款业务：

1. 个人住房贷款：2019年，支持职工购建房33.21万平方米，年末个人住房贷款市场占有率为

13.93%，比上年减少 1.56 个百分点。通过申请住房公积金个人住房贷款，可节约职工购房利息支出 16918.19 万元。

职工贷款笔数中，购房建筑面积 90（含）平方米以下占 21.88%，90~144（含）平方米占 76.49%，144 平方米以上占 1.63%。购买新房占 83.32%（其中购买保障性住房占 0%），购买二手房占 16.68%，建造、翻建、大修自住住房占 0%，其他占 0%。

职工贷款笔数中，单缴存职工申请贷款占 69.09%，双缴存职工申请贷款占 30.91%，三人及以上缴存职工共同申请贷款占 0%。

贷款职工中，30 岁（含）以下占 39.63%，30 岁~40 岁（含）占 36.54%，40 岁~50 岁（含）占 19.92%，50 岁以上占 3.91%；首次申请贷款占 94.08%，二次及以上申请贷款占 5.92%；中、低收入占 98.96%，高收入占 1.04%。

2. 异地贷款：2019 年，发放异地贷款 605 笔、18968.9 万元。2019 年末，发放异地贷款总额 86125.9 万元，异地贷款余额 55955.65 万元。

3. 公转商贴息贷款：2019 年，发放公转商贴息贷款 0 笔、0 万元，支持职工购建住房面积 0 万平方米，当年贴息额 0 万元。2019 年末，累计发放公转商贴息贷款 0 笔、0 万元，累计贴息 0 万元。

4. 支持保障性住房建设试点项目贷款：2019 年末，累计试点项目 0 个，贷款额度 0 亿元，建筑面积 0 万平方米，可解决 0 户中低收入职工家庭的住房问题。0 个试点项目贷款资金已发放并还清贷款本息。

（四）**住房贡献率**：2019 年，个人住房贷款发放额、公转商贴息贷款发放额、项目贷款发放额、住房消费提取额的总和与当年缴存额的比率为 91.09%，比上年减少 2.03 个百分点。

六、其他重要事项

（一）**当年机构及职能调整情况、受委托办理缴存贷款业务金融机构变更情况。** 2019 年，我中心无机构及职能调整。为贯彻落实住房和城乡建设部、省住房城乡建设厅关于精简归并住房公积金银行账户的文件精神，我中心账户从 55 个精简到 12 个。

（二）**当年住房公积金政策调整及执行情况。** 2019 年，我市住房公积金最高缴存基数为 16803 元/月，根据我市市平工资 5601 元/月的三倍来确定的，最低缴存基数为 1650 元/月，根据我市人力资源和社会保障局公布的最低工资标准来确定的，最高缴存比例为单位与个人各 12%，最低缴存比例为单位与个人各 5%；为进一步规范我市公积金业务流程，保障缴存职工合法权益，中心根据中、省、市最新政策规定，修订完善了《遂宁市住房公积金缴存管理实施细则》等三个细则，并印发宣传资料及办事指南，方便办事群众。

（三）**当年服务改进情况。** 2019 年，中心大力推动放管服改革，一是进一步优化流程，精简资料。积极推进"一岗受理、全程网办"，业务办理资料"瘦身"9 件，梳理住房公积金服务事项 18 条，其中"最多跑一次"事项达 90%。调整我市公积金贷款业务流程为银行网点受理，贷款申请可直接到委托银行享受"一站式"服务，无需在中心和银行来回跑路。开展委托按年提取偿还住房公积金贷款业务，职工无需每年跑路、每年准备相关资料。在我市辖区住房公积金按揭贷款的职工，办理住房公积金还贷提取，不再提供银行还款明细清单以及贷款合同原件、复印件。在我市辖区办理退休提取住房公积金的职工，不再提供退休文件、退休证等资料，只需该职工提供身份证即可。二是精简归并银行账户，实现全域通办。认真贯彻落实省住房城乡建设厅"两查"工作要求，积极协调各部门精简归并银行账户。全市公积金银行账户从 55 个精简归并到 12 个，实现了住房公积金全市通存通取，极大地方便了缴存职工，受到群众高度赞赏。三是改善服务环境。2019 年，中心积极协调，完成业务用房搬迁工作，改善了办公业务条件，打造了群众服务大厅，服务大厅设施齐全，增设船山区业务服务窗口、审核窗口，实行"综合受理、一站式服务"，提升了服务质量。

（四）**当年信息化建设情况。** 2019 年，我中心信息化建设大步迈进，一是成功接入全国住房公积金数据平台，方便我市贷款职工便捷享受个税抵扣优惠政策。二是按照《中华人民共和国网络安全法》相关规定，加强网络关键信息基础建设，建成网络信息安全等级保护二级，保障中心网络免受干扰、破坏或未经授权的访问，防止网络数据泄露或窃取、篡改。三是接入全省住房公积金互联互查系统，中心在省政府一体化政务服务平台已开通查询功能的基础上，实现省内各中心之间信息互查，异地贷职工不再两头跑路，提升服务质量。四是完成拓展认证工作，中心对过去采用的"居民身份证＋静态密码"身份认证方式具有易忘性和不便操作的缺陷，增加"居民身份证＋动态密码"身份认证方式，同时采用人脸等生物识别技术，在安全可控的前提下，提高信息查询的便捷性。五是清理大量历史数据。通过集中清理，效果非常明显，规范了基础数据，提高基础数据贯标质量，防范管理风险。

（五）**当年住房公积金管理中心及职工所获荣誉情况。** 2019 年，遂宁市住房公积金管理中心被省住房城乡建设厅评为综合业务工作先进单位、电子稽查工作先进单位、精简归并银行账户工作先进单位、统计分析工作先进单位；我中心 2 名同志被市政府机关党委评为优秀共产党员；1 名同志被市政府机关党委评为优秀党务工作者。

（六）**当年对违反《住房公积金管理条例》和相关法规行为进行行政处罚和申请人民法院强制执行情况。** 2019 年，我中心无对违反《住房公积金管理条例》和相关法规行为进行行政处罚和申请人民法院强制执行情况。

（七）**当年对住房公积金管理人员违规行为的纠正和处理情况等。** 2019 年，我中心无住房公积金管理人员受到处理。

（八）**其他需要披露的情况。** 2019 年我中心无其他需要披露的情况。

内江市住房公积金 2019 年年度报告

一、机构概况

（一）**住房公积金管理委员会：** 住房公积金管理委员会有 18 名委员，2019 年召开一次会议，审议通过的事项主要包括：内江市住房公积金管理委员会审议通过了《关于调整住房公积金贷款政策》《关于住房公积金"内自同城化"贷款实施办法的通知》《关于分配内江市住房公积管理中心 2018 年增值收益的通知》《关于下达内江市住房公积管理中心 2019 年管理费用支出预算的通知》。

（二）**住房公积金管理中心：** 住房公积金管理中心为市政府委托市财政局代管不以营利为目的的副县

级事业单位，设 4 个处（科），5 个管理部，0 个分中心。从业人员 77 人，其中，在编 45 人，非在编 32 人。

二、业务运行情况

（一）缴存：2019 年，新开户单位 191 家，实缴单位 2199 家，净增单位 123 家；新开户职工 2.98 万人，实缴职工 14.15 万人，净增职工 0.78 万人；缴存额 23.08 亿元，同比增长 6.07%。2019 年末，缴存总额 152.34 亿元，比上年末增加 17.86%；缴存余额 75.58 亿元，比上年末增加 12.87%。

受委托办理住房公积金缴存业务的银行 9 家，比上年增加 1 家。

（二）提取：2019 年，提取额 14.46 亿元，同比增长 9.88%；占当年缴存额的 62.65%，比上年增加 2.17 个百分点。2019 年末，提取总额 76.76 亿元，比上年末增加 23.21%。

（三）贷款：

1. 个人住房贷款：个人住房贷款最高额度 50 万元，其中，单缴存职工最高额度 40 万元，双缴存职工最高额度 50 万元。

2019 年，发放个人住房贷款 0.39 万笔、14.81 亿元，同比分别下降 15.22%、10.19%。2019 年，回收个人住房贷款 7.05 亿元。

2019 年末，累计发放个人住房贷款 3.64 万笔、101.33 亿元，贷款余额 73.15 亿元，分别比上年末增加 12%、17.12%、11.88%。个人住房贷款余额占缴存余额的 96.78%，比上年末减少 0.86 个百分点。

受委托办理住房公积金个人住房贷款业务的银行 7 家，比上年增加 1 家。

2. 住房公积金支持保障性住房建设项目贷款：2019 年，发放支持保障性住房建设项目贷款 0 亿元，回收项目贷款 0 亿元。2019 年末，累计发放项目贷款 0 亿元，项目贷款余额 0 亿元。

（四）购买国债：2019 年，购买（记账式、凭证式）国债 0 亿元，兑付（转让、收回）国债 0 亿元。2019 年末，国债余额 0 亿元，比上年末减少（增加）0 亿元。

（五）融资：2019 年，融资 0 亿元，归还 0 亿元。2019 年末，融资总额 0 亿元，融资余额 0 亿元。

（六）资金存储：2019 年末，住房公积金存款 5.49 亿元。其中，活期 4.39 亿元，1 年（含）以下定期 1.1 亿元，1 年以上定期 0 亿元，其他（协定、通知存款等）0 亿元。

（七）资金运用率：2019 年末，住房公积金个人住房贷款余额、项目贷款余额和购买国债余额的总和占缴存余额的 96.78%，比上年末减少 0.86 个百分点。

三、主要财务数据

（一）业务收入：2019 年，业务收入 22787.08 万元，同比增长 11.49%；存款利息 327.8 万元，委托贷款利息 22457.54 万元，国债利息 0 万元，其他 1.73 万元。

（二）业务支出：2019 年，业务支出 11695.66 万元，同比增长 12.75%。支付职工住房公积金利息 10570.98 万元，归集手续费 1.66 万元，委托贷款手续费 1122.96 万元，其他 0.06 万元。

（三）增值收益：2019 年，增值收益 11091.42 万元，同比增长 10.19%。增值收益率 1.57%，比上年减少 0.03 个百分点。

（四）增值收益分配：2019 年，提取贷款风险准备金 776.69 万元，提取管理费用 8129.75 万元，提取城市廉租住房（公共租赁住房）建设补充资金 2184.98 万元。

2019 年，上交财政管理费用 7114.1 万元。上缴财政城市廉租住房（公共租赁住房）建设补充资金 1930.28 万元。

2019 年末，贷款风险准备金余额 7314.69 万元。累计提取城市廉租住房（公共租赁住房）建设补充资金 7950.95 万元。

（五）管理费用支出：2019 年，管理费用支出 1262.08 万元，同比下降 9.49%。其中，人员经费 771.94 万元，公用经费 263.38 万元，专项经费 226.76 万元。

四、资产风险状况

（一）个人住房贷款：2019 年末，个人住房贷款逾期额 61.65 万元，逾期率 0.08‰。

个人贷款风险准备金按（贷款余额或增值收益）的 1% 提取。2019 年，提取个人贷款风险准备金 776.69 万元，使用个人贷款风险准备金核销呆坏账 0 万元。2019 年末，个人贷款风险准备金余额 7314.69 万元，占个人住房贷款余额的 1%，个人住房贷款逾期额与个人贷款风险准备金余额的比率为 0.84%。

（二）支持保障性住房建设试点项目贷款：2019 年末，逾期项目贷款 0 万元，逾期率 0‰。

项目贷款风险准备金按贷款余额的 0% 提取。2019 年，提取项目贷款风险准备金 0 万元，使用项目贷款风险准备金核销呆坏账 0 万元，项目贷款风险准备金余额 0 万元，占项目贷款余额的 0%，项目贷款逾期额与项目贷款风险准备金余额的比率为 0%。

五、社会经济效益

（一）缴存业务：2019 年，实缴单位数、实缴职工人数和缴存额同比分别增长 5.92%、5.83% 和 6.07%。

缴存单位中，国家机关和事业单位占 70.76%，国有企业占 5.64%，城镇集体企业占 0.55%，外商投资企业占 0.5%，城镇私营企业及其他城镇企业占 10.6%，民办非企业单位和社会团体占 2.14%，其他占 9.82%。

缴存职工中，国家机关和事业单位占 61.91%，国有企业占 6.39%，城镇集体企业占 0.13%，外商投资企业占 4.95%，城镇私营企业及其他城镇企业占 16.25%，民办非企业单位和社会团体占 0.77%，其他占 9.6%；中、低收入占 99.99%，高收入占 0.01%。

新开户职工中，国家机关和事业单位占 38.61%，国有企业占 4.38%，城镇集体企业占 0.27%，外商投资企业占 4.53%，城镇私营企业及其他城镇企业占 40.65%，民办非企业单位和社会团体占 1.06%，其他占 10.5%；中、低收入占 99.98%，高收入占 0.02%。

（二）提取业务：2019 年，4.73 万名缴存职工提取住房公积金 14.46 亿元。

提取金额中，住房消费提取占 73.17%（购买、建造、翻建、大修自住住房占 9.74%，偿还购房贷款本息占 61.9%，租赁住房占 1.53%，其他占 0%）；非住房消费提取占 26.83%（离休和退休提取占 22.89%，完全丧失劳动能力并与单位终止劳动关系提取占 0.17%，出境定居占 1.59%，其他占 2.18%）。

提取职工中，中、低收入占 99.97%，高收入占 0.03%。

（三）贷款业务：

1. 个人住房贷款：2019 年，支持职工购建房 39.82 万平方米，年末个人住房贷款市场占有率（含公转商贴息贷款）为 19.11%，比上年末减少 0.49 个百分点。通过申请住房公积金个人住房贷款，可节约职工购房利息支出 29342.45 万元。

职工贷款笔数中，购房建筑面积 90（含）平方米以下占 29.62%，90～144（含）平方米占 68.45%，144 平方米以上占 1.93%。购买新房占 90.02%（其中购买保障性住房占 0%），购买二手房占 9.98%，建造、翻建、大修自住住房占 0%，其他占 0%。

职工贷款笔数中，单缴存职工申请贷款占 67.94%，双缴存职工申请贷款占 32.06%，三人及以上缴存职工共同申请贷款占 0%。

贷款职工中，30 岁（含）以下占 37.44%，30 岁～40 岁（含）占 31.4%，40 岁～50 岁（含）占 23.4%，50 岁以上占 7.77%；首次申请贷款占 90.51%，二次及以上申请贷款占 9.49%；中、低收入占 99.56%，高收入占 0.44%。

2. 异地贷款：2019 年，发放异地贷款 45 笔、1513.9 万元。2019 年末，发放异地贷款总额 15883.2 万元，异地贷款余额 12456.06 万元。

3. 公转商贴息贷款：2019 年，发放公转商贴息贷款 0 笔、0 万元，支持职工购建住房面积 0 万平方米，当年贴息额 0 万元。2019 年末，累计发放公转商贴息贷款 0 笔、0 万元，累计贴息 0 万元。

4. 支持保障性住房建设试点项目贷款：2019 年末，累计试点项目 0 个，贷款额度 0 亿元，建筑面积 0 万平方米，可解决 0 户中低收入职工家庭的住房问题。0 个试点项目贷款资金已发放并还清贷款本息。

（四）住房贡献率：2019 年，个人住房贷款发放额、公转商贴息贷款发放额、项目贷款发放额、住房消费提取额的总和与当年缴存额的比率为 110.02%，比上年减少 6.97 个百分点。

六、其他重要事项

（1）当年机构及职能无调整。受委托办理住房公积金缴存业务的银行比上年增加四川省农村信用社内江市农村商业银行，受委托办理住房公积金个人住房贷款业务的银行比上年增加四川省农村信用社内江市农村商业银行。

（2）根据《内江市住房公积金管理中心关于住房公积金缴存基数调整有关问题的通知》（内市公积金发〔2018〕36 号），住房公积金缴存基数和缴存比例调整时间从每年 1 月 1 日改为每年 7 月 1 日。根据《内江市住房公积金管理委员会关于调整 2019 年度住房公积金缴存基数的通知》（内市公积金管发〔2019〕1 号），2019 年缴存基数上限为 16248 元/月，下限为 1650 元/月（执行时间为 2019 年 7 月 1 日至 2020 年 6 月 30 日）；缴存比例无变化，依然为 5%～12%。

（3）当年提取政策调整情况。为方便群众办事，提高服务效率，内江市住房公积金管理中心制定了《内江市委托按年提取住房公积金偿还住房公积金贷款实施办法》（内市公积金发〔2019〕11 号）。

（4）2020 年内江市住房公积金管理中心个人住房贷款最高额度为 50 万元，其中单缴存职工最高额度 40 万元，双缴存职工最高额度 50 万元；本年住房公积金贷款利率五年以下含五年为 2.75%，五年以上为 3.25%。

（5）当年贷款政策调整情况。2019 年 7 月 26 日，内江市住房公积金管理中心管委会审议通过了《内江市住房公积金管理中心关于调整住房公积金贷款政策的通知》(内市公积金发〔2019〕7号),对贷款政策做了一系列调整。

(6) 内江市住房公积金管理中心管委会于2019年7月26日审议通过了《住房公积金"内自同城化"贷款实施办法》(内市公积金发〔2019〕8号)。

(7) 当年住房公积金管理中心及职工所获荣誉情况。

1) 获得全省接入全国住房公积金数据平台工作先进单位。

2) 获得2018年政务公开工作先进集体三等奖。

3) 获得2019年第四季度"作风好效能优流动红旗"窗口称号。

乐山市住房公积金2019年年度报告

一、机构概况

(一) 住房公积金管理委员会:住房公积金管理委员会有21名委员,2019年召开1次全体委员会议,审议通过的事项主要包括:会议听取了乐山市住房公积金管理中心《关于2018年工作总结及2019年工作计划的报告》;审议通过《乐山市住房公积金2018年年度报告》;审议并同意乐山市住房公积金管理中心《关于审议2019年住房公积金归集、使用和增值收益计划的请示》。

(二) 住房公积金管理中心:住房公积金管理中心(以下简称中心)为直属于市政府不以营利为目的独立的事业单位,设6个科,11个管理部,0个分中心。从业人员140人,其中,在编43人,非在编97人。

二、业务运行情况

(一) 缴存:2019年,新开户单位516家,实缴单位4070家,净增单位302家;新开户职工1.97万人,实缴职工19.69万人,净增职工0.54万人;缴存额34.42亿元,同比增长2.32%。2019年末,缴存总额273.88亿元,同比增长14.37%;缴存余额106.19亿元,同比增长9.43%。

受委托办理住房公积金缴存业务的银行9家,比上年增加(减少)0家。

(二) 提取:2019年,提取额25.27亿元,同比增长3.61%;占当年缴存额的73.42%,比上年增加0.92个百分点。2019年末,提取总额167.69亿元,比上年末增加17.74%。

(三) 贷款:

1. 个人住房贷款: 个人住房贷款最高额度50万元,其中,单缴存职工最高额度40万元,双缴存职工最高额度50万元。

2019年,发放个人住房贷款0.64万笔、23.25亿元,同比分别增长6.67%、10.45%。

2019年,回收个人住房贷款13.12亿元。

2019年末,累计发放个人住房贷款7.69万笔、171.73亿元,贷款余额97.64亿元,分别比上年末增加 9.08%、15.66%、11.56%。个人住房贷款余额占缴存余额的 91.95%，比上年末增加 1.76 个百分点。

受委托办理住房公积金个人住房贷款业务的银行 7 家，比上年增加（减少）0 家。

2. 住房公积金支持保障性住房建设项目贷款： 2019 年，发放支持保障性住房建设项目贷款 0 亿元，回收项目贷款 0 亿元。2019 年末，累计发放项目贷款 0 亿元，项目贷款余额 0 亿元。

（四）**购买国债：** 2019 年，购买（记账式、凭证式）国债 0 亿元，兑付（转让、收回）国债 0 亿元。2019 年末，国债余额 0 亿元，比上年减少（增加）0 亿元。

（五）**融资**：2019 年，融资 0 亿元，归还 0 亿元。2019 年末，融资总额 0.8 亿元，融资余额 0 亿元。

（六）**资金存储：** 2019 年末，住房公积金存款 9.38 亿元。其中，活期 0.01 亿元，1 年（含）以下定期 5.30 亿元，1 年以上定期 3.70 亿元，其他（协定、通知存款等）0.37 亿元。

（七）**资金运用率：** 2019 年末，住房公积金个人住房贷款余额、项目贷款余额和购买国债余额的总和占缴存余额的 91.95%，比上年增加 1.76 个百分点。

三、主要财务数据

（一）**业务收入**：2019 年，业务收入 32882.76 万元，同比增长 11.42%。其中，存款利息 2661.24 万元，委托贷款利息 30220.49 万元，国债利息 0 万元，其他 1.03 万元。

（二）**业务支出**：2019 年，业务支出 16566.65 万元，同比增长 9.43%。其中，支付职工住房公积金利息 15374.25 万元，归集手续费 0 万元，委托贷款手续费 1049.17 万元，其他 143.23 万元。

（三）**增值收益**：2019 年，增值收益 16316.11 万元，同比增长 13.51%。增值收益率 1.60%，比上年增加 0.04 个百分点。

（四）**增值收益分配**：2019 年，提取贷款风险准备金 3037.09 万元，提取管理费用 2527.87 万元，提取城市廉租住房（公共租赁住房）建设补充资金 10751.15 万元。

2019 年，上交财政管理费用 2527.87 万元。上缴财政城市廉租住房（公共租赁住房）建设补充资金 10751.15 万元。

2019 年末，贷款风险准备金余额 21880.86 万元。累计提取城市廉租住房（公共租赁住房）建设补充资金 68986.71 万元。

（五）**管理费用支出**：2019 年，管理费用支出 2208.53 万元，同比下降 26.04%。其中，人员经费 1455.73 万元，公用经费 318.31 万元，专项经费 434.49 万元。

四、资产风险状况

（一）**个人住房贷款**：2019 年末，个人住房贷款逾期额 14.39 万元，逾期率 0.015‰。

个人贷款风险准备金按当年增加贷款余额的 3% 提取。2019 年，提取个人贷款风险准备金 3037.09 万元，使用个人贷款风险准备金核销呆坏账 0 万元。2019 年末，个人贷款风险准备金余额 21880.86 万元，占个人住房贷款余额的 2.24%，个人住房贷款逾期额与个人贷款风险准备金余额的比率为 0.07%。

（二）**支持保障性住房建设试点项目贷款**：2019 年末，逾期项目贷款 0 万元，逾期率 0。

项目贷款风险准备金按贷款余额的 0% 提取。2019 年，提取项目贷款风险准备金 0 万元，使用项目贷款风险准备金核销呆坏账 0 万元，项目贷款风险准备金余额 0 万元，占项目贷款余额的 0%，项目贷款逾期额与项目贷款风险准备金余额的比率为0%。

（三）**历史遗留风险资产**：2019年末，历史遗留风险资产余额0万元，比上年减少0万元，历史遗留风险资产回收率0%。

五、社会经济效益

（一）**缴存业务**：2019年，实缴单位数、实缴职工人数和缴存额同比分别增长8.01%、2.82%和2.32%。

缴存单位中，国家机关和事业单位占58.53%，国有企业占13.27%，城镇集体企业占0.37%，外商投资企业占0.84%，城镇私营企业及其他城镇企业占20.05%，民办非企业单位和社会团体占3.19%，其他占3.75%。

缴存职工中，国家机关和事业单位占50.32%，国有企业占21.36%，城镇集体企业占0.94%，外商投资企业占3.30%，城镇私营企业及其他城镇企业占18.89%，民办非企业单位和社会团体占3.36%，其他占1.83%；中、低收入占98.24%，高收入占1.76%。

新开户职工中，国家机关和事业单位占26.46%，国有企业占12.23%，城镇集体企业占1.25%，外商投资企业占2.74%，城镇私营企业及其他城镇企业占44.67%，民办非企业单位和社会团体占6.72%，其他占5.93%；中、低收入占99.70%，高收入占0.30%。

（二）**提取业务**：2019年，7.92万名缴存职工提取住房公积金25.27亿元。

提取金额中，住房消费提取占75.62%（购买、建造、翻建、大修自住住房占12.43%，偿还购房贷款本息占61.57%，租赁住房占1.58%，其他占0.04%）；非住房消费提取占24.38%（离休和退休提取占17.29%，完全丧失劳动能力并与单位终止劳动关系提取占5.34%，出境定居占0%，死亡占0.51%，其他占1.24%）。

提取职工中，中、低收入占98.13%，高收入占1.87%。

（三）**贷款业务**：

1. 个人住房贷款：2019年，支持职工购建房67.52万平方米，年末个人住房贷款市场占有率为21.27%，比上年减少1.31个百分点。通过申请住房公积金个人住房贷款，可节约职工购房利息支出3867.63万元。

职工贷款笔数中，购房建筑面积90（含）平方米以下占20.17%，90～144（含）平方米占75.37%，144平方米以上占4.46%。购买新房占88.10%（其中购买保障性住房占0%），购买二手房占11.90%，建造、翻建、大修自住住房占0%，其他占0%。

职工贷款笔数中，单缴存职工申请贷款占67.73%，双缴存职工申请贷款占32.27%，三人及以上缴存职工共同申请贷款占0%。

贷款职工中，30岁（含）以下占36.92%，30岁～40岁（含）占33.62%，40岁～50岁（含）占21.72%，50岁以上占7.74%；首次申请贷款占61.22%，二次及以上申请贷款占38.78%；中、低收入占99.08%，高收入占0.92%。

2. 异地贷款：2019年，发放异地贷款1165笔、42303.20万元。2019年末，发放异地贷款总额131993.08万元，异地贷款余额69031.78万元。

3. 公转商贴息贷款：2019年，发放公转商贴息贷款0笔、0万元，支持职工购建住房面积0万平方米，当年贴息额0万元。2019年末，累计发放公转商贴息贷款0笔、0万元，累计贴息0万元。

4. 支持保障性住房建设试点项目贷款：2019年末，累计试点项目0个，贷款额度0亿元，建筑面积0万平方米，可解决0户中低收入职工家庭的住房问题。0个试点项目贷款资金已发放并还清贷款本息。

（四）**住房贡献率**：2019年，个人住房贷款发放额、公转商贴息贷款发放额、项目贷款发放额、住房消费提取额的总和与当年缴存额的比率为123.07%，比上年增加6.83个百分点。

六、其他重要事项

（一）2019年中心机构及职能调整情况、受委托办理缴存贷款业务金融机构变更情况。经市编委办同意调整内设科室，资金归集科更名为综合服务科、资金运营科更名为审批管理科、高新区管理部更名为市中心直属管理部。

2019年中心受委托办理缴存贷款业务金融机构未调整。

（二）当年住房公积金政策调整及执行情况。

（1）当年缴存政策调整及执行情况：按照市委组织部、市审计局、市人社局《关于进一步规范市级行政事业单位职工住房公积金缴存基数的通知》要求，对行政事业单位职工住房公积金缴存基数范围进行清理规范。根据乐山市人社局公布的2018年度最低月工资标准，2019年度全市住房公积金个人和单位的缴存基数最低不得低于1650元/月；根据乐山市统计局公布的2018年度城镇非私营单位从业人员平均工资，2019年度住房公积金个人和单位的缴存基数最高不得超过17970元/月。

（2）当年贷款政策及条件未调整，仍执行单缴存职工最高可贷40万元，双缴存职工最高可贷50万元，二套房利率上浮10%，"认房认贷"第三套房拒绝发放贷款。

（3）当年提取政策未调整。

（三）当年服务改进情况。持续开展作风整顿，不断提升服务质量。在坚持实行预约、延时、上门服务的基础上，创新推出周六错时服务、办事大厅领导带班制度等，柜面服务坚持做到"笑相迎、礼相问、及时办、双手递、目相送"，中心驻市营商环境局服务窗口多次被评为优秀窗口，中心直属管理部被命名为"乐山市巾帼文明岗"。

（四）当年信息化建设情况。中心以信息系统建设为契机，优化业务管理模式和流程，提高管理规范化、精细化水平。一是初步完成业务信息管理系统建设项目验收。二是加快配套系统建设。完成全国住房公积金数据平台接入、中心信息系统安全等级保护三级测评、数据异地备份项目建设工作。三是完善网上业务大厅功能。在实现业务信息查询、贷款预约等功能的基础上，新增单位委托扣款直接入账缴存功能，加快了缴存资金入账速度。

（五）当年中心及职工所获荣誉情况。

（1）被省住房城乡建设厅评为全省接入全国住房公积金数据平台工作先进单位；

（2）被省住房城乡建设厅评为2018年度住房公积金信息报送工作先进单位；

（3）被评为2018年度市政务服务效能专项整治优秀窗口、多名职工被评为窗口先进工作者；

（4）乐山市住房公积金管理中心直属管理部被市妇联命名为"乐山市巾帼文明岗"；

（5）多次被市营商环境服务管理局评为优秀窗口、5名职工被评为"服务明星"；

(6) 市本级政务服务优秀集体。

(六) 中心无其他需要披露的情况。

南充市住房公积金2019年年度报告

一、机构概况

(一) 住房公积金管理委员会：南充市住房公积金管理委员会有27名委员，全年召开一次会议，审议通过的事项主要包括：《南充市住房公积金2018年年度报告》《关于2018年住房公积金增值收益分配的报告》《关于2018年度机构经费决算及2019年度机构经费预算的报告》《关于2019年度住房公积金缴存和使用计划的报告》。

(二) 住房公积金管理中心：南充市住房公积金管理中心为直属南充市人民政府不以营利为目的的独立的全额拨款事业单位，设7个科室、10个管理部。从业人员95人，其中，在编81人，非在编14人。

二、业务运行情况

(一) 缴存：2019年，新开户单位386家，实缴单位4937家，净增单位185家；新开户职工1.9万人，实缴职工22.61万人，净增职工0.16万人；缴存额39.48亿元，同比增长9.70%。2019年末，缴存总额252.84亿元，比上年末增加18.50%；缴存余额102.36亿元，比上年末增加15.36%。

受委托办理住房公积金缴存业务的银行6家，比上年增加（减少）0家。

(二) 提取：2019年，提取额25.85亿元，同比增长2.54%；占当年缴存额的65.48%，比上年减少4.57个百分点。2019年末，提取总额150.48亿元，比上年末增加20.74%。

(三) 贷款：

1. 个人住房贷款：个人住房贷款最高额度40万元，其中，单缴存职工最高额度35万元，双缴存职工最高额度40万元。

2019年，发放个人住房贷款0.56万笔、16.47亿元，同比分别增长30.23%、48.38%。

2019年，回收个人住房贷款9.13亿元。

2019年末，累计发放个人住房贷款6.28万笔、131.42亿元，贷款余额81.84亿元，分别比上年末增加9.79%、14.33%、9.85%。个人住房贷款余额占缴存余额的79.95%，比上年末减少4.01个百分点。

受委托办理住房公积金个人住房贷款业务的银行4家，比上年增加（减少）0家。

2. 住房公积金支持保障性住房建设项目贷款：2019年，发放支持保障性住房建设项目贷款0亿元，回收项目贷款0亿元。2019年末，累计发放项目贷款4.20亿元，项目贷款余额0亿元。

(四) 购买国债：2019年，购买（记账式、凭证式）国债0亿元，兑付（转让、收回）国债0亿元。2019年末，国债余额0亿元，比上年末减少（增加）0亿元。

(五) 融资：2019年，融资0亿元，归还0亿元。2019年末，融资总额1.43亿元，融资余额0亿元。

（六）资金存储：2019 年末，住房公积金存款 19.79 亿元。其中，活期 0.03 亿元，1 年（含）以下定期 0 亿元，1 年以上定期 16.49 亿元，其他（协定、通知存款等）3.27 亿元。

（七）资金运用率：2019 年末，住房公积金个人住房贷款余额、项目贷款余额和购买国债余额的总和占缴存余额的 79.95%，比上年末减少 4.01 个百分点。

三、主要财务数据

（一）业务收入：2019 年，业务收入 30950.26 万元，同比增长 11.00%。其中，存款利息 6297.17 万元，委托贷款利息 24652.69 万元，国债利息 0 万元，其他 0.40 万元。

（二）业务支出：2019 年，业务支出 14246.62 万元，同比增长 12.11%。其中，支付职工住房公积金利息 13224.14 万元，归集手续费 0 万元，委托贷款手续费 999.99 万元，其他 22.49 万元。

（三）增值收益：2019 年，增值收益 16703.64 万元，同比增长 10.07%。增值收益率 1.76%，比上年减少 0.05 个百分点。

（四）增值收益分配：2019 年，提取贷款风险准备金 10022.18 万元，提取管理费用 2747.06 万元，提取城市廉租住房（公共租赁住房）建设补充资金 3934.40 万元。

2019 年，上交财政管理费用 2760.88 万元。上缴财政城市廉租住房（公共租赁住房）建设补充资金 3264.84 万元。

2019 年末，贷款风险准备金余额 54196.67 万元。累计提取城市廉租住房（公共租赁住房）建设补充资金 37266.35 万元。

（五）管理费用支出：2019 年，管理费用支出 2576.98 万元，同比下降 13.31%。其中，人员经费 1465.65 万元，公用经费 28.56 万元，专项经费 1082.77 万元。

四、资产风险状况

（一）个人住房贷款：2019 年末，个人住房贷款逾期额 88.17 万元，逾期率 0.11‰。

个人贷款风险准备金按增值收益的 60% 提取。2019 年，提取个人贷款风险准备金 10022.18 万元，使用个人贷款风险准备金核销呆坏账 0 万元。2019 年末，个人贷款风险准备金余额 54196.67 万元，占个人住房贷款余额的 6.62%，个人住房贷款逾期额与个人贷款风险准备金余额的比率为 0.16%。

（二）支持保障性住房建设试点项目贷款：2019 年末，逾期项目贷款 0 万元，逾期率 0‰。

项目贷款风险准备金按贷款余额的 0% 提取。2019 年，提取项目贷款风险准备金 0 万元，使用项目贷款风险准备金核销呆坏账 0 万元，项目贷款风险准备金余额 0 万元，占项目贷款余额的 0%，项目贷款逾期额与项目贷款风险准备金余额的比率为 0%。

五、社会经济效益

（一）缴存业务：2019 年，实缴单位数、实缴职工人数和缴存额同比分别增长 3.89%、0.71% 和 9.70%。

缴存单位中，国家机关和事业单位占 69.39%，国有企业占 9.46%，城镇集体企业占 0.61%，外商投资企业占 0.79%，城镇私营企业及其他城镇企业占 15.11%，民办非企业单位和社会团体占 4.46%，其他占 0.18%。

缴存职工中，国家机关和事业单位占 66.72%，国有企业占 15.75%，城镇集体企业占 2.40%，外商投资企业占 0.96%，城镇私营企业及其他城镇企业占 13.02%，民办非企业单位和社会团体占 1.14%，其他占 0.01%；中、低收入占 100%，高收入占 0%。

新开户职工中，国家机关和事业单位占 39.29%，国有企业占 16.49%，城镇集体企业占 0.72%，外商投资企业占 2.39%，城镇私营企业及其他城镇企业占 35.67%，民办非企业单位和社会团体占 5.41%，其他占 0.03%；中、低收入占 100%，高收入占 0%。

（二）提取业务：2019 年，8.23 万名缴存职工提取住房公积金 25.85 亿元。

提取金额中，住房消费提取占 81.16%（购买、建造、翻建、大修自住住房占 34.00%，偿还购房贷款本息占 44.76%，租赁住房占 2.40%，其他占 0%）；非住房消费提取占 18.84%（离休和退休提取占 14.69%，完全丧失劳动能力并与单位终止劳动关系提取占 2.67%，出境定居占 0.01%，其他占 1.47%）。

提取职工中，中、低收入占 100%，高收入占 0%。

（三）贷款业务：

1. 个人住房贷款：2019 年，支持职工购建房 56.95 万平方米，年末个人住房贷款市场占有率（含公转商贴息贷款）为 10.89%，比上年末减少 1.90 个百分点。通过申请住房公积金个人住房贷款，可节约职工购房利息支出 26062.78 万元。

职工贷款笔数中，购房建筑面积 90（含）平方米以下占 30.01%，90～144（含）平方米占 68.73%，144 平方米以上占 1.26%。购买新房占 92.35%（其中购买保障性住房占 0%），购买二手房占 7.65%，建造、翻建、大修自住住房占 0%，其他占 0%。

职工贷款笔数中，单缴存职工申请贷款占 62.40%，双缴存职工申请贷款占 37.60%，三人及以上缴存职工共同申请贷款占 0%。

贷款职工中，30 岁（含）以下占 35.18%，30 岁～40 岁（含）占 33.80%，40 岁～50 岁（含）占 25.61%，50 岁以上占 5.41%；首次申请贷款占 93.17%，二次及以上申请贷款占 6.83%；中、低收入占 100%，高收入占 0%。

2. 异地贷款：2019 年，发放异地贷款 375 笔、11216.80 万元。2019 年末，发放异地贷款总额 93121.20 万元，异地贷款余额 67430.80 万元。

3. 公转商贴息贷款：2019 年，发放公转商贴息贷款 0 笔、0 万元，支持职工购建住房面积 0 万平方米，当年贴息 0 万元。2019 年末，累计发放公转商贴息贷款 0 笔、0 万元，累计贴息 0 万元。

4. 支持保障性住房建设试点项目贷款：2019 年末，累计试点项目 4 个，贷款额度 4.20 亿元，建筑面积 47.60 万平方米，可解决 5676 户中低收入职工家庭的住房问题。4 个试点项目贷款资金已发放并还清贷款本息。

（四）住房贡献率：2019 年，个人住房贷款发放额、公转商贴息贷款发放额、项目贷款发放额、住房消费提取额的总和与当年缴存额的比率为 94.86%，比上年增加 0.08 个百分点。

六、其他重要事项

（一）当年机构及职能调整情况、受委托办理缴存贷款业务金融机构变更情况。当年机构及职能、缴存贷款业务金融机构无调整变更。

（二）当年住房公积金政策调整及执行情况。

全市住房公积金缴存比例为 5%～12%，单位和个人同比例缴存。

最低限额不得低于本市上一年度职工最低月工资标准 1650 元。最高限额不得超过本市上一年度职工月平均工资的三倍，即 17216 元。

（三）当年服务改进情况。

1. 健全综合服务平台。 2019 年，中心升级改造核心业务系统，开通和完善南充公积金微信公众号、"手机公积金"APP 和微信、支付宝城市服务"公积金查询"四大最新查询渠道，进一步提升公积金综合服务能力。

2. 积极开展线上服务。 建设"单位网厅""个人网厅"。推行"全市通缴"，网上全程可办理缴存开户、人员增减、汇缴核定、缴款、补缴、修改缴存基数等缴存业务；职工离职、离退休提取业务，冲还贷签约、提前还款、提前结清等还贷业务均实现网上 24 小时实时办理，极大地方便了缴存职工。

3. 着力优化服务质量。 截至 2019 年末，中心 4 个管理部先后进驻当地政务服务管理局服务大厅，大力推行文明服务、规范服务、优质服务、示范服务。

（四）当年信息化建设情况。

1. 加强信息系统安全建设。 开展信息系统的安全运维和等保三级测评，建立异地实时备份系统。

2. 建立信息系统虚拟化平台。 启用新的服务器设备，建立虚拟化平台，将数据、系统向虚拟化平台迁移，确保系统正常运行。

3. 实现与税务部门的数据交换。 按照住房和城乡建设部要求，实现与税务总局的数据交换，为贷款职工个税抵扣提供便捷服务。

4. 按时完成全国公积金数据平台接入系统开发建设工作。

（五）当年对违反《住房公积金管理条例》和相关法规行为进行行政处罚和申请人民法院强制执行情况。2019 年，中心与公安、城管、市场监督等部门加强联动，认真落实属地管理责任，常态化开展"扫黑除恶治乱"专项行动，严格执行"大额提取回查"制度，强力打击骗提骗贷行为，先后查处非法中介 5 家，清除街面"公积金提现"小广告数百条，严厉查处涉嫌骗提骗贷人员 67 人，追回骗提资金 158 万元；通过司法诉讼追收贷款本息 185.50 万元，净化了行业发展环境。

（六）当年对住房公积金管理人员违规行为的纠正和处理情况。2019 年，中心 1 名职工涉嫌伪造、买卖公文、印章违法行为，已移送司法机关依法处理。

眉山市住房公积金 2019 年年度报告

一、机构概况

（一）住房公积金管理委员会：住房公积金管理委员会有 18 名委员，2019 年召开 1 次会议，审议通过的事项主要包括:《关于调整市住房公积金管理委员会组成人员的请示》《关于修订〈眉山市住房公积金增值收益资金管理暂行办法〉提高贷款风险准备金比例的请示》《关于 2018 年住房公积金增值收益分配方案的报告》《眉山市住房公积金 2018 年年度报告》。

(二)住房公积金管理中心:住房公积金管理中心为眉山市政府直属不以营利为目的的自收自支事业单位,设 8 个科(室),8 个管理部。从业人员 80 人,其中,在编 48 人,非在编 32 人。

二、业务运行情况

(一)缴存:2019 年,新开户单位 312 家,实缴单位 2757 家,净增单位 -195 家;新开户职工 3.18 万人,实缴职工 14.78 万人,净增职工 0.89 万人;缴存额 27.92 亿元,同比增长 12.11%。2019 年末,缴存总额 163.25 亿元,比上年末增加 20.63%;缴存余额 65.44 亿元,比上年末增加 13.72%。

受委托办理住房公积金缴存业务的银行 2 家,比上年增加 0 家。

(二)提取:2019 年,提取额 20.03 亿元,同比增长 20.86%;占当年缴存额的 71.73%,比上年增加 5.2 个百分点。2019 年末,提取总额 97.81 亿元,比上年末增加 25.75%。

(三)贷款:

1. 个人住房贷款:个人住房贷款最高额度 35 万元,其中,单缴存职工最高额度 35 万元,双缴存职工最高额度 35 万元。

2019 年,发放个人住房贷款 0.37 万笔、11.62 亿元,同比分别下降 7.64%、0.07%。

2019 年,回收个人住房贷款 9.13 亿元。

2019 年末,累计发放个人住房贷款 4.78 万笔、105.07 亿元,贷款余额 65.44 亿元,分别比上年末增加 8.45%、12.44%、3.97%。个人住房贷款余额占缴存余额的 99.999%,比上年末减少 9.381 个百分点。

受委托办理住房公积金个人住房贷款业务的银行 12 家,比上年增加 0 家。

2. 住房公积金支持保障性住房建设项目贷款:无。

(四)购买国债:无。

(五)融资:2019 年,融资 5.5 亿元,归还 5.67 亿元。2019 年末,融资总额 34.17 亿元,融资余额 7.2 亿元。

(六)资金存储:2019 年末,住房公积金存款 7.22 亿元。其中,活期 0.03 亿元,1 年(含)以下定期 0 亿元,1 年以上定期 0 亿元,其他(协定、通知存款等)7.19 亿元。

(七)资金运用率:2019 年末,住房公积金个人住房贷款余额、项目贷款余额和购买国债余额的总和占缴存余额的 99.999%,比上年末减少 9.381 个百分点。

三、主要财务数据

(一)业务收入:2019 年,业务收入 21798.16 万元,同比增长 5.89%。存款利息 449.88 万元,委托贷款利息 21345.2 万元,国债利息 0 万元,其他 3.08 万元。

(二)业务支出:2019 年,业务支出 12120.43 万元,同比下降 2.41%。支付职工住房公积金利息 9347.09 万元,归集手续费 0 万元,委托贷款手续费 866.19 万元,其他 1907.15 万元,其中融资借款利息支出 1905.91 万元，同比减少 47.39%。

（三）**增值收益**：2019 年，增值收益 9677.74 万元，同比增长 18.51%。增值收益率 1.56%，比上年增加 0.03 个百分点。

（四）**增值收益分配**：2019 年，提取贷款风险准备金 3225.91 万元，提取管理费用 2626.54 万元，提取城市廉租住房（公共租赁住房）建设补充资金 3825.29 万元。

2019 年，上缴财政管理费用 2500 万元。上缴财政城市廉租住房（公共租赁住房）建设补充资金 3200 万元。

2019 年末，贷款风险准备金余额 11898.99 万元。累计提取城市廉租住房（公共租赁住房）建设补充资金 31191.74 万元。

（五）**管理费用支出**：2019 年，管理费用支出 2626.54 万元，同比下降 26.34%。其中，人员经费 1123.19 万元，公用经费 143.44 万元，专项经费 1359.9 万元。

四、资产风险状况

（一）**个人住房贷款**：2019 年末，个人住房贷款逾期额 564.34 万元，逾期率 0.862‰。

个人贷款风险准备金按增值收益的 33.33% 提取。2019 年，提取个人贷款风险准备金 3225.91 万元，使用个人贷款风险准备金核销呆坏账 0 万元。2019 年末，个人贷款风险准备金余额 11898.99 万元，占个人住房贷款余额的 1.82%，个人住房贷款逾期额与个人贷款风险准备金余额的比率为 4.74%。

（二）**支持保障性住房建设试点项目贷款**：无。

五、社会经济效益

（一）**缴存业务**：2019 年，实缴单位数、实缴职工人数和缴存额同比分别增长 －6.61%、6.43% 和 12.11%。

缴存单位中，国家机关和事业单位占 59.01%，国有企业占 9.14%，城镇集体企业占 0.69%，外商投资企业占 0.83%，城镇私营企业及其他城镇企业占 27.35%，民办非企业单位和社会团体占 2.47%，其他占 0.51%。

缴存职工中，国家机关和事业单位占 50.01%，国有企业占 17.7%，城镇集体企业占 1.43%，外商投资企业占 1.25%，城镇私营企业及其他城镇企业占 26.84%，民办非企业单位和社会团体占 1.63%，其他占 1.14%；中、低收入占 98.72%，高收入占 1.28%。

新开户职工中，国家机关和事业单位占 38.98%，国有企业占 8.65%，城镇集体企业占 0.15%，外商投资企业占 0.61%，城镇私营企业及其他城镇企业占 43.79%，民办非企业单位和社会团体占 2.87%，其他占 4.95%；中、低收入占 99.96%，高收入占 0.04%。

（二）**提取业务**：2019 年，6.07 万名缴存职工提取住房公积金 20.03 亿元。

提取金额中，住房消费提取占 83.42%（购买、建造、翻建、大修自住住房占 27.81%，偿还购房贷款本息占 52.98%，租赁住房 2.63%，其他占 0%）；非住房消费提取占 16.58%（离休和退休提取占 12.95%，完全丧失劳动能力并与单位终止劳动关系提取占 1.62%，出境定居占 0.01%，其他占 2%）。

提取职工中，中、低收入占 99.47%，高收入占 0.53%。

(三)贷款业务：

1. 个人住房贷款： 2019年，支持职工购建房36.52万平方米，年末个人住房贷款市场占有率（含公转商贴息贷款）为14.59%，比上年末减少3.23个百分点。通过申请住房公积金个人住房贷款，可节约职工购房利息支出31986.09万元。

职工贷款笔数中，购房建筑面积90（含）平方米以下占40.23%，90~144（含）平方米占56.63%，144平方米以上占3.14%。购买新房占81.26%（其中购买保障性住房占0%），购买二手房占18.74%，建造、翻建、大修自住住房占0%，其他占0%。

职工贷款笔数中，单缴存职工申请贷款占75%，双缴存职工申请贷款占25%，三人及以上缴存职工共同申请贷款占0%。

贷款职工中，30岁（含）以下占39.85%，30岁~40岁（含）占35.18%，40岁~50岁（含）占20.78%，50岁以上占4.19%；首次申请贷款占86.79%，二次及以上申请贷款占13.21%；中、低收入占99.19%，高收入占0.81%。

2. 异地贷款： 2019年，发放异地贷款1020笔、31704.1万元。2019年末，发放异地贷款总额201849.1万元，异地贷款余额140147.8万元。

3. 公转商贴息贷款： 2019年，发放公转商贴息贷款0笔、0万元，支持职工购建住房面积0万平方米，当年贴息额301.38万元。2019年末，累计发放公转商贴息贷款1743笔、33045.89万元，累计贴息1451.22万元。

4. 支持保障性住房建设试点项目贷款： 无。

（四）住房贡献率： 2019年，个人住房贷款发放额、公转商贴息贷款发放额、项目贷款发放额、住房消费提取额的总和与当年缴存额的比率为101.47%，比上年增加（减少）0.1个百分点。

六、其他重要事项

（一）当年机构及职能调整情况、受委托办理缴存贷款业务金融机构变更情况。 2019年9月，成立眉山市住房公积金管理中心天府新区管理部，并于2019年11月18日开始对眉山天府新区提供住房公积金服务。

（二）当年住房公积金政策调整及执行情况。

1. 当年缴存政策调整情况： 2019年眉山市住房公积金缴存基数上限为21498元，缴存基数下限为1650元。

2. 当年提取政策调整情况： 2019年7月16日，眉山中心印发4号《业务通知》，允许眉山市缴存职工提取住房公积金偿还在成都平原经济区内（包括成都、德阳、绵阳、遂宁、乐山、雅安、资阳七个城市）的住房公积金个人住房贷款。

3. 当年贷款政策调整情况： 2019年5月28日，眉山中心印发1号《业务通知》，根据房龄对再交易房首付款比例进行调整。

（三）当年服务改进情况。

1. 服务网点的变化： 2019年，眉山市住房公积金管理中心岷东新区管理部、丹棱管理部、彭山管理部先后进行了网点搬迁，其中，丹棱管理部、彭山管理部进驻当地市民服务中心。2019年9月，增设眉山市住房公积金管理中心天府新区管理部，11月入驻眉山天府新区市民服务中心。截至2019年底，中心正式进驻当地市民服务中心的网点共有 5 个，进驻率 62.5%。

2. 服务设施的变化： 眉山市住房公积金管理中心以新成立的天府新区管理部为试点，推出全市住房公积金智慧大厅样板，创立全省首个集线上线下智能服务于一体的公积金业务窗口。

3. 服务手段的变化： 2019 年年初，与建行眉山分行联合打造"快贷"金融服务平台，通过系统接口实时授权查询职工缴存数据，对职工进行"秒授信、秒贷款、秒入账"。截至 2019 年底，公积金"快贷"共向住房公积金缴存职工授信 2216 人、10828 万元。2019 年 11 月，天府新区管理部打造智慧大厅，丰富服务手段，拓展服务内容，为办事群众提供自助化的信息查询、业务办理、凭证打印、互动交流等服务，构建了一体化、电子化、智能化和人性化的服务模式。

（四）当年信息化建设情况。2019 年 4 月接入住房和城乡建设部数据报送平台，实现与税务总局联网，缴存职工可通过"手机公积金"小程序轻松查询个税抵扣中的公积金贷款信息；优化升级微信人脸识别功能，简化"刷脸"流程、增强用户体验，同时，认真做好线上渠道安全拓展认证，在网厅、微信、手机 APP 等渠道增加动态验证码、密码复杂度校验、数据传输加密等安全防护手段，进一步增强线上服务安全性；2019 年 8 月接入全省住房公积金信息互查平台，实现了全省住房公积金数据共享。

（五）当年住房公积金管理中心及职工所获荣誉情况。

1. 眉山市住房公积金管理中心所获荣誉情况： 2019 年，眉山市住房公积金管理中心被中共眉山市委、眉山市政府评为 2018 年度全面深化改革工作先进集体、新型城镇化工作先进集体、第十六届中国食品安全年会暨第十届中国泡菜食品国际博览会服务接待先进集体；被中共眉山市委办公室、眉山市政府办公室评为 2018 年度走基层直接联系服务群众工作先进集体、保密工作先进集体、审计工作先进集体、全市人居环境整治工作先进集体。

2. 眉山市住房公积金管理中心职工所获荣誉情况： 2019 年，中心职工被眉山市委、市政府联合表彰 3 人次，被市委办、市政府办表彰 3 人次，被市政府办表彰 1 人次，被市直机关工委表彰 2 人次。

（六）当年对违反《住房公积金管理条例》和相关法规行为进行行政处罚和申请人民法院强制执行情况：无。

（七）当年对住房公积金管理人员违规行为的纠正和处理情况等：无。

（八）其他需要披露的情况：2019 年，眉山市住房公积金管理中心提交市住房公积金管理委员会审议并报市政府常务会审定通过，对《眉山市住房公积金增值收益资金管理暂行办法》进行修订，修订后的《眉山市住房公积金增值收益分配管理办法》将贷款风险准备金提高到贷款余额的 2%；从 2018 年起，贷款风险准备金按增值收益三分之一提取，在 2021 年前达到贷款余额的 2%，以后每年按 2% 补足提取。

宜宾市住房公积金 2019 年年度报告

一、机构概况

（一）住房公积金管理委员会：住房公积金管理委员会有 25 名委员，2019 年召开 1 次会议，审议通过的事项主要包括：审议并通过了《宜宾市住房公积金 2018 年年度报告》和市公积金中心《关于 2018 年度住房公积金归集使用计划执行情况报告》《关于 2019 年住房公积金归集使用计划建议报告》3 个议案；批准同意了市公积金中心《关于与银行合作开办个人住房公积金信用贷款创新融资业务的请示》《关于为中小企业融资提供创新服务的请示》《关于开展存量政策清理整合工作的请示》3 个请示。

（二）住房公积金管理中心：住房公积金管理中心为直属宜宾市人民政府的不以营利为目的的自收自支事业单位，设 7 个科室，11 个管理部，0 个分中心。从业人员 133 人，其中，在编 71 人，非在编 62 人。

二、业务运行情况

（一）缴存：2019 年，新开户单位 687 家，实缴单位 4322 家，净减单位 290 家；新开户职工 2.23 万人，实缴职工 26.25 万人净增职工 1.98 万人；缴存额 47.13 亿元，同比增长 14.03％。2019 年末，缴存总额 333.82 亿元，比上年末增加 16.44％；缴存余额 136.85 亿元，比上年末增加 8.54％。

受委托办理住房公积金缴存业务的银行 9 家，比上年增加（减少）0 家。

（二）提取：2019 年，提取额 36.37 亿元，同比增长 14.23％；占当年缴存额的 77.17％，比上年增加 0.13 个百分点。2019 年末，提取总额 196.97 亿元，比上年末增加 22.64％。

（三）贷款：

1. 个人住房贷款：个人住房贷款最高额度 40 万元，其中，单缴存职工最高额度 25 万元，双缴存职工最高额度 40 万元。

2019 年，发放个人住房贷款 0.78 万笔、23.49 亿元，同比分别增长 1.30％、下降 8.63％。

2019 年，回收个人住房贷款 17.93 亿元。

2019 年末，累计发放个人住房贷款 11.57 万笔、230.44 亿元，贷款余额 125.27 亿元，分别比上年末增加 7.13％、11.35％、4.64％。个人住房贷款余额占缴存余额的 91.54％，比上年末减少 3.41 个百分点。

受委托办理住房公积金个人住房贷款业务的银行 7 家，比上年增加（减少）0 家。

2. 住房公积金支持保障性住房建设项目贷款：2019 年，发放支持保障性住房建设项目贷款 0 亿元，回收项目贷款 0 亿元。2019 年末，累计发放项目贷款 0 亿元，项目贷款余额 0 亿元。

（四）购买国债：2019 年，购买（记账式、凭证式）国债 0 亿元，兑付（转让、收回）国债 0 亿元。2019 年末，国债余额 0 亿元，比上年减少（增加）0 亿元。

（五）融资：2019 年，融资 0 亿元，归还 0 亿元。2019 年末，融资总额 0 亿元，融资余额 0 亿元。

（六）资金存储：2019 年末，住房公积金存款 15.22 亿元。其中，活期 0.01 亿元，1 年（含）以下定期 7.6 亿元，1 年以上定期 5.7 亿元，其他（协定、通知存款等）1.91 亿元。

（七）资金运用率：2019 年末，住房公积金个人住房贷款余额、项目贷款余额和购买国债余额的总和占缴存余额的 91.54％，比上年末减少 3.41 个百分点。

三、主要财务数据

（一）业务收入：2019 年，业务收入 44580.11 万元，同比增长 8.06％。存款利息 4633.62 万元，委托贷款利息 39945.94 万元，国债利息 0 万元，其他 0.55 万元。

（二）**业务支出**：2019 年，业务支出 22060.11 万元，同比增长 8.95％。支付职工住房公积金利息 20009.30 万元，归集手续费 0 万元，委托贷款手续费 1997.16 万元，其他 53.64 万元。

（三）**增值收益**：2019 年，增值收益 22520.00 万元，同比增长 7.19％。增值收益率 1.70％，比上年减少 0.03 个百分点。

（四）**增值收益分配**：2019 年，提取贷款风险准备金 12527.10 万元，提取管理费用 2150.84 万元，提取城市廉租住房（公共租赁住房）建设补充资金 7842.07 万元。

2019 年，上交财政管理费用 2150.84 万元。上缴 2018 年度提取的财政城市廉租住房（公共租赁住房）建设补充资金 6930.02 万元。

2019 年末，贷款风险准备金余额 86382.62 万元。累计提取城市廉租住房（公共租赁住房）建设补充资金 52505.94 万元。

（五）**管理费用支出**：2019 年，管理费用支出（实际支出）2221.09 万元，同比下降 16.57％。其中，人员经费 1400.61 万元，公用经费 88.54 万元，专项经费 731.94 万元。

四、资产风险状况

（一）**个人住房贷款**：2019 年末，个人住房贷款逾期额 25.84 万元，逾期率 0.02‰。

个人贷款风险准备金按贷款余额的 1％ 提取。2019 年，提取个人贷款风险准备金 12527.10 万元，使用个人贷款风险准备金核销呆坏账 0 万元。2019 年末，个人贷款风险准备金余额 86382.62 万元，占个人住房贷款余额的 6.90％，个人住房贷款逾期额与个人贷款风险准备金余额的比率为 0.03％。

（二）**支持保障性住房建设试点项目贷款**：2019 年末，逾期项目贷款 0 万元，逾期率 0‰。

项目贷款风险准备金按贷款余额的 0％ 提取。2019 年，提取项目贷款风险准备金 0 万元，使用项目贷款风险准备金核销呆坏账 0 万元，项目贷款风险准备金余额 0 万元，占项目贷款余额的 0％，项目贷款逾期额与项目贷款风险准备金余额的比率为 0％。

五、社会经济效益

（一）**缴存业务**：2019 年，实缴单位数、实缴职工人数和缴存额同比分别增长 -6.29％、8.16％ 和 14.03％。

缴存单位中，国家机关和事业单位占 56.29％，国有企业占 31.42％，城镇集体企业占 0.99％，外商投资企业占 0％，城镇私营企业及其他城镇企业占 1.57％，民办非企业单位和社会团体占 3.35％，其他占 6.38％。

缴存职工中，国家机关和事业单位占 50.06％，国有企业占 43.72％，城镇集体企业占 0.12％，外商投资企业占 0％，城镇私营企业及其他城镇企业占 0.45％，民办非企业单位和社会团体占 1.41％，其他占 4.24％；中、低收入占 99.30％，高收入占 0.70％。

新开户职工中，国家机关和事业单位占 35.30％，国有企业占 50.40％，城镇集体企业占 0.16％，外商投资企业占 0％，城镇私营企业及其他城镇企业占 0.48％，民办非企业单位和社会团体占 3.37％，其他占 10.29％；中、低收入占 99.84％，高收入占 0.16％。

（二）提取业务：2019年，10.37万名缴存职工提取住房公积金36.37亿元。

提取金额中，住房消费提取占82.31%（购买、建造、翻建、大修自住住房占20.85%，偿还购房贷款本息占59.79%，租赁住房占1.67%，其他占0%）；非住房消费提取占17.69%（离休和退休提取占12.95%，完全丧失劳动能力并与单位终止劳动关系提取占0%，户口迁出本市或出境定居占0.42%，其他占4.32%）。

提取职工中，中、低收入占99.31%，高收入占0.69%。

（三）贷款业务：

1. 个人住房贷款：2019年，支持职工购建房80.87万平方米，年末个人住房贷款市场占有率为19.47%，比上年减少3.37个百分点。通过申请住房公积金个人住房贷款，可节约职工购房利息支出61556.54万元。

职工贷款笔数中，购房建筑面积90（含）平方米以下占31.01%，90～144（含）平方米占67.12%，144平方米以上占1.87%。购买新房占88.33%（其中购买保障性住房占0%），购买二手房占11.67%，建造、翻建、大修自住住房占0%，其他占0%。

职工贷款笔数中，单缴存职工申请贷款占32.43%，双缴存职工申请贷款占67.57%，三人及以上缴存职工共同申请贷款占0%。

贷款职工中，30岁（含）以下占41.99%，30岁～40岁（含）占30.24%，40岁～50岁（含）占21.49%，50岁以上占6.28%；首次申请贷款占94.60%，二次及以上申请贷款占5.40%；中、低收入占99.69%，高收入占0.31%。

2. 异地贷款：2019年，发放异地贷款262笔、7521万元。2019年末，发放异地贷款总额53696.70万元，异地贷款余额16297.62万元。

3. 公转商贴息贷款：2019年，发放公转商贴息贷款0笔、0万元，支持职工购建住房面积0万平方米，当年贴息额0万元。2019年末，累计发放公转商贴息贷款0笔、0万元，累计贴息0万元。

4. 支持保障性住房建设试点项目贷款：2019年末，累计试点项目0个，贷款额度0亿元，建筑面积0万平方米，可解决0户中低收入职工家庭的住房问题。0个试点项目贷款资金已发放并还清贷款本息。

（四）住房贡献率：2019年，个人住房贷款发放额、公转商贴息贷款发放额、项目贷款发放额、住房消费提取额的总和与当年缴存额的比率为113.34%，比上年减少10.19个百分点。

六、其他重要事项

（一）住房公积金存贷业务金融机构变化情况。 2019年撤销住房公积金金融机构账户1个，即建设银行结算户。归集业务仍由9家银行办理，无改变，分别是工商银行、农业银行、建设银行、中国银行、商业银行、兴业银行、交通银行、中信银行、邮储银行。

（二）当年住房公积金政策调整及执行情况。

1. 缴存比例及缴存基数限额。 现有4322个缴存单位严格执行《住房公积金管理条例》的规定，单位和个人缴存比例均无超过12%，低于5%的情况。我市最高月缴存基数19059元，最低1650元。

2. 缴存、提取政策调整情况。 提高高端人才月缴存额，将"创业补助"按月纳入住房公积金缴存基数范围，缴存比例按单位比例执行。提高高端人才租房提取额度为每年24000元。

长宁"6·17"地震受灾职工，住房在受损度鉴定为 C 级或 D 级的，可按规定提取住房公积金用于灾后过渡期租房、加固维修或重建、新购住房。

3. 个人住房贷款最高贷款额度、贷款条件等贷款政策调整情况。

（1）贷款政策调整情况。本年度未调整贷款政策。

（2）住房公积金存贷款利率执行标准。严格执行人民银行、住房和城乡建设部、财政部《关于完善职工住房公积金账户存款利率形成机制通知》，公积金存款利率统一按一年定期存款基准利率执行，目前为 1.5%。个人住房公积金贷款利率五年以下（含五年）2.75%，五年以上 3.25%。

（3）住房公积金贷款额度执行标准。双缴存职工最高贷款额度 40 万元，单缴存职工最高贷款额度 25 万元。高端人才双缴存职工最高贷款额度 60 万元，单缴存职工最高贷款额度 40 万元。

（三）服务改进情况。

1. 增加线上服务项目，提高服务效率。 为缴存职工提供更加方便、快捷和安全的用户上网体验，积极推动与支付宝合作，在中心 APP 上线了人脸认证登录功能，在支付宝平台职工个人可查询本人的住房公积金缴存和贷款情况，同时在中心网上办事大厅上线了动态验证码登录方式，提供给职工更多便捷的服务。截至 12 月底，为职工提供各类网上服务共计 870 多万人次，其中信息查询 713 万人次，办理业务 33 万人次，发布信息 124 万条。网站等渠道访问量达到 116 万次，并在全省一体化政务服务平台上认领公共服务事项 22 项，其中"网上办理"事项 18 项，"全程网办"事项 11 项，"最多跑一次"事项 22 项。

2. 优化简化办事流程，方便职工办事。 采取减项提效、工作下沉等举措，优化住房公积金归集、提取、贷款流程，精简业务办理部分资料，削减表单数量、简化表单内容，探索推进"免填单"服务。其中减少提取所需复印的纸质资料 25 种，各类办事环节减少 30% 以上、办事手续压缩 70% 以上。同时，打开"绿色通道"，实行延时、预约、上门等特色服务。

3. 加强公积金宣传，扩大政策知晓面。 建立了官网、微信、微博、手机 APP、网上服务大厅等八个服务渠道，设立"咨询热线""便民信箱"，与各类主流媒体和新媒体权威平台进行常态化沟通联络、深度交流合作，促进关注用户"裂变式"增长，不断扩大受益群众的范围。

4. 助力"普惠金融"，推出"金闪借"。 中心响应中央"普惠金融"的要求，与市工行达成合作意向，推动"金闪借"项目的实施。产品上线仅三个月时间里，申请人数达到 5.4 万人次，成功申请贷款资金超 3 亿元，为缴存职工提供信用贷款等金融服务。

（四）信息化建设情况。

1. 完成全国住房公积金数据平台接入工作。 按照住房和城乡建设部的统一部署和省住房城乡建设厅的要求，切实采取措施，采用区块链技术，开发相关数据接口，保质保量完成了全国住房公积金数据平台接入工作。

2. 推进网络信息安全建设。 不断完善信息安全管理制度；加强安全管理，完成对综合服务平台相关服务器漏洞修复；引进第三方安全服务单位，针对互联网渠道的安全监测和检查水平不断提高；完成了计算机安全等级保护测评的招标，对中心信息系统进行等保测评。

（五）住房公积金管理中心及职工所获荣誉情况。

（1）市公积金中心继续保持省委、省政府"文明单位"称号；荣获省住房城乡建设厅 2018 年度住房城乡建设工作目标绩效考核先进单位。

（2）荣获中共宜宾市委办公室2018年度党委信息工作优秀市直部门；荣获中共宜宾市委办公室2018年度全市党委系统办公处理公文处理先进单位；荣获宜宾市人民政府办公室2018年度政务信息工作先进集体；荣获宜宾市人民政府办公室12345市民服务平台办理先进单位；荣获市委宣传部2018年度完成全市宣传思想文化工作目标任务先进单位；荣获市财政局表扬2018年度市级部门决算工作先进单位等市级先进单位6项，8人荣获先进个人。

（六）当年对违反《住房公积金管理条例》和相关法规行为进行行政处罚和申请人民法院强制执行情况。 2019年，未实施行政处罚，未申请法院强制执行。

（七）当年对住房公积金管理人员违规行为的纠正和处理情况等。 2019年，住房公积金管理人员无因违规行为受到处理的情况。

（八）中心无其他需要披露的情况。

广安市住房公积金2019年年度报告

一、机构概况

（一）住房公积金管理委员会： 住房公积金管理委员会有28名委员，2019年召开2次会议，审议通过的事项主要包括：第一次会议审议通过《关于广安市住房公积金2018年财务收支、增值收益分配及2019年度计划情况的报告》《广安市住房公积金2018年年度报告》和《关于进一步规范住房公积金管理有关意见的请示》，第二次会议审议通过《关于调整住房公积金使用政策的请示》。

（二）住房公积金管理中心： 住房公积金管理中心为隶属于市政府不以营利为目的的独立的事业单位，设4个科室，6个管理部。从业人员55人，其中，在编32人，非在编23人。

二、业务运行情况

（一）缴存： 2019年，新开户单位165家，实缴单位2880家，净增单位-7家；新开户职工1.25万人，实缴职工13.37万人，净增职工1.42万人；缴存额22.6亿元，同比增长7.47%。2019年末，缴存总额123.48亿元，比上年末增加22.40%；缴存余额54.07亿元，比上年末增加25.97%。

受委托办理住房公积金缴存业务的银行7家，较上年无变化。

（二）提取： 2019年，提取额11.45亿元，同比增长15.55%；占当年缴存额的50.66%，比上年增加3.53个百分点。2019年末，提取总额69.41亿元，比上年末增加19.76%。

（三）贷款：

1. 个人住房贷款： 个人住房贷款最高额度40万元，其中，单缴存职工最高额度35万元，双缴存职工最高额度40万元。

2019年，发放个人住房贷款0.5万笔、17.59亿元，同比分别增长31.69%、40.88%。

2019年，回收个人住房贷款3.89亿元。

2019年末，累计发放个人住房贷款2.33万笔、64.35亿元，贷款余额49.28亿元，分别比上年末增加27.14%、37.61%、38.52%。个人住房贷款余额占缴存余额的91.13%，比上年末增加8.26个百分点。

受委托办理住房公积金个人住房贷款业务的银行4家，较上年无变化。

2. 住房公积金支持保障性住房建设项目贷款： 广安市未纳入保障性住房建设项目贷款试点城市，未开展该项业务。

（四）**购买国债**：截至2019年末全市未购买国债。

（五）**融资**：截至2019年末全市未对外融资。

（六）**资金存储**：2019年末，住房公积金存款10.19亿元。其中，活期0.7亿元，1年（含）以下定期4.4亿元，1年以上定期0.5亿元，其他（协定、通知存款等）4.59亿元。

（七）**资金运用率**：2019年末，住房公积金个人住房贷款余额、项目贷款余额和购买国债余额的总和占缴存余额的91.13%，比上年末增加8.26个百分点。

三、主要财务数据

（一）**业务收入**：2019年，业务收入14981.67万元，同比增长29.36%。其中，存款利息1454.20万元，委托贷款利息13527.47万元，国债利息0万元，其他0万元。

（二）**业务支出**：2019年，业务支出7951.18万元，同比增长30.99%。其中，支付职工住房公积金利息7268.7万元，归集手续费0万元，委托贷款手续费661.19万元，其他21.29万元。

（三）**增值收益**：2019年，增值收益7030.49万元，同比增长27.58%。增值收益率1.45%，比上年减少0.03个百分点。

（四）**增值收益分配**：2019年，提取贷款风险准备金2055.52万元，提取管理费用672.06万元，提取城市廉租住房（公共租赁住房）建设补充资金4302.91万元。

2019年，上交财政管理费用812.78万元。上缴财政城市廉租住房（公共租赁住房）建设补充资金2830.98万元。

2019年末，贷款风险准备金余额10517.05万元。累计提取城市廉租住房（公共租赁住房）建设补充资金19262.97万元。

（五）**管理费用支出**：2019年，管理费用支出832.6万元，同比增长20.69%。其中，人员经费292.54万元，公用经费436.36万元，专项经费103.7万元。

四、资产风险状况

（一）**个人住房贷款**：2019年末，个人住房贷款逾期额68.84万元，逾期率0.14‰。

个人贷款风险准备金按当年贷款余额的1.5%提取。2019年，提取个人贷款风险准备金2055.52万元，使用个人贷款风险准备金核销呆坏账0万元。2019年末，个人贷款风险准备金余额10517.05万元，占个人住房贷款余额的2.13%，个人住房贷款逾期额与个人贷款风险准备金余额的比率为0.65%。

（二）**支持保障性住房建设试点项目贷款**：广安市未纳入保障性住房建设项目贷款试点城市，未开展该项业务。

五、社会经济效益

（一）**缴存业务**：2019年，实缴单位数同比减少0.24%，实缴职工人数和缴存额同比分别增长11.88%、7.47%。

缴存单位中，国家机关和事业单位占75.24%，国有企业占12.29%，城镇集体企业占0.49%，外商投资企业占1.70%，城镇私营企业及其他城镇企业占9.48%，民办非企业单位和社会团体占0.80%，其他占0%。

缴存职工中，国家机关和事业单位占59.89%，国有企业占22.49%，城镇集体企业占0.53%，外商投资企业占3.99%，城镇私营企业及其他城镇企业占8.71%，民办非企业单位和社会团体占1.44%，其他占2.95%；中、低收入占95.72%，高收入占4.28%。

新开户职工中，国家机关和事业单位占58.46%，国有企业占24.24%，城镇集体企业占0.58%，外商投资企业占4.21%，城镇私营企业及其他城镇企业占11.10%，民办非企业单位和社会团体占1.41%，其他占0%；中、低收入占75.78%，高收入占24.22%。

（二）**提取业务**：2019年，4.16万名缴存职工提取住房公积金11.45亿元。

提取金额中，住房消费提取占80.54%（购买、建造、翻建、大修自住住房占26.76%，偿还购房贷款本息占44.87%，租赁住房占8.91%，其他占0%）；非住房消费提取占19.46%（离休和退休提取占15.24%，与单位终止劳动关系提取占2.52%，出境定居占0.01%，其他占1.69%）。

提取职工中，中、低收入占87.28%，高收入占12.72%。

（三）**贷款业务**：

1. 个人住房贷款：2019年，支持职工购建房53.62万平方米，年末个人住房贷款市场占有率（含公转商贴息贷款）为14.31%，比上年末增加0.89个百分点。通过申请住房公积金个人住房贷款，可节约职工购房利息支出9535.41万元。

职工贷款笔数中，购房建筑面积90（含）平方米以下占10.14%，90～144（含）平方米占88.57%，144平方米以上占1.29%。购买新房占95.50%（其中购买保障性住房占0%），购买二手房占4.50%，建造、翻建、大修自住住房占0%，其他占0%。

职工贷款笔数中，单缴存职工申请贷款占68.44%，双缴存职工申请贷款占31.56%，三人及以上缴存职工共同申请贷款占0%。

贷款职工中，30岁（含）以下占34.40%，30岁～40岁（含）占37.80%，40岁～50岁（含）占22.09%，50岁以上占5.71%；首次申请贷款占95.27%，二次及以上申请贷款占4.73%；中、低收入占42.03%，高收入占57.97%。

2. 异地贷款：2019年，发放异地贷款590笔、20082万元。2019年末，发放异地贷款总额47054万元，异地贷款余额41199.43万元。

3. 公转商贴息贷款：2019年，全市未发放公转商贴息贷款。

4. 支持保障性住房建设试点项目贷款：2019年末，广安市未纳入保障性住房建设项目贷款试点城市，未开展该项业务。

（四）**住房贡献率**：2019年，个人住房贷款发放额、公转商贴息贷款发放额、项目贷款发放额、住房

消费提取额的总和与当年缴存额的比率为118.65%，比上年增加20.41个百分点。

六、其他重要事项

（一）**缴存贷款业务金融机构变更情况**。本市受委托办理住房公积金缴存业务的银行7家，受委托办理住房公积金个人住房贷款业务的银行4家，与上年无变化。

（二）**住房公积金政策调整及执行情况**。为确保住房公积金制度稳健运行，依法维护缴存职工权益，严格按照《住房公积金管理条例》以及归集务、贷款、提取业务的国家标准规范条例规定，结合广安实际，经管委会审议通过，就缴存、提取、贷款方面均作了政策调整及要求。

1. 缴存方面

2019年度，广安市最高缴存基数限额是根据广安市统计局公布的2018年就业人员平均工资的公告确定，最高限额14278元；最低限额是根据广安市人民政府公布全市最低工资标准确定，最低限额为1650元；缴存基数的确定以本市统计局发布的《关于工资总额组成的规定》中相关内容为准；缴存比例为5%～12%。

职工缴存部分由所在单位依照上年度月平均工资为基数乘以缴存比例按月代扣（收）代缴，汇同单位缴存部分一并缴存。

2. 提取方面

根据市住房公积金管理委员会审议决定，增加老旧小区加装电梯提取业务，取消重大疾病、重大自然灾害或交通事故造成家庭生活严重困难的提取。

3. 贷款方面

（1）出台《关于进一步规范住房公积金管理》文件，制定《广安市住房公积金贷款操作规范》，进一步规范贷款业务，规范贷款额度和缴存时间、缴存余额、提取金额挂钩。

单笔可贷额度=借款人（包括共同借款人）申请贷款时上月住房公积金正常缴存余额×贷款倍数×时间系数－购房提取金额。其中贷款客户的缴存时间为6个月至2年，则时间系数为0.8；贷款客户缴存时间为2年及以上，时间系数为1。

调整贷款倍数。贷款额度与缴存职工账户余额的倍数范围为25～30倍之间。

（2）规范再次贷款间隔时间及贷款次数，再次申请公积金贷款的间隔时间为1年及以上，以夫妻双方家庭为单位，贷款总次数不超过2次。

（3）助力引进高层次人才、退役军人安家落户，不与缴存时间系数挂钩。

（4）为有效管控住房公积金流动性风险，保障刚需住房资金需求，综合考虑资金流量和房地产市场等多种因素，暂停办理商转公贷款业务。

（5）开通组合贷款业务，受托银行全面入驻中心服务大厅，实现贷款业务"只跑一次"。

（6）调整最高贷款额度。夫妻双方均缴存住房公积金的借款人，最高贷款额度为40万元；单身或夫妻双方单方缴存住房公积金的借款人，最高贷款额度为35万元。

（三）**住房公积金存贷款利率执行标准**。2019年，我市住房公积金贷款利率延续按照住房和城乡建设部《关于按照中国人民银行规定实施住房公积金存贷款利率调整的通知》（川建金发〔2015〕606号）的文件规定执行：五年期（含）以下住房公积金贷款利率2.75%、五年期以上住房公积金贷款利率3.25%，二套房利率上浮10%。

存款利率按照中国人民银行、住房和城乡建设部、财政部印发《关于完善职工住房公积金账户存款利率形成机制的通知》执行：职工住房公积金账户存款利率，按一年期定期存款基准利率1.5%执行。

（四）**服务改进情况**。2019年，中心多角度全方位强化服务，充分体现科技引领效能，"放管服"改革见成效。一是服务事项全面实现"只跑一次"。推行贷款受托银行入驻服务大厅，所有政务服务事项全部实现"只跑一次"，实现率为100%，营造了便民良好环境。广安公积金中心政务服务事项全面实现"只跑一次"在《中国建设报》上做了经验介绍。二是开通公积金网厅单位版。稳步推升网办率，缴存单位通过登录网上服务大厅完成汇缴核定、信息查询、信息修改等业务，公积金业务网办率达75%。三是推广手机APP业务办理。目前我市注册用户已达7万余户，使用率达75%。全年通过手机APP办理提取14589笔，提取金额2.8亿元，提取网办率达35.1%。

（五）**信息化建设情况**。2019年，中心有序推进信息安全项目建设，开展信息安全等保三级建设，现已完成政府采购及机房改造，正在进行设备的安装、调试、测评工作。同时，力争在2020年创新网办业务，持续拓宽服务渠道，增大网办业务比重，保障手机公积金办理五大类提取业务持续开展，不断强化与相关部门间实时数据共享。

达州市住房公积金2019年年度报告

一、机构概况

（一）**住房公积金管理委员会**：住房公积金管理委员会有18名委员，2019年召开1次全体会议，2次政策调整专题会并将调整政策报市政府常务会审议通过，审议通过的事项主要包括：《达州市住房公积金2018年度报告》《2019年度全市住房公积金归集使用计划的报告》《达州市住房公积金管理中心关于调整我市住房公积金使用政策的建议》等。

（二）**住房公积金管理中心**：住房公积金管理中心为直属市政府由市政府办公室代管的不以营利为目的的自收自支事业单位，设7个科室，6个管理部。从业人员79人，其中，在编51人，非在编28人。

二、业务运行情况

（一）**缴存**：2019年，新开户单位142家，实缴单位3492家，减少275家；新开户职工2.17万人，实缴职工187884人，净增职工6327人；缴存额34.81亿元，同比增长11.39%。2019年末，缴存总额216.09亿元，比上年末增加19.20%；缴存余额102.75亿元，比上年末增加19.73%。

受委托办理住房公积金缴存业务的银行10家，比上年增加1家。

（二）**提取**：2019年，提取额17.88亿元，同比下降15.90%；占当年缴存额的51.36%，比上年减少16.67个百分点。2019年末，提取总额113.34亿元，比上年末增加18.73%。

(三) 贷款：

个人住房贷款：个人住房贷款最高额度 50 万元，其中，单缴存职工最高额度 40 万元，双缴存职工最高额度 50 万元。

2019 年，发放个人住房贷款 5127 笔 17.91 亿元，同比分别下降 27.14%、25.31%。

2019 年，回收个人住房贷款 7.13 亿元。

2019 年末，累计发放个人住房贷款 43693 笔、115.61 亿元，贷款余额 86.56 亿元，分别比上年末增加 13.21%、18.32%、14.23%。个人住房贷款余额占缴存余额的 84.24%，比上年末减少 4.07 个百分点。

受委托办理住房公积金个人住房贷款业务的银行 10 家，比上年增加 1 家。

(四) 购买国债：无。

(五) 融资：无。

(六) 资金存储：

2019 年末，住房公积金存款 18.29 亿元。其中，活期 0.01 亿元，1 年（含）以下定期 8.5 亿元，1 年以上定期 7.15 亿元，其他（协定、通知存款等）2.63 亿元。

(七) 资金运用率：

2019 年末，住房公积金个人住房贷款余额、项目贷款余额和购买国债余额的总和占缴存余额的 84.24%，比上年末减少 4.07 个百分点。

三、主要财务数据

(一) 业务收入：

2019 年，业务收入 29383.57 万元，同比增长 17.92%。其中，存款利息 2891.16 万元，委托贷款利息 26470.96 万元，其他 21.45 万元。

(二) 业务支出：

2019 年，业务支出 15797.33 万元，同比增长 12.04%。其中，支付职工住房公积金利息 14479.5 万元，委托贷款手续费 1317.83 万元。

(三) 增值收益：

2019 年，增值收益 13586.24 万元，同比增长 25.57%。增值收益率 1.45%，比上年增加 0.07 个百分点。

(四) 增值收益分配：

2019 年，提取贷款风险准备金 1077.36 万元，提取管理费用 1440.10 万元，提取城市廉租住房（公共租赁住房）建设补充资金 11068.78 万元。

2019 年，上交财政管理费用 1440.10 万元。上缴财政城市廉租住房（公共租赁住房）建设补充资金 7343.86 万元。

2019 年末，贷款风险准备金余额 17605.42 万元。累计提取城市廉租住房（公共租赁住房）建设补充资金 62292.03 万元。

(五) 管理费用支出：

2019 年，管理费用支出 1338.38 万元，同比下降 12.14%。其中，人员经费 709.96 万元，公用经费 56.75 万元，专项经费 571.67 万元。

四、资产风险状况

个人住房贷款逾期：2019 年末，个人住房贷款逾期额 886.20 万元，逾期率 1.02‰。未使用个人贷款风险准备金核销呆坏账。

五、社会经济效益

(一) 缴存业务：

2019 年，实缴单位数、实缴职工人数和缴存额同比分别增长－7.3%、3.48%

和 11.39%。

缴存单位中，国家机关和事业单位 2876 个占 82.36%，国有企业 148 个占 4.24%，城镇集体企业 166 个占 4.75%，外商投资企业 5 个占 0.14%，城镇私营企业及其他城镇企业 134 个占 3.84%，民办非企业单位和社会团体 43 个占 1.23%，其他 120 个占 3.44%。

缴存职工中，国家机关和事业单位 133557 人占 71.08%，国有企业 15037 人占 8.00%，城镇集体企业 28357 人占 15.09%，外商投资企业 452 人占 0.24%，城镇私营企业及其他城镇企业 5255 人占 2.80%，民办非企业单位和社会团体 1373 人占 0.74%，其他 3853 人占 2.05%；中、低收入 182652 人占 97.22%，高收入 5232 人占 2.78%。

新开户职工中，国家机关和事业单位 15325 人占 70.43%，国有企业 873 人占 4.01%，城镇集体企业 2326 人占 10.69%，外商投资企业 84 人占 0.39%，城镇私营企业及其他城镇企业 1282 人占 5.90%，民办非企业单位和社会团体 595 人占 2.73%，其他 1273 人占 5.85%；中、低收入 21670 人占 99.60%，高收入 88 人占 0.40%。

（二）**提取业务**：2019 年，59636 名缴存职工提取住房公积金 17.88 亿元。

提取金额中，住房消费提取 51000 人占 72.45%（购买、建造、翻建、大修自住住房 4120 人占 17.17%，偿还购房贷款本息 41319 人占 49.83%，租赁住房 5424 人占 4.87%，其他 136 人占 0.58%）；非住房消费提取 8636 人占 27.55%（离休和退休提取 4731 人占 21.98%，完全丧失劳动能力并与单位终止劳动关系提取 2360 人占 2.29%，户口迁出本市或出境定居 383 人占 0.78%，其他 969 人占 2.50%）。

提取职工中，中、低收入 57616 人占 96.61%，高收入 2020 人占 3.39%。

（三）**贷款业务**：

1. 个人住房贷款：2019 年，支持职工购建房 51.42 万平方米，年末个人住房贷款市场占有率 16.20%，比上年末减少 0.29 个百分点。通过申请住房公积金个人住房贷款，可节约职工购房利息支出 34294.60 万元。2019 年，公积金贷款额度占全市商品房贷款额度 27.92%。

职工贷款笔数中，购房建筑面积 90（含）平方米以下 1592 笔占 31.05%，90～144（含）平方米 3454 笔占 67.37%，144 平方米以上 81 笔占 1.58%。购买新房 4575 笔占 89.23%（其中购买保障性住房 0 笔占 0%），购买二手房 550 笔占 10.73%，建造、翻建、大修自住住房 0 笔占 0%，其他 2 笔占 0.04%。

职工贷款笔数中，单缴存职工申请贷款 3581 笔占 69.85%，双缴存职工申请贷款 1546 笔占 30.15%，三人及以上缴存职工共同申请贷款 0 笔占 0%。

贷款职工中，30 岁（含）以下 2007 人占 39.15%，30 岁～40 岁（含）1741 人占 33.96%，40 岁～50 岁（含）1195 人占 23.31%，50 岁以上 184 人占 3.58%；首次申请贷款 4943 人占 96.41%，二次及以上申请贷款 184 人占 3.59%；中、低收入 5089 人占 99.26%，高收入 38 人占 0.74%。

2. 异地贷款：2019 年，发放异地贷款 790 笔、26477.40 万元。2019 年末，发放异地贷款总额 112872.00 万元，异地贷款余额 90722.23 万元。

（四）**住房贡献率**：2019 年，个人住房贷款发放额、公转商贴息贷款发放额、项目贷款发放额、住房消费提取额的总和与当年缴存额的比率为 88.64%，比上年减少 39.75 个百分点。当年住房公积金贷款发放额占全市住房贷款总额的 27.92%。

六、其他重要事项

（一）当年住房公积金政策调整及执行情况。一是调整缴存基数上下限。2019 年，最低缴存基数 1650 元，最高缴存基数 14484 元。二是使用政策调整。限制在非缴存地或非户籍所在地购房提取住房公积金；取消市域外购房住房公积金贷款；取消突破《条例》规定的地方性住房公积金提取政策；规范重大疾病提取住房公积金行为，限制多套住房消费行为提取；实行"缴贷挂钩"政策；差别化的购房首付款比例；规范多套购房或多次贷款的住房公积金贷款业务。三是实行失信联合惩戒措施。防范"为贷而缴"，支持本地经济发展和减少流动风险。

（二）当年信息化建设情况。一是 2019 年完成异地转移接续平台的建设工作，全国的公积金缴存人只需在转入地就可办理公积金转移手续。二是大数据局的指导下实现了与市级部门的数据共享平台初期建设。三是按照"放管服"的总体要求，实现了一体化政务服务平台软件开发建设。四是建设完成了全国住房公积金数据平台接入工作。为国家税务总局提供了准确的公积金抵扣税费的真实数据。

（三）当年住房公积金管理中心及职工所获荣誉情况。获得全省住建系统 2018 年度缴存扩面先进单位、全省住建系统 2018 年度目标绩效先进单位、全省 2018 年度扫黑除恶专项斗争先进单位。市、县窗口部门获当地政务服务中心先进窗口 2 次，窗口先进个人 2 名。

（四）开展扫黑除恶专项斗争和打击骗提骗贷情况。2019 年，共查处利用虚假购房合同、虚假婚姻关系、住院费用发票、火灾事故鉴定等虚假资料提取的共 110 笔，涉及资金 1224.66 万元，收回资金 884.96 万元。2019 年我市共有 79 名缴存职工被纳入《达州市住房公积金失信黑名单》管理，在 3 年内限制其办理住房公积金提取、贷款业务。

（五）其他需要披露的情况。无。

雅安市住房公积金 2019 年年度报告

一、机构概况

（一）住房公积金管理委员会：住房公积金管理委员会有 21 名委员，2019 年召开 1 次会议，审议通过的事项主要包括：（1）审议市公积金中心《关于 2018 年度住房公积金缴存使-用情况的报告》；（2）审议市公积金中心《关于 2018 年住房公积金增值收益分配方案的请示》；（3）审议市公积金中心《关于住房公积金 2018 年年度报告披露的请示》；（4）审议市公积金管委办提交的《雅安市住房公积金个人住房贷款管理办法》（送审稿）。

（二）住房公积金管理中心：住房公积金管理中心为雅安市政府不以营利为目的的事业单位，设 5 个科，8 个管理部。从业人员 64 人，其中，在编 36 人，非在编 28 人。

二、业务运行情况

(一)缴存:2019年,新开户单位205家,实缴单位2515家,净增单位391家;新开户职工0.79万人,实缴职工8.97万人,净增职工0.18万人;缴存额17.55亿元,同比增长9.11%。2019年末,缴存总额123.24亿元,比上年末增加16.61%;缴存余额45.75亿元,比上年末增加11.76%。

受委托办理住房公积金缴存业务的银行7家,比上年增加0家。

(二)提取:2019年,提取额12.74亿元,同比下降2.91%;占当年缴存额的72.58%,比上年减少8.99个百分点。2019年末,提取总额77.48亿元,比上年末增加19.68%。

(三)贷款:

个人住房贷款:个人住房贷款最高额度40万元,其中,单缴存职工最高额度35万元,双缴存职工最高额度40万元。

2019年,发放个人住房贷款0.25万笔、8.79亿元,同比分别下降22%、34.01%。

2019年,回收个人住房贷款3.89亿元。

2019年末,累计发放个人住房贷款2.12万笔、62.02亿元,贷款余额45.55亿元,分别比上年末增加13.09%、16.52%、12.07%。个人住房贷款余额占缴存余额的99.54%,比上年末增加0.27个百分点。

受委托办理住房公积金个人住房贷款业务的银行7家,比上年增加0家。

(四)融资:2019年,融资5.7亿元,归还5.4亿元。2019年末,融资总额7.4亿元,融资余额2亿元。

(五)资金存储:2019年末,住房公积金存款2.88亿元。其中,1年以上定期2.88亿元。

(六)资金运用率:2019年末,住房公积金个人住房贷款余额、项目贷款余额和购买国债余额的总和占缴存余额的99.54%,比上年末增加0.27个百分点。

三、主要财务数据

(一)业务收入:2019年,业务收入16628.68万元,同比增长26.02%。其中,存款利息2059.64万元,委托贷款利息14559.42万元,国债利息0万元,其他9.62万元。

(二)业务支出:2019年,业务支出9186.74万元,同比增长38.60%。其中,支付职工住房公积金利息6500.17万元,归集手续费0万元,委托贷款手续费727.96万元,其他1958.61万元。

(三)增值收益:2019年,增值收益7441.94万元,同比增长13.32%。其中,增值收益率1.73%,比上年增加0.07个百分点。

(四)增值收益分配:2019年,提取贷款风险准备金4465.16万元,提取管理费用951.94万元,提取城市廉租住房(公共租赁住房)建设补充资金2024.84万元。

2019年,上交财政管理费用951.94万元。上缴财政城市廉租住房(公共租赁住房)建设补充资金1542.67万元。

2019年末,贷款风险准备金余额22755.92万元。累计提取城市廉租住房(公共租赁住房)建设补充资金23007.92万元。

（五）管理费用支出：2019年，管理费用支出1183.61万元，同比增长27.69%。其中，人员经费468.41万元，公用经费203.08万元，专项经费512.12万元。

四、资产风险状况

2019年末，个人住房贷款逾期额34.50万元，逾期率0.08‰。

个人贷款风险准备金按增值收益的60%提取。2019年，提取个人贷款风险准备金4465.16万元。2019年末，个人贷款风险准备金余额22755.92万元，占个人住房贷款余额的5%，个人住房贷款逾期额与个人贷款风险准备金余额的比率为0.15%。

五、社会经济效益

（一）缴存业务：2019年，实缴单位数、实缴职工人数和缴存额同比分别增长18.41%、2.05%和9.11%。

缴存单位中，国家机关和事业单位占65.65%，国有企业占9.94%，城镇集体企业占0.76%，外商投资企业占0.12%，城镇私营企业及其他城镇企业占18.65%，民办非企业单位和社会团体占2.27%，其他占2.61%。

缴存职工中，国家机关和事业单位占61.15%，国有企业占19.64%，城镇集体企业占0.69%，外商投资企业占0.45%，城镇私营企业及其他城镇企业占15.10%，民办非企业单位和社会团体占1.93%，其他占1.04%。中、低收入占94.06%，高收入占5.94%。

新开户职工中，国家机关和事业单位占36.36%，国有企业占14.1%，城镇集体企业占1.15%，外商投资企业占0.45%，城镇私营企业及其他城镇企业占35.27%，民办非企业单位和社会团体占7.55%，其他占5.12%；中、低收入占95.99%，高收入占4.01%。

（二）提取业务：2019年，4.14万名缴存职工提取住房公积金12.74亿元。

提取金额中，住房消费提取占82.05%（购买、建造、翻建、大修自住住房占30.81%，偿还购房贷款本息占64.85%，租赁住房占4.34%，其他占0%）；非住房消费提取占17.95%（离休和退休提取占78.75%，完全丧失劳动能力并与单位终止劳动关系提取占12.01%，出境定居占0%，其他占9.24%）。

提取职工中，中、低收入占92.88%，高收入占7.12%。

（三）贷款业务：

1. 个人住房贷款：2019年，支持职工购建房26.73万平方米，年末个人住房贷款市场占有率（含公转商贴息贷款）为34.72%，比上年末减少3.10个百分点。通过申请住房公积金个人住房贷款，可节约职工购房利息支出15187.96万元。

职工贷款笔数中，购房建筑面积90（含）平方米以下占10.27%，90～144（含）平方米占87.77%，144平方米以上占1.96%。购买新房占91.15%（其中购买保障性住房占0%），购买二手房占8.85%，建造、翻建、大修自住住房占0%，其他占0%。

职工贷款笔数中，单缴存职工申请贷款占29.07%，双缴存职工申请贷款占69.02%，三人及以上缴存职工共同申请贷款占1.91%。

贷款职工中，30岁（含）以下占29.88%，30岁～40岁（含）占35.51%，40岁～50岁（含）占

24.01%，50岁以上占10.60%；首次申请贷款占90.99%，二次及以上申请贷款占9.01%；中、低收入占96.62%，高收入占3.38%。

2. 异地贷款：2019年，发放异地贷款263笔、9802.9万元。2019年末，发放异地贷款总额39020.80万元，异地贷款余额29274.02万元。

（四）住房贡献率：2019年，个人住房贷款发放额、公转商贴息贷款发放额、项目贷款发放额、住房消费提取额的总和与当年缴存额的比率为109.65%，比上年减少38.16个百分点。

六、其他重要事项

（一）**当年机构及职能调整情况、受委托办理缴存贷款业务金融机构变更情况。**2019年，市住房公积金管理委员会办公室对部分因工作变动的委员进行了调整。受委托办理缴存贷款业务金融机构无变更。

（二）**当年住房公积金政策调整及执行情况。**2019年4月，经市住房公积金管理委员会第一次会议审议通过，出台《雅安市住房公积金个人住房贷款管理办法》；8月，印发了《雅安市住房公积金管理中心关于2019年度住房公积金缴存基数上限和下限执行标准的通知》（雅住金发〔2019〕37号），规定我市2019年住房公积金最高缴存基数为16966元/月，最低缴存基数为1650元/月；缴存比例不得低于5%，不得高于12%。2019年，住房公积金存款利率为1.5%；住房公积金个人贷款利率五年以上为3.25%，五年以下（含五年）为2.75%，采用住房公积金购买第二套住房的按基准利率上浮10%执行。

（三）**当年服务改进情况。**科学设置市、县7个"一站式"服务网点，推行网上"自助办"，启用人脸识别技术，实现账户"免密"登录，在身份认证的基础上实现多项提取业务的网上预约办理。业务"瘦身"服务提速，公积金提取由原来的3个工作日到实时结算"秒到账"。主动上门为全市在售楼盘开展公积金贷款知识培训和公积金政策宣传，提升销售人员对公积金政策的知晓度。清理各县区管理部冗余账户26个，仅留存住房公积金市级专户8个，增值收益专户1个。

（四）**当年信息化建设情况。**主动开展全国住房公积金数据平台接入工作，为全市公积金贷款职工住房贷款个税专项扣除提供了准确数据支持。深入推进"互联网＋政务服务"，将29项公共服务事项全部纳入网上办理。征信管理与接入工作走在全省前列，已接入人民银行征信系统正式环境。完成公积金微信公众号人脸识别及公积金移动终端"身份证号码＋短信动态验证码"认证功能。顺利完成核心业务系统迁移和切换，多种方式强化网络信息安全。

（五）**当年住房公积金管理中心及职工所获荣誉情况。**在市政务服务中心窗口服务工作评选活动中，2名职工先后荣获"文明服务标兵"称号，市本级服务窗口荣获"第二季度党员示范窗口""第三季度先进服务窗口"和"第四季度先进服务窗口"称号。在芦山县窗口服务行业"当好服务排头兵，争做合格政务人"暨新中国成立70周年劳动竞赛活动中，芦山管理部服务窗口荣获"劳动竞赛先进集体"称号，1名职工荣获"劳动竞赛先进个人"称号。

（六）**其他需要披露的情况。**将打击治理违规提取住房公积金和"扫黑除恶"专项斗争结合，全系统开展线索排查，对发现伪造资料骗提骗贷公积金的缴存职工登记入失信名单，责令其限期退回所有款项。

巴中市住房公积金 2019 年年度报告

一、机构概况

（一）**住房公积金管理委员会**：住房公积金管理委员会有 17 名委员，2019 年召开 1 次会议，审议通过的事项主要包括：（1）市住房公积金管理中心《关于 2018 年度住房公积金归集和使用计划执行情况的请示》；（2）市住房公积金管理中心《关于 2019 年度住房公积金归集和使用计划的请示》；（3）市住房公积金管理中心《关于 2019 年度住房公积金增值收益预算及分配方案的请示》；（4）市住房公积金管理中心《关于审定〈巴中市住房公积金提取管理暂行办法〉请示》；（5）市住房公积金管理中心《关于审定〈巴中市住房公积金个人住房贷款管理办法〉的请示》；（6）市住房公积金管理中心《关于审定〈巴中市房地产开发企业个人住房公积金贷款合作办法〉的请示》；（7）市住房公积金管理中心《关于调整住房公积金个人住房贷款政策的请示》；（8）市住房公积金管理中心《审定〈巴中市住房公积金 2018 年年度报告〉及解读的请示》；（9）市住房公积金管理中心《关于解决部分购房群众超期办理住房公积金贷款相关遗留问题事项的请示》。

（二）**住房公积金管理中心**：住房公积金管理中心为市人民政府直属不以营利为目的的一般事业单位，设 8 个科 1 室，5 个管理部。从业人员 59 人，其中，在编 32 人，非在编 27 人。

二、业务运行情况

（一）**缴存**：2019 年，新开户单位 146 家，实缴单位 3410 家，净增单位 146 家；新开户职工 0.79 万人，实缴职工 11.92 万人，净增职工 0.13 万人；缴存额 17.87 亿元，同比增长 7.02%。2019 年末，缴存总额 107.41 亿元，比上年末增加 19.96%；缴存余额 67.28 亿元，比上年末增加 14.85%。

受委托办理住房公积金缴存业务的银行 10 家，比上年减少 1 家。

（二）**提取**：2019 年，提取额 9.18 亿元，同比下降 9.54%；占当年缴存额的 51.34%，比上年减少 9.40 个百分点。2019 年末，提取总额 40.13 亿元，比上年末增加 29.64%。

（三）**贷款**：

1. 个人住房贷款：个人住房贷款最高额度 60 万元，其中，单缴存职工最高额度 40 万元，双缴存职工最高额度 60 万元。

2019 年，发放个人住房贷款 0.54 万笔、17.26 亿元，同比分别增长 11.81%、17.04%。

2019 年，回收个人住房贷款 5.93 亿元。

2019 年末，累计发放个人住房贷款 3.85 万笔、88.90 亿元，贷款余额 63.02 亿元，分别比上年末增加 16.18%、24.09%、21.90%。个人住房贷款余额占缴存余额的 93.67%，比上年末增加 5.42 个百分点。

受委托办理住房公积金个人住房贷款业务的银行 5 家，比上年增加 0 家。

2. 住房公积金支持保障性住房建设项目贷款：无。

（四）**购买国债**：无。

（五）**融资**：无。

(六)资金存储：2019年末，住房公积金存款5.01亿元。其中，活期1.96亿元，1年（含）以下定期2.9亿元，1年以上定期0亿元，其他（协定、通知存款等）0.15亿元。

(七)资金运用率：2019年末，住房公积金个人住房贷款余额、项目贷款余额和购买国债余额的总和占缴存余额的93.67%，比上年末增加5.42个百分点。

三、主要财务数据

(一)业务收入：2019年，业务收入19747.00万元，同比增长17.71%。其中，存款利息1524.50万元，委托贷款利息18222.50万元。

(二)业务支出：2019年，业务支出9512.23万元，同比增长14.59%。其中，支付职工住房公积金利息8620.93万元，委托贷款手续费890.02万元，其他1.28万元。

(三)增值收益：2019年，增值收益10234.77万元，同比增长20.77%。其中，增值收益率1.64%，比上年增加0.09个百分点。

(四)增值收益分配：2019年，提取贷款风险准备金8274.77万元，提取管理费用639.70万元，提取城市廉租住房（公共租赁住房）建设补充资金1320.30万元。

2019年，上交财政管理费用639.7万元。上缴财政城市廉租住房（公共租赁住房）建设补充资金1320.30万元。

2019年末，贷款风险准备金余额30198.56万元。累计提取城市廉租住房（公共租赁住房）建设补充资金13177.07万元。

(五)管理费用支出：2019年，管理费用支出969.34万元，同比下降10.41%。其中，人员经费456.15万元，公用经费74.85万元，专项经费438.34万元。

市中心管理费用支出969.34万元，其中，人员、公用、专项经费分别为456.15万元、74.85万元、438.34万元。

四、资产风险状况

(一)个人住房贷款：2019年末，个人住房贷款逾期额342.98万元，逾期率0.54‰。

个人贷款风险准备金按不低于贷款余额的1%提取。2019年，提取个人贷款风险准备金8274.77万元。2019年末，个人贷款风险准备金余额30198.56万元，占个人住房贷款余额的4.79%，个人住房贷款逾期额与个人贷款风险准备金余额的比率为1.14%。

(二)支持保障性住房建设试点项目贷款：无。

五、社会经济效益

(一)缴存业务：2019年，实缴单位数、实缴职工人数和缴存额同比分别增长4.47%、1.10%和7.02%。

缴存单位中，国家机关和事业单位占83.84%，国有企业占7.51%，城镇集体企业占0.70%，外商投资企业占0.26%，城镇私营企业及其他城镇企业占3.37%，民办非企业单位和社会团体占1.50%，其他占2.82%。

缴存职工中，国家机关和事业单位占 75.06%，国有企业占 15.01%，城镇集体企业占 0.47%，外商投资企业占 0.64%，城镇私营企业及其他城镇企业占 2.13%，民办非企业单位和社会团体占 1.88%，其他占 4.81%；中、低收入占 98.27%，高收入占 1.73%。

新开户职工中，国家机关和事业单位占 65.89%，国有企业占 10.11%，城镇集体企业占 0.47%，外商投资企业占 0.86%，城镇私营企业及其他城镇企业占 5.22%，民办非企业单位和社会团体占 7.94%，其他占 9.51%；中、低收入占 99.67%，高收入占 0.33%。

（二）提取业务：2019 年，2.71 万名缴存职工提取住房公积金 9.18 亿元。

提取金额中，住房消费提取占 73.61%（购买、建造、翻建、大修自住住房占 30.55%，偿还购房贷款本息占 38.37%，租赁住房占 4.63%，其他占 0.06%）；非住房消费提取占 26.39%（离休和退休提取占 20.16%，完全丧失劳动能力并与单位终止劳动关系提取占 3.48%，出境定居占 1.76%，其他占 0.99%）。

提取职工中，中、低收入占 97.61%，高收入占 2.39%。

（三）贷款业务：

1. 个人住房贷款：2019 年，支持职工购建房 60.60 万平方米，个人住房贷款余额市场占有率（含公转商贴息贷款）为 26.12%，比上年末减少 0.76 个百分点。通过申请住房公积金个人住房贷款，可节约职工购房利息支出 55458.38 万元。

职工贷款笔数中，购房建筑面积 90（含）平方米以下占 8.27%，90～144（含）平方米占 88.92%，144 平方米以上占 2.81%。购买新房占 94.26%，购买二手房占 5.74%。

职工贷款笔数中，单缴存职工申请贷款占 30.00%，双缴存职工申请贷款占 70.00%，三人及以上缴存职工共同申请贷款占 0%。

贷款职工中，30 岁（含）以下占 37.86%，30 岁～40 岁（含）占 31.32%，40 岁～50 岁（含）占 23.70%，50 岁以上占 7.12%；首次申请贷款占 93.39%，二次及以上申请贷款占 6.61%；中、低收入占 97.97%，高收入占 2.03%。

2. 异地贷款：2019 年，发放异地贷款 718 笔、21610 万元。2019 年末，发放异地贷款总额 67701 万元，异地贷款余额 52792.97 万元。

3. 公转商贴息贷款：无。

4. 支持保障性住房建设试点项目贷款：无。

（四）住房贡献率：2019 年，个人住房贷款发放额、公转商贴息贷款发放额、项目贷款发放额、住房消费提取额的总和与当年缴存额的比率为 134.35%，比上年增加 1.27 个百分点。

六、其他重要事项

（一）当年机构及职能调整情况、受委托办理缴存贷款业务金融机构变更情况。

1. 机构及职能调整情况。

（1）设立资金提取科。主要职责为：负责全市住房公积金提取政策的执行；负责草拟提取年度计划和相关政策建议；负责对提取资料真实性的审核、提取业务办理、建档和保管等工作；完成上级交办的其他任务。

（2）办公室新增"负责中心党的建设、党风廉政建设工作和党组日常工作；负责中心安全稳定、后勤保障和议提案办理"职责，将现承担的"负责信访工作"职责划入政策法规科。

（3）将资产保全科更名为政策法规科。新增"负责中心法制建设、法治宣传教育及其他法律事务等工作；负责住房公积金政策法规的咨询和群众来信来访工作；负责公积金逾期贷款催收、报表等工作"职责。

（4）将财会科更名为计划财务科。新增"负责草拟全市公积金资金使用计划并具体实施；负责贷款担保保证金的资金核算和住房公积金的会计核算、账户管理及资金支付管理等工作"职责。将现承担的"负责住房公积金支取资金的核实"职责划入资金提取科。

（5）将归集科更名为资金归集科，新增"负责执行住房公积金缴存制度；负责住房公积金归集的扩面、对账、查询工作；承担市本级缴存单位和个人开户、登记、变更和缴存工作；负责审核单位缴存基数和比例调整工作；负责公积金归集资料的建档和保管等工作"职责。将现承担的"负责公积金支取工作"职责划入资金提取科。

（6）将信息科更名为信息技术科，新增"负责草拟住房公积金信息化建设规划并具体实施；负责计算机应用软件的维护、更新、升级；负责公积金管理系统运行安全维护和数据备份工作；负责相关档案和保密工作"职责。

（7）贷款受理科新增"负责与银行、不动产等相关部门的业务联系"职责。取消"负责指导各管理部的贷款相关业务工作"职责。

（8）贷款审核科新增"负责草拟贷款年度计划和相关政策建议；负责全市楼盘准入审核，市本级贷款担保保证金管理工作"职责。

（9）稽核审计科新增"负责对住房公积金计划、预算、政策法规执行及服务效能等情况的内部稽核审计工作；负责对住房公积金财务、贷款、归集、提取等业务内部审计工作"职责。

（10）中心下设的巴州、恩阳、通江、平昌、南江管理部调整为内设机构，新增"负责相关区域内住房公积金政策法规宣传、报表统计、公积金逾期贷款催收等工作；负责相关区域内楼盘准入的初核和贷款担保保证金的管理和核算工作；负责相关区域内政策业务咨询和信访等工作"职责。

参照中央组织部、中央编办《关于进一步规范领导职数管理的意见》（中央编办发〔2016〕82号）规定，市住房公积金管理中心内设机构主要负责人仍按正科级配备。

2. 受委托办理缴存贷款业务金融机构变更情况：减少了国开村镇银行、恩阳邮储银行2家金融机构。

（二）当年住房公积金政策调整及执行情况。

1. 缴存政策执行情况

（1）2019年6月5日，出台了《关于公布2019年住房公积金缴存基数的通知》，规定2019年缴存基数限额：上限为14611元；下限为1650元；个体工商户、自由职业者为4870元。

（2）全市缴存比例为5%~12%，无变化。

2. 提取政策执行情况

巴中市住房公积金管理委员会印发了《关于印发〈巴中市住房公积金提取管理暂行办法〉的通知》（巴住公管委〔2019〕5号），现遵照此文件执行。

3. 贷款政策执行情况

巴中市住房公积金管理委员会印发了《关于印发〈巴中市住房公积金个人住房贷款管理办法〉的通知》（巴住公管委〔2019〕6号），现遵照此文件执行。

4. 当年住房公积金存贷款利率执行标准

2019年，严格执行人民银行、住房和城乡建设部、财政部《关于完善职工住房公积金账户存款利率形成机制的通知》公积金存款利率统一按一年定期存款基准利率执行，目前为1.5%。

2019年，住房公积金贷款利率五年以下为2.75%，五年以上为3.25%。

（三）当年服务改进情况。

（1）优化服务手段。采取"瘦身、提速、降门槛"等措施优化营商环境。

（2）优化综合服务平台。全年，中心门户网站、网上营业大厅和微信"三大服务渠道"访问量累计突破120万余次，平均每天3288人访问，在大流量访问的情况下，加强综合服务平台运维，保证服务平台的正常运行。同时，在门户网站发布更新动态信息609条，在微信公众号发布动态信息329条，关注微信公众号人数近6万人，占缴存总人数的60%。

（3）启用电子稽查工具。按照部、省《关于启用住房公积金电子化检查工具的通知》精神，启用电子稽查工具，推动住房公积金科学化、精细化、规范化管理。

（四）当年信息化建设情况。 按照部、省《关于做好全国住房公积金数据平台接入工作的通知》要求，完成接口开发、调试测试、数据传输等工作，为贷款职工查询个人贷款信息抵扣个人所得税，提供便捷渠道。

资阳市住房公积金2019年年度报告

一、机构概况

（一）住房公积金管理委员会： 住房公积金管理委员会有23名委员，2019年召开1次会议，审议通过的事项主要包括：(1)审议通过2018年全市住房公积金运行管理情况和2019年工作计划；(2)审议通过《资阳市住房公积金2018年年度报告》；(3)审议通过资阳市住房公积金管理中心2018年度增值收益分配方案；(4)审议通过《2019年资阳市住房公积金归集、使用计划》；(5)审议通过《资阳市住房公积金管理中心缴存管理办法》《资阳市住房公积金管理中心提取管理办法》《资阳市住房公积金管理中心贷款管理办法》等。

（二）住房公积金管理中心： 资阳市住房公积金管理中心为直属于市人民政府的不以营利为目的的自收自支的事业单位，主要负责全市住房公积金的归集、管理、使用和会计核算，设5个科（室），2个管理部，0个分中心。现有从业人员39人，其中，在编17人，非在编22人。

二、业务运行情况

(一) 缴存：2019年，新开户单位147家，实缴单位1732家，净增单位113家；新开户职工1.31万人，实缴职工9.3790万人，净减职工0.21万人；缴存额15.99亿元，同比增长12.68%。2019年末，缴存总额104.93亿元，比上年末增加17.99%；缴存余额49.03亿元，比上年末增加15.69%。

受委托办理公积金缴存业务银行10家，比上年增加0家。

(二) 提取：2019年，提取额9.33亿元，同比增长10.28%；占当年缴存额的58.37%，比上年减少1.22个百分点。2019年末，提取总额55.89亿元，比上年末增加20.04%。

(三) 贷款：

1. 个人住房贷款：个人住房贷款最高额度45万元，其中，单缴存职工最高额度35万元，双缴存职工最高额度45万元。

2019年，发放个人住房贷款0.31万笔、10.4亿元，同比分别下降4.44%、增长7.55%。

2019年，回收个人住房贷款5.16亿元。

2019年末，累计发放个人住房贷款4.56万笔、73.29亿元，贷款余额46.58亿元，分别比上年末增加7.29%、16.54%、12.65%。个人住房贷款余额占缴存余额的95%，比上年末减少2.57个百分点。

受委托办理公积金个人住房贷款业务银行10家，比上年增加0家。

2. 2019年无住房公积金支持保障性住房建设项目贷款。

(四) 2019年无国债余额。

(五) 2019年末融资，无融资余额。

(六) 资金存储：2019年末，住房公积金存款4.09亿元。其中，活期0.22亿元，1年（含）以下定期2.55亿元，1年以上定期1.32亿元，其他（协定、通知存款等）0亿元。

(七) 资金运用率：2019年末，住房公积金个人住房贷款余额、项目贷款余额和购买国债余额的总和占缴存余额的95%，比上年末减少2.57个百分点。

三、主要财务数据

(一) 业务收入：2019年，业务收入15036.43万元，同比下降1.93%。其中，市中心15036.43万元；存款利息483.29万元，委托贷款利息14536.95万元，国债利息0万元，其他16.19万元。

(二) 业务支出：2019年，业务支出7544.98万元，同比增长1.59%。其中，市中心7544.98万元；支付职工住房公积金利息6671.35万元，归集手续费0万元，委托贷款手续费873.29万元，其他0.34万元。

(三) 增值收益：2019年，增值收益7491.45万元，同比下降5.24%。其中，市中心7491.45万元；增值收益率1.69%，比上年减少0.4个百分点。

(四) 增值收益分配：2019年，提取贷款风险准备金4658.35万元，提取管理费用670万元，提取城市廉租住房（公共租赁住房）建设补充资金2163万元。

2019年，上交财政管理费用670万元。上缴财政城市廉租住房（公共租赁住房）建设补充资金3098.28万元。其中，市中心上缴3098.28万元。

2019年末，贷款风险准备金余额24237.16万元。累计提取城市廉租住房（公共租赁住房）建设补充资金23943.07万元。

（五）**管理费用支出**：2019年，管理费用支出670万元，同比增长0.4%。其中，人员经费558.4万元，公用经费21.6万元，专项经费90万元。

市中心管理费用支出670万元，其中，人员、公用、专项经费分别为558.4万元、21.6万元、90万元。

四、资产风险状况

（一）**个人住房贷款**：2019年末，个人住房贷款逾期额91.44万元，逾期率0.2‰。

个人贷款风险准备金按（贷款余额或增值收益）的1%提取。2019年，提取个人贷款风险准备金4658.35万元，使用个人贷款风险准备金核销呆坏账0万元。2019年末，个人贷款风险准备金余额24237.16万元，占个人住房贷款余额的5.2%，个人住房贷款逾期额与个人贷款风险准备金余额的比率为0.38%。

（二）2019年，无支持保障性住房建设试点项目贷款。

五、社会经济效益

（一）**缴存业务**：2019年，实缴单位数、实缴职工人数和缴存额同比分别增长6.98%、－2.2%和12.68%。

缴存单位中，国家机关和事业单位占66.97%，国有企业占9.06%，城镇集体企业占2.94%，外商投资企业占1.62%，城镇私营企业及其他城镇企业占12.88%，民办非企业单位和社会团体占2.6%，其他占3.93%。

缴存职工中，国家机关和事业单位占62.35%，国有企业占18.31%，城镇集体企业占2.86%，外商投资企业占3.46%，城镇私营企业及其他城镇企业占9.15%，民办非企业单位和社会团体占1.74%，其他占2.13%；中、低收入占97.25%，高收入占2.75%。

新开户职工中，国家机关和事业单位占48.83%，国有企业占11.43%，城镇集体企业占3.87%，外商投资企业占3.83%，城镇私营企业及其他城镇企业占22.03%，民办非企业单位和社会团体占4.04%，其他占5.97%；中、低收入占99.66%，高收入占0.34%。

（二）**提取业务**：2019年，3.26万名缴存职工提取住房公积金9.33亿元。

提取金额中，住房消费提取占73.62%（购买、建造、翻建、大修自住住房占27.98%，偿还购房贷款本息占67.39%，租赁住房占4.63%，其他占0%）；非住房消费提取占26.38%（离休和退休提取占78.98%，完全丧失劳动能力并与单位终止劳动关系提取占12.51%，出境定居占4.3%，其他占4.21%）。

提取职工中，中、低收入占96.81%，高收入占3.19%。

（三）**贷款业务**：

1. 个人住房贷款：2019年，支持职工购建房32.32万平方米，年末个人住房贷款市场占有率（含公转商贴息贷款）为20.75%，比上年末减少2.38个百分点。通过申请住房公积金个人住房贷款，可节约职工购房利息支出16204.4万元。

职工贷款笔数中，购房建筑面积 90（含）平方米以下占 20.75%，90～144（含）平方米占 78.11%，144 平方米以上占 1.14%。购买新房占 93.56%（其中购买保障性住房占 0%），购买二手房占 6.28%，建造、翻建、大修自住住房占 0%，其他占 0.16%。

职工贷款笔数中，单缴存职工申请贷款占 56.72%，双缴存职工申请贷款占 43.28%，三人及以上缴存职工共同申请贷款占 0%。

贷款职工中，30 岁（含）以下占 38.11%，30 岁～40 岁（含）占 36.13%，40 岁～50 岁（含）占 21.92%，50 岁以上占 3.84%；首次申请贷款占 90.21%，二次及以上申请贷款占 9.79%；中、低收入占 99.58%，高收入占 0.42%。

2. 异地贷款：2019 年，发放异地贷款 347 笔、9918.5 万元。2019 年末，发放异地贷款总额 72014.5 万元，异地贷款余额 51050.19 万元。

3. 2019 年无公转商贴息贷款。

4. 2019 年无支持保障性住房建设试点项目贷款。

（四）**住房贡献率**：2019 年，个人住房贷款发放额、公转商贴息贷款发放额、项目贷款发放额、住房消费提取额的总和与当年缴存额的比率为 108.01%，比上年减少 3.39 个百分点。

六、其他重要事项

（一）2019 年机构及职能调整情况、受委托办理缴存贷款业务金融机构变更情况。

（1）当年机构及职能未进行调整。

（2）当年缴存贷款业务金融机构未发生变更。

（二）2019 年住房公积金政策调整及执行情况。

（1）当年 1 月，中心出台《资阳市住房公积金管理中心关于确定 2019 年度房租提取最高限额的通知》。规定自 2019 年 1 月 1 日起，我市 2019 年度房租提取最高限额为每月 1000 元、全年 12000 元，缴存人和配偶及未成年子女在缴存人工作所在地（县、区）行政区域内无住房且连续足额缴存满 3 个月的，可申请提取住房公积金支付房租，1 个自然年度内最多可申请提取 4 次，每次提取至少间隔 3 个月。

（2）当年 3 月，公积金管委会修订《资阳市住房公积金缴存管理办法》《资阳市住房公积金提取管理办法》《资阳市住房公积金贷款管理办法》三个业务管理办法及相关实施细则。

（3）当年 5 月，为进一步方便缴存职工办理住房公积金提取、转移业务，提高住房公积金服务质量和效率，中心出台了我市公积金缴存职工提取转移业务全域办理的通知。凡我市住房公积金缴存职工，办理公积金提取业务和市内转移业务可就近在资阳市住房公积金管理中心任一服务窗口办理。

（4）当年 6 月，中心出台《资阳市个人自愿缴存使用住房公积金暂行管理办法》。为进一步扩大我市住房公积金制度覆盖面，增强住房公积金制度的普惠性，加大对就业人员自住和改善性住房需求的支持力度，根据国务院《住房公积金管理条例》（国务院令第 350 号）和《资阳市住房公积金缴存管理办法》（资市住金委发〔2019〕1 号）等法规政策，制定《资阳市个人自愿缴存使用住房公积金暂行管理办法》。

（5）当年 6 月，为进一步减少资金核算账户，发挥住房公积金资金集聚效益，降低资金管理风险和廉政风险隐患，中心出台了实行账户零余额的管理办法。办法规定，根据业务需要清理归并银行存款账户，中心在每家受托银行开设一个存款专户，用以归集市、县缴存资金和回收的贷款本息。各管理部银行账户资金按日上划中心存款专户，委托银行按日终余额自动划转至中心存款账户，各管理部银行账户日终余额为零。

（6）当年7月，中心出台《资阳市住房公积金管理中心关于2019年度职工住房公积金缴存基数和完善缴存基础信息有关事项的通知》。规定自2019年1月1日起，职工住房公积金工资基数调整为2018年1月至12月职工本人月平均工资额。职工住房公积金月缴存工资基数最高限额不得高于当地月平均工资总额的三倍，即16738元，最低不得低于当地最低月工资标准1650元。缴存比例不得低于5%，不得高于12%。

（7）当年10月，中心出台《关于进一步规范住房公积金提取政策的通知》，进一步防范资金风险，提高使用质效，对有效预防炒房、打击骗提骗取和不法中介、治理住房公积金管理乱象发挥了积极作用。

（三）2019年服务改进和信息化建设情况。

（1）扎实推进电子稽查和整改工作，清理完善历史数据，对全市2003年中心成立以来所有住房公积金缴存、提取、贷款等业务档案进行核查清理。

（2）中心认真开展"不忘初心、牢记使命"主题教育，中心上下积极学习、认真调研、检视问题、落实整改，提升公积金服务水平。

（3）住房公积金综合服务平台服务能力提升，公积金实现多渠道查询，网办率达到80%以上。

（4）进一步提升完善信息化水平。公积金数据信息系统接入住房和城乡建设部平台；异地转移接续平台建设不断完善，实现异地转入实时到账；实现省内行业内查询互联互通。

（5）按照大数据管理的要求，为实现数据共享，方便群众查询、办理业务，中心已对接"天府云"，实现了信息发布渠道更畅通，业务查询更快捷，业务办理更高效。

（6）进一步加强业务培训，提升服务水平。围绕公积金政策法规和新业务系统开展业务培训，提高职工业务操作技能；围绕业务规范和窗口服务标准开展服务培训，规范服务行为，提升服务质量。

（四）当年住房公积金管理中心及职工所获荣誉情况。当年无。

（五）2019年对违反《住房公积金管理条例》和相关法规行为进行行政处罚和申请人民法院强制执行情况。2019年，没有对违反《住房公积金管理条例》和相关法规行为进行行政处罚的情况；当年通过申请人民法院强制执行贷款职工4户，收回涉险资金55万余元。

（六）无当年对住房公积金管理人员违规行为的纠正和处理情况等。

（七）无其他需要说明的情况。

（八）无其他需要披露的情况。

阿坝藏族羌族自治州住房公积金2019年年度报告

一、机构概况

（一）住房公积金管理委员会： 住房公积金管理委员会有30名委员，2019年召开1次会议，审议通过的事项主要包括：阿坝州住房公积金管理中心2018年工作总结及2019年重点工作安排；阿坝州住房公积金2018年年度报告。

（二）住房公积金管理中心：住房公积金管理中心为州人民政府直属正县级公益一类事业单位，挂阿坝州住房公积金管理委员会办公室牌子。设5个科，14个管理部。从业人员85人，其中，在编65人，非在编20人。

二、业务运行情况

（一）缴存：2019年，新开户单位115家，实缴单位2122家，净增单位81家；新开户职工0.90万人，实缴职工7.88万人，同比下降0.21万人；缴存额20.38亿元，同比增长10.94％。2019年末，缴存总额124.84亿元，同比增长19.51％；缴存余额56.2亿元，同比增长13.24％。

受委托办理住房公积金缴存业务的银行6家。

（二）提取：2019年，提取额13.81亿元，同比增长27.16％；占当年缴存额的67.76％，比上年增加8.64个百分点。2019年末，提取总额68.64亿元，同比增长25.19％。

（三）贷款：

1. 个人住房贷款：个人住房贷款最高额度80万元，其中，单缴存职工最高额度60万元，双缴存职工最高额度80万元。

2019年，发放个人住房贷款0.11万笔、4.81亿元，同比分别下降38.89％、22.42％。

2019年，回收个人住房贷款4.23亿元。

2019年末，累计发放个人住房贷款1.69万笔、50.06亿元，贷款余额32.56亿元，同比分别增长6.96％、10.63％、1.85％。个人住房贷款余额占缴存余额的57.93％，比上年减少6.5个百分点。

受委托办理住房公积金个人住房贷款业务的银行5家。

2. 住房公积金支持保障性住房建设项目贷款：无。

（四）购买国债：无。

（五）融资：无。

（六）资金存储：2019年末，住房公积金存款24.6亿元。其中，活期0.81亿元，1年以上定期23.79亿元。

（七）资金运用率：2019年末，住房公积金个人住房贷款余额、项目贷款余额和购买国债余额的总和占缴存余额57.93％，比上年减少6.5个百分点。

三、主要财务数据

（一）业务收入：2019年，业务收入18806.98万元，同比增长20.83％。存款利息8395.67万元，委托贷款利息10410.27万元，其他1.04万元。

（二）业务支出：2019年，业务支出11371.58万元，同比增长24.25％。支付职工住房公积金利息7422.27万元，委托贷款手续费538.03万元，其他3411.28万元（包含孳息3409.23万元）。

（三）增值收益：2019年，增值收益7435.40万元，同比增长15.95％。增值收益率为1.39％。

（四）增值收益分配：2019年，提取贷款风险准备金3255.64万元，提取管理费用770.53万元，提取城市廉租住房（公共租赁住房）建设补充资金 3409.23 万元。

2019 年，上交财政管理费 725.61 万元。上缴财政城市廉租住房（公共租赁住房）建设补充资金 2489.59 万元。

2019 年末，贷款风险准备金余额 18651.39 万元。累计提取城市廉租住房（公共租赁住房）建设补充资金 23241.29 万元。

（五）**管理费用支出**：2019 年，管理费用支出 638.82 万元，同比增长 16.68%。其中，人员经费 214.99 万元，公用经费 204.07 万元，专项经费 219.76 万元。

四、资产风险状况

（一）**个人住房贷款**：2019 年末，个人住房贷款逾期额 61.88 万元，逾期率 0.19‰。

个人贷款风险准备金按贷款余额的 1‰ 提取。2019 年，提取个人贷款风险准备金 3255.64 万元，未使用个人贷款风险准备金核销呆坏账。2019 年末，个人贷款风险准备金余额 18651.39 万元，占个人住房贷款余额的 5.73%，个人住房贷款逾期额与个人贷款风险准备金余额的比率为 0.33%。

（二）**支持保障性住房建设试点项目贷款**：无。

（三）**历史遗留风险资产**：无。

五、社会经济效益

（一）**缴存业务**：2019 年，实缴单位数同比增长 3.97%、实缴职工人数同比下降 2.6%、缴存额同比增长 10.94%。

缴存单位中，国家机关和事业单位占 84.31%，国有企业占 6.03%，城镇集体企业占 0.99%，外商投资企业占 0.09%，城镇私营企业及其他城镇企业占 2.4%，民办非企业单位和社会团体占 2.73%，其他占 3.45%。

缴存职工中，国家机关和事业单位占 85.57%，国有企业占 8.64%，城镇集体企业占 1.18%，外商投资企业占 0.01%，城镇私营企业及其他城镇企业占 2.53%，民办非企业单位和社会团体占 1.1%，其他占 0.97%；中、低收入占 98.77%，高收入占 1.23%。

新开户职工中，国家机关和事业单位占 84.17%，国有企业占 7.13%，城镇集体企业占 0.54%，城镇私营企业及其他城镇企业占 4.48%，民办非企业单位和社会团体占 1.59%，其他占 2.09%；中、低收入占 99.88%，高收入占 0.12%。

（二）**提取业务**：2019 年，2.84 万名缴存职工提取住房公积金 13.81 亿元。

提取金额中，住房消费提取占 85.79%（购买、建造、翻建、大修自住住房占 43.52%，偿还购房贷款本息占 39.3%，租赁住房占 2.97%）；非住房消费提取占 14.21%（离休和退休提取占 12.39%，完全丧失劳动能力并与单位终止劳动关系提取占 0.01%，户口迁出本市或出境定居占 0.02%，其他占 1.79%）。

提取职工中，中、低收入占 98.41%，高收入占 1.59%。

（三）**贷款业务**：

1.个人住房贷款：2019 年，支持职工购建房 14.99 万平方米，年末个人住房贷款市场占有率为

97.2%，比上年减少了 0.1 个百分点。通过申请住房公积金个人住房贷款，可节约职工购房利息支出 7369.51 万元。

职工贷款笔数中，购房建筑面积 90（含）平方米以下占 18.08%，90～144（含）平方米占 69.84%，144 平方米以上占 12.08%。购买新房占 17.02%，购买二手房占 21.52%，建造、翻建、大修自住住房占 3.53%，其他占 57.93%。

职工贷款笔数中，单缴存职工申请贷款占 50.62%，双缴存职工申请贷款占 49.38%。

贷款职工中，30 岁（含）以下占 35.36%，30 岁～40 岁（含）占 39.68%，40 岁～50 岁（含）占 21.69%，50 岁以上占 3.27%；首次申请贷款占 92.24%，二次及以上申请贷款占 7.76%；中、低收入占 99.12%，高收入占 0.88%。

2. 异地贷款：2019 年，发放异地贷款 554 笔、26671.4 万元。2019 年末，发放异地贷款总额 265703.91 万元，异地贷款余额 204339.64 万元。

3. 公转商贴息贷款：无。

4. 支持保障性住房建设试点项目贷款：无。

（四）**住房贡献率**：2019 年，个人住房贷款发放额、公转商贴息贷款发放额、项目贷款发放额、住房消费提取额的总和与当年缴存额的比率为 81.75%，比上年减少 2.02 个百分点。

六、其他重要事项

（一）**当年机构及职能调整情况、受委托办理缴存贷款业务金融机构变更情况**。中共阿坝州委办公室、阿坝州人民政府办公室《关于印发〈阿坝州住房公积金管理中心职能配置、内设机构和人员编制规定〉的通知》（阿委办发〔2019〕72 号）规定，阿坝州住房公积金管理中心为州人民政府直属正县级公益一类事业单位，挂阿坝州住房公积金管理委员会办公室牌子。

（二）**当年住房公积金政策调整及执行情况**。2019 年缴存基数限额及确定方法、缴存比例调整情况：2019 年 7 月调整住房公积金缴存基数，缴存基数上限按不超过阿坝州统计局公布的 2018 年度在岗职工月平均工资 3 倍的要求确定为 23523.00 元，缴存基数下限按照 2018 年度全州月最低工资标准 1650.00 元执行，缴存比例 5%～12%。

（三）**当年服务改进情况**。持续深化"放管服"改革，不断完善住房公积金综合服务平台功能，扎实推进"一网、一门、一次"改革工作，拓展"互联网＋公积金"服务，努力实现让"信息多跑路，群众少跑路"，切实做好住房公积金服务工作，群众及社会满意度不断提升。一是完善住房公积金综合服务平台功能，实现了单位信息变更、职工信息变更、基数调整、汇缴业务、补缴业务、转移业务等缴存业务网上办理。二是扎实开展公积金政策业务进机关、进学校、进乡镇、进企业、进单位"五进"活动，不断扩大政策业务知晓度。三是开展"四亮"（亮身份、亮程序、亮职责、亮承诺）"三比"活动（比技能、比作风、比业绩）活动，着力实现公积金事项办理"零差错"、客户服务"零距离"、业务操作"零违规"、服务事项"零积压"、防控排查"零疏漏"。四是实行公积金提取业务工作日全时段办理。

（四）**当年信息化建设情况**。进一步加强住房公积金综合服务平台建设，不断完善增强公积金"网上服务大厅"功能，扎实推进门户网站规范化、集约化建设及迁移州政务云平台工作，强化公积金微信公众号政策业务公开、咨询、查询等"指尖"服务，顺利完成"全国住房公积金数据平台"接入国家税务总局测试及上线。

（五）当年住房公积金管理中心及职工所获荣誉情况。州住房公积金管理中心通过州级最佳文明单位复查验收；1名驻村工作队员获省委省政府表彰，1名县级领导干部评为州委"联寺联僧"工作先进个人，9人被评为政务中心服务明星，3人评为政务中心明星首席；州中心及2个管理部窗口被评为政务中心红旗窗口。

（六）当年对违反《住房公积金管理条例》和相关法规行为进行行政处罚和申请人民法院强制执行情况。无。

（七）当年对住房公积金管理人员违规行为的纠正和处理情况等。稽核查实违规骗提公积金9人，处理2人，追回骗提资金39.68万元。

（八）其他需要披露的情况。无。

甘孜藏族自治州住房公积金2019年年度报告

一、机构概况

（一）住房公积金管理委员会：住房公积金管理委员会有25名委员，2019年召开2次会议，审议通过的事项主要包括：第一次会议审议通过《甘孜州住房公积金2018年度报告》、《2018年住房公积金增值收益分配方案》、2019年度住房公积金归集、使用计划执行情况，并对其他重要事项进行决策；第二次会议审议通过《关于2019年住房公积金缴存比例及缴存基数执行标准的通知》。

（二）住房公积金管理中心：住房公积金管理中心为正县级不以营利为目的的自收自支事业单位，设6个处（科），19个管理部。从业人员91人，其中，在编68人，非在编23人。

二、业务运行情况

（一）缴存：2019年，新开户单位209家，实缴单位2198家，净增单位109家；新开户职工0.54万人，实缴职工7.88万人，净增职工0.15万人；缴存额22.11亿元，同比增长12.12%。2019年末，缴存总额146.46亿元，比上年末增加17.78%；缴存余额76.08亿元，比上年末增加14.01%。

受委托办理住房公积金缴存业务的银行3家，比上年增加0家。

（二）提取：2019年，提取额12.76亿元，同比增长5.98%；占当年缴存额的57.72%，比上年减少3.35个百分点。2019年末，提取总额70.38亿元，比上年末增加22.15%。

（三）贷款：

1. 个人住房贷款：个人住房贷款最高额度50万元，其中，单缴存职工最高额度50万元，双缴存职工最高额度50万元。

2019年，发放个人住房贷款0.29万笔、11.92亿元，同比分别下降15.07%、15.55%。

2019年，回收个人住房贷款9.19亿元。

2019年末，累计发放个人住房贷款5.50万笔、131.78亿元，贷款余额65.44亿元，分别比上年末增加5.66%、9.94%、4.36%。个人住房贷款余额占缴存余额的86.02%，比上年末减少7.96个百分点。

受委托办理住房公积金个人住房贷款业务的银行3家，比上年增加0家。

2. 住房公积金支持保障性住房建设项目贷款：无。

（四）购买国债：无。

（五）融资：2019年末，融资总额1.39亿元，融资余额0亿元。

（六）资金存储：2019年末，住房公积金存款10.983亿元。其中，活期0.003亿元，1年（含）以下定期0亿元，1年以上定期6.00亿元，其他（协定、通知存款等）4.98亿元。

（七）资金运用率：2019年末，住房公积金个人住房贷款余额、项目贷款余额和购买国债余额的总和占缴存余额的86.02%，比上年末减少7.96个百分点。

三、主要财务数据

（一）业务收入：2019年，业务收入24850.01万元，同比增长14.85%。存款利息4060.61万元，委托贷款利息20753.20万元，国债利息0万元，其他36.20万元。

（二）业务支出：2019年，业务支出11932.96万元，同比增长12.80%。支付职工住房公积金利息10922.79万元，归集手续费0万元，委托贷款手续费1009.75万元，其他0.42万元。

（三）增值收益：2019年，增值收益12917.05万元，同比增长16.80%。增值收益率1.78%，比上年增加0.04个百分点。

（四）增值收益分配：2019年，提取贷款风险准备金8317.05万元，提取管理费用4100万元，提取城市廉租住房（公共租赁住房）建设补充资金500万元。

2019年，上交财政管理费用4100万元。上缴财政城市廉租住房（公共租赁住房）建设补充资金450万元。2019年末，贷款风险准备金余额55794.83万元。累计提取城市廉租住房（公共租赁住房）建设补充资金4321.34万元。

（五）管理费用支出：2019年，管理费用支出3348.85万元，同比增长27.39%。其中，人员经费1832.38万元，公用经费562.90万元，专项经费953.57万元。

四、资产风险状况

（一）个人住房贷款：2019年末，个人住房贷款逾期额1839.49万元，逾期率2.81‰。

个人贷款风险准备金按增值收益的64.39%提取。2019年，提取个人贷款风险准备金8317.05万元，使用个人贷款风险准备金核销呆坏账0万元。2019年末，个人贷款风险准备金余额55794.83万元，占个人住房贷款余额的8.53%，个人住房贷款逾期额与个人贷款风险准备金余额的比率为3.30%。

（二）支持保障性住房建设试点项目贷款：无。

五、社会经济效益

（一）缴存业务：2019年，实缴单位数、实缴职工人数和缴存额同比分别增长5.22%、1.99%

和 12.12%。

缴存单位中，国家机关和事业单位占 83.31%，国有企业占 10.69%，城镇集体企业占 0%，外商投资企业占 0%，城镇私营企业及其他城镇企业占 2.18%，民办非企业单位和社会团体占 0.86%，其他占 2.96%。

缴存职工中，国家机关和事业单位占 82.20%，国有企业占 15.27%，城镇集体企业占 0%，外商投资企业占 0%，城镇私营企业及其他城镇企业占 0.50%，民办非企业单位和社会团体占 0.08%，其他占 1.95%；中、低收入占 95.12%，高收入占 4.88%。

新开户职工中，国家机关和事业单位占 67.85%，国有企业占 21.05%，城镇集体企业占 0%，外商投资企业占 0%，城镇私营企业及其他城镇企业占 3.63%，民办非企业单位和社会团体占 0.33%，其他占 7.14%；中、低收入占 99.63%，高收入占 0.37%。

（二）提取业务：2019 年，2.48 万名缴存职工提取住房公积金 12.76 亿元。

提取金额中，住房消费提取占 80.29%（购买、建造、翻建、大修自住住房占 24.69%，偿还购房贷款本息占 54.52%，租赁住房占 1.08%，其他占 0%）；非住房消费提取占 19.71%（离休和退休提取占 13.40%，完全丧失劳动能力并与单位终止劳动关系提取占 2.16%，出境定居占 0.06%，其他占 4.09%）。

提取职工中，中、低收入占 94.01%，高收入占 5.99%。

（三）贷款业务：

1. 个人住房贷款：2019 年，支持职工购建房 34.89 万平方米，年末个人住房贷款市场占有率（含公转商贴息贷款）为 93.19%，比上年末减少 2.55 个百分点。通过申请住房公积金个人住房贷款，可节约职工购房利息支出 9511.22 万元。

职工贷款笔数中，购房建筑面积 90（含）平方米以下占 21.14%，90～144（含）平方米占 68.46%，144 平方米以上占 10.40%。购买新房占 19.41%（其中购买保障性住房占 0%），购买二手房占 30.73%，建造、翻建、大修自住住房占 0%，其他占 49.86%。

职工贷款笔数中，单缴存职工申请贷款占 40.18%，双缴存职工申请贷款占 59.82%，三人及以上缴存职工共同申请贷款占 0%。

贷款职工中，30 岁（含）以下占 39.94%，30 岁～40 岁（含）占 35.73%，40 岁～50 岁（含）占 19.78%，50 岁以上占 4.55%；首次申请贷款占 58.23%，二次及以上申请贷款占 41.77%；中、低收入占 95.79%，高收入占 4.21%。

2. 异地贷款：2019 年，发放异地贷款 1213 笔、54073 万元。2019 年末，发放异地贷款总额 224403 万元，异地贷款余额 178704.25 万元。

3. 公转商贴息贷款：无。

4. 支持保障性住房建设试点项目贷款：无。

（四）**住房贡献率**：2019 年，个人住房贷款发放额、公转商贴息贷款发放额、项目贷款发放额、住房消费提取额的总和与当年缴存额的比率为 100.24%，比上年减少 19.10 个百分点。

六、其他重要事项

（一）当年无机构及职能调整情况、受委托办理缴存贷款业务金融机构变更情况。

(二)当年住房公积金政策调整及执行情况:

1. 缴存。经管委会审议通过,印发了《关于2019年住房公积金缴存基数和月缴存额执行标准的通知》(甘公积金〔2019〕18号),规定我州2019年度住房公积金缴存基数最高不得超过20617元/月(3倍平均工资);石渠、色达、理塘、稻城四县缴存基数下限为1780元/月,其他各县缴存基数下限为1650元/月;缴存比例不得低于5%,不得高于12%。

2. 提取。继续执行上年相关政策,进一步加强治理违规提取住房公积金相关工作。

3. 贷款。继续执行上年相关贷款政策。

4. 存贷利率执行标准。缴存职工公积金按一年期定期存款基准利率1.5%执行,贷款利率1~5年(含5年)的按2.75%执行,5~30年(含30年)的按3.25%执行。

(三)当年服务改进情况:

(1)中心通过购买形式解决了康定、丹巴、德格、乡城4个县管理部窗口服务综合办公用房,基础设施得到进一步改善,适应业务发展的需求。

(2)2019年7月,州中心组织开展了"全州住房公积金系统职工能力素质大提升"的培训,有效提升了住房公积金从业人员的业务能力和服务水平。

(3)大力推进"网上办、就近办",不断精简手续、优化流程、提升服务,网上大厅实现了用户自主查询、缴存公积金、信息变更、缴存基数调整、人员增减等业务功能,网厅业务办理量达50%,方便了职工办理住房公积金业务。

(4)完善省一体化服务平台的事项录入。按照省住房公积金监管处和州行政审批局的要求,我中心目前在四川省政务一体化服务平台中已录入25项公共服务事项,其中:住房公积金缴存基数年度申报、按年提取住房公积金偿还贷款等业务实现了全程网办,其他部分业务已实现最多跑一次即可办完,极大地提高了办事效率。

(四)当年信息化建设情况:

(1)网上服务大厅升级改造,可在网上即办缴存、提取、贷款等业务15项;

(2)拓展公积金网上业务认证方式,可通过短信验证码、人脸识别查询、办理公积金业务;

(3)全国住房公积金数据报送平台接入成功,及时报送公积金业务明细数据;

(4)扩展公积金查询渠道,可通过支付宝城市服务、农行手机银行APP查询公积金。

(五)当年住房公积金管理中心及职工所获荣誉情况:被中共甘孜州直属机关工委评为"州级机关精神文明单位"荣誉称号。

(六)当年无对违反《住房公积金管理条例》和相关法规行为进行行政处罚和申请人民法院强制执行情况。

(七)当年无对住房公积金管理人员违规行为的纠正和处理情况等。

(八)其他需要披露的情况:2019年9月至11月接受并通过了甘孜州委第三巡察组的巡察工作。

凉山彝族自治州住房公积金 2019 年年度报告

一、机构概况

（一）**住房公积金管理委员会**：住房公积金管理委员会有 24 名委员，2019 年 3 月 25 日召开十九次会议，审议通过的事项主要包括：（1）听取和审议《凉山州住房公积金管理中心关于 2018 年住房公积金管理工作总结暨 2019 年工作要点的报告》；（2）听取和审议《凉山州住房公积金管理中心关于 2018 年度住房公积金归集、使用计划执行情况及增值收益分配方案的报告》；（3）听取和审议《凉山州住房公积金管理中心关于〈凉山州住房公积金 2018 年年度报告〉》（书面）；（4）听取和审议《凉山州住房公积金管理中心关于〈凉山州住房公积金委托贷款业务考核办法〉》（书面）；（5）听取和审议《凉山州住房公积金管理中心关于撤销分支机构住房公积金业务账户的报告》；（6）听取和审议《凉山州州住房公积金管理中心关于表扬 2018 年住房公积金缴存扩面工作先进县和管理工作先进单位的请示》。

（二）**住房公积金管理中心**：住房公积金管理中心为州人民政府直属不以营利为目的的正县级自收自支事业单位，设 6 个科室，16 个管理部，1 个分中心。从业人员 184 人，其中，在编 114 人，非在编 70 人。

二、业务运行情况

（一）**缴存**：2019 年，新开户单位 448 家，实缴单位 4169 家，净增单位 333 家；新开户职工 1.7199 万人，实缴职工 19.8983 万人，净增职工 0.17 万人；缴存额 40.80 亿元，同比增长 10.00%。2019 年末，缴存总额 301.45 亿元，同比增长 15.65%；缴存余额 145.19 亿元，同比增长 11.04%。

受委托办理住房公积金缴存业务的银行 11 家，同上年一致。

（二）**提取**：2019 年，提取额 26.37 亿元，同比增长 7.76%；占当年缴存额的 64.63%，比上年减少 1.34 个百分点。2019 年末，提取总额 156.26 亿元，同比增长 20.30%。

（三）**贷款**：

个人住房贷款：个人住房贷款最高额度 60 万元，其中，单缴存职工最高额度 50 万元，双缴存职工最高额度 60 万元。

2019 年，发放个人住房贷款 0.6660 万笔、28.37 亿元，同比分别减少 19.85%、15.19%。

2019 年，回收个人住房贷款 10.97 亿元。

2019 年末，累计发放个人住房贷款 8.5318 万笔、176.76 亿元，贷款余额 111.67 亿元，同比分别增长 8.47%、19.12%、18.47%。个人住房贷款余额占缴存余额的 76.91%，比上年增加 4.82 个百分点。

受委托办理住房公积金个人住房贷款业务的银行 9 家。

（四）**购买国债**：没有购买国债。

（五）**融资**：没有融资。

（六）**资金存储**：2019 年末，住房公积金存款 33.82 亿元。其中，活期 0.33 亿元，1 年（含）以下定期 0 亿元，1 年以上定期 17.02 亿元，其他（协定、通知存款等）16.47 亿元。

（七）**资金运用率**：2019年末，住房公积金个人住房贷款余额、项目贷款余额和购买国债余额的总和占缴存余额的76.91%，比上年增加4.82个百分点。

三、主要财务数据

（一）**业务收入**：2019年，业务收入48154.86万元，同比增长10.70%。存款利息15269.23万元，委托贷款利息32776.24万元，其他109.39万元。

（二）**业务支出**：2019年，业务支出20676.30万元，同比增长10.96%。支付职工住房公积金利息19292.17万元，归集手续费0万元，委托贷款手续费1372.16万元，其他11.97万元。

（三）**增值收益**：2019年，增值收益27478.56万元，同比增加10.5%。增值收益率2.01%，比上年减少0.03个百分点。

（四）**增值收益分配**：2019年，提取贷款风险准备金8006.08万元，提取管理费用4300万元，提取城市廉租住房（公共租赁住房）建设补充资金15172.48万元。

2019年，上交财政管理费用3600.00万元。上缴财政城市廉租住房（公共租赁住房）建设补充资金10679.17万元。

2019年末，贷款风险准备金余额51366.56万元。累计提取城市廉租住房（公共租赁住房）建设补充资金101951.39万元。

（五）**管理费用支出**：2019年，管理费用支出3575.91万元，同比增长8.42%。其中，人员经费2067.98万元，公用经费373.32万元，专项经费1134.61万元。

四、资产风险状况

个人住房贷款：2019年末，个人住房贷款逾期额103.04万元，逾期率0.092‰。

个人贷款风险准备金按贷款余额的4.6%提取。2019年，提取个人贷款风险准备金8006.08万元，使用个人贷款风险准备金核销呆坏账0万元。2019年末，个人贷款风险准备金余额51366.56万元，占个人住房贷款余额的4.6%，个人住房贷款逾期额与个人贷款风险准备金余额的比率为0.2‰。

五、社会经济效益

（一）**缴存业务**：2019年，实缴单位数、实缴职工人数和缴存额同比分别增长8.68%、0.88%和10%。

缴存单位中，国家机关和事业单位占71.34%，国有企业占10.58%，城镇集体企业占2.01%，外商投资企业占0.38%，城镇私营企业及其他城镇企业占10.22%，民办非企业单位和社会团体占1.82%，其他占3.65%。

缴存职工中，国家机关和事业单位占69.31%，国有企业占20.47%，城镇集体企业占2.32%，外商投资企业占0.57%，城镇私营企业及其他城镇企业占4.58%，民办非企业单位和社会团体占0.77%，其他占1.98%；中、低收入占98.63%，高收入占1.37%。

新开户职工中，国家机关和事业单位占64.43%，国有企业占14.11%，城镇集体企业占3.52%，外商投资企业占0.34%，城镇私营企业及其他城镇企业占11.23%，民办非企业单位和社会团体占2.67%，

其他占3.7%；中、低收入占99.51%，高收入占0.49%。

（二）提取业务：2019年，6.5042万名缴存职工提取住房公积金26.37亿元。

提取金额中，住房消费提取占73.57%（购买、建造、翻建、大修自住住房占23.17%，偿还购房贷款本息占49.55%，租赁住房占0.76%，其他占0.09%）；非住房消费提取占26.43%（离休和退休提取占22.64%，完全丧失劳动能力并与单位终止劳动关系提取占2.26%，户口迁出本市或出境定居占0.63%，其他占0.9%）。

提取职工中，中、低收入占98.25%，高收入占1.75%。

（三）贷款业务：

1. 个人住房贷款： 2019年，支持职工购建房58.70万平方米，年末个人住房贷款市场占有率为47.89%，比上年减少3.59个百分点。通过申请住房公积金个人住房贷款，可节约职工购房利息支出43087.69万元。

职工贷款笔数中，购房建筑面积90（含）平方米以下占34.34%，90~144（含）平方米占63.48%，144平方米以上占2.18%。购买新房占72.3%（其中购买保障性住房占6.07%），购买二手房占26.73%，建造、翻建、大修自住住房占0.11%，其他占0.86%。

职工贷款笔数中，单缴存职工申请贷款占49.50%，双缴存职工申请贷款占50.50%，三人及以上缴存职工共同申请贷款占0%。

贷款职工中，30岁（含）以下占39.34%，30岁~40岁（含）占36.10%，40岁~50岁（含）占22.10%，50岁以上占2.46%；首次申请贷款占88.05%，二次及以上申请贷款占11.95%；中、低收入占99.14%，高收入占0.86%。

2. 异地贷款： 2019年，发放异地贷款298笔、12458.00万元。2019年末，发放异地贷款总额50652.00万元，异地贷款余额44403.27万元。

（四）**住房贡献率：** 2019年，个人住房贷款发放额、公转商贴息贷款发放额、项目贷款发放额、住房消费提取额的总和与当年缴存额的比率为117.08%，比上年减少21.44个百分点。

六、其他重要事项

（一）当年起停止为单位职工贷款提供阶段性担保情况。2019年3月经州中心党组研究，决定停止与机关企事业单位合作，为单位职工购买经济适用房住房公积金贷款提供阶段性担保。

（二）当年缴存基数限额及确定办法、缴存比例调整情况。2019年，缴存基数限额为上限19811元，下限1650元。

（三）当年存贷款利率执行情况。存款利率：缴存职工公积金的利率按一年期定期利率1.5%计息；贷款利率：五年期及以下2.75%，五年期以上3.25%。

（四）当年住房公积金使用政策调整情况。印发《凉山州住房公积金管理中心关于规范收取住房积金贷款提取要件资料的通知（试行）》（凉房金管发〔2019〕40号），对住房公积金贷款、提取要件资料作出明确规定。

（五）当年委托贷款手续费调低情况。经与委托银行协商，报请党组会议研究，从2019年1月1日起，委托贷款手续费由按贷款利息的5%调整为按3.9%，其中：3%按月结算，0.9%按照《凉山州住房公积金委托贷款业务考核办法》于当年 12 月根据考核结果按月结算。

（六）当年公积金账户撤销情况。2019 年 5 月 31 日，中心撤销各分支机构住房公积金业务账户，共撤销业务账户 99 个，保留业务账户 13 个。实行收支集中核算，取消财务二级核算，由州中心统一财务核算。实现贷款提取资金实时到账和全程管理，对交易的每一笔资金进行实时监控，全面提高资金的风险防控水平，保障资金安全，提高工作效率，解决服务群众"最后一公里"。

（七）当年"一网通办"的推进情况。2019 年 6 月 1 日起，凉山州住房公积金系统升级后，服务事项实现全程网上办理：（1）加大宣传力度，扩大网上业务大厅的知晓度，引导更多缴存单位经办人和缴存职工使用网上业务大厅，不断提高网上申报率和全程网办"零跑腿"事项比例；（2）各分支机构形成合力全力推进全程网办工作，加强对各缴存单位经办人操作培训，通过提供操作视频、在工作群及时答疑、对来现场咨询的经办人手把手辅导等方式，对各缴存单位开展业务指导，使单位经办人愿意用、主动用、喜欢用公积金网上业务大厅办理业务，做到"应上尽上、全程在线"，切实提高政务服务事项网上办理比例；（3）全力配合凉山州政府一体化政务服务平台建设，待政府平台开通后，实现信息共享，实现全部公积金业务"一网通办"。

（八）当年扫黑除恶宣传情况。2019 年，州中心将继续做好扫黑除恶宣传发动工作，充分利用各种舆论宣传工具，广泛宣传开展"扫黑除恶"专项斗争的目的和意义，动员广大群众参与。进一步做好摸底排查工作，对群众反映的情况做到深挖细查并时刻保持高度警觉和重视。进一步优化服务环境，简化办事程序，缩短办事时限，提高办事效率，打击骗提和骗贷行为，合理调度资金，做到应提尽提，应贷尽贷，满足缴存职工住有所居资金需求，用实际成效增强人民群众的获得感、幸福感、安全感。

（九）当年住房公积金管理中心及职工所获荣誉情况。

凉山州住房公积金管理中心受到四川省住房和城乡建设厅的表彰：2018 年度住房城乡建设工作目标绩效考核先进单位、2018 年全省住房公积金缴存使用及相关工作先进单位。

凉山州住房公积金管理中心受到州委州政府的表彰：2018 年度 12345 州长公开电话办理工作绩效考核优秀单位、2018 年度全州平安建设先进单位、2018 年度防震减灾目标考核管理工作先进单位、2018 年全州政府系统办公室工作绩效评价先进单位、2018 年全州建筑业发展先进单位、2018 年住房公积金缴存扩面管理工作先进单位、2018 年度全州商务工作先进单位、2018 年度州直部门综合目标绩效考评先进单位、2018 年度"双联"及干部驻村帮扶工作考评先进集体、2019 年度全州 12345 政府服务热线办理工作绩效考核先进单位。

2019 全国住房公积金年度报告汇编

贵州省

贵阳
六盘水市
遵义市
安顺市
毕节市
铜仁市
黔西南布依族苗族自治州
黔东南苗族侗族自治州
黔南布依族苗族自治州

贵州省住房公积金2019年年度报告

一、机构概况

（一）住房公积金管理机构： 全省共设9个设区城市住房公积金管理中心，1个国家级新区（贵安新区）住房公积金管理中心，1个独立设置的省直中心。从业人员868人，其中，在编652人，非在编216人。

（二）住房公积金监管机构： 贵州省住房和城乡建设厅、贵州省财政厅和中国人民银行贵阳中心支行负责对本省住房公积金管理运行情况进行监督。贵州省住房和城乡建设厅设立住房公积金监管处，负责贵州住房公积金日常监管工作。

二、业务运行情况

（一）缴存： 2019年，新开户单位7651家，实缴单位48078家，净增单位5549家；新开户职工30.50万人，实缴职工261.09万人，净增职工9.89万人；缴存额414.21亿元，同比增长15.36%。2019年末，缴存总额2469.33亿元，比上年末增加20.16%；缴存余额1141.59亿元，比上年末增加14.75%。

（二）提取： 2019年，提取额267.45亿元，同比增长15.75%；占当年缴存额的64.57%，比上年增加0.22个百分点。2019年末，提取总额1327.74亿元，比上年末增加25.22%。

（三）贷款：

1. 个人住房贷款： 2019年，发放个人住房贷款7.54万笔、271.31亿元，同比增长5.75%、18.72%。回收个人住房贷款121.16亿元。

2019年末，累计发放个人住房贷款73.98万笔、1733.18亿元，贷款余额1111.54亿元，分别比上年末增加11.36%、18.56%、15.62%。个人住房贷款余额占缴存余额的97.37%，比上年末增加0.73个百分点。

2. 住房公积金支持保障性住房建设项目贷款： 2019年，未发放支持保障性住房建设项目贷款，回收项目贷款0.11亿元。2019年末，累计发放项目贷款14.32亿元，项目贷款余额0.52亿元。

（四）购买国债： 2019年，未购买国债，未兑付（转让、收回）国债，无国债余额。

（五）融资： 2019年，融资7.99亿元，归还5.68亿元。2019年末，融资总额60.63亿元，融资余额21.79亿元。

（六）资金存储： 2019年末，住房公积金存款78.12亿元。其中，活期1.49亿元，1年（含）以下定期28.77亿元，1年以上定期11.13亿元，其他（协定、通知存款等）36.73亿元。

（七）资金运用率： 2019年末，住房公积金个人住房贷款余额、项目贷款余额和购买国债余额的总和占缴存余额的97.41%，比上年末增加0.71个百分点。

三、主要财务数据

（一）业务收入： 2019年，业务收入340939.09万元，同比增长15.44%。其中，存款利息13064.09

万元，委托贷款利息327664.63万元，国债利息0万元，其他210.37万元。

（二）**业务支出**：2019年，业务支出190291.39万元，同比增长9.90%。其中，支付职工住房公积金利息157139.34万元，归集手续费11392.19万元，委托贷款手续费14050.42万元，其他7709.44万元。

（三）**增值收益**：2019年，增值收益150647.70万元，同比增长23.30%；增值收益率1.40%，比上年增加0.1个百分点。

（四）**增值收益分配**：2019年，提取贷款风险准备金13654.50万元，提取管理费用21701.09万元，提取城市廉租住房（公共租赁住房）建设补充资金115292.11万元。

2019年，上交财政管理费用21141.63万元，上缴财政城市廉租住房（公共租赁住房）建设补充资金89556.86万元。

2019年末，贷款风险准备金余额122368.82万元，累计提取城市廉租住房（公共租赁住房）建设补充资金620416.34万元。

（五）**管理费用支出**：2019年，管理费用支出21656.97万元，同比下降1.54%。其中，人员经费10762.10万元，公用经费1504.37万元，专项经费9390.50万元。

四、资产风险状况

（一）**个人住房贷款**：2019年末，个人住房贷款逾期额2364.06万元，逾期率0.213‰。

2019年，提取个人贷款风险准备金15015.08万元，未使用个人贷款风险准备金核销呆坏账。2019年末，个人贷款风险准备金余额122368.82万元，占个人贷款余额的1.10%，个人贷款逾期额与个人贷款风险准备金余额的比率为1.93%。

（二）**住房公积金支持保障性住房建设项目贷款**：2019年末，无逾期项目贷款。

2019年，因项目贷款余额降低，核减项目贷款风险准备金1360.56万元，未使用项目贷款风险准备金核销呆坏账。年末，项目贷款风险准备金余额209.52万元，占项目贷款余额的4.00%，项目贷款逾期额与项目贷款风险准备金余额的比率为0%。

五、社会经济效益

（一）**缴存业务**：2019年，实缴单位数、实缴职工人数和缴存额增长率分别为13.05%、3.94%和15.36%。

缴存单位中，国家机关和事业单位占39.64%，国有企业占13.90%，城镇集体企业占2.20%，外商投资企业占0.80%，城镇私营企业及其他城镇企业占36.81%，民办非企业单位和社会团体占3.18%，其他占3.46%。

缴存职工中，国家机关和事业单位占47.09%，国有企业占25.74%，城镇集体企业占1.58%，外商投资企业占1.20%，城镇私营企业及其他城镇企业占20.94%，民办非企业单位和社会团体占1.41%，其他占2.04%；中、低收入占91.99%，高收入占8.01%。

新开户职工中，国家机关和事业单位占19.95%，国有企业占21.49%，城镇集体企业占7.47%，外商投资企业占2.30%，城镇私营企业及其他城镇企业占41.00%，民办非企业单位和社会团体占3.05%，其他占4.75%；中、低收入占98.41%，高收入占1.59%。

(二)提取业务：2019年，115.41万名缴存职工提取住房公积金267.45亿元。

提取金额中，住房消费提取占81.03%（购买、建造、翻建、大修自住住房占17.68%，偿还购房贷款本息占57.46%，租赁住房占3.38%，其他占2.52%）；非住房消费提取占18.97%（离休和退休提取占13.26%，完全丧失劳动能力并与单位终止劳动关系提取占3.14%，出境定居占0.50%，其他占2.07%）。

提取职工中，中、低收入占90.25%，高收入占9.75%。

(三)贷款业务：

1. 个人住房贷款：2019年，支持职工购建房768.48万平方米。年末个人住房贷款市场占有率（含公转商贴息贷款）为22.85%，比上年末减少0.75个百分点。通过申请住房公积金个人住房贷款，可节约职工购房利息支出443576.54万元。

职工贷款笔数中，购房建筑面积90（含）平方米以下占6.58%，90~144（含）平方米占82.30%，144平方米以上占11.12%。购买新房占90.30%（其中购买保障性住房占0.23%），购买二手房占9.45%，建造、翻建、大修自住住房占0.15%，其他占0.09%。

职工贷款笔数中，单缴存职工申请贷款占55.00%，双缴存职工申请贷款占44.90%，三人及以上缴存职工共同申请贷款占0.10%。

贷款职工中，30岁（含）以下占40.81%，30岁~40岁（含）占36.35%，40岁~50岁（含）占17.65%，50岁以上占5.19%；首次申请贷款占92.20%，二次及以上申请贷款占7.73%；中、低收入占86.64%，高收入占13.36%。

2. 异地贷款：2019年，发放异地贷款3092笔、107355.40万元。2019年末，发放异地贷款总额254603.60万元，异地贷款余额242511.83万元。

3. 公转商贴息贷款：2019年，未发放公转商贴息贷款。当年贴息额4213.25万元。2019年末，累计发放公转商贴息贷款12369笔、360854.00万元，累计贴息21635.06万元。

4. 住房公积金支持保障性住房建设项目贷款：2019年末，全省有住房公积金试点城市2个，试点项目14个，贷款额度14.32亿元，建筑面积107.12万平方米，可解决11936户中低收入职工家庭的住房问题。12个试点项目贷款资金已发放并还清贷款本息。

(四)住房贡献率：2019年，个人住房贷款发放额、公转商贴息贷款发放额、项目贷款发放额、住房消费提取额的总和与当年缴存额的比率为117.82%，比上年增加2.58个百分点。

六、其他重要事项

(一)当年开展监督检查情况。完成了住房公积金督查专家充实调整工作，下发了《关于开展全省住房公积金督查工作的通知》（黔建房资监字〔2019〕210号），针对各中心政策执行、风险隐患排查、电子化稽查风险疑点的整改、督查提出问题的整改落实和住房公积金行业扫黑除恶专项斗争等工作情况开展督查工作，全年督查了遵义市、贵安新区、六盘水市、安顺市和黔南州等中心。同时，每月利用电子化稽查工具筛查各地业务明细数据和梳理核查风险疑点，进一步增强了中心风险隐患排查能力。

(二)当年服务改进情况。积极督促指导各地建设住房公积金综合服务平台，目前全省各中心已基本建成住房公积金综合服务平台，为职工提供门户网站、网上办事大厅、手机客户端、微信、支付宝等多种服务渠道，进一步提升服务效率和服务水平，努力实现"数据多跑腿，群众少跑路"。贵阳市、遵义市和黔东南州住房公积金综合服务平台建设工作通过了部、省联合验收。

（三）当年信息化建设情况。为保障缴存职工个人信息安全，开展了加强住房公积金个人信息安全管理工作，指导各地加强系统安全性建设，完善技术手段，防范缴存职工个人信息泄露；为贯彻落实国务院关于个人所得税改革信息共享工作的部署，开展了住房公积金数据平台接入工作，全省各地均按照要求于4月底前接入了全国统一的"住房公积金数据平台"。

（四）当年住房公积金机构及从业人员所获荣誉情况。
（1）黔西南州住房公积金管理中心王官文同志获"全国巾帼建功标兵"称号；
（2）黔西南州住房公积金管理中心获"贵州省三八红旗集体"称号；
（3）贵阳市住房公积金管理中心张静同志获"全省脱贫攻坚村优秀第一书记"称号。

贵阳住房公积金2019年年度报告

一、机构概况

（一）**住房公积金管理委员会**：住房公积金管理委员会有29名委员，2019年召开1次会议，审议通过的事项主要包括：

（1）同意《贵阳市2018年住房公积金财务收支执行情况与2019年住房公积金管理归集使用预算（草案）报告》；

（2）同意《贵阳住房公积金2018年年度报告》；

（3）同意《贵阳住房公积金归集管理办法》《贵阳住房公积金提取管理办法》《贵阳住房公积金委托贷款管理办法》。

（二）**住房公积金管理中心**：贵阳市住房公积金管理中心为贵阳市人民政府不以营利为目的的参公事业单位，设6个处（科），9个管理部，1个分中心。从业人员126人，其中，在编77人，非在编49人。

二、业务运行情况

（一）**缴存**：2019年，新开户单位3749家，实缴单位17530家，净增单位2428家；新开户职工12.83万人，实缴职工88.66万人，净增职工4.01万人；缴存额104.31亿元，同比增长11.85%。2019年末，缴存总额665.24亿元，比上年末增加18.60%；缴存余额269.96亿元，比上年末增加12.35%。

受委托办理住房公积金缴存业务的银行3家，比上年无增减。

（二）**提取**：2019年，提取额74.63亿元，同比增长18.01%；占当年缴存额的71.55%，比上年增加3.74个百分点。2019年末，提取总额395.28亿元，比上年末增加23.27%。

（三）**贷款**：

1.个人住房贷款：个人住房贷款最高额度60万元，其中，单缴存职工最高额度50万元，双缴存职工最高额度 60 万元。

2019 年，发放个人住房贷款 1.07 万笔、47.19 亿元，同比分别下降 11.57%、增长 2.72%。其中，市中心发放个人住房贷款 0.99 万笔、43.43 亿元，铁路分中心发放个人住房贷款 0.08 万笔、3.76 亿元。

2019 年，回收个人住房贷款 25.76 亿元。其中，市中心 23 亿元，铁路分中心 2.76 亿元。

2019 年末，累计发放个人住房贷款 14.81 万笔、406.37 亿元，贷款余额 255.82 亿元，分别比上年末增加 7.79%、13.14%、9.14%。个人住房贷款余额占缴存余额的 94.76%，比上年末减少 2.79 个百分点。

受委托办理住房公积金个人住房贷款业务的银行 8 家，比上年无增减。

2. 住房公积金支持保障性住房建设项目贷款：2019 年，发放支持保障性住房建设项目贷款 0 亿元，回收项目贷款 0 亿元。2019 年末，累计发放项目贷款 6.39 亿元，无项目贷款余额。

（四）**购买国债**：2019 年，无购买及兑付（转让、收回）国债事项，无国债余额。

（五）**融资**：2019 年，融资 0 亿元，归还 2.02 亿元。2019 年末，融资总额 8.97 亿元，无融资余额。

（六）**资金存储**：2019 年末，住房公积金存款 16.80 亿元。其中，活期 0.04 亿元，1 年（含）以下定期 8 亿元，其他（协定、通知存款等）8.76 亿元。

（七）**资金运用率**：2019 年末，住房公积金个人住房贷款余额、项目贷款余额和购买国债余额的总和占缴存余额的 94.76%，比上年末减少 2.79 个百分点。

三、主要财务数据

（一）**业务收入**：2019 年，业务收入 80029.84 万元，同比增长 11.01%。其中，市中心 71536.25 万元，铁路分中心 8493.59 万元；存款利息 2317.39 万元，委托贷款利息 77707.69 万元，国债利息 0 万元，其他 4.76 万元。

（二）**业务支出**：2019 年，业务支出 47749.61 万元，同比增长 8.96%。其中，市中心 42622.09 万元，铁路分中心 5127.52 万元；支付职工住房公积金利息 35980.73 万元，归集手续费 4128.15 万元，委托贷款手续费 3665.04 万元，其他 3975.69 万元。

（三）**增值收益**：2019 年，增值收益 32280.23 万元，同比增长 14.19%。其中，市中心 28914.15 万元，铁路分中心 3366.08 万元；增值收益率 1.26%，比上年增加 0.02 个百分点。

（四）**增值收益分配**：2019 年，提取贷款风险准备金 2143.08 万元，提取管理费用 3352.03 万元，提取城市廉租住房（公共租赁住房）建设补充资金 26785.12 万元。

2019 年，上交财政管理费用 3352.03 万元。上缴财政城市廉租住房（公共租赁住房）建设补充资金 20121.73 万元。其中，市中心上缴 17259.20 万元，铁路分中心上缴 2862.53 万元。

2019 年末，贷款风险准备金余额 25582.46 万元。累计提取城市廉租住房（公共租赁住房）建设补充资金 172667.74 万元。

（五）**管理费用支出**：2019 年，管理费用支出 3159.70 万元，同比下降 42.69%。其中，人员经费 1344.18 万元，公用经费 282.24 万元，专项经费 1533.28 万元。

市中心管理费用支出 3159.70 万元，其中，人员、公用、专项经费分别为 1344.18 万元、282.24 万元、1533.28 万元。

四、资产风险状况

(一) 个人住房贷款：2019年末，个人住房贷款逾期额480.46万元，逾期率0.19‰。

个人贷款风险准备金按贷款余额的1%提取。2019年，提取个人贷款风险准备金2143.08万元，未使用个人贷款风险准备金核销呆坏账。2019年末，个人贷款风险准备金余额25582.46万元，占个人住房贷款余额的1%，个人住房贷款逾期额与个人贷款风险准备金余额的比率为1.88%。

(二) 支持保障性住房建设试点项目贷款：2019年末，无项目贷款。

五、社会经济效益

(一) 缴存业务：2019年，实缴单位数、实缴职工人数和缴存额同比分别增长16.08%、4.74%和11.85%。

缴存单位中，国家机关和事业单位占12.99%，国有企业占7.71%，城镇集体企业占2.01%，外商投资企业占1.36%，城镇私营企业及其他城镇企业占70.34%，民办非企业单位和社会团体占3.75%，其他占1.84%。

缴存职工中，国家机关和事业单位占14.44%，国有企业占31.87%，城镇集体企业占2.40%，外商投资企业占2.11%，城镇私营企业及其他城镇企业占44.26%，民办非企业单位和社会团体占2.56%，其他占2.36%；中、低收入占97.65%，高收入占2.35%。

新开户职工中，国家机关和事业单位占3.96%，国有企业占19.64%，城镇集体企业占2.70%，外商投资企业占3.69%，城镇私营企业及其他城镇企业占62.52%，民办非企业单位和社会团体占4.02%，其他占3.47%；中、低收入占99.53%，高收入占0.47%。

(二) 提取业务：2019年，33.03万名缴存职工提取住房公积金74.63亿元。

提取金额中，住房消费提取占77.67%（购买、建造、翻建、大修自住住房占6.11%，偿还购房贷款本息占65.49%，租赁住房占5.99%，其他占0.08%）；非住房消费提取占22.33%（离休和退休提取占14.15%，完全丧失劳动能力并与单位终止劳动关系提取占6.30%，出境定居占1.04%，其他占0.84%）。

提取职工中，中、低收入占95.86%，高收入占4.14%。

(三) 贷款业务：

1. 个人住房贷款：2019年，支持职工购建房121.71万平方米，年末个人住房贷款市场占有率（含公转商贴息贷款）为12.56%，比上年末减少1.27个百分点。通过申请住房公积金个人住房贷款，可节约职工购房利息支出92719.58万元。

职工贷款笔数中，购房建筑面积90（含）平方米以下占16.61%，90~144（含）平方米占76.33%，144平方米以上占7.06%。购买新房占84.79%（其中购买保障性住房占0.31%），购买二手房占15.21%，建造、翻建、大修自住住房占0%，其他占0%。

职工贷款笔数中，单缴存职工申请贷款占78.21%，双缴存职工申请贷款占21.79%，三人及以上缴存职工共同申请贷款占0%。

贷款职工中，30岁（含）以下占53.83%，30岁~40岁（含）占28.25%，40岁~50岁（含）占15.48%，50岁以上占2.44%；首次申请贷款占95.42%，二次及以上申请贷款占4.58%；中、低收入占

96.89%，高收入占 3.11%。

2. 异地贷款：2019 年，发放异地贷款 152 笔、6833.50 万元。2019 年末，发放异地贷款总额 18873.70 万元，异地贷款余额 17342.70 万元。

3. 公转商贴息贷款：2019 年，发放公转商贴息贷款 0 笔、0 万元，支持职工购建住房面积 0 万平方米，当年贴息额 3648.76 万元。2019 年末，累计发放公转商贴息贷款 8946 笔、279510.60 万元，累计贴息 17788.05 万元。

4. 支持保障性住房建设试点项目贷款：2019 年末，累计试点项目 2 个，贷款额度 6.39 亿元，建筑面积 28.92 万平方米，可解决 4128 户中低收入职工家庭的住房问题。2 个试点项目贷款资金已发放并还清贷款本息。

（四）**住房贡献率**：2019 年，个人住房贷款发放额、公转商贴息贷款发放额、项目贷款发放额、住房消费提取额的和与当年缴存额的比率为 100.82%，比上年减少 1.25 个百分点。

六、其他重要事项

（一）当年无机构及职能调整，无受委托办理缴存贷款业务金融机构变更。

（二）当年住房公积金政策调整及执行情况。

（1）下发《关于调整住房公积金贷款最高额度的通知》（筑公积金通字〔2019〕93 号），将贵阳市住房公积金贷款最高额度由原来的 50 万元调整为在贵阳市行政区域内（含铁路沿线）缴存住房公积金的单职工缴存家庭 50 万元、双职工缴存家庭 60 万元。

（2）下发《关于 2019 年贵阳市住房公积金缴存比例及缴存基数执行标准的通知》（筑公积金通字〔2019〕110 号），规范贵阳市 2019 年—2020 年度住房公积金缴存比例及缴存基数。具体为：

1）缴存比例：本市住房公积金缴存比例最低不得低于 5%，最高不得高于 12%。同一单位在同一缴存年度内只能选定一个缴存比例，个人缴存比例应当与单位缴存比例一致。

2）缴存基数：根据贵阳市人力资源和社会保障局公布的现行本市企业最低工资标准计算，本市 2019 年—2020 年度住房公积金缴存基数下限为 1680 元，住房公积金月缴存额下限为 168 元。根据贵州省人力资源和社会保障厅、贵州省统计局联合公布的 2018 年度本市在岗职工平均工资标准计算，本市 2019 年—2020 年度住房公积金缴存基数上限为 18670 元，住房公积金月缴存额上限为 4480 元。

（3）下发《贵阳市住房公积金管理中心关于调整住房公积金部分贷款政策的通知》（筑公积金通字〔2019〕127 号），对贵阳市现行部分个人住房公积金贷款政策进行适当调整。具体为：

1）缴存职工家庭结清首套住房公积金贷款后，即可再次申请住房公积金贷款购买普通自住住房。

2）缴存职工家庭第一次使用住房公积金贷款购买二手房的职工家庭，首付款比例不得低于 20%；为改善居住条件第二次申请住房公积金贷款购买二手房，首付款比例不得低于 30%。

3）个人住房公积金贷款期限由按照借款人夫妻双方中可贷年限最长的一方计算调整为按照主贷人可贷年限进行计算。

（4）下发《关于进一步规范住房公积金提取相关事宜的通知》（筑公积金通字〔2019〕161 号），明确贵阳市住房公积金缴存职工同时符合以下情况的，可申请提取本人和配偶住房公积金账户内的存储余额，用于支付房租。

1）职工本人连续足额缴存住房公积金满 3 个月。

2）职工本人及配偶在本市行政区域内无自有住房且租赁住房的。

3）职工本人及配偶从未提取住房公积金用于购买、建造、翻建、大修本市行政区域内的自有住房或偿还本市行政区域内住房的贷款本息。

4）职工本人及配偶未在本市办理过住房公积金贷款。

同时，申请人可不再提供不动产管理部门出具的无房证明和民政部门出具的婚姻证明。

（三）当年服务改进情况。通过中心微信公众号、筑民生 APP、支付宝及自助终端推出了职工线上自助办理商贷提取、公积金贷款提前还款等业务；为开发商查询信息提供了专用网上营业厅；综合服务平台已建成并以优秀等次通过住房和城乡建设部验收；在省电子政务网上推出退休、离职公积金提取自助办理服务。

（四）当年信息化建设情况。实施了一网通办系统改造，实现高频事项一次办成；建成筑民生公积金在线办理平台；完成档案系统改造，实现会计账簿电子化；完成支付宝二期功能开发；基础数据标准贯彻及结算应用系统接入工作已完成。

（五）当年住房公积金管理中心及职工所获荣誉情况。2019 年中心驻村干部张静同志先后获得"全省脱贫攻坚村优秀第一书记""全市脱贫攻坚优秀共产党员"称号。

（六）当年对违反《住房公积金管理条例》和相关法规行为进行行政处罚和申请人民法院强制执行情况。2019 年，违反《住房公积金管理条例》行政处罚案件 1 件，贵阳市综合行政执法局对该拒不办理住房公积金缴存登记的企业处以 2 万元的行政处罚，无申请人民法院强制执行的案件。

（七）当年无对住房公积金管理人员违规行为的纠正和处理情况。

六盘水市住房公积金 2019 年年度报告

一、机构概况

（一）住房公积金管理委员会：住房公积金管理委员会有 24 名委员，2019 年召开 2 次会议，审议通过的事项主要包括：《六盘水市住房公积金 2018 年年度报告》《六盘水市 2018 年度住房公积金增值收益分配方案》《六盘水市 2019 年度住房公积金归集使用计划》《关于调整住房公积金贷款有关规定的意见》《关于规范预售商品房项目住房公积金个人贷款合作业务的意见》。

（二）住房公积金管理中心：住房公积金管理中心为直属于六盘水市人民政府的不以营利为目的的参公管理事业单位，设 10 个科室，8 个管理部。从业人员 65 人，其中，在编 65 人，非在编 0 人。

二、业务运行情况

（一）缴存：2019 年，新开户单位 166 家，实缴单位 1605 家，净增单位 128 家；新开户职工 1.2 万人，实缴职工 16.08 万人，净增职工 0.4 万人；缴存额 24.63 亿元，同比增长 12.26%。2019 年末，缴存总额 177.51 亿元，比上年末增加 16.11%；缴存余额 73.67 亿元，比上年末增加 12.94%。

受委托办理住房公积金缴存业务的银行 3 家，比上年增加 0 家。

（二）提取：2019 年，提取额 16.19 亿元，同比增长 19.57%；占当年缴存额的 65.73%，比上年增加 4.02 个百分点。2019 年末，提取总额 103.85 亿元，比上年末增加 18.47%。

（三）贷款：

1. 个人住房贷款：个人住房贷款最高额度 60 万元，其中，单缴存职工最高额度 50 万元，双缴存职工最高额度 60 万元。

2019 年，发放个人住房贷款 0.33 万笔、12.47 亿元，同比分别增长 32%、57.45%。

2019 年，回收个人住房贷款 5.67 亿元。

2019 年末，累计发放个人住房贷款 4.49 万笔、93.59 亿元，贷款余额 57 亿元，分别比上年末增加 7.93%、15.37%、13.55%。个人住房贷款余额占缴存余额的 77.37%，比上年末增加 0.41 个百分点。

受委托办理住房公积金个人住房贷款业务的银行 9 家，比上年增加 4 家。

2. 住房公积金支持保障性住房建设项目贷款：2019 年，发放支持保障性住房建设项目贷款 0 亿元，回收项目贷款 0.10 亿元。2019 年末，累计发放项目贷款 7.93 亿元，项目贷款余额 0.52 亿元。

（四）购买国债：2019 年，购买国债 0 亿元，兑付（转让、收回）国债 0 亿元。2019 年末，国债余额 0 亿元，比上年减少 0 亿元。

（五）融资：2019 年，融资 0 亿元，归还 0 亿元。2019 年末，融资总额 0 亿元，融资余额 0 亿元。

（六）资金存储：2019 年末，住房公积金存款 17.36 亿元。其中，活期 1.19 亿元，1 年（含）以下定期 10.17 亿元，1 年以上定期 6 亿元，其他（协定、通知存款等）0 亿元。

（七）资金运用率：2019 年末，住房公积金个人住房贷款余额、项目贷款余额和购买国债余额的总和占缴存余额的 78.08%，比上年末增加 0.16 个百分点。

三、主要财务数据

（一）业务收入：2019 年，业务收入 21358.67 万元，同比增长 14.02%。

（二）业务支出：2019 年，业务支出 12672.37 万元，同比增长 13.09%。支付职工住房公积金利息 10636.03 万元，归集手续费 1179.99 万元，委托贷款手续费 855.95 万元，其他 0.4 万元。

（三）增值收益：2019 年，增值收益 8686.3 万元，同比增长 15.4%。增值收益率 1.23%，比上年增加 0.02 个百分点。

（四）增值收益分配：2019 年，提取贷款风险准备金 637.74 万元，提取管理费用 1225.45 万元，提取城市廉租住房（公共租赁住房）建设补充资金 6823.11 万元。

2019 年，上交财政管理费用 1276.34 万元。上缴财政城市廉租住房（公共租赁住房）建设补充资金 5996.95 万元。

2019 年末，贷款风险准备金余额 5909.34 万元。累计提取城市廉租住房（公共租赁住房）建设补充资金 32675.45 万元。

（五）管理费用支出：2019 年，管理费用支出 1225.45 万元，同比下降 3.99%。其中，人员经费 945.37 万元，公用经费 90.33 万元，专项经费 189.75 万元。

四、资产风险状况

（一）**个人住房贷款**：2019年末，个人住房贷款逾期额275.45万元，逾期率0.4833‰。

个人贷款风险准备金按贷款余额的1%提取。2019年，提取个人贷款风险准备金680.22万元，使用个人贷款风险准备金核销呆坏账0万元。2019年末，个人贷款风险准备金余额5699.82万元，占个人住房贷款余额的1%，个人住房贷款逾期额与个人贷款风险准备金余额的比率为4.83%。

（二）**支持保障性住房建设试点项目贷款**：2019年末，逾期项目贷款0万元，逾期率0‰。

项目贷款风险准备金按贷款余额的4%提取。2019年，提取项目贷款风险准备金-42.48万元，使用项目贷款风险准备金核销呆坏账0万元，项目贷款风险准备金余额209.52万元，占项目贷款余额的4%，项目贷款逾期额与项目贷款风险准备金余额的比率为0%。

五、社会经济效益

（一）**缴存业务**：2019年，实缴单位数、实缴职工人数和缴存额同比分别增长8.67%、2.55%和12.26%。

缴存单位中，国家机关和事业单位占53.52%，国有企业占26.54%，城镇集体企业占1.5%，外商投资企业占0.75%，城镇私营企业及其他城镇企业占12.4%，民办非企业单位和社会团体占1.31%，其他占3.98%。

缴存职工中，国家机关和事业单位占53.13%，国有企业占40.14%，城镇集体企业占0.91%，外商投资企业占0.3%，城镇私营企业及其他城镇企业占2.88%，民办非企业单位和社会团体占0.31%，其他占2.33%；中、低收入占98.15%，高收入占1.85%。

新开户职工中，国家机关和事业单位占37.98%，国有企业占38.25%，城镇集体企业占1.56%，外商投资企业占0.77%，城镇私营企业及其他城镇企业占12.85%，民办非企业单位和社会团体占1.09%，其他占7.5%；中、低收入占99.62%，高收入占0.38%。

（二）**提取业务**：2019年，5.43万名缴存职工提取住房公积金16.19亿元。

提取金额中，住房消费提取占81.25%（购买、建造、翻建、大修自住住房占31.81%，偿还购房贷款本息38.62%，租赁住房占10.82%，其他占0%）；非住房消费提取占18.75%（离休和退休提取占13.63%，完全丧失劳动能力并与单位终止劳动关系提取占1.63%，出境定居占1.2%，其他占2.29%）。

提取职工中，中、低收入占97.99%，高收入占2.01%。

（三）**贷款业务**：

1.个人住房贷款：2019年，支持职工购建房41.36万平方米，年末个人住房贷款市场占有率为28.85%，比上年末减少1.92个百分点。通过申请住房公积金个人住房贷款，可节约职工购房利息支出22735.63万元。

职工贷款笔数中，购房建筑面积90（含）平方米以下占8.69%，90～144（含）平方米占77.84%，144平方米以上占13.47%。购买新房占85.6%（其中购买保障性住房占0%），购买二手房占14.4%，建造、翻建、大修自住住房占0%，其他占0%。

职工贷款笔数中，单缴存职工申请贷款占62.14%，双缴存职工申请贷款占37.86%，三人及以上缴

存职工共同申请贷款占 0%。

贷款职工中，30 岁（含）以下占 35.03%，30 岁～40 岁（含）占 38.67%，40 岁～50 岁（含）占 22.27%，50 岁以上占 4.03%；首次申请贷款占 89.1%，二次及以上申请贷款占 10.9%；中、低收入占 98.3%，高收入占 1.7%。

2. 异地贷款：2019 年，发放异地贷款 195 笔、7629.4 万元。2019 年末，发放异地贷款总额 25901 万元，异地贷款余额 23024.6 万元。

3. 公转商贴息贷款：2019 年，发放公转商贴息贷款 0 笔、0 万元，支持职工购建住房面积 0 万平方米，当年贴息额 0 万元。2019 年末，累计发放公转商贴息贷款 0 笔、0 万元，累计贴息 0 万元。

4. 支持保障性住房建设试点项目贷款：2019 年末，累计试点项目 12 个，贷款额度 7.93 亿元，建筑面积 78.2 万平方米，可解决 7808 户中低收入职工家庭的住房问题。10 个试点项目贷款资金已发放并还清贷款本息。

（四）**住房贡献率**：2019 年，个人住房贷款发放额、公转商贴息贷款发放额、项目贷款发放额、住房消费提取额的总和与当年缴存额的比率为 104.02%，比上年增加 19.55 个百分点。

六、其他重要事项

（一）**当年机构及职能调整情况、受委托办理缴存贷款业务金融机构变更情况**。2019 年，六盘水市住房公积金管理机构及职能未作调整。受委托办理住房公积金个人住房贷款业务的银行比上年增加 4 家。

2019 年末，住房公积金综合业务受委托银行 3 家，分别是工商银行、建设银行和贵州银行，负责住房公积金缴存、提取、贷款等综合业务办理；贷款专项业务受委托银行 6 家，分别是中国银行、农业银行、六盘水农商银行、交通银行、贵阳银行、招商银行，专项办理住房公积金个人贷款业务。

（二）**当年住房公积金政策调整及执行情况。**

1. 缴存政策调整及执行情况：根据贵州省人力资源和社会保障厅、贵州省统计局公布的六盘水市 2019 年城镇单位从业人员平均工资和 2019 年六盘水市最低工资标准，明确向社会公布本市住房公积金缴存基数标准，上限为 16559 元、下限为 1570 元，缴存比例未调整，为 5%～12%。

2. 提取政策调整及执行情况：未调整。

3. 贷款政策调整及执行情况：

（1）贷款申请条件中"申请人连续缴存住房公积金 12 个月以上"调整为"申请人连续缴存住房公积金 6 个月以上"。

（2）本市住房公积金"贷款最高额度 50 万元"调整为"申请人和配偶均连续足额缴存住房公积金的，贷款最高额度 60 万元；申请人无配偶或配偶未连续足额缴存住房公积金的，贷款最高额度 50 万元"。

4. 住房公积金存贷款利率执行标准：职工住房公积金账户存款利率当年缴存和上年结转统一为 1.5%；个人住房公积金贷款利率为五年以内（含五年）2.75%、五年以上 3.25%。

（三）**当年服务改进情况**。2019 年，全面开展综合服务平台建设工作，网上业务大厅、微信公众号等服务渠道正式上线运行，实现了缴存单位通过网上业务大厅在线办理缴存业务，缴存职工通过网上业务大厅和微信公众号等服务渠道在线实时查询信息和自助办理提取、还款业务，缴存资金自动分摊记入职工个人账号和提取资金"秒级到账"。2019 年，市县两级公积金业务全面进驻当地政务服务大厅，进一步提升了服务水平和服务质量。

(四)当年信息化建设情况。

1. **信息系统升级改造情况**：按照2019年修订的业务规范推进核心业务系统规范化建设，并结合综合服务平台各服务渠道线上业务办理要求完善核心业务系统功能，全面完成全国住房公积金数据平台接入工作。

2. **基础数据标准贯彻落实和结算应用系统接入情况**：持续按照《住房公积金基础数据标准》开展历史数据清理，数据标准化得到进一步提升。持续加大结算应用系统应用力度，实现了结算应用系统在线上线下业务中的全面应用。

(五)当年住房公积金管理中心及职工所获荣誉情况。2019年无获奖情况。

(六)当年对违反《住房公积金管理条例》和相关法规行为进行行政处罚和申请人民法院强制执行情况。2019年没有行政处罚和申请人民法院强制执行情况。

(七)当年对住房公积金管理人员违规行为的纠正和处理情况等。2019年住房公积金有两名管理人员受到处分，其中一名受到政务警告处分，一名受到政务记过处分。

遵义市住房公积金2019年年度报告

一、机构概况

(一)**住房公积金管理委员会**。遵义市住房公积金管理委员会有28名委员，2019年第一次会议审议通过了《遵义市住房公积金管理中心2018年年度报告》《关于2019年度住房公积金归集、使用计划及管理费用预算的报告》《关于新市民（进城落户农民）住房公积金补息贷款补息资金列入业务支出的报告》和《关于提高第二套房住房公积金贷款利率的报告》等事项。2019年第二次会议审议通过了《关于启动我市住房公积金管理办法修订工作的报告》和《关于开展住房公积金个人封存账户专项清理工作的报告》等事项。

(二)**住房公积金管理中心**。遵义市住房公积金管理中心为直属遵义市人民政府不以营利为目的的正县级参照公务员法管理事业单位，设6个科室，14个管理部。从业人员115人，其中在编69人，非在编46人。

二、业务运行情况

(一)**缴存**。2019年末实缴单位5348家，全年新开户单位706家，净增缴存单位378家；年末实缴职工38.25万人，全年新开户职工4.04万人，净增职工2.65万人。全年缴存额74.31亿元，同比增长24.95%。截至2019年末，累计缴存总额400.40亿元，同比增长22.79%，缴存余额189.40亿元，同比增长19.27%。

受委托办理住房公积金缴存业务银行有3家。

（二）提取。全年提取住房公积金 108.91 万笔、43.71 亿元，同比增长 23.72%，占当年缴存额的 58.82%，比上年降低 0.59 个百分点。截至 2019 年末，累计提取总额 211.00 亿元，同比增长 26.13%。

（三）贷款。职工购买普通住房个人住房贷款最高额度 45 万元，其中单缴存职工最高额度 35 万元，双缴存职工最高额度 45 万元。职工购买城区成品房个人住房贷款最高额度 55 万元，其中单缴存职工最高额度 45 万元，双缴存职工最高额度 55 万元。

全年发放个人住房公积金贷款 1.43 万笔、45.99 亿元，同比分别增长 11.72%、20.61%。回收个人住房贷款 22.08 亿元，同比增长 29.20%。截至 2019 年末，累计发放个人住房公积金贷款 13.47 万笔、287.46 亿元，贷款余额 187.77 亿元，同比分别增长 11.87%、19.05%、14.59%。个人住房公积金贷款余额占住房公积金缴存余额的 99.14%，比上年末下降 4.05 个百分点。

受委托办理个人住房公积金贷款业务银行有 15 家。

（四）融资。2019 年未融资。截至 2019 年末融资总额 20.19 亿元，2019 年归还融资 2.68 亿元，融资余额 4.11 亿元。

（五）资金存储。年末住房公积金存款 11.67 亿元。其中活期 0.03 亿元，1 年以上定期 1.63 亿元，其他（协定、通知存款等）10.01 亿元。

（六）资金运用率。2019 年末住房公积金个人住房贷款余额、项目贷款余额和购买国债余额的总和占缴存余额的 99.14%，比上年减少 4.05 个百分点。

三、主要财务数据

（一）业务收入。全年业务收入 56835.48 万元，同比增长 20.67%。其中住房公积金存款利息 888.94 万元，委托贷款利息 55938.68 万元，增值收益利息收入 7.86 万元。

（二）业务支出。全年业务支出 31785.47 万元，同比增长 12.90%。其中支付职工住房公积金利息 26419.62 万元，归集手续费 1431.99 万元，委托贷款手续费 2279.72 万元，其他支出 1654.14 万元。

（三）增值收益。全年实现增值收益 25050.01 万元，同比增长 32.21%。增值收益率 1.43%，比上年增加 0.14 个百分点。

（四）增值收益分配。2019 年提取贷款风险准备金 2391.30 万元，提取管理费用 2978.83 万元，提取城市廉租住房（公共租赁住房）建设补充资金 19679.88 万元。

2019 年上缴 2018 年度财政批复市公积金中心管理费用 2787.39 万元，上缴 2018 年度城市廉租住房（公共租赁住房）建设补充资金 14055.53 万元。

截至 2019 年末，累计提取贷款风险准备金 18776.95 万元，累计提取城市廉租住房（公共租赁住房）建设补充资金 100083.35 万元。

（五）管理费用支出。2019 年公积金中心管理费用实际支出 2666.78 万元，同比增长 0.49%。其中人员经费及公用经费 1749.55 万元，专项经费 917.23 万元。

四、资产风险状况

年末个人住房贷款逾期 59 笔 391.17 万元，逾期率 0.21‰。个人贷款风险准备金按贷款余额的 1% 提取，2019 年补提取个人贷款风险准备金 2391.30 万元。年末个人贷款风险准备金余额 18776.95 万元，占个人住房贷款余额的 1%，个人住房贷款逾期额与个人贷款风险准备金余额的比率为 2.08%。

五、社会经济效益

（一）缴存业务。年末实缴单位数 5348 家，实缴职工人数 38.25 万人，全年缴存额 74.31 亿元，同比分别增长 10.18%、5.66% 和 24.95%。

缴存单位中，国家机关和事业单位占 52.20%，国有企业占 18.87%，城镇集体企业占 1.16%，外商投资企业占 0.77%，城镇私营企业及其他城镇企业占 24.03%，民办非企业单位和社会团体占 2.43%，其他占 0.54%。

缴存职工中，国家机关和事业单位占 51.94%，国有企业占 32.60%，城镇集体企业占 0.39%，外商投资企业占 1.04%，城镇私营企业及其他城镇企业占 13.00%，民办非企业单位和社会团体占 0.61%，其他占 0.42%；低收入占 38.32%，中收入占 61.68%，高收入占 0%。

新开户职工中，国家机关和事业单位占 22.13%，国有企业占 29.18%，城镇集体企业占 40.58%，外商投资企业占 1.26%，城镇私营企业及其他城镇企业占 1.53%，民办非企业单位和社会团体占 1.90%，其他占 3.42%。低收入占 88.77%，中收入占 11.23%，高收入占 0%。

全年新增 185 名城市灵活就业人员缴存住房公积金，累计开户人数 265 人，累计缴存住房公积金 201.14 万元。

（二）提取业务。全年提取住房公积金 14.51 万人次 43.71 亿元。

提取金额中，住房消费提取占 83.46%（购买、建造、翻建、大修自住住房占 13.51%，偿还购房贷款本息占 69.87%，租赁住房占 0.08%）；非住房消费提取占 16.54%（离休和退休提取占 11.98%，完全丧失劳动能力并与单位终止劳动关系提取占 2.24%，户口迁出本市或出境定居占 0.05%，其他占 2.27%）。

提取职工中，低收入占 25.07%，中收入占 74.93%。

（三）贷款业务：

1. 个人住房贷款。 全年支持职工购建房 173.55 万平方米，同比增加 19.12 万平方米，增长 12.38%，年末个人住房贷款市场占有率为 22.26%，比上年下降 1.61%。职工通过申请住房公积金个人住房贷款，按同期商业按揭贷款利率测算可节约购房利息支出 73643.14 万元。

贷款购建房中，建筑面积 90（含）平方米以下占 7.43%，90～144（含）平方米占 82.23%，144 平方米以上占 10.34%。购买新房占 89.15%（其中购买保障性住房占 0.17%），购买二手房占 10.84%，建造、翻建、大修自住住房占 0.01%。

贷款职工中，单缴存职工申请贷款占 38.38%，双缴存职工申请贷款占 61.62%。其中 30 岁（含）以下占 42.18%，30 岁～40 岁（含）占 31.75%，40 岁～50 岁（含）占 19.93%，50 岁以上占 6.14%；首次申请贷款占 91.22%，二次及以上申请贷款占 8.78%；低收入占 40.53%，中收入占 59.39%、高收入占 0.08%。

2. 异地贷款。 全年发放异地住房公积金贷款 548 笔、16757.90 万元，同比增长 22.05%、28.12%。截至 2019 年末累计发放异地住房公积金贷款总额 52183.30 万元，占全省异地住房公积金贷款总额的 21.03%。

（四）住房贡献率。 2019 年个人住房贷款额、公转商贴息贷款额、项目贷款额、住房消费提取额的总和与当年缴存额的比率为 110.97%，比上年增加 0.39 个百分点。

六、其他重要事项

（一）住房公积金政策调整及执行情况。 印发了《关于调整我市第二套住房公积金个人住房贷款利率的通知》《关于租住商品住房提取住房公积金取消部分申请材料的通知》和《关于进一步规范职工共同购买自住住房提取公积金相关业务的通知》。发布了 2019—2020 年度遵义市住房公积金缴存基数上下限。

（二）服务改进情况。 2019 年全市共计全员进驻当地政务服务中心共 8 个管理部（其中新蒲管理部为 2019 年新组建），全面推行"综合柜员制"，实现"一窗受理、无差别服务"，开辟绿色通道，受理高坪"6.22"特大洪灾受灾职工支取公积金。

新增住房公积金业务委托银行网点 10 个；新增国家政务服务平台、官方微博、支付宝城市服务、多彩宝 4 个互联网查询服务渠道；全面推广应用网上业务大厅，截至 2019 年 12 月 31 日，全市 4006 家单位开通网上业务大厅，开通率 78.92%。

2019 年 10 月 17 日，遵义市住房公积金综合服务平台项目以优秀等次通过住房和城乡建设部、贵州省住房和城乡建设厅联合检查验收。

（三）信息化建设及网络安全情况。 信息化建设方面，完成了住房和城乡建设部数据平台接入、贵州省一云一网一平台接入、遵义市进城落户农民补息贷款、薪金云贷的项目建设；邮储银行、兴业银行、光大银行、招商银行 4 家业务委托银行正式接入使用住房公积金银行结算数据应用系统；官方微信和手机客户端分别通过接口方式引入腾讯和支付宝的人脸识别技术，增加了自主缴存、偿还商贷提取、离职提取和退休提取等实时业务在线办结功能。网络安全方面，开展了商用密码应用评估和整改工作，与江苏盐城市住房公积金管理中心开展了互建灾备中心技术合作。

（四）风险防控方面。 全年查处利用虚假资料进行骗提骗贷 86 笔，累计追回骗提骗贷资金 216.80 万元，公安机关行政拘留骗提骗贷人员 3 人。个贷率 99.14%，同比下降 4.05 个百分点，自 2016 年来首次回归到 100% 以内。按照第一次管委会意见，向市人民政府报送风险防控分析报告两次。

（五）获奖及荣誉方面。 2019 年住房公积金管理中心正安县管理部业务大厅被评为市级"青年文明号"窗口。

安顺市住房公积金 2019 年年度报告

一、机构概况

（一）住房公积金管理委员会： 住房公积金管理委员会有 21 名委员，2019 年召开 2 次会议。审议通过的事项主要包括：《安顺市住房公积金管理中心关于建议调整部分管理委员会委员的情况报告》《安顺市 2018 年住房公积金归集使用计划执行情况及 2019 年归集使用计划草案》《安顺市财政局关于对市住房公积金 2018 年度财务收支决算审核及 2019 年财务收支预算草案的报告》《安顺市住房公积金 2019 年度增值收益分配草案报告》《安顺市住房公积金 2018 年年度报告》《关于丰泰江铃汽车销售服务有限公司申请降低缴存比例的情况通报》《安顺市住房公积金管理中心关于调整个人住房公积金贷款额度的情况报告（征求意见稿）》《关于人民法院拍卖住房办理个人住房公积金业务的实施办法（征求意见稿）》《关于调整聘任安顺市住房公积金管理委员会委员的通知》《安顺市住房公积金管理中心 2019 年上半年工作情况报告》《关于安顺西航南马村镇银行降低住房公积金缴存比例的情况通报》。

（二）住房公积金管理中心：住房公积金管理中心为直属于市人民政府的不以营利为目的的正县级参公管理事业单位，设综合科、资金管理科、计划信贷科、稽核执法科及信息技术科五个内设科室，下设西秀区、平坝区、普定县、镇宁自治县、关岭自治县、紫云自治县、经济技术开发区、黄果树风景名胜区及黎阳航空发动机公司九个管理部。从业人员 75 人，其中，在编 50 人，非在编 25 人。

二、业务运行情况

（一）缴存：2019 年，新开户单位 269 家，实缴单位 2385 家，净增单位 199 家；新开户职工 1.07 万人，实缴职工 12.19 万人，净增职工 0.18 万人；缴存额 20.88 亿元，同比增长 7.48%。2019 年末，缴存总额 135.4 亿元，比上年末增加 18.24%；缴存余额 59.09 亿元，比上年末增加 15.07%。

受委托办理住房公积金缴存业务的银行共 2 家。

（二）提取：2019 年，提取额 13.15 亿元，同比增长 12.31%，占当年缴存额的 62.95%，比上年增加 2.7 个百分点。2019 年末，提取总额 76.32 亿元，比上年末增加 20.81%。

（三）贷款：个人住房贷款最高额度为 45 万元，其中，单缴存职工最高额度 35 万元，双缴存职工最高额度 45 万元。

2019 年，发放个人住房贷款 0.44 万笔、12.87 亿元，同比分别分别增长 25.26%、69.37%。

2019 年，回收个人住房贷款 5.92 亿元。

2019 年末，累计发放个人住房贷款 4.75 万笔、88.22 亿元，贷款余额 55.45 亿元，分别比上年末增加 10.26%、17.08%、14.34%。个人住房贷款余额占缴存余额的 93.85%，比上年末减少 0.6 个百分点。

受委托办理住房公积金个人住房贷款业务的银行 9 家。

（四）购买国债：2019 年未购买国债，截至 2019 年底国债余额为 0。

（五）资金存储：2019 年末，住房公积金存款 4.73 亿元。其中，活期 0.01 亿元，1 年（含以下）定期 3.2 亿元，1 年以上定期 0.3 亿元，其他（协定存款）1.22 亿元。

（六）资金运用率：2019 年末，住房公积金个人住房贷款余额、项目贷款余额和购买国债余额的总和占缴存余额的 93.85%，比上年末减少 0.6 个百分点。

三、主要财务数据

（一）业务收入：2019 年，业务收入 17418.96 万元，同比增长 12.13%。存款利息 669.39 万元，委托贷款利息 16580.26 万元，其他 169.31 万元。

（二）业务支出：2019 年，业务支出 8624.65 万元，同比下降 1.75%。支付职工住房公积金利息 7837.76 万元，委托贷款手续费 779.65 万元，其他 7.24 万元。

(三)增值收益：2019年，增值收益8794.31万元，同比增长30.16%。增值收益率1.58%，比上年增加0.18个百分点。

(四)增值收益分配：2019年，提取贷款风险准备金695.55万元，提取管理费用1824.68万元，提取城市廉租住房（公共租赁住房）建设补充资金6274.08万元。

2019年，上缴财政管理费用2400万元。上缴财政城市廉租住房（公共租赁住房）建设补充资金4096.71万元。

2019年末，贷款风险准备金余额5545.23万元，累计提取城市廉租住房（公共租赁住房）建设补充资金36294.33万元。

(五)管理费用支出：2019年，管理费用支出1897.89万元，同比增长17.87%。其中：人员经费705.08万元，公用经费53.66万元，专项经费1139.15万元（含工作经费210.41万元，办公场地租赁费237.84万元，系统网络维护费45.62万元，市县大厅运行费201.92万元，新业务办公大楼装修及设备购置350.76万元，目标考核奖励0.34万元，银行结算运行系统63.76万元，建设数据交换接口项目经费28.5万元）。

四、资产风险状况

2019年末，个人住房贷款逾期额26.84万元，个人住房贷款逾期率0.048‰。

个人贷款风险准备金按贷款余额的1%提取。2019年，提取个人贷款风险准备金695.55万元，使用个人贷款风险准备金核销呆坏账0万元。个人贷款风险准备金余额5545.23万元，占个人贷款余额的1%，个人住房贷款逾期额与个人贷款风险准备金余额的比率为0.48%。

五、社会经济效益

(一)缴存业务：2019年，实缴单位数、实缴职工人数和缴存额增长率分别为9.10%、1.47%和7.48%。

缴存单位中，国家机关和事业单位占55.26%，国有企业占17.23%，城镇集体企业占1.13%，外商投资企业占0.63%，城镇私营企业及其他城镇企业占12.12%，民办非企业单位和社会团体占7.88%，其他占5.75%。

缴存职工中，国家机关和事业单位占58.21%，国有企业占27.85%，城镇集体企业占1.18%，外商投资企业占1.82%，城镇私营企业及其他城镇企业占7.4%，民办非企业单位和社会团体占1.11%，其他占2.43%。中、低收入占99.9%，高收入占0.1%。

新开户职工中，国家机关和事业单位占28.16%，国有企业占26.80%，城镇集体企业占0.64%，外商投资企业占4.91%，城镇私营企业及其他城镇企业占27.1%，民办非企业单位和社会团体占5.24%，其他占7.15%；中、低收入占99.99%，高收入占0.01%。

(二)提取业务：2019年，4.84万名缴存职工提取住房公积金13.15亿元。

提取金额中，住房消费提取占80.43%（购买、建造、翻建、大修自住住房占26.46%，偿还购房贷款本息占53.03%，租赁住房占0.65%，其他占0.29%）；非住房消费提取占19.57%（离休和退休提取占14.63%，完全丧失劳动能力并与单位终止劳动关系提取占3.31%，户口迁出本市或出境定居占1.1%，其他占0.53%)。

提取职工中,中、低收入占98.53%,高收入占1.47%。

(三)贷款业务:

1.个人住房贷款:2019年,支持职工购建房53.70万平方米,年末个人住房贷款市场占有率为31.63%,比上年减少4.32个百分点。通过申请住房公积金个人住房贷款,可节约职工购房利息支出2.42亿元。

职工贷款笔数中,购房建筑面积90(含)平方米以下占6.17%,90~144(含)平方米占86.28%,144平方米以上占7.55%。购买新房占94.26%(其中购买保障性住房占2.62%),购买存量商品住房占5.52%,建造、翻建、大修自住住房占0.07%,其他占0.16%。

职工贷款笔数中,单缴存职工申请贷款占67.87%,双缴存职工申请贷款占31.4%,三人及以上缴存职工共同申请贷款占0.73%。

贷款职工中,30岁(含)以下占45.31%,30岁~40岁(含)占26.59%,40岁~50岁(含)占21.25%,50岁以上占6.85%;首次申请贷款占93.13%,二次及以上申请贷款占6.87%;中、低收入占99.12%,高收入占0.88%。

2.异地贷款:2019年,发放异地贷款126笔、3481.2万元。2019年末,发放异地贷款总额10452.4万元,异地贷款余额9179.35万元。

(四)**住房贡献率**:2019年,个人住房贷款发放额、住房消费提取额的总和与当年缴存额的比率为112.25%,比上年增加29.86个百分点。

六、其他重要事项

(一)当年住房公积金政策调整及执行情况。

1.当年缴存政策调整情况:根据2019年安顺市统计局公布的上年在岗职工平均工资,向社会发布新的住房公积金缴存基数上下限标准,自2019年7月1日起,各缴存单位调整后的缴存基数上限不超过16536元,职工月缴存额上限统一为3970元;缴存基数下限不得低于安顺市劳动部门公布的职工月最低工资标准,其中:西秀区、平坝区为1680元,市直、开发区参照西秀区标准执行,黎阳公司参照平坝区标准执行;普定县、关岭县、镇宁县及紫云县均为1470元,黄果树参照镇宁县标准执行,职工月缴存下限分别为:市直、西秀区、开发区、平坝区168元;普定县、关岭县、镇宁县及紫云县148元。

2.当年住房公积金贷款政策调整情况:

(1)提高贷款额度:《安顺市住房公积金管理委员会关于调整个人住房公积金贷款额度的通知》(安市公积管委通〔2019〕1号),于2019年4月1日起执行。主要调整内容:①双方缴交住房公积金的职工购买、建造自住住房最高额度从原来的30万元提高为45万元;翻建、大修自住住房最高额度从原来的10万元提高为20万元。②单方缴交住房公积金的职工购买、建造自住住房最高额度从原来的25万元提高为35万元;翻建、大修自住住房最高额度从原来的10万元提高为20万元。

(2)出台了《安顺市关于人民法院拍卖住房办理个人住房公积金业务的实施办法》(安市公积管委通〔2019〕2号),经2019年3月11日安顺市住房公积金管理委员会第一次全体会议讨论通过,2019年4月1日起公布实施。

2019年中心执行的个人住房公积金贷款利率执行中国人民银行公布的住房公积金贷款利率：贷款期限在5年以内（含5年）的2.75%，5年以上的3.25%。

(二) 当年服务改进情况。

1. 网点建设情况

2019年，按照市委、市政府提高办事效率、优化发展环境，加快推进政务服务改革的工作部署，安顺市公积金管理中心直属7个县区管理部整体迁入当地政务服务中心并开展服务。

2. 综合服务平台建设情况

2019年，在市人民政府批复建设资金以后，我中心按照采购流程对综合服务平台建设进行了招标，此次建设内容包含了住房和城乡建设部规定的八个对外服务渠道：网上业务大厅、微信公众号、手机客户端、短信服务、语音热线、自助终端、门户网站、官方微博。此外还包括预约排队叫号系统以及相关的数据接口、综合管理系统和安全保障体系等。2019年，中心完成了综合服务平台建设一期需求分析确认、应用开发测试、硬件升级改造等工作，为下一步综合服务平台上线打下了坚实基础。

(三) 当年信息化建设情况。

1. 新机房信息化工作

2019年，中心按照等保三级物理安全的要求完成了新机房信息化配套设施的建设并顺利搬迁，为中心未来业务拓展奠定了信息化基础。

2. 数据报送平台建设

2019年，中心在全面完成《住房公积金基础数据标准》和《住房公积金银行结算应用系统标准》并通过省住房城乡建设厅、住房和城乡建设部"双贯标"的基础上，完成了住房和城乡建设部数据报送平台的开发及与全国住房公积金数据报送平台的对接工作。

(四) 当年住房公积金管理中心及职工所荣获荣誉情况。丁碧同志荣获"安顺市脱贫攻坚先进个人"称号。

毕节市住房公积金2019年年度报告

一、机构概况

(一) **住房公积金管理委员会**：住房公积金管理委员会有26名委员，2019年召开一次会议，审议通过的事项主要包括：市住房公积金管理委员会办公室《关于调整毕节市住房公积金管理委员会部分委员的建议》，市财政局《关于对2018年度住房公积金财务监管情况的报告》，人民银行毕节市中心支行《关于2018年度受托银行承办住房公积金业务情况的报告》，市财政局关于对毕节市住房公积金管理中心（含九县区管理部）2019年管理经费预算的审核意见，2018年度毕节市住房公积金增值收益分配方案，毕节市住房公积金2018年年度报告，2019年度住房公积金归集、使用计划，市住房公积金管理中心《关于调整住房公积金相关政策的建议》。

（二）住房公积金管理中心：住房公积金管理中心为市人民政府直属不以营利为目的的正县级参公事业单位，主要负责全市住房公积金的归集、管理、使用和会计核算。目前中心内设5个科室，综合科、业务科、会计科、监督科和信息科，下设市直、七星关区、大方县、黔西县、金沙县、织金县、纳雍县、威宁县、赫章县、百管委10个管理部。从业人员83人，其中，在编59人，非在编24人。

二、业务运行情况

（一）缴存：2019年，新开户单位336家，实缴单位3569家，净增单位658家；新开户职工1.62万人，实缴职工23.30万人，净增职工0.59万人；缴存额32.18亿元，同比增长7.37%。年末，缴存总额198.10亿元，比上年末增加19.39%；缴存余额95.60亿元，比上年末增加12.66%。

受委托办理住房公积金缴存业务的银行包括毕节市建设银行、毕节市农业银行、毕节市工商银行共计三家，与上年保持不变。

（二）提取：2019年，提取额21.43亿元，同比下降1.43%；占当年缴存额的66.59%，比上年减少5.95个百分点。2019年末，提取总额102.50亿元，比上年末增加26.45%。

（三）贷款：

1.个人住房贷款：个人住房贷款最高额度40万元，其中，单缴存职工最高额度40万元，双缴存职工最高额度40万元。

2019年，发放个人住房贷款0.96万笔、34.02亿元，同比分别增长2.12%、17.27%。

2019年，回收个人住房贷款15.89亿元。

2019年末，累计发放个人住房贷款7.37万笔、177.60亿元，贷款余额100.55亿元，分别比上年末增加14.98%、23.70%、22.00%。个人住房贷款余额占缴存余额的105.18%，比上年末增加8.07个百分点。

受委托办理住房公积金个人住房贷款业务的银行包括毕节市建设银行、毕节市农业银行、毕节市工商银行、毕节市中国银行、毕节市交通银行、贵州银行，共计六家，与上年相比增加贵州银行一家。

2.住房公积金支持保障性住房建设项目贷款：无。

（四）购买国债：无。

（五）融资：2019年，融资1.98亿元，归还0.01亿元。2019年末，融资总额1.98亿元，融资余额1.97亿元。

（六）资金存储：2019年末，住房公积金存款0亿元。

（七）资金运用率：2019年末，住房公积金个人住房贷款余额、项目贷款余额和购买国债余额的总和占缴存余额的105.18%，比上年末增加8.07个百分点。

三、主要财务数据

（一）业务收入：2019年，业务收入29589.67万元，同比增长14.81%。其中，存款利息379.31万元，委托贷款利息29210.36万元，国债利息0万元，其他0万元。

（二）业务支出：2019年，业务支出14726.07万元，同比增长10.07%。其中，支付职工住房公积金利息13799.24万元，归集手续费338.18万元，委托贷款手续费588.65万元，其他0万元。

（三）增值收益：2019年，增值收益14863.60万元，同比增长19.94%。增值收益率1.65%，比上年增加0.19个百分点。

（四）增值收益分配：2019年，提取贷款风险准备金1813.32万元，提取管理费用1168.94万元，提取城市廉租住房（公共租赁住房）建设补充资金11881.34万元。

2019年，上交财政管理费用1267.11万元。上缴财政城市廉租住房（公共租赁住房）建设补充资金9843.86万元。2019年末，贷款风险准备金余额8241.50万元。累计提取城市廉租住房（公共租赁住房）建设补充资金55903.44万元。

（五）管理费用支出：2019年，管理费用支出1852.88万元，同比增长39.03%。其中，人员经费913万元，公用经费121.34万元，专项经费818.52万元。

四、资产风险状况

（一）个人住房贷款：2019年末，个人住房贷款逾期额50.34万元，逾期率0.050‰。

个人贷款风险准备金按贷款余额的1%提取。2019年，提取个人贷款风险准备金1281.58万元，使用个人贷款风险准备金核销呆坏账0万元。2019年末，个人贷款风险准备金余额8241.50万元，占个人住房贷款余额的0.82%，个人住房贷款逾期额与个人贷款风险准备金余额的比率为0.61%。

（二）支持保障性住房建设试点项目贷款：无。

五、社会经济效益

（一）缴存业务：2019年，实缴单位数、实缴职工人数和缴存额同比分别增长22.60%、2.60%和12.66%。

缴存单位中，国家机关和事业单位占68.98%，国有企业占26.95%，民办非企业单位和社会团体占1.70%，其他占2.37%。

缴存职工中，国家机关和事业单位占79.94%，国有企业占17.78%，民办非企业单位和社会团体占0.77%，其他占1.51%；中、低收入占99.99%，高收入占0.01%。

新开户职工中，国家机关和事业单位占45.76%，国有企业占46.88%，民办非企业单位和社会团体占2.87%，其他占4.49%；中、低收入占100%，高收入占0%。

（二）提取业务：2019年，6.90万名缴存职工提取住房公积金21.43亿元。

提取金额中，住房消费提取占89.96%（购买、建造、翻建、大修自住住房占1.74%，偿还购房贷款本息占78.57%，租赁住房占9.65%，其他占0）；非住房消费提取占10.04%（离休和退休提取占4.70%，完全丧失劳动能力并与单位终止劳动关系提取占3.26%，出境定居占0，其他占2.08%）。

提取职工中，中、低收入占99.99%，高收入占0.01%。

（三）贷款业务：

1. 个人住房贷款：2019年，支持职工购建房116.45万平方米，年末个人住房贷款市场占有率（含公转商贴息贷款）为39.32%（100.55/255.72），比上年末减少5.00个百分点。通过申请住房公积金个人住房贷款，可节约职工购房利息支出77792.81万元。

职工贷款笔数中，购房建筑面积90（含）平方米以下占1.79%，90～144（含）平方米占88.94%，

144平方米以上占9.27%。购买新房占95.74%（其中购买保障性住房占0%），购买二手房占4.23%，建造、翻建、大修自住住房占0，其他占0.03%。

职工贷款笔数中，单缴存职工申请贷款占36.02%，双缴存职工申请贷款占63.98%，三人及以上缴存职工共同申请贷款占0%。

贷款职工中，30岁（含）以下占47.61%，30岁～40岁（含）占35.31%，40岁～50岁（含）占13.03%，50岁以上占4.05%；首次申请贷款占82.92%，二次及以上申请贷款占17.08%；中、低收入占99.80%，高收入占0.20%。

2. 异地贷款：2019年，发放异地贷款515笔、17600.80万元。2019年末，发放异地贷款总额34027.43万元，异地贷款余额33123.80万元。

3. 公转商贴息贷款：2019年，发放公转商贴息贷款608笔、19783.88万元，支持职工购建住房面积7.36万平方米，当年贴息额449.51万元。2019年末，累计发放公转商贴息贷款3367笔、89531.48万元，累计贴息3355.00万元。

4. 支持保障性住房建设试点项目贷款：无。

（四）住房贡献率：2019年，个人住房贷款发放额、公转商贴息贷款发放额、项目贷款发放额、住房消费提取额的总和与当年缴存额的比率为165.63%，比上年增加11.76个百分点。

六、其他重要事项

（1）当年机构及职能调整情况、受委托办理缴存贷款业务金融机构变更情况。2019年受委托办理住房公积金个人住房贷款业务的银行包括毕节市建设银行、毕节市农业银行、毕节市工商银行、毕节市中国银行、毕节市交通银行、贵州银行，共计六家，增加贵州银行一家。

（2）当年缴存基数限额及确定方法、缴存比例等缴存政策调整情况。根据《毕节市住房公积金归集管理暂行办法》、省人社厅省统计局《关于公布2018年贵州省城镇单位从业人员平均工资和企业离退休人员平均基本养老金的通知》（黔人社发〔2019〕9号）、省人社厅《关于调整2017年贵州省最低工资标准的通知》（黔人社厅通〔2017〕10号）文件精神及相关规定，现将本市2019年度住房公积金月缴存额上、下限标准通知如下：

毕节市2019年度住房公积金月缴存额（单位及个人缴存合计）上限标准最高不得超过3745元；住房公积金月缴存额（单位及个人缴存合计）下限标准最低不得低于147元。

（3）2019年纳雍县、织金县和大方县三个管理部相继进驻当地政务服务大厅，中心下设10个县区管理部，除黔西县、赫章县管理部因场地未落实暂未进驻外，其余县区管理部均入驻当地政务服务大厅。威宁县管理部把公积金前台业务延伸到银行网点办理，实现了公积金缴存单位和职工，在新老城区三个网点就近办理公积金业务。

（4）根据住房和城乡建设部建设综合服务平台的要求，2019年中心多形式、全方位开通服务渠道，完成了集中心门户网站、网上业务大厅、12329服务热线、短信、微信、手机APP、终端查询等八大功能为一体的服务渠道，实现服务事项"应上尽上、线上线下"，上线业务涵盖住房公积金归集、提取、贷款、查询等40余项，满足了缴存单位和职工多元化、个性化服务需求。

（5）2019年8月12日，总投资1226.98万元的中心大数据综合云平台项目通过专家组验收。

铜仁市住房公积金 2019 年年度报告

一、机构概况

（一）住房公积金管理委员会：铜仁市住房公积金管理委员会有 26 名委员。

（二）住房公积金管理中心：铜仁市住房公积金管理中心是不以营利为目的的全额拨款事业单位，设 9 个科室，11 个管理部，没有设立分中心。从业人员 106 人，其中，在编 76 人，非在编 30 人。

二、业务运行情况

（一）缴存：2019 年，新开户单位 229 家，实缴单位 3025 家，净增单位 175 家；新开户职工 1.36 万人，实缴职工 16.49 万人，净增职工负 0.15 万人；缴存额 29.66 亿元，同比增长 9.97%。2019 年末，累计缴存总额 168 亿元，比上年末增加 21.43%；缴存余额 85.72 亿元，比上年末增加 8.12%。

受委托办理住房公积金缴存业务的银行 7 家，与上年保持一致。

（二）提取：2019 年，提取额 23.22 亿元，同比增长 18.17%；占当年缴存额的 78.29%，比上年增加 5.51 个百分点。2019 年末，提取总额 82.29 亿元，比上年末增加 39.31%。

（三）贷款：

1. 个人住房贷款：个人住房贷款最高额度 50 万元，其中，单缴存职工最高额度 50 万元，双缴存职工最高额度 50 万元。

2019 年，发放个人住房贷款 0.78 万笔、25.31 亿元，同比分别增长 25.81%、48.27%。

2019 年，回收个人住房贷款 9.88 亿元。

2019 年末，累计发放个人住房贷 6.29 万笔、130.82 亿元，贷款余额 83.41 亿元，分别比上年末增加 14.16%、24.02%、22.70%。个人住房贷款余额占缴存余额的 97.31%，比上年末增加 11.42 个百分点。

受委托办理住房公积金个人住房贷款业务的银行 7 家，与上年保持一致。

2. 住房公积金支持保障性住房建设项目贷款：2019 年，铜仁市住房公积金管理中心没有开展住房公积金支持保障性住房建设项目、购买国债、融资业务。

（四）资金存储：2019 年末，住房公积金存款 3.75 亿元。其中，两年以上定期 1.5 亿元，其他（协定、通知存款等）2.25 亿元。

（五）资金运用率：2019 年末，住房公积金个人住房贷款余额、项目贷款余额和购买国债余额的总和占缴存余额的 97.31%，比上年末增加 11.42 个百分点。

三、主要财务数据

（一）业务收入：2019 年，业务收入 25621.50 万元，同比增长 17.30%。其中，存款利息 1023.39 万元，委托贷款利息 24597.90 万元，其他 0.21 万元。

（二）业务支出：2019 年，业务支出 13244.62 万元，同比增 6.73%。其中，支付职工住房公积金利息 11919.93 万元，归集手续费 565.54 万元，委托贷款手续费 627.47 万元，其他 131.68 万元。

(三) 增值收益：2019年，增值收益12376.87万元，同比增长31.21%。其中，增值收益率1.49%，比上年增加0.25个百分点。

(四) 增值收益分配：2019年，提取贷款风险准备金1543.63万元，提取管理费用2935.25万元，提取城市廉租住房（公共租赁住房）建设补充资金7897.99万元。

2019年，上交财政管理费用2668.41万元。上缴财政城市廉租住房（公共租赁住房）建设补充资金6065.41万元。

2019年末，贷款风险准备金余额8341.33万元。累计提取城市廉租住房（公共租赁住房）建设补充资金40619.41万元。

(五) 管理费用支出：2019年，管理费用支出1757.67万元，同比下降12.28%。其中，人员经费1195.82万元，公用经费236.85万元，专项经费325万元。

四、资产风险状况

(一) 个人住房贷款：2019年末，个人住房贷款逾期额87.98万元，逾期率0.11‰。

个人贷款风险准备金按贷款余额的1%减去上年末贷款风险准备金余额之差提取。2019年，提取个人贷款风险准备金1543.63万元，2019年末，个人贷款风险准备金余额8341.33万元，占个人住房贷款余额的1%，个人住房贷款逾期额与个人贷款风险准备金余额的比率为1.05%。

(二) 支持保障性住房建设试点项目贷款：铜仁市住房公积金管理中心没有开展住房公积金支持保障性住房建设项目贷款。

五、社会经济效益

(一) 缴存业务：2019年，实缴单位数同比增长6.14%，实缴职工人数同比下降0.90%，缴存额同比增长9.97%。

缴存单位中，国家机关和事业单位占69.02%，国有企业占12.89%，城镇集体企业占0.86%，外商投资企业占0.50%，城镇私营企业及其他城镇企业占6.71%，民办非企业单位和社会团体占3.57%，其他占6.45%。

缴存职工中，国家机关和事业单位占75.21%，国有企业占13.99%，城镇集体企业占1.14%，外商投资企业占0.49%，城镇私营企业及其他城镇企业占4.04%，民办非企业单位和社会团体占2.14%，其他占2.99%；中低收入占59.82%，高收入占40.18%。

新开户职工中，国家机关和事业单位占38.76%，国有企业占15.47%，城镇集体企业2.62%，外商投资企业0.78%，城镇私营企业及其他城镇企业占18.88%，民办非企业单位和社会团体占7.03%，其他占16.46%；中、低收入占93.36%，高收入占6.64%。

(二) 提取业务：2019年，全市7.01万名缴存职工提取住房公积金23.22亿元。

提取金额中，住房消费提取占82.75%（购买、建造、翻建、大修自住住房占33.68%，偿还购房贷款本息占44.78%，租赁住房占4.27%，其他占0.02%）；非住房消费提取占17.25%（离休和退休提取占11.43%，完全丧失劳动能力并与单位终止劳动关系提取占0.50%，死亡或宣告死亡提取占0.58%，其他占4.74%）。

提取职工中，中、低收入占 59.42%，高收入占 40.58%。

（三）贷款业务：

1. 个人住房贷款：2019 年，支持职工购建房 98.43 万平方米，年末个人住房贷款市场占有率（含公转商贴息贷款为 31.74%，比上年末增加（减少）5.26 个百分点。通过申请住房公积金个人住房贷款，可节约职工购房利息支出 53498.47 万元。

职工贷款笔数中，购房建筑面积 90（含）平方米以下占 3.13%，90～144（含）平方米占 82.79%，144 平方米以上占 14.08%。购买新房占 93.16%，购买二手房占 6.71%，建造、翻建、大修自住住房占 0.13%。

职工贷款笔数中，单缴存职工申请贷款占 49.96%，双缴存职工申请贷款占 49.99%，三人及以上缴存职工共同申请贷款占 0.05%。

贷款职工中，30 岁（含）以下占 45.63%，30 岁～40 岁（含）占 33.99%，40 岁～50 岁（含）占 14.87%，50 岁以上占 5.51%；首次申请贷款占 88.58%，二次及以上申请贷款占 11.42%；中、低收入占 66.38%，高收入占 33.62%。

2. 异地贷款：2019 年，发放异地贷款 304 笔、10773 万元。2019 年末，累计发放异地贷款 644 笔 20177.5 万元，异地贷款余额 18795.12 万元。

3. 公转商贴息贷款：2019 年，铜仁市住房公积金管理中心没有开展公转商贴息贷款业务，当年支付往年开展贴息贷款贴息额 114.98 万元。2019 年末，累计发放公转商贴息贷款 664 笔、11595.80 万元，累计贴息额 492.01 万元。

4. 支持保障性住房建设试点项目贷款：2019 年，铜仁市住房公积金管理中心没有支持保障性住房建设试点项目贷款。

（四）住房贡献率：2019 年，个人住房贷款发放额、公转商贴息贷款发放额、项目贷款发放额、住房消费提取额的总和与当年缴存额的比率为 154%，比上年增加 34 个百分点。

六、其他重要事项

（一）2019 年机构及职能调整情况，受委托办理缴存、贷款业务金融机构变更情况。

当年机构及职能调整情况：一是"执法监督科"更名为"稽核督查科"，将"对单位不办理住房公积金缴存登记的处罚"的行政处罚权移交到住房城乡建设局，其他职能不变。二是新成立了党建工作科，负责意识形态、目标绩效管理、党风廉政建设、机关党的建设和帮扶工作。设科长、副科长各 1 名，工作人员 1 名。受委托办理缴存、贷款业务金融机构当年没有变更，为建设银行、工商银行、农业银行、农商行、中国银行、贵州银行、贵阳银行 7 家银行。

（二）2019 年住房公积金政策调整及执行情况。

缴存基数限额及确定方法：根据贵州省人力资源和社会保障厅贵州省统计局发布的相关数据，2019 年度我市住房公积金最高缴存基数为 17525 元，最低缴存基数不得低于 1790 元。

缴存比例等缴存政策调整情况：职工个人和单位缴存比例上限为 12%，下限为 5%。

公积金贷款五年之内，年利率按 2.75% 执行，公积金贷款五年以上，年利率按 3.25% 执行。

（三）2019 年服务改进情况。2019 年全市 11 个区（县）管理部的服务网点全部进驻当地政务服务大厅，与中心有公积金业务往来的各家合作银行全部入驻各区（县）管理部的政务服务大厅窗口，为职工创造了一站式服务窗口。同时，扎实开展特色服务，着力提升服务水平。2019年，全市共开展上门服务、延时服务和预约服务达600余人次，截至2019年12月31日，公积金网厅个人注册账号已达15860个，实现了"让信息多跑路，让群众少跑腿"。

铜仁市公积金管理中心还开展了办理公积金业务所需提供证明材料的清理，2019年，取消了"居民最低生活保障金领取证""劳动能力鉴定证明""出境定居的证明""信用等级证书""大修、翻建房屋权属证明""租房合同"6项证明材料。

铜仁市公积金综合服务平台，于2019年5月正式上线投入使用，目前中心综合服务平台管控的互联网服务渠道包括：微信公众号、12329服务热线、12329短信平台、网上业务大厅、手机公积金APP等。

2019年，铜仁市公积金管理中心在已经建成的各项网上服务渠道基础上，增加了贵州省电子政务平台及贵州多彩宝APP网上服务渠道，在铜仁市缴存公积金的广大缴存职工可以通过新增的两个互联网服务渠道实现"服务网点查询""政策查询""合作楼盘查询""贷款额度试算""月对冲签约"五项线上业务办理。

（四）2019年信息化建设情况。铜仁市公积金管理中心在2017年完成"双贯标"工作的基础上，2019年11月对现有的公积金综合业务管理系统进行了第二次升级改造，优化了部分业务流程，拓宽了线上的服务渠道，进一步提升了中心公积金业务的信息化管理水平，为广大缴存职工提供了更加便捷高效的优质服务。

（五）2019年住房公积金管理中心及职工所获荣誉情况。中心机关职工曾凡志被市直机关工委评为"优秀共产党员"，玉屏管理部副主任赵倩被玉屏政务中心评为"优秀个人"，玉屏管理部职工杨柯被玉屏政务中心评为"优秀通讯员"。

（六）2019年对违反《住房公积金管理条例》和相关法规行为进行行政处罚和申请人民法院强制执行情况。2019年，铜仁市住房公积金管理中心没有对违反《住房公积金管理条例》和相关法规行为进行行政处罚和申请人民法院强制执行的情况。

（七）2019年对住房公积金管理人员违规行为的纠正和处理情况等。2019年没有对住房公积金管理人员违规行为的纠正和处理情况。

黔西南布依族苗族自治州住房公积金2019年年度报告

一、机构概况

（一）**住房公积金管理委员会**：住房公积金管理委员会有27名委员，2019年召开1次会议，审议通过的事项主要包括：《黔西南州2018年住房公积金制度运行情况及2019年住房公积金归集使用计划报告》《黔西南州住房公积金2018年度财务决算和2019年度计划（草案）的报告》《黔西南州新市民建立住房公积金制度暂行办法》，并对其他重要事项进行决策。

（二）住房公积金管理中心：黔西南州住房公积金管理中心为黔西南州人民政府不以营利为目的的参照公务员法管理的事业单位，主要负责全州住房公积金的归集、管理、使用和会计核算。中心设6个科室，10个管理部。从业人员92人，其中，在编47人，非在编45人。

二、业务运行情况

（一）缴存：2019年，新开户单位484家，实缴单位2599家，净增单位370家；新开户职工1.17万人，实缴职工14.5万人，增加职工0.83万人；缴存额26.85亿元，同比增长24.73%。2019年末，缴存总额150.63亿元，同比增长21.69%；缴存余额80.11亿元，同比增长20.28%。

受委托办理住房公积金缴存业务的银行2家，比上年增加（减少）0家。

（二）提取：2019年，提取额13.34亿元，同比增长20.92%；占当年缴存额的49.68%，比上年减少1.55个百分点。2019年末，提取总额70.52亿元，同比增长23.32%。

（三）贷款：

1. 个人住房贷款：个人住房贷款最高额度40万元，其中，单缴存职工最高额度40万元，双缴存职工最高额度40万元。

2019年，发放个人住房贷款7190笔26.4亿元，同比分别增长32.33%、增长43.50%。

2019年，回收个人住房贷款8.52亿元。

2019年末，累计发放个人住房贷款5.0047万笔、126.91亿元，贷款余额84.14亿元，同比分别增长16.66%、26.27%、26.98%。个人住房贷款余额占缴存余额的105.03%，比上年增加5.53个百分点。

受委托办理住房公积金个人住房贷款业务的银行5家，比上年增加1家。

2. 住房公积金支持保障性住房建设项目贷款：2019年，发放支持保障性住房建设项目贷款0亿元，回收项目贷款0亿元。2019年末，累计发放项目贷款0亿元，项目贷款余额0亿元。

（四）购买国债：2019年，购买（记账式、凭证式）国债0亿元，兑付（转让、收回）国债0亿元。年末，国债余额0亿元，比上年减少（增加）0亿元。

（五）融资：2019年，融资4亿元，归还0.15亿元。2019年末，融资总额4亿元，融资余额3.85亿元。

（六）资金存储：2019年末，住房公积金存款2.3亿元。其中，活期0.02亿元，1年（含）以下定期0亿元，1年以上定期0亿元，其他（协定、通知存款等）2.28亿元。

（七）资金运用率：2019年末，住房公积金个人住房贷款余额占缴存余额的105.03%，比上年增加5.53个百分点。

三、主要财务数据

（一）业务收入：2019年，业务收入23925.57万元，同比增长21.58%。其中，存款利息161.45万元，委托贷款利息23764.12万元，国债利息0万元，其他0万元。

（二）业务支出：2019年，业务支出13669.67万元，同比增长21.43%。其中，支付职工住房公积金利息11422.73万元，归集手续费1032.76万元，委托贷款手续费1214.13万元，其他0.05万元。

（三）增值收益：2019年，增值收益10255.90万元，同比增长21.79%。其中，增值收益率1.39%，

比上年增加 0.13 个百分点。

（四）增值收益分配：2019 年，提取贷款风险准备金 1787.58 万元，提取管理费用和城市廉租住房（公共租赁住房）建设补充资金 8468.32 万元。

2019 年，上交财政管理费用 1365.22 万元。上缴财政城市廉租住房（公共租赁住房）建设补充资金 7103.1 万元。

2019 年末，贷款风险准备金余额 8413.97 万元。累计提取城市廉租住房（公共租赁住房）建设补充资金 25315.17 万元。

（五）管理费用支出：2019 年，管理费用支出 2124.82 万元，同比增加 75.28%。其中，人员经费 746.58 万元，公用经费 45.32 万元，专项经费 1332.92 万元。

四、资产风险状况

（一）个人住房贷款：2019 年末，个人住房贷款逾期额 0 万元，逾期率 0‰。

个人贷款风险准备金按贷款余额的 1% 提取。2019 年，提取个人贷款风险准备金 1787.58 万元，使用个人贷款风险准备金核销呆坏账 0 万元。2019 年末，个人贷款风险准备金余额 8413.97 万元，占个人住房贷款余额的 1%，个人住房贷款逾期额与个人贷款风险准备金余额的比率为 0%。

（二）支持保障性住房建设试点项目贷款：2019 年末，逾期项目贷款 0 万元，逾期率 0‰。

项目贷款风险准备金按贷款余额的 0% 提取。2019 年，提取项目贷款风险准备金 0 万元，使用项目贷款风险准备金核销呆坏账 0 万元，项目贷款风险准备金余额 万元，占项目贷款余额的 0%，项目贷款逾期额与项目贷款风险准备金余额的比率为 0%。

（三）历史遗留风险资产：2019 年末，历史遗留风险资产余额 0 万元，比上年减少 0 万元，历史遗留风险资产回收率 0%。

五、社会经济效益

（一）缴存业务：2019 年，实缴单位数、实缴职工人数和缴存额同比分别增长 16.60%、6.07% 和 24.73%。

缴存单位中，国家机关和事业单位占 50.52%，国有企业占 16.78%，城镇集体企业占 14.81%，外商投资企业占 0.73%，城镇私营企业及其他城镇企业占 11%，民办非企业单位和社会团体占 4.35%，个人自愿缴存占 0.69%，其他占 1.12%。

缴存职工中，国家机关和事业单位占 73.01%，国有企业占 13.70%，城镇集体企业占 6.11%，外商投资企业占 0.37%，城镇私营企业及其他城镇企业占 4.27%，民办非企业单位和社会团体占 0.69%，个人自愿缴存占 1.60%，其他占 0.25%；中、低收入占 87.77%，高收入占 12.23%。

新开户职工中，国家机关和事业单位占 34.23%，国有企业占 20.77%，城镇集体企业占 14.11%，外商投资企业占 0.99%，城镇私营企业及其他城镇企业占 19.73%，民办非企业单位和社会团体占 3.02%，个人自愿缴存占 1.94%，其他占 5.21%；中、低收入占 88.31%，高收入占 11.69%。

（二）提取业务：2019 年，25.81 万名次职工提取住房公积金 13.34 亿元。

提取金额中，住房消费提取占 82.22%（购买、建造、翻建、大修自住住房占 18.56%，偿还购房贷

款本息占 62.92%，租赁住房占 0.74%，其他占 0%）；非住房消费提取占 17.78%（离休和退休提取占 12.83%，完全丧失劳动能力并与单位终止劳动关系提取占 2.82%，户口迁出本市或出境定居占 0.52%，其他占 1.61%）。

提取职工中，中、低收入占 87.23%，高收入占 12.77%。

（三）贷款业务：

1. 个人住房贷款：2019 年，支持职工购建房 102.65 万平方米，年末个人住房贷款市场占有率为 13.20%，通过申请住房公积金个人住房贷款，可节约职工购房利息支出 4356 万元。

职工贷款笔数中，购房建筑面积 90（含）平方米以下占 0.54%，90~120（含）平方米占 52.28%，120~144（含）平方米占 40.46%，144 平方米以上占 6.72%。购买新房占 93.98%（其中购买保障性住房占 0%），购买二手房占 5.09%，建造、翻建、大修自住住房占 0.93%，其他占 0.00%。

职工贷款笔数中，单缴存职工申请贷款占 67.20%，双缴存职工申请贷款占 32.77%，三人及以上缴存职工共同申请贷款占 0.03%。

贷款职工中，30 岁（含）以下占 15.95%，30 岁~40 岁（含）占 65.80%，40 岁~50 岁（含）占 15.43%，50 岁以上占 2.82%，首次申请贷款占 94.06%，二次及以上申请贷款占 5.94%；中、低收入占 63.30%，高收入占 36.70%。

2. 异地贷款：2019 年，发放异地贷款 304 笔、11173.00 万元。2019 年末，发放异地贷款总额 19963.70 万元。

3. 公转商贴息贷款：2019 年，发放公转商贴息贷款 0 笔、0 万元，支持职工购建住房面积 0 万平方米，当年贴息额 0 万元。2019 年末，累计发放公转商贴息贷款 0 笔、0 万元，累计贴息 0 万元。

4. 支持保障性住房建设试点项目贷款：2019 年末，累计试点项目 0 个，贷款额度 0 亿元，建筑面积 0 万平方米，可解决 0 户中低收入职工家庭的住房问题。0 个试点项目贷款资金已发放并还清贷款本息。

（四）住房贡献率：2019 年，个人住房贷款发放额、公转商贴息贷款发放额、项目贷款发放额、住房消费提取额的总和与当年缴存额的比率为 148.01%，比上年增加 10.25 个百分点。

六、其他重要事项

（一）当年机构及职能调整情况、受委托办理缴存贷款业务金融机构变更情况。2019 年，办理缴存业务受委托银行无变化，增加中国银行为贷款业务委托银行。

（二）当年住房公积金政策调整及执行情况。2019 年我州公积金政策严格按照《住房公积金管理条例》规定执行。2019 年 9 月，中心印发《黔西南州住房公积金管理中心关于调整 2019 年住房公积金缴存基数上下限标准的通知》（州公通〔2019〕15 号），对我州单位职工缴存住房公积金基数上下限进行明确。2019 年单位在岗职工缴存住房公积金的工资基数上限为 18067 元，月缴存额上限为 4336 元（个人缴存额 18067×12%＋单位缴存额 18067×12%）；黔西南州住房公积金的缴存工资基数下限分别为：一类区为 1790 元，二类区为 1670 元，三类地区 1570 元。住房公积金月缴存额下限：一类区为 180 元，二类区为 168 元，三类地区 158 元。

当年住房公积金存贷款利率调整及执行情况：2019 年严格按照央行住房公积金贷款利率执行。

当年提取政策调整情况：无变化。

当年住房公积金个人住房贷款最高贷款额度调整情况：2019年未对个人贷款额度进行调整，仍然执行购、建自住住房最高贷款限额40万元。

（三）当年服务改进情况。2019年，建成网上服务大厅（个人版、单位版、开发商版）、自助打印终端、手机公积金APP、12329公积金服务热线、中心网站、官方微信、微博等服务渠道。

（四）当年信息化建设情况。中心信息系统运行正常形成了"互联网＋公积金"的服务体系，实现了资金独立自主核算，实时交易，职工申请资金"秒级"到账，资金安全实时监控，风险防控更加严密有力。

（五）当年住房公积金管理中心及职工所获荣誉情况。中心获"贵州省三八红旗集体""全州脱贫攻坚先进基层党组织"等荣誉；5人次获"全国巾帼建功标兵""全州十大敬业标兵""黔西南州五一劳动奖章"等表彰奖励。

（六）当年对违反《住房公积金管理条例》和相关法规行为进行行政处罚和申请人民法院强制执行情况。2019年度不存在该情况。

（七）当年对住房公积金管理人员违规行为的纠正和处理情况等。2019年度不存在该情况。

（八）其他需要披露的情况。无。

黔东南苗族侗族自治州住房公积金2019年年度报告

一、机构概况

（一）**住房公积金管理委员会**：住房公积金管理委员会有27名委员，2019年召开1次会议，审议通过的事项主要包括：（1）同意黔东南州住房公积金管理委员会副主任委员，州住房公积金管理中心党组书记、主任吴述科同志所作的《2018年黔东南州住房公积金管理工作报告》，并批准黔东南州住房公积金管理中心2019年工作安排意见；（2）同意黔东南州住房公积金管理委员会委员，州住房公积金管理中心党组成员、副主任封锦生同志所作的《2018年度黔东南州住房公积金财务收支决算、2019年度黔东南州住房公积金归集使用预算和2019年度黔东南州住房公积金管理中心部门预算审核意见的报告》；（3）同意《黔东南州住房公积金2018年年度报告》；（4）同意《关于调整和进一步规范部分住房公积金使用政策的意见》。

（二）**住房公积金管理中心**：住房公积金管理中心为黔东南州人民政府直属的不以营利为目的的参照公务员管理的事业单位，设9个科室，17个管理部。从业人员116人，其中，在编112人，非在编4人。

二、业务运行情况

（一）**缴存**：2019年，新开户单位407家，实缴单位4899家，净增单位289家；新开户职工1.46万人，实缴职工16.25万人，净增职工0.46万人；缴存额39.06亿元，同比增长12.05%。2019年末，缴存总额224.85亿元，比上年末增加21.02%；缴存余额126.25亿元，比上年末增加15.58%。

受委托办理住房公积金缴存业务的银行3家，比上年增加0家。

（二）提取：2019 年，提取额 22.03 亿元，同比增长 4.76%；占当年缴存额的 56.4%，比上年减少 3.93 个百分点。2019 年末，提取总额 98.60 亿元，比上年末增加 28.77%。

（三）贷款：

1. 个人住房贷款：个人住房贷款最高额度 50 万元，其中，单缴存职工最高额度 50 万元，双缴存职工最高额度 50 万元。

2019 年，发放个人住房贷款 0.69 万笔、27.54 亿元，同比分别下降 15.85%、4.38%。

2019 年，回收个人住房贷款 10.72 亿元。

2019 年末，累计发放个人住房贷款 7.50 万笔、179.31 亿元，贷款余额 122.68 亿元，分别比上年末增加 10.13%、18.15%、15.89%。个人住房贷款余额占缴存余额的 97.17%，比上年末增加 0.26 个百分点。

受委托办理住房公积金个人住房贷款业务的银行 8 家，比上年增加 0 家。

2. 住房公积金支持保障性住房建设项目贷款：2019 年，发放支持保障性住房建设项目贷款 0 亿元，回收项目贷款 0 亿元。2019 年末，累计发放项目贷款 0 亿元，项目贷款余额 0 亿元。

（四）购买国债：2019 年，购买（记账式、凭证式）国债 0 亿元，兑付（转让、收回）国债 0 亿元。2019 年末，国债余额 0 亿元，比上年末减少 0 亿元。

（五）融资：2019 年，融资 0 亿元，归还 0 亿元。2019 年末，融资总额 0 亿元，融资余额 0 亿元。

（六）资金存储：2019 年末，住房公积金存款 8.22 亿元。其中，活期 0.05 亿元，1 年（含）以下定期 1.8 亿元，1 年以上定期 1.7 亿元，其他（协定、通知存款等）4.67 亿元。

（七）资金运用率：2019 年末，住房公积金个人住房贷款余额、项目贷款余额和购买国债余额的总和占缴存余额的 97.17%，比上年末增加 0.26 个百分点。

三、主要财务数据

（一）业务收入：2019 年，业务收入 38763.62 万元，同比增长 14.51%。存款利息 1313.99 万元，委托贷款利息 37433.47 万元，国债利息 0 万元，其他 16.16 万元。

（二）业务支出：2019 年，业务支出 20464.35 万元，同比增长 4.39%。支付职工住房公积金利息 16754 万元，归集手续费 1848.77 万元，委托贷款手续费 1858.98 万元，其他 2.6 万元。

（三）增值收益：2019 年，增值收益 18299.27 万元，同比增长 28.44%。增值收益率 1.55%，比上年增加 0.17 个百分点。

（四）增值收益分配：2019 年，提取贷款风险准备金 1682.21 万元，提取管理费用 4927.94 万元，提取城市廉租住房（公共租赁住房）建设补充资金 11689.12 万元。

2019 年，上交财政管理费用 3980.28 万元。上缴财政城市廉租住房（公共租赁住房）建设补充资金 8340.10 万元。

2019 年末，贷款风险准备金余额 23482.79 万元。累计提取城市廉租住房（公共租赁住房）建设补充资金 51281.10 万元。

（五）管理费用支出：2019 年，管理费用支出 4605.78 万元，同比增长 20.14%。其中，人员经费 1815.39 万元，同比下降 7.05%；公用经费 257.18 万元，同比下降 23.99%；专项经费 2533.21 万元，同比增长 64.27%。

四、资产风险状况

（一）个人住房贷款：2019 年末，个人住房贷款逾期额 622.50 万元，逾期率 0.51‰。

个人贷款风险准备金按 2019 年度贷款余额增量的 1% 提取。2019 年，提取个人贷款风险准备金 1682.21 万元，使用个人贷款风险准备金核销呆坏账 0 万元。2019 年末，个人贷款风险准备金余额 23482.79 万元，占个人住房贷款余额的 1.91%，个人住房贷款逾期额与个人贷款风险准备金余额的比率为 2.65%。

（二）支持保障性住房建设试点项目贷款：2019 年末，逾期项目贷款 0 万元，逾期率 0‰。

项目贷款风险准备金按贷款余额的 0% 提取。2019 年，提取项目贷款风险准备金 0 万元，使用项目贷款风险准备金核销呆坏账 0 万元，项目贷款风险准备金余额 0 万元，占项目贷款余额的 0%，项目贷款逾期额与项目贷款风险准备金余额的比率为 0%。

五、社会经济效益

（一）缴存业务：2019 年，实缴单位数、实缴职工人数和缴存额同比分别增长 6.48%、9.87% 和 12.05%。

缴存单位中，国家机关和事业单位占 63.42%，国有企业占 15.41%，城镇集体企业占 2.45%，外商投资企业占 0.45%，城镇私营企业及其他城镇企业占 13.1%，民办非企业单位和社会团体占 2.53%，新市民等其他占 2.64%。

缴存职工中，国家机关和事业单位占 74.18%，国有企业占 13.34%，城镇集体企业占 2.28%，外商投资企业占 0.5%，城镇私营企业及其他城镇企业占 5.45%，民办非企业单位和社会团体占 1.28%，新市民等其他占 2.97%；中、低收入占 98.39%，高收入占 1.61%。

新开户职工中，国家机关和事业单位占 43.11%，国有企业占 24.8%，城镇集体企业占 2.16%，外商投资企业占 1.44%，城镇私营企业及其他城镇企业占 26.33%，民办非企业单位和社会团体占 1.7%，新市民等其他占 0.46%；中、低收入占 98.39%，高收入占 1.61%。

（二）提取业务：2019 年，4.56 万名缴存职工提取住房公积金 22.03 亿元。

提取金额中，住房消费提取占 80.64%（购买、建造、翻建、大修自住住房占 18.96%，偿还购房贷款本息占 58.06%，租赁住房占 2.91%，其他占 0.71%）；非住房消费提取占 19.36%（离休和退休提取占 16.24%，完全丧失劳动能力并与单位终止劳动关系提取占 1.76%，出境定居占 0.47%，其他占 0.89%）。

提取职工中，中、低收入占 100%，高收入占 0%。

（三）贷款业务：

1. 个人住房贷款：2019 年，支持职工购建房 89.41 万平方米，年末个人住房贷款市场占有率（含公转商贴息贷款）为 37.68%，比上年末减少 19.02 个百分点。通过申请住房公积金个人住房贷款，可节约职工购房利息支出 67529.95 万元。

职工贷款笔数中，购房建筑面积 90（含）平方米以下占 5.14%，90～144（含）平方米占 77.7%，

144平方米以上占17.16%。购买新房占85.46%（其中购买保障性住房占0%），购买二手房占13.2%，建造、翻建、大修自住住房占0.49%，其他占0.85%。

职工贷款笔数中，单缴存职工申请贷款占40.68%，双缴存职工申请贷款占59.32%，三人及以上缴存职工共同申请贷款占0%。

贷款职工中，30岁（含）以下占25.76%，30岁~40岁（含）占43.65%，40岁~50岁（含）占21.17%，50岁以上占9.42%；首次申请贷款占91.58%，二次及以上申请贷款占8.42%；中、低收入占100%，高收入占0%。

2. 异地贷款：2019年，发放异地贷款391笔、14743.7万元。2019年末，发放异地贷款总额31019.5万元，异地贷款余额29457.36万元。

3. 公转商贴息贷款：2019年，发放公转商贴息贷款0笔、0万元，支持职工购建住房面积0万平方米，当年贴息额0万元。2019年末，累计发放公转商贴息贷款0笔、0万元，累计贴息0万元。

4. 支持保障性住房建设试点项目贷款：2019年末，累计试点项目0个，贷款额度0亿元，建筑面积0万平方米，可解决0户中低收入职工家庭的住房问题。0个试点项目贷款资金已发放并还清贷款本息。

（四）**住房贡献率**：2019年，个人住房贷款发放额、公转商贴息贷款发放额、项目贷款发放额、住房消费提取额的总和与当年缴存额的比率为115.99%，比上年减少26.95个百分点。

六、其他重要事项

（一）**当年机构及职能调整情况、受委托办理缴存贷款业务金融机构变更情况。**

（1）2019年12月9日，中共黔东南州委机构编制委员会办公室批复：1）资金核算科不再加挂州住房资金管理中心牌子；2）增设2个正科级内设机构：计划财务科、住房资金管理科。

（2）受委托办理缴存贷款业务金融机构未变更。

（二）**当年住房公积金政策调整及执行情况。**

1. 当年住房公积金缴存基数限额及确定方法、缴存比例调整情况

2019年，职工和单位住房公积金个人缴存基数以2018年度职工个人月平均工资确定，最高不得超过地区在职职工月平均工资的3倍，即：最高缴存基数上限为16955元，最低缴存基数下限为1680元。职工和单位住房公积金缴存比例均不低于5%，不高于12%，按1：1的比例缴存公积金。

2. 当年提取政策调整情况

（1）调整异地购房提取政策。支持缴存职工在缴存地或户籍地购、建房申请提取住房公积金；不支持在非缴存地或非户籍地购买、建造自住住房、偿还住房贷款本息申请提取住房公积金。（2）调整提取住房公积金首付购房款后同时可办理住房公积金贷款和"按月对冲"政策。（3）调整职工因工作调动或离职转移、提取政策。（4）调整购建房存在第三方共有情形的提取政策。

3. 当年个人住房贷款最高贷款额度、贷款条件等贷款政策调整情况

（1）调整第二套住房公积金贷款最低首付比例政策。二套房住房公积金贷款最低首付比例提高到40%。（2）规范新市民贷款申请条件政策。（3）规范二套房住房公积金贷款条件政策。（4）规范部分贷款申请时限规定政策。（5）规范部分贷款业务办理方式政策。（6）规范支持首套住房贷款政策。

4. 当年住房公积金存贷款利率执行标准

2019年,当年归集和上年结转住房公积金利率都为1.5%;住房公积金贷款利率分两档,1~5年期住房公积金贷款利率为2.75%;6~30年期住房公积金贷款利率为3.25%。

(三)当年服务改进情况。

(1)2019年,新增黄平县、锦屏县等政务大厅服务网点,新增雷山县贵阳银行服务网点。

(2)住房公积金综合服务平台建设通过住房和城乡建设部、省住房城乡建设厅联合验收,8大服务渠道符合国家建设标准要求。推出线上"零材料"修改公积金账户预留手机号码,线上"零审批"办结多种类型提取业务,多渠道推送公积金账户实时动账通知等一系列适应互联网新形势的公积金高效便捷服务。

(3)完成"一云一网一平台"接入工作。完成了门户网站及网上办事大厅集约化整合至州人民政府网站的统建工作。完成"多彩宝"建设的前期需求对接及接口开发,纳入了全省统一政务APP"多彩宝"黔东南州首批建设单位。

(四)当年信息化建设情况。2019年,提前完成住房和城乡建设部数据平台接入工作,全量上报数据全部通过住房和城乡建设部验证,实现了住房和城乡建设部与国家税务总局总对总的数据交换。完成政务服务大厅数据交换接口开发,实现电子政务数据共享,完成了与中国建设银行、中国工商银行数据共享等,信息化服务能力不断提升。

(五)当年住房公积金管理中心及职工所获荣誉情况。2019年,中心获命名全州"文明单位""州级民族团结进步创建工作示范单位";州直管理部、凯里市管理部获命名"文明窗口",州直管理部被州总工会授予"黔东南州工人先锋号"荣誉称号;服务窗口获评州、县"红旗窗口"2次、"服务之星"8人次,巾帼文明示范岗1人次;12名党员被评为优秀党员;15名干部被评为优秀公务员;派出干部分别获脱贫攻坚优秀援丹干部、优秀共产党员、优秀第一书记、优秀网格员、优秀结对帮扶干部、优秀政协委员8人次。

(六)当年对违反《住房公积金管理条例》和相关法规行为进行行政处罚和申请人民法院强制执行情况。无。

(七)当年对住房公积金管理人员违规行为的纠正和处理情况等。无。

(八)其他需要披露的情况。无。

黔南布依族苗族自治州住房公积金2019年年度报告

一、机构概况

(一)住房公积金管理委员会:住房公积金管理委员会有33名委员,2019年召开了三届三次会议,审议通过的事项主要包括:(1)《黔南州2018年全州住房公积金计划执行情况与2019年计划草案的报告》;(2)《黔南州住房公积金2018年年度报告》;(3)《关于调整住房公积金使用政策的请示》;(4)《关于都匀农村商业银行股份有限公司承办住房公积金贷款委托业务的请示》;(5)《关于调整租房提取额度的请示》；(6)《关于申请建设业务综合用房及其配套设施的请示》。

（二）住房公积金管理中心：住房公积金管理中心为州人民政府不以营利为目的的独立的正县级公益一类事业单位，设综合科（机关党委办公室）、计划统计与会计核算科、信贷管理科、信息技术科、审计监督科、归集管理科6个科室，下设直属业务部，福泉、独山、平塘、荔波、三都、瓮安、贵定、龙里、惠水、长顺、罗甸12个管理部（业务部）。从业人员103人，其中，在编75人，非在编28人。

二、业务运行情况

（一）缴存：2019年，新开户单位831家，实缴单位4354家，净增单位651家；新开户职工2.31万人，实缴职工19.48万人，净增职工0.51万人；缴存额35.08亿元，同比增长12.55%。2019年末，缴存总额203.22亿元，同比增长20.86%；缴存余额95.02亿元，同比增长13.77%。

受委托办理住房公积金缴存业务的银行9家，比上年无增加（减少）。

（二）提取：2019年，提取额23.57亿元，同比增长9.76%；占当年缴存额的67.19%，比上年减少1.69个百分点。2019年末，提取总额108.19亿元，同比增长27.85%。

（三）贷款：

1. 个人住房贷款：个人住房贷款最高额度40万元，其中，单缴存职工最高额度40万元，双缴存职工最高额度40万元。

2019年，发放个人住房贷款0.87万笔、28.15亿元，同比分别增长0.67%、11.40%。

2019年，回收个人住房贷款12.04亿元。

2019年末，累计发放个人住房贷款7.43万笔、160.82亿元，贷款余额108.87亿元，同比分别增长13.26%、21.23%、17.37%。个人住房贷款余额占缴存余额的114.57%，比上年增加3.5个百分点。

受委托办理住房公积金个人住房贷款业务的银行9家，比上年无增加（减少）。

2. 住房公积金支持保障性住房建设项目贷款：无。

（四）购买国债：无。

（五）融资：2019年，融资3.99亿元，归还0.83亿元。2019年末，融资总额15.45亿元，融资余额13.83亿元。

（六）资金存储：2019年末，住房公积金存款1.73亿元。其中，活期0.017亿元，1年（含）以下定期0亿元，1年以上定期0亿元，其他（协定、通知存款等）1.71亿元。

（七）资金运用率：2019年末，住房公积金个人住房贷款余额、项目贷款余额和购买国债余额的总和占缴存余额的114.57%，比上年增加3.5个百分点。

三、主要财务数据

（一）业务收入：2019年，业务收入28617.85万元，同比增长14.61%。其中，存款利息172.84万元，委托贷款利息28444.47万元，其他0.54万元。

（二）业务支出：2019年，业务支出17064.96万元，同比增长7.52%。其中，支付职工住房公积金利息13256.95万元，归集手续费488.95万元，委托贷款手续费1381.53万元，其他1937.53万元（贴息贷款利息支出）。

（三）增值收益：2019年，增值收益11552.89万元，同比增加26.99%。增值收益率1.31%，比上年增加0.14个百分点。

（四）增值收益分配：2019年，提取贷款风险准备金1611.06万元，提取管理费用1458.65万元，提取城市廉租住房（公共租赁住房）建设补充资金8483.18万元。

2019年，上交财政管理费用1458.65万元。上缴财政城市廉租住房（公共租赁住房）建设补充资金5677.78万元。其中含2018年度计提未交的4677.78万元和2019年按财政要求先预缴入国库的1000万元整。

2019年末，贷款风险准备金余额10887万元。累计提取城市廉租住房（公共租赁住房）建设补充资金50559.19万元。

（五）管理费用支出：2019年，管理费用支出1399.28万元，同比下降12%。其中，人员经费826.88万元，公用经费118.94万元，专项经费453.46万元。

四、资产风险状况

（一）个人住房贷款：2019年末，个人住房贷款逾期额162.94万元，逾期率0.15‰。

个人贷款风险准备金按贷款余额的1%补足提取。2019年，提取个人贷款风险准备金1611.06万元，使用个人贷款风险准备金核销呆坏账0万元。2019年末，个人贷款风险准备金余额10887万元，占个人住房贷款余额的1%，个人住房贷款逾期额与个人贷款风险准备金余额的比率为1.49%。

（二）支持保障性住房建设试点项目贷款：无。

（三）历史遗留风险资产：无。

五、社会经济效益

（一）缴存业务：2019年，实缴单位数、实缴职工人数和缴存额同比分别增长17.58%、2.69%和12.55%。

缴存单位中，国家机关和事业单位占46.99%，国有企业占15.16%，城镇集体企业占1.15%，外商投资企业占0.21%，城镇私营企业及其他城镇企业占30.96%，民办非企业单位和社会团体占1.45%，其他占4.08%。

缴存职工中，国家机关和事业单位占66.55%，国有企业占17.64%，城镇集体企业占0.45%，外商投资企业占0.12%，城镇私营企业及其他城镇企业占13.71%，民办非企业单位和社会团体占0.27%，其他占1.26%；中、低收入占52.65%，高收入占47.35%。

新开户职工中，国家机关和事业单位占45.64%，国有企业占12.62%，城镇集体企业占1.12%，外商投资企业占0.24%，城镇私营企业及其他城镇企业占35.86%，民办非企业单位和社会团体占1.15%，其他占3.37%；中、低收入占91.68%，高收入占8.32%。

（二）提取业务：2019年，为8.28万名缴存职工提取住房公积金23.57亿元。

提取金额中，住房消费提取占82.26%（购买、建造、翻建、大修自住住房占18.86%，偿还购房贷款本息占62.68%，租赁住房占0.71%，其他占0.01%）；非住房消费提取占17.74%（离休和退休提取占14.29%，完全丧失劳动能力并与单位终止劳动关系提取占1.82%，户口迁出本市或出境定居占

0.14%，其他占 1.49%）。

提取职工中，中、低收入占 26.64%，高收入占 73.36%。

（三）贷款业务：

1. 个人住房贷款： 2019 年，支持职工购建房 112.29 万平方米，年末个人住房贷款市场占有率为 44.97%，比上年下降 2.76 个百分点。通过申请住房公积金个人住房贷款，可节约职工购房利息支出 82194.49 万元。

职工贷款笔数中，购房建筑面积 90（含）平方米以下占 3.04%，90~144（含）平方米占 81%，144 平方米以上占 15.96%。购买新房占 94.31%，购买二手房占 5.69%。

职工贷款笔数中，单缴存职工申请贷款占 65.49%，双缴存职工申请贷款占 34.14%，三人及以上缴存职工共同申请贷款占 0.37%。

贷款职工中，30 岁（含）以下占 41.52%，30 岁~40 岁（含）占 30.4%，40 岁~50 岁（含）占 20.89%，50 岁以上占 7.19%；首次申请贷款占 83%，二次及以上申请贷款占 17%；中、低收入占 50.91%，高收入占 49.09%。

2. 异地贷款： 2019 年，发放异地贷款 555 笔、18323.9 万元。2019 年末，发放异地贷款总额 48361 万元，异地贷款余额 43432.26 万元。

3. 公转商贴息贷款： 2019 年，没有发放公转商贴息贷款。

4. 支持保障性住房建设试点项目贷款： 无

（四）住房贡献率： 2019 年，个人住房贷款发放额、公转商贴息贷款发放额、项目贷款发放额、住房消费提取额的总和与当年缴存额的比率为 135.51%，比上年减少 2.24 个百分点。

六、其他重要事项

（一）当年机构及职能调整情况。 根据机构改革工作要求，中心从参公管理事业单位改为正县级公益一类事业单位。

（二）当年住房公积金政策调整及执行情况。

（1）当年缴存基数限额及确定方法。2019 年，根据人力资源和社会保障部门、统计部门公布的 2018 年度我州城镇职工平均工资等相关数据，调整 2019 年度缴存住房公积金基数的上限和下限，即：上限为不得超过在岗职工月平均工资（66701 元÷12 个月=5558）的 3 倍，即 16675 元，单位和职工个人每月缴存住房公积金的合计上限为：4002 元（16675 元×12%×2）；缴存基数下限为贵州省人力资源和社会保障厅公布的 2018 年度我州各县（市）最低工资标准。

（2）为深入贯彻落实党的十九大精神，坚持"房子是用来住的，不是用来炒的"的定位，更好发挥住房公积金制度的住房保障作用，防范资金风险，对住房公积金的使用政策作调整：贷款方面，一是明确房屋套数认定标准；二是调整公积金贷款首付比例；三是调整贷款额度计算公式；四是调整"又提又贷"政策；五是暂停受理商转公贷款申请。提取方面，一是限制异地购房提取；二是调整辞职提取政策；三是调整职工调出本州提取政策；四是调整租房提取额度。

（三）当年服务改进情况。 进一步提高业务办理效率，减少审批要件，职工办理住房公积金提取和贷款业务时，取消身份证明材料复印件。以"互联网+"为导向，完善功能齐全、使用便捷、服务高效、职工满意的住房公积金综合服务平台，推进"互联网＋住房公积金"，提高群众办事的服务满意度。截至2019年12月31日，全年共接受社会各界电话咨询14525条、网站留言板199条、主任信箱54条。全州各服务渠道注册职工超过9万人，占全州正常缴存职工的45%，全州综合服务平台渠道访问量达到129万人次，其中网上营业厅访问25万人次，手机APP访问45万人次，微信公众号59万余次；通过网厅及手机APP服务渠道共办理公积金提取6628笔，提取资金7816万元，贷款提前还本及还清1356笔，收回贷款本金及利息87253万元，贷款业务离柜率超过50%，业务综合离柜率达到33.73%。

（四）**强力推进扫黑除恶专项斗争工作。**紧盯非法中介恶意制造虚假资料提供违规提取住房公积金的行为，中心开展行业乱象治理，推动扫治同步，标本兼治，2019年及时发现并制止了10余起缴存职工提供虚假资料骗提套取公积金的行为，配合都匀市公安治安大队在直属部办事大厅现场制止一名骗提套取公积金职工，并成功抓获一名涉嫌伪造虚假提取资料的非法中介。

（五）**逾期贷款管理方面申请法院强制执行情况。**2019年，向州人民法院提起诉讼2起，共计收回逾期贷款本息5.73万元。

2019 全国住房公积金年度报告汇编

云南省

昆明	楚雄彝族自治州
曲靖市	红河哈尼族彝族自治州
玉溪市	文山壮族苗族自治州
保山市	西双版纳傣族自治州
昭通市	大理白族自治州
丽江市	德宏傣族景颇族自治州
普洱市	怒江傈僳族自治州
临沧市	迪庆藏族自治州

云南省住房公积金 2019 年年度报告

一、机构概况

（一）住房公积金管理机构：全省共设 16 个设区城市住房公积金管理中心，1 个独立设置的分中心。从业人员 1457 人，其中，在编 1031 人，非在编 426 人。

（二）住房公积金监管机构：省住房城乡建设厅、财政厅和人民银行昆明中心支行负责对本省住房公积金管理运行情况进行监督。省住房城乡建设厅设立住房公积金监管处，负责辖区住房公积金日常监管工作。

二、业务运行情况

（一）缴存：2019 年，新开户单位 6236 家，实缴单位 54312 家，净增单位 3669 家；新开户职工 24.34 万人，实缴职工 278.67 万人，净增职工 9.13 万人；当年缴存额 546.22 亿元，同比增长 9.53%。2019 年末，累计缴存总额 3992.29 亿元，比上年末增加 15.85%；累计缴存余额 1539.32 亿元，比上年末增加 8.54%。

（二）提取：2019 年，当年提取额 425.07 亿元，同比增长 12.45%；占当年缴存额的 77.82%，比上年增加 2.05 个百分点。2019 年末，累计提取总额 2452.96 亿元，比上年末增加 20.96%。

（三）贷款：

1. 个人住房贷款：2019 年，发放个人住房贷款 6.71 万笔，金额 262.78 亿元，同比下降 12.02%、9.09%。回收个人住房贷款 195.76 亿元。

2019 年末，累计发放个人住房贷款 125.21 万笔，金额 2562.19 亿元，贷款余额 1279.72 亿元，分别比上年末增加 5.67%、11.43%、5.53%。个人住房贷款余额占缴存余额的 83.14%，比上年末下降 2.37 个百分点。见图 1。

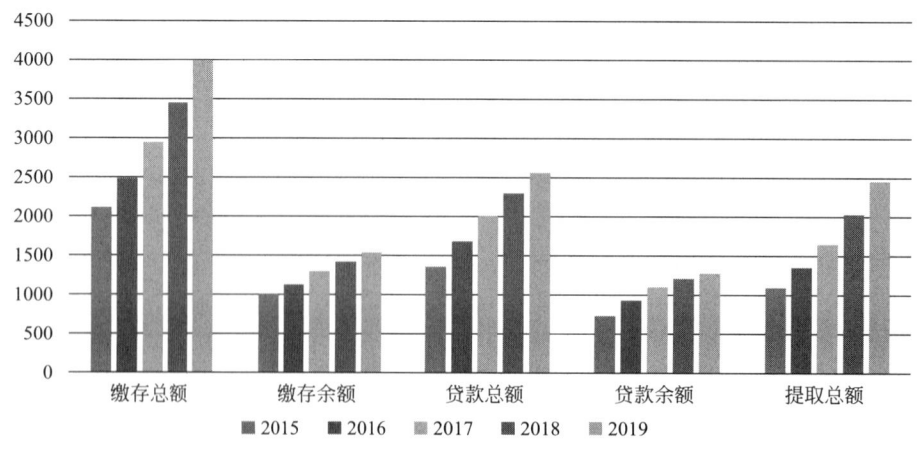

图 1　2015—2019 年缴存、贷款、提取情况比较

2. 住房公积金支持保障性住房建设项目贷款：2019 年，回收项目贷款 0.6 亿元。2019 年末，累计发放项目贷款 7.46 亿元，累计回收 6.65 亿元，项目贷款余额 0.81 亿元。

（四）融资：2019 年，融资 2 亿元，归还 10.1 亿元。2019 年末，累计融资总额 17.65 亿元，累计归还融资总额 15.65 亿元，尚有融资余额 2 亿元。

（五）资金存储：2019 年末，住房公积金存款 276.49 亿元。其中，活期 26.64 亿元，1 年（含）以下定期 130.01 亿元，1 年以上定期 86.75 亿元，其他（协定、通知存款等）33.09 亿元。

（六）资金运用率：2019 年末，住房公积金个人住房贷款余额、项目贷款余额和购买国债余额的总和占缴存余额的 83.19％，比上年末下降 2.42 个百分点。

三、主要财务数据

（一）业务收入：2019 年，业务收入 471413.25 万元，同比增长 8.49％。其中，存款利息 62447.91 万元，委托贷款利息 408788.90 万元，其他业务收入 176.44 万元。

（二）业务支出：2019 年，业务支出 239555.7 万元，同比增长 7.81％。其中，支付职工住房公积金利息 225190.07 万元，归集手续费 3713.25 万元，委托贷款手续费 10497.24 万元，其他业务支出 155.14 万元。

（三）增值收益：2019 年，增值收益 231857.54 万元，同比增长 9.21％；增值收益率 1.56％。

（四）增值收益分配：2019 年，提取贷款风险准备金 9724.08 万元，提取管理费用 46330.93 万元，提取城市廉租住房（公共租赁住房）建设补充资金 175802.53 万元。

2019 年，按分级属地管理原则，上交各级财政管理费用 48466.6 万元，上缴各级财政城市廉租住房（公共租赁住房）建设补充资金 155331.22 万元。

2019 年末，贷款风险准备金余额 172129.44 万元，累计提取城市廉租住房（公共租赁住房）建设补充资金 1089795.4 万元。

（五）管理费用支出：2019 年，管理费用支出 34205.42 万元，同比下降 3.13％。其中，人员经费 19941.74 万元，公用经费 2922.19 万元，专项经费 11341.49 万元。

四、资产风险状况

（一）个人住房贷款：2019 年末，个人住房贷款逾期额 7883.82 万元，逾期率 0.62‰。

2019 年，提取个人贷款风险准备金 9724.08 万元，使用个人贷款风险准备金核销呆坏账 29.37 万元。2019 年末，个人贷款风险准备金余额 170931.44 万元，占个人贷款余额的 1.34％，个人贷款逾期额与个人贷款风险准备金余额的比率为 4.61％。

（二）住房公积金支持保障性住房建设项目贷款：2019 年末，逾期项目贷款 0 万元，逾期率为 0‰。

2019 年，提取项目贷款风险准备金 0 万元，使用项目贷款风险准备金核销呆坏账 0 万元。2019 年末，项目贷款风险准备金余额 1198 万元，占项目贷款余额的 14.79％，项目贷款逾期额与项目贷款风险准备金余额的比率为 0％。

五、社会经济效益

（一）缴存业务：2019 年，实缴单位数、实缴职工人数和缴存额增长率分别为 7.24％、3.39％

和 9.53%。

缴存单位中，国家机关和事业单位占 50.62%，国有企业占 11.05%，城镇集体企业占 1.59%，外商投资企业占 0.76%，城镇私营企业及其他城镇企业占 27.12%，民办非企业单位和社会团体占 2.58%，其他占 6.28%。

缴存职工中，国家机关和事业单位占 50.57%，国有企业占 22.66%，城镇集体企业占 1.77%，外商投资企业占 1.35%，城镇私营企业及其他城镇企业占 17.47%，民办非企业单位和社会团体占 1.44%，其他占 4.74%；中、低收入占 97.85%，高收入占 2.15%。

新开户职工中，国家机关和事业单位占 24.59%，国有企业占 15.31%，城镇集体企业占 2.31%，外商投资企业占 2.12%，城镇私营企业及其他城镇企业占 42.87%，民办非企业单位和社会团体占 3.61%，其他占 9.19%；中、低收入占 99.67%，高收入占 0.33%。

（二）提取业务：2019 年，104.74 万名缴存职工提取住房公积金 425.07 亿元。

提取金额中，住房消费提取占 84.23%（购买、建造、翻建、大修自住住房占 47.53%，偿还购房贷款本息占 34.9%，租赁住房占 1.11%，其他占 0.67%）；非住房消费提取占 15.77%（离休和退休提取占 11.56%，完全丧失劳动能力并与单位终止劳动关系提取占 3.04%，出境定居占 0.14%，其他占 1.03%）。

提取职工中，中、低收入占 96.95%，高收入占 3.05%。

（三）贷款业务：

1. 个人住房贷款：2019 年，支持职工购建房 1022.87 万平方米。年末个人住房贷款市场占有率（含公转商贴息贷款）为 20.87%，比上年末下降 4.02 个百分点。通过申请住房公积金个人住房贷款，可节约职工购房利息支出 519491.16 万元。

职工贷款笔数中，购房建筑面积 90（含）平方米以下占 10.62%，90~144（含）平方米占 56.42%，144 平方米以上占 32.96%。购买新房占 66.58%（其中购买保障性住房占 0.79%），购买二手房占 29.7%，建造、翻建、大修自住住房占 2.76%，其他占 0.96%。

职工贷款笔数中，单缴存职工申请贷款占 29.72%，双缴存职工申请贷款占 68.69%，三人及以上缴存职工共同申请贷款占 1.59%。

贷款职工中，30 岁（含）以下占 32.22%，30 岁~40 岁（含）占 36.6%，40 岁~50 岁（含）占 24.08%，50 岁以上占 7.1%；首次申请贷款占 83.52%，二次及以上申请贷款占 16.47%；中、低收入占 99.16%，高收入占 0.84%。见图 2。

2. 异地贷款：2019 年，发放异地贷款 1439 笔、5615.5 万元。2019 年末，发放异地贷款总额 216988 万元，异地贷款余额 147174.58 万元。

3. 公转商贴息贷款：2019 年，发放公转商贴息贷款 3351 笔、139062.1 万元，支持职工购建房面积 50.05 万平方米。当年贴息额 2395.95 万元。2019 年末，累计发放公转商贴息贷款 4655 笔、230068.4 万元，累计贴息 2686.2 万元。

4. 住房公积金支持保障性住房建设项目贷款：2019 年末，全省有住房公积金试点城市 1 个，试点项目 1 个，贷款额度 3 亿元，建筑面积 24.45 万平方米，可解决 2840 户中低收入职工家庭的住房问题。

（四）住房贡献率：2019 年，个人住房贷款发放额、公转商贴息贷款发放额、项目贷款发放额、住房消费提取额的总和与当年缴存额的比率为 116.77%，比上年下降 5.66 个百分点。

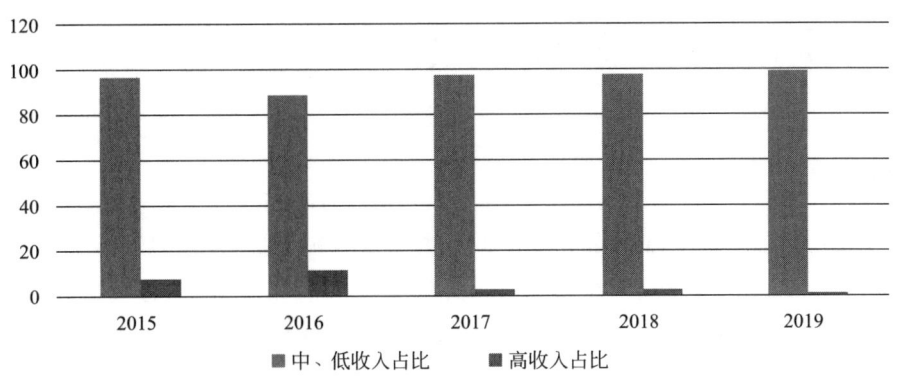

图 2　2015—2019 年贷款职工按收入情况占比

六、其他重要事项

（1）按照住房和城乡建设部、省政府对公积金监管工作安排部署，坚持"稳中求进，防控风险"的总基调，深化住房公积金制度改革，提升信息化管理服务水平，健全监管体制，加强廉政风险防控，充分发挥住房公积金支持改善职工住房条件的积极作用。2019 年 6 月 11 日云南省住房和城乡建设厅印发了《2019 年云南省住房公积金工作要点》。

（2）接受审计署审计，对审计发现问题做到立行立改。2019 年 9 月 2 日至 11 月 8 日，审计署对云南省 2018 年度和 2019 年 1 月至 9 月住房公积金归集管理使用以及相关政策措施落实情况进行了审计。云南省住房和城乡建设厅高度重视，审计期间，对所需提供的资料认真核实，对提出的问题认真解答，对审计发现问题要求相关州（市）住房公积金立行立改，并停止向缴存不满 6 个月办理贷款、购买第三套及以上住房办理贷款和提取住房公积金支付物业管理费等业务的办理。

（3）积极推动"一部手机办事通—我的住房公积金"主题事项上线开通工作，方便群众多渠道办理公积金业务。按照省政府要求，积极做好"一部手机办事通—我的住房公积金"主题事项上线开通的相关配合协调工作。2019 年 1 月，召开"一部手机办事通"工作部署会，统一了上线标准。年末已完成查询事项上线工作，昆明、省直等 7 个中心上线办理事项，切实做到"让数据多跑路，群众少跑腿"，为职工提供安全高效便捷的信息化服务。

（4）认真落实国务院关于个人所得税改革信息共享的工作部署。2019 年，各中心及时全面清理住房公积金历史数据，避免出现一人多账户、多人一账户、账户记载信息不全、信息错误等问题，并于 6 月底前接入全国住房公积金数据平台，为职工个人所得税专项附加扣除住房公积金贷款利息提供依据。继续执行困难企业申请阶段性降低住房公积金缴存政策，为困难企业减轻负担。

（5）扎实开展电子稽查工作，针对每月电子稽查结果，加强问题排查，分析扣分原因，逐项抓好整改和防控工作，各中心业务质量、服务效率、风险防控水平得到了大幅提高。

（6）全省住房公积金管理中心所获荣誉情况。2019 年省级职工住房资金管理中心、昭通市住房公积金管理中心、大理州住房公积金管理中心、楚雄州住房公积金管理中心、临沧市住房公积金管理中心为云南省文明单位。

昆明住房公积金 2019 年年度报告

一、机构概况

（一）住房公积金管理委员会：住房公积金管理委员会有 30 名委员，2019 年召开 4 次会议，审议通过的事项主要包括：《昆明市住房公积金 2018 年年度报告》《昆明市个体工商户、自由职业者、非全日制从业人员等无固定用工单位人员缴存、提取和使用住房公积金管理实施办法（试行）》《昆明市住房公积金管理中心关于停止执行提取住房公积金支付物业管理费相关事宜的请示》《关于进一步贯彻落实"放管服"改革调整住房公积金提取有关政策的请示》等事项。

（二）昆明市住房公积金管理中心：昆明市住房公积金管理中心（以下简称市住房公积金中心）为隶属昆明市人民政府不以营利为目的的全额拨款事业单位，设 10 个处室，16 个管理部，1 个分中心。从业人员 184 人，其中，在编 167 人，非在编 17 人。

（三）云南省省级职工住房资金管理中心：云南省省级职工住房资金管理中心（以下简称省级中心）为隶属于云南省住房和城乡建设厅不以营利为目的的自收自支事业单位，设 8 个科。从业人员 64 人，其中，在编 29 人，非在编 35 人。

二、业务运行情况

（一）缴存：2019 年，新开户单位 2257 家，实缴单位 16563 家，净增单位 967 家；新开户职工 12.58 万人，实缴职工 103.80 万人，净增职工 1.98 万人；缴存额 203.43 亿元，同比增长 9.01%。2019 年末，缴存总额 1520.60 亿元，比上年末增加 15.44%；缴存余额 464.94 亿元，比上年末增加 4.05%。

市住房公积金中心受委托办理住房公积金缴存业务的银行 5 家，比上年增加 0 家；省级中心受委托办理住房公积金缴存业务的银行 4 家，比去年增加 0 家。

（二）提取：2019 年，提取额 185.35 亿元，同比增长 8.56%；占当年缴存额的 91.11%，比上年增加 0.38 个百分点。2019 年末，提取总额 1055.66 亿元，比上年末增加 21.30%。

（三）贷款：个人住房贷款最高额度 50 万元，其中，单缴存职工最高额度 30 万元，双缴存职工最高额度 50 万元。

2019 年，发放个人住房贷款 0.97 万笔、32.98 亿元，同比分别下降 21.14%、27.58%。其中，市住房公积金中心发放个人住房贷款 0.84 万笔、27.72 亿元，省级中心发放个人住房贷款 0.13 万笔、4.79 亿元，铁路分中心发放个人住房贷款 0.01 万笔、0.47 亿元。

2019 年，回收个人住房贷款 45.75 亿元。其中，市住房公积金中心 35.26 亿元，省级中心 9.21 亿元，铁路分中心 1.28 亿元。

2019 年末，累计发放个人住房贷款 25.08 万笔、655.02 亿元，分别比上年末增加 4.02%、5.30%，贷款余额 359.34 亿元，比上年末减少 3.43%。个人住房贷款余额占缴存余额的 77.29%，比上年末减少 5.98 个百分点。

市住房公积金中心受委托办理住房公积金个人住房贷款业务的银行 12 家，比上年增加 0 家；省级中心受委托办理住房公积金个人住房贷款业务的银行14家，比上年增加0家。

（四）**资金存储**：2019年末，住房公积金存款110.68亿元。其中，活期8.12亿元，1年（含）以下定期59.90亿元，1年以上定期39.92亿元，其他（协定、通知存款等）2.74亿元。

（五）**资金运用率**：2019年末，住房公积金个人住房贷款余额、项目贷款余额和购买国债余额的总和占缴存余额的77.29%，比上年末减少5.98个百分点。

三、主要财务数据

（一）**业务收入**：2019年，业务收入144385.21万元，同比增长4.36%。其中，市住房公积金中心102609.02万元，省级中心31330.60万元，铁路分中心10445.59万元；存款利息24576.92万元，委托贷款利息119792.03万元，其他16.25万元。

（二）**业务支出**：2019年，业务支出74178.07万元，同比增长2.47%。其中，市住房公积金中心53492.64万元，省级中心15897.40万元，铁路分中心4788.03万元；支付职工住房公积金利息69255.84万元，归集手续费2454.90万元，委托贷款手续费2467.33万元，其他0万元。

（三）**增值收益**：2019年，增值收益70207.14万元，同比增长6.42%。其中，市住房公积金中心49116.38万元，省级中心15433.20万元，铁路分中心5657.56万元；增值收益率1.52%，比上年增加0.02个百分点。

（四）**增值收益分配**：2019年，提取贷款风险准备金0万元，提取管理费用8135.64万元，提取城市廉租住房（公共租赁住房）建设补充资金62071.50万元。

2019年，上交财政管理费用8135.64万元。上缴财政城市廉租住房（公共租赁住房）建设补充资金56763.98万元。其中，市住房公积金中心上缴44463.48万元，省级中心12300.50万元，铁路分中心上缴0万元。

2019年末，贷款风险准备金余额47657.98万元。累计提取城市廉租住房（公共租赁住房）建设补充资金442417.72万元。其中，市住房公积金中心提取322199.62万元，省级中心提取86391.79万元，铁路分中心提取33826.31万元。

（五）**管理费用支出**：2019年，管理费用支出6736.16万元，同比下降11.24%。其中，人员经费4260.48万元，公用经费793.88万元，专项经费1681.80万元。

市住房公积金中心管理费用支出4573.02万元，其中，人员、公用、专项经费分别为3053.19万元、201.89万元、1317.94万元；省级中心管理费用支出1843.98万元，其中，人员、公用、专项经费分别为929.24万元、587.01万元、327.73万元；铁路分中心管理费用支出319.16万元，其中，人员、公用、专项经费分别为278.05万元、4.98万元、36.13万元。

四、资产风险状况

个人住房贷款：2019年末，个人住房贷款逾期额948.04万元，逾期率0.26‰。其中，市住房公积金中心0.23‰，省级中心为0.43‰，铁路分中心0‰。

个人贷款风险准备金按贷款余额的1%提取。2019年，提取个人贷款风险准备金0万元，使用个人贷款风险准备金核销呆坏账0万元。2019年末，个人贷款风险准备金余额47657.98万元，占个人住房贷款余额的 1.33%,个人住房贷款逾期额与个人贷款风险准备金余额的比率为 1.99%。

五、社会经济效益

(一)缴存业务:2019 年,实缴单位数、实缴职工人数和缴存额同比分别增长 6.20%、1.94% 和 9.01%。

缴存单位中,国家机关和事业单位占 20.47%,国有企业占 10.89%,城镇集体企业占 0.91%,外商投资企业占 1.30%,城镇私营企业及其他城镇企业占 51.62%,民办非企业单位和社会团体占 3.27%,其他占 11.54%。

缴存职工中,国家机关和事业单位占 24.51%,国有企业占 30.06%,城镇集体企业占 0.98%,外商投资企业占 2.18%,城镇私营企业及其他城镇企业占 31.63%,民办非企业单位和社会团体占 2.60%,其他占 8.04%;中、低收入占 96.14%,高收入占 3.86%。

新开户职工中,国家机关和事业单位占 6.32%,国有企业占 15.80%,城镇集体企业占 1.85%,外商投资企业占 2.56%,城镇私营企业及其他城镇企业占 58.14%,民办非企业单位和社会团体占 4.80%,其他占 10.53%;中、低收入占 99.63%,高收入占 0.37%。

(二)提取业务:2019 年,45.31 万名缴存职工提取住房公积金 185.35 亿元。

提取金额中,住房消费提取占 85.18%(购买、建造、翻建、大修自住住房占 63.99%,偿还购房贷款本息占 19.36%,租赁住房占 1.24%,其他占 0.59%);非住房消费提取占 14.82%(离休和退休提取占 9.91%,完全丧失劳动能力并与单位终止劳动关系提取占 4.10%,出境定居占 0.03%,其他占 0.78%)。

提取职工中,中、低收入占 94.65%,高收入占 5.35%。

(三)贷款业务:

1. 个人住房贷款:2019 年,支持职工购建房 112.43 万平方米,年末个人住房贷款市场占有率为 10.33%,比上年末减少 3.3 个百分点。通过申请住房公积金个人住房贷款,可节约职工购房利息支出 99740.81 万元。

职工贷款笔数中,购房建筑面积 90(含)平方米以下占 22.81%,90~144(含)平方米占 66.74%,144 平方米以上占 10.45%。购买新房占 53.53%(其中购买保障性住房占 1.65%),购买二手房占 32.91%,建造、翻建、大修自住住房占 0.01%,其他占 13.55%。

职工贷款笔数中,单缴存职工申请贷款占 35.95%,双缴存职工申请贷款占 61.82%,三人及以上缴存职工共同申请贷款占 2.23%。

贷款职工中,30 岁(含)以下占 45.05%,30 岁~40 岁(含)占 32.93%,40 岁~50 岁(含)占 18.62%,50 岁以上占 3.40%;首次申请贷款占 96.37%,二次及以上申请贷款占 3.63%;中、低收入占 98.99%,高收入占 1.01%。

2. 异地贷款:2019 年,发放异地贷款 174 笔、7659.90 万元。2019 年末,发放异地贷款总额 64567.00 万元,异地贷款余额 54731.12 万元。

(四)住房贡献率:2019 年,个人住房贷款发放额、公转商贴息贷款发放额、项目贷款发放额、住房消费提取额的总和与当年缴存额的比率为 93.83%,比上年减少 7.49 个百分点。

六、其他重要事项

（一）缴存贷款业务金融机构变更情况。 市住房公积金中心受委托办理住房公积金缴存业务的银行5家，比去年增加0家；省级中心受委托办理住房公积金缴存业务的银行4家，比去年增加0家。

市住房公积金中心受委托办理住房公积金个人住房贷款业务的银行12家，比去年增加0家；省级中心受委托办理住房公积金个人住房贷款业务的银行14家，比去年增加0家。

（二）2019年缴存基数限额及确定方法、缴存比例调整情况。 根据昆明市统计局提供的数据，2018年昆明市城镇非私营单位在岗职工年平均工资为80252.00元，月平均工资为6687.67元。2019年，昆明市单位职工缴存住房公积金的工资基数上限仍按统计部门公布上一年度职工月平均工资的3倍执行，缴存基数上限为20063.00元，凡月工资收入超过20063.00元的职工，以20063.00元为缴存基数缴存住房公积金；月工资收入低于20063.00元的职工，以实际工资收入为缴存基数缴存住房公积金。2019年昆明市职工缴存住房公积金的最高比例仍然为12％。2019年，昆明市住房公积金的缴存工资基数下限分别为：一类区为1670.00元/月，二类区为1500.00元/月。

（三）2019年住房公积金存贷款利率调整及执行情况。 根据《中国人民银行 住房和城乡建设部 财政部关于完善职工住房公积金账户存款利率形成机制的通知》（银发〔2016〕43号），自2016年2月21日起，将职工住房公积金账户存款利率，由按照归集时间执行活期、三个月存款基准利率，调整为统一按一年期定期存款基准利率执行；2019年未进行住房公积金账户存款利率调整。

根据《中国人民银行关于下调金融机构人民币贷款及存款基准利率并进一步推进利率市场化改革的通知》（银发〔2015〕265号），从2015年8月26日起，下调住房公积金个人贷款利率0.25个百分点。调整后，5年期（含）以下贷款年利率为2.75％，5年期以上至30年（含）的贷款年利率为3.25％，5年期以上公积金贷款年利率比商业贷款年利率低1.65个百分点；2019年未进行住房公积金贷款利率调整。

（四）2019年住房公积金个人住房贷款最高贷款额度调整情况。 2019年，住房公积金个人住房贷款最高额度为单缴存职工30万元，双缴存职工50万元。

（五）当年住房公积金政策调整情况。

（1）出台《昆明市个体工商户、自由职业者、非全日制从业人员等无固定用工单位人员缴存、提取和使用住房公积金管理实施办法（试行）》（昆公积金规〔2019〕1号），进一步扩大住房公积金制度覆盖面，充分发挥住房公积金制度对个体工商户、自由职业者、非全日制从业人员等无固定用工单位人员的住房保障作用，该实施办法于2019年9月26日起施行。

（2）印发《昆明市住房公积金管理中心关于停止执行提取住房公积金支付物业管理费相关事宜的通知》（昆公积金〔2019〕163号），停止执行提取住房公积金支付物业管理费政策。

（3）印发《关于进一步贯彻落实"放管服"改革调整住房公积金提取有关政策的通知》（昆公积金〔2019〕183号），简化职工办理提取业务所需材料，调整职工因"与单位解除劳动合同关系"进行销户提取住房公积金的申请条件，调整职工购买住房申请提取住房公积金条件，调整职工购买存量商品住房（二手房）提取住房公积金所需材料，调整职工在昆明市行政区域内租房提取住房公积金所需材料。

（六）当年服务改进情况。

（1）综合服务平台于 2016 年 10 月 28 日上线运行以来，得到住房和城乡建设部、省住房城乡建设厅及广大缴存单位和职工的充分认可，2018 年 5 月 8 日以优秀等次通过住房和城乡建设部检查验收组验收。2019 年，综合服务平台充分发挥服务功能，持续为缴存单位和职工提供优质高效服务。截至 2019 年底，微信公众号"昆明公积金"关注人数 95.58 万人，八大渠道注册用户 88.20 万人，分别占全市缴存职工（含省级中心）103.80 万人的 92.08%、84.97%。2019 年，市住房公积金中心本年办理提取业务（不含委托扣划业务）71.18 万人次，同比增长 50.70%，其中，现场办理 14.45 万人次，同比下降 22.31%，占全部业务的 20.13%，线上渠道（不含委托扣划业务）办理 57.33 万人次，占全部业务的 79.87%，同比增长 97.49%。

（2）按照"高频优先、民生优先、成熟一批、上线一批"的原则，在云南省"一部手机办事通"平台的"住房保障"模块上线了昆明公积金的 12 个查询类事项、10 个办理类事项。

（3）根据上级部署将各项业务受理接入昆明市政务服务平台，配合推进线上线下深度融合，政务服务整体联动，做到线上线下一套服务标准、一个平台办理，真正实现群众和企业办事线上"一次登录、全网通办、异地可办"，线下"只进一扇门、最多跑一次"。

（4）完成网上营业大厅优化，推进归集网厅业务，实现单位汇缴登记、补缴登记、单位缴存比例调整、单位缴存基数调整、个人账户转移、单位基本信息变更申请、单位缴存登记注销申请、单位基本信息变更申请、个人开户申请、个人信息变更、个人账户封存、个人账户启封、托管申请等业务通过网上办事大厅一步办结。

（5）优化营商环境，全力打造"一网通办""一部手机办理通"和"一窗通办"，对标对表北京、上海，做到"应上尽上"，全业务覆盖。

（七）当年信息化建设情况。

（1）按照《住房和城乡建设部办公厅关于做好全国住房公积金异地转移接续平台建设使用准备工作的通知》（建办金〔2016〕49 号），市住房公积金中心积极开展全国住房公积金异地转移接续平台建设工作，于 2017 年 3 月 31 日作为首批上线机构接入平台（WEB 端接入），2018 年 1 月 1 日直连接入平台，提升了住房公积金异地转移接续服务效率，大大缩短了办理时限，极大方便了缴存职工。

（2）按照住房和城乡建设部《关于贯彻落实住房公积金基础数据标准的通知》（建办金〔2014〕51 号）、《关于推广住房公积金银行结算数据应用系统的通知》（建金信函〔2015〕5 号），市住房公积金中心积极开展"住房公积金基础数据"和"住房公积金银行结算数据应用系统"建设工作，于 2017 年 7 月 24 日建设完成并正式上线，2017 年 12 月 26 日通过住房和城乡建设部系统建设验收。2019 年，市住房公积金中心在"双贯标"成果的基础上，充分利用住房和城乡建设部结算平台实现归集缴款自动入账，提取实现实时到账，大大方便了缴存单位和职工，持续提升住房公积金服务水平。

（3）根据住房和城乡建设部统一安排部署，于 2019 年 5 月 30 日前完成了全国住房公积金数据平台接入工作。接入数据平台后，实现了住房公积金贷款个税抵扣数据上报；实现了住房公积金数据集中储存和异地备份；住房和城乡建设部在全国住房公积金数据集中的基础上，开通个人信息查询 APP，极大方便缴存职工掌握个人住房公积金缴存使用情况。

（八）当年所获荣誉情况。 2019 年，市住房公积金中心被昆明市委市政府授予文明单位称号，主城区管理部被昆明市直机关妇工委评为巾帼建功行动先进集体，安宁市管理部被共青团昆明市市级机关工委认定为三星级市级"青年文明号"，市住房公积金中心团总支被评为昆明市五四红旗团（总）支部。

曲靖市住房公积金 2019 年年度报告

一、机构概况

（一）住房公积金管理委员会：本市住房公积金管理委员会有 29 名委员，管委会审议通过 2019 年度曲靖市住房公积金归集、使用计划执行情况，并对其他重要事项进行决策，主要包括《曲靖市住房公积金 2019 年年度报告》《曲靖市住房公积金 2019 年归集使用执行报告》《曲靖市住房公积金 2020 年归集使用计划报告》《曲靖市住房公积金 2019 年度增值收益分配方案》。

（二）住房公积金管理中心：曲靖市住房公积金管理中心为曲靖市人民政府直属不以营利为目的的财政全额拨款事业单位，主要负责全市住房公积金的归集、管理、使用和会计核算。内设 7 个科室，下设 3 个管理部、6 个分中心。从业人员 101 人，其中，在编 71 人，非在编 30 人。

二、业务运行情况

（一）缴存：2019 年，新开户单位 195 家，实缴单位 3344 家，同比减少 224 家；新开户职工 1.33 万人，实缴职工 23.86 万人，净增职工 0.12 万人；缴存额 48.52 亿元，同比增长 14.54%。2019 年末，缴存总额 359.1 亿元，同比增长 15.62%；缴存余额 144.8 亿元，同比增长 10.32%。

（二）提取：2019 年，提取额 34.97 亿元，同比增长 21.38%，占当年缴存额的 72.07%，比上年增加 4.06 个百分点，累计提取 214.31 亿元，同比增长 19.51%。

（三）贷款：2019 年，双缴存职工住房公积金贷款最高额度为 70 万元，单缴存职工最高额度 35 万元。

2019 年，发放个人住房贷款 7522 笔、27.84 亿元，同比分别下降 2.03%、1.66%。其中，麒麟中心城区（含开发区）发放 3462 笔、12.9 亿元，沾益区发放 625 笔、2.24 亿元，马龙区发放 349 笔、1.54 亿元，宣威市发放 693 笔、2.32 亿元，会泽县发放 934 笔、3.55 亿元，富源县发放 408 笔、1.5 亿元，陆良县发放 295 笔、0.93 亿元，师宗县发放 323 笔、1.07 亿元，罗平县发放 433 笔、1.79 亿元。

2019 年，回收个人住房贷款 18.87 亿元，其中，麒麟中心城区（含开发区）7.3 亿元，沾益区 0.96 亿元，宣威市 1.89 亿元，会泽县 2.94 亿元，马龙区 1.05 亿元，富源县 1.4 亿元，陆良县 1.04 亿元，师宗县 0.75 亿元，罗平县 1.54 亿元。

2019 年末，累计发放个人住房贷款 17.37 万笔、242.43 亿元，贷款余额 115.09 亿元，同比增长 4.51%、12.97%、8.44%。个人住房贷款余额占缴存余额的 79.49%，比上年末减少 1.37 个百分点。

受委托办理住房公积金个人住房贷款业务的银行 10 家，与上年相比增加 4 家银行。

（四）资金存储：2019 年末，住房公积金存款 33.98 亿元。其中，活期 0.49 亿元，1 年（含）以下定期16.67亿元，1年以上定期14.41亿元，其他（协定、通知存款等）2.41亿元。

（五）**资金运用率**：2019年末，住房公积金个人住房贷款余额占缴存余额的79.49%，比上年末减少1.37个百分点。

三、主要财务数据

（一）**业务收入**：2019年，业务收入43174.04万元，同比增长2.88%。其中，存款利息收入7027.09万元，委托贷款利息收入36138.44万元，其他收入8.51万元。

（二）**业务支出**：2019年，业务支出15067.67万元，同比增长3.1%，其中，住房公积金利息支出15025万元，其他支出42.67万元。

（三）**增值收益**：2019年，增值收益28106.37万元，同比增长2.76%。增值收益率2.03%，比上年减少0.18个百分点。

（四）**增值收益分配**：2019年，提取贷款风险准备金896.3万元，提取管理费用1215万元，提取城市廉租住房（公共租赁住房）建设补充资金25995.07万元。

2019年，上缴财政管理费用1048万元。上缴财政城市廉租住房（公共租赁住房）建设补充资金20058.95万元。

2019年末，贷款风险准备金余额12111.21万元。累计提取城市廉租住房（公共租赁住房）建设补充资金141026.42万元。

（五）**管理费用支出**。2019年，管理费用支出2247.67万元，同比减少21.58%，其中，人员经费1008.43万元，公用经费92.52万元，专项经费1146.72万元。

市中心支出2061.01万元（含麒麟管理部），其中，人员、公用、专项经费分别为1008.43万元、92.52万元、960.06万元；各县（市、区）分中心（管理部）管理费用支出186.66万元，全部为专项经费，其中，沾益管理部支出8.77万元，马龙管理部支出12.25万元，会泽分中心支出18.78万元，宣威分中心支出17.25万元，富源分中心支出26.26万元，陆良分中心支出13.68万元，师宗分中心支出64.83万元，罗平分中心支出24.84万元。

四、资产风险状况

2019年末，全市住房公积金个人逾期贷款833.1万元，逾期率0.72‰。其中，麒麟中心城区（含开发区）逾期605.01万元，逾期率1.31‰，沾益区逾期38.82万元，逾期率0.55‰，马龙区逾期0.35万元，逾期率0.01‰，富源县逾期10.2万元，逾期率0.14‰，师宗县逾期31.36万元，逾期率0.71‰，宣威市逾期56.07万元，逾期率0.61‰，会泽县逾期90.29万元，逾期率0.49‰，陆良县逾期1万元，逾期率0.02‰，罗平县无逾期。

个人贷款风险准备金按当年贷款净余额1%提取。2019年，提取个人贷款风险准备金896.3万。2019年末，个人贷款风险准备金余额12111.21万元，占个人住房贷款余额的1.05%，个人贷款逾期额与个人贷款风险准备金余额的比率为6.88%。

五、社会经济效益

（一）**缴存业务**：2019年，实缴单位数同比减少6.28%，实缴职工人数和缴存额同比分别增长

0.51%和14.54%。

缴存单位中，国家机关和事业单位占63.91%，国有企业占14.56%，城镇集体企业占1.5%，外商投资企业占0.72%，城镇私营企业及其他城镇企业占7.92%，民办非企业单位和社会团体占3.29%，其他占8.1%。

缴存职工中，国家机关和事业单位占57.22%，国有企业占28.97%，城镇集体企业占0.88%，外商投资企业占0.87%，城镇私营企业及其他城镇企业占3.61%，民办非企业单位和社会团体占1.28%，其他占7.17%；中、低收入占96.93%，高收入占3.07%。

新开户职工中，国家机关和事业单位占26.49%，国有企业占19.06%，城镇集体企业占0.91%，外商投资企业占3.18%，城镇私营企业及其他城镇企业占20.98%，民办非企业单位和社会团体占4.17%，其他占25.21%；中、低收入占99.45%，高收入占0.55%。

（二）提取业务：2019年，9.61万名缴存职工提取住房公积金34.97亿元。

提取金额中，住房消费提取占85.03%（购买、建造、翻建、大修自住住房占30.21%，偿还购房贷款本息占53.47%，租赁住房占0.95%，其他占0.4%）；非住房消费提取占14.97%（离休和退休提取占12.02%，完全丧失劳动能力并与单位终止劳动关系提取占1.84%，其他占1.11%）。

提取职工中，中、低收入占96.5%，高收入占3.5%。

（三）贷款业务：

1. 个人住房贷款： 2019年，支持职工购建房112.17万平方米，年末个人住房贷款市场占有率为34.69%，比上年减少2.12个百分点。通过申请住房公积金个人住房贷款，可节约职工购房利息支出65665.47万元。

职工贷款笔数中，购房建筑面积90（含）平方米以下占8.62%，90～144（含）平方米占56.3%，144平方米以上占35.08%。购买新房占77.33%，购买二手房占21.8%，建造、翻建、大修自住住房占0.78%，其他占0.09%。

职工贷款笔数中，单缴存职工申请贷款占60.33%，双缴存职工申请贷款占39.67%。

贷款职工中，30岁（含）以下占29.41%，30～40岁（含）占38.26%，40～50岁（含）占24.71%，50岁以上占7.62%；首次申请贷款占84.55%，二次及以上申请贷款占15.45%；中、低收入占98.98%，高收入占1.02%。

2. 异地贷款： 2019年，发放异地贷款581笔、20630万元。2019年末，累计发放异地贷款53059.6万元，异地贷款余额24788.06万元。

（四）住房贡献率：2019年，个人住房贷款发放额、住房消费提取额的总和与当年缴存额的比率为118.67%，比上年减少5.12个百分点。

六、其他重要事项

（一）曲靖市住房公积金管理中心受托办理住房公积金缴存贷款业务的银行10家，比2018年增加4家。10家主办银行分别为：中国工商银行、建设银行、农业银行、云南省农村信用合作联社、曲靖市商业银行、中国银行、招商银行、交通银行、红塔银行、重庆农村商业银行。

（二）2019年缴存基数限额及确定方法、缴存比例调整情况。根据曲靖市统计局提供2018年曲靖市在岗职工月平均工资 6021 元，核定 2019 年 1 月 1 日至 2019 年 12 月 31 日住房公积金月缴存基数上限为 18063 元和月缴存额上限为 4336 元。曲靖市个体工商户和农民工住房公积金缴存基数为 6021 元，缴存比例为 5％，月缴存额为 602 元。2019 年曲靖市住房公积金的缴存比例仍按不低于 5％、不高于 12％的标准执行。

（三）2019 年住房公积金提取政策调整及执行情况。

（1）曲靖市住房公积金管理委员会修订《曲靖市住房公积金提取管理办法》（曲住管规〔2019〕1 号）。一是调整购房提取证明材料时限：由购买自住住房取得房产证的，提供登记日期在 2 年内的房产证和契税发票（不动产统一销售发票）；尚未取得房产证的，提供登记日期在 2 年内的《商品房购销合同》、登记备案表、不动产统一销售发票或交款收据。调整为购买自住住房已取得《不动产权证》（或《房屋所有权证》）的，提供初次取得权利时的登记日期在 1 年内的《不动产权证》、契税税收缴款书（或销售不动产统一发票、增值税普通发票）；尚未办理《不动产权证》的，提供登记备案日期在 1 年内的《商品房购销合同》及登记备案表。二是调整租房提取额度：由曲靖中心主城区的夫妻双方提取总额不超过 9000 元/年，各县（市、区）的夫妻双方提取总额不超过 6000 元/年调整为不分地区夫妻双方提取总额不超过 10000 元/年。

（2）根据审计署要求，曲靖市住房公积金管理委员会办公室发出通知，2019 年 9 月 1 日起，停止提取住房公积金支付物业管理费业务。

（四）2019 年个人住房公积金贷款最高额度、贷款条件等贷款政策调整情况。曲靖市住房公积金管理委员会修订《曲靖市住房公积金贷款管理办法》（曲住管规〔2019〕2 号）。一是贷款条件，开户并连续缴存由满 3 个月调整为满 6 个月；本人及配偶住房公积金贷款次数限制由 3 次调整为 2 次。二是贷款额度，夫妻双方在曲靖市行政区域缴存住房公积金的上限由 80 万元降为 70 万元；一方在曲靖市行政区域缴存的上限由 40 万元降为 35 万元。三是调整贷款证明材料时限，申请公积金个人住房贷款的购房依据由原来的提供登记备案时间在 2 年内的《商品房购销合同》《商品房购销合同登记备案表》或 3 年内的房产证，调整为登记备案日期在 1 年内的《商品房购销合同登记备案表》或初次取得权利时的登记日期在 1 年内的《不动产权证》。

（五）2019 年住房公积金存贷款利率调整及执行情况。根据《中国人民银行　住房和城乡建设部　财政部关于完善职工住房公积金账户存款利率形成机制的通知》（银发〔2016〕43 号）文件规定，2019 年曲靖市缴存的个人住房公积金存款利率按年利率 1.50％执行。

根据《中国人民银行关于下调金融机构人民币贷款及存款基准利率并进一步推进利率市场化改革的通知》（银发〔2015〕265 号）文件规定，2019 年曲靖市个人住房公积金贷款按 5 年期以下（含 5 年）贷款年利率 2.75％，5 年期以上贷款年利率 3.25％执行。

（六）2019 年服务改进及信息化建设情况。一是继续深入推进"放管服"改革，简化退休、解除劳动关系、委托他人办理住房公积金等业务手续，实现业务办理"再瘦身"，确保办事职工"只跑一次"。二是拓展公积金线上业务，完善住房公积金综合服务平台。2019 年 1 月，开通"曲靖公积金手机 APP"，373.25 万人次访问了微信、门户网站、一部手机办事通、手机 APP 等综合服务平台，其中，手机 APP 访问量达 22.76 万次。2019 年 10 月，退休、租房、购房等后续提取和贷款提前还款及贷款试算等 6 项业务可在微信公众号、手机 APP 和查询机等渠道进行线上办理。目前，通过线上办理业务 1834 笔，曲靖市住房公积金 7 个查询事项通过省政府"一部手机办事通"上线办理，曲靖市成为全省率先实现公积金事项上线州（市）。三是强化住房公积金信息安全。按照国家信息系统安全等级保护第三级标准要求，完成第三级信息系统安全等级保护测评及定级，提升全市住房公积金信息系统的网络安全保护能力，确保信息安全和资金安全。四是拓展服务渠道。成功接入全国住房公积金数据平台，在省内率先实现公积金信息与国家税务总局互联共享；升级全国住房公积金银行结算数据应用系统，在原有的6家公积金业务承办银行的基础上，新增4家银行，多渠道实现住房公积金办理业务资金"秒到账"，让服务群众更加便捷高效。

（七）2019年住房公积金管理中心及职工所获荣誉情况。曲靖市住房公积金管理中心陆良分中心被评为"曲靖市工人先锋号"，曲靖市住房公积金管理中心办公室陈思宇同志被评为"曲靖市创建全国文明城市工作先进个人"。

玉溪市住房公积金2019年年度报告

一、机构概况

（一）**住房公积金管理委员会**：玉溪市住房公积金管理委员会有27名委员，2019年召开1次会议，审议通过的事项主要包括：

(1)《玉溪市人民政府办公室关于成立玉溪市第四届住房公积金管理委员会的通知》；
(2) 推选产生第四届住房公积金管理委员会主任委员和副主任委员；
(3)《2018年全市住房公积金归集、使用计划执行情况及2019年工作计划》；
(4)《玉溪市住房公积金2018年年度报告》；
(5)《玉溪市住房公积金资金预警机制实施办法》；
(6)《玉溪市住房公积金金融业务受托银行准入退出暂行管理办法》；
(7)《玉溪市住房公积金管理委员会关于调整全市住房公积金政策的通知》；
(8)《关于2018年住房公积金增值收益分配方案的报告》；
(9)《关于授权玉溪市住房公积金管理中心审批困难企业住房公积金缓缴、降低比例的请示》；
(10)《玉溪市住房公积金管理中心阶段性贷款担保合作楼盘准入管理暂行办法》。

（二）**住房公积金管理中心**：玉溪市住房公积金管理中心为玉溪市人民政府不以营利为目的的财政全额拨款事业单位，设8个科，9个管理部，0个分中心。从业人员95人，其中，在编66人，非在编29人。

二、业务运行情况

（一）**缴存**：2019年，新开户单位417家，实缴单位3805家，净增单位305家；新开户职工1.41万人，实缴职工13.56万人，净增职工0.4万人；缴存额31.14亿元，同比增长7.43%。2019年末，缴存总额248.49亿元，同比增长14.33%；缴存余额81.83亿元，同比增长7.03%。

受委托办理住房公积金缴存业务的银行12家，比上年增加0家。

（二）**提取**：2019年，提取额25.77亿元，同比增长20.19%；占当年缴存额的82.76%，比上年增加

8.78个百分点。2019年末,提取总额166.66亿元,同比增长18.29%。

(三)贷款:

1. 个人住房贷款:个人住房贷款最高额度60万元,其中,单缴存职工最高额度40万元,双缴存职工最高额度60万元。

2019年,发放个人住房贷款0.5万笔、18.40亿元,同比分别增长25%、2.51%。

2019年,回收个人住房贷款11.23亿元。

2019年末,累计发放个人住房贷款7.57万笔、159.17亿元,贷款余额82.70亿元,同比分别增长6.47%、13.07%、9.48%。个人住房贷款余额占缴存余额的101.07%,比上年增加2.27个百分点。

受委托办理住房公积金个人住房贷款业务的银行12家,比上年增加0家。

2. 住房公积金支持保障性住房建设项目贷款:2019年,发放支持保障性住房建设项目贷款0亿元,回收项目贷款0.6亿元。2019年末,累计发放项目贷款3亿元,项目贷款余额0.81亿元。

(四)**购买国债**:2019年,购买(记账式、凭证式)国债0亿元,兑付(转让、收回)国债0亿元。2019年末,国债余额0亿元,比上年减少0亿元。

(五)**融资**:2019年,融资2亿元,归还4.6亿元。2019年末,融资总额12.15亿元,融资余额2亿元。

(六)**资金存储**:2019年末,住房公积金存款2.14亿元。其中,活期0.02亿元,1年(含)以下定期0亿元,1年以上定期0亿元,其他(协定、通知存款等)2.12亿元。

(七)**资金运用率**:2019年末,住房公积金个人住房贷款余额、项目贷款余额和购买国债余额的总和占缴存余额的102.06%,比上年增长1.41个百分点。

三、主要财务数据

(一)**业务收入**:2019年,业务收入26983.82万元,同比增长8.10%。其中,存款利息528.40万元,委托贷款利息26445.86万元,国债利息0万元,其他9.56万元。

(二)**业务支出**:2019年,业务支出16499.46万元,同比增长21.13%。其中,支付职工住房公积金利息15412.30万元,归集手续费0万元,委托贷款手续费1087.13万元,其他0.03万元。

(三)**增值收益**:2019年,增值收益10484.36万元,同比减少7.56%。增值收益率1.30%,比上年减少0.25个百分点。

(四)**增值收益分配**:2019年,提取贷款风险准备金716.17万元,提取管理费用966.64万元,提取城市廉租住房(公共租赁住房)建设补充资金8801.55万元。

2019年,上交财政管理费用1891.86万元。上缴财政城市廉租住房(公共租赁住房)建设补充资金8661.10万元。

2019年末,贷款风险准备金余额16811.89万元。累计提取城市廉租住房(公共租赁住房)建设补充资金53662.89万元。

(五)**管理费用支出**:2019年,管理费用支出2838.15万元,同比增长47.28%。其中,人员经费1479.42万元,公用经费489.53万元,专项经费869.20万元。

四、资产风险状况

个人住房贷款:2019年末,个人住房贷款逾期额347.16万元,逾期率0.4‰。

个人贷款风险准备金按（贷款余额）的1‰提取。2019年，提取个人贷款风险准备金716.17万元，使用个人贷款风险准备金核销呆坏账7.63万元。2019年末，个人贷款风险准备金余额15613.89万元，占个人住房贷款余额的1.89%，个人住房贷款逾期额与个人贷款风险准备金余额的比率为2.22%。

（二）支持保障性住房建设试点项目贷款：2019年末，逾期项目贷款0万元，逾期率0‰。

项目贷款风险准备金按贷款余额的4‰提取。2019年，提取项目贷款风险准备金0万元，使用项目贷款风险准备金核销呆坏账0万元，项目贷款风险准备金余额1198万元，占项目贷款余额的14.79%，项目贷款逾期额与项目贷款风险准备金余额的比率为0%。

五、社会经济效益

（一）缴存业务：2019年，实缴单位数、实缴职工人数和缴存额同比分别增长8.71%、3.06%和7.43%。

缴存单位中，国家机关和事业单位占54.19%，国有企业占8.99%，城镇集体企业占2.34%，外商投资企业占0.34%，城镇私营企业及其他城镇企业占27.73%，民办非企业单位和社会团体占1.08%，其他占5.33%。

缴存职工中，国家机关和事业单位占56.30%，国有企业占20.36%，城镇集体企业占2.31%，外商投资企业占0.81%，城镇私营企业及其他城镇企业占19.17%，民办非企业单位和社会团体占0.49%，其他占0.56%；中、低收入占95.22%，高收入占4.78%。

新开户职工中，国家机关和事业单位占29.67%，国有企业占22.02%，城镇集体企业占1.51%，外商投资企业占0.61%，城镇私营企业及其他城镇企业占43.52%，民办非企业单位和社会团体占1.80%，其他占0.87%；中、低收入占99.25%，高收入占0.75%。

（二）提取业务：2019年，4.88万名缴存职工提取住房公积金25.77亿元。

提取金额中，住房消费提取占84.86%（购买、建造、翻建、大修自住住房占43.79%，偿还购房贷款本息占40.94%，租赁住房占0.13%，其他占0%）；非住房消费提取占15.14%（离休和退休提取占11.66%，完全丧失劳动能力并与单位终止劳动关系提取占2.03%，户口迁出本市或出境定居占0.08%，其他占1.37%）。

提取职工中，中、低收入占95.30%，高收入占4.70%。

（三）贷款业务：

1. 个人住房贷款：2019年，支持职工购建房69.71万平方米，年末个人住房贷款市场占有率为34.51%，比上年减少6.1个百分点。通过申请住房公积金个人住房贷款，可节约职工购房利息支出51072.99万元。

职工贷款笔数中，购房建筑面积90（含）平方米以下占14.09%，90~144（含）平方米占46.76%，144平方米以上占39.15%。购买新房占61.51%，购买二手房占37.47%，建造、翻建、大修自住住房占1.02%，其他占0%。

职工贷款笔数中，单缴存职工申请贷款占22.57%，双缴存职工申请贷款占76.95%，三人及以上缴存职工共同申请贷款占0.48%。

贷款职工中，30岁（含）以下占24.68%，30岁~40岁（含）占36.82%，40岁~50岁（含）占

28.80%，50 岁以上占 9.70%；首次申请贷款占 81.60%，二次及以上申请贷款占 18.40%；中、低收入占 95.28%，高收入占 4.72%。

2. 异地贷款：2019 年，发放异地贷款 135 笔、4963.50 万元。2019 年末，发放异地贷款总额 21535.80 万元，异地贷款余额 16871.60 万元。

3. 公转商贴息贷款：2019 年，发放公转商贴息贷款 1641 笔、88726.80 万元，支持职工购建住房面积 28.03 万平方米，当年贴息额 2268.84 万元。2019 年末，累计发放公转商贴息贷款 2945 笔、179733.10 万元，累计贴息 2559.09 万元。

4. 支持保障性住房建设试点项目贷款：2019 年末，累计试点项目 1 个，贷款额度 3 亿元，建筑面积 24.45 万平方米，可解决 2840 户中低收入职工家庭的住房问题。0 个试点项目贷款资金已发放并还清贷款本息。

（四）住房贡献率：2019 年，个人住房贷款发放额、公转商贴息贷款发放额、项目贷款发放额、住房消费提取额的总和与当年缴存额的比率为 157.78%，比上年增加 3.07 个百分点。

六、其他重要事项

（一）当年机构及职能调整情况、受委托办理缴存贷款业务金融机构变更情况。 2019 年 1 月，根据玉溪市委《关于设立中国共产党玉溪市住房公积金管理中心党组的通知》（玉委〔2019〕30 号）文件精神，中心设立党组；2019 年 3 月，按照《玉溪市住房公积金管理中心机构编制方案》（玉室字〔2019〕62 号）精神，中心是玉溪市人民政府直属事业单位，正处级，公益一类、财政全额拨款单位。经人事部门批准，设置 8 个内设科室，新增稽核审计科。按照干部选拔任用相关规定流程完成中心市本级内设机构 6 名正科级干部和 5 名副科级干部的选拔任用。

当年受委托办理缴存贷款业务金融机构无变更情况。

（二）当年住房公积金政策调整及执行情况。

（1）玉溪市住房公积金管理中心按照《住房公积金管理条例》的规定，2019 年 9 月进行年度审批住房公积金缴存基数工作，执行时间为 2019 年 7 月至 2020 年 6 月，对 2020 年 7 月至 9 月期间增加的住房公积金，进行补缴审批。住房公积金工资基数的上限不得超过玉溪市统计部门公布的上年度在岗职工月平均工资的 3 倍为 19029 元，下限为人力资源社会保障部门公布的最低工资标准，即红塔区不低于 1500 元，其他县区不低于 1350 元；企业、非财政全额供养事业单位及个人自愿缴存者缴存比例为 5%～12%，国家机关及财政供养事业单位以所在县域报经省住房城乡建设厅、财政厅批准的缴存比例 12% 执行。

（2）经市住房公积金管理委员会四届一次会议研究同意，出台《玉溪市住房公积金管理委员会关于调整全市住房公积金政策的通知》（玉市管发〔2019〕1 号），调整商业银行住房贷款提取政策，缴存职工在偿还清商业银行发放的个人住房贷款时，可以提取住房公积金账户内的存储余额，提取金额不得超过商业银行个人住房贷款还款本息合计金额；限制多人频繁买卖同一套住房提取住房公积金，职工购买上市交易的二手房，如果同一套住房在一年内发生两次或两次以上房屋权属交易过户的，在本年度内只能提取一次住房公积金。一年内以该套住房购房事实为由已经提取过一次住房公积金，若该套住房在一年内再次交易并以该套住房购房事实为由再次申请提取的，应与其购房行为发生日间隔满一年以上。购房行为发生日间隔满一年以上的提取时间，从过户后的房屋产权证发证时间开始计算；规范住房公积金贷款政策中对首套房、二套房的认定标准，以职工家庭（夫妻双方）在住房公积金业务系统和中国人民银行征信报告中住贷款（含住房公积金个人住房贷款和商业银行个人住房贷款）合计次数进行确认，首套房首付款比例不得低于30%，贷款利率执行同期住房公积金个人住房贷款基准利率，二套房首付款比例不得低于50%，贷款同期住房公积金贷款基准利率的1.1倍执行；调整住房公积金个人住房贷款最高额度，缴存住房公积金的职工家庭，双方连续正常缴存6个月（含）以上的，住房公积金个人住房贷款最高额度为60万元，一方连续正常缴存6个月（含）以上的，住房公积金个人住房贷款最高额度为40万元。

（3）经市住房公积金管理委员会四届一次会议研究同意，出台《玉溪市住房公积金金融业务受托银行准入退出管理暂行办法》（玉市管发〔2019〕4号）和《玉溪市住房公积金管理中心房地产开发企业楼盘准入管理暂行办法》（玉市管发〔2019〕4号）2个规范性文件，进一步规范玉溪市住房公积金金融业务受托银行准入退出和房地产开发企业楼盘准入业务管理。

（4）根据市住房公积金管理委员会四届一次会议审议通过的《玉溪市住房公积金资金预警机制实施办法》，中心结合资金存贷比情况，印发《玉溪市住房公积金管理中心关于暂停异地贷款业务的通知》，从2019年5月1日暂停异地贷款业务。

（5）出台《玉溪市住房公积金管理委员会关于贯彻落实"放管服"精神进一步简化工作流程、规范政策及业务资料的通知》（玉市管发〔2019〕5号），进一步明确职工购、建第三套及以上住房的，不予办理公积金个人住房贷款。

（6）根据云南省住房和城乡建设厅《关于开展住房公积金政策合规性清查的通知》（云建金函〔2018〕48号）和玉溪市住房公积金管理委员会《关于贯彻落实"放管服"精神进一步简化工作流程、规范政策及业务资料的通知》（玉市管发〔2019〕5号）的要求，中心印发《玉溪市住房公积金管理中心关于停止执行提取住房公积金支付物业管理费政策的通知》（玉市金发〔2019〕33号），自2019年12月5日起停止执行提取住房公积金支付物业管理费的政策。

（7）个人住房公积金账户存款利率按一年期定期存款基准利率执行，即1.5%；五年期以下（含五年）个人住房公积金贷款利率执行2.75%；五年以上个人住房公积金贷款利率执行3.25%；试点项目贷款利率3.575%。

（三）当年服务改进情况。

（1）推进综合服务平台建设，提升线上业务覆盖率。一是中心于2019年9月9日完成"互联网+"信息系统单位网厅功能模块上线工作，完成3158家缴存单位2019年公积金年审工作，截至年底单位网厅办件量为39761件。二是实现公积金缴存、提取贷款短信实时推送，全年共计成功推送2125821条短信。三是开通手机APP、微信小程序、支付宝渠道查询功能，截至2019年底手机APP注册量为5590人次、微信小程序注册量为1167人次、支付宝访问量为394人次。四是逐步实现与玉溪市一站式惠民服务平台深度融合。9月初在市政务中心自然人大厅14台自助终端机开通24小时自助终端查询功能；初步完成中心城区房管、不动产数据接入，实现房管、不动产数据实时共享。截至2019年底中心城区管理部自助终端查询843条，打印1010人。

（2）全面落实政务服务"一网、一门、一次"改革要求，深入推进审批服务便民化，现新平、元江管理部已整体进驻县政务管理局，其余管理部正在建设中。

（四）当年信息化建设情况。

（1）完成"互联网+"信息系统上线运行。2019年以来，中心完成了"一核心（"互联网+"核心系统)、两机房（石家庄神玥云机房、玉溪本地联通机房）、三平台（综合服务平台、监管平台、业务管理平台）、四接入（银行结算系统接入、数据平台接入、一部手机接入、异地转移接续平台接入）、十渠道"（网站、微信小程序、微信公众号、手机客户端、自助终端、12329 热线、支付宝城市服务、一部手机办事通、智能机器人、12329 短信）的"互联网＋"信息系统建设，并于 2019 年 9 月 17 日完成核心业务系统 11 个功能模块及首次需求完成情况的专家初次验收工作，2019 年 11 月 28 日通过行业内及市内信息化专家组成的专家组的终验。

（2）做好网络安全和数据安全工作。为进一步加强中心信息系统网络管理，确保网络及互联网安全，中心成立网络安全领导小组，领导小组下设工作组，负责网络安全工作具体事项，保证中心网络安全；完成 3308 个数字证书签发工作，确保中心工作人员、缴存单位安全登陆"互联网＋"信息系统核心业务及单位网厅模块；在 2019 年 11 月对首次完成信息系统备案及等保三级测评工作，做好日常系统、设备巡检和网络安全日常管理，确保住房公积金信息系统和资金安全。

（五）当年住房公积金管理中心及职工所获荣誉情况。无。

（六）当年对违反《住房公积金管理条例》和相关法规行为进行行政处罚和申请人民法院强制执行情况。当年没有对违反《住房公积金管理条例》和相关法规行为进行行政处罚和申请人民法院强制执行情况发生。

（七）当年对住房公积金管理人员违规行为的纠正和处理情况等。2019 年中心有 9 人因对部分职工个人利用虚假资料骗提骗贷中审核把关不严、失职失责受到党纪政纪处分，诫勉谈话问责 1 人、谈话提醒 18 人。

中心成立党组后，认真履行全面从严治党主体责任，加强党风廉政建设，建立健全中心党组议事规则和各项业务管理制度，完善内部风险管理机制，从源头抓起，堵塞管理漏洞，坚持用制度管人、管事、管权。

（八）其他需要披露的情况。

（1）2019 年 9 月，完成玉溪市利用住房公积金支持保障性住房建设试点项目贷款抵押物置换，解除玉红国用（2012）第 2216 号土地抵押，办理不动产产权证抵押登记，抵押评估物价值 85465.4 万元，抵押率 12.98%。

（2）为维护广大住房公积金缴存职工合法权益，中心联合市公安局印发《关于严厉打击骗提骗贷住房公积金行为的公告》（玉市金发〔2019〕31 号）、《关于防范和打击骗提骗贷住房公积金行为的通知》（玉市金发〔2019〕32 号），深入推进扫黑除恶专项斗争，严厉打击和治理骗提、骗贷住房公积金违法违规行为，将骗提骗贷人员纳入"失信"名单，违法犯罪的依法追究刑事责任。

保山市住房公积金 2019 年年度报告

一、机构概况

（一）保山市住房公积金管理委员会：保山市住房公积金管理委员会有 29 名委员，2019 年召开了 3

次会议，审议通过的事项主要包括：保山市住房公积金 2018 年年度报告；保山市住房公积金管理中心 2018 年工作总结暨 2019 年工作意见；保山市 2018 年住房公积金（归集使用计划和增值收益分配）财务收支情况报告；保山市住房公积金管理中心 2018 年度管理经费财务报告；保山市 2019 年住房公积金（归集使用计划和增值收益分配）财务预算；保山市住房公积金管理中心 2019 年度管理经费财务预算；保山市 2019 年度住房公积金缴存工资基数实行限高保低有关事项；恢复保山市住房公积金异地个人住房贷款业务事项。

（二）**保山市住房公积金管理中心**：保山市住房公积金管理中心（以下简称"中心"）为直属保山市人民政府公益二类经费自理事业单位，设办公室、稽核执法科、计划财务科、业务管理科、信息技术科 5 个科室，下辖隆阳、施甸县、腾冲、龙陵县、昌宁县 5 个管理部。从业人员 80 人，其中，在编职工 30 人，非编合同制职工 50 人。

二、业务运行情况

（一）**缴存**：2019 年，新开户单位 229 家，实缴单位 2457 家，净增单位 153 家；新开户职工 1.09 万人，实缴职工 11.75 万人，净增职工 0.52 万人；缴存额 20.77 亿元，同比增长 10.88%。2019 年末，缴存总额 133.16 亿元，同比增长 18.48%；缴存余额 68.98 亿元，同比增长 7.35%。

受委托办理住房公积金缴存业务的银行 7 家，与上年相比无增减。

（二）**提取**：2019 年，提取额 16.05 亿元，同比增长 35.25%，占当年缴存额的 77.26%，比上年增加 13.94%。2019 年末，提取总额 64.18 亿元，同比增长 33.34%。

（三）**贷款**：

个人住房贷款：个人住房贷款最高额度 40 万元，其中：单缴存职工最高额度 25 万元，双缴存职工最高额度 40 万元。

2019 年，发放个人住房贷款 412 笔 1.21 亿元，同比分别减少 84.84%、89.68%。

2019 年，回收个人住房贷款 7.05 亿元。

2019 年末，累计发放个人住房贷款 46472 笔 106.14 亿元，同比分别增长 0.89%、1.15%，贷款余额 61.00 亿元，同比下降 8.74%。个人住房贷款余额占缴存余额的 88.43%，比上年末减少 15.59 个百分点。

受委托办理住房公积金个人住房贷款业务的银行 5 家，比上年无增减。

（四）**融资**：2019 年全额归还 5.5 亿元融资贷款，年末无融资贷款。

（五）**资金存储**：2019 年末，住房公积金存款 9.53 亿元。其中：活期 0.01 亿元，其他（协定及 1 年以下定期存款等）9.52 亿元。

（六）**资金运用率**：2019 年末，住房公积金个人住房贷款余额占缴存余额的 88.43%、比上年减少 15.59 个百分点。

三、主要财务数据

（一）**业务收入**：2019 年，业务收入 21916.09 万元，同比下降 1.60%。其中：存款利息收入 807.13 万元，委托贷款利息收入 21108.96 万元。

（二）**业务支出**：2019 年，业务支出 11646.28 万元，同比下降 13.71%。其中：支付职工住房公积金利息 11006.46 万元，委托贷款手续费 639.82 万元。

（三）**增值收益**：2019 年，实现增值收益 10269.81 万元，同比增长 17.02%；增值收益率 1.54%，比上年增加 0.10 个百分点。

（四）**增值收益分配**：2019 年，因个人住房贷款余额同比下降，没有提取贷款风险准备金，提取管理费用 3080.94 万元，提取城市廉租住房（公共租赁住房）建设补充资金 7188.87 万元。

2019 年，上交财政管理费用 2632.91 万元，上缴财政城市廉租住房（公共租赁住房）建设补充资金 5666.55 万元。

2019 年末，贷款风险准备金余额 7382.78 万元。累计提取城市廉租住房（公共租赁住房）建设补充资金 36290.09 万元。

（五）**管理费用支出**：2019 年，管理费用支出 1731.11 万元，同比下降 0.70%。其中：人员经费 944.10 万元，公用经费 448.74 万元，专项经费 338.27 万元。

四、资产风险状况

（一）**个人住房贷款**：2019 年末，个人住房贷款逾期额 38.99 万元，逾期率 0.06‰。

个人贷款风险准备金按新增贷款余额的 1% 提取。2019 年，因住房公积金贷款余额较上年末减少，未提取个人贷款风险准备金，全年也未使用个人贷款风险准备金核销呆坏账。2019 年末，个人贷款风险准备金余额 7382.78 万元，占个人住房贷款余额的 1.21%，个人住房贷款逾期额与个人贷款风险准备金余额的比率为 0.53%。

（二）**住房公积金支持保障性住房建设项目贷款**：截至 2019 年底，我市未发放过保障性住房建设项目贷款，无逾期项目贷款。

（三）**历史遗留风险资产**：截至 2019 年底，我市无历史遗留风险资产。

五、社会经济效益

（一）**缴存业务**：2019 年，实缴单位数 2457 个、实缴职工人数 117461 人、缴存额 207698.75 万元，同比分别增长 6.64%、4.60% 和 10.88%。

缴存单位中，国家机关和事业单位占 63.37%，国有企业占 16.08%，城镇集体企业占 0.69%，外商投资企业占 0.77%，城镇私营企业及其他城镇企业占 15.06%，民办非企业单位和社会团体占 3.30%，个体工商户和自由职业者占 0.53%，其他占 0.20%。

缴存职工中，国家机关和事业单位占 65.43%，国有企业占 20.92%，城镇集体企业占 0.51%，外商投资企业占 1.49%，城镇私营企业及其他城镇企业占 10.68%，民办非企业单位和社会团体占 0.55%，个体工商户和自由职业者占 0.40%，其他占 0.02%；中、低收入占 100%。

新开户职工中，国家机关和事业单位占 39.69%，国有企业占 32.10%，城镇集体企业占 0.22%，外商投资企业占 2.91%，城镇私营企业及其他城镇企业占 23.85%，民办非企业单位和社会团体占 0.92%，个体工商户和自由职业者占 0.24%，其他占 0.07%；中、低收入占 100%。

（二）**提取业务**：2019 年，4.66 万名缴存职工提取住房公积金 16.05 亿元。

提取金额中，住房消费提取占 85.25%（其中：购买、建造、翻建、大修自住住房占 38.32%，偿还购房贷款本息占44.53%，租赁住房占1.20%，自住住房物业费占1.20%）；非住房消费提取占14.75%（其中：离休和退休提取占10.77%，完全丧失劳动能力并与单位终止劳动关系提取占2.93%，户口迁出本市或出境定居占0.59%，死亡或宣告死亡占0.46%）。提取职工中，中、低收入占100%。

（三）贷款业务：

1. 个人住房贷款：2019年，支持职工购建房5.33万平方米，年末个人住房贷款市场占有率为26.46%。通过申请住房公积金个人住房贷款，可节约职工购房利息支出2668.81万元。

职工贷款笔数中，购房建筑面积90（含）平方米以下占6.31%，90~144（含）平方米占90.78%，144平方米以上占2.91%。购买新房占71.36%，购买存量商品住房占28.64%。

职工贷款笔数中，单缴存职工申请贷款占28.88%，双缴存职工申请贷款占69.42%，三人及以上缴存职工共同申请贷款占1.70%。

贷款职工中，30岁（含）以下占54.13%，30岁~40岁（含）占32.52%，40岁~50岁（含）占10.68%，50岁以上占2.67%；首次申请贷款占93.45%，二次及以上申请贷款占6.55%；中、低收入占100%。

2. 异地贷款：2019年，发放异地贷款2笔、50.00万元。2019年末，发放异地贷款总额4854.70万元，异地贷款余额3782.87万元。

3. 公转商贴息贷款：2019年，发放公转商贴息贷款1710笔、50335.30万元，支持职工构建住房面积22.02万平方米，当年贴息额127.11万元。2019年末，累计发放公转商贴息贷款1710笔、50335.30万元，累计贴息127.11万元。

4. 住房贡献率：2019年，个人住房贷款发放额、公转商贴息贷款发放额、住房消费提取额的总和与当年缴存额的比率为95.91%，比上年减少18.50个百分点。

六、其他重要事项

（一）当年机构及职能调整情况、受委托办理缴存贷款业务金融机构变更情况。

1. 当年机构及职能调整情况

2019年2月，经中共保山市委批准新设立中共保山市住房公积金管理中心党组；3月，中共保山市委办公室和保山市人民政府办公室印发《保山市住房公积金管理中心职能配置、内设机构和人员编制方案》核定保山市住房公积金管理中心事业编制29名（其中：正处级领导职数1名；主任1名；副处级领导职数2名；副主任2名；科级领导职数17名：正科级领导职数10名，副科级领导职数7名）；7月，党组班子成员就位；12月，市委编办增加中心事业编制1名，增加后，保山市住房公积金管理中心事业编制30名。

2. 受委托办理缴存贷款业务金融机构变更情况

2019年，保山市受委托办理住房公积金缴存业务和住房公积金个人住房贷款业务的银行无变更。

（二）当年住房公积金政策调整及执行情况。

1. 当年缴存基数限额及确定方法、缴存比例等缴存政策调整情况

单位和职工缴存住房公积金的工资基数最高不得超过统计部门公布的我市上一年度在岗职工月平均工资总额的三倍即17118元；单位和职工缴存住房公积金的工资基数原则上不得低于当地社会保障部门收缴

职工养老保险金的最低工资标准 3676 元。

我市住房公积金缴存比例为 12％；企业可根据自身生产经营状况在 5％～12％之间自行确定阶段性降低缴存比例。

2. 当年提取政策调整情况

2019 年 9 月，停止办理提取住房公积金支付物业管理费业务。停止执行《保山市住房公积金管理中心关于允许提取住房公积金支付物业管理费的通知》（保公积金〔2016〕1 号）。

3. 当年个人住房贷款最高贷款额度、贷款条件等贷款政策调整情况

2019 年，住房公积金个人住房贷款最高额度无变化。

2 月，保山市住房公积金个人住房贷款转商业性个人住房贴息贷款（以下简称"公转商"贴息贷款）业务正式上线运行，承办"公转商"贴息贷款金融业务的商业银行向同时符合住房公积金个人住房贷款（以下简称"公积金贷款"）和商业银行个人住房贷款（以下简称"商业性贷款"）条件的借款人发放的商业性住房贷款。借款人仍按住房公积金贷款利率、还款方式等按月偿还贷款，商业贷款与住房公积金贷款的利息差额，由中心进行贴息。

"公转商"贴息贷款的对象：住房公积金缴存人已连续、足额缴存住房公积金 6 个月（含）以上，在保山市购买预售商品房、二手房等首套或者第二套普通自住住房，同时符合住房公积金贷款条件和商业银行个人住房贷款条件的，可以申请"公转商"贴息贷款。

"公转商"贴息贷款的额度和期限：贴息贷款的额度、期限按借款人申请贷款时保山市个人住房公积金贷款政策执行，即以家庭为单位，夫妻双方正常缴存住房公积金的，最高贷款额度 40 万元，单方正常缴存住房公积金的，最高贷款额度原则上不超过 25 万元，贴息贷款的额度不能满足购房需求的，职工可同时向承办银行申请组合贷款。贷款最长期限不得超过 30 年，且借款到期日不超过借款申请人法定退休时间后 5 年。

10 月，恢复保山市住房公积金异地贷款业务，对具有保山市户籍，在外州、市缴存住房公积金的职工，在保山市购买普通自住住房的，可以向保山市住房公积金管理中心申请住房公积金个人住房贷款。具体受理、审批、管理按照管委会 2015 年 5 月 21 日审议批准的《保山市开展住房公积金异地互认工作实施办法》施行。

4. 当年住房公积金存贷款利率执行标准

2019 年，保山市缴存的个人住房公积金存款利率执行年利率 1.50％。5 年期以下（含 5 年）贷款执行年利率 2.75％，5 年期以上贷款执行年利率 3.25％，其中：二套房贷款利率同档次上浮 10％。

（三）当年服务改进情况。一是进一步简减业务办理材料。取消住房公积金提取申请表，简化偿还住房贷款提取住房公积金所需材料，规范了住房公积金借款人还款能力测算标准；二是进一步提升自助服务水平。新增住房公积金贷款提前还款，自由职业者缴存两项业务在线办理，实现 16 个住房公积金事项可通过"一部手机办事通—我的住房公积金"一站式查询和办理；接入"支付宝城市服务"，刷脸即可登录查询公积金信息；同时在管理部业务大厅、政务服务中心大厅放置 VTM 自助柜员机，不仅可查询和办理住房公积金单位、个人业务，还能自助打印相关证明和单位业务凭证；三是持续做好中心综合服务平台基础管理。全年"12329"客服热线提供人工及自助语音服务 1.26 万个，微信公众号提醒推送和手机免费短信发送职工住房公积金信息 179.7 万条，中心门户网站发布各类信息 399 条，受理网上在线咨询 3664 件，答复及时率100%。年末,"保山市住房公积金管理中心"微信公众号关注人数已突破7万人,发送推文22篇,总阅读量19.2万次,网上办事大厅签约单位达2306家,占缴存单位数的89.45%。

（四）当年信息化建设情况。一是2019年,根据住房和城乡建设部《住房公积金基础数据标准》和各业务标准对信息系统操作流程进行优化,严格业务控制逻辑,持续完善基础数据；二是贯彻落实国务院关于个人所得税改革信息共享的工作部署,接入全国住房公积金数据平台,为职工个人所得税专项附加扣除住房公积金贷款利息提供依据；三是始终秉承"信息安全无小事"的原则,加大安全加固专项经费投入,不断完善网络安全等级保护三级的安全体系。

（五）当年住房公积金管理中心及职工所获荣誉情况。

1. 保山市住房公积金管理中心所获荣誉情况

2019年5月,中心团支部被共青团云南省委表彰为云南省五四红旗团支部；7月,中心被云南省网络安全等级保护工作领导小组和云南省公安厅表彰为2018年全省网络安全等级保护工作考核优秀单位；8月,中心工会参加由市总工会、保山市教育体育局、保山市卫生健康委员会组织的首届保山市职工气排球周末联赛——市直工会联赛,获得第七名成绩；9月,中心通过云南省文明委复查确认继续保留省级文明单位荣誉。

2. 保山市住房公积金管理中心职工所获荣誉情况

2019年2月,隆阳管理部派驻市政务服务中心窗口1名工作人员被市政务服务管理局表彰为"2018年2月、10月优质服务之星""2018年2月、10月流动红旗标兵"；5月,中心团支部组织委员被共青团保山市委表彰为2018年度"保山市优秀共青团员"。

（六）当年没有对违反《住房公积金管理条例》和相关法规行为进行行政处罚和申请人民法院强制执行情况。

（七）当年没有发生对住房公积金管理人员违规行为的纠正和处理情况。

昭通市住房公积金2019年年度报告

一、机构概况

（一）**住房公积金管理委员会**：昭通市住房公积金管理委员会有28名委员,2019年召开2次会议,审议通过的事项主要包括：一是昭通市第三届住房公积金管理委员会第四次全体会议调整了11名管委会委员,审议通过市公积金中心《2018年度住房公积金归集使用情况及管理费用决算、增值收益分配报告》《2019年度住房公积金归集使用计划及管理费用预算报告》《关于调整公积金提取、贷款相关政策的请示》《关于我市住房公积金2019年各项业务指标的建议报告》《昭通市住房公积金期房合作贷款管理办法（试行）》《昭通市城镇灵活就业人员住房公积金缴存、使用管理办法（试行）》和《昭通市住房公积金归集管理办法（修订版）》等文件。二是昭通市第三届住房公积金管理委员会第五次全体会议调整了1名管委会副主任委员,6名管委会委员,审议通过了《昭通市住房公积金管理中心关于调整公积金贷款政策的请示》和《昭通市住房公积金管理中心资金管理预警机制（试行）》两个文件。

（二）住房公积金管理中心：昭通市住房公积金管理中心为直属于昭通市人民政府不以营利为目的的公益一类事业单位，设10个科室，12个分中心。从业人员151人，其中，在编107人，非在编44人。

二、业务运行情况

（一）缴存：2019年，新开户单位410家，实缴单位2856家，净增单位345家；新开户职工0.94万人，实缴职工16.74万人，净增职工1.54万人；缴存额32.22亿元，同比增长24.74%。2019年末，缴存总额222.93亿元，比上年末增加16.89%；缴存余额110.41亿元，比上年末增加10.33%。

受委托办理住房公积金缴存业务的银行6家，比上年增加0家。

（二）提取：2019年，提取额21.88亿元，同比下降0.55%；占当年缴存额的67.91%，比上年减少17.26个百分点。2019年末，提取总额112.52亿元，比上年末增加21.88%。

（三）贷款：

1. 个人住房贷款：个人住房贷款最高额度5月14日前单缴存职工和双缴存职工最高额度均为80万元；5月14日后调整为单缴存职工最高额度15万元，双缴存职工最高额度30万元。

2019年，发放个人住房贷款0.48万笔、20.37亿元，同比分别下降48.39%、30.90%。其中，市直分中心发放个人住房贷款0.123万笔、5.60亿元，昭阳区分中心发放个人住房贷款0.1539万笔、8.16亿元，巧家县分中心发放个人住房贷款0.0195万笔、0.63亿元，永善县分中心发放个人住房贷款0.0172万笔、0.48亿元，绥江县分中心发放个人住房贷款0.0088万笔、0.25亿元，镇雄县分中心发放个人住房贷款0.042万笔、1.26亿元，彝良县分中心发放个人住房贷款0.0138万笔、0.44亿元，水富市分中心发放个人住房贷款0.0309万笔、0.85亿元，大关县分中心发放个人住房贷款0.0047万笔、0.14亿元，鲁甸县分中心发放个人住房贷款0.0042万笔、0.13亿元，威信县分中心发放个人住房贷款0.0489万笔、2.22亿元，盐津县分中心发放个人住房贷款0.0081万笔、0.21亿元。

2019年，回收个人住房贷款本息13.15亿元。其中，市直分中心2.71亿元，昭阳区分中心2.17亿元，巧家县分中心0.81亿元，永善县分中心0.83亿元，绥江县分中心0.54亿元，镇雄县分中心1.58亿元，彝良县分中心0.95亿元，水富市分中心0.59亿元，大关县分中心0.63亿元，鲁甸县分中心0.81亿元，威信县分中心0.83亿元，盐津县分中心0.7亿元。

2019年末，累计发放个人住房贷款8.71万笔、179.61亿元，贷款余额97.61亿元，分别比上年末增加5.83%、12.79%、7.99%。个人住房贷款余额占缴存余额的88.41%，比上年末减少1.92个百分点。

受委托办理住房公积金个人住房贷款业务的银行6家，比上年增加0家。

2. 住房公积金支持保障性住房建设项目贷款：2019年，发放支持保障性住房建设项目贷款0亿元，回收项目贷款0亿元。2019年末，累计发放项目贷款0亿元，项目贷款余额0亿元。

（四）购买国债：2019年，购买（记账式、凭证式）国债0亿元，兑付（转让、收回）国债0亿元。2019年末，国债余额0亿元，比上年末减少（增加）0亿元。

（五）融资：2019年，融资0亿元，归还0亿元。2019年末，融资总额0亿元，融资余额0亿元。

（六）资金存储：2019年末，住房公积金存款18.03亿元。其中，活期2.87亿元，1年（含）以下定期2.85亿元，1年以上定期12.31亿元，其他（协定、通知存款等）0亿元。

（七）资金运用率：2019 年末，住房公积金个人住房贷款余额、项目贷款余额和购买国债余额的总和占缴存余额的 88.41%，比上年末减少 1.92 个百分点。

三、主要财务数据

（一）业务收入：2019 年，业务收入 34603.35 万元，同比增长 12.37%。其中：存款利息 3622.57 万元，委托贷款利息 30956.61 万元，其他收入 3.43 万元。

（二）业务支出：2019 年，业务支出 16635.93 万元，同比增长 7.2%。支付职工住房公积金利息 15707.28 万元，委托贷款手续费 928.65 万元。

（三）增值收益：2019 年，增值收益 17967.43 万元，同比增长 17.5%。增值收益率 1.7%，比上年增加（减少）0.15 个百分点。

（四）增值收益分配：2019 年，提取贷款风险准备金 723.05 万元，提取管理费用 3880 万元，提取城市廉租住房（公共租赁住房）建设补充资金 13364.38 万元。

2019 年，上交财政管理费用 3880 万元。上缴财政城市廉租住房（公共租赁住房）建设补充资金 9363.9 万元。

2019 年末，贷款风险准备金余额 20400.72 万元。累计提取城市廉租住房（公共租赁住房）建设补充资金 60477.22 万元。

（五）管理费用支出：2019 年，管理费用支出 2893.84 万元，同比下降 13.27%。其中，人员经费 2334.2 万元，公用经费 454.02 万元，专项经费 216.08 万元。

四、资产风险状况

个人住房贷款：2019 年末，个人住房贷款逾期额 386.36 万元，逾期率 0.40‰。其中，市直分中心 0.7‰，昭阳区分中心 0.7‰，巧家县分中心 0.3‰，永善县分中心 0.4‰，绥江县分中心 0‰，镇雄县分中心 0‰，彝良县分中心 0‰，水富市分中心 0‰，大关县分中心 0‰，鲁甸县分中心 0‰，威信县分中心 0‰，盐津县分中心 0.4‰。

个人贷款风险准备金按新增贷款余额的 1% 提取。2019 年，提取个人贷款风险准备金 723.05 万元，使用个人贷款风险准备金核销呆坏账 0 万元。2019 年末，个人贷款风险准备金余额 20400.72 万元，占个人住房贷款余额的 2.1%，个人住房贷款逾期额与个人贷款风险准备金余额的比率为 1.89%。

五、社会经济效益

（一）缴存业务：2019 年，实缴单位数、实缴职工人数和缴存额同比分别增长 13.74%、10.13% 和 24.74%。

缴存单位中，国家机关和事业单位占 68.17%，国有企业占 10.47%，城镇集体企业占 4.48%，外商投资企业占 0.46%，城镇私营企业及其他城镇企业占 10.68%，民办非企业单位和社会团体占 4.59%，其他占 1.16%。

缴存职工中，国家机关和事业单位占 74.39%，国有企业占 14.85%，城镇集体企业占 3.40%，外商投资企业占 1.44%，城镇私营企业及其他城镇企业占 4.91%，民办非企业单位和社会团体占 0.84%，其

他占 0.16%；中、低收入占 99.76%，高收入占 0.24%。

新开户职工中，国家机关和事业单位占 48.56%，国有企业占 13.31%，城镇集体企业占 9.77%，外商投资企业占 1.38%，城镇私营企业及其他城镇企业占 18.61%，民办非企业单位和社会团体占 6.18%，其他占 2.19%；中、低收入占 99.44%，高收入占 0.56%。

（二）提取业务：2019 年，4.77 万名缴存职工提取住房公积金 21.88 亿元。

提取金额中，住房消费提取占 85.87%（购买、建造、翻建、大修自住住房占 42.86%，偿还购房贷款本息占 37.93%，租赁住房占 4.63%，其他占 0.44%）；非住房消费提取占 14.13%（离休和退休提取占 11.76%，完全丧失劳动能力并与单位终止劳动关系提取占 1.05%，出境定居占 0.41%，其他占 0.91%）。

提取职工中，中、低收入占 99.76%，高收入占 0.24%。

（三）贷款业务：

1. 个人住房贷款：2019 年，支持职工购建房 63.68 万平方米，年末个人住房贷款区域市场占有率为 42.28%，比上年末减少 8.49 个百分点。通过申请住房公积金个人住房贷款，可节约职工购房利息支出 45190.24 万元。

职工贷款笔数中，购房建筑面积 90（含）平方米以下占 3.60%，90～144（含）平方米占 70.84%，144 平方米以上占 25.56%。购买新房占 91.01%（其中购买保障性住房占 0.02%），购买二手房占 6.29%，建造、翻建、大修自住住房占 0.59%，其他占 2.11%。

职工贷款笔数中，单缴存职工申请贷款占 31.49%，双缴存职工申请贷款占 66.97%，三人及以上缴存职工共同申请贷款占 1.54%。

贷款职工中，30 岁（含）以下占 43.39%，30 岁～40 岁（含）占 34.36%，40 岁～50 岁（含）占 17.28%，50 岁以上占 4.97%；首次申请贷款占 79.39%，二次及以上申请贷款占 20.61%；中、低收入占 98.88%，高收入占 1.12%。

2. 异地贷款：2019 年，发放异地贷款 75 笔、3533.50 万元。2019 年末，发放异地贷款总额 10058.80 万元，异地贷款余额 3364.75 万元。

（四）住房贡献率：2019 年，个人住房贷款发放额、公转商贴息贷款发放额、项目贷款发放额、住房消费提取额的总和与当年缴存额的比率为 121.51%，比上年减少 63.96 个百分点。

六、其他重要事项

（一）当年机构及职能调整情况、受委托办理缴存贷款业务金融机构变更情况。 2019 年未进行机构及职能调整。2019 年新增委托银行 1 家（交通银行），因未接入住房和城乡建设部结算平台，暂未开展业务办理。

（二）当年政策调整及执行情况。

1. 当年缴存基数限额及缴存政策调整情况

工资基数上限：2018 年昭通市在岗职工年平均工资为 84707.00 元，月平均工资为 7058.92 元，月平均工资的三倍为 21176.76 元，按照最高缴存比例计算，个人和单位最高月缴存额分别为 2541.00 元，个人和单位月缴存额合计最高不超过 5082 元。

缴存政策文件：《昭通市城镇灵活就业人员住房公积金缴存、使用管理办法（试行）》（昭房管委〔2019〕2号）、《昭通市住房公积金管理委员会关于印发昭通市住房公积金归集管理办法的通知》（昭房管委〔2019〕3号）、《昭通市住房公积金缴存使用实施细则》（昭房金通〔2019〕10号）。

2. 当年提取政策调整情况

经昭通市住房公积金管委会三届四次全会审议通过，调整执行以下提取政策：

（1）缴存职工在缴存地（或工作地）、户籍所在地或配偶工作所在地购买、建造、翻建、大修自住住房，可申请提取本人及配偶住房公积金账户内存储余额。该套房屋办理了住房公积金个人住房贷款或商业银行按揭贷款的，在贷款期间，可以申请提取本人及配偶住房公积金用于偿还自住住房贷款本息。在配偶工作所在地购买、建造、翻建、大修自住住房的，需提供配偶缴纳社保或住房公积金等长期居住证明材料。

（2）缴存职工在缴存地（或工作地）、户籍所在地或配偶工作所在地购买、建造、翻建、大修自住住房，其直系亲属（共同买受人除外）未参与购买、建造、翻建、大修住房的，不得以该套房屋资料申请提取自己的住房公积金和办理提取还贷业务。

（3）暂停受理新的住房消费（装修）贷款所有类别的冲还贷业务申请，包括按月冲还贷、部分冲还贷、一次性冲还贷。

（4）缴存职工住房公积金购、建房贷款在"按月冲还贷"期间，可以申请办理一次性冲还贷，不能再办理部分冲还贷业务。

（5）缴存职工被单位解聘或辞职又不在本市内就业的，其个人账户应封存满六个月以上，缴存人方可申请办理销户提取业务。

3. 当年个人住房贷款最高贷款额度、贷款条件等贷款政策调整情况

2019年5月13日昭通市住房公积金管委会三届四次全会审议通过，调整以下贷款政策：

（1）贷款额度由80万元调整为双职工30万元，单职工15万元。不足部分实行住房公积金和商业银行组合贷款。

（2）明确住房公积金个人住房贷款申请对象为本市缴存职工及昭通市户籍的市外省内缴存职工；购、建房范围为在本市行政辖区内购买、建造、翻建、大修的自住住房。

（3）借款申请人和共同申请人仅限于购房者本人及配偶。

（4）二套房贷款首付款比例为50%，贷款利率为首套房住房公积金贷款利率的1.1倍。

4. 当年住房公积金存贷款利率执行标准

缴存职工住房公积金账户存款余额按一年期定期存款利率（1.5%）执行。住房公积金贷款首套房5年期（含5年）利率2.75%、5年以上3.25%；二套房按首套房利率的1.1倍执行。

（三）当年服务网点、服务设施、服务手段、综合服务平台建设和其他网络载体建设服务情况等。 一是综合服务平台建设有序推进，12329热线已于2019年1月2日投入运行；12329短信功能于2019年11月1日正式投入运行；个人网厅、微信公众号业务功能于2019年11月29日上线试运行，并于2019年12月20日正式上线，对外提供业务查询及业务办理服务；单位版网厅完成升级，升级后的网厅已能满足全市缴存单位的注册使用需求；按政府网站域名清理相关要求，于2019年9月10日下线中心自建网站，并将中心政务类信息迁移到昭通市人民政府门户网站重要信息栏目对外提供服务；二是2019年5月30日上线"一部手机办事通＋我的公积金",已实现了公积金信息查询、公积金明细查询、公积金贷款信息查询、公积金贷款明细查询、还款计划查询等功能的主题事项上线工作,查询功能运行正常;三是 2019 年 4 月 10 日作为全国第一批、全省第一家接入住房公积金数据平台的中心。

(四)当年信息化建设情况。按照"三级等保"要求委托专业机构对中心信息系统进行了测评,现正按照测评结果进行整改完善。2017 年 12 月顺利通过了住房和城乡建设部住房公积金基础数据标准贯彻落实和结算应用系统接入的验收。

(五)当年住房公积金管理中心及职工所获荣誉情况。2018 年,昭通市住房公积金管理中心荣获第十五届云南省级文明单位;昭通市住房公积金管理中心荣获昭通市总工会"2018 年昭通市直单位工会财务管理规范化建设工作先进集体"荣誉称号;昭阳区住房公积金管理分中心荣获中华妇女联合会全国"巾帼文明岗"荣誉称号;昭阳区住房公积金管理分中心党支部荣获昭通市委组织部 2018 年度"市级规范化建设示范党支部"荣誉称号。

(六)当年对违反《住房公积金管理条例》和相关法规行为进行行政处罚和申请人民法院强制执行情况。本年度无违反《住房公积金管理条例》和相关法规行为进行行政处罚事项;申请人民法院强制执行一笔,系因巧家县存在一楼盘烂尾,法院判决解除《购房合同》和《公积金借款合同》产生的住房贷款逾期,申请执行开发企业偿还该职工住房贷款余额本息合计 179799.42 元。

(七)当年对住房公积金管理人员违规行为的纠正和处理情况等。已对当年发生的账户开设、资金划转不规范业务进行了及时纠正,相关人员已经通过通报批评、扣减绩效工资等给予了问责处理。

丽江市住房公积金 2019 年年度报告

一、机构概况

(一)住房公积金管理委员会:丽江市住房公积金管理委员会有 23 名委员,2019 年召开 4 次会议,审议通过的事项主要包括:《关于调整住房公积金使用政策的通知》《丽江市住房公积金 2018 年年度报告》《丽江市财政局丽江市人力资源和社会保障局丽江市审计局关于请求批准丽江市住房公积金管理中心 2018 年度绩效考核资金的请示》《关于住房公积金数据平台接入工作项目建设的请示》《关于"一部手机办事通——我的住房公积金"项目建设的请示》《丽江市住房公积金管理中心 2019 年度工作计划》《丽江市住房公积金归集业务服务指南》《丽江市住房公积金提取业务办事指南》《丽江市住房公积金贷款业务办事指南》《关于开展住房公积金银行账户归并工作的报告》。

(二)住房公积金管理中心:丽江市住房公积金管理中心是直属于丽江市人民政府的不以营利为目的的全额拨款事业单位,由丽江市住房和城乡建设局统一领导和管理,主要负责丽江市住房公积金的归集、管理、使用和会计核算。内设 6 个科室和 6 个管理部。从业人员 50 人,其中:在编 42 人,非在编 8 人。

二、业务运行情况

（一）缴存：2019年，新开户单位103家，实缴单位1536家，净增单位49家；新开户职工0.85万人，实缴职工7.11万人，净增职工0.01万人；缴存额13.06亿元，同比增长7.84%。2019年末，缴存总额92.69亿元，同比增长16.40%；缴存余额34.08亿元，同比增长11.52%。

受委托办理住房公积金缴存业务的银行8家，比上年增加0家。

（二）提取：2019年，提取额9.53亿元，同比增长18.24%；占当年缴存额的72.97%，比上年增加6.41个百分点。2019年末，提取总额58.61亿元，同比增长19.42%。

（三）贷款：

个人住房贷款：个人住房贷款最高额度80万元，其中，单缴存职工最高额度40万元，双缴存职工最高额度80万元。

2019年，发放个人住房贷款0.15万笔、6.32亿元，同比分别下降37.5%、35.18%。

2019年，回收个人住房贷款7.31亿元。

2019年末，累计发放个人住房贷款5.55万笔、73.33亿元，贷款余额25.89亿元，同比分别增长2.78%、9.43%、-3.68%。个人住房贷款余额占缴存余额的75.97%，比上年减少11.99个百分点。

受委托办理住房公积金个人住房贷款业务的银行6家，比上年增加0家。

（四）资金存储：2019年末，住房公积金存款8.64亿元。其中，活期0.03亿元，一年（含）以下定期存款0.2亿元，协定存款8.41亿元。

（五）资金运用率：2019年末，住房公积金个人住房贷款余额、项目贷款余额和购买国债余额的总和占缴存余额的75.97%，比上年减少11.99个百分点。

三、主要财务数据

（一）业务收入：2019年，业务收入10805.18万元，同比增长15.60%。其中：存款利息1463.91万元，委托贷款利息9336.43万元，其他4.84万元。

（二）业务支出：2019年，业务支出4923.51万元，同比增加12.55%。其中：支付职工住房公积金利息4898.18万元，委托贷款手续费13.30万元，其他12.03万元。

（三）增值收益：2019年，增值收益5881.67万元，同比增长18.29%。增值收益率1.79%，比上年增长0.07个百分点。

（四）增值收益分配：2019年，提取贷款风险准备金0万元，提取管理费用5293.50万元，提取城市廉租住房（公共租赁住房）建设补充资金588.17万元。

2019年，上交财政管理费用4109.25万元。上缴财政城市廉租住房（公共租赁住房）建设补充资金497.24万元。

2019年末，贷款风险准备金余额365.87万元。累计提取城市廉租住房（公共租赁住房）建设补充资金3550.88万元。

（五）管理费用支出：2019年，管理费用支出1620.31万元，同比降低9.65%。其中，人员经费942.68万元，公用经费54.59万元，专项经费623.04万元。

四、资产风险状况

个人住房贷款：2019 年末，个人住房贷款逾期额 383.72 万元，逾期率 1.48‰。

个人贷款风险准备金按年度贷款余额的 1% 提取。2019 年，提取个人贷款风险准备金 0 万元，使用个人贷款风险准备金核销历史遗留国债资金缺口 0 万元。2019 年末，个人贷款风险准备金余额 365.87 万元，占个人住房贷款余额的 0.14%，个人住房贷款逾期额与个人贷款风险准备金余额的比率为 104.88%。

五、社会经济效益

（一）缴存业务：2019 年，实缴单位数、实缴职工人数和缴存额同比分别增长 3.30%、0.14% 和 7.84%。

缴存单位中，国家机关和事业单位占 63.80%，国有企业占 10.22%，城镇集体企业占 0.13%，外商投资企业占 0.26%，城镇私营企业及其他城镇企业占 18.88%，民办非企业单位和社会团体占 1.37%，其他占 5.34%。

缴存职工中，国家机关和事业单位占 62.20%，国有企业占 15.94%，城镇集体企业占 0.3%，外商投资企业占 0.86%，城镇私营企业及其他城镇企业占 15.54%，民办非企业单位和社会团体占 0.29%，其他占 4.87%；中、低收入占 98.87%，高收入占 1.13%。

新开户职工中，国家机关和事业单位占 47.27%，国有企业占 9.26%，城镇集体企业占 0.06%，外商投资企业占 1.64%，城镇私营企业及其他城镇企业占 21.81%，民办非企业单位和社会团体占 0.61%，其他占 19.35%；中、低收入占 99.65%，高收入占 0.35%。

（二）提取业务：2019 年，1.68 万名缴存职工提取住房公积金 9.53 亿元。

提取金额中，住房消费提取占 90.28%（购买、建造、翻建、大修自住住房占 43.54%，偿还购房贷款本息占 45.89%，租赁住房占 0.84%，其他占 0.01%）；非住房消费提取占 9.72%（离休和退休提取占 6.64%，完全丧失劳动能力并与单位终止劳动关系提取占 1.81%，死亡或宣告死亡占 0.58%，其他占 0.69%）。

提取职工中，中、低收入占 98.77%，高收入占 1.23%。

（三）贷款业务：

1. 个人住房贷款：2019 年，支持职工购房 25.87 万平方米，年末个人住房贷款市场占有率为 25.96%，比上年减少 5.51 个百分点。通过申请住房公积金个人住房贷款，经测算预计可节约职工购房利息支出 10173 万元。

职工贷款笔数中，购房建筑面积 90（含）平方米以下占 9.85%，90～144（含）平方米占 49.77%，144 平方米以上占 40.38%。购买新房占 49.38%（其中购买保障性住房占 0%），购买存量商品住房占 48.06%，建造、翻建、大修自住住房占 2.56%。

职工贷款笔数中，单缴存职工申请贷款占 20.95%，双缴存职工申请贷款占 78.92%，三人及以上缴存职工共同申请贷款占 0.13%。

贷款职工中，30 岁（含）以下占 31.06%，30 岁～40 岁（含）占 40.38%，40 岁～50 岁（含）占 23.18%，50 岁以上占 5.38%；首次申请贷款占 77.74%，二次及以上申请贷款占 22.26%；中、低收入

占 98.56%，高收入占 1.44%。

2. 异地贷款： 2019年，发放异地贷款42笔、1567万元。2019年末，发放异地贷款总额4213万元，异地贷款余额3818.86万元。

（四）住房贡献率： 2019年，个人住房贷款发放额、公转商贴息贷款发放额、项目贷款发放额、住房消费提取额的总和与当年缴存额的比率为114.30%，比上年减少32.77个百分点。

六、其他重要事项

（一）当年机构及职能调整情况、受委托办理缴存贷款业务金融机构变更情况。

（1）2019年机构编制调整情况。根据2019年5月30日《中共丽江市委办公室丽江市人民政府办公室关于调整丽江市住房公积金管理中心机构编制的通知》（丽办字〔2019〕87号）精神，丽江市住房公积金管理中心是丽江市人民政府直属事业单位，为正处级，由丽江市住房和城乡建设局统一领导和管理。根据2019年7月18日丽江市人民政府对《中共丽江市纪律检查委员会中共丽江市委组织部丽江市财政局中共丽江市委机构编制委员会办公室丽江市人力资源和社会保障局关于丽江市住房公积金管理中心绩效考核有关事宜的请示》（丽财〔2019〕82号）的批复，将丽江市住房公积金管理中心经费形式由原来的自收自支调整为全额拨款。

（2）2019年受委托办理缴存业务的银行8家，分别是中国工商银行、建设银行、农业银行、中国银行、云南农村信用合作联社、邮政储蓄银行、丽江古城富滇村镇银行、招商银行，比去年增加0家。

（3）2019年受委托办理贷款业务的银行6家，分别是中国工商银行、建设银行、农业银行、中国银行、云南农村信用合作联社、邮政储蓄银行，比去年增加0家。

（二）当年住房公积金政策调整及执行情况

1. 当年缴存基数限额及确定方法、缴存比例等缴存政策调整情况

根据建设部、财政部、中国人民银行建金管（〔2005〕5号）文件规定，缴存职工住房公积金的月缴存基数原则上不得超过职工工作所在地的设区城市统计部门公布的上一年度职工月平均工资总额的三倍，住房公积金月缴存额为职工月缴存基数乘以个人和单位缴存比例之和。根据丽江市统计局公布社会平均工资数据，2018年度丽江市城镇在岗职工年平均工资为85816元，月平均工资为85816元÷12个月＝7151元，按上述规定计算月平均工资的三倍为7151元×3＝21453元。因此，2019年单位职工缴存住房公积金的工资基数上限为21453元/月，凡月工资收入超过21453元的职工，按21453元的工资基数缴存住房公积金；月工资收入低于21453元的职工，按实际工资收入作为工资基数缴存住房公积金。2019年丽江市职工缴存住房公积金的月缴存比例维持不变，最高比例为12%，最低比例为5%。2019年丽江市住房公积金的缴存基数下限分别为：二类地区为1500元/月，三类地区为1350元/月。

2. 当年提取政策调整情况

为严格执行《住房公积金管理条例》（国务院令第350号）、中华人民共和国国家标准《住房公积金提取业务规范》GB/T 51353—2019、《丽江市住房公积金管理办法》、《丽江市住房公积金提取细则》等相关规定，进一步规范住房公积金的提取业务，不断提高服务质量，维护缴存职工合法权益，经丽江市第四届住房公积金管理委员会第七次会议研究同意，2019年12月1日起执行《丽江市住房公积金提取业务办事指南》。

3. 当年个人住房贷款最高贷款额度、贷款条件等贷款政策调整情况

（1）为深入贯彻落实党的十九大精神，坚持"房子是用来住的，不是用来炒的"定位，积极引导职工合理住房消费，支持职工的基本住房需求，抑制投资投机性购房行为，促进丽江房地产市场平稳健康发展。经丽江市住房公积金管理委员会审议通过，丽江市住房公积金管理中心对贷款政策进行了如下调整：

① 恢复执行购买首套新建住房或二级市场住房（二手房）的，最低首付款比例不得低于所购房屋总价的30%。

② 对从未提取或贷款使用过住房公积金，并且认定为购买、建造、翻建、大修首套自住住房的缴存职工家庭，双方正常缴存公积金的，住房公积金贷款最高额度为80万元，单方正常缴存公积金的，住房公积金贷款最高额度为40万元；对提取或贷款使用过住房公积金，并且认定为购买、建造、翻建、大修首套或第二套自住住房的缴存职工家庭，双方正常缴存公积金的，住房公积金贷款最高额度为60万元，单方正常缴存公积金的，住房公积金贷款最高额度为30万元，贷款利率不得低于同期首套住房公积金个人住房贷款利率的1.1倍。

③ 恢复执行缴存职工自结清贷款之日起，连续正常缴存住房公积金满12个月以上，符合重新贷款条件的，方可再次申请贷款的规定。

④ 有以下情形之一的，不予受理贷款申请：不存在法定赡养关系、抚养关系或扶养关系的人共同购买住房的；直系亲属之间房屋交易的。

上述政策调整自2019年1月9日实施。其他未调整政策按原规定执行。

（2）为严格执行《住房公积金管理条例》（国务院令第350号）、中华人民共和国国家标准《住房公积金个人住房贷款业务规范》GB/T 51267—2017、《丽江市住房公积金管理办法》、《丽江市住房公积金贷款细则》等相关规定，持续贯彻落实"放管服"改革要求，进一步简化公积金办事流程和受理要件，经丽江市第四届住房公积金管理委员会第七次会议研究同意，2019年12月1日起执行《丽江市住房公积金贷款业务办事指南》。

4. 当年住房公积金存贷款利率执行标准

根据《中国人民银行关于下调金融机构人民币贷款和存款基准利率并进一步推进利率市场化改革的通知》（银发〔2015〕265号），从2015年8月26日起住房公积金个人贷款利率5年期（含）以下执行2.75%，5年期以上执行3.25%；2019年未对住房公积金贷款利率进行调整。

（三）**当年服务改进情况**。扎实开展"不忘初心、牢记使命"主题教育，自觉从群众办事堵点、难点入手，坚持"为民服务解难题"，让主题教育的成效真正体现在点点滴滴、实实在在的为民服务行动中。

1. 开展"两服务"活动。通过在市直属营业部服务大厅开展领导班子和党员志愿者"两服务"活动，全面推进服务窗口标准化、规范化建设，创新实施个性化、人性化服务，积极探索服务群众的有效形式。

2. 精简证明材料。缴存职工申请住房公积金提取时，不再需要提供身份证、结婚证、购建房合同、银行卡等相关材料的复印件。

3. 规范合作机制。针对群众普遍反映的住房公积金按揭贷款准入门槛高的问题，管理中心持续优化营商环境，规范合作准入机制、降低准入门槛。

4. 简化清退流程。针对房地产企业普遍反映的担保金回笼周期长、拨付流程繁琐的问题，简化拨付流程、清退担保资金。

5. 开通网上业务办理。 缴存职工办理提取住房公积金偿还住房公积金个人住房贷款、住房公积金贷款提前部分还款、住房公积金个人住房贷款提前还清等业务时，可通过微信、手机APP、网上营业大厅等多个渠道进行办理。

6. 明确房屋套数认定。 从2019年12月1日起，以借款申请人和共同申请人不动产中心房屋套查询记录、拥有的自住住房套数及其房屋套数书面承诺，作为认定首套房或二套房的标准，并确定相应贷款利率。

7. 调整账户提取额度。 从2019年12月1日起，缴存职工在提取住房公积金时，提取额度由原来的职工上一结息年度（每年6月30日）全部个人账户余额，调整为职工上月全部个人账户余额。

8. 推进规范化管理。 一是完成了住房公积金账户精简归并工作，实现了资金集中管理，精简了核算层级，提高了财务管理效率。按照每家银行只开设一个账户的原则，将原有的17个账户精简归并为8个账户，县区管理部不再设立账户，进一步规范了公积金账户管理。二是认真开展了历史数据的清理工作，以"双贯标"为基础、以电子稽查工具为手段清理历史数据，全面掌握业务明细，补齐数据缺项，着力解决一人多户、多人一户、信息不全、信息错误等问题，确保业务数据真实、准确、全面。住房公积金电子检查得分从年初的49分提高到73分。三是《丽江市住房公积金归集业务服务指南》《丽江市住房公积金提取办事指南》《丽江市住房公积金个人贷款业务办事指南》的施行，严格执行业务标准，进一步规范了住房公积金管理，优化了业务流程，提升了服务质量，让办事更透明更规范，让群众"看得见""能监督"。

（四）当年信息化建设情况。

1. 建设住房公积金数据平台数据采集接入系统，提升住房公积金中心的服务水平，方便缴存职工多渠道办理业务

根据住房和城乡建设部办公厅《关于做好全国住房公积金数据平台接入工作的通知》（建办金函〔2019〕36号）要求，丽江市住房公积金管理中心建设了住房公积金数据平台数据采集接入系统，搭建了与税务部门间公积金贷款利息支出个税抵扣数据传输与管理通道，为后面进一步与工商、民政、社保、公安等部门实现数据资源共享打下基础，提升住房公积金中心的服务水平，方便缴存职工多渠道办理业务。

2. 深入推进"一部手机办事通—我的住房公积金"建设，实现更多政务服务事项"掌上办""指尖办"

为进一步深化"放管服"改革、加快推进"互联网＋智慧住房公积金"工作，推广移动政务服务，实现更多政务服务事项"掌上办""指尖办"，丽江市住房公积金管理中心积极贯彻省委、省人民政府、市委、市人民政府工作部署，"一部手机办事通—我的住房公积金"成功上线运行。目前缴存职工通过微信、手机APP、网厅等多个渠道，就可以进行住房公积金信息查询、贷款及还款信息查询、贷款申请进度查询、贷款还款试算，办理提取公积金偿还公积金贷款、公积金贷款提前部分还款、公积金贷款提前还清贷款等业务，缴存单位通过公积金网上服务大厅办理归集业务，实现了"服务由柜面到网络、让群众少跑腿信息多跑路"的转变，有效解决了群众办事"多头跑、重复跑"问题，实现了线上办理公积金业务零跑路、线下提取业务"最多跑一次"，打通了住房公积金服务的"最后一公里"。

3. 建设住房公积金业务档案综合管理系统，逐步实现档案全数字化管理利用

为实现住房公积金业务档案管理的信息化、科学化、规范化、标准化，丽江市住房公积金管理中心建设完成了住房公积金业务档案综合管理系统，构建以丽江市住房公积金业务档案信息资源核心数据库为中心，实现市公积金中心各科室管理部住房公积金归集、提取、贷款、其他（会计、文书）等业务档案的计算机管理，利用住房公积金业务网络实现档案信息发布、查询、数据传送汇集，形成市公积金中心及各科室管理部业务档案网络化管理，通过业务系统与档案系统的高度融合，确保业务系统数据和各部门档案数据资源的一致性，防范和杜绝各种风险，实现档案全数字化管理利用。

普洱市住房公积金 2019 年年度报告

一、机构概况

（一）**普洱市住房公积金管理委员会**：普洱市住房公积金管理委员会为普洱市住房公积金管理的决策机构，现有委员 30 名，主要由职工代表、单位代表和政府职能部门负责人及有关专家组成。2019 年召开 1 次会议，审议通过《普洱市住房公积金管理中心 2018 工作情况报告和 2019 年工作安排报告》《关于普洱市住房公积金 2018 年度归集、使用执行情况和 2019 年度归集、使用计划草案的报告》《关于普洱市住房公积金 2018 年度财务收支决算和 2019 年度财务收支预算草案的报告》《普洱市 2019 年住房公积金缴存基数核定标准》《普洱市住房公积金关于调整提取住房公积金支付房租额度的请示》《普洱市住房公积金受委托银行受托业务工作考核暂行办法》《关于开展进城务工人员、个体工商户、自由职业者等群体自愿缴存和使用住房公积金业务的请示》等议题。

（二）**普洱市住房公积金管理中心**：普洱市住房公积金管理中心为市人民政府直属的不以营利为目的的事业单位，内设 6 个科室，下设市直营业部和 9 县管理部，从业人员 102 人，其中，在编 64 人，非在编 38 人。

二、业务运行情况

（一）**缴存**：2019 年，新开户单位 282 家，实缴单位 3041 家，净增单位 251 家；新开户职工 0.65 万人，实缴职工 11.50 万人，净增职工 0.28 万人；缴存额 22.15 亿元，同比增长 6.23%。2019 年末，缴存总额 149.81 亿元，比上年末增加 17.35%；缴存余额 76.67 亿元，比上年末增加 14.66%。

受委托办理住房公积金缴存业务的银行 6 家，同上年保持一致，无新增受托银行。

（二）**提取**：2019 年，提取额 12.35 亿元，同比增长 12.68%；占当年缴存额的 55.76%，比上年增加 3.19 个百分点。2019 年末，提取总额 73.15 亿元，比上年末增加 20.31%。

（三）**贷款**：

1. 个人住房贷款：个人住房贷款最高额度 60 万元，其中，单缴存职工最高额度 50 万元，双缴存职工最高额度 60 万元。2019 年，发放个人住房贷款 4124 笔 15.76 亿元，同比分别下降 6.70%、3.85%。其中，市中心发放个人住房贷款 1300 笔 5.56 亿元，各县管理部发放个人住房贷款 2824 笔、10.2 亿元。

2019 年，回收个人住房贷款 8.72 亿元。其中，市中心 3.12 亿元，各县管理部 5.6 亿元。2019 年末，累计发放个人住房贷款 7.99 万笔、137.75 亿元，贷款余额 67.58 亿元，分别比上年末增加 5.43%、12.92%、11.64%。个人住房贷款余额占缴存余额的 88.14%，比上年末减少 2.39 个百分点。

受委托办理住房公积金个人住房贷款业务的银行 7 家，同上年保持一致，无新增受托银行。

2. 无住房公积金支持保障性住房建设项目贷款。

（四）**资金存储**：2019 年末，住房公积金存款（不含增值收益存款）10.10 亿元。其中，活期 10.01 亿元，1 年（含）以下定期 0 亿元，1 年以上定期 900 万元。

（五）**资金运用率**：2019 年末，住房公积金个人住房贷款余额、项目贷款余额和购买国债余额的总和占缴存余额的 88.14%，比上年末减少 2.39 个百分点。

三、主要财务数据

（一）**业务收入**：2019 年，业务收入 22360.91 万元，同比增长 13.68%。存款利息 1523.45 万元，委托贷款利息 20828.39 万元，其他收入（罚息）9.07 万元。

（二）**业务支出**：2019 年，业务支出 12187.27 万元，同比增长 15.99%。支付职工住房公积金利息 11849.37 万元，归集手续费 0.03 万元，委托贷款手续费 337.59 万元。

（三）**增值收益**：2019 年，增值收益 10173.64 万元，同比增长 7.86%。增值收益率 1.28%，比上年减少 0.08 个百分点。

（四）**增值收益分配**：2019 年，提取贷款风险准备金 704.60 万元，提取管理费用 2200 万元，提取城市廉租住房（公共租赁住房）建设补充资金 7269.04 万元。

2019 年，上交财政管理费用 2200 万元。上缴财政城市廉租住房（公共租赁住房）建设补充资金 6508.80 万元。

2019 年末，贷款风险准备金余额 8628.74 万元。累计提取上缴城市廉租住房（公共租赁住房）建设补充资金 53570.49 万元。

（五）**管理费用支出**：2019 年，管理费用支出 1562.39 万元，同比下降 25.64%。其中，人员经费 1253.09 万元，公用经费 46.67 万元，专项经费 262.54 万元。

四、资产风险状况

个人住房贷款：2019 年末，个人住房贷款逾期贷额 28.35 万元，个贷逾期率 0.04‰。个人贷款风险准备金按当年净增加贷款余额的 1% 提取。2019 年，提取个人贷款风险准备金 704.60 万元，使用个人贷款风险准备金核销呆坏账 0 万元。

2019 年末，个人贷款风险准备金余额 8628.74 万元，占个人住房贷款余额的 1.28%，个人住房贷款逾期额与个人贷款风险准备金余额的比率为 0.33%。

五、社会经济效益

（一）**缴存业务**：2019 年，实缴单位数、实缴职工人数和缴存额同比分别增长 5.29%、14% 和 6.24%。缴存单位中，国家机关和事业单位占 60.28%，国有企业占 10.46%，城镇集体企业占 3.95%，外商投资企业占 0.49%，城镇私营企业及其他城镇企业占 20.52%，民办非企业单位和社会团体占 2.4%，其他占 1.9%。缴存职工中，国家机关和事业单位占 63.17%，国有企业占 18.76%，城镇集体企业占 3.73%，外商投资企业占 0.4%，城镇私营企业及其他城镇企业占 12%，民办非企业单位和社会团体占

1.06%，其他占 0.88%；中、低收入占 99.49%，高收入占 0.51%。

新开户职工中，国家机关和事业单位占 77.99%，国有企业占 5.24%，城镇集体企业占 3.25%，外商投资企业占 0.06%，城镇私营企业及其他城镇企业占 12.09%，民办非企业单位和社会团体占 0.39%，其他占 0.08%；中、低收入占 99.92%，高收入占 0.08%。

（二）提取业务：2019 年，2.74 万名缴存职工提取住房公积金 12.35 亿元。

提取金额中，住房消费提取占 80.04%（购买、建造、翻建、大修自住住房占 33.52%，偿还购房贷款本息占 44.11%，租赁住房 2.41%）；非住房消费提取占 19.06%（离休和退休提取占 15.84%，完全丧失劳动能力并与单位终止劳动关系提取占 0.27%，其他占 2.95%）。提取职工中，中、低收入占 99.93%，高收入占 0.07%。

（三）贷款业务：

1. 个人住房贷款：2019 年，支持职工购建房 58.29 万平方米，年末个人住房贷款市场占有率（含公转商贴息贷款）为 69.95%，比上年末增加 3.82 个百分点。职工贷款笔数中，购房建筑面积 90（含）平方米以下占 10.03%，90～144（含）平方米占 67.98%，144 平方米以上占 21.99%。购买新房占 65.57%，购买二手房占 30.48%，建造、翻建、大修自住住房占 3.95%。职工贷款笔数中，单缴存职工申请贷款占 27.03%，双缴存职工申请贷款占 72.97%。贷款职工中，30 岁（含）以下占 28.23%，30 岁～40 岁（含）占 35.45%，40 岁～50 岁（含）占 27.13%，50 岁以上占 9.19%；首次申请贷款占 72.69%，二次及以上申请贷款占 27.31%；中、低收入占 99.41%，高收入占 0.59%。

2. 异地贷款：2019 年，发放异地贷款 46 笔、1786.60 万元。年末，发放异地贷款总额 2843.60 万元，异地贷款余额 2651.06 万元。

（四）**住房贡献率**：2019 年，个人住房贷款发放额、公转商贴息贷款发放额、项目贷款发放额、住房消费提取额的总和与当年缴存额的比率为 115.99%，比上年减少 4.02 个百分点。

六、其他重要事项

（一）**当年机构及职能调整情况、受委托办理缴存贷款业务金融机构变更情况**。2019 年中心机构及职能无调整情况。受委托办理缴存业务和受委托办理贷款业务金融机构无调整情况。

（二）**当年缴存基数限额及确定方法、缴存比例调整情况**。

（1）职工住房公积金的月缴存工资基数按照国家统计部门规定的工资总额口径核定。

（2）职工住房公积金缴存比例不得低于上述工资总额的 5%，最高不得超过 12%。

（3）职工住房公积金的月缴存工资基数，最低不得低于本市公布的最低月工资标准，最高不得超过本市公布的上一年度职工月平均工资的 3 倍。本市 2019 年度职工住房公积金月缴存工资基数下限不得低于 1500 元，月缴存额不得低于 150 元（按个人 5%、单位 5%、合计 10% 计算，其中：个人缴 75 元，单位缴 75 元）。执行时间为 2019 年 1 月 1 日至 12 月 31 日。本市 2019 年职工住房公积金月缴存工资基数上限不得高于 20880 元，月缴存额不得高于 5011.2 元（按个人 12%、单位 12%、合计 24% 计算，其中：个人缴 2505.6 元，单位缴 2505.6 元）。执行时间为 2019 年 1 月 1 日至 12 月 31 日。

（三）**当年住房公积金存贷款利率调整及执行情况**。

（1）2019 年，严格执行中国人民银行、住房和城乡建设部、财政部印发的《关于完善职工住房公积金账户存款利率形成机制的通知》(银发〔2016〕43号)规定,职工住房公积金账户存款利率按一年期定期存款基准利率执行。

(2) 2019年,严格执行《中国人民银行关于下调金融机构人民币贷款和存款基准利率并进一步推进利率市场化改革的通知》(银发〔2015〕265号)的规定,个人住房公积金贷款利率首套房执行:五年以下(含五年)贷款年利率执行2.75%;五年以上贷款年利率执行3.25%;二套房贷款利率上浮10%。

(四)当年住房公积金政策调整及执行情况。 2019年,按照党的十九大报告中关于"房子是用来住的,不是用来炒的"定位精神和有关文件要求,经市住房公积金管理委员会同意,调整提高了提取住房公积金支付房租额度,停止办理物业费提取业务。当年未对个人住房贷款最高贷款额度、贷款条件等贷款政策进行调整。

(五)当年服务改进情况。 一是按照国家、省、市对"放管服"改革工作、优化营商环境的决策部署,进一步深化"放管服"改革,确立住房公积金"窗口服务"的职能定位,认真落实窗口服务的各项制度,严格执行首问负责制、一次性办结和服务承诺、投诉管理等服务制度。二是对每项业务都印制了"明白条"给办事群众,做到办事透明化,服务人性化。三是在金融超市增加办理贷款业务窗口,真正实现了让职工少跑路、就近办住房公积金业务。四是不断细化审批事项,优化审批流程,大幅压缩审批时限,通过创新管理方式,统一实行"中心内部授权,承担法人责任"管理模式,对住房公积金服务大厅和各县管理部进行充分授权,简化办事流程及精简材料,压缩了办结时限,方便群众办事。

(六)当年信息化建设情况。 2019年,以开展住房公积金数据贯标工作,接入全国住房公积金银行结算系统为依托,全面加快推进住房公积金信息化建设步伐,积极落实"互联网+住房公积金"管理工作中的优化和集成作用,让缴存职工"多走网路、少走马路",全面提高公积金系统服务群众的能力和水平。一是顺利完成全国住房公积金数据平台接入工作,并通过验收,为开展抵扣税工作做出了贡献。二是在全省州市中心率先成功上线了"一部手机办事通"查询和办理事项,并接入国家政务服务平台。三是与市民政局婚姻登记系统业务信息的互联共享,提升了风险防控能力,为职工群众办理住房公积金业务提供便利。四是建设完成了《个体工商户、进城务工人员和自由职业者自愿缴存公积金管理系统》,为进一步扩大普洱市住房公积金覆盖面,充分发挥住房公积金制度的普惠性提供服务保障。五是上线《全国住房公积金异地转移接续直联业务系统》,实现了职工数据异地转移与资金支付实时操作,减少审核及人工操作步骤,优化办理流程,提升服务效率,缩短办理周期。六是建设完成了普洱住房公积金综合服务平台,整合优化升级了门户网站(普洱住房公积金公共服务平台)、网上营业厅、12329短信服务、微信公众号、自助终端、一部手机办事通线上服务渠道,并正式上线运行,进一步为社会公众提供多形式、全方位的信息查询和政策咨询及线上业务办理服务。

普洱市住房公积金综合服务平台涵盖的服务渠道建设,实现从传统柜面服务向互联网融合服务的转变,通过服务平台向缴存职工提供个人住房公积金贷款提前还款(提前部分、提前结清)、一次性提取公积金提前结清个人住房公积金贷款业务、银行卡绑定和解绑、个人信息变更、手机号码变更、合作楼盘查询、个人缴存及贷款信息、查询贷款受理、审批、发放等业务进度、业务单据、个人公积金缴存证明下载打印等多种线上服务,全市广大缴存职工随时随地通过手机、电脑等终端即可轻松办理相关公积金业务,实现了"让数据多跑路,让群众少跑腿",这标志着我市住房公积金服务民生迎来了一次重大改革。

**(七)当年未发生违反《住房公积金管理条例》和相关法规行为进行行政处罚和申请人民法院强制执

行的情况。

（八）当年不存在对住房公积金管理人员违规行为的纠正和处理情况等。

临沧市住房公积金 2019 年年度报告

一、机构概况

（一）住房公积金管理委员会：临沧市住房公积金管理委员会有 23 名委员，2019 年召开 3 次全体会议，审议通过的事项主要包括：

（1）审议通过《临沧市住房公积金 2018 年收支预算执行情况和 2019 年收支预算（草案）》；

（2）审议通过《临沧市住房公积金 2018 年年度报告》；

（3）审议通过《临沧市住房公积金资金使用管理办法（暂行）》；

（4）审议调整住房公积金部分使用政策；

（5）审议通过《临沧市住房公积金流动性风险防控暂行办法》。

（二）住房公积金管理中心：临沧市住房公积金管理中心为直属于临沧市人民政府的不以营利为目的公益Ⅰ类事业单位，主要负责全市住房公积金的归集、管理、使用和会计核算。中心设 8 个科（室），9 个管理部。从业人员 93 人，其中，在编 74 人，非在编（劳务派遣人员）19 人。

二、业务运行情况

（一）缴存：2019 年，新开户单位 816 家，实缴单位 2794 家，净增单位 712 家；新开户职工 1.42 万人，实缴职工 11.23 万人，净增职工 0.76 万人；缴存额 19.04 亿元（含结转利息），同比增长 11.14%。2019 年末，缴存总额 117.11 亿元，比上年末增加 19.42%；缴存余额 68.90 亿元，比上年末增加 16.20%。见图 1。

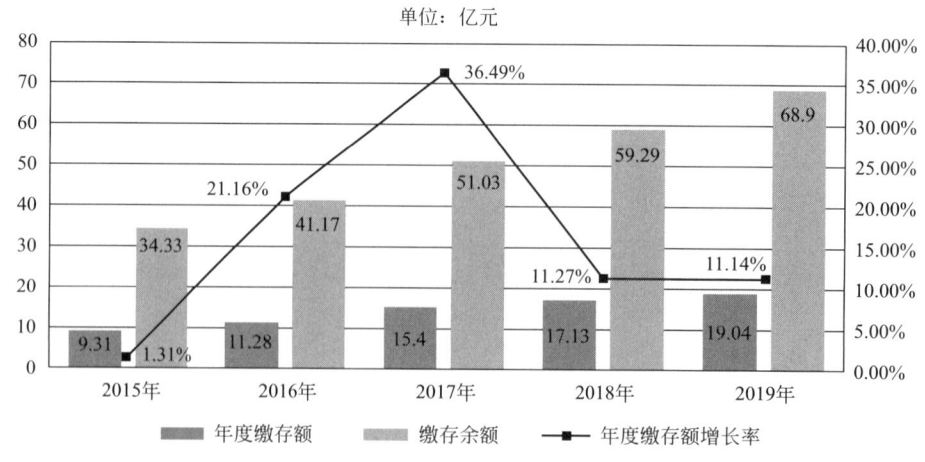

图 1　2015—2019 年住房公积金缴存情况

受委托办理住房公积金缴存业务的银行7家，较上年相比无增减。

（二）提取： 2019年，提取额9.43亿元，同比增长22.27%；占当年缴存额的49.54%，比上年增加4.51个百分点。2019年末，提取总额48.21亿元，比上年末增加24.32%。见图2。

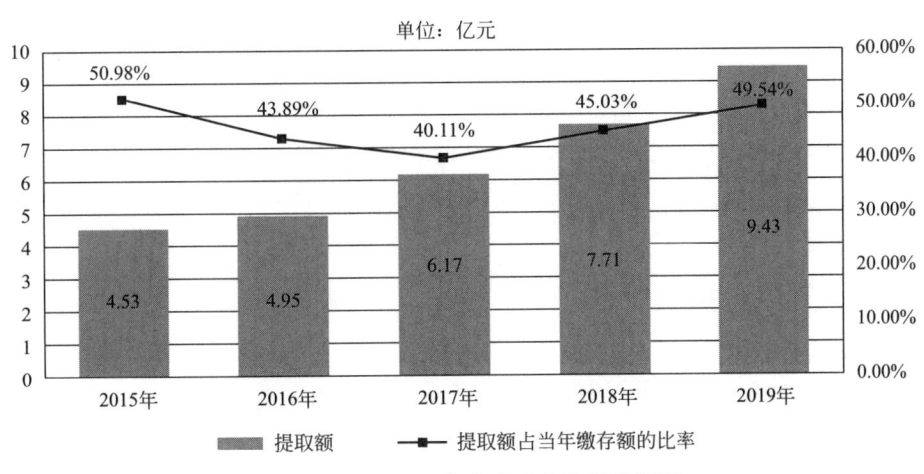

图2 2015—2019年住房公积金提取情况

（三）贷款：

个人住房贷款最高额度70万元，其中，双缴存职工首套住房贷款最高额度70万元，二套住房贷款最高额度60万元；单缴存职工首套住房贷款最高额度50万元，二套住房贷款最高额度为40万元。

2019年，发放个人住房贷款0.44万笔、20亿元，同比分别增长22.50%、27.41%。

2019年，回收个人住房贷款7.57亿元。

2019年末，累计发放个人住房贷款3.91万笔、97.51亿元，贷款余额58.91亿元，分别比上年末增加12.68%、25.83%、26.73%。个人住房贷款余额占缴存余额的85.50%，比上年末增加7.10个百分点。见图3。

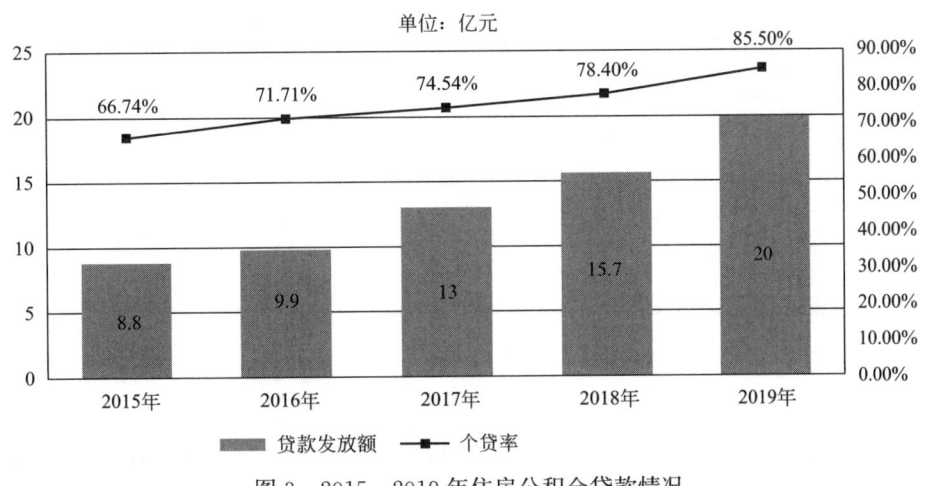

图3 2015—2019年住房公积金贷款情况

受委托办理住房公积金个人住房贷款业务的银行7家，较上年相比无增减。

（四）资金存储： 2019年末，住房公积金存款额10.57亿元。其中，活期0.02亿元，1年以上定期

7.44亿元，协定存款3.11亿元。

（五）资金运用率：2019年末，住房公积金个人住房贷款余额占缴存余额的85.50%（无项目贷款和国债），比上年末增加7.10个百分点。

三、主要财务数据

（一）业务收入：2019年，业务收入21451.33万元，同比增长11.94%。其中，存款利息收入4153.81万元，委托贷款利息收入17297.31万元，其他0.20万元。

（二）业务支出：2019年，业务支出10539.50万元，同比增长16.32%。其中，支付职工住房公积金利息9735.95万元，委托贷款手续费786.10万元，其他17.46万元。

（三）增值收益：2019年，增值收益10911.83万元，同比增长8.02%。增值收益率1.68%，较上年持平。

（四）增值收益分配：2019年，提取贷款风险准备金1242.65万元，提取管理费用1957.71万元，提取城市廉租住房（公共租赁住房）建设补充资金7711.47万元。

2019年，上交财政管理费用1957.71万元。上缴财政城市廉租住房（公共租赁住房）建设补充资金7711.47万元。

2019年末，贷款风险准备金余额5901.40万元。累计提取城市廉租住房（公共租赁住房）建设补充资金39046.81万元。

（五）管理费用支出：2019年，管理费用支出1957.71万元，同比下降23.30%。其中，人员经费966.12万元，公用经费54.79万元，专项经费936.80万元。

四、资产风险状况

2019年末，无逾期个人住房贷款，无历史遗留风险资产。

个人贷款风险准备金按年度贷款余额的1%提取。2019年，提取贷款风险金1242.65万元，当年未使用个人贷款风险准备金核销呆坏账。2019年末，个人贷款风险准备金余额5901.40万元，占个人住房贷款余额的1%，个人住房贷款逾期额与个人贷款风险准备金余额的比例为零。

五、社会经济效益

（一）缴存业务：2019年，实缴单位数、实缴职工人数和缴存额同比分别增长31.48%、7.21%和11.14%。

缴存单位中，国家机关和事业单位占51.78%，国有企业占6.69%，城镇集体企业占1.41%，外商投资企业占0.54%，城镇私营企业及其他城镇企业占32.01%，民办非企业单位和社会团体占2.69%，其他占4.88%。见图4。

缴存职工中，国家机关和事业单位占71.47%，国有企业占9.25%，城镇集体企业占1.73%，外商投资企业占0.17%，城镇私营企业及其他城镇企业占12.75%，民办非企业单位和社会团体占0.90%，其他占3.73%；中、低收入占99.31%，高收入占0.69%。见图5。

新开户职工中，国家机关和事业单位占44.87%，国有企业占6.30%，城镇集体企业占1.32%，外商

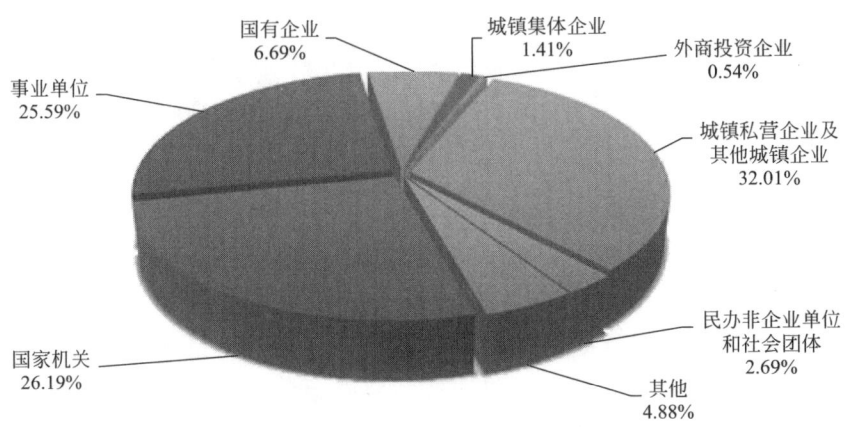

图4　2019年缴存单位按单位性质分类占比情况

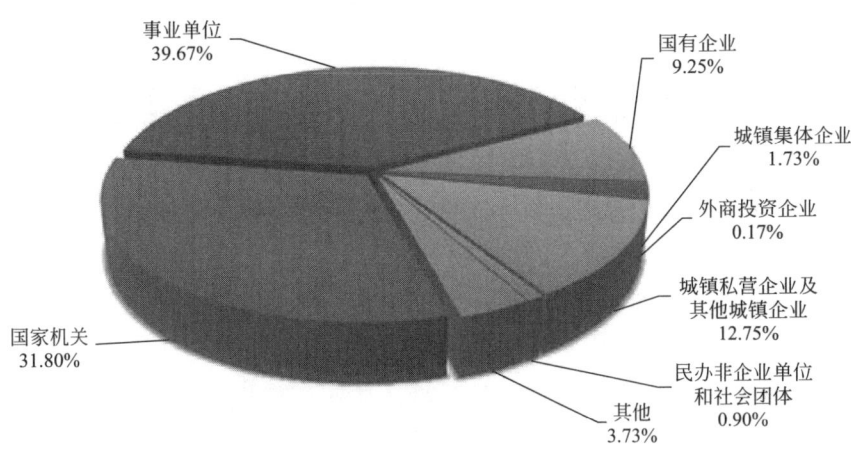

图5　2019年缴存职工按所在单位性质分类占比情况

投资企业占0.39%，城镇私营企业及其他城镇企业占34.59%，民办非企业单位和社会团体占4.22%，其他占8.31%；中、低收入占99.82%，高收入占0.18%。见图6。

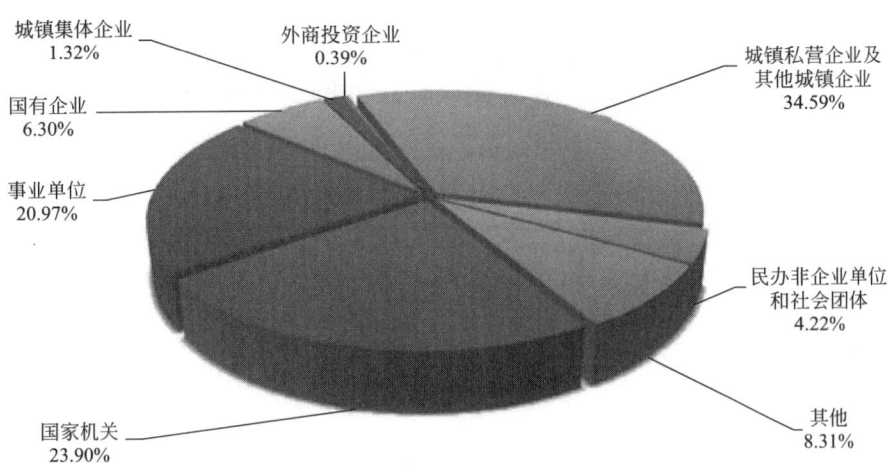

图6　2019年新开户职工按所在单位性质分类占比情况

（二）提取业务：2019年，2.90万名缴存职工提取住房公积金9.43亿元。

提取的金额中，住房消费提取占80.91%（购买、建造、翻建、大修自住住房占15.59%，偿还购房贷款本息占64.11%，租赁住房占0.72%，其他占0.52%）；非住房消费提取占18.93%（离休和退休提取占14.78%，完全丧失劳动能力并与单位终止劳动关系提取占2.80%，户口迁出本市或出境定居占0.26%，其他占1.08%）。

提取职工中，中、低收入占98.88%，高收入占1.12%。

（三）贷款业务：

1. 个人住房贷款：2019年，支持职工购建房69.17万平方米，年末个人住房贷款市场占有率为63.29%，比上年末减少0.39个百分点。通过申请住房公积金个人住房贷款，可节约职工购房利息支出59600万元。

职工贷款笔数中，购房建筑面积90（含）平方米以下占13.09%，90～144（含）平方米占45.10%，144平方米以上占41.80%。购买新房占68.08%，购买二手房占23.32%，建造、翻建、大修自住住房占6.55%，其他占2.05%。

职工贷款笔数中，单缴存职工申请贷款占25.71%，双缴存职工申请贷款占74.29%。

贷款职工中，30岁（含）以下占29.35%，30～40岁（含）占35.60%，40～50岁（含）占26.21%，50岁以上占8.84%；首次申请贷款占71.68%，二次及以上申请贷款占28.32%；中、低收入群体占99.11%，高收入群体占0.89%。

2. 异地贷款：2019年，发放异地贷款24笔、874.9万元。年末，发放异地贷款总额1676.9万元，异地贷款余额1358.72万元。

（四）住房贡献率：2019年，个人住房贷款发放额、住房消费提取额的总和与当年缴存额的比率为145.13%，比上年增加18.54个百分点。

六、其他重要事项

（一）当年住房公积金政策调整及执行情况。

（1）2019年，依据统计部门统计年报数据，我市住房公积金缴存工资基数上限为上年在岗职工月平均工资的3倍19950元，下限为临沧市各县最低工资标准1350元；缴存比例上限为12%，下限为5%。

（2）经临沧市住房公积金管理委员会2019年第3次会议审议决定，停止办理提取住房公积金支付物业管理费；住房公积金二套房贷款利率按同期首套住房公积金贷款利率的1.1倍执行。

（3）根据住房和城乡建设部全面清理规范和纠正住房公积金执行政策的工作部署和要求，经临沧市人民政府研究决定，印发《临沧市人民政府办公室关于调整部分住房公积金使用政策的通知》（临政办字〔2019〕148号），对部分住房公积金政策及执行标准进一步清理规范和调整。主要内容有：严格执行住房公积金使用政策，对因购、建房使用过住房公积金二次及其以上的情形进行规范；规范使用住房公积金办理时限；明确二手房住房公积金贷款抵押率的认定标准；调整住房公积金个人住房贷款额度；二套房住房公积金个人住房贷款首付比例按30%执行。

（4）存款利率执行《中国人民银行　住房和城乡建设部　财政部关于完善职工住房公积金账户存款利率形成机制的通知》（银发〔2016〕43号）规定，当年归集及上年结转的个人住房公积金存款利率均为一年期定期存款利率1.5%；当前贷款利率五年期以下（含五年）为2.75%，五年期以上为3.25%。

（二）改进服务和信息化建设情况。深化"放管服"改革，群众办事更加便捷，以营造一流营商环境为目标，在继续推行业余时间、公休日、节假日24小时预约服务和绿色通道服务的特色人性化服务以及不断优化流程、减少环节、压缩要件、最多跑一次的基础上，再度提升信息化建设和使用能力，先后完成"一部手机办事通—我的公积金"上线和全国住房公积金数据平台的接入工作，实现住房公积金个人账户信息、贷款信息报送上传后与国家税务总局的交换。大力推广使用网厅业务，共有13项业务可通过网上不见面办结，有2787个单位使用单位网厅、3.2万名缴存职工使用个人网厅、移动APP、微信等渠道办理业务。围绕"全城通办、异地可办"的改革目标，持续深化综合柜员制改革，前台所有业务实行"一窗通办、限时办结"，提取业务实现全市通办。

（三）获得荣誉表彰情况。临沧市住房公积金管理中心为省级文明单位，2019年度，被临沧市委、市人民政府表彰为临沧市2019年脱贫攻坚先进单位；中心党支部被临沧市委组织部命名为"规范化建设示范党支部"。

（四）其他情况。本市无住房公积金支持保障性住房建设项目贷款，无公转商贴息贷款，无国债资产，无融资业务。

楚雄彝族自治州住房公积金2019年年度报告

一、机构概况

（一）**住房公积金管理委员会**：住房公积金管理委员会有27名委员，2019年4月11日召开楚雄州第四届住房公积金管理委员会第二次全体会议，审议通过的事项主要包括：《2018年楚雄州住房公积金管理工作报告》《2018年楚雄州住房公积金增值收益分配方案的报告》《2019年楚雄州住房公积金归集使用计划和增值收益计划的报告》《关于进一步规范住房公积金提取业务的报告》《关于申请实施全国住房公积金数据平台接入项目的报告》《关于申请实施住房公积金信息系统安全三级保护整改项目的报告》、《楚雄州住房公积金管理中心信息化建设综述报告》《楚雄州住房公积金2018年年度报告》。

（二）**住房公积金管理中心**：住房公积金管理中心为直属于楚雄州人民政府不以营利为目的的全额拨款事业单位，设8个科室，9个管理部。从业人员82人，其中，在编57人，非在编25人。

二、业务运行情况

（一）**缴存**：2019年，新开户单位152家，实缴单位2500家，净增单位52家；新开户职工0.67万人，实缴职工11.79万人，净增职工0.4万人；缴存额23亿元，同比增长6.19%。2019年末，缴存总额178.38亿元，同比增长14.8%；缴存余额51.47亿元，同比增长10.24%。

受委托办理住房公积金缴存业务的银行4家，与上年相比无变化。

（二）**提取**：2019年，提取额18.21亿元，同比增长11.14%；占当年缴存额的79.17%，比上年增加

3.5个百分点。2019年末，提取总额126.91亿元，同比增长16.76%。

（三）贷款：

个人住房贷款最高额度30万元，其中，单缴存职工最高额度15万元，双缴存职工最高额度30万元。

2019年，发放个人住房贷款0.39万笔、8.22亿元，同比分别增长21.88%、25.3%。回收个人住房贷款6.85亿元。2019年末，累计发放个人住房贷款4.82万笔、86.93亿元，贷款余额44.71亿元，同比分别增长8.8%、10.44%、3.16%。个人住房贷款余额占缴存余额的86.86%，比上年减少5.97个百分点。

受委托办理住房公积金个人住房贷款业务的银行12家，其中正常办理业务的有建设银行、工商银行、农业银行和信用联社、交通银行、中国银行、邮储银行7家；系统已接通、未办理业务的曲靖商业银行1家；账户已开、系统还未接通、未办理业务的有浦发银行、富滇银行2家，账户没有开、系统未接通、未办理业务的有兴彝银行、红塔银行2家。

（四）融资： 2019年，融资额为零。2019年末，融资总额6亿元，融资余额为零。

（五）资金存储： 2019年末，住房公积金存款6.81亿元。其中，活期0.07亿元，1年（含）以下定期4.46亿元，其他（协定、通知存款等）2.28亿元。

（六）资金运用率： 2019年末，住房公积金个人住房贷款余额、项目贷款余额和购买国债余额的总和占缴存余额的86.86%，比上年减少5.97个百分点。

三、主要财务数据

（一）业务收入： 2019年，业务收入15145.72万元，同比增长5.68%。存款利息920.46万元，委托贷款利息14225.26万元。

（二）业务支出： 2019年，业务支出8089.68万元，同比增长5.68%。支付职工住房公积金利息7376.11万元，委托贷款手续费704.59万元，其他8.98万元。

（三）增值收益： 2019年，增值收益7056.04万元，同比增长5.08%。增值收益率1.43%，比上年减少0.08个百分点。

（四）增值收益分配： 2019年，提取贷款风险准备金136.9万元，提取管理费用1600万元，提取城市廉租住房（公共租赁住房）建设补充资金5319.14万元。

2019年，上交财政管理费用1600万元。上缴财政城市廉租住房（公共租赁住房）建设补充资金5061.04万元。

2019年末，贷款风险准备金余额4811.54万元。累计提取城市廉租住房（公共租赁住房）建设补充资金40410.55万元。

（五）管理费用支出： 2019年，管理费用支出1271.82万元，同比减少14.57%。其中，人员经费795.68万元，公用经费87.69万元，专项经费388.45万元。

四、资产风险状况

个人住房贷款：2019年末，个人住房贷款逾期额为132.37万元。个人贷款风险准备金按（贷款新增余额）的1%提取。2019年，提取个人贷款风险准备金136.9万元，使用个人贷款风险准备金核销呆坏账零万元。2019 年末，个人贷款风险准备金余额 4811.54 万元，占个人住房贷款余额的 1.08%，个人住房贷款逾期额与个人贷款风险准备金余额的比率为 2.75%。

五、社会经济效益

（一）**缴存业务**：2019 年，实缴单位数、实缴职工人数和缴存额同比分别增长 2.12%、3.45% 和 6.19%。

缴存单位中，国家机关和事业单位占 65.28%，国有企业占 11.04%，城镇集体企业占 0.68%，外商投资企业占 0.36%，城镇私营企业及其他城镇企业占 18.6%，民办非企业单位和社会团体占 2.36%，其他占 1.68%。

缴存职工中，国家机关和事业单位占 64.74%，国有企业占 15.35%，城镇集体企业占 0.69%，外商投资企业占 0.68%，城镇私营企业及其他城镇企业占 17.25%，民办非企业单位和社会团体占 0.75%，其他占 0.54%；中、低收入占 99.2%，高收入占 0.08%。

新开户职工中，国家机关和事业单位占 27.03%，国有企业占 10.55%，城镇集体企业占 0.62%，外商投资企业占 0.71%，城镇私营企业及其他城镇企业占 57.11%，民办非企业单位和社会团体占 1.41%，其他占 2.57%；中、低收入占 99.74%，高收入占 0.26%。

（二）**提取业务**：2019 年，6.04 万名缴存职工提取住房公积金 18.21 亿元。

提取金额中，住房消费提取占 89.02%（购买、建造、翻建、大修自住住房占 42.04%，偿还购房贷款本息占 45.2%，租赁住房占 0.3%，其他占 1.48%）；非住房消费提取占 10.98%（离休和退休提取占 8.69%，完全丧失劳动能力并与单位终止劳动关系提取占 1.67%，户口迁出本市或出境定居占 0.2%，其他占 0.42%）。提取职工中，中、低收入占 99.19%，高收入占 0.81%。

（三）**贷款业务**：

1. 个人住房贷款：2019 年，支持职工购建房 59.48 万平方米，年末个人住房贷款市场占有率为 4.21%，比上年增加 0.84 个百分点。通过申请住房公积金个人住房贷款，可节约职工购房利息支出 17219.88 万元。

职工贷款笔数中，购房建筑面积 90（含）平方米以下占 5.4%，90～144（含）平方米占 58.98%，144 平方米以上占 35.62%。购买新房占 77.41%，购买二手房占 22.21%，建造、翻建、大修自住住房占 0.38%，其他占 0.58%。

职工贷款笔数中，单缴存职工申请贷款占 22.49%，双缴存职工申请贷款占 75.75%，三人及以上缴存职工共同申请贷款占 1.76%。

贷款职工中，30 岁（含）以下占 24.81%，30 岁～40 岁（含）占 34.22%，40 岁～50 岁（含）占 30.24%，50 岁以上占 10.73%；首次申请贷款占 91.92%，二次及以上申请贷款占 8.08%；中、低收入占 99.26%，高收入占 0.74%。

2. 异地贷款：2019 年，未发放异地贷款。2019 年末，发放异地贷款总额 8134.9 万元，异地贷款余额 6263.42 万元。

（四）**住房贡献率**：2019 年，个人住房贷款发放额、住房消费提取额的总和与当年缴存额的比率为 104.85%，比上年增加 8.96 个百分点。本年末住房公积金个人住房贷款余额 44.71 亿元占当地商业性住房贷款余额 142.6 亿元的 31.35%。当年发放住房公积金个人住房组合贷款 4.83 亿元，带动商业银行发放个人住房贷款 6.56 亿元。

六、其他重要事项

（一）当年住房公积金政策调整及执行情况。

1. 当年缴存基数限额及确定方法、缴存比例调整情况： 2019 年，按照单位和职工缴存住房公积金的工资基数不得超过州统计局公布的上一年度职工平均工资总额的 3 倍的规定，根据州统计局提供的楚雄州 2018 年城镇单位在岗职工年平均工资 82585 元的基数标准计算，我州 2019 年度住房公积金最高月缴存额为 2478 元，缴存比例按不得低于工资总额的 5%，不得超过 12% 的规定执行。

2. 当年住房公积金存贷款利率执行标准：

2019 年，存贷款执行利率为：职工缴存住房公积金统一按一年期定期存款基准利率 1.5 执行。住房公积金个人住房贷款利率按中国人民银行颁布的住房公积金贷款利率执行，五年期以下（含五年）贷款利率 2.75%，五年期以上个人住房公积金贷款利率 3.25%。

3. 当年的提取政策执行情况：

制定《楚雄州关于进一步规范住房公积金提取业务的通知》（楚公积金发〔2019〕第 9 号），进一步规范住房公积金提取业务，有效防范资金风险，停止办理职工购买、翻建、大修自住住房，其父母、子女（非房产或土地所有权人及共有权人）提取住房公积金业务；停止办理尚未结清住房公积金贷款本息的职工、配偶及共同还款承诺人提取物业管理费业务。根据住房和城乡建设部要求，下发《楚雄州住房公积金管理中心关于停止办理提取住房公积金支付物业管理费的通知》（楚公积金发〔2019〕第 26 号），自 2019 年 9 月 4 日起停止办理提取住房公积金支付物业管理费业务。

（二）当年接受州委巡察及审计监督情况。2019 年 9 月 20 日至 11 月 20 日，州审计局派出审计组对我中心 2018 年住房公积金归集、管理、使用情况及单位经费收支情况进行了审计，反馈了住房公积金管理中存在住房公积金财务核算不够规范等问题。针对审计提出问题，州公积金中心认真进行整改，按期向州审计局报告《楚雄州住房公积金管理中心关于对州审计局审计发现问题整改情况报告》。2019 年 12 月 12 日至 2020 年 1 月 12 日，州委第十一轮巡察第四巡察组对我中心党组进行全面政治巡察。我中心将按州委要求扎实进行整改，以第四巡察组巡查州住房公积金党组反馈意见的整改落实为契机，推动住房公积金管理工作的全面发展。

（三）当年服务改进情况。

1. 持续推进信息化建设，全面打造综合服务新平台。 坚持高起点规划高标准实施，着力推进互联网＋公积金综合服务平台建设。2019 年重点新增一个渠道，推广一个平台，于今年 3 月 22 日、12 月 22 日，圆满完成"一部手机办事通—我的公积金"一期、二期上线工作，向全州缴存单位印发了《一部手机办事通—我的公积金 3 项办理事项操作流程》。全面铺开住房公积金网上办事大厅推广工作，全州共有 1837 家单位使用 CA 数字证书登录网上办事大厅办理业务，使用率为 73%，处于全省前列，网上办事大厅推广工作并取得了良好成效。建成了集门户网站、12329 电话、12329 短信、服务终端、微信公众号、楚雄公积金 APP、网上办事大厅、"一部手机办事通" 8 大渠道于一体的综合服务平台，不断拓宽了不见面审批办理渠道。

2. 推进综合服务平台管理规范化，服务质量不断提高。 推进综合服务平台外包工作，强化监督考核工作。自12329客服上线以来，截至12月底共开展了3次，对客服中心从过程管理、痕迹管理、量化管理等几个方面进行了考核。同时采取定期与不定期电话抽查的方式对12329客服热线进行抽查，提出建议和意见，加强与各业务科室要密切联系，执行好一次性告知制度，努力提高工作质量和服务水平，切实做到查询有人理、投诉有人听。

3. 坚持治标务本，全力打好数据治理持久战。 以全国住房公积金数据平台接入和电子化检查工作为契机，根据住房和城乡建设部下发的《关于做好全国住房公积金数据平台接入工作的通知》要求，按照《住房公积金基础数据标准》，制定了《楚雄州住房公积金管理中心全国住房公积金数据平台接入项目实施方案》，加强工作调度，形成工作合力，于6月完成了全州成归集业务、贷款以及住房公积金贷款专项附加扣除信息导入工作，高质量完成了全国住房公积金数据平台接入工作。

4. 着力抓好政务信息公开，畅通群众诉求渠道。 及时在门户网站发布需主动公开、依申请公开等事项，披露公积金年报，多渠道更新发布最新政策调整、重大事项、工作动态，主动接受群众监督，确保政务工作公开透明；全州10个政务服务窗口设置政府信息查阅点、政策公告栏，及时更新完善"12329"知识库，亮出服务事项清单、列出办理流程、晒出工作标准、做出服务承诺、拓宽监督渠道，把责任担起来、把办理效率提上来，不断提高缴存职工政务服务的获得感。截至12月底共公开各类信息409件，回复处理各类问题8342件。

（四）当年住房公积金管理中心及职工所获荣誉情况。

（1）楚雄州住房公积金管理中心2019年再次被命名为省级"文明单位"。

（2）楚雄州住房公积金管理中心被楚雄州全国民族团结进步示范区建设领导小组命名为"楚雄州第二批民族团结进步创建示范单位"。

（3）楚雄州住房公积金管理中心被楚雄市委、楚雄市人民政府评为"2019年创建全国文明城市先进单位"。

（4）大姚管理部荣获2019年度云南省妇联"巾帼文明岗"。

（5）武定管理部荣获2019年度楚雄州妇联"巾帼文明岗"。

（6）中心职工刘源泉同志被命名为"2019年度楚雄州最美家庭"。

（7）中心职工李发旺、王丽梅被评为楚雄州2019年度"民族团结进步创建示范家庭"。

红河哈尼族彝族自治州住房公积金2019年年度报告

一、机构概况

（一）住房公积金管理委员会： 红河州住房公积金管理委员会有33名委员，2019年召开1次会议，审议通过的事项主要包括：

（1）《红河州住房公积金2018年年度报告》；

(2)《红河州住房公积金 2019 年度归集、使用和增值收益计划》；

(3)《红河州住房公积金 2019 年度增值收益分配方案》；

(4)《红河州住房公积金管理中心关于调整住房公积金使用政策的请示》；

(5)《红河州住房公积金资金流动性风险预警机制实施办法》。

（二）住房公积金管理中心：红河州住房公积金管理中心是直属于州人民政府不以营利为目的财政全额拨款的事业单位，主要负责全州住房公积金的归集、管理、使用和会计核算。设 6 个科室，14 个管理部。从业人员 94 人，其中，在编 93 人，非在编 1 人。

二、业务运行情况

（一）缴存：2019 年，新开户单位 457 家，实缴单位 4302 家，净增单位 172 家；新开户职工 0.39 万人，实缴职工 19.67 万人，净增职工 0.47 万人；缴存额 38.06 亿元，同比增长 8.06%。2019 年末，缴存总额 315.37 亿元，同比增长 13.72%；缴存余额 127.61 亿元，同比增长 9.03%。

受委托办理住房公积金缴存业务的银行 15 家，与上年一致。

（二）提取：2019 年，提取额 27.49 亿元，同比增长 2.84%；占当年缴存额的 72.23%，比上年减少 3.66 个百分点。2019 年末，提取总额 187.76 亿元，同比增长 17.15%。

（三）贷款：

个人住房贷款：个人住房贷款最高额度 60 万元，其中，单缴存职工最高额度 40 万元，双缴存职工最高额度 60 万元。

2019 年，发放个人住房贷款 0.89 万笔、37.61 亿元，同比分别下降 9.18% 和增长 2.09%。

2019 年，回收个人住房贷款 24.06 亿元。

2019 年末，累计发放个人住房贷款 13.76 万笔、284.05 亿元，贷款余额 114.39 亿元，同比分别增长 7%、15.26%、13.44%。个人住房贷款余额占缴存余额的 89.64%，比上年末增加 3.48 个百分点。

受委托办理住房公积金个人住房贷款业务的银行 15 家，与上年一致。

（四）资金存储：2019 年末，住房公积金存款 13.22 亿元（不含应付开发商保证金、应付银行手续费等不能用于提取、贷款的资金）。其中，活期 0.01 亿元，1 年（含）以下定期 8.11 亿元，1 年以上定期 3.6 亿元，其他（协定、通知存款等）1.5 亿元。

（五）资金运用率：2019 年末，住房公积金资金运用率为 89.64%，比上年增加 3.48 个百分点。无项目贷款和购买国债事项。

三、主要财务数据

（一）业务收入：2019 年，业务收入 41081.4 万元，同比增长 11.47%。存款利息 5406.78 万元，委托贷款利息 35672.59 万元，其他（逾期贷款罚息）2.03 万元。

（二）业务支出：2019 年，业务支出 21243.14 万元，同比增长 5.99%。支付职工住房公积金利息 18519.75 万元，归集手续费 1258.04 万元，委托贷款手续费 1393.75 万元，其他（抵押登记费）71.6 万元。

（三）增值收益：2019 年，增值收益 19838.26 万元，同比增长 18%。增值收益率 1.62%，比上年增加 0.14 个百分点。

（四）**增值收益分配**：2019 年，提取贷款风险准备金 1355.1 万元，提取管理费用 2578.98 万元，提取城市廉租住房（公共租赁住房）建设补充资金 15904.18 万元。

2019 年，上交财政管理费用 2578.98 万元。上缴财政城市廉租住房（公共租赁住房）建设补充资金 15904.18 万元。

2019 年末，贷款风险准备金余额 13397.7 万元。累计提取城市廉租住房（公共租赁住房）建设补充资金 97852.44 万元。

（五）**管理费用支出**：2019 年，管理费用支出 1879.4 万元，同比下降 16.34%。其中，人员经费 1323.42 万元，公用经费 84.89 万元，专项经费 471.09 万元。

四、资产风险状况

个人住房贷款：2019 年末，个人住房贷款逾期额 261.82 万元，逾期率 0.23‰。

个人贷款风险准备金按年度贷款余额（即当年个人住房贷款发放额减去个人住房贷款回收额）的 1% 提取。2019 年，提取个人贷款风险准备金 1355.1 万元。2019 年末，个人贷款风险准备金余额 13397.7 万元，占个人住房贷款余额的 1.17%，个人住房贷款逾期额与个人贷款风险准备金余额的比率为 1.95%。

五、社会经济效益

（一）**缴存业务**：2019 年，实缴单位数、实缴职工人数和缴存额同比分别增长 4.16%、2.45% 和增长 8.06%。

缴存单位中，国家机关和事业单位占 67.76%，国有企业占 12.51%，城镇集体企业占 2.12%，外商投资企业占 0.12%，城镇私营企业及其他城镇企业占 11.23%，民办非企业单位和社会团体占 2.95%，其他占 3.31%。

缴存职工中，国家机关和事业单位占 73.9%，国有企业占 13.53%，城镇集体企业占 3.53%，外商投资企业占 0.05%，城镇私营企业及其他城镇企业占 5.03%，民办非企业单位和社会团体占 1.24%，其他占 2.72%；中、低收入占 99.005%，高收入占 0.005%。

新开户职工中，国家机关和事业单位占 48.53%，国有企业占 6.98%，城镇集体企业占 3.28%，外商投资企业占 0.36%，城镇私营企业及其他城镇企业占 22.18%，民办非企业单位和社会团体占 2.46%，其他占 16.21%；中、低收入占 100%，高收入无。

（二）**提取业务**：2019 年，8.32 万名缴存职工提取住房公积金 27.49 亿元。

提取金额中，住房消费提取占 76.89%（购买、建造、翻建、大修自住住房占 31.2%，偿还购房贷款本息占 45.14%，租赁住房占 0.47%，其他占 0.08%）；非住房消费提取占 23.11%（离休和退休提取占 18.23%，完全丧失劳动能力并与单位终止劳动关系提取占 3.46%，户口迁出本市或出境定居 0.64%，其他占 0.78%）。

提取职工中，中、低收入占 99.008%，高收入占 0.002%。

（三）**贷款业务**：

1. 个人住房贷款：2019 年，支持职工购建房 134.8 万平方米，年末个人住房贷款市场占有率为

39.72%，比上年减少 0.95 个百分点。通过申请住房公积金个人住房贷款，可节约职工购房利息支出 57262.26 万元。

职工贷款笔数中，购房建筑面积 90（含）平方米以下占 7.43%，90～144（含）平方米占 53.25%，144 平方米以上占 39.32%。购买新房占 62.87%（其中购买保障性住房占 0.03%），购买二手房占 36.33%，建造、翻建、大修自住住房占 0.8%。单缴存职工申请贷款占 19.79%，双缴存职工申请贷款占 76.15%，三人及以上缴存职工共同申请贷款占 4.06%。

贷款职工中，30 岁（含）以下占 30.63%，30 岁～40 岁（含）占 37.89%，40 岁～50 岁（含）占 24.27%，50 岁以上占 7.21%；首次申请贷款占 97.36%，二次及以上申请贷款占 2.64%；中、低收入占 99.89%，高收入占 0.11%。

2. 异地贷款：2019 年，发放异地贷款 188 笔、7993.1 万元。2019 年末，发放异地贷款总额 31899.7 万元，异地贷款余额 18061.57 万元。

（四）住房贡献率：2019 年，个人住房贷款发放额、住房消费提取额的总和与当年缴存额的比率为 154.36%，比上年减少 9.01 个百分点。

六、其他重要事项

（一）当年机构及职能调整情况、受委托办理缴存贷款业务金融机构变更情况。 2019 年，红河州住房公积金管理中心机构及职能、受委托办理缴存贷款业务金融机构维持不变。

（二）当年住房公积金政策调整及执行情况。

1. 当年缴存基数限额及确定方法、缴存比例调整情况

（1）各缴存单位和职工缴存住房公积金工资基数不得超过红河州统计部门公布的上一年度职工月平均工资总额的 3 倍；2018 年度我州在岗职工年平均工资为 84963 元（月平均工资为 7080 元）。

（2）住房公积金缴存比例严格执行 5%～12%。

（3）根据云南省人力资源和社会保障厅《关于调整最低工资标准的通知》（云人社发〔2018〕16 号），红河州个旧市、开远市、蒙自市、弥勒市月最低工资标准 1500 元；其他县月最低工资标准 1350 元。

2. 当年使用政策调整及执行情况

为认真贯彻落实云南省住房和城乡建设厅《关于进一步加强资金风险防控的通知》要求，坚持"房子是用来住的，不是用来炒的"定位，积极引导职工合理住房消费，防范和化解资金流动性风险，确保住房公积金安全运行，促进红河州房地产市场平稳健康发展。经红河州住房公积金管理委员会四届二次会议审议通过，红河州住房公积金管理中心出台了《关于调整住房公积金使用政策的通知》（红房资〔2019〕11 号）。一是调整住房公积金贷款最高额度和使用年限。即双职工贷款最高额度由 80 万元调整为 60 万元，单职工最高额度调整为 40 万元。二是停止执行职工州外购房、直系亲属（配偶除外）共同使用、直系亲属之间住房交易、贷款共同还款人和保证人住房公积金缴存余额加入贷款额度计算使用住房公积金政策。三是严格执行职工购建自住住房先提后贷政策；住房产权人、共有权人按产权份额使用住房公积金；职工提取和贷款总额不得超过购建自住住房房价总额等使用政策。上述政策调整自 2019 年 4 月 1 日起执行。

另根据《住房公积金管理条例》提取范围的有关规定，自 2019 年 8 月 3 日起，停止执行职工提取住房公积金支付物业费。

3. 当年住房公积金存贷款利率执行标准

红河州住房公积金管理中心严格执行中国人民银行规定的存贷款利率标准。2019年，住房公积金存款利率为1.5％；贷款利率五年以内（含五年）为2.75％、五年期以上为3.25％；逾期贷款罚息利率从2019年8月1日起，由日万分之二点一调整为按贷款合同载明贷款利率水平上加收50％计收罚息。借款人未按合同约定使用的，罚息利率按贷款合同载明贷款利率水平上加收100％计收罚息。

（三）当年服务改进情况。 2019年，红河州住房公积金管理中心认真贯彻落实国务院、省、州"放管服"改革要求，一是着力打造"互联网＋公积金"模式，上线了云南省"一部手机办事通"平台，职工可通过"一部手机办事通"平台查询个人住房公积金信息、公积金明细、贷款信息、还款明细、贷款进度、还款计划、还款试算7个查询事项。二是多形式、全方位开通服务渠道，目前已形成集"12329"服务热线、短信、门户网站、微信公众号、手机APP、网厅和"一部手机办事通"平台于一体的服务体系，极大地提高了住房公积金业务网点的覆盖面和业务辐射范围，为广大缴存职工提供更加高效、便捷的服务。三是根据省、州优化营商环境的相关要求，积极响应政府服务事项入驻要求，当年新增蒙自、弥勒、泸西、屏边、河口五个管理部入驻当地政务服务大厅；同时，住房公积金合作银行以网点进驻或人员进驻等方式进驻政务服务大厅，极大地方便广大住房公积金缴存职工办理、咨询住房公积金业务。

（四）当年信息化建设情况。

一是根据住房和城乡建设部、省住房城乡建设厅要求，对业务信息系统进行再次开发，按时、按质完成与住房和城乡建设部住房公积金数据平台接入。

二是按照云南省、红河州"一部手机办事通"相关要求，完成了云南省"一部手机办事通"红河州住房公积金第一批上线事项，职工可通过"一部手机办事通"平台查询个人住房公积金相关信息。

三是做好网络和信息系统安全防范工作，实施了信息安全三级等保整改项目，对中心原有的网络和信息系统进行安全加固，并通过验收。验收后的业务信息系统达到公安部门要求的三级等保要求，综合服务平台系统达二级等保要求。

文山壮族苗族自治州住房公积金2019年年度报告

一、机构概况

（一）住房公积金管理委员会： 住房公积金管理委员会有17名委员，2019年召开1次会议，审议通过的事项主要包括：审议2019年住房公积金归集、使用计划；审议2018年住房公积金增值收益分配方案；审议2018年住房公积金归集、使用计划执行情况的报告。

（二）住房公积金管理中心： 文山州住房公积金管理中心为直属于州人民政府不以营利为目的的公益一类事业单位，设6个科室，8个管理部。从业人员121人，其中，在编62人，非在编59人。

二、业务运行情况

（一）缴存：2019年，新开户单位229家，实缴单位2887家，净增单位131家；新开户职工1.02万人，实缴职工13.71万人，净增职工0.89万人；缴存额24.97亿元，同比增长9.66%。2019年末，缴存总额167.00亿元，比上年末增加17.58%；缴存余额75.79亿元，比上年末增加12.72%。

受委托办理住房公积金缴存业务的银行8家，比上年增加3家。

（二）提取：2019年，提取额16.42亿元，同比增长14.91%；占当年缴存额的65.76%，比上年增加3个百分点。2019年末，提取总额91.21亿元，比上年末增加21.95%。

（三）贷款：

个人住房贷款：个人住房贷款最高额度50万元，其中，单缴存职工最高额度50万元，双缴存职工最高额度50万元。

2019年，发放个人住房贷款0.53万笔、19.26亿元，同比分别下降20.90%、22.24%。

2019年，回收个人住房贷款15.20亿元。

2019年末，累计发放个人住房贷款7.82万笔、168.01亿元，贷款余额64.26亿元，分别比上年末增加7.12%、12.94%、6.74%。个人住房贷款余额占缴存余额的84.78%，比上年末减少4.76个百分点。

受委托办理住房公积金个人住房贷款业务的银行8家，比上年增加3家。

（四）资金存储：2019年末，住房公积金存款11.53亿元。其中，活期2.97亿元，1年（含）以下定期5.73亿元，1年以上定期0.00亿元，其他（协定、通知存款等）2.83亿元。

（五）资金运用率：2019年末，住房公积金个人住房贷款余额、项目贷款余额和购买国债余额的总和占缴存余额的84.78%，比上年末减少4.76个百分点。

三、主要财务数据

（一）业务收入：2019年，业务收入20846.95万元，同比增长11.33%。其中，存款利息511.80万元，委托贷款利息20324.86万元，国债利息0.00万元，其他10.29万元。

（二）业务支出：2019年，业务支出11027.54万元，同比增长13.13%。其中，支付职工住房公积金利息10823.14万元，归集手续费0.00万元，委托贷款手续费203.53万元，其他0.87万元。

（三）增值收益：2019年，增值收益9819.41万元，同比增长9.39%。增值收益率1.37%，比上年减少0.04个百分点。

（四）增值收益分配：2019年，提取贷款风险准备金405.48万元，提取管理费用2945.82万元，提取城市廉租住房（公共租赁住房）建设补充资金6468.11万元。

2019年，上交财政管理费用2693.01万元。上缴财政城市廉租住房（公共租赁住房）建设补充资金5346.85万元。

2019年末，贷款风险准备金余额6622.33万元。累计提取城市廉租住房（公共租赁住房）建设补充资金42366.35万元。

（五）管理费用支出：2019年，管理费用支出2434.44万元，同比下降6.79%。其中，人员经费1535.27万元，公用经费108.06万元，专项经费791.11万元。

四、资产风险状况

个人住房贷款：2019年末，个人住房贷款逾期额52.41万元，逾期率0.08‰。

个人贷款风险准备金按年度贷款余额的1%提取。2019年，提取个人贷款风险准备金405.48万元，使用个人贷款风险准备金核销呆坏账21.74万元。2019年末，个人贷款风险准备金余额6622.33万元，占个人住房贷款余额的1.03%，个人住房贷款逾期额与个人贷款风险准备金余额的比率为0.79%。

五、社会经济效益

（一）缴存业务：2019年，实缴单位数、实缴职工人数和缴存额同比分别增长4.75%、6.94%和9.66%。

缴存单位中，国家机关和事业单位占73.92%，国有企业占8.69%，城镇集体企业占0.42%，外商投资企业占0.14%，城镇私营企业及其他城镇企业占15.76%，民办非企业单位和社会团体占1.07%，其他占0.00%。

缴存职工中，国家机关和事业单位占71.52%，国有企业占18.90%，城镇集体企业占0.71%，外商投资企业占0.17%，城镇私营企业及其他城镇企业占8.43%，民办非企业单位和社会团体占0.27%，其他占0.00%；中、低收入占99.99%，高收入占0.01%。

新开户职工中，国家机关和事业单位占63.26%，国有企业占15.50%，城镇集体企业占0.36%，外商投资企业占0.41%，城镇私营企业及其他城镇企业占19.63%，民办非企业单位和社会团体占0.84%，其他占0.00%；中、低收入占99.94%，高收入占0.06%。

（二）提取业务：2019年，3.69万名缴存职工提取住房公积金16.42亿元。

提取金额中，住房消费提取占83.45%（购买、建造、翻建、大修自住住房占12.21%，偿还购房贷款本息占71.06%，租赁住房占0.18%，其他占0.00%）；非住房消费提取占16.55%（离休和退休提取占13.08%，完全丧失劳动能力并与单位终止劳动关系提取占1.71%，出境定居占0.00%，其他占1.76%）。

提取职工中，中、低收入占98.94%，高收入占1.06%。

（三）贷款业务：

1.个人住房贷款：2019年，支持职工购建房108.95万平方米，2019年末个人住房贷款市场占有率（含公转商贴息贷款）为22.97%，比上年末减少0.78个百分点。通过申请住房公积金个人住房贷款，可节约职工购房利息支出48533.67万元。

职工贷款笔数中，购房建筑面积90（含）平方米以下占4.05%，90～144（含）平方米占47.25%，144平方米以上占48.70%。购买新房占73.2%（其中购买保障性住房占0.00%），购买二手房占16.57%，建造、翻建、大修自住住房占10.23%，其他占0.00%。

职工贷款笔数中，单缴存职工申请贷款占20.21%，双缴存职工申请贷款占78.03%，三人及以上缴存职工共同申请贷款占1.76%。

贷款职工中，30岁（含）以下占22.33%，30岁～40岁（含）占41.91%，40岁～50岁（含）占27.29%，50岁以上占8.47%；首次申请贷款占68.31%，二次及以上申请贷款占31.69%；中、低收入占 99.64%，高收入占 0.36%。

2. 异地贷款：2019 年，发放异地贷款 20 笔、599.00 万元。2019 年末，发放异地贷款总额 918.00 万元，异地贷款余额 877.96 万元。

（四）**住房贡献率**：2019 年，个人住房贷款发放额、公转商贴息贷款发放额、项目贷款发放额、住房消费提取额的总和与当年缴存额的比率为 132.01%，比上年减少 28.11 个百分点。

六、其他重要事项

（一）当年机构及职能调整情况、受委托办理缴存贷款业务金融机构变更情况。

（1）2019 年机构规格调整为正处级，职能第七条调整为"（七）完成州委、州政府和上级机关交办的其他任务。"

（2）受委托办理缴存贷款业务金融机构 2019 年新增交通银行文山分行、富滇银行文山分行和文山民丰村镇银行。

（二）当年住房公积金政策调整及执行情况。

（1）当年缴存基数限额及确定方法、缴存比例等缴存政策调整情况：①根据文山州统计局公布的 2018 年度文山州在岗职工月平均工资 6833.00 元计算，2019 年度住房公积金缴存基数上限为 20499.00 元。2019 年度住房公积金缴存基数不得低于文山州人力资源和社会保障局公布的当地现行最低工资标准 1500.00 元。②缴存比例政策与上年相同。

（2）当年提取政策调整情况：协助法院强制执行、偿还银行贷款、购买住房、终止合同关系、退休、职工死亡、租房、偿还公积金贷款等开办跨管理部提取。

（3）当年个人住房贷款最高贷款额度、贷款条件等贷款政策调整情况：①当年个人住房贷款最高贷款额度与上年相同。②精简贷款办理过程中的表格、证明材料：一是取消填写《文山州个人住房公积金贷款申请表》《房地产抵押承诺书》《住房公积金质押保证书》；二是取消住房公积金缴存职工《个人工资收入证明》。

（4）当年住房公积金存贷款利率执行标准与上年相同。

（三）当年服务改进情况。2019 年对系统二期进行开发，包含电子签章系统、行政执法系统、数据脱敏、综合档案管理系统、线上业务办理事项，并组织实施及验收。已在业务系统、网上服务大厅、微信、手机 APP 渠道上投入使用。

（四）当年信息化建设情况。于 2019 年接入住房和城乡建设部的数据上报平台。完成住房和城乡建设部要求的"异地转移接续系统"直联的开发建设并投入使用。完成"一部手机办事通"的开发接入并投入使用，实现查询功能上线。

按住房和城乡建设部信息化建设导则中要求达到"三级等保"的标准，对全州外网进行升级改造，全州互联网通过州中心机房统一管控，实现网络安全及等级保护的标准，保障外部网络安全。按等级保护要求对终端安全"云桌面系统"进行了采购。

（五）当年住房公积金管理中心及职工没有获荣誉情况。

（六）当年没有发生违反《住房公积金管理条例》和相关法规行为进行行政处罚和申请人民法院强制执行的情况。

（七）当年没有发生对住房公积金管理人员违规行为的纠正和处理情况。

（八）其他没有需要披露的情况。

西双版纳傣族自治州住房公积金 2019 年年度报告

一、机构概况

（一）住房公积金管理委员会：住房公积金管理委员会有 25 名委员，2019 年度共召开会议 1 次，审议通过的事项主要包括：《西双版纳傣族自治州住房公积金 2018 年年度报告》《西双版纳州住房公积金 2018 年度决算和 2019 年度预算（草案）》《修改西双版纳州住房公积金按揭贷款管理办法（试行）的意见（草案）》。

（二）住房公积金管理中心：住房公积金管理中心为州政府不以营利为目的的正处级事业单位，设 5 个科，3 个管理部，无分中心。从业人员 44 人，其中，在编 24 人，非在编 20 人。

二、业务运行情况

（一）缴存：2019 年，新开户单位 258 家，实缴单位 1829 家，净增单位 223 家；新开户职工 0.58 万人，实缴职工 6.57 万人，净增职工 0.09 万人；缴存额 11.89 亿元，同比增长 2.15%。2019 年末，缴存总额 89.27 亿元，比上年末增加 15.37%；缴存余额 45.5 亿元，比上年末增加 4.74%。

受委托办理住房公积金缴存业务的银行 5 家，比上年增加（减少）0 家。

（二）提取：2019 年，提取额 9.83 亿元，同比增长 28.5%；占当年缴存额的 82.67%，比上年增加 16.95 个百分点。2019 年末，提取总额 43.77 亿元，比上年末增加 28.92%。

（三）贷款：

个人住房贷款：个人住房贷款最高额度 80 万元，其中，单缴存职工最高额度 80 万元，双缴存职工最高额度 80 万元。

2019 年，发放个人住房贷款 0.33 万笔、15.81 亿元，同比分别增长 37.5%、64.52%。

2019 年，回收个人住房贷款 6.06 亿元。

2019 年末，累计发放个人住房贷款 4.09 万笔、86.02 亿元，贷款余额 43.5 亿元，分别比上年末增加 8.78%、22.52%、28.9%。个人住房贷款余额占缴存余额的 95.6%，比上年末增加 17.91 个百分点。

受委托办理住房公积金个人住房贷款业务的银行 5 家，比上年增加（减少）0 家。

（四）资金存储：2019 年末，住房公积金存款 3.23 亿元。其中，活期 0.02 亿元，1 年（含）以下定期 0 亿元，1 年以上定期 0 亿元，其他（协定、通知存款等）3.21 亿元。

（五）资金运用率：2019 年末，住房公积金个人住房贷款余额、项目贷款余额和购买国债余额的总和占缴存余额的 95.6%，比上年增加 17.91 个百分点。

三、主要财务数据

（一）**业务收入**：2019年，业务收入14327.09万元，同比增长20.99%。其中，存款利息2105.22万元，委托贷款利息12191.75万元，国债利息0万元，其他30.12万元。

（二）**业务支出**：2019年，业务支出7049.79万元，同比增长7.02%。其中，支付职工住房公积金利息6683.30万元，归集手续费0万元，委托贷款手续费365.59万元，其他0.9万元。

（三）**增值收益**：2019年，增值收益7277.30万元，同比增长38.51%。其中，增值收益率1.65%，比上年增加0.38个百分点。

（四）**增值收益分配**：2019年，提取贷款风险准备金975.17万元，提取管理费用2183.19万元，提取城市廉租住房（公共租赁住房）建设补充资金4118.94万元。

2019年，上交财政管理费用1576.24万元。上缴财政城市廉租住房（公共租赁住房）建设补充资金3301.11万元。

2019年末，贷款风险准备金余额4349.93万元。累计提取城市廉租住房（公共租赁住房）建设补充资金13033.09万元。

（五）**管理费用支出**：2019年，管理费用支出833.15万元，同比增长16.69%。其中，人员经费538.75万元，公用经费46.56万元，专项经费247.84万元。

四、资产风险状况

个人住房贷款：2019年末，个人住房贷款逾期额2813.05万元，逾期率6.47‰。

个人贷款风险准备金按贷款余额的1%提取。2019年，提取个人贷款风险准备金975.17万元，使用个人贷款风险准备金核销呆坏账0万元。2019年末，个人贷款风险准备金余额4349.93万元，占个人住房贷款余额的1%，个人住房贷款逾期额与个人贷款风险准备金余额的比率为64.67%。

五、社会经济效益

（一）**缴存业务**：2019年，实缴单位数、实缴职工人数和缴存额同比分别增长13.88%、1.39%和2.15%。

缴存单位中，国家机关和事业单位占54.51%，国有企业占8.48%，城镇集体企业占1.8%，外商投资企业占0.98%，城镇私营企业及其他城镇企业占24.88%，民办非企业单位和社会团体占0.93%，其他占8.42%。

缴存职工中，国家机关和事业单位占54.75%，国有企业占16.98%，城镇集体企业占1.67%，外商投资企业占3.69%，城镇私营企业及其他城镇企业占17.78%，民办非企业单位和社会团体占0.17%，其他占4.96%；中、低收入占99.52%，高收入占0.48%。

新开户职工中，国家机关和事业单位占74.43%，国有企业占4.39%，城镇集体企业占0.28%，外商投资企业占2.32%，城镇私营企业及其他城镇企业占11.08%，民办非企业单位和社会团体占0.28%，其他占7.22%；中、低收入占99.95%，高收入占0.05%。

（二）**提取业务**：2019年，1.85万名缴存职工提取住房公积金9.83亿元。

提取金额中，住房消费提取占 76.87%（购买、建造、翻建、大修自住住房占 41.44%，偿还购房贷款本息占 35.27%，租赁住房占 0.15%，其他占 0.01%）；非住房消费提取占 23.13%（离休和退休提取占 14.81%，完全丧失劳动能力并与单位终止劳动关系提取占 7.16%，出境定居占 0.49%，其他占 0.67%）。

提取职工中，中、低收入占 99.49%，高收入占 0.51%。

（三）贷款业务：

1. 个人住房贷款：2019 年，支持职工购建房 34.66 万平方米，年末个人住房贷款市场占有率为 29.27%，比上年末增加 1.31 个百分点。通过申请住房公积金个人住房贷款，可节约职工购房利息支出 25607.49 万元。

职工贷款笔数中，购房建筑面积 90（含）平方米以下占 14.58%，90～144（含）平方米占 63.51%，144 平方米以上占 21.91%。购买新房占 79.35%（其中购买保障性住房占 0%），购买二手房占 20.05%，建造、翻建、大修自住住房占 0.6%，其他占 0%。

职工贷款笔数中，单缴存职工申请贷款占 35.29%，双缴存职工申请贷款占 64.71%，三人及以上缴存职工共同申请贷款占 0%。

贷款职工中，30 岁（含）以下占 34.93%，30 岁～40 岁（含）占 33.69%，40 岁～50 岁（含）占 23.99%，50 岁以上占 7.39%；首次申请贷款占 73.94%，二次及以上申请贷款占 26.06%；中、低收入占 99.28%，高收入占 0.72%。

2. 异地贷款：2019 年，发放异地贷款 6 笔、411 万元。2019 年末，发放异地贷款总额 1763 万元，异地贷款余额 1524.8 万元。

（四）**住房贡献率**：2019 年，个人住房贷款发放额、公转商贴息贷款发放额、项目贷款发放额、住房消费提取额的总和与当年缴存额的比率为 215.64%，比上年增加 85.37 个百分点。

六、其他重要事项

（一）当年机构及职能调整情况、受委托办理缴存贷款业务金融机构变更情况。

（1）中心内设 5 个科室、3 个管理部，本年度内无调整。

（2）受委托办理缴存贷款业务金融机构本年度内无变更情况。

（二）当年缴存基数限额及确定方法、缴存比例等情况；当年提取政策调整情况；当年个人住房贷款最高贷款额度、贷款最长年限情况；当年住房公积金存贷款利率执行标准等。

（1）2019 年度，缴存基数上限为社会平均工资的三倍，缴存比例不得超过 12%，下限为社会平均工资，缴存比例不得低于 5%；住房公积金存款利率按 1 年期 1.5% 计息。

（2）为认真贯彻落实国家重大政策措施，根据《住房公积金管理条例》、住房和城乡建设部办公厅《开展住房公积金政策执行情况检查及风险隐患排查的通知》要求，从 2019 年 9 月起停止办理物业管理费提取业务。

（3）贷款利率按 5 年（含 5 年）以下为 2.75%，5 年以上为 3.25% 执行，贷款购买第二套住房的，贷款利率按公积金贷款基准利率的 1.1 倍执行；住房公积金个人住房贷款最高额度 80 万元，最长年限不超过 30 年。

（三）当年服务改进情况。

（1）按照上级有关要求，西双版纳州住房公积金管理中心勐腊管理部于2019年2月18日进驻勐腊县政务服务大厅（勐腊县政务服务中心4楼），"一门一网一次"改革有序推进。

（2）根据《西双版纳州人民政府关于加强全州信息化系统集约化建设的通知》文件精神，实现由"按需而建"模式向"按需而用"的模式转变，提高资源节约、共建共享的能力和水平，2019年1月23日州住房公积金管理中心业务数据机房相关设备顺利迁移至西双版纳州数据中心机房（州电信公司七楼）。

（3）按照《住房和城乡建设部办公厅做好全国住房公积金数据平台接入工作的通知》要求，2019年6月完成了数据平台的接入上报工作。

（4）按照省人民政府和省住房城乡建设厅的有关要求，州住房公积金管理中心积极推进"一部手机办事通"工作，经过前期开发及后期测试，公积金缴存基本信息、公积金缴存明细、贷款基本信息、贷款进度、还款计划、还款明细、公积金贷款还款试算7项业务信息查询功能2019年12月成功上线。

（5）利用电子化检查软件全面开展稽查出的异常数据和风险进行整改和防控，确保管理安全合规，将风险隐患降到最低。

（6）微信公众号和网站运行正常，及时发布住房公积金相关政策、更新职工个人账户相关数据，为职工实时查询提供便利，住房公积金综合服务平台正在建设当中。

（四）当年信息化建设情况。 与系统运维商沟通对接常态化，不断升级完善住房公积金业务系统，全面巩固提升"双贯标"工作成果。

（五）当年住房公积金管理中心及职工所获荣誉情况。 西双版纳州住房公积金管理中心景洪管理部获西双版纳州妇联2019年度"三八红旗集体"表彰。

大理白族自治州住房公积金2019年年度报告

一、机构概况

（一）住房公积金管理委员会： 大理州住房公积金管理委员会有24名委员，2019年召开1次会议，审议通过的事项主要包括：《大理州住房公积金管理中心工作报告》《大理州住房公积金2018年度归集使用计划执行情况及2019年度归集使用计划报告》《大理州住房公积金2018年度增值收益分配方案》《大理州住房公积金2018年年度报告》。

（二）住房公积金管理中心： 大理州住房公积金管理中心（下称中心）为大理州人民政府直属公益一类事业单位，设5个科，12个管理部。从业人员94人，其中，在编52人，非在编42人。

二、业务运行情况

（一）缴存： 2019年，新开户单位198家，实缴单位3306家，净增单位198家；新开户职工0.83万人，实缴职工14.69万人，与上年相比减少0.18万人；缴存额30.08亿元，同比增长6.46%。2019年末,缴存总额 213.52 亿元,比上年末增加 16.4%;缴存余额 87.42 亿元,比上年末增加 12.19%。

受委托办理住房公积金缴存业务的银行 8 家,没有增减。

(二)提取:2019 年,提取额 20.58 亿元,同比增长 17.12%;占当年缴存额的 68.42%,比上年增加 6.25 个百分点。2019 年末,提取总额 126.10 亿元,比上年末增加 19.50%。

(三)贷款:

个人住房贷款:个人住房贷款最高额度 70 万元,其中,单缴存职工最高额度 60 万元,双缴存职工最高额度 70 万元。

2019 年,发放个人住房贷款 0.35 万笔、18.54 亿元,同比增长 0.05%。2019 年,回收个人住房贷款 9.38 亿元。

2019 年末,累计发放个人住房贷款 5.89 万笔、132.34 亿元,贷款余额 75.51 亿元,分别比上年末增加 6.32%、16.29%、13.81%。个人住房贷款余额占缴存余额的 86.38%,比上年末增加 1.23 个百分点。

受委托办理住房公积金个人住房贷款业务的银行 7 家,与上年持平。

(四)资金存储:2019 年末,住房公积金存款 13.93 亿元。其中,活期 0.01 亿元,1 年(含)以下定期 6.65 亿元,1 年以上定期 4.50 亿元,其他(协定存款)2.77 亿元。

(五)资金运用率:2019 年末,住房公积金个人住房贷款余额、项目贷款余额和购买国债余额的总和占缴存余额的 86.38%,比上年末增加 1.23 个百分点。

三、主要财务数据

(一)业务收入:2019 年,业务收入 26547.50 万元,同比增长 22.21%。其中:存款利息 3918.20 万元,委托贷款利息 22625.59 万元,其他 3.71 万元。

(二)业务支出:2019 年,业务支出 15496.14 万元,同比增长 24.21%。其中:支付职工住房公积金利息 14530.14 万元,归集手续费 0 万元,委托贷款手续费 966 万元。

(三)增值收益:2019 年,增值收益 11051.35 万元,同比增长 19.51%。增值收益率 1.32%,比上年增加 0.05 个百分点。

(四)增值收益分配:2019 年,提取贷款风险准备金 915.64 万元,提取管理费用 3315.39 万元,提取城市廉租住房(公共租赁住房)建设补充资金 6820.32 万元。

2019 年,上交财政管理费用 3315.39 万元。上缴财政城市廉租住房(公共租赁住房)建设补充资金 6820.32 万元。

2019 年末,贷款风险准备金余额 7548.26 万元。累计提取城市廉租住房(公共租赁住房)建设补充资金 43195.51 万元。

(五)管理费用支出:2019 年,管理费用支出 2843.27 万元,同比增长 13.69%。其中,人员经费 1242.78 万元,公用经费 123.19 万元,专项经费 1477.30 万元。

四、资产风险状况

个人住房贷款:2019 年末,个人住房贷款逾期额 45.90 万元,逾期率 0.06‰,逾期贷款均为时点逾期,没有到期逾期。

个人贷款风险准备金按贷款余额的1%提取。2019年,提取个人贷款风险准备金915.64万元,没有使用个人贷款风险准备金。2019年末,个人贷款风险准备金余额7548.26万元,占个人住房贷款余额的1%,个人住房贷款逾期额与个人贷款风险准备金余额的比率为0.61%。

五、社会经济效益

(一)**缴存业务**:2019年,实缴单位数、缴存额同比分别增长3.05%、6.46%。

缴存单位中,国家机关和事业单位占68.39%,国有企业占11.28%,城镇集体企业占2.06%,外商投资企业占0.79%,城镇私营企业及其他城镇企业占12.88%,民办非企业单位和社会团体占1.03%,其他占3.57%。

缴存职工中,国家机关和事业单位占64.17%,国有企业占19.35%,城镇集体企业占4.24%,外商投资企业占1.38%,城镇私营企业及其他城镇企业占6.68%,民办非企业单位和社会团体占0.21%,其他占3.97%;中、低收入占98.61%,高收入占1.39%。

新开户职工中,国家机关和事业单位占30.33%,国有企业占14.64%,城镇集体企业占15.36%,外商投资企业占3.37%,城镇私营企业及其他城镇企业占22.15%,民办非企业单位和社会团体占0.31%,其他占13.84%;中、低收入占99.67%,高收入占0.33%。

(二)**提取业务**:2019年,4.23万名缴存职工提取住房公积金20.58亿元。

提取金额中,住房消费提取占86.00%(购买、建造、翻建、大修自住住房占41.99%,偿还购房贷款本息占43.36%,租赁住房占0.20%,其他占0.45%);非住房消费提取占14.00%(离休和退休提取占10.79%,完全丧失劳动能力并与单位终止劳动关系提取占1.97%,出境定居占0.33%,其他占0.91%)。

提取职工中,中、低收入占98.11%,高收入占1.89%。

(三)**贷款业务**:

1.个人住房贷款:2019年,支持职工购建房50.14万平方米,年末个人住房贷款市场占有率为18.64%,比上年末减少10.64个百分点。通过申请住房公积金个人住房贷款,可节约职工购房利息支出19439万元。

职工贷款笔数中,购房建筑面积90(含)平方米以下占13.39%,90~144(含)平方米占57.88%,144平方米以上占28.73%。购买新房占58.68%,购买二手房占38.35%,建造、翻建、大修自住住房占2.97%。

职工贷款笔数中,单缴存职工申请贷款占21.62%,双缴存职工申请贷款占74.55%,三人及以上缴存职工共同申请贷款占3.83%。

贷款职工中,30岁(含)以下占29.83%,30岁~40岁(含)占36.97%,40岁~50岁(含)占25.74%,50岁以上占7.46%;首次申请贷款占79.9%,二次及以上申请贷款占20.10%;中、低收入占99.74%,高收入占0.26%。

2.异地贷款:2019年,发放异地贷款35笔、1600万元。年末,发放异地贷款总额3828万元,异地贷款余额3523.78万元。

(四)**住房贡献率**:2019年,个人住房贷款发放额、公转商贴息贷款发放额、项目贷款发放额、住房消费提取额的总和与当年缴存额的比率为120.48%，比上年增加4.7个百分点。

六、其他重要事项

（一）信息化建设推进情况。2019年大理州住房公积金管理中心全面建成住房公积金核心系统上线并通过专家组验收；全面实现基础数据标准贯标和住房和城乡建设部结算应用系统接入；全面建成单位"网上营业厅"并上线使用；全面完成云南省一部手机办事通公积金上线；全面完成全国住房公积金数据平台上线工作；通过了大理州住房公积金管理信息系统安全保护第三级的测评。

（二）服务改进提升情况。一是完善信息系统建设，增加服务设施，拓宽服务渠道，提升服务质量和服务水平。2019年大理州住房公积金管理中心不断完善优化住房公积金门户网站、手机公积金APP、微信公众号、个人业务大厅、自助服务终端、短信平台、12329服务热线、微信小程序、支付宝城市服务等住房公积金惠民便民八大服务渠道功能，全面完成云南省一部手机办事通住房公积金上线工作，在各大渠道中开通了住房公积金业务查询、政策咨询、个人信息变更维护、提取、贷款偿还等线上自助业务，真正实现了群众少跑腿目标；2019年还建成了单位网厅，通过对单位经办人员操作培训，基本实现单位足不出户就能办理住房公积金变更、缴存等业务；完成了异地转移接续直连，全面完成全国住房公积金数据平台上线，为全国住房公积金实现互联互通，数据共享迈出了坚实的一步。二是全面提升委托银行服务网点覆盖。由于住房公积金账户开设和资金结算方式的改进，在不增加委托银行的情况下，为增加住房公积金银行服务网点提供了技术保障。2019年，经中心审批同意，受托银行服务网点从31个增加到了35个。另外，8家受托银行通过增加受托网点或网点服务下沉延伸方式，确保了每个县市都有3~8家受托银行在办理住房公积金业务，满足了人民群众对增加住房公积金银行服务网点、提高办理便利性、增加选择性的期盼。

（三）住房公积金政策调整及执行情况。一是根据大理州统计局提供的《2018年全州城镇非私营单位在岗职工年平均工资》，2018年大理州城镇非私营单位在岗职工年平均工资为84737元，月平均工资为7061元。2019年单位职工缴存住房公积金的工资基数上限为21183元，月缴存额不得超过5084元（单位、个人各缴存2542元）。二是根据《云南省人力资源和社会保障厅关于调整最低工资标准的通知》（云人社发〔2018〕16号），大理市辖区执行二类地区月最低工资标准1500元，职工住房公积金月缴存额不得低于150元（单位、个人各缴存75元）。祥云等11个县辖区执行三类地区月最低工资标准1350元，职工住房公积金月缴存额不得低于136元（单位、个人各缴存68元）。三是根据国务院《住房公积金管理条例》、云南省住房和城乡建设厅《云南省住房和城乡建设厅关于开展住房公积金政策合规性清查的通知》（云建金函〔2018〕48号）、云南省住房和城乡建设厅住房公积金监管处的要求，经大理州住房公积金管理委员会批准，从2019年9月10日起停止提取住房公积金支付物业管理费。

（四）加强制度建设，规范运营手续，不断完善住房公积金财务管理体系，提高管理能力。一是完善财务制度建设，遵循依法管控住房公积金。2018年末，中心进行了账户规范设置，资金统一管理，财务统一核算等一系列改革。为适应新的运管模式，不断提升住房公积金管理体系和管理能力建设，经大理州人民政府和大理州住房公积金管理委员会批准，中心出台了《大理州关于进一步加强住房公积金资金运管的通知》等管理制度，对住房公积金账户开设，财务核算，风险防控，资金的使用、调度、转存、增值操作等工作确定了原则规范，为依法依规管理住房公积金提供了依据，保障了住房公积金的科学、安全、有序运行。二是规范账户管理，严防住房公积金资金风险。为解决住房公积金账户过多、资金分散、收益率低、风险点多、管理难度大、投入人力多等突出问题，根据《大理州住房公积金账户结算与资金集中管理方案》要求，中心只保留 8 个住房公积金本金结算账户和 1 个增值收益账户。对管理部原在受托银行开设的 70 个各类账户进行清理销户。进一步规范了账户开设，减少了资金管理的风险点，有效防范化解了资金风险。三是明确主体责任，完善受托银行考核，建立新型住房公积金协作关系。随着信息系统建设的完善，住房公积金管理的深度、广度和精细化程度都在不断加强。为适应新的管理需求，进一步明确委托银行的业务内容、协作方式、承担责任、享受权利等责权利，中心修订出台了新的《大理州住房公积金金融业务委托协议》，并制定了相应的考核机制和奖励机制。为中心与银行依法依规、平等互利、相互支持、长期合作，共同管好住房公积金奠定了合作基础和依据。2019 年通过考核，评选出中国银行大理州分行、农行大理州分行、建行大理州分行等住房公积金优秀受托银行。四是主动公开住房公积金运行情况，广泛接受外界监督。公开住房公积金运行情况，使住房公积金各项管理透明化，广泛接受外界监督，这是依法公开单位事务的主要工作。中心每月向州政府、州财政、省住房城乡建设厅监管处、州纪委监委驻州住建局纪检组等报送各类相关信息和报表，主动接受部门监督；同时，定期通过微信、网站和报纸等媒体公开住房公积金的运行情况，主动接受社会监督。2019 年还积极配合州委第三巡察组对大理州住房公积金管理中心党组的巡察；配合州财政委托的第三方对大理州住房公积金管理系统的绩效评价。诚恳接受社会各界对住房公积金运管的全面监督。

（五）**荣誉**。2019 年大理州住房公积金管理中心是大理州州级文明单位和云南省省级文明单位。

德宏傣族景颇族自治州住房公积金 2019 年年度报告

一、机构概况

（一）**住房公积金管理委员会**：住房公积金管理委员会有 20 名委员，2019 年召开一次会议，审议通过的事项主要包括：

（1）审议通过新修订的《德宏州住房公积金归集管理办法》《德宏州住房公积金提取管理办法》《德宏州住房公积金贷款管理办法》的议题；

（2）同意给予银行派驻人员（非正式员工）每人每月 1000 元补助的议题；

（3）同意预算安排住房公积金管理费用缺口资金解决方式的议题。

（二）**住房公积金管理中心**：住房公积金管理中心为州人民政府不以营利为目的的公益一类事业单位，设 6 个科，5 个管理部，0 个分中心。从业人员 41 人，其中，在编 41 人，非在编 0 人。

二、业务运行情况

（一）**缴存**：2019 年，新开户单位 118 家，实缴单位 1355 家，净增单位 118 家；新开户职工 0.37 万人，实缴职工 6.21 万人，净增职工 0.37 万人；缴存额 12.5 亿元，同比增长 8.98%。2019 年末，缴存总额 81.75 亿元，比上年末增加 18.07%；缴存余额 45.18 亿元，比上年末增加 12.19%。

受委托办理住房公积金缴存业务的银行 8 家。

（二）提取：2019 年，提取额 7.6 亿元，同比增长 28.6%；占当年缴存额的 60.8%，比上年增加 18.01 个百分点。2019 年末，提取总额 36.57 亿元，比上年末增加 26.23%。

（三）贷款：

个人住房贷款：个人住房贷款最高额度 60 万元，其中，单缴存职工最高额度 40 万元，双缴存职工最高额度 60 万元。

2019 年，发放个人住房贷款 0.25 万笔、10.3 亿元，同比分别增长 30.51%、19.08%。

2019 年，回收个人住房贷款 5.72 亿元。

2019 年末，累计发放个人住房贷款 3.71 万笔、69.98 亿元，贷款余额 38.72 亿元，分别比上年末增加 6.91%、17.26%、13.45%。个人住房贷款余额占缴存余额的 85.7%，比上年末增加 1.12 个百分点。

受委托办理住房公积金个人住房贷款业务的银行 8 家。

（四）资金存储：2019 年末，住房公积金存款 7.67 亿元。其中，活期 1.5 亿元，1 年（含）以下定期 6.17 亿元。

（五）资金运用率：2019 年末，住房公积金个人住房贷款余额占缴存余额的 85.7%，比上年末增加 1.12 个百分点。

三、主要财务数据

（一）业务收入：2019 年，业务收入 13166.78 万元，同比增长 9.95%。存款利息 1169.77 万元，委托贷款利息 11995.73 万元，其他 1.28 万元。

（二）业务支出：2019 年，业务支出 7179.21 万元，同比增长 26.13%。支付职工住房公积金利息 6647.36 万元，委托贷款手续费 531.85 万元。

（三）增值收益：2019 年，增值收益 5987.57 万元，同比增长 4.7%。增值收益率 1.4%，比上年减少 0.23 个百分点。

（四）增值收益分配：2019 年，提取贷款风险准备金 458.25 万元，提取管理费用 4930.5 万元，提取城市廉租住房（公共租赁住房）建设补充资金 598.82 万元。

2019 年，上交财政管理费用 9116.18 万元。上缴财政城市廉租住房（公共租赁住房）建设补充资金 628.29 万元。

2019 年末，贷款风险准备金余额 4078.16 万元。累计提取城市廉租住房（公共租赁住房）建设补充资金 3265.24 万元。

（五）管理费用支出：2019 年，管理费用支出 1774.29 万元，其中，人员经费 618.64 万元，公用经费 3.26 万元，专项经费 1152.39 万元。

四、资产风险状况

个人住房贷款：2019 年末，个人住房贷款逾期额 19.79 万元，逾期率 0.051‰。

个人贷款风险准备金按（贷款余额净增额）的 1% 提取。2019 年，提取个人贷款风险准备金 458.25

万元,使用个人贷款风险准备金核销呆坏账 0 万元。2019 年末,个人贷款风险准备金余额 4078.16 万元,占个人住房贷款余额的 1.05%,个人住房贷款逾期额与个人贷款风险准备金余额的比率为 0.49%。

五、社会经济效益

(一)缴存业务:2019 年,实缴单位数、实缴职工人数和缴存额同比分别增长 9.53%、6.24% 和 8.97%。

缴存单位中,国家机关和事业单位占 75.7%,国有企业占 17.5%,城镇集体企业占 0.6%,外商投资企业占 0.03%,城镇私营企业及其他城镇企业占 0.25%,民办非企业单位和社会团体占 0.2%,其他占 5.72%。

缴存职工中,国家机关和事业单位占 73.24%,国有企业占 15.6%,城镇集体企业占 0.37%,外商投资企业占 0.1%,城镇私营企业及其他城镇企业占 0.5%,民办非企业单位和社会团体占 0.47%,其他占 9.74%;中、低收入占 100%,高收入占 0%。

新开户职工中,国家机关和事业单位占 30%,国有企业占 19%,城镇集体企业占 0.19%,外商投资企业占 1%,城镇私营企业及其他城镇企业占 28%,民办非企业单位和社会团体占 2%,其他占 19.819%;中、低收入占 100%,高收入占 0%。

(二)提取业务:2019 年,2.5504 万名缴存职工提取住房公积金 7.6 亿元。

提取金额中,住房消费提取占 78.05%(购买、建造、翻建、大修自住住房占 28.6%,偿还购房贷款本息占 27.88%,租赁住房占 1.13%,其他占 20.44%);非住房消费提取占 21.95%(离休和退休提取占 17.13%,完全丧失劳动能力并与单位终止劳动关系提取占 0.1%,出境定居占 0.06%,其他占 4.66%)。

(三)贷款业务:

1. 个人住房贷款:2019 年,支持职工购建房 48.43 万平方米,年末个人住房贷款市场占有率为 36.03%,比上年末增加 5.02 个百分点。通过申请住房公积金个人住房贷款,可节约职工购房利息支出 1699.15 万元。

职工贷款笔数中,购房建筑面积 90(含)平方米以下占 5.22%,90～144(含)平方米占 37.5%,144 平方米以上占 57.28%。购买新房占 44%(其中购买二手房占 49%,其他占 7%)。

职工贷款笔数中,单缴存职工申请贷款占 21%,双缴存职工申请贷款占 76%,三人及以上缴存职工共同申请贷款占 7%。

贷款职工中,30 岁(含)以下占 35.62%,30 岁～40 岁(含)占 39.62%,40 岁～50 岁(含)占 20.11%,50 岁以上占 4.65%;首次申请贷款占 76%,二次及以上申请贷款占 24%;中、低收入占 100%,高收入占 %。

2. 异地贷款:无。

3. 公转商贴息贷款:无。

4. 支持保障性住房建设试点项目贷款:无。

(四)住房贡献率:2019 年,个人住房贷款发放额、公转商贴息贷款发放额、项目贷款发放额、住房消费提取额的总和与当年缴存额的比率为 143.2%,比上年增加 16.17 个百分点。

六、其他重要事项

（一）2019年3月经州委批准，设立党组，机构为正处级事业机构。2019年7月组织配强行政领导班子，新组建的班子注重团结干事，各司其职，驾驭全局、分析问题、解决问题和应对复杂局面的能力显著增强，管理水平得到全面提高。党支部成功换届，2019年通过规范化党支部达标验收，凝心聚力、团结干事的氛围进一步凸显，党组织战斗堡垒作用和党员先锋模范作用进一步显现。

（二）坚持"房子是用来住的、不是用来炒"的定位，积极对照国家标准，2019年重新修订《德宏州住房公积金归集管理办法》《德宏州住房公积金提取管理办法》《德宏州住房公积金贷款管理办法》，并相应制定了实施细则，住房公积金管理使用政策更加规范，全力支持自主和改善住房需求。一是积极化解公积金缴存"难点"。增加了港澳台同胞、驻地军队文职人员缴存住房公积金的规定。优化住房公积金缴存基数，下限调整为1500元，上限调整为19848元，全面解决了大学生志愿者、三支一扶等缴存"难"的问题，积极推进住房公积金归集扩面工作。二是着力破解职工关注的使用"焦点"问题。放宽住房公积金提取额度限制，取消提取额控制到千位的规定，在确保职工个人缴存账户留足1000元的前提下，允许按实际支付金额提取。三是增加住房公积金按揭冲还贷业务规定，允许缴存职工在抵押物未落实的按揭贷款期间办理住房公积金冲还贷业务，更加积极有效地支持职工住房消费。四是规范乡镇建造自住住房提取业务，明确规定申请人在工作地及常住无自住住房，且户籍地显示为乡镇建房所在地的才符合办理条件。

2019年住房公积金贷款条件：

（1）具有完全民事行为能力；

（2）正常缴存住房公积金6个月以上并连续缴存的职工；

（3）具有3年内购买、建造、翻建、大修自住住房的合法手续或自取得不动产权证书时间不超过1年内；

（4）购买首套和改善型（即二套）自住住房的；

（5）具有稳定合法的经济收入来源，有偿还贷款本息的能力；

（6）具有良好的信用记录。

2019年住房公积金贷款额度：公积金贷款以户为单位，一户家庭只能申请一笔公积金贷款，正常缴存住房公积金的双职工最高贷款额度为60万元；单职工最高贷款额度为40万元。

2019年住房公积金贷款期限：最短不得低于1年，最长不得超过30年，且贷款到期日不超过借款申请人法定退休时间后5年；原则上执行借款申请人贷款时间男女统一65周岁。

2019年住房公积金贷款利率：按中国人民银行规定的利率执行，国家调整利率的，按调整的利率执行。首套房贷款利率执行同期基准利率；第二套房贷利率不得低于首套房贷同期基准利率的1.1倍（即上浮10%）。

（三）服务渠道不断拓宽。完成"一部手机办事通＋我的住房公积金"7个查询事项上线工作。州公积金缴存职工可以通过"一部手机办事通"APP轻松办理公积金信息、明细、贷款信息、还款明细、贷款进度、还款计划、还款试算7项查询服务。

（四）2019年，大力实施"互联网＋"行动计划。一是推广应用网上业务大厅。2019年，通过网厅线上办理2584笔缴存业务，办结率100%，网厅使用率已达到60%以上。二是综合服务平台发挥成效明显。

目前，微信公众号关注总数达到 2.7 万人。经统计，通过微信公众号、网上业务大厅、手机 APP 等服务渠道共完成住房公积金信息查询 31 万多人次。全面提升了广大缴存职工的服务体验，深化了"不见面审批服务"改革。三是成功接入全国公积金大数据平台。实现与国家税务总局数据交换，便于税务部门核实缴存职工个税申报情况。

（五）2019 年，州公积金中心被州委、州政府命名为"民族团结进步示范单位"。芒市管理部依燕明同志获得德宏州委宣传部授予的"德宏好人"称号。所挂钩联系的瑞丽市畹町镇芒棒村、陇川县陇把镇邦外村委会和盈江县昔马镇保边村营盘坡村民小组 3 个脱贫攻坚挂钩点 51 户建档立卡户顺利通过脱贫出列验收。

（六）2019 年无违反《住房公积金管理条例》和相关法规行为进行行政处罚和申请人民法院强制执行情况。

（七）2019 年末发生住房公积金管理人员违规行为。

（八）无其他需要披露的情况。

怒江傈僳族自治州住房公积金 2019 年年度报告

一、机构概况

（一）**住房公积金管理委员会**：住房公积金管理委员会有 23 名委员，2019 年召开 1 次会议、2 次会签，审议通过的事项主要包括：审议通过了《2018 年住房公积金年度报告》《2019 年度公积金归集和使用计划》《2018 年度增值收益使用情况暨 2019 年度增值收益分配方案》《2019 年公积金定期存款计划》。

（二）**住房公积金管理中心**：住房公积金管理中心为怒江州人民政府不以营利为目的的公益一类事业单位，设 7 个科室，4 个管理部。从业人员 38 人，其中，在编 23 人，非在编 15 人。

二、业务运行情况

（一）**缴存**：2019 年，新开户单位 38 家，实缴单位 716 家，净增单位 17 家；新开户职工 0.17 万人，实缴职工 3.33 万人，净增职工 0.05 万人；缴存额 6.76 亿元，同比下降 1.88%。2019 年末，缴存总额 51.32 亿元，比上年末增加 15.16%；缴存余额 19.69 亿元，比上年末增加 9.59%。

受委托办理住房公积金缴存业务的银行 5 家。

（二）**提取**：2019 年，提取额 5.03 亿元，同比增长 13.51%；占当年缴存额的 74.49%，比上年增加 10.11 个百分点。2019 年末，提取总额 31.63 亿元，比上年末增加 18.92%。

（三）**贷款**：个人住房贷款最高额度 50 万元，其中，单缴存职工最高额度 30 万元，双缴存职工最高额度 50 万元。

2019 年，发放个人住房贷款 0.13 万笔、4.8 亿元，同比分别增长 -0.59%、17.97%。

2019 年，回收个人住房贷款 4.17 亿元。

2019 年末，累计发放个人住房贷款 2.45 万笔、40.99 亿元，贷款余额 11.21 亿元，分别比上年末增加 5.77%、13.27%、5.98%。个人住房贷款余额占缴存余额的 56.93%，比上年减少 1.92 个百分点。

受委托办理住房公积金个人住房贷款业务的银行 5 家。

（四）资金存储：2019 年末，住房公积金存款 8.67 亿元。其中，活期 1.97 亿元，1 年（含）以下定期 6.7 亿元。

（五）资金运用率：2019 年末，住房公积金个人住房贷款余额、项目贷款余额和购买国债余额的总和占缴存余额的 56.93%，比上年末减少 1.92 个百分点。

三、主要财务数据

（一）业务收入：2019 年，业务收入 4476.72 万元，同比增长 22.49%。其中，存款利息 776.58 万元，委托贷款利息 3634.75 万元，其他 65.39 万元。

（二）业务支出：2019 年，业务支出 2602.49 万元，同比增长 18.49%。其中，支付职工住房公积金利息 2602.1 万元，其他 0.39 万元。

（三）增值收益：2019 年，增值收益 1874.23 万元，同比增长 28.51%。其中，增值收益率 1.01%，比上年增加 0.12 个百分点。

（四）增值收益分配：2019 年，提取贷款风险准备金 1124.54 万元，提取管理费用 562.27 万元，提取城市廉租住房（公共租赁住房）建设补充资金 187.42 万元。

2019 年，上交财政管理费用 437.53 万元。上缴财政城市廉租住房（公共租赁住房）建设补充资金 145.84 万元。

2019 年末，贷款风险准备金余额 10017.36 万元。累计提取城市廉租住房（公共租赁住房）建设补充资金 1301.89 万元。

（五）管理费用支出：2019 年，管理费用支出 91.3 万元，同比增长 7.64%。其中，人员经费 91.3 万元。

四、资产风险状况

个人住房贷款：2019 年末，个人住房贷款逾期额 1400.36 万元，逾期率 12.49‰。

个人贷款风险准备金按增值收益的 60% 提取。2019 年，提取个人贷款风险准备金 1124.54 万元，使用个人贷款风险准备金核销呆坏账 0 万元。2019 年末，个人贷款风险准备金余额 10017.36 万元，占个人住房贷款余额的 8.94%，个人住房贷款逾期额与个人贷款风险准备金余额的比率为 13.98%。

五、社会经济效益

（一）缴存业务：2019 年，实缴单位数、实缴职工人数和缴存额同比分别增长 2.43%、1.64% 和 −1.88%。

缴存单位中，国家机关和事业单位占 76.96%，国有企业占 11.03%，城镇集体企业占 3.07%，外商投资企业占 0%，城镇私营企业及其他城镇企业占 4.48%，民办非企业单位和社会团体占 2.09%，其他占 2.37%。

缴存职工中，国家机关和事业单位占 73.14%，国有企业占 10.42%，城镇集体企业占 13.81%，外商投资企业占 0%，城镇私营企业及其他城镇企业占 1.68%，民办非企业单位和社会团体占 0.39%，其他占 0.56%；中、低收入占 99.54%，高收入占 0.46%。

新开户职工中，国家机关和事业单位占 91.29%，国有企业占 3.22%，城镇集体企业占 0.78%，外商投资企业占 0%，城镇私营企业及其他城镇企业占 3.52%，民办非企业单位和社会团体占 0.72%，其他占 0.47%；中、低收入占 99.88%，高收入占 0.12%。

（二）提取业务：2019 年，1.12 万名缴存职工提取住房公积金 5.03 亿元。

提取金额中，住房消费提取占 88.24%（购买、建造、翻建、大修自住住房占 34.02%，偿还购房贷款本息占 52.38%，租赁住房占 1.83%，其他占 0.01%）；非住房消费提取占 11.76%（离休和退休提取占 8.98%，完全丧失劳动能力并与单位终止劳动关系提取占 1.3%，出境定居占 0.4%，其他占 1.08%）。

提取职工中，中、低收入占 99.95%，高收入占 0.05%。

（三）贷款业务：

1. 个人住房贷款：2019 年，支持职工购建房 20.77 万平方米，年末个人住房贷款市场占有率（含公转商贴息贷款）为 43.04%，比上年减少 3.25 个百分点。通过申请住房公积金个人住房贷款，可节约职工购房利息支出 6788.35 万元。

职工贷款笔数中，购房建筑面积 90（含）平方米以下占 4.4%，90～144（含）平方米占 48.25%，144 平方米以上占 47.35%。购买新房占 68.08%（其中购买保障性住房占 0%），购买二手房占 15.06%，建造、翻建、大修自住住房占 8.73%，其他占 8.13%。

职工贷款笔数中，单缴存职工申请贷款占 20.13%，双缴存职工申请贷款占 79.87%，三人及以上缴存职工共同申请贷款占 0%。

贷款职工中，30 岁（含）以下占 21.77%，30 岁～40 岁（含）占 38.48%，40 岁～50 岁（含）占 31.1%，50 岁以上占 8.65%；首次申请贷款占 64.58%，二次及以上申请贷款占 35.42%；中、低收入占 99.18%，高收入占 0.82%。

2. 异地贷款：2019 年，发放异地贷款 109 笔、4445 万元。2019 年末，发放异地贷款总额 7450 万元，异地贷款余额 5501.68 万元。

（四）**住房贡献率**：2019 年，个人住房贷款发放额、公转商贴息贷款发放额、项目贷款发放额、住房消费提取额的总和与当年缴存额的比率为 136.8%，比上年增加 13.31 个百分点。

六、其他重要事项

（一）当年机构及职能调整情况

（1）2019 年初，在全州机构改革中，州委州政府高度重视我州住房公积金管理工作，将怒江州住房公积金管理中心调整为州人民政府直属的公益一类正处级事业单位，并设立了党组。

（2）2019 年，管理中心考试招录 2 名事业人员和 2 名大学生志愿者，进一步充实了队伍，不断增强队伍的凝聚力、战斗力。

（3）2019 年，中心分 5 批派出 13 人次分别到重庆、江苏、成都、宁夏等地参加全省公积金系统业务规范化培训。

(二) 当年服务改进情况

(1) 针对原公积金中心服务大厅离政务服务中心远，群众在办理业务时，在税务、不动产、民政等部门来回跑的实际困难。2019年9月10日，管理中心各项业务正式进驻州政务服务中心办理，全面实现"一站式"办理，给广大公积金缴存单位和职工提供更高效便捷的服务，受到了广大群众的好评。

(2) 针对目前房价比较过去有较大的提高，但抵押物评估价停留在几年前水平的问题，中心领导班子广泛调研和征求意见，了解到广大群众都期盼抵押物价值能随着市场进行同步调整，人大代表、政协委员也在两会期间提出了提案议案，要求对个别政策进行调整。2019年8月1日起，州直、泸水市最高评估价格为 5200 元/m^2；福贡县最高评估价格为 4000 元/m^2；贡山县最高评估价格为 5000 元/m^2；兰坪县最高评估价格为 5000 元/m^2。

(3) 全力做好为民服务工作。2019年9月10日，管理中心各项业务正式进驻州政务服务中心，并及时制定了"怒江州住房公积金管理中心业务办理工作手册""怒江州住房公积金管理中心业务办理指南"，为广大干部职工提供政策帮助，提高办事效率。同时，要求窗口服务人员结合自身工作岗位，做好服务承诺。

(4) 取消职工个人贷款、支取住房公积金时提供个人身份证复印件、未婚证明之项。

(三) 当年信息化建设情况

(1) 完成住房公积金"一部手机办事通"上线运行建设。按照省政府印发了《云南省人民政府办公厅关于推动全省"一部手机办事通"建设的通知》（云府办明电〔2018〕58号），根据省政府的部署，省住房城乡建设厅明确要求，2019年4月28日实现上线，为我州首个"一部手机办事通"上线单位。

(2) 完成全国住房公积金数据平台接入工作。按照住房和城乡建设部办公厅《关于做好全国住房公积金数据平台接入工作的通知》（建办金函〔2019〕36号）要求，为全国住房公积金数据平台提供数据提取、加密、传输等功能，满足公积金中心与税务总局间公积金贷款利息支出个税抵扣数据传输与管理通道。我中心数据平台接入于2019年4月16日事项上线。

(3) 全力做好住房公积金综合服务平台建设。根据住房和城乡建设部《住房和城乡建设部关于加快建设住房公积金综合服务平台的通知》（建金〔2016〕14号）和《住房公积金综合服务平台建设导则》要求，为进一步拓展住房公积金服务渠道，提高服务效率，向缴存单位和缴存职工提供高效便捷服务，充分发挥住房公积金作用，规范我州住房公积金管理业务工作。此项工作目前在抓紧筹备，前期工作取得突破性进展，争取在2020年初前调试正常投入使用。

迪庆藏族自治州住房公积金 2019 年年度报告

一、机构概况

(一) 住房公积金管理委员会： 住房公积金管理委员会有10名委员（原有18名成员，因人员调动及退休，未得到及时补充），2019年召开1次会议，审议通过的事项主要包括：《迪庆州2018年度住房公积金归集、使用及增值收益使用情况的报告》、《迪庆州住房公积金2018年年度报告》、州住房公积金管理中心机构改革涉及事项。

（二）住房公积金管理中心：2019年3月调整为州人民政府直属不以营利为目的的公益一类事业单位（正处级），设5个科，3个管理部。从业人员35人，其中，在编25人，非在编10人。

二、业务运行情况

（一）缴存：2019年，新开户单位77家，实缴单位841家，净增单位54家；新开户职工0.04万人，实缴职工3.16万人，净增职工0.11万人；缴存额8.64亿元，同比增长5.56%。2019年末，缴存总额51.77亿元，比上年末增加20.03%；缴存余额36.05亿元，比上年末增加12.69%。

受委托办理住房公积金缴存业务的银行3家，比上年增加（减少）0家。

（二）提取：2019年，提取额4.58亿元，同比增长38.79%；占当年缴存额的53.01%，比上年增加12.71个百分点。2019年末，提取总额15.72亿元，比上年末增加40.99%。

（三）贷款：

1. 个人住房贷款：个人住房贷款最高额度50万元，其中，单缴存职工最高额度30万元，双缴存职工最高额度50万元。

2019年，发放个人住房贷款0.13万笔、5.35亿元，同比分别增长0%、3.28%。

2019年，回收个人住房贷款4.65亿元。

2019年末，累计发放个人住房贷款1.82万笔、42.90亿元，贷款余额19.31亿元，分别比上年末增加8.33%、14.25%、3.76%。个人住房贷款余额占缴存余额的53.56%，比上年末减少4.62个百分点。

受委托办理住房公积金个人住房贷款业务的银行3家，比上年增加（减少）0家。

2. 住房公积金支持保障性住房建设项目贷款：2019年，发放支持保障性住房建设项目贷款0亿元，回收项目贷款0亿元。2019年末，累计发放项目贷款0亿元，项目贷款余额0亿元。

（四）资金存储：2019年末，住房公积金存款17.21亿元。其中，活期0.02亿元，1年（含）以下定期8.40亿元，1年以上定期6.20亿元，其他（协定、通知存款等）2.59亿元。

（五）资金运用率：2019年末，住房公积金个人住房贷款余额、项目贷款余额和购买国债余额的总和占缴存余额的58.18%，比上年减少5.77个百分点。

三、主要财务数据

（一）业务收入：2019年，业务收入10141.15万元，同比增长15.05%。存款利息3935.81万元，委托贷款利息6193.59万元，国债利息0万元，其他11.74万元。

（二）业务支出：2019年，业务支出5190.01万元，同比增长15.29%。支付职工住房公积金利息5117.78万元，归集手续费0万元，委托贷款手续费72.02万元，其他00.21万元。

（三）增值收益：2019年，增值收益4951.14万元，同比增长14.80%。增值收益率1.45%，比上年增加0.03个百分点。

（四）增值收益分配：2019年，提取贷款风险准备金70.24万元，提取管理费用1485.34万元，提取城市廉租住房（公共租赁住房）建设补充资金3995.56万元。

2019年，上交财政管理费用1293.90万元。上缴财政城市廉租住房（公共租赁住房）建设补充资金2891.61万元。

2019年末，贷款风险准备金余额2043.57万元。累计提取城市廉租住房（公共租赁住房）建设补充资金17729.00万元。

（五）管理费用支出：2019年，管理费用支出1380.03万元，同比增长1.23%。其中，人员经费607.38万元，公用经费33.80万元，专项经费738.86万元。

四、资产风险状况

（一）个人住房贷款：2019年末，个人住房贷款逾期额19.02万元，逾期率0.10‰。

个人贷款风险准备金按（贷款余额或增值收益）的1%提取。2019年，提取个人贷款风险准备金70.24万元，使用个人贷款风险准备金核销呆坏账0万元。2019年末，个人贷款风险准备金余额2043.57万元，占个人住房贷款余额的1.06%，个人住房贷款逾期额与个人贷款风险准备金余额的比率为0.93%。

（二）支持保障性住房建设试点项目贷款：2019年末，逾期项目贷款0万元，逾期率0‰。

项目贷款风险准备金按贷款余额的0%提取。2019年，提取项目贷款风险准备金0万元，使用项目贷款风险准备金核销呆坏账0万元，项目贷款风险准备金余额万元，占项目贷款余额的0%，项目贷款逾期额与项目贷款风险准备金余额的比率为0%。

五、社会经济效益

（一）缴存业务：2019年，实缴单位数、实缴职工人数和缴存额同比分别增长6.86%、3.65%和5.57%。

缴存单位中，国家机关和事业单位占63.62%，国有企业占10.7%，城镇集体企业占0%，外商投资企业占0%，城镇私营企业及其他城镇企业占0%，民办非企业单位和社会团体占1.07%，其他占24.61%。

缴存职工中，国家机关和事业单位占69.67%，国有企业占17.69%，城镇集体企业占0%，外商投资企业占0%，城镇私营企业及其他城镇企业占0%，民办非企业单位和社会团体占0.38%，其他占12.26%；中、低收入占99.67%，高收入占0.33%。

新开户职工中，国家机关和事业单位占30.16%，国有企业占16.93%，城镇集体企业占0%，外商投资企业占0%，城镇私营企业及其他城镇企业占0%，民办非企业单位和社会团体占0%，其他占52.91%；中、低收入占99.73%，高收入占0.27%。

（二）提取业务：2019年，0.40万名缴存职工提取住房公积金4.58亿元。

提取金额中，住房消费提取占70.34%（购买、建造、翻建、大修自住住房占26.46%，偿还购房贷款本息占43.74%，租赁住房占0.14%，其他占0%）；非住房消费提取占29.66%（离休和退休提取占25.35%，完全丧失劳动能力并与单位终止劳动关系提取占2.28%，出境定居占0.65%，其他占1.38%）。

提取职工中，中、低收入占99.31%，高收入占0.69%。

（三）贷款业务：

1.个人住房贷款：2019年，支持职工购建房32.61万平方米，年末个人住房贷款市场占有率（含公转商贴息贷款）为 75.61%，比上年末增加 1.22 个百分点。通过申请住房公积金个人住房贷款，可节约职工购房利息支出 8829.65 万元。

职工贷款笔数中，购房建筑面积 90（含）平方米以下占 3.44%，90～144（含）平方米占 33.26%，144 平方米以上占 63.30%。购买新房占 31.09%（其中购买保障性住房占 0%），购买二手房占 41.93%，建造、翻建、大修自住住房占 26.98%，其他占 0%。

职工贷款笔数中，单缴存职工申请贷款占 19.81%，双缴存职工申请贷款占 79.07%，三人及以上缴存职工共同申请贷款占 1.12%。

贷款职工中，30 岁（含）以下占 31.91%，30 岁～40 岁（含）占 40.96%，40 岁～50 岁（含）占 21.30%，50 岁以上占 5.83%；首次申请贷款占 73.17%，二次及以上申请贷款占 26.83%；中、低收入占 99.85%，高收入占 0.15%。

2. 异地贷款：2019 年，发放异地贷款 0 笔、0 万元。2019 年末，发放异地贷款总额 0 万元，异地贷款余额 0 万元。

3. 公转商贴息贷款：2019 年，发放公转商贴息贷款 0 笔、0 万元，支持职工购建住房面积 0 万平方米，当年贴息额 0 万元。2019 年末，累计发放公转商贴息贷款 0 笔、0 万元，累计贴息 0 万元。

4. 支持保障性住房建设试点项目贷款：2019 年末，累计试点项目 0 个，贷款额度 0 亿元，建筑面积 0 万平方米，可解决 0 户中低收入职工家庭的住房问题。0 个试点项目贷款资金已发放并还清贷款本息。

（四）**住房贡献率**：2019 年，个人住房贷款发放额、公转商贴息贷款发放额、项目贷款发放额、住房消费提取额的总和与当年缴存额的比率为 99.19%，比上年增加 9.69 个百分点。

六、其他重要事项

（一）**当年机构及职能调整情况**：2019 年机构改革中，州住房公积金管理中心调整为州人民政府直属的公益一类事业单位，机构级别为正处级，设立党组，增设了一个职能科室（信息科）。

（二）**当年住房公积金政策调整及执行情况**：

（1）严格执行"控高保低"缴存政策，全州住房公积金缴存比例为 5%～12%，单位和个人同比例缴存。最低缴存基数按不得低于迪庆州统计局及人力资源和社会保障部门公布的上一年度在岗职工最低月工资标准 1350 元执行，最高缴存基数按不得超过迪庆州统计部门公布的上一年度在岗职工月平均工资的三倍，即 2406 元执行。

（2）2019 年 5 月下发了《暂停受理全州各乡镇建房提取、贷款住房公积金业务的通知》。

（3）为进一步贯彻落实国家"房住不炒"的要求，规范个人贷款行为，结合我州违法土地专项治理的全面推进，从 2019 年 9 月起取消受理提取住房公积金支付物业管理费业务；2019 年 10 月起在业务系统做了连续缴存 6 个月才能申请贷款的限制，执行缴存不低于 6 个月的标准，并依据我州不动产中心及住房公积金业务系统上的记录，对贷款职工住房套数界定采取认房又认贷的方式，禁止发放第三套住房贷款。

（三）**当年服务改进情况**：完成综合服务平台架构建设，实现门户网站、微信公众号、网上业务大厅、触摸屏自助终端、12329 服务热线和短信六大服务渠道的统一管控，开通线上查询业务功能。接入云南省"一部手机办事通"，上线公积金信息查询、公积金明细查询、贷款信息查询、还款明细查询、贷款进度查询、还款计划查询和还款试算七项查询服务。为全面规范个人住房公积金业务，合理规避贷款风险，进一步推进社会信用体系建设，完成了征信系统引入和正常使用。

（四）当年信息化建设情况：

（1）在完成住房和城乡建设部"双贯标"工作要求的基础上，通过电子化稽查工具不断提升数据质量。同时对核心业务系统进行改造升级，将异地转移接续业务植入业务系统，完成公积金数据平台接入工作，增加短信通知业务功能。

（2）按照住房和城乡建设部公积金信息化建设的相关要求和网络系统三级等保物理要求，完成系统机房建设工作。增加了边界下一代防火墙、APT威胁检测、安全准入、审计等安全设备，对迪庆公积金系统网络面临的主要安全威胁采取了相应的安全机制，基本达到保护信息系统重要资产的作用，完成"二级等保"达标任务，系统安全风险防范能力进一步提升。

2019 全国住房公积金年度报告汇编

西藏自治区

拉萨
日喀则市
昌都市
山南市
那曲市
阿里地区
林芝市

西藏自治区住房公积金 2019 年年度报告

一、机构概况

（一）住房公积金管理机构：全省（区）共设 8 个设区城市住房公积金管理中心，从业人员 65 人，其中，在编 37 人，非在编 28 人。

（二）住房公积金监管机构：西藏自治区住房和城乡建设厅、西藏自治区财政厅和人民银行拉萨中心支行负责对全区住房公积金管理运行情况进行监督。西藏自治区住房和城乡建设厅设立规划财务处（住房公积金监管处），负责全区住房公积金日常监管工作。

二、业务运行情况

（一）缴存：2019 年，新开户单位 653 家，实缴单位 4792 家，净增单位 436 家；新开户职工 4.23 万人，实缴职工 35.37 万人，净增职工 3.45 万人；缴存额 98.91 亿元，同比增长 7.73%。2019 年末，缴存总额 598.06 亿元，比上年末增加 19.82%；缴存余额 300.83 亿元，比上年末增加 18.33%。

（二）提取：2019 年，提取额 52.32 亿元，同比增长 10.14%；占当年缴存额的 52.9%，比上年增加 10 个百分点。2019 年末，提取总额 297.23 亿元，比上年末增加 21.37%。

（三）个人住房贷款：2019 年，发放个人住房贷款 1.06 万笔、65.74 亿元，同比增长 4.95%、16.19%。回收个人住房贷款 28.29 亿元。

2019 年末，累计发放个人住房贷款 9.16 万笔、348.90 亿元，贷款余额 209.08 亿元，分别比上年末增加 13.11%、23.22%、21.83%。个人住房贷款余额占缴存余额的 69.51%，比上年末增加 2 个百分点。

（四）资金存储：2019 年末，住房公积金存款 94.15 亿元。其中，活期 21.13 亿元，1 年（含）以下定期 54 亿元，1 年以上定期 19.02 亿元。

（五）公积金使用率：2019 年末，住房公积金个人住房贷款总额、住房公积金提取总额的之和占缴存总额的 108%，比上年末增加 2 个百分点。

（六）资金运用率：2019 年末，住房公积金个人住房贷款余额、项目贷款余额和购买国债余额的总和占缴存余额的 69.51%，比上年末增加 2 个百分点。

三、主要财务数据

（一）业务收入：2019 年，业务收入 57859.74 万元，同比增长 13.08%。其中，存款利息 20372.46 万元，委托贷款利息 37366.65 万元，其他 120.63 万元。

（二）业务支出：2019 年，业务支出 44767.26 万元，同比增长 20.59%。其中，支付职工住房公积金利息 43009.85 万元，委托贷款手续费 1755.09 万元，其他 2.32 万元。

（三）增值收益：2019 年，增值收益 13585.43 万元，同比下降 3.25%；增值收益率 0.20%，比上年减少 0.40 个百分点。

（四）增值收益分配：2019 年，提取贷款风险准备金 8151.26 万元，提取管理费用 1795.60 万元，提取城市廉租住房（公共租赁住房）建设补充资金 3638.58 万元。

2019 年，上交财政管理费用 1795.60 万元，上缴财政城市廉租住房（公共租赁住房）建设补充资金 4056.24 万元。

2019 年末，贷款风险准备金余额 48347.75 万元，累计提取城市廉租住房（公共租赁住房）建设补充资金 21549.99 万元。

（五）管理费用支出：2019 年，管理费用支出 1074.84 万元，同比增长 80.85％。其中，人员经费 157.64 万元，公用经费 76.47 万元，专项经费 840.46 万元。

四、资产风险状况

2019 年末，个人住房贷款逾期额 7361.73 万元，逾期率 3.52‰。

2019 年，提取个人贷款风险准备金 8151.26 万元，使用个人贷款风险准备金核销呆坏账 0 元。2019 年末，个人贷款风险准备金余额 48347.75 万元，占个人贷款余额的 2.30％，个人贷款逾期额与个人贷款风险准备金余额的比率为 15.23％。

五、社会经济效益

（一）缴存业务：2019 年，实缴单位数、实缴职工人数和缴存额增长率分别为 10.01％、10.81％ 和 7.73％。

缴存单位中，国家机关和事业单位占 63.15％，国有企业占 16.30％，外商投资企业占 0.25％，城镇私营企业及其他城镇企业占 18.78％，其他占 1.52％。

缴存职工中，国家机关和事业单位占 74.86％，国有企业占 19.20％，外商投资企业占 0.15％，城镇私营企业及其他城镇企业占 5.62％，其他占 1.52％；中、低收入占 99.91％，高收入占 0.09％。

新开户职工中，国家机关和事业单位占 59.08％，国有企业占 21.97％，外商投资企业占 0.32％，城镇私营企业及其他城镇企业占 17.92％，其他占 0.71％；中、低收入占 99.98％，高收入占 0.02％。

（二）提取业务：2019 年，5.47 万名缴存职工提取住房公积金 52.32 亿元。

提取金额中，住房消费提取占 78.01％（购买、建造、翻建、大修自住住房占 52.24％，偿还购房贷款本息占 24.04％，租赁住房占 2.22％，其他占 0.01％）；非住房消费提取占 21.99％（离休和退休提取占 12.14％，完全丧失劳动能力并与单位终止劳动关系提取占 1.79％，死亡提取占 0.61％，其他占 7.46％）。

提取职工中，中、低收入占 99.86％，高收入占 0.14％。

（三）贷款业务：

1. 个人住房贷款：2019 年，支持职工购建房 328.20 万平方米。年末个人住房贷款市场占有率（含公转商贴息贷款）为 64.69％，比上年末减少 4.51 个百分点。通过申请住房公积金个人住房贷款，可节约职工购房利息支出 5259.34 万元。

职工贷款笔数中，购房建筑面积 90（含）平方米以下占 10.66％，90～144（含）平方米占 67.66％，144 平方米以上占 21.68％。购买新房占 71.42％，购买二手房占 14.65％，建造、翻建、大修自住住房占 5.48％，其他占 8.46％。

职工贷款笔数中,单缴存职工申请贷款占 67.63%,双缴存职工申请贷款占 62.37%。

贷款职工中,30 岁(含)以下占 36.33%,30 岁~40 岁(含)占 43.17%,40 岁~50 岁(含)占 17.01%,50 岁以上占 3.49%;首次申请贷款占 84.74%,二次及以上申请贷款占 15.26%;中、低收入占 99.81%,高收入占 0.19%。

2. 异地贷款:2019 年,发放异地贷款 97 笔、6797 万元。年末,发放异地贷款总额 18436 万元,异地贷款余额 11086.70 万元。

(四)住房贡献率:2019 年,个人住房贷款发放额、公转商贴息贷款发放额、项目贷款发放额、住房消费提取额的总和与当年缴存额的比率为 107.72%,比上年增加 8.76 个百分点。

六、其他重要事项

(一)当年住房公积金政策调整情况。继续执行自治区住房城乡建设厅、财政厅、人行拉萨中心支行、统计局印发的《关于规范住房公积金缴存业务的通知》(藏建金监管〔2018〕190 号),对缴存政策进行了调整。主要内容为:一是以职工本人上一年度月平均工资作为职工住房公积金缴存基数;二是缴存住房公积金的月工资基数,不得高于职工工作地所在市(地)统计部门公布的上一年度职工月平均工资的 3 倍;三是我区住房公积金缴存比例(单位缴存比例)按照不应低于 5%,不得高于 12%的规定,继续延长执行期至 2020 年 4 月 30 日。困难企业,经职工代表大会或工会讨论通过,可在该范围内申请降低住房公积金缴存比例或者缓缴;四是住房公积金汇缴核定年度由当年 7 月 1 日至次年 6 月 30 日,调整为当年 1 月 1 日至 12 月 31 日。在每年 3 月份前完成新一年度基数调整工作,核定后一年内不再变更。

(二)调整住房公积金使用政策。2018 年 12 月 28 日自治区住房城乡建设厅、财政厅、人行拉萨中心支行印发了《关于规范住房公积金使用业务的通知》(藏建金监管〔2018〕265 号),对使用政策进行了调整。主要内容为:一是我区住房公积金最高贷款额度由现行的 70 万元提高到 90 万元。在最高贷款额度内,具体贷款额度根据缴存职工月偿还能力、最长贷款期限等因素确定;二是调整建造、翻建、大修住房提取政策。建造、翻建自住住房的,提供规划、土地、住房城乡建设部门建造、翻建批准文件,建造、翻建合同和支付费用凭证;大修自住住房的,提供规划或者住房城乡建设部门批准文件,大修合同和支付费用凭证;三是调整租赁住房提取政策。职工支付房租提取,房租提取费用不高于租住房屋所在地房屋租金平均水平,且租住房屋面积不得超出 144 平方米,超出面积部分不得提取住房公积金;四是调整建造、翻建、大修住房公积金贷款政策。建造、翻建自住住房的,提供规划、土地、住房城乡建设部门建造、翻建批准文件,建造、翻建合同和支付费用凭证;大修自住住房的,提供规划或者住房城乡建设部门批准文件,大修合同和支付费用凭证。建造(翻建、大修)自住住房申请住房公积金贷款的,最高贷款额度=住房建筑面积(建筑面积不超我区普通商品住房最大标准面积 144 平方米,超 144 平方米的则按 144 平方米计算)×每平方米建筑造价(不超过当地住房城乡建设部门公布的建筑业平均造价);五是调整住房公积金贷款首付比例政策。缴存职工家庭使用住房公积金贷款购买首套普通自住住房,最低首付款比例为 20%;对拥有 1 套住房并已结清相应购房贷款的缴存职工家庭,为改善居住条件再次申请住房公积金贷款购买普通自住住房,最低首付款比例为 30%。

(三)当年服务改进情况。最大限度地在满足干部职工对美好住房条件的需求和向往上发力,结合公积金业务实际,下发《关于开展住房公积金业务网点延伸工作的通知》,深入推进住房公积金领域放管服改革，有效解决住房公积金管理部门人员少、业务办理窗口不足、工作效率低及职工排队等候时间长等服务对象反映的突出问题，大力推进住房公积金服务网点向县区延伸。目前各市地所在地已延伸服务网点，部分地市服务网点并向偏远县城覆盖；积极做好住房公积金向非公企业扩面工作，引导非公有制企业逐步推行住房公积金制度，加大新市民租购并举住房政策支持，落实好高校毕业生就业创业住房保障政策，让更多职工共享住房公积金制度优惠性，大力支持缴存职工改善住房需求。

（四）强化服务创新。按照加快推进互联网＋政务服务的要求，积极推进互联网＋公积金服务，住房公积金综合服务平台开发，由微信公众号、手机 APP 和网厅三个部分组成、全区一体的西藏住房公积金综合服务平台于 10 月 12 日上线测试、12 月 2 日正式上线运行，实现提取住房公积金贷款上一年度还款本息高频事项和离退休、终止劳动关系提取"零材料"不见面一键办结，购房等提取网上申报不见面办理，贷款网上申报见一次面办结，实现住房公积金管理使用"更便捷"、服务"更智能"、运行"更安全"的目标，为我区缴存职工特别是县（乡）职工提供高效便利的服务。

（五）强化监管机制。一是为确保住房公积金安全运行、不发生系统性风险为底线，紧紧围绕降低住房公积金逾期率，规范住房公积金缴存、提取和贷款业务等重点，加强对各级住房公积金业务办理的指导和监督，及时发现风险隐患并进行警示。深入那曲市、日喀则市，就住房公积金贷款逾期率居高不下问题进行专题调研、专项督办，对自治区和其他地市中心主任进行电话约谈，住房公积金贷款逾期率从 1 亿多逐步降低到 7000 多万元，通过那曲、阿里、林芝、拉萨、昌都等地市近期采取的有效措施，将逾期率严格控制在 4‰ 以内。二是根据住房和城乡建设部提供的 195 名涉嫌骗提骗贷线索，组织逐个核实，摸排比对形成疑似骗提骗贷名单印发各中心认真筛查，核实清楚的追回骗提骗贷资金、进行信用惩戒。根据公安厅网安总队要求，对住房公积金核心业务系统进行了三级等保测评，开展系统加固、安全防护等工作，切实堵塞系统风险、严防木马病毒入侵，危害住房公积金安全。

（六）当年住房公积金机构及从业人员所获荣誉情况。

（1）昌都中心积极开展创建 2019—2020 年度西藏自治区级"青年文明号"工作，并且通过了共青团昌都市委员会的考评，2019 年度创建工作已取得阶段性成效；同时 2 名同志分别被评为 2019 年度"优秀共产党员""优秀公务员"。

（2）阿里地区住房资金管理中心被评为 2019 年度阿里地区政务服务优秀窗口，同时 1 名同志被评为政务服务优秀窗口人员；2 名同志被评为优秀公务员。

拉萨住房公积金 2019 年年度报告

一、机构概况

拉萨市住房资金管理中心为拉萨市住房和城乡建设局不以营利为目的的参公事业单位。中心设 4 个业务窗口，受理拉萨市及市属县（区）住房公积金业务。从业人员 8 人，其中在编 4 人，非在编 4 人。

二、业务运行情况

（一）缴存：2019年，实缴单位905家，新开户单位263家，净增单位237家；实缴职工5.95万人，新开户职工1.16万人，净增职工0.4万人；当年缴存额14.84亿元，同比增长21.14%。2019年末，累计缴存总额82.02亿元，累计缴存余额41.71亿元，同比分别增长22.07%、20.89%。受委托办理住房公积金缴存业务的银行5家。

（二）提取：2019年，当年提取额7.63亿元，同比减少17.33%；占当年缴存额的51.41%，比上年同期减少23.94个百分点。2019年末，累计提取总额40.32亿元，同比增长23.34%。

（三）贷款：

个人住房贷款：2019年，发放个人住房贷款2043笔、12.59亿元，分别同比增长3.03%、13.21%。回收个人住房贷款5.17亿元。截至2019年末，累计发放个人住房贷款16412笔62.92亿元，贷款余额37.08亿元，同比分别增长14.22%、25.01%、25.02%。个人住房贷款余额占缴存余额的88.9%，比上年增加2.93个百分点。

（四）资金存储：2019年末，住房公积金存款5.48亿元。其中活期1.77亿元，1年以内定期（含）3.71亿元。

（五）资金运用率：截至2019年末，住房公积金个人住房贷款余额、项目贷款余额和购买国债余额的总和占缴存余额的88.9%，比上年增加2.93个百分点。

（六）资金使用率：截至2019年末，住房公积金提取总额和贷款总额占公积金缴存总额的126%。

三、主要财务数据

（一）业务收入：2019年，业务收入7750.05万元，同比增长15.3%。其中，存款利息1136.51万元，委托贷款利息6609.7万元，其他收入3.84万元。

（二）业务支出：2019年，业务支出6749.5万元，同比增加41.99%。其中，支付职工住房公积金利息6424.6万元，委托贷款手续费324.66万元，其他支出0.24万元。

（三）增值收益：2019年，增值收益1000.55万元，同比减少49.17%。增值收益率0.26%，比上年同期减少0.34个百分点。

（四）增值收益分配：2019年，提取贷款风险准备金600.33万元，提取管理费用200.11万元，提取城市廉租住房（公共租赁住房）建设补充资金200.11万元。

（五）管理费用支出：2019年，管理费用支出68.4万元，同比减少6.37%。其中人员经费35.02万元，公用经费33.38万元。

四、资产风险状况

2019年末，个人住房贷款逾期额849.71万元，逾期率2.29‰。

个人贷款风险准备金按增值收益的60%提取。2019年，提取个人贷款风险准备金600.33万元。截至2019年末，累计个人贷款风险准备金余额5025.3万元。未使用个人贷款风险准备金核销呆坏账。

五、社会经济效益

（一）**缴存业务**：2019年，实缴单位数同比增长40.42%、实缴职工人数同比减少1.46%、缴存额同比增长20.07%。缴存单位中，国家机关和事业单位占22.81%，企业占77.19%。缴存职工中，国家机关和事业单位占62.72%，企业占37.28%。新开户职工中，国家机关和事业单位占41.21%，企业占58.79%；中、低收入占99.95%，高收入占0.05%。

（二）**提取业务**：2019年，9616名缴存职工提取住房公积金7.63亿元。提取金额中，住房消费提取占82.96%（购买、建造、翻建、大修自住住房占50.72%，偿还购房贷款本息占30.14%，其他占2.1%）；非住房消费提取占17.04%（离休和退休提取占10.22%，完全丧失劳动能力并与单位终止劳动关系提取占2.5%，其他占4.32%）。提取职工中，中、低收入占99.9%，高收入占0.1%。

（三）**贷款业务**：

1.**个人住房贷款**：2019年，发放个人住房贷款2043笔。职工贷款笔数中，购房建筑面积90（含）平方米以下占12.09%，90～144（含）平方米占67.6%，144平方米以上占20.31%。购买新房占74.25%，购买存量商品住房占14.59%，建造、翻建、大修自住住房占2.25%，其他占8.91%。职工贷款笔数中，单缴存职工申请贷款占39.16%，双缴存职工申请贷款占60.84%。贷款职工中，30岁（含）以下占33.67%，30岁～40岁（含）占44.74%，40岁～50岁（含）占18.31%，50岁以上占3.28%。首次申请贷款占79.3%，二次及以上申请贷款占20.7%。中、低收入占99.95%，高收入占0.05%。

2.**异地贷款**：2019年发放异地贷款12笔、779万元，2019年末，发放异地贷款总额1827万元，异地贷款余额1000.98万元。

（四）**住房贡献率**：2019年，个人住房贷款发放额、住房消费提取额的总和与当年缴存额的比率为127.49%，比上年减少10.14个百分点。

六、其他重要事项

（一）**银行网点及综合服务平台情况**：在2018年新增的9个银行网点办理住房公积金业务的基础上，2019年为方便缴存职工再次与银行协调新增11个银行网点，具体营业网点及地址分别为：农行墨竹支行（墨竹工卡县工卡镇14号）、农行曲水支行（曲水县扬州路61号）、农行林周支行（林周县甘曲路1附1）、农行尼木支行（尼木县塔荣镇人民路2号）、农行当雄支行（当雄县当曲河东路73—93号）、农行堆龙支行（堆龙德庆区青藏路23号）、农行达孜支行（达孜区德庆路16号）、藏行纳金支行（江苏大道平安小区商业街）、藏行墨竹支行（墨竹工卡县工卡镇工卡路18号）、藏行经开区支行（经济开发区总部经济基地）、藏行空港新区支行（空港新区）。在全区范围内率先完成了住房公积金综合服务平台的培训工作，全面启动住房公积金综合服务平台，按照要求已实现线上线下同步操作，部分业务实现不见面、"零材料"办结。

（二）**当年缴存基数限额及缴存比例情况**：职工住房公积金缴存基数最高限额为当地统计部门上一年度社会平均工资的三倍，个人及单位缴存比例可在5%～12%之间进行选择，缴存比例总和不超过24%。

（三）**缴存、提取、贷款业务金融机构执行情况**：拉萨市住房资金管理中心支持农行、建行、中行、邮储银行、西藏银行办理缴存、提取、贷款业务。

（四）当年住房公积金存贷款利率执行情况：拉萨市住房资金管理中心严格落实人行拉萨市中心支行关于《实施住房公积金存贷款基准利率的调整》文件精神，并及时按照现行利率办理住房公积金贷款。2019年住房公积金贷款1～5年利率为1.76%，6～20年利率为2.08%，最高年限为20年。

（五）当年住房公积金个人住房贷款最高贷款额度执行情况：拉萨市住房资金管理中心严格按照自治区最高贷款额度执行公积金贷款，2019年缴存职工家庭申请住房公积金最高贷款额度为90万元。

（六）当年住房公积金政策调整及执行情况：拉萨市住房资金管理中心进一步规范公积金提取、贷款流程，严格按照《关于规范住房公积金使用业务的通知》（藏建金监管〔2019〕265号）精神，严格审批住房公积金提取、贷款手续，严禁弄虚作假，严防骗取、骗贷住房公积金的违法行为。缴存职工提取住房公积金后，连续足额正常缴存且符合条件的可在次月申请住房公积金贷款。缴存职工家庭使用住房公积金委托贷款购买首套普通自住住房，最低首付款比例为20%；对拥有1套住房并已结清相应购房贷款的缴存职工家庭，为改善居住条件再次申请住房公积金委托贷款购买普通自住住房，最低首付款比例为30%。一套购房合同只能申请一次住房公积金贷款。

（七）当年服务改进情况：2019年，拉萨市住房资金管理中心不断加强自身干部队伍建设，进一步凝聚共识，增强服务意识，提升服务水平。同时积极开展住房公积金向银行网点延伸工作，使缴存职工可以就近选择银行网点办理住房公积金业务，有效解决缴存职工办理公积金业务排队时间长的问题，有效提升了服务效率。

日喀则市住房公积金2019年年度报告

一、机构概况

（一）住房公积金管理委员会：住房公积金管理委员会有13名委员，2019年召开1次会议，审议通过的事项主要包括：

（1）审定《2018年年度报告》；

（2）审定《2018年度住房公积金增值收益分配方案》；

（3）审定《2019年度管理费用使用计划》。

（二）住房公积金管理中心：住房公积金管理中心为不以营利为目的的参公事业单位。从业人员6人，其中，在编4人，非在编2人。

二、业务运行情况

（一）缴存：2019年，新开户单位48家，实缴单位499家，净增单位48家；新开户职工0.35万人，实缴职工4.69万人，净增职工0.35万人；缴存额14.37亿元，同比减少14.1%。2019年末，缴存总额91.63亿元，同比增长18.6%；缴存余额57.56亿元，同比增长14.07%。

受委托办理住房公积金缴存业务的银行4家。

（二）**提取**：2019年，提取额7.28亿元，同比减少9.1%；占当年缴存额的50.66%，比上年增加2.78个百分点。2019年末，提取总额34.08亿元，同比增长27.16%。

（三）**贷款**：个人住房贷款最高额度90万元。

2019年，发放个人住房贷款1769笔、10.92亿元，同比分别增长3.33%、2.06%。回收个人住房贷款6.2亿元。累计发放个人住房贷款21017笔、76.94亿元，贷款余额46.43亿元，同比分别增长9.19%、16.54%、11.4%。个人住房贷款余额占缴存余额的80.66%，比上年减少1.94个百分点。

受委托办理住房公积金个人住房贷款业务的银行2家。

（四）**资金存储**：2019年末，住房公积金存款12.57亿元。其中，活期8.57亿元，1年以下定期4亿元。

（五）**资金运用率**：2019年末，住房公积金个人住房贷款余额、项目贷款余额和购买国债余额的总和占缴存余额的80.66%，比上年减少1.94个百分点。

三、主要财务数据

（一）**业务收入**：2019年，业务收入10019.83万元，同比增加11.87%。其中，存款利息931.17万元，委托贷款利息9055.97万元，其他32.69万元。

（二）**业务支出**：2019年，业务支出9319.8万元，同比增长12.31%。其中，支付职工住房公积金利息8821.1万元，委托贷款手续费498.59万元，其他0.11万元。

（三）**增值收益**：2019年，增值收益700.04万元，同比增加6.24%。其中，增值收益率0.12%，比上年减少0.01个百分点。

（四）**增值收益分配**：2019年，提取贷款风险准备金420.02万元，提取管理费用140.01万元，提取城市廉租住房（公共租赁住房）建设补充资金140.01万元。

2019年，上交财政管理费用140.01万元，上缴财政城市廉租住房（公共租赁住房）建设补充资金140.01万元。

2019年末，贷款风险准备金余额3223.94万元。累计提取城市廉租住房（公共租赁住房）建设补充资金869.21万元。

（五）**管理费用支出**：2019年，管理费用支出11.15万元，同比减少78.29%。其中，人员经费8.4万元，公用经费2.75万元。

四、资产风险状况

2019年末，个人住房贷款逾期额2025.99万元，逾期率4.3‰。

个人贷款风险准备金按增值收益的60%提取。2019年，提取个人贷款风险准备金420.02万元，未使用个人贷款风险准备金核销呆坏账。2019年末，个人贷款风险准备金余额3223.94万元，占个人住房贷款余额的0.69%，个人住房贷款逾期额与个人贷款风险准备金余额的比率为62.84%。

五、社会经济效益

（一）**缴存业务**：2019年，实缴单位数和实缴职工人数分别增长10.46%、3.08%，缴存额同比减少 14.1%。

缴存单位中，国家机关和事业单位占 61.02%，国有企业占 30.17%，城镇私营企业及其他城镇企业占 8.81%。

缴存职工中，国家机关和事业单位占 88.98%，国有企业占 10.61%，城镇私营企业及其他城镇企业占 0.41%；中、低收入占 99.95%，高收入占 0.05%。

新开户职工中，国家机关和事业单位占 81.32%，国有企业占 15.6%，城镇私营企业及其他城镇企业占 3.08%；中、低收入占 99.91%，高收入占 0.09%。

（二）提取业务：2019 年，6544 名缴存职工提取住房公积金 7.28 亿元。

提取金额中，住房消费提取占 70.17%（购买、建造、翻建、大修自住住房占 22.66%，偿还购房贷款本息占 47.43%，租赁住房占 0.08%）；非住房消费提取占 29.83%（离休和退休提取占 8.57%，完全丧失劳动能力并与单位终止劳动关系提取占 2.46%，其他占 18.8%）。提取职工中，中、低收入占 99.94%，高收入占 0.06%。

（三）贷款业务：2019 年，支持职工购建房 29.22 万平方米，年末个人住房贷款市场占有率为 63.3%，比上年减少 1.22 个百分点。通过申请住房公积金个人住房贷款，可节约职工购房利息支出 840.74 万元。

职工贷款笔数中，购房建筑面积 90（含）平方米以下占 4%，90～144（含）平方米占 61%，144 平方米以上占 35%。购买新房占 56%，购买二手房占 20%，建造、翻建、大修自住住房占 24%。

职工贷款笔数中，单缴存职工申请贷款占 38%，双缴存职工申请贷款占 62%。

贷款职工中，30 岁（含）以下占 40%，30 岁～40 岁（含）占 42%，40 岁～50 岁（含）占 15%，50 岁以上占 3%；首次申请贷款占 85%，二次及以上申请贷款占 15%；中、低收入占 100%，高收入占 0。

（四）住房贡献率：2019 年，个人住房贷款发放额、公转商贴息贷款发放额、项目贷款发放额、住房消费提取额的总和与当年缴存额的比率为 78.96%，比上年减少 11 个百分点。

六、其他重要事项

（一）当年机构及职能调整情况、受委托办理缴存贷款业务金融机构变更情况：无。

（二）当年住房公积金政策调整及执行情况：上一年度职工月平均工资为公积金缴存基数，最高基数不能超过上一年度职工月平均工资三倍，缴存比例单位和个人部分分别不低于 5%、不高于 12%。根据自治区统一政策，2019 年元月起职工住房公积金贷款最高额度提高到 90 万元，最长贷款年限不变，即 20 年。

（三）当年服务改进情况：2019 年 10 月份，正式运行银行公积金服务网点，目前设有两个银行服务网点、一个便民服务大厅公积金服务网点，接入综合服务网点。

（四）当年信息化建设情况：中心统一使用四川久远银海软件股份有限公司开发的，西藏公积金综合业务管理系统，办理住房公积金业务。

（五）当年住房公积金管理中心及职工所获荣誉情况：无。

（六）当年对违反《住房公积金管理条例》和相关法规行为进行行政处罚和申请人民法院强制执行情况：无。

（七）当年对住房公积金管理人员违规行为的纠正和处理情况等：无。

昌都市住房公积金 2019 年年度报告

一、机构概况

（一）住房公积金管理委员会：由 9 名委员组成，2019 年召开 1 次会议，审议通过的事项主要包括：《昌都市住房公积金管理委员会章程》、2019 年度工作报告和支持西藏银行昌都分行资金调配事宜。

（二）住房公积金管理中心：住房公积金管理中心隶属西藏昌都市住房和城乡建设局参公正科级科室。从业人员 10 人，其中，在编 5 人，非在编 5 人。

二、业务运行情况

（一）缴存：2019 年，新开户单位 23 家，实缴单位 730 家，净增单位 20 家；新开户职工 4435 人，实缴职工 4.48 万人，净增职工 0.06 万人；缴存额 12.23 亿元，同比下降 1.69%。2019 年末，缴存总额 69.73 亿元，比上年末增加 21.27%；缴存余额 33.72 亿元，比上年末增加 14.15%。

受委托办理住房公积金缴存业务的银行 3 家，与上一年度保持一致。

（二）提取：2019 年，提取额 8.05 亿元，同比增长 17.69%；占当年缴存额的 65.82%，比上年增加 10.84 个百分点。2019 年末，提取总额 36.01 亿元，比上年末增加 28.78%。

（三）贷款：个人住房贷款最高额度 90 万元。2019 年，发放个人住房贷款 884 笔 5.10 亿元，同比分别增长 17.24%、27.82%。回收个人住房贷款 2.44 亿元。2019 年末，累计发放个人住房贷款 6975 笔 26.44 亿元，贷款余额 15.27 亿元，分别比上年末增加 14.44%、23.89%、21.09%。个人住房贷款余额占缴存余额的 45.28%，比上年末增加 2.59 个百分点。受委托办理住房公积金个人住房贷款业务的银行 2 家，与上一年度保持一致。

（四）资金存储：2019 年末，住房公积金存款 18.41 亿元。其中：活期 2.11 亿元，1 年（含）以下定期 15.30 亿元，1 年以上定期 1 亿元。

（五）资金运用率：2019 年末，住房公积金个人住房贷款余额、项目贷款余额和购买国债余额的总和占缴存余额的 45.28%，比上年末增加 2.59 个百分点。

三、主要财务数据

（一）业务收入：2019 年，业务收入 6052.79 万元，同比增长 3.48%。存款利息 3318.37 万元，委托贷款利息 2726.89 万元，其他 7.53 万元。

（二）业务支出：2019 年，业务支出 4696.64 万元，同比增长 18.23%。支付职工住房公积金利息 4658.46 万元，委托贷款手续费 37.87 万元，其他 0.31 万元。

（三）增值收益：2019 年，增值收益 1356.15 万元，同比下降 27.75%。增值收益率 0.44%，比上年减少 0.27 个百分点。

（四）增值收益分配：2019 年，提取贷款风险准备金 813.69 万元，提取管理费用 100 万元，提取城市廉租住房（公共租赁住房）建设补充资金 442.46 万元。2019 年，上交财政管理费用 100 万元。上缴财政城市廉租住房（公共租赁住房）建设补充资金 442.46 万元。2019 年末，贷款风险准备金余额 4617.29 万元。累计提取城市廉租住房（公共租赁住房）建设补充资金 1729.10 万元。

（五）管理费用支出：2019 年，管理费用支出 19.03 万元，同比下降 77.81%。其中，人员经费 12.40 万元，公用经费 6.63 万元。

四、资产风险状况

2019 年末，个人住房贷款逾期额 438.74 万元，逾期率 2.87‰。个人贷款风险准备金按贷款余额或增值收益的 60% 提取。2019 年，提取个人贷款风险准备金 813.69 万元，使用个人贷款风险准备金核销呆坏账 0 万元。2019 年末，个人贷款风险准备金余额 4617.29 万元，占个人住房贷款余额的 3.02%，个人住房贷款逾期额与个人贷款风险准备金余额的比率为 9.50%。

五、社会经济效益

（一）缴存业务：2019 年，实缴单位数、实缴职工人数和缴存额同比分别增长 2.82%、1.36% 和 1.69%。

缴存单位中，国家机关和事业单位占 87.37%，国有企业占 7.83%，城镇私营企业及其他城镇企业占 1.77%，其他占 3.03%。

缴存职工中，国家机关和事业单位占 88.70%，国有企业占 10.42%，城镇私营企业及其他城镇企业占 0.06%，其他占 0.28%；中、低收入占 99.95%，高收入占 0.05%。

新开户职工中，国家机关和事业单位占 89.81%，国有企业占 8.73%，城镇私营企业及其他城镇企业占 1.44%，其他占 0.02%；中、低收入占 99.98%，高收入占 0.02%。

（二）提取业务：2019 年，8955 名缴存职工提取住房公积金 8.05 亿元。提取金额中，住房消费提取占 82.72%（购买、建造、翻建、大修自住住房占 61.91%，偿还购房贷款本息占 15.11%，租赁住房占 5.70%）；非住房消费提取占 17.28%（离休和退休提取占 7.17%，完全丧失劳动能力并与单位终止劳动关系提取占 0.66%，其他占 9.45%）。提取职工中，中、低收入占 100%。

（三）贷款业务：

1. 个人住房贷款：2019 年，支持职工购建房 10.98 万平方米，年末个人住房贷款市场占有率（含公转商贴息贷款）为 48.20%，比上年末减少 34.95 个百分点。通过申请住房公积金个人住房贷款，可节约职工购房利息支出 2290.42 万元。

职工贷款笔数中，购房建筑面积 90（含）平方米以下占 7.69%，90～144（含）平方米占 78.96%，144 平方米以上占 13.35%。购买新房占 74.32%，购买二手房占 16.86%，建造、翻建、大修自住住房占 0.34%，其他占 8.48%。

职工贷款笔数中，单缴存职工申请贷款占 31.22%，双缴存职工申请贷款占 68.78%。

贷款职工中，30 岁（含）以下占 36.65%，30 岁～40 岁（含）占 49.55%，40 岁～50 岁（含）占

12.78%，50岁以上占1.02%；首次申请贷款占90.50%，二次及以上申请贷款占9.50%；中、低收入占100%。

2. 异地贷款：2019年，发放异地贷款1笔、83万元。2019年末，发放异地贷款总额133万元，异地贷款余额81.82万元。

（四）住房贡献率：2019年，个人住房贷款发放额、公转商贴息贷款发放额、项目贷款发放额、住房消费提取额的总和与当年缴存额的比率为96.16%，比上年增加38.6个百分点。

六、其他重要事项

（一）当年服务改进情况：

1. 推行业务网点延伸，让"就近跑一次"实现纵深发展。 2019年管理中心公积金网点延伸到边坝、芒康、卡若区、贡觉、丁青、江达、左贡7县，实现了全市网点延伸覆盖率60%以上。

2. 创新服务方式，提升服务质量，提高工作效率。 简化办事程序，缩短审批时间。为顺应新时代新要求，管理中心积极对接委托银行，采取每月月末一次贷款数据导盘改成每月中旬和月末各导盘一次，导盘后次日便可办理公积金提取业务，提高了贷款职工提取效率，压缩了业务办理时间。推行人性化管理，特事特办，下班后延时服务，帮助干部职工解决实际困难，重庆三江花园公积金提取业务1487笔、2.30亿元。教师节专设"教师窗口"，为老师和教育工作者办理公积金提取50笔、673.28万元。

3. 推进"互联网＋公积金"建设。 "西藏住房公积金网厅"、"西藏住房公积金微信公众号"、0891-12329服务热线、西藏公积金手机APP、手机支付宝——公积金查询功能及自助服务终端功能大大方便了干部职工办理业务。

（二）**当年住房公积金管理中心及职工所获荣誉情况**：积极开展创建2019—2020年度西藏自治区级"青年文明号"工作，并且通过了共青团昌都市委员会的考评，2019年度创建工作已取得阶段性成效。2019年度，常伟、肖丽婷分别被评为"优秀共产党员"、"优秀公务员"。

山南市住房公积金2019年年度报告

一、机构概况

（一）**住房公积金管理委员会**：山南市住房公积金管理委员会有28名委员，2019年召开1次会议，审议通过的事项主要包括：审定《山南市住房公积金2018年年度报告》和《山南市住房资金管理中心2019年度管理费使用计划》。

（二）**住房公积金管理中心**：住房公积金管理中心为山南市住房和城乡建设局不以营利为目的的参公事业单位。从业人员6人，其中，在编2人，非在编4人（含聘用人员3人）。

二、业务运行情况

（一）**缴存**：2019 年，新开户单位 64 家，实缴单位 945 家；新开户职工 0.36 万人，实缴职工 3.59 万人，净增职工 0.2 万人；缴存额 9.95 亿元，同比增长 32.67%。2019 年末，缴存总额 59.20 亿元，比上年末增加 20.20%，缴存余额 27.82 亿元，比上年末增加 20.85%。

受委托办理住房公积金缴存业务的银行 3 家。

（二）**提取**：2019 年，提取额 5.15 亿元，同比增长 1.38%；占当年缴存额的 51.76%，比上年减少 15.97 个百分点。2019 年末，提取总额 31.38 亿元，比上年末增加 19.63%。

（三）**贷款**：个人住房贷款最高额度 90 万元。

2019 年，发放个人住房贷款 1311 笔、7.94 亿元，同比分别增长 8.80%、22.15%。

2019 年，回收个人住房贷款 3.05 亿元。

2019 年末，累计发放个人住房贷款 9235 笔、37.24 亿元，贷款余额 23.05 亿元，分别比上年末增加 16.54%、27.10%、26.93%。

受委托办理住房公积金个人住房贷款业务的银行 3 家。

（四）**资金存储**：2019 年末，住房公积金存款 4.03 亿元。其中，活期 1.23 亿（含协定存款），1 年以下定期 1 亿元，1 年以上定期 1.8 亿元。

（五）**资金运用率**：2019 年末，住房公积金个人住房贷款余额占缴存余额的 82.85%，比上年增加 3.95 个百分点。

（六）**资金使用率**：2019 年末，住房公积金个人住房贷款总额、住房公积金提取总额的总和占缴存总额的 116%，比上年增加 3 个百分点。

三、主要财务数据

（一）**业务收入**：2019 年，业务收入 5341.32 万元，同比增长 17.39%。其中，存款利息 1304.50 万元，委托贷款利息 4029.60 万元，其他利息 7.22 万元。

（二）**业务支出**：2019 年，业务支出 3985.87 万元，同比增长 19.57%。其中，支付职工住房公积金利息 3816.64 万元，委托贷款手续费 168.90 万元，其他 0.33 万元。

（三）**增值收益**：2019 年，增值收益 1355.45 万元，同比增长 11.44%。增值收益率 0.53%，比上年增加 0.27 个百分点。

（四）**增值收益分配**：2019 年，提取贷款风险准备金 813.27 万元，提取管理费用 112 万元，提取城市廉租住房（公共租赁住房）建设补充资金 430.18 万元。

2019 年，上交财政管理费用 112 万元。上缴财政城市廉租住房（公共租赁住房）建设补充资金 430.18 万元。

2019 年末，贷款风险准备金余额 5260.40 万元。累计提取城市廉租住房（公共租赁住房）建设补充资金 1965.27 万元。

（五）**管理费用支出**：2019 年，管理费用支出 63.22 万元，同比下降 23.96%。其中，人员经费 41.04 万元，公用经费 9.18 万元，专项经费 13 万元。

四、资产风险状况

2019年末,个人住房贷款逾期额587.32万元,逾期率2.55‰。

个人贷款风险准备金按增值收益的60%提取。2019年,提取个人贷款风险准备金813.27万元,未使用个人贷款风险准备金核销呆坏账。2019年末,个人贷款风险准备金余额5260.40万元,占个人住房贷款余额的2.28%,个人住房贷款逾期额与个人贷款风险准备金余额的比率为11.16%。

五、社会经济效益

(一)**缴存业务**:2019年,实缴单位数、实缴职工人数和缴存额同比分别增长2.73%、5.90%、32.67%。

缴存单位中,国家机关和事业单位占91.3%,国有企业占5.32%,城镇私营企业及其他城镇企业占2.66%,其他占0.72%。

缴存职工中,国家机关和事业单位占84.19%,国有企业占12.82%,城镇私营企业及其他城镇企业占2.76%,其他占0.23%;中、低收入占99.96%,高收入占0.04%。

新开户职工中,国家机关和事业单位占85.82%,国有企业占10.24%,城镇私营企业及其他城镇企业占3.36%,其他占0.58%;中、低收入占100%。

(二)**提取业务**:2019年,5253名缴存职工提取住房公积金5.15亿元。

提取金额中,住房消费提取占75.73%(购买、建造、翻建、大修自住住房占65.38%,偿还购房贷款本息占34.49%,租赁住房占0.13%);非住房消费提取占24.27%(离休和退休提取占34.62%,完全丧失劳动能力并与单位终止劳动关系提取占3.96%,其他占61.42%)。

提取职工中,中、低收入占99.98%,高收入占0.02%。

(三)**贷款业务**:

1.个人住房贷款:2019年,支持职工购建房18.70万平方米,2019年末个人住房贷款市场占有率为90.57%,比上年增加0.04个百分点。通过申请住房公积金个人住房贷款,可节约职工购房利息支出6126.33万元。

职工贷款笔数中,购房建筑面积90(含)平方米以下占6.64%,90~144(含)平方米占62.62%,144平方米以上占30.74%。购买新房80.93%,购买二手房占10.60%,建造、翻建、大修自住住房占1.53%,其他占6.94%。

职工贷款笔数中,单缴存职工申请贷款占39.28%,双缴存职申请贷款占60.72%。

贷款职工中,30岁(含)以下占36.08%,30岁~40岁(含)占43.94%,40岁~50岁(含)占17.09%,50岁以上占2.89%;首次申请贷款占83.45%,二次及以上申请贷款占16.55%;中、低收入占99.92%,高收入占0.08%。

2.异地贷款:2019年,发放异地贷款9笔、574万元。2019年末,发放异地贷款总额1089万元,异地贷款余额1031.57万元。

(四)**住房贡献率**:2019年,个人住房贷款发放额、住房消费提取额的总和与当年缴存额的比率为118.99%,比上年减少7.01个百分点。

六、其他重要事项

（一）当年服务改进情况：2019年度，按照自治区住房城乡建设厅、财政厅、中国人民银行拉萨中心支行出台的住房公积金最新政策，对住房公积金贷款、提取和缴存进行了调整。一是对住房公积金贷款政策进行调整。2019年度，住房公积金贷款最高额度由70万元调整为90万元（以家庭为单位）。二是住房公积金提取政策进行调整。2019年度，取消了住房公积金"从未提取"和"装修提取"。三是住房公积金缴存基数核定进行调整。2019年度，住房公积金缴存基数的核定时间调整为当年的1月~3月，住房公积金的汇缴年度调整为当年的1月~12月，缴存职工全年的月平均工资作为住房公积金缴存基数，并首次将缴存职工的13个月奖励工资纳入住房公积金缴存基数的计算范围。

（二）当年住房公积金管理中心及职工所获荣誉情况：2019年底，经过山南市住房资金管理中心积极同各家受托银行衔接，对住房公积金定期存款利率进行了上浮调整，均上浮50%。

（三）改进服务情况：一是积极推行住房公积金银行网点，进一步提升服务质量和效率。2019年上半年，按照自治区住房公积金监管处的要求，山南市住房资金管理中心积极同受托的农行、中行、建行衔接，切实做好推行住房公积金银行网点各项前期准备工作。经过一系列充分准备，2019年7月8日，全市4个住房公积金银行网点正式启动并顺利推行，为全市各缴存单位和广大缴存干部职工办理住房公积金相关业务提供了便利，进一步提升了住房公积金的服务质量和效率。二是积极推行"互联网+公积金"，打造便捷、高效的服务平台。按照自治区住房公积金监管处的统一部署，全区住房公积金综合服务平台于2019年12月2日正式上线，"互联网+公积金"正式推行。截至2019年底，全市接入综合服务平台的缴存单位共927家，接入平台的缴存单位和职工足不出户，通过微信公众号、手机APP、网厅等方式，可在网上查询、办理住房公积金相关业务，为广大缴存单位和职工打造了一个更加便捷、高效的服务平台。

（四）违反《住房公积金管理条例》和相关法规申请人民法院强制执行情况：一是处理历史遗留问题对拖欠住房公积金贷款欠款1名人员进行法律诉讼。二是对贷款逾期严重的4名辞职人员提起法律诉讼。

那曲市住房公积金2019年年度报告

一、机构概况

（一）住房公积金管理委员会：由9名委员组成，2019年召开1次会议，审议通过的主要事项：支持西藏银行那曲分行资金调配事宜。

（二）住房公积金管理中心：住房公积金管理中心为局属参公正科级科室。从业人员7人，其中，在编3人，非在编1人，委托银行派驻跟岗3人。

二、业务运行情况

（一）**缴存**：2019年，新开户单位11家，实缴单位184家；新开户职工5260人，实缴职工3.53万人，净增职工0.24万人；缴存额12.11亿元，同比上升14.03%。2019年末，缴存总额64.87亿元，比上年末增加22.95%；缴存余额35.83亿元，比上年末增加22.66%。

受委托办理住房公积金缴存业务的银行2家，与上一年度保持一致。

（二）**提取**：2019年，提取额5.49亿元，同比下降22.13%；占当年缴存额的45.33%，比上年下降21.05个百分点。2019年末，提取总额29.04亿元，比上年末增加23.31%。

（三）**贷款**：个人住房贷款最高额度90万元。2019年，发放个人住房贷款525笔3.35亿元，同比分别增长23.24%、49.55%。回收个人住房贷款2.65亿元，同比增加9.95%。2019年末，累计发放个人住房贷款6846笔27.11亿元，贷款余额13.34亿元，分别比上年末增加8.31%、14.1%、5.62%。个人住房贷款余额占缴存余额的37.23%，比上年末下降6.01个百分点。受委托办理住房公积金个人住房贷款业务的银行2家，与上一年度保持一致。

（四）**资金存储**：2019年末，住房公积金存款22.31亿元。其中：活期5.41亿元，1年（含）以下定期7.9亿元，1年以上定期9亿元。

（五）**资金运用率**：2019年末，住房公积金个人住房贷款余额、项目贷款余额和购买国债余额的总和占缴存余额的37.23%，比上年末下降6.01个百分点。

三、主要财务数据

（一）**业务收入**：2019年，业务收入7358.45万元，同比增长13.13%。存款利息5156.87万元，委托贷款利息2144.28万元，其他57.3万元。

（二）**业务支出**：2019年，业务支出4951.11万元，同比增长53.18%。支付职工住房公积金利息4828.43万元，委托贷款手续费122.4万元，其他0.28万元。

（三）**增值收益**：2019年，增值收益2407.34万元，同比下降0.26%。增值收益率0.74%，比上年减少0.46个百分点。

（四）**增值收益分配**：2019年，提取贷款风险准备金1740.18万元，提取管理费用580.06万元，提取城市廉租住房（公共租赁住房）建设补充资金580.06万元。2019年，上交财政管理费用580.06万元。上缴财政城市廉租住房（公共租赁住房）建设补充资金580.06万元。2019年末，贷款风险准备金余额5128.13万元。累计提取城市廉租住房（公共租赁住房）建设补充资金1652.53万元。

（五）**管理费用支出**：2019年，管理费用支出15.57万元，同比下降61.43%。其中，人员经费5.84万元，公用经费4.33万元，专项经费（业务大厅房租）5.4万元。

四、资产风险状况

2019年末，个人住房贷款逾期额2082.56万元，逾期率15.61‰。个人贷款风险准备金按（贷款余额或增值收益）的60%提取。2019年，提取个人贷款风险准备金1740.18万元，使用个人贷款风险准备金核销呆坏账0万元。2019年末，个人贷款风险准备金余额5128.13万元，占个人住房贷款余额的3.84%，个人住房贷款逾期额与个人贷款风险准备金余额的比率为40.61%。

五、社会经济效益

（一）缴存业务：2019年，实缴单位数同比下降5.15%、实缴职工人数和缴存额同比分别增长7.29%和14.03%。

缴存单位中，国家机关和事业单位占73.91%，国有企业占20.11%，城镇私营企业及其他城镇企业占5.43%，其他占0.55%。

缴存职工中，国家机关和事业单位占90.95%，国有企业占7.98%，城镇私营企业及其他城镇企业占0.86%，其他占0.21%；中等收入占54.33%、低收入占45.67%。

新开户职工中，国家机关和事业单位占85%，国有企业占9.4%，城镇私营企业及其他城镇企业占4.14%，其他占1.46%；中等收入占4.11%，低收入占95.89%。

（二）提取业务：2019年，4397名缴存职工提取住房公积金5.49亿元。提取金额中，住房消费提取占76.88%（购买、建造、翻建、大修自住住房占60.84%，偿还购房贷款本息占16.03%，租赁住房占0.01%）；非住房消费提取占23.02%（离休和退休提取占10.76%，完全丧失劳动能力并与单位终止劳动关系提取占1.84%，其他占10.42%）。提取职工中，中等收入占54.22%。低收入占45.76%，高收入0.02%。

（三）贷款业务：

1. 个人住房贷款：2019年，支持职工购建房42.64万平方米，年末个人住房贷款市场占有率（含公转商贴息贷款）为77.91%，比上年末减少18.25个百分点。通过申请住房公积金个人住房贷款，可节约职工购房利息支出5308.5万元。

职工贷款笔数中，购房建筑面积90（含）平方米以下占8.95%，90~144（含）平方米占71.62%，144平方米以上占19.43%。购买新房占70.1%，购买二手房占16%，建造、翻建、大修自住住房占1%，其他占12.9%。

职工贷款笔数中，单缴存职工申请贷款占41.33%，双缴存职工申请贷款占58.67%。

贷款职工中，30岁（含）以下占44%，30岁~40岁（含）占44.96%，40岁~50岁（含）占9.9%，50岁以上占1.14%；首次申请贷款占93.9%，二次及以上申请贷款占6.1%；中等收入占61.9%，低收入占38.1%。

2. 异地贷款：2019年，发放异地贷款1笔、90万元。2019年末，发放异地贷款总额507万元，异地贷款余额88.48万元。

（四）住房贡献率：2019年，个人住房贷款发放额、公转商贴息贷款发放额、项目贷款发放额、住房消费提取额的总和与当年缴存额的比率为62.51%，比上年增加4.51个百分点。

六、其他重要事项

（一）当年服务改进情况：

（1）创新服务方式，提升服务质量，提高工作效率。简化办事程序，缩短审批时间。为顺应新时代新要求，管理中心积极对接委托银行，采取每月月末一次贷款数据导盘，提高了贷款职工提取效率，压缩了业务办理时间。

（2）推行人性化管理，特事特办，下班后延时服务，加班加点集中审核，帮助干部职工解决实际困难。

（3）加大宣传力度，积极推进"互联网＋公积金"建设。持续推进"互联网＋公积金"建设，"西藏住房公积金网厅"、"西藏住房公积金微信公众号"、0891-12329服务热线、西藏公积金手机APP、手机支付宝——公积金查询功能及自助服务终端功能大大方便了干部职工办理业务。

（4）推行业务网点延伸，让"就近跑一次"实现纵深发展。2019年管理中心公积金网点延伸到尼玛、申扎、班戈、索县、比如、聂荣6县，实现了我市网点延伸覆盖率60%以上。

（二）当年住房公积金管理中心及职工所获荣誉情况：2019年度，李昆鹏被评为"优秀公务员"。

阿里地区住房公积金2019年年度报告

一、机构概况

（一）住房公积金管理委员会：住房公积金管理委员会有17名委员，2019年召开2次会议，审议通过的事项主要包括：

1. 第一次管委会：对《阿里地区住房公积金2018年年度报告》《阿里地区住房资金管理中心2018年度住房公积金增值收益分配方案》《阿里地区住房资金管理中心2019年度管理费用使用计划》《关于调整充实地区住房公积金管理委员会的请示》《阿里地区2018年度18名失信客户的通报》全员审定通过。

2. 第二次管委会：对《阿里地区住房公积金2019年运行情况报告》《关于对2018年失信客户处理情况报告》《阿里地区住房公积金聘用人员管理办法》《阿里地区住房公积金受托银行业务工作考评办法》《阿里地区住房资金管理中心2020年度管理费用使用计划》《关于对2019年失信客户予以诉讼事宜请示》《关于调整充实阿里地区住房公积金管理委员会成员的请示》全员审定通过。

（二）住房公积金管理中心：住房公积金管理中心隶属于阿里地区住房和城乡建设局不以营利为目的的参公事业单位。从业人员10人，其中，在编4人，非在编6人。

二、业务运行情况

（一）缴存：2019年，新开户单位17家，实缴单位167家，净增单位16家；新开户职工0.17万人，实缴职工1.62万人，净增职工0.15万人；缴存额5.35亿元，同比增长15.55%。2019年末，缴存总额30.49亿元，比上年末增加21.33%；缴存余额14.68亿元，比上年末增加18.77%。

受委托办理住房公积金缴存业务的银行4家，比上年增加2家。

（二）提取：2019年，提取额3.03亿元，与去年保持一致；占当年缴存额的56.69%，比上年下降8.75个百分点。2019年末，提取总额15.81亿元，比上年末增加23.81%。

（三）个人住房贷款：个人住房贷款最高额度90万元，其中，单缴存职工最高额度90万元，双缴存职工最高额度90万元。

2019年，发放个人住房贷款618笔3.78亿元，同比分别增长91.92%、133.33%。

2019年，回收个人住房贷款1.31亿元。

2019年末，累计发放个人住房贷款4569笔16.32亿元，贷款余额11.11亿元，分别比上年末增加15.64%、30.14%、28.58%。个人住房贷款余额占缴存余额的75.68%，比上年末增加6.0个百分点。

受委托办理住房公积金个人住房贷款业务的银行4家，比上年增加2家。

（四）**资金存储**：2019年末，住房公积金存款3.88亿元。其中，活期0.33亿元，1年（含）以下定期3.55亿元。

（五）**资金运用率**：2019年末，住房公积金个人住房贷款余额、项目贷款余额和购买国债余额的总和占缴存余额的75.69%，比上年末增加5.79个百分点。

（六）**资金使用率**：2019年末，住房公积金资金使用率为105%。

三、主要财务数据

（一）**业务收入**：2019年，业务收入2662.33万元，同比增长5.81%。存款利息730.59万元，委托贷款利息1926.52万元，其他5.22万元。

（二）**业务支出**：2019年，业务支出2073.85万元，同比增长7.5%。支付职工住房公积金利息2002.32万元，归集手续费0万元，委托贷款手续费71.08万元，其他0.45万元。

（三）**增值收益**：2019年，增值收益588.47万元，同比增长0.25%。增值收益率0.44%，比上年下降0.06个百分点。

（四）**增值收益分配**：2019年，提取贷款风险准备金353.08万元，提取管理费用124.61万元，提取城市廉租住房（公共租赁住房）建设补充资金110.78万元。

2019年，上交财政管理费用124.61万元。上缴财政城市廉租住房（公共租赁住房）建设补充资金110.78万元。

2019年末，贷款风险准备金余额3586.05万元。累计提取城市廉租住房（公共租赁住房）建设补充资金1466.65万元。

（五）**管理费用支出**：2019年，管理费用支出31.2万元，同比下降43.19%。其中，人员经费11万元，公用经费20.2万元，专项经费0万元。

四、资产风险状况

个人住房贷款：2019年末，个人住房贷款逾期额478.48万元，逾期率4.31‰。

个人贷款风险准备金按（贷款余额或增值收益）的60%提取。2019年，提取个人贷款风险准备金353.08万元，使用个人贷款风险准备金核销呆坏账0万元。2019年末，个人贷款风险准备金余额3586.05万元，占个人住房贷款余额的3.22%，个人住房贷款逾期额与个人贷款风险准备金余额的比率为13.34%。

五、社会经济效益

（一）**缴存业务**：2019年，实缴单位数、实缴职工人数和缴存额同比分别增长10.60%、10.20%

和 15.55%。

缴存单位中，国家机关和事业单位占 76.05%，国有企业占 22.15%，城镇私营企业及其他城镇企业占 1.80%。

缴存职工中，国家机关和事业单位占 86.16%，国有企业占 13.57%，城镇私营企业及其他城镇企业占 0.27%；中、低收入占 99%，高收入占 1%。

新开户职工中，国家机关和事业单位占 74.51%，国有企业占 23.58%，城镇私营企业及其他城镇企业占 1.91%；中、低收入占 99%，高收入占 1%。

(二) 提取业务：2019 年，0.29 万名缴存职工提取住房公积金 3.03 亿元。

提取金额中，住房消费提取占 76%（购买、建造、翻建、大修自住住房占 42%，偿还购房贷款本息占 33%，租赁住房占 1%，其他占 0%）；非住房消费提取占 24%（离休和退休提取占 4%，完全丧失劳动能力并与单位终止劳动关系提取占 2%，出境定居占 0%，其他占 18%）。

提取职工中，中收入占 59.82%，低收入占 40.18%。

(三) 贷款业务：2019 年，支持职工购建房 8.31 万平方米，年末个人住房贷款市场占有率（含公转商贴息贷款）为 64.52%，与去年保持一致。通过申请住房公积金个人住房贷款，可节约职工购房利息支出 1076.94 万元。

职工贷款笔数中，购房建筑面积 90（含）平方米以下占 10.68%，90~144（含）平方米占 66.34%，144 平方米以上占 22.98%。购买新房占 73.30%，购买二手房占 16.67%，建造、翻建、大修自住住房占 3.40%，其他占 6.63%。

职工贷款笔数中，单缴存职工申请贷款占 29.61%，双缴存职工申请贷款占 70.39%。

贷款职工中，30 岁（含）以下占 39.97%，30 岁~40 岁（含）占 42.23%，40 岁~50 岁（含）占 14.24%，50 岁以上占 3.56%；首次申请贷款占 90.13%，二次及以上申请贷款占 9.87%；中收入 56.15%，低收入占 43.85%。

(四) 住房贡献率：2019 年，个人住房贷款发放额、公转商贴息贷款发放额、项目贷款发放额、住房消费提取额的总和与当年缴存额的比率为 113.65%，比上年增加 26.41 个百分点。

六、其他重要事项

（1）增加 2 家受托办理缴存银行。分别为：中国银行股份有限公司阿里分行、西藏银行股份有限公司阿里分行。

（2）阿里地区住房资金管理中心严格按照《关于规范住房公积金使用业务的通知》（藏建金监管〔2018〕265 号）文件精神，落实各项政策，进一步加强住房公积金管理，加强服务水平，严格审批公积金提取、贷款手续，加强资金管控，严防骗取、骗贷等行为发生。

（3）为进一步提升服务水平，提高工作效率，更好地服务缴存职工，应阿里地区行署要求，贯彻落实"最多跑一次"精神和"五个一"，阿里地区住房资金管理中心新增阿里地区政务服务大厅业务网点；为鼓励缴存职工通过住房公积金综合服务平台自主办理公积金业务，切实提高一站审批、一网通办率，推动不见面申报、不跑腿办理，综合服务平台上线，为广大缴存职工提供高效便捷的业务办理环境，进一步优化压缩了业务办理流程。

（4）2019年度阿里地区住房资金管理中心被评为阿里地区政务服务优秀窗口、1名同志被评为政务服务优秀窗口人员，2名同志被评为优秀公务员。

（5）2019年对8名严重逾期客户进行起诉并对其进行法院强制执行，追回逾期资金130.12万元。

林芝市住房公积金2019年年度报告

一、机构概况

林芝市住房资金管理中心隶属于林芝市住房和城乡建设局，是不以营利为目的的参照公务员法管理的事业单位，从业人员7人，其中，在编3人，非在编4人。

二、业务运行情况

（一）缴存：2019年，新开户单位46家，实缴单位618家，净增单位7家；新开户职工0.30万人，实缴职工2.66万人，净增职工0.08万人；缴存额7.50亿元，同比增长7.76%。2019年末，缴存总额47.07亿元，同比增长18.95%；缴存余额20.38亿元，同比增长20.02%。

受委托办理住房公积金缴存业务的银行4家，与上年一样。

（二）提取：2019年，提取额4.10亿元，同比下降3.53%；占当年缴存额的54.67%，比上年减少6.39个百分点。2019年末，提取总额26.69亿元，同比增长18.15%。

（三）贷款：

个人住房贷款：个人住房贷款最高额度90万元。

2019年，发放个人住房贷款868笔5.39亿元，同比分别增长52.28%、76.72%。

2019年，回收个人住房贷款1.68亿元。

2019年末，累计发放个人住房贷款5720笔、21.08亿元，贷款余额11.89亿元，同比分别增长17.89%、34.35%、45.35%。个人住房贷款余额占缴存余额的58.34%，比上年增加10.17个百分点。

受委托办理住房公积金个人住房贷款业务的银行3家。

（四）资金存储：2019年末，住房公积金存款8.87亿元。其中，活期1.06亿元，1年定期0.99亿元，1年以上定期6.82亿元。

（五）资金运用率：2019年末，住房公积金个人住房贷款余额占缴存余额的58.34%，比上年增加10.17个百分点。2019年住房公积金个人提取额、贷款发放额的总和占当年缴存额的126.53%，比上年增加21.64个百分点

三、主要财务数据

（一）业务收入：2019年，业务收入4991.09万元，同比增长26.21%。其中，存款利息3161.18万元，委托贷款利息1825.91万元，其他4万元。

（二）**业务支出**：2019年，业务支出2922.50万元，同比增长56.59%。其中，支付职工住房公积金利息2831.07万元，委托贷款手续费91.43万元。

（三）**增值收益**：2019年，增值收益2068.59万元，同比下降0.94%。增值收益率1.10%，比上年减少0.24个百分点。

（四）**增值收益分配**：2019年，提取贷款风险准备金1241.16万元，提取管理费用413.72万元，提取城市廉租住房（公共租赁住房）建设补充资金413.72万元。

2019年，上交财政管理费用413.72万元。

2019年末，贷款风险准备金余额3892.44万元。累计提取城市廉租住房（公共租赁住房）建设补充资金1297.48万元。

（五）**管理费用支出**：2019年，管理费用支出3.11万元，同比下降85.19%。其中，公用经费3.11万元。

四、资产风险状况

个人住房贷款：2019年末，个人住房贷款逾期额202.19万元，逾期率1.70‰。

个人贷款风险准备金按增值收益的60%提取。2019年，提取个人贷款风险准备金1241.16万元，未使用个人贷款风险准备金核销呆坏账。2019年末，个人贷款风险准备金余额3892.44万元，占个人住房贷款余额的3.27%，个人住房贷款逾期额与个人贷款风险准备金余额的比率为5.19%。

五、社会经济效益

（一）**缴存业务**：2019年，实缴单位数、实缴职工人数和缴存额同比分别增长1.15%、3.10%和7.76%。

缴存单位中，国家机关和事业单位占81.55%，国有企业占11.81%，城镇私营企业占6.47%，其他占0.17%。

缴存职工中，国家机关和事业单位占80.88%，国有企业占16.25%，城镇私营企业占2.53%，其他占0.34%；中、低收入占99.35%，高收入占0.65%。

新开户职工中，国家机关和事业单位占75.07%，国有企业占15.36%，城镇私营企业占6.72%，其他占2.85%；中、低收入占99.83%，高收入占0.17%。

（二）**提取业务**：2019年，0.47万名缴存职工提取住房公积金4.10亿元。

提取金额中，住房消费提取占81.95%（购买、建造、翻建、大修自住住房占60.49%，偿还购房贷款本息占21.22%，租赁住房占0.24%）；非住房消费提取占18.05%（退休提取占10.49%，完全丧失劳动能力并与单位终止劳动关系提取占1.22%，其他占6.34%）。

提取职工中，中、低收入占98.82%，高收入占1.18%。

（三）**贷款业务**：

1.个人住房贷款：2019年，支持职工购建房10.59万平方米，年末个人住房贷款市场占有率为81.28%，比上年增加8.68个百分点。通过申请住房公积金个人住房贷款，可节约职工购房利息支出4334.75万元。

职工贷款笔数中，购房建筑面积 90（含）平方米以下占 10.25%，90～144（含）平方米占 75.69%，144 平方米以上占 14.06%。购买新房占 80.65%，购买二手房占 14.17%，其他 5.18%。

职工贷款笔数中，单缴存职工申请贷款占 33.06%，双缴存职工申请贷款占 66.94%，无三人及以上缴存职工共同申请贷款情形。

贷款职工中，30 岁（含）以下占 37.79%，30 岁～40 岁（含）占 36.18%，40 岁～50 岁（含）占 19.24%，50 岁以上占 6.79%；首次申请贷款占 84.79%，二次及以上申请贷款占 15.21%；中、低收入占 98.04%，高收入占 1.96%。

2. 异地贷款：2019 年，未发放异地贷款。

3. 公转商贴息贷款：2019 年，未发放公转商贴息贷款。

（四）**住房贡献率**：2019 年，个人住房贷款发放额、公转商贴息贷款发放额、住房消费提取额的总和与当年缴存额的比率为 116.67%，比上年增加 28.89 个百分点。

六、其他重要事项

（一）**机构调整情况**：2019 年机构职能未进行调整，受委托办理缴存的银行为 4 家，受委托办理贷款的银行未进行调整。

（二）**分管领导及负责人**：

王启展：市住建局党组书记、副局长，分管住房资金管理中心。

覃丽平：局住房资金管理中心主任，负责住房资金管理中心日常工作。

（三）**2019 年住房公积金贷款利率执行情况**：2019 年，继续执行西藏住房公积金利率政策，5 年以下利率 1.76%，5 年以上利率 2.08%。

（四）**2019 年住房公积金个人住房贷款最高额度情况**：2019 年，根据《关于规范住房公积金使用业务的通知》（藏建金监管〔2018〕265 号），继续执行自治区关于"我区缴存职工住房公积金贷款最高额度由 70 万元提高到 90 万元"的规定。

（五）**2019 年住房公积金结息情况**：2019 年，继续执行中国人民银行、住房和城乡建设部、财政部《关于完善职工住房公积金账户存款利率形成机制的通知》（银发〔2016〕43 号）的规定，按一年期定期利率 1.5%对职工住房公积金存款进行结息。

（六）**2019 年政策调整情况**：2019 年，根据《关于规范住房公积金使用业务的通知》（藏建金监管〔2018〕265 号）规定，进行政策调整。一是自下文之日（2018 年 12 月 28 日）起我区缴存职工住房公积金最高贷款额度由 70 万元提高到 90 万元。二是我区住房公积金贷款额度计算方式为：住房公积金职工偿还能力可贷款额度＝月工资收入（夫妻双方共同借款人可合并计算）×50%（还款能力）×12（月）×贷款期限。同时购买第二套（或建造、翻修、大修）住房贷款额度不超过第二套购买（或建造、翻修、大修）住房总价的 70%、住房公积金贷款和商业贷款月还款额合计不得超过月收入总额的 50%（夫妻双方共同借款人可合并计算）。三是缴存职工家庭对拥有 1 套住房并已结清相应购房贷款的缴存职工家庭，为改善居住条件再次申请住房公积金委托贷款购买普通自住住房，最低首付款比例为 30%。四是借款人申请的贷款年限与申请贷款时的实际年龄之和不超过其法定退休年龄后 5 年；贷款偿还期限超过法定退休年龄且采用保证人担保方式贷款的借款人，保证人年龄与借款人贷款年限之和不超过法定退休年龄。

（七）2019 年缴存基数限额及确定方法、缴存比例等缴存政策调整情况：继续执行住房和城乡建设部、财政部、人民银行《关于改进住房公积金缴存机制进一步降低企业成本的通知》（建金〔2018〕45号）规定。对生产经营困难的企业，经职工代表大会或工会讨论通过，可申请降低住房公积金缴存比例（最低不得低于5%）或者缓缴。

（八）当年服务改进情况：

（1）2019年5月，林芝市住房资金管理中心进驻市行政审批和便民服务局，始终以群众满意为落脚点，紧紧围绕为民办实事、解难事为根本宗旨，树立了良好的窗口形象。

（2）以信息化建设为手段，实现管理服务全面升级。一是按照自治区统一部署，进一步完善基础信息，积极推进"互联网＋公积金服务"。二是西藏"住房公积金综合服务平台"已建成投入使用，该平台能够为缴存单位和缴存干部职工提供在线办理住房公积金缴存、提取和贷款等业务服务，可以实现缴存和提取"零跑腿"申请，不见面审批。三是缴存干部职工可通过微信公众号"西藏住房公积金"自主办理住房公积金余额查询、缴存明细查询、贷款信息查询、高频率提取业务［偿还住房公积金贷款本息、偿还购房贷款（结清）、退休提取、终止劳动关系四类提取］，实行"零材料"一键办结，实现"让数据多跑路、让群众少跑腿"。

（3）在行政审批和便民服务局大厅，住房资金管理中心、农行、建行、中行人员实行集中办公，形成快速高效的审批服务体系，极大地方便了缴存单位和干部职工。

（4）2019年住房公积金管理人员无违反《住房公积金管理条例》和相关法规行为，无被行政处罚和人民法院强制执行情况，无违规违纪行为。

2019 全国住房公积金年度报告汇编

甘肃省

兰州
嘉峪关市
金昌市
白银市
天水市
武威市
张掖市
平凉市
酒泉市
庆阳市
定西市
陇南市
临夏回族自治州
甘南州

甘肃省住房公积金 2019 年年度报告

一、机构概况

（一）住房公积金管理机构：全省共设 14 个设区城市住房公积金管理中心，8 个独立设置的分中心（其中，甘肃省住房资金管理中心隶属甘肃省住房和城乡建设厅，甘肃矿区住房公积金管理中心隶属甘肃矿区，甘肃省电力公司房改与住房公积金管理中心隶属甘肃省电力公司，窑街煤电办事处隶属于窑街煤电集团有限公司，靖远煤业分中心隶属靖远煤业集团有限责任公司，华亭煤业分中心隶属华亭煤业集团有限责任公司，玉门油田分中心隶属中国石油天然气股份有限公司玉门油田分公司，金川公司分中心隶属金川集团股份有限公司）。从业人员 1785 人，其中，在编 1232 人，非在编 553 人。

（二）住房公积金监管机构：省住房城乡建设厅、省财政厅和中国人民银行兰州中心支行负责对甘肃省住房公积金管理运行情况进行监督。

二、业务运行情况

（一）缴存：2019 年，新开户单位 3227 家，实缴单位 32514 家，净增单位 1382 家；新开户职工 14.08 万人，实缴职工 193.46 万人，净增职工 8.42 万人；缴存额 300.85 亿元，同比增长 12.45%。2019 年末，缴存总额 2252.78 亿元，同比增长 15.41%；缴存余额 1051.32 亿元，同比增长 9.64%。

（二）提取：2019 年，提取额 208.38 亿元，同比增长 9.19%；占当年缴存额的 69.26%，比上年减少 2.07 个百分点。2019 年末，提取总额 1201.46 亿元，同比增长 20.98%。

（三）贷款：

1. 个人住房贷款：2019 年，发放个人住房贷款 5.48 万笔、194.46 亿元，同比下降 6.48%、0.73%。回收个人住房贷款 127.61 亿元。

2019 年末，累计发放个人住房贷款 78.04 万笔、1477.48 亿元，贷款余额 814.35 亿元，同比分别增长 7.55%、15.16%、8.94%。个人住房贷款余额占缴存余额的 77.46%，比上年减少 0.5 个百分点。

2. 住房公积金支持保障性住房建设项目贷款：2019 年，发放支持保障性住房建设项目贷款 0 亿元，回收项目贷款 0 亿元。2019 年末，累计发放项目贷款 14.28 亿元，项目贷款余额 0 亿元。

（四）融资：2019 年，融资 1 亿元，归还 6 亿元。2019 年末，融资总额 24 亿元，融资余额 1 亿元。

（五）资金存储：2019 年末，住房公积金存款 256.47 亿元。其中，活期 17.17 亿元，1 年（含）以下定期 116.58 亿元，1 年以上定期 99.1 亿元，其他（协定、通知存款等）23.62 亿元。

（六）资金运用率：2019 年末，住房公积金个人住房贷款余额、项目贷款余额和购买国债余额的总和占缴存余额的 77.46%，比上年减少 0.5 个百分点。

三、主要财务数据

（一）业务收入：2019 年，业务收入 320619.66 万元，同比增长 8.38%。其中，存款利息 68722.31 万元，委托贷款利息 251763.43 万元，其他 133.92 万元。

（二）**业务支出**：2019 年，业务支出 179620.95 万元，同比增长 8.72%。其中，支付职工住房公积金利息 161725.14 万元，归集手续费 5199.24 万元，委托贷款手续费 10344.55 万元，其他 2352.02 万元。

（三）**增值收益**：2019 年，增值收益 140998.71 万元，同比增长 7.96%；增值收益率 1.4%，比上年减少 0.02 个百分点。

（四）**增值收益分配**：2019 年，提取贷款风险准备金 14127.41 万元，提取管理费用 35500.37 万元，提取城市廉租住房（公共租赁住房）建设补充资金 91370.93 万元。

2019 年，上交财政管理费用 33766.99 万元，上缴财政城市廉租住房（公共租赁住房）建设补充资金 77667.94 万元。

2019 年末，贷款风险准备金余额 124551.39 万元，累计提取城市廉租住房（公共租赁住房）建设补充资金 579831.03 万元。

（五）**管理费用支出**：2019 年，管理费用支出 33678.17 万元，同比下降 24.63%。其中，人员经费 19560.73 万元，公用经费 3318.22 万元，专项经费 10799.22 万元。

四、资产风险状况

（一）**个人住房贷款**：2019 年末，个人住房贷款逾期额 4289.15 万元，逾期率 0.5‰。

2019 年，提取个人贷款风险准备金 14127.41 万元，使用个人贷款风险准备金核销呆坏账 0 万元。2019 年末，个人贷款风险准备金余额 123271.39 万元，占个人贷款余额的 1.51%，个人贷款逾期额与个人贷款风险准备金余额的比率为 3.48%。

（二）**住房公积金支持保障性住房建设项目贷款**：2019 年末，项目贷款风险准备金余额 1280 万元。

五、社会经济效益

（一）**缴存业务**：2019 年，实缴单位数、实缴职工人数和缴存额增长率分别为 4.44%、4.55% 和 9.64%。

缴存单位中，国家机关和事业单位占 62.41%，国有企业占 11.11%，城镇集体企业占 0.82%，外商投资企业占 0.52%，城镇私营企业及其他城镇企业占 22.32%，民办非企业单位和社会团体占 1.33%，其他占 1.49%。

缴存职工中，国家机关和事业单位占 54.18%，国有企业占 31.95%，城镇集体企业占 0.76%，外商投资企业占 0.73%，城镇私营企业及其他城镇企业占 11.03%，民办非企业单位和社会团体占 0.33%，其他占 1.02%；中、低收入占 97.25%，高收入占 2.75%。

新开户职工中，国家机关和事业单位占 32.22%，国有企业占 28.48%，城镇集体企业占 0.79%，外商投资企业占 1.25%，城镇私营企业及其他城镇企业占 32.88%，民办非企业单位和社会团体占 0.88%，其他占 3.5%；中、低收入占 99.08%，高收入占 0.92%。

（二）**提取业务**：2019 年，56.02 万名缴存职工提取住房公积金 208.39 亿元。

提取金额中，住房消费提取占 76.4%（购买、建造、翻建、大修自住住房占 44.28%，偿还购房贷款本息占 53.21%，租赁住房占 2.33%，其他占 0.18%）；非住房消费提取占 23.6%（离休和退休提取占 74.12%，完全丧失劳动能力并与单位终止劳动关系提取占 8.44%，户口迁出所在市或出境定居占

1.35%，其他占 16.09%）。

提取职工中，中、低收入占 98.92%，高收入占 1.08%。

（三）贷款业务：

1. 个人住房贷款：2019 年，支持职工购建房 641.01 万平方米。年末个人住房贷款市场占有率为 29.78%，比上年同期减少 2.44 个百分点。通过申请住房公积金个人住房贷款，可节约职工购房利息支出 307601.78 万元。

职工贷款笔数中，购房建筑面积 90（含）平方米以下占 12.53%，90~144（含）平方米占 79.22%，144 平方米以上占 8.25%。购买新房占 83.72%（其中购买保障性住房占 2.02%），购买二手房占 14.98%，建造、翻建、大修自住住房占 0.51%，其他占 0.79%。

职工贷款笔数中，单缴存职工申请贷款占 33.34%，双缴存职工申请贷款占 66.39%，三人及以上缴存职工共同申请贷款占 0.27%。

贷款职工中，30 岁（含）以下占 29.65%，30 岁~40 岁（含）占 39.37%，40 岁~50 岁（含）占 21.45%，50 岁以上占 9.53%；首次申请贷款占 85.89%，二次及以上申请贷款占 14.11%；中、低收入占 98.94%，高收入占 1.06%。

2. 异地贷款：2019 年，发放异地贷款 0.57 万笔、22.02 亿元。2019 年末，发放异地贷款总额 159.48 亿元，异地贷款余额 108.91 亿元。

3. 公转商贴息贷款：2019 年，发放公转商贴息贷款 5 笔、270 万元，支持职工购建房面积 657.1 平方米。当年贴息额 506.49 万元。2019 年末，累计发放公转商贴息贷款 800 笔、35236 万元，累计贴息 1156.47 万元。

4. 住房公积金支持保障性住房建设项目贷款：2019 年末，全省有住房公积金试点城市 4 个，试点项目 17 个，贷款额度 14.28 亿元，建筑面积 156.59 万平方米，可解决 18825 户中低收入职工家庭的住房问题。17 个试点项目贷款资金已发放并还清贷款本息。

（四）**住房贡献率**：2019 年，个人住房贷款发放额、公转商贴息贷款发放额、项目贷款发放额、住房消费提取额的总和与当年缴存额的比率为 175.65%，比上年增加 48.99 个百分点。

六、其他重要事项

（一）住房公积金监督管理情况。

（1）省政府继续与 14 个市（州）政府签订目标责任书，对住房公积金新增缴存职工人数、缴存额、贷款发放额、个贷率、逾期率等主要指标和日常管理情况实行目标责任考核。同时，省住房城乡建设厅组织各行业分中心与所属集团公司签订《住房公积金目标责任书》，加强监督管理。

（2）省住房城乡建设厅印发《2019 年全省住房公积金系统干部职工培训计划》，组织各地结合实际分期分批参加住房公积金提取业务规范、电子检查、贷款风险防控和提升服务效能培训班，指导各地全面规范业务管理，管控资金风险，提升服务效能。

（二）当年开展专项监督检查情况。

（1）根据《甘肃省住房和城乡建设厅关于进一步在全省住房公积金领域开展扫黑除恶专项斗争的通知》（甘建金〔2019〕70 号），指导各地严格落实《2018 年全省住房城乡建设领域扫黑除恶专项斗争工作方案》，扎实开展扫黑除恶专项斗争行动，组织认真摸排和严肃惩处缴存职工通过非法中介以虚假手段违规提取住房公积金、骗取住房公积金贷款，非法中介收取高额手续费等行为。

（2）根据《甘肃省住房和城乡建设厅关于抓紧做好违规提取住房公积金问题核查整改工作的通知》（甘建金〔2019〕183号），要求各地提高政治站位，深化思想认识，认真核查处理，加大惩戒力度，分析问题原因，落实整改责任，强化日常管理，建立长效机制，彻底治理行业乱象，保证住房公积金制度稳健运行，依法维护缴存职工权益。

（三）当年服务改进情况。 2019年，我省各地以服务缴存单位和缴存职工为导向，充分利用"互联网＋"技术，不断深化住房公积金"放管服"改革。全省有22个公积金中心（含分中心）通过住房公积金综合服务平台验收。有13个中心综合服务平台具备6种及以上服务渠道，手机APP、微信公众号、网上业务大厅等渠道的开通运行，极大地方便了群众业务办理，显著提升了服务效率。

（四）当年信息化建设情况。 为核对住房贷款利息专项附加扣除信息，住房和城乡建设部开发了全国住房公积金数据平台，并印发了《全国住房公积金数据平台技术方案》。我省按照住房和城乡建设部统筹安排，于2019年4月底完成数据平台接入工作，6月底实现与国家税务总局的总对总数据交换。

兰州住房公积金2019年年度报告

一、机构概况

（一）住房公积金管理委员会

住房公积金管理委员会有32名委员，2019年召开2次会议，审议通过的事项主要包括：《兰州住房公积金管理中心关于2018年度住房公积金归集计划和使用计划执行情况及2019年度住房公积金归集计划和使用计划的报告》《兰州住房公积金管理中心关于2018年财务预算执行情况和2019年财务预算的报告》《兰州住房公积金管理中心2018年年度报告》《兰州市住房公积金个人住房贷款管理办法》《兰州市住房公积金委托业务管理规定》《兰州住房公积金管理委员会章程》《兰州住房公积金管理中心关于开展组合贷款的报告》和《兰州住房公积金管理中心关于规范住房公积金个人住房贷款担保的报告》。

（二）住房公积金管理中心

本市目前共有4家住房公积金管理机构。

兰州住房公积金管理中心（以下简称兰州公积金中心）为市属不以营利为目的的参照公务员管理的事业单位。设9个科（室），9个管理部，1个分中心。从业人员180人，其中，在编92人，非在编88人。

甘肃省住房资金管理中心（以下简称省资金中心）为甘肃省住房和城乡建设厅下属的不以营利为目的的自收自支事业单位。设6个科（室），5个管理部。从业人员144人，其中，在编18人，非在编126人。

甘肃省电力公司房改与住房公积金管理中心（以下简称省电力中心）为国网甘肃省电力公司不以营利为目的的后勤服务事业单位，设2个处，56个业务受理处。从业人员188人，其中，在编188人，非在编0人。

兰州住房公积金管理中心窑街煤电办事处（以下简称窑街煤电办事处）为窑街煤电集团公司所属的办事机构，设3个科（室）。从业人员34人，其中，在编33人，非在编1人。

二、业务运行情况

（一）缴存：2019年，新开户单位1747家，实缴单位9751家，净增单位1210家；新开户职工7.71万人，实缴职工72.08万人，净增职工3.36万人；缴存额112.05亿元，同比增长11.93%。2019年末，缴存总额939.01亿元，同比增长13.55%；缴存余额368.54亿元，同比增长7.91%。

受委托办理住房公积金缴存业务的银行，兰州公积金中心3家，省资金中心10家，省电力中心2家，窑街煤电办事处6家，与上年一致。

（二）提取：2019年，提取额85.05亿元，同比增长6.01%；占当年缴存额的75.90%，比上年减少4.24个百分点。2019年末，提取总额570.47亿元，同比增长17.52%。

（三）贷款：

1. 个人住房贷款：兰州公积金中心、省资金中心和窑街煤电办事处个人住房贷款最高额度60万元，其中，单身职工最高额度50万元，已婚家庭最高额度60万元。省电力中心个人住房贷款最高额度80万元，其中，单缴存职工最高额度60万元，双缴存职工最高额度80万元。

2019年，发放个人住房贷款1.68万笔、69.50亿元，同比分别增长7.69%、13.60%。其中，兰州公积金中心发放个人住房贷款1.01万笔、39.97亿元，省资金中心发放个人住房贷款0.56万笔、24.38亿元，省电力中心发放个人住房贷款0.1万笔、4.97亿元，窑街煤电办事处发放个人住房贷款0.01万笔、0.18亿元。

2019年，回收个人住房贷款40.99亿元。其中，兰州公积金中心27.56亿元，省资金中心10.31亿元，省电力中心2.89亿元，窑街煤电办事处0.23亿元。

2019年末，累计发放个人住房贷款19.84万笔、535.69亿元，贷款余额323.99亿元，同比分别增长6.66%、14.91%、9.65%。个人住房贷款余额占缴存余额的87.91%，比上年增加1.40个百分点。

受委托办理住房公积金个人住房贷款业务的银行，兰州公积金中心13家，省资金中心15家，省电力中心6家，窑街煤电办事处1家，与上年一致。

2. 住房公积金支持保障性住房建设项目贷款：2019年，发放支持保障性住房建设项目贷款0亿元，回收项目贷款0亿元。2019年末，累计发放项目贷款9.5亿元，项目贷款余额0亿元。

（四）购买国债：2019年，购买国债0亿元，兑付国债0亿元。2019年末，国债余额0亿元，比上年末减少0亿元。

（五）融资：2019年，融资1亿元，归还6亿元。2019年末，融资总额24亿元，融资余额1亿元。

（六）资金存储：2019年末，住房公积金存款51.79亿元。其中，活期2.89亿元，1年（含）以下定期11.59亿元，1年以上定期28.94亿元，其他（协定、通知存款等）8.37亿元。

（七）资金运用率：2019年末，住房公积金个人住房贷款余额、项目贷款余额和购买国债余额的总和占缴存余额的87.91%，比上年增加1.4个百分点。

三、主要财务数据

（一）业务收入：2019年，业务收入118890.51万元，同比增长9.87%。其中，兰州公积金中心

65256.19万元，省资金中心36842.97万元，省电力中心15638.31万元，窑街煤电办事处1153.04万元；存款利息19639.09万元，委托贷款利息99205.46万元，国债利息0万元，其他45.96万元。

（二）**业务支出**：2019年，业务支出65129.49万元，同比增长4.39%。其中，兰州公积金中心37263.86万元，省资金中心20760.05万元，省电力中心6367.02万元，窑街煤电办事处738.56万元；支付职工住房公积金利息54404.13万元，归集手续费4776.68万元，委托贷款手续费4256.70万元，其他1691.98万元。

（三）**增值收益**：2019年，增值收益53761.02万元，同比增长17.32%。其中，兰州公积金中心27992.33万元，省资金中心16082.92万元，省电力中心9271.29万元，窑街煤电办事处414.48万元；增值收益率1.51%，比上年增加0.13个百分点。

（四）**增值收益分配**：2019年，提取贷款风险准备金7092.14万元，提取管理费用11437.04万元，提取城市廉租住房（公共租赁住房）建设补充资金35231.84万元。

2019年，上交财政管理费用6903.27万元。上缴财政城市廉租住房（公共租赁住房）建设补充资金27502.51万元。其中，兰州公积金中心上缴17692.71万元，省资金中心上缴9809.80万元，省电力中心上缴0万元，窑街煤电办事处上缴0万元。

2019年末，贷款风险准备金余额58303.90万元。累计提取城市廉租住房（公共租赁住房）建设补充资金275590.23万元。其中，兰州公积金中心提取163580.37万元，省资金中心提取94291.35万元，省电力中心提取15126.63万元，窑街煤电办事处提取2591.88万元。

（五）**管理费用支出**：2019年，管理费用支出10527.15万元，同比增长47.03%。其中，人员经费6968.53万元，公用经费601.35万元，专项经费2957.27万元。

兰州公积金中心管理费用支出3989.81万元，其中，人员、公用、专项经费分别为2077.61万元、220.58万元、1691.62万元；省资金中心管理费用支出2683.06万元，其中，人员、公用、专项经费分别为1400.89万元、316.55万元、965.62万元；省电力中心管理费用支出3516.73万元，其中，人员、公用、专项经费分别为3223.14万元、5.39万元、288.20万元；窑街煤电办事处管理费用支出337.55万元，其中，人员、公用、专项经费分别为266.89万元、58.83万元、11.83万元。

四、资产风险状况

（一）**个人住房贷款**：2019年末，个人住房贷款逾期额1448.23万元，逾期率0.44‰。其中，兰州公积金中心0.47‰，省资金中心0.47‰，省电力中心0.09‰，窑街煤电办事处0.6‰。

个人贷款风险准备金按贷款余额的1%提取。2019年，提取个人贷款风险准备金7092.14万元，使用个人贷款风险准备金核销呆坏账0万元。2019年末，个人贷款风险准备金余额58303.90万元，占个人住房贷款余额的1.80%，个人住房贷款逾期额与个人贷款风险准备金余额的比率为2.48%。

（二）**支持保障性住房建设试点项目贷款**：2019年末，逾期项目贷款0万元，逾期率0‰。

项目贷款风险准备金按贷款余额的4%提取。2019年，提取项目贷款风险准备金0万元，使用项目贷款风险准备金核销呆坏账0万元，项目贷款风险准备金余额0万元，占项目贷款余额的0%，项目贷款逾期额与项目贷款风险准备金余额的比率为0%。

（三）**历史遗留风险资产**：2019年末，历史遗留风险资产余额0万元，比上年减少0万元，历史遗留风险资产回收率 0%。

五、社会经济效益

（一）缴存业务：2019 年，实缴单位数、实缴职工人数和缴存额同比分别增长 14.17%、4.89% 和 11.93%。

缴存单位中，国家机关和事业单位占 26.93%，国有企业占 15.30%，城镇集体企业占 0.80%，外商投资企业占 1.06%，镇私营企业及其他城镇企业占 53.76%，民办非企业单位和社会团体占 1.89%，其他占 0.26%。

缴存职工中，国家机关和事业单位占 27.37%，国有企业占 48.77%，城镇集体企业占 0.87%，外商投资企业占 1.28%，城镇私营企业及其他城镇企业占 20.62%，民办非企业单位和社会团体占 0.56%，其他占 0.53%；中、低收入占 94.48%，高收入占 5.52%。

新开户职工中，国家机关和事业单位占 18.48%，国有企业占 33.13%，城镇集体企业占 0.34%，外商投资企业占 1.78%，城镇私营企业及其他城镇企业占 44.03%，民办非企业单位和社会团体占 1.02%，其他占 1.22%；中、低收入占 99.83%，高收入占 0.17%。

（二）提取业务：2019 年，22.46 万名缴存职工提取住房公积金 85.05 亿元。

提取金额中，住房消费提取占 71.70%（购买、建造、翻建、大修自住住房占 50.16%，偿还购房贷款本息占 46.07%，租赁住房占 3.64%，其他占 0.13%）；非住房消费提取占 28.30%（离休和退休提取占 70.59%，完全丧失劳动能力并与单位终止劳动关系提取占 4.54%，户口迁出本市或出境定居占 0.61%，其他占 24.26%）。

提取职工中，中、低收入占 98.60%，高收入占 1.40%。

（三）贷款业务：

1. 个人住房贷款：2019 年，支持职工购建房 186.48 万平方米，年末个人住房贷款市场占有率为 24.49%，比上年减少 2.32 个百分点。通过申请住房公积金个人住房贷款，可节约职工购房利息支出 128840.89 万元。

职工贷款笔数中，购房建筑面积 90（含）平方米以下占 20.65%，90～144（含）平方米占 73.73%，144 平方米以上占 5.62%。购买新房占 81.00%（其中购买保障性住房占 4.57%），购买存量商品住房占 18.64%，建造、翻建、大修自住住房占 0%，其他占 0.36%。

职工贷款笔数中，单缴存职工申请贷款占 33.71%，双缴存职工申请贷款占 65.64%，三人及以上缴存职工共同申请贷款占 0.65%。

贷款职工中，30 岁（含）以下占 30.82%，30 岁～40 岁（含）占 34.18%，40 岁～50 岁（含）占 23.62%，50 岁以上占 11.38%；首次申请贷款占 90.04%，二次及以上申请贷款占 9.96%；中、低收入占 97.49%，高收入占 2.51%。

2. 异地贷款：2019 年，发放异地贷款 2570 笔、111929 万元。2019 年末，发放异地贷款总额 1149846.26 万元，异地贷款余额 867896.13 万元。

3. 公转商贴息贷款：2019 年，发放公转商贴息贷款 5 笔、270 万元，支持职工购建住房面积 0.07 万平方米，当年贴息额 506.49 万元。2019 年末，累计发放公转商贴息贷款 800 笔、35236.00 万元，累计贴息 1156.47 万元。

4. 支持保障性住房建设试点项目贷款：2019 年末，累计试点项目 11 个，贷款额度 9.5 亿元，建筑面积 100.65 万平方米，可解决 11841 户中低收入职工家庭的住房问题。11 个试点项目贷款资金已发放并还清贷款本息。

（四）**住房贡献率**：2019 年，个人住房贷款发放额、公转商贴息贷款发放额、项目贷款发放额、住房消费提取额的总和与当年缴存额的比率为 116.47%，比上年减少 2.92 个百分点。

六、其他重要事项

（一）当年机构及职能调整情况、受委托办理缴存贷款业务金融机构变更情况

兰州公积金中心：根据全市统一要求，原"计划归集处、贷款管理处、信息处、财务处、稽查处、稽核处"分别变更为"计划归集科、贷款管理科、信息科、财务科、稽查科、稽核科"，其工作职能未变。

省资金中心、省电力中心和窑街煤电办事处无变更。

（二）当年住房公积金政策调整及执行情况

兰州公积金中心：

修订了《兰州住房公积金管理中心归集业务操作规程》（兰住金〔2019〕33 号），规范了缴存单位和自由职业者缴存户的缴存行为，设立集中封存户，解决了与单位解除劳动关系职工的住房公积金管理问题。

自 2019 年 7 月 1 日起，兰州市住房公积金缴存基数调整为职工本人上年度的月平均工资，且最高不得超过我市城镇非私营单位在岗职工月平均工资 7131.25 元的 3 倍，即：21393.75 元；最低不得低于所在县区最低工资标准，即：兰州新区以及城关区等五区均为 1620 元，永登县等三县为 1570 元。我市自由职业者住房公积金缴存基数统一调整为：最低不低于 7131.25 元，最高不得超过 21393.75 元。本年度缴存比例未作调整，住房公积金基本缴存比例为单位 12%、个人 9%，且单位和职工个人住房公积金缴存比例均最高不得超过 12%，最低不得低于 5%。自由职业缴存者缴存比例在 10%~21% 之间自行选择确定。在我中心已开户缴存住房公积金的企业，因自身生产经营情况，确有困难的，可阶段性适当降低现有住房公积金缴存比例，但单位和个人缴存比例最低均不得低于 5%。

出台了《兰州住房公积金管理中心关于简化集中封存户提取业务相关证明材料等事宜的通知》（兰住金〔2019〕39 号），简化集中封存户提取业务资料要件。转入集中封存户管理的缴存职工，因解除劳动关系办理提取业务的，连续停缴 6 个月以上且未在其他住房公积金中心开设账户的，凭本人身份证即可办理。

当年最高贷款额度未作调整，仍为已婚家庭最高 60 万元，单身职工最高 50 万元。

当年对住房公积金个人住房贷款政策进行了完善，修订了《兰州市住房公积金个人住房贷款管理办法》，按照住房和城乡建设部要求取消了贷款担保关于质押担保及贷款需办理保险、公证等内容；对铁路分中心缴存职工贷款办理的担保方式、兰州公积金中心贷款授权审批原则、缴存职工申请贷款应具备的缴存住房公积金时间条件、受委托银行考核办法、最高贷款额度由管委会确定、贷款额度与借款人具体缴存情况挂钩原则等进行了规范和明确。修订了《兰州住房公积金管理中心个人住房贷款操作规程》，制定了《住房公积金个人住房贷款贷后业务操作规程》，对贷前、贷中、贷后业务进一步细化完善，全面规范业务

操作，降低业务差错率，提升业务办理效率。全面规范了住房公积金个人住房贷款担保方式。其中，对于抵押担保的，明确要求必须依法办理房产抵押；期房办理预抵押的，明确要求房地产开发企业必须提供阶段性连带责任保证担保。对保证担保的，已要求现有的 1 家担保机构按照担保责任余额标准追加了注册资本。

严格执行人民银行住房公积金贷款利率，贷款期限为 5 年（含）以下年利率为 2.75%，5 年以上年利率为 3.25%。

省资金中心：

制定实施《关于个体工商户、自由职业人员、进城务工人员、新市民等自愿缴存人员建立住房公积金制度的暂行规定（试行）》（甘房资发〔2019〕51 号）及相应的归集业务操作规程，进一步降低缴存门槛，简化开户要件，让住房公积金制度在解决这部分群体住房困难方面发挥积极作用。取消租赁专家、教师公寓提取政策中"职工本人或配偶已提取过住房公积金的一方，不能凭本次租赁教师公寓楼相关材料申请办理提取业务，另一方未曾提取过的可以申请办理；如夫妻双方均未提取过住房公积金的，则均可凭租赁教师公寓相关材料申请提取"的条件限制，调整提取政策规定，放宽职工租赁专家教师公寓提取条件。继续调整优化业务流程、简化办事证明要件，梳理并明确归集业务办理时限。对单位版网上服务大厅开通使用流程进行简化调整，方便缴存单位通过网上服务大厅办理归集业务。

2019 年度严格执行缴存基数限额，办理缴存比例调整。职工缴存基数为职工本人上一年度月平均工资，缴存基数不高于兰州市统计部门公布的上年度月平均工资的 3 倍，且最低不低于兰州市统计部门公布的上一年度职工月平均工资的 0.6 倍。单位及职工缴存比例最低不低于 5%，且最高不高于 12%。

调整缴存职工的首套房及二套房认定规则，落实区域化限购和差别化信贷政策。修订了《甘肃省住房资金管理中心变更公积金贷款担保方式的操作流程（2019 年修订）》，加强贷后风险防控。对专家教师公寓的贷款期限及贷款对象进行了调整。为了解决因开发商拒绝缴存职工使用公积金贷款而不得不办理商业性个人住房贷款的问题，在原有政策的基础上优化"商转公"贷款政策，减轻了缴存职工偿还商业性个人住房贷款的经济负担。

当年个人住房贷款最高贷款额度 60 万元，其中单身职工最高额度 50 万元，已婚职工最高额度 60 万元。

贷款期限 5 年（含 5 年）以下利率为 2.75%，5 年以上利率为 3.25%。

省电力中心：取消住房公积金提取资料的年限限制；对购买二手房、偿还住房贷款本息、租房提取原因提取要求进一步明确，规范提取资料和要求；取消装修提取条款；明确住房公积金异地转移接续业务流程。调整贷款业务资料受理时限要求，规范异地贷款相关条款。

窑街煤电办事处：2019 年管委会决策统一了住房公积金政策。自 2019 年起，中止执行《窑街煤电集团公司住房公积金管理办法》和《住房公积金操作规程》，全面执行《兰州市住房公积金归集管理办法》《兰州市住房公积金提取管理办法》《兰州市住房公积金贷款管理办法》以及与之配套的《住房公积金提取操作规程》《住房公积金贷款操作规程》和《住房公积金归集操作规程》，今后该办事处不再出台住房公积金管理方面的政策，凡兰州公积金中心出台的住房公积金各项政策，该办事处原文转发并执行。

（三）当年服务改进情况

兰州公积金中心：

在服务网点、服务设施、服务手段方面：一是打造优质服务环境。引入 VI 形象识别系统，制定了《服务大厅 VI 导视标准》，并应用于新购置的榆中管理部服务大厅的装修改造，七里河管理部服务大厅的整体改造，及十个服务大厅门头的统一，营造了更加舒适、便民的服务环境。二是加强服务技能培训。邀请专业礼仪老师开展大型专题培训 1 次，开展专题培训 10 次，岗前培训 1 次，优秀服务标兵宣讲活动 10 次，有效提升了干部职工服务意识和服务水平。三是不断加强服务管理。严格落实《兰州住房公积金管理中心窗口规范化服务标准》。采用每天电子监控、定时检查、预警提醒等方式，全方位监督窗口人员服务行为，不断提高服务管理，有效提升了服务质量。四是认真回应职工服务诉求。秉承"求真务实、服务于民"的宗旨，做到群众诉求投诉有接待、处理有程序、结果有反馈、责任有落实。2019 年收到各类诉求 821 件，办结率 100％。其中：政策类诉求 110 件、咨询建议类诉求 553 件、其他类诉求 14 件、撤诉诉求 127 件、表扬感谢类 17 件，服务质量类诉求 0 件，实现了服务质量"零投诉"。五是充分发挥模范带头作用。按照"科学、合理、民主、公开"的原则，评选出"季度服务标兵" 48 人、"年度服务标兵" 12 人，为中心干部职工树立了更高的标杆。

不断加强综合服务平台建设，认真贯彻落实省、市政府工作要求，丰富拓展服务渠道，推动更多公积金业务线上办理，为职工个性化服务提供多种选择。一是完成省政务服务"一网通办"的对接工作。二是实现住房公积金高频事项的在线办理。三是丰富服务手段，实现住房公积金缴存业务网上办理。截至 2019 年末，微信公众号关注数近 30.5 万人，微信登录数达 234.3 万人次，职工通过网上渠道办理业务 73 万笔，占同类总业务数的 61.5％。

省资金中心：

2019 年，省资金中心结合单位人员组成、业务性质和工作特点，借鉴行业先进理念和经验，对服务进行改进，并取得了一定成效。一是更新服务设施，优化服务水平。2019 年 3 月 5 日，省资金中心城关业务受理大厅 2 楼投入使用，全面优化了一层网上大厅自助办理体验和周六延时服务，使群众办事更加方便快捷。二是创新服务手段，提升服务体验。出台《甘肃省住房资金管理中心投诉管理制度》，进一步畅通咨询投诉渠道，实行"首诉负责制"。通过规范投诉建议处理流程、强化责任意识，提高服务质量和办事效率。2019 年全年受理投诉（举报）申请 133 份，全部在 5 个工作日内予以回复。开展扫黑除恶，加强服务保障。2019 年，省资金中心积极参加扫黑除恶专项斗争，进一步加强日常监管，认真摸排和严肃惩处缴存职工通过非法中介以虚假手段违规提取住房公积金、骗取住房公积金贷款，非法黑中介收取高额手续费等行为，切实保护广大缴存职工和人民群众的合法利益不受侵害。三是运用信息化手段，夯实服务基础。全面推进"互联网＋住房公积金"建设，落实"放管服"改革要求。将已建成使用的住房公积金综合服务平台迁移到"建行云"上运行，平台运行更加安全，并对业务办理手续进一步简化，增加业务办理种类。2019 年 12 月 6 日，省资金中心的住房公积金综合服务平台顺利通过部、省级专家组验收。同时拓展服务渠道，与甘肃政务服务网全面对接，实现了住房公积金网上业务办理渠道与政务网互联互通，更大范围内实现服务"一网通办"。通过支付宝人脸识别技术，刷脸查公积金的功能也正式上线并投入了使用。

省电力中心：无。

窑街煤电办事处：2019 年 3 月 30 日建成综合服务平台。

（四）当年信息化建设情况

兰州公积金中心：积极做好信息化建设基础工作，不断完善信息化服务平台。一是认真落实省市政府关于"放管服"和"四办"改革工作要求，实现业务系统集中建设、集中管理、集中应用，做到业务、结算、核算、服务渠道的统一。二是完成全国住房公积金数据平台接入工作，定时向全国平台传送一致、完整、有效的增量数据。三是整合中心现有计算、存储资源，将中心主要业务迁移至虚拟化平台。四是通过可视化管理平台完成网络设备的监测及运维，确保系统运行稳定、业务数据安全。五是狠抓电子稽查工作，及时整改隐患，切实提升了业务风险防控能力，保障资金安全。六是优化网络环境，提高网络安全防护能力。全面贯彻落实《网络安全法》，完善并落实网络安全责任、网络安全应急响应等相关制度。

省资金中心：全力推进政务信息共享，接通人口基础信息、婚姻登记、房屋信息共享数据，让缴存职工享受到更加便捷的服务，也提高了业务办理过程中对基础信息的核对精度。成功接入住房和城乡建设部搭建的全国住房公积金数据平台，并完成了全量公积金数据的报送。通过该数据平台将实现与税务总局的数据交换共享，为下一步贷款职工享受个税抵扣的优惠政策奠定了数据基础，维护了缴存职工合法权益。

省电力中心：2019年10月升级完善住房公积金信息系统，公积金异地转移结算直连上线。

窑街煤电办事处：无。

（五）当年住房公积金管理中心及职工所获荣誉情况

兰州公积金中心：1名职工被市文明办授予2019年5月"兰州好人"荣誉称号，1名职工被市妇联授予"最美母亲"荣誉称号。

省资金中心：被省妇联评为甘肃省"巾帼建功先进集体"，被共青团中央、住房和城乡建设部授予2017—2018年度全国"青年文明号"荣誉称号，党建宣传片获2019年全省党员教育宣传片观摩交流活动"十佳摄影作品"。

其他中心：无。

（六）当年对违反《住房公积金管理条例》和相关法规行为进行行政处罚和申请人民法院强制执行情况

兰州公积金中心：2019年共对50家单位启动行政执法程序，有3家被执法单位、517名职工已开户缴存住房公积金。对人民法院判决生效但未主动还款的3名逾期贷款人申请了强制执行，通过法律途径处理逾期贷款11笔。

其他中心：无。

（七）当年对住房公积金管理人员违规行为的纠正和处理情况等

兰州公积金中心：退回劳务派遣公司2人。

其他中心：无。

（八）其他需要披露的情况

省电力中心：在《甘肃省电力行业住房公积金管理办法》中明确以下条款：单位必须按时、足额缴存住房公积金，不得逾期缴存或者少缴。欠缴2年以上的单位，经中心约谈、催缴后仍不缴费的，中心向管委会提交相关议案，经管委会审议通过后转出中心。

其他中心：无。

注：本报告各项数据为兰州公积金中心、省资金中心、省电力中心和窑街煤电办事处四家机构的合并

数据。兰州公积金中心相应内容已经 2020 年 3 月 24 日第三届兰州住房公积金管理委员会第六次会议审议通过。

嘉峪关市住房公积金 2019 年年度报告

一、机构概况

（一）住房公积金管理委员会：住房公积金管理委员会有 19 名委员，2019 年召开四届四次管委会会议，审议通过的事项主要包括：《2018 年全市住房公积金管理工作暨 2019 年工作计划》《2018 年住房公积金增值收益分配计划》《2019 年度住房公积金归集、使用计划》《嘉峪关市住房公积金 2018 年年度报告》《申请嘉峪关市住房公积金管理委员会授权市住房公积金管理中心审批降低缴存比例或缓缴住房公积金》《申请将不动产登记证明工本费列入业务支出的请示》《嘉峪关市住房公积金归集管理办法》《嘉峪关市住房公积金提取管理办法》《嘉峪关市住房公积金贷款管理办法》部分条款进行修订。

（二）住房公积金管理中心：嘉峪关市住房公积金管理中心（以下简称"市中心"）为直属嘉峪关市人民政府不以营利为目的参照国家公务员管理的副县级事业单位，主要负责全市住房公积金的管理、归集、使用和会计核算，目前中心内设 3 个科室，从业人员 37 人，其中在编 7 人，非在编 30 人。

甘肃矿区住房公积金管理中心（以下简称"矿区中心"）主要负责甘肃矿区住房公积金的管理、归集、使用和会计核算，矿区中心设 1 个科室。从业人员 11 人，其中，在编 8 人，非在编 3 人。

二、业务运行情况

（一）缴存：2019 年，新开户单位 82 家，实缴单位 573 家，净增单位 75 家；新开户职工 3144 人，实缴职工 5.97 万人，净增职工 0.07 万人；缴存额 9.67 亿元，同比增长 9.64%。2019 年末，缴存总额 79.60 亿元，比上年末增加 13.83%；缴存余额 30.84 亿元，比上年末增加 9.32%。

受委托办理住房公积金缴存业务的银行 3 家，与上年相比无变化。

（二）提取：2019 年，提取额 7.04 亿元，同比下降 10.77%；占当年缴存额的 72.8%，比上年减少 16.66 个百分点。2019 年末，提取总额 48.76 亿元，比上年末增加 16.87%。

（三）贷款：

个人住房贷款最高额度 50 万元，其中，单缴存职工家庭最高额度 40 万元，双缴存职工家庭最高额度 50 万元。

2019 年，发放个人住房贷款 0.24 万笔、6.25 亿元，同比分别下降 7.69% 和增长 5.57%。其中：市中心发放个人住房贷款 0.22 万笔、5.48 亿元；矿区中心发放个人住房贷款 0.02 万笔、0.77 亿元。

2019 年，回收个人住房贷款本金 1.69 亿元。其中：市中心 1.23 亿元，矿区中心 0.46 亿元。

2019 年末，累计发放个人住房贷款 2.02 万笔、29.51 亿元，贷款余额 16.85 亿元，分别比上年末增加 14.12%、26.87%、37.01%。个人住房贷款余额占缴存余额的 54.64%，比上年末增加 11.07 个百分点。

受委托办理住房公积金个人住房贷款业务的银行3家，与上年相比无变化。

（四）资金存储：2019年末，住房公积金存款13.41亿元。其中，活期0.67亿元，1年（含）以下定期0.9亿元，1年以上定期11.05亿元，其他（协定、通知存款等）0.79亿元。

（五）资金运用率：2019年末，住房公积金个人住房贷款余额、项目贷款余额和购买国债余额的总和占缴存余额的54.64%，比上年增加11.07个百分点。

三、主要财务数据

（一）业务收入：2019年，业务收入9767.19万元，同比下降2.53%。其中，市中心8201.06万元，矿区中心1566.14万元；存款利息4984.44万元，委托贷款利息4782.04万元，其他0.71万元。

（二）业务支出：2019年，业务支出4521.16万元，同比增长5.37%。其中，市中心3711.24万元，矿区中心809.92万元；支付职工住房公积金利息4313.31万元，委托贷款手续费205.31万元，其他2.54万元。

（三）增值收益：2019年，增值收益5246.03万元，同比下降8.45%。其中，市中心4489.81万元，矿区中心756.22万元；增值收益率1.75%，比上年增加0.27个百分点。

（四）增值收益分配：2019年，提取贷款风险准备金456.10万元，提取管理费用1038.14万元，提取城市廉租住房（公共租赁住房）建设补充资金3751.79万元。

2019年，上交财政管理费用1453.27万元。上缴财政城市廉租住房（公共租赁住房）建设补充资金3805.15万元。其中：市中心上缴3691.50万元，矿区中心上缴113.65万元。

2019年末，贷款风险准备金余额1684.63万元。累计提取城市廉租住房（公共租赁住房）建设补充资金34266.07万元。其中，市中心提取32032.99万元，矿区中心提取2233.08万元。

（五）管理费用支出：2019年，管理费用支出975.87万元，同比增长38.48%。其中，人员经费201.63元，公用经费239.92万元，专项经费534.32万元。

市中心管理费用支出594.07万元，其中，人员、公用、专项经费分别为201.63万元、135.07万元、257.37万元；矿区中心管理费用支出381.80万元，其中，人员、公用、专项经费分别为0万元、104.85万元、276.95万元。

四、资产风险状况

个人住房贷款：2019年末，个人住房贷款逾期额137.99万元，逾期率0.82‰。其中，市中心0.71‰，矿区中心1.17‰。

个人贷款风险准备金按贷款余额的1%提取。2019年，提取个人贷款风险准备金456.10万元，未使用个人贷款风险准备金核销呆坏账。2019年末，个人贷款风险准备金余额1684.63万元，占个人住房贷款余额的1%，个人住房贷款逾期额与个人贷款风险准备金余额的比率为8.19%。

五、社会经济效益

（一）缴存业务：2019年，实缴单位数、实缴职工人数和缴存额同比分别增长15.06%、1.02%

和9.64%。

缴存单位中，国家机关和事业单位占43.98%，国有企业占30.19%，城镇集体企业占0%，外商投资企业占0.35%，城镇私营企业及其他城镇企业占18.15%，民办非企业单位其他占7.33%。

缴存职工中，国家机关和事业单位占18.18%，国有企业占74.62%，城镇集体企业占0.00%，外商投资企业占0.26%，城镇私营企业及其他城镇企业占5.64%，其他占1.3%；中、低收入占99.15%，高收入占0.85%。

新开户职工中，国家机关和事业单位占7%，国有企业占64.44%，城镇集体企业占0.00%，外商投资企业占0.19%，城镇私营企业及其他城镇企业占23%，其他占5.37%；中、低收入占99.59%，高收入占0.41%。

（二）提取业务：2019年，1.89万名缴存职工提取住房公积金7.03亿元。

提取金额中，住房消费提取占77.96%（购买、建造、翻建、大修自住住房占41.73%，偿还购房贷款本息占34.80%，租赁住房占1.43%，其他占0%）；非住房消费提取占22.04%（离休和退休提取占16.33%，完全丧失劳动能力并与单位终止劳动关系提取占0.46%，其他占5.25%）。

提取职工中，中、低收入占99.45%，高收入占0.55%。

（三）贷款业务：

1. 个人住房贷款：2019年，支持职工购建房28.24万平方米，年末个人住房贷款市场占有率为33.44%，比上年末增加6.14个百分点。通过申请住房公积金个人住房贷款，可节约职工购房利息支出8184.05万元。

职工贷款笔数中，购房建筑面积90（含）平方米以下占12.17%，90~144（含）平方米占79.40%，144平方米以上占8.43%。购买新房占73.23%，购买二手房占26.77%。

职工贷款笔数中，单缴存职工申请贷款占37.54%，双缴存职工申请贷款占62.34%，三人及以上缴存职工贷款占0.12%。

贷款职工中，30岁（含）以下占47.33%，30岁~40岁（含）占31.95%，40岁~50岁（含）占15.87%，50岁以上占4.85%；首次申请贷款占91%，二次及以上申请贷款占9%；中、低收入占99.79%，高收入占0.21%。

2. 异地贷款：2019年，发放异地贷款43笔、1244.40万元。2019年末，发放异地贷款总额3594.60万元，异地贷款余额2720.71万元。

（四）住房贡献率：2019年，个人住房贷款发放额、公转商贴息贷款发放额、项目贷款发放额、住房消费提取额的总和与当年缴存额的比率为121.3%，比上年减少21.90个百分点。

六、其他重要事项

（一）当年机构及职能调整情况。 2018年8月，酒钢分中心正式移交市住房公积金管理中心管理，2019年1月1日完成了中心与分中心业务整合及数据库合并。在全省首家完成了行业住房公积金分中心移交市政府管理，率先实现了国家要求的"统一决策，统一管理，统一制度，统一核算"的"四统一"管理模式。

（二）当年住房公积金政策调整及执行情况。 管委会严格按照《住房公积金管理条例》规定履行对有关事项的决策。2019年6月，召开了嘉峪关市住房公积金管理委员会四届四次会议。会议审议通过以下政策的修订：

1. 缴存基数及缴存比例调整情况

2019年7月调整住房公积金缴存基数，住房公积金缴存基数最高不应高于职工工作地设区城市公布的上一年度职工月平均工资的3倍，执行最低工资标准的职工，最低不应低于职工工作地所在设区城市公布的最低工资标准。

矿区中心2019年最低缴存基数限额不得低于社保平均工资，最高缴存基数限额不得高于社保平均工资的3倍，缴存比例仍按单位缴纳12%，个人缴纳12%。

2. 当年住房公积金贷款利率调整及执行情况

住房公积金贷款利率随央行利率调整而调整，从利率调整当日起新发放的贷款执行新利率，利率调整前发放的贷款，于次年的1月1日起执行新的利率标准。现行利率为首套房1～5年（含5年）2.75%，5年以上3.25%；二套房上浮10%。

3. 当年住房公积金政策调整及执行情况

一是继续优化住房公积金使用政策。坚持"房住不炒"的定位，全面推行异地贷款业务，加大对中低收入家庭购买首套住房和改善性购房的支持力度，进一步放宽住房公积金提取和贷款条件，支持缴存职工合理住房消费。

二是深入贯彻新发展理念，落实住房公积金支持民营企业发展政策，促进社会持续发展。加大对招商引资重点企业、非公有制企业建立住房公积金制度的政策宣传，推动非公企业建立住房公积金制度，鼓励个体工商户、自由职业者和进城务工人员建立住房公积金缴存制度，享受住房公积金优惠政策。积极推进个体工商户、自由职业者群体缴存住房公积金。

三是认真贯彻执行《关于保持住房公积金业务平稳运行有关问题的通知》（建办金〔2017〕47号）文件精神，停办业务提前向住房城乡建设厅备案，严格遵守各类重大事项和突发事件报告制度。利用报纸、网站、微信、手机客户端等新媒体，增强宣传的针对性和实效性。加强宣传和舆论引导。

四是为支持民营经济发展，出台了阶段性降低缴存比例和缓缴政策，对符合条件的民营企业允许缓缴住房公积金，促进了民营经济的发展。继续优化住房公积金使用政策，支持缴存职工家庭合理住房消费，放宽直系亲属住房公积金使用，发挥公积金家庭代际互助作用。有力地促进了固定资产投资的增长和棚户区改造工作顺利推进。

4. 当年住房公积金个人住房贷款最高贷款额度情况

嘉峪关市中心继续执行单缴存职工家庭公积金贷款额度最高不超过40万元，双缴存职工家庭公积金贷款额度最高不超过50万元。贷款期限最长不超过30年，且不超过法定退休年龄后5年，同时借款人月还款额不超过职工月工资收入的60%。

矿区中心执行单缴存职工家庭公积金贷款额度最高不超过40万元，双缴存职工家庭公积金贷款额度最高不超过50万元。积金贷款年限最长不超过30年，且不得超过本人的退休年龄后5年。

（三）当年服务改进情况。

1. 嘉峪关市住房公积金管理中心服务改进情况

一是完善了便民服务设施，为群众提供整洁、高效、舒心的办事环境。按照"三集中、三到位"要求设置了 10 个综合服务窗口、实行前台统一受理，后台分类审批。服务大厅实行综合柜员制，实现了"一个窗口收件、一站式服务、一次性办结"，资金划转即时到账，极大地方便了办事群众。

二是深入"一窗办一网办简化办马上办""四办"改革提质增效。着力解决群众办事的难点和堵点，认真梳理办事流程，清理办事堵点。取消了 11 项不必要的证明材料，向社会公布"最多跑一次"办事目录。初步梳理出可承诺的住房公积金业务高频证明事项 7 项，将提取和贷款业务中的部分法定提交材料，改为填写个人承诺书，实现清单之外无证明，进一步减轻群众办事负担。

三是住房公积金业务管理规范化、精细化、标准化程度进一步提高。以住房和城乡建设部发布的《住房公积金归集业务标准》和《住房公积金个人住房贷款业务规范》为指引，结合我市住房公积金管理运行情况，修订完善了《住房公积金归集业务操作规程》等四项操作规程，达到了制度完善、管理规范、廉洁高效、风险可控、为民务实的要求。为进一步提高住房公积金管理和服务质量奠定了坚实的基础。三年来，无违规违纪问题发生。

2. 矿区中心服务改进情况

一是强化作风建设促服务。中心切实加强工作作风转变，进行文明用语及业务统一操作培训，并为大厅业务经办人购置统一工装，改造大厅门口踏步防滑地砖，切实提升服务质量和服务形象。

二是强化服务树形象。深入开展党的十九大精神学习教育活动和"不忘初心，牢记使命"主题教育活动，切实加强对职工的勤政廉政和作风纪律教育，严格工作纪律和廉洁自律要求，切实规范服务行为，不断提升为民服务的能力和效率。

三是不断加大住房公积金政策的宣传力度，采取了多种形式进行宣传。

四是对行动不便的人员继续进行预约上门服务。

五是强化政策支持，强化资金运作，有力保障住房需求。结合中心结余资金存量，进一步优化公积金使用政策，围绕"保一、限二、禁三"原则，于 3 月 15 日出台新的《矿区住房公积金归集、提取、贷款管理办法》，加大青年缴存职工购房刚性需求支持，提高了改善性购房准入门槛，严禁第三套房屋和第三次贷款的发放。

（四）当年信息化建设情况。

1. 嘉峪关市住房公积金管理中心信息化建设情况

一是打造了集网站、网上业务大厅、微信公众服务号、手机 APP、自助查询机、12329 服务热线和短信平台、微信城市查询八大功能于一体的住房公积金综合服务平台，并顺利通过建设部验收。实现了职工可随时随地了解有关政策、查询公积金账户信息、提交业务办理申请、跟踪业务办理进度的目标。通过综合服务平台，将柜面业务向移动互联网终端和八小时以外延伸，为缴存职工提供了指尖上的便捷服务。

二是公积金管理系统与甘肃政务服务网嘉峪关子站进行深度对接，在全省率先实现了"一网通办"。2019 年甘肃政务网行政审批公积金业务受理 77120 件，全部办结。

三是加快信息化建设，推进部门信息共享。按照建设部信息化建设导则和全市信息化建设统一部署要求，完成信息化建设硬件、软件升级改造，达到信息安全等级保护标准，提高信息化安全水平。推进与人民银行征信系统、人力资源和社会保障、公安、房管、民政、不动产登记等部门的信息共享。

2. 矿区中心信息化建设情况

强化科技支撑，有效助推创新发展。加快信息化建设步伐，完成综合服务平台升级改造，实现移动审批功能和自助业务办理终端采购，重构优化业务流程，并请基正公司对综合服务平台开展业务培训，全面推进综窗业务。积极与中国人民银行兰州中心支行对接，协调征信系统准入事宜。

（五）当年住房公积金管理中心及职工所获荣誉情况。 市中心2019年荣获政治生态"五星级"党组织的荣誉称号，中心将再接再厉，巩固成果，精益求精，充分发挥本领域的示范效应，着力打造政治生态建设品牌，以比学赶超的实际行动，共同构建激浊扬清、固本培元的政治生态体系，为推进高质量的公积金事业，提供坚强的政治保障。

金昌市住房公积金2019年年度报告

一、机构概况

（一）住房公积金管理委员会： 住房公积金管理委员会有25名委员，2019年召开3次会议，选举产生了新一届住房公积金管理委员会。审议通过了《金昌市住房公积金2018年年度报告》《关于2018年度住房公积金归集使用计划执行情况的报告》和《关于2019年度住房公积金归集使用计划的报告》《关于将生产经营困难企业申请降低住房公积金缴存比例或者缓缴的审批权限授权给市住房公积金管理中心的请示》《金昌市住房公积金管理委员会关于进一步发挥住房公积金制度作用支持住房保障和改善市民居住条件的实施意见》《金昌市灵活就业人员住房公积金缴存使用管理规定（试行）》《金昌市住房公积金管理中心关于在住房公积金贷款中设定存贷挂钩倍数和时间系数的请示》《金昌市住房公积金管理中心关于取消"发生特殊病症提取住房公积金"提取类型的请示》《金昌市住房公积金管理中心关于取消住房公积金异地贷款户籍地限制的请示》《关于取消商转公贷款银行所在地限制及已还贷时间限制的请示》《金昌市住房公积金管理中心关于调整住房公积金最低缴存基数标准的请示》。

（二）市住房公积金管理中心： 市住房公积金管理中心为金昌市人民政府直属不以营利为目的的参照公务员管理的事业单位，设5个科，3个管理部。从业人员43人，其中，在编27人，非在编16人。

市住房公积金管理中心金川集团公司分中心（以下简称"分中心"）为金川集团公司服务分公司和金川集团公司财务部双重管理的不以营利为目的的正科级企业单位。从业人员35人，其中在编35人。

二、业务运行情况

（一）缴存： 2019年，新开户单位65家，实缴单位730家，净增单位40家；新开户职工0.34万人，实缴职工6.349万人，净增职工0.2万人；缴存额10.18亿元，同比增长13.11%。2019年末，缴存总额102.26亿元，比上年末增长11.06%；缴存余额44.66亿元，比上年末增长9.01%。

受委托办理住房公积金缴存业务的银行8家，与上年一致。

（二）提取： 2019年，提取额6.49亿元，同比增长15.66%；占当年缴存额的63.75%，比上年增长1.42个百分点。2019年末，提取总额57.6亿元，比上年末增长12.7%。

（三）贷款：

1. 个人住房贷款：个人住房贷款最高额度 60 万元，其中，单缴存职工最高额 50 万元，双缴存职工最高额度 60 万元。

2019 年，发放个人住房贷款 0.0875 万笔、2.58 亿元，同比分别下降 7.6%、7.2%。其中，市中心发放个人住房贷款 0.0641 万笔、1.945 亿元，分中心发放个人住房贷款 0.0234 万笔、0.637 亿元。

2019 年，回收个人住房贷款 1.93 亿元。其中，市中心 1.501 亿元，分中心 0.43 亿元。

2019 年末，累计发放个人住房贷款 1.7011 万笔、26.97 亿元，贷款余额 11.61 亿元，分别比上年末增加 5.42%、10.62%、5.98%。个人住房贷款余额占缴存余额的 26%，（其中：市中心为 46.49%，公司分中心为 8.14%）比上年末减少 0.75 个百分点。

受委托办理住房公积金个人住房贷款业务的银行 3 家，与上年一致。

2. 住房公积金支持保障性住房建设项目贷款：2019 年，未发放和回收支持保障性住房建设项目贷款。2019 年末，累计发放项目贷款 2.5 亿元，项目贷款余额 0 亿元。

（四）购买国债：2019 年，未购买及兑付国债。2019 年末，国债余额 0 亿元。

（五）融资：2019 年，融资 0 亿元，归还 0 亿元。2019 年末，融资总额 0 亿元，融资余额 0 亿元。

（六）资金存储：2019 年末，住房公积金存款 33.42 亿元。其中，活期 0.53 亿元，1 年（含）以下定期 23.33 亿元，1 年以上定期 0.65 亿元，其他（协定、通知存款、大额存单等）8.91 亿元。

（七）资金运用率：2019 年末，住房公积金个人住房贷款余额、项目贷款余额和购买国债余额的总和占缴存余额的 26%，比上年末减少 0.75 个百分点。

三、主要财务数据

（一）业务收入：2019 年，业务收入 10795.98 万元，同比增长 7.43%。其中，市中心 5563.94 万元，分中心 5232.04 万元；存款利息 7199.24 万元，委托贷款利息 3554.68 万元，其他（增值收益收入及罚息收入）42.06 万元。

（二）业务支出：2019 年，业务支出 6850.13 万元，同比增长 13.35%。其中，市中心 3111.48 万元，分中心 3738.65 万元；支付职工住房公积金利息 6684.59 万元，委托贷款手续费 164.86 万元，其他 0.68 万元。

（三）增值收益：2019 年，增值收益 3945.85 万元，同比下降 1.49%。其中，市中心 2452.46 万元，同比增长 21.67%，分中心 1493.39 万元，同比下降 24.94%；增值收益率 0.91%，比上年减少 0.1 个百分点。

（四）增值收益分配：2019 年，提取贷款风险准备金 65.50 万元，提取管理费用 1118.9 万元，提取城市廉租住房（公共租赁住房）建设补充资金 2761.45 万元。

2019 年，上交管理费用 1321.54 万元。其中，市中心上缴市财政 743.54 万元，分中心上缴金川集团公司财务部 578 万元。上缴城市廉租住房（公共租赁住房）建设补充资金 2076.76 万元。其中，市中心上缴市财政 1182.44 万元，分中心上缴金川集团公司财务部 894.32 万元。

2019 年末，贷款风险准备金余额 1961.22 万元。累计提取城市廉租住房（公共租赁住房）建设补充资金 25798.35 万元。其中，市中心提取 8668.99 万元，分中心提取 17129.36 万元。

（五）管理费用支出：2019 年，管理费用支出 1224.40 万元，同比增长 24.44%。其中，人员经费 700.8 万元，公用经费 66.44 万元，专项经费 457.16 万元。

市中心管理费用支出 727.65 万元，其中，人员、公用、专项经费分别为 346.54 万元、56.09 万元、325.02 万元；分中心管理费用支出 496.75 万元，其中，人员、公用、专项经费分别为 354.26 万元、10.35 万元、132.14 万元。

四、资产风险状况

（一）个人住房贷款：2019 年末，个人住房贷款逾期额 47.76 万元，逾期率 0.41‰。其中：市中心 0.49‰，分中心 0.02‰。

个人贷款风险准备金按贷款余额的 1% 提取。2019 年，提取个人贷款风险准备金 65.5 万元，使用个人贷款风险准备金核销呆坏账 0 万元。2019 年末，个人贷款风险准备金余额 1161.22 万元，占个人住房贷款余额的 1%，个人住房贷款逾期额与个人贷款风险准备金余额的比率为 4.11%。

（二）支持保障性住房建设试点项目贷款：2019 年末，逾期项目贷款 0 万元，逾期率 0‰。

项目贷款风险准备金按贷款余额的 4% 提取。2019 年，提取项目贷款风险准备金 0 万元，使用项目贷款风险准备金核销呆坏账 0 万元，项目贷款风险准备金余额 800 万元。

五、社会经济效益

（一）缴存业务：2019 年，实缴单位数、实缴职工人数和缴存额同比分别增长 5.8%、3.42% 和 13.11%。

缴存单位中，国家机关和事业单位占 61.51%，国有企业占 23.42%，城镇集体企业占 1.8%，外商投资企业占 0.27%，城镇私营企业及其他城镇企业占 11.23%，民办非企业单位和社会团体占 1.37%，其他占 0.4%。

缴存职工中，国家机关和事业单位占 29.64%，国有企业占 67%，城镇集体企业占 0.76%，外商投资企业占 0.09%，城镇私营企业及其他城镇企业占 2.38%，民办非企业单位和社会团体占 0.13%，其他占%；中、低收入占 94.84%，高收入占 5.16%。

新开户职工中，国家机关和事业单位占 13.85%，国有企业占 69.45%，城镇集体企业占 0.82%，外商投资企业占 0.2%，城镇私营企业及其他城镇企业占 15%，民办非企业单位和社会团体占 0.5%，其他占 0.18%；中、低收入占 99.65%，高收入占 0.35%。

（二）提取业务：2019 年，1.299 万名缴存职工提取住房公积金 6.487 亿元。

提取金额中，住房消费提取占 65.08%（购买自住住房占 45.39%，偿还购房贷款本息占 19.42%，租赁住房占 0.18%，其他占 0.09%）；非住房消费提取占 34.92%（离休和退休提取占 26.94%，完全丧失劳动能力并与单位终止劳动关系提取占 4.46%，户口迁出本市区或出境定居占 0.71%，其他占 2.81%）。

提取职工中，中、低收入占 98.98%，高收入占 1.02%。

（三）贷款业务：

1. 个人住房贷款：2019 年，支持职工购房 11.1 万平方米，年末个人住房贷款市场占有率为 25.66%（其中：市中心 21.37%，分中心 4.28%），比上年末增加 1.81 个百分点。通过申请住房公积金个人住房贷款，可节约职工购房利息支出 4522.4 万元。

职工贷款笔数中，购房建筑面积 90（含）平方米以下占 6.06%，90~144（含）平方米占 72%，144 平方米以上占 21.94%。购买新房占 92.57%（其中购买保障性住房占 0.12%），购买二手房占 7.43%，建造、翻建、大修自住住房占 0%，其他 0%。

职工贷款笔数中，单缴存职工申请贷款占 40.46%，双缴存职工申请贷款占 59.54%，三人及以上缴存职工共同申请贷款占 0%。

贷款职工中，30 岁（含）以下占 34.74%，30 岁~40 岁（含）占 32.8%，40 岁~50 岁（含）占 23.89%，50 岁以上占 8.57%；首次申请贷款占 91.66%，二次及以上申请贷款占 8.34%；中、低收入占 98.86%，高收入占 1.14%。

2. 异地贷款：2019 年，发放异地贷款 64 笔、2490.3 万元。2019 年末，发放异地贷款总额 20016.4 万元，异地贷款余额 15201.08 万元。

3. 公转商贴息贷款：2019 年，发放公转商贴息贷款 0 笔、0 万元，支持职工购建住房面积 0 万平方米，当年贴息额 0 万元。2019 年末，累计发放公转商贴息贷款 0 笔、0 万元，累计贴息 0 万元。

4. 支持保障性住房建设试点项目贷款：2019 年末，累计试点项目 2 个，贷款额度 2.5 亿元，建筑面积 40.55 万平方米，可解决 5130 户中低收入职工家庭的住房问题。2 个试点项目贷款资金于 2014 年发放并于 2017 年还清贷款本息。

（四）**住房贡献率**：2019 年，个人住房贷款发放额、公转商贴息贷款发放额、项目贷款发放额、住房消费提取额的总和与当年缴存额的比率为 66.84%，比上年减少 2.81 个百分点。

六、其他重要事项

（一）当年机构及职能、受委托办理缴存贷款业务金融机构均未作调整。

（二）当年住房公积金政策调整及执行情况。

（1）2019 年度，职工住房公积金月缴存基数为职工本人上一年度月平均工资，按照"限高保低"的要求，月缴存基数最高为上一年度市统计部门公布的职工月平均工资（5793 元）的 3 倍，即 17379 元，最低缴存基数标准由不低于上一年度全市平均工资 60% 调整为我市县区现行的月最低工资标准（金川区 1620 元，永昌县 1570 元）。单位和职工缴存比例各不高于 12%、不低于 5%。

（2）2019 年度金昌市住房公积金提取政策：取消我市住房公积金提取管理办法中"职工本人或配偶、子女、父母因发生特殊病症而造成家庭生活严重困难的"提取规定。

（3）2019 年度金昌市住房公积金个人贷款政策调整情况：一是在住房公积金贷款中设定存贷挂钩倍数和时间系数；二是取消住房公积金异地贷款户籍地限制；三是取消商转公贷款银行所在地限制及已还贷时间限制；当年住房公积金存贷款利率未做调整。存款利率为一年期定期存款利率 1.5%，贷款利率五年以下（含五年）2.75%，五年以上 3.25%。

（三）当年服务改进情况。

1. 改善设施，展现中心形象。 2019 年，进一步提升中心形象，在公积金大厅设置了学雷锋示范岗、便民服务岗、党员先锋岗、配备了复印机、饮水机、雨伞、充电宝，给缴存职工创造了一个舒心、舒适、便捷的办事环境。

2. 深化"放管服"改革,不断提高服务质量和效率。一是持续改进业务流程,推进全程电子化,降低缴存职工办事成本。二是推动住房公积金综合服务平台深度融入全市政务服务"一网通办",创新服务渠道,注重资源整合,全力打造高效便捷的网上服务平台,为缴存群众提供全功能、全渠道、全天候的便捷服务。三是在管理部大厅设置了不动产抵押登记窗口和个人征信查询窗口,实现了贷款业务一站式办理。四是实现了市域内公积金业务通缴通取通贷通还。

（四）**当年信息化建设情况。** 2019 年,市中心信息系统建设全面完成,建成了综合服务平台身份认证系统、支付宝城市服务、微信城市服务等新功能,实现了业务经办流程化、业务管理全面化和服务多样化;打造"一网通办"新平台,实现政务服务高质量。一是完成了全国住房公积金数据平台接入工作;二是实现了住房公积金异地转移接续平台直连;三是全面实现"在线办理",线上业务办结推送。

（五）**当年住房公积金中心及职工所获荣誉情况。** 2019 年,顺利通过区级文明单位复查;中心机关党支部被市委直属机关工委授予 2017—2019 年度先进基层党支部荣誉称号;中心 1 名干部被市委直属机关工委授予优秀共产党员荣誉称号;2 名同志被市委组织部、市人社局记"三等功"一次;2 名同志在年度考核中确定为优秀等次,受到市委组织部、市人社局嘉奖。

白银市住房公积金 2019 年年度报告

一、机构概况

（一）**住房公积金管理委员会**：住房公积金管理委员会有 22 名委员,2019 年召开一次会议,审议通过的事项主要包括：审议通过了《2018 年住房公积金归集使用计划执行情况的报告》《2018 年度住房公积金财务收支决算的报告》《白银市住房公积金 2018 年年度报告》；审议确定了 2019 年住房公积金归集使用计划、2019 年住房公积金月缴存额上下限、2019 年度住房公积金财务收支预算。

（二）**住房公积金管理中心**：白银市住房公积金管理中心为直属白银市人民政府不以营利为目的的参公管理事业单位,主要负责全市住房公积金的归集、管理、使用和会计核算。中心内设办公室、归集管理科、贷款管理科、核算科、审计稽核科、计算机室、营业部、保障性住房建设项目贷款科 8 个科室,下设会宁管理部、靖远管理部、景泰管理部、平川管理部和靖远煤业分中心。其中：白银市中心从业人员 72 人（在编 44 人,非在编 28 人）,靖煤分中心从业人员 10 人（均为靖煤集团公司在册干部）。

二、业务运行情况

（一）**缴存**：2019 年,新开户单位 129 家,实缴单位 1371 家,净增单位 9 家；新开户职工 5134 人,实缴职工 118853 人,净增职工 5580 人；缴存额 15.47 亿元,同比增长 13.58%。2019 年末,缴存总额 125.17 亿元,同比增长 14%；缴存余额 60.34 亿元,同比增长 9%。其中：市中心年缴存额 12.84 亿元、累计缴存总额 94.19 亿元、缴存余额 46.35 亿元,同比分别增长 11.36%、15.78% 和 10.59%。靖煤分中心年缴存额 2.63 亿元、累计缴存总额 30.98 亿元、缴存余额 13.99 亿元,同比分别增长 25.84%、9.28%

和 5.1%。

受委托办理住房公积金缴存业务的银行 5 家,其中:市中心为 1 家,分中心为 5 家,与上年相比无变化。

(二)提取:2019 年,提取额 10.34 亿元,同比增长 12.27%;占当年缴存额的 66.83%,与上年基本持平。其中:市中心提取额 8.40 亿元,同比增长 11.85%;占当年缴存额的 65.42%,比上年增加 0.35 个百分点。

2019 年末,提取总额 64.83 亿元,比上年末增加 18.98%。其中:市中心提取总额 47.84 亿元,比上年末增加 21.25%。

(三)贷款:

1. 个人住房贷款:个人住房贷款最高额度 40 万元,其中,市中心个人住房贷款最高额度 40 万元,最高额度没有区分单缴存职工与双缴存职工。

2019 年,发放个人住房贷款 2625 笔、7.73 亿元,同比分别下降 21.55%、26.94%。其中,市中心发放个人住房贷款 2548 笔、7.55 亿元,同比分别下降 23.28%、28.37%,靖煤分中心发放个人住房贷款 77 笔、0.18 亿元。

2019 年,回收个人住房贷款 6.88 亿元。其中,市中心 6.83 亿元,靖煤分中心 0.05 亿元。

2019 年末,累计发放个人住房贷款 45402 笔、82.64 亿元,贷款余额 41.2 亿元。其中,市中心累计发放个人住房贷款 42669 笔、80.4 亿元,贷款余额 40.93 亿元,分别比上年末增加 6.35%、10.38%、1.79%。个人住房贷款余额占缴存余额的 88.31%,比上年末减少 7.64 个百分点。

受委托办理住房公积金个人住房贷款业务的银行 3 家,与上年相比无变化。

2. 住房公积金支持保障性住房建设项目贷款:2019 年,未发生支持保障性住房建设项目贷款业务。2019 年末,累计发放项目贷款 1.2 亿元,项目贷款已全部收回。

(四)购买国债:中心未办理购买(记账式、凭证式)国债业务。

(五)融资:2019 年,市中心向分中心融资 0.5 亿元,未归还。

(六)资金存储:2019 年末,住房公积金存款 20.62 亿元。其中,活期 0.38 亿元,1 年(含)以下定期 13.8 亿元,1 年以上定期 5.78 亿元,其他(协定、通知存款等)0.66 亿元。其中,市中心住房公积金存款 7.39 亿元。其中,活期 0.1 亿元,1 年(含)以下定期 0.85 亿元,1 年以上定期 5.78 亿元,其他(协定、通知存款等)0.66 亿元。

(七)资金运用率:2019 年末,住房公积金个人住房贷款余额、项目贷款余额和购买国债余额的总和占缴存余额的 68.28%。其中,市中心为 88.31%,比上年末减少 7.63 个百分点。

三、主要财务数据

(一)业务收入:2019 年,业务收入 17227.64 万元,同比增长 5.44%。其中,市中心 14798.86 万元,靖煤分中心 2428.78 万元;存款利息 3786.65 万元,委托贷款利息 13436.58 万元,其他 4.41 万元。

(二)业务支出:2019 年,业务支出 10404.45 万元,同比增长 9.88%。其中,市中心 8338.76 万元,靖煤分中心 2065.69 万元;支付职工住房公积金利息 9865.51 万元,未支付归集手续费,委托贷款手续费 400.17 万元,其他 138.77 万元。

（三）增值收益：2019年，增值收益6823.19万元，同比下降0.68%。其中，市中心6460.09万元，同比增长2.38%，增值收益率1.44%，比上年增加0.13个百分点；靖煤分中心363.09万元，同比下降35.15%。

（四）增值收益分配：2019年，提取贷款风险准备金782.64万元，提取管理费用1269万元，提取城市廉租住房（公共租赁住房）建设补充资金4771.55万元。

2019年，上缴财政管理费用1169万元。上缴财政城市廉租住房（公共租赁住房）建设补充资金4532.95万元。两笔资金均为市中心上缴。

2019年末，贷款风险准备金余额8645.21万元。累计提取城市廉租住房（公共租赁住房）建设补充资金35048.39万元。其中，市中心提取31695万元，靖煤分中心提取3353.39万元。

（五）管理费用支出：2019年，管理费用支出1375.79万元，同比增长63.07%。其中，人员经费635.69万元，公用经费88.87万元，专用费用651.23万元。

市中心管理费用支出1131.04万元，其中，人员、公用、专项经费分别为469.45万元、75.98万元、585.61万元，管理费用同比增长78%，专用费用增长191%，主要是购置会宁办公楼377万元；靖煤分中心管理费用支出244.75万元，其中，人员、公用、专项经费分别为166.24万元、12.89万元、65.62万元。

四、资产风险状况

（一）个人住房贷款：2019年末，个人住房贷款逾期额53.56万元，逾期率0.1‰。其中，市中心个人住房贷款逾期额48.29万元，逾期率0.1‰；靖煤分中心个人住房贷款逾期额5.27万元，逾期率1.94‰。

个人贷款风险准备金按当年发放贷款金额的1%提取。

2019年，提取个人贷款风险准备金7582.64万元，未使用个人贷款风险准备金核销呆坏账。2019年末，个人贷款风险准备金余额8165.21万元，占个人住房贷款余额的1.98%，个人住房贷款逾期额与个人贷款风险准备金余额的比率为0.66%。

（二）支持保障性住房建设试点项目贷款：2019年末，项目贷款风险准备金余额480万元。

五、社会经济效益

（一）缴存业务：2019年，实缴单位数、实缴职工人数和缴存额同比分别增长0.66%、4.93%和13.58%。

缴存单位中，国家机关和事业单位占67.61%，国有企业占12.62%，城镇集体企业占0.88%，外商投资企业占0.51%，城镇私营企业及其他城镇企业占16.78%，民办非企业单位和社会团体占1.46%，其他占0.14%。

缴存职工中，国家机关和事业单位占54.67%，国有企业占38.22%，城镇集体企业占0.53%，外商投资企业占0.14%，城镇私营企业及其他城镇企业占6.2%，民办非企业单位和社会团体占0.24%；中、低收入占98.72%，高收入占1.28%。

新开户职工中，国家机关和事业单位占31.64%，国有企业占37.38%，城镇集体企业占0.73%，外

商投资企业占 0.71%，城镇私营企业及其他城镇企业占 28.69%，民办非企业单位和社会团体占 0.65%，其他占 0.20%；中、低收入占 99.64%，高收入占 0.36%。

（二）提取业务：2019 年，3.32 万名缴存职工提取住房公积金 10.34 亿元。

提取金额中，住房消费提取占 72.24%（购买、建造、翻建、大修自住住房占 51.41%，偿还购房贷款本息占 43.72%，租赁住房占 4.87%）；非住房消费提取占 27.76%（离休和退休提取占 86.78%，完全丧失劳动能力并与单位终止劳动关系提取占 7.14%，出境定居占 0.11%，其他占 5.97%）。

提取职工中，中、低收入占 99.8%，高收入占 0.2%。

（三）贷款业务：

1. 个人住房贷款：2019 年，支持职工购建房 29.99 万平方米，2019 年末个人住房贷款市场占有率（含公转商贴息贷款）为 34%，比上年末减少 4 个百分点。通过申请住房公积金个人住房贷款，可节约职工购房利息支出 12228.76 万元。

职工贷款笔数中，购房建筑面积 90（含）平方米以下占 12.65%，90～144（含）平方米占 76.38%，144 平方米以上占 10.97%。购买新房占 84.61%（其中购买保障性住房占 5.14%），购买二手房占 15.39%。

职工贷款笔数中，单缴存职工申请贷款占 24.91%，双缴存职工申请贷款占 75.09%。

贷款职工中，30 岁（含）以下占 19.47%，30 岁～40 岁（含）占 35.35%，40 岁～50 岁（含）占 28.57%，50 岁以上占 16.61%；首次申请贷款占 91.39%，二次申请贷款占 8.61%；中、低收入占 98.97%，高收入占 1.03%。

2. 异地贷款：2019 年，发放异地贷款 218 笔、7090.8 万元。2019 年末，发放异地贷款总额 57297.1 万元，异地贷款余额 23321.56 万元。

3. 支持保障性住房建设试点项目贷款：2019 年末，累计试点项目 1 个，贷款额度 1.2 亿元，建筑面积 7.25 万平方米，可解决 864 户中低收入职工家庭的住房问题。试点项目贷款本息已还清。

（四）住房贡献率：2019 年，个人住房贷款发放额、公转商贴息贷款发放额、项目贷款发放额、住房消费提取额的总和与当年缴存额的比率为 116.81%，比上年 109.91% 增加 6.9 个百分点。

六、其他重要事项

（一）当年机构及职能调整情况、受委托办理缴存贷款业务金融机构变更情况。中心当年管理机构和业务职能、缴存贷款业务委托承办机构均未调整。其中：市中心委托银行为建设银行、工商银行、甘肃银行。

（二）当年住房公积金政策调整及执行情况。

（1）调整 2019 年度住房公积金缴存上下限：依据《住房公积金管理条例》（国务院令第 350 号）以及《关于住房公积金管理若干具体问题的指导意见》（建金管〔2005〕5 号）有关规定，根据白银市统计局 4 月 15 日的发布 2018 年白银市在岗职工年平均工资 63270 元，最低工资标准为 1570 元，测算缴存单位及个人最高、最低缴存基数。单位和职工缴存住房公积金基数最高不得超过职工月平均工资的 3 倍、最低缴存基数不得低于最低工资标准；缴存比例最高不得分别超过 12%、最低分别不得低于 5%；即 2019 年缴存最高基数为 15817 元、最低缴存基数为 1570 元；缴存额单位和个人分别不得高于 1898 元、不得低于 79 元。

（2）2019年未修订提取政策。

（3）2019年市中心未修订贷款政策。分中心根据靖煤集团公司公积金管委会2019年8月29日会议研究决定，对公积金贷款政策进行调整。调整贷款最高上限额度，最高贷款额度由原来的20万元调整为40万元，最高贷款年限20年；开展公积金冲还贷（使用房屋抵押担保办理住房公积金贷款的，借款人可每年提取本人及配偶住房公积金偿还公积金贷款一次）。

（4）当年住房公积金存贷款利率调整及执行情况。当年住房公积金存贷款利率按国家规定执行，个人住房公积金存款按一年期定期存款利率1.5%结息，结息计入职工个人公积金账户；五年期以上个人住房贷款利率为3.25%，五年期以下（含五年）个人住房贷款利率为2.75%。

（三）当年服务改进情况。白银市中心有服务网点五家，市本级营业部、四个县区管理部。服务设施有柜台服务，自助查询终端服务。服务手段有线下、线上多渠道服务；网上可实现办理缴存、提取、贷款、查询等业务。2019年单位网厅开通使用率达到70%，微信公众号关注量达到56400人。12329全年热线总呼叫量49691次，其中自助语音31875次，人工服务17816次。12329短信业务量全年302662条。综合服务平台已全面建成投入使用，并通过部、省两级验收。实现甘肃政务服务网上统一身份认证、一网通办。

靖煤分中心建设了网厅、手机APP、微信等7个主要服务渠道。基本实现信息查询、信息发布等功能，缴存、提取等业务线上受理线上办结，功能齐全，信息全面，基本通过验收。

（四）当年信息化建设情况。

（1）当年中心信息系统无升级改造，基础数据标准已实现双贯标要求，并通过验收。数据结算应用系统已与住房和城乡建设部实现直连。

（2）中心与住房和城乡建设部提供的报税数据平台实现对接，按日推送存量数据。

（3）按照市政府要求完成林立网合并，实现了"三网合一"。

（五）当年对违反《住房公积金管理条例》和相关法规行为进行行政处罚和申请人民法院强制执行情况。无。

（六）当年对住房公积金管理人员违规行为的纠正和处理情况等。中心职工林得龙同志违反国家法律法规，利用职务便利，在办理住房公积金提取业务中为他人谋取利益并收受财物；违反工作纪律，在住房公积金提取审批工作中不正确履行职责，致使住房公积金被违规提取。中心发现后及时向市纪委监委作了报告，市纪委监委于2019年8月28日做出决定，给予林得龙同志留党察看一年和政务撤职（降为科员）的处分。

天水市住房公积金2019年年度报告

一、机构概况

（一）**住房公积金管理委员会**：住房公积金管理委员会有23名委员，2019年召开会议1次，审议通过的事项主要包括：《天水市住房公积金管理中心 2018 年度住房公积金管理工作报告》《天水市财政局关于 2018 年度住房公积金预算执行情况和 2019 年度住房公积金预算草案的报告》《天水市住房公积金 2018 年年度报告》《天水市住房公积金管理中心个人住房贷款管理办法》《天水市住房公积金管理中心逾期贷款管理办法》《天水市灵活就业人员缴存和使用住房公积金管理办法》《天水市住房公积金管理中心关于提取住房公积金支持老旧住宅小区电梯改造的管理办法》《天水市住房公积金管理中心个人住房贷款业务规程》。

（二）住房公积金管理中心：住房公积金管理中心为市政府直属不以营利为目的的自收自支事业单位，设 7 个科，7 个管理部，0 个分中心。从业人员 95 人，其中，在编 56 人，非在编 39 人。

二、业务运行情况

（一）缴存：2019 年，新开户单位 121 家，实缴单位 2184 家，净增单位－281 家；新开户职工 0.75 万人，实缴职工 14.40 万人，净增职工 0.80 万人；缴存额 21.98 亿元，同比增长 11.17%。2019 年末，缴存总额 132.53 亿元，比上年末增加 19.88%；缴存余额 65.69 亿元，比上年末增加 12.29%。

受委托办理住房公积金缴存业务的银行 5 家，比上年增加 0 家。

（二）提取：2019 年，提取 14.70 亿元，同比增长 26.74%；占当年缴存额的 67.30%，比上年增加 8.27 个百分点。2019 年末，提取总额 66.84 亿元，比上年末增加 28.42%。

（三）贷款：

1. 个人住房贷款：个人住房贷款最高额度 60 万元，其中，单缴存职工最高额度 45 万元，双缴存职工最高额度 60 万元。2019 年，发放个人住房贷款 0.38 万笔、14.05 亿元，同比分别下降 11.62%、11.45%。2019 年，回收个人住房贷款 7.31 亿元。2019 年末，累计发放个人住房贷款 3.04 万笔、86.93 亿元，贷款余额 61.28 亿元，分别比上年末增加 13.43%、18.42%、14.31%。个人住房贷款余额占缴存余额的 93.28%，比上年末增加 0.05 个百分点。受委托办理住房公积金个人住房贷款业务的银行 10 家，比上年增加 0 家。

2. 住房公积金支持保障性住房建设项目贷款：2019 年，发放支持保障性住房建设项目贷款 0 亿元，回收项目贷款 0 亿元。2019 年末，累计发放项目贷款 1.08 亿元，项目贷款余额 0 亿元。

（四）购买国债：2019 年，购买（记账式、凭证式）国债 0 亿元，兑付（转让、收回）国债 0 亿元。2019 年末，国债余额 0 亿元，比上年末减少 0 亿元。

（五）融资：2019 年，融资 0 亿元，归还 0 亿元。2019 年末，融资总额 0 亿元，融资余额 0 亿元。

（六）资金存储：2019 年末，住房公积金存款 4.95 亿元。其中，活期 1.10 亿元，1 年（含）以下定期 2.30 亿元，1 年以上定期 0.20 亿元，其他（协定、通知存款等）1.35 亿元。

（七）资金运用率：2019 年末，住房公积金个人住房贷款余额、项目贷款余额和购买国债余额的总和占缴存余额的 93.28%，比上年末增加 0.05 个百分点。

三、主要财务数据

（一）业务收入：2019 年，业务收入 20318.87 万元，同比增长 17.17%。存款利息 1512.16 万元，委托贷款利息 18804.03 万元，国债利息 0 万元，其他 2.68 万元。

（二）业务支出：2019 年，业务支出 10760.10 万元，同比增长 13.89%。支付职工住房公积金利息

9399.28万元，归集手续费422.25万元，委托贷款手续费938.54万元，其他0.03万元。

（三）**增值收益**：2019年，增值收益9558.77万元，同比增长21.10%。增值收益率1.54%，比上年增加0.10个百分点。

（四）**增值收益分配**：2019年，提取贷款风险准备金673.31万元，提取管理费用1827.84万元，提取城市廉租住房（公共租赁住房）建设补充资金7057.62万元。

2019年，上交财政管理费用1827.84万元。上缴财政城市廉租住房（公共租赁住房）建设补充资金5319.92万元。2019年末，贷款风险准备金余额6127.52万元。累计提取城市廉租住房（公共租赁住房）建设补充资金28306.59万元。

（五）**管理费用支出**：2019年，管理费用支出1999.41万元，同比增长41.46%。其中，人员经费1393.75万元，公用经费123.84万元，专项经费481.82万元。

四、资产风险状况

（一）**个人住房贷款**：2019年末，个人住房贷款逾期额458.73万元，逾期率0.749‰。个人贷款风险准备金按（贷款余额）的1%提取。2019年，提取个人贷款风险准备金673.31万元，使用个人贷款风险准备金核销呆坏账0万元。2019年末，个人贷款风险准备金余额6127.52万元，占个人住房贷款余额的1%，个人住房贷款逾期额与个人贷款风险准备金余额的比率为7.49%。

（二）**支持保障性住房建设试点项目贷款**：2019年末，逾期项目贷款0万元，逾期率0‰。

五、社会经济效益

（一）**缴存业务**：2019年，实缴单位数、实缴职工人数和缴存额同比分别增长－11.33%、6.30%和11.18%。

缴存单位中，国家机关和事业单位占79.95%，国有企业占11.40%，城镇集体企业占0.32%，外商投资企业占0.32%，城镇私营企业及其他城镇企业占6.91%，民办非企业单位和社会团体占1.05%，其他占0.05%。

缴存职工中，国家机关和事业单位占74.87%，国有企业占16.79%，城镇集体企业占0.17%，外商投资企业占0.17%，城镇私营企业及其他城镇企业占7.76%，民办非企业单位和社会团体占0.24%，其他占0%；中、低收入占99.96%，高收入占0.04%。

新开户职工中，国家机关和事业单位占56.05%，国有企业占19.92%，城镇集体企业占0.09%，外商投资企业占0.68%，城镇私营企业及其他城镇企业占22.08%，民办非企业单位和社会团体占1.15%，其他占0.03%；中、低收入占100%，高收入占0%。

（二）**提取业务**：2019年，48649万名缴存职工提取住房公积金14.79亿元。

提取金额中，住房消费提取占83.91%（购买、建造、翻建、大修自住住房占49.63%，偿还购房贷款本息占47.33%，租赁住房占3.04%，其他占0%）；非住房消费提取占16.09%（离休和退休提取占76.77%，完全丧失劳动能力并与单位终止劳动关系提取占12.92%，出境定居占0%，其他占10.31%）。提取职工中，中、低收入占99.96%，高收入占0.04%。

(三)贷款业务：

1. 个人住房贷款： 2019年，支持职工购建房43.74万平方米，年末个人住房贷款市场占有率（含公转商贴息贷款）为27.04%，比上年末减少17.97个百分点。通过申请住房公积金个人住房贷款，可节约职工购房利息支出2106.98万元。职工贷款笔数中，购房建筑面积90（含）平方米以下占9.17%，90～144（含）平方米占80.52%，144平方米以上占10.31%。购买新房占85.85%（其中购买保障性住房占0%），购买二手房占14.15%，建造、翻建、大修自住住房占0%，其他占0%。职工贷款笔数中，单缴存职工申请贷款占14.55%，双缴存职工申请贷款占85.45%，三人及以上缴存职工共同申请贷款占0%。贷款职工中，30岁（含）以下占12.05%，30岁～40岁（含）占53.41%，40岁～50岁（含）占24.79%，50岁以上占9.75%；首次申请贷款占84.59%，二次及以上申请贷款占15.41%；中、低收入占99.25%，高收入占0.75%。

2. 异地贷款： 2019年，发放异地贷款0笔、0万元。2019年末，发放异地贷款总额23157.50万元，异地贷款余额19561.37万元。

3. 公转商贴息贷款： 2019年，发放公转商贴息贷款0笔、0万元，支持职工购建住房面积0万平方米，当年贴息额0万元。2019年末，累计发放公转商贴息贷款0笔、0万元，累计贴息0万元。

4. 支持保障性住房建设试点项目贷款： 2019年末，累计试点项目3个，贷款额度1.08亿元，建筑面积8.14万平方米，可解决990户中低收入职工家庭的住房问题。3个试点项目贷款资金已发放并还清贷款本息。

(四)住房贡献率： 2019年，个人住房贷款发放额、公转商贴息贷款发放额、项目贷款发放额、住房消费提取额的总和与当年缴存额的比率为131.20%，比上年减少8.08个百分点。

六、其他重要事项

（一）**当年机构及职能调整情况、受委托办理缴存贷款业务金融机构变更情况。** 2019年机构及职能无调整，受委托办理缴存贷款业务金融机构无变更。

（二）**当年住房公积金政策调整及执行情况。**

1. 当年缴存基数限额及确定标准： 一是2019年7月1日起至2020年6月30日公积金缴存年度，职工住房公积金缴存基数按职工本人2018年度月平均工资执行。二是2019年度全市职工住房公积金月缴存基数上限为15057元。月缴存额最高为3614元，即单位和职工月最高缴存额分别为1807元。三是2019年度全市职工住房公积金月缴存基数下限为：秦州区、麦积区为1520元，秦安县、甘谷县、武山县、清水县、张家川县为1470元。秦州区、麦积区月缴存额最低为152元，即单位和职工月最低缴存额分别为76元；秦安县、甘谷县、武山县、清水县、张家川县月缴存额最低为148元，即单位和职工月最低缴存额分别为74元。四是制定灵活就业人员缴存和使用住房公积金的相关政策。

2. 当年提取政策调整情况： 当年新增提取住房公积金支持老旧住宅小区电梯改造的政策。

（三）**当年服务改进情况。** 2019年完成了综合服务平台建设工作，达到了国内较为先进水平；实现了门户网站、网上营业大厅、微信公众号、手机APP、自助查询终端、12329服务热线、12329短信平台七大公积金业务查询、咨询互动及办理渠道；上线了综合管理平台，实现了对渠道功能及外围接口的统计与管控；上线了稽核稽查系统、决策分析系统，加强了业务风险稽核能力和决策分析支持能力；在各渠道业务上线的同时，中心运用各类技术能力，上线加载了人脸识别功能、短信验证码、CA认证功能及单子签章，既方便了办事群众，又起到了安全防范作用；在部省级验收工作中，取得了"良好"评价。

（四）当年信息化建设情况。一是完成了数据库、核心业务系统的升级改造，于1月投入生产运营，通过新版数据库的上线使用，彻底结束了"映射贯标"的历史，较高质量地完成了住房和城乡建设部双贯标的要求，并在此基础上，集中力量清理了一批数据，目前数据贯标率达98%；通过新版核心业务系统的投运生产，加强了业务控制、风险管理，实现了业务、资金、账户"三账合一"，增加了服务功能，打好了业务服务的坚实基础。二是在省内率先完成了全国住房公积金数据平台上线工作，实现了我市住房公积金单位信息、个人新、归集、贷款、提取、还款等数据按T+1方式报送至住房和城乡建设部，实现了住房公积金贷款申报个人所得税免税事项，方便了广大公积金贷款群众。三是在省内率先实现了政务服务的全面对接工作，实现了我市住房公积金政务服务网查询接口、公共接口的开发上线，具备了为其他委办单位提供公积金数据的能力；实现了我市住房公积金业务办件信息向政务平台的推送，以具备对外展示实际办件信息的能力；实现了与省政务服务网统一身份认证功能，确保了网上办件时网上大厅与政务服务网的单点登录、无缝转接，进一步提高了网上服务能力；及时对照国务院梳理65项高频办理事项中的"公积金贷款""购房提取公积金""偿还住房贷款提取公积金""离（退）休提取公积金"四项事项进行了业务功能开发，并在政务服务网上加载上线，同时梳理其他事项10余类一并加载上线，达到了省内先进水平。四是打破"信息孤岛"，实现数据互联互通取得了较大进展，依托我市政务服务网与智慧城市建设，我中心率先对接了政务云平台、市智慧金融平台、政务服务网，在各类平台上均上线了公积金公共接口，在对外公布公共接口的同时，中心初步对接了市房产交易、不动产登记等数据，并沟通协调了婚姻登记、税务、社保等相关部门，明年可进行对接，目前数据已展示至中心核心业务系统，为将来实现"最多跑一次"，甚至"零跑腿"打下了坚实的基础，在全市数据互联互通中起到了突出作用。五是努力拓展渠道，提供增值服务。中心在核心稳定、数据安全、基础服务渠道完善的基础上，努力为缴存职工提供便捷服务，目前在七大服务渠道之外，还提供了微信城市服务、微信小程序、支付宝城市服务、云上天水、爱城市网、政务服务网六项查询渠道；提供了商业银行标准接口，商业银行通过个人授权查询公积金信息并为个人提供增值金融服务；提供了智慧金融查询接口，为公积金缴存人经济综合信息"画像"提供了重要依据，在我市提高营商环境，提升金融服务方面起到了突出作用。六是中心出色地完成了住房和城乡建设部电子化稽查整改工作，努力提升数据质量，通过电子化稽查整改工作，进一步梳理了中心政策合规性、管理规范性、流程合理性，在历史"僵尸户"清理工作上取得了一定的突破，从3.8万降至目前2.8万，清理达1万余人，在全省中取得了较好成绩，获得一致好评。

（五）当年住房公积金管理中心及职工所获荣誉情况。一是麦积管理部闫翠鸿获2019年度"省巾帼建功标兵"荣誉称号。二是秦州管理部周康获得2019年度市级"三八红旗手"。三是麦积管理部被评为2019年度市级"三八红旗集体"。

（六）当年对违反《住房公积金管理条例》和相关法规行为进行行政处罚和申请人民法院强制执行情况。当年无行政处罚，申请人民法院强制执行15笔，涉及金额54.74万元。

（七）当年对住房公积金管理人员违规行为的纠正和处理情况等。当年无对住房公积金管理人员违规行为的纠正和处理情况。

武威市住房公积金 2019 年年度报告

一、机构概况

（一）住房公积金管理委员会：住房公积金管理委员会有 29 名委员，2019 年召开 1 次会议，审议通过的事项主要包括：2018 年度全市住房公积金管理工作报告和 2019 年重点工作计划；《武威市住房公积金 2018 年年度报告》《武威市 2019 年度住房公积金归集使用计划》《武威市住房公积金管理中心关于〈武威市人民政府关于进一步发挥住房公积金制度作用全力支持保障和改善市民居住条件的实施意见（试行）〉的实施细则》《关于修订〈武威市住房公积金个人住房贷款管理办法〉相关规定的请示》等内容。

（二）住房公积金管理中心：武威市住房公积金管理中心为市政府直属的正县级事业单位（参照公务员管理）。中心内设综合科、信贷科、会计核算科、归集提取科、稽核信息科等 5 个职能科室和凉州区、民勤县、古浪县、天祝县 4 个管理部。从业人员 56 人，其中，在编 38 人，非在编 18 人。

二、业务运行情况

（一）缴存：2019 年，新开户单位 144 家，实缴单位 1661 家，净增单位 122 家；新开户职工 0.565 万人，实缴职工 8.0695 万人，净增职工 0.1266 万人；缴存额 13.65 亿元，同比增长 9.7%。2019 年末，缴存总额 95.47 亿元，比上年末增加 16.7%；缴存余额 50.19 亿元，比上年末增加 9.6%。

受委托办理住房公积金缴存业务的银行 12 家。

（二）提取：2019 年，提取额 9.24 亿元，同比增长 29%；占当年缴存额的 67.7%，比上年增加 7.2 个百分点。2019 年末，提取总额 45.27 亿元，比上年末增加 25.6%。

（三）贷款：

个人住房贷款：个人住房贷款最高额度 60 万元，其中，单缴存职工最高额度 45 万元，双缴存职工最高额度 60 万元。

2019 年，发放个人住房贷款 0.2384 万笔、9.09 亿元，同比分别下降 18.13%、12.35%。

2019 年，回收个人住房贷款 7.96 亿元。

2019 年末，累计发放个人住房贷款 3.2980 万笔、70.08 亿元，贷款余额 36.16 亿元，分别比上年末增加 7.79%、14.91%、3.23%。个人住房贷款余额占缴存余额的 72.05%，比上年末减少 4.46 个百分点。

受委托办理住房公积金个人住房贷款业务的银行 5 家，比上年增加 1 家。

（四）资金存储：2019 年末，住房公积金存款 14.67 亿元。其中，活期 0.17 亿元，1 年（含）以下定期 2.79 亿元，1 年以上定期 11.71 亿元。

（五）资金运用率：2019 年末，住房公积金个人住房贷款余额占缴存余额的 72.05%，比上年末减少 4.46 个百分点。

三、主要财务数据

（一）业务收入：2019 年，业务收入 16649.02 万元，同比增长 37.35%。其中，存款利息 5228.36 万元，委托贷款利息 11382.21 万元，其他 38.45 万元。

（二）业务支出：2019 年，业务支出 7936.25 万元，同比增长 13.26%。其中，支付职工住房公积金利息 7376.94 万元，委托贷款手续费 559.11 万元，其他 0.20 万元。

（三）增值收益：2019 年，增值收益 8712.77 万元，同比增长 16.31%，增值收益率 1.82%，比上年增加 0.08 个百分点。

（四）增值收益分配：2019 年，提取贷款风险准备金 113.42 万元，提取管理费用 2036.22 万元，城市廉租住房（公共租赁住房）建设补充资金 6563.13 万元。

2019 年，上交财政管理费用 7078.06 万元。

2019 年末，贷款风险准备金余额 5357.94 万元。累计提取城市廉租住房（公共租赁住房）建设补充资金 24317.13 万元。

（五）管理费用支出：2019 年，管理费用支出 1052.32 万元，同比增长 36.85%。其中，人员经费 418.17 万元，公用经费 355.12 万元，专项经费 279.03 万元。

四、资产风险状况

个人住房贷款：2019 年末，个人住房贷款逾期额 0.035 亿元，逾期率 0.97‰。

个人贷款风险准备金按贷款余额的 1% 提取。2019 年，提取个人贷款风险准备金 0.01 亿元。2019 年末，个人贷款风险准备金余额 0.54 亿元，占个人住房贷款余额的 1.48%，个人住房贷款逾期额与个人贷款风险准备金余额的比率为 6.53%。

五、社会经济效益

（一）缴存业务：2019 年，实缴单位数、实缴职工人数和缴存额同比分别增长 7.9%、1.6% 和 9.7%。

缴存单位中，国家机关和事业单位占 74.1%，国有企业占 8.8%，城镇私营企业及其他城镇企业占 12.8%，民办非企业单位和社会团体占 0.7%，其他占 3.6%。

缴存职工中，国家机关和事业单位占 75.4%，国有企业占 15.4%，城镇私营企业及其他城镇企业占 6.9%，民办非企业单位和社会团体占 0.1%，其他占 2.2%；中、低收入占 99.81%，高收入占 0.19%。

新开户职工中，国家机关和事业单位占 37.8%，国有企业占 9.8%，城镇私营企业及其他城镇企业占 28.5%，民办非企业单位和社会团体占 1%，其他占 22.9%；中、低收入占 99.84%，高收入占 0.16%。

（二）提取业务：2019 年，1.7269 万名缴存职工提取住房公积金 9.24 亿元。

提取金额中，住房消费提取占 83.74%（购买、建造、翻建、大修自住住房占 40.89%，偿还购房贷款本息占 58.77%，租赁住房占 0.34%）；非住房消费提取占 16.26%（离休和退休提取占 77.22%，完全丧失劳动能力并与单位终止劳动关系提取占 10.79%，出境定居占 4.87%，其他占 1.25%）。

提取职工中，中、低收入占 99.8%，高收入占 0.2%。

（三）贷款业务：2019 年，支持职工购建房 27.3075 万平方米，年末个人住房贷款市场占有率（含公转商贴息贷款）为 32.32%，比上年末减少 2.8 个百分点。通过申请住房公积金个人住房贷款，可节约职工购房利息支出 29106.99 万元。

职工贷款笔数中，购房建筑面积 90（含）平方米以下占 10.91%，90~144（含）平方米占 82.80%，144 平方米以上占 6.29%。购买新房占 78.73%（其中购买保障性住房占 1.65%），购买二手房占 16.11%，其他占 5.16%。

职工贷款笔数中，单缴存职工申请贷款占 21.94%，双缴存职工申请贷款占 78.06%。

贷款职工中，30 岁（含）以下占 27.56%，30 岁~40 岁（含）占 38.00%，40 岁~50 岁（含）占 22.65%，50 岁以上占 11.79%；首次申请贷款占 90.52%，二次及以上申请贷款占 9.48%；中、低收入占 100%。

异地贷款：2019 年，发放异地贷款 394 笔、14760 万元。年末，发放异地贷款总额 53089.4 万元，异地贷款余额 26426.28 万元。

（四）住房贡献率：2019 年，个人住房贷款发放额、住房消费提取额的总和与当年缴存额的比率为 123.29%，比上年减少 3.83 个百分点。

六、其他重要事项

（一）当年受委托办理缴存贷款业务金融机构变更情况。 2019 年受委托办理缴存业务银行 12 家，分别是中国银行武威分行、农业银行武威分行、工商银行武威分行、建设银行武威分行、交通银行武威分行、邮储银行武威分行、甘肃银行武威分行、兰州银行武威分行、武威农商银行、天祝农商银行、古浪农商银行、民勤农商银行；受委托办理委托贷款业务银行 5 家，较上年增加 1 家，分别是建设银行武威分行、农业银行武威分行、工商银行武威分行、邮储银行武威分行、甘肃银行武威分行。

（二）当年住房公积金缴存政策调整及执行情况。 根据《住房公积金管理条例》（国务院令 350 号）及武威市人民政府《关于进一步发挥住房公积金制度作用全力支持保障和改善市民居住条件的实施意见》（武政发〔2019〕27 号）的有关规定，2019 年 3 月 22 日，武威市住房公积金管理中心提请武威市住房公积金管理委员会审议通过了《武威市住房公积金管理中心关于进一步发挥住房公积金制度作用全力支持保障和改善市民居住条件的实施细则》，并于 2019 年 4 月 1 日下发执行。

1. 当年缴存政策调整情况：

（1）2019 年 3 月 22 日武威市住房公积金管理委员会审议通过：凡本市进城务工人员、个体工商户、自由职业人员，年满 18 周岁，男性 60 周岁以下、女性 50 周岁以下，具有完全民事行为能力，且在武威市各级社保部门连续 6 个月缴纳社会养老保险和医疗保险的市民，可缴存住房公积金，自缴存之日起，连续享受 24 个月住房公积金政府补贴。并享有提取、个人住房贷款的权益。

（2）自 2019 年 1 月 1 日起，全市住房公积金缴存基数由 2017 年职工个人月均工资总额，调整为 2018 年职工个人月均工资总额。一是武威市城镇非私营单位和职工的缴存基数上限不得超过 16249.5 元/月，下限不得低于武威市最低工资标准（凉州区住房公积金缴存基数不得低于 1520 元/月；天祝、民勤、古浪县住房公积金缴存基数不得低于 1470 元/月）。二是全市城镇私营单位从业人员住房公积金缴存基数上限不得高于 9958.5 元/月，下限不得低于 3319.5 元/月。三是个人自愿缴存者参照全市城镇私营单位从业人员缴存基数执行。

（3）2019 年度单位及职工的住房公积金缴存比例未做调整，不得低于 5%，且不得高于 12%。个人自愿缴存者的缴存比例不得低于 5%，且不得高于 24%。

2. 当年提取政策调整情况：

（1）《武威市住房公积金提取管理办法》第四章第十二条条文内容修改为"符合第二章第六条第二款规定的，可同时提取购房职工本人和配偶的住房公积金，申请人提供的同一套提取要件只能申请提取一次住房公积金，第二套购房提取要件可申请提取第二次住房公积金，第三套住房以上不予提取。"

（2）第四章第十四条条文内容修改为"职工符合多项提取住房公积金情形的，提取申请人一次只能以一种情形提出申请，三年之内只能提取一次（不含符合支付房租提取条件的），购房类提取被认定为二套以上住房的，不予提取。"

（三）当年住房公积金贷款政策调整及执行情况。

经2019年3月22日市住房公积金管理委员会四届三次会议审议通过修订以下条款：

（1）根据《武威市人民政府关于进一步发挥住房公积金制度作用全力支持保障和改善市民居住条件的实施意见》（武政发〔2019〕27号）第四条"积极开展住房公积金和商业银行组合贷款"，将《武威市住房公积金个人住房贷款管理办法》第一章第二条"本办法所称住房公积金个人住房贷款（以下简称公积金贷款），是指运用所归集的住房公积金为资金来源，向按规定缴存住房公积金的职工发放的用于购买、建造、翻建、大修自住住房的专项贷款"，修订为"本办法所称住房公积金个人住房贷款（以下简称公积金贷款），是指运用所归集的住房公积金为资金来源，向按规定缴存住房公积金的职工发放的用于购买、建造、翻建、大修自住住房的专项贷款。职工在使用公积金贷款购买改善性住房不能满足购房资金需求时，按照所购住房顺位抵押的原则，可同时向市公积金中心和商业银行申请住房公积金组合贷款"。

（2）根据住房和城乡建设部《关于住房公积金异地个人住房贷款若干具体问题的通知》（建金〔2016〕230号）第三条"各地不得对其异地贷款设置缴存地、户籍地等附加条件"的规定，将第二章第十六条第六项"异地缴存职工应是本地户籍，所购房屋需为本市的自住住房"中"异地缴存职工应是本地户籍"的限制取消，现修订为"所购房屋需为本市的自住住房"。

（3）为进一步防范贷款风险，根据住房和城乡建设部、财政部、中国人民银行《关于发展住房公积金个人住房贷款业务的通知》（建金〔2014〕148号）第六条"住房公积金个人住房贷款担保以所购住房抵押为主"的规定，将《武威市住房公积金个人住房贷款管理办法》第四章第二十四条"公积金贷款担保方式有公积金质押担保和住房抵押担保两种。担保的范围包括贷款本金、利息、罚息和为实现债权所需的费用"中的"公积金质押"的担保方式取消，现修订为"住房公积金贷款担保以所购住房抵押为主，所购住房不具备抵押条件的，借款人可用本人或配偶名下的其他住房作抵押担保。担保的范围包括贷款本金、利息、罚息和为实现债权所需的费用"。

（四）公积金中心服务改进情况。一是持续推进"放管服"改革，通过减材料、减事项，取消相关证明3种。通过实施电子档案扫描，不再要求提供复印件，切实减轻了群众负担。二是按照"四办"改革要求，对公积金管理公共服务事项目录进行重新梳理，38项住房公积金服务事项全部纳入武威市市级政务服务各项目目录清单，实现了"阳光政务"、透明操作。三是全面实现"一网通办"，住房公积金管理系统与甘肃政务服务网单点登录，统一身份认证。四是积极推行政务服务事项网上办理。全年通过综合服务平台办理住房公积金提取业务1354笔，贷款冲还1365笔，各类业务预约24547笔，办理缴款12717笔，各类查询业务383万人（次）。

（五）公积金中心信息化建设情况。一是完成综合服务平台升级改造项目建设，极大地提升了"八大渠道"的服务功能，提高了住房公积金管理服务的信息化水平，实现了住房公积金掌上服务，指尖服务。二是如期完成向全国住房公积金数据平台的接入和信息报送工作，保证了国家税务总局个人所得税改革信息共享。三是按期保质保量完成对中国人民银行征信系统的数据报送，截至年底已报送23期。四是进一步完善了基础数据。全年结合电子化稽查工具运用，整改和补充完善个人信息3600多条，单位信息400多条。五是实现与市政府政务外网的互联互通，目前我中心已完成了数据报送，正在进行相关测试。

（六）公积金管理中心及职工所获荣誉情况。2019年度武威市住房公积金管理中心会计核算科被甘肃省人力资源和社会保障厅、甘肃省财政厅授予全省会计工作"先进集体"荣誉称号。中心驻市、县政府服务窗口工作人员，连续数月被市、县政府政务中心评为"红旗示范窗口""先进窗口""青年文明岗""巾帼建功岗""党员示范岗""先进工作者""优秀工作人员"。

（七）当年对违反《住房公积金管理条例》和相关法规行为进行行政处罚和申请人民法院强制执行情况。2019年7月1日，武威市住房公积金管理中心印发《关于对任科等19人伪造资料骗提公积金的处理决定》，先后在《武威日报》等报刊上曝光失信人员名单。严格按照《住房公积金管理条例》相关规定，强化部门配合，加大骗提骗贷联合惩戒力度，深入推进扫黑除恶专项斗争。对已核实的16名涉及金额94.1万元疑似骗提住房公积金个人按规定进行处理，追回骗提住房公积金41.3万元。在媒体公开曝光10名失信人员名单，取消其5年内使用住房公积金的权利，并及时向扫黑办和公安部门移交了问题线索。

张掖市住房公积金2019年年度报告

一、机构概况

（一）住房公积金管理委员会：住房公积金管理委员会有25名委员，2019年召开1次会议，审议通过的事项主要包括：《张掖市住房公积金2018年年度报告》《2018年度全市住房公积金归集、使用计划执行及增值收益分配情况的报告》《2019年度住房公积金归集、使用计划的报告》《关于2017年政府住房基金收入使用情况的报告》等决议事项。

（二）住房公积金管理中心：住房公积金管理中心为隶属市政府不以营利为目的的参照《公务员法》管理的事业单位，设8个科室，7个管理部。从业人员112人，其中，在编84人，非在编28人。

二、业务运行情况

（一）缴存：2019年，新开户单位131家，实缴单位1959家，增加86家；新开户职工0.39万人，实缴职工6.85万人，净增职工0.34万人；缴存额11.31亿元，同比增长3.04%。2019年末，缴存总额84.25亿元，同比增长15.51%；缴存余额45.09亿元，同比增长9.49%。

受委托办理住房公积金缴存业务的银行8家，与上年相同。

（二）提取：2019年，提取额7.40亿元，同比下降4.27%；占当年缴存额的65.44%，比上年下降5个百分点。2019年末，提取总额39.15亿元，同比增长23.31%。

（三）贷款：个人住房贷款最高额度40万元，其中，单缴存职工最高额度40万元，双缴存职工最高额度40万元。

2019年，发放个人住房贷款0.25万笔、6.52亿元，同比分别下降22.86%、18.66%。回收个人住房贷款4.78亿元。

2019年末，累计发放个人住房贷款9.48万笔、79.74亿元，贷款余额35.24亿元，同比分别增长2.68%、8.90%、5.19%。个人住房贷款余额占缴存余额的78.15%，比上年下降3.2个百分点。

受委托办理住房公积金个人住房贷款业务的银行4家，同比持平。

（四）购买国债：2019年，未购买国债。2019年末，国债余额0亿元。

（五）融资：2019年，融资0亿元，归还0亿元。2019年末，融资总额0亿元，融资余额0亿元。

（六）资金存储：2019年末，住房公积金存款10.59亿元。其中，活期0.29亿元，1年（含）以下定期0.08亿元，1年以上定期10.22亿元，其他（协定、通知存款等）0亿元。

（七）资金运用率：2019年末，住房公积金个人住房贷款余额、项目贷款余额和购买国债余额的总和占缴存余额的78.15%，比上年降低3.20个百分点。

三、主要财务数据

（一）业务收入：2019年，业务收入13859.46万元，同比下降5.43%。其中，存款利息收入2776.92万元，委托贷款利息收入11076.93万元，国债利息收入0万元，其他收入5.61万元。

（二）业务支出：2019年，业务支出6996.08万元，同比增长8.73%。其中，支付职工住房公积金利息6468.16万元，委托贷款手续费527.92万元。

（三）增值收益：2019年，实现增值收益6863.38万元，同比下降16.52%。增值收益率1.58%，比上年减少0.49个百分点。

（四）增值收益分配：2019年，提取贷款风险准备金173.82万元，提取管理费用1700.00万元，提取城市廉租住房（公共租赁住房）建设补充资金4989.56万元。

2019年，上交财政管理费用1700.00万元。上缴财政城市廉租住房（公共租赁住房）建设补充资金4820.00万元，未上缴169.56万元。

2019年末，贷款风险准备金余额3524.40万元。累计提取城市廉租住房（公共租赁住房）建设补充资金33224.38万元。

（五）管理费用支出：2019年，管理费用支出1588.13万元，同比增加44.41万元，增长2.88%。其中，人员经费1114.39万元，公用经费219.87万元，专项经费253.87万元。

四、资产风险状况

个人住房贷款：2019年末，个人住房贷款逾期额329.91万元，逾期率0.94‰。

个人贷款风险准备金按贷款余额的1%提取。2019年，提取个人贷款风险准备金173.82万元，使用个人贷款风险准备金核销呆坏账0万元。2019年末，个人贷款风险准备金余额3524.40万元，占个人住房贷款余额的1%，个人住房贷款逾期额与个人贷款风险准备金余额的比率为9.36%。

五、社会经济效益

（一）**缴存业务**：2019年，实缴单位数同比增加4.59%，实缴职工人数和缴存额同比分别增长5.22%和3.04%。

缴存单位中，国家机关和事业单位占73.46%，国有企业占5.72%，城镇集体企业占1.68%，外商投资企业占0.26%，城镇私营企业及其他城镇企业占18.07%，民办非企业单位和社会团体占0.61%，其他占0.20%。

缴存职工中，国家机关和事业单位占77.17%，国有企业占6.32%，城镇集体企业占1.40%，外商投资企业占0.33%，城镇私营企业及其他城镇企业占13.53%，民办非企业单位和社会团体占0.09%，自愿缴存人员占1.03%，其他占0.13%；中、低收入占99.88%，高收入占0.12%。

新开户职工中，国家机关和事业单位占44.74%，国有企业占11.32%，城镇集体企业占4.35%，外商投资企业占0.28%，城镇私营企业及其他城镇企业占34.51%，民办非企业单位和社会团体占0.5%，自愿缴存人员占4.30%，其他占0；中、低收入占99.90%，高收入占0.10%。

（二）**提取业务**：2019年，2.93万名缴存职工提取住房公积金7.40亿元。

提取金额中，住房消费提取占77.15%（购买、建造、翻建、大修自住住房占36.78%，偿还购房贷款本息占63.09%，租赁住房占0.13%）；非住房消费提取占22.85%（离休和退休提取占74.51%，完全丧失劳动能力并与单位终止劳动关系提取占16.05%，户口迁出本市或出境定居占5.00%，其他占4.44%）。提取职工中，中、低收入占99.83%，高收入占0.17%。

（三）**贷款业务**：

1. 个人住房贷款：2019年，支持职工购建房29.79万平方米，年末个人住房贷款市场占有率为31.39%，比上年下降0.14个百分点。通过申请住房公积金个人住房贷款，可节约职工购房利息支出10769.04万元。

职工贷款笔数中，购房建筑面积90（含）平方米以下占6.96%，90~144（含）平方米占86.24%，144平方米以上占6.80%。购买新房占95.79%，购买存量商品住房（二手房）占4.21%。

职工贷款笔数中，单缴存职工申请贷款占94.57%，双缴存职工申请贷款占5.43%，无三人及以上缴存职工共同申请贷款情况。

贷款职工中，30岁（含）以下占34.53%，30岁~40岁（含）占39.23%，40岁~50岁（含）占18.83%，50岁以上占7.41%；首次申请贷款占67.89%，二次及以上申请贷款占32.11%；中、低收入占99.96%，高收入占0.04%。

2. 异地贷款：2019年，发放异地贷款169笔、4537.20万元。2019年末，发放异地贷款总额15346.70万元，异地贷款余额13718.43万元。

（四）**住房贡献率**：2019年，个人住房贷款发放额、住房消费提取额的总和与当年缴存额的比率为108.12%，比上年减少19.48个百分点。

六、其他重要事项

（一）**当年住房公积金政策调整及执行情况**。自2019年7月1日起，职工住房公积金月缴存基数为职工本人上一年度月平均工资，月缴存基数最高不超过上年度在岗职工月平均工资6291元的3倍，即18873元，最低不低于2019年张掖市最低工资标准1520元。单位和职工缴存比例各不高于12%、不低于5%，单位缴存比例和个人缴存比例保持一致。

（二）当年服务改进情况。研究制定并认真落实《住房公积金窗口服务标准》，实现了窗口服务工作的制度化、规范化和标准化管理。在市直、甘州、民乐管理部服务大厅设立了"不动产抵押"代办窗口，进一步减少了办理住房抵押登记的往返次数。制定了《关于复制推广优化营商环境改革举措实现住房公积金缴存业务全程网上办和"通缴通取"工作实施方案》，实现了市内住房公积金的通缴、通取、通贷目标。编印《"小微权力"明白卡》，把"小微权力"清单通过张掖日报、中心网站等主流媒体向社会公布，明确各项业务办理渠道和监督维权渠道。

至年底，中心共取消归集、提取、贷款业务办理要件资料22项，保留的证明事项16项，要件完备、手续齐全需"最多跑一次"办理的事项共33项，其中25项业务可通过线上"零跑路"办理，所有事项全部在政务服务网站加载运行并向社会公开公布。

（三）当年信息化建设情况。按住房和城乡建设部要求，2019年6月底完成了与全国公积金数据平台的对接工作，并按时上报数据信息。在全省首家建成统一有效的身份认证体系，单位用户在网厅可实现数字证书登录，缴存职工可在网厅、手机APP和微信公众号等渠道实现在线身份识别认证。建成了以网上业务大厅、手机APP、微信公众号和12329热线为主，第三方微信城市服务、支付宝蚂蚁金服为补充的住房公积金在线服务体系，贷款审批、购房提取、还贷提取、离退休提取四项高频事项均可通过网厅实现"一网通办"。

（四）当年住房公积金管理中心及职工所获荣誉情况。中心机关党支部荣获2019年度"先进基层党组织"荣誉称号，高台管理部被高台县政府政务服务中心评选为2019年度"优秀窗口"；山丹管理部二级主任科员王丽琴、市直管理部职工薛辉明被市妇联授予"最美家庭"荣誉称号，山丹管理部主任杜沛年、民乐管理部职工郑霄云2名同志被所在县评选为"优秀共产党员"，高台管理部副主任郇德文被高台县政府政务服务中心评选为"2019年度先进个人"；中心计划财务科科长李晓霞、甘州管理部主任黄建东2名同志由中共张掖市委组织部、张掖市人力资源和社会保障局记"三等功"一次；中心办公室副主任马荣、市直管理部副主任刘永华、副主任科员吴睿超、科员俞海元、郝文进5名同志年度考核确定为"优秀"等次，受中共张掖市委组织部、张掖市人力资源和社会保障局嘉奖。

平凉市住房公积金2019年年度报告

一、机构概况

（一）住房公积金管理委员会：住房公积金管理委员会有25名委员，2019年召开1次会议，审议通过的事项主要包括：《2018年度住房公积金财务决算》《2019年度住房公积金财务预算》《2019年度保障房（棚户区改造工程）建设补充资金分配意见》《拟向社会公布的我市住房公积金管理工作2018年度公报》《2018年度全市住房公积金归集使用计划执行情况》《2019年度全市住房公积金归集使用计划》。

（二）住房公积金管理中心：本市目前有两家公积金管理机构。

平凉市住房公积金管理中心（以下简称"平凉中心"）为平凉市人民政府直属不以营利为目的的参公管理的事业单位，设5个科（室），8个管理部。从业人员134人，其中：在编67人，非在编67人。

华亭煤业公司住房公积金管理中心（以下简称"华煤分中心"）为华亭煤业集团公司不以营利为目的管理机构，设业务科，下设33个单位管理员。从业人员5人，其中：在编5人，非在编0人。

二、业务运行情况

（一）缴存：2019年，新开户单位152家，实缴单位2141家，净增单位152家；新开户职工0.79万人，实缴职工11.45万人，净增职工0.29万人；缴存额17.86亿元，同比增长11.17%。2019年末，缴存总额125.86亿元，同比增长11.65%；缴存余额76.92亿元，同比增长11.09%。

受委托办理住房公积金缴存业务的银行，平凉中心9家，比上年增加0家。华煤分中心5家，比上年增加0家。

（二）提取：2019年，提取额10.27亿元，同比下降9.90%；占当年缴存额的57.50%，比上年减少7.48个百分点。2019年末，提取总额48.94亿元，同比增长12.66%。

（三）贷款：

1. 个人住房贷款：平凉中心个人住房贷款最高额度40万元，其中：单缴存职工最高额度40万元，双缴存职工最高额度40万元。华煤分中心个人住房贷款最高额度50万元，其中，单缴存职工最高额度50万元，双缴存职工最高额度50万元。

2019年，发放个人住房贷款0.51万笔、16.95亿元，同比分别下降8.79%、9.47%。其中：平凉中心发放个人住房贷款0.41万笔、13.11亿元，华煤分中心发放个人住房贷款0.10万笔、3.84亿元。

2019年，回收个人住房贷款9.04亿元。其中：平凉中心7.70亿元，华煤分中心1.34亿元。

2019年末，累计发放个人住房贷款9.00万笔、118.09亿元，贷款余额62.18亿元，同比分别增长10.61%、11.68%、11.46%。个人住房贷款余额占缴存余额的80.84%，比上年增加2.54个百分点。

受委托办理住房公积金个人住房贷款业务的银行平凉中心9家，比上年增加0家。华煤分中心2家，比上年增加0家。

2. 住房公积金支持保障性住房建设项目贷款：2019年，发放支持保障性住房建设项目贷款0亿元，回收项目贷款0亿元。2019年末，累计发放项目贷款0亿元，项目贷款余额0亿元。

（四）购买国债：2019年购买（记账式、凭证式）国债0亿元，兑付（转让、收回）国债0亿元。2019年末，国债余额0亿元，比上年末减少（增加）0亿元。

（五）融资：2019年，融资0亿元，归还0亿元。2019年末，融资总额0亿元，融资余额0亿元。

（六）资金存储：2019年末，住房公积金存款18.2亿元。其中，活期2.19亿元，1年（含）以下定期14.91亿元，1年以上定期1.10亿元，其他（协定、通知存款等）0亿元。

（七）资金运用率：2019年末，住房公积金个人住房贷款余额、项目贷款余额和购买国债余额的总和占缴存余额的80.84%，比上年增加2.56个百分点。

三、主要财务数据

（一）**业务收入**：2019年，业务收入22223.82万元，同比增长6.04%。其中：平凉中心18522.83万元，华煤分中心3700.99万元；存款利息4160.45万元，委托贷款利息18054.32万元，国债利息0万元，其他9.05万元。

（二）**业务支出**：2019年，业务支出16690.8万元，同比增长10.67%。其中：平凉中心14699.87万元，华煤分中心1990.93万元；支付职工住房公积金利息15853.11万元，归集手续费0万元，委托贷款手续费837.10万元，其他0.59万元。

（三）**增值收益**：2019年，增值收益5533.03万元，同比增长5.86%。其中：平凉中心3822.96万元，华煤分中心1710.07万元；增值收益率0.76%，比上年减少1.66个百分点。

（四）**增值收益分配**：2019年，提取贷款风险准备金1566.87万元，提取管理费用2013.18万元，提取城市廉租住房（公共租赁住房）建设补充资金1952.97万元。其中：平凉中心提取贷款风险准备金540.84万元，提取管理费用1713.18万元，提取城市廉租住房（公共租赁住房）建设补充资金1568.94万元。华煤分中心提取贷款风险准备金1026.03万元，提取管理费用300万元，提取城市廉租住房（公共租赁住房）建设补充资金384.03万元。

2019年，上交财政管理费用2013.18万元。上缴财政城市廉租住房（公共租赁住房）建设补充资金2078.28万元。其中：平凉中心上缴2078.28万元，华煤分中心上缴0万元。

2019年末，贷款风险准备金余额10724.96万元。累计提取城市廉租住房（公共租赁住房）建设补充资金16393.49万元。其中：平凉中心提取11163.08万元，华煤分中心提取5230.41万元。

（五）**管理费用支出**：2019年，管理费用支出1883.87万元，同比下降5.96%。其中：人员经费977.58万元，公用经费309.02万元，专项经费597.27万元。

平凉中心管理费用支出1713.18万元，其中：人员、公用、专项经费分别为977.58万元、303.79万元、431.81万元；华煤分中心管理费用支出170.69万元，其中：人员、公用、专项经费分别为0万元、5.23万元、165.46万元。

四、资产风险状况

（一）**个人住房贷款**：2019年末，个人住房贷款逾期额257.81万元，逾期率0.4‰。其中：平凉中心244.39万元，逾期率0.4‰，华煤分中心13.42万元，逾期率0.19‰。

平凉中心个人贷款风险准备金按（贷款余额或增值收益）的1%提取。2019年，提取个人贷款风险准备金540.84万元，使用个人贷款风险准备金核销呆坏账0万元。2019年末，个人贷款风险准备金余额5500.89万元，占个人住房贷款余额的1%，个人住房贷款逾期额与个人贷款风险准备金余额的比率为4.44%。

华煤分中心个人贷款风险准备金按（增值收益）的60%提取。2019年，提取个人贷款风险准备金1026.03万元，使用个人贷款风险准备金核销呆坏账0万元。2019年末，个人贷款风险准备金余额5224.07万元，占个人住房贷款余额的7.29%，个人住房贷款逾期额与个人贷款风险准备金余额的比率为0.26%。

（二）支持保障性住房建设试点项目贷款：2019年末，逾期项目贷款0万元，逾期率0‰。

项目贷款风险准备金按贷款余额的0%提取。2019年，提取项目贷款风险准备金0万元，使用项目贷款风险准备金核销呆坏账0万元，项目贷款风险准备金余额0万元，占项目贷款余额的0%，项目贷款逾期额与项目贷款风险准备金余额的比率为0%。

五、社会经济效益

（一）**缴存业务**：2019年，实缴单位数、实缴职工人数和缴存额同比分别增长10.46%、11.73%和11.17%。

缴存单位中，国家机关和事业单位占83.54%，国有企业占4.79%，城镇集体企业占1.42%，外商投资企业占0.14%，城镇私营企业及其他城镇企业占4.51%，民办非企业单位和社会团体占0.62%，其他占4.98%。

缴存职工中，国家机关和事业单位占86.04%，国有企业占6.70%，城镇集体企业占0.80%，外商投资企业占0.05%，城镇私营企业及其他城镇企业占2.29%，民办非企业单位和社会团体占0.13%，其他占3.98%；中、低收入占99.90%，高收入占0.10%。

新开户职工中，国家机关和事业单位占70.96%，国有企业占11.73%，城镇集体企业占1.03%，外商投资企业占0.27%，城镇私营企业及其他城镇企业占8.03%，民办非企业单位和社会团体占0.72%，其他占7.26%；中、低收入占99.95%，高收入占0.05%。

（二）**提取业务**：2019年，3.06万名缴存职工提取住房公积金10.27亿元。

提取金额中，住房消费提取占77.01%（购买、建造、翻建、大修自住住房占14%，偿还购房贷款本息占62.93%，租赁住房占0.07%，其他占0%）；非住房消费提取占22.99%（离休和退休提取占16.54%，完全丧失劳动能力并与单位终止劳动关系提取占1.74%，户口迁出本市或出境定居占0.80%，其他占3.92%）。

提取职工中，中、低收入占99.92%，高收入占0.08%。

（三）**贷款业务**：

1.个人住房贷款：2019年，支持职工购建房58.97万平方米，年末个人住房贷款市场占有率为38.19%，比上年增加0.44个百分点。通过申请住房公积金个人住房贷款，可节约职工购房利息支出20843.07万元。

职工贷款笔数中，购房建筑面积90（含）平方米以下占9.53%，90～144（含）平方米占82.24%，144平方米以上占8.23%。购买新房占84.93%（其中购买保障性住房占0%），购买二手房占15.07%，建造、翻建、大修自住住房占0%，其他占0%。

职工贷款笔数中，单缴存职工申请贷款占57.12%，双缴存职工申请贷款占42.36%，三人及以上缴存职工共同申请贷款占0.52%。

贷款职工中，30岁（含）以下占31.01%，30岁～40岁（含）占41.87%，40岁～50岁（含）占18.35%，50岁以上占8.77%；首次申请贷款占78.67%，二次及以上申请贷款占21.33%；中、低收入占99.88%，高收入占0.12%。

2.异地贷款：2019年，发放异地贷款250笔、7958.80万元。2019年末，发放异地贷款总额21141.3

万元，异地贷款余额 18976.57 万元。

3. 公转商贴息贷款：2019 年，发放公转商贴息贷款 0 笔、0 万元，支持职工构建住房面积 0 万平方米，当年贴息额 0 万元。2019 年末，累计发放公转商贴息贷款 0 笔、0 万元，累计贴息 0 万元。

4. 支持保障性住房建设试点项目贷款：2019 年末，累计试点项目 0 个，贷款额度 0 亿元，建筑面积 0 万平方米，可解决 0 户中低收入职工家庭的住房问题。0 个试点项目贷款资金已发放并还清贷款本息。

（四）住房贡献率：2019 年，个人住房贷款发放额、公转商贴息贷款发放额、项目贷款发放额、住房消费提取额的总和与当年缴存额的比率为 152.41%，比上年减少 24.49 个百分点。

六、其他重要事项报告

（一）当年住房公积金政策调整情况。

（1）自 2019 年 7 月 1 日起，住房公积金缴存基数以缴存职工本人上一年度月平均工资为基数，最高按平凉市 2018 年城镇非私营单位在岗职工月平均工资 5836 元的 3 倍，最低按平凉市人民政府公布的最低工资标准执行。即：2019 年度全市住房公积金月缴存额上限为 4202 元，月缴存额下限分为两类：崆峒区和工业园区为 157 元，其余 6 县（市）为 152 元。单位和职工缴存比例各不高于 12%、不低于 5%，单位缴存比例和个人缴存比例保持一致。

（2）2019 年平凉中心出台文件，将个体工商户、自由职业者、民办教育机构教师，公立及民营医院聘用的医护人员纳入缴存、使用住房公积金范围。

（3）停止缴存人在异地购买自住住房或者为父母和子女（直系）在异地购买自住住房申请使用住房公积金。

（4）停止缴存人在本地为其父母和子女（直系）购买自住住房申请使用住房公积金。

（5）全面停止与房地产开发企业的按揭贷款业务，由购房人凭房产部门备案的真实有效购房合同直接申请住房公积金贷款。

（二）当年服务改进情况。 2019 年平凉中心积极贯彻落实深化"放管服"改革要求，以"互联网＋住房公积金"服务模式为依托，不断转变服务理念、拓宽服务渠道、提高服务效率。一是充分发挥互联网＋优势，拓宽了线上业务办理渠道。目前建成了甘肃政务服务网（公积金服务）、门户网站、网上营业大厅、12329 服务热线、12329 短信平台、微信公众号、手机客户端（APP）、支付宝城市服务、业务卡二维码查询、智慧公积金自助服务终端、微信城市服务为一体的十一项综合便民服务渠道，以多功能、多渠道、全覆盖的模式实现缴存人线上办理公积金业务。二是打破了信息孤岛，实现了信息共享。平凉市住房公积金业务系统与人民银行征信系统实现互联互通，可适时查询个人信用信息；并通过授权的方式登录公安信息系统核查个人身份信息；通过税务信息系统核查购房发票的真实性；通过民政信息系统核查婚姻登记情况；通过工商系统核查掌握非公企业登记建立情况；通过房地产交易系统核查房地产开发企业的房屋预售备案情况。三是优化了窗口功能，实现了业务"一站式"办理。按照"放管服"改革要求，公开了住房公积金业务政策、办事流程、办理时限、服务事项清单等服务信息，全市八个管理部（办事处）将所有业务全部进驻了市、县（区）两级政府政务服务大厅，按照"前台综合受理、后台分类审批、窗口一站办结"的标准设置了岗位，实行了一人多岗、一岗多责，按照相互配合、相互制约的原则，科学合理分配了各项审批权限，并根据业务办理需要和业务交叉授权的原则设置了 AB 岗位制。基本实现了"最多跑一次"

要求。

（三）当年信息化建设情况。2019年平凉中心搭建了住房公积金"内部管理平台""住房公积金信息平台""综合服务平台""数据接口平台"四大平台，形成了较为完备的综合信息管理系统。一是升级改造了综合服务平台。2019年6月底完成了与住房和城乡建设部公积金数据平台的对接工作。2019年11月，按照《住房公积金综合服务平台建设导则》要求，升级完善了综合服务平台，通过了国家住房和城乡建设部、省住房城乡建设厅的联合评估验收。二是升级改造住房公积金云管理平台。共升级开发了9个信息模块：综合服务平台"最多跑一次"改造、资金监管系统、甘肃政务服务网及一窗办云平台数据对接、自助柜员机系统、自动结算接口开发、人行征信前置查询及内部管理系统、人行征信数据上报系统、数字证书（CA）、电子签章系统。三是实现公积金业务自助办理。购置了智能型多功能一体机8台，分别设在市、县（区）政务服务大厅，缴存人可通过一体机实现在线申请提取、贷款等业务；实现了住房公积金所有业务自助办理。

（四）当年住房公积金管理中心及职工所获荣誉情况。2019年2月，平凉中心庄浪县管理部柳沛杰同志被甘肃省脱贫攻坚领导小组授予2018年度全省脱贫攻坚帮扶先进个人。

酒泉市住房公积金2019年年度报告

一、机构概况

（一）**住房公积金管理委员会**：住房公积金管理委员会有23名委员，2019年召开1次会议，审议通过的事项主要包括：

（1）酒泉市住房公积金管理中心所做的《关于2018年度全市住房公积金归集、使用计划执行情况和2019年度全市住房公积金归集、使用计划预算报告》；

（2）《酒泉市住房公积金2018年年度报告》；

（3）酒泉市住房公积金管理中心提交的《关于将本地区住房公积金贷款单笔最高贷款额度由50万元调整为40万元，最长贷款年限由25年调整为20年的事项》；

（4）酒泉市住房公积金管理中心提交的《关于取消"职工本人、配偶、父母及未成年子女患有25种重大疾病"提取住房公积金的政策事项》；

（5）酒泉市住房公积金管理中心提交的《关于增加住房公积金贷款担保机构的事项》；

（6）酒泉市住房公积金管理中心提交的《关于提请管委会授予市住房公积金管理中心审批缴存单位降低住房公积金缴存比例或者缓缴的权限申请》；

（7）酒泉市住房公积金管理中心提交的《关于将12329短信平台费用列入住房公积金业务支出的建议》《关于将住房公积金贷款房产抵押登记费支出列入住房公积金业务支出的建议》。

（二）**住房公积金管理中心**：住房公积金管理中心为直属人民政府不以营利为目的独立的参公事业单位，设5个科，7个分中心，1个行业分中心。从业人员101人，其中，在编70人，非在编31人。酒泉市中心从业人员93人,在编人员62人,非在编31人;玉门油田从业人员8人,在编8人。

二、业务运行情况

(一)缴存:2019年,新开户单位228家,实缴单位2176家,净增单位166家;新开户职工0.82万人,实缴职工8.11万人,净增职工0.45万人;缴存额16.24亿元,同比增长19.41%。2019年末,缴存总额125.91亿元,比上年末增加14.82%;缴存余额51.91亿元,同比增长9.05%。

受委托办理住房公积金缴存业务的银行10家,比上年增加1家。

(二)提取:2019年,提取额11.93亿元,同比增长17.65%;占当年缴存额的73.46%,比上年减少1.1个百分点。2019年末,提取总额73.99亿元,比上年末增长19.22%。

(三)贷款:

个人住房贷款:个人住房贷款最高额度40万元,其中,单缴存职工最高额度40万元,双缴存职工最高额度40万元。其中,玉门油田分中心最高额度60万,其中单职工最高额度60万元,双职工最高额度60万元。

2019年,发放个人住房贷款0.32万笔、9.89亿元,同比分别下降8.57%、8.59%。其中,市中心发放个人住房贷款0.30万笔、9.34亿元,油田分中心发放个人住房贷款0.02万笔、0.55亿元。

2019年,回收个人住房贷款7.96亿元。其中,市中心7.33亿元,油田分中心0.63亿元。

2019年末,累计发放个人住房贷款4.22万笔、70.39亿元,贷款余额33.2亿元,分别比上年末增长8.21%、16.37%、6.21%。个人住房贷款余额占缴存余额的63.96%,比上年末减少1.71个百分点。

受委托办理住房公积金个人住房贷款业务的银行7家。

(四)资金存储:2019年末,住房公积金存款19.06亿元。其中,活期0.61亿元,1年(含)以下定期12.71亿元,1年以上定期5.64亿元,其他(协定、通知存款等)0.1亿元。其中,酒泉市中心住房公积金存款4.55亿元。其中,活期0.09亿元,1年(含)以下定期4.36亿元,1年以上定期0亿元,其他(协定、通知存款等)0.1亿元;玉门油田分中心住房公积金存款14.51亿元。其中,活期0.52亿元,1年(含)以下定期8.35亿元,1年以上定期5.64亿元,其他(协定、通知存款等)0亿元。

(五)资金运用率:2019年末,住房公积金个人住房贷款余额、项目贷款余额和购买国债余额的总和占缴存余额的63.96%,比上年末减少1.71个百分点。

三、主要财务数据

(一)业务收入:2019年,业务收入15693.76万元,同比增长9.69%。其中,市中心10564.82万元,油田分中心5128.94万元;存款利息5261.45万元,委托贷款利息10429.39万元,国债利息0万元,其他2.92万元。

(二)业务支出:2019年,业务支出7663.31万元,同比增长10.01%。其中,市中心5214.67万元,油田分中心2448.64万元;支付职工住房公积金利息7149.11万元,归集手续费0万元,委托贷款手续费0万元,其他514.20万元。

(三)增值收益:2019年,增值收益8030.45万元,同比增长9.38%。其中,市中心5350.15万元,油田分中心2680.30万元;增值收益率1.62%,比上年减少0.01个百分点。

（四）增值收益分配：2019年，提取贷款风险准备金1310.15万元，提取管理费用2990.04万元，提取城市廉租住房（公共租赁住房）建设补充资金3730.26万元。

2019年，上交财政管理费用1308.09万元。上缴财政城市廉租住房（公共租赁住房）建设补充资金2731.91万元；玉门油田上缴公司管理费用1681.95万元，上缴公司城市廉租住房（公共租赁住房）建设补充资金998.35万元。

2019年末，贷款风险准备金余额6660.93万元。其中，酒泉市中心贷款风险准备金余额6436.61万元，油田分中心贷款风险准备金余额224.32万元。累计提取城市廉租住房（公共租赁住房）建设补充资金20596.43万元。其中，市中心提取14235.25万元，油田分中心提取6361.18万元。

（五）管理费用支出：2019年，管理费用支出3191.06万元，同比增长8.47%。其中，人员经费2171.38万元，公用经费291.65万元，专项经费728.03万元。

市中心管理费用支出1509.11万元，其中，人员、公用、专项经费分别为860.96万元、108.15万元、540万元；油田分中心管理费用支出1681.95万元，其中，人员、公用、专项经费分别为1310.42万元、183.50万元、188.03万元。

四、资产风险状况

个人住房贷款：2019年末，个人住房贷款逾期额18.92万元，逾期率0.06‰。其中，市中心0.05‰，油田分中心0.15‰。

个人贷款风险准备金按贷款余额的1%提取。2019年，提取个人贷款风险准备金1310.15万元，使用个人贷款风险准备金核销呆坏账0万元。2019年末，个人贷款风险准备金余额6660.93万元，占个人住房贷款余额的2.01%，个人住房贷款逾期额与个人贷款风险准备金余额的比率为0.28%。

五、社会经济效益

（一）缴存业务：2019年，实缴单位数、实缴职工人数和缴存额同比分别增长8.26%、5.87%和19.41%。

缴存单位中，国家机关和事业单位占61.81%，国有企业占10.85%，城镇集体企业占0.97%，外商投资企业占0.92%，城镇私营企业及其他城镇企业占16.49%，民办非企业单位和社会团体占1.75%，其他占7.21%。

缴存职工中，国家机关和事业单位占56.22%，国有企业占26.88%，城镇集体企业占0.86%，外商投资企业占0.61%，城镇私营企业及其他城镇企业占8.20%，民办非企业单位和社会团体占0.57%，其他占6.66%；中、低收入占99.37%，高收入占0.63%。

新开户职工中，国家机关和事业单位占38.95%，国有企业占21.65%，城镇集体企业占1.93%，外商投资企业占0.78%，城镇私营企业及其他城镇企业占26.65%，民办非企业单位和社会团体占0.94%，其他占9.1%；中、低收入占99.73%，高收入占0.27%。

（二）提取业务：2019年，3.06万名缴存职工提取住房公积金11.93亿元。

提取金额中，住房消费提取占81.65%（购买、建造、翻建、大修自住住房占42.93%，偿还购房贷款本息占55.44%，租赁住房占1.62%，其他占0.01%）；非住房消费提取占18.35%（离休和退休提取占 69.42%，完全丧失劳动能力并与单位终止劳动关系提取占 14.59%，户口迁出本市或出境定居占 0.35%，其他占 15.64%）。

提取职工中，中、低收入占 99.45%，高收入占 0.55%。

（三）贷款业务：

1. 个人住房贷款：2019 年，支持职工购建房 36.34 万平方米，年末个人住房贷款市场占有率（含公转商贴息贷款）为 33.07%，比上年末减少 0.98 个百分点。通过申请住房公积金个人住房贷款，可节约职工购房利息支出 16485.83 万元。

职工贷款笔数中，购房建筑面积 90（含）平方米以下占 14.73%，90～144（含）平方米占 80.92%，144 平方米以上占 4.35%。购买新房占 78.89%（其中购买保障性住房占 0.12%），购买二手房占 20.86%，建造、翻建、大修自住住房占 0%，其他占 0.25%。

职工贷款笔数中，单缴存职工申请贷款占 36.27%，双缴存职工申请贷款占 63.73%，三人及以上缴存职工共同申请贷款占 0%。

贷款职工中，30 岁（含）以下占 34.79%，30 岁～40 岁（含）占 34.98%，40 岁～50 岁（含）占 19.08%，50 岁以上占 11.15%；首次申请贷款占 86.26%，二次及以上申请贷款占 13.74%；中、低收入占 99.82%，高收入占 0.18%。

2. 异地贷款：2019 年，市中心发放异地贷款 237 笔、7389.2 万元。2019 年末，市中心发放异地贷款总额 21332.9 万元，异地贷款余额 18313.40 万元。

（四）**住房贡献率**：2019 年，个人住房贷款发放额、公转商贴息贷款发放额、项目贷款发放额、住房消费提取额的总和与当年缴存额的比率为 134.36%，比上年减少 4.61 个百分点。

六、其他重要事项

（一）当年机构及职能调整情况、受委托办理缴存贷款业务金融机构变更情况。原有办理住房公积金缴存业务的银行 9 家，本年新增加 1 家委托办理业务的金融机构。

（二）当年住房公积金政策调整及执行情况。根据《住房公积金管理条例》（国务院令第 350 号）及我市有关政策规定，自 2019 年 7 月 1 日起，我市住房公积金缴存基数由 2017 年职工个人月平均工资总额，调整为 2018 年职工个人月平均工资总额。职工工资总额根据国家统计局关于工资总额组成的规定核定。2019 年度住房公积金缴存基数：最低月缴存基数 1620 元，最高月缴存基数不得高于 16784 元。2019 年度住房公积金单位和个人缴存比例分别不得低于 5%，不得高于 12%。

2019 年 3 月 13 日，酒泉市住房公积金管理委员会审议通过，自 2019 年 4 月 1 日起住房公积金贷款单笔最高额度由 50 万元调整为 40 万元，最长贷款期限由 25 年调整为 20 年。

2019 年 3 月 13 日，酒泉市住房公积金管理委员会审议通过，自 2019 年 4 月 1 日起取消"职工本人、配偶、父母及未成年子女患有 25 种重大疾病"提取住房公积金的政策。

（三）当年服务改进情况。2019 年，市住房公积金管理中心在完成部分分中心业务用房装饰装修的基础上，持续改善服务环境，为业务大厅购置办公设备、计算机设备、家具、用具等，进一步完善了为民服务环境，有效提升了服务效能。

（四）当年信息化建设情况。2019 年，市中心以服务和安全为导向，全面优化现行业务系统功能，接入住房和城乡建设部数据平台，通过按日报送公积金个人贷款全量和增量数据，为公积金贷款利息支出的个税抵扣信息核实提供了准确依据，并依托互联网和移动终端，接入政务服务网，各服务窗口全部实现"一网通办、一窗办结"。有效提升了公积金信息化服务水平。11月按照住房和城乡建设部《关于推进住房公积金银行结算数据应用系统的通知》要求，对十家银行结算应用系统新版接口进行升级，资金结算应用系统运行平稳。

庆阳市住房公积金2019年年度报告

一、机构概况

（一）**住房公积金管理委员会**：住房公积金管理委员会有23名委员，2019年召开1次会议，审议通过的主要事项包括：

审议了关于《2018年住房公积金归集运营情况和2019年住房公积金归集运营计划报告》《庆阳市住房公积金2018年年度报告》《庆阳市住房公积金管理中心关于修订庆阳市住房公积金归集、提取、贷款管理办法的请示》。

会议决定：（1）同意《2018年住房公积金归集运营情况和2019年住房公积金归集运营计划报告》《庆阳市住房公积金2018年年度报告》，由市住房公积金管理委员会发文批复实施。（2）同意《庆阳市住房公积金管理中心关于修订庆阳市住房公积金归集、提取、贷款管理办法的请示》《庆阳市住房公积金归集管理办法》《庆阳市住房公积金提取管理办法》《庆阳市住房公积金贷款管理办法》，由市住房公积金管理委员会印发实施。

（二）**住房公积金管理中心**：住房公积金管理中心为庆阳市人民政府不以营利为目的的正县级参照公务员管理事业单位，设5个科（中心），9个管理部。从业人员88人，其中，在编84人，非在编4人。

二、业务运行情况

（一）**缴存**：2019年，新开户单位95家，实缴单位2315家，净减少单位65家；新开户职工0.45万人，实缴职工11.81万人，净增职工0.06万人；缴存额16.44亿元，同比增长20.97%。2019年末，缴存总额103亿元，同比增长18.99%；缴存余额61.16亿元，同比增长14.06%。

受委托办理住房公积金缴存业务的银行9家，较上年无变化。

（二）**提取**：2019年，提取额8.91亿元，同比增长16.17%；占当年缴存额的54.20%，比上年减少2.24个百分点。2019年末，提取总额41.84亿元，同比增长27.06%。

（三）**贷款**：个人住房贷款最高额度50万元，其中，单缴存职工最高额度40万元，双缴存职工最高额度50万元。

2019年，发放个人住房贷款0.22万笔、7.15亿元，同比分别下降21.43%、18.10%。

2019年，回收个人住房贷款5.68亿元。

2019年末，累计发放个人住房贷款5.30万笔、82.11亿元，贷款余额45.01亿元，同比分别增长4.33%、9.54%、3.38%。个人住房贷款余额占缴存余额的73.59%，比上年减少7.61个百分点。

受委托办理住房公积金个人住房贷款业务的银行9家，较上年无变化。

（四）资金存储：2019年末，住房公积金存款16.64亿元。其中，1年（含）以下定期14.40亿元，协定存款2.24亿元。

（五）资金运用率：2019年末，住房公积金个人住房贷款余额、项目贷款余额和购买国债余额的总和占缴存余额的73.59%，比上年减少7.61个百分点。

三、主要财务数据

（一）业务收入：2019年，业务收入16931.90万元，同比增长10.80%。存款利息2560.54万元，委托贷款利息14363.05万元，其他8.31万元。

（二）业务支出：2019年，业务支出9389.89万元，同比增长13.44%。支付职工住房公积金利息8627.91万元，归集手续费0.05万元，委托贷款手续费760.43万元，其他1.50万元。

（三）增值收益：2019年，增值收益7542.01万元，同比增长7.68%，增值收益率1.32%，比上年减少0.06个百分点。

（四）增值收益分配：2019年，提取贷款风险准备金146.63万元，提取管理费用1400万元，提取城市廉租住房（公共租赁住房）建设补充资金5995.38万元。

2019年，上交财政管理费用1400万元，上缴财政城市廉租住房（公共租赁住房）建设补充资金5995.38万元。

2019年末，贷款风险准备金余额4500.96万元，累计提取城市廉租住房（公共租赁住房）建设补充资金25124.76万元。

（五）管理费用支出：2019年，管理费用支出1601.25万元，同比下降1.68%。其中，人员经费920.76万元，公用经费175.71万元，专项经费504.78万元。

四、资产风险状况

个人住房贷款：2019年末，个人住房贷款逾期额195万元，逾期率0.43‰。

个人贷款风险准备金按贷款余额的1%提取。2019年，提取个人贷款风险准备金146.63万元，使用个人贷款风险准备金核销呆坏账0万元。2019年末，个人贷款风险准备金余额4500.96万元，占个人住房贷款余额的1%，个人住房贷款逾期额与个人贷款风险准备金余额的比率为4.33%。

五、社会经济效益

（一）缴存业务：2019年，实缴职工数、缴存额同比分别增长0.51%、20.97%，实缴单位数同比降低2.73%。

缴存单位中，国家机关和事业单位占82.29%，国有企业占5.75%，城镇集体企业占1.12%，城镇私营企业及其他城镇企业占8.08%，民办非企业单位和社会团体占2.20%，其他占0.56%。

缴存职工中，国家机关和事业单位占77.76%，国有企业占10.87%，城镇集体企业占1.25%，城镇私营企业及其他城镇企业占9.09%，民办非企业单位和社会团体0.38%，其他占0.65%；中、低收入占99.52%，高收入占0.48%。

新开户职工中，国家机关和事业单位占55.97%，国有企业占9.94%，城镇集体企业占5.34%，城镇私营企业及其他城镇企业占21.86%，民办非企业单位和社会团体占0.18%，其他占6.71%；中、低收入占99.60%，高收入占0.40%。

（二）提取业务：2019年，2.57万名缴存职工提取住房公积金8.91亿元。

提取金额中，住房消费提取占78.31%（购买、建造、翻建、大修自住住房占35.76%，偿还购房贷款本息占58.10%，租赁住房占3.45%，其他占2.69%）；非住房消费提取占21.69%（离休和退休提取占82.68%，完全丧失劳动能力并与单位终止劳动关系提取占7.88%，户口迁出本市或出境定居6.29%，其他占3.15%）。

提取职工中，中、低收入占99.59%，高收入占0.41%。

（三）贷款业务：

1. 个人住房贷款：2019年，支持职工购建房25.37万平方米，年末个人住房贷款市场占有率为36.74%，比上年减少3.6个百分点。通过申请住房公积金个人住房贷款，可节约职工购房利息支出11215.24万元。

职工贷款笔数中，购房建筑面积90（含）平方米以下占6.51%，90~144（含）平方米占89.76%，144平方米以上占3.73%。购买新房占86.39%，购买二手房占13.61%。

职工贷款笔数中，单缴存职工申请贷款占19.29%，双缴存职工申请贷款占80.71%。

贷款职工中，30岁（含）以下占31.93%，30岁~40岁（含）占47.58%，40岁~50岁（含）占16.84%，50岁以上占3.65%；首次申请贷款占81.40%，二次及以上申请贷款占18.60%；中、低收入占99.72%，高收入占0.28%。

2. 异地贷款：2019年，发放异地贷款87笔、2456万元。2019年末，发放异地贷款总额7875万元，异地贷款余额6907.51万元。

（四）住房贡献率：2019年，个人住房贷款发放额、公转商贴息贷款发放额、项目贷款发放额、住房消费提取额的总和与当年缴存额的比率为85.89%，比上年减少18.97个百分点。

六、其他重要事项

（一）当年住房公积金政策调整及执行情况。

1. 当年缴存基数限额及确定方法、缴存比例等缴存政策调整情况

2019年6月17日发布《庆阳市住房公积金管理中心关于贯彻落实住房公积金缴存"控高保低"政策的通知》，确定2019年度月缴存基数最高限额为18480元，最低限额为1520元。单位和职工住房公积金缴存比例各不得低于5%，不得高于12%。

2. 当年缴存、提取及贷款政策调整情况

2019年3月22日，庆阳市住房公积金管理委员会全体会议审议修订了《庆阳市住房公积金归集管理办法》《庆阳市住房公积金提取管理办法》《庆阳市住房公积金贷款管理办法》，4月1日起执行。新修订的三个《办法》对缴存、提取、贷款政策及办理要件进行了部分调整。

归集方面，在住房公积金缴存范围增加了"城镇单位聘用进城务工人员和城镇个体工商户、自由职业人员"。简化了市内调动转移手续，增加了国内城市间公积金转移和账户接续业务。

提取方面，允许提取公积金情形增加了"本人及配偶在公积金缴存地无自有住房，因租赁住房需要支付房租的；与单位解除劳动、人事关系，且个人账户封存半年以上的；被纳入本市城镇居民最低生活保障范围的；职工本人或者配偶、未成年子女患重大疾病的以及法律规定的其他情形提取"共5种情形。不允许提取公积金情形，增加了"住房公积金账户被依法查封、冻结的；通过赠予、遗赠、继承等方式取得所有权的自住住房的；住房公积金贷款当年还款流水中有3次（含3次）或累计6次（含6次）以上逾期记录的"共3种情形。

贷款方面，在贷款对象和条件中，对缴存住房公积金期限的要求由一年以上调整为六个月。增加了不予受理贷款的5种情形，分别是"借款人夫妻双方任何一方在管理中心贷款信息中，累计有两次（含两次）以上贷款记录的；《个人房产查询单》中，有两套（含两套）以上房产记录的；借款人离异未满半年申请贷款的；购房合同约定一次性付款或购房资金已全额支付的；借款人夫妻双方在商业银行的担保或贷款合计超过规定额度的"。在贷款担保方式及担保责任中，删除了关于抵押担保方式中工资与住房公积金保证组合贷款、置业担保贷款的相关条款。推行逐月提取还贷业务，明确2020年1月1日全面停办公积金贷款借款人每年提取一次公积金业务。

（二）服务改进情况。 2019年2月全面推行综合柜员制，住房公积金服务大厅设立综合服务窗口，以服务缴存职工为核心，按照前台受理、后台审核的模式优化窗口设置，着力打破原来业务办理中的条块分割现象，将原按业务种类分设的窗口，优化整合为综合柜员窗口，实现前台任一受理窗口对住房公积金各类业务的综合办理。综合柜员制实行后，改进了服务方式，提高了服务效率。

2019年12月出台了通缴通取业务办理规范，凡在庆阳市住房公积金管理中心正常缴存住房公积金的职工，在全市范围内任一管理部都可申请办理住房公积金缴存、提取业务。

（三）综合服务平台建设和其他网络载体建设服务情况。 一是严格按照部省要求积极推进综合服务平台建设，通过住房和城乡建设部检查验收组检查验收。基本实现信息查询、信息发布和互动交流等服务功能，简化了业务办理流程，部分业务和环节实现了线上办理，改进了服务方式。结合实际需要建设了网厅、手机APP、微信等8个服务渠道。建成了综合管理系统，依托庆阳华为政务云服务系统，建立了安全保障体系，具备了运行绩效分析功能。利用腾讯"慧眼"人脸识别技术进行身份实名认证校验，建立了可靠的身份认证体制，有效防控操作及资金风险。采用数据加密机制，对数据进行加密传输，防止数据被窃取篡改，提升了安全管理水平。二是按时完成全国公积金数据平台接入。数据平台上线前，对公积金基础数据进行全面清查，摸清底数、补齐短板，有效提升了数据质量。通过对现有住房公积金数据库数据采集，应用区块链技术对全量历史数据进行上报，上线后按日增量每日向数据平台报送，保证了数据及时、准确、高质量报送。积极配合住房和城乡建设部在支付宝、微信小程序对全国公积金查询系统进行了测试，向缴存职工提供了数据查询服务。三是妥善接入政务服务网。严格按照省监管处和市政务服务中心要求，接入政务外网，实现了公积金业务内网与政务外网互联互通，完成了公积金共享信息数据上报和政务服务网公积金业务办理。完成了政务服务网省级平台单位和个人统一身份认证系统上线。四是积极协调接入个人信用信息基础数据库。获得了人民银行数据报送测试用户权限，正在按要求报送公积金数据，争取早日取得个人征信查询权限。

定西市住房公积金2019年年度报告

一、机构概况

（一）**住房公积金管理委员会**：住房公积金管理委员会有22名委员，2019年召开第十四次会议，审议通过的事项主要包括：定西市住房公积金管理中心《关于全市2018年住房公积金管理工作完成情况和2019年工作打算的报告》；定西市财政局《关于定西市住房公积金管理中心2018年度管理费用决算和2019年管理费用预算审核情况的报告》；定西市住房公积金管理中心《关于调整住房公积金信贷、缴存、提取有关政策的意见》；定西市住房公积金管理中心《2018年全市住房公积金归集使用计划执行情况和2019年住房公积金归集使用计划的报告》；定西市住房公积金管理中心《关于西铝管理部并入陇西县管理部的报告》；定西市住房公积金管理中心《2018年年度报告》；定西市住房公积金管理中心《关于确定2019年缴存基数最高限额的建议》。

（二）**住房公积金管理中心**：住房公积金管理中心为隶属于定西市人民政府不以营利为目的的参照公务员法管理的事业单位，设6个科，8个管理部。从业人员83人，其中，在编70人，非在编13人。

二、业务运行情况

（一）**缴存**：2019年，新开户单位74家，实缴单位1906家，净增单位57家；新开户职工0.42万人，实缴职工10.9万人，净增职工0.09万人；缴存额16.89亿元，同比增长11.67%。2019年末，缴存总额102.94亿元，比上年末增加19.62%；缴存余额63.56亿元，比上年末增加13.97%。

受委托办理住房公积金缴存业务的银行7家。

（二）**提取**：2019年，提取额9.1亿元，同比增长4.6%；占当年缴存额的53.87%，比上年减少3.64个百分点。2019年末，提取总额39.38亿元，比上年末增加30.04%。

（三）**贷款**：个人住房贷款最高额度50万元，其中，单缴存职工最高额度50万元，双缴存职工最高额度50万元。

2019年，发放个人住房贷款0.4万笔、13.27亿元，同比分别下降3.49%、增长4.64%。

2019年，回收个人住房贷款7.91亿元。

2019年末，累计发放个人住房贷款5.84万笔、94.32亿元，贷款余额49.08亿元，分别比上年末增加7.26%、16.37%、12.26%。个人住房贷款余额占缴存余额的77.22%，比上年末减少1.18个百分点。

受委托办理住房公积金个人住房贷款业务的银行5家。

（四）**资金存储**：2019年末，住房公积金存款15.06亿元。其中，活期2.14亿元，1年（含）以下定期11.82亿元，通知存款1.1亿元。

（五）**资金运用率**：2019年末，住房公积金个人住房贷款余额占缴存余额的77.22%，比上年末减少1.18个百分点。

三、主要财务数据

（一）**业务收入**：2019年，业务收入18229.32万元，同比增长15.96%。其中，存款利息2748.34万元，委托贷款利息 15308.61 万元，增值收益存款利息 166.28 万元，其他 6.09 万元。

（二）**业务支出**：2019 年，业务支出 9867.36 万元，同比增长 14.2%。支付职工住房公积金利息 9114.46 万元，归集手续费 0.25 万元，委托贷款手续费 752.65 万元。

（三）**增值收益**：2019 年，增值收益 8361.96 万元，同比增长 18.11%。增值收益率 1.38%，比上年增加 0.04 个百分点。

（四）**增值收益分配**：2019 年，提取贷款风险准备金 535.89 万元，提取管理费用 1735.02 万元，提取城市廉租住房（公共租赁住房）建设补充资金 6091.05 万元。

2019 年，上交财政管理费用 2170.77 万元。上缴财政城市廉租住房（公共租赁住房）建设补充资金 4289.88 万元。

2019 年末，贷款风险准备金余额 4908.28 万元。累计提取城市廉租住房（公共租赁住房）建设补充资金 28736.2 万元。

（五）**管理费用支出**：2019 年，管理费用支出 1964.46 万元，同比增长 8.44%。其中，人员经费 904.14 万元，公用经费 94.35 万元，专项经费 965.97 万元。

四、资产风险状况

个人住房贷款：2019 年末，个人住房贷款逾期额 75.74 万元，逾期率 0.15‰。

个人贷款风险准备金按贷款余额的 1% 提取。2019 年，提取个人贷款风险准备金 535.89 万元。2019 年末，个人贷款风险准备金余额 4908.28 万元，占个人住房贷款余额的 1%，个人住房贷款逾期额与个人贷款风险准备金余额的比率为 1.54%。

五、社会经济效益

（一）**缴存业务**：2019 年，实缴单位数、实缴职工人数和缴存额同比分别增长 3.08%、0.84% 和 11.67%。

缴存单位中，国家机关和事业单位占 77.49%，国有企业占 10.97%，城镇集体企业占 0.84%，外商投资企业占 0.26%，城镇私营企业及其他城镇企业占 6.61%，民办非企业单位和社会团体占 1.47%，其他占 2.36%。

缴存职工中，国家机关和事业单位占 82.69%，国有企业占 10.92%，城镇集体企业占 1.23%，外商投资企业占 0.66%，城镇私营企业及其他城镇企业占 3.55%，民办非企业单位和社会团体占 0.23%，其他占 0.72%；中、低收入占 99.44%，高收入占 0.56%。

新开户职工中，国家机关和事业单位占 67.78%，国有企业占 13.01%，城镇集体企业占 0.24%，外商投资企业占 0.72%，城镇私营企业及其他城镇企业占 14.84%，民办非企业单位和社会团体占 0.31%，其他占 3.1%；中、低收入占 99.57%，高收入占 0.43%。

（二）**提取业务**：2019 年，1.7 万名缴存职工提取住房公积金 9.1 亿元。

提取金额中，住房消费提取占 78.44%（购买、建造、翻建、大修自住住房占 43.23%，偿还购房贷款本息占 55.81%，租赁住房占 0.96%）；非住房消费提取占 21.56%（离休和退休提取占 72.53%，完全丧失劳动能力并与单位终止劳动关系提取占 8.12%，出境定居及调离本市占 3.59%，其他占 15.76%）。

提取职工中，中、低收入占99.38%，高收入占0.62%。

（三）贷款业务：

1. 个人住房贷款： 2019年，支持职工购建房45.66万平方米。年末个人住房贷款市场占有率（含公转商贴息贷款）为34.25%，比上年末减少2.64个百分点。通过申请住房公积金个人住房贷款，可节约职工购房利息支出39182.65万元。

职工贷款笔数中，购房建筑面积90（含）平方米以下占7.46%，90~144（含）平方米占87.18%，144平方米以上占5.36%。购买新房占87.53%（其中购买保障性住房占0.03%），购买二手房占12.42%，其他占0.05%。

职工贷款笔数中，单缴存职工申请贷款占22%，双缴存职工申请贷款占77.9%，三人及以上缴存职工共同申请贷款占0.1%。

贷款职工中，30岁（含）以下占26.2%，30岁~40岁（含）占47.57%，40岁~50岁（含）占18.13%，50岁以上占8.1%；首次申请贷款占72.28%，二次及以上申请贷款占27.72%；中、低收入占99.77%，高收入占0.23%。

2. 异地贷款： 2019年，发放异地贷款128笔、4280.9万元。2019年末，发放异地贷款总额13717.7万元，异地贷款余额12175.72万元。

（四）住房贡献率： 2019年，个人住房贷款发放额、公转商贴息贷款发放额、项目贷款发放额、住房消费提取额的总和与当年缴存额的比率为120.83%，比上年减少8.12个百分点。

六、其他重要事项

（一）当年机构及职能调整情况、受委托办理缴存贷款业务金融机构变更情况。 2019年定西市住房公积金管理中心撤销了西铝管理部及其业务大厅，并入了陇西县管理部。

（二）当年住房公积金政策调整及执行情况。

1. 当年缴存政策调整情况： 根据统计部门公布的上年度在岗职工年平均工资标准，经计算，确定我市2019年住房公积金月缴存基数最低为1620元，最高为16636元；职工个人月缴存最低为81元，最高为1996元。职工新开户时，将所需资料中"职工就业的录用批准文件或劳动部门备案登记的劳动合同"修改为："职工就业的录用批准文件、用人单位或人社部门备案登记的劳动合同。"

2. 当年提取政策调整情况： 2019年，调整购买、翻建、大修自住住房提取时间，由原来的三年调整为两年（购房以购房合同备案时间为准）；规范自建房提取，自建房提取的土地使用证和房屋所有权证为缴存人本人或者配偶，且一方家庭住址与土地使用证或房产所有权证地址一致，建房时间在一年内。新增按年对冲还贷业务，借款人一个年度内正常还款，未发生逾期的，一年申请办理一次公积金对冲还贷；要求同一套住房和同一类型的提取，一年内只办理一次住房公积金提取。

3. 当年住房公积金贷款额度及政策调整执行情况： 调整贷款额度和期限，住房贷款额度由40万元提高到50万元，期限由原规定25年延长到30年；设定贷款次数，缴存职工夫妻双方住房公积金贷款次数合计不得超过两次；简化缴存职工担保手续，取消保证人个人征信报告资料。

4. 当年存贷款利率调整及执行情况： 按照人民银行公布的住房公积金存贷款挂牌利率调整并执行。

（三）当年服务改进情况。 市住房公积金管理中心持续深化"放管服"和"四办"改革，进一步改善营商环境。一是"最多跑一次"目标圆满完成。各县、区 8 个管理部全面入驻政务大厅办理业务，同时升级改造了软、硬件设施，配置了先进的服务终端，并在窗口、网站、网厅、微信等服务渠道公开办事指南、所需材料、办事流程等，取消证明事项 10 项，精减服务事项达 33.4%，提取实现即时秒级到账。二是"一网通办"迈出重要步伐。通过与省级政务服务平台进行对接，实现单位和个人业务统一认证，高频事项一网办结，办件信息及时反馈。三是综合服务平台建设认识到位、措施得力、步子稳健、运维安全，以优秀等次顺利通过部、厅两级检查验收。实现了 7 大服务渠道的数据查询、政策公开、信息发布和互动交流等线上服务，现在全部缴存业务、70%的提取业务和贷后管理等业务实现了线上申请、线下审批和结算，标志着我市住房公积金指尖办理业务再上新台阶。

（四）当年信息化建设情况。一是按期接入全国住房公积金数据平台，并实现优质数据报送。二是数据互联共享取得新突破，与各协作单位基本实现接口互通，数据共享。三是信息安全等保三级建设卓有成效，为信息系统互联网应用提供安全保障。

（五）当年对违反《住房公积金管理条例》和相关法规行为进行行政处罚和申请人民法院强制执行情况。住房公积金违规提取情况：按照甘肃省住房和城乡建设厅《关于抓紧做好违规提取住房公积金问题核查整改工作的通知》（甘建金〔2019〕183 号）和《关于转发公安部门做好违规提取住房公积金案件取证工作的通知》（甘建金〔2019〕313 号）等文件精神，对我市涉嫌通过网络购买假《购房合同》、假发票骗取公积金的 20 个缴存人，2019 年底已追回 7 人骗取资金 43.44 万元，对催收后拒不归还的严重失信人员 13 人，在中心网站、微信公众号予以公布，并依法依规向相关部门报送失信人员信息，实施联合惩戒。

陇南市住房公积金 2019 年年度报告

一、机构概况

（一）住房公积金管理委员会：住房公积金管理委员会有 27 名委员，2019 年召开 2 次会议，审议通过的事项主要包括：确定 2019 年的主要目标任务；审议通过了市住房公积金管理中心 2018 年度经费预算执行情况的报告；原则同意 2018 年度增值收益分配方案；原则同意提高合同制人员工资待遇；审议通过了《陇南市住房公积金管理中心受托银行考核办法（试行）》；审议通过了《陇南市住房公积金 2018 年年度报告》；审议通过了《陇南市住房公积金个人住房贷款实施细则》《陇南市住房公积金归集提取实施细则》《陇南市住房公积金大额资金划转存储管理办法（试行）》《陇南市住房公积金管理中心考勤制度》。

（二）住房公积金管理中心：住房公积金管理中心为直属陇南市政府不以营利为目的的自收自支事业单位，设 7 个科，9 个管理部。从业人员 149 人，其中，在编 94 人，非在编 55 人。

二、业务运行情况

（一）缴存：2019 年，新开户单位 95 家，实缴单位 2415 家，净增单位 81 家；新开户职工 3972 人，实缴职工 105176 人，净增职工 3972 人；缴存额 14.97 亿元，同比增长 12.90%。2019 年末，缴存总额

89.95亿元，同比增长19.97%；缴存余额59.04亿元，同比增长8.01%。

受委托办理住房公积金缴存业务的银行8家，比上年增加1家。

（二）提取：2019年，提取额10.59亿元，同比增长8.84%；占当年缴存额的70.74%，比上年减少2.63个百分点。2019年末，提取总额30.91亿元，同比增长52.19%。

（三）贷款：

1. 个人住房贷款：个人住房贷款最高额度55万元，其中，单缴存职工最高额度55万元，双缴存职工最高额度55万元。

2019年，发放个人住房贷款0.3022万笔、11.73亿元，同比分别增长5.0%、0.50%。

2019年，回收个人住房贷款9.56亿元。

2019年末，累计发放个人住房贷款3.3403万笔、74.97亿元，贷款余额41.22亿元，同比分别增长9.95%、18.55%、5.53%。个人住房贷款余额占缴存余额的69.81%，比上年减少1.64个百分点。

受委托办理住房公积金个人住房贷款业务的银行8家，比上年增加1家。

2. 住房公积金支持保障性住房建设项目贷款：2019年，发放支持保障性住房建设项目贷款0亿元，回收项目贷款0亿元。2019年末，累计发放项目贷款0亿元，项目贷款余额0亿元。

（四）购买国债：无。

（五）融资：无。

（六）资金存储：2019年末，住房公积金存款18.46亿元。其中，活期2.24亿元，1年（含）以下定期0.5亿元，1年以上定期15.72亿元，其他（协定、通知存款等）0亿元。

（七）资金运用率：2019年末，住房公积金个人住房贷款余额、项目贷款余额和购买国债余额的总和占缴存余额的69.81%，比上年增加1.64个百分点。

三、主要财务数据

（一）业务收入：2019年，业务收入18808.02万元，同比增长2%。存款利息5524.67万元，委托贷款利息13281.92万元，国债利息0万元，其他1.43万元。

（二）业务支出：2019年，业务支出8903.56万元，同比增长9.2%。支付职工住房公积金利息8510.5万元，归集手续费0万元，委托贷款手续费392.56万元，其他0.5万元。

（三）增值收益：2019年，增值收益9904.46万元，同比下降3.6%。增值收益率1.6%，比上年减少0.26个百分点。

（四）增值收益分配：2019年，提取贷款风险准备金216.06万元，提取管理费用2150万元，提取城市廉租住房（公共租赁住房）建设补充资金7538.4万元。

2019年，上交财政管理费用2150万元。上缴财政城市廉租住房（公共租赁住房）建设补充资金7538.4万元。

2019年末，贷款风险准备金余额4121.66万元。累计提取城市廉租住房（公共租赁住房）建设补充资金26816.08万元。

（五）管理费用支出：2019年，管理费用支出2125万元，同比下降27.3%。其中，人员经费1357万元，公用经费231万元，项目经费537万元。

四、资产风险状况

2019年末,个人住房贷款逾期额251.04万元,逾期率0.6‰。

个人贷款风险准备金按贷款余额的1%提取。2019年,提取个人贷款风险准备金216.06万元,使用个人贷款风险准备金核销呆坏账0万元。2019年末,个人贷款风险准备金余额4121.66万元,占个人住房贷款余额的1%,个人住房贷款逾期额与个人贷款风险准备金余额的比率为6.09%。

五、社会经济效益

(一)缴存业务:2019年,实缴单位数、实缴职工人数和缴存额同比分别下降1.39%和增长5.93%、12.9%。

缴存单位中,国家机关和事业单位占87.74%,国有企业占7.08%,城镇集体企业占0.12%,外商投资企业占0.51%,城镇私营企业及其他城镇企业占3.02%,民办非企业单位和社会团体占0.62%,其他占0.91%。

缴存职工中,国家机关和事业单位占84.75%,国有企业占10.64%,城镇集体企业占0.03%,外商投资企业占2.28%,城镇私营企业及其他城镇企业占1.88%,民办非企业单位和社会团体占0.11%,其他占0.31%;中、低收入占95%,高收入占5%。

新开户职工中,国家机关和事业单位占58.36%,国有企业占18.28%,城镇集体企业占0.55%,外商投资企业占3.88%,城镇私营企业及其他城镇企业占12.31%,民办非企业单位和社会团体占0.91%,其他占5.71%;中、低收入占90.94%,高收入占9.06%。

(二)提取业务:2019年,3.58万名缴存职工提取住房公积金10.59亿元。

提取金额中,住房消费提取占81.02%(购买、建造、翻建、大修自住住房占20.75%,偿还购房贷款本息占77.39%,租赁住房占1.86%,其他占0%);非住房消费提取占18.98%(离休和退休提取占80.6%,完全丧失劳动能力并与单位终止劳动关系提取占6.96%,户口迁出本市或出境定居占0.01%,其他占12.43%)。

提取职工中,中、低收入占94.35%,高收入占5.65%。

(三)贷款业务:

1. 个人住房贷款:2019年,支持职工购建房42.68万平方米,年末个人住房贷款市场占有率(含公转商贴息贷款)为42.86%,比上年末减少3.16个百分点。通过申请住房公积金个人住房贷款,可节约职工购房利息支出1935.45万元。

职工贷款笔数中,购房建筑面积90(含)平方米以下占2.51%,90~144(含)平方米占83.72%,144平方米以上占13.77%。购买新房占85.77%(其中购买保障性住房占0%),购买二手房占5.69%,建造、翻建、大修自住住房占7.41%,其他占1.13%。

职工贷款笔数中,单缴存职工申请贷款占25.01%,双缴存职工申请贷款占74.99%,三人及以上缴存职工共同申请贷款占0%。

贷款职工中,30岁(含)以下占35.77%,30岁~40岁(含)占41.20%,40岁~50岁(含)占16.38%,50岁以上占6.65%;首次申请贷款占92.59%,二次及以上申请贷款占7.41%;中、低收入占

86.83%，高收入占 13.17%。

2. 异地贷款：2019年，发放异地贷款95笔、3464万元。2019年末，发放异地贷款总额4476.5万元，异地贷款余额4462.63万元。

（四）住房贡献率：2019年，个人住房贷款发放额、公转商贴息贷款发放额、项目贷款发放额、住房消费提取额的总和与当年缴存额的比率为135.67%，比上年减少8.45个百分点。

六、其他重要事项

（一）当年机构及职能调整情况、受委托办理缴存贷款业务金融机构变更情况。陇南市住房公积金管理中心为直属陇南市政府不以营利为目的的自收自支事业单位，主要负责全市住房公积金的归集、管理、使用和会计核算。目前中心内设办公室等七科室，下设武都区等九管理部。

缴存：本市受委托办理住房公积金缴存业务的银行包括：甘肃银行、建设银行、中国银行、邮政银行、甘肃农商行、工商银行、农业银行，新增兰州银行。

贷款：本市受委托办理住房公积金个人住房贷款业务的银行包括：甘肃银行、建设银行、中国银行、工商银行、农业银行、邮政银行、甘肃农商行，新增兰州银行。

（二）当年住房公积金政策调整及执行情况。

根据2019年陇南市统计局公布的城镇职工平均工资为4795元/月，陇南市住房公积金缴存基数按以下标准执行：

住房公积金缴存基数上限：4795×3＝14385元/月，月缴存额双向不超过3452元/月；缴存基数下限：1570元/月，月缴存额双向不低于377元/月。缴存比例：武都管理部12%，成县11%，西和8%，徽县9%，宕昌11%，礼县8%，康县12%，两当12%，文县12%。

2019年，陇南市住房公积金提取政策未变化，贷款首付比例为20%，贷款最高额度50万元（武都区城区最高额度为55万元），贷款最长期限30年；个贷率由去年底的71.45%下降到69.81%，住房公积金贷款量占全市住房贷款的42.84%。

2019年陇南市住房公积金存款利率统一按一年期定期存款1.50%基准利率执行。

2019年陇南市住房公积金五年期以上个人住房公积金贷款利率为3.25%；五年期以下（含五年）个人住房公积金贷款利率为2.75%。二套房年利率为同等贷款利率的1.1倍。

（三）当年服务改进情况。2019年，我中心与大数据管理局进行对接，实现住房公积金数据实时传送到大数据平台，实现住房公积金全市数据共享。与陇南市政务中心进行接口对接，现在进行数据共享测试阶段。网上住房和城乡建设部数据平台建设并按时上报数据。与省政务服务专网实现"一网通办"。综合服务平台通过部省验收，并全面开展网上业务办理，逐步提高离柜率。

（四）当年信息化建设情况。2019年，我中心信息系统4.0版本继续完善优化报表功能，不断推进住房公积金信息化建设。

（五）当年住房公积金管理中心及职工所获荣誉情况。无。

（六）当年对违反《住房公积金管理条例》和相关法规行为进行行政处罚和申请人民法院强制执行情况。《陇南市住房公积金管理中心关于伪造资料骗提住房公积金失信人员通告》，对缴存住房公积金人员共十人取消其五年内住房公积金个人贷款和支取资格，并通报本人单位、当地纪检委和征信部门。

（七）当年对住房公积金管理人员违规行为的纠正和处理情况等。无。

（八）其他需要披露的情况。无。

临夏回族自治州住房公积金2019年年度报告

一、机构概况

（一）住房公积金管理委员会：住房公积金管理委员会有27名委员，2020年召开第一次会议，审议通过的事项主要包括：《临夏州住房公积金管理中心2019年年度报告》《2019年度临夏州廉租住房（公共租赁住房）补充资金分配方案》《临夏州住房公积金提取管理暂行办法》《临夏州住房公积金个人贷款管理暂行办法》《关于进一步扩大住房公积金缴存面工作的实施意见》《州住房公积金管理中心关于2020年度管理费用预算的请示》《关于临夏州住房公积金管理信息系统数据同步及安全改造建设项目建设资金的请示》《关于临夏州住房公积金管理信息系统增加运行维护服务费用的请示》。

（二）住房公积金管理中心：住房公积金管理中心为临夏州政府不以营利为目的正县级事业单位，设5个科室，8个管理部。从业人员83人，其中：在编41人，非在编42人。

二、业务运行情况

（一）缴存：2019年，新开户单位79家，实缴单位1743家；新开户职工4015人，实缴职工9.02万人，净增职工0.41万人；缴存额12.80亿元，同比增长15.84%。2019年末，缴存总额70.63亿元，同比增长22.13%；缴存余额39.46亿元，同比增长16.16%。

受委托办理住房公积金缴存业务的银行6家，与上年一致。

（二）提取：2019年，提取额7.31亿元，同比增长15.30%；占当年缴存额的57.11%，比上年减少0.27个百分点。2019年末，累计提取总额31.17亿元，同比增长30.64%。

（三）贷款：

1.个人住房贷款：个人住房贷款最高额度45万元，其中，单缴存职工最高额度40万元，双缴存职工最高额度45万元。

2019年，发放个人住房贷款2819笔、9.95亿元，同比分别增长6.46%、16.78%。其中，州直管理部发放个人住房贷款790笔、2.83亿元，永靖县管理部发放个人贷款200笔、0.71亿元，临夏县管理部发放个人贷款329笔、1.18亿元，和政县管理部发放个人贷款267笔、0.84亿元，康乐县管理部发放个人贷款356笔、1.27亿元，积石山县管理部发放个人贷款328笔、1.17亿元，东乡县管理部发放个人贷款315笔、1.16亿元，广河县管理部发放个人贷款234笔、0.79亿元。

2019年，回收个人住房贷款5.94亿元。其中，州直营业室1.88亿元，永靖县管理部0.92亿元，临夏县管理部0.75亿元，和政县管理部0.45亿元，康乐县管理部0.37亿元，积石山县管理部0.67亿元，东乡县管理部0.55亿元，广河县管理部0.35亿元。

2019年末，累计发放个人住房贷款2.38万笔，累计贷款总额52.32亿元，贷款余额29.50亿元，同比分别增长13.88%、23.48%、15.69%。个人住房贷款余额占缴存余额的74.76%，比上年减少0.31个百分点。

受委托办理住房公积金个人住房贷款业务的银行6家，与上年一致。

2. 住房公积金支持保障性住房建设项目贷款：中心目前没有保障性住房建设项目贷款。

（四）**购买国债**：中心目前没有购买国债。

（五）**融资**：中心目前没有融资项目。

（六）**资金存储**：2019年末，住房公积金存款12亿元。其中，活期2.65亿元，1年（含）以下定期1.25亿元，1年以上定期8.1亿元。

（七）**资金运用率**：2019年末，住房公积金个人住房贷款余额占缴存余额的74.76%，比上年减少0.31个百分点。

三、主要财务数据

（一）**业务收入**：2019年，业务收入10878.34万元，同比增长2.54%。其中：存款利息收入2129.21万元，委托贷款利息收入8679.97万元，增值收益利息收入61.75万元，其他收入7.41万元。

（二）**业务支出**：2019年，业务支出8298.47万元，同比下降0.35%。其中：计提职工住房公积金利息7887.95万元，委托银行贷款手续费409.91万元，其他0.61万元。

（三）**增值收益**：2019年，增值收益2579.87万元，同比增长28.85%。增值收益率0.71%，比上年增加0.07个百分点。

（四）**增值收益分配**：2019年，提取贷款风险准备金994.87万元，提取管理费用785万元，提取城市廉租住房（公共租赁住房）建设补充资金800万元。

2019年，上交财政管理费用785万元。上缴财政城市廉租住房（公共租赁住房）建设补充资金700万元。

2019年末，贷款风险准备金余额5234.02万元。累计提取城市廉租住房（公共租赁住房）建设补充资金4608万元。

（五）**管理费用支出**：2019年，管理费用支出1319.40万元，同比增长37.43%。其中，人员经费654.62万元（包括参公人员财政拨付工资），公用经费126.64万元，专项经费538.14万元。

四、资产风险状况

（一）**个人住房贷款**：2019年末，个人住房贷款逾期额178.95万元，逾期率0.61‰。

个人贷款风险准备金按当年贷款额的1%提取。2019年，提取个人贷款风险准备金994.87万元。2019年末，个人贷款风险准备金累计余额5234.02万元，占个人住房贷款余额1.79%，个人住房贷款逾期额与个人贷款风险准备金余额的比率3.42%。

（二）**支持保障性住房建设试点项目贷款**：本中心没有保障性住房建设试点项目贷款。

（三）**历史遗留风险资产**：中心目前没有历史遗留风险资产。

五、社会经济效益

（一）**缴存业务**：2019年，实缴单位数、实缴职工人数和缴存额同比分别下降7.48%、增长4.76%和15.83%。

缴存单位中，国家机关和事业单位占93.52%，国有企业占4.53%，城镇集体企业占0.63%，外商投资企业占0.11%，城镇私营企业及其他城镇企业占0.80%，民办非企业单位和社会团体占0.17%，其他占0.24%。

缴存职工中，国家机关和事业单位占89.77%，国有企业占7.28%，城镇集体企业占0.86%，外商投资企业占0.43%，城镇私营企业及其他城镇企业占0.83%，民办非企业单位和社会团体占0.05%，其他占0.78%；中、低收入占99.99%，高收入占0.01%。

新开户职工中，国家机关和事业单位占89.51%，国有企业占6.38%，城镇集体企业占0.67%，外商投资企业占0.30%，城镇私营企业及其他城镇企业占2.29%，民办非企业单位和社会团体占0.1%，其他占0.75%；中、低收入占83.62%，高收入占16.38%。

（二）**提取业务**：2019年，1.93万名缴存职工提取住房公积金7.31亿元。

提取金额中，住房消费提取占81.94%（购买、建造、翻建、大修自住住房占20.53%，偿还购房贷款本息占78.96%，租赁住房占0.42%，其他占0.09%）；非住房消费提取占18.06%（离休和退休提取占80.77%，完全丧失劳动能力并与单位终止劳动关系提取占5.73%，户口迁出本市或出境定居占2.82%，其他占10.68%）。

提取职工中，中、低收入占99.59%，高收入占0.41%。

（三）**贷款业务**：

1. 个人住房贷款：2019年，支持职工购建房36.50万平方米，年末个人住房贷款市场占有率为35.75%，比上年减少0.98个百分点。通过申请住房公积金个人住房贷款，与同期商业银行住房贷款利率相比较，可节约职工购房利息支出1.45亿元。

职工贷款笔数中，购房建筑面积90（含）平方米以下占2.73%，90～144（含）平方米占75.20%，144平方米以上占22.07%。购买新房占85.85%，购买二手房占14.15%。

职工贷款笔数中，单缴存职工申请贷款占29.76%，双缴存职工申请贷款占69.85%，三人及以上缴存职工共同申请贷款占0.39%。

贷款职工中，30岁（含）以下占26.07%，30岁～40岁（含）占43.60%，40岁～50岁（含）占22.74%，50岁以上占7.59%；首次申请贷款占92.34%，二次申请贷款占7.66%；中、低收入占100%。

2. 异地贷款：2019年，发放异地贷款110笔、3585万元。2019年末，发放异地贷款总额8357万元，异地贷款余额7498万元。

（四）**住房贡献率**：2019年，个人住房贷款发放额、住房消费提取额的总和与当年缴存额的比率为134.84%，比上年增加10.95个百分点。

六、其他重要事项

（1）2019年住房公积金管理中心新增科室财务科，负责中心经费核算、编制中心各项行政事业费用预决算。

（2）2019年度住房公积金的缴存基数最高不得超过临夏州2018年度职工月平均工资的3倍，不能低于全省最低工资标准。

（3）建设开通了政务服务网公积金信息查询、业务办理渠道，建成16套智慧公积金自助服务终端。住房公积金综合服务平台进一步的完善，提升了住房公积金服务效率和服务质量，逐步完成"互联网＋公积金"的创新和转变，实现了从人工到智能、从线下到线上、从"智能型"到"智慧型"的迈进升级。

（4）住房公积金综合服务平台建设顺利完成。2019年10月22日，我州住房公积金管理中心综合服务平台被住房和城乡建设部、省住房城乡建设厅联合检查验收组以优秀的成绩验收通过。标志着我州住房公积金线上综合服务能力达到了国家行业标准。

（5）2019年中心对利用虚假材料骗提住房公积金的进行积极追讨，对骗提人员列入中心黑名单，并冻结其个人住房公积金账户，取消其五年内提取住房公积金和申请个人住房公积金贷款资格。对逾期严重的4户已通过法院执行局强制执行还清了逾期贷款，通过诸多措施有效降低了贷款逾期率。

甘南州住房公积金2019年年度报告

一、机构概况

（一）住房公积金管理委员会：住房公积金管理委员会有18名委员，2019年召开第1次会议，审议并原则通过了《甘南藏族自治州住房公积金缴存政策及流程要件（试行）》《甘南藏族自治州住房公积金提取政策及流程要件（试行）》《甘南藏族自治州住房公积金个人住房贷款政策及流程要件（试行）》；会议审议《甘南藏族自治州住房公积金管理中心"双贯标"综合服务信息化平台业务大厅建设预算暨资产处置方案》，原则同意实施；会议审议《甘南藏族自治州住房公积金管理中心2018年增值收益分配方案》，原则同意通过。

（二）住房公积金管理中心：甘南藏族自治州住房公积金管理中心为州政府直属部门，不以营利为目的的参照公务员管理的事业单位，现有部、室、科14个内设科室，从业人员125人，其中，在编76人，非在编49人。

二、业务运行情况

（一）缴存：2019年，新开户单位85家，实缴单位1589家，净增单位42家；新开户职工0.24万人，实缴职工6.04万人，净增加职工0.21万人；缴存额11.34亿元，同比增长11.77%。2019年末，缴存总额75.73亿元，同比增长17.6%；缴存余额33.89亿元，同比增长4.33%。

受委托办理住房公积金缴存业务的银行6家，比上年无增减变化。

（二）提取：2019年，提取额9.93亿元，同比增长18.89%；占当年缴存额的87.59%，比上年增加5.25个百分点。2019年末，提取总额41.84亿元，同比增长31.12%。

（三）贷款。

个人住房贷款：个人住房贷款最高额度 70 万元。

2019 年，发放个人住房贷款 0.31 万笔、9.81 亿元，同比分别下降 16.22%、9.59%。

2019 年，回收个人住房贷款 9.99 亿元。

2019 年末，累计发放个人住房贷款 3.97 万笔、74.78 亿元，贷款余额 27.81 亿元，同比分别增长 8.47%、15.10%、同比下降 0.64%。个人住房贷款余额占缴存余额的 82.06%，比上年增加 4.11 个百分点。

受委托办理住房公积金个人住房贷款业务的银行 6 家，比上年增加 1 家。

（四）资金存储：
2019 年末，住房公积金存款 7.04 亿元。其中，活期 0.91 亿元，1 年（含）以下定期 6.13 亿元，1 年以上定期 0 亿元，其他（协定、通知存款等）0 亿元。

（五）资金运用率：
2019 年末，住房公积金个人住房贷款余额总和占缴存余额的 82.06%，比上年下降 4.11 个百分点。

三、主要财务数据

（一）业务收入：
2019 年，业务收入 10427.72 万元，同比增长 10.89%。存款利息 1023.13 万元，委托贷款利息 9404.23 万元，其他 0.36 万元。

（二）业务支出：
2019 年，业务支出 6209.89 万元，同比增长 40.71%。支付职工住房公积金利息 6070.18 万元，归集手续费 0 万元，委托贷款手续费 139.29 万元，其他 0.42 万元。

（三）增值收益：
2019 年，增值收益 4217.83 万元，同比下降 15.47%。增值收益率 1.24%，比上年下降 0.33 个百分点。

（四）增值收益分配：
2019 年，提取贷款风险准备金 0 万元，提取管理费 4000 万元，提取城市廉租住房（公共租赁住房）建设补充资金 217.83 万元。

2019 年，上交财政管理费用 6023.70 万元。上缴财政城市廉租住房（公共租赁住房）建设补充资金 80 万元。

2019 年末，贷款风险准备金余额 2795.39 万元。累计提取城市廉租住房（公共租赁住房）建设补充资金 1004.92 万元。

（五）管理费用支出：
2019 年，管理费用支出 2850.06 万元，同比增长 60.22%。其中，人员经费 1142.29 万元，公用经费 394.44 万元，专项经费 1313.33 万元。

四、资产风险状况

2019 年末，个人住房贷款逾期额 485.62 万元，逾期率 1.75‰。

个人贷款风险准备金按贷款余额的 1% 提取。2019 年，提取个人贷款风险准备金 0 万元，使用个人贷款风险准备金核销呆坏账 0 万元。2019 年末，个人贷款风险准备金余额 2795.39 万元，占个人住房贷款余额的 1%，个人住房贷款逾期额与个人贷款风险准备金余额的比率为 17.37%。

五、社会经济效益

（一）缴存业务：
2019 年，实缴单位数、实缴职工人数和缴存额同比分别增长 2.71%、3.68%

和 11.77%。

缴存单位中，国家机关和事业单位占 87.29%，国有企业占 8.37%，城镇集体企业占 1.01%，城镇私营企业及其他城镇企业占 1.57%，民办非企业单位和社会团体占 1.01%，其他占 0.75%。

缴存职工中，国家机关和事业单位占 85.78%，国有企业占 11.07%，城镇集体企业占 1.5%，城镇私营企业及其他城镇企业占 0.47%，民办非企业单位和社会团体占 0.23%，其他占 0.95%；中、低收入占 99.85%，高收入占 0.15%。

新开户职工中，国家机关和事业单位占 51.49%，国有企业占 22.4%，城镇集体企业占 3.07%，城镇私营企业及其他城镇企业占 5.39%，民办非企业单位和社会团体占 0.51%，其他占 17.14%；中、低收入占 99.87%，高收入占 0.13%。

(二) 提取业务：2019 年，2.22 万名缴存职工提取住房公积金 9.93 亿元。

提取金额中，住房消费提取占 93.57%（购买、建造、翻建、大修自住住房占 26.04%，偿还购房贷款本息占 72.52%，租赁住房占 0.05%，其他占 1.39%）；非住房消费提取占 6.43%（离退休提取占 74.91%，完全丧失劳动能力并与单位终止劳动关系提取占 7.78%，户口迁出本市或出境定居 5.54%，其他占 11.77%）。

提取职工中，中、低收入占 99.87%，高收入 0.13%。

(三) 贷款业务：

1. 个人住房贷款：2019 年，支持职工购建房 37.84 万平方米，年末个人住房贷款市场占有率为 82.89%，比上年下降 2.57 个百分点。通过申请住房公积金个人住房贷款，可节约职工购房利息支出 27948 万元。

职工贷款笔数中，购房建筑面积 90（含）平方米以下占 12.56%，90~144（含）平方米占 75.67%，144 平方米以上占 11.77%。购买新房占 86.37%（其中购买保障性住房占 0.45%），购买二手房占 5.22%，建造、翻建、大修自住住房占 1.76%，其他占 6.65%。

职工贷款笔数中，单缴存职工申请贷款占 23.84%，双缴存职工申请贷款占 76.16%，三人及以上缴存职工共同申请贷款占 0%。

贷款职工中，30 岁（含）以下占 30.46%，30 岁~40 岁（含）占 40.32%，40 岁~50 岁（含）占 20.94%，50 岁以上占 8.28%；首次申请贷款占 84.38%，二次及以上申请贷款占 15.62%；中、低收入占 100%，高收入占 0%。

2. 异地贷款：2019 年，发放异地贷款 1071 笔、40035.58 万元。2019 年末，发放异地贷款总额 83571.42 万元，异地贷款余额 71471.06 万元。

(四) 住房贡献率：2019 年，个人住房贷款发放额、住房消费提取额的总和与当年缴存额的比率为 168%，比上年下降 9 个百分点。

六、其他重要事项

(一) 受委托办理缴存贷款业务金融机构变更情况。2019 年，甘肃银行在承办住房公积金缴存业务的基础上承办住房公积金个人委托贷款业务，住房公积金委托贷款银行由 2018 年的 5 家增加至 6 家。

(二) 当年住房公积金政策调整及执行情况。积极落实国家关于进城务工人员、个体工商户、自由职业者群体归集扩面政策，制定《甘南藏族自治州住房公积金缴存政策及流程要件（试行）》。根据甘南藏族自治州统计局公布数据，2018年全州城镇非私营单位在岗职工年平均工资77686元。按照缴存住房公积金的月工资基数最高不得超过职工工作地所在社区城市统计部门公布的上一年度职工月平均工资的3倍的要求。2019年职工/单位住房公积金月最高缴存限额为4662元，最低缴存限额156元。缴存比例已达到最高比例双12，未做调整。

根据《关于开展治理违规提取住房公积金工作的通知》（建金〔2018〕46号）文件和"房子是用来住的，不是用来炒的"定位及建立租购并举住房制度的精神，规范改进《甘南藏族自治州住房公积金提取政策及流程要件（试行）》，加大租赁自住住房提取；大力开展职工住房公积金账户余额冲还贷款业务，加快资金回笼，降低职工贷款利息支出。

根据甘南藏族自治州房地产市场发展情况，进一步推行住房公积金贷款期房抵押、本人房产抵押和他人房产抵押业务；结合本自治州职工在外地购房养老情况，及时调整住房公积金贷款政策、额度和期限，积极开展了异地购房贷款业务；根据所购房屋所在地和贷款担保方式的不同实行差别化的贷款政策，房产抵押贷款最高限额70万元，公积金质押贷款最高限额为60万元，最高贷款期限统一提高为30年；对担保人的资格做了明确限定；进一步细化贷款变更相关条款等。

认真执行中国人民银行、住房和城乡建设部公布的住房公积金存贷款利率。2019年6月30日，年度结息时职工住房公积金账户存款利率采用一年期定期存款基准利率。贷款利率严格执行五年以内（含）为2.75%，五年以上为3.25%，二次贷款上浮10%的规定。

（三）当年服务改进情况。以"统一阵地标准、统一设施标准、统一服务标准"的理念，全力抓好住房公积金业务服务标准化用房阵地建设。已完成临潭、卓尼管理部业务服务用房的招投标。其他管理部业务服务用房建设前期工作也在同步进行，力争全面实现全州住房公积金阵地标准化服务；积极创新"节约便捷"服务理念，改革新型档案管理，配套了先进新式电子档案采集设备，缴存人只需提供办理业务所需材料要件的原件，通过电子拍摄仪拍照并上传电子档案、采集个人头像，使用电子签字器签印上传笔迹和指纹就可以办结住房公积金业务，切实做到了无纸化业务办理和电子档案先进管理；以推进互联网和移动终端服务为重点，拓展服务渠道，创建和开通了甘南公积金短信服务平台、门户网站、微信公众号、手机公积金APP、网上营业大厅、自助终端、QQ群服务平台、微信群服务平台、支付宝服务平台、钉钉等十二大服务平台。其中，门户网站、网上业务大厅、手机公积金APP、微信公众号、支付宝服务平台等，可由缴存人、缴存单位和开发商通过手机面部识别上传功能辨认身份，在网上自助办理部分公积金业务。截至目前，通过手机或登录网厅自助办理公积金业务占业务总量的离柜率为52%，实现了信息化的快捷高效服务。短信发送全面覆盖，设计31个短信发送模板，包括贷款审批进度、提取、汇缴、预期贷款催收、手机APP推广等；10月底实现了住房公积金异地转移接续直联业务，支付宝城市服务公积金查询全面改版升级、微信小程序测试等，进一步提升了信息化服务水平。

（四）当年信息化建设情况。4月份，按照国务院要求，迅速组织实施，通过数据整理、线路测试、系统接口开发等相关工作的有序开展，按时完成全国税务数据平台对接工作；8月份，成功研发出系统人行征信接口2.0版，并向人行提交对接申请。同时完成与州不动产局等单位的数据对接初步方案，正在积极沟通后续数据对接事项；11月份，在全州首家与"甘肃省政务网"进行了数据对接，缴存单位和缴存职工可以通过"甘肃省政务服务网"实现管理系统直接查询个人公积金信息，为自治州的"放管服"改革和数据信息化建设做出了示范和引领作用。

（五）当年住房公积金管理中心及职工所获荣誉情况。 2019年中心两名同志分别获得"甘南州青年五四奖章提名奖"和"甘南州优秀共青团员"荣誉称号。

（六）其他需要披露的情况。 制定出台《甘南藏族自治州住房公积金管理中心对贷款逾期人员服务规则》，报经住房公积金管委会向全州缴存单位印发，对住房公积金贷款逾期责任进一步予以明确，建立住房公积金失信"黑名单"，进一步完善失信惩戒制度，增强住房公积金贷款人员还款诚信和责任义务；扫黑除恶治乱，严厉打击假房源假材料。联合州住建局深入推进房地产领域扫黑除恶治乱专项斗争，5月28日，集中召开全州房地产开发商及其楼盘营销商会议，与州住建局联合下发文件，明确要求各房地产商、各楼盘营销商，一律不得开具假房源假材料，否则，一经发现，向公安机关移交线索。积极开展扫黑除恶专项斗争舆论宣传，在业务办理柜台醒目位置，摆放"开展扫黑除恶专项斗争，严厉打击假房源假材料行为"宣传警示牌，进一步增强行业执法行为。

2019 全国住房公积金年度报告汇编

陕西省

西安
铜川市
宝鸡市
咸阳市
渭南市
延安市
汉中市
榆林市
安康市
商洛市

陕西省住房公积金2019年年度报告

一、机构概况

（一）住房公积金管理机构：全省共设11个设区城市（区）住房公积金管理中心，2个独立设置的分中心（其中，省直、长庆分中心隶属西安中心）。从业人员1702人，其中，在编1002人，非在编700人。

（二）住房公积金监管机构：陕西省住房和城乡建设厅、财政厅和人民银行西安分行负责对本省住房公积金管理运行情况进行监督。

省住房城乡建设厅住房公积金监管处主要负责全省住房公积金的管理法规、政策执行情况的监督。

省财政厅综合处主要负责国家住房公积金财政政策的贯彻落实。

人民银行西安分行货币信贷管理处主要负责陕西省住房公积金金融政策的贯彻落实。

二、业务运行情况

（一）缴存：2019年，新开户单位10183家，实缴单位62769家，净增单位7185家；新开户职工48.21万人，实缴职工404.55万人，净增职工18.13万人；缴存额547.77亿元，同比增长18.32%。2019年末，缴存总额3787.94亿元，比上年末增加16.91%；缴存余额1590.34亿元，比上年末增加19.05%。

（二）提取：2019年，提取额293.34亿元，同比增长6.49%；占当年缴存额的53.55%，比上年减少5.95个百分点。2019年末，提取总额2197.59亿元，比上年末增加15.4%。

（三）贷款：

1. 个人住房贷款：2019年，发放个人住房贷款8.21万笔、345.44亿元，同比增长0.01%、19.25%。回收个人住房贷款125.49亿元。

年末累计发放个人住房贷款79.27万笔、1915.13亿元，贷款余额1278.81亿元，分别比上年末增加11.57%、22.01%、20.77%。个人住房贷款余额占缴存余额的80.41%，比上年末增加1.15个百分点。

2. 住房公积金支持保障性住房建设项目贷款：2019年，回收项目贷款1.34亿元。年末累计发放项目贷款83.1亿元，项目贷款余额3.22亿元。

（四）购买国债：2019年，购买（记账式、凭证式）国债2.77亿元，兑付（转让、收回）国债4.22亿元。年末国债余额1.96亿元，比上年末减少1.44亿元。

（五）融资：无。

（六）资金存储：2019年末，住房公积金存款341.95亿元。其中，活期28.61亿元，1年（含）以下定期107.75亿元，1年以上定期137.68亿元，其他（协定、通知存款等）67.91亿元。

（七）资金运用率：2019年末，住房公积金个人住房贷款余额、项目贷款余额和购买国债余额的总和占缴存余额的80.74%，比上年末增加0.88个百分点。

三、主要财务数据

（一）业务收入：2019年，业务收入479294.35万元，同比增长23.95%。其中，存款利息85413.29

万元，委托贷款利息 379655.97 万元，国债利息 757.90 万元，其他 13467.19 万元（包括省财政厅国库支付局移交陕西省住房资金管理中心公积金当年增值收益 4169.79 万元和历年提取的贷款风险准备金 8245.78 万元，共计 12415.57 万元）。

（二）**业务支出**：2019 年，业务支出 241695.31 万元，同比增长 19.99%。其中，支付职工住房公积金利息 215846.34 万元，归集手续费 10225.40 万元，委托贷款手续费 14264.70 万元，其他 1358.87 万元。

（三）**增值收益**：2019 年，增值收益 237599.04 万元，同比增长 28.26%；增值收益率 1.63%，比上年增加 0.13 个百分点。

（四）**增值收益分配**：2019 年，提取贷款风险准备金 49116.69 万元，提取管理费用 43581.57 万元，提取城市廉租住房（公共租赁住房）建设补充资金 144384.58 万元。（延长石油 516.20 万元未分配）

当年上交财政管理费用 37273.90 万元，上缴财政城市廉租住房（公共租赁住房）建设补充资金 92504.76 万元。

年末贷款风险准备金余额 301236.02 万元，累计提取城市廉租住房（公共租赁住房）建设补充资金 819211.71 万元。

（五）**管理费用支出**：2019 年，管理费用支出 30494.42 万元，同比下降 21.67%。其中，人员经费 15465.94 万元，公用经费 3639.30 万元，专项经费 11389.18 万元。

四、资产风险状况

（一）**个人住房贷款**：2019 年末，个人住房贷款逾期额 4813.76 万元，逾期率 0.38‰。

当年提取个人贷款风险准备金 58840.67 万元，年末个人贷款风险准备金余额 291106.02 万元，占个人贷款余额的 2.28%，个人贷款逾期额与个人贷款风险准备金余额的比率为 1.65%。

（二）**住房公积金支持保障性住房建设项目贷款**：2019 年，冲回已结清贷款风险准备金 9724.00 万元，年末项目贷款风险准备金余额 10130.00 万元，占项目贷款余额的 31.46%，未发生项目贷款逾期问题。

五、社会经济效益

（一）**缴存业务**：2019 年，实缴单位数、实缴职工人数和缴存额增长率分别为 12.93%、4.69% 和 18.32%。

缴存单位中，国家机关和事业单位占 49%，国有企业占 11.83%，城镇集体企业占 0.95%，外商投资企业占 1.80%，城镇私营企业及其他城镇企业占 26.64%，民办非企业单位和社会团体占 2.39%，其他占 7.39%。

缴存职工中，国家机关和事业单位占 35.64%，国有企业占 33.85%，城镇集体企业占 0.85%，外商投资企业占 3.93%，城镇私营企业及其他城镇企业占 16.68%，民办非企业单位和社会团体占 1.57%，其他占 7.48%；中、低收入占 97.78%，高收入占 2.22%。

新开户职工中，国家机关和事业单位占 18.17%，国有企业占 25.26%，城镇集体企业占 1.03%，外商投资企业占 5.68%，城镇私营企业及其他城镇企业占 39.44%，民办非企业单位和社会团体占 3.61%，

其他占 6.81%；中、低收入占 99.29%，高收入占 0.71%。

（二）提取业务：2019 年，105.47 万名缴存职工提取住房公积金 293.34 亿元。

提取金额中，住房消费提取占 77.64%（购买、建造、翻建、大修自住住房占 33.44%，偿还购房贷款本息占 36.52%，租赁住房占 4.32%，其他占 3.36%）；非住房消费提取占 22.36%（离休和退休提取占 16.27%，完全丧失劳动能力并与单位终止劳动关系提取占 1.35%，出境定居占 1.11%，其他占 3.63%）。

提取职工中，中、低收入占 96.20%，高收入占 3.80%。

（三）贷款业务：

1. 个人住房贷款：2019 年，支持职工购建房 1064.32 万平方米。年末个人住房贷款市场占有率为 16.94%，比上年末减少 3.59 个百分点。通过申请住房公积金个人住房贷款，可节约职工购房利息支出 577854.20 万元。

职工贷款笔数中，购房建筑面积 90（含）平方米以下占 12.42%，90～144（含）平方米占 76.65%，144 平方米以上占 10.93%。购买新房占 85.09%（其中购买保障性住房占 0.28%），购买二手房占 13.61%，建造、翻建、大修自住住房占 0.32%，其他占 0.98%。

职工贷款笔数中，单缴存职工申请贷款占 31.53%，双缴存职工申请贷款占 68.43%，三人及以上缴存职工共同申请贷款占 0.04%。

贷款职工中，30 岁（含）以下占 29.47%，30 岁～40 岁（含）占 43.20%，40 岁～50 岁（含）占 21.68%，50 岁以上占 5.65%；首次申请贷款占 91.38%，二次及以上申请贷款占 8.62%；中、低收入占 95.33%，高收入占 4.67%。

2. 异地贷款：2019 年，发放异地贷款 23000 笔、1012423.30 万元。年末发放异地贷款总额 2740151.86 万元，异地贷款余额 2479266.80 万元。

3. 公转商贴息贷款：无。

4. 住房公积金支持保障性住房建设项目贷款：2019 年末，全省有住房公积金试点城市 4 个，试点项目 27 个，贷款额度 83.10 亿元，建筑面积 585.01 万平方米，可解决 66542 户中低收入职工家庭的住房问题。23 个试点项目贷款资金已发放并还清贷款本息。

（四）住房贡献率：2019 年，个人住房贷款发放额、公转商贴息贷款发放额、项目贷款发放额、住房消费提取额的总和与当年缴存额的比率为 104.64%，比上年减少 3.26 个百分点。

六、其他重要事项

（一）当年开展监督检查情况。督导各地落实住房公积金廉政风险防控制度，加强内部民主决策机制建设，完善"三重一大"事项特别是大额资金存储、调拨、购买国债等使用集体决策制度，全省当年报备 65 份；加强制度建设，建立健全审贷分离、分级审核等内部监督制度，公积金使用、提取、贷款进一步规范；对个贷率低、逾期率高和信息化建设滞后的 6 个中心主要负责人进行约谈；加强公积金运行监管，宝鸡等 10 个公积金中心实现与省监管平台连接，占全省 71.4%，并每月利用电子化稽查工具开展公积金电子稽查。

（二）当年服务改进情况。全面落实并深化"放管服"要求，推进"最多跑一次"改革，优化办事流程，全面推进电子化审批，将个贷审批由"四级"调整为"三级"，审批时限压缩至10个工作日内，切实提升服务效率。

（三）当年信息化建设情况。巩固利用"双贯标"成果，进一步清理完善公积金历史数据；大力推行"互联网＋公积金"服务模式，14个公积金中心（分中心）均开通了公积金网上营业厅、支付宝、手机APP、微信等8项服务功能，截至目前西安等8个公积金中心综合服务平台通过住房和城乡建设部验收。全省已实现与税务部门公积金贷款数据共享，落实贷款职工应享受的个税抵扣政策；积极推进"一张网"便捷服务功能，加快与房产、人社、公安、工商、人民银行等部门互联互通衔接；委托西安中心完成了公积金"12329"短信省级统一服务平台开发建设。

（四）当年住房公积金机构及从业人员所获荣誉情况。2019年全省住房公积金系统共获得省部级先进个人1个、地市级文明单位7个、青年文明号2个、三八红旗手1个、先进集体2个、先进个人8个、获得其他荣誉称号5个。2019年全省住建系统行业社会满意度测评，公积金行业位列第一。

西安住房公积金2019年年度报告

一、机构概况

（一）**住房公积金管理委员会**：住房公积金管理委员会有30名委员，2019年召开2次会议，审议通过的事项主要包括：《西安住房公积金2018年年度报告》《西安住房公积金管理中心关于2018年度住房公积金计划执行情况及2019年度计划编制情况的报告》《西安住房公积金管理中心关于住房公积金2018年度财务收支预算执行情况及2019年度财务收支预算建议和编制说明的报告》《西安住房公积金管理中心2018年度增值收益分配方案》《西安住房公积金管理中心关于防控资金流动性风险的请示》《西安住房公积金管理工作报告》《西安住房公积金管理中心关于暂停非本中心缴存职工公积金贷款业务的请示》《西安住房公积金管理中心关于修订〈西安市住房公积金缴存实施细则〉等规范性文件的请示》《中国铁路西安局集团有限公司申请公积金增值收益用于公租房建设补充资金的请示》《长庆油田分公司申请利用住房公积金增值收益解决新建公共租赁住房补充资金的请示》《西安住房公积金管理中心关于调整2019年度住房公积金缴存基数有关情况的报告》。

（二）**住房公积金管理中心**：住房公积金管理中心为市政府直属不以营利为目的的参公管理事业单位，设10个处，13个管理部，2个分中心（西铁分中心和西咸新区分中心），从业人员263人，其中，在编183人，非在编80人。另有省直分中心为省住房和城乡建设厅直属的事业单位，从业人员50人，其中，在编27人，非在编23人；长庆油田分中心为长庆石油勘探局有限公司管理的企业单位，从业人员19人，其中在编19人，非在编0人。目前，全部从业人员332人，其中，在编229人，非在编103人。

二、业务运行情况

（一）**缴存**：2019年，新开户单位7274家（不含省财政代管的省直公务员公积金转入户数），实缴单位 25945 家，净增单位 5479 家；新开户职工 32.67 万人（不含省财政代管的省直公务员公积金转入职工数），实缴职工 215.56 万人，净增职工 14.04 万人；缴存额 305.91 亿元，同比增长 22.42%。2019 年末，缴存总额 2068.34 亿元，比上年末增加 17.36%；缴存余额 870.99 亿元，比上年末增加 20.27%。

受委托办理住房公积金缴存业务的银行 18 家，比上年无增减。

（二）提取：2019 年，提取额 159.09 亿元，同比增长 7.88%；占当年缴存额的 52.01%，比上年减少 7 个百分点。2019 年末，提取总额 1197.35 亿元，比上年末增加 15.32%。

（三）贷款：

1. 个人住房贷款：个人住房贷款最高额度 65 万元，其中，单缴存职工最高额度 50 万元，双缴存职工最高额度 65 万元。

2019 年，发放个人住房贷款 3.97 万笔，同比下降 6.81%，金额 193.84 亿元，同比增长 13.40%。其中，市中心（含西铁分中心、西咸新区分中心）发放个人住房贷款 3.33 万笔、162.25 亿元，省直分中心发放个人住房贷款 0.59 万笔、28.92 亿元，长庆油田分中心发放个人住房贷款 0.05 万笔、2.67 亿元。

2019 年，回收个人住房贷款 60.95 亿元。其中，市中心（含西铁分中心、西咸新区分中心）48.26 亿元，省直分中心 7.96 亿元，长庆油田分中心 4.73 亿元。

2019 年末，累计发放个人住房贷款 35.06 万笔、1058.54 亿元，贷款余额 758.54 亿元，分别比上年末增加 12.77%、22.42%、21.24%。个人住房贷款余额占缴存余额的 87.09%，比上年末增加 0.69 个百分点。

受委托办理住房公积金个人住房贷款业务的银行 18 家，比上年无增减。

2. 住房公积金支持保障性住房建设项目贷款：2019 年，未发放保障性住房建设项目贷款，回收项目贷款 0.40 亿元。2019 年末，累计发放项目贷款 67.20 亿元，项目贷款余额 0 亿元。

（四）购买国债：2019 年，未购买和兑付国债。2019 年末，国债余额 1.76 亿元。

（五）融资：无。

（六）资金存储：2019 年末，住房公积金存款 128.23 亿元。其中，活期 6.39 亿元，1 年（含）以下定期 33.20 亿元，1 年以上定期 58.68 亿元，其他（协定、通知存款等）29.96 亿元。

（七）资金运用率：2019 年末，住房公积金个人住房贷款余额、项目贷款余额和购买国债余额的总和占缴存余额的 87.29%，比上年末增加 0.6 个百分点。

三、主要财务数据

（一）业务收入：2019 年，业务收入 270943.66 万元（其中含内部融通资金利息收入 897.33 万元），同比增长 28.28%。其中，市中心（含西铁分中心、西咸新区分中心）196537.99 万元，省直分中心 55373.15 万元，长庆油田分中心 19032.52 万元；存款利息 32057.60 万元，委托贷款利息 224964.78 万元，国债利息 576.28 万元，其他 13345.00 万元。

（二）业务支出：2019 年，业务支出 145221.60 万元（其中含内部融通资金利息支出 897.33 万元），同比增长 20.87%。其中，市中心（含西铁分中心、西咸新区分中心）112875.56 万元，省直分中心 23766.34 万元，长庆油田分中心 8579.70 万元；支付职工住房公积金利息 122542.22 万元，归集手续费 10085.10 万元，委托贷款手续费 10455.84 万元，其他 2138.44 万元。

（三）**增值收益**：2019年，增值收益125722.06万元，同比增长38.07%。其中，市中心（含西铁分中心、西咸新区分中心）83662.43万元，省直分中心31606.81万元，长庆油田分中心10452.82万元；增值收益率1.59%，比上年增加0.24个百分点。

（四）**增值收益分配**：2019年，提取贷款风险准备金12016.58万元，提取管理费用9179.82万元，提取城市廉租住房（公共租赁住房）建设补充资金104525.66万元。

2019年，上交财政管理费用10845.74万元。上缴财政城市廉租住房（公共租赁住房）建设补充资金60779.14万元。其中，市中心（含西铁分中心、西咸新区分中心）上缴48691.64万元，省直分中心上缴（陕西省财政厅）12087.50万元。

2019年末，贷款风险准备金余额99712.58万元。累计提取城市廉租住房（公共租赁住房）建设补充资金613863.63万元。其中，市中心（含西铁分中心、西咸新区分中心）提取460433.62万元，省直分中心提取96055.14万元，长庆油田分中心提取57374.87万元。

（五）**管理费用支出**：2019年，管理费用支出8173.90万元，同比下降60.51%。其中，人员经费5397.31万元，公用经费862.74万元，专项经费1913.85万元。

市中心（含西铁分中心、西咸新区分中心）管理费用支出5944.72万元，其中，人员、公用、专项经费分别为3710.41万元、561.86万元、1672.45万元；省直分中心管理费用支出1393.30万元，其中，人员、公用、专项经费分别为1076.60万元、207.10万元、109.60万元；长庆油田分中心管理费用支出835.88万元，其中，人员、公用、专项经费分别为610.30万元、93.78万元、131.80万元。

四、资产风险状况

（一）**个人住房贷款**：2019年末，个人住房贷款逾期额777.10万元，逾期率0.10‰。其中，市中心（含西铁分中心、西咸新区分中心）0.11‰，省直分中心0.07‰，长庆油田分中心无逾期贷款。

个人贷款风险准备金按贷款余额增量的1%提取。2019年，提取个人贷款风险准备金21740.58万元，当年未使用个人贷款风险准备金核销呆坏账。2019年末，个人贷款风险准备金余额99712.58万元，占个人住房贷款余额的1.31%，个人住房贷款逾期额与个人贷款风险准备金余额的比率为0.78%。

（二）**支持保障性住房建设试点项目贷款**：2019年末，无逾期项目贷款。

2019年，未提取项目贷款风险准备金，未使用项目贷款风险准备金核销呆坏账，项目贷款风险准备金余额为0。

（三）**历史遗留风险资产**：无。

五、社会经济效益

（一）**缴存业务**：2019年，实缴单位数、实缴职工人数和缴存额同比分别增长26.77%、6.97%和22.42%。

缴存单位中，国家机关和事业单位占20.31%，国有企业占13.10%，城镇集体企业占1.30%，外商投资企业占3.60%，城镇私营企业及其他城镇企业占55.29%，民办非企业单位和社会团体占3.71%，其他占2.69%。

缴存职工中，国家机关和事业单位占21.34%，国有企业占40.03%，城镇集体企业占0.80%，外商

投资企业占 6.24%，城镇私营企业及其他城镇企业占 27.54%，民办非企业单位和社会团体占 2.35%，其他占 1.70%；中、低收入占 97.23%，高收入占 2.77%。

新开户职工中，国家机关和事业单位占 8.71%，国有企业占 25.24%，城镇集体企业占 0.68%，外商投资企业占 7.44%，城镇私营企业及其他城镇企业占 51.50%，民办非企业单位和社会团体占 4.60%，其他占 1.83%；中、低收入占 99.46%，高收入占 0.54%。

（二）提取业务：2019 年，54.71 万名缴存职工提取住房公积金 159.09 亿元。

提取金额中，住房消费提取占 80.33%（购买、建造、翻建、大修自住住房占 31.60%，偿还购房贷款本息占 44.29%，租赁住房占 3.01%，其他占 1.43%）；非住房消费提取占 19.67%（离休和退休提取占 15.40%，完全丧失劳动能力并与单位终止劳动关系提取 0.19%，出境定居占 1.86%，其他占 2.22%）。

提取职工中，中、低收入占 94.58%，高收入占 5.42%。

（三）贷款业务：

1. 个人住房贷款：2019 年，支持职工购建房 432.92 万平方米，年末个人住房贷款市场占有率为 14.13%，比上年末增加 0.02 个百分点。通过申请住房公积金个人住房贷款，可节约职工购房利息支出 418594.65 万元。

职工贷款笔数中，购房建筑面积 90（含）平方米以下占 20.30%，90～144（含）平方米占 71.17%，144 平方米以上占 8.53%。购买新房占 80.96%（其中购买保障性住房占 0.54%），购买二手房占 18.48%，其他占 0.56%。

职工贷款笔数中，单缴存职工申请贷款占 24.19%，双缴存职工申请贷款占 75.81%，三人及以上缴存职工共同申请贷款占 0%。

贷款职工中，30 岁（含）以下占 26.64%，30 岁～40 岁（含）占 45.03%，40 岁～50 岁（含）占 22.83%，50 岁以上占 5.50%；首次申请贷款占 90.63%，二次及以上申请贷款占 9.37%；中、低收入占 94.55%，高收入占 5.45%。

2. 异地贷款：2019 年，发放异地贷款 13787 笔、697394.00 万元。2019 年末，发放异地贷款总额 1903010.96 万元，异地贷款余额 1792989.03 万元。

3. 公转商贴息贷款：无。

4. 支持保障性住房建设试点项目贷款：2019 年末，累计试点项目 19 个，贷款额度 67.20 亿元，建筑面积 485.79 万平方米，可解决 51607 户中低收入职工家庭的住房问题。19 个试点项目贷款资金已发放并还清贷款本息。

（四）住房贡献率：2019 年，个人住房贷款发放额、公转商贴息贷款发放额、项目贷款发放额、住房消费提取额的总和与当年缴存额的比率为 105.14%，比上年减少 9.89 个百分点。

六、其他重要事项

（一）住房公积金政策调整及执行情况。

1. 当年缴存基数限额及确定方法、缴存比例等缴存政策调整情况

根据《西安住房公积金管理委员会关于调整 2019 年度住房公积金缴存基数的通知》（西房金管发

〔2019〕1号）要求，2019年度职工住房公积金缴存基数调整为职工本人2018年（自然年度）月平均工资。2019年度住房公积金月缴存基数，上限不得高于2018年西安市城镇非私营单位就业人员月平均工资的三倍，即20955元。职工月平均工资超过上限的，以上限金额作为缴存基数。未超过上限的，以实际月平均工资作为缴存基数。缴存基数下限不得低于西安市最低工资标准。单位和职工住房公积金缴存比例下限分别为5%，上限分别为12%。单位可在规定的缴存比例上下限区间内自主确定缴存比例。

2. 提取政策调整情况

根据《资金流动性风险防控办法》（西房金发〔2019〕40号）和《启动资金流动性风险防控一级响应的通知》（西房金发〔2019〕46号）要求，暂停西安地区（含西咸新区）以外购房提取和相应的还贷提取公积金。

3. 当年个人住房贷款政策调整情况

根据《资金流动性风险防控办法》（西房金发〔2019〕40号）和《启动资金流动性风险防控一级响应的通知》（西房金发〔2019〕46）号文，公积金最高贷款额度保持不变，对贷款额度的计算和首付比例进行调整。

4. 当年住房公积金存贷款利率执行标准

职工住房公积金账户存款利率统一按一年期定期存款基准利率执行，目前为1.50%。五年期以下（含五年）个人住房公积金贷款基准利率为2.75%；五年期以上个人住房公积金贷款基准利率为3.25%。第二次使用住房公积金贷款购买住房的，贷款利率在当年基准利率的基础上上浮10%。

（二）**服务改进情况**。2019年，中心积极推进综合服务平台一体化管理和各服务渠道建设，先后上线"云3版"网厅、手机公积金APP，第一批19项高频事项成功与西安市政务服务网对接。中心对网站个人信息查询等功能进行了深度优化，将个人信息查询、冲还贷签解约等线上业务集成至"i西安"政务服务APP，形成了政务云平台、"i西安"、中心门户网站、网上服务大厅、自助终端、手机APP、支付宝"城市服务"、微信公众号、官方微博、短信平台、12329服务热线"十一个渠道"的在线服务体系，全市（含西咸新区五个新城）140个服务网点实现了全城"一网通办"。网上签约登记、提前还款、离退休提取等15项高频事项全流程移动办理，实现"一次都不跑"，为缴存单位、职工办理住房公积金相关业务提供了更加便利的服务。中心综合服务平台以"优秀"成绩顺利通过国家住房和城乡建设部、陕西省住房和城乡建设厅联合专家组的检查验收。

（三）**信息化建设情况**。中心坚持把"不见面""网上办""一次办"改革作为信息化建设重点工作，对原有信息系统进行了全面改造升级，2019年4月西安公积金"云平台"系统成功上线运行。新系统全面部署在西安市"政务云"平台，满足住房和城乡建设部"双贯标"及综合服务平台建设要求，实现政务互联互通，优化业务办理流程，创新监督管理方式。中心扎实推动住房公积金数据平台建设，完成了全国住房公积金数据平台和全省公积金监管平台的数据对接。

（四）**住房公积金管理中心及职工所获荣誉情况**。2019年，中心被市政府评为"12345"市民服务热线优秀承办单位；被市级机关文明委评为"市直文明机关"；政务服务中心窗口被团市委评为"西安市营商环境提升青年示范岗"，连续被评为"群众满意窗口"；归集与其他住房资金管理处、西咸新区分中心、阎良区管理被评为"市直文明处室"；两名同志被市委分别评为"优秀处级干部""最美公务员"。

（五）**对违反《住房公积金管理条例》和相关法规行为进行行政处罚和申请人民法院强制执行情况**。

2019年，对违反《住房公积金管理条例》等行政法规进行行行政处罚的案件共计2件，申请人民法院强制执行的案件共计3件。

（六）其他需要披露的情况。2019年9月，积极配合审计署对全市住房公积金系统进行全面审计，对审计署提出的意见和问题进行认真研究，分类梳理，积极整改。

铜川市住房公积金2019年年度报告

一、机构概况

（一）住房公积金管理委员会：住房公积金管理委员会现有23名委员，2019年召开1次会议，审议通过的事项主要包括：一是听取了市住房公积金管理中心2019年上半年工作和下半年工作安排情况的汇报；二是听取了2个重点项目进展情况的汇报；三是听取了2019年上半年增值收益完成情况及资金使用、年度结息情况的汇报；四是审议并原则上通过了《缴存职工信用等级实施差别化管理办法》《铜川市灵活就业人员住房公积金缴存与使用办法》和《铜川市灵活就业人员贷款实施细则》；五是审议并原则上通过了《关于调整2019年度住房公积金缴存基数和缴存比例的意见》；六是审议并原则通过了《关于民生人寿保险股份有限公司铜川中心支分公司申请调整住房公积金缴存比例的意见》。

（二）住房公积金管理中心：为铜川市政府不以营利为目的的事业单位，设4个科，5个管理部。从业人员65人，其中在编19人，非在编46人。

二、业务运行情况

（一）缴存：2019年，新开户单位196家，实缴单位2090家，净增单位196家；新开户职工0.9025万人，实缴职工8.1205万人，净增职工0.4426万人；缴存额8.94亿元，同比下降7.26%。2019年末，缴存总额62.16亿元，比上年末增加16.80%；缴存余额22.86亿元，比上年末增加10.76%。

受委托办理住房公积金缴存业务的银行8家，比上年增加0家。

（二）提取：2019年，提取额6.72亿元，同比下降13.18%；占当年缴存额的75.17%，比上年减少5.12个百分点。2019年末，提取总额39.30亿元，比上年末增加20.63%。

（三）贷款：

1. 个人住房贷款：个人住房贷款最高额度50万元，其中，单缴存职工最高额度30万元，双缴存职工最高额度50万元。

2019年，发放个人住房贷款0.0931万笔、3.22亿元，同比分别下降41.45%、22.60%。

2019年，回收个人住房贷款1.74亿元。

2019年末，累计发放个人住房贷款1.9984万笔、28.49亿元，贷款余额15.74亿元，分别比上年末增加4.89%、12.74%、10.30%。个人住房贷款余额占缴存余额的68.85%，比上年末减少0.29个百分点。

受委托办理住房公积金个人住房贷款业务的银行 6 家，比上年增加 1 家。

2. 住房公积金支持保障性住房建设项目贷款：未开展此项业务。

（四）**购买国债**：无。

（五）**融资**：无。

（六）**资金存储**：2019 年末，住房公积金存款 7.12 亿元。其中，活期 0.57 亿元，1 年（含）以下定期 2 亿元，1 年以上定期 4.55 亿元。

（七）**资金运用率**：2019 年末，住房公积金个人住房贷款余额、项目贷款余额和购买国债余额的总和占缴存余额的 68.85%，比上年末减少 0.29 个百分点。

三、主要财务数据

（一）**业务收入**：2019 年，业务收入 7110.42 万元，同比增长 10.13%。存款利息 2343.5 万元，委托贷款利息 4766.92 万元。

（二）**业务支出**：2019 年，业务支出 3300.79 万元，同比增长 7.81%。支付职工住房公积金利息 3295.32 万元，归集手续费 0 万元，委托贷款手续费 2.7 万元，其他 2.77 万元。

（三）**增值收益**：2019 年，增值收益 3809.63 万元，增值收益率 1.74%，比上年增加 0.04 个百分点。

（四）**增值收益分配**：2019 年，提取贷款风险准备金 442.80 万元，提取管理费用 2966.83 万元，提取城市廉租住房（公共租赁住房）建设补充资金 400 万元。

2019 年，上交财政管理费用 1000 万元。上缴财政城市廉租住房（公共租赁住房）建设补充资金 100 万元。

2019 年末，贷款风险准备金余额 4930.64 万元。累计提取城市廉租住房（公共租赁住房）建设补充资金 2305.50 万元。

（五）**管理费用支出**：2019 年，管理费用支出 976.46 万元，同比增长 64.83%。其中，劳务派遣人员工资支出 233 万元，公用经费 50 万元，专项经费 693.46 万元。

四、资产风险状况

（一）**个人住房贷款**：2019 年末，个人住房贷款逾期额 4.7 万元，逾期率 0.030‰。

个人贷款风险准备金按当年新增贷款余额的 3% 提取。2019 年，提取个人贷款风险准备金 442.80 万元，使用个人贷款风险准备金核销呆坏账 0 万元。2019 年末，个人贷款风险准备金余额 4930.64 万元，占个人住房贷款余额的 3.13%，个人住房贷款逾期额与个人贷款风险准备金余额的比率为 0.01%。

（二）**支持保障性住房建设试点项目贷款**：未开展此项业务。

五、社会经济效益

（一）**缴存业务**：2019 年，实缴单位数、实缴职工人数和缴存额同比分别增长 10.35%、5.76% 和 −7.26%。

缴存单位中，国家机关和事业单位占 63.73%，国有企业占 26.60%，城镇集体企业占 1.44%，外商投资企业占 0%，城镇私营企业及其他城镇企业占 5.31%，民办非企业单位和社会团体占 1.96%，其他占

0.96%。

缴存职工中，国家机关和事业单位占49.28%，国有企业占34.57%，城镇集体企业占0.72%，外商投资企业占0%，城镇私营企业及其他城镇企业占3.07%，民办非企业单位和社会团体占6.22%，其他占6.14%；中、低收入占（月缴基数8000元以下）87.92%，高收入占12.08%。

新开户职工中，国家机关和事业单位占18.90%，国有企业占62.32%，城镇集体企业占6.45%，外商投资企业占0%，城镇私营企业及其他城镇企业占8.98%，民办非企业单位和社会团体占1.29%，其他占2.06%；中、低收入占（月缴基数8000元以下）89.66%，高收入占10.34%。

（二）提取业务：2019年，2.4035万名缴存职工提取住房公积金6.72亿元。

提取金额中，住房消费提取占70.54%（购买、建造、翻建、大修自住住房占20.54%，偿还购房贷款本息占30.06%，租赁住房占13.99%，其他占5.95%）；非住房消费提取占29.46%（离休和退休提取占24.70%，完全丧失劳动能力并与单位终止劳动关系提取2.23%，出境定居占0%，其他占2.53%）。

提取职工中，中、低收入占（月缴基数8000元以下）98.33%，高收入占1.67%。

（三）贷款业务：

1. 个人住房贷款：2019年，支持职工购建房11.62万平方米，年末个人住房贷款市场占有率（含公转商贴息贷款）为33.09%，比上年末减少8.75个百分点。通过申请住房公积金个人住房贷款，可节约职工购房利息支出6424.95万元。

职工贷款笔数中，购房建筑面积90（含）平方米以下占3.55%，90～144（含）平方米占77.44%，144平方米以上占19.01%。购买新房占80.24%（其中购买保障性住房占0%），购买二手房占14.39%，建造、翻建、大修自住住房占3.01%，其他占2.36%。

职工贷款笔数中，单缴存职工申请贷款占30.40%，双缴存职工申请贷款占69.60%，三人及以上缴存职工共同申请贷款占0%。

贷款职工中，30岁（含）以下占31.26%，30岁～40岁（含）占37.27%，40岁～50岁（含）占20.94%，50岁以上占10.53%；首次申请贷款占92.91%，二次及以上申请贷款占7.09%；中、低收入占（月缴基数8000元以下）94.63%，高收入占5.37%。

2. 异地贷款：2019年，发放异地贷款177笔、6495万元。2019年末，发放异地贷款总额17269.7万元，异地贷款余额15843.11万元。

3. 公转商贴息贷款：无。

4. 支持保障性住房建设试点项目贷款：无。

（四）住房贡献率：2019年，个人住房贷款发放额、公转商贴息贷款发放额、项目贷款发放额、住房消费提取额的总和与当年缴存额的比率为89.04%，比上年减少13.66个百分点。

六、其他重要事项

（一）2019年中心贷款发放增加1户，2019年6月西安银行发放个人住房贷款。

（二）2019年铜川市住房公积金缴存基数调整为职工本人2018年度月平均工资。计算缴存基数的工资项目以国家统计局《关于工资总额组成的规定》（统制字〔1990〕1号）文件为准。2019年度职工住房公积金月缴存基数最高不超过2018年度铜川市在岗职工月平均工资5624元的三倍即16872元，最低不得低于铜川市政府规定的本地区最低月工资标准，铜川市王益区 1700 元，铜川市印台区、耀州区、新区、宜君县 1600 元，低于 2019 年度住房公积金缴存基数最高限额的，以职工实际月平均工资作为职工本年度住房公积金缴存基数。住房公积金缴存比例个人部分和单位补贴部分均不得低于 5%，不得高于 12%。

2019 年度，严格执行中国人民银行、住房和城乡建设部、财政部印发的《关于完善职工住房公积金账户存款利率机制的通知》（银发〔2016〕43 号）规定，2016 年 2 月 21 日以后缴存职工住房公积金账户存款利率将统一按一年期定期存款基准利率 1.5% 计息。公积金贷款五年以下（含五年）利率 2.75%，公积金贷款五年以上利率 3.25%；如果中国人民银行调整贷款利率，调整利率后新增贷款执行新贷款利率，调整前的贷款次年执行新利率。

2019 年修订了《铜川市住房公积金贷款实施细则》，公积金贷款最高限额 50 万元。贷款期限最长不超过 30 年，原则上不超过借款人法定退休年龄内的剩余工作年限。职工确需延长贷款期限的，经市公积金中心审核批准，贷款期限可延长至法定退休年龄后 5 年，但不能超过规定最长贷款年限。购买二手房、翻建或大修自住住房贷款期限不得超过房屋使用年限。

（三）2019 年中心继续执行便民服务"十二"条，中心各管理部开通 WiFi、绿色服务窗口、集中上门服务、预约上门服务等。在各管理部安装公积金政策和公积金余额查询一体机。12329 客服热线开通语音自助服务和人工服务，运行平稳。

宝鸡市住房公积金 2019 年年度报告

一、机构概况

（一）**住房公积金管理委员会**：住房公积金管理委员会有 19 名委员，2019 年召开 2 次会议，审议通过的事项主要包括：审议通过了 2019 年度归集使用计划及 2018 年度归集使用计划执行情况；审议通过了《关于调整 2019 年度住房公积金缴存基数的请示》；审议通过了 2019 年度增值收益分配方案。

（二）**住房公积金管理中心**：住房公积金管理中心为直属市人民政府的不以营利为目的的参公管理事业单位，设 3 个科，13 个管理部。从业人员 142 人，其中，在编 77 人，非在编 65 人。

二、业务运行情况

（一）**缴存**：2019 年，新开户单位 485 家，实缴单位 4760 家，净增单位 358 家；新开户职工 2.24 万人，实缴职工 28.57 万人，净增职工 0.61 万人；缴存额 30.96 亿元，同比增长 13.78%。2019 年末，缴存总额 263.18 亿元，比上年末增加 13.33%；缴存余额 100.32 亿元，比上年末增加 14.90%。

受委托办理住房公积金缴存业务的银行 13 家，与上年相同。

（二）**提取**：2019 年，提取额 17.95 亿元，同比下降 0.83%；占当年缴存额的 57.98%，比上年减少 8.54 个百分点。2019 年末，提取总额 162.86 亿元，比上年末增加 12.39%。

（三）贷款：

1. 个人住房贷款：个人住房贷款最高额度 40 万元，其中，单缴存职工最高额度 30 万元，双缴存职工最高额度 40 万元。

2019 年，发放个人住房贷款 0.8694 万笔、24.20 亿元，同比分别增长 3.24%、6.75%。

2019 年，回收个人住房贷款 7.09 亿元。

2019 年末，累计发放个人住房贷款 5.43 万笔、119.94 亿元，贷款余额 89.56 亿元，分别比上年末增加 19.08%、25.28%、23.62%。个人住房贷款余额占缴存余额的 89.27%，比上年末增加 6.29 个百分点。

受委托办理住房公积金个人住房贷款业务的银行 12 家，比上年增加 1 家。

2. 住房公积金支持保障性住房建设项目贷款：宝鸡市没有开展此项业务。

（四）购买国债：2019 年，购买记账式国债 0.20 亿元。2019 年末，国债余额 0.20 亿元，比上年末增加 0.20 亿元。

（五）融资：无。

（六）资金存储：2019 年末，住房公积金存款 10.77 亿元。其中，活期 1.74 亿元，1 年（含）以下定期 9.03 亿元。

（七）资金运用率：2019 年末，住房公积金个人住房贷款余额、项目贷款余额和购买国债余额的总和占缴存余额的 89.47%，比上年末增加 6.49 个百分点。

三、主要财务数据

（一）业务收入：2019 年，业务收入 29389.65 万元，同比增长 12.76%。存款利息 3377.09 万元，委托贷款利息 26011.77 万元，国债利息 0 万元，其他 0.79 万元。

（二）业务支出：2019 年，业务支出 14816.88 万元，同比增长 18.87%。支付职工住房公积金利息 13967.93 万元，归集手续费 0 万元，委托贷款手续费 843.75 万元，其他 5.19 万元。

（三）增值收益：2019 年，增值收益 14572.77 万元，同比增长 7.16%。增值收益率 1.57%，比上年减少 0.14 个百分点。

（四）增值收益分配：2019 年，提取贷款风险准备金 8743.66 万元，提取管理费用 2185.92 万元，提取城市廉租住房（公共租赁住房）建设补充资金 3643.19 万元。

2019 年，上交财政管理费用 2719.72 万元。上缴财政城市廉租住房（公共租赁住房）建设补充资金 9519.02 万元。

2019 年末，贷款风险准备金余额 36450.17 万元。累计提取城市廉租住房（公共租赁住房）建设补充资金 41769.42 万元。

（五）管理费用支出：2019 年，管理费用支出 2695.00 万元，同比增长 9.55%。其中，人员经费 912.80 万元，公用经费 46.20 万元，专项经费 1736.00 万元。

四、资产风险状况

（一）个人住房贷款：2019 年末，个人住房贷款逾期额 0 万元，逾期率 0‰。

个人贷款风险准备金按增值收益的60%提取。2019年，提取个人贷款风险准备金8743.66万元，使用个人贷款风险准备金核销呆坏账0万元。2019年末，个人贷款风险准备金余额36450.17万元，占个人住房贷款余额的4.08%，个人住房贷款逾期额与个人贷款风险准备金余额的比率为0%。

（二）支持保障性住房建设试点项目贷款：无。

五、社会经济效益

（一）缴存业务：2019年，实缴单位数、实缴职工人数和缴存额同比分别增长8.13%、2.18%和13.78%。

缴存单位中，国家机关和事业单位占45.60%，国有企业占31.18%，城镇集体企业占1.47%，外商投资企业占1.34%，城镇私营企业及其他城镇企业占14.53%，民办非企业单位和社会团体占0.40%，其他占5.48%。

缴存职工中，国家机关和事业单位占41.83%，国有企业占39.34%，城镇集体企业占2.99%，外商投资企业占2.41%，城镇私营企业及其他城镇企业占8.37%，民办非企业单位和社会团体占0.21%，其他占4.85%；中、低收入占100.00%，高收入占0.00%。

新开户职工中，国家机关和事业单位占23.45%，国有企业占34.87%，城镇集体企业占2.61%，外商投资企业占3.89%，城镇私营企业及其他城镇企业占25.55%，民办非企业单位和社会团体占1.32%，其他占8.31%；中、低收入占100.00%，高收入占0.00%。

（二）提取业务：2019年，7.32万名缴存职工提取住房公积金17.95亿元。

提取金额中，住房消费提取占74.25%（购买、建造、翻建、大修自住住房占29.90%，偿还购房贷款本息占42.65%，租赁住房占1.32%，其他占0.38%）；非住房消费提取占25.75%（离休和退休提取占20.62%，完全丧失劳动能力并与单位终止劳动关系提取占3.23%，出境定居占0.00%，其他占1.90%）。

提取职工中，中、低收入占99.97%，高收入占0.03%。

（三）贷款业务：

1.个人住房贷款：2019年，支持职工购建房105.03万平方米，年末个人住房贷款市场占有率（含公转商贴息贷款）为23.95%，比上年末减少0.71个百分点。通过申请住房公积金个人住房贷款，可节约职工购房利息支出41392.22万元。

职工贷款笔数中，购房建筑面积90（含）平方米以下占5.56%，90~144（含）平方米占88.20%，144平方米以上占6.24%。购买新房占88.05%（其中购买保障性住房占0.00%），购买二手房占7.28%，建造、翻建、大修自住住房占0.00%，其他占4.67%。

职工贷款笔数中，单缴存职工申请贷款占25.65%，双缴存职工申请贷款占74.35%，三人及以上缴存职工共同申请贷款占0.00%。

贷款职工中，30岁（含）以下占37.12%，30岁~40岁（含）占37.81%，40岁~50岁（含）占20.58%，50岁以上占4.49%；首次申请贷款占97.39%，二次及以上申请贷款占2.61%；中、低收入占88.20%，高收入占11.80%。

2.异地贷款：2019年，发放异地贷款2229笔、60793.90万元。2019年末，发放异地贷款总额

178639.30万元，异地贷款余额137538.12万元。

3. 公转商贴息贷款：宝鸡市没有开展此项业务。

4. 支持保障性住房建设试点项目贷款：宝鸡市没有开展此项业务。

（四）**住房贡献率**：2019年，个人住房贷款发放额、公转商贴息贷款发放额、项目贷款发放额、住房消费提取额的总和与当年缴存额的比率为121.22%，比上年减少12.16个百分点。

六、其他重要事项

（一）当年机构及职能调整情况、受委托办理缴存贷款业务金融机构变更情况。无。

（二）当年住房公积金政策调整及执行情况。

（1）2019年住房公积金政策没有大的调整。

（2）2019年基数调整是本年七月份的发文调整：

1）2019年度职工住房公积金缴存月基数为职工本人2018年度月平均工资，月平均工资计算口径以国家统计局《关于工资总额组成的规定》（统制字〔1990〕1号）为准。

2）2019年度住房公积金月缴存基数上限，不得高于我市2018年度在岗职工月平均工资的3倍，即15564元/月。

3）2019年度住房公积金月缴存基数下限不得低于我市公布的最低工资标准。金台区、渭滨区、陈仓区、凤县缴存基数不得低于1700元/月。岐山县、眉县、凤翔县、扶风县、千阳县、陇县、太白县、麟游县缴存基数不得低于1600元/月。

4）2019年新参加工作和新调入的职工住房公积金缴存基数，以职工个人当月工资总额为计算依据。

5）单位内部封存职工不进行缴存基数调整，不计入汇缴人数及金额的合计。

6）此次调整仅对缴存基数进行变更，缴存比例严格按照单位和个人均不得高于12%、不低于5%的要求执行。

7）执行时间：2019年7月1日至2020年6月30日。

（3）当年利率执行标准：五年以下（含五年）2.75%；五年以上3.25%。

（三）**当年服务改进情况**。全面加强全系统工作人员业务技能培训和服务设施建设，先后为金台、渭滨、千阳、扶风、陈仓5个管理部购置或租用了新的业务办公用房，设置统一服务大厅，统一标准、统一管理，服务群众的办事环境得到全面改善，服务群众的能力和水平得到进一步提升；综合服务平台顺利通过住房和城乡建设部专家组验收，实现了服务手段的统一管理和多样化，服务渠道主要包括线下办事大厅、门户网站、网上服务大厅、微信公众号、手机公积金APP、自助服务终端、支付宝城市服务、短信、12329热线等，极大地方便了广大缴存人，线上服务能力得到进一步增强。

（四）**当年信息化建设情况**。顺利完成住房公积金业务系统迁移、网络接入与实施、资源申请与交付、系统测试等工作。按期接入住房和城乡建设部数据区块链，成功实现了公积金数据每日自动上报。进一步完善了基础数据的标准化建设和改进结算应用系统接入，顺利完成网站迁移工作，切实提高了信息化运维水平和安全防御能力。

（五）**当年住房公积金管理中心及职工所获荣誉情况**。2019年，中心先后荣获"市级文明单位标兵""人民满意公务员示范岗""巾帼文明岗""政风行风测评优秀单位""综治及平安建设优秀单位""工会工作先进单位"等光荣称号。市直属管理部主任贾宏峰同志荣获第五届"陕西省人民满意的公务员"光荣称号，副主任牟怀仁同志荣获市直机关工会工作先进个人，副调研员王军奎同志在庆祝建党98周年知识竞赛中荣获二等奖，市直属管理部李存斌同志荣获市直机关优秀共产党员光荣称号，会计科副科长苗红星同志荣获市直机关优秀党务工作者光荣称号，凤县管理部主任赵云同志在市直机关党纪法规知识竞赛中荣获优秀奖。

（六）当年对违反《住房公积金管理条例》和相关法规行为进行行政处罚和申请人民法院强制执行情况。

2019年度，没有进行行政处罚；

2019年度，因借款人姚某、罗某逾期还款，对其进行民事诉讼，并强制执行回金额共计人民币374382.07元。

（七）当年对住房公积金管理人员违规行为的纠正和处理情况等。无。

（八）其他需要披露的情况。无。

咸阳市住房公积金2019年年度报告

一、机构概况

（一）**住房公积金管理委员会**：住房公积金管理委员会有13名委员，2019年召开2次会议，审议通过的事项主要包括：《咸阳市2018年度住房公积金归集使用计划执行情况报告》《咸阳市2019年度住房公积金归集使用计划的报告》《咸阳市2018年住房公积金年度报告》《关于开设贷款保证金存储专户的报告》《关于利用住房公积金增值收益归还住房公积金支持保障性住房建设试点项目贷款二〇一九年的使用计划》《关于开设贷款保证金存储专户的报告》《关于使用住房公积金购买国债的报告》。

（二）**住房公积金管理中心**：住房公积金管理中心为市政府直属的不以营利为目的的事业单位，设6个科室，13个管理部。从业人员128人，其中，在编110人，非在编18人。

二、业务运行情况

（一）**缴存**：2019年，新开户单位274家，实缴单位5693家，净增单位260家；新开户职工2.54万人，实缴职工36.44万人，净增职工－0.54万人；缴存额33.02亿元，同比增长19.16%。2019年末，缴存总额237.89亿元，比上年末增加16.12%；缴存余额101.09亿元，比上年末增加18.55%。

受委托办理住房公积金缴存业务的银行14家，比上年增加0家。

（二）**提取**：2019年，提取额17.2亿元，同比增长1.06%；占当年缴存额的52.09%，比上年减少9.3个百分点。2019年末，提取总额136.8亿元，比上年末增加14.38%。

（三）**贷款**：

1. 个人住房贷款：个人住房贷款最高额度60万元，其中，单缴存职工最高额度60万元，双缴存职工最高额度 60 万元。

2019 年，发放个人住房贷款 0.56 万笔、21.72 亿元，同比分别下降 3.45%、增长 28.37%。

2019 年，回收个人住房贷款 7.42 亿元。

2019 年末，累计发放个人住房贷款 5.07 万笔、122.92 亿元，贷款余额 86.21 亿元，分别比上年末增加 12.42%、21.47%、19.89%。个人住房贷款余额占缴存余额的 85.29%，比上年末增加 0.95 个百分点。

受委托办理住房公积金个人住房贷款业务的银行 13 家，比上年增加 0 家。

2. 住房公积金支持保障性住房建设项目贷款：2019 年，发放支持保障性住房建设项目贷款 0 亿元，回收项目贷款 0.64 亿元。2019 年末，累计发放项目贷款 9.5 亿元，项目贷款余额 3.22 亿元。

（四）**购买国债**：2019 年，购买（记账式、凭证式）国债 0 亿元，兑付（转让、收回）国债 0 亿元。2019 年末，国债余额 0 亿元，比上年末减少（增加）0 亿元。

（五）**融资**：2019 年，融资 0 亿元，归还 0 亿元。2019 年末，融资总额 0 亿元，融资余额 0 亿元。

（六）**资金存储**：2019 年末，住房公积金存款 15.14 亿元。其中，活期 4.59 亿元，1 年（含）以下定期 10.55 亿元，1 年以上定期 0 亿元，其他（协定、通知存款等）0 亿元。

（七）**资金运用率**：2019 年末，住房公积金个人住房贷款余额、项目贷款余额和购买国债余额的总和占缴存余额的 88.46%，比上年末减少 0.39 个百分点。

三、主要财务数据

（一）**业务收入**：2019 年，业务收入 31630.21 万元，同比增长 21.15%。存款利息 4154.04 万元，委托贷款利息 26508.5 万元，国债利息 0 万元，其他 967.67 万元。

（二）**业务支出**：2019 年，业务支出 14898.44 万元，同比增长 4.11%。支付职工住房公积金利息 14187.47 万元，归集手续费 0 万元，委托贷款手续费 708.12 万元，其他 2.85 万元。

（三）**增值收益**：2019 年，增值收益 16731.77 万元，同比增长 41.84%。增值收益率 1.78%，比上年增加 0.3 个百分点。

（四）**增值收益分配**：2019 年，提取贷款风险准备金 2172.42 万元，提取管理费用 5000 万元，提取城市廉租住房（公共租赁住房）建设补充资金 9559.34 万元。

2019 年，上交财政管理费用 661.27 万元。上缴财政城市廉租住房（公共租赁住房）建设补充资金 2338.73 万元

2019 年末，贷款风险准备金余额 37750.68 万元。累计提取城市廉租住房（公共租赁住房）建设补充资金 35748.16 万元。

（五）**管理费用支出**：2019 年，管理费用支出 1850 万元，同比增长 12.25%。其中，人员经费 1188.73 万元，公用经费 361.27 万元，专项经费 300 万元。

四、资产风险状况

（一）**个人住房贷款**：2019 年末，个人住房贷款逾期额 27.81 万元，逾期率 0.03‰。

个人贷款风险准备金按当年新增贷款发放额的 1% 提取。2019 年，提取个人贷款风险准备金 2172.42

万元，使用个人贷款风险准备金核销呆坏账 0 万元。2019 年末，个人贷款风险准备金余额 28420.68 万元，占个人住房贷款余额的 3.29%，个人住房贷款逾期额与个人贷款风险准备金余额的比率为 0.08%。

（二）支持保障性住房建设试点项目贷款：2019 年末，逾期项目贷款 0 万元，逾期率 0‰。项目贷款风险准备金按贷款余额的 0% 提取。2019 年，提取项目贷款风险准备金 0 万元，使用项目贷款风险准备金核销呆坏账 0 万元，项目贷款风险准备金余额 9330 万元，占项目贷款余额的 28.97%，项目贷款逾期额与项目贷款风险准备金余额的比率为 0%。

五、社会经济效益

（一）缴存业务：2019 年，实缴单位数、实缴职工人数和缴存额同比分别增长 4.79%、−1.48% 和 19.16%。

缴存单位中，国家机关和事业单位占 43.81%，国有企业占 2.6%，城镇集体企业占 0.49%，外商投资企业占 0.81%，城镇私营企业及其他城镇企业占 3.85%，民办非企业单位和社会团体占 0.26%，其他占 48.18%。

缴存职工中，国家机关和事业单位占 33.39%，国有企业占 7.37%，城镇集体企业占 0.43%，外商投资企业占 2.32%，城镇私营企业及其他城镇企业占 3.06%，民办非企业单位和社会团体占 0.47%，其他占 52.96%；中、低收入占 99.89%，高收入占 0.11%。

新开户职工中，国家机关和事业单位占 18.54%，国有企业占 7.97%，城镇集体企业占 0.61%，外商投资企业占 4.41%，城镇私营企业及其他城镇企业占 12.02%，民办非企业单位和社会团体占 0.87%，其他占 55.58%；中、低收入占 99.66%，高收入占 0.34%。

（二）提取业务：2019 年，7.19 万名缴存职工提取住房公积金 17.2 亿元。

提取金额中，住房消费提取占 62.44%（购买、建造、翻建、大修自住住房占 27.74%，偿还购房贷款本息占 31.49%，租赁住房占 3.2%，其他占 0.01%）；非住房消费提取占 37.56%（离休和退休提取占 19.77%，完全丧失劳动能力并与单位终止劳动关系提取占 6.63%，出境定居占 0%，其他占 11.16%）。

提取职工中，中、低收入占 99.64%，高收入占 0.36%。

（三）贷款业务：

1. 个人住房贷款：2019 年，支持职工购建房 63.5 万平方米，年末个人住房贷款市场占有率（含公转商贴息贷款）为 14.39%，比上年末减少 1.46 个百分点。通过申请住房公积金个人住房贷款，可节约职工购房利息支出 3584.5 万元。

职工贷款笔数中，购房建筑面积 90（含）平方米以下占 8.45%，90~144（含）平方米占 90.01%，144 平方米以上占 1.54%。购买新房占 88.79%（其中购买保障性住房占 0%），购买二手房占 10.17%，建造、翻建、大修自住住房占 0%，其他占 1.04%。

职工贷款笔数中，单缴存职工申请贷款占 27.33%，双缴存职工申请贷款占 72.67%，三人及以上缴存职工共同申请贷款占 0%。

贷款职工中，30 岁（含）以下占 30.21%，30 岁~40 岁（含）占 41.52%，40 岁~50 岁（含）占 23.97%，50 岁以上占 4.3%；首次申请贷款占 95.19%，二次及以上申请贷款占 4.81%；中、低收入占 97.87%，高收入占 2.13%。

2. 异地贷款：2019年，发放异地贷款2026笔、80571.6万元。2019年末，发放异地贷款总额263944.3万元，异地贷款余额244712.2万元。

3. 公转商贴息贷款：2019年，发放公转商贴息贷款0笔、0万元，支持职工购建住房面积0万平方米，当年贴息额0万元。2019年末，累计发放公转商贴息贷款0笔、0万元，累计贴息0万元。

4. 支持保障性住房建设试点项目贷款：2019年末，累计试点项目2个，贷款额度9.5亿元，建筑面积49.8万平方米，可解决8611户中低收入职工家庭的住房问题。1个试点项目贷款资金已发放并还清贷款本息。

（四）**住房贡献率**：2019年，个人住房贷款发放额、公转商贴息贷款发放额、项目贷款发放额、住房消费提取额的总和与当年缴存额的比率为98.3%，比上年增加3.14个百分点。

六、其他重要事项

（一）当年住房公积金政策调整及执行情况。

1. 住房公积金缴存：2019年7月，将住房公积金缴存基数调整为职工本人2018年度月平均工资，计算缴存基数的工资项目以国家统计局《关于工资总额组成的规定》（统制字〔1990〕1号）文件为准。缴存基数不得超过2018年度咸阳市城镇非私营单位在岗职工月平均工资的三倍，即14386元，不得低于咸阳市政府规定的本地区最低工资标准，分为三类区，一类区1800元/月，二类区1700元/月，三类区1600元/月。单位及个人缴存比例均为5%至12%。

2. 住房公积金贷款：2019年，通过申请人民法院强制执行收回严重逾期贷款4笔，本息合计336044.29元。

（二）当年服务改进情况。完成了云3.0业务系统的升级，开通了网上业务大厅、手机公积金APP、微信公众号、12329热线、短信、自助查询终端等多个渠道的上线试运行；创新拓展了支付宝城市服务、招商银行APP、掌上咸阳通三项便民在线查询渠道；缴存职工可线上自助办理离退休、终止劳动关系、公积金还贷3类提取业务，提前还本、提前结清、签约对冲还贷3类信贷业务，资金实现"秒到"，助推落实办理公积金业务"最多跑一次"要求，达到"数据跑路"代替"群众跑腿"的目的，有效解决了群众办事难的问题，打通了服务群众的"最后一公里"。

（三）当年信息化建设情况。成功将业务系统升级至云3.0版本，接入全国住房公积金异地转移接续平台，实现全国范围内"账随人走、钱随账走"的目标。完成了全国住房公积金数据平台接入工作，实现与税务总局的数据交换。通过了住房和城乡建设部综合服务平台验收，取得"优秀"等次。积极对接全省公积金监管系统，已全面完成平台部署。

渭南市住房公积金2019年年度报告

一、机构概况

（一）**住房公积金管理委员会**：住房公积金管理委员会有21名委员，2019年召开2次会议，审议通过了《关于调整2019年度住房公积金缴存基数的通知》。

（二）**住房公积金管理中心**：住房公积金管理中心为直属于渭南市政府管理的不以营利为目的的正县级事业单位，设7个处（科），12个管理部。从业人员162人，其中，在编59人，非在编103人。

二、业务运行情况

（一）**缴存**：2019年，新开户单位281家，实缴单位3945家，净增单位331家；新开户职工2.23万人，实缴职工25.65万人，净增职工1.74万人；缴存额32.27亿元，同比增长21.09%。2019年末，缴存总额219.91亿元，比上年末增加17.20%；缴存余额85.79亿元，比上年末增加21.10%。

受委托办理住房公积金缴存业务的银行11家，比上年增加（减少）0家。

（二）**提取**：2019年，提取额17.31亿元，同比增长12.04%；占当年缴存额的53.64%，比上年减少4.33个百分点。2019年末，提取总额134.11亿元，比上年末增加14.82%。

（三）**贷款**：

1. 个人住房贷款：个人住房贷款最高额度50万元，其中，单缴存职工最高额度50万元，双缴存职工最高额度50万元。

2019年，发放个人住房贷款0.70万笔、23.55亿元，同比分别增长14.75%、30.33%。其中，市中心发放个人住房贷款0.55万笔、17.95亿元，韩城中心发放个人住房贷款0.15万笔、5.60亿元。

2019年，回收个人住房贷款5.82亿元。其中，市中心5.26亿元，韩城中心0.56亿元。

2019年末，累计发放个人住房贷款3.91万笔、91.06亿元，贷款余额66.57亿元，分别比上年末增加21.81%、34.88%、36.30%。个人住房贷款余额占缴存余额的77.60%，比上年末增加8.66个百分点。

受委托办理住房公积金个人住房贷款业务的银行10家，比上年增加1家。

2. 住房公积金支持保障性住房建设项目贷款：无。

（四）**购买国债**：无。

（五）**融资**：无。

（六）**资金存储**：2019年末，住房公积金存款26.81亿元。其中，活期6.51亿元，1年（含）以下定期14.10亿元，1年以上定期6.20亿元，其他（协定、通知存款等）0亿元。

（七）**资金运用率**：2019年末，住房公积金个人住房贷款余额、项目贷款余额和购买国债余额的总和占缴存余额的77.60%，比上年末增加8.66个百分点。

三、主要财务数据

（一）**业务收入**：2019年，业务收入24600.41万元，同比增长27.83%。其中，市中心21202.32万元，韩城中心3398.09万元；存款利息6182.30万元，委托贷款利息18416.25万元，国债利息0万元，其他1.86万元。

（二）**业务支出**：2019年，业务支出1984.67万元，同比增长35.69%。其中，市中心－3.74万元，韩城中心1988.41万元；支付职工住房公积金利息1205.18万元，归集手续费0万元，委托贷款手续费714.77万元，其他64.72万元。

（三）**增值收益**：2019年，增值收益22615.74万元，同比增长27.19%。其中，市中心21206.06万元，韩城中心1409.68万元；增值收益率2.83%，比上年增加0.15个百分点。

（四）**增值收益分配**：2019年，提取贷款风险准备金18035.28万元，提取管理费用2034.38万元，提取城市廉租住房（公共租赁住房）建设补充资金2546.08万元。

2019年，上交财政管理费用2034.38万元。上缴财政城市廉租住房（公共租赁住房）建设补充资金2161.37万元。其中，市中心上缴2161.37万元，韩城中心上缴0万元。

2019年末，贷款风险准备金余额50495.35万元。累计提取城市廉租住房（公共租赁住房）建设补充资金11781.87万元。其中，市中心提取11701.87万元，韩城中心提取80万元。

（五）**管理费用支出**：2019年，管理费用支出1494.78万元，同比下降12.07%。其中，人员经费1207.74万元，公用经费258.81万元，专项经费28.23万元。

市中心管理费用支出1431.04万元，其中，人员、公用、专项经费分别为1165.92万元、236.89万元、28.23万元；韩城中心管理费用支出63.74万元，其中，人员、公用、专项经费分别为41.82万元、21.92万元、0万元。

四、资产风险状况

（一）**个人住房贷款**：2019年末，个人住房贷款逾期额14.85万元，逾期率0.02‰。其中，市中心0.02‰，韩城中心0‰。

个人贷款风险准备金按年末住房公积金贷款余额的3%提取。2019年，提取个人贷款风险准备金18035.28万元，使用个人贷款风险准备金核销呆坏账0万元。2019年末，个人贷款风险准备金余额50495.35万元，占个人住房贷款余额的7.59%，个人住房贷款逾期额与个人贷款风险准备金余额的比率为0.03%。

（二）**支持保障性住房建设试点项目贷款**：无。

五、社会经济效益

（一）**缴存业务**：2019年，实缴单位数、实缴职工人数和缴存额同比分别增长9.16%、7.28%和21.09%。

缴存单位中，国家机关和事业单位占81.09%，国有企业占7.83%，城镇集体企业占0.41%，外商投资企业占0.64%，城镇私营企业及其他城镇企业占4.67%，民办非企业单位和社会团体占3.31%，其他占2.05%。

缴存职工中，国家机关和事业单位占45.47%，国有企业占45.79%，城镇集体企业占1.08%，外商投资企业占1.95%，城镇私营企业及其他城镇企业占1.73%，民办非企业单位和社会团体占0.56%，其他占3.42%；中、低收入占99.32%，高收入占0.68%。

新开户职工中，国家机关和事业单位占62.35%，国有企业占11.68%，城镇集体企业占4.75%，外商投资企业占1.88%，城镇私营企业及其他城镇企业占8.23%，民办非企业单位和社会团体占6.65%，其他占4.46%；中、低收入占99.20%，高收入占0.80%。

（二）**提取业务**：2019年，6.72万名缴存职工提取住房公积金17.31亿元。

提取金额中，住房消费提取占70.88%（购买、建造、翻建、大修自住住房占39.63%，偿还购房贷款本息占23.88%，租赁住房占7.37%，其他占0%）；非住房消费提取占29.12%（离休和退休提取占20.15%，完全丧失劳动能力并与单位终止劳动关系提取占4.71%，出境定居占0.95%，其他占3.31%）。

提取职工中，中、低收入占99.20%，高收入占0.80%。

（三）贷款业务：

1. 个人住房贷款：2019年，支持职工购建房88.27万平方米，年末个人住房贷款市场占有率（含公转商贴息贷款）为19.89%，比上年末增加0.68个百分点。通过申请住房公积金个人住房贷款，可节约职工购房利息支出18677.52万元。

职工贷款笔数中，购房建筑面积90（含）平方米以下占2.93%，90~144（含）平方米占82.59%，144平方米以上占14.48%。购买新房占95.33%（其中购买保障性住房占0%），购买二手房占4.51%，建造、翻建、大修自住住房占0%，其他占0.16%。

职工贷款笔数中，单缴存职工申请贷款占77.07%，双缴存职工申请贷款占22.93%，三人及以上缴存职工共同申请贷款占0%。

贷款职工中，30岁（含）以下占29.36%，30岁~40岁（含）占46.20%，40岁~50岁（含）占19.37%，50岁以上占5.07%；首次申请贷款占91.85%，二次及以上申请贷款占8.15%；中、低收入占99%，高收入占1%。

2. 异地贷款：2019年，发放异地贷款2767笔、94291.90万元。2019年末，发放异地贷款总额219144万元，异地贷款余额154950.25万元。

3. 公转商贴息贷款：无。

4. 支持保障性住房建设试点项目贷款：无。

（四）**住房贡献率**：2019年，个人住房贷款发放额、公转商贴息贷款发放额、项目贷款发放额、住房消费提取额的总和与当年缴存额的比率为111%，比上年增加0.61个百分点。

六、其他重要事项

（一）当年机构及职能调整情况、受委托办理缴存贷款业务金融机构变更情况。无机构及职能调整情况。

（二）2019住房公积金政策调整及执行情况。

（1）我市2019年度职工住房公积金缴存基数调整为职工本人2018年（自然年度）月平均工资，缴存基数执行时间从2019年7月1日到2020年6月30日。2019年度住房公积金缴存基数最高上限不得超过市统计局公布的2018年渭南市城镇非私营单位在岗职工月平均工资的三倍即15145元/月，最低下限不得低于上一年度的渭南市最低工资标准。根据《住房和城乡建设部 发展改革委 财政部 人民银行关于规范和阶段性适当降低住房公积金缴存比例的通知》（建金〔2016〕74号）要求，单位和职工住房公积金缴存比例分别不低于5%，不得高于12%。

（2）2019年个人住房贷款政策无调整。

（3）2019年住房公积金存贷款利率执行标准无调整。

（三）当年服务改进情况。按月做好系统电子稽查上报工作。及时核查、清理数据库中"一人多户"

"个人信息不完善"等问题,并严格按照住房和城乡建设部颁布的基础数据标准,在已贯标的基础上,继续补充完善基础数据,库表以 29 个基础数据表、394 个基础数据项为核心进行扩展设计,数据项名称、数据类型、长度以及取值范围均与标准一致,根据电子化检查工作月检结果显示,目前各项数据贯标率达 98.98%。渭南中心综合服务平台建设已于 2018 年 10 月底完成并已上线运行至今。目前中心已互联开通的信息平台有:12345 政府服务热线(公积金查询热线)、中心门户网站、网上业务大厅、短信、自助服务终端、手机 APP 客户端、微信公众号、官方微博、支付宝查询等。其中:12329 住房公积金服务热线整合于"12345"政府服务热线,可实现住房公积金政策的咨询和账户查询;住房公积金网上业务大厅部署在中心网站首页,可满足相关业务的查询和部分业务的申请办理;手机 APP 客户端、微信公众号于 2018 年 11 月份上线至今运行正常,可实现相关业务的查询及办理。

(四)当年信息化建设情况。2019 年 4 月份完成了全国数据平台的接入工作,并按要求上报个税抵扣中相关的公积金信息;6 月份完成了住房公积金短信群发系统的升级工作,由原来的全省版升级为目前使用的全国版短信系统。新系统上线后,全国范围内的手机号码均可在本中心门户网站网上业务大厅、微信公众号、手机 APP 客户端等服务渠道注册时,实现推送短信验证码进行个人身份的实名验证,同时免费向在本中心申请个人住房公积金贷款职工发送贷款办理、扣款还款前提醒、逾期催收通知等信息服务;9 月份完成了业务 G 系统 2019Q4 新版本和相应的综合服务平台新版本的业务测试、升级及上线切换工作;10 月份完成了与网信办网络、数据对接工作,签订了相关的数据保密协议以及"跨部门信息共享平台"的前期开发工作,目前正在对共享数据进行显示调试工作;11 月份成功接入省住房城乡建设厅组建的"住房公积金监管信息系统",并按要求上报相关的公积金信息。

(五)当年住房公积金管理中心及职工所获荣誉情况。无上述情况发生。

(六)当年对违反《住房公积金管理条例》和相关法规行为进行行政处罚和申请人民法院强制执行情况。无上述情况发生。

(七)当年对住房公积金管理人员违规行为的纠正和处理情况等。无上述情况发生。

(八)其他需要披露的情况。

(1)为深入推进住房公积金"放管服"改革,持续优化营商环境,加快部门联网和住房公积金综合服务平台建设进度,打通便民"最后一公里",推行"互联网+公积金"优质服务,实现中心始终坚持的让办事群众"最多跑一次"的理念和目标,经多方努力,中心已和人民银行征信中心签署了《征信系统接入服务协议》。目前,按照人民银行制定的接口技术规范,已完成了相关软件开发工作,完成了人民银行二代征信系统数据上报接口程序的开发及联网工作,目前已进入相关业务数据上报的测试阶段,待测试通过后可实现中心自助查询个人信用报告功能。

(2)目前中心内设人秘科、公积金管理科、财务会计科、贷后管理(风险控制)科、稽查科、信贷科、监察室,并在临渭区、高新区、华州区、华阴市、潼关县、蒲城县、白水县、富平县、大荔县、澄城县、合阳县设立住房公积金管理部。韩城市设立住房公积金管理中心。

中心网站:渭南市住房公积金管理中心。

网址:http://www.wngjj.gov.cn。

延安市住房公积金 2019 年年度报告

一、机构概况

（一）住房公积金管理委员会：住房公积金管理委员会有 27 名委员，2019 年召开 1 次会议，审议通过的事项主要包括：（1）审议通过《关于延安市住房公积金 2018 年度报告》；（2）审议通过《2019 年全市住房公积金归集使用计划》；（3）审议通过《提取住房公积金支付既有住宅增设电梯个人分摊费用意见》。

（二）住房公积金管理中心：住房公积金管理中心为延安市人民政府不以营利为目的的参照公务员管理事业单位，设 5 个科室，13 个管理部，下设 1 个保障性住房项目贷款经办处。从业人员 158 人，其中，在编 77 人，非在编 81 人。

二、业务运行情况

（一）缴存：2019 年，新开户单位 402 家，实缴单位 5268 家，净增单位 176 家；新开户职工 2.04 万人，实缴职工 20.97 万人，净增职工 0.63 万人；缴存额 28.73 亿元，同比下降 4.77%。2019 年末，缴存总额 257.95 亿元，比上年末增加 12.53%；缴存余额 89.06 亿元，比上年末增加 12.89%。

受委托办理住房公积金缴存业务的银行 12 家，比上年增加（减少）0 家。

（二）提取：2019 年，提取额 18.56 亿元，同比下降 5.11%；占当年缴存额的 64.60%，比上年减少 0.23 个百分点。2019 年末，提取总额 168.89 亿元，比上年末增加 12.35%。

（三）贷款：

1. 个人住房贷款：个人住房贷款最高额度 75 万元，其中，单缴存职工最高额度 50 万元，双缴存职工最高额度 75 万元。

2019 年，发放个人住房贷款 0.37 万笔、15.86 亿元，同比分别增长 32.14%、65.21%。其中，市中心发放个人住房贷款 0.22 万笔、10.27 亿元。

2019 年，回收个人住房贷款 8.22 亿元。其中，市中心 2.17 亿元。

2019 年末，累计发放个人住房贷款 6.68 万笔、108.62 亿元，贷款余额 56.55 亿元，分别比上年末增加 5.86%、17.10%、15.64%。个人住房贷款余额占缴存余额的 63.50%，比上年末增加 1.51 个百分点。

受委托办理住房公积金个人住房贷款业务的银行 6 家，比上年增加（减少）0 家。

2. 住房公积金支持保障性住房建设项目贷款：2019 年，发放支持保障性住房建设项目贷款 0 亿元，回收项目贷款 0 亿元。2019 年末，累计发放项目贷款 4.6 亿元，项目贷款余额 0 亿元。

（四）购买国债：2019 年，购买（记账式、凭证式）国债 0 亿元，兑付（转让、收回）国债 0 亿元。2019 年末，国债余额 0 亿元，比上年末减少（增加）0 亿元。

（五）融资：2019 年，融资 0 亿元，归还 0 亿元。2019 年末，融资总额 0 亿元，融资余额 0 亿元。

（六）资金存储：2019 年末，住房公积金存款 34.21 亿元。其中，活期 6.35 亿元，1 年（含）以下定期 6.00 亿元，1 年以上定期 21.86 亿元，其他（协定、通知存款等）0 亿元。

（七）资金运用率：2019 年末，住房公积金个人住房贷款余额、项目贷款余额和购买国债余额的总和占缴存余额的 63.50％，比上年末增加 1.51 个百分点。

三、主要财务数据

（一）**业务收入**：2019 年，业务收入 26058.76 万元，同比增长 22.46％。其中，市中心 6070.15 万元；存款利息 9217.87 万元，委托贷款利息 16806.25 万元，国债利息 0 万元，其他 34.64 万元。

（二）**业务支出**：2019 年，业务支出 15681.18 万元，同比增长 42.59％。其中，市中心 3001.55 万元；支付职工住房公积金利息 14839.95 万元，归集手续费 0 万元，委托贷款手续费 840.31 万元，其他 0.92 万元。

（三）**增值收益**：2019 年，增值收益 10377.58 万元（其中延长油田增值收益 516.18 万元），同比增长 0.94％。其中，市中心 3068.60 万元；增值收益率 1.23％，比上年减少 0.17 个百分点。

（四）**增值收益分配**：2019 年，提取贷款风险准备金 691.16 万元，提取管理费用 7336.19 万元，提取城市廉租住房（公共租赁住房）建设补充资金 1834.05 万元（延长油田增值收益不参与分配）。

2019 年，上交财政管理费用 7836.05 万元。上缴财政城市廉租住房（公共租赁住房）建设补充资金 1959.01 万元。

2019 年末，贷款风险准备金余额 6785.97 万元。累计提取城市廉租住房（公共租赁住房）建设补充资金 12569.15 万元。

（五）**管理费用支出**：2019 年，管理费用支出 1515.95 万元，同比下降 20.04％。其中，人员经费 888.17 万元，公用经费 145.90 万元，专项经费 481.88 万元。

市中心管理费用支出 416.81 万元，其中，人员、公用、专项经费分别为 272.98 万元、52.83 万元、91 万元。

四、资产风险状况

（一）**个人住房贷款**：2019 年末，个人住房贷款逾期额 2556.72 万元，逾期率 4.52‰。其中，市中心 4.00‰。

个人贷款风险准备金按贷款余额的 1.2％提取。2019 年，提取个人贷款风险准备金 691.16 万元，使用个人贷款风险准备金核销呆坏账 0 万元。2019 年末，个人贷款风险准备金余额 6785.97 万元，占个人住房贷款余额的 1.20％，个人住房贷款逾期额与个人贷款风险准备金余额的比率为 37.68％。

（二）**支持保障性住房建设试点项目贷款**：2019 年末，逾期项目贷款 0 万元，逾期率 0‰。

项目贷款风险准备金按贷款余额的 0％提取。2019 年，提取项目贷款风险准备金 0 万元，使用项目贷款风险准备金核销呆坏账 0 万元，项目贷款风险准备金余额 0 万元，占项目贷款余额的 0％，项目贷款逾期额与项目贷款风险准备金余额的比率为 0％。

五、社会经济效益

（一）**缴存业务**：2019 年，实缴单位数、实缴职工人数同比分别增长 3.46％、3.10％，缴存额同比减少 4.77％。

缴存单位中，国家机关和事业单位占 84.40％，国有企业占 7.67％，城镇集体企业占 0.19％，外商投资企业占 0.17%，城镇私营企业及其他城镇企业占 4.41%，民办非企业单位和社会团体占 0.70%，其他占 2.46%。

缴存职工中，国家机关和事业单位占 57.02%，国有企业占 35.85%，城镇集体企业占 0.21%，外商投资企业占 0.18%，城镇私营企业及其他城镇企业占 2.52%，民办非企业单位和社会团体占 0.16%，其他占 4.06%；中、低收入占 98.71%，高收入占 1.29%。

新开户职工中，国家机关和事业单位占 32.69%，国有企业占 47.49%，城镇集体企业占 0.09%，外商投资企业占 0.54%，城镇私营企业及其他城镇企业占 8.37%，民办非企业单位和社会团体占 0.23%，其他占 10.59%；中、低收入占 99.01%，高收入占 0.99%。

（二）提取业务：2019 年，4.90 万名缴存职工提取住房公积金 18.56 亿元。

提取金额中，住房消费提取占 74.73%（购买、建造、翻建、大修自住住房占 54.63%，偿还购房贷款本息占 12.48%，租赁住房占 6.64%，其他占 0.98%）；非住房消费提取占 25.27%（离休和退休提取占 12.97%，完全丧失劳动能力并与单位终止劳动关系提取占 1.06%，出境定居占 0.27%，其他占 10.97%）。

提取职工中，中、低收入占 97.99%，高收入占 2.01%。

（三）贷款业务：

1. 个人住房贷款：2019 年，支持职工购建房 37.09 万平方米，年末个人住房贷款市场占有率（含公转商贴息贷款）为 34.01%，比上年末减少 6.22 个百分点。通过申请住房公积金个人住房贷款，可节约职工购房利息支出 30574.60 万元。

职工贷款笔数中，购房建筑面积 90（含）平方米以下占 2.02%，90~144（含）平方米占 74.09%，144 平方米以上占 23.89%。购买新房占 91.08%（其中购买保障性住房占 0%），购买二手房占 5.84%，建造、翻建、大修自住住房占 3.08%，其他占 0%。

职工贷款笔数中，单缴存职工申请贷款占 24.76%，双缴存职工申请贷款占 75.05%，三人及以上缴存职工共同申请贷款占 0.19%。

贷款职工中，30 岁（含）以下占 31.64%，30 岁~40 岁（含）占 44.94%，40 岁~50 岁（含）占 18.59%，50 岁以上占 4.83%；首次申请贷款占 90.94%，二次及以上申请贷款占 9.06%；中、低收入占 99.86%，高收入占 0.14%。

2. 异地贷款：2019 年，发放异地贷款 320 笔、14605 万元。2019 年末，发放异地贷款总额 20517 万元，异地贷款余额 21398.73 万元。

3. 公转商贴息贷款：2019 年，发放公转商贴息贷款 0 笔、0 万元，支持职工购建住房面积 0 万平方米，当年贴息额 0 万元。2019 年末，累计发放公转商贴息贷款 0 笔、0 万元，累计贴息 0 万元。

4. 支持保障性住房建设试点项目贷款：2019 年末，累计试点项目 3 个，贷款额度 4.60 亿元，建筑面积 74.21 万平方米，可解决 4386 户中低收入职工家庭的住房问题。3 个试点项目贷款资金已发放并还清贷款本息。

（四）住房贡献率：2019 年，个人住房贷款发放额、公转商贴息贷款发放额、项目贷款发放额、住房消费提取额的总和与当年缴存额的比率为 103.50%，比上年增加 22.7 个百分点。

六、其他重要事项

（一）机构及职能调整情况。延安市住房公积金管理中心成立于 2004 年 6 月，为市政府直属事业机构，县级建制，主要职责是负责全市住房公积金的管理和运作。中心内设 5 个科，13 个县区管理部为中心派出机构。下设 1 个保障性住房项目贷款经办处，核定编制 83 名，实有工作人员 158 人（其中：带编人员 77 人，空编 6 名，非在编人员 81 人）。

（二）当年住房公积金政策调整及执行情况。一是 2019 年，我中心集中清理睡眠账户 1.4 万笔，1 人多户 0.2 万笔，排查疑似骗贷 0.3 万笔，抵押风险 0.4 万笔，截止 2019 年末住房公积金基础数据不完善的账户已由原来的 1.6 万余笔缩减到 100 余笔。同时，中心通过微信公众号等综合服务平台强化基础数据的主动采集，截止 2019 年末我市公积金缴存职工 20.3 万人，官方微信的注册量已达到 17 万，数据管理走在了全省前列，得到了省住房城乡建设厅的肯定，也为提高管理水平和服务效能奠定了扎实的基础。二是 2019 年我中心主动作为，解决了部分缴存单位公积金缴存比例、缴存基数不到位的问题，同时我中心着力拓宽公积金缴存覆盖面，当年全市新参建住房公积金制度 2.04 万人，为企业留住了人才，增强了企业的竞争力，也让更多的中低收入家庭享受到了住房公积金制度保障民生的普惠性作用。三是进一步精简要件，优化流程，放宽提取条件，加大对租房提取的支持力度，制定出台了老旧小区加装电梯提取政策等，多渠道、有效支持了职工住房消费行为。四是在财务管理中，通过核心业务自主核算，减少了支付业务委托银行代办手续费 1436.34 万元。同时加大对商业银行的考核，实行资金竞争性存放，2019 年我中心增值收益首次突破亿元大关，累计上缴财政收益 4.87 亿元，为我市廉租住房建设提供了有力的资金支持。五是 2019 年我中心按月定时开展住房公积金政策执行情况风险隐患排查，对检查出的缴存、提取、贷款、资金储存、财务管理、信息化数据管理及服务 7 个方面的风险隐患问题逐项核实、整改，规范了公积金业务办理。六是 2019 年我中心修订出台了新的贷款操作办法，规范了贷款办理流程、资金支付方式，明确了公积金贷款不予支持的各类情形，取消了质押类贷款，并严禁将贷款支付给借款人本人，全部实行了受托支付，保证资金不被挪作他用。七是加强了逾期贷款清收。通过电话、短信催收，发放逾期通知书，公布逾期黑名单等多项措施，强化了贷款风险的日常监控。同时，启动了委贷银行对逾期贷款的起诉，开展依法催收。截至 2019 年底，已发律师函 41 份，法院立案 15 起，判决 1 起，催回逾期贷款 1 笔，有效推动了公积金贷后管理工作良性发展。

（三）当年服务改进情况。一是 2019 年我中心认真贯彻优化营商环境相关政策，推进降低企业成本工作，已批复了 1 家企业降低缴存比例的申请，为 2 家企业办理了缓缴业务，为 895 户企业开通了网上办事大厅，实现了零跑腿自主业务办理，服务水平有了较大提升。全年无上访事件，12345 热线、网民留言等均按时限 100%办结，群众满意度均较高。二是积极整合银行资源，将为民服务中心银行窗口并入公积金业务窗口，节约了服务成本，增加了办事窗口，提升了服务效率。同时，选派了一批业务技能熟练的工作人员入驻大厅窗口工作，实现了大部分业务的一站式集中办理。

（四）当年信息化建设情况。一是建成了公积金影像子系统、稽核子系统、绩效子系统、行政执法子系统，利用技术化手段推动业务处理效率进一步提升。二是建成了全国税务数据上报平台，实现借款人公积金贷款报税抵扣的无缝衔接。三是完成了全国异地转移接续平台直联改造，使原来利用公积金异地转移进行骗取和套取的行为变得无隙可乘，有效地防范了资金风险，实现了"账随人走、钱随账走"。

（五）当年住房公积金管理中心及职工所获荣誉情况。包括：宜川管理部获得市级文明单位、市巾帼文明岗；"延安公积金"微信公众号，获得"延安市十佳微信公众号"荣誉称号；中心派驻贫困村第一书记兼工作队队长解飞龙及中心党组书记、主任钟世德同志，分别被评为优秀第一书记和优秀联户干部，受到市委市政府表彰；刘海燕同志获得市级"12345政府热线先进个人"荣誉称号。

（六）当年对违反《住房公积金管理条例》和相关法规行为进行行政处罚和申请人民法院强制执行情况。无。

（七）当年对住房公积金管理人员违规行为的纠正和处理情况等。无。

（八）其他需要披露的情况。严厉打击骗提骗贷。2019年我中心按照中省市关于扫黑除恶专项斗争的要求，我们坚持打击黑中介，治理公积金行业乱象。处理黑中介骗提案件1起，排查骗贷线索1起、黑中介线索1起，已将线索移交市扫黑办，有效整治了骗提骗贷的行业乱象。

汉中市住房公积金2019年年度报告

一、机构概况

（一）住房公积金管理委员会：住房公积金管理委员会委员19名，2019年召开1次会议，审议通过了《汉中市住房公积金2018年年度报告》《汉中市住房公积金管理中心2019年工作要点》以及采购个人征信自助查询机和住房公积金电子档案系统建设经费等事项。

（二）住房公积金管理中心：住房公积金管理中心为汉中市人民政府不以营利为目的的正县级直属参公事业单位，下设6个科室、11个县区管理部。从业人员154人，其中，在编87人，非在编67人。

二、业务运行情况

（一）缴存：2019年，新开户单位182家，实缴单位3629家，净增单位26家；新开户职工11207人，实缴职工17.54万人，净增职工0.27万人；当年缴存额22.72亿元，同比增长10%。2019年末，缴存总额172.03亿元，同比增长15.22%；缴存余额76.76亿元，同比增长15.88%。

受委托办理住房公积金缴存业务的银行7家，比上年增加（减少）0家。

（二）提取：2019年，提取额12.20亿元，同比增长18%；占当年缴存额的53.70%，比上年增加3.6个百分点。2019年末，提取总额95.27亿元，同比增长14.69%。

（三）贷款：

1. 个人住房贷款：个人住房贷款最高额度50万元，其中：单缴存职工最高额度50万元，双缴存职工最高额度50万元。

2019年，发放个人住房贷款0.53万笔、17.53亿元，同比分别增长-3.64%、10.25%。

2019年，回收个人住房贷款10.18亿元。

2019年末，累计发放个人住房贷款4.93万笔、101.83亿元，贷款余额63.30亿元，分别比上年末增加 12.05%、20.79%、13.14%。个人住房贷款余额占缴存余额的 82.46%，比上年末减少 2.01 个百分点。

受委托办理住房公积金个人住房贷款业务的银行 7 家，比上年增加（减少）0 家。

2. 住房公积金支持保障性住房建设项目贷款：2019 年，发放支持保障性住房建设项目贷款 0 亿元，回收项目贷款 0.3 亿元。2019 年末，累计发放项目贷款 1.8 亿元，项目贷款余额 0 亿元。

（四）**购买国债**：2019 年，没有购买国债，国债余额为零。

（五）**融资**：2019 年，没有融资，融资余额为零。

（六）**资金存储**：2019 年末，住房公积金存款 15.14 亿元。其中，活期 0.41 亿元，1 年（含）以下定期 9.60 亿元，1 年以上定期 4.94 亿元，其他（协定、通知存款等）0.19 亿元。

（七）**资金运用率**：2019 年末，住房公积金个人住房贷款余额、项目贷款余额和购买国债余额的总和占缴存余额的 82.46%，比上年减少 2.46 个百分点。

三、主要财务数据

（一）**业务收入**：2019 年，业务收入 25437.18 万元，同比增长 14.31%。存款利息 5924.24 万元，委托贷款利息 19512.94 万元，国债利息 0 万元，其他 0 万元。

（二）**业务支出**：2019 年，业务支出 12316.01 万元，同比增长 20.24%。支付职工住房公积金利息 11917.05 万元，归集手续费 0 万元，委托贷款手续费 359.69 万元，其他 39.27 万元。

（三）**增值收益**：2019 年，增值收益 13121.17 万元，同比增长 9.24%。增值收益率 1.83%，比上年减少 0.14 个百分点。

（四）**增值收益分配**：2019 年，提取贷款风险准备金 1470.17 万元，提取管理费用 3000 万元，提取城市廉租住房（公共租赁住房）建设补充资金 8651 万元。

2019 年，上交财政管理费用 3000 万元。上缴财政城市廉租住房（公共租赁住房）建设补充资金 7502.38 万元。

2019 年末，贷款风险准备金余额 29872.07 万元。累计提取城市廉租住房（公共租赁住房）建设补充资金 37216.50 万元。

（五）**管理费用支出**：2019 年，管理费用支出 2245 万元，同比增长 9.67%。其中，人员经费 1043.05 万元，公用经费 835.90 万元，专项经费 366.05 万元。

四、资产风险状况

（一）**个人住房贷款**：2019 年末，个人住房贷款逾期额 479 万元，逾期率 0.8‰。

个人贷款风险准备金按当年新增贷款余额的 2% 提取。2019 年，提取个人贷款风险准备金 1470.17 万元，使用个人贷款风险准备金核销呆坏账 0 万元。2019 年末，个人贷款风险准备金余额 29072.07 万元，占个人住房贷款余额的 4.59%，个人住房贷款逾期额与个人贷款风险准备金余额的比率为 1.65%。

（二）**支持保障性住房建设试点项目贷款**：2019 年末，逾期项目贷款 0 万元，逾期率 0‰。

项目贷款风险准备金按贷款余额的 5% 提取。2019 年，提取项目贷款风险准备金 0 万元，使用项目贷款风险准备金核销呆坏账 0 万元，项目贷款风险准备金余额 800 万元，占项目贷款余额的 0%，项目贷款逾期额与项目贷款风险准备金余额的比率为0%。

（三）历史遗留风险资产：全市没有历史遗留风险资产。

五、社会经济效益

（一）缴存业务：2019年，实缴单位数、实缴职工人数和缴存额同比分别增长0.72%、1.54%和10.40%。缴存单位中，国家机关和事业单位占82.61%，国有企业占4.74%，城镇集体企业占0.58%，外商投资企业占0.39%，城镇私营企业及其他城镇企业占6.09%，民办非企业单位和社会团体占1.18%，其他占4.41%。缴存职工中，国家机关和事业单位占72.00%，国有企业占15.17%，城镇集体企业占0.41%，外商投资企业占0.54%，城镇私营企业及其他城镇企业占6.52%，民办非企业单位和社会团体占0.86%，其他占4.50%；中、低收入占99.68%，高收入占0.32%。新开户职工中，国家机关和事业单位占52.55%，国有企业占16.17%，城镇集体企业占0.41%，外商投资企业占1.04%，城镇私营企业及其他城镇企业占14.58%，民办非企业单位和社会团体占2.24%，其他占13.01%；中、低收入占99.89%，高收入占0.11%。

（二）提取业务：2019年，84620名缴存职工提取住房公积金12.20亿元。

提取金额中，住房消费提取占72.65%（购买、建造、翻建、大修自住住房占29.80%，偿还购房贷款本息占38.50%，租赁住房占1.07%，其他占3.28%）；非住房消费提取占27.35%（离休和退休提取占22.93%，完全丧失劳动能力并与单位终止劳动关系提取占1.86%，户口迁出本市或出境定居占0.22%，其他占2.34%）。

提取职工中，中、低收入占96.02%，高收入占3.98%。

（三）贷款业务：

1. 个人住房贷款：2019年，支持职工购建房65.84万平方米，年末个人住房贷款市场占有率为28.23%，比上年减少3.66个百分点。通过申请住房公积金个人住房贷款，可节约职工购房利息支出43502.23万元。

职工贷款笔数中，购房建筑面积90（含）平方米以下占7.51%，90～144（含）平方米占80.34%，144平方米以上占12.15%；购买新房87.96%（其中购买保障性住房占0.11%），购买二手房占11.10%，建造、翻建、大修自住住房占0.87%，其他占0.07%。

职工贷款笔数中，单缴存职工申请贷款占60.87%，双缴存职工申请贷款占39.13%，三人及以上缴存职工共同申请贷款占0%。

贷款职工中，30岁（含）以下占29.70%，30岁～40岁（含）占34.82%，40岁～50岁（含）占25.79%，50岁以上占9.69%；首次申请贷款占94.45%，二次及以上申请贷款占5.55%；中、低收入占96.91%，高收入占3.09%。

2. 异地贷款：2019年，发放异地贷款701笔、22161万元。2019年末，发放异地贷款总额60389万元，异地贷款余额45606万元。

3. 公转商贴息贷款：无公转商贴息贷款。

4. 支持保障性住房建设试点项目贷款：2019年末，累计试点项目3个，贷款额度1.8亿元，建筑面积20.03万平方米，可解决1938户中低收入职工家庭的住房问题。0个试点项目贷款资金已发放并还清贷款本息。

（四）住房贡献率：2019年，个人住房贷款发放额、公转商贴息贷款发放额、项目贷款发放额、住房消费提取额的总和与当年缴存额的比率为116.15%，比上年增加3.95个百分点。

六、其他重要事项

（一）当年机构及职能调整情况、受委托办理缴存贷款业务金融机构变更情况。 汉中市住房公积金管理中心2019年未进行机构及职能调整。

受委托办理住房公积金缴存贷款业务的金融机构无变化。

（二）当年住房公积金政策调整及执行情况。

1. 当年缴存基数限额及确定方法、缴存比例调整情况

严格按照《陕西省住房公积金缴存业务办理指引》执行，政策无变化。单位和职工住房公积金缴存比例分别不低于5%、不高于12%。

2. 当年提取政策调整情况

严格按照《陕西省住房公积金提取业务办理指引》执行，制定印发了《关于对住房公积金业务政策进行调整的通知》具体分为住房消费提取、销户提取、特殊情况提取三大类。其中，因辞职、解除劳动合同办理销户提取的时间由原来的两年后办理改为半年后办理。

3. 当年住房公积金个人住房贷款最高贷款额度、贷款条件等贷款政策调整情况

严格按照《陕西省个人住房公积金贷款业务办理指引》执行，制定印发了《关于对住房公积金业务政策进行调整的通知》，本年度取消全额支付购房款、为直系亲属购房的公积金贷款申请。自贷款申请前连续足额缴存住房公积金6个月（含）以上且具有完全民事行为能力的缴存人，在本人或直系亲属购买、建造、翻建、大修住房时，可申请个人住房公积金贷款，贷款单笔最高额度为50万元（含）、贷款期限最高不超过30年，贷款额度的审批改为根据贷款申请人及配偶的公积金缴存年限和账户余额关联计算。

4. 当年住房公积金存贷款利率调整及执行情况

根据《中国人民银行 住房和城乡建设部 财政部关于完善职工住房公积金账户存款利率形成机制的通知》的规定严格执行，2019年度无调整。职工住房公积金账户存款利率按一年期定期存款基准利率执行，个人住房公积金贷款利率保持不变[1~5年（含）2.75%、5年以上3.25%]。

（三）当年服务改进情况。 2019年，中心以"规范内部管理，提升服务运用"为主线，优化办事流程、合理运作资金、提高运行质量、创新服务手段、提升服务水平。加强信息化建设，提升服务效率。继续完善住房公积金综合服务平台功能建设。在进一步优化营业网点柜面服务的基础上，以互联网和移动终端为主要载体，通过推进部门数据共享应用，加强信息安全管理，不断完善住房公积金综合服务平台功能。目前中心已形成公积金官网、网上办事大厅、12329热线、支付宝刷脸查询、短信平台、手机APP、微信公众号、自助设备等"八位一体"的服务平台，用"一张网"全渠道打造智慧服务平台，让缴存职工不出门就能办事。加强服务能力建设，提升窗口服务水平。严格执行《住房公积金工作人员行为规范》。举办公积金风险防控法律知识、个贷、提取业务政策、计算机操作技能培训班，提高从业人员业务技能和服务水平。积极开展窗口形象建设，市中心及11个县区管理部全部实行"一厅式"办理。

（四）当年信息化建设情况。 2019年，中心持续加强信息化建设，深化"互联网＋公积金"融合发展，探索大数据和智能技术在行业渠道的广泛应用，进一步提升缴存职工服务体验。一是按要求接入全国住房公积金数据平台和异地转移接续平台，为缴存职工个人所得税改革，跨城市转移接续住房公积金业务，推进"互联网＋政务服务"，为提升行业服务水平提供有力技术支撑；二是全面升级全市公积金核心业务系统，通过简化办事流程、核销冗余账户、加大风险防控和强化资金管控等系统控制手段，努力打造新型业务办理服务模式，提升网上业务办结率；三是推进与多部门信息共享机制，通过实现部门间数据共享，扩展公积金网上业务办理范围，做到"让数据多跑路，让职工少跑腿"；四是继续与公积金受托银行和国内优秀互联网企业进行合作，充分挖掘和利用公积金大数据，分别开通微信、支付宝城市服务公积金业务办理功能，为缴存职工提供了更加丰富的服务手段。

（五）**当年住房公积金管理中心及职工所获荣誉情况。**2019年中心所获荣誉包括：市级"汉中市十大创新服务举措"、市级"精神文明建设先进集体"、市级"巾帼文明岗"（计划财务科）、市级"生态环境保护先进单位"（勉县管理部）、县级"县委党风廉政建设先进集体"（勉县管理部）、县级"精神文明建设先进集体"（略阳县管理部）、县级2019年发文"2018年度支持地方工作优秀单位"（留坝县管理部）、留坝县管理部王伟同志被县委县政府评为"脱贫攻坚先进个人"、镇巴县管理部王成林同志获得市级最美系列人物及县级道德模范"见义勇为"荣誉称号、县级"平安单位"（佛坪县管理部）。

（六）**当年违反《住房公积金管理条例》和相关法规行为进行行政处罚和申请人民法院强制执行情况。**按照我省和我市扫黑除恶行业乱象治理的工作要求，中心2019年对骗提骗贷公积金行为的13人和公积金贷款严重逾期的108户借款人纳入公积金失信人员黑名单惩戒管理，对全市公积金贷款严重逾期申请法院提起诉讼136件，办结95件，收回资金763万元，正在办理41件。

（七）**当年住房公积金管理人员违规行为的纠正和处理情况等。**1名工作人员因触犯法律被开除党籍、公职。

（八）**无其他需要披露的情况。**

榆林市住房公积金2019年年度报告

一、机构概况

（一）**住房公积金管理委员会**：住房公积金管理委员会有23名委员，2019年召开4次会议，审议通过的事项主要包括：

(1) 2018工作情况和2019年目标任务；

(2)《榆林市住房公积金委托贷款信用评价业务操作规程》、《榆林市住房公积金个人住房组合贷款业务操作规程》《榆林市住房公积金贷款业务实施细则》等有关问题；

(3) 榆林市住房公积金管理中心2018年度报告问题；

(4) 放宽公积金个别提取条件和额度调整的意见问题；

(5) 住房公积金贷款风险周转金设立和提供担保问题；

（6）关于建立住房公积金贷款保险有关问题；

（7）关于靖边县涉案人员借款处置有关问题。

（二）**住房公积金管理中心**：住房公积金管理中心为隶属于市政府（隶属关系）不以营利为目的的独立（机构属性）事业单位，设11个处（科），13个管理部，0个分中心。从业人员326人，其中，在编96人，非在编230人。

二、业务运行情况

（一）**缴存**：2019年，新开户单位642家，实缴单位5832家，净增单位302家；新开户职工2.48万人，实缴职工29.2万人，净增职工1.6万人；缴存额55.18亿元，同比增长34.78%。2019年末，缴存总额295.07亿元，比上年末增加23%；缴存余额135.46亿元，比上年末增加24.13%。

受委托办理住房公积金缴存业务的银行13家，比上年增加3家。

（二）**提取**：2019年，提取额28.85亿元，同比增长28.17%；占当年缴存额的52.28%，比上年（减少）2.7个百分点。2019年末，提取总额159.61亿元，比上年末增加22.06%。

（三）**贷款**：

1. 个人住房贷款：个人住房贷款最高额度60万元，其中，单缴存职工最高额度60万元，双缴存职工最高额度60万元。

2019年，发放个人住房贷款0.57万笔、25.37亿元，同比分别增长54.05%、83.44%。2019年，回收个人住房贷款13.77亿元。2019年末，累计发放个人住房贷款5.07万笔、125.42亿元，贷款余额64.87亿元，分别比上年末增加12.67%、25.36%、21.78%。个人住房贷款余额占缴存余额的47.89%，比上年末（减少）0.92个百分点。

受委托办理住房公积金个人住房贷款业务的银行13家，比上年增加4家。

2. 住房公积金支持保障性住房建设项目贷款：2019年，我中心未发放保障性住房建设项目贷款。

（四）**购买国债**：2019年，购买（记账式）国债2.57亿元，（兑付）国债4.21亿元。2019年末，国债余额0亿元，比上年末减少1.64亿元。

（五）**融资**：2019年，我中心未进行融资，融资余额为零。

（六）**资金存储**：2019年末，住房公积金存款72.77亿元。其中，活期0亿元，1年（含）以下定期25.1亿元，1年以上定期21.6亿元，其他（协定、通知存款等）26.07亿元。

（七）**资金运用率**：2019年末，住房公积金个人住房贷款余额、项目贷款余额和购买国债余额的总和占缴存余额的47.89%，比上年末（减少）2.43个百分点。

三、主要财务数据

（一）**业务收入**：2019年，业务收入32168.14万元，同比增长20.84%。存款利息13083.59万元，委托贷款利息18896.93万元，国债利息181.62万元，其他6万元。

（二）**业务支出**：2019年，业务支出18496.17万元，同比增长19.39%。支付职工住房公积金利息18495.95万元，归集手续费0万元，委托贷款手续费0万元，其他0.22万元。

（三）**增值收益**：2019年，增值收益13671.97万元，同比增长22.87%。增值收益率1.14%，比上年

（减少）0.01 个百分点。

（四）增值收益分配：2019 年，提取贷款风险准备金 1621.94 万元，提取管理费用 7500 万元，提取城市廉租住房（公共租赁住房）建设补充资金 4550.03 万元。

2019 年，上交财政管理费用 4950 万元。上缴财政城市廉租住房（公共租赁住房）建设补充资金 0 万元。2019 年末，贷款风险准备金余额 12973.1 万元。累计提取城市廉租住房（公共租赁住房）建设补充资金 24394.03 万元。

（五）管理费用支出：2019 年，管理费用支出 8161.06 万元，同比增长 110.52%。其中，人员经费 2314.07 万元，公用经费 759.05 万元，专项经费 5087.94 万元。

四、资产风险状况

（一）个人住房贷款：2019 年末，个人住房贷款逾期额 822 万元，逾期率 1.27‰。

个人贷款风险准备金按（贷款余额或增值收益）的 2% 提取（减去以前年度以计提额）。2019 年，提取个人贷款风险准备金 1621.94 万元，使用个人贷款风险准备金核销呆坏账 0 万元。2019 年末，个人贷款风险准备金余额 12973.1 万元，占个人住房贷款余额的 2%，个人住房贷款逾期额与个人贷款风险准备金余额的比率为 6.34%。

（二）支持保障性住房建设试点项目贷款：2019 年末，我中心未发放保障性住房建设项目贷款。

五、社会经济效益

（一）缴存业务：2019 年，实缴单位数、实缴职工人数和缴存额同比分别增长 5.46%、5.8% 和 34.78%。

缴存单位中，国家机关和事业单位占 80.27%，国有企业占 7.99%，城镇集体企业占 0.14%，外商投资企业占 0.18%，城镇私营企业及其他城镇企业占 7.21%，民办非企业单位和社会团体占 0.56%，其他占 3.65%。

缴存职工中，国家机关和事业单位占 63.22%，国有企业占 30.39%，城镇集体企业占 0.29%，外商投资企业占 0.13%，城镇私营企业及其他城镇企业占 3.89%，民办非企业单位和社会团体占 0.29%，其他占 1.79%；中、低收入占 96.96%，高收入占 3.04%。

新开户职工中，国家机关和事业单位占 42.07%，国有企业占 28.99%，城镇集体企业占 0.13%，外商投资企业占 0.12%，城镇私营企业及其他城镇企业占 17.97%，民办非企业单位和社会团体占 0.72%，其他占 10%；中、低收入占 99.64%，高收入占 0.36%。

（二）提取业务：2019 年，9.22 万名缴存职工提取住房公积金 28.85 亿元。

提取金额中，住房消费提取占 84.06%（购买、建造、翻建、大修自住住房占 35.63%，偿还购房贷款本息占 31.51%，租赁住房占 11.82%，其他占 5.1%）；非住房消费提取占 15.94%（离休和退休提取占 9.6%，完全丧失劳动能力并与单位终止劳动关系提取占 2.46%，出境定居占 0%，其他占 3.88%）。

提取职工中，中、低收入占 91.61%，高收入占 8.39%。

（三）贷款业务：

1. 个人住房贷款：2019 年，支持职工购建房 76.3 万平方米，年末个人住房贷款市场占有率（含公转商贴息贷款）为 44.11%，比上年末增加 3.31 个百分点。通过申请住房公积金个人住房贷款，可节约职工购房利息支出 4185.49 万元。

职工贷款笔数中，购房建筑面积 90（含）平方米以下占 3.68%，90~144（含）平方米占 75.7%，144 平方米以上占 20.63%。购买新房占 84.88%（其中购买保障性住房占 0%），购买二手房占 13.43%，建造、翻建、大修自住住房占 0.51%，其他占 1.18%。

职工贷款笔数中，单缴存职工申请贷款占 22.61%，双缴存职工申请贷款占 76.95%，三人及以上缴存职工共同申请贷款占 0.44%。

贷款职工中，30 岁（含）以下占 38.43%，30 岁~40 岁（含）占 47.26%，40 岁~50 岁（含）占 11.78%，50 岁以上占 2.53%；首次申请贷款占 90.75%，二次及以上申请贷款占 9.25%；中、低收入占 99.05%，高收入占 0.95%。

2. 异地贷款： 2019 年，发放异地贷款 521 笔、22167 万元。2019 年末，发放异地贷款总额 31516 万元，异地贷款余额 30178 万元。

（四）住房贡献率： 2019 年，个人住房贷款发放额、公转商贴息贷款发放额、项目贷款发放额、住房消费提取额的总和与当年缴存额的比率为 89.92%，比上年增加 11.76 个百分点。

六、其他重要事项

（一）当年机构及职能调整情况、受委托办理缴存贷款业务金融机构变更情况。 2019 年新增兴业银行、光大银行、中信银行为受委托办理缴存业务金融机构。

（二）当年住房公积金政策调整及执行情况。 2019 年榆林市统计局公布 2018 年我市城镇非私营单位就业人员月平均工资 5912.33 元，据此确认住房公积金最高缴存基数为 17737 元，各缴存单位对缴存基数进行了年度调整，缴存比例严格执行个人和单位分别不低于 5%，不高于 12%，且个人和单位执行同一缴存比例。

2019 年对提取政策进行相关调整：（1）放宽租房提取额度，年度提取最高金额由 2 万元提升为 3 万元。（2）将贫困子女上大学提取变更为子女上大学提取，取消提供贫困证明材料。（3）开展证明事项告知承诺制，职工在可实行告知承诺事项清单范围内可自主选择是否采用告知承诺替代证明，切实解决群众办事难、办事慢、多次跑、来回跑等问题，为老百姓办事减轻了负担。

2019 年个人住房公积金最高贷款额度为 60 万元，制定《榆林市住房公积金个人住房组合贷款业务操作规程》《榆林市住房公积金个人委托贷款信用评价业务操作规程》《榆林市住房公积金贷款业务实施细则》。

（三）当年服务改进情况。

1. 信息公开方面

（1）百姓问政。根据中共榆林市委、榆林市人民政府有关工作要求，市中心高度重视"百姓问政"工作，成立了以中心主任为组长的领导小组，确保问政工作有问必答、答政结果及时准确。2019 年，共回复百姓问政留言 497 条，其中咨询类 347 条，感谢类 4 条，投诉类 55 条，建议类 13 条，求助类 78 条，回复率达 100%，获得了较高的认同度和满意度。

（2）门户网站、微信公众号、手机 APP。2019 年，通过门户网站、微信公众号、手机 APP 等渠道共发布信息公开类信息 72 条，新闻发布类信息 134 条。

2. 综合服务平台上线运行

2019 年 12 月，市中心综合服务平台通过了住房和城乡建设部住房公积金综合服务平台验收组验收，评定等级为优秀。新版综合服务平台在原有查询功能的基础上，新增离退休提取、灵活就业人员缴存、公积金代扣协议签订、公积金代扣协议解除和提前还款等功能，优化了运行指标，提升了用户体验。

3. 业务系统新增功能

根据日常业务办理情况和住房公积金事业发展要求，市中心以业务需求促进系统升级，不断完善公积金业务系统功能。

（1）新增灵活就业人员缴存功能。

（2）新增等额本金偿还贷款方式。

（3）新增"住房公积金贷＋商贷"组合贷款。

4. 支付宝城市服务

2019 年，市中心接入支付宝城市服务，为全市广大住房公积金缴存职工提供以支付宝平台城市服务应用为载体的住房公积金业务查询服务渠道。

（四）当年信息化建设情况。

1. 异地转移接续平台

根据住房和城乡建设部要求，市中心完成了全国住房公积金异地转移接续平台与核心业务系统直连工作，并于 2019 年 12 月通过验收，实现"账随人走、钱随账走"工作目标，利用统一的平台办理住房公积金异地转移接续业务。

2. 数据共享平台

2019 年 6 月，市中心与智慧局、信用办等部门对接数据共享工作，并于 2019 年 11 月，成功接入 6 个部门 8 项共享数据。

3. 全国住房公积金数据平台接入工作

2019 年 4 月，市中心完成了全国住房公积金数据共享平台接入工作，并于 5 月初顺利完成陕西省住房和城乡建设厅接入工作要求，完成全量数据报送，每天增量数据正常报送。

（五）当年住房公积金管理中心及职工所获荣誉情况。2019 年我中心被市行政审批服务局 12345 便民服务热线中心授予"突出服务奖"；两名干部获得了市直工委"优秀共产党员"的荣誉称号；一名干部获得了市直工委"优秀党务工作者"的荣誉称号；新建路服务厅党支部被市直工委授予"优秀党支部"；

（六）当年对违反《住房公积金管理条例》和相关法规行为进行行政处罚和申请人民法院强制执行情况。2019 年委托律师事务所依法采取司法措施清收违规或逾期贷款 249 笔，金额 4014 万元，已全部清收 85 笔，金额 1240 万元。借助扫黑除恶专项斗争和公积金专班契机，向市委政法委移送靖边、榆阳、吴堡违规公积金贷款 764 笔，贷款金额 14990 万元，已全部清收违规贷款 512 笔，金额 11290 万元。

（七）当年对住房公积金管理人员违规行为的纠正和处理情况等。严肃查处行业部门侵害群众利益不正之风和腐败问题。市纪委对中心靖边县管理部违纪违法问题立案查处，市纪委监察委共立案 19 人，其中 3 名领导干部被给予党内严重警告处分，1 人给予降低岗位等次处分，1 人给予行政记过处分，1 人给予党内警告处分。移送司法共计 9 人，其中公积金系统从业人员 6 人，目前法院已经判决。对市中心及原靖边管理部 5 名劳务派遣人员予以解聘，对 2 名正式人员给予降低岗位等级、调离原工作岗位处理，对 3 名科级干部给予撤职处理。对于吴堡县管理部原负责人相关问题，由吴堡县纪委立案调查，中心党组对 3 名相关责任人员予以解聘开除。

(八) 其他需要披露的情况。

1. 进一步深化全面从严治党，增强党组织凝聚力

(1) 认真落实党建工作责任制。中心党建工作形成党组抓全面，机关党委抓支部，支部抓党员的党建工作总格局。始终将党建工作纳入重要议事日程，做到年初有部署、半年有检查、定期有督查、年终有考核。根据各党员领导干部职责，中心制定了领导干部个人党建责任清单，并按规定填报《从严治党纪实手册》和《2019 年度廉政承诺书》。对照党建工作项目清单和责任清单，抓好党建工作检查、督促和落实，年初与各支部书记和管理部主任签订党建目标责任书，进一步夯实了党建责任。

(2) 扎实抓好党员干部学习教育。中心主动把创建学习型党组织纳入机关党建工作的重要内容，始终把加强党员学习教育放在突出位置。2019 年，共召开中心组学习会议和专题学习活动 60 多次，学习党建相关文件 72 个，确保了"两学一做"教育活动常态化、制度化，引导党员领导干部坚定理想信念，真正把党员的学习教育抓在日常、严在日常；根据市直工委"学习强国"平台学习相关文件要求，中心召开专题会议研究部署落实，全系统党员按要求开展了学习，据统计，全系统学习积分平均分在 2000 分以上。

(3) 全面强化基层党组织建设。一是针对基层各党支部组织建设薄弱问题，中心党组积极选优配齐支部班子。二是严把党员"入口关"。严格按照发展党员的"十六字"方针，要求各党支部认真学习《陕西省发展党员流程》，坚持标准、规范发展党员程序的同时注重对于入党申请人的培养教育，2019 年，已经发展入党积极分子 16 名，预备党员 1 名。并创新党费收缴工作，通过手机微信或者网银划转按月缴纳党费。三是大力加强群团组织建设。目前中心团委、各县市区工会和妇联组织组织筹建工作已经全面完成，各群团组织在丰富干部职工生活、提升党组织凝聚力方面作用日益凸显。

(4) 深入开展"不忘初心、牢记使命"主题教育活动。按照市委要求，中心成立了"不忘初心、牢记使命"主题教育领导小组，采用集中学习与个人自学相结合、专题辅导与交流研讨相结合、理论思考与实践探索相结合的方式，组织党员干部认认真真学原著悟原理。深入学习了党章和党的十九大报告、《习近平关于"不忘初心、牢记使命"重要论述选编》《习近平新时代中国特色社会主义思想学习纲要》，跟进学习了习近平总书记最新重要讲话文章。结合工作实际，重点围绕"共产党人的初心和使命""立足岗位、履职尽责"两个专题，开展革命传统教育、形势政策教育和警示教育。各科室、服务厅、县市区管理部对照党章党规，对照初心使命，查摆自身不足，查找工作短板，深刻检视剖析。党员领导干部以上率下，层层立标杆、作示范。领导班子成员在学习调研的基础上讲专题党课，主要负责同志带头讲、其他班子成员到分管的县市区管理部讲。机关党委采取不间断抽查、明察暗访、专项检查等方式对县市区管理部主题教育全过程进行监督、指导，对调研发现的问题列出清单，逐项整改，确保了主题教育取得实实在在的成效。

2. 深入推进扫黑除恶专项斗争，大力开展行业乱象治理

(1) 加强组织领导，健全工作机制，自扫黑除恶专项斗争工作开展以来，中心坚持把扫黑除恶专项斗争作为一项政治任务来抓。

（2）强化宣传引导，营造浓厚氛围。一是通过电子屏滚动屏、悬挂横幅、放置展板、举办进企业、进社区等宣传活动等方式宣传公积金行业政策和公积金领域涉黑涉恶涉乱行为及惩处措施，营造浓厚的氛围；二是印制了应知应会手册500册，宣传单5万张，贷款政策宣传资料2.5万册，提取政策宣传页3万份、台签30个、海报100张，制作有扫黑除恶标语的纸杯2万个，进行广泛宣传；三是建立了举报奖励制度，在中心门户网站和微信公众号上公布线索举报方式，并对经核查真实有效举报线索的举报者给予人民币200元/条的奖励，有效拓宽线索收集渠道；四是在中心门户网站建立了"榆林市住房公积金管理中心扫黑除恶专项斗争在行动"专栏，及时发布相关工作动态，2019年已在中心门户网发布扫黑除恶专项斗争工作动态信息共计18条。

（3）坚持多措并举、强化线索排查。一是通过全面自查摸排共收集行业乱象线索总计184条（涉及173人，5个疑似非法中介，5个非公缴存单位，1个打印部），涉及贷款本息共计2691.86万元，经强力催收及司法手段，目前已完成整治共计40条，其余144条正在整治当中；二是积极拓宽扫黑除恶专项斗争线索摸排的深度和广度，对全系统公积金贷款连续三期累计六期人员开展持续有效的催收；三是紧密依靠市纪委和市委政法委工作专班，全面强化逾期清收。共向专班报送线索764条，涉及金额1.49亿元，已经清收471笔、1.0196亿元，占比72.02%，目前集中治理工作正在持续进行中。

3. 持续深入推进信用体系建设，规范创新各项业务

一是强化信用体系建设，实施失信联合惩戒。二是开拓创新各项业务，防范各种业务风险。积极探索信贷新业务，制定公积金贷款与商业贷款组合贷款操作规程，并初步开展了组合贷业务；开展市担保公司的业务准入衔接，与市中小企业担保公司签订了住房公积金贷款担保业务合作协议书，将从根本上解决公积金贷款逾期风险问题；强化诚信鼓励激励措施。中心在全省率先制定《信用评价贷款业务操作规程》，对缴存单位和缴存职工信用优良的借款申请人员实施贷款额度提升奖励；"深入推进放管服改革"，提高全系统服务水平。

4. 扎实推进脱贫攻坚，圆满完成各项任务

中心始终站在讲政治的高度，牢牢把握脱贫攻坚工作问题导向，夯实工作责任，统筹推进全系统脱贫攻坚工作；结合"大走访、大调研、大学习"活动，建立后备干部和积极分子到脱贫一线挂职制度；因地制宜，全力推进脱贫攻坚项目。2019年，从办公经费中拿出资金用于帮扶村的项目建设，给予子洲县管理部驻村帮扶的寺家坪村养牛专业社帮扶10万元资金，给予绥德县管理部结对帮扶的新庄村灌溉项目帮扶3万元资金，给予靖边县管理部结对帮扶的畔沟二村鱼塘集体合作社项目帮扶2万元资金。向党庄村村民服务中心、爱心超市项目建设帮扶10万元。

2019年，中心各项工作又上台阶，公积金事业得到进一步发展。2020年，我们坚持以习近平新时代中国特色社会主义思想为指导，在市委、市政府和市管委会的领导下，全面贯彻党的十九大和十九届三中、四中全会、全国经济工作会议、市委四届六次和八次会议精神，坚定"四个自信"，贯彻"两个维护"，深入推进"放管服"改革，大力推进住房公积金增质提效，力争在2020年将住房公积金事业推向新的高度，实现全系统面貌的"焕然一新"。

安康市住房公积金 2019 年年度报告

一、机构概况

（一）住房公积金管理委员会：住房公积金管理委员会有 25 名委员。

（二）住房公积金管理中心：住房公积金经办中心为安康市住房和城乡建设局（市人民防空办）下属不以营利为目的的正县级事业单位，设 5 个科，12 个管理部。从业人员 104 人，其中在编 80 人，非在编 24 人。

二、业务运行情况

（一）缴存：2019 年，新开户单位 217 家，实缴单位 2847 家，净增单位－21 家；新开户职工 0.95 万人，实缴职工 11.04 万人，净增职工－1.36 万人；缴存额 14.96 亿元，同比增长 14.37％。2019 年末，缴存总额 106.45 亿元，比上年末增加 16.35％；缴存余额 53.53 亿元，比上年末增加 15.22％。

受委托办理住房公积金缴存业务的银行 7 家，比上年增加 0 家。

（二）提取：2019 年，提取额 7.89 亿元，同比下降 9.21％；占当年缴存额的 52.74％，比上年减少 13.70 个百分点。2019 年末，提取总额 52.92 亿元，比上年末增加 17.52％。

（三）贷款：

个人住房贷款：个人住房贷款最高额度 60 万元，其中，单缴存职工最高额度 50 万元，双缴存职工最高额度 60 万元。

2019 年，发放个人住房贷款 0.30 万笔、11.46 亿元，同比分别增长－3.23％、8.63％。

2019 年，回收个人住房贷款 5.57 亿元。

2019 年末，累计发放个人住房贷款 6.42 万笔、88.74 亿元，贷款余额 43.75 亿元，分别比上年末增加 5.07％、14.84％、15.56％。个人住房贷款余额占缴存余额的 81.73％，比上年末增加 0.24 个百分点。

受委托办理住房公积金个人住房贷款业务的银行 6 家，比上年增加 0 家。

（四）资金存储：2019 年末，住房公积金存款 10.35 亿元。其中，活期 0.91 亿元，1 年（含）以下定期 6.90 亿元，1 年以上定期 0 亿元，其他（协定、通知存款等）2.54 亿元。

（五）资金运用率：2019 年末，住房公积金个人住房贷款余额、项目贷款余额和购买国债余额的总和占缴存余额的 81.73％，比上年末增加 0.24 个百分点。

三、主要财务数据

（一）业务收入：2019 年，业务收入 14918.44 万元，同比增长 11.96％；存款利息 1489.94 万元，委托贷款利息 13426.09 万元，国债利息 0 万元，其他 2.41 万元。

（二）业务支出：2019 年，业务支出 8255.86 万元，同比增长 13.32％；支付职工住房公积金利息 7811.33 万元，归集手续费 140.30 万元，委托贷款手续费 303.91 万元，其他 0.32 万元。

（三）增值收益：2019 年，增值收益 6662.58 万元，同比增长 10.33％；增值收益率 1.34％，比上年减少 0.04 个百分点。

（四）**增值收益分配**：2019 年，提取贷款风险准备金 589.06 万元，提取管理费用 1526.33 万元，提取城市廉租住房（公共租赁住房）建设补充资金 4547.19 万元。

2019 年，上交财政管理费用 1946.33 万元。上缴财政城市廉租住房（公共租赁住房）建设补充资金 5706.18 万元。

2019 年末，贷款风险准备金余额 6130.13 万元。累计提取城市廉租住房（公共租赁住房）建设补充资金 25444.25 万元。

（五）**管理费用支出**：2019 年，管理费用支出 1496.78 万元，同比下降 4.35%。其中，人员经费 1049.01 万元，公用经费 31.94 万元，专项经费 415.83 万元。

四、资产风险状况

个人住房贷款：2019 年末，个人住房贷款逾期额 92.26 万元，逾期率 0.21‰。

个人贷款风险准备金按当年新增贷款余额的 1% 提取。2019 年，提取个人贷款风险准备金 589.06 万元，使用个人贷款风险准备金核销呆坏账 0 万元。2019 年末，个人贷款风险准备金余额 6130.13 万元，占个人住房贷款余额的 1.40%，个人住房贷款逾期额与个人贷款风险准备金余额的比率为 1.51%。

五、社会经济效益

（一）**缴存业务**：2019 年，实缴单位数、实缴职工人数和缴存额同比分别增长 −0.73%、−10.97% 和 14.37%。

缴存单位中，国家机关和事业单位占 72.64%，国有企业占 9.27%，城镇集体企业占 1.72%，外商投资企业占 0.11%，城镇私营企业及其他城镇企业占 3.72%，民办非企业单位和社会团体占 7.13%，其他占 5.41%。

缴存职工中，国家机关和事业单位占 74.11%，国有企业占 10.55%，城镇集体企业占 0.68%，外商投资企业占 0.04%，城镇私营企业及其他城镇企业占 2.73%，民办非企业单位和社会团体占 0.72%，其他占 11.17%；中、低收入占 95.43%，高收入占 4.57%。

新开户职工中，国家机关和事业单位占 63.79%，国有企业占 6.30%，城镇集体企业占 1.65%，外商投资企业占 0.47%，城镇私营企业及其他城镇企业占 9.13%，民办非企业单位和社会团体占 0.71%，其他占 17.95%；中、低收入占 98.39%，高收入占 1.61%。

（二）**提取业务**：2019 年，3.31 万名缴存职工提取住房公积金 7.89 亿元。

提取金额中，住房消费提取占 77.24%（购买、建造、翻建、大修自住住房占 21.69%，偿还购房贷款本息占 53.58%，租赁住房占 0.53%，其他占 1.44%）；非住房消费提取占 22.76%（离休和退休提取占 20.14%，完全丧失劳动能力并与单位终止劳动关系提取占 0.78%，出境定居占 0.33%，其他占 1.51%）。

提取职工中，中、低收入占 93.10%，高收入占 6.90%。

（三）贷款业务：

1. 个人住房贷款：2019年，支持职工购建房136.65万平方米，年末个人住房贷款市场占有率（含公转商贴息贷款）为25.18%，比上年末减少4.05个百分点。通过申请住房公积金个人住房贷款，可节约职工购房利息支出4186.33万元。

职工贷款笔数中，购房建筑面积90（含）平方米以下占6.03%，90~144（含）平方米占80.88%，144平方米以上占13.09%。购买新房占83.58%（其中购买保障性住房占0%），购买二手房占15.79%，建造、翻建、大修自住住房占0.46%，其他占0.17%。

职工贷款笔数中，单缴存职工申请贷款占28.85%，双缴存职工申请贷款占71.15%，三人及以上缴存职工共同申请贷款占0%。

贷款职工中，30岁（含）以下占25.98%，30岁~40岁（含）占40.72%，40岁~50岁（含）占23.38%，50岁以上占9.92%；首次申请贷款占80.68%，二次及以上申请贷款占19.32%；中、低收入占94.23%，高收入占5.77%。

2. 异地贷款：2019年，发放异地贷款100笔、4065.40万元。2019年末，发放异地贷款总额13117.10万元，异地贷款余额9735.72万元。

（四）**住房贡献率**：2019年，个人住房贷款发放额、公转商贴息贷款发放额、项目贷款发放额、住房消费提取额的总和与当年缴存额的比率为117.31%，比上年减少14.29个百分点。

六、其他重要事项

（一）当年机构及职能调整情况、受委托办理缴存贷款业务金融机构变更情况。根据《关于印发〈安康市市直承担行政职能事业单位改革方案〉的通知》（安机改发〔2019〕1号）、《关于调整市住房公积金经办中心等3个事业单位"九定"事项的通知》（安编字〔2019〕9号）文件精神，"安康市住房公积金管理中心"改名为"安康市住房公积金经办中心"，由原来市政府直属正县级事业单位变更为市住房和城乡建设局（市人民防空办）隶属正县级事业单位。2019年，受委托办理缴存贷款业务金融机构无变化。

（二）当年住房公积金政策调整及执行情况。暂停消费类住房装修提取和装修贷款；企业、个体工商户（含异地）缴存职工申请住房贷款，公积金余额不足3万元（含3万元）的，申请住房贷款金额不得高于公积金余额的12倍，同时需有一名行政事业单位在职职工作为担保人。

（三）当年服务改进情况。公积金服务嵌入安康智慧治理平台中，实现14项提取业务和4项查询业务"一网通办"。网站月点击率达到1万人次以上，网上办事大厅查询和缴存达到50万人次，微信公众号查询访问40万人次，i安康自主访问量4万人次以上，手机APP接待量达到1.2万人次，方便群众办事，提升群众获得感、幸福感。

（四）当年信息化建设情况。坚持"让数据多跑路、办事群众少跑路"原则，全年分别完成全市智慧治理平台、全国数据接入平台、异地接续平台、综合服务平台和省级监管平台建设。

商洛市住房公积金2019年年度报告

一、机构概况

（一）住房公积金管理机构：全市设1个设区城市住房公积金管理中心（以下简称"商洛中心"），下设8个管理部。从业人员123人，其中，在编123人，非在编0人。

（二）住房公积金监管机构：省住房城乡建设厅、财政厅和人民银行负责对住房公积金管理运行情况进行监督。省住房城乡建设厅设立住房公积金监管处，负责辖区住房公积金日常监管工作。

二、业务运行情况

（一）缴存：2019年，新开户单位137家，实缴单位2232家，净增单位15家；新开户职工6788人，实缴职工88754人，净增职工4647人；缴存额115841.04万元，同比下降16.26%。2019年末，缴存总额824982.36万元，同比增长16.34%；缴存余额455890.77万元，同比增长14.54%。

（二）提取：2019年，提取额57975.98万元，同比下降14.16%；占当年缴存额的50.05%，比上年增加1.24个百分点。2019年末，提取总额369091.59万元，同比增长18.63%。

（三）贷款：

1. 个人住房贷款：2019年，发放个人住房贷款1734笔、60659万元，同比增长4.33%、23.8%。回收个人住房贷款38666.77万元。

2019年末，累计发放个人住房贷款39257笔、565858.9万元，贷款余额253924.74万元，同比分别增长4.62%、12.01%、9.48%。个人住房贷款余额占缴存余额的55.7%，比上年减少2.57个百分点。

2. 住房公积金支持保障性住房建设项目贷款：无。

（四）购买国债：无。

（五）融资：无。

（六）资金存储：2019年末，住房公积金存款207272.63万元。其中，活期11237.56万元，1年（含）以下定期0万元，1年以上定期196035.07万元。

（七）资金运用率：2019年末，住房公积金个人住房贷款余额、项目贷款余额和购买国债余额的总和占缴存余额的55.7%，比上年减少2.57个百分点。

三、主要财务数据

（一）业务收入：2019年，业务收入15355.35万元，同比增长27.54%。其中，存款利息7159.76万元，增值收益存款利息164.56万元，委托贷款利息8025.07万元，国债利息0万元，其他5.96万元。

（二）业务支出：2019年，业务支出6515.20万元，同比增长28.57%。其中，支付职工住房公积金利息6486.51万元，归集手续费支出0万元，委托贷款手续费支出28.3万元，其他支出0.39万元。

（三）增值收益：2019年，增值收益8840.15万元，同比增长26.79%；增值收益率2.03%，比上年增长0.15个百分点。

（四）增值收益分配：2019 年，提取贷款风险准备金 2500.16 万元，提取管理费用 2339.98 万元，提取城市廉租住房（公共租赁住房）建设补充资金 4000 万元。

2019 年，上交财政管理费用 1860.98 万元，上缴财政城市廉租住房（公共租赁住房）建设补充资金 2334.07 万元。

2019 年末，贷款风险准备金余额 12145.86 万元，累计提取城市廉租住房（公共租赁住房）建设补充资金 13034.07 万元。

（五）管理费用支出：2019 年，管理费用支出 1823.81 万元，同比下降 19.09%。其中，人员经费 1154.03 万元，公用经费 260.78 万元，专项经费 409 万元。

四、资产风险状况

（一）个人住房贷款：2019 年末，个人住房贷款逾期额 39.01 万元，逾期率 0.15‰。

2019 年，提取个人贷款风险准备金 2500.16 万元，使用个人贷款风险准备金核销呆坏账 0 万元。2019 年末，个人贷款风险准备金余额 12145.86 万元，占个人贷款余额的 4.78%，个人贷款逾期额与个人贷款风险准备金余额的比率为 0.32%。

（二）住房公积金支持保障性住房建设项目贷款：无。

（三）历史遗留风险资产：无历史遗留风险资产。

五、社会经济效益

（一）缴存业务：2019 年，实缴单位数、实缴职工人数和缴存额增长率分别为 0.68%、5.53% 和 −16.26%。

缴存单位中，国家机关和事业单位占 87.72%，国有企业占 6.57%，城镇集体企业占 1.26%，外商投资企业占 0.4%，城镇私营企业及其他城镇企业占 2.47%，民办非企业单位和社会团体占 0.54%，其他占 1.04%。

缴存职工中，国家机关和事业单位占 72.15%，国有企业占 13.62%，城镇集体企业占 1.08%，外商投资企业占 0.4%，城镇私营企业及其他城镇企业占 1.95%，民办非企业单位和社会团体占 0.36%，其他占 10.44%；中收入占 100%。

新开户职工中，国家机关和事业单位占 56.3%，国有企业占 17.86%，城镇集体企业占 1.44%，外商投资企业占 0.06%，城镇私营企业及其他城镇企业占 5.19%，民办非企业单位和社会团体占 3.48%，其他占 15.67%；中收入占 100%。

（二）提取业务：2019 年，13277 名缴存职工提取住房公积金 57975.98 万元。

提取金额中，住房消费提取占 75.38%（购买、建造、翻建、大修自住住房占 49.87%，偿还购房贷款本息占 23.62%，租赁住房占 0.76%，其他占 1.13%）；非住房消费提取占 24.62%（离休和退休提取占 20.89%，完全丧失劳动能力并与单位终止劳动关系提取占 1.8%，户口迁出所在市或出境定居占 0%，其他占 1.93%）。

提取职工中，中收入占 100%。

（三）贷款业务：

1. 个人住房贷款： 2019 年，支持职工购、建房 36.01 万平方米。年末，个人住房贷款市场占有率为 39.25%，比上年同期减少 5.01 个百分点。通过申请住房公积金个人住房贷款，可节约职工购房利息支出约 1312 万元。

职工贷款笔数中，购房建筑面积 90（含）平方米以下占 2.19%，90~144（含）平方米占 67.07%，144 平方米以上占 30.74%。购买新房占 97.06%（其中购买保障性住房占 0.12%），购买二手房占 0.46%，建造、翻建、大修自住住房占 1.67%，其他占 0.81%。

职工贷款笔数中，单缴存职工申请贷款占 15.74%，双缴存职工申请贷款占 83.91%，三人及以上缴存职工共同申请贷款占 0.35%。

贷款职工中，30 岁（含）以下占 25.09%，30 岁~40 岁（含）占 40.08%，40 岁~50 岁（含）占 24.45%，50 岁以上占 10.38%；首次申请贷款占 73.76%，二次及以上申请贷款占 26.24%；中收入占 100%。

2. 异地贷款： 2019 年，发放异地贷款 10 笔、367 万元。2019 年末，累计发放异地贷款 30 笔、990 万元，异地贷款余额 907.62 万元。

3. 公转商贴息贷款： 无。

4. 住房公积金支持保障性住房建设项目贷款： 无。

（四）住房贡献率： 2019 年，个人住房贷款发放额、公转商贴息贷款发放额、项目贷款发放额、住房消费提取额的总和与当年缴存额的比率为 90.09%，比上年增加 46.51 个百分点。

六、其他重要事项

（一）当年住房公积金政策调整情况。《商洛市住房公积金使用重大风险防范化解预案》（商政金发〔2019〕34 号）。

（二）当年住房公积金机构及从业人员所获荣誉情况。商洛中心党总支、机关、洛南、丹凤、商南、镇安管理部党支部通过"基层党组织标准化建设"验收并被评为示范点。商洛中心市直管理部多次位居商洛市政务服务大厅绩效考核流动红旗榜首，工作人员多次被评为优秀员工。商洛中心在 2018 年商洛市年度目标责任考核和脱贫攻坚成效工作考核中双双被评为优秀等次。

2019 全国住房公积金年度报告汇编

青海省

西宁

海东市

海北藏族自治州

黄南藏族自治州

海南藏族自治州

果洛藏族自治州

玉树藏族自治州

海西蒙古族藏族自治州

青海省住房公积金 2019 年年度报告

一、机构概况

（一）住房公积金管理机构：全省共设 8 个设区城市住房公积金管理中心，1 个独立设置的分中心和 1 个行业中心。从业人员 369 人，其中，在编 220 人，非在编 149 人。

（二）住房公积金监管机构：青海省住房和城乡建设厅、财政厅和人民银行西宁中心支行负责对本省住房公积金管理运行情况进行监督。省住房城乡建设厅设立住房公积金监管处，负责辖区住房公积金日常监管工作。

二、业务运行情况

（一）缴存：2019 年，新开户单位 1083 家，实缴单位 9736 家，净增单位 784 家；新开户职工 5.77 万人，实缴职工 54.52 万人，净增职工 1.7 万人；缴存额 117.76 亿元，同比增长 10.42%。2019 年末，缴存总额 880.73 亿元，比上年末增加 15.43%；缴存余额 329.73 亿元，比上年末增加 6.16%。

（二）提取：2019 年，提取额 98.63 亿元，同比增长 16.35%；占当年缴存额的 83.76%，比上年增加 4.28 个百分点。2019 年末，提取总额 551 亿元，比上年末增加 21.81%。

（三）贷款：

1. 个人住房贷款：2019 年，发放个人住房贷款 1.73 万笔、70.59 亿元，同比下降 19.16%、14.33%。回收个人住房贷款 38.04 亿元。

2019 年末，累计发放个人住房贷款 27.21 万笔、527.92 亿元，贷款余额 247.8 亿元，分别比上年末增加 6.83%、15.44%、15.12%。个人住房贷款余额占缴存余额的 75.15%，比上年末增加 5.85 个百分点。

2. 住房公积金支持保障性住房建设项目贷款：2019 年，发放支持保障性住房建设项目贷款 0 亿元，回收项目贷款 0 亿元。2019 年末，累计发放项目贷款 2.07 亿元，项目贷款余额 0 亿元。

（四）购买国债：无。

（五）融资：2019 年，融资 4.17 亿元，归还 0.39 亿元。2019 年末，融资总额 4.76 亿元，融资余额 4.07 亿元。

（六）资金存储：2019 年末，住房公积金存款 99.69 亿元。其中，活期 3.6 亿元，1 年（含）以下定期 35.19 亿元，1 年以上定期 57.91 亿元，其他（协定、通知存款等）2.99 亿元。

（七）资金运用率：2019 年末，住房公积金个人住房贷款余额、项目贷款余额和购买国债余额的总和占缴存余额的 75.15%，比上年末增加 5.85 个百分点。

三、主要财务数据

（一）业务收入：2019 年，业务收入 103900.84 万元，同比增长 2.9%。其中，存款利息 29493.2 万元，委托贷款利息 74230.12 万元，国债利息 0 万元，其他 177.52 万元。

（二）业务支出： 2019年，业务支出56276.14万元，同比增长1.43%。其中，支付职工住房公积金利息48783.19万元，归集手续费4461.81万元，委托贷款手续费3027.84万元，其他3.3万元。

（三）增值收益： 2019年，增值收益47624.7万元，同比增长4.69%；增值收益率1.47%，比上年减少0.05个百分点。

（四）增值收益分配： 2019年，提取贷款风险准备金29355.8万元，提取管理费用5548.58万元，提取城市廉租住房（公共租赁住房）建设补充资金11785.57万元。果洛中心弥补亏损661.15万元，年末待分配增值收益273.6万元。

2019年，上交财政管理费用4852.89万元，上缴财政城市廉租住房（公共租赁住房）建设补充资金5084.03万元。

2019年末，贷款风险准备金余额163069.4万元，累计提取城市廉租住房（公共租赁住房）建设补充资金79654.08万元。

（五）管理费用支出： 2019年，管理费用支出8179.21万元，同比增长4.43%。其中，人员经费4409.68万元，公用经费912.32万元，专项经费2857.21万元。

四、资产风险状况

（一）个人住房贷款： 2019年末，个人住房贷款逾期额954.77万元，逾期率0.38‰。

2019年，提取个人贷款风险准备金29355.8万元，使用个人贷款风险准备金核销呆坏账0万元。2019年末，个人贷款风险准备金余额163069.4万元，占个人贷款余额的6.58%，个人贷款逾期额与个人贷款风险准备金余额的比率为0.58%。

（二）住房公积金支持保障性住房建设项目贷款： 无。

五、社会经济效益

（一）缴存业务： 2019年，实缴单位数、实缴职工人数和缴存额增长率分别为8.76%、3.22%和10.42%。

缴存单位中，国家机关和事业单位占61.23%，国有企业占11.98%，城镇集体企业占2.76%，外商投资企业占0.51%，城镇私营企业及其他城镇企业占18.54%，民办非企业单位和社会团体占1.79%，个人自愿缴存占0.12%，其他占3.07%。

缴存职工中，国家机关和事业单位占47.31%，国有企业占34.53%，城镇集体企业占2.01%，外商投资企业占1.1%，城镇私营企业及其他城镇企业占8.61%，民办非企业单位和社会团体占0.61%，个人自愿缴存占0.54%，其他占5.29%；中、低收入占98.86%，高收入占1.14%。

新开户职工中，国家机关和事业单位占28.86%，国有企业占24.09%，城镇集体企业占3.86%，外商投资企业占1.04%，城镇私营企业及其他城镇企业占23.09%，民办非企业单位和社会团体占1.43%，个人自愿缴存占4.72%，其他占12.91%；中、低收入占99.79%，高收入占0.21%。

（二）提取业务： 2019年，26.6万名缴存职工提取住房公积金98.63亿元。

提取金额中，住房消费提取占77.98%（购买、建造、翻建、大修自住住房占41.78%，偿还购房贷款本息占30.36%，租赁住房占1.37%，其他占4.47%）；非住房消费提取占22.02%（离休和退休提取占 17.1%，完全丧失劳动能力并与单位终止劳动关系提取占 2.44%，出境定居占 1.18%，其他占 1.3%）。

提取职工中，中、低收入占 99.3%，高收入占 0.7%。

（三）贷款业务：

1. 个人住房贷款： 2019 年，支持职工购房 160.22 万平方米。年末个人住房贷款市场占有率（含公转商贴息贷款）为 43.22%，比上年末增加 0.44 个百分点。通过申请住房公积金个人住房贷款，可节约职工购房利息支出 81029.43 万元。

职工贷款笔数中，购房建筑面积 90（含）平方米以下占 19.05%，90～144（含）平方米占 70.7%，144 平方米以上占 10.25%。购买新房占 71.23%（其中购买保障性住房占 0.12%），购买二手房占 27.49%，建造、翻建、大修自住住房占 0.01%，其他占 1.27%。

职工贷款笔数中，单缴存职工申请贷款占 48.55%，双缴存职工申请贷款占 51.44%，三人及以上缴存职工共同申请贷款占 0.01%。

贷款职工中，30 岁（含）以下占 40.41%，30 岁～40 岁（含）占 35.2%，40 岁～50 岁（含）占 19.41%，50 岁以上占 4.98%；首次申请贷款占 79.88%，二次及以上申请贷款占 20.12%；中、低收入占 99.04%，高收入占 0.96%。

2. 异地贷款： 2019 年，发放异地贷款 3322 笔、134476.38 万元。2019 年末，发放异地贷款总额 585869.62 万元，异地贷款余额 250738.02 万元。

3. 公转商贴息贷款： 无。

4. 住房公积金支持保障性住房建设项目贷款： 2019 年末，全省有住房公积金试点城市 2 个，试点项目 4 个，贷款额度 2.07 亿元，建筑面积 11.17 万平方米，可解决 1613 户中低收入职工家庭的住房问题。4 个试点项目贷款资金已发放并还清贷款本息。

（四）住房贡献率： 2019 年，个人住房贷款发放额、公转商贴息贷款发放额、项目贷款发放额、住房消费提取额的总和与当年缴存额的比率为 125.08%，比上年减少 14.03 个百分点。

六、其他重要事项

（一）当年住房公积金政策调整情况。 一是根据省政府办公厅《关于扩大住房公积金制度覆盖面的指导意见》精神，指导各住房公积金管理中心结合本地实际情况制订出台了自主缴存人员缴存使用住房公积金具体办法和实施细则。二是为确保各地住房公积金运行正常合规、管理规范、风控有力，省住房城乡建设厅印发《关于进一步加强住房公积金管理工作的通知》（青建房〔2019〕244 号），要求各中心严格执行政策及业务标准、清理完善历史数据、精简合并银行账户、强化贷款风险管理。

（二）当年开展监督检查情况。 一是开展住房公积金电子稽查工作。按照住房和城乡建设部安排，我省在政策执行检查和风险隐患排查的基础上，运用电子化稽查工具组织开展了专项检查工作。各地对照稽查报告深入查找关键领域的薄弱环节和潜在风险点，认真对自查发现的问题进行整改，及时研究采取了防控措施。二是打击违规提取住房公积金行为。组织各住房公积金管理中心开展违规提取住房公积金行动，通过自查自纠对发现的违规情况，及时进行了处理，维护缴存职工的合法利益。三是开展住房贷款担保情况调查。根据住房和城乡建设部安排，组织各住房公积金管理中心对贷款过度担保、违规收费等情况进行了自查，进一步规范了住房担保业务。

（三）当年服务改进情况。省直、海南、玉树等中心在12329微信公众号开通了物业费、正常退休、归还本中心贷款等提取业务，进一步拓宽了服务渠道。西宁中心上线运行了住房公积金管理"云平台"系统，完善了服务平台功能，丰富了线上业务办理种类。启动人工智能服务，在微信公众号、网上大厅、手机APP三个服务渠道上线人工智能应答系统，建设12329住房公积金热线中心。

（四）当年信息化建设情况。一是全面完成"双贯标"验收。经住房公积金监管司同意，省住房城乡建设厅抽调相关中心专业人员组成检查验收组，于4月12日完成了对海东市住房公积金管理中心住房公积金基础数据标准贯标和结算应用系统接入工作的检查验收，全面完成了我省住房公积金"双贯标"工作。二是对标完成数据平台接入。根据住房和城乡建设部要求，省住房城乡建设厅积极开展数据平台接入工作，按照《全国住房公积金数据平台接入技术方案》指导各中心认真进行数据整理审核，按期接入了全国住房公积金数据平台，为缴存职工提供准确的数据查询服务打下了良好基础。三是建立电子档案管理系统。省直、海南和玉树中心结合本单位业务需要，建立了住房公积金电子档案管理系统。进一步简化了职工业务办理过程中的要件，推动业务受理、审批办理、档案管理工作便捷化、电子化、现代化。

（五）当年住房公积金机构及从业人员所获荣誉情况。

西宁中心被全国妇联授予"全国巾帼文明岗"荣誉称号；被中共青海省委宣传部授予"青海省学雷锋活动示范点"荣誉称号；被共青团青海省委员会授予"青海高原青年文明号"荣誉称号；被青海省精神文明建设指导委员会公示为"省级文明单位"。

省直分中心被共青团中央、住房和城乡建设部评为"2017—2018年度精神文明单位。"2008年以来连续11年被评为全国精神文明单位。

海东中心荣获省级"文明单位"称号、海东市民族团结进步"示范单位"称号。

海北中心被海北州政务服务监督管理局授予"群众满意窗口"称号。

黄南中心荣获2019年度省级文明单位称号。

果洛中心服务窗口被果洛州行政服务和公共资源交易中心连续三年评为"优秀窗口"。

海西中心荣获省级"文明单位"称号。

西宁住房公积金2019年年度报告

一、机构概况

（一）**住房公积金管理委员会**：西宁住房公积金管理委员会有18名委员，2019年召开1次会议，审议通过的事项主要包括：一是2018年住房公积金管理工作报告；二是2018年住房公积金归集使用计划完成情况及2019年归集使用计划；三是2018年住房公积金增值收益分配情况及2019年增值收益分配计划；四是原则同意对西宁中心住房公积金贷款配贷系数适用情形进行调整，对购买首套自住住房或首次申请住房公积金贷款的缴存职工不再执行贷款配贷系数。

青海油田住房公积金管理委员会有 20 名委员，2019 年召开 1 次会议，审议通过的事项主要包括：一是 2019 年度住房公积金增值收益分配意见；二是关于调整青海油田住房公积金管理委员会的通知。

（二）**住房公积金管理中心**：西宁住房公积金管理中心为直属于西宁市人民政府不以营利为目的的公益一类事业单位，设 10 个科，5 个管理部，1 个分中心（铁路分中心）。从业人员 99 人，其中，在编 72 人，非在编 27 人。西宁中心市本级与铁路分中心财务进行统一核算。

西宁住房公积金管理中心省直分中心为直属于青海省住房和城乡建设厅不以营利为目的的公益一类事业单位，设 5 个科，从业人员 29 人，其中，在编 19 人，非在编 10 人。

青海油田住房公积金管理中心为青海油田公司不以营利为目的的直属单位，设 4 个科，1 个管理部。从业人员 22 人，其中，在编 20 人，非在编 2 人。

二、业务运行情况

（一）**缴存**：2019 年，新开户单位 704 家，实缴单位 4380 家，净增单位 531 家；新开户职工 3.99 万人，实缴职工 34.80 万人，净增职工 1.41 万人；缴存额 72.59 亿元，同比增长 8.78%。2019 年末，缴存总额 558.94 亿元，比上年末增加 14.93%；缴存余额 199.78 亿元，比上年末增加 5.96%。

受委托办理住房公积金缴存业务的银行 5 家，与上年比无变化。

（二）**提取**：2019 年，提取额 61.36 亿元，同比增长 15.43%；占当年缴存额的 84.53%，比上年增加 4.87 个百分点。2019 年末，提取总额 359.16 亿元，比上年末增加 20.60%。

（三）**贷款**：

1. 个人住房贷款：

个人住房贷款最高额度 50 万元，不区分单双职工家庭。西宁中心和省直分中心对信用状况良好的职工其贷款额度可在最高额度的基础上适度上浮，上浮比例控制在 20% 以内，最高贷款额度可达 60 万元。

2019 年，发放个人住房贷款 0.96 万笔、39.29 亿元，同比分别下降 28.89%、25.66%。其中，市中心发放个人住房贷款 0.54 万笔、22.34 亿元，铁路分中心发放个人住房贷款 0.05 万笔、2.03 亿元，省直分中心发放个人住房贷款 0.31 万笔、13.59 亿元，油田中心发放个人住房贷款 0.06 万笔、1.33 亿元。

2019 年，回收个人住房贷款 21.12 亿元。其中，市中心 10.06 亿元，铁路分中心 2.00 亿元，省直分中心 8.02 亿元，油田中心 1.04 亿元。

2019 年末，累计发放个人住房贷款 14.35 万笔、301.31 亿元，贷款余额 157.37 亿元，分别比上年末增加 7.17%、15.00%、13.05%。个人住房贷款余额占缴存余额的 78.77%，比上年末增加 4.94 个百分点。其中，西宁中心 87.41%，省直分中心 92.12%，油田中心 13.44%。

受委托办理住房公积金个人住房贷款业务的银行 13 家，与上年比无变化。

2. 住房公积金支持保障性住房建设项目贷款：2019 年，未发放和回收支持保障性住房建设项目贷款。2019 年末，累计发放项目贷款 1.34 亿元，项目贷款余额 0 亿元。

（四）**购买国债**：无。

（五）**融资**：无。

（六）**资金存储**：2019 年末，住房公积金存款 54.13 亿元。其中，活期 0.74 亿元，1 年（含）以下定期 14.87 亿元，1 年以上定期 36.90 亿元，其他（协定、通知存款等）1.62 亿元。

（七）**资金运用率**：2019年末，住房公积金个人住房贷款余额、项目贷款余额和购买国债余额的总和占缴存余额的78.77%，比上年末增加4.94个百分点。

三、主要财务数据

（一）**业务收入**：2019年，业务收入66216.23万元，同比下降3.93%。其中，西宁中心34175.11万元，省直分中心21844.13万元，油田中心10196.99万元；存款利息18408.57万元，委托贷款利息47803.39万元，国债利息0万元，其他4.27万元。

（二）**业务支出**：2019年，业务支出31852.94万元，同比下降10.79%。其中，西宁中心20246.74万元，省直分中心7367.57万元，油田中心4238.63万元；支付职工住房公积金利息26689.90万元，归集手续费3070.87万元，委托贷款手续费2091.16万元，其他1.01万元。

（三）**增值收益**：2019年，增值收益34363.29万元，同比增长3.45%。增值收益率1.75%，比上年减少0.08个百分点。

（四）**增值收益分配**：2019年，提取贷款风险准备金21268.65万元，提取管理费用3453.66万元，提取城市廉租住房（公共租赁住房）建设补充资金9640.98万元。

2019年，上交财政管理费用3507.49万元。上缴财政城市廉租住房（公共租赁住房）建设补充资金1682.87万元。其中，西宁中心上缴1682.87万元，省直分中心上缴0万元，油田分中心上缴0万元。

2019年末，贷款风险准备金余额109052.06万元。累计提取城市廉租住房（公共租赁住房）建设补充资金63217.41万元。其中，西宁中心提取16713.00万元，省直分中心提取24422.77万元，油田中心提取22081.64万元。

（五）**管理费用支出**：2019年，管理费用支出4442.86万元，同比增长19.76%。其中，人员经费2417.19万元，公用经费376.76万元，专项经费1648.91万元。

西宁中心管理费用支出2512.37万元，其中，人员、公用、专项经费分别为1388.01万元、182.38万元、941.98万元；省直分中心管理费用支出1072.51万元，其中，人员、公用、专项经费分别为355.15万元、10.43万元、706.93万元；油田中心管理费用支出857.98万元，其中，人员、公用、专项经费分别为674.03万元、183.95万元、0万元。

四、资产风险状况

（一）**个人住房贷款**：2019年末，个人住房贷款逾期额262.79万元，逾期率0.17‰。其中，西宁中心0.15‰，省直分中心0.16‰，油田中心0.65‰。

西宁中心个人贷款风险准备金按贷款余额的1%提取；省直分中心和油田中心按增值收益的60%提取。2019年，提取个人贷款风险准备金21268.65万元，使用个人贷款风险准备金核销呆坏账0万元。2019年末，个人贷款风险准备金余额109052.06万元，占个人住房贷款余额的6.93%，个人住房贷款逾期额与个人贷款风险准备金余额的比率为0.24%。

（二）**支持保障性住房建设试点项目贷款**：无。

五、社会经济效益

（一）**缴存业务**：2019年，实缴单位数、实缴职工人数和缴存额同比分别增长13.80%、4.22%

和 8.78%。

缴存单位中，国家机关和事业单位占 38.04%，国有企业占 15.39%，城镇集体企业占 3.56%，外商投资企业占 1.07%，城镇私营企业及其他城镇企业占 37.37%，民办非企业单位和社会团体占 2.40%，其他占 2.17%。

缴存职工中，国家机关和事业单位占 35.69%，国有企业占 41.84%，城镇集体企业占 1.94%，外商投资企业占 1.53%，城镇私营企业及其他城镇企业占 11.99%，民办非企业单位和社会团体占 0.78%，其他占 6.23%；中、低收入占 98.83%，高收入占 1.17%。

新开户职工中，国家机关和事业单位占 20.55%，国有企业占 22.49%，城镇集体企业占 3.49%，外商投资企业占 1.31%，城镇私营企业及其他城镇企业占 30.62%，民办非企业单位和社会团体占 1.92%，其他占 19.62%；中、低收入占 99.79%，高收入占 0.21%。

（二）提取业务：2019 年，17.37 万名缴存职工提取住房公积金 61.36 亿元。

提取金额中，住房消费提取占 75.31%（购买、建造、翻建、大修自住住房占 38.84%，偿还购房贷款本息占 29.93%，租赁住房占 0.63%，其他占 5.91%）；非住房消费提取占 24.69%（离休和退休提取占 19.20%，完全丧失劳动能力并与单位终止劳动关系提取占 3.03%，出境定居占 0.84%，其他占 1.62%）。

提取职工中，中、低收入占 99.31%，高收入占 0.69%。

（三）贷款业务：

1. 个人住房贷款：2019 年，支持职工购建房 103.06 万平方米，2019 年末个人住房贷款市场占有率（含公转商贴息贷款）为 35.93%，比上年末增加 0.97 个百分点。通过申请住房公积金个人住房贷款，可节约职工购房利息支出 54324.00 万元。

职工贷款笔数中，购房建筑面积 90（含）平方米以下占 25.14%，90～144（含）平方米占 66.59%，144 平方米以上占 8.27%。购买新房占 67.35%（其中购买保障性住房占 0.31%），购买二手房占 30.41%，建造、翻建、大修自住住房占 0%，其他占 2.24%。

职工贷款笔数中，单缴存职工申请贷款占 55.70%，双缴存职工申请贷款占 44.30%，三人及以上缴存职工共同申请贷款占 0%。

贷款职工中，30 岁（含）以下占 41.69%，30 岁～40 岁（含）占 37.11%，40 岁～50 岁（含）占 17.67%，50 岁以上占 3.53%；首次申请贷款占 79.68%，二次及以上申请贷款占 20.32%；中、低收入占 98.52%，高收入占 1.48%。

2. 异地贷款：2019 年，发放异地贷款 812 笔、30773.50 万元。2019 年末，发放异地贷款总额 408129.74 万元，异地贷款余额 108101.03 万元。

3. 公转商贴息贷款：无。

4. 支持保障性住房建设试点项目贷款：2019 年末，累计试点项目 3 个，贷款额度 1.34 亿元，建筑面积 8.27 万平方米，可解决 1113 户中低收入职工家庭的住房问题。3 个试点项目贷款资金已发放并还清贷款本息。

（四）住房贡献率：2019 年，个人住房贷款发放额、公转商贴息贷款发放额、项目贷款发放额、住房消费提取额的总和与当年缴存额的比率为 117.80%，比上年减少 21.31 个百分点。

六、其他重要事项

（一）当年机构及职能调整情况、受委托办理缴存贷款业务金融机构变更情况。当年机构及职能未作调整；受委托办理缴存贷款业务金融机构未发生变化。

（二）当年住房公积金政策调整及执行情况。

西宁中心：

（1）严格执行国务院《住房公积金管理条例》和住房和城乡建设部、财政部、人民银行《关于住房公积金管理若干具体问题的指导意见》（建金管〔2005〕5号）。2019年度，西宁地区缴存单位和缴存职工的住房公积金缴存比例最低为5%，最高为12%。2019年度住房公积金缴存最高基数为青海省统计局公布的2018年全省在岗职工月平均工资7114元的3倍，即21342元；最低基数不得低于青海省政府2019年月最低工资标准1500元。

（2）认真做好自主缴存人员扩面工作。结合西宁市加快新型城镇化建设的部署要求，将自主缴存者纳入缴存范围，已为3354人建立了自主缴存账户，月应缴存额达395万元，人均月缴存额达1350元。

（3）大力协助企业减负。在不断推进制度扩面，做大资金"入水口"的同时，中心按照国家、省、市各级关于推进供给侧改革的相关要求，积极协助企业减负增活力，响应国家政策，2019年受理28家缴存单位降低缴存比例的申请，受理33家缴存单位的缓缴申请，2019年共为这些企业减负6779.80万元。

（4）贷款条件调整情况：一是2018年12月，中心按照建设部相关要求，执行了住房公积金贷款配贷系数政策。随着城镇化建设的不断加快，缴存职工利用公积金贷款解决首套房的需求不断增大，为进一步加大政策支持力度，在兼顾流动性风险的基础上结合西宁地区实际情况，对贷款配贷系数适用情形及时进行了调整，对购买首套自住住房或首次申请住房公积金贷款的缴存职工不再执行贷款配贷系数，降低了贷款门槛，满足了新入职职工和中低收入家庭的刚性购房需求。二是进一步丰富贷款还款方式，新增等额本金还款方式，更好地满足了缴存职工的个贷需求。

（5）2019年度住房公积金存贷款利率严格按照中国人民银行的存贷款利率执行。目前，住房公积金个人账户结息按一年期定期存款基准利率1.5%计算，个人住房公积金贷款五年以内（含）贷款利率为2.75%，五年以上贷款利率为3.25%。

油田中心：

2019年7月根据《住房公积金管理条例》和建金管〔2005〕5号文规定调整了住房公积金的缴存基数，缴存基数为职工上一年度月平均工资。2018年青海省海西州在岗职工社会平均工资8396.92元/月，月平均工资超过海西州月平均工资300%的，按海西州月平均工资的300%核定缴存基数，缴存基数上限为25190元，缴存基数下限按不低于青海省最低工资标准1500元核定。

（三）当年服务改进情况。

西宁中心：

一是加大线上业务推广力度。通过报刊媒体宣传、各受委托银行网点推广、拍摄业务办理教学视频、培训缴存单位经办员等形式积极推广线上业务，不断提高缴存单位、缴存职工对线上业务的知晓率和使用率。截至目前，中心微信公众号注册关注人数超18.7万人，全年进行了缴存单位协管员培训12期，培训协管员690余人次，结合云3系统上线，按归集业务种类拍摄了培训视频35段，方便网厅经办员按需进行查找学习,为缴存单位提供了精准服务。2019年末,共为3127家缴存单位开通网厅业务,网厅覆盖率达到91.2%。归集业务离柜率达到75%,提取业务离柜率达到60%,贷款还贷业务离柜率达到96%。

二是进一步加强宣传工作。不断拓展宣传渠道,借助传统媒体、新媒体和自媒体等渠道,多措并举地开展住房公积金宣传工作,2019年我中心门户网站访问量达到85.5万人次,通过新媒体发布信息情况如下:网站发布131条、微信公众号发布107条,及时准确将公积金政策和其他信息传播出去,速度快、范围广,进一步提升了中心的良好形象。

三是认真做好提取业务下沉工作。为确保缴存职工能够快速办理住房公积金提取业务,实现购房提取、租房提取、物业费提取等多项业务的"一站式"办结,新增市民中心等3个业务受理点。

四是坚持整治骗提、套提工作常态化。2019年协调市公安局、市房产局、市民政局等相关部门,建立协作机制,联合打击违规提取、骗提、套提54起,坚决铲除非法中介和黑产业链,保障了缴存职工的合法权益。

五是加大贷款保障力度。2019年增加了5个贷款办理网点,方便缴存职工就近办理业务。走访了81家房地产开发企业,与房地产开发企业签订了不得拒绝公积金贷款协议,严肃整治了开发商办理公积金贷款违规收费等行为。全面推行了住房公积金组合贷款业务,自2019年4月开办组合贷款业务以来,已与10家银行签订了组合贷款合作协议,全年共发放组合贷款113笔、5543.6万元。有序开展自主缴存人员公积金贷款业务,全力保障自主缴存人员购房资金需求,全年发放33笔、1256万元。

六是建设完成客户服务24小时智能应答系统。对住房公积金各类政策咨询和业务办理问题进行全面梳理汇总,进一步完善了客户服务智能应答系统知识库。机器人"家家"在微信公众号、网上大厅、手机APP、网站四个服务渠道上线运行,为缴存职工提供全天候、多元化、不间断的咨询服务。实体机器人也已落户中心业务服务大厅,为现场办事职工提供了引导和政策咨询服务。建设完成12329热线呼叫中心,增加了热线服务通道和语音查询功能,有效提升了话务承载能力和信息化管理水平,中心热线服务水平得到了有效提升。

(四)当年信息化建设情况。

西宁中心:

一是完成云3系统升级工作。对原有4.0系统进行了升级,云3系统于2019年11月4日正式上线。通过云3系统上线提高了住房公积金财务管理自动化水平,大幅提升财务核算水平,归集资金到账实现自动匹配入账、异地转移接续转入实现自动入账,贷款批扣数据实现自动发送和自动入账,财务管理实现日清日结,三账联动匹配度大幅提升,财务核算效率明显提高,节省了财务人力资源,促进了"行政管理效率、资金管理效能、公共服务效能"三提升。

二是接入全国住房公积金数据平台。根据《住房和城乡建设部办公厅关于做好全国住房公积金数据接入工作的通知》(建办金函〔2019〕36号)精神,完成了数据整理、系统测试、信息核验等各项工作,于5月24日正式接入全国住房公积金数据平台,是全省首家成功接入的公积金中心。全年共向全国住房公积金数据平台上报了公积金数据3111万余条,为全国个人所得税扣税提供了数据支撑。

三是完成等保三级测评和网络安全检测。组织第三方专业检测机构进行了等保三级测评和网络安全检测,并对检测出的安全漏洞进行了整改,共整改网络安全漏洞21项,进一步提高了网络安全防护能力。2019年,我中心通过网上渠道共办理住房公积金业务13.07万笔,结算资金38.60亿元,没有发生资金安全问题。同时，在新中国成立 70 周年大庆期间进行 24 小时值守，未发生网络安全事件和不良网络舆情。

四是完成了住房和城乡建设部课题研究工作。根据住房和城乡建设部住房公积金监管司的安排，由我中心牵头进行住房公积金激励惩戒信息共享平台建设方案的研究。经过一年多的研究，于 9 月 18 日顺利通过了专家组评审。专家组一致认为平台建设方案符合国家信用体系与建设部信息化建设的相关标准和要求，编制科学、体系完整、技术架构先进、实施路线可行，能够有效组织住房公积金信用信息和全面承载信用评价业务。

五是实施了数据脱敏项目。根据住房和城乡建设部《住房公积金信息化建设导则》相关要求，通过脱敏设备自动对缴存职工的姓名、身份证号、银行卡号、手机号等个人隐私信息进行脱敏处理，有效保护了广大缴存职工的隐私信息。

六是信息共享工作取得积极进展。中心积极主动与人行西宁中心支行、省住房城乡建设厅、市民政局、大数据局等相关部门沟通协调，做了数据接口开发、网络调试等大量前期准备工作，为下一步放管服改革和减证便民工作打下了良好基础。11 月向人行报送了二代征信数据并通过测试。

（五）当年住房公积金管理中心及职工所获荣誉情况。

西宁中心：

2019 年 3 月 1 日被全国妇联授予"全国巾帼文明岗"荣誉称号；

2019 年 3 月 1 日被中共青海省委宣传部授予"青海省学雷锋活动示范点"荣誉称号；

2019 年 4 月 24 日被共青团青海省委员会授予"青海高原青年文明号"荣誉称号；

2019 年 12 月 6 日被西宁市财政局评为"部门决算工作优秀等次"；

2019 年 12 月 19 日被省直机关事务管理局和省水利厅授予"青海省 2019 年度节水型单位"荣誉称号；

2019 年 11 月 14 日被青海省精神文明建设指导委员会公示为"省级文明单位"。

省直分中心：

2019 年被共青团中央、住房和城乡建设部评为"2017—2018 年度精神文明单位。"从 2008 年起已连续 11 年被评为全国精神文明单位。

（六）当年对违反《住房公积金管理条例》和相关法规行为进行行政处罚和申请人民法院强制执行情况。无。

（七）当年对住房公积金管理人员违规行为的纠正和处理情况等。无。

（八）其他需要披露的情况。无。

海东市住房公积金 2019 年年度报告

一、机构概况

（一）**住房公积金管理委员会**：住房公积金管理委员会有 25 名委员，2019 年召开 1 次会议，审议通过的事项主要包括：《关于 2018 年全市住房公积金归集使用计划收支预算及政府性基金收支预算执行情况的报告》《关于2019年全市住房公积金归集使用计划及收支预算的报告》《海东市自主缴存人员缴存使用住房公积金管理办法（试行）》。

（二）住房公积金管理中心：住房公积金管理中心为直属于海东市政府的公益一类事业单位，设6个科，5个管理部。从业人员40人，其中，在编29人，非在编11人。

二、业务运行情况

（一）缴存：2019年，新开户单位62家，实缴单位1139家，净增单位7家；新开户职工0.31万人，实缴职工4.85万人，净增职工0.11万人；缴存额11.96亿元，同比增长9.52%。2019年末，缴存总额87.34亿元，同比增长15.88%；缴存余额32.51亿元，同比增长3.54%。

受委托办理住房公积金缴存业务的银行4家，比上年增加0家。

（二）提取：2019年，提取额10.86亿元，同比增长23.97%；占当年缴存额的90.80%，比上年增加10.58个百分点。2019年末，提取总额54.83亿元，同比增长24.7%。

（三）贷款：

个人住房贷款：个人住房贷款最高额度60万元，其中，单缴存职工最高额度60万元，双缴存职工最高额度60万元。

2019年，发放个人住房贷款2346笔8.82亿元，同比分别增长1.3%、增长18.23%。

2019年，回收个人住房贷款4.38亿元。

2019年末，累计发放个人住房贷款4.17万笔、64.04亿元，贷款余额21.29亿元，同比分别增长6.11%、15.97%、26.28%。个人住房贷款余额占缴存余额的65.49%，比上年增加11.8个百分点。

受委托办理住房公积金个人住房贷款业务的银行7家，比上年增加0家。

（四）资金存储：2019年末，住房公积金存款11.21亿元。其中，活期1.29亿元，1年（含）以下定期8.17亿元，1年以上定期1.75亿元，其他（协定、通知存款等）0亿元。

（五）资金运用率：2019年末，住房公积金个人住房贷款余额、项目贷款余额和购买国债余额的总和占缴存余额的65.49%，比上年增加11.8个百分点。

三、主要财务数据

（一）业务收入：2019年，业务收入8713.88万元，同比增长10.08%。存款利息2683.98万元，委托贷款利息5944.62万元，国债利息0万元，其他85.28万元。

（二）业务支出：2019年，业务支出5793.35万元，同比增长17.87%。支付职工住房公积金利息5273.5万元，归集手续费343.02万元，委托贷款手续费176.83万元，其他0万元。

（三）增值收益：2019年，增值收益2920.53万元，同比下降2.68%。增值收益率0.90%，比上年下降0.08个百分点。

（四）增值收益分配：2019年，提取贷款风险准备金1752.32万元，提取管理费用918.21万元，提取城市廉租住房（公共租赁住房）建设补充资金250万元。

2019年，上交财政管理费用532.4万元。上缴财政城市廉租住房（公共租赁住房）建设补充资金250万元。

2019年末，贷款风险准备金余额17737.33万元。累计提取城市廉租住房（公共租赁住房）建设补充资金1956.86万元。

（五）管理费用支出： 2019年，管理费用支出717.56万元，同比下降3.99%。其中，人员经费595.69万元，公用经费89.2万元，专项经费32.67万元。

四、资产风险状况

个人住房贷款：2019年末，个人住房贷款逾期额276.43万元，逾期率1.3‰。

个人贷款风险准备金按增值收益的60%提取。2019年，提取个人贷款风险准备金1752.32万元，使用个人贷款风险准备金核销呆坏账0万元。2019年末，个人贷款风险准备金余额17737.33万元，占个人住房贷款余额的8.33%，个人住房贷款逾期额与个人贷款风险准备金余额的比率为1.56%。

五、社会经济效益

（一）缴存业务： 2019年，实缴单位数、实缴职工人数和缴存额同比分别增加0.62%、增加2.32%和增加9.52%。

缴存单位中，国家机关和事业单位占79.28%，国有企业占6.67%，城镇集体企业占2.99%，外商投资企业占0.09%，城镇私营企业及其他城镇企业占8.25%，民办非企业单位和社会团体占2.19%，其他占0.53%。

缴存职工中，国家机关和事业单位占82.08%，国有企业占7.62%，城镇集体企业占2.01%，外商投资企业占0.01%，城镇私营企业及其他城镇企业占7.66%，民办非企业单位和社会团体占0.43%，其他占0.19%；中、低收入占99.65%，高收入占0.35%。

新开户职工中，国家机关和事业单位占41.58%，国有企业占12.08%，城镇集体企业占15.9%，外商投资企业占0%，城镇私营企业及其他城镇企业占26.58%，民办非企业单位和社会团体占0.72%，其他占3.14%；中、低收入占99.58%，高收入占0.42%。

（二）提取业务： 2019年，2.09万名缴存职工提取住房公积金10.86亿元。

提取金额中，住房消费提取占83.17%（购买、建造、翻建、大修自住住房占51.03%，偿还购房贷款本息占29.71%，租赁住房占0.59%，其他占1.84%）；非住房消费提取占16.83%（离休和退休提取占13.85%，完全丧失劳动能力并与单位终止劳动关系提取占1.49%，出境定居占0.90%，其他占0.59%）。

提取职工中，中、低收入占99.48%，高收入占0.52%。

（三）贷款业务：

1. 个人住房贷款： 2019年，支持职工购建房29.08万平方米，当年发放个人住房贷款市场占有率为77.61%，比上年增加25.98个百分点，年末个人住房贷款市场占有率为41.57%。通过申请住房公积金个人住房贷款，可节约职工购房利息支出15794.09万元。

职工贷款笔数中，购房建筑面积90（含）平方米以下占8.14%，90~144（含）平方米占73.66%，144平方米以上占18.2%。购买新房占87.72%（其中购买保障性住房占0%），购买二手房占12.28%，建造、翻建、大修自住住房占0%，其他占0%。

职工贷款笔数中，单缴存职工申请贷款占 35.21%，双缴存职工申请贷款占 64.79%，三人及以上缴存职工共同申请贷款占 0%。

贷款职工中，30 岁（含）以下占 38.92%，30 岁～40 岁（含）占 31.67%，40 岁～50 岁（含）占 21.78%，50 岁以上占 7.63%；首次申请贷款占 67.52%，二次及以上申请贷款占 32.48%；中、低收入占 99.49%，高收入占 0.51%。

2. 异地贷款： 2019 年，发放异地贷款 983 笔、38575.9 万元。2019 年末，发放异地贷款总额 67299.55 万元，异地贷款余额 61283.48 万元。

（四）住房贡献率： 2019 年，个人住房贷款发放额、公转商贴息贷款发放额、项目贷款发放额、住房消费提取额的总和与当年缴存额的比率为 149.27%，比上年增加 12.52 个百分点。

六、其他重要事项

（一）政策调整方面。

1. 扩大公积金覆盖面。 结合实际，制定了《海东市住房公积金自主缴存人员缴存使用公积金管理办法（试行）》，并正式实施，将个体工商户、进城务工人员、自由职业者纳入住房公积金制度范围，年内成功发放首笔自主缴存人员贷款。

2. 当年基数调整情况。 根据《住房公积金管理条例》（国务院令第 350 号），自 2019 年 7 月 1 日起，我市住房公积金缴存基数为 2018 年职工个人月平均工资总额。职工工资总额按照国家统计部门规定的工资总额计算口径核定。2019 年度住房公积金缴存基数：最低月缴存基数 1500 元，最高月缴存基数不得超过本市上一年度在岗职工月平均工资的 3 倍（19134 元）。2019 年度住房公积金单位和个人缴存比例分别按不低于 5%，不高于 12% 执行。

（二）改进服务方面。 提取业务取消贷款结清证明、退休证明、直系亲属关系证明；办理二手房贷款取消房屋权属证明；单身职工办理贷款，取消婚姻状况证明和单身证明；物业费提取和退休提取实现系统自动审批；提取业务全部实现无纸化办理；贷款业务取消二手房贷款评估报告；各县（区）营业网点入驻行政政务服务中心，提供"一站式"服务，最大限度为群众提供便捷、高效、优质服务。

（三）信息化建设方面。

1. 通过"双贯标"验收。 中心"双贯标"工作通过国家住房和城乡建设部、省住房城乡建设厅联合检查验收，公积金系统数据库符合住房和城乡建设部《住房公积金基础数据标准》，业务系统通过住房公积金结算应用系统，与委托银行实现了实时结算。住房公积金信息管理系统接入"全国住房公积金数据平台"。

2. 强化住房公积金监管。 积极落实"互联网＋监管"建设工作，全面启用住房公积金电子检测工具，电子稽核对中心业务工作实现全覆盖，增强了对监管工作的针对性和实效性，保障了资金安全。

（四）获得荣誉方面。 2019 年中心荣获省级"文明单位"称号；海东市民族团结进步"示范单位"称号；中心派出机构乐都管理部负责人获得市级"优秀首席代表"称号、乐都管理部窗口工作人员获得市级"服务之星"称号。

海北藏族自治州住房公积金 2019 年年度报告

一、机构概况

（一）住房公积金管理委员会：住房公积金管理委员会有 21 名委员，2019 年召开 1 次会议，审议通过的事项主要包括：（1）通报 2018 年归集使用执行情况和审议 2019 年归集使用计划；（2）审议 2018 年年度报告；（3）新增两家住房公积金贷款业务委托银行。

（二）住房公积金管理中心：住房公积金管理中心为隶属海北州住房和城乡建设局公益一类事业单位，设 3 个科室。从业人员 12 人，其中在编 9 人，非在编 3 人。

二、业务运行情况

（一）缴存：2019 年，新开户单位 23 家，实缴单位 604 家，净增单位 13 家；新开户职工 1114 人，实缴职工 15906 人，净增职工 418 人；缴存额 4.18 亿元，同比增长 12.06%。2019 年末，缴存总额 29.38 亿元，同比增长 16.59%；缴存余额 10.56 亿元，同比增长 9.43%。

受委托办理住房公积金缴存业务的银行 2 家，比上年增加（减少）0 家。

（二）提取：2019 年，提取额 3.27 亿元，同比增长 11.99%；占当年缴存额的 78.23%，比上年减少 0.05 个百分点。2019 年末，提取总额 18.82 亿元，同比增长 21.03%。

（三）贷款：

1.个人住房贷款：个人住房贷款最高额度 50 万元，其中，单缴存职工最高额度 35 万元，双缴存职工最高额度 50 万元。

2019 年，发放个人住房贷款 762 笔、2.89 亿元，同比分别下降 18.06%、19.27%。

2019 年，回收个人住房贷款 1.96 亿元。

2019 年末，累计发放个人住房贷款 12707 笔、24.2 亿元，贷款余额 10.68 亿元，同比分别增长 6.38%、13.56%、9.54%。个人住房贷款余额占缴存余额的 101.14%，比上年增加 0.1 个百分点。

受委托办理住房公积金个人住房贷款业务的银行 4 家，比上年增加 2 家。

2.住房公积金支持保障性住房建设项目贷款：无。

（四）购买国债：无。

（五）融资：2019 年，融资 3108.95 万元，归还 3868.72 万元。2019 年末，融资总额 8974.45 万元，融资余额 2094.22 万元。

（六）资金存储：2019 年末，住房公积金存款 831.35 万元。其中，活期 831.35 万元。

（七）资金运用率：2019 年末，住房公积金个人住房贷款余额、项目贷款余额和购买国债余额的总和占缴存余额的 101.14%，比上年增加 0.1 个百分点。

三、主要财务数据

（一）业务收入：2019 年，业务收入 3479.91 万元，同比增长 10.62%。存款利息 152.26 万元，委托贷款利息3327.45万元，其他0.2万元。

（二）业务支出：2019年，业务支出2300.80万元，同比增长24.68%。支付职工住房公积金利息2024.46万元，归集手续费150.16万元，委托贷款手续费125.75万元，其他0.43万元。

（三）增值收益：2019年，增值收益1179.11万元，同比下降9.33%。增值收益率1.15%，比上年减少0.25个百分点。

（四）增值收益分配：2019年，提取贷款风险准备金1068.29万元，提取管理费用60万元，提取城市廉租住房（公共租赁住房）建设补充资金50.82万元。

2019年，上交财政管理费用0万元。上缴财政城市廉租住房（公共租赁住房）建设补充资金0万元（备注：根据审计报告结果，将2069.73万元调减到应付利息）。

2019年末，贷款风险准备金余额6041.98万元。累计提取城市廉租住房（公共租赁住房）建设补充资金3525.17万元。

（五）管理费用支出：2019年，管理费用支出206.58万元，同比减少21.17%。其中，人员经费176.29万元，公用经费20.31万元，专项经费9.98万元。

四、资产风险状况

（一）个人住房贷款：2019年末，个人住房贷款逾期额0万元，逾期率0。

个人贷款风险准备金按贷款余额的1%提取。2019年，提取个人贷款风险准备金1068.29万元，使用个人贷款风险准备金核销呆坏账0万元。2019年末，个人贷款风险准备金余额6041.98万元，占个人住房贷款余额的5.66%，个人住房贷款逾期额与个人贷款风险准备金余额的比率为0%。

（二）支持保障性住房建设试点项目贷款：无。

（三）历史遗留风险资产：无。

五、社会经济效益

（一）缴存业务：2019年，实缴单位数、实缴职工人数和缴存额同比分别增长2.20%、2.7%和12.06%。

缴存单位中，国家机关和事业单位占85.26%，国有企业占5.63%，城镇集体企业占1%，城镇私营企业及其他城镇企业占4.8%，民办非企业单位和社会团体占2.81%，其他占0.5%。

缴存职工中，国家机关和事业单位占82.37%，国有企业占11.04%，城镇集体企业占1.50%，城镇私营企业及其他城镇企业占4.55%，民办非企业单位和社会团体占0.43%，其他占0.11%；中、低收入占99.49%，高收入占0.51%。

新开户职工中，国家机关和事业单位占71.81%，国有企业占13.73%，城镇集体企业占2.07%，城镇私营企业及其他城镇企业占10.32%，民办非企业单位和社会团体占0.18%，其他占1.89%；中、低收入占99.28%，高收入占0.72%。

（二）提取业务：2019年，7462名缴存职工提取住房公积金3.27亿元。

提取金额中，住房消费提取占87.39%（购买、建造、翻建、大修自住住房占42.32%，偿还购房贷款本息占42.67%，租赁住房占0.1%，其他占2.30%）；非住房消费提取占12.61%（离休和退休提取占

9.83%，完全丧失劳动能力并与单位终止劳动关系提取占 0.86%，户口迁出本市或出境定居占 1.6%，其他占 0.32%）。

提取职工中，中、低收入占 99.33%，高收入占 0.67%。

（三）贷款业务：

1. 个人住房贷款： 2019 年，支持职工购建房 9.004 万平方米，年末个人住房贷款市场占有率为 72.16%，比上年减少 13.74 个百分点。通过申请住房公积金个人住房贷款，可节约职工购房利息支出 3057.89 万元。

职工贷款笔数中，购房建筑面积 90（含）平方米以下占 7.88%，90~144（含）平方米占 83.33%，144 平方米以上占 8.79%。购买新房占 90.94%（其中购买保障性住房占 0%），购买二手房占 9.06%。

职工贷款笔数中，单缴存职工申请贷款占 35.43%，双缴存职工申请贷款占 64.57%。

贷款职工中，30 岁（含）以下占 40.55%，30 岁~40 岁（含）占 31.63%，40 岁~50 岁（含）占 23.62%，50 岁以上占 4.20%；首次申请贷款占 77.82%，二次及以上申请贷款占 22.18%；中、低收入占 99.48%，高收入占 0.52%。

2. 异地贷款： 2019 年，发放异地贷款 182 笔、8327.7 万元。2019 年末，发放异地贷款总额 10703.2 万元，异地贷款余额 9172.62 万元。

3. 公转商贴息贷款： 无。

4. 支持保障性住房建设试点项目贷款： 无。

（四）住房贡献率： 2019 年，个人住房贷款发放额、公转商贴息贷款发放额、项目贷款发放额、住房消费提取额的总和与当年缴存额的比率为 137.56%，比上年减少 27.59 个百分点。

六、其他重要事项

（一）当年机构及职能调整情况、受委托办理缴存贷款业务金融机构变更情况。

（1）海北州住房公积金管理中心从 2019 年 1 月起由自收自支的事业单位调整为财政全额拨款的公益一类事业单位，所有收支都通过财政预算。

（2）为了更好地服务广大缴存职工，新增农行刚察支行、中国银行海北支行两家国有商业银行办理住房公积金贷款业务。

（二）当年住房公积金政策调整及执行情况。 2019 年，为进一步降低本州住房公积金缴存企业单位的成本，根据《青海省住房和城乡建设厅、青海省财政厅、中国人民银行西宁中心支行转发住房和城乡建设部等三部门关于改进住房公积金缴存机制进一步降低企业成本的通知》、《关于〈关于规范和阶段性降低住房公积金缴存比例的意见〉的通知》（北房金管〔2016〕19 号）文件精神，延长了"阶段性适当降低企业住房公积金缴存比例政策"的期限至 2020 年 4 月 30 日。

（1）单位和职工缴存比例严格按不低于 5%，不高于 12% 执行，缴存月工资基数按不低于青海省现行最低工资标准，不高于海北州上一年度职工月平均工资的 3 倍确定。

（2）随着缴存职工对住房公积金贷款需求持续增大，中心个贷率居高不下、资金管理风险增加，中心根据实际情况，不定时召开会议研究相关应对措施，严格执行"房子是用来住的，不是用来炒的"定位，调整住房公积金贷款、提取相关规定和业务流程。在保证刚性需求的前提下，增加了缴存职工购买 3 套房、借款次数超过 2 次且在申请贷款时有未偿还清商业借款、信用借款的不予以贷款的规定。为了公积金业务办理过程中彰显公平、公正、透明，在贷款发放时实行了轮候制，按借款申请时间进行排序；为了进一步降低居高不下的个贷率，增加了缴存职工贷款前提取时保留一年缴存额的规定。

（3）为了改善资金持续紧张的现状，中心调整了贷款额度的有关规定，双职工最高 50 万元，单职工最高 35 万元，暂停执行征信状况良好的职工在最高贷款额度基础上上浮 20% 的优惠政策。

住房公积金存贷款利率严格按人民银行规定利率执行。

（三）当年服务改进情况。海北州住房公积金管理中心州本级服务网点根据州人民政府要求入驻行政服务大厅办理的规定，中心前台经办人员和所有委托银行贷款业务的经办人员都在大厅办理相关业务，四县服务网点分别在各县的经办银行办理，基本实现了"一站式"服务和"就近办""一窗式"办结的要求。

综合服务平台建设工作稳步进行。根据住房和城乡建设部建设综合服务平台的要求，中心依托省住房公积金信息中心，多形式、全方位开通服务渠道。2019 年，通过"青海住房公积金12329"微信公众号，发送推文 36 篇次，平均每月 3 篇，及时推送中心政策及相关解读，节约了职工的时间、咨询成本，提升了服务质量。为实现住房公积金"马上办、网上办、就近办、一次办"服务宗旨，中心打出"组合拳"，"让数据多跑路、让群众少跑腿"的新举措，做到"一站式服务、一窗式办结"，服务上不断推陈出新，监管上织密"防护网"，筑牢"防火墙"。为了更好服务于缴存职工并提高管理水平，中心 12 月底对住房公积金数据上报系统、全国住房公积金平台之业务系统扩展、人行二代征信报送系统项目建设等的前期工作进行了考察、分析并通过了政府采购，将在 2020 年全面实施。

（四）当年信息化建设情况。继续执行住房公积金综合业务系统"双贯标"，建设住房公积金与受托银行金融合作结算平台，做到公积金提取即时办结、资金结算实时到账，提高公积金服务效率，降低了资金流转中的风险。

（五）当年住房公积金管理中心及职工所获荣誉情况。2019 年，海北州政务服务监督管理局开展"三亮三评三比"活动中，授予海北州住房公积金管理中心"群众满意窗口"称号。

（六）当年对违反《住房公积金管理条例》和相关法规行为进行行政处罚和申请人民法院强制执行情况。借款人陈某系中国农业银行刚察县支行职工，2013 年 5 月为其购商品房发放住房公积金贷款 29 万元，贷款期限 15 年。2013 年 5 月至 2017 年 6 月一直正常还款，2017 年 7 月因违法被单位开除公职，后多次催收均无法正常还款，经研究决定 2017 年 9 月由受托银行建行西海支行于向海晏县人民法院提起诉讼，要求处置借款人抵押物清偿公积金贷款，法院受理并立案。2019 年 3 月 21 日法院成功拍卖抵押房产，拍卖所得用于清偿贷款本息 240369.98 元。

海北州住房公积金管理中心贷款逾期率为零。

（七）当年对住房公积金管理人员违规行为的纠正和处理情况等。无。

（八）其他需要披露的情况。根据《住房公积金管理中心业务管理工作考核办法》规定，海北州住房公积金在 2019 年 6 月末、12 月末分两次对所辖各受托银行进行了业务考核，通过考核有利于加强双方的业务联系，减少业务操作差错，提高了受托银行的住房公积金业务的办理效率和服务质量，进一步提升全州住房公积金管理水平和业务水平。

黄南藏族自治州住房公积金 2019 年年度报告

一、机构概况

（一）住房公积金管理委员会：住房公积金管理委员会有 23 名委员，2019 年召开 1 次会议，审议通过的事项主要包括：审议通过了《黄南州住房公积金 2018 年年度报告》，审议了《黄南州扩大住房公积金制度覆盖面的通知》和《黄南州自主缴存人员住房公积金缴存使用实施细则（试行）》，对通知和实施细则进行完善和补充后报州政府确定。

（二）住房公积金管理中心：住房公积金管理中心为黄南州人民政府管理的公益一类事业单位，机构规格为正县级，经费形式为全额拨款。内设机构：综合部（挂稽核部牌子）、业务部（挂信息技术部牌子）、财务部。从业人员 15 人，其中：在编 11 人，非在编 4 人。

二、业务运行情况

（一）缴存：2019 年，新开户单位 29 家，实缴单位 659 家，净增单位 29 家；新开户职工 687 人，实缴职工 1.32 万人；缴存额 3.74 亿元，同比增长 18.73%。2019 年末，缴存总额 25.72 亿元，同比增长 17.02%；缴存余额 12.31 亿元，同比增长 5.85%。

受委托办理住房公积金缴存业务的银行 3 家。

（二）提取：2019 年，提取额 3.05 亿元，同比增长 46.63%；占当年缴存额的 81.55%，比上年增加 11.93%。2019 年末，提取总额 13.41 亿元，同比增长 29.44%。

（三）贷款：

1. 个人住房贷款：个人住房贷款最高额度 70 万元，其中：单缴存职工最高额度 70 万元，双缴存职工最高额度 70 万元。

2019 年，发放个人住房贷款 688 笔、3.08 亿元，同比分别增长 4.08%、19.38%。

2019 年，回收个人住房贷款 1.63 亿元。

2019 年末，累计发放个人住房贷款 12931 笔、20.50 亿元，贷款余额 7.69 亿元，同比分别增长 5.62%、17.68%、23.24%。个人住房贷款余额占缴存余额的 62.47%，比上年增加 8.82 个百分点。

受委托办理住房公积金个人住房贷款业务的银行 4 家。

2. 住房公积金支持保障性住房建设项目贷款：无。

（四）购买国债：无。

（五）融资：无。

（六）资金存储：2019 年末，住房公积金存款 4.89 亿元。其中，活期 0.39 亿元，1 年（含）以下定期 2.55 亿元，1 年以上定期 1.95 亿元。

（七）资金运用率：2019 年末，住房公积金个人住房贷款余额、项目贷款余额和购买国债余额的总和占缴存余额的 62.47%，比上年增加 8.82 个百分点。

三、主要财务数据

（一）业务收入：2019年，业务收入2951.99万元，同比增长17.05%。其中，存款利息725.74万元，委托贷款利息2219.75万元，其他6.50万元。

（二）业务支出：2019年，业务支出2101.24万元，同比增长17.60%。支付职工住房公积金利息1944.85万元，归集手续费89.72万元，委托贷款手续费66.29万元，其他0.39万元。

（三）增值收益：2019年，增值收益850.75万元，同比增长15.70%。增值收益率0.68%，比上年减少0.02个百分点。

（四）增值收益分配：2019年，提取贷款风险准备金540万元，提取管理费用300万元，提取城市廉租住房（公共租赁住房）建设补充资金10.75万元。

2019年，上交财政管理费用300万元。上缴财政城市廉租住房（公共租赁住房）建设补充资金10.74万元。2019年末，贷款风险准备金余额6597.64万元。累计提取廉租房（公共租赁住房）建设补充资金356.04万元。

（五）管理费用支出：2019年，管理费用支出285.99万元，同比增长9.86%。其中，人员经费200.53万元，公用经费50.46万元，专项经费35万元。

四、资产风险状况

（一）个人住房贷款：2019年末，个人住房贷款逾期额108.51万元，逾期率1.41‰。

个人贷款风险准备金按增值收益的60%提取。2019年，提取个人贷款风险准备金540万元，使用个人贷款风险准备金核销呆坏账0万元。2019年末，个人贷款风险准备金余额6597.64万元，占个人住房贷款余额的8.57%，个人住房贷款逾期额与个人贷款风险准备金余额的比率为1.64%。

（二）支持保障性住房建设试点项目贷款：无。

（三）历史遗留风险资产：无。

五、社会经济效益

（一）缴存业务：2019年，实缴单位数、实缴职工人数和缴存额同比分别增长5.78%、－9.36%和18.73%。

缴存单位中，国家机关和事业单位占88.77%，国有企业占8.04%，城镇集体企业占3.19%，外商投资企业占0%，城镇私营企业及其他城镇企业占0%，民办非企业单位和社会团体占0%，其他占0%；中、低收入占98.87%，高收入占1.13%。

缴存职工中，国家机关和事业单位占90%，国有企业占9.01%，城镇集体企业占0.99%，外商投资企业占0%，城镇私营企业及其他城镇企业占0%，民办非企业单位和社会团体占0%，其他占0%。

新开户职工中，国家机关和事业单位占90%，国有企业占11.21%，城镇集体企业占2.33，外商投资企业占0%，城镇私营企业及其他城镇企业占0%，民办非企业单位和社会团体占0%，其他占0%；中、低收入占98.25%，高收入占1.75%。

（二）提取业务：2019年，14046名缴存职工提取住房公积金3.05亿元。

提取金额中，住房消费提取占84%（购买、建造、翻建、大修自住住房占22.92%，偿还购房贷款本息占51.20%，租赁住房占9.88%，其他占0.0%）；非住房消费提取占16%（离休和退休提取占11.16%，完全丧失劳动能力并与单位终止劳动关系提取占3.92%，户口迁出本市或出境定居占0.92%，其他占0%）。

提取职工中，中、低收入占99.65%，高收入占0.35%。

（三）贷款业务：

1. 个人住房贷款：2019年，支持职工购建房8.32万平方米，年末个人住房贷款市场占有率为92.98%，比上年增长2.39个百分点。通过申请住房公积金个人住房贷款，可节约职工购房利息支出3877.77万元。

职工贷款笔数中，购房建筑面积90（含）平方米以下占17.73%，90~144（含）平方米占67.01%，144平方米以上占15.26%。购买新房占71.08%（其中购买保障性住房占0%），购买二手房占27.62%，建造、翻建、大修自住住房占0.28%，其他占1.02%。

职工贷款笔数中，单缴存职工申请贷款占39.39%，双缴存职工申请贷款占60.61%，三人及以上缴存职工共同申请贷款占0%。

贷款职工中，30岁（含）以下占17.88%，30岁~40岁（含）占31.83%，40岁~50岁（含）占27.33%，50岁以上占22.96%；首次申请贷款占69.77%，二次及以上申请贷款占30.23%；中、低收入占99.13%，高收入占0.87%。

2. 异地贷款：2019年，发放异地贷款125笔、5035.88万元。2019年末，发放异地贷款总额13.53亿元，异地贷款余额5.08亿元。

3. 公转商贴息贷款：无。

4. 支持保障性住房建设试点项目贷款：无。

（四）住房贡献率：2019年，个人住房贷款发放额、公转商贴息贷款发放额、项目贷款发放额、住房消费提取额的总和与当年缴存额的比率为150.85%，比上年增加25.27个百分点。

六、其他

黄南州住房公积金管理中心荣获2019年度省级文明单位称号。

海南藏族自治州住房公积金2019年年度报告

一、机构概况

（一）住房公积金管理委员会：住房公积金管理委员会有25名委员，2019年召开1次会议，审议通过的事项主要包括：

会议听取了中心关于《海南州住房公积金2018年度工作情况及2019年工作计划》的报告，审议并通过了《2018年年度报告》《2018年财务运行及增值收益分配情况的报告》《2019年公积金归集、使用计划报告的（草案）》《海南州自住缴存人员住房公积金缴存使用办法（试行）》《关于调整公积金相关政策的报告》。

（二）住房公积金管理中心：住房公积金管理中心为海南州人民政府管理的不以营利为目的的公益一类、机构规格为正县级、经费形式为财政全额拨款的事业单位，设6个科），4个管理部。从业人员18人，其中，在编11人，非在编7人。

二、业务运行情况

（一）缴存：2019年，新开户单位58家，实缴单位767家，净增单位37家；新开户职工0.09万人，实缴职工2.09万人，净减职工0.08万人；缴存额5.34亿元，同比增加8.76%。2019年末，缴存总额40.93亿元，比上年末增加15%；缴存余额14.8亿元，比上年末增加5.19%。

受委托办理住房公积金缴存业务的银行2家，比上年增加0家。

（二）提取：2019年，提取额4.6亿元，同比增长7.98%；占当年缴存额的86.14%，比上年减少0.62个百分点。2019年末，提取总额26.12亿元，比上年末增加21.38%。

（三）贷款：

1. 个人住房贷款：个人住房贷款最高额度50万元。

2019年，发放个人住房贷款0.09万笔、3.92亿元，同比分别下降40%、31.71%。

2019年，回收个人住房贷款2.38亿元。

2019年末，累计发放个人住房贷款1.62万笔、31.39亿元，贷款余额13.59亿元，分别比上年末增加5.88%、14.27%、12.78%。个人住房贷款余额占缴存余额的91.82%，比上年末增加6.18个百分点。

受委托办理住房公积金个人住房贷款业务的银行6家，比上年增加0家。

2. 住房公积金支持保障性住房建设项目贷款：无。

（四）购买国债：无。

（五）融资：2019年，融资0.25亿元，归还0亿元。2019年末，融资总额0.25亿元，融资余额0.25亿元。

（六）资金存储：2019年末，住房公积金存款1.82亿元。其中，活期0.42亿元，1年（含）以下定期1亿元，1年以上定期0.4亿元，其他（协定、通知存款等）0亿元。

（七）资金运用率：2019年末，住房公积金个人住房贷款余额、项目贷款余额和购买国债余额的总和占缴存余额的91.82%，比上年末增加6.18个百分点。

三、主要财务数据

（一）业务收入：2019年，业务收入4851.76万元，同比增长12.86%。存款利息514.65万元，委托贷款利息4297.17万元，国债利息0万元，其他39.94万元。

（二）业务支出：2019年，业务支出3086.71万元，同比增长22.75%。支付职工住房公积金利息2669.44万元，归集手续费230.85万元，委托贷款手续费186.23万元，其他0.19万元。

（三）增值收益：2019年，增值收益1765.05万元，同比下降1.07%。增值收益率1.21%，比上年减少 0.08 个百分点。

（四）**增值收益分配**：2019 年，提取贷款风险准备金 1358.88 万元，提取管理费用 347.00 万元，提取城市廉租住房（公共租赁住房）建设补充资金 59.17 万元。

2019 年，上交财政管理费用 513.00 万元。上缴财政城市廉租住房（公共租赁住房）建设补充资金 53.18 万元。2019 年末，贷款风险准备金余额 5486.13 万元。累计提取城市廉租住房（公共租赁住房）建设补充资金 871.93 万元。

（五）**管理费用支出**：2019 年，管理费用支出 1117.68 万元，同比下降 10.63%。其中，人员经费 216.55 万元，公用经费 28.35 万元，专项经费 872.78 万元。

四、资产风险状况

（一）**个人住房贷款**：2019 年末，个人住房贷款逾期额 90.04 万元，逾期率 0.66‰。

个人贷款风险准备金按（贷款余额）的 1% 提取。2019 年，提取个人贷款风险准备金 1358.88 万元，使用个人贷款风险准备金核销呆坏账 0 万元。2019 年末，个人贷款风险准备金余额 5486.13 万元，占个人住房贷款余额的 4.04%，个人住房贷款逾期额与个人贷款风险准备金余额的比率为 1.64%。

（二）**支持保障性住房建设试点项目贷款**：无。

五、社会经济效益

（一）**缴存业务**：2019 年，实缴单位数、实缴职工人数和缴存额同比分别增长 4.5%、－1.74% 和 8.76%。

缴存单位中，国家机关和事业单位占 82.40%，国有企业占 7.17%，城镇集体企业占 1.70%，外商投资企业占 0%，城镇私营企业及其他城镇企业占 4.69%，民办非企业单位和社会团体占 1.04%，其他占 3%。

缴存职工中，国家机关和事业单位占 85.38%，国有企业占 8%，城镇集体企业占 2.36%，外商投资企业占 0%，城镇私营企业及其他城镇企业占 2.77%，民办非企业单位和社会团体占 0.36%，其他占 1.13%；中、低收入占 99.92%，高收入占 0.08%。

新开户职工中，国家机关和事业单位占 56.85%，国有企业占 16.87%，城镇集体企业占 7.70%，外商投资企业占 0%，城镇私营企业及其他城镇企业占 11.44%，民办非企业单位和社会团体占 0.68%，其他占 6.46%；中、低收入占 99.77%，高收入占 0.23%。

（二）**提取业务**：2019 年，1.09 万名缴存职工提取住房公积金 4.60 亿元。

提取金额中，住房消费提取占 85.89%（购买、建造、翻建、大修自住住房占 49.79%，偿还购房贷款本息占 32.50%，租赁住房占 2.83%，其他占 0.77%）；非住房消费提取占 14.11%（离休和退休提取占 11.67%，完全丧失劳动能力并与单位终止劳动关系提取占 0.55%，出境定居占 0%，其他占 1.89%）。

提取职工中，中、低收入占 99.81%，高收入占 0.19%。

（三）**贷款业务**：

1. 个人住房贷款：2019 年，支持职工购建房 10.76 万平方米，年末个人住房贷款市场占有率（含公转商贴息贷款）为 82.97%，比上年末减少 2.81 个百分点。通过申请住房公积金个人住房贷款，可节约职工购房利息支出 2115 万元。

职工贷款笔数中，购房建筑面积 90（含）平方米以下占 10.58％，90～144（含）平方米占 79.06％，144 平方米以上占 10.36％。购买新房占 67.61％（其中购买保障性住房占 0％），购买二手房占 32.39％，建造、翻建、大修自住住房占 0％，其他占 0％。

职工贷款笔数中，单缴存职工申请贷款占 35％，双缴存职工申请贷款占 65％，三人及以上缴存职工共同申请贷款占 0％。

贷款职工中，30 岁（含）以下占 26.50％，30 岁～40 岁（含）占 32.72％，40 岁～50 岁（含）占 31.40％，50 岁以上占 9.38％；首次申请贷款占 87.24％，二次及以上申请贷款占 12.76％；中、低收入占 99.78％，高收入占 0.22％。

2. 异地贷款：2019 年，发放异地贷款 25 笔、734.60 万元。2019 年末，发放异地贷款总额 4244.80 万元，异地贷款余额 3023.10 万元。

3. 公转商贴息贷款：无。

4. 支持保障性住房建设试点项目贷款：无。

（四）住房贡献率：2019 年，个人住房贷款发放额、公转商贴息贷款发放额、项目贷款发放额、住房消费提取额的总和与当年缴存额的比率为 147.50％，比上年减少 44.56 个百分点。

六、其他重要事项

（1）完善机构设置。鉴于，中心机构设置不健全，在分类推进事业单位改革时，积极主动与相关部门协调沟通，至此，我州住房公积金管理中心机构设置全部理顺，中心新增内设科室 3 个，四个县设立管理部，新增编制 12 名，为下一步提高公积金办事效率和服务效能奠定了强有力的基础。

（2）2019 年缴存基数上限 22733 元，缴存基数下限为 1500 元，缴存比例上限 12％，缴存比例下限 5％。继续执行企业住房公积金缓缴政策。推行自主缴存住房公积金制度。当年住房公积金贷款年利率为 5 年以内 2.75％，5 年以上 3.25％。

（3）一是改善了服务环境。2019 年 5 月最新业务办理大厅投入运营，六家承办行全部入驻大厅，实行统一管理，群众"只进一扇门"，就可以办理所有公积金业务，实现服务事项集中审批、"一站式"办理。为办事群众和职工营造了一个干净、整洁、宽敞、明亮、温暖的办事环境。同时，规范服务标准，健全服务制度，规范业务大厅工作人员的服务用语，印制公积金服务手册，设立了意见箱，制定了意见簿，配置了接待桌椅、报刊、复印设备等便民设施。二是做出了窗口服务承诺。实行业务办理的首问制、限时办结制和一次性告知制、缩短审批时限；设立了"党员先锋岗"，党员同志在工作过程中亮明身份、展示形象，进一步增强责任意识、服务意识和表率意识，充分发挥先锋模范作用。中心先后获得 5 次州级精神文明单位，2 次省级青年文明号，3 次州级青年文明号。三是开展防骗提骗贷宣传。中心组织工作人员进社区、进企业、进单位广泛开展了防范骗提骗贷住房公积金的宣传活动，切实提高缴存职工对骗提骗贷住房公积金危害性认识和遵纪守法意识，也进一步提升工作人员防范骗提骗贷工作能力，提高资料鉴别能力。四是深入企业调研。为扩大缴存扩面、优化服务方式，由中心主任带队组成工作组，深入到网点、企业调研，实地查看与中心合作的在建房建设情况和公积金缴交情况并与公积金委托银行窗口以及部分企业单位召开座谈会，通过调研和实地宣传引导四家企业为职工缴纳公积金，充分将调研的成果运用于实际工作中，让更多群众享受到公积金制度带来的实惠。五是组合贷惠及购房者。为帮助我州缴存职工提高购买住房和改善住房条件的能力，中心与中国银行、青海银行多次协调沟通，解决了抵押登记等问题，合作开办了个人住房公积金组合贷款业务，以满足缴存职工购房资金问题。截至12月底，已成功办理组合贷款14笔、1130万元，中心想群众所想，积极为民办实事，还推行了逐月提取还贷和部分提取还贷等一系列便民惠民政策，为广大群众解决住房问题、改善居住条件提供了政策机遇。六是压缩了审批环节，简化办事流程。进一步简化业务流程和审批程序，压缩贷款审批时限，公积金提取业务实现"秒到"，公积金贷款审批时限从10个工作日缩短至3个工作日内，全部业务网上办理，通过主题教育进一步深化"放管服"工作，以缴存职工需求为出发点，依托"互联网＋"服务模式，于11月1日正式开通了职工在微信上办理物业费提取、达到退休年龄的退休提取、归还本中心贷款等三种提取业务，实现"掌上轻松办、服务零距离"。截至12月底，全州通过微信提取业务300笔、149.6万元，还贷业务89笔、591.3万元，真正做到"让数据多跑路，群众少跑腿"。六是建立制度，规范管理。为进一步规范管理住房公积金，通过调研重新修改起草了《海南州住房公积金管理办法》《海南州住房公积金贷款管理办法》，制定下发了《海南州自主缴存人员管理办法》，制定了加强内部管理的32个制度办法，进一步规范了公积金政策业务，规范了行政管理效能。一个用制度管资金、管工作、管人的工作氛围正在形成。七是公积金档案实现电子化。为加快信息化建设进程，努力实现让群众少跑腿，好办事，12月1日实现公积金业务档案电子化，档案电子化的建成，方便了业务档案查阅，完善了职工对历史业务异议查询，免去了提取业务纸质复印件的留存，资料的重复上交，简化业务流程，节省了职工办事成本，提高了业务信息的保存时限，管理工作更加趋于精细化、规范化，为海南州公积金无纸化服务打下了基础。八是开展电子稽核工作。为更好地使住房公积金稽核工作融入住房公积金归集、贷款业务中，充分发挥稽核监督作用，防范和化解公积金风险。中心每月开展内部稽核，对检查出的疑点数据进行核实分类，及时整改，构筑内部防控与外部监管相结合，增强风险隐患排查能力，强化监管工作的有效性，实现了稽核工作常态化、规范化、制度化。

（4）我中心与2016年7月正式接入全国住房公积金结算应用系统，并与当年9月19日通过验收。2018年4月实现全国异地转移结算。2019年完成税务住房公积金数据上报平台。

果洛藏族自治州住房公积金2019年年度报告

一、机构概况

（一）住房公积金管理委员会：住房公积金管理委员会有15名委员，2019年召开2次会议，审议通过的事项主要包括：（1）加大力度核查公积金往年账务；（2）关于对往年账务核查结果处理意见。

（二）住房公积金管理中心：住房公积金管理中心为直属于果洛州住房和城乡建设局不以营利为目的的财政全额拨款事业单位事业单位，设1科，从业人员7人，其中：在编6人，非在编1人。

二、业务运行情况

（一）缴存：2019年，新开户单位35家，实缴单位338家，净增单位53家；新开户职工0.19万人，实缴职工1.15万人，净减职工0.24万人；缴存额3.71亿元，同比增长31.2%。2019年末，缴存总额19.91亿元，同比增长22.9%；缴存余额7.35亿元，同比增长19.51%。

受委托办理住房公积金缴存业务的银行1家。

（二）提取：2019年，提取额2.5亿元，同比下降14.67%；占当年缴存额的67.57%，比上年减少35.62个百分点。2019年末，提取总额12.56亿元，比上年末增加24.98%。

（三）贷款：

个人住房贷款：个人住房贷款最高额度60万元，其中，单缴存职工最高额度60万元，双缴存职工最高额度60万元。

2019年，发放个人住房贷款406笔、1.98亿元，同比分别增长50.37%、76.79%。全部贷款均由州中心统一发放。

2019年，回收个人住房贷款0.36亿元。

2019年末，累计发放个人住房贷款0.26万笔、6.11亿元，贷款余额4.04亿元，分别比上年末增加18.18%、47.94%、66.26%。个人住房贷款余额占缴存余额的54.97%，比上年末增加15.46个百分点。

受委托办理住房公积金个人住房贷款业务的银行1家。

（四）资金存储：2019年末，住房公积金存款6.34亿元。其中，活期0.54亿元，1年（含）以下定期0.8亿元，1年以上定期5亿元。

（五）资金运用率：2019年末，住房公积金个人住房贷款余额、项目贷款余额和购买国债余额的总和占缴存余额的54.97%，比上年末增加15.46个百分点。

三、主要财务数据

（一）业务收入：2019年，业务收入2406.1万元，同比增长178.56%。住房公积金利息1538.88万元，增值收益利息70.13万元，委托贷款利息795.31万元，其他1.78万元。

（二）业务支出：2019年，业务支出1471.36万元，同比下降7.56%。支付职工住房公积金利息1310.93万元，归集手续费141.46万元，委托贷款手续费18.87万元，其他0.1万元。

（三）增值收益：2019年，增值收益934.75万元，增值收益率1.42%。弥补历年累计亏损661.15万元，年末待分配增值收益273.6万元。

（四）管理费用支出：2019年，管理费用支出8.3万元，同比下降70.98%。其中，人员经费7.35万元，公用经费0.95万元。

四、资产风险状况

个人住房贷款：2019年末，个人住房贷款逾期额5.29万元，逾期率0.13‰。

五、社会经济效益

(一) 缴存业务：2019年，实缴单位数、实缴职工人数和缴存额同比分别增长18.59%、−17.69%和31.67%。

缴存单位中，国家机关和事业单位占95.56%，国有企业占4.44%。

缴存职工中，国家机关和事业单位占95.5%，国有企业占4.5%；中、低收入占100%。

新开户职工中，国家机关和事业单位占95.19%，国有企业占4.81%；中、低收入占100%。

(二) 提取业务：2019年，6671名缴存职工提取住房公积金2.5亿元。

提取金额中，住房消费提取占80.52%（购买、建造、翻建、大修自住住房占60.81%，偿还购房贷款本息占14.28%，租赁住房占0.03%，其他占5.4%）；非住房消费提取占19.48%（离休和退休提取占14.8%，完全丧失劳动能力并与单位终止劳动关系提取占0.5%，其他占4.18%）。

提取职工中，中、低收入占100%。

(三) 贷款业务：

1. 个人住房贷款：2019年，支持职工购建房4.77万平方米，年末个人住房贷款市场占有率（含公转商贴息贷款）为80.25%，比上年末增加2.12个百分点。通过申请住房公积金个人住房贷款，可节约职工购房利息支出1625.36万元。

职工贷款笔数中，购房建筑面积90（含）平方米以下占10.1%，90～144（含）平方米占79.56%，144平方米以上占10.34%。购买新房占82.27%，购买二手房占17.73%。

职工贷款笔数中，单缴存职工申请贷款占45.57%，双缴存职工申请贷款占54.43%。

贷款职工中，30岁（含）以下占51.48%，30岁～40岁（含）占29.8%，40岁～50岁（含）占17.49%，50岁以上占1.23%；首次申请贷款占90.39%，二次及以上申请贷款占9.61%；中、低收入占100%。

2. 异地贷款：2019年，发放异地贷款406笔、19779.3万元。

(四) 住房贡献率：2019年，个人住房贷款发放额、公转商贴息贷款发放额、项目贷款发放额、住房消费提取额的总和与当年缴存额的比率为128.8%，比上年增加3.64个百分点。

六、其他重要事项

(1) 当年机构及职能调整情况、受委托办理缴存贷款业务金融机构变更情况。2019年未作机构及职能调整情况、受委托办理缴存贷款业务金融机构变更情况。

(2) 当年无信息化建设情况。

(3) 当年住房公积金管理中心及职工所获荣誉情况：州住房公积金办公室窗口在2019年度工作忠被果洛州行政服务和公共资源交易中心连续三年评为"优秀窗口"。

(4) 果洛中心当年未违反《住房公积金管理条例》和相关法规行为进行行政处罚和申请人民法院强制执行情况。

(5) 当年未发现住房基金管理人员违规情况。

(6) 果洛中心在2019年对各县账务核查过程中，发现各县公积金统一归州中心管理期间，达日县未完成资料移交手续，导致有 2024.76 万元未上缴。经过核查并与达日县相关部门协商，2019 年 9 月 18 日全部收回。收回本金暂挂住房公积金科目。

（7）截至 2019 年末，经过中心工作人员的努力和代办银行的积极配合，果洛中心已完成对历年账务的核查并调整。经过核查，中心银行存款比实际业务资金多 1076.32 万元，该笔资金经管委会确定，全部转入当年增值收益，用于弥补历年亏损。

玉树藏族自治州住房公积金 2019 年年度报告

一、机构概况

（一）住房公积金管理委员会：住房公积金管理委员会有 22 名委员，2019 年共召开两次全体会议，审议通过 2018 年度住房公积金归集、使用计划执行情况，并对其他重要事项进行决策，主要包括：（1）审议《玉树州 2018 年度住房公积金归集使用情况及 2019 年归集使用计划》；（2）审议《玉树州住房公积金 2018 年度增值收益分配方案》；（3）审议《玉树州住房公积金 2018 年年度报告》；（4）审议《玉树藏族自治州扩大住房公积金制度覆盖面实施办法》；（5）审议《玉树州住房公积金管理中心关于部分贷款政策调整的意见》等 5 个重大事项。

（二）住房公积金管理中心：住房公积金管理中心为玉树州人民政府直属的不以营利为目的的正县级全额拨款公益一类事业单位，主要负责全州住房公积金的归集、管理、使用和会计核算。中心设 4 个科、5 个管理部、0 个分中心。从业人员 41 人，其中，在编 17 人，非在编 24 人。

二、业务运行情况

（一）缴存：2019 年，新开户单位 64 家，实缴单位 620 家，净增单位 42 家；新开户职工 0.23 万人，实缴职工 1.64 万人，净增职工 0.17 万人；当年缴存额 5.35 亿元，同比增长 10.77%。2019 年末，缴存总额 36.27 亿元，同比增长 17.26%，缴存余额 17.07 亿元，同比增长 6.69%。

受委托办理住房公积金缴存业务的银行 0 家，比上年无变化。

（二）提取：2019 年，提取额 4.28 亿元，同比增长 18.56%；占当年缴存额的 80%，比上年同期增加 5.26 个百分点。2019 年末，提取总额 19.21 亿元，同比增加 28.67%。

（三）贷款：

1. 个人住房贷款：个人住房贷款最高额度 50 万元，其中，单职工家庭最高额度 50 万元，双职工家庭最高额度 50 万元。

2019 年，发放个人住房贷款 710 笔、3.33 亿元，同比降低 21.20%、降低 21.65%。

2019 年，回收个人住房贷款 3.34 亿元。

2019 年末，累计发放个人住房贷款 1.88 万笔、37.72 亿元，贷款余额 13.69 亿元，同比分别增长 3.87%、9.68%、降低 0.15%。个人住房贷款余额占缴存余额的 80.20%，比上年同期减少 5.43 个百分点。

受委托办理住房公积金个人住房贷款业务的银行6家，比上年无变化。

2. 住房公积金支持保障性住房建设项目贷款：无。

（四）**购买国债**：无。

（五）**融资**：无。

（六）**资金存储**：2019年末，住房公积金存款额3.79亿元。其中，活期0.03亿元，1年以内定期（含）0.2亿元，1年以上定期3.27亿元，其他（协议、协定、通知存款等）0.29亿元。

（七）**资金运用率**：2019年末，个人住房公积金个人住房贷款余额、项目贷款余额和购买国债余额的总和占缴存余额的80.20%，比上年同期减少5.49个百分点。

三、主要财务数据

（一）**业务收入**：2019年，业务收入4964.81万元，同比增加3.01%。存款利息收入210.03万元，委托贷款利息收入4414.17万元，增值收益利息收入307.03万元，国债利息收入0万元，其他收入33.58万元。

（二）**业务支出**：2019年，业务支出2778.42万元，同比增加5.31%。住房公积金利息支出2599.38万元，归集手续费用支出0万元，委托贷款手续费支出178.61万元，其他支出0.43万元。

（三）**增值收益**：2019年，增值收益2186.39万元，同比增加0.23%。增值收益率1.32%，比上年同期降低0.11个百分点。

（四）**增值收益分配**：2019年，提取贷款风险准备金1311.83万元，提取管理费用469.70万元，提取城市廉租房（公共租赁住房）建设补充资金404.86万元。

2019年，上交财政管理费用0万元。上缴财政的城市廉租房（公共租赁住房）建设补充资金0万元。

2019年末，贷款风险准备金余额8531.28万元。累计提取城市廉租房（公共租赁住房）建设补充资金1856.20万元。

（五）**管理费用支出**：2019年，管理费用支出639.76万元，同比减少12.87%，其中，人员经费365.38万元，公用经费274.38万元，专项经费0万元。

四、资产风险状况

（一）**个人住房贷款**：2019年末，逾期个人住房贷款115.40万元。个人住房贷款逾期率0.84‰。

个人贷款风险准备金按增值收益额的60%提取。2019年，提取个人贷款风险准备金1311.83万元，使用个人贷款风险准备金核销呆坏账0万元，2018年末，个人贷款风险准备金余额为8531.28万元，占个人贷款余额的6.23%，个人逾期额与个人贷款风险准备金余额的比率为1.35%。

（二）**支持保障性住房建设试点项目贷款**：无。

（三）**历史遗留风险资产**：无。

五、社会经济效益

（一）**缴存业务**：2019年，实缴单位数、实缴职工人数和缴存额增长率分别为7.27%、11.56%

和 10.77%。

缴存单位中，国家机关和事业单位占 89.67%，国有企业占 5.32%，城镇集体企业占 0.33%，外商投资企业占 0%，城镇私营企业及其他城镇企业占 1.45%，民办非企业单位和社会团体占 0.17%，其他占 3.06%。

缴存职工中，国家机关和事业单位占 90.11%，国有企业占 5.37%，城镇集体企业占 0.09%，外商投资企业占 0%，城镇私营企业及其他城镇企业占 1.39%，民办非企业单位和社会团体占 0.18%。其他占 2.86%。中、低收入占 100%，高收入占 0%。

新开户职工中，国家机关和事业单位占 71.15%，国有企业占 5.51%，城镇集体企业占 0.3%，外商投资企业占 0%，城镇私营企业及其他城镇企业占 2.15%，民办非企业单位和社会团体占 0.56%，其他占 20.33%；中、低收入占 100%，高收入占 0%。

（二）提取业务：2019 年，0.82 万名缴存职工提取住房公积金 4.28 亿元。

提取的金额中，住房消费提取占 86.92%（购买、建造、翻建、大修自住住房占 30.84%，偿还购房贷款本息占 53.27%，租赁住房占 1.40%，其他占 1.41%）；非住房消费提取占 13.08%（离休和退休提取占 9.11%，完全丧失劳动能力并与单位终止劳动关系提取占 0.47%，户口迁出本市或出境定居占 2.57%，其他占 0.93%）。

提取职工中，中、低收入占 100%，高收入占 0%。

（三）贷款业务：

1. 个人住房贷款：2019 年，支持职工购建房 17.46 万平方米，年末个人住房贷款市场占有率为 100%，比上年同年增加 1 个百分点，通过申请住房公积金个人住房贷款，可节约职工购房利息支出 4253.13 万元。

职工贷款笔数中，购房建筑面积 90（含）平方米以下占 11.13%，90～144（含）平方米占 70.71%，144 平方米以上占 18.16%；购买新房占 33.52%，（其中购买保障性住房占 0%），购买二手房占比 66.48%。

职工贷款笔数中，单职工申请贷款占 56.48%，双职工申请贷款占 43.52%，三人及以上共同申请贷款占 0%。

贷款职工中，30 岁（含）以下占 17%，30 岁～40 岁（含）占 34%，40 岁～50 岁（含）占 38%，50 岁以上的占 11%，首次申请贷款占 88.45%，二次及以上申请贷款占 11.55%，中、低收入占 100%，高收入占 0%。

2. 异地贷款：2019 年，发放异地贷款 300 笔、1.42 亿元。2019 年末，发放异地贷款总额 1.75 亿元，异地贷款余额 1.61 亿元。

3. 公转商贴息贷款：无。

4. 住房公积金支持保障性住房建设项目贷款：无。

（四）住房贡献率：2019 年，个人住房贷款发放额、公转商贴息贷款发放额、项目贷款发放额、住房消费提取额的总和与当年缴存额的比率为 131.78%，比上年同期减少 17.08 个百分点。

六、其他重要事项

（一）当年机构及职能调整情况、受委托办理缴存贷款业务金融机构变更情况。

（1）当年机构及职能未调整；

（2）年受委托办理缴存贷款业务金融机构未调整。

（二）当年住房公积金政策调整及执行情况。

1. 当年缴存基数限额及确定方法，缴存比例等缴存政策调整情况：2019年公积金缴存基数限额控制在省统计局公布的2019年职工月平均工资的3倍确定。单位住房公积金缴存比例最低不得低于5%，最高不得超过12%，2019年度最高缴存基数为23479元。

2. 当年缴存政策调整情况：根据2019年玉树州住房公积金管理委员会第一次会议审议通过《玉树藏族自治州扩大住房公积金制度覆盖面实施办法》，纳入全州扩面范围为全州国家机关、事业单位、社会团体和国有企业的公益性岗位人员、财政供养人员、劳务派遣人员、临时聘用人员、民营企业从业人员、城镇个体工商户、自由职业者、进城务工人员、全州国家机关、事业单位、社会团体和国有企业的公益性岗位人员、财政供养人员、劳务派遣人员、临时聘用人员和民营企业从业人员与用人单位依法签订劳动合同等，纳入扩面范围的人员采取单位缴存和个人自愿自主缴存两种方式。

3. 2019年提取政策调整情况：取消大病提取。

4. 2019年贷款政策调整情况：一是取消自建房贷款政策；二是取消贷款上浮20%奖励政策；三是贷款额度执行全省统一的配贷系数计算标准。

5. 当年住房公积金存贷利率执行标准未调整。

（三）当年服务改进情况。

1. 减证便民，落实"最多跑一次"改革要求：中心继续深入推进"最多跑一次"改革，以"一证通办"工作，全面优化业务、数据、审批等流程，实现更多事项"一证通办"，进一步方便缴存职工。探索建立了更好的人性化服务模式，努力提高服务水平。

2. 优化环节，使归集业务做到日清月结：为提高归集入账时效，维护职工权益，防止工资统发银行压制归集资金，从2019年8月开始中心积极配合州财政国库集中支付改革，调整资金进账环节，实现了财政统一代扣代缴公积金至中心指定归集账户，使中心真正做到自主归集住房公积金。

3. 严格防范，注重资金安全强化内部管理：中心将继续以风险防范为核心，重点防控期房楼盘风险、逾期贷款风险和流动性风险。建立了住房公积金业务办理信息共享机制，规范了住房公积金业务数据体系，实现了部门联网，加快了信息互联和失信信息共享，防止骗提、骗贷等失信行为发生，充分发挥稽查审计的"利剑"作用，全年共稽查发现4起骗提行为，中心依据有关规定现已全数追回，并向所在单位做出通报，追回金额35.5万元。

（四）当年信息化建设情况。创新引领，建立电子档案系统优化。根据《中华人民共和国档案法》及省厅《关于印发〈2019年全省住房公积金工作要点〉的通知》（青建房〔2019〕44号）文要求，中心结合自身业务工作，编制完成了《玉树州住房公积金电子档案管理系统建设项目可行性报告》，并经过财政报批招标，于2019年8月成功上线，做到了业务系统与电子档案系统无缝对接，充分发挥电子档案在业务受理、审批办理、档案管理等环节的优势，简化职工业务办理过程中的要件，为中心实现无纸化办公和住房公积金标准化档案管理打下坚实基础。

（五）当年对违反《住房公积金管理条例》和相关法规行为进行行政处罚和申请人民法院强制执行情况。当年无违反《住房公积金管理条例》和相关法规行为进行行政处罚和申请人民法院强制执行。

（六）当年对住房公积金管理人员违规行为的纠正和处理情况。当年我州住房公积金管理人员无违规行为。

（七）其他需要披露的情况。其他无披露事项。

海西蒙古族藏族自治州住房公积金2019年年度报告

一、机构概况

（一）住房公积金管理委员会：住房公积金管理委员会有32名委员，2019年召开1次会议，审议通过的事项主要包括：调整州住房公积金管理委员会委员；推举产生主任委员、副主任委员；审议通过2019年度住房公积金归集、使用计划报告；审议通过2019年度财务收支计划报告；审议通过2018年年度报告。

（二）住房公积金管理中心：住房公积金管理中心为州政府直属不以营利为目的的全额拨款事业单位，设4个部门，1个分中心。从业人员88人，其中，在编20人，非在编68人（含银行驻点人员33人）。

二、业务运行情况

（一）缴存：2019年，新开户单位108家，实缴单位1229家，净增单位65家；新开户职工0.77万人，实缴职工7.08万人，净增职工0.38万人；缴存额10.89亿元，同比增长14.03%。2019年末，缴存总额82.24亿元，同比增长15.26%；缴存余额35.36亿元，同比增长6.63%。

受委托办理住房公积金缴存业务的银行4家，比上年增加0家。

（二）提取：2019年，提取额8.7亿元，同比增长23.06%；占当年缴存额的79.89%，比上年增加5.86个百分点。2019年末，提取总额46.89亿元，同比增长22.81%。

（三）贷款：

1. 个人住房贷款： 个人住房贷款最高额度60万元（信用等级良好，连续足额缴纳住房公积金的，贷款额度可上浮20%）。

2019年，发放个人住房贷款0.19万笔、7.28亿元，同比分别增长35.71%、51.35%。其中，州中心发放个人住房贷款0.11万笔、4.51亿元，格尔木分中心发放个人住房贷款0.08万笔、2.77亿元。

2019年，回收个人住房贷款2.85亿元。其中，州中心1.57亿元，格尔木分中心1.28亿元。

2019年末，累计发放个人住房贷款2.37万笔、42.64亿元，贷款余额19.44亿元，同比分别增长8.72%、20.55%、29.43%。个人住房贷款余额占缴存余额的54.98%，比上年增加9.68个百分点。

受委托办理住房公积金个人住房贷款业务的银行5家，比上年增加0家。

2. 住房公积金支持保障性住房建设项目贷款： 2019年，发放支持保障性住房建设项目贷款0亿元，回收项目贷款0亿元。2019年末，累计发放项目贷款0.73亿元，项目贷款余额0亿元。

（四）购买国债：无。

（五）融资：无。

（六）资金存储：2019年末，住房公积金存款17.43亿元。其中，活期0.11亿元，1年（含）以下定期7.6亿元，1年以上定期8.64亿元，其他（协定、通知存款等）1.08亿元。

（七）资金运用率：2019年末，住房公积金个人住房贷款余额、项目贷款余额和购买国债余额的总和占缴存余额的54.98%，比上年增加9.68个百分点。

三、主要财务数据

（一）业务收入：2019年，业务收入10316.14万元，同比增长21.56%。存款利息4881.91万元，委托贷款利息5428.26万元，国债利息0万元，其他5.97万元。

（二）业务支出：2019年，业务支出6891.3万元，同比增长53.6%。住房公积金利息支出6270.7万元，归集手续费435.74万元，委托贷款手续费184.11万元，其他0.75万元。

（三）增值收益：2019年，增值收益3424.84万元，同比下降14.38%。增值收益率1%，比上年减少0.25个百分点。

（四）增值收益分配：2019年，提取贷款风险准备金2055.84万元，提取管理费用0万元，提取城市廉租住房（公共租赁住房）建设补充资金1369万元。

2019年，上交财政管理费用0万元。上缴财政城市廉租住房（公共租赁住房）建设补充资金500万元。2019年末，贷款风险准备金余额9622.98万元。累计提取城市廉租住房（公共租赁住房）建设补充资金7727.92万元。

（五）管理费用支出：2019年，管理费用支出760.48万元，同比下降5.94%。其中，人员经费430.7万元，公用经费71.91万元，专项经费257.87万元。

州中心管理费用支出616.42万元，其中，人员、公用、专项经费分别为356.89万元、68.01万元、191.52万元；格尔木分中心管理费用支出144.06万元，其中，人员、公用、专项经费分别为73.81万元、3.9万元、66.35万元。

四、资产风险状况

（一）个人住房贷款：2019年末，个人住房贷款逾期额82.47万元，逾期率0.42‰。其中，州中心0.18‰，格尔木分中心0.62‰。

个人贷款风险准备金按增值收益的60%以上提取。2019年，提取个人贷款风险准备金2055.84万元，使用个人贷款风险准备金核销呆坏账0万元。2019年末，个人贷款风险准备金余额9622.98万元，占个人住房贷款余额的4.95%，个人住房贷款逾期额与个人贷款风险准备金余额的比率为0.86%。

（二）支持保障性住房建设试点项目贷款：2019年末，无逾期项目贷款，未提取项目贷款风险准备金。

（三）历史遗留风险资产：无。

五、社会经济效益

（一）缴存业务：2019年，实缴单位数、实缴职工人数和缴存额同比分别增长7.9%、5.67%

和14.03%。

缴存单位中，国家机关和事业单位占63.55%，国有企业占18.39%，城镇集体企业占3.01%，外商投资企业占0.16%，城镇私营企业及其他城镇企业占0%，民办非企业单位和社会团体占1.46%，其他占13.43%。

缴存职工中，国家机关和事业单位占35.78%，国有企业占46.55%，城镇集体企业占3.35%，外商投资企业占0.92%，城镇私营企业及其他城镇企业占0%，民办非企业单位和社会团体占0.34%，其他占13.06%；中、低收入占99.99%，高收入占0.01%。

新开户职工中，国家机关和事业单位占23.4%，国有企业占50.8%，城镇集体企业占2.94%，外商投资企业占0.97%，城镇私营企业及其他城镇企业占0%，民办非企业单位和社会团体占0.19%，其他占21.7%；中、低收入占100%，高收入占0%。

（二）提取业务：2019年，2.4万名缴存职工提取住房公积金8.7亿元。

提取金额中，住房消费提取占72.76%（购买、建造、翻建、大修自住住房占33.79%，偿还购房贷款本息占19.54%，租赁住房占8.05%，其他占11.38%）；非住房消费提取占27.24%（离休和退休提取占19.54%，完全丧失劳动能力并与单位终止劳动关系提取占3.45%，户口迁出本市或出境定居占2.99%，其他占1.26%）。

提取职工中，中、低收入占99.99%，高收入占0.01%。

（三）贷款业务：

1. 个人住房贷款：2019年，支持职工购建房21.7万平方米，年末个人住房贷款市场占有率为75.26%，比上年增加3.12个百分点。通过申请住房公积金个人住房贷款，可节约职工购房利息支出10305.27万元。

职工贷款笔数中，购房建筑面积90（含）平方米以下占15.82%，90~144（含）平方米占77.98%，144平方米以上占6.2%。购买新房占75.9%（其中购买保障性住房占0%），购买二手房占24.1%，建造、翻建、大修自住住房占0%，其他占0%。

职工贷款笔数中，单缴存职工申请贷款占41.98%，双缴存职工申请贷款占57.96%，三人及以上缴存职工共同申请贷款占0.06%。

贷款职工中，30岁（含）以下占51.09%，30岁~40岁（含）占32.16%，40岁~50岁（含）占14.94%，50岁以上占1.81%；首次申请贷款占91.42%，二次及以上申请贷款占8.58%；中、低收入占100%，高收入占0%。

2. 异地贷款：2019年，发放异地贷款947笔、38849.4万元。2019年末，发放异地贷款总额77310.2万元，异地贷款余额50904.83万元。

3. 公转商贴息贷款：无。

4. 支持保障性住房建设试点项目贷款：2019年末，累计试点项目1个，贷款额度0.73亿元，建筑面积2.9万平方米，可解决500户中低收入职工家庭的住房问题。1个试点项目贷款资金已发放并还清贷款本息。

（四）住房贡献率：2019年，个人住房贷款发放额、公转商贴息贷款发放额、项目贷款发放额、住房消费提取额的总和与当年缴存额的比率为125%，比上年上升19.35个百分点。

六、其他重要事项

（一）当年机构及职能调整情况、受委托办理缴存贷款业务金融机构变更情况。

（1）当年根据《中共海西州委机构编制委员会关于海西州住房公积金管理中心机构改革方案的通知》（西编委发〔2019〕10号），海西州住房公积金管理中心为海西州政府管理的公益一类事业单位，内设四个部门（综合部、财务部、稽核部、归集信贷部），派出副县级机构1个：海西州住房公积金管理中心格尔木分中心，派出正科级机构5个（海西州住房公积金管理中心茫崖管理部、海西州住房公积金管理中心都兰管理部、海西州住房公积金管理中心乌兰管理部、海西州住房公积金管理中心大柴旦管理部、海西州住房公积金管理中心天峻管理部）。

（2）当年受委托办理缴存贷款业务金融机构无变更情况。

（二）当年住房公积金政策调整及执行情况

（1）当年缴存基数限额及确定方法、缴存比例调整情况：缴存住房公积金的月工资基数不得超过州统计部门2018年度全州在岗职工月均工资的3倍，即25190元；最低不得低于青海省人民政府确定的最低工资标准，即1500元。单位和职工缴存比例未调整。

（2）当年修订了《海西州住房公积金提取管理暂行办法》，优化提取流程，精简提取手续。

（3）当年修订了《海西州住房公积金贷款管理暂行办法》，优化贷款流程，精简贷款手续，个人住房贷款最高贷款额度由50万元调整到60万元。

（4）当年住房公积金存贷款利率执行标准未调整。

（三）当年服务改进情况。一是依照《海西州住房公积金窗口服务规范》《服务中心人员岗位职责》等制度规范，明确规定住房公积金服务窗口工作人员的仪表形象、服务用语、柜面服务、业务处理、劳动纪律和岗位分工。每月开展"服务之星"评比，并获得州政务服务监督管理局的多次好评。二是窗口人员积极参加由海西州政务服务监督管理局、德令哈市政务服务监督管理局联合举办的"庆祝新中国成立70周年青海解放70周年"暨"民族团结进步"主题知识答题竞赛活动，并以全场最高分荣获第一名的好成绩。三是深化"放管服"改革，强力惠民生的部署要求，为更好地服务公积金缴存单位和职工，我部门应海西州政务服务监督管理局"马上办、网上办、就近办、一次办"工作要求，相继完善海西州住房公积金管理中心政务系统办事指南。四是为了进一步加强中心窗口岗位人员的内控监督管理，规范岗位操作规程，培养窗口人员全员落实首问责任制要求，达到"一岗多能"的工作目标，归集信贷部根据部门实际工作进行窗口业务人员轮岗对换工作。

（四）当年信息化建设情况。当年无此类情况。

（五）当年住房公积金管理中心及职工所获荣誉情况。

（1）2019年中心被评为省级文明单位；

（2）中心驻村书记受海西州事业单位脱贫攻坚专项奖励记功一次。

（六）当年对违反《住房公积金管理条例》和相关法规行为进行行政处罚和申请人民法院强制执行情况。当年无此类情况。

（七）当年对住房公积金管理人员违规行为的纠正和处理情况等。当年无此类情况。

（八）其他需要披露的情况。无。

2019 全国住房公积金年度报告汇编

宁夏回族自治区

银川
石嘴山市
吴忠市
固原市
中卫市

宁夏回族自治区住房公积金 2019 年年度报告

一、机构概况

（一）住房公积金管理机构：全区共设 5 个设区城市住房公积金管理中心，1 个独立设置的分中心。从业人员 315 人，其中在编 196 人，非在编 119 人。

（二）住房公积金监管机构：自治区住房城乡建设厅、财政厅和人民银行银川中心支行负责对本自治区住房公积金管理运行情况进行监督。自治区住房城乡建设厅设立住房公积金监管处，负责全区住房公积金日常监管工作。

二、业务运行情况

（一）缴存：2019 年，新开户单位 1029 家，实缴单位 9954 家，净增单位 288 家；新开户职工 7.08 万人，实缴职工 65.63 万人，净增职工 2.91 万人；缴存额 106.79 亿元，同比增长 9.90%。2019 年末，缴存总额 892.93 亿元，比上年末增加 13.58%；缴存余额 326.46 亿元，比上年末增加 11.53%。

（二）提取：2019 年，提取额 73.04 亿元，同比增长 5.82%；占当年缴存额的 68.40%，比上年减少 2.60 个百分点。2019 年末，提取总额 566.47 亿元，比上年末增加 14.80%。

（三）贷款：

1. 个人住房贷款：2019 年，发放个人住房贷款 1.74 万笔、67.60 亿元，同比增长 1.08%。回收个人住房贷款 46.06 亿元。

2019 年末，累计发放个人住房贷款 28.31 万笔、585.16 亿元，贷款余额 266.83 亿元，分别比上年末增加 6.55%、13.06%、8.78%。个人住房贷款余额占缴存余额的 81.73%，比上年末减少 2.07 个百分点。

2. 住房公积金支持保障性住房建设项目贷款：无。

（四）购买国债：无。

（五）融资：无。

（六）资金存储：2019 年末，住房公积金存款 68.90 亿元。其中，活期 2.70 亿元，1 年（含）以下定期 44.34 亿元，1 年以上定期 17.43 亿元，其他（协定、通知存款等）4.43 亿元。

（七）资金运用率：2019 年末，住房公积金个人住房贷款余额、项目贷款余额和购买国债余额的总和占缴存余额的 81.73%，比上年末减少 2.07 个百分点。

三、主要财务数据

（一）业务收入：2019 年，业务收入 95331.08 万元，同比增长 9.25%。其中，存款利息 13404.10 万元，委托贷款利息 81882.36 万元，国债利息 0 万元，其他 44.62 万元。

（二）业务支出：2019 年，业务支出 53884.80 万元，同比增 13.37%。其中，支付职工住房公积金利息 49830.20 万元，归集手续费 1049.61 万元，委托贷款手续费 2767.70 万元，其他 237.29 万元。

(三)增值收益：2019年，增值收益41446.29万元，同比增长4.32%；增值收益率1.33%，比上年减少0.11个百分点。

(四)增值收益分配：2019年，提取贷款风险准备金2846.40万元，提取管理费用6653.50万元，提取城市廉租住房（公共租赁住房）建设补充资金31946.39万元。

2019年，上交财政管理费用6311.55万元，上缴财政城市廉租住房（公共租赁住房）建设补充资金29835.02万元。

2019年末，贷款风险准备金余额29977.77万元，累计提取城市廉租住房（公共租赁住房）建设补充资金231870.49万元。

(五)管理费用支出：2019年，管理费用支出6183.35万元，同比增长10.58%。其中，人员经费3360.95万元，公用经费503.02万元，专项经费2319.38万元。

四、资产风险状况

(一)个人住房贷款：2019年末，个人住房贷款逾期额2177.55万元，逾期率0.80‰。

2019年，提取个人贷款风险准备金2846.40万元，使用个人贷款风险准备金核销呆坏账0万元。2019年末，个人贷款风险准备金余额29977.77万元，占个人贷款余额的1.12%，个人贷款逾期额与个人贷款风险准备金余额的比率为7.26%。

(二)住房公积金支持保障性住房建设项目贷款：无。

五、社会经济效益

(一)缴存业务：2019年，实缴单位数、实缴职工人数和缴存额增长率分别为2.98%、4.64%和9.90%。

缴存单位中，国家机关和事业单位占43.59%，国有企业占12.84%，城镇集体企业占1.54%，外商投资企业占0.56%，城镇私营企业及其他城镇企业占37.11%，民办非企业单位和社会团体占3.15%，其他占1.21%。

缴存职工中，国家机关和事业单位占37.51%，国有企业占29.90%，城镇集体企业占3.19%，外商投资企业占0.79%，城镇私营企业及其他城镇企业占26.90%，民办非企业单位和社会团体占1.11%，其他占0.60%；中、低收入占99.42%，高收入占0.58%。

新开户职工中，国家机关和事业单位占18.93%，国有企业占19.65%，城镇集体企业占2.09%，外商投资企业占1.02%，城镇私营企业及其他城镇企业占54.82%，民办非企业单位和社会团体占2.20%，其他占1.29%；中、低收入占99.87%，高收入占0.13%。

(二)提取业务：2019年，22.28万名缴存职工提取住房公积金73.04亿元。

提取金额中，住房消费提取占79.04%（购买、建造、翻建、大修自住住房占18.04%，偿还购房贷款本息占58.90%，租赁住房占2.04%，其他占0.05%）；非住房消费提取占20.96%（离休和退休提取占15.28%，完全丧失劳动能力并与单位终止劳动关系提取占2.11%，出境定居占0.49%，其他占3.08%）。

提取职工中，中、低收入占99.37%，高收入占0.63%。

(三)贷款业务：

1. 个人住房贷款： 2019年，支持职工购建房217.10万平方米。年末个人住房贷款市场占有率（含公转商贴息贷款）为26.15%，比上年末减少2.45个百分点。通过申请住房公积金个人住房贷款，可节约职工购房利息支出87917.94万元。

职工贷款笔数中，购房建筑面积90（含）平方米以下占5.66%，90～144（含）平方米占81.48%，144平方米以上占12.85%。购买新房占73.67%（其中购买保障性住房占0%），购买二手房25.51%，建造、翻建、大修自住住房占0%，其他占0.82%。

职工贷款笔数中，单缴存职工申请贷款占55.83%，双缴存职工申请贷款占42.99%，三人及以上缴存职工共同申请贷款占1.18%。

贷款职工中，30岁（含）以下占35.49%，30岁～40岁（含）占39.04%，40岁～50岁（含）占19.07%，50岁以上占6.40%；首次申请贷款占85.57%，二次及以上申请贷款占14.43%；中、低收入占98.32%，高收入占1.68%。

2. 异地贷款： 2019年，发放异地贷款2375笔、91152.60万元。2019年末，发放异地贷款总额454822.20万元，异地贷款余额293014.66万元。

3. 公转商贴息贷款： 无。

4. 住房公积金支持保障性住房建设项目贷款： 无。

(四)住房贡献率： 2019年，个人住房贷款发放额、公转商贴息贷款发放额、项目贷款发放额、住房消费提取额的总和与当年缴存额的比率为131.70%，比上年增加7.00个百分点。

六、其他重要事项

(一)住房公积金政策调整情况。 组织编制《宁夏回族自治区住房公积金业务操作规范（试行）》，对全区住房公积金业务事项名称、要件、流程、时限、表单及监督考核等作出统一规范和优化，涵盖归集、提取、贷款、资金管理、电子稽查和综合服务平台服务六大业务板块，为全区各级住房公积金管理机构办理业务、开展工作提供基本遵循。《规范》的编制和实施，对于进一步优化流程、压缩环节、精简要件，实现全区住房公积金管理标准化、服务规范化、办件高效化、数据精准化、风险可控化，推进全区住房公积金业务"一网通办、就近能办、异地可办、部门联办"，促进住房公积金管理服务工作提档升级，推动住房公积金行业高质量发展具有十分重要的意义。

(二)开展监督检查情况。 印发《关于进一步深化治理违规提取住房公积金问题线索排查的通知》、《关于进一步做好住房公积金缴存职工购房贷款权益维护工作的通知》两个指导性文件，努力营造风清气朗发展环境。通过实施细化梳理完善线索台账、深入摸排及时移交线索、深刻剖析问题根源、深化专项治理四方面具体措施，并采取集中座谈、电话督导、明察暗访等形式，扎实开展违规提取住房公积金专项治理，深入推进住房公积金行业开展扫黑除恶专项斗争。

(三)信息化建设、服务改进情况。 实现与自治区公安、民政、市场监管、机构编制、统计等部门信息共享协查，指导各中心不断强化综合服务平台运营监督管理，各项业务线上办理率超过50%，并指导全区6个中心全部接入全国住房公积金数据交换平台，不断深化"网上办"。持续推进依托商业银行网点扩大公积金业务办理网点工作，全区新增代办网点8个，不断深化"就近办"。积极支持各中心立足银川都市圈建设，探索跨城市住房公积金一体化应用，指导银川中心和区中心推进跨中心按月对冲业务线上办理，依托区中心推进与税务、不动产等部门开展"一网通办"试点探索，不断深化"协同办"。在武汉大学举办"全区住房公积金业务培训班"，进一步提升全区住房公积金管理人员的业务素质和服务管理能力。

（四）住房公积金机构及从业人员所获荣誉情况。

宁夏住房资金管理中心被共青团中央、住房和城乡建设部授予"2017—2018年度全国青年文明号"；被自治区总工会女职工委员会表彰为"自治区五一巾帼标兵岗"；被自治区政务服务中心评为2018年度"优秀分厅"；2人荣获自治区住房城乡建设厅表彰"2018年度先进工作者"称号。

石嘴山市住房公积金管理中心获得全国"巾帼文明岗"荣誉称号；获得宁夏"青年文明号"荣誉称号；获得市直机关工委"五星级党组织"荣誉称号，并被授予"公积金·惠万家"党建品牌；平罗管理部办事大厅住房公积金窗口获得市级"青年文明示范窗口"荣誉称号。

固原市住房公积金管理中心被评为"固原市文明单位"、优质服务"红旗窗口"，6名职工被市政务服务中心评为年度考核"优秀"等次。

中卫市住房公积金管理中心继续保持"区级文明单位"称号。

银川住房公积金2019年年度报告

一、机构概况

（一）住房公积金管理委员会：住房公积金管理委员会有29名委员，2019年召开1次会议，审议通过的事项主要包括：《银川市住房公积金管理委员会办公室关于调整银川市住房公积金管理委员会部分委员的请示》《银川住房公积金管理中心2018年度报告》《银川住房公积金管理中心关于2018年度增值收益分配的报告》《银川住房公积金管理中心关于2019年度归集、使用计划安排》《银川住房公积金管理中心关于调整二手房住房公积金贷款流程的请示》《银川住房公积金管理中心关于建立住房公积金贷款资金运行预警管理制度的请示》《银川住房公积金管理中心关于安排信息化建设项目经费的请示》。

（二）住房公积金管理中心：银川住房公积金管理中心（以下简称银川中心）为市政府直属的不以营利为目的的自收自支事业单位，设7个处，6个分中心。从业人员107人，其中，在编44人，非在编63人。宁夏住房资金管理中心（银川住房公积金管理中心区直分中心）为隶属于宁夏住房和城乡建设厅的公益一类事业单位，设5个（科）。从业人员31人，其中，在编29人，非在编2人。

二、业务运行情况

（一）缴存：2019年，全市新开户单位606家，其中银川中心新开户单位573家；全市实缴单位5496家，其中银川中心实缴单位4669家；全市净增单位134家，其中银川中心净增单位124家；全市新开户职工4.96万人，其中银川中心新开户职工4.05万人；全市实缴职工40.52万人，其中银川中心实缴职工31.13万人；全市净增职工1.35万人，其中银川中心净增职工0.97万人；全市缴存额67.36亿元，同比增长 9.8%，其中银川中心缴存额 45.49 亿元，同比增长 9.3%。2019 年末，全市缴存总额 582.07 亿元，同比增长 13.1%，其中银川中心缴存总额 382.36 亿元，同比增长 13.5%；全市缴存余额 199.59 亿元，同比增长 11.4%，其中银川中心缴存余额 136.22 亿元，同比增长 11.1%。

受委托办理住房公积金缴存业务的银行 6 家，比上年增加（减少）0 家。

（二）提取：2019 年，全市当年提取额 46.91 亿元，同比增长 7.9%，占当年缴存额的 69.6%，比上年下降 1.3 个百分点，其中银川中心当年提取额 31.93 亿元，同比增长 9.0%，占当年缴存额的 70.2%，比上年下降 0.2 个百分点。2019 年末，全市提取总额 382.5 亿元，同比增长 14.0%，其中银川中心提取总额 246.15 亿元，同比增长 14.9%。

（三）贷款：

1. 个人住房贷款：个人住房贷款最高额度 70 万元，其中，单缴存职工最高额度 50 万元，双缴存职工最高额度 70 万元。

2019 年，全市共发放个人住房贷款 1.0551 万笔、44.55 亿元，同比分别减少 10.8%、下降 1.0%。

银川中心发放个人住房贷款 0.7951 万笔、32.30 亿元，同比分别减少 9.2%、增长 2.6%。其中，银川本部发放个人住房贷款 0.4796 万笔、19.29 亿元，永宁分中心发放个人住房贷款 0.0387 万笔、1.31 亿元，贺兰分中心发放个人住房贷款 0.0437 万笔、1.64 亿元，灵武分中心发放个人住房贷款 0.0311 万笔、1.26 亿元，宁煤分中心发放个人住房贷款 0.1394 万笔、6.22 亿元，铁路分中心发放个人住房贷款 0.0570 万笔、2.37 亿元，宁东分中心发放个人住房贷款 0.0056 万笔、0.21 亿元。

2019 年，全市回收个人住房贷款 30.07 亿元。

银川中心回收个人住房贷款 20.74 亿元，其中，银川本部 12.30 亿元，永宁分中心 0.81 亿元，贺兰分中心 0.87 亿元，灵武分中心 0.83 亿元，宁煤分中心 4.26 亿元，铁路分中心 1.57 亿元，宁东分中心 0.10 亿元。

2019 年末，全市累计发放个人住房贷款 15.77 万笔、388.69 亿元，贷款余额 182.11 亿元，同比分别增长 7.1%、12.9%、8.6%，个人住房贷款余额占缴存余额的 91.2%，比上年下降 2.4 个百分点。

银川中心累计发放个人住房贷款 11.28 万笔、267.69 亿元，贷款余额 121.54 亿元，同比分别增长 7.5%、13.7%、10.5%，个人住房贷款余额占缴存余额的 89.2%，比上年下降 0.5 个百分点。

受委托办理住房公积金个人住房贷款业务的银行 6 家，比上年增加（减少）0 家。

2. 住房公积金支持保障性住房建设项目贷款：2019 年，发放支持保障性住房建设项目贷款 0 亿元，回收项目贷款 0 亿元。2019 年末，累计发放项目贷款 8.74 亿元，项目贷款余额 0 亿元。

（四）购买国债：2019 年，购买（记账式、凭证式）国债 0 亿元，兑付（转让、收回）国债 0 亿元。2019 年末，国债余额 0 亿元，比上年减少（增加）0 亿元。

（五）融资：2019 年，融资 0 亿元，归还 0 亿元。2019 年末，融资总额 0 亿元，融资余额 0 亿元。

（六）资金存储：2019 年末，全市住房公积金存款 25.03 亿元。其中，活期 0.018 亿元，1 年（含）以下定期 20.59 亿元，1 年以上定期 0.20 亿元，其他（协定、通知存款等）4.22 亿元。

银川中心住房公积金存款 20.80 亿元。其中，活期 0.01 亿元，1 年（含）以下定期 17.14 亿元，1 年以上定期 0.20 亿元，其他（协定、通知存款等）3.45 亿元。

（七）资金运用率：2019 年末，住房公积金个人住房贷款余额、项目贷款余额和购买国债余额的总和占缴存余额的 91.20%，比上年下降 2.4 个百分点。

银川中心住房公积金个人住房贷款余额、项目贷款余额和购买国债余额的总和占缴存余额的 89.22%，比上年减少 0.48 个百分点。

三、主要财务数据

（一）业务收入：2019 年，全市住房公积金业务收入 59753.92 万元，同比增长 8.6%。存款利息 3587.43 万元，委托贷款利息 56031.23 万元，国债利息 0 万元，其他 135.26 万元。

银川中心业务收入 40676.43 万元，同比增长 9.14%。存款利息 3465.36 万元，委托贷款利息 37211.07 万元，国债利息 0 万元。

（二）业务支出：2019 年，全市住房公积金业务支出 34667.24 万元，同比增长 15.0%。支付职工住房公积金利息 31523.3 万元，归集手续费 1063.2 万元，委托贷款手续费 1939.42 万元，其他 141.32 万元。

银川中心业务支出 24720.08 万元，同比增长 19.42%。支付职工住房公积金利息 22545.87 万元，归集手续费 906.89 万元，委托贷款手续费 1156.76 万元，其他 110.56 万元。

（三）增值收益：2019 年，全市住房公积金增值收益 25086.68 万元，同比增长 0.77%，增值收益率 1.32%，比上年减少 0.15 个百分点。

银川中心增值收益 15956.35 万元，同比下降 3.70%。增值收益率 1.23%，比上年减少 0.2 个百分点。

（四）增值收益分配：2019 年，全市提取贷款风险准备金 1448.22 万元，提取管理费用 2586.24 万元，提取城市廉租住房（公共租赁住房）建设补充资金 21052.22 万元。

银川中心提取贷款风险准备金 1156.53 万元，提取管理费用 1737.70 万元，提取城市廉租住房（公共租赁住房）建设补充资金 13062.12 万元。

2019 年，全市上交财政管理费用 2662.2 万元，上缴财政城市廉租住房（公共租赁住房）建设补充资金 19892.26 万元。

银川中心上交财政管理费用 1737.70 万元。上缴财政城市廉租住房（公共租赁住房）建设补充资金 13026.32 万元。其中，上缴银川市级财政国库 11597.33 万元，上缴永宁县财政国库 484.58 万元，上缴贺兰县国库 364.74 万元，上缴灵武市财政国库 579.67 万元。

2019 年末，全市贷款风险准备金余额 18209.29 万元，累计提取城市廉租住房（公共租赁住房）建设补充资金 155260.11 万元。

银川中心贷款风险准备金余额 12153.77 万元。累计提取城市廉租住房（公共租赁住房）建设补充资金 92376.83 万元。其中，银川本部提取 53796.79 万元，永宁分中心提取 3763.50 万元，贺兰分中心提取 2827.84 万元，灵武分中心提取 4810.72 万元、宁煤分中心提取 21324.17 万元、铁路分中心提取 5066.98 万元、宁东分中心提取 786.83 万元。

（五）管理费用支出：2019 年，全市管理费用支出 2606.12 万元，同比下降 8.4%。其中，人员经费 1158.73 万元，公用经费 119.32 万元，专项经费 1328.07 万元。

银川中心管理费用支出 1729.62 万元，同比减少 3.2%。其中，人员经费 673.28 万元，公用经费

72.77万元,专项经费983.57万元。其中,银川本部管理费用支出1633.43万元,其中,人员、公用、专项经费分别为673.28万元、39.84万元、920.31万元;永宁分中心管理费用支出9.18万元,其中,人员、公用、专项经费分别为0万元、6.16万元、3.02万元;贺兰分中心管理费用支出10.19万元,其中,人员、公用、专项经费分别为0万元、7.6万元、2.59万元;灵武分中心管理费用支出16.26万元,其中,人员、公用、专项经费分别为0万元、12.85万元、3.41万元;宁煤分中心管理费用支出7.36万元,其中,人员、公用、专项经费分别为0万元、0.37万元、7.26万元;铁路分中心管理费用支出48.81万元,其中,人员、公用、专项经费分别为0万元、5.95万元、42.86万元;宁东分中心管理费用支出4.12万元,其中,人员、公用、专项经费分别为0万元、0万元、4.12万元。

四、资产风险状况

(一)个人住房贷款:2019年末,全市个人住房贷款逾期额1820.8万元,逾期率1.0‰。

银川中心个人住房贷款逾期额719.78万元,逾期率0.59‰。其中,银川本部0.73‰,永宁分中心0.47‰,贺兰分中心0‰,灵武分中心0‰,宁煤分中心0.48‰,铁路分中心0.22‰,宁东分中心2.18‰。

个人贷款风险准备金按贷款余额的1%提取。2019年,全市提取个人贷款风险准备金1448.21万元,使用个人贷款风险准备金核销呆坏账0万元。其中,银川中心提取个人贷款风险准备金1156.53万元,使用个人贷款风险准备金核销呆坏账0万元。2019年末,个人贷款风险准备金余额18209.29万元,占个人住房贷款余额的10.0%,个人住房贷款逾期额与个人贷款风险准备金余额的比率为1.0%。其中,银川中心个人贷款风险准备金余额12153.77万元,占个人住房贷款余额的1.0%,个人住房贷款逾期额与个人贷款风险准备金余额的比率为5.9%。

(二)支持保障性住房建设试点项目贷款:2019年末,逾期项目贷款0万元,逾期率0‰。

(三)历史遗留风险资产:2019年末,历史遗留风险资产余额0万元,比上年减少0万元,历史遗留风险资产回收率0%。

五、社会经济效益

(一)缴存业务:2019年,全市实缴单位数、实缴职工人数和缴存额同比分别增长2.5%、3.4%和9.8%。其中,银川中心实缴单位数、实缴职工人数和缴存额同比分别增长2.7%、3.2%和9.3%。

缴存单位中,国家机关和事业单位占27.0%,国有企业占12.7%,城镇集体企业占2.1%,外商投资企业占0.6%,城镇私营企业及其他城镇企业占53.2%,民办非企业单位和社会团体占4.1%,其他占0.3%。

银川中心国家机关和事业单位占21.8%,国有企业占8.7%,城镇集体企业占2.5%,外商投资企业占0.8%,城镇私营企业及其他城镇企业占61.5%,民办非企业单位和社会团体占4.4%,其他占0.3%。

缴存职工中,国家机关和事业单位占25.2%,国有企业占35.9%,城镇集体企业占4.3%,外商投资企业占0.8%,城镇私营企业及其他城镇企业占32.2%,民办非企业单位和社会团体占1.4%,其他占0.2%,中、低收入占99.1%,高收入占0.9%。

银川中心国家机关和事业单位占18.4%,国有企业占31.8%,城镇集体企业占5.5%,外商投资企业占1.1%，城镇私企业及其他城镇企业占41.4%，民办非企业单位和社会团体占1.5%，其他占0.3%；中、低收入占98.9%，高收入占1.1%。

新开户职工中，国家机关和事业单位占13.4%，国有企业占20.7%，城镇集体企业占2.2%，外商投资企业占0.8%，城镇私营企业及其他城镇企业占60.4%，民办非企业单位和社会团体占2.3%，其他占0.2%；中、低收入占99.8%，高收入占0.2%。

银川中心国家机关和事业单位占9.1%，国有企业占11.4%，城镇集体企业占2.6%，外商投资企业占0.9%，城镇私营企业及其他城镇企业占73.3%，民办非企业单位和社会团体占2.5%，其他占0.2%；中、低收入占99.8%，高收入占0.2%。

（二）提取业务：2019年，全市共计12.38万名缴存职工提取住房公积金46.91亿元。其中，银川中心有8.94万名缴存职工提取住房公积金31.93亿元。

提取金额中，住房消费提取占79.6%（购买、建造、翻建、大修自住住房占16.9%，偿还购房贷款本息占60.7%，租赁住房占1.9%，其他占0.1%）；非住房消费提取占20.4%（离休和退休提取占15.3%，完全丧失劳动能力并与单位终止劳动关系提取占1.6%，户口迁出本市或出境定居占0.4%，其他占3.1%）。

银川中心住房消费提取占78.4%（购买、建造、翻建、大修自住住房占15.7%，偿还购房贷款本息占60.2%，租赁住房占2.4%，其他占0.1%）；非住房消费提取占21.6%（离休和退休提取占15.9%，完全丧失劳动能力并与单位终止劳动关系提取占2.1%，户口迁出本市或出境定居占0%，其他占3.6%）。

提取职工中，中、低收入占99%，高收入占1%。其中，银川中心提取职工中，中、低收入占98.6%，高收入占1.4%。

（三）贷款业务：

1. 个人住房贷款：2019年，支持职工购建房146.6万平方米，年末个人住房贷款市场占有率为26.7%，比上年增加7.7个百分点。全市通过申请住房公积金个人住房贷款，可节约职工购房利息支出59673.85万元。

银川中心支持职工购建房97.47万平方米，年末个人住房贷款市场占有率为16.1%，比上年增加0.5个百分点。通过申请住房公积金个人住房贷款，可节约职工购房利息支出43106.52万元。

职工贷款笔数中，购房建筑面积90（含）平方米以下占6.5%，90~144（含）平方米占78.9%，144平方米以上占14.6%。购买新房占73.3%（其中购买保障性住房占0%），购买二手房占26.7%，建造、翻建、大修自住住房占0%，其他0%。

银川中心职工贷款笔数中，购房建筑面积90（含）平方米以下占6.9%，90~144（含）平方米占81.0%，144平方米以上占12.1%。购买新房占73.3%（其中购买保障性住房占0%），购买二手房占26.7%，建造、翻建、大修自住住房占0%，其他0%。

职工贷款笔数中，单缴存职工申请贷款占66.0%，双缴存职工申请贷款占32.2%，三人及以上缴存职工共同申请贷款占1.8%。

银川中心职工贷款笔数中，单缴存职工申请贷款占78.5%，双缴存职工申请贷款占19.8%，三人及以上缴存职工共同申请贷款占1.7%。

贷款职工中，30岁（含）以下占33.0%，30岁~40岁（含）占39.8%，40岁~50岁（含）占

20.7%，50 岁以上占 6.5%；首次申请贷款占 88.5%，二次及以上申请贷款占 11.5%；中、低收入占 97.3%，高收入占 2.7%。

银川中心贷款职工中，30 岁（含）以下占 33.5%，30 岁～40 岁（含）占 38.4%，40 岁～50 岁（含）占 21.6%，50 岁以上占 6.5%；首次申请贷款占 84.9%，二次及以上申请贷款占 15.1%；中、低收入占 96.3%，高收入占 3.7%。

2. 异地贷款：2019 年，发放异地贷款 1444 笔、59754 万元。2019 年末，发放异地贷款总额 251901.90 万元，异地贷款余额 156537.60 万元。

3. 公转商贴息贷款：2019 年，发放公转商贴息贷款 0 笔、0 万元，支持职工购建住房面积 0 万平方米，当年贴息额 0 万元。2019 年末，累计发放公转商贴息贷款 0 笔，累计贴息 0 万元。

4. 支持保障性住房建设试点项目贷款：2019 年末，累计试点项目 7 个，累计贷款额度 8.74 亿元，7 个试点项目贷款资金已于 2016 年 10 月还清贷款本息。

（四）**住房贡献率**：2019 年，全市个人住房贷款发放额、公转商贴息贷款发放额、项目贷款发放额、住房消费提取额的总和与当年缴存额的比率为 135.8%，比上年增长 6.4 个百分点。其中，银川中心个人住房贷款发放额、公转商贴息贷款发放额、项目贷款发放额、住房消费提取额的总和与当年缴存额的比率为 141.2%，比上年增长 10.5 个百分点。

六、其他重要事项

（一）**住房公积金政策调整及执行情况**。既有住宅加装电梯提取住房公积金符合加装电梯相关要求，并已办理相关规划建设手续的，提取人及其配偶没有住房公积金贷款且当年未办理提取业务的可以申请提取住房公积金。职工本人及配偶在加装电梯发票载明日期三年内只能提取一次，提取总额不超过加装电梯应分摊的费用总额。

（二）**服务改进情况**。以"网上办""就近办""马上办"为重点，进一步提升住房公积金便民服务水平，为职工提供更加高效便捷服务。一是引导职工"就近办"。在全区率先实行业务前置为委托银行受理，新增市内 2 个银行网点办理住房公积金业务，实现"就近办"。二是实现业务"网上办"。大力推进信息化建设，群众可通过住房公积金网厅、APP 办理住房公积金缴存、逐月代扣等业务，通过住房公积金转移接续平台办理异地转移接续，减少了职工办事成本。三是推进业务"马上办"。取消所有住房公积金提取复印件和部分贷款复印件，取消转账支取凭证、转移通知书、退休证、还贷提取借款合同 4 项审批要件，压缩办理时限，实现提取资金"秒到账"。

（三）**信息化建设情况**。一是建设综合服务平台。建立了集服务热线、短信、门户网站、网上营业厅、微信公众号、手机 APP 为一体的住房公积金综合服务平台，网上业务功能不断完善。二是推动信息共享。主动与公安、房管、不动产、人民银行、社保等部门就信息共享机制进行沟通，为优化流程，简化手续，让"信息多跑路"，为"群众少跑路"提供支撑。三是科学规划核心机房。采取同城租赁云资源的方式建设容灾备份系统，将有效防止核心机房遭遇火灾、地震、极端硬件故障等原因对业务数据造成的破坏。四是实施电子化档案项目。建立住房公积金业务系统电子档案，归集、提取、贷款、财务四项业务实现了业务档案电子化，减少了业务纸质复印件留存，增加了业务档案的保存时限，规范业务档案管理。

（四）**对违反《住房公积金管理条例》和相关法规行为进行行政处罚和申请人民法院强制执行情况**。

加大了骗提骗贷住房公积金违法行为的打击和查处力度，共查处骗提公积金案件 31 起，均列入"中心"公积金黑名单，并针对伪造假手续情况分析归类通报识别假手续的方式方法。

注："六、其他重要事项"为银川中心情况。

石嘴山市住房公积金 2019 年年度报告

一、机构概况

（一）住房公积金管理委员会：住房公积金管理委员会有 19 名委员，2019 年召开 1 次会议，审议通过的事项主要包括：《关于 2018 年度住房公积金归集使用计划执行情况的报告》《关于 2018 年度住房公积金增值收益分配方案的报告》《石嘴山市住房公积金 2018 年年度报告》《关于 2019 年度全市住房公积金归集使用计划的报告》《关于做好住房公积金综合服务平台运营服务政府采购工作的请示》。

（二）住房公积金管理中心：住房公积金管理中心为直属石嘴山市人民政府管理不以营利为目的的公益一类事业单位，中心内设 4 个科，下设 3 个管理部。从业人员 38 人，其中，在编 27 人，非在编 11 人。

二、业务运行情况

（一）缴存：2019 年，新开户单位 94 家，实缴单位 1036 家，净增单位 11 家；新开户职工 0.59 万人，实缴职工 5.87 净增职工 0.1 万人；缴存额 8.46 亿元，同比增长 4.42%。2019 年末，缴存总额 76.34 亿元，同比增长 12.46%；缴存余额 29.75 亿元，同比增长 10.1%。

受委托办理住房公积金缴存业务的银行 5 家，与上年一致。

（二）提取：2019 年，提取额 5.73 亿元，同比下降 3.24%；占当年缴存额的 67.66%，比上年减少 4.64 个百分点。2019 年末，提取总额 46.59 亿元，同比增长 14.02%。

（三）贷款：

1. 个人住房贷款：个人住房贷款最高额度 70 万元，其中，单缴存职工最高额度 50 万元，双缴存职工最高额度 70 万元。

2019 年，发放个人住房贷款 0.12 万笔、3.39 亿元，同比分别下降 13.5%、5.78%。其中，大武口管理部发放个人住房贷款 0.07 万笔、1.88 亿元，平罗管理部发放个人住房贷款 0.03 万笔、0.89 亿元，惠农管理部发放个人住房贷款 0.02 万笔、0.62 亿元。

2019 年，回收个人住房贷款 2.24 亿元。其中，大武口管理部 1.31 亿元，平罗管理部 0.51 亿元，惠农管理部 0.42 亿元。

2019 年末，累计发放个人住房贷款 3.18 万笔、39.87 亿元，贷款余额 15.69 亿元，同比分别增长 4.01%、9.29%、7.88%。个人住房贷款余额占缴存余额的 52.73%，比上年减少 1.1 个百分点。

受委托办理住房公积金个人住房贷款业务的银行 3 家，与上年一致。

2. 住房公积金支持保障性住房建设项目贷款：2019 年，无支持保障性住房建设项目贷款。

（四）购买国债：2019 年未购买国债，期末国债余额为零。

（五）融资：2019 年未融资，融资余额 0 亿元。

（六）资金存储：2019 年末，住房公积金存款 14.01 亿元。其中，活期 0.7 亿元，1 年（含）以下定期 4.78 亿元，1 年以上定期 8.53 亿元。

（七）资金运用率：2019 年末，住房公积金个人住房贷款余额、项目贷款余额和购买国债余额的总和占缴存余额的 52.74%，比上年减少 1.09 个百分点。

三、主要财务数据

（一）业务收入：2019 年，业务收入 8502.25 万元，同比增长 10.89%。其中，存款利息 3599.37 万元，委托贷款利息 4865.38 万元，其他 37.5 万元。

（二）业务支出：2019 年，业务支出 4481.03 万元，同比增长 5.04%。其中，支付职工住房公积金利息 4287.69 万元，归集手续费 18.45 万元，委托贷款手续费 144.8 万元，其他 30.09 万元。

（三）增值收益：2019 年，增值收益 4021.22 万元，同比增长 18.22%。增值收益率 1.41%，比上年增加 0.09 个百分点。

（四）增值收益分配：2019 年，提取贷款风险准备金 229.09 万元，提取管理费用 1017.59 万元，提取城市廉租住房（公共租赁住房）建设补充资金 2774.55 万元。

2019 年，上交财政管理费用 769.74 万元。上缴财政城市廉租住房（公共租赁住房）建设补充资金 2116.81 万元。

2019 年末，贷款风险准备金余额 3137.81 万元。累计提取城市廉租住房（公共租赁住房）建设补充资金 16995.43 万元。

（五）管理费用支出：2019 年，管理费用支出 948.55 万元，同比下降 5%。其中，中心职工人员经费 607.02 万元，公用经费 87.21 元，专项经费 254.31 万元。

四、资产风险状况

（一）个人住房贷款：2019 年末，个人住房贷款逾期额 24.48 万元，逾期率 0.16‰。其中，大武口管理部 0.06‰，平罗管理部 0，惠农管理部 0.1‰。

个人贷款风险准备金按贷款余额的 2% 提取。2019 年，提取个人贷款风险准备金 229.09 万元，2019 年末，个人贷款风险准备金余额 3137.81 万元，占个人住房贷款余额的 2%，个人住房贷款逾期额与个人贷款风险准备金余额的比率为 0.78%。

（二）支持保障性住房建设试点项目贷款：2019 年末，无项目贷款。

（三）历史遗留风险资产：2019 年末，无历史遗留风险资产。

五、社会经济效益

（一）缴存业务：2019 年，实缴单位数、实缴职工人数和缴存额同比分别增长 1.07%、7.82% 和 4.42%。

缴存单位中，国家机关和事业单位占 52.61%，国有企业占 15.93%，城镇集体企业占 1.45%，外商

投资企业占1.45%，城镇私营企业及其他城镇企业占18.34%，民办非企业单位和社会团体占3.96%，其他占6.27%。

缴存职工中，国家机关和事业单位占45.3%，国有企业占31.56%，城镇集体企业占1.75%，外商投资企业占2.98%，城镇私营企业及其他城镇企业占13.4%，民办非企业单位和社会团体占1.79%，其他占3.22%；中、低收入占99.6%，高收入占0.4%。

新开户职工中，国家机关和事业单位占27.65%，国有企业占11.76%，城镇集体企业占3.75%，外商投资企业占5.15%，城镇私营企业及其他城镇企业占40.79%，民办非企业单位和社会团体占3.21%，其他占6.59%；中、低收入占100%。

（二）**提取业务**：2019年，4.11万名缴存职工提取住房公积金5.73亿元。

提取金额中，住房消费提取占70.04%（购买、建造、翻建、大修自住住房占20.44%，偿还购房贷款本息占46.93%，租赁住房占2.67%）；非住房消费提取占29.96%（离休和退休提取占19.03%，完全丧失劳动能力并与单位终止劳动关系提取占5.52%，其他占5.41%）。

提取职工中，中、低收入占99.6%，高收入占0.4%。

（三）**贷款业务**：

1. 个人住房贷款：2019年，支持职工购建房14.58万平方米，年末个人住房贷款市场占有率为44.98%，比上年增加4.64个百分点。通过申请住房公积金个人住房贷款，可节约职工购房利息支出5060.1万元。

职工贷款笔数中，购房建筑面积90（含）平方米以下占9.07%，90～144（含）平方米占79.65%，144平方米以上占11.27%。购买新房占53.84%（其中购买保障性住房占1.06%），购买二手房占43.3%，其他占2.86%。

职工贷款笔数中，单缴存职工申请贷款占34.88%，双缴存职工申请贷款占65.12%。

贷款职工中，30岁（含）以下占39.79%，30岁～40岁（含）占40.85%，40岁～50岁（含）占13.64%，50岁以上占5.72%；首次申请贷款占93.05%，二次及以上申请贷款占6.95%；中、低收入占100%。

2. 异地贷款：2019年，发放异地贷款75笔、1336.8万元。2019年末，发放异地贷款总额9169.1万元，异地贷款余额5227.28万元。

（四）**住房贡献率**：2019年，个人住房贷款发放额、公转商贴息贷款发放额、项目贷款发放额、住房消费提取额的总和与当年缴存额的比率为107.72%，比上年增加10.16个百分点。

六、其他重要事项

（一）**当年缴存基数限额及确定方法、缴存比例调整情况**。根据国务院《住房公积金管理条例》和建设部、财政部、中国人民银行《关于住房公积金管理若干具体问题的指导意见》（建金管〔2005〕5号），以及《石嘴山市统计局数据资料告知函》关于2018年全市在岗职工年平均工资统计数据，确定2019年度我市职工住房公积金月缴存基数为职工本人2018年度月平均工资（在岗职工），最高月缴存工资基数不得超过2018年度全市在岗职工月平均工资5588元的三倍，即16764元。住房公积金最高缴存比例为单位和个人各12%，职工住房公积金单位和个人最高月缴存总额不超过4024元，最低缴存基数为1560元，新建缴存职工的缴存基数应按照上述最高和最低区间标准确定。

列入财政预算的单位，应执行财政部门预算中确认的工资基数；超出预算范围规定的，应由本级财政部门同意后办理。

执行年度：2019年7月1日至2020年6月30日。

（二）当年住房公积金政策调整及执行情况。

1. 简化离退休办理手续

进一步简化离退休提取要件，达到法定退休年龄（女55周岁、男60周岁）的缴存职工，办理销户提取时不再要求提供退休证，只需提供身份证就可直接办理。

2. 降低"月对冲"办理的条件

为了减轻住房公积金贷款职工还款压力，进一步降低"签约提取公积金按月归还贷款"（简称"月对冲"）条件，只要夫妻双方公积金余额之和大于月还款额（账户需保留200元）即可签订住房公积金"月对冲"业务。

3. 调整非首套住房贷款利率

在石嘴山中心第二次申请住房公积金贷款的借款申请人，个人住房贷款利率按照同期首套住房公积金个人住房贷款利率的1.1倍执行。

4. 调整提取住房公积金归还贷款政策

（1）石嘴山中心住房公积金贷款、异地住房公积金贷款、银行住房贷款还贷提取金额，由提取总额为贷款本金调整为贷款本金与已归还利息之和。

（2）办理提取住房公积金归还银行住房贷款、异地住房公积金贷款以及石嘴山中心住房公积金贷款的时间，由贷款发放后立即办理调整为借款人首次归还贷款之后办理提取业务。

（3）为了防控贷款风险，对提取住房公积金转入本人账户归还石嘴山中心住房公积金贷款的提取条件调整为办理住房公积金贷款后所抵押的房屋已办理房产证手续，且主借款人账户正常，近24个月未发生连续逾期2期或累计逾期次数为5次（含）以上的贷款，方可申请办理。

办理该项提取事项后，主借款人账户须保留12个月的月还款额。

5. 规范租赁自住住房提取政策

明确租赁自住住房提取政策，缴存职工（含配偶）在缴存地无房的可申请提取住房公积金，提供夫妻双方在缴存地无房证明，缴存地与工作地不一致的，出具工作地无房证明并对工作地情况做出承诺。工作地仅限石嘴山市辖县、区。

（三）当年服务改进情况。

1. 加强政策宣传，防范资金风险。 一是借助招聘会现场，为企业和应聘者开展住房公积金政策、法规宣传，扩大公积金覆盖面。二是利用中心门户网站、手机APP、微信公众号、报纸等开展立体式多层次的宣传，让公积金政策家喻户晓。三是开展"双随机一公开"执法检查工作，加强与市场监督管理局、统计局、不动产登记服务中心的合作，建立协查机制，对全市各企事业单位缴存情况进行排查，对欠缴、停缴的企业开展上门催缴，督促企业及时缴纳公积金，切实维护职工合法权益。四是加强与住房和城乡建设局的合作，对全市烂尾楼、不能办理不动产证的楼盘一一进行登记，建立动态台账，定期进行信用评价、风险评估，跟踪管理，防范贷款逾期风险，对可能存在的贷款风险提前预警，有效防控风险。五是实行贷款风险分级预警制度，对逾期贷款，根据风险等级，分别实行电话催收、上门催收、发律师函及依法诉讼等手段，确保贷款资金及时回收。

2. 深化"放管服"改革，提升服务水平。 一是进一步完善线上服务功能。将公积金 29 个业务办理事项全部放入网上办事大厅，并开通了单位版手机 APP，公积金网厅注册率为 95%，公积金个人业务离柜办理率为 70%。二是进一步完善数据联网核查功能。加强与不动产登记服务中心、人民银行的合作，在公积金窗口引入不动产登记系统、征信系统，实行贷款受理、审批、不动产抵押手续等一窗受理、一网通办，减少办事群众来回跑路。三是进一步梳理公积金业务办理流程，简化业务办理要件，规范各业务办理环节时限，提高业务办理速度。组建"流动窗口"志愿服务队，为老弱病残等特殊群体开展上门服务。

3. 加强资金管理，提高公积金收益。 改进资金核算模式，对大额资金进行统一调度，科学安排资金使用，合理调整定期存款结构。一是提高定期存款利率上浮比例，加大活期存款账户管理，通过协定存款协议提高活期存款账户利息收入。二是优化存款结构，定期分析资金流量，不断优化活期存款、定期存款结构，提高资金运用率，最大限度提高增值收益率。

（四）当年信息化建设情况。2019 年以来，市住房公积金管理中心以信息化建设为载体和突破口，全力改造和升级公积金信息系统，风险防控能力不断增强，住房公积金管理和服务水平有效提高，为住房公积金事业健康发展奠定了坚实的基础。

一是开发系统接口，成功接入全国住房公积金数据平台，按住房和城乡建设部要求及时上报业务数据，实现与税务总局的数据交换。二是建成新一代云 3.0 信息系统，按照国家、自治区住房公积金业务标准，进一步梳理业务流程，清理和完善历史数据，提高基础数据质量，精简银行账户，全面落实公积金基础数据和银行结算应用系统标准。三是精心规划，稳步推进，将服务器和数据整体迁移至政务云，节省了建设成本，提高了网络系统防护能力，为缴存单位和职工提供连续、稳定、高效和便捷的服务。四是改造网上办事大厅。加固单位和职工身份安全认证，完善服务功能，规范电子档案留存，确保网上业务合规、高效。

（五）当年住房公积金管理中心及职工所获荣誉情况。

集体荣誉：

（1）2019 年 3 月，获得全国"巾帼文明岗"荣誉称号；

（2）2019 年 4 月，获得宁夏"青年文明号"荣誉称号；

（3）2019 年 3 月，获得市直机关工委"五星级党组织"荣誉称号，并被授予"公积金·惠万家"党建品牌；

（4）平罗管理部办事大厅住房公积金窗口获得市级"青年文明示范窗口"荣誉称号。

吴忠市住房公积金 2019 年年度报告

一、机构概况

（一）**住房公积金管理委员会**：住房公积金管理委员会有 23 名委员，2019 年召开 1 次会议，审议通过的事项主要包括:《关于 2019 年住房公积金归集管理使用情况和 2020 年归集使用计划情况的报告》《关于 2019 年度住房公积金业务收支决算和增值收益分配方案及 2020 年度住房公积金业务收支预算的报告》《吴忠市住房公积金 2019 年年度报告》《关于对 2020 年住房公积金信息化建设项目进行政府采购的报告》。

（二）住房公积金管理中心：住房公积金管理中心为直属市人民政府（隶属关系）不以营利为目的的正处级公益一类（机构属性）事业单位，设 5 个科，0 个管理部，4 个分中心。从业人员 58 人，其中，在编 52 人，非在编 6 人。

二、业务运行情况

（一）缴存：2019 年，新开户单位 186 家，实缴单位 1294 家，净增单位 56 家；新开户职工 5448 人，实缴职工 66539 人，净增职工 164 人；缴存额 0.98 亿元，同比增长 1.26%。2019 年末，缴存总额 11.13 亿元，比上年末增加 5.9%；缴存余额 38.25 亿元，比上年末增加 9.2%。

受委托办理住房公积金缴存业务的银行 5 家，比上年增加（减少）0 家。

（二）提取：2019 年，提取额 7.91 亿元，同比增长 10.20%；占当年缴存额的 71.03%，比上年增加 2.77 个百分点。2019 年末，提取总额 55.19 亿元，比上年末增加 16.72%。

（三）贷款：

1. 个人住房贷款：个人住房贷款最高额度 70 万元，其中，单缴存职工最高额度 50 万元，双缴存职工最高额度 70 万元。

2019 年，发放个人住房贷款 2079 笔、7.07 亿元，同比分别下降 14.23%、1.75%。其中，市中心发放个人住房贷款 1269 笔、4.46 亿元，青铜峡分中心发放个人住房贷款 220 笔、0.67 亿元，盐池分中心发放个人住房贷款 119 笔、0.39 亿元，同心分中心发放个人住房贷款 300 笔、1.06 亿元，红寺堡分中心发放个人住房贷款 171 笔、0.49 亿元。

2019 年，回收个人住房贷款 6.25 亿元。其中，市中心 3.54 亿元，青铜峡分中心 0.98 亿元，盐池分中心 0.59 亿元，同心分中心 0.80 亿元，红寺堡分中心 0.34 亿元。

2019 年末，累计发放个人住房贷款 4.65 万笔、65.44 亿元，贷款余额 23.63 亿元，分别比上年末增加 4.69%、11.33%、3.58%。个人住房贷款余额占缴存余额的 61.76%，比上年末减少 3.35 个百分点。

受委托办理住房公积金个人住房贷款业务的银行 5 家，比上年增加（减少）0 家。

2. 住房公积金支持保障性住房建设项目贷款：2019 年，发放支持保障性住房建设项目贷款 0 亿元，回收项目贷款 0 亿元。2019 年末，累计发放项目贷款 0 亿元，项目贷款余额 0 亿元。

（四）购买国债：2019 年，购买（记账式、凭证式）国债 0 亿元，兑付（转让、收回）国债 0 亿元。2019 年末，国债余额 0 亿元，比上年末增加 0 亿元。

（五）融资：2019 年，融资 0 亿元，归还 0 亿元。2019 年末，融资总额 0 亿元，融资余额 0 亿元。

（六）资金存储：2019 年末，住房公积金存款 15.41 亿元。其中，活期 1.62 亿元，1 年（含）以下定期 9.83 亿元，1 年以上定期 3.96 亿元，其他（协定、通知存款等）0 亿元。

（七）资金运用率：2019 年末，住房公积金个人住房贷款余额、项目贷款余额和购买国债余额的总和占缴存余额的 61.76%，比上年末减少 3.35 个百分点。

三、主要财务数据

(一) 业务收入：2019 年，业务收入 10699.75 万元，同比增长 17.08%。其中，市中心 5351.47 万元，青铜峡分中心 2228.01 万元，盐池分中心 947.20 万元，同心分中心 1592.12 万元，红寺堡分中心 580.95 万元，存款利息 3286.08 万元，委托贷款利息 7413.67 万元，国债利息 0 万元，其他 0 万元。

(二) 业务支出：2019 年，业务支出 5733.57 万元，同比增长 12.08%。其中，市中心 2256.25 万元，青铜峡分中心 1497.34 万元，盐池分中心 674.31 万元，同心分中心 942.57 万，红寺堡分中心 363.10 万元，支付职工住房公积金利息 5526.91 万元，归集手续费 0 万元，委托贷款手续费 206.65 万元，其他 0 万元。

(三) 增值收益：2019 年，增值收益 4966.18 万元，同比增长 23.44%。其中，市中心 3095.22 万元，青铜峡分中心 730.67 万元，盐池分中心 272.89 万元，同心分中心 649.55 万元，红寺堡分中心 217.85 万元；增值收益率 1.35%，比上年增加 0.13 个百分点。

(四) 增值收益分配：2019 年，提取贷款风险准备金 354.36 万元，提取管理费用 1592.20 万元，提取城市廉租住房（公共租赁住房）建设补充资金 3019.62 万元。

2019 年，上交财政管理费用 1513.36 万元。上缴财政城市廉租住房（公共租赁住房）建设补充资金 2175.95 万元。其中，市中心上缴 837.74 万元，青铜峡分中心上缴 583.37 万元，盐池分中心上缴 254.15 万元，同心分中心上缴 365.34 万元，红寺堡分中心上缴 135.35 万元。

2019 年末，贷款风险准备金余额 3775.27 万元。累计提取城市廉租住房（公共租赁住房）建设补充资金 25125.02 万元。其中，市中心提取 10808.18 万元，青铜峡分中心提取 6826.25 万元，盐池分中心提取 2704.60 万元，同心分中心提取 3578.56 万元，红寺堡分中心提取 1207.43 万元。

(五) 管理费用支出：2019 年，管理费用支出 1280.93 万元，同比增长 23.48%。其中，人员经费 751.35 万元，公用经费 169.41 万元，专项经费 360.17 万元。市中心管理费用支出 783.21 万元，其中，人员、公用、专项经费分别为 295.86 万元、127.18 万元、360.17 万元；青铜峡分中心管理费用支出 249.14 万元，其中，人员、公用、专项经费分别为 226.57 万元、22.57 万元、0 万元；盐池分中心管理费用支出 82.68 万元，其中，人员、公用、专项经费分别为 76.32 万元、6.36 万元、0 万元；同心分中心管理费用支出 90 万元，其中，人员、公用、专项经费分别为 83.13 万元、6.87 万元、0 万元；红寺堡分中心管理费用支出 75.9 万元，其中，人员、公用、专项经费分别为 69.47 万元、6.43 万元、0 万元。

四、资产风险状况

(一) 个人住房贷款：2019 年末，个人住房贷款逾期额 70.33 万元，逾期率 0.30‰。其中，市中心 0.21‰，青铜峡分中心 0.91‰，盐池分中心 0‰，同心分中心 0.01‰，红寺堡分中心 1.07‰。

个人贷款风险准备金按（贷款余额）的 1.5% 提取。2019 年，提取个人贷款风险准备金 354.36 万元，使用个人贷款风险准备金核销呆坏账 16.35 万元。

2019 年末，个人贷款风险准备金余额 3775.27 万元，占个人住房贷款余额的 1.6%，个人住房贷款逾期额与个人贷款风险准备金余额的比率为 1.86%。

(二) 支持保障性住房建设试点项目贷款：2019 年末，逾期项目贷款 0 万元，逾期率 0‰。

项目贷款风险准备金按贷款余额的 0% 提取。2019 年，提取项目贷款风险准备金 0 万元，使用项目贷款风险准备金核销呆坏账 0 万元，项目贷款风险准备金余额 0 万元，占项目贷款余额的 0%，项目贷款逾期额与项目贷款风险准备金余额的比率为 0%。

五、社会经济效益

（一）缴存业务：2019 年，实缴单位数 1294 个、实缴职工人数 66539 人和缴存额 111296.25 万元，同比分别增长 4.52%、5.29% 和 5.91%。

缴存单位中，国家机关和事业单位占 59.66%，国有企业占 16.38%，城镇集体企业占 0.86%，外商投资企业占 0.31%，城镇私营企业及其他城镇企业占 19.94%，民办非企业单位和社会团体占 1%，其他占 1.85%。

缴存职工中，国家机关和事业单位占 59.81%，国有企业占 22.49%，城镇集体企业占 0.49%，外商投资企业占 0.08%，城镇私营企业及其他城镇企业占 16.21%，民办非企业单位和社会团体占 0.11%，其他占 0.81%；中、低收入占 100%，高收入占 0%。

新开户职工中，国家机关和事业单位占 37.83%，国有企业占 19.42%，城镇集体企业占 0.84%，外商投资企业占 0.39%，城镇私营企业及其他城镇企业占 34.77%，民办非企业单位和社会团体占 1.76%，其他占 4.99%；中、低收入占 100%，高收入占 0%。

（二）提取业务：2019 年，2.50 万名缴存职工提取住房公积金 7.91 亿元。

提取金额中，住房消费提取占 76.34%（购买、建造、翻建、大修自住住房占 20.50%，偿还购房贷款本息占 55.64%，租赁住房占 0.20%，其他占 0%）；非住房消费提取占 23.66%（离休和退休提取占 16.73%，完全丧失劳动能力并与单位终止劳动关系提取占 3.83%，出境定居占 2.29%，其他占 0.81%）。

提取职工中，中、低收入占 100%，高收入占 0%。

（三）贷款业务：

1. 个人住房贷款：2019 年，支持职工购建房 262046.68 万平方米，年末个人住房贷款市场占有率（含公转商贴息贷款）为 24.96%，比上年末减少 10.89 个百分点。通过申请住房公积金个人住房贷款，可节约职工购房利息支出 1167.01 万元。

职工贷款笔数中，购房建筑面积 90（含）平方米以下占 3.95%，90~144（含）平方米占 86%，144 平方米以上占 10.05%。购买新房占 72.87%（其中购买保障性住房占 0.10%），购买二手房占 25.01%，建造、翻建、大修自住住房占 0%，其他占 2.12%。

职工贷款笔数中，单缴存职工申请贷款占 27.46%，双缴存职工申请贷款占 72.54%，三人及以上缴存职工共同申请贷款占 0%。

贷款职工中，30 岁（含）以下占 34.58%，30 岁~40 岁（含）占 37.61%，40 岁~50 岁（含）占 20.45%，50 岁以上占 7.36%；首次申请贷款占 92.64%，二次及以上申请贷款占 7.36%；中、低收入占 100%，高收入占 0%。

2. 异地贷款：2019 年，发放异地贷款 419 笔、13736.5 万元。2019 年末，发放异地贷款总额 74978.30 万元，异地贷款余额 63095.50 万元。

3. 公转商贴息贷款：2019 年，发放公转商贴息贷款 0 笔、0 万元，支持职工购建住房面积 0 万平方米，当年贴息额 0 万元。2019 年末，累计发放公转商贴息贷款 0 笔、0 万元，累计贴息 0 万元。

4.支持保障性住房建设试点项目贷款：2019 年末，累计试点项目 0 个，贷款额度 0 亿元，建筑面积 0 万平方米，可解决 0 户中低收入职工家庭的住房问题。0 个试点项目贷款资金已发放并还清贷款本息。

（四）**住房贡献率**：2019 年，个人住房贷款发放额、公转商贴息贷款发放额、项目贷款发放额、住房消费提取额的总和与当年缴存额的比率为 117.77%，比上年减少 4.49 个百分点。

六、其他重要事项

（1）继续完善住房公积金门户网站、12329 服务热线、官方微信、手机 APP、网上业务大厅等综合服务平台，实现服务提档升级。

（2）积极开展托收业务，全面与各委托合作银行、缴存单位签订托收协议，有效提高业务离柜率，落实业务办理"不见面"。

（3）进一步规范了住房公积金使用政策。一是取消了单笔对冲还贷一年后办理"月冲"业务的时间限制，职工在办理单笔冲还贷业务时只需留存 6 个月的还贷额，即可同时签订"月冲"协议。二是在受理二手房贷款申请时，认定房屋买卖合同约定价格、税收完税证明价值较低者为房屋总价。三是取消单职工缴存家庭申请贷款时提供配偶工资收入证明及工资流水证明。四是确定了贷款额度占公积金余额比，职工申请贷款时，贷款额度不得超过本人、配偶及保证人公积金账户余额合计数的 20 倍。

（4）推进"互联网＋公积金"服务，以数据共享融合线上线下创新服务新模式，新增了网厅贷款预申请和手机 APP 提前还款等业务功能，做到让群众少跑腿甚至不跑腿。

（5）为深入贯彻"放管服"改革精神，盐池、同心、红寺堡分中心全部入驻政务服务大厅。实现了只进一扇门，一号一窗受理，一体办结的"集成式""一站式"服务新模式，做到了最多跑一次，方便了办事群众。

（6）开展住房公积金按月对冲业务，缴存职工可以利用缴存资金归还公积金贷款本息，减轻还款压力。

（7）提供智能化自助终端服务，通过识别缴存人员身份证信息，自助在线即可实时办结个人提取、提前还款、凭证打印等各项业务功能，实现"线上线下"一体化运行。

固原市住房公积金 2019 年年度报告

一、机构概况

（一）**住房公积金管理委员会**：固原市住房公积金管委会有 27 名委员。2019 年召开四届一次全体会议，审议修改了《固原市住房公积金管理委员会章程》，推选产生了第四届管委会委员，审议通过了《固原市 2018 年度住房公积金增值收益分配方案》《固原市住房公积金 2018 年年度报告》《固原市 2019 年住房公积金归集使用计划》，审议批准了《关于调整支付住房公积金业务承办银行委托手续费的请示》，听取了住房公积金管理服务情况汇报和2018年度住房公积金审计结果的报告。

（二）住房公积金管理中心：固原市住房公积金管理中心为固原市人民政府直属全额拨款事业法人单位，主要负责全市住房公积金的归集、管理、使用和会计核算。中心内设办公室、归集管理科、住房信贷科、审计稽核科，下设西吉、隆德、泾源、彭阳四个分中心。其中，从业人员38人，在编18人，非在编20人。

二、业务运行情况

（一）缴存：2019年，新开户单位81家，实缴单位1194家，净增加单位54家；新开户职工0.33万人，实缴职工5.96万人，净增职工0.64万人；当年缴存额10.80亿元，同比增长11.57%。2019年末，缴存总额81.63亿元，比上年末增加15.25%；缴存余额33.13亿元，比上年末增加12.31%。

受委托办理住房公积金缴存业务的银行11家，与上年保持一致。

（二）提取：2019年，提取额7.16亿元，同比下降3.76%，占当年缴存额的66.29%，比上年减少10.57个百分点。2019年末，提取总额48.49亿元，比上年末增加17.32%。

（三）贷款：个人住房贷款最高额度为70万元，其中，单缴存职工最高额度50万元，双缴存职工最高额度70万元。

2019年，发放个人住房贷款0.21万笔、7.75亿元，同比分别增长16.66%和23.80%。其中，市中心发放个人住房贷款0.13万笔、4.93亿元，西吉分中心发放个人住房贷款0.03万笔、0.95亿元，隆德分中心发放个人住房贷款0.01万笔、0.51亿元，泾源分中心发放个人住房贷款0.01万笔、0.39亿元，彭阳分中心发放个人住房贷款0.03万笔、0.97亿元。

2019年，回收个人住房贷款3.45亿元，其中，市中心2.16亿元，西吉分中心0.53亿元，隆德分中心0.24亿元，泾源分中心0.18亿元，彭阳分中心0.34亿元。

2019年末，累计发放个人住房贷款2.8万笔、52亿元，贷款余额26.81亿元，同比分别增长8.10%、17.51%、19.10%。个人住房贷款余额占缴存余额的80.92%，比上年末增加4.61个百分点。

受委托办理住房公积金贷款业务的银行11家，与上年保持一致。

（四）资金存储：2019年末，住房公积金存款6.73亿元。其中：活期存款0.05亿元，1年（含）以内定期5.88亿元，1年以上定期0.60亿元，其他（协定、通知存款等）0.20亿元。

（五）资金运用率：2019年末，住房公积金个人住房贷款余额占缴存余额的80.92%，比上年末增加4.61个百分点。

三、主要财务数据

（一）业务收入：2019年，业务收入9246.48万元，同比增长9.14%。其中：存款利息1483.15万元，委托贷款利息7761.35万元，其他1.98万元。

（二）业务支出：2019年，业务支出4935.40万元，同比增长4.87%。支付职工住房公积金利息4606.55万元，委托贷款手续费支出305.63万元，其他支出23.22万元。

（三）增值收益：2019年，增值收益4311.08万元，同比增长14.48%。增值收益率为1.36%，同比增长0.01个百分点。

(四) 增值收益分配：2019 年，提取贷款风险准备金 615.83 万元；提取管理费用 695.25 万元；提取城市廉租住房（公共租赁住房）建设补充资金 3000.00 万元。

2019 年，上交财政管理费用 685 万元。上缴财政城市廉租住房（公共租赁住房）建设补充资金 2800.00 万元。

2019 年末，贷款风险准备金余额 2867.84 万元；累计提取城市廉租住房（公共租赁住房）建设补充资金 19853.90 万元。其中，市中心提取 10273.04 万元，西吉分中心提取 3806.89 万元，隆德分中心提取 2206.31 万元，泾源分中心提取 1227.39 万元，彭阳分中心提取 2340.27 万元。

(五) 管理费用支出：2019 年，管理费用支出 369.39 万元，同比增长 12.50%。其中：人员经费 354.00 万元，公用经费 15.39 万元。

四、资产风险状况

2019 年末，个人住房贷款逾期额 193.95 万元，逾期率 0.72‰。其中，市中心 0.72‰，西吉分中心 0.10‰，泾源分中心 2.19‰，彭阳分中心 1.25‰。

个人贷款风险准备金按贷款余额的 1‰ 提取，2019 年，提取个人贷款风险准备金 615.83 万元，个人贷款风险准备金余额为 2867.84 万元，占个人住房贷款余额 1.06%，个人贷款逾期额与个人贷款风险准备金余额的比率为 6.76%。

五、社会经济效益

(一) 缴存业务：2019 年，实缴单位数、实缴职工人数和缴存额同比分别增长 4.73%、12.03% 和 11.57%。

缴存单位中，国家机关和事业单位占 79.16%，国有企业占 9.63%，城镇集体企业占 0.58%，城镇私营企业及其他城镇企业占 7.70%，民办非企业单位和社会团体占 2.01%，其他占 0.92%。

缴存职工中，国家机关和事业单位占 77.01%，国有企业占 14.76%，城镇集体企业占 2.74%，城镇私营企业及其他城镇企业占 4.09%，民办非企业单位和社会团体及其他占 0.61%，其他占 0.79%。中、低收入占 100%。

新开户职工中，国家机关和事业单位占 45.66%，国有企业占 30.34%，城镇集体企业占 1.65%，城镇私营企业及其他城镇企业占 19.02%；民办非企业单位和社会团体占 0.89%，其他占 2.44%。中、低收入占 100%。

(二) 提取业务：2019 年，1.62 万名缴存职工提取住房公积金 7.16 亿元。

提取金额中，住房消费提取占 83.91%（购买、建造、翻建、大修自住住房占 22.17%，偿还购房贷款本息占 60.18%，租赁住房占 1.56%）；非住房消费提取占 16.09%（离休和退休提取占 13.37%，完全丧失劳动能力并与单位终止劳动关系等提取占 0.21%，其他占 2.51%）。提取职工中、中、低收入占 100%。

(三) 贷款业务：

1. 个人住房贷款：2019 年，支持职工购建房 27.11 万平方米，年末个人住房贷款市场占有率为 39.05%，比上年增加 1.69 个百分点。通过申请住房公积金个人住房贷款，可节约职工购房利息支出

11313.00 万元。

职工贷款笔数中，购房建筑面积 90（含）平方米以下占 2.57%，90～144（含）平方米占 88.42%，144 平方米以上占 9.01%。购买新房占 82.12%（其中购买保障性住房为零），购买二手房占 16.20%，其他占 1.68%。

职工贷款笔数中，单缴存职工申请贷款占 64.80%，双缴存职工申请贷款占 35.20%。

贷款职工中，30 岁（含）以下占 40.15%，30 岁～40 岁（含）占 39.36%，40 岁～50 岁（含）占 15.17%，50 岁以上占 5.32%；首次申请贷款占 86.69%，二次及以上申请贷款占 13.31%；中、低收入占 100%。

2. 异地贷款：2019 年，发放异地贷款 289 笔、11045.30 万元。2019 末，发放异地贷款总额 46987.60 万元，异地贷款余额 33761.39 万元。

（四）住房公积金贡献率：2019 年，个人住房贷款发放额、住房消费提取额的总和与当年缴存额的比率为 127.41%，比上年减少 0.7 个百分点。

六、其他重要事项

（一）当年住房公积金政策调整情况及执行情况：缴存比例和缴存限额：2019 年度职工住房公积金最高缴存基数以固原市统计局公布的在岗职工平均工资为标准确定，最低缴存基数以自治区人民政府公布的最低工资为标准确定，缴存比例为 5%～12%，最高缴存额 4640.40 元（个人和单位），最低缴存额 148.00 元（个人和单位）。职工缴存的住房公积金均按一年期存款利率 1.50% 计息。单缴存职工贷款最高额度 50 万元，双缴存职工贷款最高额度 70 万元。贷款最长年限 30 年。5 年（含）以下年利率 2.75%，5 年以上年利率 3.25%。

（二）当年服务改进情况：举办了以"强化政务服务、优化营商环境"为主题的"政府开放日"活动，提高住房公积金政策的知晓率和管理服务的透明度。进一步优化住房公积金业务流程，取消和精简了部分证明材料；缩短了住房公积金提取和贷款办理时限，提取资金基本实现了即时到账；全面进驻新建的市政务服务中心，在全区率先开展了"163"政务服务模式和"一门一窗一网"通办业务及延时、预约服务，便民利民惠民机制得到进一步完善和升华。

（三）当年信息化建设情况：在自治区政务云中心（中卫）建成了住房公积金异地容灾备份系统，顺利实施了住房公积金管理信息系统网络安全等级保护测评项目、全国税务数据报送管理平台、机房供电设备及环境监控系统、住房公积金管理信息应用系统服务器及网络设备、住房公积金综合服务平台运营服务外包项目，住房公积金网上业务大厅全面推开，"互联网＋住房公积金服务"及"不见面，马上办"要求逐步落实落地。

（四）当年住房公积金管理中心及职工所获荣誉情况：2019 年，市住房公积金管理中心被市精神文明建设指导委员会继续确认为"固原市文明单位"，被市政务服务中心评为优质服务"红旗窗口"。6 名职工被市政务服务中心评为年度考核"优秀"等次。

中卫市住房公积金 2019 年年度报告

一、机构概况

（一）**住房公积金管理委员会**：2019年住房公积金管理委员会有22名委员，召开会议1次，审议通过的事项主要包括：一是审议通过《关于全市2018年住房公积金归集使用计划完成情况暨2019年归集使用计划的报告》；二是审议通过《关于全市2018年住房公积金业务收支决算暨2019年业务收支预算的报告》；三是审议通过《中卫市住房公积金2018年年度报告》。

（二）**住房公积金管理中心**：住房公积金管理中心为市人民政府直属不以营利为目的的正处级全额拨款事业单位，设5个科室2个分中心。从业人员42人，其中，在编26人，非在编16人。

二、业务运行情况

（一）**缴存**：2019年，新开户单位62家，实缴单位934家，净增单位33家；新开户职工6552人，实缴职工66234人；缴存额9.04亿元，同比增长20.05%。2019年末，累计缴存59.43亿元，同比增长17.94%；缴存余额25.73亿元，同比增长16.80%。

受委托办理住房公积金缴存业务的银行13家，与上年相同。

（二）**提取**：2019年，提取额5.34亿元，同比增长6.8%；占当年缴存额的59.07%，比上年减少7.33个百分点。2019年末，提取总额33.70亿元，同比增长18.83%。

（三）**贷款**：

1. 个人住房贷款：个人住房贷款最高额度70万元，其中，单缴存职工最高额度50万元，双缴存职工最高额度70万元。

2019年，发放个人住房贷款1383笔、4.84亿元，同比分别增长-5.73%、0.62%。其中，市中心发放个人住房贷款874笔、3.13亿元，中宁分中心发放个人住房贷款256笔、0.82亿元，海原分中心发放个人住房贷款253笔、0.89亿元。

2019年，回收个人住房贷款4.04亿元。其中，市中心2.61亿元，中宁分中心0.73亿元，海原分中心0.70亿元。

2019年末，累计发放个人住房贷款19062笔、39.14亿元，贷款余额18.59亿元，同比分别增长7.82%、14.08%、4.44%。个人住房贷款余额占缴存余额的72.25%，比上年减少8.56个百分点。

受委托办理住房公积金个人住房贷款业务的银行8家，比上年减少3家。

2. 住房公积金支持保障性住房建设项目贷款：无。

（四）**购买国债**：无。

（五）**融资**：无。

（六）**资金存储**：2019年末，住房公积金存款7.71亿元。其中，活期0.31亿元，1年（含）以下定期3.26亿元，1年以上定期4.14亿元。

（七）**资金运用率**：2019年末，住房公积金个人住房贷款余额、项目贷款余额和购买国债余额的总和占缴存余额的 72.25%，比上年减少 8.56 个百分点。

三、主要财务数据

（一）业务收入：2019 年，业务收入 7128.67 万元，同比增长 2.59%。其中：市中心 4276.18 万元，中宁分中心 1651.93 万元，海原分中心 1200.56 万元；存款利息 1317.03 万元，委托贷款利息 5810.72 万元，其他 0.92 万元。

（二）业务支出：2019 年，业务支出 4067.54 万元，同比增长 23.14%。其中：市中心 1720.16 万元，中宁分中心 1289.48 万元，海原分中心 1057.90 万元；支付职工住房公积金利息 3853.68 万元，委托贷款手续费 171.20 万元，其他 42.66 万元。

（三）增值收益：2019 年，增值收益 3061.13 万元，同比增长－16.03%。其中：市中心 2556.01 万元，中宁分中心 362.45 万元，海原分中心 142.67 万元；增值收益率 1.29%，比上年增加－0.48 个百分点。

（四）增值收益分配：2019 年，提取贷款风险准备金 198.91 万元，提取管理费用 762.22 万元，提取城市廉租住房（公共租赁住房）建设补充资金 2100 万元。

2019 年，上交财政管理费用 681.25 万元。上缴财政城市廉租住房（公共租赁住房）建设补充资金 2850 万元。其中：市中心上缴 1160 万元，中宁分中心上缴中宁县财政 930 万元，海原分中心上缴海原县财政 760 万元。

2019 年末，贷款风险准备金余额 1987.56 万元。累计提取城市廉租住房（公共租赁住房）建设补充资金 14636 万元。其中：市中心提取 6145.19 万元，中宁分中心提取 4544.85 万元，海原分中心提取 3945.96 万元。

（五）管理费用支出：2019 年，管理费用支出 657.11 万元，同比增加 10.91%。其中：人员经费 489.85 万元，公用经费 111.68 万元，专项经费 55.58 万元。

四、资产风险状况

（一）个人住房贷款：2019 年末，个人住房贷款逾期额 84.15 万元，逾期率 0.45‰。其中，市中心 0.5‰，中宁分中心 0.73‰，海原分中心 0‰。

2019 年，按照贷款余额的 1% 提取个人贷款风险准备金 198.91 万元，使用个人贷款风险准备金核销呆坏账 0 万元。2019 年末，个人贷款风险准备金余额 1987.56 万元，占个人住房贷款余额的 1.07%，个人住房贷款逾期额与个人贷款风险准备金余额的比率为 4.23%。

（二）支持保障性住房建设试点项目贷款：无。

（三）历史遗留风险资产：无。

五、社会经济效益

（一）缴存业务：2019 年，实缴单位数、实缴职工人数和缴存额同比分别增长 0.37%、2.37% 和 20.05%。

缴存单位中，国家机关和事业单位占 63.70%，国有企业占 9.53%，城镇集体企业占 0.32%，外商投资企业占 0.22%，城镇私营企业及其他城镇企业占 24.73%，民办非企业单位和社会团体占 0.96%，其他占 0.43%。

缴存职工中，国家机关和事业单位占 48.27%，国有企业占 12.67%，城镇集体企业占 0.79%，外商投资企业占 0.08%，城镇私营企业及其他城镇企业占 37.73%，民办非企业单位和社会团体占 0.09%，其他占 0.37%；中、低收入占 99.89%，高收入占 0.11%。

新开户职工中，国家机关和事业单位占 24.01%，国有企业占 14.01%，城镇集体企业占 0.98%，外商投资企业占 0.2%，城镇私营企业及其他城镇企业占 59.74%，民办非企业单位和社会团体占 0.09%，其他占 0.97%；中、低收入占 99.88%，高收入占 0.12%。

（二）提取业务：2019 年，16531 名缴存职工提取住房公积金 5.34 亿元。

提取金额中，住房消费提取占 80.92%（购买、建造、翻建、大修自住住房占 15.5%，偿还购房贷款本息占 59.2%，租赁住房占 6.22%）；非住房消费提取占 19.08%（离休和退休提取占 11.69%，完全丧失劳动能力并与单位终止劳动关系提取占 3.39%，其他占 4%）。

提取职工中，中、低收入占 99.9%，高收入占 0.1%。

（三）贷款业务：

1. 个人住房贷款：2019 年，支持职工购建房 17.42 万平方米，年末个人住房贷款市场占有率为 27.51%，比上年下降 0.84 个百分点。通过申请住房公积金个人住房贷款，可节约职工购房利息支出 10703.98 万元。

职工贷款笔数中，购房建筑面积 90（含）平方米以下占 3.40%，90～144（含）平方米占 85.46%，144 平方米以上占 11.14%。购买新房占 82.28%（其中购买保障性住房占 0%），购买二手房占 15.91%，建造、翻建、大修自住住房占 0%，其他占 1.81%。

职工贷款笔数中，单缴存职工申请贷款占 25.60%，双缴存职工申请贷款占 73.03%，三人及以上缴存职工共同申请贷款占 1.37%。

贷款职工中，30 岁（含）以下占 44.61%，30 岁～40 岁（含）占 33.48%，40 岁～50 岁（含）占 15.76%，50 岁以上占 6.15%；首次申请贷款占 89.80%，二次及以上申请贷款占 10.20%；中、低收入占 99.78%，高收入占 0.22%。

2. 异地贷款：2019 年，发放异地贷款 148 笔、5280.00 万元。截至 2019 年末，共发放异地贷款总额 61902.50 万元，异地贷款余额 34392.89 万元。

3. 公转商贴息贷款：无。

4. 支持保障性住房建设试点项目贷款：无。

（四）住房贡献率：2019 年，个人住房贷款发放额、公转商贴息贷款发放额、项目贷款发放额、住房消费提取额的总和与当年缴存额的比率为 101.33%，比上年减少 13.28 个百分点。

六、其他重要事项

（一）受委托办理住房公积金个人住房贷款业务的银行比上年减少 3 家，分别是工商银行中卫支行、中宁支行，中国银行中卫分行。

（二）2019 年 8 月 20 日恢复以下贷款业务：一是恢复本市缴存职工异地购房在本市贷款业务。本市缴存职工在银川市购房的,可自主选择在购房地或本市申请住房公积金贷款。购买二手房的贷款比例执行50%,贷款资金划拨入售房人账户,其他政策均与本市购房贷款政策一致;二是恢复住房商业贷款转住房公积金贷款业务。对本市缴存职工在市辖区内购买住房办理了商业贷款且已办理了房屋所有权证的缴存职工,可以申请将住房商业贷款转为住房公积金贷款。办理流程为:职工先提交贷款申请资料,经住房公积金中心受理审核审批,审批通过后职工自筹资金结清商业贷款,办理房屋抵押登记手续,住房公积金中心依据抵押物登记和商业贷款结清凭证发放贷款。

(三)确定 2019 年我市缴存人员(职工)最低和最高缴存基数。(1)根据自治区最低工资标准,确定 2019 年我市住房公积金最低缴存基数为:沙坡头区、中宁县(二类区)每人每月 1560 元,海原县(三类区)每人每月 1480 元。(2)根据市统计局 2018 年全市经济要情公报,全市城镇在岗职工 2018 年社会年平均工资为 79047 元,按照国家和自治区有关规定,我市 2019 年单位和职工住房公积金月缴存最高基数确定为:$79047 \times 3 \div 12 = 19761$ 元,月最高缴存额为:$19761 \times 12\% \times 2 = 4743$ 元。

(四)当年继续保持"区级文明单位"称号。

2019 全国住房公积金年度报告汇编

新疆维吾尔自治区

乌鲁木齐

克拉玛依市

吐鲁番市

哈密市

昌吉回族自治州

博尔塔拉蒙古自治州

巴音郭楞蒙古自治州

阿克苏地区

克孜勒苏柯尔克孜自治州

喀什地区

和田地区

伊犁哈萨克自治州

塔城地区

阿勒泰地区

新疆维吾尔自治区住房公积金 2019 年年度报告

一、机构概况

（一）住房公积金管理机构：全区共设 14 个设区城市住房公积金管理中心，2 个独立设置的石油行业分中心。从业人员 1185 人，其中，在编 749 人，非在编 436 人。

（二）住房公积金监管机构：自治区住房城乡建设厅、自治区财政厅和中国人民银行乌鲁木齐中心支行负责对本区住房公积金管理运行情况进行监管。自治区住房城乡建设厅设立住房公积金监管处，负责辖区住房公积金日常监管工作。

二、业务运行情况

（一）缴存：2019 年，新开户单位 4338 家，实缴单位 34411 家，净增单位 2245 家；新开户职工 24.67 万人，实缴职工 217.43 万人，净增职工 9.22 万人；缴存额 421.40 亿元，同比增长 13.51%。2019 年末，缴存总额 3145.07 亿元，比上年末增加 15.47%；缴存余额 1230.94 亿元，比上年末增加 11.64%。

（二）提取：2019 年，提取额 293.03 亿元，同比增长 22.34%；占当年缴存额的 69.54%，比上年增加 5.02 个百分点。2019 年末，提取总额 1914.12 亿元，比上年末增加 18.08%。

（三）贷款：

1. 个人住房贷款：2019 年，发放个人住房贷款 7.35 万笔、250.92 亿元，同比增长 38.16%、58.01%。回收个人住房贷款 124.15 亿元。

2019 年末，累计发放个人住房贷款 93.28 万笔、1708.53 亿元，贷款余额 884.50 亿元，分别比上年末增加 8.55%、17.21%、16.73%。个人住房贷款余额占缴存余额的 71.86%，比上年末增加 3.14 个百分点。

2. 住房公积金支持保障性住房建设项目贷款：2019 年，未发放支持保障性住房建设项目贷款，回收项目贷款 0 亿元。2019 年末，累计发放项目贷款 44.05 亿元，累计回收项目贷款 44.05 亿元，项目贷款余额 0 亿元。

（四）购买国债：2019 年，未购买（记账式、凭证式）国债，兑付国债 0.29 亿元。2019 年末，国债余额 0.26 亿元，比上年末减少 0.29 亿元。

（五）融资：2019 年，融资 0 亿元，归还 0 亿元。2019 年末，融资总额 3 亿元，融资余额 0 亿元。

（六）资金存储：2019 年末，住房公积金存款 361.04 亿元。其中，活期 18.03 亿元，1 年（含）以下定期 100.20 亿元，1 年以上定期 227.36 亿元，其他（协定、通知存款等）15.45 亿元。

（七）资金运用率：2019 年末，住房公积金个人住房贷款余额、项目贷款余额和购买国债余额的总和占缴存余额的 71.88%，比上年末增加 3.11 个百分点。

三、主要财务数据

（一）业务收入：2019 年，业务收入 368060.51 万元，同比增长 19.47%。其中，存款利息 98065.16

万元，委托贷款利息 266327.51 万元，国债利息 195.62 万元，其他 3472.22 万元。

（二）业务支出：2019 年，业务支出 181135.90 万元，同比增长 15.39%。其中，支付职工住房公积金利息 172458.54 万元，归集手续费 20.47 万元，委托贷款手续费 6877.52 万元，其他 1779.37 万元。

（三）增值收益：2019 年，增值收益 186924.61 万元，同比增长 23.71%；增值收益率 1.59%，比上年增加 0.13 个百分点。

（四）增值收益分配：2019 年，提取贷款风险准备金 29224.88 万元，提取管理费用 27951.09 万元，提取城市廉租住房（公共租赁住房）建设补充资金 129748.64 万元。

2019 年，上缴财政管理费用 31566.44 万元，上缴财政城市廉租住房（公共租赁住房）建设补充资金 103417.85 万元。

2019 年末，贷款风险准备金余额 210314.39 万元，累计提取城市廉租住房（公共租赁住房）建设补充资金 793383.45 万元。

（五）管理费用支出：2019 年，管理费用支出 24397.60 万元，同比增长 6.21%。其中，人员经费 14642.03 万元，公用经费 3871.90 万元，专项经费 5883.67 万元。

四、资产风险状况

个人住房贷款：2019 年末，个人住房贷款逾期额 3275.22 万元，逾期率 0.37‰。

2019 年，提取个人贷款风险准备金 29224.88 万元，使用个人贷款风险准备金核销呆坏账 0 万元。2019 年末，个人贷款风险准备金余额 210314.39 万元，占个人贷款余额的 2.38%，个人贷款逾期额与个人贷款风险准备金余额的比率为 1.56%。

五、社会经济效益

（一）缴存业务：2019 年，实缴单位数、实缴职工人数和缴存额增长率分别为 6.98%、4.43% 和 13.51%。

缴存单位中，国家机关和事业单位占 54.70%，国有企业占 11.83%，城镇集体企业占 2.59%，外商投资企业占 0.65%，城镇私营企业及其他城镇企业占 21.58%，民办非企业单位和社会团体占 1.86%，其他占 6.79%。

缴存职工中，国家机关和事业单位占 57.63%，国有企业占 24.40%，城镇集体企业占 1.49%，外商投资企业占 0.71%，城镇私营企业及其他城镇企业占 11.38%，民办非企业单位和社会团体占 0.91%，其他占 3.48%；中、低收入职工占 97.56%，高收入职工占 2.44%。

新开户职工中，国家机关和事业单位占 50.86%，国有企业占 16.26%，城镇集体企业占 1.97%，外商投资企业占 1.04%，城镇私营企业及其他城镇企业占 21.79%，民办非企业单位和社会团体占 1.52%，其他占 6.56%；中、低收入职工占 99.65%，高收入职工占 0.35%。

（二）提取业务：2019 年，78.20 万名缴存职工提取住房公积金 293.03 亿元。

提取金额中，住房消费提取占 78.46%（购买、建造、翻建、大修自住住房占 36.71%，偿还购房贷款本息占 39.80%，租赁住房占 1.80%，其他占 0.15%）；非住房消费提取占 21.54%（离休和退休提取占 14.91%，完全丧失劳动能力并与单位终止劳动关系提取占 5.68%，出境定居占 0.01%，其他占 0.94%)。

提取职工中，中、低收入占 97.13%，高收入占 2.87%。

(三) 贷款业务：

1. 个人住房贷款：2019 年，支持职工购建房 855.37 万平方米。年末个人住房贷款市场占有率（含贴息贷款）为 29.79%，比上年末减少 0.5 个百分点。通过申请住房公积金个人住房贷款，累计节约职工购房利息支出 455423.47 万元。

职工贷款笔数中，购房建筑面积 90（含）平方米以下占 14.14%，90~144（含）平方米占 77.38%，144 平方米以上占 8.48%。购买新房占 74.97%（其中购买保障性住房占 0.02%），购买二手房占 24.55%，建造、翻建、大修自住住房占 0.01%，其他占 0.47%。

职工贷款笔数中，单缴存职工申请贷款占 65.60%，双缴存职工申请贷款占 34.40%，三人及以上缴存职工共同申请贷款占 0%。

贷款职工中，30 岁（含）以下占 42.39%，30 岁~40 岁（含）占 36.13%，40 岁~50 岁（含）占 17.46%，50 岁以上占 4.02%；首次申请贷款占 81.86%，其他申请贷款占 18.14%；中、低收入职工占 97.62%，高收入职工占 2.38%。

2. 异地贷款：2019 年，发放异地贷款 2772 笔、116881.24 万元。2019 年末，发放异地贷款总额 461083.13 万元，异地贷款余额 225421.42 万元。

3. 贴息贷款：2019 年，发放贴息贷款 2760 笔、170972.99 万元，支持职工购建房面积 31.30 万平方米。当年贴息额 566.34 万元。2019 年末，累计发放贴息贷款 3448 笔、187972.99 万元，累计贴息 1407.03 万元。

4. 住房公积金支持保障性住房建设项目贷款：2019 年末，全区有住房公积金试点城市 4 个，试点项目 32 个，贷款额度 44.05 亿元，建筑面积 608.28 万平方米，可解决 60055 户中低收入职工家庭的住房问题。32 个试点项目贷款资金已发放并还清贷款本息。

(四) 住房贡献率：2019 年，个人住房贷款发放额、贴息贷款发放额、项目贷款发放额、住房消费提取额的总和与当年缴存额的比率为 118.17%，比上年增加 25.04 个百分点。

六、其他重要事项

(一) 当年住房公积金政策落实情况。

1. 落实"五大国标"，规范全区政策，优化服务流程

2019 年，我区严格执行住房和城乡建设部住房公积金《归集业务标准》《提取业务标准》《个人住房贷款业务规范》《资金管理业务标准》《基础数据标准》五项国家标准，进一步规范了各项业务工作。

一是以建立"租购并举"住房制度为目标，优先支持租房提取，重点支持购买首套普通自住住房，积极支持新市民住房刚性需求，严禁发放第三次住房公积金贷款，严控使用住房公积金用于投机性炒房。

二是按照"政策合规、管理规范、防控有力、服务高效"的原则，对政策执行情况进行全面梳理。按照住房和城乡建设部要求取消装修、大病、上学、物业费等非住房类消费提取；编印《住房公积金管理文件汇编》供各地学习使用，进一步提高规范化管理水平。

2. 石油行业机构"四统一"工作有效推进

在自治区人民政府的推动下，自治区住房城乡建设厅会同财政厅、审计厅、中国人民银行乌鲁木齐中心支行、新疆银保监局等部门依法依规，有效推进我区石油行业住房公积金"四统一"工作。

3. 开展既有住宅加装电梯使用住房公积金试点工作

经住房和城乡建设部批准，在乌鲁木齐市启动了既有住宅加装电梯使用住房公积金试点工作。

4. 开展各项住房公积金课题研究

一是成立新市民缴存住房公积金课题组，研究建立住房公积金自愿缴存机制，为下一步扩大制度惠及面工作奠定基础。

二是成立住房公积金司法联动机制课题组，与自治区高级人民法院共同规范涉及住房公积金的民事诉讼案件的执行。

（二）当年信息化建设情况。

1. 大力推进共享平台建设。 积极推进与公安、民政、市场监管、人社、税务、人民银行、法院等相关部门的数据共享。阿勒泰地区、乌鲁木齐、克拉玛依、巴州等中心与当地房地产交易部门进行联网，实现数据资源的整合。

2. 首批完成数据报送工作。 在全国第八家完成接入全国住房公积金数据平台工作；在全国首批完成"支付宝小程序"查询住房公积金试点工作。

3. 完善信息安全管控平台。 聘请第三方专业机构对业务系统和综合服务平台进行软件功能测试；开展网络安全攻防演练和信息安全等级保护测评工作，提高抵御信息安全风险的能力。

4. 创新"非现场"监管手段。 制定《自治区住房公积金监管系统基础数据标准》，率先建设省级监管平台，实现"智慧监管、掌上监管"。各中心报送的数据报表减少80％以上，有效落实了"基层减负年"的要求，在全国住房公积金资金管理培训会上做经验交流。

（三）当年开展监督检查情况。建立"中心自查、交叉互查、专项督察"三位一体、优势互补的风险防控检查体系。一是各中心充分发挥住房和城乡建设部电子稽查工具作用，每月对业务运行情况进行扫描，发现问题第一时间进行处置。二是2019年7月组织开展全区交叉互查工作，既是对受检中心的一次全面体检，也是一次共同交流学习。自治区住房城乡建设厅与住房和城乡建设部干部学院共同举办培训班，对问题整改工作进行培训指导。三是自治区住房城乡建设厅组织专家对塔里木油田、吐哈油田分中心进行了专项检查。

（四）当年服务改进情况。

一是全区住房公积金综合业务离柜率达74％，截至2019年底，全区住房公积金综合服务平台网站站群访问量突破2244万次；开通网上业务大厅的实缴单位3.39万家，占3.44万家实缴单位的98.55％；注册使用"手机公积金"APP人数123.5万，占217.43万实缴职工的56.80％；12329服务热线提供咨询服务616.7万次，用户满意度为99.68％。

二是按照"减证便民"工作部署，本着能减则减的原则，取消提取业务纸质申请书、二手房评估、租房提取合同、收入证明等各类证明事项20多项。

（五）当年宣传工作开展情况。2019年，宣传工作全面发力，及时发布住房公积金政策、主动回应社会关切，与中国建设报、新疆日报、新疆广播电视台等新闻媒体共同建立住房公积金全媒体宣传渠道。

《中国建设报》在头版及主要版面刊发新疆住房公积金消息5篇；《住房公积金研究》杂志、《新疆日报》、新疆广播电视台、自治区政府网、天山网等省级媒体刊报宣传稿20余篇。其中，《住房公积金研究》专题刊发了我区住房公积金信息化建设、管理服务工作情况、制度建设成果等。"新疆住房公积金"微信公众号作为新疆住房公积金行业宣传的主阵地，策划发布了"新年新征程"寄语、"壮丽70年，奋进新时代"国庆献礼等主题报道，阅读量和转发量屡创新高。

2019年末，"新疆住房公积金"微信公众号累计推送67期375篇文章，累计阅读量420.7万次，朋友圈转发15.4万次，关注人数超过93万。

（六）当年住房公积金机构及从业人员所获荣誉情况。 2019年，克州住房公积金管理中心主任杜鹏获得"全国民族团结进步模范个人"荣誉称号；博州住房公积金管理中心荣获自治区级"文明单位"、自治区级"政风行风示范窗口单位"、自治区级"民族团结进步示范单位"。

乌鲁木齐住房公积金2019年年度报告

一、机构概况

（一）住房公积金管理委员会有29名委员，2019年召开2次会议，审议通过的事项主要包括：

(1) 审议《关于乌鲁木齐住房公积金2018年年度报告事宜》；

(2) 审议《关于2018年度住房公积金各项计划完成情况暨2019年度归集、使用、收益分配计划事宜》；

(3) 审议《关于调整乌鲁木齐住房公积金管理委员会委员事宜》；

(4) 审议《关于中心聘用人员使用管理情况报告事宜》；

(5) 审议《关于中心贷款政策调整事宜》；

(6) 审议《关于住房公积金云平台业务系统统招分签事宜》；

(7) 审议《关于乌鲁木齐既有多层住宅增设电梯提取住房公积金支付个人分摊费用事宜》；

(8) 审议《关于开展住房公积金贴息贷款的请示事宜》；

(9) 审议《关于拟调整乌鲁木齐住房公积金管理委员会委员的请示》；

(10) 审议《关于拟调整住房公积金提取政策的请示》；

(11) 审议《关于拟调整个人住房公积金贷款额度计算公式的请示》；

(12) 审议《关于拟调整个人住房公积金贷款政策的请示》；

(13) 审议《关于拟调整个人住房公积金贷款政策的请示》；

(14) 审议《关于拟增加新疆天山农村商业银行承办乌鲁木齐个人住房公积金贷款业务的请示》。

（二）住房公积金管理中心：住房公积金管理中心为隶属于市人民政府不以营利为目的的自收自支事业单位，设9个处室，8个管理部2个分中心。从业人员178人，其中，在编118人，非在编60人。

二、业务运行情况

（一）缴存：2019年，新开户单位2075家，实缴单位9247家，净增单位1519家；新开户职工7.56万人，实缴职工62.10万人，净增职工2.57万人；缴存额125.82亿元，同比增长9.55%。2019年末，缴存总额1010.18亿元，比上年末增加14.23%；缴存余额368亿元，比上年末增加8.49%。

受委托办理住房公积金缴存业务的银行5家，同上年保持一致。

（二）提取：2019年，提取额97.01亿元，同比增长10.57%；占当年缴存额的77.10%，比上年增加0.7个百分点。2019年末，提取总额642.18亿元，同比增长17.79%。

（三）贷款：

个人住房贷款：个人住房贷款最高额度70万元，其中，单缴存职工最高额度70万元，双缴存职工最高额度70万元。

2019年，发放个人住房贷款2.03万笔、101.63亿元，同比分别增长17.34%、60.58%。

2019年，回收个人住房贷款43.06亿元。2019年末，累计发放个人住房贷款23.36万笔、599.33亿元，贷款余额358.78亿元，同比分别增长9.52%、20.42%、19.51%。个人住房贷款余额占缴存余额的97.49%，比上年增加8.98个百分点。

受委托办理住房公积金个人住房贷款业务的银行8家，比上年增加1家。

（四）资金存储：2019年末，住房公积金存款12.39亿元。其中，活期3.34亿元，1年（含）以下定期0亿元，1年以上定期9.05亿元，其他（协定、通知存款等）0亿元。

（五）资金运用率：2019年末，住房公积金个人住房贷款余额、项目贷款余额和购买国债余额的总和占缴存余额的97.49%，比上年增加8.98个百分点。

三、主要财务数据

（一）业务收入：2019年，业务收入118315.78万元，同比增长12.24%。其中，存款利息7683.91万元，委托贷款利息110617.95万元，国债利息0万元，其他13.92万元。

（二）业务支出：2019年，业务支出58834.23万元，同比增长17.34%。其中，支付职工住房公积金利息54195.82万元，归集手续费0万元，委托贷款手续费2960.44万元，其他1677.97万元。

（三）增值收益：2019年，增值收益59481.55万元，同比下降0.86%。其中，增值收益率1.67%，比上年下降0.5个百分点。

（四）增值收益分配：2019年，提取贷款风险准备金5857.10万元，提取管理费用4188.93万元，提取城市廉租住房（公共租赁住房）建设补充资金49435.52万元。

2019年，上缴财政管理费用4102.26万元。上缴财政城市廉租住房（公共租赁住房）建设补充资金42002.67万元。

2019年末，贷款风险准备金余额35877.83万元。累计提取城市廉租住房（公共租赁住房）建设补充资金383855.33万元。

（五）管理费用支出：2019年，管理费用支出4021.02万元，同比上升4.80%。其中，人员经费2355.95万元，公用经费337.78万元，专项经费1327.29万元。

中心管理费用支出3198.07万元,其中,人员、公用、专项经费分别为1766.14万元、264.78万元、1167.15万元;自治区机关事业单位分中心管理费用支出361.37万元,其中,人员、公用、专项经费分别为239.82万元、30.20万元、91.35万元;铁路局分中心管理费用支出461.58万元,其中,人员、公用、专项经费分别为349.99万元、42.80万元、68.79万元。

四、资产风险状况

个人住房贷款:2019年末,个人住房贷款逾期额1508.45万元,逾期率0.42‰。

个人贷款风险准备金按贷款余额的1%提取。2019年,提取个人贷款风险准备金5857.10万元,使用个人贷款风险准备金核销呆坏账0万元。2019年末,个人贷款风险准备金余额35877.83万元,占个人住房贷款余额的1%,个人住房贷款逾期额与个人贷款风险准备金余额的比率为4.20%。

五、社会经济效益

(一)**缴存业务**:2019年,实缴单位数、实缴职工人数和缴存额同比分别增长19.66%、4.31%和7.29%。

缴存单位中,国家机关和事业单位占23.82%,国有企业占13.76%,城镇集体企业占3.14%,外商投资企业占1.21%,城镇私营企业及其他城镇企业占34.97%,民办非企业单位和社会团体占3.10%,其他占20%。

缴存职工中,国家机关和事业单位占30.93%,国有企业占38.71%,城镇集体企业占1.39%,外商投资企业占1.50%,城镇私营企业及其他城镇企业占16.38%,民办非企业单位和社会团体占0.92%,其他占10.17%;中、低收入占94.02%,高收入5.98%。

新开户职工中,国家机关和事业单位占24.17%,国有企业占23.51%,城镇集体企业占2.49%,外商投资企业占1.87%,城镇私营企业及其他城镇企业占29.40%,民办非企业单位和社会团体占2.06%,其他占16.50%;中、低收入占99.34%,高收入占0.66%。

(二)**提取业务**:2019年,23.39万名缴存职工提取住房公积金97.01亿元。

提取金额中,住房消费提取占76.03%(购买、建造、翻建、大修自住住房占31.16%,偿还购房贷款本息占44.78%,租赁住房占0.09%,其他占0%);非住房消费提取占23.97%(离休和退休提取占16.22%,完全丧失劳动能力并与单位终止劳动关系提取占6.57%,户口迁出本市或出境定居占0.01%,其他占1.17%)。

提取职工中,中、低收入占92.94%,高收入占7.06%。

(三)**贷款业务**:

1. 个人住房贷款:2019年,支持职工购建房222.26万平方米,2019年末个人住房贷款市场占有率为21.78%,比上年增加1个百分点。通过申请住房公积金个人住房贷款,可节约职工购房利息支出227884.40万元。

职工贷款笔数中,购房建筑面积90(含)平方米以下占19.69%,90~144(含)平方米占75.99%,144平方米以上占4.32%。购买新房占78.59%,购买二手房占21.41%,建造、翻建、大修自住住房占0%,其他占0%。

职工贷款笔数中，单缴存职工申请贷款占 67.13%，双缴存职工申请贷款占 32.87%，三人及以上缴存职工共同申请贷款占 0%。

贷款职工中，30 岁（含）以下占 41.99%，30 岁～40 岁（含）占 36.83%，40 岁～50 岁（含）占 17.45%，50 岁以上占 3.73%；首次申请贷款占 85.51%，二次及以上申请贷款占 14.49%；中、低收入占 93.38%，高收入占 6.62%。

2. 异地贷款：2019 年，发放异地贷款 1228 笔、68159.24 万元。2019 年末，发放异地贷款总额 187483.81 万元，异地贷款余额 120833.79 万元。

3. 公转商贴息贷：2019 年，发放公转商贴息贷款 2760 笔、17.1 亿元，支持职工购建住房面积 31.3 万平方米，当年贴息额 503.24 万元。2019 年末，累计发放公转商贴息贷款 2760 笔、17.1 亿元，累计贴息 503.24 万元。

（四）住房贡献率：2019 年，个人住房贷款发放额、公转商贴息贷款发放额、项目贷款发放额、住房消费提取额的总和与当年缴存额的比率为 152.99%，比上年增加 40.06 个百分点。

六、其他重要事项

（一）当年机构及职能调整情况。 乌鲁木齐住房公积金管理中心仍作为乌鲁木齐市人民政府直属事业单位，由市住房保障和房产管理局统一管理和协调。

增加新疆天山农村商业银行承办乌鲁木齐个人住房公积金贷款业务。

（二）当年住房公积金政策调整及执行情况。

1. 2019 年缴存基数限额及确定方法、缴存比例

（1）依据乌市统计局公布的上一年月社会平均工资的三倍确定，2019 年度住房公积金缴存基数上限为月 16599 元。

（2）按照乌鲁木齐市上一年度职工最低工资标准确定，当年缴存基数下限 1620 元。

（3）缴存比例：最高缴存比例 12%，最低缴存比例 5%。

2. 住房公积金提取业务调整

（1）增加"提取住房公积金支付既有住宅增设电梯个人分摊费用"的业务。

（2）取消"家庭人均收入低于本市上年最低工资需支付自住住房物业管理费"的业务。

（3）取消"支付节能减排住宅墙体保温改造项目款"的业务。

（4）取消本地、异地商品房已全额付清房款提取住房公积金的业务。

（5）偿还本地、异地住房公积金贷款，偿还本地、异地商业住房贷款需贷款发放满一年后可提取住房公积金还贷，再次提取住房公积金还贷时需间隔一年。

3. 住房公积金贷款政策调整

（1）根据建金〔2014〕148 号文件要求，自 2019 年 4 月 1 日起，停止办理购买乌鲁木齐地区以外的住房公积金贷款；停止办理 2019 年 4 月 1 日以后发放的乌鲁木齐地区以外的住房商业贷款置换住房公积金贷款业务。

（2）2019 年 7 月 10 起开展住房公积金贴息贷款。

（3）最高贷款额度：2019 年 12 月 16 日，经乌鲁木齐市住房公积金管理委员会审议通过，将住房公积金最高贷款额从 100 万元调整为 70 万元。

(4) 贷款利率：5 年以内（含）2.75%，5 年以上 3.25%。

（三）当年服务改进情况。

(1) 简化提取手续，拓宽手机 APP 办理提取业务的种类，为缴存职工合理住房消费提速。在原有已开通的解除劳动关系，退休提取外，又增开了购房提取，偿还商业住房贷款提取，房租提取业务。

(2) 2019 年 4 月 16 日起为方便职工办理业务，住房公积金二手房（限本地）贷款业务所需资料取消"乌鲁木齐房产交易中心打印并盖章的《房屋买卖合同》或乌鲁木齐不动产登记中心制式版本《不动产转让合同书》"。交易价格以契税发票的计税金额为依据。

(3) 根据住房和城乡建设部下发的相关文件，新受理的二手房住房公积金贷款、二手房商业贷款置换住房公积金贷款不再要求借款人提供《房屋评估报告》。

（四）当年信息化建设情况。 落实"放管服"改革要求，开发了住房公积金业务智能自助服务系统，系统集人证比对、银行卡识别、身份核验、自助打印等多种功能为一体，提供 7×24 小时不间断的信息查询、个人业务办理、证明打印等无人值守服务，进一步提升中心的服务水平。

（五）当年住房公积金管理中心及职工所获荣誉情况。 中心荣获 2019 年乌鲁木齐市级平安单位。

克拉玛依市住房公积金 2019 年年度报告

一、机构概况

（一）住房公积金管理委员会

住房公积金管理委员会有 32 名委员，2019 年召开 2 次会议，审议通过的事项主要包括：2018 年住房公积金运行情况；2018 年住房公积金信息化推进情况；2018 年住房公积金增值收益分配方案；2019 年住房公积金预算草案；克拉玛依市住房公积金 2018 年年度报告；2019 年住房公积金运行情况；住房公积金贷款保证金清退情况；关于康城平安苑公租房资产转让的建议；关于取消住房公积金大病支取的建议；关于规范住房公积金贷款申请条件的建议；关于个人公积金贷款担保费用转由住房公积金管理中心承担的建议；关于修订《克拉玛依住房公积金管理办法》的建议；关于修订《克拉玛依住房公积金归集管理办法》《克拉玛依个人住房公积金贷款管理办法》的建议。

（二）住房公积金管理中心

住房公积金管理中心为克拉玛依市政府不以营利为目的的公益性一类事业单位，设 5 个科，2 个分中心，2 个管理部。从业人员 44 人，其中，在编 43 人，非在编 1 人。

二、业务运行情况

（一）缴存：2019 年，新开户单位 252 家，实缴单位 1444 家，净增单位 124 家；新开户职工 1.12 万人，实缴职工 16.31 万人，减少职工 0.19 万人；缴存额 39.06 亿元，同比增长 11.28%。2019 年末，缴存总额 396.85 亿元，比上年末增加 10.91%；缴存余额 99.06 亿元，比上年末增加 11.09%。

受委托办理住房公积金缴存业务的银行 5 家，同上年保持一致。

（二）提取：2019 年，提取额 29.17 亿元，同比增长 6.93%；占当年缴存额的 74.68%，比上年减少 3.04 个百分点。2019 年末，提取总额 297.80 亿元，比上年末增加 10.86%。

（三）贷款：

1. 个人住房贷款：个人住房贷款最高额度 85 万元，其中，单缴存职工最高额度 85 万元，双缴存职工最高额度 85 万元。

2019 年，发放个人住房贷款 0.43 万笔、13.68 亿元，同比分别增长 16.22%、17.63%。其中，市直分中心发放个人住房贷款 0.34 万笔、10.41 亿元，独山子分中心发放个人住房贷款 0.038 万笔、0.95 亿元，明园管理部发放个人住房贷款 0.048 万笔、2.26 亿元，准东管理部发放个人住房贷款 0.0036 万笔、0.06 亿元。

2019 年，回收个人住房贷款 11.19 亿元。其中，市直分中心 7.81 亿元，独山子分中心 2.06 亿元，明园管理部 1.12 亿元，准东管理部 0.2 亿元。

2019 年末，累计发放个人住房贷款 8.22 万笔、151.52 亿元，贷款余额 70.20 亿元，分别比上年末增加 5.39%、9.92%、3.68%。个人住房贷款余额占缴存余额的 70.87%，比上年末减少 5.06 个百分点。

受委托办理住房公积金个人住房贷款业务的银行 5 家，同上年保持一致。

2. 住房公积金支持保障性住房建设项目贷款：2019 年，发放支持保障性住房建设项目贷款 0 亿元，回收项目贷款 0 亿元。2019 年末，累计发放项目贷款 17.18 亿元，项目贷款余额 0 亿元（已于 2016 年结清）。

（四）资金存储：2019 年末，住房公积金存款 30.41 亿元。其中，活期 1.44 亿元，1 年（含）以下定期 17.26 亿元，1 年以上定期 11.71 亿元，其他（协定、通知存款等）0 亿元。

（五）资金运用率：2019 年末，住房公积金个人住房贷款余额、项目贷款余额和购买国债余额的总和占缴存余额的 70.87%，比上年末减少 5.06 个百分点。

三、主要财务数据

（一）业务收入：2019 年，业务收入 29326.62 万元，同比增长 10.62%，存款利息 7390.09 万元，委托贷款利息 21919.67 万元，国债利息 0 万元，其他 16.86 万元。

（二）业务支出：2019 年，业务支出 15225.30 万元，同比增长 6.84%。其中，支付职工住房公积金利息 14092.90 万元，归集手续费 0 万元，委托贷款手续费 1097.33 万元，其他 35.07 万元。

（三）增值收益：2019 年，增值收益 14101.32 万元，同比增长 15.02%。其中，增值收益率 1.49%，比上年增加 0.05 个百分点。

（四）增值收益分配：2019 年，提取贷款风险准备金 7019.65 万元，提取管理费用 2647.11 万元，提取城市廉租住房（公共租赁住房）建设补充资金 4434.56 万元。

2019 年，上缴财政管理费用 1138.74 万元。上缴财政城市廉租住房（公共租赁住房）建设补充资金 4350.23 万元。2019 年末，贷款风险准备金余额 46274.41 万元。累计提取城市廉租住房（公共租赁住房）建设补充资金 96527.65 万元。

（五）管理费用支出：2019年，管理费用支出1886.06万元。其中，人员经费838.71万元，公用经费83.8万元，专项经费963.55万元。

四、资产风险状况

个人住房贷款：2019年末，个人住房贷款逾期额279.94万元，逾期率0.4‰。

个人贷款风险准备金按贷款余额的1%提取。2019年，提取个人贷款风险准备金7019.65万元，冲回已核销个人贷款风险准备金118.93万元。2019年末，个人贷款风险准备金余额46274.41万元，占个人住房贷款余额的6.59%，个人住房贷款逾期额与个人贷款风险准备金余额的比率为0.61%。

五、社会经济效益

（一）缴存业务：2019年，实缴单位数、实缴职工人数和缴存额同比分别为增长9.39%、降低1.17%、增长11.28%。

缴存单位中，国家机关和事业单位占13.23%，国有企业占15.79%，城镇集体企业占3.67%，外商投资企业占0.14%，城镇私营企业及其他城镇企业占58.86%，民办非企业单位和社会团体、个人占3.25%，其他占5.06%。

缴存职工中，国家机关和事业单位占17.74%，国有企业占56.7%，城镇集体企业占3.25%，外商投资企业占0.01%，城镇私营企业及其他城镇企业占21.31%，民办非企业单位和社会团体占0.21%，其他占0.78%；中、低收入占99.1%，高收入占0.9%。

新开户职工中，国家机关和事业单位占16.22%，国有企业占34.53%，城镇集体企业占2.79%，外商投资企业占0.03%，城镇私营企业及其他城镇企业占43.62%，民办非企业单位和社会团体占0.65%，其他占2.16%；中、低收入占99.83%，高收入占0.17%。

（二）提取业务：2019年，7.90万名缴存职工提取住房公积金29.17亿元。

提取金额中，住房消费提取占81.43%（购买、建造、翻建、大修自住住房占37.68%，偿还购房贷款本息占40.3%，租赁住房占3.45%，其他占0%）；非住房消费提取占18.57%（离休和退休提取占15.68%，完全丧失劳动能力并与单位终止劳动关系提取占2.46%，出境定居占0%，其他占0.43%）。

提取职工中，中、低收入占99.15%，高收入占0.85%。

（三）贷款业务：

1.个人住房贷款：2019年，支持职工购建房53.02万平方米，年末个人住房贷款市场占有率（含公转商贴息贷款）为90.99%，比上年末减少0.55个百分点。通过申请住房公积金个人住房贷款，可节约职工购房利息支出19513.58万元。

职工贷款笔数中，购房建筑面积90（含）平方米以下占17.98%，90~144（含）平方米占62.13%，144平方米以上占19.89%。购买新房占58.98%（其中购买保障性住房占0.37%），购买二手房占39.08%，建造、翻建、大修自住住房占0%，其他占1.94%。

职工贷款笔数中，单缴存职工申请贷款占62.69%，双缴存职工申请贷款占37.31%，三人及以上缴存职工共同申请贷款占0%。

贷款职工中，30岁（含）以下占39.25%，30岁~40岁（含）占36.58%，40岁~50岁（含）占

18.58%，50岁以上占5.59%；首次申请贷款占74.19%，二次及以上申请贷款占25.81%；中、低收入占99.42%，高收入占0.58%。

2.异地贷款：2019年，发放异地贷款142笔、4926.30万元。2019年末，发放异地贷款总额39575.20万元，异地贷款余额7834.86万元。

3.支持保障性住房建设试点项目贷款：2019年末，累计试点项目8个，贷款额度17.18亿元，建筑面积271.57万平方米，可解决21179户中低收入职工家庭的住房问题。8个试点项目贷款资金已发放并还清贷款本息。

（四）住房贡献率：2019年，个人住房贷款发放额、公转商贴息贷款发放额、项目贷款发放额、住房消费提取额的总和与当年缴存额的比率为95.85%，比上年增加0.89个百分点。

六、其他重要事项

（一）当年住房公积金政策调整及执行情况。

1.住房公积金缴存情况：职工月住房公积金缴存基数最低不得低于自治区发布的关于克拉玛依市最低工资标准1820元，最高不得超过克拉玛依市统计部门发布的社会平均工资的3倍26960元。对生产经营困难的企业，经职工代表大会或工会讨论通过，可申请降低缴存比例或缓缴。

2.住房公积金存贷款利率执行标准：住房公积金个人账户存款利率按一年期定期存款基准年利率1.5%执行。贷款利率1~5（含）年：2.75%；5年以上：3.25%。

（二）当年服务改进情况。 一是整合资源，一站式服务。2019年，中心整体搬迁至政府2号楼，柜台进驻政务服务大厅，与大厅内房地产交易中心、不动产登记等窗口进行有效衔接，完全实现一站式服务。二是中心进一步完善系统的核心业务功能，积极推广住房公积金移动互联网服务，通过手机公积金实现移动受理、移动审批、移动监管，达到"零材料、零跑路、零审批"和"实时管理、实时监督"的效果。三是中心持续精简住房公积金业务受理资料，简化提取、贷款业务办事流程，让群众"最多跑一次"。四是进一步推进跨部门信息数据共享，实现与房产、诚信办等部门信息联网，实现了与房产数据的联网核查，市区职工办理租房提取等业务，无需专程到房产部门开具"无房证明"，极大方便缴存职工业务办理，中心为实现住房公积金业务办理"一次都不跑"的目标又迈上一个新台阶。五是进一步拓宽住房公积金便民服务渠道，实现审批"不见面"，业务"网上办"。推动开户、提取、贷款等18项业务向线上转移，中心业务综合网办率达到89.66%。2019年中心通过综合服务平台，全年共向职工发送住房公积金提取、还贷等相关业务短信50余万条，住房公积金微信公众号和网站的访问量在全区均名列前茅。

（三）当年信息化建设情况。 2019年，中心结合自身管理需求，在住房公积金管理的实际应用中不断完善系统功能，全年共向软件公司提交各项业务需求200多项，优化汇缴业务集团客户资金分配流程，完善提取业务历史材料校验功能，拓宽贷款还贷业务还款资金缴款方式，进一步完善了住房公积金核心业务系统，提高了各项业务办理效率。同时，将多年历史数据接入业务系统，保证了系统数据的完整性、连续性，方便缴存职工查询个人历史信息；积极推广移动互联网服务，通过手机平台受理、审批、监管公积金业务。

吐鲁番市住房公积金 2019 年年度报告

一、机构概况

（一）住房公积金管理委员会：住房公积金管理委员会有 24 名委员，2019 年召开 1 次会议，审议通过的事项主要包括：《吐鲁番市住房公积金管理中心 2019 年度经费使用计划》《2019 年吐鲁番市住房公积金归集使用计划》《关于调整 2019 年度住房公积金缴存基数的请示》《关于不予计提住房公积金贷款风险准备金的请示》《吐鲁番市住房公积金归集管理办法》《吐鲁番市住房公积金提取管理办法》《吐鲁番市住房公积金贷款管理办法》等内容。

（二）住房公积金管理中心：住房公积金管理中心为隶属于吐鲁番市人民政府不以营利为目的的自收自支事业单位，设 4 个科室，3 个管理部。从业人员 51 人，其中，在编 31 人，非在编 20 人。

二、业务运行情况

（一）缴存：2019 年，新开户单位 101 家，实缴单位 1072 家，净增单位 35 家；新开户职工 0.84 万人，实缴职工 6.46 万人，净增职工 0.39 万人；缴存额 10 亿元，同比增长 14.55％。2019 年末，缴存总额 63.09 亿元，比上年末增加 18.84％；缴存余额 26.28 亿元，比上年末增加 17.90％。

受委托办理住房公积金缴存业务的银行 6 家，比上年增加 1 家。

（二）提取：2019 年，提取额 6.01 亿元，同比增长 38.80％；占当年缴存额的 60.10％，比上年增加 10.50 个百分点。2019 年末，提取总额 36.81 亿元，比上年末增加 19.51％。

（三）贷款：

个人住房贷款：个人住房贷款最高额度 60 万元，其中，单缴存职工最高额度 50 万元，双缴存职工最高额度 60 万元。

2019 年，发放个人住房贷款 0.16 万笔、3.91 亿元，同比分别增长 45.45％、61.57％。

2019 年，回收个人住房贷款 2.48 亿元。

2019 年末，累计发放个人住房贷款 2.39 万笔、34.26 亿元，贷款余额 14.10 亿元，分别比上年末增加 7.17％、12.85％、11.29％。个人住房贷款余额占缴存余额的 53.65％，比上年末减少 3.19 个百分点。

受委托办理住房公积金个人住房贷款业务的银行 6 家，比上年增加 1 家。

（四）购买国债：2019 年，购买（记账式、凭证式）国债 0 亿元，兑付（转让、收回）国债 0 亿元。2019 年末，国债余额 0.06 亿元，比上年末减少 0 亿元。

（五）资金存储：2019 年末，住房公积金存款 12.60 亿元。其中，活期 0.45 亿元，1 年（含）以下定期 10.74 亿元，1 年以上定期 1.41 亿元，其他（协定、通知存款等）0 亿元。

（六）资金运用率：2019 年末，住房公积金个人住房贷款余额、项目贷款余额和购买国债余额的总和占缴存余额的 53.88％，比上年末减少 3.23 个百分点。

三、主要财务数据

（一）业务收入：2019 年，业务收入 6429.23 万元，同比增长 26.85％；存款利息 2142.45 万元，委托贷款利息 4235.85 万元，国债利息 50.15 万元，其他 0.79 万元。

（二）**业务支出**：2019 年，业务支出 4377.15 万元，同比增长 58.78%；支付职工住房公积金利息 4377.15 万元，归集手续费 0 万元，委托贷款手续费 0 万元，其他 0 万元。

（三）**增值收益**：2019 年，增值收益 2052.08 万元，同比下降 11.23%；增值收益率 0.83%，比上年减少 0.34 个百分点。

（四）**增值收益分配**：2019 年，提取贷款风险准备金 0 万元，提取管理费用 1052.08 万元，提取城市廉租住房（公共租赁住房）建设补充资金 1000 万元。

2019 年，上缴财政管理费用 1044.14 万元。上缴财政城市廉租住房（公共租赁住房）建设补充资金 0 万元。

2019 年末，贷款风险准备金余额 8076.69 万元。累计提取城市廉租住房（公共租赁住房）建设补充资金 4900 万元。

（五）**管理费用支出**：2019 年，管理费用支出 745.45 万元，同比下降 18.44%。其中，人员经费 375.39 万元，公用经费 265.64 万元，专项经费 104.42 万元。

四、资产风险状况

个人住房贷款：2019 年末，个人住房贷款逾期额 51.88 万元，逾期率 0.37‰。

个人贷款风险准备金按不低于年度住房公积金贷款余额的 1% 提取。2019 年，提取个人贷款风险准备金 0 万元，使用个人贷款风险准备金核销呆坏账 0 万元。2019 年末，个人贷款风险准备金余额 8076.69 万元，占个人住房贷款余额的 5.73%，个人住房贷款逾期额与个人贷款风险准备金余额的比率为 0.64%。

五、社会经济效益

（一）**缴存业务**：2019 年，实缴单位数、实缴职工人数和缴存额同比分别增长 3.38%、6.43% 和 14.55%。

缴存单位中，国家机关和事业单位占 62.50%，国有企业占 15.39%，城镇集体企业占 0.75%，外商投资企业占 0.37%，城镇私营企业及其他城镇企业占 15.39%，民办非企业单位和社会团体占 0.84%，其他占 4.76%。

缴存职工中，国家机关和事业单位占 66.12%，国有企业占 24.54%，城镇集体企业占 0.12%，外商投资企业占 0.57%，城镇私营企业及其他城镇企业占 6.39%，民办非企业单位和社会团体占 0.09%，其他占 2.17%；中、低收入占 99.70%，高收入占 0.30%。

新开户职工中，国家机关和事业单位占 45.79%，国有企业占 26.69%，城镇集体企业占 0.47%，外商投资企业占 0.57%，城镇私营企业及其他城镇企业占 20.53%，民办非企业单位和社会团体占 0.05%，其他占 5.90%；中、低收入占 99.86%，高收入占 0.14%。

（二）**提取业务**：2019 年，1.78 万名缴存职工提取住房公积金 6.01 亿元。

提取金额中，住房消费提取占 76.11%（购买、建造、翻建、大修自住住房占 35.81%，偿还购房贷款本息占 39.51%，租赁住房占 0.79%，其他占 0%）；非住房消费提取占 23.89%（离休和退休提取占 15.65%，完全丧失劳动能力并与单位终止劳动关系提取占 6.32%，出境定居占 0%，其他占 1.92%）。

提取职工中，中、低收入占 99.73%，高收入占 0.27%。

(三)贷款业务:

1. 个人住房贷款:2019 年,支持职工购建房 18.33 万平方米,年末个人住房贷款市场占有率(含公转商贴息贷款)为 64.08%,比上年末增加 4.14 个百分点。通过申请住房公积金个人住房贷款,可节约职工购房利息支出 7415.56 万元。

职工贷款笔数中,购房建筑面积 90(含)平方米以下占 17.16%,90~144(含)平方米占 77.08%,144 平方米以上占 5.76%。购买新房占 71.38%(其中购买保障性住房占 0%),购买二手房占 28.62%,建造、翻建、大修自住住房占 0%,其他占 0%。

职工贷款笔数中,单缴存职工申请贷款占 68.63%,双缴存职工申请贷款占 31.37%,三人及以上缴存职工共同申请贷款占 0%。

贷款职工中,30 岁(含)以下占 55.09%,30 岁~40 岁(含)占 29.17%,40 岁~50 岁(含)占 13.29%,50 岁以上占 2.45%;首次申请贷款占 85.66%,二次及以上申请贷款占 14.34%;中、低收入占 99.88%,高收入占 0.12%。

2. 异地贷款:2019 年,发放异地贷款 45 笔、1265.50 万元。2019 年末,发放异地贷款总额 24439.40 万元,异地贷款余额 10219.96 万元。

(四)住房贡献率:2019 年,个人住房贷款发放额、公转商贴息贷款发放额、项目贷款发放额、住房消费提取额的总和与当年缴存额的比率为 84.80%,比上年增加 16.53 个百分点。

六、其他重要事项

(一)当年受委托办理缴存贷款业务金融机构变更情况。2018 年 11 月,根据《关于同意在托克逊县农村信用社开立专用账户的批复》(吐市公管委〔2018〕5 号)文件精神,吐鲁番市住房公积金管理中心增加托克逊县农村信用社为受委托办理缴存业务金融机构,2019 年 1 月正式开始办理住房公积金相关业务。

(二)当年住房公积金政策调整及执行情况。

(1)住房公积金缴存基数。2019 年,吐鲁番市住房公积金月缴存基数上限不超过全市在岗职工月平均工资总额的 3 倍,即 20291 元;下限不低于新疆维吾尔自治区人民政府规定的最低工资标准,即 1540 元。

(2)住房公积金缴存比例。2019 年,单位及个人住房公积金缴存比例最高为 12%,最低为 5%。

(3)提取政策调整情况。根据国家和自治区的相关文件精神,重新调整了提取政策。一是规范购房提取时间。职工购买、建造、翻建大修自住住房时间在五年内的,调整为一年内。二是新增职工提供虚假材料提取住房公积金的,管理中心有权将职工纳入失信行为黑名单,限制其 5 年内不得申请住房公积金提取(销户提取除外),并责令限期改正。同时将该职工提交中国人民银行个人信用征信系统及其他受认可的社会信用信息平台。

(4)个人住房贷款政策调整情况。2019 年 3 月,经吐鲁番市住房公积金管理委员会批准,对贷款业务做了如下调整和完善。一是规范职工贷款购房时间。购买住房年限在三年内的,调整为一年内。二是调整贷款额度。调整为夫妻双方缴存公积金的,贷款最高额度为 60 万元,单方缴存公积金的,贷款最高额度为 50 万元。三是新增职工不得申请住房公积金贷款的情形:存在提供虚假资料、虚假承诺等情形的;夫妻双方任何一方被纳入管理中心个人严重失信行为名单的。四是新增所购住房为二手房的,房屋修建年限在 15 年以下的(含 15 年),贷款最高可贷额度以房屋交易金额、契税计税金额、房屋评估价值三者低值的 70%认定；房屋修建年限 15 年以上的，贷款最高可贷额度以房屋交易金额、契税计税金额、房屋评估价值三者低值的 60%认定。五是新增借款人有提供虚假证明资料、未按借款合同约定用途使用贷款资金等情形的，管理中心有权将该职工记入失信行为黑名单，5 年内不予受理住房公积金贷款，同时将该职工的失信记录提交至中国人民银行个人信用征信系统及其他受认可的社会信用信息平台。六是新增借款人贷款的首次还款，须从预留的银行卡中划扣还款，次月起可使用住房公积金按月划扣还款（签订按月划扣还款时，借款人公积金账户存储余额须有六个月的贷款还款额）。七是取消了职工购买经济适用房、房改房申请贷款。八是取消在我市购房且在其他城市住房公积金管理中心缴存职工，向我中心申请贷款还需提供保证人的条件。

（5）住房公积金存款利率按照一年期 1.50%执行，职工个人住房公积金贷款利率分别按照五年以上 3.25%，五年及以下 2.75%执行。

（6）根据《关于同意不予计提住房公积金贷款风险准备金的通知》（吐市公管委〔2019〕4 号）文件通知，2019 年吐鲁番市住房公积金管理中心不计提贷款风险准备金。

（三）当年服务改进情况。2019 年，中心紧紧围绕"不忘初心、牢记使命"主题教育总要求，持续深化"放管服"改革，不断提高服务质量，精简服务环节和办事要件，缩短办事时限。一是中心定期开展业务培训及交流会议，学习传达最近政策制度，集中交流讨论出现的新问题；二是在各管理部开设"公积金业务知识大讲堂"，将干部职工擅长的业务知识和遇到的新情况进行分享讨论；三是各科室工作人员轮岗到基层坐班，深入基层了解掌握群众最新、最急的需求；四是在业务大厅安排专门导服，增设自助服务机，多方位向职工提供优质便捷服务；五是通过上门服务、召开业务培训会议等方式为开发商做好服务工作，使得开发商业务员正确引导职工购买住房办理公积金提取、贷款业务；六是大力推广、开通线上服务，中心在手机公积金 APP 原有提取业务基础上又开通了购房提取、偿还贷款提取、租房提取三项业务，与此同时开通了开发商网厅贷款办理业务，多项业务实现掌上办理，实现"最多跑一次"即可办理贷款所有手续。

（四）当年信息化建设情况。中心充分利用大数据、云计算等信息技术，积极探索"互联网＋住房公积金"服务模式，多项业务实现了掌上办理，让职工少跑路，甚至不跑路，最多跑一次成为现实，同时大力推广手机公积金 APP、单位网厅、开发商网厅等服务平台，使得职工知晓率、参与率大幅上升，截至 2019 年底，中心离柜率达 76.71%。通过不断排查、清理历史问题数据，为将来实现"四通"建设奠定了坚实的基础。中心成功接入住房公积金银行结算数据应用系统并稳定运行，确保资金实时结算和实时监控，有效保障了财务结算和对账工作准确无误。

（五）2019 年，在吐鲁番市住房公积金管理中心全体干部职工的共同努力下，荣获市级"先进基层党组织"称号。

哈密市住房公积金 2019 年年度报告

一、机构概况

（一）**住房公积金管理委员会**：住房公积金管理委员会有 20 名委员，2019 年召开 1 次会议，审议通过的事项主要包括：（1）审定《关于调整管委会组成人员的报告》；（2）审定《关于开展改善型住宅住房公积金贷款工作的请示》；（3）审定《关于全面执行哈密市住房公积金管理中心有关政策存在问题的请示》；（4）审定《关于使用廉租住房建设补充资金的请示》；（5）听取并审议《关于2018年住房公积金业务运行情况及2019年住房公积金归集使用预算安排建议的报告》。

（二）住房公积金管理中心：住房公积金管理中心为隶属哈密市政府管理的不以营利为目的的自收自支事业单位，设8个科，4个管理部，1个分中心。从业人员101人，其中，在编36人，非在编65人。

二、业务运行情况

（一）缴存：2019年，新开户单位79家，实缴单位1313家，净减单位14家；新开户职工0.94万人，实缴职工9.38万人，净增职工0.30万人；缴存额19.16亿元，同比增长9.86%。2019年末，缴存总额160.76亿元，比上年末增加13.53%；缴存余额64.79亿元，比上年末增加9.20%。

受委托办理住房公积金缴存业务的银行2家，同上年保持一致。

（二）提取：2019年，提取额13.71亿元，同比增长9.94%；占当年缴存额的71.56%，比上年增加0.06个百分点。2019年末，提取总额95.97亿元，比上年末增加16.67%。

（三）贷款：

1. 个人住房贷款：个人住房贷款最高额度60万元，其中，单缴存职工最高额度60万元，双缴存职工最高额度60万元。

2019年，发放个人住房贷款0.29万笔、8.84亿元，同比分别增长3.57%、4.00%。其中，市中心发放个人住房贷款0.26万笔、7.63亿元，吐哈石油分中心发放个人住房贷款0.03万笔、1.21亿元。

2019年，回收个人住房贷款4.47亿元。其中，市中心3.73亿元，吐哈石油分中心0.74亿元。

2019年末，累计发放个人住房贷款3.59万笔、63.17亿元，贷款余额34.37亿元，分别比上年末增加8.79%、16.29%、14.57%。个人住房贷款余额占缴存余额的53.05%，比上年末增加2.49个百分点。

受委托办理住房公积金个人住房贷款业务的银行6家，同上年保持一致。

2. 住房公积金支持保障性住房建设项目贷款：2019年，发放支持保障性住房建设项目贷款0亿元，回收项目贷款0亿元。2019年末，累计发放项目贷款2.94亿元，项目贷款余额0亿元。

（四）资金存储：2019年末，住房公积金存款30.72亿元。其中，活期0.87亿元，1年（含）以下定期3.30亿元，1年以上定期25.85亿元，其他（协定、通知存款等）0.70亿元。

（五）资金运用率：2019年末，住房公积金个人住房贷款余额、项目贷款余额和购买国债余额的总和占缴存余额的53.05%，比上年末增加2.49个百分点。

三、主要财务数据

（一）业务收入：2019年，业务收入21167.25万元，同比下降27.68%。其中，市中心12175.32万元，吐哈石油分中心8991.93万元；存款利息10786.70万元，委托贷款利息10374.04万元，国债利息0万元，其他6.51万元。

（二）业务支出：2019年，业务支出3089.89万元，同比下降67.06%。其中，市中心5563.37万元，吐哈石油分中心－2473.48万元（2019年3月对2016.2017两个年度多预计的利息支出6024万元进行账项调整，冲销当年业务支出）；支付职工住房公积金利息 2853.84 万元，归集手续费 0 万元，委托贷款手续费 235.42 万元，其他 0.63 万元。

（三）**增值收益**：2019 年，增值收益 18077.36 万元，同比下降 9.11%。其中，市中心 6611.95 万元，吐哈石油分中心 11465.41 万元；增值收益率 2.88%，比上年减少 0.62 个百分点。

（四）**增值收益分配**：2019 年，提取贷款风险准备金 1096.31 万元，提取管理费用 1514 万元，提取城市廉租住房（公共租赁住房）建设补充资金 15467.05 万元。

2019 年，上交财政管理费用 1715 万元。上缴财政城市廉租住房（公共租赁住房）建设补充资金 7291.96 万元。其中，市中心上缴 7291.96 万元，吐哈石油分中心上缴 0 万元。

2019 年末，贷款风险准备金余额 9864.29 万元。累计提取城市廉租住房（公共租赁住房）建设补充资金 49294.87 万元。其中，市中心提取 24042.12 万元，吐哈石油分中心提取 25252.75 万元。

（五）**管理费用支出**：2019 年，管理费用支出 2332.66 万元，同比下降 17.36%。其中，人员经费 1178.99 万元，公用经费 692.39 万元，专项经费 461.28 万元。

市中心管理费用支出 1733.66 万元，其中，人员、公用、专项经费分别为 911.99 万元、495.39 万元、326.28 万元；吐哈石油分中心管理费用支出 599 万元，其中，人员、公用、专项经费分别为 267 万元、197 万元、135 万元。

四、资产风险状况

（一）**个人住房贷款**：2019 年末，个人住房贷款逾期额 67.15 万元，逾期率 0.20‰。其中，市中心 0.20‰，吐哈石油分中心 0.12‰。

个人贷款风险准备金按按不低于贷款余额的 1% 提取。2019 年，提取个人贷款风险准备金 1096.32 万元，使用个人贷款风险准备金核销呆坏账 0 万元。2019 年末，个人贷款风险准备金余额 8845.26 万元，占个人住房贷款余额的 2.57%，个人住房贷款逾期额与个人贷款风险准备金余额的比率为 0.76%。

（二）**支持保障性住房建设试点项目贷款**：项目贷款风险准备金按贷款余额的 4% 提取。2019 年，提取项目贷款风险准备金 0 万元，使用项目贷款风险准备金核销呆坏账 0 万元，项目贷款风险准备金余额 1019.03 万元，占项目贷款余额的 0%，项目贷款逾期额与项目贷款风险准备金余额的比率为 0%。

五、社会经济效益

（一）**缴存业务**：2019 年，实缴单位数、实缴职工人数和缴存额同比分别下降 1.06%、增长 3.29% 和增长 9.86%。

缴存单位中，国家机关和事业单位占 61.16%，国有企业占 17.75%，城镇集体企业占 1.37%，外商投资企业占 0.38%，城镇私营企业及其他城镇企业占 15.99%，民办非企业单位和社会团体占 1.90%，其他占 1.45%。

缴存职工中，国家机关和事业单位占 43.88%，国有企业占 43.84%，城镇集体企业占 0.49%，外商投资企业占 0.24%，城镇私营企业及其他城镇企业占 10.79%，民办非企业单位和社会团体占 0.23%，其他占 0.53%；中、低收入占 98.08%，高收入占 1.92%。

新开户职工中，国家机关和事业单位占 51.11%，国有企业占 14.39%，城镇集体企业占 0.52%，外

商投资企业占 0.19%，城镇私营企业及其他城镇企业占 31.48%，民办非企业单位和社会团体占 0.65%，其他占 1.66%；中、低收入占 99.75%，高收入占 0.25%。

（二）提取业务：2019 年，2.79 万名缴存职工提取住房公积金 13.71 亿元。其中，市中心 2.36 万名缴存职工提取住房公积金 8.84 亿元，吐哈石油分中心 0.43 万名缴存职工提取住房公积金 4.87 亿元。

提取金额中，住房消费提取占 73.74%（购买、建造、翻建、大修自住住房占 44.00%，偿还购房贷款本息占 29.44%，租赁住房占 0.30%，其他占 0%）；非住房消费提取占 26.26%（离休和退休提取占 19.15%，完全丧失劳动能力并与单位终止劳动关系提取占 5.32%，户口迁出本市或出境定居占 0%，其他占 1.79%）。

提取职工中，中、低收入占 97.72%，高收入占 2.28%。

（三）贷款业务：

1. 个人住房贷款：2019 年，支持职工购建房 34.18 万平方米，年末个人住房贷款市场占有率为 54.57%，比上年末增加 2.90 个百分点。通过申请住房公积金个人住房贷款，可节约职工购房利息支出约 16691.78 万元。

职工贷款笔数中，购房建筑面积 90（含）平方米以下占 13.53%，90～144（含）平方米占 78.75%，144 平方米以上占 7.72%。购买新房占 82.16%（其中购买保障性住房占 0%），购买二手房占 17.70%，建造、翻建、大修自住住房占 0.14%，其他占 0%。

职工贷款笔数中，单缴存职工申请贷款占 71.07%，双缴存职工申请贷款占 28.93%，三人及以上缴存职工共同申请贷款占 0%。

贷款职工中，30 岁（含）以下占 42.94%，30 岁～40 岁（含）占 33.30%，40 岁～50 岁（含）占 18.11%，50 岁以上占 5.65%；首次申请贷款占 81.85%，二次及以上申请贷款占 18.15%；中、低收入占 97.59%，高收入占 2.41%。

2. 异地贷款：2019 年，发放异地贷款 345 笔、12363.50 万元（其中，市中心发放 127 笔、4107.20 万元；吐哈石油分中心发放 218 笔、8256.30 万元）。2019 年末，发放异地贷款总额 41412.50 万元（市中心累计发放 342 笔、10719.00 万元，吐哈石油分中心发放 907 笔、30693.50 万元），异地贷款余额 23878.63 万元。

3. 支持保障性住房建设试点项目贷款：2019 年末，累计试点项目 13 个，贷款额度 2.94 亿元，建筑面积 27.5 万平方米，可解决 4143 户中低收入职工家庭的住房问题。13 个试点项目贷款资金已发放并还清贷款本息。

（四）**住房贡献率**：2019 年，个人住房贷款发放额、公转商贴息贷款发放额、项目贷款发放额、住房消费提取额的总和与当年缴存额的比率为 98.89%，比上年减少了 2.00 个百分点。

六、其他重要事项

（一）缴存基数、月缴存额和缴存比例执行情况。

缴存基数方面：2019 年度，全市住房公积金月缴存基数上限标准为 19626 元，月缴存公积金最高上限额为 4710 元。

缴存比例方面：全市住房公积金缴存比例执行上限为单位和职工本人各为 12%，下限为单位和职工本人各为5％。生产经营困难企业可以申请缓缴住房公积金。

（二）住房公积金职工个人账户存款利率执行情况。2019年，中心根据《关于完善职工住房公积金账户存款利率形成机制的通知》要求，职工住房公积金账户按一年期定期存款基准利率1.5％计息。根据规定，2019年6月30日为职工账户存款计息共计8766.69万元，同比增长10.45％。

（三）个人住房贷款最高贷款额度及利率执行情况。2019年，中心继续执行个人贷款最高发放额度60万元。1～5（含）年公积金个人贷款年利率为2.75％，5年以上至30年公积金个人贷款年利率为3.25％。

（四）当年住房公积金政策执行情况。

1. 提取政策执行方面

（1）职工购买自住住房，持房管部门备案的商品房买卖合同、收据及契税发票，可提取本人和配偶住房公积金账户内余额支付首付款。

（2）职工给子女购买住房，可同时申请提取父母和子女的住房公积金，提取额不得超过总房款。

（3）职工连续足额缴存住房公积金满三个月，本人及配偶在缴存城市无自有住房，一年可提取一次夫妻双方的住房公积金支付房租，提取额最高不超过1.5万元；承租公共租赁住房的职工，按每年租赁费用实际发生额提取一次公积金。

（4）职工购买普通自住住房，未使用过公积金的自签订购房合同之日起五年内，持房产主管部门备案的房屋买卖合同、契税发票可提取一次本人及配偶住房公积金账户内余额，提取额不得超过总房款。

2. 贷款政策执行方面

（1）职工首次贷款购买住房或首次贷款本息全部归还后再次贷款，可按首套住房办理；首次贷款未结清，不能申请第二次贷款。

（2）为支持缴存职工异地购房需求，外省市缴存职工购买首套住房或者第二套改善型住房的，且符合本市其他公积金贷款条件的，可在本市申请公积金贷款。

（3）购房合同签订三年以内的从未使用过住房公积金的缴存职工，可凭购房合同及相关资料申请个人住房公积金贷款。

（五）当年优化服务情况。

1. 充分发挥"互联网＋公积金"服务特色，加快智慧公积金建设

一是全面提升云平台建设，优化网上业务大厅，手机公积金功能的改版升级，坚持从用户角度出发，让企业和群众办事更方便、快捷、有效；二是通过手机公积金实现线上提取公积金业务"不见面审批"，全流程在线上办理；三是综合服务平台推进跨部门信息数据共享，推动住房公积金与公安、房产、民政、人社、人民银行、法院等多部门联网，真正做到让信息多跑路，群众少跑路。

2. 推出利企便民措施，让办事更加便捷高效

一是加强对电子档案的规范化管理，对现有数据文件进行有序归档，为办理各项业务快速查阅档案资料提供保障；二是通过推广使用综合服务云平台，推行移动受理、移动审批，公积金部分业务实现了"零材料、零跑路"服务目标；三是通过清理账户、规范业务流程，加强了对资金交易过程的掌控，大幅降低了资金风险，达到资金、业务、财务三账自动匹配，托收、批扣等业务系统全面主动实施；四是完善了电子拍摄存档要求，取消了办理公积金业务需要提供的各类材料复印件；五是职工可根据购买住房所在地，自主选择公积金业务受理所在管理部，实现全市公积金业务通办，充分发挥了住房公积金统一信息系统、统一数据库和统一数据专网所带来的信息共享。

（六）开展扫黑除恶专项斗争情况。 2019年，中心坚决贯彻落实上级部署，积极在本市住房公积金领域开展扫黑除恶专项斗争。一是将扫黑除恶专项斗争与日常管理工作相结合，以治理违规提取住房公积金乱象为抓手，以打击非法中介机构为重点，定期开展业务抽查，及时发现违规提取线索；二是加强宣传和查处力度，在住房公积金服务大厅及网站设立扫黑除恶专栏，公布举报邮箱和电话，同步做好政策法规宣传；三是严格审批流程，强化人员培训，提高风险防控能力，把问题消化在萌芽状态，维护广大缴存职工的合法权益。

昌吉回族自治州住房公积金2019年年度报告

一、机构概况

（一）住房公积金管理委员会： 住房公积金管理委员会有16名委员，2019年召开1次会议，审议通过的事项主要包括：审议通过了《2018年度住房公积金报告》《昌吉州住房公积金2018年度归集使用计划执行情况及2019年归集使用计划的报告》《昌吉州住房公积金管理中心2018年度增值收益分配和管理费用决算及2019年增值收益预算情况说明和管理费用预算的报告》《昌吉回族自治州住房公积金归集管理办法》《昌吉回族自治州住房公积金提取管理办法》《昌吉回族自治州职工个人住房公积金贷款办法》。

（二）住房公积金管理中心： 住房公积金管理中心为昌吉州人民政府不以营利为目的自收自支事业单位，设9个科室，7个管理部。从业人员133人，其中，在编79人，非在编54人。

二、业务运行情况

（一）缴存： 2019年，新开户单位287家，实缴单位2903家，净增单位93家；新开户职工2.27万人，实缴职工16.13万人，净增职工0.7万人；缴存额26.86亿元，同比增长9.86%。2019年末，缴存总额198.31亿元，比上年末增加15.67%；缴存余额88.40亿元，比上年末增加8.36%。

受委托办理住房公积金缴存业务的银行5家，同上年保持一致。

（二）提取： 2019年，提取额20.04亿元，同比增长19.29%；占当年缴存额的74.61%，比上年增加5.9个百分点。2019年末，提取总额109.91亿元，比上年末增加22.30%。

（三）贷款：

个人住房贷款：个人住房贷款最高额度50万元，其中，单缴存职工最高额度50万元，双缴存职工最高额度50万元。

2019年，发放个人住房贷款0.63万笔、19.75亿元，同比分别增长8.62%、12.28%。

2019年，回收个人住房贷款11.10亿元。

2019年末，累计发放个人住房贷款8.9万笔、162.55亿元，贷款余额84.27亿元，分别比上年末增加7.62%、13.83%、11.44%。个人住房贷款余额占缴存余额的95.33%，比上年末增加2.64个百分点。

受委托办理住房公积金个人住房贷款业务的银行4家,同上年保持一致。

(四) **融资**:2019年末,融资0亿元,归还0亿元。2019年末,融资总额3亿元,融资余额0亿元。

(五) **资金存储**:2019年末,住房公积金存款4.68亿元。其中,活期3.58亿元,1年(含)以下定期1.1亿元,1年以上定期0亿元,其他(协定、通知存款等)0亿元。

(六) **资金运用率**:2019年末,住房公积金个人住房贷款余额、项目贷款余额和购买国债余额的总和占缴存余额的95.33%,比上年末增加2.64个百分点。

三、主要财务数据

(一) **业务收入**:2019年,业务收入28135.16万元,同比增长12.14%。存款利息1874.45万元,委托贷款利息26256.12万元,国债利息0万元,其他4.59万元。

(二) **业务支出**:2019年,业务支出13508.64万元,同比增长4.39%。支付职工住房公积金利息13151.21万元,归集手续费0万元,委托贷款手续费293.58万元,其他63.85万元。

(三) **增值收益**:2019年,增值收益14626.52万元,同比增长20.39%。增值收益率1.71%,比上年增加0.15个百分点。

(四) **增值收益分配**:2019年,提取贷款风险准备金8426.52万元,提取管理费用5200万元,提取城市廉租住房(公共租赁住房)建设补充资金1000万元。

2019年,上缴财政管理费用4677.79万元。上缴财政城市廉租住房(公共租赁住房)建设补充资金600万元。

2019年末,贷款风险准备金余额41179.71万元(包含收回已核销国债债权分配753.19万元)。累计提取城市廉租住房(公共租赁住房)建设补充资金9600万元。

(五) **管理费用支出**:2019年,管理费用支出3293.9万元,同比增长1.75%。其中,人员经费2216.47万元,公用经费1033.03万元,专项经费44.40万元。

四、资产风险状况

个人住房贷款:2019年末,个人住房贷款逾期额421.65万元,逾期率0.5‰。

个人贷款风险准备金按贷款余额的1%提取。2019年,提取个人贷款风险准备金8426.52万元,调增风险准备金753.19万元(收回已核销国债债权分配),使用个人贷款风险准备金核销呆坏账0万元。2019年末,个人贷款风险准备金余额41179.71万元,占个人住房贷款余额的4.89%,个人住房贷款逾期额与个人贷款风险准备金余额的比率为1.02%。

五、社会经济效益

(一) **缴存业务**:2019年,实缴单位数、实缴职工人数和缴存额同比分别增长3.31%、4.54%和9.86%。

缴存单位中,国家机关和事业单位占54.98%,国有企业占8.10%,城镇集体企业占2.45%,外商投资企业占0.58%,城镇私营企业及其他城镇企业占32.17%,民办非企业单位和社会团体占0.62%,其他占1.10%。

缴存职工中,国家机关和事业单位占61.16%,国有企业占10.90%,城镇集体企业占2.51%,外商投资企业占1.38%，城镇私营企业及其他城镇企业占23.41%，民办非企业单位和社会团体占0.15%，其他占0.49%；中、低收入占99.14%，高收入占0.86%。

新开户职工中，国家机关和事业单位占48.01%，国有企业占8.00%，城镇集体企业占2.62%，外商投资企业占2.98%，城镇私营企业及其他城镇企业占37.21%，民办非企业单位和社会团体占0.23%，其他占0.95%；中、低收入占99.66%，高收入占0.34%。

（二）提取业务：2019年，6.07万名缴存职工提取住房公积金20.04亿元。

提取金额中，住房消费提取占72.76%（购买、建造、翻建、大修自住住房占23.64%，偿还购房贷款本息占49.10%，租赁住房占0.02%，）；非住房消费提取占27.24%（离休和退休提取占18.25%，完全丧失劳动能力并与单位终止劳动关系提取占7.63%，其他占1.36%）。

提取职工中，中、低收入占99.23%，高收入占0.77%。

（三）贷款业务：

1. 个人住房贷款：2019年，支持职工购建房72.47万平方米，年末个人住房贷款市场占有率（含公转商贴息贷款）为30.86%，比上年末减少0.4个百分点。通过申请住房公积金个人住房贷款，可节约职工购房利息支出33650.95万元。

职工贷款笔数中，购房建筑面积90（含）平方米以下占16.66%，90～144（含）平方米占75.04%，144平方米以上占8.30%。购买新房占58.77%，购买二手房占41.23%。

职工贷款笔数中，单缴存职工申请贷款占72.74%，双缴存职工申请贷款占27.26%，三人及以上缴存职工共同申请贷款占0%。

贷款职工中，30岁（含）以下占41.18%，30岁～40岁（含）占34.07%，40岁～50岁（含）占19.19%，50岁以上占5.56%；首次申请贷款占83.78%，二次及以上申请贷款占16.22%；中、低收入占99.35%，高收入占0.65%。

2. 异地贷款：2019年，发放异地贷款79笔、2767.50万元。2019年末，发放异地贷款总额5171.40万元，异地贷款余额3559.74万元。

3. 公转商贴息贷款：2019年，发放公转商贴息贷款0笔、0万元，支持职工购建住房面积0万平方米，当年贴息额63.1万元。2019年末，累计发放公转商贴息贷款688笔、17000万元，累计贴息903.79万元。

（四）住房贡献率：2019年，个人住房贷款发放额、公转商贴息贷款发放额、项目贷款发放额、住房消费提取额的总和与当年缴存额的比率为127.81%，比上年增加6.27个百分点。

六、其他重要事项

（一）当年住房公积金政策调整及执行情况。

（1）支持缴存职工提取夫妻双方住房公积金偿还部分贷款本金业务。（2）支持缴存职工办理异地住房公积金贷款业务。（3）对借款人贷款额度与缴存余额进行挂钩，首次贷款不超过缴存余额的20倍，二次申请贷款额度不超过缴存余额的10倍。（4）2018年度昌吉州统计部门公布的职工年均工资总额为75148元。住房公积金最高缴存基数上限为18787元，最低缴存基数下限为3758元。缴存比例最低5%，最高12%。

（二）当年服务改进情况。

（1）昌吉州住房公积金管理中心为了进一步提高服务质量和服务效率，中心7个管理部目前5个管理部已进驻政务中心办理各项业务，真正实现了一站式服务。（2）开通了绿色通道，为特殊群体方便快捷办理各项公积金业务提供高效服务。

（三）当年信息化建设情况。

（1）持续推进数据共享，按住房和城乡建设部要求，完成住房公积金管理中心数据平台接入工作，实现了住房公积金数据平台与税务总局总对总的数据交换。（2）协调不动产管理局，将不动产管理系统终端接入管理部，减少借款人因抵押手续往返中心与不动产局。（3）利用电子稽查工具，对住房公积金历史数据进行全面的规范整理，确保住房公积金数据准确有效。（4）优化完善电子档案管理系统，促进业务更加规范。（5）开发商网厅系统，改进和完善手机APP、单位网厅系统，提升业务办理离柜率。

（四）当年对违反《住房公积金管理条例》和相关法规行为进行行政处罚和申请人民法院强制执行情况。 2019年昌吉州住房公积金管理中心在催建催缴住房公积金过程中没有行政处罚，申请人民法院强制执行案件4件，均未结案。

博尔塔拉蒙古自治州住房公积金2019年年度报告

一、机构概况

（一）住房公积金管理委员会： 住房公积金管理委员会有23名委员，2019年召开1次会议，审议通过的事项主要包括：审议通过《自治州2018年住房公积金归集使用计划执行情况和2019年住房公积金归集使用计划草案的报告》《博尔塔拉蒙古自治州住房公积金2018年年度报告》《博州关于调整住房公积金使用政策的意见》。

（二）住房公积金管理中心： 住房公积金管理中心为直属于自治州人民政府不以营利为目的的自收自支事业单位，设3个科室，4个管理部。从业人员37人，其中，在编25人，非在编12人。

二、业务运行情况

（一）缴存： 2019年，新开户单位70家，实缴单位938家，净增单位51家；新开户职工0.46万人，实缴职工4.10万人，净增职工0.12万人；缴存额7.03亿元，同比增长7.49%。2019年末，缴存总额50.96亿元，比上年末增加16%；缴存余额18.83亿元，比上年末增加6.26%。

受委托办理住房公积金缴存业务的银行4家，同上年保持一致。

（二）提取： 2019年，提取额5.92亿元，同比增长33.63%；占当年缴存额的84.21%，比上年增加16.47个百分点。2019年末，提取总额32.13亿元，比上年末增加22.59%。

（三）贷款：

个人住房贷款：个人住房贷款最高额度50万元，其中，单缴存职工最高额度40万元，双缴存职工最

高额度 50 万元。

2019 年，发放个人住房贷款 0.19 万笔、5.39 亿元，同比分别增长 18.75%、35.09%。

2019 年，回收个人住房贷款 2.38 亿元。

2019 年末，累计发放个人住房贷款 2.51 万笔、37.12 亿元，贷款余额 15.88 亿元，分别比上年末增加 8.19%、16.99%、23.39%。个人住房贷款余额占缴存余额的 84.33%，比上年末增加 11.7 个百分点。受委托办理住房公积金个人住房贷款业务的银行 4 家，同上年保持一致。

（四）**资金存储**：2019 年末，住房公积金存款 3.35 亿元。其中，活期 0.25 亿元，1 年（含）以下定期 3.1 亿元，1 年以上定期 0 亿元，其他（协定、通知存款等）0 亿元。

（五）**资金运用率**：2019 年末，住房公积金个人住房贷款余额、项目贷款余额和购买国债余额的总和占缴存余额的 84.33%，比上年末增加 11.7 个百分点。

三、主要财务数据

（一）**业务收入**：2019 年，业务收入 5469.01 万元，同比增长 21.37%。其中，存款利息 1054.46 万元，委托贷款利息 4414.2 万元，国债利息 0 万元，其他 0.35 万元。

（二）**业务支出**：2019 年，业务支出 2787.04 万元，同比增长 10.35%。其中，支付职工住房公积金利息 2786.48 万元，归集手续费 0 万元，委托贷款手续费 0.2 万元，其他 0.36 万元。

（三）**增值收益**：2019 年，增值收益 2681.97 万元，同比增长 35.42%。增值收益率 1.46%，比上年增加 0.27 个百分点。

（四）**增值收益分配**：2019 年，提取贷款风险准备金 887.97 万元，提取管理费用 750 万元，提取城市廉租住房（公共租赁住房）建设补充资金 1044 万元。

2019 年，上缴财政管理费用 803 万元。上缴财政城市廉租住房（公共租赁住房）建设补充资金 290 万元。

2019 年末，贷款风险准备金余额 8781.62 万元。累计提取城市廉租住房（公共租赁住房）建设补充资金 2819.7 万元。

（五）**管理费用支出**：2019 年，管理费用支出 594.45 万元，同比增长 7.63%。其中，人员经费 458.87 万元，公用经费 55.16 万元，专项经费 80.42 万元。

四、资产风险状况

个人住房贷款：2019 年末，个人住房贷款逾期额 0 万元，逾期率 0‰。

个人贷款风险准备金按贷款余额的 1‰ 提取。2019 年，提取个人贷款风险准备金 887.97 万元，使用个人贷款风险准备金核销呆坏账 0 万元。2019 年末，个人贷款风险准备金余额 8781.62 万元，占个人住房贷款余额的 5.53%，个人住房贷款逾期额与个人贷款风险准备金余额的比率为 0%。

五、社会经济效益

（一）**缴存业务**：2019 年，实缴单位数、实缴职工人数和缴存额同比分别增长 5.75%、2.76% 和 7.59%。

缴存单位中，国家机关和事业单位占73.56%，国有企业占10.66%，城镇集体企业占1.07%，外商投资企业占4.80%，城镇私营企业及其他城镇企业占6.93%，民办非企业单位和社会团体占1.91%，其他占1.07%。

缴存职工中，国家机关和事业单位占83.83%，国有企业占9.96%，城镇集体企业占0.75%，外商投资企业占1.73%，城镇私营企业及其他城镇企业占2.28%，民办非企业单位和社会团体占0.48%，其他0.97%；中、低收入占99.41%，高收入占0.59%。

新开户职工中，国家机关和事业单位占83.42%，国有企业占7.18%，城镇集体企业占1.25%，外商投资企业占2.08%，城镇私营企业及其他城镇企业占3.81%，民办非企业单位和社会团体占0.31%，其他占1.95%；中、低收入占99.72%，高收入占0.28%。

（二）提取业务：2019年，1.75万名缴存职工提取住房公积金5.92亿元。

提取金额中，住房消费提取占80.43%（购买、建造、翻建、大修自住住房占41.67%，偿还购房贷款本息占32.76%，租赁住房占6%，其他占0%）；非住房消费提取占19.57%（离休和退休提取占13.98%，完全丧失劳动能力并与单位终止劳动关系提取占3.46%，户口迁出本地或出境定居占1.24%，其他占0.89%）。

提取职工中，中、低收入占99.46%，高收入占0.54%。

（三）贷款业务：

1. 个人住房贷款：2019年，支持职工购建房23.38万平方米，年末个人住房贷款市场占有率（含公转商贴息贷款）为40.09%，比上年末增加8.29个百分点。通过申请住房公积金个人住房贷款，可节约职工购房利息支出8243.11万元。

职工贷款笔数中，购房建筑面积90（含）平方米以下占6.83%，90～144（含）平方米占80.59%，144平方米以上占12.58%。购买新房占82.31%（其中购买保障性住房占0%），购买二手房占17.69%，建造、翻建、大修自住住房占0%，其他占0%。

职工贷款笔数中，单缴存职工申请贷款占71.08%，双缴存职工申请贷款占28.92%，三人及以上缴存职工共同申请贷款占0%。

贷款职工中，30岁（含）以下占41.29%，30岁～40岁（含）占30.21%，40岁～50岁（含）占20.38%，50岁以上占8.12%；首次申请贷款占75.05%，二次及以上申请贷款占24.95%；中、低收入占99.62%，高收入占0.38%。

2. 异地贷款：2019年，发放异地贷款30笔、958.9万元。2019年末，发放异地贷款总额15239.07万元，异地贷款余额1893.81万元。

（四）住房贡献率：2019年，个人住房贷款发放额、公转商贴息贷款发放额、项目贷款发放额、住房消费提取额的总和与当年缴存额的比率为144.38%，比上年增加28.21个百分点。

六、其他重要事项

（一）当年住房公积金政策调整及执行情况。2019年5月22日提请自治州住房公积金管理委员会审议通过了《博州关于调整住房公积金使用政策的意见》。一是提高租房提取额度。在市场上租赁住房提取住房公积金的，每户家庭年度内可提取一次，职工本人住房公积金账户余额不足时，可申请提取其配偶公积金账户内余额,一年内提取额度由 1.2 万元调整为 1.8 万元,其他提取事宜均按原规定执行。二是提高贷款额度。夫妻双方只有一方或单职工在我中心缴存住房公积金的,最高贷款额度由 30 万元调整为 40 万元;夫妻双方均在我中心缴存住房公积金的,最高贷款额度由 40 万元调整为 50 万元。

当年缴存基数限额及确定方法、缴存比例等缴存政策调整情况。根据博州统计部门提供的上年度博州地区工资收入数据,博州住房公积金单位和职工个人月缴存额合计最高上限由 2018 年的 4040 元上调至 4282 元。单位和职工个人住房公积金缴存比例按照 5%～12%的标准执行(5%≤缴存比例≤12%)。

住房公积金存款利率按照一年期 1.5%执行,职工个人住房公积金贷款利率分别按照五年以上 3.25%、五年及以下 2.75%执行。

(二)当年服务改进及信息化建设情况。2019 年,博州住房公积金管理中心坚持落实"放管服"改革要求,着力打造以"互联网＋"为基础、以移动终端为平台的"随身式"服务,将服务送到办事群众"指尖上",实现了"进一扇门、拿一个号、到一个窗、办全业务",真正把为民服务"最后一公里"缩短为"零距离",管理水平得到全面提升,服务更加高效便捷。

一是在拓宽住房公积金便民服务渠道的基础上,实现审批"不见面",业务"网上办",推动开户、提取、贷款等 19 项业务向线上转移,实现住房公积金业务办理由"最多跑一次"向"零跑腿"转变。

二是在进一步提升窗口服务质量的基础上,实现服务队伍"专业化",举措"人性化"。为病、残、孕和"访惠聚"驻村(社区)等人员推行上门办、延时办、预约办等服务,开通绿色服务通道。

三是在扩大住房公积金社会知晓率的基础上,实现宣传渠道"多样化"。深入房交会现场,房地产企业,面对面向群众宣传解读住房公积金政策,及时发布提取、贷款、手机 APP 下载使用服务指南、政策法规等信息,自觉接受群众监督。

四是在加快推进"互联网＋政务服务"工作的基础上,按照"减证便民"行动工作部署,本着能减则减、能取则取的原则,对 37 项政务服务事项进行逐一梳理、规范、整合,取消各类证明事项 15 项,全部业务实现"一窗"综合受理,"一门"集中办理,"一站"便捷服务,让群众少跑腿、好办事、不添堵,办事效率大大提高。

(三)当年住房公积金管理中心及职工所获荣誉情况。博州住房公积金管理中心荣获自治区级"文明单位"、自治区级"政风行风示范窗口单位"、自治区级"民族团结进步示范单位"。

巴音郭楞蒙古自治州住房公积金 2019 年年度报告

一、机构概况

(一)住房公积金管理委员会:住房公积金管理委员会有 17 名委员,2019 年未召开管委会。

(二)住房公积金管理中心:住房公积金管理中心为隶属于巴州人民政府不以营利为目的的自收自支事业单位,设 6 个科室,10 个管理部,1 个分中心。从业人员 100 人,其中,在编 55 人,非在编 45 人。

二、业务运行情况

（一）缴存：2019年，新开户单位196家，实缴单位2452家，净增单位34家；新开户职工1.75万人，实缴职工15.72万人，净增职工0.32万人；缴存额27.51亿元，同比增长11.98%。2019年末，缴存总额208.94亿元，比上年末增加15.07%；缴存余额84.88亿元，比上年末增加16.72%。

受委托办理住房公积金缴存业务的银行8家，同上年保持一致。

（二）提取：2019年，提取额15.36亿元，同比增长16.36%；占当年缴存额的55.83%，比上年增加2.16个百分点。2019年末，提取总额124.07亿元，比上年末增加13.95%。

（三）贷款：

1. 个人住房贷款：个人住房贷款最高额度50万元，其中，单缴存职工最高额度50万元，双缴存职工最高额度50万元。

2019年，发放个人住房贷款0.31万笔、8.03亿元，同比分别增长34.78%、37.67%。其中，中心发放个人住房贷款0.31万笔、7.93亿元，塔里木油田分中心发放个人住房贷款26笔0.10亿元。

2019年，回收个人住房贷款5.77亿元。其中，中心5.43亿元，塔里木油田分中心0.34亿元。

2019年末，累计发放个人住房贷款4.97万笔、84.99亿元，贷款余额40.69亿元，分别比上年末增加6.87%、10.43%、5.85%。个人住房贷款余额占缴存余额的47.94%，比上年末减少4.90个百分点。

受委托办理住房公积金个人住房贷款业务的银行8家，同上年保持一致。

2. 住房公积金支持保障性住房建设项目贷款：2019年发放支持保障性住房建设项目贷款0亿元，回收项目贷款0亿元。2019年末，累计发放项目贷款3.87亿元，项目贷款余额0亿元。

（四）资金存储：2019年末，住房公积金存款45.30亿元。其中，活期7.20亿元，1年（含）以下定期12.55亿元，1年以上定期23.70亿元，其他（协定、通知存款等）1.85亿元。

（五）资金运用率：2019年末，住房公积金个人住房贷款余额、项目贷款余额和购买国债余额的总和占缴存余额的47.94%，比上年末减少4.90个百分点。

三、主要财务数据

（一）业务收入：2019年，业务收入20409.96万元，同比增长30.34%；其中，中心17889.85万元，塔里木油田分中心2520.11万元。存款利息7684.01万元，委托贷款利息12699.02万元，国债利息0万元，其他26.93万元。

（二）业务支出：2019年，业务支出10912.29万元，同比增长39.67%；其中，中心8833.69万元，塔里木油田分中心2078.60万。支付职工住房公积金利息10193.87万元，归集手续费20.47万元，委托贷款手续费697.69万元，其他0.26万元。

（三）增值收益：2019年，增值收益9497.67万元，同比增长4.37%；其中，中心9056.15万元，塔里木油田分中心441.51万元。增值收益率1.19%，比上年减少0.14个百分点。

（四）增值收益分配：2019年，提取贷款风险准备金4455.10万元（含有冲转项目贷款风险准备金1548万元），提取管理费用1893.02万元，提取城市廉租住房（公共租赁住房）建设补充资金7999.46万元。

2019年,上缴财政管理费用1545.09万元。上缴财政城市廉租住房(公共租赁住房)建设补充资金4960.91万元。

2019年末,贷款风险准备金余额15459.35万元。累计提取城市廉租住房(公共租赁住房)建设补充资金30685.82万元,其中,中心提取27786.03万元,塔里木油田分中心提取2899.79万元(含有弥补2014年损益1856.30万元)。

(五)管理费用支出:2019年,管理费用支出1778.23万元,同比增长16.04%。其中,人员经费1167.02万元,公用经费280.75万元,专项经费330.46万元。

中心管理费用支出1545.09万元,其中,人员、公用、专项经费分别为955.58万元、260.26万元、329.25万元;塔里木油田分中心管理费用支出233.14万元,其中,人员、公用、专项经费分别为211.44万元、20.49万元、1.21万元。

四、资产风险状况

个人住房贷款:2019年末,个人住房贷款逾期额363.37万元,逾期率0.90‰。

个人贷款风险准备金按贷款余额的1%提取。2019年,提取个人贷款风险准备金4455.10万元(含有冲转项目贷款风险准备金1548万元),使用个人贷款风险准备金核销呆坏账0万元。2019年末,个人贷款风险准备金余额15459.35万元,占个人住房贷款余额的3.80%,个人住房贷款逾期额与个人贷款风险准备金余额的比率为2.35%。

五、社会经济效益

(一)缴存业务:2019年,实缴单位数、实缴职工人数和缴存额同比分别增长1.46%、1.89%和9.73%。

缴存单位中,国家机关和事业单位占61.99%,国有企业占16.80%,城镇集体企业占1.84%,外商投资企业占0.57%,城镇私营企业及其他城镇企业占15.82%,民办非企业单位和社会团体占2.61%,其他占0.37%。

缴存职工中,国家机关和事业单位占59.39%,国有企业占22.47%,城镇集体企业占0.97%,外商投资企业占0.43%,城镇私营企业及其他城镇企业占10.51%,民办非企业单位和社会团体占6.20%,其他占0.03%;中、低收入占99.01%,高收入占0.99%。

新开户职工中,国家机关和事业单位占38.53%,国有企业占23.07%,城镇集体企业占0.70%,外商投资企业占0.54%,城镇私营企业及其他城镇企业占23.73%,民办非企业单位和社会团体占9.40%,其他占4.03%;中、低收入占99.42%,高收入占0.58%。

(二)提取业务:2019年,4.29万名缴存职工提取住房公积金15.36亿元。

提取金额中,住房消费提取占74.64%(购买、建造、翻建、大修自住住房占38.26%,偿还购房贷款本息占35.14%,租赁住房占1.24%,其他占0%);非住房消费提取占25.36%(离休和退休提取占13.91%,完全丧失劳动能力并与单位终止劳动关系提取占9.29%,出境定居占0%,其他占2.16%)。

提取职工中,中、低收入占90.64%,高收入占9.36%。

（三）贷款业务：

1. 个人住房贷款： 2019年，支持职工购建房37.61万平方米。年末个人住房贷款市场占有率（含公转商贴息贷款）为26.66%比上年末增加5.64个百分点。通过申请住房公积金个人住房贷款，可节约职工购房利息支出12758.48万元。

职工贷款笔数中，购房建筑面积90（含）平方米以下占12.24%，90~144（含）平方米占77.53%，144平方米以上占10.23%。购买新房占71.71%（其中购买保障性住房占0%），购买二手房占28.20%，建造、翻建、大修自住住房占0%，其他占0.09%。

职工贷款笔数中，单缴存职工申请贷款占71.23%，双缴存职工申请贷款占28.77%，三人及以上申请贷款占0%。

贷款职工中，30岁（含）以下占47.36%，30岁~40岁（含）占36.43%，40岁~50岁（含）占13.54%，50岁以上占2.67%；首次申请贷款占82.87%，二次及以上申请贷款占17.13%；中、低收入占98.38%，高收入占1.62%。

2. 异地贷款： 2019年，发放异地贷款19笔、686.70万元。2019年末，发放异地贷款总额19247.80万元，异地贷款余额1463.66万元。

3. 支持保障性住房建设试点项目贷款： 2019年末，累计试点项目7个，贷款额度3.87亿元，建筑面积54.38万平方米，可解决2983户中低收入职工家庭的住房问题。7个试点项目贷款资金已发放并还清贷款本息。

（四）住房贡献率： 2019年个人住房贷款发放额、公转商贴息贷款发放额、项目贷款发放额、住房消费提取额的总和与当年缴存额的比率为70.86%，比上年增加6.63个百分点。

六、其他重要事项

（一）当年住房公积金政策调整及执行情况。 按照住房公积金月缴存基数原则上不得超过上一年度职工平均工资81553元/人的三倍的规定，2019年度住房公积金缴存基数上限为20388元（81553÷12×3＝20388），按各12%的缴存比例计算月缴存额上限为4894元/月，下限为1460元；按各5%的缴存比例计算月缴存额下限为146元/月。

（二）当年服务改进情况。

（1）大力推进"互联网＋住房公积金"服务模式，提升公积金信息化服务水平。取消提供身份证、户口簿和结婚证等复印件；对于病残孕、"访惠聚"、一线政法干部等人员，开通绿色快速服务通道；增设管理部办事大厅银行服务窗口，实现了服务事项"就近办"，合规事项"马上办"。

（2）为提升房地产开发商网厅业务服务能力，中心举办来自全州房地产开发企业公积金贷款经办人及中心管理部工作人员网厅业务培训班，与各房地产企业还签订了《巴州房地产企业开发商网厅业务承诺书》。

（3）2019年8月，巴州住房公积金管理中心主动与库尔勒市不动产登记中心进行数据共享，实现了与不动产登记中心的联网核查。职工办理住房公积金贷款业务，无需专程到不动产中心开具"网签备案登记证明"。

（三）当年信息化建设情况。 中心充分利用大数据、云计算等信息技术，多项业务实现了掌上办理，大力推广手机公积金APP、单位网厅、开发商网厅等服务平台。截至2019年底，巴音郭楞州住房公积金管理中心业务办理离柜率达已到 81.15%，2568 个缴存单位注册单位网厅，32 个开发商注册开发商网厅。

（四）当年住房公积金管理中心及职工所获荣誉情况。2019 年，荣获州级"先进基层党支部"称号。

阿克苏地区住房公积金 2019 年年度报告

一、机构概况

（一）住房公积金管理委员会：住房公积金管理委员会有 23 名委员，2019 年召开 2 次会议，审议通过的事项主要包括：阿克苏地区住房公积金 2018 年度归集、使用情况决算报告及 2019 年归集、使用和收益分配计划（预算）报告，《阿克苏地区住房公积金缴存、提取管理办法》，《阿克苏地区住房公积金个人贷款管理办法》，阿克苏地区住房公积金 2018 年度报告，并对开通异地缴存职工在阿克苏地区申请住房公积金个人贷款业务、调整阿克苏地区住房公积金个人贷款逾期不良记录时限、增加阿克苏农村商业银行办理住房公积金业务、房地产开发企业取得商品房预售许可证即可办理住房公积金贷款项目业务、解决《房地产转让认定报告书》等有关事宜进行了研究确定。

（二）住房公积金管理中心：住房公积金管理中心为行署直属不以营利为目的的自收自支事业单位，设 6 个处（科），10 个管理部。从业人员 99 人，其中，在编 88 人，非在编 11 人。

二、业务运行情况

（一）缴存：2019 年，新开户单位 174 家，实缴单位 2741 家，净增单位 49 家；新开户职工 1.93 万人，实缴职工 14.69 万人，净增职工 0.98 万人；缴存额 27.16 亿元，同比增长 13.45%。2019 年末，缴存总额 178.38 亿元，比上年末增加 17.96%；缴存余额 72.99 亿元，比上年末增加 15.67%。

受委托办理住房公积金缴存业务的银行 6 家，比上年增加 1 家。

（二）提取：2019 年，提取额 17.27 亿元，同比增长 33.36%；占当年缴存额的 63.59%，比上年增加 9.5 个百分点。2019 年末，提取总额 105.39 亿元，比上年末增加 19.60%。

（三）贷款：

个人住房贷款：个人住房贷款最高额度 50 万元，其中，单缴存职工最高额度 50 万元，双缴存职工最高额度 50 万元。

2019 年，发放个人住房贷款 0.46 万笔、12.27 亿元，同比分别增长 53.33%、59.35%。

2019 年，回收个人住房贷款 5.30 亿元。

2019 年末，累计发放个人住房贷款 5.68 万笔、80.72 亿元，贷款余额 38.62 亿元，分别比上年末增加 8.81%、17.93%、22.02%。个人住房贷款余额占缴存余额的 52.91%，比上年末增加 2.75 个百分点。

受委托办理住房公积金个人住房贷款业务的银行 6 家，比上年增加 1 家。

（四）资金存储：2019 年末，住房公积金存款 35.78 亿元。其中，活期 0.01 亿元，1 年（含）以下定期 23.45 亿元，1 年以上定期 10.60 亿元，其他（协定存款等）1.72 亿元。

（五）资金运用率：2019年末，住房公积金个人住房贷款余额、项目贷款余额和购买国债余额的总和占缴存余额的52.91%，比上年末增加2.75个百分点。

三、主要财务数据

（一）业务收入：2019年，业务收入22104.31万元，同比增长59.23%。其中，存款利息11029.21万元，委托贷款利息11073.64万元，其他1.46万元。

（二）业务支出：2019年，业务支出10878.53万元，同比增长23.52%。其中，支付职工住房公积金利息10666.61万元，委托贷款手续费211.92万元。

（三）增值收益：2019年，增值收益11225.78万元，同比增长121.18%。其中，增值收益率1.62%，比上年增加0.74个百分点。

（四）增值收益分配：2019年，提取贷款风险准备金905.90万元，提取管理费用1619.88万元，提取城市廉租住房（公共租赁住房）建设补充资金8700万元。

2019年，上交财政管理费用1619.88万元。上缴财政城市廉租住房（公共租赁住房）建设补充资金7150万元。

2019年末，贷款风险准备金余额5019.87万元。累计提取城市廉租住房（公共租赁住房）建设补充资金36006.86万元。

（五）管理费用支出：2019年，管理费用支出1595.52万元，同比增长2.31%。其中，人员经费1172.02万元，公用经费68.65万元，专项经费354.85万元。

四、资产风险状况

个人住房贷款：2019年末，个人住房贷款逾期额29.89万元，逾期率0.08‰。

个人贷款风险准备金按贷款余额不低于1%提取。2019年，提取个人贷款风险准备金905.90万元，使用个人贷款风险准备金核销呆坏账0万元。2019年末，个人贷款风险准备金余额5019.87万元，占个人住房贷款余额的1.30%，个人住房贷款逾期额与个人贷款风险准备金余额的比率为0.60%。

五、社会经济效益

（一）缴存业务：2019年，实缴单位数、实缴职工人数和缴存额同比分别增长1.82%、7.15%和13.45%。

缴存单位中，国家机关和事业单位占69.61%，国有企业占10.91%，城镇集体企业占1.28%，外商投资企业占0.44%，城镇私营企业及其他城镇企业占12.81%，民办非企业单位和社会团体占1.49%，其他占3.46%。

缴存职工中，国家机关和事业单位占76.67%，国有企业占12.35%，城镇集体企业占0.74%，外商投资企业占0.51%，城镇私营企业及其他城镇企业占6.10%，民办非企业单位和社会团体占1.21%，其他占2.42%；中、低收入占99.25%，高收入占0.75%。

新开户职工中，国家机关和事业单位占72.37%，国有企业占11.37%，城镇集体企业占0.57%，外商投资企业占0.43%，城镇私营企业及其他城镇企业占11.73%，民办非企业单位和社会团体占0.45%，

其他占 3.08%；中、低收入占 99.94%，高收入占 0.06%。

（二）提取业务：2019 年，7.71 万名缴存职工提取住房公积金 17.27 亿元。

提取金额中，住房消费提取占 82.79%（购买、建造、翻建、大修自住住房占 38.07%，偿还购房贷款本息占 36.44%，租赁住房占 5.67%，其他占 2.61%）；非住房消费提取占 17.21%（离休和退休提取占 11.89%，完全丧失劳动能力并与单位终止劳动关系提取占 4.22%，出境定居占 0%，其他占 1.10%）。

提取职工中，中、低收入占 99.47%，高收入占 0.53%。

（三）贷款业务：

1. 个人住房贷款：2019 年，支持职工购建房 54.76 万平方米，年末个人住房贷款市场占有率为 29.04%，比上年末增加 0.69 个百分点。通过申请住房公积金个人住房贷款，可节约职工购房利息支出 22430.77 万元。

职工贷款笔数中，购房建筑面积 90（含）平方米以下占 8.40%，90~144（含）平方米占 86.20%，144 平方米以上占 5.40%。购买新房占 86.61%（其中购买保障性住房占 0%），购买二手房占 13.39%，建造、翻建、大修自住住房占 0%，其他占 0%。

职工贷款笔数中，单缴存职工申请贷款占 63.08%，双缴存职工申请贷款占 36.92%，三人及以上缴存职工共同申请贷款占 0%。

贷款职工中，30 岁（含）以下占 52.53%，30 岁~40 岁（含）占 31.82%，40 岁~50 岁（含）占 13.34%，50 岁以上占 2.31%；首次申请贷款占 81.67%，二次及以上申请贷款占 18.33%；中、低收入占 99.50%，高收入占 0.50%。

2. 异地贷款：2019 年，发放异地贷款 50 笔、1550.70 万元。2019 年末，发放异地贷款总额 10639.50 万元，异地贷款余额 1834.93 万元。

（四）**住房贡献率**：2019 年，个人住房贷款发放额、公转商贴息贷款发放额、项目贷款发放额、住房消费提取额的总和与当年缴存额的比率为 97.83%，比上年增加 20.79 个百分点。

六、其他重要事项

（一）**当年受委托办理缴存贷款业务金融机构变更情况**：根据 2019 年阿克苏地区住房公积金管委会第二次会议决定，增加阿克苏农村商业银行办理住房公积金业务。

（二）**当年住房公积金政策调整及执行情况**：

（1）2019 年度确定月缴存基数上限为 16701 元，月缴存额上限为 4008 元。2019 年度缴存基数、缴存额上限是根据阿克苏地区统计局公布的 2018 年度全地区在岗职工平均工资的 3 倍确定。

（2）2019 年住房公积金存贷款利率未作调整，贷款五年期以上年息为 3.25%，五年期以下（含五年）年息为 2.75%。

（3）对地区住房公积金个人贷款逾期不良记录时限进行调整。将原来连续逾期 12 个月或累计 24 个月不能申请住房公积金贷款，调整为连续逾期 6 个月或累计 12 个月不能申请住房公积金贷款。

（三）**当年服务改进情况**：开通异地缴存职工在地区申请住房公积金个人贷款业务。

（四）**当年信息化建设情况**：开通个人住房公积金余额变动短信提醒服务，为全地区 16 万缴存职工免费推送余额变动短信，提高群众知晓率和公积金宣传力度。

（五）当年地区住房公积金管理中心继续保持自治区文明单位称号。

（六）当年无违反《住房公积金管理条例》和相关法规被行政处罚和申请人民法院强制执行情况。

（七）当年无对住房公积金管理人员违规行为的纠正和处理情况。

克孜勒苏柯尔克孜自治州住房公积金 2019 年年度报告

一、机构概况

（一）住房公积金管理委员会：住房公积金管理委员会有 23 名委员，2019 年召开 2 次会议，审议通过的事项主要包括：《2019 年住房公积金归集使用计划》《2018 年住房公积金增值收益分配方案》《克州住房公积金 2018 年年度报告》《克州住房公积金贷款管理办法》《克州住房公积金提取管理办法》《克州住房公积金归集管理办法》《关于提高住房公积金最高贷款额度、延长贷款期限的报告》。

（二）住房公积金管理中心：住房公积金管理中心为隶属于克孜勒苏柯尔克孜自治州人民政府不以营利为目的的全额财政拨款参照公务员法管理的事业单位，设 4 个科，4 个管理部。从业人员 29 人，其中，在编 17 人，非在编 12 人。

二、业务运行情况

（一）缴存：2019 年，新开户单位 54 家，实缴单位 898 家，净减单位 72 家（因缴存单位撤销合并）；新开户职工 0.70 万人，实缴职工 5.66 万人，净增职工 0.46 万人；缴存额 11.36 亿元，同比增长 22.81%。2019 年末，缴存总额 65.11 亿元，比上年末增加 21.13%；缴存余额 36.27 亿元，比上年末增加 21.18%。

受委托办理住房公积金缴存业务的银行 3 家，同上年保持一致。

（二）提取：2019 年，提取额 5.02 亿元，同比增长 20.96%；占当年缴存额的 44.19%，比上年减少 0.67 个百分点。2019 年末，提取总额 28.83 亿元，比上年末增加 21.08%。

（三）贷款：

个人住房贷款：个人住房贷款最高额度 70 万元，其中，单缴存职工最高额度 40 万元，双缴存职工最高额度 70 万元。

2019 年，发放个人住房贷款 0.11 万笔、2.61 亿元，同比分别增长 57.14%、81.25%。

2019 年，回收个人住房贷款 3.11 亿元。

2019 年末，累计发放个人住房贷款 3.49 万笔、36.88 亿元，贷款余额 8.47 亿元，分别比上年末增加 3.25%、7.62%、减少 5.57%。个人住房贷款余额占缴存余额的 23.35%，比上年末减少 6.62 个百分点。

受委托办理住房公积金个人住房贷款业务的银行 3 家，同上年保持一致。

（四）资金存储：2019 年末，住房公积金存款 27.77 亿元。其中，活期 0.29 亿元，1 年（含）以下定期 2.80 亿元，1 年以上定期 24.68 亿元，其他（协定、通知存款等）0 亿元。

（五）**资金运用率**：2019 年末，住房公积金个人住房贷款余额、项目贷款余额和购买国债余额的总和占缴存余额的 23.35%，比上年末减少 6.62 个百分点。

三、主要财务数据

（一）**业务收入**：2019 年，业务收入 7811.68 万元，同比增长 35.65%。存款利息 5144.32 万元，委托贷款利息 2633.65 万元，国债利息 0 万元，其他 33.71 万元。

（二）**业务支出**：2019 年，业务支出 5697.62 万元，同比增长 50.34%。支付职工住房公积金利息 5697.55 万元，归集手续费 0 万元，委托贷款手续费 0 万元，其他 0.07 万元。

（三）**增值收益**：2019 年，增值收益 2114.06 万元，同比增长 7.36%。增值收益率 0.63%，比上年减少 0.10 个百分点。

（四）**增值收益分配**：2019 年，提取贷款风险准备金 0 万元（2019 年贷款风险准备金余额大于住房公积金贷款余额的 1% 不再计提），提取管理费用 739.25 万元，提取城市廉租住房（公共租赁住房）建设补充资金 1374.81 万元。

2019 年，上缴财政管理费用 639.21 万元。上缴财政城市廉租住房（公共租赁住房）建设补充资金 1329.96 万元。

2019 年末，贷款风险准备金余额 1219.31 万元。累计提取城市廉租住房（公共租赁住房）建设补充资金 11304.27 万元。

（五）**管理费用支出**：2019 年，管理费用支出 734.18 万元，同比增长 73.60%（支付 12329 综合服务平台建设运维费用和 2018 年、2019 年信息系统建设维护费用）。其中，人员经费 312.36 万元，公用经费 34.68 万元，专项经费 387.14 万元。

四、资产风险状况

个人住房贷款：2019 年末，个人住房贷款逾期额 18.87 万元，逾期率 0.22‰。

个人贷款风险准备金按不低于年度住房公积金贷款余额的 1% 提取。2019 年，提取个人贷款风险准备金 0 万元（2019 年贷款风险准备金余额大于住房公积金贷款余额的 1% 不再计提），使用个人贷款风险准备金核销呆坏账 0 万元。2019 年末，个人贷款风险准备金余额 1219.31 万元，占个人住房贷款余额的 1.44%，个人住房贷款逾期额与个人贷款风险准备金余额的比率为 1.55%。

五、社会经济效益

（一）**缴存业务**：2019 年，实缴单位数、实缴职工人数和缴存额同比分别下降 7.42%、增长 8.85% 和 22.81%。

缴存单位中，国家机关和事业单位占 82.41%，国有企业占 10.36%，城镇集体企业占 0.78%，外商投资企业占 0%，城镇私营企业及其他城镇企业占 4.68%，民办非企业单位和社会团体占 1.11%，其他占 0.66%。

缴存职工中，国家机关和事业单位占 90.24%，国有企业占 6.79%，城镇集体企业占 0.63%，外商投资企业占 0%，城镇私营企业及其他城镇企业占 2.08%，民办非企业单位和社会团体占 0.14%，其他占 0.12%；中、低收入占 99.89%，高收入占 0.11%。

新开户职工中，国家机关和事业单位占 83.66%，国有企业占 12.73%，城镇集体企业占 0.44%，外商投资企业占 0%，城镇私营企业及其他城镇企业占 3.15%，民办非企业单位和社会团体占 0.01%，其他占 0.01%；中、低收入占 99.87%，高收入占 0.13%。

（二）提取业务：2019 年，1.26 万名缴存职工提取住房公积金 5.02 亿元。

提取金额中，住房消费提取占 81.53%（购买、建造、翻建、大修自住住房占 33.27%，偿还购房贷款本息占 41.93%，租赁住房占 6.33%，其他占 0%）；非住房消费提取占 18.47%（离休和退休提取占 8.95%，完全丧失劳动能力并与单位终止劳动关系提取占 7.52%，出境定居占 0%，其他占 2.00%）。

提取职工中，中、低收入占 99.89%，高收入占 0.11%。

（三）贷款业务：

1. 个人住房贷款：2019 年，支持职工购建房 12.53 万平方米，年末个人住房贷款市场占有率（含公转商贴息贷款）为 89.29%，比上年末增加 12.39 个百分点。通过申请住房公积金个人住房贷款，可节约职工购房利息支出 2492.97 万元。

职工贷款笔数中，购房建筑面积 90（含）平方米以下占 15.44%，90～144（含）平方米占 75.93%，144 平方米以上占 8.63%。购买新房占 68.66%（其中购买保障性住房占 0%），购买二手房占 31.34%，建造、翻建、大修自住住房占 0%，其他占 0%。

职工贷款笔数中，单缴存职工申请贷款占 55.86%，双缴存职工申请贷款占 44.14%，三人及以上缴存职工共同申请贷款占 0%。

贷款职工中，30 岁（含）以下占 49.23%，30 岁～40 岁（含）占 39.60%，40 岁～50 岁（含）占 10.44%，50 岁以上占 0.73%；首次申请贷款占 83.83%，二次及以上申请贷款占 16.17%；中、低收入占 100%，高收入占 0%。

2. 异地贷款：2019 年，发放异地贷款 70 笔、2152.30 万元。2019 年末，发放异地贷款总额 11741.30 万元，异地贷款余额 5810.37 万元。

（四）住房贡献率：2019 年，个人住房贷款发放额、公转商贴息贷款发放额、项目贷款发放额、住房消费提取额的总和与当年缴存额的比率为 59.07%，比上年增加 4.95 个百分点。

六、其他重要事项

（一）当年机构及职能调整情况。为理顺管理体制，落实公积金中心管营分离的要求，2019 年克州住房公积金管理委员会第二次会议审议通过，将州直中心服务大厅业务合并至阿图什市管理部。

（二）当年住房公积金政策调整及执行情况。

1. 缴存基数限额及确定方法：根据克州统计部门公布的 2018 年度全州在岗职工平均工资的 3 倍，确定 2019 年克州公积金月缴存基数上限为 22944 元；按照克州 2018 年职工最低工资标准，确定 2019 年缴存基数下限为 1460 元。月缴存额上限为 5506 元（单位、个人各缴 2753 元）；月缴存额下限为 146 元（单位、个人各缴 73 元）。

2. 缴存比例：克州机关事业单位住房公积金缴存比例仍执行单位、个人各 12% 标准，各类企业参照此标准执行，但缴存比例最低不得低于单位、个人各 5%。

3. 提取政策调整情况：根据国家和自治区的相关文件精神，修订了克州住房公积金归集、提取、贷款管理办法，取消缴存职工本人、配偶、子女及父母患有重大疾病，且造成家庭生活困难的提取以及缴纳物业费提取公积金政策，取消对购买第三套及以上住房不能办理提取住房公积金的限制。

4. 个人住房贷款最高贷款额度、贷款条件等贷款政策调整情况：贷款额度做了两次调整：2019 年 3 月 11 日，贷款额度由 30 万元提高至 40 万元，贷款期限（20 年）、公积金贷款最高比例（不超过购房总价款的 80%）保持不变。2019 年 10 月 20 日，双职工住房公积金最高贷款额度由 40 万元调整到 70 万元，单职工贷款额度仍为 40 万元，贷款期限由 20 年延长至 30 年；放宽住房公积金贷款担保政策，购买本地住房只需使用当套住房进行抵押及配偶承担连带还款责任，无须担保人担保。

5. 住房公积金存贷款利率执行标准等：职工住房公积金账户存款利率按一年期定期存款基准利率 1.5% 执行；住房公积金贷款利率未进行调整，五年（含）及以下公积金贷款利率为 2.75%、五年以上为 3.25%。

（三）当年服务改进情况。按照国务院深化"放管服"改革、强力惠民生的部署要求，为持续深化"放管服"和"最多跑一次"改革工作，优化业务流程，精简办理要件，实现了公积金业务由柜台到网上、由人工到智能、由"群众跑腿"到"信息跑路"的全方位转变，业务办理实现了资金到账"零时限"，业务审批"零时限"、群众办事"零跑路"、服务职工"零距离"的服务目标。

1. 合理设置服务网点，选齐配强一线服务人员。 为理顺管理体制，落实公积金中心管营分离的要求，将州直中心服务大厅业务合并至阿图什市管理部，抽调业务骨干到市管理部。

2. 优化办事流程，力争服务职工"零距离"。 对参加"访惠聚"等职工开通"绿色通道"，对因病等特殊情况无法到服务窗口的职工提供上门服务，克州范围内跨归集点实现全城业务通办（除贷款业务外）；职工调动通过异地转移接续平台一站式办结转移手续，实现"账随人走、钱随账走"。

3. 加强"互联网+政务服务"，实现业务办理"零时限"。 中心成功接入全国住房公积金银行结算数据应用系统并稳定运行，住房公积金归集、提取和贷款发放等业务实现实时交易；做好入驻行政服务中心的前期准备工作，将住房公积金归集、提取及贷款业务列入行政服务审批事项并梳理上报了办事指南；开通单位托收业务，中心、银行、缴存单位签订三方协议，单位通过网上营业厅扣划缴存住房公积金，避免财务人员来回奔波。

4. 拓展综合服务平台线上业务办理渠道，力求群众办事"零跑腿"。 手把手教会群众下载、使用手机公积金 APP，大力推广使用 12329 服务热线、手机公积金 APP、微信公众号、门户网站、网上业务大厅等服务渠道，2019 年，手机公积金 APP 除离退休提取业务外，新开通了月对冲签约、解除劳动关系提取、租房提取及提前还本、提前结清等业务，打破以前仅能主贷人申请提前结清的限制，现在主贷人和配偶均可以在手机 APP 上完成提取还贷，只需一两分钟足不出户就可办结，得到了群众的普遍赞誉，切实增强了缴存职工在公积金共建共享中的获得感、安全感和幸福感。

5. 办理材料"大瘦身"，服务更加优化。 精简办理要件，贷款申请表格由 9 张精减为 2 张；优化办事流程，取消住房公积金提取申请单位盖章、职工调动填写《住房公积金转移通知书》和单位盖章环节及购买本地二手房评估报告等证明事项；完成与乌鲁木齐市不动产登记中心办理异地抵押备案手续，解决了职工在乌鲁木齐市购房回克州申请贷款的抵押物问题，无须本地住房抵押，尽最大限度方便缴存职工。

（四）当年信息化建设情况，包括信息系统升级改造情况。2019年，中心持续完善住房公积金业务系统各项线上业务办理流程、功能，开通住房公积金缴存单位托收业务，持续清理、整改电子稽查的历史问题数据，为实现"四通"奠定了基础。异地转移接续直联上线，启用了电子档案模块，逐步实现档案电子化规范化管理。

（五）当年住房公积金管理中心及职工所获荣誉情况。2019年9月，克州住房公积金管理中心主任杜鹏受到国务院"民族团结进步表彰大会"表彰，获得"全国民族团结进步模范个人"荣誉称号。

（六）当年对违反《住房公积金管理条例》和相关法规行为进行行政处罚和申请人民法院强制执行情况。2019年克州住房公积金管理中心严格按照《住房公积金管理条例》和相关法规开展各项业务，本年度在催建、催缴住房公积金过程中没有行政处罚和申请人民法院强制执行情况；逾期贷款催还移交当地法院立案的有两起。

喀什地区住房公积金2019年年度报告

一、机构概况

（一）**住房公积金管理委员会**：住房公积金管理委员会有26名委员，2019年召开一次会议，审议通过2019年度住房公积金归集、使用计划执行情况，并对其他重要事项进行决策，审议通过了2018年年度报告和2019年计划安排；听取了住房公积金管理情况汇报、有关住房公积金缴存使用政策调整。

（二）**住房公积金管理中心**：住房公积金管理中心为直属喀什地区行政公署不以营利为目的的参照公务员法管理的事业单位，设6个科室，12个管理部。从业人员97人，其中，在编72人，非在编25人。

二、业务运行情况

（一）**缴存**：2019年，新开户单位362家，实缴单位2988家，净增单位265家；新开户职工2.65万人，实缴职工22.52万人，净增职工1.43万人；缴存额44.44亿元，同比增长15.16％。2019年末，缴存总额268.50亿元，比上年末增加19.83％；缴存余额137.89亿元，比上年末增加15.98％。

受委托办理住房公积金缴存业务的银行4家，同上年保持一致。

（二）**提取**：2019年，提取额25.44亿元，同比增长68.37％；占当年缴存额的57.25％，比上年增加18.09个百分点。2019年末，提取总额130.61亿元，比上年末增加24.19％。

（三）**贷款**：

个人住房贷款：个人住房贷款最高额度40万元，其中，单缴存职工最高额度40万元，双缴存职工最高额度40万元。

2019年，发放个人住房贷款0.98万笔、24.25亿元，同比分别增长196.97％、217.41％。

2019年，回收个人住房贷款8.92亿元。

2019年末，累计发放个人住房贷款8.61万笔、123.87亿元，贷款余额57.47亿元，分别比上年末增加 12.84%、24.34%、36.35%。个人住房贷款余额占缴存余额的 41.68%，比上年末增加 6.23 个百分点。

受委托办理住房公积金个人住房贷款业务的银行 4 家，同上年保持一致。

（四）购买国债：2019 年，未购买国债，兑付国债 0.29 亿元。2019 年末，国债余额 0 元，比上年末减少 0.29 亿元。

（五）资金存储：2019 年末，住房公积金存款 81.71 亿元。其中，活期 0.02 亿元，1 年（含）以下定期 12.70 亿元，1 年以上定期 67.47 亿元，其他（协定存款）1.52 亿元。

（六）资金运用率：2019 年末，住房公积金个人住房贷款余额、项目贷款余额和购买国债余额的总和占缴存余额的 41.68%，比上年末增加 5.98 个百分点。

三、主要财务数据

（一）业务收入：2019 年，业务收入 33790.02 万元，同比增长 120.90%。存款利息 18689.35 万元，委托贷款利息 15019.30 万元，国债利息 76.27 万元，其他 5.10 万元。

（二）业务支出：2019 年，业务支出 18243.05 万元，同比增长 82.28%。支付职工住房公积金利息 17859.35 万元，归集手续费 0 元，委托贷款手续费 383.57 万元，其他 0.13 万元。

（三）增值收益：2019 年，增值收益 15546.97 万元，同比增长 194.00%。增值收益率 1.19%，比上年增加 0.70 个百分点。

（四）增值收益分配：2019 年，提取贷款风险准备金 0 万元，提取管理费用 2032.96 万元，提取城市廉租住房（公共租赁住房）建设补充资金 13514.01 万元。

2019 年，上缴财政管理费用 2327.77 万元。上缴财政城市廉租住房（公共租赁住房）建设补充资金 2960.28 万元。

2019 年末，贷款风险准备金余额 14430.77 万元。累计提取城市廉租住房（公共租赁住房）建设补充资金 36955.48 万元。

（五）管理费用支出：2019 年，管理费用支出 1764.90 万元，同比下降 5.67%。其中，人员经费 1195.82 万元，公用经费 45.73 万元，专项经费 523.35 万元。

四、资产风险状况

个人住房贷款：2019 年末，个人住房贷款逾期额 53.60 万元，逾期率 0.09‰。

个人贷款风险准备金按贷款余额的 1% 提取。2019 年提取个人贷款风险准备金 0 元（2019 年贷款风险准备金余额大于贷款余额的 1% 不再计提）。2019 年末，个人贷款风险准备金余额 14430.77 万元，占个人住房贷款余额的 2.51%，个人住房贷款逾期额与个人贷款风险准备金余额的比率为 0.37%。

五、社会经济效益

（一）缴存业务：2019 年，实缴单位数、实缴职工人数和缴存额同比分别增长 9.73%、6.78% 和 15.16%。

缴存单位中，国家机关和事业单位占 78.78%，国有企业占 10.78%，城镇集体企业占 2.04%，外商

投资企业占 0.23%，城镇私营企业及其他城镇企业占 7.50%，民办非企业单位和社会团体占 0.40%，其他占 0.27%。

缴存职工中，国家机关和事业单位占 89.16%，国有企业占 7.67%，城镇集体企业占 0.92%，外商投资企业占 0.12%，城镇私营企业及其他城镇企业占 2.04%，民办非企业单位和社会团体占 0.04%，其他占 0.05%；中、低收入占 99.48%，高收入占 0.52%。

新开户职工中，国家机关和事业单位占 89.07%，国有企业占 5.56%，城镇集体企业占 0.85%，外商投资企业占 0.06%，城镇私营企业及其他城镇企业占 3.31%，民办非企业单位和社会团体占 0.02%，其他占 1.13%；中、低收入占 99.91%，高收入占 0.09%。

（二）**提取业务**：2019 年，5.97 万名缴存职工提取住房公积金 25.44 亿元。

提取金额中，住房消费提取占 80.40%（购买、建造、翻建、大修自住住房 47.63%，偿还购房贷款本息占 31.40%，租赁住房占 1.37%，其他占 0%）；非住房消费提取占 19.60%（离休和退休提取占 11.82%，完全丧失劳动能力并与单位终止劳动关系提取占 6.76%，出境定居占 0%，其他占 1.02%）。

提取职工中，中、低收入占 99.45%，高收入占 0.55%。

（三）**贷款业务**：

1. 个人住房贷款：2019 年，支持职工购建房 120 万平方米，年末个人住房贷款市场占有率（含公转商贴息贷款）为 82.86%，比上年末减少 2.55 个百分点。通过申请住房公积金个人住房贷款，可节约职工购房利息支出 30587.07 万元。

职工贷款笔数中，购房建筑面积 90（含）平方米以下占 8.23%，90~144（含）平方米占 81.23%，144 平方米以上占 10.54%。购买新房占 89.12%（其中购买保障性住房占 0%），购买二手房占 10.87%，建造、翻建、大修自住住房占 0.01%，其他占 0%。

职工贷款笔数中，单缴存职工申请贷款占 57.11%，双缴存职工申请贷款占 42.89%，三人及以上缴存职工共同申请贷款占 0%。

贷款职工中，30 岁（含）以下占 46.14%，30 岁~40 岁（含）占 38.62%，40 岁~50 岁（含）占 12.82%，50 岁以上占 2.42%；首次申请贷款占 80.48%，二次及以上申请贷款占 19.52%；中、低收入占 99.34%，高收入占 0.66%。

2. 异地贷款：2019 年，发放异地贷款 129 笔、3891.30 万元。2019 年末，发放异地贷款总额 8881.55 万元，异地贷款余额 4640.32 万元。

（四）**住房贡献率**：2019 年，个人住房贷款发放额、公转商贴息贷款发放额、项目贷款发放额、住房消费提取额的总和与当年缴存额的比率为 100.59%，比上年增加 49.90 个百分点。

六、其他重要事项

（一）当年机构及职能调整情况、受委托办理缴存贷款业务金融机构变更情况。喀什地区住房公积金管理中心仍作为喀什地区行政公署直属的参照公务员法管理事业单位。

（二）当年住房公积金政策调整及执行情况。

1. 2019 年缴存、贷款政策及确定方法

（1）住房公积金缴存基数，最高上限不得突破 17625 元（统计部门公布的 2018 年喀什地区社会在职职工年平均收入 70503÷12≈5875 元的三倍计算），最低缴存基数下限不得低于 3019 元（参照 2018 年喀什地区社保 60% 最低缴费基数）。

（2）单位及个人住房公积金缴存比例最高为 12%，最低为 5%。同一单位职工缴存比例一致，单位缴存比例和职工缴存比例一致。

（3）住房公积金缴存额有角、分的，按"四舍五入"进位至"元"位。

（4）双职工或单职工申请住房公积金贷款最高额度均为 40 万元。

（5）贷款期限以整年期次计算，最短期限 1 年，最长期限 25 年。

（6）贷款利率 5 年以内（含）2.75%，5 年以上 3.25%。

2. 2019 年政策调整情况

（1）参照国家标准《住房公积金个人住房贷款业务规范》，结合喀地公积金字〔2018〕27 号文件《喀什地区住房公积金贷款业务操作规范》第三章第二十七条规定的有关具体可贷金额计算原则，确定具体可贷金额的参考计算公式为：具体可贷金额＝借款人及其配偶的住房公积金月缴存基数合计金额×最高月还款比例×120 个月。

（2）先后推行多项便民措施：

① 办理提取的，取消提供《个人提取住房公积金申请审批表》。

② 与单位终止劳动关系申请提取住房公积金的，取消提供终止劳动关系的批复文件，待个人账户封存满 6 个月后即可办理。

③ 申请提取住房公积金用于支付房屋租金的，取消提供社区（村）出具的租住证明原件和婚姻证明材料。

④ 单位办理个人缴存账户转移（地区范围内）的，取消提供劳动关系变动资料。

⑤ 放宽贷款职工申请签订月冲还贷协议（简称"月供"协议）的限制条件。借款人及其配偶的个人缴存账户余额只须留存 1 个月的缴存余额，即可签订"月供"协议，做到"应签尽签"。

⑥ 对于使用本地商业贷款或异地贷款购买住房的公积金缴存职工，可允许借款人及其配偶一年申请一次提取个人账户中住房公积金用于归还贷款（简称"年供"提取）。该业务为次年申请，申请提取合计金额不得超过其上一年度的年还款合计金额。借款人及其配偶的个人缴存账户须留存 1 个月的缴存余额。

⑦ 推行贷款"容缺受理"。即贷款办理中除必要申请材料外，对于临时缺少的个别非必要材料，可先予受理并进行三级审批以及办理不动产抵押登记。但贷款申请人须在贷款发放前补齐所需资料。

⑧ 在喀什地区范围内，逐步推行"通提通贷"业务。即申请提取或贷款职工购建房所在地和缴存地不在同一县市的，根据实际情况，可就近自主选择管理部申请办理，放开缴存地限制。

⑨ 对跨县市缴存职工办理贷款业务的，提倡当日办结制。提交手续齐备的，当日受理、办结三级审批流程及出具贷款抵押通知书，最大限度减少职工往返多跑腿。

⑩ 在风险可控的情况下，以申请贷款缴存职工及其配偶资信情况综合计算参考，适度提高贷款金额，延长贷款期限，做到应贷尽贷。

⑪ 在申请受理贷款时，借款申请人配偶在异地缴存住房公积金的，我中心视同作为本地双缴职工参与计算具体可贷金额。

⑫ 申请受理喀什地区本地二手房贷款时，取消提供不动产评估报告书。具体可贷金额以契税发票中

计税依据金额计算。未标明计税依据金额的，可根据计收税款金额和税率反算。

⑬ 从2019年11月1日起开通单位网厅在线自主缴费托收业务，方便各缴存单位及时足额在线缴纳住房公积金。

⑭ 于2019年11月底前开通房地产开发企业网厅在线业务。由企业先行在网厅将开发项目、购房人提取和贷款申请等基本信息资料进行录入、拍照、上传给管理部，经管理部初审合格后，再由开发商组织协助办理后续审批手续。

(三) 当年服务改进情况。 2019年以来，中心进一步贯彻落实国务院"放管服"和深化住房公积金制度改革要求，充分利用信息化技术手段，不断规范服务管理，提升住房公积金服务效能。为进一步支持包括地区团购房在内的缴存职工合理购、建房消费，紧紧抓住地委行署为全区干部职工团购房建设的有利机遇。

中心于2019年6月研究制定了大幅简化了办理要件、放宽受理条件等10条便民措施，并提出了"容缺受理"、全区"通提通贷"等创新服务举措。

2019年11月根据近期工作实际，为民办事，推行5项便民服务措施，积极践行落实优化企业营商环境要求，切实为企业减负，惠及缴存单位和职工，把资金真正用到干部职工基本住房需求和改善性需求上来，大力推行延时服务、靠前服务，做到应提尽提、应贷尽贷，确保购房干部职工充分享受住房公积金带来的优惠和便利，真正做到"让信息多跑路，职工少跑腿"。同时，中心全体工作人员统一着装上岗，严格服务标准，从仪容仪表、服务纪律等方面加以强化提升，树立了公积金窗口优质服务形象。住房公积金管理更加规范，服务更加便利、使用更加合理、受益人群不断扩大，为服务好职工购房发挥积极作用。

(四) 当年信息化建设情况。 自2018年自治区统一建设的住房公积金综合服务平台建成以来，住房公积金网站、网厅、12329服务热线、手机APP、微信、短信等服务渠道全面上线运行，并取得良好成效。截至2019年底，新疆住房公积金门户网站的喀什中心子网站访问量达229.17万人次，热线呼入达51.58万人次，热线接通率99.36%，热线服务满意度99.68%，单位网厅注册使用率超过95.32%以上，短信发送82.66万条，微信公众号关注绑定4.13万人，手机APP注册使用人数15.24万人，其中APP服务渠道共申请办理提取1.54万笔，提取公积金6.06亿元，综合业务离柜率达57.64%。

和田地区住房公积金2019年年度报告

一、机构概况

(一) 住房公积金管理委员会： 住房公积金管理委员会有17名委员，2019年召开2次会议，审议通过的事项主要包括：《和田地区住房公积金管理中心2018年工作完成情况及2019年工作安排》《和田地区2018年住房公积金增值收益分配（草案）》《和田地区2019年住房公积金归集使用计划（草案）》《和田地区住房公积金2018年年度报告》《和田地区住房公积金缴存管理办法（征求意见稿）》《和田地区住房公积金支取管理办法（征求意见稿）》《和田地区住房公积金贷款管理办法（征求意见稿）》《和田地区住房公积金失信行为惩戒管理办法（征求意见稿）》《和田地区对引进人才实行住房公积金优惠政策的通知（征求意见稿）》《和田地区住房公积金管理中心楼盘准入管理办法》《关于进一步规范和调整住房公积金使用政策的通知》。

（二）住房公积金管理中心：和田地区住房公积金管理中心为隶属于和田行署的不以营利为目的的公益一类事业单位，设5个科室，6个管理部。从业人员68人，其中，在编39人，非在编29人。

二、业务运行情况

（一）缴存：2019年，新开户单位113家，实缴单位1608家，净减单位1家；新开户职工1.43万人，实缴职工12.13万人，净增职工0.78万人；缴存额27.10亿元，同比增长34.89%。2019年末，缴存总额141.92亿元，比上年末增加23.60%；缴存余额71.09亿元，比上年末增加26.95%。

受委托办理住房公积金缴存业务的银行4家，同上年保持一致。

（二）提取：2019年，提取额12.00亿元，同比增长30.15%；占当年缴存额的44.28%，比上年减少1.61个百分点。2019年末，提取总额70.83亿元，比上年末增加20.40%。

（三）贷款：

个人住房贷款：个人住房贷款最高额度50万元，其中，单缴存职工最高额度50万元，双缴存职工最高额度50万元。

2019年，发放个人住房贷款0.28万笔、7.69亿元，同比分别增长100.00%、106.72%。

2019年，回收个人住房贷款4.07亿元。

2019年末，累计发放个人住房贷款3.48万笔、53.24亿元，贷款余额21.01亿元，分别比上年末增加8.41%、16.88%、20.82%。个人住房贷款余额占缴存余额的29.56%，比上年末减少1.49个百分点。

受委托办理住房公积金个人住房贷款业务的银行4家，同上年保持一致。

（四）资金存储：2019年末，住房公积金存款51.03亿元。其中，活期0.37亿元，1年（含）以下定期3.20亿元，1年以上定期46.42亿元，其他（协定、通知存款等）1.04亿元。

（五）资金运用率：2019年末，住房公积金个人住房贷款余额、项目贷款余额和购买国债余额的总和占缴存余额的29.56%，比上年末减少1.49个百分点。

三、主要财务数据

（一）业务收入：2019年，业务收入21195.84万元，同比增长103.30%。存款利息15137.57万元，委托贷款利息6055.73万元，国债利息0万元，其他2.54万元。

（二）业务支出：2019年，业务支出8717.35万元，同比增长8.76%。支付职工住房公积金利息8717.25万元，归集手续费0万元，委托贷款手续费0万元，其他0.10万元。

（三）增值收益：2019年，增值收益12478.49万元，同比增长417.53%。增值收益率1.95%，比上年增加1.45个百分点。增值收益较去年增幅较高的原因，一是为维护职工的合法权益，中心大力开展住房公积金催缴工作，将历年欠缴的5亿元住房公积金全部归集到位，且当年住房公积金也全部归集到位。住房公积金催缴工作的有序开展使得资金供给得到了保证。二是当年贷款放款增幅较大，委贷利息收入稳定增长。三是为正确反映中心各会计期间所实现的各项收入和未实现收入所负担的费用正确确定各期收益，中心根据监管要求将定期存款利息计提方式由原先的到期一次性计提改为按季度计提，2019年一次补提了以前年度的应收利息。四是为了提高资金收益，2019年中心调整了定期存款结构，增加了二年期、三年期存款，存款利息收入大幅度增加。

（四）增值收益分配：2019年，提取贷款风险准备金142.36万元，提取管理费用1810.00万元，提取城市廉租住房（公共租赁住房）建设补充资金10526.13万元。

2019年，上缴财政管理费用1100万元。上缴财政城市廉租住房（公共租赁住房）建设补充资金1892.44万元。

2019年末，贷款风险准备金余额2101.09万元。累计提取城市廉租住房（公共租赁住房）建设补充资金30495.75万元。

（五）管理费用支出：2019年，管理费用支出1097.41万元，同比增长34.47%。其中，人员经费652.44万元，公用经费234.76万元，专项经费210.21万元。

四、资产风险状况

个人住房贷款：2019年末，个人住房贷款逾期额131.84万元，逾期率0.63‰。

个人贷款风险准备金按贷款余额的1%提取。2019年，提取个人贷款风险准备金142.36万元，使用个人贷款风险准备金核销呆坏账0万元。2019年末，个人贷款风险准备金余额2101.09万元，占个人住房贷款余额的1%，个人住房贷款逾期额与个人贷款风险准备金余额的比率为6.27%。

五、社会经济效益

（一）缴存业务：2019年，实缴单位数、实缴职工人数和缴存额同比分别减少0.06%、增长6.87%和34.89%。

缴存单位中，国家机关和事业单位占86.63%，国有企业占7.15%，城镇集体企业占0.75%，外商投资企业占0%，城镇私营企业及其他城镇企业占4.04%，民办非企业单位和社会团体占1.24%，其他占0.19%。

缴存职工中，国家机关和事业单位占91.87%，国有企业占5.92%，城镇集体企业占0.92%，外商投资企业占0%，城镇私营企业及其他城镇企业占1.09%，民办非企业单位和社会团体占0.19%，其他占0.01%；中、低收入占99.23%，高收入占0.77%。

新开户职工中，国家机关和事业单位占90.11%，国有企业占5.92%，城镇集体企业占1.16%，外商投资企业占0%，城镇私营企业及其他城镇企业占2.44%，民办非企业单位和社会团体占0.35%，其他占0.02%；中、低收入占99.90%，高收入占0.10%。

（二）提取业务：2019年，3.44万名缴存职工提取住房公积金12.00亿元。

提取金额中，住房消费提取占83.52%（购买、建造、翻建、大修自住住房占35.75%，偿还购房贷款本息占33.27%，租赁住房占14.50%，其他占0%）；非住房消费提取占16.48%（离休和退休提取占8.71%，完全丧失劳动能力并与单位终止劳动关系提取占5.72%，出境定居占0%，其他占2.05%）。

提取职工中，中、低收入占99.41%，高收入占0.59%。

(三）贷款业务：

1. 个人住房贷款： 2019年，支持职工购建房32.61万平方米，年末个人住房贷款市场占有率（含公转商贴息贷款）为85.93%，比上年末增加3.93个百分点。通过申请住房公积金个人住房贷款，可节约职工购房利息支出8293.96万元。

职工贷款笔数中，购房建筑面积90（含）平方米以下占6.62%，90～144（含）平方米占84.23%，144平方米以上占9.15%。购买新房占92.48%（其中购买保障性住房占0%），购买二手房占7.52%，建造、翻建、大修自住住房占0%，其他占0%。

职工贷款笔数中，单缴存职工申请贷款占46.11%，双缴存职工申请贷款占53.89%，三人及以上缴存职工共同申请贷款占0%。

贷款职工中，30岁（含）以下占37.79%，30岁～40岁（含）占45.57%，40岁～50岁（含）占14.54%，50岁以上占2.10%；首次申请贷款占87.23%，二次及以上申请贷款占12.77%；中、低收入占99.57%，高收入占0.43%。

2. 异地贷款： 2019年，发放异地贷款18笔、440.40万元。2019年末，发放异地贷款总额7323.20万元，异地贷款余额2398.68万元。

（四）住房贡献率： 2019年，个人住房贷款发放额、公转商贴息贷款发放额、项目贷款发放额、住房消费提取额的总和与当年缴存额的比率为65.35%，比上年增加5.86个百分点。

六、其他重要事项

（一）当年机构及职能、受委托办理缴存贷款业务金融机构均无调整。

（二）当年住房公积金政策调整及执行情况。

1. 缴存基数限额及确定方法。 2019年，中心根据和田地区统计部门公布的上一年度在岗职工月平均工资的3倍，确定当年缴存基数上限为15981元；按照和田地区上一年度职工最低工资标准，确定当年缴存基数下限为1460元。

2. 缴存比例标准。 和田地区行政事业单位住房公积金缴存比例执行单位、个人各12%标准，各类企业参照此标准执行，但缴存比例最低不得低于单位、个人各5%。同一单位职工缴存比例一致，单位缴存比例和职工缴存比例一致。

3. 当年提取政策调整情况。 为严格落实住房和城乡建设部《住房公积金管理条例》和《住房公积金提取业务标准》精神，取消缴存职工本人、配偶、子女及父母患有重大疾病，且造成家庭生活困难的提取以及缴纳物业费提取公积金政策。

4. 当年个人住房贷款最高贷款额度、贷款条件等贷款政策调整情况。 为了满足广大缴存职工购房需求，中心结合本地区当前房价水平，对最高贷款额度进行了调整，由原单职工可最高贷款35万元，双职工最高可贷款40万元，上调至无论单双职工均最高可贷款50万元。同时为进一步深化国务院"放管服"改革，提升住房公积金服务效能，根据《住房和城乡建设部关于取消部分部门规章和规范性文件设定的证明事项的决定》文件精神，取消本地二手房住房公积金贷款评估报告，并明确所购房屋价值及可贷额度的认定标准。

5. 当年住房公积金存贷款利率执行标准。 存贷款利率均按照中国人民银行规定执行，5年以内贷款年利率 2.75%，5 年以上贷款年利率 3.25%。公积金结息按照年利率 1.5% 执行。

6. 其他政策调整情况。 2019 年经住房公积金管委会审批同意后，中心下发并实施新的《和田地区住房公积金缴存管理办法》《和田地区住房公积金提取管理办法》《和田地区住房公积金个人住房贷款管理办法》和《和田地区住房公积金失信行为惩戒管理办法》。同时为加强住房公积金贷款合作楼盘准入管理，防范和降低资金风险，保障购房人合法权益，出台《和田地区住房公积金管理中心个人征信系统管理办法》《和田地区住房公积金管理中心楼盘准入管理办法》。

（三）当年服务改进情况。

1. 服务网点服务设施变更的情况。 2019 年为更好地服务群众，提高办事效率，墨玉县管理部和民丰县管理部已入驻政务大厅。

2. 服务手段、综合服务平台建设和其他网络载体建设服务情况。 充分发挥综合服务平台作用，大力推行"网办"，让群众少跑路。2019 年"12329"客服热线提供人工服务及自助语音服务 4.59 万次，满意率 99.60%；12329 短信平台发放短信 134.20 万次，受益职工数达 11.37 万人，覆盖全部职工的 100%；中心门户网站群众访问量达 93.29 万次；个人网厅访问量达 22.67 万次；微信公众号绑定人数 1.55 万人，单位网厅签约单位数量 1757 个，单位网厅系统使用率 100%；手机 APP 注册 6.54 万人，覆盖率 57.52%。2019 年底中心归集业务离柜率 95.99%，贷款离柜率 83.07%，提取离柜率 56.33%。综合离柜率 81.62%，较去年上升 38.43%。

伊犁哈萨克自治州住房公积金 2019 年年度报告

一、机构概况

（一）**住房公积金管理委员会**：住房公积金管理委员会有 15 名委员，2019 年召开 3 次会议，审议通过的事项主要包括：《关于调整自治州住房公积金管理委员会组成人员的请示》《伊犁州 2018 年住房公积金决算情况报告》《伊犁州 2019 年住房公积金预算报告》《关于提高住房公积金贷款最高额度的请示》《关于授权州住房公积金管理中心审批企业降低住房公积金缴存比例和缓缴的请示》《关于调整 2019 年伊犁州直职工住房公积金月缴存额上限与下限的请示》《伊犁州住房公积金增值收益结余资金分配建议》。

（二）**住房公积金管理中心**：住房公积金管理中心为隶属于伊犁哈萨克自治州政府管理的不以营利为目的的自收自支事业单位，设 6 个科室，10 个管理部，1 个分中心。从业人员 102 人，其中，在编 64 人，非在编 38 人。

二、业务运行情况

（一）**缴存**：2019 年，新开户单位 268 家，实缴单位 2946 家，净增单位 53 家；新开户职工 1.57 万人，实缴职工 17.72 万人，净增职工 0.59 万人；缴存额 30.21 亿元，同比增长 17.78%。2019 年末，缴存总额 214.13 亿元，比上年末增加 16.43%；缴存余额 91.12 亿元，比上年末增加 4.57%。

受委托办理住房公积金缴存业务的银行9家,比上年增加1家。

(二)提取:2019年,提取额26.23亿元,同比增长49.12%(受本地房地产市场量价齐升因素影响);占当年缴存额的86.83%,比上年增加18.25个百分点。2019年末,提取总额123.01亿元,比上年末增加27.10%。

(三)贷款:

个人住房贷款:个人住房贷款最高额度65万元,其中,单缴存职工最高额度65万元,双缴存职工最高额度65万元。

2019年,发放个人住房贷款0.83万笔、23.98亿元,同比分别增长80.43%、113.92%。其中,市中心发放个人住房贷款0.76万笔、22.21亿元,奎屯分中心发放个人住房贷款0.07万笔、1.77亿元。

2019年,回收个人住房贷款13.82亿元。其中,市中心13.04亿元,奎屯分中心0.78亿元。

2019年末,累计发放个人住房贷款9.69万笔、157.09亿元,贷款余额82.13亿元,分别比上年末增加9.37%、18.02%、14.12%。个人住房贷款余额占缴存余额的90.13%,比上年末增加7.54个百分点。

受委托办理住房公积金个人住房贷款业务的银行8家,同上年保持一致。

(四)资金存储:2019年末,住房公积金存款11.64亿元。其中,活期0.06亿元,1年(含)以下定期8.90亿元,1年以上定期0.38亿元,其他(协定、通知存款等)2.30亿元。

(五)资金运用率:2019年末,住房公积金个人住房贷款余额、项目贷款余额和购买国债余额的总和占缴存余额的90.13%,比上年末增加7.55个百分点。

三、主要财务数据

(一)业务收入:2019年,业务收入27972.19万元,同比增长12.66%。存款利息3678.32万元,委托贷款利息24286.16万元,国债利息0万元,其他7.71万元。

(二)业务支出:2019年,业务支出15616.22万元,同比增长6.97%。支付职工住房公积金利息14886.66万元,归集手续费0万元,委托贷款手续费729.08万元,其他0.48万元。

(三)增值收益:2019年,增值收益12355.97万元,同比增长20.79%。增值收益率1.37%,比上年增加0.15个百分点。

(四)增值收益分配:2019年,提取贷款风险准备金0万元,提取管理费用2048.35万元,提取城市廉租住房(公共租赁住房)建设补充资金10307.62万元。

2019年,上缴财政管理费用7587.26万元。上缴财政城市廉租住房(公共租赁住房)建设补充资金2000万元。2019年末,贷款风险准备金余额10794.69万元。累计提取城市廉租住房(公共租赁住房)建设补充资金51504.62万元。

(五)管理费用支出:2019年,管理费用支出1938.18万元,同比增长13.82%。其中,人员经费989.13万元,公用经费470.62万元,专项经费478.43万元。

市中心管理费用支出1823.18万元,其中,人员、公用、专项经费分别为888.28万元、456.47万元、478.43万元;奎屯分中心管理费用支出115万元,其中,人员、公用、专项经费分别为100.85万元、14.15万元、0万元。

四、资产风险状况

个人住房贷款：2019年末，个人住房贷款逾期额208.86万元，逾期率0.25‰。

个人贷款风险准备金按不低于年度贷款余额的1%提取。2019年，提取个人贷款风险准备金1439万元（此数据为调增以前年度贷款风险准备金），使用个人贷款风险准备金核销呆坏账0万元。2019年末，个人贷款风险准备金余额10794.69万元，占个人住房贷款余额的1.31%，个人住房贷款逾期额与个人贷款风险准备金余额的比率为1.93%。

五、社会经济效益

（一）缴存业务：2019年，实缴单位数、实缴职工人数和缴存额同比分别增长1.83%、3.38%和17.78%。

缴存单位中，国家机关和事业单位占64.32%，国有企业占10.76%，城镇集体企业占0.48%，外商投资企业占0.14%，城镇私营企业及其他城镇企业占18.67%，民办非企业单位和社会团体占2.21%，其他占3.42%。

缴存职工中，国家机关和事业单位占73.55%，国有企业占12.27%，城镇集体企业占0.42%，外商投资企业占0.30%，城镇私营企业及其他城镇企业占11.09%，民办非企业单位和社会团体占0.56%，其他占1.81%；中、低收入占99.59%，高收入占0.41%。

新开户职工中，国家机关和事业单位占59.44%，国有企业占11.03%，城镇集体企业占1.29%，外商投资企业占0.70%，城镇私营企业及其他城镇企业占23.61%，民办非企业单位和社会团体占1.10%，其他占2.83%；中、低收入占99.86%，高收入占0.14%。

（二）提取业务：2019年，6.72万名缴存职工提取住房公积金26.23亿元。

提取金额中，住房消费提取占81.88%（购买、建造、翻建、大修自住住房占43.12%，偿还购房贷款本息占38.66%，租赁住房占0.10%，其他占0%）；非住房消费提取占18.12%（离休和退休提取占13.16%，完全丧失劳动能力并与单位终止劳动关系提取占4.21%，出境定居占0.03%，其他占0.72%）。

提取职工中，中、低收入占99.51%，高收入占0.49%。

（三）贷款业务：

1. 个人住房贷款：2019年，支持职工购建房96.93万平方米，年末个人住房贷款市场占有率（含公转商贴息贷款）为27.58%，比上年末下降12.79个百分点。通过申请住房公积金个人住房贷款，可节约职工购房利息支出35138.74万元。

职工贷款笔数中，购房建筑面积90（含）平方米以下占13.46%，90～144（含）平方米占79.10%，144平方米以上占7.44%。购买新房占69.06%（其中购买保障性住房占0%），购买二手房占30.89%，建造、翻建、大修自住住房占0.05%，其他占0%。

职工贷款笔数中，单缴存职工申请贷款占67.30%，双缴存职工申请贷款占32.70%，三人及以上缴存职工共同申请贷款占0%。

贷款职工中，30岁（含）以下占39.60%，30岁～40岁（含）占37.20%，40岁～50岁（含）占19.44%，50岁以上占3.76%；首次申请贷款占80.66%，二次及以上申请贷款19.34%；中、低收入占

99.54%，高收入占 0.46%。

2. 异地贷款：2019 年，发放异地贷款 171 笔、5740.70 万元。2019 年末，发放异地贷款总额 14252.80 万元，异地贷款余额 8814.46 万元。

（四）住房贡献率：2019 年，个人住房贷款发放额、公转商贴息贷款发放额、项目贷款发放额、住房消费提取额的总和与当年缴存额的比率为 150.47%，比上年增加 51.92 个百分点。

六、其他重要事项

（一）当年机构及职能调整情况、受委托办理缴存贷款业务金融机构变更情况。 2019 年机构及职能未做调整，受委托办理缴存贷款业务的金融机构增加了 1 家（邮政储蓄银行）。

（二）当年住房公积金政策调整及执行情况。

（1）当年缴存基数限额计算方法缴存基数上限为当地统计部门公布的上一年度职工月平均工资的三倍，下限为当地统计部门公布的最低工资标准。计算出 2019 年缴存上限为 3934 元，下限为 146 元。

（2）根据《住房和城乡建设部　财政部　中国人民银行关于发展住房公积金个人住房贷款业务的通知》（建金〔2014〕148 号）和《住房和城乡建设部关于住房公积金异地个人住房贷款有关操作问题的通知》（建金〔2015〕135 号）的文件要求，于 2019 年 3 月开通了住房公积金异地个人贷款业务。

（3）在我州房价持续上涨的趋势下，为最大限度满足我州住房公积金缴存职工购房需求，通过问卷调查、结合缴存职工收入及贷款年限测算，通过管委会决定将个人最高贷款额度由 45 万元调整为 65 万元。

（4）住房公积金存款利率按照一年期 1.5% 执行，职工个人住房公积金贷款利率分别按照五年以上 3.25%，五年及以下 2.75% 执行。

（三）当年服务改进情况。

（1）持续完善业务系统及各项线上业务办理，通过提出需求、功能测试等环节，将提前退休、出境定居及解除劳动关系封存满 6 个月、夫妻双方同时提取住房公积金偿还贷款、终止按月对冲等提取业务纳入"手机公积金"APP 的办理范围，缓解了柜面工作压力。

（2）在业务系统及综合服务平台运行平稳的基础上，全面梳理各项业务，精简要件 10 余项，优化办事流程，取消提取及贷款申请书加盖公章这一环节，梳理住房公积金政务服务事项办事指南。

（3）为方便群众办事，一是在开展"转改严"作风整治年活动中，伊宁市管理部的工作人员取消午休，轮班吃饭，坚持中午办理业务；二是各县市管理部坚持从小事改起，开展便民服务，为不能来柜台签约的"访惠聚"驻村干部、公安干警等开展上门服务；三是进企业、进单位，面对面宣传住房公积金政策，手把手教会群众下载及使用"手机公积金"APP。

（4）及时办理商品房的期房准入项目，压缩准入时限。为创造良好的营商环境，中心对商品房的准入由原来的"多层封顶、高层达三分之二"改为商品房取得预售许可证即可准入。

（四）当年信息化建设情况。

（1）截至 2019 年底，单位网厅注册使用率为 95.25%，微信公众号关注绑定 11.20 万人，手机 APP 注册使用人数 9.65 万人，综合业务离柜率达 80.14%。

（2）中心于 2019 年 4 月完成了稽核审计模块上线工作并上线使用，实现对中心内部审计和对关注类业务稽核的功能。

（3）2019年10月中心实现了档案电子化管理，档案系统自动从业务系统中采集生成所需的归档资料，实现业务系统与档案管理系统的对接，做到业务在线审批，所有纸质材料电子化管理。

塔城地区住房公积金2019年年度报告

一、机构概况

（一）住房公积金管理委员会：住房公积金管理委员会有22名委员，2019年召开3次会议，审议通过的事项主要包括：《塔城地区住房公积金2018年年度报告》、《关于2018年度塔城地区住房公积金归集使用计划执行情况的报告》、2019年住房公积金归集使用计划、《关于2019年住房公积金系统开展地州交叉互查及自治区督导组检查后反馈问题及修改建议》、《关于上缴2018年度城市公共租赁住房建设补充资金的报告》、《关于申请对〈住房公积金贷款管理办法〉部分政策调整的报告》、《关于申请修订〈塔城地区住房公积金归集、提取、贷款政策请示〉的报告》。

（二）住房公积金管理中心：住房公积金管理中心为直属行署不以营利为目的的自收自支事业单位，设7个科室，8个管理部。从业人员77人，其中，在编44人，非在编33人。

二、业务运行情况

（一）缴存：2019年，新开户单位112家，实缴单位1676家，净增单位13家；新开户职工0.70万人，实缴职工7.72万人，净增职工0.35万人；缴存额13.59亿元，同比增长21.56%。2019年末，缴存总额99.80亿元，比上年末增加15.76%；缴存余额38.85亿元，比上年末增加12.71%。

受委托办理住房公积金缴存业务的银行6家，同上年保持一致。

（二）提取：2019年，提取额9.21亿元，同比增长27.39%；占当年缴存额的67.77%，比上年增加3.10个百分点。2019年末，提取总额60.95亿元，比上年末增加17.80%。

（三）贷款：

个人住房贷款：个人住房贷款最高额度40万元，其中，单缴存职工最高额度40万元，双缴存职工最高额度40万元。

2019年，发放个人住房贷款0.29万笔、7.72亿元，同比分别增长7.41%、12.70%。

2019年，回收个人住房贷款3.94亿元。

2019年末，累计发放个人住房贷款4.10万笔、57.37亿元，贷款余额26.48亿元，分别比上年末增加7.61%、15.55%、16.65%。个人住房贷款余额占缴存余额的68.16%，比上年末增加2.30个百分点。

受委托办理住房公积金个人住房贷款业务的银行6家，同上年保持一致。

（四）资金存储：2019年末，住房公积金存款13.21亿元。其中，活期0.01亿元，1年（含）以下定期1.10亿元，1年以上定期5.79亿元，其他（协定、通知存款等）6.31亿元。

（五）资金运用率：2019年末，住房公积金个人住房贷款余额、项目贷款余额和购买国债余额的总和占缴存余额的 68.16%，比上年末增加 2.30 个百分点。

三、主要财务数据

（一）**业务收入**：2019 年，业务收入 15349.53 万元，同比增长 38.20%。存款利息 4200.47 万元，委托贷款利息 7798.61 万元，国债利息 0 万元，其他 3350.45 万元。（我中心与银行签订的合同中未约定计提银行手续费项目，经管委会批准，将历年计提的银行手续费转入业务收入，年底作为增值收益，按规定进行分配，故其他收入金额较大。）

（二）**业务支出**：2019 年，业务支出 8105.04 万元，同比增长 65.47%。支付职工住房公积金利息 8104.76 万元，归集手续费 0 万元，委托贷款手续费 0 万元，其他 0.28 万元。

（三）**增值收益**：2019 年，增值收益 7244.49 万元，同比增长 16.68%。增值收益率 1.96%，比上年增加 0.04 个百分点。

（四）**增值收益分配**：2019 年，提取贷款风险准备金 377.60 万元，提取管理费用 1288.51 万元，提取城市廉租住房（公共租赁住房）建设补充资金 5578.38 万元。

2019 年，上缴财政管理费用 1349.16 万元。上缴财政城市廉租住房（公共租赁住房）建设补充资金 3555.40 万元。

2019 年末，贷款风险准备金余额 2647.94 万元。累计提取城市廉租住房（公共租赁住房）建设补充资金 31407.42 万元。

（五）**管理费用支出**：2019 年，管理费用支出 1349.21 万元，同比增长 2.22%。其中，人员经费 821.19 万元，公用经费 92.69 万元，专项经费 435.33 万元。

四、资产风险状况

个人住房贷款：2019 年末，个人住房贷款逾期额 65.01 万元，逾期率 0.25‰。

个人贷款风险准备金按不低于年度住房公积金贷款余额的 1% 提取。2019 年，提取个人贷款风险准备金 377.60 万元，使用个人贷款风险准备金核销呆坏账 0 万元。2019 年末，个人贷款风险准备金余额 2647.94 万元，占个人住房贷款余额的 1%，个人住房贷款逾期额与个人贷款风险准备金余额的比率为 2.46%。

五、社会经济效益

（一）**缴存业务**：2019 年，实缴单位数、实缴职工人数和缴存额同比分别增长 0.78%、4.75% 和 21.56%。

缴存单位中，国家机关和事业单位占 73.93%，国有企业占 13.31%，城镇集体企业占 0.54%，外商投资企业占 0.18%，城镇私营企业及其他城镇企业占 11.39%，民办非企业单位和社会团体占 0.65%，其他占 0%。

缴存职工中，国家机关和事业单位占 75.98%，国有企业占 17.77%，城镇集体企业占 0.51%，外商投资企业占 0.49%，城镇私营企业及其他城镇企业占 5.12%，民办非企业单位和社会团体占 0.13%，其他占 0%；中、低收入占 98.32%，高收入占 1.68%。

新开户职工中,国家机关和事业单位占67.15%,国有企业占16.73%,城镇集体企业占0.37%,外商投资企业占0.23%,城镇私营企业及其他城镇企业占15.34%,民办非企业单位和社会团体占0.02%,其他占0.16%;中、低收入占99.76%,高收入占0.24%。

(二)**提取业务**:2019年,2.42万名缴存职工提取住房公积金9.21亿元。

提取金额中,住房消费提取占80.72%(购买、建造、翻建、大修自住住房占41.55%,偿还购房贷款本息占38%,租赁住房占1.17%,其他占0%);非住房消费提取占19.28%(离休和退休提取占13.91%,完全丧失劳动能力并与单位终止劳动关系提取占4.15%,出境定居占0.01%,其他占1.21%)。

提取职工中,中、低收入占98.22%,高收入占1.78%。

(三)**贷款业务**:

1. 个人住房贷款:2019年,支持职工购建房34.27万平方米,2019年末个人住房贷款市场占有率(含公转商贴息贷款)为36.99%,比上年末增加2.12个百分点。通过申请住房公积金个人住房贷款,可节约职工购房利息支出12636.31万元。

职工贷款笔数中,购房建筑面积90(含)平方米以下占13.13%,90~144(含)平方米占77.61%,144平方米以上占9.26%。购买新房占64.62%(其中购买保障性住房占0%),购买二手房占35.35%,建造、翻建、大修自住住房占0.03%,其他占0%。

职工贷款笔数中,单缴存职工申请贷款占70.31%,双缴存职工申请贷款占29.69%,三人及以上缴存职工共同申请贷款占0%。

贷款职工中,30岁(含)以下占34.21%,30岁~40岁(含)占31.99%,40岁~50岁(含)占27.46%,50岁以上占6.34%;首次申请贷款占77.72%,二次及以上申请贷款占22.28%;中、低收入占98.32%,高收入占1.68%。

2. 异地贷款:2019年,发放异地贷款234笔、6654.40万元。2019年末,发放异地贷款总额36521.20万元,异地贷款余额10349.34万元。

(四)**住房贡献率**:2019年,个人住房贷款发放额、公转商贴息贷款发放额、项目贷款发放额、住房消费提取额的总和与当年缴存额的比率为111.55%,比上年减少3.80个百分点。

六、其他重要事项

(一)当年住房公积金政策调整及执行情况。

(1)2019年根据统计部门提供塔城地区上年职工月平均工资基数,按《塔城地区住房公积金归集管理办法》规定,住房公积金最高缴存额不超过月平均工资的3倍,确定塔城地区职工月缴存住房公积金最高上限为3384元,最低下限为146元。

(2)2019年住房公积金缴存比例仍按照《塔城地区住房公积金归集管理办法》规定执行,月缴存比例不得低于5%,原则上不高于12%的标准。缴存单位可在5%~12%区间内,自主确定住房公积金缴存比例。

(3)提取政策调整情况:一是对提取住房公积金支付房租,提取额度按当地租金水平确定并进行了调整;二是大力支持提取住房公积金在缴存地或户籍地购买首套普通住房和第二套改善性住房。

(4)2019年度住房公积金存款利率执行标准:根据《关于完善职工住房公积金账户存款利率形成机

制的通知》要求，统一按一年期定期存款基准利率执行。目前，一年期定期存款利率为1.5%。

（5）2019年度住房公积金贷款利率执行标准：根据中国人民银行相关规定，贷款利率按照五年以下（含五年）为2.75%，五年以上3.25%。

（二）当年服务改进情况。

一是为落实自治区"放管服"改革工作要求，力争实现"只进一扇门，最多跑一次"，现已有7个县（市）管理部搬进当地行政服务大厅，与房管、不动产、税务等相关部门联合办公。

二是取消住房公积金贷款自然人担保，取消二手房抵押房产评估。

（三）当年信息化建设情况。 地区住房公积金管理中心努力打造让"数据多跑路，群众少跑腿"便民服务模式，真正实现住房公积金业务"最多跑一次"的目标。一是持续推进信息化建设工作。全面提升管理和服务水平，宣传住房公积金政策法规和惠民措施，多渠道向社会宣传住房公积金政策和服务流程。使缴存单位及个人对住房公积金12329热线、微信公众号、单位网厅、个人网厅、手机APP、12329短信平台，有了更多的认识，缴存职工可以随时随地查阅个人公积金信息和贷款还款情况，在第一时间了解住房公积金政策，让更多人了解、使用网厅办理业务，提高网厅使用率；二是全区信息化建设在保证规范性、实用性、安全性、可扩展性的要求下，进一步完善了单位网厅办理缴存业务的权限；三是实现了贷款职工配偶在手机APP办理签约对冲业务。

阿勒泰地区住房公积金2019年年度报告

一、机构概况

（一）住房公积金管理委员会： 住房公积金管理委员会有25名委员，2019年召开1次会议，审议通过的事项主要包括：一是审议阿勒泰地区住房公积金2018年归集使用计划执行情况和2019年归集使用计划草案的报告；二是审议《阿勒泰地区住房公积金2018年年度报告》；三是审议《阿勒泰地区房地产开发企业及楼盘项目使用住房公积金贷款资格认证规定》修改意见以及拟制定《阿勒泰地区住房公积金资金竞争性存放管理实施办法》《老旧小区住宅加装电梯提取住房公积金政策》；四是2019年地区住房公积金管理中心基数调整工作。

（二）住房公积金管理中心： 住房公积金管理中心隶属于阿勒泰行署，是不以营利为目的的自收自支事业单位，设6个科室，8个管理部。从业人员69人，其中，在编38人，非在编31人。

二、业务运行情况

（一）缴存： 2019年，新开户单位195家，实缴单位2185家，净增单位96家；新开户职工0.76万人，实缴职工6.78万人，净增职工0.43万人；缴存额12.12亿元，同比增长11.50%。2019年末，缴存总额88.12亿元，比上年末增加15.93%；缴存余额32.50亿元，比上年末增加4.77%。

受委托办理住房公积金缴存业务的银行6家，同上年一致。

（二）**提取**：2019年，提取额10.64亿元，同比增长51.35%；占当年缴存额的87.79%，比上年增加23.12个百分点。2019年末，提取总额55.62亿元，比上年末增加23.63%。

（三）**贷款**：

个人住房贷款：个人住房贷款最高额度50万元。其中，单缴存职工最高额度50万元，双缴存职工最高额度50万元。

2019年，发放个人住房贷款0.35万笔、11.17亿元，同比分别增长29.63%、60.26%。

2019年，回收个人住房贷款4.53亿元。

2019年末，累计发放个人住房贷款4.28万笔、66.42亿元，贷款余额32.05亿元，分别比上年末增加8.91%、20.22%、26.13%。个人住房贷款余额占缴存余额的98.62%，比上年末增加16.71个百分点。

受委托办理住房公积金个人住房贷款业务的银行6家，同上年一致。

（四）**购买国债**：2019年末，国债余额0.2亿元，与上年相比无变化。

（五）**资金存储**：2019年末，住房公积金存款0.45亿元。其中，活期0.15亿元，1年（含）以下定期0亿元，1年以上定期0.3亿元，其他（协定、通知存款等）0亿元。

（六）**资金运用率**：2019年末，住房公积金个人住房贷款余额、项目贷款余额和购买国债余额的总和占缴存余额的99.23%，比上年末增加16.68个百分点。

三、主要财务数据

（一）**业务收入**：2019年，业务收入10583.90万元，同比减少5.33%。存款利息1569.83万元，委托贷款利息8943.57万元，国债利息69.20万元，其他1.30万元。

（二）**业务支出**：2019年，业务支出5143.54万元，同比增长26.12%。支付职工住房公积金利息4875.08万元，归集手续费0万元，委托贷款手续费268.29万元，其他0.17万元。

（三）**增值收益**：2019年，增值收益5440.36万元，同比减少23.40%。增值收益率1.68%，比上年减少0.75个百分点。

（四）**增值收益分配**：2019年，提取贷款风险准备金1604.37万元，提取管理费用1167.00万元，提取城市廉租住房（公共租赁住房）建设补充资金2669.00万元。

2019年，上缴财政管理费用1085万元。上缴财政城市廉租住房（公共租赁住房）建设补充资金3393万元。

2019年末，贷款风险准备金余额8586.82万元。累计提取城市廉租住房（公共租赁住房）建设补充资金19882万元。

（五）**管理费用支出**：2019年，管理费用支出1187.03万元，同比下降2.67%。其中，人员经费898.77万元，公用经费176.22万元，专项经费112.04万元。

四、资产风险状况

个人住房贷款：2019年末，个人住房贷款逾期额74.71万元，逾期率0.23‰。

个人贷款风险准备金按不低于贷款余额的1%提取。2019年，提取个人贷款风险准备金1604.37万元，使用个人贷款风险准备金核销呆坏账 0 万元。2019 年末，个人贷款风险准备金余额 8586.82 万元，占个人住房贷款余额的 2.68%，个人住房贷款逾期额与个人贷款风险准备金余额的比率为 0.87%。

五、社会经济效益

（一）缴存业务：2019 年，实缴单位数、实缴职工人数和缴存额同比分别增长 4.60%、6.77% 和 11.50%。

缴存单位中，国家机关和事业单位占 74.24%，国有企业占 2.56%，城镇集体企业占 11.76%，城镇私营企业及其他城镇企业占 7.23%，民办非企业单位和社会团体占 0.87%，其他占 3.34%。

缴存职工中，国家机关和事业单位占 83.82%，国有企业占 2.83%，城镇集体企业占 9.17%，城镇私营企业及其他城镇企业占 2.82%，民办非企业单位和社会团体占 0.14%，其他占 1.22%；中、低收入占 98.76%，高收入占 1.24%。

新开户职工中，国家机关和事业单位占 65.39%，国有企业占 5.18%，城镇集体企业占 13.85%，城镇私营企业及其他城镇企业占 9.22%，民办非企业单位和社会团体占 0.77%，其他占 5.59%；中、低收入占 99.74%，高收入占 0.26%。

（二）提取业务：2019 年，2.71 万名缴存职工提取住房公积金 10.64 亿元。

提取金额中，住房消费提取占 85.97%（购买、建造、翻建、大修自住住房占 49.87%，偿还购房贷款本息占 35.94%，租赁住房 0.16%）；非住房消费提取占 14.03%（离休和退休提取占 10.12%，完全丧失劳动能力并与单位终止劳动关系提取占 2.59%，其他占 1.32%）。

提取职工中，中、低收入占 98.90%，高收入占 1.10%。

（三）贷款业务：

1. 个人住房贷款：2019 年，支持职工购建房 43.02 万平方米，年末个人住房贷款市场占有率为 36.08%，比上年末增加 1.47 个百分点。通过申请住房公积金个人住房贷款，可节约职工购房利息支出 17685.79 万元。

职工贷款笔数中，购房建筑面积 90（含）平方米以下占 9.76%，90～144（含）平方米占 73.70%，144 平方米以上占 16.54%。购买新房占 60.91%，购买二手房占 39.09%。

职工贷款笔数中，单缴存职工申请贷款占 70.87%，双缴存职工申请贷款占 29.13%。

贷款职工中，30 岁（含）以下占 35.18%，30 岁～40 岁（含）占 32.71%，40 岁～50 岁（含）占 25.36%，50 岁以上占 6.75%；首次申请贷款占 73.13%，二次及以上申请贷款占 26.87%；中、低收入占 99.29%，高收入占 0.71%。

2. 异地贷款：2019 年，发放异地贷款 152 笔、5323.80 万元。2019 年末，发放异地贷款总额 39154.40 万元，异地贷款余额 21888.87 万元。

（四）住房贡献率：2019 年，个人住房贷款发放额、公转商贴息贷款发放额、项目贷款发放额、住房消费提取额的总和与当年缴存额的比率为 167.66%，比上年增加 48.73 个百分点。

六、其他重要事项

（一）2019 年缴存基数限额及确定方法、缴存比例调整情况。2019 年，中心根据地区统计部门上一年度在岗职工平均工资的 3 倍，确定当年缴存基数上限为 14629 元；按照阿勒泰地区上一年度职工最低工资标准确定，当年缴存基数下限为 1460 元。

缴存比例为 5%～12%，无调整。

（二）提取政策调整情况。 住房公积金提取业务办理中取消《阿勒泰地区住房公积金提取审批表》的使用。

（三）个人住房贷款政策调整情况。 一是贷款职工签订贷款合同的同时签订个人住房公积金贷款放款凭证，待抵押手续办理完成后，中心收到抵押不动产证明可直接发放贷款；二是贷款档案只留存购房合同原件、委托公证书原件，其余贷款要件均为电子扫描件；三是取消贷款合同印花税。

（四）当年住房公积金存贷款利率执行标准情况。 一是职工住房公积金账户存款利率按一年期定期存款基准利率执行，目前为 1.50%；二是住房公积金贷款执行利率为五年以下的（含五年）2.75%、五年以上的 3.25%。

（五）服务改进及信息化建设情况。 中心实现了"一站式"服务，职工无需再到银行排队办理业务，资金实现即时到达个人卡内。一是职工办理贷款、提取、提前还贷、月对冲还贷等主要业务更加便捷。二是通过业务流程化管理，一个窗口办理所有业务模式，提高办事效率。三是完成了住房公积金业务档案的电子化管理。实现信息数字化，简化办事手续，极大减少职工办理业务所提供的纸质资料。四是通过信息化手段打通房产部门和住房公积金业务系统，在职工与开发商签订合同提交房产部门备案后，直接在开发商处提交公积金提取和贷款申请业务，把需要住房公积金提取和贷款的职工信息直接推送到公积金业务平台，减少职工在开发商和公积金中心来回跑的情况。

2019 全国住房公积金年度报告汇编

新疆生产建设兵团

新疆生产建设兵团住房公积金 2019 年年度报告

一、机构概况

(一) 住房公积金管理机构：全兵团共设 1 个住房公积金管理中心。从业人员 83 人，其中，在编 67 人，非在编 16 人。

(二) 住房公积金监管机构：兵团住房和城乡建设局、兵团财政局、人民银行乌鲁木齐中心支行负责对兵团住房公积金管理运行情况进行监督。兵团住房和城乡建设局设立住房公积金监管处，负责辖区住房公积金日常监管工作。

二、业务运行情况

(一) 缴存。2019 年，新开户单位 1594 家，实缴单位 5068 家，净增单位 775 家；新开户职工 4.37 万人，实缴职工 25.80 万人，净增职工 1.98 万人；缴存额 45.67 亿元，同比增长 19.93%。2019 年末，缴存总额 296.54 亿元，同比增长 18.21%；缴存余额 138.23 亿元，同比增长 10.24%。

(二) 提取。2019 年，提取额 32.84 亿元，同比增长 29.66%；占当年缴存额的 71.89%，比上年增加 5.40 个百分点。2019 年末，提取总额 158.31 亿元，同比增长 26.17%。

(三) 贷款。个人住房贷款：2019 年，发放个人住房贷款 0.84 万笔、29.30 亿元，同比增长 49.79%、84.55%。回收个人住房贷款 7.74 亿元。

2019 年末，累计发放个人住房贷款 6.06 万笔、116.12 亿元，贷款余额 69.03 亿元，同比分别增长 16.18%、33.75%、45.42%。个人住房贷款余额占缴存余额的 49.93%，比上年增加 12.08 个百分点。

(四) 资金存储。2019 年末，住房公积金存款 70.88 亿元。其中，活期 0.39 亿元，1 年以上定期 70.49 亿元。

(五) 资金运用率。2019 年末，住房公积金个人住房贷款余额、项目贷款余额和购买国债余额的总和占缴存余额的 49.93%，比上年增加 12.08 个百分点。

三、主要财务数据

(一) 业务收入。2019 年，业务收入 47684.30 万元，同比增长 14.94%。其中，存款利息 29403.24 万元，委托贷款利息 18280.68 万元，其他 0.38 万元。

(二) 业务支出。2019 年，业务支出 21298.84 万元，同比增长 12.53%。其中，支付职工住房公积金利息 21080.87 万元，委托贷款手续费 207.07 万元，其他 10.90 万元。

(三) 增值收益。2019 年，增值收益 26385.46 万元，同比增长 16.97%；增值收益率 1.99%，比上年增加 0.09 个百分点。

(四) 增值收益分配。2019 年，提取贷款风险准备金 6467.62 万元，提取管理费用 2182.63 万元，提取城市廉租住房（公共租赁住房）建设补充资金 17735.21 万元。

2019 年，上缴财政管理费用 3124.89 万元，上缴财政城市廉租住房（公共租赁住房）建设补充资金

21093.40万元。

2019年末，贷款风险准备金余额21623.27万元，累计提取城市廉租住房（公共租赁住房）建设补充资金99197.24万元。

（五）管理费用支出。 2019年，管理费用支出2074.69万元，同比增长13.06%。其中，人员经费1175.29万元，公用经费187.79万元，专项经费711.61万元。

四、资产风险状况

（一）个人住房贷款。 2019年末，个人住房贷款逾期额202.73万元，逾期率0.29‰。

2019年，提取个人贷款风险准备金6467.62万元，使用个人贷款风险准备金核销呆坏账0万元。2019年末，个人贷款风险准备金余额20047.27万元，占个人贷款余额的2.90%，个人贷款逾期额与个人贷款风险准备金余额的比率为1.01%。

（二）住房公积金支持保障性住房建设项目贷款。 2019年末，项目贷款风险准备金余额1576.00万元。

五、社会经济效益

（一）缴存业务。 2019年，实缴单位数、实缴职工人数和缴存额增长率分别为35.32%、8.45%和19.93%。

缴存单位中，国家机关和事业单位占66.00%，国有企业占15.88%，城镇集体企业占1.77%，外商投资企业占2.01%，城镇私营企业及其他城镇企业占4.34%，民办非企业单位和社会团体占5.28%，其他占4.72%。

缴存职工中，国家机关和事业单位占50.93%，国有企业占25.31%，城镇集体企业占3.17%，外商投资企业占2.62%，城镇私营企业及其他城镇企业占4.00%，民办非企业单位和社会团体占6.37%，其他占7.60%；中、低收入占100%，高收入占0%。

新开户职工中，国家机关和事业单位占58.45%，国有企业占17.25%，城镇集体企业占4.04%，外商投资企业占2.50%，城镇私营企业及其他城镇企业占3.55%，民办非企业单位和社会团体占6.36%，其他占7.85%；中、低收入占100%，高收入占0%。

（二）提取业务。 2019年，26.86万名缴存职工提取住房公积金32.84亿元。

提取金额中，住房消费提取占62.48%（购买、建造、翻建、大修自住住房占54.77%，偿还购房贷款本息占41.57%，租赁住房占3.64%，其他占0.02%）；非住房消费提取占37.52%（离休和退休提取占63.79%，完全丧失劳动能力并与单位终止劳动关系提取占30.90%，户口迁出所在市或出境定居占0.01%，其他占5.30%）。提取职工中，中、低收入占100%，高收入占0%。

（三）贷款业务：

1. 个人住房贷款： 2019年，支持职工购建房97.71万平方米。通过申请住房公积金个人住房贷款，可节约职工购房利息支出4866.14万元。

职工贷款笔数中，购房建筑面积90（含）平方米以下占18.82%，90~144（含）平方米占68.44%，144平方米以上占12.74%。购买新房占62.30%（其中购买保障性住房占0%），购买存量商品房占

37.70%，建造、翻建、大修自住住房占 0%，其他占 0%。

职工贷款笔数中，单缴存职工申请贷款占 37.93%，双缴存职工申请贷款占 61.99%，三人及以上缴存职工共同申请贷款占 0.08%。

贷款职工中，30 岁（含）以下占 36.38%，30 岁～40 岁（含）占 37.55%，40 岁～50 岁（含）占 18.99%，50 岁以上占 7.08%；首次申请贷款占 90.77%，二次及以上申请贷款占 9.23%；中、低收入占 100%，高收入占 0%。

2. 异地贷款：2019 年，发放异地贷款 217 笔、7806.60 万元。2019 年末，发放异地贷款总额 10110.53 万元，异地贷款余额 10032.70 万元。

（四）**住房贡献率**。2019 年，个人住房贷款发放额、公转商贴息贷款发放额、项目贷款发放额、住房消费提取额的总和与当年缴存额的比率为 109.06%，比上年增加 21.64 个百分点。

六、其他重要事项

（一）当年住房公积金政策调整情况。

（1）为保障住房公积金资金安全，持续开展治理违规提取，实施失信惩戒，促进住房公积金业务诚信、健康发展，2019 年 4 月管理中心制定下发《兵团住房公积金骗提骗贷行为处理办法》（新兵房积金字〔2019〕7 号）。

（2）为进一步加强个人征信管理，保障个人征信依法合规，推进社会信用体系建设，加强住房公积金个人贷款贷前审核和贷后管理工作，防范资金风险，2019 年 5 月管理中心修订《兵团住房公积金管理中心个人征信系统应用管理办法》（新兵房积金字〔2019〕11 号）。

（3）当年缴存基数限额及确定方法、缴存比例调整情况

1）2019 年基数调整上下限确定。

兵团驻乌鲁木齐单位住房公积金缴存基数下限按乌鲁木齐市上一年最低工资标准执行即为 1620 元；兵团驻乌鲁木齐单位住房公积金缴存基数上限按乌鲁木齐市上一年全市在岗职工年平均工资总额的 3 倍执行即为 16599 元。

兵团各师执行属地化管理原则，其缴存基数上下限执行驻地标准。

2）2019 年缴存比例。

住房公积金缴存比例为各 5%～12%，具体比例由各单位根据实际情况确定。

（4）2019 年贷款最高额度、存贷款利率执行情况。

1）最高贷款额度。

正常缴存单职工：70 万元；正常缴存双职工（夫妻）：100 万元。

2）当年住房公积金存贷款利率调整及执行情况。

2019 年存贷款利率无调整。

贷款利率：5 年以内（含）2.75%，5 年以上 3.25%。

存款利率：一年期存款基准利率执行：1.50%。

（二）当年开展专项监督检查情况。

（1）2019 年 3 月接受兵团财政局委托中介机构对 2018 年的住房公积金年度决算和管理费用年度决算

进行审计。

（2）2019年4月、10月第二师管理部、第九师管理部接受中国人民银行巴州中心支行、中国人民银行塔城地区中心支行征信工作专项监督检查。

（三）当年服务改进情况。 2019年8月，为方便缴存职工一站式办理业务，改善服务环境，第四师管理部、第五师管理部整建制全业务入住所在师市政务服务中心开展业务。

（四）当年信息化建设情况。 2019年兵团住房公积管理中心贯彻落实"综合服务平台"建设工作，6月同时开通网站、12329短信、手机APP、微信公众号、个人网上业务大厅、单位网上业务大厅六项网上办理渠道，实现新闻实时发布、信息实时查询、业务实时办理等功能。

索　引

A

阿坝藏族羌州自治州	1284
阿克苏地区	1644
阿拉善盟	196
阿勒泰地区	1666
阿里地区	1431
安徽省	526
安康市	1544
安庆市	561
安顺市	1312
安阳市	805
鞍山市	223

B

巴彦淖尔市	178
巴音郭楞蒙古自治州	1640
巴中市	1276
白城市	304
白山市	297
白银市	1460
百色市	1170
蚌埠市	538
包头市	153
宝鸡市	1517
保定市	56
保山市	1356
北海市	1145
北京市	16
本溪市	231
毕节市	1316
滨州市	769
亳州市	585
博尔塔拉蒙古自治州	1637

C

沧州市	72
昌都市	1423
昌吉回族自治州	1634
长春市	275
长沙市	951
长治市	107
常德市	977
常州市	405
朝阳市	263
潮州市	1100
郴州市	989
成都市	1211
承德市	67
池州市	589
赤峰市	161
崇左市	1189
滁州市	569
楚雄彝族自治州	1381
重庆市	1202

D

达州市	1269
大理白族自治州	1396
大连市	217
大庆市	342
大同市	97
大兴安岭地区	366
丹东市	235
德宏傣族景颇族自治州	1400
德阳市	1229
德州市	761
迪庆藏族自治州	1407
定西市	1489
东莞市	1091
东营市	725

E

鄂尔多斯市 …… 170

鄂州市 …… 897

恩施土家族苗族自治州 …… 928

防城港市 …… 1149

佛山市 …… 1040

福建省 …… 602

福州市 …… 604

抚顺市 …… 227

抚州市 …… 689

阜新市 …… 247

阜阳市 …… 573

G

甘南州 …… 1499

甘肃省 …… 1440

甘孜藏族自治州 …… 1288

赣州市 …… 675

固原市 …… 1605

广安市 …… 1265

广东省 …… 1014

广西壮族自治区 …… 1116

广元市 …… 1238

广州市 …… 1018

贵港市 …… 1160

贵阳市 …… 1301

贵州省 …… 1298

桂林市 …… 1136

果洛藏族自治州 …… 1575

H

哈尔滨市 …… 320

哈密市 …… 1629

海北藏族自治州 …… 1565

海东市 …… 1561

海南省 …… 1196

海南藏族自治州 …… 1571

海西蒙古族藏族自治州 …… 1582

邯郸市	47
汉中市	1533
杭州市	461
合肥市	529
和田地区	1655
河北省	28
河池市	1180
河南省	780
河源市	1076
菏泽市	773
贺州市	1175
鹤壁市	810
鹤岗市	335
黑河市	360
黑龙江省	314
衡水市	83
衡阳市	965
红河哈尼族彝族自治州	1385
呼和浩特市	148
呼伦贝尔市	173
葫芦岛市	267
湖北省	872
湖南省	948
湖州市	488
怀化市	998
淮安市	426
淮北市	552
淮南市	542
黄冈市	913
黄南藏族自治州	1569
黄山市	564
黄石市	879
惠州市	1061

J

鸡西市	330
吉安市	679

吉林省	272
吉林市	282
济南市	705
济宁市	740
佳木斯市	350
嘉兴市	481
嘉峪关市	1451
江门市	1045
江苏省	382
江西省	648
焦作市	822
揭阳市	1105
金昌市	1456
金华市	498
锦州市	239
晋城市	112
晋中市	122
荆门市	902
荆州市	909
景德镇市	655
九江市	662
酒泉市	1481

K

喀什地区	1651
开封市	791
克拉玛依市	1622
克孜勒苏柯尔克孜自治州	1647
昆明市	1342

L

拉萨市	1417
来宾市	1185
兰州市	1443
廊坊市	79
乐山市	1249
丽江市	1366
丽水市	517

连云港市	422
凉山彝族自治州	1292
辽宁省	204
辽阳市	252
辽源市	290
聊城市	764
林芝市	1434
临沧市	1376
临汾市	133
临夏回族自治州	1496
临沂市	757
柳州市	1131
六安市	581
六盘水市	1305
龙岩市	638
陇南市	1492
娄底市	1003
泸州市	1225
洛阳市	796
漯河市	834
吕梁市	137

M

马鞍山市	547
满洲里市	199
茂名市	1054
眉山市	1256
梅州市	1066
绵阳市	1233
牡丹江市	356

N

那曲市	1428
南昌市	651
南充市	1253
南京市	386
南宁市	1121
南平市	633

南通市	417
南阳市	843
内江市	1245
内蒙古自治区	144
宁波市	470
宁德市	642
宁夏回族自治区	1588
怒江傈僳族自治州	1404

P

攀枝花市	1221
盘锦市	255
平顶山市	800
平凉市	1476
萍乡市	658
莆田市	617
濮阳市	826
普洱市	1372

Q

七台河市	353
齐齐哈尔市	326
潜江市	935
黔东南苗族侗族自治州	1327
黔南布依族苗族自治州	1331
黔西南布依族苗族自治州	1323
钦州市	1154
秦皇岛市	43
青岛市	709
青海省	1552
清远市	1087
庆阳市	1485
衢州市	503
曲靖市	1347
全国	2
泉州市	625

R

日喀则市	1420

日照市	753

S

三门峡市	839
三明市	621
厦门市	609
山东省	700
山南市	1425
山西省	88
陕西省	1506
汕头市	1036
汕尾市	1072
商洛市	1547
商丘市	848
上海市	372
上饶市	693
韶关市	1022
邵阳市	969
绍兴市	493
深圳市	1026
神农架林区	942
沈阳市	207
十堰市	883
石家庄市	32
石嘴山市	1597
双鸭山市	339
朔州市	117
四川省	1208
四平市	286
松原市	301
苏州市	410
绥化市	363
随州市	923
遂宁市	1241

T

塔城地区	1663
太原市	92

泰安市	745
泰州市	445
唐山市	39
天津市	22
天门市	939
天水市	1464
铁岭市	259
通化市	293
通辽市	165
铜川市	1514
铜陵市	557
铜仁市	1320
吐鲁番市	1626

W

威海市	749
潍坊市	734
渭南市	1524
温州市	476
文山壮族苗族自治州	1389
乌海市	157
乌兰察布市	183
乌鲁木齐市	1618
无锡市	393
芜湖市	533
吴忠市	1601
梧州市	1140
武汉市	875
武威市	1469

X

西安市	1509
西藏自治区	1414
西宁市	1555
西双版纳傣族自治州	1393
锡林郭勒盟	191
仙桃市	932
咸宁市	919

咸阳市	1521
湘潭市	961
湘西土家族苗族自治州	1008
襄阳市	894
孝感市	905
忻州市	129
新疆生产建设兵团	1672
新疆维吾尔自治区	1614
新余市	667
信阳市	855
邢台市	52
兴安盟	186
宿迁市	451
宿州市	577
徐州市	400
许昌市	830
宣城市	594

Y

雅安市	1272
烟台市	730
延安市	1529
延边朝鲜族自治州	308
盐城市	429
扬州市	434
阳江市	1083
阳泉市	102
伊春市	346
伊犁哈萨克自治州	1659
宜宾市	1260
宜昌市	889
宜春市	685
银川市	1591
鹰潭市	670
营口市	243
永州市	994
榆林市	1537

玉林市	1165
玉树藏族自治州	1578
玉溪市	1351
岳阳市	972
云浮市	1109
云南省	1338
运城市	126

Z

枣庄市	719
湛江市	1049
张家界市	981
张家口市	64
张掖市	1473
漳州市	629
昭通市	1361
肇庆市	1057
浙江省	458
镇江市	438
郑州市	783
中山市	1096
中卫市	1609
舟山市	508
周口市	859
珠海市	1032
株洲市	956
驻马店市	863
资阳市	1280
淄博市	715
自贡市	1216
遵义市	1309